España & Portugal

2005

Selección de hoteles y restaurantes

Selecção de hotéis e restaurantes

Sélection d'hôtels et de restaurants

Selezione di alberghi e ristoranti

Auswahl an Hotels und Restaurants

Selection of hotels and restaurants

España & Portugal

La Guía Michelin le propone, para cada categoría de confort y de precio, una selección de los mejores hoteles y restaurantes. Esta selección la lleva a cabo un equipo de inspectores, todos ellos profesionales de la hostelería, que recorren el país durante todo el año para visitar nuevos establecimientos y verificar que las prestaciones de los que ya están citados siguen manteniendo la calidad y la regularidad. Los inspectores de Michelin trabajan siempre en el anonimato para guardar su independencia.

Las infraestructuras y servicios aparecen señalados por símbolos, un lenguaje internacional que le permitirá ver rápidamente si un hotel tiene aparcamiento o piscina. Para sacarle el mejor partido a toda esta información no deje de leer la introducción. Un pequeño texto describe las principales características de cada establecimiento.

La inscripción en la guía es totalmente gratuita. Todos los años, los hosteleros y restauradores mencionados rellenan un cuestionario en el que nos señalan sus fechas de apertura y precios para el año siguiente. En cada edición se actualizan alrededor de 100.000 datos (nuevos establecimientos, cambios de tarifas, fechas de apertura).

También nos resultan de una inestimable ayuda los casi 45.000 mails y cartas que recibimos cada año con los comentarios y sugerencias de nuestros lectores de toda Europa.

Le agradecemos de antemano su colaboración y sólo nos queda desearle un buen viaje con la Guía Michelin 2005.

Consulte la Guía Michelin en ***www.Viamichelin.es*** *y escríbanos a :*
laguiamichelin-esport@es.michelin.com

Sumario

La elección de un hotel, de un restaurante

Esta guía propone una selección de hoteles y restaurantes para uso de los automovilistas. Los establecimientos, clasificados según su confort, se citan por orden de preferencia dentro de cada categoría.

Categorías

	XXXXX	*Gran lujo y tradición*
	XXXX	*Gran confort*
	XXX	*Muy confortable*
	XX	*Confortable*
	X	*Sencillo pero confortable*
		Sencillo pero correcto
		Bar de tapas
		Otros tipos de alojamiento recomendados (Turismo Rural, Turismo de Habitação, Agroturismo)
sin rest.	sem rest.	*El hotel no dispone de restaurante*
con hab	com qto	*El restaurante tiene habitaciones*

Atractivo y tranquilidad

Ciertos establecimientos se distinguen en la guía por los símbolos en rojo que indicamos a continuación. La estancia en estos hoteles es especialmente agradable o tranquila.

Esto puede deberse a las características del edificio, a la decoración original, al emplazamiento, a la acogida y a los servicios que ofrece, o también a la tranquilidad del lugar.

...	*Hoteles agradables*
XXXXX ... X,	*Restaurantes agradables*
	Hotel muy tranquilo, o aislado y tranquilo
	Hotel tranquilo
mar	*Vista excepcional*
	Vista interesante o extensa

Las localidades que poseen establecimientos agradables o muy tranquilos están señaladas en los mapas de las páginas 108 a 117, 934 y 935. Consúltenos para la preparación de sus viajes y envíenos sus impresiones a su regreso. Así nos ayudará en nuestra selección.

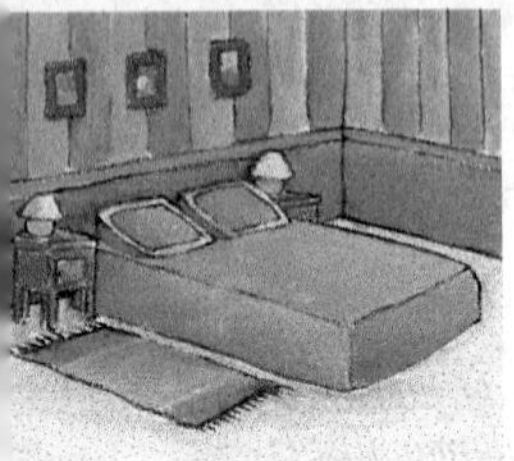

La instalación

Las habitaciones de los hoteles que recomendamos poseen, en general, cuarto de baño completo. No obstante puede suceder que en las categorías [casa], [árbol] y [tejado] algunas habitaciones carezcan de él.

30 hab/30 qto	*Número de habitaciones*
[símbolo]	*Ascensor*
[símbolo]	*Aire acondicionado*
TV	*Televisión en la habitación*
[símbolo]	*Establecimiento con zona reservada para no fumadores*
[símbolo]	*Toma de Modem en la habitación*
[símbolo]	*Habitaciones adaptadas para minusválidos*
[símbolo]	*Comidas servidas en el jardín o en la terraza*
[símbolo]	*Fitness club (gimnasio, sauna...)*
[símbolo] [símbolo]	*Piscina al aire libre – cubierta*
[símbolo] [símbolo]	*Playa equipada – Jardín*
[símbolo] 18	*Tenis – Golf y número de hoyos*
[símbolo] 25/150	*Salas de conferencias: capacidad de las salas*
[símbolo]	*Garaje en el hotel (generalmente de pago)*
P	*Aparcamiento reservado a la clientela*
[símbolo]	*Prohibidos los perros (en todo o en parte del establecimiento)*
mayo-octubre *maio-outubro*	*Período de apertura comunicado por el hotelero*
temp.	*Apertura probable en temporada sin precisar fechas. Sin mención, el establecimiento está abierto todo el año*
[símbolo] 28 012 [símbolo] 1 200 [símbolo] 4 150-130	*Código postal*

La mesa

Las estrellas

Algunos establecimientos merecen ser destacados por la calidad de su cocina. Los distinguimos con ***las estrellas de buena mesa.***

En estos casos indicamos tres especialidades culinarias que pueden orientarles en su elección.

✿✿✿ **Una de las mejores mesas, justifica el viaje**
Cocina del más alto nivel, generalmente excepcional. Grandes vinos, servicio impecable, marco elegante... Precio en consonancia.

✿✿ **Mesa excelente, vale la pena desviarse**
Especialidades y vinos selectos... Cuente con un gasto en proporción.

✿ **Muy buena mesa en su categoría**
La estrella indica una buena etapa en su itinerario. Pero no compare la estrella de un establecimiento de lujo, de precios altos, con la de un establecimiento más sencillo en el que, a precios razonables, se sirve también una cocina de calidad.

El "Bib Gourmand"

Buenas comidas a precios moderados

Hemos realizado una selección de restaurantes que ofrecen, con una acertada relación calidad-precio, una buena comida, generalmente de tipo regional, para cuando Vd. desee encontrar establecimientos más sencillos a precios moderados.

Estos restaurantes se señalan con el "Bib Gourmand" *y* Comida *(España y Andorra), o el* "Bib Gourmand" *y* Refeição *(Portugal). Ej.* Comida 30, Refeição 25.

Consulte las listas y los mapas con estrellas ✿✿✿, ✿✿, ✿ y con "Bib Gourmand"*, páginas 98 a 117, 934 a 935.*

Los vinos: ver páginas 89 y 937

El alojamiento

El "Bib Hotel"

Grato descanso a precio moderado

¿Desea encontrar un hotel práctico y acogedor, con un cierto nivel de calidad y a un precio razonable ?
Los establecimientos seleccionados poseen habitaciones dobles a menos de 65 € en grandes ciudades y zonas turísticas, y a menos de 55 € en el resto de localidades, sin incluir el desayuno.

Están indicados con el "Bib Hotel" *y* hab/qto.
Ej. 25 hab/qto 42/65 *en grandes ciudades y zonas turísticas.*
Ej. 25 hab/qto 38/55 *en el resto de localidades.*

Consulte la lista de los "Bib Hotel", *páginas 102 y 930 y localícelos en los mapas, páginas 108 a 117, 934 y 935.*

Los precios

Los precios que indicamos en esta guía nos fueron proporcionados en el verano de 2004 y se aplican en ***temporada alta****. Pueden producirse modificaciones debidas a variaciones de los precios de bienes y servicios. El servicio está incluido.*
En España el I.V.A. se añadirá al total de la factura (7 %), salvo en Andorra (exento),
Canarias (4,5 % I.G.I.C.),
Ceuta y Melilla (4 % I.P.S.I.).
En Portugal (12 %) ya está incluido.

En algunas ciudades y con motivo de ciertas manifestaciones comerciales o turísticas (ferias, fiestas religiosas o patronales...), los precios indicados por los hoteleros pueden sufrir importantes aumentos.

Los hoteles y restaurantes figuran en negrita cuando los hoteleros nos han señalado todos sus precios comprometiéndose, bajo su responsabilidad, a respetarlos ante los turistas de paso portadores de nuestra Guía.

En temporada baja, algunos establecimientos ofrecen condiciones ventajosas, infórmese al reservar.

Entre en el hotel o en el restaurante con su Guía en la mano, demostrando así, que ésta le conduce allí con confianza.

Comidas

Comida 15,05
Refeição 11,45

Menú a precio fijo
Almuerzo o cena servido a las horas habituales

carta 19,25 a 34,85
lista 13,95 a 23,45

Comida a la carta
El primer precio corresponde a una comida normal que comprende: entrada, plato fuerte del día y postre.
El 2º precio se refiere a una comida más completa (con especialidad de la casa) que comprende: dos platos y postre

Tapa 2,40 — *Precio de una tapa*

Ración aprox. 8,40 — *Precio de una ración*

Habitaciones

hab 34,85/54 **qto** 27,45/45	*Precio de una habitación individual / Precio de una habitación doble en temporada alta*
Suites, apartamentos	*Consulte al hotelero*
hab 42,05/66,10 **qto** 34,45/49,85	*Precio de la habitación con desayuno incluido*
5,40	*Precio del desayuno*

Pensión

PA 27,85	*Precio de la Pensión Alimenticia (desayuno, comida y cena).*

El precio de la pensión completa se obtendrá añadiendo al importe de la habitación el de la Pensión Alimenticia por persona y día. Conviene concretar de antemano los precios con el hotelero.

Las arras

Algunos hoteleros piden una señal al hacer la reserva. Se trata de un depósito-garantía que compromete tanto al hotelero como al cliente. Conviene precisar con detalle las cláusulas de esta garantía.

Tarjetas de crédito

Tarjetas de crédito aceptadas por el establecimiento:

AE	*American Express – Diners Club – MasterCard (Eurocard)*
VISA JCB	*Visa – Japan Credit Bureau*

Las poblaciones

28000	Código postal
✉ 7800 Beja	Código postal y Oficina de Correos distribuidora
P	Capital de Provincia
577 M 27	Mapa Michelin y coordenadas
24 000 h.	Población
alt. 175	Altitud de la localidad
3	Número de teleféricos o telecabinas
7	Número de telesquíes o telesillas
AX A	Letras para localizar un emplazamiento en el plano
18	Golf y número de hoyos
✳ ≤	Panorama, vista
	Aeropuerto
	Localidad con servicio Auto-Expreso. Información en el número indicado
	Transportes marítimos
i	Información turística

Las curiosidades

Grado de interés

- ★★★ *De interés excepcional*
- ★★ *Muy interesante*
- ★ *Interesante*

Situación de las curiosidades

- Ver — *En la población*
- Alred./Arred. — *En los alrededores de la población*
- Excurs. — *Excursión en la región*
- *Norte, Sur-Sul, Este, Oeste* — *La curiosidad está situada: al Norte, al Sur, al Este, al Oeste*
- ①, ④ — *Salir por la salida ① o ④, localizada por el mismo signo en el plano*
- *6 km* — *Distancia en kilómetros*

El coche, los neumáticos

Marcas de automóviles

Al final de la Guía encontrará una relación de las principales marcas de automóviles. En caso de avería, en el teléfono indicado le facilitarán la dirección del concesionario más cercano.

Velocidad máxima autorizada

	Autopista	*Carretera*	*Población*
España / *Andorra* / *Portugal*	*120 km/h*	*90/100 km/h*	*50 km/h*

El uso del cinturón de seguridad es obligatorio delante y detrás.

Sus neumáticos

Para cualquier tema relacionado con sus neumáticos Michelin, diríjase a la División Comercial Michelin en Tres Cantos (Madrid), Servicio de Atención al Cliente, teléfono **902 209 230** *de 9 a 19 h., donde le facilitaremos los consejos e informaciones necesarios.*

Internet : **www.michelin.es**

E-mail : **cliente@es.michelin.com**

"Los Automóvil Club"

RACE — *Real Automóvil Club de España*
RACC — *Reial Automòbil Club de Catalunya*
RACVN — *Real Automóvil Club Vasco Navarro*
RACV — *Real Automóvil Club de Valencia*
ACA — *Automóvil Club de Andorra*
ACP — *Automóvel Club de Portugal*

Ver las direcciones y los números de teléfono en el texto de las localidades correspondientes.

Los mapas de alrededores

No olvide consultarlos

Si busca un buen establecimiento, por ejemplo, en los alrededores de Santander :

Consulte el mapa que acompaña al plano de la ciudad.

En el "mapa de alrededores" (página de al lado) figuran todas las localidades citadas en la Guía que se encuentran en las proximidades de la ciudad escogida, principalmente las situadas en un radio de 40 km (límite de color).

Los "mapas de alrededores" permiten localizar rápidamente todos los establecimientos seleccionados en la Guía cercanos a las metrópolis regionales.

Nota:

Cuando una localidad figura en un "mapa de alrededores", la metrópoli a la que pertenece está impresa en color AZUL en la línea de distancias entre ciudades.

Ejemplo:

COMILLAS figurará en el "mapa de alrededores" de SANTANDER.

COMILLAS *39520 Cantabria* 572 B 17 – *2 461 h. – Playa.*
Ver : *Pueblo pintoresco*★.
Aldea 6 ☎ 942 72 07 68.
Madrid 412 – Burgos 169 – Oviedo 152 – Santander 43.

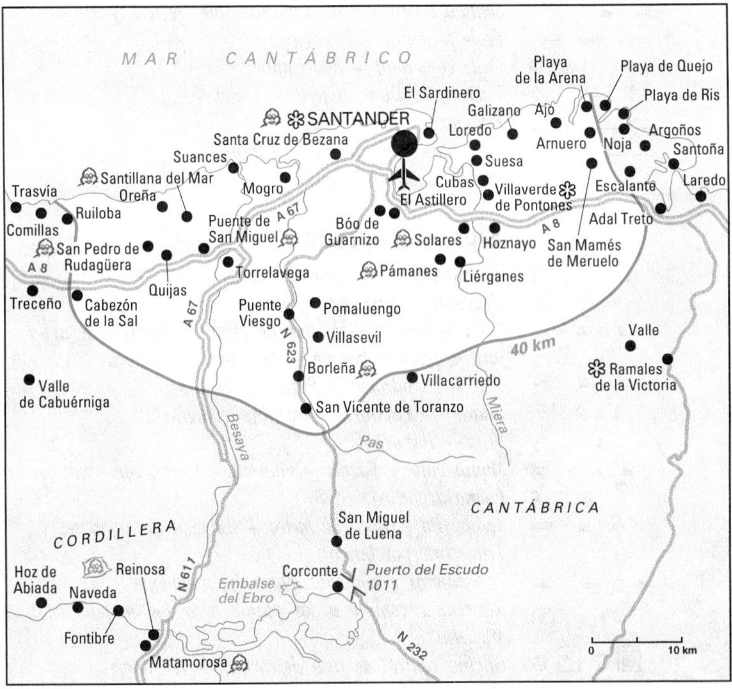

Todos los "mapas de alrededores" se pueden localizar en las mapas temáticos páginas 108 a 117, 934 y 935.

Los planos

Hoteles
Restaurantes, Bares de tapas

Curiosidades

Edificio interesante
Edificio religioso interesante

Vías de circulación

Autopista, autovía
número del acceso : completo-parcial
Vía importante de circulación
Sentido único – Calle impracticable, de uso restringido
Calle peatonal – Tranvía
Colón P *Calle comercial – Aparcamiento*
Puerta – Pasaje cubierto – Túnel
Estación y línea férrea
Funicular – Teleférico, telecabina
B *Puente móvil – Barcaza para coches*

Signos diversos

Oficina de Información de Turismo
Mezquita – Sinagoga
Torre – Ruinas – Molino de viento – Depósito de agua
Jardín, parque, bosque – Cementerio – Crucero
Golf – Hipódromo – Plaza de toros
Estadio – Piscina al aire libre, cubierta
Vista – Panorama
Monumento – Fuente – Fábrica – Centro comercial
Puerto deportivo – Faro
Aeropuerto – Boca de metro – Estación de autobuses
Transporte por barco :
pasajeros y vehículos, pasajeros solamente
③ *Referencia común a los planos y a los mapas detallados Michelin*
Oficina central de lista de correos – Teléfonos
Hospital – Mercado cubierto
Edificio público localizado con letra :
D H J *- Diputación – Ayuntamiento – Palacio de Justicia*
G *- Delegación del Gobierno (España), Gobierno del distrito (Portugal)*
M T U *- Museo – Teatro – Universidad, Escuela Superior*
POL. *- Policía (en las grandes ciudades : Jefatura)*
Guardia Civil (España)
GNR *Guarda Nacional Republicana (Portugal)*

B. Kaufmann / Michelin

- ☐ a. *Estudios de Hollywood (California)*
- ☐ b. *Mini Hollywood de Tabernas (España)*
- ☐ c. *Estudios Atlas de Uarzazat (Marruecos)*

¿Quiere saber la solución?
¡Sólo tiene que abrir La Guía Verde Michelin!

- todo lo que hay que ver y hacer in situ
- los mejores itinerarios
- numerosos consejos prácticos
- las direcciones indispensables

La Guía Verde en busca de nuevos horizontes

E. Baret / Michelin - (06 - Roubion)

- ☐ a. *Departamental D-17*
- ☐ b. *Nacional N-202*
- ☐ c. *Departamental D-30*

¿QUIERE SABER CÓMO SE LLEGA?

¡SÓLO TIENE QUE ABRIR UN MAPA MICHELIN!

Gracias a su precisión y claridad, los mapas Nacionales, Regionales, Locales o Zoom y los Atlas Michelin le permiten seguir el mejor itinerario y encontrar fácimente su camino.

O Guia Michelin propõe-lhe, para cada categoria de conforto e de preço, uma selecção dos melhores hotéis e restaurantes. Esta selecção é levada a cabo por uma equipa de inspectores, todos eles profissionais da hotelaria, que percorrem o país durante todo o ano para visitar novos estabelecimentos e verificar que as prestações dos que já estão mencionados continuam a manter a qualidade e a regularidade. Os inspectores da Michelin trabalham sempre no anonimato para preservar a sua independência.

As infra-estruturas e serviços aparecem assinalados por símbolos, numa linguagem internacional que lhe permitirá ver rapidamente se um hotel tem estacionamento ou piscina. Para tirar o melhor partido a toda esta informação não deixe de ler a introdução. Um pequeno texto descreve as principais características de cada estabelecimento.

A inscrição no guia é totalmente gratuita. Todos os anos, os hoteleiros e restauradores mencionados preenchem um questionário no qual assinalam as suas datas de abertura e preços para o ano seguinte. Em cada edição actualizam-se à roda de 100.000 dados (novos estabelecimentos, mudanças de tarifas, datas de abertura).

Também são duma inestimável ajuda os quase 45.000 correios electrónicos e cartas que recebemos em cada ano com os comentários e sugestões dos nossos leitores de toda Europa.

Agradecemos desde já a sua colaboração e só nos resta desejar-lhe uma boa viagem com o Guia Michelin 2005.

Consulte o ***Guía Michelin*** *em*
www.Viamichelin.es
e escreva-nos a :
laguiamichelin-esport@es.michelin.com

Sumário

A escolha de um hotel, de um restaurante

Este Guia propõe uma selecção de hotéis e restaurantes para servir o automobilista de passagem. Os estabelecimentos classificados, segundo o seu conforto, estão indicados por ordem de preferência dentro de cada categoria.

Classe e conforto

	XXXXX	*Grande luxo e tradição*
	XXXX	*Grande conforto*
	XXX	*Muito confortável*
	XX	*Confortável*
	X	*Simples, mas confortável*
		Simples, mas aceitável
		Bar de tapas
		Outros tipos de alojamento recomendados (Turismo Rural, Turismo de Habitação, Agroturismo)
sin rest.	sem rest.	*O hotel não tem restaurante*
con hab	com qto	*O restaurante tem quartos*

Atractivos e tranquilidade

A estadia em certos hotéis torna-se por vezes particularmente agradável ou repousante. Isto deve-se, por um lado às características do edifício, à decoração original, à localização, ao acolhimento e aos serviços prestados, e por outro lado à tranquilidade dos locais. Tais estabelecimentos distinguem-se no Guia pelos símbolos a vermelho que abaixo se indicam.

 *Hotéis agradáveis*

XXXXX ... X, *Restaurantes agradáveis*

Hotel muito tranquilo, ou isolado e tranquilo

 *Hotel tranquilo*

mar *Vista excepcional*

Vista interessante ou ampla

As localidades que possuem hotéis e restaurantes agradáveis ou muito tranquilos encontram-se nos mapas nas páginas 108 a 117, 934 e 935. Consulte-as para a preparação das suas viagens e dê-nos as suas impressões quando regressar. Assim facilitará a nossa seleção.

A instalação

Os quartos dos hotéis que lhe recomendamos têm em geral casa de banho completa. No entanto pode acontecer que certos quartos, nas categorias , e , não a tenham.

30 hab/30 qto	*Número de quartos*
	Elevador
	Ar condicionado
TV	*Televisão no quarto*
	Estabelecimento com zona reservada para não fumadores
	Toma de Modem no quarto
	Quartos habilitados para deficientes físicos
	Refeições servidas no jardim ou na esplanada
	Fitness club
	Piscina ao ar livre ou coberta
	Praia equipada – Jardim de repouso
	Ténis
18	*Golfe e número de buracos*
25/150	*Salas de conferências: capacidade mínima e máxima das salas*
	Garagem (geralmente a pagar)
P	*Parque de estacionamento reservado aos clientes*
	Proibido a cães: em todo ou em parte do estabelecimento
maio-outubro *mayo-octubre*	*Período de abertura comunicado pelo hoteleiro*
temp.	*Abertura provável na época mas sem datas precisas. Os estabelecimentos abertos todo o ano são os que não têm qualquer menção*
28 012 / 1 200 / 4 150-130	*Código postal*

A mesa

As estrelas

Entre os numerosos estabelecimentos recomendados neste guia, alguns merecem ser assinalados pela qualidade da sua cozinha. Nós classificamo-los por **estrelas**.

Indicamos, para esses estabelecimentos, três especialidades culinárias que poderão orientar-vos na escolha.

✿✿✿ **Uma das melhores mesas, vale a viagem**
Come-se sempre muito bem e por vezes maravilhosamente. Vinhos de marca, serviço impecável, ambiente elegante... Preços em conformidade.

✿✿ **Uma mesa excelente, merece um desvio**
Especialidades e vinhos seleccionados; deve estar preparado para uma despesa em concordância.

✿ **Uma muito boa mesa na sua categoria**
A estrela marca uma boa etapa no seu itinerário. Mas não compare a estrela dum estabelecimento de luxo com preços elevados com a estrela duma casa mais simples onde, com preços razoáveis se serve também uma cozinha de qualidade.

O "Bib Gourmand"

Refeições cuidadas a preços moderados

Deseja por vezes encontrar refeições mais simples a preços moderados, por isso nós seleccionamos restaurantes propondo por um lado uma relação qualidade-preço particularmente favorável, por outro uma refeição cuidada frequentemente de tipo regional.

Estes restaurantes estão sinalizados por o **"Bib Gourmand"** *e* Comida *(Espanha e Andorra) ou o* **"Bib Gourmand"** *e* Refeição *(Portugal).*
Exemplo: Comida 30, Refeição 25.

Consulte as listas e os mapas com estrelas ✿✿✿, ✿✿, ✿ e com **"Bib Gourmand"**, *páginas 98 a 117, 934 a 935.*

Os vinhos : ver páginas 89 e 937

O alojamento

O "Bib Hotel"

Grato descanso a preço moderado

Deseja encontrar um hotel prático e acolhedor com um certo nível de qualidade e a um preço razoável ? Os estabelecimentos seleccionados dispõem de quartos duplos a menos de 65 € nas grandes cidades e zonas turísticas, e a menos de 55 € no resto das localidades, pequeno almoço não incluído.

Estão indicados por o "Bib Hotel" *e* hab/qto.
Ex. 25 hab/qto 42/65 *nas grandes cidades e zonas turísticas.*
Ex. 25 hab/qto 38/55 *no resto das localidades.*

Consulte a lista dos "Bib Hotel", *páginas 102 e 930 e veja a sua localização nos mapas, páginas 108 a 117, 934 e 935.*

Os preços

Os preços indicados neste Guia foram estabelecidos no verão de 2004 e são preços de ***época alta****. Podem portanto ser modificados, nomeadamente se se verificarem alterações no custo de vida ou nos preços dos bens e serviços. Em Espanha o I.V.A. será aplicado à totalidade da factura (7 %), salvo em Andorra (isento), Canarias (4,5 % I.G.I.C.), Ceuta e Melilla (4 % I.P.S.I.). Em Portugal (12 %) já está incluído.*

Em algumas cidades, por ocasião de manifestações comerciais ou turísticas os preços pedidos pelos hotéis poderão sofrer aumentos consideráveis.

Quando os hotéis e restaurantes figuram em carácteres destacados, significa que os hoteleiros nos deram todos os seus preços e se comprometeram sob a sua própria responsabilidade, a aplicá-los aos turistas de passagem, portadores do nosso Guia.

Em época baixa alguns estabelecimentos oferecem condições vantajosas, informe-se ao fazer a reserva.

Entre no hotel ou no restaurante com o Guia na mão e assim mostrará que ele o conduziu com confiança.

Refeições

Comida 15,05
Refeição 11,45

Preço fixo

Preço da refeição servida às horas normais

carta 19,25 a 34,85
lista 13,95 a 23,45

Refeições à lista

O primeiro preço corresponde a uma refeição simples, mas esmerada, compreendendo: entrada, prato do dia guarnecido e sobremesa. O segundo preço, refere-se a uma refeição mais completa (com especialidade), compreendendo: dois pratos e sobremesa.

Tapa 2,40 — *Preço de uma tapa*

Ración aprox. 8,40 — *Preço de uma porção*

Quartos

hab 34,85/54 **qto** 27,45/45	*Preço para um quarto individual / Preço para um quarto duplo em época alta*
Suites, apartamentos	*Consulte o hoteleiro*
hab ☕ 42,05/66,10 **qto** ☕ 34,45/49,85	*O preço do pequeno almoço está incluído no preço do quarto*
☕ 5,40	*Preço do pequeno almoço*

Pensão

PA 27,85	*Preço das refeições (almoço e jantar). Este preço deve juntar-se ao preço do quarto individual (pequeno almoço incluído) para se obter o custo da pensão completa por pessoa e por dia. É indispensável um contacto antecipado com o hotel para se obter o custo definitivo.*

O sinal

Alguns hoteleiros pedem por vezes o pagamento de um sinal. Trata-se de um depósito de garantia que compromete tanto o hoteleiro como o cliente.

Cartões de crédito

	Principais cartões de crédito aceites no estabelecimento:
AE Diners MC VISA JCB	*American Express – Diners Club – MasterCard (Eurocard)* *Visa – Japan Credit Bureau*

As cidades

28000	*Código postal*
✉ *7800 Beja*	*Código postal e nome do Centro de Distribuição Postal*
P	*Capital de distrito*
577 M 27	*Mapa Michelin e coordenada*
24 000 h.	*População*
alt. 175	*Altitude da localidade*
3	*Número de teleféricos ou telecabinas*
7	*Número de teleskis ou telecadeiras*
AX **A**	*Letras determinando um local na planta*
18	*Golfe e número de buracos*
	Panorama, vista
	Aeroporto
	Localidade com serviço de transporte de viaturas em caminho-de-ferro. Informações pelo número de telefone indicado
	Transportes marítimos
	Informação turística

As curiosidades

Interesses

★★★	*De interesse excepcional*
★★	*Muito interessante*
★	*Interessante*

Localização

Ver	*Na cidade*
Alred./Arred.	*Nos arredores da cidade*
Excurs.	*Excursões pela região*
Norte, Sul-Sur, Este, Oeste	*A curiosidade está situada: a Norte, a Sul, a Este, a Oeste*
①, ④	*Chega-se lá pela saída ① ou ④, assinalada pelo mesmo sinal na planta*
6 km	*Distância em quilómetros*

O automóvel, os pneus

Marcas de automóveis

No final do Guia existe uma lista das principais marcas de automóveis. Em caso de avaria, o endereço do mais próximo agente da marca pretendida ser-lhe-á comunicado se ligar para o número de telefone indicado.

Velocidade: límites autorizados

	Auto-estrada	*Estrada*	*Localidade*
Espanha, Andorra, Portugal	*120 km/h*	*90/100 km/h*	*50 km/h*

O uso do cinto de segurança é obrigatório para todos os ocupantes do veículo.

Os seus pneus

Para qualquer assunto relacionado com os seus pneus Michelin, dirija-se à Divisão Comercial Michelin em Tres Cantos (Madrid), Serviço de Atenção ao Cliente, telefone **902 209 230** *de 9 a 19 h., onde lhe proporcionaremos os conselhos e informações necessários.*

Internet : **www.michelin.es**

E-mail : **cliente@es.michelin.com**

Automóvel clubes

RACE	*Real Automóvil Club de España*
RACC	*Reial Automòbil Club de Catalunya*
RACVN	*Real Automóvil Club Vasco Navarro*
RACV	*Real Automóvil Club de Valencia*
ACA	*Automóvil Club de Andorra*
ACP	*Automóvel Club de Portugal*

Ver no texto da maior parte das grandes cidades o endereço e o número de telefone de cada um dos Clubes Automóvel.

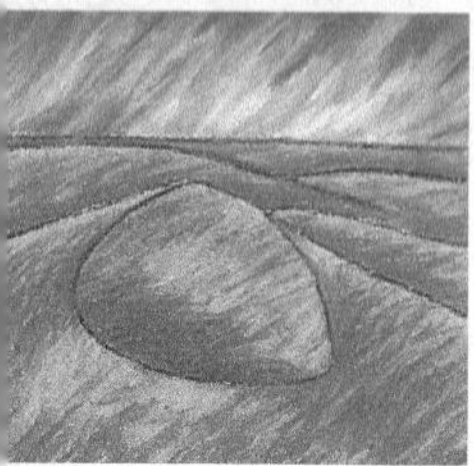

Os mapas de arredores

Não esqueça de consultá-los

Se procura um bom estabelecimento, por exemplo, nos arredores de Santander :

Consulte o mapa que acompanha a planta da cidade.

No "mapa de arredores" (página do lado) aparecem todas as localidades citadas no Guia que se encontram nas proximidades da cidade escolhida, principalmente situadas num raio de 40 km (limite de côr).

Os "mapas de arredores" permitem localizar rápidamente todos os estabelecimentos seleccionados no Guia perto das metrópoles regionais.

Anotação:

Quando uma localidade aparece num "mapa de arredores", a metrópole a qual esta pertence, está impressa na côr AZUL na linha de distâncias entre cidades.

Exemplo:

COMILLAS será indicado no "mapa de arredores" de SANTANDER.

COMILLAS *39520 Cantabria 572 B 17 – 2 461 h. – Playa.*
Ver : *Pueblo pintoresco★.*
Aldea 6 ☎ 942 72 07 68.
Madrid 412 – Burgos 169 – Oviedo 152 – Santander 43.

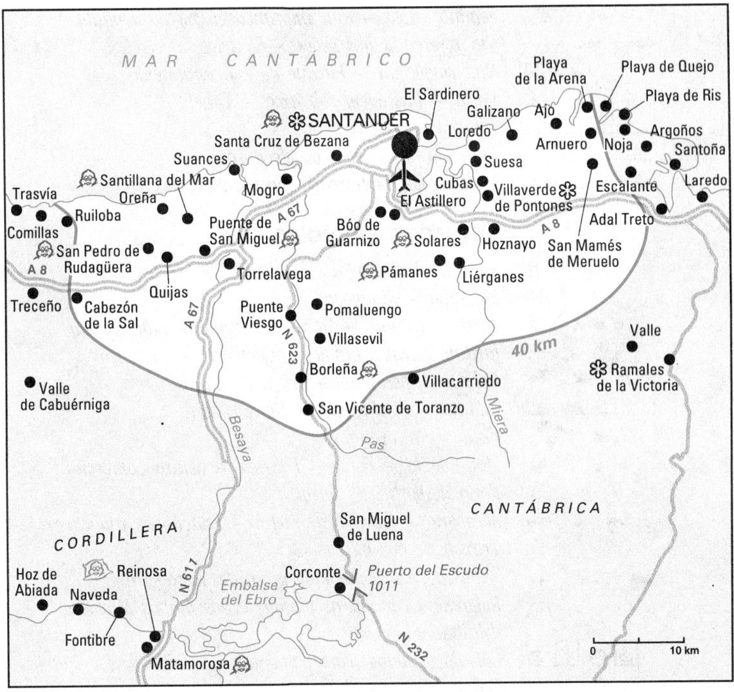

Todos os "mapas de arredores" estão indicados nos mapas temáticos páginas 108 a 117, 934 e 935.

As plantas

Hotéis
Restaurantes, Bares de tapas

Curiosidades

Edifício interessante
Edifício religioso interessante

Vias de circulação

Auto-estrada, estrada com faixas de rodagem separadas
- número do nó de acesso: completo-parcial
Grande via de circulação
Sentido único – Rua impraticável, regulamentada
Via reservada aos peões – Eléctrico
Colón *Rua comercial – Parque de estacionamento*
Porta – Passagem sob arco – Túnel
Estação e via férrea
Funicular – Teleférico, telecabine
Ponte móvel – Barcaça para automóveis

Diversos símbolos

Posto de Turismo
Mesquita – Sinagoga
Torre – Ruínas – Moinho de vento – Mãe d'água
Jardim, parque, bosque – Cemitério – Cruzeiro
Golfe – Hipódromo – Praça de touros
Estádio – Piscina ao ar livre, coberta
Vista – Panorama
Monumento – Fonte – Fábrica – Centro Comercial
Porto desportivo – Farol
Aeroporto – Estação de metro – Estação de autocarros
Transporte por barco:
passageiros e automóveis, só de passageiros
③ *Referência comum às plantas e aos mapas Michelin detalhados*
Correio principal com posta-restante – Telefone
Hospital – Mercado coberto
Edifício público indicado por letra:
D H J *- Conselho provincial – Câmara municipal – Tribunal*
G *- Delegação do Governo (Espanha), Governo civil (Portugal)*
M T U *- Museu – Teatro – Universidade, Grande Escola*
POL. *- Polícia (nas cidades principais: esquadra central)*
Guardia Civil (Espanha)
GNR *Guarda Nacional Republicana (Portugal)*

*Le Guide Michelin vous propose,
dans chaque catégorie de confort et de prix,
une sélection des meilleurs hôtels et restaurants.
Cette sélection est effectuée par une équipe d'inspecteurs,
professionnels de formation hôtelière, qui sillonnent
le pays toute l'année pour visiter de nouveaux
établissements et ceux déjà cités afin d'en vérifier
la qualité et la régularité des prestations.
Salariés Michelin, les inspecteurs travaillent
en tout anonymat et en toute indépendance.*

*Les équipements et services sont signalés
par des symboles, langage international
qui vous permet de voir en un coup d'œil
si un hôtel dispose, par exemple, d'un parking
ou d'une piscine. Pour bien profiter
de cette très riche source d'information,
plongez-vous dans l'introduction.
Un texte décrivant l'atmosphère de l'hôtel
ou du restaurant complète ces renseignements.*

*L'inscription dans le guide est totalement gratuite.
Chaque année, les hôteliers et restaurateurs cités
remplissent le questionnaire qui leur est envoyé,
nous fournissant les dates d'ouverture
et les prix pour l'année à venir.
Près de 100 000 informations sont mises à jour
pour chaque édition (nouveaux établissements,
changements de tarif, dates d'ouverture).*

*Une grande aide vient aussi des commentaires
des lecteurs avec près de 45 000 lettres et Email
par an, pour toute l'Europe.*

*Merci d'avance pour votre participation
et bon voyage avec le Guide Michelin 2005.*

Consultez le Guide Michelin sur
www.Viamichelin.es
et écrivez-nous à :
laguiamichelin-esport@es.michelin.com

Sommaire

Le choix d'un hôtel, d'un restaurant

Ce guide vous propose une sélection d'hôtels et restaurants établie à l'usage de l'automobiliste de passage. Les établissements, classés selon leur confort, sont cités par ordre de préférence dans chaque catégorie.

Catégories

	XXXXX	*Grand luxe et tradition*
	XXXX	*Grand confort*
	XXX	*Très confortable*
	XX	*De bon confort*
	X	*Assez confortable*
		Simple mais convenable
		Bar à tapas
		Autres formes d'hébergement conseillées (Turismo Rural, Turismo de Habitação, Agroturismo)
sin rest.	sem rest.	*L'hôtel n'a pas de restaurant*
con hab	com qto	*Le restaurant possède des chambres*

Agrément et tranquillité

Certains établissements se distinguent dans le guide par les symboles rouges indiqués ci-après. Le séjour dans ces hôtels se révèle particulièrement agréable ou reposant. Cela peut tenir d'une part au caractère de l'édifice, au décor original, au site, à l'accueil et aux services qui sont proposés, d'autre part à la tranquillité des lieux.

...	*Hôtels agréables*
XXXXX ... X,	*Restaurants agréables*
	Hôtel très tranquille ou isolé et tranquille
	Hôtel tranquille
mar	*Vue exceptionnelle*
	Vue intéressante ou étendue.

Les localités possédant des établissements agréables ou très tranquilles sont repérées sur les cartes pages 108 à 117, 934 et 935. Consultez-les pour la préparation de vos voyages et donnez-nous vos appréciations à votre retour, vous faciliterez ainsi nos enquêtes.

L'installation

Les chambres des hôtels que nous recommandons possèdent, en général, des installations sanitaires complètes. Il est toutefois possible que dans les catégories, et certaines chambres en soient dépourvues.

30 hab/30 qto	*Nombre de chambres*
	Ascenseur
	Air conditionné
TV	*Télévision dans la chambre*
	Établissement en partie réservé aux non-fumeurs
	Prise Modem dans la chambre
	Chambres accessibles aux handicapés physiques
	Repas servis au jardin ou en terrasse
	Salle de remise en forme
	Piscine de plein air ou couverte
	Plage aménagée – Jardin de repos
18	*Tennis – Golf et nombre de trous*
25/150	*Salles de conférences : capacité des salles*
	Garage dans l'hôtel (généralement payant)
P	*Parking réservé à la clientèle*
	Accès interdit aux chiens (dans tout ou partie de l'établissement)
mayo-octubre maio-outubro	*Période d'ouverture, communiquée par l'hôtelier*
temp.	*Ouverture probable en saison mais dates non précisées. En l'absence de mention, l'établissement est ouvert toute l'année.*
28 012 1 200 4 150-130	*Code postal*

La table

Les étoiles

Certains établissements méritent d'être signalés à votre attention pour la qualité de leur cuisine. Nous les distinguons par **les étoiles de bonne table.**

Nous indiquons, pour ces établissements, trois spécialités culinaires qui pourront orienter votre choix.

✿✿✿ **Une des meilleures tables, vaut le voyage**

On y mange toujours très bien, parfois merveilleusement. Grands vins, service impeccable, cadre élégant... Prix en conséquence.

✿✿ **Table excellente, mérite un détour**

Spécialités et vins de choix... Attendez-vous à une dépense en rapport.

✿ **Une très bonne table dans sa catégorie**

L'étoile marque une bonne étape sur votre itinéraire. Mais ne comparez pas l'étoile d'un établissement de luxe à prix élevés avec celle d'une petite maison où à prix raisonnables, on sert également une cuisine de qualité.

Le "Bib Gourmand"

Repas soignés à prix modérés

Vous souhaitez parfois trouver des tables plus simples, à prix modérés ; c'est pourquoi nous avons sélectionné des restaurants proposant, pour un rapport qualité-prix particulièrement favorable, un repas soigné, souvent de type régional.

Ces restaurants sont signalés par le **"Bib Gourmand"** *et* Comida *(Espagne et l'Andorre) ou le* **"Bib Gourmand"** *et* Refeição *(Portugal) ; Ex.* Comida 30, Refeição 25.

Consultez les listes et les cartes des étoiles ✿✿✿, ✿✿, ✿ et des "Bib Gourmand"*, pages 108 à 117, 934 et 935.*

Les vins : voir pages 89 et 937

L'hébergement

Le "Bib Hôtel"

Bonnes nuits à petits prix

Vous cherchez un hôtel pratique et accueillant offrant une prestation de qualité à prix raisonnable ? Ces adresses possèdent une majorité de chambres pour deux personnes, petit déjeuner non compris, à moins de 55 € en province et moins de 65 € en ville et stations touristiques importantes.

Elles vous sont signalées par le "Bib Hôtel" *et* hab/qto.

Ex. 25 hab/qto 38/55 *en province.*

Ex. 25 hab/qto 42/65 *en ville et stations touristiques importantes.*

Consultez la liste des "Bib Hôtel", *pages 102 et 930 et repérez-les sur les cartes, pages 108 à 117, 934 et 935.*

Les prix

Les prix que nous indiquons dans ce guide ont été établis en été 2004 et s'appliquent à ***la haute saison****. Ils sont susceptibles de modifications, notamment en cas de variations des prix des biens et services. Ils s'entendent service compris.*

En Espagne la T.V.A. (I.V.A.) sera ajoutée à la note (7 %), sauf en Andorre (pas de T.V.A.), aux Canaries (4,5 % I.G.I.C.), Ceuta et Melilla (4 % I.P.S.I.). Au Portugal (12 %) elle est comprise dans les prix.

Dans certaines villes, à l'occasion de manifestations commerciales ou touristiques, les prix demandés par les hôteliers risquent d'être considérablement majorés.

Les hôtels et restaurants figurent en gros caractères lorsque les hôteliers nous ont donné tous leurs prix et se sont engagés, sous leur propre responsabilité, à les appliquer aux touristes de passage porteurs de notre Guide.

Hors saison, certains établissements proposent des conditions avantageuses, renseignez-vous lors de votre réservation.

Entrez à l'hôtel le Guide à la main, vous montrerez ainsi qu'il vous conduit là en confiance.

Repas

Comida 15,05
Refeição 11,45

Menu à prix fixe
Prix du menu servi aux heures normales

carta 19,25 a 34,85
lista 13,95 a 23,45

Repas à la carte
Le premier prix correspond à un repas normal comprenant : entrée, plat garni et dessert.
Le 2e prix concerne un repas plus complet (avec spécialité) comprenant : deux plats et dessert

Tapa 2,40
Prix d'une tapa

Ración aprox. 8,40
Prix d'une portion

Chambres

hab 34,85/54 **qto** 27,45/45	*Prix pour une chambre d'une personne / Prix pour une chambre de deux personnes en haute saison*
Suites, apartamentos	*Se renseigner auprès de l'hôtelier*
hab ☕ 42,05/66,10 **qto** ☕ 34,45/49,85	*Prix des chambres petit déjeuner compris*
☕ 5,40	*Prix du petit déjeuner*

Pension

PA 27,85	*Prix de la « Pensión Alimenticia » (petit déjeuner et les deux repas), à ajouter à celui de la chambre individuelle pour obtenir le prix de la pension complète par personne et par jour.* *Il est indispensable de s'entendre par avance avec l'hôtelier pour conclure un arrangement définitif.*

Les arrhes

Certains hôteliers demandent le versement d'arrhes. Il s'agit d'un dépôt-garantie qui engage l'hôtelier comme le client. Bien faire préciser les dispositions de cette garantie.

Cartes de crédit

Cartes de crédit acceptées par l'établissement :

AE ⓓ MC	*American Express – Diners Club – MasterCard (Eurocard)*
VISA JCB	*Visa – Japan Credit Bureau*

Les villes

28000	*Numéro de code postal*
✉ 7800 Beja	*Numéro de code postal et nom du bureau distributeur du courrier*
P	*Capitale de Province*
577 M 27	*Numéro de la Carte Michelin et carroyage*
24 000 h.	*Population*
alt. 175	*Altitude de la localité*
3	*Nombre de téléphériques ou télécabines*
7	*Nombre de remonte-pentes ou télésièges*
AX A	*Lettres repérant un emplacement sur le plan*
18	*Golf et nombre de trous*
	Panorama, point de vue
	Aéroport
	Localité desservie par train-auto. Renseignements au numéro de téléphone indiqué
	Transports maritimes
	Information touristique

Les curiosités

Intérêt

★★★	*Vaut le voyage*
★★	*Mérite un détour*
★	*Intéressant*

Situation

Ver	*Dans la ville*
Alred./Arred.	*Aux environs de la ville*
Excurs.	*Excursions dans la région*
Norte, Sur-Sul, Este, Oeste	*La curiosité est située : au Nord, au Sud, à l'Est, à l'Ouest*
①, ④	*On s'y rend par la sortie ① ou ④ repérée par le même signe sur le plan du Guide et sur la carte*
6 km	*Distance en kilomètres*

La voiture, les pneus

Marques automobiles

Une liste des principales marques automobiles figure en fin de Guide.
En cas de panne, l'adresse du plus proche agent de la marque vous sera communiquée en appelant le numéro de téléphone indiqué.

Vitesse : limites autorisées

	Autoroute	*Route*	*Agglomération*
Espagne, Andorre, Portugal	*120 km/h*	*90/100 km/h*	*50 km/h*

Le port de la ceinture de sécurité est obligatoire à l'avant et à l'arrière des véhicules.

Vos pneumatiques

Pour toute question concernant vos pneus Michelin, adressez-vous à la Division Commerciale Michelin à Tres Cantos (Madrid), Service d'Assistance au Client, téléphone **902 209 230** *de 9 à 19 h., où nous vous fournirons les conseils et l'information nécessaires.*

Internet : **www.michelin.es**

E-mail : **cliente@es.michelin.com**

Automobile clubs

RACE	*Real Automóvil Club de España*
RACC	*Reial Automòbil Club de Catalunya*
RACVN	*Real Automóvil Club Vasco Navarro*
RACV	*Real Automóvil Club de Valencia*
ACA	*Automóvil Club de Andorra*
ACP	*Automóvel Club de Portugal*

Voir au texte de la plupart des grandes villes, l'adresse et le numéro de téléphone de ces différents Automobile Clubs.

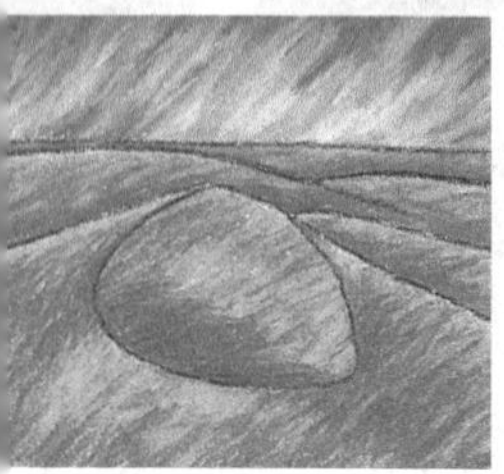

Les cartes de voisinage

Avez-vous pensé à les consulter ?

Vous souhaitez trouver une bonne adresse, par exemple, aux environs de Santander ? Consultez la carte qui accompagne le plan de la ville.

La "carte de voisinage" (ci-contre) attire votre attention sur toutes les localités citées au Guide autour de la ville choisie, et particulièrement celles situées dans un rayon de 40 km (limite de couleur).

Les "cartes de voisinage" vous permettent ainsi le repérage rapide de toutes les ressources proposées par le Guide autour des métropoles régionales.

Nota :

Lorsqu'une localité est présente sur une "carte de voisinage", sa métropole de rattachement est imprimée en BLEU sur la ligne des distances de ville à ville.

Exemple :

Vous trouverez COMILLAS sur la "carte de voisinage" de SANTANDER.

COMILLAS *39520 Cantabria* 572 B 17 – *2 461 h. – Playa.*
Ver : *Pueblo pintoresco★.*
Aldea 6 ☎ 942 72 07 68.
Madrid 412 – Burgos 169 – Oviedo 152 – Santander 43.

Toutes les « cartes de voisinage » sont localisées sur les cartes thématiques pages 108 à 117, 934 et 935.

Les plans

Hôtels

Restaurants, Bars à tapas

Curiosités

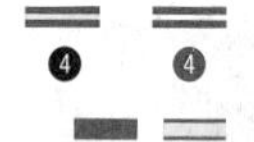

Bâtiment intéressant

Édifice religieux intéressant

Voirie

Autoroute, route à chaussées séparées

échangeur : complet, partiel, numéro

Grande voie de circulation

Sens unique – Rue impraticable, réglementée

Rue piétonne – Tramway

Colón *Rue commerçante – Parc de stationnement*

Porte – Passage sous voûte – Tunnel

Gare et voie ferrée

Funiculaire – Téléphérique, télécabine

Pont mobile – Bac pour autos

Signes divers

Information touristique

Mosquée – Synagogue

Tour – Ruines

Moulin à vent – Château d'eau

Jardin, parc, bois – Cimetière – Calvaire

Golf – Hippodrome – Arènes

Stade – Piscine de plein air, couverte

Vue – Panorama

Monument – Fontaine – Usine – Centre commercial

Port de plaisance – Phare

Aéroport – Station de métro – gare routière

Transport par bateau :

passagers et voitures, passagers seulement

Repère commun aux plans et aux cartes Michelin détaillées

Bureau principal de poste restante – Téléphone

Hôpital – Marché couvert

Bâtiment public repéré par une lettre :

D H J *- Conseil provincial – Hôtel de ville – Palais de justice*

G *- Délégation du gouvernement (Espagne), Gouvernement du district (Portugal)*

M T U *- Musée – Théâtre – Université, grande école*

POL. *- Police (commissariat central)*

Guardia Civil (Espagne)

GNR *Guarda Nacional Republicana (Portugal)*

La Guida Michelin le propone, per ogni categoria di confort e di prezzo, una selezione dei migliori alberghi e ristoranti effettuata da un'équipe di professionisti del settore. Gli ispettori, dipendenti Michelin, attraversano il paese tutto l'anno per visitare nuovi esercizi e verificare la qualità e la regolarità delle prestazioni di quelli già citati, lavorando nel più stretto anonimato e in tutta autonomia.

Le attrezzature ed i servizi sono indicati da simboli, un immediato linguaggio internazionale che ti permetterà di capire in un attimo se, per esempio, un albergo dispone di parcheggio o di piscina. Per trarre il meglio da questa ricca fonte d'informazioni, le consigliamo di consultare l'introduzione. Le indicazioni sono poi completate da un testo che descrive l'atmosfera dell'albergo o del ristorante.

L'iscrizione nella guida è completamente gratuita. Ogni anno gli albergatori e i ristoratori citati compilano un questionario inviato loro per fornirci i periodi di apertura e i prezzi per l'anno a venire. Circa 100 000 dati sono aggiornati ad ogni edizione (nuovi esercizi, variazioni di tariffe, periodi di apertura).

Di grande aiuto sono anche i commenti dei lettori che ci inviano circa 45 000 lettere ed e-mail all'anno da tutta l'Europa.

Grazie sin d'ora per la sua partecipazione e buon viaggio con la Guida Michelin 2005.

Consultate la Guida Michelin sul sito ***www.Viamichelin.es***
e scriveteci presso :
laguiamichelin-esport@es.michelin.com

Sommario

La scelta di un albergo, di un ristorante

Questa guida propone una selezione di alberghi e ristoranti per orientare la scelta, dell'automobilista. Gli esercizi, classificati in base al confort che offrono, vengono citati in ordine di preferenza per ogni categoria.

Categorie

	XXXXX	*Gran lusso e tradizione*
	XXXX	*Gran confort*
	XXX	*Molto confortevole*
	XX	*Di buon confort*
	X	*Abbastanza confortevole*
		Semplice, ma conveniente
		Bar con tapas
		Altra forme di alloggio consigliate (Turismo Rural, Turismo de Habitação, Agroturismo)
sin rest.	sem rest.	*L'albergo non ha ristorante*
con hab	com qto	*Il ristorante dispone di camere*

Amenità e tranquillità

Alcuni esercizi sono evidenziati nella guida dai simboli rossi indicati qui di seguito. Il soggiorno in questi alberghi si rivela particolarmente ameno o riposante.
Ciò può dipendere sia dalle caratteristiche dell'edificio, dalle decorazioni non comuni, dalla sua posizione e dal servizio offerto, sia dalla tranquillità dei luoghi.

...	*Alberghi ameni*
XXXXX ... X,	*Ristoranti ameni*
	Albergo molto tranquillo o isolato e tranquillo
	Albergo tranquillo
mar	*Vista eccezionale*
	Vista interessante o estesa

Le località che possiedono degli esercizi ameni o molto tranquilli sono riportate sulle carte da pagina 108 a 117, 934 e 935.
Consultatele per la preparazione dei vostri viaggi e, al ritorno, inviateci i vostri pareri ; in tal modo agevolerete le nostre inchieste.

Installazioni

Le camere degli alberghi che raccomandiamo possiedono, generalmente, delle installazioni sanitarie complete. È possibile tuttavia che nelle categorie 🏠, 🏠 *e* 🏠 *alcune camere ne siano sprovviste.*

30 hab/30 qto	*Numero di camere*
[ascensore]	*Ascensore*
[aria condizionata]	*Aria condizionata*
TV	*Televisione in camera*
[non fumatori]	*Esercizio riservato in parte ai non fumatori*
[modem]	*Presa Modem in camera*
♿	*Camere di agevole accesso per i portatori di handicap*
[terrazza]	*Pasti serviti in giardino o in terrazza*
[palestra]	*Palestra*
[piscina] [piscina coperta]	*Piscina all'aperto – coperta*
[spiaggia] [giardino]	*Spiaggia attrezzata – Giardino*
[tennis] 9	*Tennis – Golf e numero di buche*
[sale] 25/150	*Sale per conferenze: capienza minima e massima delle sale*
[garage]	*Garage nell'albergo (generalmente a pagamento)*
P	*Parcheggio riservato alla clientela*
[cani]	*Accesso vietato ai cani (in tutto o in parte dell'esercizio)*
mayo-octubre *maio-outubro*	*Periodo di apertura, comunicato dall'albergatore*
temp.	*Probabile apertura in stagione, ma periodo non precisato. Gli esercizi senza tali menzioni sono aperti tutto l'anno.*
✉ 28 012 ✉ 1 200 ✉ 4 150-130	*Codice postale*

La tavola

Le stelle

*Alcuni esercizi meritano di essere segnalati alla vostra attenzione per la qualità particolare della loro cucina ; li abbiamo evidenziati con le « **stelle di ottima tavola** ».*

Per ognuno di questi ristoranti indichiamo tre specialità culinarie che potranno aiutarvi nella scelta.

✿✿✿ **Una delle migliori tavole, vale il viaggio**

Vi si mangia sempre molto bene, a volte meravigliosamente. Grandi vini, servizio impeccabile, ambientazione accurata... Prezzi conformi.

✿✿ **Tavola eccellente, merita una deviazione**

Specialità e vini scelti... Aspettatevi una spesa in proporzione.

✿ **Un'ottima tavola nella sua categoria**

La stella indica una tappa gastronomica sul vostro itinerario.
Non mettete però a confronto la stella di un esercizio di lusso, dai prezzi elevati, con quella di un piccolo esercizio dove, a prezzi ragionevoli, viene offerta una cucina di qualità.

Il "Bib Gourmand"

Pasti accurati a prezzi contenuti

Talvolta desiderate trovare delle tavole più semplici a prezzi contenuti. Per questo motivo abbiamo selezionato dei ristoranti che, per un rapporto qualità-prezzo particolarmente favorevole, offrono un pasto accurato spesso a carattere tipicamente regionale.

Questi ristoranti sono evidenziati nel testo con il "Bib Gourmand" *e* Comida *(Spagna e Andorra) o il* "Bib Gourmand" *e* Refeição *(Portogallo), es.* Comida 30, Refeição 25.

Consultate le liste e le carte con stelle ✿✿✿, ✿✿, ✿ e con "Bib Gourmand"*, pagine 98 a 117, 934 a 935.*

I vini: vedere pagine 89 e 937

Dove alloggiare

Il "Bib Hotel"

Un buon riposo a prezzi contenuti

Cercate un albergo funzionale ed accogliente in grado di offrire una prestazione di qualità a prezzi contenuti ?
Questi esercizi dispongono di camere per due persone, prima colazione esclusa, a meno di 65 € in grandi città ed importanti stazioni turistiche, e a meno di 55 € nelle altre località.

Sono indicati con il "Bib Hotel" *e* hab/qto.
Es. 25 hab/qto 42/65 *in grandi città ed importanti stazioni turistiche.*
Es. 25 hab/qto 38/55 *in provincia.*

Consultate la lista dei "Bib Hotel", *pagine 102 e 930, e localizzateli sulle carte, pagine 108 a 117, 934 e 935.*

I prezzi

I prezzi che indichiamo in questa guida sono stati stabiliti nell'estate 2004 e si applicano in ***alta stagione****. Potranno pertanto subire delle variazioni in relazione ai cambiamenti dei prezzi di beni e servizi. Essi s'intendono comprensivi del servizio. In Spagna l'I.V.A. sarà aggiunta al conto (7 %) salvo in Andorra (non c'è l'I.V.A.), Canarie (4,5 % I.G.I.C.), Ceuta e Melilla (4 % I.P.S.I.). In Portogallo (12 %) è già compresa.*

In alcune città, in occasione di manifestazioni turistiche o commerciali, i prezzi richiesti dagli albergatori potrebbero risultare considerevolmente più alti.

Gli alberghi e i ristoranti vengono menzionati in carattere grassetto quando gli albergatori ci hanno comunicato tutti i loro prezzi e si sono impegnati, sotto la propria responsabilità, ad applicarli ai turisti di passaggio, in possesso della nostra Guida.

In bassa stagione, certi esercizi applicano condizioni più vantaggiose, informatevi al momento de la prenotazione.

Entrate nell'albergo o nel ristorante con la Guida in mano, dimostrando in tal modo la fiducia in chi vi ha indirizzato.

Pasti

Comida 15,05
Refeição 11,45

Menu a prezzo fisso
Prezzo del menu servito ad ore normali

carta 19,25 a 34,85
lista 13,95 a 23,45

Pasto alla carta
Il primo prezzo corrisponde ad un pasto semplice comprendente: antipasto, piatto con contorno e dessert.
Il secondo prezzo corrisponde ad un pasto più completo (con specialità) comprendente: due piatti e dessert.

Tapa 2,40 — *Prezzo di una tapa*

Ración aprox. 8,40 — *Prezzo di una porzione*

Camere

hab 34,85/54 **qto** 27,45/45	*Prezzo per una camera singola / Prezzo per una camera per due persone in alta stagione.*
Suites, apartamentos	*Informarsi presso l'albergatore*
hab ☕ 42,05/66,10 **qto** ☕ 34,45/49,85	*Prezzo della camera compresa la prima colazione*
☕ 5,40	*Prezzo della prima colazione*

Pensione

PA 27,85	*Prezzo della « Pensión Alimenticia » (prima colazione più due pasti) da sommare a quello della camera per una persona per ottenere il prezzo della pensione completa per persona e per giorno. E' tuttavia indispensabile prendere accordi preventivi con l'albergatore per stabilire le condizioni definitive.*

La caparra

Alcuni albergatori chiedono il versamento di una caparra. Si tratta di un deposito-garanzia che impegna tanto l'albergatore che il cliente. Vi consigliamo di farvi precisare le norme riguardanti la reciproca garanzia di tale caparra.

Carte di credito

Carte di credito accettate dall'esercizio:

AE (D) MC	*American Express – Diners Club – MasterCard (Eurocard)*
VISA JCB	*Visa – Japan Credit Bureau*

Le città

28000	*Codice di avviamento postale*
✉ *7800 Beja*	*Numero di codice e sede dell'Ufficio Postale*
P	*Capoluogo di Provincia*
577 M 27	*Numero della carta Michelin e del riquadro*
24 000 h.	*Popolazione*
alt. 175	*Altitudine della località*
3	*Numero di funivie o cabinovie*
7	*Numero di sciovie o seggiovie*
AX **A**	*Lettere indicanti l'ubicazione sulla pianta*
18	*Golf e numero di buche*
⁂ <	*Panorama, vista*
✈	*Aeroporto*
	Località con servizio auto su treno. Informarsi al numero di telefono indicato
	Trasporti marittimi
i	*Ufficio informazioni turistiche*

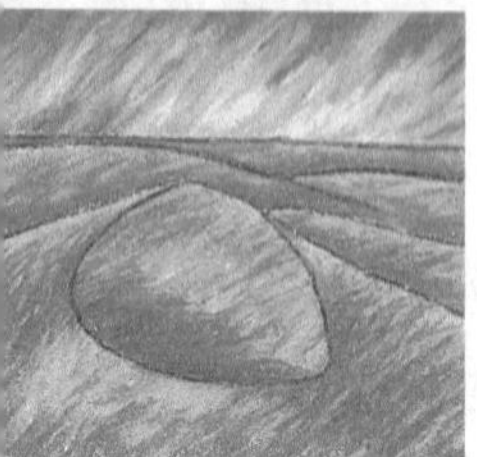

Luoghi d'interesse

Grado di interesse

★★★	*Vale il viaggio*
★★	*Merita una deviazione*
★	*Interessante*

Ubicazione

Ver	*Nella città*
Alred./Arred.	*Nei dintorni della città*
Excurs.	*Nella regione*
Norte, Sur-Sul, Este, Oeste	*Il luogo si trova: a Nord, a Sud, a Est, a Ovest*
①, ④	*Ci si va dall'uscita ① o ④ indicata con lo stesso segno sulla pianta della guida e sulla carta stradale*
6 km	*Distanza chilometrica*

L'automobile, i pneumatici

Marche automobilistiche

L'elenco delle principali case automobilistiche si trova in fondo alla Guida.
In caso di necessità l'indirizzo della più vicina officina autorizzata, vi sarà comunicato chiamando il numero telefonico indicato.

Velocità massima autorizzata

	Autostrada	*Strada*	*Abitato*
Spagna *Andorra* *Portogallo*	*120 km/h*	*90/100 km/h*	*50 km/h*

L'uso della cintura di sicurezza è obbligatorio sia sui sedili anteriori che su quelli posteriori degli autoveicoli.

I vostri pneumatici

Per ogni informazione riguardo ai vostri pneumatici Michelin, rivolgetevi alla Divisione Commerciale Michelin a Tres Cantos (Madrid), Servizio di Assistenza ai Clienti, telefono **902 209 230** *dalle 9.00 alle 19.00, che vi fornirà i consigli necessari e risponderà alle vostre domande.*

Internet : **www.michelin.es**

E-mail : **cliente@es.michelin.com**

Automobile clubs

RACE	*Real Automóvil Club de España*
RACC	*Reial Automòbil Club de Catalunya*
RACVN	*Real Automóvil Club Vasco Navarro*
RACV	*Real Automóvil Club de Valencia*
ACA	*Automóvil Club de Andorra*
ACP	*Automóvel Club de Portugal*

Troverete l'indirizzo e il numero di telefono di questi Automobile Club nel testo della maggior parte delle grandi città.

Le carte dei dintorni

Sapete come usarle?

Se desiderate, per esempio, trovare un buon indirizzo nei dintorni di Santander, la "carta dei dintorni" (qui accanto) richiama la vostra attenzione su tutte le località citate nella Guida che si trovino nei dintorni della città prescelta, e in particolare su quelle raggiungibili nel raggio di 40 km (limite di colore).

Le "carte dei dintorni" coprono l'intero territorio e permettono la localizzazione rapida di tutte le risorse proposte dalla Guida nei dintorni delle metropoli regionali.

Nota:

Quando una località è presente su una "carta dei dintorni", la città a cui ci si riferisce è scritta in BLU nella linea delle distanze da città a città.

Troverete COMILLAS sulla "carta dei dentorni" di SANTANDER.

Esempio:

COMILLAS *39520 Cantabria* 572 B 17 – *2 461 h. – Playa.*
Ver : *Pueblo pintoresco★.*
Aldea 6 ☎ 942 72 07 68.
Madrid 412 – Burgos 169 – Oviedo 152 – Santander 43.

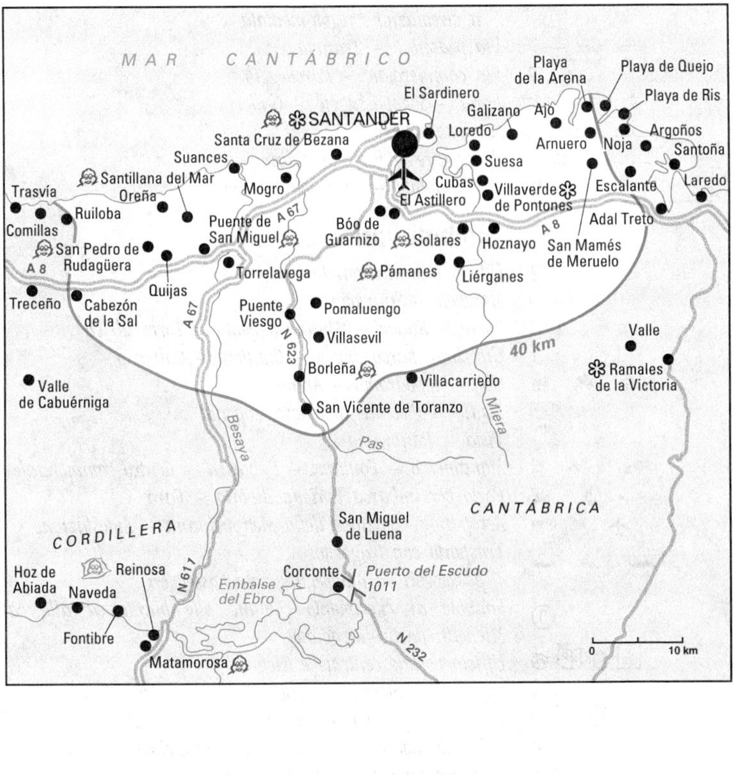

MAR CANTÁBRICO

Playa de la Arena
Playa de Quejo
El Sardinero
Playa de Ris
SANTANDER
Galizano
Ajo
Loredo
Argoños
Santa Cruz de Bezana
Arnuero
Noja
Santoña
Suances
Suesa
Santillana del Mar
Cubas
Laredo
Trasvía
Oreña
Mogro
Villaverde de Pontones
Escalante
El Astillero
Ruiloba
Puente de San Miguel
A 67
Bóo de Guarnizo
Adal Treto
Comillas
A 8
Solares
Hoznayo
San Mamés de Meruelo
San Pedro de Rudagüera
A 8
Torrelavega
Pámanes
Liérganes
Quijas
Treceño
Cabezón de la Sal
A 67
Puente Viesgo
Pomaluengo
N 623
Villasevil
Valle
40 km
Borleña
Ramales de la Victoria
Valle de Cabuérniga
Villacarriedo
San Vicente de Toranzo
Besaya
Miera
Pas
CANTÁBRICA
San Miguel de Luena
CORDILLERA
Hoz de Abiada
Reinosa
Corconte
Puerto del Escudo 1011
N 617
Embalse del Ebro
Naveda
Fontibre
N 232
0
10 km
Matamorosa

Tutte le "carte dei dintorni" sono localizzate sulle carte tematiche pp 108-117, 934 e 935.

Le piante

Alberghi
Ristoranti, Bar con tapas

Curiosità

Edificio interessante
Costruzione religiosa interessante

Viabilità

Autostrada, strada a carreggiate separate
Svincolo: completo, parziale, numero
Grande via di circolazione
Senso unico – Via impraticabile, a circolazione regolamentata
Via pedonale – Tranvia
Colón *Via commerciale – Parcheggio*
Porta – Sottopassaggio – Galleria
Stazione e ferrovia
Funicolare – Funivia, Cabinovia
Ponte mobile – Traghetto per auto

Simboli vari

Ufficio informazioni turistiche
Moschea – Sinagoga
Torre – Ruderi – Mulino a vento – Torre idrica
Giardino, parco, bosco – Cimitero – Calvario
Golf – Ippodromo – Arena
Stadio – Piscina: all'aperto, coperta
Vista – Panorama
Monumento – Fontana – Fabbrica – Centro commerciale
Porto per imbarcazioni da diporto – Faro
Aeroporto – Stazione della Metropolitana – Autostazione
Trasporto con traghetto: passeggeri ed autovetture, solo passeggeri
③ *Simbolo di riferimento comune alle piante ed alle carte Michelin particolareggiate*
Ufficio postale centrale e telefono
Ospedale – Mercato coperto
Edificio pubblico indicato con lettera:
D H *- Sede del Governo della Provincia – Municipio*
G *- Delegazione del governo (Spagna), Governo distrettuale (Portogallo)*
J M T U *- Palazzo di Giustizia – Museo – Teatro – Università*
POL. *- Polizia (Questura, nelle grandi città)*
Guardia Civil (Spagna)
GNR *Guarda Nacional Republicana (Portogallo)*

Der Michelin-Führer bietet Ihnen in jeder Komfort-und Preiskategorie eine Auswahl der besten Hotels und Restaurants. Diese Auswahl wird von einem Team von Inspektoren mit Ausbildung in der Hotellerie erstellt, die das Jahr hindurch das ganze Land bereisen. Ihre Aufgabe ist es, die Qualität und die Leistung der empfohlenen und der neu aufzunehmenden Hotels und Restaurants zu überprüfen. Als Angestellte bei Michelin arbeiten die Inspektoren anonym und völlig unabhängig.

Die Einrichtung und der gebotene Service der Betriebe wird durch Symbole gekennzeichnet – eine internationale Sprache, die auf einen Blick erkennen lässt ob ein Hotel beispielsweise einen Parkplatz oder ein Schwimmbad besitzt. Um diese umfangreiche Information voll nutzen zu können, werfen Sie einen Blick in die Einleitung. Der Text, der die Atmosphäre eines Hotels oder Restaurants beschreibt, ergänzt die Symbole.

Die Empfehlung im Michelin-Führer ist absolut kostenlos. Alle empfohlenen Hotel und Restaurant füllen jedes Jahr einen Fragebogen aus, in dem uns die Schließungszeiten und die aktuellen Preise für das nächste Jahr genannt werden. Nahezu 100 000 Veränderungen für jede Ausgabe ergeben sich daraus (neue Betriebe, veränderte Preise und Schließungszeiten).

Eine sehr große Hilfe sind jedoch auch Sie, unsere Leser –mit beinahe 45 000 Briefen und E-Mail aus ganz Europa.

Wir bedanken uns im Voraus für Ihre Hilfe und wünschen Ihnen eine gute Reise mit dem Michelin-Führer 2005.

Die Auswahl des Michelin-Führers finden Sie auch im Internet unter : ***www.Viamichelin.es***
Sie erreichen uns unter :
laguiamichelin-esport@es.michelin.com

Inhaltsverzeichnis

Wahl eines Hotels, eines Restaurants

Die Auswahl der in diesem Führer aufgeführten Hotels und Restaurants ist für Reisende gedacht. In jeder Kategorie drückt die Reihenfolge der Betriebe (sie sind nach ihrem Komfort klassifiziert) eine weitere Rangordnung aus.

Kategorien

Großer Luxus und Tradition

Großer Komfort

Sehr komfortabel

Mit gutem Komfort

Mit Standard-Komfort

Bürgerlich

Tapas-bar

Andere empfohlene Übernachtungsmöglichkeiten (Turismo Rural, Turismo de Habitação, Agroturismo)

sin rest. sem rest. *Hotel ohne Restaurant*

con hab com qto *Restaurant vermietet auch Zimmer*

Annehmlichkeiten

Manche Häuser sind im Führer durch rote Symbole gekennzeichnet (s. unten.) Der Aufenthalt in diesen ist wegen der schönen, ruhigen Lage, der nicht alltäglichen Einrichtung und Atmosphäre sowie dem gebotenen Service besonders angenehm und erholsam.

... *Angenehme Hotels*

... *Angenehme Restaurants*

Sehr ruhiges, oder abgelegenes und ruhiges Hotel

Ruhiges Hotel

mar *Reizvolle Aussicht*

Interessante oder weite Sicht

Die Übersichtskarten S. 108, S. 117, S. 934 und 935, auf denen die Orte mit besonders angenehmen oder sehr ruhigen Häusern eingezeichnet sind, helfen Ihnen bei der Reisevorbereitung. Teilen Sie uns bitte nach der Reise Ihre Erfahrungen und Meinungen mit. Sie helfen uns damit, den Führer weiter zu verbessern.

Einrichtung

Die meisten der empfohlenen Hotels verfügen über Zimmer, die alle oder doch zum größten Teil mit Bad oder Dusche ausgestattet sind. In den Häusern der Kategorien 🏠, ⛱ und ⌂ kann diese jedoch in einigen Zimmern fehlen.

30 hab/30 qto	*Anzahl der Zimmer*
	Fahrstuhl
	Klimaanlage
TV	*Fernsehen im Zimmer*
	Haus teilweise reserviert für Nichtraucher
	Modemanschluss
	Für Körperbehinderte leicht zugängliche Zimmer
	Garten-, Terrassenrestaurant
	Fitneßraum
	Freibad – Hallenbad
	Strandbad – Liegewiese, Garten
18	*Tennisplatz – Golfplatz und Lochzahl*
25/150	*Konferenzräume: Mindest- und Höchstkapazität*
	Hotelgarage (wird gewöhnlich berechnet)
P	*Parkplatz reserviert für Gäste*
	Hunde sind unerwünscht (im ganzen Haus bzw. in den Zimmern oder im Restaurant)
mayo-octubre *maio-outubro*	*Öffnungszeit, vom Hotelier mitgeteilt*
temp.	*Unbestimmte Öffnungszeit eines Saisonhotels. Häuser ohne Angabe von Schließungszeiten sind ganzjährig geöffnet.*
✉ 28 012 ✉ 1 200 ✉ 4 150-130	*Postleitzahl*

Küche

Die Sterne

Einige Häuser verdienen wegen ihrer überdurchschnittlich guten Küche Ihre besondere Beachtung. Auf diese Häuser weisen die Sterne hin.

*Bei den mit « **Stern** » ausgezeichneten Betrieben nennen wir drei kulinarische Spezialitäten, die Sie probieren sollten.*

✿✿✿ **Eine der besten Küchen: eine Reise wert**

Man ißt hier immer sehr gut, öfters auch exzellent. Edle Weine, tadelloser Service, gepflegte Atmosphäre... entsprechende Preise.

✿✿ **Eine hervorragende Küche: verdient einen Umweg**

Ausgesuchte Menus und Weine... angemessene Preise.

✿ **Eine sehr gute Küche: verdient Ihre besondere Beachtung**

Der Stern bedeutet eine angenehme Unterbrechung Ihrer Reise.
Vergleichen Sie aber bitte nicht den Stern eines sehr teuren Luxusrestaurants mit dem Stern eines kleineren oder mittleren Hauses, wo man Ihnen zu einem annehmbaren Preis eine ebenfalls vorzügliche Mahlzeit reicht.

Der "Bib Gourmand"

Sorgfältig zubereitete, preiswerte Mahlzeiten

Für Sie wird es interessant sein, auch solche Häuser kennenzulernen, die eine etwas einfachere, vorzugsweise regionale Küche zu einem besonders günstigen Preis/Leistungs-Verhältnis bieten.
Im Text sind die betreffenden Restaurants durch die roten Angaben "Bib Gourmand" *und* Comida *(Spanien und Andorra) oder* "Bib Gourmand" *und* Refeição *(Portugal) kenntlich gemacht, z. B.* Comida 30, Refeição 25.

Siehe Listen und Karten der Sterne ✿✿✿, ✿✿, ✿ und "Bib Gourmand"*, S. 98, S. 117, S. 934 und 935.*

Weine: siehe S. 89 und S. 937.

Übernachtung

Der "Bib Hotel"

Hier übernachten Sie gut und preiswert

Suchen Sie ein praktisches und gastfreundliches Hotel, das Ihnen Zimmer zu einem guten Preis-Leistungsverhältnis bietet?
In diesen Hotels kostet die Mehrzahl der Zimmer für zwei Personen ohne Frühstückweniger als 55 € in ländlichen Gegenden und weniger als 65 € in Urlaubsorten und in den Städten.

Diese Häuser werden durch den "Bib Hotel" *und* hab/qto *Gekennzeichnet.*
Beispiel : 25 hab/qto 38/55 *auf dem Land*
25 hab/qto 42/65 *in Urlaubsorten und Städten*

Alle "Bib Hotel" *finden Sie auf der Liste S. 102 und 930 auf den Übersichtskarten S. 108-117, 934 und 935.*

Preise

Die in diesem Führer genannten Preise wurden uns im Sommer 2004 angegeben, es sind ***Hochsaisonpreise****. Sie können sich mit den Preisen von Waren und Dienstleistungen ändern.*
Sie enthalten das Bedienungsgeld ; in Spanien, die MWSt. (I.V.A.) wird der Rechnung hinzugefügt (7 %), mit Ausnahme von Andorra (keine MWSt), Kanarische Inseln (4,5 %), Ceuta und Melilla (4 %). In Portugal (12 %) sind die angegebenen Preise Inklusivpreise.

In einigen Städten werden bei touristischen Veranstaltungen, Messen und Ausstellungen von den Hotels beträchtlich erhöhte Preise verlangt.

Die Namen der Hotels und Restaurants, die ihre Preise genannt haben, sind fettgedruckt. Gleichzeitig haben sich diese Häuser verpflichtet, die von den Hoteliers selbst angegebenen Preise den Benutzern des Michelin-Führers zu berechnen.

Außerhalb der Saison bieten einige Betriebe günstigere Preise an. Erkundigen Sie sich bei Ihrer Reservierung danach.

Halten Sie beim Betreten des Hotels den Führer in der Hand. Sie zeigen damit, daß Sie aufgrund dieser Empfehlung gekommen sind.

Mahlzeiten

Comida 15,05
Refeição 11,45

Feste Menupreise

Preis für ein Menu, das zu den normalen Tischzeiten serviert wird

carta 19,25 a 34,85
lista 13,95 a 23,45

Mahlzeiten « à la carte »

Der erste Preis entspricht einer einfachen Mahlzeit und umfaßt Vorspeise, Tagesgericht mit Beilage, Dessert. Der zweite Preis entspricht einer reichlicheren Mahlzeit (mit Spezialgericht) bestehend aus zwei Hauptgängen und Dessert

Tapa 2,40 — *Preis für ein tapa*

Ración aprox. 8,40 — *Preis für eine portion*

Zimmer

hab 34,85/54 **qto** 27,45/45	*Preis für ein Einzelzimmer / Preis für ein Doppelzimmer während der Hauptsaison*
Suites, apartamentos	*Preise auf Anfrage*
hab ☕ 42,05/66,10 **qto** ☕ 34,45/49,85	*Zimmerpreis inkl. Frühstück*
☕ 5,40	*Preis des Frühstücks*

Pension

PA 27,85 — *Preis der « Pensión Alimenticia » (= Frühstück und zwei Hauptmahlzeiten). Die Addition des Einzelzimmerpreises und des Preises der « Pensión Alimenticia » ergibt den Vollpensionspreis pro Person und Tag.*
Es ist unerläßlich, sich im voraus mit dem Hotelier über den definitiven Endpreis zu verständigen.

Anzahlung

Einige Hoteliers verlangen eine Anzahlung. Diese ist als Garantie sowohl für den Hotelier als auch für den Gast anzusehen. Es ist ratsam, sich beim Hotelier nach den genauen Bestimmungen zu erkundigen.

Kreditkarten

Vom Haus akzeptierte Kreditkarten:

AE Ⓓ ⓂⒸ — *American Express – Diners Club – MasterCard (Eurocard)*
VISA JCB — *Visa – Japan Credit Bureau*

Städte

28000	*Postleitzahl*
7800 Beja	*Postleitzahl und Name des Verteilerpostamtes*
P	*Provinzhauptstadt*
577 M 27	*Nummer der Michelin-Karte und Koordinaten des Planquadrats*
24 000 h.	*Einwohnerzahl*
alt. 175	*Höhe*
3	*Anzahl der Kabinenbahnen*
7	*Anzahl der Schlepp- oder Sessellifts*
AX **A**	*Markierung auf dem Stadtplan*
18	*Golfplatz und Lochzahl*
	Rundblick – Aussichtspunkt
	Flughafen
	Ladestelle für Autoreisezüge – Nähere Auskunft unter der angegebenen Telefonnummer
	Autofähre
i	*Informationsstelle*

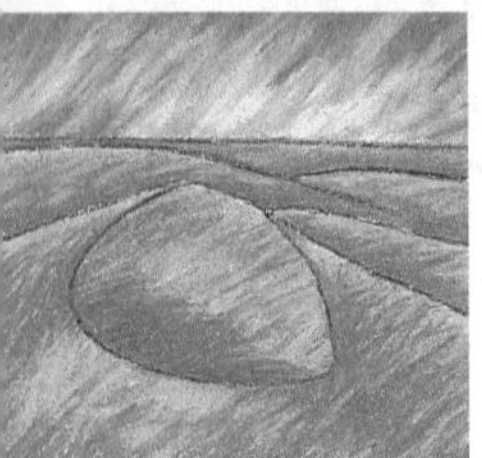

Sehenswürdigkeiten

Bewertung

★★★	*Eine Reise wert*
★★	*Verdient einen Umweg*
★	*Sehenswert*

Lage

Ver	*In der Stadt*
Alred./Arred.	*In der Umgebung der Stadt*
Excurs.	*Ausflugsziele*
Norte, Sur-Sul, Este, Oeste	*Im Norden, Süden, Osten, Westen der Stadt*
①, ④	*Zu erreichen über die Ausfallstraße ① bzw. ④, die auf dem Stadtplan und auf der Michelin-Karte identisch gekennzeichnet sind*
6 km	*Entfernung in Kilometern*

Das Auto, die Reifen

Automobilfirmen

Am Ende des Führers finden Sie eine Liste mit Adressen der wichtigsten Automarken. Im Pannenfall erfahren Sie die Adresse der nächstgelegenen Vertragswerkstatt, wenn Sie die angegebene Rufnummer wählen.

Geschwindigkeitsbegrenzung (in km/h)

	Autobahn	*Landstrasse*	*Geschlossene Ortschaften*
Spanien *Andorra* *Portugal*	*120 km/h*	*90/100 km/h*	*50 km/h*

Das Tragen von Sicherheitsgurten ist auf Vorder-und Rücksitzen obligatorisch.

Ihre Reifen

Für alle Fragen, die Ihre Michelin Reifen betrefen wenden Sie sich bitte an Michelin Verkaufsabteilung, Kunderservice, Telefon **902 209 230** *in Tres Cantos (Madrid). Werktags von 9 bis 19 Uhr erhalten Sie dort alle gewünschten Hinweise und Auskünfte.*

Internet : **www.michelin.es**

E-mail : **cliente@es.michelin.com**.

Automobil-clubs

RACE	*Real Automóvil Club de España*
RACC	*Reial Automòbil Club de Catalunya*
RACVN	*Real Automóvil Club Vasco Navarro*
RACV	*Real Automóvil Club de Valencia*
ACA	*Automóvil Club de Andorra*
ACP	*Automóvel Club de Portugal*

Im Ortstext der meisten großen Städte sind Adresse und Telefonnummer der einzelnen Automobil-Clubs angegeben.

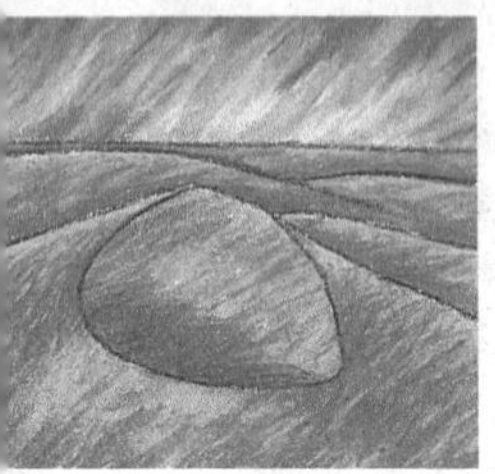

Umgebungskarten

Denken Sie daran, sie zu benutzen

Die Umgebungskarten sollen Ihnen die Suche eines Hotels oder Restaurants in der Nähe der größeren Städte erleichtern.

Wenn Sie beispielsweise eine gute Adresse in der Nähe von Santander brauchen, gibt Ihnen die Karte schnell einen Überblick über alle Orte, die in diesem Michelin-Führer erwähnt sind.

Innerhalb der in Kontrastfarbe gedruckten Grenze liegen Gemeinden, die im Umkreis von 40 km zu erreichen sind.

Anmerkung:

Auf der Linie der Entfernungen zu anderen Orten erscheint im Ortstext die jeweils nächste Stadt mit Umgebungskarte in BLAU.

Beispiel:

Sie finden COMILLAS auf der Umgebungskarte von SANTANDER.

COMILLAS *39520 Cantabria* 572 B 17 – *2 461 h. – Playa.*
Ver : *Pueblo pintoresco★.*
ℹ *Aldea 6 ✆ 942 72 07 68.*
Madrid 412 – Burgos 169 – Oviedo 152 – Santander 43.

PREMIER
A REIMS FRANCE

MICHELIN PILOT EXALTO
TRAZADA PERFECTA.
Los nuevos neumáticos Michelin Pilot Exalto potencian el temperamento de su vehículo, garantizándole las máximas sensaciones en la conducción gracias a un dominio perfecto de la trazada.
MICHELIN
La mejor forma de avanzar

MAR CANTÁBRICO
SANTANDER
El Sardinero
Playa de la Arena
Playa de Quejo
Playa de Ris
Galizano
Ajo
Loredo
Arnuero
Noja
Argoños
Santoña
Laredo
Santa Cruz de Bezana
Suances
Santillana del Mar
Mogro
Suesa
Cubas
Villaverde de Pontones
Escalante
Trasvía
Oreña
El Astillero
Ruiloba
Comillas
Puente de San Miguel
A 67
Bóo de Guarnizo
Solares
Hoznayo
A 8
Adal Treto
San Mamés de Meruelo
San Pedro de Rudagüera
A 8
Torrelavega
Pámanes
Liérganes
Quijas
Treceño
Cabezón de la Sal
Puente Viesgo
Pomaluengo
A 67
N 623
Villasevil
40 km
Valle
Borleña
Ramales de la Victoria
Valle de Cabuérniga
Villacarriedo
San Vicente de Toranzo
Besaya
Miera
Pas
CANTÁBRICA
CORDILLERA
San Miguel de Luena
Hoz de Abiada
Reinosa
N 611
Corconte
Puerto del Escudo 1011
Embalse del Ebro
Naveda
Fontibre
N 232
Matamorosa
0
10 km

Die Umgebungskarten finden Sie auf der Themenkarte S. 108, S. 117, S. 934 und 935.

Stadtpläne

Hotels

Restaurants, Tapas-bar

Sehenswürdigkeiten

Sehenswertes Gebäude

Sehenswerter Sakralbau

Straßen

Autobahn, Schnellstraße

Nummer der Anschlußstelle: Autobahneinfahrt und/oder -ausfahrt

Hauptverkehrsstraße

Einbahnstraße – Gesperrte Straße, mit Verkehrsbeschränkungen

Fußgängerzone – Straßenbahn

Colón P Einkaufsstraße – Parkplatz, Parkhaus

Tor – Passage – Tunnel

Bahnhof und Bahnlinie

Standseilbahn – Seilschwebebahn

B Bewegliche Brücke – Autofähre

Sonstige Zeichen

Informationsstelle

Moschee – Synagoge

Turm – Ruine – Windmühle – Wasserturm

Garten, Park, Wäldchen – Friedhof – Bildstock

Golfplatz – Pferderennbahn – Stierkampfarena

Stadion – Freibad – Hallenbad

Aussicht – Rundblick

Denkmal – Brunnen – Fabrik – Einkaufszentrum

Jachthafen – Leuchtturm

Flughafen – U-Bahnstation – Autobusbahnhof

Schiffsverbindungen: Autofähre – Personenfähre

3 Straßenkennzeichnung (identisch auf Michelin Stadtplänen und -Abschnittskarten)

Hauptpostamt (postlagernde Sendungen), Telefon

Krankenhaus – Markthalle

Öffentliches Gebäude, durch einen Buchstaben gekennzeichnet:

D H J - Provinzverwaltung – Rathaus – Gerichtsgebäude

G - Vertretung der Zentralregierung (Spanien), Bezirksverwaltung (Portugal)

M T U - Museum – Theater – Universität, Hochschule

POL. - Polizei (in größeren Städten Polizeipräsidium)

Guardia Civil (Spanien)

GNR Guarda Nacional Republicana (Portugal)

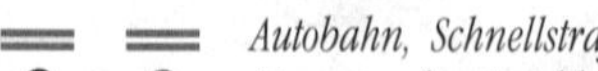

The Michelin Guide offers a selection of the best hotels and restaurants in many categories of comfort and price. It is compiled by a team of professionally trained inspectors who travel the country visiting new establishments as well as those already listed in the guide. Their mission is to check the quality and consistency of the amenities and service provided by the hotels and restaurants throughout the year.
The inspectors are full-time Michelin employees and their assessments, made anonymously, are therefore completely impartial and independant.

The amenities found in each establishment are indicated by symbols, an international language which enables you to see at a glance whether a hotel has a car park or swimming pool. To take full advantage of the wealth of information contained in the guide, consult the introduction. A short descriptive text complements the symbols.

Entry in the Michelin Guide is completely free of charge and every year the proprietors of those establishments listed complete a questionnaire giving the opening times and prices for the coming year. Nearly 100,000 pieces of information are updated for each annual edition.

Our readers also contribute through the 45,000 letters and e-mails received annually commenting on hotels and restaurants throughout Europe.

Thank you for your support and please continue to send us your comments. We hope you enjoy travelling with the Michelin Guide 2005.

Consult the Michelin Guide at
www.Viamichelin.es
and write to us at :
laguiamichelin-esport@es.michelin.com

Contents

Choosing a hotel or restaurant

This guide offers a selection of hotels and restaurants to help motorists on their travels. In each category establishments are listed in order of preference according to the degree of comfort they offer.

Categories

	XXXXX	*Luxury in the traditional style*
	XXXX	*Top class comfort*
	XXX	*Very comfortable*
	XX	*Comfortable*
	X	*Quite comfortable*
		Simple comfort
		Tapas bar
		Other recommended accommodation
		(Turismo Rural, Turismo de Habitação, Agroturismo)
sin rest.	sem rest.	*The hotel has no restaurant*
con hab	com qto	*The restaurant also offers accommodation*

Peaceful atmosphere and setting

Certain establishments are distinguished in the guide by the red symbols shown below. Your stay in such hotels will be particularly pleasant or restful, owing to the character of the building, its decor, the setting, the welcome and services offered, or simply the peace and quiet to be enjoyed there.

 *Pleasant hotels*

XXXXX ... X, *Pleasant restaurants*

 *Very quiet or quiet, secluded hotel*

 *Quiet hotel*

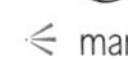 *Exceptional view*

Interesting or extensive view

The maps on pages 108 to 117, 934 and 935 indicate places with such peaceful, pleasant hotels and restaurants.

By consulting them before setting out and sending us your comments on your return you can help us with our enquiries.

Hotel facilities

In general the hotels we recommend have full bathroom and toilet facilities in each room. This may not be the case, however, for certain rooms in categories 🏠, 🌴 *and* ⌂.

30 hab/30 qto	*Number of rooms*
[lift symbol]	*Lift (elevator)*
[air conditioning symbol]	*Air conditioning*
TV	*Television in room*
[no-smoking symbol]	*Establishement partly reserved for non-smokers*
[modem symbol]	*Modem point in the bedrooms*
♿	*Rooms accessible to disabled people*
[terrace symbol]	*Meals served in garden or on terrace*
[exercise symbol]	*Exercise room*
[pool symbols]	*Outdoor or indoor swimming pool*
[beach symbol] [garden symbol]	*Beach with bathing facilities – Garden*
[tennis symbol] 18	*Tennis court – Golf course and number of holes*
[conference symbol] 25/150	*Equipped conference hall (minimum and maximum capacity)*
[garage symbol]	*Hotel garage (additional charge in most cases)*
P	*Car park for customers only*
[no dogs symbol]	*Dogs are excluded from all or part of the hotel*
mayo-octubre maio-outubro	*Dates when open, as indicated by the hotelier*
temp.	*Probably open for the season – precise dates not available. Where no date or season is shown, establishments are open all year round.*
✉ 28 012 ✉ 1 200 ✉ 4 150-130	*Postal number*

Cuisine

Stars

Certain establishments deserve to be brought to your attention for the particularly fine quality of their cooking. **Michelin stars** *are awarded for the standard of meals served.*

For such restaurants we list three culinary specialities to assist you in your choice.

✪✪✪ **Exceptional cuisine, worth a special journey**

One always eats here extremely well, sometimes superbly. Fine wines, faultless service, elegant surroundings. One will pay accordingly !

✪✪ **Excellent cooking, worth a detour**

Specialities and wines of first class quality. This will be reflected in the price.

✪ **A very good restaurant in its category**

The star indicates a good place to stop on your journey. But beware of comparing the star given to an expensive « de luxe » establishment to that of a simple restaurant where you can appreciate fine cuisine at a reasonable price.

The "Bib Gourmand"

Good food at moderate prices

You may also like to know of other restaurants with less elaborate, moderately priced menus that offer good value for money and serve carefully prepared meals, often of regional cooking. In the guide such establishments are marked *the* "Bib Gourmand" *and* Comida *(Spain and Andorra) or* *the* "Bib Gourmand" *and* Refeição *(Portugal) just before the price of the menu, for example* Comida 30, **Refeição** 25.

Please refer to the lists and the map of star-rated restaurants ✪✪✪, ✪✪, ✪ *and* "Bib Gourmand", *on pp 98 to 117, 934 to 935.*

Wines: see pp 89 and 937

Accommodation

The "Bib Hotel"

Good accommodation at moderate prices

For those looking for a friendly hotel which offers a good level of comfort and service at a reasonable price.
These establishments have mostly double rooms costing up to 55 € in the provinces and 65 € in towns and popular tourist resorts.
Breakfast is not included.

Look for the "Bib Hotel" *and* hab/qto.
Eg. 25 hab/qto 38/55 *in the provinces.*
Eg. 25 hab/qto 42/65 *in towns and popular tourist resorts.*

Alle the "Bib Hotel" *are listed on pages 102 and 930 and are marked on the maps on pages 108 to 117, 934 and 935.*

Prices

Prices quoted are valid for summer 2004, apply to ***high season****. Changes may arise if goods and service costs are revised. The rates include service charge. In Spain the V.A.T. (I.V.A.) will be added to the bill (7 %), except in Andorra (no V.A.T.), Canary Islands (4,5 %), Ceuta and Melilla (4 %). In Portugal, the V.A.T. (12 %) is already included.*

In some towns, when commercial or tourist events are taking place, the hotel rates are likely to be considerably higher.

Hotels and restaurants in bold type have supplied details of all their rates and have assumed responsibility for maintaining them for all travellers in possession of this Guide.

Out of season, certain establishments offer special rates. Ask when booking.

Your recommendation is self-evident if you always walk into a hotel, Guide in hand.

Meals

Comida 15,05 **Refeição** 11,45	**Set meals** *Price for set meal served at normal hours*
carta 19,25 a 34,85 lista 13,95 a 23,45	**« A la carte » meals** *The first figure is for a plain meal and includes hors-d'œuvre, main dish of the day with vegetables and dessert* *The second figure is for a fuller meal (with speciality) and includes two main courses and dessert*
Tapa 2,40	*Price for a tapa*
Ración aprox. 8,40	*Price for a portion*

Rooms

hab 34,85/54 **qto** 27,45/45	*Price for a single room / Price for a double in the high season*
Suites, apartamentos	*Ask the hotelier*
hab ☕ 42,05/66,10 **qto** ☕ 34,45/49,85	*Price includes breakfast*
☕ 5,40	*Price of continental breakfast*

Full board

PA 27,85	*Price of the « Pensión Alimenticia » (breakfast, lunch and dinner). Add the charge for the « Pensión Alimenticia » to the room rate to give you the price for full board per person per day. To avoid any risk of confusion it is essential to agree terms in advance with the hotel.*

Deposits

Some hotels will require a deposit, which confirms the commitment of customer and hotelier alike. Make sure the terms of the agreement are clear.

Credit cards

Credit cards accepted by the establishment:

AE Ⓓ MC	*American Express – Diners Club – MasterCard (Eurocard)*
VISA JCB	*Visa – Japan Credit Bureau*

Towns

28 000	*Postal number*
✉ 7800 Beja	*Postal number and name of the post office serving the town*
P	*Provincial capital*
577 M 27	*Michelin map number and co-ordinates*
24 000 h.	*Population*
alt. 175	*Altitude (in metres)*
3	*Number of cable-cars*
7	*Number of ski and chair-lifts*
AX **A**	*Letters giving the location of a place on the town plan*
18	*Golf course and number of holes*
	Panoramic view, viewpoint
	Airport
	Place with a motorail connection; further information from telephone number listed
	Shipping line
	Tourist Information Centre

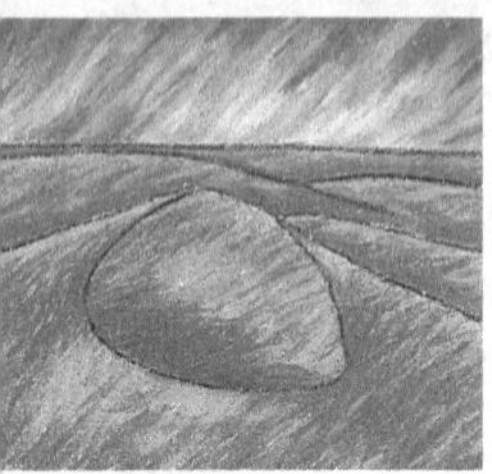

Sights

Star-rating

★★★	*Worth a journey*
★★	*Worth a detour*
★	*Interesting*

Location

Ver	*Sights in town*
Alred./Arred.	*On the outskirts*
Excurs.	*In the surrounding area*
Norte, Sur-Sul, Este, Oeste	*The sight lies north, south, east or west of the town*
①, ④	*Sign on town plan and on the Michelin road map indicating the road leading to a place of interest*
6 km	*Distance in kilometres*

Car, tyres

Car manufacturers

A list of the main Car Manufacturers is to be found at the end of the Guide.

Maximum speed limits

	Motorways	*All other roads*	*Built-up areas*
Spain / *Andorra* / *Portugal*	*120 km/h*	*90/100 km/h*	*50 km/h*

The wearing of seat belts is compulsory in the front and rear of vehicles.

Your tyres

For more information about Michelin tyres, contact our customer service team at the Michelin Sales Office in Tres Cantos (Madrid), tel **902 209 230** *(9.00am – 7.00pm).*

Internet : **www.michelin.es**

E-mail : **cliente@es.michelin.com.**

Motoring organisations

RACE	*Real Automóvil Club de España*
RACC	*Reial Automòbil Club de Catalunya*
RACVN	*Real Automóvil Club Vasco Navarro*
RACV	*Real Automóvil Club de Valencia*
ACA	*Automóvil Club de Andorra*
ACP	*Automóvel Club de Portugal*

The address and telephone number of the various motoring organisations is given in the text of most of the large towns.

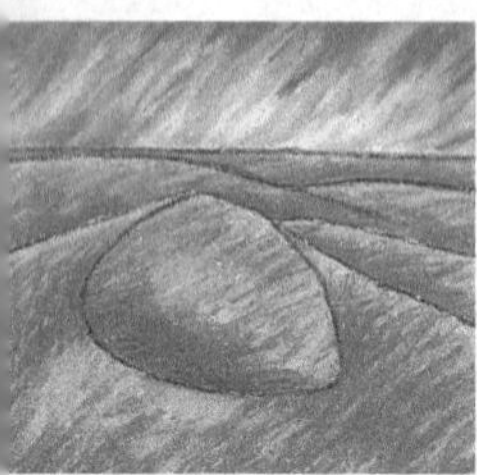

Local maps

May we suggest that you consult them

Should you be looking for a hotel or restaurant not too far from Santander, for example, you can nou' consult the map along with the town plan.

The local map (opposite) draws your attention to all places around the town or city selected, provided they are mentioned in the Guide.

Places located within a range of 40 km are clearly identified by the use of a different coloured background.

The various facilities recommended near the different regional capitals can be located quickly and easily.

Note:

Entries in the Guide provide information on distances to nearby towns.

Whenever a place appears on one of the local maps, the name of the town or city to which it is attached is printed in BLUE.

Example:

COMILLAS is to be found on the local map SANTANDER.

COMILLAS *39520 Cantabria* 572 B 17 – *2 461 h. – Playa.*
Ver : *Pueblo pintoresco★.*
Aldea 6 ☎ 942 72 07 68.
Madrid 412 – Burgos 169 – Oviedo 152 – Santander 43.

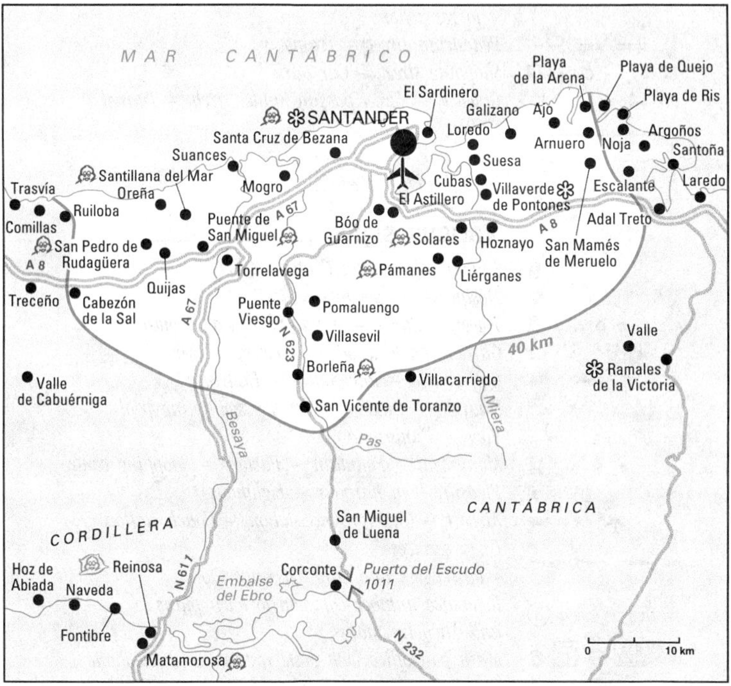

MAR CANTÁBRICO
Playa de la Arena
Playa de Quejo
El Sardinero
Playa de Ris
Galizano
Ajo
SANTANDER
Loredo
Argoños
Santa Cruz de Bezana
Arnuero
Noja
Santoña
Suances
Suesa
Santillana del Mar
Laredo
Trasvía
Oreña
Mogro
Cubas
Villaverde de Pontones
Escalante
Ruiloba
El Astillero
Comillas
Puente de San Miguel
A 67
Bóo de Guarnizo
Adal Treto
San Pedro de Rudagüera
Solares
Hoznayo
A 8
San Mamés de Meruelo
A 8
Torrelavega
Pámanes
Quijas
Liérganes
Treceño
Cabezón de la Sal
Puente Viesgo
Pomaluengo
A 67
N 623
Villasevil
Valle
40 km
Borleña
Ramales de la Victoria
Valle de Cabuérniga
Villacarriedo
San Vicente de Toranzo
Miera
Besaya
Pas
CANTÁBRICA
San Miguel de Luena
CORDILLERA
Hoz de Abiada
Reinosa
Corconte
Puerto del Escudo 1011
N 611
Embalse del Ebro
Naveda
Fontibre
N 232
Matamorosa
0 10 km

All the local maps are indicated on the thematic maps on pages 108 to 117, 934 and 935.

Town plans

Hotels
Restaurants, Tapas bar

Sights

Place of interest
Interesting place of worship

Roads

Motorway, dual carriageway
Junction complete, limited, number
Major through route
One-way street – Unsuitable for traffic, street subject to restrictions
Pedestrian street – Tramway
Colón *Shopping street – Car park*
Gateway – Street passing under arch – Tunnel
Station and railway
Funicular – Cable-car
Lever bridge – Car ferry

Various signs

Tourist Information Centre
Mosque – Synagogue
Tower – Ruins – Windmill – Water tower
Garden, park, wood – Cemetery – Cross
Golf course – Racecourse – Bullring
Stadium – Outdoor or indoor swimming pool
View – Panorama
Monument – Fountain – Factory – Shopping centre
Pleasure boat harbour – Lighthouse
Airport – Underground station – Coach station
Ferry services:
- passengers and cars, passengers only
Reference number common to town plans and Michelin maps
Main post office with poste restante and telephone
Hospital – Covered market
Public buildings located by letter:
D H J *- Provincial Government Office – Town Hall – Law Courts*
G *- Central government representation (Spain), District government office (Portugal)*
M T U *- Museum – Theatre – University, College*
POL. *- Police (in large towns police headquarters)*
Guardia Civil (Spain)
GNR *Guarda Nacional Republicana (Portugal)*

Los vinos
Os vinhos
Les vins
I vini
Weine
Wines

① y ②	*Rías Baixas, Ribeiro*	㉖	*Ampurdán, Costa Brava*
③ al ⑤	*Valdeorras, Monterrei, Ribeira Sacra*	㉗ al ㉙	*Méntrida, Vinos de Madrid, Mondéjar*
⑥ al ⑨	*Bierzo, Toro, Rueda, Cigales*	㉚ al ㉜	*Valdepeñas, La Mancha, Ribera del Júcar*
⑩	*Ribera del Duero*	㉝	*Ribera del Guadiana*
⑪	*Rioja*	㉞ al ㊵	*Utiel – Requena, Almansa, Jumilla, Valencia, Yecla, Alicante, Bullas*
⑫	*Txakolí de Álava, de Bizcaia y de Getaria*	㊶	*Binissalem, Pla i Llevant – Mallorca*
⑬	*Navarra*	㊷ al ㊺	*Condado de Huelva, Jerez – Manzanilla – Sanlúcar de Barrameda, Málaga, Montilla – Moriles*
⑭ al ⑰	*Campo de Borja, Calatayud, Cariñena, Somontano*	㊻	*Tacoronte – Acentejo, Valle de la Orotava, Ycoden – Daute – Isora, Abona, Valle de Güímar*
⑱ al ㉓	*Terra Alta, Costers del Segre, Priorato, Conca de Barberá, Tarragona, Penedès*		
㉔ y ㉕	*Alella, Pla de Bages*	㊼ al ㊾	*Lanzarote, La Palma, El Hierro*

CAVA ⑪, ⑭, ⑯, ㉒ al ㉖

Vinos y especialidades regionales

En el mapa indicamos las Denominaciones de Origen que la legislación española controla y protege.

Regiones y localización en el mapa	Características de los vinos	Especialidades regionales
Andalucía ㊷ *al* ㊺	**Blancos** *afrutados* **Amontillados** *secos, avellanados* **Finos** *secos, punzantes* **Olorosos** *abocados, aromáticos*	*Jamón, Gazpacho, Fritura de pescados*
Aragón ⑭ *al* ⑰	**Tintos** *robustos* **Blancos** *afrutados* **Rosados** *afrutados, sabrosos* **Cava** *espumoso (método champenoise)*	*Jamón de Teruel, Ternasco, Magras*
Madrid, Castilla y León, Castilla-La Mancha, Extremadura ⑥ *al* ⑩ *y* ㉗ *al* ㉝	**Tintos** *aromáticos, muy afrutados* **Blancos** *aromáticos, equilibrados* **Rosados** *refrescantes*	*Asados, Embutidos, Queso Manchego, Migas, Cocido madrileño, Pisto*
Cataluña ⑱ *al* ㉖	**Tintos** *francos, robustos, redondos, equilibrados* **Blancos** *recios, amplios, afrutados, de aguja* **Rosados** *finos, elegantes* **Dulces y mistelas** *(postres)* **Cava** *espumoso (método champenoise)*	*Butifarra, Embutidos, Romesco (salsa), Escudella, Escalivada, Esqueixada, Crema catalana*
Galicia, Asturias, Cantabria ① *al* ⑤	**Tintos** *de mucha capa, elevada acidez* **Blancos** *muy aromáticos, amplios, persistentes (Albariño)*	*Pescados, Mariscos, Fabada, Queso Tetilla, Queso Cabrales, Empanada, Lacón con grelos, Filloas, Olla podrida, Sidra, Orujo*
Islas Baleares ㊶	**Tintos** *jugosos, elegantes* **Blancos y rosados** *ligeros*	*Sobrasada, Queso de Mahón, Caldereta de langosta*
Islas Canarias ㊻ *al* ㊾	**Tintos** *jóvenes, aromáticos* **Blancos y rosados** *ligeros*	*Pescados, Papas arrugadas*
Valencia, Murcia ㉞ *al* ㊵	**Tintos** *robustos, de gran extracto* **Blancos** *aromáticos, frescos, afrutados*	*Arroces, Turrón, Verduras, Hortalizas, Horchata*
Navarra ⑬	**Tintos** *sabrosos, con plenitud, muy aromáticos* **Rosados** *suaves, afrutados* **Cava** *espumoso (método champenoise)*	*Verduras, Hortalizas, Pochas, Espárragos, Queso Roncal*
País Vasco ⑫	**Blancos** *frescos, aromáticos, ácidos* **Tintos** *fragantes*	*Changurro, Cocochas, Porrusalda, Marmitako, Pantxineta, Queso Idiazábal*
La Rioja (Alta, Baja, Alavesa) ⑪	**Tintos** *de gran nivel, equilibrados, francos, aromáticos, poco ácidos* **Blancos** *secos* **Cava** *espumoso (método champenoise)*	*Pimientos, Chilindrón*

Vinhos e especialidades regionais

Indicamos no mapa as Denominações de Origem (Denominaciones de Origen) que são controladas e protegidas pela legislação.

Regiões e localização no mapa	Características dos vinhos	Especialidades regionais
Andalucía ㊷ *a* ㊺	**Brancos** *frutados* **Amontillados** *secos, avelanados* **Finos** *secos, pungentes* **Olorosos** *com bouquet, aromáticos*	*Presunto, Gazpacho (Sopa fria de tomate), Fritada de peixe*
Aragón ⑭ *a* ⑰	**Tintos** *robustos* **Brancos** *frutados* **Rosés** *frutados, saborosos* **Cava** *espumante (método champenoise)*	*Presunto de Teruel, Ternasco (Borrego), Magras (Fatias de fiambre)*
Madrid, Castilla y León, Castilla-La Mancha, Extremadura ⑥ *a* ⑩ *e* ㉗ *a* ㉝	**Tintos** *aromáticos, muito frutados* **Brancos** *aromáticos, equilibrados* **Rosés** *refrescantes*	*Assados, Enchidos, Queijo Manchego, Migas, Cozido madrilense, Pisto (Caldeirada de legumes)*
Cataluña ⑱ *a* ㉖	**Tintos** *francos, robustos, redondos, equilibrados* **Brancos** *secos, amplos, frutados, « perlants »* **Rosés** *finos, elegantes* **Doces e « mistelas »** *(sobremesas)* **Cava** *espumante (método champenoise)*	*Butifarra (Linguiça catalana), Enchidos, Romesco (molho), Escudella (Cozido), Escalivada (Pimentos e beringelas no forno), Esqueixada (Salada de bacalhau cru), Crema catalana (Leite creme)*
Galicia, Asturias, Cantabria ① *a* ⑤	**Tintos** *espessos, elevada acidêz* **Brancos** *muito aromáticos, amplos, persistentes (Albariño)*	*Peixes, Mariscos, Fabada (Feijoada), Queijo Tetilla, Queijo Cabrales, Empanada (Empada), Lacón con grelos (Pernil de porco com grelos), Filloas (Crêpes), Olla podrida (Cozido), Sidra, Aguardente*
Islas Baleares ㊶	**Tintos** *com bouquet, elegantes* **Brancos e rosés** *ligeiros*	*Sobrasada (Embuchado de porco), Queijo de Mahón, Caldeirada de lagosta*
Islas Canarias ㊻ *a* ㊾	**Tintos** *novos, aromáticos* **Brancos e rosés** *ligeiros*	*Peixes, Papas arrugadas (Batatas)*
Valencia, Murcia ㉞ *a* ㊵	**Tintos** *robustos, de grande extracto* **Brancos** *aromáticos, frescos, frutados*	*Arroz, Nogado, Legumes, Hortaliças, Horchata (Orchata)*
Navarra ⑬	**Tintos** *saborosos, encorpados, muito aromáticos* **Rosés** *suaves, frutados* **Cava** *Espumante (método champenoise)*	*Legumes, Hortaliças, Pochas (Feijão branco), Espargos, Queijo Roncal*
País Vasco ⑫	**Brancos** *frescos, aromáticos, acídulos* **Tintos** *perfumados*	*Changurro (Santola), Cocochas (Glândulas de peixe), Porrusalda (Sopa de bacalhau), Marmitako (Guisado de atum), Pantxineta (Folhado de amêndoas), Queijo Idiazábal*
La Rioja (Alta, Baja, Alavesa) ⑪	**Tintos** *de grande nível, equilibrados, francos, aromáticos, de pouca acidêz* **Brancos** *secos* **Cava** *espumante (método champenoise)*	*Pimentos, Chilindrón (Guisado de galinha ou borrego)*

Vins et spécialités régionales

Les Appellations d'Origine Contrôlées (Denominaciones de Origen) sont indiquées sur la carte.

Régions et localisation sur la carte	Caractéristiques des vins	Spécialités régionales
Andalucía ㊷ *à* ㊺	**Blancs** *fruités* **Amontillados** *secs au goût de noisette* **Finos** *secs, piquants* **Olorosos** *bouquetés, aromatiques*	*Jambon, Gazpacho (Soupe froide à la tomate), Fritura de pescados (Friture de poissons)*
Aragón ⑭ *à* ⑰	**Rouges** *corsés* **Blancs** *fruités* **Rosés** *fruités, équilibrés* **Cava** *mousseux (méthode champenoise)*	*Jambon de Teruel, Ternasco (Agneau), Magras (Tranches de jambon)*
Madrid, Castilla y León, Castilla-La Mancha Extremadura ⑥ *à* ⑩ *et* ㉗ *à* ㉝	**Rouges** *aromatiques, très fruités* **Blancs** *aromatiques, équilibrés* **Rosés** *frais*	*Rôtis, Charcuteries, Fromage Manchego, Migas (Pain et lardons frits) Pot-au-feu madrilène, Pisto (Ratatouille)*
Cataluña ⑱ *à* ㉖	**Rouges** *francs, corsés, ronds équilibrés* **Blancs** *secs, amples, fruités, perlants* **Rosés** *fins, élégants* **Vins doux et mistelles** *(de dessert)* **Cava** *mousseux (méthode champenoise)*	*Butifarra (saucisse catalane) Charcuterie, « Romesco » (sauce), Escudella (Pot-au-feu), Escalivada (Poivron et aubergine au four), Esqueixada (Salade de morue crue), Crema catalana (Crème brûlée)*
Galicia, Asturias, Cantabria ① *à* ⑤	**Rouges** *épais à l'acidité élevée* **Blancs** *très aromatiques, amples, persistants (Albariño)*	*Poissons et fruits de mer, Fabada (Cassoulet au lard) Fromage Tetilla, Fromage Cabrales, Empanada (Friand), Lacón con grelos (Jambonneau au tendre de navet), Filloas (Crêpes), Olla podrida (Pot-au-feu), Cidre, Eau de vie*
Islas Baleares ㊶	**Rouges** *bouquetés, élégants* **Blancs et rosés** *légers*	*Sobrasada (Saucisse pimentée), Fromage de Mahón, Ragoût de langouste*
Islas Canarias ㊻ *à* ㊾	**Rouges** *jeunes, aromatiques* **Blancs et rosés** *légers*	*Poissons, Papas arrugadas (Pommes de terre)*
Valencia, Murcia ㉞ *à* ㊵	**Rouges** *charpentés, tanniques* **Blancs** *aromatiques, frais, fruités*	*Riz, Nougat, Légumes, Primeurs, Horchata (Orgeat)*
Navarra ⑬	**Rouges** *bouquetés, pleins, très aromatiques* **Rosés** *fins, fruités* **Cava** *mousseux (méthode champenoise)*	*Légumes, Primeurs, Pochas (Haricots blancs), Asperges, Fromage Roncal*
País Vasco ⑫	**Blancs** *frais, aromatiques, acides* **Rouges** *parfumés*	*Changurro (Araignée de mer), Cocochas (Glandes de poisson), Porrusalda (Soupe de morue), Marmitako (Ragoût de thon), Pantxineta (Gâteau feuilleté aux amandes), Fromage Idiazábal*
La Rioja (Alta, Baja, Alavesa) ⑪	**Rouges** *équilibrés, francs, aromatiques, peu acides* **Blancs** *secs* **Cava** *mousseux (méthode champenoise)*	*Poivrons, Chilindrón (Ragoût de poulet ou agneau)*

Vini e specialità regionali

Sulla carta indichiamo le Denominazioni d'Origine (Denominaciones de Origen) controllate e protette dalla legislazione spagnola.

Regioni e localizzazione sulla carta	Caratteristiche dei vini	Specialità regionali
Andalucía ㊷ *a* ㊺	**Bianchi** *fruttati* **Amontillados** *secchi dal gusto di nocciola* **Finos** *secchi, frizzanti* **Olorosos** *con bouquet, aromatici*	*Prosciutto, Gazpacho (Zuppa fredda di pomodoro), Fritura de pescados (Frittura di pesce)*
Aragón ⑭ *a* ⑰	**Rossi** *corposi* **Bianchi** *fruttati* **Rosati** *fruttati, equilibrati* **Cava** *spumante (metodo champenoise)*	*Prosciutto di Teruel, Ternasco (Agnello), Magras (Fette di prosciutto)*
Madrid, Castilla y Léon, Castilla-La Mancha Extremadura ⑥ *a* ⑩ *e* ㉗ *a* ㉝	**Rossi** *aromatici, molto fruttati* **Bianchi** *aromatici, equilibrati* **Rosati** *freschi*	*Arrosti, Salumi, Formaggio Manchego, Migas (Pane e pancetta fritta), Bollito madrileno, Pisto (Peperonata)*
Cataluña ⑱ *a* ㉖	**Rossi** *franchi, corposi, rotondi, equilibrati* **Bianchi** *secchi, ampi, fruttati, effervescenti* **Rosati** *fini, eleganti* **Vini dolci, Mistelle** *(da dessert)* **Cava** *spumante (metodo champenoise)*	*Butifarra (Salsiccia catalana), Salumi, « Romesco » (salsa), Escudella (Bollito), Escalivada (Peperoni e melanzane al forno), Esqueixada (Insalata di merluzo crudo), Crema catalana*
Galicia, Asturias, Cantabria ① *a* ⑤	**Rossi** *aciduli* **Bianchi** *molto aromatici, ampi, persistenti (Albariño)*	*Pesci e frutti di mare, Fabada (Stufato di lardo), Formaggio Tetilla, Formaggio Cabrales, Empanada (Pasticcino), Lacón con grelos (Prosciuttino con rape), Filloas (Crespelle), Olla podrida (Bollito), Sidro, Acquavite*
Islas Baleares ㊶	**Rossi** *con bouquet, eleganti* **Bianchi e rosati** *leggeri*	*Sobrasada (Salsiccia piccante), Formaggio di Mahón, Spezzatino di aragosta*
Islas Canarias ㊻ *a* ㊾	**Rossi** *giovani, aromatici* **Bianchi e rosati** *leggeri*	*Pesci, Papas arrugadas (Patate)*
Valencia, Murcia ㉞ *a* ㊵	**Rossi** *strutturati, tannici* **Bianchi** *aromatici, freschi*	*Riso, Torrone, Verdure, Primizie, Horchata (Orzata)*
Navarra ⑬	**Rossi** *con bouquet, pieni, molto aromatici* **Rosati** *fini, fruttati* **Cava** *spumante (metodo champenoise)*	*Verdure, Primizie, Pochas (Fagioli bianchi), Asparagi, Formaggio Roncal*
País Vasco ⑫	**Bianchi** *freschi, aromatici, aciduli* **Rossi** *profumati*	*Changurro (Granseola), Cocochas (Guanciale di pesce), Porrusalda (Zuppa di merluzo), Marmitako (Ragù di tonno), Pantxineta (Sfoglia alle mandorle), Formaggio Idiazábal*
La Rioja (Alta, Baja, Alavesa) ⑪	**Rossi nobili** *equilibrati, franchi, aromatici, sapidi* **Bianchi** *secchi* **Cava** *spumante (metodo champenoise)*	*Peperoni, Chilindrón (Ragù di pollo o agnello)*

Weine und regionale Spezialitäten

Auf der Karte sind die geprüften und gesetzlich geschützten Herkunftsbezeichnungen (Denominaciones de Origen) angegeben.

Regionen und Lage auf der Karte	Charakteristik der Weine	Regionale Spezialitäten
Andalucía ㊷ *bis* ㊺	*Fruchtige* **Weißweine** **Amontillados** *trocken Nußgeschmack* **Finos** *trocken, pikant-bissig* **Olorosos** *Bukettreich, aromatisch*	*Schinken, Gazpacho (Kalte Tomatensuppe), Fritura de pescados (Fisch Friture : ausgebackene Fische)*
Aragón ⑭ *bis* ⑰	*Vollmundige* **Rotweine** *Fruchtige* **Weißweine** *Fruchtige ausgewogene* **Rotweine** **Cava** *(Flaschengärung oder méthode champenoise)*	*Schinken von Teruel, Ternasco (Lamm), Magras (Schinkenscheiben)*
Madrid, Castilla y León, Castilla-La Mancha Extremadura ⑥ *bis* ⑩ *und* ㉗ *bis* ㉝	*Aromatische, sehr fruchtige* **Rotweine** *Aromatische, ausgewogene* **Weißweine** *Erfrischende* **Roséweine**	*Braten, Würste, Manchego-Käse, Migas (Brot und frischer Speck), Pot-au-feu Madrider Art, Pisto (Ratatouille)*
Cataluña ⑱ *bis* ㉖	*Natürliche, körperreiche, ausgewogene, runde* **Rotweine** *Trockene, reiche, fruchtige spritzige* **Weißweine** *Feine, elegante* **Roséweine** **Süße Weine, Mistella** *(Dessertweine)* **Cava** *(Flaschengärung oder méthode champenoise)*	*Butifarra (Katalanische Wurst), Würste, « Romesco » (Sauce), Escudella (Eintopf), Escalivada (Paprika und Auberginen übersbacken), Esqueixada (Salat von Stockfisch : roh), Crema catalana (Karamelisierte Vanillecreme)*
Galicia, Asturias, Cantabria ① *bis* ⑤	*Schwere* **Rotweine** *mit hohem Säuregehalt* *Sehr aromatische, volle, nachaltige* **Weißweine** *(Albariño)*	*Fische und Meeresfrüchte, Fabada (Bohneneintopf mit Speck), Tetilla-Käse, Cabrales-Käse, Empanada (Fleischpastete), Lacón con grelos (Schinken mit weißen Rüben), Filloas (Pfannkuchen), Olla podrida (Eintopf), Cidre, Schnaps*
Islas Baleares ㊶	*Bukettreiche, elegante* **Rotweine** *Leichte Weiß- und* **Roséweine**	*Sobrasada (Paprikawurst), Mahón-Kase, Langoustenragout*
Islas Canarias ㊻ *bis* ㊾	*Junge aromatische* **Rotweine** *Leichte Weiß- und* **Roséweine**	*Fische, Papas arrugadas (Kartoffeln)*
Valencia, Murcia ㉞ *bis* ㊵	*Kräftige tanninhaltige* **Rotweine** *Frische, fruchtige aromatische* **Weißweine**	*Reis, Nougat, Frühgemüse, Gemüse, Horchata (Mandelmilchgetränk)*
Navarra ⑬	*Bukettreiche, volle sehr aromatische* **Rotweine** *Feine, fruchtige* **Roséweine** **Cava** *(Flaschengärung oder méthode champenoise)*	*Frühgemüse, Gemüse, Pochas (Weiße Bohnen), Spargel, Roncal-Käse*
País Vasco ⑫	*Frische, aromatische, Säuvebetont* **Weißweine** *Parfümiert* **Rotweine**	*Changurro (Mecresspinne), Cocochas, Porrusalda (Stockfischsuppe), Marmitako (Thnnfischragout), Pantxineta (Blätterteigkuchen mit Mandeln), Idiazábal-Käse*
La Rioja (Alta, Baja, Alavesa) ⑪	*Hochwertige, ausgeglichene, saubere, aromatische* **Rotweine** *mit geringem Säuregehalt* *Trockene* **Weißweine** **Cava** *(Flaschengärung oder méthode champenoise)*	*Paprika, Chilindrón (Ragout vom Hahn oder Lamm)*

Wines and regional specialities

The map shows the official wine regions (Denominaciones de Origen) which are controlled and protected by Spanish law.

Regions and location on the map	Wine's characteristics	Regional Specialities
Andalucía ㊷ *to* ㊺	*Fruity* **whites** **Amontillados** *medium dry and nutty* **Finos** *very dry and piquant* **Olorosos** *smooth and aromatic*	*Gazpacho (Cold tomato soup), Fritura de pescados (Fried Fish)*
Aragón ⑭ *to* ⑰	*Robust* **reds** *Fruity* **whites** *Pleasant, fruity* **rosés** **Sparkling wines** *(méthode champenoise)*	*Teruel ham, Ternasco (Roast Lamb), Magras (Aragonese Ham Platter)*
Madrid, Castilla y León, Castilla-La Mancha Extremadura ⑥ *to* ⑩ *and* ㉗ *to* ㉝	*Aromatic and very fruity* **reds** *Aromatic and well balanced* **whites** *Refreshing* **rosés**	*Roast, Sausages, Manchego Cheese, Migas (fried breadcrumbs), Madrid stew, Pisto (Ratatouille)*
Cataluña ⑱ *to* ㉖	*Open, robust, rounded and well balanced* **reds** *Strong, full bodied and fruity* **whites** *Fine, elegant* **rosés** **Sweet, subtle** *dessert wines* **Sparking wines** *(méthode champenoise)*	*Butifarra (Catalan sausage), « Romesco » (sauce), Escudella (Stew), Escalivada (Mixed boiled vegetables), Esqueixada (Raw Cod Salad), Crema catalana (Crème brûlée)*
Galicia, Asturias, Cantabria ① *to* ⑤	*Complex, highly acidic* **reds** *Very aromatic and full bodied* **whites** *(Albariño)*	*Fish and seafood, Fabada (pork and bean stew), Tetilla Cheese, Cabrales Cheese, Empanada (Savoury Tart), Lacón con grelos (Salted shoulder of Pork with sprouting turnip tops), Filloas (Crêpes), Olla podrida (Hot Pot), Cider, Orujo (distilled grape skins and pips)*
Islas Baleares ㊶	*Meaty, elegant* **reds** *Light* **whites and rosés**	*Sobrasada (Sausage spiced with pimento), Mahón Cheese, Lobster ragout*
Islas Canarias ㊻ *to* ㊾	*Young, aromatic* **reds** *Light* **whites and rosés**	*Fish, Papas arrugadas (Potatoes)*
Valencia, Murcia ㉞ *to* ㊵	*Robust* **reds** *Fresh, fruity and aromatic* **whites**	*Rice dishes, Nougat, Market garden produce, Horchata (Tiger Nut Summer Drink)*
Navarra ⑬	*Pleasant, full bodied and highly aromatic* **reds** *Smooth and fruity* **rosés** **Sparkling wines** *(méthode champenoise)*	*Green vegetables, Market garden produce, Pochas (Haricot Beans), Asparagus, Roncal Cheese*
País Vasco ⑫	*Fresh, aromatic and acidic* **whites** *Fragrant* **reds**	*Changurro (Spider Crab), Cocochas (Hake jaws), Porrusalda (Cod soup), Marmitako (Tuna & Potato stew), Pantxineta (Almond Pastry), Idiazábal Cheese*
La Rioja (Alta, Baja, Alavesa) ⑪	*High quality, well balanced, open and aromatic* **reds** *with little acidity* *Dry* **whites** **Sparkling wines** *(méthode champenoise)*	*Peppers, Chilindrón (Chicken/Lamb in a spicy tomato & pepper sauce)*

España

Establecimientos con estrellas
Estabelecimentos com estrelas
Les établissements à étoiles
Gli esercizi con stelle
Die Stern-Restaurants
Starred establishments

✿✿✿

Donostia-San Sebastián	*Arzak*
Lasarte-Oria	*Martín Berasategui*
Roses	*El Bulli*
Sant Celoni	*Can Fabes*

✿✿

Portals Nous (I. Balears: Mallorca)	*Tristán*
Cáceres	*Atrio*
Donostia-San Sebastián	*Akelaŕe*
Girona	*El Celler de Can Roca*
Madrid	*La Broche*
Madrid	*Santceloni*
Moraira	*Girasol*
Oiartzun	*Zuberoa*
Sanlúcar la Mayor	*Hacienda Benazuza*
Sant Pol de Mar	*Sant Pau*

Ampudia	*Posada de la Casa del Abad*
Aranjuez	*Casa José*
Arenys de Mar	*Hispania*
Arriondas	*Casa Marcial*
"	*El Corral del Indianu*
Badajoz	*Aldebarán*
Cala Rajada (I.Balears: Mallorca)	*Ses Rotges*
Deyá (I. Balears: Mallorca)	*Es Racó d'Es Teix*
Palma de Mallorca (I.Balears: Mallorca)	*Koldo Royo*
"	*Plat d'Or*
Sant Llorenç des Cardassar (I. Balears: Mallorca)	*Es Molí d'En Bou*
Santa Maria del Camí (I. Balears: Mallorca)	*Read's H.*
Barcelona	*Àbac*
"	*Alkimia*
"	*Drolma*
"	*Gaig*
"	*Hofmann*
"	*Jean Luc Figueras*
"	*Neichel*
Barcelona	*El Racó d'en Freixa*
"	*Via Veneto*
Benavente	*El Ermitaño*
Bentraces	*A Rexidora*
Bilbao	*Etxanobe*
"	*Goizeko Kabi*
"	*Zortziko*
Caces	*L'Alezna*
Calldetenes	*Can Jubany*
Cambrils	*Can Bosch*
Castelló D'Empúries	*La Llar*
Cercs	*Estany Clar*
Cocentaina	*L'Escaleta*
Colmenar del Arroyo	*El Mesón de Doña Filo*
A Coruña	*Pardo*
Dénia	*El Poblet*
"	*La Seu de Miguel Ruíz*
Donostia-San Sebastián	*Miramón Arbelaitz*
Errenteria	*Mugaritz*
Escaldes Engordany (Andorra)	*Aquarius*
Estepona	*Lido*

Ezcaray	*Echaurren*
Figueres	*Mas Pau*
Galdakao	*Andra Mari*
Gijón	*Paladares*
"	*La Solana*
Hernani	*Fagollaga*
Hondarribia	*Alameda*
Huesca	*Lillas Pastia*
"	*Las Torres*
Humanes de Madrid	*Coque*
Illescas	*El Bohío*
León	*Vivaldi*
Lleida	*Carballeira*
"	*Malena*
Madrid	*Casa d'a Troya*
"	*El Chaflán*
"	*La Terraza del Casino*
"	*Zalacain*
Málaga	*Café de París*
Mérida	*Altair*
Mont-Ras	*La Cuina de Can Pipes*
Moralzarzal	*El Cenador de Salvador*
Olost	*Sala*
Olot	*Les Cols*
Ondara	*Casa Pepa*
Pamplona	*Europa*
"	*Rodero*
Las Pedroñeras	*Las Rejas*
Pontevedra	*Solla*
Prats de Lluçanès	*Lluçanès*
Prendes	*Casa Gerardo*
Ramales de la Victoria	*Río Asón*
Ronda	*Tragabuches*
Salamanca	*Chez Víctor*
"	*Victor Gutiérrez*
Salinas	*Real Balneario*
Sant Andreu de Llavaneres	*L'Esguard*
Santander	*El Serbal*
Santiago de Compostela	*Casa Marcelo*
"	*Toñi Vicente*
Sanxenxo	*La Taberna de Rotilio*
La Seu d'Urgell	*El Castell de Ciutat*
Tafalla	*Tubal*
Tossa de Mar	*La Cuina de Can Simón*
Vacarisses	*El Cingle*
València	*Alejandro*
"	*Ca'Sento*
"	*Torrijos*
La Vall de Bianya	*Ca l'Enric*
Villaverde de Pontones	*Cenador de Amós*
Vitoria-Gasteiz	*Zaldiarán*
Zamora	*El Rincón de Antonio*

"Bib Gourmand"

Buenas comidas a precios moderados
Refeições cuidadas a preços moderados
Repas soignés à prix modérés
Pasti accurati a prezzi contenuti
Sorgfältig zubereitete, preiswerte Mahlzeiten
Good food at moderate prices

 Comida

Aguilar de Campóo	*Cortés*
Aguilar de la Frontera	*La Casona*
Alacant	*Puerto*
"	*Valencia Once*
Albacete	*Casa Paco*
"	*Nuestro Bar*
Alburquerque	*Las Alcabalas*
Alcanar	*Can Bunyoles*
L'Alcora	*Sant Francesc*
Almagro	*La Cuerda*
Almansa	*Bodegón Almansa*
"	*Mesón de Pincelín*
Almería	*La Gruta*
"	*Veracruz*
Almodóvar del Río	*La Taberna*
Almuñecar	*El Chaleco*
"	*Mar de Plata*
Alp	*Casa Patxi*
Andorra la Vella (Andorra)	*Can Manel*
La Massana (Andorra)	*Borda Raubert*
Andújar	*Los Naranjos*
Antequera	*Caserío de San Benito*
"	*La Espuela*
"	*Noelia*
Aoiz	*Beti Jai*
Aracena	*José Vicente*
Arantzazu	*Zelai Zabal*
Arcade	*Arcadia*
Arcos de la Frontera	*El Convento*
Areu	*Vall Ferrera*
Arévalo	*La Pinilla*
Astorga	*La Peseta*
"	*Las Termas*
Ayora	*El Rincón*
"	*77*
Es Migjorn Gran (I. Balears: Menorca)	*S'Engolidor*
Baqueira-Beret	*Ticolet*
Barcelona	*Cañota*
"	*La Provença*
"	*St. Rémy*
"	*Silvestre*
"	*La Taula*
"	*Vivanda*
Belate (Puerto de)	*Venta de Ulzama*
Benadalid	*Los Labraos*
Benidorm	*Casa Modesto*
Beniel	*Angelín*
Benimantell	*L'Obrer*
Beniparrell	*Centenario*
Bigues	*Can Carreres*
Bilbao	*Rogelio*
Blanes	*S'Auguer*
Bocairent	*Riberet*
Boí	*La Cabana*
Borja	*La Bóveda del Mercado*
Borleña	*Mesón de Borleña*
Breda	*El Romaní de Breda*
Bueu	*Loureiro*
Cabrils	*Hostal de la Plaça*
Cacabelos	*La Moncloa de San Lázaro*
"	*Palacio de Canedo*
Calatayud	*La Brasa*
Caldebarcos	*Casa Manolo*
Arucas (I. Canarias: Gran Canaria)	*Mesón de la Montaña*
Maspalomas (I. Canarias: Gran Canaria)	*Mallorca*
Las Palmas de Gran Canaria (I. Canarias: Gran Canaria)	*El Anexo*
"	*La Cabaña Criolla*
"	*Casa Carmelo*
"	*Casa de Galicia*
"	*El Padrino*
Haría (I. Canarias: Lanzarote)	*Casa'l Cura*
Puerto de la Cruz (I. Canarias: Tenerife)	*Régulo*
A Cañiza	*Reveca*
Casalarreina	*La Vieja Bodega*
Castelló de la Plana	*Arro,pes*
Cazalla de la Sierra	*Posada del Moro*
Cazorla	*La Sarga*
Cervelló	*Can Rafel*
Coma-ruga	*Joila*
A Coruña	*Adega o Bebedeiro*
"	*Artabria*
"	*Domus*
"	*Mundo*
"	*La Penela*

La Costa del Montseny	*De la Costa*
Covarrubias	*De Galo*
Daroca de Rioja	*Venta Moncalvillo*
Donostia-San Sebastián	*Bodegón Alejandro*
Dosbarrios	*Los Arcos*
Ea	*Ermintxo*
Elda	*Fayago*
Esponellà	*Can Roca*
Estepona	*La Alcaría de Ramos*
"	*La Menorah*
Fene	*Muiño do Vento*
Fombellida	*Fombellida*
La Fresneda	*Matarraña*
Fuengirola	*Patrick Bausier*
Gavà	*La Pineda*
Ger	*El Rebost de Ger*
Getaria	*Iribar*
Gombrèn	*La Fonda Xesc*
Granollers	*Les Arcades*
A Guarda	*Anduriña*
Hecho	*Gaby-Casa Blasquico*
Hervás	*El Almirez*
Hoyos	*Il Cigna*
Hoyos del Espino	*Mira de Gredos*
Irún	*Ibaiondo*
Jaca	*Lilium*
Jaén	*Mesón Nuyra*
Laguardia	*Héctor Oribe*
Leintz-Gatzaga	*Gure Ametsa*
Llanes	*El Jornu*
Lucena	*Araceli*
Madrid	*La Bola*
"	*La Despensa*
"	*Sal Gorda*
"	*Zerain*
Málaga	*El Cobertizo*
"	*Figón de Juan*
"	*Mamé*
Matamorosa	*Mesón las Lanzas*
Molins de Rei	*D'en Robert*
Montseny	*Can Barrina*
El Morell	*La Grava*
Morella	*La Fonda*
Motilla del Palancar	*Seto*
Mugiro	*Venta Muguiro*
Murcia	*Acuario*
"	*Las Cadenas*
"	*La Gran Taberna*
Navaleno	*El Maño*
Negreira	*Casa Barqueiro*
Olivenza	*Alcañices*
Oviedo	*Las Campanas de San Bernabé*
Los Palacios y Villafranca	*Manolo Mayo*
Palau-Sator	*Mas Pou*
Palencia	*Isabel*
Pámanes	*Casa Navarro*
Pasai Donibane	*Txulotxo*
El Perdigón	*Bodega Pámpano*
Pontevedra	*Rianxo*
Potes	*El Bodegón*
Pozuelo de Alarcón	*Bodega la Salud*
Priego de Córdoba	*Balcón del Adarve*
Puente de San Miguel	*Hostería Calvo*
Puente Genil	*Casa Pedro*
Puerto de Mazarrón	*Virgen del Mar*
Quintanadueñas	*La Galería*
Requena	*Mesón del Vino*
Reus	*El Pa Torrat*
La Riera de Gaià	*La Masía de l'Era*
Riudarenes	*La Brasa*
Rois	*Casa Ramallo*
San Fernando	*Venta los Tarantos*
San Pedro de Rudagüera	*La Ermita 1826*
Sanlúcar de Barrameda	*Casa Bigote*
"	*El Veranillo*
Sant Cugat del Vallès	*Casablanca*
Sant Pau d'Ordal	*Cal Xim*
Sant Quirze del Vallès	*Lluernari*
Santander	*Machinero*
Santillana del Mar	*Colegiata*
Sarvisé	*Casa Frauca*
Sevilla	*Az-Zait*
Sils	*Hostal de la Granota*
Solares	*Casa Enrique*
Solivella	*Cal Travé*
Soria	*Casa Augusto*
"	*El Mesón de Isabel*
Sudanell	*La Lluna*
Tapia de Casariego	*El Álamo*
Teruel	*La Menta*
Tolosa	*Hernialde*
"	*Sausta*
Torà	*Hostal Jaumet*
Tordesillas	*El Montico*
Torreblanca	*La Strada*
Torremolinos	*Figón de Montemar*
"	*Juan*
Tramacastilla	*Hospedería El Batán*
Trigueros	*Los Arcos 2*
Tudela de Duero	*Mesón 2,39*
Tui	*O Novo Cabalo Furado*
València	*Bazterretxe*
"	*Montes*
"	*El Romeral*
Valencia de Don Juan	*Casa Alcón*
La Vall de Bianya	*Ca la Nàsia*
Valladolid	*Don Bacalao*
"	*La Raíz*
Vallejera de Riofrío	*La Corrobla*
Vejer de la Frontera	*Trafalgar*
Vélez Blanco	*El Molino*
Vera	*Terraza Carmona*
Vielha	*Can Manel*
"	*Era Lucana*

Vigo	*Laxeiro*
"	*La Oca*
"	*Soriano*
Vila-Real	*Espliego*
Vilasobroso	*O'Rianxo*
Villabalter	*La Tahona de Ambrosia*
Villalba de la Sierra	*Mesón Nelia*
Villanueva de Argaño	*Las Postas de Argaño*
Viver	*Thalassa.*
Yegen	*El Rincón de Yegen*
Zafra	*Josefina*
Zaragoza	*Campo del Toro*

"Bib Hotel"

Grato descanso a precio moderado

Grato descanso a preço moderado

Bonnes nuits à petits prix

Un buon riposo a prezzi contenuti

Hier übernachten Sie gut und preiswert

Good accommodation at moderate prices

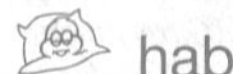
hab

Águilas	*El Paso*
Alesanco	*Hostería Alesanco*
Allariz	*O Portelo*
Almandoz	*Beola*
Almendralejo	*Vetonia*
Almuña	*Casa Manoli*
Alquézar	*Villa de Alquézar*
Santa Coloma (Andorra)	*Cerqueda*
Os Ánxeles	*Casa Rosalía*
Astorga	*Monterrey*
Bakio	*Joshe Mari*
Bandeira	*Victorino*
Belmonte	*Palacio Buenavista Hospedería*
Bergara	*Ormazabal*
Bielsa	*Bielsa*
Bilbao	*Iturrienea*
Boltaña	*Boltaña*
Broto	*Latre*
Cacabelos	*Santa María*
Calatayud	*Hospedería Mesón de la Dolores*
"	*Hospedería El Pilar*
Cañamero	*Ruiz*
Castelló d'Empúries	*Canet*
Castro Caldelas	*Pousada Vicente Risco*
Cazorla	*Guadalquivir*
Chantada	*Pazo As Casas*
Chinchón	*La Casa Rural*
La Coma i La Pedra	*Fonts del Cardener*
Córdoba	*Maestre*
Covarruvias	*Doña Sancha*
La Cueta	*El Rincón de Babia*
Ea	*Ermintxo*
Elantxobe	*Itsasmin*
Fregenal de la Sierra	*Cristina*
Frómista	*San Martín*
Fuente Dé	*Rebeco*
Garaioa	*Arostegui*
Girona	*Condal*
Gironella	*L'Oreneta de Gironella*
Guadix	*Comercio*
Hoyos del Espino	*Mira de Gredos*
Huétor Vega	*Villa Sur*
Lavacolla	*San Paio*
Lerma	*El Zaguán*
Lezama	*Matsa*
Luarca	*La Colmena*
María	*Sierramaría*
Meira	*Casa Cazoleiro*
Miajadas	*El Cortijo*
El Molar	*Azul*
Molina de Aragón	*Molino del Batán*
Molinos de Duero	*San Martín*

Morella *Cardenal Ram*
Motilla del Palancar *Seto*
Munitibar *Garro*
Murgia *La Casa del Patrón*
Navacerrada *Nava Real*
Navacerrada (Puerto de) *Pasadoiro*
L'Ollería *San Miguel*
Oropesa *La Hostería*
Peñarroya Pueblonuevo *Gran Hotel*
Perales del Puerto *Don Julio*
Ponte Caldelas *Las Colonias*
Pontevedra *Don Pepe*
Portonovo *Martin-Esperanza*
Quintanilla del Agua *El Batán del Molino*
Rascafría *Los Calizos*
Reinosa *Villa Rosa*
Ribadeo *La Villa*
Ribadesella *Camangu*
Riópar *Riópar*
La Roda *Juanito*
Roda de Isábena *Hospedería de Roda de Isábena*
Sahagún *La Codorniz*
San Juan del Puerto *Real*
Sant Fruitós de Bages *La Sagrera*
Santa Bárbara *Venta de la Punta*
Santa María de Mave *Hostería El Convento*
Santiago de Compostela *San Lorenzo*
Sarria *Roma*
Segorbe *María de Luna*
Segovia *Don Jaime*
Sena de Luna *Días de Luna*
Soria *Hostería Solar de Tejada*
Tàrrega *Pintor Marsà*
Torla *Abetos*
Torrecaballeros *Burgos*
Torrox Costa *Cortijo Amaya*
Tramacastilla *Hospedería El Batán*
Valdilecha *El Palacete de la Ochava*
Vallejera de Riofrío *Cubino H.*
Vejer de la Frontera *Convento de San Francisco*
Vélez Blanco *Casa de los Arcos*
Verdicio *Palacio de Fiame*
Vilanova i la Geltrú *Ribes Roges*
Villaralbo *Casa Aurelia*
Villaviciosa *Carlos I*
Villena *Salvadora*
Zuheros *Zuahyra*

Hoteles agradables
Hotéis agradáveis
Hôtels agréables
Alberghi ameni
Angenehme Hotels
Particulary pleasant Hotels

Barcelona *Ritz*
Donostia-San Sebastián *María Cristina*
Fuengirola *Byblos Andaluz*
León *Parador Hostal San Marcos*
Loja *La Bobadilla*
Madrid *Ritz*
" *AC Santo Mauro*
S'Agaró *Hostal de la Gavina*
Santander *Real*
Santiago de Compostela *Parador Hostal dos Reis Católicos*

Altea *Meliá Altea Hills*
Deyá (I. Balears: Mallorca) *La Residencia*
Manacor (I. Balears: Mallorca) *La Reserva Rotana*
Palma de Mallorca (I. Balears: Mallorca) *Arabella*
Sheraton Golf H. Son Vida
Puigpunyent (I. Balears: Mallorca) *G.H. Son Net*
Sant Miquel de Balansat (I. Balears: Eivissa) *Hacienda Na Xamena*
Bolvir de Cerdanya *Torre del Remei*
Burgos *Landa Palace*
Maspalomas (I. Canarias: Gran Canaria) *Grand H. Residencia*
Playa de las Américas (I. Canarias: Tenerife) *G.H. Bahía del Duque*
Puerto de la Cruz (I. Canarias: Tenerife) *Botánico*
Santa Cruz de Tenerife (I. Canarias: Tenerife) *Mencey*
Estepona *Sofitel Las Dunas*
Granada *Alhambra Palace*
Madrid *Orfila*
Marbella *Marbella Club*
" *Puente Romano*
Plasencia *Parador de Plasencia*
Puçol *Monte Picayo*
El Puerto de Santa María *Duques de Medinaceli*
Sanlúcar la Mayor *Hacienda Benazuza*
La Seu d'Urgell *El Castell de Ciutat*
Torrent *Mas de Torrent*
Trujillo *Parador de Trujillo*
La Vila Joiosa *El Montíboli*

Alarcón *Parador de Alarcón*
Almagro *Parador de Almagro*
Almendral *Rocamador*
Alqueríes *Torre La Mina*
Ampudia *Posada de la Casa del Abad de Ampudia*
Cala Sant Vicenç (I. Balears: Mallorca) *La Moraleja*
" *Cala Sant Vicenç*
Deyá (I. Balears: Mallorca) *Es Molí*
Palma de Mallorca (I. Balears: Mallorca) *Palacio Ca Sa Galesa*
Porto Cristo (I. Balears: Mallorca) *Son Mas*
Santa Margalida (I. Balears: Mallorca) *Casal Santa Eulalia*
Santa Maria del Camí (I. Balears: Mallorca) *Read's H.*
Ballesteros de Calatrava *Palacio de la Serna*

Barcelona	*Neri*
Begur	*Aigua Blava*
Boadilla del Monte	*El Antiguo Convento de Boadilla del Monte*
San Sabastián de la Gomera (I. Canarias: La Gomera)	*Parador de San Sebastián de la Gomera*
Castro	*Barceló Pazo Libunca*
Cazalla de la Sierra	*Palacio de San Benito*
Chinchón	*Parador de Chinchón*
Elx	*Huerto del Cura*
Escalante	*San Román de Escalante*
Figueres	*Torremirona*
Fuentespalda	*La Torre del Visco*
Gautegiz Arteaga	*Castillo de Arteaga*
Granada	*Parador de Granada*
Hondarribia	*Obispo*
"	*Pampinot*
Jarandilla de la Vera	*Parador de Jarandilla de la Vera*
Laguardia	*Castillo El Collado*
Llagostera	*Masía Sureda*
Lloret de Mar	*Rigat Park*
"	*Santa Marta*
Molinos de Duero	*Real Posada de la Mesta*
Osuna	*Palacio Marqués de la Gomera*
Ronda	*San Gabriel*
Salamanca	*Rector*
Santa Cristina d'Aro	*Mas Tapiolas*
Taramundi	*La Rectoral*
Torroella de Montgrí	*Palau Lo Mirador*
Valle	*Torre de Ruesga*
Villacarriedo	*Palacio de Soñanes*
Xàbia	*Villa Mediterránea*
Zamora	*Parador de Zamora*

Albarracín	*Casa de Santiago*
Almadén	*Plaza de Toros de Almadén*
Amandi	*La Casona de Amandi*
Arroyomolinos de la Vera	*Peña del Alba*
Caimari (I. Balears: Mallorca)	*Can Furiós*
Felanitx (I. Balears: Mallorca)	*Sa Posada d'Aumallía*
Inca (I. Balears: Mallorca)	*Casa del Virrey*
Montuiri (I. Balears: Mallorca)	*Es Figueral Nou*
Palma de Mallorca (I. Balears: Mallorca)	*San Lorenzo*
Sóller (I. Balears: Mallorca)	*Ca N'ai*
Sant Miquel de Balansat (I. Balears: Eivissa)	*Cas' Pla*
O Barco de Valdeorras	*Pazo do Castro*
Benahavís	*Amanhavis*
Briñas	*Hospedería Señorío de Briñas*
Cadavedo	*Torre de Villademoros*
Camasobres	*Posada de la Pernía*
Garachico (I. Canarias: Tenerife)	*San Roque*
Casalarreina	*Hospedería Señorío de Casalarreina*
Córdoba	*Casa de los Azulejos*
Cudillero	*Casona de la Paca*
Gerena	*Cortijo El Esparragal*
Granada	*Casa Morisca*
"	*Carmen de Santa Inés*
A Guarda	*Convento de San Benito*
Guillena	*Cortijo Torre de la Reina*
Hoyos del Espino	*El Milano Real*
Huétor Vega	*Villa Sur*
Madrid	*Acis y Galatea*
Oviedo	*Rei Alfonso II*
Saelices	*Hospedería Casas de Luján*
San Mamés de Meruelo	*Casona de Meruelo*
Sant Marçal	*Sant Marçal*
Topas	*Castillo del Buen Amor*
Valle de Cabuérniga	*Camino Real*
Vilaboa	*Rectoral de Cobres*
Vilalonga	*Pazo El Revel*
Villamayor	*Palacio de Cutre*
Vitoria-Gasteiz	*Palacio de Elorriaga*
Xàtiva	*Huerto Virgen de las Nieves*

Albarracín	*La Casona del Ajimez*
"	*Posada del Adarve*
Allariz	*O Portelo*
Buera	*La Posada de Lalola*
El Burgo	*Posada del Canónigo*
Cabanes	*L'Aldaba*
Cádiar	*Alquería de Morayma*
Castrojeriz	*La Cachava*
Daroca	*Posada del Almudí*
Écija	*Palacio de los Granados*
Granada	*América*
La Granja	*Las Fuentes*
Mojácar	*Mamabel's*
Navacerrada	*Nava Real*
Nerja	*Carabeo*
Ojén	*La Posada del Ángel*

La Parra *Hospedería Convento de la Parra*
Puebla de Sanabria *Hospedería La Cartería*
Reinosa *Villa Rosa*
Sallent de Gállego *Almud*
San Antonio *Casa Doña Anita*
Santa Pau *Cal Sastre*
Santander *Las Brisas*
Santiago de Compostela *Costa Vella*
Soria *Hospedería Solar de Tejada*

Rugat *La Casa Vieja*

Alcanar *Tancat de Codorniu*
Aldán *A Casa de Aldán*
Almagro *La Casa del Rector*
Artà (I. Balears: Mallorca) *Ca'n Moragues*
Lloseta (I. Balears: Mallorca) *Ca's Comte*
Sóller (I. Balears: Mallorca) *Ca's Xorc*
Son Servera (I. Balears: Mallorca) *Petit H. Cases de Pula*
" *Finca Son Gener*
Valldemossa (I. Balears: Mallorca) *Cases de Ca's Carriguer*
" *Valldemossa*
Es Castell (I. Balears: Menorca) *Sant Joan de Binissaida*
" *Son Granot*
Sant Lluís (I. Balears: Menorca) *Alcaufar Vell*
" *Biniarroca*
Santa Eulalia del Río (I. Balears: Eivissa) *Can Curreu*
Santa Gertrudis de Fruitera (I. Balears: Eivissa) *Cas Gasi*
Bentraces *Palacio de Bentraces*
El Burgo de Osma *Posada del Canónigo*
Calaceite *El Cresol de Calaceite*
Cambados *Pazo A Capitana*
Comillas *Torre del Milano*
Crecente *Palacio do Barreiro*
Fontibre *Posada Rural Fontibre*
Herrerías de Valcarce *Rebollal y Fernández*
Herreros *Casa del Cura*
Imón *Salinas de Imón*
Infiesto *Casona de Bustiello*
Lles de Cerdanya *Cal Rei*
Maderuelo *La Posada del Medievo*
Monachil *La Almunia del Valle*
Navafría *Posada Mingaseda*
Orce *Laveranda*
Oreña *Caborredondo*
Pontedeume *Casa do Castelo de Andrade*
Quintanilla del Agua *El Batán del Molino*
Santillana del Mar *Casa Güela*
Sena de Luna *Días de Luna*
Uclés *Casa Palacio*
Utrera *Hacienda de Orán*
Villaviciosa *Castiello de Selorio*
Zumaia *Landarte*

Restaurantes agradables
Restaurantes agradáveis
Restaurants agréables
Ristoranti ameni
Angenehme Restaurants
Particulary pleasant Restaurants

Deyá (I. Balears: Mallorca) — *El Olivo*
Palma de Mallorca (I. Balears: Mallorca) — *Plat d'Or*
Playa de las Américas (I. Canarias: Tenerife) — *El Patio*
Comillas — *El Capricho de Gaudí*
Estepona — *Lido*
Marbella — *La Meridiana*
Moraira — *Girasol*
Moralzarzal — *El Cenador de Salvador*
Pamplona — *Josetxo*
Sant Celoni — *Can Fabes*
Santa Cruz — *Hostería Palacete Rural La Seda*

Ajo — *La Casona de la Peña*
Felanitx (I. Balears: Mallorca) — *Vista Hermosa*
Córdoba — *Almudaina*
Figueres — *Mas Pau*
Hondarribia — *Ramón Roteta*
Marbella — *La Hacienda*
" — *Villa Tiberio*
Mont-Ras — *La Cuina de Can Pipes*
Oiartzun — *Zuberoa*
Olot — *Les Cols*
Pals — *Sa Punta*
Pamplona — *Hartza*
Las Pedroñeras — *Las Rejas*
Platja d'Aro — *Carles Camós-Big Rock*
Puente la Reina — *Mesón del Peregrino*
Quijas — *Hostería de Quijas*
Roses — *El Bulli*
Sevilla — *Taberna del Alabardero*
Vitoria-Gasteiz — *El Portalón*
Xàtiva — *Hostería de Mont Sant*

Almagro — *El Corregidor*
Cala Rajada (I. Balears: Mallorca) — *Ses Rotges*
Deyá (I. Balears: Mallorca) — *Ca'n Quet*
Eivissa (I. Balears: Eivissa) — *La Masía d'en Sort*
Santa Eulalia del Río (I. Balears: Eivissa) — *Can Curreu*
Calatañazor — *Casa del Cura*
Betancuria (I. Canarias: Fuerteventura) — *Casa Santa María*
Cañicosa — *Codex Calixtinus*
Hoyo de Manzanares — *El Vagón de Beni*
Llívia — *Casa Ventura*
Montseny — *Can Barrina*
Roses — *Flor de Lis*
Santa Pola — *María Picola*
Villanubla — *La Fuente de los Ángeles*
Zafra — *Barbacana*

Ainsa — *Bodegas del Sobrarbe*
Allariz — *Portovello*
Pollença (I. Balears: Mallorca) — *Ca'n Pacienci*
Benalauría — *La Molienda*
Buera — *Lalola*
Cambados — *Posta do Sol*
Donamaria — *Donamaria'ko Benta*
Guardamar de la Safor — *Arnadí*
Hecho — *Gaby-Casa Blasquico*
Linares de la Sierra — *Arrieros*
Meranges — *Can Borrell*

Madrid — *Tasca La Farmacia*

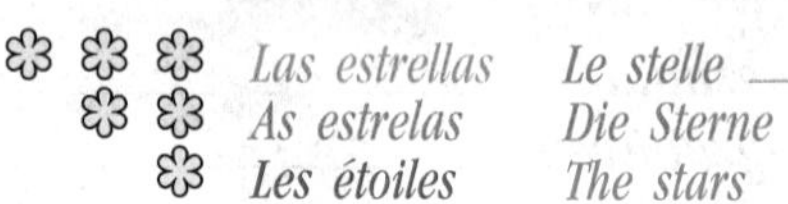

Las estrellas *Le stelle*
As estrelas *Die Sterne*
Les étoiles *The stars*

"Bib Gourmand"

Comida 30

Buenas comidas a precios moderados
Refeições cuidadas a preços moderados
Repas soignés à prix modérés
Pasti accurati a prezzi contenuti
Sorgfältig zubereitete, preiswerte Mahlzeiten
Good food at moderate prices

"Bib Hotel"

hab **55/65**

Grato descanso a precio moderado
Grato descanso a preço moderado
Bonnes nuits à petits prix
Un buon riposo a prezzi contenuti
Hier übernachten Sie gut und preiswert
Good accommodation at moderate prices

Atractivo y tranquilidad
Atractivos e tranquilidade
L'agrément
Amenità e tranquillità
Annehmlichkeit
Peaceful atmosphere and setting

Población con mapa de alrededores
Cidade com mapa de arredores
Carte de voisinage : voir à la ville choisie
Città con carta dei dintorni
Stadt mit Umgebungskarte
Town with a local map

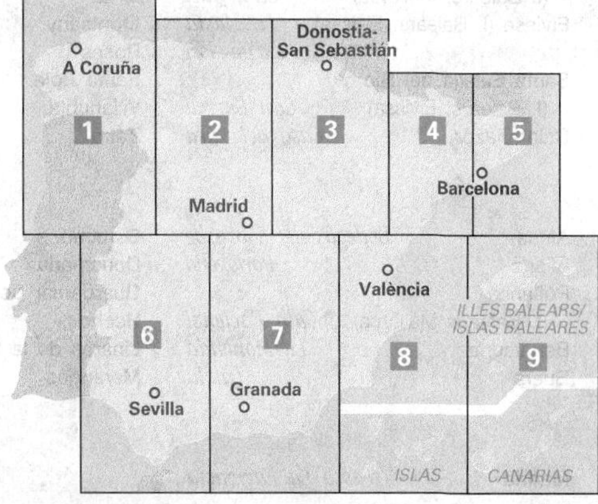

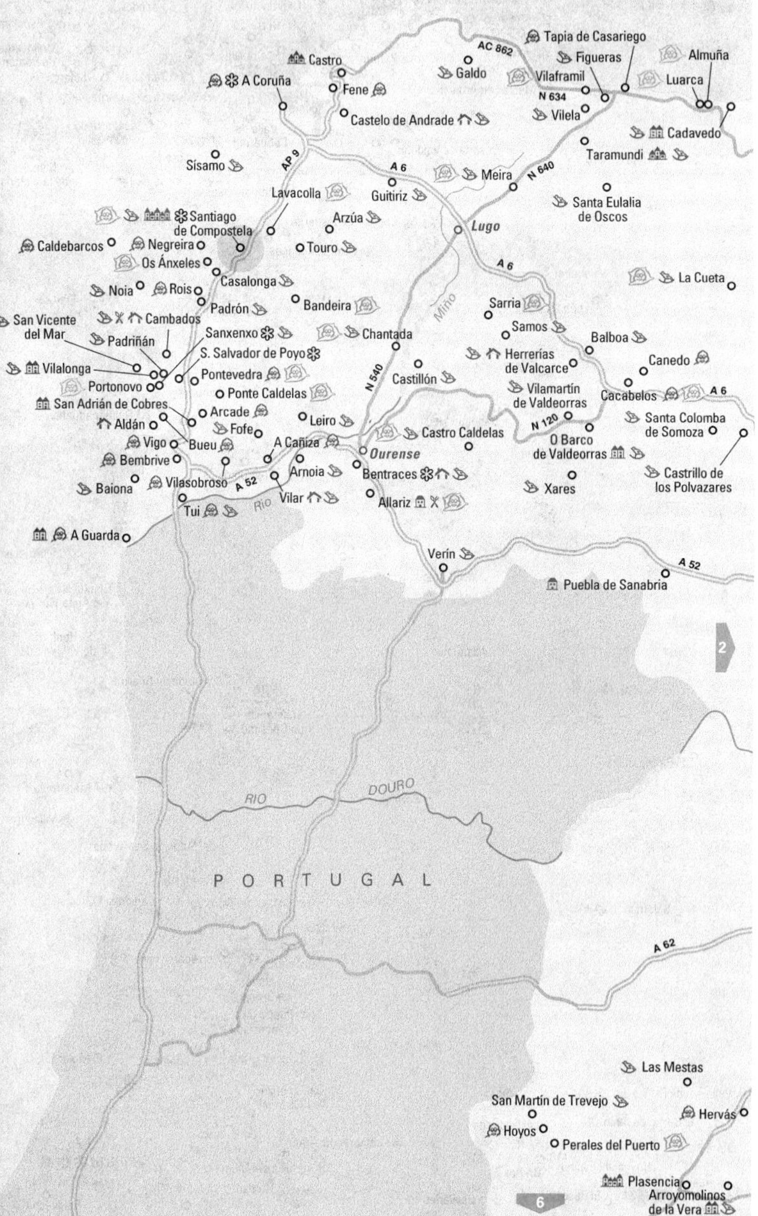
OCÉANO ATLÁNTICO
Tapia de Casariego
AC 862
Castro
Figueras
Almuña
Galdo
A Coruña
Fene
Vilaframil
Luarca
N 634
Castelo de Andrade
Vilela
Cadavedo
Taramundi
Sísamo
AP 9
A 6
Meira
N 640
Lavacolla
Guitiriz
Santa Eulalia de Oscos
Santiago de Compostela
Arzúa
Lugo
Caldebarcos
Negreira
Touro
Os Ánxeles
A 6
Casalonga
La Cueta
Noia
Rois
Padrón
Bandeira
Sarria
San Vicente del Mar
Cambados
Miño
Samos
Sanxenxo
Chantada
Balboa
Padriñán
S. Salvador de Poyo
Herrerías de Valcarce
Canedo
Vilalonga
Pontevedra
Castillón
Portonovo
N 540
Vilamartín de Valdeorras
Cacabelos
A 6
Ponte Caldelas
San Adrián de Cobres
Arcade
N 120
Santa Colomba de Somoza
Aldán
Fofe
Leiro
Castro Caldelas
Vigo
Bueu
A Cañiza
O Barco de Valdeorras
Ourense
Bembrive
Arnoia
Bentraces
Castrillo de los Polvazares
Baiona
Vilasobroso
A 52
Xares
Vilar
Tui
Río
Allariz
A Guarda
Verín
A 52
Puebla de Sanabria
2
RIO DOURO
PORTUGAL
A 62
Las Mestas
San Martín de Trevejo
Hervás
Hoyos
Perales del Puerto
Plasencia
Arroyomolinos de la Vera
6

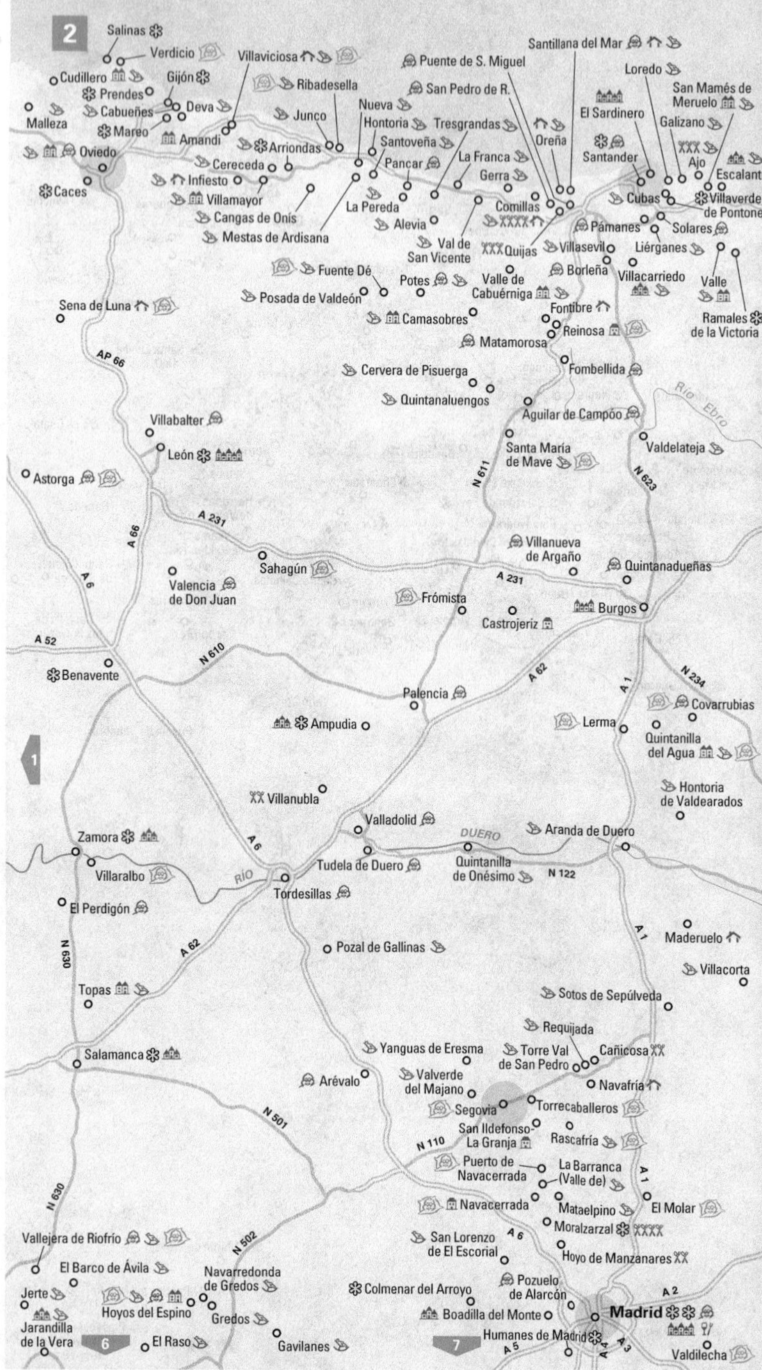

2
Salinas
Verdicio
Villaviciosa
Cudillero
Gijón
Prendes
Ribadesella
Malleza
Cabueñes
Deva
Junco
Mareo
Amandi
Arriondas
Oviedo
Cereceda
Caces
Infiesto
Villamayor
Cangas de Onís
Mestas de Ardisana
Puente de S. Miguel
San Pedro de R.
Nueva
Hontoria
Tresgrandas
Santoveña
Pancar
La Franca
La Pereda
Gerra
Alevia
Val de
San Vicente
Comillas
Quijas
Santillana del Mar
Oreña
Loredo
El Sardinero
San Mamés de
Meruelo
Galizano
Santander
Ajo
Escalante
Cubas
Villaverde
de Pontones
Pámanes
Solares
Liérganes
Villasevil
Borleña
Villacarriedo
Valle
Ramales
de la Victoria
Fuente Dé
Posada de Valdeón
Potes
Valle de
Cabuérniga
Camasobres
Fontibre
Reinosa
Matamorosa
Sena de Luna
AP 66
Cervera de Pisuerga
Quintanaluengos
Fombellida
Aguilar de Campóo
Río Ebro
Villabalter
León
Santa María
de Mave
Valdelateja
Astorga
N 611
N 623
A 231
A 66
Villanueva
de Argaño
Quintanadueñas
Sahagún
Valencia
de Don Juan
A 6
A 231
Frómista
Castrojeriz
Burgos
A 52
N 610
Benavente
A 62
N 234
A 1
Palencia
Covarrubias
Ampudia
Lerma
Quintanilla
del Agua
1
Hontoria
de Valdearados
Villanubla
Valladolid
Zamora
DUERO
Aranda de Duero
Villaralbo
A 6
Tudela de Duero
Quintanilla
de Onésimo
N 122
RÍO
Tordesillas
El Perdigón
A 1
Maderuelo
N 630
A 62
Pozal de Gallinas
Villacorta
Topas
Sotos de Sepúlveda
Requijada
Salamanca
Yanguas de Eresma
Torre Val
de San Pedro
Cañicosa
Arévalo
Valverde
del Majano
Navafría
N 501
Segovia
Torrecaballeros
San Ildefonso-
La Granja
Rascafría
N 110
Puerto de
Navacerrada
La Barranca
(Valle de)
A 1
N 630
Navacerrada
Mataelpino
El Molar
Moralzarzal
Vallejera de Riofrío
N 502
A 6
San Lorenzo
de El Escorial
Hoyo de Manzanares
El Barco de Ávila
Navarredonda
de Gredos
Pozuelo
de Alarcón
Jerte
Colmenar del Arroyo
A 2
Hoyos del Espino
Gredos
Boadilla del Monte
Madrid
Jarandilla
de la Vera
6
El Raso
Gavilanes
7
Humanes de Madrid
A 5
A 4
A 3
Valdilecha

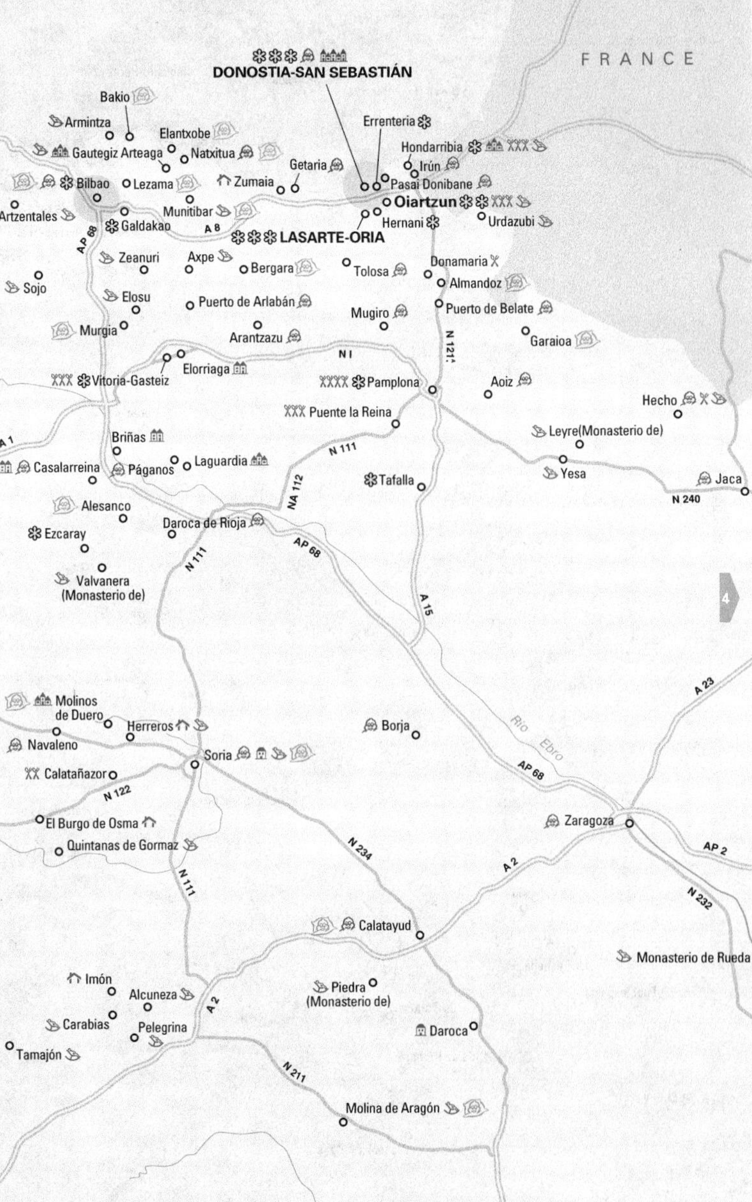
3
MAR CANTÁBRICO
FRANCE
DONOSTIA-SAN SEBASTIÁN
Bakio
Armintza
Elantxobe
Gautegiz Arteaga
Natxitua
Getaria
Errenteria
Hondarribia
Irún
Pasai Donibane
Bilbao
Lezama
Zumaia
Oiartzun
Artzentales
Galdakao
Munitibar
A 8
Hernani
Urdazubi
AP 68
LASARTE-ORIA
Zeanuri
Axpe
Bergara
Tolosa
Donamaria
Almandoz
Sojo
Elosu
Puerto de Arlabán
Puerto de Belate
Mugiro
Murgia
Arantzazu
Garaioa
N I
N 121A
Elorriaga
Vitoria-Gasteiz
Pamplona
Aoiz
Hecho
Puente la Reina
A 1
Briñas
Leyre(Monasterio de)
N 111
Casalarreina
Páganos
Laguardia
Yesa
NA 112
Tafalla
Jaca
N 240
Alesanco
Daroca de Rioja
Ezcaray
AP 68
N 111
Valvanera
(Monasterio de)
A 15
4
A 23
Molinos
de Duero
Herreros
Borja
Navaleno
Río Ebro
Soria
Calatañazor
AP 68
N 122
Zaragoza
El Burgo de Osma
Quintanas de Gormaz
N 234
AP 2
N 111
A 2
N 232
Calatayud
Monasterio de Rueda
Imón
Piedra
(Monasterio de)
Alcuneza
A 2
Carabias
Daroca
Pelegrina
Tamajón
N 211
Molina de Aragón
Tramacastilla
Pareja
N 234
Albarracín
Teruel
7
8

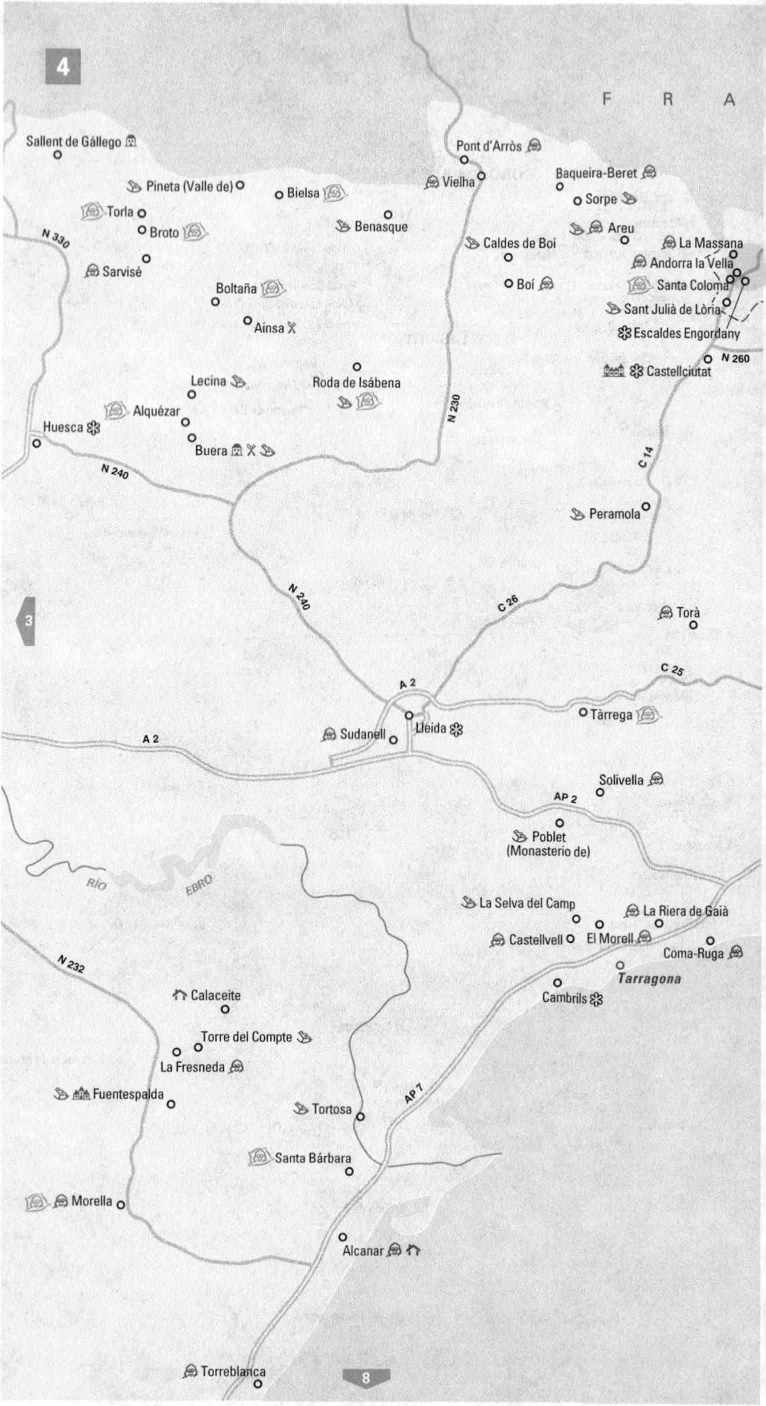

4

FRA

Sallent de Gállego
Pineta (Valle de)
Torla
Broto
Sarvisé
Bielsa
Benasque
Boltaña
Aínsa
Lecina
Roda de Isábena
Alquézar
Huesca
Buera
Pont d'Arròs
Vielha
Baqueira-Beret
Sorpe
Areu
Caldes de Boí
Boí
La Massana
Andorra la Vella
Santa Coloma
Sant Julià de Lòria
Escaldes Engordany
Castellciutat
Peramola
Torà
Tàrrega
Lleida
Sudanell
Solivella
Poblet (Monasterio de)
La Selva del Camp
La Riera de Gaià
Castellvell
El Morell
Coma-Ruga
Tarragona
Cambrils
Calaceite
Torre del Compte
La Fresneda
Fuentespalda
Tortosa
Santa Bárbara
Morella
Alcanar
Torreblanca

N 330
N 240
N 230
N 260
C 14
C 26
C 25
A 2
AP 2
N 232
AP 7
RÍO EBRO

3
8

5

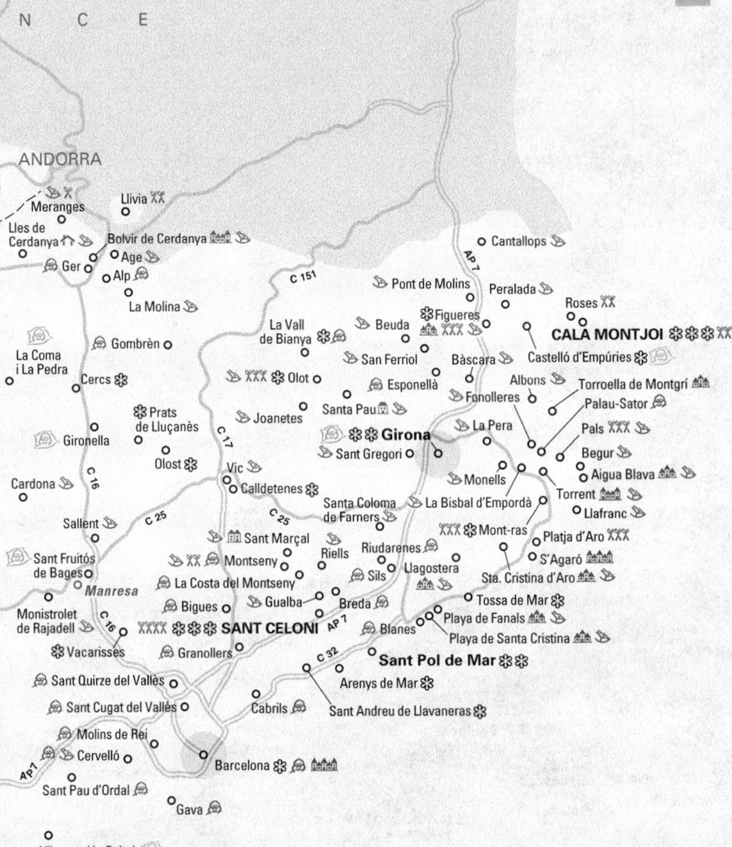

FRANCE
ANDORRA
Meranges
Llivia
Lles de Cerdanya
Bolvir de Cerdanya
Ger
Age
Alp
La Molina
C 151
Pont de Molins
Cantallops
AP 7
Peralada
Roses
Figueres
La Vall de Bianya
Beuda
CALA MONTJOI
Gombrèn
La Coma i La Pedra
San Ferriol
Bàscara
Castelló d'Empúries
Cercs
Olot
Esponellà
Albons
Torroella de Montgrí
Fonolleres
Palau-Sator
Prats de Lluçanès
Santa Pau
Joanetes
La Pera
Pals
Gironella
C 17
Girona
Begur
Sant Gregori
Olost
Aigua Blava
C 16
Cardona
Vic
Monells
Torrent
Calldetenes
Santa Coloma de Farners
La Bisbal d'Empordà
Llafranc
C 25
Sallent
Mont-ras
Platja d'Aro
Sant Marçal
Riudarenes
Sant Fruitós de Bages
Riells
Montseny
S'Agaró
Llagostera
Sils
Sta. Cristina d'Aro
Manresa
La Costa del Montseny
Tossa de Mar
Gualba
Breda
Bigues
Monistrolet de Rajadell
Playa de Fanals
SANT CELONI
Blanes
Playa de Santa Cristina
Vacarisses
Granollers
C 32
Sant Pol de Mar
Sant Quirze del Vallès
Arenys de Mar
Sant Cugat del Vallès
Cabrils
Sant Andreu de Llavaneras
Molins de Rei
Cervelló
Barcelona
Sant Pau d'Ordal
Gava
Vilanova i la Geltrú
MAR MEDITERRÁNEO

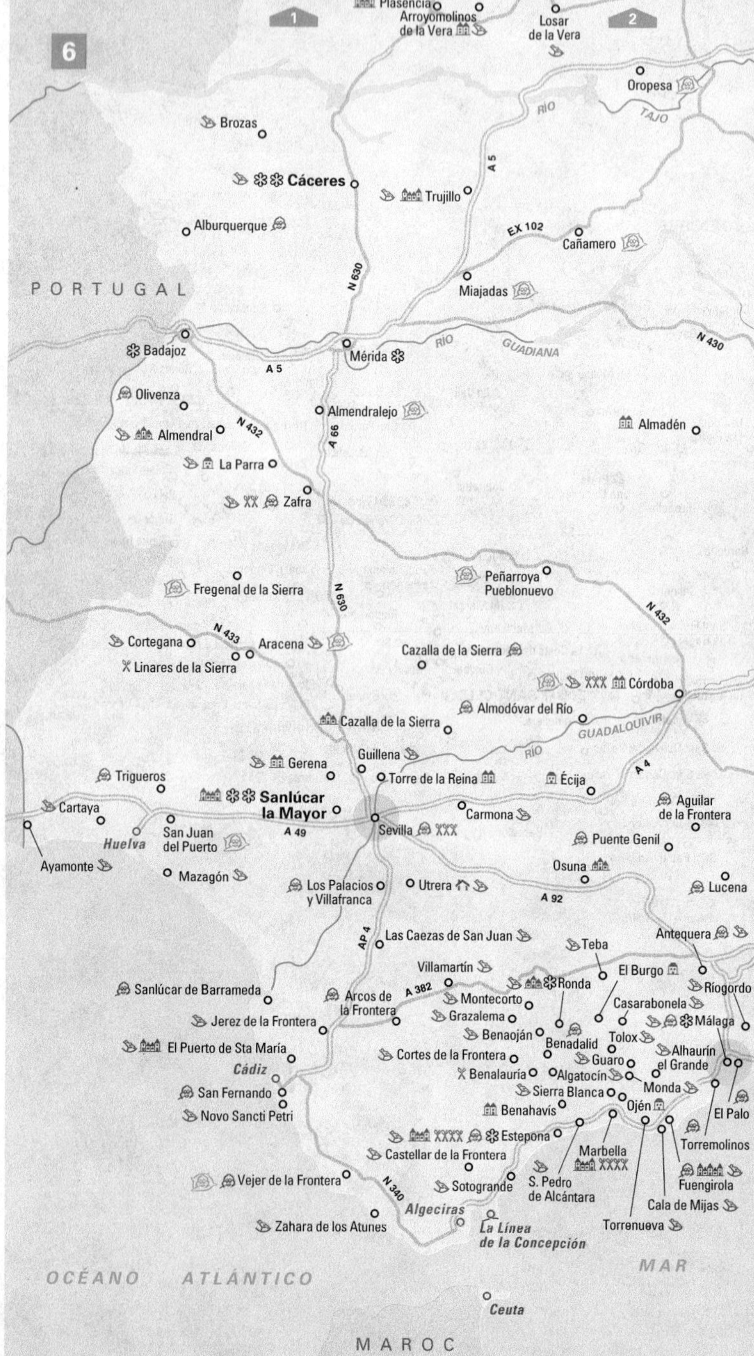
6
1
2
Plasencia
Arroyomolinos de la Vera
Losar de la Vera
Oropesa
RÍO TAJO
Brozas
Cáceres
Trujillo
A 5
Alburquerque
EX 102
Cañamero
N 630
Miajadas
PORTUGAL
Badajoz
Mérida
RÍO GUADIANA
N 430
A 5
Olivenza
Almendralejo
Almadén
Almendral
N 432
A 66
La Parra
Zafra
Peñarroya Pueblonuevo
Fregenal de la Sierra
N 630
N 432
Cortegana
N 433
Aracena
Linares de la Sierra
Cazalla de la Sierra
Córdoba
Almodóvar del Río
Cazalla de la Sierra
GUADALQUIVIR
RÍO
Guillena
Gerena
Trigueros
Torre de la Reina
Écija
A 4
Sanlúcar la Mayor
Cartaya
Carmona
Aguilar de la Frontera
San Juan del Puerto
Huelva
A 49
Sevilla
Puente Genil
Ayamonte
Mazagón
Osuna
Los Palacios y Villafranca
Utrera
A 92
Lucena
AP 4
Las Caezas de San Juan
Antequera
Teba
Villamartín
El Burgo
Ronda
Ríogordo
Sanlúcar de Barrameda
Arcos de la Frontera
A 382
Montecorto
Casarabonela
Jerez de la Frontera
Grazalema
Málaga
Benaoján
Benadalid
Tolox
El Puerto de Sta María
Cortes de la Frontera
Guaro
Alhaurín el Grande
Cádiz
Benalauría
Algatocín
Monda
San Fernando
Sierra Blanca
Ojén
El Palo
Novo Sancti Petri
Benahavís
Estepona
Torremolinos
Castellar de la Frontera
Marbella
Vejer de la Frontera
N 340
Sotogrande
S. Pedro de Alcántara
Fuengirola
Algeciras
Cala de Mijas
Zahara de los Atunes
La Línea de la Concepción
Torrenueva
MAR
OCÉANO ATLÁNTICO
Ceuta
MAROC

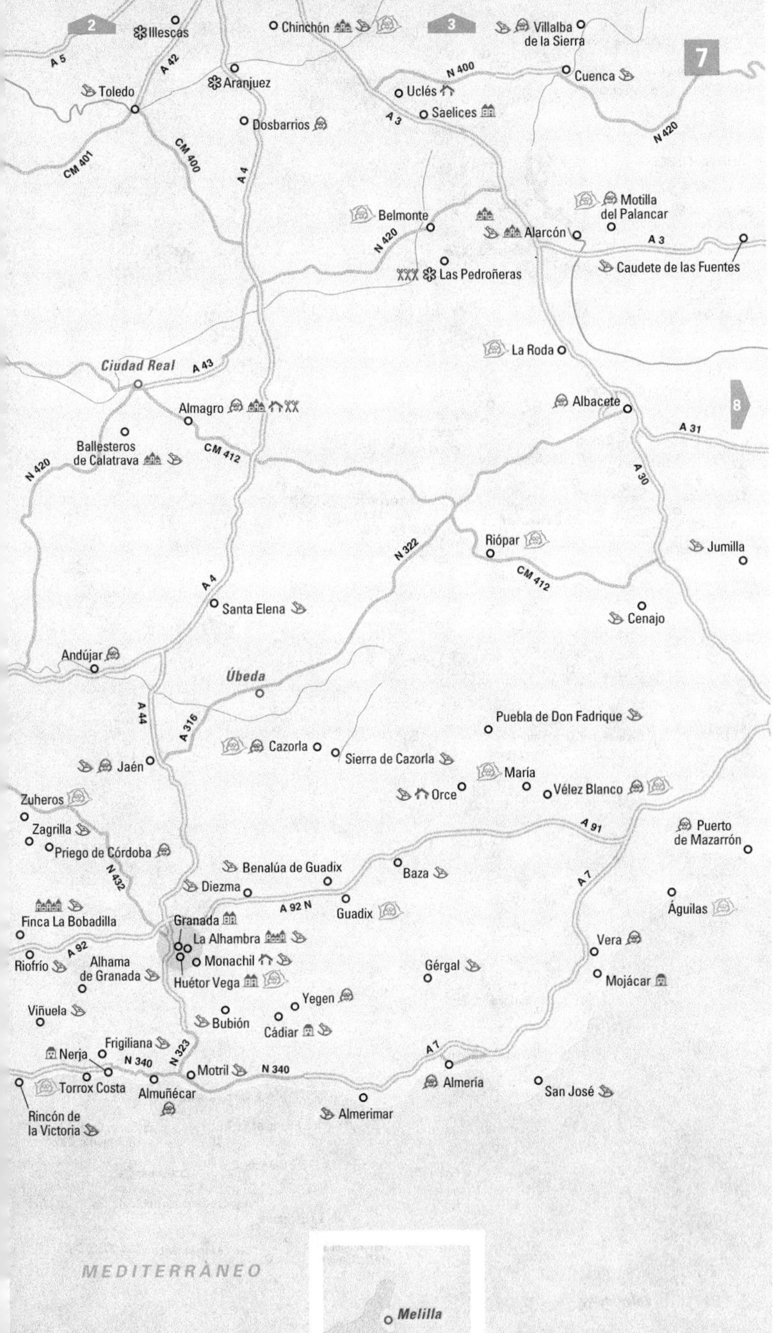

2
Illescas
Chinchón
3
Villalba de la Sierra
7
A 5
A 42
Toledo
Aranjuez
N 400
Cuenca
Uclés
Saelices
Dosbarrios
A 3
N 420
CM 401
CM 400
A 4
Motilla del Palancar
Belmonte
Alarcón
N 420
A 3
Caudete de las Fuentes
Las Pedroñeras
La Roda
Ciudad Real
A 43
Albacete
8
Almagro
A 31
Ballesteros de Calatrava
CM 412
N 420
A 30
N 322
Riópar
Jumilla
CM 412
A 4
Santa Elena
Cenajo
Andújar
Úbeda
A 44
A 316
Puebla de Don Fadrique
Cazorla
Sierra de Cazorla
Jaén
María
Orce
Vélez Blanco
Zuheros
A 91
Zagrilla
Puerto de Mazarrón
Priego de Córdoba
N 432
Benalúa de Guadix
Baza
A 7
Diezma
A 92 N
Guadix
Águilas
Finca La Bobadilla
Granada
La Alhambra
Vera
A 92
Riofrío
Alhama de Granada
Monachil
Gérgal
Huétor Vega
Mojácar
Yegen
Viñuela
Bubión
Cádiar
Frigiliana
Nerja
N 340
N 323
A 7
Motril
N 340
Torrox Costa
Almuñécar
Almería
San José
Almerimar
Rincón de la Victoria
MEDITERRÁNEO
Melilla

8

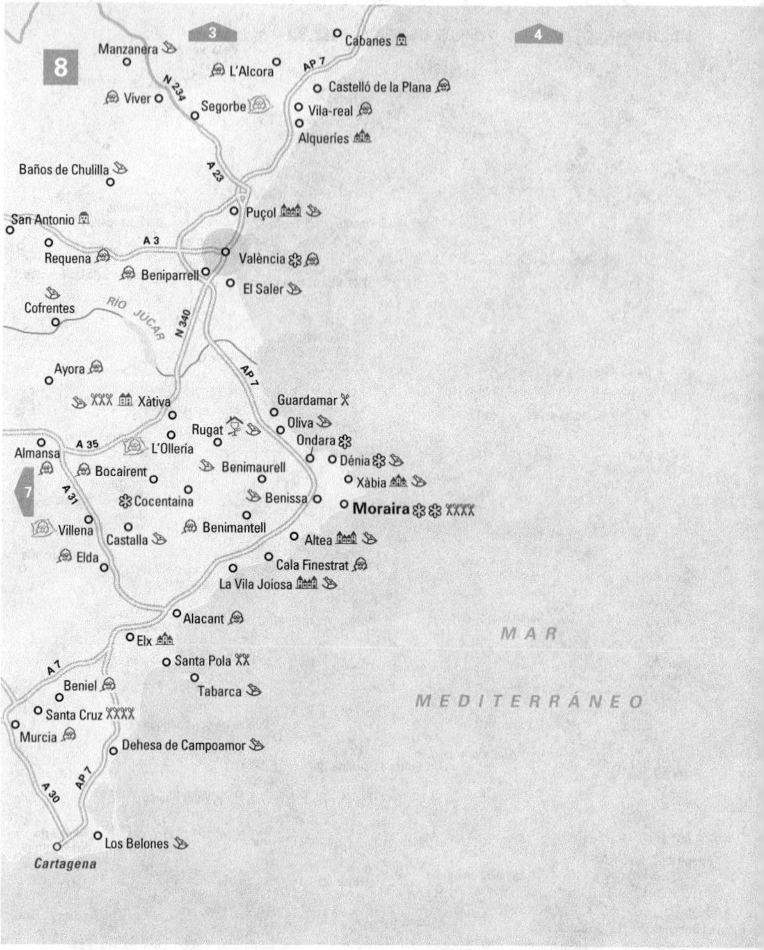

3
4
7
Manzanera
Cabanes
L'Alcora
Castelló de la Plana
Viver
Segorbe
Vila-real
Alqueríes
Baños de Chulilla
Puçol
San Antonio
Requena
València
Beniparrell
El Saler
Cofrentes
RÍO JÚCAR
Ayora
Xàtiva
Guardamar
Oliva
Rugat
Ondara
Almansa
L'Ollería
Dénia
Bocairent
Benimaurell
Xàbia
Cocentaina
Benissa
Moraira
Villena
Benimantell
Castalla
Altea
Elda
Cala Finestrat
La Vila Joiosa
Alacant
Elx
Santa Pola
Tabarca
Beniel
Santa Cruz
Murcia
Dehesa de Campoamor
Los Belones
Cartagena
MAR
MEDITERRÁNEO
N 234
AP 7
A 23
A 3
N 340
A 35
A 31
A 7
A 30

LA PALMA
Barlovento
Santa Cruz de la Palma
TENERIFE
Valle de Guerra
Puerto de la Cruz
Santa Cruz de Tenerife
Garachico
LA GOMERA
Güimar
Las Cañadas del Teide
La Escalona
San Sebastián de la Gomera
Playa de las Américas
EL HIERRO
Valverde
Las Playas

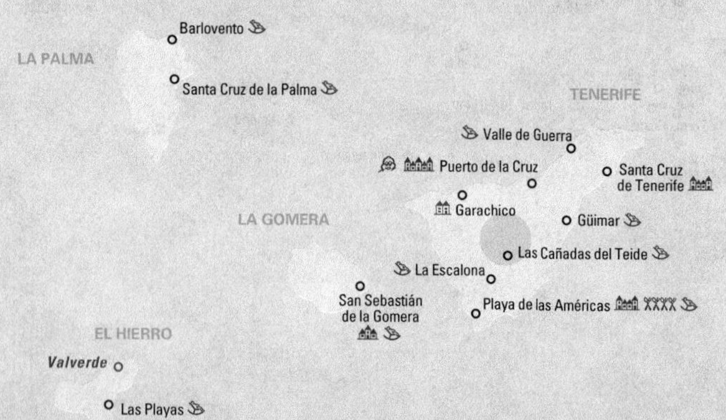

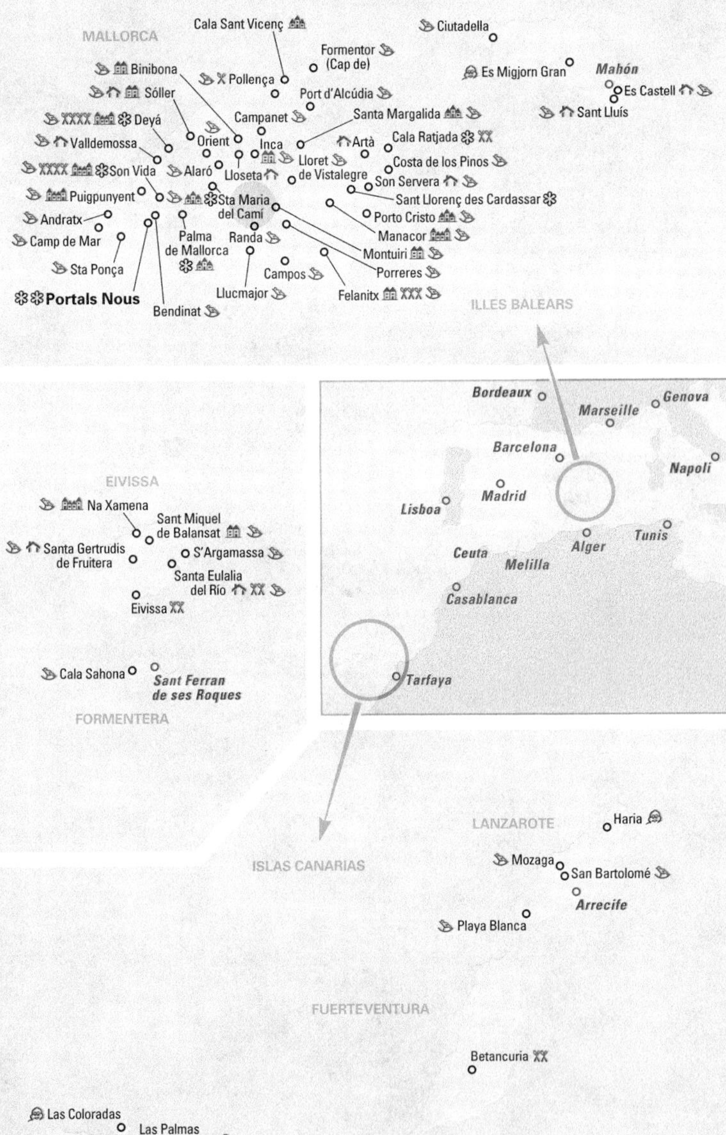
MENORCA
MALLORCA
Cala Sant Vicenç
Ciutadella
Formentor (Cap de)
Es Migjorn Gran
Mahón
Binibona
Pollença
Es Castell
Sóller
Port d'Alcúdia
Sant Lluís
Deyá
Campanet
Santa Margalida
Valldemossa
Orient
Inca
Artà
Cala Ratjada
Son Vida
Alaró
Lloseta
Lloret de Vistalegre
Costa de los Pinos
Son Servera
Puigpunyent
Sta Maria del Camí
Sant Llorenç des Cardassar
Andratx
Porto Cristo
Camp de Mar
Palma de Mallorca
Randa
Manacor
Montuiri
Sta Ponça
Campos
Porreres
Portals Nous
Llucmajor
Felanitx
Bendinat
ILLES BALEARS
Bordeaux
Genova
Marseille
Barcelona
Napoli
Madrid
Lisboa
Tunis
Alger
Ceuta
Melilla
Casablanca
Tarfaya
EIVISSA
Na Xamena
Sant Miquel de Balansat
Santa Gertrudis de Fruitera
S'Argamassa
Santa Eulalia del Río
Eivissa
Cala Sahona
Sant Ferran de ses Roques
FORMENTERA
LANZAROTE
Haria
ISLAS CANARIAS
Mozaga
San Bartolomé
Arrecife
Playa Blanca
FUERTEVENTURA
Betancuria
Las Coloradas
Las Palmas de Gran Canaria
Arucas
Tenteniguada
GRAN CANARIA
San Bartolomé de Tirajana
Maspalomas
MAROC

- ☐ a. ✕✕ *Restaurante confortable*
- ☐ b. ✿ *Muy buena mesa en su categoría*
- ☐ c. ☺ *Buenas comidas a precios moderados*

¿QUIERE SABER LA SOLUCIÓN? ¡SÓLO TIENE QUE ABRIR LA GUÍA MICHELIN!

De la clásica tasca al gran restaurante gastronómico, del Bib Gourmand al ✿✿✿ (3 estrellas), en total los inspectores de Michelin le recomiendan y describen en esta colección más de 45.000 hoteles y restaurantes repartidos por toda Europa. Más de 300 mapas y 1.600 planos de ciudades le permitirán encontrarlos fácilmente.

La Guía Michelin, el placer de viajar

Poblaciones

Cidades

Villes

Città

Städte

Towns

ABADIÑO o ABADIANO *48220 Bizkaia 573 C 22 – 6 841 h alt. 133.*
Madrid 399 – Bilbao 36 – Vitoria-Gasteiz 43.

Mendizabal Jaureguia con hab, Zeletabe 6 (barrio Zelaieta) ✆ 94 621 41 23, *restmendizabal@terra.es, Fax 94 621 50 70* – rest, TV
10 hab.
◆ Bello palacete cuya decoración interior recuerda tiempos pasados, con los suelos y parte de las paredes en madera. Moderno salón para banquetes y unas correctas habitaciones.

ÁBALOS *26339 La Rioja 573 E 21 – 264 h alt. 589.*
Madrid 342 – Logroño 31 – Bilbao 106 – Pamplona 119 – Vitoria-Gasteiz 57.

Villa de Ábalos, pl. Fermín Gurbindo 2 ✆ 941 33 43 02, *hotel@hotelvilladeabalos.com, Fax 941 30 80 23* – rest, P. VISA.
Comida 22 – **12 hab** 70/90.
◆ Instalado en una casa antigua bien restaurada. Su fachada en piedra protege un cuidado interior cuyas habitaciones, de estilo neorrústico, rodean un patio con lucernario.

ADAL TRETO *39760 Cantabria 572 B 19 – Playa.*
Madrid 378 – Santander 41 – Bilbao 63.

Las Ruedas, barrio La Maza (carret. N 634) ✆ 942 67 44 22, *info@hotel-lasruedas.com, Fax 942 67 44 22* – hab, TV P. AE VISA.
cerrado 15 diciembre-15 enero – **Comida** *(cerrado lunes noche)* 10 – **10 hab** 57/68.
◆ Próspero negocio cuya fachada conjuga la tradición montañesa con el modernismo de principios del s. XX. Reducido hall-recepción y habitaciones de completo equipamiento. Acogedor restaurante a modo de mesón, con columnas en ladrillo visto y viguería en madera.

ADEMUZ *46140 València 577 L 26 – 1 208 h alt. 670.*
Madrid 286 – Cuenca 120 – Teruel 44 – València 136.

Casa Domingo, av. de Valencia 1 ✆ 978 78 20 30, *casadomingo@ctv.es, Fax 978 78 20 56* – rest, TV P. VISA.
Comida 10,25 – 3 – **30 hab** 20,60/34,65 – PA 20,60.
◆ Sencillo hostal de organización familiar, que lleva funcionando muchos años. Posee unas modestas instalaciones con habitaciones funcionales, de suficiente confort. Correcto comedor donde se ofrecen especialidades típicas, como las manitas de cerdo en salsa.

ADRA *04770 Almería 578 V 20 124 P 5 – 20 002 h alt. 15 – Playa.*
Madrid 541 – Almería 59 – Granada 127 – Málaga 145.

Mirador de Adra, Fábricas 86 ✆ 950 60 40 00, *meliaadra@solmelia.es, Fax 950 60 41 31,* ←, , , – TV – 25/300
116 hab – 1 suite.
◆ El escenario natural y su inusitada arquitectura, descubren un espacio para olvidarse del mundanal ruido. Habitaciones decoradas con sumo gusto y amplias zonas de ocio. Comedor con vistas al mar donde se combina la carta internacional y el buffet.

ADRALL *25797 Lleida 574 F 34.*
Madrid 592 – Andorra la Vella 26 – Lleida/Lérida 132 – Font-Romeu-Odeillo Via 74.

La Perdiu d'Argent, carret. C 1313 - Suroeste : 1 km ✆ 973 38 72 52, *Fax 973 38 72 52,* ← – P. VISA.
cerrado del 1 al 15 de julio, del 1 al 15 noviembre y miércoles – **Comida** carta 18 a 25.
◆ Bella panorámica favorecida por su ubicación en la ladera de un monte, a las afueras de la localidad. Cocina basada en el recetario local con platos de tintes contemporáneos.

AGAETE *Las Palmas – ver Canarias (Gran Canaria).*

AGE *17529 Girona 574 E 35.*
Madrid 641 – Andorra la Vella 66 – Lleida/Lérida 183 – Puigcerdà 3.

Cal Marrufès sin rest, Ripoll 3 ✆ 972 14 11 74, *calmarrufes@hotmail.com* – TV P.
8 hab 70.
◆ Casa totalmente renovada. Habitaciones de carácter funcional con detalles rústicos y baños actuales, destacando las abuhardilladas de la 2ª planta por su amplitud.

AGRAMUNT 25310 Lleida 574 G 33 – 4 702 h alt. 337.

Madrid 520 – Barcelona 123 – Lleida/Lérida 51 – La Seu d'Urgell/Seo de Urgel 98.

Blanc i Negre 2, carret. de Cervera - Sureste : 1,2 km ✆ 973 39 12 13, *Fax 973 39 12 13* – ▤ TV P. VISA
Comida 12 – 6 – **24 hab** 24/40.
◆ Establecimiento típico de cadena, con una organización discreta pero amable. Habitaciones funcionales, luminosas y con mobiliario moderno, siendo más amplias las del 2º piso.

Kipps, carret. Salou-Artesa de Segre ✆ 973 39 08 25, *reserves@kipps.es, Fax 973 39 27 22,* – ▤ TV P – 25/150. AE VISA
Comida 8 – 3,50 – **25 hab** 20/38.
◆ Hotel de sencilla organización que ofrece un confort muy válido en su categoría, con habitaciones un tanto sobrias en decoración y baños espaciosos algo anticuados.

AGUA AMARGA 04149 Almería 578 V 24 – Playa.

Madrid 568 – Almería 62 – Mojácar 33 – Níjar 32.

El Tio Kiko, Embarque ✆ 950 13 80 80, *Fax 950 13 80 67*, ≤ mar, – ▤ TV P. AE VISA.
cerrado enero – **Comida** - sólo cena - carta aprox. 39 – **27 hab** 135/150.
◆ Casa escalonada en lo alto de una urbanización con vistas al mar. La espaciosa zona noble da a la piscina y sus confortables habitaciones gozan de un excelente equipamiento. Restaurante de correcto montaje donde sólo se sirven desayunos y cenas.

Mikasa sin rest (es necesario reservar), carret. de Carboneras ✆ 950 13 80 73, *mk@hotelmikasa.com, Fax 950 13 80 73,* climatizada, – ▤ TV P. AE VISA.
cerrado 10 enero-10 marzo – **20 hab** 95/179.
◆ Villa mediterránea formada por tres chalets unidos, pero con cierta independencia. El color blanco y la luminosidad recrean un interior rico en detalles. Piscina climatizada.

La Chumbera, carret. de Carboneras - Norte : 1 km ✆ 950 16 83 21, *Fax 950 16 83 21,* – P. VISA JCB
cerrado noviembre, martes en invierno y lunes – **Comida** - solo cena de julio a septiembre - carta 33 a 38.
◆ Instalado en una casa típica, con espacioso salón de estilo clásico-regional, mobiliario de calidad y buen servicio de mesa. Atractiva carta tradicional e innovadora.

AGUADULCE 04720 Almería 578 V 22 124 S 5 – Playa.

Madrid 560 – Almería 10 – Motril 102.

La Cueva, puerto deportivo ✆ 950 34 72 89, *lacueva@larural.es,* – ▤
◆ Local de estilo clásico-moderno bastante cuidado. Su chef demuestra inquietudes, basando su cocina en la calidad del producto que está expuesto a la vista del cliente.

AGÜERO 22808 Huesca 574 E 27 – 165 h.

Alred. : Los Mallos★★ Este : 11 km.

Madrid 432 – Huesca 42 – Jaca 59 – Pamplona 132.

AGUILAR DE CAMPÓO 34800 Palencia 575 D 17 – 7 594 h alt. 895.

pl. de España 30 ✆ 979 12 36 41 turismoaguilar@msn.com Fax 979 12 57 10.

Madrid 323 – Palencia 97 – Santander 104.

Valentín, av. de Ronda 23 ✆ 979 12 21 25, *hotelvalentin@hotelvalentin.com, Fax 979 12 24 42* – , ▤ rest, TV – 25/250. AE VISA.
Comida 10,50 – 4 – **48 hab** 42/55.
◆ Buena organización familiar en sus amplias instalaciones. Las habitaciones resultan completas, aunque algo recargadas en distintos estilos decorativos. Variedad de servicios. Comedor acogedor y con abundante luz natural, muy orientado a los banquetes.

Cortés con hab, Puente 39 ✆ 979 12 50 80, *Fax 979 12 30 55,* – TV. VISA.
Comida carta aprox. 30 – 5 – **11 hab** 24/36.
◆ Negocio familiar llevado con dedicación. Acceso por un bar a un comedor actual, que se complementa con otro salón en la parte trasera. Posee habitaciones de adecuado confort.

AGUILAR DE LA FRONTERA 14920 Córdoba 578 T 16 – 12 830 h alt. 372.

Ver : Localidad★ – Parroquia de Nuestra Señora del Soterráneo★ – Plaza de San José★ – Torre del Reloj★.

Madrid 436 – Córdoba 52 – Antequera 70 – Jaén 102 – Sevilla 150.

La Casona, av. Puente Genil 6 ✆ 957 66 04 39, *Fax 957 68 83 43* – ▤. AE VISA.
cerrado 15 días en junio – **Comida** carta 15 a 20.
◆ Concurrido bar en la entrada, comedor a un lado de estilo andaluz y otra sala más, tipo bodega, para comidas privadas. Ofrece platos de sabor casero a precios moderados.

ÁGUILAS *30880 Murcia 577 T 25 – 26 773 h – Playa.*
pl. Antonio Cortijos ☎ 968 49 32 85 turismo@aguilas.org Fax 968 44 60 82.
Madrid 494 – Almería 132 – Cartagena 84 – Lorca 42 – Murcia 104.

El Paso, Cartagena 13 ☎ 968 44 71 25, *hotelelpaso@forodigital.es, Fax 968 44 71 27* – ... VISA.
Comida 8 – **24** hab 39,75/59,63.
◆ Su ubicación poco privilegiada se compensa con unas modernas instalaciones y una atractiva fachada. Dotado de sencillas pero cuidadas habitaciones con baños completos. La alegre decoración del restaurante se ve realzada con plantas naturales.

en Calabardina *Noreste : 8,5 km :*

Al Sur, Torre de Cope 24, ✉ 30889 Calabardina, ☎ 968 41 94 66, *hotelalsur@wanadoo.es, Fax 968 41 94 66,* ... VISA.
Comida - sólo clientes, sólo cena - 24 – **8 hab** 85/95.
◆ Coqueto hotel de estilo mediterráneo situado en lo alto de una colina. Goza de un ambiente acogedor, con habitaciones alegres y una agradable terraza.

El Paraíso, ✉ 30889 Calabardina, ☎ 968 41 94 44, *hotelelparaiso@hotelelparaiso.net, Fax 968 41 94 44* – rest, ... VISA.
cerrado enero – **Comida** 10,50 – **39 hab** 43/70.
◆ Simpático hotelito cercano a una pequeña cala. Las habitaciones, dispuestas en las dos primeras plantas, resultan muy funcionales en montaje y decoración. Posee dos comedores, uno interior algo reducido y otro tipo terraza cubierta acristalada.

AGÜIMES *Las Palmas – ver Canarias (Gran Canaria).*

AIA *20809 Gipuzkoa 573 C 23 – 1 650 h alt. 307.*
Madrid 450 – Donostia-San Sebastián 27 – Pamplona 86 – Vitoria-Gasteiz 99.

en la carretera GI 2631 *Norte : 5 km :*

Landarbide-Zar, Laurgain 26, ✉ 20809, ☎ 943 83 10 95, *landar@wanadoo.es, Fax 943 83 10 95* – ...
Comida - sólo clientes - 12 – 3 – **6 hab** 36 – 1 apartamento.
◆ Centro de agroturismo cercano al parque de Pagoeta. Salón rodeado de habitaciones, con los techos abuhardillados y baños de tipo plato ducha. Cocina compartida.

AIGUA BLAVA *Girona – ver Begur.*

AIGUADOLÇ (Puerto de) *Barcelona – ver Sitges.*

AINSA *22330 Huesca 574 E 30 – 1 387 h alt. 589.*
Ver : *Localidad★ – Plaza Mayor★★.*
av. Pirenaica 1 ☎ 974 50 07 67 oficinaturismo@wanadoo.es Fax 974 50 04 07.
Madrid 510 – Huesca 120 – Lleida/Lérida 136 – Pamplona 204.

Dos Ríos sin rest con cafetería, av. Central 4 ☎ 974 50 09 61, *hotel.dos.rios@pirineo.com, Fax 974 51 00 25* – ... VISA.
26 diciembre-6 enero y abril-octubre – **18 hab** 52/71.
◆ Habitaciones amplias de mobiliario moderno y completo equipamiento, seis de ellas con salón propio. Luminosa zona social en el ático y coqueta terraza bajo una marquesina.

Los Arcos sin rest, pl. Mayor 23 ☎ 974 50 00 16, *info@hotellosarcosainsa.com, Fax 974 50 01 36,* ... VISA
7 hab 80/100.
◆ Instalado en una casa de piedra rehabilitada, en el casco antiguo. Ofrece habitaciones de buen confort, con los suelos en madera e hidromasaje en la mayoría de los baños.

Dos Ríos sin rest, av. Central 2 ☎ 974 50 01 06, *hotel.dos.rios@pirineo.com, Fax 974 51 00 25* – ... VISA.
26 diciembre-6 enero y abril-octubre – **18 hab** 37/58.
◆ Junto al otro hotel con el mismo nombre, comunicándose ambos por la cafetería. Posee habitaciones de buen confort, aunque resultan más pequeñas y no disponen de ascensor.

Callizo, pl. Mayor ☎ 974 50 03 85, *restaurantecallizo@hotmail.com, Fax 974 50 03 85,* ... VISA.
cerrado 9 diciembre-enero, domingo noche y lunes salvo en verano – **Comida** carta 25 a 36.
◆ Acogedor restaurante instalado en una atractiva casona de piedra, llevado con profesionalidad por dos hermanas. Su cuidada decoración rústica recrea una sosegada atmósfera.

Bodegón de Mallacán y Posada Real con hab y sin ☐, pl. Mayor 6 ✆ 974 50 09 77, *posadareal@pirineo.com, Fax 974 50 09 53,* ☂ – ▤ rest, TV. MC VISA. ✈ hab
Comida carta 23 a 35 – **6 hab** 60/80.
◆ Goza de varias salas de entrañable calidez, donde cobran protagonismo las mesas con bellos murales azulejados. Hotelito de muy buenas calidades en un anexo.

Bodegas del Sobrarbe, pl. Mayor 2 ✆ 974 50 02 37, *Fax 974 50 09 37,* ☂ – MC VISA. ✈
cerrado enero y febrero – **Comida** carta aprox. 29.
◆ Antiguas bodegas decoradas en estilo medieval, con un bar a la entrada seguido de una serie de salones abovedados en piedra. Sus mesas se adornan con azulejos de Teruel.

AJO *39170 Cantabria* 572 B 19 – *Playa.*
Madrid 416 – Bilbao 86 – Santander 34.

La Casona de la Peña con hab, barrio de la Peña ✆ 942 67 05 67, *lacasona@infosystemas.com, Fax 942 67 06 41,* – ▤ TV P. AE ① MC VISA. ✈
cerrado 20 diciembre-20 enero – **Comida** *(cerrado domingo noche y lunes)* carta 36 a 46 – ☐ 11 – **5 hab** 170.
◆ Bella casona de piedra en un entorno amurallado. El restaurante, con buen montaje y profusión de antigüedades, se ubica en las viejas caballerizas. Magníficas habitaciones.

ALACANT o ALICANTE *03000* P 577 Q 28 128 F 4 – *267 861 h – Playa.*
Ver : Museo Arqueológico Provincial de Alicante★★ AB **M3** - **Castillo de Santa Bárbara**★ (≤★) EY - *Iglesia de Santa María (fachada*★*)* EY - *Explanada de España*★ DEZ - *Colección de Arte del S. XX. Museo de La Asegurada*★ EY **M1.**
✈ *de Alicante por ② : 12 km ✆ 96 691 94 00 – Iberia : av. Dr. Gadea 12 (entreplanta)* ✉ *03001 ✆ 902 400 500* DYZ.
🚗 *✆ 96 592 50 47.*
⛴ *para Argel y Orán : Romeu y Cia S.A. Jorge Juan 6 ✉ 03002 ✆ 96 514 15 09 Fax 96 520 82 90.*
i *Rambla de Méndez Núñez 23 ✉ 03002 ✆ 96 520 00 00 alicante@touristinfo.net Fax 96 520 02 43 y Portugal 17 ✉ 03003 ✆ 96 592 98 02 turismo@alicanteturismo.com Fax 96 592 01 12* – **R.A.C.E.** *Orense 3 ✉ 03003 ✆ 96 522 93 49 Fax 96 512 55 97.*
Madrid 417 ③ – Albacete 168 ③ – Cartagena 110 ② – Murcia 81 ② – Valencia (por la costa) 174 ①

Planos páginas siguientes

Meliá Alicante, pl. Puerta del Mar 3, ✉ 03002, ✆ 96 520 50 00, *melia.alicante@solmelia.com, Fax 96 520 47 56,* ≤, ☐ – ⇅ ▤ TV ♿ P – 🏛 25/500. AE ① MC VISA JCB. ✈ EZ r
Comida 23 – ☐ 13 – **540 hab** 175 – 5 suites.
◆ Edificio de planta horizontal construido sobre el mar, con una amplia zona social y habitaciones bien equipadas que, sin grandes lujos, presentan un elevado confort. Restaurante de ambiente acogedor y agradable decoración.

Tryp Gran Sol, Rambla Méndez Núñez 3, ✉ 03002, ✆ 96 520 30 00, *gransol@trypnet.com, Fax 96 521 14 39,* ≤ – ⇅ ▤ TV – 🏛 25/200. AE ① MC VISA. ✈ DZ a
Comida 19 – ☐ 11 – **123 hab** 82/97.
◆ Su ubicación, frente al club de regatas, nos brinda serenas vistas. Elegante, renovado y de cálidas habitaciones, su línea apuesta por los espacios íntimos. Comedor panorámico.

NH Cristal sin rest con cafetería por la noche de lunes a jueves, López Torregrosa 9, ✉ 03002, ✆ 96 514 36 59, *nhcristal@nh-hotels.com, Fax 96 520 66 96* – ⇅ ▤ TV – 🏛 35/40. AE ① MC VISA JCB. ✈ DY c
☐ 10 – **53 hab** 105/125.
◆ En el centro comercial y de servicios de la ciudad. Su completo equipamiento, una marcada funcionalidad y unos materiales de calidad superior definen su moderno confort.

Mediterránea Plaza sin rest con cafetería, pl. del Ayuntamiento 6, ✉ 03002, ✆ 96 521 01 88, *info@hotelmediterraneaplaza.com, Fax 96 520 67 50,* Fā – ⇅ ▤ TV ♿ – 🏛 25/45. AE ① MC VISA. ✈ EYZ a
☐ 12 – **50 hab** 112/120.
◆ Hotel de nueva planta y escasa zona noble, en el centro histórico de la ciudad. Habitaciones dotadas de baños actuales, con una cuidada línea que apuesta por el diseño.

SPA Porta Maris sin rest, pl. Puerta del Mar 3, ✉ 03002, ✆ 96 514 70 21, *reservas@hotelspaportamaris.com, Fax 96 521 69 45,* ≤, Servicios terapéuticos, Fā, ☐ – ⇅ ▤ TV ☎ ♿ – 🏛 25/450. AE ① MC VISA. ✈ EZ d
☐ 9 – **100 hab** 88/102 – 15 suites.
◆ Su excelente emplazamiento permite disfrutar de magníficas vistas al mar. Reducida zona social, habitaciones funcionales y un completo servicio terapéutico en un anexo.

ALACANT/ ALICANTE

Adolfo Muñoz Alonso (Av.). . . . CY
Aguilera (Av. de) . . . . CZ
Alcoy (Av. de) . . . . DY
Alfonso X el Sabio (Av. de). . . . DY
Ayuntamiento (Pl. del). . . . . . . EY 8
Bailén . . . . DY
Bazán . . . . DY
Benito Pérez Galdós (Av.). . . . . CY
Bono Guarner . . . . CY
Calderón de la Barca . . . . DY
Calvo Sotelo (Pl.) . . . . DZ 10
Canalejas . . . . DZ
Capitán Segarra . . . . DY
Castaños. . . . . DYZ 14
Catedrático Soler (Av.). . . . . . . CZ
Churruca . . . . CZ
Condes de Soto Ameno (Av.) . CY 20
Constitución (Av. de la). . . . . . DY 21
Díaz Moreu . . . . DY
Doctor Gadea (Av. del) . . . . . . DZ
Doctor Rico (Av.) . . . . CY
Elche (Av. de). . . . . CZ
Elche (Portal de) . . . . DZ 28
España (Explanada de) . . . . . . DEZ
España (Pl. de) . . . . DY
Estación (Av. de la) . . . . CY
Eusebio Sempere (Av.) . . . . CZ
Fábrica (Cuesta de la) . . . . EY
Federico Soto (Av. de) . . . . DZ
Foglietti . . . . CZ
Gabriel Miró (Pl. de) . . . . DZ 31
García Morato . . . . DY
General Marvá (Av. del) . . . . . . CY
Gerona . . . . DZ
Gomiz (Pas. de) . . . . EY
Hermanos Pascual (Pl.) . . . . . . DY
Isabel la Católica . . . . CZ
Italia . . . . CZ
Jaime II (Av.). . . . . DEY
Jijona (Av. de) . . . . DY 33
Jorge Juan . . . . EY
Jovellanos (Av. de) . . . . EY 35
Juan Bautista Lafora (Av. de) . . BY 36
Labradores . . . . DY
López Torregrosa . . . . DY 37
Loring (Av. de) . . . . CZ
Maisonnave (Av. de) . . . . CZ
Manero Mollá . . . . DZ 39
Mayor . . . . EY
Méndez Núñez (Rambla) . . . . DYZ
Montañeta (Pl. de la). . . . . DZ 41
Navas . . . . DYZ
Oliveretes (Pl. de los) . . . . DY
Oscar Esplá (Av.) . . . . CZ
Pablo Iglesias . . . . DY
Padre Mariana. . . . . DY
Pintor Aparicio . . . . CZ
Pintor Gisbert . . . . CY
Pintor Murillo. . . . . DY
Poeta Carmelo Calvo (Av.) . . . . DY 47
Portugal . . . . DZ
Puerta del Mar (Pl.) . . . . EZ 48
Rafael Altamira . . . . EZ 50
Rafael Terol . . . . DZ
Ramiro (Pas.) . . . . EY 51
Ramón y Cajal (Av. de) . . . . DZ
Reyes Católicos . . . . CZ
Salamanca (Av. de) . . . . CY
San Carlos . . . . EY
San Fernando . . . . DEZ 53
San Vicente. . . . . DY
Santa Teresa (Pl.) . . . . DY
Teatro Principal . . . . DY 58
Vázquez de Mella (Av.) . . . . EY

Tryp Ciudad de Alicante sin rest, Gravina 9, ✉ 03002, ☎ 96 521 07 00, *tryp.alicante@solmelia.com, Fax 96 521 09 76* – |\$|, ⇸ hab, ▤ TV ☏ 🚗. AE ⓓ ⓜ VISA. ✂
☕ 8 – **92 hab** 75/96. EY r

◆ Este hotel ha ampliado y actualizado sus instalaciones, mejorando tanto en los servicios generales como en el confort. Dispone de un anexo con su propia recepción.

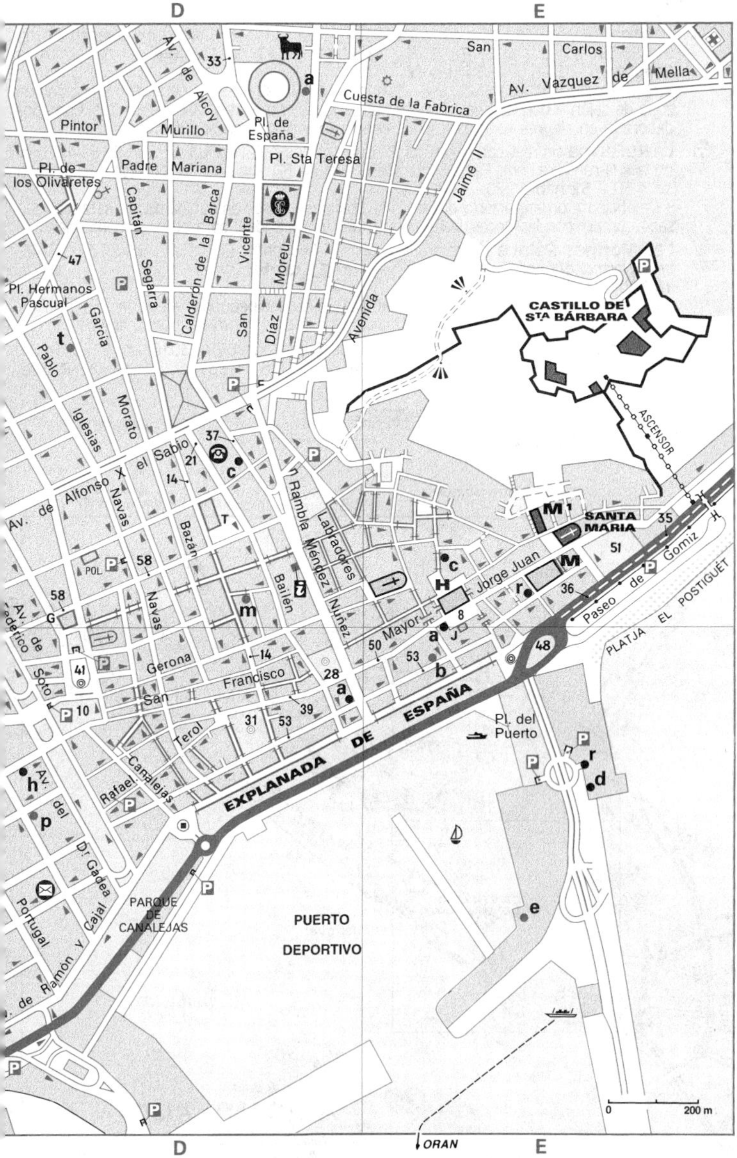

Leuka sin rest con cafetería, Segura 23, ✉ 03004, ☎ 96 520 27 44, *info@hotelleuka.com, Fax 96 514 12 22* – ▯ ▤ TV ⊜ – 🏃 25/125. AE ⊙ ⊙ VISA. ✂ CY h
☕ 7,22 – **106 hab** 64,20/98,44.

◆ Los principios prácticos definen un interior de sencilla decoración y modesto mobiliario, que se ve compensado por unas instalaciones cuidadas con esmero.

ESPAÑA

🏨 **Campanile,** av. de Elche 21, ✉ 03008, ☎ 96 511 02 82, *alicante@campanile.com, Fax 96 510 30 13* – |♦| ▤ TV ♿ P – 🏋 25/80. AE ⓓ MC VISA JCB. ✖ rest A s
Comida 16 – ☕ 6,50 – **84 hab** 68.
• Modesto hotel ubicado a la salida de la localidad, dotado de una pequeña recepción con zona de salón y bar, además de unas habitaciones cómodas y bien dispuestas. Comedor decorado en alegres tonalidades que centra su actividad en el buffet.

🏨 **La Reforma** sin rest con cafetería, Reyes Católicos 7, ✉ 03003, ☎ 96 592 81 47, *comercial@la-reforma.com, Fax 96 592 39 50* – |♦| ▤ TV 🚗. AE ⓓ MC VISA DZ h
☕ 4,80 – **52 hab** 41,20/75,44.
• De eficiente organización y discretas habitaciones, posee un equipamiento estándar que sabe cumplir con las necesidades básicas del confort. Ideal para agentes comerciales.

🏠 **Les Monges Palace** sin rest y sin ☕, San Agustín 4, ✉ 03002, ☎ 96 521 50 46, *info@lesmonges.net, Fax 96 514 71 89* – ▤ TV. MC VISA. ✖ EY c
18 hab 27/39.
• Modesta casa llevada con orgullo y sencillez. Posee una pequeña recepción con un saloncito y habitaciones de techos altos, la mayoría de ellas con plato ducha en sus baños.

XXX **La Cantera,** av. Villajoyosa (entrada por platja El Postiguet), ✉ 03016, ☎ 96 526 36 06, *restaurantelacantera@hotmail.com, Fax 96 526 33 63,* 🏖 – ▤ P. AE MC VISA. ✖ B s
cerrado domingo noche – **Comida** carta 32 a 44.
• Negocio dirigido con profesionalidad por tres socios. Sus luminosas salas de aire minimalista cuidan al máximo el servicio de mesa y los detalles.

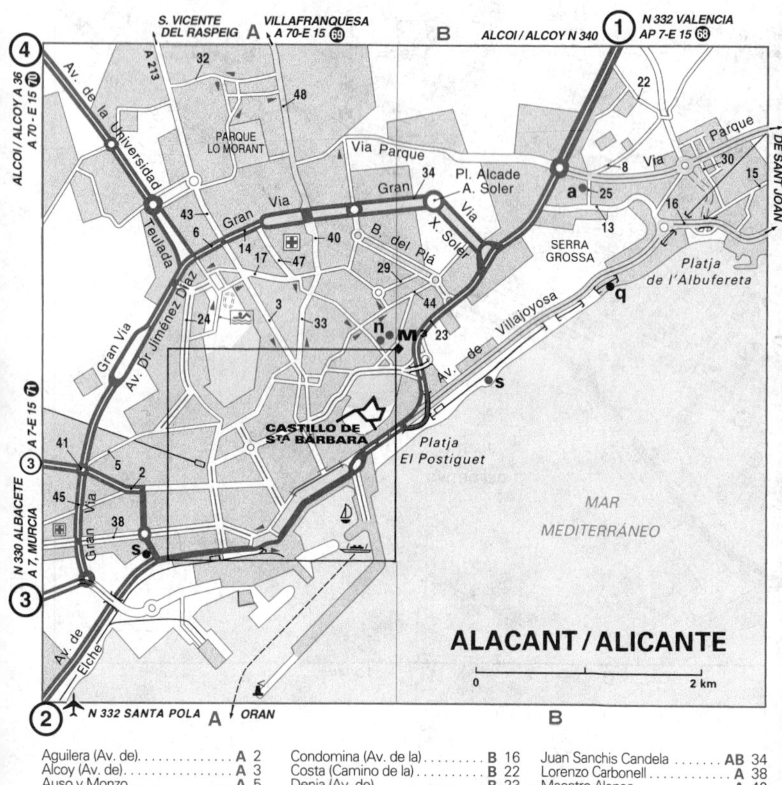

Aguilera (Av. de) . . . . A 2
Alcoy (Av. de) . . . . A 3
Auso y Monzo . . . . A 5
Buenos Aires . . . . A 6
Caja de Ahorros (Av. de) . . . . B 8
Camarada Jaime Llopis . . . . B 13
Colombia . . . . A 14
Colonia (Camino de la) . . . . B 15
Conde Lumiares (Av.) . . . . A 17
Condomina (Av. de la) . . . . B 16
Costa (Camino de la) . . . . B 22
Denia (Av. de) . . . . B 23
Doctor Rico (Av.) . . . . A 24
Duque de Rivas . . . . B 25
Enrique Madrid . . . . B 29
Flora de España (Vial) . . . . B 30
German Bernacer . . . . A 32
Jijona (Av. de) . . . . A 33
Juan Sanchis Candela . . . . AB 34
Lorenzo Carbonell . . . . A 38
Maestro Alonso . . . . A 40
Musico E. A. Anton . . . . A 41
Novelda (Av. de) . . . . A 43
Padre Esplá . . . . B 44
Pianista G. Soriano . . . . A 45
Pintor Baeza (Av.) . . . . A 47
Pintor Gaston Castelló (Av.) . . . . A 48

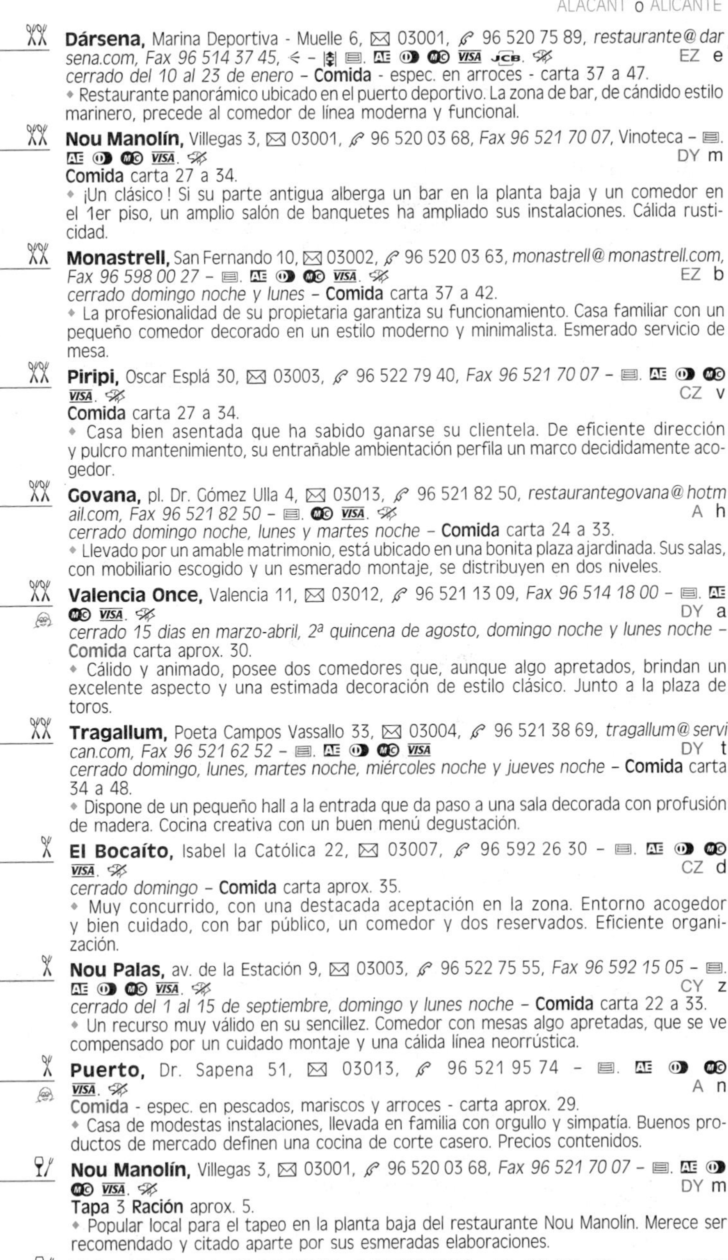

XX **Dársena,** Marina Deportiva - Muelle 6, ✉ 03001, ☎ 96 520 75 89, *restaurante@darsena.com, Fax 96 514 37 45,* ≤ - |‡| ▤. AE ⓓ MC VISA JCB. ✂ EZ e
cerrado del 10 al 23 de enero – **Comida** - espec. en arroces - carta 37 a 47.
◆ Restaurante panorámico ubicado en el puerto deportivo. La zona de bar, de cándido estilo marinero, precede al comedor de línea moderna y funcional.

XX **Nou Manolín,** Villegas 3, ✉ 03001, ☎ 96 520 03 68, *Fax 96 521 70 07,* Vinoteca – ▤. AE ⓓ MC VISA. ✂ DY m
Comida carta 27 a 34.
◆ ¡Un clásico! Si su parte antigua alberga un bar en la planta baja y un comedor en el 1er piso, un amplio salón de banquetes ha ampliado sus instalaciones. Cálida rusticidad.

XX **Monastrell,** San Fernando 10, ✉ 03002, ☎ 96 520 03 63, *monastrell@monastrell.com, Fax 96 598 00 27* – ▤. AE ⓓ MC VISA. ✂ EZ b
cerrado domingo noche y lunes – **Comida** carta 37 a 42.
◆ La profesionalidad de su propietaria garantiza su funcionamiento. Casa familiar con un pequeño comedor decorado en un estilo moderno y minimalista. Esmerado servicio de mesa.

XX **Piripi,** Oscar Esplá 30, ✉ 03003, ☎ 96 522 79 40, *Fax 96 521 70 07* – ▤. AE ⓓ MC VISA. ✂ CZ v
Comida carta 27 a 34.
◆ Casa bien asentada que ha sabido ganarse su clientela. De eficiente dirección y pulcro mantenimiento, su entrañable ambientación perfila un marco decididamente acogedor.

XX **Govana,** pl. Dr. Gómez Ulla 4, ✉ 03013, ☎ 96 521 82 50, *restaurantegovana@hotmail.com, Fax 96 521 82 50* – ▤. MC VISA. ✂ A h
cerrado domingo noche, lunes y martes noche – **Comida** carta 24 a 33.
◆ Llevado por un amable matrimonio, está ubicado en una bonita plaza ajardinada. Sus salas, con mobiliario escogido y un esmerado montaje, se distribuyen en dos niveles.

XX **Valencia Once,** Valencia 11, ✉ 03012, ☎ 96 521 13 09, *Fax 96 514 18 00* – ▤. AE MC VISA. ✂ DY a
cerrado 15 dias en marzo-abril, 2ª quincena de agosto, domingo noche y lunes noche – **Comida** carta aprox. 30.
◆ Cálido y animado, posee dos comedores que, aunque algo apretados, brindan un excelente aspecto y una estimada decoración de estilo clásico. Junto a la plaza de toros.

XX **Tragallum,** Poeta Campos Vassallo 33, ✉ 03004, ☎ 96 521 38 69, *tragallum@servican.com, Fax 96 521 62 52* – ▤. AE ⓓ MC VISA DY t
cerrado domingo, lunes, martes noche, miércoles noche y jueves noche – **Comida** carta 34 a 48.
◆ Dispone de un pequeño hall a la entrada que da paso a una sala decorada con profusión de madera. Cocina creativa con un buen menú degustación.

X **El Bocaíto,** Isabel la Católica 22, ✉ 03007, ☎ 96 592 26 30 – ▤. AE ⓓ MC VISA. ✂ CZ d
cerrado domingo – **Comida** carta aprox. 35.
◆ Muy concurrido, con una destacada aceptación en la zona. Entorno acogedor y bien cuidado, con bar público, un comedor y dos reservados. Eficiente organización.

X **Nou Palas,** av. de la Estación 9, ✉ 03003, ☎ 96 522 75 55, *Fax 96 592 15 05* – ▤. AE ⓓ MC VISA. ✂ CY z
cerrado del 1 al 15 de septiembre, domingo y lunes noche – **Comida** carta 22 a 33.
◆ Un recurso muy válido en su sencillez. Comedor con mesas algo apretadas, que se ve compensado por un cuidado montaje y una cálida línea neorrústica.

X **Puerto,** Dr. Sapena 51, ✉ 03013, ☎ 96 521 95 74 – ▤. AE ⓓ MC VISA. ✂ A n
Comida - espec. en pescados, mariscos y arroces - carta aprox. 29.
◆ Casa de modestas instalaciones, llevada en familia con orgullo y simpatía. Buenos productos de mercado definen una cocina de corte casero. Precios contenidos.

🍷 **Nou Manolín,** Villegas 3, ✉ 03001, ☎ 96 520 03 68, *Fax 96 521 70 07* – ▤. AE ⓓ MC VISA. ✂ DY m
Tapa 3 **Ración** aprox. 5.
◆ Popular local para el tapeo en la planta baja del restaurante Nou Manolín. Merece ser recomendado y citado aparte por sus esmeradas elaboraciones.

🍷 **El Cantó,** Alemania 26, ✉ 03003, ☎ 96 592 56 50 – ▤. MC VISA. ✂ DZ p
cerrado 20 agosto-15 septiembre y domingo – **Tapa** 3 **Ración** aprox. 9.
◆ Magnífico bar de tapas con cierto estilo de cervecería y taberna. Trabaja con productos de calidad ofreciendo una buena carta de pinchos, raciones, revueltos y cazuelitas.

Piripi, Oscar Esplá 30, ✉ 03003, ☎ 96 522 79 40, *Fax 96 521 70 07* – AE VISA. CZ v
Tapa 3 **Ración** aprox. 7,50.
◆ Se encuentra en la planta baja del restaurante que le da nombre, destacando su excelente barra pública en madera. Sugerente y atractiva variedad de pinchos.

por la carretera de València :

Maestral, Andalucía 20-Vistahermosa, ✉ 03016, ☎ 96 526 25 85, *Fax 96 516 18 88,* – P. AE VISA. B a
cerrado domingo noche – **Comida** carta 36 a 46.
◆ En una zona residencial. Tranquilos encuentros en una plácida y bonita villa rodeada de gratos jardines, con una relajante terraza. Gran profesionalidad.

en la playa de la Albufereta :

Albahía, Sol Naciente 6, ✉ 03016, ☎ 96 515 59 79, *hotelalbahia@albaia.com, Fax 96 515 53 73,* – TV P – 25/50. AE VISA. B q
Comida - solo cena de octubre a marzo - 12,02 – 6,61 – **93 hab** 86,61/99,94.
◆ Enclave privilegiado, entre Alicante y la playa de la Albufereta. Un hotel tranquilo y de cuidada línea actual, con una reducida zona social y habitaciones bien equipadas.

en la autovía N 332 *por ② : 5 km :*

Express by Holiday Inn sin rest, av. de Elche 112, ✉ 03008, ☎ 96 601 10 00, *expresshialc@retemail.es, Fax 96 601 10 01,* – TV P – 30. AE VISA JCB
120 hab 126.
◆ Una fachada de marcada sobriedad da paso a un espacioso hall-recepción. Sala de reuniones en planta baja, y unas habitaciones funcionales con baños actuales.

Ibis Alicante Agua Amarga, av. de Elche 114, ✉ 03008, ☎ 96 510 80 40, *h3200@accor-hotels.com, Fax 96 528 92 50* – hab, TV P. AE VISA. rest
Comida - sólo cena - 12,50 – 6 – **82 hab** 59.
◆ Establecimiento dotado de una discreta zona noble, y unas habitaciones de sencillo confort, con mobiliario estándar y plato ducha en los baños. Personal atento.

Ver también : **Platja de Sant Joan** *por A 190 : 7 km* B
Sant Joan d'Alacant *por ① : 9 km.*

ALAGÓN *50630 Zaragoza* 574 G 26 – *5 487 h.*
Madrid 350 – Pamplona 150 – Zaragoza 23.

Los Ángeles, pl. de la Alhóndiga 4 ☎ 976 61 13 40, *info@hotel-los-angeles.com, Fax 976 61 21 11* – TV. VISA.
Comida *(cerrado domingo noche)* 11 – 5 – **30 hab** 30/50.
◆ Céntrico hotel de amable organización. Las habitaciones, personalizadas en mobiliario y decoración, lo convierten en una excelente opción dentro de su categoría.

ALAIOR *Illes Balears – ver Balears (Menorca).*

ALAMEDA DE LA SAGRA *45240 Toledo* 576 L 18 121 H 9 – *2 724 h.*
Madrid 52 – Toledo 31.

La Maruxiña, carret. de Ocaña - Noroeste : 0,7 km ☎ 925 50 04 92, *hotel@maruxina.com, Fax 925 50 02 11* – TV P. VISA.
Comida carta 20 a 30 – 2,50 – **32 hab** 25/50.
◆ Casa parcialmente renovada. Amplios salones para banquetes y habitaciones de dos tipos, las antiguas de estilo castellano, y las reformadas, que son más prácticas y actuales.

ALAQUÁS *46970 València* 577 N 28 – *26 179 h.*
Madrid 352 – Alacant/Alicante 184 – Castelló de la Plana/Castellon de la Plana 96 – València 7.

Alaquás, av. Pablo Iglesias 32 ☎ 96 151 64 03, *alaquas@husa.es, Fax 96 151 65 45* – TV – 25/40. AE VISA.
Comida 18,75 – 7 – **65 hab** 80,75/100.
◆ De línea actual, posee un buen hall que integra la recepción, su zona noble y la cafetería. El conjunto está decorado en un cuidado estilo moderno.

La Sequieta, av. Camí Vell de Torrent 28 ☎ 96 150 00 27, *lasequieta@hotmail.com, Fax 96 151 03 95* – AE VISA.
cerrado Semana Santa, agosto, domingo y lunes noche – **Comida** carta 22 a 32.
◆ Acceso por un bar de apoyo. El comedor es pequeño, con paredes en ladrillo visto y grandes ventanales. Ofrece una apetitosa carta de sabor mediterráneo.

ALARCÓN *16213 Cuenca 576 N 23 – 245 h alt. 845.*

Ver : *Emplazamiento★★★.*

Madrid 189 – Albacete 94 – Cuenca 85 – València 163.

Parador de Alarcón ⑤, av. Amigos de los Castillos 3 ☎ 969 33 03 15, *alarcon@parador.es, Fax 969 33 03 03,* ≤ – |♦| ▤ TV P. AE ◑ ◎ VISA. ✻
Comida 25 – ☕ 13 – **14 hab** 128/160.
◆ Fortaleza árabe-medieval sobre un peñón rocoso, dominando el río Júcar. Por su estilo y decoración goza de una cálida atmósfera, destacando las habitaciones de la torre. En su acogedor restaurante sirven una cocina regional y platos de caza.

ALARÓ *Illes Balears – ver Balears (Mallorca).*

ALBA DE TORMES *37800 Salamanca 575 J 13 – 4 422 h alt. 826.*

Ver : *Iglesia de San Juan (grupo escultórico★).*

Padre Raimundo 6 bajo ☎ 923 30 08 98 tourismo@ayuntamientoalbadetorres.com Fax 923 30 08 98.

Madrid 191 – Ávila 85 – Plasencia 123 – Salamanca 19.

Alameda, av. Juan Pablo II ☎ 923 30 00 31, *htalameda@wanadoo.es, Fax 923 37 02 81* – ▤ rest, TV P. AE ◑ ◎ VISA. ✻
Comida 6,82 – ☕ 2 – **36 hab** 22,90/40,25.
◆ Dispone de una concurrida cafetería exterior. La mayoría de las habitaciones poseen mobiliario castellano, aunque cuentan con dos mucho más amplias, modernas y con jacuzzi. Su sencillo comedor se complementa con una nueva y espaciosa zona de banquetes.

ALBACETE *02000 P 576 O y P 24 – 155 142 h alt. 686.*

Ver : *Museo (Muñecas romanas articuladas★)* BZ **M1.**

Tinte 2-edificio Posada del Rosario ✉ 02071 ☎ 967 58 05 22 Fax 967 21 42 26 – **R.A.C.E.** *Caba 11 ✉ 02001 ☎ 967 50 90 10 Fax 967 50 90 57.*

Madrid 249 ⑥ – Córdoba 358 ④ – Granada 350 ④ – Murcia 147 ③ – València 183 ②

Plano página siguiente

Gran Hotel, Marqués de Molins 1, ✉ 02001, ☎ 967 19 33 33, *Fax 967 19 33 32* – |♦| ▤ TV ♿ 🚗 – 🏛 25/175. AE ◑ ◎ VISA. ✻ BY r
Comida 15 – ☕ 4,84 – **47 hab** 126,21/157,76 – 1 suite.
◆ Tenga una feliz estancia de trabajo. Ofrece modernidad, alta tecnología y unas habitaciones excelentemente equipadas, poseyendo la mitad de ellas servicio de fax. Luminoso restaurante de montaje actual.

Europa, San Antonio 39, ✉ 02001, ☎ 967 24 15 12, *europa@netvision.es, Fax 967 21 45 69* – |♦| ▤ TV 🚗 – 🏛 25/350. AE ◑ ◎ VISA. ✻ rest BY a
Comida 12 – ☕ 5 – **117 hab** 60/96 – 2 suites – PA 29.
◆ Convenciones y demás eventos sociales, en este hotel ubicado en dos edificios unidos por una misma recepción. Habitaciones de diferente nivel según confort y amplitud.

San Antonio, San Antonio 8, ✉ 02001, ☎ 967 52 35 35, *europa@netvision.es, Fax 967 52 31 30* – |♦| ▤ TV 🚗 – 🏛 25/40. AE ◑ ◎ VISA. ✻ rest BY t
Comida 16 – ☕ 7 – **32 hab** 80/130 – PA 39.
◆ Velamos por su descanso. Pequeño hotel con unas excelentes habitaciones, equipadas con todo detalle : doble puerta, mobiliario elegante y baños en mármol con jacuzzi.

NH Albar sin rest, Isaac Peral 3, ✉ 02001, ☎ 967 21 68 61, *nhalbar@nh-hotels.com, Fax 967 21 43 79* – |♦| ▤ TV. AE ◑ ◎ VISA JCB. ✻ BY e
☕ 8,50 – **51 hab** 93/135.
◆ En el centro comercial y financiero de la ciudad. Con el estilo y confort de la cadena NH : funcionalidad, materiales de calidad y unas habitaciones actuales bien equipadas.

San José sin rest, San José de Calasanz 12, ✉ 02002, ☎ 967 50 74 02, *hotelsanjose@infonegocio.com, Fax 967 50 61 27* – |♦| ▤ TV 🚗 – 🏛 25/50. AE ◑ ◎ VISA JCB. ✻ BZ u
☕ 4 – **46 hab** 43/57.
◆ Disfrute de una estancia céntrica y tranquila. Una arquitectura moderna inspira sus instalaciones. Habitaciones insonorizadas, con cocina y un buen equipamiento.

Florida, Ibáñez Íbero 14, ✉ 02005, ☎ 967 55 00 88, *hostalferia@infonegocio.com, Fax 967 22 91 15* – |♦| ▤ TV ♿ 🚗 – 🏛 25/300. AE ◎ VISA. ✻ AY s
Comida 15 – **57 hab** ☕ 79,50/103,50.
◆ Junto a la plaza de toros. Habitaciones funcionales que, tras su renovación, han mejorado de nivel, pues resultan cálidas y confortables. Salones clásicos y elegantes. Espacioso restaurante con mobiliario en madera y un correcto servicio de mesa.

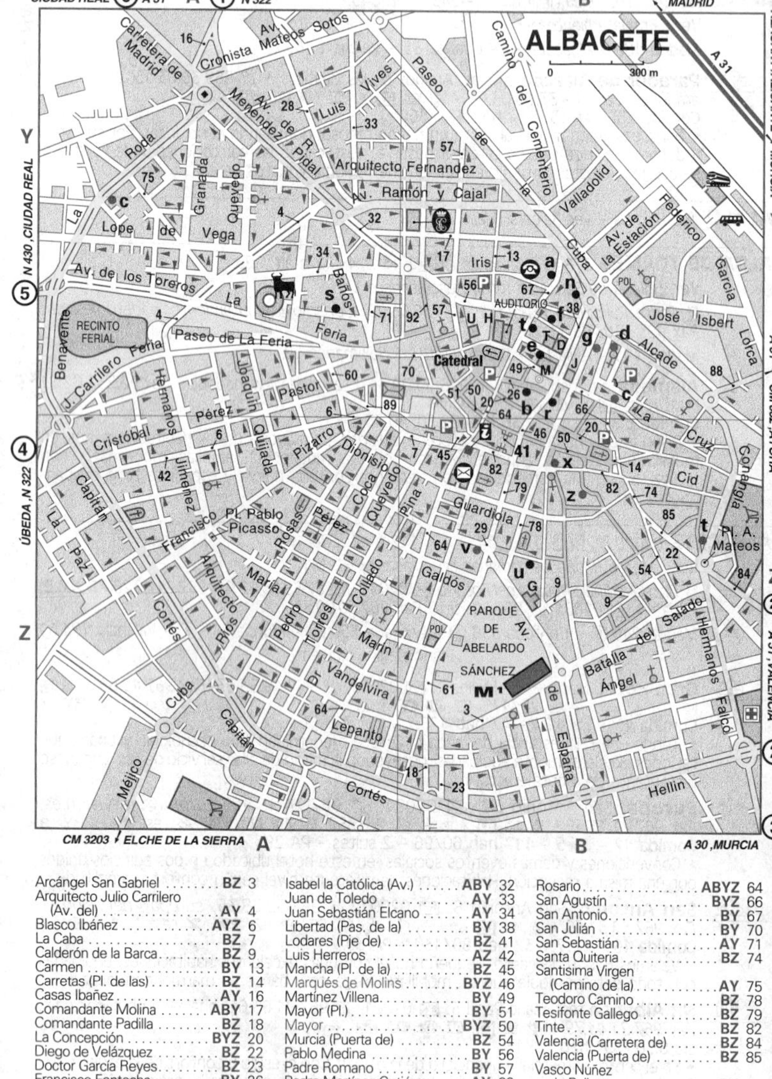

Arcángel San Gabriel . . . . **BZ** 3
Arquitecto Julio Carrilero (Av. del) . . . . **AY** 4
Blasco Ibáñez . . . . **AYZ** 6
La Caba . . . . **BZ** 7
Calderón de la Barca . . . . **BZ** 9
Carmen . . . . **BY** 13
Carretas (Pl. de las) . . . . **BZ** 14
Casas Ibañez . . . . **AY** 16
Comandante Molina . . . . **ABY** 17
Comandante Padilla . . . . **BZ** 18
La Concepción . . . . **BYZ** 20
Diego de Velázquez . . . . **BZ** 22
Doctor García Reyes . . . . **BZ** 23
Francisco Fontecha . . . . **BY** 26
Gabriel Ciscar . . . . **AY** 28
Gabriel Lodares (Pl. de) . . . . **BZ** 29
Isabel la Católica (Av.) . . . . **ABY** 32
Juan de Toledo . . . . **AY** 33
Juan Sebastián Elcano . . . . **AY** 34
Libertad (Pas. de la) . . . . **BY** 38
Lodares (Pje de) . . . . **BZ** 41
Luis Herreros . . . . **AZ** 42
Mancha (Pl. de la) . . . . **BZ** 45
Marqués de Molins . . . . **BYZ** 46
Martínez Villena . . . . **BY** 49
Mayor (Pl.) . . . . **BY** 51
Mayor . . . . **BYZ** 50
Murcia (Puerta de) . . . . **BZ** 54
Pablo Medina . . . . **BY** 56
Padre Romano . . . . **BY** 57
Pedro Martínez Gutiérrez . . . . **AY** 60
Pedro Simón Abril (Pas. de) . . . . **BZ** 61
Rosario . . . . **ABYZ** 64
San Agustín . . . . **BYZ** 66
San Antonio . . . . **BY** 67
San Julián . . . . **BY** 70
San Sebastián . . . . **AY** 71
Santa Quiteria . . . . **BZ** 74
Santisima Virgen (Camino de la) . . . . **AY** 75
Teodoro Camino . . . . **BZ** 78
Tesifonte Gallego . . . . **BZ** 79
Tinte . . . . **BZ** 82
Valencia (Carretera de) . . . . **BZ** 84
Valencia (Puerta de) . . . . **BZ** 85
Vasco Núñez de Balboa . . . . **BY** 88
Virgen de las Maravillas . . . . **AY** 89
Zapateros . . . . **BY** 92

Universidad, av. de España 71, ✉ 02006, ☎ 967 50 88 95, *reservas@hoteluniversidad.com, Fax 967 23 69 79* – 25/350. AE VISA JCB. ✻ rest por av. de España BZ
Comida carta aprox. 38 – **80 hab** 65/80.
◆ El nombre alude a su localización. Práctico y moderno, donde congresos, convenciones y reuniones de empresa encuentran su referencia. Estética actual en las habitaciones. El comedor apuesta por las especialidades manchegas.

Altozano sin rest y sin ☕, pl. Altozano 7, ✉ 02001, ☎ 967 21 04 62, *Fax 967 52 13 66* – 🛗 ▤ 📺 🚗. MC VISA JCB BY b
40 hab 35/58.
◆ Un negocio familiar, céntrico y organizado. Adecuada zona social y unas habitaciones que, pese a sus baños algo desfasados, poseen un equipamiento que está a la altura.

Castilla sin rest, paseo de la Cuba 3, ✉ 02001, ☎ 967 21 42 88, *hotelcastillaab@hotmail.com, Fax 967 24 27 67* – 🛗 ▤ 📺 🚗. AE ⓓ MC VISA BY n
☕ 3,60 – **60 hab** 44,50/56.
◆ Un hotel sencillo dirigido con eficacia. Su cálido confort permite de nuevo su recomendación. Habitaciones muy funcionales con mobiliario de pino y baños de escasa amplitud.

Albacete, Carcelén 8, ✉ 02001, ☎ 967 21 81 11, *Fax 967 21 87 25* – ▤ 📺. AE ⓓ MC VISA. ✗ rest BY f
Comida *(cerrado 15 julio-31 agosto, sábado y domingo)* 12 – ☕ 5 – **36 hab** 31/50.
◆ Ambiente grato y familiar. Fachada clásica de finales del s. XIX, escalera en mármol con bello artesonado y unas habitaciones anticuadas pero cuidadas con esmero. Restaurante de carácter íntimo.

Casa Marlo, pl. Gabriel Lodares 3, ✉ 02002, ☎ 967 50 64 75, *marianmarlo@hotmail.com, Fax 967 50 64 75*, 🌳 – ▤. AE ⓓ MC VISA. ✗ BZ v
cerrado domingo noche – **Comida** carta 35 a 40.
◆ En un edificio señorial decorado con elegancia. Bar privado, terraza interior y unas salas con paredes enteladas y techos altos. Cocina atractiva, aunque algo pretenciosa.

Rincón Gallego, Teodoro Camino, ✉ 02002, ☎ 967 21 14 94, *sgb2001@ono.com, Fax 967 21 14 94* – ▤. AE ⓓ MC VISA. ✗ BZ x
Comida - cocina gallega - carta 27 a 39.
◆ Buena gastronomía gallega. Bar público a la entrada seguido de un comedor entrañable y bonito, con decoración marinera a modo de barco. Céntrico y familiar.

Nuestro Bar, Alcalde Conangla 102, ✉ 02002, ☎ 967 24 33 73, *nuestrobar@mail.ono.es, Fax 967 66 46 78*, 🌳 – ▤ P. AE ⓓ MC VISA. ✗ BZ t
cerrado julio y domingo noche – **Comida** - cocina regional - carta aprox. 30.
◆ Su cocina de corte local, muy apreciada en la ciudad, lo ha llevado a la cima del éxito. Marco regional, buen servicio de mesa y una carta amplia a precios interesantes.

Casa Paco, La Roda 26, ✉ 02005, ☎ 967 22 00 41, *casapaco@terra.es, Fax 967 50 06 18* – ▤. AE ⓓ MC VISA. ✗ AY c
cerrado agosto, domingo noche y lunes – **Comida** carta 23 a 27.
◆ Gran experiencia y saber hacer en sus fogones. Restaurante afamado, con mesas algo apretadas, compensadas por una decoración acogedora. Platos caseros a precios contenidos.

Álvarez, Salamanca 12, ✉ 02001, ☎ 967 21 82 69, *restalvarez@ole.com, Fax 967 21 49 19* – ▤. AE MC VISA. ✗ BY g
cerrado agosto, domingo noche, lunes y festivos noche – **Comida** carta 20 a 30.
◆ Céntrico establecimiento de organización familiar con barra de apoyo en la entrada, seguida de una sala de línea actual y dos privados. Carta variada.

El Callejón, Guzmán el Bueno 18, ✉ 02002, ☎ 967 21 11 38, *restaurante@restauranteelcallejon.com, Fax 967 19 10 08* – ▤. AE ⓓ MC VISA. ✗ BZ z
cerrado 20 julio-20 agosto, domingo noche y lunes – **Comida** carta 31 a 36.
◆ Restaurante típico donde un enorme portalón le da la bienvenida a un entorno taurino, que invita a sobremesas con carácter. Seriedad, cocina tradicional y clientela fiel.

Horno de la Cruz, Cruz 7, ✉ 02001, ☎ 967 52 05 52, *hornocruz@ono.com* – ▤. AE ⓓ MC VISA. ✗ BY c
cerrado 20 julio-20 agosto y domingo noche – **Comida** carta 22 a 33.
◆ Un negocio que trabaja bien. Salas de correcto montaje con una decoración clásico-regional, donde ofrecen una carta amplia con platos de la tierra. Clientela habitual.

Rubia y Tinto, Muelle 22, ✉ 02001, ☎ 967 52 11 49, *josemiguelcds@hotmail.com, Fax 967 21 81 53* – ▤. VISA. ✗ BY d
Tapa 1,50 **Ración** aprox. 5,50.
◆ Bar-cervecería de gran aceptación en la ciudad. Disfrute de una buena selección de tapas y raciones a precios moderados, en un entorno cálido, cuidado y acogedor.

al Sureste *5 km por ② o ③ :*

Parador de Albacete 🐦, ✉ 02000, ☎ 967 24 53 21, *albacete@parador.es, Fax 967 24 32 71*, ≤, 🏊, 🎾 – 🛗 🚭 ▤ 📺 P – 🎪 25/300. AE ⓓ MC VISA JCB. ✗
Comida 25 – ☕ 10 – **69 hab** 84/105.
◆ Ubicado en una antigua quinta manchega en medio del campo. Conjunto regional con unas instalaciones espaciosas y unas habitaciones bien equipadas. Bonito comedor de aire rústico.

ALBARRACÍN *44100 Teruel 574 K 25 – 1 164 h alt. 1 200.*

Ver : *Pueblo típico★ Emplazamiento★ Catedral (tapices★).*

Diputación 4 ☎ 978 71 02 51 turismo@albarracin.org Fax 978 71 02 51.

Madrid 268 – Cuenca 105 – Teruel 38 – Zaragoza 191.

Casa de Santiago, Subida a las Torres 11 ☎ 978 70 03 16, *Fax 978 71 01 41* – VISA. rest
cerrado 15 días en febrero y del 13 al 17 de septiembre – **Comida** 12 – 4 – **9 hab** 42/58.

◆ Reminiscencias de un pasado exquisito, en una antigua casa que invita al reposo. Descubra sus bellas habitaciones de estilo neorrústico, mimadas hasta el último detalle. Comedor de excelente montaje, con mobiliario de calidad y servicio de mesa a la altura.

Caserón de la Fuente sin rest, Carrerahuertos ☎ 978 71 03 30, *caseronfuente@telefonica.net* – TV. VISA.
14 hab 49/65.

◆ Atractivo edificio que en otro tiempo fue un antiguo molino y fábrica de lanas. Ofrece un interior rústico-regional con habitaciones amplias y una coqueta cafetería.

La Casona del Ajimez, San Juan 2 ☎ 978 71 03 21, *c.ajimez@arrakis.es, Fax 978 70 03 26*, – TV. VISA.
Comida 20 – 4,50 – **6 hab** 72.

◆ La quietud del pasado dibuja su vetusta construcción en piedra, de hace más de 200 años. ¡Déjese seducir por sus estancias con aroma a hierbas del campo! Íntimo comedor con variados ornamentos típicos.

Posada del Adarve sin rest, Portal de Molina 23 ☎ 978 70 03 04, *Fax 978 70 03 04* – TV. AE VISA.
3 – **5 hab** 30/52.

◆ El ambiente familiar es uno de sus grandes atractivos. Disfrute de un agradable descanso en este encantador hotel, dotado de elegantes habitaciones de aire rústico.

Arabia sin rest, Bernardo Zapater 2 ☎ 978 71 02 12, *reservas@montesuniversales.com, Fax 978 71 02 37*, – TV. VISA.
5 – **19 hab** 48/60 – 20 apartamentos.

◆ Ubicado en un antiguo convento del s. XVII. Ofrece una distribución algo compleja, con habitaciones y apartamentos de gran amplitud. La cafetería centra la zona social.

Doña Blanca sin rest, Llano del Arrabal 10 ☎ 978 71 00 01, *admin@albarracindonablanca.com, Fax 978 70 04 27* – TV P. VISA.
6 – **10 hab** 55.

◆ Hotel familiar de reciente construcción y buen confort, dotado de correctas habitaciones decoradas con mobiliario neorrústico, y cuartos de baño bien equipados.

La ALBERCA *37624 Salamanca 575 K 11 – 958 h alt. 1 050.*

Ver : *Pueblo típico★★.*

Alred. : *Sur : Carretera de Las Batuecas★ – Peña de Francia★★ (✻★★) Oeste : 15 km.*

La Puente 13 ☎ 923 41 52 91 info@laalberca.com Fax 923 41 50 35 (temp).

Madrid 299 – Béjar 54 – Ciudad Rodrigo 49 – Salamanca 94.

Doña Teresa, carret. de Mogarraz ☎ 923 41 53 08, *hotelteresa@gpm.es, Fax 923 41 53 08*, – TV. AE VISA.
Comida 15 – 8 – **41 hab** 72,12/90,15.

◆ Atractivo hotel con fachada en piedra y cuidado interior de estilo neorrústico. Habitaciones de moderno confort y servicios variados, como el gimnasio o su baño turco. El comedor, con sus vigas de madera, mantiene la decoración imperante en la casa.

París, San Antonio 2 ☎ 923 41 51 31, *info@hotelparislaalberca.com, Fax 923 41 51 40* – rest, TV P. AE VISA.
Comida 12 – 5 – **25 hab** 37/57.

◆ Establecimiento de atenta organización familiar con otro hotel en Salamanca. Posee una correcta zona social y habitaciones de adecuado confort, con los suelos en moqueta. Comedor con servicio de mesa sencillo y mobiliario estándar.

El Mesón de Mari Luz, Tablao 45 ☎ 923 41 53 07, *elmesondemariluz@wanadoo.es, Fax 923 41 53 64* – AE VISA.
Comida carta 24 a 35.

◆ Se encuentra en una de las típicas calles empedradas. Atractivo interior con dos ambientes, uno de ellos con el techo artesonado y en general con múltiples detalles rústicos.

ALBOLOTE *18220 Granada* 578 U 19 124 M 2 – *10 070 h alt. 654.*

Madrid 415 – Antequera 91 – Granada 9.

Príncipe Felipe, av. Jacobo Camarero 32 ✆ 958 46 54 11, *Fax 958 46 54 46* – . AE VISA JCB.
Comida 8,71 – 4,50 – **159 hab** 35/44.
◆ Acogedor establecimiento con unas dependencias de línea actual y buen nivel en su categoría. En verano, disfrute de su terraza con piscina. Restaurante de correcto montaje, especializado en pescados y mariscos.

en la autovía N 323 *Noreste : 3 km :*

Villa Blanca, urb. Villas Blancas, ✉ 18220, ✆ 958 45 30 02, *villas@hotelvillablanca.com, Fax 958 45 31 61,* – . AE VISA
Comida 10 – 4 – **70 hab** 60/75.
◆ Hotel de modesta organización, dotado de habitaciones luminosas bien equipadas, con mobiliario funcional. Posee amplias zonas ajardinadas y piscina exterior. En su comedor únicamente podrá degustar el menú del día.

ALBONS *17136 Girona* 574 F 39 122 I 4 – *453 h alt. 25.*

Madrid 729 – Figueres 27 – Girona/Gerona 34 – Perpignan 82.

junto a la carretera C 252 *Oeste : 2 km :*

Albons , ✉ 17136, ✆ 972 78 85 00, *hotelalb@intercom.es, Fax 972 78 86 58,* – – 25/300. AE VISA
abril-octubre – **Comida** carta 20 a 36 – **32 hab** 115/162.
◆ En una colina dominando el valle. Habitaciones diáfanas de esmerado confort, con mobiliario moderno y espaciosos cuartos de baño, y agradable piscina rodeada de césped. Comedor acristalado de cuidado montaje.

ALBORAIA *València – ver València.*

La ALBUFERETA (Playa de) *Alacant – ver Alacant.*

ALBURQUERQUE *06510 Badajoz* 576 O 8 y 9 – *5 714 h alt. 440.*

Madrid 372 – Badajoz 46 – Cáceres 72 – Castelo de Vide 65 – Elvas 59.

Las Alcabalas, carret. EX 110 ✆ 924 40 11 02, *Fax 924 40 11 89* – . VISA.
Comida carta 22 a 29 – **14 hab** 22/37,50.
◆ Dirigido con acierto y eficacia. Sus correctas dependencias están equipadas con todo lo necesario para que disfrute de una cómoda estancia. En el comedor podrá degustar una cocina basada en la caza y productos de la zona.

ALCALÁ DE GUADAIRA *41500 Sevilla* 578 T 12 – *52 515 h alt. 92.*

Madrid 529 – Cádiz 117 – Córdoba 131 – Málaga 193 – Sevilla 17.

Sandra, pl. de la Zarzuela ✆ 95 568 00 59, *reservas@hotelsandra.com, Fax 95 568 44 57* – . AE VISA.
Comida - ver rest. ***Nuevo Coliseo*** – 5 – **53 hab** 60,10/84,14.
◆ Discreto establecimiento dotado con habitaciones de línea actual, todas en el 1er piso rodeando un patio central cubierto. Los antiguos apartamentos gozan de mayor amplitud.

Nuevo Coliseo - *Hotel Sandra,* pl. de la Zarzuela ✆ 95 568 34 01, *Fax 95 568 44 57* – . AE VISA.
cerrado 15 julio-15 agosto y domingo – **Comida** carta aprox. 30.
◆ Espacioso restaurante con nombre propio y acceso independiente. Bar a la entrada para raciones, y comedor a la carta de montaje clásico.

por la carretera C 432 *Sur : 4,5 km y desvío a la izquierda 2 km :*

Hacienda La Boticaria , carret. Alcalá-Utrera ✆ 95 569 88 20, *info@laboticaria-hotel.com, Fax 95 569 87 55,* , , , , 18 – – 25/2000. AE VISA. rest
Comida carta 42 a 55 – **126 hab** 250/310.
◆ Un complejo de auténtico lujo, donde cuidan con exquisito gusto cada detalle. Posee habitaciones de gran confort, elegante decoración rústica y una nutrida oferta deportiva. Restaurante de impecable montaje y salón de banquetes rodeado por un lago artificial.

ALCALÁ DE HENARES *28800 Madrid* 576 K 19 575 K 19 121 J 7 – *164463 h alt. 588.*

Ver : *Casco histórico★ – Antigua Universidad o Colegio de San Ildefonso★ (fachada plateresca★, Paraninfo★, artesonado mudéjar★★) Z – Capilla de San Ildefonso★ (sepulcro★★ del Cardenal Cisneros) Z.*

Valdeláguila, por ② : 8 km ✆ 91 885 96 59 Fax 91 885 96 29.

Callejón de Santa María ✉ 28801 ✆ 91 889 26 94 y pl. de Los Santos Niños ✉ 28801 ✆ 91 881 06 34 info@alcaladehenares-turismo.com.

Madrid 32 ③ – Guadalajara 25 ① – Zaragoza 290 ①

ALCALÁ DE HENARES

Andres Saborit	Z	3
Angel	Y	4
Azucena	Y	6
Cánovas del Castillo	Y	7
Cardenal Cisneros	Z	9
Cardenal Lorenzana	Z	10
Cardenal Sandoval y Rojas	Z	12
Carmen Descalzo	Z	13
Cervantes (Pl. de)	Z	15
Colegios	Z	16
Daoiz y Velarde	Y	18
Diego Ros y Medrano	Y	19
Doctora de Alcalá	Y	21
Ejército (Av. del)	Z	22
Eras de San Isidro	Y	24
Escritorios	Z	25
Estación (Pas. de la)	Y	27
Henares (Ronda del)	Z	28
Libreros	Y	30
Luis Astrana Marín	Y	31
Madrid (Av. de)	Z	33
Núñez de Guzmán	Z	34
Pastrana (Pas. de)	Z	36
San Julian	Z	37
Santa Ursula	Z	39
Santos Niños (Pl.)	Z	40
Tinte	Y	42

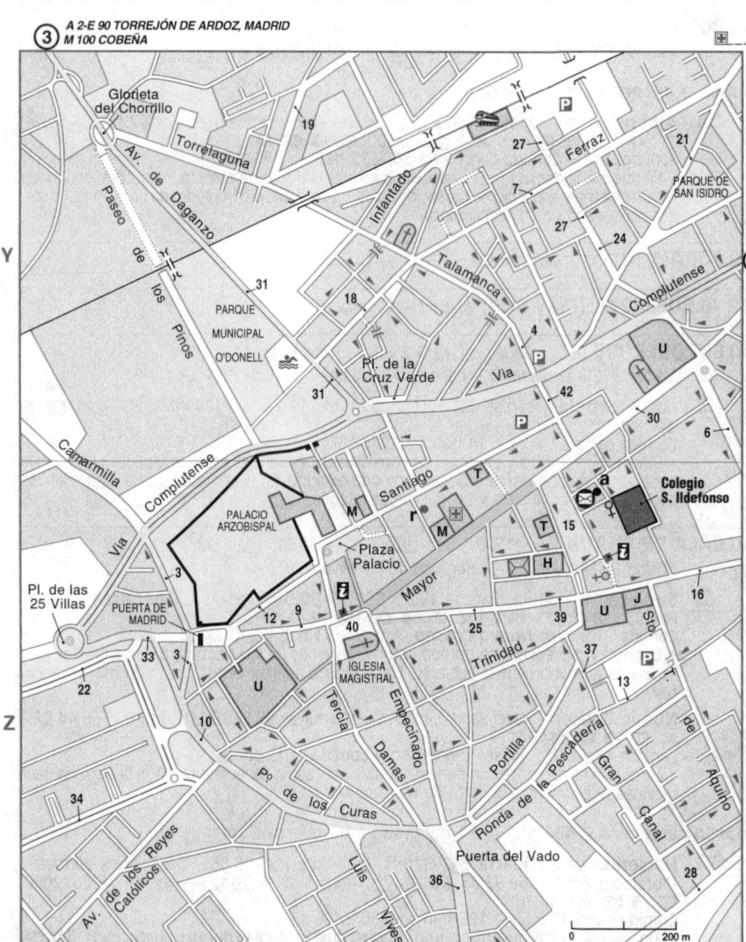

El Bedel sin rest con cafetería, pl. San Diego 6, ✉ 28801, ✆ 91 889 37 00, *elbedel@husa.es, Fax 91 889 37 16* – ▮ ▤ TV – 25/90. AE ⓓ MC VISA. Z a
8,50 – **50 hab** 92/115.
• Establecimiento decorado en un estilo clásico muy cuidado. Completas habitaciones con baños actuales, realzadas con un mobiliario castellano. Elegante cafetería.

NH Alcalá de Henares sin rest, Antonio Suárez 8, ✉ 28802, ✆ 91 879 61 81, *exalcalahenares@nh-hotels.com, Fax 91 883 16 66* – ▮ ▤ TV P. AE ⓓ MC VISA. por pl. de las 25 Villas : 1,5 km Z
7,25 – **92 hab** 84.
• Discreto hotel con una funcionalidad adaptada a las necesidades básicas del confort. Reducida zona social, y unas cómodas habitaciones decoradas en tonos suaves.

Ibis Alcalá de Henares sin rest con cafetería, C.C. La Dehesa (junto autovía N II), ✉ 28805, ✆ 91 879 68 50, *h3199@accor-hotels.com, Fax 91 882 06 11* – ▮, hab, ▤ TV ♿. AE ⓓ MC VISA por ① : 1,8 km
6 – **85 hab** 64.
• Establecimiento de buen nivel en su categoría, equipado con mobiliario estándar. A destacar la espaciosa cafetería, de aire antiguo, en la que sirven comidas.

Miguel de Cervantes con hab, Imagen 12, ✉ 28801, ✆ 91 883 12 77, *hostal@hostalmcervantes.com, Fax 91 883 05 02* – ▤ TV. AE ⓓ MC VISA. Z r
Comida carta 34 a 48 – 5,95 – **13 hab** 61,16/79,20.
• Edificio del s. XVII con un comedor acristalado en torno a un patio interior. Su decoración mezcla criterios funcionales con elementos de agradable rusticidad.

junto a la autovía N II *por ③ : 5 km :*

AC Alcalá sin rest con cafetería por la noche, Octavio Paz, ✉ 28805, ✆ 91 802 39 70, *acalcala@ac-hotels.com, Fax 91 802 39 71* – ▮ ▤ TV ♿ – 25/1000. AE ⓓ MC VISA JCB.
10 – **90 hab** 119.
• Moderno establecimiento con un exquisito hall donde priman las maderas nobles. Habitaciones con suelo en parquet y excelentes baños, la mayoría con plato ducha.

ALCALÁ DE LOS GAZULES *11180 Cádiz* 578 W 12 – *5 592 h alt. 211.*

Alred. : *Parque Natural de los Alcornocales★.*
Madrid 615 – Algeciras 55 – Arcos de la Frontera 42 – Cádiz 63 – Jerez de la Frontera 49.

ALCALÁ DEL JÚCAR *02210 Albacete* 576 O 25 – *1 609 h alt. 596.*

Ver : *Emplazamiento★.*
Madrid 278 – Albacete 66 – Alacant/Alicante 158 – Murcia 203 – València 135.

ALCALÁ LA REAL *23680 Jaén* 578 T 18 – *20 231 h.*

Madrid 401 – Antequera 97 – Córdoba 115 – Granada 54 – Jaén 73.

Torrepalma, Conde de Torrepalma 2 ✆ 953 58 18 00, *email@hoteltorrepalma.com, Fax 953 58 17 12* – ▮ ▤ TV ♿ – 25/60. MC VISA.
Comida 8,50 – 4,50 – **38 hab** 45/60.
• Su escasa zona social se compensa con unas confortables habitaciones de línea actual y buen mobiliario. Los baños resultan algo reducidos, siendo algunos de plato ducha. Restaurante de ambiente acogedor y concurrida cafetería donde sirven platos combinados.

Hospedería Zacatín, Pradillo 2 ✆ 953 58 05 68, *zacatin@hospederiazacatin.com, Fax 953 58 03 01* – ▮ ▤ TV. AE MC VISA.
Comida 8 – 3 – **15 hab** 24,25/40.
• Pequeño y céntrico hotel llevado por su propietario. Dispone de habitaciones funcionales aunque de correcto equipamiento, con mobiliario sencillo y baños actuales. Entrañable comedor de aire rústico.

ALCANAR *43530 Tarragona* 574 K 31 – *7 828 h alt. 72 – Playa.*

Madrid 507 – Castelló de la Plana/Castellón de la Plana 85 – Tarragona 101 – Tortosa 37.

Taller de Cuina Carmen Guillemot, Colón 26 ✆ 977 73 03 23, *guillemot90@hotmail.com* – ▤. AE ⓓ MC VISA.
cerrado martes – **Comida** carta 26 a 38.
• Ocupa una casa particular, repartiendo las mesas por varias salitas de corte clásico. El matrimonio propietario ofrece un servicio atento y una cocina de sabor tradicional.

Can Bunyoles, av. d'Abril 5 ✆ 977 73 20 14 – ▤. AE MC VISA.
cerrado septiembre, domingo noche y lunes salvo festivos – **Comida** carta 21 a 29.
• Bar de apoyo a la entrada, y una acogedora sala de sencilla decoración, en la que destaca una pequeña chimenea. Platos de sabor regional a precios razonables.

en la carretera N 340 *Este : 3,5 km y por camino 0,5 km :*

Tancat de Codorniu sin rest, ✉ 43530 apartado 144, ☎ 977 73 71 94, *info@tancatdecodorniu.com, Fax 977 73 72 31,* – AE MC VISA. 9 – **4 hab** 120 – 4 suites.
◆ Casa que llama la atención por sus atractivos rincones, con un extenso entorno arbolado. Las habitaciones resultan amplias, luminosas, de llamativo diseño y cálido confort.

en Cases d'Alcanar *Noreste : 4,5 km :*

Racó del Port, Lepanto 41, ✉ 43569 Cases d'Alcanar, ☎ 977 73 70 50 – AE MC VISA.
cerrado del 3 al 30 de noviembre y lunes – **Comida** - pescados y mariscos - carta 20 a 35.
◆ Restaurante de correcto montaje y buena organización, con una terraza acristalada como complemento. Su cocina ofrece las más sabrosas especialidades marineras.

ALCÁNTARA *10980 Cáceres* 576 M 9 – *1 948 h alt. 232.*
Ver : *Puente Romano*★.
Madrid 339 – Cáceres 64 – Castelo Branco 78 – Plasencia 109.

ALCAÑIZ *44600 Teruel* 574 I 29 – *12 820 h alt. 338.*
Ver : *Colegiata (portada*★*) – Plaza de España*★.
Mayor 1 ☎ 978 83 12 13 turismo@alcaniz.es Fax 978 83 12 13.
Madrid 397 – Teruel 156 – Tortosa 102 – Zaragoza 103.

Parador de Alcañiz, castillo de Calatravos ☎ 978 83 04 00, *alcaniz@parador.es, Fax 978 83 03 66,* ≤ valle y colinas, – AE MC VISA JCB.
Comida 25 – 11 – **37 hab** 96/120.
◆ Edificio medieval donde afloran las reminiscencias de un noble pasado. Dispone de acogedores salones sociales y cálidas estancias donde reina la decoración castellana. En su cuidado restaurante podrá degustar platos tan típicos como las migas de Teruel.

Calpe, carret. de Zaragoza - Oeste : 1 km ☎ 978 83 07 32, *reserve@gargallo-hotels.com, Fax 978 83 00 54* – 25/350. AE MC VISA JCB. rest
Comida 12,84 – 6,40 – **40 hab** 86,80/108,20.
◆ Su moderno interior perfila un conjunto de buen confort dotado de espaciosas habitaciones equipadas con baños actualizados. Variada oferta en salones privados. Comedor de gran capacidad que propone una carta tradicional.

ALCÁZAR DE SAN JUAN *13600 Ciudad Real* 576 N 20 – *25 706 h alt. 651.*
Madrid 149 – Albacete 147 – Aranjuez 102 – Ciudad Real 87 – Cuenca 156 – Toledo 99.

Convento de Santa Clara, pl. de Santa Clara ☎ 926 55 08 76, *info@forumaq.com, Fax 926 54 77 18* – 25/250. rest
Comida 12,50 – 5,14 – **31 hab** 54,57/72,76 – PA 30,14.
◆ Convento del s. XVI recuperado para la hostelería y sede del Fórum Cultural Alonso Quijano. Posee un claustro, salas de reunión y sobrias habitaciones de mobiliario funcional. En su comedor se combinan la carta y el menú.

Venta El Molino sin rest, av. Cervera 81 ☎ 926 54 54 47, *ventaelmolino@yahoo.es, Fax 926 58 88 51* – AE MC VISA.
3 – **31 hab** 35,31/51,36.
◆ Tras el tipismo de la fachada encontrará unas instalaciones que compensan su escasa zona noble con unas cuidadas habitaciones. Suelos en tarima y mobiliario de aire provenzal.

La Mancha, av. de la Constitución ☎ 926 54 10 47, – AE VISA.
cerrado agosto y miércoles – **Comida** - cocina regional - carta 15 a 20.
◆ Restaurante con sala única de sencillo montaje, complementada con un bar de gran aceptación a la entrada y una espaciosa terraza. Ofrece una cocina casera de corte regional.

LOS ALCÁZARES *30710 Murcia* 577 S 27 128 C 8 – *4 052 h – Playa.*
carret. N 332, urbanización Oasis ☎ 968 17 13 61 losalcazares@marmenor.net Fax 968 57 52 49.
Madrid 444 – Alacant/Alicante 85 – Cartagena 25 – Murcia 54.

Cristina sin rest, La Base 4 ☎ 968 17 11 10, *info@cristinahotel.net, Fax 968 17 11 10* – MC VISA.
4,50 – **35 hab** 45/80.
◆ Hotel confortable en su categoría, dotado de instalaciones actuales, y decorado con detalles de cierto nivel. Correcta organización familiar y clientela de negocios.

ALCOBENDAS *28100 Madrid* 576 K 19 575 K 19 121 I 6 – *87 924 h alt. 670* – **R.A.C.E.** *paseo de la Chopera 57 ✉ 28100 ☎ 91 662 25 16 Fax 91 661 65 04.*
Madrid 17 – Ávila 124 – Guadalajara 60.

junto a la autovía N I *Suroeste : 3 km :*

La Moraleja sin rest con cafetería, av. de Europa 17 - Parque Empresarial La Moraleja, ✉ 28108, ☎ 91 661 80 55, *info@hotellamoraleja.com, Fax 91 661 21 88,* – 25. AE VISA.
16,50 – **37 suites** 170.
• Su ubicación en una zona de oficinas, y las excelentes instalaciones, lo convierten en todo un referente para el mundo empresarial. Magníficas habitaciones tipo suite.

ALCOCÉBER *Castelló – ver Alcossebre.*

ALCOI *03800 Alacant* 577 P 28 123 F 2 – *60 476 h alt. 545.*
Alred. : *Puerto de la Carrasqueta★ Sur : 15 km.*
San Lorenzo 2 ✉ 03801 ☎ 96 553 71 55 alcoi@touristinfo.es Fax 96 553 71 53.
Madrid 405 – Albacete 156 – Alacant/Alicante 55 – Murcia 136 – València 110.

Reconquista, puente de San Jorge 1, ✉ 03803, ☎ 96 533 09 00, *reconquista@hotelodon.com, Fax 96 533 09 55,* ≤ – – 25/350
72 hab.
• Su alojamiento en la ciudad, famosa por sus Fiestas de Moros y Cristianos. Edificio de corte clásico, con suficientes zonas nobles y habitaciones amplias de estimado confort. Dispone de un bar-cafetería con un comedor contiguo y grandes salones para banquetes.

por la carretera de Benilloba *Sureste : 2 km :*

Lolo, Camino Font de la Salut, ✉ 03800, ☎ 96 554 73 73, *Fax 96 554 92 84,* – AE VISA JCB.
cerrado 15 agosto-15 septiembre y lunes – **Comida** - sólo almuerzo salvo fines de semana - carta 20 a 31.
• En pleno campo. Goza de unas acogedoras salas con techos altos en madera y arcos en ladrillo visto, destacando un comedor tipo jardín de invierno y la agradable terraza.

ALCOLEA DEL PINAR *19260 Guadalajara* 576 I 22 – *436 h alt. 1 206.*
Madrid 135 – Guadalajara 78 – Soria 92 – Zaragoza 178.

Zenit Alcolea, autovía N II - salida 132 - Suroeste : 1,7 km ☎ 949 30 00 96, *Fax 949 30 00 97* – rest, VISA.
Comida 14 – 4,44 – **38 hab** 44,73.
• Ubicado en un área de servicio. Posee habitaciones de dos tipos : en la primera planta, más sencillas, enfocadas a chóferes ; en la segunda, funcionales, para turistas.

L'ALCORA *12110 Castelló* 577 L 29 – *8 372 h alt. 279.*
Madrid 407 – Castelló de la Plana/Castellón de la Plana 19 – Teruel 130 – València 94.

Sant Francesc, av. Castelló 19 ☎ 964 36 09 24 – VISA.
cerrado del 8 al 26 de agosto – **Comida** - sólo almuerzo salvo sábado - carta 18 a 26.
• Decorado a base de una acertada combinación de madera y azulejos, cuenta con amplios salones. Cocina tradicional, de sabor casero y a precios razonables.

ALCOSSEBRE o **ALCOCÉBER** *12579 Castelló* 577 L 30 – *Playa.*
San José 48 A ☎ 964 41 22 05 turismo@alcossebre.org Fax 964 41 45 34.
Madrid 471 – Castelló de la Plana/Castellón de la Plana 49 – Tarragona 139.

en la playa :

Jeremías , Sur : 1 km ☎ 964 41 44 37, *Fax 964 41 45 12,* – VISA.
junio-septiembre – **Comida** 11,30 – **39 hab** 70/96.
• Regentado por la viuda del fundador, ha sido reformado recientemente. Dispone de habitaciones sencillas pero cómodas y de amplias zonas comunes. Lo mejor son sus vistas. El comedor se complementa con una agradable terraza acristalada.

Can Roig, Sur : 3 km ☎ 964 41 43 91, *canroigalcossebre@hotmail.com, Fax 964 41 25 15,* – AE VISA JCB.
marzo-12 octubre – **Comida** *(cerrado martes y miércoles salvo junio-septiembre)* carta aprox. 30.
• Sencillo en su exterior, destaca el horno de leña que le confiere un aire castellano a su decoración. Es de agradecer la calidad del servicio y el atento personal.

Sancho Panza, Jai-Alai - urb. Las Fuentes 964 41 22 65, *info@restsancho.com*, - . AE VISA.
cerrado 10 enero-10 febrero – **Comida** carta aprox. 30.
• Asentado en la zona desde hace más de 20 años, no se trata del típico restaurante de playa. De organización familiar, su carta ofrece variedad a buenos precios.

ALCÚDIA *Illes Balears – ver Balears (Mallorca).*

L'ALCÚDIA *46250 València* 577 O 28 – *9 988 h alt. 26.*
Madrid 362 – Albacete 153 – Alacant/Alicante 134 – València 34.

Galbis, av. Antonio Almela 15 96 254 10 93, *galbis@galbis.com, Fax 96 299 65 84* – . AE VISA.
cerrado Semana Santa, agosto y domingo – **Comida** carta 31 a 41.
• Establecimiento de larga trayectoria familiar con una acertada organización. Su exquisita carta es un buen ejemplo del hacer mediterráneo. Equipada bodega en local anexo.

ALCUNEZA *Guadalajara – ver Sigüenza.*

ALDÁN *36945 Pontevedra* 571 F 3.
Madrid 620 – Santiago de Compostela 86 – Pontevedra 27 – Viana do Castelo 112 – Braga 133.

A Casa de Aldán sin rest, José Graña 20 (puerto) 986 32 87 32, *Fax 986 32 84 62*, – TV . VISA.
13 hab 65/95.
• Magnífica casa rural ubicada en una antigua fábrica de salazones, con gruesos muros de piedra y un jardín. Sus estancias combinan el entorno rústico con mobiliario de diseño.

L'ALDEA *43896 Tarragona* 574 J 31 – *3 543 h alt. 5.*
Madrid 498 – Castelló de la Plana/Castellón de la Plana 118 – Tarragona 72 – Tortosa 13.

Can Quimet, av. Catalunya 328 977 45 00 03, *quimet@dsi.es, Fax 977 45 00 03* – TV . AE VISA.
cerrado Navidades – **Comida** *(cerrado domingo)* 12 – 4 – **25 hab** 29/55.
• Modesto hotel de aspecto cuidado, dotado de unas instalaciones funcionales. Habitaciones de línea clásica, y equipamiento completo en su sencillo nivel. Comedor a la carta muy concurrido, separado del bar público, con acceso directo desde la calle.

ALELLA *08328 Barcelona* 574 H 36 122 D 8 – *6 865 h alt. 90.*
Madrid 641 – Barcelona 15 – Granollers 16.

El Niu, rambla Angel Guimerà 16 93 555 17 00, *Fax 93 555 90 36* – . VISA.
cerrado 1ª quincena de agosto, domingo noche y lunes – **Comida** carta 27 a 41.
• Restaurante de organización familiar donde se ofrece una cocina regional y de mercado con toques creativos. Cuidado comedor de línea clásica-actual, con buen mobiliario.

ALESANCO *26324 La Rioja* 573 E 21 – *470 h alt. 568.*
Madrid 322 – Logroño 36 – Vitoria-Gasteiz 66 – Burgos 86 – Bilbao 111.

Hostería Alesanco , San Luis 22 941 37 94 17, *hospederiaalesanco@hotmail.com, Fax 941 37 90 93*, – rest, TV. VISA.
Comida *(cerrado lunes y martes)* 20 – 6,50 **9 hab** 55/70.
• Pequeño hotel de organización familiar ubicado en una antigua casa restaurada. Dispone de un salón social con vistas a las montañas y habitaciones actuales de buen confort. El restaurante resulta acogedor, con la bodega a la vista y rústicas vigas de madera.

ALEVIA *Asturias – ver Panes.*

ALFAFAR *46910 València* 577 N 28 – *19 996 h alt. 6.*
Madrid 356 – València 6.

Ibis Valencia Alfafar sin rest con cafetería por la noche, Alcalde José Puertes 96 318 61 82, *H3683@accor-hotels.com, Fax 96 375 10 30* – , hab, TV . AE VISA
6 – **87 hab** 49.
• Posee las características habituales de la cadena, primando la sencillez de materiales y la funcionalidad. El resultado es un confort muy correcto en su categoría.

en la carretera de El Saler *Sureste : 4 km :*

La Matandeta, carret. CV 1045, ✉ 46910, ☎ 96 211 21 84, *Fax 96 211 00 10,* – P. MC VISA JCB.
cerrado del 9 al 28 de enero y lunes – **Comida** - sólo almuerzo salvo fines de semana y julio-octubre - carta aprox. 31.
◆ Casa en auge dotada de coloristas salas tipo nave, decoradas con detalles regionales y modernos. Agradable terraza techada con brezo y una cocina valenciana actualizada.

ALFAJARÍN *50172 Zaragoza 574 H 27 – 1 546 h alt. 199.*

Madrid 342 – Lleida/Lérida 129 – Zaragoza 23.

Rausán, carret. N II (autopista A 2 - salida 1) ☎ 976 10 00 02, *hotelrausan@hotelrausan.com, Fax 976 10 10 17* – TV P. AE MC VISA.
Comida *(cerrado domingo noche)* 12 – 4,50 – **42 hab** 30/45.
◆ Establecimiento de carretera que aglutina múltiples servicios. Posee habitaciones funcionales de sencillo mobiliario, muchas con plato ducha, pero todas de correcto confort. El restaurante se complementa con una cafetería abierta las 24 horas.

ALFARNATE *29194 Málaga 578 V 17 124 I 4 – 1 463 h alt. 925.*

Madrid 479 – Málaga 74 – Antequera 30 – Granada 74.

Venta de Alfarnate, antigua carret. de Málaga-Granada - Oeste : 2 km ☎ 95 275 93 88, *e.colmenar@mx3.redestb.es, Fax 95 275 82 72* – P. MC VISA.
cerrado 2ª quincena de junio, 2ª quincena de julio y lunes – **Comida** - carnes, sólo almuerzo - carta 17 a 29.
◆ Venta del s. XIII con decoración alusiva al mundo de los bandoleros. Posee varias salas rústicas con vigas de madera, donde sirven platos de corte regional.

ALFARO *26540 La Rioja 573 F 24 – 9 330 h alt. 301.*

Madrid 319 – Logroño 78 – Pamplona 81 – Soria 93 – Zaragoza 102.

Palacios, av. de Zaragoza ☎ 941 18 01 00, *palacios@villacastejon.com, Fax 941 18 36 22,* – TV P – 25/300. AE MC VISA. rest
Comida 11,09 – 4,31 – **82 hab** 60,57/72,12.
◆ Tras una importante reforma ofrece habitaciones mucho más modernas y luminosas. Disfruta de unos agradables exteriores y cuenta con un pequeño museo del vino en el sótano. Restaurante de montaje funcional decorado a base de maderas claras.

L'ALFÀS DEL PI o ALFAZ DEL PÍ *03580 Alacant 577 Q 29 128 H 3 – 6 671 h alt. 80.*

Federico García Lorca 11 ☎ 96 588 89 05 alfasdelpi@touristinfo.net Fax 96 588 71 12.
Madrid 468 – Alacant/Alicante 50 – Benidorm 7.

El Molí, Calvari 12 ☎ 96 588 82 44, *Fax 96 588 82 44,* – TV. MC VISA.
Comida - sólo clientes - 20 – 9 – **10 hab** 60/85.
◆ Hotel al frente del cual se encuentran dos hermanos. Correcto en su categoría, posee habitaciones amplias y cuidadas, con baños algo anticuados. Comidas sólo para clientes.

en la carretera N 332 *Este : 3 km :*

La Torreta, ✉ 03581, ☎ 96 686 65 07, *Fax 96 686 40 85,* – P. AE MC VISA.
cerrado sábado mediodía y domingo – **Comida** carta aprox. 39.
◆ Bello local donde le tratarán con gran amabilidad y simpatía. Carta de estilo clásico para disfrutar en sus comedores o en el reservado, todos ellos con buen montaje.

La ALGABA *41980 Sevilla 578 T 11 – 12 298 h alt. 10.*

Madrid 560 – Huelva 61 – Sevilla 11.

en la carretera A 431 *Norte : 2 km :*

Torre de los Guzmanes sin rest, ✉ 41980, ☎ 95 578 91 75, *info@hoteltorredelosguzmanes.com, Fax 95 578 92 05,* – TV P. AE MC VISA.
5 – **55 hab** 100/112.
◆ Hotel de carretera muy correcto en su categoría. Dispone de una adecuada zona social, cafetería anexa y espaciosas habitaciones definidas por la funcionalidad del mobiliario.

ALGAIDA *Illes Balears - ver Balears (Mallorca).*

ALGAR *11369 Cádiz 578 W 13 - 1 846 h alt. 204.*
Madrid 597 - Algeciras 74 - Arcos de la Frontera 20 - Cádiz 87 - Marbella 121.

Villa de Algar, Camino Arroyo Vinateros ☎ 956 71 02 75, *villa-algar@tugasa.com, Fax 956 71 02 66,* ←, – |‡| ▤ TV P. MC VISA. ✂
Comida *(cerrado martes)* 8 - ☕ 3,70 - **20 hab** 37,95/63,25.
• Ideal para los amantes de la naturaleza, pues se encuentra en la serranía gaditana. En sus completas instalaciones, disfrutará del bienestar y la tranquilidad que ansía. Restaurante de estilo rústico, con un correcto montaje.

El ALGAR *30366 Murcia 577 T 27 123 C 9.*
Madrid 457 - Alacant/Alicante 95 - Cartagena 15 - Murcia 64.

José María Los Churrascos, av. Filipinas 22 ☎ 968 13 60 28, *loschurrascos@loschurrascos.com, Fax 968 13 62 30* – ▤ P. AE ⓓ MC VISA. ✂
cerrado del 15 al 31 de enero, del 15 al 30 de septiembre y lunes – **Comida** carta aprox. 40.
• Llevado con profesionalidad y en familia, gozando de buen nombre en la zona gracias a la calidad del producto que ofrece. Clientela asidua de muy buen nivel.

ALGATOCÍN *29491 Málaga 578 W 14 124 C 6 - 965 h alt. 721.*
Madrid 579 - Sevilla 151 - Málaga 130 - Gibraltar 65 - Cádiz 165.

al Suroeste : *2 km y desvío a la derecha 3 km :*

Salitre , carret. A 373 Pedanía de Salitre, ✉ 29491 Algatocín, ☎ 952 11 70 05, *Fax 952 11 70 06,* ← valle del Guadiaro, , Observatorio astronómico, , , – |‡| ▤ TV P – 25/60. MC VISA. ✂
cerrado del 8 al 31 de enero – **Comida** *(cerrado lunes)* 10 – **19 hab** ☕ 48/72 – 1 suite.
• Hotel de ambiente rústico ubicado dentro de un complejo turístico. Posee un amplio salón social, habitaciones con mobiliario provenzal y un curioso observatorio astronómico. Su restaurante, de cuidado montaje, se complementa con una terraza acristalada.

ALGECIRAS *11200 Cádiz 578 X 13 124 B 9 - 101 556 h - Playas en El Rinconcillo y Getares.*
Ver : *carretera de Tarifa* ←★★★.
☎ *956 65 49 07* – *para Tánger y Ceuta : Cía Trasmediterránea, recinto del puerto* ✉ *11201* ☎ *902 45 46 45 Fax 956 58 34 44.*
Juan de la Cierva ✉ *11207* ☎ *956 57 26 36 otalgeciras@andalucia.org Fax 956 57 04 75* – **R.A.C.E.** *av. España 2ª fase, portal 8, local 2* ✉ *11205* ☎ *956 66 49 51 Fax 956 58 74 74.*
Madrid 681 ① - Cádiz 124 ② - Jerez de la Frontera 141 ② - Málaga 133 ① - Ronda 102 ①

Plano página siguiente

Alarde sin rest con cafetería, Alfonso XI-4, ✉ 11201, ☎ 956 66 04 08, *hotelalarde@husa.es, Fax 956 65 49 01* – |‡| ▤ TV – 25/40. AE ⓓ MC VISA. ✂ BY e
☕ 7 – **68 hab** 46/84.
• Aunque exento de lujo, el correcto equipamiento de las instalaciones lo hace merecedor de su nivel. Las funcionales habitaciones, de línea moderna, favorecen su descanso.

Don Manuel sin rest y sin ☕, Segismundo Moret 4, ✉ 11201, ☎ 956 63 46 06, *Fax 956 63 47 16* – |‡| ▤ TV. AE ⓓ MC VISA. ✂ BZ a
15 hab 27/48.
• Pequeño hotel de organización familiar cuyas dependencias, a pesar de su sencillez, disponen de todo lo necesario para garantizar su comodidad.

en la autovía N 340 *por ① : 4 km :*

Alborán, Álamo, ✉ 11205, ☎ 956 63 28 70, *algeciras@hotelesalboran.com, Fax 956 63 23 20* – |‡| ▤ TV P – 25/550. AE ⓓ MC VISA. ✂
Comida 9 – ☕ 5 – **79 hab** 86/106.
• Agradable establecimiento muy orientado al cliente de negocios. Dispone de una completa zona social, con un bonito patio andaluz, y unas habitaciones de esmerado confort. Acogedor restaurante de línea clásica.
Ver también : **Palmones** *por ① : 8 km*
Los Barrios *por ① : 10 km.*

ALGECIRAS

Alta (Pl.) . . . . BY 2
Cádiz (Carret. de). . . . . BZ 3
Carteya. . . . . AZ, BZ 5
Cayetano del Toro. . . . . BZ 4
Conferencia (Pas. de la) . . . . . AYZ 8
Domingo Savio . . . . AY 9
Duque de Almodóvar . . . . BZ 10
Emilio Santacana . . . . BY 14
Fray Tomás del Valle. . . . . BY 17
Fuente Nueva . . . . AY 18
Fuerzas Armadas (Av. de las). . BY 20
José Antonio. . . . . BY 21
José Santacana. . . . . BZ 23
Juan de la Cierva. . . . . BZ 24
Marina (Av. de la). . . . . BZ 26
Monet . . . . BZ 27
Muñoz Cobos . . . . BY 28
N.S. de la Palma (Pl.) . . . . BY 29
Ramón Puyol (Av.). . . . . AY 30
Regino Martinez . . . . BY 31
Reyes Católicos . . . . AZ 32
Salvador Allende . . . . BY 33
San Bernardo . . . . BZ 34
Santiago Ramón y Cajal . . . . . . BY 35
Segismundo Moret (Av.) . . . . . BZ 36
Tarifa. BZ 37
Teniente Miranda . . . . BY 39
Velarde. . . . . BZ 40
Vicente de Paul . . . . AY 42
Virgen de Europa (Av.) . . . . BY 43

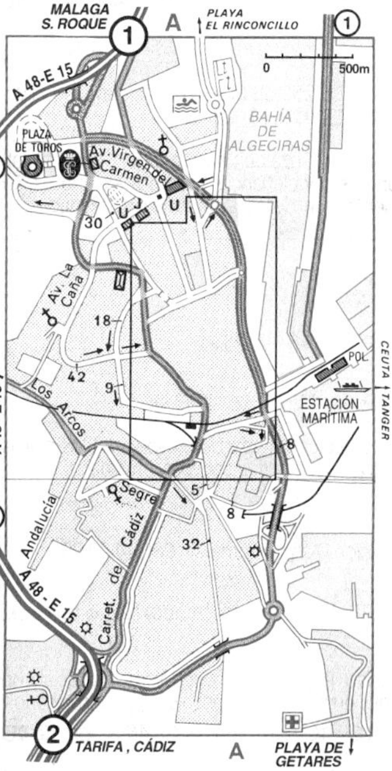

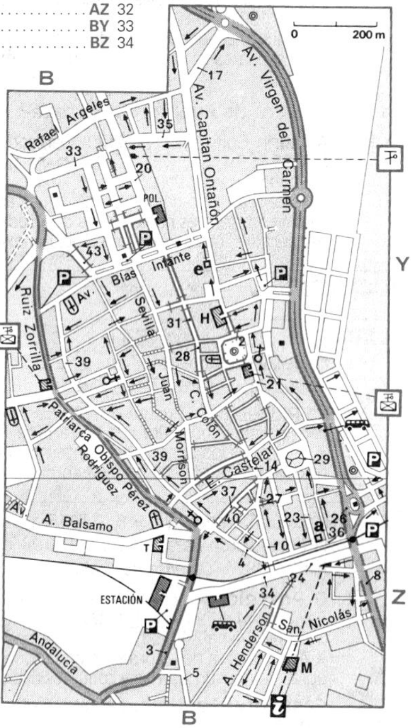

ALGORTA *Bizkaia – ver Getxo.*

ALHAMA DE GRANADA *18120 Granada* 578 *U 17 y 18* 124 *K 3 – 5 783 h alt. 960 – Balneario.*
Ver : *Localidad★ ⁂★ – Iglesia de la Encarnación★.*
Madrid 483 – Córdoba 158 – Granada 55 – Málaga 82.

al Norte : *3 km :*

Balneario ⛲, carret. de Granada, ✉ 18120, ✆ 958 35 00 11, *info@balnearioalhamadegranada.com, Fax 958 35 02 97,* Servicios terapéuticos, – 🛗 TV P. AE ⓞ MC VISA.
marzo-noviembre – **Comida** 24,95 – ☕ 5,32 – **116 hab** 54/90.
◆ Ubicado en un tranquilo parque, cuenta con unas cómodas dependencias un poco desfasadas en decoración. El uso medicinal de sus aguas se remonta a tiempos prehistóricos. El restaurante brinda buenas vistas.

La ALHAMBRA *Granada – ver Granada.*

ESPAÑA

ALHAURÍN EL GRANDE *29120 Málaga* 578 W 15 124 F 6 – *17 941 h alt. 239.*

Alhaurín Golf, carret. de Fuengirola, Suroeste : 4 km ✆ 95 259 59 70 Fax 95 259 45 86.

Madrid 556 – Algeciras 114 – Antequera 77 – Málaga 31 – Marbella 33.

en la carretera de Mijas *Suroeste : 2 km :*

XX **Fonda El Postillón** con hab, ✉ 29120, ✆ 95 259 44 87, *Fax 95 259 44 88*, – hab, VISA
Comida *(cerrado 21 días en enero y lunes)* - sólo cena en verano carta aprox. 35 – **5 hab** 80/100.
◆ Conjunto acogedor, con una elegante decoración rústica y un bello entorno ajardinado. Ofrece una carta bien equilibrada y complementa el negocio con habitaciones en bungalows.

en la carretera de Fuengirola *Suroeste : 3 km :*

Alhaurín Golf, ✉ 29120 apartado 235, ✆ 95 259 58 00, *info@alhauringolf.com*, *Fax 95 259 41 95*, – – 25/100
38 hab.
◆ Hotel con cierto encanto, junto a un campo de golf. Goza de una acogedora zona social, y posee excelentes habitaciones decoradas con gusto y elegancia. Cuidados exteriores. Su restaurante, ubicado en un edificio anexo, cuenta con detalles de cálida rusticidad.

ALICANTE *Alacant – ver Alacant.*

ALJARAQUE *21110 Huelva* 578 U 8 – *6 720 h.*

Bellavista, Noreste : 3 km ✆ 959 31 90 17 Fax 959 31 90 25.

Madrid 652 – Faro 77 – Huelva 10.

XX **La Plazuela,** La Fuente 40 ✆ 959 31 88 31 – AE VISA.
cerrado domingo – **Comida** carta 32 a 39.
◆ Bien conocido por su cocina internacional, que dedica un apartado especial a los platos tradicionales. Pequeña bodega en el sótano para aperitivos y comidas privadas.

ALLARIZ *32660 Ourense* 571 F 6 – *5 218 h alt. 470.*

Emilia Pardo Bazán ✆ 988 44 20 08 informacion@allariz.com Fax 988 44 20 08.

Madrid 482 – Ourense 19 – Vigo 112.

O Portelo sin rest, Portelo 20 ✆ 988 44 07 40, *hoteloportelo@terra.es*, *Fax 988 44 14 90* – VISA
3,60 **14 hab** 40/51.
◆ Antigua casa de piedra en pleno casco histórico. Posee una acogedora zona social con obras de Agustín Ibarrola y coquetas habitaciones en las que destacan sus preciosos baños.

XX **Casa Tino Fandiño,** Carcere 7 ✆ 988 44 22 16, *Fax 988 44 07 46* – AE VISA.
cerrado del 13 al 30 de octubre – **Comida** carta 25 a 35.
◆ Negocio instalado en un viejo horno de pan, con un bar a la entrada y varias salas rústico-modernas en las dos plantas superiores. Cocina gallega a precios asequibles.

X **Portovello,** Parque Portovello ✆ 988 44 23 29, *Fax 988 44 23 29*, – AE VISA
Comida carta aprox. 26.
◆ La belleza del entorno, en un parque junto al río, domina esta antigua fábrica de curtidos de entrañable decoración rústica. Su cuidado balcón-terraza goza de hermosas vistas.

en Santa Mariña de Augas Santas *Norte : 7 km :*

Augasantas , ✉ 32668 Santa Mariña de Augas Santas, ✆ 988 44 21 50, *Fax 988 44 21 50*, – VISA
Comida - sólo clientes - 15 – **6 hab** 42/80.
◆ Antigua casa de labranza en piedra que le brinda unas habitaciones de buen confort, dotadas de un correcto equipamiento con baños actuales. Sirve comidas a sus clientes.

ALMADÉN *13400 Ciudad Real* 576 P 15 – *7 413 h alt. 589.*

Madrid 302 – Toledo 222 – Ciudad Real 102 – Córdoba 128.

Plaza de Toros de Almadén, pl. Waldo Ferrer ✆ 926 26 43 33, *almaden@estancias.com, Fax 926 71 04 52* – – 25/60. VISA.
Comida 10 – 5 – **23 hab** 60,10/108,18.
◆ El edificio ha sido declarado Monumento Nacional, pues ocupa una plaza de toros del s. XVIII única en el mundo por su forma hexagonal. Cálidas habitaciones de estilo rústico.

La ALMADRABA (Playa de) *Girona – ver Roses.*

La ALMADRABA DE MONTELEVA *Almería – ver Cabo de Gata.*

L'ALMADRAVA (Playa de) *Tarragona – ver L'Hospitalet de l'Infant.*

ALMAGRO *13270 Ciudad Real* 576 P 18 – *8 962 h alt. 643.*

Ver : *Pueblo típico★, Plaza Mayor★★ (Corral de Comedias★).*

pl. Mayor 1 926 86 07 17 turismo@ciudad-almagro.com Fax 926 86 07 17.

Madrid 189 – Albacete 204 – Ciudad Real 23 – Córdoba 230 – Jaén 165.

Parador de Almagro, Ronda de San Francisco 31 926 86 01 00, *almagro@parador.es, Fax 926 86 01 50,* – 25/100. AE VISA.
Comida 25 – 11 – **52 hab** 96/120 – 2 suites.
◆ Instalado parcialmente en el convento de Santa Catalina, del s. XVI. Sus sobrias dependencias sorprenden con detalles en azulejos y la cafetería recrea una antigua bodega. Elegante restaurante de estilo rústico en el viejo refectorio.

Almagro, carret. de Bolaños 926 86 00 11, *trh.almagro@trhhoteles.com, Fax 926 86 06 18,* – 25/150. AE VISA.
Comida 15 – 6,75 – **50 hab** 78,25/98.
◆ Posee instalaciones actuales de aire rústico-moderno, con correctas zonas comunes y un amplio bar. Las habitaciones disponen de un completo equipamiento para su confort. Luminoso restaurante exterior dotado de un tragaluz y varios salones para banquetes.

La Posada de Almagro, Gran Maestre 5 926 26 12 01, *info@laposadadealmagro.com, Fax 926 26 12 01,* – AE VISA. rest
Comida *(cerrado martes)* 18 – 3,50 – **11 hab** 49/75 – PA 36.
◆ Antigua posada ubicada frente al Museo del Teatro. Ofrece habitaciones un tanto austeras en equipamiento, aunque resultan acogedoras, así como un bello patio con galerías. Cuidado comedor de estilo rústico-regional, con grandes tinajas de vino a la vista.

La Casa del Rector sin rest, Pedro Oviedo 8 926 26 12 59, *recepcion@lacasadelrector.com, Fax 926 26 12 60* – AE VISA JCB
7 – **14 hab** 75/110 – 1 suite.
◆ Luminosas instalaciones en una casa solariega con bonito patio interior en piedra y madera. Las habitaciones resultan espaciosas y muy confortables, todas con hidromasaje.

Hostería de Almagro Valdeolivo, Dominicas 17 926 26 13 66, *info@valdeolivo.biz, Fax 926 26 13 67,* – AE VISA.
Comida *(cerrado lunes)* 24,50 – 5,05 – **8 hab** 70,40/88.
◆ Casa de fachada típica ubicada en una calle tranquila. Ofrece un salón social con chimenea, dos patios y confortables habitaciones, la mayoría con ducha de obra en los baños. El comedor dispone de dos salas, con buen cubierto y mobiliario funcional.

El Corregidor, Jerónimo Ceballos 2 926 86 06 48, *corregidor@teleline.es, Fax 926 88 27 69,* – AE VISA JCB.
cerrado del 1 al 7 de agosto y lunes salvo julio – **Comida** carta 32 a 44.
◆ Antigua posada afamada por su cocina. Posee un bar con el suelo empedrado en el viejo zaguán, un comedor de aire rústico con vistas al patio en el 1er piso y varios privados.

La Cuerda, pl. General Jorreto 6 926 88 28 05, – VISA
cerrado 1 al 15 de septiembre, domingo noche y lunes – **Comida** carta 20 a 30.
◆ Aunque está ubicado en una zona poco atractiva, destaca por sus arroces y pescados a precios contenidos. Bar a la entrada y sala de montaje clásico-actual con un vivero.

junto al Santuario de Nuestra Señora de Las Nieves *Noroeste : 8 km :*

Las Nieves, carret. Bolaños-Daimiel km 3, 13270, 926 87 05 63, *lasnieves@almagroturistico.com, Fax 926 88 43 39* –
Comida - sólo almuerzo de domingo a jueves - carta aprox. 30.
◆ Emplazamiento privilegiado en un bonito paraje. Sencillo restaurante de aire regional que hace gala de una esmerada cocina, con un salón para banquetes y plaza de toros anexa.

ALMANDOZ *31976 Navarra* 573 C 25.

Madrid 437 – Bayonne 76 – Pamplona 42 – Donostia-San Sebastián 63.

Beola con hab, Mayor 13 948 58 53 00, *beola@beola.com, Fax 948 58 53 60* – rest, VISA.
cerrado 15 diciembre-15 enero – **Comida** *(cerrado lunes salvo julio y agosto)* carta aprox. 30 – 4,50 **15 hab** 36,50/54.
◆ Palacio del s. XVIII donde la decoración rústica toma el protagonismo, con un bar público a un lado y el amplio comedor. Posee también confortables y espaciosas habitaciones.

ALMANSA *02640 Albacete* 576 P 26 123 B 1 – *24 454 h alt. 685.*
Madrid 325 – Albacete 76 – Alacant/Alicante 96 – Murcia 131 – València 111.

Los Rosales, carret. de circunvalación ☎ 967 34 00 00, *informacion@hotellosrosales.com, Fax 967 31 18 82* – |♦|, ▤ rest, TV P. AE ⓓ ⓜⓒ VISA. ✻
Comida 10,37 – ☕ 2,80 – **47 hab** 27,85/59,55.
◆ Un establecimiento sencillo, funcional y muy frecuentado, a la entrada de la ciudad. Organización profesional, habitaciones bien montadas y un salón social a la altura.

Maralba, Violeta Parra 5 ☎ 967 31 23 26, *maralba@ozu.es* – ▤. AE ⓜⓒ VISA
cerrado 1ª quincena de febrero, 2ª quincena de septiembre, domingo noche y lunes – **Comida** carta 27 a 34.
◆ Dispone de un hall a la entrada y una sala repartida en dos espacios, así como un privado. En conjunto goza de una decoración moderna y cuidada, con algún detalle de diseño.

Mesón de Pincelín, Las Norias 10 ☎ 967 34 00 07, *Fax 967 34 54 27* – ▤. AE ⓓ ⓜⓒ VISA. ✻
cerrado del 1 al 21 de agosto, domingo noche y lunes – **Comida** carta 25 a 30.
◆ Todo un clásico. Local con carácter cuya decoración regional sigue la tradición manchega, dotado de una barra de apoyo y dos comedores con buen servicio de mesa.

Bodegón Almansa, Corredera 118 ☎ 967 31 06 37, *bodealm@terra.es, Fax 967 34 03 00* – ▤. AE ⓓ ⓜⓒ VISA. ✻
cerrado 28 junio-19 julio, domingo noche y martes – **Comida** carta 23 a 30.
◆ Elaboraciones interesantes y buenos productos, en un marco acogedor con paredes en ladrillo visto. Seria organización familiar y clientela de nivel.

Casa Valencia, carret. de circunvalación 20 ☎ 967 31 16 52 – ▤ P. ⓓ ⓜⓒ VISA. ✻
cerrado del 1 al 25 de julio, domingo noche y lunes – **Comida** carta 25 a 36.
◆ Un negocio familiar que va a más. Comedor bien montado, donde podrá disfrutar de una cuidada gastronomía tradicional, a precios moderados.

al Noroeste : *2,3 km* :

Almansa, av. de Madrid - salida 586 autovía, ✉ 02640, ☎ 967 34 47 00, *recep.almansa@trhhoteles.com, Fax 967 31 15 60,* ⛱ – ▤ TV ♿ P – 🏛 25/200. AE ⓜⓒ VISA. ✻
Comida 12 – ☕ 6,50 – **50 hab** 58,75/71,75.
◆ Hotel moderno con fachada en ladrillo visto y motivos rústicos. Posee una espaciosa zona social, y unas habitaciones amplias con mobiliario en madera y baños actuales.

ALMÀSSERA *València – ver València.*

ALMAZÁN *42200 Soria* 575 H 22 – *5 976 h alt. 950.*
Madrid 193 – Soria 34 – Valladolid 209 – Zaragoza 173.

Villa de Almazán, av. de Soria 29 ☎ 975 30 06 11, *hotelvilladealmazan@wanadoo.es, Fax 975 31 80 72* – |♦| ▤ TV ♿ 🚗 P – 🏛 25/300. AE ⓓ ⓜⓒ VISA. ✻
Comida *(cerrado domingo noche y lunes)* 12 – ☕ 9 – **39 hab** 50/80.
◆ De nueva construcción, está ubicado a la salida de la localidad. Cuenta con unas magníficas instalaciones, destacando sus habitaciones por confort y equipamiento. Restaurante de cuidado montaje, decorado en estilo neorrústico.

ALMAZCARA *24170 León* 575 E 10.
Madrid 378 – León 99 – Ponferrada 10.

Los Rosales, autovía A 6 - salida 376 ó 378 ☎ 987 46 71 67, *hotel.losrosales@tiscali.es, Fax 987 46 72 00* – |♦| ▤ TV P. AE ⓓ ⓜⓒ VISA. ✻
Comida 9 – ☕ 3 – **40 hab** 23/45 – PA 20.
◆ Modesto hotel emplazado en un área de servicio. Posee unas habitaciones correctamente equipadas dentro de su categoría, las individuales con baños tipo plato ducha.

ALMENDRAL *06171 Badajoz* 576 Q 9 – *1 444 h alt. 324.*
Madrid 405 – Badajoz 36 – Mérida 70 – Zafra 52.

por la carretera N 435 *Sur : 6 km y desvío a la izquierda (por paso elevado) 1 km :*

Rocamador ⛰ (es necesario reservar), ✉ 06160 apartado 7 Barcarrota, ☎ 924 48 90 00, *mail@rocamador.com, Fax 924 48 90 01,* ⛱, ⛱ – TV P – 🏛 25/80. AE ⓓ ⓜⓒ VISA. ✻
Comida *(cerrado lunes)* carta aprox. 42 – ☕ 12 – **30 hab** 90/120.
◆ Aléjese del mundanal ruido en esta imponente finca de estilo rústico, en plena dehesa extremeña. Resulta realmente encantador por la tranquilidad del entorno. Restaurante instalado en la capilla del viejo edificio, donde se ha mimado la decoración.

ALMENDRALEJO *06200 Badajoz* 576 P 10 – *24 120 h alt. 336.*
Madrid 368 – Badajoz 56 – Mérida 25 – Sevilla 172.

Vetonia, carret. N 630 - Noreste : 2 km ☎ 924 67 11 51, *hotelvetonia@hotmail.com, Fax 924 66 50 65,* – 25/500. AE VISA JCB. rest
Comida 12 – 4,68 – **62** hab 52,50/65,70.
◆ Ha logrado un confort más actual en sus instalaciones. Las habitaciones resultan algo sobrias, aunque los aseos de las reformadas poseen bañera con columna de hidromasaje. Comedor de corte clásico, complementado en verano con una amplia terraza-barbacoa.

El Paraíso, carret. N 630 - Sureste : 2 km ☎ 924 66 10 01, *elparaiso@restauranteel paraiso.net, Fax 924 67 02 55,* – AE VISA.
Comida carta 23 a 34.
◆ Restaurante repartido en dos salas, con un pequeño privado y una cuidada bodega. Salón de banquetes dotado de cocina independiente y carpas a modo de terraza de invierno.

ALMERÍA *04000* P 578 V 22 124 T 5 – *170 994 h – Playa.*
Ver : *Alcazaba★ ≤★* AY – *Catedral★* ABZ.
Alred. : *Parque Natural de Cabo de Gata - Níjar★★ (playas de los Genoveses y Monsul★) Este : 29 km por ②.*
de Almería por ② : 8 km ☎ 950 21 37 00.
para Melilla : Cía. Trasmediterránea, parque Nicolás Salmerón 19 ✉ 04002 ☎ 902 45 46 45 Fax 950 25 73 90.
Parque de Nicolás Salmerón ✉ 04002 ☎ 950 27 43 55 otalmeria@andalucia.org Fax 950 27 43 60.
Madrid 550 ② – Cartagena 240 ② – Granada 171 ① – Jaén 232 ① – Lorca 157 ② – Motril 112 ③

Planos páginas siguientes

NH Ciudad de Almería, Jardín de Medina, ✉ 04006, ☎ 950 18 25 00, *nhciudadde almeria@nh-hotels.com, Fax 950 27 30 10* – – 25/350. AE VISA. CZ a
Comida carta 24 a 33 – 10 – **138 hab** 131.
◆ Junto a las estaciones de autobús y tren. Posee una espaciosa zona noble, salas de reuniones bien dispuestas y habitaciones de completo equipamiento, con los suelos en madera. Restaurante de línea actual donde ofrecen un servicio de mesa de calidad.

Tryp Indalo, av. del Mediterráneo 310, ✉ 04009, ☎ 950 18 34 00, *tryp.indalo@sol melia.com, Fax 950 18 34 09* – hab, – 25/350. AE VISA JCB. por Padre Méndez CY
Comida 20 – 11 – **186 hab** 115/135.
◆ Hotel de construcción y diseño actual, dotado de unas modernas instalaciones. Posee habitaciones de cuidado confort y gran variedad de salones para reuniones y banquetes. En su restaurante se combina el menú con una pequeña carta de cocina tradicional.

AM Torreluz IV, pl. Flores 5, ✉ 04001, ☎ 950 23 49 99, *torreluz4@amhoteles.com, Fax 950 23 47 09,* – – 25/220. AE VISA. BY e
Comida - ver rest. ***Asador Torreluz*** – 9,75 – **109 hab** 83/143.
◆ El estilo clásico, con toques de elegancia, recrea este céntrico hotel. Estancias confortables, amplia zona social, salas de reuniones y una agradable terraza con piscina.

G.H. Almería sin rest con cafetería, av. Reina Regente 8, ✉ 04001, ☎ 950 23 80 11, *reservas@granhotelalmeria.com, Fax 950 27 06 91,* ≤, – – 25/500. AE VISA. BZ c
9,50 – **105 hab** 112/140.
◆ Su ubicación en el casco urbano y las vistas al mar, constituyen uno de sus mayores atractivos. Instalaciones con buen nivel de confort y completo equipamiento.

AM Congress, Tenor Iribarne 15, ✉ 04001, ☎ 950 23 49 99, *torreluz4@amhoteles .com, Fax 950 23 47 09,* – – 25/300. AE VISA. BY c
cerrado 15 diciembre-7 enero – **Comida** - ver rest. ***Asador Torreluz*** – 9,75 – **42 hab** 83/143.
◆ Hotel de nueva construcción que dispone de una correcta zona noble, y unas acogedoras habitaciones con suelos en moqueta, mobiliario de línea actual y baños completos.

Torreluz III, pl. Flores 3, ✉ 04001, ☎ 950 23 43 99, *torreluz@torreluz.com, Fax 950 28 14 28* – – 25/200. AE VISA. BY v
Comida - en el Hotel ***Torreluz II***-ver también rest. ***Torreluz Mediterráneo*** – 5,70 – **100 hab** 70,40/93,90.
◆ Ambiente acogedor y confortable, tanto para el visitante vacacional como para el cliente de empresa. Todas las habitaciones son climatizadas y con baño completo.

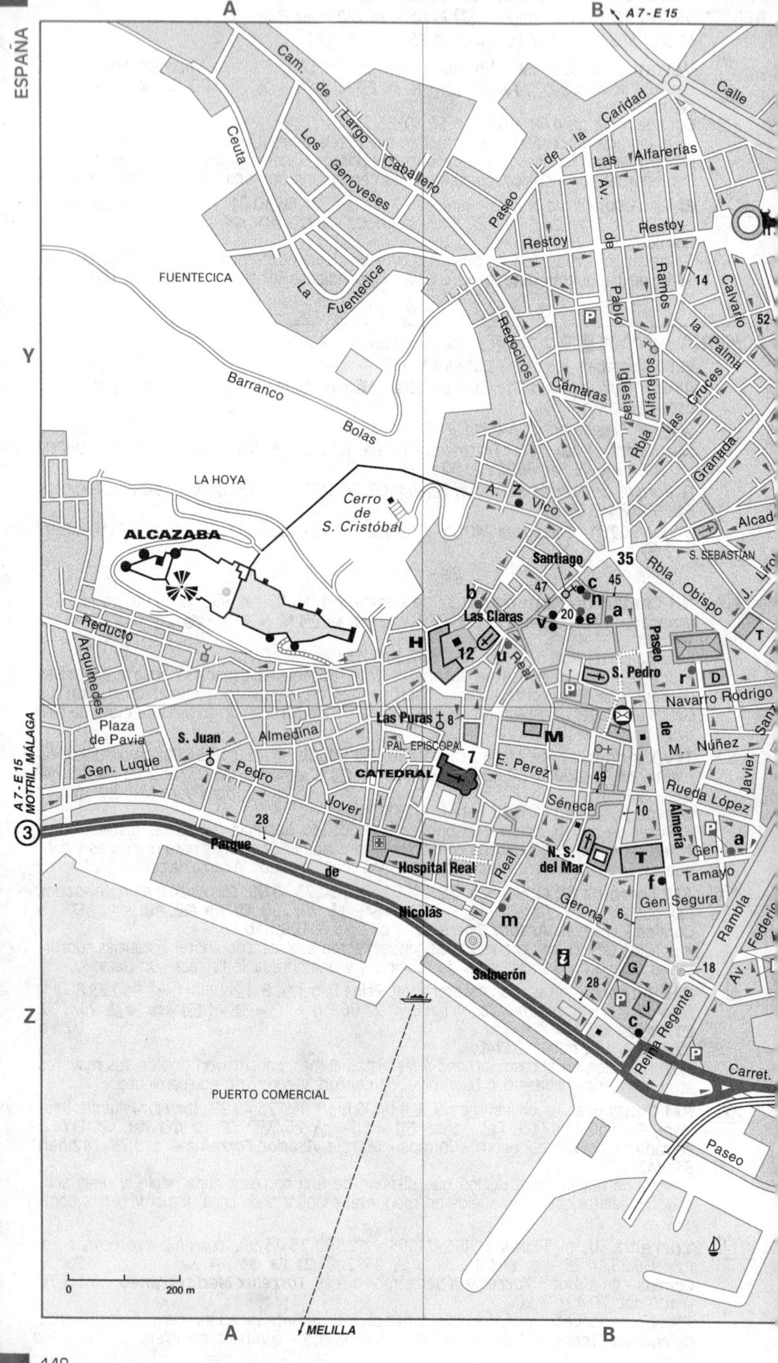
A
B
A 7 - E 15
Cam. de Largo Caballero
Los Genoveses
Ceuta
Paseo de la Caridad
Calle
Las Alfarerías
Av. de Pablo Iglesias
Restoy
Restoy
Ramos
14
Calvario
52
la Palma
FUENTECICA
La Fuentecica
P
Y
Regocijos
Alfareros
Las Cruces
Barranco Bolas
Cámaras
Rbla
Las
Granada
LA HOYA
Cerro de S. Cristóbal
A. Vico
z
ALCAZABA
Alcad
Santiago
35
S. SEBASTIAN
Rbla Obispo
J. Lirola
47
c
45
b
n
Las Claras
20
a
v
e
H
12
u
Real
Paseo
T
Reducto
Arquimedes
S. Pedro
r
D
P
Navarro Rodrigo
Las Puras
8
M
de
M. Núñez
Plaza de Pavia
S. Juan
Almedina
PAL. EPISCOPAL
7
Gen. Luque
Pedro
CATEDRAL
E. Perez
Javier
Sanz
49
Rueda López
A 7 - E 15
MOTRIL, MÁLAGA
3
Jover
Séneca
10
Almería
P
a
28
Parque
Gen.
N. S. del Mar
T
Tamayo
de
Hospital Real
Real
f
Gen Segura
Nicolás
Gerona
6
Rambla
m
Federico
Av.
18
Salmerón
G
28
P
J
Reina Regente
Z
c
P
Carret.
PUERTO COMERCIAL
Paseo
0
200 m
A
MELILLA
B

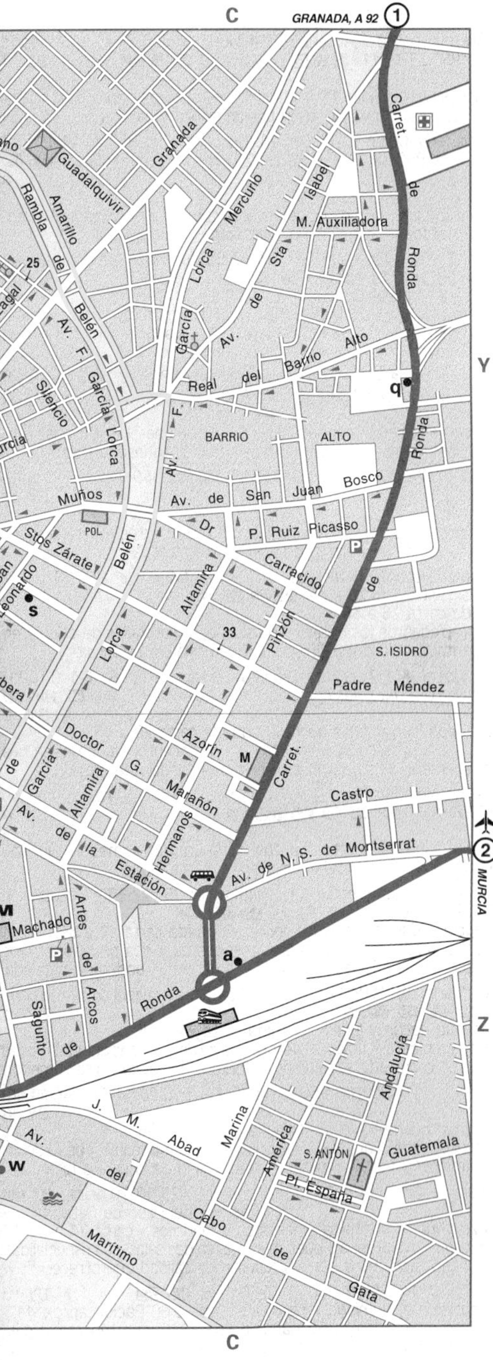

ALMERÍA

Alcade Muñoz . . . . BCY
Las Alfarerías . . . . BY
Alfarero (Rambla de) . . . . BY
Almedina. . . . . AZ
Almería (Pas. de) . . . . BYZ
Altamira . . . . CYZ
Amatisteros (Rambla de). . . . . . CY
América. . . . . CZ
Andalucía. . . . . CZ
Antonio Vico . . . . BY
Arapiles . . . . BZ 6
Arquímedes . . . . AY
Artes de Arcos . . . . CZ
Azorín . . . . CZ
Barranco Bolas . . . . AY
Belén (Rambla de) . . . . BCYZ
Cabo de Gata (Av. del) . . . . CZ
Calvario . . . . BY
Cámaras . . . . BY
Caridad (Pas. de la). . . . . BY
Castro . . . . CZ
Catedral (Pl. de la). . . . . BZ 7
Cervantes. . . . . BYZ 8
Ceuta. AY
Conde Ofalia . . . . BZ 10
Constitución (Pl. de la) . . . . BY 12
las Cruces . . . . BY
Doctor Carracido . . . . CY
Doctor Gregorio Marañón . . . . . CZ
Doctor Paco Pérez . . . . BY 14
Eduardo Pérez . . . . BZ 16
Emilio Pérez (Pl.) . . . . BZ 18
España (Pl.) . . . . CZ
Estación (Av. de la). . . . . CZ
Federico Garcia Lorca (Av.). . BCYZ
Flores (Pl.) . . . . BY 20
Fuentecica (La) . . . . AY
Gen. Luque . . . . AZ
Gen. Segura . . . . BZ
Gen. Tamayo. . . . . BZ
Los Genoveses . . . . AY
Gerona . . . . BZ
Granada . . . . BCY
Guadalquivir . . . . CY
Guatemala . . . . CZ
Hermanos Machado . . . . BZC
Hernanos Pinzón . . . . CYZ
Humilladero . . . . CY 25
Javier Sanz . . . . BCZ
José Morales Abad . . . . CZ
Juan Lirola . . . . BCY
Largo Caballero (Camino de) . ABY
Maria Auxiliadora . . . . CY
Marina . . . . CZ
Marítimo (Paseo) . . . . BCZ
Méndez Núñez . . . . BZ
Mercurio . . . . CY
Murcia . . . . CY
Navarro Rodrigo . . . . BY
Nicolás Salmerón (Parque) . . . ABZ 28
Nuestra Señora de Montserrat
(Av. de) . . . . CZ
Obispo Orbera (Rambla) . . . . . BCY
Pablo Iglesias (Av. de) . . . . BY
Pablo Ruiz Picasso . . . . CY
Padre Méndez . . . . CY
La Palma . . . . BY
Pedro Jover . . . . AZ
Poeta Paco Aquino . . . . CY 33
Purchena (Puerta de) . . . . BY 35
Ramos. BY
Real del Barrio Alto . . . . CY
Real. BYZ
Reducto. . . . . AY
Regocijos . . . . BY
Reina Regente . . . . BZ
Restoy. BY
Ronda (Carret. de) . . . . BCZ
Rueda López. . . . . BZ
Sagunto. . . . . CZ
San Juan Bosco (Av. de) . . . . . . CY
San Leonardo . . . . BCY
Santa Isabel (Av. de). . . . . CY
Santos Zárate . . . . CY
Séneca . . . . BZ
Silencio . . . . CY
Tenor Iribarne . . . . BY 45
Tiendas . . . . BY 47
Trajano. . . . . BZ 49
Vichez (Av. de) . . . . BY 52
Zagal . . . . CY

Costasol sin rest con cafetería, paseo de Almería 58, ✉ 04001, ✆ 950 23 40 11, *recepcion@hotelcostasol.com, Fax 950 23 40 11* – ‖ ▤ TV – 25/70. AE D VISA. BZ f
4,90 – **55 hab** 56,98/78,59.
◆ Situado en la arteria principal de la ciudad. Ofrece amplias instalaciones, con zonas comunes espaciosas, habitaciones confortables de buen equipamiento y cafetería.

Indálico sin rest con cafetería, Dolores R. Sopeña 4, ✉ 04004, ✆ 950 23 11 11, *hotelindalico@telefonica.net, Fax 950 23 10 28* – ‖ ▤ TV – 25/60. AE D MC VISA. CY s
5,50 – **100 hab** 63/84.
◆ Resulta cómodo por su céntrica ubicación, próxima al área comercial. Habitaciones soleadas y bien equipadas, ambientadas con mobiliario castellano.

Torreluz II, pl. Flores 6, ✉ 04001, ✆ 950 23 43 99, *torreluz@torreluz.com, Fax 950 28 14 28* – ‖ ▤ TV. AE D MC VISA. BY v
Comida 11,90 – 5,70 – **24 hab** 52,20/69,60 – PA 29,50.
◆ Edificio comunitario donde se ubican las habitaciones, la cafetería y el restaurante, mientras que la recepción está centralizada en el hotel Torreluz III. Agradable comedor donde se puede degustar la cocina tradicional almeriense.

Sol Almería sin rest con cafetería, carret. de Ronda 193, ✉ 04005, ✆ 950 27 18 11, *info@hotelsolalmeria.net, Fax 950 27 37 09* – ‖ ▤ TV. MC VISA CY q
25 hab 45/60.
◆ Pequeño hotel de organización familiar, con reducidas zonas comunes. Habitaciones funcionales, pero bien equipadas dentro de su categoría, y totalmente insonorizadas.

Nixar sin rest, Antonio Vico 24, ✉ 04003, ✆ 950 23 72 55, *Fax 950 23 72 55* – ‖ ▤ TV. MC VISA. BY z
2 – **37 hab** 26,50/43,45.
◆ Su ubicación en el centro urbano es uno de los principales atractivos de este hotel familiar. Habitaciones sencillas, de suficiente confort y correcto equipamiento.

XXX **Torreluz Mediterráneo** - *Hotel Torreluz III*, pl. Flores 1, ✉ 04001, ✆ 950 28 14 25, *torreluz@torreluz.com, Fax 950 28 14 28* – ▤. AE D MC VISA. BY e
cerrado domingo – **Comida** carta 26 a 36.
◆ Pertenece a la misma propiedad de los hoteles Torreluz, con materiales de calidad en su instalación y una ambientación elegante. Ofrece un buen servicio de mesa.

XXX **Asador Torreluz** - *Hotel AM Torreluz IV*, Fructuoso Pérez 8, ✉ 04001, ✆ 950 23 45 45, *torreluz4@amhoteles.com, Fax 950 23 47 09* – ▤. AE D MC VISA. BY a
cerrado 15 julio-7 agosto, domingo y lunes noche – **Comida** carta 28 a 38.
◆ Su cuidada decoración castellana descubre un rincón lleno de encanto. Pruebe las carnes a la brasa y los platos preparados en su horno de leña. Buen servicio de mesa.

XX **Club de Mar,** playa de las Almadrabillas, ✉ 04007, ✆ 950 23 50 48, *restclubmar@larural.es, Fax 950 28 15 97,* – ▤. AE D MC VISA. CZ w
Comida carta 25 a 37.
◆ Ubicado en la 1ª planta del club del puerto deportivo, con un gran comedor principal, terraza y mobiliario de calidad. Carta de cocina marinera e internacional.

XX **Casa Sevilla,** Rueda López (Galería Comercial), ✉ 04004, ✆ 950 27 29 12, *restaurante@casa-sevilla.com, Fax 950 23 04 51* – ▤. AE D MC VISA. BZ a
cerrado del 1 al 20 de agosto, domingo y lunes noche – **Comida** carta 32 a 39.
◆ Posee un bar de espera seguido de dos coquetos comedores y dos privados, todos coloristas y con detalles decorativos. Cocina tradicional de temporada y bodega climatizada.

X **La Encina Plaza Vieja,** Marín 16, ✉ 04003, ✆ 950 27 34 29, *plazavieja@mixmail.com, Fax 950 27 34 29* – ▤. AE D MC VISA. BY b
cerrado septiembre, domingo noche y lunes – **Comida** carta 21 a 35.
◆ Casa con revestimientos en piedra y madera, decorada acorde a su antigüedad. Posee un concurrido bar de tapas en la entrada, seguido de un íntimo aunque correcto comedor.

X **Valentín,** Tenor Iribarne 19, ✉ 04001, ✆ 950 26 44 75, *Fax 950 26 44 75* – ▤. AE MC VISA. BY n
cerrado septiembre, domingo noche y lunes – **Comida** carta 29 a 35.
◆ El comedor de este céntrico restaurante resulta sencillo, aunque agradable, por su decoración fresca, en tonos luminosos. Carta amplia, con predominio de la cocina local.

X **Veracruz,** av. del Cabo de Gata 119, ✉ 04007, ✆ 950 25 12 20 – ▤. AE MC VISA. por av. del Cabo de Gata CZ
cerrado febrero-15 marzo y lunes – **Comida** - pescados y mariscos - carta 24 a 29.
◆ Restaurante familiar de organización seria y buen montaje, en dos salas, con especialidad en pescado y mariscos. Precios atractivos por el producto de calidad que ofrece.

Casa Puga, Jovellanos 7, ✉ 04003, ✆ 950 23 15 30 – ▤. MC VISA BY u
cerrado 29 agosto-22 septiembre, domingo y festivos – **Tapa** 0,80 **Ración** aprox. 11.
◆ Taberna situada en el casco histórico, funcionando desde 1870, con repertorio gastronómico amplio y completa carta de vinos. Todo un clásico.

Casa Joaquín, Real 111, ✉ 04002, ✆ 950 26 43 59 – ▤. MC VISA. ✂ BZ m
cerrado septiembre, sábado noche y domingo – **Tapa** 1 **Ración** - pescados, mariscos e ibéricos - aprox. 12.
◆ Casi un siglo de historia avala el buen hacer de esta casa típica de gran aceptación. Emplazada fuera del centro de tapeo, ofrece un servicio de calidad.

El Quinto Toro, Juan Leal 6, ✉ 04001, ✆ 950 23 91 35 – ▤. ✂ BY r
cerrado sábado noche y domingo – **Tapa** 1 **Ración** aprox. 7.
◆ Todo un clásico en la ciudad que el visitante no debe dejar de conocer, en su paseo por la zona de tapeo. Goza de buena aceptación. Organización sencilla.

en la carretera de Aguadulce *por ③ : 5 km :*

La Gruta, ✉ 04002, ✆ 950 23 93 35, *lagruta@larural.es, Fax 950 27 56 27* – ▤ P. AE ⓓ MC VISA. ✂
cerrado 15 días en febrero, 15 días en octubre y domingo – **Comida** - carnes, sólo cena - carta aprox. 30.
◆ Junto a su ubicación en las grutas de una antigua cantera, hemos de destacar sus productos de excelente calidad y precios ajustados. Carta completa en carnes a la brasa.

Bello Rincón, ✉ 04002, ✆ 950 23 84 27, *bellorin@larural.es, Fax 950 24 61 18* – ▤ P. AE ⓓ MC VISA. ✂
cerrado julio, agosto y lunes – **Comida** - pescados y mariscos - carta 35 a 45.
◆ Uno de los mejores restaurantes de la costa. Sala acristalada y terraza exterior, donde degustar una variada carta basada en pescados y mariscos. Clientela selecta.

ALMERIMAR *Almería – ver El Ejido.*

ALMODÓVAR DEL RÍO *14720 Córdoba 578 S 14 – 6 960 h alt. 123.*

Ver : *Castillo★★.*
Madrid 418 – Córdoba 27 – Sevilla 115.

La Taberna, Antonio Machado 24 ✆ 957 71 36 84, *croquetalmo@hotmail.com* – ▤. MC VISA. ✂
cerrado agosto, lunes y domingo en julio – **Comida** carta aprox. 27.
◆ Céntrica casa de larga tradición familiar, con un bar a la entrada y varias salas de estilo clásico. Ofrece una carta de cocina regional y casera, a precios moderados.

ALMONTE *21730 Huelva 578 U 10 – 16 350 h alt. 75.*

Madrid 593 – Huelva 53 – Sevilla 63.

en la carretera de El Rocío *Sur : 5 km :*

El Pastorcito, ✉ 21730, ✆ 959 45 02 05, *Fax 959 45 02 69* – ▤ P. AE ⓓ MC VISA. ✂
cerrado 10 días en el Rocío y lunes – **Comida** - sólo almuerzo - carta aprox. 30.
◆ Negocio familiar situado al borde de la carretera. El bar da paso a una sala con chimenea decorativa donde sirven platos regionales. Cocina elaborada con productos de calidad.

ALMORADÍ *03160 Alacant 577 R 27 128 D 6 – 12 304 h alt. 9.*

Madrid 428 – Alacant/Alicante 52 – Cartagena 74 – Murcia 39.

El Cruce, Camino de Catral 156 - Norte : 1 km ✆ 96 570 03 56, *elcruce@wanadoo.es, Fax 96 678 22 68* – ▤ P. MC VISA. ✂
cerrado agosto, domingo noche y lunes – **Comida** carta aprox. 25.
◆ Establecimiento de organización familiar, serio y cuidado. Goza de un acceso independiente, dos comedores y una bodega que se acondiciona como reservado.

El Buey, La Reina 94 ✆ 96 678 15 93 – ▤. AE MC VISA. ✂
cerrado 16 agosto-9 septiembre, domingo noche, lunes, martes noche y miércoles noche – **Comida** carta aprox. 24.
◆ Posee un bar público de acceso y un comedor que destaca por su buen mobiliario y servicio de mesa. Carta verbal basada en cocina de mercado. Le honra su modestia.

La ALMUNIA DE DOÑA GODINA *50100 Zaragoza 574 H 25 – 5 775 h alt. 366.*

Madrid 270 – Tudela 87 – Zaragoza 52.

El Patio, av. del Generalísimo 6 ✆ 976 60 10 37, *elpatio@infonegocio.com, Fax 976 60 05 63* – ⇅ ▤ TV P. AE ⓓ MC VISA. ✂
Comida *(cerrado domingo noche)* 10 - ***El Patio de Goya*** *(sólo almuerzo salvo viernes y sábado)* **Comida** carta 30 a 36 – ☕ 4 – **41 hab** 40/60.
◆ Correcto hotelito de amable organización. Su zona social se reduce a una sala de TV, y las discretas habitaciones resultan funcionales aunque de suficiente confort. En el restaurante El Patio de Goya ofrecen una cocina que cuida la calidad de los productos.

ALMUÑA *33700 Asturias* 572 B 10.

Madrid 542 – A Coruña 200 – Gijón 85 – Lugo 141 – Oviedo 92.

Casa Manoli sin rest, carret. de Paredes y desvío a la izquierda 1 km 98 547 07 03, –
3 – **13 hab** 30.
• Acogedor hotel ubicado en un bello paraje, entre el mar y la montaña. Posee un salón social con galería acristalada y unas habitaciones de estilo clásico con baños actuales.

ALMUÑÉCAR *18690 Granada* 578 V 18 124 L 5 – *20461 h alt. 24 – Playa.*

Ver : *Castillo de San Miguel*★.

av. Europa-Palacete La Najarra 958 63 11 25 ofitur@almunecar.info Fax 958 63 50 07.

Madrid 516 – Almería 136 – Granada 85 – Málaga 85.

Almuñécar Playa , paseo de la China 958 63 94 50, *Fax 958 63 94 55*, , Servicios terapéuticos, , – – 25/250
215 hab – 12 suites.
• En 1ª línea de playa, ofrece unas habitaciones de elevado confort, con mobiliario escogido y baños cuidados al detalle. Suites con vistas al mar y jacuzzi en la terraza. Espacioso restaurante con servicio de carta y buffet.

Casablanca, pl. San Cristóbal 4 958 63 55 75, *casablancahotel@terra.com, Fax 958 63 55 89*, – , hab, . AE VISA.
Comida *(cerrado miércoles)* 8,56 – 3 – **35 hab** 45/65.
• Su propio nombre evoca el bello edificio de estilo árabe en el que se emplaza. Dotado de habitaciones acogedoras y bien equipadas, con mobiliario de calidad. Atractivo comedor donde podrá degustar sabrosas carnes y pescados a la brasa.

San Sebastián sin rest, Ingenio Real 18 958 63 04 66, *Fax 958 63 04 66* –
2 – **19 hab** 24/39.
• Pequeño negocio de modesta organización familiar, situado al norte de la localidad. Sus habitaciones están equipadas con mobiliario estándar y baños completos.

Mar de Plata, paseo San Cristóbal 958 63 30 79, – AE VISA.
cerrado mayo y martes – **Comida** carta 14 a 25.
• Tres hermanos al frente del negocio. Acogedora sala donde podrá degustar variadas especialidades, como sus pescados a la sal. Productos escogidos y precios contenidos.

La Última Ola, Puerta del Mar 4 958 63 00 18, *teophilos@hotmail.com*, – AE VISA.
cerrado enero-19 marzo y lunes – **Comida** carta 19 a 27.
• Posee dos comedores, comunicados por la cocina y con acceso independiente, que ofrecen un montaje de buen nivel en su categoría. Carta tradicional.

El Chaleco, av. Costa del Sol 37 958 63 24 02, *chaleco@ctv.es, Fax 958 88 06 56* – VISA
cerrado enero, domingo noche y lunes salvo verano – **Comida** - cocina francesa - carta aprox. 17.
• Pequeño restaurante llevado en familia, de alegre decoración y adecuado servicio de mesa. Cocina francesa clásica con cierto toque casero, plasmada en un menú y a la carta.

al Oeste : *2,5 km :*

Jacquy Cotobro, paseo de Cotobro 11 (playa de Cotobro), 18690, 958 63 18 02, *Fax 958 63 18 02*, – VISA
cerrado lunes en invierno – **Comida** carta 30 a 40.
• Ubicado en un local frente a la playa. Bar a la entrada que da acceso al comedor, de estilo funcional. Buen servicio de mesa y productos de escogida calidad.

ALMUSSAFES *46440 València* 577 O 28 – *6335 h alt. 30.*

Madrid 402 – Albacete 172 – Alacant/Alicante 146 – València 21.

Bartos, Lira Almussafense 13 96 178 22 22, *correo@hotelbartos.com, Fax 96 178 32 27*, , , – – 25/100. AE VISA. rest
Comida 12,50 – 6 – **79 hab** 96/120.
• Hotel de línea moderna con buenas zonas comunes, y confortables habitaciones equipadas con todo detalle. Posee una atractiva piscina cubierta que se descubre en verano. Comedor amplio y luminoso decorado en estilo clásico.

Reig, Llauradors 13 96 178 02 91, *reig@ctv.es, Fax 96 178 03 42* – . AE VISA.
Comida *(cerrado agosto y domingo)* 6 – 3,50 – **48 hab** 36/60.
• Este modesto establecimiento pone a su disposición unas dependencias funcionales, algo sobrias en decoración, pero cómodas y bien dispuestas.

ALP *17538 Girona 574 E 35 - 908 h alt. 1 158 - Deportes de invierno en Masella, Sureste : 7 km : 13.*
Madrid 644 - Lleida/Lérida 175 - Puigcerdá 8.

Aero Hotel Cerdanya, passeig Agnès Fabra 4 972 89 00 33, *hotelrestaurant@caleudald.com, Fax 972 89 08 62,* - . AE MC VISA.
***Ca l'Eudald* : Comida** carta aprox. 24 - **30 hab** 40/74,60.
◆ Hotel de sencilla organización familiar, ubicado en el centro de la localidad. De línea clásica, posee unas habitaciones de suficiente equipamiento con baños completos. Restaurante de correcto montaje.

Casa Patxi, Orient 23 972 89 01 82, *patxicasa.@msn.com, Fax 972 89 01 82,* - MC VISA JCB - *cerrado 15 días en julio, 15 días en noviembre, martes noche y miércoles salvo festivos, verano e invierno* - **Comida** carta 20 a 30.
◆ Antigua casa de piedra con decoración rústica y un cuidado jardín. Llevado por una joven pareja, su carta es un buen muestrario de la cultura gastronómica de la región.

El Mesón, Sant Pere 8 972 14 41 20, *Fax 972 89 17 07* - . MC VISA. - *cerrado 20 diciembre-10 enero, domingo noche y lunes salvo festivos* - **Comida** carta 28 a 39.
◆ Negocio de atención familiar con el propietario en los fogones. En su comedor de corte clásico degustará una cocina que combina elaboraciones locales y cosmopolitas.

en Soriguerola *Noroeste : 3 km :*

Fontanals Golf, Fontanals 2, 17538, 972 89 18 18, *hotelfontanals@ecohoteles.com, Fax 972 89 17 40,* , 18 - P - 25/120. AE MC VISA.
Comida 22 - **60 hab** 143/190.
◆ Hotel de alta montaña con profusión de madera y pizarra. Está bien situado junto a un campo de golf, con habitaciones de buen tamaño, excelentes armarios y baños completos. Su restaurante ofrece una cocina tradicional actualizada y especialidades vascas.

ALPEDRETE *28430 Madrid 576 K 17 575 K 17 121 F 6 - 3 482 h alt. 919*
Madrid 42 - Segovia 54.

Sierra Real, Primavera 20 91 857 15 00, *recepcion@hotelsierrareal.com, Fax 91 857 13 54,* , - P - 50/170. AE MC VISA.
Comida carta 22 a 43 - **48 hab** 95/120.
◆ Hotel de nueva planta desde cuya terraza-ático disfrutará de espléndidas vistas al valle y a la sierra de Guadarrama. Habitaciones elegantes, confortables y de línea moderna. Comedor de impecable montaje.

ALPICAT *25110 Lleida 574 G 31 - 3 736 h alt. 264.*
Madrid 459 - Lleida/Lérida 14 - Huesca 110 - Tarragona 105.

en el Camí Vell d'Alpicat *Sur : 2 km :*

Petit Català, La Vinya 2, 25110, 973 73 64 05, *restaurant@petitcatala.com, Fax 973 73 62 39* - P. AE MC VISA.
cerrado del 6 al 30 de enero, domingo noche y lunes - **Comida** carta 36 a 42.
◆ Restaurante llevado en familia en una casa tipo chalet, que cuenta con un comedor repartido en varias salas, dos privados, una bodega en el sótano y carpas para banquetes.

S'ALQUERIA BLANCA *Illes Balears - ver Balears (Mallorca).*

ALQUERÍES o ALQUERÍAS DEL NIÑO PERDIDO *12539 Castelló 577 M 29 - 3 594 h.*
Madrid 402 - València 59 - Castelló de la Plana/Castellón de la Plana 13 - Teruel 125.

en la carretera N 340 *Suroeste : 1 km :*

Torre La Mina, La Regenta 1, 12539, 964 57 01 80, *Fax 964 57 01 99,* , - P - 25/1000. AE MC VISA.
Comida *(cerrado domingo noche y lunes noche)* carta aprox. 35 - **8 hab** 120/150.
◆ Antigua casa solariega en piedra y ladrillo, con un esbelto torreón y agradables terrazas. Posee magníficas habitaciones, todas diferentes, espaciosas y muy detallistas. El restaurante, con gran actividad de banquetes, ocupa la actividad principal del negocio.

ALQUÉZAR *22145 Huesca 574 F 30 - 215 h alt. 660.*
Ver : *Paraje★★ - Colegiata★.*
Alred. : *Cañón de río Vero★.*
Madrid 434 - Huesca 48 - Lleida/Lérida 105.

Villa de Alquézar sin rest, Pedro Arnal Cavero 12 974 31 84 16, *Fax 974 31 84 16,* - P. MC VISA.
cerrado del 15 al 30 de enero - **31 hab** 42/51.
◆ Instalado en una casa señorial que fue residencia del rey Sancho Ramírez. Sus habitaciones son muy confortables, destacando las que brindan vistas a los cañones del río Vero.

Santa María sin rest, Arrabal 974 31 84 36, *info@hotel-santamaria.com, Fax 974 31 84 35*, ≤ - |‡| ▤ TV. VISA
21 hab 59,50/72.
◆ Ubicado en una localidad de gran tipismo. Ofrece habitaciones de estilo actual con profusión de madera y baños con ducha. Organizan deportes de aventura.

El ALQUIÁN *04130 Almería* 578 V 22 124 T 4.
Madrid 556 – Almería 11 – Granada 169 – Lorca 136.

Los Arcos, carret. de Níjar 157 950 29 76 03, *Fax 950 29 76 05* – |‡| ▤ TV. AE VISA.
Comida *(cerrado noviembre y lunes)* 15 – 5 – **32 hab** 33/46,73.
◆ Este hotel comenzó como un sencillo restaurante, y hoy se conoce por aquella actividad. Habitaciones funcionales de estilo rústico-moderno, con mobiliario de pino. Correcto comedor con una carta diversificada.

por la carretera de Viator *Noroeste : 2 km y desvío a la derecha 1,8 km :*

Bellavista, Llanos del Alquián, ✉ 04130, 950 29 71 56, *Fax 950 29 71 56* – ▤ P. AE VISA.
cerrado del 16 al 31 de octubre, domingo noche y lunes – **Comida** carta 26 a 36.
◆ Trabaja mucho con banquetes, aunque sin descuidar al cliente de paso. Su carta resulta nutrida y cuenta con gran variedad en pescados frescos. Productos en expositor.

ALSÁSUA *Navarra – ver Altsasu.*

ALTEA *03590 Alacant* 577 Q 29 123 H 3 – *12 829 h – Playa.*
Don Cayo, Norte : 4 km 96 584 80 46 Fax 96 584 65 19.
San Pedro 9 96 584 41 14 altea@touristinfo.net Fax 96 584 42 13.
Madrid 475 – Alacant/Alicante 57 – Benidorm 11 – Gandía 60.

Altaya, Sant Pere 28 (zona del puerto) 96 584 08 00, *altayaplaya@eresmas.com, Fax 96 584 06 59*, – |‡|, ▤ hab, TV P. VISA.
Comida *(cerrado lunes)* 15 – 7 – **24 hab** 64,96/86,28 – PA 34.
◆ En 1ª línea de playa. Antiguo hotel renovado en un estilo confortable y actual. Zonas sociales escasas, compensadas por salas decoradas con azulejos vistosos.

Oustau de Altea, Mayor 5 (casco antiguo) 96 584 20 78, *oustau@ctv.es, Fax 96 584 23 01*, – AE VISA JCB
cerrado febrero y lunes salvo julio-septiembre – **Comida** - sólo cena - carta 19 a 25.
◆ En la parte más atractiva del casco viejo. Acceso directo y una distribución en tres espacios, con mesas algo apretadas. Acogedor aire marinero y refrescante terraza.

Racó de Toni, La Mar 127 (zona del puerto) 96 584 17 63, *Fax 96 584 16 97* – ▤. AE VISA. – *cerrado noviembre* – **Comida** carta aprox. 34.
◆ Los sabores de toda la vida : cocina tradicional elaborada con destreza y maestría. Ambiente entrañable y típica decoración taurina. Dirección familiar y cuidado confort.

Mesón Altea, pl. Marqués Campo Fértil 4 (casco antiguo) 96 584 09 18, – ▤. VISA – *cerrado del 15 al 30 de noviembre y lunes* – **Comida** carta 23 a 28.
◆ Su instalación en una antigua casa de pueblo, le otorga una agradable rusticidad. Profesionalidad, carta correcta y un servicio de mesa a la altura.

El Negro de Altea, Santa Bárbara 4 (casco antiguo) 96 584 18 26, *icse@wanadoo.es*, ≤ *bahía*, – ▤. AE VISA
cerrado 2ª quincena de enero, 2ª quincena de noviembre y lunes salvo julio-agosto – **Comida** - sólo cena, pescados y carnes a la brasa - carta 26 a 34.
◆ Curioso, singular y de ambiente turístico. Establecimiento que llama la atención por sus vistas y distribución en cuevas. Carnes y pescados a la brasa conforman su carta.

por la carretera de València :

Meliá Altea Hills , urb. Altea Hills - Noreste : 6 km, ✉ 03599, 96 688 10 06, *melia.altea.hill@solmelia.com, Fax 96 688 10 24*, , Centro de salud y belleza, , , , , – |‡| ▤ TV P – 25/600. AE VISA JCB.
Altaya : **Comida** carta 32 a 42 – **50 hab** 216/239 – 50 suites.
◆ Enclave paradisíaco entre pinos y montañas, con el mar como telón de fondo. Interesante arquitectura en tonos alberos y excelentes instalaciones completamente equipadas. Su coqueto restaurante, con una estructura a modo de minarete, brinda serenas vistas.

La Galera del Mar sin rest, urb. Galera Mar 7 - Noreste : 5 km, ✉ 03590, 96 584 10 46, *Fax 96 584 10 46*, – ▤ P. VISA.
cerrado enero – **26 hab** 46/64.
◆ Antiguo establecimiento de apartamentos transformado en un pequeño hotel. Habitaciones actuales y un equipamiento básico que, no obstante, posee todo lo imprescindible.

XXX **Monte Molar,** Noreste : 2,5 km y desvío a la izquierda 1 km, ✉ 03590, ☎ 96 584 15 81, ≤ mar, 🏖 – P. AE ⓓ MC VISA
cerrado enero-marzo, lunes y martes – **Comida** - almuerzos previa reserva - carta 40 a 59.
◆ Entorno sereno y apacible en una villa que mantiene su estilo clásico de siempre, aunque tras una reforma ha ganado en amplitud y modernidad. Bellas vistas desde su terraza.

ALTEA LA VELLA *03599 Alacant* 577 Q 29 123 H 3.

Madrid 462 – Alacant/Alicante 48 – Benidorm 16 – Gandia 63.

X **Ca Toni,** Rector Llinares 3 ☎ 96 584 84 37, *catoni@wanadoo.es, Fax 96 584 84 37,* 🏖 – AE ⓓ MC VISA. ✂
cerrado miércoles – **Comida** carta aprox. 37.
◆ Una dirección joven que ha dado sus frutos. Simpático local estilo jardín de invierno, con bar a la entrada y un comedor con mobiliario de mimbre. Entorno clásico-actual.

ALTO CAMPÓO *Cantabria – ver Reinosa.*

ALTO DE MEAGAS *Gipuzkoa – ver Zarautz.*

ALTRON *25567 Lleida* 574 E 33.

Alred. : *Valle de Llessui★★ Oeste : 7,5 km.*

Madrid 587 – Lleida/Lérida 130 – Andorra la Vella 80 – La Seu d'Urgell/Seo de Urgel 61.

Vall d'Assua 🐦, carret. de Llessui ☎ 973 62 17 38, *hostalvalldassna@hostalvalldassuna.com,* ≤ – ▤ *rest,* P. ✂
cerrado noviembre – **Comida** carta 15 a 24 – ☕ 5 – **11 hab** 20/36.
◆ Hotelito llevado en familia, que resulta un recurso válido en su categoría. Habitaciones dotadas de un mobiliario elemental, provistas de suelo en parquet en el 2º piso. Su restaurante está especializado en carnes a la brasa.

ALTSASU o ALSASUA *31800 Navarra* 573 D 23 – *6 793 h alt. 532.*

Alred. : *Sur : carretera★★ del Puerto de Urbasa – Este : carretera★★ del Puerto de Lizárraga (mirador★).*

Excurs. : *Santuario de San Miguel de Aralar★ (iglesia : frontal de altar★★) Noreste : 19 km.*

Madrid 402 – Pamplona 50 – Donostia-San Sebastián 71 – Vitoria-Gasteiz 46.

ALTURA *12410 Castelló* 577 M 28 – *2 985 h alt. 400.*

Madrid 402 – Castelló de la Plana/Castellón de la Plana 60 – Sagunt/Sagunto 35 – Teruel 85 – València 58.

Victoria, av. Valencia 64 ☎ 964 14 61 53, *hotelvictoria@villadealtura.com, Fax 964 14 60 08* – |♦|, ▤ rest, TV. MC VISA. ✂
cerrado del 10 al 20 de marzo y del 1 al 10 de octubre – **Comida** *(cerrado domingo noche y lunes)* 9 – **20 hab** ☕ 28/52 – PA 18.
◆ Situado frente al Parque Municipal, este pequeño hotel resulta muy acogedor. Decorado en tonos cálidos, dispone de habitaciones bien equipadas y reformadas recientemente.

ALZIRA *46600 València* 577 O 28 – *40 055 h alt. 24.*

Madrid 387 – Albacete 153 – Alacant/Alicante 127 – València 40.

Reconquista, Sueca 14 ☎ 96 240 30 61, *reservas@hotelreconquista.com, Fax 96 240 25 36* – ▤ TV 🚗 – 🏛 25/200. AE ⓓ MC VISA JCB. ✂ rest
Comida *(cerrado del 23 al 31 de diciembre)* - sólo cena - 13 – **78 hab** ☕ 74/106.
◆ Hotel de correcta organización que dispone de buenas zonas comunes. Las habitaciones funcionales, amplias y con baños actualizados resultan confortables. Restaurante de montaje sencillo que ofrece un menú basado en recetas típicas de la región.

AMANDI *33311 Asturias* 572 B 13.

Ver : *Iglesia de San Juan (ábside★, decoración★ de la cabecera).*

Madrid 495 – Gijón 31 – Oviedo 45.

La Casona de Amandi 🐦 sin rest, ☎ 98 589 01 30, *hotel@lacasonadeamandi.com, Fax 98 589 01 29,* 🌳 – TV P. MC VISA. ✂
cerrado enero – **9 hab** ☕ 90/112.
◆ En una casa solariega del s. XIX rodeada de un extenso jardín. Sus cuidadas dependencias están amuebladas con antigüedades, apreciándose un auténtico gusto por los detalles.

AMASA *Gipuzkoa – ver Villabona.*

AMBASMESTAS *24524 León* 575 *D 9.*
Madrid 428 – Santiago de Compostela 193 – Pontevedra 250.

Ambasmestas, *&* 987 56 13 51, *ambasmestas@terra.es, Fax 987 23 37 68* – TV P. VISA.
cerrado enero – **Comida** *(cerrado martes en invierno)* 9 – 4 – **23 hab** 53.
◆ Atractivo hotel rural con la fachada en piedra. Posee un confortable salón social con chimenea y cálidas habitaciones con baños actuales, las del piso superior abuhardilladas. Comedor de aspecto rústico donde ofrecen una carta regional y el menú del día.

AMENEIRO *15866 A Coruña* 571 *D 4.*
Madrid 611 – A Coruña 71 – Pontevedra 50 – Santiago de Compostela 7.

Cierto Blanco, carret. N 550, ✉ 15886, *&* 981 54 83 83, *Fax 981 54 83 38* – P. AE VISA. – *cerrado Navidades, del 1 al 7 de septiembre, domingo en julio-agosto y lunes* – **Comida** carta 30 a 60.
◆ Negocio de atención familiar con los comedores unidos parcialmente al bar de la entrada. Basa su éxito en la calidad del producto con que elaboran sus platos.

L'AMETLLA DE MAR *43860 Tarragona* 574 *J 32 – 4 183 h alt. 20 – Playa.*
St. Joan 55 *&* *977 45 64 77 turisme@ametllamar.com Fax 977 45 67 38.*
Madrid 509 – Castelló de la Plana/Castellón de la Plana 132 – Tarragona 50 – Tortosa 33.

L'Alguer sin rest, Mar 20 *&* 977 49 33 72, *Fax 977 49 33 75* – TV. AE VISA.
4 – **37 hab** 49/62.
◆ Hotel de amable organización profesional e impecable mantenimiento, dotado de unas habitaciones confortables, bien insonorizadas y de completo equipamiento.

Bon Repòs, pl. Catalunya 49 *&* 977 45 60 25, *hbonrepos@teleline.es, Fax 977 45 65 82,* , , – TV P. VISA. rest – *cerrado 15 diciembre-15 febrero* – **Comida** *(sólo julio-agosto)* 13 – 6,10 – **38 hab** 47,75/75,40.
◆ Rodeado por un amplio y atractivo jardín arbolado, cuenta con unas dependencias que han sido renovadas recientemente para reforzar su categoría. Comedor de esmerado montaje situado en un edificio anexo.

Del Port sin rest, Major 11 *&* 977 45 70 43, *info@hoteldelport.com, Fax 977 49 32 35* – TV. AE VISA.
4 – **16 hab** 34/67.
◆ La reducida zona social se ve compensada por su privilegiada ubicación en el puerto pesquero, y por unas habitaciones de línea actual, bien equipadas.

L'Alguer, Trafalgar 21 *&* 977 45 61 24, *restaurantalguer@restaurantalguer.com, Fax 977 45 66 21,* ≤, – . AE VISA.
cerrado 15 diciembre-15 enero y lunes – **Comida** - pescados y mariscos - carta aprox. 40.
◆ Establecimiento que trabaja con pescados y mariscos, dotado de un salón acristalado, luminoso y con vistas al mar, pero de mobiliario algo anticuado.

L'AMETLLA DEL VALLÈS *08480 Barcelona* 574 *G 36* 122 *D 6 – 3 459 h alt. 312.*
Madrid 648 – Barcelona 38 – Girona/Gerona 83.

Buganvilia, carret. Sant Feliu de Codinas 75 *&* 93 843 18 00, *info@restaurantbunganvilia.com, Fax 93 843 18 02,* – P. AE VISA
cerrado 15 días en noviembre, domingo noche y lunes – **Comida** carta 23 a 32.
◆ Negocio familiar situado en una zona residencial. Posee diversas salas de aspecto actual y una bodega a la vista cuyos caldos complementan su interesante cocina.

La Masía, passeig Torregassa 77 *&* 93 843 00 02, *informacio@lamasiadelametlla.com, Fax 93 843 17 17* – P. AE VISA.
cerrado del 1 al 17 de agosto, domingo noche y martes – **Comida** carta 30 a 34.
◆ Masía construida a principios del s. XX. El restaurante ha pasado de padres a hijos y dispone de un comedor muy luminoso, con un sencillo montaje en estilo clásico-antiguo.

AMEYUGO *09219 Burgos* 575 *E 20 – 57 h.*
Madrid 311 – Burgos 67 – Logroño 60 – Vitoria-Gasteiz 44.

en el monumento al Pastor *Noroeste : 1 km :*

Monumento al Pastor, carret. N I, ✉ 09219, *&* 947 34 43 75, *info@monumentoalpastor.com, Fax 947 35 42 90* – P. AE VISA.
Comida carta 26 a 34.
◆ En un paraje natural y con gran actividad durante los fines de semana. Bar público a la entrada, luminoso comedor con horno de asados, y un amplio salón para banquetes.

AMOREBIETA-ETXANO *48340 Bizkaia* 573 C 21 – *16 302 h alt. 70.*

Madrid 415 – Bilbao 21 – Donostia-San Sebastián 79 – Vitoria-Gasteiz 51.

Konbenio sin rest, Konbenio 7 ☎ 94 630 01 87, *hotelkonbenio@konbenio.e.telefonica.net, Fax 94 630 09 02* – TV P. VISA
☕ 5,10 – **9 hab** 41/55.
◆ Edificio de interesante pasado histórico. Ofrece unas habitaciones cálidas que combinan el mobiliario antiguo y el moderno, con techos en madera y baños de plato ducha.

en Boroa *Noroeste : 3,6 km :*

Boroa, ✉ 48340 Amorebieta-Etxano, ☎ 94 673 47 47, *boroa@boroa.com, Fax 94 630 93 97* – P. AE VISA.
cerrado 15 días en enero y 15 días en agosto – **Comida** - sólo almuerzo salvo viernes y sábado - carta 37 a 44.
◆ Caserío rehabilitado en un bello entorno. Posee una taberna típica y varios comedores rústicos con coloristas cuadros contemporáneos. Cocina tradicional y platos innovadores.

AMPUDIA *34191 Palencia* 575 G 15 – *750 h alt. 790.*

Madrid 243 – León 115 – Palencia 25 – Valladolid 35 – Zamora 114.

Posada de la Casa del Abad de Ampudia , pl. Francisco Martín Gromaz 12 ☎ 979 76 80 08, *hotel@casadelabad.com, Fax 979 76 83 00*, , , – TV – 25/40. AE VISA. rest
Comida 50 y carta 40 a 52 – ☕ 12 – **16 hab** 100/124.
Espec. Ensalada de bogavante con jamón ibérico, naranja, tomate confitado y sus vinagretas. Papada de cerdo ahumada sobre chorizo y guisantes en su salsa. Crema quemada de café con helado de Pedro Ximénez.
◆ Excelente reconstrucción de una posada del s. XVII usando materiales originales. Exquisita decoración rústica, combinada con el equipamiento y la tecnología más actuales. Bonito restaurante de cuidado montaje, con la piedra y la madera como protagonistas.

AMPUERO *39840 Cantabria* 572 B 19 – *3 324 h alt. 11.*

Ver : *Santuario de Nuestra Señora La Bien Aparecida* ★ *Suroeste : 4 km.*

Madrid 370 – Santander 50 – Vitoria/Gasteiz 124 – Bilbao 65.

AMURRIO *01470 Araba* 573 C 21 – *9 695 h alt. 219.*

Madrid 372 – Bilbao 37 – Burgos 138 – Vitoria-Gasteiz 45.

al Oeste : *2 km :*

El Refor, Maskuribai 21, ✉ 01470, ☎ 94 539 33 14, *elrefor@telefonica.net, Fax 94 539 33 14* – . VISA.
cerrado 30 octubre-15 noviembre – **Comida** - sólo almuerzo salvo viernes y sábado - carta 27 a 35.
◆ En un antiguo edificio de piedra donde es fácil aparcar. Posee un bar público con terraza y dos comedores neorrústicos, que se ven realzados por un esmerado servicio de mesa.

AMUSCO *34420 Palencia* 575 F 16 – *552 h alt. 770.*

Madrid 260 – Burgos 81 – Palencia 21 – Santander 180.

La Sinagoga con hab, pl. Obispo Germán Vega 3 ☎ 979 80 22 20, *lasinagoga@lycos.es, Fax 979 80 20 09* – TV. AE VISA.
Comida carta aprox. 28 – ☕ 2,40 – **12 hab** 26/45.
◆ Restaurante ubicado en el sótano del edificio, en una sinagoga del s. XV con una gran nave central bajo bóveda de crucería. También ofrecen habitaciones de confort actual.

ANDRATX *Illes Balears – ver Balears (Mallorca).*

ANDRÍN *33596 Asturias* 572 B 15 – *241 h.*

Madrid 441 – Gijón 99 – Oviedo 110 – Santander 94.

La Boriza sin rest, ☎ 98 541 70 49, *Fax 98 541 70 49* ≤ – TV P. VISA.
cerrado enero y febrero – **11 hab** ☕ 51,44/64,30.
◆ Hotelito familiar en un edificio moderno que rememora la arquitectura rural. Coqueto salón social con chimenea, y habitaciones con mobiliario escogido y baños actuales.

ANDÚJAR *23740 Jaén* 578 *R 17 – 35 803 h alt. 212.*

Ver : *Localidad★ – Iglesia de Santa María (reja★) – Cristo en el huerto de los Olivos★★ – iglesia de San Bartolomé (portadas góticas★).*

Excurs. : *Parque Natural de la Sierra de Andújar★ : carretera en cornisa ≤★★ Norte : 32 km.*

Madrid 321 – Córdoba 77 – Jaén 66 – Linares 41.

Del Val, Hermanos del Val 1 ℘ 953 50 09 50, *hdelval@ofijaen.com, Fax 953 50 66 06,* – 25/200. AE VISA.
Comida 10 – 5,50 – **79 hab** 45/75.
• Ubicado en una zona comercial a la entrada de la ciudad. El clasicismo de la zona noble encuentra su réplica en unas habitaciones de agradable confort, con baños en mármol. En su luminoso comedor sirven una carta de base tradicional.

Los Naranjos, Guadalupe 4 ℘ 953 51 03 90 – AE VISA.
cerrado del 15 al 31 de julio, domingo en verano y martes resto del año – **Comida** carta 22 a 30.
• Decoración clásico-moderna, mantenimiento pulcro, cuidado servicio de mesa y precios ajustados. La cafetería y el restaurante tienen entradas independientes.

Los ÁNGELES *A Coruña – ver Os Ánxeles.*

ANGLÈS *17160 Girona* 574 *G 37* 122 *F 5 – 5 142 h alt. 181.*

Madrid 676 – Barcelona 96 – Girona/Gerona 18 – Vic 51.

L'Aliança d'Anglès, Jacint Verdaguer 3 ℘ 972 42 01 56, *l-alianca@restaurantalianca.com, Fax 972 42 33 22,* – AE VISA JCB *– cerrado 7 días en Navidades, 24 julio-15 agosto, domingo noche y lunes –* **Comida** carta 27 a 38.
• Instalado en un edificio de principios del s. XX, que en su día fue club social de payeses. Comedor de estilo antiguo con techos altos, donde degustará una cocina creativa.

ANSERALL *25798 Lleida* 574 *E 34.*

Madrid 602 – Lleida/Lérida 142 – Andorra la Vella 18 – Barcelona 171.

al Norte : *2,5 km :*

Masia d'en Valentí, carret. N 145, ✉ 25798, ℘ 973 35 31 40, *masiavalenti@terra.es, Fax 973 35 31 40,* – VISA
cerrado del 4 al 11 de julio, del 15 al 30 de noviembre y miércoles – **Comida** carta 16 a 25.
• Antigua casa rural restaurada, con fachada parcialmente acristalada. Dispuesto en dos salas, una para comidas concertadas y otra algo superior orientada a los grupos.

ANTEQUERA *29200 Málaga* 578 *U 16* 124 *G 3 – 38 827 h alt. 512.*

Ver : *Localidad★ – Alcazaba ≤★ - Museo Municipal (Efebo de Antequera★) – Colegiata de Santa María★.*

Alred. : *Noreste : Los dólmenes★ (cuevas de Menga, Viera y del Romeral) – El Torcal★★ Sur : 16 km – Carretera★ de Antequera a Málaga ≤★★.*

Excurs. : *Desfiladero de Los Gaitanes★★ - Álora (pueblo★) Suroeste : 37 km.*

pl. de San Sebastián 7 ℘ 95 270 25 05 oficina.turismo@antequera.es Fax 95 270 25 05.

Madrid 521 – Córdoba 125 – Granada 99 – Jaén 185 – Málaga 48 – Sevilla 164.

Parador de Antequera , paseo García del Olmo ℘ 95 284 02 61, *antequera@parador.es, Fax 95 284 13 12,* ≤, – 25/200. AE VISA JCB.
Comida 25 – 10 – **55 hab** 76/95.
• Edificio con profusión de maderas claras, amplia zona noble y un bello entorno ajardinado. Sus habitaciones están bien equipadas, aunque empiezan a acusar el paso de los años. Luminoso comedor con el techo a dos aguas que le da cierto aire montañés.

Antequera Golf, urb. Santa Catalina - Noroeste : 1'5 km ℘ 95 270 45 31, *comercial@hotelantequera.com, Fax 95 284 52 32,* Servicios terapéuticos, – 25/900. AE VISA.
Comida 15 - ***El Encinar*** : **Comida** carta 33 a 40 – 6,50 – **169 hab** 64/80 – 11 suites.
• Ubicado en un área residencial. Sus confortables habitaciones ofrecen las últimas tecnologías y están abuhardilladas en el 3er piso. Atractivo hall con detalles de diseño. Su restaurante El Encinar le propone una interesante oferta culinaria.

Las Villas de Antikaria, carret. de Córdoba 3 ℘ 95 284 48 99, *info@hotellasvillas.com, Fax 95 284 56 21* – 25/1000. AE VISA.
Comida 11,60 – 3,85 – **31 hab** 61,30/80,50 – 2 suites – PA 25,11.
• De línea actual, evocando con su nombre el pasado romano de la ciudad. Posee habitaciones amplias y de completo equipamiento, aunque la zona social resulta algo escasa. Comedores de correcto montaje donde es frecuente la celebración de banquetes.

Noelia, Alameda de Andalucía 12 ✆ 95 284 54 07 – ▤. AE VISA. ⚘
cerrado septiembre y miércoles – **Comida** carta 20 a 29.
• Salón íntimo y bien montado con acceso por un bar público y terraza en la calle. Cuida mucho sus elaboraciones, basadas en la prolífica gastronomía de la región.

La Espuela, San Agustín 1 ✆ 95 270 30 31, *laespuelajesus@mns.com, Fax 95 270 34 24* – ▤. ⓓ ⓜ VISA. ⚘
Comida carta aprox. 30.
• Agradable restaurante con dos salas de montaje clásico, decoradas en maderas oscuras y tonos burdeos. Ofrecen una carta de tendencia regional e interesantes sugerencias.

en la antigua carretera de Málaga *Este : 2,5 km :*

Lozano, av. Principal 2, ✉ 29200, ✆ 95 284 27 12, *hotellozano@hotellozano.com, Fax 95 284 20 12,* – ▤ TV P – 25/600. AE ⓓ ⓜ VISA. ⚘
Comida 11,20 – ☕ 4,15 – **52 hab** 54,10/68,30.
• Situado a la entrada de la localidad. Negocio totalmente renovado que compensa su reducida zona social con unas habitaciones de línea moderna y buen equipamiento. Comedor funcional, muy enfocado al menú del día.

por la carretera N 331 *Norte : 18 km :*

Caserío de San Benito, cruce carret. de Alameda, ✉ 29200, ✆ 95 203 40 00, *Fax 95 203 40 00,* – P. AE ⓜ VISA. ⚘
cerrado del 1 al 20 de julio y lunes – **Comida** - carnes, sólo almuerzo en invierno salvo viernes, sábado y domingo - carta 22 a 30.
• Edificio construido en el campo a modo de caserío antiguo, con numerosos motivos rústicos y una ermita anexa que sirve como museo etnográfico. Cocina casera y platos copiosos.

ANTIGUA *Las Palmas – ver Canarias (Fuerteventura).*

Os ÁNXELES o Los ÁNGELES *15280 A Coruña* 571 D 3.
Madrid 626 – Noya 24 – Pontevedra 50 – Santiago de Compostela 13.

Balneario de Compostela, carret. C-543 ✆ 981 55 90 00, *info@hotelbalneariode compostela.com, Fax 981 88 48 17,* Servicios terapéuticos, – ▤ TV – 25/250. AE ⓜ VISA. ⚘
Comida 12 – ☕ 7 – **55 hab** 64/80 – 4 apartamentos.
• Moderno edificio al borde de la carretera, dotado de instalaciones funcionales y los servicios propios de un balneario. Habitaciones de correcto confort con mobiliario actual. En su restaurante ofrecen una reducida carta de cocina tradicional.

Casa Rosalía, Soigrexa 19 ✆ 981 88 75 80, *romanulloa@interbook.net, Fax 981 88 75 57,* – TV – 25/60. ⓜ VISA. ⚘
cerrado 20 diciembre-20 enero – **Comida** *(cerrado domingo noche y lunes)* 13,50 – ☕ 4 – **31 hab** 43/58.
• Antigua casa de labranza que con su nombre rinde homenaje a la poetisa gallega. La piedra y la madera toman protagonismo en la construcción aderezando su cálido confort. Comedor de sencillo montaje rodeando un bello patio interior acristalado.

AOIZ *31430 Navarra* 573 D 25 – *1 881 h alt. 504.*
B *Francisco Indurain 12 - 1º ✆ 948 33 65 98 Fax 948 33 63 00.*
Madrid 413 – Pamplona 28 – St-Jean-Pied-de-Port 58.

Beti Jai con hab, Santa Águeda 2 ✆ 948 33 60 52, *Fax 948 33 60 52* – ▤ rest, TV. ⓓ ⓜ VISA. ⚘
Comida *(cerrado domingo noche)* carta aprox. 29 – ☕ 4,50 – **14 hab** 30/40.
• El restaurante centra la actividad de este negocio, que también posee habitaciones. Bar público en la planta baja, y tres comedores en el 1er piso de distinto montaje.

APRIKANO *01439 Araba* 573 D 21.
Madrid 342 – Bilbao 68 – Burgos 109 – Vitoria-Gasteiz 28.

Caserío Maribel ✆ 945 36 28 18, *agrotu.maribel@teleline.es, Fax 945 36 28 18,* – TV P. VISA. ⚘
cerrado del 1 al 15 de septiembre – **Comida** - sólo clientes - 21 – ☕ 5 – **5 hab** 60.
• Acogedor caserío con jardín ubicado al pie de una montaña. Ofrece unas habitaciones de aire rústico con mobiliario antiguo, suelo y techo en madera, y baños correctos.

ARACENA 21200 Huelva 578 S 10 – 6 739 h alt. 682.

Ver : *Localidad★ – Gruta de las Maravillas★★★.*

Excurs. : *Sur : Parque Natural, Sierra de Aracena y Picos de Aroche★★.*

Madrid 514 – Beja 132 – Cáceres 243 – Huelva 108 – Sevilla 93.

Finca Valbono, carret. de Carboneras - Noreste : 1,5 km ☎ 959 12 77 11, *reservas@fincavalbono.com, Fax 959 12 76 79,* – ▤ TV ♿ P. AE ◑ MC VISA. ✂ rest **Comida** - es necesario reservar - carta aprox. 24 – **6 hab** ☕ 63,50/83,15 – 20 apartamentos.
◆ Pequeño complejo en medio de una extensa finca, gestionando al mismo tiempo sus habitaciones y diversas casitas individuales, estas últimas con chimenea. En su restaurante sirven platos sencillos pero bien elaborados, siguiendo el recetario tradicional.

Sierra de Aracena sin rest, Gran Vía 21 ☎ 959 12 60 19, *hsierraaracena@terra.es, Fax 959 12 62 18* – |‡| TV ♿ – 🏟 25/75. AE ◑ MC VISA. ✂
☕ 4,75 – **43 hab** 38/52.
◆ Se encuentra en el centro de la localidad, cercano a la famosa Gruta de las Maravillas. Correctas habitaciones con mobiliario clásico y un amplio salón social con chimenea.

José Vicente, av. Andalucía 53 ☎ 959 12 84 55, *Fax 959 12 84 55* – ▤. AE ◑ MC VISA. ✂ – *cerrado del 15 al 30 de junio* – **Comida** - sólo almuerzo salvo viernes, sábado y verano - carta 20 a 30.
◆ Pequeño restaurante donde ofrecen una modesta carta de cocina casera, siendo las setas las grandes protagonistas. Cuentan con una tienda de productos típicos de la zona.

Casas, Colmenitas 41 ☎ 959 12 80 44, *Fax 959 12 82 12* – ▤. AE VISA. ✂
Comida - sólo almuerzo - carta 22 a 33.
◆ La entrañable decoración, basada en objetos típicos andaluces, recrea un ambiente ideal para disfrutar de su carta, especializada en platos tradicionales.

ARANDA DE DUERO 09400 Burgos 575 G 18 – 29 446 h alt. 798.

Alred. : *Peñaranda de Duero (plaza Mayor★) – Palacio de Avellaneda★ : artesonados★ Este : 18 km.*

ℹ *Plaza Mayor ☎ 947 51 04 76 Fax 947 51 04 76.*

Madrid 156 – Burgos 83 – Segovia 115 – Soria 114 – Valladolid 93.

Aranda, San Francisco 51 ☎ 947 50 16 00, *hotelaranda@hotelaranda.com, Fax 947 50 16 04* – |‡|, ▤ rest, TV – 🏟 25/50. AE MC VISA
Comida *(cerrado domingo noche)* 12 – ☕ 5 – **48 hab** 38/59.
◆ Posee diversos tipos de habitaciones, destacando las más nuevas por la calidad del mobiliario y su mayor amplitud. Elegante hall-bar dotado de un precioso techo artesonado. Comedor de montaje clásico-castellano, con profusión de madera y hermosas vidrieras.

Julia, pl. de la Virgencilla ☎ 947 50 12 00, *hoteljulia@lycos.es, Fax 947 50 04 49* – |‡|, ⚡ hab, ▤ rest, TV – 🏟 25/60. MC VISA. ✂
Comida *(cerrado domingo)* 12 – ☕ 3,30 – **60 hab** 29,90/49.
◆ Conjunto clásico cuya zona noble se viste con bellas esculturas y piezas de anticuario. Las habitaciones resultan algo reducidas, aunque están personalizadas en su decoración.

Alisi sin rest, av. Castilla 25 ☎ 947 04 80 58, *recepcion@hotel-alisi.com, Fax 947 04 80 78* – |‡| ▤ TV ☎ 🚗 – 🏟 25/35. AE MC VISA. ✂
☕ 7 – **37 hab** 45/85.
◆ Se encuentra a la entrada de la ciudad. Su pequeña zona social se compensa mediante unas habitaciones funcionales de buen confort general, con los suelos en tarima flotante.

Mesón de la Villa, La Sal, 3 ☎ 947 50 10 25, *Fax 947 50 83 19* – ▤. AE ◑ MC VISA. ✂
cerrado del 16 al 31 de octubre y lunes – **Comida** carta 30 a 40.
◆ Acreditado negocio que continúa la línea tradicional marcada desde sus fogones. Comedor de estilo castellano con sencillo servicio de mesa y amplia bodega subterránea.

El Ciprés, pl. Jardines de Don Diego 1 ☎ 947 50 74 14, *mesonelcipres@elcipres.com, Fax 947 50 16 04* – ▤. AE MC VISA
cerrado domingo noche – **Comida** - cordero asado - carta 22 a 31.
◆ Posee un bar público y un comedor bien montado en dos niveles. Su evocadora decoración castellana está definida por maderas nobles, vidrieras y un horno de leña a la vista.

Mesón El Roble, pl. Jardines de Don Diego 7 ☎ 947 50 29 02, *mesonelroble@lycos.es* – ▤. MC VISA. ✂
cerrado lunes noche – **Comida** - espec. en cordero asado - carta aprox. 29.
◆ Casa cuna de la cadena de los Asadores de Aranda. Goza de un mesón-bar muy rústico a la entrada y un buen salón principal dominado por sus viejas vigas de madera.

Chef Fermín, av. Castilla 69 ☎ 947 50 23 58, *Fax 947 50 41 27* – ▤. MC VISA. ✂
cerrado 3 noviembre-4 diciembre, lunes noche y martes salvo festivos o vísperas – **Comida** carta 25 a 30.
◆ Negocio de modestas instalaciones donde ofrecen una cocina internacional de tendencia francesa. Bien llevado por un matrimonio, con el dueño en cocina y su esposa en la sala.

Casa Florencio, Isilla 14 ✆ 947 50 02 30, *Fax 947 50 02 04* – ▤. MC VISA. ✈
Comida - sólo almuerzo, cordero asado - carta aprox. 23.
◆ Clásico asador con una tienda de embutidos en la entrada, horno de leña a la vista y dos comedores rústicos, destacando por su confort y decoración el del piso superior.

Casa José María, Carrequemada 3 ✆ 947 50 80 43 – ▤. AE MC VISA. ✈
Comida - espec. en cordero asado - carta aprox. 29.
◆ Céntrico establecimiento de organización familiar. Cuenta con unos sobrios comedores de estilo neorrústico, con las paredes en ladrillo visto y las mesas algo apretadas.

El Lagar de Isilla, Isilla 18 ✆ 947 51 06 83, *lagarisilla@terra.es, Fax 947 50 43 16* – ▤. AE D MC VISA. ✈
Comida - asados, pescados y carnes a la brasa - carta 24 a 31.
◆ Popular bar rústico con algunas mesas y comedor castellano de sencillo montaje, con la parrilla y el horno de leña a la vista. Posee una bodega visitable que data del s. XV.

en la antigua carretera N I :

Tudanca, salida 152 ó 153 autovía - Sur : 6,5 km, ✉ 09400 apartado 106, ✆ 947 50 60 11, *hotel@tudanca-aranda.com, Fax 947 50 60 12*, ≤, ⛹ – |♦| ▤ TV ✆ ♿ 🚗 P – 🎓 25/500. AE D MC VISA. ✈
Comida 16,25 – ☕ 8 – **38 hab** 79/110 – 2 suites.
◆ Magnífico hotel rodeado de viñedos, con un gran hall y confortables habitaciones dotadas de mobiliario castellano-antiguo. También ofrece estancias más sencillas, tipo motel. Buen restaurante de estética tradicional castellana ubicado en un edificio anexo.

en la carretera N 122 *Oeste : 5,5 km :*

El Ventorro con hab, carret. de Valladolid, ✉ 09400 apartado 209, ✆ 947 53 60 00, *turismo@elventorro.com, Fax 947 53 61 34* – ▤ rest, TV P. MC VISA. ✈
cerrado enero – **Comida** carta 25 a 35 – ☕ 3 – **21 hab** 27/37.
◆ Restaurante familiar de gran tipismo definido por el horno de leña y las paredes en piedra. Ofrecen cocina casera, platos de caza en temporada y habitaciones como complemento.

por la carretera N 122 *Oeste : 5,5 km y desvío a la izquierda 2 km :*

Torremilanos 🐚 sin rest (es necesario reservar), Finca Torremilanos, ✉ 09400, ✆ 947 51 28 52, *hotel@torremilanos.com, Fax 947 51 28 56* – |♦| TV ✆ P – 🎓 25/90. AE D MC VISA. ✈
cerrado Navidades y 15 días en agosto – **18 hab** ☕ 96,16/132,22 – 2 suites.
◆ Edificio en piedra ubicado en una extensa finca de viñedos con bodega propia. Dispone de variadas zonas nobles y habitaciones de buen confort en torno a un lucernario central.

ARANJUEZ *28300 Madrid* 576 L 19 575 L 19 121 I 9 – *39 326 h alt. 489.*

Ver : *Reales Sitios★★ : Palacio Real★ (salón de porcelana★★), parterre y Jardín de la Isla★* AX – *Jardín del Príncipe★★ (Casa del Labrador★★, Casa de Marinos : falúas reales★★)* BX.
ℹ *pl. de San Antonio 9 bajo* ✆ *91 891 04 27 dhazo@aranjuez-realsitio.com Fax 91 891 41 97.*
Madrid 47 ① – *Albacete 202* ② – *Ciudad Real 156* ② – *Cuenca 147* ② – *Toledo 48* ②

Plano página siguiente

NH Príncipe de la Paz, San Antonio 22 ✆ 91 809 92 22, *nhprincipedelapaz@nh-hotels.com, Fax 91 892 59 99* – |♦| ▤ TV ✆ ♿ 🚗 – 🎓 25/300. AE D MC VISA. ✈
Comida *(cerrado 2ª quincena de agosto y domingo noche)* 35 – ☕ 11,50 – **84 hab** 103/130 – 2 suites. AY d
◆ Su elegante fachada recuerda el noble pasado de un antiguo palacio, resguardando unas magníficas instalaciones de línea moderna. Gran patio interior y habitaciones espaciosas.

Casa José, Carrera de Andalucía 17 ✆ 91 891 14 88, *casa-jose@telefónica.net, Fax 91 892 02 04* – ▤. AE D MC VISA. ✈ AY r
cerrado agosto, domingo noche y lunes – **Comida** carta 40 a 51.
Espec. Ensalada de bacalao, trufa y almendras tiernas con helado de aceite (verano). Mero confitado a 70º y cebollitas tiernas. Sopa de coco con granizado de mango especiado y cordón de cacao.
◆ Renovado negocio familiar que goza de un comedor rústico-moderno, con las paredes estucadas y un bello techo en madera. Pequeña sala en el sótano y bar a la entrada.

Casa Pablo, Almíbar 42 ✆ 91 891 14 51, *Fax 91 892 50 49* – ▤. AE MC VISA. ✈ BY b
cerrado agosto – **Comida** carta 31 a 41.
◆ Afamado restaurante que cuenta con el atractivo de ser el más antiguo del lugar. Agradable interior de estilo castellano, donde sirven una carta completa y equilibrada.

ARANJUEZ

- Abastos . . . . **ABY**
- Almibar . . . . **BY**
- Andres Martinez . . . . **BZ** 3
- Calandria . . . . **ABZ** 4
- Capitán Angosto G. Castrillon . . . . **BYZ** 6
- Carretas . . . . **BZ** 7
- Concha . . . . **BY** 9
- Constitución (Pl.) . . . . **AY** 10
- Gobernación . . . . **AY** 12
- Montesinos . . . . **BXY** 13
- Naranja . . . . **BY** 15
- Noblejas (Camino) . . . . **BY** 16
- Palacio de Silvela . . . . **AY** 18
- Peñarredonda . . . . **BY** 19
- Postas . . . . **AY** 21
- Principe de la Paz . . . . **AY** 22
- Real . . . . **BY** 24
- Rio Tajo . . . . **AZ** 25
- Rio Tajuña . . . . **AZ** 27
- Rusiñol (Glorieta) . . . . **AX** 28
- San Antonio . . . . **ABY**
- San Pascual (Pl.) . . . . **BZ** 30
- Stuart . . . . **AY**
- Virgen de las Nieves . . . . **BZ** 31

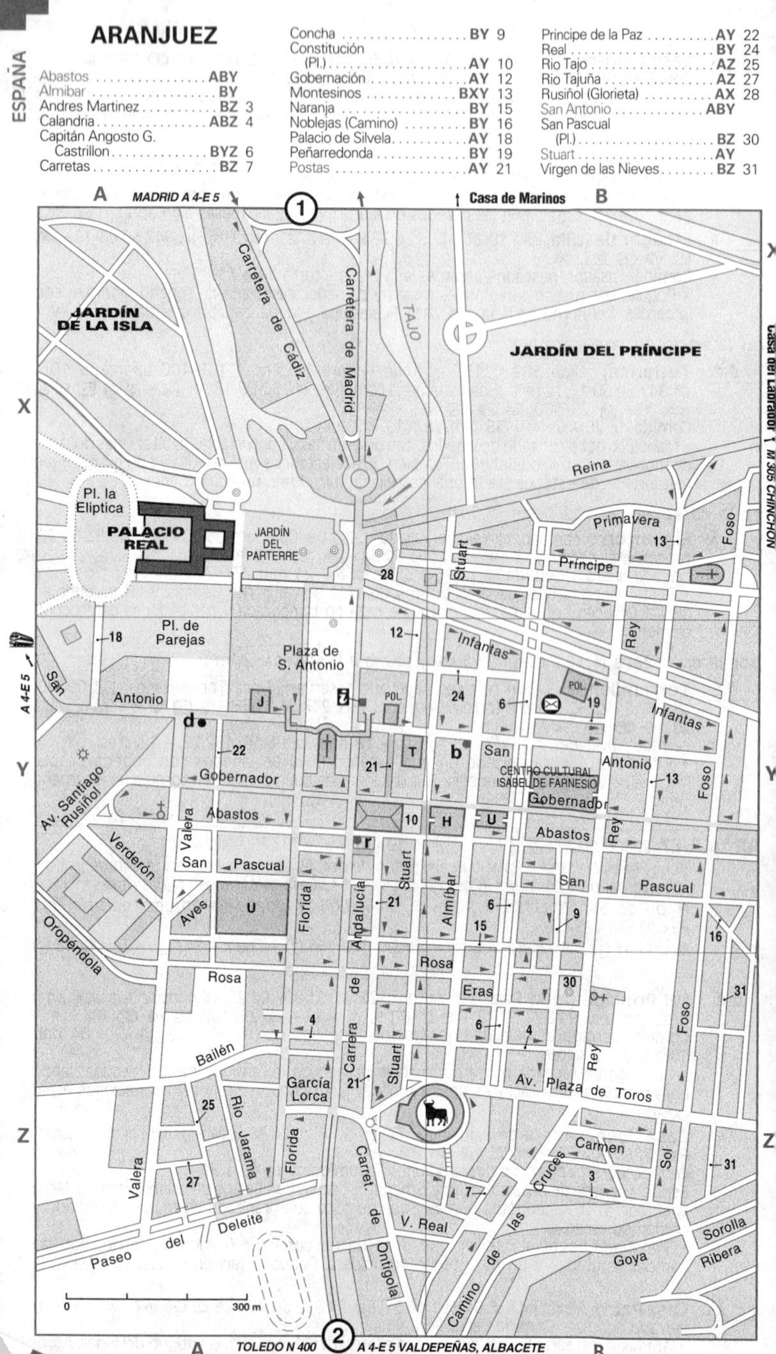

ARANTZAZU *20567 Gipuzkoa* 573 D 22 – *alt. 800.*

Ver : *Paraje*★ – *Carretera*★ *de Aránzazu a Oñate.*

Madrid 410 – Donostia-San Sebastián 83 – Vitoria-Gasteiz 54.

Zelai Zabal, carret. de Oñate - Noroeste : 1 km ☎ 943 78 13 06, *rzelaizabal@terra.es, Fax 943 78 00 18* – P. AE MC VISA
cerrado 22 diciembre-10 febrero, domingo noche y lunes – **Comida** carta aprox. 30.
• De entrañable tipismo y cálida atmósfera, posee un pequeño bar en la entrada y un comedor con mobiliario antiguo y chimenea. Ofrece una carta regional con detalles actuales.

ARAS DE LOS OLMOS *46179 València* 577 M 26 – *383 h alt. 936.*

Madrid 287 – València 100 – Teruel 75 – Cuenca 123 – Castelló de la Plana/Castellón de la Plana 156.

Aras Rural, Partida de la Nevera ☎ 96 210 20 31, *arasrural@arasrural.com, Fax 96 210 20 99,* ← – rest, TV P. MC VISA. rest
Comida 12 – 4,50 – **15 hab** 45/60.
• Agrupa varias construcciones a modo de sencillas cabañas nórdicas. Las habitaciones, que resultan acogedoras y espaciosas, están completamente forradas en madera.

ARBACEGUI *Bizkaia – ver Munitibar.*

ARBIZU *31839 Navarra* 573 D 23 – *925 h alt. 493.*

Madrid 406 – Pamplona 39 – Vitoria/Gasteiz 58 – Logroño 86 – Donostia/San Sebastián 64.

Martintxone, Nagusia 63 ☎ 948 46 00 57, *martintxonea@msn.com, Fax 948 46 00 57* – P. AE MC VISA.
cerrado 30 diciembre-10 enero, del 7 al 14 de julio y lunes – **Comida** carta 20 a 30.
• Pequeño restaurante de organización familiar instalado en una antigua casa de piedra. Dispone de un bar público y un correcto comedor, donde ofrecen una cocina tradicional.

ARBO *36430 Pontevedra* 571 F 5 – *4 255 h alt. 105.*

Madrid 527 – Ourense 65 – Pontevedra 79 – Vigo 29.

Os Pirús, carret. de la Estación - Noreste : 1 km ☎ 986 66 50 79, *Fax 986 66 50 79* – P. AE MC VISA.
cerrado lunes – **Comida** carta aprox. 25.
• Restaurante de moderna construcción, dotado de un bar de apoyo y un espacioso comedor, donde podrá degustar productos tan típicos como la angula o la lamprea.

L'ARBOÇ *43720 Tarragona* 574 I 34.

Madrid 557 – Barcelona 70 – Lleida/Lérida 111 – Tarragona 38.

Don Pelayo, Jacint Verdaguer 58 ☎ 977 16 70 81, *Fax 977 67 07 14* – TV. AE MC VISA.
cerrado 23 diciembre-2 enero – **Comida** carta aprox. 32 – **26 hab** 33/56.
• Hotel de reciente construcción con instalaciones luminosas, entre las que destacan las amplias y funcionales habitaciones con baños actuales. Amable atención familiar. Restaurante a la carta de estilo clásico, decorado en tonos cálidos.

L'ARBOCET *43312 Tarragona* 574 I 32.

Madrid 553 – Cambrils 8 – Lleida/Lérida 98 – Tarragona 25 – Tortosa 71.

El Celler de l'Arbocet, Baix 11 ☎ 977 83 75 91, *Fax 977 83 75 91* – P. MC VISA JCB.
cerrado febrero, del 15 al 30 de octubre, domingo noche y lunes – **Comida** carta 36 a 44.
• Instalado en una antigua casa de ambiente acogedor y marco rústico. Tiene dos comedores, uno con paredes en piedra y vigas de madera, y otro en el 1er piso con chimenea.

ARBOLÍ *43365 Tarragona* 574 I 32 – *138 h alt. 715.*

Madrid 538 – Barcelona 142 – Lleida/Lérida 86 – Tarragona 39.

El Pigot d'Arbolí, Trinquet 7 ☎ 977 81 60 63 – MC VISA
cerrado junio y martes salvo festivos – **Comida** - sólo almuerzo salvo julio y agosto - carta aprox. 28.
• En un pueblecito aislado. Su elemental servicio de mesa se ve compensado por una cocina muy satisfactoria, que ofrece conservas y embutidos caseros. Decoración regional.

ARBÚCIES *17401 Girona* 574 G 37 122 F 6 – *5 208 h alt. 291.*

Madrid 672 – Girona/Gerona 47 – Barcelona 74 – Vic 34.

XX **Les Magnòlies,** Mossèn Anton Serras 7 ☎ 972 86 08 79, *lesmagnolies@terra.es, Fax 972 86 08 79,* – AE VISA.
cerrado 10 días en febrero, 10 días en agosto y lunes – **Comida** carta 23 a 34.
◆ Casa señorial de finales del s. XIX que toma su nombre del pequeño jardín con magnolias que lo rodea. Esmerado montaje e interesante carta a precios ajustados.

ARCADE *36690 Pontevedra* 571 E 4.

Madrid 612 – Ourense 113 – Pontevedra 12 – Vigo 22.

X **Arcadia,** av. Castelao 25 ☎ 986 70 00 37 – AE VISA.
cerrado octubre, domingo noche y lunes salvo festivos – **Comida** - pescados y mariscos - carta 25 a 30.
◆ Casa familiar asentada en la zona, con los dueños presentes en sala y cocina. Dispone de una amplia sala decorada con buen mobiliario y dos comedores para comidas concertadas.

ARCAS *16123 Cuenca* 576 M 23 – *alt. 959.*

Madrid 174 – Albacete 137 – Cuenca 9 – València 198.

en la carretera N 320 *Sureste : 3.5 km :*

Isis, ✉ 16123, ☎ 969 25 32 14, *reservas@hostalisis.com, Fax 969 25 32 19,* – TV P. VISA
Comida 12 – 3 – **16 hab** 46/58.
◆ Hostal de nueva construcción con una privilegiada ubicación en el campo. Posee unas habitaciones sencillas aunque acogedoras, con plato ducha en los baños.

ARCENIEGA *Araba – ver Artziniega.*

ARCHENA *30600 Murcia* 577 R 26 – *15 792 h alt. 100 – Balneario.*

Madrid 374 – Albacete 127 – Lorca 76 – Murcia 24.

La Parra sin rest, carret. Balneario 3 ☎ 968 67 04 44, *Fax 968 67 04 44* – TV. AE VISA.
3 – **27 hab** 25/41.
◆ Establecimiento de organización familiar, con una cálida ambientación en el salón y el comedor. Habitaciones modestas pero confortables por su buen equipamiento.

en el balneario *Oeste : 2 km :*

Termas , ✉ 30600, ☎ 902 33 32 22, *informacion@balneariodearchena.com, Fax 968 67 10 02,* de agua termal, , – TV P. AE VISA.
Comida 22,50 – 9 – **58 hab** 77/114 – 6 suites.
◆ Espaciosas instalaciones y cuidados exteriores se unen en este elegante balneario. El bello artesonado del techo y la decoración mozárabe perfilan su zona noble. Su restaurante también da servicio a los clientes del hotel Levante.

Levante sin , ✉ 30600, ☎ 902 33 32 22, *informacion@balneariodearchena.com, Fax 968 67 10 02,* de agua termal, , – TV P. AE VISA.
Comida - en el Hotel ***Termas*** – **70 hab** 76/108.
◆ Tras su actualización ha logrado un estilo más moderno y confortable, con habitaciones amplias, bien equipadas y de aire minimalista. Dispone de un centro de belleza.

León , ✉ 30600, ☎ 902 33 32 22, *informacion@balneariodearchena.com, Fax 968 67 10 02,* de agua termal, , – TV P – 25/300. AE VISA.
Comida - sólo buffet - 17 – 5 – **118 hab** 61/88.
◆ Hotel de balneario, con niveles de confort y mantenimiento destacables en su categoría. Dotado de habitaciones bien equipadas, con buenos baños y adecuada zona social. Comedor de correcto montaje donde únicamente ofrecen buffet.

ARCHEZ *29753 Málaga* 578 V 18 124 K 4 – *352 h alt. 530.*

Madrid 544 – Sevilla 253 – Málaga 48 – Granada 127.

X **Posada Mesón Mudéjar** con hab, Álamo 6 ☎ 95 255 31 06, *Fax 95 255 31 06* – hab, TV. VISA.
cerrado 21 junio-10 julio – **Comida** *(cerrado miércoles)* carta 20 a 26 – **5 hab** 30/46.
◆ Pequeño restaurante de estilo rústico, decorado en tonos oscuros y con una iluminación intimista. Ofrece una cocina regional y sencillas habitaciones válidas como recurso.

ARCONES *40164 Segovia 575 I 18 121 H 3 – 255 h alt. 1 152.*
Madrid 113 – Aranda de Duero 78 – Segovia 42 – Valladolid 120.

La Berrocosa, carret. N 110 ✆ 921 50 41 45, ≤ – TV P. MC VISA. ✗
Comida 10 – ☐ 2,50 – **21 hab** 27/48 – PA 22,50.
◆ Típico hostal de carretera con bellas vistas desde unas habitaciones bien equipadas, que poseen mobiliario y baños renovados. Dirección familiar y correcto mantenimiento. Restaurante clásico con servicio de menú.

Los ARCOS *31210 Navarra 573 E 23 – 1 381 h alt. 444.*
Alred. : *Torres del Río (iglesia del Santo Sepulcro★) Suroeste : 7 km.*
Madrid 360 – Logroño 28 – Pamplona 64 – Vitoria-Gasteiz 63.

ARCOS DE LA FRONTERA *11630 Cádiz 578 V 12 – 26 466 h alt. 187.*
Ver : *Localidad★★, emplazamiento★★ – Plaza del Cabildo ≤★ – Iglesia de Santa María de la Asunción★ – Convento de la Caridad★.*
pl. del Cabildo ✆ 956 70 22 64 turismo@ayuntamientoarcos.org Fax 956 70 22 26.
Madrid 586 – Cádiz 65 – Jerez de la Frontera 32 – Ronda 86 – Sevilla 91.

Parador de Arcos de la Frontera ⛭, pl. del Cabildo ✆ 956 70 05 00, *arcos@parador.es, Fax 956 70 11 16,* ≤ – |♦| ▤ TV. AE ⓓ MC VISA JCB. ✗
Comida 25 – ☐ 11 – **24 hab** 100/125.
◆ La luz andaluza juega con el vibrante colorido y el acertado mobiliario para embellecer, aún más, sus magníficas instalaciones. Por su ubicación domina un amplio panorama. El restaurante ofrece un compendio de los sabores de la cocina gaditana.

Peña de Arcos, Muñoz Vázquez 42 ✆ 956 70 45 32, *reservas@hotelesdearcos.com, Fax 956 70 45 02* – |♦| ▤ TV ⇔. AE ⓓ MC VISA. ✗
Comida 10,50 – ☐ 6,50 – **44 hab** 60,50/71,50.
◆ De línea clásico-actual, con mobiliario de calidad y habitaciones bien equipadas. Posee un patio acristalado con tragaluz y una terraza en el ático para disfrutar del paisaje. Restaurante de sencillo montaje decorado en cálidas tonalidades.

Los Olivos sin rest, paseo de Boliches 30 ✆ 956 70 08 11, *losolivosdelc@terra.es, Fax 956 70 20 18* – ▤ TV. AE ⓓ MC VISA. ✗
☐ 6 – **19 hab** 45/70.
◆ Posee los detalles típicos de la arquitectura local : paredes encaladas, rejas en las ventanas y macetas que adornan el patio interior al que se abren las habitaciones.

Marqués de Torresoto, Marqués de Torresoto 4 ✆ 956 70 07 17, *hmdetorresoto@terra.es, Fax 956 70 42 05* – ▤ TV. AE ⓓ MC VISA. ✗ rest
Comida 12 – ☐ 3,86 – **14 hab** 54,02/65,05.
◆ Ocupa una casa palaciega del s. XVII que antaño sirvió de vivienda a la noble familia que le da nombre. Dispone de un bello patio porticado y una capilla de estilo barroco. El patio también hace las funciones de comedor.

Real de Veas, Corredera 12 ✆ 956 71 73 70, *hotelrealdeveas@hotmail.com, Fax 956 71 72 69* – ▤ TV ✆. AE ⓓ MC VISA JCB. ✗
Comida 15 – ☐ 5 – **12 hab** 45/60.
◆ Antigua casa de aire regional con un patio central. La zona social resulta algo reducida, aunque sus habitaciones están bien equipadas y cuentan con bañeras de hidromasaje.

El Convento ⛭, Maldonado 2 ✆ 956 70 23 33, *elconvento@viautil.com, Fax 956 70 41 28,* ≤ – ▤ TV. AE ⓓ MC VISA JCB. ✗
cerrado 15 días en enero – **Comida** - ver rest. ***El Convento*** – ☐ 6 – **11 hab** 55/80.
◆ El mobiliario regional y la sobriedad decorativa evocan el pasado histórico del edificio, aunque el confort de las instalaciones es actual. ¡Disfrute de las vistas !

Arcotur sin rest y sin ☐, Alta 1 ✆ 956 70 45 25, *Fax 956 45 25 24* – ▤ TV. AE MC VISA. ✗
19 hab 36,06/72,12 – 1 apartamento.
◆ Hotel de sencilla organización. Las modernas habitaciones le ofrecen todas las comodidades. Desde sus terrazas contemplará magníficas vistas del entorno monumental.

La Casa Grande ⛭ sin rest, Maldonado 10 ✆ 956 70 39 30, *info@lacasagrande.net, Fax 956 71 70 95,* ≤ – ▤ TV. AE ⓓ MC VISA
cerrado del 10 al 31 de enero – ☐ 7,50 – **8 hab** 70.
◆ Marco acogedor en una antigua casa solariega. Posee habitaciones personalizadas de estilo rústico, con un patio cubierto, biblioteca y una agradable azotea.

El Convento - *Hotel El Convento,* Marqués de Torresoto 7 ✆ 956 70 32 22, *elconvento@viautil.com, Fax 956 70 41 28* – ▤. AE ⓓ MC VISA JCB. ✗
cerrado 15 días en enero y 7 días en julio – **Comida** carta 21 a 27.
◆ Instalado en torno a un patio andaluz acristalado y con dos comedores independientes. Podrá degustar una carta de sabor tradicional con platos como el ajo a la comendadora.

ESPAÑA

X **El Lago** con hab, carret. A 382 - Este : 1 km ☎ 956 70 11 17, *ellago@viautil.com, Fax 956 70 04 67,* – ▤ TV P. AE ◐ MC VISA. ✂
Comida carta aprox. 36 – ☕ 6 – **10 hab** 31,25/59,50.
◆ Restaurante de estilo clásico con buen servicio de mesa y un atento personal. Lo complementa una carpa exterior para banquetes y reuniones familiares. Posee habitaciones.

AREA (Playa de) *Lugo – ver Viveiro.*

AREETA *Bizkaia – ver Getxo.*

La ARENA (Playa de) *Cantabria – ver Isla.*

s'ARENAL *Illes Balears – ver Balears (Mallorca) : Palma.*

Los ARENALES DEL SOL *03195 Alacant* 577 R 28 128 E 55 – *Playa.*
Madrid 434 – Alacant/Alicante 14 – Cartagena 90 – Elx/Elche 20 – Murcia 76.

X **Las Palomas,** Isla de Ibiza 7 ☎ 96 691 07 76, *info@rtelaspalomas.com* – ▤. AE MC VISA. ✂
cerrado 2ª quincena de junio, domingo noche y lunes – **Comida** - asados por encargo - carta 14 a 37.
◆ Bar con sala de espera y comedor principal de estilo clásico. Posee también una amplia terraza cubierta. Cocina internacional y castellana con dos hornos de asar.

ARENAS DE CABRALES *33554 Asturias* 572 C 15 – *885 h.*
Alred. : *Desfiladero del Cares★ (Garganta divina del Cares★★ 3 h. y media a pie ida) Gargantas del Cares★.*
Madrid 458 – Oviedo 100 – Santander 106.

Picos de Europa, Mayor ☎ 98 584 64 91, *info@hotelpicosdeuropa.com, Fax 98 584 65 45,* – |♦| TV P. AE MC VISA. ✂
Comida 12 – ☕ 6,61 – **36 hab** 65/80,50.
◆ Está dotado de unas sencillas habitaciones de aire provenzal. A destacar la piscina con solarium, el salón social y la terraza ubicada bajo un hórreo al borde del río. Cálido restaurante equipado con mobiliario de mimbre.

Villa de Cabrales sin rest, carretera General ☎ 98 584 67 19, *villacabrales@hotmail.com, Fax 98 584 67 33* – |♦| TV P. MC VISA. ✂
23 hab ☕ 50,27/80.
◆ Antigua casona de aire rústico-actual. Sus confortables habitaciones, con suelo en losetas de barro, alternan el mobiliario en madera con el hierro forjado.

La Rivera sin rest, ☎ 985 84 65 43, *Fax 985 84 67 92* – |♦| TV. MC VISA. ✂
15 hab ☕ 36,06/60,10.
◆ Pequeño hotel ubicado en el centro de la localidad. Dispone de un pequeño salón para los desayunos y habitaciones funcionales, aunque de impecable mantenimiento y limpieza.

en la carretera de Panes *Sureste : 2 km :*

La Casa de Juansabeli, ✉ 33554, ☎ 98 584 67 90, *juansabeli@picosdeuropa.net, Fax 98 584 65 97* – |♦| TV P. AE MC VISA. ✂
Comida 10 – **16 hab** ☕ 48/66.
◆ Emplazado junto a un área de servicio, posee una magnífica fachada en piedra. Habitaciones con mobiliario clásico y aseos completos, algunos con bañera de hidromasaje. Restaurante de aire rústico.

ARENAS DE SAN PEDRO *05400 Ávila* 575 L 14 – *6 153 h.*
Alred. : *Cuevas del Águila★ : 9 km.*
Madrid 143 – Ávila 73 – Plasencia 120 – Talavera de la Reina 46.

Les ARENES *València – ver València (playa de Levante).*

ARENYS DE MAR *08350 Barcelona* 574 H 37 122 F 7 – *12 345 h – Playa.*
Madrid 672 – Barcelona 39 – Girona/Gerona 60.

en la carretera N II *Suroeste : 2 km :*

XX ✿ **Hispania,** Real 54, ✉ 08350, ☎ 93 791 04 57, *Fax 93 791 26 61,* Interesante bodega – ▤ P. AE ◐ MC VISA JCB
cerrado Semana Santa, octubre, domingo noche y martes – **Comida** carta 45 a 61.
Espec. Pulpitos salteados. Rodaballo al horno. Crema catalana.
◆ Afamado negocio que ofrece una buena carta de tendencia regional. Salas de estilo clásico con detalles modernos, y completa bodega con extenso apartado de vinos franceses.

ARENYS DE MUNT *08358 Barcelona* 574 H 37 122 F 7 – *6977 h alt. 120.*
Madrid 648 – Barcelona 41 – Girona/Gerona 60.

por la carretera de Sant Vicenç de Montalt *Suroeste : 6,5 km :*

XX **Mas Grau,** km : 12,5 ✆ 93 793 85 55, – P. VISA. ✂
cerrado febrero, domingo noche y lunes salvo festivos – **Comida** carta aprox. 34.
◆ En una antigua masía de ambiente rústico-actual. Dispone de un comedor principal con el techo abovedado, tres privados y un amplio salón como reservado en el piso superior.

AREU *25575 Lleida* 574 E 33 – *alt. 920.*
Madrid 613 – Lleida/Lérida 157 – La Seu d'Urgell/Seo de Urgel 83.

Vall Ferrera , Martí 1 ✆ 973 62 43 43, *hotelvallferrera@retemail.es, Fax 973 62 43 76,* ← – TV. MC VISA. ✂ rest
28 diciembre-6 enero, Semana Santa-octubre y del 6 al 9 de diciembre – **Comida** carta 22 a 28 – ☕ 7,90 – **17 hab** 73/92,30 – 6 apartamentos.
◆ Casa de cálido ambiente familiar en medio de un valle. Posee un acogedor salón decorado con elegancia, ofreciendo también habitaciones y apartamentos de distinto confort. Restaurante distribuido en tres salas, con una carta de esmerada elaboración casera.

ARÉVALO *05200 Ávila* 575 I 15 121 B 3 – *7267 h alt. 827.*
Ver : *Plaza de la Villa★.*
Madrid 121 – Ávila 55 – Salamanca 95 – Valladolid 78.

X **El Tostón de Oro,** av. de los Deportes 2 ✆ 920 30 07 98, *Fax 920 30 07 98* – ▤. AE ⓓ MC VISA. ✂
cerrado 20 diciembre-20 enero y lunes – **Comida** carta 20 a 29.
◆ El comedor disfruta de un ambiente acogedor, con decoración clásica actualizada, y se complementa con una amplio salón para banquetes. Carta tradicional con bastante variedad.

X **Las Cubas,** Figones 11 ✆ 920 30 01 25 – ▤. AE ⓓ MC VISA. ✂
cerrado 25 diciembre-2 enero y 2ª quincena de junio – **Comida** - sólo almuerzo - carta 19 a 30.
◆ Salón principal rústico con muebles castellanos y tinajas. Cruzando la calle, en otro edificio, poseen dos comedores más. Carta tradicional y regional con horno de asar.

X **La Pinilla,** Figones 1 ✆ 920 30 00 63, *Fax 920 30 01 23* – ▤. AE ⓓ MC VISA. ✂
cerrado 15 enero-15 febrero – **Comida** - sólo almuerzo - carta aprox. 20.
◆ Céntrico negocio familiar con el comedor principal dividido en dos salas y un salón mucho más rústico en el sótano, con un gran arco en ladrillo visto y las paredes en piedra.

S'ARGAMASSA (Urbanización) *Illes Balears – ver Balears (Eivissa) : Santa Eulalia del Río.*

ARGANDA DEL REY *28500 Madrid* 576 L 19 575 L 19 121 J 8 – *32157 h alt. 618.*
Madrid 28 – Guadalajara 50 – Toledo 90.

AC Arganda sin rest con cafetería por la noche, av. de Madrid 47 ✆ 91 875 75 00, *ac-arganda@ac-hotels.com, Fax 91 875 75 04,* – ▤ TV ♿ P – 25/65. AE ⓓ MC VISA JCB. ✂
☕ 8 – **84 hab** 74.
◆ Atractivo establecimiento de línea clásica en torno a un patio central. Cuenta con un acogedor hall decorado en maderas nobles, y unas habitaciones pequeñas pero confortables.

ARGELAGUER *17853 Girona* 574 F 37 122 F 3 – *401 h alt. 181.*
Madrid 732 – Girona/Gerona 36 – Figueres 30.

Mas Espuella , Mas Espuella - Norte : 1 km ✆ 972 68 74 57, *Fax 972 59 12 99* – TV P. MC VISA. ✂
sólo fines de semana en otoño-invierno – **Comida** *(cerrado martes salvo festivos)* - sólo clientes - 16 – ☕ 5,50 – **7 hab** 36/54.
◆ En pleno campo, con espaciosas habitaciones y unos salones de gran amplitud. Goza de buen confort, mobiliario moderno y decoración actual. Comedor para el cliente alojado.

ARGENTONA *08310 Barcelona* 574 H 37 122 E 7 – *9213 h alt. 75.*
Madrid 657 – Barcelona 29 – Mataró 4.

XX **El Celler d'Argentona,** Bernat de Riudemeya 6 ✆ 93 797 02 69, *cellerargentona@eresmas.com, Fax 93 756 15 05* – ▤. AE ⓓ MC VISA
cerrado domingo noche y lunes – **Comida** carta 30 a 41.
◆ Antigua bodega típica catalana ambientada con prensas de la época, mobiliario regi[...] y detalles cerámicos. Propone una cocina especializada en platos de caza y bacal[...]

XX **Can Baladia,** passeig Baró de Viver 56 ✆ 93 797 40 08, *reservas@canbaladia.com, Fax 93 756 13 60,* – **Comida** carta 27 a 38.
cerrado domingo noche y lunes – **Comida** carta 27 a 38.
◆ Ubicado en una casa señorial modernista de principios del s. XX, con montaje de buen nivel, aunque el servicio de mesa resulta sencillo. Zona independiente para banquetes.

XX **El Racó d'En Binu,** Puig i Cadafalch 14 ✆ 93 797 04 64 – VISA.
cerrado domingo noche y lunes – **Comida** carta 40 a 76.
◆ Pese al esplendor pasado, se ve anticuado en instalaciones. Comedor decorado con grabados de un antiguo libro de cocina y con menús de principios del s. XX. Carta clásica.

ARGÓMANIZ *01192 Araba* 573 D 22.
Madrid 364 – Donostia-San Sebastián 95 – Vitoria-Gasteiz 15.

Parador de Argómaniz ✆ 945 29 32 00, *argomaniz@parador.es, Fax 945 29 32 87* ≤, – rest, – 25/90. VISA.
Comida 25 – ☐ 11 – **53 hab** 84/105.
◆ Palacio renacentista, cuya fachada aún conserva el blasón familiar. Si su zona social apuesta por la sobriedad de otros tiempos, sus habitaciones evidencian un gusto actual. Comedor con techos en madera y paredes encaladas, realzado con detalles antiguos.

ARGOÑOS *39197 Cantabria* 572 B 19 – *650 h alt. 24.*
Madrid 482 – Bilbao 85 – Santander 40.

en la carretera de Arnuero CA 141 *Oeste : 2 km :*

X **El Restaurante de Pilar,** Residencial Castilla 50, ✉ 39197, ✆ 942 62 64 48, *restaurantepilar@ceoecant.es* – VISA.
cerrado 23 diciembre-10 enero y martes – **Comida** - sólo almuerzo salvo viernes, sábado y vísperas de festivo - carta 25 a 35.
◆ El matrimonio propietario lleva las riendas del negocio, con un correcto bar a la entrada y dos salas de línea clásica en el 1er piso, una enfocada al menú y otra a la carta.

ARGÜELLES *33178 Asturias* 572 B 12.
Madrid 463 – Oviedo 12 – Gijón 22.

XX **El Asador de Abel,** La Revuelta del Coche ✆ 98 574 09 13, *infoelasadordeabel.com, Fax 98 574 01 29,* – VISA. – *cerrado 2ª quincena de febrero, del 7 al 21 de agosto y domingo noche* – **Comida** carta 20 a 33.
◆ Acreditado negocio de eficiente organización, que dispone de un bar-sidrería de estilo rústico con mesas para la carta, seguido de una discreta sala más moderna.

ARGUINEGUÍN *Las Palmas – ver Canarias (Gran Canaria).*

ARLABÁN (Puerto de) *Gipuzkoa – ver Leint-Gatzaga.*

ARMINTZA *48620 Bizkaia* 573 B 21.
Madrid 423 – Bilbao 31 – Donostia-San Sebastián 118 – Vitoria-Gasteiz 96.

Arresi sin rest, Portugane 7 ✆ 94 687 92 08, *hotelarresi@hotelarresi.com, Fax 94 687 93 10,* – VISA.
cerrado Navidades – **10 hab** ☐ 93/117.
◆ Villa rodeada de un bonito jardín y ubicada en la ladera de un monte, con el mar al fondo. Acogedora zona social y habitaciones confortables, todas con terraza.

ARNEDO *26580 La Rioja* 573 F 23 – *13 460 h alt. 550.*
Madrid 306 – Calahorra 14 – Logroño 49 – Soria 80 – Zaragoza 138.

Virrey, paseo de la Constitución 27 ✆ 941 38 01 50, *info@virrey.com, Fax 941 38 30 17* – – 25/300. VISA.
Comida *(cerrado domingo noche)* carta aprox. 26 – ☐ 3,60 – **36 hab** 55/91.
◆ Céntrico establecimiento de marcada funcionalidad, dotado de habitaciones que han sido reformadas según criterios actuales, a destacar las que poseen jacuzzi en sus baños. Cálido restaurante de estilo neorrústico, con una bella arquería y cuadros coloristas.

Victoria, paseo de la Constitución 97 ✆ 941 38 01 00, *hvictoria@hvictoria.com, Fax 941 38 10 50* – – 25/300. VISA.
Comida 18 – ☐ 8 – **46 hab** 66/90 – PA 44.
◆ Ofrece dos tipos de habitaciones, siendo toda una planta de estética clásica y el resto [illegible]e dependencias más dinámicas y funcionales, como una clara apuesta por el diseño. Come[illegible] con profusión de madera y paredes en tonos vivos, realzado con fotos antiguas.

A ARNOIA *32234 Ourense 571 F 5 – 1 028 h alt. 95 – Balneario.*
Madrid 516 – Ourense 37 – Pontevedra 92 – Santiago de Compostela 153 – Vigo 72.

Arnoia , Vilatermal 1 ☎ 988 49 24 00, *comercial@balneatermal.com, Fax 988 49 24 22*, Servicios terapéuticos, , de agua termal, , – rest – 25/100. AE MC VISA.
Comida 13,82 – **49 hab** ☐ 54,97/73,95 – 1 suite.
◆ En un bonito paraje de viñedos y monte junto al río Miño. Acogedoras instalaciones con habitaciones cómodas y baños modernos, además de una amplia oferta terapéutica. Su luminoso restaurante brinda bellas vistas.

ARNUERO *39195 Cantabria 572 B 19 – 1 884 h alt. 45.*
Madrid 451 – Bilbao 81 – Burgos 179 – Santander 37 – Torrelavega 62.

Hostería de Arnuero con hab, barrio Palacio 17 ☎ 942 67 71 21, *Fax 942 67 71 21*, – rest, TV P. MC VISA.
julio-15 septiembre, Semana Santa y fines de semana resto del año (Hotel) – **Comida** *(cerrado lunes)* - sólo almuerzo de domingo a jueves en invierno - carta 34 a 42 – ☐ 4,50 – **11 hab** 66,11/84,14.
◆ Casa de corte colonial en la que se combinan la piedra y la madera. Dispone de habitaciones y varios comedores, siendo el más destacado el que ocupa la antigua capilla.

ARONA *Santa Cruz de Tenerife – ver Canarias (Tenerife).*

La ARQUERA *Asturias – ver Llanes.*

ARRASATE/MONDRAGÓN *20500 Gipuzkoa 573 C 22 – 23 984 h alt. 211.*
Madrid 390 – Bilbao 54 – Donostia-San Sebastián 79 – Bergara 9 – Vitoria-Gasteiz 34.

Mondragón sin rest con cafetería, av. Biteri 16 ☎ 943 71 24 33, *hotelmondragon@hotelmondragon.com, Fax 943 71 23 43* – TV . AE MC VISA.
☐ 6 – **41 hab** 76,50/98,80 – 2 suites.
◆ En pleno centro de la localidad. Ofrece habitaciones funcionales de confort actual, con los suelos en parquet y baños modernos. Espaciosa cafetería donde sirven pinchos.

ARRECIFE *Las Palmas – ver Canarias (Lanzarote).*

ARRIONDAS *33540 Asturias 572 B 14 – 2 214 h alt. 39.*
Alred. : *Mirador del Fito★★★ Norte : 10,5 km.*
Madrid 426 – Gijón 62 – Oviedo 66 – Ribadesella 18.

Vega del Sella sin rest, La Morca (carret. N 625) - Sur : 1 km, ✉ 33550 Cangas de Onís, ☎ 98 584 05 31, *vegadelsella@tiscali.es, Fax 98 584 09 51*, – TV P. AE MC VISA.
15 marzo-3 noviembre – ☐ 5,50 – **23 hab** 46/65,50.
◆ Modesto hotel de vistosa fachada pintada en azul vivo, dotado de unas funcionales instalaciones de correcto confort. Reducida zona noble.

La Estrada sin rest, Inocencio del Valle 1 ☎ 985 84 07 67, *info@laestradahotel.com, Fax 985 84 03 35* – TV P. AE MC VISA.
18 hab ☐ 40/70.
◆ Negocio de amable organización familiar con habitaciones actuales, definidas por su mobiliario funcional, el suelo en madera y los baños con plato ducha.

El Corral del Indianu, av. de Europa 14 ☎ 98 584 10 72, *Fax 98 584 10 72*, – .
AE MC VISA.
cerrado 24 diciembre-enero, domingo noche, miércoles noche y jueves – **Comida** 50 y carta 32 a 44.
Espec. Crema montada de patata y olivas con trufas, avellanas y verduras del tiempo. Merluza asada a baja temperatura con jugo de cerdo y hongos. Tabla de quesos del Oriente con chocolate blanco, manzana y vainilla.
◆ Atractivo marco rústico con decoración moderna. En su comedor disfrutará de una carta que, aunque resulta escueta, destaca por sus creativas elaboraciones.

en la carretera AS 342 :

Posada del Valle , Collía - Norte : 2,5 km, ✉ 33549 Collía, ☎ 98 584 11 57, *hotel@posadadelvalle.com, Fax 98 584 15 59*, ≤ valle – , rest, TV P. MC VISA.
abril-15 octubre – **Comida** - sólo clientes, sólo cena - 17 – ☐ 6,50 – **12 hab** 52/6
◆ Casona de piedra en pleno campo, con acogedoras dependencias de cuidada d ción. Sólo admite no fumadores, y el servicio de restaurante se limita a cenas p tes.

Casa Marcial, La Salgar 10 - Norte : 4 km, ✉ 33549 La Salgar, ☎ 98 584 09 91, *restaurante@casamarcial.com, Fax 98 584 09 91* – ▤. AE ⓓ ⓜ VISA. ✂
cerrado 23 diciembre-enero, domingo noche y lunes – **Comida** - sólo almuerzo salvo viernes, sábado y 15 junio-15 septiembre - 40 y carta 34 a 39.
Espec. Revuelto de la casa sobre torta de maíz. Pitu de Caleya al estilo de mi madre con ravioli de sus menudillos. Tocinillo de muscovado con manzana y rúcula.
◆ Su modesta fachada contrasta con un cuidado interior en piedra vista, con vigas en el techo y otros detalles decorativos más modernos. Carta interesante y creativa.

ARROYOMOLINOS DE LA VERA *10410 Cáceres* 576 L 12 – *576 h alt. 617.*
Madrid 238 – Ávila 151 – Cáceres 111 – Plasencia 26.

Peña del Alba ⛰, Camino de la Gargüera - Suroeste : 1,8 km ☎ 927 17 75 16, *pdelalba@pdelalba.com, Fax 927 17 75 24,* ⛱, 🌳, ✂ – ▤ TV ♿ P. AE ⓜ VISA. ✂
***La Era de mi Abuelo* : Comida** carta 24 a 33 – ☕ 6 – **18 hab** 68/86.
◆ Construcción en piedra con atractivos exteriores. Su zona social está presidida por una chimenea circular en ladrillo visto y posee habitaciones rústicas repletas de detalles. El restaurante tiene prestigio en la zona y destaca por su cuidado servicio de mesa.

ARTÀ (Cuevas de) *Illes Balears – ver Balears (Mallorca).*

ARTEIXO *15142 A Coruña* 571 C 4 – *21 679 h alt. 32.*
Madrid 615 – A Coruña 12 – Santiago de Compostela 78.

Florida, av. de Finisterre 19 - Noreste : 1,7 km ☎ 981 63 30 84, *recepcion@hotelfloridaarteixo.com, Fax 981 63 30 73* – 🛗 TV 🚗. AE ⓓ ⓜ VISA. ✂
Comida *(cerrado domingo)* 13,50 – ☕ 5 – **31 hab** 57/68 – 1 apartamento.
◆ Buen hotel de línea actual con una moderna cafetería junto al hall. Sus confortables habitaciones disponen de correcto mobiliario, suelos en madera y baños al gusto del día. Restaurante de ambiente regional, con una clara orientación al cliente de paso.

Europa, av. de Finisterre 31 - Noreste : 1,5 km ☎ 981 64 04 44, *hoteleuropa@hoteleuropaarteixo.com, Fax 981 64 04 44* – 🛗 TV. AE ⓓ ⓜ VISA JCB. ✂
Comida *(cerrado domingo)* - sólo clientes - 12 – ☕ 3 – **24 hab** 30/50.
◆ Instalaciones clásicas con habitaciones algo funcionales aunque de suficiente confort, unas con el suelo en moqueta y otras en madera. Comidas sólo para los clientes alojados.

ARTENARA *Las Palmas – ver Canarias (Gran Canaria).*

ARTESA DE SEGRE *25730 Lleida* 574 G 33 – *3 141 h alt. 400.*
Madrid 519 – Barcelona 141 – Lleida/Lérida 50.

Montaña, carret. de Agramunt 84 ☎ 973 40 01 86, *Fax 973 40 01 86* – ▤ rest, TV 🚗 P. ⓜ VISA. ✂
Comida 8,50 – ☕ 3 – **29 hab** 13/37 – PA 17.
◆ Pequeño hostal de correcta organización familiar orientado al cliente de paso, que resulta un recurso válido en su categoría. Habitaciones personalizadas en su decoración.

ARTIES *25599 Lleida* 574 D 32 – *alt. 1 143 – Deportes de invierno en Baqueira-Beret.*
Ver : *Localidad*★.
Madrid 603 – Lleida/Lérida 169 – Vielha/Viella 6.

Parador de Arties, carret. de Baqueira ☎ 973 64 08 01, *arties@parador.es, Fax 973 64 10 01,* ≤, 🏋, ⛱ climatizada, ⛱ – 🛗, ▤ rest, TV ♿ 🚗 P – 🏛 25/100. AE ⓓ ⓜ VISA JCB. ✂
Comida 25 – ☕ 11 – **54 hab** 96/120 – 3 suites.
◆ Bello edificio recreado por la piedra y la madera de su arquitectura. Descubra su cálido interior, con amplios salones de reuniones y unas habitaciones de cuidado confort. Acogedor restaurante cuya cocina rinde honor al recetario de la tierra.

Casa Irene ⛰, Mayor 3 ☎ 973 64 43 64, *hotelcasairene@hotelcasairene.com, Fax 973 64 21 74,* ≤, 🌳 – 🛗 ▤ TV P. AE ⓓ ⓜ VISA. ✂
Comida - ver rest. Casa Irene – **22 hab** ☕ 120/170.
◆ El trato directo y familiar es un valor en alza en este establecimiento, con agradable zona ...ada y unas habitaciones de notable amplitud, algo sobrias en decoración.

Edelweiss, carret. de Baqueira ✆ 973 64 44 23, *Fax 973 64 09 02*, ≤, – ▯ TV P. MC VISA. ✂
cerrado del 2 al 31 de mayo y del 2 al 30 de noviembre - **Montarto** (*cerrado martes*)
Comida carta 18 a 28 – **25 hab** ☕ 55/90.
• Hotel de organización sencilla pero amable, en pleno valle de Arán. Pequeño salón social con chimenea, y unas cálidas habitaciones con profusión en madera y baños actuales. Restaurante de modesto montaje con entrada independiente y parrilla a la vista.

Besiberri sin rest, Deth Fort 4 ✆ 973 64 08 29, *Fax 973 64 26 96* – ▯ TV. MC VISA. ✂
cerrado mayo, junio y noviembre – **17 hab** ☕ 75/95.
• Pequeño establecimiento situado en el centro del pueblo. Acogedora zona social con chimenea y mobiliario escogido, sala de desayunos y unas habitaciones de cuidado confort.

Casa Irene, Mayor 3 ✆ 973 64 43 64, *hotelcasairene@hotelcasairene.com, Fax 973 64 21 74* – ▤ P. AE ⓓ MC VISA. ✂
cerrado noviembre, lunes y martes mediodía – **Comida** carta 39 a 60.
• Muy ligado al hotel y con cierto prestigio. Montaje con profusión en madera y bancos de respaldo alto separando las mesas, creando un ambiente íntimo y relajado.

La Sal Gorda, carret. de Baqueira 5 ✆ 973 64 45 31, *Fax 973 64 40 73* – MC VISA JCB. ✂
Comida - es necesario reservar - carta 42 a 50.
• Coqueto restaurante familiar, que ha ampliado su capacidad con dos nuevas salas en la 1ª planta. Comedor principal de agradable estilo clásico-regional, aunque algo reducido.

Urtau, pl. Urtau 2 ✆ 973 64 09 26, *rafasanmarti@jazzfree.com, Fax 973 64 10 61* – AE ⓓ MC VISA. ✂
cerrado mayo-15 junio, 15 septiembre-20 noviembre y miercoles – **Comida** - carnes - carta aprox. 28.
• Céntrico establecimiento llevado en familia, que sorprende por el amplio surtido en tapas y pinchos que ofrece en el bar. Sala algo reducida de estilo clásico-regional.

ARTZENTALES *48879 Bizkaia 573 C 20 – 668 h alt. 400.*

Madrid 406 – Bilbao 34 – Santander 80 – Vitoria-Gasteiz 78 – Santander 80.

Amalurra 🐎, La Reneja 35 ✆ 94 610 95 40, *amalurra@arrakis.es, Fax 94 610 90 09*, ≤, 🌳 – ▤ rest, P – 🏛 25/80. MC VISA. ✂
Comida 13 – ☕ 3 – **17 hab** 60/75.
• En pleno campo y rodeado por extensos espacios verdes. Posee habitaciones muy alegres y coloristas, siendo el mobiliario algo sencillo aunque de confort actual. Su luminoso restaurante se encuentra en un edifico anexo.

ARTZINIEGA o ARCENIEGA *01474 Araba 573 C 20 – 1 331 h alt. 210.*

Madrid 384 – Bilbao 25 – Vitoria-Gasteiz 55 – Donostia-San Sebastián 123 – Santander 122.

Torre de Artziniega, Cuesta de Luciano 3 ✆ 945 39 65 00, *hoteltorre@jet.es, Fax 945 39 65 65* – ▯ TV. MC VISA. ✂
cerrado del 15 al 31 de diciembre – **Comida** 8,50 – ☕ 5 – **8 hab** 48/59,75.
• La prestancia de una antigua torre medieval convertida en hotel. Majestuosos muros en piedra albergan unas atractivas habitaciones, con suelos en madera y baños actuales. Su restaurante hermana la herencia histórica con el confort de los tiempos modernos.

ARUCAS *Las Palmas – ver Canarias (Gran Canaria).*

ARURE *Santa Cruz de Tenerife – ver Canarias (La Gomera).*

ARZÚA *15810 A Coruña 571 D 5 – 6 932 h alt. 385.*

Madrid 585 – Santiago de Compostela 39 – A Coruña 69 – Lugo 70.

Suiza, carret. N 547 ✆ 981 50 08 62, *Fax 981 50 11 28* – TV P. ⓓ MC VISA. ✂ rest
Comida carta aprox. 23 – ☕ 2,50 – **15 hab** 43/48.
• Hotelito completamente renovado. Posee unas habitaciones muy correctas en su categoría, con baños actuales y buenos niveles de mantenimiento.

al Suroeste : *10 km* :

Casa Brandariz 🐎, Dombodán, ✉ 15819 Dombodán, ✆ 981 50 80 90, *ebrandariz@casabrandariz.com, Fax 981 50 09 90*, ≤, 🌳 – P. MC VISA JCB. ✂
Comida 15 – **8 hab** ☕ 39/42.
• Casa de labranza construida en piedra, con un interior rústico de gran tipismo, y bello pórtico. Posee habitaciones de completo equipamiento, con profusión de madera.

El ASTILLERO 39610 Cantabria 572 B 18 – 12 587 h alt. 20 – Playa.

Alred. : Peña Cabarga ✻★★ Sureste : 8 km.

Madrid 394 – Bilbao 99 – Santander 11.

Las Anclas, San José 11 ☏ 942 54 08 50, *lasanclas@lasanclashotel.com, Fax 942 54 07 15* – |♦|, ▤ rest, TV. AE ◑ MC VISA. ✻
Comida carta aprox. 31 – ☕ 5 – **58 hab** 56/78.
◆ Céntrico hotel que ha mejorado parte de sus habitaciones, siendo la mitad algo reducidas aunque todas muy confortables. Clientela habitual de negocios. Restaurante amplio y funcional, correctamente separado de la cafetería pública.

ASTORGA 24700 León 575 E 11 – 13 802 h alt. 869.

Ver : *Catedral★ (retablo mayor★, pórtico★).*

☐ *pl. Eduardo de Castro 5 ☏ 987 61 82 22 turismo@ayuntamientodeastorga.com Fax 987 60 30 65.*

Madrid 320 – León 47 – Lugo 184 – Ourense 232 – Ponferrada 62.

Astur Plaza, pl. de España 2 ☏ 987 61 89 00, *asturplaza@asturplaza.com, Fax 987 61 89 49* – |♦| ▤ TV 🚗 – 🏛 25/200. AE MC VISA. ✻
Comida 10,82 – ☕ 5,50 – **32 hab** 53/81 – 5 suites.
◆ Situado en la plaza del Ayuntamiento. Dispone de un atractivo salón social en un patio acristalado, y unas elegantes habitaciones con mobiliario clásico y baños en mármol.

Gaudí, pl. Eduardo de Castro 6 ☏ 987 61 56 54, *Fax 987 61 50 40* – |♦| ▤ TV 🚗 – 🏛 25/350. AE ◑ MC VISA. ✻
Comida 15 – ☕ 6,60 – **32 hab** 50/66 – 3 suites.
◆ Ubicado frente al palacio de Gaudí, posee una zona noble con elegante cafetería y salón social con artesonado. Las habitaciones resultan confortables, aunque algo anticuadas. Comedor de estilo clásico con amplias salas para banquetes.

La Peseta con hab, pl. San Bartolomé 3 ☏ 987 61 72 75, *Fax 987 61 53 00* – |♦|, ▤ rest, TV. MC VISA. ✻
Comida *(cerrado 2ª quincena de enero, 2ª quincena de octubre, domingo noche y martes noche)* carta 18 a 24 – ☕ 5 – **19 hab** 39/49.
◆ Centenario negocio familiar donde podrá degustar el auténtico cocido maragato y otros platos típicos de la comarca, a precios contenidos. Posee también habitaciones.

Las Termas, Santiago 1 ☏ 987 60 22 12, *Fax 987 60 22 12* – ▤. AE MC VISA. ✻
cerrado del 15 al 30 de junio y lunes – **Comida** carta aprox. 21.
◆ En pleno centro y con una excelente acogida del propietario. Se ha convertido en una parada obligada para los peregrinos, pues ofrece platos típicos de calidad a buen precio.

en la carretera N VI *Noroeste : 8,5 km :*

Monterrey, autovía A 6 - salida 333 ó 334, ✉ 24714 Pradorrey, ☏ 987 60 66 11, *hotel-monterrey@terra.es, Fax 987 60 66 33*, ≤ – TV 🚗 P. MC VISA. ✻
Comida *(cerrado miércoles)* 9,50 – ☕ 3,80 **22 hab** 27/41.
◆ Hotel de sólida construcción en piedra emplazado en un altozano. Dispone de unas confortables habitaciones equipadas con mobiliario clásico y baños actuales. Restaurante de sencillo montaje, instalado en un anexo.

ATAPUERCA 09199 Burgos 575 E 19 – 199 h alt. 966.

Madrid 260 – Valladolid 146 – Burgos 24 – Logroño 102 – Santander 174.

El Palomar, La Revilla ☏ 947 43 04 87, *elpalomar@ya.com* – MC VISA. ✻
cerrado lunes – **Comida** carta aprox. 33.
◆ Coqueto restaurante familiar instalado en una casa centenaria de estilo rústico, con las paredes en piedra, mucho colorido y gran profusión en detalles decorativos.

ATARFE 18230 Granada 578 U 18 124 L 2 – 10 045 h alt. 598.

Madrid 416 – Antequera 89 – Granada 12 – Jaén 88.

por la carretera de Las Canteras *Norte : 3,5 km :*

Mirador de la Ermita, Camino de Los Tres Juanes, ✉ 18230, ☏ 958 34 06 52, *Fax 958 27 63 08*, ≤ Parque de Sierra Elvira, 🏖 – ▤ P. AE ◑ MC VISA. ✻
cerrado martes salvo julio-septiembre – **Comida** carta aprox. 25.
◆ Ubicado al borde de un peñón, desde su agradable terraza podrá disfrutar de unas espléndidas vistas al parque de Sierra Elvira. Comedor íntimo con buen servicio de mesa.

AURITZ o BURGUETE *31640 Navarra* 573 D 26 – *321 h alt. 960.*

Madrid 439 – Jaca 120 – Pamplona 44 – St-Jean-Pied-de-Port 32.

Loizu, av. Roncesvalles 7 ☎ 948 76 00 08, *hloizu@cmn.navarra.net, Fax 948 79 04 44,* ← – |‡| TV P. MC VISA. ✂ – *cerrado diciembre-marzo* – **Comida** 15 – ☕ 5 – **27 hab** 52/70.
◆ Un lugar creado para descansar y un bello marco. Disfrute de sus acogedoras instalaciones, renovadas con gran confort y decoradas con todo detalle en un estilo neorrústico. Su comedor propone una cocina correcta.

ÁVILA *05000* P 575 K 15 121 B 6 – *47 967 h alt. 1 131.*

Ver : *Murallas*★★ – *Catedral*★★ B *(obras de arte*★★*, sepulcro del Tostado*★★*, sacristía*★★*)* Y – *Basílica de San Vicente*★★ *(portada occidental*★★*, sepulcro de los Santos Titulares*★★*, cimborrio*★*)* B – *Monasterio de Santo Tomás*★ *(mausoleo*★*, Claustro del Silencio*★*, retablo de Santo Tomás*★★*)* B.

18 *antigua carret. de Cebreros, Sureste : 4 km* ☎ *920 35 20 59 Fax 920 35 33 43.*

pl. Catedral 4 ✉ *05001* ☎ *920 21 13 87 oficinadeturismodeavila@jcyl.es Fax 920 25 37 17.*

Madrid 107 ① *– Cáceres 235* ③ *– Salamanca 98* ④ *– Segovia 67* ① *– Valladolid 120* ①

Palacio de Los Velada 🔇, pl. de la Catedral 10, ✉ 05001, ☎ 920 25 51 00, *palaciodelosvelada@veladahoteles.com, Fax 920 25 49 00* – |‡| ▤ TV 🚗 – 🏛 25/260. AE ◑ MC VISA. ✂ B v
Comida 27 – ☕ 11 – **144 hab** 112/135 – 1 suite.
◆ Instalado parcialmente en un edificio del s. XVI con un bellísimo patio interior a la entrada. Posee unas dependencias de excelente confort y elegante decoración. Restaurante de línea clásica con acceso por el hall del hotel.

Parador de Ávila 🔇, Marqués Canales de Chozas 2, ✉ 05001, ☎ 920 21 13 40, *avila@parador.es, Fax 920 22 61 66,* 🌳 – |‡|, ✂ hab, ▤ TV 🚗 P – 🏛 25/170. AE ◑ MC VISA. ✂ A x
Comida 27 – ☕ 11 – **57 hab** 96/120 – 4 suites.
◆ En un atractivo palacio del s. XVI ubicado junto a las murallas. Sus acogedoras dependencias, con decoración algo sobria aunque muy cuidada, recrean un cálido interior. Agradable comedor de aire castellano, con vistas al jardín y una carta típica de la zona.

ÁVILA

Alemania . . . . . . B 2
Caballeros . . . . . . B 6
Calvo Sotelo (Pl.) . . . . . . B 8
Cardenal Pla y Deniel . . . . . . B 10
Cortal de las Campanas (Pl. del) . . . . . . A 12
Don Geronimo . . . . . . B 13
Esteban Domingo . . . . . . B 14
Jimena Blásquez . . . . . . A 15
López Núñez . . . . . . B 16
Marqués de Benavites . . . . . . AB 18
Peregrino (Bajada del) . . . . . . B 19
Ramón y Cajal . . . . . . A 20
Reyes Católicos . . . . . . B 21
San Segundo . . . . . . B 22
San Vicente . . . . . . B 24
Santa (Pl. de la) . . . . . . A 25
Santo Tomas (Pas. de) . . . . . . B 26
Sonsoles (Bajada de) . . . . . . B 27
Los Telares . . . . . . A 28
Tomás luis de Victoria . . . . . . B 30
Tostado . . . . . . B 31

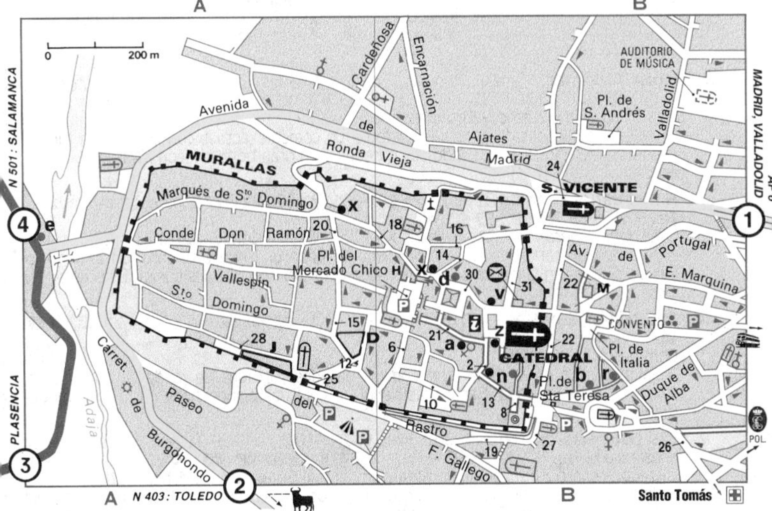

G.H. Palacio de Valderrábanos, pl. Catedral 9, ✉ 05001, ☎ 920 21 10 23, *reservas@palaciovalderrabanoshotel.com, Fax 920 25 16 91* – |‡|, ▤ TV – 25/290. AE ◑ MC VISA JCB. ✗ rest B z

El Fogón de Santa Teresa : **Comida** carta 23 a 31 – **70 hab** ☐ 80/90 – 3 suites.

◆ Junto a la fachada principal de la Catedral, con una decoración elegante que incluye detalles castellanos. Buena zona noble y habitaciones renovadas de completo equipamiento. Restaurante dotado de acceso independiente y vanos arqueados separando algunas salas.

Reina Isabel sin rest con cafetería, paseo de la Estación 17, ✉ 05001, ☎ 920 25 10 22, *hotel@reinaisabel.com, Fax 920 25 11 73* – |‡|, ⚟ hab, ▤ TV – 25/250. AE ◑ MC VISA. ✗ por ①

☐ 7,81 – **60 hab** 87/108.

◆ Precioso y elegante hall-recepción que define el estilo de todo el conjunto. Habitaciones confortables, cinco de ellas abuhardilladas. Amplio salón para banquetes y reuniones.

Las Moradas sin rest, Don Gerónimo 3, ✉ 05001, ☎ 920 22 24 88, *reservas@hotellasmoradas.com, Fax 920 22 38 71* – |‡| ▤ TV – 25/60. AE MC VISA. ✗ B n

☐ 6 – **60 hab** 66/83.

◆ Edificio del s. XIX totalmente actualizado y en pleno casco viejo. Distribución funcional de los espacios y unas amplias habitaciones, la mayoría con sofá y cocina opcional.

Hospedería La Sinagoga sin rest, Reyes Católicos 22, ✉ 05001, ☎ 920 35 23 21, *lasinagoga@airtel.net, Fax 920 35 34 74* – |‡| ▤ TV – 25. AE ◑ MC VISA B a

☐ 6 – **22 hab** 58/82.

◆ Ubicado sobre una sinagoga del s. XV de la que aún quedan vestigios. Pequeña recepción, patio interior acristalado y habitaciones funcionales, algunas de ellas abuhardilladas.

Don Carmelo sin rest, paseo de Don Carmelo 30, ✉ 05001, ☎ 920 22 80 50, *hoteldoncarmelo@telefonica.net, Fax 920 25 12 41* – |‡| TV. AE ◑ MC VISA. ✗ por ①

☐ 6,07 – **95 hab** 40,65/63,08 – 2 suites.

◆ Conjunto clásico con una correcta zona social, cafetería y comedor para desayunos panelable. Ofrece habitaciones con mobiliario funcional y la mitad de los baños actualizados.

El Rincón, pl. de Zurraquín 3, ✉ 05001, ☎ 920 35 10 44, *elrincon@plaza-zurraquin.com, Fax 920 22 51 01* – ▤ rest, TV. MC VISA. ✗ B x

Comida *(cerrado febrero, domingo noche y lunes)* 10 – ☐ 4,50 – **22 hab** 30/54.

◆ Negocio familiar céntrico y de larga trayectoria. Posee una pequeña recepción y correctas habitaciones con mobiliario en castaño y baños actuales, la mayoría de plato ducha. Amplio bar público con clientela habitual y sencillo comedor en el 1er piso.

El Almacén, carret. de Salamanca 6, ✉ 05002, ☎ 920 25 44 55, *Fax 920 21 10 26*, ≤ – ▤. AE ◑ MC VISA JCB. ✗ A e

cerrado septiembre, domingo noche y lunes – **Comida** carta 23 a 35.

◆ Restaurante con un buen servicio de mesa, que ofrece una cocina con toques innovadores. Destacan las vistas a la muralla que ofrece desde el comedor y su completa bodega.

Doña Guiomar, Tomás Luis de Victoria 3, ✉ 05001, ☎ 920 25 37 09, *lasinagoga@airtel.net, Fax 920 35 34 74* – ▤. AE ◑ MC VISA. ✗ B d

cerrado domingo noche – **Comida** carta aprox. 39.

◆ Dispone de un bar de espera seguido de un comedor actual, con el suelo en tarima, cuadros muy coloristas vistiendo sus paredes y un gran botellero con más de 400 referencias.

Barbacana, pl. Santa Teresa 8, ✉ 05001, ☎ 920 22 00 11, *barbacana@barba.es, Fax 920 25 59 54* – ▤. AE MC VISA. ✗ B b

cerrado 10 enero-4 febrero, domingo noche y lunes – **Comida** carta 23 a 29.

◆ Antigua cafetería que tras su reforma ha dado una nueva orientación al negocio. Bar de pinchos en la planta baja y moderno comedor con detalles minimalistas en el 1er piso.

San Millán, San Millán 9, ✉ 05001, ☎ 920 21 11 10, *Fax 920 25 04 28* – ▤. AE ◑ MC VISA B r

Comida carta 22 a 29.

◆ Salón clásico en la 1ª planta, con las paredes forradas de madera y otro en el 2º piso menos utilizado. Carta tradicional de cuidadas elaboraciones a precios moderados.

Las Cancelas con hab, Cruz Vieja 6, ✉ 05001, ☎ 920 21 22 49, *reservas@lascancelas.com, Fax 920 21 22 30* – ▤ rest, TV P. AE ◑ MC VISA. ✗ B n

cerrado 7 enero-3 febrero – **Comida** carta aprox. 30 – ☐ 4 – **14 hab** 45/65.

◆ Negocio familiar ubicado en una antigua posada, con el comedor dispuesto en un bello patio interior cubierto. Posee habitaciones de aire rústico como complemento.

AVILÉS *33400 Asturias* 572 B 12 – *84 582 h alt. 13.*

Alred. : *Salinas* ≤★ *Noroeste : 5 km.*

Ruiz Gómez 21 ✉ 33401 ✆ 98 554 43 25 turismo@ayto-aviles.es Fax 98 554 63 15.

Madrid 466 – Ferrol 280 – Gijón 25 – Oviedo 33.

NH Palacio de Ferrera, pl. de España 9 ✆ 98 512 90 80, *nhpalaciodeferrera@nh-hotels.com, Fax 98 551 06 84,* – 25/300. AE MC VISA.
Comida *(cerrado domingo noche)* 20 – 12 – **76 hab** 160 – 4 suites. BZ b
◆ Parcialmente instalado en un palacio del s. XVII, con dependencias en él y en un anexo de línea moderna. Según su ubicación las habitaciones poseen un estilo antiguo o actual. El restaurante goza de un cuidado montaje y dos ambientes, como el resto del hotel.

Villa de Avilés, Prado 3 ✆ 98 552 61 16, *villaaviles.booking@hoteles-silken.com, Fax 98 552 61 17* – 25/125. AE MC VISA. AY v
Comida 14 – 10 – **68 hab** 93/107 – 3 suites.
◆ Dispone de unas funcionales y espaciosas dependencias de estilo actual, con los suelos en moqueta y equipadas al detalle para que disfrute de una agradable estancia. Luminoso comedor de aire moderno con un servicio de mesa de buen nivel.

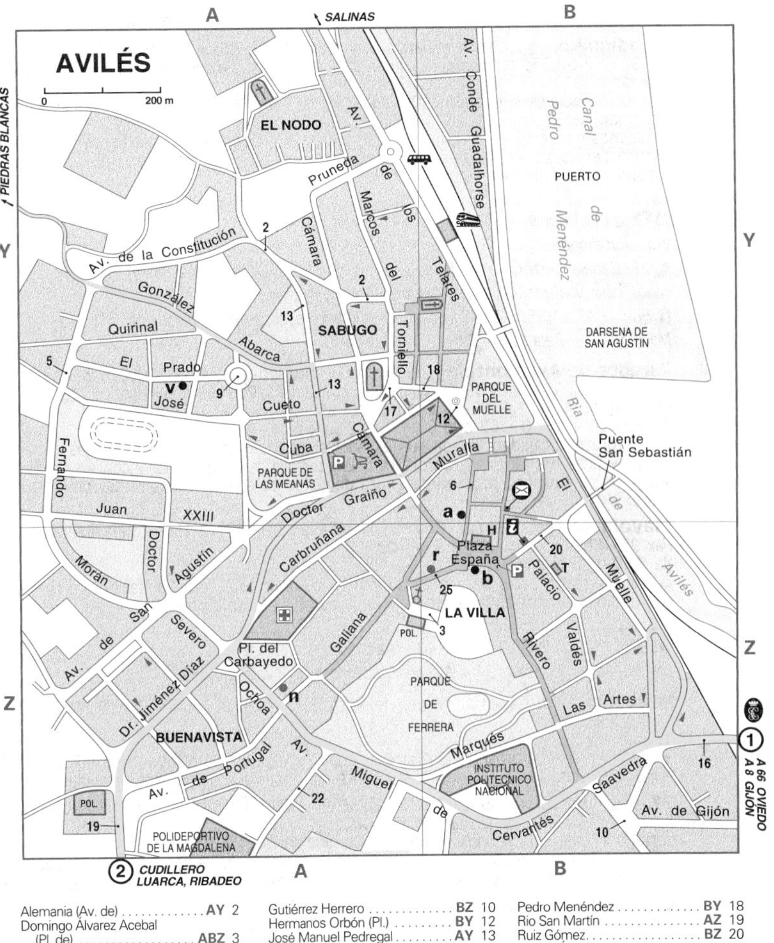

Alemania (Av. de) . . . . **AY** 2
Domingo Álvarez Acebal (Pl. de) . . . . **ABZ** 3
Eduardo Carreño Valdés . . . . **AY** 5
Fruta . . . . **BY** 6
Guitarra (Pl. de la) . . . . **AY** 9
Gutiérrez Herrero . . . . **BZ** 10
Hermanos Orbón (Pl.) . . . . **BY** 12
José Manuel Pedregal . . . . **AY** 13
Marqués de Suances (Av.) . . . . **BZ** 16
Merced (Pl. de la) . . . . **AY** 17
Pedro Menéndez . . . . **BY** 18
Río San Martín . . . . **AZ** 19
Ruiz Gómez. . . . . **BZ** 20
Sabino Álvarez Gendín . . . . **AZ** 22
San Francisco . . . . **BZ** 25

ESPAÑA

Luzana, Fruta 9 ✆ 98 556 58 40, *luzana@infonegocio.com, Fax 98 556 49 12* – |♦|, ▤ rest, TV – 🏟 25/60. AE ⓓ ⓜⓒ VISA. ✗ BY a
La Serrana : **Comida** carta aprox. 36,25 – ☕ 4,21 – **60 hab** 48/96.
◆ Hotel de línea clásica cuyas instalaciones han sido renovadas. Posee unas habitaciones de correcto confort con suelo en moqueta, mobiliario estándar, y baños completos. Restaurante de montaje sencillo y acceso independiente.

Casa Tataguyo 6, pl. del Carbayedo 6 ✆ 98 556 48 15, *Fax 98 556 48 15* – ▤. AE ⓓ ⓜⓒ VISA JCB. ✗ AZ n
cerrado 15 abril-15 mayo – **Comida** carta 30 a 40.
◆ En una antigua casa de piedra con un interior de cálida rusticidad. En sus acogedoras salas degustará platos regionales y tradicionales regados con buenos caldos.

La Fragata, San Francisco 18 ✆ 98 555 19 29 – AE ⓓ ⓜⓒ VISA. ✗ BZ r
cerrado septiembre y domingo – **Comida** carta aprox. 33.
◆ Establecimiento de aire rústico dotado de un bar de tapas a la entrada, y distintos comedores con destacable servicio de mesa. Carta amplia y de variada tendencia.

AXPE *48291 Bizkaia* 573 C 22.

Madrid 399 – Bilbao 41 – Donostia-San Sebastián 80 – Vitoria-Gasteiz 50.

Mendigoikoa ⚲, con hab, barrio San Juan 33, ✉ 48290 apartado 74 Abadiño, ✆ 94 682 08 33, *mendigoikoa@mendigoikoa.com, Fax 94 682 11 36* – P. ⓜⓒ VISA. ✗
cerrado 15 diciembre-15 enero – **Comida** *(cerrado domingo noche y lunes)* carta 36 a 45 – **11 hab** ☕ 90.
◆ Hermoso caserío en piedra con habitaciones en edificio anexo. La decoración rústica define sus tres comedores, con una casa-museo típica vasca en la planta superior.

AYAMONTE *21400 Huelva* 578 U 7 – *14 937 h alt. 84 – Playa.*

Ver : *Localidad*★.

18 *Isla Canela, carret. de la Playa, Sur : 3 km ✆ 959 47 72 63 Fax 959 47 72 71.*

⛴ *para Vila Real de Santo António (Portugal).*

ℹ *Huelva 37 ✆ 959 32 18 71 casagrande@ayto-ayamonte.es Fax 959 47 06 66.*

Madrid 680 – Beja 125 – Faro 53 – Huelva 52.

Parador de Ayamonte ⚲, av. de la Constitución ✆ 959 32 07 00, *ayamonte@parador.es, Fax 959 32 02 19*, ≤ Ayamonte, el Guadiana, Portugal y el Atlántico, ⛱, 🌳 – |♦| ▤ TV ✆ ♿ P – 🏟 25/110. AE ⓓ ⓜⓒ VISA. ✗
Comida 24 – ☕ 10 – **52 hab** 88/110 – 2 suites.
◆ Una grata serenidad recrea sus estancias de línea clásica. Posee amplias zonas nobles y unas habitaciones confortables. Bar-terraza muy agradable y con excelentes vistas. En su luminoso restaurante podrá degustar las especialidades típicas de la provincia.

Riavela sin rest, Camino Real de la Villa ✆ 959 47 19 19, *riavela@terra.es, Fax 959 47 19 29* – |♦| ▤ TV ♿ P. ⓜⓒ VISA
☕ 3,50 – **25 hab** 42/72.
◆ Ubicado a las afueras de la localidad, pone a su disposición unas habitaciones actuales con detalles rústicos en la decoración. Zona social un tanto escasa.

AYORA *46620 València* 577 O 26 – *5 402 h alt. 552.*

Madrid 341 – Albacete 94 – Alacant/Alicante 117 – València 132.

Murpimar sin rest y sin ☕, Virgen del Rosario 52 ✆ 96 219 10 33, *Fax 96 219 12 12* – AE ⓓ ⓜⓒ VISA
16 hab 18/35.
◆ Hostal de sencilla organización familiar, que ocupa toda una planta en un edificio de viviendas. Habitaciones dotadas de suficiente confort, algunas con baños completos.

77, Virgen del Rosario 65 (carret. N 330) ✆ 96 219 13 15, *restaurant77@wanadoo.es, Fax 96 219 14 91* – ▤. AE ⓓ ⓜⓒ VISA. ✗
cerrado 11 enero-11 febrero y jueves – **Comida** carta 23 a 30.
◆ La discreta fachada esconde un restaurante de estilo clásico-regional, con detalles antiguos, y un destacado servicio de mesa. Carta de buen nivel a precios asequibles.

El Rincón, Parras 10 ✆ 96 219 17 05 – ▤. ⓜⓒ VISA
cerrado del 1 al 15 de febrero y lunes – **Comida** carta 21 a 29.
◆ El patio con fuente y plantas, unido a la cuidada decoración, configuran un ambiente acogedor para degustar sabrosos platos a buen precio. ¡Pruebe sus gazpachos ayorinos !

AZKOITIA *20720 Gipuzkoa 573 C 23 – 10 283 h alt. 113.*

Madrid 417 – Bilbao 67 – Pamplona 94 – Donostia-San Sebastián 46 – Vitoria-Gasteiz 68.

Joseba, Aizkibel 10 ☎ 943 85 34 12, *floreagajauregi@terra.es* – . VISA.

cerrado Navidades, Semana Santa, 2ª quincena de agosto, domingo noche, lunes y martes noche – **Comida** carta aprox. 28.

◆ En el antiguo palacio Floreaga, que data del s. XVI. Su rehabilitación ha apostado por la sobriedad decorativa, dejando las paredes en piedra. Esmerado servicio de mesa.

AZPEITIA *20730 Gipuzkoa 573 C 23 – 13 170 h alt. 84.*

Madrid 427 – Bilbao 74 – Pamplona 92 – Donostia-San Sebastián 41 – Vitoria-Gasteiz 71.

Juantxo, av. de Loyola 5 ☎ 943 81 43 15 – . AE VISA.

cerrado 3 agosto-1 septiembre y domingo – **Comida** - sólo almuerzo salvo viernes y sábado - carta 22 a 34.

◆ Una trayectoria profesional muy consolidada garantiza su funcionamiento, y aunque con mesas algo apretadas, su ambiente resulta cálido y acogedor. Organización familiar.

en Loyola *Oeste : 1,5 km :*

Kiruri, Loiola Hiribidea 24, ✉ 20730 Loyola, ☎ 943 81 56 08, *kiruri@wanadoo.es, Fax 943 15 03 62* – P. AE VISA.

cerrado 19 diciembre-7 enero y lunes noche – **Comida** carta 26 a 39.

◆ La 3ª generación de una familia lleva con amabilidad las riendas del negocio, muy orientado a grupos aunque sin descuidar al cliente de paso. Confortable comedor a la carta.

AZUQUECA DE HENARES *19200 Guadalajara 576 K 20 121 K 6 – 11 996 h alt. 626.*

Madrid 45 – Guadalajara 12 – Segovia 139.

Alcor, av. de Alcalá - Sur : 1,5 km ☎ 949 26 46 05, *reservas@hotelalcor.net, Fax 949 26 31 01,* – P – 25/200. AE VISA.

Comida 8,50 – 5 – **36 hab** 57/64.

◆ Hotel de línea clásica situado al borde de la carretera. Dotado de habitaciones funcionales y bien equipadas, posee dos salas para reuniones en el sótano. Restaurante de esmerado montaje donde ofrecen una carta típica.

BADAJOZ *06000 P 576 P 9 – 136 319 h alt. 183.*

Guadiana, por ② : 8 km ☎ 924 44 81 88 Fax 924 44 80 33.

de Badajoz, por ② : 16 km ✉ 06195 ☎ 924 21 04 00.

pl. de la Libertad 3 ✉ 06005 ☎ 924 01 36 58 otbadajoz@bme.es Fax 924 01 36 58.

Madrid 409 ② – Cáceres 91 ① – Córdoba 278 ③ – Lisboa 247 ④ – Mérida 62 ② – Sevilla 218 ③

Planos páginas siguientes

Barceló Zurbarán, paseo Castelar, ✉ 06001, ☎ 924 00 14 00, *zurbaran@barcelo.com, Fax 924 22 01 42,* – – 25/500. AE VISA JCB. AY k

Comida 11,21 – 8,25 – **215 hab** 96/120.

◆ Se encuentra frente al frondoso jardín botánico de Castelar. Posee línea clásica, con espaciosas zonas nobles y confortables habitaciones. Elegante y variada decoración. Su comedor propone platos creativos, además de los excelentes ibéricos de la tierra.

AC Badajoz sin rest con cafetería por la noche, av. de Elvas, ✉ 06006, ☎ 924 28 62 47, *acbadajoz@ac-hotels.com, Fax 924 28 62 48* – – 25/90. AE VISA. por ④

8 – **106 hab** 77.

◆ Disfruta de un hall polivalente y un patio interior a cielo abierto. Las habitaciones resultan modernas, decorándose con mobiliario en tonos cerezo. Aseos en mármol verde.

Río, av. Adolfo Díaz Ambrona 13, ✉ 06006, ☎ 924 27 26 00, *hotelrio@hotelrio.net, Fax 924 27 38 74* – , hab, P – 25/900. AE VISA. AY a

Comida 12,86 – 8,25 – **101 hab** 73,50/101,50.

◆ Situado junto al puente de la Universidad, símbolo del Badajoz más moderno. Es de línea clásico-actual, con espacios amplios y habitaciones pensadas para el confort. Restaurante de correcto montaje con entrada independiente.

Condedu sin rest, Muñoz Torrero 27, ✉ 06001, ☎ 924 20 72 47, *condedu@infonegocio.com, Fax 924 20 72 48* – . AE VISA JCB. BY r

3 – **34 hab** 37/55.

◆ Es el más próximo a la Catedral, en pleno centro histórico. Estilo clásico y carácter funcional, siendo el equipamiento de sus habitaciones el punto más destacado.

BADAJOZ

Adelardo Covarsí . . . . AZ 2
Afligidos . . . . CY 3
Agustina de Aragón . . . . . . BZ 4
Alféreces (Pl. de los). . . . . . AZ 5
Alonso Cárdenas Cano. . . . CZ 6
Antonio Cortes Lavado (Pl.) BZ 7
Antonio Juez. . . . . AZ 9
Arco Agüero . . . . BYZ 12
Bomba (La) . . . . BZ 14
Bravo Murillo . . . . BCY 15
Calamón (Camino) . . . . CZ 16
Campillo (El) . . . . CY 17
Canteras Calamón . . . . CZ 18
Cardenal Fonseca . . . . CZ 19
Carolina Coronado (Av. de). AY 20
Cervantes (Pl.). . . . . CY 21
Ciudad de Evora . . . . BZ 22
Concepción . . . . BCY 23
Corte de Peleas (Carret. de)CY 25
Costanilla. . . . . CY 26
Cristóbal Oudrid . . . . BYZ 27
Doroteo M. Benítez . . . . . . AZ 28
Dosma. . . . . BY 29
Enrique Segura Otaño . . . . BZ 32
Felipe Checa . . . . BY 35
Fernández de la Puente . . . BZ 36
Francisco Morales
Bermúdez . . . . CZ 41
Francisco Pizarro. . . . . BY 38
Fray Antonio Gómez. . . . . . CZ 42
Gabino Tejado. . . . . CY 43
García de Paredes. . . . . AY 44
Hernán Cortés . . . . BY 46
Joaquín Costa (Av.). . . . . . . BY 48
Juan Carlos I de España. . . BY 49
Juan de Badajoz. . . . . BCZ 51
Juan Nogre . . . . AZ 52
Manuel García Matos . . . . . BZ 54
María Auxiliadora (Av.) . . . . AZ 55
Nuestra Señora
de Guadalupe . . . . BZ 57
Obispo San Juan de Ribera BY 58
Pedro de Valdivia. . . . . BZ 61
Pilar (Pl. de) . . . . BZ 62
Pimienta (La) . . . . CZ 64
Ramón Albarrán . . . . BYZ 65
Regino de Miguel . . . . . . ABZ 67
Regulares Marroquíes . . . . BY 68
República Argentina . . . . . . AZ 69
República del Ecuador . . . . AZ 71
Revellín (Puente). . . . . CY 72
Reyes Católicos (Pl.). . . . . . BY 74
Ricardo Carapeto (Av.) . . . . CY 75
San Lorenzo . . . . CY 76
San Roque (Puente) . . . . . . CY 78
Sevilla (Carret.) . . . . CZ 79
Soto Mancera . . . . BY 80
Suárez de Figueroa. . . . . . . BY 82

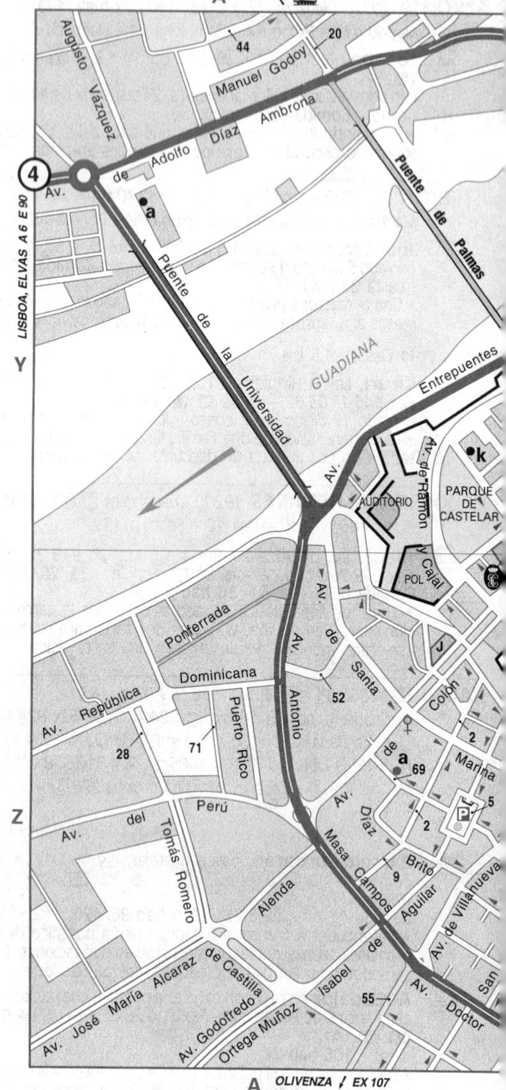

XXXX ✿ **Aldebarán,** av. de Elvas (urb. Guadiana), ✉ 06006, ✆ 924 27 42 61, *info@restaurantealdebaran.com, Fax 924 27 42 61,* – ▤. AE ⓓ ⓜⓒ VISA. por ④
cerrado 15 días en agosto y domingo – **Comida** 49 y carta 39 a 48.
Espec. Arroz de cerdo ibérico. Presa de entraña fresca con puerros, pasas y crema de zanahorias. Filetes de salmonetes con papaya y apio confitado.
◆ Ubicado a las afueras de la ciudad. Lujoso restaurante con una elegante decoración que nos ofrece una cocina actual y creativa, basada en excelentes productos.

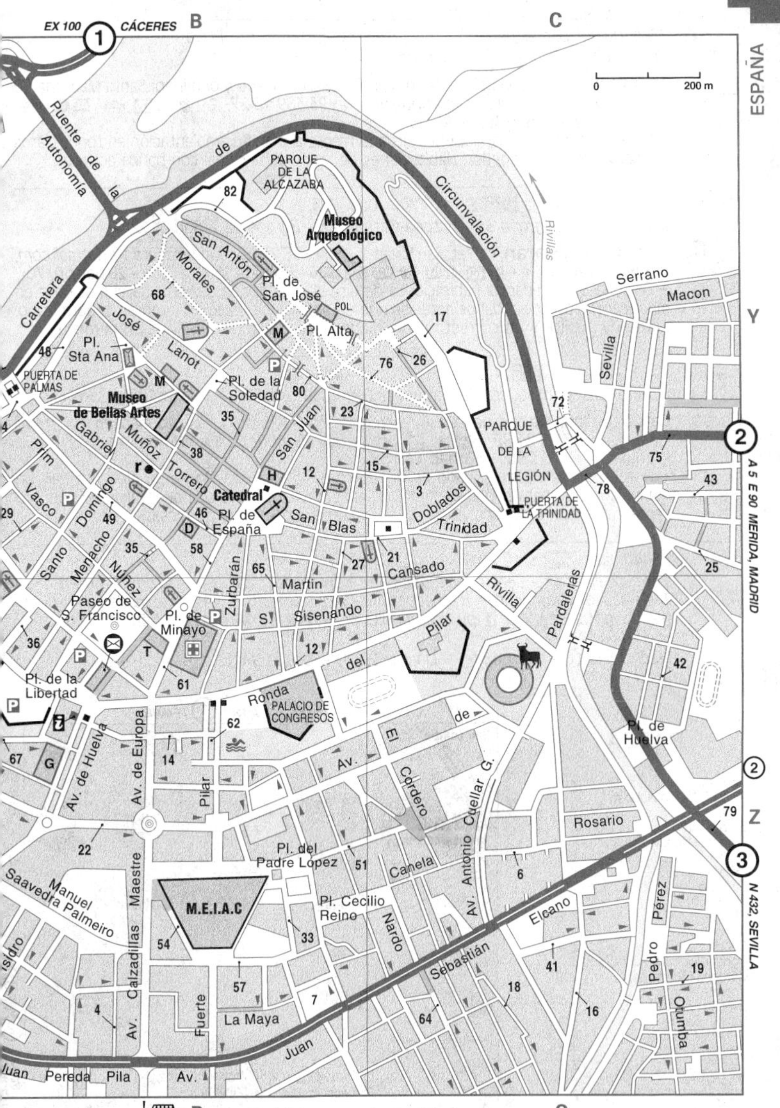

Martín Fierro, República Argentina 16-B, ✉ 06005, ☎ 924 25 86 02 – *cerrado domingo* – **Tapa** 1,80 **Ración** aprox. 6. AZ a

◆ Local de gran aceptación popular, debido tanto a sus sabrosas parrilladas como a la variada selección de tapas y raciones que se ofrecen, siempre a precios moderados.

en la autovía N V *por ④ : 4 km :*

Las Bóvedas, área de servicio - km 405, ✉ 06006, ☎ 924 28 60 35, *bovedas@infonegocio.com, Fax 924 28 61 80* – VISA. *cerrado del 1 al 15 de agosto y domingo noche* – **Comida** carta 24 a 31.

◆ Negocio de línea actual que sorprende en un área de servicio. Su fachada en piedra esconde un interior de cuidado montaje, con mobiliario de calidad y una carta muy variada.

BADALONA *08911 Barcelona* 574 H 36 122 D 8 – *209 635 h – Playa.*
Madrid 635 – Barcelona 8 – Mataró 19.

Miramar sin rest con cafetería por la noche salvo sábado y domingo, Santa Madrona 60 ✆ 93 384 03 11, *info@miramarhotel.net, Fax 93 389 16 27,* ≤ – 🛗 ▤ TV 🚗. AE MC VISA. ✖ – ☕ 7,49 – **48 hab** 48,15/90,95.
◆ Hotel de correctas instalaciones situado frente al mar. Su ambientación en tonos claros le otorga un aire acogedor. Habitaciones de confort funcional con baños actuales.

BADARAN *26310 La Rioja* 573 E 21 – *706 h alt. 623.*
Madrid 328 – Logroño 38 – Vitoria-Gasteiz 72 – Burgos 92 – Soria 112.

Conde de Badarán, carret. San Millán 1 ✆ 941 36 70 55, *condebadaran@hotmail.com, Fax 941 41 85 06,* ≤ – 🛗 TV P. AE ⓓ MC VISA JCB – **Comida** 15 – ☕ 3,06 – **28 hab** 50/70.
◆ Dispone de agradables habitaciones de aire clásico, donde se combina el mobiliario en pino y forja, así como baños actuales que en algunos casos se integran en el dormitorio. Cafetería pública y un correcto comedor que basa su oferta culinaria en el menú.

BAENA *14850 Córdoba* 578 T 16 – *16 599 h alt. 407.*
Madrid 392 – Antequera 88 – Andújar 89 – Córdoba 66 – Granada 105 – Jaén 66.

La Casa Grande, av. de Cervantes 35 ✆ 957 67 19 05, *lacasagrandebaena@hotmail.com, Fax 957 69 21 89* – 🛗 ▤ TV 🚗 – 🏛 25/400. AE ⓓ MC VISA. ✖
Comida 11 – ☕ 3,90 – **38 hab** 61/105.
◆ Hotel de línea clásica situado en el centro de la localidad. Posee un elegante hall, un magnífico salón para banquetes-conferencias y habitaciones con buen nivel de confort. Restaurante con mobiliario escogido y un esmerado servicio de mesa.

BAEZA *23440 Jaén* 578 S 19 – *17 691 h alt. 760.*
Ver : *Localidad★★ – Centro monumental★★★ : plaza del Pópulo★ Z - Catedral★ (interior★★) Z- Palacio de Jabalquinto★ (fachada★★) Z - Ayuntamiento★ Y* **H** *– Iglesia de San Andrés-(tablas góticas★) Y –* ℹ *pl. del Pópulo* ✆ *953 74 04 44 otbaeza@andalucia.org Fax 953 74 04 44.*
Madrid 319 ① – Jaén 48 ③ – Linares 20 ① – Úbeda 9 ②

BAEZA

Aguayo . . . . Y 2
Alcade Garzón Nebrera (Av. del) . . . . Y
Barbacana . . . . Z 3
Cardenal Benavides (Pas.) . . . . Y 5
Carmen . . . . Z
Cipriano Tornero o del Rojo . . . . Y
Compañía . . . . Z 6
Concepción . . . . Y
Conde Romanones . . . . Z 7
Constitución (Pl. de la) . . . . Z
Córdoba (Puerta de) . . . . Z 9
Corvera . . . . Y
España (Pl. de) . . . . Y
Gaspar Becerra . . . . Y 12
General Cuadros . . . . Y 13
José M. Cortés . . . . Y 15
Julio Burel . . . . YZ
Magdalena . . . . Y 16
Merced . . . . Z
Los Molinos . . . . Y
Motilla . . . . Y
Obispo Mengíbar . . . . Z 17
Obispo Narváez o Barreras . . . . YZ
Pintada Baja . . . . Y
Pópulo (Pl. del) . . . . Z
Sacramento . . . . Z 20
San Andrés . . . . Y 21
San Felipe Neri (Cuesta) . . . . Z 23
San Francisco . . . . Y
San Gil (Cuesta de) . . . . Z 25
San Juan Bautista . . . . Z
San Pablo . . . . Y
Santa María (Pl. de) . . . . Z

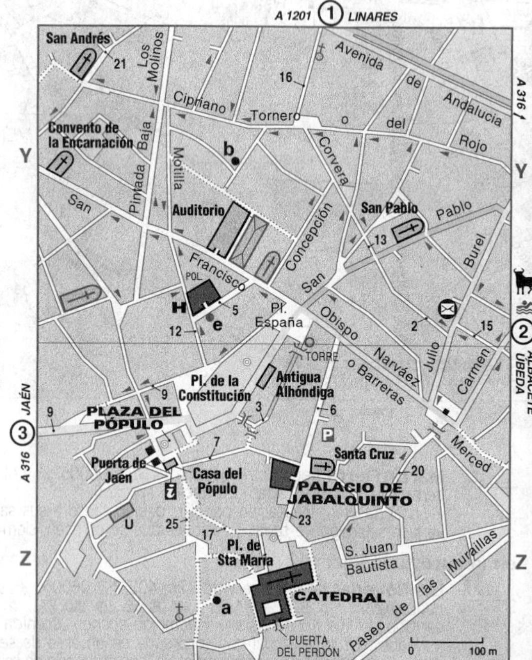

Puerta de la Luna ⅋, Melgares Raya 7 ☎ 953 74 70 19, *direccion@hotelpuertadelaluna.com, Fax 953 74 70 95,* ⛱ – |‡| ▤ TV ⇌ – 🏛 25/120. AE ⓓ MC VISA. ✗ Z a
Comida 25 – ☕ 10 – **40 hab** 110/120 – 4 suites.
◆ Ocupa parte de un hermoso edificio del s. XVI. Dispone de un patio central, zonas sociales repartidas en varios rincones y habitaciones amplias de completo equipamiento. Bar público con entrada independiente y restaurante dotado de buen servicio de mesa.

Palacete Santa Ana ⅋ sin rest, Santa Ana Vieja 9 ☎ 953 74 16 57, *info@palacetesantana.com, Fax 953 74 16 57* – TV. AE ⓓ MC VISA. ✗ Y b
☕ 5 – **28 hab** 36/66.
◆ Bonito palacete del s. XVI dotado de unas dependencias espaciosas y cómodas con una cuidada decoración. A destacar sus elegantes salones sociales.

Juanito con hab, av. Puche Pardo 43 ☎ 953 74 00 40, *Fax 953 74 23 24* – |‡| ▤ TV
34 hab. por ②
◆ Restaurante de línea clásica afamado en la zona y decorado con numerosos galardones recibidos por su trabajo. El negocio se complementa con unas cuidadas habitaciones.

Sali, pasaje Cardenal Benavides 15 ☎ 953 74 13 65, *sali@restaurantesali.e.telefónica.net, Fax 953 74 47 01,* ☂ – ▤ Y e
◆ Su amplio bar da acceso a un comedor de estilo clásico, con el suelo en parquet y las paredes decoradas a base de murales que representan edificios históricos de la localidad.

BAGÀ *08695 Barcelona* 574 F 35 – *2 091 h alt. 785.*
Madrid 639 – Andorra La Vella 68 – Barcelona 121 – Girona/Gerona 115.

Ca L'Amagat, Clota 4 ☎ 93 824 40 32, *hotel@hotelcalamagat.com, Fax 93 824 46 51* – ▤ rest, TV. MC VISA. ✗ rest – *cerrado 24 diciembre-6 enero* – **Comida** *(cerrado lunes salvo mayo-octubre)* 12 – ☕ 6 – **18 hab** 28/46,50.
◆ Pequeño hotel de organización plenamente familiar. Posee un salón social con chimenea y sencillas habitaciones que resultan correctas en su categoría, con mobiliario en pino. Comedor espacioso y de techos altos, dejando la viguería de madera a la vista.

Niu Nou, av. Vilaseca 1 ☎ 93 824 42 53, *restaurantniunou@hotmail.com, Fax 93 824 42 53* – ▤. AE ⓓ MC VISA JCB. ✗
cerrado 7 días en enero, 7 días en marzo, 7 días en septiembre, domingo noche y lunes – **Comida** carta 19 a 40.
◆ Llevado en familia, destaca por las cuidadas elaboraciones con base en los productos de la región. Sala reducida y luminosa precedida por un pequeño bar. Buena carta de vinos.

BAGERGUE *Lleida – ver Salardú.*

BAILÉN *23710 Jaén* 578 R 18 – *16 814 h alt. 349.*
Madrid 294 – Córdoba 104 – Jaén 37 – Úbeda 40.

en la antigua carretera N IV :

Motel Salvador, ✉ 23710, ☎ 953 67 00 58, *recepcion@motelsalvador.com, Fax 953 67 25 74* – ▤ TV P – 🏛 25/350. AE ⓓ MC VISA. ✗ rest
Comida 10 – ☕ 5 – **28 hab** 52,75/63,90.
◆ Aparcar el coche delante de la puerta es una de las comodidades que ofrece este hotel, dotado de habitaciones alegres tipo bungalow. Zonas comunes en edificio separado. Su comedor clásico se completa con una gran sala para banquetes y un bar junto al jardín.

Zodíaco, ✉ 23710, ☎ 953 67 10 62, *joselrodriguez@hzodiaco.com, Fax 953 67 19 06,* ☂ – |‡| ▤ TV P – 🏛 25/120. AE ⓓ MC VISA JCB. ✗
Comida 13 – ☕ 5 – **52 hab** 48/60.
◆ Posee una tienda de productos regionales en la recepción y habitaciones correctamente equipadas, con baños actuales. Atractivo exterior ajardinado con terraza y pérgola. Agradable comedor con decoración clásica.

BAIONA *36300 Pontevedra* 571 F 3 – *10 659 h – Playa.*
Ver : *Monterreal (murallas★ : ≤★★).*
Alred. : *Carretera★ de Bayona a La Guardia.*
ℹ *Ventura Misa 17 ☎ 986 35 63 85 turismo@baiona.org Fax 986 35 65 61 y paseo Ribera ☎ 986 68 70 67 turismo@baiona.org Fax 986 35 63 60.*
Madrid 616 – Ourense 117 - Pontevedra 44 – Vigo 21.

Parador de Bayona ⅋, ☎ 986 35 50 00, *baiona@parador.es, Fax 986 35 50 76* ≤, Fō, ⛱, ⛱, ✗ – |‡| ▤ TV ♿ P – 🏛 25/400. AE ⓓ MC VISA. ✗
Comida 27 – ☕ 13 – **117 hab** 120/150 – 5 suites.
◆ Reproducción de un típico pazo gallego en el recinto de un castillo feudal al borde del mar. Amplia zona noble y regias estancias decoradas con detalles antiguos. Elegante restaurante con un impecable montaje.

Bahía Bayona, av. Santa Marta 13, ✉ 36308, ✆ 986 38 50 04, *Fax 986 35 66 45* – 25/200. AE VISA.
Comida 19 – ☕ 9 – **89 hab** 79/99.
◆ Bien situado junto a la playa de Santa Marta. Hotel de línea clásico-actual dotado de una correcta área social y de habitaciones funcionales, la mayoría de ellas con balcón. La abundancia de luz natural y el mobiliario de buen nivel recrean su comedor.

Pazo de Mendoza, Elduayen 1 ✆ 986 38 50 14, *pazodemendoza@terra.es, Fax 986 38 59 88* – rest, TV. AE VISA.
Comida *(cerrado domingo noche salvo verano)* 12 – ☕ 4,70 – **11 hab** 60/91.
◆ Instalado en un pazo del s. XVIII que se alza frente al mar, sus ventanas se abren al casco histórico y al paseo marítimo. Habitaciones de adecuado confort. Excelente cafetería y un buen restaurante, ambos con las paredes en piedra y una moderna decoración.

Anunciada sin rest con cafetería, Elduayen 16 ✆ 986 35 60 18, *anunciada@vicomet .com, Fax 986 35 61 92* – TV. AE VISA JCB.
☕ 2,50 – **28 hab** 43,50/57,50.
◆ Céntrico y de organización familiar, dotado de una reducida zona común y habitaciones funcionales de correcto equipamiento. En la cafetería sirven platos combinados.

Tres Carabelas sin rest, Ventura Misa 61 ✆ 986 35 51 33, *info@hoteltrescarabelas .com, Fax 986 35 59 21* – TV. AE VISA.
☕ 5 – **17 hab** 46,80/60,50.
◆ Pequeño establecimiento familiar emplazado en el centro urbano. Posee habitaciones de suficiente equipamiento, con baños algo reducidos pero recientemente renovados.

en la carretera C 550 *Suroeste : 6 km :*

Talaso Atlántico, Faro Silleiro, ✉ 36309 Santa María de Oia, ✆ 902 444 303, *talasoatlantico@talasoatlantico.com, Fax 986 35 80 51*, TV P – 25/250. AE VISA.
Comida 25 – ☕ 12 – **69 hab** 122/142 – 1 suite.
◆ Disfruta de una situación privilegiada frente al mar y en sus instalaciones cuenta con un moderno centro de talasoterapia. Habitaciones amplias, luminosas y bien equipadas. Tanto la cafetería como el restaurante gozan de excelentes vistas desde sus ventanales.

Escríbanos...
Sus elogios y sus críticas serán estudiados con toda atención.
Nuestros inspectores volverán a ver los hoteles y restaurantes
que Ud. nos indique. Con su colaboración,esta guía será
siempre mas exacta y mas completa.
Gracias anticipadas !

BAKIO *48130 Bizkaia* 573 B 21 – *1 671 h – Playa.*
Alred. : *Recorrido en cornisa★ de Baquio a Arminza ≤★ – Carretera de Baquio a Bermeo ≤★.*
Madrid 425 – Bilbao 28.

Joshe Mari, Bentalde 31 ✆ 94 619 40 05, *joshemari@bakio.com, Fax 94 619 57 03*, – hab, TV P. AE VISA.
cerrado 20 diciembre-20 enero – **Comida** *(cerrado martes)* 18 – ☕ 8 **6 hab** 48/60.
◆ En una importante vía de la localidad. Moderno edificio de estilo colonial con una elegante decoración, dotado de unas habitaciones de corte clásico y correcto confort. Comedor con un buen servicio de mesa, complementado con un bar de aire inglés.

Gotzón, barrio Bentalde 135 ✆ 94 619 40 43, *longarai@euskalnet.net*, – . VISA.
cerrado enero, febrero y lunes – **Comida** carta 33 a 41.
◆ Frente a la playa y con un salón bajo carpa en la terraza. Posee un bar donde sirven tapas y un agradable comedor interior para disfrutar de su carta, nutrida en pescados.

en la carretera de Bermeo *Noreste : 4 km :*

Eneperi, barrio San Pelayo 89, ✉ 48130, ✆ 94 619 40 65, *eneperi@euskalnet.net, Fax 94 619 34 17* – P. AE VISA.
cerrado 6 enero-14 febrero y lunes – **Comida** - sólo almuerzo salvo viernes, sábado y verano - carta 36 a 44.
◆ Caserío rústico con taberna típica a la entrada. Cuenta con un museo en el que exponen aperos de labranza, una sala en dos niveles, con chimenea, y otra de estilo más actual.

BALAGUER *25600 Lleida* 574 G 32 – *13 086 h alt. 233.*

Ver : *Iglesia de Santa María★.*

pl. Mercadal 1 ☎ 973 44 52 00 turisme@ajsantanyi.net Fax 973 44 86 21.

Madrid 496 – Barcelona 149 – Huesca 125 – Lleida/Lérida 27.

Balaguer, La Banqueta 7 ☎ 973 44 57 50, *Fax 973 44 57 50* – AE VISA. rest

Comida *(cerrado sábado y domingo noche)* 10 – 6 – **30 hab** 40/55 – PA 21.

◆ Negocio llevado en familia, que poco a poco va renovando sus instalaciones. Salón para banquetes, y habitaciones de distinto confort, las actualizadas con mobiliario escogido.

Cal Morell, passeig Estació 18 ☎ 973 44 80 09, *calmorell@s.v.t.es* – . AE VISA

cerrado del 15 al 30 de octubre, domingo noche y lunes salvo festivos y vísperas – **Comida** carta 34 a 41.

◆ Acogedor restaurante que pone a su disposición un bar público y una sala, de buen montaje y cuidado mantenimiento, distribuida en dos niveles.

BALBOA *24525 León* 575 D 9 – *554 h alt. 685.*

Madrid 438 – León 149 – Lugo 85 – Ponferrada 41.

Ancares , Sur : 1,5 km ☎ 987 56 37 71, *info@hotelancares.com, Fax 987 56 37 69* – rest, P. VISA.

cerrado 2ª quincena de enero – **Comida** *(cerrado lunes)* 14,75 – 5 – **16 hab** 49,90/62,35.

◆ Conjunto de aire rústico en piedra y pizarra, ubicado en un relajante paraje rural. Sus dependencias, decoradas con detalles vanguardistas, resultan muy acogedoras. Comedor de impecable servicio de mesa y excelente mantenimiento.

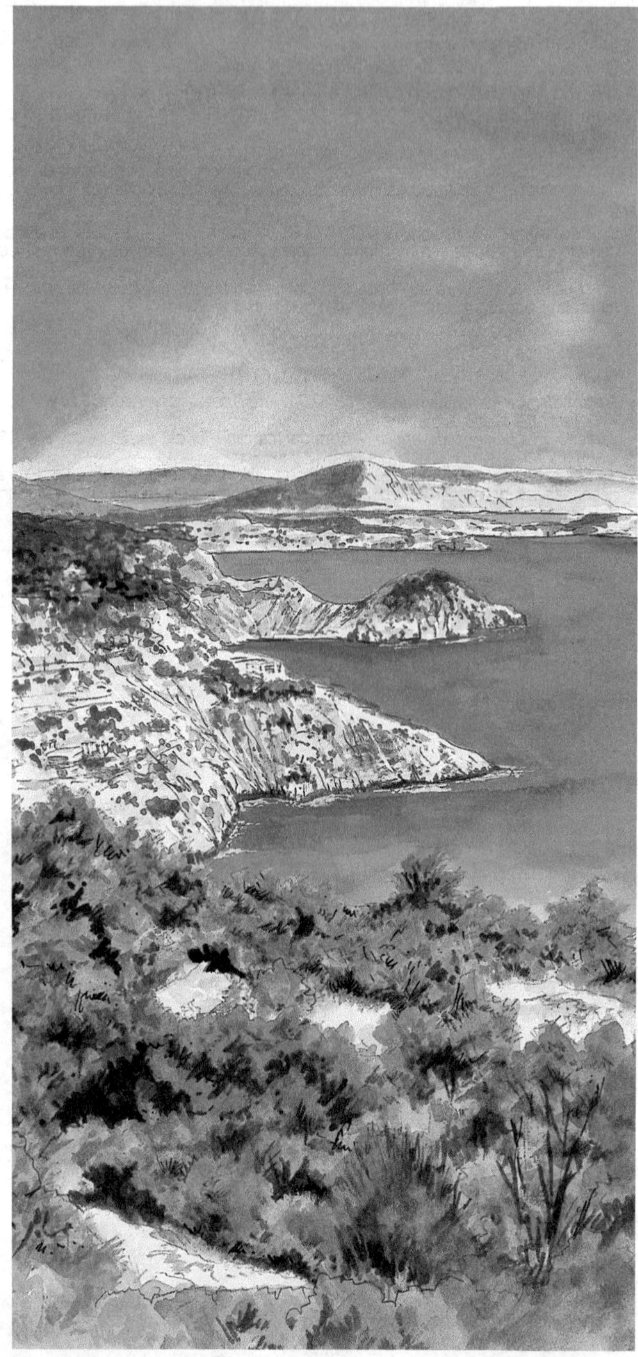

BALEARS (Illes) o BALEARES (Islas)★★★

579 - 745 944 h.

La belleza de su naturaleza y sus privilegiadas playas han convertido el archipiélago en un destino turístico muy apreciado.

El archipiélago balear se extiende sobre una superficie de 5.000 km². Está formado por cinco islas (Mallorca, Menorca, Eivissa, Formentera y Cabrera) y numerosos islotes. Sus habitantes hablan el balear, lengua derivada del catalán.

MALLORCA: *Es la mayor de las Baleares y está considerada como uno de los centros turísticos más importantes de Europa. La industria del calzado y las fábricas de perlas artificiales de Manacor encuentran un amplio mercado en el extranjero. En ella se encuentra Palma, capital administrativa de la Comunidad Autónoma.*

MENORCA: *Es la segunda por su superficie y población. Gran parte de sus costas han sido protegidas de la construcción masificada y ha permanecido al margen de las grandes corrientes turísticas.*

EIVISSA/IBIZA: *Conocida como la Isla Blanca, posee una personalidad única por sus casas blancas, por sus terrados y por sus calles tortuosas como zocos africanos. En los años 60 se estableció en Ibiza una juventud ávida de un modo de vida diferente que encontró aquí su hábitat.*

FORMENTERA: *Está formada por dos islotes unidos por un istmo llano y arenoso. Las playas de arena blanca y agua cristalina son el principal atractivo de esta pequeña isla. En la costa alternan los acantilados rocosos y las dunas salpicadas de arbustos.*

BALEARS (Illes) o BALEARES (Islas) ★★★ 579 – *745 944 h.*

ver : Palma de Mallorca, Mahón, Eivissa.

para Balears ver : Barcelona, València. En Balears ver : Palma de Mallorca, Mahón, Eivissa.

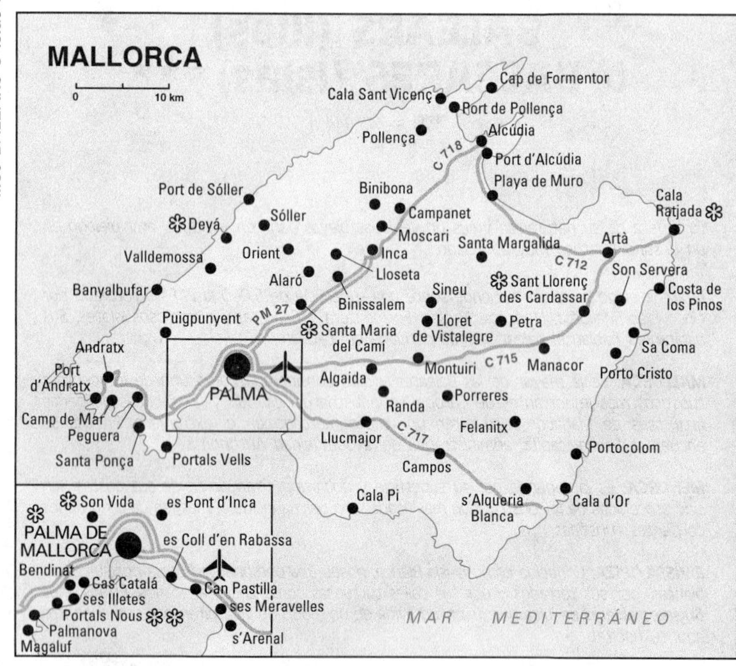

MALLORCA

Alaró *07340* 579 K 5 – *4 121 h alt. 240.*
Palma de Mallorca 24.

en la carretera de Orient *Noroeste : 3,5 km :*

S'Olivaret, ✉ 07340, ☎ 971 51 08 89, *info@solivaret.com, Fax 971 51 07 19*, – TV P – 25/40. AE MC VISA
13 febrero-octubre – **Comida** 35 – **25 hab** 143/163.
◆ Antigua casa de campo en un bello paraje agreste entre las montañas de s'Aucadena y Castell. Decorada con sumo gusto, combina el mobiliario de época con el confort más actual. Restaurante de ambiente informal con una agradable terraza.

Alcúdia *07400* 579 M 4 – *12 942 h alt. 20.*
Palma de Mallorca 56.

Sant Jaume sin rest, Sant Jaume 6 ☎ 971 54 94 19, *hotelsantjaume@terra.es, Fax 971 89 72 55* – TV. AE MC VISA.
cerrado 20 diciembre-15 febrero – **6 hab** 72/99.
◆ Ubicado en una casa señorial del s. XIX, restaurada con buen criterio. Posee unas cuidadas habitaciones, con decoración personalizada y baños modernos, algunas con dosel.

Es Convent con hab, Progrés 6 ☎ 971 54 87 16, *hotel@esconvent.com, Fax 971 89 70 42*, – TV. AE MC VISA.
cerrado enero y febrero – **Comida** *(cerrado lunes)* carta aprox. 40 – **4 hab** 85/100.
◆ Un marco cálido y de ambiente relajado, con las paredes en piedra y viguería en el techo, donde podrá degustar una interesante cocina. Acogedor privado en el sótano.

Algaida 07210 579 L 6 – *3 157 h.*
Palma de Mallorca 22.

Binicomprat, carret. de Manacor - Noroeste : 1 km ✆ 971 12 54 11, *Fax 971 12 54 09,* – P. VISA.
cerrado lunes – **Comida** carta 24 a 39.
◆ Chalet de nueva construcción dotado de una pequeña sala, con cocina y carta independientes respecto al salón de banquetes, siendo este último la clave del negocio.

Es 4 Vents, carret. de Manacor ✆ 971 66 51 73, *Fax 971 12 54 09,* – P. VISA.
cerrado 30 días en junio-julio y jueves salvo festivos – **Comida** carta 23 a 33.
◆ Local apreciado por el aroma casero de sus guisos. Sencillo montaje con comedores contiguos a distinto nivel, que han sido actualizados recientemente.

Hostal Algaida, carret. de Manacor ✆ 971 66 51 09, – P. VISA
Comida carta 19 a 27.
◆ Establecimiento familiar con cierto tipismo. Venta de productos en la zona de bar y, al fondo, una estancia rectangular en estilo neorrústico con servicio a la carta.

s'Alqueria Blanca 07691 579 N 7.
Palma de Mallorca 55.

Bacco, Jaume I-5 ✆ 971 16 42 85 – VISA.
cerrado lunes – **Comida** - cocina italiana - carta aprox. 35.
◆ Tres profesionales italianos dirigen esta casa. Un arco separa el bar público del comedor y, a continuación, una cristalera da paso a una coqueta terraza con plantas.

Andratx 07150 579 I 6 – *6 869 h alt. 100.*
Palma de Mallorca 31.

por la carretera C 719 *Suroeste : 0,6 km y desvío a la izquierda 0,4 km :*

Son Esteve, Camí Ca's Vidals 42, ✉ 07150, ✆ 971 23 52 72, *info@sonesteve.com, Fax 971 23 54 12,* ←, – TV P. AE VISA. rest
cerrado 10 noviembre-15 diciembre – **Comida** - sólo clientes, sólo menú - 22 – **7 hab** 85/130.
◆ Casona de labranza en una extensa finca con piscina e interesantes vistas sobre los alrededores. Discreta organización y habitaciones correctas, con mobiliario en forja.

Artà (Cuevas de) 07570 ★★★ 579 O 6.
Palma de Mallorca 78.

Ca'n Moragues sin rest, Pou Nou 12 ✆ 971 82 95 09, *hotel@canmoragues.com, Fax 971 82 95 30,* – TV. AE VISA JCB.
8 hab 84/123.
◆ Elegante casa señorial que data del s. XIX donde podrá disfrutar de una estancia tranquila. Posee unas modernas habitaciones con un equipamiento de alto nivel.

Casal d'Artà sin rest, Rafael Blanes 19 ✆ 971 82 91 63, *casalarta@terra.es, Fax 971 82 91 63* – TV. VISA.
6 – **8 hab** 42,10/78,15.
◆ Céntrico y de organización familiar, pone a su disposición unas dependencias sin lujos, pero muy correctas dentro de su sencillez. La terraza brinda bellas vistas.

Banyalbufar 07191 579 I 5 – *440 h alt. 100.*
Alred. : *Mirador de Ses Ànimes★★ Suroeste : 2 km.*
Palma de Mallorca 25.

Sa Coma, Camí d'es Molí 3 ✆ 971 61 80 34, *hotelsacoma@hotelsacoma.com, Fax 971 61 81 98,* ←, – P. AE VISA.
febrero-octubre – **Comida** - sólo cena - 30 – 17 – **32 hab** 64/98.
◆ Privilegiada ubicación al lado del mar. Pequeño hotel con suficiente zona social y habitaciones dotadas de una línea cómoda y práctica, con baños actuales.

Mar i Vent, Major 49 ✆ 971 61 80 00, *marivent@fehm.es, Fax 971 61 82 01,* ← mar y montaña, – P. VISA.
cerrado diciembre-enero – **Comida** 25 – **29 hab** 79/98.
◆ Un hotelito situado a la entrada de la localidad, con bellas vistas al mar y la montaña. Acogedora zona noble, y unas habitaciones funcionales bien equipadas. Comedor con grandes ventanas y bonitos detalles decorativos.

Son Tomás, Baronía 17 ✆ 971 61 81 49, *Fax 971 61 81 35,* ←, – VISA.
cerrado 4 noviembre-10 diciembre, lunes noche y martes – **Comida** carta aprox. 28.
◆ Un negocio llevado en familia. La cocina semivista y sus adecuadas instalaciones definen un montaje cuidado con esmero. Grata acogida y amables atenciones.

Bendinat *07181* 579 N 37.

Palma de Mallorca 11.

Bendinat, Andrés Ferret Sobral 1, ✉ 07015 Portals Nous, ☎ 971 67 57 25, *info@hotelbendinat.es, Fax 971 67 72 76*, – P. VISA. *marzo-noviembre* – **Comida** 22 – **52 hab** 127/230.
◆ Con el aval de una dirección experimentada. Confortables bungalows y habitaciones de línea clásica en un cuidado jardín con árboles y terrazas junto al mar. Alegre comedor realzado con un servicio de mesa que da la talla.

Binissalem *07350* 579 L 5 – *4676 h alt. 160.*

Palma de Mallorca 20 – Inca 7.

Scott's, pl. Iglesia 12 ☎ 971 87 01 00, *reserve@scottshotel.com, Fax 971 87 02 67*, – AE VISA.
Comida - ver rest. ***Scott's*** – **18 hab** 135/175.
◆ Cálida cotidianeidad en una antigua casa señorial. Zona noble con mobiliario de calidad, acorde al estilo de unas habitaciones donde se ha extremado el gusto por el detalle.

Scott's - *Hotel Scott's*, Pou Bo 20 ☎ 971 87 00 76, *bistro@scottshotel.com, Fax 971 87 02 67* – VISA.
Comida - sólo cena - carta aprox. 28.
◆ Instalado en una vieja cochera. Sencillo restaurante, repartido en varios rincones acogedores, donde ofrecen una carta pequeña que cambian todas las semanas.

Caimari *07314* 579 L 5.

Palma de Mallorca 38 – Inca 6.

en Binibona *Noreste : 4 km :*

Binibona Parc Natural, Finca Binibona, ✉ 07314 Caimari, ☎ 971 87 35 65, *finca@binibona.com, Fax 971 87 35 11*, ← campo y montañas, – P. AE VISA.
Comida - sólo cena, sólo menú - 30 – **11 hab** 110/164.
◆ Atractivo edificio en piedra inmerso en una gran finca, con amplia oferta deportiva. Cuenta con unas espaciosas habitaciones, todas con jacuzzi y mobiliario de aire rústico. Sencillo restaurante con una agradable terraza para disfrutar de sus cenas.

Can Furiós, Camí Vell Binibona 11, ✉ 07314 Caimari, ☎ 971 51 57 51, *info@can-furios.com, Fax 971 87 53 66*, ← campo y montañas, – P. AE VISA.
cerrado 14 diciembre-14 febrero – **Comida** *(cerrado lunes)* 38 – **7 hab** 170/200.
◆ Antigua casa rural con piscina y gratas vistas al campo y las montañas. Gusto exquisito y alto confort en unas habitaciones personalizadas con estilos diferentes. Restaurante con mobiliario colorista y sobrios muros en piedra.

Ets Albellons, desvío 1,5 km, ✉ 07314 Caimari, ☎ 971 87 50 69, *finca@albellons.com, Fax 971 87 51 43*, – P. AE VISA.
Comida - sólo cena, sólo clientes - 30 – **9 hab** 110/160 – 3 suites.
◆ Conjunto rústico lleno de gracia y encanto, ubicado en pleno campo con espléndidas vistas de los alrededores. Comedor privado y cómodas habitaciones muy bien equipadas.

Es Castell, desvío 1,5 km, ✉ 07314 Caimari, ☎ 971 87 51 54, *escastell@terra.es, Fax 971 87 51 54*, ← pueblos, campo y montañas, – P. AE VISA JCB.
Comida - sólo clientes, sólo menú - 30 – **12 hab** 100/140.
◆ Casa de campo de entrañable rusticidad, en una extensa finca cuyo emplazamiento invita a disfrutar del magnífico entorno. Habitaciones sencillas pero cómodas.

Cala d'Or *07660* 579 N 7 – *3415 h – Playa.*

Ver : *Paraje*★.

18 *Vall d'Or, Norte : 7 km ☎ 971 83 70 68 Fax 971 83 72 99.*

av. Perico Pomar 10 ☎ 971 65 74 63 turisme@ajsantanyi.net Fax 971 64 80 29.

Palma de Mallorca 64.

Meliá Cala d'Or, Portinatx 16 ☎ 971 64 81 81, *melia.cala.dor@solmelia.com, Fax 971 64 32 42*, – AE VISA. rest
Semana Santa-octubre – **Comida** carta 35 a 51 – **18 hab** 320 – 31 suites.
◆ Distribuido en cuatro edificios independientes, cuenta con todo el equipamiento y confort de la cadena Meliá. Habitaciones clásicas, con servicio de hidromasaje en sus baños.

Cala d'Or, av. de Bélgica 49 971 65 72 49, *reservas@hotelcalador.es, Fax 971 65 93 51*, climatizada – VISA.
abril-octubre – **Comida** - sólo cena - 27 – **97 hab** 84/112.
• Hotel de fachada impecable y cuidadas instalaciones que, entre sus múltiples atractivos, posee unas agradables terrazas bajo los pinos con salida a una pequeña cala. En su comedor podrá degustar un variado buffet.

Port Petit, av. Cala Llonga 971 64 30 39, *gerard@portpetit.com, Fax 971 64 30 73*, – AE VISA JCB
Semana Santa-octubre – **Comida** - sólo cena en julio-agosto - carta aprox. 50.
• Privilegiada situación en una cala frente al puerto. Coqueto local cuyo interior alberga un pequeño comedor decorado con gusto, complementado con una bella terraza.

Ca'n Trompé, av. de Bélgica 12 971 65 73 41, – VISA.
cerrado diciembre-enero, martes en febrero, marzo y noviembre – **Comida** carta 21 a 30.
• Una amplia reforma en cocina, sala y sanitarios ha reforzado su categoría. Cuenta también con una terraza exterior muy demandada en toda la temporada. Seria organización.

Cala Figuera *07659* 579 M 8.

Ver : *Paraje*★.
Palma de Mallorca 59.

Cala Pí *07639* 579 L 7.

Palma de Mallorca 41.

Miquel, Torre de Cala Pí 13 971 12 30 00, *Fax 971 12 30 92*, – VISA.
marzo-octubre – **Comida** *(cerrado lunes)* carta 21 a 35.
• Casa familiar que tiene el aliciente de ser el restaurante más antiguo del lugar. Posee una sala sencilla pero correcta decorada en un cuidado estilo regional.

Cala Ratjada *07590* 579 O 5 – *5 106 h – Playa.*

Alred. : *Capdepera (murallas* ←★*) Oeste : 2,5 km.*
. para Ciutadella de Menorca : Cape Balear, Pizarro 49 902 10 04 44 cape@capebalear.com Fax 971 81 86 68.
Castellet 5 971 56 30 33 turisme@ajcapdepera.net Fax 971 56 30 33.
Palma de Mallorca 79.

Ses Rotges con hab, Rafael Blanes 21 971 56 31 08, *hotel@sesrotges.com, Fax 971 56 43 45*, – hab, . AE VISA. hab
15 marzo-octubre – **Comida** - cocina francesa - 80 y carta 40 a 50 – 12 – **24 hab** 72/93,50.
Espec. Escalope de foie-gras de pato salteado con manzanas. Salteado de gallo y colas de cangrejos de río sobre espinacas. Pichón de Bresse asado con setas de temporada.
• Antigua casa de piedra donde se han cuidado al detalle todos sus rincones. Bella terraza con plantas y dos acogedoras salas de entrañable aire rústico-regional.

Cala Sant Vicenç 579 M 4 – *Playa.*

Palma de Mallorca 61.

La Moraleja, 07469 Pollença, 971 53 40 10, *hotel@lamoraleja.net, Fax 971 53 34 18*, ←, – AE VISA.
mayo-octubre – **Comida** - sólo cena - carta 36 a 48 – **17 hab** 338.
• Chalet transformado en un selecto hotelito. Posee una gran colección de pinturas, esculturas y porcelanas, así como unas habitaciones que destacan por su amplitud y confort. Restaurante coqueto y de cuidado montaje.

Cala Sant Vicenç, Maresers 2, 07469 Pollença, 971 53 02 50, *info@hotelcala.com, Fax 971 53 20 84*, climatizada – AE VISA.
cerrado diciembre-enero - ***Cavall Bernat*** *(sólo cena)* **Comida** carta 40 a 55 – **38 hab** 145/289.
• Un oasis entre pinos. Aunque sus habitaciones y la zona común no son muy amplias, el mobiliario y su decoración revelan un gusto exquisito. Entrañable familiaridad. Restaurante luminoso y de ambiente informal.

Sa Calobra *07008* 579 K 4 – *Playa.*

Ver : *Paraje*★ – *Carretera de acceso*★★★ – *Torrente de Pareis*★, *mirador*★.
Palma de Mallorca 68.

Camp de Mar *07160* 579 I 6.

Palma de Mallorca 25.

Dorint Sofitel Royal Golf Resort, Taula 2 971 13 65 65, *info.pmicam@dorint.com, Fax 971 13 60 70*, Servicios de talasoterapia, – 25/480.
Comida 35 – **162 hab** 250/325 – 2 suites.
• Lujosas instalaciones en un conjunto de estilo señorial junto a un campo de golf con el mar al fondo. Variada oferta recreativa y confortables habitaciones con terraza.

Campanet *07310* 579 L 5 – *2 182 h alt. 167.*

Palma de Mallorca 39 – Inca 11 – Manacor 35.

al Noroeste : *4 km* :

Monnaber Nou, Finca Monnaber Nou, 07310, 971 87 71 76, *info@monnaber.com, Fax 971 87 71 27*, campo y montañas, – 25/100.
Comida 28 – **8 hab** 116/165 – 6 suites, 11 apartamentos.
• Atractiva casa de campo que hunde sus raíces en el s. XIII, rodeada de una extensa finca con espléndidas vistas. Acogedoras estancias que combinan rusticidad y clasicismo. Coqueto restaurante decorado con exquisito gusto.

Campos *07630* 579 M 7 – *6 477 h.*

Palma de Mallorca 38.

Es Brot, de La Ràpita 44 971 16 02 63, *55brot@wanadoo.es* – .
cerrado del 1 al 15 de junio y lunes salvo festivos – **Comida** carta 24 a 35.
• Su fachada combina la madera y el cristal. Magníficas instalaciones de cocina, sala cuadrangular en estilo moderno, y unos reservados en el 1er piso. Clientela del lugar.

en la carretera de Porreres *Norte : 4 km y desvío a la izquierda 1 km* :

Son Bernadinet, 07630 apartado 53, 971 65 06 94, *info@son-bernadinet.com, Fax 971 65 13 40*, – 25.
cerrado diciembre – **Comida** *(cerrado miércoles noche)* - sólo cena, sólo clientes - 28 – **11 hab** 145/190.
• Arquitectura tradicional mallorquina en una finca cuyo interior, de líneas puras y agradable rusticidad, recrea una atmósfera sosegada donde el tiempo parece detenerse.

por la carretera de Colònia de Sant Jordi PM 604 *Sur : 11,5 km y desvío a la derecha 1 km* :

Ses Arenes sin rest, carret. Campos - Colònia de Sant Jordi, 07630, 971 65 54 00, *agroturismo@sesarenes.com, Fax 971 71 13 07*, – .
15 marzo-octubre – **8 hab** 95/120.
• Sencilla casa de campo rehabilitada en un estilo moderno y rodeada por una inmensa finca que llega hasta la playa. Las habitaciones de la planta baja poseen terraza.

Sa Coma *07687* 579 O 6 – *Playa.*

Palma de Mallorca 69.

Mallorca Palace, Ses Savines 971 81 20 09, *info@mallorcapalace.com, Fax 971 81 20 40*, – 25/60.
marzo-noviembre – **Comida** 27,05 – **99 hab** 173/230 – 15 suites.
• De estilo rústico mallorquín, su planta cuadrangular orienta las habitaciones a un cuidado jardín interior. Elegante hall con paredes estucadas y lámparas tipo araña.

Deyá *07179* 579 J 5 – *616 h alt. 184.*

Palma de Mallorca 28.

La Residencia, Finca Son Canals 971 63 90 11, *laresidencia@hotel-laresidencia.com, Fax 971 63 93 70*, climatizada, – 25/50.
Comida - sólo clientes (ver también rest. ***El Olivo***) 65 – **60 hab** 260/415 – 3 suites.
• Antigua casa señorial restaurada con maestría que recoge la herencia arquitectónica de la isla. Posee unas dependencias de cálido confort decoradas con sumo gusto.

Es Molí, carret. de Valldemosa - Suroeste : 1 km 971 63 90 00, *reservas@esmoli.com, Fax 971 63 93 33*, valle y mar, climatizada, – .
29 abril-octubre – **Comida** - sólo cena - 36 – 20,30 – **86 hab** 180,50/321,15 – 1 suite.
• Hotel rodeado de un espléndido jardín escalonado presidido por una piscina con agua de manantial. Acogedoras habitaciones con baños actuales, dominando el mar y la montaña.

XXXX **El Olivo** - *Hotel La Residencia,* Finca Son Canals ✆ 971 63 90 11, *laresidencia@hotel-laresidencia.com, Fax 971 63 93 70,* – P. AE VISA.
cerrado lunes y martes – **Comida** carta 59 a 69.
◆ Antiguo molino de aceite con las paredes en piedra vista, mobiliario en mimbre y una cuidada decoración rústica. Su carta testimonia los placeres de la buena mesa.

XX **Ca'n Quet,** carret. de Valldemosa - Suroeste : 1,2 km ✆ 971 63 91 96, *reservas@esmoli.com, Fax 971 63 93 33,* ≤ montaña, – P. AE VISA.
28 abril-octubre – **Comida** *(cerrado lunes)* carta 36 a 46.
◆ Establecimiento situado a la entrada de la localidad. El principal atractivo no radica en su interior, sino en unos magníficos exteriores dotados de simpáticas terrazas.

XX **Es Racó d'Es Teix,** Sa Vinya Vella 6 ✆ 971 63 95 01, *Fax 971 63 95 01,* – P. VISA.
✿ *cerrado 15 noviembre-30 enero y martes* – **Comida** 65 y carta 47 a 56.
Espec. Escalivada con pulpo, filetes de salmonetes y pan con aceite de boquerones (verano). Raya con alcaparras, setas, espinacas y puré de patatas. Lechona mallorquina con chorizo y judias verdes.
◆ Negocio familiar ubicado en una acogedora casa de piedra. Posee una agradable terraza con vistas a la montaña y una sala de esmerado montaje dispuesta en dos niveles.

X **Sebastián,** Felipe Bauzá ✆ 971 63 94 17, *Fax 971 63 94 18* – VISA
cerrado 25 noviembre-25 diciembre, 6 enero-12 febrero y miércoles – **Comida** - sólo cena - carta aprox. 42.
◆ Dos comedores de estilo rústico, con mesas un tanto apretadas, conforman este negocio, en el que un chef experimentado elabora una cocina de buen nivel. Brigada reducida.

Drach (Cuevas del) ★★★ 579 O 6.
Palma de Mallorca 63 – Portocristo 1.

Estellencs *07192* 579 I 6 – *411 h alt. 150.*
Alred. : *Mirador Ricardo Roca*★★ *Suroeste : 8 km.*
Palma de Mallorca 31.

Felanitx *07200* 579 M 7 – *14 176 h alt. 151.*
Palma de Mallorca 50.

al Noreste : *6,5 km :*

Sa Posada d'Aumallía , camino Son Prohens 1027, ✉ 07200 apartado 159, ✆ 971 58 26 57, *aumallia@aumallia.com, Fax 971 58 32 69,* ≤, , , , – TV P. AE VISA.
cerrado diciembre-enero – **Comida** - es necesario reservar - 22 – **14 hab** 115/150.
◆ Hotelito coqueto y familiar ubicado en pleno campo. Amplia área social y habitaciones divididas en dos espacios, destacando las orientadas a la zona de la piscina. Entrañable comedor con una cálida ornamentación.

al Sureste : *6 km :*

XXX **Vista Hermosa** con hab, carret. de Portocolom, ✉ 07200 apartado 39, ✆ 971 82 49 60, *vhermosa@baleares.com, Fax 971 82 45 92,* ≤ valle, monte y mar, , , , , – hab, TV P. AE VISA.
Comida carta 40 a 48 – **6 hab** 185/245 – 4 suites.
◆ Restaurante de impecable montaje en una antigua casa señorial que brinda bellas vistas al valle, al monte y al mar. Habitaciones de exquisita decoración como complemento.

Formentor (Cap de) *07470* 579 N 4.
Ver : *Carretera*★ *de Puerto de Pollensa al Cabo Formentor – Mirador des Colomer*★★★ *– Cabo Formentor*★.
Palma de Mallorca 78 – Port de Pollença/Puerto de Pollensa 20.

Formentor , ✆ 971 89 91 00, *formentor@fehm.es, Fax 971 86 51 55* ≤ bahía y montañas, , climatizada, , – TV P – 25/200. AE VISA JCB.
21 marzo-octubre – **Comida** 50 - ***El Pí*** *(sólo cena)* **Comida** carta 50 a 72 – **110 hab** 262,50/359 – 17 suites.
◆ Magnífica situación frente al mar rodeado de un extenso pinar con vistas a la bahía y la montaña. Sus elegantes dependencias han sido renovadas en mobiliario y decoración. Disfrute de la esmerada cocina que ofrece el restaurante El Pí en su agradable terraza.

Ses Illetes o Illetas 07181 579 J 6 - *Playa.*

Palma de Mallorca 8.

Meliá de Mar, passeig d'Illetes 7 971 40 25 11, *melia.de.mar@solmelia.com, Fax 971 40 58 52,* mar y costa, – 25/220. rest
cerrado diciembre-febrero – **Comida** 33 – **133 hab** 249/285 – 11 suites.
• A pie de playa y con un atractivo jardín arbolado. Posee unas espaciosas habitaciones de máxima actualidad y unas completas instalaciones para el ocio y los negocios. Restaurante a la carta de impecable montaje y elegante decoración.

Bonsol, passeig d'Illetes 30 971 40 21 11, *bonsol@fehm.es, Fax 971 40 25 59,* climatizada, – 25/80. rest
cerrado 8 noviembre-20 diciembre – **Comida** 25 – **88 hab** 131/196 – 4 suites.
• Acogedor hotel de aire castellano con agradables terrazas bajo los pinos. Amplia zona social, confortables habitaciones con baños modernos y bungalows completamente equipados. Comedor con profusión de madera y muros en piedra vista.

Inca 07300 579 L 5 – *20 415 h alt. 120.*

Palma de Mallorca 32.

por la carretera de Sencelles *Sur : 4 km :*

Casa del Virrey, Son Campaner, 07300 apartado 490, 971 88 10 18, *casavirrey@gmx.net, Fax 971 88 33 23,* – 25. rest
Doña Irene *(cerrado lunes)* **Comida** carta 24 a 52 – **10 hab** 144/170 – 6 suites.
• Mansión señorial del s. XVII con un cuidado jardín, dotada de una elegante zona noble y unas habitaciones con mobiliario antiguo y techos altos, decoradas con sumo gusto. La viguería y los muros en piedra del restaurante evidencian su ilustre pasado.

Lloret de Vistalegre 07518 579 L 6 – *1 058 h alt. 250.*

Palma de Mallorca 33.

por la carretera de Montuiri *Sureste : 1 km y desvío a la izquierda 2,5 km :*

Sa Rota d'en Palerm sin rest, 07518, 971 52 44 19, *sa-rota@vodafone.es, Fax 971 52 44 19,* –
cerrado enero – 9,50 – **5 apartamentos** 116 – 2 hab.
• Casa de campo dotada de un agradable patio-terraza bajo una parra. La mayoría de las habitaciones son tipo apartamento, con mobiliario antiguo restaurado y bellos detalles.

Lloseta 07360 579 L 5 – *4 736 h alt. 180.*

Palma de Mallorca 31.

Ca's Comte sin rest, Comte d'Aiamans 11 971 87 30 77, *hotel@cascomte.com, Fax 971 51 91 92* –
8 hab 100/120.
• Casa señorial del s. XVIII restaurada con mucho acierto. Sus acogedoras dependencias, equipadas con todo lujo de detalles, conservan la sobriedad decorativa de antaño.

Llucmajor 07620 579 L 7 – *19 579 h.*

Palma de Mallorca 24.

al Oeste *: 4 km :*

Mallorca Marriott Son Antem, 07620, 971 12 91 00, *pmigs.mhis.dosm@marriott.com, Fax 971 12 91 01,* – 25/300.
Comida *(cerrado enero)* 29,50 – **142 hab** 169/179 – 8 suites.
• Elegante complejo con múltiples prestaciones y excelente equipamiento, situado entre dos campos de golf. Sus habitaciones, todas exteriores, son una joya en lujo y confort. Acogedor restaurante complementado en verano con una agradable terraza.

Manacor 07500 579 N 6 – *26 021 h alt. 110.*

Palma de Mallorca 49.

Ses Arcades, carret. Palma de Mallorca-Artà km 49 971 55 47 66, *Fax 971 55 11 92* –
cerrado julio, domingo noche y lunes – **Comida** carta 30 a 43.
• Local con un comedor a la carta, y una sala más sencilla para el buffet. Su expositor hace gala de una cocina que basa su maestría en la calidad de los productos.

al Norte : *4 km* :

La Reserva Rotana *(anexo)* , camí de s'Avall, ✉ 07500 apartado 69, ✆ 971 84 56 85, *info@reservarotana.com, Fax 971 55 52 58*, , , , , -
febrero-septiembre – **Comida** carta 49 a 56 – **20 hab** 210/300 – 1 suite.
• Acogedora finca señorial situada en una extensa reserva natural. La decoración de sus elegantes dependencias revela un refinado gusto por las antigüedades. La sutileza y el lujo se unen en su restaurante para crear un marco lleno de encanto.

Montuïri *07230* 579 L 6 – *2 045 h alt. 170.*
Palma de Mallorca 30 – Manacor 21.

Es Figueral Nou , carret. de Sant Joan - Noreste : 1 km ✆ 971 64 67 64, *info@esfigueralnou.com, Fax 971 64 67 47*, ≤ valle y sierra de Tramuntana, , , , , - 25/50. VISA.
Comida 20 – **25 hab** 126/180.
• Hotelito de carácter familiar instalado en una antigua casa señorial. La cuidada ornamentación realza todos los rincones, dotando a sus habitaciones de un cálido ambiente. El restaurante ocupa un edificio abovedado que data del s. XV.

Moscari *07314* 579 L 5.
Palma de Mallorca 40.

Ca'n Calco , Campanet 1 ✆ 971 51 52 60, *info@cancalco.com, Fax 971 51 51 09*, - . VISA
cerrado 15 noviembre-15 diciembre – **Comida** *(cerrado domingo)* 25 – **5 hab** 90/108.
• Situado en el centro del pueblo, brinda magníficas vistas de la sierra. Pone a su disposición unas cómodas habitaciones con toques de diseño en la decoración.

Orient *07349* 579 K 5.
Palma de Mallorca 26.

L'Hermitage , carret. de Alaró - Noreste : 1,3 km ✆ 971 18 03 03, *info@hermitage-hotel.com, Fax 971 18 04 11*, ≤, , , , - VISA.
febrero-noviembre – **Comida** 38 – **24 hab** 120/189.
• En un tranquilo paraje. Antigua casa de campo rodeada de bonitos jardines que cuenta con unas cálidas y elegantes habitaciones personalizadas en decoración. Comedor de aire rústico presidido por una prensa de aceite.

Palma de Mallorca *07000* **P** 579 J 6 – *346 720 h – Playas : Portixol* DV, *Can Pastilla por ④ : 10 km y s'Arenal por ④ : 14 km.*

Ver : *Barrio de la Catedral★ : Catedral/La Seu★★* GZ – *Iglesia de Sant Francesc (claustro★)* HZ – *Museo de Mallorca (Sección de Bellas Artes★ : San Jorge★)* GZ **M1** - *Museo Diocesano (cuadro de Pere Nisart : San Jorge★)* GZ **M2.**

Otras curiosidades : *La Lonja/La Llotja★* FZ - *Palacio Sollerich (patio★)* GY **Z** – *Pueblo Español★* BU **A** - *Castillo de Bellver★* BU ※★★ - *Museu d'Art Espanyol Contemporani (colecció March)★* HY **M3.**

Son Vida, Noroeste : 5 km ✆ 971 79 12 10 Fax 971 79 11 27 AT – *Bendinat, carret. de Bendinat, Oeste : 15 km ✆ 971 40 52 00 Fax 971 70 07 86* AV.

de Palma de Mallorca por ④ : 11 km ✆ 971 78 90 99 – Iberia : av. Joan March 8 ✉ 07004 ✆ 902 405 000 HX.

para la Península, Menorca y Eivissa : Cía. Trasmediterránea, Muelle de Paraires 2 ✉ 07015 ✆ 902 454 645 Fax 971 70 73 45 BV.

pl. de la Reina 2 ✉ 07012 ✆ 971 71 22 16 ma.mintour21@bitel.es Fax 971 72 02 51 y Paseo del borne ✉ 07001 ✆ 971 72 40 90 turisme@sf.a-palma.es Fax 971 22 59 53 pl. Espanya (parc de les Estacions) ✉ 07002 ✆ 971 75 43 29 turisme@a-palma.es Fax 971 29 37 29 y en el aeropuerto ✆ 971 78 95 56 oita@conselledemallorca.net Fax 971 78 92 67 – **R.A.C.C.** *av. Conde Sallent 7 ✉ 07003 ✆ 971 71 51 40 Fax 971 72 67 35.*

Alcúdia 52 ② – Peguera/Paguera 22 ⑤ – Sóller 30 ① – Son Servera 64 ③

Planos páginas siguientes

Palacio Ca Sa Galesa sin rest, Miramar 8, ✉ 07001, ✆ 971 71 54 00, *reservas@palaciocasagalesa.com, Fax 971 72 15 79*, - VISA. GZ a
20 – **12 hab** 230/292.
• Elegantísimo palacete con mobiliario de época, próximo a la Catedral. Acogedor e íntimo en sus lujosas zonas nobles, y unas habitaciones de excelente equipamiento.

PALMA DE MALLORCA

31 de Desembre . . . . CT 150
Adrià Ferràn . . . . DU 3
Alférez Cerdá . . . . BU 4
Andreu Torrens . . . . CT 7
Anselm Turmeda . . . . CT 9
Arquebisbe Aspáreg . . . . DU 19
Arquitecte Gaspar Bennàzar (Av.) . . . . CT 20
Arxiduc Lluís Salvador. . . . . CT 21
Ausiàs March . . . . CT 22
Bellver . . . . BU 30
Camilo Jose Cela . . . . BU 39
Capità Vila . . . . DU 45
Comte de Sallent (Av.) . . . . CU 49
Ducs de Palma Mallorca (Rambla dels) . . . . CU 60
Espartero . . . . BU 66
Federico García Lorca . . . . BU 67
Francesc Garcia i Orell (Pl.) . . . DU 70

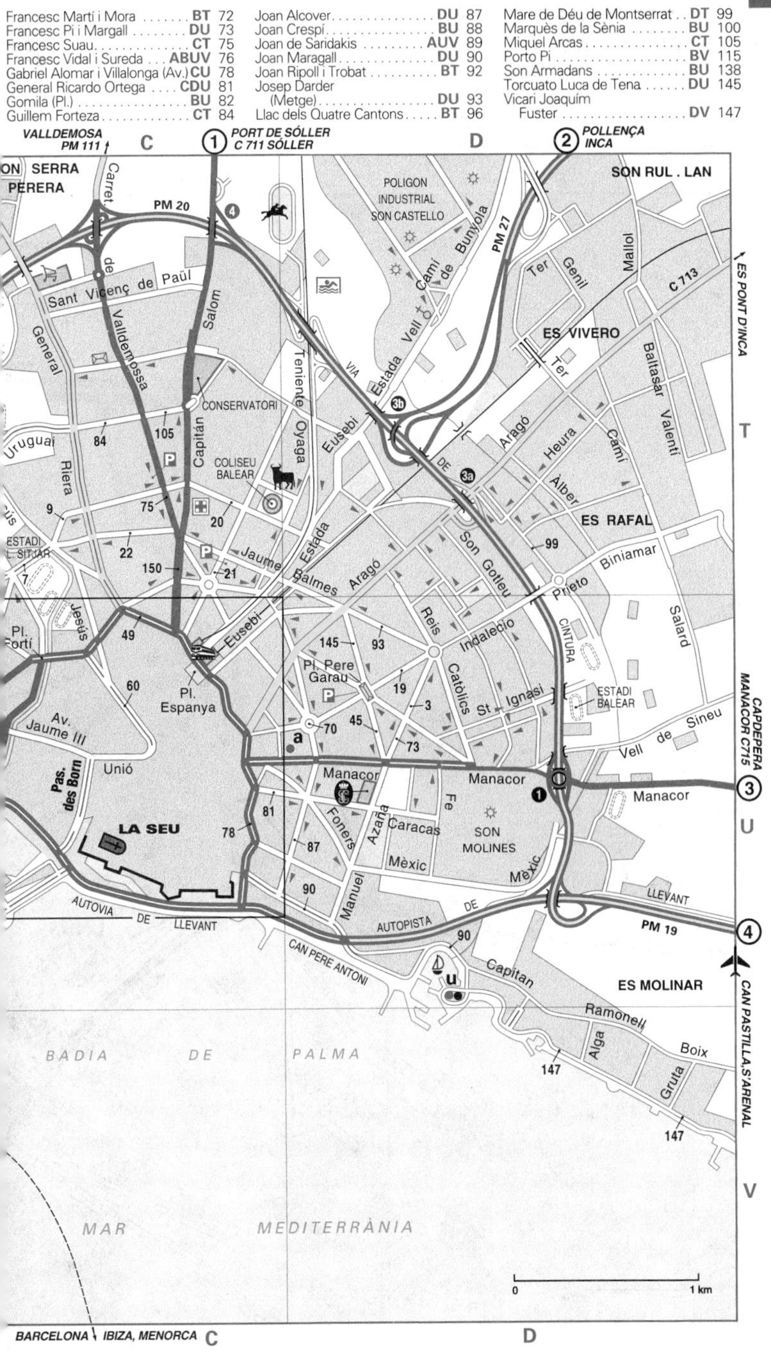
VALLDEMOSA PM 111
PORT DE SÓLLER C 711 SÓLLER
POLLENÇA INCA
ES PONT D'INCA
CAPDEPERA MANACOR C715
CAN PASTILLA, S'ARENAL
BARCELONA
IBIZA, MENORCA
SON SERRA PERERA
SON RUL . LAN
POLIGON INDUSTRIAL SON CASTELLO
ES VIVERO
ES RAFAL
CONSERVATORI
COLISEU BALEAR
ESTADI L. SITJAR
ESTADI BALEAR
Pl. Espanya
Pl. Pere Garau
LA SEU
SON MOLINES
ES MOLINAR
AUTOVIA DE LLEVANT
AUTOPISTA DE LLEVANT
PM 20
PM 27
PM 19
C 713
CAN PERE ANTONI
BADIA DE PALMA
MAR MEDITERRÀNIA
Sant Vicenç de Paül
Valldemossa
Salom
Capitán
General Riera
Uruguai
Jaume Balmes
Eusebi Estada
Teniente Oyaga
Aragó
Son Gotleu
Reis Católics
Indalecio Prieto
Biniamar
Salard
Manacor
Foners
Azaña
Caracas
Mèxic
Manuel
Capitan Ramonell
Boix
Alga
Gruta
Av. Jaume III
Pas. des Born
Unió
Jesús
Pl. Fortí
Camí de Bunyola
Camí Vell
Ter
Genil
Mallol
Baltasar Valentí
Heura
Alber
St. Ignasi
Vell de Sineu
Fe
CINTURA
VIA
1 km

PALMA DE MALLORCA

Almoina (Pl.) . . . . GZ 6
Antoni Maura (Av.) . . . . GZ 12
Antoni Planas i Franch . . . . HZ 13
Apuntadors . . . . FZ 15
Arnau Rossiñol . . . . EY 18
Balanguera . . . . FX 24
Ballester (Travessia) . . . . HY 25
Baro de Pinopar . . . . GX 27
Bayarte . . . . EY 28
Bisbe Berenguer de Palou (Pl.) . . GX 31
Bisbe Campins . . . . GX 33
Born (Pas. des) . . . . GY
Bosseria . . . . HY 34
Cadena . . . . GZ 36
Calatrava . . . . HZ 37
Can Pueyo . . . . GY 40
Can Savellà . . . . HZ 42
Can Serra . . . . HZ 43
Catalunya . . . . FY 46
Cerdanya . . . . FX 48
Conquistador . . . . GZ 50
Constitució . . . . GY 51
Convent de Sant Francesc . . . . . HZ 54
Convent de Santa Magdalena . . GY 55
Convent dels Caputxins . . . . HX 52
Corderia . . . . HY 57
Drassana (Pl.) . . . . FZ 58
Ducs de Palma de Mallorca
(Rambla dels) . . . . GXY 60

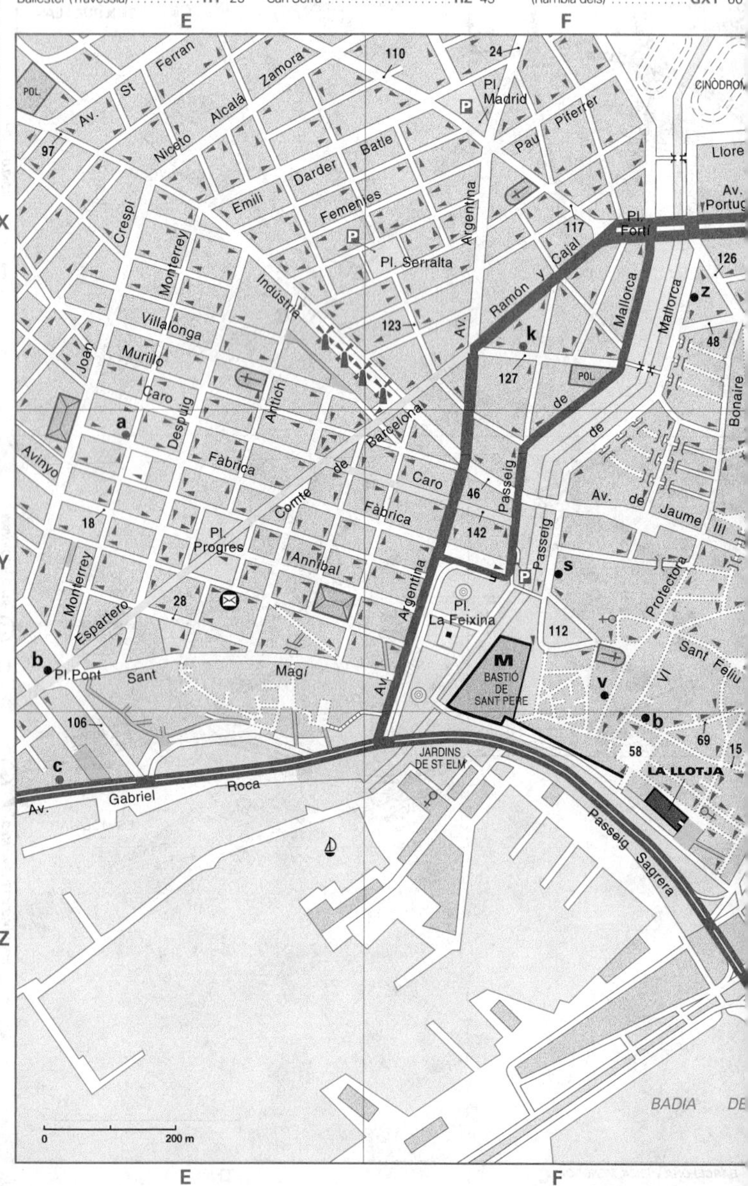

Enric Alzamora	**HX**	63
Escola Graduada	**HY**	64
Forn de la Gloria	**FZ**	69
General Ricardo Ortega	**HY**	81
Jaume II	**GY**	85
Jaume III (Av.)	**FY**	
Joan March (Av.)	**HX**	91
Josep Maria Quadrado (Pl.)	**HZ**	94
Josep Tous i Ferrer	**HY**	95
Llibertat	**EX**	97
Monsenyor Palmer	**EZ**	106
Monti-Sion	**HZ**	108
Palau Reial	**GZ**	109
Pasqual Ribot	**FX**	110
Porta de Santa Catalina (Pl.)	**FX**	112
Portella	**GZ**	114
Rafael Rodríguez Méndez	**FX**	117
Ramón Llull	**HZ**	118
Rei Joan Carles I (Pl.)	**GY**	119
Reina (Pl.)	**GZ**	120
Riera	**GY**	121
Rodriguez de Arias	**FX**	123
Rubén Dario	**FX**	126
Ruiz de Alda	**FX**	127
Sant Bartomeu	**GY**	130
Sant Francesc (Pl.)	**HZ**	132
Sant Pere Nolasc	**GZ**	133
Santa Clara	**HZ**	135
Sastre Roig	**GY**	136
Temple	**HZ**	141
Teodor Llorente	**FY**	142
Tous i Maroto	**GY**	144
Weyler (Pl.)	**GY**	148

Saratoga, passeig Mallorca 6, ✉ 07012, ☎ 971 72 72 40, *hotelsaratoga@hotelsaratoga.es, Fax 971 72 73 12,* – 25/130. FY s
Comida 18 – **162 hab** 99/150 – 25 suites.
◆ De línea actual, orientado al turismo de ocio y gente de negocios, dotado de unas completas instalaciones. Habitaciones de gran confort y una extensa variedad de servicios. Restaurante de esmerado montaje, con una cafetería panorámica en la 7ª planta.

AC Ciutat de Palma sin rest con cafetería por la noche, pl. Puente 3, ✉ 07014, ☎ 971 22 23 00, *cpalma@ac-hotels.com, Fax 971 22 23 01* – hab, – 25/80. EY b
10 – **85 hab** 101.
◆ Disfruta de las características de confort y funcionalidad propias de la cadena. Suficientes zonas nobles rodeando un patio interior y habitaciones de adecuado equipamiento.

Palau Sa Font sin rest, Apuntadors 38, ✉ 07012, ☎ 971 71 22 77, *info@palausafont.com, Fax 971 71 26 18,* ≤ casco antiguo desde el mirador, – FZ b
cerrado 21 días en enero – **19 hab** 95/205.
◆ Casa señorial del s. XVI con un mirador y vistas al casco antiguo. El mobiliario de diseño y el concepto minimalista del espacio toman el protagonismo en sus habitaciones.

Tryp Palma sin rest con cafetería, Font y Monteros 23, ✉ 07003, ☎ 971 17 02 00, *tryp.palma@solmelia.com, Fax 971 17 02 05* – – 25/55. GX c
10,80 – **77 hab** 99/110.
◆ Situado en el centro de la ciudad y orientado al hombre de negocios. La zona social resulta algo justa, aunque cuenta con habitaciones actuales de moderno mobiliario.

Palladium sin rest con cafetería, passeig Mallorca 40, ✉ 07012, ☎ 971 71 28 41, *info@hotelpalladium.biz, Fax 971 71 46 65* – FX z
8,60 – **53 hab** 78,90/113,50.
◆ Instalaciones de discreto confort que van renovando paulatinamente. Hall-recepción con cafetería, zona noble en la 1ª planta y unas habitaciones de completo equipamiento.

San Lorenzo sin rest, San Lorenzo 14, ✉ 07012, ☎ 971 72 82 00, *info@hotelsanlorenzo.com, Fax 971 71 19 01,* – FY v
10 – **6 hab** 210/230.
◆ Atractiva casa señorial del s. XVII convertida en un hotel de cálido ambiente. Cuidados exteriores con piscina y jardín, y unas habitaciones decoradas con todo detalle.

Cannes sin rest, Cardenal Pou 8, ✉ 07003, ☎ 971 72 69 43, *Fax 971 72 69 44* – GX p
56 hab 52/75.
◆ Hotel de carácter funcional y modesto montaje, dotado de una correcta zona social. Posee unas habitaciones muy sencillas que compensan con un completo equipamiento.

Chopin, Ca'n Puigdorfila 2, ✉ 07001, ☎ 971 72 35 56, *info@restaurantechopin.com, Fax 971 22 87 21,* – GY n
cerrado sábado mediodía y domingo – **Comida** carta 34 a 56.
◆ Restaurante de línea clásico-moderna y ambiente acogedor, donde podrá degustar una variada oferta gastronómica. Agradable terraza interior con césped y rocas.

Gran Dragón, Ruiz de Alda 5, ✉ 07011, ☎ 971 28 02 00, *toniyoh@terra.es, Fax 971 73 58 71* – FX k
Comida - rest. chino - carta 20 a 31.
◆ Cocina y decoración oriental que invaden los sentidos. Gran local que presenta un acertado montaje dentro de su estilo, y una carta amplia a precios moderados.

Xoriguer, Fábrica 60, ✉ 07013, ☎ 971 28 83 32, *Fax 971 28 02 46* – EY a
cerrado 15 agosto-15 septiembre y domingo – **Comida** carta 33 a 52.
◆ En una zona residencial. Sala luminosa de estilo clásico, con patio interior lleno de plantas naturales, donde sirven una cocina de tendencia actual.

La Bodeguilla, Sant Jaume 1, ✉ 07012, ☎ 971 71 82 74, *labodeguilla@la-bodeguilla.com, Fax 971 72 60 90* – GY t
cerrado 15 días en febrero, 15 días en julio y domingo – **Comida** carta aprox. 41.
◆ Negocio familiar llevado por dos hermanos, que ofrece una variada oferta gastronómica. Comedor en dos alturas, y tienda de vinos con un pequeño bar de degustación.

Asador Tierra Aranda, Concepción 4, ✉ 07012, ☎ 971 71 42 56, *Fax 971 71 42 56,* – GY e
cerrado 2ª quincena de julio, domingo y lunes mediodia(verano), domingo noche y lunes(invierno) – **Comida** - asados y carnes a la brasa - carta 24 a 30.
◆ Instalado en una típica casa mallorquina, destaca su agradable terraza con plantas. En sus salas de aire castellano podrá degustar una cocina especializada en asados.

Ca'n Nofre, Manacor 27, ✉ 07006, ✆ 971 46 23 59 - ▤. ⓓ ⓜ VISA. ✗ DU a
cerrado octubre y domingo - **Comida** carta 20 a 27.
◆ Comedor de aceptable montaje, redecorado en un estilo actual con cuadros de cierto nivel, resultando su servicio de mesa un tanto sencillo. Adecuada organización familiar.

Al Oeste de la Bahía :

Gran Meliá Victoria, av. Joan Miró 21, ✉ 07014, ✆ 971 73 25 42, *gran.melia.victoria@solmelia.com, Fax 971 45 08 24,* ≤ bahía y ciudad, ... - ... - 25/500. AE ⓓ ⓜ VISA JCB. ✗ BU u
Comida carta aprox. 39 - ☕ 22 - **165 hab** 168/310 - 6 suites.
◆ Renovación y modernidad frente a la bahía. Instalaciones de línea clásica con amplias zonas nobles, confortables habitaciones decoradas con todo detalle y baños en mármol. Espacioso restaurante de ambiente acogedor donde sirven una cocina regional.

Meliá Palas Atenea, av. Ingeniero Gabriel Roca 29, ✉ 07014, ✆ 971 28 14 00, *melia.palas.atenea@solmelia.com, Fax 971 45 19 89,* ≤, ... - ... - 25/350. AE ⓓ ⓜ VISA JCB. ✗ BU e
Comida carta 26 a 35 - ☕ 18,19 - **353 hab** 101,65/203,30 - 8 suites.
◆ Un clásico de la hostelería local en pleno paseo marítimo. Macrohotel con gran hall a la entrada, destacando su amplia zona social y la variada oferta complementaria.

Tryp Bellver, av. Ingeniero Gabriel Roca 11, ✉ 07014, ✆ 971 73 51 42, *tryp.bellver@solmelia.com, Fax 971 73 14 51,* ≤ bahía y ciudad, ... - ... - 25/150. AE ⓓ ⓜ VISA. ✗ BU v
Comida carta 22 a 33 - ☕ 14,50 - **382 hab** 145/158 - 2 suites.
◆ Soberbias vistas sobre la bahía. Sus cómodas y actuales instalaciones harán de su estancia todo un placer. Zonas sociales de notable amplitud y unas equipadas habitaciones. Restaurante panorámico.

Mirador, av. Ingeniero Gabriel Roca 10, ✉ 07014, ✆ 971 73 20 46, *mirador@hotelmirador.es, Fax 971 73 39 15,* ≤ - ... - 25/80. AE ⓓ ⓜ VISA. ✗ BU x
Comida 19,23 - ☕ 15,02 - **87 hab** 133,24/177,66.
◆ Privilegiada ubicación en el paseo marítimo. Manifiesta su confort con unas espaciosas habitaciones, correctamente equipadas con mobiliario antiguo y baños en mármol. Comedor panorámico en la 5ª planta, que centra su actividad en el buffet.

Armadams sin rest, Marquès de la Sènia 34, ✉ 07014, ✆ 971 22 21 21, *armadams@hotelarmadams.com, Fax 971 28 62 76,* ... - ... - 25/50. AE ⓓ ⓜ VISA. ✗ BU t
☕ 15,77 - **73 hab** 139,86/186,54.
◆ Edificio racionalista, y unas instalaciones que destacan por confort y equipamiento, con bañera de hidromasaje en sus habitaciones. Gran oferta en servicios complementarios.

Koldo Royo, av. Ingeniero Gabriel Roca 3, ✉ 07014, ✆ 971 73 24 35, *koldo.royo@atlas-iap.es, Fax 971 73 86 47,* ≤ - ▤. AE ⓜ VISA. ✗ EZ c
cerrado del 15 al 30 de noviembre y domingo - **Comida** 49 y carta 45 a 57.
Espec. Raviolis de remolacha rellenos de queso de cabra con aliño de manzana y nueces. Lomo de merluza en baja cocción sobre crema de guisantes. Pichón de Navaz al vino tinto con puré de ciruelas.
◆ Acogedor marco de línea actual que brinda evocadoras vistas al mar. Su mesa le propone platos de la gastronomía vasca de tintes creativos.

Mediterráneo 1930, av. Ingeniero Gabriel Roca 33, ✉ 07014, ✆ 971 73 03 77, *Fax 971 28 92 66* - ▤. AE ⓓ ⓜ VISA. ✗ BU u
Comida carta 24 a 36.
◆ Original decoración estilo años 30 y un interesante emplazamiento. Sala diáfana de montaje un tanto ajustado, con celosías y plantas, donde sirven una carta compensada.

en La Bonanova :

Valparaíso Palace ⑤, Francisco Vidal i Sureda 23, ✉ 07015 Palma de Mallorca, ✆ 971 40 03 00, *valparaiso@grupotel.com, Fax 971 40 59 04,* ≤ bahía, puerto y ciudad, ... - ... - 25/300. AE ⓓ ⓜ VISA. ✗ BV a
Comida carta 36 a 50 - **156 hab** ☕ 146/246 - 18 suites.
◆ Su privilegiada ubicación dominando la bahía le brinda bellas vistas. Cuidado exterior, elegante zona social con magnífico hall-recepción, y unas equipadas habitaciones. Restaurante de ambiente acogedor que se complementa con una impecable cafetería.

Hesperia Ciutat de Mallorca, Francisco Vidal i Sureda 24, ✉ 07015 Palma de Mallorca, ✆ 971 70 13 06, *hotel@hesperia-ciutatdemallorca.com, Fax 971 70 14 16,* ... - ... - 25/75. AE ⓓ ⓜ VISA. ✗ BV x
Comida carta 18 a 28 - ☕ 10 - **60 hab** 105/125 - 2 suites.
◆ Hotel de línea clásica cuya reducida zona noble se ve compensada con unas habitaciones bien dispuestas con baños en mármol. A destacar su bonito jardín con piscina.

Catalonia Majórica, Garita 3, 07015 Palma de Mallorca, 971 40 02 61, *majorica@hoteles-catalonia.es, Fax 971 40 59 06*, – 25/60. BV t
Comida - sólo cena buffet - 18 – 10 – **168 hab** 129/175.
• De carácter urbano y vacacional, dotado de unas modernas y confortables instalaciones. Descanse en sus equipadas habitaciones y disfrute de las bellas vistas que le brindan. Restaurante acristalado con servicio de buffet para la cena y el desayuno.

Samantha's, Francisco Vidal i Sureda 115, 07015 Palma de Mallorca, 971 70 00 00, *samanthas@telefonica.net, Fax 971 70 09 99* – AU c
Comida carta 34 a 52.
• Establecimiento de cálido ambiente, en una tranquila zona residencial. Un techo ennoblecido con bellas vigas de madera evoca la arquitectura tradicional isleña.

en Porto Pí :

Gran Dragón III, av. Joan Miró 146, 07015 Palma de Mallorca, 971 70 17 17, *toniyoh@terra.es, Fax 971 73 58 71* – BV v
Comida - rest. chino - carta 20 a 31.
• Restaurante chino que sorprende por su esmerado montaje y por su extensa carta. Bar a la entrada, y dos salas decoradas en estilo clásico-moderno con detalles orientales.

en Cala Major :

Nixe Palace, av. Joan Miró 269, 07015 Palma de Mallorca, 971 70 08 88, *hotelnixepalace@h-santos.es, Fax 971 40 31 71*, mar y costa, – 25/180. AV s
Comida 40 – **129 hab** 230/300 – 2 suites, 2 apartamentos.
• Espléndido hotel con acceso directo a una playa casi privada, que realza sus excelentes instalaciones con unas soberbias vistas. Habitaciones de exquisito gusto y calidez. Elegante comedor de distinguido ambiente.

en Cas Catalá :

Maricel, carretera d'Andratx 11, 07181 Cas Català, 971 70 77 44, *maricel@hospes.es, Fax 971 70 77 45*, – 25/50. AV b
Comida 56 – 24 – **23 hab** 320 – 6 suites.
• Imponente edificio de línea clásica con vistas al mar. Su magnífico interior de aire minimalista se completa con una original piscina y varias terrazas. Excelentes desayunos. El restaurante practica un sabio maridaje entre la cocina de autor y la tradicional.

en Gènova :

Son Berga, carret. Gènova km 4, 07015 Palma de Mallorca, 971 45 38 69, *Fax 971 73 75 60*, – AU a
cerrado lunes salvo festivos – **Comida** carta 18 a 34.
• Sencillo negocio instalado en una casa de campo con decoración típica regional, dotado de una sala ocupando lo que antaño era un establo de ovejas y una acogedora terraza.

en Son Vida :

Castillo H. Son Vida, Raixa 2, 07013 Palma de Mallorca, 971 79 00 00, *info@hotelsonvida.com, Fax 971 79 00 17*, ciudad, bahía y montañas, climatizada, – 25/200. rest AT a
El Jardín : **Comida** carta 41 a 64 - ***Bellver :*** **Comida** carta 34 a 64 – **155 hab** 259/420 – 12 suites.
• Una elegante decoración y un moderno equipamiento conviven en este antiguo palacio señorial ubicado entre pinos, con espléndidas vistas y magníficas habitaciones. En su restaurante El Jardín disfrutará de una refinada atmósfera y una interesante cocina.

Arabella Sheraton Golf H. Son Vida, Vinagrella, 07013 Palma de Mallorca, 971 78 71 00, *arabella@arabella.es, Fax 971 78 72 00*, – 25/90. AT b
Comida - ver también rest. ***Plat d'Or*** - ***Foravila :*** **Comida** carta 32 a 42 – **92 hab** 234/419 – 1 suite.
• Junto a un campo de golf. Edificio señorial en un marco de ambiente acogedor donde se funden lujo y elegancia. Bello exterior y unas dependencias decoradas con todo detalle. Luminoso restaurante de refinado clasicismo y excelente montaje.

Plat d'Or - *Hotel Arabella Sheraton Golf H. Son Vida*, Vinagrella, ✉ 07013 Palma de Mallorca, ✆ 971 78 71 00, *arabella@arabella.es, Fax 971 78 72 00*, – ▤ 🅿 AE ⓞ MC VISA. AT b
Comida - sólo cena, buffet en domingo - carta 41 a 50.
Espec. Langostinos empanados en cous-cous con ensalada de papaya y mango, salsa cremosa de Marisa (primavera). Medallón de langosta menorquina con una fideuá de cebolla roja y puntillas de calamar (verano). Carré de lechón confitado con un arroz cremoso de morcilla, jugo de vino de Benisalem y panado de espárragos.
◆ Elegante marco de línea clásica decorado con mobiliario escogido, donde disfrutar de una interesante y exquisita cocina. ¡Un homenaje a los sentidos!

Al Este de la Bahía :

en es Molinar :

Portixol, Sirena 27, ✉ 07006 Palma de Mallorca, ✆ 971 27 18 00, *hotel@portixol.com, Fax 971 27 50 25*, ≤, – ▤ TV. AE ⓞ MC VISA. DU u
Comida - ver rest. ***Portixol*** – **23 hab** ☕ 120.
◆ Singular hotel con vistas al mar, decorado con originalidad en un estilo moderno salpicado de detalles nórdicos y mediterráneos. Habitaciones con mobiliario y baños de diseño.

Ciutat Jardí sin rest, Illa de Malta 14, ✉ 07007 Palma de Mallorca, ✆ 971 74 60 70, *ciutatjardi@hotmail.com, Fax 971 74 60 72*, – ▤ TV. AE ⓞ MC VISA.
cerrado 23 diciembre-21 enero – **20 hab** ☕ 100/140. por Vicari Joaquím Fuster DV
◆ Establecimiento de larga tradición familiar con magnífica fachada, fundado en 1921. Las dependencias, renovadas recientemente, han mejorado su nivel de confort.

Portixol - *Hotel Portixol*, Sirena 27, ✉ 07006 Palma de Mallorca, ✆ 971 27 18 00, *hotel@portixol.com, Fax 971 27 50 25*, – ▤. AE ⓞ MC VISA. DU u
Comida carta 33 a 51.
◆ La ubicación junto al puerto inspira la decoración marinera de su amplia sala acristalada, alegre y muy luminosa, donde sirven una carta un tanto reducida.

en es Coll d'en Rabassa *por ④ : 6 km :*

Casa Fernando, Trafalgar 27, ✉ 07007 Palma de Mallorca, ✆ 971 26 54 17 – ▤. ⓞ VISA.
cerrado 15 diciembre-15 enero y lunes – **Comida** - pescados y mariscos - carta aprox. 39.
◆ Local sencillo y decoroso, especializado en la preparación de diferentes platos a la parrilla. Expositor de productos del mar en la entrada que invitan a su degustación.

en Playa de Palma (Can Pastilla, ses Meravelles, s'Arenal) *por ④ : 10 y 20 km :*

Playa Golf, Llaüt 26, ✉ 07600 s'Arenal, ✆ 971 26 26 50, *playagolf@fehm.es, Fax 971 49 18 52*, ≤, – ▤ TV – 25/60. AE MC VISA.
15 enero-octubre – **Comida** - sólo cena buffet - 26 – **210 hab** ☕ 85/130 – 12 suites.
◆ Establecimiento de línea clásica dotado de unas cuidadas instalaciones, a las afueras de la ciudad. Amplias zonas sociales, y unas equipadas habitaciones con baños actuales. Restaurante de correcto montaje donde sirven un variado buffet.

Leman, av. Son Rigo 6, ✉ 07610 Can Pastilla, ✆ 971 26 07 12, *info@hotel-leman.com, Fax 971 49 25 20*, ≤, – ▤ TV. AE ⓞ MC VISA.
cerrado noviembre-23 enero – **Comida** - sólo cena buffet - 20 – ☕ 6 – **98 hab** 130,74/175,20 – 23 apartamentos.
◆ Excelente alojamiento junto al mar. Aunque está orientado al descanso vacacional de sol y playa, ofrece todos los servicios y comodidades de un gran hotel moderno. El luminoso comedor basa su propuesta en un generoso buffet.

Aya, carret. de s'Arenal 60, ✉ 07600 s'Arenal, ✆ 971 26 04 50, *info@hotelaya.com, Fax 971 26 62 16*, ≤, – ▤ TV. AE ⓞ MC VISA.
abril-octubre – **Comida** - sólo buffet – 15 – **145 hab** ☕ 73/128.
◆ Instalaciones de adecuado confort en su categoría que van renovando paulatinamente. Posee suficientes zonas nobles, y unas discretas habitaciones con baños en mármol. Comedor con servicio de buffet.

Palmanova *07181* 579 *J 6 – 5 937 h – Playa.*

passeig del Mar 13 ✆ 971 68 23 65 omtpalmanova@calvia.com Fax 971 68 23 65.
Palma de Mallorca 17.

Gran Dragón, passeig del Mar 2 ✆ 971 68 13 38, *toniyoh@terra.es, Fax 971 73 58 71*, ≤, – ▤. AE ⓞ MC VISA JCB.
Comida - rest. chino - carta 17 a 32.
◆ No es habitual ver un restaurante de estas características junto a la playa. Podrá degustar elaboraciones propias del recetario oriental e innumerables menús.

Peguera o **Paguera** *07160* 579 I 6 – *Playa.*

Ratolí 1 ☎ 971 68 70 83 omtpaguera@calvia.com Fax 971 68 54 68.

Palma de Mallorca 23.

Hesperia Villamil, Bulevar de Peguera 66 ☎ 971 02 22 00, *hotel@hesperia-villamil.com, Fax 971 68 68 15,* ≤, – 25/50. AE VISA.

***La Terrasse** (sólo cena, cerrado noviembre-abril, lunes y martes)* **Comida** carta 26 a 44 – 12 – **121 hab** 160/290 – 4 suites.

◆ Céntrico hotel con una agradable terraza bajo los pinos y acceso directo a la playa, que posee una zona social muy cuidada y unas espaciosas habitaciones de línea clásica. El restaurante ha diversificado su actividad en base a la carta y al buffet.

Bahía, Bulevar de Peguera 81 ☎ 971 68 61 00, *Fax 971 68 61 04,* – AE VISA.

abril-octubre – **Comida** - sólo cena - 24,04 – **55 hab** 94,25/162,52.

◆ Coqueto y de ambiente familiar, con unas luminosas estancias de confort clásico. Su atractiva arquitectura de estilo mallorquín se ve rodeada por un entorno muy tranquilo.

La Gran Tortuga, carret. de Cala Fornells ☎ 971 68 60 23, *971 68 60 23@telefonica.net, Fax 971 68 52 20,* ≤ bahía y mar, – AE VISA

cerrado lunes en invierno – **Comida** carta 24 a 34.

◆ Hotel con una magnífica ubicación a pie de mar que brinda espléndidas vistas, y una agradable terraza con piscina que resulta ideal para disfrutar de su cocina.

Petra *07520* 579 M 6 – *2 629 h.*

Palma de Mallorca 46.

Sa Plaça Petra con hab, pl. Ramón Llull 4 ☎ 971 56 16 46, *Fax 971 56 16 46,* –

3 hab.

◆ Coqueto comedor de carácter familiar que, combinando lo antiguo y lo moderno, evoca la nostalgia de otras épocas. Tres habitaciones entrañables complementan el negocio.

Pollença *07460* 579 M 4 – *11 256 h alt. 200 – Playa en Port de Pollença.*

Pollença, carret. de Palma de Mallorca km 49,3 ☎ 971 53 32 16 Fax 971 53 32 65.

Palma de Mallorca 55.

Juma sin rest, pl. Major 9 ☎ 971 53 50 02, *juma@hoteljuma.com, Fax 971 53 41 55* – AE VISA.

cerrado 15 noviembre-15 diciembre – **7 hab** 86/108.

◆ Un marco acogedor situado en la Plaza Mayor de la localidad. Sobrias habitaciones decoradas con mobiliario de estilo antiguo, en claro contraste con un confort moderno.

Posada de Lluc sin rest, Roser Vell 11 ☎ 971 53 52 20, *info@posadalluc.com, Fax 971 53 52 22,* – VISA.

cerrado diciembre-15 enero – **8 hab** 99/123.

◆ En una antigua posada de frailes, conservando la sobriedad de antaño. Sus habitaciones, con decoración personalizada y baños actuales, resultan muy espaciosas.

Clivia, av. Pollentia 5 ☎ 971 53 36 35 – AE VISA JCB.

cerrado 11 noviembre-15 diciembre, miércoles en invierno, lunes mediodía y miércoles mediodía en verano – **Comida** carta aprox. 36.

◆ Establecimiento de línea clásica con toques de cierta elegancia, que debe su fama a una alta profesionalidad y a la calidad de los productos. Esmerado servicio de mesa.

en la carretera del Port de Pollença *Este : 2 km :*

Ca'n Pacienci, ✉ 07470 apartado 183 Port de Pollença, ☎ 971 53 07 87, – VISA.

abril-octubre – **Comida** *(cerrado domingo)* - sólo cena - carta aprox. 45.

◆ Instalado en una casita rústica con multitud de plantas y enredaderas en el exterior. En sus comedores, de marcado estilo inglés, ofrecen una sencilla carta a precio fijo.

por la carretera PM 220 *Sur : 3 km y desvío a la izquierda 0,5 km :*

Son Brull , carret. Palma-Pollença, ✉ 07460, ☎ 971 53 53 53, *info@sonbrull.com, Fax 971 53 10 68,* ≤, rest, – 25/30. AE VISA.

febrero-noviembre – **Comida** 51,36 – **23 hab** 211/283.

◆ Este imponente edificio, rodeado por una extensa finca, ocupa un convento jesuita del s. XVIII. Combina el encanto antiguo con las características del confort más moderno. Restaurante de cuidado montaje donde ofrecen una cocina mediterránea actualizada.

Es Pont d'Inca 07009 579 K 6.

Palma de Mallorca 7.

S'Altell, av. Antonio Maura 69 (carret. de Inca C 713) 971 60 10 01, *mary0363@hotmail.com* – . AE MC VISA.
cerrado agosto, domingo noche y lunes – **Comida** carta aprox. 30.
◆ Establecimiento de carácter familiar llevado con dignidad. Original marco definido por una decoración que mezcla elementos antiguos y objetos típicos de la isla.

Porreres 07260 579 M 6 – *4 363 h alt. 150.*

Palma de Mallorca 37.

al Sureste : *3,5 km* :

Sa Bassa Rotja, Camí Sa Pedrera - Finca Son Orell, 07260, 971 16 82 25, *sabassa@baleares.com, Fax 971 16 65 63*, – TV P. AE MC VISA.
Comida 29,90 – **13 hab** 100/170 – 12 suites.
◆ Aislado en pleno campo, en una tranquila finca agrícola dotada de atractivos exteriores. Cálido salón social y habitaciones de escueta decoración con las paredes en piedra. Restaurante neorrústico dotado de agradables terrazas, una de ellas junto a la piscina.

Port d'Alcúdia o Puerto de Alcudia 07410 579 M 5 – *Playa.*

para Ciutadella de Menorca : Iscomar Ferris, Muelle Comercial 902 11 91 28 iscomarferris@ral.es Fax 971 54 94 76.

paseo Marítimo 971 54 72 57 turismecb@alcudia.net (temp) y carret. de Artà 68 971 89 26 15 turismecb@alcudia.net Fax 971 89 26 15 (temp).

Palma de Mallorca 54.

Alcudiamar, paseo Marítimo 1 971 89 72 15, *hotelalcudiamarrec@globalia-hotels.com, Fax 971 89 72 26*, mar y costa, – TV P. AE MC VISA.
Comida - sólo cena - 18 – **78 hab** 174/248 – 28 suites.
◆ Su privilegiada ubicación en el puerto deportivo brinda espléndidas vistas al mar. Habitaciones funcionales con decoración personalizada y baños en mármol. Comedor amplio, complementado con una bonita terraza, que combina el buffet y la carta.

Jardín, dels Tritons 971 89 23 91, *info@restaurante-jardin.com, Fax 971 89 40 76*, – . MC VISA.
cerrado lunes – **Comida** carta 28 a 39.
◆ Una familia dirige esta casa con entusiasmo, brindando una carta equilibrada, y unas instalaciones cuidadas con esmero. A destacar su atractiva terraza.

en la playa de Muro *Sur : 6 km* :

Palace de Muro, carret. de Alcúdia-Artà, 07458 Platja de Muro, 971 89 42 24, *palacemuro@aricomo.com, Fax 971 89 42 13*, – TV – 25/400. AE MC VISA.
15 marzo-octubre – **Comida** 22 – 12 – **63 hab** 180/300 – 80 suites.
◆ Distribuido en cuatro edificios de línea clásica, su discreta dirección se ve compensada por un elevado confort. Goza de una agradable terraza con piscina frente al mar. La decoración del restaurante apuesta por la elegancia.

Port d'Andratx o Puerto de Andratx 07157 579 N 37.

Alred. : *Paraje★ – Recorrido en cornisa★★★ de Port d'Andratx a Sóller.*

Palma de Mallorca 34.

Brismar, av. Almirante Riera Alemany 6 971 67 16 00, *brismar@fehm.es, Fax 971 67 11 83*, – TV P. AE MC VISA JCB.
2 febrero-15 noviembre – **Comida** 12 – 9 – **56 hab** 55,20/74,40.
◆ Disfrute los privilegios de su céntrica localización. Hotel familiar dotado de suficiente confort y adecuada zona social. Habitaciones funcionales con baños actuales.

Miramar, av. Mateo Bosch 22 971 67 16 17, *miramar@bitel.es, Fax 971 67 34 11*, – AE MC VISA
Comida carta 42 a 50.
◆ Pequeño establecimiento con terraza, y una sala de escasa amplitud con mesas algo apretadas, que se ve compensada por un mobiliario correcto. Llevado con seriedad.

Layn, av. Almirante Riera Alemany 20 971 67 18 55, *restaurant@layn.net, Fax 971 67 30 11*, – AE MC VISA
cerrado diciembre, enero y lunes – **Comida** carta 25 a 44.
◆ Asentado negocio con una organización sencilla pero eficaz. Además de su comedor cuenta con dos terrazas bien acondicionadas, una de ellas bajo los pinos.

Port de Pollença o Puerto de Pollensa *07470* 579 M 4 – *Playa.*

Ver : *Paraje★.*

Alred. : *Carretera★ de Port de Pollença al Cabo Formentor★ : Mirador d'Es Colomer★★★.*

Monges 9 ✆ 971 86 54 67 oitport@ajpollenca.net Fax 971 86 67 46.

Palma de Mallorca 58.

Illa d'Or, passeig Colom 265 ✆ 971 86 51 00, *illador@fehm.es, Fax 971 86 42 13,* ←, – 25/40. AE VISA.
cerrado 20 noviembre-4 febrero – **Comida** 28 – **118 hab** 96/205 – 2 suites.
◆ Ubicado frente al mar, posee un pequeño embarcadero privado y un moderno centro de salud y belleza. Sus habitaciones brindan un alto nivel de confort. Cálido restaurante que en verano se complementa con una agradable terraza a la sombra de los árboles.

Miramar, passeig Anglada Camarasa 39 ✆ 971 86 72 11, *h.miramar@fehm.es, Fax 971 86 40 75,* ← – AE VISA.
abril-octubre – **Comida** - sólo cena - 15 – **84 hab** 69,80/117,50.
◆ Una eficaz dirección familiar vela por su mantenimiento, ofreciendo una acogedora zona social, así como unas habitaciones de confort actual con una grata decoración. Comedor muy alegre en tonos cálidos.

Panorama Golden Beach, urb. Gommar 5 ✆ 971 86 51 92, *Fax 971 86 64 50,* – P. AE VISA JCB. rest
mayo-octubre – **Comida** - sólo cena buffet - 8 – 5 – **40 hab** 45/60.
◆ Pequeño hotel de agradable carácter familiar. Instalaciones discretas pero cuidadas, y unas habitaciones que, aunque sencillas, resultan válidas y acogedoras. El restaurante centra su actividad en el servicio de buffet.

Corb Mari, passeig Anglada Camarasa 91 ✆ 971 86 70 40, – AE VISA.
cerrado diciembre, enero y lunes – **Comida** - carnes y pescados a la parrilla - carta aprox. 34.
◆ Su principal atractivo es una simpática terraza bajo un tejadillo rústico. El interior acoge un salón con parrilla a la vista, sin grandes detalles pero correcto.

Stay, Estación Marítima ✆ 971 86 40 13, *stay@stayrestaurant.com, Fax 971 86 81 66,* ←, – AE VISA
Comida carta 27 a 35.
◆ Negocio de seria organización muy asentado en la localidad, que cuenta con un discreto salón distribuido en dos espacios, y una agradable terraza bordeada por el mar.

en la carretera de Alcúdia *Sur : 3 km :*

Ca'n Cuarassa, 07470, ✆ 971 86 42 66, *cancuarassa@cancuarassa.com, Fax 971 86 80 21,* ←, – AE VISA
Comida carta aprox. 32.
◆ Atractivo marco de estilo rústico mallorquín, con bonitas lámparas de cristal y litografías abstractas. En verano podrá degustar sus platos en la terraza.

Port de Sóller o Puerto de Sóller *07108* 579 J 5 – *alt. 160 – Playa.*

Canonge Oliver 10 ✆ 971 63 30 42 MA.Mintour09@bitel.es Fax 971 63 30 42.

Palma de Mallorca 32.

Aimia, Santa María del Camí 1 ✆ 971 63 12 00, *Fax 971 63 80 40,* ←, – – 25/40. AE VISA.
Comida 42 – **43 hab** 90/160.
◆ Hotel de línea moderna y actual. Ofrece unas habitaciones muy luminosas, con terraza y baños completos que disponen tanto de bañera como de ducha independiente.

Es Canyis, platja de'n Repic ✆ 971 63 14 06, *info@escanyis.es, Fax 971 63 51 09,* – . VISA.
cerrado diciembre, enero y lunes – **Comida** carta 26 a 37.
◆ Establecimiento costero con una organización seria y familiar. Un comedor que, aunque sencillo, posee un excelente nivel de limpieza y mantenimiento.

Randemar, passeig Es Travès 16 ✆ 971 63 45 78, *randemar@teleline.es, Fax 971 63 45 78,* – . VISA.
15 febrero-10 noviembre – **Comida** *(cerrado miércoles salvo mayo-10 noviembre)* - cocina italiana - carta aprox. 35.
◆ Su animada localización en pleno paseo marítimo constituye todo un reclamo. Pequeña barra de apoyo, y un comedor distribuido en varias salas con un correcto servicio de mesa.

Una reserva confirmada por escrito o por fax es una garantía de seguridad.

Portals Nous *07015* 579 N 37 – *Puerto deportivo.*
Palma de Mallorca 12.

XXXX ✿✿ **Tristán,** Puerto Portals ☎ 971 67 55 47, *info@tristan-restaurant.com, Fax 971 67 90 83,* ←, – . AE VISA.
marzo-octubre – **Comida** *(cerrado lunes salvo junio-15 septiembre)* - sólo cena - 112 y carta 77 a 87.
Espec. Interpretación de la tortilla española con mousse de brécoles y anchoa ahumada. Gamba mallorquina envuelta en patata con salsa de jengibre. Tapas golosas del Tristán.
◆ Su ubicación frente al puerto deportivo y la elegante terraza armonizan con la distinguida línea clásica que alberga en su interior. Brigada atenta y muy profesional.

Portals Vells *07184* 579 J 7 – *Playa.*
Palma de Mallorca 25.

X Ca'n Pau Perdiueta, Ibiza 5 ☎ 971 18 05 09, –
Comida - arroces, pescados y mariscos.
◆ Sencilla organización y trato familiar en un restaurante de cuidado aspecto, con mobiliario funcional y un correcto servicio de mesa. Atractiva ubicación junto a una cala.

Portocolom *07670* 579 N 7 – *Playa.*
Palma de Mallorca 63.

X **Celler Sa Sinia,** Pescadors 5 ☎ 971 82 43 23, – . VISA JCB.
febrero-octubre – **Comida** *(cerrado lunes)* carta 25 a 36.
◆ Un clásico en la zona. Comedor dividido en varios espacios, con techos abovedados y paredes en madera. Barra de apoyo a la entrada, y una cocina totalmente renovada.

Porto Cristo *07680* 579 O 6 – *Playa.*
Alred. : *Cuevas del Drach★★★ Sur : 1 km – Cuevas del Hams (sala de los Anzuelos★) Oeste : 1,5 km.*
ℹ *Moll ☎ 971 81 51 03 turisme@manacor.org.*
Palma de Mallorca 62.

por la carretera de Portocolom *Suroeste : 4,5 km y desvío a la derecha 1 km :*

Son Mas , carret. Porto Cristo-Portocolom, ✉ 07680, ☎ 971 55 87 55, *hotel@sonmas.com, Fax 971 55 87 56,* ←, , , , – TV P. VISA. rest
febrero-noviembre – **Comida** - sólo clientes, sólo cena, sólo menú - 29 – **16 hab** 209,95/247.
◆ Casa de campo bien rehabilitada y con profusión de piedra vista. Dispone de un salón social abovedado, amplias habitaciones decoradas con sobriedad y unos cuidados exteriores.

Portopetro *07691* 579 N 7.
Alred. : *Cala Santanyí (paraje★) Suroeste : 16 km.*
Palma de Mallorca 61.

Puigpunyent *07194* 579 J 6 – *1145 h alt. 240.*
Palma de Mallorca 36.

G.H. Son Net , Castillo Son Net ☎ 971 14 70 00, *recepcion@sonnet.es, Fax 971 14 70 01,* ←, , , , , – TV P – 25/40. AE VISA JCB.
L'Orangerie *(solo cena en verano)* **Comida** carta 48 a 56 – 19 – **16 hab** 189/320 – 8 suites.
◆ Elegante mansión mallorquina del s. XVII que realza con exquisito gusto todos sus rincones. Posee maravillosas estancias y habitaciones decoradas en distintos estilos. Entrañable restaurante instalado en lo que en su día fue un antiguo molino de aceite.

Randa *07629* 579 L 6.
Ver : *Santuario de Cura★ ※★★.*
Palma de Mallorca 26.

XX **Es Recó de Randa** con hab, Font 21 ☎ 971 66 09 97, *esreco@fehm.es, Fax 971 66 25 58,* , – TV P. AE VISA.
Comida carta aprox. 28 – **14 hab** 105,78/135,83.
◆ Acogedora casa de piedra situada en el centro de la localidad. Restaurante bien cuidado con mobiliario de calidad, terrazas y como complemento unas estupendas habitaciones.

Illes BALEARS o Islas BALEARES

Sant Llorenç des Cardassar *07530* 579 N 6 – *6 692 h alt. 140.*

Palma de Mallorca 58.

XX ✿ **Es Molí d'En Bou,** Sol 13 ☎ 971 56 96 63, *molidenbou@terra.es, Fax 971 56 96 63* – ▤. AE MC VISA. ✂
cerrado del 7 al 21 de febrero, del 7 al 21 de noviembre, domingo mediodía en agosto, domingo noche salvo abril-septiembre y lunes resto del año – **Comida** 65 y carta 52 a 58.
Espec. Canelones de cerdo y pato con setas. Cochinillo con caracoles, setas y pera. Helado de Ca'n Pinxo con gelatina de café.
◆ Ubicado en un antiguo molino, posee un sobrio interior en piedra de línea moderna. Esmerado servicio de mesa e interesante cocina con base en el recetario regional.

Sant Salvador 579 N 39 – *alt. 509.*

Ver : *Monasterio★ (✻★★).*
Palma de Mallorca 55 – Felanitx 6.

Santa Margalida *07450* 579 M 5 – *5 241 h alt. 100.*

Palma de Mallorca 43.

en la carretera de Alcúdia PM 341 *Norte : 4 km :*

Casal Santa Eulàlia ⛰, ✉ 07458 Ca'n Picafort, ☎ 971 85 27 32, *casal-santaeulalia@casal-santaeulalia.com, Fax 971 85 08 90,* Ꝭ, ⛱ – ▤ TV P. AE MC VISA. ✂
marzo-octubre – **Comida** 27,85 – **25 hab** ☕ 176,10/200,85.
◆ Mansión del s. XIII en estilo mallorquín que ha respetado en su rehabilitación la nobleza de los antiguos señoríos. Habitaciones amplias y serenas, de elevado confort. Restaurante de excelente nivel en piedra vista.

Santa María del Camí *07320* 579 K 6 – *3 972 h alt. 150.*

Palma de Mallorca 16.

XX **Molí des Torrent,** carret. de Bunyola 75 - Noroeste : 1,8 km ☎ 971 14 05 03, *Fax 971 62 01 82,* ⛱ – ▤ P. AE MC VISA. ✂
cerrado 7 días en agosto, jueves y viernes mediodía – **Comida** - sólo cena en julio y agosto, salvo domingo - carta 40 a 49.
◆ Viejos aires rústicos mueven la decoración de este molino, cuyos muros albergan dos comedores muy cuidados. Atractiva terraza parcialmente cubierta por vigas y brezo.

en la carretera de Alaró PMV 202-1 *Norte : 2,5 km :*

✿ **Read's H.** ⛰, ✉ 07320, ☎ 971 14 02 62, *readshotel@readshotel.com, Fax 971 14 07 62,* ≤, ⛱, Ꝭ, ⛱, ⛱, ⛱, ✂ – ▤ TV P. AE ⓓ MC VISA. ✂ rest
Comida 79 y carta 52 a 62 – **10 hab** ☕ 306/360 – 13 suites.
Espec. Bacalao con caviar, gelatina de vodka y sopa fría de apio, nabo y lima. Pato con eucalipto y piña. Chocolate con lavanda y granizado de mandarina.
◆ Antigua casa señorial de estilo mallorquín rodeada de césped y con piscina. La elegancia, el confort y el aroma de la tradición definen un entorno decididamente acogedor. Coqueto restaurante de techos altos, con esbeltos arcos en piedra y llamativos murales.

Santa Ponça *07180* 579 N 37 – *Playa.*

⛳18 *Santa Ponça, urb. Nova Santa Ponça ☎ 971 69 02 11 Fax 971 69 33 64.*
ℹ *Vía Puig de Galatzó ☎ 971 69 17 12 omtsantaponsa@calvia.com Fax 971 69 41 37.*
Palma de Mallorca 21.

Hesperia Playas de Mallorca, Gran Vía del Puig Major 2 ☎ 971 69 33 66, *hotel@hesperia-playasdemallorca.com, Fax 971 69 20 70,* ⛱ – ⇅ ▤ TV. AE ⓓ MC VISA. ✂
abril-octubre – **Comida** - sólo buffet - 15 – ☕ 10 – **212 hab** 96/120.
◆ De reciente renovación y correcto confort, posee una adecuada zona social y unas habitaciones funcionales, la mitad con plato ducha en sus baños. Clara orientación vacacional. El comedor centra su actividad en el servicio de buffet y showcooking.

X **Miguel,** av. Rei Jaume I-92 ☎ 971 69 09 13, ⛱ – ▤. MC VISA. ✂
marzo-noviembre – **Comida** carta 27 a 39.
◆ Negocio familiar situado en el centro de la localidad. Agradable terraza, y un comedor donde sirven una cocina que basa su maestría en la calidad de los productos.

en el Club de Golf *Sureste : 3 km :*

Golf Santa Ponça, 07180, 971 69 71 33, *hotelgolfsponsa@infonegocio.com, Fax 971 69 48 53,* campo de golf y bahía, , , - rest
Comida carta 24 a 34 - **10 hab** 110/170 - 2 suites.
◆ Su ubicación en pleno campo de golf hará las delicias de los amantes de este deporte. Acogedora zona social, y unas habitaciones confortables y bien equipadas. Comedor con terraza de correcto montaje.

Sineu *07510* 579 L 6 - *2 581 h alt. 160.*
Palma de Mallorca 45.

León de Sineu, dels Bous 129 971 52 02 11, *reservas@hotel-leondesineu.com, Fax 971 85 50 58,* , -
cerrado 15 noviembre-15 diciembre - **Comida** carta 21 a 30 - **8 hab** 90/115.
◆ Su clientela, básicamente alemana, ha encontrado en esta casa todo un referente. Habitaciones abiertas a un bonito patio ajardinado, en un estilo clásico-antiguo muy cuidado.

Sóller *07100* 579 K 5 - *10 021 h alt. 54 - Playa en Port de Sóller.*
pl. d'Espanya 971 63 80 08 ma.mintour08@bitel.es Fax 971 63 37 22.
Palma de Mallorca 27.

S'Ardeviu sin rest, Vives 14 971 63 83 26, *sardeviu@gmx.net, Fax 971 63 83 15* -
febrero-octubre - **7 hab** 85/115.
◆ Típica casa mallorquina dotada de unas cómodas habitaciones equipadas con mobiliario antiguo. A destacar la acogedora zona social con bonito patio interior.

El Guía con hab de abril a octubre, Castañer 3 971 63 02 27, *Fax 971 63 26 34* - rest,.
Comida *(cerrado lunes salvo festivos de noviembre a marzo)* carta 23 a 37 - **18 hab** 50/75.
◆ Negocio familiar situado en el centro de la localidad. Aunque su actividad principal es un restaurante de cuidado montaje, ofrece también habitaciones de suficiente confort.

en el camino de Son Puça *Noroeste : 2 km :*

Ca N'ai, 07100, 971 63 24 94, *finca-canai@terra.es, Fax 971 63 18 99,* sierra de Alfabia y Puig Major, , -
febrero-octubre - **Comida** *(cerrado lunes)* carta 23 a 34 - **11 hab** 127/207.
◆ Casa de campo arropada por el silencio de los naranjos. Su sencilla decoración revela un elevado gusto por la tradición, con entrañables habitaciones de gran amplitud. Acogedor restaurante de agradable rusticidad, abierto a la belleza del paisaje.

por la carretera de Deyá :

Ca's Xorc, Noroeste : 4 km y desvío a la izquierda 0,5 km, 07100, 971 63 82 80, *stay@casxorc.com, Fax 971 63 29 49,* , , -
4 marzo-15 noviembre - **Comida** carta 33 a 49 - **12 hab** 136/290.
◆ Un espléndido marco que combina detalles de diseño con la rusticidad de su pasado como finca agrícola. Las vistas desde la piscina son impresionantes.

Bens d'Avall, urb. Costa de Deyá - Noroeste : 5 km y desvío a la derecha 2,3 km, 07100, 971 63 23 81, *info@bensdavall.com, Fax 971 63 23 81,* , -
marzo-noviembre - **Comida** *(cerrado domingo noche y lunes)* carta 47 a 53.
◆ Restaurante con terraza en una urbanización rodeada de monte. Sala de correcto mobiliario en un estilo clásico bien cuidado, donde sirven una cocina de sorprendente nivel.

Son Servera *07550* 579 O 6 - *6 002 h alt. 92 - Playa.*
Son Servera, Noreste : 7,5 km 971 84 00 96 Fax 971 84 01 60.
av. Joan Servera Camps 07560 - Cala Millor 971 58 58 64 MA.Mintour29@bitel.es Fax 971 58 75 26.
Palma de Mallorca 65.

en la carretera de Capdepera *Noreste : 3 km :*

Petit H. Cases de Pula, 07550, 971 56 74 92, *petithotel@pulagolf.com, Fax 971 56 72 71,* , , , -
Comida - ver rest. ***S'Era de Pula*** - **10 hab** 101,25/135.
◆ Cálido y familiar, ocupa una antigua casa de campo que hunde sus raíces en el s. XVI. Su rehabilitación conjuga el respeto a la tradición con un confort actual.

XX **S'Era de Pula** - *Petit H. Cases de Pula,* ✉ 07550, ☎ 971 56 79 40, *Fax 971 56 81 80,* – P. AE ⓓ ⓜ VISA
cerrado 10 enero-febrero y lunes – **Comida** carta 31 a 41.
• Situado junto a un campo de golf, está decorado en un cuidado estilo rústico-regional. Posee varios comedores bien dispuestos y dos agradables terrazas.

por la antigua carretera de Artà *Norte : 3 km y desvío a la derecha 0,5 km :*

Finca Son Gener , ✉ 07550 apartado 136, ☎ 971 18 36 12, *Fax 971 18 35 91,* < campo y montañas, , – P. AE ⓜ VISA.
cerrado diciembre-15 enero – **Comida** *(cerrado martes)* - sólo clientes, sólo cena - 40 – **10 hab** 230/250.
• Antigua casa de campo rodeada de una extensa finca, con vistas a las montañas. Cálidas habitaciones de gran amplitud y comedor reservado a los clientes alojados.

en Costa de los Pinos *Noreste : 7,5 km :*

Eurotel Golf Punta Rotja , ✉ 07559 Costa de los Pinos, ☎ 971 81 65 00, *eurotel@hipotels.com, Fax 971 81 65 65,* < mar y montaña, , Servicios de talasoterapia, , , , – P. – 25/250. AE ⓓ ⓜ VISA.
cerrado 14 noviembre-11 febrero – **Comida** 22 – **199 hab** 167/206 – 2 suites.
• Junto al mar, con un bonito jardín bajo los pinos y piscinas en cascada. Sus dependencias han sido renovadas ofreciendo un completo equipamiento y un aspecto actual. Amplio restaurante que centra su actividad en un variado buffet.

Las principales arterias comerciales aparecen señaladas en rojo en la lista de calles que figura junto a los planos de las ciudades.

Valldemosa *07170* 579 J 5 – *1 370 h alt. 427.*

Palma de Mallorca 18.

por la carretera de Palma *Sur : 2 km y desvío a la derecha 1 km :*

Valldemossa , carret. vieja de Valldemossa, ✉ 07170, ☎ 971 61 26 26, *info@valldemossahotel.com, Fax 971 61 26 25,* < pueblo, Cartuja y sierra de Tramontana, , – P. AE ⓓ ⓜ VISA.
Comida carta 48 a 58 – **10 hab** 200/300.
• Lujosa casa ubicada en lo alto de un cerro, con una hermosa panorámica y acceso a través de varias escalinatas y terrazas. Sus habitaciones gozan del confort más actual. El restaurante, que disfruta de un cuidado montaje, ofrece bellísimas vistas al pueblo.

en la carretera de Andratx :

Cases de Ca's Garriguer sin rest, Finca Son Olesa - Oeste : 2,7 km y desvío a la derecha 0,6 km ☎ 971 61 23 00, *casgarriguer@vistamarhotel.es, Fax 971 61 25 83,* – P. AE ⓓ ⓜ VISA.
cerrado diciembre – 9 – **10 hab** 125/175.
• Casa rural con encanto que ocupa unas antiguas dependencias agrícolas. Sus espaciosas instalaciones están decoradas con detalles originales y mobiliario restaurado.

MENORCA

Alaior *07730* 579 S 4 – *6 406 h alt. 130.*

Mahón 12.

en Son Bou *Suroeste : 8,5 km :*

XX **Club San Jaime,** urb. San Jaime, ✉ 07730 apartado 43, ☎ 971 37 27 87, *Fax 971 37 21 02,* , , – . AE ⓓ ⓜ VISA.
mayo-octubre – **Comida** carta 25 a 35.
• Una trayectoria consolidada avala un negocio que ha centrado su actividad principal en la terraza, mientras el interior cobija un comedor de poco uso. Carta clásica.

Es Castell *07720* 579 T 4.

Mahón 3.

Rey Carlos III , Carlos III-2 ☎ 971 36 31 00, *info@reycarlosiii.com, Fax 971 36 31 08,* <, , – . ⓜ VISA.
mayo-octubre – **Comida** - sólo cena buffet - 15,03 – **82 hab** 54,69/97,36 – 3 suites.
• Hotel de playa dotado de unas habitaciones cómodas y funcionales, con baños modernos. A destacar su zona social y la terraza, que goza de piscina y bellas vistas. Comedor panorámico con servicio de buffet.

Son Granot, carret. Sant Felip - Sureste : 1 km 971 35 55 55, *hotel@songranot.com, Fax 971 35 57 71,* - **9 hab.**
• Casa señorial de inspiración inglesa ubicada en lo alto de un cerro. Las habitaciones gozan de cierto aire colonial, con buen confort y modernos complementos tecnológicos. Restaurante de cuidado montaje donde ofrecen una sugerente cocina de autor.

por la carretera de Sant Lluis *Sur : 2 km y desvío a la izquierda 1 km :*

Sant Joan de Binissaida, Camí de Binissaida 108, 07720, 971 35 55 98, *santjoan@binissaida.com, Fax 971 35 50 01,* - VISA
cerrado 7 enero-Semana Santa – **Comida** - sólo clientes, sólo cena - 25 – **5 hab** 90/170 – 1 suite.
• En esta casa de campo el descanso está asegurado. Sus cuidadas habitaciones combinan a la perfección el mobiliario antiguo con elementos modernos como las pantallas de plasma.

Ciutadella de Menorca o Ciudadela *07760* 579 R 3 – *20 707 h alt. 25.*

Ver : *Localidad*★.

para Port d'Alcúdia : Iscomar Ferris, Muelle Comercial 902 10 04 44 Fax 974 54 94 76 – para Cala Rajada : Cape Balear, Marina 971 48 25 87 cape@capebalear.com Fax 971 48 25 87

pl. de la Catedral 5 971 38 26 93 infomenorcaciutadella@cime.es Fax 971 38 26 67.
Mahón 44.

Hesperia Patricia sin rest, passeig Sant Nicolau 90 971 38 55 11, *hotel@hesperia-patricia.com, Fax 971 48 11 20,* - 25/110. AE VISA.
8 – **44 hab** 140/150.
• Confortable establecimiento que ha sabido apostar por un estilo urbano, moderno y funcional, en oposición al típico ambiente turístico de los demás hoteles de la isla.

Ca's Ferrer de sa Font, Portal de sa Font 16 971 48 07 84, - VISA.
cerrado febrero, marzo y lunes salvo 15 julio-15 septiembre – **Comida** carta aprox. 37.
• En el casco viejo. Antigua serrería de sabor isleño cuyos muros albergan un marco neorrústico. Sus platos alternan la maestría regional con las últimas vanguardias.

El Horno, des Forn 12 971 38 07 67 – AE VISA.
Semana Santa-octubre – **Comida** - sólo cena - carta 27 a 40.
• Negocio familiar llevado con dignidad y buen hacer, brindándonos un ambiente acogedor. Su modesto montaje cuenta con un bar de espera y una sala rústica en la planta baja.

Club Nàutic, Camí de Baix 8-1º 971 38 27 73, *gomila@infotelecom.es, Fax 971 38 27 73,* - AE VISA. – **Comida** carta 30 a 46.
• Su propio nombre ya nos indica la localización en el puerto. Posee un comedor acristalado con buen mobiliario y correcto servicio de mesa. Organización sencilla pero eficaz.

en la carretera del Cap d'Artrutx *Sur : 3 km :*

Es Caliu, 07760 apartado 355, 971 38 01 65, - VISA
cerrado 15 diciembre-15 enero – **Comida** - carnes a la brasa, sólo fines de semana en invierno - carta 25 a 31.
• Se encuentra junto a la carretera y está dotado de sencillas instalaciones, con amplios comedores rústicos y una gran terraza. La especialidad son las carnes a la brasa.

por la carretera de Cala Morell :

Sant Ignasi, Noreste : 3 km y desvío a la izquierda 1,6 km, 07760, 971 38 55 75, *santignasi@santignasi.com, Fax 971 48 05 37,* - VISA. rest
cerrado 9 diciembre-8 enero - ***Es Lloc*** *(sólo fines de semana en invierno)* **Comida** carta 41 a 46 – 10,31 – **20 hab** 141,22/220 – 5 suites.
• Oasis de paz en una antigua masía rodeada de árboles centenarios. Exquisito gusto, y unas serenas habitaciones que, en diferentes estilos, invitan al descanso. Luminoso comedor cuyo interior, con vigas en el techo, queda dividido por una bella arquería.

Biniatram sin rest, Noreste : 7,5 km, 07760, 971 38 31 13, *biniatram@infotelecom.es, Fax 971 48 28 27,* - AE VISA.
6 – **4 hab** 71 – 6 apartamentos.
• Casona rural con piscina en plena naturaleza. Conservando su actividad agrícola alberga unas instalaciones sencillas pero confortables, en un estilo rústico bien cuidado.

en el camino de Macarella *Sureste : 7,5 km :*

Morvedra Nou, 07760, 971 35 95 21, *morvedra@morvedranou.es, Fax 971 35 91 74,* - VISA JCB.
mayo-octubre - ***Es Fast de na Silvia :*** **Comida** carta aprox. 36 – **18 hab** 152/190.
• Antigua casa de campo rehabilitada según criterios actuales, combinando el moderno equipamiento con su primitivo sabor campestre. Posee piscina y unos bellos exteriores. El comedor ocupa un cálido rincón, donde sirven una carta atractiva y sugerente.

Fornells *07748* 579 *S 3 – 788 h alt. 12.*

Major 57 ✉ 07748 ☎ 971 37 64 12.

Mahón 30.

X **S'Áncora,** passeig Marítim 8 ☎ 971 37 66 70, *Fax 971 37 65 37,* – ▤. AE ⓓ MC VISA.
cerrado diciembre-febrero y martes salvo verano – **Comida** carta aprox. 46.
◆ Plena dedicación por parte del propietario, en un local de estilo clásico-funcional, cuya ubicación en el paseo marítimo le confiere un ambiente turístico muy animado.

X **Es Cranc,** Escoles 31 ☎ 971 37 64 42, Vivero propio – ▤. MC VISA.
cerrado diciembre-febrero y miércoles salvo agosto – **Comida** carta 40 a 50.
◆ Un negocio llevado con orgullo y entusiasmo. Pase por alto su modesto montaje, pues lo que define a esta casa es una limpieza impecable y unos productos de alta calidad.

Mahón *07700* 579 *T 4 – 21 814 h alt. 57.*

Ver : *Emplazamiento★, La Rada★.*

de Menorca, Sant Climent, Suroeste : 5 km ☎ 971 15 70 00 Fax 971 15 70 70 – Iberia : aeropuerto ☎ 902 400 500.

para la Península y Mallorca : Cía Trasmediterránea, Nuevo Muelle Comercial ✉ 07701 ☎ 902 45 46 45 Fax 971 36 99 28.

Sa Rovellada de Dalt 24 ✉ 07703 ☎ 971 36 37 90 infomenorcamao@cime.es Fax 971 36 74 15.

MAHÓN

Bastió (Pl.)	ABY	2
Conquesta	BY	3
Constitució (Pl.)	BY	4
Espanya (Pl.)	BY	
Hannóver	BY	9
Isabel II	BY	12
Miranda (Pl.)	BY	15
Monestir (Pl. des)	AY	16
Negres (Andreu)	AY	17
Nou	BY	18
Port de Maó	CY	21
Princep (Pl.)	BY	22
Rector Mort	BY	24
S'Arravaleta	BY	26
Sa Rovellada de Baix	AY	27
Sant Bartolomeu	AY	29
Sant Elies	BZ	31
Sant Jaume	AY	33
Sant Lluís Gonçaga	BCZ	35
Sant Roc	BY	38
Ses Moreres	ABY	41
Ses Voltes (Costa)	BY	42

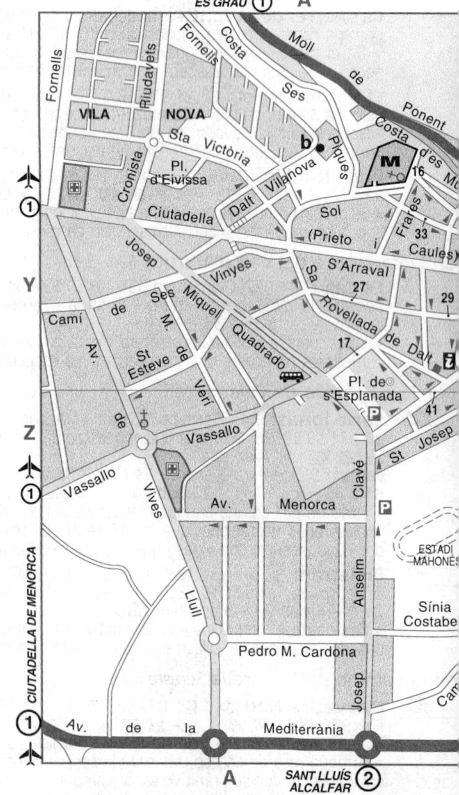

Port Mahón, av. Fort de l'Eau 13, ✉ 07701, ☎ 971 36 26 00, *portmahón@sethotels.com, Fax 971 35 10 50,* ≤, 🍴, 🏊 - 🛗 ▤ 📺 ♿ - 🏢 25/40. AE ⓓ VISA. 🚫 CY a
Comida carta aprox. 30 - **80 hab** ☕ 160 - 2 suites.
• Tranquilo alojamiento en una agradable zona residencial. Arquitectura de estilo colonial, y un interior de cierto sabor antiguo en claro contraste con su elevado confort. El restaurante ofrece una carta equilibrada.

Catalonia Mirador des Port, Vilanova 1, ✉ 07701, ☎ 971 36 00 16, *mirador@hoteles-catalonia.es, Fax 971 36 73 46,* ≤, 🏊 - 🛗 ▤ 📺. AE ⓓ VISA. 🚫 AY b
Comida - sólo cena - 15 - ☕ 10 - **69 hab** 99/130.
• Caracterizado por unos criterios prácticos y actuales, con una agradable zona ajardinada y hermosas vistas al puerto. Sus habitaciones gozan de un completo equipamiento.

La Minerva, Moll de Llevant 87 (puerto), ✉ 07701, ☎ 971 35 19 95, *Fax 971 35 20 76,* 🍴 - 🛗 ▤. AE ⓓ MC VISA. 🚫 BCY d
Comida carta aprox. 38.
• Amables veladas en un embarcadero con terraza. Cuenta también con un barco-bar, y un comedor de línea clásica que resulta cálido y confortable. Organización a la altura.

Jàgaro, Moll de Llevant 334 (puerto), ✉ 07701, ☎ 971 36 23 90, *jagaromenorca@hotmail.com, Fax 971 36 86 87,* ≤, 🍴 - ▤. AE ⓓ MC VISA. 🚫 CZ g
cerrado febrero y domingo noche - **Comida** carta aprox. 40.
• Casa familiar bien llevada, instalada en un edificio de corte mediterráneo cuyo interior alberga dos salas, una en bodega y otra más funcional con el techo acristalado.

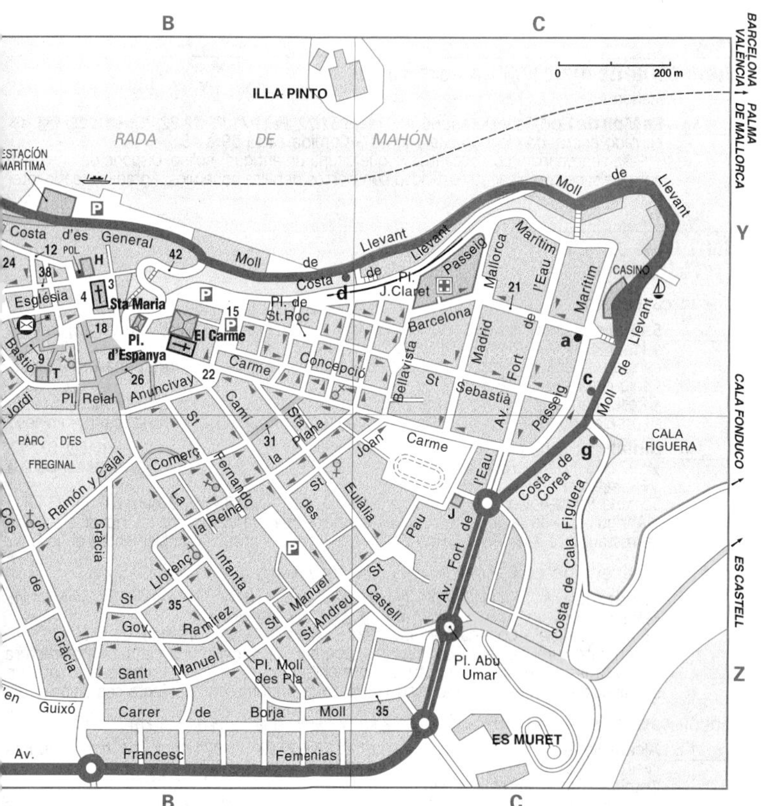

Illes BALEARS o Islas BALEARES

X **Gregal,** Moll de Llevant 306 (puerto) ☎ 971 36 66 06, *Fax 971 35 11 47*, ≤, 🍴 – ▤. AE ⓓ ⓜ VISA. ✂ CY c
Comida carta aprox. 30.
◆ Restaurante con cierto reconocimiento entre la población de la isla, ya que trabaja con un producto de buena calidad. El comedor resulta reducido, aunque de cuidado montaje.

Es Mercadal *07740* 579 *S 4 – 2 601 h alt. 120.*

Alred. : Monte Toro : ≤★★ (3,5 km).

⛳9 *Son Parc, Noreste : 6 km* ☎ *971 18 88 75 Fax 971 35 95 91.*

Mahón 22.

XX **Ca n'Aguedet,** Lepanto 30-1º ☎ 971 37 53 91, *Fax 971 37 54 67* – ▤. AE ⓓ ⓜ VISA JCB. ✂
Comida - cocina regional - carta 23 a 36.
◆ Casa familiar donde se cuida el recetario tradicional de la cocina menorquina. Ofrece un luminoso comedor principal y otro cruzando la calle, este último pensado para grupos.

Es Migjorn Gran *07749* 579 *S 4 – 1 051 h alt. 126.*

Mahón 18.

X **S'Engolidor** con hab, Major 3 ☎ 971 37 01 93, *s.engolidor@yahoo.es, Fax 971 37 01 93*, 🍴 – ⓜ VISA. ✂
20 marzo-octubre – **Comida** *(cerrado lunes en verano)* - sólo cena - carta 19 a 25 – **4 hab** ☐ 30/50.
◆ Restaurante con habitaciones en una casa rural. Su cándida sencillez y las reducidas dimensiones lo convierten en un recurso simpático y agradable. Recetario casero.

Sant Climent *07712* 579 *T 4 – 545 h alt. 91.*

Mahón 6.

XX **Es Molí de Foc,** Sant Llorenç 65 ☎ 971 15 32 22, *Fax 971 15 32 22*, 🍴 – ▤. ⓜ VISA. ✂
cerrado enero, domingo noche y lunes – **Comida** carta 39 a 45.
◆ Casa centenaria y con encanto, ya que ocupa un antiguo molino. Dispone de un comedor que sabe combinar su rusticidad con ciertos detalles bohemios. Agradable patio interior.

Sant Lluís *07710* 579 *T 4 – 3 404 h alt. 50.*

Mahón 4.

por la carretera de Binibèquer :

X **Sa Parereta d'en Doro,** Camí de Binissafuller - Suroeste : 2,5 km y desvío a la derecha 1 km, ✉ 07710, ☎ 971 15 03 53, 🍴 – P. ⓜ VISA
cerrado diciembre-enero, domingo (septiembre-junio) y lunes (octubre-mayo) – **Comida** - sólo cena - carta 28 a 35.
◆ Restaurante de modestos exteriores y en pleno campo, llevado con profesionalidad por su propietario. Posee una agradable patio-terraza y un comedor neorrústico muy luminoso.

X **Biniali** 🐎 con hab, carret. S'Ullastrar-Binibèquer 50 - Suroeste : 1,5 km, ✉ 07710, ☎ 971 15 17 24, *info@hostalbiniali.com, Fax 971 15 03 52*, ≤, 🍴, 🏊 – P. AE ⓓ ⓜ VISA JCB. ✂ rest
Semana Santa-noviembre – **Comida** carta 25 a 38 – ☐ 8,75 – **9 hab** 108,15/134,41.
◆ Antigua casa de campo que, aunque dispone de una sala interior, ha trasladado el servicio de restaurante a la terraza. Habitaciones con cierto encanto complementan el negocio.

por la carretera de es Castell *Noreste : 1,5 km y desvío a la izquierda 0,5 km :*

🏠 **Biniarroca** 🐎, Camí Vell 57, ✉ 07710, ☎ 971 15 00 59, *hotel@biniarroca.com, Fax 971 15 12 50*, 🍴, 🏊, 🌳 – ▤ TV ♿ P. ⓓ ⓜ VISA
15 abril-octubre – **Comida** *(cerrado martes)* carta 30 a 45 – **18 hab** ☐ 150/175.
◆ Conjunto rural de serenos exteriores, con piscina, jardín y una coqueta arquitectura atenta a las tradiciones campestres. Un mobiliario de buen nivel embellece su interior. Entrañable comedor donde lo rústico y lo antiguo intiman en perfecta comunión.

por la carretera de Alcalfar *Sureste : 2 km y desvío a la derecha 0,5 km :*

🏠 Alcaufar Vell 🐎, carret. de Cala Alcalfar, ✉ 07710, ☎ 971 15 18 74, *hotel@alcaufarvell.com, Fax 971 15 14 92*, 🏊, 🌳 – TV ♿ P.
Comida - sólo clientes – **9 hab.**
◆ Imponente casa señorial rodeada de jardines con vegetación autóctona. Su zona noble conserva el mobiliario original, mientras que las habitaciones ofrecen un confort actual.

Eivissa o Ibiza *07800* 579 *C 10 – 30376 h – Playa.*

Ver : *Emplazamiento★★, La Ciudad Alta★ (Dalt Vila)* Z : *Catedral* ❋★ - *Museo Arqueológico★* **M1.**

Otras curiosidades : *Museo monográfico de Puig de Molins★* Z **M2** *(busto de la Diosa Tanit★) - Sa Penya★* Y.

18 9 Ibiza, por ② : 10 km ✆ 971 19 61 18 Fax 971 19 60 51.

✈ de Ibiza, por ③ : 9 km ✆ 971 80 90 00 – Iberia : passeig Vara de Rey 15 ✆ 902 400 500 Y.

⛴ para la Península y Mallorca : Cía. Trasmediterránea, Andenes del Puerto, Estación Marítima ✉ 07800 ✆ 902 45 46 45 Fax 971 31 21 04 BY.

ℹ pl. d'Antoni Riquer 2 ✆ 971 30 19 00 promocio@cief.es Fax 971 30 15 62.

Royal Plaza, Pere Francés 27 ✆ 971 31 00 00, *royalpla@press.es, Fax 971 31 40 95,* 🏋, 🏊 – 🛗 ▤ TV 🚗 – 🎤 25/45. AE ⓓ ⓜⓒ VISA. ✻ V b

Comida 28 – ☕ 14 – **112 hab** 138/200 – 5 suites.

◆ Bien renovado y de línea clásica. Dispone de una adecuada zona social, habitaciones de completo equipamiento y una gran zona de solarium en la azotea, con piscina y jacuzzi. Correcto restaurante acristalado en la última planta.

Los Molinos, Ramón Muntaner 60, ✉ 07800, ✆ 971 30 22 50, *losmolinoscial@thbhotels.com, Fax 971 30 25 04,* ≤, 🌴, 🏋, 🏊, 🛏 – 🛗 ▤ TV 🚗 – 🎤 25/150. AE ⓓ ⓜⓒ VISA. ✻ X a

Comida carta 29 a 40 – **152 hab** ☕ 110/193 – 2 suites.

◆ Atractivo hotel apartado del bullicioso centro. Posee habitaciones de buen confort y unas magníficas instalaciones, con jardín, terraza y una piscina al borde del mar. El restaurante a la carta se completa con un servicio de buffet durante las cenas.

EIVISSA / IBIZA

EIVISSA / IBIZA

Aníbal . . . . Y 3
Antoni Palau. . . . . Y 4
Bartomeu Ramon y Tur . . . . Y 9
Bartomeu Vicente Ramón (Av.). . . . . Y 10
La Carrossa . . . . Z 29
Comte Rosselló. . . . . Y 13
Desamparados (Pl. de los) . . . . Z 14
General Balanzat . . . . Z 22
Joan Romàn. . . . . Z 24
Josep Verdera . . . . Y 25
Maestrou J. Mayans . . . . Y 30
Pere Francés . . . . Y 35
Pere Tur . . . . Z 38
Sant Ciríac . . . . Z 44
Santa Eulàlia des Ríu. . . . . Y 46

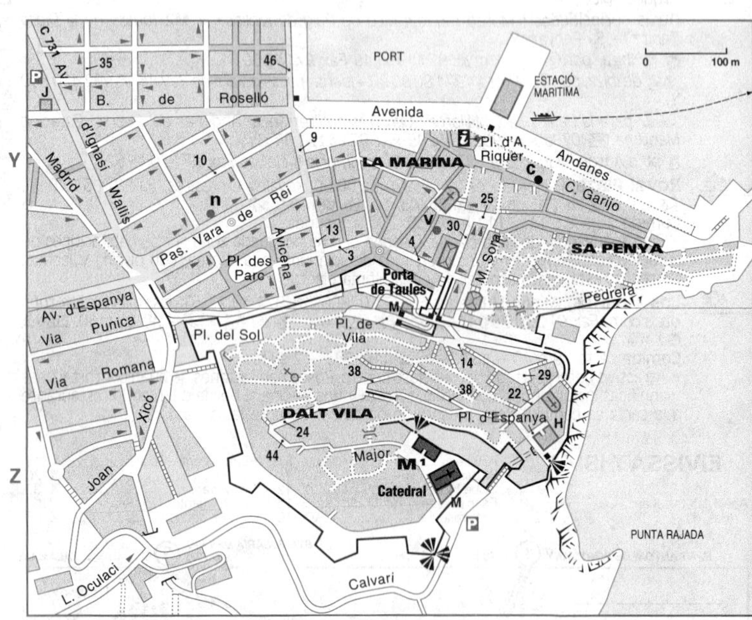

La Marina, Barcelona 7 ☎ 971 31 01 72, *reservas@hostal-lamarina.com, Fax 971 31 48 94*, ←, – ▤ TV. AE ⓓ ⓜⓒ VISA. ✱ Y c
Comida carta 28 a 45 – ☐ 2 – **30 hab** 62/77.
• Conjunto alegre y colorista, muy bien situado junto al puerto. Posee coquetas habitaciones con mobiliario en madera o forja, destacando las que tienen vistas al mar y jacuzzi. Taberna-restaurante de estilo neorrústico dotada con una agradable terraza.

El Cigarral, Fray Vicente Nicolás 9 ☎ 971 31 12 46, *elcigarral@hotmail.com, Fax 971 31 12 46* – ▤. AE ⓓ ⓜⓒ VISA. ✱ V a
cerrado 20 agosto-15 septiembre y domingo – **Comida** carta 32 a 44.
• Negocio familiar dotado de una sala en dos ambientes, con profusión de plantas, detalles castellanos y un privado separado por celosías. Gastronomía tradicional actualizada.

Ca n'Alfredo, passeig Vara de Rei 16 ☎ 971 31 12 74, *Fax 971 31 85 10*, – ▤. AE ⓓ ⓜⓒ VISA. ✱ Y n
cerrado noviembre y lunes salvo festivos – **Comida** carta 31 a 47.
• Céntrico local de línea clásica que decora sus paredes mediante fotografías de personajes famosos. Completa carta mediterránea con predominio de platos ibicencos y catalanes.

Sa Caldera, Bisbe Huix 19 ☎ 971 30 64 16 – ▤. AE ⓓ ⓜⓒ VISA. ✱ V s
cerrado domingo – **Comida** carta 24 a 34.
• Casa muy estimada que, además del comedor, posee un apartado destinado a grupos y comidas de empresa. Su carta de corte tradicional está especializada en pescados y mariscos.

Nanking, de Mar 8-1° ☎ 971 19 09 51, *Fax 971 19 11 44* – ▤. AE ⓓ ⓜⓒ VISA. ✱ Y v
cerrado 10 enero-9 febrero, del 20 al 30 de junio, miércoles y jueves mediodía – **Comida** - rest. chino - carta 14 a 25.
• Restaurante chino dotado de un correcto comedor adornado con motivos orientales, aunque no resulta recargado. Atractiva localización, seria organización y precios contenidos.

en es Vivé *Suroeste : 2,5 km :*

Torre del Mar, platja d'en Bossa, ✉ 07800 apartado 564 Es Vivé, ☎ 971 30 30 50, *reservas@hoteltorredelmar.com, Fax 971 30 40 60,* ←, 🏖, 🏋, 🏊, 🏊, 🌳, 🎾 – |‡| ▤ 📺 📞 🚗 P – 🎪 25/220. AE ⓓ ⓜⓒ VISA. ✗
mayo-octubre – **Comida** 25 – ☕ 11 – **213 hab** 149/200 – 4 suites.
• Ocio y negocio encuentran su referencia. Excelentes instalaciones, zona social con vistas al mar, modernísima sala de reuniones y una terraza con piscina a pie de playa. Espacioso restaurante de línea clásica, acristalado y con agradable panorámica.

en la carretera de Sant Miquel de Balansat *por ② : 6,5 km :*

La Masía d'en Sort, ✉ 07800 apartado 897, ☎ 971 31 02 28, *Fax 971 31 51 65,* 🏖 – P. AE ⓓ ⓜⓒ VISA
abril-octubre – **Comida** *(cerrado lunes salvo julio-agosto)* - sólo cena - carta 28 a 38.
• Hermosa masía con el encanto de la arquitectura tradicional isleña y un interior rústico-ibicenco muy acogedor. Destacable terraza y una galería de arte en el 1er piso.

en Sant Jordi *por ③ : 3 km :*

S'Oficina, Begonias 20 (edif. Cantábrico), ✉ 07817 Sant Jordi, ☎ 971 39 00 81, *Fax 971 39 94 29,* 🏖 – ▤ P. AE ⓓ ⓜⓒ VISA
cerrado 15 diciembre-15 enero, domingo noche y lunes – **Comida** - cocina vasca - carta 28 a 44.
• La amplitud de espacios y una línea clásica-actual definen un cuidado montaje. Su carta, completa y equilibrada, hace referencia a los sabores de la gastronomía tradicional.

Portinatx *07820* 579 M 34 – *Playa.*

Ver : *Paraje*★.
Eivissa/Ibiza 29.

Sant Antoni de Portmany *07820* 579 B 10 – *14663 h – Playa.*

🅱 *passeig de Ses Fonts ☎ 971 34 33 63 turisme@santantoni.net Fax 971 34 33 63.*
Eivissa/Ibiza 15.

Rías Baixas, Cervantes 14 ☎ 971 34 04 80, *toalve@eresmas.com, Fax 971 34 07 71,* 🏖 – ▤ P. ⓓ ⓜⓒ VISA. ✗
cerrado enero, febrero, lunes (marzo-mayo) y lunes mediodía (junio-octubre) – **Comida** - cocina gallega, pescados y mariscos - carta 25 a 35.
• Antigua casa dotada de elegantes comedores, con las paredes en piedra y un precioso suelo artesanal. Excelente confort y una carta gallega con numerosos pescados y mariscos.

Sant Josep de Sa Talaia o San José *07830* 579 P 33 – *9851 h alt. 216.*

Eivissa/Ibiza 14.

por la carretera de Eivissa *Este : 2 km y desvío a la izquierda 0,5 km :*

Cana Joana, ✉ 07830 apartado 149, ☎ 971 80 01 58, *Fax 971 80 07 75,* ←, 🏖 – P. AE ⓜⓒ VISA. ✗
cerrado noviembre-7 enero, domingo noche y lunes (salvo junio-octubre) – **Comida** - sólo cena de junio a octubre - carta aprox. 45.
• Su fachada anuncia un interior de lo más acogedor, con dos salas no muy amplias pero que poseen una exquisita decoración regional. Cocina de temporada e interesante bodega.

en la playa de Cala Tarida *Noroeste : 7 km :*

Ca's Milà, ✉ 07830, ☎ 971 80 61 93, ←, 🏖 – P. AE ⓜⓒ VISA. ✗
mayo-octubre y fines de semana resto del año – **Comida** carta 25 a 37.
• Su privilegiada localización a pie de playa brinda serenas vistas. Buena carta de cocina tradicional marinera especializada en arroces. Atractivos exteriores con terraza.

Sant Miquel de Balansat o San Miguel *07815* 579 O 34.

Eivissa/Ibiza 19.

por la carretera de Port de Sant Miquel *Norte : 2,5 km y desvío a la izquierda 1 km :*

Cas'Pla 🐚 sin rest, ✉ 07800 apartado 777 Eivissa, ☎ 971 33 45 87, *hotel@caspla-ibiza.com, Fax 971 33 46 04,* ←, 🏋, 🏊, 🌳 – ▤ 📺 P. ⓜⓒ VISA. ✗
cerrado diciembre-enero – ☕ 10 – **16 hab** 160.
• Encantador conjunto hotelero emplazado en plena naturaleza, con habitaciones de entrañable rusticidad distribuidas en distintos edificios de arquitectura popular ibicenca.

en la urbanización Na Xamena *Noroeste : 6 km :*

Hacienda Na Xamena, ✉ 07815, ☎ 971 33 45 00, *hotelhacienda@retemail.es, Fax 971 33 45 14*, ≤ cala, Servicios terapéuticos, – 25/120. AE VISA. rest
abril-octubre – **Comida** carta 44 a 64 – 19 – **56 hab** 294/483 – 7 suites.
◆ Le cautivará su privilegiado emplazamiento en una reserva natural, con vistas a una cala. Lujo y confort en un edificio de estilo ibicenco con una exquisita decoración. Restaurante lleno de gracia y encanto, donde se ha extremado el gusto por los detalles.

La Guía MICHELIN cambia, cambie de guía todos los años.

Santa Eulalia del Río *07840* 579 *D 10 – 15 545 h – Playa.*

Ver : *Puig de Missa★.*

Mariano Riquer Wallis 4 ☎ 971 33 07 28 turisme@santaeularia.com Fax 971 33 07 28.

Eivissa/Ibiza 15.

Tres Torres, passeig Marítim (frente puerto deportivo) ☎ 971 33 03 26, *hoteltrestorres@ecohoteles.com, Fax 971 33 20 85*, ≤, – AE VISA.
mayo-octubre – **Comida** - sólo cena buffet - 20 – **118 hab** 143,29/192.
◆ Hotel de línea actual bien situado frente al puerto deportivo. Ofrece habitaciones en tonos blancos y azules, con terraza y baños modernos. Destacan las que miran al mar. El restaurante centra su actividad en el buffet.

Celler Ca'n Pere, Sant Jaume 63 ☎ 971 33 00 56, – AE VISA.
cerrado 10 enero-25 marzo y jueves – **Comida** carta 27 a 40.
◆ Bodega típica con clara vocación turística. Posee un bar decorado con las tapaderas de enormes toneles y tres comedores rústicos en los que se recrean diferentes ambientes.

El Naranjo, Sant Josep 31 ☎ 971 33 03 24, *manu-anton@yahoo.es*, – AE VISA
cerrado 7 enero-12 febrero y lunes – **Comida** - sólo cena en verano - carta 25 a 37.
◆ Llevado por dos jóvenes profesionales que han dado su impronta al negocio. Bar privado a la entrada, comedor clásico-regional con chimenea y una agradable terraza arbolada.

Rincón de Pepe, Sant Vicent 53 ☎ 971 33 13 21, *Fax 971 31 96 68*, – AE VISA.
cerrado noviembre-enero, miércoles en invierno y domingo en verano – **Tapa** 3,60 **Ración** aprox. 11.
◆ Buen bar de tapas ubicado en una calle céntrica y concurrida. La barra de la entrada, repleta de tapas y raciones, se complementa con dos correctas salas de aire rústico.

en la urbanización s'Argamassa *Noreste : 3,5 km :*

Sol S'Argamassa, ✉ 07849 Urbanización S'Argamassa, ☎ 971 33 00 51, *sol.sargamassa@solmelia.com, Fax 971 33 00 76*, ≤, – AE VISA.
mayo-octubre – **Comida** - sólo buffet - 15,50 – **217 hab** 104/168.
◆ Disfruta de una tranquila ubicación en 1ª línea de playa. Habitaciones sencillas con mobiliario de pino y baños actuales, poseyendo la mayoría de ellas terraza. Su restaurante propone un nutrido buffet.

por la carretera de Cala Llonga *Sur : 4 km :*

La Casita, urb. Valverde, ✉ 07849 Cala Llonga, ☎ 971 33 02 93, *la-casita@ctv.es, Fax 971 33 05 77*, – AE VISA.
cerrado 15 noviembre-15 diciembre y martes – **Comida** - sólo cena salvo sábado, domingo y festivos - carta 29 a 40.
◆ Conjunto rodeado de árboles y con una terraza a la entrada de estilo mediterráneo. Posee un comedor acristalado, tres salas interiores con chimenea y una carpa para banquetes.

por la carretera de Sant Carles *Noreste : 5 km y desvío a la izquierda 0,5 km :*

Can Curreu, ✉ 07840 apartado 240 Santa Eulalia del Río, ☎ 971 33 52 80, *hotel@cancurreu.com, Fax 971 33 52 80*, – AE VISA.
Comida - ver rest. ***Can Curreu*** – **10 hab** 240 – 2 suites.
◆ Magnífico turismo rural de estilo ibicenco ubicado en una finca arbolada. Posee habitaciones de gran nivel, todas con los techos en madera, terraza y en muchos casos chimenea.

Can Curreu, ✉ 07840 apartado 240 Santa Eulalia del Río, ☎ 971 33 52 80, *hotel@cancurreu.com, Fax 971 33 52 80*, – AE VISA.
Comida carta 39 a 56.
◆ Es uno de los mejores restaurantes de la isla, con un acogedor comedor de estilo mediterráneo-ibicenco y una atractiva terraza junto a un olivo milenario. Carta de autor.

Santa Gertrudis de Fruitera 07814 579 O y P 34.

Eivissa/Ibiza 11.

en la carretera de Eivissa : *Sureste : 2,5 km :*

XXX **Ama Lur,** ✉ 07814, ☎ 971 31 45 54, – ▤ P. AE MC VISA. ⚘
cerrado 3 enero-marzo y miércoles salvo 15 junio-agosto – **Comida** - sólo cena, cocina vasca - carta 42 a 46.
◆ Excelente restaurante tanto por su cocina como por su montaje, con dos salas de elegante línea clásica y una apacible terraza acristalada. Buena carta de tradición vasca.

al Oeste : *6,5 km :*

Cas Gasi, Camí Vell de Sant Mateu, ✉ 07814 apartado 117 Santa Gertrudis de Fruitera, ☎ 971 19 77 00, *info@casgasi.com, Fax 971 19 78 99*, – ▤ TV P. AE MC VISA
Comida - sólo clientes - carta 33 a 57 – **10 hab** ☕ 300.
◆ Finca rústica de aire ibicenco, en pleno campo y con un precioso entorno ajardinado. Buen salón y cálidas habitaciones dotadas de mobiliario antiguo, con los techos en madera.

FORMENTERA

Cala Saona 07860 579 C 11 – *Playa.*

Cala Saona, playa, ✉ 07860 apartado 88 Sant Francesc, ☎ 971 32 20 30, *hotelcalasaona@teleline.es, Fax 971 32 25 09*, ≤, – ▤, rest, ▤ TV P. AE MC VISA. ⚘
mayo-octubre – **Comida** - sólo cena buffet - 16 – ☕ 8 – **116 hab** 107/146.
◆ Negocio familiar con paradisíaca ubicación en una cala. Cómodas habitaciones con mobiliario funcional, terraza y baños actuales. A destacar aquéllas con vistas al mar. Comedor con servicio de buffet.

Es Pujols 07871 579 C 11 – *Playa.*

Port de la Savina ✉ 07870 ☎ 971 32 20 57 ofinfor@terra.es Fax 971 32 28 25.

Sa Volta, Miramar 94, ✉ 07860 apartado 71 Sant Francesc, ☎ 971 32 81 25, *savolta@interbook.net, Fax 971 32 82 28*, – ▤ TV. AE MC VISA. ⚘
cerrado enero y febrero – **Comida** 17,50 – ☕ 8,50 – **25 hab** 75/130.
◆ Hotel familiar donde se han renovado con acierto su recepción y la zona social. Entre sus habitaciones destacan las de la 3ª planta, que son más actuales. Elegante cafetería.

Voramar sin rest con cafetería, av. Miramar 29, ✉ 07871 apartado 621 Sant Ferran, ☎ 971 32 81 19, *voramar@interbook.net, Fax 971 32 86 80*, – ▤ TV ♿ P. MC VISA
mayo-octubre – **41 hab** 110/135.
◆ De línea actual y con unas instalaciones no muy amplias pero bien equipadas. Las habitaciones resultan confortables, la mayoría con baños de plato ducha y todas con terraza.

XX **Caminito,** carret. de La Savina, ✉ 07871 es Pujols, ☎ 971 32 81 06, *caminito@wanadoo.es, Fax 971 32 87 34*, – ▤ P. AE MC VISA. ⚘
abril-octubre – **Comida** - sólo cena, carnes, rest. argentino - carta aprox. 45.
◆ Restaurante donde se ensalzan los valores gastronómicos de Argentina, con carnes importadas y numerosas especialidades. Comedor de gran capacidad con la parrilla a la vista.

X **Pinatar,** av. Miramar 25, ✉ 07871 apartado 621 Sant Ferran, ☎ 971 32 81 37, – ▤. MC
cerrado del 15 al 31 de octubre – **Comida** carta aprox. 34.
◆ Tras su portalón de madera se nos presenta una sala actual seguida de dos terrazas, una cubierta y otra bajo los árboles. Carta marinera especializada en pescados y arroces.

BALLESTEROS DE CALATRAVA 13432 Ciudad Real 576 P 18 – *644 h alt. 659.*

Madrid 198 – Alcázar de San Juan 82 – Ciudad Real 21 – Puertollano 34 – Valdepeñas 60.

Palacio de la Serna, Cervantes 18 ☎ 926 84 22 08, *ballesteroscalatrava@palaciodelaserna.com, Fax 926 84 22 24*, – ▤ TV P – 25/400. AE MC VISA. ⚘ rest
Comida 27,05 – ☕ 9 – **18 hab** 100 – 4 suites.
◆ Palacio del s. XVIII en cuyas dependencias se combinan los detalles de época con la decoración de vanguardia. Sorprende por su originalidad el pabellón acristalado del patio. Comedor rústico dotado de buen cubierto.

BALMASEDA *48800 Bizkaia* 573 C 20 – *7 307 h alt. 147.*

Convento de Santa Clara, Campo de las Monjas 1 ☎ 94 680 02 26 info@enkartur.net Fax 94 680 13 56.

Madrid 411 – Bilbao 27 – Santander 107.

San Roque, Campo de las Monjas 1 ☎ 94 610 22 68, *hsanroke@yahoo.es, Fax 94 610 24 64* – AE VISA.
Comida *(cerrado domingo noche y lunes mediodía)* 13 – 6 – **21 hab** 50/63.
◆ Los muros del antiguo monasterio de Santa Clara rezuman paz y sosiego, matizando un ambiente de gran sobriedad. Hermoso patio interior y unas modestas habitaciones. La austeridad decorativa del comedor se limita a sus recias paredes en piedra.

BALNEARIO – *ver el nombre propio del balneario.*

BANDEIRA *36570 Pontevedra* 571 D 5.

Madrid 581 – Lugo 91 – Ourense 80 – Pontevedra 83 – Santiago de Compostela 30.

Victorino, Empanada 1 ☎ 986 58 53 30, *Fax 986 58 53 30* – VISA.
Comida 10 – 3,50 – **12** hab 25/40.
◆ Pequeño negocio llevado con acierto, con la propietaria y su hijo al frente. Dispone de correctas habitaciones con cuartos de baño completos.

BANYALBUFAR *Illes Balears – ver Balears (Mallorca).*

BANYOLES *17820 Girona* 574 F 38 122 G 4 – *11 870 h alt. 172.*

Ver : *Localidad★ – Museo Arqueológico Comarcal★.*
Alred. : *Lago★ – Iglesia de Santa María de Porqueres★.*

passeig Industria 25 ☎ 972 57 55 73 turisme@ajbanyoles.org Fax 972 57 49 17.

Madrid 729 – Figueres 29 – Girona/Gerona 19.

Quatre Estacions, passeig de La Farga 5 ☎ 972 57 33 00, *Fax 972 57 33 00* – AE VISA.
cerrado 2ª semana de enero, del 22 al 31 de agosto, domingo noche y lunes – **Comida** carta 22 a 28.
◆ Establecimiento de eficiente organización familiar, dotado de varias salas de buen montaje en estilo clásico-actual. Carta mediana con especialidades de la zona.

a orillas del lago :

L'Ast sin rest, passeig Dalmau 63, ✉ 17820, ☎ 972 57 04 14, *info@hotelast.com, Fax 972 57 04 14,* – AE VISA JCB.
27 hab 60/90.
◆ Hotel de línea funcional, que pone a su disposición unas habitaciones de correcto equipamiento con baños completos. Su personal brinda un trato amable y cordial.

La BAÑEZA *24750 León* 575 F 12 – *9 722 h alt. 771.*

Madrid 297 – León 48 – Ponferrada 85 – Zamora 106.

Paco Rubio, Astorga 65 ☎ 987 64 10 81, *Fax 987 64 10 81* – AE VISA.
cerrado martes – **Comida** carta 30 a 36.
◆ Un amable matrimonio lleva este restaurante, situado en un edificio de dos plantas próximo al centro urbano. Sala reducida, de estilo clásico e impecable servicio de mesa.

en la carretera LE 420 *Norte : 1,5 km :*

Ríoverde, ✉ 24750, ☎ 987 64 17 12, *rioverde@hostalrioverde.com, Fax 987 64 17 12,* – VISA. rest
Comida 12,60 – 5 – **15 hab** 43.
◆ Hostal familiar rodeado por una zona verde. Sus sencillas aunque acogedoras instalaciones van acusando el paso del tiempo, con unas habitaciones discretas y baños completos. En su luminoso comedor sirven platos elaborados con productos típicos del lugar.

BAÑOS DE CHULILLA *València – ver Chulilla.*

BAÑOS DE FORTUNA *Murcia – ver Fortuna.*

BAÑOS DE SIERRA ALHAMILLA *Almería – ver Pechina.*

BAQUEIRA-BERET *Lleida 574 D 32 – alt. 1 500 – Deportes de invierno 28.*
Madrid 581 – Bagnères-de-Luchon 46 – Lleida/Lérida 174 – Vielha/Viella 14.

Tuc Blanc, 25598 Salardú, 973 64 43 50, *info@hoteltucblanc.com, Fax 973 64 60 08,* – – 25/250.
julio-11 septiembre y 28 noviembre-3 abril – **Comida** - sólo cena en invierno - 25 – **165 hab** 128/157.
• Establecimiento de montaña, a pie de pistas, con una amplia variedad de servicios. Atractivo fitness y unas habitaciones funcionales de cuidada línea clásica. Comedor espacioso de montaje sencillo, complementado con una cafetería.

Val de Ruda, 25598 Salardú, 973 64 52 58, *valderuda@valderuda-bassibe.com, Fax 973 64 58 12,* –
diciembre-abril y julio-septiembre – **Comida** - sólo cena - 26 – **34 hab** 150/170.
• Acogedor hotel de montaña, que sorprende por su cálida decoración. Coqueto salón social, y habitaciones de un cuidado confort con baños detallistas, la mitad abuhardilladas.

Ticolet, edificio Biciberri, 25598 Salardú, 973 64 54 77, *Fax 973 64 54 77* –
diciembre-mayo y agosto – **Comida** carta 33 a 39.
• Poco a poco se ha ganado un merecido prestigio, con el propietario al frente de los fogones. Comedor de esmerado montaje, cuidado servicio de mesa y una atractiva carta.

en la carretera de Beret :

Meliá Royal Tanau, Norte : 3 km, 25598 Salardú, 973 64 44 46, *royaltanau@trypnet.com, Fax 973 64 43 44,* Servicios de hidroterapia, –
30 hab – 15 apartamentos.
• Sólido hotel de montaña que entre sus prestaciones cuenta con un completo servicio de hidroterapia, además de unas habitaciones con mobiliario escogido y baños impecables. Su restaurante le propone una atractiva carta.

Rafael H. La Pleta, Norte : 2,2 km, 25598 Salardú, 973 64 55 50, *lapleta@rafaelhoteles.com, Fax 973 64 55 55,* –
cerrado 17 octubre-30 noviembre – **Comida** 35 – 15 – **76 hab** 290 – 3 suites.
• Edificio de nueva construcción orientado claramente a los amantes del esquí y la montaña. Espaciosa zona noble con chimenea y habitaciones actuales de cálido confort. Luminoso restaurante con mobiliario en mimbre y vistas al valle.

Chalet Bassibe, urb. Nin de Beret - Norte : 2,5 km, 25598 Salardú, 973 64 51 52, *bassibe@valderuda-bassibe.com, Fax 973 64 50 32,* –
noviembre-abril y julio-septiembre – **Comida** - sólo cena en invierno - carta 36 a 42 – **36 hab** 185/210.
• Acogedor establecimiento a pie de carretera dotado de unas cuidadas instalaciones, con coqueto salón-bar y unas habitaciones que destacan por su decoración detallista. Comedor panorámico.

Ver también : **Salardú** *Oeste : 4 km*

BARBASTRO *22300 Huesca 574 F 30 – 15 827 h alt. 215.*
Ver : *Catedral★ - Cañón del río Vero★.*
Alred. : *Torreciudad : ★ (Noreste : 24 km).*
av. de la Merced 64 974 30 83 50 turismo@barbastro.org Fax 974 30 83 51.
Madrid 442 – Huesca 52 – Lleida/Lérida 68.

G.H. Ciudad de Barbastro, pl. del Mercado 4 974 30 89 00, *granhotelbarbastro@grupo7.com, Fax 974 30 88 99* – – 25/200.
Comida 13 – 6 – **41 hab** 53/72.
• Hotel de modernas instalaciones y céntrica localización. La zona noble resulta algo reducida, aunque se compensa con unas habitaciones amplias y bien equipadas. Dispone de un restaurante de cuidado montaje clásico, con los suelos en madera.

Clemente, Corona de Aragón 5 974 31 01 86, *Fax 974 30 83 81* – – 25/60.
Comida 10,80 – 6,60 – **32 hab** 43,45/55,80.
• Antiguo hostal totalmente reformado, con unas calidades que lo asemejan a un hotel de ciudad. Pasillos estrechos y confortables habitaciones con solado en parquet.

Pirineos, General Ricardos 13 974 31 00 00, *hspirineos@eresmas.net, Fax 974 31 00 00* – rest, rest
Comida *(cerrado domingo noche)* 15 – 7,25 – **27 hab** 44/50.
• Negocio familiar con recepción y zona social en el 1er piso. Las habitaciones resultan sencillas y los baños algo anticuados, aunque gozan de un adecuado mantenimiento. Su comedor de línea clásica es una buena opción para conocer el recetario regional.

ESPAÑA

XX **Flor,** Goya 3 ☎ 974 31 10 56, *flor@restauranteflor.com, Fax 974 31 13 18* – ▤. AE ⓓ ⓜ VISA. ✻
cerrado domingo noche – **Comida** carta 27 a 37.
◆ Amplio hall de acceso con mesas, y buenos comedores privados de cuidado montaje. Seria organización profesional. Impecable aunque algo impersonal.

en la carretera de Huesca N 240 *Oeste : 1 km :*

Rey Sancho Ramírez, ✉ 22300, ☎ 974 30 83 44, *hotelreysanchoramirez@infonegocio.com, Fax 974 30 83 45,* <, ⛱, ✗ – |‡| ▤ TV ⇔ P. AE ⓓ ⓜ VISA JCB. ✻
Comida *(cerrado lunes)* 15,48 – ☕ 10,60 – **75 hab** 83/112.
◆ Goza de espaciosas zonas sociales y confortables habitaciones, variando las tonalidades según la planta. Baños actuales, pequeñas terrazas y un completo equipamiento. Comedor clásico y salones especialmente diseñados para la celebración de banquetes.

BARBERÀ DEL VALLÈS *08210 Barcelona 574 H 36 122 C 7 – 26 342 h.*

Madrid 609 – Barcelona 18 – Mataró 39.

junto a la autopista A 7 *Sureste : 2 km :*

Barberà Parc, carret. N 150 - Sector Baricentro, ✉ 08210, ☎ 93 700 39 00, *reservas@hotelbarberaparc.com, Fax 93 700 39 10* – |‡|, ⇔ hab, ▤ TV ☎ ♿ P – 🏛 25/125. AE ⓓ ⓜ VISA. ✻
Comida 13 – ☕ 10,90 – **115 hab** 125/139 – 5 suites.
◆ Establecimiento de línea actual que posee una discreta zona social, con la cafetería integrada en la recepción. Disfruta de habitaciones bien equipadas y con baños modernos. Restaurante muy luminoso y de correcto montaje.

La BARCA (Playa de) *Pontevedra – ver Vigo.*

BARCELONA

08000 P 574 H 36 y 122 D 8 - *1 505 325 h.*

Madrid 627 ⑥ - Bilbao 607 ⑥ - Lleida/Lérida 169 ⑥ - Perpignan 187 ② - Tarragona 109 ⑥ - Toulouse 388 ② - València 361 ⑥ - Zaragoza 307 ⑥.

OFICINAS DE TURISMO

pl. de Catalunya 17-S, ✉ 08002, ☎ 906 301 282, teltur@barcelonaturisme.com Fax 93 304 31 55, passeig de Gràcia 107 (Palau Robert), ✉ 08008, ☎ 93 238 40 00, Fax 93 238 40 10, Ciutat 2 (Ayuntamiento) ✉ 08002, ☎ 906 301 282 teltur@barcelonaturisme.com, Sants Estació, ✉ 08014 ☎ 807 117 222, teltur@barcelonaturisme.com y en el aeropuerto ☎ 93 478 47 04 (Terminal A) y ☎ 93 478 05 65 (Terminal B).

INFORMACIONES PRÁCTICAS

R.A.C.E. *Muntaner 81-bajo, ✉ 08011 ☎ 93 451 15 51, Fax 93 451 22 57.*

de El Prat-Barcelona por ⑤ : 18 km ☎ 93 298 38 38 - Iberia : Gran Via de les Corts Catalanes 629, ✉ 08010, ☎ 902 400 500 HX - *Sants ☎ 902 240 202 - para Baleares : Cia. Trasmediterránea, Moll de Sant Beltrà - Estació Marítima, ✉ 08039, ☎ 93 295 91 00, Fax 93 295 91 34* CT.

CURIOSIDADES

Barrio Gótico★★ : *Casa de l'Ardiaca★* MX **A** *Catedral★ (⩽ desde el tejado★★)* MX, *Carrer Paradis 10 (columnas romanas★)* MX **133**, *Plaça del Rei★★* MX **150**, *Museu d'Història de la Ciutat★★ (excavaciones ciudad romana★★★)* MX **M1**, *Capilla de Santa Ágata★★ (retablo del Condestable★★)* MX **F**, *Mirador del Rei Martí* ⩽ ★★ MX **K** *Museu Frederic Marès★* MX **M2**.

La Rambla★★ : *Museu d'Art Contemporani de Barcelona (MACBA)★★ (edificio★★)* HX **M10**, *Centre de Cultura Contemporània de Barcelona (CCCB) : patio★* HX **R**, *Antiguo Hospital de la Santa Creu (patio gótico★)* LY, *Iglesia de Santa Maria del Pi★* LX, *Palau de la Virreina★* LX, *Palau Güell★★* LY, *Plaça Reial★★* MY

La Fachada Marítima★ : *Atarazanas y Museo Marítimo★★* MY, *Port Vell★ (Aquàrium★)* NY, *Basílica de la Mercé★* NY, *La Llotja★ (sala gótica★★)* NX, *Estació de França★* NVX, *Parque de la Ciutadella★* NV, KX *(Cascada★, Castell dels Tres Dragons★★* NV **M7**, *Museo de Zoología★* NV **M7**, *Parque Zoológico★* KX*), La Barceloneta★* KXY, *Museu d'Història de Catalunya★* KY **M9**, *Vila Olímpica★ (puerto deportivo★★, torres gemelas* ✳ *★★★)* DT

Carrer de Montcada★★ : *Museo Picasso★* NV, *Iglesia de Santa María del Mar★★ (rosetón★)* NX

Montjuïc★ : ⩽★ CT, *Pavelló Mies van der Rohe★★* BT **Z**, *Museu Nacional d'Art de Catalunya★★★* CT **M4**, *Pueblo Español (Poble Espanyol)★* BT **E**, *Anella Olímpica★ (Estadi Olímpic★* CT, *Palau Sant Jordi★★* BT **P1***)*, *Fundació Joan Miró★★★* CT **W**, *Teatre Grec★* CT **T1**, *Museo Arqueológico★* CT **M5**.

El Ensanche★★ : *Sagrada Familia★★★ (fachada este o del Nacimiento★★, ⩽★★ desde la torre este)* JU, *Hospital de Sant Pau★* CS, *Passeig de Gràcia★★* HV *(Casa Lleó Morera★* HV **Y**, *Casa Amatller★* HV **Y**, *Casa Batlló★★★* HV **Y**, *La Pedrera o Casa Milà★★★* HV **P***)*, *Casa Terrades (les Punxes★)* HV **Q**, *Park Güell★★* BS *(banco ondulado★★, Casa-Museo Gaudí★)*, *Palau de la Música Catalana★★* MV *(fachada★, cúpula invertida★★)*, *Fundació Antoni Tàpies★★* HV **S**

Otras curiosidades : *Monasterio de Santa María de Pedralbes★★ (iglesia★, claustro★, frescos de la capilla de Sant Miquel★★★)* *Palacio de Pedralbes (Museu de les Arts Decoratives★)* EX *Pabellones Güell★* EX *Iglesia de Sant Pau del Camp (claustro★)* LY

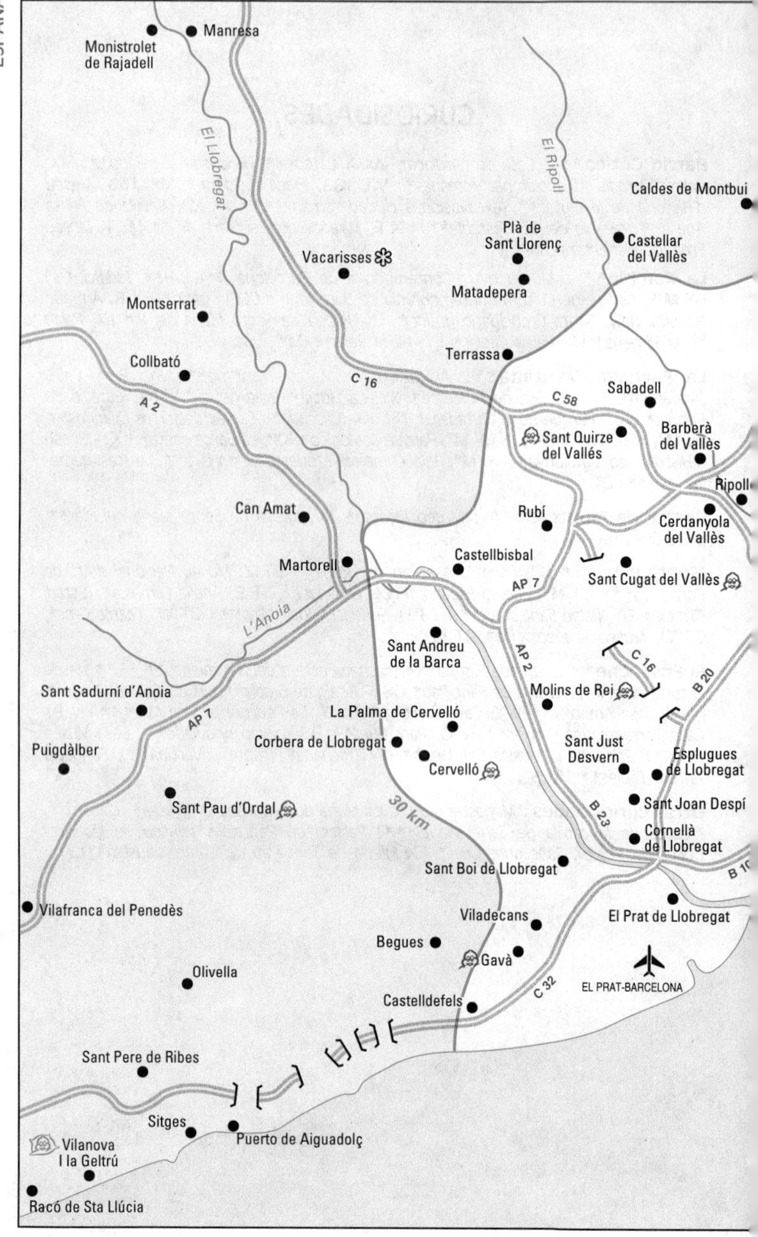

Los precios indicados pueden revisarse al alza,
en caso de variaciones significativas de los costes de bienes y servicios.
Solicite confirmación del precio definitivo cuando efectúe su reserva de hotel.

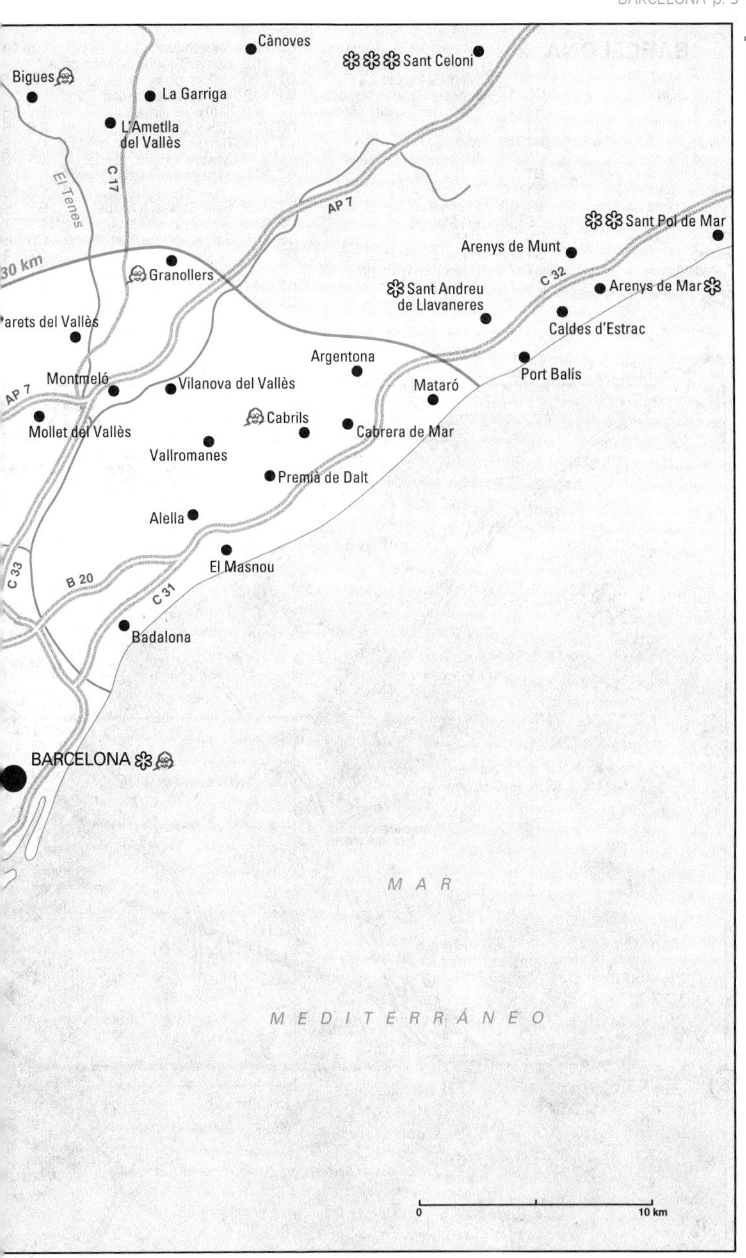

En esta guía, el mismo símbolo en ***rojo*** *o en* ***negro****,*
la misma palabra en letra fina o en negrita, no significan lo mismo.
Lea atentamente la introducción.

ESPAÑA

BARCELONA

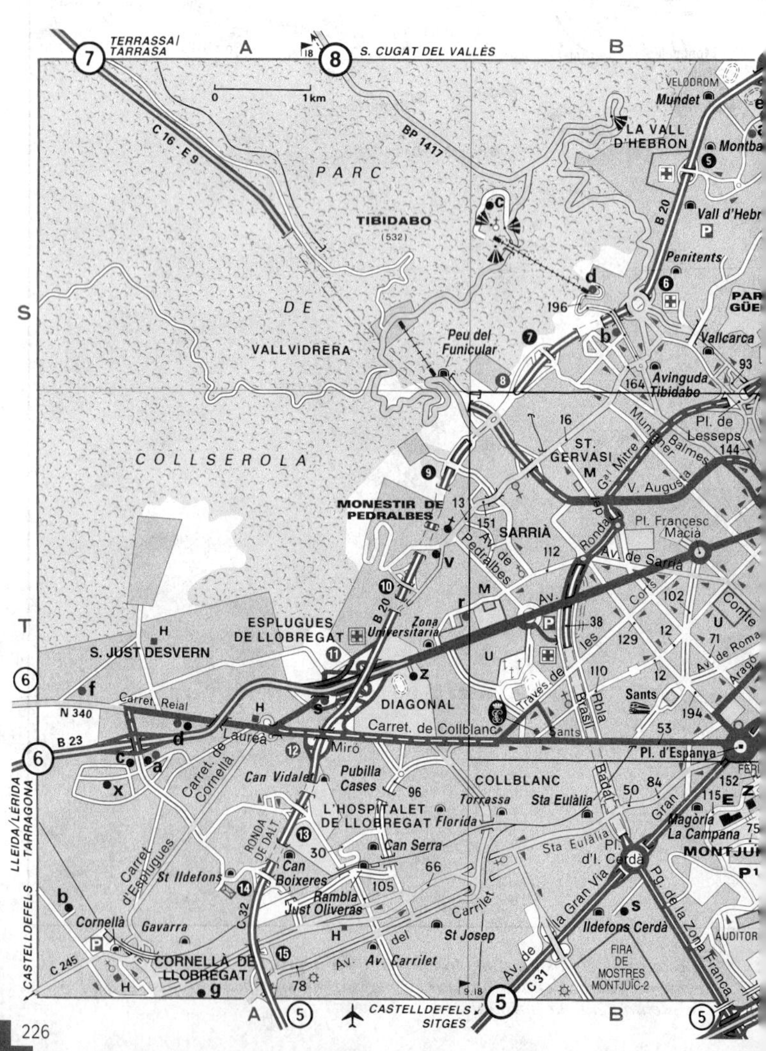

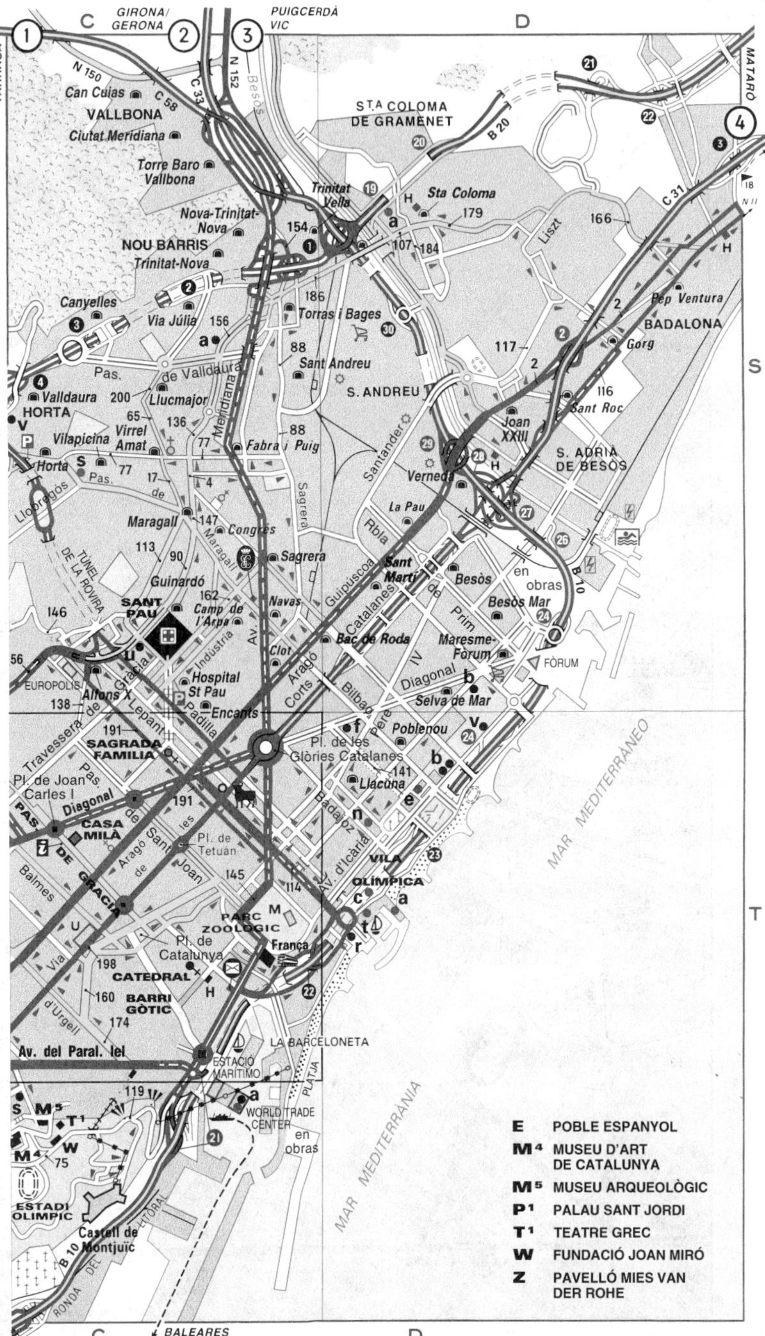
GIRONA/ GERONA
PUIGCERDÀ VIC
MATARÓ
STA COLOMA DE GRAMENET
VALLBONA
NOU BARRIS
HORTA
S. ANDREU
BADALONA
S. ADRIÀ DE BESÒS
SANT PAU
SAGRADA FAMILIA
CASA MILÀ
PASSEIG DE GRÀCIA
PARC ZOOLÒGIC
CATEDRAL
BARRI GÒTIC
VILA OLÍMPICA
LA BARCELONETA
WORLD TRADE CENTER
ESTADI OLIMPIC
Castell de Montjuïc
MAR MEDITERRÀNEO
MAR MEDITERRÀNIA
BALEARES GENOVA
E POBLE ESPANYOL
M4 MUSEU D'ART DE CATALUNYA
M5 MUSEU ARQUEOLÒGIC
P1 PALAU SANT JORDI
T1 TEATRE GREC
W FUNDACIÓ JOAN MIRÓ
Z PAVELLÓ MIES VAN DER ROHE

ESPAÑA

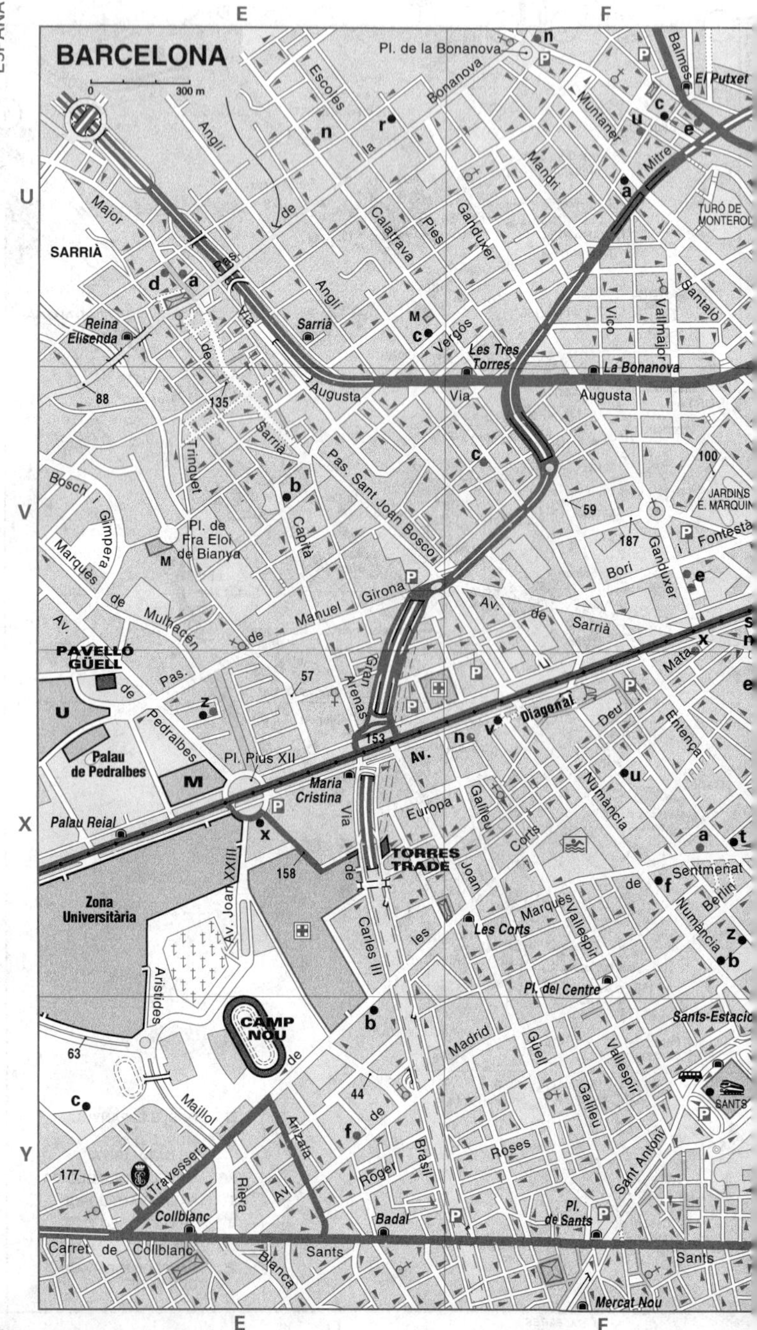
BARCELONA
0
300 m
E
F
U
V
X
Y
SARRIÀ
Pl. de la Bonanova
Bonanova
Escoles
Muntaner
Balmes
El Putxet
Mitre
TURÓ DE MONTEROLA
Major
Anglí
Calatrava
Pies
Ganduxer
Mandri
Santaló
Vico
Valmajor
Reina Elisenda
Sarrià
Vergós
Les Tres Torres
La Bonanova
Augusta
Via Augusta
88
135
Trinquet
Sarrià
Pas. Sant Joan Bosco
100
JARDINS E. MARQUINA
59
187
Fontestà
Bosch i Gimpera
Pl. de Fra Eloi de Bianya
Capità
Bori
Ganduxer
Marquès de Mulhacén
Manuel Girona
Av. de Sarrià
Mata
PAVELLÓ GÜELL
Pas. de Pedralbes
57
Gran Arenas
Diagonal
Deu
Entença
Palau de Pedralbes
Pl. Pius XII
153
Av.
Maria Cristina
Galileu
Numància
Europa
Palau Reial
Corts
Via de Carles III
TORRES TRADE
158
Joan
Sentmenat
Berlín
Zona Universitària
Av. Joan XXIII
Les Corts
Marquès de Vallespir
Numància
Aristides
Pl. del Centre
CAMP NOU
63
Madrid
Güell
Vallespir
Sants-Estació
44
Galileu
SANTS
Maillol
Travessera de
Arizala
de
Roger de
Brasil
Roses
Sant Antoni
177
Riera
Av.
Collblanc
Badal
Pl. de Sants
Carret. de Collblanc
Blanca
Sants
Sants
Mercat Nou

G
H
U
V
X
Y
Lesseps
Fontana
Gràcia
GRÀCIA
Joanic
Verdaguer
Pl. Molina
St. Gervasi
Muntaner
Diagonal
Pl. Joan Carles I
CASA MILA
Provença
Pas. de Gràcia
Pl. Francesc. Macià
Hospital Clinic
Pl. Doctor Letamendi
CATALUNYA
Universitat
Entença
Urgell
Sant Antoni
Rocafort
PARC JOAN MIRÓ
Tarragona
SANTS
Hostafrancs
Pl. d'Espanya
Espanya
FIRA
PALAU DEL CINQUANTENARI
Poble Sec
Av. del Paral. lel
Sant Antoni Abat
TARRAGONA

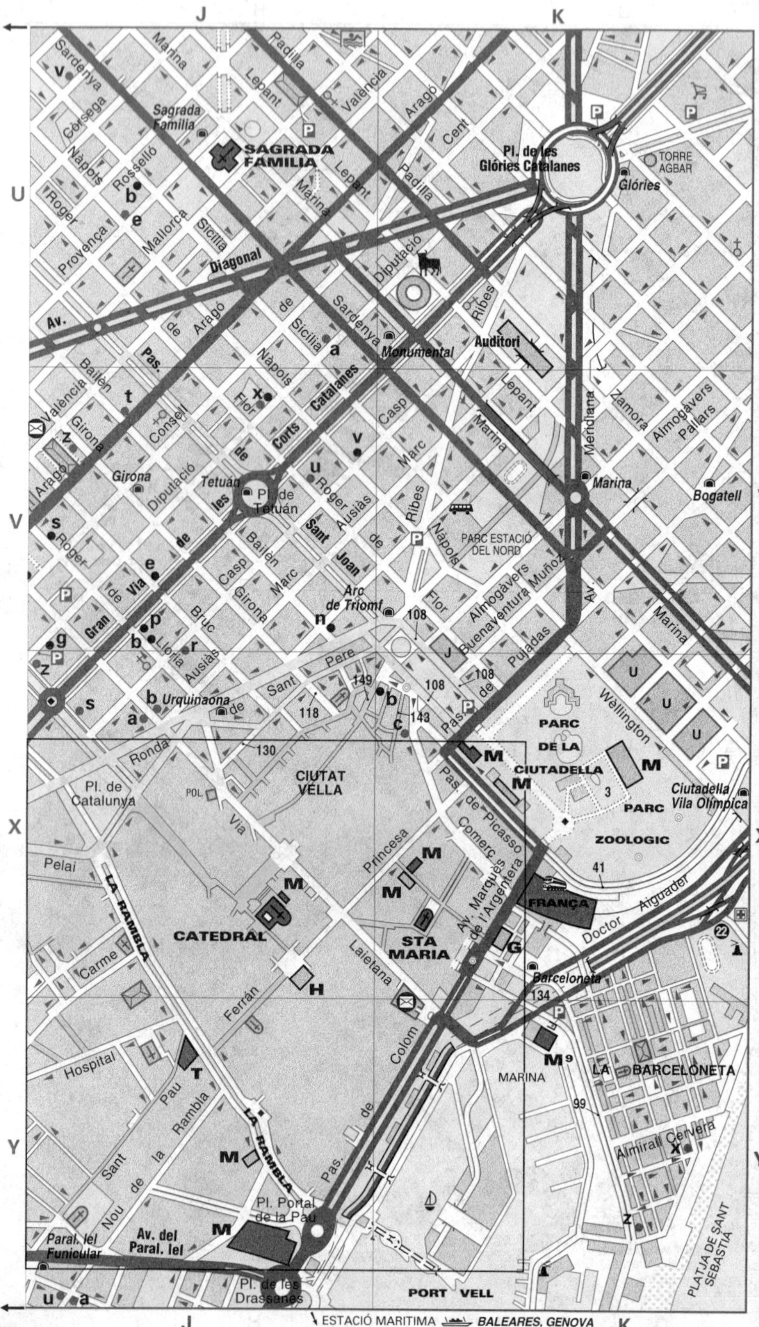
J
K
U
V
X
Y
SAGRADA FAMILIA
Sagrada Familia
Pl. de les Glòries Catalanes
TORRE AGBAR
Glòries
Diagonal
Av.
Pas. de Gràcia
Gran Via de les Corts Catalanes
Monumental
Auditori
Pl. de Tetuán
Tetuán
Girona
Marina
Bogatell
PARC ESTACIÓ DEL NORD
Arc de Triomf
Urquinaona
PARC DE LA CIUTADELLA
PARC ZOOLOGIC
Ciutadella Vila Olímpica
Pl. de Catalunya
CIUTAT VELLA
CATEDRAL
STA MARIA
FRANÇA
Barceloneta
LA BARCELONETA
MARINA
LA RAMBLA
Pl. Portal de la Pau
Paral.lel Funicular
Av. del Paral.lel
Pl. de les Drassanes
PORT VELL
PLATJA DE SANT SEBASTIÀ
ESTACIÓ MARITIMA
BALEARES, GENOVA

ÍNDICE DE CALLES DE BARCELONA

BADALONA

BARCELONA

Sant Josep Oriol (Pl. de)	**LX**	171
Sant Iu (Pl. de)	**MX**	172
Sant Miquel (Pl. de)	**MX**	173
Sant Pau (Ronda de)	**CT**	174
Sant Pau	**LY**	
Sant Pere (Ronda de)	**JX**	
Sant Pere Més Alt	**MV**	
Sant Pere Més Baix	**MV**	
Sant Rafael	**LY**	
Sant Ramon Nonat (Av. de)	**EY**	177
Sant Sever	**MX**	181
Santa Anna	**LV**	
Santa Coloma (Pas. de)	**CS**	186
Santa Fe de Nou Mèxic	**FV**	187
Santa Maria (Pl. de)	**NX**	189
Santa Mònica (Rambla de)	**MY**	
Santaló	**FU**	
Santander	**DS**	
Sants	**FY**	
Sardenya	**CT**	191
Sarrià (Av. de)	**FV**	
Serra	**MY**	
Seu (Pl. de la)	**MX**	192
Sicília	**JU**	
Tapineria	**MX**	193
Tarragona	**BT**	194
Teatre (Pl. del)	**MY**	
Tetuan (Pl. de)	**JV**	
Tibidabo (Av. del)	**BS**	196
Torrent de l'Olla	**HU**	
Trinquet	**EV**	
Universitat (Pl. de la)	**HX**	198
Universitat (Ronda de la)	**LV**	199
Urquinaona (Pl. d')	**JX**	
València	**HX**	
Valldaura (Pas. de)	**CS**	
Vallespir	**FY**	
Vallmajor	**FU**	
Verdum (Pas. de)	**CS**	200
Vergós	**FU**	
Vico	**FU**	
Viladomat	**HY**	
Villarroel	**GX**	
Wellington	**KX**	
Zamora	**KV**	
Zona Franca (Pas. de la)	**BT**	

CORNELLA DE LLOBREGAT

Esplugues (Carret. d')	**AT**	
FF.CC. (Pas. dels)	**AT**	78

ESPLUGUES DE LLOBREGAT

Laureà Miró	**AT**	

L'HOSPITALET

Can Serra (Av. de)	**AT**	30
Carrilet (Av. del)	**AT**	
Collblanc (Carret. de)	**EY**	
Cornellà (Carret. de)	**AT**	
Enric Prat de la Riba	**AT**	66
Gran Via (Av. de la)	**BT**	
Isabel la Católica (Av. d')	**AT**	96
Just Oliveras (Rambla de)	**AT**	105
Santa Eulàlia	**BT**	

STA COLOMA DE GRAMENET

Llorens Serra (Pas.)	**DS**	107
Sant Sebastià (Rambla de)	**DS**	179
Santa Coloma (Av. de)	**DS**	184

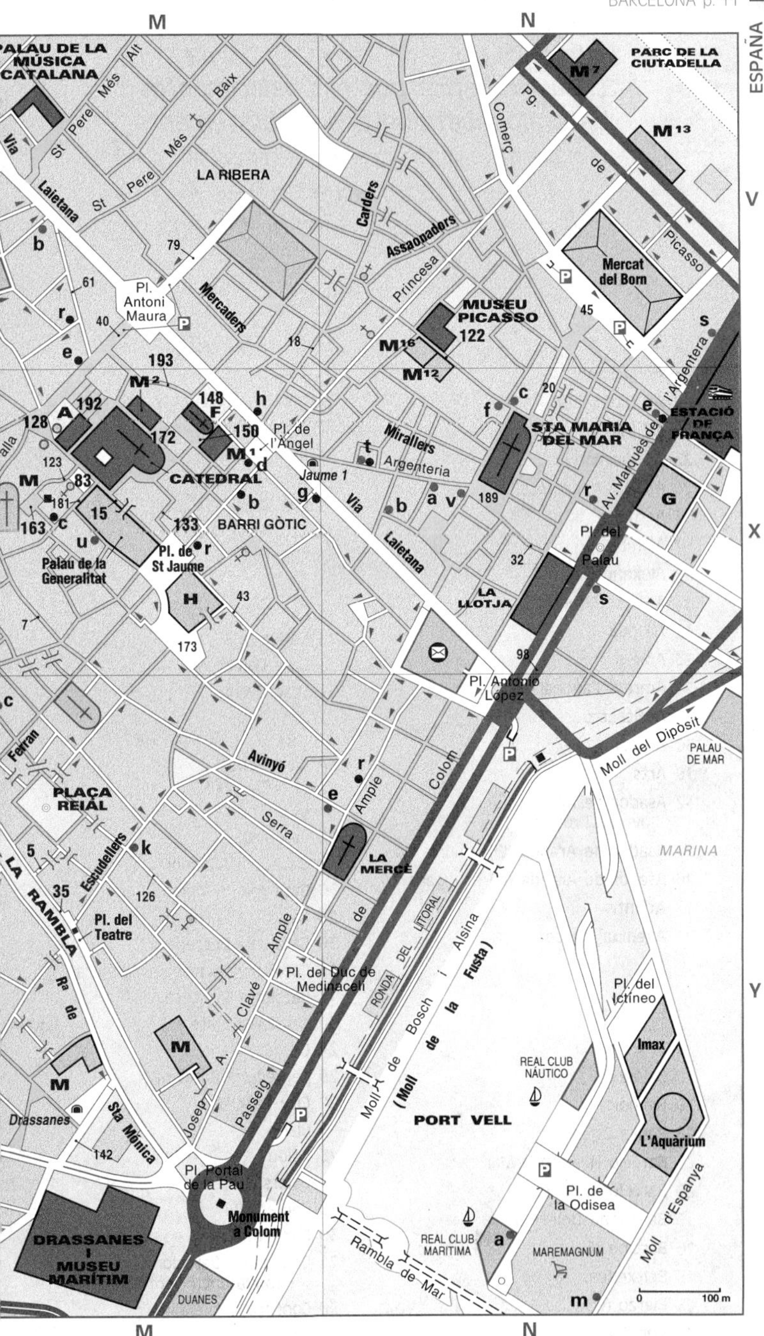

M
N
PALAU DE LA MÚSICA CATALANA
PARC DE LA CIUTADELLA
LA RIBERA
Via Laietana
Mercaders
Carders
Assaonadors
Princesa
Pl. Antoni Maura
MUSEU PICASSO
Mercat del Born
Pg. de Picasso
Comerç
CATEDRAL
BARRI GÒTIC
Pl. de l'Àngel
Jaume 1
Argenteria
Mirallers
STA MARIA DEL MAR
ESTACIÓ DE FRANÇA
Av. Marquès de l'Argentera
Pl. de St Jaume
Palau de la Generalitat
Pl. del Palau
LA LLOTJA
Pl. Antonio López
Moll del Dipòsit
PALAU DE MAR
MARINA
Avinyó
Ample
Colom
Serra
LA MERCÈ
PLAÇA REIAL
Ferran
Escudellers
LA RAMBLA
Pl. del Teatre
Pl. del Duc de Medinaceli
RONDA DEL LITORAL
Moll de Bosch i Alsina
(Moll de la Fusta)
Passeig de Josep A. Clavé
Rª de Sta Mònica
Drassanes
Pl. Portal de la Pau
Monument a Colom
DRASSANES I MUSEU MARÍTIM
DUANES
PORT VELL
REAL CLUB NÁUTICO
Pl. del Ictíneo
Imax
L'Aquàrium
Pl. de la Odisea
Moll d'Espanya
REAL CLUB MARITIMA
MAREMAGNUM
Rambla de Mar
0 100 m
V
X
Y

Lista alfabética de los establecimientos
Lista alfabética dos estabelecimentos
Liste alphabétique des établissements
Elenco alfabetico degli esercizi
Alphabetische liste der häuser
Alphabetical list of establishments

P – Q

R

S

T

V – W – X – Y – Z

Ciutat Vella y La Barceloneta : Ramblas, pl. de Catalunya, Via Laietana, pl. St. Jaume, passeig de Colom, passeig de Joan Borbó Comte de Barcelona (planos p. 5 a 9)

Le Méridien Barcelona, La Rambla 111, 08002, 93 318 62 00, *info.barcelona@lameridien.com, Fax 93 301 77 76* – hab, – 25/150. AE VISA. rest LX b
Comida carta 36 a 56 – 23 – **202 hab** 390 – 10 suites.
• Hotel emblemático que combina el sabor local y el cosmopolitismo actual. Conjunto que rezuma un ambiente clásico y elegante en su excelente ubicación junto a La Rambla. Restaurante a modo de patio, con una zona de luz natural, buffet al mediodía y carta.

Colón, av. de la Catedral 7, 08002, 93 301 14 04, *info@hotelcolon.es, Fax 93 317 29 15* – – 25/120. AE VISA JCB. rest MV e
Comida 20 – 14,50 – **140 hab** 155/220 – 5 suites.
• Disfruta de una magnífica situación frente a la Catedral, con una agradable terraza a la entrada. Conjunto de estilo clásico con dependencias funcionales de correcto confort. Su comedor recrea un rincón cálido e íntimo.

Rivoli Rambla, La Rambla 128, 08002, 93 481 76 76, *reservas@rivolihotels.com, Fax 93 317 50 53,* – hab, – 25/100. AE VISA JCB. LX r
Comida carta aprox. 40 – 15 – **114 hab** 218/260 – 15 suites.
• Edificio histórico con diseño interior de vanguardia y detalles Art-déco. Elegantes habitaciones y una terraza desde la que se disfruta de vistas panorámicas. En su restaurante podrá degustar una carta de corte internacional.

Royal, La Rambla 117, 08002, 93 301 94 00, *hotelroyal@hroyal.com, Fax 93 317 31 79* – hab, – 25/100. AE VISA JCB. LX e
La Poma **: Comida** carta 22 a 35 – 13 – **108 hab** 175/215.
• Emplazado en la parte con más ambiente de la ciudad. Un cálido marco de estilo clásico, que destaca por la atención personalizada y el elevado confort. El restaurante, especializado en carnes a la brasa, dispone de una entrada independiente.

Catalonia Duques de Bergara, Bergara 11, 08002, 93 301 51 51, *duques@hoteles-catalonia.es, Fax 93 317 34 42,* – – 25/400. AE VISA. LV f
Comida 20 – 13 – **146 hab** 149/186 – 2 suites.
• Instalado parcialmente en un atractivo edificio modernista de finales del s. XIX, cuyo interior aúna sabiamente el aroma de antaño y el confort actual. Piscina-solarium. En su restaurante disfrutará con exquisitos platos propios del recetario internacional.

Montecarlo sin rest, La Rambla 124, 08002, 93 412 04 04, *hotel@montecarlobcn.com, Fax 93 318 73 23* – AE VISA. LX r
14 – **54 hab** 124/182 – 1 suite.
• Magnífico hotel ubicado en un palacio del s. XIX donde se combinan armónicamente el clasicismo de antaño y las habitaciones de diseño moderno, equipadas al más alto nivel.

Neri, Sant Sever 5, 08002, 93 304 06 55, *info@hotelneri.com, Fax 93 304 03 37* – AE VISA JCB. MX c
Comida 70 – 16 – **21 hab** 225 – 1 suite.
• Es único por su atrevida estética vanguardista, en un palacete del s. XVIII a pocos metros de la Catedral. Pequeña sala-biblioteca como zona social y magníficas habitaciones. Íntimo restaurante presidido por dos arcos de piedra, donde ofrecen platos de autor.

Montblanc, Via Laietana 61, 08003, 93 343 55 55, *montblanc@hcchotels.es, Fax 93 343 55 58* – – 25/450. AE VISA. LV c
Comida 17,50 – 14 – **157 hab** 165/206.
• De línea clásica-actual, con una amplia zona social y un elegante piano-bar. Posee habitaciones de corte moderno y buen confort, todas con moqueta y los baños en mármol. En su comedor de diseño circular se presta atención a la cocina internacional y catalana.

Tryp Apolo, av. del Paral.lel 57-59, 08004, 93 343 30 00, *tryp.apolo@solmelia.com, Fax 93 443 00 59* – hab, – 25/500. AE VISA. LY e
Comida carta 25 a 38 – 14,50 – **290 hab** 162/192 – 24 suites.
• Acogedor y funcional, muy recomendable para sus encuentros de negocios. Dispone de excelentes salones en mármol y habitaciones clásicas recientemente renovadas. Luminoso restaurante con vistas a una terraza ajardinada.

Barcelona Universal, av. del Paral.lel 80, 08001, 93 567 74 47, *bcnuniversal@nnhotels.es, Fax 93 567 74 40,* – – 25/100. AE VISA JCB. LY a
Comida carta 25 a 37 – 13,50 – **164 hab** 180/200 – 3 suites.
• Hotel de nueva construcción y línea moderna, dotado de unas espaciosas habitaciones correctamente equipadas. Destaca la piscina panorámica que posee en el ático. Restaurante de montaje actual, con profusión de madera.

ESPAÑA

Laietana Palace sin rest, Via Laietana 17, ✉ 08003, ☎ 93 268 79 40, *info@hotellaietanapalace.com, Fax 93 319 02 45* – MX g
62 hab.
• Antiguo palacete de estilo neoclásico, totalmente renovado, que pone a su disposición una acogedora zona noble y unas confortables habitaciones con bañera de hidromasaje.

G.H. Barcino sin rest, Jaume I-6, ✉ 08002, ☎ 93 302 20 12, *reserve@gargallo-hotels.com, Fax 93 301 42 42* – AE VISA JCB MX r
14,30 – **53 hab** 178,70/216,25.
• En pleno Barrio Gótico. Posee un elegante hall y cuidadas habitaciones, todas con los baños actuales y algunas de la última planta con vistas a la Catedral desde su terraza.

Inglaterra sin rest con cafetería, Pelai 14, ✉ 08001, ☎ 93 505 11 00, *recepcion@hotel-inglaterra.com, Fax 93 505 11 09* – 25. AE VISA JCB. HX c
11 – **55 hab** 185/230.
• Moderno, coqueto y acogedor, con una bonita fachada clásica. Zona social polivalente y habitaciones presididas por grandes cabeceros en madera. Agradable terraza-solarium.

Regina sin rest con cafetería, Bergara 2, ✉ 08002, ☎ 93 301 32 32, *reservas@reginahotel.com, Fax 93 318 23 26* – hab, – 25/30. AE VISA. LV r
15 – **99 hab** 180/215.
• Destaca por su bella fachada modernista y un interior de línea actual donde los detalles de diseño toman el protagonismo. Espaciosas habitaciones con materiales de calidad.

Gótico sin rest, Jaume I-14, ✉ 08002, ☎ 93 315 22 11, *reserve@gargallo-hotels.com, Fax 93 315 21 13* – AE VISA JCB MX b
14,30 – **78 hab** 178,70/216,25.
• Posee un espacioso salón social con grandes arcos y las paredes en piedra, así como habitaciones con mobiliario clásico funcional de buen nivel. Correcta organización.

Lleó sin rest con cafetería, Pelai 22, ✉ 08001, ☎ 93 318 13 12, *reservas@hotel-lleo.es, Fax 93 412 26 57* – 25/150. AE VISA JCB HX a
9 – **89 hab** 115/145.
• Hotel de elegante fachada y línea actual, que cuenta con unas habitaciones de adecuado confort. A destacar su amplia área social y su profesional organización familiar.

NH Duc de la Victòria, Duc de la Victòria 15, ✉ 08002, ☎ 93 270 34 10, *nhducdelavictoria@nh-hotels.com, Fax 93 412 77 47* – 25. AE VISA LX c
Comida *(cerrado sábado y domingo)* - sólo almuerzo - carta aprox. 57 – 13 – **156 hab** 170.
• Con todas las características de la cadena. Sus reducidos espacios comunes se ven compensados por unas alegres habitaciones que resultan muy confortables.

Catalonia Albinoni sin rest, av. Portal de l'Àngel 17, ✉ 08002, ☎ 93 318 41 41, *albinoni@hoteles-catalonia.es, Fax 93 301 26 31* – AE VISA. LV a
13 – **74 hab** 129/165.
• En el antiguo palacio Rocamora, su proximidad al Barrio Gótico invita a evocadores paseos. Zona noble con detalles decorativos originales y habitaciones al gusto del día.

Reding, Gravina 5-7, ✉ 08001, ☎ 93 412 10 97, *reding@occidental-hoteles.com, Fax 93 268 34 82* – AE VISA JCB. HX d
Comida *(cerrado domingo y festivos)* carta 19 a 31 – 11 – **44 hab** 160/180.
• Ubicado cerca de la plaça de Catalunya, pone a su disposición una reducida zona social y correctas dependencias, con habitaciones confortables y bien equipadas. Su comedor de línea clásica presenta una carta que combina la cocina tradicional y la catalana.

H10 Montcada, Via Laietana 24, ✉ 08003, ☎ 93 268 85 70, *montcada@h10.es, Fax 93 310 07 47,* – AE VISA JCB. MX h
Comida - sólo cena - 30 – 15 – **87 hab** 200/250.
• Posee habitaciones prácticas y bien equipadas aunque algunas, las más reducidas, tienen baños de plato ducha. Atractivo solarium en el ático, con jacuzzi y preciosas vistas. Comedor para desayunos y cenas con una carta variada.

H10 Racó del Pi sin rest, del Pi 7, ✉ 08002, ☎ 93 342 61 90, *hl0.raco.delpi@h10.es, Fax 93 342 61 91* – AE VISA. LX a
14 – **37 hab** 177/206.
• Levantado sobre un edificio del s. XVIII del que conserva algún elemento original. Cuenta con una escasa zona social y habitaciones funcionales bastante acogedoras.

Banys Orientals, L'Argenteria 37, ✉ 08003, ☎ 93 268 84 60, *reservas@hotelbanysorientals.com, Fax 93 268 84 61* – AE VISA JCB. NX t
Comida - ver rest. ***Senyor Parellada*** – 10 – **43 hab** 80/95.
• Ofrece confortables habitaciones de estética minimalista con diseño a raudales, suelos en madera y estructura de dosel en las camas ; sin embargo, no dispone de zona social.

Catalonia Princesa, Rec Comtal 16, ✉ 08003, ☎ 93 268 86 00, *princesa@hoteles-catalonia.es, Fax 93 268 84 91* – ⎮ ▤ TV – 25. AE ⓓ MC VISA. KX b
Comida carta aprox. 30 – ☕ 10 – **90 hab** 105/125.
◆ Tras la cuidada fachada encontrará un hotel de línea actual, con la funcionalidad como su razón de ser. Posee una correcta zona noble y habitaciones de completo equipamiento. En el restaurante del sótano se ofrece menú y una pequeña carta.

Atlantis sin rest, Pelai 20, ✉ 08001, ☎ 93 318 90 12, *inf@hotelatlantis-bcn.com, Fax 93 412 09 14* – ⎮ ▤ TV. AE ⓓ MC VISA. HX a
50 hab ☕ 108,18/138,23.
◆ Algo funcional pero bastante céntrico. Su zona social se reduce a un pequeño bar junto a la sala de desayunos y dispone de correctas habitaciones con los baños en mármol.

Park H. sin rest, av. Marquès de l'Argentera 11, ✉ 08003, ☎ 93 319 60 00, *parkhotel@parkhotelbarcelona.com, Fax 93 319 45 19* – ⎮ ▤ TV. AE ⓓ MC VISA. NX e
91 hab ☕ 126/160.
◆ Sorprende por sus cuidadas instalaciones de aire moderno y vanguardista, con dependencias de notable amplitud y cálido ambiente. Correcto hall-recepción con bar a un lado.

Gaudí sin rest con cafetería, Nou de la Rambla 12, ✉ 08001, ☎ 93 317 90 32, *gaudi@hotelgaudi.es, Fax 93 412 26 36,* – ⎮ ▤ TV – 25. AE ⓓ MC VISA JCB
☕ 10 – **73 hab** 115/150. LY q
◆ Frente al Palacio Güell, con una fuente modernista en el hall y una elegante cafetería. Sus habitaciones se van actualizando poco a poco, destacando las que poseen terraza.

Regencia Colón sin rest, Sagristans 13, ✉ 08002, ☎ 93 318 98 58, *info@hotelregenciacolon.com, Fax 93 317 28 22* – ⎮ ▤ TV. AE ⓓ MC VISA JCB MV r
☕ 10 – **50 hab** 130/160.
◆ Su estratégica situación le permitirá disfrutar de uno de los rincones más emblemáticos de la ciudad. Ofrece habitaciones funcionales, con suelos en tarima y baños actuales.

Hesperia Metropol sin rest, Ample 31, ✉ 08002, ☎ 93 310 51 00, *hotel@hesperia-metropol.com, Fax 93 319 12 76* – ⎮ ▤ TV. AE ⓓ MC VISA. NY r
☕ 10 – **68 hab** 135/150.
◆ Emplazado en el casco antiguo, pone a su disposición unas dependencias confortables con una cuidada decoración. Cálido ambiente y personal amable.

Suizo sin rest, pl. del Àngel 12, ✉ 08002, ☎ 93 310 61 08, *reserve@gargallo-hotels.com, Fax 93 315 04 61* – ⎮ ▤ TV. AE MX d
☕ 12,10 – **59 hab** 107/129.
◆ Bien actualizado. Ofrece habitaciones de línea funcional, la mayoría de ellas con solado en tarima y baños actuales aunque algo reducidos. Adecuada zona social con cafetería.

Continental sin rest, Rambles 138-2°, ✉ 08002, ☎ 93 301 25 70, *barcelona@hotelcontinental.com, Fax 93 302 73 60* – ⎮ TV. AE ⓓ MC VISA LV b
35 hab ☕ 70/100.
◆ Hotel de atención familiar, próximo a la plaça de Catalunya. El estilo inglés que impera en sus cuidadas habitaciones le imprime un carácter de marcada entidad.

XXX ✿ **Àbac** (posible traslado a la av. del Tibidabo 7), Rec 79-89, ✉ 08003, ☎ 93 319 66 00, *abac12@telefonica.net, Fax 93 319 45 19* – ▤. AE ⓓ MC VISA. NX e
cerrado del 6 al 13 de enero, 3 semanas en agosto, domingo y lunes mediodía – **Comida** 84,14 y carta 60 a 82.
Espec. Calamares con ensalada y guisantes. Atún al comino de Marrakech y jugo de cochinillo. Charlota de manzana, caramelo y azafrán.
◆ Restaurante de línea moderna, salpicado con detalles minimalistas. Su impecable servicio de mesa acoge una cocina creativa, con una firme base mediterránea. Brigada joven.

XXX ✿ **Hofmann,** L'Argenteria 74-78 (1°), ✉ 08003, ☎ 93 319 58 89, *hofmann@ysi.es, Fax 93 319 58 82* – ▤. AE ⓓ MC VISA. NX v
cerrado Navidades, Semana Santa, agosto, sábado y domingo – **Comida** carta 43 a 60.
Espec. Raviolis de gambas sin pasta rellenos de setas, con su glace y aceite verde. Foie de pato salteado con blinis de cerezas y su salsa. Lasaña de manzana y arroz cremoso con helado de trufa y leche de gallina trufada.
◆ En un antiguo edificio donde también ejercen como escuela de hostelería. Su marco clásico posee detalles de diseño, ofreciendo una carta innovadora y cuidadas presentaciones.

XX **Neyras,** Via Laietana 41, ✉ 08003, ☎ 93 302 46 47, *Fax 93 318 56 37* – ▤. AE ⓓ MC VISA. MV b
Comida carta 38 a 50.
◆ Este negocio posee un buen bar de tapas, con expositor y un pequeño vivero, así como varias salas de estilo clásico. Cocina tradicional especializada en pescados y mariscos.

XX **Reial Club Marítim,** Moll d'Espanya, ✉ 08039, ☎ 93 221 71 43, *Fax 93 221 44 12,* ≤, – ▤. AE ⓓ MC VISA JCB. NY a
cerrado del 15 al 31 de agosto, domingo noche y lunes – **Comida** carta 27 a 39.
◆ Gran salón acristalado, dotado de un correcto montaje, que brinda magníficas vistas panorámicas al puerto deportivo. Su mesa propone una carta de tendencia tradicional.

XX **Senyor Parellada,** L'Argenteria 37, ✉ 08003, ✆ 93 310 50 94, *fondaparellada@hotmail.com, Fax 93 268 31 57* – ▤. AE ⓓ MC VISA JCB. ✂ NX t
Comida carta 15 a 24.
◆ Coqueto restaurante de estilo clásico-actual, con una barra de apoyo a la entrada y varias salas bien dispuestas. Destaca su pequeño patio central con el techo acristalado.

XX **7 Portes,** passeig d'Isabel II-14, ✉ 08003, ✆ 93 319 30 33, *reservas@7portes.com, Fax 93 319 30 46* – ▤. AE ⓓ MC VISA JCB. ✂ NX s
Comida carta 23 a 31.
◆ Una institución en la ciudad, pues comenzó su andadura en 1836. En sus salones de aire antiguo se sirve una cocina tradicional especializada en pescados, mariscos y arroces.

XX **La Nau,** Manresa 4-6, ✉ 08003, ✆ 93 268 77 47, *artgoldplus.sl@passadis.com, Fax 93 310 15 66* – ▤. AE ⓓ MC VISA. ✂ NX b
cerrado del 8 al 29 de agosto y domingo – **Comida** carta 35 a 51.
◆ Instalado en una vieja fábrica de chocolate. Cuenta con un bar a la entrada, que también funciona como coctelería, y dos comedores clásicos donde ofrecen platos tradicionales.

XX **Comerç 24,** Comerç 24, ✉ 08003, ✆ 93 319 21 02, *info@comerc24.com, Fax 93 268 39 57* – AE VISA. ✂ KX c
cerrado 7 días en Navidades, 21 días en agosto, domingo y lunes – **Comida** carta 29 a 38.
◆ Moderno establecimiento con una decoración vanguardista, donde podrá degustar una cocina creativa basada en menús degustación. Joven clientela.

XX **L'Elx al Moll,** Moll d'Espanya-Maremagnun, Local 9, ✉ 08039, ✆ 93 225 81 17, *Fax 93 225 81 20,* ≤, 🏠 – ▤. AE MC VISA NY m
Comida - espec. en arroces - carta 17 a 28.
◆ Restaurante con vistas al puerto deportivo. Posee un comedor rústico-moderno y una agradable terraza cubierta, ofreciendo pescados, mariscos y una buena selección de arroces.

X **Pitarra,** Avinyó 56, ✉ 08002, ✆ 93 301 16 47, *Fax 93 301 85 62* – ▤. AE ⓓ MC VISA JCB NY e
cerrado agosto, domingo y festivos noche – **Comida** carta 24 a 35.
◆ Innumerables recuerdos, relojes antiguos y detalles del poeta Pitarra decoran su interior, recreando un ambiente cálido y acogedor. Completa carta clásica a precios moderados.

X **Suquet de l'Almirall,** passeig Joan de Borbó 65, ✉ 08003, ✆ 93 221 62 33, *suquetalmirall@terra.es, Fax 93 221 62 33,* 🏠 – ▤. MC VISA KY z
cerrado del 9 al 31 de agosto, domingo noche, festivos noche y lunes – **Comida** carta 30 a 40.
◆ Establecimiento salpicado con detalles de aire marinero y una terraza bien acondicionada a la entrada. Carta tradicional actualizada con especialidad en arroces y pescados.

X **El Pintor,** Sant Honorat 7, ✉ 08002, ✆ 93 301 40 65, *restaurantelpintor@gruptravi.com, Fax 93 412 28 20* – ▤. AE ⓓ MC VISA. ✂ MX u
Comida carta 22 a 35.
◆ Un entrañable marco rústico con las paredes en ladrillo visto y viguería en el techo. Su mesa hace gala de una cocina variada arraigada en los sabores típicos de la zona.

X **Can Majó,** Almirall Aixada 23, ✉ 08003, ✆ 93 221 54 55, *majocan@terra.es, Fax 93 221 54 55,* 🏠 – ▤. AE ⓓ MC VISA JCB KY x
Comida - pescados y mariscos - carta 27 a 55.
◆ Afamado restaurante de organización familiar, donde sirven una esmerada carta especializada en productos del mar. Terraza con vistas y atractivo expositor de mariscos.

X **Can Culleretes,** Quintana 5, ✉ 08002, ✆ 93 317 64 85, *Fax 93 412 59 92* – ▤. MC VISA JCB MY c
cerrado tres semanas en julio, una semana en agosto, domingo noche y lunes – **Comida** carta 16 a 24.
◆ Negocio de larga tradición familiar, fundado en 1786. Su típica decoración, con viguería en el techo y numerosos cuadros en las paredes, recrea un ambiente acogedor.

X **Los Caracoles,** Escudellers 14, ✉ 08002, ✆ 93 302 31 85, *caracoles@versin.com, Fax 93 302 07 43* – ▤. AE ⓓ MC VISA JCB. ✂ MY k
Comida carta 30 a 41.
◆ En el casco antiguo de la ciudad desde 1835. Consolidado y de gran tipismo, su rústico marco conserva todo el encanto de otros tiempos. Interesante carta y brigada numerosa.

🍷 **Estrella de Plata,** pl. del Palau 13, ✉ 08003, ✆ 93 319 60 07, *tapas@estrella-deplata.es, Fax 93 268 10 01* – ▤. MC VISA. ✂ NX r
cerrado domingo y lunes mediodía – **Tapa** 8.
◆ Afamado local llevado por jóvenes profesionales que brindan un trato magnífico. Ofrece unas exquisitas tapas de cocina tradicional actualizada y una selección de raciones.

🍷 Txakolin, av. Marquès de l'Argentera 19, ✉ 08003, ✆ 93 268 17 81 – ▤ NV s
- tapas vascas.
◆ Un buen lugar para conocer la cocina vasca. Bar de tapas con un vistoso expositor, decoración rústica-moderna y las paredes en ladrillo visto, así como un atractivo comedor.

Sagardi, L'Argenteria 62, ✉ 08003, ☎ 93 319 99 93, *sagardi@sagardi.es, Fax 93 268 48 86*, Sidrería vasca – AE VISA JCB. NX a
Tapa 1,30 - tapas vascas.
• Próximo a la histórica iglesia de Santa María del Mar. Sidrería vasca con multitud de pinchos, que tiene un comedor con cubas de sidra y parrilla de carbón a la vista.

Euskal Etxea, placeta Montcada 1-3, ✉ 08003, ☎ 93 310 21 85, *jatetxeabcn@euskaletxeak.org* – AE VISA. NX c
cerrado Navidades, del 15 al 30 de agosto y domingo – **Tapa** 1,60 **Ración** - tapas vascas - aprox. 8.
• Emplazado en el centro cultural vasco. Bar de aire antiguo con tapas y raciones al estilo de Donostia, y una sala neorrústica donde podrá degustar el menú o su pequeña carta.

Irati, Cardenal Casanyes 17, ✉ 08002, ☎ 93 302 30 84, *sagardi@sagardi.es, Fax 93 412 73 76* – AE VISA JCB. LX z
Tapa 1,30 - tapas vascas.
• Típica taberna vasca, cercana al reconstruido Gran Teatre del Liceu. Posee una sala tipo asador donde sirven una carta de cocina vasca con toques de autor.

El Xampanyet, Montcada 22, ✉ 08003, ☎ 93 319 70 03 – VISA NX f
cerrado Semana Santa, agosto, domingo noche, lunes y festivos noche – **Tapa** 3 **Ración** - conservas y salazones - aprox. 6.
• Antigua taberna de larga tradición familiar y decoración típica a base de zócalos de azulejos. Ofrece una variada selección de tapas especializadas en conservas y salazones.

Sur Diagonal : Gran Via de les Corts Catalanes, passeig de Gràcia, Balmes, Muntaner, Aragó (planos p. 4 a 8)

Arts , Marina 19, ✉ 08005, ☎ 93 221 10 00, *rc.barcelonareservations@ritzcarlton.com, Fax 93 221 10 70*, ≤, – – 25/900. AE VISA. rest DT r
Arola *(cerrado enero, lunes y martes)* **Comida** carta aprox. 50 – 25 – **397 hab** 495 – 59 suites, 27 apartamentos.
• Espléndido hotel dotado de unas magníficas zonas sociales y ubicado en una torre acristalada del Puerto Olímpico. Sus habitaciones combinan el lujo con detalles de diseño. Ofrece varios restaurantes, aunque destaca el Arola por su creatividad en la cocina.

Rey Juan Carlos I , av. Diagonal 661, ✉ 08028, ☎ 93 364 40 40, *hotel@hrjuancarlos.com, Fax 93 364 42 32*, ≤, climatizada, – – 25/1000. AE VISA JCB. AT z
The Garden *(cerrado del 1 al 9 de enero, domingo y lunes)* **Comida** carta 55 a 72 - ***Café Polo*** *(buffet)* **Comida** carta aprox. 29 - ***Tati*** *(cerrado agosto, domingo y lunes)* **Comida** carta 34 a 53 – 19 – **375 hab** 315/420 – 37 suites.
• Impresionantes instalaciones de línea moderna, rodeadas por un parque con estanque y piscina. Una atmósfera exclusiva perfila todas sus dependencias, decoradas con sumo gusto. El restaurante The Garden dispone de una agradable terraza.

Eurostar Grand Marina H., Moll de Barcelona (World Trade Center), ✉ 08039, ☎ 93 603 90 00, *info@grandmarinahotel.com, Fax 93 603 90 90*, – – 25/500. AE VISA. CT a
Comida 65 – 20 – **258 hab** 375/400 – 15 suites.
• Vanguardista edificio circular en torno a un patio interior. El más elevado confort y el gusto por el detalle, con obras de reconocidos artistas, conviven en sus dependencias. Luminoso restaurante con un refinado servicio de mesa.

Ritz, Gran Via de les Corts Catalanes 668, ✉ 08010, ☎ 93 510 11 30, *ritz@ritzbcn.com, Fax 93 318 01 48* – hab, – 25/280. AE VISA JCB. JV p
Caelis *(cerrado agosto, sábado mediodía y domingo)* **Comida** carta 63 a 86 – 21 – **119 hab** 355/380 – 6 suites.
• Célebre e ilustre, está instalado en un bello edificio, rodeado de amplios bulevares y teatros que engalanan su entorno. Fastuosidad, elegancia tradicional y exquisito gusto. Su restaurante recrea un estilo actual y minimalista dentro de un entorno clásico.

Claris , Pau Claris 150, ✉ 08009, ☎ 93 487 62 62, *claris@derbyhotels.es, Fax 93 215 79 70*, – – 25/120. AE VISA. rest
East 47 : **Comida** carta 40 a 54 – 19 – **80 hab** 335/372 – 40 suites. HV w
• Elegante y señorial hotel en el antiguo palacio Vedruna, donde clasicismo y vanguardia se alían en perfecta armonía. Importante colección arqueológica en su interior. Su cuidado restaurante recrea una decoración que recuerda la estética de Andy Warhol.

Majestic, passeig de Gràcia 68, ✉ 08007, ☎ 93 488 17 17, *recepcion@hotelmajestic.es, Fax 93 488 18 80*, – hab, – 25/400. AE VISA. HV f
Comida - ver también rest. ***Drolma*** - 30 – 20 – **273 hab** 350 – 30 suites y 1 apartamento.
• Consolidado y moderno hotel ubicado en el paseo de Gràcia. Correctas instalaciones para reuniones y conferencias. Bellas y espaciosas habitaciones bien equipadas. Comedor funcional que ofrece buffet y carta.

Fira Palace, av. Rius i Taulet 1, ✉ 08004, ☎ 93 426 22 23, *sales@fira-palace.com, Fax 93 425 50 47*, Fб, ☐ - |‡|, ⇹ hab, ▤ TV ☎ ♿ 🚗 - 🎓 25/1300. AE ⓓ MC VISA. ✂ CT s
Comida 23 - ***El Mall*** **: Comida** carta 27 a 34 - ☕ 15 - **258 hab** 242/282 - 18 suites.
• Junto al Recinto Ferial. Hotel de línea moderna con habitaciones de impecable equipamiento. Convenciones y demás eventos sociales encuentran aquí su marco ideal. Restaurante de aire rústico con paredes en ladrillo visto y cuidado mobiliario.

Hilton Barcelona, av. Diagonal 589, ✉ 08014, ☎ 93 495 77 77, *barcelona@hilton.com, Fax 93 495 77 00*, ☂, Fб - |‡|, ⇹ hab, ▤ TV ☎ ♿ 🚗 P - 🎓 25/600. AE ⓓ MC VISA JCB. ✂ FX v
Mosaic **: Comida** carta 32 a 36 - ☕ 20 - **275 hab** 320/350 - 11 suites.
• Se encuentra en una de las principales arterias de la ciudad, disponiendo de un amplio hall, salones de reunión bien equipados y habitaciones actuales de cuidado confort. Su luminoso restaurante se complementa con una agradable terraza en verano.

G.H. Havana, Gran Via de les Corts Catalanes 647, ✉ 08010, ☎ 93 412 11 15, *granhotelhavana@hoteles-silken.com, Fax 93 412 26 11*, Fб, ⛱ - |‡|, ⇹ hab, ▤ TV ☎ ♿ 🚗 - 🎓 25/150. AE ⓓ MC VISA JCB. ✂ rest JV e
Comida 25,25 - ***Grand Place*** **: Comida** carta 22 a 34 - ☕ 16 - **141 hab** 155/168 - 4 suites.
• Céntrico hotel ubicado en un edificio histórico de 1882, del que se conserva intacta la fachada. Interior actualizado, con un moderno hall y habitaciones de estilo actual. Restaurante de correcto montaje y carta internacional.

Meliá Barcelona, av. de Sarrià 50, ✉ 08029, ☎ 93 410 60 60, *melia.barcelona@solmelia.com, Fax 93 410 77 44*, ⩽, Fб - |‡|, ⇹ hab, ▤ TV ☎ ♿ 🚗 - 🎓 25/500. AE ⓓ MC VISA JCB. ✂ FV n
Comida carta 24 a 39 - ☕ 20 - **299 hab** 300 - 15 suites.
• Hotel de línea clásica en la zona más moderna y vanguardista de la ciudad. Habitaciones de notable amplitud equipadas con todo detalle, y cuidados servicios complementarios. Restaurante espacioso y de acogedor montaje.

Princesa Sofía, pl. Pius XII-4, ✉ 08028, ☎ 93 508 10 00, *psofia@expogrupo.com, Fax 93 508 10 01*, ⩽, Fб, ☐, ⛱ - |‡| ▤ TV ☎ ♿ 🚗 - 🎓 25/1000. AE ⓓ MC VISA. ✂ EX x
Comida 32 - ☕ 20 - **475 hab** 390 - 25 suites.
• En el centro financiero y comercial. Perfecto equipamiento, lujosos salones y confortables habitaciones. Ideal para viajes de negocios y convenciones. Comedor de línea moderna donde podrá optar por comer a la carta o elegir el buffet.

AC Diplomatic, Pau Claris 122, ✉ 08009, ☎ 93 272 38 10, *diplomatic@ac-hotels.com, Fax 93 272 38 11*, Fб - |‡| ▤ TV ☎ ♿ 🚗 - 🎓 25/70. AE ⓓ MC VISA JCB. ✂ HV g
Comida 24 - ☕ 16 - **209 hab** 190 - 2 suites.
• Situado en pleno Ensanche. Hotel funcional de cuidado confort con un completísimo equipamiento. Habitaciones actualizadas, de baños modernos y bien insonorizadas.

NH Calderón, Rambla de Catalunya 26, ✉ 08007, ☎ 93 301 00 00, *nhcalderon@nh-hoteles.es, Fax 93 412 41 93*, ⛱, ☐ - |‡| ▤ TV ☎ ♿ 🚗 - 🎓 25/200. AE ⓓ MC VISA JCB. ✂ HX t
Comida 21 - ☕ 17,50 - **224 hab** 227 - 29 suites.
• Su estratégica ubicación, en el centro comercial de la ciudad, es un referente ideal para el cliente de negocios. Impecable equipamiento y elevado nivel de confort.

Fiesta H. Caspe, Casp 103, ✉ 08013, ☎ 93 246 70 00, *caspe@fiesta-hotels.com, Fax 93 246 70 01*, Fб - |‡|, ⇹ hab, ▤ TV ☎ 🚗 - 🎓 25/200. AE ⓓ MC VISA. ✂ JV v
3 Plats *(cerrado agosto y domingo)* **Comida** carta aprox. 15 - ☕ 14 - **141 hab** 200/230.
• Dispone de un moderno hall que, al igual que la zona social, se viste con muebles de diseño. Gran variedad de salones y habitaciones actuales, con ducha y bañera en los aseos. Su restaurante ofrece un maridaje entre la cocina mediterránea e internacional.

Catalonia Barcelona Plaza, pl. d'Espanya 6, ✉ 08014, ☎ 93 426 26 00, *plaza@hoteles-catalonia.es, Fax 93 426 04 00*, Fб, ⛱ climatizada - |‡| ▤ TV ☎ ♿ 🚗 - 🎓 25/600. AE ⓓ MC VISA. ✂ GY r
Gourmet Plaza **: Comida** carta aprox. 30 - ☕ 13 - **338 hab** 149/186 - 9 suites.
• Hotel de línea actual, situado frente al Recinto Ferial. Su impecable equipamiento está pensado y diseñado para los clientes de empresa y del mundo de negocios. El restaurante cuenta con una sobria decoración y un montaje funcional.

Barceló H. Sants, pl. dels Paüsos Catalans, ✉ 08014, ☎ 93 503 53 00, *sants@bchoteles.com, Fax 93 490 60 45*, ⩽, Fб - |‡|, ⇹ hab, ▤ TV ♿ P - 🎓 25/1500. AE ⓓ MC VISA JCB. ✂ FY
Comida *(cerrado agosto y domingo)* 26,50 - ☕ 12 - **364 hab** 185 - 13 suites.
• En plena estación de Sants, dominando la ciudad y sus alrededores. Hotel de línea funcional perfectamente equipado, con una espaciosa zona noble. Resulta ideal para congresos. Luminoso comedor con dos ambientes, diferenciando entre carta y buffet.

ESPAÑA

Condes de Barcelona *(Monument i Centre)*, passeig de Gràcia 75, ✉ 08008, ☎ 93 467 47 80, *reservas@condesdebarcelona.com, Fax 93 467 47 85* – |‡|, ⇆ hab, ▤ TV ☎ ♿ 🚗 – 🏛 25/200. AE ⓓ ⓜ VISA JCB HV m
***Thalassa* : Comida** carta 33 a 46 – ☕ 15,75 – **181 hab** 225 – 2 suites.
◆ Hotel-monumento que ocupa dos emblemáticos edificios, la Casa Batlló y la Casa Durella. En sus dependencias convive el confort actual con multitud de detalles de época. Coqueto restaurante donde podrá deleitarse con una variada oferta culinaria.

Avenida Palace, Gran Via de les Corts Catalanes 605, ✉ 08007, ☎ 93 301 96 00, *avpalace@husa.es, Fax 93 318 12 34* – |‡| ▤ TV ☎ – 🏛 25/300. AE ⓓ ⓜ VISA JCB. ✂ HX r
Comida 23 – ☕ 20 – **136 hab** 235/255 – 14 suites.
◆ Hotel de elegante estilo clásico dotado con dependencias cuidadas al detalle. Las habitaciones, que han sido recientemente actualizadas, disfrutan de un buen confort. Restaurante de ambiente distinguido, con mobiliario escogido y un impecable servicio de mesa.

Ritz Barcelona Roger de Llúria, Roger de Llúria 28, ✉ 08010, ☎ 93 343 60 80, *ritzbcn@rogerdelluria.com, Fax 93 343 60 81* – |‡| ▤ TV ☎ ♿ – 🏛 25/60. AE ⓓ ⓜ VISA. ✂ JV b
Comida *(cerrado domingo)* carta aprox. 43 – ☕ 16,50 – **46 hab** 165/247 – 2 suites.
◆ Íntimo y acogedor. Su reducida zona noble se ve compensada por unas habitaciones de elevado confort, amplias y completamente equipadas, para que disfrute de su estancia. El espacioso restaurante posee un mobiliario clásico de calidad.

Omm, Rosselló 265, ✉ 08008, ☎ 93 445 40 00, *reservas@hotelomm.es, Fax 93 445 40 04*, 🏊 – |‡| ▤ TV ☎ 🚗 – 🏛 25/30. AE ⓓ ⓜ VISA JCB. ✂ HV x
***Moo* : Comida** carta 40 a 52 – ☕ 18 – **59 hab** 250.
◆ Tras la original fachada encontrará un hotel dotado de una amplia zona social en tres espacios, diáfana y con detalles de diseño. Habitaciones sobrias y de estilo actual. En su moderno restaurante se ofrece una variada cocina de autor.

Abba Sants, Numància 32, ✉ 08029, ☎ 93 600 31 00, *abba-sants@abbahoteles.com, Fax 93 600 31 01* – |‡|, ⇆ hab, ▤ TV ☎ ♿ 🚗 – 🏛 25/200. AE ⓓ ⓜ VISA. ✂ FX b
***Amalur* : Comida** carta 26 a 35 – ☕ 14,50 – **140 hab** 125/143.
◆ Hotel de nueva construcción con un moderno diseño. Adecuada zona social y habitaciones que, aunque resultan un poco justas de espacio, ofrecen un buen nivel de confort. En su comedor, de montaje funcional, ofrecen una carta tradicional y algún plato vasco.

Gallery H., Rosselló 249, ✉ 08008, ☎ 93 415 99 11, *email@galleryhotel.com, Fax 93 415 91 84*, ☂, 🏋 – |‡| ▤ TV ☎ ♿ 🚗 – 🏛 25/200. AE ⓓ ⓜ VISA JCB. ✂ HV d
Comida 20 – ☕ 16 – **108 hab** 168/198 – 5 suites.
◆ Amplias instalaciones de línea actual, con una amplia recepción, varias salas de reunión y unas confortables habitaciones dotadas de baños completos y detallistas. El restaurante disfruta de grandes cristaleras y una acogedora terraza en un patio interior.

St. Moritz, Diputació 264, ✉ 08007, ☎ 93 412 15 00, *stmoritz@hocchotels.com, Fax 93 412 12 36*, ☂ – |‡|, ⇆ hab, ▤ TV ☎ ♿ 🚗 – 🏛 25/200. AE ⓓ ⓜ VISA. ✂ JV g
Comida 23 – ☕ 17,50 – **91 hab** 206/247.
◆ Hotel de fachada clásica, dotado de unas habitaciones de buen nivel y de varios salones para la celebración de cualquier tipo de evento. Eficiente organización.

Prestige Paseo de Gràcia sin rest, passeig de Gràcia 62, ✉ 08007, ☎ 93 272 41 80, *reservas@prestigehotels.com, Fax 93 272 41 81* – |‡| ▤ TV ☎ ♿. AE ⓓ ⓜ VISA JCB. ✂ HV f
☕ 16,50 – **45 hab** 275.
◆ Alcanza unas cotas muy altas en su concepción del diseño, con gran atracción por las líneas puras y la decoración minimalista, apreciable sobre todo en las habitaciones.

Gran Derby sin rest, Loreto 28, ✉ 08029, ☎ 93 322 32 15, *info@derbyhotels.es, Fax 93 419 68 20*, 🏊 – |‡| ▤ TV ☎ 🚗 – 🏛 25/100. AE ⓓ ⓜ VISA GX g
☕ 14 – **29 hab** 195/215 – 12 suites.
◆ Establecimiento de línea clásica que resulta acogedor por su tamaño. Las habitaciones resultan luminosas y de notable amplitud, muchas de ellas con los suelos en parquet.

Barceló H. Atenea Mar, passeig García Faria 47, ✉ 08019, ☎ 93 531 60 40, *ateneamar@bchoteles.com, Fax 93 531 60 90*, ≤, 🏋 – |‡| ▤ TV ☎ ♿ 🚗 – 🏛 25/400. AE ⓓ ⓜ VISA JCB. ✂ DT v
***El Comedor* : Comida** carta 31 a 36 – ☕ 12 – **191 hab** 150.
◆ Situado en una avenida frente al mar. Posee varios salones de uso polivalente, una correcta zona deportiva y habitaciones funcionales, la mayoría con vistas al Mediterráneo. Su restaurante, con entrada independiente, ofrece una cocina tradicional de temporada.

Rafael H. Diagonal Port, Lope de Vega 4, ✉ 08005, ☎ 93 230 20 00, *diagonalport@rafaelhoteles.com, Fax 93 230 20 10* – |‡|, ⇆ hab, ▤ TV ☎ ♿ 🚗 – 🏛 25/175. AE ⓓ ⓜ VISA. ✂ DT b
Comida 15 – ☕ 12 – **115 hab** 158/180 – PA 48.
◆ Moderno y funcional, posee unas habitaciones confortables y bien insonorizadas, con suelo en moqueta y baños con encimera de mármol. Zonas sociales suficientes.

ESPAÑA

City Park H., Nicaragua 47, ✉ 08029, ℘ 93 363 74 74, *jd.nicaragua@cityparkhoteles.com, Fax 93 419 71 63* – FX z
80 hab.
• Próximo a la estación de ferrocarril de Sants. De gran confort, lo más destacado es su decoración vanguardista al más puro estilo New Design barcelonés. Comedor con entrada independiente y mobiliario de diseño.

NH Podium, Bailén 4, ✉ 08010, ℘ 93 265 02 02, *nhpodium@nh-hotels.com, Fax 93 265 05 06*, – 25/240. AE VISA JCB. JV n
Corella : **Comida** carta 28 a 40 – 15,50 – **140 hab** 150/201 – 5 suites.
• En el Ensanche modernista, junto al Arco de Triunfo. Fachada clásica con un interior actual, salpicado de detalles vanguardistas. Habitaciones acogedoras y luminosas. Restaurante íntimo y personal por su cálida decoración con cuadros contemporáneos.

Balmes, Mallorca 216, ✉ 08008, ℘ 93 451 19 14, *balmes@derbyhotels.es, Fax 93 451 00 49*, – 25/30. AE VISA JCB. HV v
Comida 13,50 – 13 – **93 hab** 184/205 – 8 suites.
• De línea actual. Pone a su disposición unas correctas habitaciones, con solado en madera y algunas de las paredes en ladrillo visto. Destaca la agradable terraza con piscina.

Derby sin rest con cafetería, Loreto 21, ✉ 08029, ℘ 93 322 32 15, *info@derbyhotels.es, Fax 93 410 08 62* – 25/60. AE VISA FX e
15 – **111 hab** 180/200 – 4 suites.
• Un clásico en el centro de negocios de la ciudad. Amplios espacios comunes, con cafetería de entrada independiente y bar de estilo inglés, y confortables habitaciones.

Hesperia del Mar, Espronceda 6, ✉ 08005, ℘ 93 502 97 00, *hotel@hesperia-delmar.com, Fax 93 502 97 01*, – 25/175. AE VISA. DT b
Comida 16,50 – 13,38 – **78 hab** 176,55/187,25 – 6 suites.
• Ubicado en una zona en expansión muy cercana al mar. Posee suficientes zonas comunes y unas habitaciones bien equipadas, con mobiliario práctico y moderno. Luminoso restaurante acristalado.

Vincci Marítimo, Llull 340, ✉ 08019, ℘ 93 356 26 00, *maritimo@vinccihoteles.com, Fax 93 356 06 69*, – 25/250. AE VISA. DS b
Comida 12 – 6 – **144 hab** 156/180.
• Disfruta de un buen confort general, aunque lo más destacado es su decoración de diseño, con originales detalles de vanguardia en los baños y en los frontales de las camas. Restaurante muy luminoso y de sencillo montaje.

AC Vilamarí, Vilamarí 34-36, ✉ 08015, ℘ 93 289 09 09, *acvilamari@ac-hotels.com, Fax 93 289 05 01*, – 25/35. AE VISA. HY a
Comida carta aprox. 28 – 11 – **90 hab** 170.
• En su estilo resulta bastante detallista, combinando la funcionalidad y el diseño. Habitaciones confortables, la mitad con baños completos y el resto del tipo plato ducha. Moderno restaurante con una iluminación intimista y personalizada.

Alexandra, Mallorca 251, ✉ 08008, ℘ 93 467 71 66, *informacion@hotel-alexandra.com, Fax 93 488 02 58* – 25/100. AE VISA JCB. HV v
Comida - sólo menú - 19,85 – 16 – **106 hab** 260/300 – 3 suites.
• Un marco moderno y acogedor, con espaciosas habitaciones de correcto equipamiento, mobiliario escogido, suelos en moqueta y baños en mármol. Zona noble suficiente. Luminoso comedor dividido por paneles.

NH Master, València 105, ✉ 08011, ℘ 93 323 62 15, *nhmaster@nh-hotels.com, Fax 93 323 43 89* – 25/100. AE VISA JCB. rest HX n
Comida *(cerrado 24 diciembre-2 enero, agosto, sábado y domingo)* 13 – 13 – **80 hab** 140/170 – 1 suite – PA 24.
• Céntrico y actual, con las características propias de la cadena NH. Habitaciones de cálida decoración, con la funcionalidad que aprecia el cliente de negocios.

Cristal Palace, Diputació 257, ✉ 08007, ℘ 93 487 87 78, *reservas@hotelcristalpalace.com, Fax 93 487 90 30* – hab, – 25/100. AE VISA JCB. HX e
Comida 19,25 – 12 – **147 hab** 220/255 – 1 suite.
• Hotel de línea moderna que dispone de unas dependencias de un elevado nivel de confort, correctamente equipadas. Eficiente organización y personal amable.

NH Numància, Numància 74, ✉ 08029, ℘ 93 322 44 51, *nhnumancia@nh-hotels.com, Fax 93 410 76 42* – 25/65. AE VISA. FX f
Comida 22 – 12,50 – **140 hab** 116/155.
• Próximo a la estación de ferrocarril de Sants. Posee una cuidada zona social, y unas habitaciones confortables con decoración actual y complementos a juego.

Senator Barcelona, Cardenal Reig 11, ✉ 08028, ☎ 93 260 99 00, *senator.bcn@playasenator.com, Fax 93 449 30 30,* – |♦|, hab, – 25/300. EY c
Comida 18 – 12 – **213 hab** 170/200 – PA 48.
• Posee unas habitaciones espaciosas, tranquilas y bien equipadas, que son su punto fuerte junto a la oferta complementaria de un centro de belleza y piscinas terapéuticas. En el comedor ofrecen un nutrido buffet.

América sin rest, Provença 195, ✉ 08008, ☎ 93 487 62 92, *america@hotel-america-barcelona.com, Fax 93 487 25 18,* – – 25/50. HV y
15 – **60 hab** 180/229.
• Conjunto actual y luminoso que integra la recepción en los espacios comunes. Sus cómodas habitaciones gozan de un diseño minimalista, con algunos servicios personalizados.

Núñez Urgell sin rest, Comte d'Urgell 232, ✉ 08036, ☎ 93 322 41 53, *nunezurgell@nnhotels.es, Fax 93 419 01 06* – – 25/150. GX a
12 – **106 hab** 160/175 – 2 suites.
• Dispone de una acogedora zona noble, apoyada por la cafetería, y de unas confortables habitaciones, la mayoría de ellas de correcto mobiliario y dotadas de terraza-balcón.

Capital, Arquitectura 1, ✉ 08908 L'Hospitalet de Llobregat, ☎ 93 298 05 30, *info@hotel-capital.com, Fax 93 298 05 31* – – 26/60. BT s
Comida 12,60 – 9 – **103 hab** 151/163.
• En un edificio acristalado, cuenta con unas habitaciones decoradas en tonos grises y beiges, con mobiliario estándar y baños actuales. Clientela habitual de negocios.

Catalonia Berna, Roger de Llúria 60, ✉ 08009, ☎ 93 272 00 50, *berna@hoteles-catalonia.es, Fax 93 272 00 58* – – 25/200. JV s
Comida carta aprox. 30 – 13 – **124 hab** 130/169.
• Conserva la fachada original de 1864 y, tras ella, un interior renovado. Habitaciones un poco reducidas pero de completo equipamiento, algunas de la última planta con terraza.

Regente sin rest, Rambla de Catalunya 76, ✉ 08008, ☎ 93 487 59 89, *regente@hcchotels.es, Fax 93 487 32 27,* – – 25/120. HV t
18 – **79 hab** 197/240.
• Instalado en un céntrico edificio de fachada modernista. Posee un bar con hermosas vidrieras, una pequeña zona noble y habitaciones renovadas de suficiente confort.

Sansi Diputació sin rest, Diputació 234-236, ✉ 08007, ☎ 93 304 07 07, *diputacio@sansi-hotels.com, Fax 93 304 07 08* – HX x
13 – **55 hab** 120/130.
• Hotel de línea moderna orientado tanto al turista como al cliente de negocios. Dispone de habitaciones bien equipadas, con los suelos y parte de las paredes en madera.

Hesperia Carlit sin rest, Diputació 383, ✉ 08013, ☎ 93 505 26 00, *hotel@hesperia-carlit.com, Fax 93 505 26 10* – JV x
10 – **38 hab** 110/167.
• Práctico y funcional, con unas zonas nobles algo reducidas pero actuales. Los dormitorios gozan de suficiente espacio, siendo la mayoría de los baños de tipo plato ducha.

Onix Rambla sin rest con cafetería, Rambla de Catalunya 24, ✉ 08007, ☎ 93 342 79 80, *reservas.hotelsonix@icyesa.es, Fax 93 342 51 52,* – – 25/80. HX t
10 – **40 hab** 144/154.
• Situado en un edificio señorial, aunque con un interior acogedor y de aire moderno. Posee habitaciones de correcta amplitud, con mobiliario funcional y los suelos en tarima.

Millenni sin rest, Ronda Sant Pau 14, ✉ 08001, ☎ 93 441 41 77, *millenni@apsishotels.com, Fax 93 324 81 50,* – |♦|, hab, – 25/40 HY c
46 hab.
• Hotel de nueva construcción, con una reducida zona noble y unas habitaciones de esmerado confort, con suelo en parquet y baños en mármol. Pequeño fitness.

Zenit Borrell, Comte Borrell 208, ✉ 08029, ☎ 93 452 55 66, *borrell@zenithoteles.com, Fax 93 452 55 60* – – 25/60. GX f
Comida 12 – 11 – **73 hab** 170/190 – 1 suite.
• Dispone de una reducida zona social de aire modernista e impecables instalaciones. Sus habitaciones poseen mobiliario actual, suelos en tarima y baños con numerosos detalles.

NH Forum, Ecuador 20, ✉ 08029, ☎ 93 419 36 36, *nhforum@nh-hotels.com, Fax 93 419 89 10* – |♦|, hab, – 25/50. rest FX t
Comida *(cerrado Navidades, agosto, sábado y domingo)* 21 – 12,50 – **47 hab** 141/155 – 1 suite – PA 56,50.
• Hotel de línea moderna, en consonancia con la estética característica de la cadena NH. Acogedoras dependencias cuidadas al detalle, con un completo equipamiento.

ESPAÑA

Open sin rest, Diputació 100, ✉ 08015, ✆ 93 289 35 00, *open@hcchotels.es, Fax 93 289 35 05* – |‡| ▤ TV ✆ ♿ 🚗 – 🎤 25/100. AE ⓓ ⓜ VISA JCB. ✂ HY x
☕ 14,50 – **100 hab** 165/206.
• Conjunto céntrico y de carácter funcional. Resulta práctico por su buen confort general, con habitaciones algo pequeñas aunque actuales y dotadas de un completo equipamiento.

NH Rallye, Travessera de les Corts 150, ✉ 08028, ✆ 93 339 90 50, *nhrallye@nh-hotels.com, Fax 93 411 07 90,* Fō, ⛱ – |‡| ▤ TV ✆ ♿ 🚗 – 🎤 25/250. AE ⓓ ⓜ VISA JCB. ✂ EY b
Comida carta 21 a 35 – ☕ 12,50 – **105 hab** 129/170 – 1 suite.
• Moderno y funcional, con el estilo que define a la cadena. Disfruta de unas instalaciones bien equipadas, con un cuidado confort y una atractiva terraza-bar en el último piso.

NH Les Corts sin rest con cafetería por la noche, Travessera de les Corts 292, ✉ 08029, ✆ 93 322 08 11, *nhlescorts@nh-hotels.com, Fax 93 322 09 08* – |‡| ▤ TV ✆ ♿ 🚗 – 🎤 25/80. AE ⓓ ⓜ VISA FX u
☕ 13 – **80 hab** 128/175 – 1 suite.
• Sus acogedoras habitaciones, todas con terraza y de moderna decoración en tonos vivos, se complementan con una zona social polivalente. Buena organización y personal amable.

Actual sin rest, Rosselló 238, ✉ 08008, ✆ 93 552 05 50, *info@hotelactual.com, Fax 93 552 05 55* – |‡| ▤ TV ✆ ♿. AE ⓓ ⓜ VISA JCB HV x
29 hab ☕ 175/190.
• Pequeño hotel de nueva generación definido por su decoración minimalista, con habitaciones luminosas y de adecuado equipamiento. Amable dirección y reducida zona noble.

Caledonian sin rest, Gran Via de les Corts Catalanes 574, ✉ 08011, ✆ 93 453 02 00, *caledonian@hotel-caledonian.com, Fax 93 451 77 03* – |‡| ▤ TV ✆ ♿. AE ⓓ ⓜ VISA. ✂ HX w
☕ 12 – **51 hab** 100/160.
• De línea actual, en pleno centro comercial y de negocios. Está dotado de unas habitaciones funcionales y bien insonorizadas, con el suelo en moqueta y los baños en mármol.

Aparthotel Acácia sin rest, Comte d'Urgell 194, ✉ 08036, ✆ 93 454 07 37, *acacia@aparthotel-sl.es, Fax 93 451 85 82* – |‡| ▤ TV ♿ 🚗. AE ⓓ ⓜ VISA JCB. ✂ GX b
☕ 5,70 – **26 apartamentos** 202,40/224,40.
• Las ventajas de un hotel con la independencia de un apartamento. El edificio disfruta de un moderno diseño exterior, con habitaciones bien equipadas y cocina incorporada.

Onix Fira sin rest, Llançà 30, ✉ 08015, ✆ 93 426 00 87, *reservas.hotelsonix@icyesa.es, Fax 93 426 19 81,* ⛱ – |‡| ▤ TV ✆ ♿ 🚗 – 🎤 25/80. AE VISA. ✂ GY n
☕ 9 – **80 hab** 104/129.
• Al lado de la antigua plaza de toros. Entorno íntimo y confortable, con una amplia cafetería y unas habitaciones funcionales en las que abunda el mármol.

Continental Palacete sin rest, Rambla de Catalunya 30, ✉ 08007, ✆ 93 445 76 57, *palacete@hotelcontinental.com, Fax 93 445 00 50* – |‡| ▤ TV. AE ⓓ ⓜ VISA HX e
19 hab ☕ 90/130.
• En un antiguo palacete restaurado, con una decoración de aire inglés en la que predominan las telas. Sus habitaciones disponen de una gran variedad de complementos.

Paral.lel sin rest, Poeta Cabanyes 7, ✉ 08004, ✆ 93 329 11 04, *hparalel@nnhotels.es, Fax 93 442 16 56* – |‡| ▤ TV ♿. AE ⓓ ⓜ VISA JCB HY b
☕ 8 – **64 hab** 75/110 – 2 suites.
• Próximo al centro de la ciudad. Cuenta con unas acogedoras habitaciones que han sido renovadas en un estilo actual y una discreta zona social limitada a la sala de desayunos.

Taber sin rest, Aragó 256, ✉ 08007, ✆ 93 487 38 87, *taber@hcchotels.com, Fax 93 488 13 50* – |‡| ▤ TV – 🎤 25. AE ⓓ ⓜ VISA. ✂ HX g
☕ 15 – **93 hab** 165/206.
• Dispone de una cuidada fachada clásica y un correcto hall-recepción. Sus habitaciones, que no resultan muy amplias, poseen mobiliario funcional y los suelos en moqueta.

Amrey Diagonal, av. Diagonal 161-163, ✉ 08018, ✆ 93 486 88 00, *hoteldiagonal@grupoamrey.com, Fax 93 309 67 27* – |‡|, ⊁ hab, ▤ TV ✆ ♿ – 🎤 25/120. AE ⓓ ⓜ VISA. ✂ DT f
Comida 15 – ☕ 10 – **152 hab** 136/170.
• Moderno, luminoso, práctico y funcional, con una arquitectura de líneas sencillas en la que se aprecian ciertos detalles de vanguardia. Orientado a una clientela de negocios.

Century Park sin rest, València 154, ✉ 08011, ✆ 93 453 44 00, *recepcionhotel@hotelcenturypark.com, Fax 93 453 26 26* – |‡|, ⊁ hab ▤ TV ✆ ♿. AE ⓜ VISA. ✂ HX f
48 hab ☕ 94,09/134,11.
• De estilo funcional y correcto confort. Se va actualizando poco a poco en las zonas sociales y ofrece unas habitaciones de adecuado equipamiento, muchas de ellas individuales.

Alfa Aeropuerto, Zona Franca - calle K (entrada principal Mercabarna), ✉ 08040, ☎ 93 336 25 64, *info@hotelalfaaeropuerto.com, Fax 93 335 55 92*, – hab, – 25/180. AE VISA. rest por Pg. de la Zona Franca BT
***Gran Mercat* : Comida** carta 27 a 37 – 10,50 – **98 hab** 160/200 – 1 suite.
◆ Situado en el polígono industrial de la Zona Franca, donde ofrecen unas espaciosas dependencias de mobiliario funcional, bien insonorizadas y completamente equipadas. Restaurante de correcto montaje, que centra su actividad en la clientela del exterior.

Prisma sin rest, av. Josep Tarradellas 119, ✉ 08029, ☎ 93 439 42 07, *prisma@mediumhoteles.com, Fax 93 405 04 27* – . AE VISA GX s
7,50 – **47 hab** 71/102.
◆ En una amplia avenida, cerca de la Diagonal. Su reducida zona noble se ve compensada por unas habitaciones funcionales de detallado equipamiento. Ambiente acogedor.

La Dama, av. Diagonal 423, ✉ 08036, ☎ 93 202 06 86, *reservas@ladama-restaurant.com, Fax 93 200 72 99* – . AE VISA JCB. HV a
Comida carta 46 a 62.
◆ Marco elegante que conserva la belleza modernista en los detalles decorativos, tanto en su interior como en su fachada. Brigada muy cualificada.

Drolma - *Hotel Majestic*, passeig de Gràcia 68, ✉ 08007, ☎ 93 496 77 10, *drolma@hotelmajestic.es, Fax 93 445 38 93* – . AE VISA JCB. HV f
cerrado del 3 al 8 de enero y domingo – **Comida** - sólo cena en agosto - carta 77 a 110.
Espec. Caldereta de langosta en tres servicios (julio-septiembre). Puré de patata, zabaione y tuber magnatum (octubre-noviembre). Verduras y tuber melanosporum en cocota (diciembre-marzo).
◆ El impecable montaje y la esmerada ornamentación de estilo clásico recrean un ambiente refinado y distinguido, protagonizado por la madera. Brigada completa y profesional.

Beltxenea, Mallorca 275 entlo, ✉ 08008, ☎ 93 215 30 24, *Fax 93 487 00 81*, – . AE VISA. HV h
cerrado Semana Santa, agosto, Navidades, sábado mediodía y domingo – **Comida** carta 47 a 58.
◆ Elegante casa señorial que transmite al conjunto cierto sabor añejo. Sala con vistas a un romántico jardín y bella chimenea en madera tallada.

Casa Calvet, Casp 48, ✉ 08010, ☎ 93 412 40 12, *restaurant@casacalvet.es, Fax 93 412 43 36* – . AE VISA JCB. JVX r
cerrado Semana Santa, domingo y festivos – **Comida** carta 43 a 53.
◆ Instalado en un atractivo edificio modernista diseñado por Gaudí. El acogedor comedor ofrece a su variada clientela una excelente carta, regada con caldos selectos.

Jaume de Provença, Provença 88, ✉ 08029, ☎ 93 430 00 29, *Fax 93 439 29 50* – . AE VISA JCB. GX h
cerrado Semana Santa, agosto, domingo noche y lunes – **Comida** carta 36 a 50.
◆ Restaurante de línea clásica, apoyado por una pequeña barra, seguida de un espacioso comedor, íntimo y dotado de un cuidado servicio de mesa.

Windsor, Còrsega 286, ✉ 08008, ☎ 93 415 84 83, *restaurantwindsor@minorisa.es, Fax 93 238 66 08* – . AE VISA JCB. HV b
cerrado Semana Santa, agosto, sábado mediodía y domingo – **Comida** carta 34 a 60.
◆ Elegante marco con bello patio interior, varios salones independientes y un bar privado. Ofrece a su clientela una interesante carta acorde con la completa bodega.

Gargantua i Pantagruel, Còrsega 200, ✉ 08036, ☎ 93 453 20 20, *gipa@gargantuaipantagruel.com, Fax 93 419 29 22* – rest, . AE VISA. GHV c
Comida carta 27 a 44.
◆ Conjunto clásico con detalles modernos en la decoración y varios privados que complementan al comedor principal. Cocina tradicional actualizada y algún plato ilerdense.

Oliver y Hardy, av. Diagonal 593, ✉ 08014, ☎ 93 419 31 81, *oliveryhardy@husa.es, Fax 93 419 18 99*, – . AE VISA. FX n
cerrado Semana Santa, sábado mediodía y domingo – **Comida** carta 33 a 41.
◆ Es un clásico de la noche barcelonesa dividido en dos partes, por un lado una boite y por otro el restaurante. Comedor de cuidado montaje y una terraza utilizada como privado.

Talaia Mar, Marina 16 (C.C. Moda Shopping), ✉ 08005, ☎ 93 221 90 90, *talaia@talaia-mar.es, Fax 93 221 89 89*, ≤ – . AE VISA. DT t
cerrado lunes – **Comida** carta 33 a 43.
◆ En la Vila Olímpica. Original sala acristalada en forma circular, con una decoración de corte actual, donde poder apreciar su cocina de tintes creativos.

Racó d'en Cesc, Diputació 201, ✉ 08011, ☎ 93 453 23 52, *Fax 93 453 23 52* – . AE VISA. HX k
cerrado Semana Santa, agosto, domingo y festivos – **Comida** carta 33 a 48.
◆ Posee unas instalaciones de impecable mantenimiento, con numerosas salas en las que podrá degustar platos creativos con productos locales. Carta de vinos muy completa.

XXX **Maria Cristina,** Provença 271, ✉ 08008, ☎ 93 215 32 37, *Fax 93 215 83 23* – ▤. AE ⓓ ⓜ VISA. ✂ HV x
cerrado sábado mediodía y domingo – **Comida** carta 33 a 52.
♦ Su atractivo exterior, con grandes cristales opacos, da paso a un pequeño hall y varios comedores de ambiente clásico-actual. Cocina tradicional con productos de calidad.

XX **Orotava,** Consell de Cent 335, ✉ 08007, ☎ 93 487 73 74, *nuriaposo@terra.es, Fax 93 488 26 50* – ▤. AE ⓓ ⓜ VISA JCB HX j
cerrado domingo – **Comida** carta 32 a 49.
♦ En las proximidades de la Fundació Tàpies. Restaurante de corte clásico matizado con cuadros contemporáneos. Su mesa propone una carta de tendencia cosmopolita.

XX **Rías de Galicia,** Lleida 7, ✉ 08004, ☎ 93 424 81 52, *info@riasdegalicia.com, Fax 93 426 13 07* – ▤. AE ⓓ ⓜ VISA. ✂ HY e
Comida - pescados y mariscos - carta 51 a 63.
♦ Próximo al Recinto Ferial. Dispone de un hall con barra de espera y expositor de marisco, así como varias salas clásicas en dos niveles. Buen producto y completa bodega.

XX **Els Pescadors,** pl. Prim 1, ✉ 08005, ☎ 93 225 20 18, *contacte@elspescadors.com, Fax 93 224 00 04,* 🏖 – ▤. AE ⓓ ⓜ VISA JCB DT e
cerrado Semana Santa – **Comida** carta 33 a 55.
♦ Posee una sala a modo de café de principios del s. XX, y otras dos con una decoración más moderna. Generosa carta arraigada en la cocina marinera, con arroces y bacalao.

XX **Koxkera,** Marquès de Sentmenat 67, ✉ 08029, ☎ 93 322 35 56, *Fax 93 322 35 56* – ▤. AE ⓓ ⓜ VISA JCB FX a
cerrado del 8 al 31 de agosto y domingo – **Comida** carta 24 a 32.
♦ Negocio de seria organización familiar, con barra de apoyo a la entrada seguida de un comedor con paredes en madera. Elabora sus platos en base a una cocina de mercado.

XX **L'Olivé,** Balmes 47, ✉ 08007, ☎ 93 452 19 90, *Fax 93 451 24 18* – ▤. AE ⓓ ⓜ VISA. ✂ HX h
cerrado domingo noche – **Comida** carta 36 a 45.
♦ Acogedor restaurante dotado de un hall con cocina a la vista a un lado, y la cuidada sala al fondo, complementada con privados en el sótano. Brigada numerosa.

XX **El Asador de Aranda,** Londres 94, ✉ 08036, ☎ 93 414 67 90, *Fax 93 414 67 90* – ▤. AE ⓓ ⓜ VISA. ✂ GV n
cerrado domingo noche – **Comida** - cordero asado - carta aprox. 35.
♦ En una bocacalle de la avenida Diagonal. Decoración castellana y amplias instalaciones, con bar de apoyo y horno de leña a la vista, para asar los tradicionales lechazos.

XX **El Yantar de la Ribera,** Roger de Flor 114, ✉ 08013, ☎ 93 265 63 09, *Fax 93 265 42 26* – ▤. AE ⓓ ⓜ VISA. ✂ JV u
cerrado domingo noche – **Comida** - asados - carta 21 a 25.
♦ Establecimiento sobrio y elegante en un entrañable marco de aire castellano, cuyos fogones están especializados en cochinillo y cordero asados.

XX **La Provença,** Provença 242, ✉ 08008, ☎ 93 323 23 67, *restofi@laprovenza.com, Fax 93 451 23 89* – ▤. AE ⓓ ⓜ VISA HV y
Comida carta 21 a 25.
♦ Restaurante de línea clásica-actual, próximo al emblemático paseo de Gràcia. Confortable y de alegre decoración, su mesa acoge una cocina de mercado a precios moderados.

XX **El Asador de Aranda,** Pau Claris 70, ✉ 08010, ☎ 93 342 55 78, *asador@asadoraranda.com, Fax 93 342 55 78* – ▤. AE ⓓ ⓜ VISA. ✂ JX b
cerrado Semana Santa y domingo noche – **Comida** - cordero asado - carta 30 a 35.
♦ Ofrece las características habituales en esta cadena de asadores. Bar a la entrada, horno de asar a la vista y dos cálidos comedores con elegante decoración castellana.

XX **El Túnel D'en Marc Palou,** Bailén 91, ✉ 08009, ☎ 93 265 86 58, *Fax 93 246 01 14* – ▤. AE ⓓ ⓜ VISA. ✂ JV t
cerrado agosto, sábado mediodía y domingo – **Comida** carta 32 a 36.
♦ Se encuentra en una esquina acristalada, con tres comedores de montaje actual y reducida capacidad, en varias alturas. Su chef elabora una interesante cocina de autor.

XX **Vinya Rosa-Magí,** av. de Sarrià 17, ✉ 08029, ☎ 93 430 00 03, *info@vinyarosamagi.com, Fax 93 430 00 41* – ▤. AE ⓓ ⓜ VISA GX y
cerrado sábado mediodía y domingo – **Comida** carta 34 a 52.
♦ Su reducida capacidad le confiere un ambiente íntimo y acogedor, realzado con cuidados detalles decorativos. Propone una cocina de tendencia cosmopolita.

XX **Gorría,** Diputació 421, ✉ 08013, ☎ 93 245 11 64, *info@restaurantogorria.com, Fax 93 232 78 57* – ▤. AE ⓓ ⓜ VISA JCB. ✂ JU a
cerrado Semana Santa, agosto, domingo y festivos noche – **Comida** - cocina vasco-navarra - carta 35 a 46.
♦ Negocio de larga trayectoria, con un correcto montaje y un servicio de mesa en consonancia. Su esmerada oferta gastronómica se complementa con caldos escogidos.

ESPAÑA

XX **Petit París,** París 196, ✉ 08036, ☎ 93 218 26 78 – ▤. AE ⓓ ⓜⓒ VISA JCB. ✻ HV k
Comida carta 40 a 46.
◆ Coqueto establecimiento de ambiente cálido y agradable, con una decoración de estilo inglés. Carta interesante con sugerencias del día y selecta bodega.

XX **Yashima,** av. Josep Tarradellas 145, ✉ 08029, ☎ 93 419 06 97, *Fax 93 410 80 25* – ▤. AE ⓓ ⓜⓒ VISA. ✻ GV f
cerrado domingo y festivos – **Comida** - rest. japonés - carta aprox. 42.
◆ Una cita obligada para los aficionados a la cocina japonesa, en un marco que recrea sabiamente la estética oriental. Mobiliario escogido, sushi-bar y buen servicio de mesa.

XX **La Maison du Languedoc Roussillon,** Pau Claris 77, ✉ 08010, ☎ 93 301 04 98, *jeanf@prodexport.com, Fax 93 301 05 65* – ▤. AE ⓜⓒ VISA JX a
cerrado agosto, sábado mediodía, domingo y lunes noche – **Comida** - cocina del suroeste francés - carta 36 a 72.
◆ Entorno ideal para degustar una buena cocina regional francesa, con una cálida iluminación y una decoración actual. Ofrecen información turística sobre Languedoc Roussillon.

XX **Casa Darío,** Consell de Cent 256, ✉ 08011, ☎ 93 453 31 35, *casadario@casadario.com, Fax 93 451 33 95* – ▤. AE ⓓ ⓜⓒ VISA JCB. ✻ HX p
cerrado agosto y domingo – **Comida** carta 34 a 59.
◆ Restaurante de estilo clásico con bar a la entrada, seguido de tres salas con un correcto mobiliario y privados en el 1er piso. Elabora sus platos con productos escogidos.

XX **Solera Gallega,** París 176, ✉ 08036, ☎ 93 322 91 40, *solerag@teleline.es, Fax 93 322 91 40* – ▤. AE ⓓ ⓜⓒ VISA. ✻ GHV p
cerrado del 15 al 31 de agosto y lunes – **Comida** - pescados y mariscos - carta 39 a 44.
◆ Próximo a la Diagonal. Decoración clásica en un agradable restaurante, que brinda a sus clientes escogidos productos del mar procedentes de la querida Galicia.

XX **Anfiteatro,** av. Litoral (Parc del Port Olímpic), ✉ 08005, ☎ 659 69 53 45, *anfiteatrobcn@telefonica.net, Fax 93 457 14 19,* 🏠 – ▤. AE ⓜⓒ VISA DT c
cerrado domingo noche y lunes – **Comida** carta 40 a 57.
◆ Un cálido ambiente en unas instalaciones de línea moderna, cuidadas al detalle y dotadas de abundante luz natural. El conjunto se asoma sobre una fuente tipo estanque.

XX **El Dento,** Loreto 32, ✉ 08029, ☎ 93 321 67 56, *Fax 93 430 83 42* – ▤. AE ⓓ ⓜⓒ VISA. ✻ GX g
cerrado Semana Santa, agosto, sábado y festivos noche – **Comida** carta 25 a 40.
◆ Negocio de eficiente organización familiar, con barra de apoyo y dos salas bien dispuestas, en las que ofrecen una carta basada en el recetario mediterráneo.

XX **Can Fayos,** Loreto 22, ✉ 08029, ☎ 93 439 30 22, *CANFAYOS@hotmail.com, Fax 93 439 30 22,* Interesante bodega – ▤. AE ⓓ ⓜⓒ VISA. ✻ GX g
cerrado 21 días en agosto y domingo – **Comida** carta 29 a 36.
◆ Espacioso restaurante con dos comedores, uno de ellos para grupos. Propone una cocina con especialidades de la zona, regada con los caldos de su completa bodega.

XX **El Túnel del Port,** Moll de Gregal 12 (Port Olímpic), ✉ 08005, ☎ 93 221 03 21, *info@eltuneldelport.com, Fax 93 221 35 86,* ←, 🏠 – ▤. AE ⓓ ⓜⓒ VISA DT a
cerrado domingo noche y lunes – **Comida** carta 28 a 43.
◆ Establecimiento de línea clásica, con un correcto montaje y un servicio de mesa acorde a su categoría. Dispone de dos comedores, un privado y dos terrazas de gran capacidad.

XX **La Vaquería,** Déu i Mata 141, ✉ 08029, ☎ 93 419 07 35, *lavaqueria@hotmail.com, Fax 93 322 12 03* – ▤. AE ⓓ ⓜⓒ VISA FVX x
cerrado sábado mediodía y domingo – **Comida** carta 26 a 40.
◆ Un marco singular y entrañable en una antigua vaquería con numerosos detalles de antaño que le proporcionan un peculiar ambiente. Carta amplia y variado menú.

XX **Saüc,** passatge Lluís Pellicer 12, ✉ 08036, ☎ 93 321 01 89, *sauc@saucrestaurant.com* – ▤. ⓜⓒ VISA GV d
cerrado del 1 al 10 de enero, del 9 al 30 de agosto, domingo y lunes – **Comida** carta 26 a 40.
◆ Un matrimonio lleva el local, funcional aunque con detalles decorativos de vanguardia. Cocina de base regional personalizada, con buen producto y algunos platos de autor.

X **Tramonti 1980,** av. Diagonal 501, ✉ 08029, ☎ 93 410 15 35, *tramonti1980@hotmail.com, Fax 93 405 04 43* – ▤. AE ⓓ ⓜⓒ VISA. ✻ FV s
Comida - cocina italiana - carta 20 a 43.
◆ En una de las avenidas más emblemáticas de la ciudad. Establecimiento de simpática decoración, donde sirven una variada carta de tendencia italiana.

X **La Camarga,** Aribau 117, ✉ 08036, ☎ 93 323 66 55, *Fax 93 454 10 11* – ▤. AE ⓓ ⓜⓒ VISA JCB HV u
Comida carta 21 a 30.
◆ Dispone de un bar de espera y un espacioso comedor principal, con el suelo en parquet, mobiliario de mimbre y algún banco corrido. Carta de mercado a precios moderados.

ESPAÑA

X **Casimiro,** Londres 84, ✉ 08036, ☎ 93 410 30 93, *Fax 93 321 75 94* – ▤. AE ⓓ MC VISA JCB. ✂ GV z
cerrado agosto, domingo y lunes noche – **Comida** carta 24 a 39.
• Pequeño establecimiento de organización familiar, situado en una zona céntrica. Posee una sencilla barra de apoyo a la entrada y una sala de correcto montaje.

X **O'Bierzo,** Vila i Vilà 73, ✉ 08004, ☎ 93 441 82 04 – ▤. AE MC VISA. ✂ JY u
cerrado Semana Santa, del 10 al 31 de agosto, domingo noche y lunes – **Comida** carta 28 a 44.
• Negocio de eficiente organización familiar, con una acogedora sala de correcto montaje. Carta de tendencia tradicional que incluye un apartado con productos de El Bierzo.

X **Nervión,** Còrsega 232, ✉ 08036, ☎ 93 218 06 27 – ▤. AE ⓓ MC VISA JCB. ✂ HV r
cerrado Semana Santa, agosto, domingo y festivos – **Comida** - cocina vasca - carta 21 a 40.
• Pequeño restaurante llevado con dignidad. Su bien dispuesta mesa ofrece sabrosos platos típicos de la cocina tradicional vasca. Personal amable.

X **Lázaro,** Aribau 146 bis, ✉ 08036, ☎ 93 218 74 18, *Fax 93 218 77 47* – ▤. AE ⓓ MC VISA. ✂ HV r
cerrado agosto, domingo y festivos – **Comida** carta 21 a 30.
• Establecimiento de línea clásica, en una atractiva zona de la ciudad. Carácter familiar y generosa oferta culinaria, dentro de un grato y confortable entorno.

X **Racó de la Vila,** Ciutat de Granada 33, ✉ 08005, ☎ 93 485 47 72, *Fax 93 309 14 71* – ▤. AE ⓓ MC VISA. ✂ DT n
Comida carta 24 a 30.
• Concurrido restaurante dotado de una barra de apoyo y varias salas de cuidada decoración rústica. Un marco entrañable para disfrutar de la cocina tradicional.

X **La Lubina,** Viladomat 257, ✉ 08029, ☎ 93 430 03 33, *Fax 93 430 03 33* – ▤. AE ⓓ MC VISA JCB. ✂ GX c
cerrado agosto y domingo noche – **Comida** - pescados y mariscos - carta 29 a 39.
• Los productos escogidos y la seriedad en el hacer son las características de esta casa, avalada por una clientela habitual. Personal amable y ambiente familiar.

X **Da Paolo,** av. de Madrid 63, ✉ 08028, ☎ 93 490 48 91, *Fax 93 411 25 90* – ▤. AE ⓓ MC VISA. ✂ EY f
cerrado del 1 al 22 de agosto y domingo – **Comida** - cocina italiana - carta 16 a 26.
• En las proximidades del estadio de fútbol Camp Nou. En sus salas podrá disfrutar de un variado menú, y de una carta basada en platos de la gastronomía italiana.

X **Casa Toni,** Sepúlveda 62, ✉ 08015, ☎ 93 424 00 68, *Fax 93 228 92 02* – ▤. AE ⓓ MC VISA. ✂ HY f
cerrado Semana Santa, sábado en verano, domingo noche y festivos noche – **Comida** carta 15 a 25.
• Local cercano a la plaça d'Espanya. Barra de apoyo y comedores de correcto montaje en dos niveles. Propone una cocina atenta al recetario de la región.

X **Elche,** Vila i Vilà 71, ✉ 08004, ☎ 93 441 30 89, *Fax 93 329 40 12* – ▤. AE ⓓ MC VISA JY a
Comida - arroces - carta 21 a 30.
• Establecimiento acogedor, con un servicio de mesa acorde a su categoría. Ofrece platos típicos de Cataluña, con un amplio apartado de arroces.

X **Cañota,** Lleida 7, ✉ 08004, ☎ 93 325 91 71, *info@riasdegalicia.com, Fax 93 426 13 07,* 🏠 – ▤. AE ⓓ MC VISA. ✂ HY e
Comida - carnes a la brasa - carta 21 a 28.
• Funcional y luminoso, con parrilla a la vista donde se elabora una cocina de excelente relación calidad-precio, siendo la carne la estrella de la casa.

X **Carles Grill,** Comte d'Urgell 280, ✉ 08036, ☎ 93 410 43 00, *Fax 93 322 31 51* – ▤. AE MC VISA. ✂ GV m
cerrado domingo – **Comida** - carnes - carta 17 a 27.
• Restaurante-brasería de larga trayectoria familiar, dotado de una barra de apoyo y una sala de estilo clásico. Avalado por las inmejorables carnes que ofrece.

🍷 **Mesón Cinco Jotas,** Rambla de Catalunya 91-93, ✉ 08008, ☎ 93 487 89 42, *m5jrambla@osborne.es, Fax 93 487 91 21,* 🏠 – AE ⓓ MC VISA. ✂ HV q
Tapa 2,20 **Ración** - espec. en ibéricos - aprox. 10,50.
• Espacioso bar de línea clásica decorado en madera, con mesas a la entrada para degustar su esmerada selección de ibéricos. Salón-comedor al fondo.

🍷 **ba-ba-reeba,** passeig de Gràcia 28, ✉ 08007, ☎ 93 301 43 02, *btap01@retemail.es, Fax 93 342 55 39,* 🏠 – ▤. AE ⓓ MC VISA JX z
Tapa 3,50 **Ración** aprox. 8.
• En una de las zonas más turísticas junto a la plaça de Catalunya. Lugar de encuentro, bien surtido de tapas y raciones, con dos comedores de ambiente joven.

El Trobador, Enric Granados 122, ✉ 08008, ☎ 93 416 00 57, *Fax 93 238 61 45*, – ▤. AE ⓓ MC VISA. ✂ HV a
Tapa 3,25 **Ración** aprox. 9.
◆ Local espacioso y decorado con buen gusto, con mesas confortables y cocina a la vista. Ofrece gran variedad de tapas que estimularán su apetito, así como platos a la brasa.

Mesón Cinco Jotas, Còrsega 206, ✉ 08036, ☎ 93 321 11 81, *m5jmuntaner@osborne.es, Fax 93 321 18 12* – ▤. AE ⓓ MC VISA. ✂ HV j
Tapa 2,25 **Ración** - espec. en ibéricos - aprox. 18.
◆ En la entrada cuenta con una pequeña barra y varías mesas altas para tapeo. Destacan sus comedores, de cuidado montaje y decorados con fotografías de sus productos.

Txapela, passeig de Gràcia 8-10, ✉ 08007, ☎ 93 412 02 89, *txapela@augrup.com, Fax 93 412 24 78*, – ▤. AE ⓓ MC VISA JCB. ✂ JV s
Tapa 1,50 - tapas vascas -.
◆ Taberna de estilo vasco, con una situación privilegiada en pleno paseo de Gràcia. La amplia sala se complementa con una agradable terraza exterior.

Cervecería Catalana, Mallorca 236, ✉ 08008, ☎ 93 216 03 68, *jahumada@62online.com, Fax 93 488 17 97*, – ▤. AE ⓓ VISA. ✂ HV q
Tapa 3 **Ración** aprox. 5.
◆ Bar-cervecería decorado en madera, que pone a su disposición una nutrida selección de tapas bien presentadas, elaboradas con productos escogidos.

Norte Diagonal : Via Augusta, Capità Arenas, ronda General Mitre, passeig de la Bonanova, av. de Pedralbes (planos p. 4 a 8)

G.H.La Florida, carret. Vallvidrera al Tibidabo 83-93, ✉ 08035, ☎ 93 259 30 00, *reservas@hotellaflorida.com, Fax 93 259 30 01*, ← ciudad y El Vallès, – hab, ▤ TV – 25/80. AE ⓓ MC VISA. ✂ BS c
***L'Orangerie* : Comida** carta 52 a 75 – 25 – **55 hab** 350 – 19 suites.
◆ Lujosas instalaciones ubicadas en la cima del monte Tibidabo. Sus dependencias han sido diseñadas por famosos interioristas, combinando elegancia, vanguardismo y confort. El restaurante destaca por su atractivo montaje y por las hermosas vistas a la ciudad.

Hispano Siete Suiza, Sicilia 255, ✉ 08025, ☎ 93 208 20 51, *comercial@hispanos7suiza.com, Fax 93 208 20 52* – ▤ TV. AE ⓓ MC VISA. ✂ JU b
La Cúpula *(cerrado agosto, sábado mediodía y domingo)* **Comida** carta 40 a 47 – **19 apartamentos** 180.
◆ Establecimiento clásico y funcional que pone a su disposición unos correctos apartamentos de dos dormitorios, con cocina totalmente equipada y baños actuales. Mientras disfruta de su esmerada carta podrá contemplar una interesante colección de coches antiguos.

Sansi Pedralbes, av. Pearson 1-3, ✉ 08034, ☎ 93 206 38 80, *pedralbes@sansihotels.com, Fax 93 206 38 81* – ▤ TV – 25/60. AE ⓓ MC VISA. ✂ rest AT v
Comida *(cerrado sábado y domingo)* carta 31 a 54 – 14 – **65 hab** 146/166.
◆ Gran calidad y vanguardia en este hotel, próximo al célebre monasterio de Pedralbes. Excelentes habitaciones equipadas con mobiliario escogido y baños modernos. Su restaurante propone una cuidada oferta culinaria.

Hesperia Sarrià, Vergós 20, ✉ 08017, ☎ 93 204 55 51, *hotel@hesperia-sarria.com, Fax 93 204 43 92* – hab, ▤ TV – 25/300. AE ⓓ MC VISA. ✂ EU c
Comida 19,60 – 13 – **134 hab** 168/198 – PA 38.
◆ Un moderno marco, dotado de un espacioso hall-recepción, una correcta zona noble, y unas confortables habitaciones completamente equipadas. Amplias salas de reuniones.

Balmoral sin rest con cafetería, Via Augusta 5, ✉ 08006, ☎ 93 217 87 00, *info@hotelbalmoral.com, Fax 93 415 14 21* – ▤ TV – 25/150. AE ⓓ MC VISA. ✂ HV n
12 – **106 hab** 175/245.
◆ Confort y profesionalidad a su disposición. Dependencias de estilo clásico, con luminosas habitaciones bien equipadas y varios salones panelables para los actos sociales.

Mariano Cubí, Maria Cubí 62-64, ✉ 08006, ☎ 93 209 96 99, *marianocubi@city-hotels.es, Fax 93 209 20 46* – ▤ TV – 25/40. AE ⓓ MC VISA. ✂ GV k
Comida *(cerrado agosto)* - sólo cena - carta aprox. 30 – 15 – **67 hab** 145/155.
◆ Sus reducidas zonas comunes se ven compensadas por unas espaciosas habitaciones tipo estudio, con una pequeña cocina, buenos baños y mobiliario moderno en los dormitorios. El restaurante sólo sirve cenas, funcionando como cafetería durante el día.

AC Irla, Calvet 40-42, ✉ 08021, ☎ 93 241 62 10, *acirla@ac-hotels.com, Fax 93 241 62 11*, – ▤ TV – 25/30. AE ⓓ MC VISA. ✂ GV h
Comida carta aprox. 28 – 13 – **36 hab** 221.
◆ En conjunto resulta acogedor, combinando materiales de calidad con conceptos como la funcionalidad y el diseño. Sus habitaciones poseen espaciosos baños de tipo plato ducha.

ESPAÑA

Catalonia Suite, Muntaner 505, ✉ 08022, ☎ 93 212 80 12, *suite@hoteles-catalonia.es, Fax 93 211 23 17* – 🛗 ▤ TV ☎ ♿ 🚗 – 🏛 25/90. AE ⓓ ⓜⓒ VISA. ✻ FU a
Comida 16 – ☕ 13 – **117 hab** 116/149.
◆ En una destacada zona residencial y de negocios. Posee unas instalaciones funcionales y de elegante decoración, que recrean una cálida atmósfera ideal para el descanso.

Catalonia Córcega, Còrsega 368, ✉ 08037, ☎ 93 208 19 19, *corcega@hoteles-catalonia.es, Fax 93 208 08 57* – 🛗 ▤ TV ☎ ♿. AE ⓓ ⓜⓒ VISA JCB. ✻ HU x
Comida 15 – ☕ 13 – **77 hab** 124/159 – 2 suites.
◆ Hotel de línea actual que posee unas habitaciones amplias y cuidadas, con mobiliario clásico-actual y un correcto equipamiento para su categoría. Reducida zona social. El comedor se centra en el menú, aunque dispone de una pequeña carta.

Victoria H. Suites sin rest con cafetería, Beltran i Rózpide 7-9, ✉ 08034, ☎ 93 206 99 00, *victoria@victoriabcn.com, Fax 93 280 52 67,* 🏊 – 🛗 ▤ TV 🚗. AE ⓓ ⓜⓒ VISA. ✻ EX z
☕ 9 – **67 hab** 97/116 – 7 suites.
◆ Acogedor hotel de estilo clásico, dotado de unas confortables habitaciones, equipadas con un mobiliario escogido y baños en mármol. Lencería de calidad.

Turó de Vilana sin rest con cafetería salvo fin de semana, Vilana 7, ✉ 08017, ☎ 93 434 03 63, *hotel@turodevilana.com, Fax 93 418 89 03* – 🛗 ▤ TV 🚗 – 🏛 25/40. AE ⓓ ⓜⓒ VISA. ✻ EU r
☕ 12 – **20 hab** 120/145.
◆ Coqueto hotelito en plena zona residencial. Dispone de unos correctos espacios sociales, y de unas habitaciones bien equipadas con cierto toque de diseño.

St. Gervasi, Sant Gervasi de Cassoles 26, ✉ 08022, ☎ 93 253 17 40, *stgervasi.booking@hoteles-silken.com, Fax 93 253 17 41* – 🛗 ▤ TV ☎ ♿ 🚗 – 🏛 25/50. AE ⓓ ⓜⓒ VISA. ✻ FU c
Comida 13 – ☕ 10 – **51 hab** 150/180.
◆ Confortable hotel de buen mantenimiento, que dispone de unas habitaciones con suelo en moqueta, mobiliario funcional en tonos claros y baños completos.

NH Cóndor, Via Augusta 127, ✉ 08006, ☎ 93 209 45 11, *nhcondor@nh-hotels.es, Fax 93 202 27 13* – 🛗 ▤ TV ☎ – 🏛 25/50. AE ⓓ ⓜⓒ VISA GU z
Comida *(cerrado agosto)* 10 – ☕ 12,50 – **66 hab** 141/170 – 12 suites.
◆ Funcional y confortable, al más puro estilo de la cadena. Cuidadas estancias decoradas con mobiliario de corte moderno y profusión de maderas, creando una atmósfera íntima.

Confort sin rest, Travessera de Gràcia 72, ✉ 08006, ☎ 93 238 68 28, *confort@mediumhoteles.com, Fax 93 238 73 29* – 🛗 ▤ TV ☎ ♿ 🚗. AE ⓓ ⓜⓒ VISA GV v
☕ 7,50 – **36 hab** 102/117.
◆ Céntrico establecimiento de reciente construcción, llevado con buen criterio. Posee unas correctas habitaciones con mobiliario moderno, detalles de diseño y baños completos.

Aristol sin rest, Cartagena 369, ✉ 08025, ☎ 93 433 51 00, *aristol@mediumhoteles.com, Fax 93 433 51 01* – 🛗 ▤ TV. AE ⓓ ⓜⓒ VISA CS u
21 hab ☕ 99/116.
◆ Hotel de sencilla organización, dotado de un salón social polivalente y unas luminosas habitaciones de adecuado equipamiento con materiales de calidad.

Guillermo Tell sin rest, Guillem Tell 49, ✉ 08006, ☎ 93 415 40 00, *info@hotelguillermotell.com, Fax 93 217 34 65* – 🛗 ▤ TV ☎ ♿ 🚗 – 🏛 25/80. AE ⓓ ⓜⓒ VISA. ✻ GU k
☕ 11 – **61 hab** 111/140.
◆ Disfruta de una fachada con líneas depuradas, así como habitaciones de notable amplitud, con mobiliario de calidad y cuidados baños en mármol.

Husa Pedralbes, Fontcuberta 4, ✉ 08034, ☎ 93 203 71 12, *hotelpedralbes@husa.es, Fax 93 205 70 65* – 🛗 ▤ TV ☎. AE ⓓ ⓜⓒ VISA JCB. ✻ EV b
Comida *(cerrado sábado, domingo y festivos)* 12 – ☕ 11,50 – **30 hab** 137/168.
◆ Su escueta zona social resulta acogedora, con una decoración dominada por la profusión de madera. Las habitaciones están bien equipadas y cuentan con mobiliario de calidad.

Covadonga sin rest, av. Diagonal 596, ✉ 08021, ☎ 93 209 55 11, *covadonga@hcchotels.com, Fax 93 209 58 33* – 🛗 ▤ TV ☎ – 🏛 25/50. AE ⓓ ⓜⓒ VISA JCB. ✻ GV a
☕ 15 – **101 hab** 165/206.
◆ Edificio de fachada clásica bien situado en una zona comercial, con un ambiente íntimo y un agradable confort. Ofrece diáfanas habitaciones y trabaja bastante con grupos.

Condado sin rest, Aribau 201, ✉ 08021, ☎ 93 200 23 11, *hotel@condadohotel.com, Fax 93 200 25 86* – 🛗 ▤ TV ♿. AE ⓓ ⓜⓒ VISA. ✻ GV g
☕ 10,50 – **81 hab** 105/130.
◆ En el centro comercial y de negocios de la ciudad. Dispone de un atractivo hall en mármol y habitaciones funcionales, con cálidos detalles para una estancia más grata.

ESPAÑA

Ibis Barcelona Meridiana sin rest con cafetería, av. Río de Janeiro 42 (C.C. Heron City), ✉ 08016, ☎ 93 276 83 10, *H3310@accor-hotels.com, Fax 93 276 19 15* – |‡|, ⇆ hab, ▤ TV ☎ ♿. AE ⓓ MC VISA CS a
☕ 6 – **143 hab** 79.
◆ Siguiendo la filosofía de la cadena, sus dependencias cuentan con un alto grado de funcionalidad. Escasa zona noble y habitaciones correctas con baños tipo cabina.

Colors sin rest, Campoamor 79, ✉ 08031, ☎ 93 274 99 20, *gruptravi@hotelcolors.com, Fax 93 427 42 20* – |‡| ▤ TV. AE ⓓ MC VISA. ✻ CS v
25 hab ☕ 70/94.
◆ Íntimo hotelito en la zona de Horta. Instalaciones sencillas pero cuidadas, con una decoración sobria que cambia de color según la planta. Trato cordial.

Aparthotel Silver sin rest, Bretón de los Herreros 26, ✉ 08012, ☎ 93 218 91 00, *reservations@hotelsilver.com, Fax 93 416 14 47* – |‡| ▤ TV ♿ ⇔. AE ⓓ MC VISA. ✻
☕ 6,50 – **49 apartamentos** 73/80. GU a
◆ Lo más destacado es la pulcritud y el agradable trato familiar. Ofrece habitaciones algo dispares, aunque poco a poco van actualizando el confort general. Precios contenidos.

XXXX ✿ **Neichel,** Beltran i Rózpide 1, ✉ 08034, ☎ 93 203 84 08, *neichel@relaischateaux.com, Fax 93 205 63 69* – ▤. AE ⓓ MC VISA JCB EX z
cerrado agosto, domingo, lunes y festivos – **Comida** 57 y carta 58 a 70.
Espec. Ravioli de trufa fresca, taco de foie y ostra. Rodaballo asado, calçots, bacon, desglasado al vinagre de Chardonnay. Magret de pichón lacado a la miel, regalíz y puré de apio.
◆ Las sabias manos de su chef elaboran una cocina creativa e innovadora, ideal para paladares exigentes. Elegante y luminoso marco junto a un atractivo jardín contiguo.

XXXX ✿ **Via Veneto,** Ganduxer 10, ✉ 08021, ☎ 93 200 72 44, *pmonje@adam.es, Fax 93 201 60 95* – ▤. AE ⓓ MC VISA. ✻ FV e
cerrado del 1 al 20 de agosto, sábado mediodía y domingo – **Comida** 68 y carta 45 a 58.
Espec. Langostinos al vapor con brioche crujiente, aceitunas de Kalamata y pequeña ensalada. Hígado de pato fresco macerado al moscatel "Casta Diva" con bizcocho de miel. Massini de chocolate negro y maíz tostado con helado de yema.
◆ La distinguida decoración estilo Belle Époque y el impecable servicio de mesa hacen gala de una interesante carta. Asentada trayectoria y brigada altamente cualificada.

XXXX ✿ **Jean Luc Figueras,** Santa Teresa 10, ✉ 08012, ☎ 93 415 28 77, *jlf@jeanlucfigueras.com, Fax 93 218 92 62* – ▤. AE ⓓ MC VISA JCB. ✻ HV z
cerrado domingo – **Comida** 70 y carta 62 a 92.
Espec. Raviolis de ostras y manitas, pequeña polenta de pasas y aceite de picada. Lubina de playa con tripa de bacalao, butifarra negra y alcachofa. Cochinillo confitado con tatín de melocotón y salsa agridulce.
◆ Magnífico marco para saborear una cocina con platos innovadores y creativos. Posee varias salas de elegante montaje, salpicadas con detalles de exquisito gusto.

XXXX **Reno,** Tuset 27, ✉ 08006, ☎ 93 200 91 29, *reno@restaurantreno.com, Fax 93 414 41 14* – ▤. AE ⓓ MC VISA JCB. ✻ GV r
cerrado agosto, sábado mediodía y domingo – **Comida** carta 44 a 58.
◆ Acogedor restaurante de estilo clásico, que propone una carta arraigada en la cultura gastronómica de la zona, con toques de actualidad. Impresionante bodega.

XXX ✿ **Gaig** (posible traslado a la calle Aragón 214), passeig de Maragall 402, ✉ 08031, ☎ 93 429 10 17, *restaurantegaig@hotmail.com, Fax 93 429 70 02* – ▤ P. AE ⓓ MC VISA. ✻ CS s
cerrado Semana Santa, agosto y domingo – **Comida** 74,20 y carta 47 a 64.
Espec. Tartar de lubina, gamba y caviar de trucha. Cochinillo lechal deshuesado y crujiente con fresones y cebolla tierna. Lubina a la sartén con verduritas de temporada.
◆ Este establecimiento disfruta de un cuidado montaje y gran profesionalidad. En sus fogones se elaboran platos creativos que toman como base la cocina mediterránea y catalana.

XXX ✿ **El Racó d'en Freixa,** Sant Elíes 22, ✉ 08006, ☎ 93 209 75 59, *info@elracodenfreixa.com, Fax 93 209 79 18* – ▤. AE ⓓ MC VISA. ✻ GU h
cerrado Semana Santa, 21 días en agosto, domingo y lunes – **Comida** 60,70 y carta 52 a 58.
Espec. El estudio del huevo, habas, guisantes y espárragos (primavera). Liebre a la Royal (invierno). Chocolate 2005.1, contrastes dulces, ácidos, salados y amargos.
◆ Ha sido redecorado en un estilo más actual, con líneas puras de aire minimalista, detalles de diseño y un excelente servicio de mesa. Ofrece una interesante cocina creativa.

XXX **Botafumeiro,** Gran de Gràcia 81, ✉ 08012, ☎ 93 218 42 30, *info@botafumeiro.es, Fax 93 217 13 05* – ▤. AE ⓓ MC VISA JCB. ✻ HU v
Comida - pescados y mariscos - carta 38 a 56.
◆ En el popular barrio de Gràcia. Afamado restaurante de esmerado montaje, con un ambiente marinero que evidencia la tendencia de su carta. Brigada numerosa.

XX **Roig Robí,** Sèneca 20, ✉ 08006, ℘ 93 218 92 22, *roigrobi@roigrobi.com, Fax 93 415 78 42,* – AE VISA JCB HV c
cerrado 3 semanas en agosto, sábado mediodía y domingo – **Comida** carta 48 a 68.
◆ Local de estilo actual con una espléndida ubicación y una agradable terraza-jardín recreando un cálido entorno. Carta variada y muy personalizada.

XX **El Asador de Aranda,** av. del Tibidabo 31, ✉ 08022, ℘ 93 417 01 15, *asador@asadoraranda.com, Fax 93 212 24 82,* – P. AE VISA. BS b
cerrado Semana Santa, domingo en agosto y domingo noche el resto del año – **Comida** - cordero asado - carta aprox. 33.
◆ En el marco incomparable de la Casa Roviralta, monumento Histórico Artístico Nacional de estilo modernista. Cocina típica castellana, donde el lechazo es la estrella.

XX **Zure Etxea,** Jordi Girona Salgado 10, ✉ 08034, ℘ 93 203 83 90, *luisdelzure@hotmail.com, Fax 93 280 31 46* – AE VISA AT r
cerrado del 6 al 29 de agosto, sábado mediodía, domingo y festivos – **Comida** - cocina vasca - carta aprox. 43.
◆ En plena zona universitaria. Íntimo establecimiento de estilo moderno, que presenta una generosa oferta culinaria basada en la tradición vasca. Completa carta de vinos.

XX **Tram-Tram,** Major de Sarrià 121, ✉ 08017, ℘ 93 204 85 18, – AE VISA JCB. EU d
cerrado del 24 al 31 de diciembre, Semana Santa, 15 días en agosto, sábado mediodía, domingo y lunes mediodía – **Comida** carta 35 a 52.
◆ Local situado en una antigua casa de la zona alta de la ciudad, con una cocina creativa e innovadora de tipo actual. Marco íntimo y acogedor.

XX ✿ **Alkimia,** Indústria 79, ✉ 08025, ℘ 93 207 61 15, *alkimia@telefonica.net* – VISA JCB. JU v
cerrado Semana Santa, 3 semanas en agosto, sábado mediodía y domingo – **Comida** carta 28 a 38.
Espec. Lomo de atún con habitas, bacon y concentrado de frambuesa. Rabo de buey con tripitas de bacalao, calabaza y pipas garrapiñadas. Piña con sopa de lichis, apio confitado y helado de eucalipto.
◆ Su comedor disfruta de una serena estética minimalista, con un cuidado servicio de mesa e iluminación individualizada. Cocina actual de base catalana y un menú degustación.

XX **Laurak,** La Granada del Penedès 14-16, ✉ 08006, ℘ 93 218 71 65, *Fax 93 218 98 67* – AE VISA. HV e
cerrado 22 diciembre-3 enero y domingo – **Comida** - cocina vasca - carta 55 a 61.
◆ Establecimiento de estilo moderno bien llevado por su chef-propietario. Dispone de un diáfano comedor, con el suelo en parquet, originales detalles de diseño y dos privados.

XX **Hisop,** passatge de Marimon 9, ✉ 08021, ℘ 93 241 32 33, *hisop@hisop.com* – AE VISA. GV b
cerrado del 13 al 22 de agosto, sábado mediodía y domingo – **Comida** carta 49 a 59.
◆ Goza de buena aceptación en la zona. De línea minimalista, con detalles florales en las paredes y un esmerado servicio de mesa, destaca por la gran creatividad en los fogones.

XX **Can Cortada,** av. de l'Estatut de Catalunya, ✉ 08035, ℘ 93 427 23 15, *gruptravi@cancortada.com, Fax 93 427 02 94,* – P. AE VISA. BS e
Comida carta aprox. 32.
◆ En una antigua masía, dispone de varios comedores con paredes en piedra y viguería en el techo. Un entrañable ambiente que hace los honores al recetario de la región.

XX **St. Rémy,** Iradier 12, ✉ 08017, ℘ 93 418 75 04, *Fax 93 434 04 34* – AE VISA JCB EU n
cerrado domingo noche – **Comida** carta 23 a 30.
◆ Restaurante montado en dos niveles, dotado de espaciosas salas con mobiliario actual de diseño y buena iluminación. Sirve platos de corte catalán a precios moderados.

XX **La Xarxa,** pl. Molina 4, ✉ 08006, ℘ 93 415 41 68, *mayte@ohime.com* – AE VISA.
cerrado agosto, domingo noche y lunes – **Comida** - pescados y mariscos - carta 29 a 44.
◆ Goza de una situación privilegiada. Restaurante de línea clásica especializado en productos del mar, con un gran expositor a la entrada y la sala repartida en varios niveles. GU v

XX **Le Quattro Stagioni,** Dr. Roux 37, ✉ 08017, ℘ 93 205 22 79, *restaurante@4stagioni.com, Fax 93 205 78 65,* – AE VISA JCB. FV c
cerrado Semana Santa, domingo y lunes mediodía (julio-agosto), domingo noche y lunes resto del año – **Comida** - cocina italiana - carta 24 a 30.
◆ Establecimiento de eficiente organización, dotado de unas salas de buen confort con decoración actual y un acogedor patio-terraza. Fidelidad a la tradición italiana.

XX **Silvestre,** Santaló 101, ✉ 08021, ℘ 93 241 40 31, *Fax 93 241 40 31* – AE VISA. GV e
cerrado Semana Santa, 2 semanas en agosto, sábado mediodía, domingo y festivos – **Comida** carta aprox. 26.
◆ La pareja propietaria ha creado un entorno clásico con varios espacios independientes, proporcionando al conjunto cierta intimidad. Cocina de mercado a precios ajustados.

La Petite Marmite, Madrazo 68, ✉ 08006, ☎ 93 201 48 79, *Fax 93 202 23 43* – ▤ AE ⓞ MC VISA. GU f
cerrado Semana Santa, agosto, domingo y festivos – **Comida** carta 20 a 31.
◆ Emplazado en una céntrica zona de negocios. Su comedor de línea clásica-antigua disfruta de un correcto montaje, con una carta de tendencia cosmopolita y clientela habitual.

Vivanda, Major de Sarrià 134, ✉ 08017, ☎ 93 203 19 18, *vivanda1@yahoo.es, Fax 93 212 48 85,* – ▤. ⓞ MC VISA. EU a
cerrado domingo y lunes mediodía – **Comida** carta aprox. 30.
◆ En la zona residencial del barrio de Sarrià. Sala de estilo moderno, con mobiliario de mimbre y un adecuado servicio de mesa. Interesante carta a precios moderados.

La Venta, pl. Dr. Andreu, ✉ 08035, ☎ 93 212 64 55, *Fax 93 212 51 44,* – ▤. AE ⓞ MC VISA BS d
cerrado Navidades y domingo – **Comida** carta 32 a 40.
◆ Antiguo café de aire modernista, con terraza a la entrada y excelentes vistas panorámicas. Dentro posee otro restaurante, El Mirador de La Venta, con una carta más innovadora.

OT, Torres 25, ✉ 08012, ☎ 93 284 77 52, *otrestaurant@hotmail.com, Fax 93 284 77 52* – ▤. MC VISA. HU f
cerrado Navidades, 3 semanas en agosto, sábado mediodía y domingo – **Comida** - menú fijo cada mes - 45.
◆ Local de carácter informal que se decora mediante colores vivos y cuadros a modo de viñetas. Trabajan con un atractivo menú degustación, cambiando sus platos mensualmente.

Can Travi Nou, final c. Jorge Manrique, ✉ 08035, ☎ 93 428 03 01, *cantravinou@grupotravi.com, Fax 93 428 19 17,* – P. AE ⓞ MC VISA. BS a
cerrado domingo noche – **Comida** carta 23 a 36.
◆ Antigua masía ubicada a las afueras de la ciudad, con unos cuidados exteriores. Entrañable marco donde ofrecen una completa selección de platos atentos al recetario regional.

La Taula, Sant Màrius 8-12, ✉ 08022, ☎ 93 417 28 48, *Fax 93 434 01 27* – ▤. AE ⓞ MC VISA JCB. FU u
cerrado agosto, sábado mediodía, domingo y festivos – **Comida** carta 14 a 29.
◆ Pequeño, acogedor y con detalles. Un concurrido y animado ambiente define esta casa, donde se trabaja básicamente sobre dos tipos de menús y una serie de recomendaciones.

Satoru Miyano, Ganduxer 18, ✉ 08021, ☎ 93 414 31 04, *Fax 93 414 31 78* – ▤. AE ⓞ MC VISA. FV e
cerrado agosto, domingo, lunes noche y festivos – **Comida** carta 21 a 33.
◆ Céntrico restaurante bien llevado, cuya mesa propone una interesante carta de múltiples sabores, con platos de la cocina japonesa, francesa y mediterránea.

L'Encís, Provença 379, ✉ 08025, ☎ 93 457 68 74, *sol@encis.jazztel.es, Fax 93 457 68 74* – ▤. AE ⓞ MC VISA JCB. JU e
cerrado Semana Santa, tres semanas en agosto, domingo, lunes noche en invierno y sábado noche en verano – **Comida** - festivos sólo almuerzo - carta 23 a 38.
◆ Pequeño negocio de carácter familiar, con un sencillo servicio de mesa y una decoración de estilo moderno. Un grato lugar de encuentro con la cultura culinaria catalana.

Folquer, Torrent de l'Olla 3, ✉ 08012, ☎ 93 217 43 95, *Fax 93 458 12 11,* – ▤. AE ⓞ MC VISA JCB. HU a
cerrado 21 días en agosto, sábado mediodía y domingo – **Comida** carta 26 a 37.
◆ Establecimiento de línea clásica dotado de dos salas, con los suelos en madera y mobiliario estándar. Su oferta se basa en una pequeña carta que varían a menudo y dos menús.

Medulio, av. Príncipe de Asturias 6, ✉ 08012, ☎ 93 415 44 49, *restaurantemedulio@infonegocio.com, Fax 93 415 34 36* – ▤. AE ⓞ MC VISA JCB GU r
cerrado 15 julio-15 agosto, domingo noche y lunes – **Comida** - pescados y mariscos - carta 26 a 45.
◆ Céntrico y acogedor establecimiento de organización íntegramente familiar. La cuidada decoración con detalles gallegos evidencia la tendencia de su carta.

José Luis, av. Diagonal 520, ✉ 08006, ☎ 93 200 83 12, *joseluis@nexo.es, Fax 93 200 83 12,* – ▤. AE ⓞ MC VISA. HV a
Tapa 1,40 **Ración** aprox. 10.
◆ En la principal arteria de la ciudad. Bar con expositor de tapas en la barra y mesas a un lado. En la 1ª planta posee dos comedores de correcto montaje.

Casa Pepe, pl. de la Bonanova 4 ☎ 93 418 00 87, *casa_pepe@eresmas.com, Fax 93 418 95 53* – ▤. MC VISA. FU n
cerrado 3 semanas en agosto y lunes – **Tapa** 10 **Ración** aprox. 20.
◆ Curioso lugar de encuentro, donde podrá disfrutar de sus tapas y raciones o bien adquirir variados y selectos productos, dentro de un ambiente alegre y distendido.

ESPAÑA

Casa Pepe, Balmes 377, ✉ 08022, ☎ 93 417 11 76, *casa_pepe@eresmas.com, Fax 93 418 95 53* – ▤. MC VISA. ✻ FU e
cerrado 7 días en agosto y lunes – **Tapa** 10 **Ración** aprox. 20.
◆ Atípico bar de tapas que es, más bien, una tienda "delicatessen" de organización familiar, donde se pueden degustar diversos platos diarios. Excelente oferta de vinos.

Alrededores

en Santa Coloma de Gramenet :

Ca n'Armengol, Prat de La Riba 1, ✉ 08921 Santa Coloma de Gramenet, ☎ 93 391 05 54, *Fax 93 391 68 55* – ▤ P. AE D MC VISA. ✻ DS a
cerrado Semana Santa, del 1 al 21 de agosto, domingo noche, lunes y martes noche – **Comida** carta 24 a 37.
◆ Establecimiento familiar de reconocido prestigio en la zona, con un bar donde sirven el menú diario, reservando las dos salas del comedor para la carta. Buena bodega.

en Cornellà de Llobregat :

NH Cornellà, av. Can Corts 11-13, ✉ 08940 Cornellà de Llobregat, ☎ 93 475 08 95, *nhcornella@nh-hotels.es, Fax 93 470 90 52,* – ▤ TV & – 25/150. AE D MC VISA. ✻ rest AT b
Comida *(cerrado agosto)* 12,50 – 10,50 – **78 hab** 115/133.
◆ Pone a su disposición unas dependencias actuales y acogedoras, con una decoración de diseño en la que predominan el acero y la madera. Personal amable.

en Sant Joan Despí :

Novotel Barcelona Sant Joan Despí, de la TV3-2, ✉ 08970 Sant Joan Despí, ☎ 93 475 58 00, *H3289@accor-hotels.com, Fax 93 373 52 13,* – hab, ▤ TV & – 25/200. AE D MC VISA. ✻ rest AT c
Comida carta aprox. 31 – 13,91 – **161 hab** 115.
◆ Moderno y funcional, pone a su disposición unas luminosas dependencias, decoradas en tonos cálidos, que resultan muy acogedoras. Amplias salas de reuniones.

Hesperia Sant Joan Suites sin rest con cafetería, Josep Trueta 2, ✉ 08970 Sant Joan Despí, ☎ 93 477 30 03, *hotel@hesperia-santjoansuites.com, Fax 93 477 33 88,* – ▤ TV & – 25/90. AE D MC VISA. ✻ AT x
9,50 – **128 apartamentos** 130/152.
◆ Hotel de línea moderna dotado de espaciosas habitaciones a modo de estudios y apartamentos, todos con una pequeña cocina incorporada. Escasa zona social y completo gimnasio.

Follia, Creu de Muntaner 17, ✉ 08970 Sant Joan Despí, ☎ 93 477 10 50, *follia@follia.com, Fax 93 373 56 02* – ▤ P. MC VISA. ✻
cerrado del 21 al 27 de marzo, del 1 al 24 de agosto y domingo – **Comida** carta 30 a 38.
◆ Casa en piedra con detalles modernos en hierro. Posee un hall de diseño, la cocina a la vista del cliente y dos comedores, el principal acristalado hacia un pequeño jardín.

en Sant Just Desvern :

Hesperia Sant Just, Frederic Mompou 1, ✉ 08960 Sant Just Desvern, ☎ 93 473 25 17, *hotel@hesperia-santjust.com, Fax 93 473 24 50,* – ▤ TV – 25/550. AE D MC VISA JCB. ✻ AT a
Comida - ver rest. ***Alambí*** - – 12 – **138 hab** 179/210 – 12 suites.
◆ Ubicado en una zona industrial. Posee un amplio hall, varios salones de conferencias y habitaciones de estilo clásico-actual, con mobiliario de calidad y excelente lencería.

NH Porta Catalana, av. Generalitat de Catalunya 2, ✉ 08960 Sant Just Desvern, ☎ 93 480 25 01, *exportabarcelona@nh-hotels.com, Fax 93 473 34 22,* – ▤ TV & – 25/100. AE D MC VISA. ✻ AT d
Comida *(cerrado agosto y fines de semana)* 9,50 – 10,50 – **99 hab** 56/66.
◆ Su zona noble unifica el hall-recepción con un pequeño bar y un salón social. Habitaciones funcionales, con mobiliario moderno, suelos en tarima sintética y baños sencillos.

Alambí - *Hotel Hesperia Sant Just,* Frederic Mompou 1, ✉ 08960 Sant Just Desvern, ☎ 93 473 25 17, *hotel@hesperia-santjust.com, Fax 93 473 24 50* – ▤ . AE D MC VISA JCB. ✻ AT a
Comida - espec. en asados - carta aprox. 34.
◆ Disfruta de un amplio comedor de estilo actual, donde ofrecen una cocina internacional elaborada con toques de autor, carnes a la brasa y excelentes asados en horno de leña.

La Torre de l'Hereu, Rambla Gaspar Modolell 3, ✉ 08960 Sant Just Desvern, ☎ 93 473 56 76, *Fax 93 470 60 92* – ▤. AE D MC VISA. ✻ AT d
Comida carta aprox. 30.
◆ Atractiva villa señorial de principios del s. XX rodeada por sosegados jardines y terrazas. Posee un buen hall, varias salas de elegante clasicismo y un salón para banquetes.

ESPAÑA

XX **El Mirador de Sant Just,** av. Indústria 12, ✉ 08960 Sant Just Desvern, ☎ 93 499 03 42, *elmirador@elmirador.org, Fax 93 499 03 42,* ≤ - |‡| ▤. AE ⓓ MC VISA
cerrado 14 agosto-septiembre y domingo noche – **Comida** carta 30 a 38. AT f
◆ Construido sobre una estructura metálica suspendida en la chimenea de una antigua fábrica. El mirador panorámico ubicado a 105 m. de altura ofrece impresionantes vistas.

en Esplugues de Llobregat :

XXX **La Masía,** av. Paûsos Catalans 58-60, ✉ 08950 Esplugues de Llobregat, ☎ 93 371 00 09, *lamasia@lamasia-rte.com, Fax 93 372 84 00,* 奈 – ▤ P. AE ⓓ MC VISA JCB. ✈ AT s
cerrado domingo noche – **Comida** carta 26 a 39.
◆ Llevado con profesionalidad, pues dispone de una brigada bien estructurada. Comedor clásico en dos ambientes, salones para banquetes y una agradable terraza bajo los pinos.

Los precios indicados pueden revisarse al alza, en caso de variaciones significativas de los costes de bienes y servicios. Solicite confirmación del precio definitivo cuando efectúe su reserva de hotel.

El BARCO DE ÁVILA *05600 Ávila* 575 K 13 – *2 515 h alt. 1 009.*
Madrid 193 – Ávila 81 – Béjar 30 – Plasencia 70 – Salamanca 89.

Bellavista, carret. de Ávila 15 ☎ 920 34 07 53, *bellavista-hotel@bme.es, Fax 920 34 08 74* – |‡| ▤ TV P – 🏂 25/250. AE ⓓ MC VISA. ✈
Comida *(cerrado domingo noche)* 9,35 – ☕ 7,30 – **27 hab** 60,90/75,60.
◆ Hotel de línea clásico-actual situado a la entrada de esta localidad. Organización familiar con buena zona social y habitaciones funcionales de cuidado mobiliario. Acogedor restaurante con mucha luz natural y un espacioso salón para banquetes.

XX **El Casino,** Pasión 2-1° ☎ 920 34 10 86, *Fax 920 34 10 86* – ▤. AE ⓓ MC VISA. ✈
cerrado Navidades, del 20 al 30 de junio y miércoles – **Comida** - sólo almuerzo salvo julio, agosto, viernes, sábado y vísperas de festivo - carta 24 a 35.
◆ Antigua casa que otrora fue un casino. Conserva la decoración de principios del s. XX, con el estilo clásico y las columnas en hierro. Cocina tradicional e internacional.

en la carretera de los Llanos de Tormes *Sur : 2 km :*

Puerta de Gredos ⛰, ✉ 05600, ☎ 920 34 51 71, *puertadegredos@izanhoteles.es, Fax 920 34 20 81,* Ⅎ6, ▨, ✂ – |‡| ▤ TV ☏ ♿ P – 🏂 25/80. AE MC VISA. ✈
Comida 18 – **51 hab** ☕ 81,54/95,90.
◆ Lo forman cuatro edificios en pleno campo, siendo el principal una antigua casa del s. XVIII que funcionaba como lavadero de lana. Sus habitaciones gozan de una línea moderna. Restaurante de buen montaje donde se ofrece una carta tradicional actualizada.

O BARCO DE VALDEORRAS *32300 Ourense* 571 E 9 – *10 379 h alt. 324.*
Madrid 439 – Lugo 123 – Ourense 118 – Ponferrada 52.

Pazo do Castro ⛰, O Castro - Norte : 1,5 km ☎ 988 34 74 23, *info@pazodocastro.com, Fax 988 34 74 82,* ≤, 奈, ⛱, ▨, 🐎, ✂ – ▤ TV ♿ P – 🏂 25/60. AE MC VISA. ✈
Comida 18 – ☕ 6,01 – **28 hab** 64/80 – 2 apartamentos.
◆ Bello pazo del s. XVII con capilla y un original museo de carruajes. Un derroche de buen gusto y mimo inunda sus cálidas instalaciones, decoradas con mobiliario de época. Elegante comedor de grato montaje.

X **San Mauro,** pl. de la Iglesia 11 ☎ 988 32 01 45 – ▤. AE ⓓ MC VISA. ✈
cerrado agosto, domingo noche y lunes – **Comida** carta aprox. 29.
◆ Restaurante de organización familiar, situado en el casco histórico. Cafetería a la entrada, seguida de una sala de buen montaje y adecuado servicio de mesa.

BARLOVENTO *Santa Cruz de Tenerife – ver Canarias (La Palma).*

BARO *25593 Lleida* 574 E 33.
Madrid 561 – Lleida/Lérida 121 – Andorra la Vella 81.

X **Farré,** carret. de Sort ☎ 973 66 20 35, *info@fondafarre.com, Fax 973 66 20 62* – ▤ P. ⓓ MC VISA. ✈
cerrado Navidades y domingo noche – **Comida** carta aprox. 24.
◆ Sencillo negocio donde ofrecen una selección gastronómica interesante, aunque algo escueta, y un servicio de mesa de buen nivel, en un marco actualizado.

La BARRANCA (Valle de) *Madrid – ver Navacerrada.*

Los BARRIOS *11370 Cádiz* 578 X 13 124 B 8 – *13 901 h alt. 23.*

Madrid 666 – Algeciras 10 – Cádiz 127 – Gibraltar 28 – Marbella 77.

Real, av. Pablo Picasso 7 ✆ 956 62 00 24, *Fax 956 62 19 68* – VISA.

Comida *(cerrado del 15 al 31 de diciembre, 25 julio-7 agosto y sábado)* 9 – 3,20 – **22 hab** 31/47,50.

◆ Modesto hotel de organización familiar. Las habitaciones, aunque algo reducidas, están completamente equipadas. Destaca por su impecable mantenimiento. Sencillo salón comedor con horno de leña a la vista.

junto a la autovía N 340 *Sureste : 6,5 km :*

Guadacorte Park, salida 113, ✉ 11370, ✆ 956 67 75 00, *reservas@hotelguadacortepark.com, Fax 956 67 86 00,* – 25/450. AE VISA.

Comida 22 – 12 – **109 hab** 105/130 – 7 suites.

◆ De modernas y luminosas instalaciones, en el corazón del Campo de Gibraltar. Rodeado de amplias zonas verdes, posee gran variedad de opciones para ocio y deporte. Elegante restaurante complementado con una terraza.

BARRO *33529 Asturias* 572 B 15 – *Playa.*

Madrid 460 – Oviedo 106 – Santander 103.

Miracielos sin rest con cafetería, playa de Miracielos ✆ 98 540 25 85, *info@hotelmiracielos.com, Fax 98 540 25 82* – AE VISA.

cerrado del 9 al 31 de diciembre – **21 hab** 80/98.

◆ Hotel de línea moderna dotado de unas dependencias que destacan por su luminosidad y amplitud. Habitaciones de alegres tonalidades que ofrecen un correcto confort.

al Oeste *: 1,5 km :*

San Pelayo, Niembro, ✉ 33595 Niembro, ✆ 98 540 73 76, *sanpelayoniembro@hotmail.com,* – AE VISA.

cerrado 10 enero-17 febrero, domingo noche y lunes – **Comida** carta 30 a 35.

◆ Restaurante de línea clásica con detalles marineros, que posee dos comedores bien dispuestos, complementados con un bar de apoyo y una espaciosa terraza tipo porche.

BÀSCARA *17483 Girona* 574 F 38 122 H 4.

Madrid 716 – Barcelona 124 – Girona/Gerona 25 – Perpignan 79.

por la carretera GI 622 *Sureste : 3 km y desvío a la derecha por camino forestal 0,8 km :*

Can Sort, carret. de Bàscara a Sant Mori - km 2,8, ✉ 17483, ✆ 972 56 03 35, Escuela de equitación, – rest

Comida - sólo clientes - 18 – **8 hab** 66/76.

◆ Masía con acceso por un camino forestal. Dispone de una acogedora zona social y espaciosas habitaciones de aire rústico, con algún baño de plato ducha. Escuela de equitación.

BAZA *18800 Granada* 578 T 21 – *19 997 h alt. 872.*

Ver : *Colegiata de Santa María de la Encarnación★ – Baños árabes★.*

Madrid 425 – Granada 105 – Murcia 178.

Venta del Sol, carret. de Murcia ✆ 958 70 03 00, *ventasol@teleline.es, Fax 958 70 03 04* – VISA.

Comida 9 – 3,50 – **25 hab** 26/39 – 10 apartamentos.

◆ Situado a la salida de la localidad, junto a una gasolinera. Hostal-residencia dotado de confortables habitaciones y apartamentos turísticos, con buen mobiliario.

Anabel, María de Luna ✆ 958 86 09 98, *hotelanabel@gsmbox.es, Fax 958 86 09 98* – VISA. rest

Comida *(cerrado domingo)* 14 – 3 – **25 hab** 30/50.

◆ Pequeño hotel emplazado en el centro de la localidad. Dotado de instalaciones actuales y correcto confort. Posee habitaciones funcionales, equipadas con buen mobiliario.

por la carretera de Murcia *Noreste : 3,5 km y desvío a la derecha 4 km :*

Cuevas Al Jatib, Arroyo Cúrcal, ✉ 18800, ✆ 958 34 22 48, *info@aljatib.com, Fax 958 86 15 16,* Servicio de baños árabes – VISA.

cerrado 1ª quincena de julio y del 10 al 20 de diciembre – **Comida** - conviene reservar - 14 – 3,90 – **5 apartamentos** 54/95.

◆ Pintoresco marco en unas encantadoras casas-cueva típicas de la arquitectura popular, con relajantes baños árabes y acogedores rincones como la tetería.

BECERRIL DE LA SIERRA 28490 Madrid 576 J 18 575 J 18 121 G 5 – 1957 h alt. 1080.

Madrid 54 – Segovia 63.

Las Gacelas, San Sebastián 53 ☎ 91 853 80 00, *lasgacelas@hotel-lasgacelas.com, Fax 91 853 75 06,* ←, 🏊, 🌳, 🎾 – 🛗, ▤ rest, 📺 🅿 – 🏛 25/100. AE ⓓ ⓜⓒ VISA. ✂
Comida carta 21 a 33 – ☕ 5 – **43 hab** 53.
◆ Hotel de organización profesional e impecable mantenimiento, que pone a su disposición una excelente zona noble y unas cómodas habitaciones de aire rústico.

El Zaguán, Peña Lisa 2 ☎ 91 855 60 64, *restaurantezaguan@yahoo.es, Fax 91 854 24 55* – ⓓ ⓜⓒ VISA. ✂
cerrado del 1 al 15 de febrero, del 1 al 15 de noviembre, lunes y martes – **Comida** carta 29 a 34.
◆ Un marco de cálida rusticidad, decorado en tonalidades suaves, que ocupa un viejo pajar. Ofrece una interesante carta que incluye algunos platos creativos.

BEGUES 08859 Barcelona 574 HI 35 122 B 8 – 4553 h alt. 399.

Madrid 579 – Barcelona 28 – Tarragona 74 – Girona/Gerona 121.

L'Hotelet sin rest, Gimeno Navarro 10 ☎ 93 639 09 95, *l-hotelet@jazzfree.com, Fax 93 639 09 95* – 🛗 📺 📞 ♿. ⓓ ⓜⓒ VISA. ✂
9 hab ☕ 70/85 – 1 suite.
◆ Pequeño hotel emplazado en una villa con jardín. Dispone de instalaciones modernas, habitaciones de completo equipamiento y aseos actuales, con calienta toallas en los baños.

BEGUR 17255 Girona 574 G 39 122 J 5 – 2734 h.

Ver : *Localidad★.*

ℹ *av. 11 de Septiembre 5 ☎ 972 62 45 20 turisme@begur.org Fax 972 62 45 78.*

Madrid 739 – Girona/Gerona 45 – Palamós 17.

Rosa, Pi i Rallo 19 ☎ 972 62 30 15, *info@hotel-rosa.com, Fax 972 62 43 20* – ▤ 📺. AE ⓓ ⓜⓒ VISA. ✂
marzo-noviembre – **Comida** - sólo cena salvo sábado, domingo, festivos y verano - carta aprox. 30 – **21 hab** ☕ 75/82.
◆ Ubicado en el casco antiguo de la localidad. Posee unas habitaciones con mobiliario moderno y baños en mármol que, tras la reciente reforma, han mejorado su nivel. Restaurante de sencillo montaje, situado en un edificio anexo al hotel.

Aiguaclara, Sant Miquel 2 ☎ 972 62 29 05, *aiguaclara@aiguaclara.com, Fax 972 62 32 86,* 🏖 – ▤ 📺 📞. AE ⓓ ⓜⓒ VISA
cerrado enero – **Comida** *(cerrado domingo y martes salvo verano y lunes)* carta 31 a 45 – **8 hab** ☕ 90/130.
◆ Ocupa una bonita casa de indianos, conservando la estructura y los suelos originales en el 1er piso. Ofrece habitaciones personalizadas con un estilo rústico-actual. En el restaurante, bien concebido y con una agradable terraza, se ofrece una cocina creativa.

en la playa de Sa Riera *Norte : 2 km :*

Sa Riera 🐦 sin rest, ✉ 17255, ☎ 972 62 30 00, *Fax 972 62 34 60,* 🏊 – 🛗 🅿. ⓜⓒ VISA. ✂
Semana Santa-12 octubre – **47 hab** ☕ 46,10/85,20.
◆ Emplazado en una tranquila playa, dispone de unas habitaciones de notable amplitud y sobriedad decorativa, muy válidas en su categoría. Aceptable zona noble.

en Aigua Blava *Sureste : 3,5 km :*

Aigua Blava 🐦, platja de Fornells, ✉ 17255, ☎ 972 62 20 58, *hotelaiguablava@aiguablava.com, Fax 972 62 21 12,* ← cala, 🏊, 🌳, 🎾 – ▤ 📺 🅿 – 🏛 25/60. AE ⓓ ⓜⓒ VISA. ✂
27 febrero-1 noviembre – **Comida** 36 – **85 hab** ☕ 130/214.
◆ La privilegiada ubicación en una agreste cala y el alto nivel de confort recrean un acogedor marco. Correctas instalaciones para el ocio y amplios espacios ajardinados. Restaurante de impecable montaje con magníficas vistas al mar.

Parador de Aiguablava 🐦, platja d'Aigua Blava, ✉ 17255, ☎ 972 62 21 62, *aiguablava@parador.es, Fax 972 62 21 66,* ← cala, 🏊 – 🛗 ▤ 📺 🅿 – 🏛 25/180. AE ⓓ ⓜⓒ VISA JCB. ✂
Comida 25 – ☕ 11 – **78 hab** 108/135.
◆ Emplazado en lo alto de una cala, su blanca arquitectura, el azul del Mediterráneo y el verde de los pinos perfilan una bella estampa. Cálida decoración y esmerado confort. Espacioso comedor acristalado, abierto a las bondades del recetario ampurdanés.

Bonaigua 🐦 sin rest, platja de Fornells, ✉ 17255, ☎ 972 62 20 50, *info@hotelbonaigua.com, Fax 972 62 20 54,* ←, 🎾 – 🛗 🚗 🅿. AE ⓜⓒ VISA
Semana Santa-septiembre – **47 hab** ☕ 70/98.
◆ Hotel de planta horizontal llevado en familia. Dispone de amplias zonas comunes, y de unas correctas habitaciones con mobiliario estándar y baños completos.

BEHOBIA *Gipuzkoa - ver Irún.*

BÉJAR *37700 Salamanca 575 K 12 - 17 027 h alt. 938 - en La Covatilla : 4.*

carretera de salamanca 923 40 30 05 turismobejar@hotmail.com Fax 923 40 30 05.

Madrid 211 - Ávila 105 - Plasencia 63 - Salamanca 72.

Argentino sin rest y sin, travesía Recreo 923 40 23 64 - VISA.
13 hab 22/36.
• Modesto hostal familiar ubicado en un 1er piso. Ofrece unas habitaciones sencillas pero actuales, que destacan sobre todo por su excelente limpieza y mantenimiento.

BELATE (Puerto de) *Navarra 573 C 25 - alt. 847.*

Madrid 432 - Bayonne 85 - Pamplona 33 - Donostia-San Sebastián 72.

en la carretera NA 1210 *Sur : 2 km :*

Venta de Ulzama, 31797 Arraitz, 948 30 51 38, *info@ventadeuulzama.com, Fax 948 30 51 38,* - AE VISA.
cerrado enero - **Comida** *(cerrado lunes salvo julio-septiembre)* carta aprox. 30 - 8 - **14 hab** 48/65.
• Casa familiar ubicada en un tranquilo paraje natural. Ha realizado una importante reforma en sus habitaciones, siete abuhardilladas, alcanzando un notable nivel de confort. Comedor acristalado con vistas a las montañas.

BELLAVISTA *Sevilla - ver Sevilla.*

BELLCAIRE D'EMPORDÀ *17141 Girona 574 F 39 122 J 4 - 595 h alt. 35.*

Madrid 723 - Barcelona 131 - Girona/Gerona 33 - Perpignan 88.

L'Horta, Major 39 972 78 85 91, *Fax 972 78 85 91* - VISA.
cerrado noviembre, domingo noche y lunes - **Comida** carta 26 a 38.
• Ofrecen una carta de aire innovador con base en la cocina regional y en sus productos. Comedor rústico de techos altos y correcto montaje, con dos grandes arcos en ladrillo.

BELLPUIG D'URGELL *25250 Lleida 574 H 33 - 3 706 h alt. 308.*

Ver : *Convento de Sant Bartomeu★.*

Madrid 502 - Barcelona 127 - Lleida/Lérida 33 - Tarragona 86.

Bellpuig, antigua carret. N II 973 32 02 50, *h.bellpuig@tiscali.es, Fax 973 32 22 53* - VISA.
cerrado agosto - **Comida** 7,80 - 2,50 - **57 hab** 22,80/44,50.
• Establecimiento situado a pie de carretera, con instalaciones funcionales de buen confort y correcto equipamiento. Habitaciones con mobiliario en pino y baños actuales. Comedor a la carta de esmerado montaje y cafetería para el servicio de menú.

BELLVER DE CERDANYA *25720 Lleida 574 E 35 - 1 549 h alt. 1 061.*

Ver : *Localidad★.*

Alred. : *Parque Natural Cadí-Moixeró★.*

pl. de Sant Roc 9 973 51 02 29 Fax 973 51 02 29 (temp).

Madrid 634 - Lleida/Lérida 165 - La Seu d'Urgell/Seo de Urgel 32.

Bellavista, carret. de Puigcerdà 43 973 51 00 00, *hbellavista@cerdanya.net, Fax 973 51 04 18,* - - 25/150. VISA.
cerrado 14 noviembre-1 diciembre y del 8 al 31 de enero - **Comida** *(cerrado domingo noche en invierno)* 12 - 7 - **50 hab** 35/56 - PA 31.
• Sencillo negocio llevado en familia, con habitaciones espaciosas de distinto confort, salón polivalente en un anexo integrado e instalaciones deportivas en otro edificio. Amplio restaurante de aire antiguo.

Cal Rei de Talló, barrio Talló - Suroeste : 1 km 973 51 10 96, *tallo@wanadoo.es, Fax 973 51 10 96* - VISA. rest
cerrado 15 dias en mayo y 15 dias en noviembre - **Comida** carta 20 a 35 - **12 hab** 80.
• Pequeño establecimiento de modesta organización, instalado en una antigua casa rehabilitada, con habitaciones de estilo rústico en piedra y madera, algunas tipo dúplex.

Picot Negre, Camí Reial 1 973 51 11 98, *picotnegre@lycos.es* - VISA.
cerrado 1ª quincena de mayo y 1ª quincena de noviembre - **Comida** carta 28 a 32.
• Sala de agradable ambiente decorada con mobiliario de buena factura. Ofrecen una carta mediana, de corte internacional creativa, realzada por un esmerado servicio de mesa.

BELMONTE *16640 Cuenca 576 N 21 – 2 601 h alt. 720.*

Ver : *Antigua Colegiata★ (Sillería★) - Castillo★ (artesonados★).*
Alred. : *Villaescusa de Haro (Iglesia parroquial : capilla de la Asunción★) Noreste : 6 km.*
Madrid 157 – Albacete 107 – Ciudad Real 142 – Cuenca 101.

Palacio Buenavista Hospedería, José Antonio González 2 ☎ 967 18 75 80, *Fax 967 18 75 88* – 25. AE MC VISA.
cerrado del 16 al 31 de enero y del 1 al 15 de julio – **Comida** 18 – **18 hab** 40/62 – 4 suites.
◆ Instalado en un palacio del siglo XVI, conserva los artesonados y rejerías originales. Posee una zona noble en piedra y madera vista, y confortables habitaciones. Comedor de estilo rústico.

Los BELONES *30385 Murcia 577 T 27 123 D 9.*

Madrid 459 – Alacant/Alicante 102 – Cartagena 20 – Murcia 69.

por la carretera de Portman *Sur : 3 km :*

Hyatt Regency La Manga, ✉ 30385, ☎ 968 33 12 34, *info@hyattlamanga.com, Fax 968 33 12 35,* ≤ campo de golf y montañas, climatizada, 18 – 25/400. AE D MC VISA.
Comida 50 – **185 hab** 282/318 – 7 suites.
◆ Elegancia y bienestar enmarcan este bello complejo, situado entre tres campos de golf. Disfrute de sus excelentes instalaciones y relájese en unos exteriores de ensueño. Atractivo restaurante panorámico de aire clásico.

BEMBRIVE *Pontevedra – ver Vigo.*

BENADALID *29493 Málaga 578 W 14 124 C 6 – 261 h alt. 690.*

Madrid 574 – Sevilla 146 – Málaga 135 – Gibraltar 70 – Cádiz 161.

Los Labraos, carretera Ronda-Algeciras km 23,3, ✉ 29493, ☎ 952 11 70 58, *Fax 952 11 70 58,* – AE D MC VISA JCB.
cerrado del 1 al 25 de junio y lunes – **Comida** carta 15 a 26.
◆ Restaurante de ambiente rústico decorado a base de hierro forjado y aperos de labranza. En su comedor, con el techo en madera y chimenea, ofrecen una carta típica regional.

BENAHAVÍS *29679 Málaga 578 W 14 124 D 6 – 1 405 h alt. 185.*

Madrid 610 – Algeciras 78 – Málaga 79 – Marbella 17 – Ronda 60.

G.H. Benahavís, Huerta de Rufino ☎ 902 504 862, *info@granhotelbenahavis.com, Fax 902 504 861,* – 25/150. AE D MC VISA.
Comida 30 – **85 hab** 165/195 – 10 suites.
◆ Enclavado en un precioso pueblo. Goza de un suntuoso hall-salón, elegante, de techos altos y con un piano-bar al fondo. Habitaciones clásicas de completo equipamiento. Lo más destacado de su restaurante es la terraza, que da a un hermoso patio con naranjos.

Amanhavis, del Pilar 3 ☎ 95 285 60 26, *info@amanhavis.com, Fax 95 285 61 51,* – AE MC VISA.
cerrado 6 enero-12 febrero y del 1 al 15 de diciembre – **Comida** *(cerrado lunes salvo verano y domingo)* - sólo cena - 37,50 – 11 – **9 hab** 139.
◆ Íntimo hotel de reciente construcción, que cuida la decoración hasta el último detalle en sus habitaciones temáticas. Hermoso entorno ajardinado de apacible tranquilidad. Comedor de estilo rústico elegante.

BENALAURÍA *29491 Málaga 578 W 14 124 C 6 – 581 h alt. 667.*

Madrid 594 – Málaga 137 – Algeciras 81 – Marbella 82 – Ronda 27.

La Molienda, Moraleda 59 ☎ 95 215 25 48, *angarilla@terra.es, Fax 952 15 25 48,* – AE MC VISA.
Comida - sólo almuerzo salvo viernes, sábado y verano - carta 12 a 20.
◆ En una antigua almazara con decoración típica de la serranía. Bar a la entrada, un amplio comedor rústico y otras dos salas en pisos superiores.

BENALMÁDENA *29639 Málaga 578 W 16 124 G 6 – 25 747 h.*

Madrid 579 – Algeciras 117 – Málaga 20.

La Fonda sin rest, Santo Domingo 7 ☎ 95 256 83 24, *lafonda@fondahotel.com, Fax 95 256 82 73,* – AE D MC VISA.
26 hab 70/99.
◆ Atractivo conjunto de aire andaluz, con las estancias distribuidas en torno a dos bonitos patios. Agradables vistas al mar y espaciosas habitaciones con mobiliario provenzal.

BENALMÁDENA COSTA *29630 Málaga 578 W 16 124 G 6 – Playa.*

Torrequebrada, carret. de Cádiz, Suroeste : 4 km ✆ 95 244 27 42 Fax 95 256 11 29.
av. Antonio Machado 10 ✆ 95 244 12 95 turismo@benalmadena.com Fax 95 244 06 78.
Madrid 558 – Málaga 28 – Marbella 46.

Torrequebrada, carret. de Cádiz - Suroeste : 2 km ✆ 95 244 60 00, *reservas@torrequebrada.com, Fax 95 244 57 02,* ≤ mar, - 25/600.
Café Royal *(sólo cena)* **Comida** carta 35 a 49 - ***Pavillón*** *(sólo almuerzo)* **Comida** carta aprox. 35 – 19 – **328 hab** 204,75/257,25 – 22 suites.
◆ Combina en sus instalaciones el confort y el lujo de la hostelería actual. Grandes posibilidades deportivas y de ocio, con casino, sala de fiestas y unas vistas únicas. Su restaurante Café Royal recrea un elegante marco panorámico sobre el mar.

Alay, av. del Alay 5 ✆ 95 244 14 40, *reservas@hotelalay.com, Fax 95 244 63 80,* ≤, climatizada, - 25/600.
Comida - sólo buffet - 20 – **246 hab** 99,75/128,40.
◆ Ubicado junto al puerto deportivo. Dispone de una buena zona noble que resulta un poco sobria y habitaciones bien equipadas, con mobiliario funcional y baños actuales. Posee un sencillo comedor que funciona como buffet y un gran salón para banquetes.

Mar de Alborán, av. del Alay 5 ✆ 95 244 64 27, *rest@mardealboran.net, Fax 95 244 11 47,* ≤, –.
cerrado 22 diciembre-22 enero, domingo noche y lunes – **Comida** carta 37 a 42.
◆ Casa muy luminosa situada justo a la entrada del puerto deportivo. Elegante comedor acristalado, y buen servicio de mesa para una carta con elaboraciones y apuntes vascos.

BENALÚA DE GUADIX *18510 Granada 578 T 20 – 3 067 h alt. 903.*

Madrid 438 – Almería 118 – Granada 51 – Jaén 110.

Cuevas La Granja, Camino de la Granja - Norte : 0,5 km ✆ 958 67 60 00, *cuevas@granada.net, Fax 958 68 44 33,* –.
Comida 9 – 3,50 – **11 apartamentos** 36/72.
◆ En un cerro en pleno campo. Marco de entrañable belleza formado por cuevas típicas, a modo de apartamentos, cuya decoración conserva el encanto de antaño.

BENAOJÁN *29370 Málaga 578 V 14 124 C 5 – 1 593 h alt. 565.*

Madrid 567 – Algeciras 95 – Cádiz 138 – Marbella 81 – Ronda 22 – Sevilla 135.

por la carretera de Ronda :

Molino del Santo, barriada Estación-Suroeste : 2 km, ✉ 29370, ✆ 95 216 71 51, *molino@logiccontrol.es, Fax 95 216 73 27,* climatizada –.
11 febrero-6 noviembre – **Comida** carta 19 a 25 – **18 hab** 117/134 – PA 60.
◆ Atractivo hotel de estilo regional ubicado en el nacimiento de un río, en un antiguo molino de aceite. Posee unas dependencias de buen confort y cuidado mantenimiento. Amplio comedor de correcto montaje donde podrá degustar una interesante cocina.

Cueva del Gato, carret. Benaoján Ronda km 3-Noreste 3,2 km, ✉ 29370, ✆ 952 16 72 96, *hotel@hotelcuevadelgato.com, Fax 952 16 74 04,* –.
cerrado 9 diciembre-13 febrero – **Comida** *(cerrado lunes y martes)* 9 – **7 hab** 55/90.
◆ En una antigua casa construida por RENFE para sus operarios, con la fachada en piedra. Las habitaciones están personalizadas y todas cuentan con mosquiteros sobre las camas. El restaurante ubicado en el piso inferior destaca por sus grandes bóvedas.

BENASQUE *22440 Huesca 574 E 31 – 1 507 h alt. 1 138 – Balneario – Deportes de invierno en Cerler : 18.*

Alred. : *Sur : Valle de Benasque★ – Congosto de Ventamillo★★ Sur : 16 km.*
San Sebatián 5 ✆ 974 55 12 89 info@turismobenasque.com Fax 974 55 12 89.
Madrid 538 – Huesca 148 – Lleida/Lérida 148.

G.H. Benasque, carret. de Anciles ✆ 974 55 10 11, *granhotelbenasque@hotelesvalero.com, Fax 974 55 28 21,* ≤, - 25/300.
cerrado noviembre – **Comida** 17,50 – 10,30 – **69 hab** 57,50/90.
◆ Hotel con la fachada en piedra dotado de unas espaciosas habitaciones, con baños y mobiliario de línea moderna, que brindan bellas vistas. Completa zona deportiva.

Aragüells sin rest con cafetería, av. de Los Tilos ✆ 974 55 16 19, *info@hotelaraguells.com, Fax 974 55 16 64* –.
cerrado mayo y noviembre – 6,50 – **19 hab** 40/58.
◆ Coqueto hotel que destaca por su amable trato familiar. Las habitaciones resultan algo reducidas, aunque poseen un buen mobiliario y viguería a la vista en la 3ª planta.

Ciria, av. de Los Tilos ✆ 974 55 16 12, *hotelciria@hotelciria.com, Fax 974 55 16 86* – |‡|, ▤ rest, TV ⇔ P. ◑ ⊙ VISA. ✈
cerrado abril – **Comida** 17,32 - ***El Fogaril :*** **Comida** carta 25 a 39 – **38 hab** ☕ 57,62/94,56 – 2 suites.
• Apunta mejoras con múltiples proyectos. Sus habitaciones ofrecen cierta funcionalidad, destacando las abuhardilladas, tipo dúplex y algunas con un pequeño salón. Restaurante en piedra y madera, que posee una sala circular con el hogar en el centro.

Avenida, av. de Los Tilos 14 ✆ 974 55 11 26, *info@h-avenida.com, Fax 974 55 15 15* – ▤ rest, TV. ⊙ VISA. ✈
cerrado mayo y 15 octubre-30 noviembre – **Comida** 13,50 – ☕ 6,50 – **16 hab** 50/62 – PA 31.
• Una buena opción para disfrutar del bello entorno. El reducido salón social se complementa con la cafetería, y las sencillas habitaciones resultan válidas como recurso. El restaurante es lo más destacado de sus instalaciones.

por la carretera de Francia *Noreste : 13 km :*

Hospital de Benasque ⚘, Camino Real de Francia, ✉ 22440, ✆ 974 55 20 12, *info@llanosdelhospital.com, Fax 974 55 10 52* – |‡| TV ♿ P – 🏛 25/40. VISA. ✈
cerrado noviembre – **Comida** 18 – **57 hab** ☕ 88/108 – PA 28.
• De difícil acceso por una pista forestal, resulta ideal para los montañeros y excursionistas que buscan cierto aislamiento. Atractivos revestimientos en piedra y madera. En su restaurante, que disfruta de mucha luz natural, ofrecen una carta tradicional.

BENAVENTE *49600 Zamora* 575 F 12 – *17 290 h alt. 724.*

ℹ *pl. de España 1 (edificio Consistorial) bajos ✆ 980 63 42 11 turismo@aytobenavente.org Fax 980 63 61 08.*

Madrid 259 – León 71 – Ourense 242 – Palencia 108 – Ponferrada 125 – Valladolid 99 – Zamora 66.

Parador de Benavente ⚘, paseo Ramón y Cajal ✆ 980 63 03 00, *benavente@parador.es, Fax 980 63 03 03,* <, ☰ – |‡| ▤ TV ♿ P – 🏛 25/100. AE ◑ ⊙ VISA JCB. ✈
Comida 25 – ☕ 11 – **38 hab** 96/120.
• Castillo-palacio renacentista en el que le cautivará su sobrio espíritu medieval. Habitaciones castellanas y un magnífico salón, con artesonado mudéjar en la torre. Diáfano comedor con arcada en ladrillo visto y chimenea en piedra.

Villa de Benavente, av. de las Américas - C.T. Benavente ✆ 980 63 50 94, *info@hotelvilladebenavente.com, Fax 980 63 50 95* – |‡| ▤ TV ✆ ⇔ – 🏛 25/275. ⊙ VISA. ✈ rest
Comida *(cerrado domingo noche)* 11,50 – ☕ 7,20 – **50 hab** 56,71/84,53.
• Se encuentra en el Centro de Transportes de Benavente y se le podría definir como un hotel actual, funcional y confortable. Posee habitaciones amplias y bien equipadas. En su restaurante se combina la cocina internacional con la tradicional.

Orense sin rest, San Antón Viejo 14 ✆ 980 63 01 56, *Fax 980 63 47 93* – |‡| ▤ TV ⇔. AE ◑ ⊙ VISA. ✈
☕ 4,50 – **33 hab** 36/42.
• Hotel de organización familiar con modesta brigada, ubicado en el centro de la localidad. Buen equipamiento en las habitaciones y zonas comunes de suficiente confort.

Avenida, av. el Ferial 17 ✆ 980 63 10 31, *hostalavenida@benavente.net, Fax 980 63 14 85* – |‡|, ▤ rest, TV. AE VISA. ✈ rest
cerrado 24 diciembre-7 enero – **Comida** *(cerrado domingo)* 8,50 – ☕ 2 – **20 hab** 25/42.
• Establecimiento sencillo y funcional, que resulta muy aceptable en su categoría. Posee cafetería pública y habitaciones, todas con baño completo, de correcto confort. El comedor ofrece una carta tradicional aunque basa su trabajo en el menú del día.

El Bodegón de Luis, pl. Sanjurjo 4 ✆ 980 63 36 65 – ▤. AE ◑ ⊙ VISA JCB. ✈
cerrado del 15 al 30 de junio y miércoles – **Comida** carta 22 a 38.
• Mesón típico ubicado en un sótano del centro de la localidad. Cuenta con un bar a la entrada donde la estrella indiscutible es el jamón, seguido de un correcto comedor.

por la carretera de León *Noreste : 2,5 km y desvío a la derecha 0,5 km :*

El Ermitaño, ✉ 49600 apartado 101, ✆ 980 63 67 95, *info@elermitano.com, Fax 980 63 22 13* – ▤ P. AE ◑ ⊙ VISA. ✈
cerrado del 2 al 14 de noviembre, domingo noche y lunes – **Comida** carta 25 a 33.
Espec. Los huevos de corral con chichas de matanza y cremoso de patata al humo. El cochinillo confitado a la naranja con mantequilla de cítricos y patatas al limón. La crema de queso zamorano con chocolate blanco, Pedro Ximénez, uvas pasas y crujiente de piñones.
• Casa elegante que aúna la sabiduría gastronómica de esta tierra con la nobleza de su arquitectura. Comedor castellano, con una carta regional actualizada de buen nivel.

ESPAÑA

en la autovía A 6 *Sureste : 2 km :*

Arenas, salida 259 autovía, ✉ 49600, ☎ 980 63 03 34, *Fax 980 63 03 34* – AE MC VISA
Comida 10,20 – 2,80 – **37 hab** 37/47.
◆ Ubicado junto a una gasolinera, ofrece habitaciones confortables con mobiliario clásico-castellano y baños actuales. Zona social demasiado integrada en el bar. El comedor, muy enfocado al menú, se viste con una curiosa colección de relojes de pared.

BENDINAT *Illes Balears – ver Balears (Mallorca).*

BENICARLÓ *12580 Castelló* 577 K 31 – *18 460 h alt. 27 – Playa.*
pl. de la Constitución ☎ 964 47 31 80 benicarlo@turistinfo.net Fax 964 47 31 80.
Madrid 492 – Castelló de la Plana/Castellón de la Plana 69 – Tarragona 116 – Tortosa 55.

Parador de Benicarló , av. del Papa Luna 5 ☎ 964 47 01 00, *benicarlo@parador.es, Fax 964 47 09 34,* – 25/60. AE MC VISA JCB.
Comida 25 – 11 – **106 hab** 96/120.
◆ Rodeado de un extenso jardín. El estilo clásico-contemporáneo crea un ambiente funcional, a la vez que sencillo. Pida las habitaciones con terraza orientadas al mar. Su restaurante a la carta propone también buffet y barbacoa.

Márynton, paseo Marítimo 5 ☎ 964 46 50 30, *info@marynton.com, Fax 964 46 07 20* – AE MC VISA.
Comida *(cerrado octubre, viernes noche y sábado)* 18,50 – 6 – **26 hab** 36/54.
◆ Instalado en dos edificios independientes, pero aledaños, uno con habitaciones y otro con apartamentos. Líneas depuradas, amplitud de espacio y luminosidad.

Rosi, Dr. Fleming 50 ☎ 964 46 00 08, *info@hotelrosi.com, Fax 964 46 00 08* – AE MC VISA.
Comida *(cerrado 2ª quincena de junio, domingo noche y lunes)* 15 – **24 hab** 42/63.
◆ En pleno centro urbano, este hotel, de reciente creación, posee unas espaciosas habitaciones muy confortables, con el mobiliario en madera de pino. Buen equipamiento.

Sol sin rest, av. Magallanes 103 (carret. N 340) ☎ 964 47 13 49, *reservas@hotel-sol.com, Fax 964 47 13 49,* – MC VISA
4,61 – **22 hab** 32,40/47,65.
◆ Discreto hotel, regentado por su propietaria, que goza de una sencilla organización. A pesar de no contar con instalaciones modernas, sus habitaciones resultan cómodas.

El Cortijo, av. Méndez Núñez 85 ☎ 964 47 00 75, *Fax 964 47 00 75* – AE MC VISA.
cerrado 1ª quincena de agosto y lunes – **Comida** - pescados y mariscos - carta 30 a 45.
◆ Corte clásico para un buen montaje, con un gran salón y una zona independiente de terraza para banquetes. Carta de oferta variada, especializada en pescados y mariscos.

BENICÀSSIM *12560 Castelló* 577 L 30 – *6 151 h – Playa.*
casa abadia 74 ☎ 964 30 01 02 turismo@benicassim.org Fax 964 30 01 39.
Madrid 436 – Castelló de la Plana/Castellón de la Plana 14 – Tarragona 165 – València 88.

Avenida y Eco-Avenida sin rest, av. de Castellón 2 ☎ 964 30 00 47, *hotelavenida@stalker.es, Fax 964 30 00 79,* climatizada – MC VISA.
marzo-octubre – 6 – **64 hab** 45/55.
◆ Decoroso hotel ubicado en el núcleo urbano. Atendido por los dueños, se caracteriza por la cordialidad del trato y por la cálida acogida de las habitaciones.

en la zona de la playa :

El Palasiet , Partida Cantallops ☎ 964 30 02 50, *retasa@termasmarinas.com, Fax 964 30 22 36,* ≤ mar y ciudad, Servicios de talasoterapia, – 25/300. AE VISA.
cerrado 1 enero-13 febrero – **Comida** - sólo menú - 26 – 10 – **67 hab** 100/132 – 6 suites.
◆ Fue pionero por sus servicios de talasoterapia, complementándose con un buen centro de salud y belleza. Precioso entorno ajardinado y confortables habitaciones con terraza. En su coqueto restaurante, tipo jardín de invierno, ofrecen un correcto menú.

Intur Bonaire, av. Gimeno Tomás 3 ☎ 964 39 24 80, *bonaire@intur.com, Fax 964 39 56 01,* – AE MC VISA. rest
Comida 22,85 – 9,20 – **83 hab** 86,40/107,70.
◆ Hotel de línea elegante enclavado en un pequeño pinar, que cuenta con una zona deportiva muy completa y unas habitaciones actualizadas de notable confort. La perfecta organización y el cuidado servicio son las notas básicas de su restaurante.

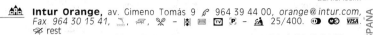

 **Intur Orange,** av. Gimeno Tomás 9 ✆ 964 39 44 00, *orange@intur.com, Fax 964 30 15 41,* ⛱, ⛱, ✂ – |‡| ▤ TV P – 🏢 25/400. MC VISA. ✂ rest
marzo-octubre – **Comida** - sólo buffet - 22,75 – ☕ 8,40 – **415 hab** 78,45/91,32.
• Ubicado frente a la costa, posee una amplia oferta de ocio destacando la bonita piscina rodeada de césped con árboles. Sus habitaciones resultan muy confortables. El restaurante centra su actividad en el buffet.

Intur Azor, av. Gimeno Tomás 1 ✆ 964 39 20 00, *azor@intur.com, Fax 964 39 23 79,* ←, ⛱, ⛱, ✂ – |‡| ▤ TV P. AE MC VISA. ✂ rest
marzo-octubre – **Comida** - sólo buffet - 22,75 – ☕ 8,40 – **88 hab** 78,45/91,32.
• Su entorno es ideal para disfrutar de la agradable terraza con flores y de la cuidada zona noble. Habitaciones de línea clásica completamente equipadas. Restaurante acristalado de estructura circular con vistas al jardín y servicio de buffet.

Voramar, paseo Pilar Coloma 1 ✆ 964 30 01 50, *recepcion@voramar.net, Fax 964 30 05 26,* ←, ✂ – |‡|, ▤ rest, TV 🚗. AE MC VISA. ✂ rest
Comida 18 – **58 hab** ☕ 65/107.
• El descanso está garantizado en este correcto hotel, de corte clásico y habitaciones bien equipadas, que cuenta con una agradable terraza frente al mar. Comedor panorámico.

Vista Alegre, av. de Barcelona 71 ✆ 964 30 04 00, *vistaalegre@imk.es, Fax 964 30 04 00,* ⛱ – |‡|, ▤ rest, P. AE MC VISA. ✂ rest
marzo-septiembre – **Comida** 12,50 – ☕ 4,50 – **68 hab** 32/53.
• Cumple con las características de un típico hotel vacacional, siendo destacables su buen mantenimiento y la cuidada organización. Todas sus habitaciones son exteriores.

en el Desierto de las Palmas *Noroeste : 8 km :*

✕ **Desierto de las Palmas,** ✉ 12560 apartado 135, ✆ 964 30 09 47, *cgavenida@terra.es, Fax 964 39 41 01,* ← montaña, valle y mar, 🍴 – P. MC VISA. ✂
cerrado 20 enero-20 febrero y martes salvo julio-septiembre – **Comida** carta aprox. 27.
• Sus especialidades son los arroces, los productos del mar y las carnes a la brasa. Un paisaje de ensueño se divisa a través de los grandes ventanales.

BENIDORM *03500 Alacant 577 Q 29 123 H 3 – 57 227 h – Playa.*

Ver : *Promontorio del Castillo* ←★ AZ.

av. Martínez Alejos 16 ✉ 03501 ✆ 96 585 13 11 touristinfo.benidorm@turisme.m400.gva.es Fax 96 680 88 58 av. Derramador esquina c/ Gerona ✉ 03503 ✆ 96 680 59 14 touristinfo.benidormR@turisme.m400.gva.es y av. Europa ✉ 03503 ✆ 96 586 00 95 touristinfo.benidosrE@turisme.m400.gva.es.

Madrid 459 ③ – Alacant/Alicante 44 ③ – València (por la costa) 136 ③

Plano página siguiente

Meliá Benidorm, av. Severo Ochoa 1, ✉ 03503, ✆ 96 681 37 10, *melia.benidorm@solmelia.com, Fax 96 680 21 69,* ←, 🏋, ⛱, ⛱ – |‡| ▤ TV ♿ 🚗 P – 🏢 25/660. AE MC VISA. ✂ CY s
Comida 19,50 – **518 hab** ☕ 130/172 – 6 suites.
• Enorme y funcional establecimiento que ocupa dos grandes torres, unidas por un hall de estilo americano. Habitaciones de elevado confort, con baños en mármol y terraza. Gran comedor que trabaja el buffet, con un rincón italiano donde sirven pasta y pizzas.

Agir, av. del Mediterráneo 11, ✉ 03503, ✆ 96 585 51 62, *informacion@hotelagir.com, Fax 96 585 89 50,* ⛱ – |‡| ▤ TV ♿ – 🏢 25/80. AE MC VISA. ✂ BY k
Comida 22 – ☕ 10 – **84 hab** 95/123 – 5 suites – PA 44.
• Tradición y modernidad se mezclan en sus dependencias. Dispone de unas habitaciones bien equipadas y una cuidada zona lúdica, con solarium y piscina en el ático. El restaurante ofrece carta, buffet de desayunos y menús diarios.

Cimbel, av. de Europa 1, ✉ 03500, ✆ 96 585 21 00, *cimbel@hotelcimbel.com, Fax 96 586 06 61,* ←, ⛱ climatizada – |‡| ▤ TV 🚗. AE MC VISA. ✂ BY f
Comida 23 – **139 hab** ☕ 110/170 – 1 suite.
• En 1ª línea de playa. Hotel acogedor y confortable, dotado de amplias habitaciones con terrazas y agradables vistas al mar. Clientela habitual muy fiel. Restaurante panorámico.

G.H. Delfín, playa de Poniente - La Cala, ✉ 03502, ✆ 96 585 34 00, *info@granhoteldelfin.com, Fax 96 585 71 54,* ←, 🍴, ⛱, ⛱, ✂ – |‡| ▤ TV P. AE MC VISA. ✂ rest por ② : 3 km
Semana Santa-octubre – **Comida** 23,05 – ☕ 8,45 – **92 hab** 86,84/145,95 – PA 46,36.
• De marcado clasicismo. Sus instalaciones, pese a evidenciar el paso del tiempo, resultan confortables. Bonito jardín con palmeras en torno a la piscina. La viguería vista y los artesonados constituyen el mayor atractivo del restaurante.

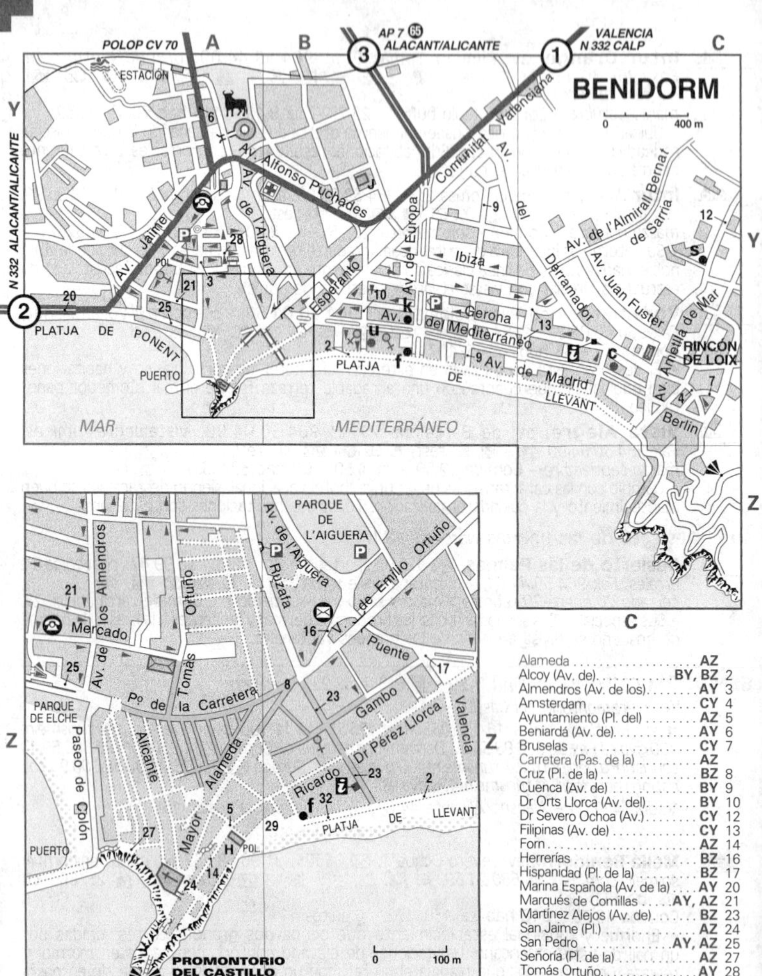

Alameda	AZ	
Alcoy (Av. de)	BY, BZ	2
Almendros (Av. de los)	AY	3
Amsterdam	CY	4
Ayuntamiento (Pl. del)	AZ	5
Beniardá (Av. de)	AY	6
Bruselas	CY	7
Carretera (Pas. de la)	AZ	
Cruz (Pl. de la)	BZ	8
Cuenca (Av. de)	BY	9
Dr Orts Llorca (Av. del)	BY	10
Dr Severo Ochoa (Av.)	CY	12
Filipinas (Av. de)	CY	13
Forn	AZ	14
Herrerías	BZ	16
Hispanidad (Pl. de la)	BZ	17
Marina Española (Av. de la)	AY	20
Marqués de Comillas	AY, AZ	21
Martínez Alejos (Av. de)	BZ	23
San Jaime (Pl.)	AZ	24
San Pedro	AY, AZ	25
Señoría (Pl. de la)	AZ	27
Tomás Ortuño	AY	28
Torreón (Pl. del)	BZ	29
Virgen del Sufragio (Av.)	BZ	32

Bilbaino, av. Virgen del Sufragio 1, ✉ 03500, ☎ 96 585 08 04, *bilbaino@asanza.es, Fax 96 585 08 05*, ← – |‡| ▤ TV. VISA. ⚘ BZ f
marzo-15 diciembre – **Comida** 13,50 – ☕ 7,50 – **38 hab** 58/104.
◆ ¡Todo un clásico en la ciudad desde 1926 ! Situado en pleno casco antiguo, ofrece habitaciones con terraza sobre el mar, ambiente tranquilo y trato familiar. En su comedor podrá degustar una cocina casera.

XXX Tiffany's, av. del Mediterráneo 51 (edificio Coblanca 3), ✉ 03503, ☎ 96 585 44 68, *Fax 96 585 39 44* – ▤ CY c
Comida - sólo cena.
◆ La seria organización y el cuidado servicio de mesa, avalan su larga trayectoria en el sector de la restauración. De estilo clásico, con buen mobiliario y óptimo montaje.

XXX **I Fratelli,** av. Dr. Orts Llorca 21, ✉ 03503, ☎ 96 585 39 79, *Fax 96 585 39 79*, ⛱ – ▤. AE ⓓ ⓜ VISA BY u
cerrado noviembre – **Comida** carta 35 a 42.
◆ Su larga lista de galardones es la mejor carta de presentación en este restaurante de cocina italiana. Ambientado en la Belle Époque, posee un excelente servicio de mesa.

en Cala Finestrat *por ② : 4 km :*

Casa Modesto, ✉ 03500 Benidorm, ☎ 96 585 86 37, ← - VISA. ✻
cerrado 15 enero-15 febrero y lunes salvo julio-agosto - **Comida** - pescados y mariscos - carta 20 a 30.
◆ Típico restaurante de playa. Su exterior acristalado ofrece una magnífica panorámica sobre el Mediterráneo, ideal para degustar sus pescados, mariscos y arroces.

BENIEL *30130 Murcia* 577 R 26 Y 27 123 C 6 - *6 975 h alt. 29.*
Madrid 412 - Alacant/Alicante 58 - Cartagena 64 - Murcia 16.

al Sureste *: 2 km :*

Angelín, Vereda del Rollo 55, ✉ 30130, ☎ 968 60 11 00, *Fax 96 530 52 87* - ▤ P. AE ① MO VISA. ✻
cerrado 15 días en septiembre y domingo noche - **Comida** carta aprox. 30.
◆ Restaurante de correcta organización, situado a las afueras de la localidad. Especializado en jamón de Jabugo y productos del mar, propone una carta con más de 60 platos.

BENIMANTELL *03516 Alacant* 577 P 29 128 G 2 - *404 h alt. 527.*
Madrid 437 - Alcoi 32 - Alacant/Alicante 68 - Gandía 85.

Venta la Montaña, carret. de Alcoy 9 ☎ 96 588 51 41 - ▤. MO VISA
cerrado una semana en junio y lunes salvo agosto - **Comida** - sólo almuerzo salvo agosto - carta aprox. 28.
◆ Su origen como antigua casa de postas se deja ver en el estilo regional del interior. No deje de probar sus carnes a la brasa y los postres caseros.

L'Obrer, carret. de Alcoy 27 ☎ 96 588 50 88 - ▤ P. AE ① MO VISA. ✻
cerrado 26 junio-6 agosto y viernes - **Comida** - sólo almuerzo salvo agosto - carta 18 a 25.
◆ Cuidado comedor dispuesto en dos alturas, donde saborear la cocina típica del país. Decoración funcional, sencillo servicio de mesa y precios ajustados.

BENIMAURELL *03791 Alacant* 577 P 29 128 H 2.
Madrid 445 - Alacant/Alicante 93 - Alcoi 59 - València 106.

Alahuar ⚲, Partida El Tossalet ☎ 96 558 33 97, *alahuar@hotelesposeidon.com, Fax 96 558 33 97,* ← montañas, valle y mar, ⛱ - ▤ TV P - 🏊 25/40. AE ① MO VISA. ✻
Comida carta aprox. 30 - **8 hab** ☕ 67/94 - 12 suites.
◆ Su situación en la zona alta de la localidad brinda magníficas vistas del entorno. Hotel con encanto dotado de unas cuidadas dependencias que resultan muy confortables. Restaurante de estilo clásico-regional con arcos en ladrillo visto y techos abovedados.

BENIPARRELL *46469 València* 577 N 28 - *1 366 h alt. 20.*
Madrid 362 - València 11.

Casa Quiquet, av. de Levante 47 ☎ 96 120 07 50, *casaquiquet@casaquiquet.com, Fax 96 121 26 77* - ⇕ ▤ TV P - 🏊 25/300. AE MO VISA
cerrado del 8 al 28 de agosto - **Comida** - ver también rest. ***Centenario*** - 16 - ☕ 4,50 - **34 hab** 57,10/69,12.
◆ Atractivo exterior e instalaciones funcionales, con acogedor y espacioso hall-recepción. Las habitaciones están correctamente equipadas, aunque con baños anticuados. Coqueto comedor a la carta con detalles regionales en su decoración.

Centenario - *Hotel Casa Quiquet,* av. de Levante 45 ☎ 96 120 07 50, *casaquiquet@casaquiquet.com, Fax 96 121 26 77* - ▤ P. AE MO VISA. ✻
cerrado del 8 al 28 de agosto y domingo noche - **Comida** carta 19 a 30.
◆ Establecimiento de estilo clásico-regional, con un bello zócalo azulejado en tonos azules y viguería en madera. Su cocina goza de mucho éxito en la zona.

BENISANÓ *46181 València* 577 N 28 - *1 643 h alt. 70.*
Madrid 344 - Teruel 129 - València 24.

Levante, Virgen del Fundamento 27 ☎ 96 278 07 21, *Fax 96 279 00 21,* Interesante bodega - ▤. AE MO VISA. ✻
cerrado 10 julio-10 agosto - **Comida** - paellas - carta aprox. 20.
◆ Restaurante de buena organización familiar y correcto servicio de mesa, especializado en paellas. Posee una interesante bodega que se puede visitar.

BENISSA 03720 Alacant 577 P 30 123 I 2 – 8 583 h alt. 274.

av. País Valencià 1 ✆ 96 573 22 25 turismo@benissa.net Fax 96 573 25 37.
Madrid 458 – Alacant/Alicante 71 – València 110.

Casa Cantó, av. País Valencià 237 ✆ 96 573 06 29, *info@casacanto.com*, *Fax 96 573 06 29*, ← – ▤ 🚗. AE ⓓ MC VISA. ✂
cerrado noviembre y domingo – **Comida** carta 27 a 44.
◆ Nuevo local con hall a la entrada, bar privado y un luminoso comedor principal desde cuyos ventanales se contempla el valle con el peñón de Ifach al fondo. Interesante bodega.

en la carretera N 332 *Sur : 4,8 km :*

Al Zaraq, Partida de Benimarraig 79, ✉ 03720, ✆ 96 573 16 15, *alzaraq@alzaraq.net*, *Fax 96 573 16 15*, ←, 🏖 – P. AE MC VISA. ✂
cerrado lunes – **Comida** - sólo cena, rest. libanés - carta 35 a 48.
◆ Para saborear la gastronomía libanesa y disfrutar de gratas veladas, con una variada carta de menús. Comedor elegante y buen servicio de mesa. Ambiente selecto.

por la carretera de la costa *Sureste : 3 km y desvío a la izquierda 0,5 km :*

Cases de Sant Jaume 🐦, Partida Paratella 44 ✆ 96 649 90 75, *reservas@hotelcasesdesanjaume.com*, *Fax 96 649 82 08*, 🏊 – ▤ TV ♿ P. AE ⓓ MC VISA. ✂ rest
cerrado 20 diciembre-15 enero – **Comida** *(cerrado lunes)* 18 – **26 hab** ☕ 97/121.
◆ Conserva la calidez de una antigua masía, en un paraje pintoresco en pleno campo. Habitaciones con mobiliario de diseño y baños completos, algunas tipo bungalow. Comedor en dos salas, una de ellas en una terraza cubierta, con paredes en piedra.

BENTRACES 32890 Ourense 571 F 6.

Madrid 495 – Ourense 10 – Pontevedra 104.

Palacio de Bentraces 🐦 sin rest, ✆ 988 38 33 81, *info@pazodebentraces.com*, *Fax 988 38 30 35* ←, 🏊, 🌳 – 🛗 TV P – 🏛 25/50. AE ⓓ MC VISA JCB. ✂
cerrado 22 diciembre-22 enero – ☕ 10 – **9 hab** 80/100.
◆ Elegante pazo señorial rodeado de un extenso jardín con piscina. Disfrute de todo su encanto en unas habitaciones vestidas con excelente lencería y mobiliario de época.

A Rexidora, carret. OU 540 ✆ 988 38 30 78, *info@areixidora.com*, 🏖 – ▤. MC VISA. ✂
cerrado 10 días en febrero, última semana de septiembre, 1ª semana de octubre, domingo noche y lunes – **Comida** carta 28 a 37.
Espec. Vieiras de la abuela Chon. Rape negro asado con jugo de frutos secos y albahaca. Canelón de membrillo.
◆ Magnífica casona de principios del s. XX en piedra. Dispone de un coqueto bar privado a la entrada, dos salas de elegante montaje clásico y dos privados. Buen patio-terraza.

BERA o VERA DE BIDASOA 31780 Navarra 573 C 24 – 3 531 h alt. 56.

Madrid 494 – Pamplona 65 – Bilbao 133 – Donostia-San Sebastián 33 – Pau 153.

Churrut, pl. de los Fueros 2 ✆ 948 62 55 40, *reservas@hotelchurrut.com*, *Fax 948 62 55 41*, 🏋 – 🛗 TV P. AE MC VISA. ✂
Comida *(cerrado 15 días en febrero, 15 días en noviembre, domingo noche y lunes)* 12 – ☕ 9 – **17 hab** 78/110.
◆ Hotel de organización familiar instalado en una casa señorial del s. XVIII. Acogedora zona social con decoración rústica y espaciosas habitaciones dotadas de aseos actuales. El comedor resulta moderno y agradable, con los techos en madera.

BÉRCHULES 18451 Granada 578 V 20 124 O 4 – 864 h alt. 1 350.

Madrid 507 – Almería 110 – Granada 125 – Lorca 228 – Motril 130 – Úbeda 184.

Los Bérchules 🐦, ✆ 958 85 25 30, *hot.berchules@interbook.net*, *Fax 958 76 90 00* ← – P. MC VISA
Comida 12 – ☕ 4 – **13 hab** 35/43.
◆ La hermosa panorámica sobre el valle es uno de sus grandes atractivos, al que se unen unas instalaciones de buen confort general. Válida recomendación para esta zona. Comedor de aire rústico.

En esta guía, el mismo símbolo en **rojo** *o en* **negro**,
la misma palabra en letra fina o en negrita, no significan lo mismo.
Lea atentamente la introducción.

Lea atentamente la introducción: es la clave de la guía.

BERGA *08600 Barcelona* 574 F 35 – *14324 h alt. 715.*
Àngels 7 ☎ 93 821 13 84 aj022.ofturisme@ajberga.es Fax 93 822 11 55.
Madrid 627 – Barcelona 117 – Lleida/Lérida 158.

Berga Park, carret. de Solsona 1 ☎ 93 821 66 66, *reserves@hotelbergapark.com, Fax 93 821 36 84* – 25/250. AE MC VISA.
Comida 18 – 6 – **58 hab** 50/60.
◆ Moderno edificio que ocupa unos antiguos cuarteles a la salida de la localidad. Posee habitaciones de buen confort, aunque con aseos y espacios sociales algo reducidos. En su luminoso comedor se ofrece un cuidado servicio de mesa y una carta de línea creativa.

Ciutat de Berga, passeig de la Indústria 11 ☎ 93 821 44 22, *hcberga@hostalets.com, Fax 93 821 43 23* – – 25/100. AE MC VISA JCB.
Comida *(cerrado domingo noche)* 11,24 – 6,90 – **62 hab** 63,70/87.
◆ Se encuentra en uno de los paseos más importantes, ofreciendo suficientes zonas nobles y habitaciones funcionales, con el mobiliario actual y los baños completos.

Estel sin rest con cafetería, carret. Sant Fruitós 39 ☎ 93 821 34 63, *info@hotelestel.com, Fax 93 821 35 79* – AE MC VISA.
6 – **40 hab** 46/62.
◆ Hotel de fachada en ladrillo situado a la entrada de la ciudad. Pequeña recepción con salón social a un lado y cafetería al otro. Correctas habitaciones con baños completos.

Sala, passeig de la Pau 27 ☎ 93 821 11 85, *rest.sala@minorisa.es, Fax 93 822 20 54* – AE MC VISA.
cerrado domingo noche y lunes – **Comida** carta 28 a 38.
◆ Serio negocio familiar emplazado en un céntrico paseo arbolado. Salas en dos niveles, con paredes en estuco veneciano y bodega acristalada. Carta regional y menú degustación.

BERGARA *20570 Gipuzkoa* 573 C 22 – *15121 h alt. 155.*
Madrid 399 – Bilbao 61 – Donostia-San Sebastián 62 – Vitoria-Gasteiz 44.

Ormazabal sin rest, Barrenkale 11 ☎ 943 76 36 50, *h_ormazabal@infonegocio.com, Fax 943 76 36 50* – AE MC VISA
4 – **14** hab 44/54.
◆ El sosiego de antaño en una casa del s. XVIII. Sala de desayunos decorada con objetos antiguos, acogedor salón social y cálidas habitaciones con mobiliario de época.

Lasa, Zubiaurre 35 ☎ 943 76 10 55, *koldolasa@restaurantelasa.com, Fax 943 76 20 29,* – AE MC VISA.
cerrado 24 diciembre-8 enero, del 1 al 19 de agosto y lunes – **Comida** - sólo almuerzo salvo viernes y sábado - carta 35 a 54.
◆ Restaurante de carácter familiar, situado en el monumental palacio de Ozaeta. Comedor de grandes ventanales, con una decoración que combina lo clásico, moderno y funcional.

Zumelaga, San Antonio 5 ☎ 943 76 20 21, *restzumelaga@terra.es, Fax 943 53 29 33* – MC VISA.
cerrado agosto, lunes noche y martes noche – **Comida** carta 32 a 41.
◆ Evocadores aires rústicos medievales recorren todos sus rincones. Entrañable entorno dignificado con una serie de arcos, donde sirven una carta compensada.

BERMEO *48370 Bizkaia* 573 B 21 – *16907 h – Playa.*
Alred. : *Alto de Sollube★ Suroeste : 5 km.*
Lamera ☎ 94 617 91 54 turismo@bermeo.org Fax 94 617 91 59.
Madrid 432 – Bilbao 34 – Donostia-San Sebastián 98.

Txaraka sin rest, Almike Auzoa 5 ☎ 94 688 55 58, *Fax 94 688 51 64* – MC VISA.
cerrado 21 diciembre-8 enero – 7 – **12 hab** 51,10/69,10.
◆ De organización familiar y algo alejado del centro. Posee una reducida zona social, salón de desayunos con chimenea y confortables habitaciones de correcto equipamiento.

Jokin, Eupeme Deuna 13 ☎ 94 688 40 89, *rjokin@euskalnet.net, Fax 94 618 71 06,* – AE MC VISA.
cerrado domingo noche – **Comida** carta 29 a 35.
◆ Cuenta con un pequeño bar público a la entrada donde sirven tapas y dos comedores de montaje clásico, con bellas vistas al puerto. Buen surtido en pescados.

Almiketxu, Almike Auzoa 8 - Sur : 1,5 km ☎ 94 688 09 25, *info@almiketxu.com, Fax 94 688 09 25,* – MC VISA.
cerrado noviembre y lunes – **Comida** carta 23 a 38.
◆ Caserío típico de la región, con tres comedores de cálido estilo rústico, paredes en piedra vista y viguería de madera. Correcto servicio de mesa en su categoría.

BERRIA (Playa de) *Cantabria – ver Santoña.*

BERRIOPLANO *31195 Navarra* 573 D 24 – *alt. 450.*
Madrid 391 – Jaca 117 – Logroño 98 – Pamplona 6.

NH El Toro, carret. N 240 A ✆ 948 30 22 11, *nhtoro@nh-hotels.com, Fax 948 30 20 85,* – ▤ TV P – 25/350. AE ⓓ MC VISA.
Comida *(cerrado domingo noche)* 24 – ☕ 11 – **60 hab** 95 – 5 suites.
◆ Edificio de estilo regional en un bello paraje natural. Dispone de una amplia variedad en salones y habitaciones de cálida rusticidad equipadas con todo detalle. Su restaurante ofrece una cocina atenta a la tradición culinaria navarra.

BESALÚ *17850 Girona* 574 F 38 122 G 3 – *2 099 h alt. 151.*
Ver : *Localidad★★ – Puente fortificado★, núcleo antiguo★★, Iglesia de Sant Pere★.*
pl. de la Llibertat 1 ✆ 972 59 12 40 otbesalu@agtat.es Fax 972 59 11 50.
Madrid 743 – Figueres 24 – Girona/Gerona 32.

Els Jardins de la Martana 🐦 sin rest, Pont 2 ✆ 972 59 00 09, *info@lamartana.com, Fax 972 59 17 63,* – TV. AE ⓓ MC VISA
☕ 6 – **10 hab** 66/90.
◆ Antigua casa señorial junto a un puente monumental. Ofrece habitaciones espaciosas, bien equipadas y con detalles decorativos de vanguardia. Excelente opción en su categoría.

Els Fogons de Can Llaudes, Prat de Sant Pere 6 ✆ 972 59 08 58, *elsfogons@myway.com, Fax 972 59 02 16,* – ▤. MC VISA
cerrado noviembre – **Comida** - sólo menú - 63.
◆ Céntrico restaurante instalado en una capilla románica del s. XI. En su atractivo comedor, con paredes en piedra y techos altos, degustará una interesante oferta culinaria.

Cúria Reial, pl. de la Llibertat 8 ✆ 972 59 02 63, *curia_reial@teleline.es, Fax 972 59 11 61,* – ▤
cerrado febrero, lunes noche y martes – **Comida** carta 14 a 36.
◆ Sus dependencias rememoran el pasado conventual del edificio. Posee un bar a la entrada, y varias salas de correcto montaje, una de ellas acristalada con vistas al río.

Pont Vell, Pont Vell 24 ✆ 972 59 10 27, *info@restaurantpontvell.com,* ≤, – AE MC VISA
cerrado 20 diciembre-20 enero, última semana de junio, domingo noche salvo verano, lunes noche y martes – **Comida** carta 20 a 34.
◆ Negocio de organización familiar, ubicado en el casco antiguo de la localidad. Dispone de unos comedores de adecuado mantenimiento, donde sirven platos típicos de la zona.

en Sant Ferriol *por la carretera C 66 - Sureste : 1,5 km y desvío a la derecha 1,6 km :*

Sant Ferriol 🐦, Jardins de Sant Ferriol, ✉ 17850, ✆ 972 59 05 32, *santferriol@santferriol.com, Fax 972 59 05 42,* Servicios terapéuticos, – ▤ TV P – 25. AE ⓓ VISA.
cerrado del 7 al 29 de enero – **Comida** *(cerrado lunes)* 35 – **12 hab** ☕ 125/220.
◆ Masía actualizada con unas dependencias en las que reina la decoración y el mobiliario de inspiración rústica. Habitaciones amplias, luminosas y de completo equipamiento.

BETANCURIA *Las Palmas – ver Canarias (Fuerteventura).*

BETANZOS *15300 A Coruña* 571 C 5 – *12 510 h alt. 24.*
Madrid 576 – Santiago de Compostela 60 – A Coruña 23 – Ferrol 38 – Lugo 73.

La Penela, Rúa dos Ferradores 21 ✆ 981 77 31 27, *Fax 981 79 65 25* – ▤. MC VISA.
cerrado del 10 al 25 de enero y lunes – **Comida** carta 19 a 25.
◆ La decoración neorrústica de sus salas combina la piedra vista con las paredes pintadas en estuco. Ofrece una cocina de corte regional a precios moderados.

BÉTERA *46117 València* 577 N 28 – *9 717 h alt. 125.*
Madrid 355 – València 19 – Teruel 137.

por la carretera de San Antonio de Benagéber *Suroeste : 3,5 km :*

Adhoc Parque 🐦, Botxi 6-8 (urb. Torre en Conill) ✆ 96 169 83 93, *adhocparque@adhochoteles.com, Fax 96 169 81 91,* ≤, – ▤ TV P – 25/150. AE ⓓ MC VISA. rest
Comida carta aprox. 36 – ☕ 9 – **39 hab** 134/171 – 1 suite.
◆ Estratégica ubicación para el turismo de negocios, en una zona de nueva construcción. Instalaciones luminosas, con materiales de buena factura y mobiliario clásico-rústico. Restaurante de esmerado montaje, con amplios salones de banquetes.

 **Valencia Golf H.** , ✆ 96 169 80 46, *hotelvalenciagolf@hotmail.com, Fax 96 169 81 83* ≤, , – |ǂ| ▤ TV P. AE ⓓ MC VISA.
Comida 18 – ☐ 7 – **31 hab** 65.
◆ Atractivo hotel con unos cuidados exteriores, que pone a su disposición unas habitaciones diáfanas y espaciosas, equipadas con mobiliario de ligero aire rústico.

BETETA *16870 Cuenca 576 K 23 – 387 h alt. 1 210.*
Ver : *Hoz de Beteta*★.
Madrid 217 – Cuenca 109 – Guadalajara 161.

Los Tilos , Extrarradio ✆ 969 31 80 97, *info@hotellostilos.net, Fax 969 31 82 99,* ≤ – TV P. AE ⓓ MC VISA.
cerrado 6 enero-29 de febrero – **Comida** 11,50 – ☐ 3,50 – **24 hab** 35/53.
◆ Edificio de sólida construcción a la salida de la localidad y en plena naturaleza. Correctas habitaciones en su categoría, con mobiliario provenzal y cálida decoración. Amplio comedor clásico-regional con buena iluminación.

BETRÉN *Lleida – ver Vielha.*

BEUDA *17850 Girona 574 F 38 122 G 3 – 131 h alt. 338.*
Madrid 732 – Girona/Gerona 36 – Figueres 33.

en la carretera de Maià de Montcal *Este : 3,5 km :*

Mas Salvanera , ✉ 17850, ✆ 972 59 09 75, *salvanera@salvanera.com, Fax 972 59 08 63,* – P. AE MC VISA.
cerrado del 1 al 10 de enero, 24 junio-9 julio, del 11 al 20 de septiembre y del 20 al 31 de diciembre – **Comida** - sólo clientes - 27 – **8 hab** ☐ 96/120.
◆ Masía del s. XVII donde conviven el calor de antaño y el confort actual. Buena zona noble y habitaciones decoradas con mobiliario antiguo. Comidas sólo para clientes.

BIAR *03410 Alacant 577 Q 27 128 D 3 – 3 395 h alt. 650.*
🅱 *av. de Villena 2 ✆ 96 581 11 77 touristinfo.biar@turisme.m400.gva.es Fax 96 581 08 33.*
Madrid 370 – Albacete 119 – Alcoi 36 – Alacant/Alicante 50 – València 130.

Vila de Biar , San José 2 ✆ 96 581 13 04, *hotelvilabiar@fanecaes.com, Fax 96 581 13 12,* , – |ǂ| ▤ TV P – 25. AE MC VISA.
Comida 15 – **42 hab** ☐ 69/80.
◆ Su fachada señorial invita a descubrir un interior cuidado y funcional, con habitaciones bien equipadas y amplias zonas recreativas. Agradable jardín con piscina. El aire de la sierra inunda el comedor, donde sirven menús tradicionales y cocina internacional.

Fuente El Pájaro, Camino de la Virgen ✆ 96 581 09 02, *fuenteelpajaro@parlantimenjant.com, Fax 96 581 09 02* – ▤. AE ⓓ MC VISA.
cerrado del 9 al 15 de mayo, del 15 al 22 de agosto, del 12 al 19 de septiembre y lunes salvo festivos – **Comida** carta 24 a 31.
◆ Restaurante de estilo neorrústico que dispone de hall y una confortable sala, con una pared en piedra y arcos en ladrillo visto. Muy buen servicio de mesa en su categoría.

BIEDES *Asturias – ver Santullano.*

BIELSA *22350 Huesca 574 E 30 – 430 h alt. 1 053.*
Ver : *Parque Nacional de Ordesa y Monte Perdido*★★★.
Madrid 544 – Huesca 154 – Lleida/Lérida 170.

Bielsa , carret. de Ainsa ✆ 974 50 10 08, *hotelbielsa@hotelbielsa.com, Fax 974 50 11 13,* ≤ – |ǂ| TV P. MC VISA.
marzo-noviembre – **Comida** 15 – ☐ 7,14 – **60 hab** 36,50/46.
◆ Dotado de una amplia zona social y cafetería de uso exclusivo. Las habitaciones resultan algo sobrias en decoración, con mobiliario clásico y baños completos. Comedor de aire castellano.

Marboré sin rest, av. Pineta ✆ 974 50 11 11, *Fax 974 50 10 50* – TV. MC VISA.
cerrado noviembre – ☐ 3 – **12 hab** 29/36.
◆ Hotelito de amable organización familiar, que compensa la escasa área social con unas correctas habitaciones en su categoría. Baños actuales y mobiliario provenzal en pino.

ESPAÑA

en el valle de Pineta *Noroeste : 14 km :*

Parador de Bielsa , alt. 1350, ✉ 22350 Bielsa, ✆ 974 50 10 11, *bielsa@parador.es, Fax 974 50 11 88,* ← – |‡| TV P. AE ◐ MC VISA JCB. ✈
cerrado 15 días en enero y 15 días en febrero – **Comida** 25 – ☕ 11 – **39 hab** 96/120.
◆ Privilegiada ubicación en un edificio al estilo de un refugio montañés, con gran presencia de madera y un alto nivel de confort, donde disfrutar del paisaje y la tranquilidad. Comedor con bonitas lámparas en forja, que ofrece platos típicos del Alto Aragón.

BIENVENIDA *06250 Badajoz* 576 R 11 – *2 364 h alt. 605.*
Madrid 428 – Badajoz 107 – Córdoba 183 – Mérida 85 – Sevilla 128.

La Bienvenida, Manzarra 40 ✆ 924 50 66 48, *rusticaelabienvenida@hotmail.com, Fax 924 50 60 07,* , – ▤. AE ◐ MC VISA. ✈
cerrado del 7 al 31 de enero, del 1 al 7 de agosto y lunes – **Comida** 30 – **9 hab** ☕ 95/125.
◆ Antigua casa donde prima el gusto por los detalles. Sus estancias gozan de un cálido confort, combinando una cuidada decoración rústica con atractivos elementos estructurales.

BIERGE *22144 Huesca* 574 F 29 – *227 h alt. 598.*
Madrid 426 – Zaragoza 121 – Huesca 41 – Lleida/Lérida 100.

Hostería de Guara , Oriente 2 ✆ 974 31 81 07, *info@hosteriadeguara.com, Fax 974 31 81 07,* – ▤ TV P. MC VISA. ✈
cerrado enero – **Comida** 20 – **14 hab** ☕ 51,50/69.
◆ Goza de una amable organización familiar, con un bar junto a la recepción y habitaciones funcionales de adecuado confort, combinando el mobiliario en hierro forjado y madera.

BIESCAS *22630 Huesca* 574 E 29 – *1 142 h alt. 860.*
Madrid 458 – Huesca 68 – Jaca 30.

Casa Ruba, Esperanza 18 ✆ 974 48 50 01, *Fax 974 48 50 01* – |‡|, ▤ rest, TV. ◐ MC VISA. ✈
cerrado octubre-28 noviembre – **Comida** *(cerrado domingo noche salvo verano)* 11,40 – ☕ 3,30 – **29 hab** 30/47.
◆ De atractiva fachada y con cierto prestigio en la zona. Las habitaciones resultan algo oscuras y anticuadas, aunque se van renovando poco a poco. Buen mantenimiento. Correcto comedor con profusión de madera y mobiliario de corte castellano.

La Rambla , rambla San Pedro 7 ✆ 974 48 51 77, *larambla@public.ibercaja.es, Fax 974 48 51 77,* ← – TV. MC VISA. ✈
cerrado noviembre y diciembre – **Comida** *(cerrado domingo noche)* 10,50 – ☕ 4 – **30 hab** 34,50/47 – PA 22.
◆ Dispone de un reducido aunque acogedor salón social. Las habitaciones gozan de un impecable mantenimiento, con muebles de estilo provenzal en pino y solado en parquet.

BIGUES *08415 Barcelona* 574 G 36 122 D 6 – *alt. 307.*
Madrid 634 – Barcelona 42 – Girona/Gerona 89.

al Suroeste *2 km :*

Can Carreres con hab, Masía Can Carreres ✆ 93 865 91 97, *masia@cancarreres.com, Fax 93 865 91 97* – ▤ TV ✆. ◐ MC VISA. ✈
cerrado del 15 al 28 de febrero y del 15 al 31 de octubre – **Comida** *(cerrado martes noche y miércoles)* carta aprox. 30 – **3 hab** ☕ 100.
◆ Esta antigua masía posee salas de correcto montaje, con las paredes en piedra, donde ofrecen un variado menú y platos elaborados. Dispone de habitaciones como complemento.

BILBAO

48000 **P** *Bizkaia* 573 C 20 – *353 943 h.*

Madrid 393 ⑤ – *Barcelona 613* ⑤ – *A Coruña/La Coruña 567* ⑤ – *Lisboa 899* ⑤ – *Donostia-San Sebastián 102* ④ – *Santander 103* ⑥ – *Toulouse 449* ④ – *València 600* ⑤ – *Zaragoza 305* ⑤

OFICINAS DE TURISMO

Rodriguez Arias 3 ✉ *48008* ☎ *94 479 57 60, bit@ayto.bilbao.net Fax 94 479 57 61 y av. de Abandoibarra 2* ✉ *48001* ☎ *94 479 57 60, bit@ayto.bilbao.net Fax 94 479 57 61.*

INFORMACIONES PRÁCTICAS

R.A.C.V.N. *Rodriguez Arias 59 bis* ✉ *48013* ☎ *94 442 58 08 Fax 94 442 52 56.*

18 *Laukariz, urb. Monte Berriaga-carret de Mungia – Noreste por BI 631 (B)* ☎ *94 674 08 58 Fax 94 674 08 62.*

de Bilbao, Sondika, Noreste : 11 km por autovia BI 631 ☎ *94 486 96 64 – Iberia : Ercilla 20* ✉ *48009* ☎ *902 400 500* DY.

Abando ☎ *902 24 02 02.*

Vapores Suardiaz. Bilbao. Colón de Larreategui 30 ✉ *48009* ☎ *94 423 43 00 Fax 94 424 74 59* EY.

CURIOSIDADES

Ver : *Museo Guggenheim Bilbao*★★★ DX – *Museo de Bellas Artes*★ *(sección de arte antiguo*★★ *)* DY **M**.

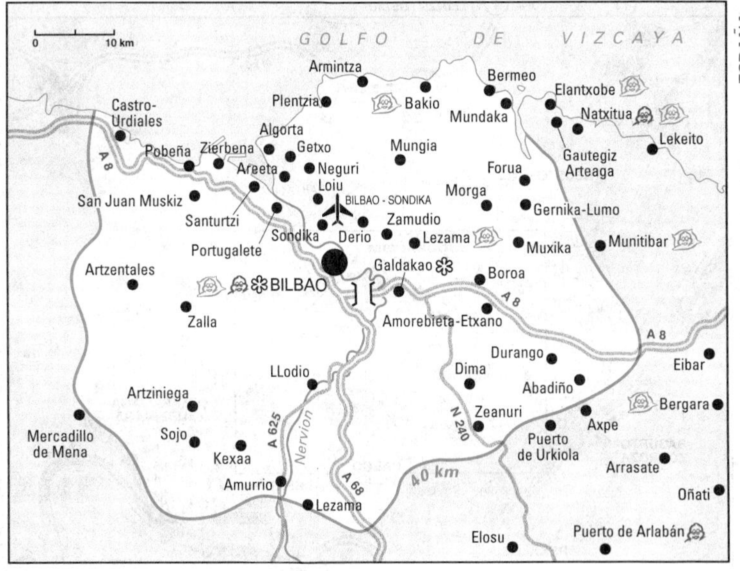

López de Haro, Obispo Orueta 2, ✉ 48009, ☎ 94 423 55 00, *lh@hotellopezdeharo.com, Fax 94 423 45 00* – |$| ≡ TV 🚗 – 🏠 25/40. AE D MC VISA JCB. 🐕 EY r
Club Náutico *(cerrado 21 días en agosto, sábado, domingo y festivos)* **Comida** carta 50 a 59 – ☕ 15,25 – **49 hab** 159,14/209,69 – 4 suites.
◆ En una zona tranquila del ensanche de Bilbao. Agradable estancia en un exclusivo hotel de selecto ambiente, con elegante y personalizada decoración. Excelente restaurante donde toma protagonismo la cocina vasca.

G.H. Domine Bilbao, Alameda Mazarredo 61, ✉ 48009, ☎ 94 425 33 00, *reservas@granhoteldominebilbao.com, Fax 94 425 33 01,* 🏋 – |$| ≡ TV ♿ 🚗 – 🏠 25/300. AE D MC VISA. 🐕 DX a
Beltz The Black *(cerrado 1ª quincena de agosto y domingo noche)* **Comida** carta 38 a 49 – ☕ 17 – **139 hab** 200/230 – 6 suites.
◆ El sello del diseñador Javier Mariscal impera en todas sus dependencias. Detalles modernos por doquier y magníficas habitaciones, muchas con vistas al Museo Guggenheim. El restaurante combina una serena decoración con una gastronomía actual.

Sheraton Bilbao, Lehendakari Leizaola 29, ✉ 48001, ☎ 94 428 00 00, *bilbao@sheraton.com, Fax 94 428 00 01,* 🏋, 🏊 climatizada – |$| ≡ TV 📞 ♿ 🚗 – 🏠 25/340. AE D MC VISA JCB CX b
Aizian *(cerrado del 1 al 15 de agosto y domingo)* **Comida** carta 40 a 64 – ☕ 18 – **199 hab** 205/240 – 12 suites.
◆ Impresionante cubo que conjuga las últimas tendencias técnicas y arquitectónicas con un diseño de vanguardia. Posee ascensores panorámicos y numerosas obras de arte. Su restaurante ofrecen una carta variada, aunque especialmente atenta a la cocina tradicional.

Carlton, pl. de Federico Moyúa 2, ✉ 48009, ☎ 94 416 22 00, *carlton@aranzazu-hoteles.com, Fax 94 416 46 28* – |$| ≡ TV 🚗 – 🏠 25/200. AE D MC VISA JCB. 🐕 DY x
Comida carta aprox. 38 – ☕ 15 – **137 hab** 153/208 – 7 suites.
◆ Histórico y emblemático hotel-monumento con habitaciones clásicas y espaciosas. Ilustres personajes como Lorca, Einstein o Alfonso XIII encontraron aquí una grata acogida. Comedor elegante aunque algo reducido y desfavorecido en su ubicación.

Indautxu, pl. Bombero Etxaniz, ✉ 48010, ☎ 94 421 11 98, *reservas@hotelindautxu.com, Fax 94 422 13 31* – |$| ≡ TV ♿ 🚗 – 🏠 25/400. AE D MC VISA. 🐕 DZ b
Comida - ver rest. ***Etxaniz*** – ☕ 12 – **181 hab** 135/155 – 3 suites.
◆ Hotel de línea clásico-actual con detalles de buen confort, en una bulliciosa zona comercial. Completo equipamiento y acogedoras habitaciones, con una planta para ejecutivos.

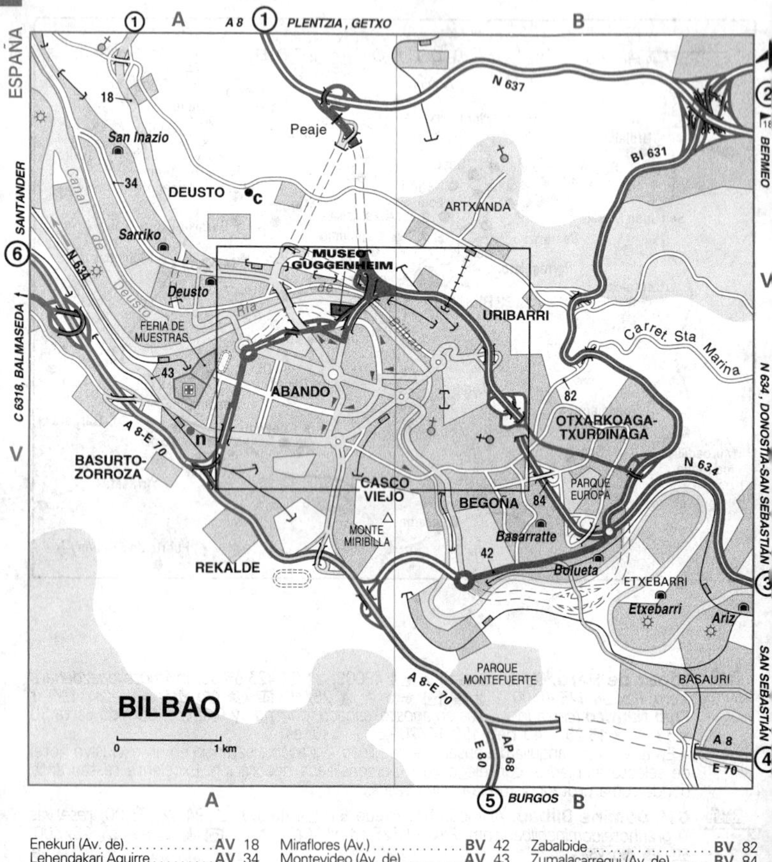

Enekuri (Av. de) . . . . **AV** 18
Lehendakari Aguirre . . . . **AV** 34
Miraflores (Av.) . . . . **BV** 42
Montevideo (Av. de) . . . . **AV** 43
Zabalbide . . . . **BV** 82
Zumalacarregui (Av. de) . . . . . . **BV** 84

Ercilla, Ercilla 37, ✉ 48011, ✆ 94 470 57 00, *ercilla@hotelercilla.es, Fax 94 443 93 35* – |‡| ▤ TV 🚗 – 25/400. AE ◑ MC VISA JCB. ✗ rest DY a
Comida - ver rest. ***Bermeo*** – ☕ 11,85 – **335 hab** 124,95/156,97 – 10 suites.
◆ En el centro neurálgico de la vida social, económica y cultural. Hotel de perfecta organización, donde congresos y reuniones encuentran su emplazamiento ideal.

NH Villa de Bilbao, Gran Vía de Don Diego López de Haro 87, ✉ 48011, ✆ 94 441 60 00, *nhvilladebilbao@nh-hotels.com, Fax 94 441 65 29* – |‡| ▤ TV 🚗 – 25/250. AE ◑ MC VISA JCB. ✗ CY n
***La Pérgola :* Comida** carta 25 a 30 – ☕ 12 – **139 hab** 148 – 3 suites.
◆ Equipado con las características de calidad y funcionalidad propias de la cadena. Posee cuidadas instalaciones y habitaciones con gusto por los detalles.

Abando, Colón de Larreátegui 9, ✉ 48001, ✆ 94 423 62 00, *abando@aranzazu-hoteles.com, Fax 94 424 55 26* – |‡| ▤ TV 🚗 – 25/150. AE ◑ MC VISA. ✗ EY b
Comida *(cerrado domingo y festivos)* carta 30 a 40 – ☕ 11 – **142 hab** 85/140 – 3 suites.
◆ Un equipado y funcional establecimiento de confortable ambiente, en el área financiera y de negocios. Variedad de servicios, y unas renovadas habitaciones de corte clásico. Comedor a la carta en un marco íntimo y cuidado.

Hesperia Zubialde, Camino de la Ventosa 34, ✉ 48013, ☎ 94 400 81 00, *hotel@hesperia-zubialde.com, Fax 94 400 81 10* – |‡| ▤ TV ♿ P – 🏔 25/300. AE ⓓ ⓜⓒ VISA JCB. ✗ CY b
El Botxo *(cerrado del 2 al 29 de agosto)* **Comida** carta 29 a 41 – ☐ 10,80 – **82 hab** 128.
• Disfruta de vistas a la ría. Antiguo colegio donde se ubican unas instalaciones prácticas, alegres, luminosas y equipadas al gusto del día. El restaurante combina la carta y el menú del día.

Barceló H. Avenida, av. Zumalacárregui 40, ✉ 48006, ☎ 94 412 43 00, *avenida@bchoteles.com, Fax 94 411 46 17* – |‡| ▤ TV ♿ 🚗 P – 🏔 25/800. AE ⓓ ⓜⓒ VISA. ✗
Comida 17 – **186 hab** ☐ 110/120 – 3 suites. FZ a
• Una nueva concepción hotelera, con un adecuado hall y un sugerente salón-bar. Sus habitaciones combinan el confort actual con un mobiliario funcional y baños muy originales. Agradable comedor con servicio de carta y menú.

Barceló H. Nervión, paseo Campo de Volantín 11, ✉ 48007, ☎ 94 445 47 00, *nervion@bchoteles.com, Fax 94 445 56 08* – |‡| ▤ TV ♿ 🚗 – 🏔 25/350. AE ⓓ ⓜⓒ VISA JCB. ✗ EY a
Comida *(cerrado domingo)* 17 – ☐ 12 – **326 hab** 113/166 – 22 suites.
• De línea clásica, con un amplio hall que ofrece múltiples servicios. Hotel de amable organización y confortables instalaciones, muy orientado a los negocios y congresos. Restaurante en varios niveles con carta y un nutrido buffet.

Jardines de Albia, San Vicente 6, ✉ 48001, ☎ 94 435 41 40, *jardinesalbia@husa.es, Fax 94 435 41 42*, Ƒ₅ – |‡| ▤ TV 🚗 – 🏔 25/100. AE ⓓ ⓜⓒ VISA. ✗ EY p
Comida - ver rest. ***Zuria*** – ☐ 12 – **136 hab** 120/140 – 2 suites.
• De carácter funcional pero con un aire muy actual tanto en confort como en decoración. Completa sus instalaciones con un gimnasio y un centro fisioterapéutico.

Abba Parque sin rest, Rodríguez Arias 66, ✉ 48013, ☎ 94 441 31 00, *parque@abbahoteles.com, Fax 94 442 21 97*, Ƒ₅ – |‡| ▤ TV 🚗 – 🏔 25/225. AE ⓓ ⓜⓒ VISA CY w
☐ 11 – **171 hab** 101,72 – 5 suites.
• Destaca la atractiva tendencia minimalista de su recepción, del piano-bar y de las zonas sociales, así como sus dos tipos de habitaciones, unas clásicas y otras actuales.

Tryp Arenal, Fueros 2, ✉ 48005, ☎ 94 415 31 00, *tryp.arenal@solmelia.com, Fax 94 415 63 95* – |‡| ▤ TV – 🏔 25/65. AE ⓓ ⓜⓒ VISA JCB. ✗ EYZ m
Comida 10,50 – ☐ 10,50 – **40 hab** 140/160.
• En el casco viejo de la ciudad. Cuenta con habitaciones de mobiliario en marquetería y baños modernos. Su zona social resulta algo escasa. Restaurante con una carta de raíces vascas.

Miró sin rest, Alameda Mazarredo 77, ✉ 48009, ☎ 94 661 18 80, *reservas@mirohotelbilbao.com, Fax 94 425 51 82*, Ƒ₅ – |‡| ▤ TV ♿ – 🏔 25/50. AE ⓓ ⓜⓒ VISA JCB. ✗ DX b
☐ 14 – **50 hab** 130/160.
• Todo al servicio de su moderna decoración, obra del diseñador catalán Gabriel Miró. El confort se combina con soluciones prácticas, especialmente apreciables en los baños.

Petit Palace Arana sin rest, Bidebarrieta 2, ✉ 48005, ☎ 94 415 64 11, *petit.palace.arana@hthotels.com, Fax 94 416 12 05* – |‡| ▤ TV ♿. AE ⓓ ⓜⓒ VISA. ✗ EZ b
☐ 12 – **64 hab** 85/95.
• Antiguo edificio que aún conserva vestigios de su pasado, como las vigas y la escalera, conviviendo en armonía con un original estilo minimalista. Escasas zonas comunes.

Sirimiri sin rest, pl. de la Encarnación 3, ✉ 48006, ☎ 94 433 07 59, *hsirimiri@euskalnet.net, Fax 94 433 08 75*, Ƒ₅ – |‡| TV P. AE ⓓ ⓜⓒ VISA. ✗ FZ e
☐ 6 – **28 hab** 50/70.
• Ubicado junto al Museo de Arte Sacro. Disfrute de una agradable estancia dentro de un entorno familiar, con habitaciones correctas pero sin lujos y dotadas de baños actuales.

Artetxe sin rest, carret. Enékuri-Artxanda km 7, ✉ 48015, ☎ 94 474 77 80, *eartetxe@hotelartetxe.com, Fax 94 474 60 20*, ≤ – TV ♿ P. ⓜⓒ VISA. ✗ AV c
cerrado 10 días en diciembre – ☐ 5 – **12 hab** 48/60.
• Antiguo caserío en piedra que goza de una magnífica situación con la ciudad como telón de fondo. Habitaciones con mobiliario en roble y la mayoría de los baños de plato ducha.

Iturrienea 🔕 sin rest, Santa María 14, ✉ 48005, ☎ 94 416 15 00, *Fax 94 415 89 29* – TV. ⓓ ⓜⓒ VISA. ✗ EZ e
☐ 6 **21 hab** 45,08/54,09.
• Acogedor hotel emplazado en pleno casco viejo. Su zona social resulta algo escasa, aunque la compensan con unas cálidas y correctas habitaciones decoradas con detalle.

Vista Alegre sin rest, Pablo Picasso 13, ✉ 48012, ☎ 94 443 14 50, *info@hotelvistaalegre.com, Fax 94 443 14 54* – TV 🚗. ⓜⓒ VISA. ✗ DZ t
☐ 4,50 – **35 hab** 50/70.
• Goza de una eficiente organización y habitaciones funcionales con mobiliario estándar. Su grato clima familiar caracteriza a una casa con fiel clientela de viajantes.

BILBAO

Arenal (Puente) . . . . **EY** 2
Arriaga (Pl.) . . . . **EYZ** 3
Arriquíbar (Pl.) . . . . **DYZ** 4
Ayuntamiento (Puente) . . . . **EY** 5
Bidebarrieta . . . . **EZ** 7
Bilbao la Vieja . . . . **EZ** 8
Bombero Echániz (Pl.) . . . . **CDZ** 9
Correo . . . . **EZ**
Cosme Echevarrieta . . . . **DY** 14
Cruz . . . . **EZ** 15
General Latorre (Pl.) . . . . **CZ** 22
Gran Vía de López de Haro **CEY**
Jado (Pl. de) . . . . **DY** 28
Juan Antonio Zunzunegui . . **CY** 30
Ledesma . . . . **EY** 32

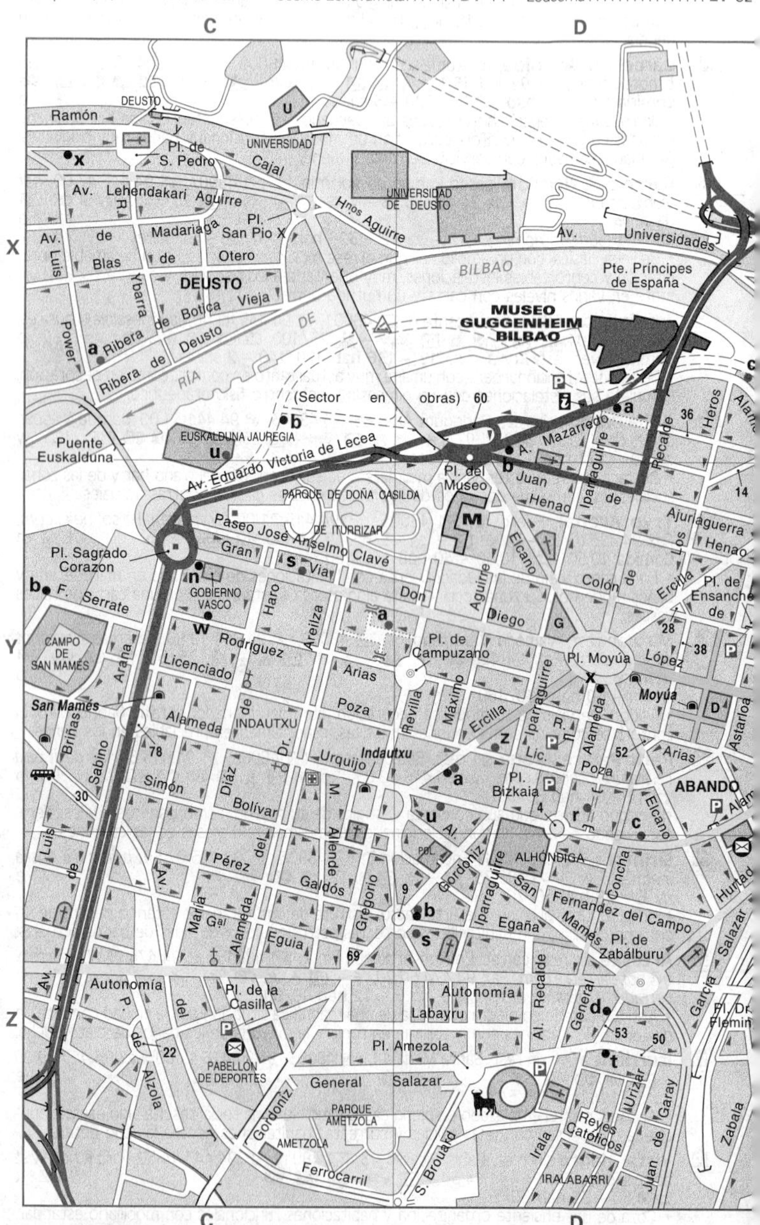

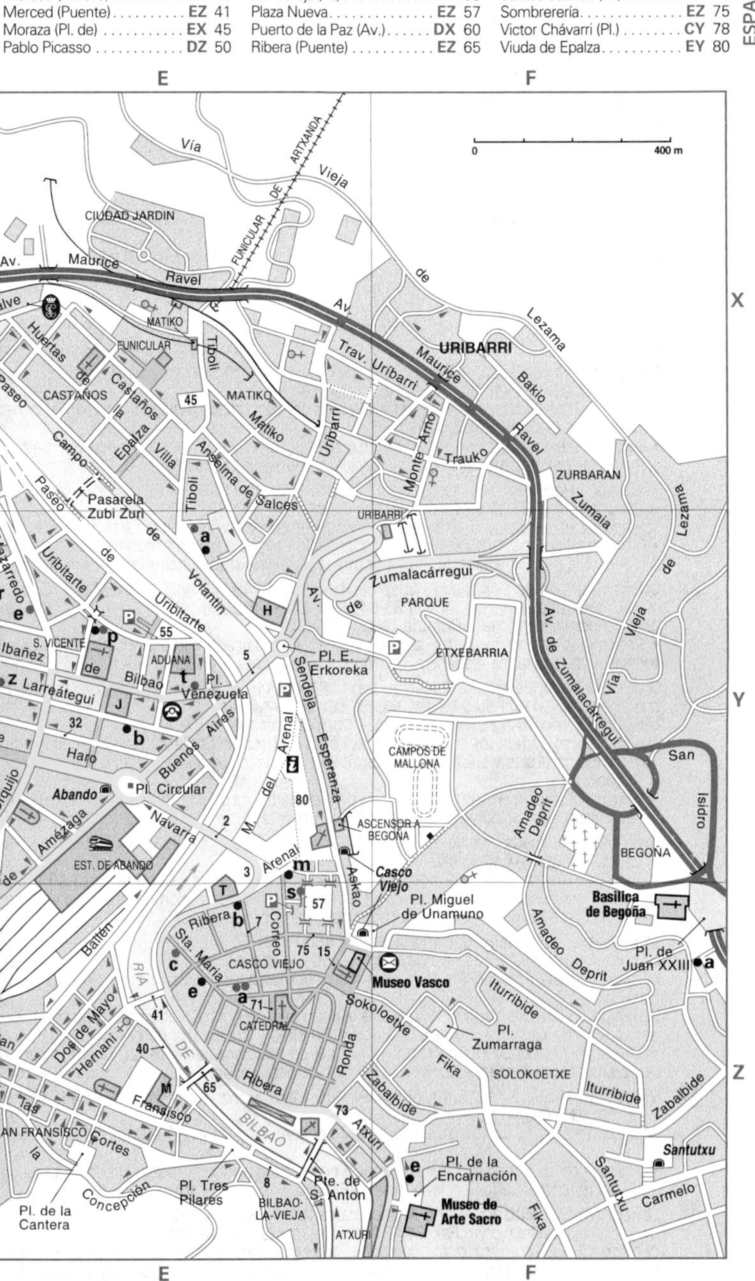

E
F
0
400 m
X
Y
Z
Vía Vieja de Lezama
FUNICULAR DE ARTXANDA
CIUDAD JARDIN
Av. Maurice Ravel
MATIKO
FUNICULAR
Tiboli
URIBARRI
Trav. Uríbarri
Bakio
Huertas de la Villa
Castaños
CASTAÑOS
Epalza
Villa
Matiko
Uribarri
Monte Arno
Trauko
ZURBARAN
Zumaia
Campo de Volantín
Paseo
Pasarela Zubi Zuri
Anselma de Salces
Lezama
Mazarredo
Uribitarte
Paseo de Uribitarte
Av. de Zumalacárregui
PARQUE
ETXEBARRIA
S. VICENTE
Ibañez de Bilbao
ADUANA
Pl. Venezuela
Pl. E. Erkoreka
Sendeja
Larreátegui
Haro
Buenos Aires
M. del Arenal
Esperanza
CAMPOS DE MALLONA
San Isidro
Amadeo Deprit
Abando
Pl. Circular
Navarra
Amézaga
EST. DE ABANDO
ASCENSOR A BEGOÑA
BEGOÑA
Arenal
Askao
Casco Viejo
Basílica de Begoña
Ribera
Correo
Pl. Miguel de Unamuno
Sta. María
CASCO VIEJO
Museo Vasco
Pl. de Juan XXIII
Amadeo Deprit
Bailén
RÍA DE BILBAO
Dos de Mayo
Hernani
CATEDRAL
Sokoloetxe
Iturribide
Pl. Zumarraga
Ronda
Fika
SOLOKOETXE
Zabalbide
Fransisco
Atxuri
SAN FRANSISCO
Cortes
Santutxu
Pl. de la Encarnación
Pl. Tres Pilares
Pte. de S. Anton
Carmelo
Concepción
Pl. de la Cantera
BILBAO-LA-VIEJA
ATXURI
Museo de Arte Sacro

Zabálburu sin rest, Pedro Martínez Artola 8, ✉ 48012, ☎ 94 443 71 00, *reservas@hotelzabalburu.com, Fax 94 410 00 73* – TV 🚗. AE MC VISA. ✂ DZ d
☕ 6 – **38 hab** 49/63.
• Pequeño y cómodo hotel de ambiente cálido, donde priman los principios prácticos. Adecuado equipamiento en habitaciones de distintos tamaños y una zona social renovada.

Plaza San Pedro sin rest, Luzarra 7, ✉ 48014, ☎ 94 476 31 26, *Fax 94 476 38 95* – |‡| TV. AE ⓓ MC VISA. ✂ CX x
☕ 3 – **19 hab** 40/55.
• Negocio de carácter familiar en la zona universitaria de Deusto. Las habitaciones resultan gratas en su categoría, con moqueta y la mayoría de los baños de tipo plato ducha.

XXXX ✿ **Zortziko,** Alameda de Mazarredo 17, ✉ 48001, ☎ 94 423 97 43, *zortziko@zortziko.es, Fax 94 423 56 87* – ▤. AE ⓓ MC VISA. ✂ EY e
cerrado 2ª quincena de agosto y 1ª quincena de septiembre, domingo y lunes noche – **Comida** 68 y carta 42 a 65.
Espec. Cigala a la plancha con semillas de amapola y crujientes de callos de cordero servido con una infusión reducida de cigalas. Pintada sobre tirabeques con canelón de hinojo y aceite de cítricos. Molleja de ternera lechal asada en punto rosa con manzana, patata y reducción de txakolí.
• Céntrica ubicación para este clásico y elegante local con dos salas bien diferenciadas. Su amable decoración, y su bello y cuidado mobiliario recrean un marco acogedor.

XXXX **Bermeo** - *Hotel Ercilla*, Ercilla 37, ✉ 48011, ☎ 94 470 57 00, *ercilla@hotelercilla.es, Fax 94 443 93 35* – ▤. AE ⓓ MC VISA JCB. ✂ DY a
cerrado del 1 al 15 de agosto, sábado y domingo en julio, sábado mediodía y domingo noche resto del año – **Comida** carta 36 a 53.
• Excelente restaurante con personalidad propia y gran reconocimiento. Su montaje clásico cuenta con detalles marineros, y su carta tradicional posee platos de base regional.

XXX **Etxaniz** - *Hotel Indautxu*, Gordoniz 15, ✉ 48010, ☎ 94 421 11 98, *reservas@hotelindautxu.com, Fax 94 422 13 31* – ▤. AE ⓓ MC VISA. ✂ DZ b
cerrado Semana Santa, 1ª quincena de agosto y domingo – **Comida** carta 33 a 38.
• Grato local con detalles de buen gusto, el suelo en madera y un predominio decorativo de los tonos rojos y azules. Su carta combina la cocina tradicional y la de vanguardia.

XXX **Guria,** Gran Vía de Don Diego López de Haro 66, ✉ 48011, ☎ 94 441 57 80, *guria@restauranteguria.com, Fax 94 441 85 64* – ▤. AE ⓓ MC VISA. ✂ CY s
cerrado domingo noche – **Comida** carta 41 a 64.
• Próximo al campo de fútbol de San Mamés. Diversificado establecimiento que sigue conservando su clásica elegancia, con un cuidado montaje y sillones en cuero.

XXX ✿ **Goizeko Kabi,** Particular de Estraunza 4, ✉ 48011, ☎ 94 442 11 29, *gkabi.bi@telefonica.net, Fax 94 441 50 04* – ▤. AE ⓓ MC VISA JCB. ✂ CDY a
cerrado 31 julio-14 agosto y domingo – **Comida** carta 41 a 57.
Espec. Risotto de hongos trufados con kokotxa de bacalao. Chuleta de atún gigante con espárragos naturales y salsa de soja. Canutillo con chocolate relleno de mousse de arroz y su cenefa.
• Céntrica ubicación en una animada zona de la ciudad. Confortable local de agradable trato y decoración clásica, donde trabajan sobre un recetario de especialidades vascas.

XXX **Gorrotxa,** Alameda Urquijo 30 (galería), ✉ 48008, ☎ 94 443 49 37, *Fax 94 422 05 35* – ▤. AE ⓓ MC VISA JCB. ✂ DY r
cerrado 19 marzo-3 abril, 27 agosto-8 septiembre y domingo – **Comida** carta 39 a 50.
• Una cocina clásica de productos escogidos. Correcta organización dentro de un marco elegante y confortable, con acceso por una galería comercial.

XXX ✿ **Etxanobe,** av. de Abandoibarra 4-3º, ✉ 48009, ☎ 94 442 10 71, *etxanobe@etxanobe.com, Fax 94 442 10 23*, ←, 🏞 – |‡| ▤. AE ⓓ MC VISA. ✂ CXY u
cerrado Semana Santa, del 1 al 15 de agosto, domingo y festivos noche – **Comida** 56 y carta 37 a 52.
Espec. Vieiras en dos cocciones con salsa especiada de yogurt. Bacalao confitado con hongos, crema de calabaza y regaliz. Flan de almendras y crema fría de esencia de café.
• En una dependencia del palacio Euskalduna, con acceso mediante un ascensor panorámico. Destacable interior por sus modernos detalles decorativos y una cocina de autor.

XX **Víctor,** pl. Nueva 2-1º, ✉ 48005, ☎ 94 415 16 78, *victor@cyl.com, Fax 94 415 06 16* – ▤. AE ⓓ MC VISA. ✂ EZ s
cerrado del 8 al 18 de enero, 23 agosto-7 septiembre y domingo – **Comida** carta 26 a 46.
• Íntimo local de carácter familiar ubicado en el casco antiguo. Posee un bar de tapas y una sala de corte clásico en la 1ª planta. Bodega con gran protagonismo de los riojas.

XX **Guggenheim Bilbao,** av. de Abandoibarra 2, ✉ 48001, ☎ 94 423 93 33, *info@restauranteguggenheim.com, Fax 94 424 25 60* – ▤. AE ⓓ MC VISA. ✂ DX
cerrado 15 días en enero, domingo noche, lunes y martes noche – **Comida** carta 53 a 62.
• En el interior del célebre museo y con una moderna decoración, acorde a su emplazamiento. Ofrecen una cocina actual en un entorno con mobiliario de diseño. Brigada joven.

Zuria - *Hotel Jardines de Albia*, Uribitarte 7, ✉ 48001, ✆ 94 424 60 80, *zuria@zuria.biz, Fax 94 435 50 27* – ▤. AE ⓓ ⓜ VISA. ✂ EY p
cerrado domingo noche – **Comida** carta 34 a 43.
◆ Posee entrada independiente respecto al hotel Jardines de Albia. Espaciosa sala en dos niveles con una decoración moderna, el suelo en madera y múltiples detalles de diseño.

La Cuchara de Euskalduna, Ribera de Botica Vieja 27, ✉ 48014, ✆ 94 448 01 24, *joseba@restaurantelacuchara.com, Fax 94 476 15 59* – ▤. AE ⓓ ⓜ VISA. ✂ CX a
cerrado Semana Santa, 1ª quincena de agosto y domingo – **Comida** carta 34 a 57.
◆ Próximo al palacio Euskalduna. Concurrido y animado restaurante de decoración moderna. Cómodo ambiente donde podrá degustar una cocina actual de raíces norteñas.

Yandiola, paseo Campo de Volantín 15, ✉ 48007, ✆ 94 413 40 13, *restaurante@yandiola.com, Fax 94 413 40 13* – ▤. AE ⓓ ⓜ VISA JCB. ✂ EY a
cerrado Semana Santa y domingo – **Comida** carta 36 a 47.
◆ Junto a la ría. Dominan en su comedor los tonos blancos y negros, dentro de un sereno estilo minimalista. El joven chef apunta en sus platos múltiples detalles.

Guetaria, Colón de Larreátegui 12, ✉ 48001, ✆ 94 424 39 23, *Fax 94 435 54 17* – ▤. ⓓ ⓜ VISA. ✂ – *cerrado Semana Santa* – **Comida** carta 30 a 36. EY z
◆ Negocio familiar de acogedoras instalaciones. Su cálida organización se complementa con una cocina de cuidadas elaboraciones, basadas en la calidad del producto.

Asador Ibáñez de Bilbao, Ibáñez de Bilbao 6, ✉ 48001, ✆ 94 423 30 34, *Fax 94 423 30 34* – ▤. AE ⓓ ⓜ VISA. ✂ EY t
Comida - espec. en asados - carta aprox. 33.
◆ Restaurante de estilo castellano con un atractivo comedor principal y dos privados. Interior con profusión de madera y hermosas vidrieras, dejando el horno de asar a la vista.

El Asador de Aranda, Egaña 27, ✉ 48010, ✆ 94 443 06 64, *Fax 94 443 06 64* – ▤. AE ⓓ ⓜ VISA. ✂ DZ s
cerrado domingo noche – **Comida** - carnes y asados - carta 22 a 30.
◆ Céntrico establecimiento montado con buen gusto. Posee tres salas de bello techo artesonado, y otra de carácter más privado. Disfrute con sus deliciosos asados.

Baita Gaminiz, Alameda Mazarredo 20, ✉ 48009, ✆ 94 424 22 67, *Fax 94 431 81 92,* 🏖 – ▤. AE ⓜ VISA JCB. ✂ DX c
cerrado Semana Santa, del 1 al 15 de septiembre, domingo y lunes noche – **Comida** - espec. en bacalaos - carta 37 a 44.
◆ Ofrece una barra de espera a la entrada, un comedor acristalado y una terraza que da a la ría. Pequeña tienda de vinos y una cocina tradicional especializada en bacalao.

Rogelio, carret. de Basurto a Castrejana 7, ✉ 48002, ✆ 94 427 30 21, *Fax 94 427 17 78* – ▤. ⓓ ⓜ VISA. ✂ AV n
cerrado 23 julio-3 septiembre y domingo – **Comida** carta aprox. 30.
◆ Casa afamada en la zona, con entrada por un bar público de aire rústico y una sala de similar estilo en el 1er piso. Elaboraciones sencillas pero con buen producto.

Serantes, Licenciado Poza 16, ✉ 48011, ✆ 94 421 21 29, *restauranteserantes@telefonica.net, Fax 94 444 59 79* – ▤. AE ⓓ ⓜ VISA. ✂ DY z
cerrado 25 agosto-15 septiembre – **Comida** - pescados y mariscos - carta 38 a 44.
◆ De céntrica localización y acceso por un concurrido bar público. Su atento servicio de mesa refuerza unas elaboraciones basadas en escogidos productos del mar.

Serantes II, Alameda de Urquijo 51, ✉ 48011, ✆ 94 410 26 99, *restauranteserantes@telefonica.net, Fax 94 444 59 79* – ▤. AE ⓓ ⓜ VISA. ✂ DY u
cerrado 20 julio-9 agosto – **Comida** - pescados y mariscos - carta 38 a 44.
◆ Destaca su fachada con un atractivo vivero de mariscos. Bullicioso bar de tapeo a la entrada, y dos comedores de correcto confort con las paredes vestidas en maderas claras.

Colmado Ibérico, Alameda de Urquijo 20, ✉ 48008, ✆ 94 443 60 01, *colmado@colmadoiberico.com, Fax 94 470 30 39* – ▤. AE ⓓ ⓜ VISA. ✂ DYZ c
cerrado domingo – **Tapa** 1,40 **Ración** - espec. en ibéricos - aprox. 8,50.
◆ Amplio local con una barra bien surtida de pinchos y raciones. Cuenta con un comedor donde sirven una carta especializada en productos ibéricos.

Gatz, Santa María 10, ✉ 48005, ✆ 94 415 48 61 – ▤. ✂ EZ c
cerrado 2ª quincena de septiembre y domingo noche – **Tapa** 1,40 **Ración** aprox. 6.
◆ En pleno casco antiguo. Excelente organización y profesionalidad. Su cuidada presentación y su grata elaboración convierten a este local en un cálido lugar de encuentro.

Xukela, El Perro 2, ✉ 48005, ✆ 94 415 97 72 – ▤. ⓜ VISA. ✂ EZ a
Tapa 1,50 **Ración** - quesos y patés - aprox. 7.
◆ Establecimiento bien llevado desde la propiedad, con gran dignidad dentro de su sencillez. Perfecto para disfrutar de todo el ambiente y sabor del mundo del tapeo.

Rio-Oja, El Perro 4, ✉ 48005, ✆ 94 415 08 71 – ▤. ⓓ ⓜ VISA. ✂ EZ a
cerrado 28 marzo-3 abril, 21 días en septiembre y lunes – **Tapa** 5 **Ración** aprox. 7.
◆ En el casco viejo de la ciudad. Casa recientemente renovada, de gran profesionalidad y escogido servicio. Buenos y ricos productos dentro de un cálido y acogedor ambiente.

ESPAÑA

BINÉFAR *22500 Huesca* 574 G 30 – *8 033 h alt. 286.*

Madrid 488 – Barcelona 214 – Huesca 81 – Lleida/Lérida 39.

La Paz, av. Aragón 30 ☎ 974 42 86 00, *Fax 974 43 04 11* – |‡|, ▤ rest, 📺 – 🏛 25/300. MC VISA

Comida *(cerrado domingo noche)* 10,75 – ☕ 4,50 – **58 hab** 26,06/43.

• Hotel de atenta organización familiar, cuyas confortables habitaciones muestran una impronta muy funcional, sin embargo gozan de un correcto equipamiento y baños completos. El restaurante es una de las actividades más importantes y cuidadas del negocio.

Cantábrico, Zaragoza 1 ☎ 974 42 86 50, *cantabrico@wanadoo.es, Fax 974 42 86 50* – |‡|, ▤ rest, 📺. VISA. ✂ rest

Comida *(cerrado domingo)* 11 – ☕ 5 – **30 hab** 25/40 – PA 27.

• Llevado con sencillez, su reducida recepción se comunica con el bar, y la mayoría de sus habitaciones poseen suficiente confort aunque algunas comparten baño en el pasillo.

BINIBONA *Illes Balears – ver Balears (Mallorca) : Caimari.*

BINISSALEM *Illes Balears – ver Balears (Mallorca).*

La BISBAL D'EMPORDÀ *17100 Girona* 574 G 39 122 I 5 – *7 778 h alt. 39.*

Ver : *Castillo-palacio★.*

ℹ *pl. del Castell ☎ 972 64 51 66.*

Madrid 723 – Girona/Gerona 28 – Barcelona 125.

Castell d'Empordà 🐎, carret. del Castell - Norte : 1,5 km ☎ 972 64 62 54, *info@castelldemporda.com, Fax 972 64 55 50,* 🏊 – ▤ 🅿. AE MC VISA. ✂

4 marzo-1 noviembre – **Comida** 20 – **26 hab** ☕ 135 – 1 suite.

• Atractivo castillo medieval con santuario entre olivares y encinas. Sus dependencias, decoradas con sumo gusto, combinan el confort actual y el calor de antaño. Restaurante de ambiente íntimo y acogedor.

El Taller, carret. C 66 - Noroeste : 1 km ☎ 972 64 31 92 – ▤ 🅿. MC VISA. ✂

cerrado 20 diciembre-20 enero y lunes – **Comida** carta 22 a 35.

• Pequeño establecimiento de organización familiar, emplazado junto a una antigua fábrica de harina. En su bien dispuesta mesa sirven una carta discreta, sin grandes alardes.

BLANES *17300 Girona* 574 G 38 122 G 6 – *25 408 h – Playa.*

Ver : *Localidad★ – Jardín Botánico Marimurtra★ (⋞★), paseo Marítimo★.*

ℹ *passeig de Catalunya 2 ☎ 972 33 03 48 turisme@blanes.net Fax 972 33 46 86.*

Madrid 691 – Barcelona 61 – Girona/Gerona 46.

S'Auguer, S'Auguer 2 ☎ 972 35 14 05 – ▤. MC VISA. ✂

cerrado enero y miércoles – **Comida** carta 24 a 30.

• Situado en una céntrica plaza. En sus salas de cuidada decoración rústica, con techos y solado en madera, degustará una cocina de tendencia marinera a precios moderados.

en la playa de S'Abanell :

Horitzó, passeig Marítim S'Abanell 11, ✉ 17300 Blanes, ☎ 502 33 04 00, *hotelhoritzo@hotelhoritzo.com, Fax 972 33 78 63,* ⋞ – |‡| ▤ 📺 🚗. AE ⓓ MC VISA. ✂

marzo-octubre – **Comida** 18 – **122 hab** ☕ 47,50/83 – PA 28.

• En 1ª línea de playa. Dispone de habitaciones funcionales aunque bien equipadas, la mayoría de ellas con balcón, dando servicio tanto al turista como al hombre de negocios. El comedor a la carta se complementa con una terraza donde sólo se ofrecen snacks.

Stella Maris, Vila de Madrid 18, ✉ 17300 Blanes, ☎ 972 33 00 92, *hotestema@teleline.es, Fax 972 33 57 03,* 🏊 – |‡|, ▤ rest, 📺. AE ⓓ MC VISA. ✂ rest

marzo-noviembre – **Comida** - sólo buffet - 11 – ☕ 7 – **98 hab** 40/61.

• Emplazado en una zona residencial, está siendo renovado paulatinamente para mejorar su confort. Buen salón social, y habitaciones actuales con baños completos. Espacioso restaurante con servicio de buffet.

BOADELLA D'EMPORDÀ *17723 Girona* 574 F 38 122 H 3 – *193 h alt. 150.*

Madrid 766 – Girona/Gerona 56.

El Trull d'en Francesc, Placeta de L'Oli 1 ☎ 972 56 90 27, *francesc@trullfrancesc.com* – ▤ 🅿. AE ⓓ MC VISA JCB

cerrado febrero, lunes y martes – **Comida** carta 20 a 29.

• Ocupa una antigua casa de piedra, situada junto a un río. Posee un correcto comedor en dos niveles, y una amplia terraza acristalada. Brigada joven y amable.

BOADILLA DEL MONTE 28660 Madrid 576 K 18 575 K 18 121 G 7 – 23 654 h alt. 689.

18 9 Lomas-Bosque, urb. El Bosque ✆ 91 616 75 00 Fax 91 616 73 93 – 9 Las Encinas de Boadilla, carret. de Boadilla-Pozuelo km 1,4 ✆ 91 633 11 00 Fax 91 633 18 99.

Madrid 17.

El Antiguo Convento de Boadilla del Monte, de las Monjas ✆ 91 632 22 20, *informacion@elconvento.net, Fax 91 633 15 12* – – 25/500. AE VISA.
Comida - ver rest. ***La Hostería del Convento*** – **16 hab** 138/156 – 1 suite.
• Convento del s. XVII con su encanto original en el claustro, patio y refectorio. Magníficas habitaciones con dosel en las camas, arcones antiguos y espléndidas tapicerías.

Boadilla Palacio, pl. de la Concordia ✆ 91 633 31 15, *boadillapalacio@partner-hotels.com, Fax 91 633 28 70,* – – 25/50. AE VISA.
Comida 12 – 8 – **36 apartamentos** 110.
• Céntrico edificio en ladrillo visto y con soportales. Ofrece alojamientos con cocina, tipo estudio, y apartamentos dotados de un pequeño salón, todos con mobiliario provenzal.

La Hostería del Convento - *Hotel El Antiguo Convento de Boadilla del Monte,* pl. Virgen del Rosario ✆ 91 632 08 32, *informacion@elconvento.net, Fax 91 633 15 12,* – . AE VISA.
cerrado 2 semanas en agosto – **Comida** carta 46 a 54.
• En una casona anexa al convento. Comedor de buen montaje en el 1er piso, con viguería en el techo, suelo en madera, bonitos cortinajes, y terraza cubierta en la planta baja.

BOBORÁS 32514 Ourense 571 E 5 – 3 330 h alt. 42.

Madrid 529 – Ourense 34 – Pontevedra 61 – Santiago de Compostela 79.

Pazo Almuzara, Almuzara - Este : 1 km ✆ 988 40 21 75, *info@pazoalmuzara.com, Fax 988 40 26 83,* – . AE VISA JCB.
cerrado 9 enero-9 febrero – **Comida** - sólo clientes - 11,50 – 4,50 – **17 hab** 52,80/66.
• En un atractivo pazo del s. XIX con un cuidado jardín arbolado. Acogedora zona social que incluye un comedor privado, y cómodas habitaciones completamente equipadas.

BOCAIRENT 46880 València 577 P 28 123 F 2 – 4 607 h alt. 680.

pl. del Ayuntamiento 2 ✆ 96 290 50 62 bocairent@tourstinfo.net Fax 96 290 50 85.

Madrid 383 – Albacete 134 – Alacant/Alicante 84 – València 93.

L'Àgora, Sor Piedad de la Cruz 3 ✆ 96 235 50 39, *info@lagorahotel.com, Fax 96 235 50 58* – . AE VISA.
cerrado del 1 al 15 de julio – **Comida** - ver rest. ***El Cancell*** – 4,50 – **8 hab** 80/120.
• Se encuentra en un precioso edificio clásico-modernista que data de 1921. Destacan sus habitaciones de matrimonio, decoradas en estilo tailandés, chino, africano y pakistaní.

L'Estació, Parc de l'Estació ✆ 96 235 00 00, *Fax 96 235 00 30* – . AE VISA. rest
Comida *(cerrado lunes)* 10 – 9 – **14 hab** 74/83.
• Instalado en el antiguo edificio de la estación de tren, totalmente rehabilitado. Entre sus dependencias destacan las confortables habitaciones y la moderna cafetería.

El Cancell - *Hotel l'Agora,* Sor Piedad de la Cruz 3 ✆ 96 235 50 38, *info@elcancell.com, Fax 96 235 50 58* – . AE VISA.
cerrado del 1 al 15 de julio y martes – **Comida** - sólo almuerzo, salvo viernes y sábado - carta 20 a 30.
• Posee un comedor principal de estilo ecléctico, un salón panelable y un privado con el techo abovedado. Cocina regional especializada en arroces y algunos platos de autor.

Riberet, av. Sant Blai 16 ✆ 96 290 53 23, *Fax 96 290 53 23* – . AE VISA.
cerrado septiembre, domingo noche y lunes – **Comida** carta aprox. 29.
• Comedor con sencillo mobiliario y correcto servicio de mesa. Sus precios hacen gala de una carta con platos de cuidada presentación, a base de productos escogidos.

BOCEGUILLAS 40560 Segovia 575 H 19 – 553 h alt. 957.

Madrid 119 – Burgos 124 – Segovia 73 – Soria 154 – Valladolid 134.

Área de Boceguillas, autovía del Norte - salidas 115 y 119 ✆ 921 54 37 03, *Fax 921 54 37 03,* , – . VISA.
cerrado del 9 al 29 de agosto – **Comida** carta 29 a 37.
• En un área de servicio. Su amplia cafetería da paso a una sala circular con vistas a Somosierra. Acertada distribución de mesas, y sabrosas elaboraciones castellanas.

BOECILLO *47151 Valladolid* 575 H 15 – *836 h alt. 720.*

Madrid 179 – Aranda de Duero 85 – Segovia 103 – Valladolid 14.

al Oeste : *2 km* :

XX **El Yugo de Castilla,** paraje de las Guindaleras - Las Bodegas, ✉ 47151, ☎ 983 55 20 75, *elyugo@elyugodecastilla.com, Fax 983 55 20 75,* – P. AE ① MC VISA
Comida - espec. en carnes a la brasa y asados - carta 36 a 39.
• Bodega del s. XII de enormes dimensiones, con multitud de salas en distribución laberíntica y numerosas antigüedades. Completa carta regional-tradicional y excelentes vinos.

BOÍ *25528 Lleida* 574 E 32 – *alt. 1 250 – Balneario en Caldes de Boí.*

Ver : *Valle★★.*

Alred. : *Este : Parque Nacional de Aigües Tortes y Lago San Mauricio★★ – Caldes de Boí★.*

Madrid 575 – Lleida/Lérida 143 – Viella 56.

X **La Cabana,** carret. de Tahüll ☎ 973 69 62 13, *Fax 973 69 62 13* – ▤. AE ① MC VISA. ✱
cerrado 15 abril-23 junio, 15 octubre-9 diciembre y lunes salvo verano – **Comida** carta aprox. 30.
• Casa familiar que cuida con esmero sus sencillas aunque dignas instalaciones. Sala con bancos en madera y correcto servicio de mesa, donde sirven una modesta carta.

en Caldes de Boí *Norte : 5 km* :

El Manantial ⛰, ✉ 25528 Caldes de Boí, ☎ 973 69 62 10, *info@caldesdeboi.com, Fax 973 69 62 10,* ←, de agua termal, , , – |‡| TV P. MC VISA. ✱ rest
junio-septiembre – **Comida** 26,25 – ☕ 9,20 – **118 hab** 92,80/147,20 – PA 52,45.
• Atractivo hotel-balneario situado en un hermoso paraje rodeado de montañas, con un magnífico parque, una acogedora zona social y habitaciones funcionales de buen nivel.

Los BOLICHES *Málaga – ver Fuengirola.*

BOLLULLOS PAR DEL CONDADO *21710 Huelva* 578 T 10 – *12 872 h alt. 111.*

Madrid 587 – Sevilla 54 – Huelva 44 – Castro Marím 94 – Vila Real de Santo António 97.

X **El Postigo,** Rosario 2 ☎ 959 41 14 04 – ▤. AE ① MC VISA. ✱
cerrado del 1 al 15 de septiembre y lunes – **Comida** carta 21 a 31.
• Dispone de un bar público en la planta baja y un comedor en el 1er piso, con un adecuado servicio de mesa y el techo en madera. Cocina regional-casera a precios moderados.

BOLTAÑA *22340 Huesca* 574 E 30 – *777 h alt. 643.*

av. de Ordesa 47 ☎ 974 50 20 43 soaso@staragon.com Fax 974 50 23 02.

Madrid 473 – Huesca 90 – Lleida/Lérida 143 – Sabiñánigo 72.

Boltaña ⛰, av. de Ordesa 39 ☎ 974 50 20 00, *hboltaña.@staragon.com, Fax 974 50 22 36* – |‡| TV P – 25/100. AE ① MC VISA. ✱
cerrado 10 diciembre-10 enero – **Comida** - ver rest. ***El Parador*** – ☕ 4,40 – **55** hab 28/43.
• Sus habitaciones son de estilo actual, unas con mobiliario provenzal y otras de corte castellano, destacando las abuhardilladas de nueva construcción. Correcta zona social.

X **El Parador** - *Hotel Boltaña,* av. de Ordesa 37 ☎ 974 50 23 31, *hboltaña@staragon.com, Fax 974 50 22 36* – ▤ P. AE ① MC VISA. ✱
cerrado 10 diciembre-10 enero – **Comida** carta 19 a 27.
• Independiente pero complementando al hotel. Goza de un amplio bar público en la entrada, seguido de un comedor que compensa su anticuado mobiliario con una adecuada carta.

BOLVIR DE CERDANYA *17539 Girona* 574 E 35 – *226 h alt. 1 145.*

Madrid 657 – Barcelona 172 – Girona/Gerona 156 – Lleida/Lérida 188.

Torre del Remei ⛰, Camí Reial - Noreste : 1 km ☎ 972 14 01 82, *torreremei@relaischateaux.com, Fax 972 14 04 49,* ← sierra del Cadí y Pirineos, , , – |‡| ▤ TV P – 25/30. AE ① MC VISA. ✱ rest
Comida carta 51 a 57 – ☕ 20 – **5 hab** 200 – 17 suites.
• Magnífico palacete modernista en un entorno ajardinado. El lujo y la elegancia de su arquitectura se funden en unas dependencias de gran confort, decoradas con sumo gusto. Acogedor restaurante de techos altos con solado en madera.

La BONANOVA *Illes Balears – ver Balears (Mallorca) : Palma.*

BOO DE GUARNIZO *39673 Cantabria* 572 B 18.
Madrid 398 – Santander 10.

Los Ángeles, San Camilo 1 (carret. S 436) ✆ 942 54 03 39, *hlosangeles@ceoecant.es, Fax 942 55 82 46* – hab, – 25/80. AE VISA. rest
Comida *(cerrado domingo)* 10 – 5,80 – **44 hab** 60/95.
◆ Equipadas instalaciones de corte clásico donde destaca el cálido confort de sus habitaciones, con suelo en parquet y detalles de lencería a juego. Gran clientela de viajantes. El restaurante posee un pequeño vivero propio.

Les BORGES DEL CAMP *43350 Tarragona* 574 I 33 – *1 355 h alt. 247.*
Madrid 527 – Lleida/Lérida 83 – Tarragona 28 – Tortosa 94.

La Fonda Emilio, av. Magdalena Martorell 65 ✆ 977 81 70 25, *lafondaemilio@telefonica.net, Fax 977 81 73 85* – . AE VISA.
cerrado 12 septiembre-4 octubre – **Comida** carta 25 a 38.
◆ Establecimiento llevado con profesionalidad por dos hermanas, que cuenta con una barra de apoyo en la entrada, y una acogedora sala acristalada.

BORJA *50540 Zaragoza* 574 G 25 – *3 859 h alt. 448.*
pl. de España 1 ✆ 976 85 20 01 esperanzaayto@terra.es Fax 976 86 72 15.
Madrid 309 – Logroño 135 – Pamplona 138 – Soria 96 – Zaragoza 64.

La Bóveda del Mercado, pl. del Mercado 4 ✆ 976 86 82 51, *Fax 976 86 60 81* – VISA. – *cerrado enero, domingo noche y lunes* – **Comida** carta 19 a 30.
◆ Restaurante que distribuye sus dependencias en tres pisos, destacando la antigua bodega, de cuyos techos toma nombre el negocio. Su cocina trabaja sobre productos autóctonos.

BORLEÑA *39699 Cantabria* 572 C 18.
Madrid 360 – Bilbao 111 – Burgos 117 – Santander 33.

De Borleña, carret. N 623 ✆ 942 59 76 22, *Fax 942 59 76 20* – . VISA.
cerrado noviembre – **Comida** - ver rest. ***Mesón de Borleña*** – 3,30 – **10 hab** 42/66.
◆ Hotel de impecable aspecto exterior con una reducida zona social, que destaca también por su pulcritud y buen gusto decorativo. Habitaciones de completo equipamiento.

Mesón de Borleña *-Hotel De Borleña,* carret. N 623 ✆ 942 59 76 43, *Fax 942 59 76 20,* – VISA.
cerrado noviembre – **Comida** carta 16 a 28.
◆ Restaurante ubicado en un edificio anexo al hotel. Cuenta con un pequeño bar a la entrada y un comedor clásico, donde sirven una variada y completa carta de corte tradicional.

BORNOS *11640 Cádiz* 578 V 12 – *7 179 h alt. 169.*
Ver : *Castillo-palacio de los Ribera★.*
pl. Alcalde José González 2 ✆ 956 72 82 64 tourismobornos@hotmail.com Fax 956 72 82 64.
Madrid 575 – Algeciras 118 – Cádiz 74 – Ronda 70 – Sevilla 88.

BOROA *Bizkaia – ver Amorebieta-Etxano.*

BORREDÀ *08619 Barcelona* 574 F 35 122 B 4 – *448 h alt. 854.*
Madrid 640 – Barcelona 121 – Font-Romeu 80 – Girona/Gerona 105.

El Revolt, Camí de la Coma 2 ✆ 93 823 90 17 – . VISA
cerrado 7 días en navidades, 15 junio-15 julio y jueves – **Comida** - sólo almuerzo en invierno - carta aprox. 28.
◆ Instalado en un antiguo telar. Comedor ambientado con detalles rústicos, chimenea, y mobiliario en pino macizo, donde sirven una esmerada cocina a precios contenidos.

BOSSÒST *25550 Lleida* 574 D 32 – *779 h alt. 710.*
Ver : *Iglesia de la Purificació de Maria★★.*
Eduard Aunós ✆ 973 64 72 79 ajuntament@bossost.ddl.net.
Madrid 611 – Lleida/Lérida 179 – Vielha/Viella 16.

Batalla, urb. Sol de la Vall ✆ 973 64 81 99, *hotelsbatalla@hotelsbatalla.net, Fax 973 64 70 02* – . AE VISA.
Comida 14,35 – 5,68 – **16 hab** 42,33/59,70.
◆ Un lugar para disfrutar en un entorno natural de gran belleza. Sencillo establecimiento dotado de habitaciones algo reducidas, con mobiliario en pino y baños completos. Deguste su variada selección de menús en un comedor de cálido ambiente rústico.

X **El Portalet** con hab, Sant Jaume 32 ☎ 973 64 82 00, *Fax 973 64 70 52* – rest, P. AE ⊙ MC VISA.
cerrado 15 días en junio y 15 días en octubre – **Comida** *(cerrado domingo noche y lunes)* carta 41 a 45 – ☕ 7 – **6 hab** 60.
◆ Eficiente organización con el hijo del propietario al frente, y una atractiva carta que es fiel reflejo de sus inquietudes culinarias. Habitaciones como complemento.

BOT *43785 Tarragona* 574 I 31 – *837 h alt. 290.*
Madrid 474 – Lleida/Lérida 100 – Tarragona 102 – Tortosa 53.

Can Josep, av. Catalunya 34 ☎ 977 42 82 40, *info@canjosep.com, Fax 977 42 83 45* – ▮ TV. MC VISA.
cerrado del 1 al 15 de julio – **Comida** 11 – ☕ 5 – **9 hab** 45/55.
◆ Hotelito familiar en el que la carencia de zona noble se compensa con unas habitaciones espaciosas, equipadas con mobiliario moderno y baños actuales.

BREDA *17400 Girona* 574 G 37 122 F 6 – *3 192 h alt. 169.*
Madrid 658 – Barcelona 56 – Girona/Gerona 53 – Vic 48.

X **El Romaní de Breda,** Joan XXIII-36 ☎ 972 87 10 51, *Fax 972 87 13 51* – P. MC VISA.
cerrado 19 diciembre-10 enero y jueves salvo festivos – **Comida** - sólo almuerzo salvo viernes y sábado - carta 12 a 24.
◆ Céntrico negocio dotado de tres comedores con mobiliario de mimbre, donde podrá disfrutar de unas elaboraciones arraigadas en la cultura gastronómica de la zona.

BRIHUEGA *19400 Guadalajara* 576 J 21 121 M 5 – *3 035 h alt. 897.*
Madrid 94 – Guadalajara 35 – Soria 149.

XX **Asador El Tolmo,** av. de la Constitución 26 ☎ 949 28 04 76, *Fax 949 28 11 30* – . AE MC VISA.
Comida carta 20 a 29.
◆ Cocina castellana con especialidad en asados de la tierra, a precios moderados, servida en una sala de buen montaje y estilo rústico. Cervecería con raciones a la entrada.

BRIÑAS *26290 La Rioja* 573 E 21 – *191 h alt. 454.*
Madrid 328 – Bilbao 99 – Burgos 96 – Logroño 49 – Vitoria-Gasteiz 43.

Hospedería Señorío de Briñas sin rest, travesía de la calle Real 3 ☎ 941 30 42 24, *brinas@hotelesconencanto.org, Fax 941 30 43 45* – TV P – 25. AE ⊙ MC VISA
14 hab ☕ 89/115.
◆ Palacete del s. XVIII con una bella fachada en piedra, cuyos muros albergan un interior decorado con mobiliario antiguo. Coquetas habitaciones de correcto confort.

BRIONES *26330 La Rioja* 573 E 21 – *874 h alt. 501.*
Madrid 333 – Burgos 99 – Logroño 34 – Vitoria-Gasteiz 54.

Casa El Mesón sin rest, Travesía de la Estación 3 ☎ 941 32 21 78, *elmeson@brioneslarioja.com, Fax 941 32 21 78* – P. AE ⊙ MC VISA.
☕ 3,50 – **7 hab** 35/45.
◆ Casa rural en piedra y ladrillo, que dispone de un acogedor salón con chimenea, y unas cálidas habitaciones con techos en madera, mobiliario rústico y baños modernos.

BRIVIESCA *09240 Burgos* 575 E 20 – *5 795 h alt. 725.*
Santa María Encimera 1 ☎ 947 59 39 39 turismo@ayto-briviesca.com Fax 947 59 23 10.
Madrid 285 – Burgos 42 – Vitoria-Gasteiz 78.

Isabel sin rest con cafetería, Santa María Encimera 21 ☎ 947 59 29 59, *Fax 947 59 29 50* – ▮ TV. AE ⊙ MC VISA.
☕ 5 – **21 hab** 31/54.
◆ Pequeño hotel de línea actual, con una correcta zona social y concurrida cafetería pública. Ofrece unas cuidadas habitaciones con mobiliario moderno y los suelos en madera.

X **El Concejo,** pl. Mayor 14 ☎ 947 59 16 86 – . AE ⊙ MC VISA.
Comida carta 24 a 33.
◆ Céntrico y atractivo restaurante con dos salas neorrústicas, una dotada de chimenea en la planta baja y otra, en el 2º piso, con paredes en piedra y el techo abuhardillado.

ESPAÑA

BRONCHALES *44367 Teruel* 574 K 25 – *478 h alt. 1 569.*

Madrid 261 – Teruel 55 – Zaragoza 184.

Suiza, Fombuena 8 ☎ 978 70 10 89, *hsuiza@ternel.org, Fax 978 70 14 09* – TV. VISA.
cerrado del 20 al 30 de noviembre – **Comida** 12 – ☕ 4 – **45 hab** 29,50/36 – PA 24.
◆ Rodeado de bellos paisajes y numerosas fuentes. Céntrico hotelito llevado en familia cuyas habitaciones, todas de aceptable confort, están distribuidas en dos edificios. Espacioso comedor decorado con trofeos de caza mayor.

BROTO *22370 Huesca* 574 E 29 – *403 h alt. 905.*

Madrid 484 – Huesca 94 – Jaca 56.

Pradas, av. de Ordesa 7 ☎ 974 48 60 04, *info@hotelpradas.com, Fax 974 48 63 96* – rest, TV P. AE MC VISA.
cerrado enero y febrero – **Comida** 15 – ☕ 5 – **24 hab** 35/60.
◆ Construcción pirenaica con la fachada en piedra. Goza de un cálido salón con chimenea en el sótano, y dispone de habitaciones en tonos pastel, siendo las nuevas más amplias.

Latre sin rest, av. de Ordesa 23 ☎ 974 48 60 53, *Fax 974 48 60 00*, ≤ – P. AE MC VISA.
11 marzo-2 noviembre – ☕ 3,30 – **34** hab 30/52.
◆ De organización familiar e impecable mantenimiento, cuenta con dos tipos de habitaciones, destacando las nuevas por amplitud y confort. Nueva zona de cafetería.

BROZAS *10950 Cáceres* 576 N 9 – *2 364 h alt. 411.*

Madrid 332 – Mérida 119 – Cáceres 51 – Castelo Branco 95 – Portalegre 107.

Convento de la Luz, carret. de Herreruela - Sureste : 1 km ☎ 927 39 54 39, *recepcion-convento@hotelrio.net, Fax 927 37 32 03*, – TV P – 25/300. AE MC VISA.
Comida 20,60 – ☕ 9,20 – **25 hab** 86,50/110 – PA 54,20.
◆ Antiguo convento franciscano completamente rehabilitado. Dispone de un patio central, un gran salón ubicado en la capilla y cuidadas habitaciones con mobiliario rústico. Restaurante repartido en tres salas, por lo que se puede gozar de cierta intimidad.

El BRULL *08553 Barcelona* 574 G 36 122 D 6 – *182 h alt. 843.*

18 *Osona Montanyà, Oeste : 3 km* ☎ *93 884 01 70 Fax 93 884 04 07.*

Madrid 635 – Barcelona 65 – Manresa 51.

El Castell, ☎ 93 884 00 63, *Fax 93 884 00 63* ≤ – P. AE MC VISA.
cerrado del 15 al 30 de septiembre y miércoles – **Comida** - sólo almuerzo salvo fines de semana y festivos - carta 21 a 30.
◆ Emplazado en un promontorio que brinda buenas vistas. Posee varios salones, el principal con chimenea y detalles rústicos en la decoración. Carta típica de la zona.

en el Club de Golf *Oeste : 3 km :*

L'Estanyol, ✉ 08553, ☎ 93 884 03 54, *rest.estanyol@terra.es, Fax 93 884 05 27*, ≤ campo de golf – P. MC VISA.
Comida - sólo almuerzo de octubre a junio salvo viernes y sábado - carta 29 a 36.
◆ Una antigua masía acoge este restaurante llevado de forma profesional por dos hermanos. Ofrece una cocina de temporada con toques innovadores, servida en un marco clásico.

BUBIÓN *18412 Granada* 578 V 19 124 N 4 – *303 h alt. 1 150.*

Ver : *Barranco de Poqueira★★.*

Alred. : *Pampaneira★★ Sur : 5 km.*

Madrid 504 – Almería 151 – Granada 78.

Villa Turística de Bubión, ☎ 958 76 39 09, *bubion@villabubion.com, Fax 958 76 39 05* ≤, – rest, TV P – 25/60. AE MC VISA
Comida 12,60 – ☕ 6,28 – **43 apartamentos** 55/79.
◆ Situado en uno de los parajes más pintorescos de Andalucía. Bello conjunto formado por casitas típicas, amplias, luminosas y con chimenea, agrupadas formando una aldea.

BUERA *22146 Huesca* 574 F 30 – *alt. 522.*

Madrid 432 – Huesca 49 – Lleida/Lérida 95.

La Posada de Lalola, La Fuente 14 ☎ 974 31 84 37 – TV. AE MC VISA.
cerrado del 6 al 30 de enero – **Comida** - ver rest. ***Lalola*** – **7 hab** ☕ 65/80.
◆ Pequeño hotel con la recepción en el restaurante. Antigua casa restaurada, con habitaciones acogedoras y coquetas que emanan calidez en un estilo rústico actual.

Lalola - *Hotel la Posada de Lalola*, pl. Mayor ✆ 974 31 84 37 – ▤. VISA. ✻ *cerrado del 6 al 30 de enero, lunes mediodía y martes mediodía* – **Comida** carta 18 a 24.
◆ De sencilla organización a modo de casa particular, recreando un entorno íntimo y acogedor con cierto aire bohemio. Trabaja sin carta, basándose en los platos del día.

BUEU *36930 Pontevedra* 571 F 3 – *11 506 h – Playa.*
Madrid 621 – Pontevedra 19 – Vigo 32.

Bueumar, av. Agrelo 10 - Noreste : 1,5 km, ✉ 36938 Cela, ✆ 986 39 00 30, *bueumar@wanadoo.es, Fax 986 32 40 40,* ≤ – ▯ TV ♿ P. AE VISA. ✻
***El Ancla :* Comida** carta 33 a 36 – **51 hab** ☕ 39,65/58,85.
◆ Un hotel de línea actual dotado de correctas instalaciones, frente a la ría de Pontevedra. Disfrute de un grato descanso en sus confortables habitaciones. Buen restaurante de corte clásico, con prestigio en la zona y dotado de acceso independiente.

Loureiro con hab, playa de Loureiro - Noreste : 1 km ✆ 986 32 07 19, *RESTAURANTELOUREIRO@terra.es, Fax 986 32 14 98,* ≤ – ▯ TV P. AE VISA. ✻
Comida - pescados y mariscos - carta 28 a 32 – ☕ 3 – **29 hab** 36/55.
◆ Negocio de seria organización familiar, en 1ª línea de playa. Ofrece dos comedores de correcto montaje y una sala para banquetes. Carta mediana basada en productos del mar.

BUÑO *15111 A Coruña* 571 C 3.
i *carret. de Malpica ✆ 981 70 73 00 ccbergantinos@cetadec.net Fax 981 70 73 99.*
Madrid 644 – Carballo 10 – A Coruña 67 – Santiago de Compostela 55.

Casa de Laxe sin rest, O Rueiro ✆ 981 71 10 72, *casadelaxe@agatur.org, Fax 981 71 10 72* – TV P. ✻
☕ 3 – **5 hab** 45.
◆ Bonita casa de labranza restaurada con un pequeño jardín, dotada de unas confortables habitaciones de aire rústico, y un acogedor salón social con chimenea.

Casa Elías, Santa Catalina 13 ✆ 981 71 10 49, *elias@alsernet.es, Fax 981 71 10 49,* Vivero propio – ▤ P. AE VISA. ✻
cerrado lunes – **Comida** - pescados y mariscos - carta 21 a 36.
◆ Bar público con atractivo vivero a la vista, seguido por un moderno comedor de esmerado montaje. Posee amplios salones para banquetes con entrada y cocina independientes.

BURELA *27880 Lugo* 571 B 7.
Madrid 612 – A Coruña 157 – Lugo 108.

Palacio de Cristal, av. Arcadio Pardiñas 154 ✆ 982 58 58 03, *Fax 982 58 57 29* – ▯ TV. ✻ – *cerrado Navidades* – **Comida** 15 – ☕ 4,50 – **30 hab** 36/60 – PA 33.
◆ Establecimiento clásico-actual situado en el centro de la localidad. Las habitaciones, espaciosas y de aspecto funcional, ofrecen un discreto confort en su categoría.

El BURGO *29420 Málaga* 578 V 15 124 E 5 – *2 091 h alt. 591.*
Madrid 538 – Antequera 80 – Málaga 71 – Marbella 63 – Ronda 26.

La Casa Grande del Burgo, Mesones 1 ✆ 95 216 02 32, *elburgo@hotel-lacasagrande.com, Fax 95 216 02 52,* – ▯, ▤ rest, TV ♿ AE VISA. ✻
Comida - sólo cena - 12 – **23 hab** ☕ 52/74.
◆ Antigua casa señorial restaurada respetando su atmósfera de antaño, con vigas de madera en los techos y los suelos en losetas de barro. Habitaciones rústicas de buen confort. Luminoso restaurante con una amplia cristalera al patio.

Posada del Canónigo, Mesones 24 ✆ 95 216 01 85, *posadadelcanonigo@telefonica.net, Fax 95 216 01 85* – ▤. VISA. ✻
Comida 11 – **12 hab** ☕ 37,30/52.
◆ Entrañable alojamiento para los amantes de lo rústico, en una casa que data de 1761. Destacan su mobiliario tradicional, las camas en forja y el cuidado en los detalles. Reducido comedor y bar, con una chimenea en piedra.

El BURGO DE OSMA *42300 Soria* 575 H 20 – *5 054 h alt. 895.*
Ver : *Catedral★ (sepulcro de Pedro de Osma★, museo : documentos antiguos y códices miniados★).*
i *pl. Mayor 9 ✆ 975 36 01 16.*
Madrid 183 – Aranda de Duero 56 – Soria 56.

Il Virrey, Mayor 4 ✆ 975 34 13 11, *virreypalafox@airtel.net, Fax 975 34 08 55,* – ▯ ▤ TV – 25/60. AE VISA. ✻ – *cerrado 24 diciembre-7 enero* – **Comida** - ver rest. ***Virrey Palafox*** – ☕ 10 – **52 hab** 74,40/93.
◆ Toques de marcada elegancia y soberbias instalaciones con un impresionante hall, una lujosa zona social y espléndidas habitaciones con baños en mármol.

Posada del Canónigo, San Pedro de Osma 19 ✆ 975 36 03 62, *correo@posadadelcanonigo.es, Fax 975 34 06 25* – VISA.
Comida - sólo cena, sólo clientes - 24 – ☕ 6 – **10 hab** 70/80.
◆ Atractivo edificio del s. XVII con mobiliario de época y una elegante decoración. Habitaciones de elevado confort, con techos en madera envejecida y baños de aire antiguo.

Virrey Palafox - *Hotel Il Virrey,* Universidad 7 ✆ 975 34 02 22, *virreypalafox@airtel.net, Fax 975 34 08 55* – AE VISA.
cerrado 18 diciembre-10 enero, domingo noche y lunes – **Comida** carta 24 a 36.
◆ Negocio familiar muy acreditado. Distintas salas de estilo castellano en las que sirven una carta completa y equilibrda. Excelente mobiliario y bellas vidrieras.

BURGOS *09000* P 575 E 18 y 19 – *166 251 h alt. 856.*

Ver : *Catedral★★★ (crucero, coro y Capilla Mayor★★, Girola★, capilla del Condestable★★, capilla de Santa Ana★)* A – *Museo de Burgos★ (arqueta hispanoárabe★, frontal de Santo Domingo★, sepulcro de Juan de Padilla★)* B **M1** – *Arco de Santa María★* A **B** – *Iglesia de San Nicolás : retablo★* A- *Iglesia de San Esteban★* A.

Alred. : *Real Monasterio de las Huelgas★★ (sala Capitular : pendón★, museo de telas medievales★★) por av. del Monasterio de las Huelgas* A – *Cartuja de Miraflores : iglesia★ (conjunto escultórico de la Capilla Mayor★★★)* B.

pl. Alonso Martínez 7 ✉ 09003 ✆ 947 20 31 25 oficinaturissmodeburgos@jcyl.es Fax 947 27 65 29 y paseo del Espolón ✉ 09003 ✆ 947 28 88 74 turismo@aytoburgos.es Fax 947 28 88 62 – **R.A.C.E.** *Vitoria 50 ✉ 09004 ✆ 947 27 40 63 Fax 947 27 02 84.*
Madrid 239 ② – Bilbao 156 ① – Santander 154 ① – Valladolid 125 ③ – Vitoria-Gasteiz 111 ①

BURGOS

Almirante Bonifaz . . . . . B 2
Alonso Martínez (Pl. de) . . . . . B 3
Aparicio y Ruiz . . . . . A 5
Arlanzón (Av. del) . . . . . B 6
Cid Campeador (Av. del) . . . . . B 8
Conde de Guadalhorce (Av.) . . . . . A 9
Eduardo Martínez del Campo . . . . . A 10
España (Pl.) . . . . . B 12
Gen. Santocildes . . . . . B 15
Libertad (Pl. de la) . . . . . B 16
Mayor (Pl.) . . . . . AB 18
Miranda . . . . . B 20
Monasterio de las Huelgas (Av. del) . . . . . A 21
Nuño Rasura . . . . . A 23
Paloma (La) . . . . . A 24
Rey San Fernando (Pl. del) . . . . . A 27
Reyes Católicos (Av. de los) . . . . . B 26
Santo Domingo de Guzmán (Pl. de) . . . . . B 28
Vitoria . . . . . B

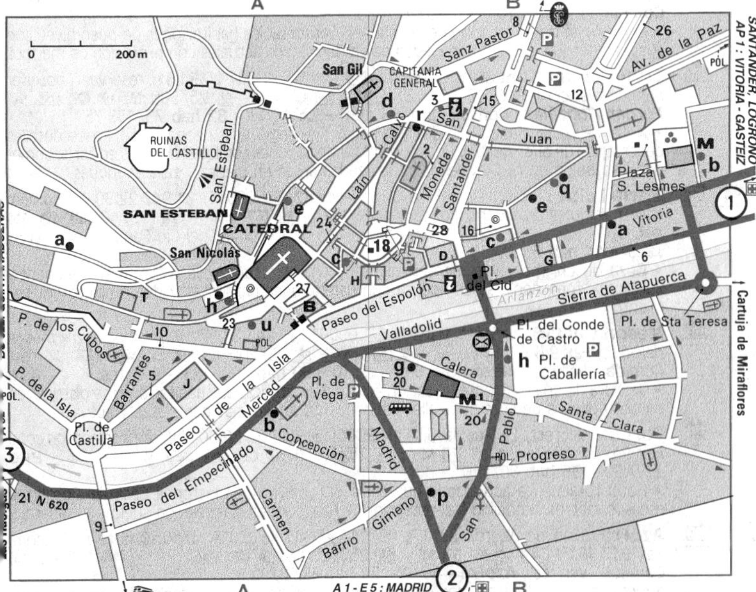

ESPAÑA

NH Palacio de la Merced, La Merced 13, ✉ 09002, ☎ 947 47 99 00, *nhpalaciodelamerced@nh-hotels.com, Fax 947 26 04 26,* – 25/600. A b
Comida *(cerrado domingo noche)* 42 – 12,50 – **107 hab** 152/190 – 3 suites.
• Antiguo convento de fines del s. XVI que conserva la fachada y el claustro originales. Sus dependencias cuentan con mobiliario escogido y detalles de diseño en la decoración. Elegante restaurante de línea actual con atractiva carta de autor.

Abba Burgos, Fernán González 72, ✉ 09003, ☎ 947 00 11 00, *abba-burgos@abbahoteles.com, Fax 947 00 11 01,* – hab, – 25/600. rest A a
Comida 18 – 11 – **99 hab** 106/123.
• Magnífico hotel ubicado a escasos metros de la Catedral. Ofrece habitaciones de gran amplitud y equipamiento, 26 de ellas con terraza y algunas incluso con su propio césped. Restaurante luminoso y moderno donde se fusionan la cocina tradicional y la de autor.

Puerta de Burgos, Vitoria 69, ✉ 09006, ☎ 947 24 10 00, *hotel@puertadeburgos.es, Fax 947 24 07 07,* – hab, – 25/500.
El Portón de Burgos *(cerrado domingo noche)* **Comida** carta 17 a 29 – 9,60 – **136 hab** 103/130 – 1 suite. por ①
• Moderno edificio de acusada verticalidad. Posee diversas zonas comunes, con profusión de madera y predominio de los tonos pastel. Buen confort y adecuado equipamiento. Coqueto comedor en un entorno de estilo clásico.

Almirante Bonifaz, Vitoria 22, ✉ 09004, ☎ 947 20 69 43, *hotel@almirantebonifaz.com, Fax 947 25 64 04* – – 25/200. B a
Comida 15 – 9 – **79 hab** 110/138.
• Elegante hall-recepción iluminado con una gran lámpara de araña. Buen confort general, y estilos uniformes en las cuidadas habitaciones. Fiel clientela de negocios. Restaurante a la carta bien acondicionado, con entrada independiente.

Rice, av. de los Reyes Católicos 30, ✉ 09005, ☎ 947 22 23 00, *hotelrice@hotelrice.com, Fax 947 22 35 50* – hab, – 25/100.
Comida *(cerrado domingos y festivos)* 12 – 8 – **50 hab** 75,50/98,60.
• La profusión de maderas nobles y el alto confort definen un entorno de gran elegancia. Decoración de inspiración inglesa con mobiliario y materiales escogidos. Comedor de estilo clásico con un cuidado servicio de mesa. por av. de los Reyes Católicos B

Corona de Castilla, Madrid 15, ✉ 09002, ☎ 947 26 21 42, *hotel@hotelcoronadecastilla.com, Fax 947 20 80 42* – rest, – 25/350. B p
Comida 11 – 9,50 – **87 hab** 77/135.
• Muy próximo a la estación de autobuses. Confortables habitaciones de buen nivel, con suelo en parquet y mobiliario clásico de calidad. Aseos actuales con profusión de mármol.

Tryp Fernán González, Calera 17, ✉ 09002, ☎ 947 20 94 41, *reservas@hotelfernangonzalez.com, Fax 947 27 41 21* – – 25/500.
Fernán González : **Comida** carta 26 a 36 – 10,17 – **82 hab** 75/133,75.
• Hotel de corte clásico que destaca por el aire regio de su zona social. Posee detalles decorativos de buen gusto y unas correctas habitaciones con los cabeceros en forja. Comedor distribuido en dos niveles, con estilizados arcos en piedra y tallas antiguas. B g

María Luisa sin rest, av. del Cid Campeador 42, ✉ 09005, ☎ 947 22 80 00, *comercial@marialuisahotel.com, Fax 947 22 80 80* – – 25/40. por av. del Cid Campeador B
5 – **44 hab** 65/87,75.
• Goza de un impecable mantenimiento y una decoración de estilo clásico elegante. Su escasa zona noble se compensa con habitaciones detallistas y de completo equipamiento.

Mesón del Cid, pl. Santa María 8, ✉ 09003, ☎ 947 20 87 15, *mesondelcid@mesondelcid.es, Fax 947 26 94 60,* – – 25/200. rest
Comida - ver rest. ***Mesón del Cid*** – 10 – **50 hab** 100/125 – 6 suites. A h
• Disfruta de una excelente ubicación frente a la Catedral. Sus habitaciones se distribuyen en dos edificios de la misma calle, siendo las del anexo más completas y actuales.

Cordón sin rest, La Puebla 6, ✉ 09004, ☎ 947 26 50 00, *info@hotelcordon.com, Fax 947 20 02 69* – – 25/70. B e
7,50 – **35 hab** 60/110.
• Hotel totalmente actualizado que toma el nombre de la histórica Casa del Cordón, a escasos metros. Moderno hall-recepción, y habitaciones clásicas con suelo en madera.

Azofra, Juan de Austria 22, ✉ 09001, ☎ 947 46 20 03, *azofra@hotelazofra.com, Fax 947 46 21 64* – – 25/125. por ③
Comida - ver rest. ***Azofra*** – 4 – **29 hab** 65,92/92,85.
• Dispone de habitaciones con los suelos en tarima y mobiliario funcional, aunque las más atractivas son las de la planta superior, abuhardilladas y con decoración de diseño.

Norte y Londres sin rest, pl. de Alonso Martínez 10, ✉ 09003, ☎ 947 26 41 25, *info@hotelnorteylondres.com, Fax 947 27 73 75* – 🛗 📺. AE MC VISA B r
☕ 6 – **50 hab** 56/84.
◆ Edificio de cuidada fachada y correcto equipamiento, con una amplia zona social que, al igual que sus habitaciones, conserva cierto estilo clásico-antiguo en la decoración.

La Puebla sin rest, La Puebla 20, ✉ 09004, ☎ 947 20 00 11, *info@hotellapuebla.com, Fax 947 20 47 08* – 🛗 📺 📞. AE ◑ MC VISA. ✂ B q
☕ 5 – **15 hab** 55/86.
◆ Céntrico y de amable organización, con la propietaria al frente. Posee una pequeña recepción y coquetas habitaciones dotadas con mobiliario de calidad en diferentes estilos.

Puerta Romeros, San Amaro 2, ✉ 09001, ☎ 947 46 20 12, *hjsaez@terra.es, Fax 947 46 07 38* – 📺. MC VISA. ✂ por ③
Comida *(cerrado lunes del 15 octubre-15 marzo)* 10 – ☕ 3,60 – **16 hab** 32/62 – PA 23,60.
◆ Atractivo edificio en piedra con decoración rústica y profusión de madera en sus dependencias. Correctas habitaciones de sencillo confort, las superiores abuhardilladas.

Casa Ojeda, Vitoria 5, ✉ 09004, ☎ 947 20 90 52, *ojeda@restauranteojeda.com, Fax 947 20 70 11* – ▤. AE ◑ MC VISA. ✂ B c
cerrado domingo noche – **Comida** carta 28 a 39.
◆ Acreditado negocio que en el mismo edificio posee bar-cafetería y tienda de delicatessen. Amplio comedor de corte castellano, con un buen servicio de mesa y horno de leña.

Mesón del Cid - *Hotel Mesón del Cid*, pl. de Santa María 8, ✉ 09003, ☎ 947 20 87 15, *mesondelcid@mesondelcid.es, Fax 947 26 94 60* – ▤. AE ◑ MC VISA JCB. ✂ A h
cerrado domingo noche – **Comida** carta 23 a 31.
◆ Ubicado en una casa del s. XV que conserva toda la sobriedad de la decoración castellana. Salas rústicas con profusión de madera y viguería vista. Buena bodega.

Azofra - *Hotel Azofra*, Juan de Austria 22, ✉ 09001, ☎ 947 46 10 50, *azofra@hotelazofra.com, Fax 947 46 21 64*, 🏞 – ▤. AE ◑ MC VISA. ✂ por ③
Comida - espec. en cordero asado - carta 27 a 35.
◆ Posee un bar con dos hornos de leña a la vista, una comedor clásico-castellano y una sala para banquetes en el sótano. En su carta destacan el cordero asado y los pescados.

Ponte Vecchio, Vitoria 111 (pasaje), ✉ 09006, ☎ 947 22 56 50 – ▤. AE ◑ MC VISA JCB. ✂ por ①
cerrado 1ª quincena de agosto y lunes – **Comida** - cocina italiana - carta 17 a 32.
◆ Restaurante de cocina italiana que, al igual que sus homólogos de Valladolid y Palencia, ostenta un exquisito gusto decorativo. Comedor de esmerado montaje en dos niveles.

Fábula, La Puebla 18, ✉ 09004, ☎ 947 26 30 92 – ▤. AE ◑ MC VISA JCB B q
cerrado 2ª quincena de febrero y 1ª quincena de septiembre, domingo noche y lunes salvo festivos y víspera de festivo – **Comida** carta 25 a 43.
◆ Establecimiento llevado directamente por sus propietarios. Cuenta con una sala colorista de cuidado montaje y una atenta brigada. Cocina de autor y selecta bodega.

Rincón de España, Nuño Rasura 11, ✉ 09003, ☎ 947 20 59 55, *Fax 947 20 59 55*, 🏞 – ▤. AE ◑ MC VISA. ✂ hab A u
cerrado lunes noche y martes noche de noviembre a marzo – **Comida** carta 18 a 28.
◆ Casa dotada de una elegante cafetería y correcto comedor de estilo clásico, con dos agradables terrazas de verano y una acristalada para el invierno. Carta mediana y menús.

Don Jamón, San Pablo 3, ✉ 09002, ☎ 947 26 00 36, *Fax 947 20 56 94* – ▤. AE ◑ MC VISA. ✂ B h
cerrado domingo noche – **Comida** carta 30 a 34.
◆ Su concurrido bar público ofrece atractivos productos ibéricos y una nutrida exposición de vinos. En los comedores disfrutará con una cocina tradicional de tendencia vasca.

El Asador de Aranda, Llana de Afuera, ✉ 09003, ☎ 947 26 81 41, *Fax 947 26 81 41* – ▤. MC VISA A e
cerrado domingo noche – **Comida** - cordero asado - carta aprox. 28.
◆ Asador castellano con barra de apoyo en la entrada y horno de leña a la vista. Comedor de correcto montaje en la 1ª planta. La especialidad es el tradicional lechazo asado.

La Favorita, Avellanos 8, ✉ 09003, ☎ 947 20 59 49, *Fax 947 20 59 49* – ▤. AE MC VISA. ✂ B d
Tapa 1,40 **Ración** aprox. 8.
◆ Bar de tapas neorrústico que conserva las paredes originales en ladrillo visto y piedra. Cuenta con un comedor y destaca por la calidad de sus pinchos y carnes a la brasa.

La Cabaña Arandina, Sombrerería 12, ✉ 09003, ☎ 947 26 19 32, 🏞 – ▤. ✂ A c
cerrado 15 septiembre-14 octubre – **Tapa** 3,50 **Ración** aprox. 7,50.
◆ En la zona más popular para tapear. Construcción baja a modo de cabaña, con el techo en madera, decoración actual y terraza en verano. Carta completa de raciones y pinchos.

Cervecería Don Jamón, Alvar García 2, ✉ 09004, ☎ 947 27 28 72, – ▤. AE ⓓ MC VISA. B b
Tapa 1,50 **Ración** - espec. en ibéricos - aprox. 9.
◆ Bar de estilo clásico-actual, con barra en madera, que ofrece una escogida variedad de tapas y productos ibéricos. Montan una agradable terraza en la acera. Buena clientela.

en la autovía A I *por ②* :

Landa Palace, 3,5 Km, ✉ 09001, ☎ 947 25 77 77, *landapal@teleline.es, Fax 947 26 46 76,* – ▤ TV P – 25/40. VISA.
Comida carta 32 a 35 – ☕ 16 – **38 hab** 204/255 – 3 suites.
◆ Castillo medieval reconstruido y dotado de amplias zonas nobles con detalles antiguos. Posee elegantes habitaciones, todas diferentes y la mitad con hidromasaje en los baños. Acogedor comedor clásico-regional para el almuerzo y salón medieval para las cenas.

La Varga con hab, 5 km, ✉ 09195 Villagonzalo-Pedernales, ☎ 947 20 16 40, *Fax 947 26 21 72* – ▤ rest, TV P. AE ⓓ MC VISA.
Comida carta 21 a 33 – ☕ 6,10 – **12 hab** 40/56,50.
◆ Cuidado comedor con buen servicio de mesa y mobiliario clásico, en un entorno de inspiración rústico-regional. Posee también una cafetería y habitaciones como complemento.

Ver también : **Castrillo del Val** *por ① : 11 km*
Villagonzalo-Pedernales *por ③ : 8 km.*

BURGUETE *Navarra – ver Auritz.*

BURRIANA *12530 Castelló* 577 *M 29 – 25 438 h.*
Madrid 410 – Castelló de la Plana/Castellón de la Plana 11 – València 62.

en la playa *Sureste : 2,5 km* :

Aloha, av. Mediterráneo 74, ✉ 12530, ☎ 964 58 50 00, *hotel@aloha.e.telefonica.net, Fax 964 58 50 00,* ← – ▤ TV P. ⓓ VISA.
Comida 14 – ☕ 4,20 – **30 hab** 42,90/64,30.
◆ A pie de playa. Este confortable hotel posee amplias habitaciones, la mitad exteriores y con terraza al mar. Su decoración combina líneas depuradas y tonalidades azules. Luminoso restaurante en estilo clásico-moderno.

CABANAMOURA *15237 A Coruña* 571 *D 3.*
Madrid 646 – Santiago de Compostela 47 – A Coruña 79 – Pontevedra 78.

Casa Perfeuto María , ☎ 981 85 10 09, *reservas@casaperfeutomaria.com, Fax 981 85 10 09* – P. AE ⓓ MC VISA JCB. rest
Comida 13 – ☕ 6,50 – **6 hab** 46,20/57,75.
◆ Confortable casa rural con una zona ajardinada. Su interior combina la piedra y la madera, destacando el mobiliario antiguo y las llamativas ventanas en tonos azules.

CABANES *12180 Castelló* 577 *L 30 – 2 391 h alt. 294.*
Madrid 437 – València 94 – Castelló de la Plana/Castellon de la Plana 27 – Teruel 162.

L'Aldaba, La Fira 1 ☎ 964 33 21 80, *info@hotelaldaba.com, Fax 964 33 19 34* – ▤ TV. MC VISA. rest
Comida *(cerrado lunes)* 20 – ☕ 7,50 – **5 hab** 60/75 – PA 45.
◆ Casa de pueblo bien restaurada con elementos rústicos y antiguos. Las habitaciones combinan el confort actual con el gusto por los detalles. Salón social con chimenea. El restaurante disfruta de un destacable servicio de mesa para su categoría.

LAS CABEZAS DE SAN JUAN *41730 Sevilla* 578 *V 12 – 15 655 h alt. 71.*
Madrid 556 – Sevilla 58 – Cádiz 77.

en la carretera A-371 *Suroeste : 13 km* :

Cortijo Soto Real , carret. A-371 - km 13, ✉ 41730, ☎ 95 586 92 00, *reservas@hotelcortijosotoreal.com, Fax 95 586 92 02,* – ▤ TV P – 25/150. AE ⓓ MC VISA. rest
Comida 35 – ☕ 18 – **13 hab** 280/350 – 11 suites.
◆ Lujoso cortijo ubicado en una extensa finca, con lago, donde se practica la caza menor. Agradable zona social y exquisitas habitaciones por su lencería, mobiliario y aseos. El restaurante goza de un excelente montaje y está a la altura del conjunto.

en la carretera de Montellano *Este : 16 km :*

Alguaciles Bajos sin rest, ✉ 41710 Utrera, ☎ 630 561 529, *alguaciles@alguaciles.com, Fax 91 564 10 71* – 🅿. ✻
8 hab 38/52.
◆ Cortijo agrícola donde la paz y el sosiego están garantizados. Las habitaciones, sencillas y con mobiliario regional, se distribuyen en torno a un sobrio patio con parras.

CABEZÓN DE LA SAL *39500 Cantabria 572 C 17 – 6 789 h alt. 128.*

pl. Ricardo Botín ☎ 942 70 03 32 turismo@cabezondelasal.net Fax 942 70 19 44.
Madrid 401 – Burgos 158 – Oviedo 161 – Palencia 191 – Santander 39.

El Jardín de Carrejo sin rest, Sur : 1,5 km, ✉ 39509 Carrejo, ☎ 942 70 15 16, *info@eljardindecarrejo.com, Fax 942 70 18 71,* – 🅿. AE MC VISA. ✻
cerrado 3 enero-3 febrero – 8 – **10 hab** 87/109.
◆ Casona rodeada por un extenso y hermoso jardín. Sorprende la modernidad y armonía de su interior, con estancias donde se combinan distintas maderas en diseños limpios y puros.

La Villa, pl. de la Bodega ☎ 942 70 17 04 – . VISA. ✻
cerrado enero y lunes – **Comida** carta aprox. 26.
◆ Céntrico establecimiento de reducidas instalaciones, con un buen montaje en su categoría. Posee un pequeño bar de apoyo a la entrada y una carta correcta a precios comedidos.

en la carretera de Luzmela *Sur : 3 km :*

Venta Santa Lucía, ✉ 39509 Luzmela, ☎ 942 70 18 36, *Fax 942 70 10 61,* – 🅿. MC VISA. ✻
cerrado del 1 al 15 de febrero, del 1 al 15 de noviembre y martes – **Comida** carta 21 a 28.
◆ Típica construcción montañesa que otrora fue una casa de postas. El cuidado comedor ocupa la antigua cuadra, en la que aún conservan un pesebre decorado con cerámicas.

CABEZUELA DEL VALLE *10610 Cáceres 576 L 12 – 2 375 h alt. 500.*

Madrid 229 – Mérida 187 – Cáceres 119 – Salamanca 116 – Avila 116.

Tauro sin rest y sin , Hondón 57 ☎ 927 47 20 78, *Fax 927 47 27 13* – . VISA. ✻
6 apartamentos 30/50.
◆ Edificio de atractivo estilo rústico, con la recepción en el bar de la planta baja. Dispone de apartamentos bien equipados, todos con su propia cocina y salón polivalente.

CABIO (Playa de) *A Coruña – ver A Pobra do Caramiñal.*

CABO *– ver a continuación y el nombre propio del cabo.*

CABO DE GATA *04150 Almería 578 V 23 – Playa.*

Madrid 576 – Almería 30.

en La Almadraba de Monteleva *Sureste : 5 km :*

Las Salinas de Cabo de Gata , Las Salinas, ✉ 04150 Cabo de Gata, ☎ 950 37 01 03, *elmolesl@cajamar.es, Fax 950 37 12 39,* – . AE MC VISA. ✻ rest
cerrado octubre - ***Morales*** *(cerrado lunes en invierno)* **Comida** carta aprox. 30 – 5 – **20 hab** 72/96.
◆ Situado en el Parque Natural del Cabo de Gata-Níjar, ofrece un entorno paisajístico de gran belleza. Habitaciones confortables, con terraza y equipamiento completo. Restaurante panorámico abierto hace más de 30 años.

CABO DE PALOS *30370 Murcia 577 T 27 123 D 9.*

Madrid 465 – Alacant/Alicante 108 – Cartagena 26 – Murcia 75.

La Tana, paseo de la Barra 33 ☎ 968 56 30 03, *latana@la-tana.com, Fax 968 56 34 25,* – . AE MC VISA. ✻
cerrado 1 mes en invierno – **Comida** carta 21 a 27.
◆ Restaurante popular de buen montaje con bellas vistas al puerto. Posee terraza a la entrada, y salas sencillas aunque decorosas. Cocina marinera y platos tradicionales.

CABRA *14940 Córdoba* 578 T 16 – *20 343 h alt. 350.*
Madrid 432 – Antequera 66 – Córdoba 75 – Granada 113 – Jaén 99.

en la carretera A 318 *Norte : 2,5 km :*

Mitra, ✉ 14940, ☎ 957 52 96 00, *hotelmitracabra@hotelmitra.net, Fax 957 52 91 46* – ▤ TV P. ⓓ MC VISA JCB. ✻ rest
Comida 9 – ☕ 4,50 – **15 hab** 39,27/58,88.
• Pequeño establecimiento de línea actual, dotado con una reducida zona social. Posee habitaciones de buen confort, decoradas con mobiliario de cierto nivel. Luminoso restaurante de estilo clásico-funcional con una única sala de forma oval.

La CABRERA *28751 Madrid* 576 J 19 575 J 19 121 I 4 – *1 093 h alt. 1 038.*
Madrid 56 – Burgos 191 – Segovia 77.

Mavi, Generalísimo 8 ☎ 91 868 80 00, *Fax 91 868 88 21,* ☂ – TV P. AE ⓓ MC VISA. ✻ rest
Comida 9 – ☕ 3 – **42 hab** 27/44.
• Negocio de organización familiar que ha mejorado sus instalaciones en los baños y en el equipamiento de las zonas comunes. Adecuado confort para su categoría. Comedor de sencillo montaje con una terraza que sirve de apoyo en temporada.

CABRERA DE MAR *08349 Barcelona* 574 H 37 122 E 7 – *2 909 h alt. 125.*
Madrid 651 – Barcelona 23 – Mataró 8.

Santa Marta, Josep Doménech 35 ☎ 93 759 01 98, *santamarta@restaurantesantamarta.com, Fax 93 759 20 24,* ≤, ☂ – ▤ P. ⓓ MC VISA. ✻
cerrado Semana Santa, 21 días en noviembre y lunes – **Comida** - sólo almuerzo salvo fines de semana y junio-15 octubre - carta aprox. 31.
• Restaurante con mobiliario de buen nivel que, además, posee una salita para la sobremesa y una agradable terraza con vistas. Carta clásica con algún plato italiano.

CABRILS *08348 Barcelona* 574 H 37 122 E 7 – *3 042 h alt. 147.*
Madrid 650 – Barcelona 23 – Mataró 7.

Cabrils, Emilia Carles 31 ☎ 93 753 24 56, *Fax 93 753 02 12,* ☂ – TV P. AE ⓓ MC VISA
cerrado 20 diciembre-enero – **Comida** *(cerrado miércoles)* 10 – ☕ 3,25 – **19 hab** 30/46.
• Pequeño hotel de instalaciones algo anticuadas, aunque de correcto mantenimiento. Modestas habitaciones con mobiliario de estilo castellano y baños reducidos. Discreto comedor complementado con una terracita alargada.

Hostal de la Plaça con hab, pl. de l'Església 11 ☎ 93 753 19 02, *info@hostaldecabrils.com, Fax 93 753 18 67,* ☂ – ▤ TV P. AE ⓓ MC VISA. ✻
Comida *(cerrado 12 septiembre-11 octubre, domingo noche y lunes)* carta 31 a 37 – ☕ 8 – **14 hab** 70/85.
• Emplazado en el centro de la localidad, dispone de un acogedor comedor acristalado, diversos salones privados en el 1er piso, y una terraza con buenas vistas.

Splá, Emilia Carles 18 ☎ 93 753 19 06, *mar.pla@mail.cinet.es* – ▤. MC VISA. ✻
cerrado Navidades, 1ª quincena de octubre y martes – **Comida** carta 24 a 38.
• Pequeño negocio familiar con una distribución que resulta algo apretada. La sala reviste sus paredes en madera, y cuenta con diversos motivos marineros. Clientela habitual.

CABUEÑES *Asturias – ver Gijón.*

CACABELOS *24540 León* 575 E 9 – *4 903 h.*
Madrid 393 – León 116 – Lugo 108 – Ponferrada 14.

Santa María sin rest, Santa María 20-A ☎ 987 54 95 88, *Fax 987 54 92 05* – TV ⇔. MC VISA. ✻ – *cerrado 23 diciembre-10 enero* – ☕ 4,28 – **20 hab** 28,89/41,80.
• Céntrico hotelito de atención familiar que dispone de una reducida zona social, y de unas confortables habitaciones con buen mobiliario y baños completos.

La Moncloa de San Lázaro, Cimadevilla 97 ☎ 987 54 61 01, *info@moncloadesanlazaro.com, Fax 987 54 90 56,* ☂ – ▤ P. AE MC VISA. ✻
Comida carta 20 a 26.
• Casa madre de los Prada a Tope, construida en estilo rústico-regional sobre un antiguo hospital de peregrinos, con una cafetería, tienda, sala de exposiciones y dos comedores.

en Canedo *Noreste : 6,5 km :*

Palacio de Canedo, ☎ 902 40 01 01, *info@pradaatope.es, Fax 987 56 70 00* ☂ – |‡| P. AE ⓓ MC VISA. ✻
Comida carta aprox. 26.
• Palacio rehabilitado y rodeado de viñedos. La sede de los Prada a Tope dispone de un amplio bar en la planta baja y dos comedores de ambiente rústico-antiguo en el 1er piso.

CÁCERES 10000 **P** 576 N 10 – 82 034 h alt. 439.

Ver : El Cáceres Viejo★★★ BYZ : Plaza de Santa María★, Palacio de los Golfines de Abajo★ **D**.

Alred. : Virgen de la Montaña ≤★ Este : 3 km BZ – Arroyo de la Luz (Iglesia de la Asunción : tablas del retablo★) Oeste : 20 km.

18 Norba, por ② : 6 km ✆ 927 23 14 41 Fax 927 23 14 80.

pl. Mayor ✉ 10003 ✆ 927 01 08 34 otcaceres@bme.juntae.es Fax 927 01 08 35 – **R.A.C.E.** Amberes 7 (bajo) ✉ 10005 ✆ 927 62 90 00 Fax 927 23 95 26.

Madrid 307 ① – Coimbra 292 ③ – Córdoba 325 ② – Salamanca 217 ③ – Sevilla 265 ②

CÁCERES

América (Pl. de) . . . . **AZ** 2
Amor de Dios . . . . **BZ** 3
Ancha . . . . **BZ** 4
Antonio Reyes Huertas . . . . **BZ** 6
Arturo Aranguren . . . . **AZ** 7
Ceres . . . . **BY** 9
Colón . . . . **BZ** 10
Compañía (Cuesta de la) . . . . **BY** 12
Diego María Crehuet . . . . **BZ** 14
Fuente Nueva . . . . **BZ** 15
Gabino Muriel . . . . **AZ** 17
Gen. Primo de Rivera (Av. del) . . . . **AZ** 22
Isabel de Moctezuma (Av.) . . . . **AZ** 24
José L. Cotallo . . . . **AY** 25
Juan XXIII . . . . **AZ** 26
Lope de Vega . . . . **BY** 28
Marqués (Cuesta del) . . . . **BY** 30
Mayor (Pl.) . . . . **BY**
Médico Sorapán . . . . **BZ** 31
Millán Astray (Av.) . . . . **BZ** 32
Mono . . . . **BY** 33
Perreros . . . . **BZ** 35
Pintores . . . . **BY** 36
Portugal (Av. de) . . . . **AZ** 37
Profesor Hdez Pacheco . . . . **BZ** 39
Ramón y Cajal (Pas. de) . . . . **AY** 42
Reyes Católicos . . . . **AY** 43
San Antón . . . . **AZ** 47
San Blas (Av. de) . . . . **BY** 45
San Jorge . . . . **AY** 49
San Juan (Pl. de) . . . . **BZ** 51
San Pedro de Alcántara (Av.) . . . . **AZ** 54
San Pedro . . . . **BZ** 53
San Roque . . . . **BZ** 56
Tiendas . . . . **BY** 58
Trabajo . . . . **AY** 59
Universitad (Av. de la) . . . . **BY** 60
Viena . . . . **AZ** 62

Parador de Cáceres, Ancha 6, ✉ 10003, ☎ 927 21 17 59, *caceres@parador.es, Fax 927 21 17 29,* – ... – 25/30. AE MC VISA. BZ b
Comida 27 - ***Torreorgaz :*** **Comida** carta 24 a 42 – 11 – **32 hab** 104/130 – 1 suite.
◆ Ubicado en el antiguo palacio de Torreorgaz, cuyo interior acoge unas dependencias de excelente equipamiento, unas con mobiliario rústico-actual y otras de aire castellano. Cálido restaurante con una atractiva terraza en un patio.

Meliá Cáceres, pl. de San Juan 11, ✉ 10003, ☎ 927 21 58 00, *melia.caceres@solmelia.com, Fax 927 21 40 70* – hab, – 25/140. AE MC VISA. BYZ x
Comida 24 – 12 – **86 hab** 137.
◆ Hermoso palacio del s. XVI que perteneció a los Marqueses de Oquendo. Ofrece habitaciones con mobiliario escogido y baños detallosos, algunas de ellas abuhardilladas. Comedor de estilo clásico situado en la planta baja del edificio.

Extremadura, av. Virgen de Guadalupe 28, ✉ 10001, ☎ 927 62 96 39, *info@extremadurahotel.com, Fax 927 62 92 49,* – – 25/500. AE MC VISA JCB. rest AZ t
Orellana *(cerrado domingo noche)* **Comida** carta 42 a 56 – 11 – **146 hab** 112,90/152 – 5 suites.
◆ Moderno y con un amplio hall-recepción, goza de numerosas salas para convenciones y reuniones de trabajo, ofreciendo también habitaciones de completo equipamiento. En su restaurante Orellana encontrará un ambiente acogedor en un marco actual.

Alcántara, av. Virgen de Guadalupe 14, ✉ 10001, ☎ 927 22 39 00, *halcantara@campocastilla.es, Fax 927 22 39 04* – . AE MC VISA. AZ a
Comida 17 – 8 – **64 hab** 67/98 – 2 suites.
◆ Instalaciones de línea clásica, recientemente actualizadas en las zonas sociales. Habitaciones funcionales y de correcto confort que se van renovando progresivamente.

Iberia Plaza Mayor sin rest, Pintores 2, ✉ 10003, ☎ 927 24 76 34, *iberia@iberiahotel.com, Fax 927 24 82 00* – . MC VISA BY t
3,50 – **39 hab** 35/45.
◆ Adyacente a la Plaza Mayor, en la entrada monumental al Cáceres viejo. Correctas zonas nobles con mobiliario de época y estancias agradables en diferentes estilos.

Iberia Plaza América sin rest y sin , Hermandad 12, ✉ 10001, ☎ 927 21 09 06, *iberia@iberiahotel.com, Fax 927 21 08 79* – . MC VISA AZ c
31 hab 35/45.
◆ Situado en una céntrica y tranquila callejuela. Dispone de cuidadas habitaciones con mobiliario clásico-antiguo, un buen salón social y un patio interior dotado de carpa.

Atrio, av. de España 30 (pasaje), ✉ 10002, ☎ 927 24 29 28, *josepolo@restauranteatrio.com, Fax 927 22 11 11* – . AE MC VISA AZ n
cerrado del 1 al 15 de septiembre y domingo noche – **Comida** 75,50 y carta 57 a 83.
Espec. Criadillas de tierra, pasta, hongos y trufa de temporada. Los secretos de ibérico, frutos de mar y hortaliza. Cabrito asado como siempre al tomillo y patatas al tenedor.
◆ Bar inglés en la entrada seguido de un elegante comedor de corte clásico, con el suelo en madera y un mobiliario escogido. Cocina actual y excelente carta de vinos.

Torre de Sande, de los Condes 3, ✉ 10003, ☎ 927 21 11 47, *reservas@torredesande.com, Fax 927 21 33 80,* – . AE MC VISA BZ n
cerrado domingo noche y lunes – **Comida** carta aprox. 45.
◆ Acogedor marco en una antigua casa de piedra con agradable terraza ajardinada y tres comedores bien dispuestos. Su mesa ofrece una esmerada cocina con toques creativos.

La Tahona, Felipe Uribarri, 4, ✉ 10004, ☎ 927 22 44 55, *caceres@restaurantelatahona.com, Fax 927 22 44 38* – . AE MC VISA BY a
cerrado domingo noche – **Comida** carta 24 a 30.
◆ Se accede por un patio repleto de plantas que funciona como distribuidor, con una fuente y el techo acristalado. Sala clásica con bodega vista y dos privados en el 1er piso.

Corregidor, Moret 7, ✉ 10003, ☎ 927 21 61 09, *info@restaurantecorregidor.com, Fax 927 21 61 09* – . AE MC VISA. BY z
Comida carta aprox. 30.
◆ Restaurante de organización familiar, con el comedor principal en el 1er piso y dos privados en la 2ª planta. Ofrece un servicio de mesa clásico y una carta tradicional.

El Figón de Eustaquio, pl. de San Juan 12, ✉ 10003, ☎ 927 24 81 94, *Fax 927 24 81 94* – . AE MC VISA. BY e
Comida carta 24 a 33.
◆ Casa rústica considerada toda una institución en la ciudad. Posee cinco salas de montaje clásico, que han sufrido notables mejoras. Carta amplia de tipo regional.

Chez Manou, pl. de las Veletas, 4, ✉ 10003, ☎ 927 22 76 82, – . AE MC VISA. BZ c
cerrado 15 días en junio, domingo noche y lunes – **Comida** - cocina francesa - carta 24 a 28.
◆ Íntimo restaurante de ambiente familiar, donde las elaboraciones de tradición francesa toman el protagonismo. Comedor de techos altos con la viguería en madera vista.

Mesón San Juan, pl. de San Juan 3, ✉ 10003, ✆ 927 62 66 48, *Fax 927 62 66 48* – ▤. AE ⓓ ⓜⓒ VISA. ✂ BY b
cerrado del 1 al 15 de junio, domingo noche y lunes – **Comida** carta 28 a 35.
◆ Dispone de un bar público a la entrada y varias salitas en rincones de los pisos superiores, con acceso por una angosta escalera. Decoración rústica-actual y baños modernos.

El Asador, Moret 34, ✉ 10003, ✆ 927 22 38 37, *elasador@navegalia.com, Fax 927 22 33 72* – ▤. VISA. ✂ BY r
Tapa 1,50 **Ración** aprox. 6.
◆ Céntrico bar-restaurante que trabaja muchísimo su barra, aunque también ofrece a sus clientes un sencillo comedor. Expone una buena selección de raciones y tapas.

en la carretera N 630 :

Barceló V Centenario , urb. Los Castellanos - por ③ : 1,5 km, ✉ 10005, ✆ 927 23 22 00, *vcentenario@barcelo.com, Fax 927 23 22 02*, , – ▤ TV P – 25/450. AE ⓓ ⓜⓒ VISA. ✂ rest
Florencia : **Comida** carta 26 a 38 – ☕ 9,50 – **129 hab** 98/120 – 9 suites.
◆ Conjunto actual dotado de unos agradables exteriores. Sus habitaciones se van renovando poco a poco, las más nuevas con los suelos en parquet y todas con mobiliario clásico. Restaurante de excelente montaje, con un privado.

Cáceres Golf sin rest con cafetería, Residencial Ceres Golf - por ② : 6 km ✆ 927 23 46 00, *info@hotelcaceresgolf.com, Fax 927 23 46 12*, ≤, – ▤ TV ♿ P – 25/300. AE ⓓ ⓜⓒ VISA. ✂
☕ 7 – **103 hab** 88/110.
◆ En una zona tranquila a las afueras de la ciudad, destacando por sus serenas vistas al campo de golf. Posee habitaciones espaciosas y muy luminosas, algunas tipo bungalows.

Álvarez, por ③ : 4 km, ✉ 10080 apartado 292, ✆ 927 23 06 50, *info@complejoalvarez.com, Fax 927 26 90 39*, – ▤ P. AE ⓓ ⓜⓒ VISA. ✂
cerrado domingo noche – **Comida** carta 24 a 32.
◆ Trabaja mucho con banquetes, ya que cuenta con diversos salones de gran amplitud. Correcto comedor a la carta de montaje clásico y una agradable terraza con jardín.

CACES *33174 Asturias* 572 C 12.
Madrid 443 – Oviedo 12 – León 120.

L'Alezna, La Rienda 14 ✆ 985 79 83 55, *Fax 985 79 83 55* – ▤ P. ⓓ ⓜⓒ VISA. ✂
cerrado domingo noche, lunes, martes noche y miércoles noche – **Comida** 42 y carta 33 a 37.
Espec. Trigueros fritos con espinacas y cristales de miel. Pixin sobre jugo de cebolla confitada y migas crujientes. Borrachinos de frutos rojos con chocolates especiados.
◆ Sencilla construcción junto al río Nalón, en contraste con un interior moderno, alegre y con ciertos detalles de diseño. Resulta acogedor y posee dos rincones con ventanales.

CADAQUÉS *17488 Girona* 574 F 39 122 J 3 – *2 390 h – Playa.*
Ver : *Localidad★★ – Emplazamiento★, iglesia de Santa María (retablo barroco★★).*
Alred. : *Cala de Portlligat★ Norte : 2 km – Casa-Museo Salvador Dalí★ Norte : 2 km – Parque Natural de Cap de Creus★★ Norte : 4 km.*
Cotxe 2 ✆ 972 25 83 15 otcadaq@ddgi.es Fax 972 15 94 42.
Madrid 776 – Figueres 31 – Girona/Gerona 70.

Playa Sol sin rest con cafetería, platja Pianch 3 ✆ 972 25 81 00, *playasol@playasol.com, Fax 972 25 80 54*, ≤, , – ▤ TV . AE ⓓ ⓜⓒ VISA. ✂
cerrado 21 noviembre-17 febrero – ☕ 10 – **50 hab** 99/150.
◆ Ubicado en el puerto, dispone de una buena zona social y de unas habitaciones correctamente equipadas, con mobiliario estándar y baños renovados. Exteriores cuidados.

Llane Petit sin rest, Dr. Bartomeus 37 ✆ 972 25 10 20, *info@llanepetit.com, Fax 972 25 87 78*, ≤ – ▤ TV P. AE ⓓ ⓜⓒ VISA
cerrado 3 enero-18 febrero – ☕ 8 – **37 hab** 102/120.
◆ Establecimiento de sencilla organización, situado en un extremo del puerto. Posee habitaciones actualizadas de completo equipamiento, la mitad de ellas con vistas al mar.

S'Aguarda, carret. de Port-Lligat 30 - Norte : 1 km ✆ 972 25 80 82, *hotelsaguarda@grn.es, Fax 972 25 10 57*, – ▤ TV P. AE ⓓ ⓜⓒ VISA. ✂
Comida *(15 julio-11 septiembre)* - sólo clientes - 15 – ☕ 6 – **28 hab** 50/74.
◆ En la parte alta de la localidad. De línea funcional, con habitaciones de suficiente amplitud y adecuado confort. Piscina-solarium en el ático. Comidas sólo para clientes.

Blaumar sin rest, Massa d'Or 21 ✆ 972 15 90 20, *info@hotelblaumar.com, Fax 972 15 93 36,* ←, 🏊 – ≡ 📺 🚗. AE ⓓ MC VISA. 🐕
cerrado 6 febrero-4 marzo y noviembre-26 diciembre – ☕ 8,50 – **27 hab** 73,50/88,75.
◆ Negocio familiar ubicado en una tranquila zona residencial. Ofrece unas cómodas habitaciones con baños completos, excepto algunas con plato ducha.

Es Baluard, Riba Nemesio Llorens 2 ✆ 972 25 81 83, *Fax 972 15 93 45* – AE MC VISA
junio-septiembre, festivos y fines de semana resto del año – **Comida** carta 28 a 42.
◆ Céntrico restaurante con vistas al puerto, instalado en un antiguo baluarte. Dispone de una sala con chimenea de correcto montaje, decorada en tonos azules y blancos.

La Galiota, Narcís Monturiol 9 ✆ 972 25 81 87 – ≡. AE MC VISA
abril-septiembre – **Comida** *(cerrado miércoles)* carta 30 a 42.
◆ Casa familiar bien organizada, con amplio hall de entrada y un comedor de impecable mantenimiento en el 1er piso. Elaboraciones de base tradicional sobre una cocina de carbón.

Don Quijote, av. Caridad Seriñana 5 ✆ 972 25 81 41, 🌳 – MC VISA
cerrado octubre y lunes salvo julio-agosto – **Comida** carta aprox. 27.
◆ Establecimiento con una larga trayectoria. Posee una acogedora sala con arcos, chimenea y paredes en piedra vista, así con una atractiva terraza cubierta por la hiedra.

CADAVEDO *33788 Asturias* 572 B 10 – *Playa.*
Madrid 531 – A Coruña 212 – Gijón 74 – Lugo 153 – Oviedo 82.

Torre de Villademoros 🌿 sin rest, Villademoros - Oeste : 1,5 km ✆ 98 564 52 64, *correo@torrevillademoros.com, Fax 98 564 52 65,* ←, 🌳 – 📺 P. ⓓ MC VISA. 🐕
3 marzo-octubre y fines de semana noviembre y diciembre – ☕ 6,50 – **10 hab** 64/84.
◆ Casona del s. XVIII con panera y un cuidado jardín junto a la torre medieval que le da nombre. Amplias habitaciones con decoración personalizada en estilo neorrústico.

CÁDIAR *18440 Granada* 578 V 20 124 O 4 – *2 018 h alt. 720.*
Madrid 515 – Almería 105 – Granada 101 – Málaga 156.

en la carretera de Torvizcón *Suroeste : 3,5 km :*

Alquería de Morayma 🌿, ✉ 18440, ✆ 958 34 32 21, *alqueria@alqueriamoraym a.com, Fax 958 34 32 21,* ← Las Alpujarras y alrededores, 🌳, 🏊 – ≡ rest, 📺 P – 🧑‍🤝‍🧑 25/60. MC VISA. 🐕 rest
Comida 12 – ☕ 3 – **13 hab** 48/59 – 5 apartamentos.
◆ Conjunto rústico en pleno campo con espléndidas vistas a Las Alpujarras y sus alrededores. Sus dependencias, decoradas con detalles antiguos, recrean una cálida atmósfera. Restaurante de ambientación regional y bodega con caldos de elaboración propia.

Los precios indicados pueden revisarse al alza, en caso de variaciones significativas de los costes de bienes y servicios. Solicite confirmación del precio definitivo cuando efectúe su reserva de hotel.

CÁDIZ *11000* P 578 W 11 – *137 971 h – Playa.*
Ver : *Localidad*★★ – *Cárcel Real*★ **CZ J** – *Iglesia de Santa Cruz*★ **BCZ** - *Casa de la Contaduría : Museo Catedralicio*★ **CZ M1** – *Catedral*★★ **BZ** – *Oratorio de la Santa Cueva*★ **BY** – *Plaza de Mina*★★ **BY** – *Museo de Cádiz*★ **BY M2** – *Hospital de Mujeres*★ **BZ** – *Torre Tavira*★ **BY** - *Parque Genovés*★**AY.**

⛴ *para Canarias : Cía. Trasmediterránea, Muelle Alfonso XIII, Estación Marítima* ✉ *11006* ✆ *902 45 46 45 Fax 956 22 20 38* **CY.**

ℹ *av. Ramón de Carranza* ✉ *11006* ✆ *956 25 86 46 otcadiz@andalucia.org Fax 956 25 24 49 y pl. de San Juan de Dios 11* ✉ *11005* ✆ *956 24 10 01 aytocadiz-turism o@telefonica.net Fax 956 24 10 05* – **R.A.C.E.** *Bulgaria (Parque Empresarial Poniente Módulo 3.3.)* ✉ *11011* ✆ *956 25 07 07 Fax 956 25 07 07.*

Madrid 646 ① – *Algeciras 124* ① – *Córdoba 239* ① – *Granada 306* ① – *Málaga 262* ① – *Sevilla 123* ①

Planos páginas siguientes

Parador H. Atlántico, av. Duque de Nájera 9, ✉ 11002, ✆ 956 22 69 05, *cadiz@ parador.es, Fax 956 21 45 82,* ←, 🏋, 🏊 – 🛗, 🚭 hab, ≡ 📺 📞 ♿ 🚗 P – 🧑‍🤝‍🧑 25/700. AE ⓓ MC VISA JCB. 🐕 AY r
Comida 25 – ☕ 11 – **141 hab** 88/110 – 8 suites.
◆ Situado en el parque Genovés, junto al castillo de Santa Catalina. Amplísimas zonas nobles en torno a un hermoso patio interior y habitaciones con idílicas vistas al mar. Su impecable restaurante ofrece elaboraciones típicas.

Playa Victoria, glorieta Ingeniero La Cierva 4, ✉ 11010, ☎ 956 20 51 00, *hotelplayavictoria@palafoxhoteles.com, Fax 956 26 33 00,* ≤, ⛱, – |♦|, ⇍ hab, ▤ 📺 ♿ 🚗 – 🛋 25/250. AE ⓓ ⓜ VISA. ✂ por ①
Comida 20,20 – ☕ 11 – **184 hab** 128/160 – 4 suites.
◆ Moderno edificio con amplias y atractivas zonas nobles de estilo vanguardista. Habitaciones confortables, exteriores y luminosas, decoradas en tonos claros. Su restaurante brinda excelentes vistas al mar.

Tryp La Caleta sin rest con cafetería, av. Amílcar Barca 47 - playa de la Victoria, ✉ 11009, ☎ 956 27 94 11, *tryp.la.caleta@solmelia.com, Fax 956 25 93 22,* ≤ – |♦|, ⇍ hab, ▤ 📺 ☏ ♿ 🚗 – 🛋 25/150. AE ⓓ ⓜ VISA. ✂ por ①
☕ 12 – **141 hab** 145 – 2 suites.
◆ En pleno paseo marítimo. De línea actual, posee unas habitaciones funcionales y completamente equipadas. A destacar la sala de desayunos con un magnífico buffet.

Puertatierra sin rest con cafetería, av. Andalucía 34, ✉ 11008, ☎ 956 27 21 11, *puertatierra@hotelesmonte.com, Fax 956 25 03 11,* ✂ – |♦|, ⇍ hab, ▤ 📺 ☏ 🚗 – 🛋 25/200. AE ⓓ ⓜ VISA. ✂ por ①
☕ 10,50 – **98 hab** 110,16/136,68.
◆ Situado en el centro de la ciudad. Su reducida zona noble se ve compensada por unas habitaciones espaciosas con baños modernos, que resultan muy acogedoras.

Regio sin rest con cafetería por la noche, av. Ana de Viya 11, ✉ 11009, ☎ 956 27 93 31, *hotregio@hotelregiocador.com, Fax 956 27 91 13* – |♦|, ⇍ hab, ▤ 📺. AE ⓓ ⓜ VISA. ✂ por ①
40 hab ☕ 55/95.
◆ Dispone de unas habitaciones pequeñas aunque bien equipadas, con mobiliario clásico-actual y baños reducidos pero modernos. Acogedor salón social y concurrida cafetería.

Regio 2 sin rest con cafetería por la noche, av. Andalucía 79, ✉ 11008, ☎ 956 25 30 08, *hotelregio2@ono.com, Fax 956 25 30 09* – |♦| ▤ 📺 🚗 P. ⓜ VISA. ✂ por ①
☕ 7 – **40 hab** 57/80.
◆ A escasa distancia del mar. Posee unas correctas zonas nobles, habitaciones de carácter funcional con mobiliario estándar, y un bar donde sirven platos combinados y desayunos.

El Faro, San Félix 15, ✉ 11002, ☎ 902 21 10 68, *elfaro-cadiz@raini.es, Fax 956 21 21 88* – ▤ 🚗. AE ⓓ ⓜ VISA. ✂ AZ b
Comida carta aprox. 33.
◆ Restaurante de atención familiar, muy acreditado en la localidad. En su bien dispuesta mesa sirven una cocina sin grandes alardes, destacable por los productos del mar.

La Comercial, José del Toro 8, ✉ 11004, ☎ 956 21 19 14, *Fax 956 07 48 00* – ▤. AE ⓜ VISA. ✂ BY a
cerrado del 15 al 31 de mayo y domingo – **Comida** carta 25 a 38.
◆ Dispone de un bar privado a la entrada con un precioso suelo antiguo y comedores de estilo moderno con profusión de madera. Interesante cocina de autor a precios moderados.

El Aljibe, Plocia 25, ✉ 11006, ☎ 956 26 66 56, *Fax 956 26 48 36* – ▤. AE VISA. ✂ CZ a
Comida carta 30 a 36.
◆ Casa céntrica y bien restaurada, logrando un cálido ambiente rústico en su decoración. Bar de tapas a la entrada, correcto comedor en el 1er piso y un agradable privado.

San Antonio, pl. San Antonio 9, ✉ 11001, ☎ 956 21 22 39, *Fax 956 20 01 40,* 🌂 – ▤. AE ⓓ ⓜ VISA. ✂ BY b
Comida carta aprox. 24.
◆ Restaurante de montaje clásico con la particularidad de combinar dos cartas, una bastante completa de corte regional y otra de cocina china, en honor al origen del negocio.

La Cigüeña, Plocia 2, ✉ 11005, ☎ 956 25 01 79 – ▤. AE ⓜ VISA. ✂ CZ b
cerrado domingo – **Comida** carta 25 a 34.
◆ Llevado por un joven matrimonio, con ella en la sala y él en la cocina. En su comedor de línea clásica ofrecen una carta creativa que toma, como base, la cocina regional.

Joselito, San Francisco 38, ✉ 11005, ☎ 956 26 65 48, *terrazajoselito@ono.com,* 🌂 – AE ⓓ ⓜ VISA CZ v
cerrado domingo – **Tapa** 1,20 **Ración** aprox. 6,50.
◆ Bar-marisquería de gran tradición en la ciudad, con surtidas tapas y raciones que van desde el popular pescadito frito a la deliciosa mojama.

CÁDIZ

Ancha	BY	2
Antonio López	BCY	
Apodaca (Alameda de)	BY	
Argüelles (Pl.)	CY	
Benito Pérez Galdós	AY	
Benjumeda	BY	
Calderón de la Barca	BY	3
Calesas	CZ	
Campo del Sur	ABZ	
Candelaria (Pl.)	BZ	4
Cardoso	BZ	
Carlos III (Paseo)	ABY	
Ceballos	ABY	
Cervantes	BY	
Columela	BYZ	
Compañía	BZ	5
Concepcíon Arenal	CZ	
Constitución (Pl. de la)	CZ	
Cristóbal Colón	CZ	6
Diego Arias	AY	
Doctor G. Ulla (Av.)	AY	
Doctor Marañón	AY	7
Duque de Najera (Av.)	AYZ	
España (Pl. de)	CY	
Falla (Pl.)	AY	
Fernando el Católico	CY	8
Fray Félix (Pl.)	BZ	9
Honduras	CY	
Marqués de Comillas (Alameda)	BY	
Mentidero (Pl. del)	BY	10
Mesón Nueva	CZ	12
Mina (Pl. de)	BY	
Montañés	BZ	13
Moreno de Mora	AYZ	
Novena	BY	15
Nueva	CZ	16
Pelota	CZ	17
Piratas (Callejón de los)	BZ	18
Plocia	CZ	
Puerto (Av. del)	CYZ	
Ramón de Carranza (Av.)	CZ	19
Rep. Argentina	CY	
Rosario	BY	
Sacramento	BY	
Sagasta	ABYZ	
San Agustin (Pl.)	CY	20
San Antonio (Pl.)	BY	21
San Francisco (Pl.)	BY	23
San Francisco	BCY	22
San José	ABYZ	
San Juan de Dios (Pl.)	CZ	25
San Juan de Dios	CZ	24
San Juan	BZ	
San Martín (Pl.)	CZ	26
San Roque	CZ	27
Santa Maria	CZ	28
Santo Cristo	BCZ	29
Sopranis	CZ	30
Topete (Pl.)	BZ	31
Vea Murguia	BY	
Virgen de la Palma	AZ	
Viudas (Pl. de las)	BY	

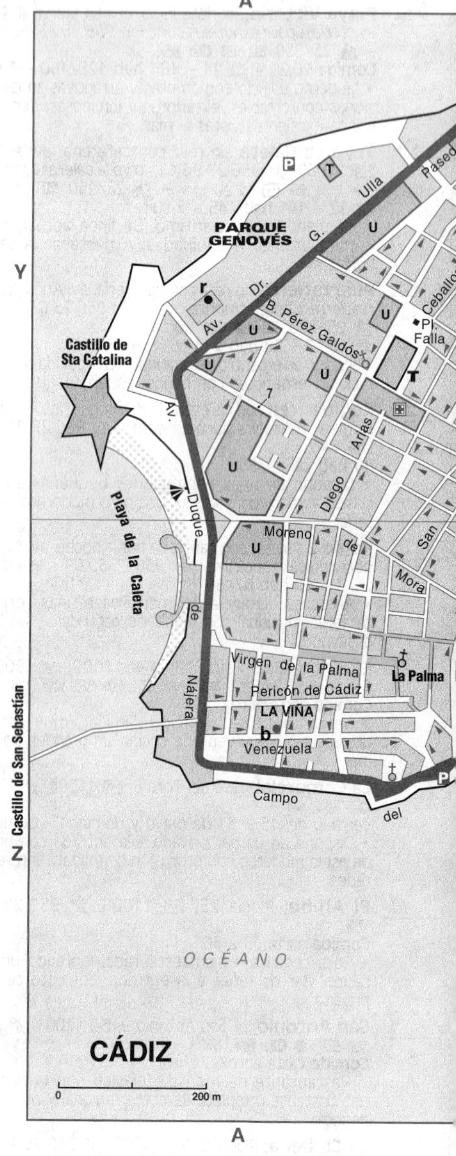

en la playa de Cortadura *Sur : 4,5 km :*

✕✕ **Ventorrillo del Chato,** Vía Augusta Julia (carret. N IV), ✉ 11011 Cádiz, ☎ 956 25 00 25, *ventorrillo-elchato@raini.es, Fax 956 25 32 22* – ▤ P. AE ⓓ MC VISA JCB. ✂ – *cerrado domingo* – **Comida** carta 30 a 45.
• Instalado en un bello edificio histórico junto a las dunas de la playa. Gran aceptación del público en esta acogedora y bien cuidada casa de entrañable rusticidad.

CAÍDOS (Valle de los) *28209 Madrid* 576 K 17 575 K 17 121 F 6 – *Zona de peaje.*
Ver : *Lugar★★ – Basílica★★ (cúpula★) – Cruz★.*
Madrid 52 – El Escorial 13 – Segovia 47.

CAIMARI *Illes Balears – ver Balears (Mallorca).*

CALA D'OR *Illes Balears - ver Balears (Mallorca).*

CALA DE MIJAS *Málaga 578 W 15 124 F 6 y 7 - 1 933 h - Playa.*
La Cala, Norte : 7 km ☎ 95 266 90 33 Fax 95 266 90 34.
Madrid 565 - Algeciras 105 - Fuengirola 7 - Málaga 40 - Marbella 21.

al Norte : *7 km* :

La Cala, ✉ 29649 apartado 106 Mijas Costa, ☎ 95 266 90 00, *lacala@lacala.com, Fax 95 266 90 39,* ≤ montañas, - 45/60.
AE VISA. rest
Comida - sólo cena - 33,50 - ☕ 17 - **102 hab** 195/237 - 5 suites.
◆ Edificio de estilo andaluz entre dos campos de golf con vistas a las montañas. Colorista hall neorrústico con viguería en madera y habitaciones luminosas de gran confort. Restaurante con acceso directo al patio central y la piscina.

CALA FIGUERA *Illes Balears - ver Balears (Mallorca).*

CALA FINESTRAT *Alacant - ver Benidorm.*

CALA MAJOR *Illes Balears - ver Balears (Mallorca) : Palma.*

CALA MONTJOI *Girona - ver Roses.*

CALA PÍ *Illes Balears - ver Balears (Mallorca).*

CALA RATJADA *Illes Balears - ver Balears (Mallorca).*

CALA SAONA *Illes Balears - ver Balears (Formentera).*

CALA SANT VICENÇ *Illes Balears - ver Balears (Mallorca).*

CALA TARIDA (Playa de) *Illes Balears - ver Balears (Eivissa) : Sant Josep de Sa Talaia.*

CALABARDINA *Murcia - ver Águilas.*

CALACEITE *44610 Teruel 574 I 30 - 1 172 h alt. 511.*
Madrid 411 - Zaragoza 140 - Teruel 180 - Tarragona 105 - Castelló de la Plana/Castellón de la Plana 185.

El Cresol de Calaceite, sin rest, Santa Bárbara 16 ☎ 978 85 11 74, *info@hotelcresol.com* - . VISA.
4 hab ☕ 100.
◆ Conjunto rústico dotado con un acogedor salón social, un antiguo molino de aceite en el sótano y amplias habitaciones en las que se combina el mobiliario antiguo y el actual.

CALAF *08280 Barcelona 574 G 34 - 3 184 h alt. 680.*
Madrid 551 - Barcelona 93 - Lleida/Lérida 82 - Manresa 34.

Buffet Català, carret. de Igualada 1 ☎ 93 869 84 49 - VISA.
cerrado del 8 al 31 de julio y lunes salvo festivos - **Comida** - sólo almuerzo buffet - 18.
◆ Cercano a las vías del tren y con una sala de sencilla línea clásica. Basa su oferta en el servicio de buffet, con buena variedad de platos fríos, calientes y postres caseros.

CALAFELL *43820 Tarragona 574 I 34 - 7 061 h - Playa.*
Sant Pere 29-31 ☎ 977 69 91 41 turisme@calafell.org Fax 977 69 29 81.
Madrid 574 - Barcelona 65 - Tarragona 31.

en la playa :

Kursaal, av. Sant Joan de Déu 119 ☎ 977 69 23 00, *Fax 977 69 27 55,* ≤, -
. AE VISA.
Semana Santa-12 octubre - **Comida** 18 - ☕ 8 - **39 hab** 40/80 - PA 36.
◆ Situado en 1ª línea de playa. Su zona noble es poco espaciosa, pero las habitaciones, todas con mobiliario clásico y buen equipamiento, resultan muy amplias. El esmerado montaje del restaurante se ve realzado por las vistas al mar.

Canadá Palace, av. Mossèn Jaume Soler 44 ✆ 977 69 15 00, *reservas@hotelcanada.com, Fax 977 69 12 55,* – rest
marzo-noviembre – **Comida** 20 – **160 hab** 130/170 – 2 suites.
◆ Gran hotel de instalaciones modernas. Posee una amplia oferta deportiva y de ocio, además de unas confortables habitaciones, renovadas en su mayoría. Su comedor propone un variado buffet.

Masia de la Platja, Vilamar 67 ✆ 977 69 13 41 – AE MC VISA.
cerrado 19 diciembre-19 enero, martes noche y miércoles – **Comida** - pescados y mariscos - carta 31 a 53.
◆ Acogedor restaurante dispuesto en dos zonas con mobiliario distinto, la primera anexa a una barra de bar de uso privado. Carta regional especializada en productos del mar.

Vell Papiol, Vilamar 30 ✆ 977 69 13 49 – MC VISA.
cerrado 20 diciembre-25 enero, lunes y martes noche – **Comida** - pescados y mariscos - carta aprox. 45.
◆ Establecimiento de línea moderna, con buen servicio de mesa y un personal atento. Ofrece recetas de la cocina mediterránea, con un amplio apartado de pescados y mariscos.

en la carretera C-31 *Sureste : 2 km :*

La Barca de Ca l'Ardet, Marinada 1 - urb. Mas Mel, ✉ 43820, ✆ 977 69 15 59, *info@restaurantlabarca.com, Fax 977 69 34 42* – VISA.
cerrado noviembre, lunes noche y martes – **Comida** carta aprox. 46.
◆ Restaurante decorado en estilo clásico, con mobiliario de calidad. El comensal disfrutará de unos deliciosos platos que combinan la cocina catalana y la de mercado.

CALAHONDA *18730 Granada* 578 V 19 124 N 5 – *Playa.*

Alred. : *Carretera★ de Calahonda a Castell de Ferro.*
Madrid 518 – Almería 100 – Granada 87 – Málaga 121 – Motril 13.

CALAHORRA *26500 La Rioja* 573 F 24 – *20 598 h alt. 350.*

Madrid 320 – Logroño 55 – Soria 94 – Zaragoza 128.

Parador de Calahorra, paseo Mercadal ✆ 941 13 03 58, *calahorra@parador.es, Fax 941 13 51 39,* – rest, – 25/140. AE MC VISA JCB.
Comida 25 – 11 – **60 hab** 92/115.
◆ Edificio de moderna construcción, cuya sobria decoración se ve realzada con detalles rústicos y religiosos. Amplias habitaciones con mobiliario castellano y baños actuales. Luminoso comedor en tonos suaves.

Ciudad de Calahorra, Maestro Falla 1 ✆ 941 14 74 34, *ciudadcalahorra@fer.es, Fax 941 14 74 34* – – 25/60. AE MC VISA
Comida *(cerrado febrero y lunes)* 10 – 3,60 – **25 hab** 35/50.
◆ Céntrico hotel de discreta organización, orientado a estancias de ocio y negocio. Salas de reuniones panelables y sencillas habitaciones de línea clásica. Restaurante de agradable rusticidad cuyas paredes están revestidas con frescos alusivos al vino.

Chef Nino con hab, Padre Lucas 2 ✆ 941 13 31 04, *Fax 941 13 35 16* – AE MC VISA.
cerrado 20 diciembre-20 enero – **Comida** *(cerrado domingo noche y lunes)* carta 27 a 35 – 4,70 – **28 hab** 30/51,25.
◆ Aunque su actividad principal radica en un restaurante con dos comedores, también cosecha éxitos en la celebración de banquetes. Cuidadas habitaciones complementan el negocio.

La Taberna de la Cuarta Esquina, Cuatro Esquinas 16 ✆ 941 13 43 55, *Fax 941 13 36 12* – MC VISA.
cerrado julio, martes noche y miércoles – **Comida** carta aprox. 30.
◆ Asentada casa familiar ubicada en el casco viejo de la localidad. Su interior alberga tres cálidas salas, destacando la del fondo de estilo más moderno y con chimenea.

La CALAHORRA *18512 Granada* 578 U 20 124 P 2 – *954 h alt. 1 300.*

Ver : *Localidad★ – Castillo★★.*
Alred. : *Puerto de la Ragua★★ Sur : 12 km.*
Madrid 459 – Almería 100 – Granada 72 – Jaén 131.

Hospedería del Zenete, carret. de la Ragua 1 ✆ 958 67 71 92, *zenete@navegalia.com, Fax 958 67 71 92,* – MC VISA. rest
Comida 15 – 5 – **21 hab** 57,35/76,45.
◆ Goza de arquitectura rústico-regional en madera, ladrillo visto y piedra. Sus habitaciones resultan confortables y cuentan con un precioso suelo en baldosas de barro. Coqueto pero sobrio restaurante donde degustará las mejores especialidades de esta tierra.

Labella, carret. de Aldeire 1 ✆ 958 67 70 00, *Fax 958 67 72 41* – ▤ TV P. AE MC VISA
Comida 8 – ☕ 3 – **11 hab** 24/35.
• Una sólida fachada en piedra le da la bienvenida a este hotel de organización familiar. Posee habitaciones actuales de estilo funcional, con entrada independiente.

El Castillo, carret. de la Ragua ✆ 958 67 71 92, *Fax 958 67 71 92* – ▤ rest, TV P. MC VISA. ✂ rest
Comida 15 – ☕ 5 – **12 hab** 27/54.
• Voluminosa construcción cuyo diseño arquitectónico imita las formas de un castillo. Interior poco espacioso, con habitaciones cómodas decoradas en estilo provenzal. Comedor de cálida rusticidad.

Manjón, Los Caños 20 ✆ 958 67 70 81, *Fax 958 67 70 81* – ▤ rest, TV. AE ⓓ MC VISA. ✂
Comida 9 – ☕ 2,50 – **10 hab** 18/30 – PA 26.
• Sencillo negocio con habitaciones de adecuado confort en su categoría, siendo algo reducidas y con el mobiliario en pino. Recomendable como recurso en la zona.

CALAMOCHA *44200 Teruel 574 J 26 – 4 270 h alt. 884.*

Madrid 261 – Soria 157 – Teruel 72 – Zaragoza 110.

Calamocha, carret. N 234 ✆ 978 73 14 12, *Fax 978 73 21 59* – ▤ TV 🚗 P – 🏛 25/300. AE ⓓ MC VISA. ✂
Comida *(cerrado domingo)* 10,70 – ☕ 4,50 – **22 hab** 30/60.
• Típico recurso de carretera. Dotado de habitaciones funcionales, confortables, y bien equipadas con mobiliario clásico. Espaciosa cafetería y salones para banquetes.

Fidalgo, carret. N 234 ✆ 978 73 02 77, *Fax 978 73 02 77* – ▤ rest, TV P. MC VISA. ✂
Comida 11,50 – ☕ 3 – **20 hab** 25/49.
• Goza de un cálido ambiente familiar, con un acogedor salón social de estilo clásico-elegante, una concurrida cafetería-tienda y unas habitaciones de adecuado equipamiento. Comedor de aire regional con una nutrida selección de platos tradicionales.

CALANDA *44570 Teruel 574 J 29 – 3 538 h alt. 466.*

Madrid 362 – Teruel 136 – Zaragoza 123.

Balfagón, carret. N 211 ✆ 978 84 63 12, *Fax 978 84 63 12* – ▤ TV 🚗 P. AE ⓓ MC VISA. ✂
Comida *(cerrado domingo noche)* 10 – ☕ 3 – **30 hab** 27/41.
• Modesto hotel de organización familiar y correcto confort. Posee recepción independiente, habitaciones con sencillo mobiliario castellano y unos baños algo anticuados.

CALATAÑAZOR *42193 Soria 575 G 21 – 70 h alt. 1 027.*

Madrid 202 – Burgos 120 – Soria 33.

Casa del Cura 🐎 con hab, Real 25 ✆ 975 18 36 31, *Fax 975 18 36 24*, ≤, 🏡 – TV P – 🏛 25. AE MC VISA. ✂
cerrado enero – **Comida** *(cerrado domingo noche y lunes)* carta 25 a 35 – ☕ 6 – **8 hab** 60/93.
• En un pueblo pintoresco y con la categoría de Posada Real. Ocupa dos viejas casas decoradas en estilo neorrústico con toques de diseño. Dispone de espléndidas habitaciones.

CALATAYUD *50300 Zaragoza 574 H 25 – 18 759 h alt. 534.*

ℹ *pl. del Fuerte ✆ 976 88 63 22 Fax 976 88 63 22.*
Madrid 235 – Cuenca 295 – Pamplona 205 – Teruel 139 – Tortosa 289 – Zaragoza 87.

Hospedería Mesón de la Dolores 🐎, pl. Mesones 4 ✆ 976 88 90 55, *recepcion@mesonladolores.com, Fax 976 88 90 59* – |‡| ▤ TV 🚗. AE ⓓ MC VISA. ✂
Comida 10 – ☕ 6,45 – **34 hab** 41,10/63,80.
• Antigua posada con detalles alusivos a la vida de la Dolores, ensalzada en una popular copla. Posee habitaciones de estilo regional distribuidas en torno a un patio cubierto. Cálido restaurante de aire rústico con una magnífica bodega-museo.

Hospedería El Pilar 🐎, Baltasar Gracián 15 ✆ 976 89 70 20, *Fax 976 89 70 21* – |‡| ▤ TV. VISA. ✂
Comida *(cerrado domingo noche y lunes)* 9 – ☕ 3,50 – **34 hab** 24,04/45,08 – PA 21.
• Ubicado en una casa centenaria rehabilitada con acierto en estilo rústico-regional. Se ha personalizado la decoración de sus habitaciones, siendo los aseos actuales.

Fornos, paseo de las Cortes de Aragón 5 ✆ 976 88 13 00, *Fax 976 88 31 47* – |‡| ▤ TV. AE ⓓ MC VISA. ✂ rest
Comida 9 – ☕ 4 – **46 hab** 32,80/55.
• Destaca su excelente emplazamiento en la zona más animada de la localidad. Aunque las habitaciones son sencillas y el mobiliario funcional, resulta confortable en su nivel.

Bílbilis, Madre Puy 1 976 88 39 55, *Fax 976 88 41 69* – AE VISA
cerrado lunes salvo festivos – **Comida** carta 21 a 31.
• Casa bien organizada que recibe el beneplácito de una clientela habitual. La sala resulta algo funcional, con una cocina correcta y un servicio de mesa de calidad.

La Brasa, paseo de las Cortes de Aragón 6 976 88 24 70 – VISA.
cerrado martes noche y miércoles salvo agosto – **Comida** carta 23 a 28.
• Pequeño restaurante familiar de buen montaje en estilo rústico-castellano, con las paredes revestidas en piedra y azulejos. Posee una carta amplia a precios moderados.

en la antigua carretera N II *Este : 2 km :*

Calatayud, salida 237 autovía, 50300, 976 88 13 23, *info@hotelcalatayud.com, Fax 976 88 54 38* – TV P – 25/300. AE VISA.
Comida 11 – **78 hab** 45/70.
• Complejo situado a la salida de la localidad. La mayoría de las habitaciones resultan algo funcionales, aunque destacan 15 nuevas con un confort muy superior al resto. Luminoso comedor de línea clásica, con amplios ventanales y una interesante carta.

CALDAS DE LUNA *24146 León* 575 D 12 – *Balneario.*
Madrid 391 – León 62 – Oviedo 69 – Ponferrada 114.

Balneario Caldas de Luna , 987 59 40 66, *reservas@balneariocaldasdeluna.com, Fax 987 59 40 66,* – TV P – 25/50. AE VISA.
Comida 15 – 12 – **30 hab** 79,30/99.
• Ubicado en plena naturaleza. Edificio en piedra que alberga unas modernas instalaciones de aire neorrústico. A destacar la excelente piscina interior de agua termal.

CALDAS DE REIS o CALDAS DE REYES *36650 Pontevedra* 571 E 4 – *9 042 h alt. 22 – Balneario.*
Madrid 621 – Ourense 122 – Pontevedra 23 – Santiago de Compostela 39.

Balneario Dávila, D. Laureano Salgado 11 986 54 00 12, *Fax 986 54 00 12,* Servicios terapéuticos, – P. AE VISA.
15 febrero-15 diciembre – **Comida** - sólo clientes - 10 – **28 hab** 27/47.
• Antiguo balneario termal con las habitaciones totalmente renovadas, de sencillo confort aunque cuidadas y con los suelos en parquet. Su jardín posee un pintoresco cañaveral.

CALDEBARCOS *15294 A Coruña* 571 D 2 – *Playa.*
Madrid 704 – Santiago de Compostela 68 – A Coruña 115 – Pontevedra 100.

Casa Manolo, carret. C 550 981 76 03 06 – P. VISA.
cerrado 24 septiembre-15 octubre – **Comida** - pescados y mariscos - carta aprox. 22.
• Negocio familiar conocido en la zona y con muchos años de experiencia. Posee un bar a la entrada y un comedor clásico-actual, donde sirven pescados y mariscos a buen precio.

CALDERS *08279 Barcelona* 574 G 35 122 B 6 – *561 h alt. 552.*
Madrid 593 – Barcelona 71 – Manresa 18 – Vic 35.

en la carretera N 141 *Noreste : 2,5 km :*

Urbisol , 08279, 93 830 91 53, *info@hotelurbisol.com, Fax 93 830 92 62,* – TV P. AE VISA.
cerrado del 7 al 31 de enero – **Comida** *(cerrado martes)* carta 24 a 39 – **13 hab** 130.
• Ubicado en una masía, sus habitaciones de estilo minimalista, con motivos florales en las paredes y bañera de hidromasaje, recrean un marco ideal para el descanso. El comedor resulta algo pequeño aunque disfruta de un cuidado montaje.

CALDES DE BOÍ *Lleida* – *ver Boí.*

CALDES DE MALAVELLA *17455 Girona* 574 G 38 122 G 5 – *3 156 h alt. 94 – Balneario.*
Madrid 696 – Barcelona 83 – Girona/Gerona 21.

Balneario Vichy Catalán , av. Dr. Furest 32 972 47 00 00, *balneario@vichycatalan.es, Fax 972 47 22 99,* , , – TV P – 25/100. AE VISA.
Comida carta 23 a 45 – 13 – **82 hab** 115,75/188,20 – 4 suites.
• Clásico hotel-balneario en un frondoso parque. En sus dependencias, espaciosas y modernas, encontrará unas habitaciones renovadas y otras de un discreto confort.

Balneario Prats, pl. Sant Esteve 7 ✆ 972 47 00 51, *info@balneariprats.com, Fax 972 47 22 33*, de agua termal, - , rest, - 25/50. AE VISA.
Comida 19 - 7 - **75 hab** 102.
• Instalado en un atractivo edificio con terraza arbolada. Posee unas acogedoras habitaciones correctamente equipadas, además de una zona noble y termal muy cuidada.

en la carretera N II *Noroeste : 6 km :*

Can Piu, ✉ 17455, ✆ 972 47 75 18, *Fax 972 47 75 18* - . AE VISA.
cerrado del 15 al 30 de junio y miércoles - **Comida** carta 22 a 31.
• En una antigua casa a las afueras de la localidad. Dispone de cuatro comedores sencillos con mobiliario estándar. Organización familiar discreta.

CALDES DE MONTBUI *08140 Barcelona 574 H 36 122 C 7 - 11 480 h alt. 180 - Balneario.*

pl. Font del Lleó 20 ✆ 93 865 41 40 tur.caldesm@caldesm.diba.es Fax 93 865 34 00.
Madrid 636 - Barcelona 33 - Manresa 57.

Vila de Caldes, pl. de l'Àngel 5 ✆ 93 865 41 00, *viladecaldes@grupbroquetas.com, Fax 93 865 00 95*, , Centro termal, - - 25/50. AE VISA.
Comida *(cerrado domingo noche)* 29,90 - 9 - **30 hab** 94,80/118,50 - PA 58,50.
• Moderno hotel con espaciosas zonas nobles, destacando la piscina con solarium del ático. Sus habitaciones están completamente equipadas ofreciendo un buen nivel de confort.

Balneario Broquetas, pl. Font del Lleó 1 ✆ 93 865 01 00, *broquetas@grupbroquetas.com, Fax 93 865 23 12*, , Centro termal, climatizada, - - 25/300. AE VISA JCB. rest
cerrado 22 diciembre-22 enero - **Comida** carta aprox. 29 - 10,11 - **80 hab** 88,76/121,34 - 4 suites, 8 apartamentos.
• Edificio de principios del s. XX, con jardín arbolado y piscina climatizada, dotado de unas correctas dependencias. Magnífica galería modernista de baños termales. Restaurante amplio y luminoso que en verano se complementa con una agradable terraza.

Balneario Termas Victoria, Barcelona 12 ✆ 93 865 01 50, *info@termesvictoria.com, Fax 93 865 08 16*, Centro termal, , - . VISA. rest
Comida - sólo menú - 20,50 - 9,50 - **90 hab** 77/105.
• Cuenta con una buena zona noble, habitaciones espaciosas pero algo sobrias en decoración y unos baños actuales. Organización familiar y una galería termal bien dispuesta. Comedor de adecuado montaje, con una gran pérgola exterior para banquetes.

Robert de Nola, passeig del Remei 50 ✆ 93 865 40 47, *3nfo@robertdenola.com, Fax 93 865 40 47* - . AE VISA. - *cerrado Semana Santa, del 9 al 24 de agosto, domingo noche y lunes* - **Comida** carta 24 a 33.
• Negocio con la fachada en piedra y una cuidada sala de estilo moderno con el suelo en pizarra. Su joven y experimentado equipo elabora interesantes platos.

CALDES D'ESTRAC o CALDETAS *08393 Barcelona 574 H 37 122 F 7 - 1 451 h - Playa.*

Madrid 661 - Barcelona 36 - Girona/Gerona 62.

Jet, Riera de Caldetes ✆ 93 791 07 00, *hoteljet@terra.es, Fax 93 791 27 54*, , -
. AE VISA. rest
marzo-octubre - **Comida** 17 - 9 - **30 hab** 57/72.
• Concebido para una clientela vacacional. Buena zona recreativa e instalaciones funcionales, con habitaciones de sencillo confort y correcto equipamiento. Comedor panorámico en el ático.

CALELLA *08370 Barcelona 574 H 37 122 F 7 - 11 577 h - Playa.*

Sant Jaume 231 ✆ 93 769 05 59 aj035.turisme@calella.org Fax 93 769 59 82.
Madrid 683 - Barcelona 48 - Girona/Gerona 55.

Sant Jordi, av. del Turisme 80 ✆ 93 766 19 19, *santjordi@ctv.es, Fax 93 766 05 66*, climatizada - . AE VISA JCB. rest
Comida *(cerrado enero, noviembre y martes)* 16 - **49 hab** 80/105.
• Situado en 2ª línea de playa. Posee una discreta zona noble y habitaciones funcionales de correcto confort, unas con los cabeceros de las camas tapizados y otras en madera. En su moderno restaurante ofrecen una carta actual de base tradicional.

Volga, Jovara 350 ✆ 93 769 18 00, *volga@grupflorida.com, Fax 93 766 11 86*, -
. AE VISA.
marzo-noviembre - **Comida** - sólo buffet - 12 - **173 hab** 60/120.
• Un buen recurso para el turista vacacional, ya que ofrece unas habitaciones actuales, amplias y luminosas, todas ellas con terraza. La zona social está unida a la recepción. En el restaurante sirven un variado buffet.

Calella Park, Jovara 257 ✆ 93 769 21 03, *hotenco@hotenco.com, Fax 93 766 00 88,* – , rest,. VISA.
mayo-octubre – **Comida** - sólo buffet, sólo clientes - 12,60 – 7,50 – **50 hab** 45/62.
◆ Céntrico hotel con instalaciones algo anticuadas, dotado de habitaciones con mobiliario castellano y baños completos, confortables en su categoría. Comidas sólo para clientes.

El Hogar Gallego, Ànimes 73 ✆ 93 766 20 27, *Fax 93 766 40 03* – P. AE VISA.
cerrado domingo noche y lunes – **Comida** - pescados y mariscos - carta 34 a 49.
◆ Bar a la entrada con mesas para raciones, y comedor principal de estilo clásico, ampliado recientemente con tres salones más modernos. Excelente producto.

CALELLA DE PALAFRUGELL *17210 Girona 574 G 39 122 J 5 – Playa.*
Ver : *Pueblo pesquero★.*
Alred. : *Jardín Botánico del Cap Roig★ ≤★★.*
Les Voltes 6 ✆ 972 61 44 75 turismesauleda@palafrugell.net Fax 972 61 12 61 (temp).
Madrid 727 – Girona/Gerona 44 – Palafrugell 6 – Palamós 17.

Alga sin rest, av. Joan Pericot i Garcia 55 ✆ 972 61 70 80, *alga@novarahotels.com, Fax 972 61 51 02,* , , – TV P. AE VISA
marzo-octubre – **53 hab** 75/120.
◆ De línea actual con unos cuidados exteriores. Las confortables habitaciones, en su mayoría con baños reformados, se complementan con amplias zonas comunes.

Garbí , Baldomer Gili i Roig 20 ✆ 972 61 40 40, *info@hotelgarbi.com, Fax 972 61 58 03,* , climatizada, – TV P. AE VISA.
Comida 19,30 – **50 hab** 61/106.
◆ Ubicado en el centro de un pinar. Posee unas acogedoras habitaciones, recientemente reformadas, y otras más actuales en un pabellón contiguo. Espaciosa zona noble. Restaurante de correcto montaje, con amplios ventanales que trasmiten gran luminosidad.

Sant Roc , pl. Atlàntic 2 (barri Sant Roc) ✆ 972 61 42 50, *info@santroc.com, Fax 972 61 40 68,* ≤ – TV P. AE VISA. rest
11 marzo-10 diciembre – **Comida** 21 – 10 – **48 hab** 98,12/128,26 – PA 44,10.
◆ En un emplazamiento privilegiado, dominando la costa desde su terraza. La actualización de las zonas comunes y de algunas habitaciones lo ha dotado de un mayor confort. Acogedor restaurante donde podrá degustar una cuidada selección gastronómica.

Port-Bo sin rest, August Pi i Sunyer 6 ✆ 972 61 49 62, *hportbo@grn.es, Fax 972 61 40 65,* climatizada – TV P. VISA
15 marzo-octubre – **32 hab** 80/108.
◆ Tras una completa reforma ha mejorado el nivel general de sus dependencias. Posee un amplio hall-recepción, y unas habitaciones correctamente equipadas, algunas con cocina.

La Torre , passeig de la Torre 28 ✆ 972 61 46 03, *correu@hotel-latorre.com, Fax 972 61 51 71,* ≤, – P. VISA. hab
junio-septiembre – **Comida** 15 – **28 hab** 56/109 – PA 71,82.
◆ Sencillo hotel de organización familiar, recientemente renovado. Dispone de unas habitaciones de suficiente confort en su categoría, con baños modernos. En su comedor podrá saborear una cocina de tendencia regional mientras contempla la bahía.

Mediterrani, Francesc Estrabau 40 ✆ 972 61 45 00, *hotmed@arrakis.es, Fax 972 61 45 00,* ≤, – TV P. VISA. rest
mayo-septiembre – **Comida** *(22 junio-12 septiembre)* 19 – **38 hab** 56/100.
◆ Un clásico en la zona, con una privilegiada ubicación frente al mar. Sus habitaciones, sobrias en decoración y con baños algo anticuados, resultan muy válidas en su nivel. Comedor panorámico.

Sa Jambina, Boffil i Codina 21 ✆ 972 61 46 13 – . VISA.
cerrado 2ª quincena de diciembre y lunes – **Comida** - sólo almuerzo en invierno - carta 29 a 47.
◆ Negocio familiar con bar de apoyo en la entrada, y unas salas de sencillo montaje con mobiliario estándar. Completa su carta con sugerencias según el mercado.

CALETA DE FUSTE *Las Palmas – ver Canarias (Fuerteventura).*

CALETA DE VÉLEZ *29751 Málaga 578 V 17 124 J 5 – 2 247 h – Playa.*
Madrid 537 – Sevilla 243 – Málaga 38.

Trayamar, av. del Puerto 187 ✆ 95 255 12 67, *Fax 952 54 20 08,* – . AE VISA
Comida carta 25 a 40.
◆ Diáfano local ubicado en 1ª línea de playa, con luminosas cristaleras y buen montaje. Lo lleva un equipo con ideas e ilusión, ofreciendo excelentes productos y elaboraciones.

CALLDETENES *08519 Barcelona* 574 G 36 122 D 5 – *1 447 h alt. 489.*

Madrid 673 – Barcelona 72 – Girona/Gerona 64 – Manresa 57 – Vic 4.

Can Jubany, acceso carret. C 25 - Este : 1,5 km ☎ 93 889 10 23, *info@canjubany.com, Fax 93 886 26 80* – ▤ P. AE ⓓ MC VISA JCB. ✂
cerrado del 1 al 15 de enero, del 1 al 15 de septiembre, domingo y lunes – **Comida** carta 44 a 66.
Espec. Mármol de sepia tibia con calçots. Arroz seco de espardenyes con jugo de cigalas. Trufa negra de Osona al papillote sobre puré de patata del buffet (diciembre-15 marzo).
◆ Una masía acoge este restaurante de acertada disposición. En sus salones de estilo neorrústico disfrutará de una carta actual de gran nivel. Bodega con caldos escogidos.

CALLOSA D'EN SARRIÀ *03510 Alacant* 577 Q 29 128 H 3 – *7 503 h alt. 150.*

Madrid 472 – Alacant/Alicante 57 – Benidorm 14 – Gandía 68.

El Repòs del Viatger sin rest (es necesario reservar), Major 1 ☎ 96 588 23 22, *jronda@infonegocio.com, Fax 96 588 23 22* – MC VISA. ✂
5 hab ☕ 36/48.
◆ Casa tradicional de sencilla organización que conserva el mobiliario antiguo. Ofrece habitaciones de estilo personalizado y decoración austera. Atractiva biblioteca.

CALO *15895 A Coruña* 571 D 4.

Madrid 663 – Santiago de Compostela 6 – A Coruña 76.

Pazo de Adrán ⛰, Lugar de Adrán ☎ 981 57 00 00, *pazodeadran@yahoo.es, Fax 981 54 88 83,* ⛱, 🌳 – ▤ TV 🚗 P – 🎤 25/400. MC VISA. ✂
Comida 28 – ☕ 9 – **11 hab** 76/96 – PA 59.
◆ Atractiva casa señorial en pleno campo, con magníficos exteriores ajardinados y un interior decorado con elegancia. Habitaciones detallistas vestidas con mobiliario de época. Comedor de montaje clásico con las paredes en piedra y un amplio salón de banquetes.

Sa CALOBRA *Illes Balears – ver Balears (Mallorca).*

CALP o CALPE *03710 Alacant* 577 Q 30 128 I 3 – *15 605 h – Playa.*

Alred. : *Peñón de Ifach*★.

⛳9 *Ifach, urb. San Jaime, Noreste : 3 km ☎ 96 649 71 14 Fax 96 649 71 14.*

ℹ *av. Ejércitos Españoles 44 ☎ 96 583 69 20 calpe@touristinfo.net Fax 96 583 12 50 y pl. del Mosquit ☎ 96 583 85 32 calpecentro@turistinfo.net Fax 96 583 85 31.*

Madrid 464 – Alacant/Alicante 63 – Benidorm 22 – Gandía 48.

Bahía Calpe, av. de Valencia 24 ☎ 96 583 97 02, *reservas@bahiacalpe-hotel.com, Fax 96 587 49 32,* ≤, ⛱ – 🛗 ▤ TV 📞 🚗 – 🎤 25/400. AE MC VISA. ✂
Comida - sólo buffet - 20,75 – ☕ 9 – **284 hab** 110/160.
◆ Disfruta de una situación céntrica y privilegiada, ya que está en 1ª línea de playa. Habitaciones de confort actual, todas con terraza y la mayoría dotadas de buenas vistas. El luminoso restaurante basa su servicio en un menú diario y un completo buffet.

La Cambra, Delfín 2 ☎ 96 583 06 05 – ▤. AE MC VISA. ✂
cerrado 15 días en mayo, 15 días en noviembre y domingo – **Comida** - sólo almuerzo salvo julio-septiembre - carta 23 a 41.
◆ Restaurante que mantiene el estilo de una casa norteña, con vigas en el techo y mobiliario antiguo. Bar público en la planta baja y correcto comedor en el 1er piso.

El Bodegón, Delfín 8 ☎ 96 583 01 64, *Fax 96 583 79 73* – ▤. AE ⓓ MC VISA. ✂
cerrado 15 febrero-5 marzo, domingo(octubre-15julio) y domingo noche resto del año – **Comida** carta aprox. 32.
◆ Instalaciones bien cuidadas cuyo éxito radica en la sencillez. Decoración rústica castellana y una cocina clásica, especializada en asados, arroces y zarzuelas variadas.

Shadi, La Niña - edificio Nerea, local 4 ☎ 96 583 64 64, *shadi_libanes@hotmail.com* – ▤. MC VISA. ✂
cerrado martes noche – **Comida** - rest. libanés - carta 24 a 33.
◆ No sólo destaca por el exotismo de sus platos, sino también por el mobiliario y servicio, todo ello de muy buen nivel. Decoración clásica con detalles de estilo árabe.

Los Zapatos, La Santa María 7 ☎ 96 583 15 07, *loszapatos@ctv.es, Fax 96 583 50 89* – ▤. AE ⓓ MC VISA. ✂
cerrado del 4 al 20 de enero, martes salvo julio-septiembre y miércoles – **Comida** - sólo cena en verano - carta 30 a 38.
◆ Acceso directo a una acogedora sala, donde disponen de un servicio de mesa bastante bien cuidado. Carta actual y creativa, con elaboraciones de inspiración francesa.

por la carretera N 332 *Norte : 2,5 km y desvío a la izquierda 1,2 km :*

XX **Casa del Maco** con hab, Pou Roig-Lleus, ✉ apartado 260 Benissa, ✆ 96 573 28 42, *macomarcus@hotmail.com, Fax 96 573 01 03,* – P. AE VISA. rest
cerrado enero – **Comida** *(cerrado martes)* - sólo cena salvo domingo - carta 44 a 51 – 9 – **6 hab** 87/99.
◆ Antigua casa de campo de cálido ambiente y elegante rusticidad, cuyo esmerado montaje ensalza una cocina de raíces galas. Posee habitaciones como complemento.

CAMALEÑO *39587 Cantabria 572 C 15 – 1 192 h.*

Madrid 483 – Oviedo 173 – Santander 126.

El Jisu, carret. de Fuente Dé - Oeste : 0,5 km ✆ 942 73 30 38, *eljisu@wanadoo.es, Fax 942 73 03 15,* ← – TV P. VISA.
cerrado Navidades y enero – **Comida** 14 – 5 – **9 hab** 45/57.
◆ Hotel tipo chalet de sencilla organización, con habitaciones confortables y actuales. Por su entorno se define como una excelente opción para los amantes de la montaña. El restaurante resulta ideal para degustar los platos típicos de la comarca lebaniega.

El Caserío, ✆ 942 73 30 48, *Fax 942 73 30 48* ← – P. VISA.
marzo-octubre y fines de semana resto del año – **Comida** 9 – 3 – **17 hab** 24/42.
◆ Ubicado en dos viejas casas rehabilitadas. Sus cálidas habitaciones, con profusión de madera y un confort actual, son el complemento idóneo para una jornada de montaña. Comedor de aire rústico, con las paredes en piedra vista y una sencilla chimenea.

CAMASOBRES *34849 Palencia 575 C 16.*

Madrid 365 – Valladolid 183 – Palencia 135 – Santander 108.

Posada de la Pernía , ✆ 979 18 40 99, *Fax 979 87 05 56,* , – TV P – 15/25. VISA
Comida *(cerrado lunes)* carta aprox. 33 – **14 hab** 70/100 – 3 suites.
◆ Edificio neorrústico en una casona del s. XVIII. Destaca su elegante zona social, la biblioteca y unas coquetas habitaciones vestidas con piedra, madera y mobiliario antiguo. Comedor exterior de correcto montaje con una carta de corte tradicional.

CAMBADOS *36630 Pontevedra 571 E 3 – 12 503 h – Playa.*

Ver : *Plaza de Fefiñanes★.*

pl. do Concello ✆ 986 52 07 86 Fax 986 52 48 66.

Madrid 638 – Pontevedra 34 – Santiago de Compostela 61.

Parador de Cambados, Príncipe 1 ✆ 986 54 22 50, *Fax 986 54 20 68,* , , , – TV P – 25/100. AE VISA JCB.
Comida 25 – 11 – **57 hab** 108/135 – 1 suite.
◆ Conjunto de estilo regional en un marco perfilado por la belleza de la ría. Recréese en sus cálidas estancias, decoradas con recias columnas de piedra y mobiliario clásico. Agradable comedor ambientado con motivos marineros.

Casa Rosita, av. de Villagarcía 8 ✆ 986 54 34 77, *Fax 986 54 28 78,* , – TV P. AE VISA.
cerrado Navidades – **Comida** *(cerrado domingo noche)* carta aprox. 24 – 6 – **53 hab** 36/60.
◆ Hotel de aire regio y sencilla organización, dotado de unas habitaciones espaciosas y muy cuidadas, destacando las que brindan vistas a la ría.

A Mariña sin rest, Os Pazos 6 ✆ 986 54 33 97, *Fax 986 54 24 70* – TV . VISA.
febrero-octubre – 5 – **42 hab** 50/62.
◆ Instalado en un edificio de planta horizontal con fachada en piedra. Dispone de habitaciones bien equipadas, aunque un tanto limitadas en detalles decorativos.

Pazo A Capitana sin rest, Sabugueiro 46 ✆ 986 52 05 13, *pazoacapitana@pazoacapitana.com, Fax 986 54 22 43,* Bodega propia y museo, – TV P. VISA.
cerrado 15 diciembre-15 enero – **11 hab** 70/90.
◆ Pazo totalmente restaurado, con un gran portalón y una bella fuente en el patio. Conserva los antiguos lagares y cocinas, que conviven en armonía con sus cálidas habitaciones.

XX **Ribadomar,** Terra Santa 17 ✆ 986 54 36 79, *Fax 986 52 69 49* – P. AE VISA JCB.
cerrado 15 días en octubre, domingo noche y lunes salvo julio-agosto – **Comida** carta 25 a 33.
◆ Negocio serio, con el dueño al frente de los fogones y el hijo en la sala. Comedor bien montado donde ofrecen una carta mediana, y un buen servicio de mesa.

Posta do Sol, Ribeira de Fefiñans 22 ✆ 986 54 22 85, – AE ⓓ MC VISA.
cerrado 2ª quincena de enero, 2ª quincena de octubre y miércoles (salvo junio-septiembre) – **Comida** - pescados y mariscos - carta 25 a 39.
• Llevado en familia e instalado en un antiguo bar. La sala, de excelente pulcritud y montaje, se decora con antigüedades y detalles regionales como los encajes de Camariñas.

A Casa da Leña, pl. das Rodas 1 ✆ 986 52 10 71, – MC VISA.
cerrado martes – **Tapa** 3 **Ración** aprox. 6.
• En pleno casco antiguo. Bar de tapas de estilo rústico, con las paredes en piedra, donde podrá degustar una gran variedad de raciones calientes y frías.

CAMBRE *15660 A Coruña* 571 C 4 – *18 691 h.*

Ver : *Iglesia de Santa María*★.

Madrid 584 – Santiago de Compostela 64 – A Coruña 12 – Lugo 85.

A Estación, carret. da Estación 51 ✆ 981 67 69 11, *estaciondecambre@hotmail.com, Fax 981 67 69 11* – ▤. MC VISA.
Comida carta aprox. 30.
• Edificio tipo pabellón ubicado en un antiguo almacén junto a la estación de ferrocarril, acristalado y con el techo en madera. Hall-bar privado y comedor de estilo ecléctico.

CAMBRILS *43850 Tarragona* 574 I 33 – *14 903 h* – *Playa.*

Ver : *Localidad*★.

Alred. : *Parque de Samá*★ *Norte : 8 km – Castillo-Monasterio de Escornalbou*★ *Noroeste : 26 km.*

paseo de las Palmeras 1 ✆ 977 79 23 07 tur@cambrils.org Fax 977 79 26 25.

Madrid 554 ③ – Castelló de la Plana/Castellón de la Plana 165 ③ – Tarragona 18 ③

Planos páginas siguientes

en el puerto :

Mónica H., Galcerán Marquet 3 ✆ 977 79 10 00, *Fax 977 79 36 78,* , – ▤ TV – 25/60. AE ⓓ MC VISA. CZ b
cerrado 19 diciembre-10 enero – **Comida** - sólo clientes - 16 – **100 hab** 85,50/120.
• Hotel de bellos exteriores dotados de una zona recreativa con césped, piscina y palmeras. Acogedora área social y cuidadas habitaciones con baños actuales. Comedor privado.

Rovira, av. Diputació 6 ✆ 977 36 09 00, *Fax 977 36 09 44,* <, – ▤ TV – 25/40. AE ⓓ MC VISA. CZ f
cerrado 15 diciembre-21 enero – **Comida** *(cerrado martes salvo 15 junio-20 septiembre)* 17 – **56 hab** 80/105 – 2 suites.
• Excelente situación frente a la playa, con fachada renovada recientemente. Sus instalaciones resultan espaciosas, confortables, y con mobiliario de calidad. Amplio comedor con un esmerado servicio de mesa.

Port Eugeni, pl. Aragó 49 ✆ 977 36 52 61, *porteugeni@gruparbo.com, Fax 977 36 56 13,* – ▤ TV – 25/200. MC VISA. CY a
5 febrero-octubre – **Comida** - sólo buffet - 11 – **105 hab** 78,75/125.
• Hotel de decoración moderna y dependencias funcionales. Sus bien equipadas habitaciones, la mayoría con terraza, le proporcionan un buen confort general. Comedor con servicio de buffet.

Princep, Narcís Monturiol 2 ✆ 977 36 11 27, *informacion@hotelprincep.com, Fax 977 36 35 32* – ▤ TV . AE ⓓ MC VISA. CZ c
Can Pessic *(cerrado 13 diciembre-7 enero, 31 enero-11 febrero, domingo noche y lunes)* **Comida** carta 33 a 46 – **27 hab** 78/83.
• Negocio llevado en familia, ubicado en el centro de la localidad. Instalaciones cuidadas en las que destacan sus espaciosas habitaciones. Zona noble íntima y acogedora. Impecable y luminoso comedor con entrada independiente.

Can Solé, Ramón Llull 19 ✆ 977 36 02 36, *cansole@wanadoo.es, Fax 977 36 17 68,* – ▤ TV . AE ⓓ MC VISA. rest BZ e
cerrado 22 diciembre-8 enero – **Comida** 14,70 – 4,50 – **26 hab** 37/56.
• Hotel familiar de correcto equipamiento, con habitaciones renovadas, pequeñas y de mobiliario funcional, en su mayoría con plato ducha.

Can Bosch, Rambla Jaume I-19 ✆ 977 36 00 19, *Fax 977 36 91 04* – ▤. AE ⓓ MC VISA.
cerrado 22 diciembre-22 enero, 7 días en junio, domingo noche y lunes – **Comida** - pescados y mariscos - carta aprox. 52. BZ d
Espec. Milhojas de berenjena con caballa y espardenyes con cebolla confitada. Bogavante con arroz negro Can Bosch. Parfait de avellana, compota de albaricoque, limón, vainilla y migas de bretón.
• Restaurante decorado en estilo moderno, salpicado de detalles vanguardistas. Salón amplio y bien iluminado que le propone deliciosos platos a base de productos del mar.

XX **Joan Gatell,** passeig Miramar 26 ✆ 977 36 00 57, *joangatell@joangatell.com, Fax 977 79 37 44,* ≤, – ▤. AE ⓓ MC VISA JCB. ✈ BZ s
cerrado 15 diciembre-11 enero, del 2 al 17 de mayo, domingo noche y lunes – **Comida** - pescados y mariscos - carta 57 a 77.
◆ Afamado negocio que posee una sala acristalada de corte clásico, otra en el 1er piso y una agradable terraza. Equilibrada y sabrosa cocina de especialidades marineras.

XX **Rincón de Diego,** Drassanes 7 ✆ 977 36 13 07, *Fax 977 36 56 10* – ▤. AE ⓓ MC VISA. ✈ CZ v
cerrado 22 diciembre-27 enero, domingo noche y lunes – **Comida** - pescados y mariscos - carta 31 a 42.
◆ Acogedora casa con un comedor clásico y de buen montaje, complementado por otro decorado en tonos azules. Carta mediterránea actual con esmeradas presentaciones.

XX **Casa Gallau,** Pescadors 25 ✆ 977 36 02 61, *gallau@terra.es, Fax 977 36 24 33,* – ▤. AE ⓓ MC VISA. ✈ CZ c
cerrado 23 diciembre-23 enero y martes – **Comida** - pescados y mariscos - carta aprox. 36.
◆ Negocio de larga trayectoria familiar, con bar de tapas a la entrada, salas de aire regional y terrazas interiores. Su mesa recoge la tradición culinaria de la zona.

XX **La Cuina de l'Anna,** pl. Mossèn Joan Batalla 5 ✆ 977 36 64 24, *restaurante@lacuinadelanna.com, Fax 977 36 59 75* – ▤. AE ⓓ MC VISA. ✈ BZ u
cerrado febrero, del 1 al 15 de noviembre, martes noche y miércoles en invierno, miércoles mediodía resto del año – **Comida** carta aprox. 29.
◆ La cocina moderna, de corte mediterráneo, es la clave de la buena acogida que este restaurante tiene en la localidad. Amplio comedor de cuidado montaje.

XX **Bresca,** Travessia Àncora 21 ✆ 977 36 95 12 – ▤. MC VISA. ✈ CZ a
cerrado del 15 al 31 de enero, 1 semana en octubre, domingo noche y lunes – **Comida** - sólo cena en julio-agosto salvo fines de semana y festivos - carta 30 a 41.
◆ Establecimiento llevado por dos jóvenes con inquietudes, cuya decoración, en tonalidades fuertes, combina diseño y rusticidad. Esmeradas elaboraciones.

XX **Bandert,** Rambla Jaume I ✆ 977 36 10 63 – ▤. AE ⓓ MC VISA JCB. ✈ CZ x
cerrado martes – **Comida** carta 35 a 45.
◆ Salón de cuidado montaje y línea clásica decorado en tonos salmón, que se complementa con otro, de nivel más sencillo, en una terraza cubierta. Carta internacional.

X **Gami,** Sant Pere 9 ✆ 977 36 10 49, *Fax 977 36 10 49,* – ▤. AE ⓓ MC VISA. ✈
cerrado noviembre y viernes mediodía – **Comida** carta 23 a 35. CZ z
◆ Posee un comedor pequeño, con correcto servicio de mesa, contiguo a un reservado de características similares. Le propone recetas de la tradición mediterránea.

X **Acuamar,** Consolat de Mar 66 ✆ 977 36 00 59, *Fax 977 36 46 58,* ≤ – ▤. AE ⓓ MC VISA. ✈ CZ k
cerrado 12 octubre-15 noviembre, miércoles noche y jueves – **Comida** carta aprox. 32.
◆ Restaurante de organización totalmente familiar, que trabaja con pescados frescos de buena calidad. Salones en dos plantas, con mobiliario funcional y vistas al mar.

X **Font Casa Gallot,** Joan S. Elcano 8 ✆ 977 79 35 51, *Fax 977 79 15 78,* – ▤. MC VISA BZ r
cerrado 22 diciembre-enero, domingo noche y lunes salvo festivos – **Comida** carta 29 a 36.
◆ Pequeño establecimiento con comedor de cuidado montaje y un confort muy aceptable. La propietaria elabora platos de sabor casero, a partir de los productos de temporada.

X **Montserrat,** Mestre Miquel Planas 9 ✆ 977 36 16 40, *Fax 977 36 51 04* – ▤. ⓓ MC VISA. ✈ CZ r
cerrado 22 diciembre-8 enero, del 1 al 15 de noviembre, domingo noche y lunes salvo festivos – **Comida** carta 29 a 40.
◆ Propone una sugestiva carta de sabor mediterráneo, en un marco modesto pero de buen mantenimiento, y con un cuidado servicio de mesa.

X **Macarrilla,** Barques 14 ✆ 977 36 08 14, *Fax 977 36 08 14,* – ▤. ⓓ MC VISA. ✈ CZ w
cerrado del 1 al 15 de noviembre – **Comida** - pescados y mariscos - carta aprox. 29.
◆ Bar de tapas con entrada independiente que sirve menú del día. Sala funcional de sencillo montaje, que ofrece una carta especializada en pescados y mariscos.

en la carretera de Salou *por la costa :*

Tropicana, av. Diputació 33 - Este : 1,5 km, ✉ 43850, ✆ 977 36 01 12, *hoteltropicana@ctv.es, Fax 977 36 01 12,* , , – |‡| ▤ TV P. MC VISA. ✈
19 marzo-5 noviembre – **Comida** 12 – ☕ 5,50 – **30 hab** 40/75 – PA 25.
◆ Hotel de atractivos exteriores con piscina, césped y palmeras. Amplias habitaciones dobles, con terraza y completo equipamiento, siendo las individuales más elementales. Comedor acristalado con vistas a los jardines.

CAMBRILS

Street	Grid	No.
Bargues	CZ	2
Camí de la Creu	BX	4
Carme	CZ	6
Conca de Barberà	BX	7
Consolat de Mar	CZ	9
Constitució (Pl. de la)	BZ	10
Corona d'Aragó	AX	12
Creu de la Missió (Pl.)	BZ	13
Doctor Pasqual	AY	17
Drassanes	CZ	14
Eduard Toldrà	BZ	15
Església (Pl.)	CZ	16
Esteve Anguera	CZ	18
Francesc Macià (Pas.)	BY	19
Francesc Pérez Dolç	AXY	21
Frederic Mompou	BZ	22
Galceràn Marquet	CZ	24
General Prim	AY	25
Horta de Santa Maria (Av.)	AZ	27
Joan S. El Cano	BZ	28
Josep Serra i Dalmau	AX	30
Lluís Companys (Pas.)	BY	31
Marianao (Pl.)	AX	33
Miramar (Pas.)	BZ	34
Molí d'Avall	CY	36
Mossèn Jacint Verdaguer	AY	38
Mossèn Joan Batalla	CZ	39
Nou Cambrils (Av.)	AX	40
Olivos (los)	BX	42
País Basc	BY	43
Pau Casals	BCZ	45
Planas	BZ	46
Pòsit (Pl.)	CZ	49
Pompeu Fabra	AY	48
Ramon Berenguer	AY	51
Ramon Llull	BZ	52
Regueral (Rambla)	CZ	54
Robert Gerard	BZ	55
Roger de Flor	CZ	57
Salvador Gené i Torrents	AX	58
Sant Jordi	BZ	60
Sant Pere	CZ	61
Santa Joaquima de Vedruna	ABY	63
Tramuntana	ABZ	65
València	BY	64
Verge de Montserrat	ABY	66
Verge del Camí	AY	67
Vidal i Barraquer (Av.)	AY	69

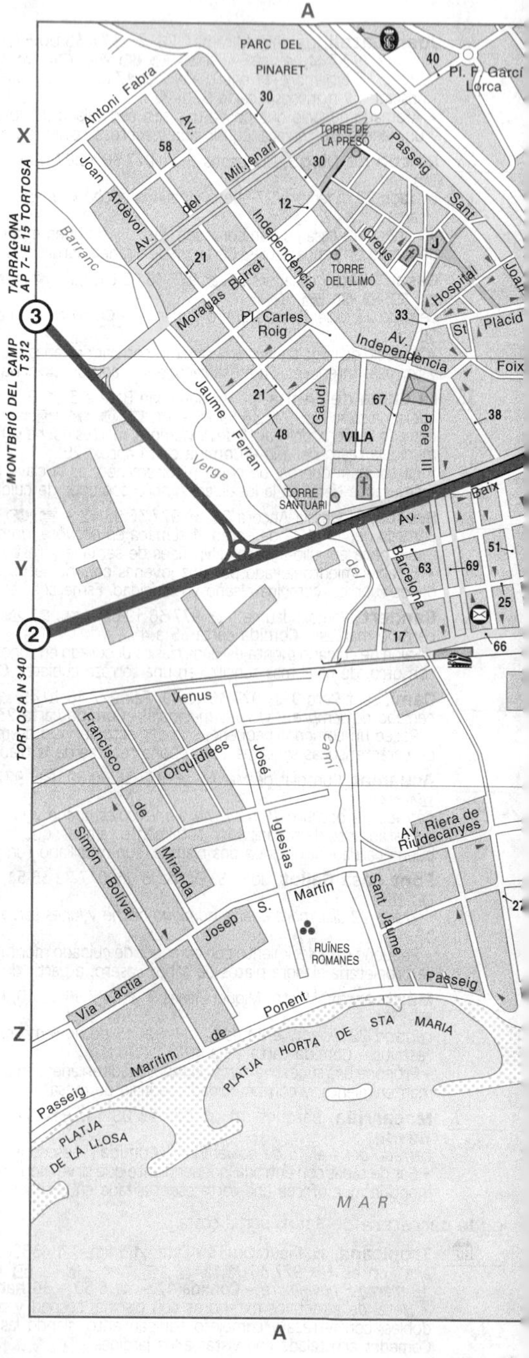

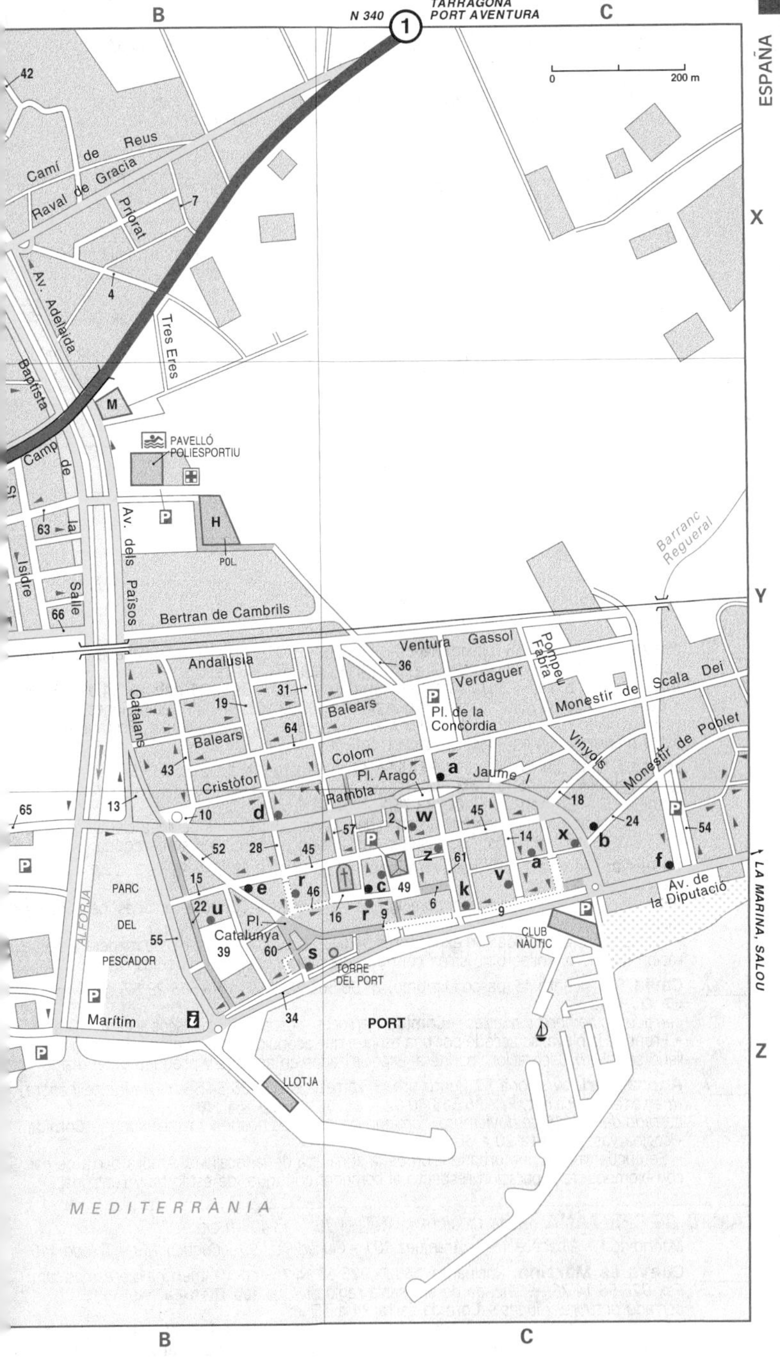
TARRAGONA
PORT AVENTURA
N 340
0
200 m
Camí de Reus
Raval de Gracia
Priorat
Av. Adelaida
Tres Eres
Baptista
Camp de
St Isidre
la Salle
Av. dels Països
PAVELLÓ POLIESPORTIU
POL.
Bertran de Cambrils
Barranc Regueral
Ventura Gassol
Pompeu Fabra
Andalusia
Verdaguer
Monestir de Scala Dei
Catalans
Balears
Pl. de la Concòrdia
Vinyols
Monestir de Poblet
Colom
Cristòfor
Pl. Aragó
Jaume I
Rambla
ALFORJA
PARC DEL PESCADOR
Pl. Catalunya
TORRE DEL PORT
CLUB NÀUTIC
Av. de la Diputació
LA MARINA, SALOU
Marítim
PORT
LLOTJA
MEDITERRÀNIA

XX **Casa Soler,** av. Diputació 197 - Este : 5 km, ✉ 43850, ☎ 977 38 04 63, *rcsoler.@teleline.es, Fax 977 38 04 63* – ▤ P. AE ⓓ ⓜ VISA
Comida carta aprox. 40.
• Restaurante de ambiente acogedor y cuidado mantenimiento. Posee dos salones para degustar sus apetitosas elaboraciones, y otro de uso exclusivo para banquetes.

al Noreste : *por* ① :

Mas Gallau, carret. N 340 : 3,5 km, ✉ 43850 apartado 129, ☎ 977 36 05 88, *masgallau@telefonica.net, Fax 977 36 05 88,* – ▤ TV P – 25/400. ⓓ ⓜ VISA.
Comida - ver rest. ***Mas Gallau*** – **38 hab** 84,50/104 – 2 suites.
• Hotel vacacional de modernas instalaciones y refinada decoración. Aunque su organización es algo sencilla, las habitaciones y los baños resultan adecuados. Jardín con piscina.

XX **Mas Gallau** - *Hotel Mas Gallau,* carret. N 340 : 3,5 km, ✉ 43850 apartado 129, ☎ 977 36 05 88, *masgallau@telefonica.net, Fax 977 36 05 88* – ▤ P. AE ⓓ ⓜ VISA.
Comida carta 30 a 37.
• Restaurante con entrada y funcionamiento independiente del hotel. Posee una sala de impecable montaje decorada en estilo rústico, donde degustar sus deliciosos platos.

La CAMELLA *Santa Cruz de Tenerife – ver Canarias (Tenerife) : Arona.*

CAMP DE MAR *Illes Balears – ver Balears (Mallorca).*

CAMPANET *Illes Balears – ver Balears (Mallorca).*

CAMPANILLAS *Málaga – ver Málaga.*

El CAMPELLO *03560 Alacant* 577 Q 28 123 F 4 – *11 094 h – Playa.*
Madrid 431 – Alacant/Alicante 13 – Benidorm 29.

Playa, San Vicente 36 (paseo Marítimo) ☎ 96 563 01 99, *correo@casapepe-campello.com, Fax 96 563 01 99,* ≤, – ▤ TV . ⓜ VISA. rest
Casa Pepe *(cerrado domingo noche)* **Comida** carta 26 a 36 – **21 hab** 54,09/96,16.
• Casa de larga trayectoria familiar que pone a su disposición unas habitaciones amplias, con mobiliario rústico y baños actuales, en su mayoría con vistas al mar. Restaurante de estilo marinero con agradable terraza frente a la playa.

Jorge I, San Francisco 25 ☎ 96 563 58 31, *hoteljorge1@terra.es, Fax 96 563 58 33* – ▤ TV . AE ⓓ ⓜ VISA.
Comida 12 – **50 hab** 50,80/88,75.
• Funcional hotel con buen hall de entrada y unas habitaciones de línea clásica, con los baños un tanto reducidos, que resultan de suficiente confort en su categoría.

XX **La Peña,** San Vicente 12 (paseo Marítimo) ☎ 96 563 10 48, *Fax 96 563 10 48* – ▤. AE ⓓ ⓜ VISA JCB.
cerrado del 15 al 31 de enero, domingo noche y lunes – **Comida** - arroces, pescados y mariscos - carta 29 a 40.
• Comedor de la entrada con expositores de pescado y marisco, suelo de madera y decoración marinera. Posee otro salón contiguo del mismo estilo. ¡Pruebe sus calderos!

X **Cavia,** San Vicente 43 (paseo Marítimo) ☎ 96 563 28 57, *Fax 96 563 28 57,* – ▤. AE ⓓ ⓜ VISA.
cerrado noviembre y martes – **Comida** - arroces, pescados y mariscos - carta 30 a 36.
• Frente a la playa, se accede por una terraza que acondicionan en verano. Sala con mobiliario sencillo y decoración marinera. Especializados en arroces y productos del mar.

X **Andra-Mari,** av. Jijona 37 (junto urb. 5 Torres) ☎ 96 563 34 35, *restaurante@andra-mari.e.telefonica.net, Fax 96 563 40 02* – ▤. AE ⓓ ⓜ VISA.
cerrado del 2 al 19 de noviembre, domingo noche, lunes noche y martes noche – **Comida** - cocina vasca - carta 20 a 30.
• Se encuentra en una urbanización de la zona alta de la localidad. Amplia barra de bar con biombos de separación respecto al comedor contiguo, de estilo muy funcional.

CAMPO DE CRIPTANA *13610 Ciudad Real* 576 N 20 – *13 491 h alt. 707.*
Madrid 151 – Albacete 137 – Aranjuez 101 – Ciudad Real 99 – Cuenca 139 – Toledo 115.

X **Cueva La Martina,** Rocinante 13 ☎ 926 56 14 76, *cueva_martina@eresmas.com, Fax 926 56 14 76,* ≤, Tienda de artesanía regional – ▤. ⓜ VISA JCB.
cerrado octubre y lunes – **Comida** carta 24 a 35.
• Cueva con mirador ubicada sobre una loma, junto a los molinos de viento y sobre el pueblo y la llanura manchega. Su carta combina la cocina de la zona con platos más actuales.

CAMPO DEL HOSPITAL *15359 A Coruña* 571 B 6.
Madrid 586 – A Coruña 95 – Lugo 82 – Ortigueira 15.

Villa de Cedeira, carret. C 642 ☎ 981 41 12 44, *Fax 981 41 11 06* – TV P. MC VISA. ✻
Comida 9 – ☕ 3 – **52 hab** 23/41.
◆ Instalaciones de sencilla organización y buen mantenimiento. Sus habitaciones alternan moqueta y gres, con un mobiliario de estilo más bien clásico así como baños completos.

CAMPOS *Illes Balears – ver Balears (Mallorca).*

CAMPRODÓN *17867 Girona* 574 F 37 122 E 3 – *2188 h alt. 950.*
Ver : *Localidad★ – Pont Nou★ – Iglesia románica del Monasterio de Sant Pere★.*
Camprodón, Bac de San Antoni ☎ 972 13 01 25 Fax 972 13 06 25.
pl. d'Espanya 1 ☎ 972 74 00 10 turisme@ajcamprodon.com Fax 972 13 03 24.
Madrid 699 – Barcelona 127 – Girona/Gerona 80.

Maristany ⛯, av. Maristany 20 ☎ 972 13 00 78, *maristany@hotelmaristany.com, Fax 972 74 07 78,* ←, ⛆, ⛱ – |‡| TV P. AE VISA. ✻
cerrado diciembre – **Comida** *(cerrado miércoles)* carta 26 a 33 – ☕ 9,00 – **10 hab** 68/86.
◆ Pequeño hotel de línea moderna, dotado de una acogedora zona noble y de unas habitaciones de mimado confort, con mobiliario escogido y baños en mármol. Jardín con piscina. Restaurante a la carta decorado con buen gusto e instalado en un pabellón anexo.

Edelweiss sin rest, carret. de Sant Joan 28 ☎ 972 74 06 14, *info@edelweisshotel.net, Fax 972 74 06 05,* ← – |‡| TV P – 25/50. MC VISA
21 hab ☕ 110/140.
◆ Establecimiento de estilo clásico, que dispone de una cuidada zona social con paredes en madera, y de unas confortables habitaciones. Ambiente acogedor.

CAN AMAT (Urbanización) *Barcelona – ver Martorell.*

CAN PASTILLA *Illes Balears – ver Balears (Mallorca) : Palma.*

CANARIAS (Islas)★★★

1 637 641 h.

El archipiélago canario, situado en el Océano Atlántico, al Norte del Trópico de Cáncer, goza de un privilegiado clima durante todo el año. Se extiende sobre una superficie de 7.273 km². Está formado por nueve islas y cuatro islotes agrupados en dos provincias: Las Palmas (Gran Canaria, Fuerteventura y Lanzarote) y Santa Cruz de Tenerife (Tenerife, La Palma, La Gomera y El Hierro). Santa Cruz de Tenerife y Las Palmas de Gran Canaria comparten la capitalidad administrativa de la autonomía. Cada isla tiene su Cabildo Insular, que es en realidad el órgano de gobierno propio.

La temporada alta en Canarias va del 1 de noviembre al 30 de abril. No siempre es fácil reservar habitación por cuenta propia pues la mayoria de los hoteles canalizan su clientela a través de las agencias de viaje.

***GRAN CANARIA** : La costa Norte y Oeste es abrupta y rocosa, mientras que el Sur, más accesible y con immensas playas arenosas, ha alcanzado un gran desarrollo turístico.*

***FUERTEVENTURA** : Por su superficie es la segunda después de Tenerife y la de menor densidad de población (28h./km²) después de El Hierro.*
El clima suave, la constancia de los vientos y las características del mar hacen de sus costas el lugar ideal para la práctica del "windsurfing" y de otros deportes náuticos.

***LANZAROTE** : Declarada Reserva de la Biosfera. El turismo viene atraído por la peculiaridad de su paisaje: tierras volcánicas salpicadas de oasis de vegetación y cultivos.*

***TENERIFE** : Es la mayor en superficie. Su cadena montañosa está dominada por el cono volcánico del Teide (3.718 m), el punto más alto de España.*
Los dos centros turísticos más importantes son el Puerto de la Cruz (en el Norte) y la Playa de las Américas (en el Sur).

***LA PALMA** : La "Isla Bonita" es muy montañosa: alcanza los 2.426 m. La Palma es una de las más ricas y pobladas de todas las Canarias.*

***LA GOMERA** : Sus costas son abruptas, atormentadas por impresionantes barrancos. Es un lugar ideal para pasar unas tranquilas vacaciones en contacto con la naturaleza.*

***EL HIERRO** : Es la más pequeña de las Canarias. Está poco poblada y sus principales fuentes económicas son el ganado y la agricultura; de sus viñas se obtiene un delicioso vino blanco. Su litoral rocoso es idóneo para la pesca submarina.*

CANARIAS (Islas) ★★★ – *1 637 641 h.*

ver : Las Palmas de Gran Canaria, Fuerteventura, Lanzarote, Tenerife-Sur, Tenerife-Norte, La Gomera, El Hierro, La Palma.

para Canarias ver : Cádiz. En Canarias ver : Las Palmas de Gran Canaria, Puerto del Rosario, Arrecife, Los Cristianos, Santa Cruz de Tenerife, San Sebastián de la Gomera, Valverde, Santa Cruz de la Palma.

GRAN CANARIA

Agaete *35480 – 4 777 h alt. 43.*

Ver : *Valle de Agaete*★.

Alred. : *carretera a Los Berrazales*★ *Sureste : 7 km.*

Las Palmas de Gran Canaria 34.

en el Puerto de las Nieves *Oeste : 1,5 km :*

Puerto de las Nieves, av. Alcalde José de Armas Medina, ✉ 35480 Agaete, ☎ 928 88 62 56, *hpnieves@idecnet.com, Fax 928 88 62 67,* Servicios terapéuticos, – – 25/200. AE MO VISA.
Faneque *(cerrado lunes)* **Comida** carta aprox. 22 – **30 hab** ☕ 48/96.
◆ Goza de unas confortables instalaciones que tienen como valor añadido un completo servicio terapéutico. Habitaciones espaciosas con solado en madera y mobiliario de calidad. Restaurante de línea moderna con abundante iluminación natural.

Agüimes *35260 – 19 933 h alt. 275.*

Las Palmas de Gran Canaria 33.

Casa de Los Camellos, Progreso 12-esq. Retama ☎ 928 78 50 03, *hrcamellos@hecansa.com, Fax 928 78 50 53* – TV. MO VISA.
El Oroval *(cerrado agosto y lunes)* **Comida** carta 15 a 22 – ☕ 3,90 – **11 hab** 48,62/66,86 – 1 suite.
◆ Una propiedad experimentada avala su funcionamiento. Antiguo establo de camellos, rehabilitado con acierto y maestría en un elegante estilo rústico. Coquetas habitaciones. Actividad de restaurante compartida con el hotel Villa de Agüimes.

Villa de Agüimes, Sol 3 928 78 50 03, *hrcamellos@hecansa.com, Fax 928 78 50 53* – TV. MC VISA.
Comida - en el Hotel ***Casa de Los Camellos*** – 4 – **6 hab** 45/60.
◆ Recurso rural al calor del viejo ayuntamiento. Marco de grata rusticidad, con techos altos en madera y un mobiliario de fabricación artesanal. Habitaciones con baños actuales.

Arguineguín 35120 – *Playa.*

Las Palmas de Gran Canaria 63.

en la playa de Patalavaca *Noroeste : 2 km :*

La Canaria, Barranco de la Verga (carret. C 812), 35120 Arguineguín, 928 15 04 00, *reservas@lacanaria.com, Fax 928 15 10 03,* mar, climatizada, , – TV P – 25/150. AE MC VISA.
Coquillage *(sólo cena)* **Comida** carta 32 a 41 - ***Crystal*** *(sólo cena buffet)* **Comida** 31 – **232 hab** 215/412 – 17 suites.
◆ Hotel de gran capacidad y múltiples prestaciones, con una orientación vacacional. De equipamiento completo y elevado confort, su interior apuesta por la amplitud de espacios. En su restaurante a la carta Coquillage disfrutará de un ambiente refinado.

Artenara *35350 – 1057 h alt. 1219.*

Ver : *Ermita de la Cuevita* ≤★ – *Mesón de la Silla* ≤★.
Alred. : *Carretera de Las Palmas* ≤★ *del pueblo troglodita de Juncalillo – Pinar de Tamadaba★★ (≤★★) Noroeste : 12 km.*
Las Palmas de Gran Canaria 48.

Arucas *35400 – 31175 h.*

Ver : *Montaña de Arucas* ≤★.
Alred. : *Cenobio de Valerón★ Noroeste : 11 km.*
Las Palmas de Gran Canaria 17.

en la montaña de Arucas *Norte : 2,5 :*

Mesón de la Montaña, 35400 Arucas, 928 60 14 75, *mesonarucas@hvsl.es, Fax 928 60 54 42,* – P. AE MC VISA.
Comida carta 18 a 28.
◆ Eficiente organización con su propietario al frente. De amplias instalaciones y con un enfoque orientado a grupos y banquetes, ha reservado un pequeño rincón para la carta.

Cruz de Tejeda *35328 – 2361 h alt. 1450.*

Ver : *Paraje★★.*
Alred. : *Pozo de las Nieves★★★ ★★★ Sureste : 10 km.*
Las Palmas de Gran Canaria 42.

El Refugio, Cruz de Tejeda 928 66 65 13, *elrefugio@canariasonline.com, Fax 928 66 65 20,* – hab, TV P. AE VISA.
Comida 15 – 4,50 – **10 hab** 52/64.
◆ Pequeño recurso rural, con una escasa zona social y unas habitaciones equipadas con mobiliario artesanal y baños actuales. Mención especial merece su excelente organización.

Gáldar *35460 – 20370 h alt. 124.*

Ver : *Cueva con pinturas murales★.*
Las Palmas de Gran Canaria 26.

Maspalomas *35100 – Playa.*

Ver : *Playa★.*
Alred. : *Norte : Barranco de Fataga★★ – San Bartolomé de Tirajana (paraje★) Norte : 23 km por Fataga.*
18 *Maspalomas, av. de Neckerman* *928 76 25 81 Fax 928 76 82 45.*
av. de España (Centro Comercial Yumbo) *928 77 15 50 cit@grancanaria.com Fax 928 76 78 48.*
Las Palmas de Gran Canaria 50.

Amaiur, av. de Neckerman 42 928 76 44 14, *Fax 928 36 89 37* – P. AE MC VISA. A d
cerrado 20 junio-21 julio y domingo – **Comida** - cocina vasca - carta 24 a 30.
◆ Casa seria y bien organizada, con un comedor de escasa amplitud, donde poder degustar unos buenos pescados elaborados al modo tradicional vasco.

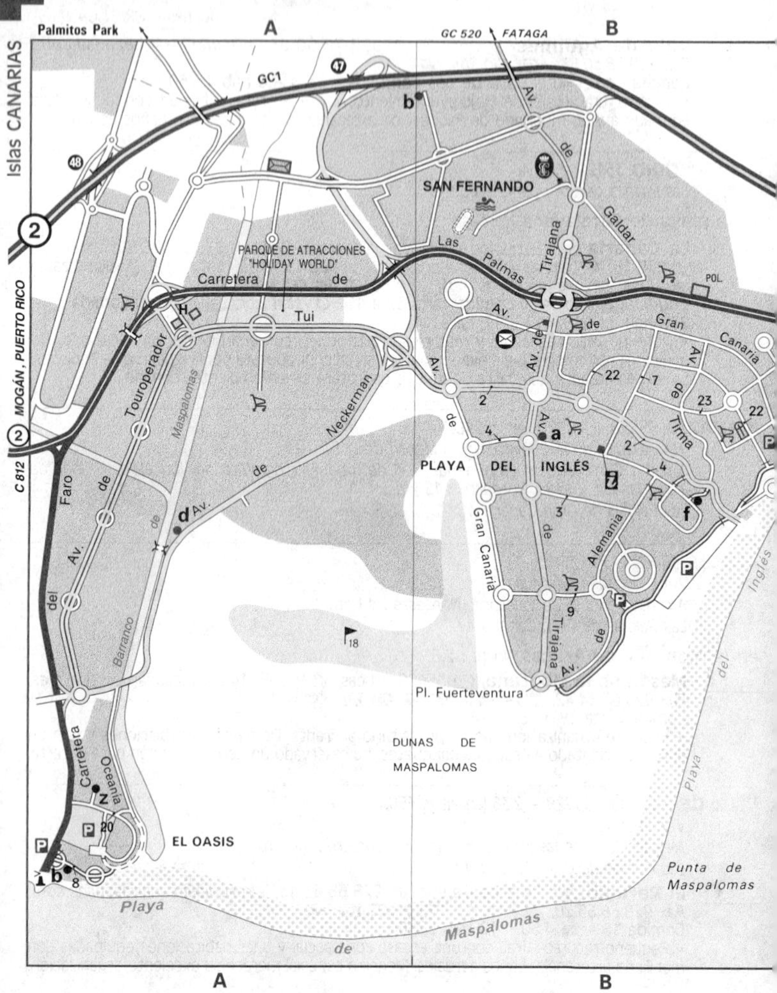

Mallorca, Alcalde Santos González 11 - San Fernando ✆ 928 77 05 16, *Fax 928 77 05 16,* – ▤. AE MC VISA. AB b

Comida - cocina mallorquina - carta 20 a 27.

◆ ¡Un clásico del lugar ! Pequeño local de sencillo montaje y pulcro mantenimiento, cuyo nombre indica una cocina sumergida en la sabiduría del recetario mallorquín.

junto al faro :

Grand H. Residencia, av. del Oasis 32, ✉ 35106 Maspalomas Oeste, ✆ 928 72 31 00, *info@grand-hotel-residencia.com, Fax 928 72 31 09,* , Centro de salud con climatizada, , – ▤ TV ♿. AE MC VISA. A z

Comida 52 – **90 hab** 320/408 – 3 suites.

◆ Complejo hotelero formado por una serie de villas de estilo canario distribuidas en torno a una bella terraza con piscina. Distinguido confort y una exquisita decoración. Restaurante de elegante modernidad recreando un entorno coqueto y entrañable.

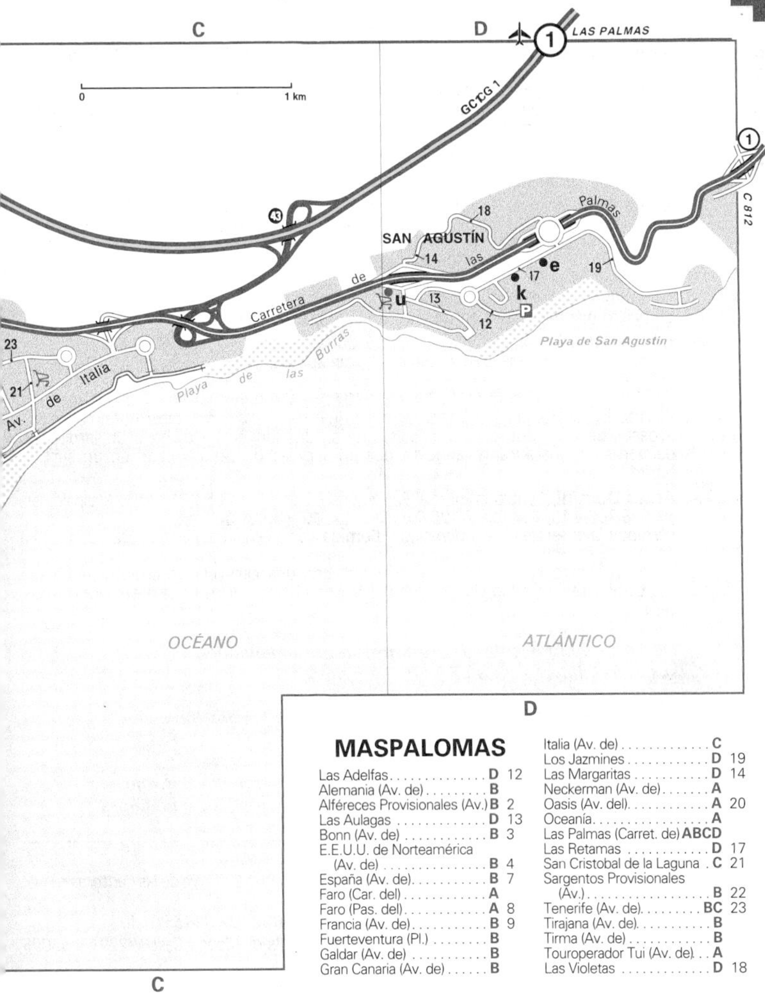

MASPALOMAS

Las Adelfas	D	12
Alemania (Av. de)	B	
Alféreces Provisionales (Av.)	B	2
Las Aulagas	D	13
Bonn (Av. de)	B	3
E.E.U.U. de Norteamérica (Av. de)	B	4
España (Av. de)	B	7
Faro (Car. del)	A	
Faro (Pas. del)	A	8
Francia (Av. de)	B	9
Fuerteventura (Pl.)	B	
Galdar (Av. de)	B	
Gran Canaria (Av. de)	B	
Italia (Av. de)	C	
Los Jazmines	D	19
Las Margaritas	D	14
Neckerman (Av. de)	A	
Oasis (Av. del)	A	20
Oceanía	A	
Las Palmas (Carret. de)	ABCD	
Las Retamas	D	17
San Cristobal de la Laguna	C	21
Sargentos Provisionales (Av.)	B	22
Tenerife (Av. de)	BC	23
Tirajana (Av. de)	B	
Tirma (Av. de)	B	
Touroperador Tui (Av. de)	A	
Las Violetas	D	18

Ifa-Faro Maspalomas , pl. de Colón 1, ✉ 35106 Maspalomas Oeste, ☎ 928 14 22 14, *faro@ifacanarias.es, Fax 928 14 19 40*, climatizada – 25/60. AE VISA. A b

Guatiboa *(sólo cena)* **Comida** carta 29 a 43 - ***El Jardín*** *(sólo almuerzo)* **Comida** carta 16 a 21 – **183 hab** 156,26/216,36 – 5 suites.

• Interesante ubicación para un hotel de correcto equipamiento y confort, dotado de una amplia zona recreativa y unas habitaciones bien dispuestas, decoradas en tonos suaves. El restaurante a la carta Guatiboa ha centrado su actividad en las cenas.

en la playa del Inglés :

Apolo, av. de Estados Unidos 28, ✉ 35100 Maspalomas, ☎ 928 76 00 58, *hotel@hotelapolo.info, Fax 928 76 39 18*, climatizada, – . AE VISA JCB. B f

Comida - sólo cena buffet - 35 – 10 – **115 hab** 100/165.

• Hotel de eficiente organización familiar, con unos exteriores bien cuidados y una adecuada zona social que brinda serenas vistas. Habitaciones de confort suficiente. Su comedor le propone un variado buffet.

XX **Rías Bajas,** av. de Tirajana - edificio Playa del Sol, ✉ 35100 Maspalomas, ✆ 928 76 40 33, *Fax 928 76 85 48* – ▤. AE ⓓ ⓜ VISA. ✻ B a
Comida - cocina gallega - carta 30 a 41.
◆ Su profesionalidad y la bondad de sus productos lo han convertido en un clásico. Casa de esmerado montaje, cuyo nombre evidencia una cocina sumergida en el recetario gallego.

en la playa de San Agustín :

Meliá Tamarindos, Las Retamas 3, ✉ 35100 Maspalomas, ✆ 928 77 40 90, *melia.tamarindos@solmelia.com, Fax 928 77 40 91,* ←, climatizada, ☂, ✂ – |♦| ▤ TV P – 25/350. AE ⓓ ⓜ VISA. ✻ D k
Comida - sólo cena - 27 – **300 hab** ☐ 158,58/231,23 – 25 suites.
◆ Hotel de playa de gran capacidad rodeado de terrazas y jardín. Su interior alberga una amplia zona social y unas habitaciones bien equipadas, decoradas al gusto del día. Comedor de pulcro mantenimiento en un entorno confortable y luminoso.

Costa Canaria, Las Retamas 1, ✉ 35100 Maspalomas, ✆ 928 76 02 00, *reservas@costa-canaria.com, Fax 928 72 04 13,* climatizada, ☂, ✂ – |♦| ▤ TV. AE ⓓ ⓜ VISA. ✻ D e
Comida - sólo cena buffet - 22,24 – ☐ 10,82 – **224 hab** 109/170 – 12 suites.
◆ Dirección profesional orientada a un turismo de playa. Confortable hotel concebido a partir de una serie de bungalows, que se distribuyen en torno a un jardín con palmeras. Su restaurante apuesta por un servicio de cena basado en un surtido buffet.

XX **Anno Domini,** Centro Comercial San Agustín - local 82 a 85, ✉ 35100 Maspalomas, ✆ 928 76 29 15, *Fax 928 76 08 60,* ☂ – ▤. AE ⓓ ⓜ VISA. ✻ D u
cerrado mayo-septiembre y domingo – **Comida** - sólo cena, cocina francesa - carta 25 a 31.
◆ En un centro comercial de la localidad, con una clientela de buen nivel. Posee dos comedores de estilo clásico, donde ofrecen platos propios de la gastronomía francesa.

Denos su opinión sobre los restaurantes recomendados, sus especialidades y los vinos de la región.

Si desea ampliar la información relativa a los precios indicados en esta guía, consulte las páginas explicativas.

*Las principales arterias comerciales aparecen señaladas en **rojo** en la lista de calles que figura junto a los planos de las ciudades.*

Las Palmas de Gran Canaria 35000 P – *364 777 h – Playa.*

Ver : *Vegueta-Triana★ (Casa de Colón★, Museo Canario★)* CZ – *Playa de las Canteras★* BVX – *Paseo Cornisa ✻★* AT.

Las Palmas, Bandama por ② : 14 km ✆ 928 35 10 50 Fax 928 35 01 10.

de Gran Canaria por ① : 30 km ✆ 928 57 91 30 – Iberia : León y Castillo 229 ✉ 35005 ✆ 928 23 32 33 y aeropuerto ✆ 902 400 500.

para la Península, Tenerife y La Palma : Cía. Trasmediterránea, pl. Mr. Jolly - Muelle León y Castillo ✉ 35008 ✆ 902 45 46 45 Fax 928 47 41 21 AS.

León y Castillo 17 ✉ 35003 ✆ 928 21 96 00 dpromoc@grancanaria.com Fax 928 21 96 01 – **R.A.C.E.** *León y Castillo 279 ✉ 35005 ✆ 928 23 07 88 Fax 928 24 06 72.*

Maspalomas 50 ①

Santa Catalina ⑤, León y Castillo 227, ✉ 35005, ✆ 928 24 30 40, *comercial@hotelsantacatalina.com, Fax 928 24 27 64,* ☂, 𝓛𝓼, ⛱, ⛱ – |♦| ▤ TV ⇔ P – 25/600. AE ⓓ ⓜ VISA. ✻ AT z
Comida 28 – ☐ 14 – **187 hab** 126/197 – 19 suites.
◆ Edificio de estilo regional en un parque con palmeras. De gran empaque y tradición, ha invertido con decisión en una política de reformas que ha dado excelentes frutos. Cálido restaurante en tonos suaves, realzado por un mobiliario escogido.

Meliá Las Palmas, Gomera 6, ✉ 35008, ✆ 928 26 80 50, *melia.las.palmas@solmelia.com, Fax 928 26 84 11,* ←, climatizada – |♦| ▤ TV ⇔ – 25/350. AE ⓓ ⓜ VISA JCB. ✻ CV c
Comida carta 33 a 42 – ☐ 13 – **266 hab** 94/107 – 44 suites.
◆ Típico hotel de ciudad, con una línea amplia y funcional al servicio de un confort moderno y actual. Habitaciones bien equipadas, con baños al gusto del día. Su comedor apuesta por un interior muy depurado y luminoso.

LAS PALMAS DE GRAN CANARIA

Street	Grid	No.
Alfonso XII	AU	2
Ansite (Av.)	AT	4
Cornisa (Pas.)	AT	12
Doctor Marañón	AU	14
Don Benito (Pl. de)	AU	17
Fernando Guanarteme	AS	20
Ingeniero Léon y Castillo (Pl.)	AU	28
Juan Rejón	AS	36
Juan XXIII (Av.)	AT	37
Léon y Castillo	AT	40
Lugo (Pas. de)	AT	44
Luis Correa Medina	AU	46
M. González Martin	AT	49
Marítima del Sur (Av.)	AU	52
Mata (Carret. de)	AU	53
La Naval	AS	
Ortiz de Zàrate	AT	59
Pérez Muñoz	AS	63
Pino Apolinario	AU	65
Pío XII	AT	66
San José (Pas.)	AU	76
Secretario Padilla	AT	80
Simancas	AT	81
Tecen	AS	83
Tomás Morales (Pas.)	ATU	85
Zaragoza	AU	90

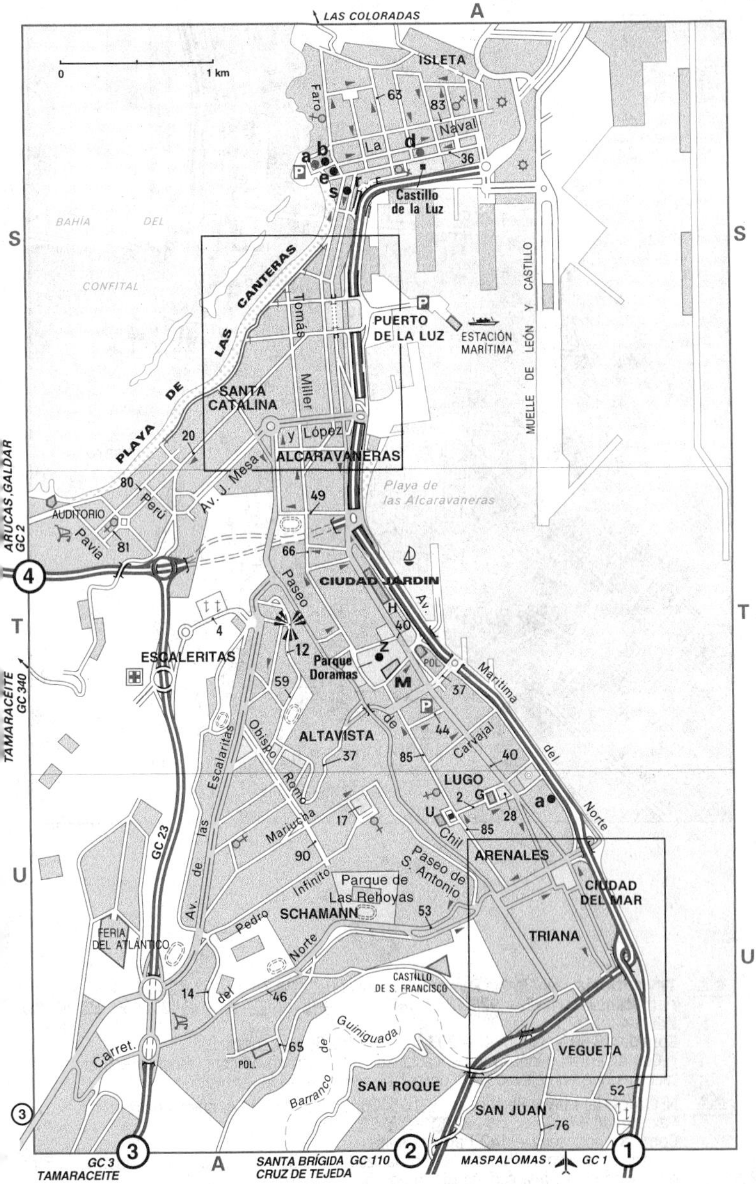

LAS COLORADAS
A
0 1 km
ISLETA
Faro
La Naval
Castillo de la Luz
BAHÍA DEL CONFITAL
S
PLAYA DE LAS CANTERAS
Tomás Miller y López
PUERTO DE LA LUZ
ESTACIÓN MARÍTIMA
MUELLE DE LEÓN Y CASTILLO
SANTA CATALINA
ALCARAVANERAS
Playa de las Alcaravaneras
Av. J. Mesa
Perú
AUDITORIO
Pavia
ARUCAS, GALDAR GC 2
4
CIUDAD JARDIN
Paseo
Av. Marítima del Norte
T
ESCALERITAS
Parque Doramas
TAMARACEITE GC 340
ALTAVISTA
Obispo Romo
Carvajal
LUGO
Chil
Mariucha
Paseo de S. Antonio
ARENALES
CIUDAD DEL MAR
U
GC 23
Av. de las Escaleritas
Infinito
Parque de Las Rehoyas
SCHAMANN
Pedro del Norte
TRIANA
FERIA DEL ATLÁNTICO
CASTILLO DE S. FRANCISCO
Guiniguada
Carret. de Mata
POL.
VEGUETA
Barranco
SAN ROQUE
SAN JUAN
3
GC 3 TAMARACEITE
SANTA BRÍGIDA GC 110 CRUZ DE TEJEDA
2
MASPALOMAS GC 1
1

PUERTO DE LA LUZ

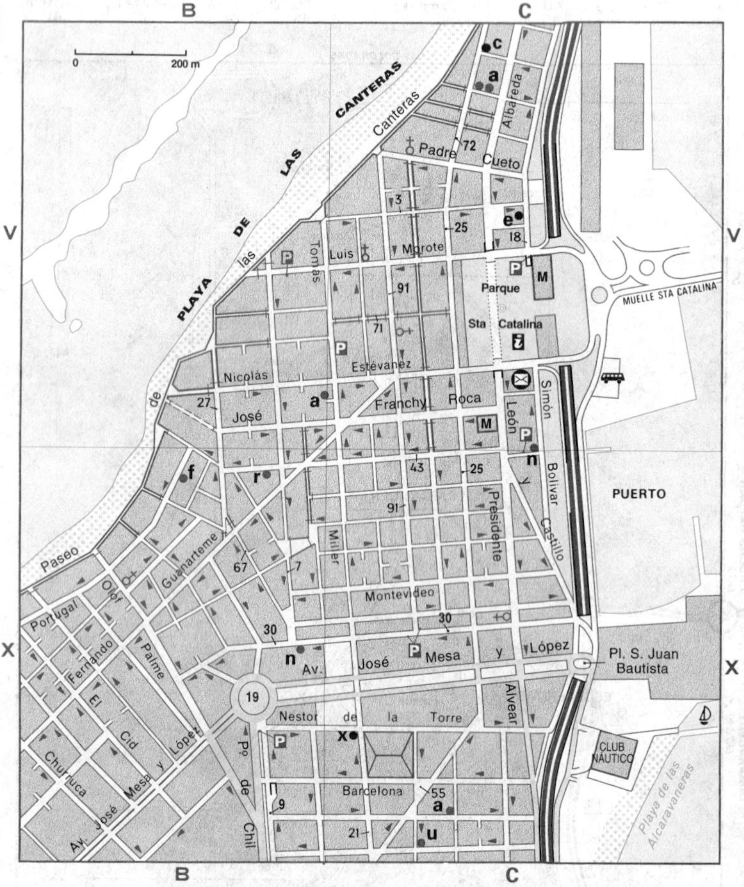

Tryp Iberia, av. Alcalde Ramírez Bethencourt 8, ✉ 35003, ☎ 928 36 11 33, *tryp.iberia@solmelia.com, Fax 928 36 13 44*, ←, ☐ – ⎮ ▤ TV P – 🏃 25/160. AE ⓓ MC VISA. ✗ AU a

Comida 19,50 – ☐ 10,50 – **293 hab** 99/112,50 – 4 suites.

◆ Con un equipamiento muy vocacionado a un turismo de congresos, ofrece unas habitaciones que han elevado su confort tras una acertada renovación.

NH Imperial Playa, Ferreras 1, ✉ 35008, ☎ 928 46 88 54, *nhimperial@nh-hoteles.es, Fax 928 46 94 42*, ← – ⎮ ▤ TV – 🏃 25/250 AS e

Comida - sólo cena – **140 hab** – 2 suites.

◆ Establecimiento moderno y bien organizado, dotado de toda la funcionalidad y confort que caracterizan a la cadena NH. Impecable mantenimiento.

VEGUETA, TRIANA

Balcones (de los) . . . . **CZ** 5
Cano . . . . **CY** 8
Doctor Chil . . . . **CZ** 13
Domingo J. Navarro . . . . **BY** 16
General Bravo . . . . **BY** 23
General Mola . . . . **CZ** 24
Juan de Quesada . . . . **CZ** 31
Juan E. Doreste . . . . **CZ** 33
López Botas . . . . **CZ** 41
Luis Millares . . . . **CZ** 47
Malteses . . . . **CZ** 50
Mayor de Triana . . . . **CY**
Ntra Sra del Pino (Pl.) . . . . **BY** 56
Obispo Codina . . . . **CZ** 57
Las Palmas (Muelle de) . . . . . **CY** 38
Pelota . . . . **CZ** 60
Pérez Galdós . . . . **BY** 62
Ramón y Cajal . . . . **BZ** 69
San Antonio (Pas.) . . . . **BY** 73
San Pedro . . . . **CZ** 78
T. Massieu . . . . **CZ** 84
Viera Y Clavijo . . . . **BY** 88

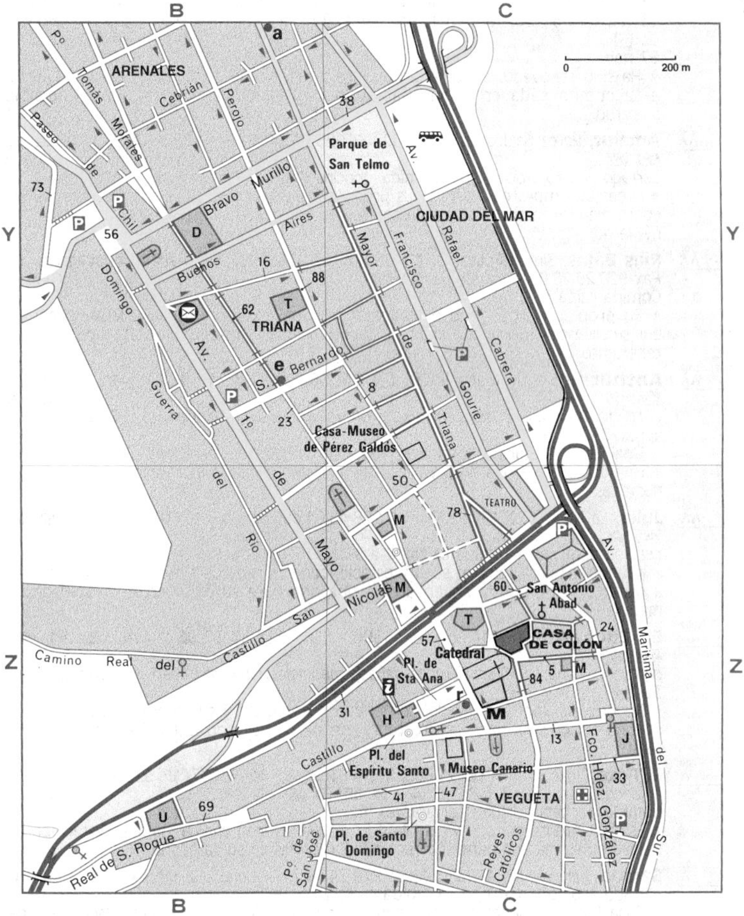

AC Gran Canaria, Eduardo Benot 3, ✉ 35007, ☎ 928 26 61 00, *acgrancanaria@ac-hotels.com, Fax 928 22 91 39,* ←, Fá, 🏊 climatizada – |≡| ▤ TV ♿. AE ⓓ ⓜⓒ VISA. ✂ CV e
Anthuriun : **Comida** carta 32 a 44 – ☕ 10 – **143 hab** 85.
◆ Instalado en una torre circular reconstruida que domina la ciudad. Ofrece suficientes zonas sociales y unas habitaciones algo reducidas, pero equipadas al detalle. El restaurante disfruta de excelentes vistas sobre el mar.

Fataga, Nestor de la Torre 21, ✉ 35006, ☎ 928 29 06 14, *fataga@hotelfataga.com, Fax 928 29 27 86,* Fá – |≡| ▤ TV 📞 – 🏛 25/125. AE ⓓ ⓜⓒ VISA. ✂ CX x
Comida *(cerrado agosto, sábado, domingo y festivos)* 10 – **90 hab** ☕ 85/97.
◆ Céntrico y dotado de varios salones bien preparados para las reuniones de empresa. Posee una zona noble colorista y amplias habitaciones equipadas con aseos actuales. Correcto comedor con menú y servicio de buffet.

Tenesoya sin rest, Sagasta 98, ✉ 35008, ☎ 928 46 96 08, *Fax 928 46 02 79*, ← – TV. AE VISA JCB. AS r
5 – **42 hab** 58,80/66,15.
• Hotel de carácter familiar que ha actualizado su confort tras una acertada renovación. Habitaciones redecoradas y bien equipadas, con baños al gusto del día.

NH Playa Las Canteras sin rest y sin ☕, Prudencio Morales 41, ✉ 35009, ☎ 928 46 31 53, *explayalascanteras@nh-hotels.com*, *Fax 928 46 48 01* – TV AS b
67 hab.
• Ha sido renovado, adquiriendo un aire moderno. Su zona social, un tanto justa, está compensada con unas habitaciones de mobiliario funcional y notable amplitud.

Amaiur, Pérez Galdós 2, ✉ 35002, ☎ 928 37 07 17, *Fax 928 36 89 37* – . AE VISA BY e
cerrado agosto y domingo – **Comida** - cocina vasca - carta 27 a 38.
• Organización profesional con sus propietarios al frente. Un comedor y su reservado conforman un marco bien dispuesto, que se ve realzado con un estilo decididamente moderno.

Rías Bajas, Simón Bolívar 3, ✉ 35007, ☎ 928 27 13 16, *riasbajas@navegalia.com*, *Fax 928 26 28 88* – . AE VISA. CVX n
Comida carta 36 a 46.
• Su propietario gestiona el negocio con una claridad absoluta. Muy apreciado por su clientela, cuenta con dos salas y un privado de correcto montaje y pulcro mantenimiento.

Anthuriun, Pi y Margall 10, ✉ 35006, ☎ 928 24 49 08 – . AE VISA. CX a
cerrado 20 días en septiembre, sábado mediodía y domingo – **Comida** carta aprox. 33.
• Una familia catalana atiende el negocio con plena dedicación, y nos brinda una cocina de corte vanguardista y sabia elaboración, muy acorde al estilo moderno de sus dos salas.

Julio, La Naval 132, ✉ 35008, ☎ 928 46 01 39, *Fax 928 46 60 02* – . AE VISA. AS d
cerrado domingo – **Comida** carta 22 a 39.
• ¡Un clásico! Casa familiar, seria y estable, con dos salas de estilo marinero montadas a distinto nivel, donde sirven una cocina que basa su éxito en la bondad de su materia.

El Cucharón, Reloj 2, ✉ 35001, ☎ 928 33 32 96 – . AE VISA. CZ r
cerrado 15 agosto-15 septiembre, sábado mediodía, domingo y festivos – **Comida** carta 33 a 45.
• Negocio familiar bien llevado, con el dueño en cocina y su esposa en sala. Instalado en una antigua farmacia, su restauración ha conservado la tradición de la piedra vista.

El Pote, Juan Manuel Durán González 41 (pasaje), ✉ 35007, ☎ 928 27 80 58, *murli@idecnet.com*, *Fax 928 26 25 64* – . AE VISA. BX n
Comida - cocina gallega - carta aprox. 42.
• Establecimiento cuidado y bien llevado, donde ofrecen una cocina que destaca por la calidad de su materia prima. Correctas instalaciones en su categoría.

Samoa, Valencia 46, ✉ 35006, ☎ 928 24 14 71 – . AE VISA. CX u
cerrado agosto y domingo – **Comida** carta 24 a 29.
• Casa familiar, asentada y bien consolidada, que cuenta con el beneplácito de una clientela habitual. Su concurrido bar público y un pequeño comedor conforman su interior.

Casa Carmelo, paseo de las Canteras 2, ✉ 35009, ☎ 928 46 90 56, *jonicamar@wanadoo.es*, *Fax 928 48 80 42*, ← – . AE VISA. AS a
Comida carta aprox. 24.
• Volcado a la majestad del mar, posee una orientación muy enfocada al cliente de playa. Sala con parrilla a la vista, donde sirven reconfortantes platos a precios contenidos.

Casa de Galicia, Salvador Cuyás 8, ✉ 35008, ☎ 928 27 98 55, *mpulido@tiservinet.es*, *Fax 928 22 92 10* – . AE VISA CV a
Comida - cocina gallega - carta 20 a 28.
• Aunque sus instalaciones resultan sencillas, su dueño permanece atento al mantenimiento, a la vez que vigila la calidad del producto que ofrece. Gran profesionalidad.

El Anexo, Salvador Cuyás 10, ✉ 35008, ☎ 928 27 26 45, *mpulido@tiservinet.es, Fax 928 22 92 10* – ▤. AE ⓓ MC VISA. ✻ CV a
cerrado domingo – **Comida** carta 19 a 27.
◆ Compartiendo propiedad con el Casa de Galicia, cuenta con un funcionamiento análogo pero independiente al mismo. Reducida amplitud, compensada por un pulcro mantenimiento.

Asturias, Capitán Lucena 6, ✉ 35007, ☎ 928 27 42 19 – ▤. AE ⓓ MC VISA. ✻ BV a
cerrado del 1 al 15 de septiembre – **Comida** carta 34 a 49.
◆ Casa de carácter familiar, con la dueña en los fogones, cuyo interior alberga un bar público a la entrada de gran amplitud y un comedor bien dispuesto en la 1ª planta.

La Cabaña Criolla, Los Martínez de Escobar 37, ✉ 35007, ☎ 928 27 02 16, *melsursl@wanadoo.es, Fax 928 27 70 90* – ▤. AE ⓓ MC VISA. ✻ BX r
cerrado lunes y domingo noche – **Comida** - carnes a la brasa - carta aprox. 30.
◆ Aunque su decoración rústica empieza a acusar el paso del tiempo, sigue siendo un clásico del lugar, donde poder degustar sabrosas carnes a la brasa. Precios contenidos.

El Novillo Precoz, Portugal 9, ✉ 35010, ☎ 928 22 16 59, *Fax 928 26 32 05* – ▤. AE ⓓ MC VISA. ✻ BX f
cerrado lunes – **Comida** - carnes a la brasa - carta aprox. 30.
◆ Casa familiar, con una decoración ligeramente anticuada y un mantenimiento algo irregular, que se ve compensada por una cocina siempre atenta a la calidad de su materia.

en Las Coloradas *zona de La Isleta :*

El Padrino, Jesús Nazareno 1, ✉ 35009 Maspalomas, ☎ 928 46 20 94, *Fax 928 46 20 94,* 𝆹 – ▤. AE ⓓ MC VISA. ✻ por Pérez Muñoz AS
Comida - pescados y mariscos - carta aprox. 24.
◆ Su gran profesionalidad lo ha convertido en un local muy apreciado. De correctas instalaciones y pulcro mantenimiento, ofrece una cocina que trabaja con productos escogidos.

Si se retrasa en el camino y no puede llegar antes de las 18h, confirme telefónicamente su reserva, es más seguro... y es la costumbre.

Las páginas explicativas de la introducción le ayudarán a sacar el máximo partido a su ***Guía Michelin****.*

La ***Guía MICHELIN*** *cambia, cambie de guía todos los años.*

San Bartolomé de Tirajana *35290 – 42 403 h alt. 850.*

Ver : *Paraje*★.
Alred. : *Sur : Barranco de Fataga*★★ *– Las Palmas de Gran Canaria 51.*

Las Tirajanas ⛰, Oficial José Rubio ☎ 928 12 30 00, *informacion@hotel-lastirajanas.com, Fax 928 12 30 23,* ≤ montañas y pueblo, Fo, ⛱ climatizada, ⛱ – |♦| ▤ TV P – 🏛 25/200. AE ⓓ MC VISA. ✻
Santiago El Grande : **Comida** carta 28 a 40 – **60 hab** ☐ 60/100.
◆ Construido en una zona elevada que goza de espléndidas vistas. Posee un moderno hall-recepción, con el bar integrado, y amplias habitaciones vestidas con mobiliario rústico. Luminoso comedor con el techo en madera y un horno de asar a la vista.

Santa Brígida *35300 – 12 224 h alt. 426.*

Alred. : *Mirador de Bandama*★★ *Este : 7 km.*
⛳18 *Bandama, Este : 7 km* ☎ *928 35 10 50 Fax 928 35 01 10.*
Las Palmas de Gran Canaria 15.

Mano de Hierro, Vuelta del Pino 25 ☎ 928 64 03 88, *manodehierro@worldonline.es, Fax 928 64 81 15* – P. AE ⓓ MC VISA JCB. ✻
cerrado 15 julio-agosto y lunes – **Comida** carta 16 a 24.
◆ Casa de raigambre familiar, cuyo discreto mantenimiento se ve compensado por una eficiente dirección. Cuenta con una sala diáfana y alargada, realzada con mobiliario antiguo.

en Monte Lentiscal *Noreste : 4 km :*

Santa Brígida *(Hotel escuela)*, Real de Coello 2, ✉ 35310 Monte Lentiscal, ☎ 828 01 04 00, *reservas.hesb@hecansa.com, Fax 828 01 04 01*, – 25/150. AE VISA.
***Satautey :* Comida** carta 21 a 28 – 8,41 – **41 hab** 102,17/126,21.
• Hotel-escuela llevado con absoluta claridad. Confortable interior montado con materiales de notable calidad, que se ven enaltecidos por un elegante gusto decorativo. El montaje de gran nivel del restaurante encuentra su réplica en una atractiva carta.

Tafira Alta *35017 – alt. 375.*

Ver : *Jardín Canario★.*

Telde *35200 – 77 640 h alt. 130.*

Alred. : *Gruta de Cuatro Puertas★ Sur : 6 km.*

Noroeste : 1,5 km - junto autovía GC-1, km 6,4 ☎ 928 71 11 11 Fax 928 71 49 05.

Las Palmas de Gran Canaria 20.

Tenteniguada *35216.*

Las Palmas de Gran Canaria 31.

El Pinar, carretera General ☎ 928 70 52 39, *Fax 928 57 09 46*, – VISA.
cerrado 8 junio-8 julio – **Comida** - sólo cena, sólo clientes - 12 – **9 hab** 75/90.
• Antigua casa señorial en una finca rodeada de pinos. Acogedor salón social con chimenea, comedor privado y confortables habitaciones de completo equipamiento.

Teror *35330 – 10 341 h alt. 445.*

Alred. : *Mirador de Zamora★ ≤★ Oeste : 7 km por carretera de Valleseco.*

Las Palmas de Gran Canaria 21.

Vecindario *35110.*

Las Palmas de Gran Canaria 36.

G.H. Vecindario Aeropuerto, av. del Atlántico 353 - salida 28 autovía GC-1 ☎ 902 172 182, *hvaeropuerto@anjoca.com, Fax 928 79 15 49*, climatizada – – 25/200. AE VISA.
Comida 16 – **159 hab** 80/100 – 12 suites.
• Su proximidad al aeropuerto evidencia un enfoque hacia el turismo de congresos. Hotel de nueva planta, cuya marcada funcionalidad da paso a un confort moderno y actual.

Vega de San Mateo *35320 – 6 110 h alt. 950.*

Las Palmas de Gran Canaria 23.

La Veguetilla, carret. de Las Palmas - km 20,3 ☎ 928 66 07 64, *Fax 928 66 07 64*, – AE VISA.
Comida carta aprox. 30.
• Casa seria y estable que ha dado buenos frutos. Posee un comedor de impecable mantenimiento y correcto servicio de mesa, precedido por un agradable patio-terraza.

FUERTEVENTURA (Las Palmas)

Antigua *35630 – 5 722 h alt. 254.*

Puerto del Rosario 20.

Era de la Corte, La Corte 1 ☎ 928 87 87 05, *eradelacorte@terra.es, Fax 928 87 87 10*, – hab, AE VISA.
Comida - sólo clientes, sólo cena - 20 – **11 hab** 45/90.
• Casona típica estructurada alrededor de dos patios que funcionan como salón social y terraza. Ofrece cálidas habitaciones de estilo rústico con detalles decorativos majoreros.

Betancuria *35637 – 550 h alt. 395.*

Ver : *Pueblo★.*

Puerto del Rosario 29.

XX **Casa Santa María,** pl. Santa María ☎ 928 87 82 82, *Fax 928 87 84 00,* – MC VISA.

Comida - sólo almuerzo - carta 20 a 30.

◆ La decoración de este armonioso conjunto rural manifiesta el gusto de su propietario por la cultura y la artesanía local. Lo complementan una bodega típica y un bello jardín.

Caleta de Fuste *35610.*

Puerto del Rosario 12.

Elba Palace Golf, urb. Fuerteventura Golf Resort - Norte 1,5 km ☎ 928 16 39 22, *epg@hoteleselba.com, Fax 928 16 39 23,* ≤, 🏋, climatizada, 18 – TV P – 25/70. AE MC VISA. rest

St. AndrewÖs *(sólo cena)* **Comida** carta 35 a 45 – **51 hab** 260 – 10 suites.

◆ Ubicado en un campo de golf y dotado de un bellísimo patio central con palmeras. Completa zona social y amplias habitaciones decoradas en un estilo clásico elegante. Restaurante de cuidado montaje donde se ofrece una carta de corte cosmopolita.

Elba Sara, urb. Fuerteventura Golf Resort ☎ 928 16 00 20, *elbasara@hoteleselba.com, Fax 928 16 33 24,* ≤, 🏋, climatizada, – TV P – 25/150. AE MC VISA.

Comida - sólo cena buffet - 15 – **266 hab** 73/103.

◆ Hotel de tendencia vacacional junto al mar, con una playa bien acondicionada, dos piscinas y una completa oferta de ocio. Confortables habitaciones en tonalidades alegres. Su comedor ofrece un completo servicio de buffet.

Corralejo *35660 – Playa.*

Ver : *Puerto y Playas★.*

pl. Pública de Corralejo ☎ 928 86 62 35 tecnico@corralejograndesplayas.com Fax 928 86 61 86.

Puerto del Rosario 38.

Atlantis Palace, av. Grandes Playas 12 ☎ 928 53 60 50, *comercial@atlantishotels.com, Fax 928 53 53 67,* 🏋, – TV – 25/200. AE MC VISA.

Comida - sólo cena buffet - 19,35 – **221 hab** 103/137,35 – 7 suites.

◆ De línea moderna y amplia oferta recreativa, cuenta con una brigada joven, dinámica y bien organizada. Espaciosa zona noble y equipadas habitaciones, con baños actuales. El restaurante centra su actividad en el buffet.

Atlantis Dunapark, av. Generalísimo Franco ☎ 928 53 52 51, *management.dunapark@atlantishotels.com, Fax 928 53 54 91,* 🏋, climatizada, – TV. AE MC VISA. rest

Comida - sólo cena buffet - 16,40 – **79 hab** 92,25/123.

◆ Establecimiento de adecuado confort, que ha sido ampliado con 24 habitaciones más, ubicadas en un ala de nueva planta. Un mobiliario de escogida calidad realza su interior. Cenas con servicio de buffet en un comedor de cuidado montaje.

Suite H. Fuentepark, Anguila 1 ☎ 928 53 53 10, *reservations@atlantishotels.com, Fax 928 53 51 75,* climatizada – TV. AE MC VISA. rest

Comida - sólo cena buffet - 16,40 – **76 hab** 77,35/103,50.

◆ Edificio de traza horizontal y reciente construcción, dotado de unas habitaciones de tonos suaves y suficiente amplitud, con vestidor y baños actuales acabados en mármol. Su pequeño comedor propone un variado buffet.

Pida a su librería el catálogo de publicaciones Michelin

En esta guía, el mismo símbolo en ***rojo*** *o en* ***negro****, la misma palabra en letra fina o en negrita, no significan lo mismo. Lea atentamente la introducción.*

Los precios indicados pueden revisarse al alza, en caso de variaciones significativas de los costes de bienes y servicios. Solicite confirmación del precio definitivo cuando efectúe su reserva de hotel.

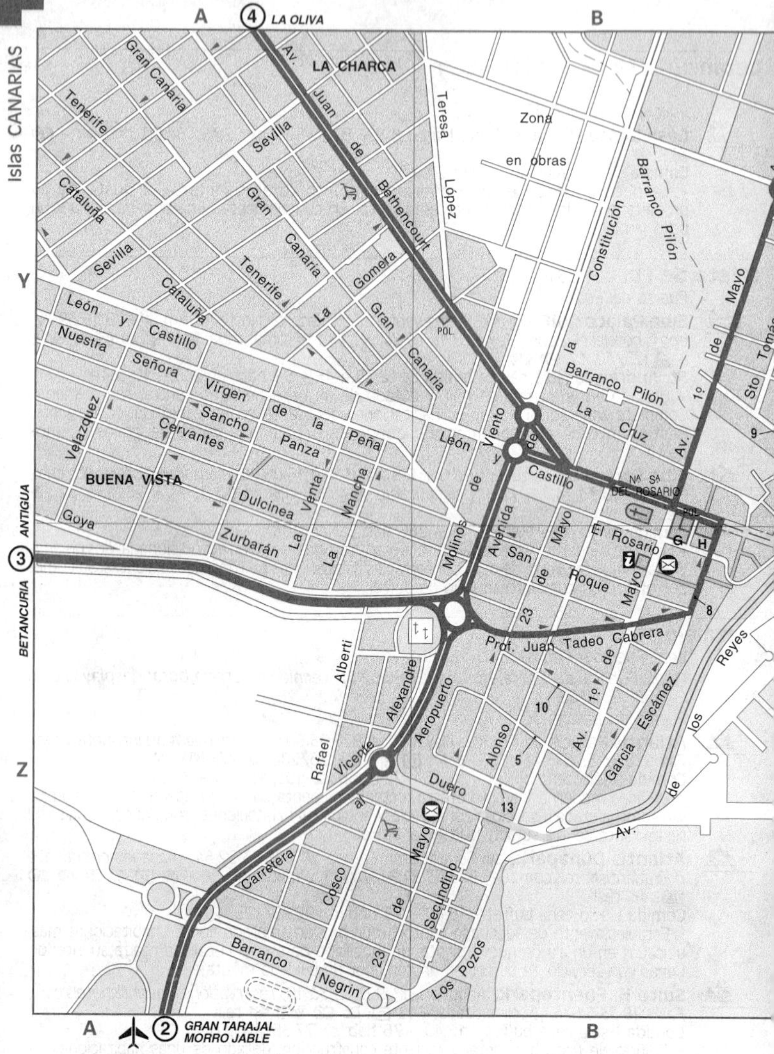

Puerto del Rosario *35600 – 16 883 h – Playa.*

✈ *de Fuerteventura, Sur : 6 km ✆ 928 86 06 00 – Iberia : El Matorral ✆ 902 400 500.*

⛴ *para Lanzarote, Gran Canaria y Tenerife : Cía Trasmediterránea, León y Castillo 58*

✉ *35600 ✆ 902 45 46 45 Fax 928 85 24 08.*

ℹ *av. de la Constitución 5 ✆ 928 53 08 44 patturismo@cabildofuer.es Fax 928 85 16 95. Corralejo 38 ①*

Palace Puerto Rosario sin rest, av. Ruperto González Negrín 9 ✆ 928 85 94 64, *recepcion@hmppuertodelrosario.com, Fax 928 85 22 60,* ≤ – 🛗 📺. AE MC VISA. ✈ CY h

☕ 6,30 – **88 hab** 56,70/87,15.

• Disfruta de una línea moderna y confortable, gozando de un completo equipamiento. Habitaciones actuales con los baños en mármol, muy orientadas al cliente de empresa.

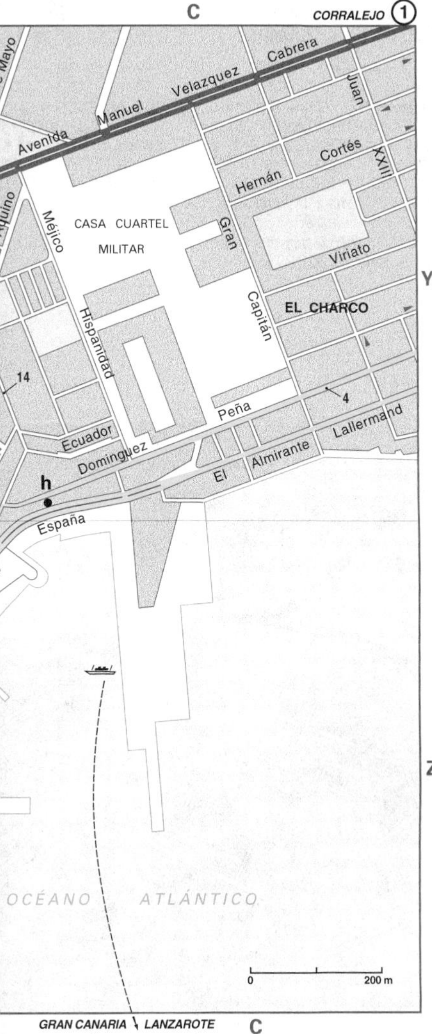

PUERTO DEL ROSARIO

1 de Mayo (Av.) . . . . **BYZ**
23 de Mayo . . . . **ABZ**
Aeropuerto (Carret. al) . . . . **ABZ**
Almirante Lallermand (El) . . . **CY**
Barranco Negrin . . . . **AZ**
Barranco Pilón. . . . . **BY**
Cataluña . . . . **AY**
Cervantes . . . . **AY**
Comandante Díaz Trayter . . **CY** 4
Constitución (Av. de la) . . . **BYZ**
Cosco . . . . **AZ**
Cruz (La) . . . . **BY**
Doctor Fleming. . . . . **BZ** 5
Domínguez Peña . . . . **CY**
Duero. . . . . **BZ**
Dulcinea . . . . **AY**
Ecuador. . . . . **CY**
Fernández Castañeira. . . . . . **BZ** 8
Garcia Escámez . . . . **BZ**
Gomera (La) . . . . **AY**
Goya . . . . **AZ**
Gran Canaria . . . . **ABY**
Gran Capitán . . . . **CY**
Hernán Cortés . . . . **CY**
Hispanidad . . . . **CY**
Jesús y Maria. . . . . **BCY** 9
Juan de Berthencourt (Av.) **ABY**
Juan José Felipe. . . . . **BZ** 10
León y Castillo . . . . **ABY**
Mancha (La) . . . . **AYZ**
Manuel Velázquez Cabrera
(Av.) . . . . **CY**
Méjico . . . . **CY**
Miño . . . . **BZ** 13
Molinos de Vento. . . . . **BYZ**
Nuestra Señora Virgen
de la Peña . . . . **AY**
Pozos (Los) . . . . **BZ**
Prof. Juan Tadeo Cabrera. . . **BZ**
Rafael Alberti . . . . **AZ**
Reyes de España
(Av. de los) . . . . **BCZ**
Rosario (El) . . . . **BZ**
Sagrado Corazón . . . . **CY** 14
San Roque. . . . . **BZ**
Sancho Panza . . . . **AY**
Santo Tomás de Aquino . . **BCY**
Secundino Alonso. . . . . **BZ**
Sevilla . . . . **AY**
Tenerife . . . . **AY**
Teresa Lopez. . . . . **BY**
Velázquez . . . . **AY**
Venta (La) . . . . **AYZ**
Vicente Alexandre . . . . **AZ**
Viriato. . . . . **CY**
Zurbarán . . . . **AYZ**

Vega de Río Palma *35637 – 7 406 h alt. 950.*
Puerto del Rosario 33.

Don Antonio, pl. de la Peña ✆ 928 87 87 57, *donantonio@fuerteventura.at, Fax 928 87 80 34,* – AE ⓓ ⓜ VISA
cerrado 7 días en diciembre, junio, lunes y martes – **Comida** - sólo almuerzo, salvo viernes y sábado - carta 33 a 40.
◆ Su fachada típica da acceso a un coqueto bar decorado con motivos regionales, un cálido comedor dominado por la rusticidad de la piedra vista y un agradable patio-terraza.

Arrecife *35500 – 42 231 h – Playa.*

Alred. : *Fundación César Manrique★ por ① : 7 km – Teguise (castillo de Santa Bárbara ☼★) por ① : 11 km – Tiagua (Museo Agrícola El Patio★) por ③ : 13 km – Guatiza (Jardín de Cactus★) por ① : 15 km – La Geria★★ (de Mozaga a Yaiza) por ③ : 17 km - Cueva de los Verdes★★★ Noreste : 27 km por Guatiza – Jameos del Agua★ Noreste : 29 km por Guatiza - Mirador del Río★★ (☼★★) Noroeste : 33 km por Guatiza –* ✈ *de Lanzarote, Oeste : 6 km ✆ 928 84 60 01.*

⛴ *para Gran Canaria, Tenerife, La Palma y la Península : Cía. Trasmediterránea, José Antonio 90 ✉ 35500 ✆ 902 45 46 45 Telex 95336 Fax 928 81 23 63.*

ℹ *Blas Cabrera Felipe ✆ 928 81 17 62 info@turismolanzarote.com Fax 928 80 00 80* – **R.A.C.E.** *Blas Cabrera Tophan 17-1º izda ✆ 928 80 68 81 Fax 928 80 65 86.*

Costa Teguise 7 ①

ARRECIFE

Aniagua . . . . **B** 2
Aquilino Fernández . . . . **C** 3
Colombia . . . . **B** 4
Emilio Ley . . . . **C** 8
Fenauto . . . . **B** 9
Fernández Ladreda . . . . **C** 10
García de Hita . . . . **C** 14
El Guinaguaria . . . . **B** 7
Inés (La) . . . . **B** 15
José Betancort . . . . **C** 16
José Ortega y Gasset . . . . **B** 17
Mercedes (La) . . . . **D** 20
Miguel Primo de Rivera . . . . **C** 21

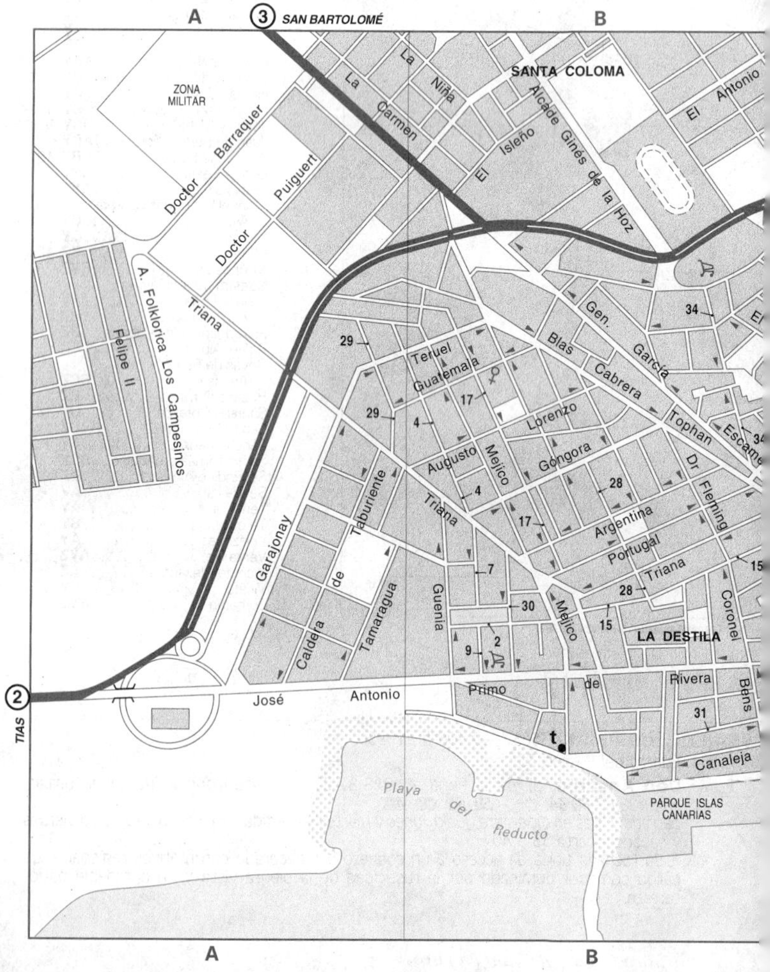

Lancelot, av. Mancomunidad 9 ☎ 928 80 50 99, *Fax 928 80 50 39,* ≤, 🏊 - 🛗, ▤ rest, 📺 - 🏆 25/100. AE ⓓ MC VISA. ✂ B t
Comida 12,02 - **110 hab** ☕ 58/73.
◆ Típico hotel de ciudad distribuido en dos edificios. Marcada funcionalidad en aras de un correcto confort, y una eficiente organización enfocada a una clientela habitual.

Miramar, av. Coll 2 ☎ 928 80 15 22, *hmiramar@teleline.es, Fax 928 80 15 33,* 🏖 - 🛗 📺 📞 ♿. AE ⓓ MC VISA. ✂ C z
Comida *(cerrado agosto, sábado y domingo)* 12 - ☕ 6 - **85 hab** 48/65.
◆ La exhaustiva reforma de su zona social, la redecoración de sus habitaciones, y una acertada actualización de los baños han dado consistencia a su categoría y confort. El restaurante, ubicado en el ático, se complementa con una agradable terraza exterior.

Islas CANARIAS

XX **Chef Nizar,** Luís Morote 19 ☎ 928 80 12 60 – ▤. AE MC VISA. ✂ C h
cerrado mayo-junio y domingo – **Comida** - rest. libanés - carta 26 a 39.
◆ Un propietario veterano de origen libanés derrama en los fogones el arte de su tierra, mientras su familia atiende una sala montada en dos niveles. Esmerado servicio de mesa.

Costa Teguise *35509 – Playa.*

Costa Teguise, urb. Costa Teguise ☎ 928 59 05 12 Fax 928 59 23 37.
av. Islas Canarias (Centro Comercial Los Charcos), local 13 ☎ 928 82 72 92 costateguise@turismolanzarote.com Fax 928 82 72 92.
Arrecife 7.

Gran Meliá Salinas ⚓, av. Islas Canarias ☎ 928 59 00 40, *gran.melia.salinas@solmelia.com, Fax 928 59 11 10*, ≤, ☂, Fб, ⛱ climatizada, 🌴, ✂ – |$| ▤ TV P – 🏆 25/400. AE ⓓ MC VISA. ✂
Atlántida *(sólo cena buffet)* **Comida** 38 - ***La Graciosa*** *(sólo cena, cerrado domingo y lunes)* **Comida** carta aprox. 52 - ***Casa Canaria*** *(cerrado martes y miércoles)* **Comida** carta 44 a 49 – **308 hab** ⊐ 262/345 – 2 suites.
◆ Disfrute de sus vacaciones en un hotel de atractivos exteriores, con profusión de plantas y terraza. Interior engrandecido por la prestancia del mármol. Baños detallistas. Destaca el restaurante La Graciosa por su carta, confort y servicio de mesa.

XX **La Jordana,** Los Geranios - Local 10 y 11 ☎ 928 59 03 28, ☂ – ▤. MC VISA. ✂
cerrado septiembre y domingo – **Comida** carta aprox. 29.
◆ Un propietario en cocina y otro en sala lo llevan con profesionalidad. Frecuentado por una clientela de nivel, posee un confortable salón y una coqueta terracita acristalada.

XX **Neptuno,** Península del Jablillo - Local 6 ☎ 928 59 03 78, *Fax 928 59 07 06* – ▤. AE ⓓ MC VISA. ✂
cerrado 20 junio-23 julio y domingo – **Comida** carta aprox. 27.
◆ Dirigido por dos hermanos, goza de una trayectoria seria y estable. Barra de apoyo y una sala sencilla pero pulcra, que se ve realzada por un servicio de mesa que da la talla.

Haría *35520 – 2 626 h alt. 270.*

Alred. : *Mirador ≤★ Sur : 5 km – Fundación César Manrique★ Norte : 7 km.*
Arrecife 29.

X **Casa'l Cura,** Nueva 1 ☎ 928 83 55 56, *Fax 928 82 14 42* – P. MC VISA. ✂
Comida - sólo almuerzo - carta 16 a 27.
◆ Diversos comedores, ocupando las dependencias de una antigua casa, conforman un restaurante que destaca por su montaje y dirección. Lo complementa un buffet independiente.

Montañas del Fuego *– Zona de peaje.*

Ver : *Parque Nacional de Timanfaya★★★.*
Arrecife 31.

Mozaga *35562.*

Arrecife 13.

Caserío de Mozaga ⚓, Malva 8 ☎ 928 52 00 60, *reservas@caseriodemozaga.com, Fax 928 52 20 29*, ≤ – TV. AE ⓓ MC VISA JCB. ✂
Comida - sólo cena, sólo clientes - 24 – **6 hab** ⊐ 80,50/112,40 – 2 suites.
◆ Bella arquitectura de planta horizontal y muros encalados, sumergida en el sosiego de una finca. Habitaciones serenas y confortables, enaltecidas con un mobiliario restaurado.

Playa Blanca *– Playa.*

Alred. : *Punta del Papagayo★ ≤★ Sur : 5 km.*
Muelle de Playa Blanca ☎ 928 51 77 94 playablanca@turismolanzarote.com Fax 928 51 77 94.
Arrecife 38.

Gran Meliá Volcán Lanzarote ⚓, urb. Castillo del Águila, ✉ 35570 Yaiza, ☎ 928 51 91 85, *gran.melia.volcan.lanzarote@solmelia.com, Fax 928 51 91 32*, ≤ mar e isla de Fuerteventura, ☂, Fб, ⛱ climatizada – ▤ TV P – 🏆 25/480. AE ⓓ MC VISA. ✂
Geria *(sólo cena, cerrado domingo, lunes y jueves)* **Comida** carta 46 a 66 - ***El Rubicón*** *(sólo cena, cocina italiana, cerrado martes, miércoles y jueves)* **Comida** carta 38 a 54 – **241 hab** ⊐ 276/360 – 14 suites.
◆ Lujo y confort en un complejo a modo de típico pueblecito isleño, con unas espaciosas dependencias equipadas al detalle. Cuidadas zonas comunes con bella cascada central. Su restaurante Geria ofrece un excelente montaje y platos de la cocina francesa.

Hesperia Playa Dorada, costa de Papagayo, ✉ 35570 Yaiza, ✆ 928 51 71 20, *playa-dorada@adv.es, Fax 928 51 74 32*, ←, 🏋, climatizada, ▢, 🎾 - |$| ▤ TV ♿ P -
25/250
Comida - sólo cena buffet - **458 hab** - 8 suites.
◆ Hotel de adecuado confort y correcto equipamiento, que ha ampliado sus instalaciones con un ala de nueva planta. Posee habitaciones exteriores y una espaciosa zona social. Moderno restaurante con servicio de buffet.

Lanzarote Princess, costa de Papagayo, ✉ 35570 Yaiza, ✆ 928 51 71 08, *h10.lanzarote.princess@h10.es, Fax 928 51 70 11*, ←, climatizada, 🎾 - |$| ▤ TV P -
25/200. AE ① MC VISA.
Comida - sólo cena buffet - 15 - **298 hab** ☐ 90/135 - 32 suites.
◆ Complejo hotelero de gran capacidad, eficiente dirección y marcada funcionalidad. Terraza con piscina, amplia zona noble, y unas habitaciones dotadas de mobiliario renovado. Comedor centrado en las cenas y en el buffet.

Puerto del Carmen *35510 - Playa.*

av. de las Playas ✆ 928 51 53 37 puertodelcarmen@turismolanzarote.com Fax 928 51 53 37.

Arrecife 15.

La Cañada, César Manrique 3 ✆ 928 51 04 15, *restcanada@eresmas.com, Fax 928 51 21 08*, - ▤. AE ① MC VISA.
cerrado domingo - **Comida** carta 25 a 28.
◆ Casa bien llevada, con el dueño al frente de una cocina que apuesta por la calidad de sus productos. Posee una agradable terraza y una sala muy cuidada, montada en un altillo.

San Bartolomé *35550 - 6 798 h alt. 240.*

Arrecife 8.

al Noroeste : *3,5 km :*

Finca de La Florida, El Islote 90, ✉ 35550, ✆ 928 52 11 36, *reserva@hotelfincadelaflorida.com, Fax 928 52 03 11*, ←, 🏋, climatizada, 🎾 - ▤ TV P. AE ① MC VISA.
Comida - sólo cena, sólo clientes - 15 - **15 hab** ☐ 54/98 - 1 apartamento.
◆ Serena arquitectura regional, arropada por los viñedos de una finca. De eficiente dirección, posee un apartamento, confortables habitaciones clásicas y un comedor privado.

Yaiza *35570 - 5 125 h alt. 192.*

Alred. : *La Geria★★ (de Yaiza a Mozaga) Noreste : 17 km - Salinas de Janubio★ Suroeste : 6 km - El Golfo★★ Noroeste : 8 km.*

Arrecife 22.

Finca de las Salinas, La Cuesta 17 ✆ 928 83 03 25, *fincasalinas@hotmail.com, Fax 928 83 03 29*, 🏋, climatizada, 🎾 - ▤ TV P. MC VISA.
Comida *(cerrado domingo)* - sólo cena - carta 17 a 28 - **17 hab** ☐ 100/150 - 2 suites.
◆ Antiguo señorío al calor de un confort actual. Si el núcleo central alberga un comedor de uso exclusivo, las viejas caballerizas cobijan unas habitaciones de grata rusticidad.

La Era, Barranco 3 ✆ 928 83 00 16, *info@la-era.com, Fax 928 83 03 68* - P. AE ① MC VISA.
cerrado lunes - **Comida** carta 24 a 30.
◆ Negocio familiar enfocado a un turismo de paso. Casa de campo del s. XVII dotada de varios comedores, un salón de banquetes y una bodega para tapas, vinos y menús rápidos.

TENERIFE

Arona *38640 - 29 792 h alt. 610.*

Alred. : *Mirador de la Centinela★ Sureste : 11 km.*

Santa Cruz de Tenerife 72.

en La Camella *Sur : 4,5 km :*

Mesón Las Rejas, carret. General del Sur 31, ✉ 38267 La Camella, ✆ 922 72 08 94, *Fax 922 72 12 99* - ▤. AE ① MC VISA.
cerrado junio y domingo - **Comida** - espec. en carnes y asados - carta aprox. 28.
◆ Llevado por su propietario con criterio profesional, ofrece un interior de estilo regional que alberga un pequeño bar privado, dos salas y dos reservados. Bodega climatizada.

TENERIFE

0 10 km

Valle de Guerra
El Socorro
Tacoronte
La Laguna
El Sauzal
TF 5
TENERIFE-NORTE
SANTA CRUZ DE TENERIFE
Puerto de la Cruz
Garachico
TF 82
Candelaria
Güimar
Pico del Teide 3718
Parque Nacional del Teide
TF1
Puerto de Santiago
Las Cañadas del Teide
OCÉANO ATLÁNTICO
La Escalona
Granadilla de Abona
La Camella
San Isidro
Playa de las Américas
Los Cristianos
TENERIFE SUR
El Médano

Candelaria *38530 – 10 655 h – Playa.*

Santa Cruz de Tenerife 22.

El Archete, Lomo de Aroba 2 - cruce autopista ✆ 922 50 01 15, *elarchete@hotmail.es, Fax 922 50 01 15* – rest, P. VISA.
cerrado domingo y lunes mediodía – **Comida** carta aprox. 23.
◆ Goza de buen nombre en la zona, con varias salas de ambiente rústico en la planta baja y tres comedores más elegantes en el 1er piso. Combina la cocina regional y la actual.

Las Cañadas del Teide *– alt. 2 160 – 1.*

Ver : *Parque Nacional del Teide★★★.*
Alred. : *Pico del Teide★★★ Norte : 4 km, teleférico y 45 min. a pie – Boca de Tauce★★ Suroeste : 7 km* – **Excurs.** : *Ascenso por La Orotava★ – Santa Cruz de Tenerife 67.*

Parador de Las Cañadas del Teide, ✉ 38300 apartado 15 La Orotava, ✆ 922 38 64 15, *canadas@parador.es, Fax 922 38 23 52,* ≤ valle y Teide, –
P. AE VISA.
Comida 25 – ☐ 11 – **37 hab** 88/110.
◆ Ubicado en un paraje volcánico, con instalaciones de notable calidad dotadas de un confort actual y una discreta zona noble. Posee habitaciones bien equipadas y detallistas. El restaurante goza de un excelente funcionamiento y una magnífica vista panorámica.

Los Cristianos *38650 – Playa.*

Cía. Trasmediterránea, Muelle de los Cristianos ✉ 38650 ✆ 902 45 46 45 Fax 922 79 61 79.
Santa Cruz de Tenerife 75.

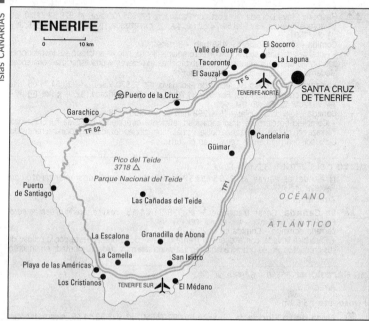

Arona G.H., av. Juan Carlos I-38 ✆ 922 75 06 78, *arona@aronahotel.com, Fax 922 75 02 43,* ≤, , climatizada – , rest, – 25/300. AE VISA.
Comida - cena sólo buffet - 28 - ***Las Vistas*** *(sólo almuerzo)* **Comida** carta 16 a 26 – **399 hab** ☐ 125/178 – 2 suites.
◆ Complejo hotelero de gran capacidad y moderno confort, donde la amplitud de espacio reina en todo su esplendor. Eficiente organización muy vocacionada a grupos. El restaurante Las Vistas hace honor a su nombre al ubicarse en una terraza frente al mar.

Reverón Plaza, General Franco 26 ☎ 922 75 71 20, *reservas@hotelesreveron.com, Fax 922 75 70 52,* , , climatizada – 25/50. AE VISA.
Mirador Plaza *(sólo cena)* **Comida** carta 20 a 28 – **44 hab** 86/130.
◆ Sus pequeñas dimensiones y su cálido clasicismo lo han convertido en un hotel de ambiente acogedor, muy al margen de las tendencias típicas del lugar. Su alegre restaurante, instalado en el 4º piso, ofrece una carta de base tradicional.

El Rincón del Arroz, Los Sabandeños (edificio Soledad-Local 1) ☎ 922 77 77 41, *rincondelarroz@eresmas.com* – . AE VISA.
cerrado 20 diciembre-10 enero, 23 mayo-14 junio, domingo noche y lunes – **Comida** - espec. en arroces - carta 28 a 35.
◆ Casa familiar apartada del barullo turístico, donde sirven una carta seria y compensada. Posee una terraza acristalada y una salita muy cuidada, con barra de bar.

Le Bistrot d'Alain, Valle Menéndez 16 ☎ 922 75 23 36, *Fax 922 79 76 74,* – . AE VISA.
cerrado junio-15 julio y lunes – **Comida** - sólo cena, cocina francesa - carta 29 a 38.
◆ Pequeño local tipo bistrot francés, con su propietario en cocina. Su ubicación, en una zona animada de la localidad, dignifica la instalación de una terraza de por sí modesta.

Garachico *38450 – 5 755 h.*

Santa Cruz de Tenerife 61.

San Roque , Esteban de Ponte 32 ☎ 922 13 34 35, *info@hotelsanroque.com, Fax 922 13 34 06,* , climatizada – . AE VISA. rest
cerrado junio-15 julio – **Comida** - sólo menú, sólo clientes - 25 – **20 hab** 155/230.
◆ Casa señorial distribuida en torno a un patio canario, donde el encanto, la gracia y el detalle se ven envueltos en un bello marco modernista. Habitaciones y baños de ensueño.

La Quinta Roja, Glorieta de San Francisco ☎ 922 13 33 77, *hotelquintaroja@quintaroja.com, Fax 922 13 33 60* – hab, – 25/60. AE VISA.
Comida - sólo cena - 25 – **20 hab** 144/180.
◆ Hermosa casa-palacio del s. XVI que constituye un buen ejemplo de arquitectura doméstica tradicional. Agradable patio central y habitaciones con los techos y suelos en madera. Cuenta con una acogedora tasca que funciona como comedor durante las cenas.

Granadilla de Abona *38600 – 17 141 h alt. 670.*

Santa Cruz de Tenerife 68.

Senderos de Abona, La Iglesia 5 ☎ 922 77 02 00, *info@senderosdeabona.com, Fax 922 77 03 08,* – hab,, rest, rest, . VISA.
cerrado del 1 al 20 de junio - ***El Terrero*** *(sólo cena, salvo clientes)* **Comida** carta aprox. 20 – **17 hab** 45/90.
◆ La rusticidad antigua de sus habitaciones, la serenidad de unos patios ajardinados, y una simpática organización familiar le confieren una marcada personalidad.

Güimar *38500 – 14 345 h alt. 290.*

Alred. : *Mirador de Don Martín★ Sur : 4 km.*
Santa Cruz de Tenerife 36.

Finca Salamanca , carret. Puertito - Sureste : 1,5 km ☎ 922 51 45 30, *info@hotel-fincasalamanca.com, Fax 922 51 40 61,* , , climatizada, , – . AE VISA.
Comida *(cerrado martes)* 19,95 – **16 hab** 63/100,80 – 4 suites.
◆ Ubicado en una amplia finca con jardín botánico. Zona social clásica y diferentes tipos de habitaciones repartidas por varios edificios, la mayoría espaciosas y con terraza. Restaurante de aire rústico, con el techo en madera y correcto cubierto.

Escríbanos...
Sus elogios y sus críticas serán estudiados con toda atención.
Nuestros inspectores volverán a ver los hoteles y restaurantes
que Ud. nos indique. Con su colaboración,esta guía será
siempre mas exacta y mas completa.
Gracias anticipadas !

Icod de los Vinos 38430 – 21 329 h.

Ver : *Pueblo★ - Drago milenario★.*

Alred. : *Valle de El Palmar★★ Oeste : 20 km – San Juan del Reparo (carretera de Garachico ≤★) Suroeste : 6 km.*

Santa Cruz de Tenerife 60.

La Laguna 38200 – 117 718 h alt. 550.

Ver : *Iglesia de la Concepción★.*

Alred. : *Monte de las Mercedes★★ (Mirador del Pico del Inglés★★, Mirador de Cruz del Carmen★) Noreste : 11 km – Mirador del Pico de las Flores ✳★★ Suroeste : 15 km – Pinar de La Esperanza★ Suroeste : 20 km – Puerto de El Bailadero★ Noreste : 20 km – Taganana★ (carretera ≤★★ de El Bailadero) Noreste : 24 km.*

Obispo Rey Redondo 1 ✉ 38201 ☎ 922 60 11 07 turismo.laguna@cabtfe.es Fax 922 60 89 74.

Santa Cruz de Tenerife 9.

✗ **El Principito,** Santo Domingo 26, ✉ 38201, ☎ 922 63 39 16 – MC VISA. ✈
cerrado una semana en febrero, una semana en septiembre, domingo y lunes – **Comida** - cocina francesa - carta 25 a 42.
• Pequeño local de cocina francesa que ha sabido crear un ambiente íntimo y acogedor. Destaca por la original pintura a esponja de sus paredes y el buen servicio de mesa.

Masca 38489.

Ver : *Paisaje★.*

Santa Cruz de Tenerife 90.

El Médano 38612 – Playa.

✈ *Tenerife-Sur, Oeste : 8 km ☎ 922 75 90 00.*

Santa Cruz de Tenerife 62.

✗ **Avencio,** Chasna 6 ☎ 922 17 60 79 – ▤. AE ⓓ MC VISA. ✈
cerrado septiembre, domingo noche y lunes – **Comida** carta 15 a 26.
• Todo un clan familiar atiende el negocio con amabilidad. Casa de aire rústico-marinero con una sala algo apretada, que se distribuye en distintos rincones.

La Orotava 38300 – 34 871 h alt. 390.

Ver : *Calle de San Francisco★ – Localidad★★.*

Alred. : *Mirador Humboldt★★★ Noreste : 3 km.*

La Carrera 2 ☎ 922 32 30 41 turismo.orotava@cabtfe.es Fax 922 33 45 12.

Santa Cruz de Tenerife 36.

Playa de las Américas 38660 – Playa.

Alred. : *Adeje (Barranco del Infierno★, 2 km a pie) Norte : 7 km.*

9 18 Sur, urb. El Guincho, Sureste : 15 km ☎ 922 73 81 70 Fax 922 73 82 72.

av. Rafael Puig Lluvina 1 ☎ 922 75 06 33 amonteverde@cabte.es Fax 922 75 06 33.

Santa Cruz de Tenerife 75.

G.H. Bahía del Duque ♨, Alcalde Walter Paetzmann (playa del Duque), ✉ 38660 Costa Adeje, ☎ 922 74 69 00, *reservas@bahia-duque.com, Fax 922 74 69 25,* ≤, ⛱, Fö, ⛲ climatizada, ⛱, ✂ – |‡|, ▤ TV ☏ ♿ P – 🏛 25/1000. AE ⓓ MC VISA. ✈ rest
El Duque *(sólo cena)* **Comida** carta 35 a 60 - ***La Brasserie*** *(sólo cena)* **Comida** carta 33 a 55 - ***La Trattoria*** *(sólo cena)* **Comida** carta 30 a 44 – **417 hab** ☕ 436/553 – 65 suites.
• Espectacular complejo con un bellísimo hall y las habitaciones distribuidas en edificios independientes, a modo de villas. Vegetación subtropical en torno a varias piscinas. Dispone de numerosos restaurantes, destacando El Duque por su elegante clasicismo.

Jardines de Nivaria ♨, París (playa de Fañabé), ✉ 38660 Costa Adeje, ☎ 922 71 33 33, *informacion@nivaria.es, Fax 922 71 33 40,* ≤, ⛱, Fö, ⛲ climatizada, ⛱, ✂ – |‡|, ⇔ rest, ▤ TV ☏ ♿ 🚗 – 🏛 25/300. AE ⓓ MC VISA. ✈
La Cúpula *(sólo cena, cerrado del 7 al 20 de junio y domingo)* **Comida** carta 33 a 60 - ***Solandra*** *(sólo cena buffet)* **Comida** carta aprox. 30 - ***Playa Nivaria*** *(cerrado 14 junio-12 julio y lunes)* **Comida** carta 25 a 62 – **242 hab** ☕ 177,50/279 – 25 suites.
• Posee una bellísima cúpula de vidrio emplomado en su hall y una zona ajardinada frente al mar. Habitaciones confortables y espaciosas, con mobiliario de estilo antiguo. El elegante marco del restaurante La Cúpula cuenta con un servicio de mesa detallista.

Grand H. Anthelia, Londres 15, ✉ 38670 Costa Adeje, ✆ 922 71 33 35, *grand.hotel.anthelia@iberostar.com, Fax 922 71 90 81*, climatizada, – 25/400. AE VISA.
Poseidón *(sólo cena, cerrado domingo)* **Comida** carta 36 a 45 - ***Zeus*** *(sólo cena buffet)* **Comida** carta aprox. 38 – **350 hab** 291/500 – 41 suites.
◆ Espectacular fachada a modo de templo faraónico y un diáfano hall. Goza de confortables habitaciones de estilo neorrústico distribuidas en edificios que rodean las piscinas. Su restaurante Poseidón está complementado con una agradable terraza.

Jardín Tropical, Gran Bretaña, ✉ 38670 Costa Adeje, ✆ 922 74 60 00, *hotel@jardin-tropical.com, Fax 922 74 60 60*, climatizada, – 25/300. AE VISA.
Comida - ver también rest. ***El Patio*** - ***Las Rocas*** *(arroces, pescados y mariscos)* **Comida** carta 33 a 66 - ***Las Mimosas*** *(sólo buffet)* **Comida** carta aprox. 32 – **434 hab** 247/394.
◆ Conjunto de incuestionable belleza que sabe combinar su arquitectura encalada de inspiración árabe con una exuberante vegetación. Habitaciones de completo equipamiento. Su restaurante Las Rocas goza de un magnífico emplazamiento al borde del mar.

Gala, av. Arquitecto Gómez Cuesta 3 ✆ 922 79 45 13, *hotelgala@interbook.net, Fax 922 79 64 65*, climatizada – – 25/300. AE VISA.
Comida - sólo buffet - 14 – **298 hab** 115/156 – 10 suites.
◆ Hotel de correcta organización que suele trabajar con grupos y agencias. Posee amplias zonas nobles integradas en una atrevida arquitectura, y unas habitaciones confortables. Comedor con servicio de buffet.

Bitácora, av. Antonio Domínguez Alfonso 1 ✆ 922 79 15 40, *bitacora@springhoteles.com, Fax 922 79 66 77*, climatizada, – AE VISA.
Comida - sólo buffet - 22 – 12 – **314 hab** 117/190.
◆ Exteriores muy cuidados y unas habitaciones de correcto equipamiento. Sus instalaciones denotan cierta funcionalidad contando con una amplia oferta de entretenimiento. Restaurante, con una agradable terraza en el jardín, donde ofrecen un variado buffet.

Colón Guanahani, Bruselas (playa de Fañabé), ✉ 38660 Costa Adeje, ✆ 922 71 20 46, *guanahani@nivaria.es, Fax 922 71 21 21*, climatizada – AE VISA.
Comida - sólo cena buffet - 24 – **149 hab** 130/198 – 5 suites.
◆ Sus instalaciones rodean un agradable patio con piscina. Correcta recepción con sofás, bar con zona de espectáculos y habitaciones de aire colonial, todas con terraza-balcón. El amplio comedor trabaja básicamente con servicio de buffet.

El Patio - *Hotel Jardín Tropical*, Gran Bretaña, ✉ 38670 Costa Adeje, ✆ 922 74 60 00, *elpatio@jardin-tropical.com, Fax 922 74 60 60*, – AE VISA.
Comida - sólo cena - carta 42 a 77.
◆ Exquisito marco en el que la belleza ornamental con profusión de plantas y la gastronomía de autor al más alto nivel conviven en armonía. Precioso jardín de invierno.

La Sartén del Sur, av. Las Américas (C.C. Américas Plaza) ✆ 922 75 05 59, *Fax 922 79 68 14*. sólo cena.
◆ Ubicado en el 1er piso de un centro comercial, con un comedor de estética moderna y la cocina a la vista. Su carta ofrece platos internacionales y especialidades canarias.

Puerto de la Cruz *38400 – 39 549 h – Playa.*

Ver : *Pueblo★ – Paseo Marítimo★ (Lago Martiánez★)* BZ.

Alred. : *Playa Jardín★ por av. Blas Pérez González AZ – Jardín de aclimatación de La Orotava★★ por ① : 1,5 km – Mirador Humboldt★★★, La Orotava★★ por ①.*

pl. de Europa ✆ 922 38 60 00 puntoinfo@cabtfe.es Fax 922 38 47 69.

Santa Cruz de Tenerife 36 ①

Planos páginas siguientes

Botánico, Richard J. Yeoward 1 ✆ 922 38 14 00, *hotelbotanico@hotelbotanico.com, Fax 922 38 15 04*, climatizada, – – 25/500. AE VISA. rest DZ h
La Parrilla *(sólo cena, cerrado junio)* **Comida** carta 31 a 44 - ***Il Pappagallo*** *(sólo cena, cocina italiana, cerrado julio)* **Comida** carta 33 a 47 - ***The Oriental*** *(sólo cena, cocina tailandesa, cerrado mayo)* **Comida** carta 30 a 35 – **240 hab** 184/270 – 12 suites.
◆ Magníficas instalaciones con una espaciosa zona social, habitaciones destacables por su lujo y unos cuidados jardines tropicales. Excelente decoración y servicios de belleza. Interesante oferta culinaria en el restaurante La Parrilla.

Aguilar y Quesada . . . . CY 2
Agustín de Bethencourt. . . . BY 3
Agustín Espinoza . . . . AZ 5
Álvarez Rixo . . . . AZ 6
Casino . . . . CY 8
Cólogan . . . . BY 9
Constitución (Pl. de la) . . . . . BZ 12
Cupido . . . . BZ 13
Doctor Ingrand . . . . BZ 15
Doctor Madán . . . . AYZ 16
Enrique Talg. . . . . CZ 17
Iglesia (Pl. de la) . . . . BY 18
José Arroyo. . . . . BY 20
José del Campo Llarena (Av.) . . . . AZ 21
Luis Pavaggi (Pas.) . . . . AZ 25
Marina . . . . BY 27
Martiánez (Calzada de) . . . . . CZ 28

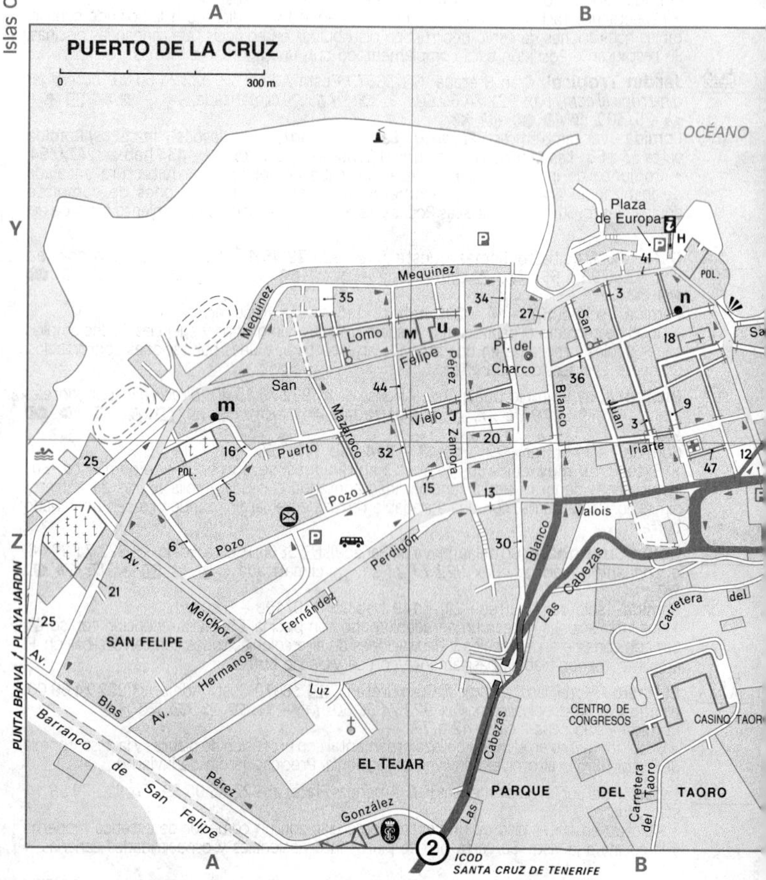

Semiramis, Leopoldo Cólogan Zulueta 27 - urb. La Paz ☎ 922 37 32 00, *semiramis@besthotels.es*, *Fax 922 37 31 93*, ≤ mar, ⛱, climatizada, 🎾 – |‡| ▤ TV – 🛎 25/920 DY k
Comida - sólo cena - – **294 hab** – 3 suites.
◆ Luminosas dependencias con atractivas habitaciones y unos exteriores donde brillan con luz propia la terraza y la piscina entre palmeras. El comedor está centrado en el buffet, aunque disfruta de un apartado con carta internacional.

Meliá Puerto de la Cruz, av. Marqués de Villanueva del Prado ☎ 922 38 40 11, *melia.puerto.de.la.cruz@solmelia.com*, *Fax 922 38 65 59*, ≤, climatizada, 🎾 – |‡|, hab, ▤ TV ♿ P – 🛎 25/400. AE ⓓ ⓜⓒ VISA. DZ f
Comida - cena sólo buffet - 17,30 – ☕ 8,39 – **300 hab** 92,48/143,96.
◆ De organización profesional, con un cuidado hall en mármol. Posee una amplia zona social y habitaciones de completo equipamiento, con mobiliario y lencería renovados. El comedor basa su oferta en cenas con buffet.

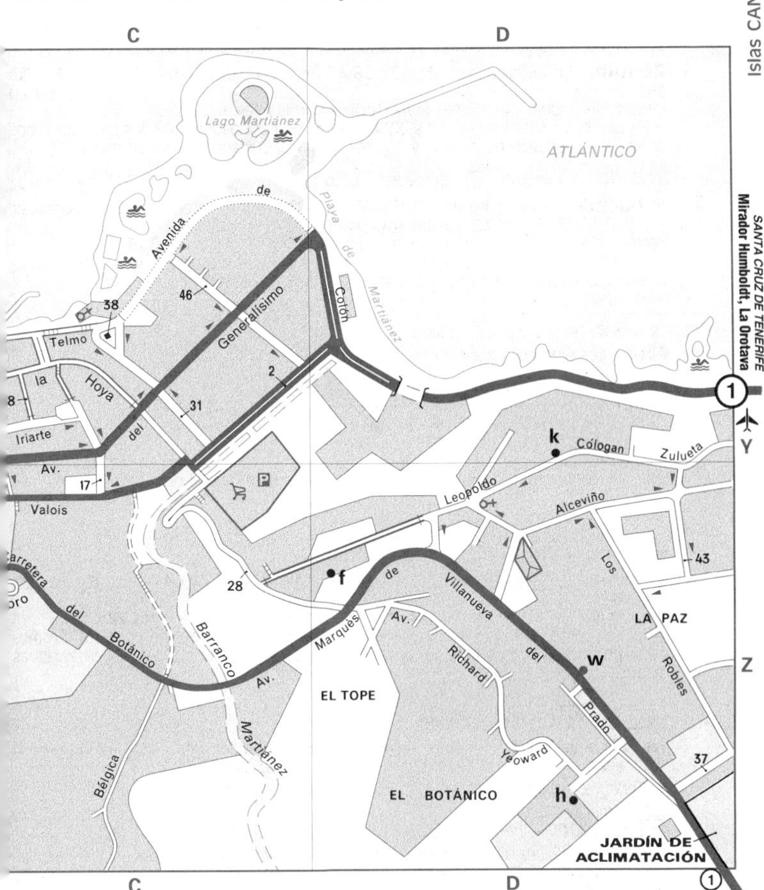

Monopol, Quintana 15 ✆ 922 38 46 11, *monopol@vianwe.com, Fax 922 37 03 10,* climatizada – |♦|, ▤ rest, TV. ● MC VISA. ✂ rest — BY n
Comida - cena sólo buffet - 12 – **92 hab** ☐ 51/96.
◆ Casa de estilo canario que centra su actividad en el patio interior, con gran profusión de plantas tropicales. Goza de habitaciones con mobiliario y decoración actualizados. El restaurante ofrece buffet a la cena y snack al mediodía.

Don Manolito, Dr. Madán 6 ✆ 922 38 50 40, *mi.vaca@interbook.net, Fax 922 37 08 77,* Fб, climatizada – |♦|, ▤ rest, TV. AE ● MC VISA. ✂ — AY m
Comida - sólo cena - 22 – ☐ 6 – **93 hab** 65/81.
◆ Ocupa dos edificios en un entorno tranquilo, con una correcta zona social y una pequeña sala de juntas. Ofrece dos tipos de habitaciones, destacando las nuevas por su confort. El comedor dispone de un bar de apoyo y se basa en el servicio de buffet.

Islas CANARIAS

XX **Magnolia** *(Felipe "El Payés Catalán")*, av. Marqués de Villanueva del Prado ✆ 922 38 56 14, *restmagnolia@terra.es, Fax 922 38 01 27*, – ▤. AE ⓓ MC VISA JCB. DZ w
cerrado martes – **Comida** carta 28 a 36.
◆ Negocio llevado con acierto por su chef-propietario. Posee dos salas comunicadas entre sí, con mobiliario de diferentes estilos. Lo mejor de la carta son las sugerencias.

X **Régulo,** San Felipe 16 ✆ 922 38 45 06, *Fax 922 37 04 20* – ▤. AE MC VISA. BY u
cerrado julio, domingo y lunes al mediodía – **Comida** carta 18 a 29.
◆ En una típica casa canaria del s. XVIII. Goza de un hermoso patio y dos pisos en tonos ocres, con profusión de plantas y objetos antiguos. Cuidado servicio de mesa.

en el barrio de La Vera *por ② : Suroeste : 4,5 km :*

XX **El Duende,** La Higuerita 41, ✉ 38400, ✆ 922 37 45 17, *rteelduende@wanadoo.es, Fax 922 37 45 17* – P. AE ⓓ MC VISA.
cerrado del 1 al 15 de agosto, lunes y martes – **Comida** carta 29 a 35.
◆ Su discreta fachada cobija un sobrio interior de aire rústico, con tres salas y un comedor-galería que disfruta de bellas vistas al pueblo. Carta de cocina creativa.

Puerto de Santiago *38683 – Playa.*

Alred. : *Los Gigantes (acantilado★) Norte : 2 km.*

Santa Cruz de Tenerife 101.

X **Pancho,** playa de la Arena ✆ 922 86 13 23, *restaurantepancho@hotmail.com, Fax 922 86 14 74*, – AE ⓓ MC VISA
cerrado junio y lunes – **Comida** carta aprox. 29.
◆ Casa llevada con acierto entre dos hermanos, uno en sala y el otro en cocina. Comedor bien dispuesto apoyado por una agradable terraza ajardinada al borde de la playa.

San Isidro *38611.*

Santa Cruz de Tenerife 61.

X **El Jable,** Bentejui 9 ✆ 922 39 06 98, *Fax 922 17 74 44* – ▤. AE ⓓ MC VISA.
cerrado del 1 al 15 de julio, domingo y lunes mediodía – **Comida** carta 22 a 30.
◆ Casa decorada a modo de tasca-mesón, con un correcto servicio de mesa. Promociona productos típicos canarios y realiza una cocina autóctona basada en antiguas recetas.

Santa Cruz de Tenerife *38000 P – 214 153 h.*

Ver : *Dique del puerto ≤★ DX – Parque Municipal García Sanabria★ BCX – Museo de la Naturaleza y el Hombre★ CY – Parque Marítimo César Manrique★ por ②.*

Tenerife, por ② : 16 km ✆ 922 63 66 07 Fax 922 63 64 80.

Tenerife-Norte por ② : 13 km ✆ 922 63 59 99, y Tenerife-Sur por ② : 62 km ✆ 922 75 90 00 – Iberia : Villalba Hervás 2-4 ✉ 38002 ✆ 902 400 500 BZ.

para La Palma, Gran Canaria, Lanzarote, Fuerteventura, La Gomera y la Península : Cía Trasmediterránea, Muelle Ribera, Est. Marít. ✉ 38001 ✆ 902 454 645 Fax 922 84 22 43.

pl. de España ✉ 38003 ✆ 922 23 95 92 puntoinfo@cabtfe.es Fax 922 23 98 12 – **R.A.C.E.** *Galcerán 9 (edificio El Drago) ✉ 38003 ✆ 922 53 20 60 Fax 922 53 20 71.*

Playa de las Américas 75 ② – Puerto de la Cruz 36 ①

Planos páginas siguientes

Mencey, av. Dr. José Naveiras 38, ✉ 38004, ✆ 922 60 99 00, *mencey@starwoodhotels.com, Fax 922 28 00 17*, climatizada, – |‡|, hab, ▤ TV – 25/500. AE ⓓ MC VISA JCB. CX k
Comida carta 32 a 49 – 17 – **265 hab** 195/235 – 21 suites.
◆ Excelentes instalaciones en un precioso edificio de estilo colonial canario. Goza de amplias zonas nobles, y sus elegantes habitaciones se dotan de un completo equipamiento. Restaurante de cuidado montaje.

Santa Cruz *(Hotel escuela)*, av. San Sebastián 152, ✉ 38005, ✆ 822 01 05 00, *hotel.ehsc@hecansa.com, Fax 822 01 05 02*, – |‡| ▤ TV P – 25/120. AE ⓓ MC VISA. BY b
Comida 29,89 – 9,78 – **59 hab** 97,73/124,38 – 6 suites.
◆ Hotel-escuela moderno y de impecable organización, diferenciando sabiamente su faceta didáctica de la profesional. Amplitud, confort y equipamiento lo avalan. Buen comedor a la carta con las paredes en piedra volcánica y madera.

Atlántida Santa Cruz, av. 3 de Mayo, ✉ 38005, ☎ 922 29 45 00, *hotelatlantida.sc@hoteles-silken.com, Fax 922 22 44 58,* ≤, ⚱ - |♦|, ⊭ hab, ▤ TV ✆ ♿ 🚗 - 🏛 25/200. AE ① MO VISA. ✳ BZ e
Comida 18 - ☕ 12 - **104 hab** 125/140 - 8 suites.
• De corte actual y ubicado en un área comercial. Hall-recepción unido a la zona social y unas completísimas habitaciones, con acceso desde ascensores panorámicos.

Contemporáneo, rambla General Franco 116, ✉ 38001, ☎ 922 27 15 71, *consultas@hotelcontemporaneo.com, Fax 922 27 12 23,* ⛱ - |♦| ▤ TV - 🏛 25/120. AE ① MO VISA. ✳ CX e
Comida *(cerrado agosto y domingo)* 16 - ☕ 10 - **148 hab** 71,50/105 - 2 suites - PA 42.
• Tras la ampliación ha mejorado su capacidad, con habitaciones actuales y de mobiliario funcional. En el 5º piso del nuevo edificio se encuentra la piscina, con buenas vistas. Su cuidado restaurante se complementa mediante un bar de tapas independiente.

Taburiente sin rest con cafetería, Doctor José Naveiras 24-A, ✉ 38001, ☎ 922 27 60 00, *hoteltaburiente@hoteltaburiente.es, Fax 922 27 05 62,* ⚱, ⛱ - |♦| ▤ TV 🚗 - 🏛 25/150. AE ① MO VISA CX r
170 hab ☕ 72/90 - 4 suites.
• Goza de un elegante hall-recepción y dos tipos de habitaciones, las nuevas disfrutando de un diseño moderno y las antiguas con mobiliario personalizado de línea clásica.

Colón Rambla, Viera y Clavijo 49, ✉ 38004, ☎ 922 27 25 50, *info@hotel-colonrambla.com, Fax 922 27 27 16,* ⛱ - |♦| ▤ TV ✆ 🚗. AE MO VISA. ✳ BX a
Comida *(cerrado agosto, domingo noche y lunes)* 13 - **41 apartamentos** ☕ 65/75.
• Dispone de unas instalaciones amplias y apartamentos renovados, con cocina y mobiliario funcional. Cuidadas zonas comunes y tranquilo patio exterior con piscina.

Los Cuatro Postes, Emilio Calzadilla 5, ✉ 38002, ☎ 922 28 73 94, *Fax 922 24 25 38* - ▤. AE ① MO VISA. ✳ DY k
cerrado domingo - **Comida** carta 24 a 30.
• Casa bien llevada por un matrimonio. Acogedora sala clásico-moderna, con una confortable barra-bar central y la cocina semivista. Productos de calidad y una completa bodega.

La Tasca de la Bodega, av. San Sebastián 57, ✉ 38005, ☎ 922 22 39 09, *Fax 922 23 15 91* - ▤. AE ① MO VISA. ✳ CYZ t
cerrado del 10 al 31 agosto, sabado noche y domingo - **Comida** carta 27 a 38.
• Antigua bodega bien renovada, con un bar de raciones a la entrada, una tienda de vinos y varios comedores de pequeña capacidad decorados con aperos y motivos vinícolas.

El Coto de Antonio, General Goded 13, ✉ 38006, ☎ 922 27 21 05, *Fax 922 15 10 37* - ▤. AE ① MO VISA. ✳ AY x
cerrado del 1 al 22 de septiembre y domingo noche - **Comida** carta 31 a 40.
• Negocio de reducidas dimensiones y correcto montaje, organizado con profesionalidad. Ofrece una carta tradicional y de mercado, con platos clásicos como el "steak tartare".

El Bacalao de la Cazuela, General Goded 11, ✉ 38006, ☎ 922 29 32 49, *Fax 922 24 45 24* - ▤. AE ① VISA. ✳ AY x
cerrado sábado mediodía - **Comida** carta 36 a 42.
• Pequeñas instalaciones de estilo clásico con un servicio de mesa de calidad. La carta resulta algo justa, aunque se ve bien complementada con una selección de sugerencias.

La Cazuela, Robayna 34, ✉ 38004, ☎ 922 27 23 00, *Fax 922 24 45 24,* 🏠 - ▤. AE ① MO VISA. ✳ BY f
cerrado domingo - **Comida** carta 30 a 35.
• Pequeño negocio bien conocido en la ciudad por su esmerada carta a precios atractivos. Lo avalan su organización profesional y el beneplácito del público.

Nuestras guías de hoteles, nuestras guías turísticas y nuestros mapas de carreteras son complementarios. Utilícelos conjuntamente.

Si se retrasa en el camino y no puede llegar antes de las 18h, confirme telefónicamente su reserva, es más seguro... y es la costumbre.

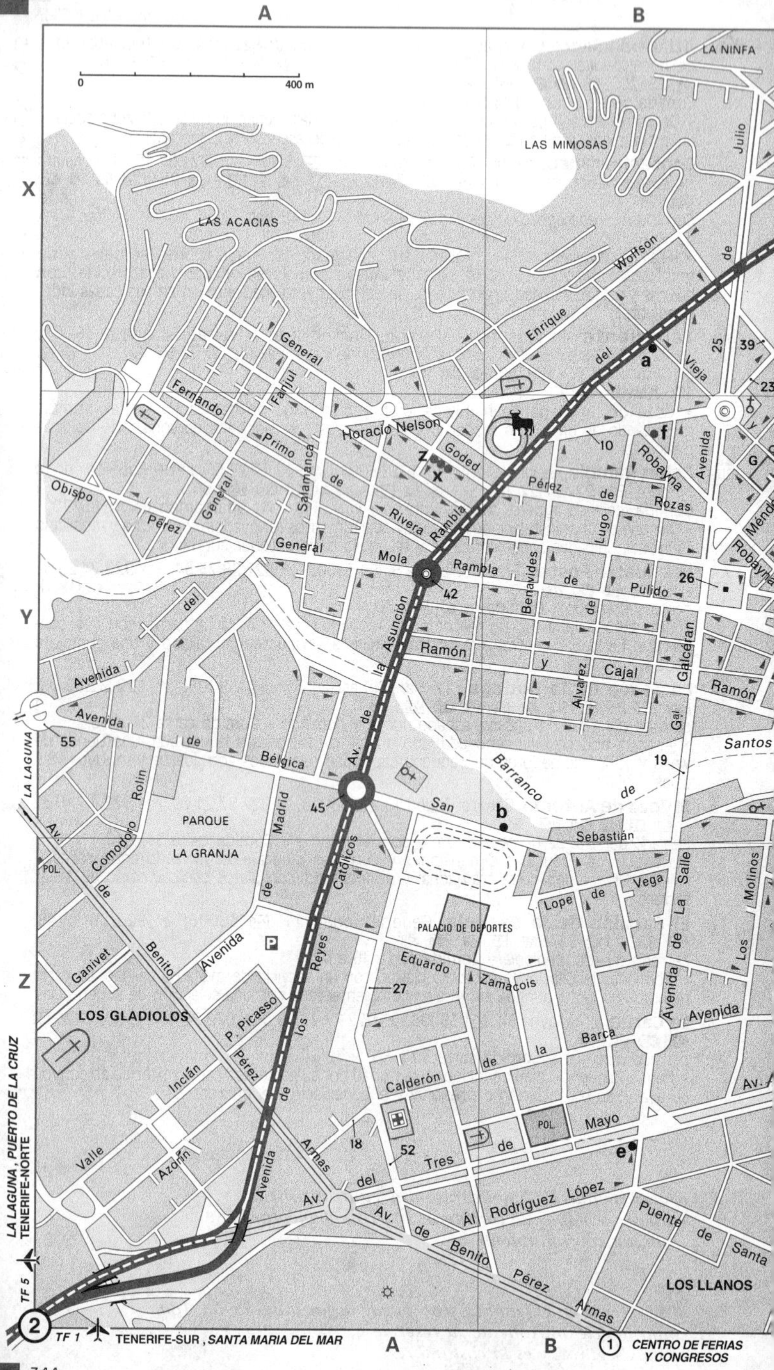
A
B
X
Y
Z
0
400 m
LA NINFA
LAS MIMOSAS
LAS ACACIAS
Julio
de
Enrique
Wolfson
General
Fanjul
Fernando
Primo
de
Rivera
Horacio Nelson
Goded
Salamanca
Obispo
Pérez
General
General
Mola
Rambla
Rambla
del
Vieja
25
39
23
a
f
G
10
Pérez
de
Rozas
Robayna
Avenida
Méndez
Robayna
Lugo
Benavides
de
Pulido
26
42
Av.
de
la
Asunción
Ramón
y
Cajal
Alvarez
Galcerán
Ramón
Gal.
Santos
19
Barranco
de
San
Sebastián
b
del
Avenida
Avenida
de
Bélgica
55
45
LA LAGUNA
Av.
Comodoro
Rolín
POL.
PARQUE
LA GRANJA
Madrid
de
Católicos
Reyes
los
de
Avenida
P
PALACIO DE DEPORTES
Lope
de
Vega
La Salle
Avenida
de
Los
Molinos
Benito
Ganivet
Eduardo
Zamacois
27
LOS GLADIOLOS
P. Picasso
Pérez
Avenida
de
la
Barca
Avenida
Av.
Inclán
Calderón
de
POL.
Mayo
de
Tres
Valle
Azorín
18
52
e
Armas
Avenida
del
Av.
Al
Rodríguez
López
Av.
de
Benito
Pérez
Armas
Puente
de
Santa
LOS LLANOS
LA LAGUNA, PUERTO DE LA CRUZ
TENERIFE-NORTE
TF 5
2
TF 1
TENERIFE-SUR, SANTA MARIA DEL MAR
A
B
1
CENTRO DE FERIAS
Y CONGRESOS

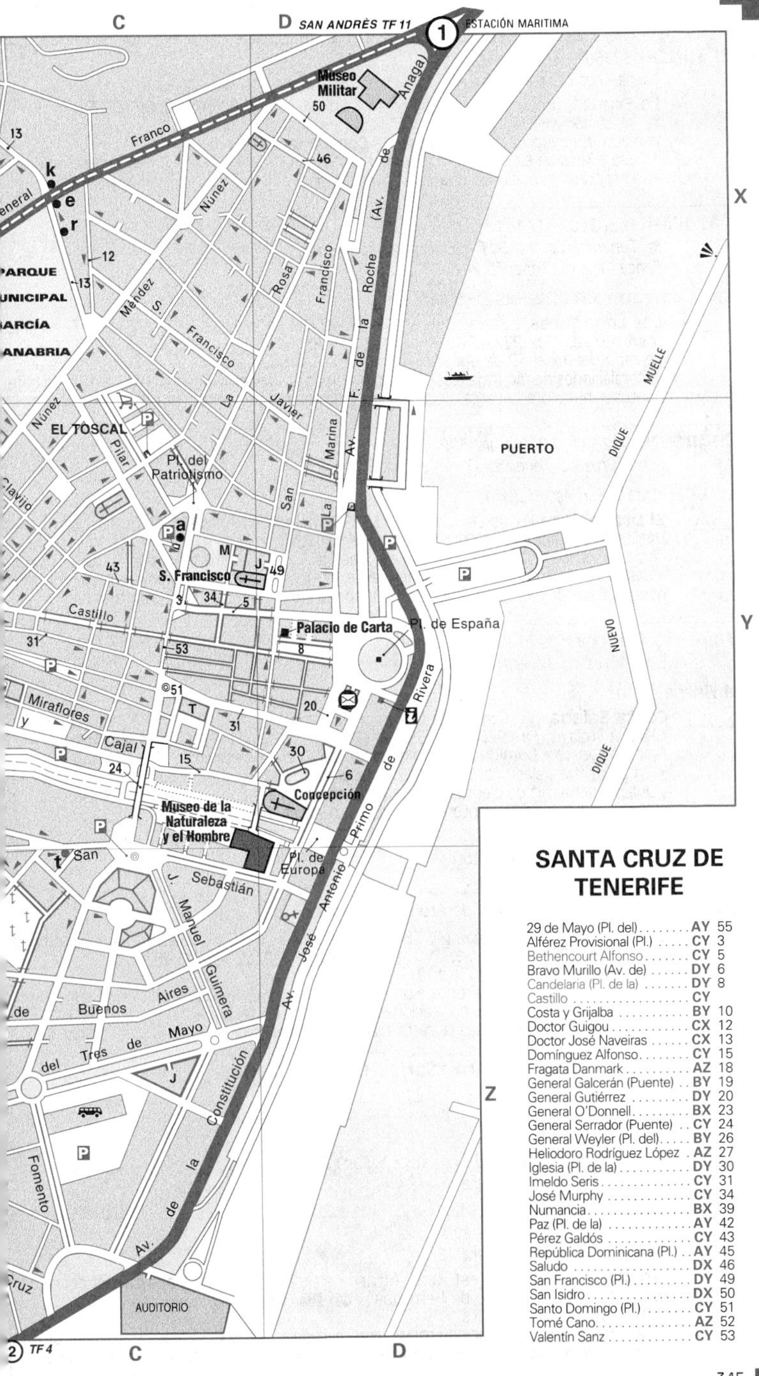

SANTA CRUZ DE TENERIFE

El Sauzal *38360 – 6 610 h alt. 450.*
Santa Cruz de Tenerife 24.

La Ermita, urb. Los Ángeles - Oeste : 1 km ✆ 922 57 53 80, *Fax 922 57 51 74*, – AE VISA.
cerrado domingo noche y miércoles – **Comida** carta 22 a 33.
◆ Casa afianzada en la zona, con una organización seria y estable. Posee un pequeño bar en la entrada seguido de una sala de corte clásico. Clientela habitual de negocios.

Tacoronte *38350 – 17 161 h alt. 510.*
Tenerife, Campo Golf 1 El Peñón ✆ 922 63 66 07 Fax 922 63 64 80.
Santa Cruz de Tenerife 24.

en la carretera C 820 *Este : 3,5 km :*

Los Limoneros, Los Naranjeros, ✉ 38340 Los Naranjeros, ✆ 922 63 66 37, *rlimoneros@terra.es, Fax 922 63 69 76* – AE VISA.
cerrado del 15 al 30 de agosto y domingo – **Comida** carta 51 a 56.
◆ Instalaciones de montaje clásico divididas en dos módulos independientes, uno para banquetes y el otro a la carta. Cocina tradicional elaborada y completa bodega visitable.

Tegueste *38280 – 7 979 h alt. 399.*
Santa Cruz de Tenerife 17.

en El Socorro *Suroeste : 2 km :*

El Drago, Marqués de Celada 2, ✉ 38292 Tegueste, ✆ 922 54 30 01, *restaurante@mesoneldrago.com, Fax 922 54 44 54* – AE VISA
cerrado agosto – **Comida** *(cerrado de lunes a jueves y domingo noche)* carta 25 a 46.
◆ Casa de campo de estilo canario y ambiente acogedor, que goza de gran reputación gastronómica. Salón de banquetes con cocina independiente y servicio de catering a las islas.

Valle de Guerra *38270.*
Santa Cruz de Tenerife 23.

al Norte *: 2 km :*

Costa Salada, Camino La Costa - Finca Oasis, ✉ 38270, ✆ 922 69 00 00, *costasalada@inicia.es, Fax 922 54 10 55*, ≤, , climatizada – VISA.
cerrado agosto – **Comida** *(cerrado martes)* - sólo cena - carta aprox. 25 – **15 hab** 108.
◆ En un paraje aislado con terrazas frente al mar. Destaca por sus exteriores, con piscina y una pequeña cala de piedras. Habitaciones confortables con mobiliario de calidad. Sencillo aunque coqueto restaurante en una cueva natural anexa.

Vilaflor *38613 – 1 526 h alt. 1 400.*
Santa Cruz de Tenerife 83.

en La Escalona *por la carretera de Arona - Suroeste : 7 km :*

El Nogal, Camino Real, ✉ 38614 La Escalona, ✆ 922 72 60 50, *nogal@hotelnogal.com, Fax 922 72 58 53*, ≤, – – 25/40. AE VISA.
Comida 18 – **20 hab** 70/100.
◆ Antigua casa de campo frente a un valle, con atractivos balcones típicos canarios y una zona más moderna. Ofrece habitaciones rústicas con los techos abuhardillados en madera. El restaurante dispone de una carta tradicional y bellos detalles en la decoración.

LA GOMERA (Santa Cruz de Tenerife)

Arure *38892.*
Ver : ≤★ *de Taguluche.*
Alred. : *Barranco del Valle Gran Rey*★★ *Sur : 7 km.*
San Sebastián de la Gomera 36.

Hermigua *38820 – 1 935 h alt. 170.*
San Sebastián de la Gomera 18.

Ibo Alfaro sin rest, Ibo Alfaro ✆ 922 88 01 68, *iboalfaro@terra.es, Fax 922 88 10 19*, ≤ valle de Hermigua – VISA.
16 hab 56/75 – 1 suite.
◆ Casa del s. XIX con la típica arquitectura canaria y vistas al valle de Hermigua. Cuidadas habitaciones con mobiliario clásico-antiguo, suelos en madera y baños completos.

San Sebastián de La Gomera *38800 – 6 337 h – Playa.*

Alred. : *Valle de Hermigua★★ 17 km por ①.*

Excurs. : *Parque Nacional Garajonay★★ 15 km por ② – Agulo★ 26 km por ①.*

✈ La Gomera por ② : 32 km ✆ 922 87 30 00 – Iberia : aeropuerto ✉ 38812 Alajeró ✆ 902 400 500 – ⛴ para Tenerife, El Hierro, La Palma : Cía Trasmediterránea : Estación Marítima del Puerto ✉ 38800 ✆ 902 45 46 45 Fax 922 87 13 24 – ℹ Real 4 ✆ 922 14 15 12 turismo@gomera-island.com Fax 922 14 01 51 – Arure 36.

SAN SEBASTIÁN DE LA GOMERA

Américas (Pl. de las) . . . . Z
Cañada del Herrero . . . . Z 2
Colón (Av. de) . . . . ZY
Constitución (Pl. de la) . . . . Z
Descubridores (Av. de los) . . . . Z
Era (la) . . . . Y
Fred Olsen (Pas. de) . . . . Z
Horca (la) . . . . Z 3
Lomo del Clavio (Camino del) . . . . Y
Luz (La) . . . . Y
Majona . . . . Y
Medio (El) . . . . Y
Náutico (El) . . . . Z
Orilla del Llanos . . . . Y
Palmitas (Las) . . . . Y
Pista (La) . . . . Y
Profesor Armas Fernández . . YZ
Puntallana (Camino de) . . . . Y
Quinto Centenario (Av. del) . . . . YZ
República de Chile . . . . Z 4
República de Cuba . . . . Y 6
República de Venezuela . . . . . . Y 7
Ruiz de Padrón . . . . YZ
San Cristóbal (Camino) . . . . Y
San Sebastián . . . . Y
Tanquito (El) . . . . Y

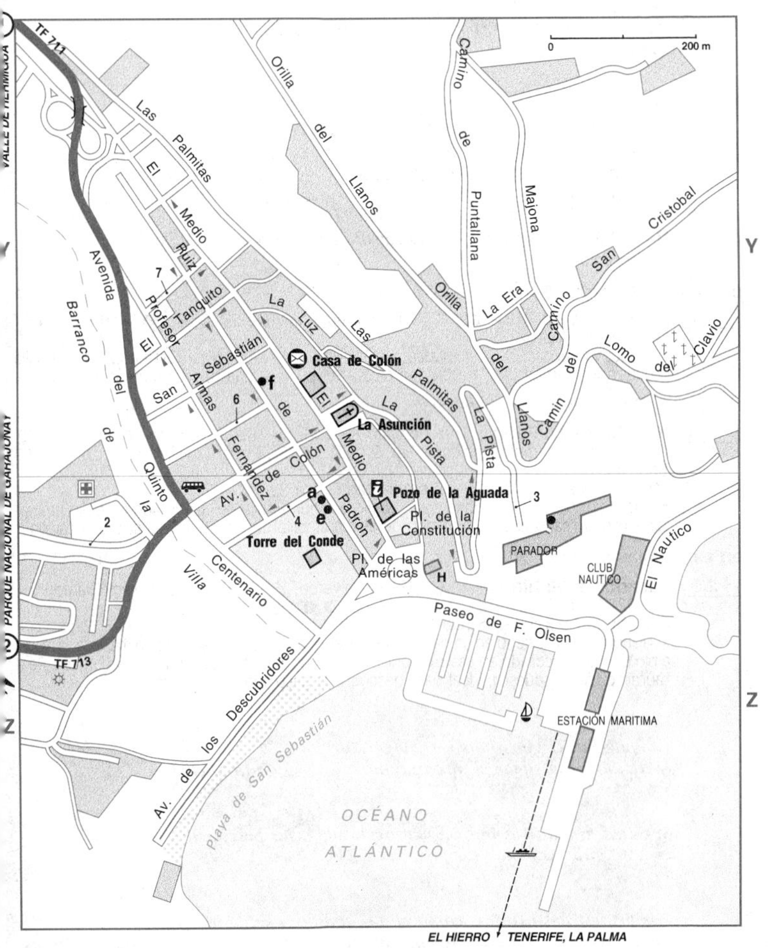

Parador de San Sebastián de La Gomera ⑤, Llano de la Horca 1, ✉ 38800 apartado 21, ☎ 922 87 11 00, *gomera@parador.es, Fax 922 87 11 16*, ≤, ⛱, 🐎 – 🗏 TV P. AE ⊙ MC VISA. ✂ Z
Comida 25 – ☕ 11 – **56 hab** 104/130 – 2 suites.
• Edificio regional cuya decoración interior hace referencia a los viajes de Colón. Elegantes habitaciones con vistas al jardín.

Torre del Conde, Ruiz de Padrón 19 ☎ 922 87 00 00, *hoteltorreconde@iespana.es, Fax 922 87 13 14* – |♦| 🗏 TV – 🏠 25/60. ✂ Z a
Comida carta aprox. 22 – **38 hab** ☕ 46/68.
• Hotel bien organizado, concebido en una línea confortable y alegre, que alberga un pequeño salón social y unas equipadas habitaciones con baños actuales.

Villa Gomera sin rest, Ruiz de Padrón 68 ☎ 922 87 00 20, *Fax 922 87 02 35* – TV. ✂
16 hab ☕ 35/47. Y f
• Pulcro establecimiento de carácter familiar y marcada funcionalidad, dotado de un equipamiento estándar que sabe cumplir con las necesidades básicas del confort.

EL HIERRO (Santa Cruz de Tenerife)

Sabinosa *38912.*

Alred. : *Camino de La Dehesa* ≤★ *del sur de la isla.*
Valverde 43.

Valverde *38900 – 3 526 h alt. 600.*

Alred. : *Oeste : 8 km El Golfo*★★ *(Mirador de la Peña* ≤★★*).*
Excurs. : *El Pinar (bosque*★*) Suroeste : 20 km.*
✈ *de El Hierro, Este : 10 km* ☎ *922 55 37 00 – Iberia :* ☎ *902 400 500.*
⛴ *para Tenerife, Gran Canaria, Fuerteventura, Lanzarote y la Península : Cía Trasmediterránea : Puerto de la Estaca 3* ✉ *38900* ☎ *902 45 46 45 Fax 922 55 01 29.*
ℹ *Dr. Quintero Magdaleno 4* ☎ *922 55 03 02 hieturis@arrakis.es Fax 922 55 29 07.*
Sabinosa 43.

en Echedo *Noroeste : 5 km :*

La Higuera de Abuela, ✉ 38900 Valverde, ☎ 922 55 10 26, 🏡 – AE MC VISA
Comida carta aprox. 22.
• Atractiva decoración neorrústica con toques coloniales, en un restaurante de sencilla organización familiar, cuya actividad pivota en torno a una terraza muy acogedora.

en el mirador de la Peña *Oeste : 9 km :*

Mirador de La Peña, carret. de Guarazoca 40, ✉ 38900 Valverde, ☎ 922 55 03 00, *rest-mirador@el-meridiano.com, Fax 922 55 13 16*, ≤ mar y valle del golfo – P. AE VISA. ✂
cerrado lunes salvo festivos – **Comida** carta 22 a 29.
• Nadie como César Manrique para fundir la arquitectura de diseño con un bello emplazamiento, volcado al mar y dotado de vistas al valle del golfo. Amplia sala acristalada.

en Las Playas *Suroeste : 20 km :*

Parador de El Hierro ⑤, ✉ 38990 Valverde, ☎ 922 55 80 36, *hierro@parador.es, Fax 922 55 80 86*, ⛱ – 🗏 rest, TV P. AE ⊙ MC VISA. ✂
Comida 25 – ☕ 11 – **45 hab** 96/120.
• Tranquilidad y sosiego en un parador de paredes encaladas y balcones en madera, situado a pie de mar. Decorado en estilo colonial, posee un correcto equipamiento y confort. Restaurante bien dispuesto, ideal para descubrir la gastronomía de la zona.

Las páginas explicativas de la introducción le ayudarán a sacar el máximo partido a su ***Guía Michelin.***

Si desea ampliar la información relativa a los precios indicados en esta guía, consulte las páginas explicativas.

Las principales arterias comerciales aparecen señaladas en ***rojo*** *en la lista de calles que figura junto a los planos de las ciudades.*

Barlovento *38726 – 2 557 h alt. 577.*

Santa Cruz de La Palma 41.

La Palma Romántica ⑤, Las Llanadas - carret. de La Laguna de Barlovento - Suroeste : 1 km ✆ 922 18 62 21, *palmarom@lix.intercom.es, Fax 922 18 64 00,* ≤, Fitness, piscina, piscina cubierta, tenis – TV P. MC VISA. rest
Comida 14,45 – **44 hab** ☕ 78,15/108,20.
◆ Su carácter familiar, un cándido estilo montañés y la confortable amplitud de sus habitaciones lo han convertido en un recurso muy acogedor. Lo complementa un coqueto jardín.

Los Llanos de Aridane *38760 – 15 522 h alt. 350.*

Alred. : *El Time★★ ✻★★ Oeste : 12 km – Parque Nacional de la Caldera de Taburiente★★★ (La Cumbrecita y El Lomo de las Chozas ✻★★★) Noreste : 20 km – Fuencaliente (paisaje★) Sureste : 23 km – Volcán de San Antonio★ Sureste : 25 km – Volcán Teneguía★.*

Santa Cruz de La Palma 37.

Valle Aridane sin rest, glorieta Castillo Olivares 3 ✆ 922 46 26 00, *recepcion@hotelvallearidane.com, Fax 922 40 10 19* – ascensor TV. AE D MC VISA.
☕ 3,46 – **42 hab** 31,25/37,86.
◆ De marcada funcionalidad y adecuado confort, posee una zona social suficiente y unas habitaciones actuales y bien equipadas, con baños al gusto del día.

Edén sin rest, pl. de España ✆ 922 46 01 04, *Fax 922 46 01 83* – MC VISA.
cerrado mayo – ☕ 4 – **19 hab** 30/35.
◆ Sencillo establecimiento que pone a su disposición unas discretas habitaciones, destacando las del ático por su amplitud y luminosidad.

Utilice la guía del año en curso.

Santa Cruz de La Palma *38700 – 17 069 h – Playa.*

Ver : *Iglesia de El Salvador (artesonados★) Y.*

Alred. : *Mirador de la Concepción ≤★ Suroeste : 9 km – Parque Nacional de la Caldera de Taburiente★★★ (La Cumbrecita y El Lomo de las Chozas ✻★★★) Oeste : 33 km – Noroeste : La Galga (barranco★), Los Tilos★, Roque de los Muchachos★★★ (✻★★★) 36 km por ①.*

✈ *de La Palma, Suroeste : 8 km ✆ 922 42 61 00 – Iberia : Apurón 1 ✆ 902 400 500.*

⛴ *para Tenerife, Gran Canaria, Fuerteventura, Lanzarote y la Península : Cía. Trasmediterránea : Antonio Pérez de Brito 2 ✉ 38700 ✆ 902 45 46 45 Fax 922 41 82 52.*

ℹ *O'Daly 22 (Casa Salazar) ✆ 922 41 21 06 informacion@lapalmaturismo.com Fax 922 41 21 06.*

Los Llanos de Aridane 37.

Plano página siguiente

Marítimo, av. Marítima 75 ✆ 922 42 02 22, *info@hotelmaritimo.com, Fax 922 41 43 02* – ascensor, ▤ rest, TV ♿ – 25/36. AE VISA. — Y a
Comida 12 – **96 hab** ☕ 50/62.
◆ Dispone de unas habitaciones correctamente equipadas y de suficiente confort en su categoría, además de una zona social de escasa amplitud.

en la playa de Los Cancajos *Sureste : 4,5 km :*

Hacienda San Jorge, pl. de Los Cancajos 22, ✉ 38712 Breña Alta, ✆ 922 18 10 66, *comercial@hsanjorge.com, Fax 922 43 45 28,* terraza, Fitness, piscina, jardín – ascensor TV P – 25/120. AE D MC VISA.
Comida - sólo cena - 13 – ☕ 6,50 – **155 apartamentos** 84.
◆ Conjunto distribuido en varios edificios con apartamentos en régimen hotelero, todos amplios y con mobiliario funcional. Bonito jardín con piscina-lago de agua salada. Luminoso restaurante panorámico.

en la carretera de San Antonio a Breña Alta *Suroeste : 6 km :*

Parador de La Palma ⑤, carret. El Zumacal, ✉ 38712 Breña Baja, ✆ 922 43 58 28, *lapalma@parador.es, Fax 922 43 59 99,* ≤, Fitness, piscina – ascensor ▤ TV ♿ P – 30/80. AE D MC VISA. rest
Comida 25 – ☕ 11 – **78 hab** 96/120.
◆ Destaca su fachada principal, con una atractiva galería en madera, guardando el jestilo constructivo local. Posee una agradable zona noble y habitaciones de cálido confort. Espacioso comedor donde disfrutará de los platos más típicos de la cocina palmera.

SANTA CRUZ DE LA PALMA

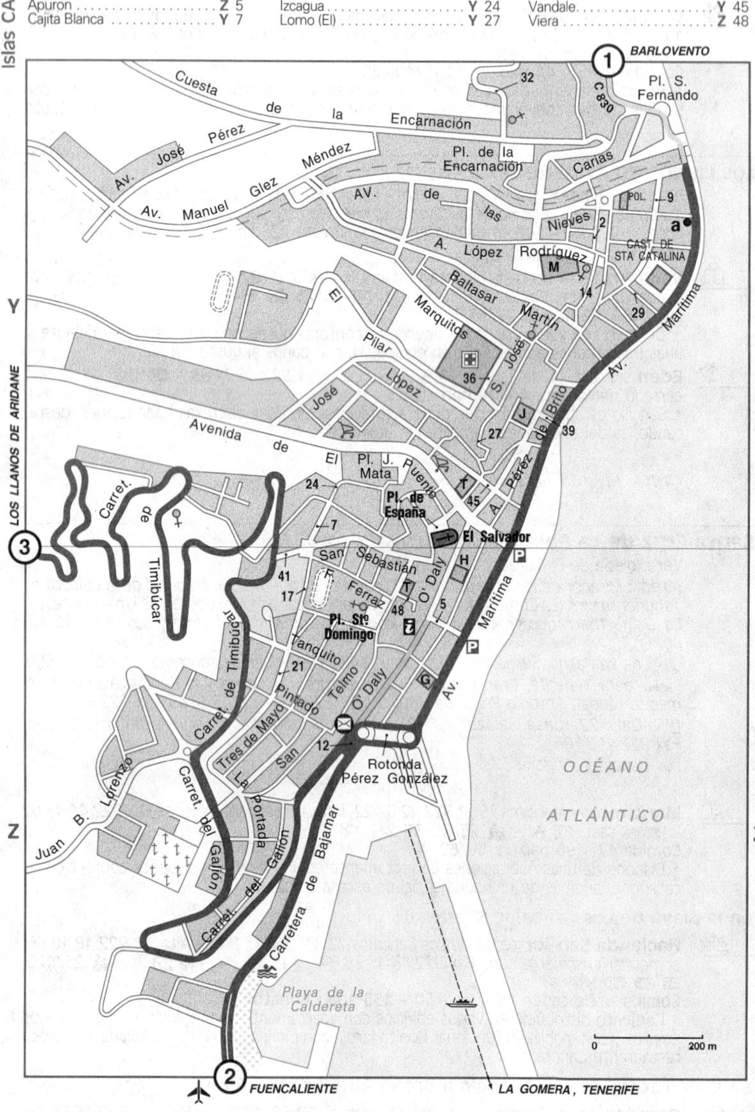

Si busca un hotel tranquilo, consulte los mapas de la introducción o busque en el texto los establecimientos marcados con el signo

Los CANCAJOS (Playa de) *Santa Cruz de Tenerife - ver Canarias (La Palma) : Santa Cruz de la Palma.*

ESPAÑA

CANDANCHÚ *22889 Huesca* 574 D 28 - *alt. 1 560 - Deportes de invierno : 24.*

Alred. : *Puerto de Somport*★★ ★★ *Norte : 2 km.*

Madrid 513 - Huesca 123 - Oloron-Ste-Marie 55 - Pamplona 143.

Tobazo, 974 37 31 25, *htobazo@terra.es, Fax 974 37 31 25* alta montaña - TV P. VISA.
diciembre-abril y 15 julio-5 septiembre - **Comida** 13 - 9 - **52 hab** 69/80.
◆ Junto a un telesilla que lo convierte en la opción ideal para los amantes del esquí. Cálido salón social y habitaciones de sencillo mobiliario, la mitad con baños actuales.

CANDÁS *33430 Asturias* 572 B 12 - *Playa.*

Braulio Busto 2 98 588 48 88 turismo@ayto-carreno.es Fax 98 588 47 11.

Madrid 477 - Avilés 17 - Gijón 14 - Oviedo 38.

Marsol sin rest con cafetería, Astilleros 98 587 01 00, *hmarsol@teleline.es, Fax 98 587 15 62,* - TV - 25/100. AE VISA.
8 - **85 hab** 108/135.
◆ Tras una reforma total ha mejorado considerablemente sus prestaciones, sobre todo en lo que a confort y decoración se refiere. Amplia área social y confortables habitaciones.

Puerto de Candás sin rest, Rufo Rendueles 10 98 587 24 54, *info@hotelpuerto decandas.com, Fax 98 587 24 55* - TV . AE VISA.
3 - **16 hab** 60/65.
◆ Pequeño hotel situado frente al puerto. Ofrece habitaciones funcionales y de buen confort general, con suelos en tarima y baños modernos, siendo tres de ellas abuhardilladas.

en la carretera AS 239 *Sureste : 2 km :*

Piedra, 33491 Perlora, 98 587 09 15, *hotelpiedra@telefonica.net, Fax 98 587 10 56* - , rest, TV P - 25/400. VISA.
Comida 10 - **82 hab** 54/80.
◆ Hotel funcional con dependencias de correcto confort que destacan por su amplitud. Habitaciones con mobiliario clásico, suelos en madera y baños actuales.

CANDELARIA *Santa Cruz de Tenerife - ver Canarias (Tenerife).*

CANDELARIO *37710 Salamanca* 575 K 12 - *1 094 h alt. 1 126.*

Ver : *Pueblo típico*★★.

Madrid 217 - Ávila 108 - Béjar 5 - Plasencia 61 - Salamanca 74.

La Fuente, av. del Humilladero 12 923 41 31 76, *Fax 923 41 31 83* - rest, TV
17 hab.
◆ Toma el nombre de una fuente en su fachada, aunque también cuenta con otra en la recepción. Zona social actual y habitaciones confortables, la mitad de ellas abuhardilladas. En su comedor de estilo neorrústico se ofrece una correcta carta de corte tradicional.

Artesa , Mayor 57 923 41 31 11, *info@artesa.es, Fax 923 41 30 87,* Artesanía local - VISA.
Comida *(sólo fines de semana de octubre-junio, salvo Navidades y Semana Santa)* 12 - 4,30 - **9 hab** 52.
◆ Centro de turismo rural con una tienda de artesanía en la recepción. Posee cálidas habitaciones de aire rústico y dos talleres, cerámico y textil, donde imparten cursos. El comedor, repartido en dos salas, sirve también para albergar exposiciones temporales.

CANDELEDA *05480 Ávila* 576 L 14 - *5 539 h alt. 428.*

Madrid 163 - Ávila 93 - Plasencia 100 - Talavera de la Reina 64.

Los Castañuelos, Castañuelos 1 920 38 06 84, *Fax 920 38 19 73* - TV. AE VISA.
Comida carta aprox. 30 - 3,60 - **14 hab** 39.
◆ Pequeño hotelito de ambiente hogareño y acogedor. Dispone de una aceptable zona social y habitaciones de correcto confort en su categoría, con mobiliario clásico. Comedor de montaje actual.

Luna sin rest y sin , Las Nieves 2 920 38 22 65, *lunarural@terra.es, Fax 920 38 22 65* - . AE VISA.
cerrado del 10 al 25 de enero - **10 hab** 36/42.
◆ Céntrico hostal de organización familiar repartido en dos edificios, uno con habitaciones funcionales de correcto confort y el otro con mobiliario de estilo rústico-actual.

CÁNDUAS 15116 *A Coruña* 571 C 3.

Madrid 651 – Santiago de Compostela 66 – A Coruña 65.

Mar de Ardora, As Revoltas - carret. LC 430 - Este : 2 km ✆ 981 75 43 11 – MC VISA. ✻
cerrado enero, domingo noche y lunes – **Comida** carta 27 a 36.
• Restaurante de organización familiar con pequeño bar público en la entrada. Salas en dos niveles dotadas de cuidado mobiliario, y vista parcial al mar. Precios contenidos.

CANFRANC-ESTACIÓN 22880 *Huesca* 574 D 28 – *610 h.*

pl. Ayuntamiento 1 ✆ 974 37 31 41 turismo@canfranc.com Fax 974 37 30 37.
Madrid 504 – Huesca 114 – Pamplona 134.

Villa de Canfranc, Fernando el Católico 17 ✆ 974 37 20 12, *hvcanfranc@spicom.es, Fax 974 37 20 12,* – TV
Comida - sólo clientes, sólo menú - – **52 hab.**
• Sencillo establecimiento llevado en familia cuyas habitaciones, con suelos en parquet y baños modernos, resultan funcionales. Correcta zona social.

Villa Anayet, pl. Aragón 8 ✆ 974 37 31 46, *Fax 974 37 33 91,* ≤, – . AE MC VISA. ✻
5 diciembre-15 abril y julio-15 septiembre – **Comida** - sólo clientes, sólo menú - 10 – 4 – **67 hab** 25/45.
• Aunque sus habitaciones denotan el paso del tiempo resultan cálidas, con revestimientos en madera. El comedor recrea un entorno montañés, exclusivo para los clientes alojados.

en la carretera N 330 *Norte : 2,5 km :*

Santa Cristina (obras en curso), ✉ 22880, ✆ 974 37 33 00, *reservas@santacristina.com, Fax 974 37 33 10* – TV P – 25/50. AE MC VISA. ✻ rest
cerrado del 2 al 29 de mayo y 12 octubre-2 diciembre – **Comida** 11,80 – 5 – **58 hab** 55/65.
• Se trata de un gran edificio en piedra que, poco a poco, está actualizando su confort. Dispone de un amplia área social, luminosas habitaciones y un atractivo entorno natural. El comedor está presidido por un llamativo arco central.
Ver también : **Candanchú** *Norte : 9 km.*

CANGAS 36940 *Pontevedra* 571 F 3 – *21729 h – Playa.*

Alred. : *Hío (crucero★) Noroeste : 7 km.*
Madrid 629 – Pontevedra 33 – Vigo 24.

CANGAS DE ONÍS 33550 *Asturias* 572 B 14 – *6484 h alt. 63.*

Alred. : *Desfiladero de los Beyos★★★ Sur : 18 km.*
av. de Covadonga (pl. del Ayuntamiento) 1 ✆ 98 584 80 05 turismo@cangasdeonis.com Fax 98 584 80 05.
Madrid 419 – Oviedo 74 – Palencia 193 – Santander 147.

La Cepada , av. Contranquil ✆ 985 84 94 45, *info@hotellacepada.com, Fax 985 84 95 66,* ≤ localidad y picos de Europa – , hab, TV P – 25/200. AE MC VISA JCB. ✻
Comida - ver rest. ***El Cenador de los Canónigos*** – 10 – **18 hab** 92,80/116.
• Se encuentra sobre una ladera a las afueras de la localidad, con la fachada en piedra, gran tranquilidad y buenas vistas. Habitaciones espaciosas y de completo equipamiento.

Los Lagos, jardines del Ayuntamiento 3, ✉ 33550, ✆ 98 584 92 77, *hotel@loslagos.as, Fax 98 584 84 05* – TV – 25. AE MC VISA. ✻
cerrado del 10 al 30 de enero – **Comida** - ver rest. ***Los Arcos*** – 5 – **45 hab** 72/90.
• Céntrico hotel que posee un correcto hall-recepción, con pequeña cafetería y salón social al fondo, además de unas habitaciones en tonos cálidos que resultan confortables.

Puente Romano sin rest, Puente Romano ✆ 98 584 93 39, *reservaspuenteromano@hotelimperion.com, Fax 98 594 72 84* – TV. AE MC VISA. ✻
4,20 – **27 hab** 62/70.
• Instalado en una villa señorial del s. XIX cuyas dependencias evocan el ambiente de antaño. Habitaciones con mobiliario escogido, siendo las del 3er piso abuhardilladas.

Ciudad de Cangas de Onís sin rest, av. de Castilla 36 ✆ 985 84 94 44, *reservas@hotelcangasdeonis.com, Fax 985 84 95 95* – TV . MC VISA. ✻
7,50 – **26 hab** 88/110 – 2 suites.
• Conjunto de línea actual. La zona social resulta algo reducida, aunque se compensa con unas cuidadas habitaciones, algunas abuhardilladas y todas con hidromasaje en los baños.

Los Robles sin rest y sin ☕, San Pelayo 8 ✆ 98 594 70 52, *Fax 98 594 71 65* – |‡| TV. ⓓ ⓜⓒ VISA. ✂
18 hab 54/65 – 5 apartamentos.
◆ Pequeño hotel que ocupa un antiguo edificio. La carencia de zona noble se ve compensada por unas funcionales habitaciones, muy válidas en su categoría.

El Cenador de los Canónigos - *Hotel La Cepada*, av. Contranquil ✆ 985 84 94 45, *info@hotellacepada.com, Fax 985 84 95 66*, ≤ localidad y picos de Europa – ▤ P. AE ⓓ ⓜⓒ VISA JCB. ✂
cerrado domingo noche y lunes – **Comida** carta 39 a 50.
◆ Disfruta de entrada independiente respecto al hotel. Comedor de estilo clásico-actual dotado de buen montaje, con los suelos en madera y excelentes vistas. Carta interesante.

Los Arcos - *Hotel Los Lagos*, av. de Covadonga 17 ✆ 98 584 92 77, *restaurante@loslagos.as, Fax 98 584 84 05* – ▤. AE ⓜⓒ VISA. ✂
cerrado del 10 al 30 de enero – **Comida** carta 35 a 42.
◆ Restaurante de estilo clásico-regional con detalles rústicos, que posee tres entradas distintas. Ofrece una interesante carta, algo escueta, y un buen menú degustación.

en la carretera de Arriondas :

Parador de Cangas de Onís ⛰, Villanueva - Noroeste : 3 km, ✉ 33550, ✆ 98 584 94 02, *cangas@parador.es, Fax 98 584 95 20*, ≤, Restos arqueológicos – |‡| ▤ TV ♿ P – 🏛 25/400. AE ⓓ ⓜⓒ VISA JCB. ✂
Comida 27 – ☕ 13 – **64 hab** 108/135.
◆ Integrado en el antiguo monasterio de San Pedro de Villanueva, junto al río Sella y al pie de los Picos de Europa. Pasee por el magnífico claustro y deténgase en la capilla. Los grandes ventanales del comedor brindan luz y calidez a su acogedora sala.

El Capitán, Vega de Los Caseros - Noroeste : 2,5 km, ✉ 33550, ✆ 98 584 83 57, *Fax 98 594 71 14* – |‡|, ▤ rest, TV P. AE ⓓ ⓜⓒ VISA. ✂
abril-octubre – **Comida** 9,30 – ☕ 3,50 – **28 hab** 50/65.
◆ Emplazado junto al cauce del río Sella. Sus modestas habitaciones, con mobiliario estándar y baños reducidos, evidencian el paso del tiempo. Sencilla organización.

en la carretera de Covadonga :

El Campanu, La Venta - Este : 3 km, ✉ 33589 La Venta, ✆ 98 594 02 11, *campanu@teleline.es, Fax 98 594 02 10* – |‡|, ▤ rest, TV P. AE ⓜⓒ VISA. ✂
Comida carta 18 a 29 – ☕ 4 – **12 hab** 66.
◆ Pequeño hotel de atención familiar con vistosa fachada en azul vivo. Reducida área social, y habitaciones de correcto confort con suelos en parquet y baños actuales.

La Cabaña, Susierra - Este : 2,5 km, ✉ 33589 Susierra, ✆ 98 594 00 84 – ▤ P. AE ⓓ ⓜⓒ VISA. ✂
cerrado 22 diciembre-enero, miércoles noche y jueves – **Comida** carta 26 a 32.
◆ Ocupa una casa de piedra cuyo interior se decora en estilo neorrústico. Propone una cocina sin alardes, basada en platos típicos de la zona y asados en horno de leña.

CANEDO *León* – *ver Cacabelos.*

CANIDO *36390 Pontevedra* 571 F 3 – *Playa.*
Madrid 612 – Ourense 108 – Vigo 10.

Cíes y Resid. Estay con hab, playa de Canido 191 ✆ 986 49 01 01, *Fax 986 49 08 75* – ▤ rest, TV P. AE ⓓ ⓜⓒ VISA. ✂
cerrado 22 diciembre-22 enero – **Comida** *(cerrado lunes salvo verano)* carta 29 a 46 – ☕ 3,50 – **26 hab** 40/58.
◆ Restaurante familiar de 4ª generación complementado con unas habitaciones funcionales. Comedor clásico con las paredes en madera, una pequeña sala de banquetes y dos privados.

CÀNOVES *08440 Barcelona* 574 G 37 122 E 6 – *561 h alt. 552.*
Madrid 643 – Barcelona 42 – Girona/Gerona 76 – Vic 39.

Can Garriga, pl. de Sant Muç 8 ✆ 93 871 00 47, *cangarriga@wanadoo.es, Fax 93 871 06 73* – ▤. ⓜⓒ VISA. ✂
cerrado del 15 al 30 de septiembre y lunes salvo festivos – **Comida** - sólo almuerzo salvo viernes y sábado - carta 24 a 34.
◆ Negocio familiar con más de 60 años de existencia. Sencillo bar a la entrada, y comedor de aire rústico, con un adecuado servicio de mesa, donde ofrecen platos de la zona.

CANTALLOPS *17708 Girona* 574 E 38 122 H 2 – *264 h alt. 200.*
Madrid 758 – Girona/Gerona 61 – Figueres 22 – Perpignan 46.

Can Xiquet, Afores ☎ 972 55 44 55, *info@canxiquet.com, Fax 972 55 45 85,* ←, – ▤ TV P. AE ⓓ MC VISA.
Comida carta 26 a 36 – ☕ 9 – **14 hab** 100/130.
◆ Caprichoso hotel en un singular paraje del Ampurdán que brinda una bella panorámica. Sus dependencias, equipadas con mobiliario de diseño, cuentan con todo tipo de detalles. Restaurante definido por la viguería del techo y la piedra vista.

CANTAVIEJA *44140 Teruel* 574 K 28 – *737 h alt. 1 200.*
Madrid 392 – Teruel 91.

Balfagón, av. del Maestrazgo 20 ☎ 964 18 50 76, *mabalgas@arrakis.es, Fax 964 18 54 04,* ← – |$|, ▤ rest, TV P. AE ⓓ MC VISA.
Comida *(cerrado domingo noche y lunes mediodía salvo festivos y verano)* 12 – ☕ 6 – **43 hab** 48/64 – 3 apartamentos.
◆ Un enclave perfecto para reencontrarse con la naturaleza. Disfrute de una grata estancia en este hotelito de correcta organización, dotado de completas habitaciones.

CANTERAS *30394 Murcia* 577 T 27 128 B 9.
Madrid 465 – Alacant/Alicante 112 – Cartagena 8 – Lorca 68 – Murcia 66.

Sacromonte, Cooperativa Alcalde Cartagena ☎ 968 53 53 28, *sacramonte@telefonica.net, Fax 968 53 53 47,* – ▤ – 25/30. AE ⓓ MC VISA JCB.
cerrado del 1 al 15 de julio y lunes – **Comida** carta aprox. 27.
◆ Mesón-restaurante dotado de dos confortables comedores y un privado, con un servicio de mesa a su altura. Carta de buen nivel, y una zona a la entrada para tapas y raciones.

CANTONIGRÒS *08569 Barcelona* 574 F 37 122 E 4.
Alred. : *Rupit★ Este : 9 km.*
Madrid 641 – Barcelona 94 – Figueres 84 – Manresa 72 – Vic 24 – Girona/Gerona 85.

Ca l'Ignasi, Major 38 ☎ 93 852 51 24, *calignasi@calignasi.com, Fax 93 852 50 59* – AE MC VISA.
cerrado 7 días en febrero, 7 días en julio, 15 días en noviembre, lunes y martes – **Comida** carta 26 a 35.
◆ Emplazado en el centro del pueblo, en una casita rústica con paredes en piedra y techos en madera. Su joven chef elabora una cocina interesante con productos autóctonos.

CANYELLES PETITES (Playa de) *Girona* – *ver Roses.*

Las CAÑADAS DEL TEIDE *Santa Cruz de Tenerife* – *ver Canarias (Tenerife).*

CAÑAMARES *16890 Cuenca* 576 K 23 – *622 h alt. 883.*
Alred. : *Convento de San Miguel de las Victorias (emplazamiento★).*
Madrid 191 – Cuenca 52 – Sacedón 72 – Teruel 181.

Río Escabas, carret. de Cuenca ☎ 969 31 04 52, *Fax 969 31 03 76* – ▤ rest, TV P. AE MC VISA. – **Comida** 10 – ☕ 2,40 – **25 hab** 42/54 – PA 22.
◆ Coqueto hotel de organización familiar, que destaca por sus luminosas habitaciones de correcto equipamiento. Posee un pequeño hall-recepción. El comedor apuesta por la calidad de sus productos a precios moderados.

CAÑAMERO *10136 Cáceres* 576 N 13 – *1 838 h alt. 611.*
Madrid 265 – Cáceres 113 – Mérida 114.

Ruiz, Pablo García Garrido 2 ☎ 927 15 70 75, *hotelruiz@navegalia.com, Fax 927 15 71 28* – ▤ TV. VISA.
Comida 8,50 – ☕ 2,15 – **27 hab** 26/44.
◆ Hotel familiar decorado con gusto, combinando detalles rústicos y mobiliario castellano. Habitaciones completas, baños actuales y estancias que muestran aperos antiguos.

CAÑICOSA *40163 Segovia* 575 I 18 – *alt. 1 156.*
Madrid 114 – Aranda de Duero 79 – Segovia 39 – Valladolid 106.

Codex Calixtinus, Caces 6 ☎ 921 50 42 06, *codex@codexcalixtinus.com, Fax 921 50 42 06* – AE ⓓ MC VISA
Comida carta 30 a 38.
◆ Una antigua casa de piedra acondicionada con exquisito gusto. Acogedor interior rústico, donde un mobiliario moderno y colorista contrasta con unas vigas nobles y serenas.

A CAÑIZA *36880 Pontevedra* 571 F 5 – *7 387 h.*
Madrid 548 – Ourense 49 – Pontevedra 76 – Vigo 57.

Reveca, Progreso 15 ☎ 986 65 13 88 – P. AE MC VISA.
cerrado lunes – **Comida** carta 19 a 26.
• Acceso por un bar público, con dos zonas acristaladas. Posee una sala de uso diario, y otra de mayor capacidad para grupos y días festivos.

CAPELLADES *08786 Barcelona* 574 H 35 – *5 027 h alt. 317.*
Madrid 574 – Barcelona 75 – Lleida/Lérida 105 – Manresa 39.

Tall de Conill con hab, pl. Àngel Guimerà 11 ☎ 93 801 01 30, *talldeconill@talldeconill.com, Fax 93 801 04 04* – |\$|, ▤ rest, TV. AE MC VISA.
cerrado del 2 al 10 de enero y 25 julio-8 agosto – **Comida** *(cerrado domingo noche y lunes)* carta 34 a 49 – ☕ 5,50 – **10 hab** 40/60.
• Negocio familiar que dispone de dos comedores a la carta, con decoración personalizada y un correcto montaje. Confortables habitaciones como complemento.

CAPILEIRA *18413 Granada* 578 V 19 124 N 4 – *576 h alt. 1 561.*
Madrid 505 – Granada 80 – Motril 51.

Finca Los Llanos, carret. de Sierra Nevada ☎ 958 76 30 71, *reservas@hotelfincalosllanos.com, Fax 958 76 32 06,* ≤, – TV. AE MC VISA.
Comida 14 – ☕ 7 – **41 hab** 45/72 – PA 30.
• Su arquitectura se inspira en el entorno típico. Dotado de cómodos y amplios apartamentos equipados con cocina. Exterior óptimo para la práctica de diferentes deportes. Comedor con terraza y barbacoa.

Mesón Poqueira, Dr. Castilla 1 ☎ 958 76 30 48, *Fax 958 76 30 48,* ≤, – MC VISA JCB.
Comida *(cerrado lunes en invierno)* 10 – ☕ 3 – **22 hab** 20/36.
• Pequeño negocio de organización familiar, situado en el centro de la localidad. Las habitaciones, de ambientación sobria y adecuado mantenimiento, ocupan el 1er piso. Comedor de aire rústico.

CAPMANY *17750 Girona* 574 E 38 122 H 2 – *460 h alt. 107.*
Madrid 748 – Girona/Gerona 52 – Figueres 15 – Perpignan 51.

La Llar del Pagès, Alt 11 ☎ 972 54 91 70, *tonisabas@lallardelpages.jazztel.es, Fax 972 54 91 70* – ▤. AE MC VISA.
cerrado del 9 al 31 de mayo, domingo noche, lunes mediodia en julio-agosto, lunes y martes resto del año salvo festivos – **Comida** carta 31 a 38.
• Restaurante familiar ubicado en unas antiguas bodegas. Dispone de dos salas abovedadas donde se combina el ambiente rústico con una decoración moderna de buen gusto.

CARABIAS *19266 Guadalajara* 576 I 21.
Madrid 143 – Aranda de Duero 130 – Guadalajara 86 – Soria 91 – Zaragoza 211.

Valdeoma, Cirueches 2 ☎ 600 464 309, *valdeoma@vodafone.es, Fax 600 466 921,* ≤, – MC VISA.
Comida - sólo cena, sólo clientes - 24 – ☕ 6 – **10 hab** 75/90.
• Acogedor establecimiento rural en una construcción de diseño actual y espacios abiertos, combinados con detalles rústicos. Posee cálidas habitaciones y un comedor privado.

CARAVACA DE LA CRUZ *30400 Murcia* 577 R 24 – *21 238 h alt. 650.*
De las Monjas 17 ☎ 968 70 24 24 info@caravaca.org Fax 968 70 09 52.
Madrid 386 – Albacete 139 – Lorca 60 – Murcia 70.

Central Caravaca sin rest, Gran Vía 18 ☎ 968 70 70 55, *Fax 968 70 73 69* – ▤ TV. MC VISA.
☕ 3 – **30 hab** 45/75.
• Céntrico hotel dotado de instalaciones funcionales y bien equipadas con todo detalle, para hacer más amena su estancia, tanto si es por trabajo o por turismo.

O CARBALLIÑO o CARBALLINO *32500 Ourense* 571 E 5 – *11 017 h alt. 397 – Balneario.*
Madrid 528 – Ourense 29 – Pontevedra 76 – Santiago de Compostela 86.

Noroeste sin rest y sin ☕, Xosé Pontes 2 ☎ 988 27 09 70 – TV. VISA.
15 hab 25.
• Pequeño establecimiento de organización familiar. Posee una reducida zona social y unas habitaciones cuidadas, con equipamiento elemental y baños completos.

CARBALLO *15100 A Coruña* 571 C 3 – *24 898 h alt. 106 – Balneario.*
Madrid 636 – A Coruña 35 – Santiago de Compostela 45.

Baños Vellos, Estrella 10 ☎ 981 70 33 54, *info@balneariodecarballo.com, Fax 981 70 34 51,* Servicios terapéuticos, – . VISA.
cerrado 16 diciembre-16 febrero – **Comida** 15 – 4 – **60 hab** 33/52.
• Descanso y salud se dan cita en este hotel-balneario de línea actual, que pone a su disposición correctas zonas nobles y espaciosas habitaciones de confort funcional. En su sencillo comedor sólo se ofrece un menú.

CARCHUNA *18730 Granada* 578 V 19 124 N 5 – *1 767 h – Playa.*
Madrid 506 – Almería 98 – Granada 85.

por la carretera N 340 *Este : 2 km :*

Perla de Andalucía, urb. Perla de Andalucía, ✉ 18730, ☎ 958 62 42 42, *perla@eh.etursa.es, Fax 958 62 43 62,* ←, , – . AE VISA.
abril-septiembre – **Comida** 10 – **57 hab** 72/104.
• El lugar ideal para practicar deportes náuticos y disfrutar de la naturaleza. Hotel de aire actual, dotado de espaciosas habitaciones, en 1ª línea de playa. Luminoso comedor con mobiliario moderno.

CARDAÑO DE ABAJO *34888 Palencia* 575 D 15.
Madrid 376 – León 109 – Oviedo 163 – Santander 155.

El Caserón de Fuentes Carrionas , Bajera 10 ☎ 979 86 65 02, *elcaseron@teleline.es, Fax 979 86 65 02,* ← –
Comida - sólo cena, sólo clientes - 15 – 3,65 – **10 hab** 30/44.
• De nueva construcción, ofrece unas habitaciones de cuidado confort y estilo rústico, con baños completos. Acogedor salón social unido al comedor.

CARDONA *08261 Barcelona* 574 G 35 – *6 402 h alt. 750.*
Ver : Localidad★ – Colegiata★★ (cripta★) – Castillo★ - Montaña de la Sal★★.
av. Rastrillo ☎ 93 869 27 98 tur.cardona@diba.es Fax 93 869 27 98.
Madrid 596 – Lleida/Lérida 127 – Manresa 32.

Parador de Cardona , ☎ 93 869 12 75, *cardona@parador.es, Fax 93 869 16 36* ← valle y montaña, – P – 25/80. AE VISA JCB.
Comida 25 – 11 – **54 hab** 96/120.
• Recia fortaleza medieval cuya silueta domina el entorno. Dependencias de aire gótico, y elegantes habitaciones con mobiliario rústico-catalán, algunas con dosel. Sobrio comedor en piedra con arcos apuntados.

al Oeste *: 2,5 km :*

Vilar Rural , Camí de Lourdes ☎ 93 869 00 44, *infocardona@vilarsrurals.com, Fax 93 869 00 51,* ← Cardona y alrededores, climatizada, – P – 25/200. AE VISA. rest
Comida 10 – **99 hab** 40/62.
• Complejo de línea moderna ubicado a las afueras de la localidad, gozando de gran tranquilidad y excelentes vistas. Amplio salón social y habitaciones de carácter funcional. En su luminoso restaurante ofrecen una cocina de sabor tradicional.

La CARLOTA *14100 Córdoba* 578 S 15 – *8 843 h alt. 213.*
Madrid 428 – Córdoba 30 – Granada 193 – Sevilla 108.

en la antigua carretera N IV *Noreste : 2 km :*

El Pilar, ✉ 14100, ☎ 957 30 01 67, *hotelelpilar@hotelelpilar.com, Fax 957 30 06 19,* , – P – 25/500. AE VISA
Comida - ver rest. ***El Pilar*** – 4,20 – **85 hab** 48/69.
• Negocio familiar situado en plena campiña cordobesa, con su propia plaza de toros y habitaciones funcionales de adecuado confort distribuidas en dos edificios.

El Pilar - *Hotel El Pilar,* ✉ 14100, ☎ 957 30 01 67, *hotelelpilar@hotelelpilar.com, Fax 957 30 06 19* – P. AE VISA.
Comida carta 13 a 25.
• Integrado en el hotel del mismo nombre, merece mención aparte por su esmerado montaje. Comedor de estilo clásico con una oferta culinaria que resulta muy correcta.

Los planos de las ciudades están orientados con el Norte situado en la parte superior.

CARMONA *41410 Sevilla* 578 T 13 – *23 516 h alt. 248.*

Ver : *Localidad*★★ – *Casco antiguo*★ - *Puerta de Sevilla*★ AZ – *Iglesia de San Felipe*★ BZ – *Iglesia de San Pedro*★ AZ – *Santa María la Mayor*★ BY – *Convento de las Descalzas*★ BY – *Necrópolis romana*★ *por calle Sevilla* AZ.

Alcázar de la Puerta de Sevilla ☎ *95 419 09 55 turismo@carmona.org Fax 95 419 00 80.*
Madrid 503 ① – *Córdoba 105* ① – *Sevilla 40* ③

Parador de Carmona, ☎ 95 414 10 10, *carmona@parador.es, Fax 95 414 17 12* ≤ vega del Corbones, – 25/200. BY x
Comida 27 – 11 – **63 hab** 108/135.
◆ De estilo mudéjar, ubicado en el antiguo alcázar de Pedro I. Destacan las confortables habitaciones, el grato patio interior, y las bellas vistas de la vega del Corbones. Comedor con elegantes arcos ojivales, presidido por un gran frontal clásico en madera.

Alcázar de La Reina, pl. de Lasso 2 ☎ 95 419 62 00, *alcazar-reina@alcazar-reina.es, Fax 95 414 01 13*, – 25/300. BY c
Ferrara : **Comida** carta 23 a 35 – **66 hab** 150/187 – 2 suites.
◆ Situado en pleno casco histórico, conforman su interior bellos rincones de línea mudéjar. Sus espaciosas habitaciones poseen altos techos y un mobiliario de gran calidad. Restaurante de ambiente acogedor con las paredes decoradas en tonalidades fuertes.

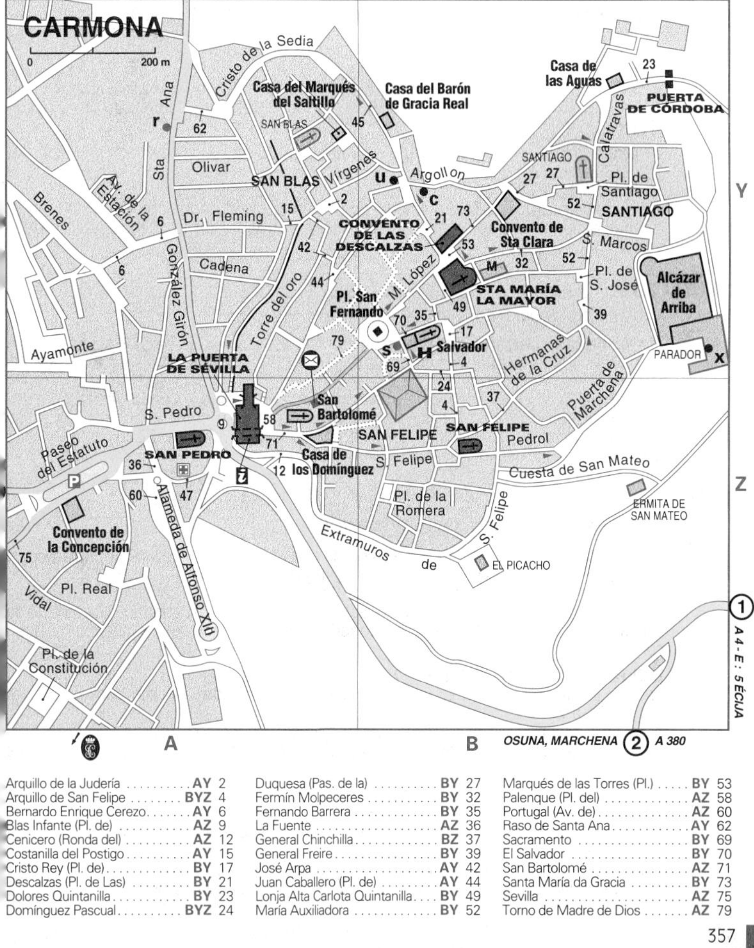

Casa de Carmona , pl. de Lasso 1 ✆ 95 419 10 00, *reserve@casadecarmona.com, Fax 95 419 01 89*, – |‡| ▤ TV P – 25/70. AE ⓓ ⓜ VISA. ✻ rest BY u
Comida carta aprox. 48 – **32 hab** ☐ 215/220 – 1 suite.
◆ Arquitectura palaciega del s. XVI dotada de unas confortables dependencias de aire victoriano, con antigüedades y obras de arte que evocan la elegante vida de la nobleza. Atractivo restaurante de estilo clásico.

San Fernando, Sacramento 3 ✆ 95 414 35 56, *Fax 95 414 35 57* – ▤. ⓜ VISA BY s
cerrado agosto, domingo noche y lunes – **Comida** carta 29 a 33.
◆ Restaurante familiar dotado con un buen servicio de mesa. Ofrece una carta regional con denominaciones atractivas, pero sin alardes en la elaboración de sus platos.

La Almazara de Carmona, Santa Ana 33 ✆ 95 419 00 76, *Fax 95 414 32 63* – ▤. AE ⓜ VISA. ✻ AY r
Comida carta 25 a 29.
◆ Mesón de organización familiar y decoración clásica, con un comedor de correcto mobiliario. Su carta propone platos típicos bien elaborados y una nutrida selección de vinos.

La CAROLINA *23200 Jaén* 578 R 19 – *14 759 h alt. 205.*

Madrid 267 – Córdoba 131 – Jaén 66 – Úbeda 50.

NH La Perdiz, antigua carret. N IV - salida 268 autovía ✆ 953 66 03 00, *nhperdiz@nh-hoteles.es, Fax 953 68 13 62*, , , – ▤ TV P – 25/400. AE ⓓ ⓜ VISA JCB. ✻ rest
Comida carta aprox. 30 – ☐ 9 – **82 hab** 75/80.
◆ Conjunto dotado de una correcta zona social con chimenea y agradables habitaciones de estilo rústico, muchas de ellas tipo bungalow rodeando un espacio ajardinado.

La Gran Parada sin rest y sin ☐, av. Vilches 9 - salida 268 autovía ✆ 953 66 02 75, *Fax 953 66 00 52* – TV P.
18 hab 22,47/29,43.
◆ De organización familiar y sencillo confort, resultando correcto en su categoría. Las habitaciones poseen mobiliario castellano y la mitad de los baños son de plato ducha.

CARRACEDELO *24549 León* 575 E 9 – *alt. 476.*

Madrid 408 – León 126 – Lugo 99 – Ponferrada 12.

Las Pallozas - Legado del Bierzo, junto a la autovía A-6 (salida 399) Norte : 1,5 km ✆ 987 68 40 25, *info@legadodelbierzo.com, Fax 987 68 99 88*, – ▤ P. AE ⓓ ⓜ VISA. ✻
cerrado del 7 al 31 de enero y miércoles noche salvo verano – **Comida** carta 18 a 29.
◆ Original marco en una réplica de dos pallozas, construcciones antiguas típicas de la zona con paredes en piedra, techo de paja y suelo en pizarra. Discreto servicio de mesa.

CARRIL *36610 Pontevedra* 571 E 3.

Madrid 636 – Pontevedra 29 – Santiago de Compostela 48.

Playa Compostela sin rest, av. Rosalía de Castro 134 ✆ 986 50 40 10, *hplayacompostela@hotmail.com, Fax 986 50 33 41* – |‡| TV P. ⓜ VISA. ✻
cerrado del 1 al 15 de enero – ☐ 3,60 – **21 hab** 49/79.
◆ Hotelito familiar instalado en un edificio de atractiva fachada en piedra, a la salida de la localidad. Posee una acogedora zona social y habitaciones de buen confort.

Loliña, pl. del Muelle ✆ 986 50 12 81, – AE ⓓ ⓜ VISA. ✻
cerrado 23 diciembre-23 enero, domingo noche y lunes – **Comida** - pescados y mariscos - carta 21 a 35.
◆ La recia arquitectura y la ría dibujan su marco. Goza de tres salas de estilo rústico-regional, con las paredes en piedra, donde sirven una carta basada en productos del mar.

Casa Bóveda, La Marina 2 ✆ 986 51 12 04, *casaboveda@yahoo.es* – ▤. AE ⓓ ⓜ VISA. ✻
cerrado 22 diciembre-22 enero, domingo noche y lunes salvo agosto – **Comida** - pescados y mariscos - carta 29 a 41.
◆ Pequeño restaurante familiar. Cuenta con una sala principal, de montaje algo apretado aunque con buen servicio de mesa, y tres magníficos privados en la planta superior.

CARRIÓN DE LOS CONDES *34120 Palencia 575 E 16 – 2 534 h alt. 830.*

Ver : Monasterio de San Zoilo (claustro★).

Alred. : Villalcazar de Sirga (iglesia de Santa María La Blanca : portada sur★, sepulcros góticos★) Sureste : 7 km.

Madrid 282 – Burgos 82 – Palencia 39.

Real Monasterio San Zoilo, Obispo Souto 979 88 00 50, *hotel@sanzoilo.com, Fax 979 88 10 90* – rest, – 25/120.
***Las Vigas* : Comida** carta 22 a 31 – 6 – **45 hab** 52/75 – 5 suites.
◆ Precioso hotel que ocupa las estancias del antiguo monasterio benedictino. Alto nivel de confort y elegancia, con espacios comunes sobrios y habitaciones cuidadas al detalle. Comedor rústico dejando a la vista su robusta viguería en madera.

CARRIZO DE LA RIBERA *24270 León 575 E 12 – 2 750 h alt. 850.*

Madrid 344 – Valladolid 163 – León 27 – Oviedo 112.

La Posada del Marqués, pl. Mayor 4 987 35 71 71, *marques@aletur.es, Fax 987 35 81 01*, –
cerrado 9 enero-15 febrero – **Comida** - sólo cena, sólo clientes - 14 – **11 hab** 66/80.
◆ Elegante edificio del s. XVII adosado a un monasterio cisterciense. Dispone de una variada zona social y unas magníficas habitaciones que destacan por su mobiliario de época.

CARTAGENA *30200 Murcia 577 T 27 123 C 9 – 194 203 h.*

pl.Almirante Bastarreche (Puertas de San José) 30202 968 50 64 83 infoturismo@ayto-cartagena.es Fax 968 52 69 12.

Madrid 444 ① – Alacant/Alicante 110 ① – Almería 240 ① – Lorca 83 ① – Murcia 49 ①

CARTAGENA

Calle	Plano	Nº
América (Av. de)	B	3
Bastarreche (Pl.)	B	4
Cuatro Santos	A	
Duque	B	6
Isaac Peral	A	7
Jacinto Benavente	B	9
Juan Fernández	A	10
Juan Muñoz Delgado	B	12
Mayor	A	
Menéndez y Pelayo	A	13
Parque	A	15
Puertas de Murcia	A	16
Ronda	A	18
San Fernando	A	
San Francisco (Pl.)	A	19
Santa Florentina	A	21
Serreta	A	22
Universidad (Pl. de la)	B	24

Alfonso XIII, paseo de Alfonso XIII-40, ✉ 30203, ☎ 968 52 00 00, *correo@hotelalfonsoxiii.com*, *Fax 968 50 05 02* – ⛭ ▤ TV 🚗 – 25/350. AE ⓓ MC VISA. ✗ B e
Comida *(cerrado agosto y domingo)* 18 – ☕ 10 – **60 hab** 100/142.
◆ Tras la renovación total goza de excelentes habitaciones, con suelo en moqueta y un escogido mobiliario de estilo inglés. Destacan sus baños, actuales y con hidromasaje.

Cartagonova sin rest, Marcos Redondo 3, ✉ 30201, ☎ 968 50 42 00, *hcartagonova@husa.es*, *Fax 968 50 59 66* – ⛭ ▤ TV ♿ 🚗 – 25/100. AE ⓓ MC VISA. ✗ A a
☕ 9 – **100 hab** 97/145.
◆ Sus instalaciones recientemente reformadas le aseguran una cálida estancia. Disfrute de un grato descanso en sus habitaciones, de estilo renovado y completo equipamiento.

Carlos III, Carlos III-49, ✉ 30201, ☎ 968 52 00 32, *correo@carlosiii-hotel.com*, *Fax 968 52 01 10* – ⛭ ▤ TV 🚗 – 25/350. AE ⓓ MC VISA. ✗ rest B x
Comida *(cerrado domingo)* 18 – ☕ 10 – **96 hab** 76/97.
◆ Hotel desgajado del antiguo Alfonso XIII. A las dependencias de estilo funcional se incorporan un confort actualizado y una buena organización en consonancia. Restaurante de merecida reputación que elabora una cocina basada en productos típicos de la zona.

Mare Nostrum, paseo de Alfonso XII, ✉ 30202, ☎ 968 52 21 31, *nostrummare@terra.es*, *Fax 968 12 41 03*, ←, terraza – ⛭ ▤. AE ⓓ MC VISA. ✗ B s
Comida carta 23 a 30.
◆ Su ubicación en pleno puerto deportivo le otorga unas excelentes vistas. Deguste su variada cocina en el comedor panorámico o, si prefiere, en la terraza sobre el mar.

Tino's, Escorial 13, ✉ 30202, ☎ 968 12 10 65, *restaurantetino@terra.es* – ▤. AE ⓓ MC VISA. ✗ A v
cerrado domingo noche y lunes noche – **Comida** carta aprox. 30.
◆ Distribuido en dos salas de estilo regional. Ofrece una carta amplia sin aspiraciones, en la que se dan cita variados menús, siendo la cocina tradicional la de mayor oferta.

en la carretera de La Palma *Norte : 6 km :*

Los Sauces, junto a la autovía N 301, ✉ 30300 apartado 74 Barrio de Peral, ☎ 968 53 07 58, *los-sauces@ctv.es*, *Fax 968 53 07 58*, terraza – ▤ P. AE ⓓ MC VISA
Comida carta 24 a 34.
◆ Acogedor chalet con una agradable terraza en pleno campo. Goza de varios comedores independientes, con detalles de buen gusto en su decoración. Trabaja los banquetes.

CARTAYA *21450 Huelva 578 U 8 – 10 438 h alt. 20.*

Alred. : *Marismas del río Piedras y Flecha de El Rompido★ 8,5 km al Sur.*

Golf Nuevo Portil, urb. Nuevo Portil-Sureste : 13 km ☎ 959 52 87 99 Fax 959 52 88 08.

Madrid 648 – Faro 89 – Huelva 27 – Sevilla 116.

Plaza Chica sin rest, de la Plaza 29 ☎ 959 39 03 30, *contacto@hotelplazachica.com*, *Fax 959 39 38 32* – ▤ TV 📞 🚗 – 25/60. ⓓ MC VISA. ✗
☕ 6,50 – **11 hab** 50/75.
◆ Antigua casa convertida hoy en hotel. La decoración conserva detalles antiguos. Dotado de habitaciones bien equipadas, con baños actuales, y sala para conferencias.

en la carretera de El Rompido *Sur : 6,5 km :*

San Miguel ≫, av. de El Rompido, ✉ 21459 El Rompido, ☎ 959 50 42 62, *hotelsanmiguel@yahoo.com*, *Fax 959 50 42 62*, ← mar y pueblos de alrededores, terraza – TV P. AE ⓓ MC VISA JCB. ✗ rest
Comida 21,50 – ☕ 4 – **30 hab** 61/80.
◆ Su ubicación sobre una colina le confiere unas excelentes vistas. Pequeño hotel de sencilla organización, dotado de habitaciones íntimas con equipamiento básico.

en la urbanización Nuevo Portil *Sureste : 13 km :*

AC Nuevo Portil ≫, ✉ 21459 Cartaya, ☎ 959 52 82 40, *nportil@ac-hotels.com*, *Fax 959 52 83 83*, Fō, piscina climatizada, golf 18 – ⛭ ▤ TV 📞 P – 60. AE ⓓ MC VISA. ✗
cerrado del 1 al 28 de enero – **Comida** 23 – ☕ 12 – **69 hab** 150.
◆ Hotel ubicado junto a un campo de golf. Sus instalaciones se distribuyen en dos edificios y posee habitaciones de línea actual, todas ellas con su propia terraza. Luminoso restaurante panorámico de estilo moderno.

CAS CATALÁ *Illes Balears – ver Balears (Mallorca) : Palma.*

CASALARREINA *26230 La Rioja* 573 E 21 – *995 h alt. 499.*
Madrid 319 – Bilbao 100 – Burgos 88 – Logroño 48 – Vitoria-Gasteiz 54.

Hospedería Señorío de Casalarreina sin rest, pl. Santo Domingo de Guzmán 6 ✆ 941 32 47 30, *infocasalarreina@hotelesconencanto.org, Fax 941 32 47 31* – TV. AE VISA
15 hab 100/155.
◆ Estupendo hotel instalado en un ala del monasterio de la Piedad. Sus dependencias están decoradas con sumo gusto en un estilo neorrústico, cuidando al máximo los detalles.

La Vieja Bodega, av. de La Rioja 17 ✆ 941 32 42 54, *viejabodega@inicia.es, Fax 941 32 41 38* – P. AE VISA
cerrado 21 días en enero, 7 días en noviembre, domingo noche y lunes salvo 15 julio-12 octubre – **Comida** carta aprox. 30.
◆ Conjunto rústico que ocupa una vieja bodega del s. XVII. La bondad de sus productos y una interesante carta de vinos lo han convertido en todo un clásico. Precios contenidos.

CASALONGA *A Coruña* 571 D 4.
Madrid 621 – A Coruña 78 – Pontevedra 49 – Santiago de Compostela 9.

al Sureste : *2,5 km* :

Casa Grande de Cornide sin rest, Cornide, ✉ 15886 Teo, ✆ 981 80 55 99, *info@casagrandedecornide.com, Fax 981 80 57 51,* – TV P. AE VISA
abril-octubre – 7 – **10 hab** 65/90.
◆ Casona en piedra a modo de pazo con un cuidado jardín, que pone a su disposición unas dependencias de acogedora rusticidad. Ideal para disfrutar de un ambiente sosegado.

CASAR DE CÁCERES *10190 Cáceres* 576 N 10 – *4 738 h alt. 365.*
Madrid 316 – Cáceres 14 – Plasencia 75 – Salamanca 202.

La Encarnación sin rest, Camino de la Encarnación ✆ 927 29 07 01, *casaencarnacion@terra.es, Fax 927 21 53 56* – TV P. VISA
6 – **5 hab** 66,90/83,60.
◆ Antigua casa solariega que conserva una singular plaza de toros cuadrada. Posee una agradable zona social y unas confortables habitaciones con muchos detalles decorativos.

CASARABONELA *29566 Málaga* 578 V 15 124 E 5 – *2 495 h alt. 494.*
Madrid 519 – Málaga 46 – Antequera 56 – Marbella 53 – Ronda 46.

al Sureste : *2,5 km* :

La Era , Partido Martina-Los Cerrillos, ✉ 29566, ✆ 95 211 25 25, *hotellaera@tiscali.es, Fax 95 211 20 09,* ≤, , – TV P. VISA.
marzo-20 diciembre – **Comida** *(cerrado domingo y miércoles)* - sólo cena, sólo clientes - 25 – **9 hab** 87/105.
◆ Magnífico emplazamiento con vistas, en la sierra de las Nieves. Sus habitaciones, con decoración personalizada, resultan muy cálidas y acogedoras. Luminoso comedor privado.

CASAREJOS *42148 Soria* 575 G 20 – *266 h alt. 1 261.*
Madrid 201 – Burgos 97 – Logroño 162 – Soria 59.

Cabaña Real de Carreteros , Las Angustias 45 ✆ 975 37 20 62, *info@cabanareal.com, Fax 975 37 21 36* – TV. VISA. rest
cerrado 15 diciembre-15 enero – **Comida** *(cerrado miércoles)* 30 – 4 – **14 hab** 45/60.
◆ Casona de carreteros cuyos orígenes se remontan al s. XVIII. Ofrece unas confortables habitaciones, algunas abuhardilladas, con techos en madera y mobiliario de aire antiguo.

CASARES *29690 Málaga* 578 W 14 124 C 7 – *3 309 h alt. 435.*
Ver : *Pueblo★ – Casco antiguo★.*
Madrid 640 – Algeciras 56 – Estepona 24 – Málaga 111.

CASAVIEJA *05450 Ávila* 575 L 15 121 B 8 – *1 569 h alt. 539.*
Madrid 107 – Ávila 87 – Plasencia 157.

en la carretera C 501 *Suroeste : 5 km* :

Casona El Tejarejo , km 99,5, ✉ 05450, ✆ 925 59 72 49, *info@eltejarejo.com, Fax 925 59 70 05,* – TV P. AE VISA.
Comida - sólo clientes - 24 – 8 – **7 hab** 92.
◆ Finca dotada de un amplio jardín decorado con figuras de cerámica. Distribuye sus habitaciones en dos plantas, con correcto confort y baños de línea actual. Comedor privado.

CASCANTE *31520 Navarra* 573 F 24 – *3 312 h.*
Madrid 307 – Logroño 104 – Pamplona 94 – Soria 81 – Zaragoza 85.

Mesón Ibarra, Vicente y Tutor 3 ☎ 948 85 04 77 – ▤. MC VISA. ⚮
cerrado del 1 al 15 de septiembre y lunes – **Comida** carta aprox. 29.
◆ El amable trato de sus propietarios le confiere cierto encanto, en armonía con la cálida decoración regional. Cuenta con un privado en el sótano, ocupando la antigua bodega.

CASES D'ALCANAR *Tarragona – ver Alcanar.*

CASTALLA *03420 Alacant* 577 Q 27 123 D 3 – *7 205 h alt. 630.*
Madrid 376 – Albacete 129 – Alacant/Alicante 37 – València 138.

por la carretera de Petrer *Suroeste : 10 km :*

Xorret del Catí ⛰, Partida del Catí, ✉ 03420, ☎ 96 556 04 00, *hotelxorret@terra.es, Fax 96 556 04 01,* ←, ⛱, ⚮ – |♦| ▤ TV P – 25/50. AE ⓓ MC VISA. ⚮ rest
Comida 15 – ☕ 6 – **54 hab** 56/74.
◆ Una buena opción para los amantes de la naturaleza, ubicado en pleno monte. Posee un amplio hall-recepción con el techo artesonado en madera, y unas confortables habitaciones. Comedor de correcto montaje con servicio de carta y buffet.

CASTEJÓN DE SOS *22466 Huesca* 574 E 31 – *466 h alt. 904.*
Madrid 524 – Huesca 134 – Lleida/Lérida 134.

Pirineos, El Real 38 ☎ 974 55 32 51, *inform@hotelpirineos.com, Fax 974 55 33 69* – |♦| TV. MC VISA. ⚮
Comida 10 – ☕ 3,50 – **30 hab** 34,65/59,40.
◆ Posee un atractivo hall-recepción en estilo moderno, y sus habitaciones gozan de un peculiar contraste al combinar diseño y rusticidad. Cafetería pública como zona social.

Plaza ⛰ sin rest, pl. del Pilar 2 ☎ 974 55 30 50, *morancho@patagonmail.com, Fax 974 55 38 15* – TV 🚗 P. MC VISA
12 hab ☕ 62.
◆ Coqueto hotel de organización familiar con las habitaciones en estilo rústico, resultando las nuevas muy atractivas. Adecuadas instalaciones decoradas con mucho gusto.

Sositana, Valle Sositana 2, ✉ 08211, ☎ 974 55 30 94, *Fax 974 55 30 94* – TV. AE MC VISA. ⚮
Comida 11 – ☕ 2,70 – **14 hab** 38.
◆ Sencillo establecimiento con la recepción ubicada en el bar. Posee habitaciones de mobiliario actual y equipamiento básico que se antojan algo justas en sus dimensiones.

Pida a su librería el catálogo de publicaciones Michelin

Es CASTELL *Illes Balears – ver Balears (Menorca).*

CASTELL DE CASTELLS *03793 Alacant* 577 P 29 123 G 2 – *530 h alt. 630.*
Madrid 434 – Alacant/Alicante 78 – Benidorm 35 – València 129.

Serrella, av. de Alcoi 2 ☎ 96 551 81 38, *serrella@ctv.es, Fax 96 551 81 82,* ← – |♦| ▤ TV. MC VISA. ⚮
Comida *(cerrado miércoles)* 18 – **16 hab** ☕ 36/67.
◆ Negocio de carácter familiar que sorprende por sus cuidadas dependencias. Goza de unas confortables habitaciones con baños completos y mobiliario provenzal. Restaurante de excelente montaje en su categoría.

Casa Pilar ⛰, San José 2 ☎ 96 551 81 57, *casapilar@grupobbva.net, Fax 96 551 83 34* – P. MC VISA. ⚮
Comida - sólo cena, sólo clientes - 18 – **6 hab** ☕ 35/60.
◆ Instalado en una antigua casa de labranza, ofrece unas acogedoras habitaciones con mobiliario restaurado. Elegante salón social y comedor privado de aire rústico.

CASTELL DE FERRO *18740 Granada* 578 V 19 124 N 5 – *Playa.*
Alred. : *Carretera★ de Castell de Ferro a Calahonda.*
Madrid 528 – Almería 90 – Granada 93 – Málaga 131.

Ibérico, carret. N 340 ☎ 958 65 60 80, *Fax 958 65 60 08,* ⛱ – |♦| TV P. AE ⓓ MC VISA. ⚮ rest
Comida 8,50 – ☕ 2,50 – **28 hab** 23/44 – PA 19,50.
◆ Emplazado en una zona de cultivos, resulta un buen recurso de carretera. Sencillo aunque decoroso, las habitaciones poseen un confort diferente, válido en su categoría.

EL CASTELL DE GUADALEST *03517 Alacant* 577 P 29 – *165 h alt. 995.*

Ver : *Situación*★.

av. Alicante ☎ 96 588 52 98 guadalest@turinfo.net Fax 96 588 53 85.

Madrid 441 – Alcoi 36 – Alacant/Alicante 65 – València 145.

Nou Salat, carret. de Callosa d'En Sarrià ☎ 96 588 50 19, *Fax 96 588 50 19,* ← – P. AE VISA.

cerrado 20 enero-10 febrero, 30 junio-12 julio y miércoles – **Comida** carta 24 a 30.

◆ Salón espacioso y luminoso, con salas acristaladas donde sirven una variada carta de cocina casera con raíces mediterráneas. Correcto servicio de mesa y buen montaje.

CASTELLAR DE LA FRONTERA *11350 Cádiz* 578 X 13 – *2 299 h alt. 257.*

Ver : *Localidad* ★.

Madrid 698 – Algeciras 27 – Cádiz 150 – Gibraltar 27.

al Sureste : *8 km* :

La Almoraima , ✉ 11350, ☎ 956 69 30 02, *Fax 956 69 32 14,* – TV P. AE VISA.

Comida 19,53 – 8 – **24 hab** 59/95 – PA 39,07.

◆ Casa-convento en un gran parque. Ofrece amplias estancias amuebladas con antigüedades. Recorra su claustro y relájese escuchando el rumor de la fuente en el patio central. Comedor rústico con una larga mesa que comparten todos los huéspedes.

CASTELLAR DEL VALLÈS *08211 Barcelona* 574 H 36 122 C 7 – *13 481 h.*

Madrid 625 – Barcelona 32 – Sabadell 8.

por la carretera de Terrassa *Suroeste : 5 km :*

Can Font, urb. Can Font, ✉ 08211, ☎ 93 714 53 77, *can-font@bodafont.com, Fax 93 714 23 55* – P. AE VISA.

cerrado del 1 al 7 de enero, del 1 al 23 de agosto, domingo noche, lunes noche, martes y miércoles noche – **Comida** - sólo almuerzo, salvo jueves, viernes y sábado - carta 31 a 47.

◆ Restaurante que dispone de distintos salones en estilo rústico catalán, decorados en piedra vista y con los techos en madera. Posee una atractiva carta de tendencia clásica.

CASTELLBISBAL *08755 Barcelona* 574 H 35 122 B 8 – *4 969 h alt. 132.*

Madrid 605 – Barcelona 30 – Manresa 40 – Tarragona 84.

en la carretera de Martorell a Terrassa C 243 *Oeste : 9 km :*

Ca l'Esteve, crta Martorell a terrassa, km 4700, ✉ 08755, ☎ 93 775 56 90, *restaurantcalestemp@hotmail.com, Fax 93 774 18 23,* – P. VISA JCB.

cerrado 16 agosto-3 septiembre, domingo noche y lunes – **Comida** carta 26 a 38.

◆ Instalado en una espaciosa casa de dos plantas, junto a unos viñedos de la familia propietaria. En sus acogedores salones podrá degustar elaboraciones típicas de la zona.

CASTELLCIUTAT *Lleida – ver La Seu d'Urgell.*

CASTELLDEFELS *08860 Barcelona* 574 I 35 122 B 9 – *33 023 h – Playa.*

Pintor Serrasanta 4 ☎ 93 635 27 27 infoturismo@castelldefels.org Fax 93 635 27 26.

Madrid 615 – Barcelona 29 – Tarragona 72.

Ibis Barcelona Castelldefels sin rest con cafetería por la noche, passeig del Ferrocarril 342 ☎ 93 634 21 75, *H3208@accor-hotels.com, Fax 93 636 20 35* – , hab, TV P. AE VISA.

6 – **74 hab** 62.

◆ Próximo a una zona comercial de grandes superficies. Posee habitaciones luminosas y muy funcionales, mobiliario polivalente y baños tipo cabina con todo integrado.

en el barrio de la playa :

Ciudad de Castelldefels, passeig de la Marina 212 ☎ 93 665 19 00, *cdc-hotel@grup-soteras.com, Fax 93 636 08 32,* – TV – 70/300. AE VISA JCB.

Comida 22 – 11 – **103 hab** 100/120.

◆ Acoge unas instalaciones actuales y bien equipadas, con todo lo necesario para que disfrute de su estancia. Amplias zonas sociales y cuidada piscina con palmeras. El comedor posee una terraza que brinda la oportunidad de saborear su gastronomía al aire libre.

ESPAÑA

Playafels, playa Ribera de San Pedro 1-9 ☎ 93 665 12 50, *playafels@grup-soteras.com, Fax 93 664 10 01*, ←, – ▮ ≡ TV ☎ P – 25/800. AE ⓓ MC VISA JCB. ✻
Comida 23 – ☕ 12 – **34 hab** 110/135.
◆ Privilegiada situación en 1ª línea de playa. La escasez de zonas comunes se compensa con unas habitaciones bien equipadas, con un mobiliario escogido. El moderno comedor ofrece una hermosa vista sobre el mar.

Bel Air, paseo Marítimo 169 ☎ 93 665 16 00, *belair@grup-soteras.com, Fax 93 664 54 11*, ←, – ▮ ≡ TV ☎ ♿ P – 25/60. AE ⓓ MC VISA JCB. ✻
Comida *(cerrado del 2 al 22 de agosto, domingo noche y lunes)* carta 35 a 45 – ☕ 12 – **44 hab** 148/166.
◆ Antiguo hotel totalmente renovado, transformándose en un conjunto moderno y funcional. Destaca por su emplazamiento a pie de playa y el buen confort de sus habitaciones. Restaurante de cuidado montaje y aire minimalista, dotado de agradables vistas al mar.

Mediterráneo, paseo Marítimo 294 ☎ 93 665 21 00, *info@hmediterraneo.com, Fax 93 665 22 50*, – ▮ ≡ TV ☎ – 25/180. AE ⓓ MC VISA. ✻ rest
Comida 20 – ☕ 11 – **69 hab** 98/135 – 1 suite – PA 41.
◆ Ubicado muy cerca de la playa y formado por dos edificios que rodean una piscina. La mayoría de sus habitaciones resultan actuales tanto en los baños como en el confort. En su comedor, con mucha luz natural, ofrecen una carta de corte internacional.

Luna, passeig de la Marina 155 ☎ 93 665 21 50, *hotluna@teleline.es, Fax 93 665 22 12*, , , – ▮ ≡ TV P – 25/300. AE ⓓ MC VISA JCB. ✻ rest
Comida carta aprox. 25 – ☕ 10 – **29 hab** 86/110 – 3 suites.
◆ Pequeño hotel familiar dotado de una agradable terraza con arbolado. Salón social de aspecto actual y habitaciones correctas, con mobiliario sencillo y baños completos. Restaurante luminoso y de adecuado montaje.

Neptuno, av. dels Banys 45 ☎ 93 664 43 63, *hotelnep@teleline.es, Fax 93 664 43 63*, – ≡ TV – 25/100. AE ⓓ MC VISA
Comida *(cerrado 2ª quincena de enero, domingo noche y lunes)* 12 – **16 hab** ☕ 65/90 – PA 30.
◆ Pertenece al mismo propietario del hotel Luna, con el que comparte aparcamiento. Instalaciones funcionales, hall-recepción renovado, y habitaciones de suficiente confort.

La Canasta, passeig Marítim 197 ☎ 93 665 68 57, *Fax 93 636 02 88*, – ≡. AE ⓓ MC VISA. ✻
Comida carta 42 a 57.
◆ Arraigado en la zona, cuenta con una numerosa brigada capaz de atender su gran actividad. Las salas de estilo marinero evidencian la tendencia de su amplia carta.

Mar Blanc, Ribera de Sant Pere 17 ☎ 93 636 00 75, *marblanc@marblanc.com, Fax 93 636 00 75*, ←, – ≡. AE ⓓ MC VISA. ✻
cerrado lunes salvo festivos – **Comida** carta 24 a 39.
◆ Negocio situado al borde de la playa, que ofrece elaboraciones basadas en productos del mar, arroces y calderetas. Salas de correcto montaje con decoración de aire marinero.

en Torre Barona *Oeste : 2,5 km :*

G.H. Don Jaime , av. del Hotel 22, ✉ 08860 Castelldefels, ☎ 93 665 13 00, *donjaime@grup-soteras.com, Fax 93 664 51 51*, ←, , , , , – ▮ ≡ TV ☎ ♿ P – 25/170. AE ⓓ MC VISA JCB. ✻
Comida 23 – ☕ 12 – **212 hab** 110/130 – 8 suites.
◆ Emplazado en una colina con vistas a la ciudad y al mar. Disfrute de sus magníficas dependencias de estilo clásico, que harán inolvidables los momentos cotidianos. El mobiliario escogido y la excelente atención recrean su acogedor restaurante.

CASTELLFOLLIT DE LA ROCA *17856 Girona 574 F 37 122 F 3 – 1 029 h alt. 296.*

Ver : *Emplazamiento★ (Parque Natural de la zona volcánica de La Garrotxa★).*

Madrid 682 – Barcelona 143 – Figueres 44 – Girona/Gerona 46 – Vic 64.

CASTELLÓ D'EMPÚRIES *17486 Girona 574 F 39 122 I 3 – 3 645 h alt. 17.*

Ver : *Localidad★ – Iglesia de Santa María★ (retablo★, portada★★).*

pl. dels Homes 1 ☎ 972 15 62 33 otcentrehistoric@castellodempuries.net Fax 972 15 80 63.

Madrid 753 – Figueres 8 – Girona/Gerona 47.

De La Moneda sin rest, pl. de la Moneda 8 ☎ 972 15 86 02, *info@hoteldelamoneda.com, Fax 972 15 81 24*, – ▮ ≡ TV ☎ . MC VISA. ✻
21 marzo-14 diciembre – **11 hab** ☕ 90/100.
◆ Antigua mansión del s. XVII que perteneció al marqués de Dosaigües. Posee una correcta zona social y modernas habitaciones, en colores vivos y con mobiliario actual.

Canet, pl. Joc de la Pilota 2 ✆ 972 25 03 40, *info@hotelcanet.com, Fax 972 25 06 07,* – P – 25/60. MC VISA JCB
cerrado noviembre – **Comida** *(cerrado lunes en invierno)* 10 – **29 hab** 45/60.
◆ Instalado en un antiguo edificio restaurado. Espacioso hall-recepción que conserva los arcos en piedra vista originales, y habitaciones de línea actual bien equipadas.

Allioli, carret. Figueres-Roses (urb. Castellnou) ✆ 972 25 03 20, *Fax 972 25 03 00* – P. AE MC VISA. rest
cerrado 19 diciembre-18 febrero – **Comida** 16 – 5 – **43 hab** 59/113.
◆ Instalado en una masía ampurdanesa del s. XVII, cuya decoración rústica catalana conserva el encanto de antaño. Habitaciones sobrias de suficiente confort en su categoría. Su comedor recrea un entrañable marco con profusión de piedra y madera.

Emporium, Santa Clara 31 ✆ 972 25 05 93, *reserves@emporiumhotel.com, Fax 972 25 06 61,* – , rest, P. AE MC VISA JCB.
cerrado octubre – **Comida** *(cerrado sábado en invierno)* 12 – 6,75 – **40 hab** 42/72 – PA 23.
◆ Establecimiento de atención familiar que, tras la reciente reforma en su hall-recepción y habitaciones, ha mejorado su nivel. Reducida zona noble.

en la carretera de Roses *Este : 4,5 km :*

La Llar, ✉ 17480 apartado 315 Roses, ✆ 972 25 53 68, *Fax 972 15 16 08* – P. AE MC VISA.
cerrado del 1 al 15 de febrero, del 15 al 30 de noviembre, miércoles noche y jueves salvo verano – **Comida** - sólo cena en verano - 46 y carta 49 a 65.
Espec. Tartaleta templada de bacalao y verduras. Pez de San Pedro asado con cebollitas y jugo de ave. Pichón de Las Landas a la miel.
◆ Acogedor restaurante de estilo neorrústico con las paredes en piedra, viguería en el techo y mobiliario escogido, donde ofrecen una cocina con elaboraciones actuales.

CASTELLÓ DE LA PLANA o CASTELLÓN DE LA PLANA *12000* P *Castelló* 577 M 29 – *146 563 h alt. 28.*

18 Mediterráneo, urb. la Coma, Norte : 3,5 km por ① ✆ 964 32 12 27 Fax 964 65 77 34 – 9 Costa de Azahar, Noreste : 6 km B ✆ 964 28 09 79 Fax 964 28 08 56.
pl. María Agustina 5 ✉ 12003 ✆ 964 35 86 88 castellon@turistinfo Fax 964 35 86 89 – **R.A.C.E.** *Pintor Ribera 2 ✉ 12004 ✆ 964 25 38 06 Fax 964 21 24 43.*
Madrid 426 ② – Tarragona 183 ① – Teruel 148 ③ – Tortosa 122 ① – València 75 ②

Plano página siguiente

Intur Castellón, Herrero 20, ✉ 12002, ✆ 964 22 50 00, *castellon@intur.com, Fax 964 23 26 06,* – – 25/220. AE MC VISA. A n
Comida 24 – 10 – **118 hab** 110 – 5 suites.
◆ Su actividad gira en torno al magnífico patio interior cubierto. Colores cálidos y mobiliario clásico concebidos para el bienestar. Su restaurante es un buen ejemplo de calidad, detalle y orden en el montaje.

Castellón Center, Ronda Mijares 86, ✉ 12002, ✆ 964 34 27 77, *reservas@hotelcastelloncenter.com, Fax 964 25 49 29,* – – 25/200. AE MC VISA. A y
Comida 15 – 7 – **78 hab** 105/119.
◆ El toque vanguardista en el diseño de los muebles y la amplitud de los espacios, tanto comunes como privados, son sus señas de identidad. La comodidad está garantizada. En su moderno restaurante ofrecen una variada y completa carta.

NH Mindoro, Moyano 4, ✉ 12002, ✆ 964 22 23 00, *nhmindoro@nh-hotels.com, Fax 964 23 31 54* – – 25/300. AE MC VISA. A a
Comida 16 – 10 – **93 hab** 82/97 – 12 suites.
◆ Situado junto al teatro Principal. Al mobiliario moderno se une una ornamentación que mezcla el calor de la madera, con los tonos azules y la cerámica de la zona.

Jaime I, Ronda Mijares 67, ✉ 12002, ✆ 964 25 03 00, *info@hoteljaimei.com, Fax 964 20 37 79* – – 25/200. AE MC VISA. A b
Los Naranjos *(cerrado domingo)* **Comida** carta 21 a 29 – 6 – **89 hab** 79/89.
◆ Un edificio de arquitectura contemporánea para un hotel bien equipado, con habitaciones confortables, de líneas simples y depuradas. Destaca la elegante cafetería. Restaurante de diseño actual, con entrada independiente.

AC Castellón sin rest con cafetería por la noche, Carcagente 3, ✉ 12002, ✆ 96 472 38 25, *accastellon@ac-hotels.com, Fax 96 472 38 26,* – – 25/50. AE MC VISA. A d
9 – **81 hab** 110.
◆ Su hall-recepción resulta polivalente y funcional, englobando diferentes servicios. Dispone de habitaciones confortables y bien equipadas, con baños modernos.

CASTELLÓ DE LA PLANA/CASTELLÓN DE LA PLANA

Arrufat Alonso	A	2
Barrachina	A	3
Benasal	A	4
Buenavista (Pas. de)	B	7
Burriana (Av.)	A	8
Cardenal Costa (Av.)	A	13
Carmen (Pl. del)	B	14
Churruca	B	18
Doctor Clará (Av.)	A	23
Enmedio	A	
Espronceda (Av.)	A	24
Guitarrista Tárrega	A	28
Joaquín Costa	A	29
Maestro Ripollés	A	30
Mar (Av. del)	A	31
María Agustina (Pl.)	A	32
Morella (Pas.)	A	33
Oeste (Parque del)	A	34
Orfebres Santalínea	A	35
País Valencià (Pl.)	A	36
Rafalafena	A	37
San Pedro	B	38
Sanahuja	A	39
Sebastián El Cano	B	40
Tarragona	A	42
Teodoro Llorens	A	44
Trevalladors del Mar	B	45
Vinatea (Ronda)	A	48
Zaragoza	A	49

🏠 **Doña Lola,** Lucena 3, ✉ 12006, ☎ 964 21 40 11, *d.lola@infocsnet.com, Fax 964 25 22 35* – |‡| ▤ TV – 🚶 25/100. AE ⊙ MC VISA. ✗ A c

Comida *(cerrado Navidades, Semana Santa y sábado)* 10,85 – ☕ 4 – **36 hab** 46/60.

◆ Situado frente al parque de Ribalta, ofrece un montaje simple, con habitaciones completas y cómodas. Lo mejor es el espacioso hall-recepción que le da la bienvenida.

🏠 **Zaymar** sin rest, Historiador Viciana 6, ✉ 12006, ☎ 964 25 43 81, *Fax 964 21 79 90* – |‡| ▤ TV. AE ⊙ MC VISA. ✗ A h

27 hab ☕ 44/58.

◆ Hotel sencillo y funcional, de pequeñas dimensiones. Las habitaciones, decoradas en estilo provenzal, cuentan con un favorable equipamiento que las hace acogedoras.

XX **Pairal,** Dr. Fleming 24, ✉ 12005, ☎ 964 23 34 04, *Fax 964 23 67 07* – ▤. AE ⊙ MC VISA JCB A z

cerrado Semana Santa, del 15 al 31 de agosto y domingo – **Comida** carta 32 a 35.

◆ Estilo clásico para un restaurante de atento servicio y de ambiente agradable. Propone al comensal un amplio repertorio en el que sobresalen los pescados bien elaborados.

X **Arro, pes,** Benárabe 5, ✉ 12005, ☎ 964 23 76 58, *Fax 964 23 54 49* – ▤. AE ⊙ MC VISA. ✗ A u

cerrado agosto, domingo noche y lunes – **Comida** - arroces, pescados y mariscos - carta aprox. 28.

◆ Sencillo restaurante, de seria organización, especializado en menús elaborados con los productos típicos de la región. Para disfrutar de una sabrosa comida a buen precio.

Mesón Navarro II, Amadeo I-8, ✉ 12001, ☎ 964 25 09 66, *navarroajv@arrakis.es, Fax 964 06 24 49* – ▤. AE ⓓ MC VISA. ✻ A f
cerrado del 7 al 29 de agosto, domingo noche y lunes en invierno, domingo en verano – **Comida** carta 20 a 31.
◆ Restaurante de atención familiar. Decorado en estilo clásico-regional, posee una brasa de carbón vegetal. Su carta le ofrece los sabores de la cocina tradicional.

Eleazar, Ximénez 14, ✉ 12002, ☎ 964 23 48 61, *Fax 964 06 24 49* – ▤. AE ⓓ MC VISA. ✻ A a
cerrado del 7 al 29 de agosto, domingo en verano, domingo noche y lunes resto del año – **Comida** carta 20 a 28.
◆ Precedido de un bar, muy concurrido, posee dos salones sencillos pero bien distribuidos. Destaca por los productos de calidad que utiliza en la elaboración de sus platos.

en el puerto (Grau) *Este : 5 km :*

NH Turcosa, Treballadors de la Mar 1, ✉ 12100 El Grau, ☎ 964 28 36 00, *nhturcosa@nh-hotels.com, Fax 964 28 47 37,* ≤ – ▣ ▤ TV – 🏛 25/200. AE ⓓ MC VISA JCB. ✻ rest B b
Comida *(cerrado domingo noche)* 16 – ☕ 9 – **70 hab** 93/101.
◆ Frente al club náutico, cuenta con grandes salones para reuniones de empresa. Todas sus habitaciones son exteriores. Pida las de la 5ª planta, recientemente renovadas. Pequeño restaurante, bien iluminado y de ambiente acogedor.

Brisamar, paseo Buenavista 26, ✉ 12100 El Grau, ☎ 964 28 36 64, *Fax 964 28 03 36,* ☂ – ▤. AE ⓓ MC VISA. ✻ B t
cerrado 10 octubre-10 noviembre y martes – **Comida** carta aprox. 27.
◆ Bar de uso exclusivo para clientes y salones privados en la 1ª planta. Ofrece una variada carta, a precios moderados, y una selección de vinos para acompañar sus comidas.

Tasca del Puerto, av. del Puerto 13, ✉ 12100 El Grau, ☎ 964 28 44 81, *tascadelpuerto@infonegocio.com, Fax 964 28 50 33* – ▤. AE ⓓ MC VISA. ✻ B a
cerrado 15 días en enero, 15 días en noviembre, domingo noche y lunes – **Comida** carta aprox. 42.
◆ Bien considerado por la crítica gastronómica, este restaurante, de organización familiar, le propone productos del mar junto con el característico arroz. Bodega completa.

Casa Falomir, paseo Buenavista 25, ✉ 12100 El Grau, ☎ 964 28 22 80, *casafalomir@ono.com* – ▤. MC VISA. ✻ B r
cerrado 24 diciembre-7 enero, 7 días en junio, domingo noche y lunes – **Comida** - pescados y mariscos - carta aprox. 38.
◆ Situado frente al puerto, tiene prestigio en la zona por la gran calidad de sus productos. Decorado en estilo clásico-regional, posee un adecuado servicio de mesa.

CASTELLVELL *Tarragona – ver Reus.*

CASTELO DE ANDRADE *A Coruña – ver Pontedeume.*

CASTILLEJA DE LA CUESTA *41950 Sevilla 578 T 11 – 15 205 h alt. 104.*

Madrid 541 – Huelva 82 – Sevilla 7.

Hacienda San Ygnacio, Real 190 ☎ 954 16 92 90, *reservas@haciendasanygnacio.com, Fax 95 416 14 37,* ☂, ⛱, 🌳 – ▤ TV 📞 P – 🏛 25/300. AE ⓓ MC VISA JCB. ✻ rest
Almazara *(cerrado domingo y lunes mediodía)* **Comida** carta 28 a 32 – ☕ 8 – **16 hab** 105/150 – 1 suite.
◆ Típica hacienda con la fachada encalada, que pone a su disposición unas confortables habitaciones con suelo en madera, baños completos y detalles rústicos en la decoración. El restaurante Almazara se ubica en lo que antaño era el molino de aceite de la casa.

Robles Aljarafe, carretera Bormujos 2 ☎ 954 16 92 66, *info@roblesrestaurantes.com, Fax 954 16 92 62,* ☂ – P. AE ⓓ MC VISA JCB. ✻
Comida carta 28 a 32.
◆ Restaurante de fachada típica andaluza y gran capacidad. Posee un comedor de correcto montaje, un gran salón para banquetes y una elegante carpa. Agradable terraza.

CASTILLO DE GORRAIZ (Urbanización) *Navarra – ver Huarte.*

CASTILLO DE LA DUQUESA *Málaga – ver Manilva.*

CASTILLÓN *27438 Lugo 571 E 7 – 109 h.*
Madrid 515 – Santiago de Compostela 110 – Lugo 84 – Ourense 38 – Pontevedra 129.

Rectoral de Castillón , Santiago de Castillón 37 ☎ 982 45 54 15, *rectoraldecastillon@rectoraldecastillon.com, Fax 982 45 54 36,* – P. VISA.
Comida carta 17 a 23 – 4 – **8 hab** 68/85.
• Magnífico turismo rural ubicado en una casa rectoral de grandes dimensiones, rodeada por jardines y bosques. Espaciosas habitaciones con los suelos en madera. El restaurante ofrece una sala neorrústica al cliente de paso y otra, más acogedora, para el huésped.

CASTRIL *18816 Granada 578 S 21 – 3 074 h alt. 959.*
Alred. : *Parque Natural de la Sierra de Castril*★.
Madrid 423 – Jaén 154 – Úbeda 100.

CASTRILLO DE LOS POLVAZARES *24718 León 575 E 11 – alt. 907.*
Madrid 339 – León 48 – Ponferrada 61 – Zamora 132.

Cuca la Vaina , Jardín ☎ 987 69 10 78, *Fax 987 69 10 78,* – . rest
cerrado enero – **Comida** *(cerrado lunes)* - sólo almuerzo salvo viérnes, sábado y verano - carta 21 a 25 – 3 – **7 hab** 50/60.
• Hotelito de trato familiar con una decoración de estilo rústico-regional. Sus acogedoras habitaciones están comunicadas por una galería acristalada.

Casa Coscolo con hab, El Rincón 1 ☎ 619 280 540, *Fax 987 61 63 81* – . VISA
cerrado 15 días en febrero – **Comida** *(cerrado domingo noche y lunes)* - carnes a la brasa - carta 18 a 24 – 3,15 – **4 hab** 36/54.
• Bien llevado por un joven matrimonio. Su marco brinda cierto estilo rústico-regional, con un modesto montaje y un servicio de mesa en consonancia. Posee también habitaciones.

CASTRILLO DEL VAL *09193 Burgos 575 F 19 – 1 612 h alt. 939.*
Madrid 243 – Burgos 11 – Logroño 114 – Vitoria-Gasteiz 116.

en la carretera N 120 *Noreste : 3 km :*

Camino de Santiago, urb. Los Tomillares, ✉ 09193, ☎ 947 42 12 93, *Fax 947 42 10 77* – P – 25/400. VISA
Comida - ver rest. ***Los Braseros*** – 4,51 – **40 hab** 46/61.
• Excelentes calidades en unas instalaciones que poseen cierto eclecticismo decorativo. Habitaciones amplias y detallistas, con esmerado equipamiento, y suelo en parquet.

Los Braseros - *Hotel Camino de Santiago,* urb. Los Tomillares, ✉ 09193, ☎ 947 42 12 01, *Fax 947 42 10 77* – P. VISA
cerrado 7 enero-febrero y martes – **Comida** carta 17 a 23.
• Se encuentra a unos 100 m. del hotel, con buen servicio de mesa y un correcto montaje. Trabaja habitualmente con grupos, ya que cuenta con salones de gran capacidad.

CASTRO *15578 A Coruña 571 B 5.*
Madrid 612 – Santiago de Compostela 96 – A Coruña 54 – Lugo 113.

Barceló Pazo Libunca , carret. de Xubia - Sur : 1 km ☎ 981 38 35 40, *Fax 981 39 11 08,* – P – 25/300. AE VISA.
Comida *(cerrado domingo noche)* 25 – **13 hab** 120,20/150,25 – 1 suite.
• Magnífica casona de indianos rodeada de un extenso jardín y decorada con unos bellísimos azulejos de Talavera. Habitaciones con mobiliario de época y una excelente lencería. Elegante restaurante con las paredes enteladas y una carpa exterior para banquetes.

CASTRO CALDELAS *32760 Ourense 571 E 7 – 1 970 h alt. 720.*
Madrid 504 – Lugo 88 – Ourense 48 – Ponferrada 110.

Pousada Vicente Risco , Grande 4 ☎ 988 20 33 60, *Fax 988 20 34 84* – . AE VISA.
Comida 10 – **8 hab** 43,40.
• La que antaño fue morada del ilustre escritor gallego es hoy una acogedora casa rural en piedra. Disfrute del bello entorno y de unas habitaciones decoradas con todo detalle. Comedor de correcto montaje en el 1er piso, donde sirven carta y menú.

por la carretera de A Teixeira *Noroeste : 7 km :*

O Lugar do Souto , Santa Tecla, ✉ 32764 Santa Tecla, ☎ 988 20 75 45, *Fax 988 20 75 45* – P
Comida - sólo cena, sólo clientes – **5 hab.**
• Antigua casa de labranza. Salón con chimenea y unas coquetas habitaciones, con las paredes en piedra y mobiliario de época. Comedor privado para los clientes alojados.

CASTRO URDIALES 39700 Cantabria 572 B 20 – 13 575 h – Playa.

av. de la Constitución 1 ✆ 942 87 15 12 turismocastro@cantabria.org Fax 942 87 13 37.

Madrid 430 – Bilbao 36 – Santander 73.

El Manco, Lorenzo Maza ✆ 942 86 00 16, *el-manco@telefonica.net, Fax 942 86 91 28,* – AE MC VISA JCB.

cerrado del 7 al 31 de enero y lunes – **Comida** carta 29 a 40.

◆ Ofrece una terraza semicubierta a la entrada, seguida de un pequeño bar y una confortable sala de línea moderna. Cocina tradicional actualizada con buen apartado de mariscos.

Ardigales, Ardigales 18 ✆ 942 78 06 03 – AE MC VISA.

cerrado 15 enero-15 febrero, miércoles y martes noche en invierno – **Comida** carta 29 a 53.

◆ Negocio llevado con acierto por sus propietarios, que permanecen en sala y cocina. El reducido comedor ostenta una decoración moderna y un buen servicio de mesa.

en la playa :

Las Rocas, av. de la Playa, ✉ 39700, ✆ 942 86 04 04, *info@lasrocashotel.com, Fax 942 86 13 82,* ← – – 25/150. AE MC VISA. rest

Comida *(cerrado Navidades)* 19 – **66 hab** 87/109.

◆ La zona social se reduce al hall y a la cafetería. Habitaciones clásicas espaciosas y de completo equipamiento, muy luminosas y la mitad de ellas con vistas a la playa. Amplio comedor de correcto montaje, con una sala de banquetes en un lateral acristalado.

CASTROJERIZ 09110 Burgos 575 F 17 – 904 h alt. 808.

Madrid 249 – Burgos 43 – Palencia 48 – Valladolid 99.

La Posada, Landelino Tardajos 5 ✆ 947 37 86 10, *Fax 947 37 86 11* – . MC VISA.

cerrado 26 septiembre-9 octubre – **Comida** - ver rest. ***El Mesón*** – 4 – **21 hab** 33/50.

◆ Llevado desde su cercano mesón salvo en temporada alta. Habitaciones con mobiliario antiguo, respetando los detalles tradicionales de la construcción original.

La Cachava, Real 93-95 ✆ 947 37 85 47, *info@lacachava.com, Fax 947 37 76 01* – MC VISA.

cerrado 15 diciembre-15 enero – **Comida** - sólo clientes - 16 – 6,50 – **8 hab** 46/62.

◆ Antigua casa de labranza con indudable encanto. Sus detallistas habitaciones están decoradas a la vieja usanza y se distribuyen en torno a dos hermosos patios ajardinados.

El Mesón - *Hotel La Posada* con hab, Cordón 1 ✆ 947 37 86 10, *Fax 947 37 86 11* – MC VISA.

cerrado 26 septiembre-9 octubre – **Comida** carta aprox. 26 – 4 – **7 hab** 18/30.

◆ Funciona como complemento al hotel de la misma propiedad. Entrada por el bar público, y comedor de estilo rústico, con mobiliario castellano, y discreto servicio de mesa.

CASTROPOL 33760 Asturias 572 B 8 – 4 913 h – Playa.

Madrid 589 – A Coruña 173 – Lugo 88 – Oviedo 154.

Peña-Mar, carret. N 640 ✆ 98 563 51 49, *Fax 98 563 54 98* – P. MC VISA.

Comida - ver rest. ***Peña-Mar*** – 6 – **24 hab** 48,08/54,09.

◆ Hotel de sencilla organización dotado de una reducida zona social, y unas habitaciones muy funcionales, de suficiente confort en su categoría.

Peña-Mar - *Hotel Peña-Mar*, carret. N 640 ✆ 98 563 50 06, *info@complejopenamar.com, Fax 98 563 54 98* – P. MC VISA.

cerrado febrero y miércoles salvo julio-agosto – **Comida** carta 24 a 36.

◆ Compuesto por un bar de estilo neorrústico y una sala a la carta de gran capacidad, donde sirven platos de sabor gallego y asturiano. Trabaja mucho los banquetes.

El Risón de Peña Mar, El Muelle ✆ 98 563 50 65, *info@complejopenamar.com, Fax 98 563 54 98,* ←, – MC VISA.

cerrado febrero y lunes salvo julio-agosto – **Comida** carta 24 a 36.

◆ Restaurante de aire regional, con paredes en piedra y vigas en el techo, ideal para degustar una cocina clásica generosa en mariscos. Terrazas con vistas sobre el río Eo.

CASTROVERDE DE CAMPOS 49110 Zamora 575 G 14 – 468 h alt. 707.

Madrid 261 – Benavente 34 – León 90 – Palencia 77 – Valladolid 69 – Zamora 69.

Mesón del Labrador, Doctor Corral 27 ✆ 980 66 46 53, *Fax 980 66 46 53* – AE MC VISA.

cerrado septiembre – **Comida** carta 25 a 33.

◆ Entrada por bar público con salón-comedor al fondo y decoración rústica con aperos de labranza. Muy afamado por la calidad de sus productos y sus jornadas gastronómicas.

CAUDETE *02660 Albacete* 576 P 27 123 C 2 – *7 763 h alt. 559.*
Madrid 353 – Albacete 101 – Alacant/Alicante 77 – València 113.

El Lengüetero con hab, av. de Valencia 116 ☎ 96 582 55 80, *hrleng@arrakis.es, Fax 96 582 67 91* – .
cerrado del 1 al 16 de enero – **Comida** *(cerrado domingo)* carta 23 a 31 – 3 – **15 hab** 21/42.
• Negocio familiar con una dirección joven y dinámica. Restaurante con habitaciones que, pese a su fachada pobre e insípida, sorprende por una carta y montaje acertados.

CAUDETE DE LAS FUENTES *46315 València* 577 N 26 – *820 h alt. 771.*
Madrid 267 – Valencia 88 – Cuenca 118.

por la carretera de Los Isidros *Sur : 5 km :*

Entre Viñas sin rest, Finca El Renegado, ✉ 46315, ☎ 96 217 40 29, *entrevinas@ainia.es, Fax 96 217 14 32* – .
6 – **12 hab** 54/66 – 2 apartamentos.
• Antigua casa de labranza rehabilitada y rodeada de viñedos. Goza de una correcta zona social y espaciosas habitaciones de aire neorrústico, algunas con mobiliario en forja.

La CAVA *Tarragona – ver Deltebre.*

CAZALLA DE LA SIERRA *41370 Sevilla* 578 S 12 – *5 016 h alt. 590.*
Madrid 493 – Aracena 83 – Écija 102 – Sevilla 95.

Palacio de San Benito, San Benito ☎ 954 88 33 36, *info@palaciodesanbenito.com, Fax 954 88 31 62*, – 25/50.
Comida carta 29 a 38 – **9 hab** 120.
• Preciosa ermita del s. XV y un edificio nuevo anexo en consonancia, ambos repletos de obras de arte originales. Posee habitaciones personalizadas y decoradas con sumo gusto. El comedor y el salón de banquetes se encuentran en el interior del antiguo santuario.

Posada del Moro, paseo del Moro, 46 ☎ 95 488 48 58, *info@laposadadelmoro.com, Fax 95 488 48 58*, – .
Comida *(cerrado lunes)* carta 20 a 28 – 3 – **14 hab** 35/60.
• En pleno Parque Natural de la Sierra Norte de Sevilla. Disfrute de un ambiente acogedor en sus equipadas habitaciones de línea actual, algunas con camas altas. Comedor acreditado en la zona que ocupa un lugar destacado en esta casa.

CAZORLA *23470 Jaén* 578 S 20 y 21 – *8 885 h alt. 790.*
Ver : *Localidad★ – Emplazamiento★.*
Alred. : *La Iruela : carretera★ de los Miradores ←★ - Noreste : 3 km – Parque Natural de la Sierra de Cazorla, Segura y Las Villas★★★ (Hornos ←★).*
Excurs. : *Cueva del Agua★ Sur : 38 km – Tíscar★ Sur : 39 km.*
Juan Domingo 2 ☎ 953 24 26 24 otjaen@andalucia.org Fax 953 24 26 24.
Madrid 363 – Jaén 101 – Úbeda 46.

Villa Turística de Cazorla, Ladera de San Isicio ☎ 953 71 01 00, *cazorla@villacazorla.com, Fax 953 71 01 52*, ←, – 25/40. .
Comida 12 – **32 hab** 50,49/68,52.
• Conjunto de villas imitando un típico pueblo andaluz, dotado de unas funcionales habitaciones, distribuidas en casitas encaladas, que ofrecen un correcto confort. En su restaurante la bella panorámica natural se completa con un variado repertorio gastronómico.

Guadalquivir sin rest, Nueva 6 ☎ 953 72 02 68, *info@hguadalquivir.com, Fax 953 72 02 68* – .
4,50 – **11 hab** 29/40.
• Negocio familiar dotado de un pequeño salón social donde sirven los desayunos. Sus habitaciones gozan de una impecable limpieza, con mobiliario de línea provenzal en pino.

Andalucía sin rest, Martínez Falero 42 ☎ 953 72 12 68 – .
3 – **11 hab** 24/33.
• A pesar de su decoración un tanto anticuada, las habitaciones ofrecen un buen nivel de confort. Posee un pequeño salón social, de uso polivalente. Organización familiar.

La Sarga, pl. del Mercado ☎ 953 72 15 07, *Fax 953 72 06 31*, ← – .
cerrado septiembre y martes – **Comida** carta 26 a 33.
• Decoración moderna mimada en detalles, en un conjunto alegre y acogedor. En su comedor podrá degustar una variada selección de la cocina regional. Buen servicio de mesa.

Juan Carlos, pl. Consuelo Mendieta 2 ✆ 953 72 12 01 – ▤
◆ Su cálido comedor está decorado con numerosos trofeos y motivos cinegéticos. Ofrecen un cuidado servicio de mesa y una carta regional especializada en las carnes de caza.

en la carretera de la Sierra *Noreste : 2,5 km :*

Sierra de Cazorla ⑤, ✉ 23476 La Iruela, ✆ 953 72 00 15, *info@hotelsierradecazorla.com, Fax 953 72 00 17,* ≤, ⛱ – |‡| ▤ TV P – 25/30. AE ① MC VISA. ✻ rest
Comida 9 – ☕ 3,50 – **57 hab** 47/64 – 2 suites.
◆ En la carretera que conduce al Parque Nacional. Las habitaciones combinan distintos tipos de mobiliario, aunque poseen baños actuales y en algunos casos hermosas vistas.

en la Sierra de Cazorla :

Parador de Cazorla ⑤, Lugar Sacejo - Este : 26 km - alt. 1 400, ✉ 23470 Cazorla, ✆ 953 72 70 75, *cazorla@parador.es, Fax 953 72 70 77,* ≤ montañas, ⛱, ≉ – ▤ rest, TV P. AE ① MC VISA JCB. ✻
cerrado 12 diciembre-enero – **Comida** 24 – ☕ 10 – **34 hab** 88/110.
◆ A su magnífica ubicación, en plena sierra de Cazorla, se unen las confortables instalaciones con una cuidada decoración de aire regional. La piscina brinda excelentes vistas. Acogedor restaurante donde sirven platos típicos de la zona.

Noguera de la Sierpe ⑤, carret. del Tranco - Noreste : 30 km, ✉ 23478 Coto Ríos, ✆ 953 71 30 21, *lf.hoteis@lfhoteles.com, Fax 953 71 31 09,* ⛱, ⛱ – ▤ TV P. MC VISA. ✻ rest
Comida 15 – **56 hab** ☕ 50/75,13 – 1 suite.
◆ Su pasado como pabellón de caza se deja ver en los detalles que aderezan la decoración rústica del conjunto. Habitaciones de diversos tipos y amplias zonas naturales. El mobiliario castellano ambienta un comedor de carácter funcional.

Paraíso de Bujaraiza ⑤, carret. del Tranco - Noreste : 44,7 km, ✉ 23478 Coto Ríos, ✆ 953 12 41 14, *Fax 953 12 41 19,* ⛱ – ▤ rest, TV ♿ P. ① MC VISA. ✻ rest
Comida 25 – **12 hab** ☕ 40/60 – 4 suites.
◆ Se encuentra en un precioso paraje natural, entre las montañas y el río. Varias de sus habitaciones disponen de chimenea y en general cuentan con mobiliario provenzal. Comedor de estilo clásico-regional donde se ofrece una buena carta de sabor tradicional.

Mirasierra ⑤, carret. del Tranco - Noreste : 36,3 km, ✉ 23478 Coto Ríos, ✆ 953 71 30 44, *info@hotel-mirasierra.com, Fax 953 71 31 61,* ⛱ – ▤ TV P. MC VISA. ✻
Comida 11 – ☕ 4 – **29 hab** 33/48.
◆ Ubicado en una antigua venta serrana, con un pequeño salón social y habitaciones renovadas que ofrecen un buen confort. Agradables vistas, aparcamiento propio y piscina. Su espacioso comedor invita a degustar platos típicos.

Santa María de la Sierra ⑤, carret. del Tranco - Noreste : 24,5 km y desvío al Chaparral 2,8 km, ✉ 23476 La Iruela, ✆ 953 12 40 70, *info@crsantamaria.com, Fax 953 12 41 32,* ⛱, ⛱ – ▤ rest, TV ♿ P. AE ① MC VISA JCB. ✻ rest
Comida - sólo clientes - 12 – **21 hab** ☕ 38/56.
◆ Antigua casa religiosa convertida en establecimiento de turismo rural, en plena naturaleza. Posee habitaciones de completo equipamiento y curiosas cabañas colgadas en árboles.

CEDEIRA *15350 A Coruña 571 B 5 – 7 450 h – Playa.*

Madrid 659 – A Coruña 106 – Ferrol 37 – Santiago de Compostela 128.

Avenida con hab, Cuatro Caminos 66 ✆ 981 49 21 12, *avenida@infonegocio.com, Fax 981 49 21 12* – ▤ rest, TV. AE MC VISA. ✻
Comida *(cerrado domingo noche salvo mayo-noviembre)* carta 32 a 37 – ☕ 4 – **11 hab** 45/60.
◆ El restaurante es su principal actividad, aunque también posee habitaciones. Reducido bar de espera, seguido de un comedor con buen mobiliario y esmerado servicio de mesa.

CEHEGÍN *30430 Murcia 577 R 24 – 14 383 h alt. 572.*

Madrid 411 – Albacete 157 – Lorca 56 – Murcia 69.

La Muralla sin rest, pl. del Castillo ✆ 968 72 35 28, *hotel@restaurantesol.com, Fax 968 74 35 98* – |‡| ▤ TV. MC VISA. ✻
18 hab ☕ 47,26/63,02.
◆ Establecimiento de sencilla organización con las habitaciones distribuidas en dos edificios, destacando por confort y equipamiento las ubicadas en el principal.

ESPAÑA

CELANOVA *32800 Ourense 571 F 6 – 5 902 h alt. 519.*

Ver : *Monasterio (claustro★★).*
Alred. : *Santa Comba de Bande (iglesia★) Sur : 26 km.*
Madrid 488 – Ourense 26 – Vigo 99.

Betanzos sin rest, Celso Emilio Ferreiro 7 ✆ 988 45 10 36, *Fax 988 45 10 11* – AE VISA JCB.
cerrado 22 diciembre-8 enero – 3 – **33 hab** 24/35.
• Hotel de línea clásica llevado en familia, situado en el centro de la localidad. Cuenta con una pequeña zona social, y habitaciones un tanto anticuadas con baños completos.

por la carretera C 531 *Sureste : 3 km :*

Pazo Hospedería A Fábrica sin rest, ✉ 32817 Sampaio, ✆ 988 43 20 92, *Fax 988 43 20 92*, – VISA.
4,55 – **6 hab** 44/55 – 1 suite.
• Antiguo pazo de elegante interior donde conviven el sabor de antaño y el confort actual. Posee unas cálidas habitaciones con paredes en piedra y baños modernos.

CENAJO *Murcia 577 Q 24.*

Madrid 333 – Albacete 88 – Lorca 102 – Murcia 115.

Cenajo , ✉ 30440 Moratalla, ✆ 968 72 10 11, *info@hotelcenajo.com, Fax 968 72 06 45,* – 25/60. VISA. rest
Comida *(cerrado diciembre)* - sólo buffet - 17,20 – 6,95 – **69 hab** 71/122.
• Descanso, trabajo y ocio se armonizan en este idílico hotel, situado en un bonito paraje junto al embalse. Posee unas acogedoras habitaciones con baños completos.

CENERA *Asturias – ver Mieres.*

CENES DE LA VEGA *18190 Granada 578 U 19 124 M 3 – 2 384 h alt. 741.*

Madrid 439 – Granada 8.

Calderón, carret. de Sierra Nevada 68 ✆ 958 48 69 11, *info@hotelcalderon.com, Fax 958 48 61 95* – VISA. rest
Comida 8 – 4 – **24 hab** 30/45.
• Conjunto de organización familiar situado en la calle principal. Sus reducidas zonas nobles se complementan con unas correctas habitaciones dotadas de mobiliario en forja.

Ruta del Veleta, carret. de Sierra Nevada 136 ✆ 958 48 61 34, *rutadelveleta@granada.net, Fax 958 48 62 93* – AE VISA JCB.
Comida carta aprox. 40.
• Llevado con gran profesionalidad. Su interesante carta, la decoración típica y la ubicación en un lujoso edificio le otorgan el reconocimiento unánime.

CENICERO *26350 La Rioja 573 E 22 – 2 181 h alt. 436.*

Madrid 347 – Burgos 113 – Logroño 20 – Vitoria-Gasteiz 68.

Ciudad de Cenicero, La Majadilla ✆ 941 45 48 88, *info@hotelciudaddecenicero.com, Fax 941 45 48 89* – – 25/300. VISA. rest
Comida 18 – 7 – **38 hab** 85/110.
• Acogedor hotel construido en piedra, ladrillo y madera. Posee un salón social con chimenea y habitaciones luminosas, de gran amplitud, equipadas con mobiliario escogido. Posee un restaurante de aire rústico y una cuidada sala a modo de bodega.

CENLLE *32454 Ourense 571 E 5 – 1 626 h.*

Madrid 518 – Santiago de Compostela 103 – Ourense 22 – Viana do Castelo 134.

en Laias *Sureste : 5 km :*

Laiascaldaria , ✉ 32459 Laias, ✆ 988 28 04 09, *comercial@balneatermal.com, Fax 988 28 04 84,* Servicios terapéuticos, , de agua termal, – – 25/100. AE VISA.
Comida 13,82 – 7,40 – **97 hab** 54,97/73,95 – 1 suite.
• Hotel-balneario de nueva construcción, dotado de habitaciones modernas y espaciosas, con los suelos en parquet y hermosas vistas. Agradable terraza-bar junto al río Miño. Atravesando la cafetería se accede a un restaurante de gran capacidad.

CERCEDILLA *28470 Madrid* 576 J 17 575 J 17 121 F 5 – *3 884 h alt. 1 188.*
Madrid 56 – El Escorial 20 – Segovia 39.

Longinos El Aribel sin rest, Emilio Serrano 41 ✆ 91 852 15 11, *elaribel@yahoo.es, Fax 91 852 15 61* – TV P. AE MC VISA. ✱
☕ 2 – **23 hab** 31/43.
◆ Modesto hostal situado frente a la estación del ferrocarril. Aunque su decoración evidencia el paso del tiempo, sus instalaciones aún resultan recomendables.

CERCS *08698 Barcelona* 574 F 35.
Barcelona 108 – Girona 129 – Lleida/Lérida 162.

en el cruce de las carreteras C 16 y C 26 *Sur : 4 km :*

Estany Clar, carret. C 16 - km 99,4, ✉ 08600 apartado 82 Berga, ✆ 93 822 08 79, *estanyclar@estanyclar.com, Fax 93 821 33 81* – P. AE ◑ MC VISA. ✱
cerrado Navidades y lunes – **Comida** - sólo almuerzo de domingo a jueves - 42 y carta aprox. 46.
Espec. Risotto venere y cigalas, jugo de coral, gongonzola y crujiente de queso. Carrilleras de ibérico con emulsión de manchego. Nuestro helado de gin tonic.
◆ Acogedor restaurante ubicado en una antigua masía. Posee un bar-hall seguido de un agradable comedor a la carta, con los techos abovedados, y una amplia carpa para banquetes.

CERDANYOLA DEL VALLÈS *08290 Barcelona* 574 H 36 122 C 8 – *57 410 h.*
Madrid 606 – Barcelona 15 – Mataró 39.

al Oeste : *3 km :*

Bellaterra, autopista AP 7 - área de Bellaterra, ✉ 08290 Cerdanyola, ✆ 93 692 60 54, *ashoteles@areas.es, Fax 93 580 47 68,* – |♦|, ✱ hab, ▤ TV ✆ ♿ P – 25/200. AE ◑ MC VISA JCB. ✱ rest
Comida 13 – ☕ 8,50 – **114 hab** 87/108 – 1 suite.
◆ Situado en un área de servicio y dotado de una espaciosa zona ajardinada. Sus habitaciones, completamente equipadas, ofrecen un confort a la altura de su categoría. Comedor de línea actual con mobiliario funcional.

CERECEDA *33583 Asturias* 572 B 14.
Madrid 505 – Avilés 79 – Gijón 63 – Oviedo 57 – Ribadesella 35.

La Casa Nueva sin rest, ✆ 985 92 37 37, *sucasanueva@terra.es* ≤ *sierra del Sueve* – P. AE ◑ MC VISA. ✱
☕ 4,50 – **5 hab** 65.
◆ Antigua casa de labranza en un bello entorno natural. Agradable zona social con chimenea y habitaciones de suficiente confort, con mobiliario de época y baños completos.

CERVATOS *39213 Cantabria* 572 D 17.
Ver : *Colegiata★ : decoración escultórica★.*
Madrid 345 – Aguilar de Campóo 23 – Burgos 109 – Santander 75.

CERVELLÓ *08758 Barcelona* 574 H 35 122 B 8 – *5 391 h alt. 122.*
Madrid 608 – Barcelona 25 – Manresa 62 – Tarragona 82.

al Noroeste : *4,5 km :*

Can Rafel , urb. Can Rafel, ✉ 08758, ✆ 93 650 10 05, *crafel@retemail.es, Fax 93 650 10 05,* ≤, , – ▤ rest, TV P – 25. AE ◑ MC VISA
cerrado del 6 al 26 de enero – **Comida** *(cerrado del 15 al 24 de noviembre y martes)* carta aprox. 30 – ☕ 11 – **29 hab** 52/92.
◆ Hotel familiar de ambiente acogedor con amplia zona verde. Sus dependencias, salpicadas con innumerables detalles de buen gusto, le brindan confort y tranquilidad. Comedor de esmerado montaje donde podrá degustar interesantes elaboraciones.

CERVERA *25200 Lleida* 574 G 33 – *6 944 h alt. 548.*
Ver : *Localidad★ – Callejón de las Brujas★★ – Universidad★★ – Basílica de Santa María★.*
Madrid 523 – Barcelona 100 – Lleida/Lérida 63 – Tarragona 84.

ESPAÑA

CERVERA DE PISUERGA *34840 Palencia* 575 D 16 – *2 759 h alt. 900.*
Madrid 348 – Burgos 118 – Palencia 122 – Santander 129.

Pineda, Calvo Sotelo 21 ✆ 979 87 03 90 – TV. MC VISA. ✻
cerrado Navidades - ***Casa Víctor*** *(cerrado domingo noche)* **Comida** carta aprox. 25 – ☕ 5 – **13 hab** 23/40.
◆ Funciona como un perfecto complemento al restaurante. Habitaciones de estilo rústico-actual, con buen mobiliario y baños completos. Destacan algunos detalles decorativos. Sencillo comedor con acceso por el bar público.

en la carretera de Resoba *Noroeste : 2,5 km :*

Parador de Cervera de Pisuerga ⊗, ✉ 34840, ✆ 979 87 00 75, *cervera@parador.es, Fax 979 87 01 05,* ≤ montañas y pantano de Ruesga, – |‡| TV P – 25/200. AE ⓞ MC VISA JCB. ✻
Comida 25 – ☕ 11 – **80 hab** 84/105.
◆ En un magnífico entorno con vistas a las montañas y al pantano de Ruesga. Espaciosas zonas nobles y habitaciones completas, con profusión de madera y mobiliario castellano. Hermosos óleos de bodegones decoran su comedor.

CERVO *27888 Lugo* 571 A 7 – *13 129 h alt. 69.*
Madrid 611 – A Coruña 162 – Lugo 105.

en la carretera C 642 *Noroeste : 5 km :*

O Castelo con hab, ✉ 27888, ✆ 982 59 44 02, *Fax 982 59 44 76* – TV P. AE ⓞ MC VISA. ✻
Comida carta 25 a 32 – ☕ 3 – **22 hab** 48/60.
◆ El restaurante centra la actividad de este negocio familiar, que también ofrece habitaciones. Espacioso comedor de sencillo montaje y un servicio de mesa a la altura.

CEUTA *51000* 742 ⑤ y ⑩ 734 F 15 – *73 208 h – Playa.*
Ver : Monte Hacho★ : Ermita de San Antonio ≤★★.
para Algeciras : Cía. Trasmediterránea, Muelle Cañonero Dato 6 ✉ 51001 ✆ 902 45 46 45 Fax 956 52 22 38 Z.
av. Muelle Cañonero Dato ✉ 51001 ✆ 956 50 14 10 oitceuta@ciceuta.es Fax 956 50 77 46 – **R.A.C.E.** *Beatriz de Silva 12-1º E ✆ 956 51 27 22 Fax 956 51 78 31.*

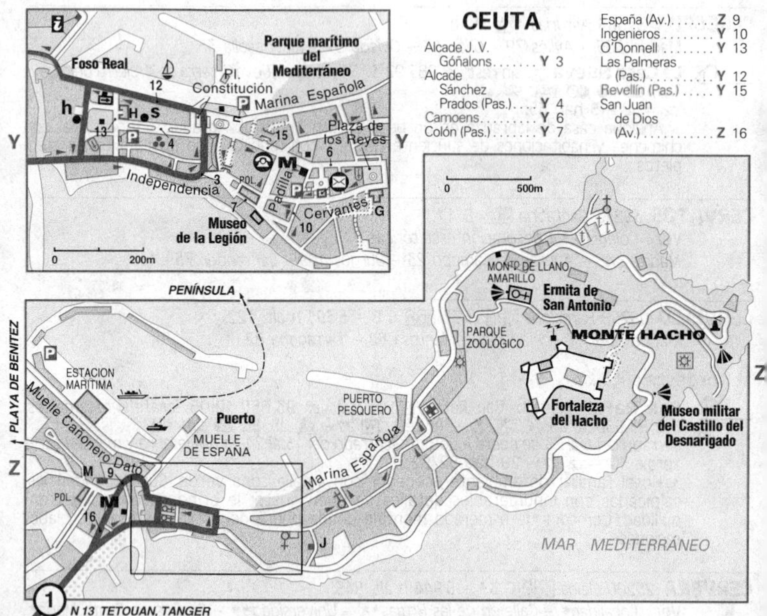

Parador H. La Muralla, pl. Virgen de África 15, ✉ 51001, ☎ 956 51 49 40, *ceuta@parador.es, Fax 956 51 49 47,* ≤, – 25/150. AE VISA JCB. Y h
Comida 24 – 10 – **106 hab** 88/110.
• Atractivo complejo que sitúa las suites en las antiguas salas abovedadas del parque de Artillería, dentro de las Murallas Reales. ¡La belleza y el confort se dan cita ! Gran comedor con abundantes plantas tropicales, bajo una cuidada viguería de madera.

Tryp Ceuta, paseo Alcalde Sánchez Prados 3, ✉ 51001, ☎ 956 51 12 00, *tryp.ceuta@solmelia.com, Fax 956 51 15 01,* – – 25/400. AE VISA. rest Y s
Comida 12,36 – 9,27 – **121 hab** 95/110 – 1 suite.
• Ubicado en pleno corazón de la ciudad. Moderno y luminoso hall acristalado, donde se encuentran los ascensores panorámicos. Habitaciones amplias y de buen equipamiento.

CHANTADA *27500 Lugo 571 E 6 – 9 754 h alt. 483.*

Alred. : *Oseira : Monasterio de Santa María la Real★ (sala capitular★) Suroeste : 15 km.*

Madrid 534 – Lugo 55 – Ourense 42 – Santiago de Compostela 90.

Mogay, Antonio Lorenzana 3 ☎ 982 44 08 47, *Hotelmogay@mogay.com, Fax 982 44 08 47* – – 25/300. AE VISA.
Comida *(cerrado domingo)* 10 – 3 – **29 hab** 30/45.
• Céntrico hotel de línea actual llevado en familia. Las habitaciones, funcionales y con mobiliario escogido, ofrecen un adecuado confort. Correctos salones de banquetes. Dispone de dos comedores, uno para el menú del día y otro, de mejor montaje, para la carta.

por la antigua carretera de Lalín *Oeste : 3 km y desvío a la izquierda 6,5 km :*

Pazo as Casas (es necesario reservar), As Casas, ✉ 27513 As Casas, ☎ 982 17 15 12, *info@pazoascasas.com, Fax 982 44 05 53,* ≤, – . VISA.
Comida - sólo cena, sólo clientes - 14 – 3,50 – **12 hab** 38/52.
• Típico pazo restaurado entre bellos robledales, con horno de piedra, hórreo, cruceiro, capilla y acogedoras habitaciones con mobiliario antiguo. Sirve cenas a sus clientes.

CHAÑE *40216 Segovia 575 H 16 – 715 h alt. 767.*

Madrid 153 – Aranda de Duero 85 – Salamanca 161 – Segovia 58 – Valladolid 57.

La Posada de Carmen , La Iglesia ☎ 921 15 51 34, *laposadadecarmen@yahoo.es, Fax 921 15 55 43* – – 25. VISA.
cerrado 2ª quincena de septiembre – **Comida** *(cerrado domingo noche)* 10 – **7 hab** 45/60.
• Antigua casa rural bien restaurada por la propia familia. Posee una atractiva decoración rústica con nobles vigas de madera y paredes en piedra vista. Adecuado confort.

CHICLANA DE LA FRONTERA *11130 Cádiz 578 W 11 – 46 610 h alt. 17.*

Alred. : *Playa de la Barrosa★★ Suroeste : 7 km.*

18 18 *Novo Sancti Petri, urb. Novo Sancti Petri, Suroeste : 10 km ☎ 956 49 40 05 Fax 956 49 43 50.*

Vega 6 ☎ 956 53 59 69 turismo@chiclanadelafrontera.es Fax 956 53 59 69 y urbanización Novo Sancti Petri, playa de la Barrosa ☎ 956 49 72 34 turismo@ayto-chiclana.es Fax 956 49 72 34 (temp).

Madrid 646 – Algeciras 102 – Arcos de la Frontera 60 – Cádiz 24.

Alborán sin rest con cafetería, pl. de Andalucía 1 ☎ 956 40 39 06, *chiclana@hotelesalboran.com, Fax 956 40 39 06* – – 25/100. AE VISA.
3,01 – **70 hab** 78/98.
• Céntrico y funcional, pone a su disposición unas confortables habitaciones, con camas en forja y baños actuales, decoradas en distintas tonalidades según la planta.

en la urbanización Novo Sancti Petri :

Meliá Sancti Petri , playa de La Barrosa - Suroeste : 11,5 km, ✉ 11139 Novo Sancti Petri, ☎ 956 49 12 00, *melia.sancti.petri@solmelia.com, Fax 956 49 70 53,* ≤, , , , , – – 25/400. AE VISA.
Alhambra *(sólo cena)* **Comida** carta 35 a 48 - ***El Patio*** *(sólo cena buffet)* **Comida** carta aprox. 42 - ***San Marco*** *(sólo almuerzo)* **Comida** carta 31 a 46 – **222 hab** 301,74/318,86 – 3 suites.
• Su bella arquitectura palaciega se ve realzada por la caricia de las olas del mar y por los amplios jardines que lo circundan. Excelentes habitaciones. El elegante restaurante Alhambra es el marco ideal para los paladares más exigentes.

El Jardín con hab, C.C. El Patio - Suroeste : 8,5 km ✆ 956 49 71 19, *el-jardin@el-jardin.com, Fax 956 49 22 03,* – AE VISA.
Comida carta 37 a 41 – **17 hab** 85/107.
◆ Íntegramente familiar, posee unos coquetos comedores con vigas en el techo, columnas de piedra y numerosas plantas. Se complementa con unas cuidadas habitaciones.

CHILCHES o XILXES *12952 Castelló* 577 M 29 – *2086 h alt. 7.*

Madrid 384 – Castelló de la Plana/Castellón de la Plana 19 – València 42.

en la carretera N 340 *Norte : 2 km :*

Simba, ✉ 12952, ✆ 964 58 40 00, *reservas@hotelsimba.com, Fax 964 58 40 09,* – 25/400. AE VISA. rest
Comida 8,90 – 3,75 – **97 hab** 49,25/72,10 – PA 18,60.
◆ Funcional y de línea moderna, posee una amplia zona deportiva. Dispone de habitaciones completas y espaciosas. Interesante museo de caza con animales disecados. Restaurante clásico que cuenta con grandes salones para banquetes y un privado.

CHINCHÓN *28370 Madrid* 576 L 19 575 L 19 121 J 9 – *4270 h alt. 753.*

Ver : *Plaza Mayor* ★★.

pl. Mayor 6 ✆ 91 893 53 23 informacionturistica@ciudad-chinchon.com Fax 91 894 08 87.

Madrid 46 – Aranjuez 26 – Cuenca 131.

Parador de Chinchón, av. Generalísimo 1 ✆ 91 894 08 36, *chinchon@parador.es, Fax 91 894 09 08,* – 25/100. AE VISA JCB.
Comida 27 – 11 – **36 hab** 108/130 – 2 suites.
◆ Convento del s. XVII cuyas dependencias, recreadas con mobiliario escogido y exquisito gusto decorativo, aún conservan el sosiego de su primitivo origen. Cuidado jardín. Su restaurante ofrece una reconfortante cocina con base en los productos del lugar.

Condesa de Chinchón sin rest, av. Generalísimo 26 ✆ 91 893 54 00, *info@condesadechinchon.com, Fax 91 894 10 90* – – 25/50. AE VISA.
7 – **35 hab** 65/105.
◆ De sólida construcción y cuidada fachada en el casco histórico de la villa. Habitaciones clásicas y elegantes, con mobiliario de calidad e hidromasaje en todos los baños.

La Cerca, Cerca 9 ✆ 91 894 13 00, *lacerca@hotel-lacerca.com, Fax 91 893 50 82* – – 25/30. AE VISA JCB.
cerrado 23 diciembre-3 febrero – **Comida** 18 – **24 hab** 60/75.
◆ Antigua casa solariega típica de la localidad. Posee correctas habitaciones en dos estilos, unas de corte castellano y las más actuales con el suelo en tarima flotante. Comedor de aire rústico aprovechando, en parte, el viejo patio.

La Casa Rural sin rest, Sociedad de Cosecheros 5 ✆ 91 894 11 77, *info@hostalcasarural.com, Fax 91 894 11 77* – . VISA.
5 – **17 hab** 35/50.
◆ Hostal familiar cuyas habitaciones, en tonos vivos y con plato ducha en los baños, ofrecen un correcto confort. Agradable patio interior en el que sirven los desayunos.

Café de la Iberia, pl. Mayor 17 ✆ 91 894 09 98, *Fax 91 894 08 94,* – . AE VISA.
Comida carta 25 a 40.
◆ Ubicado en un antiguo café, posee una acogedora sala en un patio con plantas y un precioso balcón que da a la pintoresca plaza. Acreditada cocina.

La Balconada, pl. Mayor ✆ 91 894 13 03, *info@labalconada.com, Fax 91 894 02 07* – . AE VISA.
cerrado miércoles – **Comida** carta 27 a 40.
◆ Dos balcones volcados a la Plaza Mayor le dan su nombre. Agradable establecimiento en un entorno castellano que, pese a unas mesas apretadas, resulta coqueto y entrañable.

La Casa del Pregonero, pl. Mayor 4 ✆ 91 894 06 96, *info@lacasadelpregonero.com, Fax 91 808 09 36* – . VISA.
cerrado martes – **Comida** carta 26 a 38.
◆ Instalado en una casa que perteneció al pregonero de la ciudad. Pequeño bar con patio en la planta baja y tres salas de estilo rústico-actual, con un privado, en el 1er piso.

por la carretera de Titulcia *Oeste : 3 km :*

Nuevo Chinchón , urb. Nuevo Chinchón, ✉ 28370, ✆ 91 894 05 44, *nuevochinchon@teleline.es, Fax 91 893 51 28,* – 25. AE VISA.
Comida 20 – 5,50 – **17 hab** 59/67.
◆ Un hotel confortable y tranquilo, de discreta fachada, que ha renovado parte de sus habitaciones. Cuidadas y equipadas instalaciones en un grato ambiente familiar. Restaurante luminoso y de correcto montaje, con gran experiencia en la celebración de banquetes.

CHIPIONA *11550 Cádiz* 578 V 10 – *14 455 h – Playa.*

Ver : *Playa de Regla★.*

Larga 74 ℘ 956 37 71 50 turismo@chipiona.org Fax 956 37 71 57.

Madrid 614 – Cádiz 54 – Jerez de la Frontera 32 – Sevilla 106.

Brasilia, av. del Faro 12 ℘ 956 37 10 54, *brasilia@interbook.net, Fax 956 37 71 35,* – AE VISA.
15 febrero-15 noviembre – **Comida** - sólo cena, sólo clientes - 18,51 – 6,61 – **44 hab** 70,68/89,34.
◆ Ocupa una casa reconstruida en estilo andaluz, con una sobria ornamentación definida por arcos y luminosos ventanales hacia la piscina. Sencillo comedor privado con menú.

Las Galias sin rest, av. de Sevilla 65 ℘ 956 37 09 10, *Fax 956 37 09 10* – . VISA.
3,50 – **10 hab** 45/65.
◆ Hostal familiar que ocupa una casa de dos plantas. Las habitaciones, con baño completo, resultan confortables. Posee una pequeña terraza delantera y un patio interior.

CHIVA *46370 València* 577 N 27 – *7 562 h alt. 240.*

El Bosque, Sureste : 12 km ℘ 96 180 80 00 Fax 96 180 80 01.

Madrid 318 – València 31.

Pelegrí, Colón 29 ℘ 96 252 03 40, *restpelegri@hotmail.com* – . AE VISA.
cerrado del 15 al 30 de agosto, domingo noche, lunes noche y martes – **Comida** carta aprox. 39.
◆ Ubicado en el centro de la localidad. Su funcionamiento un tanto informal se ve compensado por el buen nivel de su creativa cocina.

en la autovía N III *Este : 9 km :*

Motel La Carreta, salida 334, ✉ 46370, ℘ 96 180 54 00, *reservas@hotel-lacarreta.com, Fax 96 180 51 65,* – – 25/250. AE VISA.
Comida 16,50 – **80 hab** 73/95.
◆ Compuesto por numerosos edificios de estilo regional, con la recepción-bar y el restaurante en el principal. Las sobrias habitaciones resultan confortables pero algo frías. Comedor de aire rústico, especializado en asados.

CHULILLA *46167 València* 577 N 27 – *675 h alt. 400 – Balneario.*

Madrid 306 – Cuenca 170 – Requena 43 – Teruel 131 – València 61.

en Baños de Chulilla *Sureste : 4,5 km :*

Balneario de Chulilla , ✉ 46167 Chulilla, ℘ 96 165 70 13, *balneario@balneariodechulilla.com, Fax 96 165 70 31,* Servicios terapéuticos, , de agua termal – . AE VISA.
marzo-noviembre – **Comida** 12,60 – 6,30 – **85 hab** 45/71,50.
◆ En un paraje arbolado, con amplias zonas nobles, destacando la piscina de agua termal. Habitaciones ideales para el descanso, tras disfrutar de sus servicios terapéuticos.

CHURRIANA *Málaga – ver Málaga.*

CINES *A Coruña – ver Oza dos Ríos.*

CINTRUÉNIGO *31592 Navarra* 573 F 24 – *5 080 h alt. 391.*

Madrid 308 – Pamplona 87 – Soria 82 – Zaragoza 99.

Maher, Ribera 19 ℘ 948 81 11 50, *gestion@hotelmaher.com, Fax 948 81 27 76,* – – 25/300. AE VISA. rest
cerrado 20 diciembre-20 enero – **Comida** *(cerrado domingo noche y lunes)* carta aprox. 37 – **14 hab** 72/90.
◆ Un lugar creado para disfrutar. Descanse en unas habitaciones de excelente confort, equipadas con todo detalle, y magníficos platos ducha en sus aseos. Restaurante de cuidada decoración rústico-regional, que ofrece una interesante y creativa cocina.

Alhama, carret. N 113 - km 91 ℘ 948 81 27 74, *alhama@.ctv.es, Fax 948 81 28 07* – . VISA.
Comida 10,70 – 7,35 – **36 hab** 40,40/60,15.
◆ Hotel a pie de carretera, que sorprende por un funcionamiento y organización superiores a su categoría. Habitaciones sencillas de aspecto funcional con baños actuales. Comedor de línea moderna con un amplio salón para banquetes.

CIUDAD DE LA IMAGEN *Madrid – ver Pozuelo de Alarcón.*

CIUDAD REAL *13000* P 576 P 18 – *61 280 h alt. 635.*

ℹ *Alarcos 21 bajo* ✉ *13001* ☏ *926 20 00 37 infotur@cpe-cr.es Fax 926 20 00 37* – **R.A.C.E.** *General Aguilera 13-2º C* ✉ *13001* ☏ *926 22 92 77 Fax 926 22 92 77.*

Madrid 204 ② – Albacete 212 ② – Badajoz 324 ④ – Córdoba 196 ④ – Jaén 176 ③ – Toledo 121 ①

CIUDAD REAL

Calle	Zona	Nº
Alarcos	Z	
Alcántara	Z	2
Antonio Blázquez	Z	3
Azucena	YZ	5
Bernardo Mulleras	Z	6
Caballeros	YZ	8
Calatrava	YZ	
Camarín	YZ	10
Cañas	YZ	12
Cardenal Monescillo	Z	13
Corazón de María	YZ	15
Cruz	Z	16
Elisa Cendreros	Y	18
General Aguilera	Z	21
General Rey	Z	23
Infantes	Y	24
Inmaculada Concepción	Y	26
Lanza	Z	27
Lirio	YZ	29
Mayor (Pl.)	Z	
Norte	Y	31
Olivo	Z	32
Ramón y Cajal	Z	34
Refugio	YZ	35
Reyes	YZ	37
Rosa	Y	38
Sancho Rey (Camino)	Y	39
Tinte	Z	41
Vásquez	Z	42

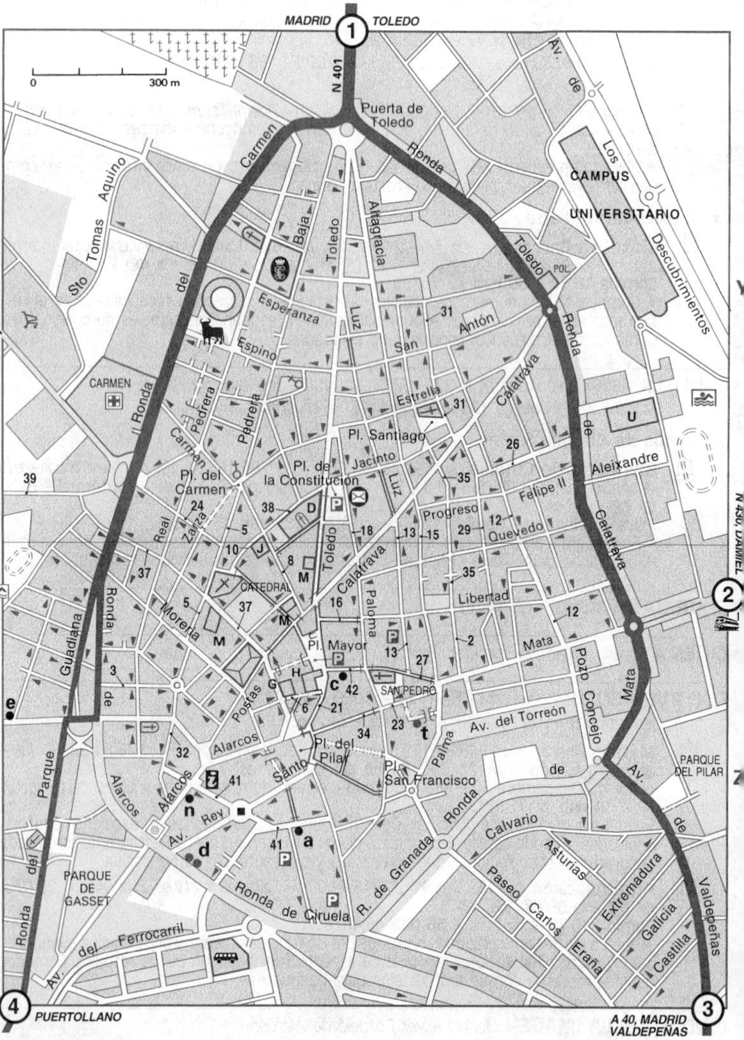

NH Ciudad Real, Alarcos 25, ✉ 13001, ☎ 926 21 70 10, *nhciudadreal@nh-hotels.com, Fax 926 21 71 31* – 25/250. AE VISA Z n
Comida *(cerrado domingo noche)* 15 – 8 – **90 hab** 71,52/79,33.
• Buen exponente del estilo que unifica los hoteles de esta cadena, pensados para el ocio y el negocio. Posee modernas instalaciones de corte clásico y confortables estancias.

Santa Cecilia, Tinte 3, ✉ 13001, ☎ 926 22 85 45, *hotel@santacecilia.com, Fax 926 22 86 18*, – 25/500. AE VISA. Z a
Comida 12,50 – 6,50 – **70 hab** 67,50/80,50.
• Este céntrico hotel dispone de una correcta recepción y habitaciones funcionales, con los suelos en parquet, completo equipamiento y pequeños balcones en la fachada principal. Restaurante de adecuado montaje y grandes salones para la organización de banquetes.

Alfonso X, Carlos Vázquez 8, ✉ 13001, ☎ 926 22 42 81, *reservas.alfonsox@hoteles-silken.com, Fax 926 22 42 64* – 25/90. AE VISA. Z c
Comida 16,50 – 10 – **66 hab** 90/102.
• Hotel de línea moderna cuya reducida zona social se compensa con unas confortables habitaciones, bien equipadas con mobiliario de calidad y terraza a partir de la 4ª planta.

Paraíso, Ronda del Parque 20 (urb. Los Girasoles), ✉ 13002, ☎ 926 21 06 06, *reservas@hotelparaiso.es.telefonica.net, Fax 926 21 06 06*, – 25/700. AE VISA. por ④
***Sándalo* : Comida** carta 22 a 39 – 5 – **40 hab** 60/80 – 3 suites.
• Hotel de línea actual con atractiva zona ajardinada y sencillas habitaciones que resultan acogedoras. Dispone de amplios salones para celebrar banquetes y convenciones. Su restaurante está especializado en carnes rojas al ladrillo.

Navarro, av. Pío XII-18, ✉ 13002, ☎ 926 21 43 77, *Fax 926 21 43 47* – . AE VISA. Z e
Comida *(cerrado domingo noche)* 10 – 3,50 – **30 hab** 29/40.
• Hotel de organización familiar, con sencillas instalaciones que le garantizan buen confort general y agradable ambiente. Completas habitaciones con mobiliario en pino.

Miami Park, Ronda de Ciruela 34, ✉ 13004, ☎ 926 22 20 43, *macias-2@infonegocio.com, Fax 926 27 11 11* – . AE VISA. Z d
cerrado domingo noche – **Comida** carta 27 a 39.
• Elegante comedor distribuido en varios niveles. En su cocina semivista elaboran platos manchegos, tradicionales e internacionales, con un lugar destacado para sus postres.

Gran Mesón, Ronda de Ciruela 34, ✉ 13004, ☎ 926 22 72 39, *r_gran_meson@airtel.net, Fax 926 22 04 35* – . AE VISA. Z d
cerrado domingo noche – **Comida** carta 28 a 32.
• Restaurante de estilo rústico, sin separar de la pequeña barra de espera. A su bien montada mesa, se une una cocina que combina el sabor regional con otro más cosmopolita.

San Huberto, General Rey 8 (pasaje), ✉ 13001, ☎ 926 25 22 54, *Fax 926 25 22 54* – . AE VISA. Z t
cerrado del 1 al 22 de agosto y domingo noche – **Comida** - asados - carta 26 a 34.
• Pequeño restaurante de correcto montaje con un horno de leña, en el que preparan sus sabrosos asados a la vista del cliente. Carta de vinos con predominio de tintos.

CIUDAD RODRIGO *37500 Salamanca 575 K 10 – 14 973 h alt. 650.*

Ver : *Catedral★★ (altar★, portada de la Virgen★, claustro★) – Palacio de los Castro★ – Plaza Mayor★ – Casa de los Cueto★.*

pl. de Amayuelas 5 ☎ 923 46 05 61.

Madrid 294 – Cáceres 160 – Castelo Branco 164 – Plasencia 131 – Salamanca 89.

Parador de Ciudad Rodrigo, pl. del Castillo 1 ☎ 923 46 01 50, *ciudadrodrigo@parador.es, Fax 923 46 04 04*, – 25/50. AE VISA JCB. rest
Comida 24 – 11 – **35 hab** 104/130.
• Castillo feudal del s. XIV cuya torre del homenaje brinda espléndidas vistas. Correcta zona social y elegantes habitaciones con mobiliario sobrio de aire medieval. Restaurante de buen montaje especializado en cocina charra.

La Brasa, av. Salamanca 32 ☎ 923 46 07 93 – . AE VISA JCB.
cerrado noviembre, martes y lunes noche – **Comida** - carnes - carta 20 a 30.
• Dispone de bar público y un sencillo comedor clásico donde las carnes a la brasa toman el protagonismo. El propietario es un sumiller, por lo que cuida mucho su bodega.

CIUTADELLA DE MENORCA o CIUDADELA *Illes Balears – ver Balears (Menorca).*

COCA *40480 Segovia 575 I 16 121 C 2 – 1 995 h alt. 789.*

Ver : *Castillo★★.*

Madrid 137 – Segovia 50 – Valladolid 62.

COCENTAINA *03820 Alacant* 577 P 28 123 F 2 – *10567 h alt. 445.*
Madrid 397 – Alacant/Alicante 63 – València 104.

Odón, av. del País Valencià 145 ☎ 96 559 12 12, *odon@hotelodon.com, Fax 96 559 23 99* – |‡| ▤ TV P – 25/200. VISA.
Comida *(cerrado domingo)* 14,50 – ☕ 5 – **59 hab** 79/108 – PA 28,40.
• Próximo a la montaña alicantina encontramos este hotel, con habitaciones completas y actualizadas, que muestra especial gusto en los detalles. Buenas zonas comunes.

Nou Hostalet sin rest, av. Xàtiva 4 ☎ 96 559 27 03, *mail@nouhostalet.com, Fax 96 650 10 95* – |‡| ▤ TV. VISA
☕ 4,70 – **22 hab** 34,60/63,80.
• Hotel de aspecto general bastante cuidado, con habitaciones funcionales de tonalidades claras y alegres. Pequeña recepción y una cafetería con acceso independiente.

El Laurel, Juan María Carbonell 3 ☎ 96 559 17 38, *Fax 96 559 17 38* – ▤. AE VISA.
cerrado del 7 al 17 de enero, del 10 al 31 de agosto, lunes, martes noche, miércoles noche y jueves noche – **Comida** carta aprox. 29.
• Excelente casa de ladrillo visto, con un interior cuidado en los detalles, decorado en estilo rústico. Ofrece varios rincones que forman reservados de aspecto acogedor.

La Montaña, Partida Els Algars 139 - Sureste : 1 km ☎ 96 559 08 32, *rtelamontaya@terra.es,* – P. AE VISA. – *cerrado 10 días en febrero, 20 días en agosto y martes* – **Comida** - sólo fines de semana de mayo a julio - carta aprox. 32.
• En una sencilla casa de campo, bien acondicionada, con dos pequeños comedores en un estilo alegre y funcional. Carpa anexa para banquetes. Precios contenidos.

San Cristóbal, Estación del Norte 10 - Noroeste : 2 km ☎ 96 650 07 22, *paraje@sancristobal.e.telefonica.net, Fax 96 650 05 92,* ≤ valle y montaña, – ▤ P. VISA.
cerrado enero y lunes – **Comida** - sólo almuerzo en invierno salvo viernes y sábado - carta 26 a 30.
• Serena ubicación con vistas al valle y a la montaña. Local con bar público y terraza, donde la decoración fría se ve compensada por un confort adecuado. Carta tradicional.

por la carretera N 340 *Norte : 1,5 km y desvío a la izquierda 0,5 km en el km 803 :*

L'Escaleta, Pujada Estació del Nord 205, ✉ 03824, ☎ 96 559 21 00, *lescaleta@ctv.es, Fax 96 559 17 45,* – ▤ P. AE VISA JCB.
cerrado del 7 al 28 de enero, Semana Santa, martes noche en invierno, domingo y lunes – **Comida** 56 y carta 42 a 60.
Espec. Espárragos, ostra y mahonesa de azafrán. Ventresca de atún, pimientos del cristal asados e infusión de arroz venere. Hígado de pato, sopa tibia de chufas y naranja.
• Instalado en un chalet clásico y elegante con una agradable terraza en la entrada. Ambiente acogedor, gusto por los detalles y un excelente servicio de mesa.

COFIÑAL *24857 León* 575 C 14.
Madrid 465 – Gijón 109 – León 74 – Oviedo 85.

Tropezón, ☎ 987 73 10 53, *Fax 987 73 12 80* – TV P. VISA.
Comida 9 – ☕ 3 – **10 hab** 28/45.
• Sencillo establecimiento dotado de unas habitaciones que, aunque no resultan demasiado espaciosas, ofrecen un confort muy válido en su categoría. Buen mantenimiento. En su pequeño comedor podrá degustar platos de sabor casero, a precios asequibles.

COFRENTES *46625 València* 577 O 26 – *815 h alt. 437 – Balneario.*
Madrid 316 – Albacete 93 – Alacant/Alicante 141 – València 106.

en la carretera de Casas Ibáñez *Oeste : 4 km :*

Balneario Hervideros de Cofrentes , ✉ 46625, ☎ 96 189 40 25, *reservas@balneario.com, Fax 96 189 40 05,* – |‡| ▤ TV P – 25/100. AE VISA.
cerrado 21 diciembre-23 febrero – **Comida** 12,50 – ☕ 3,50 – **185 hab** 54/70.
• En un parque. Balneario de línea clásica con las habitaciones distribuidas en el edificio principal y en bungalows anexos, todas de correcto confort en su categoría. Sencillo restaurante de inspiración clásica, con los techos altos y un adecuado montaje.

COÍN *29100 Málaga* 578 W 15 124 F 6 – *18255 h alt. 209.*
Madrid 561 – Algeciras 108 – Antequera 81 – Málaga 35 – Marbella 27.

en la carretera de Monda *Suroeste : 3 km :*

Santa Fé con hab, ✉ 29100, ☎ 95 245 29 16, *info@santafe-hotel.com, Fax 95 245 38 43,* , – P. VISA. hab
cerrado 24 enero-7 febrero y del 15 al 30 de noviembre – **Comida** *(cerrado martes)* carta aprox. 28 – **5 hab** ☕ 58/66.
• Casita rústica en pleno campo que dispone de un íntimo comedor con chimenea y una tranquila terraza junto a la piscina. Se complementa con unas correctas habitaciones.

COLERA *17469 Girona* 574 *E 39* 122 *I 2 – 569 h alt. 10 – Playa.*

Alred. : carretera de Portbou★★.

Labrun 34 ✉ 17496 ☎ 972 38 90 50 sm.colera@ddgi.es Fax 972 38 92 83.

Madrid 756 – Banyuls-sur-Mer 22 – Girona/Gerona 67.

en la carretera de Llançà *Sur : 3 km :*

X **Garbet,** ✉ 17469, ☎ 972 38 90 02, *Fax 972 38 91 54,* ≤, – MC VISA
15 marzo-15 octubre – **Comida** carta 32 a 56.
• Llevado en familia, con un bar público en la entrada y un modesto comedor, que en verano se complementa con una agradable terraza.

Es COLL D'EN RABASSA *Illes Balears – ver Balears (Mallorca) : Palma.*

COLLADO MEDIANO *28450 Madrid* 576 *J 17* 575 *J 17* 121 *F 5 – 2 386 h alt. 1 030.*

Madrid 40 – Segovia 51.

X **Martín,** Real 84 ☎ 91 859 85 07, *carmaso@terra.es, Fax 91 855 86 08,* – ▤. AE MC VISA. ✂
cerrado 1ª quincena de octubre y lunes – **Comida** carta aprox. 32.
• Negocio familiar bien consolidado. Local de pequeñas dimensiones cuyo interior alberga un comedor sencillo y acogedor, que goza de un impecable mantenimiento.

COLLADO VILLALBA *28400 Madrid* 576 *K 18* 121 *G 6 – 26 267 h alt. 917.*

Madrid 39 – Ávila 69 – El Escorial 18 – Segovia 50.

en el barrio de la estación *Suroeste : 2 km :*

Santa Bárbara sin rest, Goya 1, ✉ 28400 Collado Villalba, ☎ 91 851 44 09, *Fax 91 851 46 89* – ▤ TV. MC VISA. ✂
☕ 4 – **42 hab** 36/46.
• Hotel sencillo y funcional situado en una callejuela del centro de la localidad. Discretas instalaciones de correcto confort, y cómodas habitaciones de línea actual.

COLLBATÓ *08293 Barcelona* 574 *H 35 – 1 205 h alt. 388.*

Madrid 609 – Barcelona 52 – Lleida/Lérida 146 – Tarragona 102.

Can Missé , Amadeu Vives 9 ☎ 93 777 90 61, *canmisse@infodisc.es, Fax 93 777 90 63* – ▤ rest, TV P. MC VISA. ✂
cerrado 22 diciembre-7 enero – **Comida** - sólo menú - 15 – **11 hab** ☕ 57/78.
• Antigua casa señorial rehabilitada, situada en el centro del pueblo. Dispone de unas habitaciones confortables, dotadas de mobiliario de estilo rústico y baños actuales. El comedor, con vigas de madera y chimenea, recrea un grato marco para degustar su menú.

COLLOTO *Asturias – ver Oviedo.*

COLLSUSPINA *08178 Barcelona* 574 *G 36* 122 *D 6 – 214 h alt. 961.*

Madrid 627 – Barcelona 64 – Manresa 36.

X **Can Xarina,** Major 30 ☎ 93 830 05 77, *info@canxarina.com* – ▤. MC VISA JCB
cerrado 21 junio-5 julio, del 15 al 30 de noviembre, domingo noche y lunes – **Comida** carta 28 a 32.
• Sobria casa del s. XVI con decoración rústica, dotada de un bar de espera a la entrada y dos acogedoras salas, una de ellas en piedra y con los techos abovedados.

COLMENAR *29170 Málaga* 578 *V 17* 124 *H 4 – 3 146 h alt. 694.*

Madrid 476 – Sevilla 192 – Málaga 30.

por la carretera C 340 *Norte : 3 km :*

X **Mesón Casona Los Moriscos,** antigua carret. Málaga-Granada - km 540 ☎ 95 273 05 22, *reservas@axarquia-gastronomia.com, Fax 95 273 05 22,* – P. MC VISA. ✂
cerrado martes – **Comida** carta aprox. 25.
• Antigua casona de ambiente rústico con aperos agrícolas en la decoración. Posee dos comedores en la planta baja y una gran sala en el piso superior, en lo que era el granero.

COLMENAR DEL ARROYO *28213 Madrid 576 K 17 575 K 17 121 E 7 – 570 h alt. 690.*
Madrid 56 – Ávila 80 – Segovia 84 – Talavera de la Reina 87.

El Mesón de Doña Filo, San Juan 3 ✆ 91 865 14 71, *Fax 91 865 14 80* – ▤. AE MC VISA. ✂
cerrado 2ª quincena de junio, 2ª quincena de septiembre, lunes y martes – **Comida** - sólo almuerzo salvo viernes, sábado y vísperas de festivos - 48.
Espec. Arroz caldoso con langostinos, piñones y verduritas. Cochinillo confitado con compota de frutos secos. Tartita de chocolate y vainilla fresca con sorbete de coco.
◆ Un joven matrimonio con arte y oficio dirige este negocio. Escasa amplitud compensada por un impecable servicio de mesa, y una interesante cocina de tintes creativos.

Chicote's, General Franco 1 ✆ 91 865 12 26, – ▤. AE MC VISA. ✂
cerrado del 15 al 30 de septiembre y lunes – **Comida** - sólo almuerzo salvo viernes y sábado de octubre a junio - carta 31 a 44.
◆ Establecimiento familiar que ha actualizado su carta a partir del asesoramiento de un profesional experimentado. Posee dos comedores, destinándose el más pequeño al menú.

COLOMBRES *33590 Asturias 572 B 16 – alt. 110 – Playa.*
Madrid 436 – Gijón 122 – Oviedo 132 – Santander 79.

en la carretera N 634 :

San Ángel, Noroeste : 2 km, ✉ 33590, ✆ 98 541 20 00, *hsanangel@jazzfree.com, Fax 98 541 20 73,* ≤, – ▤ TV P. AE MC VISA. ✂
Semana Santa-diciembre – **Comida** carta 22 a 31 – ☕ 7,80 – **77 hab** 63,65/87,55.
◆ Hotel de línea moderna dotado de una buena zona social y de unas habitaciones espaciosas, funcionales y completamente equipadas. Centra su actividad en los grupos.

Casa Junco, Noroeste : 1,5 km, ✉ 33590, ✆ 98 541 22 43, *casajunco@asturvia.cajastur.es, Fax 98 541 23 55* – TV P. MC VISA. ✂
Comida 9 – ☕ 6 – **24 hab** 21/45.
◆ Sencillo establecimiento familiar que dispone de unas dependencias funcionales. Sus habitaciones, construidas en dos fases, brindan un confort adecuado a su nivel. Comedor de gran aceptación, con un amplio salón para banquetes.

Las COLORADAS *Las Palmas – ver Canarias (Gran Canaria) : Las Palmas de Gran Canaria.*

COLUNGA *33320 Asturias 572 B 14 – 4165 h alt. 21.*
Madrid 489 – Oviedo 63.

Mar del Sueve sin rest, av. del Generalísimo 22 ✆ 985 85 21 11, *info@mardelsueve.com, Fax 985 85 21 60* – TV P. MC VISA. ✂
abril-diciembre – ☕ 5 – **10 hab** 69/90.
◆ Hermosa casa señorial que aún conserva elementos originales como la escalera, las paredes en piedra, la viguería y los suelos en madera. Buen confort y gusto por los detalles.

Sa COMA *Illes Balears – ver Balears (Mallorca).*

La COMA I La PEDRA *25284 Lleida 574 F 34 – 225 h alt. 1004.*
Madrid 610 – Berga 37 – Font Romeu-Odeilo Vía 102 – Lleida/Lérida 151.

Fonts del Cardener, carret. de Tuixén - Norte : 1 km ✆ 973 49 23 77, *Fax 973 49 24 43,* ≤, – ▤ rest, TV P. MC VISA. ✂
cerrado 3 semanas en mayo y noviembre – **Comida** *(cerrado miércoles y jueves salvo festivos, Semana Santa, verano y Navidades)* 16 – ☕ 7,20 – **13 hab** 40/55 – 4 apartamentos.
◆ Establecimiento familiar a pie de carretera, con instalaciones actuales de adecuado mantenimiento. Habitaciones de distinto confort, bien equipadas con baños completos. Restaurante de aire rústico que ofrece una cocina de calidad.

COMA-RUGA *43880 Tarragona 574 I 34 – Playa.*
av. Brisamar 1 ✆ 977 68 00 10 turisme@elvendrell.net Fax 977 68 36 54.
Madrid 567 – Barcelona 81 – Tarragona 24.

G.H. Europe, vía Palfuriana 107 ✆ 977 68 42 00, *ghe@ramblashoteles.com, Fax 977 68 27 70,* ≤, climatizada, – ▤ TV – 25/150. AE MC VISA. ✂
marzo-15 noviembre – **Comida** - sólo buffet 18 – **146 hab** ☕ 145,10/193,40 – 6 suites.
◆ En 1ª línea de playa y con acceso directo a la misma. Posee una espaciosa zona noble, y unas habitaciones de correcta amplitud con diferentes tipos de mobiliario. Comedor con servicio de buffet.

Gallo Negro, Santiago Rusiñol 10 ✆ 977 68 03 05, *hotelgallonegro@telefonica.net, Fax 977 68 07 01,* – AE VISA. rest *abril-octubre* – **Comida** 12 – 5,50 – **44 hab** 67,60/89 – PA 22.
◆ Pequeño hotel de organización familiar y dependencias sencillas, aunque con un buen nivel de mantenimiento. Habitaciones funcionales y bien equipadas.

Joila, av. Generalitat 24 ✆ 977 68 08 27, *joila@joila.com, Fax 977 68 21 49,* – P. AE VISA.
cerrado 24 diciembre-24 enero, domingo noche y lunes – **Comida** carta aprox. 30.
◆ Negocio totalmente renovado que dispone de un moderno comedor, decorado con profusión de madera, y una tienda de productos precocinados.

COMBARRO *36993 Pontevedra* 571 E 3 – *Playa.*
Ver : *Pueblo pesquero★ - Hórreos★.*
Madrid 610 – Pontevedra 6 – Santiago de Compostela 63 – Vigo 29.

Stella Maris sin rest, carret. de La Toja ✆ 986 77 03 66, *Fax 986 77 12 04,* ← – P. AE VISA.
27 hab 44/63,10.
◆ Establecimiento de sencilla organización que, tras la reforma de sus instalaciones, ofrece un adecuado confort. A destacar la cafetería con vistas al mar.

COMILLAS *39520 Cantabria* 572 B 17 – *2 461 h – Playa.*
Ver : *Pueblo pintoresco★.*
Aldea 6 ✆ 942 72 07 68 (temp).
Madrid 412 – Burgos 169 – Oviedo 152 – Santander 43.

Golf Rovacías, urb. Rovacías - Sureste : 2 km ✆ 942 72 04 70, *Fax 942 72 04 71,* ←, – rest, P. AE VISA.
Comida 18 – 9 – **55 hab** 82/105.
◆ Construcción moderna, luminosa y dirigida al ocio de calidad, con una nutrida oferta deportiva y cierta proximidad a las playas. Ofrece habitaciones de confort actual. Restaurante acristalado con vistas al campo de golf.

Comillas, paseo de Solatorre 1 ✆ 942 72 23 00, *hcomillas@ceoecant.es, Fax 942 72 23 39,* – rest, P. AE VISA.
Comida - sólo clientes - 11 – **30 hab** 89/125 – 27 apartamentos.
◆ De planta horizontal y rodeado por una amplia zona ajardinada, con habitaciones de buen confort y apartamentos de correcto equipamiento. Comidas sólo para clientes alojados.

El Tejo de Comillas, paseo de Solatorre 3 ✆ 942 72 04 51, *hoteleltejo@shotenor.com, Fax 942 72 04 31* – rest, P. AE VISA.
Comida - sólo buffet - 12,50 – **24 hab** 85/120.
◆ La recepción y la cafetería se encuentran unidas a la entrada. Dispone de habitaciones espaciosas, con mobiliario clásico de correcta calidad y los suelos en tarima. Su restaurante ofrece un completo buffet.

Josein, Manuel Noriega 27 ✆ 942 72 02 25, *correo@hoteljosein.com, Fax 942 72 09 49,* ← playa y mar – rest, AE VISA. rest
15 marzo-15 octubre – **Comida** 18 – **28 hab** 60/80.
◆ Hotel de organización familiar situado en 1ª línea de playa y con acceso directo a la misma. Ofrece habitaciones actuales, con mobiliario funcional y excelentes vistas al mar. Su bar público disfruta de entrada independiente y cuenta con un correcto comedor.

El Capricho de Gaudí, barrio de Sobrellano ✆ 942 72 03 65, *capricho.gaudi@mundovia.es, Fax 942 72 08 42* – P. AE VISA.
cerrado 15 enero-15 febrero y lunes salvo verano – **Comida** carta aprox. 37.
◆ Espléndido marco en un bello palacete obra del genial arquitecto Gaudí. Hierro, ladrillo y cerámica vidriada se funden en todas sus salas, una de ellas a modo de invernadero.

Gurea, Ignacio Fernández de Castro 11 ✆ 942 72 24 46, *gurea@correolmi.com,* – AE VISA.
cerrado 2ª quincena de enero y lunes salvo verano – **Comida** carta 23 a 28.
◆ Edificio típico de la villa, con una agradable terraza cubierta en temporada. Bar a la entrada y un cálido comedor rústico, donde sorprenden con interesantes elaboraciones.

en Trasvía *Oeste : 2 km :*

Dunas de Oyambre sin rest, barrio La Cotera, ✉ 39528 Trasvía, ✆ 942 72 24 00, *Fax 942 72 24 01,* ← – P. VISA.
4 – **21 hab** 60/70.
◆ Sólida casona de piedra en pleno campo. Sus habitaciones resultan algo sencillas, aunque algunas de ellas, y el mirador, gozan de relajantes vistas a la inmensidad del valle.

por la carretera de Ruiseñada *Sur : 2,5 km y desvío a la derecha 1 km :*

Torre del Milano sin rest, ✉ 39529 Ruiseñada, ☎ 942 72 22 44, *posada@torredelmilano.com, Fax 942 72 21 33,* ≤, – TV P – 25. AE MC VISA
14 hab ☕ 110.
◆ Ubicado en lo alto de una montaña, dando una opción de relax que combina el turismo rural con servicios propios de un balneario. Habitaciones decoradas con muy buen gusto.

CONIL DE LA FRONTERA *11140 Cádiz* 578 X 11 – *15 524 h – Playa.*
Carretera 1 ☎ *956 44 05 01 turismo@conilweb.org Fax 956 44 05 00.*
Madrid 657 – Algeciras 87 – Cádiz 40 – Sevilla 149.

al Noroeste :

Fuerte Conil, playa de la Fontanilla : 1 km ☎ 956 44 33 44, *conil@fuertehoteles.com, Fax 956 44 23 00,* ≤, – TV P – 25/280. AE MC VISA. rest
11 febrero-6 noviembre – **Comida** - cena buffet - 23,50 – **240 hab** ☕ 150/185 – 10 suites.
◆ Magnífico hotel con diseño y decoración de estilo andaluz. El gran confort de sus estancias, junto con las espaciosas zonas nobles, harán las delicias de los huéspedes. Restaurante de aire rústico centrado en el buffet.

Diufain, carret. Fuente del Gallo : 1 km ☎ 956 44 25 51, *hoteldiufain@hotmail.com, Fax 956 44 30 30,* – TV P. VISA.
Comida - sólo clientes - 9,50 – ☕ 3 – **30 hab** 50/75 – 16 apartamentos.
◆ Establecimiento familiar, a modo de cortijo, distribuido en tres edificios, el principal con las habitaciones alrededor de un patio, y los otros dos para apartamentos.

CONSTANTINA *41450 Sevilla* 578 S 13 – *7 519 h alt. 556.*
Madrid 494 – Aracena 121 – Écija 82 – Sevilla 94.

San Blas sin rest, Miraflores 4 ☎ 95 588 00 77, *sanblas.reservas@fp-hoteles.com, Fax 95 588 19 00,* – TV P. AE MC VISA.
☕ 6 – **15 hab** 43/59.
◆ Sencillo hotel de estilo rural, ubicado en el centro del pueblo. Disfruta de unas amplias y luminosas dependencias, con buen mobiliario en forja y unos baños muy correctos.

Casa Grande (es necesario reservar), carret. de Cazalla de la Sierra - Noroeste : 1,5 km ☎ 95 588 16 08, *lplaza@viautil.com, Fax 95 588 16 08,* ≤, – rest, TV P. MC VISA. rest
Comida *(cerrado lunes)* 33 – ☕ 6 – **6 hab** 75/120.
◆ Caserón rehabilitado con gusto y dotado de un agradable jardín. Sus habitaciones cuentan con mobiliario clásico de cierta elegancia y unos cuidados baños de plato ducha. El comedor goza de buenas vistas, siendo necesario reservar para disfrutar de su menú.

CORBERA DE LLOBREGAT *08757 Barcelona* 574 H 35 122 B 8 – *9 573 h alt. 342.*
Madrid 592 – Barcelona 27 – Girona/Gerona 116 – Tarragona 87.

Casa Nostra, Federic Soler Pitarra ☎ 93 650 06 52, *casanostrarest@eresmas.com, Fax 93 650 06 52,* – AE MC VISA.
cerrado del 19 al 30 de septiembre, domingo noche y lunes – **Comida** carta 31 a 49.
◆ Negocio familiar con una barra de apoyo a la entrada y un cuidado comedor clásico. Agradable zona exterior con césped, que funciona como terraza de verano y bar privado.

CORCONTE *39294 Cantabria* 572 C 18 – *alt. 936 – Balneario.*
Madrid 331 – Bilbao 117 – Burgos 94 – Santander 64 – Vitoria-Gasteiz 154.

G.H. Balneario de Corconte, ☎ 947 15 42 81, *Fax 947 15 42 33* ≤, Servicios terapéuticos – TV P. MC VISA.
marzo-diciembre – **Comida** 20 – **67 hab** ☕ 56/70.
◆ Balneario de principios del s. XX junto al embalse del Ebro. Posee una espaciosa área social, sencillas habitaciones con mobiliario austero y servicios terapéuticos completos.

CÓRDOBA

14000 P 578 S 15 - *314 034 h. alt. 124.*

Madrid 407 ② - *Badajoz 278* ① - *Granada 166* ③ - *Málaga 175* ④ - *Sevilla 143* ④.

OFICINAS DE TURISMO

Torrijos 10, ✉ *14003,* ☎ *957 47 12 35, otcordoba@andalucia.org Fax 957 49 17 78.*

INFORMACIONES PRÁCTICAS

18 *Córdoba, Norte : 9 km por av. del Brillante (V)* ☎ *957 35 02 08 Fax 957 33 08 36.*

CURIOSIDADES

Ver : *Mezquita-Catedral★★★ (mihrab★★★, Capilla Real★, silleria★★, púlpitos★★)* BZ - *Judería★★* AZ - *Palacio de Viana★★* BY - *Museo Arqueológico Provincial★★* BZ **M1** - *Alcázar de los Reyes Cristianos★ (mosaicos★, sarcófago romano★, jardines★)* AZ - *Iglesias Fernandinas★ (Santa Marina de Aguas Santas* BY, *San Miguel* BY, *San Lorenzo* V*)* - *Torre de la Calahorra : maqueta★* BZ - *Museo Julio Romero de Torres★* BZ **M3** - *Plaza de los Capuchinos★* BY - *Palacio de la Diputación★* ABY.

Alred. : *Medina Azahara★★ Oeste : 6 km* X - *Las Ermitas : vistas★★ 13 km* V.

NH Amistad Córdoba, pl. de Maimónides 3, ✉ 14004, ☎ 957 42 03 35, *nhamistadcordoba@nh-hotels.com, Fax 957 42 03 65*, – 25/50. AE VISA JCB. rest AZ v
Comida carta aprox. 50 – 15 – **84 hab** 145.
• Edificio de interés histórico junto a la muralla árabe. Posee amplias zonas comunes, un bonito patio mudéjar y habitaciones decoradas con muchos detalles. Atractivo solarium. Restaurante de montaje funcional, con una agradable terraza interior bajo naranjos.

Maciá Alfaros, Alfaros 18, ✉ 14001, ☎ 957 49 19 20, *alfaros@maciahoteles.com, Fax 957 49 22 10*, – – 25/300. AE VISA JCB. BY s
***Los Alarifes* : Comida** carta 25 a 34 – 9 – **131 hab** 115/140 – 2 suites.
• Moderno hotel con arquitectura y diseño de influencias árabes, próximo al Cristo de los Faroles. Espaciosa zona social y coquetas habitaciones con cabeceros de aire regional. Atractivo restaurante con vistas a la piscina.

Hesperia Córdoba sin rest con cafetería, av. Fray Albino 1, ✉ 14009, ☎ 957 42 10 42, *hotel@hesperia-cordoba.com, Fax 957 29 99 97*, ≤, – hab, – 25/255. AE VISA. BZ b
10,50 – **106 hab** 133,75/155,15 – 2 suites.
• De línea actual, junto a la bella torre árabe de La Calahorra. Instalaciones de notable amplitud, con correctas zonas nobles y un agradable patio interior.

AC Córdoba sin rest con cafetería por la noche, av. de la Libertad 10, ✉ 14006, ☎ 957 76 83 80, *accordoba@ac-hotels.com, Fax 957 76 83 81*, ≤, – – 25/60. AE VISA. AY x
10 – **96 hab** 128 – 2 suites.
• Hotel de estética moderna situado junto a la estación del AVE. Sus zonas nobles disfrutan de agradable luz natural y posee amplias habitaciones con un completo equipamiento.

Occidental Gran Capitán sin rest con cafetería, av. de América 5, ✉ 14008, ☎ 957 47 02 50, *grancapitan@oh-es.com, Fax 957 47 46 43* – – 25/300. AE VISA. AY c
11,50 – **95 hab** 103/154 – 1 suite.
• En una zona comercial próxima a la estación del AVE. Disfruta de espaciosas áreas sociales de línea clásica y habitaciones de completo equipamiento, con los baños en mármol.

Tryp Los Gallos sin rest, av. Medina Azahara 7, ✉ 14005, ☎ 957 23 55 00, *tryp.gallos@solmelia.com, Fax 957 23 16 36* – . AE VISA JCB. AY e
8,75 – **115 hab** 75/85.
• Bien situado en la ciudad. Dispone de un acogedor hall-recepción sin separación respecto al salón social, así como habitaciones funcionales con mobiliario clásico-actual.

NH Califa sin rest, Lope de Hoces 14, ✉ 14003, ☎ 957 29 94 00, *nhcalifa@nh-hotels.com, Fax 957 29 57 16* – – 25/70. AE VISA JCB. AYZ b
10 – **65 hab** 121.
• Tranquilo y en pleno casco histórico. Amplia zona social, habitaciones con las características propias de los NH y un hermoso patio decorado al modo tradicional árabe.

Averroes, Campo Madre de Dios 38, ✉ 14002, ☎ 957 43 59 78, *hotelaverroes@hotmail.com, Fax 957 43 59 81*, – – 25/250. AE VISA JCB. rest X c
Comida 9,91 – 6,08 – **79 hab** 55,19/85,75.
• Edificio de línea funcional con habitaciones de correcto confort. En su interior encontramos un típico patio cordobés, con pequeña piscina y restos de una antigua muralla.

Selu sin rest, Eduardo Dato 7, ✉ 14003, ☎ 957 47 65 00, *hotelselu@interbook.net, Fax 957 47 83 76* – . AE VISA JCB AY s
7,50 – **99 hab** 58,50/89.
• En pleno casco viejo. Clásico y de organización profesional, con las zonas nobles a ambos lados de la recepción y unas cuidadas habitaciones que destacan por su amplitud.

Casa de los Azulejos, Fernando Colón 5, ✉ 14002, ☎ 957 47 00 00, *info@casadelosazulejos.com, Fax 957 47 54 96* – . AE VISA. BY a
La Guadalupana *(cocina mexicana, cerrado febrero y lunes)* **Comida** carta aprox. 13 - ***Azulejos*** *(cerrado 9 enero-marzo, 3 julio-agosto, domingo y lunes)* **Comida** carta 18 a 26 – **8 hab** 90/155.
• Casa antigua con encanto, en la que se combinan la estética andaluza y los detalles de aire colonial. Cuidadas habitaciones, baños de colorista diseño y un precioso patio. Restaurante mexicano dotado de acceso independiente, con una sala neorrústica abovedada.

Mezquita sin rest, pl. Santa Catalina 1, ✉ 14003, ☎ 957 47 55 85, *hotelmezquita@wanadoo.es, Fax 957 47 62 19* – . AE VISA JCB. BZ w
3,50 – **21 hab** 36/69.
• Anexo a la Mezquita-Catedral, en una antigua casa señorial de sencilla organización. Recepción comunicada con un patio interior y habitaciones amplias con baños actuales.

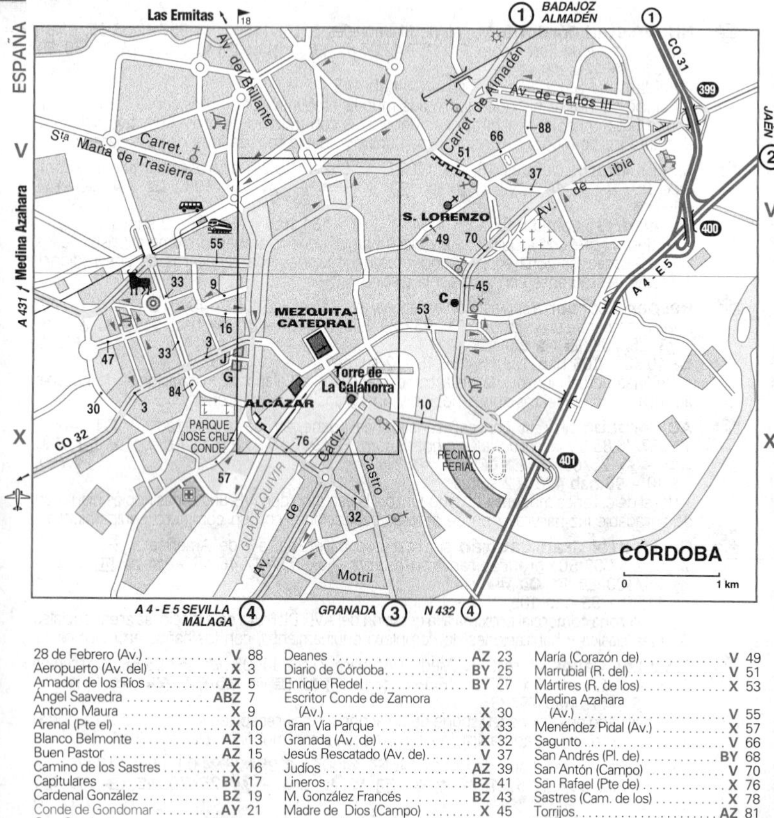

28 de Febrero (Av.) . . . . V 88
Aeropuerto (Av. del) . . . . X 3
Amador de los Ríos . . . . AZ 5
Ángel Saavedra . . . . ABZ 7
Antonio Maura . . . . X 9
Arenal (Pte el) . . . . X 10
Blanco Belmonte . . . . AZ 13
Buen Pastor . . . . AZ 15
Camino de los Sastres . . . . X 16
Capitulares . . . . BY 17
Cardenal González . . . . BZ 19
Conde de Gondomar . . . . AY 21
Cruz Conde . . . . ABY
Deanes . . . . AZ 23
Diario de Córdoba. . . . . BY 25
Enrique Redel . . . . BY 27
Escritor Conde de Zamora (Av.) . . . . X 30
Gran Vía Parque . . . . X 33
Granada (Av. de) . . . . X 32
Jesús Rescatado (Av. de). . . . . V 37
Judíos . . . . AZ 39
Lineros. BZ 41
M. González Francés . . . . BZ 43
Madre de Dios (Campo) . . . . X 45
Manolete (Av. de) . . . . X 47
María (Corazón de) . . . . V 49
Marrubial (R. del). . . . . V 51
Mártires (R. de los) . . . . X 53
Medina Azahara (Av.) . . . . V 55
Menéndez Pidal (Av.) . . . . X 57
Sagunto . . . . V 66
San Andrés (Pl. de). . . . . BY 68
San Antón (Campo) . . . . V 70
San Rafael (Pte de) . . . . X 76
Sastres (Cam. de los) . . . . X 78
Torrijos. . . . . AZ 81
Vista Alegre (Pl. de). . . . . X 84

Serrano sin rest, Pérez Galdós 6, ✉ 14001, ✆ 957 47 01 42, *h.s@cordobaserrano.com, Fax 957 48 65 13* – AY a
2,70 – **64 hab** 34/57,50.
• Íntimo y en buena zona de la ciudad. De eficiente dirección, posee un espacioso salón social y habitaciones confortables, dotadas de correcto mobiliario y equipamiento.

Los Omeyas sin rest, Encarnación 17, ✉ 14003, ✆ 957 49 22 67, *reservas@hotel-losomeyas.com, Fax 957 49 16 59* – BZ t
3,50 – **29 hab** 41/65.
• Hotelito de modesta organización, situado junto a la Mezquita-Catedral. Bello patio andaluz con columnas y suelos en mármol, y amplias habitaciones con mobiliario funcional.

Casa de los Naranjos sin rest, Isabel Losa 8, ✉ 14001, ✆ 957 47 05 87, *casadelosnaranjos@telefonica.net, Fax 957 47 05 87* – BY d
20 hab 50/95.
• Instalado en una casa antigua con dos patios repletos de plantas. Las habitaciones resultan algo reducidas, aunque poseen buen mobiliario en forja y un correcto equipamiento.

Maestre sin rest y sin , Romero Barros 4, ✉ 14003, ✆ 957 47 24 10, *hotelmaestre@hotelmaestre.com, Fax 957 47 53 95* – BZ s
26 hab 32/48 – 7 apartamentos.
• Junto a la plaza del Potro, con museos y posada descrita por Cervantes en El Quijote. Hotelito de confortable línea clásica, distribuido alrededor de una serie de patios.

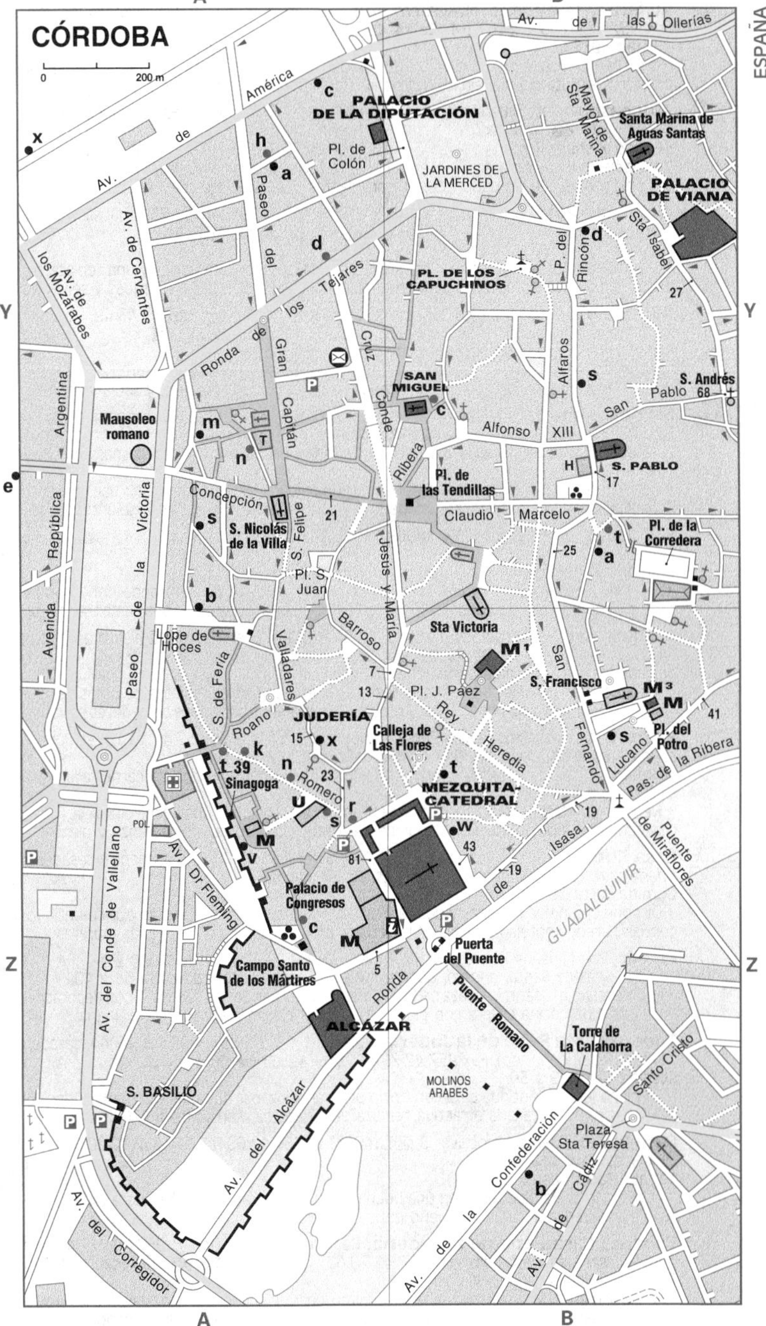
CÓRDOBA
0
200 m
PALACIO DE LA DIPUTACIÓN
Pl. de Colón
JARDINES DE LA MERCED
Av. de América
Av. de Cervantes
Av. de los Mozárabes
Paseo del Gran Capitán
Ronda de los Tejares
Cruz Conde
PL. DE LOS CAPUCHINOS
Mayor de Sta Marina
Santa Marina de Aguas Santas
PALACIO DE VIANA
Sta Isabel
P. del Rincón
Av. de las Ollerías
SAN MIGUEL
Alfonso XIII
Alfaros
San Pablo
S. Andrés
S. PABLO
Mausoleo romano
Argentina
Avenida República
Paseo de la Victoria
Concepción
S. Nicolás de la Villa
S. Felipe
Pl. de las Tendillas
Ribera
Claudio Marcelo
Pl. de la Corredera
Pl. S. Juan
Jesús y María
Barroso
Sta Victoria
Lope de Hoces
Valladares
S. de Feria
Roano
JUDERÍA
Calleja de Las Flores
Pl. J. Páez
Rey Heredia
San Fernando
S. Francisco
Pl. del Potro
Lucano
Pas. de la Ribera
Sinagoga
Romero
MEZQUITA-CATEDRAL
Isasa
Puente de Miraflores
GUADALQUIVIR
Av. del Conde de Vallellano
POL
Av. Dr Fleming
Palacio de Congresos
Campo Santo de los Mártires
Ronda
Puerta del Puente
Puente Romano
ALCÁZAR
MOLINOS ARABES
Torre de La Calahorra
Santo Cristo
S. BASILIO
Av. del Alcázar
Plaza Sta Teresa
Av. de la Confederación
Av. de Cádiz
Av. del Corregidor

Riviera sin rest y sin ☕, pl. Aladreros 5, ✉ 14008, ☎ 957 47 30 00, *riviera@arrakis.es, Fax 957 47 60 18* – |♦| ▤ TV. AE ⓓ MC VISA JCB. ✂ AY m
29 hab 50/68.
◆ De línea clásica y próximo al Mausoleo Romano, en los jardines de la Victoria. Estilo funcional y grata cotidianeidad, con habitaciones sencillas, renovadas y de buen confort.

Albucasis sin rest, Buen Pastor 11, ✉ 14003, ☎ 957 47 86 25, *Fax 957 47 86 25* – |♦| ▤ 🚗. MC VISA JCB. ✂ AZ x
cerrado 7 enero-7 febrero – ☕ 5 – **15 hab** 45/72.
◆ En la hermosa Judería. Ambiente sencillo y familiar por sus pocas habitaciones, de carácter utilitario. Posee un patio interior con plantas y vegetación, al estilo cordobés.

XXX **El Caballo Rojo,** Cardenal Herrero 28, ✉ 14003, ☎ 957 47 53 75, *elcaballorojo@elcaballorojo.com, Fax 957 47 47 42,* 🏖 – |♦| ▤. AE ⓓ MC VISA. ✂ AZ r
Comida carta 35 a 40.
◆ Casa emblemática dotada de una gran cafetería, comedores clásicos y una terraza con vistas en el 2º piso. Cocina regional con especialidades andaluzas, mozárabes y sefardíes.

XXX **Almudaina,** jardines de los Santos Mártires 1, ✉ 14004, ☎ 957 47 43 42, *almudaina@restaurantealmudaina.com, Fax 957 48 34 94* – ▤. AE ⓓ MC VISA. ✂ AZ c
cerrado julio y domingo noche – **Comida** carta 24 a 33.
◆ Acogedor restaurante situado cerca del alcázar. Su señorial interior se realza mediante detalles regionales y dispone de un agradable patio cubierto por una cúpula-vidriera.

XXX **El Choto,** Almanzor 10, ✉ 14003, ☎ 957 76 01 15, *elchoto@asadoresdecordoba.com, Fax 957 47 45 63* – ▤. AE ⓓ MC VISA. ✂ AZ k
cerrado del 15 al 30 de agosto y lunes – **Comida** - espec. en asados y carnes a la brasa - carta 45 a 72.
◆ Casa señorial situada en plena judería, con un cuidado exterior, pequeño bar y hall con cúpula acristalada. Posee tres salas de impecable montaje y elegante ambiente clásico.

XXX **El Blasón,** José Zorrilla 11, ✉ 14008, ☎ 957 48 06 25, *Fax 957 47 47 42* – ▤. AE ⓓ MC VISA JCB. ✂ AY n
Comida carta 31 a 46.
◆ En zona histórica y comercial. Posee un bar con patio cubierto al fondo donde poder tapear y comedores de cuidada decoración en la 1ª planta, ofreciendo una carta tradicional.

XX **El Churrasco,** Romero 16, ✉ 14003, ☎ 957 29 08 19, *elchurrasco@elchurrasco.com, Fax 957 29 40 81* – ▤. AE ⓓ MC VISA JCB AZ n
cerrado agosto – **Comida** carta 30 a 38.
◆ Antiguas casas judías con bar de acceso, salas en dos niveles repletas de obras de arte y un acogedor patio cordobés. Bodega-museo en un anexo, con varios comedores privados.

XX **El Buey y el Fuego,** Benito Pérez Galdós 1, ✉ 14001, ☎ 957 49 10 12, *elbuey@asadoresdecordoba.com, Fax 957 47 45 63* – ▤. AE ⓓ MC VISA. ✂ AY h
cerrado del 1 al 15 de agosto y domingo – **Comida** - espec. en asados y carnes a la brasa - carta 40 a 69.
◆ Negocio que trabaja con productos de gran calidad y goza de una buena clientela. Posee dos comedores de estilo clásico-regional decorados con aperos de labranza y plantas.

XX **Casa Rubio,** Puerta Almodóvar 5, ✉ 14003, ☎ 957 42 08 53, *casapepe@casapepejuderia.com, Fax 957 42 20 63,* 🏖 – ▤. AE ⓓ MC VISA JCB. ✂ AZ t
Comida carta 28 a 35.
◆ Dispone de un bar de tapas y dos salas a la carta decoradas en un estilo clásico-antiguo, con las paredes enteladas. Agradable terraza en la azotea con vistas a las murallas.

XX **Pic-Nic,** Ronda de los Tejares 16, ✉ 14008, ☎ 957 48 22 33 – ▤. AE MC VISA AY d
cerrado Semana Santa, agosto, domingo y lunes noche – **Comida** carta 33 a 40.
◆ Muy cercano a la céntrica plaza de Colón. Íntimo, de organización familiar y con decoración detallista. Una cocina casera con platos de temporada define su oferta culinaria.

X **Taberna Casa Pepe de la Judería,** Romero 1, ✉ 14003, ☎ 957 20 07 44, *casapepe@casapepejuderia.com, Fax 957 42 20 63,* 🏖 – ▤. AE ⓓ MC VISA JCB. ✂ AZ s
Comida carta 29 a 36.
◆ En plena judería. Antigua casa con típico patio andaluz, bar de tapas y comedor principal en el 1er piso. Destaca la atractiva terraza de su azotea, con vistas a la Catedral.

🍷 **Casa Rubio,** Puerta Almodóvar 5, ✉ 14003, ☎ 957 42 08 53, *Fax 957 42 20 63* – ▤. AE ⓓ MC VISA JCB. ✂ AZ t
Tapa 2 **Ración** aprox. 6.
◆ Confortables instalaciones con una buena barra a la entrada y una sala para tapear, con las mesas alrededor de un pequeño patio. Excelente carta de tapas y raciones.

🍷 **Taberna Casa Pepe de la Judería,** Romero 1, ✉ 14003, ☎ 957 20 07 44, *casapepe@casapepejuderia.com, Fax 957 42 20 63* – ▤. AE ⓓ MC VISA JCB. ✂ AZ s
Tapa 2,70 **Ración** aprox. 10,22.
◆ Un clásico en la zona turística, que sirve como lugar de encuentro habitual para la degustación de tapas y raciones de calidad, pudiendo utilizar las mesas del comedor.

Taberna San Miguel-Casa El Pisto, pl. San Miguel 1, ✉ 14002, ☎ 957 47 01 66, *Fax 957 47 01 66* – ▤. AE MC VISA. ✗ BY c
cerrado agosto y domingo – **Tapa** 1,80 **Ración** aprox. 9.
◆ Taberna centenaria con una cuidada decoración regional que goza de gran reputación en la ciudad. Excelentes pinchos y raciones, para acompañar con caldos de Moriles.

Taberna Salinas, Tundidores 3, ✉ 14002, ☎ 957 48 01 35 – ▤. MC VISA. ✗ BY t
cerrado agosto y domingo – **Ración** aprox. 5,50.
◆ Taberna típica junto a la plaza de la Corredera, donde se distribuyen varias salitas con mesas para tapear. Se ofrecen raciones de cocina tradicional y regional a buen precio.

por la av. del Brillante V

Parador de Córdoba ⑤, av. de la Arruzafa - Norte : 3,5 km, ✉ 14012, ☎ 957 27 59 00, *cordoba@parador.es, Fax 957 28 04 09,* ≤, ⛱, ⛱, ✗ – |♦| ▤ TV ♿ P – 🏛 25/500. AE ◑ MC VISA JCB. ✗
Comida 25 – ☕ 11 – **88 hab** 100/125 – 6 suites.
◆ Edificio de sobria arquitectura construido sobre el antiguo palacete de recreo de Abderramán I, con magníficos exteriores ajardinados y unas dependencias de gran confort. El restaurante se complementa con una atractiva terraza-bar dotada de excelentes vistas.

Occidental Córdoba ⑤, Poeta Alonso Bonilla 3 - Norte : 4,5 km, ✉ 14012, ☎ 957 76 74 76, *cordoba@occidental-hoteles.com, Fax 957 40 04 39,* ⛱, ⛱, ⛱, ✗ – |♦| ▤ TV ♿ P – 🏛 25/300. AE ◑ MC VISA. ✗
Los Lanchares *(cerrado domingo)* **Comida** carta 26 a 41 – ☕ 11 – **152 hab** 130/160 – 1 suite.
◆ Construcción actual, con bellos exteriores ajardinados y confortables instalaciones. Las zonas nobles están decoradas con gusto y elegancia, al igual que las habitaciones. Luminoso comedor con grandes ventanales y vistas al jardín.

Las Adelfas ⑤, av. de la Arruzafa - Norte : 3,5 km, ✉ 14012, ☎ 957 27 74 20, *hoteadelfas@terra.es, Fax 957 27 27 94,* ⛱, ⛱, ✗ – |♦| ▤ TV ☎ 🚗 P – 🏛 25/300. AE ◑ MC VISA. ✗
Comida 15 – ☕ 10,52 – **99 hab** 124/137.
◆ Conjunto de línea actual rodeado por grandes espacios ajardinados. Sus habitaciones disponen de moderno mobiliario, con suelos en mármol y detalles de diseño en los baños. Correcto restaurante donde ofrecen una carta de tendencia internacional.

por Santa María de Trassierra V :

Castillo de la Albaida, carret. de Trassierra-Noroeste : 5 km, ✉ 14011, ☎ 957 27 92 69, *albaida@maciahoteles.com, Fax 957 40 03 28,* ≤ ciudad y alrededores, ⛱ – ▤ P. AE ◑ MC VISA. ✗
cerrado domingo noche y lunes – **Comida** carta 32 a 38.
◆ Ubicado en un castillo cuyo privilegiado emplazamiento brinda extraordinarias vistas. Dispone de atractivas terrazas y comedores, cuidando tanto la carta como el banquete.

Chuletero el Rancho Grande, carret. de Trassierra-Noroeste : 3,5 km, ✉ 14011, ☎ 957 27 68 26, *elranchogrande@asadoresdecordoba.com, Fax 957 28 25 20,* ⛱ – ▤ P. AE ◑ MC VISA. ✗
cerrado lunes – **Comida** - espec. en asados y carnes a la brasa - carta 35 a 64.
◆ Dispone de una agradable terraza, bar, un gran salón de aire rústico-campestre con varias chimeneas y cuatro privados. La especialidad son los asados y las carnes a la brasa.

CORESES *49530 Zamora* 575 H 13 – *1331 h alt. 646.*
Madrid 247 – Salamanca 78 – Valladolid 88 – Zamora 15.

Convento I ⑤, carret. de Zamora - Sur : 1,5 km ☎ 980 50 04 22, *Fax 980 50 04 25,* Fō, ⛱ – |♦| ▤ TV P – 🏛 25/90. AE MC VISA. ✗
Comida 18 – **66 hab** ☕ 68,25/98,75 – 7 suites.
◆ Marco deslumbrante en un antiguo seminario. Dese un paseo por el arte en sus magníficas zonas nobles, con una variada decoración que combina estilos según las dependencias. Acogedor comedor con frescos en techos y paredes.

CORIA *10800 Cáceres* 576 M 10 – *11260 h alt. 263.*
Ver : *Catedral★.*
Madrid 321 – Cáceres 69 – Salamanca 174.

CORNELLÀ DE LLOBREGAT *Barcelona – ver Barcelona : Alrededores.*

CORNELLÀ DEL TERRI *17844 Girona* 574 F 38 122 G 4 – *1 785 h alt. 96.*

Madrid 709 – Figueres 41 – Girona/Gerona 15.

Can Xapes, Mossèn Jacint Verdaguer 5 ✆ 972 59 40 22, *Fax 972 59 48 42* – ▤. AE ⓓ MC VISA

cerrado del 1 al 20 de agosto, domingo y lunes – **Comida** carta 25 a 40.

• Céntrico restaurante de organización familiar, dotado de una barra de apoyo en la entrada, y varias salas con mobiliario de buen nivel. Aseos en mármol muy cuidados.

CORNELLANA *33850 Asturias* 572 B 11 – *alt. 50.*

Madrid 473 – Oviedo 39.

La Fuente, carret. N 634 ✆ 98 583 40 42, *Fax 98 583 40 02,* – TV P. AE ⓓ MC VISA.

Comida 9,70 – ☕ 4,80 – **16 hab** 45,04.

• Pequeño hotel de atención familiar y sencilla organización, dotado de unas instalaciones de cálido ambiente que resultan muy confortables. Acogedor restaurante con paredes en piedra y arcos en ladrillo visto.

CORNISA CANTÁBRICA ★★ *Bizkaia y Gipuzkoa* 573 B 22.

CORRALEJO *Las Palmas – ver Canarias (Fuerteventura).*

CORTADURA (Playa de) *Cádiz – ver Cádiz.*

CORTEGANA *21230 Huelva* 578 S 9 – *5 225 h alt. 690.*

Madrid 490 – Aracena 30 – Huelva 114 – Serpa 77 – Sevilla 120 – Zafra 92.

por la carretera de El Repilado a La Corte *Noreste : 9,5 km :*

La Posada de Cortegana ,✉ 21230, ✆ 959 50 33 01, *reservas@posadadecortegana.com, Fax 959 50 33 56,* – ▤ TV ♿ P. MC VISA. rest

Comida 12 – **40 hab** ☕ 70/80.

• Disfrute de la vida del campo, con todas las comodidades de un hotel, en este conjunto rural formado por cabañas de madera. Actividades al aire libre. Pequeño restaurante de buen montaje, situado en el edificio central de la finca.

CORTES DE LA FRONTERA *29380 Málaga* 578 W 13 124 B 6 – *3 740 h alt. 623.*

Madrid 582 – Algeciras 80 – Cádiz 131 – Málaga 119 – Marbella 87 – Ronda 37 – Sevilla 141.

Sol y Sierra , av. Sol y Sierra 1 ✆ 95 215 45 23, *summahotels@futurnet.es, Fax 95 215 45 18,* ← valle y serranía de Ronda, , – ▤ TV P – 60. AE MC VISA.

Comida 26,66 – ☕ 12,95 – **26 hab** 103/130,70.

• Ubicado en una loma, brinda impresionantes vistas de la serranía de Ronda. Posee confortables habitaciones en tonalidades alegres y un acogedor salón social con chimenea. Comedor de correcto montaje en el 1er piso, con mobiliario en madera de aire colonial.

A CORUÑA *15000* P 571 B 4 – *239 434 h – Playa.*

Ver : *Avenida de la Marina*★ ABY – *Domus-Casa del Hombre*★ V.

Alred. : *Cambre (Iglesia de Santa María*★*) 11 km por ②.*

18 *A Coruña, por ② : 7 km ✆ 981 28 52 00 Fax 981 28 03 32.*

✈ *de A Coruña-Alvedro por ② : 10 km ✆ 981 18 73 15 – Iberia : aeropuerto Alvedro ✆ 902 400 500.*

✆ *981 23 82 76 –* **i** *Dársena de la Marina ✉ 15001 ✆ 981 22 18 22 oficina.turismo.coruna@xunta.es Fax 981 22 18 22* – **R.A.C.E.** *Rosalía de Castro 12 (bajo) ✉ 15004 ✆ 981 20 34 17 Fax 981 22 56 58.*

Madrid 603 ② – Bilbao 622 ② – Porto 305 ② – Santiago de Compostela 73 ② – Sevilla 950 ② – Vigo 156 ②

Plano página siguiente

Hesperia Finisterre, paseo del Parrote 2, ✉ 15001, ✆ 981 20 54 00, *hotel@hesperia-finisterre.com, Fax 981 20 84 62,* ←, , climatizada, – ▤ TV ♿ P – 25/500. AE ⓓ MC VISA. BZ c

Ara Solis : **Comida** carta 42 a 49 – ☕ 15 – **52 hab** 169 – 40 suites.

• Espléndido hotel dotado de vistas y de una fachada clásica que contrasta con sus vanguardistas instalaciones, decoradas en un estilo moderno con muchos detalles de diseño. Amplio y luminoso restaurante acristalado donde se ofrece una elaborada cocina de autor.

A CORUÑA

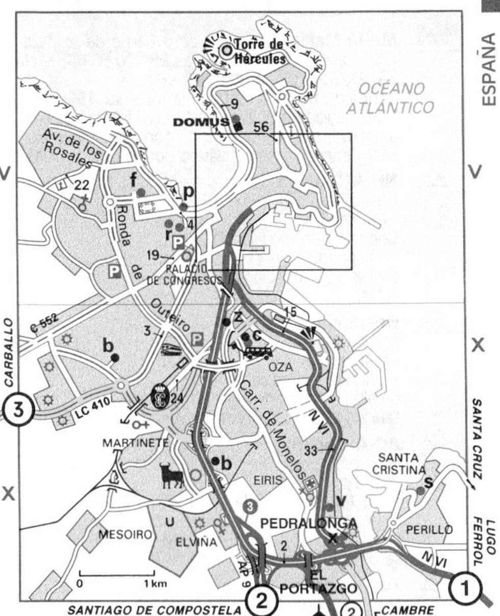

A B

0 300 m

Hospital
Torre
Orillamar
Pl. de España
Corralon
Panaderas
Orzán
PLAYA DEL ORZÁN
Barrie de la Maza
PLAYA DE RIAZOR
Av. D. Pedro
Orzán
Andrés
Galera
Real
Olmos
San
CENTRO
MARINA
AV. DE LA
Jardines
Méndez
Núñez
Puerto
Juan Flórez
Carr. del POL
Pl. de Orense
Av. Linares Rivas
PUERTO
Plazuela de Sta Bárbara
CIUDAD VIEJA
Santiago
Paseo del Jardín de San Carlos
Paseo Marítimo
Parrote
Castillo de San Antón

A B

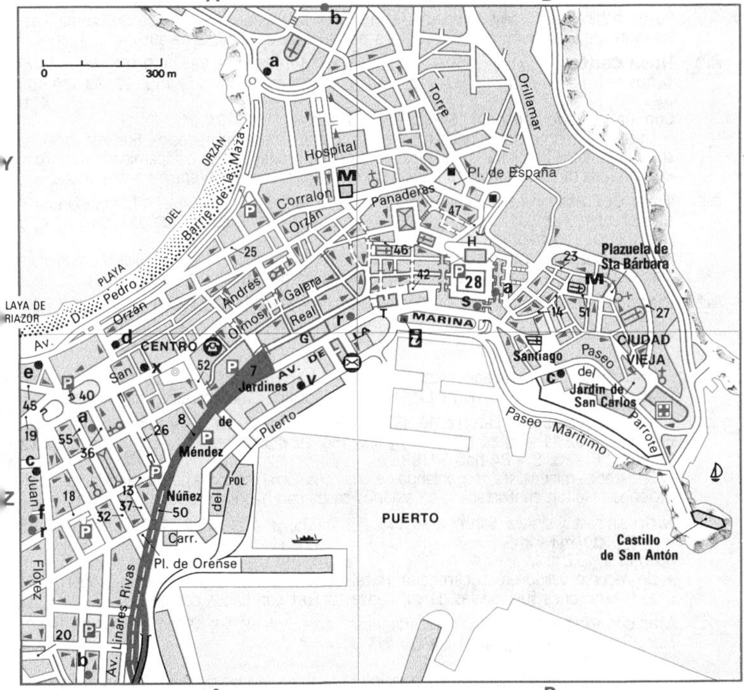

ESPAÑA

Meliá María Pita, av. Pedro Barrié de la Maza 1, ✉ 15003, ☎ 981 20 50 00, *melia.maria.pita@solmelia.com, Fax 981 20 55 65,* ≤ playa, mar y ciudad – |♣| ▤ TV ♿ 🚗 – 🏛 25/350. AE ⓘ MC VISA. ✗ AY a

***Trueiro :* Comida** carta 32 a 44 – ☕ 13 – **174 hab** 155 – 7 suites.

• Privilegiado emplazamiento en 1ª línea de playa. Zonas nobles luminosas y de notable amplitud, al igual que las confortables habitaciones decoradas con mobiliario escogido. Restaurante de estilo clásico donde ofrecen una carta de corte internacional.

NH Atlántico, jardines de Méndez Núñez, ✉ 15006, ☎ 981 22 65 00, *nhatlantico@nh-hotels.com, Fax 981 20 10 71* – |♣| ▤ TV – 🏛 25/150. AE ⓘ MC VISA JCB. ✗ AZ v

Comida *(cerrado sabado, domingo y festivos)* 25 – ☕ 13 – **194 hab** 141/167 – 5 suites.

• Diseñado con el estilo y el confort que definen a la cadena. Suficientes zonas sociales, y habitaciones funcionales dotadas de un correcto equipamiento con baños reducidos.

Hesperia A Coruña, Juan Flórez 16, ✉ 15004, ☎ 981 01 03 00, *hotel@hesperia-acoruna.com, Fax 981 01 03 10* – |♣| ▤ TV ♿ – 🏛 25/170. AE ⓘ MC VISA. ✗ AZ c

Comida 15 – ☕ 10 – **127 hab** 123/143 – PA 38.

• Ubicado en una céntrica calle comercial. Destaca por el confort de sus habitaciones, siete de ellas dotadas de atractiva terraza y todas con una decoración actual minimalista. Restaurante con las paredes revestidas en pizarra y entrada por una cafetería.

AC A Coruña, Enrique Mariñas-Matogrande, ✉ 15009, ☎ 981 17 54 90, *acacoruna@ac-hotels.com, Fax 981 17 54 91,* 🏋 – |♣| ▤ TV 📞 ♿ 🚗 – 🏛 25/250. AE ⓘ MC VISA. ✗ X b

***Casa Paula :* Comida** carta 27 a 39 – ☕ 9 – **117 hab** 94.

• Goza de un salón polivalente característico de la cadena y de unas confortables habitaciones, con el suelo en tarima y los baños de diseño. Buen restaurante donde se ofrece una sugerente carta que combina platos tradicionales y de autor.

Zenit Coruña, Comandante Fontanes 19, ✉ 15003, ☎ 981 21 84 84, *coruña@zenithoteles.com, Fax 981 20 40 40* – |♣| ▤ TV 📞 ♿ 🚗 – 🏛 25/110. AE ⓘ MC VISA. ✗ AZ d

Comida *(cerrado domingo)* 16 – ☕ 9,80 – **70 hab** 100/120.

• Céntrico y de estilo actual. Su acogedor hall integra la recepción, el bar y el salón social. Posee habitaciones muy completas, con mobiliario moderno y el suelo en tarima. Restaurante de línea funcional que destaca por su excelente carta de autor.

Husa Center, Gambrinus 14 - pol. La Grela, ✉ 15008, ☎ 981 16 00 06, *husacenter@husa.es, Fax 981 14 55 00* – |♣| ▤ TV 📞 ♿ 🚗 – 🏛 25/150. AE ⓘ MC VISA JCB. ✗ X b

Comida *(cerrado domingo)* 15 – ☕ 9 – **84 hab** 80/100 – PA 31.

• Situado en un polígono industrial y orientado al cliente de negocios. Sus instalaciones son modernas y funcionales, destacando las habitaciones por su equipamiento y confort. Restaurante de línea actual con dos comedores, diferenciando entre carta y menú.

Tryp Coruña sin rest, Ramón y Cajal 53, ✉ 15006, ☎ 981 24 27 11, *tryp.coruna@solmelia.com, Fax 981 23 67 28* – |♣| ▤ TV – 🏛 25/175. AE ⓘ MC VISA. ✗ X c

☕ 10,50 – **175 hab** 118/144 – 6 suites.

• En una prestigiosa zona comercial. Establecimiento clásico-actual con salas de reuniones bien dispuestas, y unas habitaciones que destacan por su correcto equipamiento.

Riazor sin rest con cafetería, av. Pedro Barrié de la Maza 29, ✉ 15004, ☎ 981 25 34 00, *reservas@riazorhotel.com, Fax 981 25 34 04,* ≤ – |♣| TV 🚗 – 🏛 25/200. AE ⓘ MC VISA. ✗ AZ e

☕ 9 – **174 hab** 92/115.

• Disfrute de una agradable estancia y recréese con el confort que le brindan sus instalaciones, en 1ª línea de playa. Elegante zona social y unas correctas habitaciones.

Plaza, av. Fernández Latorre 45, ✉ 15006, ☎ 981 29 01 11, *info@hotelplaza.info, Fax 981 29 02 11* – |♣| ▤ TV ♿ – 🏛 25/150. AE MC VISA. ✗ X z

Comida 20 – ☕ 8 – **84 hab** 74/88.

• De estética minimalista, disponiendo de una zona social moderna pero reducida. Las habitaciones resultan confortables, en algunos casos con baños de diseño a la vista.

Nido sin rest y sin ☕, San Andrés 146, ✉ 15003, ☎ 981 21 32 01, *Fax 981 21 32 65* – |♣| TV. MC VISA. ✗ AZ x

40 hab 37/52.

• Un recurso válido en su categoría. Hotel de sencilla organización familiar, que posee unas habitaciones funcionales de suficiente confort con baños completos.

Mar del Plata sin rest con cafetería, paseo de Ronda 58, ✉ 15011, ☎ 981 25 79 62, *Fax 981 25 79 99* – TV 🚗. ⓘ MC VISA JCB. ✗ V f

☕ 2,50 – **27 hab** 43.

• Pequeño hotelito de sencilla organización familiar, en 1ª línea de playa. Posee un discreto nivel de confort, con habitaciones funcionales y una cafetería anexa.

XXX **Pardo,** Novoa Santos 15, ✉ 15006, ☎ 981 28 00 21, *casa_pardo@eresmas.com, Fax 981 17 46 78* – ▤. AE ⓓ MC VISA. ✖ X c
cerrado 20 días en marzo y domingo – **Comida** carta 40 a 51.
Espec. Hígado de pato marinado. Medallones de rape fritos en sartén. Copa de mousse de cabra con crema fina de albaricoque.
◆ Bar de espera a la entrada, seguido de un comedor en dos niveles, en una zona comercial de la ciudad. Cocina sólida realizada por la propietaria.

XX **Domus,** Ángel Rebollo (Domus-Casa del Hombre), ✉ 15002, ☎ 981 20 11 36, *casa-pardo@eresmas.com, Fax 981 17 46 78,* ≤ playa, mar y ciudad – ▤. AE ⓓ MC VISA. ✖ V
cerrado febrero y lunes. – **Comida** - sólo almuerzo salvo viernes y sábado - carta 22 a 30.
◆ Combina su moderna decoración con una pared en roca natural, y dota a la sala de magníficas vistas gracias a su lateral acristalado. Cocina tradicional con detalles de autor.

XX **A la Brasa,** Juan Florez 38, ✉ 15004, ☎ 981 27 07 27, *alabrasa@gasthof.es, Fax 981 27 52 83* – ▤. AE ⓓ MC VISA. ✖ AZ f
cerrado 24 diciembre-2 enero – **Comida** carta 29 a 38.
◆ Restaurante de cuidada fachada, en pleno centro. Barra de apoyo en la entrada, y dos salas de correcto montaje donde ofrecen una completa carta de cocina tradicional.

XX **Coral,** callejón de la Estacada 9, ✉ 15001, ☎ 981 20 05 69, *andresgallego20j@hotmail.com, Fax 981 22 91 04* – ▤. AE ⓓ MC VISA JCB. ✖ AY r
cerrado domingo – **Comida** carta 25 a 37.
◆ Próximo a las casas cuyas cristaleras dieron a la villa el apelativo de Ciudad de Cristal. Cálida decoración rústica elegante y una cocina que aúna múltiples sabores.

XX **Playa Club,** Andén de Riazor, ✉ 15011, ☎ 981 25 71 28, *restaurante@playaclub.net, Fax 981 14 85 94,* ≤ playa, mar y ciudad – ▤. AE ⓓ MC VISA. ✖ V p
cerrado 20 días en febrero, domingo noche y lunes – **Comida** carta 30 a 40.
◆ Privilegiada ubicación sobre la playa de Riazor, con unas magníficas vistas. Comedor a la carta con entrada independiente, elegante privado y una atractiva cocina de autor.

XX **Pablo Gallego,** pl. de María Pita 11-bajo, ✉ 15001, ☎ 981 20 88 88, *kahele@terra.es, Fax 981 22 91 04* – ▤. AE ⓓ MC VISA. ✖ BY a
cerrado domingo – **Comida** carta aprox. 32.
◆ Comedor rústico decorado con antigüedades, donde ofrecen un esmerado servicio de mesa. Variada oferta gastronómica basada en platos clásicos con guiños contemporáneos.

XX **El Manjar,** Alfredo Vicenti 29, ✉ 15004, ☎ 981 91 85 91, *Fax 981 23 32 85* – AE ⓓ MC VISA. ✖ V r
cerrado domingo noche – **Comida** carta 29 a 48.
◆ Céntrico local, de carácter íntimo y acogedor, especializado en la cocina local. Confortable sala decorada en estilo años 30, con un correcto servicio de mesa.

XX **Artabria,** Fernando Macías 28, ✉ 15004, ☎ 981 26 96 46, *artabriarest@wanadoo.es* – ▤. AE ⓓ MC VISA. ✖ V r
Comida carta aprox. 30.
◆ Bien situado cerca de la playa de Riazor. Posee un bar privado a la entrada y un comedor de estilo actual, donde sirven una carta muy variada y con detalles de autor.

XX **Alba,** av. del Pasaje 63, ✉ 15006, ☎ 981 28 52 20, *Fax 981 28 33 87,* ≤ bahía y playa de Santa Cristina – ▤ P. AE ⓓ MC VISA. ✖ X v
cerrado Semana Santa, del 15 al 31 de agosto, domingo noche y lunes – **Comida** carta aprox. 24.
◆ Su comedor y terraza acristalados le brindan unas excelentes vistas a la bahía. Carta de sabor local con productos estándar, que destaca por sus precios moderados.

XX **La Penela,** pl. de María Pita 12, ✉ 15001, ☎ 981 20 92 00, *Fax 981 79 65 25* – ▤. AE ⓓ MC VISA. ✖ BY s
cerrado del 10 al 25 de enero y domingo – **Comida** carta 19 a 25.
◆ De línea clásico-actual, en una conocida y céntrica plaza de la ciudad. Barra de apoyo a la entrada, y salas en dos niveles donde degustar platos típicos de la región.

XX **La Viña,** av. del Pasaje 123, ✉ 15006, ☎ 981 28 08 54, *Fax 981 28 93 52* – ▤ P. AE MC VISA. ✖ – *cerrado enero y domingo* – **Comida** carta 24 a 33. X x
◆ En el acceso a la ciudad por la zona de Pedralonga. Llevado en familia, con cuidado expositor de productos en la entrada, y una carta mediana con especialidades de la tierra.

XX **O Alpendre,** Emilia Pardo Bazán 21, ✉ 15005, ☎ 981 23 72 83 – ▤. AE ⓓ MC VISA. ✖ – *cerrado 2ª quincena de julio, domingo en verano, domingo noche y lunes noche resto del año* – **Comida** carta 24 a 30. AZ b
◆ Fachada en piedra e interior con dos ambientes, uno tipo mesón apoyado por una barra y el principal de estilo rústico con detalles castellanos. Especialidades de la zona.

X **Carbonada,** Manuel Murguía 6, ✉ 15011, ☎ 981 27 10 14, *Fax 981 27 10 14* – ▤. AE ⓓ MC VISA. ✖ V f
cerrado 15 junio-10 julio y martes – **Comida** carta aprox. 25.
◆ Frente al estadio de Riazor y con el matrimonio propietario al frente del negocio. Comedor clásico con detalles rústicos en piedra, donde ofrecen una cocina internacional.

ESPAÑA

Adega o Bebedeiro, Ángel Rebollo 34, ✉ 15002, ☎ 981 21 06 09 – AE ⓓ ⓜⓒ VISA. ✻ AY b
cerrado 2ª quincena de junio, 2ª quincena de diciembre, domingo noche y lunes – **Comida** carta 18 a 24.
◆ Goza de gran éxito gracias a su carta, variada y a precios asequibles. Comedor rústico con profusión de piedra, y una bonita decoración a base de aperos y objetos antiguos.

Mundo, Cabo Santiago Gómez 8, ✉ 15004, ☎ 981 14 08 84 – ▤. ⓜⓒ VISA. ✻ AZ r
cerrado 7 días agosto y domingo – **Comida** carta aprox. 26.
◆ Negocio de atenta organización familiar. Comedor de grata decoración clásica y adecuado servicio de mesa, donde sirven una cocina casera honesta y a buen precio.

Prada a Tope, Payo Gómez 9, ✉ 15004, ☎ 981 22 61 08, *pradaatopecoru@mixmail.com, Fax 981 91 33 45* – AE ⓓ ⓜⓒ VISA AZ a
Ración - productos de El Bierzo - aprox. 7.
◆ Simpática decoración neorrústica al estilo de la cadena, a base de maderas y piedra, con expositor y venta de productos de El Bierzo. Basa su oferta culinaria en las raciones.

en la Playa de Santa Cristina *Sureste : 6 km :*

El Madrileño, av. de las Américas 17, ✉ 15172 Perillo, ☎ 981 63 85 17, *elmadrileño@terra.com, Fax 981 63 50 78,* ←, ☂ – ▤ 🚗. AE ⓓ ⓜⓒ VISA. ✻ X s
cerrado domingo noche salvo verano – **Comida** carta 25 a 36.
◆ Negocio familiar en funcionamiento desde 1935, con terraza sobre la playa, bar a la entrada, un comedor de estilo clásico en el 1er piso y dos privados en la 2ª planta.

COSGAYA *39539 Cantabria* 572 *C 15 – 86 h alt. 530.*
Madrid 413 – Palencia 187 – Santander 129.

Del Oso ⛰, ☎ *942 73 30 18, hoteldeloso@mundivia.es, Fax 942 73 30 36,* ⛱, ✂ – |‡| TV P – 🏛 25. ⓜⓒ VISA. ✻
cerrado 10 enero-15 febrero – **Comida** 16 – ☕ 6 – **51 hab** 53/66.
◆ Precioso hotel de línea tradicional con dos edificios en piedra. Sus acogedoras habitaciones de aire rústico lo conforman como un lugar idóneo para hacer un alto en el camino. El restaurante es muy conocido en la zona gracias a su cocido lebaniego.

COSLADA *28820 Madrid* 576 L 20 575 L 20 121 I 7 – *73 844 h alt. 621.*
Madrid 17 – Guadalajara 43.

NH Villa de Coslada, av. de la Constitución 75 ☎ 91 674 88 00, *nhcoslada@nh-hotels.com, Fax 91 672 88 65* – |‡| ▤ TV 🚗 – 🏛 25/400. AE ⓓ ⓜⓒ VISA JCB. ✻
Comida *(cerrado agosto, sábado y domingo)* 15,75 – ☕ 11,80 – **78 hab** 145.
◆ Con el estilo y confort de la cadena NH. Su proximidad al aeropuerto de Barajas, y su moderno equipamiento lo convierten en todo un referente para el cliente de negocios.

La Ciaboga, av. del Plantío 5 ☎ 91 673 59 18, *Fax 91 669 49 47* – ▤. AE ⓓ ⓜⓒ VISA. ✻
cerrado del 1 al 21 de agosto y domingo – **Comida** carta 28 a 48.
◆ Su chef propietario regenta el negocio con gran criterio profesional. Cuidado servicio de mesa en un entorno de línea actual, realzado con un mobiliario de calidad.

en el barrio de la estación *Noreste : 4,5 km :*

La Fragata, av. San Pablo 14, ✉ 28820 Coslada, ☎ 91 673 38 02 – ▤. AE ⓓ ⓜⓒ VISA. ✻
cerrado 21 días en agosto, domingo y miércoles noche – **Comida** carta 27 a 38.
◆ Negocio muy conocido por sus excelentes guisos. Posee un bar a la entrada con expositor de pescados y mariscos, seguido de un sencillo comedor en estilo clásico-regional.

COSTA – *ver a continuación y el nombre propio de la costa.*

COSTA DE LOS PINOS *Illes Balears – ver Balears (Mallorca) : Son Servera.*

La COSTA DEL MONTSENY *08470 Barcelona* 574 G 37 122 E 6.
Madrid 639 – Barcelona 54 – Girona/Gerona 65 – Vic 62.

De la Costa, ☎ 93 847 52 51 ← sierra del Montseny – ⓜⓒ VISA. ✻
cerrado del 1 al 24 de septiembre y jueves salvo festivos – **Comida** carta aprox. 30.
◆ Al atractivo emplazamiento se unen sus sabrosos platos de tradición catalana, a base de embutidos, potajes y carnes. Instalaciones de nivel adecuado.

COSTA TEGUISE *Las Palmas – ver Canarias (Lanzarote).*

COVADONGA 33589 Asturias 572 C 14 – alt. 260.

Ver : *Emplazamiento*★★ – *Museo (corona*★*).*

Alred. : *Mirador de la Reina* ⩽★★ *Sureste : 8 km – Lagos de Enol y de la Ercina*★ *Sureste : 12,5 km.*

explanada de la Basílica ☎ 98 584 60 35 Fax 985 84 60 43.

Madrid 429 – Oviedo 84 – Palencia 203 – Santander 157.

en la carretera AS 262 :

Auseva sin rest, El Repelao - Noroeste : 1,5 km, ✉ 33589, ☎ 98 584 60 23, *auseva @inicia.es, Fax 98 584 61 07* – TV. AE ⓓ ⓜⓒ VISA. ✻
15 marzo-3 noviembre – ☕ 5,50 – **12 hab** 46/65,50.
◆ Pequeño hotel de sencilla organización, dotado de unas funcionales habitaciones con mobiliario en pino y baños actuales, destacando las dos abuhardilladas del 3er piso.

Casa Asprón sin rest, Noroeste : 0,5 km, ✉ 33589, ☎ 98 584 60 92, *disfruta@cas asprон.com, Fax 98 584 60 92* – TV. ⓜⓒ VISA. ✻
8 hab ☕ 60.
◆ Antigua casa de piedra recientemente restaurada, que dispone de unas dependencias de correcto confort. Sus acogedoras habitaciones están decoradas en distintos estilos.

COVALEDA 42157 Soria 575 G 21 – 2 079 h alt. 1 214.

Madrid 233 – Burgos 96 – Soria 50.

Pinares de Urbión, Numancia 4 ☎ 975 37 05 33, *Fax 975 37 05 33*, Fø, ▭ – |♦|, ▤ rest, TV – 🏠 25/100. AE ⓓ ⓜⓒ VISA. ✻
cerrado 16 diciembre-febrero – **Comida** 12 – ☕ 4,50 – **56 hab** 39,05/63,10.
◆ Hotel de impecable fachada en el centro de la localidad. Goza de unas instalaciones que destacan por su mobiliario y decoración, así como por las confortables habitaciones.

COVARRUBIAS 09346 Burgos 575 F 19 – 629 h alt. 840.

Ver : *Colegiata*★ - *Museo (tríptico*★*).*

Excurs. : *Quintanilla de las Viñas : Iglesia*★ *Noreste : 24 km.*

Monseñor Vargas ☎ 947 40 64 61 aytorachel@touristinfo.net Fax 947 40 64 61 (temp).

Madrid 228 – Burgos 39 – Palencia 94 – Soria 117.

Arlanza ⚘, pl. Mayor 11 ☎ 947 40 64 41, *hotel@hotelarlanza.com, Fax 947 40 05 02* – |♦| TV. AE ⓓ ⓜⓒ VISA. ✻ rest
marzo-15 diciembre – **Comida** *(cerrado domingo noche y martes)* 12 – ☕ 4,20 – **40 hab** 36/62.
◆ Edificio de corte castellano con entrada por un soportal. Cómodas instalaciones de aire rústico, y sobrias habitaciones, algunas abuhardilladas, con baños actuales. En uno de sus comedores los fines de semana se realizan cenas medievales.

Doña Sancha ⚘ sin rest, av. Victor Barbadillo 31 - carret. C 110 ☎ 947 40 64 00, *info@hoteldonasancha.com, Fax 947 40 05 04*, ⩽ – TV P. ✻
cerrado del 16 al 23 de diciembre – ☕ 3,50 – **14 hab** 36/45.
◆ Hotelito construido según los esquemas de la arquitectura tradicional. Posee una zona social neorrústica y coloristas habitaciones, ocho abuhardilladas y tres con terraza.

De Galo, Monseñor Vargas 10 ☎ 947 40 63 93, *Fax 947 40 64 14* – ▤. AE ⓜⓒ VISA. ✻
cerrado Navidades, febrero, y miércoles – **Comida** - sólo almuerzo de lunes a jueves del 15 noviembre-15 marzo - carta 17 a 27.
◆ Acogedor restaurante de estilo rústico instalado en una antigua posada. Hall con una bella cocina serrana, y un comedor de correcto montaje en lo que fueron las cuadras.

COVAS 27868 Lugo 571 B 7.

Madrid 604 – A Coruña 117 – Lugo 90 – Viveiro 2.

Las Sirenas, carret. C 642 - Norte : 1 km ☎ 982 56 02 00, *Fax 982 55 12 67* – TV P. AE ⓜⓒ VISA. ✻
Comida 12 – ☕ 8 – **30 hab** 70/98 – 62 apartamentos.
◆ Hotel clásico-actual llevado en familia, dotado de suficientes zonas nobles y unas habitaciones de discreto equipamiento. Completa su oferta con unos apartamentos anexos.

Dolusa sin rest, Suasbarras 14 ☎ 982 56 08 66, *lrioscastro@hotmail.com, Fax 982 55 06 55* – |♦| TV 🚗. ⓜⓒ VISA. ✻
☕ 2,50 – **15 hab** 30/45.
◆ Céntrico hotelito de modesta organización familiar, dotado de habitaciones funcionales de suficiente confort y baños algo reducidos. Salón social y recepción en el 1er piso.

COVELO *36872 Pontevedra 571 F 4 – 3 711 h alt. 490.*
Madrid 555 – Ourense 62 – Pontevedra 47 – Vigo 49.

en Fofe *Norte : 8 km :*

Rectoral de Fofe, Aldea de Arriba 13, ✉ 36873 Fofe, ✆ 986 66 87 50, *fofe@free.recynet.com, Fax 986 66 87 37,* < valle y montaña, , – TV P. AE ⓓ MC VISA JCB. rest
Comida - es necesario reservar - 13,50 – ☕ 5 – **7 hab** 42/72.
• Instalado en una antigua casa rectoral en plena naturaleza. La acertada decoración neorrústica crea una grata sensación de confort en habitaciones y áreas comunes.

CRECENTE *36493 Pontevedra 571 F 5 – 3 859 h alt. 240.*
Madrid 551 – Ourense 58 – Pontevedra 85 – Vigo 60.

en Vilar *Noroeste : 5 km :*

Palacio do Barreiro, Serra 6, ✉ 36420 Vilar, ✆ 986 66 64 79, *troncoso@teleline.es, Fax 986 66 65 46,* , – TV P.
Comida - es necesario reservar, sólo clientes - 24 – ☕ 5 – **7 hab** 72/90 – 1 suite.
• Hermoso pazo gallego con su propia capilla y unas camelias centenarias de gran valor botánico. Salón social con chimenea, comedor privado, lagar y unas coquetas habitaciones.

Los CRISTIANOS *Santa Cruz de Tenerife – ver Canarias (Tenerife).*

El CRUCERO *Asturias – ver Tineo.*

CRUZ DE TEJEDA *Las Palmas – ver Canarias (Gran Canaria).*

CUACOS DE YUSTE *10430 Cáceres 576 L 12 – 930 h alt. 520.*
Madrid 223 – Ávila 153 – Cáceres 130 – Plasencia 45.

Moregón, av. de la Constitución 77 ✆ 927 17 21 81, *moregon@moregon.com, Fax 927 17 22 68* – TV. AE MC VISA.
Comida 8,68 – ☕ 3 – **16 hab** 30/48.
• Pequeño negocio familiar muy cercano al histórico monasterio de Yuste. Bar-recepción y coquetas habitaciones, reducidas en dimensiones aunque con baños aceptables. Restaurante neorrústico de gran pulcritud, con mobiliario en madera de pino.

CUBAS *39793 Cantabria 572 B 18.*
Madrid 478 – Santander 27 – Bilbao 86.

Posada Río Cubas sin rest, Horna 12 - Sureste : 1,5 km ✆ 942 50 82 41, *informacion@posadariocubas.com, Fax 942 34 77 98* – TV P. AE MC VISA.
cerrado 15 diciembre-febrero – ☕ 4,30 – **12 hab** 50/63.
• Casa que cuida mucho su atmósfera de tranquilidad y gusto por los detalles, rodeada por un pequeño prado y con habitaciones de cálido confort, tres de ellas abuhardilladas.

CUDILLERO *33150 Asturias 572 B 11 – 6 538 h.*
Ver : *Muelle : <★.*
Alred. : *Ermita del Espíritu Santo (<★) Este : 7 km – Cabo Vidio★★ (<★★) Noroeste : 14 km.*
Madrid 505 – Oviedo 57 – Luarca 53.

Casona de la Paca sin rest, El Pito - Sureste : 1 km ✆ 98 559 13 03, *hotel@casonadelapaca.com, Fax 98 559 13 16,* – TV P. ⓓ MC VISA.
cerrado 10 diciembre-enero – ☕ 6,30 – **19 hab** 70/83 – 10 apartamentos.
• Instalado en una casona de indianos cuyas dependencias mantienen el ambiente de antaño. Destaca su elegante sala de reuniones y seis habitaciones con simpáticos miradores.

La Casona de Pío, Riofrío 3 ✆ 98 559 15 12, *casonadepio@arrakis.es, Fax 98 559 15 19* – TV. ⓓ MC VISA.
cerrado 7 enero-7 febrero – **Comida** 19 – ☕ 6 – **11 hab** 59,60/74.
• Céntrico y con encanto, ocupa una antigua fábrica de salazones. Sus atractivas y cuidadas instalaciones combinan el estilo de antaño con el confort más actual. Comedor neorrústico con las paredes en piedra y el techo en madera.

El Pescador con hab, El Pito-Tolombreo de Arriba - Sureste : 1,5 km ✆ 98 559 09 37, *Fax 98 559 08 87,* <, – TV P. MC VISA.
cerrado 23 diciembre-5 enero – **Comida** - espec. en pescados - carta aprox. 36 – ☕ 6 – **8 hab** 42/72.
• Afamado en la zona por la excelente calidad de sus pescados. Pequeño bar, salas de correcto montaje con grandes arcos en ladrillo visto, y magníficas habitaciones.

al Oeste : *5 km* :

Mariño con hab, Concha de Artedo, ✉ 33155 Concha de Artedo, ☎ 98 559 11 88, *hotelrestaurante@concha-artedo.com, Fax 98 559 01 86,* ≤ playa y campo – TV P. AE ① MC VISA. ✻
Comida *(cerrado domingo noche y lunes)* carta 32 a 44 – ☕ 4,20 – **12 hab** 30/54.
◆ Situado en la ladera de un monte, brinda espléndidas vistas sobre la playa y el campo. En su mesa podrá disfrutar de una carta especializada en platos de sabor marinero.

CUÉLLAR *40200 Segovia* 575 I 16 – *9 071 h alt. 857.*

Madrid 147 – Aranda de Duero 67 – Salamanca 138 – Segovia 60 – Valladolid 50.

San Francisco, av. Camilo José Cela 2 ☎ 921 14 20 67, *hmsanfrancisco@infonegocio.com, Fax 921 14 32 43,* – |♦|, ▤ rest, TV. AE ① MC VISA. ✻
Comida 9 – ☕ 1,50 – **29 hab** 31,94/53,24.
◆ Muy básico y sencillo, pero con todo lo imprescindible para su descanso y bienestar. Zona noble con antigüedades, y unas habitaciones discretas de línea clásica. En su comedor espacioso y bien cuidado, podrá degustar una cocina especializada en asados.

en la carretera CL 601 *Sur : 3,5 km* :

Florida con hab, ✉ 40200, ☎ 921 14 02 75, *navalcanto@terra.es, Fax 921 14 06 76,* – ▤ TV P. AE ① MC VISA. ✻
cerrado 15 días en noviembre – **Comida** *(cerrado lunes salvo festivos)* carta 24 a 33 – ☕ 3 – **10 hab** 38/54.
◆ Un establecimiento que, además del restaurante, posee un elegante salón de banquetes, con entrada independiente. Carta internacional y un esmerado servicio.

CUENCA *16000* P 576 L 23 – *46 491 h alt. 923.*

Ver : *Emplazamiento★★ – Ciudad Antigua★★ Y : Catedral★ (portada de la sala capitular★ Rejas★, Museo Diocesano★ : díptico bizantino★* **M1)** *– Casas Colgadas★ ≤★ : Museo de Arte Abstracto Español★★ - Museo de Cuenca★* **M2** *– Plaza de las Angustias★* Y *– Puente de San Pablo ≤★* Y.

Alred. : *Hoz del Huécar : ≤★* Y *– Las Torcas★ 20 km por ① – Ciudad Encantada★ Noroeste : 25 km* Y.

Villar de Olalla por ② : 10,5 km ☎ 969 26 71 98 Fax 969 26 71 65.

pl. Mayor 1 ✉ 16001 ☎ 969 23 21 19 ofi.turismo@aytocuenca.org Fax 969 23 53 56 – **R.A.C.E.** *Teniente González 2 ✉ 16002 ☎ 969 21 14 95 Fax 969 21 14 95.*

Madrid 164 ③ – Albacete 145 ① – Toledo 185 ③ – València 209 ① – Zaragoza 336 ①

Plano página siguiente

Parador de Cuenca , paseo del Huécar, ✉ 16001, ☎ 969 23 23 20, *cuenca@parador.es, Fax 969 23 25 34,* ≤, , – |♦| ▤ TV P – 25/150. AE ① MC VISA. ✻ Y f
Comida 27 – ☕ 11 – **61 hab** 104/130 – 2 suites.
◆ En un convento del s. XVI junto a la hoz del Huécar y con vistas a las Casas Colgadas. Claustro acristalado y habitaciones de confort actual con detalles antiguos. Comedor de techo alto artesonado con un precioso mural de azulejos.

NH Ciudad de Cuenca, Ronda de San José 1, ✉ 16004, ☎ 969 23 05 02, *nhciudaddecuenca@nh-hotels.com, Fax 969 23 05 03* – |♦| ▤ TV ♿ P – 25/200 por ①
73 hab – 1 suite.
◆ Hotel dotado con toda la modernidad, confort y estilo de la cadena. Las habitaciones, completas y de excelente equipamiento, reciben las atenciones de un amable personal.

Torremangana, San Ignacio de Loyola 9, ✉ 16002, ☎ 969 24 08 33, *info@hoteltorremangana.com, Fax 969 24 08 32* – |♦| ▤ TV – 25/500. AE ① MC VISA. ✻ rest Y u
***La Cocina* : Comida** carta 27 a 31 – ☕ 8,80 – **118 hab** 82,10/104 – 2 suites.
◆ Gran hotel de línea clásica. Atractiva entrada con terrazas y variadas zonas nobles. Todas las habitaciones poseen buen confort, siendo 30 de ellas de un nivel superior. Su restaurante tiene mucha aceptación en la ciudad.

AC Cuenca sin rest con cafetería por la noche, av. Juan Carlos I, ✉ 16004, ☎ 969 24 15 50, *accuenca@ac-hotels.com, Fax 969 24 15 51,* – |♦| ▤ TV – 25/60. AE ① MC VISA. ✻ por ①
☕ 9 – **81 hab** 90.
◆ Se encuentra en una zona industrial, orientándose al cliente de trabajo. Posee un interior funcional propio de cadena, correcta zona social con biblioteca y baños de diseño.

CUENCA

0 — 200 m

Alfonso VIII	Y	2
Alonso de Ojeda	Y	5
Andrés de Cabrera	Y	8
Angustias (Bajada a las)	Y	12
Angustias (Pl. de las)	Y	15
Astrana Marín	Z	16
Cardenal Gil de Albornoz	Z	17
Carmen (Pl. del)	Y	20
Carretería	YZ	
Cervantes	Z	23
Colegio San José	Y	25
Constitución (Pl. de la)	Y	27
Fray luis de León	Y	30
Hispanidad (Pl. de la)	Z	33
Hurtado de Mendoza	Z	35
José Cobo	Z	38
Júcar (Ronda del)	Y	40
Julián Romero (Ronda de)	Y	43
Mayor (Pl.)	Y	44
Obispo Valero	Y	45
Padre L. Hervás y Panduro	Z	48
Parque San Julián (Travesía)	Z	50
Pósito	Y	55
Puerta de Valencia	YZ	58
Reyes Católicos (Av. de los)	Z	63
San Nicolás (Pl.)	Y	65
San Pablo (Puente de)	Y	68
Trabuco	Y	71
Trinidad (Pl.)	Y	74
Virgen de la Luz (Av.)	Y	80

Leonor de Aquitania, San Pedro 60, ✉ 16001, ☎ 969 23 10 00, *reservas@hotelleonordeaquitania.com, Fax 969 23 10 04,* ← – ▮ TV ☏. AE ⓓ ⓜ VISA. ✂ rest — Y z

Horno de las Campanas *(cerrado enero, domingo noche y martes)* **Comida** carta 22 a 28 – ☕ 8,50 – **49 hab** 77/101.

◆ Antigua casa en la zona vieja con modernas instalaciones. Escoja las habitaciones que miran a la ciudad medieval, o bien, las de la última planta con el techo en madera. Restaurante de aire rústico con las paredes en piedra, especializado en platos regionales.

Alfonso VIII, parque San Julián 3, ✉ 16002, ☎ 969 21 25 12, *Fax 969 23 29 16* – ▮ ▤ TV – 🏛 60/350. AE ⓜ VISA. ✂ rest — Z c

Comida 13,82 – ☕ 5,41 – **44 hab** 59,50/91,35 – 4 suites, 6 apartamentos.

◆ Fachada clásica y organización profesional. Pequeña recepción junto a su gran cafetería pública, y correctas habitaciones que se han ido actualizando poco a poco. Su moderno restaurante brinda bellísimas vistas de la ciudad antigua.

Francabel sin rest, av. Castilla-La Mancha 7, ✉ 16003, ☎ 969 22 62 22, *Fax 969 22 62 22* – TV. VISA JCB. Z b
4 – **30 hab** 37/50.
• Cuenta con una reducida recepción y un cuidado salón social en la 1ª planta. Sus habitaciones son sencillamente correctas, aunque algo oscuras y desfasadas en decoración.

Posada de San José sin rest, Julián Romero 4, ✉ 16001, ☎ 969 21 13 00, *info@posadasanjose.com, Fax 969 23 03 65*, ≤ Hoz del Huécar – AE VISA JCB Y e
7 – **29 hab** 47/75.
• Hotel con encanto en un edificio del s. XVII. Hermosos rincones, mobiliario y lencería tradicional en sus aposentos de época, la mayoría con terrazas a la hoz del Huécar.

Cánovas sin rest y sin, Fray Luis de León 38, ✉ 16001, ☎ 969 21 39 73, *Fax 969 21 39 73* – TV. AE VISA. Y h
17 hab 40/55.
• Céntrico hostal totalmente reformado, en una zona muy comercial. Recepción en el 1er piso, pequeño salón social y confortables habitaciones con suelo en madera.

Cortés sin rest, Ramón y Cajal 45, ✉ 16004, ☎ 969 22 04 00, *hostalcortes@hostalcortes.com, Fax 969 22 04 06* – TV. VISA. Z m
2 – **44 hab** 30/45.
• Posee una decoración de estilo castellano algo desfasada, sobre todo en la recepción. Habitaciones de un nivel superior, con suelo en parquet y mobiliario clásico.

Arévalo sin rest y sin, Ramón y Cajal 25, ✉ 16001, ☎ 969 22 39 79, *Fax 969 22 39 79* – TV. Z d
35 hab 29,95/44,95.
• Hotel de organización familiar dotado de un gran hall-recepción. Las habitaciones resultan un poco funcionales, con mobiliario provenzal y baños algo anticuados.

Avenida sin rest, Carretería 25-3º, ✉ 16002, ☎ 969 21 43 43, *Fax 969 21 23 35* – TV. AE VISA Z v
3 – **32 hab** 28/45.
• En una de las calles más comerciales de la ciudad. Su recepción se encuentra en la 3ª planta de un edificio de viviendas, con salón social y habitaciones de gran sencillez.

Posada Huécar sin rest y sin, paseo del Huécar 3, ✉ 16001, ☎ 969 21 42 01, *huecar@posadahuecar.com, Fax 969 21 42 01* – TV. AE VISA. Y w
22 hab 24/45.
• Funcional e íntimo en dimensiones, aunque resulta muy acogedor en todas sus dependencias. Apacible terraza-jardín y habitaciones completas, con mobiliario rústico.

Figón de Pedro, Cervantes 13, ✉ 16004, ☎ 969 22 45 11, *Fax 969 22 45 11* – TV. AE VISA. Z e
Comida - ver rest. ***Figón de Pedro*** – **28 hab** 27,64/46,28.
• Casa algo desfasada en instalaciones, pero con habitaciones de completo equipamiento y suficiente confort. Pequeña recepción y un amplio salón social en la 1ª planta.

Castilla sin rest y sin, Diego Jiménez 4-1º, ✉ 16004, ☎ 969 22 53 57, *hcastilla.3064@cajarural.com* – TV. AE VISA. Z a
15 hab 33,50/45.
• Pequeño hostal de organización familiar que ha sido renovado en sus habitaciones, adquiriendo el confort necesario para su categoría. Corrección y funcionalidad.

Mesón Casas Colgadas, Canónigos, ✉ 16001, ☎ 969 22 35 09, *info@mesoncasascolgadas.com, Fax 969 23 11 92*, ≤ Hoz del Huécar – AE VISA. Y x
cerrado lunes noche y martes salvo festivos – **Comida** carta aprox. 35.
• En el interior de una de las Casas Colgadas con espléndidas vistas a la hoz del Huécar. Buen bar y comedor con excelente servicio de mesa, para una carta clásica.

Casa Marlo, Colón 41, ✉ 16002, ☎ 969 21 11 73, *Fax 969 21 38 60* – AE VISA. Z r
cerrado domingo noche – **Comida** carta aprox. 34.
• Acogedor restaurante de esmerado montaje y cuidado estilo regional, cuya mesa propone una interesante cocina. Seria organización familiar.

Figón de Pedro - *Hotel Figón de Pedro*, Cervantes 13, ✉ 16004, ☎ 969 22 68 21, *info@figondepedro.com, Fax 969 23 11 92* – AE VISA. Z e
cerrado domingo noche y lunes salvo festivos – **Comida** carta 29 a 35.
• Establecimiento con nombre y prestigio en la zona. Ofrece una carta tradicional de cocina manchega, que puede disfrutar en su bar de apoyo o en el comedor castellano.

Asador de Antonio, av. Castilla-La Mancha 3, ✉ 16003, ☎ 969 22 20 10 – AE VISA. Z u
cerrado del 1 al 20 de julio, domingo noche y lunes – **Comida** carta 17 a 24.
• Llevado con entusiasmo por su joven chef-propietario. Comedor clásico-regional de cuidado montaje, y una carta de buen nivel, donde destacan los asados en horno de leña.

ESPAÑA

Rincón de Paco, Hurtado de Mendoza 3, ✉ 16002, ✆ 969 21 34 18 – ▤. AE ⓓ MC VISA. ✗ – *cerrado 22 julio-3 agosto* – **Comida** carta 23 a 28. Z n
◆ Negocio serio con fachada de pizarra y un bar público anexo. Su sala, de correcto montaje, sirve la cocina tradicional de toda la vida a una clientela asidua de negocios.

La Ponderosa, San Francisco 20, ✉ 16002, ✆ 969 21 32 14 – ▤. ✗ Z k
cerrado julio y domingo – **Ración** aprox. 10.
◆ ¡Su fama le precede! Sencillas instalaciones para un local de tapas y raciones, siempre lleno, que trabaja con productos de primerísima calidad.

La Ración, Colón 39, ✉ 16002, ✆ 969 22 59 92, *Fax 969 21 38 60* – ▤. AE ⓓ MC VISA. ✗ – *cerrado domingo noche* – **Tapa** 3,31 **Ración** aprox. 8. Z r
◆ Situado junto al restaurante Casa Marlo, que es de la misma propiedad y toda una garantía. Excelente variedad de raciones, tapas y canapés a unos precios moderados.

por la carretera de Palomera Y *al Noreste : 6 km y desvío a la izquierda por carretera de Buenache 1,2 km :*

Cueva del Fraile ⛰, ✉ 16001, ✆ 969 21 15 71, *reservas@hotelcuevadelfraile.com, Fax 969 25 60 47,* ⛱, ✗ – TV P – 25/200. AE ⓓ MC VISA. ✗ rest
cerrado enero – **Comida** 19 – ☕ 8,50 – **75 hab** 77/101 – 1 suite – PA 39.
◆ En un edificio del s. XVI con atractivos exteriores ajardinados. Posee una amplísima carpa climatizada y espaciosas instalaciones de gran confort y estilo castellano. Restaurante con columnas en ladrillo visto que ofrece una cocina regional.

La CUETA 24141 *León* 575 C 11.

Madrid 428 – Oviedo 105.

El Rincón de Babia ⛰, barrio de Quejo ✆ 987 48 82 92, *elrincondebabia@hotmail.com, Fax 987 48 82 92* – P. ⓓ MC VISA. ✗
Comida - sólo clientes - 13 – **10 hab** ☕ 52 – 1 apartamento.
◆ Antigua casona restaurada, con habitaciones personalizadas, algunas dúplex, y acogedor salón social con chimenea. Comidas sólo para los clientes alojados.

CUEVA – *ver el nombre propio de la cueva.*

CUEVA DE ÁGREDA 42107 *Soria* 575 G 24 – *98 h.*

Madrid 259 – Pamplona 147 – Logroño 134 – Soria 55 – Zaragoza 133.

El Vallejuelo ⛰, Punta del Lugar ✆ 976 64 60 50, *elvallejuelo@terra.es* – P. AE ⓓ MC VISA JCB. ✗ *rest*
Comida *(cerrado lunes)* 10,85 – ☕ 4 – **5 hab** 63,10.
◆ Edificio de nueva construcción en estilo regional. Las habitaciones gozan de un cuidado confort, con los techos y los suelo en madera. Acogedor salón social con chimenea.

Las CUEVAS DE CAÑART 44562 *Teruel* 578 J 28.

Madrid 367 – Zaragoza 160 – Teruel 136 – Castelló de la Plana/Castellón de la Plana 159.

Don Iñigo de Aragón ⛰, pl. Mayor 9 ✆ 978 88 74 86, *info@doninigodearagon.com, Fax 978 88 76 12,* ⛱ – ⇕ TV ♿ P. AE VISA. ✗
Comida carta 19 a 24 – ☕ 6 – **20 apartamentos** 64/92.
◆ Amplias instalaciones de estilo rústico en una casona señorial del s. XVIII. Destaca la variedad de sus estancias, en tonos suaves y con vigas de madera en los techos. Comedor de correcto montaje con las paredes en piedra vista.

CULLERA 46400 *València* 577 O 29 – *19 984 h – Playa.*

ℹ *del Riu 38 ✆ 96 172 09 74 touristinfo.cullera@turistinfo.net Fax 96 173 80 62 y pl. Constitución ✆ 96 173 15 86 touristinfo.cullerap@turisme.m400.gva.es Fax 96 173 15 86.*
Madrid 388 – Alacant/Alicante 136 – València 38.

Santamarta, av. del Racó 52 ✆ 96 173 80 29, *santamarta-hotel@santamarta-hotel.com, Fax 96 173 29 95,* ⛱ – ⇕ ▤ TV 🚗 – 25/300. AE ⓓ MC VISA. ✗
cerrado 8 diciembre-16 enero – **Comida** 19 – ☕ 8 – **200 hab** 86,50/108,50.
◆ Hotel de línea moderna, con dependencias amplias y decoración sobria. Lo más llamativo es el excelente equipamiento de sus habitaciones y la zona de conferencias. Comedor de gran capacidad con servicio de buffet o menú, según temporada.

en el Estany de Cullera *Sureste : 5 km :*

Casa Salvador, ✉ 46400 Cullera, ✆ 96 172 01 36, *Fax 96 173 22 48,* ≤, ⛱ – ▤ P. AE ⓓ MC VISA JCB. ✗
Comida - espec. en arroces - carta aprox. 36.
◆ Inmejorable situación en una edificación inspirada en las barracas valencianas, con terraza sobre el Estany y bellas vistas. Completa carta especializada en arroces.

El CUMIAL *Ourense - ver Ourense.*

CUNIT *43881 Tarragona 574 I 34 - 2427 h - Playa.*
Madrid 580 - Barcelona 58 - Tarragona 37.

XX **L'Avi Pau,** av. Barcelona 160 ☎ 977 67 48 61, *avipau@avipau.com, Fax 977 67 48 61* - AE VISA.
cerrado martes salvo octubre-abril - **Comida** - sólo almuerzo salvo mayo-noviembre y fines de semana - carta 30 a 41.
• Emplazado en un edificio de planta circular con zona ajardinada, posee un servicio de mesa de calidad donde degustar una interesante cocina de mercado.

XX **La Cuina de l'Andreu,** av. Barcelona 9 ☎ 977 67 23 44, *reservas@lacuinadelandreu.com, Fax 977 67 23 44,* - VISA.
cerrado del 10 al 27 de enero y martes salvo julio y agosto - **Comida** - sólo almuerzo, salvo julio y agosto, viernes y sábado - carta 32 a 49.
• Se encuentra en una antigua masía, con un agradable comedor de aire neorrústico y una terraza bajo los pinos de la entrada. Carta de autor con un buen apartado de carpaccios.

CUZCURRITA DE RÍO TIRÓN *26214 La Rioja 573 E 21 - 473 h alt. 519.*
Madrid 321 - Burgos 78 - Logroño 54 - Vitoria-Gasteiz 58.

X **El Botero** con hab, San Sebastián 85 ☎ 941 30 15 00, *Fax 941 30 15 34* - rest, TV P VISA.
Comida carta 22 a 29 - 3,75 - **19 hab** 28,50/37,50.
• Casa familiar con un bar típico de pueblo y dos comedores de aire castellano, donde sirven una carta de corte regional. Cuidadas habitaciones complementan el negocio.

DAIMÚS *46710 València 577 P 29 - 1922 h alt. 6.*
Madrid 414 - València 73 - Alacant/Alicante 110.

en la playa *Noreste : 1,5 km :*

X **Manolo,** paseo Marítimo ☎ 96 281 85 68, *restaurantemanolo@restaurantemanolo.com, Fax 96 280 21 18,* - AE VISA
Comida - sólo almuerzo de noviembre a mayo salvo fines de semana - carta 23 a 37.
• Un buen lugar para disfrutar de la cocina tradicional con vistas al mar, pues se sitúa en pleno paseo marítimo. Posee un bar público a la entrada y un comedor de corte actual.

DARNIUS *17722 Girona 574 E 38 122 G 2 - 506 h alt. 193.*
Madrid 759 - Girona/Gerona 56.

Darnius, carret. de Maçanet ☎ 972 53 51 17, *Fax 972 53 51 17* - P VISA
cerrado enero-marzo - **Comida** *(cerrado jueves)* 10 - 3,50 - **10 hab** 35.
• Establecimiento de larga trayectoria familiar, cuyas habitaciones, austeras en decoración y con plato ducha en los baños, resultan de suficiente confort.

Can Massot sin rest, carret. Maçanet 17 ☎ 972 53 51 93, *canmassot@hcangles.com* - P VISA.
6 hab 39/57.
• Casa señorial del s. XVIII con estancias rústicas de suma sencillez, aunque todas las habitaciones poseen baño y bonito mobiliario restaurado. Salón social con chimenea.

DAROCA *50360 Zaragoza 574 I 25 - 2630 h alt. 797.*
Ver : Murallas★ - Colegiata de Santa María (retablos★, capilla de los Corporales★, Museo Parroquial★).
Madrid 269 - Soria 135 - Teruel 96 - Zaragoza 85.

Posada del Almudí, Grajera 7 ☎ 976 80 06 06, *posadadealmudi@teleline.es, Fax 976 80 11 41* - rest, TV - 25/30. VISA.
Comida 9 - **13 hab** 42/55.
• Casa-palacio de los ss. XV y XVI que conserva los techos abuhardillados en madera. La decoración de sus habitaciones resulta modesta, aunque muy acogedora y hogareña.

DAROCA DE RIOJA *26373 La Rioja 573 E 22 - 61 h alt. 726.*
Madrid 346 - Burgos 108 - Logroño 20 - Vitoria-Gasteiz 90.

XX **Venta Moncalvillo,** carret. de Medrano 6 ☎ 941 44 48 32, *venta@moncalvillo.com, Fax 941 44 48 34* - P AE VISA.
cerrado 15 días en Navidades, 2ª quincena de agosto y lunes - **Comida** - sólo almuerzo salvo viernes, sábado y vísperas de festivo - carta aprox. 30.
• Casa de estilo rústico llevada con ilusión por dos hermanos. Posee dos comedores y un salón privado de gran confort, donde sirven una carta con detalles y cierto atractivo.

DEBA *20820 Gipuzkoa* 573 C 22 – *5 000 h – Playa.*

Alred. : *Carretera en cornisa★ de Deva a Lequeitio ≤★.*

Madrid 459 – Bilbao 66 – Donostia-San Sebastián 41.

Urgain, Arenal 5 ☎ 943 19 11 01, *urdain@euskalnet.net, Fax 943 19 14 73* – ▤. AE ⓓ ⓜ VISA

cerrado 10 días en noviembre y martes noche salvo verano – **Comida** carta 35 a 46.

• En la avenida principal de este pequeño pueblo costero. Bar con mesas a la entrada y dos reducidos comedores de correcto montaje, poseyendo uno de ellos acceso independiente.

DEHESA DE CAMPOAMOR *03189 Alacant* 577 S 27 123 D 7 – *Playa.*

Real Club de Golf Campoamor, Norte : 6,5 km ☎ 96 532 04 10 Fax 96 532 05 06.

Madrid 458 – Alacant/Alicante 60 – Cartagena 46 – Murcia 63.

Montepiedra , Saavedra Fajardo 1 ☎ 96 532 03 00, *reservas@hotelmontepiedra .com, Fax 96 532 06 34*, , , – ▤ TV P – 25/150. AE ⓜ VISA.

Comida 18 – 6 – **64 hab** 76/107,10.

• Confortable hotel con habitaciones tipo bungalow, equipadas con mobiliario clásico y baños completos, distribuidas alrededor de la cuidada piscina. El magnífico entorno paisajístico, con el mar al fondo, convierten a su restaurante en un marco de gran belleza.

Casa Alfonso, Garcilaso de la Vega ☎ 96 532 27 17, *Fax 96 532 27 17*, – ▤. ⓜ VISA.

cerrado 20 diciembre-15 enero, lunes, martes y miércoles mediodía (julio-agosto) y lunes resto del año – **Comida** carta aprox. 39.

• Un restaurante montado con elegancia y buen gusto, emplazado en una hermosa villa. Carta mediterránea y excelente servicio de mesa. Terraza-jardín para comidas estivales.

por la carretera N 332 *Norte : 2 km y desvío a la izquierda 4,5 km :*

Golf Campoamor , urb. Real Club de Golf Campoamor, ✉ 03189, ☎ 96 532 04 10, *reservas@lomasdecampoamor.es, Fax 96 532 05 06*, ≤ campo de golf y alrededores, , , , , – ▤ TV P – 25/50. AE ⓜ VISA.

Comida 15 – **36 hab** 85/125 – 30 suites.

• Complejo ubicado en una tranquila urbanización, con campo de golf y excelentes vistas. Disfruta de diversas zonas comunes y posee habitaciones funcionales de confort actual. Restaurante de línea clásica bastante elegante.

DELTEBRE *43580 Tarragona* 574 J 32 – *10 121 h alt. 26.*

Ver : *Parque Natural del Delta del Ebro★★.*

Madrid 541 – Amposta 15 – Castelló de la Plana/Castellón de la Plana 130 – Tarragona 77 – Tortosa 23.

en La Cava :

Rull, av. Esportiva 155, ✉ 43580 Deltebre, ☎ 977 48 77 28, *hotelrull@dsi.es, Fax 977 48 77 29*, – ▤ TV P. AE ⓓ ⓜ VISA.

Comida 13 – **38 hab** 65/99.

• Hotel de nueva construcción ubicado en el centro de la localidad. Dispone de unas habitaciones que, aunque equipadas con lo imprescindible, resultan muy dignas. En su luminoso comedor sirven una carta de tendencia regional.

Delta H. , av. del Canal, ✉ 43580 Deltebre, ☎ 977 48 00 46, *informacio@deltahotel.net, Fax 977 48 06 63* – ▤ TV P – 25/60. AE ⓓ ⓜ VISA.

Comida 12 – 5,65 – **24 hab** 46/76.

• Edificio de planta baja imitando las barracas de la zona, que pone a su disposición unas habitaciones bien equipadas distribuidas en torno a un patio interior. Amplio comedor con magníficas panorámicas sobre el delta del Ebro y sus arrozales.

Can Casanova, av. del Canal, ✉ 43580 Deltebre, ☎ 977 48 11 94 – ▤ P. AE VISA.

cerrado Navidades – **Comida** carta 21 a 29.

• Sencillo restaurante con bar de acceso, y sala de correcto montaje en la que se sirve una carta de sabor regional sin grandes pretensiones.

DÉNIA *03700 Alacant* 577 P 30 123 I 1 – *25 157 h – Playa.*

para Baleares : Balearia, Estación Marítima ☎ 902 16 01 80 Fax 96 578 76 05.

pl. del Oculista Buigues 9 ☎ 96 642 23 67 denia@touristinfo.net Fax 96 578 09 57.

Madrid 447 – Alacant/Alicante 92 – València 99.

La Posada del Mar sin rest, pl. de les Drassanes 2 ☎ 96 643 29 66, *info@laposadadelmar.com, Fax 96 642 01 55*, ≤ – ▤ TV – 25/40. AE VISA.

25 hab 140/175.

• Emblemático edificio del s. XIII ubicado junto al puerto deportivo. Tras una sabia restauración ofrece amplias y acogedoras habitaciones decoradas con detalles de buen gusto.

Daniya H., Sardina 11 ☎ 902 36 40 41, *info@daniyahotels.com, Fax 96 578 42 48,* – ⛓ – 25/125. VISA. rest
Comida 24 – **51 hab** 138/144 – 71 suites.
◆ Moderno hall-recepción con ascensores acristalados y amplias habitaciones, actuales y dotadas de bañeras de estilo antiguo en los aseos. Buen SPA con todo tipo de servicios. El restaurante resulta algo reducido aunque disfruta de un correcto montaje.

Costa Blanca, Pintor Llorens 3 ☎ 96 578 03 36, *marti.roig@teleline.es, Fax 96 578 30 27* – 25/60. AE VISA.
Comida *(cerrado domingo)* 9 – 6 – **53 hab** 40/85.
◆ Discreto pero con un alto nivel en su mantenimiento. Zonas sociales actualizadas y unas habitaciones que, pese a sus baños algo desfasados, presentan un aspecto cuidado.

L'Ánfora sin rest y sin , Explanada Cervantes 8 y 9 ☎ 96 643 01 01, *Fax 96 642 16 90* – AE VISA.
20 hab 30/50.
◆ Su alojamiento en la zona del puerto. En una antigua casa acondicionada con acierto, posee habitaciones de escasa amplitud, compensadas por un confort que resulta actual.

La Seu de Miguel Ruíz, Dársena de Babor - Marina de Dénia ☎ 96 643 53 92, *reservas@laseudemiguelruiz.com, Fax 96 643 53 92* – VISA.
cerrado 31 diciembre-16 enero, domingo noche y lunes – **Comida** 65 y carta 40 a 53.
Espec. Marinado de gamba con tomate, higos y anchoas. Fritura de pescado con melocotón y chorizo ibérico. Flan turrón.
◆ Posee una bar público con terraza, un buen hall y dos coquetos comedores en el 1er piso, uno con vistas al pueblo y el otro al mar. Cocina de autor con productos de la zona.

El Asador del Puerto, pl. del Raset 10 ☎ 96 642 34 82, *el_raset@retemail.es, Fax 96 642 44 79,* – VISA.
Comida carta 31 a 40.
◆ Atractiva situación. Aunque sus especialidades son los asados al horno de leña, su carta resulta variada. Correctas instalaciones con amplia terraza.

El Raset, Bellavista 7 ☎ 96 578 50 40, *el_raset@retemail.es, Fax 96 642 44 79,* – AE VISA.
Comida carta 28 a 37.
◆ Local redecorado con un mobiliario clásico que ha mejorado su confort. Seriedad, ambiente acogedor y un mantenimiento irreprochable.

La Barqueta, Bellavista 10 ☎ 96 642 16 26, *el_raset@retemail.es, Fax 96 642 44 79,* – AE VISA.
Comida carta aprox. 27.
◆ Un establecimiento compuesto por dos terrazas y dos salas. A destacar las de la 2ª planta por sus vistas al mar. Suave decoración marinera y un servicio más que correcto.

L'Olleta, av. d'Alacant 19 ☎ 96 642 09 52, *Fax 96 642 09 52* – VISA JCB.
cerrado 22 diciembre-7 enero, Semana Santa y domingo – **Comida** carta 32 a 36.
◆ Pequeño restaurante dirigido por su chef-propietario, que comenzó su andadura como bar de tapas. Sala de cuidado montaje, donde sirven una carta sin grandes pretensiones.

Drassanes, Port 15 ☎ 96 578 11 18, *croissanterialaboheme@wanadoo.es, Fax 96 643 11 61* – AE VISA.
cerrado noviembre y lunes – **Comida** carta 24 a 33.
◆ Con una carta basada en menús típicos levantinos, nos brinda una organización familiar y unas instalaciones cuidadas con esmero, dentro de un agradable entorno regional.

Ticino, Bellavista 3 ☎ 96 578 91 03, *el_raset@retemail.es, Fax 96 642 44 79,* – AE VISA.
Comida - cocina italiana - carta aprox. 22.
◆ Un rincón alegre y simpático. Especialidades italianas en dos comedores instalados a distinto nivel. Adecuado montaje, profesionalidad y un estimado servicio de mesa.

por la carretera de Ondara *Oeste : 2,5 km y desvío a la derecha 1 km :*

Buenavista , partida Tossalet 82, ✉ 03709 La Xara, ☎ 96 578 79 95, *info@buenavistadenia.com, Fax 96 642 71 70,* – – 25/45. AE VISA.
cerrado del 16 al 31 de enero y del 1 al 15 de noviembre – **Comida** carta aprox. 45 – **17 hab** 100/170.
◆ Atractivo palacete de finales del s. XIX rodeado de jardines. Posee unas cuidadas habitaciones, destacando por confort y equipamiento las que ocupan el edificio anexo. Bonito restaurante acristalado con mobiliario en mimbre.

El Tossalet del Carme, Partida Tossalet 33, ✉ 03700, ☎ 96 643 00 04, *events@wanadoo.es, Fax 96 642 59 52,* – AE VISA.
cerrado 15 enero-15 febrero y lunes – **Comida** carta 39 a 46.
◆ Casa señorial de finales del s. XIX, con pinar y un bonito jardín, cuyo sobrio interior ha sabido conservar el estilo decorativo de la época. Interesante cocina.

en la carretera de Las Marinas :

Los Ángeles, Noroeste : 5 km, ✉ 03700, ☎ 96 578 04 58, *info@hotellosangelesdenia.com, Fax 96 642 09 06*, ←, – |‡| ▤ TV P – 25/50. VISA. *cerrado diciembre-20 enero* – **Comida** 19,50 – **80 hab** ☐ 92/124.
◆ Situado en 1ª línea de playa. Habitaciones espaciosas y con baños actuales. A destacar las de la parte trasera, que poseen terraza y están orientadas al mar.

El Poblet, urb. El Poblet - Noroeste : 3 km, ✉ 03700, ☎ 96 578 41 79, *el-poblet@terra.es, Fax 96 578 76 62*, – ▤. AE VISA. – *cerrado 15 febrero-15 marzo, del 20 al 30 de noviembre, domingo noche y lunes* – **Comida** 65 y carta 45 a 52.
Espec. Cubalibre de foie con escarcha de limón y rúcula salvaje. Gamba roja de Denia atemperada y cubierta de polvo de carbón vegetal y americana translúcida. Arroz senia de pieles y tripas de bacalao, socarrat con coliflor.
◆ Una carta sugestiva. Amplia terraza ajardinada y dos salas decoradas en un elegante estilo neorrústico, donde se respira una atmósfera íntima y acogedora.

Al Vent, Las Velas, local 15 - Noroeste : 4 km, ✉ 03700, ☎ 96 578 91 45, *ama-visual@terra.es, Fax 96 578 71 83*, – ▤. AE VISA. – *cerrado 10 enero- 10 marzo, martes mediodía y miércoles mediodía en verano y miércoles resto del año* – **Comida** carta 30 a 60.
◆ Pequeño restaurante de línea clásica, cuya suave iluminación y excelente servicio de mesa recrean un cálido ambiente. Disfrute de su selecta bodega.

DERIO *48160 Bizkaia* 573 C 21 – *4 846 h alt. 25.*
Madrid 408 – Bilbao 11 – Donostia-San Sebastián 108.

Andrea, Larrauri 1-C (edificio Arteaga Centrum) ☎ 94 454 42 38, *andrea-hotel@teleline.es, Fax 94 454 43 30* – |‡|, ▤ rest, TV P – 25/400. AE VISA. rest
Comida carta aprox. 34 – ☐ 7,50 – **74 hab** 101,10/125,80 – 4 apartamentos.
◆ En un antiguo seminario. Dispone de una amplia zona noble, ascensor panorámico, equipadas salas de reuniones, y unas confortables habitaciones con mobiliario funcional. Magnífico comedor donde la luz irrumpe por sus coloristas vidrieras, todas originales.

A DERRASA *32792 Ourense* 571 F 6.
Madrid 509 – Pontevedra 110 – Ourense 10.

Roupeiro, Roupeiro (carret. C 536) ☎ 988 38 00 38 – P. VISA.
cerrado del 10 al 30 de agosto – **Comida** carta 30 a 36.
◆ Restaurante de sencillo montaje y decoración rústica, que ofrece una carta correcta a precios comedidos. Entrada por un bar privado con expositor de productos.

DESFILADERO – *ver el nombre propio del desfiladero.*

DESIERTO DE LAS PALMAS *Castelló – ver Benicàssim.*

DEVA *Asturias – ver Gijón.*

DEYÁ *Illes Balears – ver Balears (Mallorca).*

DIEZMA *18180 Granada* 578 U 20 124 N 2 – *883 h alt. 1 200.*
Madrid 428 – Granada 34 – Almería 132 – Úbeda 100.

al Suroeste : *9 km* :

El Señorío de Rías, Finca de Rías, ✉ 18180, ☎ 651 840 170, *agricoladerias@ofijaen.com, Fax 651 710 087*, ← sierra de Huétor, – |‡| ▤ TV P – 25/60. VISA. rest
Comida 15,03 – **33 hab** ☐ 72,12/108,18 – 1 suite.
◆ Ubicado en una extensa y aislada finca, resulta ideal para disfrutar de la naturaleza. Sus habitaciones, completamente equipadas, combinan el mobiliario en forja y en madera. Cálido comedor de estilo rústico.

DIMA *48141 Bizkaia* 573 C 21 – *1 049 h alt. 133.*
Madrid 408 – Bilbao 27 – Vitoria-Gasteiz 41 – Donostia-San Sebastián 94.

por la carretera de Otxandio *Sureste : 2 km y desvío a la derecha por Lamindano 3,2 km* :

Axpe Goikoa, barrio Iturrioz 11 (Lamindano), ✉ 48141, ☎ 94 631 72 15, *Fax 94 631 72 15* – ▤ P. AE VISA.
cerrado 1ª quincena de enero, 2ª quincena de agosto y lunes – **Comida** - sólo almuerzo salvo viernes, sábado y vísperas de festivo - carta 29 a 45.
◆ Caserío vasco de nueva construcción en plena naturaleza. Interior rústico con grandes vigas y pilares en madera, así como sus suelos. Cocina tradicional con platos copiosos.

DOMAIO *Pontevedra - ver Moaña.*

DON BENITO *06400 Badajoz* 576 P 12 – *32 023 h alt. 279.*
Madrid 311 – Badajoz 113 – Mérida 49.

Vegas Altas, av. Badajoz (carret. C 520) ☎ 924 81 00 05, *hotelvegasaltas@ctv.es, Fax 924 81 10 13,* – – 25/1000. AE VISA.
Comida 10,50 – 6 – **77 hab** 53,50/66,50 – 3 suites.
◆ Frente a la Feria de Muestras de Extremadura. Organización profesional y unas instalaciones dignas de mención. Habitaciones con suelos enmoquetados y baños completos. Restaurante a la carta, con un montaje práctico y funcional en tonos claros.

en la carretera de Medellín *Oeste : 3 km :*

Alejandro, av. de Badajoz, ✉ 06400, ☎ 924 80 17 10, *Fax 924 80 17 10,* – .
AE VISA.
Comida carta 25 a 36.
◆ Goza de gran aceptación en la zona. Dispone de un bar a la entrada que funciona como distribuidor a las diferentes salas y un comedor acristalado con terraza para banquetes.

DONAMARIA *31750 Navarra* 573 C 24 – *344 h alt. 175.*
Madrid 481 – Biarritz 61 – Pamplona 57 – Donostia-San Sebastián 57.

Donamaria'ko Benta con hab, barrio de la Venta 4 - Oeste : 1 km ☎ 948 45 07 08, *info@donamariako.com, Fax 948 45 07 08* – . VISA.
cerrado Navidades – **Comida** *(cerrado domingo noche y lunes)* carta aprox. 26 – 5 – **5 hab** 70.
◆ Aunque también dispone de habitaciones, el restaurante centra la actividad de este negocio familiar de entrañable rusticidad, instalado en una venta del s. XIX.

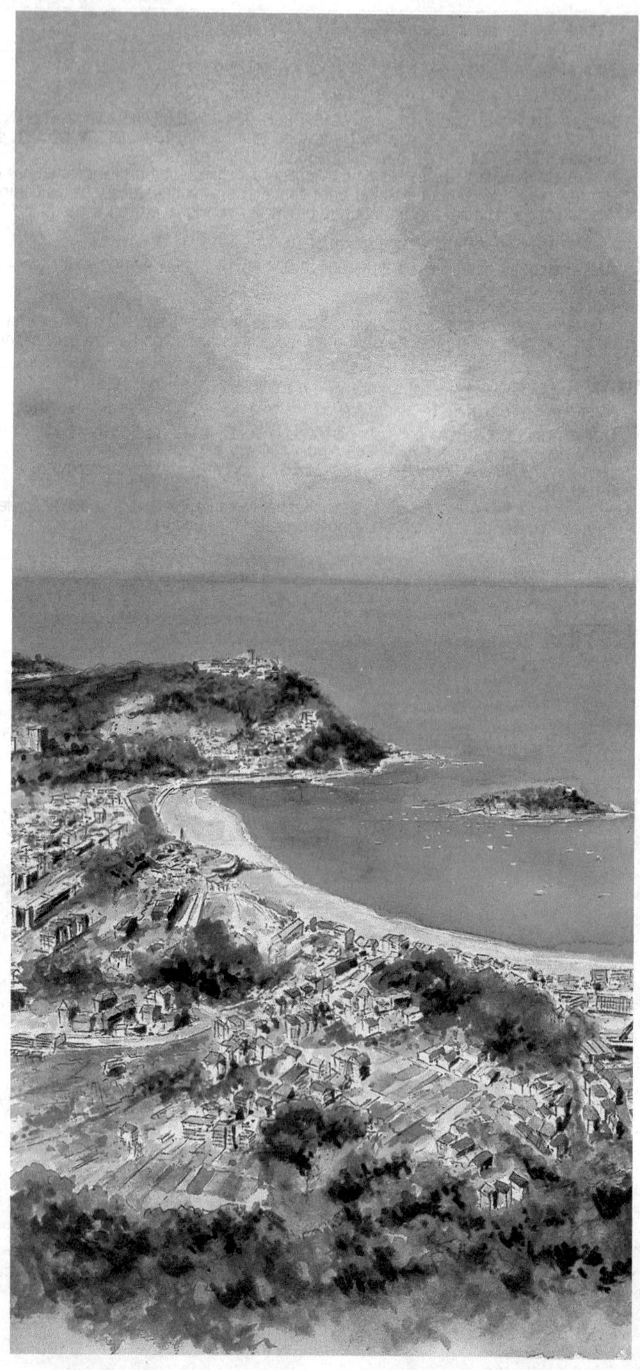

DONOSTIA – SAN SEBASTIÁN

20000 P *Gipuzkoa* 573 C 24 – *181 064 h. – Playa.*

Madrid 453 ② – *Bayonne 54* ① – *Bilbao 102* ③ – *Pamplona 79* ② – *Vitoria-Gasteiz 95* ②.

OFICINAS DE TURISMO

Erregina Erregentearen 3, ✉ *20003,* ☎ *943 48 11 66, cat@donostia.org Fax 943 48 11 72.*

INFORMACIONES PRÁCTICAS

R.A.C.V.N. *(Real Automóvil Club Vasco Navarro) Foruen pasealekua 4,* ✉ *20005,* ☎ *943 43 08 00, Fax 943 42 91 50.*

18 *de San Sebastián, Jaizkíbel por N I : 14 km (B)* ☎ *943 61 68 45.*

✈ *de San Sebastián, Fuenterrabía por* ① *: 20 km* ☎ *943 66 85 00 – Iberia : Bengoetxea 3,* ✉ *20004,* ☎ *902 400 500* CZ *y aeropuerto,* ✉ *20280,* ☎ *943 66 85 19.*

CURIOSIDADES

Ver : *Emplazamiento y bahía*★★★ ABV – *Aquarium-Palacio del Mar*★ AV – *Monte Igueldo* ≤★★★ AV – *Monte Urgull* ≤★★ DY.

Alred. : *Monte Ulía* ≤★ *Noreste : 7 km por N I* CV – *Museo Chillida-Leku*★ *por* ② *: 6 km.*

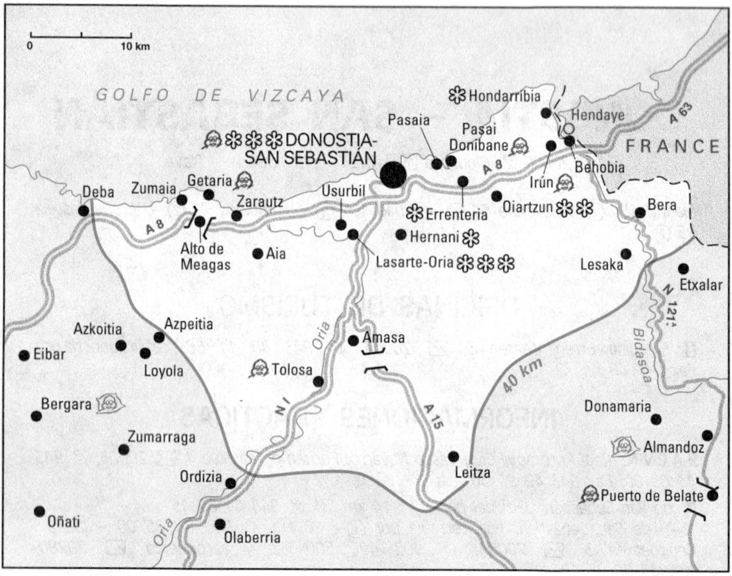

ESPAÑA

Centro :

María Cristina, Okendo 1, ✉ 20004, ☎ 943 43 76 00, *hmc@westin.com, Fax 943 43 76 76,* ≤ – |≑| ▤ TV ☎ – 🏛 25/300. AE ⓓ MC VISA JCB. ✂ rest EY h
***Easo* : Comida** carta 33 a 53 – ☕ 21 – **108 hab** 405/615 – 28 suites.
◆ Buque insignia de la hostelería donostiarra. Edificio de principios del s. XX, dotado de un interior muy elegante. Magníficas habitaciones equipadas con todo detalle. Restaurante de distinguido clasicismo, complementado con una agradable terraza acristalada.

De Londres y de Inglaterra, Zubieta 2, ✉ 20007, ☎ 943 44 07 70, *reservas@hlondres.com, Fax 943 44 04 91,* ≤ – |≑|, ⇆ hab, ▤ TV ☎ ♿ – 🏛 25/300. AE ⓓ MC VISA. ✂ DZ z
***La Brasserie Mari Galant* : Comida** carta 30 a 36 – ☕ 12,50 – **139 hab** 184/212 – 9 suites.
◆ Emblemático hotel de estimada línea clásica. Si su cálido salón social nos brinda unas serenas vistas a la playa, sus habitaciones nos sumergen en un confort moderno y actual. Atractivo restaurante con entrada independiente que ofrece platos de sabor regional.

Tryp Orly sin rest con cafetería, pl. Zaragoza 4, ✉ 20007, ☎ 943 46 32 00, *Fax 943 45 61 01,* ≤ – |≑| ▤ TV ☎ ♿ 🚗 – 🏛 25/50. AE ⓓ MC VISA JCB. ✂ DZ a
☕ 11,70 – **64 hab** 130/155.
◆ Céntrico y actual. Todas las habitaciones han sido reformadas logrando un estilo funcional, con los suelos en parquet, aunque las de la 5ª planta gozan de mayor confort.

Europa, San Martín 52, ✉ 20007, ☎ 943 47 08 80, *europa@hotel-europa.com, Fax 943 47 17 30* – |≑| ▤ TV ☎ – 🏛 25/130. AE ⓓ MC VISA. ✂ DZ v
Comida 21 – **68 hab** ☕ 121/152.
◆ De elegante fachada y excelente dirección, dispone de una cafetería con entrada independiente. Confortables habitaciones con mobiliario escogido y baños al gusto del día. Restaurante acogedor realzado por un esmerado servicio de mesa.

Niza sin rest, Zubieta 56, ✉ 20007, ☎ 943 42 66 63, *niza@hotelniza.com, Fax 943 44 12 51,* ≤ – |≑| TV ☎ 🚗. AE ⓓ MC VISA. ✂ DZ b
☕ 8,50 – **41 hab** 56/123.
◆ Su pulcro mantenimiento y entrañable decoración crean un marco no exento de cierto encanto. Habitaciones con mobiliario clásico en tonos claros y baños renovados.

DONOSTIA-SAN SEBASTIÁN

Andía . . . . **DZ** 2
Argentinako Errepublikaren (Pas.) . . . . **EY** 6
Askatasunaren (Hiribidea) **DEZY**
Bulebar Zumardia . . . . **DY** 14
Errigina Erregentearen . . . . . . **EY** 17
Euskadi (Pl.) . . . . **EY** 18
Fermin Calbetón . . . . **DY** 19
Garibai . . . . **DY**
Hernani . . . . **DY**
Konstituzio (Pl.) . . . . **DY** 28
Maria Kristina (Zubia) . . . . **EZ** 31
Miramar . . . . **DZ** 32
Portu . . . . **DY** 36
Ramón Maria Lili (Pas.) . . . . . . **EY** 38
San Jerónimo . . . . **DY** 42
San Juan . . . . **DEY** 43
Santa Katalina (Zubia) . . . . **EY** 45
Urbieta . . . . **DEZ**
Urdaneta . . . . **EZ** 49
Zabaleta . . . . **EY** 53
Zurriola (Zubia) . . . . **EY** 58

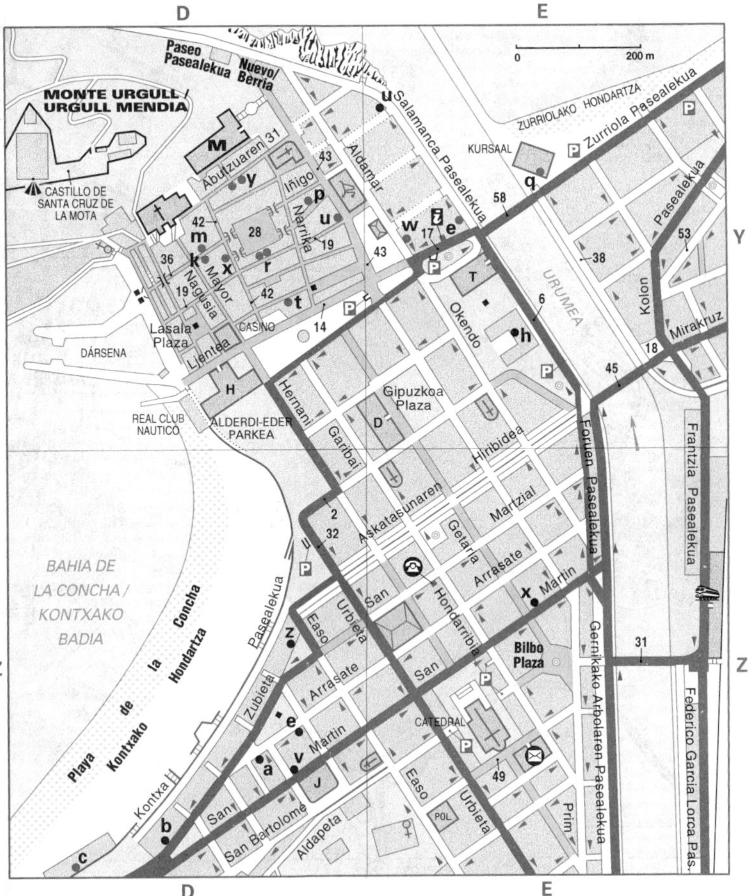

Zaragoza Plaza sin rest, pl. de Zaragoza 3, ✉ 20007, ☎ 943 45 21 03, *contacto@hotelzaragozaplaza.com, Fax 943 44 65 02* – ⇅ ▤ TV ♿. MC VISA. ⊁ DZ e
☕ 5 – **19 hab** 108/120.
◆ Modesto establecimiento con un interior que apuesta por los espacios íntimos. De marcada funcionalidad, su equipamiento sabe cumplir con las necesidades básicas del confort.

Parma sin rest, Salamanca pasealekua 10, ✉ 20003, ☎ 943 42 88 93, *hotelparma@hotelparma.com, Fax 943 42 40 82* – ▤ TV. AE ⓓ MC VISA JCB. ⊁ EY u
☕ 7,50 – **27 hab** 71/118.
◆ Hotel de discreta organización y confort suficiente, adecuada zona social y habitaciones de escasa amplitud, con suelos enmoquetados y materiales de calidad estándar.

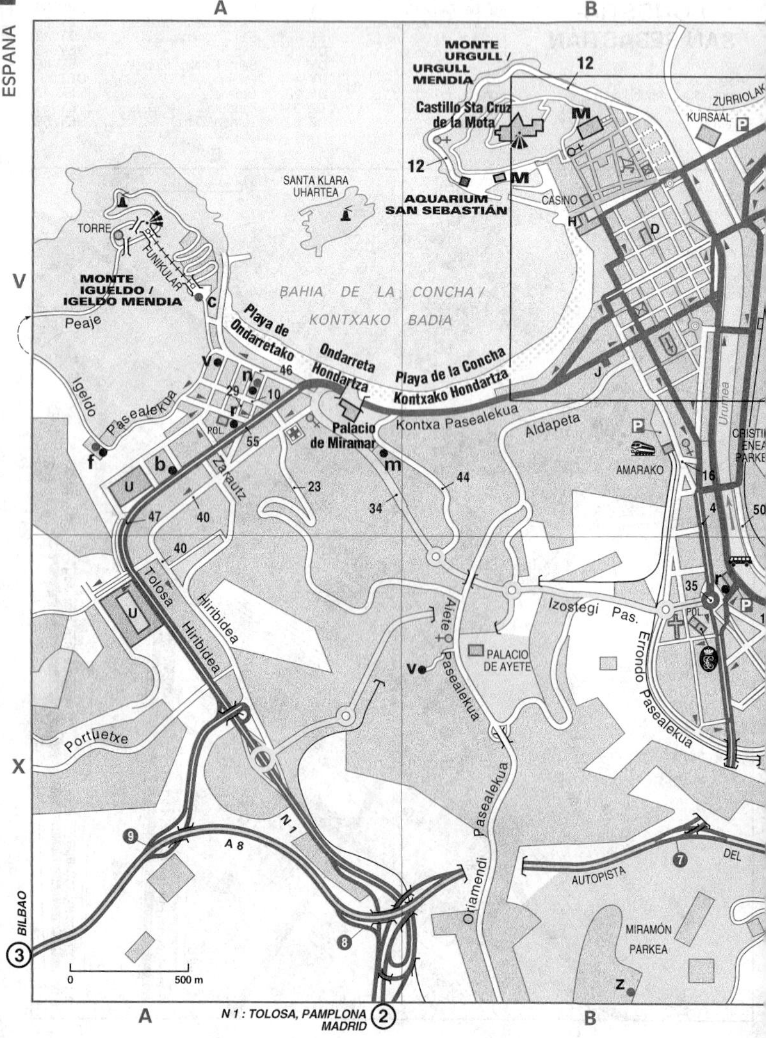

Donostiarra sin rest y sin ☕, San Martín 6-1°, ✉ 20005, ☎ 943 42 61 67, *reservas@pensiondonostiarra.com, Fax 943 43 00 71* – TV. MC VISA EZ x

16 hab 56/78.

◆ Casa familiar de fachada antigua y céntrica localización, que ha mejorado su nivel tras una acertada renovación. Habitaciones de línea actual cuidadas con esmero.

Casa Nicolasa, Aldamar 4-1°, ✉ 20003, ☎ 943 42 17 62, *Fax 943 42 09 57* – ▤. AE ⓓ MC VISA JCB EY w

cerrado 21 enero-14 febrero, del 17 al 24 de octubre, domingo y lunes – **Comida** carta 49 a 57.

◆ Toda una institución, al calor de una antigua casa. Salas de línea clásica, con mesas apretadas y un esmerado montaje.

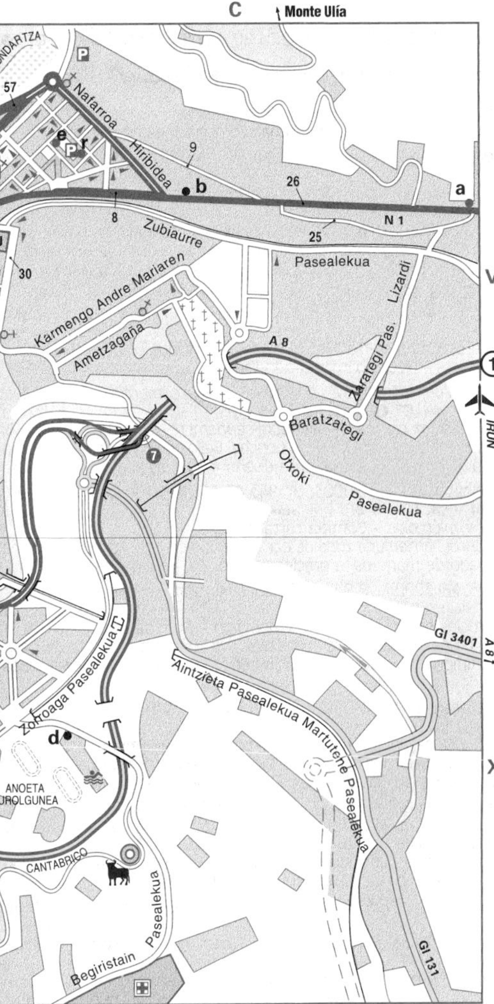

DONOSTIA-SAN SEBASTIÁN

Antso Jakitunaren (Hiribidea) . . . . **BV** 4
Argentinako Errepublikaren (Pas.) . . . . **BV** 6
Ategorrieta (Hiribidea) . . **CV** 9
Ategorrietako Galtzara Zaharra. . . . . **CV** 10
Beatriz Infantaren . . . . . . **AV** 12
Bizkaia (Pas.). . . . . **BX** 13
Ehunurteurrenaren (Pl.) . **BV** 16
Garibai . . . . **BV** 21
Heriz (Pas.) . . . . **AV** 23
Intxaurrondo . . . . **CV** 25
Jose Elosegi Alkatearen (Hiribidea) . . . . **CV** 26
Kristina Infantaren. . . . . . **AV** 29
Mandasko Dukearen (Pas.) . . . . **CV** 30
Pasealeku Berria. . . . . . . **BV** 33
Pio Baroja (Pas.) . . . . **AV** 34
Pio XII (Aren Pl.) . . . . **BX** 35
Resurreccion Maria Azkue. . . . . **AV** 40
Sanserreka (Pas.) . . . . . . **BV** 44
Satrustegi (Hiribidea) . . . **AV** 46
Tolosa (Hiribidea). . . . . . . **AV** 47
Urumea (Pas.). . . . . **BV** 50
Zumalakarregi (Hiribidea) **AV** 55

XXX **Urepel,** Salamanca pasealekua 3, ✉ 20003, ✆ 943 42 40 40, *Fax 943 42 40 40* – ▤. AE ① MC VISA. ✂ EY e
cerrado Navidades, Semana Santa, del 1 al 21 de julio, domingo y martes – **Comida** carta 39 a 59.
◆ Negocio familiar con un comedor montado a distinto nivel, donde un mobiliario escogido y una colección de relojes antiguos perfilan un entorno decorado con sumo gusto.

XX **Kursaal,** Zurriola pasealekua 1, ✉ 20002, ✆ 943 00 31 62, *info@restaurantekursaal.com, Fax 943 00 31 64* – ▤. AE ① MC VISA. ✂ EY q
cerrado Navidades, domingo noche, lunes y martes noche – **Comida** carta 38 a 48.
◆ Ubicado en el Palacio de Congresos, al borde de la ría. Acogedor comedor acristalado de estética minimalista, llevado por un equipo joven, dinámico y con ganas de agradar.

XX **Juanito Kojua,** Portu 14, ✉ 20003, ☎ 943 42 01 80, *Fax 943 42 18 71* – ▤. AE ⓓ MC VISA. ✗ DY m
cerrado Navidades, 15 días en enero, 15 días en junio, domingo noche y lunes – **Comida** carta 30 a 43.
◆ Casa asentada y bien consolidada, con una eficiente dirección familiar que ha sabido ganarse su clientela. De cálida rusticidad, ofrece una sabrosa cocina de raíces locales.

XX **Bernardo Etxea,** Portu 7, ✉ 20003, ☎ 943 42 20 55, *Fax 943 43 04 60* – ▤. AE ⓓ MC VISA JCB. ✗ DY k
cerrado del 4 al 19 de febrero, del 4 al 19 de junio, miércoles noche y jueves – **Comida** - pescados y mariscos - carta 33 a 48.
◆ El bar de la entrada sorprende por su gran variedad de pinchos, seguido por un correcto comedor y otro, más amplio, en el sótano. Carta marinera y parrilladas de mariscos.

XX **Beti Jai,** Fermín Calbetón 22, ✉ 20003, ☎ 943 42 77 37, *info@betijai.com, Fax 943 42 30 09* – ▤. AE ⓓ MC VISA. ✗ DY r
cerrado del 1 al 15 de enero, del 15 al 30 de junio, lunes y martes – **Comida** - pescados y mariscos - carta 31 a 43.
◆ ¡Un clásico! Bar con vivero, comedor en dos niveles y dos reservados, uno de estilo clásico y otro decorado con motivos vinícolas. Organización familiar.

XX **La Perla,** Kontxa pasealekua, ✉ 20007, ☎ 943 46 24 84, *comercial@la-perla.net, Fax 943 46 99 27*, ⋞, 余 – ▤. AE MC VISA. ✗ DZ c
cerrado domingo noche, lunes y martes noche salvo abril-septiembre – **Comida** carta 27 a 37.
◆ Espléndidamente situado frente a la playa de la Concha. Bello comedor acristalado con vistas al mar, en varias alturas y con mobiliario de diseño actual, así como un privado.

X **Casa Urola,** Fermín Calbetón 20, ✉ 20003, ☎ 943 42 34 24, *urola@restauranteurola.com, Fax 943 42 44 24* – ▤. AE ⓓ MC VISA JCB. ✗ DY r
cerrado domingo noche y miércoles – **Comida** carta 27 a 39.
◆ Decorado en tonos oscuros, posee una zona de bar y dos comedores, donde sirven una carta regional con apartado de mariscos, a precios contenidos. Eficiente organización.

X **La Muralla,** Embeltrán 3, ✉ 20003, ☎ 943 43 35 08, *lamuralla@euskalnet.net* – ▤. AE MC VISA. ✗ DY t
cerrado Navidades, miércoles noche en invierno y domingo – **Comida** carta 27 a 38.
◆ Su joven propietario dirige el negocio con orgullo. Una discreta fachada da paso a un interior de escasa amplitud y cuidado montaje, decorado en una agradable línea actual.

X **Casa Urbano,** Abutzuaren 31-13, ✉ 20003, ☎ 943 42 04 34 – ▤. AE ⓓ MC VISA. ✗ DY y
cerrado Navidades, del 15 al 30 de junio, domingo y miércoles noche – **Comida** carta 29 a 38.
◆ Casa de ambiente acogedor. Posee una barra de apoyo y una sala en dos alturas decorada con una colección de relojes y planchas antiguas. Especializado en pescados a la brasa.

X **Bodegón Alejandro,** Fermín Calbetón 4, ✉ 20003, ☎ 943 42 71 58, *bodegonalejandro@martinberasategui.com, Fax 943 42 95 42* – ▤. AE ⓓ MC VISA. ✗ DY u
cerrado Navidades, domingo noche y lunes – **Comida** carta aprox. 28.
◆ Céntrico local con dos comedores y un pequeño privado, decorados en un simpático estilo de aire regional, donde ofrecen una carta-menú a precios fijos. Eficiente organización.

Y/ **Ganbara,** San Jerónimo 21, ✉ 20003, ☎ 943 42 25 75, *Fax 943 43 08 09* – ▤. AE ⓓ MC VISA. ✗ DY x
cerrado 2ª quincena de junio, 2ª quincena de noviembre, domingo noche y lunes – **Tapa** 1,80 **Ración** aprox. 10.
◆ Si una brigada numerosa imprime ritmo al servicio, la calidad de sus pinchos lo ha encumbrado a la cima del éxito. Un comedor íntimo y acogedor lo complementa en el sótano.

Y/ **Martínez,** Abutzuaren 31-13, ✉ 20003, ☎ 943 42 49 65 – ▤. ✗ DY y
cerrado 2ª quincena de enero, 2ª quincena de junio, jueves y viernes mediodía – **Tapa** 1,50 **Ración** aprox. 8.
◆ Negocio de arraigada tradición familiar, situado en pleno casco antiguo. La nutrida y sugerente variedad de sus tapas lo han convertido en todo un clásico de la ciudad.

Y/ **Txepetxa,** Arrandegui 5, ✉ 20003, ☎ 943 42 22 27, *bartxepetxa@yahoo.es* – ▤ DY p
cerrado 2ª quincena de junio, 2ª quincena de octubre, lunes y martes mediodía – **Tapa** 1,70 **Ración** aprox. 10.
◆ Casa consolidada que goza de gran prestigio y fama gracias a las bondades de sus anchoas, ofreciendo además otros productos elaborados. Ambiente cómodo y distendido.

al Este :

Villa Soro sin rest, av. de Ategorrieta 61, ✉ 20013, ☎ 943 29 79 70, *info@villasoro.com, Fax 943 29 79 71* – ▤ ▤ TV ✆ ♿ 🚗 P. AE ⓓ MC VISA. ✗ CV b
☕ 12 – **25 hab** 160/200.
◆ Magnífica villa señorial construida a finales del s. XIX. Las habitaciones del edificio principal son de estilo clásico, mientras que las del anexo resultan más vanguardistas.

XXXX ✿✿✿ **Arzak,** alto de Miracruz 21, ✉ 20015, ☎ 943 27 84 65, *restaurante@arzak.es, Fax 943 27 27 53* – ▤ P. AE ① MC VISA JCB. ✂ CV a
cerrado del 12 al 29 de junio, del 6 al 30 de noviembre, martes salvo julio-diciembre, domingo noche y lunes – **Comida** 105 y carta 90 a 103.
Espec. Carabineros exprés. Cordero con café cortado. Vapor de cassia con bizcocho de cítricos.
◆ Marco elegante en un entorno tradicional, de ambiente familiar y personalizado, donde podrá degustar una cocina creativa de raíces locales. ¡Un placer para los sentidos!

X **Mirador de Ulía,** subida al Monte Ulía - 5 km, ✉ 20013, ☎ 943 27 27 07, *Fax 943 29 35 79,* ≤ ciudad y bahía, 🏠 – ▤ P. MC VISA. ✂ CV
cerrado del 15 diciembre- 2 enero, lunes y martes – **Comida** carta aprox. 31.
◆ Privilegiada ubicación en uno de los montes que rodean la ciudad. Bar de apoyo y un comedor, a modo de mirador, que en verano se habilita como terraza.

🍷 **Aloña Berri,** Bermingham 24 (Gros), ✉ 20001, ☎ 943 29 08 18 – ▤. MC VISA. ✂ CV r
cerrado Semana Santa, 1ª quincena de noviembre, domingo noche y lunes – **Tapa** 2 **Ración** aprox. 6.
◆ Bar de tapas bien montado y con unas instalaciones cuidadas al detalle. Amplia selección en pinchos y un sugerente menú degustación con 12 de ellos, fríos y calientes.

🍷 **Bergara,** General Arteche 8 (Gros), ✉ 20002, ☎ 943 27 50 26, *tapasbarbergara@esmas.com* – ▤ CV e
cerrado 2ª quincena de octubre – **Tapa** 3 **Ración** aprox. 9.
◆ Varios premios de alta cocina en miniatura garantizan la calidad de sus productos. Excelente barra de tapas y pinchos que cuenta además con una serie de mesas tipo asador.

al Sur :

🏨 **Amara Plaza,** pl. Pío XII-7, ✉ 20010, ☎ 943 46 46 00, *amaraplaza@hoteles-silken.com, Fax 943 47 25 48* – |♦| ▤ TV ☎ ♿ 🚗 – 🎤 25/400. AE ① MC VISA. ✂ BX r
Comida 15 – ☕ 12 – **160 hab** 130/160 – 3 suites.
◆ Edificio moderno y actual, con un interior de marcada funcionalidad. Zona social de escasa amplitud pero con habitaciones muy bien equipadas, enfocadas al cliente de negocios.

🏨 **Palacio de Aiete** ⛰, Goiko Galtzara-Berri 27, ✉ 20009, ☎ 943 21 00 71, *info@hotelpalaciodeaiete.com, Fax 943 21 43 21,* 🏋 – |♦| ▤ TV ☎ ♿ P – 🎤 25/100. AE ① MC VISA. ✂ BXH v
cerrado Navidades - ***Bera-Bera*** *(cerrado 15 diciembre-12 enero, domingo noche y lunes)* **Comida** carta 26 a 34 – ☕ 9 – **75 hab** 109/136.
◆ Innovadora construcción en una zona residencial. Hall-recepción con la zona de bar integrada y completas habitaciones dotadas de tarima flotante y en muchos casos terraza. El restaurante goza de entrada independiente y ofrece una carta tradicional elaborada.

🏨 **Anoeta,** Anoeta pasealekua 30, ✉ 20014, ☎ 943 45 14 99, *hotel@hotelanoeta.com, Fax 943 45 20 36,* 🏠 – |♦| ▤ TV ☎ 🚗 – 🎤 25/100. AE ① MC VISA. ✂ CX d
Xanti **: Comida** carta 32 a 43 – ☕ 5,50 – **26 hab** 82/105.
◆ Con una organización de tipo familiar, su mantenimiento resulta impecable y su equipamiento correcto. Habitaciones funcionales con baños al gusto del día. Comedor panelable decorado en un cuidado estilo clásico, con menú al mediodía y carta a la cena.

XX ✿ **Miramón Arbelaitz,** Mikeletegi 53 (Miramón Parkea), ✉ 20009, ☎ 943 30 82 20, *arbelaitz@arbelaitz.com, Fax 943 30 82 55* – ▤. ① MC VISA BX z
cerrado 15 días en Navidades, 2ª quincena de agosto, domingo, lunes noche y martes noche – **Comida** carta 41 a 58.
Espec. Terrina de foie gras con frutos rojos y berros salvajes. Lomo de rape asado, crema de patata y olivas con tallarines de chipirón. Tarta fina de manzana con helado de vainilla y crema inglesa.
◆ Edificio de nueva planta, ubicado en pleno parque tecnológico. Aunque de línea actual algo sobria, cuenta con un comedor principal y un discreto privado.

al Oeste :

🏨 **NH Aránzazu,** Vitoria-Gasteiz 1, ✉ 20018, ☎ 943 21 90 77, *nharanzazu@nh-hotels.com, Fax 943 21 90 50* – |♦| ▤ TV ☎ ♿ 🚗 – 🎤 25/250. AE ① MC VISA. ✂ AV b
Kukuarri **: Comida** carta aprox. 28 – ☕ 11,50 – **176 hab** 145/160 – 4 suites.
◆ Destaca la importante zona de salones en la entreplanta, así como su cafetería con acceso independiente. Cuidadas habitaciones con mobiliario clásico y los suelos en parquet. En su restaurante se ofrece un interesante menú degustación y una carta de autor.

🏨 **Costa Vasca** ⛰, av. Pío Baroja 15, ✉ 20008, ☎ 943 31 79 50, *costavasca@aranzazu-hoteles.com, Fax 943 21 24 28,* 🏠, 🏊, 🎾 – |♦| ▤ TV 🚗 P – 🎤 25/400. AE ① MC VISA. ✂ AV m
Comida carta 22 a 35 – ☕ 11 – **196 hab** 112/150 – 7 suites.
◆ Hotel de confortable línea clásica, situado en una zona residencial muy tranquila. De amplios espacios y moderno equipamiento, brinda un servicio altamente cualificado. El mobiliario escogido y el esmerado montaje perfilan su acogedor restaurante.

ESPAÑA

San Sebastián, Zumalakarregi hir 20, ✉ 20008, ☎ 943 31 66 60, *sansebastian@aranzazu-hoteles.com, Fax 943 21 72 99* – AE VISA. AV r
Comida 13,50 – 11 – **87 hab** 107/150 – 3 suites.
• Ha sido recientemente actualizado en las zonas comunes, acondicionando también una cafetería. Salas de reuniones bien dispuestas y habitaciones renovadas de buen confort. Comedor de aire rústico ubicado en el sótano.

La Galería sin rest, Kristina Infantaren 1, ✉ 20008, ☎ 943 21 60 77, *hotel@hotellagaleria.com, Fax 943 21 12 98* – P. AE VISA. AV n
6 – **23 hab** 84/112,50.
• Marco acogedor en un edificio de finales del s. XIX equipado con mobiliario de época. Sus habitaciones, pequeñas pero confortables, homenajean a reconocidos artistas.

Ezeiza, Satrustegi hir 13, ✉ 20008, ☎ 943 21 43 11, *hotelezeiza@adegi.es, Fax 943 21 47 68* – 25/50. AE VISA. AV v
Comida *(cerrado domingo noche y lunes)* 15 – 4,50 – **30 hab** 82,25/107,50.
• Ubicado frente a la playa de Ondarreta, con cafetería y amplia terraza enfocada al cliente de la calle. Salón de uso polivalente y habitaciones funcionales con baños actuales.

Avenida sin rest, Igeldo pasealekua 55, ✉ 20008, ☎ 943 21 20 22, *avenida@hotelavenida.net, Fax 943 21 28 87,* – P – 25/60. AE VISA AV f
marzo-8 diciembre – **47 hab** 90/104.
• Situación dominante con vistas a la ciudad. De larga trayectoria y eficiente organización, va renovando sus instalaciones poco a poco. Equipamiento adecuado.

Akelaŕe, paseo del Padre Orcolaga 56 (barrio de Igueldo) : 7,5 km, ✉ 20008, ☎ 943 31 12 09, *restaurante@akelarre.net, Fax 943 21 92 68,* ← – P. AE VISA. por Igeldo pasealekua AV
cerrado febrero, del 1 al 15 de octubre, martes salvo julio-diciembre, domingo noche y lunes salvo festivos o vísperas – **Comida** 110 y carta 72 a 105.
Espec. Ostras a las uvas. Buey con lentejas en colores. Pantela de manzana y miel, helado de vainilla y pimienta.
• Casa-chalet en la ladera de un monte con el mar al fondo. Su elevada profesionalidad encuentra eco en una cocina de tintes creativos y en un servicio de mesa de gran nivel.

Chomin con hab y sin , Beatriz Infantaren 16, ✉ 20008, ☎ 943 31 73 12, *chominss@arrakis.es, Fax 943 21 14 01,* – . AE VISA JCB. AV n
cerrado 15 diciembre-15 enero – **Comida** *(cerrado martes salvo verano y lunes)* carta aprox. 35 – **8 hab** 60/75.
• Con una fachada atenta a los dictados de la tradición popular vasca, posee un comedor de estilo clásico y otro tipo jardín. Lo complementan unas habitaciones de corte antiguo.

Rekondo, Igueldo pasealekua 57, ✉ 20008, ☎ 943 21 29 07, *restaurant@rekondo.com, Fax 943 21 95 64,* – P. AE VISA. – *cerrado 15 días en junio, 25 días en noviembre, martes noche salvo en verano y miércoles* – **Comida** carta 39 a 48.
• Casa familiar al calor de unos muros en piedra. Su interior cobija una sala bien cuidada, diversos privados y una de las mejores bodegas del país. AV f

San Martín, Funikular plaza 5, ✉ 20008, ☎ 943 21 40 84, *Fax 943 31 36 22,* ←, – AE VISA. AV c
cerrado febrero, domingo noche y lunes – **Comida** carta 35 a 48.
• Villa señorial que fue la morada de un relojero de fama mundial. De elegante clasicismo, su reconfortante cocina encuentra su réplica en un servicio de mesa que da la talla.

DOS HERMANAS *41700 Sevilla 578 U 12 – 77 997 h alt. 42.*

Madrid 547 – Cádiz 108 – Huelva 111 – Sevilla 20.

La Motilla sin rest con cafetería, carret. N IV - Oeste : 1 km ☎ 95 566 68 16, *reservas@hotellamotilla.com, Fax 95 566 68 88,* – P – 25/250. AE VISA.
10,67 – **101 hab** 110,22/135,04.
• Construcción moderna con instalaciones amplias y funcionales, resaltando las prestaciones de sus cinco salas de reuniones. Las habitaciones están completamente equipadas.

La Gamba, Real Utrera 145 ☎ 95 472 65 59, *juanmanuelruiz@laciudad.com, Fax 95 566 30 17* – . AE VISA JCB.
cerrado agosto y lunes – **Comida** - pescados y mariscos - carta 27 a 41.
• Casa de cuidado montaje con doble entrada, una al bar público y otra al comedor. Cocina marinera que basa su éxito en pescados y mariscos de una excelente calidad.

DOSBARRIOS *45311 Toledo 576 M 19 121 J 10 – 1 941 h alt. 710.*

Madrid 72 – Alcázar de San Juan 78 – Aranjuez 25 – Toledo 62.

Los Arcos con hab, autovía N IV - km 70 ☎ 925 12 21 29, *arcos@teleline.es, Fax 925 13 72 47* – P. VISA. rest
Comida carta 26 a 30 – 4,50 – **25 hab** 50/85.
• Típico establecimiento de carretera. Un comedor con claraboya, donde ofrecen una carta amplia a precios moderados y, como complemento, espléndidas habitaciones con jacuzzi.

DRACH (Cuevas del) *Illes Balears - ver Balears (Mallorca).*

DURANGO *48200 Bizkaia 573 C 22 - 25 082 h alt. 119.*
Madrid 425 - Bilbao 34 - Donostia-San Sebastián 71 - Vitoria-Gasteiz 40.

G.H. Durango, Gasteiz bidea 2 ✆ 94 621 75 80, *reservas@granhoteldurango.com, Fax 94 621 75 94,* - |♦| ▤ TV - 25/400. AE ⓓ ⓜ VISA.
Comida *(cerrado domingo noche)* 21 - ☕ 11 - **66 hab** 105/132 - 3 suites.
◆ Construcción tipo palacete en la que se combinan los materiales de calidad y el buen gusto decorativo. Zona social clásica, y habitaciones confortables con baños actuales. Restaurante de cuidado montaje que ofrece carnes de su propia ganadería.

Kurutziaga, Kurutziaga 52 ✆ 94 620 08 64, *kurutziaga@teleline.es, Fax 94 620 14 09,* - |♦|, ▤ rest, TV P - 25/140. ⓓ ⓜ VISA. rest
Comida *(cerrado domingo noche)* 15 - ☕ 7,80 - **18 hab** 55/86.
◆ Conjunto muy clásico, tipo palacete, con un reducido salón social. Posee habitaciones de completo equipamiento, con baños aún de actualidad y un sencillo mobiliario. Luminoso comedor y un original pabellón exterior, en hierro y cristal, para banquetes.

DÚRCAL *18650 Granada 578 V 19 124 M 4 - 5 822 h alt. 830.*
Madrid 460 - Almería 149 - Granada 35 - Málaga 129.

Mariami sin rest con cafetería, Comandante Lázaro 82 ✆ 958 78 04 09, *hotelmariami@telefonica.net, Fax 958 78 04 09* - ▤ TV . AE ⓓ ⓜ VISA
25 hab ☕ 35/60 - 1 apartamento.
◆ Emplazado en el centro de la localidad. Posee habitaciones funcionales de suficiente confort y buen equipamiento, decoradas con mobiliario neorrústico.

EA *48287 Bizkaia 573 B 22 - 813 h alt. 100.*
Madrid 434 - Bilbao 52 - Donostia-San Sebastián 70 - Vitoria-Gasteiz 82.

en Natxitua *Noroeste : 3,5 km :*

Ermintxo con hab, barrio Elejalde, ✉ 48311 Natxitua, ✆ 94 627 77 00, *Fax 94 627 77 51,* ← - TV ♿ P. ⓜ VISA.
cerrado noviembre - **Comida** *(cerrado martes salvo julio-agosto)* carta aprox. 30 - ☕ 5 - **9 hab** 38/48.
◆ Edificio de construcción moderna con vistas al mar. Bar con algunas mesas para el menú y dos comedores a la carta de correcto montaje. Dispone de confortables habitaciones.

ECHEDO *Santa Cruz de Tenerife - ver Canarias (El Hierro) : Valverde.*

ÉCIJA *41400 Sevilla 578 T 14 - 35 727 h alt. 101.*
Ver : Localidad★ - Iglesia de Santiago★ (retablo★) - Iglesia de San Juan (torre★) - Palacios de Benamejí, Peñaflor y Valdehermoso (fachadas★).
pl. de España 1 ✆ 95 590 29 33 turismo@ecija.org.
Madrid 458 - Antequera 86 - Cádiz 188 - Córdoba 51 - Granada 183 - Jerez de la Frontera 155 - Ronda 141 - Sevilla 92.

Palacio de los Granados sin rest, Emilio Castelar 42 ✆ 95 590 10 50, *pablo.ojeda@terra.es, Fax 95 590 14 12* - ▤ ♿. ⓜ VISA
cerrado agosto - **11 hab** ☕ 100/150.
◆ Casa señorial con un bello patio cubierto que funciona como zona noble y otro a modo de terraza con limoneros. Habitaciones personalizadas y de cuidada decoración regional.

Platería, Platería 4 ✆ 95 590 27 54, *hotelplateria@retemail.es, Fax 95 590 45 53* - |♦| ▤ TV - 25/50. ⓜ VISA. rest
Comida 6,60 - ☕ 2 - **18 hab** 33/58.
◆ Pone a su disposición unas habitaciones de línea clásica con baños actuales y mobiliario en tonos blancos. Zona noble en un luminoso patio cubierto.

junto a la autovía A 4 *Noreste : 3 km :*

Astigi, salida 450, ✉ 41400, ✆ 95 590 50 55, *informacion@hotelastigi.com, Fax 95 483 57 01* - ▤ TV P. ⓜ VISA.
Comida 15 - ☕ 4 - **18 hab** 35/50.
◆ Rompe los tópicos del hotel de carretera. Buena organización, escasa zona social aunque muy cuidada, y habitaciones actualizadas con diferentes tipos de suelos. Comedor clásico de correcto nivel.

EIBAR *20600 Gipuzkoa* 573 C 22 – *32 108 h alt. 120.*
Madrid 439 – Bilbao 46 – Pamplona 117 – Donostia-San Sebastián 55.

Arrate, Ego Gain 5 ✆ 943 20 72 42, *arrate@hotelarrate.es, Fax 943 70 00 74* – |♦|, ▤ rest, TV – 25/70. AE ⓓ MC VISA JCB. rest
Comida *(cerrado 23 diciembre-7 enero y domingo noche)* 12,50 – ☕ 6 – **86 hab** 60/85.
• Céntrico y funcional, pone a su disposición unas habitaciones de línea clásica, con buen mobiliario y unos baños algo anticuados que pretenden renovar.

Chalcha, Isasi 7 ✆ 943 20 11 26, *Fax 943 20 11 26* – ▤. AE ⓓ MC VISA JCB.
cerrado agosto, domingo en julio y lunes resto del año – **Comida** carta 40 a 45.
• Restaurante vasco con la dueña al frente de los fogones. De estilo clásico-regional y escasa amplitud, posee un mobiliario y un servicio de mesa que dan la talla.

Eskarne, Arragüeta 4 ✆ 943 12 16 50 – ▤. AE MC VISA.
cerrado agosto y lunes – **Comida** - sólo almuerzo salvo viernes y sábado - carta 28 a 39.
• Casa familiar de sencillas instalaciones, llevada con orgullo y dignidad. Cuenta con dos pequeñas salas, una muy acogedora y otra más modesta a modo de terraza cerrada.

EIVISSA *Illes Balears – ver Baleares.*

El EJIDO *04700 Almería* 578 V 21 124 R 5 – *41 700 h alt. 140.*
Almerimar, Sur : 10 km ✆ 950 49 74 54 Fax 950 49 72 33.
Madrid 586 – Almería 32 – Granada 157 – Málaga 189.

G.H. Victoria, Bulevar 400 ✆ 950 57 32 81, *info@ghvictoria.com, Fax 950 57 32 82,* – |♦| ▤ TV – 25/300. AE ⓓ MC VISA.
La Marmita : **Comida** carta 27 a 36 – ☕ 8 – **84 hab** 70,60/111,20 – 2 suites.
• Hotel moderno y funcional dotado de unas instalaciones diáfanas y espaciosas, con correcta área noble y habitaciones de buen nivel en su categoría. Elegante restaurante de esmerado montaje.

Ejidohotel, av. Oasis (carret. N 340 A) ✆ 950 48 64 14, *ejidoh@cajamar.es, Fax 950 48 64 16* – |♦| ▤ TV P – 25/100. AE ⓓ MC VISA.
Comida 12 – ☕ 5,50 – **86 hab** 45/70.
• Cerca del centro urbano y orientado al cliente de empresa. Cuenta con habitaciones bien equipadas, de línea actual, y completas zonas comunes. Buena organización.

La Costa con hab, carret. de Málaga 48 ✆ 950 48 17 77, *rlacosta@tpi.infomail.es, Fax 950 48 16 50* – |♦| ▤ TV. AE MC VISA.
Comida *(cerrado domingo)* carta 28 a 40 – ☕ 3 – **26 hab** 20/35.
• Uno de los establecimientos más antiguos de la localidad que, tras la reforma total de sus instalaciones, presenta un aspecto moderno. Expositor de productos a la entrada.

La Pampa, pl. de la ONU 2 ✆ 950 48 25 25 – ▤. AE ⓓ MC VISA JCB.
cerrado agosto y domingo – **Comida** - carnes - carta aprox. 34.
• Salón de estilo clásico, decorado con plantas y de correcto montaje, donde degustar sus sabrosas carnes a la brasa. Buen servicio de mesa y organización seria.

en Almerimar *Sur : 10 km :*

Meliá Almerimar , ✉ 04700 El Ejido, ✆ 950 49 70 07, *melia.almerimar@solmelia.com, Fax 950 49 71 46,* – |♦| ▤ TV P – 25/450. AE ⓓ MC VISA.
abril-octubre – **Comida** 15 – ☕ 8,50 – **275 hab** 93/154 – 3 suites.
• A pie de playa. Dotado de completas instalaciones, ideales para disfrutar de unas vacaciones en familia. Habitaciones exteriores, muy alegres, y amplias zonas lúdicas. En el comedor ofrecen carta y buffet.

El Segoviano, puerto deportivo Dársena 2 - edificio La Estrella, ✉ 04711 El Ejido, ✆ 950 49 75 44, – ▤. AE ⓓ MC VISA.
cerrado domingo noche en invierno y lunes – **Comida** carta 21 a 34.
• Cocina castellana servida en lo que antaño fue un restaurante japonés, con especialidad en cochinillo y cordero asados. Buen servicio de mesa.

Náutico Almerimar, puerto deportivo, ✉ 04711 El Ejido, ✆ 950 49 70 73, *Fax 950 49 71 62,* – ▤. AE ⓓ MC VISA.
cerrado del 7 al 31 de enero y lunes – **Comida** carta 27 a 33.
• En el puerto deportivo. Dotado de terraza exterior y salas de correcto montaje en la 1ª planta, donde ofrece una carta media, con predominio de pescados y mariscos.

EKAI DE LÓNGUIDA *31481 Navarra* 573 D 25.
Madrid 416 – Pamplona 27 – Jaca 101 – St-Jean-Pied-de-Port 59.

Ekai, carret. de Aoiz ☎ 948 33 41 53, *hotelekai@hotelekai.com, Fax 948 33 41 53,* ← – TV P. MC VISA.
cerrado 22 diciembre-7 enero – **Comida** 21 – ☕ 5 – **20 hab** 45/65.
◆ Un recurso válido en su categoría, dotado de habitaciones funcionales aunque cuidadas y con mobiliario escogido, las del último piso abuhardilladas y de igual amplitud.

ELANTXOBE *48310 Bizkaia* 573 B 22 – *457 h alt. 81.*
Ver : *Pueblo*★.
Madrid 439 – Bilbao 45 – Donostia-San Sebastián 90 – Vitoria-Gasteiz 75.

Itsasmin, Nagusia 32 ☎ 94 627 61 74, *Fax 94 627 62 93* – TV. MC VISA.
cerrado diciembre – **Comida** - ver rest. ***Itsasmin*** – ☕ 4,20 – **15 hab** 24,04/48,08.
◆ Ubicado en un pueblecito marinero. Ofrece cálidas habitaciones con suelo en parquet, vigas de madera en los techos, y la mayoría de los baños con plato ducha.

Itsasmin - *Hotel Itsasmin,* Bidekalea 2 ☎ 94 627 61 27, ← – MC VISA.
cerrado 15 diciembre-15 enero y martes – **Comida** carta aprox. 27.
◆ Pequeño local con vistas al mar. Pertenece al mismo propietario del hotel, por eso lleva su nombre, y dentro de su sencillez ofrece una correcta cocina tradicional.

ELCHE *Alacant – ver Elx.*

ELDA *03600 Alacant* 577 Q 27 123 D 4 – *54 010 h alt. 395.*
Madrid 381 – Albacete 134 – Alacant/Alicante 37 – Murcia 80.

AC Elda, pl. de la Ficia ☎ 96 698 12 21, *acelda@ac-hotels.com, Fax 96 698 12 22,* – TV – 25/110. AE MC VISA.
Comida 22 – ☕ 7 – **88 hab** 79,82 – 2 suites.
◆ Combina perfectamente la actualidad y la funcionalidad. Amplia zona social de aire moderno y confortables habitaciones al estilo de la cadena, con los suelos en tarima. El restaurante destaca por su montaje y buena iluminación.

Elda sin rest, av. Chapí 4 ☎ 96 538 05 56, *Fax 96 538 16 37* – TV. AE MC VISA.
cerrado del 8 al 28 de agosto – ☕ 6 – **37 hab** 39/57.
◆ En un estilo castellano, con detalles de cierta antigüedad, como sus baños que, sin embargo y pese a ello, resultan muy cuidados. Adecuado confort en su categoría.

Fayago, Colón 19 ☎ 96 538 10 13 – AE MC VISA.
cerrado del 8 al 28 de agosto, domingo noche y lunes – **Comida** carta 24 a 29.
◆ Un negocio familiar llevado con acierto y dignidad. Entorno distendido, discreto montaje y un mantenimiento impecable. Buena acogida y precios atractivos.

en la antigua carretera de Alacant *Sureste : 2 km :*

Idella, ✉ 03600, ☎ 96 539 20 14, *restauranteidella1_@hotmail.com, Fax 96 539 20 14* – P. AE MC VISA.
Comida carta 26 a 36.
◆ Junto a una estación de servicio. Bar público para el tapeo y tres salas de estilo funcional con un mobiliario muy correcto y un montaje que da la talla.

ELIZONDO *31700 Navarra* 573 C 25 – *alt. 196.*
Madrid 450 – Bayonne 53 – Pamplona 49 – St-Jean-Pied-de-Port 31.

Saskaitz sin rest, María Azpilikueta 10 ☎ 948 58 04 88, *hotelelizondo@biaizpe.net, Fax 948 58 06 15* – TV. AE MC VISA.
☕ 6 – **24 hab** 35/60.
◆ Establecimiento de sencilla aunque correcta organización, que resulta un recurso válido en su categoría. Íntima zona social y habitaciones algo reducidas con baños actuales.

Santxotena, Pedro Axular ☎ 948 58 02 97, *rest.santxotena@telefonica.net, Fax 948 58 02 97* – MC VISA
cerrado Navidades, 1ª quincena de septiembre, domingo noche en verano y lunes – **Comida** - sólo almuerzo en invierno - carta aprox. 29.
◆ El esmerado servicio de mesa, la amable atención y el cálido ambiente familiar son valores en alza en este restaurante, donde sirven una carta de elaboración tradicional.

ELORRIAGA *Araba – ver Vitoria/Gasteiz.*

ELOSU *01170 Araba* 573 D 21 - *106 h.*
Madrid 369 - Vitoria-Gasteiz 22 - Logroño 111 - Bilbao 57 - Donostia-San Sebastián 96.

Haritz Ondo, 945 45 52 70, *haritzondo@hotelharitzondo.com, Fax 945 45 59 00* - P. AE MC VISA.
cerrado 22 diciembre-30 enero - **Comida** *(cerrado lunes)* carta aprox. 33 - **14 hab** 53/72.
• Ocupa un tranquilo caserío completamente restaurado, de ambiente acogedor y con decoración rústica. Sus confortables habitaciones poseen mobiliario antiguo y baños actuales. El espacioso restaurante acristalado dispone de excelentes vistas al parque natural.

ELX o **ELCHE** *03200 Alacant* 577 R 27 128 D 5 - *187596 h alt. 90* - **Ver** : *El Palmeral*★★ YZ - *Huerto del Cura*★★ Z- *Parque Municipal*★ Y - *Basílica de Santa María (portada*★*)* Y.
Plaça del Parc 3 ✉ 03202 96 545 27 47 info@turismedelx.com Fax 96 545 78 94.
Madrid 406 ③ - Alacant/Alicante 24 ① - Murcia 57 ②

Plano página siguiente

Huerto del Cura, Porta de la Morera 14, ✉ 03203, 96 661 00 11, *comercial@huertodelcura.com, Fax 96 542 19 10*, - P - 25/600. AE MC VISA JCB. Z c
***Els Capellans* : Comida** carta 32 a 48 - 11 - **72 hab** 92/108 - 10 suites.
• Atractivos pabellones, a modo de bungalows, emplazados en un frondoso palmeral. Elevado confort, interiores cuidados al detalle y gran profesionalidad. Su acogedor restaurante Els Capellans está abierto a un jardín exótico y colorista.

Milenio, Prolongación de Curtidores, ✉ 03203, 96 661 20 33, *recepcion@hotelmilenio.com, Fax 96 661 52 04*, - P - 25/180. Z b
***La Taula del Milenio* : Comida** carta 24 a 33 - 9 - **72 hab** 100/110.
• Su ubicación, en pleno palmeral, le brinda la tranquilidad y sosiego que su trabajo precisa. Línea actual y unas habitaciones espaciosas, alegres y bien iluminadas. El restaurante se complementa con una atractiva terraza.

AC Elche sin rest con cafetería por la noche, d'Almansa 62 96 666 20 65, *acelche@ac-hotels.com, Fax 96 666 20 64*, - P - 25. AE MC VISA. por av. de Novelda X
7 - **63 hab** 91.
• Edificio de fachada poco atractiva, que se ve compensada por unas habitaciones confortables, correctamente equipadas, al estilo de la cadena. Parco en zonas comunes.

Tryp Ciudad de Elche sin rest, av. Joan Carles I-5, ✉ 03203, 96 661 00 33, *tryp.elche@solmelia.com, Fax 96 661 01 10* - - 25/40. AE MC VISA JCB. Y a
8 - **66 hab** 66/75.
• Es el antiguo hotel Don Jaime, actualmente remodelado y actualizado en su confort general. Aunque sus habitaciones no son muy amplias, resultan coquetas y acogedoras.

Campanile, Ronda Vall D'Uxo, ✉ 03206, 965 43 57 60, *campaelche@terra.es, Fax 965 43 57 61* - P - 25/60. AE MC VISA JCB. rest por av. de Novelda X
Comida *(cerrado sábado mediodía y domingo mediodía)* 10,90 - 6,50 - **77 hab** 62.
• Conjunto funcional dotado de correctas instalaciones y situado en un polígono industrial. Las habitaciones resultan actuales, con los suelos en moqueta y baños completos. Su restaurante combina el servicio de buffet con una sencilla carta tradicional.

Madruga sin rest y sin, pl. Jardí d'Asp 5, ✉ 03206, 96 667 47 94 - AE MC VISA. X n
28 hab 35/45.
• Con todo el encanto de un pequeño hotel. Modesto, digno y con un confort sencillo pero actual. Habitaciones completas con mobiliario funcional y unos baños bien equipados.

Candilejas sin rest y sin, Dr. Ferràn 19, ✉ 03201, 96 546 65 12, *Fax 96 546 66 52* - MC VISA. X r
cerrado agosto - **24 hab** 33,50/41.
• Conjunto de modesta organización familiar, dotado de unas habitaciones bien equipadas dentro de su funcionalidad, con mobiliario sencillo y plato ducha en los baños.

La Magrana, av. de Alicante 109, ✉ 03291, 96 545 82 16, - P. AE MC VISA. X v
cerrado domingo noche y lunes - **Comida** carta 22 a 34.
• Establecimiento precedido de una bonita zona ajardinada. Un comedor de aspecto cuidado, con varios privados y diversos salones para celebraciones. Agradable ambiente.

Mesón El Granaino, Josep Maria Buch 40, ✉ 03201, 96 666 40 80, *granaino@medtelecom.net, Fax 96 666 40 79* - AE MC VISA. Y e
cerrado 15 días en agosto y domingo - **Comida** carta 27 a 33.
• Una buena opción gastronómica. Bar público muy concurrido, con una excelente barra, sala bien acondicionada y una bodega en el sótano. Destaca su decoración típica.

ELX / ELCHE

Alfonso XII . . . . Z 3
Almórida . . . . Z 4
Antonio Machado (Av. d') X, Z 6
Baix (Pl. de) . . . . Z 7
Balsa dels Moros (Camí) . . . Y 8
Camí dels Magros . . . . X 10
Camino de l'Almassera . . . . Z 12
Camino del Gato . . . . Z 13
Canalejas (Puente de) . . . . . Z 15
Clará . . . . Y 16
Conrado del Campo . . . . . . Z 17
Corredora . . . . Z
Diagonal del Palau . . . . Y 18
Eres de Santa Llucia . . . . . . Y 19
Escultor Capuz . . . . Z 20
Estació (Pas. de l') . . . . Y 21
Federico García Lorca . . X, Z 23
Fernanda Santamaría . . . . . Z 24
Fray Luis de Léon . . . . X 25
Jiménez Díaz (Doctor) . . . . . Y 28
Jorge Juan . . . . YZ 29
José María Pemán . . . . Z 31
Juan Ramón Jiménez . . . . . Z 32
Luis Gonzaga Llorente . . . . Y 33
Maestro Albéniz . . . . Y 35
Major de la Vila . . . . Y 36
Marqués de Asprella . . . . . . Y 37
Ntra Sra de la Cabeza . . . . . Y 39
Pont dels Ortissos . . . . Y 40
Porta d'Alacant . . . . Y 41
Rector . . . . Z 43
Reina Victoria . . . . Z
Sant Joan (Pl. de) . . . . Z 44
Santa Anna . . . . Z 45
Santa Pola (Av. de) . . . . . X, Y 47
Santa Teresa (Puente) . . . . . Z 48
Sucre . . . . X 49
Tomás i Valiente . . . . X 50
Vicente Blasco Ibáñez . . . . . Y 51
Xop II. Licitá . . . . Z 52

ALMANSA, N 330
A 7-E 15
CV 850
Av. del Ferrocarril
Vinalopó
Av. de Novelda
Av. de la Llibertat
EL PALMERAL
Circunvalacion
CV 865
N 340
ALACANT/ALICANTE
X
L'ALTET
SANTA POLA
TORRE DE RESSEMBLANC
0 500 m
CV 855 LA ALCUDIA DOLORES

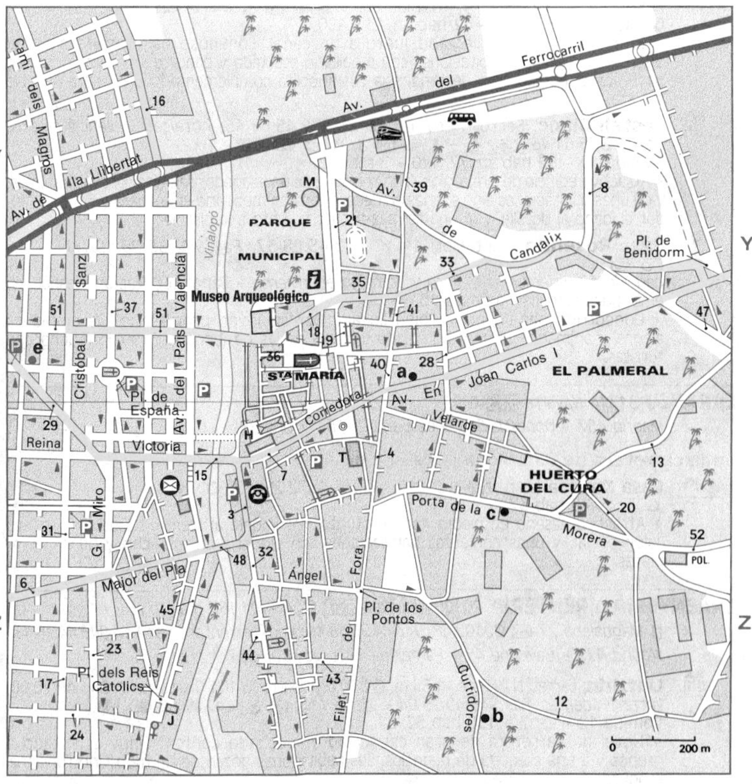

ESPAÑA

X **Asador Ilicitano,** Maestro Giner 9, ✉ 03201, ☎ 96 543 58 64 – ▤. AE ⊙ MC VISA. ✂ X t
cerrado 15 días en agosto y domingo – **Comida** carta 29 a 36.
• Profesionalidad y una carta en la que no falta ni el cordero ni el cochinillo. Un establecimiento amplio, alegre y acogedor, en un estilo rústico con detalles modernos.

por la carretera de El Altet X *Sureste : 4,5 km :*

XXX **La Finca,** Partida de Perleta 1-7, ✉ 03295, ☎ 96 545 60 07, *lafinca@abserver.es, Fax 96 661 25 78,* – ▤ P. AE MC VISA. ✂
cerrado 15 días en enero, Semana Santa, domingo noche y lunes – **Comida** carta 38 a 46.
• Bonita casa de campo rodeada por una terraza ajardinada. Posee un comedor principal neorrústico en dos niveles, donde ofrecen una cocina tradicional con detalles de autor.

por la carretera de La Alcúdia X *Sur : 2 km :*

X **Alcúdia,** carret. Dolores, ✉ 03290, ☎ 96 545 44 42, *Fax 96 661 33 87* – ▤ P. AE ⊙ MC VISA. ✂
Comida - carnes a la brasa - carta aprox. 26.
• Saboree sus especialidades en carne de buey y avestruz. Productos de calidad, profesionalidad y un entorno agradable que, aunque funcional, resulta acogedor.

EMPURIABRAVA *17487 Girona* 574 F 39 122 I 3 – *Playa.*

Ver : *Urbanización*★.
🅸 *Pompeu Fabra ☎ 972 45 08 02 turisme@empuriabrava.com Fax 972 45 06 00.*
Madrid 752 – Figueres 15 – Girona/Gerona 52.

Port Salins 🔇, av. Fages de Climent 10-15 ☎ 902 45 47 00, *info@hotelportsalins.com, Fax 972 45 60 47,* ←, , climatizada – |♦| ▤ TV ♿ P. AE MC VISA. ✂
Comida carta 37 a 53 – **42 hab** ☕ 135/190.
• Emplazamiento privilegiado junto a un canal. Luminoso hall con detalles de diseño, y excelentes habitaciones con mobiliario escogido y baños en mármol. Ascensor panorámico. Restaurante de tendencia cosmopolita complementado con una agradable terraza.

Castell Blanc, Sector Aeroclub 56 ☎ 972 45 61 45, *hotelcastellblanc@arrakis, Fax 972 45 61 46,* , – |♦| ▤ TV ♿ P. ⊙ MC VISA
Comida 10 – **62 hab** ☕ 72/120 – 2 suites.
• Atractivo edificio de aire regional, que dispone de un acogedor salón social con chimenea, y de unas habitaciones algo sobrias en decoración con mobiliario en madera y forja. Comedor cuidado al detalle, con una terraza-barbacoa junto a la piscina.

Casa Rosendo, Sant Mori 11 ☎ 972 45 08 37, *Fax 972 55 20 19,* – ▤. MC VISA
cerrado 12 diciembre-10 enero y domingo en invierno – **Tapa** 3,60 **Ración** - espec. en embutidos ibéricos - aprox. 9,10.
• Concurrido bar de tapas, bien llevado por su joven propietario. De ambiente alegre y animado, es muy apreciado por sus tablas de ibéricos. Trabaja mucho con turistas.

ERRATZU *31714 Navarra* 573 C 25.

Madrid 457 – Donostia-San Sebastián 72 – Pamplona 58.

en la carretera de Pamplona *Oeste : 1,5 km :*

Casa Kordoa sin rest, ✉ 31714, ☎ 948 45 32 22 – P. MC. ✂
☕ 3,50 – **6 hab** 32.
• Atractivo caserío en piedra con un atento matrimonio al frente. Posee un coqueto salón social, y unas correctas habitaciones con viguería en el techo y baños completos.

ERRENTERIA o RENTERÍA *20100 Gipuzkoa* 573 C 24 – 41 163 h alt. 11.

🅸 *Magdalena 27 ✉ 20100 ☎ 943 44 96 38 turismo@errenteria.net Fax 943 44 96 48.*
Madrid 479 – Bayonne 45 – Pamplona 98 – Donostia-San Sebastián 7.

Lintzirin, carret. N I - Este : 1,5 km, ✉ 20180 apartado 101 Oiartzun, ☎ 943 49 20 00, *lintziri@adegi.es, Fax 943 49 25 04* – |♦|, ▤ rest, TV ♿ P. AE MC VISA. ✂
Comida 12 – ☕ 7 – **130 hab** 52/84.
• Hotel de carretera de gran capacidad y adecuado confort, muy orientado a grupos y a una clientela de negocios. Sus habitaciones gozan de un mobiliario funcional renovado.

en el cruce de la carretera de Astigarraga a Oiartzun *Sur : 4 km y desvío 1,5 km :*

XXX **Mugaritz,** Aldura Aldea 20-Otzazulueta Baserria, ✉ 20100, ☎ 943 51 83 43, *info@mugaritz.com, Fax 943 51 82 16* – ▤ P. AE ⊙ ⊕ VISA JCB. ✻
✿ *cerrado 21 días en Navidades, Semana Santa, domingo noche, lunes y martes mediodía* – **Comida** 80 y carta 34 a 60.
Espec. Verduras asadas y brotes silvestres aliñados con mantequilla de avellana y aderezo de queso Emmenthal (mayo-octubre). Escalope de foie-gras tostado con nata fresca de soja y romero, emulsión desgrasada de levadura. El soufflé frío de frutos secos con arenas de polipodio y trazo de regaliz.
◆ Caserío ubicado en pleno monte. Sala única con biombos cuya decoración aúna lo rústico y lo moderno mediante obras de autores vascos. Bar de espera en un edificio anexo.

L'ESCALA *17130 Girona* 574 *F 39* 122 *I 4 – 5 142 h – Playa.*
Ver : *Villa turística★.*
Alred. : *Empúries★★ (ruinas griegas y romanas) - Emplazamiento★★ Norte : 2 km.*
ℹ *pl. de Les Escoles 1 ☎ 972 77 06 03 lescala@lescala.org Fax 972 77 33 85.*
Madrid 748 – Barcelona 135 – Girona/Gerona 39.

Nieves-Mar, passeig Marítim 8 ☎ 972 77 03 00, *mail@nievesmar.com, Fax 972 77 36 05,* ≤ mar, ⛱, ✂ – |♦|, ▤ rest, TV P – 🏃 25/70. AE ⊙ ⊕ VISA. ✻ rest
15 marzo-octubre – **Comida** 21,65 – **75 hab** ☐ 69,74/114,26.
◆ Acogedor hotel de planta horizontal, dotado de unas confortables habitaciones recientemente renovadas, decoradas en tonos pastel. Excelente emplazamiento frente al mar. Comedor espacioso y de cuidado montaje, con abundante luz natural.

Voramar, passeig Lluís Albert 2 ☎ 972 77 01 08, *voramarescala@terra.com, Fax 972 77 03 77,* ≤, ⛱, ⛱ – |♦| TV. ⊕ VISA. ✻
cerrado 15 diciembre-20 febrero – **Comida** *(20 marzo-24 septiembre)* 16 – **36 hab** ☐ 53,25/95,68.
◆ Típico hotel de playa con unos espacios sociales muy completos, y unas habitaciones de línea clásica con baños un tanto reducidos, que resultan de suficiente confort.

El Roser, Iglesia 7 ☎ 972 77 02 19, *reseescala@teleline.es, Fax 972 77 34 98* – |♦|, ▤ rest, TV. AE ⊙ ⊕ VISA. ✻ rest
cerrado noviembre – **Comida** 11 – ☐ 5 – **25 hab** 32/47.
◆ Pequeño hotel de sencilla y eficiente organización familiar, dotado de unas dependencias funcionales y acogedoras, muy válidas en su categoría.

XX **Els Pescadors,** Port d'en Perris 5 ☎ 972 77 07 28, *els@pescadors.com, Fax 972 77 07 28,* ≤ – ▤. AE ⊙ ⊕ VISA. ✻
cerrado noviembre, domingo noche (diciembre-Semana Santa) y jueves salvo verano – **Comida** carta 30 a 42.
◆ Llevado en familia, goza de un excelente emplazamiento. Cuenta con una barra de apoyo y un espacioso comedor, donde sirven esmerados platos con productos seleccionados.

XX **Miryam** con hab, Ronda del Padró 4 ☎ 972 77 02 87, *Fax 972 77 22 02* – ▤ rest, TV P. ⊕ VISA. ✻
cerrado 13 diciembre-21 enero – **Comida** *(cerrado domingo noche salvo julio-agosto)* carta 31 a 45 – ☐ 7 – **14 hab** 58.
◆ Aunque posee habitaciones centra su actividad en el restaurante, de montaje clásico y cuidado mantenimiento, distribuido en dos niveles. Completa carta de vinos.

XX **El Roser 2,** passeig Lluís Albert 1 ☎ 972 77 11 02, *reseescala@teleline.es, Fax 972 77 45 29,* ≤, ⛱ – ▤. AE ⊙ ⊕ VISA. ✻
cerrado febrero y miércoles – **Comida** carta 42 a 55.
◆ Un marco de sencilla elegancia, protagonizado por las bellas vistas del mar que brindan sus grandes ventanales. Bodega climatizada en el sótano para puros y botellas.

X **L'Avi Freu,** passeig Lluís Albert 7 ☎ 972 77 12 41, ≤, ⛱ – ▤. AE ⊙ ⊕ VISA
cerrado octubre – **Comida** carta 25 a 39.
◆ Negocio dirigido con eficacia por sus propietarios. Posee un comedor de correcto montaje decorado en tonos azulados, que se complementa con una agradable terraza exterior.

en Port Escala *Este : 2 km :*

XX **Cafè Navili,** Romeu de Corbera, ✉ 17130 L'Escala, ☎ 972 77 12 01, *Fax 972 77 15 66* – ▤. ⊕ VISA JCB. ✻
cerrado noviembre, diciembre y lunes – **Comida** carta 31 a 45.
◆ Establecimiento de línea moderna, dotado de dos comedores contiguos bien dispuestos, un bar de apoyo y una terraza acristalada. Propone una cuidada selección culinaria.

X **La Clota,** port esportiu, ✉ 17130 L'Escala, ☎ 972 77 08 27, *laclota@cdgir.net, Fax 972 77 29 05,* ⛱ – ▤. AE ⊙ ⊕ VISA JCB
marzo-octubre – **Comida** carta 30 a 47.
◆ Sencillo restaurante de correcto montaje en estilo clásico-marinero, ubicado frente al puerto. Ofrece una carta mediana generosa en pescados.

ESCALANTE *39795 Cantabria* 572 B 19 – *711 h alt. 7.*
Madrid 479 – Bilbao 82 – Santander 45.

San Román de Escalante, carret. de Castillo 1,5 km ☎ 942 67 77 28, *sanromanescalante@mundivia.es, Fax 942 67 76 43*, – ▤ TV P – 25/300. AE ⓓ MO VISA.
cerrado 19 diciembre-19 enero – **Comida** carta 33 a 41 – ☐ 10,50 – **13 hab** 126/152 – 3 suites.
◆ Casona montañesa del s. XVII con una bella ermita románica. Habitaciones decoradas con elegancia dejando que la piedra vista y el mobiliario antiguo adquieran protagonismo. Posee dos comedores de aire rústico y excelso montaje, con profusión de madera.

La ESCALONA *Santa Cruz de Tenerife – ver Canarias (Tenerife) : Vilaflor.*

ESCUNHAU *Lleida – ver Vielha.*

ESPASANTE *15339 A Coruña* 571 A 6.
Madrid 615 – A Coruña 107 – Lugo 104 – Viveiro 28.

Planeta, puerto - Norte : 1 km ☎ 981 40 83 66, *Fax 981 40 80 37*, ≤, Vivero propio – AE ⓓ MO VISA. – *cerrado 15 días en enero-febrero y lunes noche* – **Comida** - pescados y mariscos - carta 21 a 36.
◆ Negocio bien considerado en la localidad, ubicado en la zona del puerto. Posee un amplio bar público, y una sala de correcto montaje. Especializado en productos del mar.

El ESPINAR *40400 Segovia* 575 J 17 121 E 5 – *5 101 h alt. 1 260.*
Madrid 62 – Ávila 41 – Segovia 30.

Casa Marino, Marqués de Perales 11 ☎ 921 18 23 39 – ▤ rest, TV. AE MO VISA.
cerrado 15 septiembre-13 octubre – **Comida** *(cerrado domingo noche y lunes noche)* 13,62 – ☐ 3,01 – **17 hab** 35,37/41,80.
◆ Con cierto encanto familiar. Escasa zona social compensada por unas habitaciones de confort actual, equipadas con doble ventana y unos baños pequeños pero correctos.

ESPIRDO *40191 Segovia* 575 J 17 121 F 3 – *186 h alt. 1 062.*
Madrid 100 – Segovia 10.

La Casona de Espirdo, Las Fuentes 19 ☎ 921 44 90 12, *lacasona@espirdo.com, Fax 921 44 90 12* – TV &. MO VISA. rest
Comida - sólo menu, sólo clientes - 18 – **8 hab** ☐ 42/58.
◆ Antigua casa de labranza con un sobrio soportal. Las habitaciones resultan confortables, con los techos en madera y los baños actuales. Menú casero para el cliente alojado.

L'ESPLUGA DE FRANCOLÍ *43440 Tarragona* 574 H 33 – *3 602 h alt. 414.*
Madrid 521 – Barcelona 123 – Lleida/Lérida 63 – Tarragona 39.

Hostal del Senglar, pl. Montserrat Canals 1 ☎ 977 87 01 21, *recepcio@hostaldelsenglar.com, Fax 977 87 01 27*, – |‡|, ▤ rest, TV P – 25/150. AE MO VISA.
Comida carta 30 a 40 – **40 hab** ☐ 35/50.
◆ Hostal de buena organización, con instalaciones renovadas parcialmente y jardín. Dispone de amplias habitaciones decoradas con sencillez y equipadas con baños completos. Restaurante típico con varios salones de carácter rústico. Trabaja mucho los banquetes.

L'Ocell Francolí, passeig Cañellas 2-3 ☎ 977 87 12 16, *info@ocellfrancoli.com, Fax 977 87 12 16* – ▤ rest, TV. MO VISA. rest
cerrado del 1 al 15 de enero – **Comida** *(cerrado domingo noche)* 18 – ☐ 6 – **12 hab** 24/46.
◆ Instalado en el centro de la localidad, en una antigua fonda renovada. Sus dependencias resultan sencillas pero acogedoras, y poseen un adecuado equipamiento. Comedor de línea clásica que propone una cocina de sabor regional.

ESPLUGUES DE LLOBREGAT *Barcelona – ver Barcelona : Alrededores.*

ESPONELLÀ *17832 Girona* 574 F 38 122 G 3 – *383 h alt. 142.*
Madrid 739 – Figueres 19 – Girona/Gerona 29.

Can Roca, av. Carlos de Fortuny 1 ☎ 972 59 70 12, *estherpages@wanadoo.es, Fax 972 59 70 12*, – ▤ P. AE ⓓ MO VISA. – *cerrado 1ª quincena de marzo, 2ª quincena de septiembre y martes* – **Comida** - carnes - carta 18 a 27.
◆ Negocio de atención familiar, con una barra de apoyo en la entrada y dos comedores de estilo clásico, donde sirven platos de sabor local a precios moderados.

ESPOT *25597 Lleida* 574 *E 33 – 239 h alt. 1 340 – Deportes de invierno en Super Espot : 10.*
Alred. : *Oeste : Parque Nacional de Aigües Tortes★★.*
Prat del Guarda 4 973 62 40 36 aiguestortes@servicom2000.com Fax 973 62 40 36.
Madrid 619 – Lleida/Lérida 166.

ESQUEDAS *22810 Huesca* 574 *F 28 – 147 h alt. 509.*
Madrid 404 – Huesca 14 – Pamplona 150.

XX **Venta del Sotón,** carret. A 132 974 27 02 41, *soton@computerhuesca.es, Fax 974 27 01 61* – P. AE MC VISA.
cerrado 15 enero-15 febrero, domingo noche y lunes – **Comida** carta 35 a 53.
• Casa rústica que combina en sus fogones los platos de corte regional con otros de sugerente creatividad. Cuidado comedor y varios reservados para banquetes a modo de carpa.

ESTANY DE CULLERA *València – ver Cullera.*

L'ESTARTIT *17258 Girona* 574 *F 39* 122 *J 4 – 6 723 h – Playa.*
Excurs. : *Islas Medes★★ (en barco).*
passeig Marítim 972 75 19 10 info@estarlit.org Fax 972 75 17 49.
Madrid 745 – Figueres 39 – Girona/Gerona 35.

Bell Aire, Església 39 972 75 13 02, *info@hotelbellaire.com, Fax 972 75 19 58,* – . AE MC VISA.
23 marzo-2 octubre – **Comida** 9,95 – 4,15 – **76 hab** 47,55/72,55.
• Hotel de atención familiar y línea clásica, que posee una espaciosa zona noble, y unas habitaciones de notable amplitud con baños que resultan un tanto anticuados. Restaurante de correcto montaje que basa su oferta en el menú.

X **La Gaviota,** passeig Marítim 92 972 75 20 19, *info@restaurantegaviota.com, Fax 972 75 20 19,* – . MC VISA.
cerrado 15 noviembre-15 diciembre y lunes – **Comida** carta 21 a 37.
• Restaurante de seria organización familiar, ubicado frente a la playa. En su bien dispuesta mesa podrá degustar una selección gastronómica basada en la cocina de mercado.

ESTEIRO *15240 A Coruña* 571 *D 3 – 2 202 h – Playa.*
Madrid 648 – Santiago de Compostela 49 – A Coruña 96 – Pontevedra 80 – Valença do Minho 133.

Punta Uia, carret. C 550 - Sureste : 1,5 km 981 85 50 05, *reservas@hotelpuntauia.com, Fax 981 85 50 65,* , – P. MC VISA.
cerrado del 15 al 29 de noviembre – **Comida** 27,05 - ***A Lareira*** *(cerrado lunes)* **Comida** carta 24 a 32 – 4 – **10 hab** 69/81.
• A su bonito exterior con hórreos se une el privilegiado emplazamiento frente a las rías de Muros y Noia. Dependencias de correcto confort cuidadas al detalle. Restaurante de estilo rústico, con suelo en piedra y techo en madera.

X **Muiño,** Ribeira de Mayo - carret. C 550 981 76 38 85 – . AE MC VISA JCB.
cerrado lunes noche en invierno – **Comida** carta aprox. 28.
• Restaurante de sencillo montaje en estilo clásico funcional, con buen vivero de mariscos, una sala para el menú y otra a la carta. Su plato estrella es el bogavante con arroz.

ESTELLA *31200 Navarra* 573 *D 23 – 13 569 h alt. 430.*
Ver : *Palacio de los Reyes de Navarra★ – Iglesia San Pedro de la Rúa : (portada★, capiteles★★) – Iglesia de San Miguel : (fachada★, altorrelieves★★).*
Alred. : *Monasterio de Irache★ (iglesia★) Suroeste : 3 km – Monasterio de Iranzu (garganta★) Norte : 10 km.*
Excurs. : *carretera del Puerto de Lizarraga★★ (mirador★), carretera del Puerto de Urbasa★★.*
San Nicolás 3 948 55 63 01 oit.estella@cfnavarra.es Fax 948 55 63 01.
Madrid 380 – Logroño 48 – Pamplona 45 – Vitoria-Gasteiz 70.

XX **Navarra,** Gustavo de Maeztu 16 (Los Llanos) 948 55 10 69, *Fax 948 55 47 53* – . AE VISA.
cerrado Navidades, enero, domingo noche y lunes – **Comida** carta 25 a 37.
• Instalado en una antigua villa con jardín decorada en estilo navarro medieval. El atractivo exterior se une a un cuidado montaje, con mantel individual y mesas de azulejos.

XX **Richard,** av. de Yerri 10 948 55 13 16, *Fax 948 55 13 16* – . MC VISA.
cerrado del 1 al 15 de septiembre y lunes noche – **Comida** carta 33 a 40.
• Restaurante de correcta organización familiar, comunicado con un bar público anexo. Dispone de una decoración actual, con una original iluminación, y una cocina clásica.

en la carretera de Logroño *Suroeste : 3 km :*

Irache, Prado de Irache 7, ✉ 31240 Ayegui, ☎ 948 55 11 50, *hoteliratxe@terra.es, Fax 948 55 47 54,* – 25/200. AE MC VISA. rest
Comida - sólo almuerzo salvo Semana Santa y verano - 19 – 7 – **31 hab** 59/89 – 20 apartamentos.
• Habitaciones de corte clásico y apartamentos tipo estudio con dormitorio independiente. Algunos baños equipados con plato ducha. Salones bien acondicionados. Comedor de aire rústico provisto de un servicio de mesa de buen nivel.

Una reserva confirmada por escrito o por fax es una garantía de seguridad.

ESTEPONA *29680 Málaga* 578 W 14 124 D 7 – *36 307 h – Playa.*

Ver : *Localidad★ – Casco antiguo★.*

18 *El Paraíso, Noreste : 13 km por N 340 ☎ 95 288 38 46 Fax 95 288 58 27.*

av. San Lorenzo 1 ☎ 95 280 20 02 turismo@estepona.es Fax 95 279 21 81.

Madrid 640 – Algeciras 51 – Málaga 85.

Aguamarina sin rest con cafetería, av. San Lorenzo 32 ☎ 95 280 61 55, *roybehotelles@costasol.net, Fax 95 280 45 98* – . MC VISA.
36 hab 57,20/79,80.
• Céntrico hotel muy enfocado al cliente de negocios. Habitaciones sobrias pero con atractivos complementos, dentro de un buen confort general.

XX **Robbies,** Jubrique 11 ☎ 95 280 21 21, *Fax 95 280 21 21* – . MC VISA.
cerrado agosto y lunes – **Comida** - sólo cena - carta aprox. 36.
• Coqueto restaurante ubicado en una casa típica del casco antiguo. Interior cuidado aunque algo recargado, donde se da cita una clientela turística internacional.

en el puerto deportivo :

XX **El Cenachero,** ✉ 29680 Estepona, ☎ 95 280 14 42, *Fax 95 280 14 42,* – . AE MC VISA.
Comida carta 26 a 30.
• Situado en el puerto, zona con múltiples ofertas gastronómicas. Posee una terraza muy popular, un correcto comedor y una carta tradicional bastante equilibrada.

por la autovía de Málaga :

Sofitel Las Dunas, La Boladilla Baja - Noreste : 8,5 km, ✉ 29689, ☎ 95 279 43 45, *las-dunas@accord-hotels.com, Fax 95 279 48 25,* , Servicios terapéuticos, , climatizada, – 25/250. AE MC VISA.
Comida - ver también rest. ***Lido*** - ***Bistro Felix*** *(cocina asiática)* **Comida** carta 51 a 62 – 25 – **73 hab** 310/350 – 11 suites.
• Extraordinarias instalaciones con habitaciones de gran luminosidad, y área para tratamientos de belleza. Exterior ajardinado junto a la playa y detalles de auténtico lujo. Atractivo comedor de diseño con vivos colores en su decoración.

Kempinski, playa del Padrón - Noreste : 4 km, ✉ 29680, ☎ 95 280 95 00, *agp.reservation@kempinski.com, Fax 95 280 95 50,* – 25/275. AE MC VISA.
El Mirador : **Comida** carta 46 a 79 – 23 – **133 hab** 340/400 – 15 suites.
• Lujoso hotel en una construcción ecléctica de aire exótico y tropical, con habitaciones que alternan los estilos clásico y moderno. Amplio jardín con piscina frente al mar. Restaurante de excelente montaje con una agradable terraza.

Andalucía Princess, Noreste : 9 km y desvío 1 km, ✉ 29689, ☎ 95 280 88 33, *reservas.andalucia@princess-hotels.com, Fax 95 280 26 52,* – . AE MC VISA.
Comida 26 – 16 – **380 hab** 208/250.
• Gran capacidad, con destacada zona social, y unas equipadas habitaciones distribuidas en torno a las tres piscinas exteriores que comparte con el hotel Costa del Sol Princess.

El Paraíso Costa del Sol, urb. El Paraíso - Noreste : 11,5 km y desvío 1,5 km, ✉ 29680, ☎ 95 288 30 00, *hparaiso@jet.es, Fax 95 288 20 19,* mar y montaña, Servicios terapéuticos, – 25/120. VISA.
Comida 19,50 - ***La Pirámide*** *(sólo cena)* **Comida** carta 32 a 43 – 12,35 – **171 hab** 122,50/189,50 – 5 suites.
• Instalaciones de sol y playa, con buen confort general y una interesante oferta deportiva. Entre sus servicios poseen un centro de medicina tradicional china. Restaurante de línea clásica con terraza cubierta.

XXXX **Lido** - *Hotel Las Dunas,* La Boladilla Baja - Noreste : 8,5 km, ✉ 29689, ☎ 95 279 43 45, *las-dunas@accord-hotels.com, Fax 95 279 48 25,* ←, 🏖 - ▤ 🚗 P. AE ⓓ MC VISA. ✂
cerrado lunes y martes – **Comida** - sólo cena - 80 y carta aprox. 79.
Espec. Vieiras con ravioli de patata crujiente y gazpacho de lechuga. Cordero lechal con menta falafel, escalonias-harissa y yogur. Parfait de naranja seca con mousse de romero y praliné de chocolate al horno.
◆ Refinamiento y exquisitez en un comedor semicircular con amplios ventanales, y en la agradable terraza con vistas al mar. Cocina cosmopolita con toques creativos.

XX **La Alcaría de Ramos,** urb. El Paraíso - Noreste : 11,5 km y desvío 1,5 km, ✉ 29680, ☎ 95 288 61 78, *Fax 95 288 20 31,* 🏖 - ▤. MC VISA. ✂
cerrado del 1 al 16 de diciembre y domingo salvo 15 días en agosto – **Comida** - sólo cena - carta aprox. 27.
◆ Casa seria y bien organizada que rezuma un inequívoco aroma andaluz. Ofrece una carta de buen nivel a precios moderados, pequeño bar privado y una sencilla terraza anexa.

XX **Playa Bella,** urb. Playa Bella - Noreste : 7 km, ✉ 29680, ☎ 95 280 16 45 - ▤. MC VISA. ✂
cerrado 8 enero-8 febrero y miércoles – **Comida** - sólo cena salvo fines de semana - carta 19 a 30.
◆ Restaurante consolidado en la zona al que se accede por un bar de estilo rústico-regional. Correcto confort, y una cocina especializada en carnes, pescados y mariscos.

en la carretera de Cádiz N 340 *Suroeste : 5 km :*

X **La Menorah,** urb. Arena Beach ☎ 952 79 27 34, *lamenorah@mixmail.com, Fax 952 79 58 54,* 🏖 - AE ⓓ MC VISA
cerrrado noviembre y lunes – **Comida** carta 24 a 30.
◆ Comedor de correcto montaje con las paredes pintadas en colores alegres. Ofrece una cocina tradicional de calidad, con productos de mercado y temporada. Agradable terraza.

ESTERRI D'ÀNEU *25580 Lleida* 574 E 33 – *446 h alt. 957.*

Ver : *Vall d'Àneu★★.*

Alred. : *Iglesia de Sant Joan d'Isil★ Noroeste : 9 km.*

ℹ *Major 42 bis ☎ 973 62 63 45 vallsdaneu@autovia.com.*

Madrid 624 – Lleida/Lérida 168 – La Seu d'Urgell/Seo de Urgel 84.

🏠 **La Creu** sin rest, Major 3 ☎ 973 62 64 37, *pensiolacreu@yahoo.es, Fax 973 62 62 86* - 🛗 TV ♿. AE ⓓ MC VISA. ✂
cerrado noviembre – **21 hab** ☕ 25/45.
◆ Céntrica pensión familiar dotada de habitaciones no muy espaciosas, aunque de buen confort actual, la mayoría adaptadas para minusválidos. Zona social nueva y amplia.

X **Els Puis** con hab, av. Dr. Morelló 13 ☎ 973 62 61 60, *els-puis@mixmail.com, Fax 973 62 63 62,* ← - ▤ rest, TV. ⓓ MC VISA JCB. ✂
cerrado mayo – **Comida** *(cerrado lunes)* carta aprox. 27 – ☕ 4,50 – **7 hab** 40.
◆ Pequeño restaurante donde degustar una cocina de tintes creativos, acompañada de una correcta carta de vinos y licores. Habitaciones sencillas pero cuidadas como complemento.

A ESTRADA *36680 Pontevedra* 571 D 4 – *21 947 h.*

Madrid 599 – Ourense 100 – Pontevedra 44 – Santiago de Compostela 23.

X **Nixon,** av. de Puenteareas 14 ☎ 986 57 02 61, *correo@restaurantenixon.com, Fax 986 57 02 61* - ▤. AE ⓓ MC VISA
cerrado 8 noviembre-2 diciembre, domingo noche y lunes – **Comida** carta 23 a 33.
◆ Céntrico restaurante de correcta organización familiar. Posee una sala de buen confort donde ofrece una carta de múltiples sabores, y un servicio de mesa a su altura.

ETXALAR *31760 Navarra* 573 C 25 – *844 h alt. 100.*

Madrid 494 – Biarritz 48 – Pamplona 65 – Donostia-San Sebastián 40.

en la carretera N 121 A *Oeste : 4 km :*

🏨 **Venta de Etxalar,** ✉ 31760, ☎ 948 63 50 00, *info@etxalar.com, Fax 948 63 52 63,* 🏋, 🏊 - 🛗 ▤ TV ♿ 🚗 P. AE MC VISA. ✂
Comida *(cerrado domingo noche)* 8 – ☕ 4,20 – **40 hab** 41/58.
◆ Un lugar creado para disfrutar, en plena naturaleza. Descubra todo su encanto en unas habitaciones de cuidado confort, correctamente equipadas con baños actuales. En su comedor podrá degustar platos tan típicos como las palomas torcaces de Etxalar.

EZCARAY *26280 La Rioja* 573 F 20 – *1 937 h alt. 813 – Deportes de invierno en Valdezcaray* ⛷ 7.

Sagastía 1 ☎ 941 35 46 79 turismo@ezcaray.org Fax 941 35 46 79.
Madrid 316 – Burgos 73 – Logroño 61 – Vitoria-Gasteiz 80.

Echaurren, Héroes del Alcázar 2 ☎ 941 35 40 47, *info@echaurren.com, Fax 941 42 71 33* – |♦|, ▤ rest, TV 🚗. AE ⓓ MC VISA. ✂
cerrado 20 días en diciembre - ***El Portal*** *(cerrado domingo noche y lunes)* **Comida** carta 39 a 51 – ☕ 7 – **25 hab** 43/76 – 2 suites, 4 apartamentos.
Espec. Paté crujiente y templado de caza. Lubina con almejas y hongos a la parrilla sobre calabaza ahumada. Fresas, pan y queso.
◆ Bien equipado y dotado de cuidadas habitaciones. Posee dos salones sociales, reservando el del 1er piso a los clientes alojados. El comedor del hotel ofrece platos tradicionales y el restaurante El Portal destacable cocina de autor, en un marco de puro diseño.

Palacio Azcárate, Héroes del Alcázar 8 ☎ 941 42 72 82, *info@palacioazcarate.com, Fax 941 42 72 92* – |♦| ▤ TV ☎ – 🏛 25/90. MC VISA
cerrado 15 días en noviembre – **Comida** *(cerrado lunes)* 16 – **19 hab** ☕ 95/120.
◆ Complejo formado por dos edificios a modo de palacetes. Sus habitaciones resultan muy confortables, con mobiliario de calidad y los suelos en madera. Agradable terraza-jardín. Coqueta cafetería, correcto comedor clásico y un buen salón de banquetes.

El Rincón del Vino, av. Jesús Nazareno 2 ☎ 941 35 43 75, *elrincondelvino@.com, Fax 941 42 72 68,* 🌳, Exposición, venta de vinos y productos típicos de La Rioja – P. ⓓ MC VISA. ✂
cerrado junio, martes noche y miércoles salvo agosto – **Comida** carta 27 a 34.
◆ Precedido de un jardín realzado con aperos de la vendimia. Cálida zona de bar, pequeño apartado para la venta de productos y dos comedores de entrañable rusticidad.

FALSET *43730 Tarragona* 574 I 32 – *2 477 h alt. 364.*

Ver : *Localidad★.*
Madrid 518 – Lleida/Lérida 96 – Tarragona 43 – Tortosa 66.

Sport, Miguel Barceló 6 ☎ 977 83 00 78, *info@hostalsport.com, Fax 977 83 00 63* – |♦| ▤ TV. AE ⓓ MC VISA. ✂
Comida carta 20 a 27 – ☕ 8 – **32 hab** 59/66.
◆ Antiguo hostal renovado totalmente, que dispone de unas excelentes habitaciones con suelo en moqueta, mobiliario funcional, y espaciosos baños. Confortable salón social. Su luminoso comedor ofrece gran variedad de platos y una completa carta de vinos.

FANALS (Playa de) *Girona – ver Lloret de Mar.*

FELANITX *Illes Balears – ver Balears (Mallorca).*

FELECHOSA *33688 Asturias* 572 C 13.

Madrid 467 – Oviedo 52 – Mieres 37 – Gijón 56.

De Torres, carret. General 85 ☎ 98 548 70 11, *hrdetorres@hotmail.com, Fax 98 548 70 71* – |♦|, ▤ rest, TV. MC VISA. ✂
Comida *(cerrado lunes noche y martes)* carta 20 a 28 – ☕ 4,20 – **13 hab** 36/50.
◆ Íntimo hotelito con la fachada en piedra y madera. El bar de la entrada funciona como recepción y dispone de habitaciones actuales con mobiliario de estilo rústico. El restaurante posee dos comedores clásicos y organiza jornadas gastronómicas sobre la caza.

Casa El Rápido, carret. General 6 ☎ 98 548 70 51, *info@casaelrapido.com, Fax 98 548 75 42* – |♦| TV. AE ⓓ MC VISA. ✂
Comida *(cerrado viernes salvo julio-agosto)* 10 – **17 hab** ☕ 30/50 – PA 20.
◆ De sencilla organización familiar, ofreciendo unas cuidadas habitaciones con el suelo en madera, mobiliario clásico y baños completos. Reducida zona social.

La FELGUERA *33930 Asturias* 572 C 13.

Madrid 448 – Gijón 40 – Mieres 14 – Oviedo 21.

San Pedro sin rest, Melquíades Álvarez 81 ☎ 98 569 32 11, *correo@hotelsanpedro.com, Fax 98 567 63 23* – |♦| TV. AE ⓓ MC VISA. ✂
☕ 3,50 – **14 hab** 44,70/54,10.
◆ Pequeño hotel de línea clásica situado en una de las principales calles de la localidad. Posee unas acogedoras habitaciones de notable amplitud, con mobiliario escogido.

FENE 15500 A Coruña 571 B 5 – 14 759 h alt. 30.
Madrid 609 – A Coruña 58 – Ferrol 6 – Santiago de Compostela 86.

por la carretera N 651 *Sur : 3 km y desvío a San Marcos 1 km :*

Muiño do Vento, Magalofes 4 - bajo, ✉ 15509 Magalofes, ☎ 981 34 09 21, *Fax 981 34 09 21 –* ▤ P. AE ⓓ MC VISA. ✂
cerrado del 1 al 25 de septiembre, domingo noche y lunes – **Comida** carta aprox. 30.
◆ Modestas instalaciones de buena organización familiar y acreditada fama en la zona. Bar de espera con atractivo expositor de productos y dos salas de correcto montaje.

FERROL 15400 A Coruña 571 B 5 – 85 132 h – Playa.
pl. Camilo José Cela (edificio administrativo 1º) ✉ 15403 ☎ 981 33 71 31 Fax 981 33 70 13 y Porta Nova ✉ 15404 ☎ 981 44 67 00.
Madrid 608 ② – A Coruña 61 ② – Gijón 321 ① – Oviedo 306 ① – Santiago de Compostela 103 ②

Plano página siguiente

Hesperia Ferrol, Estrada de Castela 75, ✉ 15403, ☎ 981 33 02 26, *hotel@hesperia-ferrol.com, Fax 981 33 02 28 –* |‡| ▤ TV ♿ 🚗 – 🏛 25/100. AE ⓓ MC VISA. ✂ CY h
Comida *(cerrado domingo)* 20 – ☕ 9 – **94 hab** 90/110 – 1 suite.
◆ Excelente hotel de línea clásica en una de las principales arterias de acceso a la ciudad. Destaca el confort de sus habitaciones, muy luminosas y con mobiliario de calidad.

Parador de Ferrol, Almirante Fernández Martín, ✉ 15401, ☎ 981 35 67 20, *ferrol@parador.es, Fax 981 35 67 21,* ≤ – |‡| ▤ TV ♿ – 🏛 25/300. AE ⓓ MC VISA JCB. ✂ AZ a
Comida 25 – ☕ 11 – **36 hab** 108/135.
◆ Edificio regional con detalles marineros decorando sus renovadas estancias. Las habitaciones, con mobiliario clásico y baños en mármol, resultan muy confortables. Restaurante con un elegante comedor en madera, y otro más luminoso en una galería acristalada.

El Suizo sin rest, Dolores 67, ✉ 15402, ☎ 981 30 04 00, *hotelsuizo@logiccontrol.es, Fax 981 30 03 06 –* |‡| ▤ TV 🚗. AE ⓓ MC VISA. ✂ BZ b
☕ 6,30 – **34 hab** 57,10/75,15.
◆ Hotel de hermosa fachada que conjuga en su interior el diseño y el confort más modernos. Habitaciones de escogido equipamiento con solado en madera, cuatro abuhardilladas.

Barceló Almirante, María 2, ✉ 15402, ☎ 981 33 30 73, *almirante@infonegocio.com, Fax 981 33 39 62 –* |‡|, ▤ rest, TV ♿ – 🏛 25/200. AE ⓓ MC VISA. ✂ rest CY c
Gavia *(cerrado 15 días en enero y domingo noche)* **Comida** carta aprox. 30 – ☕ 9 – **97 hab** 80.
◆ Completamente renovado en 1999. Posee una nueva recepción, correcta zona social, una moderna cafetería y cuidadas habitaciones, unas clásicas y otras más actuales. El restaurante practica un maridaje entre los asados castellanos y los platos típicos gallegos.

Real sin rest y sin ☕, Dolores 11, ✉ 15402, ☎ 981 36 92 55, *reservas@hostalrealferrol.com, Fax 981 36 92 56 –* |‡| TV. AE MC VISA. ✂ BY d
35 hab 36/45.
◆ Un hostal interesante y a buen precio. Conjunto de línea actual con un cuidado salón social y unas modernas habitaciones, que gozan de un confort superior a su categoría.

Valencia sin rest, av. de Catabois 390, ✉ 15405, ☎ 981 37 03 52, *Fax 981 31 80 11 –* |‡| TV 🚗. AE ⓓ MC VISA. ✂ por ①
☕ 5 – **29 hab** 35/45 – 4 apartamentos.
◆ De línea clásico-actual y muy correcto en su nivel. Posee reducidas zonas comunes y unas habitaciones confortables, con suelo en madera y mobiliario de calidad.

América sin rest, Sánchez Calviño 70-76, ✉ 15404, ☎ 981 37 02 08, *hotel.america@teleline.es, Fax 981 37 02 48 –* TV 🚗. AE MC VISA. ✂ CY a
☕ 5 – **28 hab** 51/65.
◆ Pequeño hotel de línea clásica. Su reducida zona noble se ve compensada con una cafetería, donde también sirven desayunos. Habitaciones funcionales de suficiente confort.

O'Parrulo, av. de Catabois 401, ✉ 15405, ☎ 981 31 86 53, *oparrulo2002@mixmail.com, Fax 981 32 35 31 –* ▤ P. AE ⓓ MC VISA. ✂ por ①
cerrado del 1 al 15 de agosto, del 15 al 31 de diciembre, miércoles noche y domingo – **Comida** carta 25 a 34.
◆ Conocido restaurante que está avalado por su seria trayectoria. Dispone de una bar en la entrada y salas en dos niveles, con reservados de superior montaje. Clientela asidua.

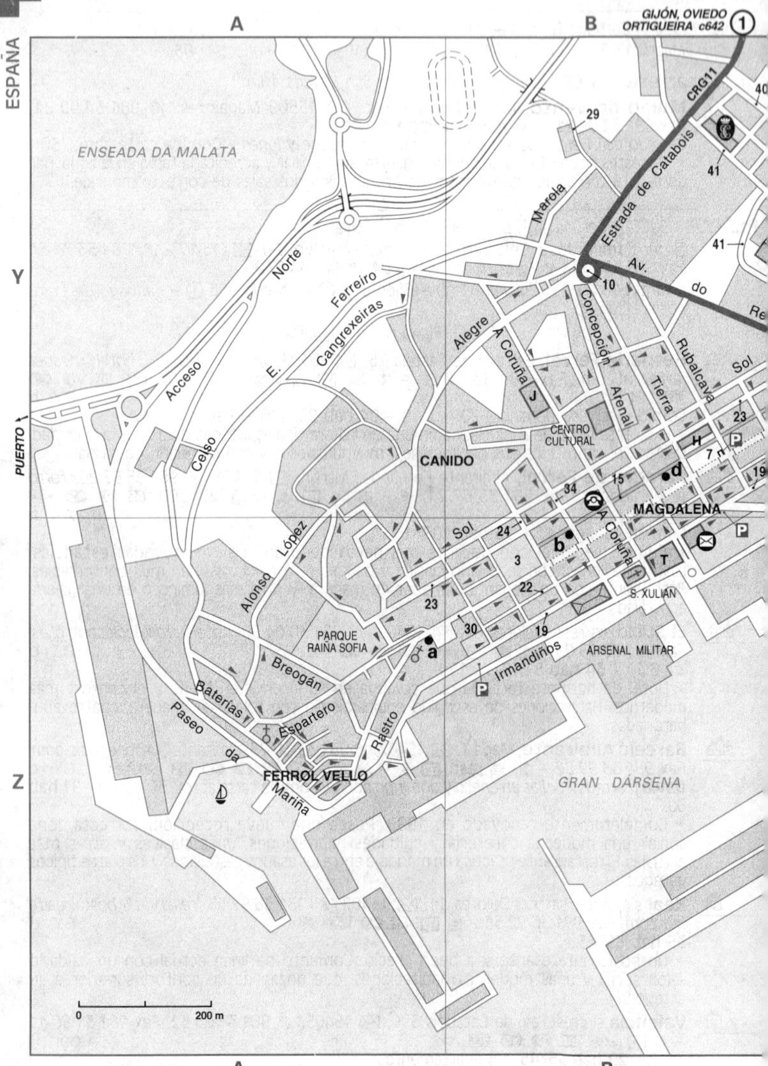

Medulio, Lugar del Bosque 73 - Serantes, ✉ 15405, ✆ 981 33 00 89 – P. AE ⓓ MC VISA. ✂ por estrada de Xoane BY
cerrado 2ª quincena de julio, domingo noche y lunes – **Comida** carta 34 a 42.
◆ Casa familiar dotada de una excelente fachada y cuidados exteriores, así como de un moderno comedor con algún detalle decorativo en piedra vista. Productos de gran calidad.

por Estrada do Raposeiro BY *Noroeste : 4 km :*

A Gabeira, Balón, ✉ 15593, ✆ 981 31 68 81, *Fax 981 36 92 23*, – ▤ P. AE ⓓ MC VISA. ✂ – *cerrado 13 octubre-7 noviembre, domingo noche, lunes y martes noche* – **Comida** carta 36 a 42.
◆ Ubicado en una aldea a las afueras de la ciudad. Amplio bar de espera en la entrada, y dos salas de cuidado montaje. Carta de corte regional con denominaciones actuales.

FERROL

Calle	Cuadrícula	Nº
A Coruña	BYZ	
Acceso Norte	AY	
Alcade Usero	CY	
Alegre	ABY	
Alonso López	AYZ	
Álvarez de Sotomayor	CY	2
Amboaxe (Pr. de)	BZ	3
Angustias (Pr. das)	CZ	5
Armas (Pr. de)	BY	7
As Pías (Av.)	CY	8
Baterías	AZ	
Breogán	AZ	
Cangrexeiras	AY	
Canido (Pr. de)	BY	10
Caranza (Estrada de)	CY	12
Cardosas (Camiño de)	CY	
Castela (Estrada de)	CY	
Castillo de Andrade	CY	13
Catabois (Estrada de)	BY	
Catalunya	CY	14
Celso E. Ferreiro	AY	
Circunvalación (Estrada de)	CZ	
Colón	CZ	
Concepción Arenal	BY	
Cuntis	CY	
Deporte	CY	
Dolores	BYZ	15
España (Pr. de)	CY	
Españoleto	CY	
Espartero	AZ	
Esteiro (Av. de)	CYZ	
Euzkadi	CY	16
Fernando VI	CZ	
Galiano	BCY	18
Iglesia	BCYZ	19
Inferniño	CY	20
Instituto	CY	
Irmandiños	BZ	
Mac-Mahón	CZ	
Magdalena	BCYZ	22
María	ABYZ	23
Mariña (Pas. da)	AZ	
Marola	BY	
Méndez Núñez	BZ	24
Naturalista López Seoane	CYZ	25
Paz (Av. da)	CY	
Pontevedra	CY	28
Ramón y Cajal	CY	
Raposeiro (Estrada do)	BY	29
Rastro	AZ	
Real	BCYZ	30
Rei (Av. da)	BCY	
Ricardo Carballo Calero	CY	31
Río Mera	CY	32
Rochel	CY	
Rubalcava	BY	
San Roque y Ánimas	CZ	35
Sánchez Barcaiztegui	BY	34
Sol	BYZ	
Soto	CY	
Taxonera	CZ	
Tierra	BY	
Velázquez	CY	37
Venezuela	CY	38
Vigo (Av. de)	CYZ	
Villarrube	BY	40
Virgen de la Cabeza	BY	41
Zurbarán	CY	42

FIGUERAS *33794 Asturias* 572 B 8.
Madrid 593 – Lugo 92 – Oviedo 150.

Palacete Peñalba, El Cotarelo ✆ 98 563 61 25, *info@hotelpalacetepeñalba.com, Fax 98 563 62 47,* – TV P. AE VISA JCB.
cerrado enero – **Comida** - ver rest. **Peñalba** – 9 – **23 hab** 100.
◆ Sus elegantes dependencias mantienen el estilo modernista de principios del s. XX, destacando las magníficas habitaciones de techos altos con mobiliario de época.

Peñalba - *Hotel Palacete Peñalba,* av. Trenor (puerto) ✆ 98 563 61 66, *Fax 98 563 62 47* – AE VISA JCB. – *cerrado enero y lunes salvo julio-agosto* – **Comida** carta 32 a 45.
◆ Bien situado en la zona portuaria, donde propone una atractiva carta de tendencia cosmopolita con base asturiana. Bar de estilo marinero y comedor principal en la 1ª planta.

FIGUERES *17600 Girona* 574 F 38 122 H 3 – *35 301 h alt. 30.*

Ver : *Localidad★ – Teatre-Museu Dalí★★* BY – *Torre Galatea★* BY – *Museo de Juguetes (Museu de Joguets★)* BZ – *Castillo de Sant Ferran★* AY.

Alred. : *Vilabertran★ (Monasterio de Santa María de Vilabertran★★) Noreste : 5 km.*

18 Torremirona, Navata por ④ ; 9,5 km ✆ 972 55 37 37 Fax 972 55 37 16.

pl. del Sol ✆ 972 50 31 55 fituris@ddgi.es Fax 972 67 31 66.

Madrid 744 ③ – Girona/Gerona 42 ③ – Perpignan 58 ①

President, ronda Firal 33 ✆ 972 50 17 00, *info@hotelpresident.info*, Fax 972 50 19 97 – 🛗 ▤ TV 🚗 P. AE ① ⓂⓄ VISA. ✂ BZ v

Comida 12 – ☕ 10 – **76 hab** 58/75.

• Hotel de línea clásica llevado en familia, dotado de unas habitaciones que están siendo renovadas paulatinamente para mejorar su confort general. Acogedora zona social. Concurrido restaurante de correcto montaje y cuidada decoración.

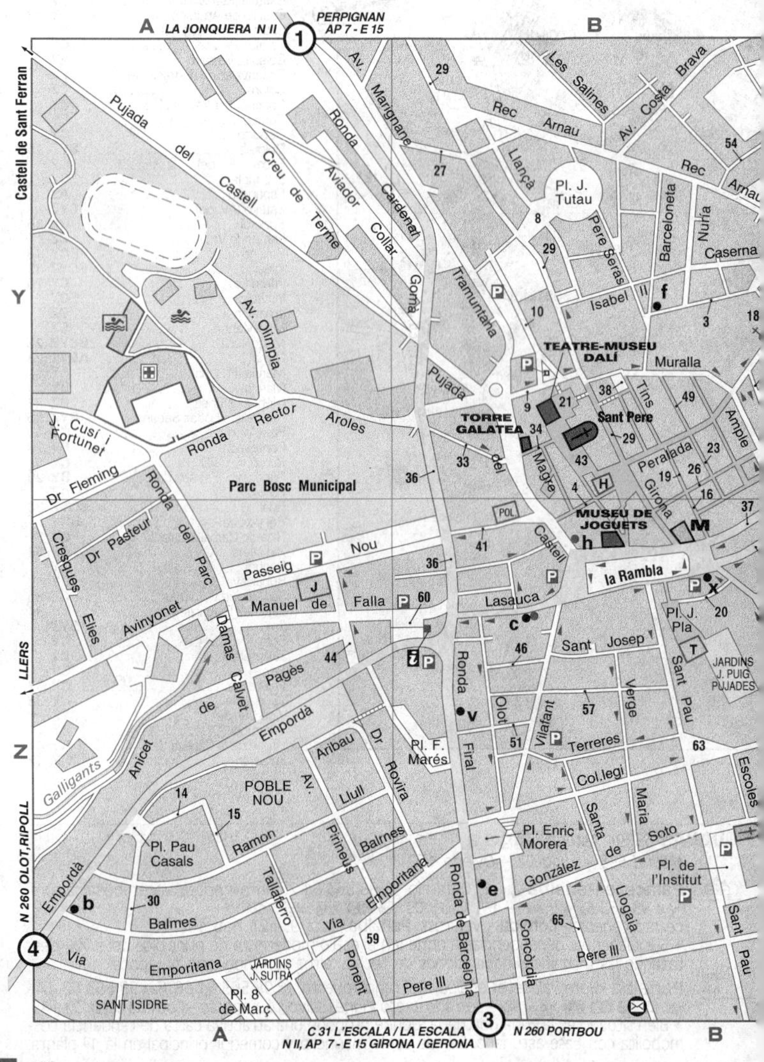

Duràn, Lasauca 5 ✆ 972 50 12 50, *duran@hotelduran.com, Fax 972 50 26 09* – [lift] [A/C] [TV] [garage] – [meeting room] 25/80. AE ⓓ ⓜⓒ VISA BZ c
Comida - ver rest. ***Duràn*** – [breakfast] 8 – **65 hab** 62/90.
• Establecimiento de organización familiar con una decoración típica ampurdanesa. Ofrece unas habitaciones de corte clásico completamente equipadas y con baños modernos.

Pirineos, ronda Barcelona 1 ✆ 972 50 03 12, *Fax 972 50 07 66* – [lift] [A/C] [TV] [garage] [P] – [meeting room] 90. AE ⓓ ⓜⓒ VISA BZ e
Comida *(cerrado domingo noche y lunes)* 9,50 – [breakfast] 6,42 – **56 hab** 55/74.
• La remodelación de sus dependencias ha mejorado notablemente su categoría. Dispone de unas acogedoras habitaciones con mobiliario actual y baños en mármol rosa. Comedor luminoso y de adecuado montaje, complementado con un espacioso salón para banquetes.

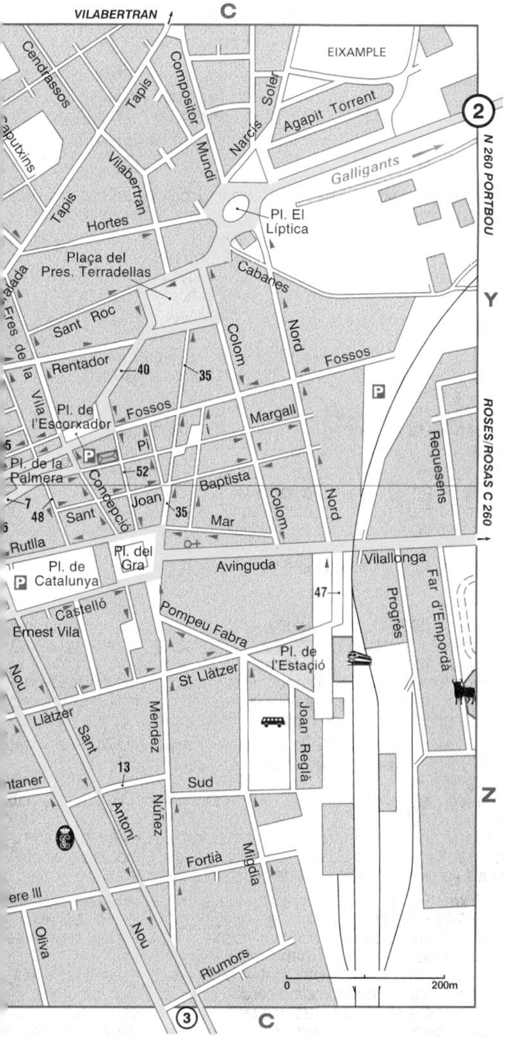

FIGUERES

Barceloneta . . . . . . **BY** 3
Besalú . . . . . . **BY** 4
Blanc . . . . . . **CZ** 6
Caamaño . . . . . . **BCZ** 7
Camil la Lloret (Pl.) . . . . . . **BY** 8
Canigó . . . . . . **BY** 9
Cap de Creus . . . . . . **BY** 10
Clerch i Nicolau . . . . . . **CZ** 13
Compositor Juncà . . . . . . **AZ** 14
Dalmau de Creixell . . . . . . **AZ** 15
Enginyers . . . . . . **BYZ** 16
Eres d'en Sans . . . . . . **BY** 18
Forn Baix . . . . . . **BY** 19
Forn Nou . . . . . . **BZ** 20
Gala i S. Dalí (Pl.) . . . . . . **BY** 21
Germanes Massanet . . . . . . **BY** 23
Joan Maragall . . . . . . **BY** 26
Jòncols . . . . . . **BY** 27
Jonquera . . . . . . **BY** 29
Josep de Masdevall . . . . . . **AZ** 30
Llers . . . . . . **BY** 33
Maria Àngels Vayreda . . . . . . **BY** 34
Monjos (Calçada dels) . . . **CYZ** 35
Monturiol . . . . . . **BZ** 37
Mossèn Cinto Verdaguer (Ronda) . . . . . . **BYZ** 36
Patates (Pl. de les) . . . . . . **BY** 38
Pella i Forgas . . . . . . **CY** 40
Pep Ventura . . . . . . **BZ** 41
Pius XII (Pl.) . . . . . . **BY** 43
Poeta Marquina . . . . . . **AZ** 44
Rosa . . . . . . **BZ** 46
Rubaudonadeu . . . . . . **CZ** 47
Sant Cristòfol . . . . . . **CZ** 48
Sant Domènec . . . . . . **BY** 49
Sant Esteve . . . . . . **BZ** 51
Sant Francesc Paula . . . . . . **CY** 52
Sant Pere de Roda . . . . . . **BY** 54
Sant Rafael . . . . . . **BCY** 55
Sant Vicenç . . . . . . **BZ** 57
Sibil.la de Fortià (Pl.) . . . . . . **AZ** 59
Sol (Pl. del) . . . . . . **AZ** 60
Sol d'Isern . . . . . . **CY** 61
Triangular (Pl.) . . . . . . **BZ** 63
Vicenç Dauner . . . . . . **BZ** 65

Ronda, ronda Barcelona 104 ✆ 972 50 39 11, *info@hotelronda.com, Fax 972 50 16 82* – AE MC VISA. rest por ③
Comida 19 – 7,80 – **57 hab** 33,30/59,50.
• Hotel totalmente renovado, dotado de una correcta zona noble y de unas habitaciones de línea actual con baños modernos. Personal joven y cualificado. Dispone de dos salas a la carta, una de corte clásico y otra de estilo neorrústico.

Rambla sin rest, Rambla 33 ✆ 972 67 60 20, *hotel.info@hotelrambla.net, Fax 972 67 60 19* – MC VISA BZ x
5,61 – **24 hab** 46,73/70,10.
• Céntrico y con una cuidada fachada clásica, en la recepción dispone de cuatro ordenadores a modo de cybercafé. Habitaciones funcionales con mobiliario sencillo pero actual.

Travé, carret. de Olot ✆ 972 50 05 91, *hoteltrave@infonegocio.com, Fax 972 67 14 83,* – 25/150. AE MC VISA. rest AZ b
Comida 17 – **72 hab** 73/91.
• Establecimiento de correcta organización familiar, con habitaciones clásicas de suficiente confort y baños algo anticuados, que resulta un recurso válido en su categoría.

Los Ángeles sin rest, Barceloneta 10 ✆ 972 51 06 61, *hangeles@teleline.es, Fax 972 51 07 00* – AE MC VISA BY f
5 – **40 hab** 33,17/44,67.
• Casa de modesta organización familiar, con una reducida recepción y una pequeña sala de desayunos. De impecable mantenimiento, ofrece habitaciones de suficiente confort.

Duràn - *Hotel Duràn*, Lasauca 5 ✆ 972 50 12 50, *duran@hotelduran.com, Fax 972 50 26 09* – AE MC VISA BZ c
Comida carta 30 a 40.
• Entrañable marco de estilo regional y esmerado montaje, donde podrá degustar una oferta culinaria al gusto del día. A destacar el salón privado instalado en la bodega.

Castell 4, Pujada del Castell 4 ✆ 972 51 01 04 – MC VISA. BZ h
cerrado del 10 al 16 de enero, 16 junio-7 julio y domingo – **Comida** carta 23 a 34.
• Restaurante de sencilla organización con acceso por un bar muy concurrido, seguido de un comedor de aire rústico en dos niveles, con la cocina y el horno a la vista.

en la antigua carretera N II :

Empordà, por ① : 1,5 km, ✉ 17600, ✆ 972 50 05 62, *hotelemporda@hotelemporda.com, Fax 972 50 93 58,* – AE MC VISA. rest
Comida carta 45 a 60 – **39 hab** 82/135 – 3 suites.
• Hotel tradicional y con solera, con el propietario al frente, dotado de unas instalaciones de cuidado estilo clásico-actual. Habitaciones bien equipadas con baños completos. Su elegante restaurante propone unas interesantes elaboraciones.

Bon Retorn, por ③ : 2,5 km, ✉ 17600, ✆ 972 50 46 23, *info@bonretorn.com, Fax 972 67 39 79,* – MC VISA.
Comida *(cerrado 15 enero-15 febrero y lunes mediodía)* 25 – 9,50 – **50 hab** 55/70.
• De planta horizontal, posee unas confortables habitaciones funcionales y de línea actual, correctamente equipadas. Atractiva piscina y cuidados exteriores. Comedor de esmerado montaje, con mobiliario escogido y un adecuado servicio de mesa.

en la carretera de Olot *por ④* :

Torremirona , 9,5 km, ✉ 17744 Navata, ✆ 972 56 67 00, *hotel@torremirona.com, Fax 972 56 67 67,* ← montañas y alrededores, , , 18 – – 25/90. AE MC VISA. – **Comida** 18,90 – 15 – **48 hab** 187 – 1 suite.
• Ubicado junto a un campo de golf con vistas a las montañas. Posee unas magníficas dependencias decoradas con sumo gusto. Completas instalaciones deportivas y de ocio. Distinguido comedor donde podrá degustar una cocina elaborada con productos autóctonos.

Mas Falgarona , 4,5 km y desvío en Avinyonet centro 1 km, ✉ 17742 Avinyonet de Puigventós, ✆ 972 54 66 28, *email@masfalgarona.com, Fax 972 54 70 71,* , – – 20. AE MC VISA.
cerrado enero – **Comida** *(cerrado lunes y martes)* - es necesario reservar - 37 – **8 hab** 159/195 – 3 suites.
• Elegante masía en pleno campo cuya esmerada decoración recrea un ambiente entrañable. Posee unas espaciosas habitaciones de refinado gusto y una acogedora zona noble. Cuenta con dos pequeños comedores, íntimos y de cierto aire neorrústico.

Mas Pau con hab, 5 km, ✉ 17742 Avinyonet de Puigventós, ✆ 972 54 61 54, *info@maspau.com, Fax 972 54 63 26,* , , – , hab, AE MC VISA
cerrado 6 enero-15 marzo – **Comida** *(cerrado domingo noche en invierno, lunes y martes mediodía)* 51,08 y carta 35 a 58 – 9 – **17 hab** 84/96 – 3 suites.
Espec. Rúcula con pularda ahumada y bogavante. Gratén de bogavante con setas y alcachofas. Cigalitas de Roses envueltas en manitas de cerdo crujientes.
• Masía del s. XVI con las paredes en piedra vista, viguería en los techos y algunas antigüedades. Magníficas habitaciones, atractivo torreón con salón, bello jardín y piscina.

FINCA LA BOBADILLA *Granada – ver Loja.*

FINISTERRE *A Coruña – ver Fisterra.*

FISCAL *22373 Huesca 574 E 29 – 249 h alt. 768.*
Madrid 534 – Huesca 144 – Lleida/Lérida 160.

Río Ara, carret. de Ordesa ✆ 974 50 30 20, *info@hostalrioara.com, Fax 974 50 30 20,* ≤ – ▤ rest, TV P. MC VISA. ✂
Comida 10 – **27 hab** ☕ 30/48.
◆ Sencillas instalaciones cuyas habitaciones resultan válidas como recurso, destacando las traseras gracias a las vistas desde sus balcones y las renovadas por su confort.

por la carretera de Ainsa *Sureste : 4 km y desvío a la derecha 5,5 km :*

Casa Arana ⛰, Albella, ✉ 22371 Albella, ✆ 974 34 12 87, *casa_arana@hotmail.com, Fax 974 34 12 87,* ≤ – P. ✂
Comida - sólo cena, sólo clientes - 12 – ☕ 3,50 – **6 hab** 45.
◆ Bonita casona en piedra con llamativos balcones, dotada de un pequeño comedor privado, y unas habitaciones en tonos alegres, con mobiliario rústico y cuidada lencería.

FISTERRA o **FINISTERRE** *15155 A Coruña 571 D 2 – 4 964 h – Playa.*
Alred. : *Cabo★ ≤★ Sur : 3,5 km, carretera★ a Corcubión (pueblo★) Noreste : 13 km.*
Madrid 733 – A Coruña 115 – Santiago de Compostela 131.

Finisterre sin rest, Federico Ávila 8 ✆ 981 74 00 00, *hotfinis@finisterrae.com, Fax 981 74 00 54* – |♦| TV. AE ⊙ MC VISA. ✂
☕ 4 – **48 hab** 30/42.
◆ Sencillas instalaciones de organización familiar, ubicadas en el centro de la localidad. Posee una suficiente zona social, y unas habitaciones de correcto equipamiento.

O'Centolo, Bajada del Puerto ✆ 981 74 04 52, *centolo@finisterre.info, Fax 981 70 68 98,* 🏖 – AE ⊙ MC VISA
cerrado 22 diciembre-1 febrero – **Comida** - pescados y mariscos - carta 24 a 36.
◆ Amplio negocio de montaje y organización muy sencillos. Dispone de un bar en la planta baja y un comedor en el 1er piso, con vistas al puerto pesquero desde sus ventanales.

junto al faro *Sur : 3,5 km :*

O Semáforo ⛰, ✉ 15155, ✆ 981 72 58 69, *osemaforo@msn.com, Fax 981 74 08 07,* ≤ – |♦| TV. AE MC VISA. ✂
cerrado noviembre – **Comida** *(cerrado martes salvo verano y festivos)* 25 – ☕ 4 – **5 hab** 50/90.
◆ Recoleto hotel instalado en un acantilado sobre el mar, junto a un faro que recuerda el límite del mundo conocido en la antigüedad. Buen confort y moderno equipamiento. Reducido comedor en la planta baja, apoyado por un bar público.

FOFE *Pontevedra – ver Covelo.*

FOMBELLIDA *39213 Cantabria 572 D 17.*
Madrid 338 – Aguilar de Campóo 24 – Burgos 105 – Santander 80.

Fombellida, carret. N 611 ✆ 942 75 33 63 – P. AE ⊙ MC VISA. ✂
Comida - sólo almuerzo salvo fines de semana - carta 25 a 30.
◆ Negocio familiar instalado en dos edificios separados, uno con el bar y otro con el comedor. Decoración rústica, correcto servicio de mesa y una fiel clientela.

FONOLLERES *Girona – ver Parlavà.*

LA FONT D'EN CARRÓS *46717 València 577 P 29 – 3 190 h alt. 45.*
Madrid 419 – Valencia 78 – Alacant/Alicante 108.

Molí Canyisset ⛰, carret. de Beniarjó - Noroeste : 1 km ✆ 96 283 32 17, *info@hotelcanyisset.com, Fax 96 283 38 92,* ≤, 🏊 – |♦| ▤ TV P. AE MC VISA. ✂
Comida - ver rest. **La Varenne** - **17 hab** ☕ 96/147.
◆ En un antiguo molino de arroz del s. XVII, contando en su interior con numerosos detalles que rememoran esta actividad. Dispone de amplias habitaciones de estilo neorrústico.

La Varenne - *Hotel Molí Canyiset,* carret. de Beniarjó - Noroeste : 1 km ✆ 96 283 37 27, 🏖 – ▤ P. MC VISA. ✂
cerrado domingo noche y lunes – **Comida** carta aprox. 36.
◆ Restaurante de aire rústico-moderno, bien llevado por un matrimonio con experiencia en el sector. El conjunto resulta alegre y ofrece una cocina de corte clásico francés.

FONT D'EN SEGURES o FUENTE EN SEGURES *12160 Castelló* 577 K 29 - *alt. 821* - *Balneario.*

Madrid 502 - Castelló de la Plana/Castellón de la Plana 79 - Tortosa 126.

Los Pinos ⛰, ☎ 964 43 13 11 ≤ - |‡| TV 🚗. VISA. ✂
15 junio-septiembre - **Comida** 12 - ☕ 3 - **48 hab** 21/42.
◆ Aspecto exterior cuidado. Destaca la amplia cafetería, con buenas vistas, que se utiliza como salón. Las habitaciones, todas con baño completo, resultan confortables. El comedor es sencillo y de ambiente acogedor.

FONTCLARA *Girona - ver Palau-Sator.*

FONTIBRE *39212 Cantabria* 572 C 17.

Madrid 352 - Burgos 116 - Bilbao 169 - Vitoria-Gasteiz 178 - Santander 73.

Posada Rural Fontibre ⛰ sin rest, El Molino 23 ☎ 942 77 96 55, *fontibreposada @ceoecant.es, Fax 942 77 96 67,* ≤ - AE MC VISA
☕ 4,21 - **7 hab** 57/82.
◆ Recia casona montañesa sobre el nacimiento del río Ebro. Posee cálidas habitaciones de estilo rústico, con distintas tonalidades y mobiliario restaurado. Aseos actuales.

Fuentebro, ☎ 942 77 97 72, *Fax 942 75 50 52* - AE ① MC VISA. ✂
cerrado noviembre y lunes - **Comida** carta 25 a 32.
◆ Antigua casa con profusión de madera, cuya fachada acristalada goza de una panorámica sobre el nacimiento del río. Bar a la entrada y sencillo comedor en el 1er piso.

FONTSCALDES *43813 Tarragona* 574 I 33.

Madrid 540 - Barcelona 100 - Lleida/Lérida 76 - Tarragona 26.

en la carretera N 240 *Norte : 3 km :*

Les Espelmes, ✉ 43813, ☎ 977 60 10 42, *espelmes@cconline.es, Fax 977 60 15 12,* ≤, 🏖 - ▤ P. AE ① MC VISA JCB. ✂
cerrado 20 junio-31 julio y miércoles - **Comida** carta 20 a 30.
◆ Tras una reciente reforma ofrece cinco comedores de correcto montaje y cuidado servicio de mesa. Disfrute de su cocina autóctona mientras contempla el Camp de Tarragona.

FORADADA *25737 Lleida* 574 G 33 - *141 h alt. 455.*

Madrid 510 - Barcelona 141 - Lleida/Lérida 50.

La Solana, Major 4 ☎ 973 40 07 09, 🏖 - ▤. AE ① MC VISA. ✂
cerrado 2ª quincena de febrero, domingo noche y lunes - **Comida** carta 24 a 33.
◆ Negocio llevado por dos socios, con dos salas rústicas decoradas con cuadros modernos. Cocina de corte actual basada en los productos de la región, y un menú degustación.

FORCALL *12310 Castelló* 577 K 29 - *569 h alt. 680.*

Madrid 423 - Castelló de la Plana/Castellón de la Plana 110 - Teruel 122.

Aguilar, av. III Centenario 1 ☎ 964 17 11 06, *Fax 964 17 11 06* - ▤ rest, TV P. AE ① MC VISA. ✂ rest
Comida 9 - ☕ 2,50 - **15 hab** 21/40.
◆ A la entrada de la localidad se encuentra este modesto hostal, de organización familiar y sin pretensiones. Sus habitaciones son sencillas, todas ellas con baño.

FORMENTERA *Illes Balears - ver Balears.*

FORMENTOR (Cap de) *Illes Balears - ver Balears (Mallorca).*

El FORMIGAL *Huesca - ver Sallent de Gállego.*

FORNELLS *Illes Balears - ver Balears (Menorca).*

FORNELLS DE LA SELVA *17458 Girona* 574 G 38 122 G 5 - *1 160 h alt. 102.*

Madrid 693 - Barcelona 91 - Girona/Gerona 8 - Sant Feliu de Guíxols 37.

Fornells Park, antigua carret. N II - Norte : 1,5 km ☎ 972 47 61 25, *fornellspark@h usa.es, Fax 972 47 65 79,* 🏊, 🌲 - |‡| ▤ TV ♿ P - 🧑‍🏫 25/150. AE ① MC VISA. ✂ rest
Comida 17,60 - ☕ 9 - **50 hab** 72/91 - 3 suites.
◆ De línea clásica, posee una correcta zona noble y unas habitaciones confortables, con mobiliario funcional, suelo en moqueta y baños completos. Relajante pinar. Restaurante de esmerado montaje atendido por un personal amable.

FORTUNA *30630 Murcia* 577 R 26 128 B 5 – *6 081 h alt. 240 – Balneario.*
Madrid 388 – Albacete 141 – Alacant/Alicante 96 – Murcia 25.

en Baños de Fortuna *Noreste : 3 km :*

Victoria, ✉ 30630 Fortuna, ☎ 968 68 50 11, *fortunaleana@leana.es, Fax 968 68 50 87*, de agua termal, – | ▤ TV P – 25/200. AE VISA.
Comida 24 – **73 hab** 84/126 – 1 suite.
◆ El destino ideal donde practicar turismo de salud, en un marco histórico de singular belleza. Goce de un grato descanso, y disfrute de sus aguas termales.

Balneario, ✉ 30630 Fortuna, ☎ 968 68 50 11, *fortunaleana@leana.es, Fax 968 68 50 87*, de agua termal, – | ▤ TV P – 25/200. AE VISA.
Comida 24 – **58 hab** 84/126.
◆ Hotel principal del balneario. De confort, decoración e instalaciones similares al Victoria, aunque dotado con habitaciones de mejor equipamiento. Elegante zona social.

España, ✉ 30630, ☎ 968 68 50 11, *fortunaleana@leana.es, Fax 968 68 50 87*, de agua termal, – |, ▤ rest, TV P – 25/200. AE VISA.
Comida 14 – **55 hab** 53/70.
◆ El más sencillo de los tres, y la opción más económica a la hora de buscar alojamiento en el balneario. Dispone de unas habitaciones funcionales, todas con plato ducha.

FORUA *48393 Bizkaia* 573 B 21 – *987 h alt. 28.*
Madrid 430 – Bilbao 35 – Donostia-San Sebastián 85 – Vitoria-Gasteiz 70.

Baserri Maitea, barrio de Atxondoa - Noroeste : 1,5 km ☎ 94 625 34 08, *baserrimaitea@baserrimaitea.euskalnet.net, Fax 94 625 57 88* – P. AE VISA.
cerrado Navidades – **Comida** - sólo almuerzo salvo viernes y sábado de noviembre a abril - carta 32 a 52.
◆ Caserío rústico del s. XVIII próximo al bosque. Posee un comedor de estilo antiguo, en dos niveles, y otro más actual para banquetes, con chimenea y viejas vigas a la vista.

La FOSCA *Girona* – *ver Palamós.*

FOZ *27780 Lugo* 572 B 8 – *9 446 h.*
Alred. : *Iglesia de San Martín de Mondoñedo (capiteles★) Sur : 2,5 km.*
av. de Lugo 1 ☎ 982 14 06 75 turismo@concellodefoz.org Fax 982 14 06 75.
Madrid 598 – A Coruña 145 – Lugo 94 – Oviedo 194.

FRAGA *22520 Huesca* 574 H 31 – *11 591 h alt. 118.*
Madrid 436 – Huesca 108 – Lleida/Lérida 27 – Tarragona 119.

Casanova, av. de Madrid 54 ☎ 974 47 19 90, *reserve@gargallo-hotels.com, Fax 974 45 37 88* – | ▤ TV – 25/200. AE VISA JCB. rest
Comida 12 – 6,40 – **89 hab** 87,70/110,30.
◆ Hotel de línea actual cuyas habitaciones ofrecen una buena insonorización, con mobiliario funcional y los suelos en moqueta. Baños reducidos con profusión de mármol.

La FRANCA *33590 Asturias* 572 B 16 – *Playa.*
Madrid 438 – Gijón 114 – Oviedo 124 – Santander 81.

Mirador de la Franca, playa - Oeste : 1,2 km ☎ 98 541 21 45, *lafranca@hotelmirador.com, Fax 98 541 21 53*, ←, – ▤ rest, TV P. AE VISA.
marzo-noviembre – **Comida** 18 – 7 – **61 hab** 87/100.
◆ Privilegiado emplazamiento en la playa. Ha mejorado sus instalaciones, ofreciendo confortables habitaciones y zonas sociales con detalles antiguos que aportan cierto encanto. Su espacioso comedor con el techo en madera brinda excelentes vistas al mar.

FREGENAL DE LA SIERRA *06340 Badajoz* 576 R 10 – *5 436 h alt. 579.*
Madrid 445 – Aracena 55 – Badajoz 97 – Jerez de los Caballeros 22 – Monesterio 43.

Cristina, El Puerto ☎ 924 70 00 40, *Fax 924 70 10 33*, – | ▤ TV P – 25/300. VISA.
Comida *(cerrado lunes)* 12,50 – 3,75 – **39 hab** 46,30/57,90.
◆ Estancias de negocios y grandes celebraciones, donde diferentes estilos y tendencias se aúnan armónicamente. Salón con azulejos que representan los pueblos de la comarca. Disfrute de los placeres de la buena mesa en su atractivo restaurante.

La FRESNEDA 44596 Teruel 574 J 30 – 469 h alt. 585.

Madrid 413 – Teruel 181 – Alcañiz 27 – Lleida/Lérida 128 – Tortosa 64 – Zaragoza 131.

El Convent, El Convento 1 ☎ 978 85 48 50, *hotel@hotelelconvent.com, Fax 978 85 48 51*, – TV P. MC VISA.
cerrado 15 días en diciembre y 15 días en junio – **Comida** *(cerrado lunes en agosto, domingo noche, lunes, martes y miércoles resto del año)* 30 – **11 hab** 75/95 – 1 suite.
• Cuenta con amplias zonas sociales que se ven comunicadas gracias al patio interior, completamente acristalado. Conjunto ubicado sobre los muros de una antigua iglesia. Restaurante con decoración rústica elegante y una cálida iluminación.

Matarraña, pl. Nueva 5 ☎ 978 85 45 03, *matarranya@terra.es* – . MC VISA.
cerrado 1ª semana de septiembre y lunes noche – **Comida** carta 17 a 28.
• Casa familiar con bar público a la entrada, comedores de estilo rústico-regional para la carta y otra sala en el 1er piso para el menú. Suelen recitar sus platos de palabra.

FRIGILIANA 29788 Málaga 578 V 18 124 K 5 – 2 125 h alt. 311.

Ver : *Localidad★ – Barrio Morisco-mudéjar★★.*

Madrid 555 – Granada 111 – Málaga 58.

Villa Frigiliana, San Sebastián ☎ 95 253 33 93, *villafrigiliana@ihmhotels.com, Fax 95 253 33 08*, – TV. AE MC VISA.
Comida carta 19 a 25 – **35 hab** 63/96.
• Sabe combinar su estilo clásico con detalles rústicos, creando un entorno acogedor. Posee habitaciones espaciosas y de buen mobiliario, todas ellas con terraza y vistas.

Las Chinas sin rest y sin , pl. Amparo Guerrero 14 ☎ 95 253 30 73, *hotel-laschinas@terra.es, Fax 95 253 30 73*, ← – TV.
9 hab 24/42.
• Edificio encalado, en línea con la arquitectura tradicional andaluza. Atenta organización familiar y habitaciones de equipamiento básico, en gran parte con vistas al mar.

en la carretera de Nerja *Sur : 4 km :*

Almazara, Los Tablazos 197 ☎ 95 253 42 00, *info@hotelruralalmazara.com, Fax 95 253 42 12*, ←, – TV P – 25. MC VISA. rest
Comida 21 – 7,25 – **22 hab** 80,25/111,40.
• De estilo rural montañés, con profusión de madera y ladrillo en su decoración. Dispone de una acogedora zona social y habitaciones de buen confort, todas ellas con terraza. El restaurante, de correcto montaje, disfruta de excelentes vistas desde su mirador.

al Noroeste :

Los Caracoles, carret. de Frigiliana-Torrox : 6 km, ✉ 29788, ☎ 95 203 06 80, *loscaracoles@ari.es, Fax 95 203 00 67*, ← sierra de Tejeda, mar y pueblos de alrededores, – TV P. MC VISA.
Comida *(cerrado 7 enero-12 febrero y lunes)* carta 16 a 26 – 4,81 – **6 hab** 46,68/72,12 – 5 suites.
• Su ubicación en lo alto de una montaña le otorga una vista panorámica sobre la sierra de Tejada y los pueblos costeros. Construcciones modernistas en forma de caracolas. Coqueto comedor con mobiliario sencillo y detalles decorativos naturales.

La Posada Morisca sin rest, Loma de la Cruz - 2,5 km, ✉ 29788, ☎ 95 253 41 51, *info@laposadamorisca.com, Fax 95 253 43 39*, ←, – TV P. AE MC VISA.
cerrado 7 enero-1 febrero – **12 hab** 50/85.
• La tranquilidad reina en este establecimiento, colgado en la ladera de la montaña y con espectaculares vistas. Sus habitaciones poseen terraza y una cálida decoración rústica.

FRÓMISTA 34440 Palencia 575 F 16 – 1 013 h alt. 780.

Ver : *Iglesia de San Martín★★.*

paseo Central ☎ 979 81 01 80 (Semana Santa-12 octubre).

Madrid 257 – Burgos 78 – Palencia 31 – Santander 170.

San Martín sin rest, pl. San Martín 7 ☎ 979 81 00 00, *Fax 979 81 00 00* – TV P. MC VISA.
cerrado enero – 6 – **12 hab** 30,05/36,06.
• Hotel bien ubicado frente a la iglesia románica que le da nombre. Correcta recepción, habitaciones completas de sencillo mobiliario y baños actuales. Conjunto acogedor.

Hostería de los Palmeros, pl. San Telmo 4 ☎ 979 81 00 67, *Fax 979 81 01 92* – . AE MC VISA.
cerrado martes salvo Navidades, Semana Santa, verano y festivos – **Comida** carta 28 a 38.
• Antiguo hospital de peregrinos, con buena cafetería en la planta baja y salón clásico en el 1er piso. Destacan su mobiliario y el maridaje de la cocina vasco-castellana.

FUENGIROLA *29640 Málaga* 578 W 16 124 G 6 – *53 270 h – Playa.*

av. Jesús Santos Rein 6 ☎ 95 246 74 57 turismo@fuengirola.org Fax 95 246 51 00.
Madrid 575 ① – Algeciras 104 ② – Málaga 31 ①

Plano página siguiente

Las Pirámides, Miguel Márquez 43 ☎ 95 247 06 00, *info@hotellaspiramides.com, Fax 95 258 32 97,* ≤, ⚡, 🏊, 🏊 – 🛗 ▤ TV 🚗 – 🏢 25/400. AE ⓓ ⓜ VISA. ✂
Comida - sólo cena buffet - 21,40 – ☕ 10,70 – **316 hab** 132,68/165,68. AZ s
◆ Hotel de gran capacidad y muy funcional, situado en 1ª línea de playa, distribuido en dos edificios comunicados interiormente. Trabaja habitualmente con grupos. Comedor sencillo pero muy luminoso, con idílicas vistas del mar, donde ofrecen un variado buffet.

Villa de Laredo, paseo Marítimo Rey de España 42 ☎ 95 247 76 89, *hotelvilladelaredo@hotmail.com, Fax 95 247 79 50,* ≤, 🏊 – 🛗 ▤ TV. AE ⓓ ⓜ VISA. ✂ BY d
Comida *(cerrado noviembre-marzo)* - sólo menú - 16 – ☕ 7 – **50 hab** 65/77.
◆ Posee un aspecto muy actual con habitaciones acogedoras, ofreciendo la mayoría de ellas vistas al mar. Ambiente prácticamente familiar, sin grandes espacios comunes.

Agur sin rest, Tostón 2 ☎ 95 266 40 66, *Fax 95 247 66 66* – 🛗 ▤ TV. ⓜ VISA. ✂
☕ 2,50 – **60 hab** 36/70 – 2 suites. BY a
◆ Se ha remodelado recientemente, por lo que resulta muy correcto. Las habitaciones gozan de buen confort, sin alardes pero cuidando los detalles.

Monopol, Palangreros 7 ☎ 95 247 44 48, *monopol@microsur.es* – ▤. ⓓ ⓜ VISA. ✂ AZ r
cerrado 15 julio-1 septiembre y domingo – **Comida** - sólo cena - carta 21 a 34.
◆ Negocio familiar bien llevado por el matrimonio propietario. Buenas instalaciones con decoración neorrústica y un servicio de mesa de calidad. Cocina de gusto cosmopolita.

Patrick Bausier, Rotonda de la Luna 1 ☎ 95 258 51 20, *Fax 95 258 51 20* – ▤. ⓜ VISA AY x
cerrado del 6 al 21 de enero, 27 junio-20 julio y domingo – **Comida** - sólo cena, cocina francesa - carta 25 a 30.
◆ En una tranquila zona residencial próxima al centro. Posee una barra de apoyo en la entrada, y una acogedora sala de línea clásica con dos arcos en ladrillo visto.

Portofino, paseo Marítimo Rey de España 29 ☎ 95 247 06 43, *portofino00@hotmail.com, Fax 95 266 56 15,* 🏖 – ▤. AE ⓓ ⓜ VISA. ✂ BZ c
cerrado del 15 al 28 de febrero, del 1 al 15 de julio y lunes – **Comida** - sólo cena en verano - carta 21 a 33.
◆ Reconocimiento unánime como uno de los mejores de la ciudad. Gran profesionalidad y buen hacer para una surtida carta de estilo internacional. Cuidada terraza.

Old Swiss House, Marina Nacional 28 ☎ 95 247 26 06, *Fax 95 247 26 06* – ▤. AE ⓜ VISA. ✂ AZ n
cerrado del 15 al 30 de junio y martes – **Comida** carta 19 a 34.
◆ Fachada al estilo de una casita suiza alejada del bullicio playero. En su comedor neorrústico ofrecen una variada cocina con los mejores platos helvéticos. Posee habitaciones.

La Gaviota, paseo Marítimo Rey de España 29 ☎ 95 247 36 37, 🏖 – ⓓ ⓜ VISA. ✂
cerrado 1 diciembre-15 enero y miércoles – **Comida** - sólo cena en julio-agosto - carta 21 a 29. BZ c
◆ Restaurante bien organizado, que trabaja con seriedad y buenos productos. Posee una tranquila terraza, un servicio de mesa cuidado, y una carta sencilla de corte clásico.

Taberna Hermanos Alba, Héroes de Baler 4 ☎ 95 247 41 67, *Fax 95 266 67 12,* 🏖 – ▤. AE ⓓ ⓜ VISA. ✂ AZ b
Comida carta aprox. 30.
◆ Buen negocio familiar con atractiva decoración marinera. Posee un bar, dos terrazas acristaladas, un amplio comedor y varios privados, destacando el que llaman "El Camarote".

por la AP 7 *Noreste : 8 km :*

El Higuerón, salida 217 autopista dirección Mijas ☎ 95 211 91 63, *Fax 95 211 91 61,* ≤ Fuengirola y costa – ▤ P. AE ⓓ ⓜ VISA. ✂
Comida carta aprox. 50.
◆ Destaca por su situación sobre la ladera de la montaña, con unas magníficas vistas dominando la costa. Gran comedor central y otras tres salas, todas de aire neorrústico.

en Los Boliches :

Yaramar, paseo Marítimo Rey de España 64, ✉ 29640 Fuengirola, ☎ 95 292 11 00, *yaramar@yaramar.com, Fax 95 247 30 10,* ≤, ⚡, 🏊 climatizada, 🌴 – 🛗 ▤ TV ♿ 🚗 – 🏢 25/100. AE ⓓ ⓜ VISA. ✂ por paseo Marítimo Rey de España BY
Comida - sólo cena - 44,10 – ☕ 18,40 – **242 hab** 111,30/170,65.
◆ Hotel de moderna arquitectura dotado de unas luminosas dependencias que ofrecen un nivel de confort en consonancia a su categoría. Zonas comunes amplias y panorámicas. Espacioso restaurante que centra su actividad en el buffet.

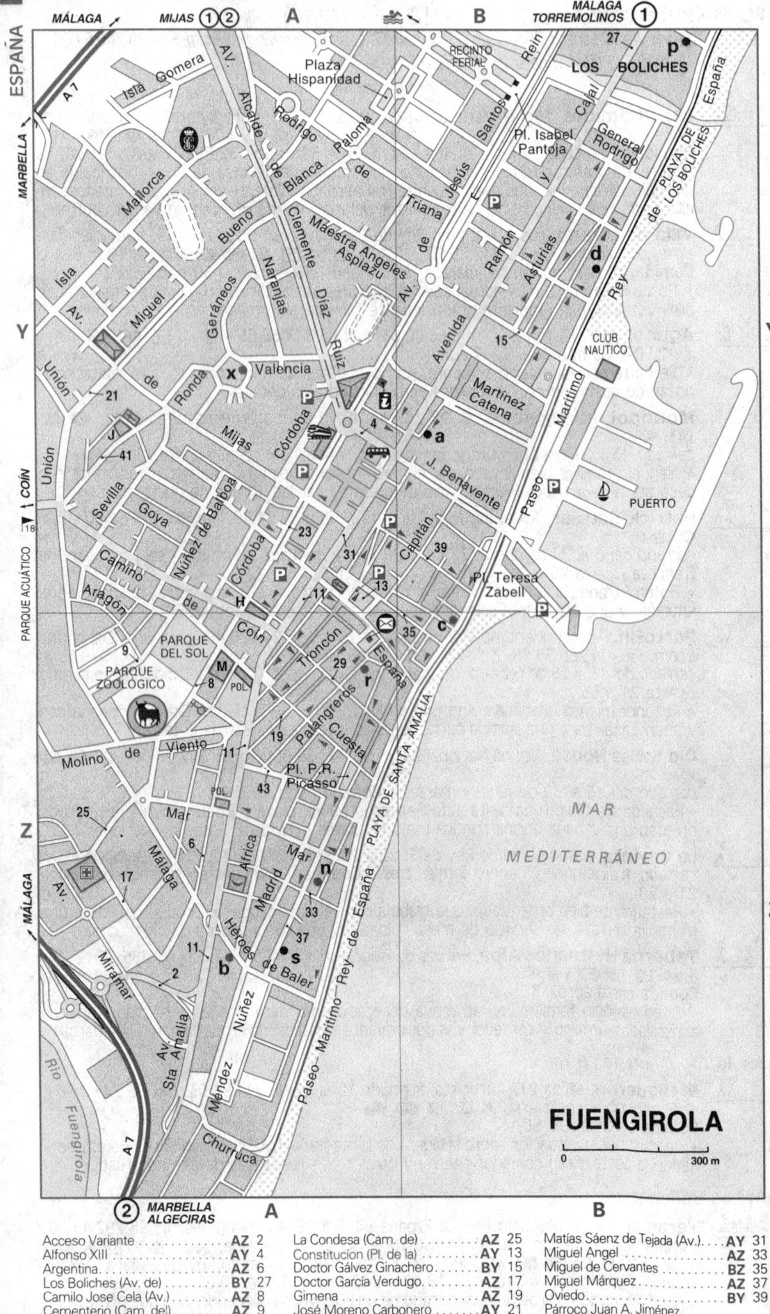

Acceso Variante . . . . **AZ** 2
Alfonso XIII . . . . **AY** 4
Argentina . . . . **AZ** 6
Los Boliches (Av. de) . . . . **BY** 27
Camilo Jose Cela (Av.) . . . . **AZ** 8
Cementerio (Cam. del) . . . . **AZ** 9
Condes de San Isidro (Av. de) . . . . **AYZ** 11
La Condesa (Cam. de) . . . . **AZ** 25
Constitucíon (Pl. de la) . . . . **AY** 13
Doctor Gálvez Ginachero . . . . **BY** 15
Doctor García Verdugo . . . . **AZ** 17
Gimena . . . . **AZ** 19
José Moreno Carbonero . . . . **AY** 21
Juan Gómez Juanito (Av.) . . . . **AY** 23
Marconi . . . . **AZ** 29
Matías Sáenz de Tejada (Av.) . . . . **AY** 31
Miguel Angel . . . . **AZ** 33
Miguel de Cervantes . . . . **BZ** 35
Miguel Márquez . . . . **AZ** 37
Oviedo . . . . **BY** 39
Párroco Juan A. Jiménez Higuero . . . . **AY** 41
Salvador Rodríguez Navas . . . . **AZ** 43

 Ángela, paseo Marítimo Rey de España, ✉ 29640 Fuengirola, ☎ 95 247 52 00, *recepcion@hotelangela.com, Fax 95 246 30 38*, ←, climatizada, – BY p
Comida - sólo cena buffet – **261 hab.**
◆ Establecimiento vacacional ubicado en 1ª línea de playa y muy orientado a grupos. Dispone de numerosas instalaciones para su esparcimiento y relax, aunque algo funcionales. Amplio comedor que basa su actividad en el buffet.

por la carretera de Coín AY :

 **Byblos Andaluz**, urb. Mijas Golf - Noroeste : 5,5 km, ✉ 29640, ☎ 95 247 30 50, *comercial@byblos-andaluz.com, Fax 95 247 67 83*, ← campo de golf y montañas, Servicios de talasoterapia, climatizada, – 20/170. AE VISA.
Le Nailhac** (cerrado enero y miércoles)* **Comida** carta 42 a 65 - ***Byblos Andaluz : **Comida** carta 38 a 48 – **108 hab** 280/335 – 36 suites.
◆ Complejo de estilo andaluz entre dos campos de golf, con detalles de lujo y buen gusto. Habitaciones amplias y de alto confort, con gran variedad de servicios. El restaurante Le Nailhac recrea un marco acogedor y elegante, con una terraza junto a la piscina.

 **Tamisa Golf**, urb. Mijas Golf - Noroeste : 5,5 km, ✉ 29649 Mijas Costa, ☎ 95 258 59 88, *reservas@hoteltamisagolf.com, Fax 95 266 38 93*, – – 25/50. AE VISA.
Salvador : **Comida** carta 35 a 48 – **24 hab** 137,90/212,80.
◆ Atractivo hotel con cálidas habitaciones de gran amplitud. Goza de una llamativa escalera central de caracol, y agradables vistas al campo de golf o a la sierra de Mijas. Restaurante panelable de línea clásica que ofrece una cocina actual.

FUENLABRADA *28940 Madrid 576 L 18 121 H 8 – 178 221 h alt. 664.*
Madrid 20 – Aranjuez 37 – El Escorial 59 – Toledo 56.

 **Las Provincias,** Zaragoza 2, ✉ 28941, ☎ 91 492 09 80, *hefuenlabrada@egidohoteles.com, Fax 91 492 09 81* – – 25/400. AE VISA.
Comida *(cerrado domingo)* 13 – 9 – **100 hab** 72/87.
◆ Dispone de un amplio hall-recepción y habitaciones de equipamiento actual, con los suelos en madera y en algunos casos hidromasaje en los baños. Posee salones panelables. En el restaurante ofrecen una carta tradicional.

en la carretera de Pinto *Sureste : 3 km :*

Ciudad de Fuenlabrada, Polígono Industrial La Cantueña, ✉ 28941, ☎ 91 642 17 00, *info@hotelciudadfuenlabrada.com, Fax 91 642 09 57* – – 25/200. AE VISA.
Comida *(cerrado domingo y festivos)* 10,82 – 5 – **70 hab** 45/58.
◆ Establecimiento de moderna construcción ubicado en un polígono industrial. Cuenta con unas habitaciones de correcto confort, destacando las abuhardilladas del último piso.

FUENMAYOR *26360 La Rioja 573 E 22 – 2 586 h alt. 433.*
Madrid 346 – Logroño 13 – Vitoria-Gasteiz 77.

XX **Chuchi,** carret. de Vitoria 2 ☎ 941 45 04 22, *Fax 941 45 09 12* – AE VISA.
cerrado del 1 al 20 de septiembre y miércoles noche – **Comida** carta 25 a 37.
◆ Posee un bar público y dos salas de estilo rústico elegante, dejando la zona de asados y brasas a la vista del cliente. Gran vinoteca con predominio de los vinos de La Rioja.

X **Asador Alameda,** pl. Félix Azpilicueta 1 ☎ 941 45 00 44, *Fax 941 45 13 99* – AE VISA.
cerrado agosto, domingo noche y lunes – **Comida** carta aprox. 37.
◆ Su atractiva fachada da paso a un interior con dos comedores, siendo el del piso superior más clásico. Amplia bodega en riojas y una cocina basada en la calidad del producto.

FUENSALDAÑA *47194 Valladolid 575 G 15 – 1 041 h alt. 749.*
Madrid 218 – León 132 – Palencia 49 – Valladolid 10 – Zamora 104.

X **La Despensa del Príncipe,** Ronda 24 ☎ 983 58 31 39 – VISA.
cerrado del 8 al 15 de enero, del 1 al 24 de agosto, domingo noche y lunes – **Comida** carta 24 a 39.
◆ Restaurante de línea moderna ubicado en el 1er piso de una casa actual. Ofrece dos salas de correcto montaje, en las que sirven una carta tradicional con detalles de autor.

FUENTE BERROCAL (Urbanización) *Valladolid – ver Valladolid.*

Lea atentamente la introducción: es la clave de la guía.

FUENTE DÉ *Cantabria* 572 C 15 - *alt. 1 070* - 1.
Ver : *Paraje*★★.
Alred. : *Mirador del Cable* ★★ *estación superior del teleférico.*
Madrid 424 - Palencia 198 - Potes 25 - Santander 140.

Parador de Fuente Dé, alt. 1 005, ✉ 39588 Espinama, ☎ 942 73 66 51, *fuentede@parador.es, Fax 942 73 66 54*, ≤ valle y montaña - |♦| ≡ TV ♿ P - 🏛 25/80. AE ① MC VISA. ⚘
marzo-octubre - **Comida** 25 - ☐ 11 - **78 hab** 84/105.
• Gran edificio en piedra recorrido por una amplia cristalera. Por su ubicación al pie de los Picos de Europa resulta el alojamiento idóneo para los amantes de la montaña. Posee dos comedores, uno para clientes y otro para grupos, ambos de estilo rústico.

Rebeco, alt. 1 005, ✉ 39588 Espinama, ☎ 942 73 66 01, *hotelrebeco@mundivia.es, Fax 942 73 66 00*, ≤ valle y montaña, 🌳 - |♦|, ≡ rest, TV P. MC VISA. ⚘
Comida 12 - ☐ 4,50 - **30 hab** 47/60 - PA 28,50.
• Casa de montaña con unas habitaciones donde predomina el mobiliario rústico, algunas resultan pequeñas pero hay otras tipo dúplex. Vistas al valle y a los Picos de Europa. Restaurante con dos comedores donde sirven platos basados en la tradición local.

FUENTE DE PIEDRA *29520 Málaga* 578 U 15 124 F 3 - *1 969 h.*
🅸 *Castillo 1* ☎ *95 273 54 53 fuentepiedra_tur@sopde.es Fax 952 73 54 53.*
Madrid 544 - Antequera 23 - Córdoba 137 - Granada 120 - Sevilla 141.

Conde de la Laguna sin rest, av. de Andalucía 1 ☎ 95 273 60 14, *info@hotelcondedelalaguna.com, Fax 95 273 60 14*, 🏊 - ≡ TV ☎ ♿ P - 🏛 25. MC VISA. ⚘
cerrado 20 diciembre-5 enero - ☐ 3 - **14 hab** 50/70.
• Caserón completamente rehabilitado. Dispone de un bonito patio central azulejado y de amplias habitaciones, todas en tonos cálidos, con mobiliario torneado y baños completos.

FUENTE EN SEGURES *Castelló - ver Font d'en Segures.*

FUENTEHERIDOS *21292 Huelva* 578 S 10 - *639 h alt. 717.*
Madrid 492 - Aracena 10 - Huelva 122 - Serpa 98 - Zafra 91.

Villa Turística de Fuenteheridos, carret. N 433 - Norte : 1 km ☎ 959 12 52 02, *vtfuenteheridos.reservas@fp-hoteles.com, Fax 959 12 51 99*, 🏊 - |♦| ≡ TV ♿ P - 🏛 25/180. AE ① VISA
Comida 15 - ☐ 8 - **41 apartamentos** 57/77.
• Complejo hotelero de nueva construcción. Está formado por casitas encaladas independientes de suficiente confort y equipamiento, distribuidas en una finca.

FUENTERRABÍA *Gipuzkoa - ver Hondarribia.*

FUENTESPALDA *44587 Teruel* 574 J 30 - *420 h alt. 712.*
Madrid 446 - Alcañiz 26 - Lleida/Lérida 116 - Teruel 182 - Tortosa 43 - Zaragoza 136.

por la carretera de Valderrobres *Noreste : 6,3 km y desvío a la izquierda : 5,3 km :*

La Torre del Visco (es necesario reservar), ✉ 44580 apartado 15 Valderrobres, ☎ 978 76 90 15, *gn.torrevisco@relaischateaux.com, Fax 978 76 90 16*, ≤, 🌳 - P. AE MC VISA. ⚘
cerrado del 7 al 16 de enero - **Comida** *(cerrado martes y miércoles)* 38 - **12 hab** ☐ 194 - 2 suites.
• Noble masía del s. XV ubicada en pleno campo. Sus acogedoras estancias de estilo rústico son una clara manifestación de paz. Disfrute de la tranquilidad y la naturaleza. El restaurante sugiere un menú distinto cada día, con productos autóctonos y de caza.

FUERTEVENTURA *Las Palmas - ver Canarias.*

GALAPAGAR *28260 Madrid* 576 K 17 575 K 17 121 F 6 - *9 237 h alt. 881.*
Madrid 37 - Ávila 79 - Segovia 66 - Toledo 105.

Garnacha, carret. Las Rozas-El Escorial 12 ☎ 91 858 33 24, *Fax 91 858 44 23* - ≡ P. AE ① MC VISA. ⚘
cerrado noviembre, domingo noche y lunes - **Comida** carta 31 a 39.
• Reducido comedor de buen montaje, decorado en piedra vista y con vigas de madera en el techo. Posee también un reservado al fondo y una coqueta bodega en el sótano.

GALAROZA *21291 Huelva* 578 S 9 – *1538 h alt. 556.*

Madrid 485 – Aracena 15 – Huelva 113 – Serpa 89 – Zafra 82.

Galaroza Sierra, carret. N 433 - Oeste : 0,5 km ☎ 959 12 32 37, *informacion@hotelgalaroza.com, Fax 959 12 32 36,* – TV P. AE VISA.
Comida 10 – 5 – **22 hab** 40/56 – 7 apartamentos – PA 24.
◆ Ubicado en plena sierra de Aracena. Sus habitaciones, equipadas con mobiliario de inspiración rústica, ofrecen un cuidado confort, siendo algunas tipo dúplex.

GALDAKAO o GALDÁCANO *48960 Bizkaia* 573 C 21 – *28885 h alt. 60.*

Madrid 403 – Bilbao 11 – Donostia/San Sebastián 91 – Vitoria/Gasteiz 68.

Andra Mari, barrio Elexalde 22 ☎ 94 456 00 05, *andramari@andra-mari.com, Fax 94 405 62 60,* ← montañas, – P. AE VISA JCB.
cerrado del 24 al 29 de marzo, del 1 al 30 de agosto y domingo – **Comida** - sólo almuerzo salvo jueves, viernes y sábado - 45 y carta 39 a 47.
Espec. Tartar de gambas con su caldo y helado de calabaza. Centollo con tocino y tiras de Pedro Ximénez. Chocolate con azahar y cítricos.
◆ Caserío vasco de moderna construcción, con vistas a las montañas. Posee diversos comedores de estilo regional y un rincón del vino en el sótano, con una prensa de txakoli.

Aretxondo, barrio Elexalde 20 ☎ 94 456 76 71, *aretxondo@terra.es, Fax 94 436 30 36,* ← – P. AE VISA.
cerrado 1ª quincena de enero, Semana Santa, 1ª quincena de agosto y lunes – **Comida** - sólo almuerzo salvo fines de semana - carta 30 a 44.
◆ Bello caserío de nueva factura. Destaca su luminosa sala rústica de techos altos, dejando la estructura de ladrillo y vigas en madera a la vista. Gran actividad de banquetes.

GÁLDAR *Las Palmas* – *ver Canarias (Gran Canaria).*

GALDO *Lugo* – *ver Viveiro.*

GALIZANO *39160 Cantabria* 572 B 18.

Madrid 408 – Santander 30 – Bilbao 88.

Casona Las Cinco Calderas sin rest, barrio Linderrío - Este : 1.5 km ☎ 942 50 50 89, *casona@lascincocalderas.com, Fax 942 50 51 11* – TV P. AE VISA
10 hab 76/86.
◆ Su salón social dispone de una pequeña biblioteca y las luminosas habitaciones resultan muy cómodas, algunas de ellas con mirador y abuhardilladas mediante maderas claras.

GANDÍA *46700 València* 577 P 29 – *52000 h – Playa.*

Marqués de Campo ☎ 96 287 77 88 gandia@touristinfo.net Fax 96 287 77 88 y passeig Marítim Neptú 45 ☎ 96 284 24 07 gandiaplaya@turistinfo.net Fax 96 284 52 17 (temp).

Madrid 416 – Albacete 170 – Alacant/Alicante 109 – València 68.

Plano página siguiente

Borgia, República Argentina 5 ☎ 96 287 81 09, *borgia@h6hoteles.com, Fax 96 287 80 31* – TV – 25/150. AE VISA.
Comida 18,19 – 5,35 – **72 hab** 55,64/70,62.
◆ Establecimiento de línea clásica funcional, orientado a la clientela de negocios. Cuenta con unas confortables habitaciones, correctamente equipadas en su categoría.

Los Naranjos sin rest, av. del Grao 67 ☎ 96 287 31 43, *info@losnaranjoshotel.com, Fax 96 287 31 44* – TV. VISA
cerrado 23 diciembre-9 enero – **35 hab** 28,85/48,10.
◆ Hotel familiar de instalaciones algo desfasadas en decoración, y habitaciones sencillas pero bien equipadas. Clientela mayoritariamente formada por hombres de negocios.

en el puerto (Grau) *Noreste : 3 km :*

La Alberca sin rest, Cullera 8, ✉ 46730 Grau de Gandía, ☎ 96 284 51 63, *Fax 96 284 51 63* – TV. AE VISA. Z a
3,50 – **17 hab** 33/55.
◆ Establecimiento de línea actual con habitaciones confortables. El hall-recepción y el pequeño bar, que sirve como salón social y de desayunos, constituyen su zona común.

L'Ham, Germans Benlliure, ✉ 46730 Grau de Gandía, ☎ 96 284 60 06 – . AE VISA. Z n
cerrado del 13 al 29 de enero, del 4 al 20 de octubre y lunes – **Comida** - sólo almuerzo salvo agosto, viernes y sábado, arroces, pescados y mariscos - carta aprox. 32.
◆ Ubicado en una calle poco transitada, goza de aceptación por su cocina basada en arroces y productos del mar. Excelente fachada y salas de estilo castellano.

GANDIA

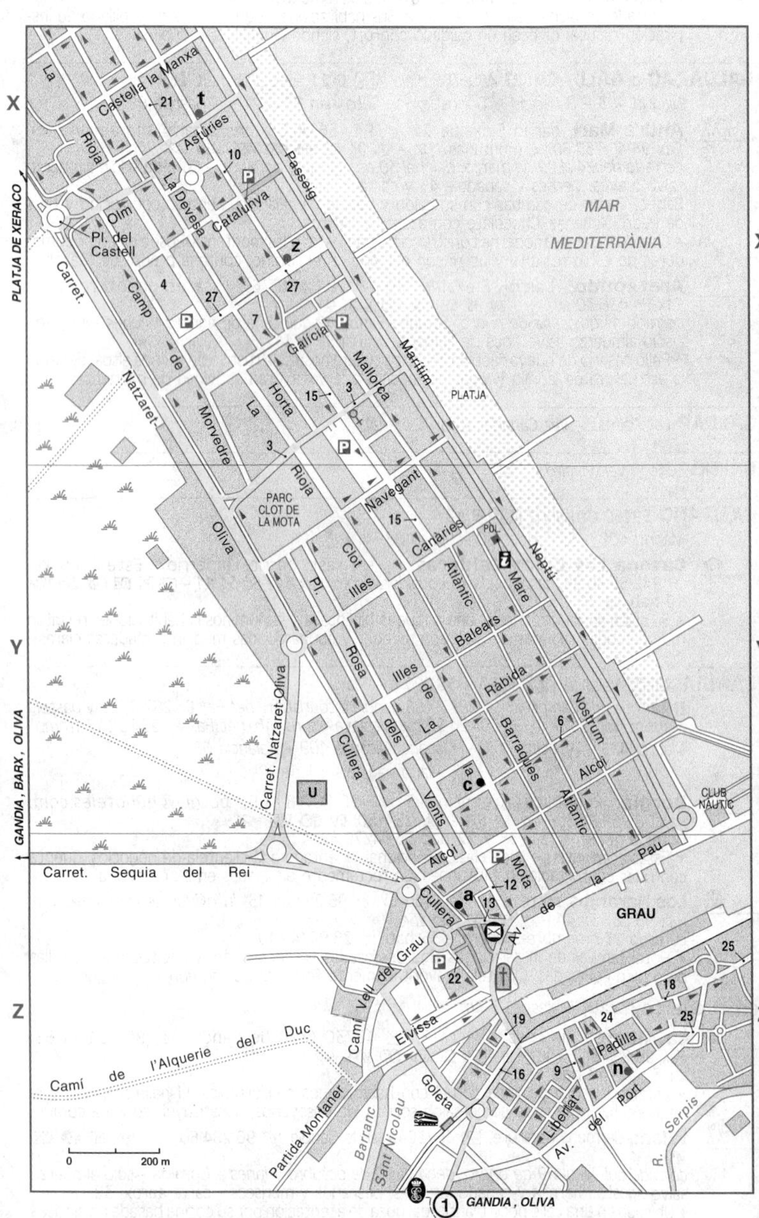

X
Y
Z
MAR
MEDITERRÀNIA
PLATJA
PLATJA DE XERACO
GANDIA , BARX , OLIVA
La Rioja
Castella la Manxa
Astúries
La Devesa
Catalunya
Passeig Marítim
Olm
Pl. del Castell
Carret. Natzaret
Camp de Morvedre
Galícia
Mallorca
La Horta
Rioja
PARC CLOT DE LA MOTA
Navegant
Canàries
Oliva
Clot
Pl. Illes
Atlàntic
Mare
Neptú
Balears
Rosa
Illes
Ràbida
De La
Nostrum
dels
Barraques
Alcoi
Cullera
Carret. Natzaret-Oliva
Vents
Atlàntic
CLUB NÀUTIC
Carret. Sequia del Rei
Mota
Av. de la Pau
GRAU
Camí Vell del Grau
Elvissa
Camí de l'Alquerie del Duc
Goleta
Padilla
Llibertat
Av. del Port
Partida Monfaner
Barranc Sant Nicolau
R. Serpis
0
200 m
GANDIA , OLIVA

en la zona de la playa *Noreste : 4 km :*

Albatros sin rest con cafetería por la noche, Clot de la Mota 11, ✉ 46730 Grau de Gandía, ☎ 96 284 56 00, *albatros@hotel-albatros.com, Fax 96 284 50 00,* – ▤ ▤ TV P. AE MC VISA. ✻ Y c
☕ 4,75 – **44 hab** 54/72 – 1 suite.
• Hotel de línea actual orientado al hombre de negocios, pese a estar en una zona de playa. Las habitaciones completamente equipadas se ponen al servicio de su bienestar.

Gamba, carret. de Natzaret-Oliva, ✉ 46730 Grau de Gandía, ☎ 96 284 13 10, *gamba marisqueria@gambamarisqueria.com,* – ▤ P. AE ① MC VISA
cerrado 15 noviembre-15 diciembre, domingo noche y lunes – **Comida** - sólo almuerzo salvo viernes, sábado y verano - carta aprox. 58. por carret. Natzaret-Oliva X
• Ubicado en un gran chalet con exteriores ajardinados, sus salas presentan un buen montaje en estilo clásico-actual. El exquisito menú está basado en productos del mar.

Kayuko, Asturias 23, ✉ 46730 Grau de Gandía, ☎ 96 284 01 37, *Fax 96 284 01 37,* – ▤. AE ① MC VISA. ✻ X t
cerrado lunes – **Comida** - pescados y mariscos - carta 22 a 49.
• Afamado por la calidad del producto que utiliza para elaborar una carta con platos típicos de la región. Salones con adecuado servicio de mesa y pequeña terraza exterior.

Emilio, av. Vicente Calderón - bloque F5, ✉ 46730 Grau de Gandía, ☎ 96 284 07 61, *r.emilio.gomez@terra.es, Fax 96 284 15 21* – ▤. AE ① MC VISA. ✻ X z
cerrado 2ª quincena de octubre y miércoles salvo verano – **Comida** carta 23 a 39.
• Restaurante de estilo clásico-actual con buen montaje general, aunque las mesas están un tanto apretadas. Destaca su cocina imaginativa y de mercado, a precios razonables.

en la carretera de Barx *Oeste : 7 km :*

Imperio II, ✉ 46728 Marxuquera, ☎ 96 287 56 60 – ▤ P. MC VISA. ✻
cerrado 15 octubre-15 noviembre y miércoles – **Comida** carta 21 a 30.
• Establecimiento de atención familiar, con fachada acristalada y bar a la entrada, decorado en estilo clásico. Su mesa se completa con platos de sabor tradicional.

GANDULLAS *28737 Madrid* 576 I 19 575 I 19 121 I 3.

Madrid 79 – Segovia 85 – Guadalajara 80.

Posada La Fragua ⛰, Fragua ☎ 91 868 06 39, *gesco@retemail.es, Fax 91 469 48 80,* – TV. AE MC VISA. ✻
Comida 10 – **5 hab** ☕ 55 – PA 15.
• Casa en piedra con un bonito patio interior en el que destaca un antiguo yunque. Las habitaciones, con mobiliario estándar y baños completos, ofrecen un correcto confort.

GARABALLA *16312 Cuenca* 576 M 25 – *178 h alt. 889.*

Madrid 300 – Cuenca 100 – Teruel 80 – València 124.

Hospedería Ntra. Sra. de Tejeda, Convento ☎ 969 36 70 76, *info@hospederianuestrasenoradetejeda.com, Fax 969 36 70 78* – TV ♿ P – 🏛 25/80. AE ① MC VISA. ✻
cerrado 1ª quincena de noviembre – **Comida** *(cerrado lunes)* 10 – **21 hab** ☕ 42/54.
• Instalaciones compartidas con el monasterio, en un marco que invita al recogimiento. Habitaciones de confort actual, algunas decoradas a partir de elementos originales. Disfrute de una grata comida mientras contempla la recia fachada en piedra del santuario.

GARACHICO *Santa Cruz de Tenerife – ver Canarias (Tenerife).*

GARAIOA *31692 Navarra* 573 D 26 – *137 h alt. 777.*

Madrid 438 – Bayonne 98 – Pamplona 55.

Arostegui ⛰, Chiquirrín 24 ☎ 948 76 40 44, *harostegui@jet.es, Fax 948 76 40 44,* ← – TV. MC VISA. ✻
abril-noviembre – **Comida** 18 – ☕ 5 – **11 hab** 42/60.
• Establecimiento llevado en familia, que ofrece un confort muy válido en su categoría. Dotado de habitaciones acogedoras y detallistas, personalizadas en su decoración.

*Los precios indicados pueden revisarse al alza,
en caso de variaciones significativas de los costes de bienes y servicios.
Solicite confirmación del precio definitivo cuando efectúe su reserva de hotel.*

GARGANTA - *ver a continuación y el nombre propio de la garganta.*

GARÒS *Lleida - ver Vielha.*

La GARRIGA *08530 Barcelona* 574 G 36 122 D 6 - *9453 h alt. 258 - Balneario.*
Madrid 650 - Barcelona 38 - Girona/Gerona 84.

Termes La Garriga, Banys 23 ✆ 93 871 70 86, *termes@termes.com, Fax 93 871 78 87,* Servicios terapéuticos, *Fa*, de agua termal, . AE MC VISA.
Comida 40 - 10 - **21 hab** 167,50/271,95 - 1 suite - PA 65.
◆ Edificio novecentista con excelentes servicios terapéuticos y habitaciones de cuidada decoración e impecable equipamiento. Jardín con piscina de agua termal. Acogedor comedor con mobiliario en mimbre donde ofrecen dos tipos de menús y platos dietéticos.

GARROVILLAS DE ALCONÉTAR *10940 Cáceres* 576 M 10 - *2503 h alt. 324.*
Madrid 308 - Cáceres 37 - Castelo Branco 119 - Plasencia 71.

Hospedería Puente de Alconétar, pl. de la Constitución 18 ✆ 927 30 94 25, *proturex@proturexsl.com, Fax 927 30 96 17,* - AE MC VISA.
Comida 12 - 9 - **20 hab** 84/105.
◆ Atractivo palacio del s. XV en una hermosa plaza porticada. Posee habitaciones de línea actual y varios salones sociales, uno con chimenea y otro dotado de vistas panorámicas. Restaurante funcional repartido en dos salas de correcto montaje.

GARRUCHA *04630 Almería* 578 U 24 - *4295 h alt. 24 - Playa.*
Madrid 536 - Almería 100 - Murcia 140.

Cervantes sin rest, Colón 3 ✆ 950 46 02 52, *Fax 950 46 02 52* - VISA.
2 - **19 hab** 33,06/60.
◆ Pequeño hotel de organización familiar sencilla. Su ubicación costera le proporciona una excelente panorámica sobre el mar. Habitaciones de suficiente confort.

GAUCÍN *29480 Málaga* 578 W 14 124 C 6 - *1732 h alt. 626.*
Madrid 604 - Algeciras 67 - Estepona 36 - Málaga 123.

La Fructuosa, Convento 67 ✆ 95 215 10 72, *lafructuosa@yahoo.es, Fax 95 215 15 80,* ≤ valles del Genal y Guadiaro, - MC VISA.
Comida *(cerrado noviembre-14 abril, domingo, lunes y martes)* carta 22 a 26 - **5 hab** 74/92.
◆ En un bonito pueblo de calles estrechas, con una cuidada decoración rústica. Disfrute de las magníficas vistas que brindan sus habitaciones, la mayoría con hidromasaje.

GAUTEGIZ ARTEAGA *48314 Bizkaia* 573 B 22 - *848 h alt. 40.*
Madrid 431 - Bilbao 52 - Donostia-San Sebastián 94 - Vitoria-Gasteiz 98.

Castillo de Arteaga , Gaztelubide 7, ✉ 48314, ✆ 94 627 04 40, *castillodearteaga@panaiv.com, Fax 94 627 03 40,* ≤ Reserva de Urdibai, - 25/140. AE MC VISA.
Comida 42 - 9 - **14 hab** 100/120.
◆ Los orígenes del castillo, que disfruta de excelentes vistas, datan del s. XVI. Posee habitaciones con mobiliario y maderas originales, destacando las ubicadas en las torres. Su restaurante ofrece un ambiente clásico-medieval y un cuidado montaje.

en la carretera de Ibarrangelu :

Txopebenta sin rest, barrio Zendokiz - Noreste : 3 km, ✉ 48314, ✆ 94 625 49 23, *txopebenta@terra.es, Fax 94 625 49 23* - VISA.
5 - **6 hab** 40/47.
◆ Coqueta casa de turismo rural con un pequeño porche. Su ambiente hogareño se respira tanto en el salón con chimenea, como en sus sencillas habitaciones de baños reducidos.

Urresti sin rest, barrio Zendokiz - Noreste : 3,5 km, ✉ 48314, ✆ 946 25 18 43, *urresti@wanadoo.es, Fax 946 25 18 43* - MC VISA.
5,50 - **6 hab** 39,20/49 - 2 apartamentos.
◆ Acogedor caserío con detalles decorativos de sumo gusto, dotado de unas habitaciones sencillas pero muy coquetas, y dos estupendos apartamentos con cabina de hidromasaje.

GAVÀ *08850 Barcelona 574 I 36 122 B 9 – 35 167 h – Playa.*
Madrid 620 – Barcelona 24 – Tarragona 77.

en la carretera C 31 *Sur : 4 km :*

La Pineda, ✉ 08850, ☎ 93 633 04 42, *reservas@restaurantlapineda.com, Fax 93 633 04 46,* – ▤ P. MC VISA
Comida carta 24 a 30.
◆ Ubicado en un paraje con pinos al lado de la autovía. Posee un bar de apoyo a la entrada, y unos comedores muy correctos, donde sirven especialidades de la zona.

en la zona de la playa *Sur : 5 km :*

Les Marines, Calafell 21, ✉ 08850, ☎ 93 633 35 70, *reservas@lesmarines.com, Fax 93 633 35 71,* – ▤ P. AE ⓓ MC VISA
cerrado 21 días en agosto, domingo noche y lunes – **Comida** carta aprox. 46.
◆ Emplazado en una finca arbolada próxima al mar. El mobiliario escogido y el impecable servicio de mesa conforman un ambiente ideal para disfrutar de su esmerada cocina.

GAVILANES *05460 Ávila 575 L 15 – 744 h alt. 677.*
Madrid 122 – Arenas de San Pedro 26 – Ávila 102 – Talavera de la Reina 60 – Toledo 24.

Mirador del Tiétar , Risquillo 22 ☎ 920 38 48 67, ≤, – ▤ rest, P.
Comida 21,70 – ☕ 2,80 – **53 hab** 33,50/49,50.
◆ Bien señalizado desde la carretera. De suficiente confort y destacable limpieza, con algunas habitaciones de tipo apartamento. El bar haciendo funciones de recepción.

GÈNOVA *Illes Balears – ver Balears (Mallorca) : Palma.*

La Guía MICHELIN cambia, cambie de guía todos los años.

GER *17539 Girona 574 E 35 – 270 h alt. 1 434.*
Madrid 634 – Ax-les-Thermes 58 – Andorra la Vella 56 – Girona/Gerona 153 – Puigcerdà 11 – La Seu d'Urgell/Seo de Urgel 38.

Cal Reus sin rest, Major 4 - Quatre Cantons 6 ☎ 972 89 40 02, *Fax 972 89 40 02* – TV. AE MC VISA. – **7 hab** ☕ 30/50.
◆ Casa de pueblo muy sencilla, aunque encaja perfectamente dentro del concepto de alojamiento rural. Sus habitaciones resultan correctas y todas poseen su propio baño.

El Rebost de Ger, pl. Major 2 ☎ 972 14 70 55, *rebost@ctv.es, Fax 972 14 70 55* – ▤. AE MC VISA.
cerrado 1ª quincena de junio, lunes y martes – **Comida** carta 29 a 40.
◆ Negocio familiar con el comedor en dos niveles. En su mesa podrá saborear una cocina elaborada con productos seleccionados, cuidando las presentaciones. Decoración rústica.

GERENA *41860 Sevilla 578 T 11 – 5 176 h alt. 89.*
Madrid 553 – Aracena 64 – Huelva 113 – Sevilla 27.

en la carretera de Sevilla A 477 *Noreste : 5 km :*

Cortijo El Esparragal , ✉ 41860, ☎ 95 578 27 02, *cortijoelesparragal@elesparragal.com, Fax 95 578 27 83,* – ▤ TV P – 25/150. AE ⓓ MC VISA.
Comida 26 – ☕ 8 – **15 hab** 115/134 – 3 suites.
◆ Antiguo convento en una extensa finca de explotación agrícola-ganadera. Dispone de espaciosos salones sociales y equipadas habitaciones que conservan la calidez de antaño. Su comedor propone una pequeña carta basada en productos de la zona.

GÉRGAL *04550 Almería 578 U 22 124 S 3 – 1 050 h alt. 758.*
Madrid 510 – Almería 43 – Granada 123.

Cortijo los Pinos de Al Borany , Valle del Olivar - Sur : 1,5 km ☎ 950 35 30 72, *hotelsanjose@hotelsanjose.com, Fax 950 35 37 07,* , climatizada, – TV P. MC VISA.
cerrado enero y febrero – **Comida** *(cerrado lunes)* 30 – **4 hab** ☕ 120.
◆ Cortijo de ambiente acogedor en pleno campo. Habitaciones de línea clásica, con mobiliario antiguo y baños modernos, y agradable porche acondicionado como salón social.

GERNIKA-LUMO o **GUERNICA Y LUNO** *48300 Bizkaia 573 C 21 – 15 433 h alt. 10.*

Alred. : *Norte : Carretera de Bermeo ←★, Ría de Guernica★ – Balcón de Vizcaya ←★★ Sureste : 18 km.*

Artekalea 8 ☎ 94 625 58 92 turismo@gernika-lumo.net Fax 94 625 32 12.

Madrid 429 – Bilbao 33 – Donostia-San Sebastián 84 – Vitoria-Gasteiz 69.

Gernika sin rest, Carlos Gangoiti 17 ☎ 94 625 03 50, *h_gernika@hotel-gernika.com, Fax 94 625 58 74* – 25/250. VISA.
cerrado 21 diciembre-6 enero – 5 – **40 hab** 46,91/71,28.
• Ha sufrido recientemente obras de ampliación en las zonas sociales y de actualización en la mayoría de sus habitaciones, mejorando notablemente el confort general.

Zallo Barri, Juan Kaltzada 79 ☎ 94 625 18 00, *Fax 94 625 18 00* – . AE VISA.
cerrado domingo noche, martes noche y miércoles noche – **Comida** carta 26 a 38.
• Moderno local de estilo minimalista dotado de comedores con paneles móviles, diferenciando la carta del menú. Posee un cuidado montaje y una interesante cocina actual.

GERONA *Girona – ver Girona.*

GETAFE *28900 Madrid 576 L 18 575 L 18 121 H 8 – 156 315 h alt. 623.*

Madrid 14 – Aranjuez 38 – Toledo 56.

Hesperia Getafe, Chamberlain 1, ✉ 28905, ☎ 91 601 18 00, *hotel@hesperia-getafe.com, Fax 91 682 38 17* – hab, – 40/50. AE VISA.
Comida carta 16 a 33 – 8 – **112 hab** 95.
• Situado en un polígono industrial, personalizado y con ciertos detalles elegantes, como el lucernario de su hall. Posee habitaciones de línea moderna con el suelo en moqueta.

Casa de Pías, pl. Escuelas Pías 4, ✉ 28901, ☎ 91 696 47 57, *abcgourmet@yahoo.es, Fax 91 695 38 10* – . AE VISA.
cerrado agosto – **Comida** carta 32 a 40.
• Negocio céntrico y de montaje actual, con dos comedores en la planta baja y dos privados en el 1er piso. Posee una carta tradicional y de mercado con interesantes sugerencias.

en la autovía A 4 *Sureste : 5,5 km :*

Motel Los Ángeles, ✉ 28906, ☎ 91 683 94 00, *Fax 91 684 00 99*, – – 25/600. AE VISA.
Comida 19,50 – 8,85 – **118 hab** 58,45/82,70 – 3 suites.
• Establecimiento de carretera totalmente aislado del ruido. Sus habitaciones destacan por la amplitud y el cuidado equipamiento, con la mayoría de los baños en mármol.

GETARIA o **GUETARIA** *20808 Gipuzkoa 573 C 23 – 2 348 h.*

Alred. : *Carretera en cornisa★★ de Guetaria a Zarauz.*

Parque Aldamar 2 ☎ 943 14 09 57 turismo@getaria.net Fax 943 14 09 57 (temp).

Madrid 487 – Bilbao 77 – Pamplona 107 – Donostia-San Sebastián 24.

Elkano, Herrerieta 2 ☎ 943 14 06 14, *Fax 943 14 05 30* – . AE VISA.
cerrado del 1 al 15 de febrero, del 1 al 15 de noviembre, domingo noche y lunes noche (salvo junio-octubre) – **Comida** - pescados y mariscos - carta 44 a 54.
• Negocio familiar de 2ª generación llevado con gran profesionalidad. Pequeño bar de espera y una sala de estilo marinero, que se ve realzada por un esmerado servicio de mesa.

Kaia Kaipe, General Arnao 4 ☎ 943 14 05 00, *info@kaia-kaipe.com, Fax 943 14 01 21*, ← puerto pesquero y mar, , Interesante bodega – . AE VISA JCB.
cerrado 1ª quincena de marzo y 2ª quincena de octubre – **Comida** - pescados y mariscos - carta 38 a 48.
• Casa familiar seria montada con materiales de notable calidad. Un asador de corte más sencillo complementa su actividad durante el verano y los fines de semana. Buena bodega.

Iribar con hab y sin , Nagusia 34 ☎ 943 14 04 06, *iribarjatetxea@jazzfree.com* – *rest*, . AE VISA.
cerrado 15 días en abril y 15 días en octubre, miércoles noche y jueves – **Comida** - pescados y mariscos - carta 21 a 30 – **5 hab** 45/50.
• Céntrico restaurante decorado en un cuidado estilo rústico, que se ve realzado con algún que otro detalle marinero. Dispone también de habitaciones con entrada independiente.

GETXO *48990 Bizkaia 573 B 21 – 83 955 h alt. 51.*

Neguri, Noroeste : 2 km ✆ 94 491 02 00 Fax 94 460 56 11.

en Algorta : playa de Ereaga ✆ 94 491 08 00 infoturismo@getxo.net Fax 94 491 12 99.

Madrid 407 – Bilbao 14 – Donostia-San Sebastián 113.

en Getxoko Andramari (Santa María de Getxo) :

Cubita, carret. de La Galea 30, ✉ 48990 Getxo, ✆ 94 491 17 00, *Fax 94 460 21 12*, ≤, – ▤ P. AE ⓓ ⓜⓒ VISA JCB. ✗
cerrado agosto, domingo noche y miércoles noche – **Comida** carta 36 a 53.
• Adosado al bello molino de Aixerrota, que funciona como una galería de arte. Posee un bar público, dos privados y comedores clásicos de buen montaje, todos con vistas al mar.

en Algorta :

Los Tamarises, playa de Ereaga, ✉ 48990 Getxo, ✆ 94 491 00 05, *lostamariseso1@infonegocio.com, Fax 94 491 13 10*, ≤ – |‡| TV – 40/250. AE ⓓ ⓜⓒ VISA. ✗
Comida - ver rest. ***Los Tamarises*** – ☕ 5 – **42 hab** 67/103.
• Posee confortables habitaciones clásicas, con una cambiante decoración personalizada, y una acogedora zona social adornada mediante interesantes antigüedades.

Los Tamarises - *Hotel Los Tamarises*, playa de Ereaga, ✉ 48990 Getxo, ✆ 94 491 05 44, *lostamariseso1@infonegocio.com, Fax 94 491 13 10*, ≤, – ▤. AE ⓓ ⓜⓒ VISA. ✗
cerrado domingo noche y lunes – **Comida** carta 36 a 50.
• Negocio con personalidad propia. Posee un luminoso comedor con mobiliario castellano, una cafetería marinera y una agradable terraza, así como una excelente bodega visitable.

en Neguri :

Artaza, av. de Los Chopos 12, ✉ 48990 Getxo, ✆ 94 491 28 52, *hotelartaza@euskalnet.net, Fax 94 491 29 34* – |‡|, ▤ rest, TV P. AE ⓓ ⓜⓒ VISA. ✗
Comida *(cerrado 25 diciembre-1 enero y domingo noche)* carta aprox. 36 – **21 hab** ☕ 64,83/98,17.
• Atractiva villa construida en 1952. Sus instalaciones ostentan cierto clasicismo y las habitaciones han sido recientemente redecoradas en tonos alegres. Amplio restaurante de pulcro montaje donde se perciben detalles de la época de su construcción.

en Areeta (Las Arenas) :

Embarcadero, av. Zugazarte 51, ✉ 48930, ✆ 94 480 31 00, *info@hotelembarcadero.com, Fax 94 431 66 73* – |‡| ▤ TV ✆ ♿ 🚗. AE ⓓ ⓜⓒ VISA. ✗ rest
Comida *(cerrado domingo noche)* carta 40 a 49 – ☕ 10 – **27 hab** 133,90/159,65.
• Antigua villa señorial rehabilitada, con el exterior a modo de caserío y un interior de diseño actual. Correcta zona social y habitaciones dotadas de un excelente mobiliario. En el comedor, que goza de un cuidado montaje, ofrecen una carta tradicional.

*En esta guía, el mismo símbolo en **rojo** o en **negro**, la misma palabra en letra fina o en negrita, no significan lo mismo. Lea atentamente la introducción.*

GETXOKO ANDRAMARI *Bizkaia – ver Getxo.*

GIBRALTAR 578 X 13 y 14 – *28 339 h.*

Ver : *Localidad*★.

de Gibraltar, Norte : 2,7 km ✆ 9567 730 26 – G.B. Airways y B. Airways, Cloister Building Irish Town ✆ 9567 792 00 – Pegasus E. Air and Sea Services LTD. CTHE Tower Marina Bay – Iberia 2 A Main Street, Unit G 10-ed. I.C.C. ✆ 9567 776 66.

Casemates Square ✆ 9567 749 82 tourismo@gibraltar.gi Fax 956 77 49 43 y Cathedral Square (Duke of Kent House) ✆ 9567 749 50 tourismo@gibraltar.gi Fax 9567 749 43 – **R.A.C.E.** *4 Cathedral Square P.O. Box 385 ✆ 9567 751 61 Fax 9567 485 96.*

Madrid 673 – Cádiz 144 – Málaga 127.

Plano página siguiente

The Rock, 3 Europa Road ✆ 9567 730 00, *rockhotel@gibnynex.gi, Fax 9567 735 13*, ≤ puerto, estrecho y costa española, , , – |‡| ▤ TV ♿ P – 25/120. AE ⓓ ⓜⓒ VISA. ✗ rest a
Comida - sólo cena salvo domingo - 34,12 – ☕ 14,80 – **104 hab** 267,65.
• El estilo inglés, combinado con el aire y la luz del Mediterráneo, crea un ambiente de sosegado bienestar. Goza de espléndidas vistas, terraza y jardín con flores. Su restaurante propone una cocina en la que destacan las influencias de España y Marruecos.

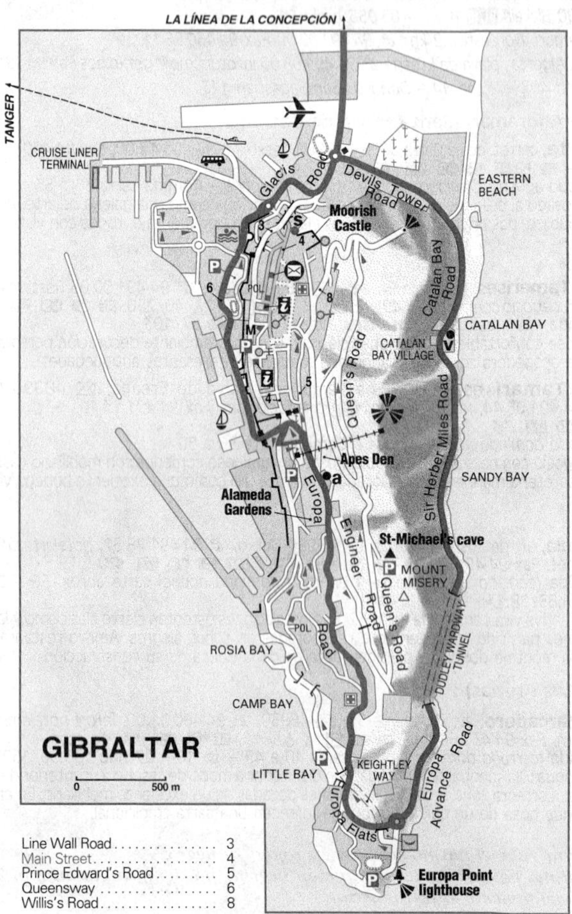

The Caleta ⛵, Catalan Bay ✆ 956 77 65 01, *reservations@caletahotel.gi, Fax 9567 421 43*, ≤, 🌴, 🏊 - 🛗, ▤ rest, 📺 🅿 - 🏛 25/210. AE ⓓ MC VISA. ✗ V

Comida 27 - ☕ 12,75 - **90 hab** 150.

• Privilegiada situación sobre el mar, que contrasta con el discreto aspecto exterior. Hotel bien organizado y de adecuadas instalaciones. Pida las habitaciones reformadas. El restaurante posee una agradable terraza panorámica.

El Patio, 11 Casemates Square ✆ 9567 708 22, *Fax 9567 407 13*, 🌴 - ▤. MC VISA. ✗ S

cerrado Semana Santa, sábado y domingo - **Comida** carta 30 a 40.

• Restaurante de organización familiar. Aunque su aspecto parece algo anticuado, cuenta con el apoyo de una clientela habitual que aprecia sus platos de sabor marinero.

Si busca un hotel tranquilo, consulte los mapas de la introducción o busque en el texto los establecimientos marcados con el signo ⛵

GIJÓN *33200 Asturias* 572 B 12 – *260 267 h – Playa.*

Castiello, Sureste : 5 km ☎ 98 536 63 13 Fax 98 536 63 13.

Marqués de San Esteban 1 ✉ 33206 ☎ 98 534 60 46 Fax 98 534 60 46 – **R.A.C.E.** *Palacio Valdes 19 (bajo) ✉ 33206 ☎ 98 535 53 60 Fax 98 535 09 70.*

Madrid 474 ③ – Bilbao 296 ① – A Coruña 341 ③ – Oviedo 30 ③ – Santander 193 ①

Parador de Gijón, parque de Isabel la Católica, ✉ 33203, ☎ 98 537 05 11, *gijon@parador.es, Fax 98 537 02 33* – AE VISA.
Comida 25 – 11 – **40 hab** 108/135. por av. del Molinón CY
◆ Ocupa un antiguo molino ubicado junto al parque. Sus luminosas dependencias le brindan todas las comodidades dentro de un ambiente cálido y distinguido. El restaurante se viste de gala para acoger una cocina arraigada en los sabores de la tierra.

Hernán Cortés sin rest con cafetería por la noche, Fernández Vallín 5, ✉ 33205, ☎ 98 534 60 00, *info@hotelhernancortes.es, Fax 98 535 56 45* – 25. AE VISA. AY a
11,50 – **40 hab** 73/83 – 16 suites.
◆ Hotel de línea clásica dotado de unas espaciosas instalaciones. Combina un alto nivel de confort con la elegante decoración, que cuida al máximo todos los detalles.

Begoña Park, carretera de la Providencia 566, ✉ 33203, ☎ 98 513 39 09, *cbegoñapark@hotelesbegoña.com, Fax 98 513 16 02* – 25/900. AE VISA.
Comida 12 – 9,20 – **98 hab** 94,50/117,80. por ①
◆ Unas instalaciones de lujo y un completo equipamiento. Recréese en su elegante zona social decorada con antigüedades, y descanse en unas habitaciones de cuidado confort.

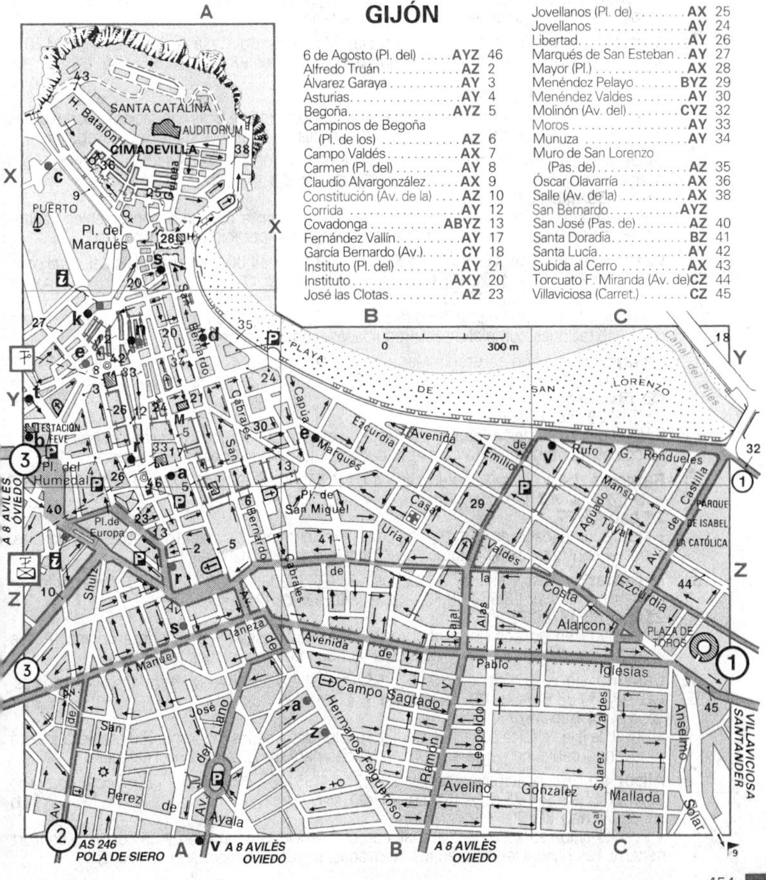

Tryp Rey Pelayo, av. Torcuato Fernández Miranda 26, ✉ 33203, ☎ 98 519 98 00, *tryp.rey.pelayo@solmelia.com, Fax 98 519 98 09,* – 25/150. AE VISA. por av. de Torcuato Fernández Miranda CZ
Comida *(cerrado domingo noche)* 16,03 – ☕ 11 – **126 hab** 123/150 – 5 suites.
◆ Moderno hotel situado frente a un tranquilo parque. Dispone de unas espaciosas habitaciones completamente equipadas, con solado en madera y baños en mármol. Restaurante de estilo clásico con un servicio de mesa de buen nivel.

Príncipe de Asturias sin rest, Manso 2, ✉ 33203, ☎ 98 536 71 11, *cha@hotelprincipeasturias.com, Fax 98 533 47 41,* ← – 25/150. AE VISA. CY v
☕ 10 – **78 hab** 115/143.
◆ Clasicismo y elegancia se unen en sus instalaciones, aportando al conjunto un cuidado confort. Destaca el salón de desayunos que brinda una excelente panorámica.

Alcomar sin rest con cafetería, Cabrales 24, ✉ 33201, ☎ 98 535 70 11, *Fax 98 534 67 42,* ← – 25/100. AE VISA. AY d
☕ 5 – **45 hab** 78/109.
◆ Sus espaciosas dependencias le garantizan una cómoda estancia. Posee una correcta zona noble, y unas habitaciones completamente equipadas, algunas con vistas a la playa.

Villa de Gijón, San Juan de Vallés 3, ✉ 33209, ☎ 98 514 18 24, *reservas@hotelvilladegijon.com, Fax 98 599 06 24* – 25/500. AE VISA. por ②
Comida 8 – ☕ 7 – **40 hab** 80/100.
◆ Destaca sobre todo por sus habitaciones, abuhardilladas en el último piso, con suelos en tarima y mobiliario de calidad. La zona social se ve complementada con la cafetería. Amplio comedor panelable ubicado en el sótano.

San Miguel sin rest con cafetería, Marqués de Casa Valdés 8, ✉ 33202, ☎ 98 534 00 25, *hsmiguel@hsanmiguel.com, Fax 98 534 00 37* – . AE VISA BY e
☕ 3,50 – **45 hab** 52/85.
◆ Centra su actividad en la clientela de negocios. Dispone de unas habitaciones acogedoras y coloristas, además de una reducida zona social en la que destaca la cafetería.

Gijón sin rest con cafetería, Pedro Duro 6, ✉ 33206, ☎ 98 535 60 36, *hotelgijon@hotelgijon.com, Fax 98 535 99 57* – . AE VISA. AY t
☕ 4 – **30 hab** 72/93.
◆ Eficazmente regentado por cuatro hermanos, cuenta con unas confortables habitaciones, todas exteriores. Lo más destacable es su impecable mantenimiento.

Pathos sin rest, Santa Elena 6, ✉ 33201, ☎ 98 517 64 00, *hotel.pathos@celuisma.com, Fax 98 517 69 17* – 25/50. AE VISA. AX s
☕ 6,09 – **56 hab** 83,99/105,93.
◆ Antiguo hotel totalmente renovado en estilo actual y con muebles de diseño. Posee unas habitaciones completamente equipadas, con baños de distinto nivel.

Pasaje sin rest con cafetería, Marqués de San Esteban 3, ✉ 33206, ☎ 98 534 24 00, *hotel-pasaje@fade.es, Fax 98 534 25 51,* ← – 25/40. AE VISA. AY k
☕ 5 – **29 hab** 60/96.
◆ Hotel de organización familiar con vistas al puerto deportivo. Sus correctas habitaciones se complementan con una cafetería pública y un salón social en el 1er piso.

Bahía sin rest y sin ☕, av. del LLano 44, ✉ 33209, ☎ 98 516 37 00, *Fax 98 516 37 00* – . VISA. AZ v
34 hab 47/67.
◆ Muy recomendable en su categoría por el excelente mantenimiento de sus dependencias, y por el confort de sus habitaciones funcionales. Personal amable.

Miramar sin rest y sin ☕, Santa Lucía 9, ✉ 33206, ☎ 98 535 10 08, *h.miramar@green-soft.com, Fax 98 534 09 32* – . AE VISA. AY n
23 hab 65,58/80,73.
◆ Instalado en un edificio antiguo que conserva la escalera de madera original. Posee unas habitaciones cuidadas y coquetas, aunque de dimensiones reducidas.

Castilla sin rest, Corrida 50, ✉ 33206, ☎ 98 534 62 00, *hotelcastilla@fade.es, Fax 98 534 63 64* – . AE VISA. AY r
☕ 3 – **44 hab** 55/75.
◆ Hotel de línea clásica con habitaciones funcionales y baños modernos. Su propietario está renovando paulatinamente sus dependencias para mejorar el confort general.

Albor sin rest, pl. Estación de Langreo 2, ✉ 33206, ☎ 98 534 75 89, *info@hotelalbor.com, Fax 98 534 75 89* – . AE VISA. AY b
☕ 3 – **7 hab** 60/80.
◆ Resulta algo reducido pero actual, con una sencilla organización y un correcto confort general. Las habitaciones, bien insonorizadas, poseen un mobiliario funcional.

XX **El Puerto,** Claudio Alvargonzález (edificio puerto deportivo), ✉ 33201, ☎ 98 534 90 96, *Fax 98 534 90 96*, ≤, 🍷 – AE ⓓ ⓜ VISA. ✂ AX c
cerrado Semana Santa y domingo noche – **Comida** carta 36 a 49.
• Emplazado en un pabellón acristalado, de techo alto en madera, que brinda bellas vistas sobre el mar. Decorado con plantas, su mesa acoge una cocina de gran nivel.

XX **La Zamorana,** Hermanos Felgueroso 38, ✉ 33209, ☎ 98 538 06 32, *Fax 98 514 90 70* – ▤. AE ⓓ ⓜ VISA. ✂ BZ a
cerrado 28 marzo-10 de abril, del 15 al 31 de octubre y lunes salvo agosto – **Comida** - espec. en pescados y mariscos - carta 32 a 39.
• Acreditado negocio dotado de una sidrería. Posee salas de estilo rústico y un comedor de excelente montaje con entrada independiente. Interesante carta y correcta bodega.

XX **La Marmita,** Begoña 20, ✉ 33206, ☎ 98 535 49 41, *lamarmita@telecable.es, Fax 98 535 49 68*, 🍷 – AE ⓓ ⓜ VISA. ✂ AY n
cerrado del 1 al 21 de marzo y domingo – **Comida** carta 26 a 32.
• Instalado en un edificio de finales del s. XIX, la decoración recrea el acogedor ambiente de antaño. Hace gala de una cocina elaborada con productos autóctonos.

XX ✿ **Paladares,** carret. de Villaviciosa 36, ✉ 33204, ☎ 98 513 20 25 – ▤. ⓜ VISA. ✂ por carret. de Villaviciosa CZ
cerrado 15 días en febrero, 15 días en octubre, domingo y lunes mediodía – **Comida** 44,50 y carta 30 a 43.
Espec. Sandwich de pitu de Caleya escabechado. Pixin con salsa de azahar y rosas caramelizadas. Rabo relleno de foie con cebolletas y crujiente de zanahoria.
• Antigua casita totalmente restaurada con un interior de línea vanguardista. Bar y cocina a la vista en la planta baja, y cuidado comedor en el 1er piso.

XX **El Perro que Fuma,** Poeta Ángel González 18 (Viesques), ✉ 33204, ☎ 98 419 34 93, *restaurante@elperroquefuma.com, Fax 98 419 34 93* – ▤. ⓜ VISA. ✂
cerrado Navidades, 2ª quincena de mayo, domingo noche y lunes – **Comida** carta 35 a 39. por Anselmo Solar CZ
• Bien llevado por su joven chef-propietario. El pequeño hall de entrada da paso a un comedor actual, con mobiliario de calidad y un esmerado servicio de mesa.

XX **V. Crespo,** Periodista Adeflor 3, ✉ 33205, ☎ 98 534 75 34, *crespovicente@hotmail.com, Fax 98 534 75 34* – ▤. AE ⓓ ⓜ VISA. ✂ AZ r
cerrado 20 junio-20 de julio, domingo noche y lunes – **Comida** carta 30 a 40.
• Afamado establecimiento con bar en la entrada y salas de aire marinero, donde podrá disfrutar de una carta de buen nivel, variada en sabores.

X **El Sueve,** Domingo García de la Fuente 12, ✉ 33205, ☎ 98 514 57 03 – ▤. AE ⓓ ⓜ VISA. ✂ AZ s
cerrado Semana Santa, 21 días en noviembre, domingo y miércoles noche – **Comida** - carnes a la brasa - carta 20 a 36.
• Casa de eficiente organización con el propietario al frente. Comedor de estilo clásico-regional, dotado de una tenue iluminación y con una parrilla a la vista.

X **Casa Justo,** Hermanos Felgueroso 50, ✉ 33209, ☎ 98 538 63 57, *Fax 98 538 63 57* – ▤. AE ⓓ ⓜ VISA. ✂ BZ z
cerrado 15 días en junio, 15 días en octubre y jueves salvo festivos y agosto – **Comida** carta 27 a 38.
• Sidrería típica. Aunque la organización resulta sencilla y las instalaciones modestas, su larga trayectoria avala una generosa cocina, arraigada en la tradición de la zona.

X **El Candil,** Numa Guilhou 1, ✉ 33206, ☎ 98 535 30 38 – ▤. AE ⓓ ⓜ VISA. ✂ AY e
cerrado Navidades. 2ª quincena de junio y domingo – **Comida** carta 27 a 36.
• Coqueto restaurante dotado de un montaje sencillo y un adecuado servicio de mesa. Su carta propone un sabio maridaje entre el sabor regional y la tendencia vasca.

en Somió *por* ① CZ :

XX **La Pondala,** av. Dioniso Cifuentes 58 - 3 km, ✉ 33203 Gijón, ☎ 98 536 11 60, *lapondala@lapondala.com, Fax 98 536 60 88*, 🍷 – AE ⓓ ⓜ VISA. ✂
cerrado 15 días en junio, 15 días en noviembre y jueves – **Comida** carta 29 a 39.
• Fundado en 1891. Aunque ofrece una cocina sin grandes alardes, elabora sus platos con productos escogidos, manteniendo el sabor de siempre. Atractiva terraza posterior.

en La Providencia *por* ① : *5 km* CY :

XX **Los Hórreos,** ✉ 33203 Gijón, ☎ 98 537 43 10, *Fax 98 513 07 42* – Ⓟ. AE ⓓ ⓜ VISA. ✂
cerrado del 1 al 15 de abril, del 1 al 15 de noviembre, domingo noche y lunes – **Comida** carta 31 a 45.
• Situado en pleno campo. Acreditado negocio de aire regional, con paredes en piedra y vigas de madera, donde sirven una variada carta. Espacioso merendero con hórreos.

ESPAÑA

en Cabueñes *por ① : 5 km CZ :*

Quinta Duro sin rest, Camino de las Quintas 384, ✉ 33394 Cabueñes, ✆ 98 533 04 43, *quintaduro@terra.es, Fax 98 537 18 90* – 🛗 TV ✆ ♿ P. AE ① MO VISA. ✗
11 hab ☕ 71,96/88,78.
◆ Atractiva casa señorial rodeada por una extensa zona verde con árboles centenarios. Tanto su zona social como las espaciosas habitaciones se visten con mobiliario antiguo.

en Deva *por ① : 6 km y desvío a la derecha 1 km CZ :*

La Ermita de Deva sin rest, barrio de San Antonio, ✉ 33394, ✆ 985 33 34 22, *hotelermitadeva@yahoo.es, Fax 985 33 34 82,* ≤, – TV P. ① MO VISA. ✗
8 hab ☕ 77/93.
◆ Casa de labranza del s. XVIII con un cuidado jardín y una pequeña capilla dedicada a San Antonio. Sus dependencias resultan acogedoras y muy confortables.

en Santurio *por ① : 7,5 km CZ :*

Los Nogales, ✉ 33394 Santurio, ✆ 98 533 63 34, *teleconta@mugenat.es, Fax 98 519 52 32,* ≤ – P. AE ① MO VISA. ✗
cerrado 24 diciembre-1 febrero y martes – **Comida** carta 34 a 69.
◆ Ubicado en pleno campo, sorprende por la calidad de los productos con que elabora sus platos. Terraza acristalada precediendo al bar-sidrería, y correctas salas a la carta.

en Mareo *por ② : 6 km :*

La Solana, carret. Centro Asturiano, ✉ 33390 Mareo, ✆ 98 516 81 86, *Fax 98 516 81 86,* – P. AE ① MO VISA. ✗
cerrado 1ª quincena de noviembre, domingo noche y lunes – **Comida** 39 y carta 27 a 40.
Espec. Vieiras frescas salteadas con espárragos, riñones y uvas pasas. Lubina asada con setas, patatas y jugo de pitu. Cochinillo ibérico confitado con puré de albaricoque y arándanos.
◆ Atractiva casona de indianos precedida de un precioso jardín. En sus impecables comedores de estilo clásico podrá degustar una cocina creativa de alto nivel.

GIRONA o GERONA *17000* P 574 G 38 122 G 5 – *75 256 h alt. 70.*

Ver : *Ciudad antigua (Força Vella)★★ – Catedral★ (nave★★, retablo mayor★, Tesoro★★ : Beatus★★, Tapiz de la Creación★★★, Claustro★) BY – Museu d'Art★★ : Viga de Cruilles★, retablo de Púbol★, retablo de Sant Miquel de Cruilles★★ BY **M1** – Colegiata de Sant Feliu★ : Sarcófagos★ BY **R** – Monasterio de Sant Pere de Galligants★ : Museo Arqueológico (sepulcro de las Estaciones★) BY – Baños Árabes★ BY **S.***

Alred. : *Púbol (Casa-Museu Castell Gala Dalí★) Este : 16 km por C 255.*

Girona, Sant Julià de Ramis, Norte : 4 km ✆ 972 17 16 41 Fax 972 17 16 82.

de Girona por ② : 13 km ✆ 972 18 66 00.

Rambla de la Llibertat 1 ✉ 17004 ✆ 972 22 65 75 oficinadeturisme@ajgirona.org Fax 972 22 66 12 – **R.A.C.C.** *carret. de Barcelona 22 ✉ 17002 ✆ 972 22 36 62 Fax 972 22 15 57.*

Madrid 708 ② – Barcelona 97 ② – Manresa 134 ② – Mataró 77 ② – Perpignan 91 ① – Sabadell 95 ②

Plano página siguiente

Carlemany, pl. Miquel Santaló 1, ✉ 17002, ✆ 972 21 12 12, *carlemany@carlemany.es, Fax 972 21 49 94* – 🛗 TV ♿ – 25/450. AE ① MO VISA JCB. ✗ rest AZ w
El Pati Verd *(cerrado domingo)* **Comida** carta 29 a 37 – ☕ 10 – **90 hab** 103/115.
◆ Hotel de línea actual dotado de una elegante zona noble, y de unas habitaciones espaciosas con mobiliario escogido y baños modernos. Trabaja mucho los congresos. Su restaurante está instalado en un pabellón circular acristalado, a modo de jardín de invierno.

Meliá Girona, Barcelona 112, ✉ 17003, ✆ 972 40 05 00, *melia.girona@solmelia.com, Fax 972 24 32 33* – 🛗 TV ♿ – 25/350. AE ① MO VISA JCB. ✗ por ②
Comida 15,50 – ☕ 11,75 – **112 hab** 99/117.
◆ Moderno y confortable con unas dependencias recientemente renovadas. Posee unas habitaciones completamente equipadas, con mobiliario elegante y baños en mármol.

Ciutat de Girona, Nord 2, ✉ 17001, ✆ 972 48 30 38, *info@hotel-ciutatdegirona.com, Fax 972 48 30 26* – 🛗 TV ✆ – 25/90. AE ① MO VISA. ✗ ABY b
Comida 9 – **44 hab** ☕ 112/130.
◆ Situado junto al centro histórico de la ciudad. Compensan su escueta zona social con unas espléndidas habitaciones, tanto por la amplitud como por su moderno equipamiento. El restaurante sorprende por ofrecer una carta con platos de otros países a buen precio.

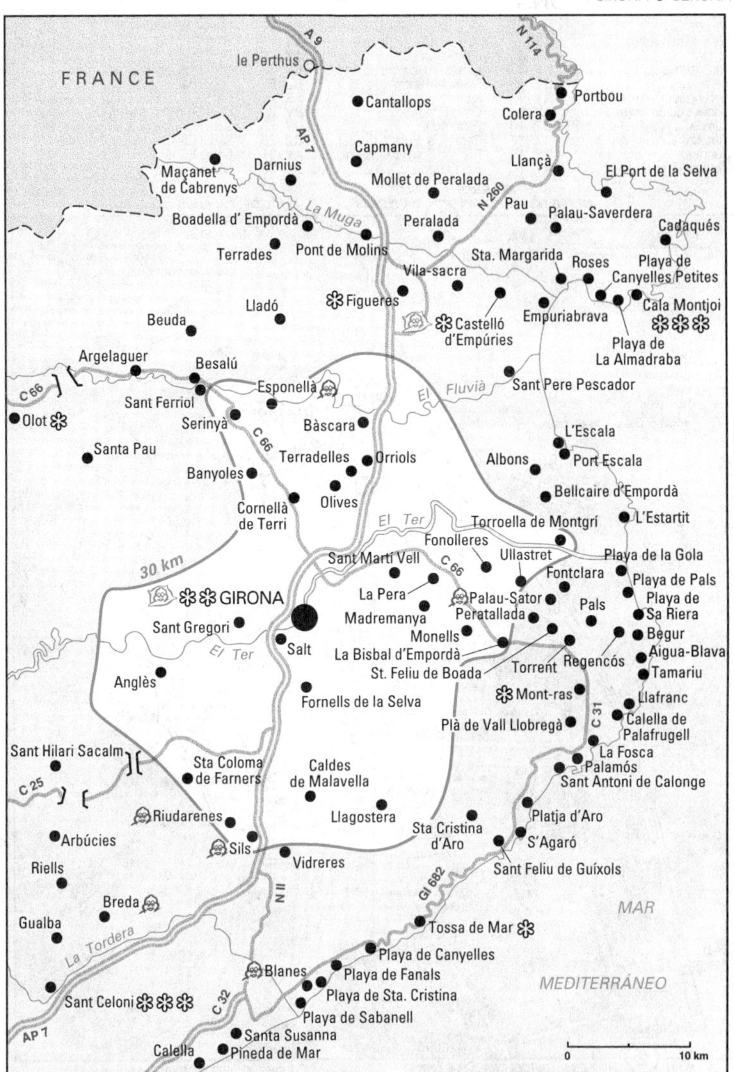

Costabella, av. de Francia 61, ✉ 17007, ☎ 972 20 25 24, *reservas@hotelcostabella .com, Fax 972 20 22 03,* 🏋, 🏊 – 🛗 ▤ TV 📞 P – 🏛 25/60. AE ⓓ ⓜⓒ VISA JCB. ✂ rest por ①

Comida - sólo cena - 12,50 – ☕ 9,50 – **45 hab** 80/109 – 2 suites.

◆ De seria organización, dispone de unas acogedoras habitaciones con suelo en mármol, mobiliario clásico y baños actuales. Amplia oferta de servicios complementarios.

Ultonia sin rest, Gran Via de Jaume I-22, ✉ 17001, ☎ 972 20 38 50, *hotelultonia@h usa.es, Fax 972 20 33 34* – 🛗 ▤ TV – 🏛 25/60. AE ⓓ ⓜⓒ VISA AY x

☕ 8 – **45 hab** 95/110.

◆ Funcional y de línea clásica, cuenta con unas habitaciones de suficiente amplitud bien equipadas, aunque sus baños resultan un tanto anticuados. Escasa zona social.

GIRONA/GERONA

Álvarez de Castro . . . . AZ 2
Argenteria . . . . BY 3
Ballesteríes . . . . BY 4
Bellaire . . . . BY 6
Berenguer Carnicer . . . . AY 7
Bonastruc de Porta . . . . AY 9
Carme . . . . BZ 10
Ciutadans . . . . BZ 12
Cúndaro . . . . BY 13
Devesa (Pas. de la) . . . . AY 14
Eduard Marquina (Pl. de) . . . . AZ 15
General Fournàs . . . . BY 16
General Peralta (Pas. del) . . . . BZ 17
Joaquim Vayreda . . . . AY 18
Juli Garreta . . . . AZ 19
Llibertat (Rambla de la) . . . . . . BZ 23
Nou del Teatre . . . . BZ 27
Nou . . . . AZ
Oliva i Prat . . . . BY 26
Palafrugell . . . . BY 28
Pedreres (Pujada de les) . . . . . BZ 29
Ramon Folch (Av. d'en) . . . . . AY 31
Rei Ferran el Católic . . . . BY 33
Rei Martí (Pujada del) . . . . BY 34
Reina Isabel la Católica . . . . . . BZ 36
Reina Joana (Pas. de la) . . . . . BY 37
Sant Cristòfol . . . . BY 39
Sant Daniel . . . . BY 40
Sant Domènec (Pl. de) . . . . BY 42
Sant Feliu (Pujada de) . . . . BY 44
Sant Francesc (Av. de) . . . . AZ 45
Sant Pere (Pl. de) . . . . BY 48
Santa Clara . . . . ABYZ
Santa Eugénia . . . . AZ 49
Ultònia . . . . AZ 53

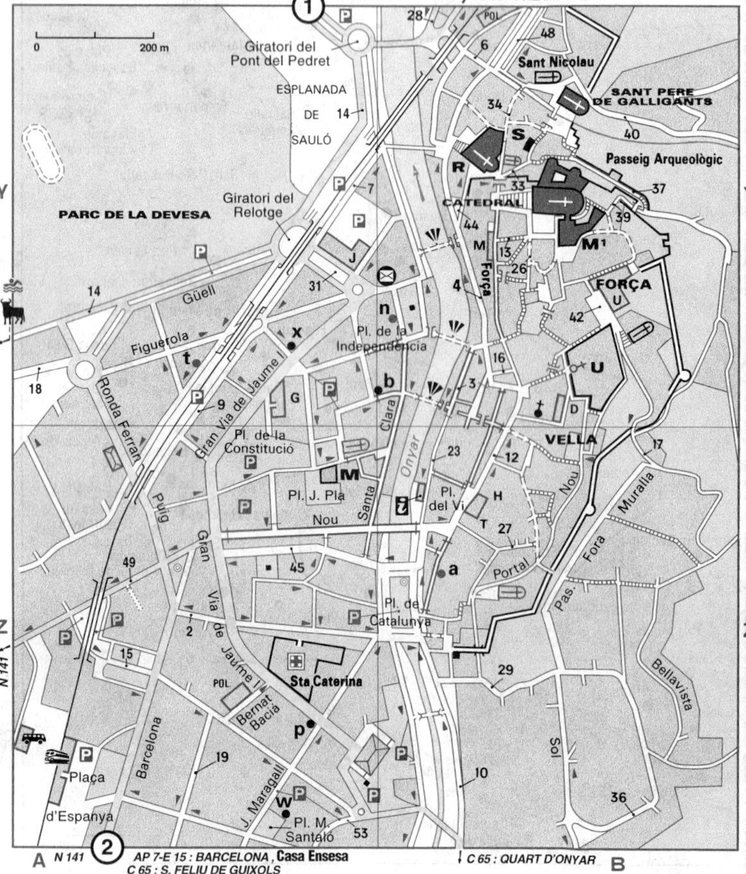

Condal sin rest y sin ☕, Joan Maragall 10, ✉ 17002, ☎ 972 20 44 62, *Fax 972 20 44 62* – 🛗 📺. AE MC VISA JCB. ✗ AZ p
38 hab 29,50/50.
• Hotel de sencilla organización familiar, dotado de unas acogedoras habitaciones, algo sobrias en decoración, en su mayoría con plato ducha en los baños.

Albereda, Albereda 7, ✉ 17004, ☎ 972 22 60 02, *rest.albereda@teleline.es, Fax 972 22 60 02* – ▤. AE ⓓ MC VISA. ✗ BZ a
cerrado Navidades, Semana Santa, 1 semana en agosto, domingo y lunes noche – **Comida** carta 36 a 47.
• Elegante restaurante decorado en estilo clásico, con los techos abovedados en ladrillo visto, y un impecable servicio de mesa. Complementa la carta con unos esmerados menús.

XX **Massana,** Bonastruc de Porta 10, ✉ 17001, ☎ 972 21 38 20, *Fax 972 22 27 67* – ▤. AE ⓓ MC VISA. ✄ AY t
cerrado Navidades, del 8 al 21 de agosto, domingo y martes noche – **Comida** carta 31 a 41.
◆ Concurrido establecimiento con unas salas sobrias y funcionales de adecuado montaje, donde sirven una correcta cocina con algunos platos en torno al pato.

XX **Mar Plaça,** pl. Independència 3, ✉ 17001, ☎ 972 20 59 62 – ▤. MC VISA JCB. ✄ BY n
cerrado 15 enero-2 febrero, domingo noche y lunes – **Comida** carta aprox. 55.
◆ Posee dos comedores de sencilla decoración, con mobiliario clásico y cuidado servicio de mesa, donde ofrecen platos de sabor marinero, elaborados con productos seleccionados.

al Noroeste *por ① y desvío a la izquierda dirección Sant Gregori y cruce desvío a Taialà 2 km :*

XXX ✿✿ **El Celler de Can Roca,** carret. Taialà 40, ✉ 17007, ☎ 972 22 21 57, *Fax 972 48 52 59* – ▤ P. AE ⓓ MC VISA JCB. ✄
cerrado Navidades, del 1 al 15 de julio, domingo y lunes – **Comida** 57 y carta 41 a 56.
Espec. Fideua de gambas sin fideos y muselina de ajos tiernos. Cochinillo ibérico con almendras y genciana. Viaje a La Habana.
◆ Afamado restaurante de estilo clásico-moderno con las paredes en estuco, llevado con gran profesionalidad por tres hermanos. Mesas amplias de excelente montaje.

en la carretera del aeropuerto *por ② :*

Novotel Girona, por AP 7 salida 8 : 12 km, ✉ 17457 Riudellots de la Selva, ☎ 972 47 71 00, *h0503@accor-hotels.com, Fax 972 47 72 96,* ⛱, ⛱, ✂ – ⇔ hab, ▤ TV ♿ P – 🏛 25/200. AE ⓓ MC
Comida carta aprox. 28 – ☕ 13 – **79 hab** 93,37/113,42 – 2 suites.
◆ Hotel de línea actual dotado de amplios exteriores ajardinados, una correcta zona noble, y habitaciones funcionales al más puro estilo de la cadena.

Vilobí Park, por AP 7 salida 8 : 13 km, ✉ 17185 Vilobí d'Onyar, ☎ 972 47 31 86, *hotelvilobi@hotmail.com, Fax 972 47 34 63* – |‡| ▤ TV ♿ P – 🏛 25/200. AE ⓓ MC VISA JCB
Comida carta 18 a 28 – ☕ 8 – **32 hab** 65,10/75,10.
◆ Modesto hotel de sencilla organización familiar, que posee unas habitaciones de notable amplitud con baños completos, aunque un tanto sobrias en decoración.

GIRONELLA *08680 Barcelona 574 F 35 – 4 875 h alt. 369.*

Madrid 612 – Barcelona 95 – Berga 11 – Vic 48.

L'Oreneta de Gironella sin rest, carret. Bassacs 60 - Sur : 1,5 km ☎ 93 822 85 48, *oreneta@inves.es, Fax 93 822 85 49* – |‡| ▤ TV ☎ P. ⓓ MC VISA. ✄
☕ 4,28 – **12 hab** 29,43/45,60.
◆ Hotelito familiar de nueva construcción con un equipamiento de muy buen nivel en su categoría, que compensa la escasa zona noble y las habitaciones un tanto reducidas.

GOIÁN *36750 Pontevedra 571 G 3.*

Madrid 610 – Ourense 106 – Pontevedra 63 – Viana do Castelo 63 – Vigo 44.

X **Asensio** con hab, Tollo 2 (carret. C 550) ☎ 986 62 01 52, *Fax 986 62 01 52* – ▤ rest, TV P. MC VISA. ✄
cerrado 15 septiembre-15 octubre – **Comida** *(cerrado domingo noche y miércoles)* carta aprox. 27 – ☕ 3,75 – **6 hab** 40/46.
◆ Pequeño restaurante con el propietario al frente de los fogones y la dueña en el comedor, que también posee habitaciones. Elabora una cocina correcta aunque sin alardes.

La GOLA (Playa de) *Girona – ver Torroella de Montgrí.*

GOLMÉS *25241 Lleida 574 H 32 – 1 369 h alt. 275.*

Madrid 484 – Barcelona 136 – Lleida/Lérida 27 – Tarragona 86.

en la carretera N II *Suroeste : 2,5 km :*

XX **Big Ben Clàssic,** ✉ 25241, ☎ 973 71 01 36, *restaurant@bigbendisco.com, Fax 973 71 06 39* – ▤ P. ⓓ MC VISA. ✄
cerrado 2ª quincena de agosto, domingo noche y lunes – **Comida** carta 25 a 36.
◆ Uno de los restaurantes de un gran complejo hostelero, llevado por personal profesional y de escuela. Luminoso marco donde se ofrece una cocina actual a precios ajustados.

GOMBRÈN *17531 Girona* 574 F 36 122 C 3 - *239 h.*
Madrid 663 - Barcelona 120 - Girona/Gerona 94 - Puigcerdá 56.

La Fonda Xesc con hab, pl. Roser 1 ☎ 972 73 04 04, *xesc@cconline.es* - *rest,* TV. AE MC VISA.
cerrado 10 días en enero y 10 días en julio - **Comida** *(cerrado domingo noche, lunes, martes noche y miércoles noche salvo agosto)* carta aprox. 30 - **14 hab** 35/65.
◆ Céntrico establecimiento de atención familiar y estilo clásico, donde podrá degustar una cocina arraigada en el recetario catalán, elaborada con productos seleccionados.

La GOMERA *Santa Cruz de Tenerife - ver Canarias.*

GORGUJA *Girona - ver Llívia.*

GRADO *33820 Asturias* 572 B 11 - *12 048 h alt. 47.*
Madrid 461 - Oviedo 27.

Palper, San Pelayo 44 (carret. N 634), ✉ 33829 Grado, ☎ 98 575 00 39, *palper@palper.es, Fax 98 575 03 65* - rest, TV P - 25/300. MC VISA.
Comida *(cerrado 15 enero-8 febrero y lunes)* 10 - 4,50 - **30 hab** 60/80.
◆ Complejo hotelero de organización profesional dotado de unas instalaciones de buen confort. Habitaciones correctamente equipadas, con mobiliario estándar y baños modernos. El restaurante, aunque centra su actividad en los banquetes, ofrece una esmerada carta.

El GRADO *22390 Huesca* 574 F 30 - *589 h alt. 467.*
Ver : *Torreciudad* ≤★★ *Noreste : 5 km.*
Madrid 460 - Huesca 70 - Lleida/Lérida 86.

Bodega del Somontano con apartamentos y sin ☕, barrio del Cinca 11 (carret. de Barbastro) ☎ 974 30 40 30, *Fax 974 30 43 19* - rest, TV P. AE MC VISA.
Comida *(cerrado 27 junio-9 julio y martes)* carta aprox. 24 - **3 apartamentos** 55/80.
◆ Establecimiento de organización familiar profesional decorado con antigüedades de venta al público. Dispone de dos salas, una de ellas con chimenea, y tres apartamentos.

Tres Caminos, barrio del Cinca 17 (carret. de Barbastro) ☎ 974 30 40 52, *3caminos@terra.es, Fax 974 30 41 22,* ≤ - P. MC VISA.
Comida carta 20 a 27.
◆ Típico restaurante de carretera con un concurrido bar público. Posee dos comedores, uno de sencillo montaje a la carta y otro con acceso independiente para banquetes.

GRAJERA *40569 Segovia* 575 H 19 - *70 h alt. 1 011.*
Madrid 121 - Segovia 83 - Burgos 119 - Soria 120 - Valladolid 134.

San Vitores (es necesario reservar), pl. de la Iglesia 1 ☎ 921 55 77 64, *sanvitores@jazzfree.com, Fax 921 55 77 64* - MC VISA.
Comida - sólo cena, sólo clientes - 15 - 3 - **5 hab** 42/60.
◆ Antigua casa en piedra restaurada. Goza de un acogedor salón-comedor de uso privado y cuenta con habitaciones rústicas de adecuado confort, siendo sus baños actuales.

GRAN CANARIA *Las Palmas - ver Canarias.*

GRANADA

18000 **P** 578 U 19 y 124 M 2 – *243 341 h. alt. 682*
Deportes de invierno en Sierra Nevada : 15 2.

Madrid 416 ① – *Málaga 124* ④ – *Murcia 278* ② – *Sevilla 250* ④ – *València 487* ①.

OFICINAS DE TURISMO

pl. de Mariana Pineda 10, ✉ *18009,* ☎ *958 24 71 28, infotur@dipgra.es Fax 958 24 71 29.*

INFORMACIONES PRÁCTICAS

R.A.C.E. *Camino de Ronda 92 – Bajo,* ✉ *18004,* ☎ *958 26 21 50, Fax 958 26 11 16.*

18 *Granada, av. Cosarios, urb. Pedro Verde (Las Gabias)* ✉ *18110, por* ③ *: 8 km* ☎ *958 58 44 36.*

✈ *de Granada por* ④ *: 17 km* ☎ *958 24 52 23 – Iberia : pl. Isabel la Católica 2,* ✉ *18009,* ☎ *902 400 500.*

CURIOSIDADES

Ver : *Emplazamiento★★★ – Alhambra★★★* CDY *(Bosque★, Puerta de la Justicia★) – Palacios Nazaries★★★ : jardines y torres★★* CY *– Palacio de Carlos V★★* CY *: Museo de la Alhambra★ (jarrón azul★), Museo de Bellas Artes (Cardo y zanahorias★★ de Sánchez Cotán) – Alcazaba★ (⩽★★)* CY *– Generalife★★* DX *– Capilla Real★★ (reja★★★, sepulcros★★★, retablo★, Museo : colección de obras de arte★★)* BY *– Catedral★* BY *(Capilla Mayor★, portada norte de la Capilla Real★) – Cartuja★ : sacristía★★ – Iglesia de San Juan de Dios★* AX *– Monasterio de San Jerónimo★ (iglesia★★, retablo★★)* AX *– Albayzín★★ : terraza de la iglesia de San Nicolás (⩽★★★)* CX **N2** *– El Bañuelo★* CX *– Museo Arqueológico (portada plateresca★)* CX *– Parque de las Ciencias★* T.

Excurs. : *Sierra Nevada★★ Sureste : 46 km* T.

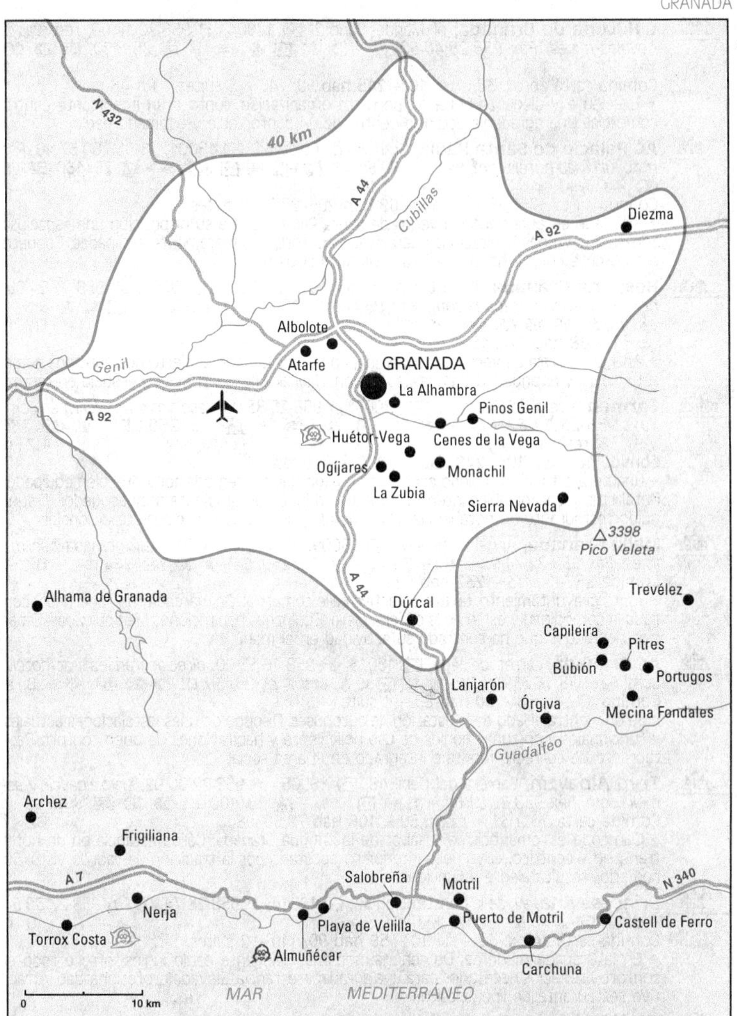

Saray, paseo de Enrique Tierno Galván 4, ✉ 18006, ☎ 958 13 00 09, *hotelsaray@h-santos.es, Fax 958 12 91 61,* ≤, ⛱ – 🛗 ▤ 📺 ♿ 🚗 – 🏛 25/250. AE ⓓ MC VISA JCB
Comida 23 – ☕ 11 – **202 hab** 128/160 – 11 suites.
◆ Junto al Palacio de Congresos. Grata estancia en este bello y confortable hotel de estilo clásico-moderno. Organización y calidad dentro de un cálido y detallado ambiente. Elegante restaurante panelable en un entorno acogedor.

Granada Center, av. Fuentenueva, ✉ 18002, ☎ 958 20 50 00, *granada@hotelescenter.es, Fax 958 28 96 96* – 🛗 ▤ 📺 ♿ 🚗 – 🏛 25/200. AE ⓓ MC VISA. ✻
Comida 25 – ☕ 11 – **171 hab** 147,66/181,90 – 1 suite.
◆ Actual y tranquilo, en el campus universitario. Principios prácticos definen un interior moderno y luminoso, al calor de un refinado confort. Su distinguido comedor propone una cuidada cocina internacional bien elaborada.

ESPAÑA

G.H. Luna de Granada, pl. Manuel Cano 2, ✉ 18004, ☎ 958 20 10 00, *reservas@hoteles-ma.es, Fax 958 28 40 52,* – – 25/390. AE VISA. T z
Comida carta aprox. 36 – 10 – **245 hab** 90/140 – 8 suites – PA 45.
◆ Excelente y elegante hotel de perfecta organización, junto a un importante centro comercial. Una agradable estancia dentro de un confortable y estimado estilo.

AC Palacio de Santa Paula, Gran Vía de Colón 31, ✉ 18001, ☎ 958 80 57 40, *Psantapaula@ac-hotels.com, Fax 958 80 57 41,* – – 25/160. AE VISA JCB. BX a
Comida carta 37 a 46 – 16 – **69 hab** 205/277 – 6 suites.
◆ Instalado en el antiguo convento de Santa Paula, pone a su disposición una espaciosa zona noble y unas habitaciones de elevado confort, completamente equipadas. Coqueto restaurante con techo en madera y vistas al claustro.

Hesperia Granada sin rest con cafetería, pl. Gamboa, ✉ 18009, ☎ 958 01 84 00, *hotel@hesperia-granada.com, Fax 958 01 84 10* – hab, – 25/30. AE VISA. BY a
11 – **68 hab** 120/150.
◆ Antigua corrala de vecinos recuperada, con un bello patio cubierto que funciona como zona social y antigüedades en la decoración. Habitaciones clásicas con el suelo en tarima.

Carmen, Acera del Darro 62, ✉ 18005, ☎ 958 25 83 00, *reservas@hotelcarmen.com, Fax 958 25 64 62,* – – 25/250. AE VISA JCB. rest BZ a
Comida 18 – 10 – **278 hab** 90/150 – 5 suites.
◆ Una bella estancia, en pleno centro, en un agradable y remodelado hotel bien equipado. Detallistas y confortables interiores que nos brindan un ambiente muy acogedor. Distinguido restaurante de notable amplitud, donde podrá degustar platos tradicionales.

Meliá Granada, Ángel Ganivet 7, ✉ 18009, ☎ 958 22 74 00, *melia.granada@solmelia.es, Fax 958 22 74 03* – – 25/250. AE VISA JCB. BZ n
Comida 25 – 13 – **232 hab** 125.
◆ Junto al ayuntamiento, en una atractiva calle comercial. De marcada funcionalidad y con toda la comodidad y estilo de la cadena Meliá. Equipadas habitaciones bien cuidadas. Espacioso comedor que ha centrado su actividad en el menú.

AC Granada, carret. de Jaén, ✉ 18013, ☎ 958 16 35 00, *direc.acgranada@ac-hotels.com, Fax 958 16 35 04,* – – 25/35. AE VISA. S a
Comida 17 – 8 – **80 hab** 85 – 1 suite.
◆ Se encuentra al lado de la estación de autobuses. Dispone de unas instalaciones actuales y funcionales, con zonas nobles de uso polivalente y habitaciones de buen confort. Restaurante de correcto montaje integrado en el área social.

Tryp Albayzín, Carrera del Genil 48, ✉ 18005, ☎ 958 22 00 02, *tryp.albaycin@solmelia.com, Fax 958 22 01 81* – – 25/100. AE VISA JCB.
Comida carta 20 a 31 – 10,50 – **108 hab** 78,50/98. BZ f
◆ Con todo el romanticismo y sabor de la antigua Granada. Cálida estancia en un hotel tranquilo y céntrico, cuyo bello interior ha apostado por la tradición del ladrillo visto. Su comedor resulta alegre y funcional.

Princesa Ana, av. de la Constitución 37, ✉ 18014, ☎ 958 28 74 47, *Fax 958 27 39 54* – . AE VISA. S c
Comida carta aprox. 38 – 10 – **59 hab** 90/140 – 2 suites.
◆ En la Granada moderna. De señorial nombre y elegante estilo inglés, ofrece todo el confort y servicios necesarios para una agradable estancia. Elevada profesionalidad. Atractivo restaurante de línea clásica.

Cóndor, av. de la Constitución 6, ✉ 18012, ☎ 958 28 37 11, *condor@maciahoteles.com, Fax 958 28 38 50* – – 25/50. AE VISA. S b
Comida carta aprox. 25 – 8 – **104 hab** 80/118.
◆ En el centro residencial y administrativo de la ciudad. Un estimado alojamiento en un cuidado y acogedor ambiente, de bellas y cálidas habitaciones.

Triunfo Granada, pl. del Triunfo 19, ✉ 18010, ☎ 958 20 74 44, *h-triunfo-granada@granada.net, Fax 958 27 90 17* – – 25/150. AE VISA.
***Puerta Elvira* : Comida** carta 27 a 35 – 9,75 – **37 hab** 85,15/130. AX e
◆ Junto a la emblemática Puerta de Elvira. Pequeño hotel de armoniosa fachada y soberano estilo. Destacadas habitaciones y un cálido servicio, aseguran una grata acogida. Restaurante con mobiliario clásico y un excelente montaje.

Rallye, paseo de Ronda 107, ✉ 18003, ☎ 958 27 28 00, *hotelrallye@telefonica.net, Fax 958 27 28 62* – – 25/200. AE VISA JCB. T v
Comida 23,50 – 11 – **79 hab** 99,90/118.
◆ En importante zona empresarial y comercial. Funcional y bien organizado, con amplias y equipadas habitaciones, donde jornadas de ocio y relax encuentran su marco ideal. Restaurante panelable a modo de invernadero.

GRANADA

Ancha de Capuchinos . . . . **S** 2
Ancha de la Virgen . . . . **BZ** 3
Andaluces (Av.). . . . . **S** 5
Andalucía (Av. de) . . . . **S** 6
Ángel Ganivet . . . . **BZ**
Bomba (Pas. de la). . . . . **T** 10
Capuchinas . . . . **AY** 12
Cárcel Alta. . . . . **BY** 13
Cardenal Parrado . . . . **S** 14
Carmen (Pl. del) . . . . **BY** 16
Cartuja (Pas. de la). . . . . **S** 18
Casillas del Prats . . . . **T** 19
Cervantes (Av. de). . . . . **T** 21
Colón (Gran Vía de) . . . . **BXY**
Conde las Infantas . . . . **AY** 22
Constitución (Av. de la) . . . . **S** 23
Doctor Olóriz (Av. del) . . . . **S** 24
Emperatriz Eugenia . . . . **T** 27
Fuente Nueva (Av.) . . . . **T** 31
Genil (Ribera del) . . . . **T** 34
Homo de la Charca. . . . . **CX** 37
Horno de Abad . . . . **AY** 36
Isabel la Católica (Pl. de) . . . . . **BY** 38
Malaga (Av. de). . . . . **S** 8
Marqués de Falces. . . . . **BX** 40
Martínez de la Rosa. . . . . **T** 41
Méndez Nuñez . . . . **T** 43
Murcia (Av. de). . . . . **S** 45
Navarrete . . . . **AX** 44
Nueva del Santísimo . . . . **AX** 46
Nueva San Antón . . . . **AZ** 47
Obispo Hurtado . . . . **T** 49
Picón (Carril del) . . . . **AY** 52
Pintor Rodríguez Acosta . . . . . . **T** 54
Real (Puerta). . . . . **BYZ**
Real de la Cartuja. . . . . **S** 56
Reyes Católicos . . . . **BY**
Sacromonte (Camino del) . . . . . **T** 59
San Antón (Pl. de). . . . . **AZ** 61
San Isidro (Pl. de). . . . . **S** 62
San Juan de la Cruz (Pl.) . . . . . **BY** 63
San Nicolás
(Camino Nuevo de) . . . . . . **CX** 64
San Nicolás (Cuesta de) . . . . . **CX** 65
Santa Ana (Pl. de) . . . . **BY** 66
Santa Escolástica . . . . **BY** 67
Santo Domingo
(Callejón de). . . . . **BZ** 68
Severo Ochoa . . . . **S** 70
Sierra Nevada
(Carret. de la) . . . . **T** 71
Solarillo de Gracia . . . . **T** 72
Tendillas de Santa Paula . . . . **AX** 73
Tinajilla. . . . . **AX** 76
Tovar (Pl.). . . . . **BY** 77
Universidad (Pl. de la). . . . . . . **AX** 78
Violón (Pas. del) . . . . **T** 81

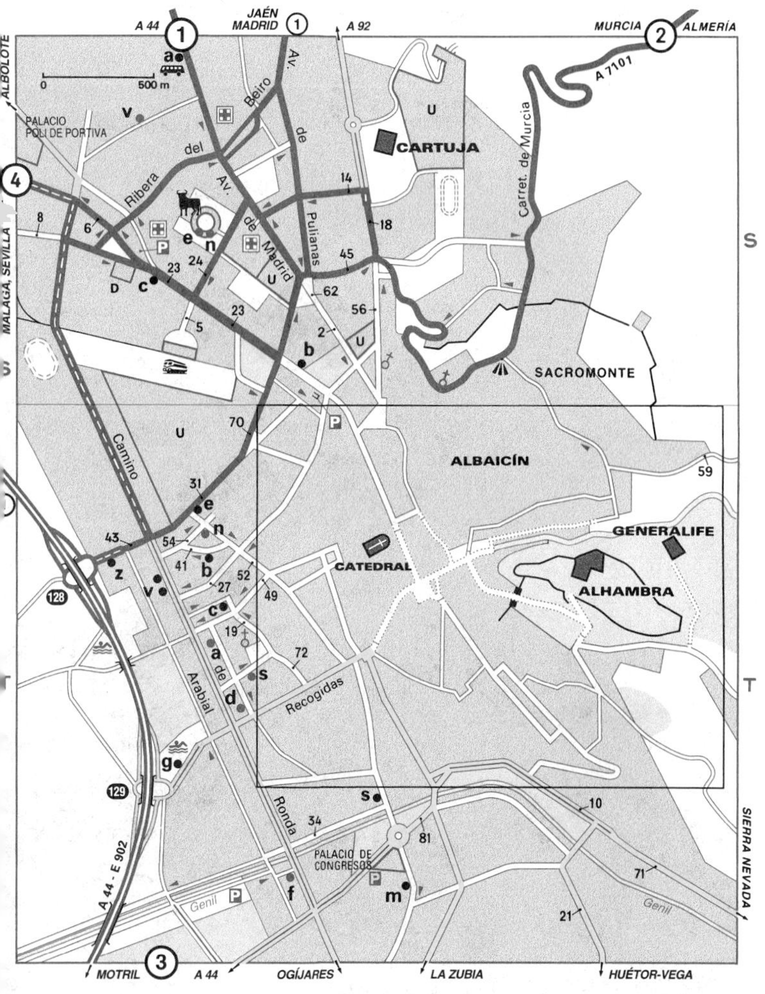

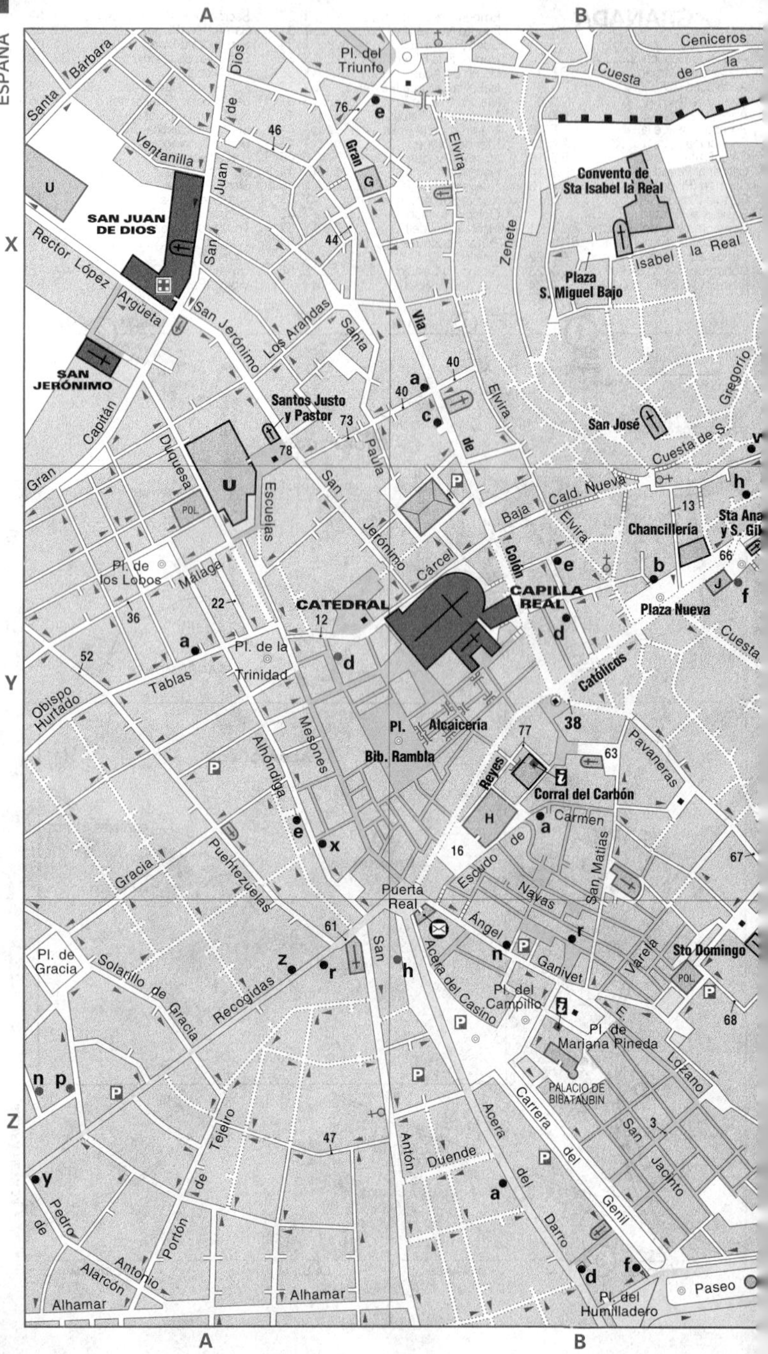

A B

Pl. del Triunfo
Ceniceros
Cuesta de la
Santa Bárbara
San Juan de Dios
76
e
46
Gran Vía
G
Elvira
Ventanilla
U
Convento de Sta Isabel la Real
SAN JUAN DE DIOS
X
Rector López Argüeta
44
Zenete
Isabel la Real
Plaza S. Miguel Bajo
San Jerónimo
Los Arandas
Santa Paula
SAN JERÓNIMO
40
a
40
Elvira
Gregorio
Capitán
Santos Justo y Pastor
73
c
de
San José
Cuesta de S.
v
Gran
Duquesa
78
U
P
Cald. Nueva
h
Escuelas
San Jerónimo
Baja
Elvira
13
Sta Ana y S. Gil
POL.
Chancillería
66
Pl. de los Lobos
Málaga
Cárcel
Colón
e
b
J
f
CAPILLA REAL
22
CATEDRAL
Plaza Nueva
36
12
d
Cuesta
a
Pl. de la Trinidad
d
52
Y
Tablas
Católicos
Obispo Hurtado
38
Mesones
Pl. Bib. Rambla
Alcaicería
77
Pavaneras
Alhóndiga
63
P
Reyes
Corral del Carbón
H
e
Carmen
a
x
16
de
Escudo
San Matías
67
Gracia
Puentezuelas
Navas
Puerta Real
61
Ángel
r
Pl. de Gracia
Solarillo de Gracia
z
r
San
h
Acera del Casino
n
P
Ganivet
Varela
Sto Domingo
Recogidas
Pl. del Campillo
POL.
P
68
P
Pl. de Mariana Pineda
E. Lozano
n p
P
P
PALACIO DE BIBATAUBIN
Z
Tejeiro
Acera
Carrera del Genil
San
3
47
Antón
Duende
P
Jacinto
y
de
a
Pedro de
del
Portón
Antonio Alarcón
Darro
Alhamar
Alhamar
d
f
Paseo
Pl. del Humilladero

A B

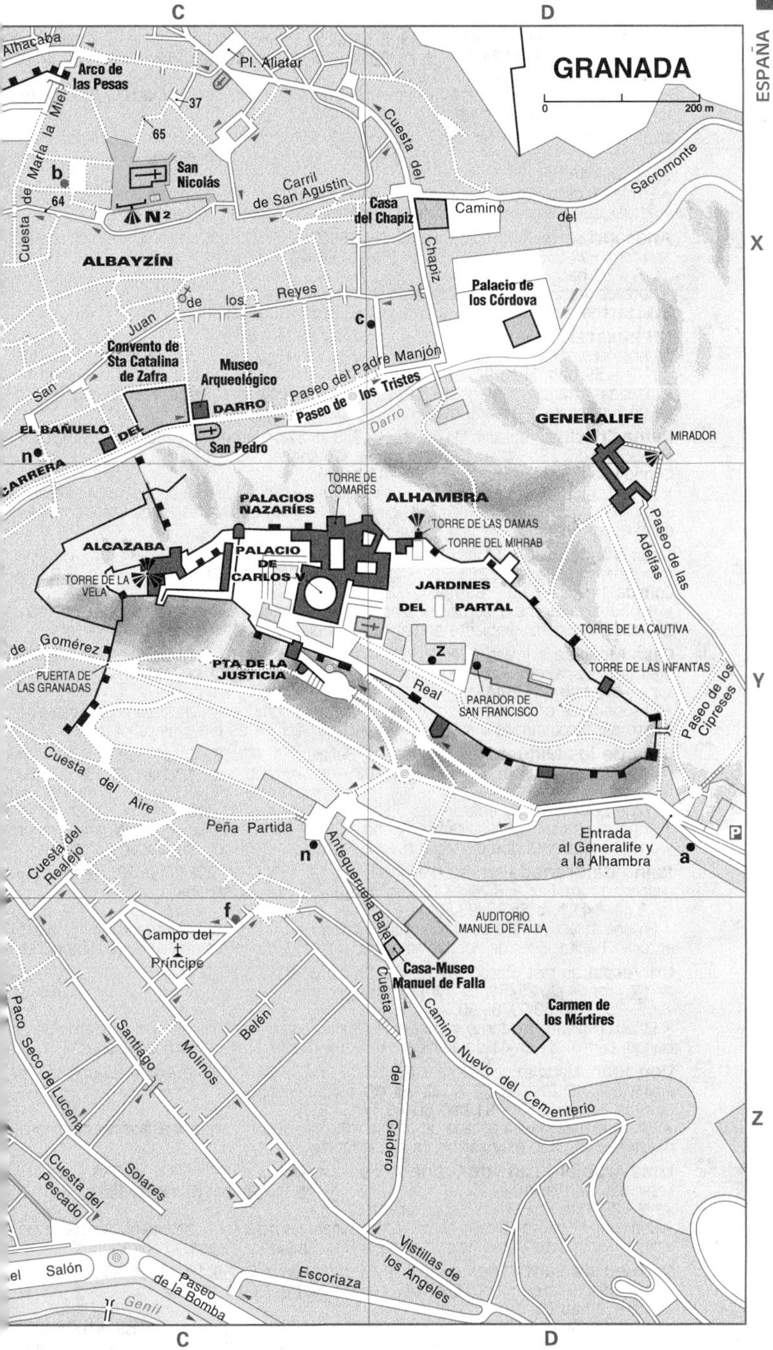

GRANADA

0 200 m

C D

X Y Z

Alhacaba
Arco de las Pesas
Pl. Aliatar
37
65
Cuesta de María la Miel
b
64
San Nicolás
N2
Carril de San Agustín
Cuesta del Chapiz
Casa del Chapiz
Camino del Sacromonte
ALBAYZÍN
San Juan de los Reyes
c
Palacio de los Córdova
Convento de Sta Catalina de Zafra
Museo Arqueológico
Paseo del Padre Manjón
Paseo de los Tristes
CARRERA DEL DARRO
Darro
EL BAÑUELO
San Pedro
n
GENERALIFE
MIRADOR
TORRE DE COMARES
PALACIOS NAZARÍES
ALHAMBRA
TORRE DE LAS DAMAS
TORRE DEL MIHRAB
ALCAZABA
PALACIO DE CARLOS V
TORRE DE LA VELA
JARDINES DEL PARTAL
Paseo de las Adelfas
TORRE DE LA CAUTIVA
Cuesta de Gomérez
z
PUERTA DE LAS GRANADAS
PTA DE LA JUSTICIA
TORRE DE LAS INFANTAS
Real
PARADOR DE SAN FRANCISCO
Paseo de los Cipreses
Cuesta del Aire
Peña Partida
n
Antequeruela Baja
Entrada al Generalife y a la Alhambra
a
P
Cuesta del Realejo
f
AUDITORIO MANUEL DE FALLA
Campo del Príncipe
Casa-Museo Manuel de Falla
Carmen de los Mártires
Paco Seco de Lucena
Santiago
Molinos
Belén
Cuesta del Caidero
Camino Nuevo del Cementerio
Cuesta del Pescado
Solares
Vistillas de los Ángeles
del Salón
Escoriaza
Paseo de la Bomba
Genil

C D

ESPAÑA

Dauro sin rest, Acera del Darro 19, ✉ 18005, ☎ 958 22 21 57, *comercial@hoteles-dauro.com, Fax 958 22 85 19* – AE VISA JCB. BZ d
6,42 – **36 hab** 68,48/100,58.
• Pequeño hotel en el centro monumental, donde una agradable atmósfera de carácter familiar dota a su estancia de una gran calidez.

Dauro II sin rest con cafetería, Navas 5, ✉ 18009, ☎ 958 22 15 81, *comercial@hoteles-dauro.com, Fax 958 22 27 32* – – 25/80. AE VISA JCB. BZ r
9,10 – **48 hab** 79,18/100,58.
• En pleno corazón de la ciudad. Su adecuado equipamiento da paso a un confort moderno y actual. Cuidadas habitaciones de línea clásica con baños al gusto del día.

Anacapri sin rest, Joaquín Costa 7, ✉ 18010, ☎ 958 22 74 77, *reservas@hotelanacapri.com, Fax 958 22 89 09* – . AE VISA. BY d
7 – **52 hab** 61/90.
• Hotel de grata organización instalado en un atractivo edificio con bello patio interior del s. XVIII. Sereno clima de descanso en unas habitaciones cálidas y reposadas.

NH Inglaterra sin rest, Cettie Meriem 4, ✉ 18010, ☎ 958 22 15 58, *nhinglaterra@nh-hotels.com, Fax 958 22 71 00* – – 25/40. AE VISA JCB.
10 – **36 hab** 96/120. BY e
• Cuidadas estancias de negocio o relax con todas las comodidades de la cadena NH, dentro de un funcional y estimado estilo de acogedoras habitaciones.

Reina Cristina, Tablas 4, ✉ 18002, ☎ 958 25 32 11, *clientes@hotelreinacristina.com, Fax 958 25 57 28* – . AE VISA. AY a
Comida carta aprox. 33 – 7,50 – **43 hab** 63/96.
• En un tranquilo barrio próximo a la universidad, en la antigua casa del poeta Luis Rosales. Encantador y familiar hotel con bello patio. Cálidas y clásicas habitaciones. Grato comedor donde podrá disfrutar de una cocina de sabor regional.

Gran Vía Granada, Gran Vía de Colón 25, ✉ 18001, ☎ 958 28 54 64, *granvia@maciahoteles.com, Fax 958 28 55 91* – . AE VISA. BX c
Comida 15 – 6,80 – **85 hab** 57/86.
• Un hotel moderno y actual, situado en la zona monumental de Granada. Equipado, cómodo y funcional ambiente en habitaciones bien dotadas y de correcto confort.

Casa Morisca sin rest, Cuesta de la Victoria 9, ✉ 18010, ☎ 958 22 11 00, *info@hotelcasamorisca.com, Fax 958 21 57 96* – . AE VISA JCB. DX c
9 – **14 hab** 115/144.
• El sosiego de otros tiempos. Casa del s. XV cuyo nombre evidencia su propia estética. Bonito patio columnado y sala de desayunos al calor de las antiguas caballerizas.

Casa de los Migueletes sin rest, Benalúa 11, ✉ 18010, ☎ 958 21 07 00, *info@casamigueletes.com, Fax 958 21 07 02* – , hab, . AE VISA JCB. BY h
cerrado del 7 al 31 de enero – 9,50 – **24 hab** 129 – 1 suite.
• Antigua casa del s. XVII ubicada en pleno Albayzín. Disfruta de un hermoso patio interior y unas habitaciones que destacan por los techos en madera y el mobiliario artesanal.

Reino de Granada sin rest, Recogidas 53, ✉ 18005, ☎ 958 26 58 78, *reservas@gruporeino.com, Fax 958 26 36 42* – . AE VISA AZ y
5,40 – **41 hab** 55,29/99,50.
• En una atractiva calle comercial del centro de la ciudad. Amable organización y grato entorno. Habitaciones de notable amplitud, con todo el confort que su descanso precisa.

Universal sin rest, Recogidas 16, ✉ 18002, ☎ 958 26 00 16, *Fax 958 26 32 29* – – 25/50. AE VISA JCB AZ z
5 – **56 hab** 60,99/85,60.
• Establecimiento moderno y funcional. Una agradable estancia en pleno corazón de la ciudad, dentro de un cálido ambiente de espaciosas y acogedoras habitaciones.

Don Juan, Martínez de la Rosa 9, ✉ 18002, ☎ 958 28 58 11, *hoteldonjuan-gr@ctv.es, Fax 958 29 19 20* – . AE VISA. rest T b
Comida 9 – 4,75 – **81 hab** 60/80.
• Hotel de línea clásica dotado de una sencilla área social, y unas habitaciones bien equipadas que resultan muy válidas en su categoría.

Luna Arabial y Luna de Granada II sin rest, Arabial 83, ✉ 18004, ☎ 958 27 66 00, *reservas@hoteles-ma.es, Fax 958 27 47 59,* – . AE VISA. T z
9 – **25 hab** 70/95 – 95 apartamentos.
• Complejo hotelero ubicado en dos zonas separadas pero contiguas. Idéntica decoración y similares características de correcto confort. Amplias y cómodas habitaciones.

Carmen de Santa Inés sin rest, Placeta de Porras 7, ✉ 18018, ☎ 958 22 63 80, *sinescar@teleline.es, Fax 958 22 44 04,* – . AE VISA. BX w
10 – **9 hab** 80/105.
• En una antigua casa árabe renovada y ampliada entre los ss. XVI y XVII. Vigas, artesonados y un pequeño patio dotan a este encantador establecimiento de una singular belleza.

Palacio de Santa Inés sin rest, Cuesta de Santa Inés 9, ✉ 18010, ☎ 958 22 23 62, *sinespal@teleline.es, Fax 958 22 24 65* – ▤ TV CX n
13 hab – 2 apartamentos.
◆ Delicioso hotelito en un coqueto palacete del Albayzín que data del s. XVI. Entrañable marco con unas dependencias cuidadas al detalle, destacando el atractivo patio.

Ana María sin rest, paseo de Ronda 101, ✉ 18003, ☎ 958 28 99 11, *hotelreino@interbook.net, Fax 958 28 92 15* – ▤ TV – 25/80. AE VISA JCB T v
5,50 – **30 hab** 47/65.
◆ Grato y familiar hotel de amable organización y amplias habitaciones, próximo a la Catedral. Jovial ambiente, estilo alegre y agradable confort son sus características.

Reina Ana María sin rest, Sócrates 10, ✉ 18002, ☎ 958 20 98 61, *Fax 958 27 10 81* – ▤ TV. AE VISA JCB. T c
5 – **25 hab** 35,50/58.
◆ En animada y céntrica zona de la ciudad. Discreto montaje para este funcional hotel, donde cálidas y equipadas habitaciones de clásica decoración velan por su bienestar.

Ibis Granada sin rest con cafetería por la noche, Polígono Industrial Parque San Isidro, ✉ 18100 Armilla, ☎ 958 18 42 50, *h3700@accor-hotels.com, Fax 958 18 39 72*, – , hab, ▤ TV . AE VISA T g
6 – **97 hab** 49.
◆ En un polígono industrial a las afueras de la ciudad. Sus instalaciones resultan muy funcionales, con zonas sociales reducidas y baños de plato ducha en las habitaciones.

Maciá Plaza sin rest, pl. Nueva 4, ✉ 18010, ☎ 958 22 75 36, *maciaplaza@maciahoteles.com, Fax 958 22 75 33* – ▤ TV. AE VISA. BY b
5,50 – **44 hab** 47,80/70.
◆ Renovado hotel de línea actual y discreta organización. Salón de desayunos de aire vanguardista, y unas habitaciones de alegre decoración con baños algo desfasados.

Las Nieves, Alhóndiga 8, ✉ 18001, ☎ 958 26 53 11, *reservas@hotellasnieves.e.telefonica net, Fax 958 52 31 95* – ▤ TV. AE VISA AY x
Comida *(cerrado domingo)* 10 – 4 – **30 hab** 60/70 – PA 20.
◆ Una reforma total ha elevado su confort. Antiguo edificio del s. XIX, dotado de unas instalaciones funcionales y un equipamiento adecuado. Zona social de escasa amplitud. Acogedor restaurante de cálida decoración y ambiente íntimo.

Sacromonte sin rest y sin , pl. del Lino 1, ✉ 18002, ☎ 958 26 64 11, *Fax 958 26 67 07* – ▤ TV . AE VISA. AY e
31 hab 40/60.
◆ Discreto establecimiento de agradable cotidianeidad e impecable mantenimiento, cuyo interior alberga unas cándidas habitaciones de confort suficiente. Trato amable.

Verona sin rest y sin , Recogidas 9-1º, ✉ 18005, ☎ 958 25 55 07, *hverona@terra.es, Fax 958 25 25 09* – ▤ TV . VISA AZ r
11 hab 30/36.
◆ Céntrica ubicación para este cómodo y pequeño hotel de entrañable ambiente familiar. Adecuados servicios dentro de un decoroso entorno de cuidadas instalaciones.

XX **Los Santanderinos,** Albahaca 1, ✉ 18006, ☎ 958 12 83 35, *Fax 958 13 32 06* – ▤. AE VISA. T f
cerrado del 15 al 31 de agosto, domingo y lunes noche – **Comida** carta 29 a 39.
◆ Cerca del Palacio de Congresos. Íntimo restaurante de grata organización y esmerado mantenimiento. Carta variada de productos del norte, de calidad reconocida.

XX **San Nicolás,** San Nicolás 3, ✉ 18010, ☎ 958 80 42 62, *Fax 958 80 61 31*, ≤, – ▤. AE VISA. CX b
cerrado domingo noche y lunes – **Comida** carta 19 a 34.
◆ En una antigua casa de aire señorial, decorada con sumo gusto en un elegante estilo que combina clasicismo y detalles regionales. Esmerado montaje y agradable terraza.

XX **Las Tinajas,** Martínez Campos 17, ✉ 18002, ☎ 958 25 43 93, *Fax 958 25 53 35* – ▤. AE VISA AZ p
cerrado 16 julio-14 agosto – **Comida** carta 29 a 35.
◆ Bien llevado y afamado por sus tertulias taurinas. Un clásico que debe su éxito a la bondad de sus productos y a una destacada bodega. Insignes personajes entre sus clientes.

XX **La Ermita en la Plaza de Toros,** av. Doctor Olóriz 25, ✉ 18012, ☎ 958 29 02 57, *ermitaplaza@hotmail.com, Fax 958 27 63 08* – ▤. AE VISA. S e
Comida carta 26 a 35.
◆ Se encuentra bajo los soportales de la plaza de toros. Rincón rústico con sabor taurino donde podrá revivir toda la magia y el embrujo de la ciudad. Ambiente joven.

XX **Pilar del Toro,** Hospital de Santa Ana 12, ✉ 18009, ☎ 958 22 38 47, *Fax 958 22 26 71*, – ▤. AE VISA. BY f
Comida carta aprox. 33.
◆ De singular arquitectura, posee cierto atractivo. Si su zona de bar da paso a un hermoso patio, el comedor encuentra su continuidad en una pequeña terraza bien cuidada.

ESPAÑA

XX **Mesón A. Pérez,** Pintor Rodríguez Acosta 1, ✉ 18002, ☎ 958 28 80 79, *restaurante antonioperez@telefonica.net, Fax 958 27 33 87* – ▤. AE ⓓ ⓜ VISA. ✂ T n
cerrado sábado y domingo (15 julio-15 septiembre) y domingo resto del año – **Comida** carta 20 a 29.
◆ Negocio llevado en familia con orgullo y dignidad. Comedor de cálida rusticidad, con dos acogedores privados en cada uno de sus extremos. Esmerado servicio de mesa.

X **Cunini,** pl. Pescadería 14, ✉ 18001, ☎ 958 25 07 77, *Fax 958 25 07 77,* ☂ – ▤. AE ⓓ ⓜ VISA JCB. ✂ AY d
cerrado domingo noche y lunes – **Comida** - pescados y mariscos - carta aprox. 30.
◆ Todo un clásico. Destacado y afamado rincón, de exquisitos y frescos productos del mar, dentro de un animado ambiente. Calidad y buen hacer son sus características.

X **Mariquilla,** Lope de Vega 2, ✉ 18002, ☎ 958 52 16 32 – ▤. ⓜ VISA. ✂ AZ n
cerrado 15 julio-agosto, domingo noche y lunes – **Comida** carta 22 a 29.
◆ En una céntrica zona de la ciudad. Pequeño restaurante de carácter familiar, dotado de correctas instalaciones y adecuado confort. Carta mediana a precios atractivos.

X **Lago di Como,** Campo del Príncipe 8, ✉ 18009, ☎ 958 22 61 54, *info@pizzerialagodicomo.com, Fax 958 22 61 54,* ☂ – ▤. AE ⓓ ⓜ VISA. ✂ CZ f
Comida - cocina italiana - carta aprox. 24.
◆ Asentado y reconocido local de eficiente organización y buenos productos, cuyo discreto montaje se ve compensado por un impecable mantenimiento. Ambiente cómodo y distendido.

X **China,** Pedro Antonio de Alarcón 23, ✉ 18004, ☎ 958 25 02 00, *luis_sin@hotmail.com, Fax 958 25 02 00* – ▤. AE ⓓ ⓜ VISA. ✂ T d
Comida - rest. chino - carta 19 a 28.
◆ Correcta ubicación para este práctico entorno de funcionales instalaciones y confort suficiente, dentro de un diáfano interior al modo tradicional chino.

X **Mucho Gusto,** El Guerra 30, ✉ 18014, ☎ 958 16 08 29, ☂ – P. AE ⓜ VISA. ✂ S v
cerrado agosto, domingo noche y lunes – **Comida** carta aprox. 26.
◆ En una zona alejada del bullicio de la ciudad. Casa de discreto montaje y modesta decoración, donde sirven una carta que, sin grandes alardes, resulta adecuada a su categoría.

🍷 **De Costa a Costa,** Ancha de Gracia 3, ✉ 18003, ☎ 958 52 31 37 – ▤. ⓜ VISA T s
cerrado lunes – **Ración** - pescados y mariscos - aprox. 7.
◆ Excelente dirección con un amable servicio. Interior moderno, con detalles muy cuidados de bonito estilo marinero, que cuenta con una clientela propia de la zona.

🍷 **Casa Enrique,** Acera del Darro 8, ✉ 18005, ☎ 958 25 50 08, ☂ – ▤. ✂ BZ h
cerrado domingo – **Tapa** 2,70 **Ración** - ibéricos, anchoas - aprox. 12.
◆ Reducido pero emblemático local con agradable bodega privada. Entrañable decoración a modo de mesón-taberna, estimada organización y concurrido ambiente para su disfrute.

🍷 **Mesón Luis,** Pedro Antonio de Alarcón 41, ✉ 18004, ☎ 958 52 13 09 – ▤. AE ⓜ VISA. ✂ T a
cerrado del 1 al 15 de agosto y miércoles – **Tapa** 2 **Ración** - pescados, mariscos y berenjenas - aprox. 8.
◆ Una buena recomendación. Trato amable en este pequeño y grato lugar, donde seis mesitas con cierta independencia invitan a animadas tertulias.

🍷 **Taberna Tendido 1,** av. Doctor Olóriz 25, ✉ 18012, ☎ 958 27 23 02, *restaurante@tendido1.com, Fax 958 27 72 19,* ☂ – ▤. AE ⓓ ⓜ VISA S n
cerrado 1ª quincena de junio – **Tapa** 3 **Ración** aprox. 9.
◆ Bajo los soportales de la plaza de toros. Disfrute de un ambiente cómodo, relajado y confortable, en el que altos techos y muros en ladrillo visto conforman el entorno.

en La Alhambra :

🏨 **Alhambra Palace,** Plaza arquitecto García de Paredes 1, ✉ 18009, ☎ 958 22 14 68, *reservas@h-alhambrapalace.es, Fax 958 22 64 04,* ≤ Granada y Sierra Nevada – 🛗 ▤ TV – 🎪 25/120. AE ⓓ ⓜ VISA JCB. ✂ CY n
Comida 34 – ☕ 11,50 – **113 hab** 129/167 – 13 suites.
◆ Majestuosa y noble ubicación, con hermosas vistas a Granada y a Sierra Nevada. Lujoso edificio de inspiración árabe, acorde a la arquitectura histórica de la ciudad. Magnífico restaurante de suntuosa decoración, complementado con una terraza acristalada.

🏨 **Parador de Granada** 🐦, Alhambra, ✉ 18009, ☎ 958 22 14 40, *Fax 958 22 22 64,* ☂, 🌳 – ▤ TV ♿ P – 🎪 25/30. AE ⓓ ⓜ VISA JCB. ✂ DY
Comida 27 – ☕ 13 – **34 hab** 245 – 2 suites.
◆ Remanso de paz instalado en el antiguo convento de San Francisco, del s. XV. Posee líneas suaves, jardín y evocadores rincones para un alojamiento de elevado confort. Entrañable restaurante con un vistoso artesonado.

Guadalupe, paseo de la Sabika, ✉ 18009, ☎ 958 22 34 24, *guadalupeh@infonegocio.com, Fax 958 22 37 98* – |‡| ▤ TV. AE ⓓ MC VISA JCB. ⚡ rest DY a
Comida 18 – ☕ 7,50 – **58 hab** 69/96.
◆ Junto a La Alhambra, en un marco ideal para el deleite de los sentidos. Funcional y de sencillo montaje, posee dos tipos de habitaciones, las del anexo de estilo más actual.

América ⚘, Real de la Alhambra 53, ✉ 18009, ☎ 958 22 74 71, *reservas@hotelamerica.com, Fax 958 22 74 70,* ☂ – ▤ hab,. MC VISA. ⚡ DY z
marzo-noviembre – **Comida** *(cerrado sábado)* 15,12 – ☕ 7 – **16 hab** 70/110 – 1 suite.
◆ En la ciudadela de la Alhambra, en una antigua casa del s. XIX. Hotelito familiar de bella fachada y entrañable decoración, con una coqueta zona social y cálidas habitaciones. Restaurante con detalles de sabor granadino, que ocupa un patio-jardín cubierto.

en la carretera de Málaga *por ④ : 5 km :*

Tryp Alcano, av. de Andalucía 130, ✉ 18015, ☎ 958 28 30 50, *sol.inn.alcano@solmelia.es, Fax 958 29 14 29,* ☂, ⛱, 🌳 – ▤ TV P. AE ⓓ MC VISA JCB. ⚡ rest
Comida 16 – ☕ 9,37 – **100 hab** 75/96.
◆ Hotel funcional en la carretera de Málaga, alrededor de un patio ajardinado con piscina. Jornadas de trabajo y relax dentro de un alojamiento de confortable ambiente.

GRANADILLA DE ABONA *Santa Cruz de Tenerife – ver Canarias (Tenerife).*

La GRANJA o SAN ILDEFONSO *40100 Segovia* 575 *J 17* 121 *G 4 – 4 949 h alt. 1 192.*

Ver : Palacio de La Granja de San Ildefonso★★ (Museo de Tapices★★) – Jardines★★ (surtidores★★).
Madrid 74 – Segovia 13.

Las Fuentes ⚘ sin rest, Padre Claret 6 ☎ 921 47 10 24, *Fax 921 47 17 41,* 🌳 – TV. MC VISA. ⚡
☕ 9 – **9 hab** 90/120.
◆ Coqueto hotelito en una casa señorial del s. XIX. Evocador estilo isabelino, muebles de época, y una decoración diferente en cada una de sus habitaciones. Elegante jardín.

Roma, Guardas 2 ☎ 921 47 07 52, *info@hotelroma.org, Fax 921 47 02 78,* ☂ – TV. AE MC VISA. ⚡
cerrado noviembre – **Comida** *(cerrado martes)* 11 – ☕ 5 – **16 hab** 40/58.
◆ Junto al palacio y sus jardines. Fachada renovada y habitaciones redecoradas en una línea clásico-actual, con suelos enmoquetados y baños modernos. Sencilla organización.

Reina XIV, Reina 14 ☎ 921 47 05 48, *reina14@reina14.com, Fax 921 47 05 12* – ▤. AE ⓓ MC VISA JCB. ⚡
cerrado 22 diciembre-27 enero, última semana de junio y lunes – **Comida** carta aprox. 26.
◆ Un joven matrimonio dirige este establecimiento, con arte y oficio, y nos brinda una cocina tradicional de calidad. Cuidadas instalaciones y esmerado servicio de mesa.

Dólar, Valenciana 1 ☎ 921 47 02 69, *Fax 921 47 02 69* – AE ⓓ MC VISA. ⚡
cerrado noviembre y miércoles – **Comida** carta aprox. 22.
◆ Negocio familiar que ha dado sus frutos. Carta regional y opción de menú, en dos comedores de línea clásica. El del piso superior, más íntimo y acogedor.

en La Pradera de Navalhorno *carretera del puerto de Navacerrada - Sur : 2,5 km :*

El Torreón con hab, ✉ 40109 Valsain, ☎ 921 47 09 04, *hostaltorreon@terra.es, Fax 921 47 20 68,* ☂ – TV P. AE ⓓ MC VISA. ⚡
cerrado martes – **Comida** carta 24 a 30 – ☕ 4,08 – **10 hab** 18/40.
◆ Aunque su actividad principal es el restaurante, también posee habitaciones. Dos salas decoradas con sencillez, y otra más actual en estilo rústico. Cocina regional.

en Valsain *por la carretera del puerto de Navacerrada - Sur : 3 km :*

Hilaria, ✉ 40109 Valsain, ☎ 921 47 02 92, *Fax 921 47 18 93,* ☂ – AE ⓓ MC VISA. ⚡
cerrado 10 días en junio, 20 días en noviembre y lunes salvo festivos – **Comida** carta aprox. 25.
◆ Un establecimiento reconocido y afamado, caracterizado por una organización familiar, seria y eficaz. Instalaciones bien cuidadas, y un ambiente cómodo y agradable.

Nuestras guías de hoteles, nuestras guías turísticas y nuestros mapas de carreteras son complementarios. Utilícelos conjuntamente.

GRANOLLERS *08400 Barcelona* 574 H 36 122 D 7 – *52 062 h alt. 148.*
Madrid 641 ③ – *Barcelona 29* – *Girona/Gerona 75* ② – *Manresa 70* ③

Plano página siguiente

Ciutat de Granollers ⑤, Turó Bruguet 2 (carret. de Mataró) ☎ 93 879 62 20, *comercial@hotelciutat.com, Fax 93 879 58 46,* ←, Fз, ⛱, ▣, ⚾ – |⇕|, ⇹ hab, ▤ TV ☎ 🚗 P – 🏛 30/600. AE ⓞ MC VISA JCB. ✂ BZ m
Comida 19,05 – ☕ 9,80 – **111 hab** 143,50/179,35.
• Hotel dotado de una espaciosa zona noble, con amplias salas de reuniones panelables. Confortables habitaciones equipadas con todo detalle para que disfrute de su estancia. Comedor a la carta de correcto montaje, llevado por una brigada profesional.

Aparthotel Atenea Vallès, Magallanes ☎ 93 879 48 20, *ateneav@city-hotels.es, Fax 93 879 34 61,* Fз – |⇕| ▤ TV ☎ ♿ 🚗 – 🏛 25/120. AE ⓞ MC VISA JCB. ✂ AZ a
Comida *(cerrado fines de semana en agosto)* 25 – **84 apartamentos** ☕ 102/120.
• Céntrico complejo hotelero de línea moderna, que dispone de unos apartamentos funcionales y bien equipados, así como de unas adecuadas zonas comunes. Correcto gimnasio. Luminoso comedor dotado de un buen servicio de mesa.

Granollers, av. Francesc Macià 300 ☎ 93 879 51 00, *h.granollers@hotelgranollers.com, Fax 93 879 42 55,* Fз – |⇕| ▤ TV ☎ ♿ 🚗 P – 🏛 25/250. AE ⓞ MC VISA. ✂ AZ n
Comida 17 - ***La Piranya*** *(cerrado del 7 al 26 de agosto, domingo noche y lunes)* **Comida** carta 24 a 32 – ☕ 9 – **72 hab** 80/100.
• Instalado en un edificio moderno. Sus dependencias resultan de un confort muy correcto en su categoría. Amplias salas para reuniones de empresa. Su restaurante La Piranya dispone de un montaje actual y algún detalle marinero en al decoración.

Iris, av. Sant Esteve 92 ☎ 93 879 29 29, *hotel@hoteliris.com, Fax 93 879 20 06* – |⇕| ▤ TV 🚗 – 🏛 25/40. AE ⓞ MC VISA JCB BZ k
Comida *(cerrado del 15 al 31 de agosto y domingo)* 13,50 – ☕ 7 – **54 hab** 61/77,60.
• Sencillo hotel que cuenta con habitaciones de distinto nivel, destacando por confort y equipamiento las recientemente renovadas. Reducida zona social con bar-recepción.

XX **El Trabuc,** carret. de El Masnou ☎ 93 870 86 57, *eltrabuc@eltrabuc.com, Fax 93 860 40 24,* ⛱ – ▤ P. AE ⓞ MC VISA. ✂ por carret. de Masnou AZ
cerrado del 8 al 28 de agosto y domingo noche – **Comida** carta 26 a 38.
• Antigua masía dotada de varias salas con un buen servicio de mesa y decoradas en estilo rústico. Marco acogedor para saborear su interesante cocina catalana y de mercado.

XX **La Taverna d'en Grivé,** Josep Maria Segarra 98 (carret. de Sant Celoni) ☎ 93 849 57 83, *taverna.grive@ya.com, Fax 93 840 13 12* – ▤ P. AE MC VISA. ✂ BY c
cerrado del 1 al 27 de agosto, domingo noche, lunes y miércoles noche – **Comida** carta 40 a 49.
• Negocio de gran aceptación en la zona, que ofrece platos de temporada elaborados con productos escogidos. Dispone de dos salas de adecuado montaje y un pequeño reservado.

XX **Europa** con hab, Anselm Clavé 1 ☎ 93 870 03 12, *Fax 93 870 79 01* – |⇕| ▤ TV. AE ⓞ MC VISA. ✂ BY f
Comida carta 20 a 26 – **7 hab** ☕ 80/110.
• Casa de larga tradición familiar con bar a la entrada y salas en dos plantas, donde sirven platos típicos de la zona. Dispone también de habitaciones amplias y bien equipadas.

X **L'Asador,** Mare de Déu de Núria 22 ☎ 93 879 24 58 – ▤. AE MC VISA. ✂ AY e
cerrado del 7 al 14 de enero, 8 agosto-1 septiembre y lunes – **Comida** carta 20 a 30.
• Restaurante familiar que basa su actividad en el menú diario, sin descuidar la amplia carta. Instalaciones modernas atendidas por una brigada numerosa.

X **Les Arcades,** Girona 29 ☎ 93 879 40 96, *Fax 93 870 91 56* – ▤. MC VISA JCB. ✂
cerrado 24 enero-1 febrero, 27 junio-20 julio, lunes noche y martes – **Comida** carta 19 a 24. BY b
• Posee un bar a la entrada para tapear, seguido de un comedor panelable y de estilo actual, donde sirven platos de tendencia clásica a precios interesantes.

X **Racó del Mar,** av. Francesc Macià 99 ☎ 93 879 62 68 – ▤. AE ⓞ MC VISA. ✂ ABZ r
cerrado domingo noche y lunes – **Comida** - pescados y mariscos - carta 23 a 48.
• Pequeño comedor decorado en tonos azules y salpicado de motivos marineros, siguiendo la línea de su carta. Bar de espera con un vivero-expositor de mariscos.

🍷 **Sagardi,** Sant Roc 8 ☎ 93 879 59 15, *reservas@sagardi.com, Fax 93 879 12 73* – ▤. AE ⓞ MC VISA. ✂ BY a
Tapa 1,30 **Ración** aprox. 12.
• Bar de tapas vascas con una decoración rústica-actual. La selección de pinchos en la barra se completa con un correcto comedor, donde ofrecen una carta y menú tipo sidrería.

GRANOLLERS

Agustí Vinyamata . . . . **BY** 2
Anselm Clavé . . . . **BY** 3
Camí Vell de Canovelles . . . . . **AY** 5
Caserna (Pl. de la) . . . . **AY** 6
Costa Rica . . . . **BY** 8
Cristòfol Colom (Pg. de) . . . . . **BZ** 9
Emili Botey Alsina . . . . **ABZ** 10
Església (Pl. de l') . . . . **AY** 12
Fernao Magalhaes . . . . **AZ** 14
Font Verda (Pl. de la) . . . . **BY** 15
Jaume Balmes . . . . **AY** 17
Joanot Martorell . . . . **AY** 18
Josep Maluquer i Salvador (Pl. de) . . . . **BY** 20
Josep María Folch i Torres (Pl. de) . . . . **AY** 21
Lluís Perpinyà (Pl. de) . . . . **BY** 23
Mare de Dèu de Núria . . . . . . **AY** 24
Masnou (Carret. del) . . . . **AZ** 26
Museu . . . . **AY** 27
Nou . . . . **ABY** 28
Oli (Pl. de l') . . . . **BY** 30
Olles (Pl. de les) . . . . **ABY** 31
Parc (Av. del) . . . . **BY** 32
Porxada (Pl. de la) . . . . **AY** 34
Sant Josep . . . . **AY** 35
Santa Anna . . . . **AY** 36
Santa Esperança . . . . **BY** 37

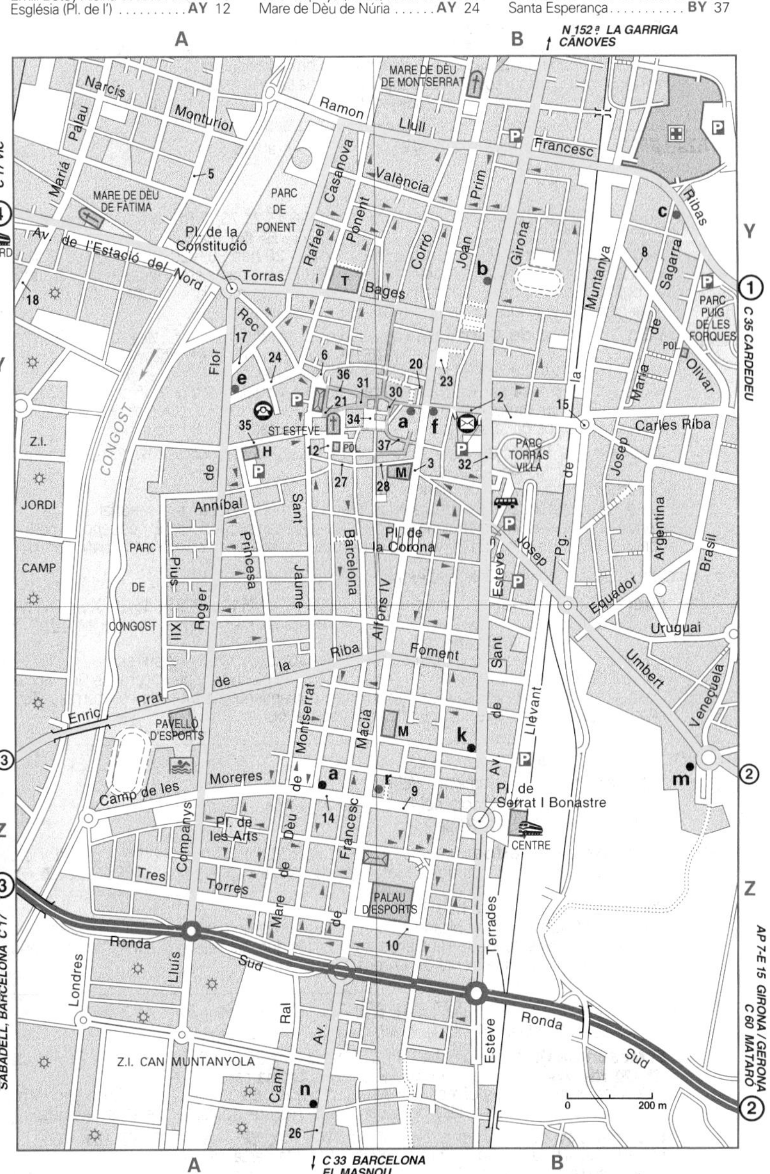

ESPAÑA

en Vilanova del Vallès *por la carretera de El Masnou AZ :*

Augusta Vallès ⛰, Sur : 4,5 km, ✉ 08410 Vilanova del Vallès, ☎ 93 845 60 50, *info@hotelaugustavalles.com, Fax 93 845 60 61,* ≤, Fo, ⛱, 🏊 – |♦| ▤ TV ☏ ♿ P – 🎿 25/400. ⓓ ⓜ VISA. ✻ rest
***El Turó verd :* Comida** carta 24 a 33 – ☕ 11 – **100 hab** 128/155 – 2 suites.
◆ Próximo al circuito de Cataluña. Hotel de planta horizontal y línea moderna, dotado de unas habitaciones algo sobrias en decoración, aunque perfectamente equipadas.

El Bon Caliu, Verge de Nuria 26 - Sur : 6 km, ✉ 08410 Vilanova del Vallès, ☎ 93 845 60 68, *aparmasl@hotmail.com, Fax 93 845 60 68* – ▤. AE VISA. ✻
cerrado Semana Santa, agosto y domingo – **Comida** carta 23 a 38.
◆ Amplio hall de aspecto moderno seguido de una sala de correcto montaje y un pequeño reservado. Ofrece una cocina tradicional elaborada con productos de temporada.

GRAZALEMA *11610 Cádiz* 578 V 13 124 B 5 – *2 325 h alt. 823.*
Ver : *Localidad★.*
Madrid 567 – Cádiz 136 – Ronda 27 – Sevilla 135.

Puerta de La Villa ⛰, pl. Pequeña 8 ☎ 956 13 23 76, *info@grazalemahotel.com., Fax 956 13 20 87,* Fo – |♦| ▤ TV ♿ – 🎿 25/40. AE ⓜ VISA. ✻
***La Garrocha :* Comida** carta aprox. 29 – ☕ 6,25 – **28 hab** 86/120,26 – 5 apartamentos.
◆ Excelente entorno natural. Merecen atención las buenas instalaciones y las calidades escogidas. Habitaciones y apartamentos correctos, con mobiliario en madera y forja. La elegancia y el cuidado servicio de mesa recrean su restaurante.

Villa Turística de Grazalema ⛰, El Olivar ☎ 956 13 21 36, *villa-turistica@tugasa.com, Fax 956 13 22 13,* ≤, ⛱ – ▤ TV ♿ P – 🎿 25/70. ⓜ VISA. ✻
Comida 15 – **24 hab** ☕ 35,31/58,85 – 38 apartamentos.
◆ Los amantes de la naturaleza disfrutarán de las posibilidades que ofrece su atractivo entorno. Para su comodidad, las dependencias cuentan con un completo equipamiento. Los platos típicos de la serranía se sirven en un comedor de aire regional.

Casa de las Piedras, Las Piedras 32 ☎ 956 13 20 14, *info@casadelaspiedras.net, Fax 956 13 20 14,* 🍽 – ⓓ ⓜ VISA. ✻
Comida 12 – ☕ 5,70 – **16 hab** 34/42,50.
◆ Modesto hostal de ambiente familiar, ubicado en una sobria casa señorial. Las habitaciones, aunque poseen un equipamiento básico, resultan acogedoras. El pequeño comedor, con chimenea y vigas de madera, se complementa con una terraza en el patio interior.

en la carretera de Ronda *Este : 4,5 km :*

Fuerte Grazalema ⛰, carret. A-372 km 53, ✉ 11610, ☎ 956 13 30 00, *grazalema@fuertehoteles.com, Fax 956 13 30 01,* ≤ montañas y Grazalema, ⛱ – |♦| ▤ TV ♿ P – 🎿 25/250. AE ⓓ ⓜ VISA. ✻
cerrado enero-18 febrero – **Comida** 19 – **75 hab** ☕ 74/106 – 2 suites.
◆ Hotel de aire regional en ladrillo visto y ubicado en pleno Parque Natural de Grazalema. Dispone de unas habitaciones con excelente equipamiento, la mayoría con terraza. Restaurante panorámico que combina la carta con el buffet.

GREDOS *05132 Ávila* 575 K 14.
Ver : *Sierra★★ - Emplazamiento del Parador★★.*
Alred. : *Carretera del puerto del Pico★ (≤★) Sureste : 18 km.*
Madrid 169 – Ávila 63 – Béjar 71.

Parador de Gredos ⛰, alt. 1 650 ☎ 920 34 80 48, *gredos@parador.es, Fax 920 34 82 05,* ≤ sierra de Gredos, 🎾 – |♦|, ▤ rest, TV ♿ P – 🎿 25/100. AE ⓓ ⓜ VISA. ✻
Comida 25 – ☕ 11 – **72 hab** 80/100 – 2 suites.
◆ Sólido edificio de piedra ubicado en un hermoso entorno natural. Fue el 1er parador de la cadena y aquí es donde se reunieron los políticos que elaboraron la constitución. Sobrio comedor con vistas a la sierra de Gredos.

GRIÑÓN *28971 Madrid* 576 L 18 575 L 18 121 G 8 – *2 332 h alt. 670.*
Madrid 32 – Aranjuez 36 – Toledo 47.

El Mesón de Griñón, Palo 2 ☎ 91 814 01 13, *Fax 91 814 01 13,* 🍽 – ▤ 🚗 P. AE ⓓ ⓜ VISA JCB. ✻ – *cerrado julio y lunes* – **Comida** carta 32 a 38.
◆ Goza de gran tipismo y ofrece una atractiva terraza. Bar público con un buen expositor de productos y tres salas decoradas con fotos, trofeos de caza y detalles taurinos.

El Lechal, av. de Navalcarnero 42 ☎ 91 814 01 62, 🍽 – ▤ P. AE ⓜ VISA. ✻
cerrado agosto, domingo noche y jueves – **Comida** carta 31 a 42.
◆ Pequeño restaurante familiar de corte clásico-regional. Posee un bar público, un correcto comedor a la carta y otra sala idéntica reservada para banquetes o fines de semana.

O GROVE *36980 Pontevedra* 571 E 3 – *10 367 h – Playa.*

pl. del Corgo ☎ 986 73 14 15 turismo@grove.com Fax 986 73 13 58 (temp).
Madrid 635 – Pontevedra 31 – Santiago de Compostela 74.

Maruxia, av. Luis Casais 14 ☎ 986 73 27 95, *hmaruxia@hotmail.com, Fax 986 73 05 07* – AE VISA.
cerrado 9 enero-13 febrero – **Comida** - sólo clientes - 15 – **58 hab** 65,60/82 – 2 suites.
◆ Hotel de línea actual llevado en familia. Correcta zona social y habitaciones funcionales de buen confort, decoradas con mobiliario escogido. Solarium con vistas en la azotea.

Norat, av. Luis Casais 22 ☎ 986 73 33 99, *reservas@hotelnorat.com, Fax 986 73 30 12* – rest, AE VISA. – **Comida** 12,02 – **65 hab** 56,70/75,60.
◆ Sus instalaciones, funcionales aunque de confort actual, cuentan con una adecuada zona noble y correctas habitaciones, varias de ellas con bañera de hidromasaje en los aseos. El restaurante combina la carta y el menú.

El Molusco, Castelao 206 - puente de La Toja ☎ 986 73 07 61, *informacion@hotelmolusco.com, Fax 986 73 29 84* – AE VISA.
cerrado 15 diciembre-15 marzo – **Comida** *(cerrado domingo noche y lunes salvo julio-agosto)* 20 – **36 hab** 77/88.
◆ Sencillo hotel de línea clásico-actual llevado en familia, frente al puente de A Toxa. Las habitaciones, con baños completos, ofrecen un correcto confort en su categoría. Lo más destacado es su restaurante, con dos salas y especializado en pescados y mariscos.

Serantes sin rest con cafetería, Castelao 40 ☎ 986 73 22 04, *986733850@infonegocio.com, Fax 986 73 23 91* – VISA.
marzo-noviembre – 3,60 – **32 hab** 42/54.
◆ Clásico establecimiento emplazado en pleno centro, dotado de equipadas habitaciones. La recepción y la cafetería, donde sirven platos combinados, forman las áreas comunes.

El Crisol, Hospital 10 ☎ 986 73 00 29 – AE VISA
cerrado 2ª quincena de enero, 2ª quincena de noviembre, lunes mediodía en julio-agosto y lunes resto el año – **Comida** - pescados y mariscos - carta aprox. 33.
◆ Un buen referente para los amantes de la gastronomía gallega, con una larga trayectoria a sus espaldas. Ofrece una carta completa, con exquisitos arroces, pescados y mariscos.

A Solaina, Peralto B 8 ☎ 986 73 34 04 – AE VISA. – *cerrado 20 diciembre-25 enero y miércoles* – **Comida** - arroces, pescados y mariscos - carta 21 a 29.
◆ Instalaciones de estilo clásico-moderno en una callejuela cercana al puerto. Posee un pequeño bar privado, presidido por un vivero de marisco, y un correcto comedor.

La Posada del Mar, Castelao 202 ☎ 986 73 01 06, *Fax 986 73 01 06* – AE VISA. – *cerrado 10 diciembre-enero, domingo mediodía (julio-agosto), domingo noche y lunes resto del año* – **Comida** carta 33 a 47.
◆ Negocio familiar dotado de dos salas de adecuado montaje, con barra de apoyo a la entrada y un pequeño vivero. Cocina tradicional con buen apartado de pescados y mariscos.

Beiramar, av. Beiramar 30 ☎ 986 73 10 81, *gerente@restaurantebeiramar.com, Fax 986 73 36 71* – AE VISA.
cerrado noviembre y lunes salvo festivos – **Comida** - pescados y mariscos - carta 27 a 37.
◆ Casa familiar situada frente al puerto. Posee una barra de apoyo, un comedor de estilo clásico-marinero, con su propio vivero, y otra sala de menor atractivo en el sótano.

Dorna, Castelao 150 ☎ 986 73 18 42, *Fax 986 73 27 89* – AE VISA JCB
cerrado 20 octubre-20 noviembre y martes – **Comida** carta 24 a 33.
◆ Restaurante de línea clásica emplazado en el centro de la villa, decorado con mobiliario de buen nivel, donde podrá degustar una cocina que combina sabores variados.

Finisterre, pl. del Corgo 2 B ☎ 986 73 07 48 – AE VISA.
cerrado 20 diciembre-1 febrero, domingo noche y lunes – **Comida** - pescados y mariscos - carta 21 a 33.
◆ Céntrico restaurante especializado en la elaboración de guisos marineros a precios asequibles. Cuenta con dos luminosas salas, un privado y su propia cetárea de mariscos.

en la carretera de Pontevedra *Sur : 3 km :*

Touris sin rest, Ardia 175, ✉ 36980, ☎ 986 73 02 51, *hoteltouris@galinor.com, Fax 986 73 20 00,* – AE VISA JCB.
marzo-diciembre – 6 – **48 hab** 63/83.
◆ Al borde del mar. Agradable exterior con piscina y pista de tenis, amplia zona social y unas habitaciones de correcto equipamiento que se han ido actualizando poco a poco.

en San Vicente del Mar *Suroeste : 8,5 km :*

Mar Atlántico , ✉ 36989 San Vicente del Mar, ☎ 986 73 80 61, *info@hotelmaratlantico.com, Fax 986 73 82 99,* – AE VISA.
21 abril-2 noviembre – **Comida** 21 – 8 – **47 hab** 110/118.
◆ Atractivo exterior, correcta zona noble, confortables habitaciones y una completa oferta lúdica para que su estancia resulte inolvidable. Entorno ajardinado con piscina. Alegre restaurante de línea clásica.

GUADALAJARA *19000* P 576 K 20 121 L 6 – *67 640 h alt. 679.*

Ver : *Palacio del Infantado★ (fachada★, patio★)* AY.

pl. de los Caídos 6 ✉ 19001 ☎ 949 21 16 26 Fax 949 21 16 26.

Madrid 55 ② – *Aranda de Duero 159* ② – *Calatayud 179* ① – *Cuenca 156* ① – *Teruel 245* ①

Plano página siguiente

Tryp Guadalajara, junto autovía A 2, ✉ 19002, ☎ 949 20 93 04, *tryp.guadalajara@solmelia.com, Fax 949 22 64 10* – 25/650. AE VISA JCB. por ①
Comida - sólo cena en agosto - 24 – 12 – **159 hab** 110/137.
◆ Elegancia y buen gusto definen su alegre decoración. Centrado en la celebración de diferentes eventos, posee salones modulares de gran capacidad y modernas habitaciones. Restaurante de digno montaje, iluminado a través de una claraboya.

AC Guadalajara sin rest con cafetería por la noche, av. del Ejército 6, ✉ 19004, ☎ 949 24 83 70, *acguadalajara@ac-hotels.com, Fax 949 24 83 71,* – 30. AE VISA. AY t
9 – **101 hab** 104 – 2 suites.
◆ Al más puro estilo de la cadena. Edificio moderno de fachada sobria, con zona social algo escasa, salón de uso polivalente y unas habitaciones de completo equipamiento.

Pax , av. de Venezuela 15, ✉ 19005, ☎ 949 24 80 60, *paxhotel@vlhoteles.com, Fax 949 22 69 55,* ←, – 25/400. AE VISA.
Comida 21 – 7,60 – **60 hab** 77/96. por Zaragoza BY
◆ La fachada clásica y su cuidado interior recrean un bonito conjunto en este equipado hotel. Posee habitaciones confortables y amplios salones para convenciones. Su restaurante resulta acogedor.

España sin rest, Teniente Figueroa 3, ✉ 19001, ☎ 949 21 13 03, *Fax 949 21 13 05* – VISA AY b
3 – **45 hab** 35/48.
◆ Un clásico de la ciudad que ha sido completamente renovado. Posee suficientes zonas nobles y habitaciones funcionales, aunque aún muchos baños son de tipo plato ducha.

Amparito Roca, Toledo 19, ✉ 19002, ☎ 949 21 46 39, *Fax 949 21 57 97,* – AE VISA. BZ b
cerrado Semana Santa, 15 agosto-6 septiembre y domingo – **Comida** carta 28 a 46.
◆ Instalado en un chalet de fachada actual. Su carta tradicional incluye especialidades más innovadoras. Buen servicio de mesa y clientela de negocios selecta.

Lino, Vizcondesa de Jorbalán 10, ✉ 19001, ☎ 949 25 38 45, *restaurantelino@yahoo.es, Fax 949 22 05 70* – AE VISA. BY c
cerrado miércoles – **Comida** carta 25 a 43.
◆ Introducir su cocina de autor en esta localidad, de asentada tradición gastronómica, resulta todo un reto. Salón confortable, de correcto montaje y buen funcionamiento.

Miguel Ángel, Alfonso López de Haro 4, ✉ 19001, ☎ 949 21 22 51, *Fax 949 21 25 63* – AE VISA. BY n
cerrado domingo noche – **Comida** carta 26 a 39.
◆ La chimenea, el horno de leña y el precioso artesonado del techo protagonizan la decoración regional del salón. Carta tradicional de cocina castellana basada en asados.

Diego's, Sigüenza 16, ✉ 19003, ☎ 949 25 36 34, *949213111@telefonica.net, Fax 949 21 31 11* – VISA. AZ c
cerrado agosto y lunes – **Comida** carta 31 a 39.
◆ Restaurante de acogedor ambiente, llevado por dos parejas. Al frente de los fogones, un joven emprendedor que apuesta por una cocina creativa con bases tradicionales.

junto a la autovía A 2 *por* ② :

Torcal , Km 50,5 - Suroeste 3,5 km, ✉ 19171 Cabanillas del Campo, ☎ 949 20 84 10, *reservas@hoteltorcal.com, Fax 949 20 84 14* – 25/50. VISA. rest
Comida *(cerrado domingo)* - sólo cena - 12 – **39 hab** 46,50/58.
◆ Hotel de nueva construcción dotado de instalaciones funcionales. Ofrece confortables habitaciones con los suelos en madera y mobiliario de buen nivel en tonos claros.

Ibis Guadalajara sin rest con cafetería, Trafalgar 74 (Polígono del Balconcillo) - Suroeste : 1,5 km, ✉ 19004, ☎ 949 20 83 48, *H3219@accor-hotels.com, Fax 949 20 11 50* – hab, AE VISA JCB
6 – **84 hab** 49.
◆ Ubicado en un polígono industrial a las afueras de la ciudad. Posee habitaciones de correcto confort, con baños actuales de plato ducha.

Los Faroles, km 51 - Suroeste : 2 km, ✉ 19004, ☎ 949 20 23 32 – AE VISA.
cerrado agosto y lunes – **Comida** carta 26 a 38.
◆ Situado al borde de la carretera, próximo a una gasolinera. En su salón de estilo castellano podrá degustar platos regionales a buen precio. Goza de prestigio en la zona.

GUADALAJARA

Calle	Cuadro	N°
Alvarfáñez de Minaya	AY	3
Arcipreste de Hita	BY	4
Arrabal del Agua	BZ	6
Aviación Militar Española	AY	7
Barcelona (Av. de)	BY	9
Barrio Nuevo	AZ	10
Bejanaque (Pl. de)	BY	12
Caídos (Pl. de los)	AY	13
Calderón (Cuesta)	BY	15
Cap. Boixereu Rivera	BZ	16
Cap. Diego de Urbina	BZ	18
Carmen	BY	19
Dávalos (Pl. de)	AY	21
Doctor Fléming	BZ	22
Doctor Mayoral	AY	24
Dr. Benito Hernando	BY	25
Dr. Ramón Atienza	AY	27
Enrique Benito Chávarri	BY	28
Enrique Fluiters Aguado	AZ	30
Fernando Beladíez (Calle, Pl.)	BY	31
Gen. Moscardó Guzmán	AY	33
Hermanos Fernández Galiano	AY	34
Jazmín	AZ	36
Juan Diges Antón	AZ	37
Matadero (Cuesta del)	AZ	39
Mayor	BY	
Miguel de Cervantes	AY	40
Miguel Fluiters	AY	42
Padre Tabernero	BZ	43
Pedro Pascual	BY	45
Salazaras	BY	46
San Antonio (Ronda de)	AY	48
San Esteban	BY	49
San Sebastian	BY	51
Santo Domingo (Pl. de)	BZ	52
Santo Domingo (Traversía)	BY	54
Vega del Pozo	BY	55
Vizcondesa de Jorbalan	BY	57
Zaragoza	BY	58

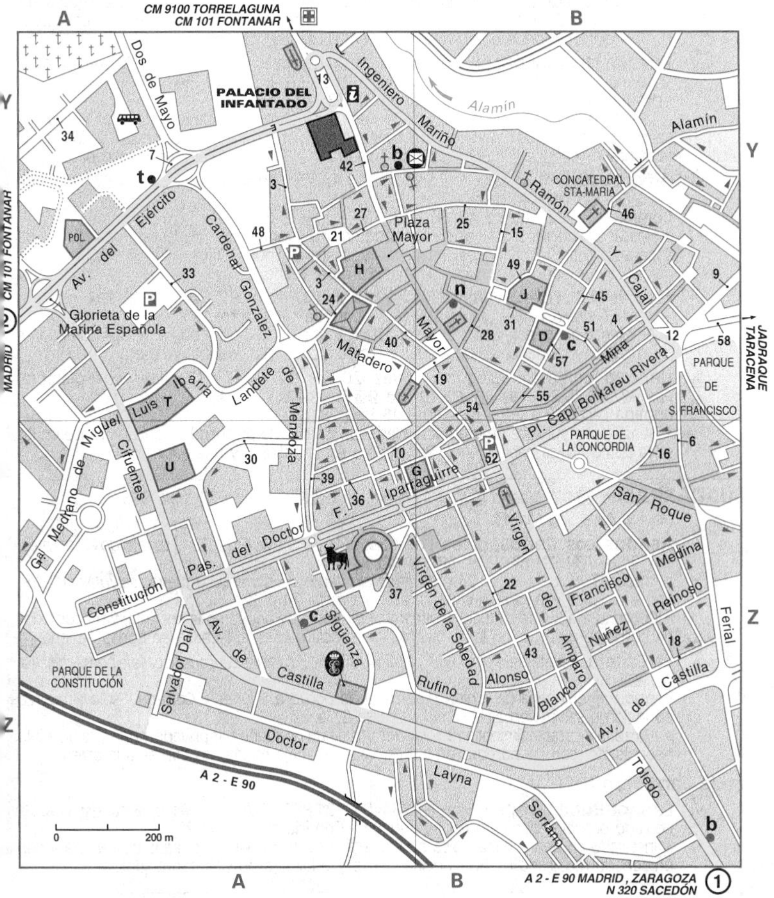

Escríbanos...
Sus elogios y sus críticas serán estudiados con toda atención.
Nuestros inspectores volverán a ver los hoteles y restaurantes que Ud. nos indique. Con su colaboración, esta guía será siempre mas exacta y mas completa.
Gracias anticipadas !

GUADALUPE 10140 Cáceres 576 N 14 – 2 325 h alt. 640.

Ver : Emplazamiento★ - Pueblo viejo★ – Monasterio★★ : Sacristía★★ (cuadros de Zurbarán★★) camarín★ – Sala Capitular (antifonarios y libros de horas miniados★) – Museo de bordados (casullas y frontales de altar★★).
Alred. : Carretera★ de Guadalupe a Puerto de San Vicente <★.
pl. Santa María de Guadalupe ☎ 927 15 41 28.
Madrid 225 – Cáceres 129 – Mérida 129.

Parador de Guadalupe, Marqués de la Romana 12 ☎ 927 36 70 75, guadalupe@parador.es, Fax 927 36 70 76, <, 25/180.
Comida 24 – 11 – **41 hab** 96/120.
• Singular edificio del s. XVI con patios y exteriores ajardinados de abundante vegetación. Hay dos tipos de habitaciones, las de mobiliario antiguo y las actualizadas. Comedor luminoso y diáfano donde ofrecen los platos más representativos de esta tierra.

Posada del Rincón, pl. Santa María de Guadalupe 11 ☎ 927 36 71 14, recepcion@posadadelrincon.com, Fax 927 36 71 14 – VISA.
Comida 10,80 – 7,50 – **20 hab** 46,20/72 – PA 25,50.
• Tras su pequeña fachada se esconden amplias instalaciones de estilo rústico en las que se combinan el ladrillo visto y la madera. Algunas habitaciones están abuhardilladas. El restaurante cuenta con tres salas de cuidado montaje que dan a un bonito patio.

Alfonso XI, Alfonso Onceno 21 ☎ 927 15 42 87, juanplaza@bme.es, Fax 927 15 41 84 – VISA. rest
Comida 10 – **27 hab** 40/50 – PA 20.
• Hostal de sencilla organización instalado en una antigua casa. Modestas instalaciones de aspecto actual y habitaciones con mobiliario castellano que resultan acogedoras. Posee dos cuidados comedores con vigas de madera en el techo.

Mesón El Cordero, Alfonso Onceno 27 ☎ 927 36 71 31 – VISA.
cerrado febrero y lunes salvo festivos – **Comida** carta aprox. 20.
• Ambiente acogedor, con sabor simpático y hogareño. Posee un bar y dos comedores de correcto mobiliario, en un cierto estilo rústico. Carta regional y casera.

Cerezo con hab, Gregorio López 20 ☎ 927 36 73 79, jlcerezo@ole.com, Fax 927 36 75 31 – VISA. rest
Comida carta 12 a 24 – 2,40 – **15 hab** 28/45.
• Sencillo restaurante de gran actividad, con ostensible pulcritud y confort, tanto en las salas como en las habitaciones. Bar público en la entrada y una cocina regional.

GUADARRAMA 28440 Madrid 576 J 17 575 J 17 121 F 5 – 6 950 h alt. 965.

Madrid 48 – Segovia 43.

Asador Los Caños, pl. de Los Caños 1 ☎ 91 854 02 69, j.o.garrido@terra.es, Fax 91 854 31 32, – VISA.
cerrado 13 junio-1 julio – **Comida** (sólo almuerzo de domingo a jueves salvo Navidades, Semana Santa y verano) - cordero asado - carta 24 a 32.
• Céntrico asador de reducidas dimensiones. Barra de apoyo en la entrada, y un comedor de correcto montaje en la 1ª planta. Su especialidad es el lechazo en horno de leña.

La Calleja, Calleja del Potro 6 ☎ 91 854 85 63, info@restaurantelacalleja.com – VISA.
cerrado 1ª quincena de junio, 3ª semana de octubre y lunes – **Comida** - sólo almuerzo en invierno salvo viernes y sábado - carta 22 a 27.
• Agradable establecimiento familiar dotado de un pequeño bar privado y una sala de estilo neorrústico, con las paredes en ladrillo visto. Trabaja mucho las carnes a la brasa.

en la carretera N VI :

La Sopa Boba, Sureste : 5,5 km, ✉ 28440, ☎ 91 850 63 70, – VISA JCB.
cerrado octubre, domingo noche y lunes – **Comida** carta 22 a 29.
• Instalado en una cabaña típica de madera al estilo far-west, rodeada de terraza y con un sencillo mobiliario rústico. Cocina alegre y original a precios contenidos.

GUADIX 18500 Granada 578 U 20 124 P 2 – 19 634 h alt. 949.

Ver : Localidad★ - Catedral★ (fachada★) – Barrio de Santiago★ – Barrio de las Cuevas★.
Alred. : Carretera★★ de Guadix a Purullena (Oeste : 5 km).
av. Mariana Pineda ☎ 958 66 26 65 otguadix@andalucia.org Fax 958 66 53 38.
Madrid 436 – Almería 112 – Granada 57 – Murcia 226 – Úbeda 119.

Comercio, Mira de Amezcua 3 ☎ 958 66 05 00, hotelcomercio@moebius.es, Fax 958 66 50 72, – 25/250. VISA. rest
Comida 11 – 6 – **40 hab** 40/60 – 2 suites.
• Céntrico hotel de agradable decoración, realzada con obras de arte y detalles de buen gusto. Sus habitaciones han sido completamente renovadas en un estilo clásico. Destacable restaurante dispuesto en dos salas, una clásica y la otra con mobiliario en forja.

Carmen, av. Mariana Pineda 61 ✆ 958 66 15 00, *reservas@hotelcarmenguadix.com, Fax 958 66 01 79* – |‡| ▤ TV ♿ 🚗. ⓓ ⓜ VISA. ✈
Comida 10,29 – ☕ 3,22 – **38 hab** 37,94/51,45.
◆ Sencillo hotel dirigido amablemente por su propietario. Tras la reciente reforma, ofrece habitaciones de correcta amplitud y mobiliario funcional, con baños actuales.

en la carretera de Murcia *Noreste : 2,5 km :*

Cuevas Pedro Antonio de Alarcón, barriada San Torcuato, ✉ 18500, ✆ 958 66 49 86, *cavehotel@infonegocio.com, Fax 958 66 17 21,* 🌳, 🏊 – ▤ rest, TV P. ⓜ VISA. ✈ rest
Comida 8 – ☕ 5,34 – **23 apartamentos** 69,02.
◆ Un conjunto mágico protagonizado por sus prehistóricas cuevas. Una oportunidad única en un marco irrepetible, con todas las comodidades. Disfrute de su primitivo encanto. En su sencillo restaurante, los amantes de la cocina granadina tienen una cita obligada.

GUALBA *08474 Barcelona 574 G 37 122 F 6 – 628 h alt. 177.*
Madrid 657 – Girona/Gerona 52 – Barcelona 57.

al Sureste : *3 km y desvío a la izquierda 1 km :*

Masferrer 🐚, ✆ 93 848 77 05, *hm@hotelmasferrer.com, Fax 93 848 70 84* ≤, 🏊, 🌳 – ▤ TV 📞 P – 🏛 25. AE ⓓ ⓜ VISA. ✈
Comida - es necesario reservar - carta aprox. 30 – ☕ 10 – **11 hab** 90/110.
◆ Antigua masía ubicada en un paraje arbolado, con césped, piscina y la sierra del Montseny al fondo. Sus habitaciones poseen mobiliario antiguo y baños de diseño italiano. Un gran ventanal aporta luminosidad a su comedor.

A GUARDA o La GUARDIA *36780 Pontevedra 571 G 3 – 9 727 h alt. 40 – Playa.*
Alred. : *Monte de Santa Tecla★ (≤★★) Sur : 3 km.*
ℹ *Praza do Reló 1 ✆ 986 61 45 46 información@concellodaguarda.com Fax 986 61 02 83 (temp).*
Madrid 628 – Ourense 129 – Pontevedra 72 – Porto 148 – Vigo 53.

Convento de San Benito sin rest, pl. de San Benito ✆ 986 61 11 66, *Fax 986 61 15 17,* ≤ – ▤ TV. AE ⓜ VISA. ✈
cerrado enero – ☕ 5 – **23 hab** 48/70 – 1 suite.
◆ La paz de su pasado como convento se une a las prestaciones de un hotel moderno. Habitaciones equipadas con mobiliario restaurado y una zona común de cuidada decoración.

Eli-Mar sin rest, Vicente Sobrino 12 ✆ 986 61 30 00, *Fax 986 61 11 56* – |‡| TV. AE ⓓ ⓜ VISA. ✈
18 hab ☕ 36,50/52 – 2 apartamentos.
◆ Céntrico establecimiento que destaca por su pulcro mantenimiento. Dotado de habitaciones bien equipadas, con cuartos de baño completos aunque algo reducidos.

Bitadorna, Porto 30 ✆ 986 61 19 70, *carreiro@wanadoo.es, Fax 986 61 42 98* – ▤. AE ⓜ VISA. ✈
cerrado 2ª quincena de febrero, 2ª quincena de octubre, domingo noche y lunes noche salvo verano – **Comida** carta 26 a 30.
◆ Ubicado en la zona del puerto. Cuidado comedor con toques actuales en la decoración, donde degustará una esmerada cocina que aúna sabores típicos, tradicionales e innovadores.

Marusía, Porto 29 ✆ 986 61 38 09 – ⓜ VISA. ✈
cerrado 22 diciembre-22 enero y martes salvo festivos – **Comida** - pescados y mariscos - carta 24 a 34.
◆ Pequeño establecimiento especializado en bogavante y otros productos de la ría. Acceso por un bar de apoyo que da paso a un sencillo comedor de discreta instalación.

Anduriña, Porto 58 ✆ 986 61 11 08, *Fax 986 61 11 56,* ≤, 🌳 – ▤. AE ⓓ ⓜ VISA. ✈
cerrado del 3 al 28 de noviembre – **Comida** - pescados y mariscos - carta aprox. 30.
◆ Emplazado en la zona más turística de la localidad. Sala de modesto montaje que se ha ido actualizando paulatinamente, salvo los baños que permanecen algo desfasados.

GUARDAMAR DE LA SAFOR *46711 València 577 P 29 – 51 h alt. 11.*
Madrid 422 – Gandía 6 – València 70.

Arnadí, Molí 14 ✆ 96 281 90 57, *Fax 96 281 90 57,* 🌳 – ▤. AE ⓓ ⓜ VISA. ✈
cerrado del 9 al 19 de mayo, del 1 al 21 de noviembre, domingo noche y lunes – **Comida** - sólo cena en verano, cocina francesa - carta 22 a 31.
◆ Ubicado en el centro del pueblo, posee un acogedor interior de estilo clásico-regional en el que destaca la terraza ajardinada. Sugestiva carta de tendencia francesa.

GUARDAMAR DEL SEGURA *03140 Alacant* 577 R 28 123 E 6 – *7 513 h – Playa.*
pl. de la Constitución 7 ☎ 96 572 44 88 guardamar@touristinfo.net Fax 96 572 72 92.
Madrid 442 – Alacant/Alicante 36 – Cartagena 74 – Murcia 52.

Meridional, av. de la Libertad 64 - urb. Las Dunas ☎ 96 572 83 40, *info@hotelmeridional.es, Fax 96 572 83 06,* ← – |‡| ▤ TV P – 🏋 25/250. MC VISA. ✂
Comida - ver también rest. ***El Jardín*** - 15 – **52 hab** ☐ 106/132.
◆ Situado en 1ª línea de playa, todas sus habitaciones son exteriores. A lo largo del año organizan diferentes actividades deportivas al aire libre y náuticas.

El Jardín - *Hotel Meridional,* av. de la Libertad 64 - urb. Las Dunas ☎ 96 572 83 40, *info@hotelmeridional.es, Fax 96 572 83 06* – ▤ P. MC VISA. ✂
Comida carta 28 a 38.
◆ Bello pabellón acristalado tipo jardín de invierno, con mobiliario moderno y un cuidado servicio de mesa. Cocina tradicional actualizada con un destacable apartado de arroces.

La GUARDIA *Pontevedra – ver A Guarda.*

GUARO *29004 Málaga* 578 W 15 124 E 6 – *2 052 h alt. 362.*
Madrid 576 – Málaga 45 – Algeciras 107 – Antequera 92 – Marbella 25.

en la carretera A 366 *Noroeste : 9 km :*

El Molino Santisteban ♨, sin rest, ✉ 29108 apartado 86 Coin, ☎ 95 245 37 48, *info@hotelmolino.com,* ⛱ – ☎ MC VISA. ✂
6 hab ☐ 60/75.
◆ Ubicado en un paraje frondoso junto al río Grande. Habitaciones con mobiliario rústico y plato ducha en la mayoría de los baños, rodeando un patio interior de estilo andaluz.

A GUDIÑA *32540 Ourense* 571 F 8 – *2 017 h alt. 979.*
Madrid 395 – Ourense 125 – Ponferrada 116 – Vila Real 121.

Relojero, carret. N 525 ☎ 988 42 10 01, *Fax 988 42 11 39* – TV P. MC VISA. ✂
Comida 10,50 – ☐ 3,50 – **25 hab** 26/39 – PA 24,50.
◆ Pequeño hostal de línea clásica, situado al borde de la carretera. Posee unas sencillas habitaciones de suficiente confort, con mobiliario castellano y los suelos en madera.

GUERNICA Y LUNO *Bizkaia – ver Gernika-Lumo.*

GUETARIA *Gipuzkoa – ver Getaria.*

GUIJUELO *37770 Salamanca* 575 K 12 – *4 755 h alt. 1 010.*
Madrid 206 – Ávila 99 – Plasencia 83 – Salamanca 49.

Torres sin rest, San Marcos 3 ☎ 923 58 14 51, *Fax 923 58 00 17* – |‡| TV. AE ⓓ MC VISA. ✂
☐ 3,60 – **37 hab** 30/50.
◆ Confortable en su categoría, funcional y llevado con seriedad. El negocio se completa con una administración de lotería y una cafetería que sólo funciona por las mañanas.

GUILLENA *41210 Sevilla* 578 T 11 – *7 715 h alt. 23.*
Madrid 545 – Aracena 71 – Huelva 108 – Sevilla 21.

en la carretera de Burguillos *Noreste : 5 km :*

Cortijo Águila Real ♨, ✉ 41210, ☎ 95 578 50 06, *hotel@aguilareal.com, Fax 95 578 43 30,* ←, ⛱, ⛱, 🌳 – ▤ TV ☎ P – 🏋 25/500. AE ⓓ MC VISA. ✂
Comida - sólo cena, sólo clientes - 24,04 – ☐ 12 – **8 hab** 96/120 – 5 suites.
◆ Cortijo andaluz con un amplio jardín, acogedora zona noble que invita a la tertulia y espaciosas habitaciones personalizadas en su decoración. Comedor para clientes alojados.

en Torre de la Reina *Sureste : 7,5 km :*

Cortijo Torre de la Reina ♨, paseo de la Alameda, ✉ 41209 Torre de la Reina, ☎ 95 578 01 36, *info@torredelareina.com, Fax 95 578 01 22,* ⛱, 🌳 – ▤ TV P – 🏋 25/700. AE ⓓ MC VISA. ✂
Comida - sólo clientes - 25 – **7 hab** ☐ 124/134 – 6 suites.
◆ Antigua residencia nobiliaria habilitada como hotel y rodeada de impresionantes jardines, con elegantes estancias que rezuman sosiego y confort. Pequeño comedor privado.

GÜIMAR *Santa Cruz de Tenerife – ver Canarias (Tenerife).*

GUITIRIZ 27300 Lugo 571 C 6 – 6 131 h.

Madrid 538 – Santiago de Compostela 75 – Lugo 43 – A Coruña 55.

Hesperia Balneario de Guitiriz, carret. del Balneario - Sureste : 1 km, 982 02 22 00, *hotel@hesperia-balneariodeguitiriz.com, Fax 982 02 22 10*, Servicios terapéuticos, – 25/300. AE, VISA.
Comida 25 – 10 – **84 hab** 117/146 – 23 suites.
• Magnífico hotel-balneario ubicado junto a un campo de golf. Disfruta de confortables instalaciones de línea actual y habitaciones bien equipadas, con los suelos en madera. En su luminoso restaurante podrá degustar una atractiva y variada carta de autor.

HARÍA *Las Palmas – ver Canarias (Lanzarote).*

HARO 26200 La Rioja 573 E 21 – 9 558 h alt. 479.

Alred. : *Balcón de La Rioja ** Este : 26 km.*

pl. Monseñor Florentino Rodríguez 941 30 33 66 riojalta@arrakis.es Fax 941 30 33 66.

Madrid 330 – Burgos 87 – Logroño 49 – Vitoria-Gasteiz 43.

Los Agustinos, San Agustín 2 941 31 13 08, *losagustinos@aranzazu-hoteles.com, Fax 941 30 31 48* – – 25/200. AE, VISA.
Comida 20 – 9,60 – **60 hab** 76/95 – 2 suites.
• En un convento del s. XIV cuyo claustro se alza majestuoso. El salón social ocupa la traza de la vieja capilla y las habitaciones se dignifican con la sobriedad decorativa. Restaurante de cálido estilo clásico.

Luz, Camilo José Cela 1 941 30 47 48, *recepcion@luzhotel.com, Fax 941 30 47 51* – – 25/500. AE, VISA.
cerrado 23 diciembre-7 enero – **Comida** *(cerrado domingo)* 12 – 5 – **36 hab** 61/75 – 4 suites.
• Moderno edificio situado a la salida de la localidad. De correcto equipamiento, posee salas de reuniones panelables y habitaciones con mobiliario estándar y baños actuales. El restaurante basa su oferta en un menú diario y una pequeña carta.

Higinia sin rest, pl. Monseñor Florentino Rodríguez 941 30 43 44, *Fax 941 30 31 48* – . AE, VISA, JCB.
marzo-diciembre – 5 – **21 hab** 45/53.
• Céntrica casa que ha mejorado su confort tras una acertada renovación. Reducida zona social, y discretas habitaciones con mobiliario castellano y baños al gusto del día.

Las Duelas, pl. Monseñor Florentino Rodríguez 941 30 44 63, *restaurante@las-duelas.com, Fax 941 30 44 64* – . VISA.
cerrado del 14 al 31 de diciembre, del 10 al 31 de agosto, domingo noche y lunes noche – **Comida** carta 29 a 38.
• Atractivo restaurante de diseño minimalista donde se combinan a la perfección la luz, el acero, el cristal y las maderas nobles. Destaca su gran vitrina expositora de vinos.

Beethoven II, Santo Tomás 3 941 31 11 81, *Fax 941 31 13 63* – . VISA.
cerrado Navidades, miércoles noche y jueves – **Comida** carta 20 a 30.
• Negocio familiar que ha sabido labrarse un hueco en el lugar. Acogedor restaurante en una cuidada línea clásica, cuya carta aúna el sabor regional con el tradicional.

Mesón Atamauri, pl. Juan García Gato 1 941 30 32 20, *Fax 941 30 42 01* – . AE, VISA.
cerrado Navidades, del 1 al 15 de julio, domingo noche y lunes – **Comida** carta 23 a 31.
• Serena casa de piedra que hunde sus raíces en el s. XVIII. Su cálido ambiente y una agradable rusticidad perfilan un marco decididamente entrañable. Impecable mantenimiento.

Terete, Lucrecia Arana 17 941 31 00 23, *Fax 941 31 03 93* – . VISA.
cerrado del 1 al 15 de julio, del 15 al 30 de octubre, domingo noche y lunes – **Comida** - cordero asado - carta aprox. 28.
• Discreto restaurante tipo mesón, con un sencillo servicio de mesa, bancos corridos y detalles típicos. Goza de gran aceptación, por lo que se llena con clientela habitual.

en la carretera N 124 *Sureste : 1 km :*

Ciudad de Haro, av. de Logroño, 26200, 941 31 12 13, *hotel@ciudadeharo.com, Fax 941 31 17 21*, – – 25/100. AE, VISA. rest
Comida 12 – 10,50 – **55 hab** 84,50/132 – 4 suites.
• Hotel de línea actual situado a pie de carretera. Zona social de escasa entidad, compensada por unas habitaciones funcionales de correcto equipamiento y confort. Luminoso restaurante clásico donde se cuida tanto al cliente a la carta como a los grupos.

HECHO *22720 Huesca* 574 D 27 - *alt. 833.*
Ver : *Localidad*★.
Madrid 497 - Huesca 102 - Jaca 49 - Pamplona 122.

Gaby-Casa Blasquico con hab, pl. La Fuente 1 ✆ 974 37 50 07, 🏠 - TV. AE MC VISA. ✂
cerrado del 1 al 15 de septiembre - **Comida** carta 24 a 30 - ☕ 5 - **6 hab** 48.
◆ Casa definida por la profusión decorativa, desde la rebosante vegetación de la terraza hasta los múltiples detalles que adornan su comedor. Ofrece unas cálidas habitaciones.

Canteré, Aire 1 ✆ 974 37 52 14 - ▤. ① MC VISA. ✂
cerrado noviembre y martes - **Comida** carta 20 a 32.
◆ Negocio familiar con el propietario a cargo de los fogones. Dispone de un bar público en la planta baja y un comedor clásico en el 1er piso, decorado con piedra y madera.

en la carretera de Selva de Oza *Norte : 7 km :*

Usón ♨, ✉ 22720, ✆ 974 37 53 58, *hoteluson@teleline.es, Fax 974 37 53 58,* ≤ valle y montañas - P. VISA. ✂
abril-octubre - **Comida** - sólo cena, sólo clientes - 13 - ☕ 5 - **14 hab** 43/46.
◆ Hotelito en plena naturaleza y aislado del mundanal ruido. Se autoabastece de energía y posee habitaciones de sencillo confort con baños de plato ducha.

HELLÍN *02400 Albacete* 576 Q 24 - *23 540 h alt. 566.*
Madrid 306 - Albacete 59 - Murcia 84 - València 186.

Reina Victoria, Coullaut Valera 3 ✆ 967 30 02 50, *hreinavictoria@pardelo40.org, Fax 967 30 05 66* - |‡| ▤ TV 🚗. AE ① MC VISA. ✂
Comida 12 - ☕ 4 - **24 hab** 48/73 - 1 suite - PA 27.
◆ En el centro comercial y de ocio de la localidad. Un hotel correcto, con un personal amable, dotado de unas habitaciones de buen confort y equipamiento.

Emilio, carret. de Jaén 23 ✆ 967 30 15 80, *hremilio@maptel.es, Fax 967 30 47 75* - |‡| ▤ TV 🚗 P. AE ① MC VISA. ✂ rest
Comida 9 - ☕ 4 - **46 hab** 60/70.
◆ Tras las importantes obras de renovación de sus dependencias ha mejorado notablemente su nivel. Habitaciones espaciosas, con suelo en madera y baños actuales. En su restaurante ofrecen una completa carta.

HERMIGUA *Santa Cruz de Tenerife - ver Canarias (La Gomera).*

HERNANI *20120 Gipuzkoa* 573 C 24 - *18 524 h.*
Madrid 452 - Biarritz 56 - Bilbao 103 - Donostia-San Sebastián 8 - Vitoria-Gasteiz 102 - Pamplona 72.

en la carretera de Goizueta *Sureste : 5 km :*

Fagollaga, Ereñozu Auzoa 68-69, ✉ 20120, ✆ 943 55 00 31, *fagollaga@fagollaga.com, Fax 943 33 18 01,* 🏠 - ▤ P. AE ① MC VISA. ✂
cerrado 7 días en Navidades, 15 días en Semana Santa, domingo noche, lunes, martes noche y miércoles noche - **Comida** 60 y carta 38 a 47.
Espec. Vieiras con consomé de setas de temporada y crema de aceite. Bacalao confitado con oreja de cerdo y arroz bomba. Foie con cebolleta pochada y consomé de piña.
◆ Casa de larga tradición familiar, con una agradable terraza acristalada. Sala de cuidadas instalaciones y esmerado servicio de mesa, con una decoración actual-minimalista.

La HERRADURA *18697 Granada* 578 V 18 124 L 5 - *Playa.*
Alred. : *Oeste : Carretera★ de La Herradura a Nerja* ≤★★.
Madrid 523 - Almería 138 - Granada 90 - Málaga 66.

HERRERÍAS DE VALCARCE *24526 León* 575 D 9.
Madrid 433 - León 152 - Lugo 76 - Ponferrada 39.

Paraíso del Bierzo ♨, ✆ 987 68 41 37, *Fax 987 68 41 37* ≤, 🏠, 🏊 - TV P. MC VISA. ✂
Comida 12 - ☕ 4,70 - **13 hab** 37/50.
◆ Antigua casa de arquitectura popular ubicada en pleno Camino de Santiago. Los detalles de época salpican su interior, recreando un ambiente rústico realmente entrañable. Comedor de sencillo montaje cuya decoración combina piedra, ladrillo, madera y forja.

Rebollal y Fernández ♨, Camino de Santiago ✆ 661 91 05 39, *info@ctrrebollalyfernandez.com, Fax 661 67 78 01,* 🏠 - TV P - 🏛 25. AE ① MC VISA. ✂
Comida - sólo clientes - 15 - ☕ 5 - **12 hab** 60/72.
◆ Caserón rehabilitado que conserva su estructura original. Destacan la cuidada decoración, la excelente calidad de los materiales y sus habitaciones, que están personalizadas.

HERREROS *42145 Soria* 575 G 21 – *alt. 1 118.*

Madrid 250 – Burgos 121 – Logroño 128 – Soria 24.

Casa del Cura , Estación ☎ 975 27 04 64, *Fax 975 27 04 65*, ≤, – ✻
Comida - sólo cena - 20 – ☐ 5,30 – **12 hab** 42,30/66.
◆ Posada en piedra, ideal para el turismo rural. Exquisito gusto, cálida rusticidad y ambiente acogedor, destacando el salón social con chimenea y sus bellas habitaciones.

HERVÁS *10700 Cáceres* 576 L 12 – *3 860 h alt. 685.*

Madrid 241 – Mérida 192 – Cáceres 124 – Salamanca 97 – Avila 129.

El Almirez, Collado 19 ☎ 927 47 34 59 – ▤. MC VISA. ✻
cerrado del 15 al 30 de junio, del 15 al 30 de septiembre, domingo noche y lunes – **Comida** carta 24 a 30.
◆ Bien llevado entre dos socias, que están presentes en sala y cocina. Su reducido comedor se distribuye en dos niveles, con mobiliario clásico y las paredes en tonos burdeos.

El HIERRO *Santa Cruz de Tenerife – ver Canarias.*

HINOJOSA DE DUERO *37230 Salamanca* 575 J 9 – *827 h alt. 601.*

Madrid 331 – Valladolid 242 – Salamanca 122 – Guarda 90 – Bragança 151.

en la carretera a Salto Saucelle *Noroeste : 9 km :*

Quinta de la Concepción , ☎ 923 51 30 70, *duebrasl@jazzfree.com, Fax 923 16 92 73* ≤ montañas y río Duero, – ▤ TV P – 25. MC VISA. ✻
Comida *(cerrado lunes)* 10,22 – ☐ 4,50 – **8 hab** 30/48 – 1 apartamento.
◆ Ubicado en un paraje con agradables vistas. Dispone de una completa zona social, un apartamento con cocina americana y confortables habitaciones, algunas con terraza privada. Correcto comedor donde se combinan la carta y el menú.

HÍO *36948 Pontevedra* 571 F 3.

Ver : *Crucero★.*

Madrid 620 – Santiago de Compostela 88 – Pontevedra 29 – Viana do Castelo 111 – Braga 132.

Doade, bajada playa de Arneles 1, ✉ 36948, ☎ 986 32 83 02, *Fax 986 32 84 40*, – ▤ P. AE MC VISA. ✻
cerrado del 1 al 25 de noviembre y lunes salvo julio-septiembre – **Comida** - pescados y mariscos - carta 25 a 40.
◆ Casa de organización familiar. Posee un bar-cafetería con mesas para el menú y dos salas de montaje clásico-actual para la carta. La especialidad es el pescado al horno.

HONDARRIBIA o FUENTERRABÍA *20280 Gipuzkoa* 573 B 24 – *13 974 h – Playa.*

Ver : *Ciudad Vieja★.*

Alred. : *Ermita de San Marcial (≤★★) Este : 9 km - Cabo Higuer★ (≤★) Norte : 4 km - Trayecto★★ de Hondarribia a Pasai Donibane por el Jaizkibel : capilla de Nuestra Señora de Guadalupe ≤★ - Hostal del Jaizkibel ≤★★, descenso a Pasai Donibane ≤★ - Pasai Donibane★.*

de San Sebastián ☎ 943 66 85 00 – Iberia : ver Donostia-San Sebastián.

Javier Ugarte 6 ☎ 943 64 54 58 turismo@bidasoa-activa.com Fax 943 64 54 66.

Madrid 512 ① – Pamplona 95 ① – St-Jean-de-Luz 18 ① – Donostia-San Sebastián 19 ①

Plano página siguiente

Parador de Hondarribia sin rest, pl. de Armas 14 ☎ 943 64 55 00, *hondarribia@parador.es, Fax 943 64 21 53* – TV P – 25/70. AE MC VISA JCB. ✻ AY a
☐ 11 – **36 hab** 148/185.
◆ En un castillo medieval con el estuario del Bidasoa al fondo. Un patio cubierto une la parte antigua y la moderna, ubicándose en esta última la mayoría de las habitaciones.

Jaizquibel sin rest con cafetería, Baserritar Etorbidea 1 ☎ 943 64 60 40, *info@hoteljaizkibel.com, Fax 943 64 08 42* – ▤ TV P – 25/100. AE MC VISA. ✻
☐ 10 – **24 hab** 105/150. por Jaizkibel Etorbidea AY
◆ De construcción moderna y con solarium en la última planta. Sus habitaciones gozan de un estilo actual, con sobria decoración de aire minimalista y un completo equipamiento.

Río Bidasoa , Nafarroa Behera 1 ☎ 943 64 54 08, *reservas@hotelriobidasoa.com, Fax 943 64 51 70*, – ▤ TV P – 25/80. AE MC VISA. ✻ BZ b
Comida *(cerrado 24 diciembre-6 enero)* 30 – ☐ 9,50 – **44 hab** 95/120.
◆ Hotel de atractivos exteriores con habitaciones funcionales y de completo equipamiento. Cuenta con un nuevo edificio anexo donde se ubica la sala de reuniones. Correcto restaurante donde se combinan el menú y la carta.

HONDARRIBIA/ FUENTERRABIA

Apezpiku (Pl.) . . . . AZ 4
Apezpiku . . . . AZ 3
Arma (Pl.) . . . . AY 6
Barra . . . . ABZ 7
Beleztarren Markes . . . . AX 9
Bitoriano Juaristi . . . . AY 10
Butrón . . . . AX 12
Damarri . . . . AZ 13
Domingo Egia . . . . AX 15
Etxenagusia Margolari . . . . . . AZ 16
Fraxkueneko Murrua . . . . AZ 18
Iparraldeko . . . . AY 19
Jaizkibel Etorbidea . . . . AY 21
Kale Nagusia . . . . AZ 22
Matxin Arzu . . . . AX
San Pedro . . . . AXY
Santiago Konpostela . . . . AY 24
Santiago . . . . AXY
Uriaeneko Murrua . . . . AY 25
Zuloaga . . . . AX

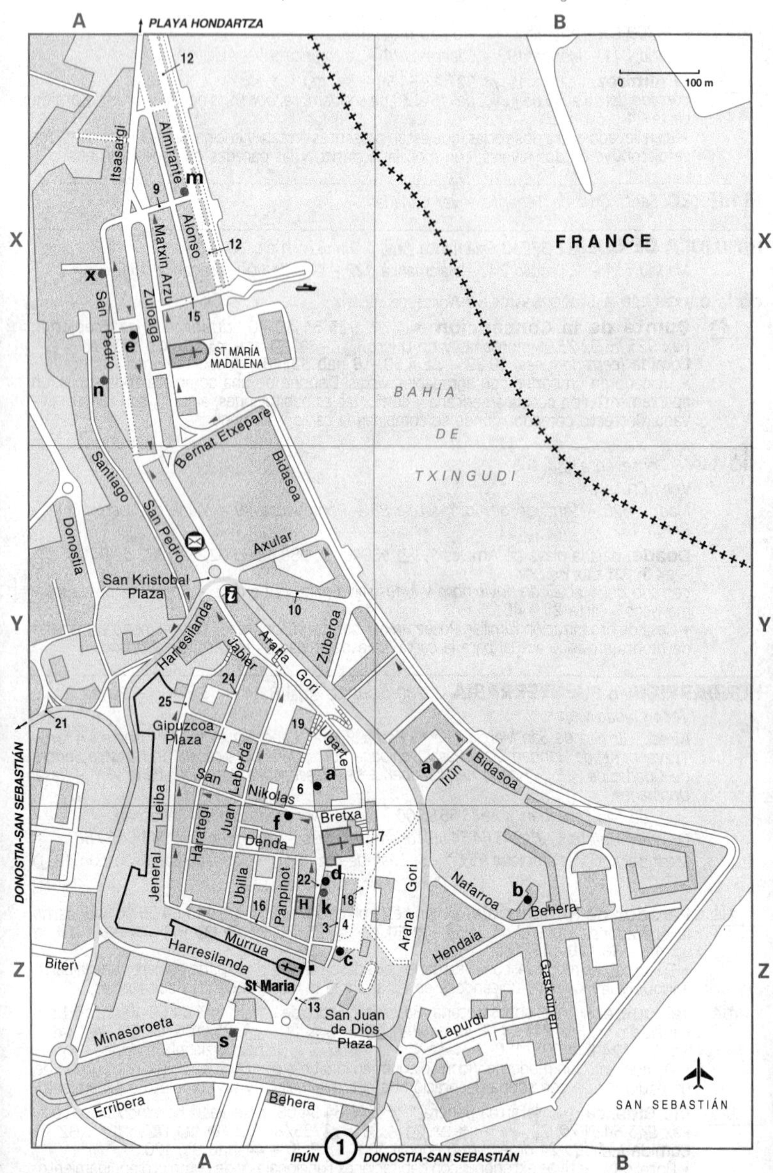

Obispo sin rest, pl. del Obispo 1 943 64 54 00, *recepcion@hotelobispo.com, Fax 943 64 23 86* – TV. VISA. AZ c
16 hab 90/120.
• Instalado en un palacio del s. XIV, posee un hall-recepción en piedra vista, un cálido salón social con chimenea, y entrañables habitaciones con vigas de madera.

Pampinot sin rest, Mayor 5 943 64 06 00, *informacion@hotelpampinot.com, Fax 943 64 51 28* – TV. AE VISA AZ d
8,50 – **8 hab** 100/125.
• Atractiva casa señorial de cuidado interior que data del s. XVI. Sus habitaciones presentan una decoración personalizada, destacando los bonitos frescos de los techos.

Jauregui, Zuloaga 5 943 64 14 00, *jauregui@hoteljauregui.com, Fax 943 64 44 04* – TV – 25/80. AE VISA. AX e
Comida 15 – 8 – **42 hab** 78/110 – 11 apartamentos.
• Céntrico establecimiento que va renovando sus instalaciones poco a poco. De correcto equipamiento y confort, su última planta dispone de apartamentos tipo dúplex. Restaurante de cuidado montaje y decoración marinera.

San Nicolás sin rest, pl. de Armas 6 943 64 42 78, *Fax 943 64 62 17* – TV. AE VISA. AZ f
cerrado enero-febrero – 6 – **12 hab** 60/70.
• Hotel sencillo y familiar, situado en la parte antigua de la localidad. Su pulcro mantenimiento y ciertos detalles ornamentales lo convierten en un recurso acogedor.

Ramón Roteta, Irún 1 943 64 16 93, *rroteta@terra.es, Fax 943 64 58 63,* – . AE VISA. BY a
cerrado febrero, domingo noche y martes – **Comida** carta 34 a 54.
• Atractiva villa de principios del s. XX, con un interior lleno de encanto. De estimado clasicismo y ambiente elegante, sus salas se ven realzadas por un esmerado montaje.

Alameda, Minasoroeta 1 943 64 27 89, *reservas@restalameda.com, Fax 943 64 26 63,* – . AE VISA. AZ s
cerrado 24 diciembre-6 enero, del 6 al 12 de junio, domingo noche, lunes y martes noche – **Comida** 37,50 y carta 40 a 50.
Espec. Taco de atún marinado con cítricos e hierbas aromáticas (junio-octubre). Bacalao confitado a baja temperatura con caldo ahumado. Manitas de cerdo glaseadas con melaza de frutos secos y naranja.
• Negocio familiar bien llevado, cuya cocina ha sabido adaptarse a los tiempos actuales. Cuenta con una terraza y dos comedores, dotados de un montaje de buen nivel.

Sebastián, Mayor 11 943 64 01 67, *rte.sebastian@terra.es, Fax 943 64 46 04* – AE VISA. AZ k
cerrado noviembre, domingo noche y lunes – **Comida** carta 28 a 48.
• Su firme trayectoria avala su funcionamiento. Instalado en una casa del s. XVI, posee una cálida decoración a base de detalles antiguos, paredes policromadas y bellas vigas.

Arraunlari, paseo Butrón 3 943 64 15 81, – AE VISA. AX m
cerrado 15 diciembre-15 enero, domingo noche y lunes – **Comida** carta 29 a 38.
• Muros en piedra vista, reminiscencias clásicas y motivos regionales definen su interior. Eficiente organización, pulcro mantenimiento y un servicio de mesa que da la talla.

Zeria, San Pedro 23 943 64 27 80, *Fax 943 64 12 14,* – VISA JCB. AX n
cerrado febrero, domingo noche y jueves. – **Comida** - pescados y mariscos - carta 33 a 41.
• Antigua casita de pescadores que ha sido rehabilitada con acierto y maestría en un estilo rústico, que resulta acogedor y muy cuidado.

Gran Sol, San Pedro 65 943 64 27 01, – . VISA. AX x
cerrado 20 días en noviembre y lunes – **Tapa** 1,40 **Ración** aprox. 5,90.
• Local neorrústico de larga trayectoria, con el hijo del propietario tomando las riendas del negocio. En su barra podrá encontrar deliciosos pinchos muy bien elaborados.

al Suroeste *por ① : 2 km :*

Iketxe sin rest, Arkoll - desvío a la izquierda 2,5 km en Amute, ✉ 20280, 943 64 43 91, *iketxe5@terra.es, Fax 943 64 43 91* – P. AE VISA.
5 – **6 hab** 55.
• Caserío típico rodeado de montes y prados. Su porche cerrado funciona como salón de desayunos y posee habitaciones rústicas decoradas con gusto, la mayoría con terraza.

Maidanea sin rest, Arkoll - desvío a la izquierda 1 km en Amute, ✉ 20280, 943 64 08 55, *Fax 943 64 08 55* – P.
5 – **5 hab** 55 – 1 apartamento.
• El matrimonio propietario ha dado su propio estilo a este caserío, con salón-biblioteca, sala de desayunos y habitaciones de corte actual.

ESPAÑA

HONTORIA *33593 Asturias* 572 B 15.
Madrid 454 – Avilés 98 – Gijón 75 – Oviedo 89 – Ribadesella 17.

El Ama de Llaves sin rest, 985 40 73 22, *asturias@amadellaves.com, Fax 985 40 76 97,* – VISA.
6,50 – **5 hab** 64/87,50.
◆ Antigua casa de labranza donde reside la tranquilidad. Íntimo salón social y cálidas habitaciones con detalles en piedra, hierro y madera.

HONTORIA DE VALDEARADOS *09450 Burgos* 575 G 19 – *243 h alt. 870.*
Madrid 176 – Aranda de Duero 20 – Burgos 92 – Segovia 140 – Valladolid 120.

por la carretera de Caleruega *Noreste : 2 km :*

La Posada de Salaverri con hab, 09450, 947 56 10 31, *posadasalaverri@telefonica.net, Fax 947 56 10 31,* – rest, AE VISA.
Comida *(cerrado del 7 al 22 de enero y lunes salvo en verano y festivos)* carta aprox. 30 – **5 hab** 41/58,66.
◆ Casona de campo restaurada, con la fachada en piedra y un interior rústico-regional. Comedor de buen montaje con profusión de madera. Dispone de habitaciones de turismo rural.

HORCAJO DE LOS MONTES *13110 Ciudad Real* 576 O 16 – *1024 h alt. 582.*
Madrid 185 – Toledo 116 – Ciudad Real 84.

Parque Cabañeros, Real 3 926 77 54 77, *informacion@hotelparquecabaneros.com, Fax 926 77 54 04,* – – 25/120. VISA.
Comida 12 – **51 hab** 69/87.
◆ Hotel de nueva construcción a la entrada del Parque Natural, con suficientes zonas nobles y correctas habitaciones que resultan algo justas en su tamaño. Ofrecen excursiones. Restaurante de cuidado montaje, con una cava de vinos acristalada.

Para visitar una ciudad o una región : utilice las ***Guías Verdes Michelin.***

HORCAJO MEDIANERO *37860 Salamanca* 575 K 13 – *351 h alt. 1008.*
Madrid 195 – Ávila 84 – Plasencia 108 – Salamanca 47.

Casona Valdejimena (es necesario reservar), Estanco 1 923 15 15 59, *casonavaldejimena@casonavaldejimena.com,* – VISA.
Comida - sólo clientes - 22 – **5 hab** 73/103.
◆ Marco de ambiente acogedor en esta casona de labranza del s. XIX. Cálidas habitaciones con mobiliario antiguo, cuidado salón social y comedor en la cocina original de la casa.

HORNA *Burgos – ver Villarcayo.*

HORTA DE SANT JOAN *43596 Tarragona* 574 J 30 – *1314 h alt. 542.*
Ver : *Localidad★★ – Emplazamiento★.*
Alred. : *Ports de Beseit★ Sur : 8 km – Roques d'en Benet★★ Sureste : 3 km.*
Madrid 468 – Alcañiz 61 – Lleida/Lérida 107 – Teruel 217 – Tortosa 36 – Zaragoza 136.

Miralles, av. de la Generalitat 19 977 43 51 14, *info@hotelmiralles.com, Fax 977 43 55 77,* – , rest, VISA.
cerrado del 20 al 27 de diciembre y del 1 al 6 de enero – **Comida** *(cerrado domingo noche de octubre a agosto)* 11 – 4 – **48 hab** 26/50.
◆ Un lugar idóneo para disfrutar de la naturaleza. Instalaciones de línea clásica, con reducida zona noble, y habitaciones equipadas con sencillez. Comedor en piedra vista, con elegantes arcos apuntados, donde podrá degustar exquisitas carnes.

L'HOSPITALET DE L'INFANT u **HOSPITALET DEL INFANTE** *43890 Tarragona* 574 J 32 – *2690 h – Playa.*
Alamanda 2 977 82 33 28 turisme@vandellos-hospitalet.org Fax 977 82 39 41.
Madrid 579 – Castelló de la Plana/Castellón de la Plana 151 – Tarragona 37 – Tortosa 52.

Pino Alto, urb. Pino Alto - Noreste : 1 km, 43892 Miami Platja, 977 81 10 00, *info@hotel-pinoalto.com, Fax 977 81 09 07,* , , , , , – – 25/140. AE VISA.
21 abril-9 octubre – **Comida** 15 – 6 – **137 hab** 81/128.
◆ Complejo hotelero de estructura semicircular, en torno a una atractiva terraza ajardinada con piscina. Dispone de habitaciones bien equipadas con mobiliario funcional. Alegre comedor de cuidado montaje que centra su actividad en el buffet.

Vistamar, del Mar 24 ☎ 977 82 30 00, *hotelvistamar@eresmas.com, Fax 977 82 32 75,* ≤, – |‡| ▤ TV. AE ⓓ MC VISA. ✂
24 marzo-9 octubre – **Comida** 12 – **72 hab** ☐ 74/114 – 9 apartamentos – PA 22.
• Acogedor hotel emplazado en 1ª línea de playa. Dispone de una correcta zona noble, y de habitaciones con mobiliario en pino, todas con terraza. Comedor rústico con vistas al mar, que se complementa con otro más sencillo para el buffet.

La Mar Blava y H. Sancho con hab, Vía Augusta 14 ☎ 977 82 02 06, *info@hotelsancho.net, Fax 977 82 08 03* – |‡| ▤ TV. AE ⓓ MC VISA. ✂
cerrado 20 diciembre-20 enero – **Comida** *(cerrado domingo noche y lunes)* carta 27 a 32 – **14 hab** ☐ 43/84.
• Establecimiento de línea funcional situado en la 1ª planta del hotel. Ofrece una reducida carta de autor, varios tipos de menús y unas sencillas habitaciones como complemento.

L'Olla, Vía Augusta 58 ☎ 977 82 04 38, *info@l-olla.net* – ▤. ⓓ MC VISA JCB. ✂
cerrado 9 diciembre-7 enero, 26 septiembre-2 octubre, lunes noche y martes noche (salvo julio-agosto) y domingo noche – **Comida** carta 23 a 30.
• Restaurante bien llevado, de aspecto muy decoroso y buen mantenimiento, que goza de cierto reconocimiento en la localidad. Carta variada.

en la playa de L'Almadrava *Suroeste : 10 km :*

Llorca ⛱, ✉ 43890 L'Hospitalet del Infant, ☎ 977 82 31 09, *hotelllorca@hotelllorca.com, Fax 977 82 31 09,* ≤, – P. MC VISA. ✂
Comida - sólo almuerzo - 11 – **15 hab** ☐ 44,50/73.
• Situado en 1ª línea de playa, destaca por el cuidado con el que la familia propietaria mantiene sus instalaciones. Las habitaciones disponen de un equipamiento elemental. Comedor de aspecto alegre, con entrada independiente y vistas al mar.

Els HOSTALETS D'EN BAS *17177 Girona* 574 F 37 122 E 4.

Madrid 711 – Girona/Gerona 47 – Olot 10 – Vic 44.

L'Hostalet, Vic 18 ☎ 972 69 00 06, *hostalet@agtat.es, Fax 972 69 04 03* – ▤ P. VISA. ✂
cerrado julio, domingo noche y martes – **Comida** carta 13 a 22.
• Céntrico y modesto establecimiento de estilo neorrústico con techos abovedados, llevado por dos matrimonios. En su mesa sirven platos de sabor local a precios muy asequibles.

HOYO DE MANZANARES *28240 Madrid* 576 K 18 575 K 18 121 G 6 – *3 472 h alt. 1 001.*

Madrid 34 – El Escorial 28 – Segovia 76.

El Vagón de Beni, San Macario 6 ☎ 91 856 68 12, – ▤ P. AE ⓓ MC VISA. ✂
cerrado del 1 al 15 de octubre, domingo noche y lunes – **Comida** carta aprox. 46.
• Armonioso conjunto, a modo de antigua estación, instalado en un vagón de tren. Meticuloso montaje con las mesas flanqueando el pasillo y una coqueta terraza sobre el andén.

HOYOS *10850 Cáceres* 576 L 9 – *959 h alt. 510.*

Madrid 305 – Alcántara 73 – Cáceres 106 – Salamanca 150.

Il Cigno, av. de Extremadura 4 ☎ 927 51 44 13 – ▤. MC VISA. ✂
cerrado septiembre – **Comida** - sólo almuerzo salvo sábado, julio y agosto - carta 23 a 30.
• Sus propietarios lo dirigen con ilusión, ofreciendo un ambiente neorrústico decorado mediante cuadros modernos y una carta de temporada basada en productos de la región.

HOYOS DEL ESPINO *05634 Ávila* 575 K 14 – *332 h.*

Alred. : *Laguna Grande★ (≤★) Sur : 12 km.*

Madrid 174 – Ávila 68 – Plasencia 107 – Salamanca 130 – Talavera de la Reina 87.

El Milano Real ⛱, Toleo ☎ 920 34 91 08, *info@elmilanoreal.com, Fax 920 34 91 56,* ≤ sierra de Gredos, – |‡| TV ♿ P – 🏛 25. AE ⓓ MC VISA. ✂
Comida *(cerrado martes mediodía, miércoles mediodía, y jueves mediodía de 15 octubre-abril)* carta 28 a 37 – ☐ 12 – **21 hab** 84/95.
• Hotel típico de montaña con habitaciones coquetas, en tonos claros y con gran profusión de madera, destacando las abuhardilladas y la biblioteca. Gusto por los detalles. Comedor con vistas a la sierra, que le ofrece una carta interesante a precios moderados.

Mira de Gredos ⛱ con hab, ☎ 920 34 90 23, *Fax 920 34 90 23* ≤ sierra de Gredos – TV P. VISA. ✂
cerrado 30 agosto- 1 noviembre – **Comida** *(cerrado jueves)* - sólo almuerzo - carta 19 a 30 – ☐ 4 – **15 hab** 34/45.
• Atractivo restaurante con una gran sala acristalada, que propone una cocina tradicional con buen apartado de carnes. Correctas habitaciones como complemento.

HOZ DE ABIADA *39210 Cantabria 572 C 17.*

Madrid 364 – Santander 83 – Palencia 149.

Casavieja sin rest, 942 77 93 42, *info@posadacasavieja.com, Fax 942 77 93 42* – TV. VISA.
cerrado 15 octubre-15 noviembre – **5 hab** 30/48.
• Situada en la parte alta de una aldea. Posee un pequeño salón social y unas habitaciones equipadas con lo imprescindible, la mayoría abuhardilladas y con aseos actuales.

HOZNAYO *39716 Cantabria 572 B 18.*

Madrid 399 – Bilbao 86 – Burgos 156 – Santander 22.

Villa Pasiega sin rest, carret. N 634 (Las Barreras) 942 52 59 62, *Fax 942 52 59 63*, – TV P – 25/250. AE MC VISA.
5 – **48 hab** 80.
• De nueva construcción, combinando en su fachada la piedra y el vidrio. Goza de varios salones de reuniones, y habitaciones modernas con baños actuales, algunos con jacuzzi.

Los Pasiegos, Las Barreras - carret. N 634 942 52 50 90, *falcon@santandersuper net.com, Fax 942 52 51 14* – , rest, TV P. AE MC VISA. rest
Comida 9 – 4 – **44 hab** 60.
• Clásico establecimiento de carretera que destaca por dar un trato amable y personalizado, siendo muy frecuentado por viajantes. Las habitaciones poseen un confort actual. Amplio comedor de carácter funcional y adecuado mantenimiento.

HUARTE *31620 Navarra 573 D 25 – 2828 h alt. 441.*

Club de Golf Castillo de Gorraiz, urb. Gorraiz-Valle de Egüés 948 33 70 73 Fax 948 33 73 15.

Madrid 402 – Pamplona 7.

Iriguibel sin rest, Intxaurdia 4 948 36 11 90, *hoteliriguibel@hoteliriguibel.com, Fax 948 33 22 32* – TV P. AE MC VISA
cerrado Navidades – **37 hab** 70/80.
• Un joven matrimonio lleva las riendas de este coqueto hotel con la fachada en piedra. Cafetería de acceso independiente y confortables habitaciones con los suelos en tarima.

en la urbanización Castillo de Gorraiz *Sur : 2,5 km :*

Palacio Castillo de Gorraiz, av. de Egües 78, 31620 Gorraiz, 948 33 73 30, *palacio@castillodegorraiz.com, Fax 948 33 75 57,* – P. AE MC VISA.
cerrado Navidades, Semana Santa, domingo noche, lunes y martes noche – **Comida** carta 24 a 33.
• Restaurante de modernas instalaciones, ubicado en un castillo, que por su gran capacidad y variedad en salones resulta el escenario ideal para banquetes y reuniones.

HUELVA *21000 P 578 U 9 – 141 334 h alt. 56.*

Ver : *Localidad★ – Barrio de Reina Victoria★.*

Alred. : *Paraje Natural de las Marismas del Odiel★★ 2 km por ③.*

Bellavista, carret. de Aljaraque km 6 959 31 90 17 Fax 959 31 90 25.

av. de Alemania 12 21001 959 25 74 03 othuelva@andalucia.org Fax 959 25 74 03 – **R.A.C.E.** *Ruiz de Alda 6 21002 959 25 30 40 Fax 959 26 29 00.*

Madrid 629 ② – Badajoz 248 ② – Faro 105 ① – Mérida 282 ② – Sevilla 92 ②

Plano página siguiente

NH Luz Huelva sin rest, Alameda Sundheim 26, 21003, 959 25 00 11, *nhluzd ehuelva@nh-hotels.com, Fax 959 25 81 10* – TV – 25/250. AE MC VISA. BZ e
9,50 – **102 hab** 87/104 – 5 suites.
• Con las características de confort de la cadena. Correcta zona noble, varias salas de reunión y habitaciones de completo equipamiento, todas con balcón y suelos en tarima.

AC Huelva sin rest con cafetería por la noche, av. de Andalucía, 21005, 959 54 52 00, *achuelva@ac-hotels.com, Fax 959 54 52 01*, – TV – 25/50. AE MC VISA. BY a
9 – **65 hab** 79.
• Un buen hotel enfocado a los clientes de paso y de negocios. Las escasas zonas sociales son polivalentes y se compensan mediante unas habitaciones bien equipadas.

Los Condes sin rest con cafetería, Alameda Sundheim 14, 21003, 959 28 24 00, *info@hotelloscondes.com, Fax 959 28 50 41* – TV MC VISA. BZ b
54 hab 40/62,98.
• Establecimiento de aspecto actual, dotado de habitaciones cómodas y completas. La cafetería, también para cliente del exterior, ofrece platos combinados y menú del día.

HUELVA

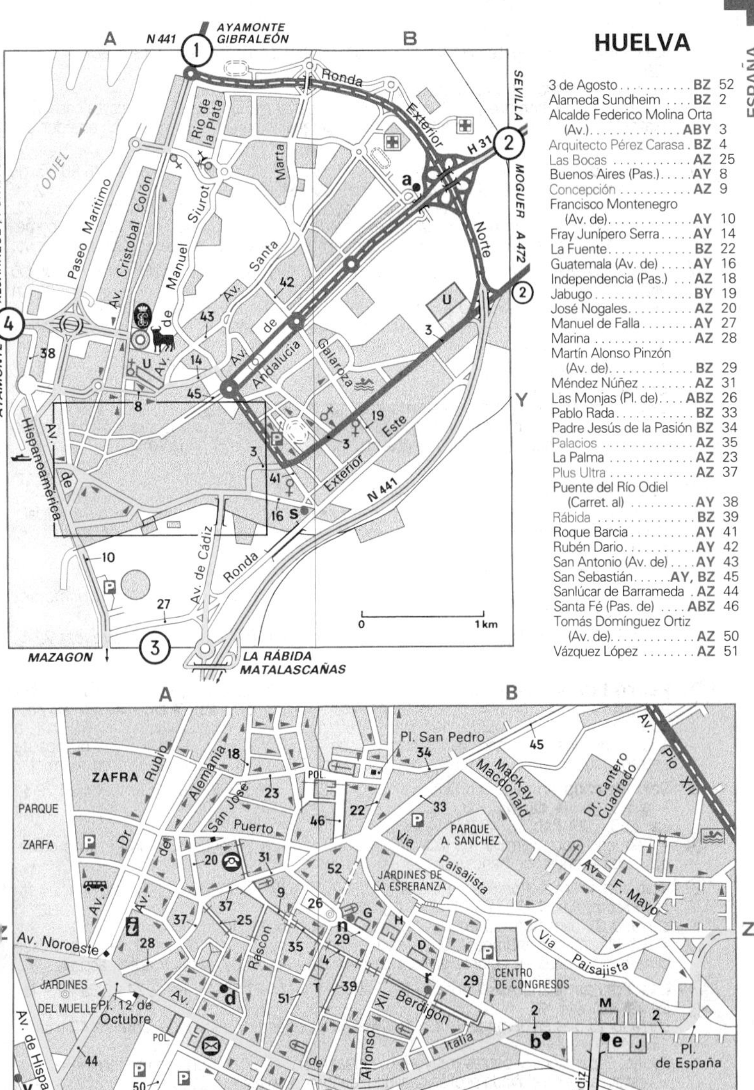

3 de Agosto . . . . BZ 52
Alameda Sundheim . . . . BZ 2
Alcalde Federico Molina Orta (Av.) . . . . ABY 3
Arquitecto Pérez Carasa . BZ 4
Las Bocas . . . . AZ 25
Buenos Aires (Pas.) . . . . AY 8
Concepción . . . . AZ 9
Francisco Montenegro (Av. de) . . . . AY 10
Fray Junípero Serra . . . . AY 14
La Fuente . . . . BZ 22
Guatemala (Av. de) . . . . . AY 16
Independencia (Pas.) . . . AZ 18
Jabugo . . . . BY 19
José Nogales . . . . AZ 20
Manuel de Falla . . . . AY 27
Marina . . . . AZ 28
Martín Alonso Pinzón (Av. de) . . . . BZ 29
Méndez Núñez . . . . AZ 31
Las Monjas (Pl. de) . . . . ABZ 26
Pablo Rada . . . . BZ 33
Padre Jesús de la Pasión BZ 34
Palacios . . . . AZ 35
La Palma . . . . AZ 23
Plus Ultra . . . . AZ 37
Puente del Río Odiel (Carret. al) . . . . AY 38
Rábida . . . . BZ 39
Roque Barcia . . . . AY 41
Rubén Darío . . . . AY 42
San Antonio (Av. de) . . . . AY 43
San Sebastián . . . . . . AY, BZ 45
Sanlúcar de Barrameda . AZ 44
Santa Fé (Pas. de) . . . . ABZ 46
Tomás Domínguez Ortiz (Av. de) . . . . AZ 50
Vázquez López . . . . AZ 51

Costa de la Luz sin rest y sin ☕, Alcalde José María Amo 8, ✉ 21001, ✆ 959 25 64 22, *Fax 959 25 64 22* – 🛗 TV. VISA. 🚫 AZ d
35 hab 30/55.
◆ Céntrico establecimiento de línea clásica. La decoración resulta funcional y las habitaciones correctas en su sencillez, con baños actualizados. Clientela de comerciales.

XX **Las Meigas,** av. Guatemala 44, ✉ 21003, ☎ 959 27 19 58, *Fax 959 27 19 77* – ▤. AE ⓓ ⓜⓒ VISA. ✻ AY s
cerrado domingo – **Comida** carta 23 a 35.
• Goza de buen nombre y bastantes años de experiencia, ofreciendo una carta basada en platos gallegos y vascos con interesantes sugerencias de la casa. Posee un comedor privado.

XX **Farqueo,** Glorieta de las Canoas - Muelle Levante, ✉ 21001, ☎ 959 25 26 90, *farqueo@terra.es, Fax 959 28 26 47,* ≤ – ▤ P. ⓜⓒ VISA. ✻ AZ v
cerrado 1ª quincena de septiembre, domingo noche y lunes – **Comida** carta aprox. 32.
• Situado en pleno recinto portuario. Dispone de un bar acristalado, un privado y el comedor principal en el 1er piso, de diseño moderno y con vistas al puerto. Cocina creativa.

Y/ **Portichuelo,** av. Martín Alonso Pinzón 1, ✉ 21003, ☎ 959 24 57 68 – ▤. AE ⓓ ⓜⓒ VISA. ✻ BZ n
cerrado domingo en verano y domingo noche resto del año – **Tapa** 2 **Ración** aprox. 10.
• Céntrico bar donde podrá degustar una adecuada selección de raciones y montados. Correcta barra con mesas de pie y sala de restaurante contigua.

Y/ **Taberna El Condado,** Sor Ángela de la Cruz 3, ✉ 21003, ☎ 959 26 11 23, 🏖 – ▤. AE ⓓ ⓜⓒ VISA. ✻ BZ r
cerrado domingo – **Tapa** 3 **Ración** aprox. 10.
• Su ubicación en la parte vieja le otorga el encanto de lo antiguo, a lo que se une un cálido estilo rústico. Tapas y raciones de los productos más típicos de la zona.

HUESCA *22000* P 574 F 28 – *45 874 h alt. 466.*

Ver : *Catedral★ (retablo de Damián Forment★★)* BY **A** – *Museo Arqueológico Provincial★ (colección de primitivos aragoneses★)* AY **M1** – *Iglesia de San Pedro el Viejo★ (claustro★)* BZ **B.**

Excurs. : *Castillo de Loarre★★ (※★★) Noroeste : 36 km por ④.*

ℹ *pl. de la Catedral 1 ✉ 22002 ☎ 974 29 21 70 oficina@huescaturismo.net Fax 974 29 21 54.*

Madrid 392 ③ – Lleida/Lérida 123 ② – Pamplona 164 ④ – Pau 211 ④ – Zaragoza 72 ③

Plano página siguiente

Pedro I de Aragón, Parque 34, ✉ 22003, ☎ 974 22 03 00, *reserve@gargallo-hotels.com, Fax 974 22 00 94,* ⛱ – |$| ▤ TV 🚗 – 🏃 25/500. AE ⓓ ⓜⓒ VISA JCB. ✻ rest AZ a
Comida 16,85 – ☕ 10,20 – **125 hab** 98,60/123,20 – 4 suites.
• Goza de una organización profesional, con amplia zona social y cafetería pública de entrada independiente. Serenas habitaciones de estilo clásico con el suelo en mármol.

San Marcos sin rest, San Orencio 10, ✉ 22001, ☎ 974 22 29 31, *Fax 974 22 29 31* – |$| ▤ TV. ⓓ ⓜⓒ VISA. ✻ BZ f
☕ 2,55 – **29 hab** 26/47.
• Pequeño hotel familiar. La sala de TV sirve para los desayunos, y posee unas cuidadas habitaciones con baños completos.

Rugaca sin rest, Porches de Galicia 1, ✉ 22002, ☎ 974 22 64 49, *hostalrugaca@staragon.com, Fax 974 23 08 05* – ▤ TV. ⓜⓒ VISA. ✻ BZ n
cerrado 23 diciembre-10 enero – ☕ 3,50 – **24 hab** 28/48.
• Establecimiento íntimo de organización familiar, con recepción en el 1er piso. Posee unas habitaciones en colores vivos, con mobiliario en tonos claros y aseos actuales.

XXX ✿ **Las Torres,** María Auxiliadora 3, ✉ 22003, ☎ 974 22 82 13, *Fax 974 22 88 79* – ▤. AE ⓓ ⓜⓒ VISA. ✻ AY d
cerrado 15 días en Semana Santa, del 16 al 31 de agosto y domingo – **Comida** 42 y carta 35 a 45.
Espec. Espárragos y ostras (mayo-junio). Manitas y ciruelas. Ternasco y berenjena.
• Restaurante de elevada profesionalidad, decorado en estilo clásico-moderno. Destaca su cocina a la vista con las paredes de cristal, en el centro de una sala en dos niveles.

XX ✿ **Lillas Pastia,** pl. de Navarra 4, ✉ 22002, ☎ 974 21 16 91, *rest-lillas@terra.es, Fax 974 21 44 58,* 🏖 – ▤. AE ⓓ ⓜⓒ VISA. ✻ AZ k
cerrado 25 octubre-6 noviembre, domingo en verano, domingo noche y martes resto del año – **Comida** 48,08 y carta 36 a 45.
Espec. Borrajas con patatas huecas y torreznos. Bacalao con piel de miel y leche espumosa. Manitas de cordero en guiso con cocochas al aroma de hierbaluisa.
• Su ubicación en un ala del antiguo casino denota su distinción. Salón clásico de techos altos, con un cuidado montaje y el suelo en parquet. Privado en uno de los torreones.

XX **A. Arazo,** Alcoraz 2, ✉ 22002, ☎ 974 21 27 36, *arazo@pobladores.com, Fax 974 21 27 36* – ▤. AE ⓓ ⓜⓒ VISA. ✻ AZ z
cerrado 15 enero-1 febrero, 15 julio-1 agosto y domingo – **Comida** carta 23 a 32.
• Negocio llevado con acierto por cuatro hermanos. Posee un bar público en la entrada con decoración moderna y detalles de vanguardia, seguido del comedor. Carta reducida.

HUESCA

Ainsa . . . . **AY** 2
Alfonso I Aragón . . . . **BY** 3
Castillo de Loarre
(Pl.) . . . . **AY** 5
Catedral (Pl. de la) . . . . **AY** 6
Comercio . . . . **AY** 8
Coso Alto . . . . **AYZ**
Costanilla del Suspiro . . . . **AY** 9
Cuatro Reyes . . . . **BZ** 12
Fueros de Aragón
(Pl. de los) . . . . **BYZ** 15
Goya . . . . **BZ** 16
Immaculada (Pl. de la) . . . . . . **AZ** 18
Ingeniero Cajal Lasala . . . . **AZ** 19
Ingeniero Pano . . . . **AZ** 21
López Allue (Pl.) . . . . **BZ** 22
Luis Buñuel (Pl.) . . . . **AY** 24
Menendez Pidal . . . . **AZ** 25
Misericordia (Ronda) . . . . **BY** 26
Moya . . . . **AZ** 28
Navarra (Pl. de) . . . . **AZ** 29
Peligros . . . . **BYZ** 31
Pirineos (Av. de los) . . . . **AY** 33
Quito Sertorio . . . . **AY** 34
San Bernardo (Pl.) . . . . **AY** 36
San Pedro (Pl.) . . . . **BZ** 37
Sancho Ramirez . . . . **BZ** 38
Santo Cristo
de los Milagros (Av. del) . . . **AY** 40
Saturnino Lopez Novoa . . . . . **BZ** 41
Templarios . . . . **BY** 43
Unidad Nacional (Pl.) . . . . **BY** 44
Universidad (Pl. de la) . . . . **AY** 46

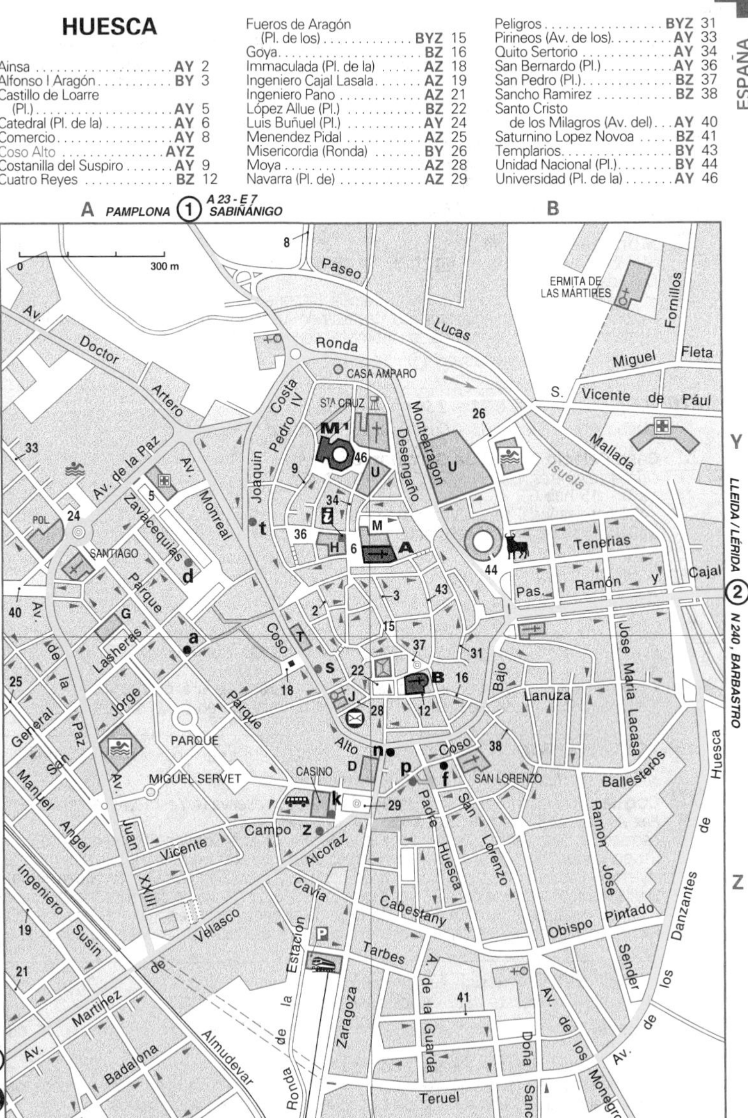

✗ **La Campana,** Coso Alto 78, ✉ 22003, ☎ 974 22 95 00 – ▤. AE ⓓ ⓜⓒ VISA. ✗ AY t
cerrado del 15 al 31 de agosto y domingo – **Comida** carta 20 a 24.
◆ Acceso por su concurrido bar o bien directamente desde la calle. Sala de tonalidades vivas con un ligero estilo rústico, destacando su horno antiguo de leña a la vista.

Hervi, Santa Paciencia 2, ✉ 22002, ☎ 974 24 03 33, – ▤. AE ① MC VISA. ✂
cerrado del 15 al 30 de septiembre y jueves – **Tapa** 1,50 **Ración** aprox. 3. BZ p
• Céntrico establecimiento bien conocido por su nutrida variedad de tapas y raciones. Cuenta también con un amplio comedor donde sirven un correcto menú del día.

Mi Bar, Coso Alto 26, ✉ 22003, ☎ 974 22 00 54, *ramonbitrian@wanadoo.es,* – ▤
cerrado domingo – **Tapa** 0,90 **Ración** aprox. 6.
• Lugar de encuentro habitual para disfrutar de unos pinchos de calidad, donde la organización familiar y el ambiente distendido son el mejor aval. Sala en el 1er piso. AZ s

en la carretera N 240 *por ② : 2,5 km :*

Montearagón, ✉ 22191 Quicena, ☎ 974 22 23 50, *hotelmon@teleline.es, Fax 974 22 23 54* – ▤ TV P. AE ① MC VISA. ✂
Comida 15 – **27 hab** ☐ 50/80.
• Totalmente renovado y llevado en familia. Dispone de una correcta zona social y habitaciones de adecuado equipamiento, destacando sus baños en mármol y con hidromasaje. Comedor a la carta de iluminación intimista, con otra sala más funcional para el menú.

Ver también : **Esquedas** *por ③ : 14 km.*

HUETE *16500 Cuenca* 576 L 21 – *2 369 h alt. 885.*
Madrid 118 – Cuenca 53 – Guadalajara 98 – Toledo 138.

Casa Palacio Conde de Garcinarro sin rest, Juan Carlos I-19 ☎ 969 37 21 50, *garcinar@teleline.es, Fax 91 532 73 78* – AE ① MC VISA JCB
☐ 6 – **15 hab** 65.
• Palacete señorial del s. XVI que posee atractivas instalaciones con mobiliario antiguo y viguerías, destacando el bello patio distribuidor de estilo castellano.

HUÉTOR VEGA *18198 Granada* 578 U 19 – *6 658 h alt. 685.*
Madrid 436 – Granada 7 – Málaga 133 – Murcia 292 – Sevilla 267 – València 547.

Villa Sur sin rest, av. Andalucía 57 ☎ 958 30 22 83, *info@hotelvillasur.com, Fax 958 30 22 83,* ≤, – ▤ TV ♿. AE MC VISA JCB. ✂
☐ 5 – **11** hab 47/66.
• Elegancia, calidez y sabor andaluz se funden en esta típica villa, decorada con exquisito gusto. Infinidad de detalles dibujan un ambiente hogareño en todas sus estancias.

HUMANES DE MADRID *28970 Madrid* 576 L 18 575 L 18 121 H 8 – *7 834 h alt. 677.*
Madrid 26 – Aranjuez 41 – Ávila 132 – Segovia 119 – Toledo 55.

Coque, Francisco Encinas 8 ☎ 91 604 02 02, *reservas@restaurantecoque.com, Fax 91 604 22 37* – ▤ P. AE ① MC VISA JCB. ✂
cerrado Semana Santa, agosto, domingo noche y lunes – **Comida** 60 y carta 51 a 60.
Espec. Coulant de huevo de corral con carabineros envueltos en yuca y tubérculos (otoño-invierno). Lomo de rape con infusión de hongos y moluscos guisados (otoño-invierno). Crujiente de frambuesa con crema de queso y helado de leche de cabra (otoño-invierno).
• Casa familiar en constante desarrollo. Goza de elegantes instalaciones tras una discreta fachada, ofreciendo una carta que combina los platos tradicionales y los de autor.

IBI *03440 Alacant* 577 Q 28 128 E 3 – *20 452 h alt. 820.*
Madrid 390 – Albacete 138 – Alacant/Alicante 41 – València 123.

Ricardo, Juan Brotóns 11 ☎ 96 655 11 03, *ricardo@parlantimenjant.com* – ▤. AE MC VISA. ✂
cerrado domingo noche y lunes – **Comida** carta 29 a 39.
• Mobiliario y decoración clásico-actual en un marco que resulta confortable y acogedor. Carta tradicional y buen servicio de mesa. Negocio de explotación familiar.

por la carretera de Alcoi *Este : 2,5 km y desvío a la izquierda 0,5 km :*

Serafines, Parque Natural San Pascual, ✉ 03440, ☎ 966 55 40 91, *Fax 966 55 40 17* – ▤ P. MC VISA. ✂
cerrado Semana Santa, 15 agosto-5 septiembre, lunes, martes noche y miércoles noche – **Comida** carta 23 a 32.
• En plena naturaleza. Un marco de cálida rusticidad aderezado con toques clásicos, a modo de refugio de montaña, donde ofrecen una cocina de raíces locales.

IBIZA *Illes Balears – ver Balears (Eivissa).*

ICOD DE LOS VINOS *Santa Cruz de Tenerife – ver Canarias (Tenerife).*

La IGLESUELA DEL CID *44142 Teruel* 574 K 29 – *484 h alt. 1 227.*
Madrid 415 – Morella 37 – Teruel 113.

Hospedería La Iglesuela del Cid, Ondevilla 4 964 44 34 76, *hospederiaiglesuela@husa.es, Fax 964 44 34 61* – – 25. AE MC VISA.
Comida 19 – 10 – **35 hab** 88/112 – 1 suite.
◆ Admirable fachada barroca en un palacete del s. XVIII cuyas dependencias, realzadas por una espléndida escalera imperial, cuentan con detalles de exquisito gusto.

Casa Amada, Fuentenueva 10 964 44 33 73, *Fax 964 44 33 73* – MC VISA.
Comida *(cerrado domingo noche salvo julio-agosto)* carta 13 a 21 – 3,50 – **21 hab** 23,50/35,50.
◆ Una casa seria dentro de su sencillez. Posee unas habitaciones dotadas de cuarto de baño y suficiente equipamiento. Adecuada organización familiar.

IGUALADA *08700 Barcelona* 574 H 34 – *32 422 h alt. 315.*
Madrid 562 – Barcelona 67 – Lleida/Lérida 93 – Tarragona 93.

Ciutat Igualada, passeig Verdaguer 167 93 806 61 50, *hci@inversionsoriginals.com, Fax 93 803 70 20* – , hab, – 25/450. AE MC VISA JCB. rest
Comida *(cerrado domingo)* 12 – 8 – **67 hab** 59/82 – PA 32.
◆ Moderna construcción definida por su originalidad decorativa. Disfruta de suficientes zonas nobles y espaciosas habitaciones, con los armarios abiertos y baños de plato ducha. Restaurante con un cuidado servicio de mesa en el 1er piso.

América, antigua carret. N II 93 803 10 00, *hotel-america@terra.es, Fax 93 805 00 78,* , , – – 25/400. AE MC VISA.
cerrado del 22 al 29 de diciembre y 29 julio-19 agosto – **Comida** *(cerrado domingo noche)* 14,95 – 6,07 – **52 hab** 56/74,77 – PA 30,56.
◆ Hotel funcional dotado de una zona social espaciosa y algo fría. Sus habitaciones brindan un correcto confort, pese a su mobiliario de poca actualidad. Comedor de adecuado montaje, complementado con una agradable terraza-jardín que ofrece cenas en verano.

El Jardí de Granja Plá, Rambla de Sant Isidre 12 93 803 18 64, *granjapla@teleline.es, Fax 93 805 03 13* – . AE MC VISA
cerrado del 1 al 21 de agosto, domingo, lunes noche y martes noche – **Comida** carta 25 a 37.
◆ Céntrico restaurante ubicado en el 1er piso de un antiguo edificio, con mobiliario de calidad y buen servicio de mesa. Carta con detalles innovadores y una excelente bodega.

ILLESCAS *45200 Toledo* 576 L 18 121 G 9 – *7 942 h alt. 588*
Madrid 37 – Aranjuez 31 – Ávila 144 – Toledo 34.

El Bohío, av. Castilla-La Mancha 81 925 51 11 26, *elbohio@arrakis.es, Fax 925 51 28 87* – . AE MC VISA JCB.
cerrado agosto, domingo y lunes noche – **Comida** 60 y carta 52 a 56.
Espec. Huevo en polvo helado de ajo y pimentón con caldo de sopa de ajo (invierno). Gachas con tocino y sepia (invierno). Crema helada de queso con granizado de manzana verde y gelatina de miel.
◆ Negocio familiar llevado por dos hermanos que propone una cocina de autor con menú degustación y una interesante carta de vinos. Cuidada decoración castellana.

Ses ILLETES o ILLETAS *Illes Balears – ver Balears (Mallorca).*

IMÓN *19269 Guadalajara* 576 I 21 – *30 h.*
Madrid 149 – Aranda de Duero 117 – Guadalajara 92 – Soria 85.

Salinas de Imón, Real 49 949 39 73 11, *sadeimon@teleline.es, Fax 949 39 74 55,* – – 25. MC VISA. rest
Comida *(cerrado enero)* - sólo cena, sólo clientes - carta aprox. 30 – 9 – **14 hab** 70/80.
◆ Casa señorial del s. XVII restaurada y decorada con mobiliario antiguo. Habitaciones con losetas de barro rústico, algunas camas con dosel y baños actuales. Comedor privado.

INCA *Illes Balears – ver Balears (Mallorca).*

INFIESTO *33350 Asturias* 572 B 13 – *8 799 h alt. 152.*
Madrid 493 – Oviedo 45 – Avilés 67 – Gijón 51 – Ribadesella 36.

Los Cuetos, Santianes - Sur : 1 km, 33537 Santianes, 985 71 06 56, *loscuetos@loscuetos.com, Fax 985 71 08 74,* ≤ montañas y alrededores, , –
MC VISA.
Comida - sólo cena, sólo clientes - 12 – 5 – **5 hab** 70.
◆ Atractiva casa señorial con jardín y cálidas habitaciones, todas con mobiliario escogido. Bello salón-comedor con chimenea donde sirven la cena a los clientes alojados.

en la carretera de Villaviciosa *Noroeste : 7 km :*

Casona de Bustiello ⊠ 33535 Infiesto, ℘ 985 71 04 45, *info.hcb@hotelcasonadebustiello.com, Fax 985 71 07 60,* < sierra de Ques, – TV P. VISA.
Comida - sólo clientes - 16 – ☕ 7 – **10 hab** 97.
◆ Casona rural asturiana en plena naturaleza, dotada de una galería con vistas a la sierra y habitaciones personalizadas en su decoración. Comedor exclusivo para sus huéspedes.

INGLÉS (Playa del) *Las Palmas – ver Canarias (Gran Canaria) : Maspalomas.*

IRÚN *20300 Gipuzkoa 573 C 24 – 53 861 h alt. 20.*

Alred. : *Ermita de San Marcial* ✻★★ *Este : 3 km.*

barrio de Behobia por ① (Complejo Comercial) ⊠ 20305 ℘ 943 62 26 27 Fax 943 62 26 27.

Madrid 509 ② – Bayonne 34 ① – Pamplona 90 ① – Donostia-San Sebastián 16 ②

Mertxe, Francisco de Gainza 9 (barrio Beraun), ⊠ 20302, ℘ 943 62 46 82, – AE VISA
cerrado 20 diciembre-2 enero, del 3 al 15 de julio, domingo noche y miércoles – **Comida** carta 38 a 43. BY b
◆ Ubicado en una zona residencial. Hall de entrada en madera, elegante comedor y una agradable terraza que, al cubrirse en invierno, es muy solicitada por sus clientes.

IRÚN

Aldapeta	**BZ**	4
Alondegia	**AZ**	6
Arbesko Errota	**CZ**	7
Argentinar Errepublika	**BY**	9
Artaleku	**ABZ**	10
Bartolomé de Urdinso	**AY**	12
Beraketa	**BYZ**	13
Cipriano Larrañaga	**AY**	15
Colon (Ibilbidea)	**ABY**	
Eguzkitzaldea	**BCZ**	16
Erlaitz	**CZ**	18
Eskoleta	**CYZ**	19
Fermín Calbetón	**BZ**	21
Francisco de Gainza	**BY**	22
Jenaro Etxeandia (Pl.)	**BZ**	24
Jenerala Bergaretxe	**CY**	25
Jose Joaquin Tadeo Murgia	**CY**	27
Juan Arana	**AZ**	28
Juan Thalamas Labandibar	**CZ**	30
Junkal (Pl.)	**CZ**	31
Lapitze	**AZ**	33
Larretxipi	**CZ**	34
Lekaenea	**AY**	36
Letxunborro (Hiribidea)	**AY**	37
Lope de Irigoien	**AY**	39
Lucas de Berroa	**AY**	40
Luis de Uranzu	**AY**	41
Luis Mariano	**BZ**	42
Oiartzun	**AY**	43
Pikoketa	**BZ**	45
Policarpo Baltzola	**BY**	46
Prudencia Arbide	**BZ**	48
Salis (Hiribidea)	**CY**	49
San Juan Harria (Pl.)	**BZ**	51
Uztapide Bertsolariak	**CZ**	52
Vicente Lafitte	**BY**	54
Zabaltza (Pl.)	**BY**	55
Zubiaurre	**AY**	57

XX **Larretxipi,** Larretxipi 5, ✉ 20304, ☎ 943 63 26 59 – AE ⓓ MC VISA. ✗ BZ n
cerrado 2ª quincena de marzo, 2ª quincena de noviembre, domingo noche y martes – **Comida** carta 29 a 45.
◆ Pequeño y familiar, brindando un trato amable. Cuenta con un comedor alargado, cuyo pulcro mantenimiento se ve realzado por una carta estimable y a precios contenidos.

XX **Labeko Etxea,** barrio de Olaberria 49, ✉ 20303 apartado 203, ☎ 943 63 19 64, *info@inakizaguirre.com, Fax 943 63 20 62,* ☂ – ▤ P. AE ⓓ MC VISA. ✗
cerrado domingo noche y lunes – **Comida** carta 32 a 47. por Eguzkitzaldea : 2 km BZ
◆ Un chef afamado enciende sus fogones. Dos salas de cuidadas instalaciones y grata rusticidad, al calor de un viejo caserío. Posee también una sidrería de montaje más sencillo.

X **Ibaiondo,** Joaquín Tadeo Murguía 1, ✉ 20304, ☎ 943 63 28 88 – ▤. ⓓ MC VISA CY f
cerrado 15 días en febrero, 15 días en agosto, domingo noche y lunes – **Comida** carta 25 a 30.
◆ Situado en una zona algo apartada del centro de la localidad. Sobria decoración con vidrieras regionales, chef-propietario profesional y precios contenidos.

en Behobia *por ① : 2,5 km (salida 1-autopista A 8) :*

ETH, Komete Sarea 5, ✉ 20305 Irún, ☎ 943 63 41 00, *hotel@hoteleth.com, Fax 943 62 19 98* – ▮, ▤ rest, TV ♿ P. AE MC VISA. ✗
Comida 12 – ☕ 7 – **50 hab** 57,30/72,10 – PA 26,35.
◆ Un recurso de carretera muy correcto. Hotel de nueva planta, con una fachada discreta y un interior de marcada funcionalidad. Confortables habitaciones con baños actuales.

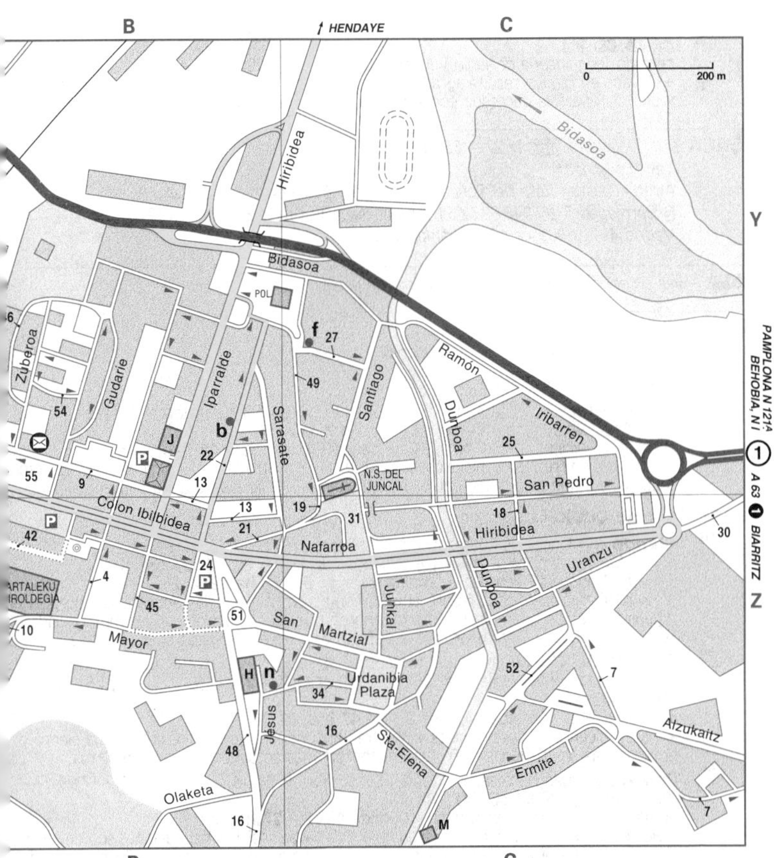

ESPAÑA

al Oeste *3 km :*

Tryp Urdanibia, carret. N I, ✉ 20305 apartado 61, ✆ 943 63 04 40, *tryp.urdanibia@solmelia.com, Fax 943 63 04 10,* – |$| ▤ TV P – 25/500. AE ⓓ ⓜ VISA. rest
Comida 16 – ☕ 7 – **115 hab** 99/120. por ②
◆ Con un equipamiento muy adecuado a un turismo de congresos, posee una reducida zona social, salones panelables, y unas habitaciones funcionales con baños al gusto del día.

Ibis Irún sin rest con cafetería, Letxumborro Hiribidea 77, ✉ 20305, ✆ 943 63 62 32, *H3220@accor-hotels.com, Fax 943 62 58 16* – |$|, hab, ▤ TV ✆ ♿ P – 25. AE ⓓ ⓜ VISA por Letxumborro Hiribidea AY
☕ 6 – **76 hab** 59.
◆ Ubicado en un área industrial, con las características de funcionalidad y confort propias de la cadena. Las habitaciones poseen suelos en moqueta y baños de plato ducha.

junto a la autopista A 8 salida 2 *por ② : 4,5 km :*

Atalaia, Aritz Ondo 69 (Centro Comercial Txingudi), ✉ 20305, ✆ 943 63 55 18, *Fax 943 63 87 18* – ▤ P. AE ⓓ ⓜ VISA
cerrado del 10 al 25 de agosto – **Comida** - sólo almuerzo salvo jueves, viernes y sábado - carta 30 a 39.
◆ Negocio llevado por un matrimonio con inquietudes. Cuidado comedor a la carta, varias salas para el menú del día y un luminoso salón de banquetes con el techo en madera.

IRURITA *31730 Navarra* 573 C 25.
Madrid 448 – Bayonne 57 – Pamplona 53 – St-Jean-Pied-de-Port 40.

Olari, Pedro María Hualde ✆ 948 45 22 54, *rteolari@aolavant.com, Fax 948 58 12 17* – ▤. ⓓ ⓜ VISA.
cerrado 2ª quincena de junio y lunes – **Comida** carta 18 a 27.
◆ Llevado en familia, resulta agradable en su sencillez. Cuenta con un pequeño bar público y una diáfana sala decorada con sobriedad, donde sirven una carta discreta.

ISABA *31417 Navarra* 573 D 27 – *551 h alt. 813.*
Ver : *Localidad*★.
Alred. : *Oeste : Valle del Roncal*★ – *Sureste : Carretera*★ *del Roncal a Ansó.*
ℹ *Bormapea 5 ✆ 948 89 32 51 turismo-isaba@terra.es Fax 948 89 32 51.*
Madrid 467 – Huesca 129 – Pamplona 97.

ISLA – *ver a continuación y el nombre propio de la isla.*

ISLA *39195 Cantabria* 572 B 19 – *Playa.*
Madrid 426 – Bilbao 81 – Santander 40.

en la playa de La Arena *Noroeste : 2 km :*

Campomar , ✉ 39195 Isla, ✆ 942 67 94 32, *campomar@ceoecant.es, Fax 942 67 94 28,* , – |$|, ▤ rest, TV P. ⓜ VISA.
cerrado 15 diciembre-15 enero – **Comida** 9,30 – ☕ 5,50 – **41 hab** 62/69.
◆ Su ubicación frente a la playa constituye su principal atractivo. Las habitaciones resultan sencillas, aunque están bien equipadas, siendo abuhardilladas las de la 3ª planta.

en la playa de Quejo *Este : 3 km :*

Olimpo , Finca Los Cuarezos, ✉ 39195 Isla, ✆ 942 67 93 32, *Fax 942 67 94 63,* < playa, , , , – |$| ▤ TV P – 25/60. AE ⓓ ⓜ VISA.
cerrado 1 enero-12 febrero – **Comida** 24 – ☕ 8 – **70 hab** 95/124.
◆ Singular emplazamiento frente al mar, con acceso a dos calas. Amplio hall-recepción y habitaciones de buen nivel, todas exteriores. Goza de zonas recreativas muy cuidadas. Su comedor posee viveros propios y disfruta de excelentes vistas sobre la playa.

Estrella del Norte, av. Juan Hormaechea, ✉ 39195 Isla, ✆ 942 65 99 70, *estrellad elnorte@cantabriainter.net, Fax 942 65 99 75,* , – |$| ▤ TV – 25/100. AE ⓓ ⓜ VISA.
cerrado enero – **Comida** 14 – ☕ 8,11 – **47 hab** 80/100.
◆ Posee ascensores panorámicos y un atractivo diseño exterior que combina la piedra y el vidrio. Las habitaciones disfrutan del confort más actual con aseos completos.

Pelayo, av. Juan Hormaechea 22, ✉ 39195 Isla, ✆ 942 67 96 01, *Fax 942 67 96 42* – |$|, ▤ rest, TV P. AE ⓜ VISA.
Semana Santa y julio-septiembre – **Comida** 12,62 – **27 hab** ☕ 59/71.
◆ Hotel de línea actual orientado a una clientela vacacional. Las habitaciones son de corte clásico y están dotadas de un moderno confort, siendo todas exteriores. Restaurante de correcto montaje cuyo ambiente resulta muy acogedor.

Astuy, av. Juan Hormaechea 1, ✉ 39195 Isla, ☎ 942 67 95 40, *astuy@hotel-astuy.es, Fax 942 67 95 88,* ≤ mar, – |, rest, TV. VISA.
Comida 13 – 6,50 – **53 hab** 65/90.
◆ Establecimiento a pie de playa con un magnífico emplazamiento sobre el rompiente de las olas. Las habitaciones ofrecen buen confort dentro de su funcionalidad. Comedor panorámico completamente acristalado y con un destacable vivero propio.

ISLA CRISTINA *21410 Huelva* 578 U 8 – *16 575 h – Playa.*

Islantilla, urb. Islantilla, Este : 6,5 km ☎ 959 48 60 39 Fax 959 48 61 04.
Madrid 672 – Beja 138 – Faro 69 – Huelva 56.

Los Geranios, av. de la Playa ☎ 959 33 18 00, *geraniosh@yahoo.com, Fax 959 33 19 50,* – TV. AE VISA. rest
Comida 17,50 – **29 hab** 76,96/176,96.
◆ Hotel de organización profesional cuyas instalaciones han sido reformadas recientemente. Habitaciones en tonalidades alegres, con mobiliario sencillo y baños modernos. El restaurante resulta muy acogedor por su colorido.

Paraíso Playa, av. de la Playa ☎ 959 33 02 35, *info@hotelparaisoplaya.com, Fax 959 34 37 45,* – TV P. AE VISA.
Comida *(junio-septiembre)* 12 – 4 – **34 hab** 56/100 – 6 apartamentos.
◆ Buen ejemplo de excelente organización familiar y mantenimiento. Dotado de habitaciones funcionales decoradas con mobiliario castellano. Disponen también de apartamentos.

JÁBAGA *16194 Cuenca* 576 L 23 – *231 h alt. 971.*

Madrid 155 – Albacete 168 – Cuenca 13 – Toledo 174 – Valencia 218.

en la carretera N 400 *Sur : 3.5 km :*

La Casita de Cabrejas, Km 167,9 ☎ 969 27 10 08, *info@lacasitadecabrejas.com,* – TV P. VISA.
Comida - sólo cena, sólo clientes - carta aprox. 25 – **12 hab** 66,87/83,59.
◆ En una extensa finca con árboles, destaca por su entrañable rusticidad recreada con mobiliario antiguo. Salón social con chimenea y cálidas habitaciones en tonos pastel.

JACA *22700 Huesca* 574 E 28 – *14 426 h alt. 820.*

Ver : *Catedral★ (capiteles historiados★) - Museo Diocesano (frescos★)* Y – *Museo Ángel Oresanz y Artes de Serralbo★.*

Alred. : *Monasterio de San Juan de la Peña★★ : paraje★★ – Claustro★★ (capiteles★★) Suroeste : 21 km por ③.*

av. Regimiento de Galicia 2 local 1º ☎ 974 36 00 98 oficinaturismo@aytojaca.es Fax 974 35 51 65.
Madrid 481 ② – Huesca 91 ② – Oloron-Ste-Marie 87 ① – Pamplona 111 ③

Plano página siguiente

Aparthotel Oroel, av. de Francia 37 ☎ 974 36 24 11, *oroel@inturmark.es, Fax 974 36 38 04,* – |, rest, TV. AE VISA. Y a
cerrado octubre – **Comida** 17,90 – 7,90 – **124 hab** 73,50/93,80 – PA 37,10.
◆ Ofrece un amplio salón social y espaciosas habitaciones tipo apartamento, dotadas de cocina a petición del cliente y todas con terraza. Correcto confort y baños completos. Posee dos comedores, uno de aire clásico para la carta y otro más funcional para grupos.

Conde Aznar, paseo de la Constitución 3 ☎ 974 36 10 50, *conde-aznar@jaca.com, Fax 974 36 07 97* – | TV. AE VISA. rest Z c
Comida - ver también rest. ***La Cocina Aragonesa*** - 13 – 7 – **24 hab** 48/75.
◆ Pequeña recepción precedida por una terraza a la entrada y atractivas habitaciones de acogedora rusticidad, con losetas de barro cocido en el suelo y mobiliario antiguo. Comedor de impecable mantenimiento donde sirven un equilibrado menú.

Canfranc sin rest, av. Oroel 23 ☎ 974 36 31 32, *hotelcanfranc@infonegocio.com, Fax 974 36 49 79,* ≤ – | TV P. AE VISA Z d
5,20 – **20 hab** 61/78.
◆ Reducidas instalaciones con unas habitaciones bien equipadas, dotadas de sencillo mobiliario en pino y baños completos.

Ramiro I, Carmen 23 ☎ 974 36 13 67, *Fax 974 36 13 61* – | TV. AE VISA. Z h
cerrado noviembre – **Comida** 11 – 3,75 – **28 hab** 32/58.
◆ Céntrico hotel de línea clásica y modesta organización familiar. Cuenta con habitaciones de correcto equipamiento en su categoría, y un cuidado comedor de uso privado.

JACA

Aragón	Y 2	Catedral (Pl. de la)	Y 10	Ramón y Cajal	Z 25
Arco	Y 3	Cervantes	Z 13	Ripa	Y 27
Biscós (Pl.)	Y 5	Correos	Z 14	San Nicolás	Y 28
Cambras	Z 6	Cortes de Aragón (Pl.)	Z 16	San Pedro (Pl.)	Y 30
Campoy I	Z 8	Gil Bergés	Z 18	Sancho Ramírez	Z 31
Castillo	Y 9	Mayor	Z	Santa Orosia	Y 32
		Puerta Nueva	Z 24	Valle de Ansó	Y 34

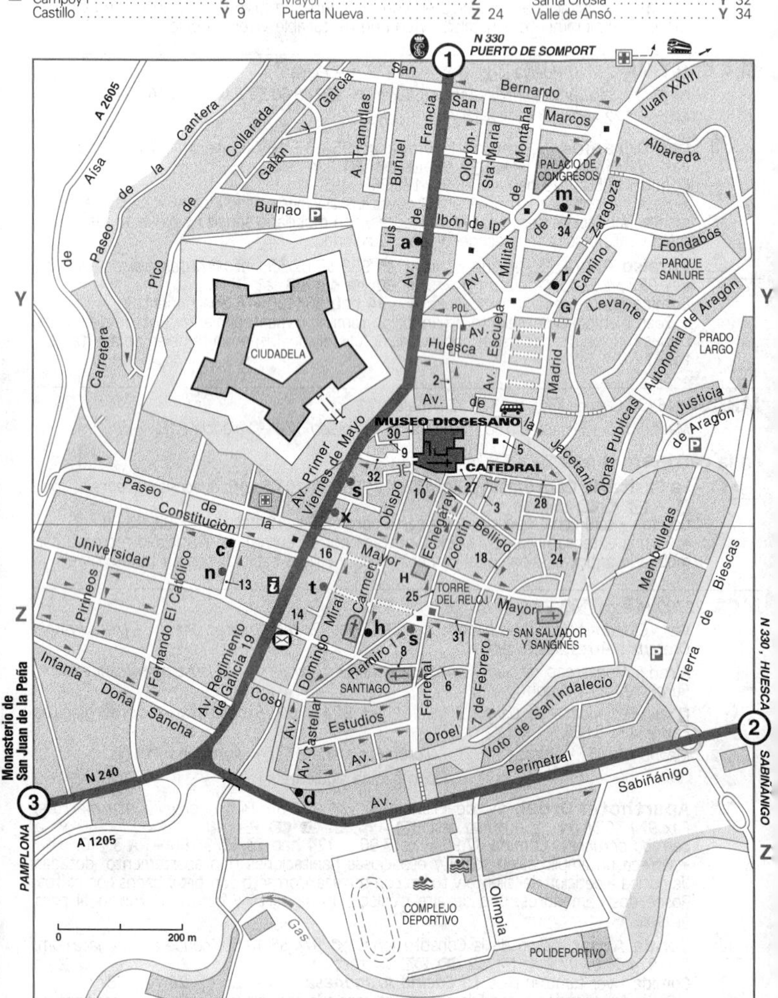

🏠 **A Boira** sin rest, Valle de Ansó 3 ☎ 974 36 38 48, *Fax 974 35 52 76* – 🛗 📺. 💳 VISA. 🚫 Y m

☕ 4,20 – **30 hab** 35/55.

◆ Las habitaciones han mejorado su confort al instalar nuevos suelos en parquet y un mobiliario de mayor calidad, destacando las abuhardilladas de la última planta.

🏠 **A Nieu** sin rest, av. Zaragoza 22 ☎ 974 36 16 79, *Fax 974 35 55 94* – 📺. 💳 VISA. 🚫 Y r

☕ 3,80 – **18 hab** 48.

◆ Establecimiento de organización familiar cuyo reducido salón social sirve como sala de desayunos. Las habitaciones resultan luminosas y actuales, con los suelos en parquet.

La Cocina Aragonesa - *Hotel Conde Aznar*, Cervantes 5 ☎ 974 36 10 50, *conde-aznar@jaca.com, Fax 974 36 07 97* – ▤. AE ⓓ ⓜ VISA. ✂ Z n
cerrado 15 días en noviembre y miércoles salvo invierno – **Comida** carta 30 a 40.
◆ Atractivo restaurante con detalles regionales en sus paredes y una gran chimenea en piedra presidiendo el comedor. Su prestigio se cerciora en el buen hacer de su cocina.

Lilium, av. Primer Viernes de Mayo 8 ☎ 974 35 53 56, *Fax 974 35 53 56* – ⓓ ⓜ VISA. ✂ Y x
cerrado 15 días en mayo, 15 días en octubre y lunes salvo verano – **Comida** carta aprox. 29.
◆ Concurrido negocio llevado por dos hermanos. Posee una sala de aire moderno en dos niveles, y otra de estilo rústico, en el sótano, con bonito techo en madera.

El Portón, pl. Marqués de Lacadena 1 ☎ 974 35 58 54, *ornillo@hotmail.com, Fax 974 35 58 54* – ▤. AE ⓓ ⓜ VISA. ✂ Z s
cerrado del 1 al 20 de junio, del 1 al 20 de noviembre y miércoles – **Comida** carta 17 a 34.
◆ Establecimiento de línea clásica y seria organización familiar. Ofrece unos comedores de cuidado montaje, donde podrá degustar una nutrida gastronomía de base tradicional.

Gastón, av. Primer Viernes de Mayo 14-1º ☎ 974 36 17 19, *teresato90@hotmail.com* – ▤. ⓓ ⓜ VISA. ✂ Y s
cerrado del 1 al 12 de junio, 12 días en octubre y miércoles – **Comida** carta 24 a 37.
◆ Su acogedora sala se dota de un mobiliario escogido y un buen servicio de mesa, recreando una atmósfera ideal para disfrutar de sus platos.

José, av. Domingo Miral 4 ☎ 974 36 11 12, *restaurante.jos@teleline.es, Fax 974 36 11 12* – ▤. ⓜ VISA. ✂ Z t
cerrado noviembre y lunes (salvo julio, agosto, festivos y vísperas) – **Comida** carta 21 a 32.
◆ Goza de una amplia zona de bar a la entrada donde sirven pinchos y platos combinados. El comedor es más funcional, divisible mediante paneles y muy orientado al banquete.

en la carretera N 330 *por ① : 3 km :*

Charlé, ✉ 22700, ☎ 974 36 00 44, *charle@jaca.com, Fax 974 36 00 97,* – TV P. ⓓ ⓜ VISA. ✂ rest – *cerrado noviembre* – **Comida** *(cerrado lunes)* 15 – **14 hab** ☕ 49/79.
◆ Antigua posada restaurada en un cálido y acogedor estilo rústico, con varias de sus confortables habitaciones abuhardilladas, detalles de buen gusto y amplios exteriores. Comedor de correcto montaje, con vigas de madera en el techo y las paredes en piedra.

JADRAQUE *19240 Guadalajara* 576 J 21 121 M 4 – *1 184 h alt. 832.*

Madrid 103 – Guadalajara 48 – Soria 114.

Cuatro Caminos con hab, Cuatro Caminos 10 ☎ 949 89 00 21 – ▤ rest, TV. ⓜ VISA. ✂
Comida carta aprox. 28 – ☕ 2,50 – **7 hab** 22/44.
◆ Los asados en horno de leña ocupan un lugar destacado dentro de su cocina regional. Salón para banquetes en el 1er piso. Posee habitaciones actuales y baños completos.

JAÉN *23000* P 578 S 18 – *111 406 h alt. 574.*

Ver : *Localidad*★ – *Catedral*★★ BZ – *Capilla de San Andrés*★ BY – *Iglesia de San Ildefonso*★ CZ – *Baños árabes*★★ BY.

Alred. : *Castillo de Santa Catalina*★ ☼★★) AZ.

Maestra 13 bajo ✉ 23002 ☎ 953 24 26 24 otjaen@andalucia.org Fax 953 19 04 55 y Maestra 13 ✉ 23002 ☎ 953 19 04 55 otjaen@andalucia.org Fax 953 24 26 24 – **R.A.C.E.** *Arquitecto Berjés 13 (bajo A) ✉ 23007 ☎ 953 25 32 60 Fax 953 25 38 15.*

Madrid 336 ① – Almería 232 ② – Córdoba 107 ③ – Granada 94 ② – Linares 51 ① – Úbeda 57 ②

Planos páginas siguientes

Parador de Jaén ⑤, Oeste : 4,5 km, ✉ 23001, ☎ 953 23 00 00, *jaen@parador.es, Fax 953 23 09 30,* ≤ Jaén, olivares y montañas, – ▤ TV P – 25/60. AE ⓓ ⓜ VISA. ✂ AZ h
Comida 27 – ☕ 11 – **45 hab** 100/125.
◆ Rancio abolengo y grandiosidad arquitectónica en este castillo del s. XIII. Acogedoras habitaciones, soberbio salón y vistas excepcionales de la ciudad y sus alrededores. Los arcos ojivales del comedor testimonian su pasado.

Infanta Cristina, av. de Madrid, ✉ 23009, ☎ 953 26 30 40, *direccion@hotelinfantacristina.com, Fax 953 27 42 96,* – ▤ TV ♿ – 25/600. AE ⓓ ⓜ VISA. ✂ CX z
Az-zait *(cerrado domingo noche)* **Comida** carta 28 a 33 – ☕ 7,50 – **71 hab** 106/119 – 2 suites.
◆ De elegante estilo clásico, posee todos los atractivos de un hotel de lujo. Las habitaciones se disponen en torno a un hall central, que culmina en una bóveda acristalada. Restaurante de exquisita decoración que ofrece una cocina de raíces españolas.

JAÉN

Adarves Bajos . . . . **CZ** 2
Álamos . . . . **BZ** 3
Alcalde García Segovia . . . **CX** 5
Alféreces Provisionales . . **BX** 8
Alhama . . . . **BY** 58
Ángel (Puerta del) . . . . . . **CZ** 9
Bernabé Soriano . . . . **BZ** 12
Capitán Aranda Alta . . . . . **BZ** 13
Carmello Torres. . . . . **BY** 14
Castilla . . . . **BY** 16
Coca de la Piñera (Pl.) . . . . **BY** 17
Condestable Iranzo . . . . . **AX** 18
Correa Weglison . . . . **BY** 20
Doctor Civera . . . . **BZ** 21
Doctor Eduardo Arroyo . . **BY** 22
Doctor Eduardo García Triviño
López . . . . **BX** 24
Ejido de Alcantarilla . . . . . **BZ** 25
Extremadura . . . . **BX** 26
Francisco Coello . . . . **BZ** 27
Frente a Jesús . . . . **BZ** 44
Fuerte del Rey . . . . **AX** 30
Hermanos Pinzón . . . . **BX** 31
Ignacio Figueroa . . . . **BZ** 32
Juan Pedro Gutiérrez
Higueras . . . . **AX** 35
Juanito el Practicante . . . . **AY** 34
Madre de Dios . . . . **BZ** 36
Madre Soledad Torres
Acosta . . . . **BY** 38
Maestra . . . . **BZ** 39
Magdalena Baja . . . . **AY** 40
Manuel Caballero Venzala **CX** 41
Manuel Jontoya . . . . **BZ** 43
Molino de la Condesa . . . . **AY** 45
Muñoz Garnica . . . . **BZ** 47
Navas de Tolosa . . . . **BY** 48
Núñez de Balboa . . . . **BY** 49
Obispo Alonso Suárez . . . **CY** 51
Obispo García de Castro
(Pl.) . . . . **CYZ** 54
Obispo González . . . . **BZ** 55
Obispo Stúñiga . . . . **BX** 52
Puerta del Sol . . . . **BY** 56
Salvador Vicente
de la Torre . . . . **AX** 59
San Agustín (Pl. de) . . . . . **BY** 61
San Andrés . . . . **BY** 62
San Bartolomé (Pl.) . . . . . . **BZ** 63
San Clemente . . . . **BYZ** 65
San Francisco (Pl.) . . . . **BZ** 67
San Juan (Pl. de) . . . . **BY** 68
Santa Luisa de Marillac
(Pl. de) . . . . **AY** 70
Santo Domingo . . . . **AY** 71
Vicente Montuno . . . . **CZ** 72
Virgen Capilla . . . . **BCY** 74
Virgen de la Cabeza . . . . . **BX** 73

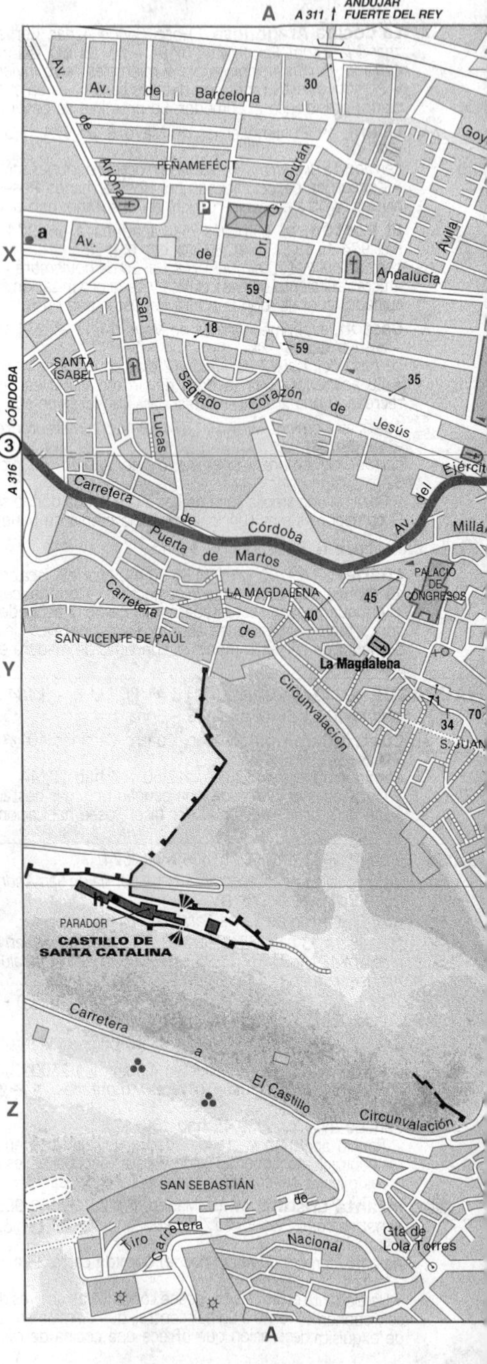

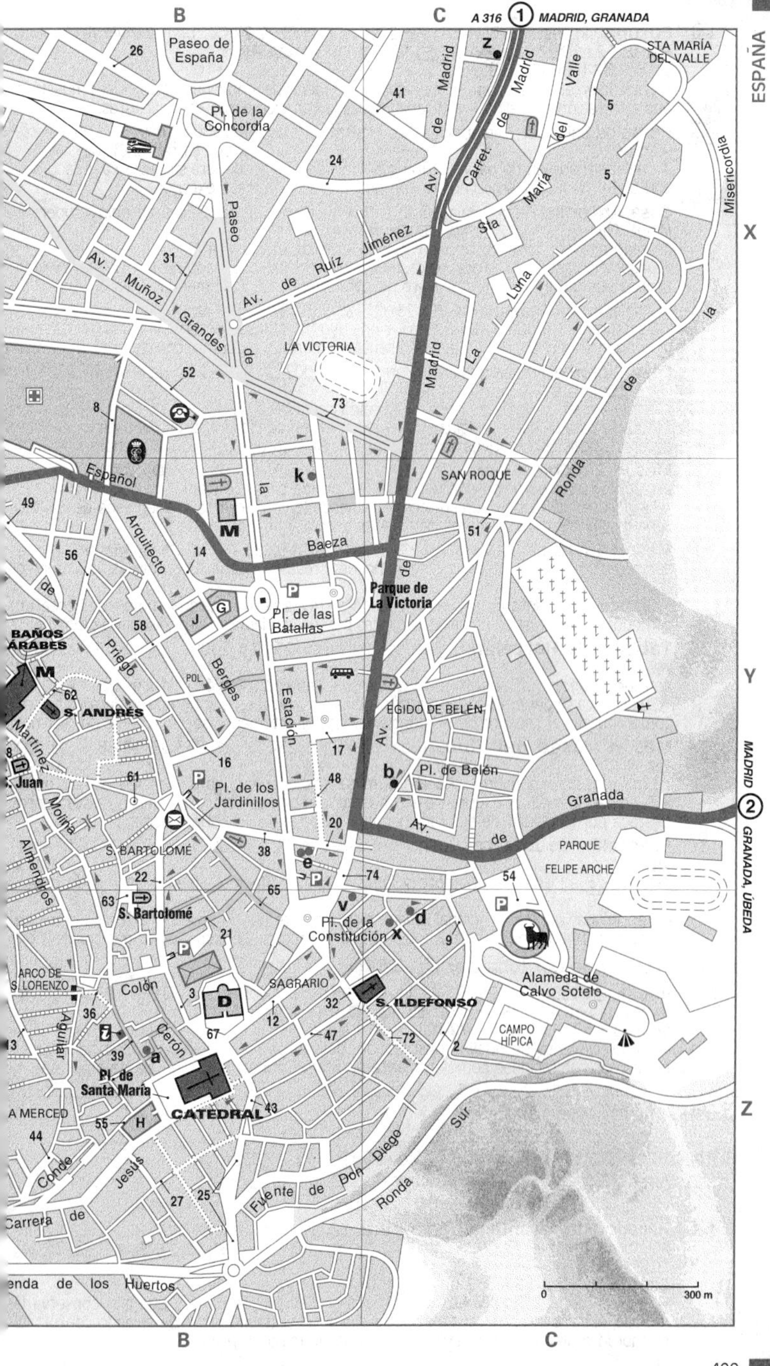
A 316
MADRID, GRANADA
ESPAÑA
MADRID
GRANADA, ÚBEDA
Paseo de España
Pl. de la Concordia
STA MARÍA DEL VALLE
Carret. de Madrid
Av. de Madrid
Sta María del Valle
Misericordia
Av. de Ruiz Jiménez
Paseo de la Estación
Av. Muñoz Grandes
LA VICTORIA
La Luna
Ronda de la Misericordia
SAN ROQUE
Baeza
Español
Arquitecto Berges
Parque de La Victoria
Pl. de las Batallas
BAÑOS ÁRABES
S. ANDRÉS
Priego
POL.
EGIDO DE BELÉN
Av. de Madrid
Pl. de Belén
Av. de Granada
Martínez Molina
S. Juan
Pl. de los Jardinillos
Almendros
S. BARTOLOMÉ
S. Bartolomé
PARQUE FELIPE ARCHE
Pl. de la Constitución
ARCO DE S. LORENZO
Colón
SAGRARIO
S. ILDEFONSO
Alameda de Calvo Sotelo
CAMPO HÍPICA
Aguilar
Cerón
Pl. de Santa María
CATEDRAL
LA MERCED
Conde
Jesús
Fuente de Don Diego
Ronda Sur
Carrera de Jesús
Ronda de los Huertos
0
300 m
B
C
X
Y
Z

Europa sin rest, pl. Belén 1, ✉ 23003, ☎ 953 22 27 00, *pemana1@ofijaen.com, Fax 953 22 26 92* – |♦| ⇆ ▤ TV ✆ ⇔. AE ⓓ ⓜ VISA CY b
☕ 4 – **37 hab** 35/58,85.
◆ Ubicado en el centro comercial e histórico de Jaén. Sus renovadas instalaciones muestran una decoración moderna y funcional, realzada con elementos vanguardistas.

XXX Horno de Salvador, carret. al Castillo - Oeste : 3,5 km, ✉ 23001, ☎ 953 23 05 28, ⛱ – ▤ P por carret. al Castillo AZ
◆ Chalet situado en un paraje solitario entre pinos. Su acogedora sala, clásica y decorada con buen mobiliario, se completa con una agradable terraza exterior.

XXX **Casa Antonio,** Fermín Palma 3, ✉ 23008, ☎ 953 27 02 62, *casaantonio@supercable.net, Fax 953 27 58 27* – ▤. AE ⓓ ⓜ VISA. ✂ BY k
cerrado agosto, domingo noche y lunes – **Comida** carta 30 a 45.
◆ Decoración actual en colores vivos, muebles de calidad, adecuado servicio de mesa y gran profesionalidad en este restaurante de cocina moderna. Recomendable en la zona.

XX Yuma's, av. de Andalucía 74, ✉ 23006, ☎ 953 22 82 73 – ▤ AX a
◆ Restaurante de organización familiar en cuyo hall aún se conserva la barra del bar que dio origen al negocio. El comedor presenta un montaje moderno, con detalles de diseño.

XX **Casa Vicente,** Francisco Martín Mora 1, ✉ 23002, ☎ 953 23 22 22, *Fax 953 23 28 16* – ▤. ⓜ VISA. ✂ BZ a
cerrado agosto y domingo noche – **Comida** carta 28 a 34.
◆ Antigua casa de estilo andaluz convertida en un espacioso restaurante. Posee tres comedores vestidos con motivos taurinos, uno de ellos en un patio con el techo acristalado.

X **Mesón Río Chico,** Nueva 12, ✉ 23001, ☎ 953 24 08 02 – ▤. ⓜ VISA. ✂ BY e
cerrado agosto, domingo noche y lunes – **Comida** carta 20 a 29.
◆ La decoración rústica de este céntrico mesón le confiere una imagen llena de calidez. Seria organización familiar, mantenimiento pulcro y precios ajustados.

X **Mesón Nuyra,** pasaje Nuyra, ✉ 23001, ☎ 953 24 07 63 – ▤. AE ⓓ ⓜ VISA. ✂ BY e
cerrado 1ª quincena de julio, domingo noche y festivos noche – **Comida** - sólo almuerzo en agosto - carta 24 a 30.
◆ Situado en un sótano, al que se accede a través de una galería comercial. Posee un comedor de aire rústico castellano, con las paredes en ladrillo visto y viguería en madera.

Taberna El Hortelano, Teodoro Calvache 25, ✉ 23001, ☎ 953 24 29 40 – ▤. ✂ CZ d
cerrado 15 agosto-15 septiembre y domingo – **Tapa** 1,20 **Ración** - ibéricos - aprox. 10,50.
◆ Su estética se detiene en elementos propios de una taberna antigua, con detalles típicos como apuntar el importe de las consumiciones directamente sobre la barra de mármol.

Mesón Museo del Vino, Tablerón 4, ✉ 23001, ☎ 953 24 26 88 – ▤. ⓜ VISA. ✂ BZ v
cerrado agosto y domingo – **Ración Comida** *(sólo almuerzo en julio)* - ibéricos - aprox. 9.
◆ Buen bar de tapas que, durante el almuerzo, combina su actividad con la de restaurante. Destaca por la calidad de sus raciones y la variedad de su nutrida bodega.

El Escalón de Juanito, Melchor Cobo Medina 21, ✉ 23001, ☎ 609 244 977 – ▤. VISA. ✂ CZ x
cerrado 15 agosto-1 septiembre y lunes – **Tapa** 2 **Ración** - ibéricos, lomo de orza - aprox. 8,50.
◆ Sencillo bar de estilo regional llevado directamente por su propietario. En su estrecha barra se dan cita una atractiva selección de productos ibéricos y vinos nacionales.

en la carretera de Córdoba por ③ : *3,5 km :*

Imora, ✉ 23005, ☎ 953 27 41 11, *imora@partner-hotels.com, Fax 953 22 56 57* – |♦| ▤ TV ♿ ⇔ P – 🏛 25/400. AE ⓓ ⓜ VISA. ✂ rest
Comida 9,50 – ☕ 7,50 – **72 hab** 70 – 4 suites.
◆ Establecimiento de nueva construcción, dotado de una moderna zona social, y unas espaciosas habitaciones completamente equipadas. Importante clientela de empresas.

La JARA *Alacant – ver La Xara.*

JARANDILLA DE LA VERA *10450 Cáceres* 576 L 12 – *3 022 h alt. 660.*
Alred. : *Monasterio de Yuste★ Suroeste : 12 km.*
Madrid 213 – Cáceres 132 – Plasencia 53.

Parador de Jarandilla de La Vera ⛰, av. García Prieto, 1 ☎ 927 56 01 17, *jarandilla@parador.es, Fax 927 56 00 88*, 🏊, 🌳, 🎾 – ⇆ rest, ▤ TV ♿ P – 🏛 25/50. AE ⓓ ⓜ VISA JCB. ✂
Comida 27 – ☕ 11 – **53 hab** 104/130.
◆ Castillo feudal del s. XV donde residió el emperador Carlos V, y que aún conserva la muralla, el patio interior y los exteriores ajardinados. Habitaciones de cuidado confort. El restaurante dispone de un exquisito servicio de mesa en plata.

Jaranda sin rest, av. Doña Soledad Vega Ortiz 101 ✆ 927 56 02 06, *hotel@hoteljaranda.com, Fax 927 56 13 02* – ▤ TV. MC VISA. 🚫
22 hab ☕ 65.
◆ Una buena alternativa frente a las murallas del parador. Sus habitaciones poseen correcto mobiliario castellano, destacando las de matrimonio y las que ofrecen vistas.

El Mesón del Labrador, av. Doña Soledad Vega Ortiz 133 ✆ 927 56 07 91, *Fax 927 56 07 91* – ▤. MC VISA. 🚫
cerrado del 15 al 30 de junio, del 1 al 15 de noviembre y martes – **Comida** carta 23 a 28.
◆ Negocio dotado con un amplio bar de apoyo y un sencillo comedor, donde sirven una cocina atenta a la gastronomía tradicional. Resulta válido como recurso en al zona.

JÁTIVA *València – ver Xàtiva.*

JÁVEA *Alacant – ver Xàbia.*

JAVIER *31411 Navarra 573 E 26 – 132 h alt. 475.*
Madrid 411 – Jaca 68 – Pamplona 51.

Xabier 🔇, pl. del Santo ✆ 948 88 40 06, *info@hotelxabier.com, Fax 948 88 40 78* – |♦|, ▤ rest, TV. AE ⓓ MC VISA. 🚫
cerrado 22 diciembre-10 febrero – **Comida** 15 – ☕ 5,70 – **46 hab** 44,70/72 – PA 35,70.
◆ Atractivo establecimiento, en un enclave histórico. Habitaciones de correcto confort con los suelos en madera, mobiliario funcional en diferentes estilos y baños actuales. Su luminoso restaurante ofrece una interesante cocina y un esmerado servicio de mesa.

El Mesón 🔇 con hab, Explanada ✆ 948 88 40 35, *info@hotelmeson.com, Fax 948 88 42 26* – ▤ rest, TV. AE MC VISA. 🚫
marzo-15 diciembre – **Comida** carta 17 a 24 – ☕ 6 – **8 hab** 56.
◆ Sencillo negocio familiar con bar en la entrada y un comedor de línea clásica salpicado con detalles modernos. Posee unas correctas habitaciones como complemento.

JEREZ DE LA FRONTERA *11400 Cádiz 578 V 11 – 184 364 h alt. 55.*

Ver : *Localidad★★ - Plaza de Ponce de León : ventana plateresca★★* AY **C6** – *Iglesia de San Juan de los Caballeros★* AY – *Plaza de la Asunción★* BZ **13 (Cabildo★★** ABZ **C2)** – *Palacio del Marqués de Bertemati★* AZ **R** – *Catedral★★* AZ – *Alcázar★* AZ – *Iglesia de San Miguel★★* BZ – *Casa Domecq★* BY **C4** – *Museo de Relojes★★* AY - *Real Escuela Andaluza de Arte Ecuestre★ (espectáculo★★)* BY.

Alred. : *La Cartuja★ Sur : 6 km por calle Cartuja* BZ – *La Yeguada de La Cartuja★ Sur : 6,5 km por calle Cartuja* BZ.

18 *Montecastillo, por ② : 11,3 km ✆ 956 15 12 00 Fax 956 15 12 09.*

✈ *de Jerez, por la carretera N IV ① : 11 km ✆ 956 15 00 83 – Iberia, aeropuerto ✆ 902 400 500.*

ℹ *Alameda Cristina (edif los claustros) ✉ 11402 ✆ 956 33 11 50 turismo.jpdc@aytojerez.es Fax 956 33 11 50 y pl. del Arenal ✆ 956 35 96 54* – **R.A.C.E.** *Fernando Viola (edificio Torres Sevilla) local 1 ✉ 11405 ✆ 956 31 15 20.*

Madrid 613 ② – Antequera 176 ② – Cádiz 35 ③ – Écija 155 ② – Ronda 116 ② – Sevilla 90 ①

Plano página siguiente

Villa Jerez 🔇, av. de la Cruz Roja 7, ✉ 11407, ✆ 956 15 31 00, *reservas@villajerez.com, Fax 956 30 43 00,* 🏖, 🏋, 🏊, 🌳 – |♦|, ⇹ hab, ▤ TV ✆ ♿ P – 🧑‍🤝‍🧑 25/80. AE ⓓ MC VISA. 🚫 por ①
Comida 31 – ☕ 18 – **16 hab** 218/273 – 2 suites.
◆ Elegante casa señorial con jardines, decorada con detalles de sumo gusto. Pone a su disposición una acogedora zona noble y habitaciones con un excelente equipamiento. Restaurante con terraza junto a la piscina.

Jerez, av. Alcalde Álvaro Domecq 35, ✉ 11405, ✆ 956 30 06 00, *reservas@jerezhotel.com, Fax 956 30 50 01,* 🏖, 🏋, 🏊, 🏊, 🌳, 🎾 – |♦|, ⇹ hab, ▤ TV ✆ ♿ P – 🧑‍🤝‍🧑 25/350. AE ⓓ MC VISA. 🚫 por ①
Comida 26 – ☕ 14 – **117 hab** 120/150 – 9 suites.
◆ Los atractivos exteriores y las espaciosas zonas nobles avalan su calidad. Las estancias, de línea clásica, le aguardan para poner todo el confort a su disposición. El restaurante propone un equilibrio entre la cocina nacional y la internacional.

JEREZ DE LA FRONTERA

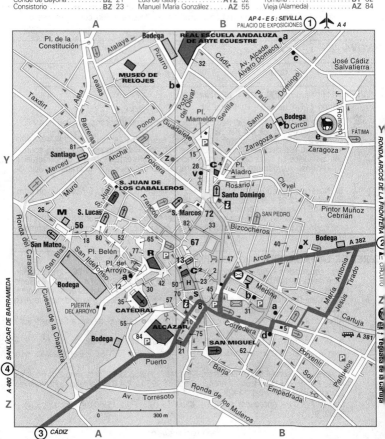

Algarve . . . . BZ 2
Angustias (Pl. de las) . . . . BZ 5
Arenal (Pl. del) . . . . BZ 8
Armas . . . . ABZ 10
Arroyo (Calzada del) . . . . AZ 12
Asunción (Pl.) . . . . BZ 13
Beato Juan Grande . . . . BY 15
Cabezas . . . . AYZ 18
Conde de Bayona . . . . BZ 21
Consistorio . . . . BZ 23
Cordobeses . . . . AY 26
Cristina (Alameda) . . . . BY 28
Cruces . . . . AZ 30
Doña Blanca . . . . BZ 31
Duque de Abrantes (Av.) . . . . BY 32
Eguilaz . . . . BYZ 33
Encarnación (Pl. de la) . . . . . . AZ 35
Gaspar Fernández . . . . BYZ 40
José Luis Díez . . . . AZ 42
Lancería . . . . BZ 45
Larga . . . . BZ 47
Letrados . . . . ABZ 50
Luis de Isasy . . . . AYZ 52
Manuel María González . . . . . AZ 55
Mercado (Pl. del) . . . . AYZ 56
Monti (Pl.) . . . . BZ 57
Nuño de Cañas . . . . BY 60
Pedro Alonso . . . . BZ 62
Peones (Pl.) . . . . AZ 65
Plateros (Pl.) . . . . BZ 67
Pozuelo . . . . ABZ 70
Rafael Rivero (Pl.) . . . . BY 72
San Agustín . . . . BZ 75
San Fernando . . . . AZ 77
San Lucas (Pl.) . . . . AYZ 80
Santiago (Pl.) . . . . AY 81
Tornería . . . . BY 82
Vieja (Alameda) . . . . AZ 84

G.H. Palmera Plaza, Pizarro 1, ✉ 11403, ☎ 956 03 15 00, *reservas@prestigehotels.com, Fax 956 03 18 00*, – 25/250. AE VISA.
Comida 32 – ☕ 16 – **48 hab** 180/200 – 4 suites. BY b
◆ Conjunto instalado parcialmente en unas antiguas bodegas y formado por tres edificios que rodean un patio con palmeras. Habitaciones muy espaciosas y de completo equipamiento. Amplio restaurante a la carta y un salón para banquetes en una nave independiente.

Los Jándalos Jerez sin rest con cafetería, Nuño de Cañas 1 ☎ 956 32 72 30, *reservas.jerez@jandalos.com, Fax 956 32 60 30* – – 25/350. AE VISA. BY b
☕ 9 – **58 hab** 188/208 – 1 suite.
◆ Céntrico hotel situado en una antigua bodega. Dispone de una reducida zona social y habitaciones de estilo moderno, bien equipadas y acogedoras. Pequeño balneario anexo.

AC Jerez sin rest con cafetería por la noche, av. Chiribitos (estadio Chapín), ✉ 11405, ☎ 956 32 72 22, *acjerez@ac-hotels.com, Fax 956 32 61 74*, – 25/60. AE VISA. por ②
8 – **87 hab** 97 – 3 suites.
◆ Singular ubicación dentro del estadio Chapín, con vistas al campo de fútbol y a las pistas de atletismo desde algunas de sus habitaciones. Posee estancias de línea moderna.

Sherry Park H., av. Alcalde Álvaro Domecq 11 bis, ✉ 11405, ☎ 956 31 76 14, *dir.sherry@hipotels.com, Fax 956 31 13 00*, – – 25/280. AE VISA. BY a
***El Ábaco :* Comida** carta 26 a 32 – 11 – **175 hab** 102/128.
◆ En pleno centro urbano, rodeado de un frondoso jardín. Distribuido por bloques, sus instalaciones ofrecen una amplia gama de servicios que harán su estancia inolvidable. Restaurante de montaje clásico donde se ofrece una cocina de corte internacional.

NH Avenida Jerez, av. Alcalde Álvaro Domecq 10, ✉ 11405, ☎ 956 34 74 11, *nhavenidajerez@nh-hotels.com, Fax 956 33 72 96* – – 25/50. AE VISA. BY c
Comida 20 – 9,50 – **95 hab** 89/99.
◆ Sigue la estética característica de la cadena NH. Hotel de modernas y completas dependencias, en el que podrá encontrar todo el confort y los servicios que ansía.

Tryp Jerez, Alameda Cristina 13, ✉ 11403, ☎ 956 32 70 30, *tryp.jerez@solmelia.com, Fax 956 33 68 24* – – 25/150. AE VISA. BY v
Comida 16 – 11 – **98 hab** 110,50/132.
◆ En un edificio señorial de atractiva fachada. Las habitaciones, de línea actual y con un completo equipamiento, ofrecen todo lo necesario para que disfrute de su estancia. El comedor ocupa parte de la zona social, reservando el salón del sótano para banquetes.

Guadalete, av. Duque de Abrantes 50, ✉ 11407, ☎ 956 18 22 88, *guadalete@hotelguadalete.com, Fax 956 18 22 93*, – – 25/650. AE VISA. por av. Duque de Abrantes BY
Comida 25,50 – 10 – **136 hab** 130/156 – 1 suite.
◆ Hotel de elegantes instalaciones en las que conviven la tradición andaluza y la modernidad. Las amplias estancias, de serena decoración, se rinden a su bienestar. Comedor de estilo inglés, con las paredes forradas en tela.

Tierras de Jerez sin rest, Corredera 58, ✉ 11402, ☎ 956 34 64 00, *tierrasdejerez@intergrouphoteles.com, Fax 956 32 11 13* – . AE VISA. BZ d
6,42 – **30 hab** 58,31/90,95.
◆ Pequeño hotel de línea clásica en el centro de la ciudad. Junto a la recepción dispone de un buen salón social y las habitaciones gozan de un correcto equipamiento.

Doña Blanca sin rest, Bodegas 11, ✉ 11402, ☎ 956 34 87 61, *info@hoteldonablanca.com, Fax 956 34 85 86* – . AE VISA JCB BZ b
5,70 – **30 hab** 59/70.
◆ Destaca su cuidada zona noble a pesar de no ser demasiado espaciosa. Las habitaciones de estilo clásico-funcional resultan confortables. Gozará de una agradable atención.

Bellas Artes sin rest, pl. del Arroyo 45, ✉ 11403, ☎ 956 34 84 30, *reservas@hotelbellasartes.e.telefonica.net, Fax 956 16 96 33* – . VISA. AZ a
19 hab 100/120.
◆ Ocupa un antiguo edificio con lucernario central. Su reducida zona social se compensa con unas coquetas habitaciones personalizadas tanto en los colores como en el mobiliario.

Serit sin rest, Higueras 7, ✉ 11402, ☎ 956 34 07 00, *jerez@hotelserit.com, Fax 956 34 07 16* – . AE VISA BZ a
6 – **35 hab** 46/66.
◆ Hotel de sencilla organización familiar y escasa zona social, que se preocupa de la actualización y el mantenimiento de sus instalaciones. Habitaciones acogedoras.

Ibis Jerez de la Frontera sin rest con cafetería por la noche, Holanda 1, ✉ 11408, ☎ 956 35 32 33, *H3311@accor-hoteles.com, Fax 956 14 09 00*, – , hab, AE VISA JCB por ③
6 – **83 hab** 49.
◆ Establecimiento funcional y de línea clásica, que posee unas habitaciones correctas, con mobiliario estándar y plato ducha en los baños.

La Albarizuela sin rest, Honsario 6, ✉ 11402, ☎ 956 34 68 62, *Fax 956 34 66 86* – . VISA. BZ x
7 – **17 hab** 99/139.
◆ De construcción moderna, aunque su fachada resulta algo anodina. Correcta recepción y habitaciones actuales, con el mobiliario en pino y un adecuado confort en su categoría.

Gaitán, Gaitán 3, ✉ 11403, ☎ 956 16 80 21, *reservas@restaurantegaitan.com, Fax 956 34 58 59* – . AE VISA. AY z
cerrado domingo noche en invierno – **Comida** carta 24 a 31.
◆ Muy conocido en la ciudad y decorado en un cuidado estilo regional. Salón para banquetes con entrada independiente y los techos abovedados. Cocina tradicional e internacional.

XX **Tendido 6,** Circo 10, ✉ 11405, ☎ 956 34 48 35, *info@tendido6.com, Fax 956 33 03 74* – ▤. AE ⓓ MC VISA JCB. ✂ BY e
cerrado domingo – **Comida** carta aprox. 24.
◆ Restaurante familiar con un buen bar de tapeo a la entrada y la sala principal montada en un patio cubierto. Su decoración ensalza y rinde homenaje al mundo de los toros.

Juanito, Pescadería Vieja 8-10, ✉ 11403, ☎ 956 33 48 38, *Fax 956 33 72 72*, – ▤. AE ⓓ MC VISA. ✂ BZ s
cerrado semana del Rocío – **Tapa** 2 **Ración** aprox. 6,20.
◆ Afamado bar de aire regional emplazado en el casco viejo. De ambiente informal, destaca por la calidad de los productos con los que elabora sus tapas y raciones.

en la carretera A 382 *por* ② :

Montecastillo , 9,8 km y desvío a la derecha 1,5 km, ✉ 11406 apartado 386, ☎ 956 15 12 00, *comercial@montecastillo.com, Fax 956 15 12 09*, ≤, – ▤ ▭ ℗ – 25/400. AE ⓓ MC VISA. ✂
Comida 33,66 – ☕ 13 – **214 hab** 255 – 4 suites.
◆ La arquitectura palaciega, inmersa en un extenso campo de golf, es reflejo del esplendor de sus estancias. Zonas sociales al detalle y amplias instalaciones deportivas. Su restaurante a la carta ofrece un cuidado servicio de mesa en un cálido ambiente.

La Cueva Park, 10,5 km, ✉ 11406 apartado 536, ☎ 956 18 91 20, *hotellacueva@hotellacueva.com, Fax 956 18 91 21*, – ▤ ▭ ℗ – 25/400. AE ⓓ MC VISA. ✂
Comida - ver rest. ***Mesón La Cueva*** – ☕ 10 – **56 hab** 108/120 – 2 suites.
◆ Situado junto al circuito de velocidad. Hotel con modernas y luminosas dependencias, de calidades escogidas. Las habitaciones destacan por confort y buen equipamiento.

XX **Mesón La Cueva** - *Hotel La Cueva Park*, 10,5 km, ✉ 11406 apartado 536, ☎ 956 18 90 20, *restaurante@hotellacueva.com, Fax 956 39 30 15*, – ▤ ℗. AE ⓓ MC VISA. ✂
Comida carta 20 a 33.
◆ Mesón de correcto montaje, que funciona con independencia del hotel. Decorado en estilo clásico-regional, propone una cocina que muestra el buen hacer de la zona.

XX **Sadunia,** av. de Arcos 73 : 3 km, ✉ 11405, ☎ 956 34 25 97, *sadunia@mvallejo.com, Fax 956 14 32 09*, – ▤ ℗. AE ⓓ MC VISA. ✂
cerrado domingo en verano y domingo noche y lunes resto del año – **Comida** carta 16 a 31.
◆ Posee un bar a la entrada y tres salones, uno de ellos para banquetes, distribuidos en dos niveles. Ofrecen una apetitosa carta de sabor local, a precios contenidos.

JEREZ DE LOS CABALLEROS *06380 Badajoz* 576 R 9 – *10 295 h alt. 507.*

Madrid 444 – Badajoz 75 – Mérida 103 – Zafra 40.

Los Templarios, carret. de Villanueva ☎ 924 73 16 36, *templarios924@hotmail.com, Fax 924 75 03 38*, ≤ dehesa extremeña, – ▤ ▭ ℗ – 25/150. AE ⓓ MC VISA. ✂
Comida 14 – **46 hab** ☕ 40/65 – 3 suites.
◆ Pese a lo parco de su decoración, se trata de un hotel cómodo y funcional. Habitaciones amplias y modernas en tonos suaves, suelos enmoquetados y baños actuales. Correcto restaurante y salones para banquetes de gran capacidad, luminosos y con vistas.

JERTE *10612 Cáceres* 576 L 12 – *1 215 h alt. 613.*

Madrid 220 – Ávila 110 – Cáceres 125 – Plasencia 40 – Salamanca 113.

El Cerezal de los Sotos , Camino de las Vegas - Sureste : 1 km ☎ 927 47 04 29, *elcerezaldelossotos@hotmail.com* – ▭ ℗. ✂
cerrado 15 diciembre-enero – **Comida** - sólo clientes - 12 – **6 hab** ☕ 50.
◆ Típica casa serrana dotada de un cálido comedor privado con chimenea y habitaciones abuhardilladas, con viguería vista y camas en madera o forja. Bonita vista panorámica.

X **Valle del Jerte y H. La Sotorriza** con hab, Gargantilla 16 ☎ 927 47 00 52, *restaurante@donbellota.com, Fax 927 47 04 48* – ▤ ▭. AE ⓓ MC VISA. ✂
cerrado del 1 al 8 de julio – **Comida** *(cerrado domingo noche)* carta 18 a 31 – ☕ 3 – **5 hab** 30/55.
◆ En pleno valle del Jerte. Negocio compuesto por dos salas de estilo rústico y una completa bodega con 450 referencias, además de cinco coquetas habitaciones en una casa anexa.

JESÚS POBRE *03749 Alacant* 577 P 30 123 I 2.

La Sella, carret. de La Xara - Noroeste : 2,5 km ✆ *96 645 42 52 Fax 96 645 42 01.*
Madrid 449 – Valencia 108 – Alacant/Alicante 84.

en la carretera de La Xara *Noroeste : 2,5 km :*

Dénia Marriott La Sella Golf Resort SPA, Alquería de Ferrando ✆ 96 645 40 54, *denia.lasella@marriotthotels.com, Fax 96 575 78 80*, Servicios terapéuticos, – hab, AE VISA
Segaria *(sólo cena, cerrado domingo y lunes)* **Comida** carta 31 a 44 – **186 hab** 149 – 8 suites.
◆ En el entorno del Parque Natural de Montgó, con terrazas y junto a un campo de golf. Su alto nivel de confort se refuerza con un buen surtido de servicios complementarios. El restaurante Segaria ofrece para las cenas una selecta carta internacional.

JOANETES *17176 Girona* 574 F 37 122 E 4.

Madrid 660 – Barcelona 111 – Figueres 53 – Girona/Gerona 47.

El Ferrés, Mas El Ferrés - Sur : 1 km ✆ 972 69 00 29, *el_ferres@eresmas.com* – AE VISA.
Comida - sólo clientes, sólo cena - 21 – **7 hab** 27/54.
◆ Tranquila casa de aire rústico, de nueva construcción, rodeada de extensos campos con ganado. Posee correctas habitaciones con mobiliario y baños actuales.

JUMILLA *30520 Murcia* 577 Q 26 – *22 250 h alt. 496.*

Madrid 354 – Albacete 100 – Alacant/Alicante 89 – Murcia 75.

en la carretera de Ontur *Noroeste : 6 km :*

Casa Luzón, ✉ 30520, ✆ 968 43 54 89, *Fax 666 501 622*, – AE VISA
cerrado 1ª quincena de julio – **Comida** *(cerrado domingo noche)* carta aprox. 20 – **9 hab** 49,09/93,18.
◆ En una antigua casa de labranza rodeada de viñedos, cuyas espaciosas dependencias combinan rusticidad y equipamiento actual. A destacar la magnífica piscina cubierta.

JUNCO *Asturias – ver Ribadesella.*

KEXAA o QUEJANA *01478 Araba* 573 C 20.

Madrid 377 – Bilbao 32 – Burgos 148 – Vitoria-Gasteiz 50 – Miranda de Ebro 67.

Los Arcos de Quejana, carret. Beotegi 25 ✆ 945 39 93 20, *arcosdequejana@infonegocio.com, Fax 945 39 93 44*, – – 25/40. AE VISA.
cerrado 7 enero-7 febrero – **Comida** 10,82 – 5,11 – **16 hab** 51,09/61,60.
◆ Antiguo palacio con toda la sobriedad del medievo, en un pintoresco paraje. Posee un anexo de nueva construcción que alberga unas cuidadas habitaciones de escasa amplitud.

LABUERDA *22360 Huesca* 574 E 30 – *155 h alt. 569.*

Madrid 496 – Huesca 109 – Jaca 95 – Lleida/Lérida 128.

en la carretera A 138 *Sur : 2 km :*

Peña Montañesa, ✉ 22360, ✆ 974 51 00 51, *hotel@penamontanesa.com, Fax 974 51 00 66*, – VISA. hab
cerrado enero – **Comida** 12 – 6 – **29 hab** 65/82.
◆ Hotel de carretera con una organización profesional y materiales de calidad. Posee habitaciones espaciosas y de buen confort, muchas de ellas con hidromasaje en los baños. Luminoso comedor con vistas al valle.

LAGUARDIA *01300 Araba* 573 E 22 – *1 545 h alt. 635.*

Ver : *Pueblo★ – Iglesia de Santa María de los Reyes (portada★★).*

pl. San Juan ✆ *945 60 08 45 turismo@laguardia-alava.com Fax 945 60 08 45.*
Madrid 348 – Logroño 17 – Vitoria-Gasteiz 66.

Castillo El Collado, paseo El Collado 1 ✆ 945 62 12 00, *hcastillocollado@euskalnet.net, Fax 945 60 08 78* – AE VISA JCB. rest
cerrado 15 enero-10 febrero – **Comida** carta 28 a 31 – 8,50 – **8 hab** 80/110.
◆ Elegancia y distinción en una casa señorial adosada a las antiguas murallas. Cuenta con unas coquetas habitaciones en distintos estilos, equipadas con mobiliario de época. Tres salas decoradas con elevado gusto conforman su restaurante.

Villa de Laguardia, paseo de San Raimundo 15 ☎ 945 60 05 60, *info@hotelvilladel aguardia.com, Fax 945 60 05 61,* – – 25/40. AE MC VISA.
El Medoc Alavés : **Comida** carta aprox. 30 – 11 – **76 hab** 90/110 – 4 suites.
◆ Hotel vinculado a un centro temático del vino, constituyendo una de sus mejores ofertas. Las habitaciones han sido decoradas con mimo dentro de una estética neorrústica. Restaurante dotado de entrada independiente y de dos pequeños privados.

Antigua Bodega de Don Cosme Palacio, carret. de Elciego ☎ 945 62 11 95, *antiguabodega@cosmepalacio.com, Fax 945 60 02 10* – AE MC VISA.
cerrado 20 diciembre-24 enero – **Comida** *(cerrado domingo noche y lunes)* 26,20 – 6,95 – **13 hab** 66,50/75,50.
◆ Antigua bodega en piedra rehabilitada, con amplias habitaciones de aire neorrústico, bautizadas cada una con el nombre de distintos tipos de uva. Agradable comedor.

Posada Mayor de Migueloa con hab, Mayor de Migueloa 20 ☎ 945 62 11 75, *Fax 945 62 10 22* – AE MC VISA
cerrado 21 diciembre-21 enero – **Comida** carta 35 a 40 – 7 – **8 hab** 72/93.
◆ La nobleza de antaño pervive en este palacio del s. XVII, de ambiente acogedor y esmerado montaje, con una destacable bodega. Se complementa con habitaciones de aire rústico.

Marixa con hab, Sancho Abarca 8 ☎ 945 60 01 65, *hotelmarixa@terra.es, Fax 945 60 02 02,* – . MC VISA
Comida carta aprox. 35 – **10 hab** 51,10/75,15.
◆ Restaurante llevado con profesionalidad por tres hermanos. Posee una entrañable sala de aire regional, y otra acristalada que brinda bellas vistas de la sierra y el valle.

en Páganos *Noroeste : 2,5 km :*

Héctor Oribe, Gasteiz 8, ✉ 01309 Páganos, ☎ 945 60 07 15, *Fax 945 60 07 15* – . AE MC VISA.
cerrado 21 días en enero, 1ª quincena de julio, domingo noche y lunes – **Comida** - sólo almuerzo de octubre a mayo salvo viernes y sábado - carta 23 a 29.
◆ Establecimiento con una pequeña barra de apoyo a la entrada y un comedor de línea funcional, donde unos biombos separan la zona para la carta y la del menú.

La LAGUNA *Santa Cruz de Tenerife – ver Canarias (Tenerife).*

LAIAS *Ourense – ver Cenlle.*

LALÍN *36500 Pontevedra 571 E 5 – 19 777 h alt. 552.*
Madrid 563 – Chantada 37 – Lugo 72 – Ourense 62 – Pontevedra 74 – Santiago de Compostela 53.

Pontiñas, da Ponte 82 ☎ 986 78 71 47, *hotelponti-as@yahoo.es, Fax 986 78 46 55* – – 25/80. AE MC VISA.
Comida 9 – **23 hab** 22,50/35.
◆ Hotel de modernas dependencias situado a la salida de la localidad. La sencillez decorativa de sus habitaciones se ve compensada por unos baños de muy buen nivel.

Os Arcos, Dr. D. Wenceslao Calvo Garra 6 ☎ 986 78 08 99 – AE MC VISA JCB.
cerrado 3ª semana de julio y lunes – **Comida** carta 20 a 32.
◆ Llevado por tres hermanos profesionales, con plena dedicación, buen criterio y seriedad. Bar bullicioso contiguo a una sala bien dispuesta, donde ofrecen una carta mediana.

LANCIEGO *Araba – ver Lantziego.*

LANJARÓN *18420 Granada 578 V 19 124 N 4 – 3 954 h alt. 720 – Balneario.*
Alred. : *Las Alpujarras★★.*
Madrid 475 – Almería 157 – Granada 51 – Málaga 140.

Miramar, av. de las Alpujarras 10 ☎ 958 77 01 61, *info@elhotelmiramar.com, Fax 958 77 01 61,* – – 25/60. AE MC VISA.
Comida 10 – **57 hab** 42/59 – 2 suites.
◆ Hotel de línea clásica en el centro de la localidad, dotado de unas habitaciones de correcto confort, aunque sus baños están un tanto anticuados. Acogedora zona noble.

Nuevo Palas, av. de las Alpujarras 24 ☎ 958 77 01 11, *informacion@hotelnuevopal as.com, Fax 958 77 12 83,* climatizada – MC VISA
cerrado 6 enero-25 febrero – **Comida** 16 – 4 – **28 hab** 40/52 – 2 suites.
◆ Disfrute de un merecido descanso en sus confortables habitaciones, decoradas con mobiliario estándar y baños completos. Espaciosos salones de distinguida sobriedad.

Alcadima, General Rodrigo 3 958 77 08 09, *info@alcadima.com, Fax 958 77 11 82*, ≤ montaña, rest, *cerrado del 2 al 31 de enero* – **Comida** 13 – 5,50 – **29 hab** 45/52 – PA 28.
◆ Establecimiento distribuido en varios edificios, que invita a conocer el tipismo de Las Alpujarras. Posee unas habitaciones funcionales cuyas terrazas brindan gratas vistas. Comedor panorámico de estilo regional.

LANTZIEGO o LANCIEGO *01308 Araba* 573 E 22 – *664 h alt. 545.*
Madrid 361 – Vitoria-Gasteiz 61 – Logroño 15 – Pamplona 103 – Donostia-San Sebastián 137.

Larrain, Mayor 13 945 62 82 26, *hotellarrain@eresmas.com, Fax 945 62 82 51* – rest
cerrado 20 diciembre-31 enero – **Comida** *(cerrado domingo noche y lunes)* carta 23 a 34 – 6 – **10 hab** 48,08/60,10.
◆ Antiguo edificio de piedra cuya zona noble, que integra la recepción y el bar, resulta algo reducida. Habitaciones funcionales, con suelos en parquet y baños de plato ducha. Restaurante íntimo aunque de cuidado montaje, con una carta media a buen precio.

LANZAROTE *Las Palmas – ver Canarias.*

LAREDO *39770 Cantabria* 572 B 19 – *13019 h alt. 5 – Playa.*
Alameda de Miramar 942 61 10 96 laredo@cantabria.org Fax 942 61 10 96.
Madrid 427 – Bilbao 58 – Burgos 184 – Santander 48.

Ramona sin rest y sin, Alameda José Antonio 4 942 60 71 89, *Fax 942 60 71 89* –
marzo-7 noviembre – **16 hab** 56/63.
◆ Céntrico hotelito que ocupa parte de un palacio del s. XIX. Sus habitaciones, decoradas y equipadas en estilo clásico, resultan muy amplias. Organización sencilla y familiar.

Casa Felipe, travesía Comandante Villar 5 942 60 32 12 –
cerrado 15 diciembre-15 enero y lunes – **Comida** carta 25 a 37.
◆ Posee un buen bar de tapas a la entrada seguido de un coqueto comedor, con las paredes en madera y detalles marineros. Carta tradicional con lechazo de gran calidad.

Plaza, Comandante Villar 7 942 61 19 42, *Fax 942 61 19 42*, –
cerrado del 15 al 30 de enero y domingo noche salvo 15 julio-agosto – **Comida** carta 33 a 38.
◆ Se encuentra en el centro de la localidad. Dispone de un bar de tapas a la entrada seguido de un cuidado comedor de línea actual, donde sirven una cocina regional actualizada.

Traviatta, Marqués de Comillas 5 942 61 31 34, –
cerrado noviembre y lunes – **Comida** - cocina italiana - carta 21 a 27.
◆ Cuidado local de línea clásica donde se ofrece una completa carta de cocina tradicional italiana a precios razonables. Como complemento al negocio sirven pizzas a domicilio.

en el barrio de la playa :

El Ancla, González Gallego 10, 39770 Laredo, 942 60 55 00, *ancla@cantabriainter.net, Fax 942 61 16 02*, – rest, – 25/50.
Comida *(cerrado martes)* 21 – 6,50 – **32 hab** 69/111.
◆ Agradable hotelito que poco a poco va renovando sus instalaciones. Cuenta con un cuidado jardín, así como con habitaciones y zonas comunes de elegante estilo clásico. Comedor a la carta de correcto montaje, con solado en madera y cuadros alusivos al mar.

Camarote, av. Victoria 105-107, 39770 Laredo, 942 60 67 07 –
cerrado domingo noche en invierno – **Comida** carta 25 a 36.
◆ Su bar a la entrada, tipo camarote y con vivero de marisco, nos da paso a unos comedores de adecuado montaje, donde priman los detalles de tradición marinera y la madera.

LASARTE-ORIA *20160 Gipuzkoa* 573 C 23 – *18165 h alt. 42.*
Madrid 491 – Bilbao 98 – Donostia-San Sebastián 8 – Tolosa 22.

Txartel sin rest, paseo del Circuito 1 943 36 23 40, *info@hoteltxartel.com, Fax 943 36 48 04* –
4 – **70 hab** 50/75.
◆ Hotel familiar bien llevado, con una línea sobria y austera que se ve compensada por unas cuidadas habitaciones de gran amplitud, la mitad de ellas con baños actuales.

XXXX ✿✿✿ **Martín Berasategui,** Loidi 4 ✆ 943 36 64 71, *martin@martinberasategui.com, Fax 943 36 61 07,* ←, – ▤ P. AE ◑ MC VISA. ✗
cerrado 15 diciembre-15 enero, sábado mediodía, domingo noche, lunes y martes – **Comida** 112 y carta 85 a 94.
Espec. Bocadillo de vieira y hierbas en infusión de centolla con ensalada cruda de apio, nabo y alcachofas. Lubina con crema de algas, castañas al jengibre y leche de limón verde. Txakolí con fresas, crema helada de cáscara de cítricos y granizado de sanguina.
◆ Instalado en un edificio moderno tipo caserío, con vistas a un prado. Amplio hall seguido de una elegante sala acristalada, con mesas bien separadas y montaje de gran nivel.

LASTRES 33330 Asturias 572 B 14 – 1312 h alt. 21 – Playa.

Madrid 497 – Gijón 46 – Oviedo 62.

Palacio de Vallados ⛰, Pedro Villarta ✆ 98 585 04 44, *info@palaciovallados.com, Fax 98 585 05 17,* ← – ⇅ TV 🚗 P. AE ◑ MC VISA. ✗
24 marzo-12 octubre – **Comida** - sólo clientes - 12,02 – ☕ 5 – **29 hab** 60/75.
◆ En un palacio señorial del s. XVII con elegante fachada. Modernas dependencias de aire funcional, con mobiliario estándar y discreta decoración. Comidas sólo para clientes.

Eutimio, San Antonio ✆ 98 585 00 12, *casaeutimio@fade.es, Fax 98 585 08 00* – TV. MC VISA. ✗
cerrado Navidades – **Comida** - ver rest. ***Eutimio*** – ☕ 6 – **11 hab** 50/65.
◆ Céntrico hotel que ocupa una casona de piedra, con habitaciones de estilo neorrústico cuidadas al detalle. A destacar el cálido salón social con terraza y vistas al mar.

Miramar, sin rest, Bajada al Puerto ✆ 985 85 01 20, *recepcion@hotelmiramarlastres .com, Fax 985 85 08 61,* ← – ⇅ TV ☎. AE ◑ MC VISA JCB
☕ 3 – **15 hab** 42,07/66,10.
◆ Este pequeño hotel, ubicado en 1ª línea de playa, ha sido renovado con acierto. Dispone de una agradable terraza de verano y habitaciones funcionales de correcto confort.

X **Eutimio** - *Hotel Eutimio,* San Antonio ✆ 98 585 00 12, *casaeutimio@fade.es, Fax 98 585 08 00,* ← – MC VISA. ✗
cerrado Navidades y lunes – **Comida** - pescados y mariscos - carta 19 a 36.
◆ Casa de aire regional que goza de cierto prestigio. Su mesa ofrece una esmerada cocina, acompañada con una selecta carta de vinos. Pruebe su besugo a la espalda.

LAUJAR DE ANDARAX 04470 Almería 578 V 21 124 Q 4 – 1780 h alt. 921.

Madrid 497 – Almería 70 – Granada 115 – Málaga 191.

Almirez ⛰, carret. de Berja - Oeste : 1 km ✆ 950 51 35 14, *info@hotelalmirez.com, Fax 950 51 35 61,* ← – TV P. ◑ MC VISA. ✗ rest
Comida 13 – ☕ 5,20 – **20 hab** 36,38/48,15 – PA 26,50.
◆ Situado en un paraje solitario de la alpujarra almeriense, invita a disfrutar de un entorno diáfano y natural. Habitaciones sencillas, funcionales, y terraza exterior. Luminoso comedor de aire rústico.

LAVACOLLA 15820 A Coruña 571 D 4.

✈ *de Santiago de Compostela* ✆ *981 54 75 01.*
Madrid 628 – A Coruña 77 – Lugo 97 – Santiago de Compostela 11.

Ruta Jacobea, antigua carret. N 634 ✆ 981 88 82 11, *hotel@rjacobea.com, Fax 981 89 70 80* – ⇅ ▤ TV 🚗 P – 🎤 25/50. AE ◑ MC VISA. ✗
Comida - ver rest. ***Ruta Jacobea*** – ☕ 6,50 – **20 hab** 61,20/76,50.
◆ Hotel actual, cuyo exterior en granito y pizarra cuida el equilibrio arquitectónico de la zona. Habitaciones confortables y sobrias en decoración, con los aseos en mármol.

San Paio, La Fábrica ✆ 981 88 82 05, *Fax 981 88 82 21* – TV P. AE ◑ MC VISA JCB. ✗
Comida carta 23 a 31 – ☕ 3 – **45 hab** 27/42.
◆ Bien llevado por su dueña, que ofrece habitaciones funcionales de suficiente confort. Su equipamiento es completo aunque los baños resultan algo desfasados. Cuidado restaurante de estilo clásico-actual.

XX **Ruta Jacobea** - *Hotel Ruta Jacobea,* antigua carret. N 634 ✆ 981 88 82 11, *restaurante@rjacobea.com, Fax 981 88 84 94* – ▤ P. AE ◑ MC VISA JCB. ✗
Comida carta 25 a 39.
◆ Instalaciones con acceso independiente respecto al hotel. Agradable decoración, mobiliario de calidad estándar y una cocina atenta a la tradición culinaria de la zona.

LAXE *15117 A Coruña* 571 C 2 – *3 484 h – Playa.*
Madrid 665 – Santiago de Compostela 66 – A Coruña 69.

XX **Casa do Arco** con hab, Real 1 ☎ 981 70 69 04, *portozas@valem.com, Fax 981 70 69 04*, ≤ – ▤ rest, TV. AE ⓓ MC VISA. ✗
cerrado del 15 al 30 de octubre – **Comida** *(cerrado martes)* carta 26 a 34 – **4 hab** ☕ 40/60.
◆ Casona del s. XV con mesón de cuidado montaje en la planta baja y dos salas en el 1er piso, una al amparo de la piedra natural y la otra acristalada con vistas al mar.

LECINA *22148 Huesca* 574 F 30.
Madrid 451 – Huesca 68 – Lleida/Lérida 117.

La Choca ♨, pl. Mayor 1 ☎ 974 34 30 70, *chocala@wanadoo.es, Fax 974 31 84 66*, ≤ – MC VISA. ✗ rest
abril-octubre y fines de semana de diciembre a marzo – **Comida** - sólo cena salvo julio, agosto, fines de semana y festivos - 15 – ☕ 5 – **9 hab** 30/40.
◆ Ubicado en un pueblo casi deshabitado. Ambiente familiar compartido con los propietarios que residen en el establecimiento. Habitaciones sencillas con baños adecuados.

LEGANÉS *28910 Madrid* 576 L 18 575 L 18 121 H 8 – *171 907 h alt. 667.*
Madrid 15 – Aranjuez 41 – Segovia 104.

Parquesur, av. de Gran Bretaña (C.C. Parquesur), ✉ 28916, ☎ 91 688 26 00, *reservas@hotelparquesur.com, Fax 91 688 49 70* – ▤ TV ♿ – 🏛 25/350. AE ⓓ MC VISA. ✗
Comida *(cerrado agosto y domingo noche)* 25,50 – ☕ 10,50 – **83 hab** 115/140.
◆ Situado en el centro comercial que le da nombre. Posee unas correctas salas de reuniones, y unas habitaciones de buena amplitud con mobiliario lacado y baños en mármol. Comedor de inspiración regional, con las paredes en ladrillo visto y profusión de madera.

Tryp Leganés sin rest, av. Universidad 7, ✉ 28911, ☎ 91 689 61 61, *sol.inn.tryp.leganes@solmelia.com, Fax 91 693 69 09* – |‡| ▤ TV ♿ – 🏛 25/350. AE ⓓ MC VISA JCB. ✗
☕ 9 – **78 hab** 99/120.
◆ Hotel de línea actual con un gran hall-recepción y amplias zonas nobles. Las habitaciones resultan algo funcionales, aunque están bien equipadas con baños completos.

LEINTZ-GATZAGA o **SALINAS DE LENIZ** *20530 Gipuzkoa* 573 D 22 – *188 h.*
Madrid 377 – Bilbao 68 – Donostia-San Sebastián 83 – Vitoria-Gasteiz 22.

en el puerto de Arlabán *por la carretera GI 627 - Suroeste : 3 km :*

XX **Gure Ametsa,** ✉ 20530 Leintz-Gatzaga, ☎ 943 71 49 52, *Fax 943 71 49 52* – ▤ P. MC VISA. ✗
Comida carta aprox. 30.
◆ Negocio familiar ubicado en las cercanías de un puerto de montaña. Posee un bar a la entrada y dos comedores, el más acogedor con chimenea y el otro reservado para banquetes.

LEIRO *32420 Ourense* 571 E 5 – *2 235 h alt. 99.*
Madrid 531 – Ourense 37 – Pontevedra 72 – Santiago de Compostela 93.

Mosteiro de San Clodio ♨, San Clodio - Este : 1 km ☎ 988 48 56 01, *sanclodio@infonegocio.com, Fax 988 48 56 04* – |‡| ▤ TV P – 🏛 25/250. AE MC VISA. ✗
marzo-diciembre – **Comida** *(cerrado domingo noche y lunes)* 25 – ☕ 6 – **21 hab** 90,15 – 4 suites.
◆ La calidez de la piedra y el sobrio estilo románico se funden en este antiguo monasterio. Recréese en unas instalaciones que destacan por su confort y equipamiento. Su atractivo comedor brinda una bella imagen del claustro y de sus zonas ajardinadas.

LEITZA *31880 Navarra* 573 C 24 – *3 123 h alt. 450.*
Madrid 446 – Pamplona 51 – Donostia-San Sebastián 47.

X **Arakindegia,** Elbarren 42 ☎ 948 51 00 52, *Fax 948 51 06 33* – ▤. AE ⓓ MC VISA. ✗
cerrado Navidades, Semana Santa y sábado – **Comida** carta 24 a 32.
◆ Modesto restaurante familiar distribuido en dos plantas y con un pequeño privado, que ofrece una carta algo reducida a precios correctos. Planta baja destinada al menú.

LEKEITIO *48280 Bizkaia* 573 B 22 – *6 780 h alt. 10.*

Alred. : *Carretera en cornisa de Lekeitio a Deba* ≤★.

Madrid 452 – Bilbao 56 – Donostia-San Sebastián 61 – Vitoria-Gasteiz 82.

Emperatriz Zita, av. Santa Elena ☎ 94 684 26 55, *ezita@sariat.net, Fax 94 624 35 00,* ≤ playa y puerto, Servicios de talasoterapia, – |♦|, ▤ rest, TV ☎ P – 25/55. AE ⓓ ⓜ VISA. ✂
Comida 12,50 – ☕ 7 – **42 hab** 50,50/68,50.
◆ A orillas del puerto pesquero. Su zona social resulta algo escasa, aunque se ve compensada con unas equipadas habitaciones de estilo clásico y un centro de talasoterapia. Comedor elegante que brinda unas idílicas vistas.

Zubieta sin rest, Portal de Atea ☎ 94 684 30 30, *hotelzubieta@hotelzubieta.com, Fax 94 684 10 99* – |♦| TV ♿ P – 25/30. ⓓ ⓜ VISA. ✂
febrero-noviembre – ☕ 7,25 – **12 hab** 65/78 – 8 suites, 4 apartamentos.
◆ Su fachada rústica esconde una pequeña recepción, bien apoyada por la cafetería y un salón social. Posee habitaciones y apartamentos de cálido confort con baños completos.

XX **Oxangoiti,** Gamarra 2, ✉ apartado 9, ☎ 94 684 31 51, *oxangoiti@oxangoiti.com, Fax 94 684 48 04* – ▤. ⓜ VISA. ✂
cerrado Navidades, 2ª quincena de noviembre y lunes (salvo julio-agosto) – **Comida** carta 37 a 45.
◆ Emplazamiento en un antiguo palacio, no exento de encanto, con tienda de productos típicos. Los comedores de la planta superior poseen techos en madera.

XX **Egaña,** Antiguako Ama 2 ☎ 94 684 01 03, *Fax 94 684 01 03* – ▤. AE ⓓ ⓜ VISA
cerrado 7 enero- 7 febrero y lunes – **Comida** carta aprox. 28.
◆ Establecimiento familiar con acceso directo al comedor y reducido personal. El cuidado montaje se complementa con una carta de corte regional donde destacan los pescados.

LEÓN *24000* P 575 E 13 – *135 794 h alt. 822.*

Ver : *Catedral★★★* B *(vidrieras★★★, trascoro★, Descendimiento★, claustro★) – San Isidoro★* B *(Panteón Real★★ : capiteles★ y frescos★★ - Tesoro★★ : Cáliz de Doña Urraca★, Arqueta de los marfiles★) – Antiguo Convento de San Marcos★ (fachada★★, Museo de León★, Cristo de Carrizo★★★, sacristía★)* A.

Excurs. : *San Miguel de la Escalada★ (pórtico exterior★, iglesia★) 28 km por ② – Cuevas de Valporquero★★ Norte : 47 km* B.

✈ *de León por ④ : 6 km ☎ 987 87 77 00.*

ℹ *pl. de Regla 3 ✉ 24003 ☎ 987 23 70 82 Fax 987 27 33 91* – **R.A.C.E.** *Gonzalo de Tapia 4 (bajo comercial) ✉ 24008 ☎ 987 24 71 22 Fax 987 24 71 22.*

Madrid 327 ③ – Burgos 192 ② – A Coruña 325 ④ – Salamanca 197 ④ – Valladolid 139 ② – Vigo 367 ④

Parador Hostal San Marcos, pl. de San Marcos 7, ✉ 24001, ☎ 987 23 73 00, *leon@parador.es, Fax 987 23 34 58,* – |♦| ▤ TV P – 25/500. AE ⓓ ⓜ VISA JCB. ✂ A
Comida 30 – ☕ 15 – **185 hab** 136/170 – 15 suites.
◆ Convento del s. XVI cuyos muros, testigos de excepción de la historia, albergan magníficos salones de aire regio y espléndidas habitaciones decoradas con obras de arte. Su elegante comedor acoge una excelente muestra de la gastronomía leonesa.

Alfonso V, Padre Isla 1, ✉ 24002, ☎ 987 22 09 00, *alfonsov@iova-sa.com, Fax 987 22 12 44* – |♦| ▤ TV. AE ⓓ ⓜ VISA. ✂ B v
Comida *(cerrado domingo noche)* carta 29 a 42 – ☕ 10,25 – **57 hab** 83/124 – 5 suites.
◆ Clasicismo y vanguardia se unen en sus espaciosas instalaciones de moderno confort. A destacar el atractivo hall abierto hasta el techo en un impresionante efecto óptico. Coqueto restaurante de excelente montaje con un buen nivel de cocina.

AC San Antonio sin rest con cafetería por la noche, Velázquez 10, ✉ 24005, ☎ 987 21 84 44, *acleon@ac-hotels.com, Fax 987 21 84 45,* – |♦| ▤ TV – 25/40. AE ⓓ ⓜ VISA. ✂ por Alcalde Miguel Castaño B
☕ 9 – **84 hab** 105.
◆ Confortable hotel dotado de un elegante hall, y del clásico salón polivalente. Habitaciones con suelo en madera y baños en mármol, en su mayoría con plato ducha.

Luis de León, Fray Luis de León 26, ✉ 24005, ☎ 987 21 88 20, *luisdeleon@hoteles-silken.com, Fax 987 21 88 21* – |♦| hab, ▤ TV – 25/300. AE ⓓ ⓜ VISA. ✂ por Alcalde Miguel Castaño B
Las Médulas : **Comida** carta aprox. 26 – ☕ 10 – **113 hab** 114,10/126,90.
◆ De construcción moderna, posee unas confortables habitaciones de línea funcional. Para su mayor comodidad cuenta con una planta de no fumadores y otra para ejecutivos. Restaurante a la carta de esmerado montaje, instalado en una galería comercial anexa.

LEÓN

Alcalde Miguel Castaño . . . . . . B 2
Almirante Martín-Granizo (Av. del) . . . . A 3
Ancha . . . . B 16
Arquitecto Ramón Cañas del Rio . . . . B 4
Caño Badillo . . . . B 8
Cruz Roja de León . . . . A 9
Espolón (Pl. de) . . . . B 12
Facultad (Av. de la) . . . . A 15
González de Lama . . . . B 18
Guzmán el Bueno (Glorieta de) . . . . A 23
Independencia (Av. de) . . . . B 25
Inmaculada (Pl. de) . . . . A 5
Jorge de Montemayor . . . . B 26
Mariano Andrés (Av. de) . . . . . . B 28
Murias de Paredes . . . . B 30
Ordoño II . . . . A
Padre Isla (Av. del) . . . . AB
Palomera . . . . B 31
Papalaguinda (Pas. de) . . . . A 33
Quevedo (Av. de) . . . . A 40
Ramiro Valbuena . . . . A 45
Rúa . . . . B
Sáez de Miera (Pas. de) . . . . . . A 47
San Francisco (Pas. de) . . . . . . B 48
San Isidoro (Pl. de) . . . . B 50
San Marcelo (Pl. de) . . . . B 52
San Marcos (Pl. de) . . . . A 55
San Pedro . . . . B 38
Santo Domingo (Pl. de) . . . . B 58
Santo Martino (Pl. de) . . . . B 61

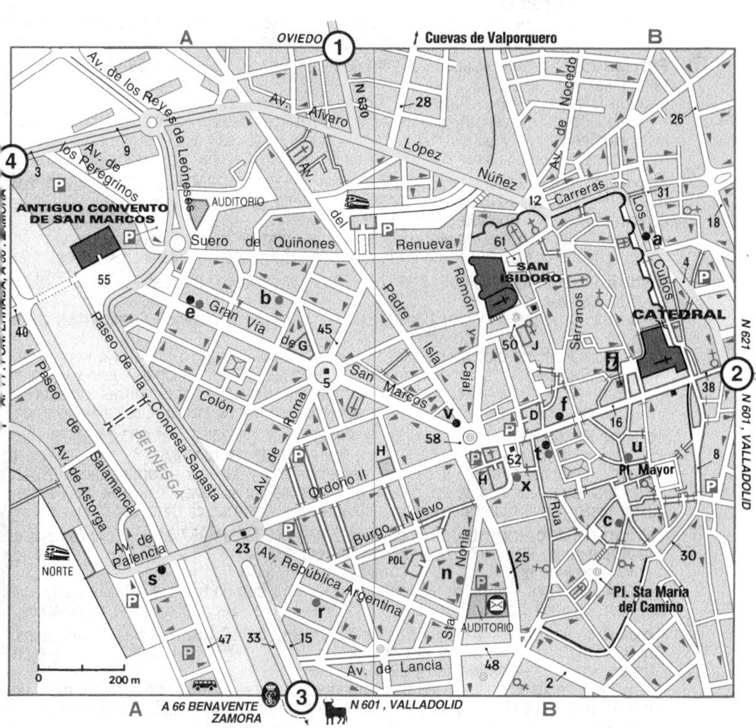

Tryp León, Obispo Vilaplana 3, ✉ 24008, ☎ 987 87 71 00, *tryp.leon@solmelia.com, Fax 987 87 71 10*, – |‡|, hab, ▤ TV – 25/250. AE VISA.
por av. del Padre Isla A
Comida 15 – ☕ 11 – **122 hab** 94,50/115,50 – 5 suites.
◆ Ubicado en una zona nueva a las afueras de la ciudad. Edificio de estilo actual, con un buen hall que integra los espacios sociales y habitaciones de completo equipamiento. El restaurante dispone de entrada independiente.

Quindós, Gran Vía de San Marcos 38, ✉ 24002, ☎ 987 23 62 00, *hotelquindos@hotelquindos.com, Fax 987 24 22 01* – |‡| ▤ TV – 25/30. AE VISA JCB.
A e
Comida - ver rest. ***Formela*** – ☕ 5,30 – **96 hab** 56,16/81,41.
◆ Moderno y de buen confort general. Destaca por la decoración de las habitaciones y de las zonas comunes, con valiosas piezas artísticas originales de pintura y escultura.

La Posada Regia, Regidores 11, ✉ 24003, ☎ 987 21 31 73, *marquitos@regialeon.com, Fax 987 21 30 31* – |‡| TV – 25. VISA.
B t
Comida - ver rest. ***Bodega Regia*** – **36 hab** ☕ 55/90.
◆ Instalado en un edificio del s. XIV, aún conserva el encanto de antaño. Preciosa escalera interior, y habitaciones rústicas, con vigas en el techo y mobiliario antiguo.

ESPAÑA

París, Ancha 18, ✉ 24003, ☎ 987 23 86 00, *reservas@hotelparisleon.com, Fax 987 27 15 72* – |♦|, ▤ rest, TV – 🏛 25/200. AE ◑ MC VISA. ✻ B f
Mesón Rosetón *(cerrado lunes)* **Comida** carta 23 a 29 – ☕ 3 – **57 hab** 52/74.
◆ Dirigido por varios hermanos, ha ido creciendo poco a poco. Posee unas habitaciones de elegante estilo clásico, que brindan un excelente confort en su categoría. Restaurante con entrada independiente y buen montaje.

Temple Riosol sin rest, av. de Palencia 3, ✉ 24009, ☎ 987 21 66 50, *riosol@temp lehoteles.com, Fax 987 21 69 97* – |♦| TV – 🏛 25/300. AE ◑ MC VISA JCB. ✻ A s
☕ 3,55 – **134 hab** 64,90/95,65.
◆ Hotel funcional que dispone de una espaciosa zona social y de unas habitaciones correctas, con los baños actuales. Las obras de mejora han aumentado notablemente su confort.

Fernando I, av. de los Cubos 32, ✉ 24007, ☎ 987 22 06 01, *Fax 987 22 06 01* – |♦| ▤ TV. MC VISA. ✻ B a
Comida *(cerrado 15 julio-1 agosto y lunes)* 12 – ☕ 3 – **27 hab** 30/50.
◆ Íntimo, acogedor y cercano a la Catedral. Disfruta de unas agradables habitaciones con los suelos en tarima y baños muy cuidados, aunque resultan algo justos de espacio. El restaurante posee dos salas de cuidado montaje y ofrece una carta tradicional.

Formela - *Hotel Quindós,* Gran Vía de San Marcos 38, ✉ 24002, ☎ 987 22 45 34, *for mela@hotelquindos.com, Fax 987 24 22 01* – ▤. AE ◑ MC VISA. ✻ A e
cerrado domingo – **Comida** carta 25 a 39.
◆ Definen su ambiente el mobiliario de diseño, las obras de arte y el adecuado servicio de mesa. Propone una carta basada en la tradición, acompañada con selectos caldos.

Vivaldi, Platerías 4, ✉ 24003, ☎ 987 26 07 60, *vivaldileon@terra.es, Fax 987 21 23 05* – ▤. AE MC VISA. ✻ B u
cerrado domingo (julio-agosto), domingo noche y lunes resto del año – **Comida** 48 y carta 34 a 40.
Espec. Garbanzos de pico de pardal con gambas al ajillo. Atún rojo a la brasa con pisto maragato. Carrilleras de ternera estofadas con vino Mencía, reducción de cacao y vinagre.
◆ Instalado en pleno barrio húmedo. Bar de tapas a la entrada y dos elegantes comedores, donde sirven una cocina de autor con productos castellanos. Interesante carta de vinos.

Bodega Regia - *Hotel La Posada Regia,* Regidores 9, ✉ 24003, ☎ 987 21 31 73, *mar quitos@regialeon.com, Fax 987 21 30 31,* 🏠 – ▤. AE ◑ MC VISA. ✻ B t
cerrado 2ª quincena de enero, 1ª quincena de septiembre y domingo – **Comida** carta 30 a 42.
◆ Entrañable restaurante de estilo rústico dotado de varias salas, dos de las cuales conservan restos de la muralla romana en sus paredes. Carta típica de la zona.

Palacio de Jabalquinto, Juan de Arfe 2, ✉ 24003, ☎ 987 21 53 22, *info@palaci ojabalquinto.com, Fax 987 20 41 02* – ▤. AE MC VISA. ✻ B c
cerrado domingo noche y lunes – **Comida** carta 25 a 36.
◆ Ocupa la 1ª planta de un edificio señorial del s. XVII, con un bar a la entrada y una sala que destaca por su decoración, actual y de líneas puras. Servicio de mesa de diseño.

Adonías, Santa Nonia 16, ✉ 24003, ☎ 987 20 67 68, *adonias@teleline.es, Fax 987 25 26 76* – ▤. AE ◑ MC VISA. ✻ B n
cerrado domingo – **Comida** carta 21 a 31.
◆ Negocio acreditado en la ciudad. Sus comedores de aire regional, con correcto montaje y mesas algo apretadas, le proponen una cocina que combina tradición e innovación.

Casa Pozo, pl. San Marcelo 15, ✉ 24003, ☎ 987 22 30 39, *pinpozo@hotmail.com, Fax 987 23 71 03* – ▤. AE ◑ MC VISA. ✻ B x
cerrado domingo – **Comida** carta 25 a 35.
◆ Céntrico restaurante familiar considerado el más antiguo de la ciudad. Posee un pequeño bar a la entrada y tres salas de adecuado montaje donde ofrecen una amplia carta.

Amancio, Juan Madrazo 15, ✉ 24002, ☎ 987 27 34 80, *d.guigarto@marca.es* – ▤. AE ◑ MC VISA JCB. ✻ A b
cerrado 23 julio-7 agosto, domingo noche y lunes – **Comida** carta 21 a 32.
◆ Negocio familiar que sabe combinar la cocina tradicional y los precios moderados. Dispone de dos comedores con mobiliario clásico y un servicio de mesa acorde a su categoría.

Prada a Tope, Alfonso IX-9, ✉ 24004, ☎ 987 25 72 21, *Fax 987 56 30 81* – ▤. MC VISA A r
cerrado del 20 al 31 de julio y lunes – **Ración** - productos de El Bierzo - aprox. 6.
◆ Típico bar de tapas ambientado con fotografías de El Bierzo. Cuenta con una larga barra en madera donde exponen los productos a la venta y un comedor de aire rústico.

en la carretera N 630 *por ① : 4 km :*

Cortes de León sin rest con cafetería, ✉ 24008, ☎ 987 27 24 22, *reservas@hote lcortesdeleon.com, Fax 987 27 00 30,* ≤, ✻ – |♦| ▤ TV 🚗 P – 🏛 25/500. AE ◑ MC VISA. ✻
☕ 7 – **107 hab** 56/74 – 4 suites.
◆ Moderno hotel de fachada acristalada orientado a una clientela de negocios. Posee una espaciosa zona para el ocio, y unas confortables habitaciones con baños en mármol.

en la carretera N 621 *por ② : 4 km :*

Del Pozo, ✉ 24012 Villarrodrigo de las Regueras, ✆ 987 28 19 03, *hoteldelpozo@hoteldelpozo.com, Fax 987 28 16 61* – |♦| ▤ TV 🚗 P – 🧑‍🏫 25/1500. AE VISA. ✂
Comida 12 – ☕ 4,80 – **60 hab** 50/70.
◆ De nueva construcción, cuenta con las más modernas tecnologías. Habitaciones de completo equipamiento con mobiliario escogido, suelos en parquet y baños actuales. El restaurante trabaja mucho los banquetes.

Ver también : **Villabalter** *por av. de los Peregrinos : 6 km* A

LEPE *21440 Huelva* 578 U 8 – *16 562 h alt. 28.*
Madrid 657 – Faro 72 – Huelva 41 – Sevilla 121.

La Noria, av. Diputación ✆ 959 38 31 93, *hotellanoria@teleline.es, Fax 959 38 22 82* – TV. AE MC VISA. ✂
cerrado Navidades – **Comida** *(cerrado 1 julio-15 septiembre, sábado y domingo)* 8,50 – **20 hab** ☕ 39/63.
◆ Céntrico y sencillo hotel de organización familiar, dotado de unas instalaciones de línea clásica que ofrecen un cuidado confort y un esmerado mantenimiento.

LÉRIDA *Lleida – ver Lleida.*

LERMA *09340 Burgos* 575 F 18 – *2 417 h alt. 844.*
Ver : *Plaza Mayor*★.
⛳18 *Lerma, autovía A I, Sur : 8 km ✆ 947 17 12 14 Fax 947 17 12 16.*
ℹ *Audiencia 6 ✆ 947 17 70 02 oficina@citlerma.com Fax 947 17 09 50.*
Madrid 206 – Burgos 37 – Palencia 72.

Parador de Lerma ⛰, pl. Mayor 1 ✆ 947 17 71 10, *lerma@parador.es, Fax 947 17 06 85,* ≤ – |♦|, ⊁ hab, ▤ TV ☎ ♿ 🚗 – 🧑‍🏫 25/350. AE DC MC VISA JCB. ✂
Comida 27 – ☕ 13 – **70 hab** 120/150.
◆ Hermoso palacio del s. XVII ubicado en plena Plaza Mayor. Su agradable zona noble ocupa un patio columnado con lucernario y las habitaciones gozan de un completo equipamiento. Restaurante de elegante montaje y techos altos, con un horno de leña a la vista.

Alisa, antigua carret. N I - salida 203 autovía ✆ 947 17 02 50, *Fax 947 17 11 60* – ▤ rest, TV 🚗 P – 🧑‍🏫 25/300. AE DC MC VISA. ✂ rest
Comida 12,84 – ☕ 5,41 – **36 hab** 45/65.
◆ Dispone de una buena fachada en ladrillo visto, un amplio aparcamiento donde suelen parar los autobuses y una enorme cafetería. Sus habitaciones resultan correctas. El restaurante es algo funcional, aunque posee una agradable sala acristalada bajo un porche.

Villa de Lerma ⛰ sin rest, Cuesta 7 ✆ 947 17 70 70, *Fax 947 17 70 71* – TV 🚗. MC VISA. ✂
☕ 3 – **21 hab** 35/55.
◆ Céntrico hotelito de organización familiar. Las habitaciones gozan de un confort adecuado a su categoría, con suelos en parquet, mobiliario funcional y los baños actuales.

El Zaguán ⛰ sin rest, Barquillo 6 ✆ 947 17 21 65 – TV. ✂
☕ 3 – **10 hab** 50.
◆ Casa solariega del s. XVII reconstruida siguiendo la tradición. Su cálida rusticidad ensalza los valores cotidianos del pasado, con profusión de madera y buen confort.

Casa Brigante, pl. Mayor 5 ✆ 947 17 05 94, *CASAVIELLA@hotmail.com* – MC VISA. ✂
cerrado noviembre, martes noche y miércoles en verano – **Comida** - sólo almuerzo en invierno - carta 14 a 25.
◆ Instalado en una casa centenaria. Destaca el comedor rústico de la planta baja, con horno de leña y parrilla a la vista, aunque posee otras tres salas en el piso superior.

LES *25540 Lleida* 574 D 32 – *648 h alt. 630.*
ℹ *pl. de l'Ajuntament 1 ✆ 973 64 73 03 turismoles@turismoles.com Fax 973 64 83 82.*
Madrid 616 – Bagnères-de-Luchon 23 – Lleida/Lérida 184.

Talabart, Baños 1 ✆ 973 64 80 11, *talabart@megacceso.com, Fax 973 64 81 85* – TV P. AE DC MC VISA. ✂ hab
cerrado noviembre – **Comida** *(cerrado lunes)* 12 – ☕ 6 – **24 hab** 30/45 – PA 30.
◆ Pequeño y modesto establecimiento, dotado de habitaciones que poco a poco van renovando en un estilo neorrústico. Tranquila zona ajardinada con bar sólo para clientes.

LESAKA *31770 Navarra* 573 C 24 – *2 687 h alt. 77.*
Madrid 482 – Biarritz 41 – Pamplona 71 – Donostia-San Sebastián 37.

Atxaspi sin rest, Bittiria Kalea 24 ☎ 948 63 75 36, *hotela@atxaspi.com, Fax 948 63 78 54* – TV. AE VISA. ✂
6 hab ☐ 55,50/90.
• De nueva construcción, con unas habitaciones espaciosas que combinan el mobiliario antiguo y el moderno. Servicio de sauna y bañera de hidromasaje.

Casino, pl. Vieja 23 ☎ 948 63 71 52, – AE MC VISA. ✂
cerrado lunes noche salvo festivos y víspera de festivos – **Comida** carta 16 a 26.
• Restaurante bien llevado en familia, en una antigua y céntrica casa de piedra, con entrada por un bar tipo tasca, y una sala donde ofrecen un correcto servicio de mesa.

LEVANTE (Playa de) *València – ver Valencia.*

LEYRE (Monasterio de) *31410 Navarra* 573 E 26 – *alt. 750.*
Ver : ※★★ – *Monasterio★ (iglesia★★ : cripta★★, interior★, portada oeste★).*
Alred. : *Hoz de Lumbier★, Oeste : 14 km, Hoz de Arbayún★ (mirador : ≤★★) Norte : 31 km.*
Madrid 419 – Jaca 68 – Pamplona 51.

Hospedería de Leyre ⑤, ☎ 948 88 41 00, *hotel@monasteriodeleyre.com, Fax 948 88 41 37* – ☐, ☐ rest, P. AE ⓪ MC VISA. ✂
marzo-10 diciembre – **Comida** 16 – ☐ 5,70 – **33 hab** 34,10/66,20.
• Situación privilegiada junto al monasterio de Leyre. Posee habitaciones espaciosas y funcionales, de aspecto actual y buen confort en su categoría.

LEZAMA *01450 Araba* 573 C 21 – *alt. 350.*
Madrid 369 – Bilbao 36 – Burgos 136 – Vitoria-Gasteiz 42.

Iruaritz ⑤, barrio San Prudencio 29 ☎ 945 89 26 76, *iruaritz@euskalnet.net, Fax 945 89 26 75* – TV P. AE ⓪ MC VISA. ✂
cerrado febrero – **Comida** - sólo clientes - 16 – ☐ 5 – **5 hab** 53,50/79.
• Instalado en un típico caserío vasco que data del s. XV. Un marco ideal para el descanso en unas dependencias de elevado confort, decoradas con mobiliario de época.

LEZAMA *48196 Bizkaia* 573 C 21 – *2 113 h.*
Madrid 394 – Bilbao 14 – Donostia-San Sebastián 91 – Vitoria-Gasteiz 71.

Matsa ⑤ sin rest, Aretxalde 153 ☎ 94 455 60 86, *hotelmatsa@euskalnet.net, Fax 94 455 51 48* – TV ♿ P. AE MC VISA. ✂
☐ 3,50 – **12 hab** 52/60,95.
• Casa rústica restaurada, en un entorno tranquilo a las afueras de la localidad. Salón con chimenea y confortables habitaciones con baños completos, algunas abuhardilladas.

LIBRILLA *30892 Murcia* 577 S 25 – *3 735 h alt. 167.*
Madrid 411 – Cartagena 59 – Lorca 46 – Murcia 29.

en la autovía A 7 *Noreste : 5 km :*

Entre-Sierras, ✉ 30892, ☎ 968 65 76 76, *info@hotelentresierras.com, Fax 968 65 91 10* – ☐ TV P. AE ⓪ MC VISA. ✂ rest
Comida 9 – **60 hab** ☐ 46,06/73,05 – 2 suites.
• Hotel de estilo neorregional imitando un pequeño pueblo, con su correspondiente calle arbolada. Posee habitaciones dotadas con mobiliario de calidad y baños completos. Comedor confortable decorado en ladrillo visto.

LIÉRGANES *39722 Cantabria* 572 B 18 – *2 267 h alt. 110 – Balneario.*
Madrid 389 – Santander 24 – Bilbao 93 – Burgos 151.

El Arral ⑤ sin rest, Convento 1 ☎ 942 52 84 75, *info@casonaelarral.com, Fax 942 52 82 54,* – TV. MC VISA. ✂
☐ 6 – **10 hab** 76/88.
• Casona en piedra junto al río Miera, con diversas zonas comunes y una cuidada escalera de acceso a las espaciosas habitaciones. También posee una ermita abierta al culto.

LIGÜÉRZANA *34839 Palencia* 575 D 16 – *81 h alt. 970.*
Madrid 340 – Burgos 101 – Palencia 117 – Santander 119.

Casa Mediavilla ⑤ (es necesario reservar), ☎ 979 18 40 97 – ✂
Comida 10 – ☐ 3 – **6 hab** 27/36.
• Antigua casa de labranza de entrañable rusticidad dotada de un acogedor salón social, unas correctas habitaciones con mobiliario actual y un comedor para el cliente alojado.

LINARES *23700 Jaén* 578 R 19 - *58 417 h alt. 418.*
Ver : *Localidad★ - Museo Arqueológico★.*
Madrid 297 - Ciudad Real 154 - Córdoba 122 - Jaén 51 - Úbeda 27 - Valdepeñas 96.

RL Aníbal, Cid Campeador 11 ☎ 953 65 04 00, *rlanibal@telefonica.net, Fax 953 65 22 04,* - - 30/600. AE VISA.
Comida 15,90 - 6 - **124 hab** 58/88 - 2 suites.
◆ Su céntrica ubicación y las amplias instalaciones ofrecen el marco ideal para la celebración de congresos. Posee cómodas salas de reuniones y habitaciones bien equipadas.

Cervantes, Cervantes 23 ☎ 953 69 05 00, *info@hotelcervantes.info, Fax 953 69 00 96* - - 25/125. AE VISA. rest
Comida *(cerrado domingo noche)* 12 - 3,50 - **64 hab** 50/75.
◆ Ha cambiado completamente su estilo tras la unión con el edificio anexo. Disfruta de habitaciones de diseño actual, con mobiliario y baños modernos. Su restaurante goza de un cuidado montaje y entrada independiente.

Victoria sin rest con cafetería, Cervantes 7 ☎ 953 69 25 00, *victoriahotel@terra.es, Fax 953 69 25 00* - . AE VISA
3,50 - **56 hab** 48,15/69,55.
◆ Instalaciones renovadas. Las habitaciones, de aspecto actual, están equipadas con materiales y mobiliario de buen nivel. Correcta organización y mantenimiento adecuado.

LINARES DE LA SIERRA *21207 Huelva* 578 S 10 - *293 h alt. 497.*
Madrid 499 - Sevilla 98 - Huelva 111 - Barrancos 63 - Moura 114.

Arrieros, Arrieros 2 ☎ 959 46 37 17, *isakys@hotmail.com, Fax 959 46 37 17,* - VISA
cerrado julio - **Comida** - sólo almuerzo salvo viernes, sábado y agosto - carta aprox. 27.
◆ Típica casa serrana ubicada en un pueblo de calles empedradas. Posee un comedor rústico con una chimenea central y los techos en madera. Carta regional actualizada.

La LÍNEA DE LA CONCEPCIÓN *11300 Cádiz* 578 X 13 y 14 124 B 8 - *58 646 h - Playa.*
av. 20 de Abril ☎ 956 76 99 50 otlalinea@andalucia.org Fax 956 76 72 64.
Madrid 673 - Algeciras 20 - Cádiz 144 - Málaga 127.

AC La Línea de la Concepción sin rest con cafetería por la noche, Los Caireles 2 ☎ 956 17 55 66, *aclalinea@ac-hotels.com, Fax 956 17 15 63,* - . AE VISA JCB.
6,25 - **80 hab** 71,50/82,50.
◆ Situado frente a la bahía de Algeciras, posee un atractivo exterior y modernas dependencias. Las habitaciones, de líneas depuradas, cuentan con un equipamiento completo.

LLADÓ *17745 Girona* 574 F 38 122 G 3 - *481 h.*
Madrid 757 - Figueres 13 - Girona/Gerona 42.

Can Kiku, pl. Major 1 ☎ 972 56 51 04 - . VISA.
cerrado del 1 al 15 de enero y lunes - **Comida** carta 25 a 34.
◆ Restaurante llevado en familia, ubicado en el centro de la localidad. Posee un bar de apoyo y una sala de sencillo montaje con ciertos toques de rusticidad.

LLAFRANC *17211 Girona* 574 G 39 122 J 5 - *Playa.*
Alred. : *Faro de San Sebastián★ (※★) Este : 2 km.*
Madrid 726 - Girona/Gerona 43 - Palafrugell 5 - Palamós 16.

Llafranch, passeig de Cipsela 16 ☎ 972 30 02 08, *hllafranch@pala.com, Fax 972 30 52 59,* - , rest, . AE VISA.
cerrado noviembre - **Comida** 24 - 10 - **28 hab** 70/122.
◆ Establecimiento con gran tradición y solera en la zona, emplazado frente a la playa. Pone a su disposición unas habitaciones de línea actual correctamente equipadas. Restaurante instalado en una terraza cubierta y acristalada que brinda magníficas vistas.

Llevant, Francesc de Blanes 5 ☎ 972 30 03 66, *hllevant@arrakis.es, Fax 972 30 03 45,* - - 25. AE VISA. rest
cerrado noviembre - **Comida** 25 - **24 hab** 131/165.
◆ Negocio de larga trayectoria familiar situado junto al mar. Posee unas habitaciones de línea moderna con baños actualizados, que ofrecen un adecuado confort. Restaurante recientemente renovado, de correcto montaje, complementado con una agradable terraza.

Terramar, passeig de Cipsela 1 ☎ 972 30 02 00, *hterramar@infonegocio.com, Fax 972 30 06 26,* - - 25/60. AE VISA.
marzo-octubre - **Comida** carta 23 a 34 - 11 - **53 hab** 97/117.
◆ Bien situado en el paseo marítimo. Dispone de una atractiva recepción en madera con detalles marineros y correctas habitaciones que poco a poco están siendo actualizadas. El restaurante ofrece una carta tradicional y se complementa con una terraza acristalada.

ESPAÑA

Casamar, Nero 3 972 30 01 04, *info@hotelcasamar.net, Fax 972 61 06 51*, ←, – TV. AE MC VISA – *cerrado 6 enero-15 marzo* – **Comida** *(cerrado lunes noche en invierno y martes)* carta 28 a 39 – **20 hab** 70/75.
◆ De amable atención, posee unas habitaciones funcionales con decoración personalizada y baños modernos un tanto reducidos. Salón social con mobiliario en mimbre. Comedor luminoso con una terraza acristalada que brinda bellas vistas.

junto al faro de San Sebastián *Este : 2 km :*

XX **El Far de Sant Sebastià** con hab, ✉ 17200 Palafrugell, 972 30 16 39, *hotelfss@intercom.es, Fax 972 30 43 28*, ←, – TV P. AE MC VISA.
cerrado 10 enero-17 febrero – **Comida** carta 30 a 43 – **9 hab** 212/265.
◆ Antigua hospedería y ermita con una privilegiada situación frente al mar. De esmerado montaje, su mesa propone una acertada oferta gastronómica. Posee también habitaciones.

LLAGOSTERA *17240 Girona* 574 G 38 122 H 6 – *5 381 h alt. 60.*
Madrid 699 – Barcelona 86 – Girona/Gerona 23.

por la carretera de Romanyà de la Selva *Noreste : 5 Km :*

Masía Sureda, Veûnat Panedes 43, ✉ 17240, 972 80 55 00, *info@masiasureda.com, Fax 972 80 55 12*, , , – TV P. MC VISA.
Comida carta 35 a 46 – **16 hab** 178.
◆ Idílica situación en pleno campo. La zona noble ocupa una masía del s. XVII, mientras que las habitaciones, decoradas con sumo gusto, se distribuyen en casitas independientes. Comedor de elegante aire rústico, con mobiliario en mimbre.

en la carretera de Sant Feliu de Guíxols *Este : 5 km :*

XX **Els Tinars**, ✉ 17240, 972 83 06 26, *tinars@tinars.com, Fax 972 83 12 77*, –
P. AE MC VISA
cerrado 10 enero-10 febrero, domingo noche y lunes – **Comida** carta 32 a 50.
◆ Negocio familiar con el hijo del dueño en los fogones, dando nuevos bríos a la cocina. Instalado en una gran masía, dispone de unas cuidadas salas de estilo clásico-regional.

LLANARS *17869 Girona* 574 F 37 122 E 3 – *388 h alt. 1 080.*
Madrid 701 – Barcelona 129 – Girona/Gerona 82.

Grèvol, carret. de Camprodón 972 74 10 13, *info@hotelgrevol.com, Fax 972 74 10 87*, ←, , , – TV P – 25/100. AE MC VISA.
cerrado del 2 al 18 de mayo y 30 octubre-14 noviembre – **Comida** carta aprox. 38 – **36 hab** 135,30/161.
◆ Chalet de montaña decorado con elegancia, dotado de unas habitaciones confortables y correctamente equipadas, con las paredes y el techo en madera. Amplia oferta recreativa. Luminoso comedor de esmerado montaje.

LLÁNAVES DE LA REINA *24912 León* 575 C 15.
Madrid 373 – León 118 – Oviedo 133 – Santander 147.

San Glorio, carret. N 621 987 74 04 18, *hotelsanglorio@jazzfree.com, Fax 987 74 04 61* – TV P – 25/50. MC VISA.
Comida 12 – 5 – **26 hab** 34/53.
◆ Ubicado en pleno Parque Natural Picos de Europa. Posee una pequeña recepción, un salón con chimenea ambientado con detalles cinegéticos, y unas confortables habitaciones. Acogedor comedor de correcto montaje, cuya decoración combina madera y piedra.

LLANÇÀ *17490 Girona* 574 E 39 122 I 2 – *3 500 h – Playa.*
av. de Europa 37 972 38 08 55 turisme@llanca.net Fax 972 12 19 31.
Madrid 767 – Banyuls 31 – Girona/Gerona 60.

Carbonell, Mayor 19 972 38 02 09, *hotel.carbonell@teleline.es, Fax 972 12 01 87* – TV P. AE MC VISA.
Semana Santa y 15 junio-20 septiembre – **Comida** 15 – 4 – **34 hab** 25/50.
◆ Establecimiento de impecable mantenimiento, que cuenta con unas habitaciones algo sobrias en decoración y equipadas con lo imprescindible.

en la carretera de Portbou *Norte : 1 km :*

Gri-Mar, ✉ 17490, 972 38 01 67, *info@hotelgrimar.com, Fax 972 12 16 20*, ←, , , – TV P – 25. AE MC VISA
1 abril-30 septiembre – **Comida** 21 – **39 hab** 75/115.
◆ Casa de organización familiar, dotada de unas habitaciones espaciosas que, aunque evidencian el paso del tiempo, ofrecen un correcto confort. Cuidada zona ajardinada. Restaurante funcional y de línea clásica, con un pabellón acristalado para los banquetes.

en el puerto *Noreste : 1,5 km :*

La Goleta, Pintor Terruella 22, ✉ 17490, ☎ 972 38 01 25, *goleta@xecweb.com, Fax 972 12 06 86* – |‡|, ▤ rest, TV P. AE ⓓ MC VISA. ✂
cerrado noviembre – **Comida** 17,50 – ☕ 5 – **30 hab** 55/78.
◆ Emplazado en la parte alta del puerto, dispone de unas habitaciones sencillas y de austera decoración, muy válidas en su categoría. Correcta zona social.

La Vela, av. Pau Casals 23, ✉ 17490, ☎ 972 38 04 75, *la.vela@terra.es,* 🏖 – ▤. ⓓ MC VISA JCB – *cerrado 16 octubre-16 noviembre, domingo noche y lunes en invierno* – **Comida** carta 29 a 40.
◆ Goza de un comedor luminoso y actual, con un cubierto moderno y una agradable terraza al fondo de la estancia. Su amplia carta matiza los valores de la cocina tradicional.

Miramar con hab, passeig Marítim 7, ✉ 17490, ☎ 972 38 01 32, *hostalmiramar@teleline.es, Fax 972 12 10 08,* 🏖 – ▤ rest, TV. AE ⓓ MC VISA JCB. ✂
cerrado enero-febrero – **Comida** *(cerrado domingo noche y lunes salvo julio-agosto)* carta aprox. 52 – **21 hab** ☕ 60,10/84,10.
◆ Restaurante de correcta instalación y línea actual, que se complementa con una terraza acristalada que brinda vistas al paseo marítimo. Posee también habitaciones.

El Vaixell, Castellar 62 ☎ 972 38 02 95, *rest-vaixell@teleline.es* – ▤. AE ⓓ MC VISA. ✂
cerrado 15 diciembre-15 enero, domingo noche en verano (salvo julio-agosto) y lunes salvo agosto y festivos – **Comida** - sólo almuerzo en invierno salvo viernes y sábado - carta 23 a 34.
◆ Con el cambio de local, junto al paseo marítimo, han dado un nuevo estilo al negocio. Comedor diáfano, luminoso y de montaje actual, con pocas mesas para dar mejor servicio.

La Brasa, pl. Catalunya 6, ✉ 17490, ☎ 972 38 02 02, 🏖 – ▤. AE ⓓ MC VISA. ✂
cerrado 15 diciembre-febrero, lunes noche y martes salvo julio-agosto – **Comida** carta 24 a 37.
◆ Sencillo establecimiento de atención familiar, con un comedor de esmerado mantenimiento y una zona de terraza donde elaboran la cocina a la brasa.

LLANES *33500 Asturias* 572 B 15 – *13 382 h – Playa.*

La Cuesta, Sureste : 3 km ☎ 98 541 70 84 Fax 98 541 70 84.

Alfonso IX (edificio La Torre) ☎ 98 540 01 64 turismo@ayuntamientodellanes.com Fax 98 540 19 99.

Madrid 453 – Gijón 103 – Oviedo 113 – Santander 96.

La Hacienda de Don Juan, Pidal 29 ☎ 985 40 35 58, *info@haciendadedonjuan.com, Fax 985 40 06 65,* Servicios de hidroterapia – |‡|, ▤ rest, TV ☎ P – 🏛 25/170. MC VISA. ✂
Comida 25 – ☕ 7,50 – **41 hab** 116 – 4 suites.
◆ Este moderno edificio disfruta de acogedoras zonas nobles, que incluyen una pequeña biblioteca, y habitaciones de buen confort, algunas abuhardilladas y otras con terraza. Restaurante de cuidado montaje que llama la atención por su sala semicircular.

G.H. Paraíso sin rest, Pidal 2 ☎ 98 540 19 71, *ampudia@jazzfree.com, Fax 98 540 25 90* – |‡| TV 🚗. AE ⓓ MC VISA. ✂
Semana Santa-octubre – **22 hab** ☕ 81.
◆ Céntrico y de correcta organización. Dotado de una reducida recepción que da paso a la cafetería, un salón social con mobiliario clásico, y unas habitaciones bien equipadas.

Miraolas, paseo de San Antón 14 ☎ 98 540 08 28, *hmiraolas@wanadoo.es, Fax 98 540 27 74,* ≤ – |‡| TV 🚗 P. MC VISA. ✂
cerrado febrero – **Comida** *(cerrado lunes salvo en verano)* 12 – ☕ 5 – **37 hab** 75/99.
◆ Hotel de amable atención familiar con vistas parciales al mar. Habitaciones sencillas y de buen equipamiento, siendo las del 3er piso abuhardilladas.

Las Rocas sin rest, Marqués de Canillejas 3 ☎ 98 540 24 31, *info@hotelasrocas.com, Fax 98 540 24 34* – |‡| TV. ⓓ MC VISA. ✂
Semana Santa y 29 abril-30 septiembre – ☕ 10 – **33 hab** 85/100.
◆ Emplazado junto al puerto. Su reducida zona noble se ve compensada por unas habitaciones de notable amplitud, con mobiliario estándar y baños actuales.

Sablon's, playa del Sablón 1 ☎ 98 540 19 87, *hsablon@fade.es, Fax 98 540 19 88,* ≤ – TV 🚗. MC VISA. ✂
Comida - ver rest. ***Sablon's*** – ☕ 8 – **35 hab** 60/90.
◆ Establecimiento de línea funcional, dotado de unas instalaciones que ofrecen un confort general muy válido en su categoría. Personal amable.

Villa de Llanes sin rest, La Portilla - Sur : 1 km ☎ 985 40 37 84, *hotelvilladellanes@llanesnet.com, Fax 985 40 37 85* – |‡| TV P. VISA. ✂
☕ 4,50 – **28 hab** 90.
◆ De sencilla pero amable organización familiar. La cafetería, donde dan los desayunos, forma parte de la zona social y ofrece habitaciones funcionales con los suelos en tarima.

ESPAÑA

La Posada del Rey sin rest y sin ☕, Mayor 11 ☎ 557540 13 32, *laposadadelrey@iespana.es*, *Fax 985 40 32 88* – TV. VISA.
6 hab 82,40/103.
◆ Ubicado en una antigua casa de piedra del casco histórico de la localidad. Un marco acogedor y entrañable con dependencias modernas, cuidadas al detalle.

Sablon's - *Hotel Sablon's*, playa del Sablón 1 ☎ 98 540 00 62, *hsablon@fade.es*, *Fax 98 540 19 88*, – . AE VISA.
10 marzo-3 noviembre – **Comida** carta 21 a 32.
◆ Emplazado en 1ª línea de playa, su terraza brinda bellas vistas. En la cafetería podrá degustar platos combinados, reservándose el comedor para la carta.

en Pancar *Suroeste : 1,5 km :*

El Jornu con hab y sin ☕, Cuetu Molin, ✉ 33509 Pancar, ☎ 98 540 16 15, *Fax 98 540 16 15*, – TV. VISA.
cerrado noviembre – **Comida** *(cerrado domingo noche y lunes salvo julio-agosto)* carta 24 a 29 – **4 apartamentos** 66,11.
◆ Casa con un correcto servicio de mesa que goza de buena aceptación en la zona, gracias a la calidad de los productos con que elabora sus platos. Posee también apartamentos.

en La Arquera *Sur : 2 km :*

La Arquera sin rest, ✉ 33500 Llanes, ☎ 98 540 24 24, *arquera@infonegocio.com*, *Fax 98 540 01 75*, ← – TV P. VISA
☕ 6 – **13 hab** 75,13/87,15.
◆ Típica casona que conserva el antiguo hórreo. Sus habitaciones, de aire rústico y decoración personalizada, combinan encanto y confort con acierto.

El Colladín sin rest, ✉ 33500 Llanes, ☎ 98 540 21 95, *elcolladin@wanadoo.es*, *Fax 98 540 37 70* – AE VISA JCB
☕ 3 – **5 hab** 50.
◆ Antigua casa de labranza que mantiene la estructura tradicional, con corral empedrado, cocina de carbón, y unas cómodas habitaciones con mobiliario de época y baños actuales.

en La Pereda *Sur : 4 km :*

La Posada de Babel , ✉ 33509 La Pereda, ☎ 98 540 25 25, *laposadadebabel@retemail.es*, *Fax 98 540 26 22*, – TV P. VISA. rest
marzo-2 noviembre – **Comida** - sólo cena - 26 – ☕ 8 – **12 hab** 75/94.
◆ Edificio de dos plantas en una amplia zona de césped con árboles. Dispone de unas acogedoras instalaciones de estilo moderno, salpicadas de detalles rústicos.

El Habana , ✉ 33509 La Pereda, ☎ 98 540 25 26, *hotel@elhabana.net*, *Fax 98 540 20 75*, , – TV P. AE VISA JCB
marzo-15 diciembre – **Comida** - sólo cena, sólo clientes - 21 – ☕ 6,50 – **10 hab** 82/135.
◆ Establecimiento familiar cuyas habitaciones, espaciosas y con mobiliario de aire antiguo, le brindan un sosegado descanso. Amplias zonas verdes y comedor privado.

LOS LLANOS DE ARIDANE *Santa Cruz de Tenerife – ver Canarias (La Palma).*

LOS LLAOS *Cantabria – ver San Vicente de la Barquera.*

LLEIDA o LÉRIDA *25000* P 574 H 31 – *113 040 h alt. 151* – **Ver :** *La Seu Vella★★ : Situación★, Iglesia★★ (capiteles★), claustro★★ (capiteles★ campanario★★) Y – Iglesia de Sant Martí★ Z – Hospital de Santa María (patio★) Z* **M2** *– Palau de la Paeria (fachada★) Z* **H.**

Raimat, por ⑤ : 9 km ☎ 973 73 75 39 Fax 973 73 74 83.

plaza Ramon BelenguerIV ✉ 25007 ☎ 973 24 88 40 ot.lleida.ctc@gencat.net Fax 973 22 14 28 Major 31 bis ✉ 25007 ☎ 902 25 00 50 citurisme@paeria.es Fax 973 70 04 80 – **R.A.C.C.** *av. del Segre 6 ✉ 25007 ☎ 973 24 12 45 Fax 973 23 08 25.*

Madrid 470 ④ – Barcelona 169 ③ – Huesca 123 ⑤ – Pamplona 314 ⑤ – Perpignan 340 ⑤ – Tarbes 276 ① – Tarragona 97 ② – Toulouse 323 ① – València 350 ③ – Zaragoza 150 ④

Plano página siguiente

NH Pirineos, Gran Passeig de Ronda 63, ✉ 25006, ☎ 973 27 31 99, *nhpirineos@nh-hoteles.es*, *Fax 973 26 20 43* – TV – 25/150. AE VISA. Y c
Comida *(cerrado domingo)* - sólo almuerzo en agosto - 17 – ☕ 10,50 – **92 hab** 113.
◆ Al estilo de la cadena. Modernas instalaciones que destacan por el buen confort y el correcto equipamiento, en el centro comercial de la ciudad. Notable capacidad en salones.

LLEIDA/LÉRIDA

5 HUESCA MONZÓN, BARBASTROS

1 N 230 VIELHA BENABARRE

2 N 240 TARRAGONA

A 2: BARCELONA C 13: ANDORRA

3 AP 2-E 90: ZARAGOZA

3 TARRAGONA BARCELONA

4 N II

0 300 m

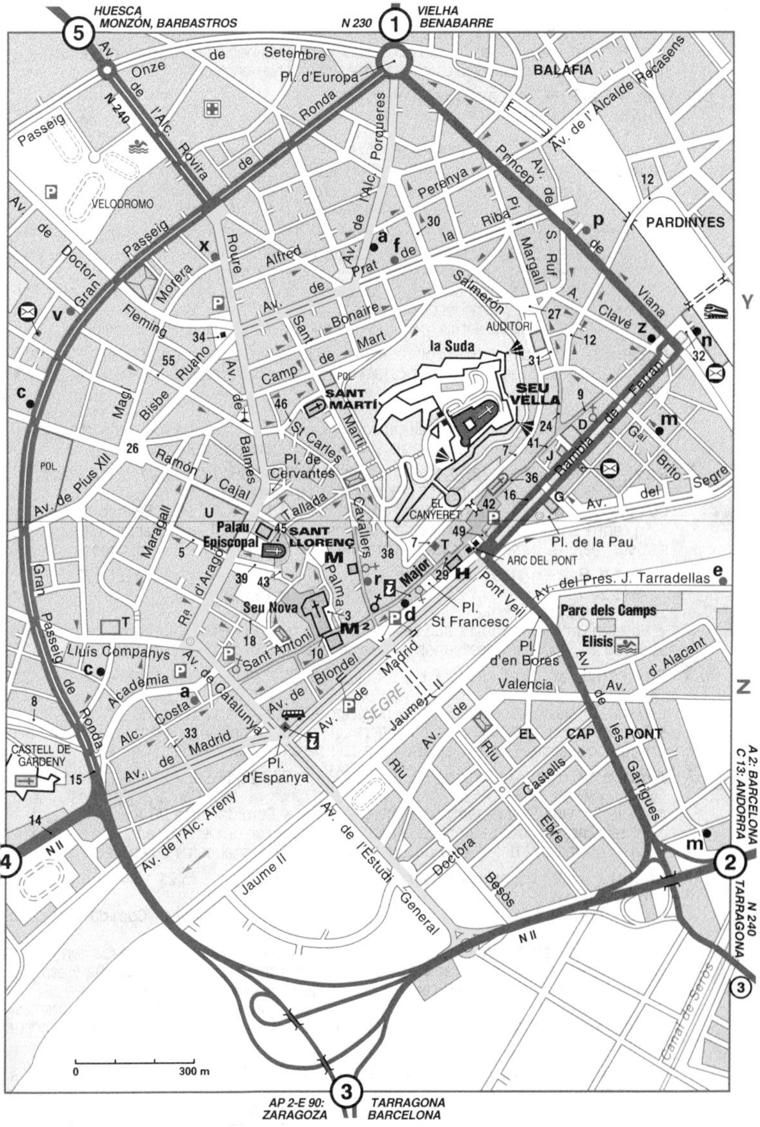

Condes de Urgel, av. de Barcelona 21, ✉ 25001, ☎ 973 20 23 00, *reservas@hcondes.com, Fax 973 20 24 04* – 25/300. AE VISA. Z m
***El Sauce** (cerrado domingo)* **Comida** carta 30 a 40 – 8,50 – **101 hab** 80/95.
◆ Un completo equipamiento y un emplazamiento estratégico. Amplia zona social, salón de conferencias, y unas modernas habitaciones orientadas a la clientela de empresas. Restaurante panelable de estilo clásico en el 1er piso.

AC Lleida sin rest con cafetería por la noche, Unió 8, ✉ 25002, ☎ 973 28 39 10, *acl leida@ac-hotels.com, Fax 973 28 39 11,* – 25/70. AE VISA. Z c
10 – **75 hab** 90.
◆ Establecimiento de línea funcional dotado de un área noble polivalente, integrada en la recepción, y unas confortables habitaciones con baños en mármol verde.

Sansi Park H. y Camparan Suites H., av. Alcalde Porqueres 4, ✉ 25008, ☎ 973 24 40 00, *lleida@sansihotels.com, Fax 973 24 31 38* – 25/400. AE VISA Y a
Comida 11,72 – 7,51 – **120 hab** 70/83 – 70 apartamentos.
◆ Instalaciones de notable amplitud, con habitaciones y apartamentos de estilo actual y un completo equipamiento. Espaciosa zona de recepción y gran capacidad en salones. Restaurante a la carta, con distintas ubicaciones según sea el nivel de su ocupación.

Zenit Lleida, General Brito 21, ✉ 25007, ☎ 973 22 91 91, *lleida@zenithoteles.com, Fax 973 22 91 90* – AE VISA. rest Y m
Comida *(cerrado domingo)* carta 21 a 29 – 8 – **68 hab** 100/105 – 1 suite.
◆ Disfruta del confort y la modernidad que quiere presentar esta cadena. Habitaciones con los suelos en tarima y una decoración que combina tanto el cristal como la madera. En su restaurante, de línea actual, ofrecen una carta atenta a la cocina tradicional.

Catalonia Transit sin rest, pl. de Ramón Berenguer IV (estación RENFE), ✉ 25007, ☎ 973 23 00 08, *transit@hoteles-catalonia.es, Fax 973 22 27 85* – AE VISA. Y n
5 – **51 hab** 50/62.
◆ Céntrico emplazamiento en el edificio de la estación del tren, con la que comparte algunas instalaciones. Habitaciones espaciosas y adecuado equipamiento en su categoría.

Real, av. de Blondel 22, ✉ 25002, ☎ 973 23 94 05, *hotreal.lleida@eizasa.com, Fax 973 23 94 07* – AE VISA. rest Z d
Comida *(cerrado del 1 al 20 de agosto y domingo)* 10 – 7,50 – **58 hab** 62/80.
◆ Su céntrica ubicación, los precios asequibles y la proximidad a un aparcamiento público son sus mejores bazas. Habitaciones amplias en tonos sobrios, bien equipadas.

Ramón Berenguer IV sin rest, pl. de Ramón Berenguer IV-2, ✉ 25007, ☎ 973 23 73 45, *Fax 973 23 95 41* – VISA Y z
5,75 – **52 hab** 33/42.
◆ Hotelito llevado en familia que resulta un recurso válido en su categoría, con pequeño salón de TV, sala para desayunos y unas sencillas habitaciones de aire castellano.

Sheyton, av. Prat de la Riba 39, ✉ 25008, ☎ 973 23 81 97 – VISA. Y f
cerrado 15 días en Semana Santa y domingo – **Comida** carta 30 a 35.
◆ Su decoración de estilo inglés le confiere un halo de distinción y clasicismo. Elegante bar privado con piano, y en el 1er piso otra sala para comidas concertadas.

Ambrosia, Cardenal Cisneros 30, ✉ 25003, ☎ 973 28 16 53, *Fax 973 28 16 53* – VISA. por Cardenal Cisneros Z
cerrado Semana Santa, domingo y martes noche – **Comida** carta 26 a 38.
◆ Restaurante de notable amplitud y moderna decoración de cierto diseño, con destacable servicio de mesa y una cocina de tintes creativos. Personal con inquietudes.

Malena, av. President Josep Tarradellas 45, ✉ 25001, ☎ 973 21 15 41 – VISA. Z e
cerrado del 1 al 8 de enero, del 15 al 31 de agosto, domingo y lunes – **Comida** 45 y carta 47 a 55.
Espec. Huevo, la clara emulsionada, la yema escalfada con aceite y coronada con caviar. Cabrito asado a baja temperatura perfumado con tomillo, patatas a la vainilla y espuma de limón. Lubina cocida en su caldo, hinojo y gelatina caliente de sofrito.
◆ Disfruta de un cuidado comedor a la carta y un amplio salón para banquetes, ambos muy luminosos. En su cocina, vista desde la sala, ofrecen elaboraciones de corte creativo.

Refugi de Viana, Bobalà 8, ✉ 25004, ☎ 973 22 03 64 – AE VISA JCB. Y p
cerrado agosto y martes – **Comida** - carnes a la brasa - carta 30 a 60.
◆ Restaurante de cálida decoración rústica, en dos alturas, con techo abuhardillado en madera y amplia zona con parrilla a la vista. Cocina especializada en carnes.

XX **Grevol,** Alcalde Pujol 19, ✉ 25006, ☎ 973 28 98 95, *Fax 973 28 81 47* – ▤. AE ⓘ MC VISA. ✈ por av. de Doctor Fleming Y
cerrado Navidades, Semana Santa, 20 días en agosto, domingo noche y lunes – **Comida** carta aprox. 52.
◆ En los bajos de un edificio de viviendas, con un hall a la entrada, un comedor de línea actual y un pequeño reservado. Carta tradicional donde prima la calidad del producto.

X **Xalet Suís,** av. Alcalde Rovira Roure 9, ✉ 25006, ☎ 973 23 55 67, *Fax 973 22 09 76* – ▤. AE ⓘ MC VISA. ✈ Y x
cerrado 2ª quincena de enero y 2ª quincena de agosto – **Comida** carta 23 a 37.
◆ Coqueto exterior con aspecto de casita suiza, y una pequeña sala decorada con sumo gusto. Su carta le propone una variada oferta gastronómica, con platos de corte cosmopolita.

X **L'Antull,** Cristóbal de Boleda 1, ✉ 25006, ☎ 973 26 96 36 – ▤. AE ⓘ MC VISA JCB. ✈ Y v
cerrado Semana Santa, del 1 al 15 de agosto, miércoles noche, domingo y festivos – **Comida** carta 37 a 42.
◆ Llevado directamente por sus propietarios. Correctas instalaciones con bar público en la entrada y una pequeña sala, donde ofrecen una carta basada en productos del mar.

X **La Huerta,** av. Tortosa 9, ✉ 25005, ☎ 973 24 24 13, *Fax 973 22 09 76* – ▤. AE ⓘ MC VISA. ✈ por av. del Segre Y
Comida carta aprox. 27.
◆ Casa de larga trayectoria y reconocido prestigio, que ofrece a su fiel clientela una cuidada oferta culinaria. Bar público y comedor con parrilla a la vista.

X **El Celler del Roser,** Cavallers 24, ✉ 25002, ☎ 973 23 90 70, *cellerroser@teleline.es, Fax 973 23 59 50* – ▤. AE ⓘ MC VISA. ✈ Z r
cerrado domingo noche – **Comida** - espec. en bacalao - carta 19 a 26.
◆ Instalaciones modestas pero decorosas, en pleno casco antiguo, con una pequeña sala de sencillo montaje, y en el sótano otra ocupando lo que antaño era la bodega.

🍷 **Mini,** Ramón Soldevila 4, ✉ 25002, ☎ 973 26 60 13 – ▤. AE ⓘ MC VISA. ✈ Z a
cerrado sábado noche en verano, domingo y festivos – **Tapa** 6 **Ración** aprox. 12.
◆ Bar de impecable mantenimiento con una pequeña sala, donde podrá degustar raciones y algún plato más elaborado, entre una variada oferta culinaria. Gran selección de whiskys.

en la carretera N II a *por ④ : 3,5 km :*

XX ✿ **Carballeira,** ✉ 25194 Butsenit, ☎ 973 27 27 28, *carballeira@carballeira.net, Fax 973 26 02 98* – ▤ P. AE ⓘ MC VISA. ✈
cerrado del 1 al 7 de enero, Semana Santa, del 1 al 15 de agosto, domingo noche y lunes – **Comida** - pescados y mariscos - 60 y carta aprox. 56.
Espec. Puré de patatas violeta gratinado con espárragos verdes, gambas de Tarragona y ali-oli de pera. Setas de temporada salteadas con foie y reducción de Pedro Ximénez. Kokotxas de merluza al pil-pil con espardeñas, gambas de Tarragona y angulas (noviembre-abril).
◆ Elegante montaje y una selecta clientela, con el matrimonio propietario en la sala. Escuche las recomendaciones del chef y sorpréndase con la calidad de sus productos.

en la autopista AP 2 *por ③ : 10 km dirección Barcelona :*

🏨 **Lleida,** área de Lleida, ✉ 25080 apartado 502 Lleida, ☎ 973 13 60 23, *lleida.hotel@areas.es, Fax 973 13 60 25* – 🛗 ▤ TV ♿ 🚗 P – 🎤 25/100. AE ⓘ MC VISA. ✈ rest
Comida - sólo cena - carta aprox. 25 – ☕ 8 – **75 hab** 85/105.
◆ Sencillo hotel de línea clásico-funcional, orientado a la clientela de paso. Amplia zona de recepción, y unas habitaciones, todas triples, decoradas con mobiliario estándar.

por la carretera N 240 *por ⑤ :*

XXX **El Nou Forn del Nastasi,** Rovira Roure 87 (carret. N 240) : 2 km, ✉ 25198, ☎ 973 22 37 28, *Fax 973 22 37 28,* 🏞 – ▤ P. AE ⓘ MC VISA. ✈
cerrado domingo noche y lunes – **Comida** carta 25 a 37.
◆ Restaurante de sólida trayectoria llevado en familia, dotado de unas confortables instalaciones de estilo clásico. Sala de cálido ambiente y un esmerado servicio de mesa.

XX **Fonda del Nastasi,** carret. N 240 : 3 km, ✉ 25198, ☎ 973 24 92 22, *mvidal@grupnastasi.com, Fax 973 24 76 92,* Interesante bodega – ▤ P. AE ⓘ MC VISA. ✈
cerrado lunes – **Comida** - sólo almuerzo, salvo sábado y domingo - carta 22 a 34.
◆ Macro-restaurante especializado en banquetes, con dos salones de cuidado montaje orientados a la clientela de paso, donde sirven un menú tipo carta. Interesante bodega.

LLES DE CERDANYA *25726 Lleida* 574 E 35 - *277 h alt. 1471.*
Madrid 624 – Andorra la Vella 48 – Lleida/Lérida 165 – Puigcerdà 36.

Cal Rei, Cadí 4 ☎ 659 063 915, *cal.rei@lles.net, Fax 973 51 52 13*, ≤ sierra del Cadí – AE MC VISA. rest
cerrado 19 junio-13 julio y 16 octubre-10 noviembre – **Comida** *(cerrado lunes y martes)* - sólo clientes, sólo cena - 15 – 7 – **6 hab** 52/65.
• Atractiva casa rural que ocupa unos antiguos establos. Posee habitaciones rústicas, algunas tipo dúplex, con baños de plato ducha nuevos. Acogedor salón social con chimenea.

LLESP *25526 Lleida* 574 E 32.
Madrid 537 – Bagnéres de Luchon 78 – Lleida/Lérida 130 – Vielha/Viella 45.

Villa María, carret. de Caldes de Boí ☎ 973 69 10 29, *henares@eresmas.com*, – P. D MC VISA. – *cerrado del 25 al 30 de junio, del 12 al 24 de septiembre y lunes salvo julio-agosto y festivos* – **Comida** carta 22 a 29.
• A pie de carretera, donde dispone de unas instalaciones acogedoras en su sencillez. Posee un bar y un correcto comedor, con el suelo en parquet y algunas paredes en madera.

LLÍVIA *17527 Girona* 574 E 35 - *901 h alt. 1224* – **Ver** : *Museo Municipal (farmacia★).*
Forns 11 ☎ 972 89 63 13 ajllivia@minorisa.com Fax 972 89 60 49.
Madrid 658 – Girona/Gerona 156 – Puigcerdà 6.

Sant Guillem, Esport 2 ☎ 972 14 63 67, *hotel@hotelstguillem.com, Fax 972 14 61 69*, , – TV P. AE D MC VISA. – *cerrado 15 días en junio y 15 días en noviembre* – **Comida** *(cerrado martes)* 25 – **6 hab** 130/180.
• Casa particular de construcción típica pirenaica que se ha adaptado para hotel. Ofrece amplias habitaciones con vestíbulo y una espaciosa zona ajardinada en sus exteriores. Coqueto restaurante con un cuidado servicio de mesa.

Aparthotel Les Corts sin rest, Cana 7 ☎ 972 14 62 56, *aparthotellescorts@turinet.net, Fax 972 14 62 66*, , – TV P. MC VISA JCB
cerrado mayo – **4 hab** 50/90 – 4 apartamentos.
• Instalado en un atractivo edificio de piedra, dispone de unos apartamentos tipo dúplex y habitaciones con cocina, acogedores y de buen nivel en su equipamiento.

Can Ventura, pl. Major 1 ☎ 972 89 61 78, *can_ventura@hotmail.com, Fax 972 89 61 78* – AE D MC VISA.
cerrado 15 junio-15 julio y martes – **Comida** carta 34 a 43.
• Edificio del s. XVIII con un interior de entrañable rusticidad que conserva todo el calor de antaño. Buena disposición de las mesas, vestidas con materiales de calidad.

en Gorguja *Noreste : 2 km :*

La Formatgeria de Llívia, Pla de Ro, ✉ 17527 Llívia, ☎ 972 14 62 79, *Fax 972 14 62 79*, ≤ – P. AE MC VISA
cerrado 2ª quincena junio, martes y miércoles – **Comida** carta 29 a 35.
• Instalado en una antigua fábrica de quesos, posee un bar con mesas para degustar sus productos y un coqueto comedor con el techo en madera.

LLODIO *01400 Araba* 573 C 21 - *20251 h alt. 130.*
Madrid 385 – Bilbao 20 – Burgos 142 – Vitoria-Gasteiz 49.

junto al acceso ③ de la autopista AP 68 *Este : 3 km :*

Palacio de Anuncibai, barrio Anuncibai, ✉ 01400 apartado 106 Llodio, ☎ 94 672 61 88, *rest@palacioanunciabai.com, Fax 94 672 61 79*, – P. AE D MC VISA JCB.
cerrado del 7 al 30 de agosto – **Comida** - sólo almuerzo salvo sábado - carta 28 a 41.
• Moderno palacete señorial rodeado de jardines, dotado de un acogedor bar y diversas salas de línea clásica, reservándose la del piso superior al servicio de menú.

LLORET DE MAR *17310 Girona* 574 G 38 122 H 6 - *22504 h* – *Playa.*
pl. de la Vila 1 ☎ 972 36 47 35 turisme@lloret.org Fax 972 36 37 53 y av. de les Alegries 3 por ② ☎ 972 36 57 88 oficina-turisme@lloret.org Fax 972 36 77 50.
Madrid 695 ② – Barcelona 67 ② – Girona/Gerona 43 ②

Plano página siguiente

G.H. Monterrey, carret. de Tossa de Mar ☎ 972 36 40 50, *rggm@guitarthotels.com, Fax 972 36 35 12*, , Servicios de talasoterapia, , , – TV P – 25/425. AE D MC VISA. rest m
abril-noviembre – **Comida** - sólo buffet - 16 – **223 hab** 80/118.
• Hotel de línea clásica con un amplio jardín y unas habitaciones funcionales correctamente equipadas. Complementa su oferta con servicios de talasoterapia. Espacioso comedor que centra su actividad en el buffet.

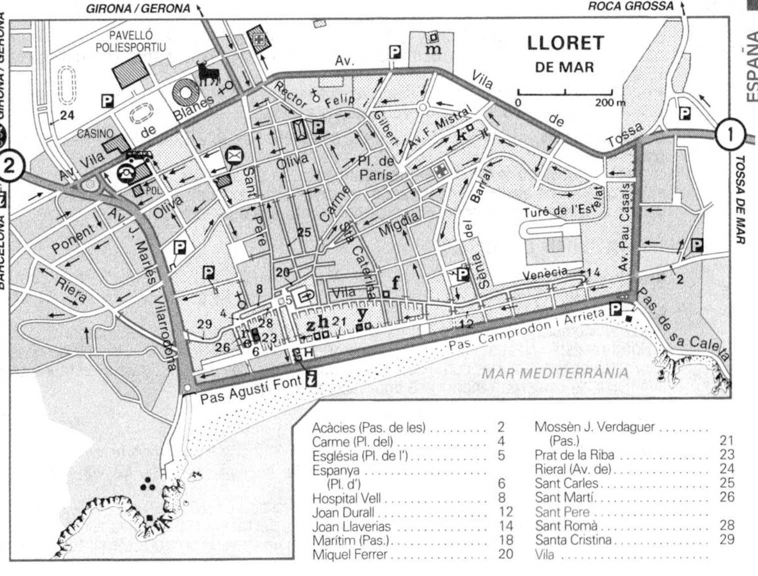

Miramar, passeig Mossèn J. Verdaguer 6 ☎ 972 36 47 62, *hotelmiramarlloret@infonegocio.com, Fax 972 36 45 15,* climatizada – AE VISA. z
3 marzo-19 noviembre – **Comida** 15 – 9 – **54 hab** 135/155.
◆ Actual y confortable, con un privilegiado emplazamiento en 1ª línea de playa, pone a su disposición unas dependencias de estilo clásico con un completo equipamiento. El comedor basa su oferta en la carta y el buffet.

Marsol, passeig Mossèn J. Verdaguer 7 ☎ 972 36 57 54, *hotelmarsol@sefes.es, Fax 972 37 22 05,* – – 25/75. VISA. h
Comida 10 - ***Els Dofins :*** **Comida** carta aprox. 30 – **115 hab** 103/131.
◆ Situado frente al mar, posee una discreta zona noble, y unas habitaciones funcionales con mobiliario correcto y baños un tanto reducidos. Eficiente organización. Su restaurante Els Dofins le propone platos de sabor tradicional.

Vila del Mar, de la Vila 55 ☎ 972 34 92 92, *info@hotelviladelmar.com, Fax 972 37 11 68,* – AE VISA. f
3 marzo-19 noviembre – **Comida** 15 – 9 – **36 hab** 135/155.
◆ De línea moderna, su reducida zona social se ve compensada por unas habitaciones confortables y bien equipadas, de nivel superior al resto de las dependencias.

Mercedes, av. F. Mistral 32 ☎ 972 36 43 12, *hotelmercedes@terra.es, Fax 972 36 49 53,* climatizada – AE VISA. k
abril-octubre – **Comida** 12 – **116 hab** 70/90.
◆ Establecimiento bien llevado, que cuenta con una adecuada zona noble y unas habitaciones funcionales muy válidas en su categoría. Trabaja mucho con grupos. Restaurante de gran capacidad, que centra su actividad en el menú.

Excelsior, passeig Mossèn J. Verdaguer 16 ☎ 972 36 61 76, *reservas@excelsiorlloret.com, Fax 972 37 16 54,* – AE VISA. rest y
15 marzo-octubre – **Comida** *(cerrado domingo noche salvo julio-agosto y lunes)* - ver también rest. ***Les Petxines*** - 11 – **45 hab** 50/100.
◆ Hotel de línea clásica llevado en familia, dotado de una reducida zona noble y de unas habitaciones muy funcionales con baños algo anticuados. Comedor con servicio de buffet.

Les Petxines - *Hotel Excelsior*, passeig Mossèn J. Verdaguer 16 ☎ 972 36 41 37, *reservas@excelsiorlloret.com, Fax 972 37 16 54* – AE VISA. y
15 marzo-18 noviembre – **Comida** *(cerrado domingo noche salvo julio-agosto y lunes)* - sólo cena en julio y agosto - carta 26 a 36.
◆ Llevado en familia, con la hija del dueño en los fogones, sorprende por el talento creativo de su cocina. Un marco acogedor con detalles marineros en su decorción.

X **Can Bolet,** Sant Mateu 6 ✆ 972 37 12 37 – ▤. AE MC VISA. ✂ r
cerrado 10 enero-15 febrero, domingo noche y lunes de noviembre-abril – **Comida** carta 19 a 37.
◆ Negocio de larga tradición en la localidad, que cuenta con un bar tipo snack en la planta baja, y dos salas para la carta de correcta instalación.

X **Can Tarradas,** pl. d'Espanya 7 ✆ 972 36 97 95, *Fax 972 37 06 02*, 🏖 – ▤. MC VISA. ✂ e
cerrado 15 noviembre-20 diciembre – **Comida** carta 24 a 39.
◆ Restaurante de eficiente organización, en cuyos comedores bien dispuestos sirven una generosa selección gastronómica. Lo complementa una agradable terraza.

en la playa de Fanals *por ② : 2 km :*

Rigat Park ⛱, ✉ 17310 Lloret de Mar, ✆ 972 36 52 00, *hotel@rigat.com, Fax 972 37 04 11*, ≤, 🏖, Lā, ⛱ climatizada, ⛱, 🏖 – |‡| ▤ TV P – 🏔 25/650. AE ⓓ MC VISA. ✂ rest
marzo-noviembre – **Comida** carta 40 a 59 – **81 hab** ☕ 200/240 – 19 suites.
◆ Hotel de estilo clásico, ubicado en un parque arbolado frente al mar. Dispone de unas confortables habitaciones con mobiliario escogido y detalles de sumo gusto. Restaurante a la carta de esmerado montaje e impecable mantenimiento.

en la playa de Santa Cristina *por ② : 3 km :*

Santa Marta ⛱, ✉ 17310 Lloret de Mar, ✆ 972 36 49 04, *info@hstamarta.com, Fax 972 36 92 80*, ≤, ⛱, 🏖, 🎾 – |‡| ▤ TV P – 🏔 25/120. AE ⓓ MC VISA. ✂ rest
14 febrero-15 noviembre – **Comida** carta 39 a 45 – ☕ 13,50 – **76 hab** 170/240 – 2 suites.
◆ Emplazado en un frondoso pinar frente a la playa, destaca por sus cuidados exteriores. Sus instalaciones correctamente equipadas ofrecen un elevado confort. Elegante restaurante de línea clásica.

en la urbanización Playa Canyelles *por ① : 3 km :*

XX **El Trull,** ✉ 17310 apartado 429, ✆ 972 36 49 28, *info@el rull.com, Fax 972 37 13 08*, 🏖, ⛱, 🎾 – |‡| ▤ P. AE ⓓ MC VISA. ✂
Comida carta 35 a 50.
◆ Bien llevado por el matrimonio propietario, posee un comedor de estilo rústico donde sirven platos de sabor local, complementado con espaciosos salones para banquetes.

Denos su opinión sobre los restaurantes recomendados, sus especialidades y los vinos de la región.

LLORET DE VISTALEGRE *Illes Balears – ver Balears (Mallorca).*

LLOSETA *Illes Balears – ver Balears (Mallorca).*

LLUCMAJOR *Illes Balears – ver Balears (Mallorca).*

LOARRE *22809 Huesca* 574 F 28 – *396 h alt. 773.*
Ver : *Castillo★★ (✳★★).*
Madrid 415 – Huesca 36 – Pamplona 144.

XX **Hospedería de Loarre** con hab, pl. Mayor ✆ 974 38 27 06, *info@hospederiadeloarre.com, Fax 974 38 27 13* – |‡|, ▤ rest, TV. MC VISA. ✂ rest
cerrado 7 días en junio y 15 días en noviembre – **Comida** carta 20 a 28 – **12 hab** ☕ 57/71,30.
◆ Acogedor establecimiento dirigido por un joven matrimonio. Atractivo porche, bar de diseño y en la 1ª planta el comedor, dando también la opción de habitaciones.

LODOSA *31580 Navarra* 573 E 23 – *4483 h alt. 320.*
Madrid 334 – Logroño 34 – Pamplona 81 – Zaragoza 152.

X **Marzo** con hab, Ancha 24 ✆ 948 69 30 52, *info@hrmarzo.com, Fax 948 69 40 38* – |‡|, ▤ rest, TV. AE MC VISA. ✂
cerrado 23 diciembre-5 enero – **Comida** *(cerrado domingo noche)* carta 16 a 30 – ☕ 3,35 – **14 hab** 21/42.
◆ El restaurante centra la actividad de este negocio familiar, que ofrece también habitaciones. Bar a la entrada, y comedor en el 1er piso con un destacable servicio de mesa.

LOGROÑO *26000* **P** *La Rioja* 573 E 22 – *136 841 h alt. 384.*

Excurs. : *Valle del Iregua★ (contrafuertes de la sierra de Cameros★) 50 km por ③.*

Logroño-Agoncillo por ② : 10 km ☎ 941 27 74 00 Fax 941 27 74 10.

Príncipe de Vergara 1 (paseo del Espolón) ✉ 26071 ☎ 941 29 12 60 oficina.turismo @larioja.org Fax 941 29 16 40 – **R.A.C.E.** *av. Vara del Rey 66 ✉ 26002 ☎ 941 24 82 91 Fax 941 24 83 06.*

Madrid 331 ③ – Burgos 144 ④ – Pampilona 92 ① – Vitoria-Gasteiz 93 ④ – Zaragoza 175 ③

G.H. AC La Rioja, Madre de Dios 21, ✉ 26004, ☎ 941 27 23 50, *aclogroño@ac-hotels.com,* Fax 941 27 23 51, – – 25/250. AE MC VISA JCB. B a

Comida carta 30 a 50 – 11 – **114 hab** 127 – 4 suites.

◆ Construido en una zona de gran expansión. Goza de espaciosas zonas nobles y cuidadas habitaciones, con el confort habitual de los AC, baños en mármol y suelos en parquet. Restaurante de montaje actual donde ofrecen una carta mediana con platos creativos.

NH Herencia Rioja, Marqués de Murrieta 14, ✉ 26005, ☎ 941 21 02 22, *nhherenciarioja@nh-hotels.es,* Fax 941 21 02 06 – – 25/150 A h

81 hab – 2 suites.

◆ La recepción se integra en la zona social y las habitaciones disfrutan de un moderno equipamiento, con mobiliario de calidad lacado en tonos oscuros y aseos actuales. En el restaurante, que posee entrada independiente, se ofrece una amplia carta.

LOGROÑO

Alférez Provisional (Pl. del) .... A 2
Autonomía de la Rioja (Av. de la) .... B 3
Bretón de los Herreros .... A 4
Capitán Gaona .... B 5
Carmen (Muro del) .... B 6
Cervantes (Muro de) .... B 7
Daniel Trevijano .... A 9
Doce Ligero de Artillería (Av. del) .... B 12
Duquesa de la Victoria .... B 13
España (Av. de) .... B 14
Fausto Elhuyar .... A 15
Francisco de la Mata (Muro) .... B 16
Ingenieros Pino y Amorena .... B 19
Juan XXIII (Av. de) .... B 22
Marqués de Murrieta .... A 23
Marqués de San Nicolás .... AB 25
Mercado (Pl. del) .... B 26
Miguel Villanueva .... AB 27
Navarra (Av. de) .... B 28
Navarra (Carret. de) .... B 29
Once de Junio .... A 30
Pío XII (Av. de) .... B 31
Portales .... B 32
Portugal (Av. de) .... A 33
Rioja (Av. de la) .... A 34
Rodríguez Paterna .... B 35
Sagasta .... A 36
Teniente Coronel Santos Ascarza .... B 40
Tricio .... B 41
Viana (Av. de) .... B 42

ESPAÑA

Carlton Rioja, Gran Vía del Rey Juan Carlos I-5, ✉ 26002, ☎ 941 24 21 00, *hotels@pretur.com, Fax 941 24 35 02*, – |‡| ▤ TV ☎ ♿ 🚗 – 🏛 25/150. AE ⓓ ⓜⓒ VISA JCB. ✗ rest A c
Comida 26 – ☕ 9,40 – **116 hab** 95/126,75 – 4 suites.
◆ Su completo equipamiento da paso a un confort moderno y actual. Hotel de fachada acristalada, con unas habitaciones decoradas en un estimado estilo clásico-funcional. Comedor de correcto montaje e impecable mantenimiento.

Tryp Bracos sin rest con cafetería, Bretón de los Herreros 29, ✉ 26001, ☎ 941 22 66 08, *tryp.bracos@solmelia.com, Fax 941 22 67 54* – |‡| ⊁ ▤ TV ☎ 🚗 – 🏛 25/80. AE ⓓ ⓜⓒ VISA. ✗ A b
☕ 10 – **71 hab** 108/116.
◆ Típico hotel de la cadena Meliá que, pese a una zona social algo escasa, posee confortables habitaciones de línea actual, realzadas con algún que otro detalle clásico.

Gran Vía sin rest, Gran Vía del Rey Juan Carlos I-71 bis, ✉ 26005, ☎ 941 28 78 50, *granvia@husa.es, Fax 941 28 78 51* – |‡| ⊁ ▤ TV ☎ ♿ 🚗 – 🏛 25/150. AE ⓓ ⓜⓒ VISA. ✗ A z
☕ 10 – **90 hab** 100/130 – 1 suite.
◆ Una decoración al gusto del día define un interior que apuesta por la intimidad de espacios. De reciente construcción, ofrece equipadas habitaciones con baños en mármol.

Ciudad de Logroño sin rest, Menéndez Pelayo 7, ✉ 26002, ☎ 941 25 02 44, *hotels@pretur.es, Fax 941 25 43 90* – |‡| ▤ TV 🚗 – 🏛 25/90. AE ⓓ ⓜⓒ VISA A f
☕ 8 – **95 hab** 74/94.
◆ Hotel moderno y confortable, con toda la funcionalidad y soporte tecnológico que sus reuniones de trabajo precisan. Cuidadas habitaciones con mobiliario algo anticuado.

Murrieta, Marqués de Murrieta 1, ✉ 26005, ☎ 941 22 41 50, *hotelmurrieta@pretur.com, Fax 941 22 32 13* – |‡| ▤ TV ☎ ♿. AE ⓓ ⓜⓒ VISA JCB. ✗ rest A p
Comida 16 – ☕ 6,40 – **104 hab** 56/74.
◆ Ha sido completamente reformado, logrando un buen nivel de confort y actualidad. Posee un salón social en la entreplanta y habitaciones funcionales, con los suelos en tarima. En el moderno comedor combinan el menú del día con una pequeña carta.

NH Logroño sin rest, av. Club Deportivo 98, ✉ 26007, ☎ 941 51 92 70, *exlogrono@nh-hotels.es, Fax 941 51 21 66* – |‡| ▤ TV ☎ 🚗 por ④
108 hab – 2 suites.
◆ Funcional y de línea moderna, posee un atractivo hall abierto hasta la 5ª planta, a modo de patio interior, y unas habitaciones con mobiliario correcto y buena lencería.

Condes de Haro sin rest, Saturnino Ulargui 6, ✉ 26001, ☎ 941 20 85 00, *condesdeharo@partner-hotels.com, Fax 941 20 87 96* – |‡| ▤ TV 🚗 – 🏛 25/50. AE ⓓ ⓜⓒ VISA. ✗ A d
☕ 6,25 – **44 hab** 85/102.
◆ Céntrico establecimiento de suficiente confort, cuyo interior alberga dos salas de reuniones y unas amplias habitaciones, con suelos en moqueta y baños actuales.

Isasa sin rest y sin ☕, Doctores Castroviejo 13-1º, ✉ 26003, ☎ 941 25 65 99, *hotelisasa@reterioja.com, Fax 941 25 65 99* – |‡| ▤ TV 🚗. ⓜⓒ VISA. ✗ B e
cerrado 20 diciembre-10 enero – **30 hab** 45/75.
◆ Hotel de organización familiar. Posee una línea funcional y un equipamiento que cumple con las necesidades básicas del confort, resultando correcto en su categoría.

Cachetero, Laurel 3, ✉ 26001, ☎ 941 22 84 63, *restaurante@cachetero.com, Fax 941 22 84 63* – ▤. ⓜⓒ VISA. ✗ A v
cerrado 7 días en agosto, domingo y miércoles noche – **Comida** carta 29 a 35.
◆ Casa familiar seria y con solera, situada en una calle de tapeo. Comedor de estilo clásico, con un pequeño hall, mobiliario escogido y un servicio de mesa de gran nivel.

La Chatilla de San Agustín, San Agustín 6, ✉ 26001, ☎ 941 20 45 45, *Fax 941 20 45 45* – ▤. AE ⓓ ⓜⓒ VISA. ✗ A e
cerrado domingo y lunes noche – **Comida** carta aprox. 45.
◆ Ha sabido ganarse los favores de su fiel clientela. Cálido marco de agradable rusticidad, con el propietario en cocina y su esposa en la sala. Interesante carta de vinos.

Asador Emilio, República Argentina 8, ✉ 26002, ☎ 941 23 31 41, *Fax 941 23 31 41* – ▤. AE ⓓ ⓜⓒ VISA JCB. ✗ A s
cerrado agosto y domingo salvo mayo – **Comida** carta aprox. 29.
◆ Acogedor restaurante con una elegante decoración castellana, en la que destaca el precioso techo artesonado. Está especializado en asados en horno de leña.

Leito's, Portales 30, ✉ 26001, ☎ 941 21 20 78, *leitos@fer.es* – ▤. ⓓ ⓜⓒ VISA A m
cerrado domingo y lunes mediodía – **Comida** carta 24 a 46.
◆ Aunque el germen de su cocina radica en una carta vanguardista, poco a poco va tomando savia de las raíces tradicionales. Sereno clasicismo con detalles rústicos y modernos.

Zubillaga, San Agustín 3, ✉ 26001, ✆ 941 22 00 76, *Fax 941 22 00 76* – ▤. VISA. A e
cerrado del 2 al 15 de noviembre, martes noche y miércoles – **Comida** carta 25 a 38.
◆ Restaurante de cuidado montaje y esmerado mantenimiento, cuya entrañable decoración perfila un interior cálido y acogedor. Reconfortantes platos a precios contenidos.

Avenida Portugal 21, av. de Portugal 21, ✉ 26001, ✆ 941 22 86 02, *Fax 941 22 86 02* – ▤. AE VISA. A n
cerrado agosto y domingo – **Comida** carta aprox. 34.
◆ El calor de la antigua carbonera aún pervive en un comedor de techos bajos, sostenidos por una serie de arcos. Cuenta también con un pequeño reservado tipo bodega.

Mesón Egües, La Campa 3, ✉ 26005, ✆ 941 22 86 03 – ▤. AE VISA A a
cerrado Navidades, Semana Santa y domingo – **Comida** - asados - carta 24 a 35.
◆ Restaurante de correcto montaje y cuidadas instalaciones, donde sirven una carta clásica de asador a precios contenidos. Complementa el negocio un salón para la cata de vinos.

Mesón del Jamón, Laurel 9, ✉ 26001, ✆ 941 25 68 89, *mesondeljamon@hotmail.com* – ▤. A v
cerrado del 26 al 30 de septiembre y lunes – **Tapa** 1,30 **Ración** aprox. 3.
◆ Un buen lugar de encuentro, situado en la calle de tapas más célebre de la ciudad. Su tipismo e impecable mantenimiento recrean un marco muy acogedor.

LOIU *48180 Bizkaia 573 C 21 – 2016 h.*

Madrid 399 – Bilbao 7 – Bermeo 29 – Vitoria-Gasteiz 76 – Donostia-San Sebastián 103.

Loiu, Lastetxe 24 ✆ 94 453 50 38, *reservas@hotel-loiu.com, Fax 94 453 61 77* – ▤, ▤ rest, TV P. AE VISA.
Comida 22 – **24 hab** 63,61/79,13.
◆ Ubicado en una zona residencial. Confortables instalaciones de estilo elegante, cuyas habitaciones poseen un mobiliario clásico escogido, con moqueta y baños modernos. Destacable restaurante a la carta que ofrece una cocina tradicional de tendencia actual.

LOJA *18300 Granada 578 U 17 124 J 2 – 20321 h alt. 475.*

Madrid 484 – Antequera 43 – Granada 55 – Málaga 71.

Mirador, av. Andalucía ✆ 958 32 07 99, *reservas@abades.com, Fax 958 32 51 44*, ≤, – ▤ TV P. AE VISA JCB. rest
Comida 18 – 5 – **28 hab** 42/55.
◆ Hotel de correcta organización familiar, recientemente reformado, con habitaciones de diferente confort, siendo las superiores más amplias y con un mobiliario de calidad.

en la autovía A 92 *Sur : 5 km :*

Abades, ✉ 18300, ✆ 902 323 800, *reservas@abades.com, Fax 902 323 804*, ≤ – ▤ TV P – 25/500. AE VISA JCB. rest
Comida 20 – 3 – **76 hab** 50/66.
◆ Un hotel con clara vocación al viajero, ubicado en un área de servicio. Al alojamiento une otras propuestas, como una tienda de artesanía. Buen recurso de carretera. Restaurante con una pequeña carta tradicional y self-service.

Manzanil Área, ✉ 18300, ✆ 958 32 32 00, *info@hotelesmanzanil.com, Fax 958 32 34 80*, ≤ – ▤ TV P – 25/60. AE VISA. rest
Comida 16 – 3,50 – **76 hab** 26/44.
◆ Situado al borde de la autovía. Está integrado en un área de servicio de modernas instalaciones, dotado de habitaciones actuales. Orientado al cliente de paso. Amplio restaurante con carta, menú y self-service.

en la Finca La Bobadilla *por la autovía A 92 - Oeste : 18 km y desvío 3 km :*

La Bobadilla, por salida a Villanueva de Tapia, ✉ 18300 apartado 144 Loja, ✆ 958 32 18 61, *info@la-bobadilla.com, Fax 958 32 18 10*, ≤, – ▤, hab, ▤ TV P – 25/120. AE VISA JCB. rest
cerrado del 9 al 27 de enero - ***La Finca*** *(sólo cena en verano)* **Comida** carta 72 a 85 – **52 hab** 235/320 – 10 suites.
◆ Disfrute de una estancia inolvidable en este elegante cortijo. Sus lujosas habitaciones le aguardan para darle la bienvenida. ¡Recréese con la magia de su ambiente ! El restaurante La Finca cuenta con un interior neorrústico mimado en detalles.

LO PAGÁN *Murcia – ver San Pedro del Pinatar.*

LORCA *30800 Murcia* 577 *S 24 – 67 024 h alt. 331.*
Lope Gisbert (Casa de Guevara) ☎ 968 44 19 14 ofiturismolorca@lorca.es Fax 968 46 61 57.
Madrid 460 ① – Almería 157 ③ – Cartagena 83 ① – Granada 221 ③ – Murcia 64 ①

LORCA

Abad de los Arcos . . . . **Y** 3
Alcade Peregrín Rodríguez . . . . **Y** 4
Alfonso X el Sabio . . . . **Z** 6
Caldereros (Carril) . . . . **Y** 7
Constitución (Alameda de la) . . . . **Z** 9
Corredera . . . . **YZ** 10
Del Alamo . . . . **YZ** 12
Doctor José Parra Garriguez (Alameda) . . . . **Z** 13
Doctor José Rodriguez (Alameda) . . . . **Z** 15
Doctor Martinez Minguez (Alameda) . . . . **Z** 16
Doctor Miguel Campoy Robles (Alameda) . . . . **Z** 18
Don Juan II . . . . **Y** 19
Floridablanca . . . . **Y** 21
General Eytier . . . . **Z** 22
General Terrer Leones . . . . **Z** 24
Gomelez . . . . **Y** 25
Granero . . . . **Z** 27
José María Zarauz . . . . **Z** 28
Leonés . . . . **Y** 30
Lope Gisbert . . . . **YZ** 31
Marchena (Rambla de) . . . . **Z** 33
Mayor de Santa Maria . . . . **Y** 34
Menchirón (Alameda de) . . . . . . **Z** 36
Menchirón (Callejón) . . . . **Z** 37
Musso Valiente . . . . **Z** 39
Narciso Yepes . . . . **Z** 40
Nogalte . . . . **Z** 42
Paco Rabal (Alameda) . . . . **Z** 43
Periodista López Barnés . . . . . . **Z** 45
Poeta Carlos Mellado . . . . **Z** 46
Presbitero Emilio Garcia Navarro . . . . **Z** 48
San Lázaro (Rambla de) . . . . . . **Z** 49
Santa Paula . . . . **Z** 51
Serrallo . . . . **Z** 52
Vicente Ruiz Llamas . . . . **Z** 54
Virgen de las Huertas (Alameda) . . . . **Z** 55
Zapatería . . . . **Y** 57

CARAVACA DE LA CRUZ, C 3211 ① MADRID A 7, MURCIA — A 7, LA HOYA

PUERTO LUMBRERAS GRANADA, ALMERIA ③ A 7 — ÁGUILAS — C 3211, ÁGUILAS ②

Jardines de Lorca, Alameda Rafael Méndez ☎ 968 47 05 99, *reservas@hotelesdemurcia.com, Fax 968 47 07 19* – AE VISA. Z d
Comida 11 – 7,21 – **45 hab** 88/106.
• Un lugar para disfrutar, combinando un atractivo entorno y unas espléndidas instalaciones. También le brinda la posibilidad de celebrar cualquier evento profesional.

La Cava, La Cava 30 ☎ 968 44 12 47, *eliorest@infonegocio.com, Fax 968 44 18 13,* – AE VISA. Y a
cerrado 1 al 21 de agosto y domingo salvo Navidades y Semana Santa – **Comida** carta 22 a 29.
• Elegante restaurante instalado en una antigua casa restaurada. Posee una pequeña barra de apoyo, y varias salas de buen montaje con una agradable decoración.

en la antigua carretera de Granada *por ③ : 3 km :*

NH Amaltea, polígono Los Peñones, ✉ 30800, ☎ 968 40 65 65, *nhamaltea@nh-hotels.com, Fax 968 40 69 89,* – 25/800. AE VISA.
Comida 18 – 8,80 – **55 hab** 113 – 3 suites.
• Belleza y confort se funden con el lujo más exquisito en sus instalaciones vanguardistas. Descubra sus cálidas habitaciones, y contemple la preciosa cascada del jardín.

LOREDO *39160 Cantabria* 572 B 18 – *Playa.*

Madrid 409 – Bilbao 96 – Santander 25.

El Encinar sin rest, callejo de los Beatos-Latas, ✉ 39140 Somo, ☎ 942 50 40 33, *info@hotelelencinar.com, Fax 942 50 40 87,* – VISA.
Semana Santa y julio-agosto – 2,75 – **23 hab** 48/67.
• Coquetas instalaciones orientadas a un turismo de temporada. Habitaciones de completo equipamiento, algunas con terraza y jardín propio. Formidable piscina cubierta.

LOSAR DE LA VERA *10460 Cáceres* 576 L 13 – *2855 h alt. 545.*

Madrid 219 – Ávila 137 – Cáceres 156 – Plasencia 61.

por la carretera EX 203 *Sureste : 1,5 km y desvío a la derecha 0,5 km :*

Hostería Fontivieja sin rest, paraje de los Mártires, ✉ 10460, ☎ 927 57 01 08, *fontivieja@wanadoo.es, Fax 927 57 01 08,* – VISA
20 hab 45/70.
• Casa de campo decorada en estilo rústico. Varias de sus habitaciones y dependencias se reparten por el jardín, en edificios anexos con profusión de madera y bellos detalles.

LOYOLA *Gipuzkoa – ver Azpeitia.*

LUANCO *33440 Asturias* 572 B 12 – *Playa.*

Ver : *Cabo de Peñas★.*

Madrid 478 – Gijón 15 – Oviedo 42.

La Estación de Luanco, Gijón 10 ☎ 98 588 35 16, *hotel.luanco@asociacion-chf.com, Fax 98 588 04 25,* – 25/30. AE VISA.
Comida 18 – 5 – **24 hab** 63,11/84,14 – 4 suites.
• Moderno hotel dotado de unas habitaciones con suelo en madera, mobiliario de diseño y baños en mármol. Destaca la espléndida piscina cubierta, con sauna e hidromasaje. Su comedor ofrece una carta de cierto nivel y un menú con los típicos platos asturianos.

La Plaza sin rest, pl. de la Baragaña 9 ☎ 98 588 08 79, *info@laplazahotel.net, Fax 98 588 02 23* – AE VISA.
14 hab 78.
• Céntrico hotel instalado en un original edificio acristalado. Habitaciones de estilo clásico-moderno correctamente equipadas, la mitad de ellas con aseos de plato ducha.

Robus, Ortega y Gaset 16 ☎ 98 588 11 95, – AE VISA.
Comida carta 31 a 36.
• Restaurante-sidrería de línea clásica dotado de un amplio bar a la entrada y un comedor bien dispuesto, con el mobiliario forrado en tela. Ofrece una carta tradicional.

en la carretera AS 239 *Sureste : 3,5 km :*

El Hórreo, Antromero, ✉ 33449 Antromero, ☎ 98 587 14 70 – AE VISA.
cerrado 2ª quincena de mayo y lunes – **Comida** - pescados y mariscos - carta aprox. 36.
• Goza de mucho prestigio en la zona por la calidad de los productos con que trabaja. Bar a la entrada y comedor de sencillo montaje, frecuentado por una clientela selecta.

LUARCA *33700 Asturias* 572 B 10 – *19 920 h – Playa.*

Ver : *Emplazamiento★ (≤★).*

Excurs. : *Suroeste, Valle de Navia : recorrido de Navia a Grandas de Salime (✻★★ Embalse de Arbón, Vivedro ✻★★, confluencia★★ de los ríos Navia y Frío).*

Los caleros 11 ✆ 98 564 00 83 Fax 98 547 03 71 (temp).

Madrid 536 – A Coruña 226 – Gijón 97 – Oviedo 101.

Villa de Luarca sin rest, Álvaro de Albornoz 6 ✆ 98 547 07 03, *hotelvilladeluarca@.es* – VISA.
3 – **14 hab** 85.
◆ Este céntrico hotel ocupa una casa señorial restaurada. Sus habitaciones disfrutan de buen confort general, con techos altos, suelos en madera y mobiliario de aire colonial.

La Colmena sin rest, Uría 2 ✆ 98 564 02 78, *lacolmena@lacolmena.com, Fax 98 564 00 87* – VISA.
3,80 – **16 hab** 37/55.
◆ Tras su redecoración ofrece un interior minimalista. Las habitaciones disfrutan de un adecuado equipamiento, con los suelos en madera y duchas de hidromasaje en los baños.

Báltico, paseo del muelle 1 ✆ 98 564 09 91, *Fax 98 564 09 91* – AE VISA.
Comida 14 – 4 – **15 hab** 60.
◆ Hotel de organización familiar situado en pleno puerto. Posee una espaciosa cafetería y unas habitaciones funcionales, que ofrecen un confort adecuado a su nivel.

Villa Blanca, av. de Galicia 25 ✆ 98 564 10 79, *restvillablanca@eresmas.com, Fax 98 564 10 79,* – AE VISA.
cerrado del 1 al 15 de noviembre y lunes en invierno – **Comida** carta 20 a 34.
◆ Bar a la entrada y sala de estilo clásico, con amplios ventanales que se abren a una agradable terraza llena de plantas. Su carta combina el sabor local y el más tradicional.

Sport, Rivero 9 ✆ 98 564 10 78, *sport@arrakis.es, Fax 98 564 16 80* – AE VISA.
cerrado enero y miércoles salvo verano y festivos – **Comida** - pescados y mariscos - carta 18 a 30.
◆ Junto a la lonja de pescado. Bar público con un comedor enfrente de estilo regional y otro más clásico en el 1er piso, dotado de un gran ventanal sobre la ría. Selecta bodega.

por la carretera del faro *Noreste : 2 km :*

Villa la Argentina sin rest, Villar de Luarca, ✉ 33700 Luarca, ✆ 98 564 01 02, *reservas@villalaargentina.com, Fax 98 564 09 73,* – 25. AE VISA.
cerrado enero-febrero – 6 – **12 hab** 65/85.
◆ Instalado en una antigua casa de indianos rodeada de agradables exteriores. Sus habitaciones gozan de un cuidado confort, en algunos casos con mobiliario de época y galería.

LUCENA *14900 Córdoba* 578 T 16 – *32 054 h alt. 485.*

Castillo del Moral ✆ 957 51 32 82 turlucena@turlucena.com Fax 957 50 36 62.

Madrid 471 – Antequera 57 – Córdoba 73 – Granada 150.

Santo Domingo, Juan Jiménez Cuenca 16 ✆ 957 51 11 00, *hsantodomingo@husa.es, Fax 957 51 62 95* – 30. AE VISA.
***La Espadaña :* Comida** carta 24 a 30 – 8 – **30 hab** 63/100.
◆ Antigua casa-convento que conserva elementos constructivos originales. Posee habitaciones de estilo clásico bien equipadas y un agradable patio interior. Comedor de ambiente cálido, con los techos abovedados.

Baltanás sin rest y sin, av. del Parque 10 ✆ 957 50 05 24, *hotelbaltanas@hotelbaltanas.com, Fax 957 50 12 72* – VISA
39 hab 33,21/48,21.
◆ Modesto hotel dotado de unas confortables habitaciones con mobiliario sencillo y buena amplitud, siendo las individuales más reducidas. Discreta zona social.

Araceli, av. del Parque 10 ✆ 957 50 17 14, *Fax 957 51 42 79* – VISA.
cerrado 2ª quincena de agosto y domingo – **Comida** - espec. en pescados y mariscos - carta 25 a 29.
◆ Amplio comedor de estilo clásico especializado en pescados y mariscos, que se complementa con dos salones privados y un elegante bar a la entrada. Personal afable y atento.

en la carretera N 331 *Suroeste : 2,5 km :*

Los Bronces, ✉ 14900, ✆ 957 51 62 80, *reserva@hotellosbronces.com, Fax 957 50 09 12,* – AE VISA.
Comida - ver rest. ***Asador Los Bronces*** – 5 – **40 hab** 48/68.
◆ Organizado con profesionalidad, posee amplias instalaciones de correcto mobiliario. Sus habitaciones le brindan luminosidad y confort, además de un buen equipamiento.

Asador Los Bronces - *Hotel Los Bronces,* ✉ 14900, ☎ 957 51 04 50, *asador@hotellosbronces.com, Fax 957 51 04 51,* – ▤ P. AE ⓓ ⓜ VISA. ✂
Comida - espec. en asados - carta aprox. 28.
◆ Restaurante de estilo castellano con un buen bar a la entrada y un comedor principal decorado mediante vidrieras y maderas nobles. Completa carta especializada en asados.

LUGO *27000* P 571 C 7 – *88 901 h alt. 485.*

Ver : *Murallas*★★ – *Catedral*★ *(portada Norte : Cristo en Majestad*★*)* Z **A.**

ℹ *pr. Maior 27-29 (galerías)* ✉ *27001* ☎ *982 23 13 61 servicio.turismo.lugo@xunta.es Fax 982 29 42 38* – **R.A.C.E.** *Hermanitas 1 (entlo.)* ✉ *27002* ☎ *982 25 07 11 Fax 982 25 07 11.*

Madrid 506 ② – A Coruña 97 ④ – Ourense 96 ③ – Oviedo 255 ① – Santiago de Compostela 107 ③

G.H. Lugo, av. Ramón Ferreiro 21, ✉ 27002, ☎ 982 22 41 52, *ghlugo@proalsa.es, Fax 982 24 16 60,* – ▤ TV P – 25/350. AE ⓓ ⓜ VISA. ✂
Comida *(cerrado domingo)* 16 – ☕ 10 – **156 hab** 97/121 – 12 suites.
por av. Ramón Ferreiro Z
◆ Establecimiento que destaca por su cálido ambiente, y por el confort que le brindan sus equipadas instalaciones. Espaciosa zona noble rodeada de tiendas. Comedor de atractivo montaje que le propone una interesante carta.

Méndez Núñez sin rest, Raiña 1, ✉ 27001, ☎ 982 23 07 11, *Fax 982 22 97 38* – TV – 25/100. AE ⓜ VISA Z a
☕ 7 – **86 hab** 50/63.
◆ Hotel de línea clásica, que compensa sus instalaciones un tanto anticuadas con un buen confort general. Habitaciones amplias y una discreta zona social.

Puerta de San Pedro sin rest, Río Neira 29, ✉ 27002, ☎ 982 22 23 81, *puertadesanpedro@husa.es, Fax 982 24 01 95* – ▤ TV. AE ⓜ VISA. ✂ Z b
☕ 7 – **36 hab** 60/100.
◆ Sencillo hotel ubicado cerca de la muralla que circunda la Ciudad Vieja. En conjunto resulta algo funcional, aunque destaca por el completo equipamiento de sus habitaciones.

España sin rest y sin ☕, Vilalba 2 bis, ✉ 27002, ☎ 982 23 15 40 – TV. VISA. ✂ Z h
17 hab 22/40.
◆ Pequeño y modesto hostal familiar, dotado de unas habitaciones muy funcionales con baños completos. Recepción en la 1ª planta. Un recurso válido en su categoría.

LUGO

Ánxel López Pérez (Av.) . . . . . Z 2
Bispo Aguirre . . . . . Z 3
Bolaño Rivadeneira . . . . . Y 5
Campo (Pr. do) . . . . . Z 8
Comandante Manso (Pr.) . . . . . Z 12
Conde Pallarés . . . . . Z 15
Coruña (Av. da) . . . . . Y 21
Cruz . . . . . Z 23
Dezaoito de Xullo (Av. do) . . . . . Y 24
Doctor Castro . . . . . Z 27
Marior (Pr.) . . . . . Z 30
Montero Ríos (Av.) . . . . . Z 37
Paxariños . . . . . Z 39
Pío XII (Pr. de) . . . . . Z 43
Progreso . . . . . Y 47
Quiroga Ballesteros . . . . . Y 50
Raíña . . . . . Y 53
Ramón Ferreiro . . . . . Z 56
Rodríguez Mourelo (Av.) . . . . . Z 62
San Fernando . . . . . Y 65
San Marcos . . . . . Y 68
San Pedro . . . . . Z 71
Santa María (Pr. de) . . . . . Z 74
Santo Domingo (Pr. de) . . . . . YZ 77
Teatro . . . . . Y 78
Teniente Coronel Teijeiro . . . . . YZ 79
Tinería . . . . . Z 80
Vilalba . . . . . Z 83

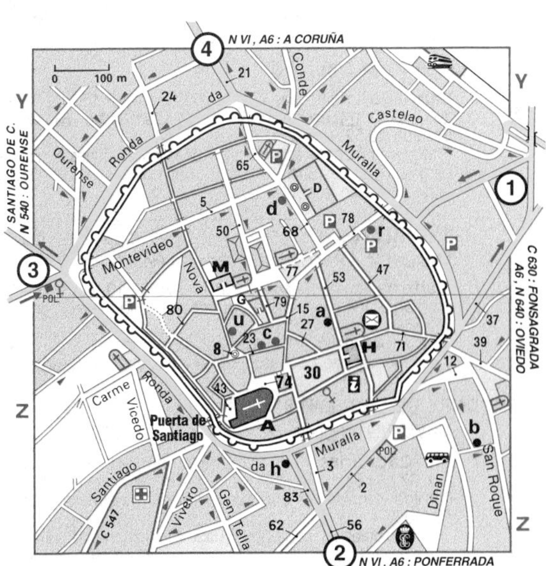

ESPAÑA

XX **Mesón de Alberto,** Cruz 4, ✉ 27001, ☎ 982 22 83 10, *restaurante@mesondealberto.com, Fax 982 30 31 07* – ▤. AE ⓓ MC VISA JCB. ✂ Z c
cerrado domingo – **Comida** carta aprox. 33.
◆ En una estrecha calle del casco antiguo, con entrada por un bar público. Sala de excelente montaje en el 1er piso, con mobiliario escogido, donde sirven una nutrida carta.

XX **La Barra,** San Marcos 27, ✉ 27001, ☎ 982 25 29 20, *labarra27@jazz-free.com, Fax 982 25 30 22* – ▤. AE ⓓ MC VISA. ✂ Y d
cerrado domingo – **Comida** carta 30 a 38.
◆ Restaurante de cuidada fachada, que elabora una cocina basada en platos regionales y tradicionales. Además del comedor principal, posee otra sala y dos privados en el sótano.

XX **España,** Teatro 10, ✉ 27002, ☎ 982 24 27 17, *correo@restespana.com, Fax 982 22 99 38* – ▤. AE ⓓ MC VISA. ✂ Y r
cerrado domingo noche y lunes – **Comida** carta 24 a 33.
◆ Negocio familiar que ha vuelto a su local de origen. Dispone de una cafetería y tres salas actuales en el 1er piso. Cocina regional actualizada con productos de temporada.

XX **Verruga,** Cruz 12, ✉ 27001, ☎ 982 22 98 55, *restaurante@verruga.org, Fax 982 22 98 18* – ▤. AE ⓓ MC VISA. ✂ Z c
cerrado domingo noche y lunes – **Comida** carta aprox. 40.
◆ Acreditado y estable en la zona, destaca por la calidad de sus elaboraciones. Bar a la entrada, seguido de una sala clásica donde ofrecen un correcto servicio de mesa.

en la carretera N 640 *por ① :*

XX **La Palloza,** 5,5 km, ✉ 27192 Muja, ☎ 982 30 30 32, *rest_palloza@terra.es, Fax 982 30 30 84* – ▤ P. AE ⓓ MC VISA. ✂
cerrado domingo noche, lunes noche y martes – **Comida** carta aprox. 33.
◆ Especializado en la celebración de banquetes, cuida no obstante la carta con una sala de moderno montaje. Nutrida selección gastronómica realzada por una buena bodega.

en la carretera N VI :

Los Olmos ⑤ sin rest, por ④ : 3 km, ✉ 27003 Lugo, ☎ 982 20 00 32, *Fax 982 21 59 18* – |‡| TV ⇔ P. AE ⓓ MC VISA. ✂
☕ 3 – **70 hab** 26,75/49,22.
◆ Establecimiento llevado en familia, que trabaja sobre todo con viajantes. Suficientes zonas sociales y habitaciones funcionales de adecuado confort.

Torre de Núñez, Conturiz - por ② : 4,5 km, ✉ 27160 Conturiz, ☎ 982 30 40 40, *htorra@teleline.es, Fax 982 30 43 93* – |‡|, ▤ rest, TV ⇔ P. MC VISA. ✂
Comida carta aprox. 28 – ☕ 4 – **129 hab** 29/45.
◆ Una buena oferta hotelera a pie de carretera, con habitaciones de correcto equipamiento, y gran capacidad en salones para la organización de todo tipo de reuniones. Restaurante de cálida decoración rústica donde ofrecen una amplia carta.

en la carretera N 540 *por ③ : 4,5 km :*

Santiago, urb. Bellavista, ✉ 27927 Lugo, ☎ 982 01 01 01, *Fax 982 01 01 20,* ⛹, ⛱, ✂ – |‡| ▤ TV ⇔ P – 🎤 25/200. AE ⓓ MC VISA. ✂
Comida 10,52 – ☕ 7 – **60 hab** 66/84.
◆ Moderna fachada acristalada, y unas instalaciones equipadas con grandes comodidades para una grata estancia. Correcta zona noble y unas confortables habitaciones. Cafetería-restaurante en la planta baja.

LUZAIDE o VALCARLOS *31660 Navarra* 573 C 26 – *582 h alt. 365.*

Madrid 464 – Pamplona 65 – St-Jean-Pied-de-Port 11.

X **Maitena** con hab, Elizaldea ☎ 948 79 02 10, *Fax 948 79 02 10,* ≤, 🏞 – VISA. ✂
cerrado 7 enero-febrero – **Comida** *(cerrado jueves)* carta aprox. 25 – ☕ 3,75 – **8 hab** 32/46.
◆ Casa fundada en 1950 cuya actividad principal es el restaurante, de pulcra decoración y sencillo servicio de mesa. Habitaciones algo desfasadas pero con cierto sabor.

MAÇANET DE CABRENYS *17720 Girona* 574 E 38 122 G 2 – *690 h.*

Madrid 769 – Figueres 28 – Girona/Gerona 67.

Els Caçadors ⑤, urb. Casanova ☎ 972 54 41 36, *hec@navegalia.com, Fax 972 54 33 60,* ≤, ⛱, 🏞, ✂ – |‡|, ▤ rest, TV P. MC VISA. ✂
Comida *(cerrado domingo noche de octubre a marzo)* carta 18 a 28 – ☕ 7,25 – **18 hab** 32/60,75.
◆ Edificio de estilo montañés situado a las afueras de la localidad. Posee una adecuada zona noble y unas correctas habitaciones de línea clásica con baños algo anticuados. Acogedor restaurante en piedra vista con el techo abovedado.

MADERUELO *40554 Segovia* 575 H 19 – *155 h alt. 967.*
Madrid 139 – Segovia 101 – Aranda de Duero 33.

La Posada del Medievo (es necesario reservar), pl. San Miguel 4 ☎ 921 55 61 07, *posadadelmediev@eresmas.com, Fax 921 55 60 71* – TV. MC VISA. ✻
cerrado septiembre – **Comida** *(cerrado lunes y martes)* 24 – ☕ 4 – **9 hab** 70/90.
♦ Acogedor marco rústico en una antigua casona del s. XII, a la entrada de este bello pueblo amurallado. Confortables habitaciones con atractivo mobiliario en hierro forjado.

Casa Maderolum, Santa María 10 ☎ 921 55 61 49, *maderolum@maderolum.com* – ✻
Comida - sólo clientes, sólo cena, sólo menú - 15 – ☕ 4 – **5 hab** 73.
♦ Casa de labranza con solera y una decoración rústica que imprime al conjunto cierto carácter. Salón social con chimenea y cómodas habitaciones, algunas abuhardilladas.

MADREMANYA *17462 Girona* 574 G 38 122 H 5 – *179 h alt. 177.*
Madrid 717 – Barcelona 115 – Girona/Gerona 19 – Figueres 49 – Palafrugell 21.

La Plaça, Sant Esteve 17 ☎ 972 49 04 87, *Fax 972 49 05 97*, – TV P. MC VISA. ✻
cerrado 15 enero-15 febrero – **Comida** *(cerrado lunes, martes y miércoles en invierno)* - sólo cena en verano salvo sábado, domingo y festivos - carta 26 a 39 – ☕ 12 – **8 suites** 78/97 – 3 hab.
♦ Hotel de atención familiar dotado de unas confortables habitaciones tipo suite, todas excepto una con chimenea, que combinan detalles modernos y rústicos en su decoración. Pequeño comedor en piedra vista que centra su actividad en las cenas.

MADRID

28000 P 576 K 19, 575 K 19 y 121 H 7 – 2 957 058 h. alt. 646.

Barcelona 617 ② – Bilbao 395 ① – A Coruña/La Coruña 603 ⑦ – Lisboa 625 ⑥ – Málaga 494 ④ – Paris 1276 ① – Porto 609 ⑦ – Sevilla 531 ④ – València 352 ③ – Zaragoza 322 ②.

OFICINAS DE TURISMO

Duque de Medinaceli 2, ✉ 28014, ✆ 902 100 007, turismo@madrid.org Fax 91 429 37 05.
Pl. Mayor 3, ✉ 28012, ✆ 91 588 16 36, inforturismo@munimadrid.es Fax 91 366 54 77.
Mercado Puerta de Toledo, ✉ 28005, ✆ 902 100 007, turismo@madrid.org Fax 91 364 24 32.
Estación de Atocha, ✉ 28007, ✆ 902 100 007, turismo@madrid.org Fax 91 530 79 55
Estación de Chamartín, ✉ 28036, ✆ 902 100 007, turismo@madrid.org Fax 91 323 79 51.
Aeropuerto de Madrid-Barajas, ✉ 28042 ✆ 902 100 007, turismo@madrid.org Fax 91 305 41 95.

INFORMACIONES PRÁCTICAS

BANCOS Y OFICINAS DE CAMBIO

Principales bancos :
invierno (abiertos de lunes a viernes de 8.30 a 14 h. y sábados de 8.30 a 14 h. salvo festivos).
verano (abiertos de lunes a viernes de 8.30 a 14 h. salvo festivos).
En las zonas turísticas suele haber oficinas de cambio no oficiales.

TRANSPORTES

Taxi : *cartel visible indicando LIBRE durante el día y luz verde por la noche. Compañías de radio-taxi.*

Metro y Autobuses : *Una completa red de metro y autobuses enlaza las diferentes zonas de Madrid. Para el aeropuerto, además del metro, existe una línea de autobuses con su terminal urbana en Pl. de Colón (parking subterráneo).*

Aeropuerto y Compañías Aéreas :
✈ *Aeropuerto de Madrid-Barajas por ② : 12 km, ☎ 902 353 570.*
Iberia, Velázquez 130, ✉ 28006, ☎ 91 587 87 87 HUV.
Iberia, aeropuerto, ✉ 28042, ☎ 91 587 87 87.
Iberia, Santa Cruz de Marcenado 2, ✉ 28015, ☎ 902 400 500 EV.

ESTACIONES DE TREN

Chamartín, 🚗 ☎ 902 240 202 HR.
Atocha, ☎ 902 240 202 GYZ.

RACE *(Real Automóvil Club de España)*

Isaac Newton – Parque Tecnológico de Madrid (PTM), ✉ 28760, Tres Cantos (Madrid) ☎ 91 594 74 00, Fax 91 594 72 49.

CAMPOS DE GOLF

9, 18, 18 *Club de Campo – Villa de Madrid ☎ 91 550 20 10* AL
18, 18 *La Moraleja por ① : 11 km ☎ 91 650 07 00*
9 *Club Barberán por ⑤ : 10 km ☎ 91 509 11 40*
18, 9 *Las Lomas – El Bosque por ⑥ : 18 km ☎ 91 616 75 00*
18 *Real Automóvil Club de España por ① : 28 km ☎ 91 657 00 11*
18 *Nuevo Club de Madrid, Las Matas por ⑦ : 26 km ☎ 91 630 08 20*
9 *Somosaguas O : 10 km por Casa de Campo ☎ 91 352 16 47* AM
9 18 *Club Olivar de la Hinojosa, por M-40 ☎ 91 721 18 89* CL
18 *La Dehesa, Villanueva de la Cañada por ⑦ y desvío a El Escorial : 28 km ☎ 91 815 70 22*
18, 18 *Real Sociedad Hípica Española Club de Campo por ① : 28 km ☎ 91 657 10 18*

ALQUILER DE COCHES

AVIS, ☎ 902 135 531 – EUROPCAR, ☎ 902 105 030 – HERTZ, ☎ 91 372 93 00 – NATIONAL ATESA, ☎ 91 782 01 30.

CURIOSIDADES

PANORÁMICAS DE MADRID

Faro de Madrid : ☼ ★★ DU.

MUSEOS

Museo del Prado★★★ NY – *Museo Thyssen Bornemisza*★★★ MY **M**[6] – *Palacio Real*★★ KXY (*Palacio*★ : *Salón del trono*★, *Real Armería*★★, *Museo de Carruajes Reales*★ DX **M**[1]) – *Museo Arqueológico Nacional*★★ (*Dama de Elche*★★★) NV – *Museo Lázaro Galdiano*★★ (*colección de esmaltes y marfiles*★★★) GU **M**[4] – *Casón del Buen Retiro*★ NY – *Museo Nacional Centro de Arte Reina Sofía*★ (*El Guernica*★★★) MZ – *Museo del Ejército*★ NY – *Museo de América*★ (*Tesoro de los Quimbayas*★, *Códice Trocortesiano*★★★) DU – *Real Academia de Bellas Artes de San Fernando*★ LX **M**[2] – *Museo Cerralbo*★ KV – *Museo Sorolla*★ FU **M**[5] – *Museo de la Ciudad* (*maquetas*★) HT **M**[7] – *Museo Naval* (*modelos*★, *mapa de Juan de la Cosa*★★) NXY **M**[3] – *Museo Nacional de Artes Decorativas*★ NX **M**[8] – *Museo Municipal* (*portada*★★, *maqueta de Madrid*★) LV **M**[10] – *Museo Nacional de Ciencia y Tecnología* (*ballestilla*★★) FZ **M**[9].

IGLESIAS Y MONASTERIOS

Monasterio de las Descalzas Reales★★ KLX – *Iglesia de San Francisco el Grande* (*sillería*★, *sillería de la sacristía*★) KZ – *Real Monasterio de la Encarnación*★ KX – *Iglesia de San Antonio de la Florida*★ (*frescos*★★) DV – *Iglesia de San Miguel*★ KY.

BARRIOS HISTÓRICOS

Barrio de Oriente★★ KVXY – *El Madrid de los Borbones*★★ MNXYZ – *El Viejo Madrid*★ KYZ

LUGARES PINTORESCOS

Plaza Mayor★★ KY – *Parque del Buen Retiro*★★ HY – *Zoo-Aquarium*★★ AM – *Plaza de la Villa*★ KY – *Jardines de las Vistillas* (☼ ★) KYZ – *Campo del Moro*★ DX – *Ciudad Universitaria*★ DT – *Casa de Campo*★ AL – *Plaza de Cibeles*★ MNX – *Paseo del Prado*★ MNXYZ – *Puerta de Alcalá*★ NX – *Plaza Monumental de las Ventas*★ JUV – *Parque del Oeste*★ DV.

PARQUE TEMÁTICO

Warner Bros Park★ *por* ④ *: 30 km*

COMPRAS

Grandes almacenes : *calles Preciados, Carmen, Goya, Serrano, Arapiles, Princesa, Raimundo Fernández Villaverde.*

Centros comerciales : *El Jardín de Serrano, ABC, La Galería del Prado, La Vaguada.*

Comercios de lujo : *calles Serrano, Velázquez, Goya, Ortega y Gasset.*

Antigüedades : *calle del Prado, barrio de Las Cortes, barrio Salamanca, calle Ribera de Curtidores (El Rastro).*

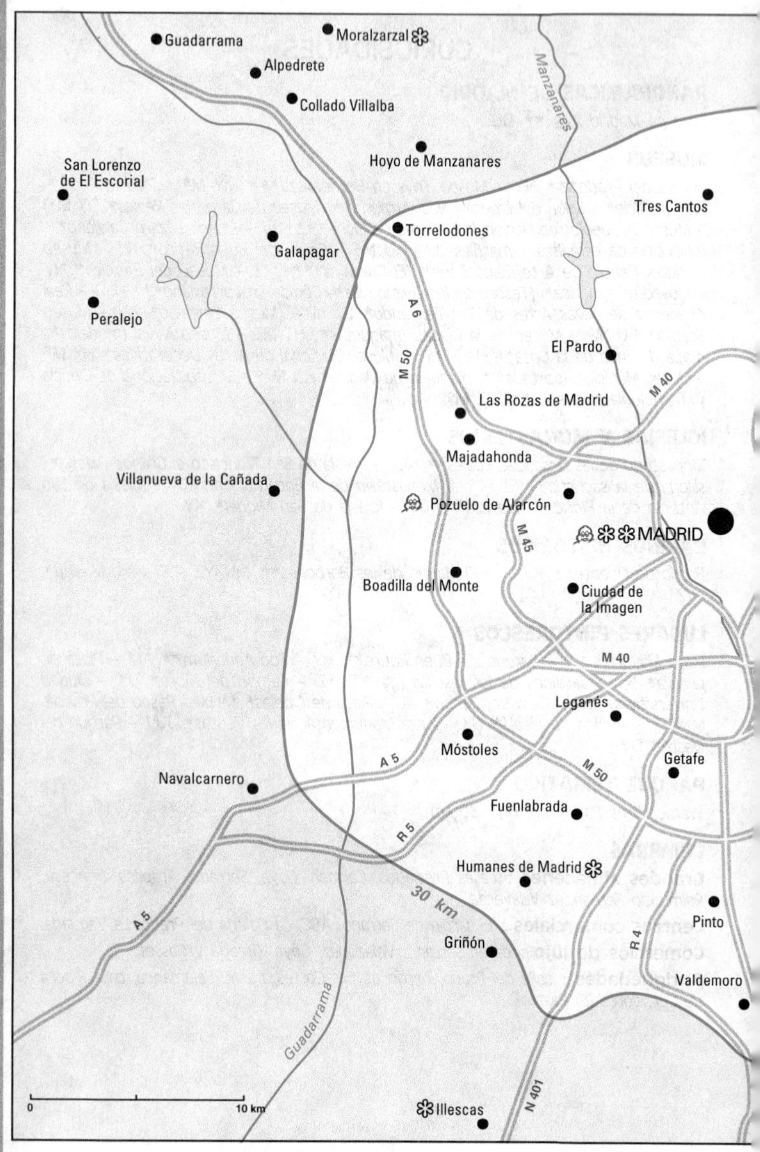

Los precios indicados pueden revisarse al alza,
en caso de variaciones significativas de los costes de bienes y servicios.
Solicite confirmación del precio definitivo cuando efectúe su reserva de hotel.

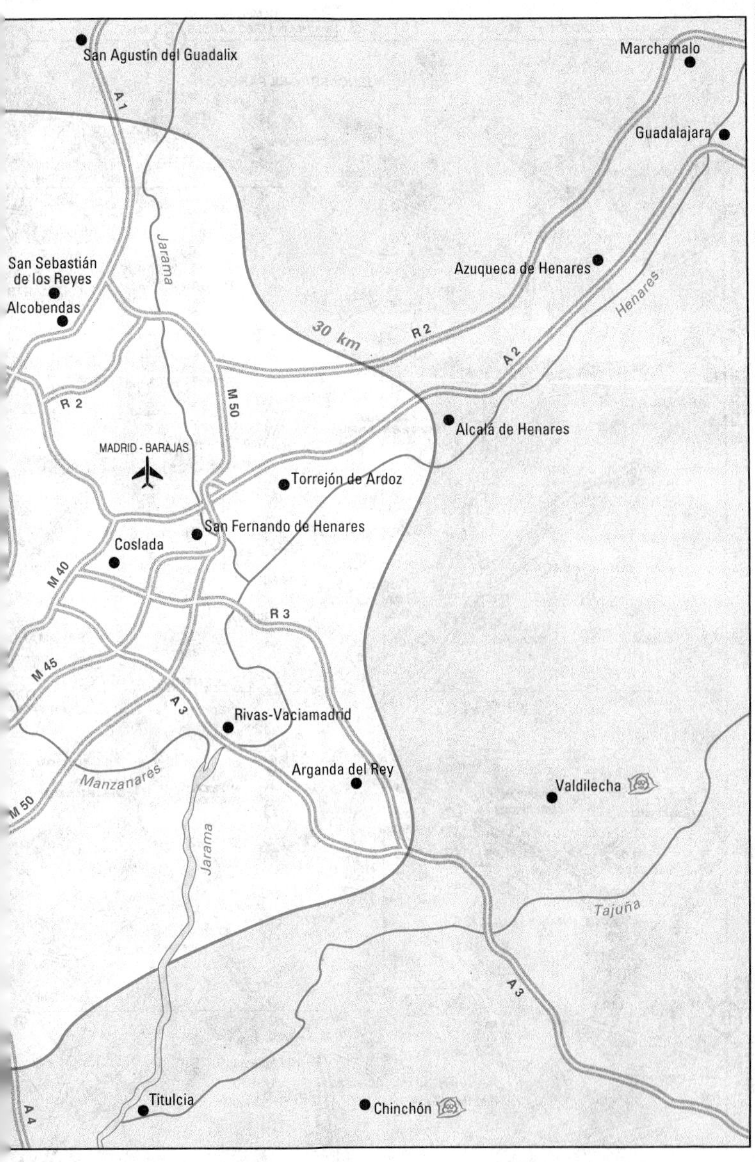

En esta guía, el mismo símbolo en ***rojo*** *o en* ***negro****,*
la misma palabra en letra fina o en negrita, no significan lo mismo.
Lea atentamente la introducción.

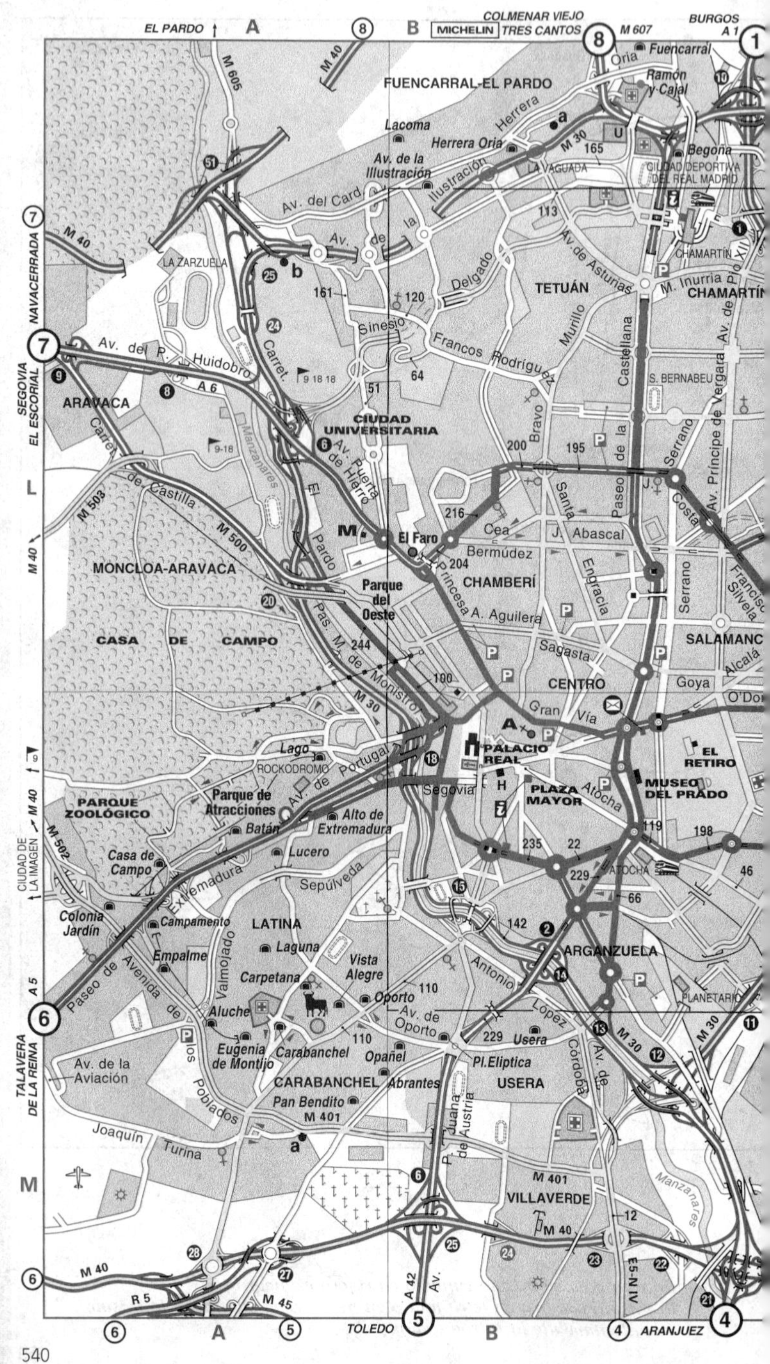
EL PARDO
A
B
MICHELIN
COLMENAR VIEJO
TRES CANTOS
M 607
BURGOS
A 1
FUENCARRAL-EL PARDO
Fuencarral
Ramón y Cajal
Herrera Oria
Lacoma
Av. de la Illustración
LA VAGUADA
Begoña
CIUDAD DEPORTIVA DEL REAL MADRID
CHAMARTÍN
LA ZARZUELA
TETUÁN
Av. de Asturias
M. Inurria
Francos Rodríguez
S. BERNABEU
NAVACERRADA
SEGOVIA
EL ESCORIAL
ARAVACA
Av. del P. Huidobro
A 6
CIUDAD UNIVERSITARIA
Av. Puerta de Hierro
Castellana
Paseo de la Castellana
Serrano
Av. Príncipe de Vergara
MONCLOA-ARAVACA
El Faro
Bermúdez
CHAMBERÍ
Princesa
A. Aguilera
Parque del Oeste
CASA DE CAMPO
Sagasta
SALAMANCA
Alcalá
Goya
Pas. M. de Monistrol
CENTRO
Gran Vía
PALACIO REAL
EL RETIRO
Lago
ROCKODROMO
Av. de Portugal
Segovia
PLAZA MAYOR
Atocha
MUSEO DEL PRADO
PARQUE ZOOLÓGICO
Parque de Atracciones
Batán
Alto de Extremadura
Lucero
CIUDAD DE LA IMAGEN
Casa de Campo
Extremadura
Sepúlveda
ATOCHA
Colonia Jardín
Campamento
LATINA
ARGANZUELA
Empalme
Laguna
Antonio López
Valmojado
Vista Alegre
Carpetana
Oporto
Av. de Oporto
PLANETARIO
TALAVERA DE LA REINA
Paseo de Extremadura
Avenida de los Poblados
Aluche
Eugenia de Montijo
Carabanchel
Opañel
Usera
Pl.Elíptica
Av. de la Aviación
CARABANCHEL
Abrantes
USERA
Av. de Córdoba
Pan Bendito
M 401
P. Juana de Austria
Joaquín Turina
M
VILLAVERDE
Manzanares
M 40
M 45
R 5
A 42
E5-N IV
TOLEDO
ARANJUEZ

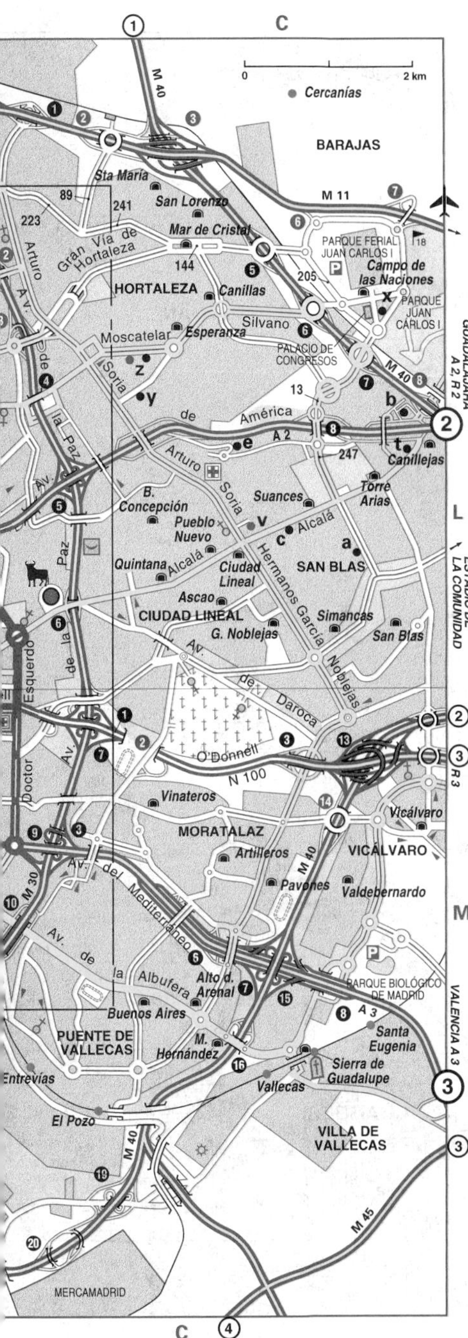

MADRID

Andalucía (Av. de) . . . . **BM** 12
Andes (Av. de los) . . . . **CL** 13
Atocha (R. de) . . . . **BM** 22
Ciudad de Barcelona (Av. de la) . . . . **BM** 46
Complutense (Av.) . . . . **AL** 51
Dehesa de la Villa (Carret. de la) . . . . **BL** 64
Delicias (Pas. de las) . . . . . . **BM** 66
Estación de Hortaleza (Carret. a la) . . . . **CL** 89
Florida (Pas. de la) . . . . **BL** 100
General Ricardos . . . . **BM** 110
Ginzo de Limia . . . . **BL** 113
Infanta Isabel (Pas. de la) . . **BM** 119
Isla de Oza . . . . **BL** 120
Manzanares (Av. del) . . . . . . **BM** 142
Mar de Cristal (Glta del) . . . . **CL** 144
Miraflores (Av. de) . . . . **AL** 161
Monforte de Lemos (Av. de) **BL** 165
Raimundo Fernández Villaverde . . . . **BT** 195
Reina Cristina (Pas. de la) . . **BM** 198
Reina Victoria (Av. de la) . . . . **BL** 200
Reyes Católicos (Av. de los) . **BL** 204
Ribera del Sena . . . . **CL** 205
San Francisco de Sales (Pas. de) . . . . **BL** 216
San Luis (Av. de) . . . . **CL** 223
Santa María de la Cabeza (Pas. de) . . . . **BM** 229
Toledo (Ronda de) . . . . **BM** 235
Valdetorres de Jarama . . . . . **CL** 241
Valladolid (Av. de) . . . . **AL** 244
Veinticinco de Septiembre (Av. del) . . . . **CL** 247

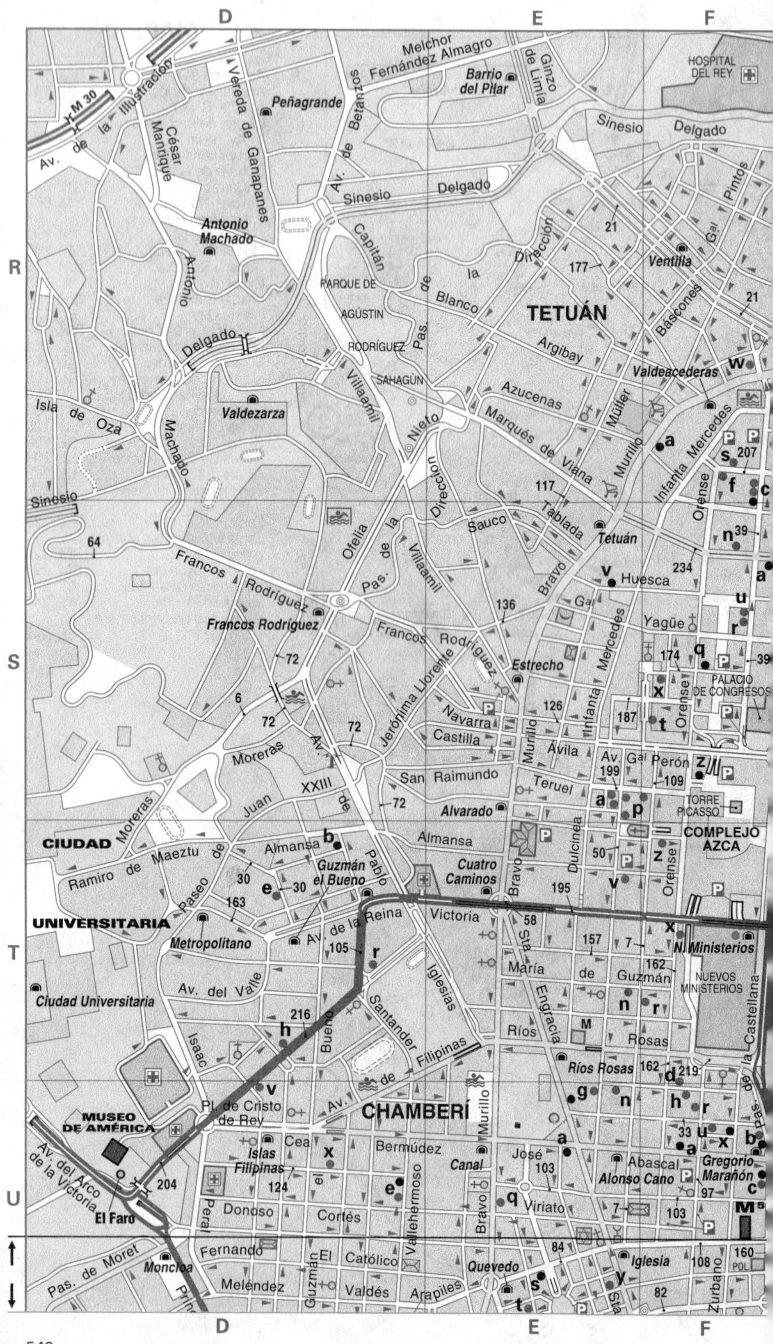
D
E
F
R
S
T
U
TETUÁN
CHAMBERÍ
CIUDAD
UNIVERSITARIA
Peñagrande
Barrio del Pilar
Antonio Machado
Valdezarza
Francos Rodríguez
Ventilla
Valdeacederas
Tetuán
Estrecho
Alvarado
Cuatro Caminos
Guzmán el Bueno
Metropolitano
Ciudad Universitaria
Islas Filipinas
Canal
Ríos Rosas
Alonso Cano
Gregorio Marañón
N. Ministerios
Quevedo
Iglesia
Moncloa
El Faro
HOSPITAL DEL REY
PARQUE DE AGÚSTIN RODRÍGUEZ SAHAGÚN
PALACIO DE CONGRESOS
TORRE PICASSO
COMPLEJO AZCA
NUEVOS MINISTERIOS
MUSEO DE AMÉRICA
M 30
Melchor Fernández Almagro
Ginzo de Limía
Sinesio Delgado
Av. de la Ilustración
César Manrique
Vereda de Ganapanes
Av. de Betanzos
Capitán
Pas. de la Dirección
Blanco
Argibay
Azucenas
Marqués de Viana
Pintos
Gal
Básconas
Müller
Murillo
Infanta Mercedes
Orense
Isla de Oza
Machado
Antonio
Villaamil
Nieto
Dirección
Sauco
Tablada
Bravo
Huesca
Francos Rodríguez
Ofelia
Pas. de la
Jerónima Llorente
Navarra
Castilla
Ávila
Yagüe
Av. Gal Perón
Teruel
San Raimundo
Moreras
Av. de Juan XXIII
Pablo
Almansa
Ramiro de Maeztu
Paseo de
Dulcinea
Victoria
Av. de la Reina
Av. del Valle
Iglesias
Santa María de Guzmán
Sta Engracia
Ríos Rosas
Santander
Bueno
Isaac
Av. de Filipinas
Pl. de Cristo de Rey
Cea
Bermúdez
José
Abascal
Viriato
Av. del Arco de la Victoria
Peral
Donoso
Cortés
Vallehermoso
Bravo Murillo
Pas. de la Castellana
Pas. de Moret
Fernando El Católico
Meléndez Valdés
Guzmán el
Arapiles
Sta
Zurbano
POL.
M

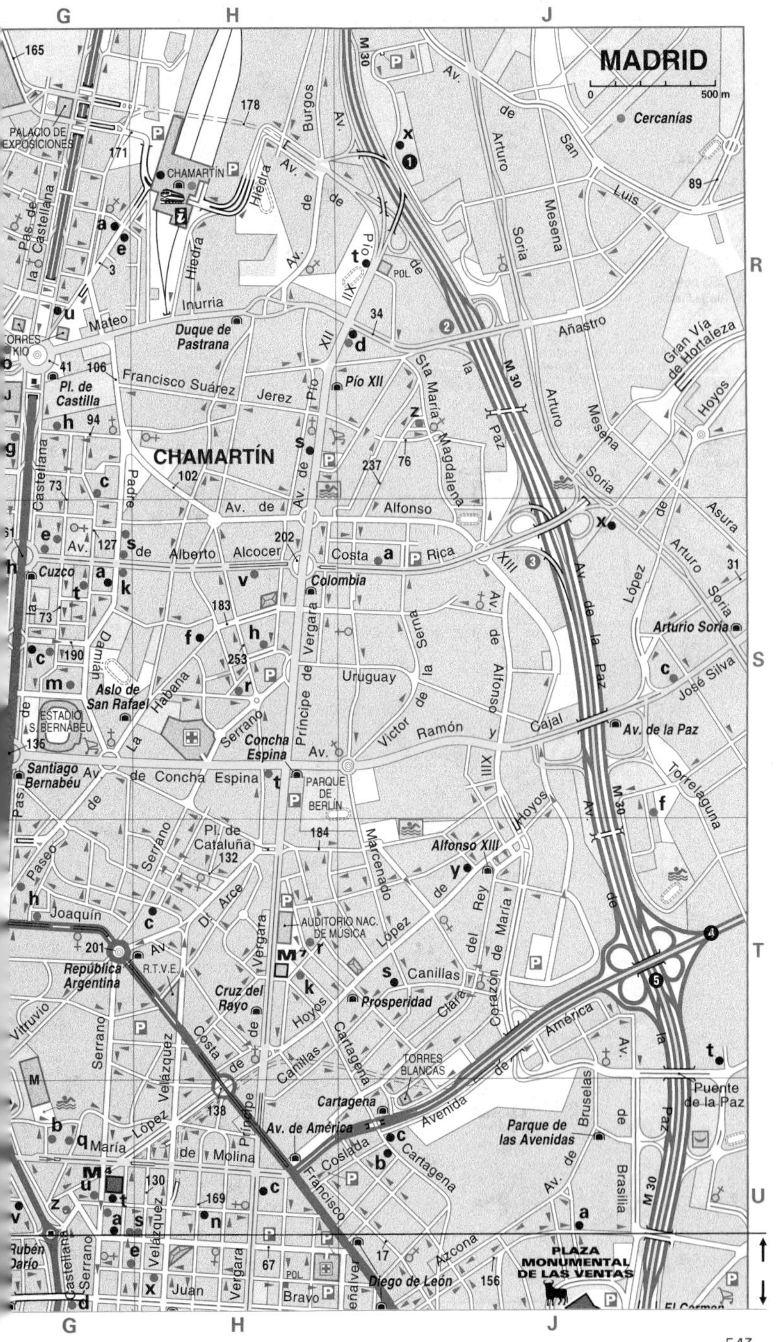

MADRID
0
500 m
Cercanías
CHAMARTÍN
Duque de Pastrana
Pl. de Castilla
Pío XII
Colombia
Cuzco
Asl o de San Rafael
Concha Espina
Santiago Bernabéu
Alfonso XIII
Arturo Soria
Av. de la Paz
Prosperidad
Cruz del Rayo
República Argentina
Cartagena
Av. de América
Parque de las Avenidas
Diego de León
Rubén Darío
PLAZA MONUMENTAL DE LAS VENTAS
ESTADIO S. BERNABÉU
PARQUE DE BERLÍN
AUDITORIO NAC. DE MÚSICA
TORRES BLANCAS
PALACIO DE EXPOSICIONES
Puente de la Paz
Av. de Concha Espina
Av. de Alberto Alcocer
Av. de Alfonso XIII
Av. de Pío XII
Av. de Burgos
Av. de Arturo Soria
Av. de la Paz
Príncipe de Vergara
Francisco Suárez
Víctor de la Serna
Ramón y Cajal
López de Hoyos
Costa Rica
Uruguay
Sta María Magdalena
Mateo Inurria
Añastro
Gran Vía de Hortaleza
José Silva
Torrelaguna
Marcenado
Corazón de María
Clara del Rey
Cartagena
Canillas
Serrano
Velázquez
Joaquín Costa
María de Molina
Francisco Silvela
Paseo de la Castellana
Padre Damián
Pl. de Cataluña
Dr. Arce
Vitruvio
Bruselas
Av. de Brasilia
Azcona
Juan Bravo
M 30
R.T.V.E.
POL.

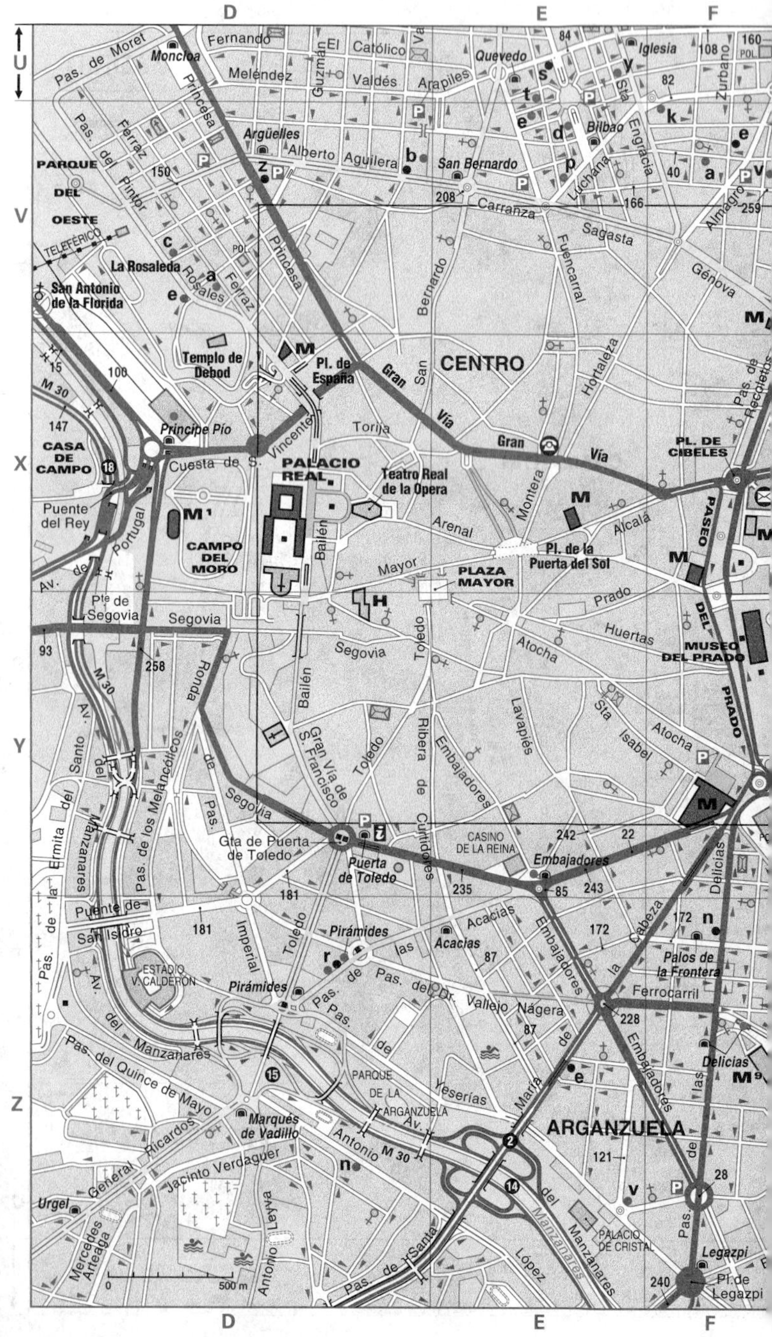

D
E
F
U
V
X
Y
Z
Moncloa
Argüelles
San Bernardo
Quevedo
Iglesia
Bilbao
PARQUE DEL OESTE
TELEFÉRICO
La Rosaleda
San Antonio de la Florida
Templo de Debod
Pl. de España
CENTRO
Gran Vía
Príncipe Pío
CASA DE CAMPO
Cuesta de S. Vicente
PALACIO REAL
Teatro Real de la Opera
CAMPO DEL MORO
Puente del Rey
Pl. de la Puerta del Sol
PLAZA MAYOR
PL. DE CIBELES
PASEO DEL PRADO
MUSEO DEL PRADO
Pte de Segovia
Segovia
Ronda de Segovia
Gran Vía de S. Francisco
Gta de Puerta de Toledo
Puerta de Toledo
CASINO DE LA REINA
Embajadores
Pirámides
Acacias
Palos de la Frontera
Delicias
ESTADIO V. CALDERÓN
Pas. del Quince de Mayo
Marqués de Vadillo
PARQUE DE LA ARGANZUELA
ARGANZUELA
PALACIO DE CRISTAL
Legazpi
Pl. de Legazpi
Urgel
Jacinto Verdaguer
General Ricardos
Mercedes Arteaga
Antonio Leyva
M 30
0
500 m

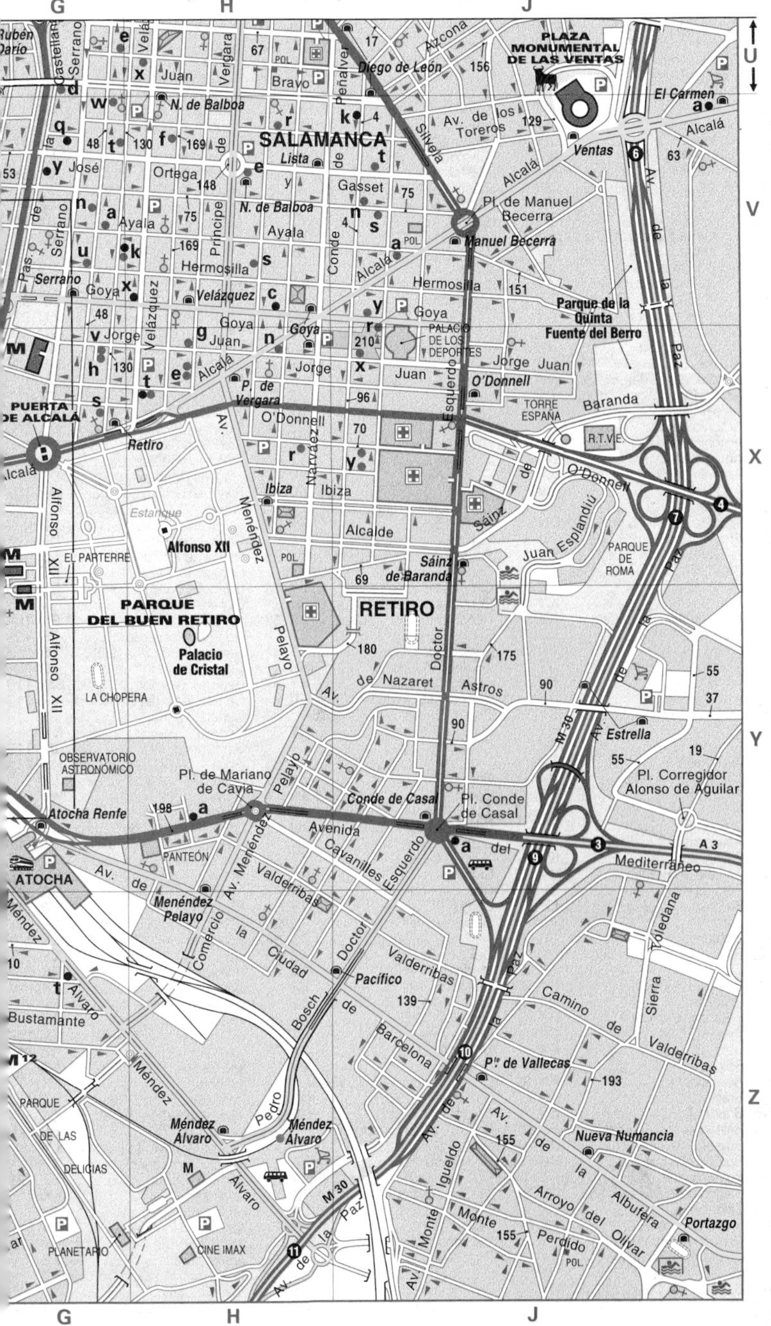
PLAZA MONUMENTAL DE LAS VENTAS
SALAMANCA
RETIRO
PARQUE DEL BUEN RETIRO
Palacio de Cristal
Alfonso XII
Estanque
EL PARTERRE
LA CHOPERA
OBSERVATORIO ASTRONÓMICO
PUERTA DE ALCALÁ
Parque de la Quinta Fuente del Berro
PALACIO DE LOS DEPORTES
TORRE ESPAÑA
R.T.V.E.
PARQUE DE ROMA
ATOCHA
PANTEÓN
PARQUE DE LAS DELICIAS
PLANETARIO
CINE IMAX
Diego de León
Manuel Becerra
Ventas
El Carmen
Goya
Velázquez
Serrano
N. de Balboa
Lista
O'Donnell
P. de Vergara
Retiro
Ibiza
Sáinz de Baranda
Conde de Casal
Estrella
Atocha Renfe
Menéndez Pelayo
Pacífico
Pte de Vallecas
Nueva Numancia
Portazgo
Méndez Álvaro
Pl. de Manuel Becerra
Pl. de Mariano de Cavia
Pl. Conde de Casal
Pl. Corregidor Alonso de Aguilar
Av. de la Paz
M 30
A 3
M 12
G
H
J
U
V
X
Y
Z

ÍNDICE DE CALLES DE MADRID

Acacias (Pas. de las) **EZ**
Agustín de Foxá **GR** 3
Alberto Aguilera **DV**
Alberto Alcocer (Av. de) **HS**
Albufera (Av. de la) **CM**
Alcalá **MX**
Alcalde Sáinz de Baranda **JX**
Alcántara **JV** 4
Alfonso XI **NX**
Alfonso XII **NX**
Alfonso XIII (Av. de) **JS**
Almagro **FV**
Almansa **DT**
Almirante Francisco Moreno **DS** 6
Almirante **MV**
Alonso Cano **ET** 7
Alonso Martínez (Pl. de) **MV**
Alvarez Gato **LY** 9
Amaniel **KV**
América (Av. de) **JT**
Añastro **JR**
Ancora **GZ** 10
Andalucía (Av. de) **BM** 12
Andes (Av. de los) **CL** 13
Aniceto Marinas **DX** 15
Antonio Leyva **DZ**
Antonio López **DZ**
Antonio Machado **DR**
Antonio Maura **NY**
Apodaca **LV**
Arapiles **EU**
Arco de la Victoria (Av. del) **DU**
Ardemans **JU** 17
Arenal **KY**
Argensola **MV**
Argumosa **LZ**
Arrieta **KX** 18
Arroyo de la Media Legua **JY** 19
Arroyo del Olivar **JZ**
Arturo Soria **CL**
Astros **JY**
Asturias (Av. de) **ER** 21
Asura **JS**
Atocha (R. de) **EY** 22
Atocha **LY**
Augusto Figueroa **MV** 24
Ave María **LZ**
Aviación (Av. de la) **AM**
Ávila **ES**
Ayala **NV** 25
Azcona **JU**
Azucenas **ER**
Bailén **KY**
Bárbara de Braganza **NV** 27
Barceló **LV**
Barco **LV**
Barquillo **MX**
Báscones **FR**
Beata María Ana de Jesús (Pl. de la) **FZ** 28
Beatriz de Bobadilla **DT** 30
Belisana **JS** 31
Betanzos (Av. de) **DR**
Bilbao (Glta de) **LV**
Bola **KX**
Bolívar **GZ**
Bordadores **KY** 32
Brasilia (Av. de) **JU**
Bravo Murillo **EU**
Bretón de los Herreros **FU** 33
Bruselas (Av. de) **JU**
Burgos (Av. de) **HR**
Bustamante **GZ**
Caídos de la División Azul **JR** 34
Calatrava **KZ**
Callao (Pl. del) **LX** 36
Camino de los Vinateros **JY** 37
Canalejas (Pl. de) **LY**
Canillas **JT**
Cánovas del Castillo (Pl. de) **MY**
Capitán Blanco Argibay **ER**
Capitán Haya **FS** 39
Caracas **FV** 40
Cardenal Herrera Oria (Av. del) **BL**
Carmen **LX**
Carranza **EV**
Carretas **LY**
Cartagena **JU**
Cascorro (Pl. de) **LZ**
Castellana (Pas. de la) **NV**
Castilla (Carret. de) **AL**
Castilla (Pl. de) **GR** 41
Castilla **ES**
Cataluña (Pl. de) **HT**
Cava Alta **KZ** 42
Cava Baja **KZ** 43
Cava de San Miguel **KY** 45
Cavanilles **JY**
Cea Bermúdez **DU**
Cebada (Pl. de la) **KZ**
César Manrique **DR**
Cibeles (Pl. de) **MX**
Ciudad de Barcelona (Av. de la) **NZ** 46
Clara del Rey **JT**
Claudio Coello **GV** 48
Claudio Moyano **NZ**
Colegiata **LZ**
Colón (Pl. de) **NV** 49
Colón **LV**
Comandante Zorita **ET** 50
Comercio **HZ**
Complutense (Av.) **AL** 51
Concepción Jerónima **LY** 52
Concha Espina (Av. de) **HS**
Conde de Casal (Pl. del) **JY**
Conde de Peñalver **JU**
Conde de Romanones **LY** 53
Conde Duque **KV**
Corazón de María **JT**
Córdoba (Av. de) **BM**
Cordón (Pl. del) **KY** 54
Corredera Baja de San Pablo **LV**
Corregidor Alonso de Aguilar (Pl. del) **JY**
Corregidor Diego Cabeza de Vaca **JY** 55
Cortes (Pl. de las) **MY** 57
Coslada **JU**
Costa Rica **JS**
Cristo Rey (Pl. de) **DU**
Cruz **LY**
Cuatro Caminos (Glta de) **ET** 58
Cuchilleros **KY** 60
Cuzco (Pl. de) **GS** 61
Daroca (Av. de) **JV** 63
Dehesa de la Villa (Carret. de la) **DS** 64
Delicias (Pas. de las) **BM** 66
Diego de León **HU** 67
Dirección (Pas. de la) **ER**
Divino Pastor **LV**
Doce de Octubre **JX** 69
Doctor Arce (Av. del) **HT**
Doctor Castelo **JX** 70
Doctor Esquerdo **JY**
Doctor Federico Rubio y Gali (Av. del) **DS** 72
Doctor Fléming **GS** 73
Doctor Vallejo Nágera (Pas. del) **EZ**
Don Pedro **KZ**
Don Ramón de la Cruz **HV** 75
Donoso Cortés **DU**
Dos de Mayo (Pl. del) **LV**
Drácena **JR** 76
Dulcinea **ET**
Duque de Alba **LZ** 78
Duque de Medinaceli **MY** 79
Echegaray **LY** 81
Eduardo Dato (Pas. de) **FU** 82
Eloy Gonzalo **EU** 84
Embajadores (Glta de) **EY** 85
Embajadores **LZ**
Emperador Carlos V (Pl. del) **NZ**
Ermita del Santo (Pas. de la) **DY**
Espalter **NZ**
España (Pl. de) **KV**
Esperanza (Pas. de la) **EZ** 87
Espíritu Santo **LV**
Espoz y Mina **LY** 88
Estación de Hortaleza (Carret. a la) **CL** 89
Estrella Polar **JY** 90
Estudios **KZ** 91
Extremadura (Pas. de) **DY** 93
Felipe IV **NY**
Félix Boix **GR** 94
Fernán González **JX** 96
Fernández de la Hoz **FU** 97
Fernando El Católico **DU**
Fernando el Santo **NV** 99
Fernando VI **MV**
Ferraz **DV**
Ferrocarril **FZ**
Filipinas (Av. de) **ET**
Florida (Pas. de la) **DX** 100
Francisco Silvela **HU**
Francisco Suárez **HR**
Francos Rodríguez **DS**
Fray Bernardino Sahagún **HR** 102
Fúcar **MZ**
Fuencarral **LV**
Ganapanes (Vereda de) **DR**
García de Paredes **EU** 103
General Ibáñez de Ibero **DT** 105
General López Pozas **GR** 106
General Martínez Campos (Pas. del) **FU** 108
General Moscardó **FS** 109
General Perón (Av. del) **FS**
General Pintos **FR**
General Ricardos **BM** 110
General Vara del Rey (Pl. del) **KZ** 112
General Yagüe **FS**
Génova **NV**
Ginzo de Limia **BL** 113
Goya **NV** 114
Gran Vía **LX**
Gravina **MV**
Guzmán El Bueno **DU**
La Habana (Pas. de) **HS**
Hermanos García Noblejas **CL**
Hermosilla **HV**
Herradores (Pl. de los) **KY** 116
Hiedra **HR**
Hierbabuena **ER** 117
Hortaleza (Gran Vía de) **CL**
Hortaleza **LX**
Huertas **LY**
Huesca **ES**
Ibiza **JX**
Ilustración (Av. de la) **BL**
Imperial (Pas.) **DZ**
Independencia (Pl. de la) **NX** 118
Infanta Isabel (Pas. de la) **NZ** 119
Infanta Mercedes **ES**
Infantas **LX**
Isaac Peral **DT**
Isabel II (Pl. de) **KX**
Isla de Oza **BL** 120
Jacinto Benavente (Pl. de) **LY**
Jacinto Verdaguer **DZ**
Jaime El Conquistador **EZ** 121
Jardines **LX**
Jerez **HR**
Jerónima Llorente **DS**
Jesús del Valle **LV** 123
Jesús y María **LZ**
Jesús **MY**
Joaquín Costa **GT**
Joaquín María López **DU** 124

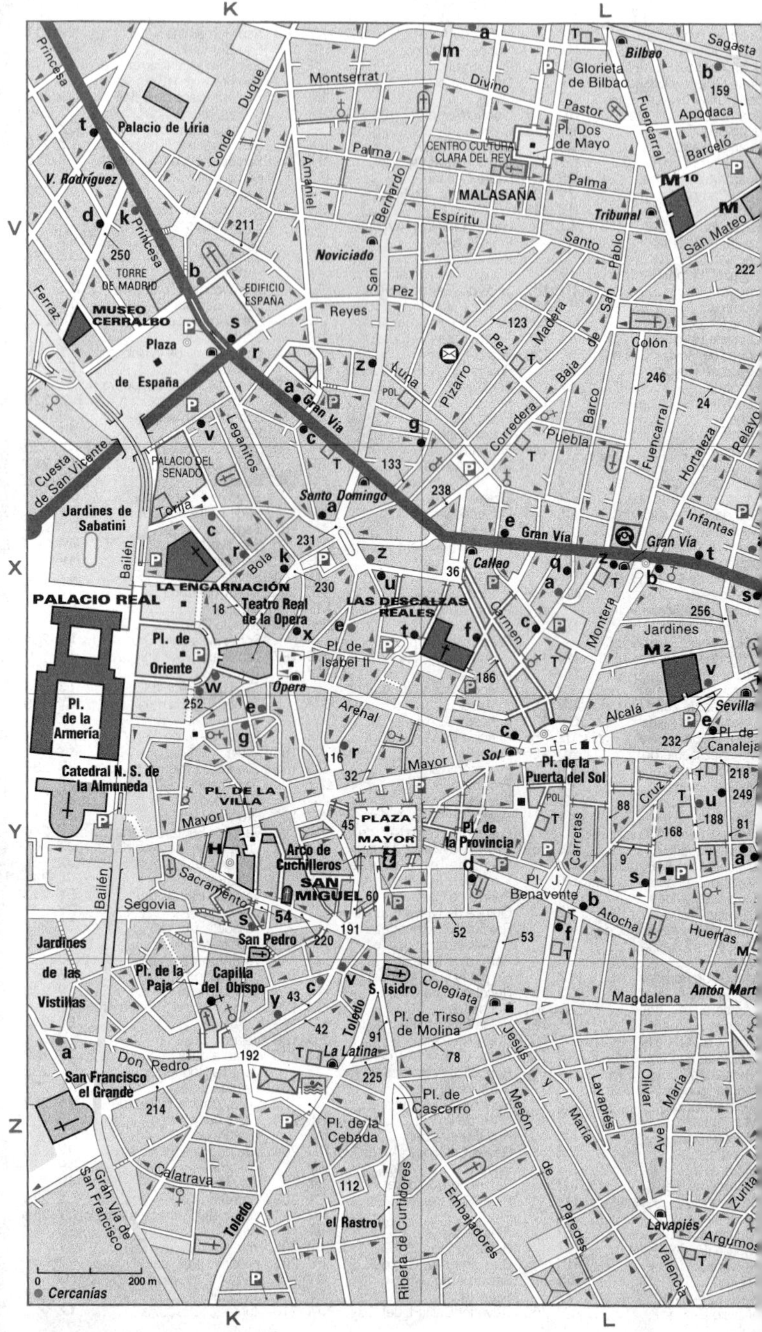
K
L
V
X
Y
Z
Palacio de Liria
V. Rodríguez
TORRE DE MADRID
MUSEO CERRALBO
EDIFICIO ESPAÑA
Plaza de España
Noviciado
MALASAÑA
CENTRO CULTURAL CLARA DEL REY
Pl. Dos de Mayo
Glorieta de Bilbao
Bilbao
Tribunal
Gran Vía
Santo Domingo
Callao
PALACIO DEL SENADO
Jardines de Sabatini
LA ENCARNACIÓN
PALACIO REAL
Teatro Real de la Opera
LAS DESCALZAS REALES
Pl. de Oriente
Pl. de Isabel II
Opera
Pl. de la Armería
Catedral N. S. de la Almudena
PL. DE LA VILLA
PLAZA MAYOR
Arco de Cuchilleros
SAN MIGUEL
Pl. de la Puerta del Sol
Sol
Pl. de la Provincia
Pl. J. Benavente
Sevilla
Pl. de Canalejas
Jardines
San Pedro
Pl. de la Paja
Capilla del Obispo
S. Isidro
Jardines de las Vistillas
Pl. de Tirso de Molina
La Latina
San Francisco el Grande
Pl. de Cascorro
Pl. de la Cebada
el Rastro
Lavapiés
Antón Martín
Cuesta de San Vicente
Gran Vía de San Francisco
Princesa
Conde Duque
Montserrat
Amaniel
San Bernardo
Palma
Espíritu
Divino Pastor
Sagasta
Apodaca
Barceló
Fuencarral
San Mateo
Santo
San Pablo
Reyes
Pez
Luna
Pizarro
Madera
Baja de San Pablo
Corredera
Puebla
Barco
Colón
Hortaleza
Pelayo
Infantas
Leganitos
Ferraz
Torija
Bola
Bailén
Arenal
Mayor
Carmen
Montera
Alcalá
Cruz
Carretas
Atocha
Huertas
Sacramento
Segovia
Colegiata
Magdalena
Toledo
Don Pedro
Calatrava
Ribera de Curtidores
Embajadores
Jesús y María
Mesón de Paredes
Lavapiés
Olivar
Ave María
Valencia
Argumosa
Zurita
0
200 m
Cercanías

MADRID

Alcalá	MX	
Alvarez Gato	LY	9
Arenal	KY	
Arrieta	KX	18
Augusto Figueroa	MV	24
Ayala	NV	25
Bárbara de Braganza	NV	27
Bordadores	KY	32
Callao (Pl. del)	LX	36
Carmen	LX	
Cava Alta	KZ	42
Cava Baja	KZ	43
Cava de San Miguel	KY	45
Ciudad de Barcelona (Av. de la)	NZ	46
Colón (Pl. de)	NV	49
Concepción Jerónima	LY	52
Conde de Romanones	LY	53
Cordón (Pl. del)	KY	54
Cortes (Pl. de las)	MY	57
Cuchilleros	KY	60
Duque de Alba	LZ	78
Duque de Medinaceli	MY	79
Echegaray	LY	81
Espoz y Mina	LY	88
Estudios	KZ	91
Felipe IV	NY	
Fernando el Santo	NV	99
Fuencarral	LV	
General Vara del Rey (Pl. del)	KZ	112
Goya	NV	114
Gran Vía	LX	
Herradores (Pl. de los)	KY	116
Hortaleza	LX	
Independencia (Pl. de la)	NX	118
Infanta Isabel (Pas. de la)	NZ	119
Jesús del Valle	LV	123
Libreros	KX	133
Madrazo	MY	141
Marqués de Cubas	MY	145
Mayor (Pl.)	KY	
Mayor	KY	
Mejía Lequerica	LMV	159
Montera	LX	
Núñez de Arce	LY	168
Preciados	LX	186
Príncipe	LY	188
Puerta Cerrada (Pl. de)	KY	191
Puerta de Moros (Pl. de)	KZ	192
Puerta del Sol (Pl. de la)	LY	
Recoletos	NX	196
San Bernardino	KV	211
San Francisco (Carrera de)	KZ	214
San Jerónimo (Carrera de)	LMY	218
San Justo	KY	220
San Lorenzo	LV	222
San Millán	KZ	225
Santa Engracia	MV	226
Santo Domingo (Cuesta de)	KX	230
Santo Domingo (Pl. de)	KX	231
Sevilla	LY	232
Tudescos	LX	238
Valverde	LV	246
Ventura de la Vega	LY	249
Ventura Rodríguez	KV	250
Vergara	KY	252
Villa de París (Pl. de la)	NV	255
Virgen de los Peligros	LX	256

Lista alfabética de los establecimientos
Lista alfabética dos estabelecimentos
Liste alphabétique des établissements
Elenco alfabetico degli esercizi
Alphabetische liste der Häuser
Alphabetical list of establishments

N

O

P

Q – R

S

T

V – W

Z

Establecimientos con estrellas
Estabelecimentos com estrelas
Les établissements à étoiles
Gli esercizi con stelle
Die Stern-Restaurants
Starred establishments

✿✿

40 **La Broche**
39 **Santceloni**

✿

35 **Casa d'a Troya**
44 **El Chaflán**
27 **Terraza del Casino (La)**
44 **Zalacain**

Buenas comidas a precios moderados
Refeições cuidadas a preços moderados
Repas soignés à prix modérés
Pasti accurati a prezzi contenuti
Sorgfältig zubereitete preiswerte Mahlzeiten
Good food at moderate prices

"Bib Gourmand"

29 **Bola (La)**
41 **Despensa (La)**
38 **Sal Gorda**
28 **Zerain**

Restaurantes especializados
Restaurants classés suivant leur genre
Ristoranti classificati secondo il loro genere
Restaurants nach Art geordnet
Restaurants classified according to type

Arroces

Asturianos

Bacalaos

Carnes y asados

Catalanes

Cocido

Embutidos Ibéricos

Gallegos

45 **Carta Marina**
35 **Casa d'a Troya**
34 **Grelo (O')**
27 **Moaña**
33 **Ponteareas**
48 **Portonovo**
45 **Rianxo**
41 **Villa de Foz**

Pescados y mariscos

27 **Bajamar**
36 **Barril (El)** Goya 86
36 **Barril (El)** Don Ramón de la Cruz 91
35 **Casa d'a Troya**
33 **Combarro** José Ortega y Gasset 40
44 **Combarro** Reina Mercedes 12
34 **Gran Barril (El)**
46 **María (De)**
45 **Pazo (O')**
36 **Pescador (El)**
48 **Remos (Los)**
45 **Telégrafo (El)**
36 **Trainera (La)**

Vascos y navarros

47 **Asador Gaztelu**
35 **Asador Velate**
38 **Currito**
27 **Errota-Zar**
48 **Gaztelubide**
46 **Gaztelupe**
45 **Goizeko-Kabi**
46 **Jai-Alai**
38 **Lizarran**
40 **Lur Maitea**
40 **Odriozola**
33 **Oter Epicure**
44 **Príncipe de Viana**

Alemanes

47 **Fass**

Armenios

46 **Sayat Nova**

Chinos

29 **Tsé Yang** – Hotel Villa Magna

Egipcios

28 **La Cava del Faraón**

Hindúes

40 **Annapurna**
34 **Mumbai Massala**

Italianos

47 **Carpaccio**
29 **Ciao Madrid**
41 **Enzo**
40 **Gusto (Il)**
34 **Olio (L')**

Japoneses

Maghrebíes

Sirios

Centro : Paseo del Prado, Puerta del Sol, Gran Vía, Alcalá, Paseo de Recoletos, Plaza Mayor (planos p. 14 y 15 salvo mención especial)

The Westin Palace, pl. de las Cortes 7, ✉ 28014, ☎ 91 360 80 00, *reservation.palacemadrid@westin.com, Fax 91 360 81 00,* – ⛳, hab, – 25/500. AE VISA JCB. rest MY e
Comida carta 42 a 66 – 25 – **417 hab** 369 – 48 suites.
• Elegante edificio histórico, frente al Congreso de los Diputados, con bello patio central y hermosa bóveda acristalada de estilo modernista. Lujo y tradición en armonía.

Villa Real, pl. de las Cortes 10, ✉ 28014, ☎ 91 420 37 67, *villareal@derbyhotels.es, Fax 91 420 25 47,* – – 35/220. AE VISA JCB. rest MY c
Europa : **Comida** carta 33 a 44 – 19 – **96 hab** 316/354 – 19 suites.
• Cuenta con una valiosa colección de arte griego y romano en todas sus dependencias. Sus confortables habitaciones poseen atractivos detalles y mobiliario en caoba. Cálido restaurante ambientado con litografías contemporáneas.

Crowne Plaza Madrid City Centre, pl. de España, ✉ 28013, ☎ 91 454 85 00, *reservas@crowneplazamadrid.com, Fax 91 548 23 89,* ≤, – – 25/220. AE VISA JCB. KV s
Comida carta 28 a 39 – 17 – **295 hab** 270/294 – 11 suites.
• De línea clásica, en una zona de surtida oferta cultural. Sus completas instalaciones gozan de altos niveles de confort y calidad, con una amplia variedad de salones. Su impecable comedor brinda hermosas vistas.

Tryp Ambassador, Cuesta de Santo Domingo 5, ✉ 28013, ☎ 91 541 67 00, *ambasador@trypnet.com, Fax 91 559 10 40* – – 25/300. AE VISA. KX k
Comida carta aprox. 36 – 17 – **159 hab** 144/178 – 24 suites.
• Señorial y con un bello patio interior cubierto, en concordancia con la zona noble de la ciudad. Sus confortables habitaciones gozan de un mobiliario elegante y de calidad. Restaurante con el techo acristalado a modo de jardín de invierno.

NH Nacional, paseo del Prado 48, ✉ 28014, ☎ 91 429 66 29, *nhnacional@nh-hotels.com, Fax 91 369 15 64* – – 25/150. AE VISA. NZ r
Comida *(cerrado 15 julio-5 septiembre, sábado y domingo)* carta 28 a 41 – 17 – **213 hab** 176/211 – 1 suite.
• De atractiva fachada y privilegiada ubicación. Destaca su amplio hall-recepción, así como las acogedoras habitaciones decoradas en tonos claros y con un confort muy actual.

Quo Puerta del Sol sin rest, Sevilla 4, ✉ 28014, ☎ 91 532 90 49, *puertadelsol@hotelesquo.com, Fax 91 531 28 34* – . AE VISA JCB. LY e
13 – **61 hab** 156/195 – 1 suite.
• Prácticamente carece de zona social, aunque compensan este detalle mediante unas magníficas habitaciones, de diseño vanguardistas y equipadas con la tecnología más actual.

Liabeny, Salud 3, ✉ 28013, ☎ 91 531 90 00, *info@hotelliabeny.com, Fax 91 532 74 21* – – 25/125. AE VISA. LX c
Comida 21 – 14 – **222 hab** 109/147.
• En una zona de gran actividad comercial. Su bar de estilo inglés antiguo le aporta aroma señorial a la zona noble. Confortables habitaciones de estilo clásico funcional. Restaurante de estética íntima.

Senator España, Gran Vía 70, ✉ 28013, ☎ 91 522 82 65, *senator.espana@playasenator.com, Fax 91 522 82 64,* , – , hab, – 25/200. AE VISA. KV a
Comida 16 – 12 – **171 hab** 130/150.
• Este hotel destaca por su oferta de ocio, con un centro de belleza y piscinas de hidromasaje. Sus habitaciones, completamente insonorizadas, tienen un equipamiento práctico.

Santo Domingo, pl. de Santo Domingo 13, ✉ 28013, ☎ 91 547 98 00, *reserva@hotelsantodomingo.com, Fax 91 547 59 95* – – 25/200. AE VISA JCB – **Comida** 31,50 – 11,50 – **120 hab** 162/215. KX a
• Destacan las numerosas obras de arte que decoran sus paredes. Habitaciones de cuidado confort en diversas tonalidades, y baños modernos, algunos con hidromasaje.

Palacio San Martín, pl. San Martín 5, ✉ 28013, ☎ 91 701 50 00, *sanmartin@intur.com, Fax 91 701 50 10,* – – 25. AE VISA. KX t
Comida 35 – 15 – **93 hab** 133/163 – 1 suite.
• Antiguo edificio que en los años 50 fue sede de la embajada de los Estados Unidos. Un patio con techo acristalado funciona como zona social. Habitaciones clásicas. Restaurante con vistas ubicado en la última planta.

H10 Villa de la Reina, Gran Vía 22, ✉ 28013, ☎ 91 523 91 01, *h10.villa.delareina@h10.es, Fax 91 521 75 22* – – 25/40. AE VISA. LX t
Comida 24 – 15 – **73 hab** 180/195 – 1 suite.
• Atractivo conjunto de principios del s. XX, con un elegante hall-recepción en mármol y maderas nobles. Mantiene el encanto de antaño y ofrece habitaciones de elevado confort.

Preciados, Preciados 37, ✉ 28013, ☎ 91 454 44 00, *preciadoshotel@preciadoshotel.com, Fax 91 454 44 01* – |‡| ▤ TV 🚗 – 🏋 25/100. AE ⓓ ⓜⓒ VISA JCB. ✂ KX u
Comida 18 – ☕ 12 – **68 hab** 117,20/186 – 5 suites.
• El sobrio clasicismo de su arquitectura, que data del s. XIX, contrasta con el moderno y completo equipamiento de las dependencias. Zona social escasa pero acogedora.

Arosa sin rest con cafetería, Salud 21, ✉ 28013, ☎ 91 532 16 00, *arosa@hotelarosa.com, Fax 91 531 31 27* – |‡| ▤ TV – 🏋 25/45. AE ⓓ ⓜⓒ VISA JCB LX q
☕ 13 – **134 hab** 134/205.
• Disfruta de una amplia oferta cultural y de ocio en sus proximidades. Sus instalaciones han sido actualizadas en confort y decoración, logrando un conjunto muy loable.

Mayorazgo, Flor Baja 3, ✉ 28013, ☎ 91 547 26 00, *comercial@hotelmayorazgo.com, Fax 91 541 24 85* – |‡| ▤ TV 🚗 – 🏋 25/250. AE ⓓ ⓜⓒ VISA JCB. ✂ KV c
Comida 26 – ☕ 13 – **200 hab** 140/175.
• Próximo a la plaza de España, con hall clásico y habitaciones elegantes, de estilo moderno y decoración detallista. Servicios propios como tienda, boutique o peluquería. Comedor íntimo y elegante, con servicio de buffet y carta.

A. Gaudí, Gran Vía 9, ✉ 28013, ☎ 91 531 22 22, *gaudi@hoteles-catalonia.es, Fax 91 531 54 69*, 🏋 – |‡| ▤ TV 📞 ♿ – 🏋 25/120. AE ⓓ ⓜⓒ VISA. ✂ LX s
Comida 15 – ☕ 13 – **185 hab** 136/177.
• En pleno centro de Madrid, con una cuidada fachada de principios del s. XX que esconde un interior dinámico y moderno. Habitaciones luminosas y de confort actual.

G.H. Tryp Reina Victoria, pl. de Santa Ana 14, ✉ 28012, ☎ 91 531 45 00, *reinavictoria@trypnet.com, Fax 91 522 03 07* – |‡|, ⇔ hab, ▤ TV 🚗 – 🏋 25/350. AE ⓓ ⓜⓒ VISA. ✂ LY s
Comida carta aprox. 30 – ☕ 15,60 – **195 hab** 192/235 – 6 suites.
• Ubicado en una de las zonas más animadas de la ciudad. Amplia tradición taurina, como se aprecia en alguno de sus rincones o en la cafetería dedicada al diestro Manolete.

Senator Gran Vía, Gran Vía 21, ✉ 28013, ☎ 91 531 41 51, *senator.granvia@playasenator.com, Fax 91 524 07 99*, 🏊 climatizada – |‡| ▤ TV 📞 ♿ – 🏋 25. AE ⓓ ⓜⓒ VISA JCB. ✂ LX b
Comida 16 – ☕ 13 – **136 hab** 120/140.
• Su emblemática fachada clásica es el preludio de un interior con los elementos de confort más actuales. Habitaciones vanguardistas y una cafetería como único espacio social. Restaurante sencillo y práctico, con servicio de carta y buffet.

Lope de Vega sin rest, Lope de Vega 49, ✉ 28014, ☎ 91 360 00 11, *lopedevega@hotellopedevega.com, Fax 91 429 23 91* – |‡| ▤ TV 📞 🚗 – 🏋 25/50. AE ⓓ ⓜⓒ VISA JCB. ✂ MY d
☕ 11,77 – **59 hab** 140/180.
• Moderno hotel con hall-recepción en mármol y zona de convenciones contigua. Ofrece habitaciones actuales, con alusiones escritas sobre Lope de Vega y el Madrid del s. XVII.

Suecia, Marqués de Casa Riera 4, ✉ 28014, ☎ 91 531 69 00, *bookings@hotelsuecia.com, Fax 91 521 71 41* – |‡| ▤ TV 📞 – 🏋 25/150. AE ⓓ ⓜⓒ VISA. ✂ MX r
Comida 24 – ☕ 14 – **119 hab** 146/184 – 9 suites.
• Abierto en 1956 y con personajes ilustres entre sus clientes, como Ernest Hemingway. Sus habitaciones combinan el mobiliario antiguo con soluciones y detalles actuales. Cálido restaurante integrado dentro del espacioso y polivalente hall-recepción.

Catalonia Moratín, Atocha 23, ✉ 28012, ☎ 91 369 71 71, *moratin@hoteles-catalonia.es, Fax 91 360 12 31* – |‡| ▤ TV 📞 ♿ – 🏋 25/30. AE ⓓ ⓜⓒ VISA JCB. ✂ LY b
Comida 15 – ☕ 13 – **59 hab** 136/177 – 4 suites.
• Conjunto del s. XVIII que combina elementos originales, como la escalera, con otros de diseño más práctico. Patio interior con el techo acristalado y modernas habitaciones. Alegre comedor ubicado en el sótano y con una oferta gastronómica basada en su menú.

Tryp Atocha sin rest, Atocha 83, ✉ 28012, ☎ 91 330 05 00, *tryp.atocha@solmelia.com, Fax 91 420 15 60* – |‡| ▤ TV 📞 – 🏋 25/210. AE ⓓ ⓜⓒ VISA. ✂ MZ a
☕ 14,50 – **150 hab** 132/150.
• Edificio palaciego de 1913 dotado con unas instalaciones modernas y funcionales. Goza de espaciosas zonas nobles, como su salón de actos con vidrieras o la magnífica escalera.

Vincci Centrum sin rest, Cedaceros 4, ✉ 28014, ☎ 91 360 47 20, *centrum@vinccihoteles.com, Fax 91 522 45 15* – |‡| ▤ TV 📞. AE ⓓ ⓜⓒ VISA. ✂ LX h
☕ 14 – **87 hab** 180/220.
• De concepción moderna y con gran atractivo para el turista. Dispone de una zona social polivalente y unas cuidadas habitaciones en las que se conjuga el confort con el diseño.

Atlántico sin rest, Gran Vía 38, ✉ 28013, ☎ 91 522 64 80, *informacion@hotelatlantico.es, Fax 91 531 02 10* – |‡| ▤ TV. AE ⓓ ⓜⓒ VISA JCB. ✂ LX e
116 hab ☕ 112/150.
• Un hotel céntrico y señorial que a incrementado su confort tras las obras de ampliación. Sus espaciosas habitaciones están empapeladas a juego con las colchas y cortinas.

Casón del Tormes sin rest, Río 7, ✉ 28013, ☎ 91 541 97 46, *hotormes@infonegocio.com, Fax 91 541 18 52* – |‡| ▤ TV. AE ⊙ MC VISA. ✂ KV v
☕ 7 – **63 hab** 81/100.
• Dispone de zonas comunes luminosas y bien renovadas, así como habitaciones algo justas en decoración pero dotadas de baños actuales y suficientes detalles para la categoría.

El Prado sin rest, Prado 11, ✉ 28014, ☎ 91 369 02 34, *hotelprado@pradohotel.com, Fax 91 429 28 29* – |‡| ▤ TV – 25/35. AE ⊙ MC VISA JCB. ✂ LY a
☕ 10 – **49 hab** 135/161.
• Moderno y céntrico, en una zona de gran ambiente nocturno. Habitaciones de carácter funcional pero bien equipadas en su nivel. Cafetería con entrada independiente.

Suite Prado sin rest, Manuel Fernández y González 10, ✉ 28014, ☎ 91 420 23 18, *hotel@suiteprado.com, Fax 91 420 05 59* – |‡| ▤ TV. AE ⊙ MC VISA LY a
☕ 9,50 – **9 hab** 122/153 – 9 suites.
• De ambiente familiar, con fachada clásico-actual. En su interior alberga una encantadora escalera antigua. Habitaciones tipo apartamento con salón independiente y cocina.

Tryp Gran Vía sin rest, Gran Vía 25, ✉ 28013, ☎ 91 522 11 21, *tryp.gran.via@solmelia.com, Fax 91 521 24 24* – |‡| ▤ TV ♿ – 25/50. AE ⊙ MC VISA JCB. ✂ LX z
☕ 12 – **175 hab** 130/155.
• Edificio emblemático en el que se alojó Ernest Hemingway. Reducido hall, un buen salón de desayunos, y correctas habitaciones con los suelos en tarima y baños en mármol.

Carlos V sin rest, Maestro Vitoria 5, ✉ 28013, ☎ 91 531 41 00, *recepcion@hotelcarlosv.com, Fax 91 531 37 61* – |‡| ▤ TV. AE ⊙ MC VISA JCB. ✂ LX f
67 hab ☕ 94/124.
• Agradable y tranquilo. Su zona social se reviste de una decoración clásica de cierto nivel, creando una atmósfera acogedora. Habitaciones correctas aunque algo funcionales.

Cortezo, Dr. Cortezo 3, ✉ 28012, ☎ 91 369 01 01, *info@hotelcortezo.com, Fax 91 369 37 74* – |‡|, ⇆ hab, ▤ TV ☎ 🚗 – 25/100. AE ⊙ MC VISA JCB. ✂
Comida - sólo clientes - 20 – **85 hab** ☕ 115/145. LY f
• Se encuentra en una zona de teatros. Dispone de diversos tipos de habitaciones, todas amplias y con mobiliario clásico, complementadas por un servicio serio y profesional.

Los Condes sin rest, Los Libreros 7, ✉ 28004, ☎ 91 521 54 55, *info@hotel-loscondes.com, Fax 91 521 78 82* – |‡| ▤ TV. AE ⊙ MC VISA JCB. ✂ KLV g
☕ 9 – **68 hab** 86,92/135,50.
• Posee una pequeña recepción, un correcto salón social y una cafetería muy funcional para los desayunos. Las habitaciones resultan algo sencillas en mobiliario y decoración.

Moderno sin rest, Arenal 2 ☎ 91 531 09 00, *info@hotel-moderno.com, Fax 91 531 35 50* – |‡| ▤ TV. AE ⊙ MC VISA JCB. ✂ LY c
97 hab ☕ 101/117.
• Bien situado junto a la Puerta del Sol. Ha mejorado mucho sus instalaciones actualizando el confort y los baños, sin despreciar sus raíces clásicas en mobiliario y decoración.

HH Campomanes sin rest, Campomanes 4, ✉ 28013, ☎ 91 548 85 48, *hhcampomanes@hhcampomanes.com, Fax 91 559 12 88* – |‡| ▤ TV ♿. AE ⊙ MC VISA JCB. ✂ KX x
30 hab ☕ 99/111.
• Hotel de línea moderna dotado de unas luminosas habitaciones decoradas en blanco, con mobiliario de diseño tipo nórdico y baños vanguardistas con azulejos bicolor.

Plaza Mayor sin rest, Atocha 2, ✉ 28012, ☎ 91 360 06 06, *info@h-plazamayor.com, Fax 91 360 06 10* – |‡| ▤ TV. AE ⊙ MC VISA JCB. ✂ LY d
☕ 6 – **32 hab** 50/80.
• A un paso de la Plaza Mayor. Pequeño hotel de agradable funcionalidad y aspecto actual, con habitaciones alegres aunque algo reducidas. Cafetería pública en la planta baja.

Inglés sin rest, Echegaray 8, ✉ 28014, ☎ 91 429 65 51, *comercial@ingleshotel.com, Fax 91 420 24 23* – |‡| TV 🚗. AE ⊙ VISA. ✂ LY u
☕ 5 – **58 hab** 70/100.
• En la zona de callejuelas que rodean la Puerta del Sol. Ambiente y decoración de estilo clásico, con habitaciones confortables y de mobiliario funcional.

Alexandra sin rest, San Bernardo 29, ✉ 28015, ☎ 91 542 04 00, *alexhot@teleline.es, Fax 91 559 28 25* – |‡| ▤ TV – 25/90. AE ⊙ MC VISA JCB. ✂ KV z
☕ 8 – **68 hab** 75/95.
• Compensa la discreta organización con un trato amable. Sus habitaciones mantienen un criterio utilitario en su decoración, con mobiliario estándar y aseos actuales.

La Terraza del Casino, Alcalá 15-3°, ✉ 28014, ☎ 91 521 87 00, *laterraza@casinodemadrid.es, Fax 91 523 44 36,* – |♿| ▤. AE ⊙ ⊙ VISA JCB. ✂ LX v
cerrado Semana Santa, agosto, sábado mediodía, domingo y festivos – **Comida** 100 y carta 63 a 71.
Espec. Yemas de espárragos blancos con trufa de verano y su sopa (primavera-verano). San Pedro con puré de limón y huevas de bacalao. Espalditas de cordero con chalotas a la naranja.
◆ En el edificio del Casino de Madrid, que data del s. XIX. Los salones de aire palaciego y la preciosa terraza recrean un exquisito marco para deleitarse con su cocina.

Paradis Madrid, Marqués de Cubas 14, ✉ 28014, ☎ 91 429 73 03, *paradis_madrid@paradis.es, Fax 91 429 32 95* – ▤. AE ⊙ ⊙ VISA JCB. ✂ MY v
cerrado Semana Santa, sábado mediodía, domingo y festivos – **Comida** carta 36 a 49.
◆ Modernas instalaciones junto al Palacio del Congreso, con acceso a través de un hall-tienda de delicatessen. Dispone de un amplio comedor y de dos reservados al fondo.

Café de Oriente, pl. de Oriente 2, ✉ 28013, ☎ 91 541 39 74, *cafeoriente@grupolezama.com, Fax 91 547 77 07* – ▤. AE ⊙ ⊙ VISA JCB. ✂ KXY w
Comida carta 44 a 51.
◆ Propone varios ambientes frente al Palacio Real : el de cafetería lujosa y atractiva bodega-comedor, con reservados de nivel. Carta internacional con detalles de vanguardia.

La Manduca de Azagra, Sagasta 14, ✉ 28004, ☎ 91 591 01 12, *Fax 91 591 01 13* – ▤ LV b
cerrado agosto, 1ª semana de enero y domingo – **Comida** carta aprox. 38.
◆ A su privilegiada ubicación se suma un amplio local de estilo minimalista, donde se cuidan tanto el diseño como la iluminación. Cocina basada en la calidad del producto.

Moaña, Hileras 4, ✉ 28013, ☎ 91 548 29 14, *Fax 91 541 65 98* – |♿| ▤ 🚗. AE ⊙ ⊙ VISA JCB. ✂ KY r
Comida - cocina gallega - carta 42 a 58.
◆ Local de instalaciones confortables y elegantes en céntrica zona histórica. Cuenta con un bar, varios privados y un gran vivero de marisco que invita a su degustación.

Bajamar, Gran Vía 78, ✉ 28013, ☎ 91 548 48 18, *bajamar@iservicesmail.com, Fax 91 559 13 26* – ▤. AE ⊙ ⊙ VISA JCB. ✂ KV r
Comida - pescados y mariscos - carta 46 a 60.
◆ Escaparate con productos del mar junto a la plaza de España, muy frecuentado por turistas extranjeros. Cocina marinera de gran tradición en todos sus platos.

Errota-Zar, Jovellanos 3-1°, ✉ 28014, ☎ 91 531 25 64, *errota@errota-zar.com, Fax 91 531 25 64* – ▤. AE ⊙ ⊙ VISA. ✂ MY s
cerrado Semana Santa, 3 semanas en agosto y domingo – **Comida** - cocina vasca - carta 34 a 40.
◆ Frente al teatro de la Zarzuela, donde puede disfrutar de un comedor sobrio pero elegante y de un privado. Gastronomía vasca acompañada con una buena carta de vinos y puros.

Posada de la Villa, Cava Baja 9, ✉ 28005, ☎ 91 366 18 60, *povisa@posadadelavilla.com, Fax 91 366 18 80* – ▤. AE ⊙ ⊙ VISA JCB. ✂ KZ v
cerrado agosto y domingo noche salvo mayo – **Comida** carta 24 a 38.
◆ Antigua posada de ambiente acogedor y decoración castellana, con carta de cocina regional y platos tradicionales en horno de leña. Especializado en cocido madrileño.

El Asador de Aranda, Preciados 44, ✉ 28013, ☎ 91 547 21 56, *Fax 91 556 62 02* – ▤. AE ⊙ ⊙ VISA. ✂ KX z
cerrado 15 julio-8 agosto y lunes noche – **Comida** - cordero asado - carta aprox. 28.
◆ Posee bellos artesonados como complemento decorativo a un logrado marco castellano. Cocina tradicional especializada en asados con horno de leña.

Casa Matías, San Leonardo 12, ✉ 28015, ☎ 91 541 76 83, *Fax 91 541 93 70* – ▤. AE ⊙ ⊙ VISA. ✂ KV b
cerrado domingo noche – **Comida** - carnes a la brasa - carta 36 a 43.
◆ A modo de sidrería vasca, con grandes toneles en los que el cliente puede escanciar la sidra. Posee dos espaciosas salas de aire rústico-moderno, una con parrilla a la vista.

Julián de Tolosa, Cava Baja 18, ✉ 28005, ☎ 91 365 82 10, *Fax 91 366 33 08* – ▤. AE ⊙ ⊙ VISA JCB. ✂ KZ c
cerrado domingo noche – **Comida** - carnes a la brasa - carta aprox. 36.
◆ Correcto asador de estilo neorrústico que ofrece uno de los mejores chuletones de buey de la ciudad. Su reducida carta se ve compensada por la calidad de los productos.

La Ópera de Madrid, Amnistía 5, ✉ 28013, ☎ 91 559 50 92, *Fax 91 559 50 92* – ▤. AE ⊙ ⊙ VISA JCB. ✂ KY g
cerrado agosto, domingo y lunes noche – **Comida** carta 25 a 32.
◆ Buen local para iniciar la noche o comentar, ante deliciosos platos, la obra vista en el cercano teatro. Salón clásico elegante, con una carta bastante equilibrada.

XX **Pinocchio Bel Canto,** Sánchez Bustillo 5, ✉ 28012, ☎ 91 468 73 73, *restaurante@pinocchio.es, Fax 91 662 18 65,* Cenas amenizadas – ▤. AE ⓓ ⓜ VISA. ⚡ NZ t
cerrado agosto, sábado mediodía y domingo – **Comida** carta aprox. 30.
◆ Situación privilegiada frente al Centro de Arte Reina Sofía. De estilo clásico-actual para degustar una cocina de tendencia italiana, amenizada por amantes del bel canto.

XX **El Mentidero de la Villa,** Santo Tomé 6, ✉ 28004, ☎ 91 308 12 85, *info@mentiderodelavilla.com, Fax 91 651 34 88* – ▤. AE ⓓ ⓜ VISA. ⚡ MV b
cerrado agosto, sábado mediodía, domingo y festivos – **Comida** carta 32 a 39.
◆ Acogedor e íntimo restaurante donde se combina un esmerado montaje con una decoración original. Exquisita preparación de platos para una cocina internacional atrevida.

XX **El Landó,** pl. Gabriel Miró 8, ✉ 28005, ☎ 91 366 76 81, *ellandomadrid@hotmail.com, Fax 91 366 25 56* – ▤. AE ⓓ ⓜ VISA. ⚡ KZ a
cerrado Semana Santa, agosto y domingo – **Comida** carta 38 a 47.
◆ Próximo a la basílica de San Francisco el Grande. Ofrece una barra de apoyo, un comedor en el sótano y un pequeño privado, todo de estilo clásico con profusión de madera.

XX **El Rincón de Esteban,** Santa Catalina 3, ✉ 28014, ☎ 91 429 92 89, *Fax 91 365 87 70* – ▤. AE ⓓ ⓜ VISA. ⚡ MY a
cerrado agosto y domingo – **Comida** carta 47 a 56.
◆ Podemos ver en este establecimiento a algún político conocido dada su proximidad al Palacio del Congreso. Íntimo, de clientela elegante y con platos de corte tradicional.

XX **Botín,** Cuchilleros 17, ✉ 28005, ☎ 91 366 42 17, *Fax 91 366 84 94* – ▤. AE ⓓ ⓜ VISA JCB. ⚡ KY n
Comida carta 28 a 40.
◆ Fundado en 1725, es conocido como el más antiguo del mundo. Su decoración, que rememora el viejo Madrid, la bodega típica y el horno de leña tienen auténtico sabor añejo.

XX **La Joya de Jardines,** Salud 13, ✉ 28013, ☎ 91 522 81 24, *Fax 91 521 22 17* – ▤. AE ⓓ ⓜ VISA. ⚡ LX a
cerrado agosto y festivos – **Comida** carta aprox. 45.
◆ Este céntrico establecimiento ocupa un amplio sótano, con los suelos en madera de color verde y un cuidado servicio de mesa. También dispone de varios privados.

XX **Esteban,** Cava Baja 36, ✉ 28005, ☎ 91 365 90 91, *info@rte-esteban.com, Fax 91 366 93 91* – ▤. ⓓ ⓜ VISA JCB KZ y
cerrado 2ª quincena de julio, domingo y lunes noche salvo festivos – **Comida** carta aprox. 30.
◆ Local con instalaciones acogedoras de estilo castellano, donde ofrecen una carta regional. Posee varios salones privados con profusión de madera y detalles de caza.

XX **La Cava del Faraón,** Segovia 8, ✉ 28005, ☎ 91 542 52 54, *Fax 91 457 45 30* – ▤. AE ⓓ ⓜ VISA JCB. ⚡ KY s
cerrado lunes – **Comida** - sólo cena, rest. egipcio - carta 25 a 30.
◆ Todo un viaje a la cultura egipcia. Posee un salón de té y salas abovedadas donde podrá conocer su cocina, fumar en la tradicional shisha o disfrutar con la danza del vientre.

XX **El Pato Mudo,** Costanilla de los Ángeles 8, ✉ 28013, ☎ 91 559 48 40, *creboll@recol.es* – ▤. AE ⓓ ⓜ VISA JCB. ⚡ KX e
cerrado domingo noche – **Comida** - arroces - carta 21 a 27.
◆ El sabor de la cocina mediterránea en pleno casco viejo. Local con pequeño bar en la entrada, y cuatro salas donde podrá degustar exquisitos arroces a precios moderados.

X **La Barraca,** Reina 29, ✉ 28004, ☎ 91 532 71 54, *Fax 91 523 82 73* – ▤. AE ⓓ ⓜ VISA JCB. ⚡ LX a
Comida - arroces - carta 26 a 35.
◆ Frecuentado por turistas debido a su fama y situación. Especializado en la cocina de los arroces, con decoración típica valenciana y profusión de cerámicas. Nutrida brigada.

X **Bolívar,** Manuela Malasaña 28, ✉ 28004, ☎ 91 445 12 74 – ▤. AE ⓓ ⓜ VISA. ⚡ LV a
cerrado agosto y domingo – **Comida** carta 26 a 33.
◆ Local familiar en el barrio tradicional de Malasaña, con excelente trato personal y carta variada a buenos precios. Acogedora sala de corte moderno en tonos azules y albero.

X **La Vaca Verónica,** Moratín 38, ✉ 28014, ☎ 91 429 78 27 – ▤. AE ⓓ ⓜ VISA MZ e
cerrado sábado mediodía – **Comida** carta 20 a 28.
◆ Coqueto, íntimo y de amable organización. Destaca su original decoración con cuadros coloristas, lámparas de araña, espejos en el techo y velas en las mesas durante las cenas.

X **Zerain,** Quevedo 3, ✉ 28014, ☎ 91 429 79 09, *Fax 91 429 17 20,* Sidrería vasca – ▤. AE ⓓ ⓜ VISA JCB. ⚡ MY x
cerrado Semana Santa, agosto y domingo – **Comida** carta 27 a 30.
◆ Marco de sidrería vasca con grandes toneles. Ambiente acogedor y simpática decoración, con fotografías de pueblos y rincones típicos. Carta asequible de tipo asador.

Ciao Madrid, Argensola 7, ✉ 28004, ☎ 91 308 25 19, *Fax 91 308 25 19* – ▤. AE ⊙ ◎ VISA JCB MV t
cerrado Semana Santa, agosto, sábado mediodía y domingo – **Comida** - cocina italiana - carta 26 a 32.
◆ Local de estilo clásico llevado directamente por sus dueños. Quedará satisfecho ante las múltiples variantes en el mundo de la pasta, de adecuada elaboración.

La Bola, Bola 5, ✉ 28013, ☎ 91 547 69 30, *Fax 91 541 71 64* – ▤. ✻ KX r
cerrado domingo noche – **Comida** - cocido madrileño - carta aprox. 25.
◆ Antigua casa que mantiene el sabor castizo de Madrid. Taberna típica donde disfrutar de las elaboraciones en los tradicionales pucheros de barro. ¡Pida el cocido madrileño !

El Buey, pl. de la Marina Española 1, ✉ 28013, ☎ 91 541 30 41, *Fax 91 559 27 21* – ▤. AE ◎ VISA JCB. ✻ KX c
Comida carta 24 a 28.
◆ Clásico y con una barra de apoyo, bien situado frente al Senado. Se dedica casi con exclusividad a las carnes, especializándose en el jugoso lomo de buey.

La Esquina del Real, Amnistía 2, ✉ 28013, ☎ 91 559 43 09 – ▤. AE ◎ VISA. ✻ KY e
cerrado 15 agosto-15 septiembre, sábado mediodía y domingo – **Comida** carta 38 a 45.
◆ Agradable e íntimo establecimiento de estilo rústico, con las paredes en piedra y ladrillo. Ofrecen buen trato y una carta atractiva, con platos de tendencia francesa.

Taberna Carmencita, Libertad 16, ✉ 28004, ☎ 91 531 66 12, *patxolezama@grupolezama.es, Fax 91 522 48 38* – ▤. AE ⊙ ◎ VISA JCB. ✻ MX u
cerrado 1 agosto-9 septiembre, sábado mediodía y domingo – **Comida** carta 19 a 28.
◆ Taberna fundada en 1850, con unas reducidas instalaciones. Salas de buen ambiente en dos niveles, donde ofrecen una carta tradicional con algunas especialidades vascas.

Casa Grana, Orellana 6, ✉ 28004, ☎ 91 308 32 77, *casagrana@mailpersonal.com, Fax 91 308 32 77* – ▤. AE ⊙ ◎ VISA. ✻ MV g
cerrado agosto, sábado mediodía, domingo y festivos – **Comida** carta 26 a 29.
◆ Establecimiento de correcto montaje con un reducido comedor decorado en tonos granates. Su amable brigada le ofrece una carta tradicional donde se incluye un menú degustación.

La Botillería, pl. de Oriente 4, ✉ 28013, ☎ 91 548 46 20, *cafeoriente@grupolezama.com, Fax 91 547 77 07,* 🏖 – ▤. AE ⊙ ◎ VISA. ✻ KX w
Tapa 4,50 **Ración** aprox. 6,50.
◆ En zona de gran ambiente gastronómico y nocturno. Decoración clásica de café vienés, con gran variedad de canapés y la posibilidad de tomar buenos vinos por copa.

Prada a Tope, Príncipe 11, ✉ 28012, ☎ 91 429 59 21 – ▤. ◎ VISA. ✻ LY u
cerrado agosto y lunes – **Tapa** 6 **Ración** - productos de El Bierzo - aprox. 8.
◆ Local típico originario de El Bierzo, con barra a la entrada y mesas rústicas. Decoración con madera, fotos y variados productos de venta al público.

Taberna de San Bernardo, San Bernardo 85, ✉ 28015, ☎ 91 445 41 70 – ▤. ◎ VISA. ✻ LV m
Ración aprox. 5,80.
◆ Conjunto repartido en tres zonas, de carácter informal y línea castiza. Entre su diversificada oferta son muy solicitadas las papas con huevo y la fritura de verduras.

Bocaito, Libertad 6, ✉ 28004, ☎ 91 532 12 19, *bocaito@bocaito.com, Fax 91 522 56 29* – ▤. ⊙ ◎ VISA. ✻ MX b
cerrado agosto, sábado mediodía y domingo – **Tapa** 2,50 **Ración** aprox. 9.
◆ Ambiente y decoración relacionados con el mundo taurino. Ideal para cenar de tapeo en su espléndida barra o en la mesa, pudiendo escoger gran variedad de revueltos o fritos.

Retiro, Salamanca, Ciudad Lineal : Paseo de la Castellana, Velázquez, Serrano, Goya, Príncipe de Vergara, Narváez, Don Ramón de la Cruz (planos p. 9 y 11 salvo mención especial)

Ritz, pl. de la Lealtad 5, ✉ 28014, ☎ 91 701 67 67, *reservations@ritz.es, Fax 91 701 67 76,* 🏖, 🏋 – 🛗 ▤ 📺 📞 ♿ – 🏛 25/250. AE ⊙ ◎ VISA JCB. ✻ plano p. 15 NY k
Comida carta 71 a 90 – ☕ 30 – **137 hab** 480 – 30 suites.
◆ De prestigio internacional, en antiguo palacete de principios del s. XX, asociado al mundo diplomático. Decoración suntuosa en habitaciones y bellísimos espacios comunes. Su afamado restaurante posee bellos salones palaciegos y una agradable terraza de verano.

Villa Magna, paseo de la Castellana 22, ✉ 28046, ☎ 91 587 12 34, *hotel@villamagna.es, Fax 91 431 22 86,* 🏖, 🏋 – 🛗 ▤ 📺 📞 🚗 – 🏛 25/400. AE ⊙ ◎ VISA. ✻ rest GV y
Comida 39,50 - ***Le Divellec*** *(cerrado agosto y domingo)* **Comida** carta 45 a 58 - ***Tsé Yang*** *(rest. chino)* **Comida** carta 34 a 40 – ☕ 26 – **164 hab** 465/520 – 18 suites.
◆ Lujo y elegancia a su disposición con una cuidada decoración en detalles y mobiliario, estilo Carlos IV. Amplios espacios con juego de contrastes y armonía de tendencias. Su restaurante Le Divellec recrea un refinado marco a base de maderas nobles.

Wellington, Velázquez 8, ✉ 28001, ☎ 91 575 44 00, *wellington@hotel-wellington.com, Fax 91 576 41 64,* – |‡| ▤ TV – 25/200. AE ⓓ MC VISA JCB. HX t
Comida - ver rest. ***Goizeko Wellington*** – ☕ 25 – **259 hab** 250/325 – 25 suites.
◆ En zona elegante junto al Retiro. Estilo clásico, actualizado recientemente en zonas nobles y habitaciones. Frecuentes tertulias taurinas en su relajado marco.

Gran Meliá Fénix, Hermosilla 2, ✉ 28001, ☎ 91 431 67 00, *gran.melia.fenix@solmelia.com, Fax 91 576 06 61* – |‡| ▤ TV – 25/100. AE ⓓ MC VISA JCB. plano p. 15 NV c
Comida carta 36 a 46 – ☕ 20 – **199 hab** 265/376 – 16 suites.
◆ Instalaciones que en conjunto tienen señorío y distinción. Amplias y acogedoras zonas nobles, como su elegante hall bajo cúpula. Habitaciones de mobiliario confortable.

Meliá Galgos, Claudio Coello 139, ✉ 28006, ☎ 91 562 66 00, *melia.galgos@solmelia.es, Fax 91 561 76 62,* – |‡| ▤ TV – 25/300. AE ⓓ MC VISA JCB. GU a
Diábolo **: Comida** carta 36 a 48 – ☕ 18 – **350 hab** 144,50/305 – 6 suites.
◆ Moderno pero de línea clásica, con una amplia y atractiva zona social, y unas habitaciones totalmente renovadas de elevado confort. Clientela habitual de ejecutivos. Restaurante de cuidada decoración y excelente servicio de mesa.

Foxá M-30, Serrano Galvache 14, ✉ 28033, ☎ 91 384 04 00, *foxam30@foxa.com, Fax 91 384 04 02,* – |‡|, hab, ▤ TV – 25/650. AE MC VISA. JR x
Comida carta 29 a 35 – ☕ 10 – **73 hab** 158/180 – 2 suites.
◆ Magnífico hotel decorado con obras de arte y mobiliario antiguo. Impresionante escalera imperial en su hall, y unas diáfanas habitaciones personalizadas en distintos estilos. El elegante comedor le brinda las mejores especialidades clásicas e internacionales.

Adler, Velázquez 33, ✉ 28001, ☎ 91 426 32 20, *hoteladler@iova-sa.com, Fax 91 426 32 21* – |‡| ▤ TV. AE ⓓ MC VISA. HV x
Comida carta 40 a 48 – ☕ 22 – **45 hab** 290/360.
◆ Exclusivo y selecto, recreando su elegante interior con materiales de gran calidad. Destacan las confortables habitaciones, con un equipamiento al más alto nivel. Restaurante de atmósfera acogedora y montaje detallista.

Puerta Madrid, Juan Rizi 5, ✉ 28027, ☎ 91 743 83 00, *booking.puertamadrid@hoteles-silken.com, Fax 91 743 83 01* – |‡| ▤ TV – 25/350. AE ⓓ MC VISA. plano p. 3 CL e
Comida carta 29 a 62 – ☕ 15 – **188 hab** 228/270 – 6 suites.
◆ Edificio de nueva construcción. Posee una amplia zona común con columnas y paredes en hormigón visto, así como habitaciones modernas y funcionales con unos excelentes baños. Restaurante de estilo actual.

Sofitel Madrid Airport, av. de la Capital de España Madrid 10, ✉ 28042, ☎ 91 721 00 70, *h1606@accor-hotels.com, Fax 91 721 05 15,* – |‡|, hab, ▤ TV – 50/120. AE ⓓ MC VISA. rest plano p. 7 CL x
Mare Nostrum **: Comida** carta aprox. 60 – ☕ 22,50 – **176 hab** 265/285 – 3 suites.
◆ En las inmediaciones del Recinto Ferial de Madrid. Dispone de un buen hall y de un bonito comedor a modo de patio andaluz. Habitaciones clásicas de completo equipamiento. El restaurante Mare Nostrum ofrece un entorno distinguido y una carta interesante.

NH Príncipe de Vergara, Príncipe de Vergara 92, ✉ 28006, ☎ 91 563 26 95, *nhprincipedevergara@nh-hotels.com, Fax 91 563 72 53,* – |‡| ▤ TV – 25/300. AE ⓓ MC VISA. HU c
Comida 29 – ☕ 17 – **170 hab** 180/214 – 3 suites.
◆ En zona excelentemente comunicada, le dispensa todas las cualidades de la cadena. Práctico, funcional y con habitaciones luminosas, paneladas en maderas claras.

NH Sanvy, Goya 3, ✉ 28001, ☎ 91 576 08 00, *nhsanvy@nh-hotels.com, Fax 91 575 24 43* – |‡| ▤ TV – 25/160. AE ⓓ MC VISA. plano p. 15 NV r
Comida - ver rest. ***Sorolla*** – ☕ 18 – **139 hab** 185/224 – 10 suites.
◆ Edificio funcional, no exento de buen confort general, con una decoración cuidada y acorde con los nuevos tiempos. Seria organización y personal que da la talla.

Bauzá, Goya 79, ✉ 28001, ☎ 91 435 75 45, *info@hotelbauza.com, Fax 91 431 09 43,* – |‡| ▤ TV – 25/425. AE ⓓ MC VISA. HV c
Comida carta aprox. 37 – ☕ 12 – **169 hab** 174/251 – 1 suite, 7 apartamentos.
◆ Es el antiguo hotel Pintor Goya renovado, mostrando actualmente modernas instalaciones de elegante confort. Posee bello salón-biblioteca con chimenea, y apartamentos anexos. Luminoso comedor de estilo actual.

Quinta de los Cedros, Allendesalazar 4, ✉ 28043, ☎ 91 515 22 00, *reservas@quintadeloscedros.com, Fax 91 415 20 50,* – |‡| ▤ TV – 25/40. AE ⓓ MC VISA JCB. JS x
Los Cedros *(cerrado domingo noche)* **Comida** carta 32 a 46 – ☕ 9 – **32 hab** 167/210.
◆ Moderna construcción a modo de villa toscana, rodeada de césped y con hermosos detalles decorativos. Amplia zona noble y habitaciones personalizadas de completo equipamiento. Restaurante de corte clásico con el comedor repartido en tres salas.

Agumar, paseo Reina Cristina 7, ✉ 28014, ☎ 91 552 69 00, *hotelagumar@h-santos.es, Fax 91 433 60 95* – 25/250. AE VISA JCB. HY a
Comida 22 – ☕ 11 – **239 hab** 170/210 – 6 suites.
• Disfruta de correctas zonas comunes y de una cafetería renovada, aunque el conjunto puede resultar algo sobrio en su mobiliario. Habitaciones funcionales con baños en mármol. Comedor clásico donde combinan carta y menú.

Novotel Madrid Puente de La Paz, Albacete 1, ✉ 28027, ☎ 91 724 76 00, *h0843@accor-hotels.com, Fax 91 724 76 10,* – hab, – 25/250. AE VISA JT t
Claravía **: Comida** carta 22 a 29 – ☕ 13 – **240 hab** 125.
• Edificio de moderna fachada, montado en un estilo práctico y funcional, con buen nivel de calidades estándar. Habitaciones acogedoras con decoración sobria. Su confortable comedor se complementa en verano con una terraza.

Velada Madrid, Alcalá 476, ✉ 28027, ☎ 91 375 68 00, *reservas.madrid@veladahoteles.com, Fax 91 375 68 05,* – – 25/900. AE VISA. plano p. 7 CL c
El Tostado **: Comida** carta 40 a 44 – ☕ 13 – **257 hab** 173/195 – 4 suites.
• Hotel de construcción actual, con habitaciones de estilo clásico y un completo equipamiento. Sobre todo destaca por su amplia oferta en salones de trabajo y reunión. El restaurante goza de acceso independiente y se distribuye en dos alturas.

NH Parque Avenidas, Biarritz 2, ✉ 28028, ☎ 91 361 02 88, *nhparque@nh-hotels.com, Fax 91 361 21 38,* – – 25/500. AE VISA JCB. rest JU a
Comida carta 35 a 40 – ☕ 13,90 – **198 hab** 184/248 – 1 suite.
• Próximo a la plaza de toros, con las habituales características de funcionalidad y confort de los NH. Abundantes revestimientos en madera y una cuidada instalación.

Zenit Conde de Orgaz, Moscatelar 24, ✉ 28043, ☎ 91 748 97 60, *condeorgaz@zenithoteles.com, Fax 91 388 00 09* – – 25/140. AE VISA. rest plano p. 7 CL z
Bouquet **: Comida** carta 23 a 31 – ☕ 10 – **90 hab** 144/170.
• En una zona residencial bien comunicada con el aeropuerto. Resulta alegre y de aspecto acogedor, con unas habitaciones funcionales y dependencias para reuniones de trabajo. Moderno comedor acristalado a modo de terraza cubierta.

Rafael H. Ventas, Alcalá 269, ✉ 28027, ☎ 91 326 16 20, *ventas@rafaelhoteles.com, Fax 91 326 18 19* – – 25/165. AE VISA. JV a
Comida 16,50 – ☕ 11,50 – **110 hab** 118/138 – 1 suite.
• Instalaciones actuales, tanto en equipamiento como en estilo decorativo. Las habitaciones han sido renovadas recientemente y su confort se completa con detalles en madera. Amplio comedor de techos altos y correcto cubierto.

AC Avenida de América sin rest con cafetería por la noche, Cartagena 83, ✉ 28028, ☎ 91 724 42 40, *acamerica@ac-hoteles.com, Fax 91 724 42 41* – – 25/50. AE VISA JCB. JU b
☕ 11 – **145 hab** 168.
• Orientado al cliente de negocios y bien comunicado. Modernas y funcionales instalaciones con salón multiusos, que sirve también de bar y cafetería en función del horario.

Jardín de Recoletos, Gil de Santivañes 4, ✉ 28001, ☎ 91 781 16 40, *Fax 91 781 16 41,* – . AE VISA JCB. NV p
Comida 23,50 – **43 hab** ☕ 184,18/191,41.
• Atractiva fachada con balcones abalaustrados. Dispone de un elegante hall-recepción con una vidriera en el techo, amplias habitaciones tipo estudio y un buen patio-terraza. Agradable comedor con murales paisajísticos en las paredes.

NH Lagasca, Lagasca 64, ✉ 28001, ☎ 91 575 46 06, *nhlagasca@nh-hotels.com, Fax 91 575 16 94* – – 25/60. AE VISA. GHV k
Comida *(cerrado agosto, sábado y domingo)* carta aprox. 30 – ☕ 14,50 – **100 hab** 205.
• Correctas y confortables habitaciones, integradas en un hotel funcional, que cuida mucho el detalle y el confort de sus clientes. Organización seria y profesional.

Novotel Madrid Campo de las Naciones, Amsterdan 3, ✉ 28042, ☎ 91 721 18 18, *h1636@accor-hotels.com, Fax 91 721 11 22,* – hab, – 25/200. AE VISA. rest plano p. 7 CL x
Claravía **: Comida** carta 24 a 40 – ☕ 14 – **240 hab** 128/155 – 6 suites.
• Conjunto de línea clásico-actual junto al Parque Ferial. Zonas nobles suficientemente amplias, y habitaciones de correcto confort con muebles funcionales. Comedor muy luminoso con terraza para la época estival.

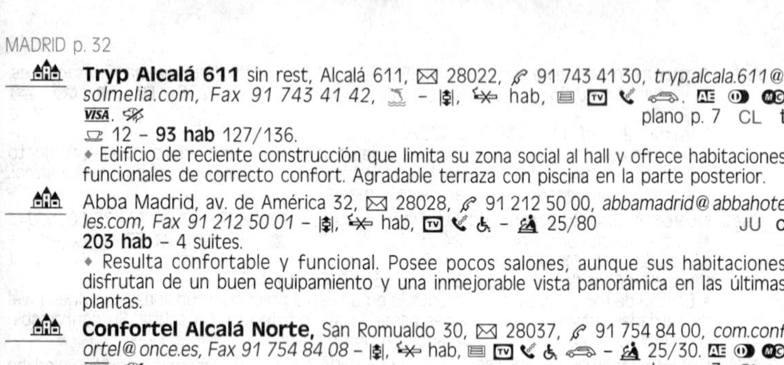

Tryp Alcalá 611 sin rest, Alcalá 611, ✉ 28022, ☎ 91 743 41 30, *tryp.alcala.611@solmelia.com, Fax 91 743 41 42,* – hab, AE VISA. plano p. 7 CL t
12 – **93 hab** 127/136.
• Edificio de reciente construcción que limita su zona social al hall y ofrece habitaciones funcionales de correcto confort. Agradable terraza con piscina en la parte posterior.

Abba Madrid, av. de América 32, ✉ 28028, ☎ 91 212 50 00, *abbamadrid@abbahoteles.com, Fax 91 212 50 01* – hab, – 25/80 JU c
203 hab – 4 suites.
• Resulta confortable y funcional. Posee pocos salones, aunque sus habitaciones disfrutan de un buen equipamiento y una inmejorable vista panorámica en las últimas plantas.

Confortel Alcalá Norte, San Romualdo 30, ✉ 28037, ☎ 91 754 84 00, *com.confortel@once.es, Fax 91 754 84 08* – hab, – 25/30. AE VISA. plano p. 7 CL a
Comida 18 – 13 – **204 hab** 140 – 8 suites.
• El gran tamaño de este hotel se ve reflejado en sus habitaciones, que resultan muy espaciosas y luminosas, con los suelos en parquet, correcto mobiliario y un confort actual.

Serrano Royal sin rest, Marqués de Villamejor 8, ✉ 28006, ☎ 91 576 96 26, *serranoroyal@husa.es, Fax 91 575 33 07* – AE VISA. GV q
11,70 – **29 hab** 171/209 – 5 suites.
• Goza de una cuidada fachada y posee habitaciones de estilo clásico, con los suelos en moqueta y los baños actuales, aunque los de las individuales son del tipo plato ducha.

Suites Barrio de Salamanca sin rest con cafetería, General Oráa 17, ✉ 28006, ☎ 91 825 59 00, *barriodesalamanca@partner-hotels.com, Fax 91 825 59 01* – AE VISA JCB GU t
9 – **10 hab** 145/175 – 22 suites.
• Moderno y en pleno barrio de Salamanca, con cada dependencia dedicada a una calle o zona del distrito. Ofrece tres tipos de habitaciones, destacando las que poseen salón.

Acis y Galatea sin rest, Galatea 6, ✉ 28042, ☎ 91 743 49 01, *hotel@acisygalatea.com, Fax 91 741 76 97* – P. AE VISA. plano p. 7 CL b
10 – **16 hab** 115/120.
• Goza de cierto encanto, destacando por su amable organización familiar y por una moderna decoración que contrasta los colores claros y oscuros. Habitaciones bien equipadas.

NH Balboa, Núñez de Balboa 112, ✉ 28006, ☎ 91 563 03 24, *nhbalboa@nh-hotels.com, Fax 91 562 69 80* – – 25/60 HU n
120 hab.
• Gran confort para un hotel que ostenta excelentes niveles de profesionalidad en su organización. Diseño y funcionalidad como emblemas, junto a su alegre decoración.

Zenit Abeba, Alcántara 63, ✉ 28006, ☎ 91 401 16 50, *abeba@zenithoteles.com, Fax 91 402 75 91* – AE VISA. JV k
Comida carta aprox. 28 – 11 – **90 hab** 142/190.
• En el arraigado barrio de Salamanca. Hotel funcional de línea actual, con habitaciones renovadas, mobiliario moderno y baños actuales.

NH Sur sin rest, paseo Infanta Isabel 9, ✉ 28014, ☎ 91 539 94 00, *nhsur@nh-hotels.com, Fax 91 467 09 96* – – 25/30. AE VISA JCB. plano p. 15 NZ a
11,50 – **68 hab** 110/133.
• Ostenta una decoración acorde a los criterios de la nueva hostelería, y su escasa zona social se complementa con una sala para desayunos. Confortables habitaciones.

El Parque, Diego Ayllón 16 ☎ 91 716 10 00, *ahelparque@ah-hotels.com, Fax 91 716 10 03* – AE VISA. rest plano p. 3 CL y
Comida *(cerrado agosto)* 12 – 10 – **18 hab** 137 – 3 suites.
• Hotel de nueva construcción dotado de una correcta zona noble y confortables habitaciones, con los suelos en tarima flotante. Dispone de una agradable terraza en la azotea. El restaurante cuenta con un comedor clásico y un salón-terraza polivalente.

Claridge, pl. Conde de Casal 6, ✉ 28007, ☎ 91 551 94 00, *reservas@hotelclarige.es, Fax 91 501 03 85* – AE VISA. JY a
Comida 11 – 7,95 – **150 hab** 82/120.
• Clasicismo y gran aprovechamiento del espacio, con habitaciones que ofrecen un aspecto acogedor dentro de su funcionalidad. Baños de equipamiento completo. Correcto mobiliario para un comedor compartido con los desayunos, en una amplia mesa de buffet.

XXXX **Club 31,** Alcalá 58, ✉ 28014, ☎ 91 531 00 92, *club31@club31.net, Fax 91 531 00 92* – AE VISA. plano p. 15 NX e
cerrado agosto – **Comida** carta 43 a 53.
• De gran solera en la ciudad. En sus instalaciones, que saben conjugar el clasicismo con una moderna decoración, ofrecen una cocina internacional y una excelente bodega.

XXX **El Amparo,** Puigcerdá 8, ✉ 28001, ☎ 91 431 64 56, *rte.elamparo@terra.es, Fax 91 575 54 91* – ▤. AE ⓓ ⓜⓒ VISA. ⚘ GX h
cerrado sábado mediodía y domingo – **Comida** carta 58 a 67.
• Marco distinguido decorado en cierto estilo neorrústico, con los comedores escalonados en distintos niveles y claraboyas en el techo. Selecta bodega y atento personal.

XXX **Combarro,** José Ortega y Gasset 40, ✉ 28006, ☎ 91 577 82 72, *combarro@combarro.com, Fax 91 435 95 12* – ▤. AE ⓓ ⓜⓒ VISA JCB. ⚘ HV e
cerrado Semana Santa, agosto y domingo noche – **Comida** - pescados y mariscos - carta 44 a 58.
• Magníficas y amplias instalaciones, en las que predomina el granito y la madera, decoradas con elegancia en estilo clásico. Posee vivero propio.

XXX **Pedro Larumbe,** Serrano 61-ático 2ª planta, ✉ 28006, ☎ 91 575 11 12, *info@larumbe.com, Fax 91 576 60 19* – ⇕ ▤. AE ⓓ ⓜⓒ VISA. ⚘ GV r
cerrado Semana Santa, 15 días en agosto, sábado mediodía y domingo – **Comida** carta 48 a 58.
• Instalado en un elegante palacete, posee tres salas de aire regio con una decoración personalizada y detalles de exquisito gusto. Interesante carta con toques creativos.

XXX **Goizeko Wellington** - *Hotel Wellington*, Villanueva 34, ✉ 28001, ☎ 91 577 01 38, *goizeko@goizekowellington.com, Fax 91 555 16 66* – ▤. AE ⓓ ⓜⓒ VISA JCB. ⚘ HX t
cerrado sábado mediodía en verano y domingo – **Comida** carta 57 a 80.
• Independiente respecto al hotel. Instalaciones de estilo clásico-moderno con un exquisito montaje, donde sirven una cocina elaborada de corte tradicional actualizada.

XXX **Sorolla** - *Hotel NH Sanvy*, Hermosilla 4, ✉ 28001, ☎ 91 576 08 00, *Fax 91 431 83 75* – ▤. AE ⓓ ⓜⓒ VISA. ⚘ plano p. 15 NV r
cerrado agosto, sábado y domingo – **Comida** carta 35 a 48.
• Excelente comedor de estilo clásico y cuatro salones privados. Su cocina tradicional se complementa con platos a la parrilla y una selecta carta de cafés, infusiones y puros.

XXX **Shiratori,** paseo de la Castellana 36, ✉ 28046, ☎ 91 577 37 34, *jarmas@todocep.es, Fax 91 577 44 55* – ▤ 🚗. AE ⓓ ⓜⓒ VISA JCB. ⚘ GU d
cerrado Semana Santa, domingo y festivos – **Comida** - rest. japonés - carta 44 a 55.
• Amplias instalaciones con escogidas especialidades japonesas en un tradicional y elegante ambiente nipón. Variedad de menús y elaboración de platos a la vista del cliente.

XXX **Balzac,** Moreto 7, ✉ 28014, ☎ 91 420 01 77, *restaurantebalzac@yahoo.es, Fax 91 429 83 70* – ▤. AE ⓓ ⓜⓒ VISA. ⚘ plano p. 15 NY a
cerrado del 1 al 15 de agosto, sábado mediodía y domingo – **Comida** carta 52 a 66.
• Lugar idóneo para reponer fuerzas en su visita a los museos que le rodean. Estilo clásico confortable, con una atrevida cocina de orientación moderna e innovadora.

XXX **Ponteareas,** Claudio Coello 96, ✉ 28006, ☎ 91 575 58 73, *Fax 91 431 99 57* – ▤ 🚗. AE ⓓ ⓜⓒ VISA JCB. ⚘ GV w
Comida - cocina gallega - carta 34 a 52.
• Platos gallegos tradicionales en amplias salas de estilo clásico, con decoración en madera y lámparas de araña. Bar privado a la entrada. Trabaja con clientela habitual.

XXX **Paradis Casa de América,** paseo de Recoletos 2, ✉ 28001, ☎ 91 575 45 40, *casa-america@paradis.es, Fax 91 576 02 15*, 🏛 – ▤. AE ⓓ ⓜⓒ VISA. ⚘ plano p. 15 NX n
cerrado sábado mediodía y domingo – **Comida** carta 36 a 42.
• Con singular atractivo y una elegante ornamentación, por su ubicación en el palacio de Linares. El comedor tiene cierto aire minimalista y en él se ofrece una cocina de autor.

XXX **Castelló 9,** Castelló 9, ✉ 28001, ☎ 91 435 00 67, *castello9@castello9.com, Fax 91 435 91 34* – ▤. AE ⓓ ⓜⓒ VISA. ⚘ HX e
cerrado Semana Santa, agosto, domingo y festivos – **Comida** carta aprox. 43.
• Estilo clásico elegante en el barrio de Salamanca. Salas íntimas donde ofrecen una carta clásica internacional y un menú degustación con variedad de platos y medias raciones.

XX **La Paloma,** Jorge Juan 39, ✉ 28001, ☎ 91 576 86 92, *Fax 91 575 51 41* – ▤. AE ⓓ ⓜⓒ VISA. ⚘ HX g
cerrado Navidades, Semana Santa, agosto, domingo y festivos – **Comida** carta 39 a 47.
• Negocio con una firme trayectoria, dotado de un comedor en dos niveles con un excelente servicio de mesa. A destacar su interesante carta y la selecta bodega.

XX **Oter Epicure,** Claudio Coello 71, ✉ 28001, ☎ 91 431 67 70, *Fax 91 431 67 71* – ▤. AE ⓓ ⓜⓒ VISA. ⚘ GV n
cerrado del 6 al 23 de agosto y domingo – **Comida** - cocina vasco-navarra - carta 33 a 42.
• Comedor precedido por una cava climatizada de vinos y puros. Decoración de diseño minimalista con tonos grises y numerosas fotografías. Carta de tendencia vasco-navarra.

XX **O'Grelo,** Menorca 39, ✉ 28009, ☎ 91 409 72 04, *Fax 91 409 72 04* – ▤. AE Ⓓ MC VISA. JX y
cerrado agosto y domingo noche – **Comida** - cocina gallega - carta 44 a 56.
◆ Conozca las excelencias de la cocina tradicional gallega en este establecimiento, con un cuidado bar de raciones en la entrada y detalles neorrústicos en la decoración.

XX **Jota Cinco,** Alcalá 423, ✉ 28027, ☎ 91 742 93 85, *Fax 91 742 59 68* – ▤. AE Ⓓ MC VISA. plano p. 7 CL v
cerrado agosto y domingo – **Comida** carta 29 a 56.
◆ Ha mejorado notablemente. Bar público a la entrada y confortables salas en estilo clásico-regional. Cocina internacional combinada con platos creativos y una amplia bodega.

XX **La Torcaz,** Lagasca 81, ✉ 28006, ☎ 91 575 41 30, *Fax 91 431 83 88* – ▤. AE Ⓓ MC VISA. GHV t
cerrado Semana Santa, agosto y domingo – **Comida** carta 33 a 43.
◆ Acogedor restaurante con expositor de vinos en la entrada, y una sala en dos ambientes, con espejos decorando las paredes. Excelente servicio de mesa.

XX **Montana,** Lagasca 5, ✉ 28001, ☎ 91 435 99 01, *restaurantemontana@hotmail.com, Fax 91 426 04 18* – ▤. AE Ⓓ MC VISA. GX s
cerrado del 7 al 21 de agosto y domingo – **Comida** carta 28 a 36.
◆ Posee el suelo en parquet y una decoración minimalista que define su atmósfera. Cocina tradicional actualizada, destacando las presentaciones y el uso de productos naturales.

XX **La Gamella,** Alfonso XII-4, ✉ 28014, ☎ 91 532 45 09, *restaurante@lagamella.com, Fax 91 523 11 84* – ▤. AE Ⓓ MC VISA. plano p. 15 NX r
cerrado sábado mediodía y domingo – **Comida** carta 33 a 39.
◆ Coqueto negocio con barra de apoyo a la entrada. Salón moderno y de vistoso colorido, donde podrá degustar una carta internacional y los selectos caldos de su bodega.

XX **El Gran Barril,** Goya 107, ✉ 28009, ☎ 91 431 22 10, *Fax 91 577 87 68* – ▤. AE Ⓓ MC VISA. JV y
Comida - pescados y mariscos - carta 32 a 43.
◆ Moderno local con la fachada acristalada. A la entrada dispone de una barra con mesas para raciones seguida de dos comedores. Buena cava de puros, bodega y vivero de marisco.

XX **El Borbollón,** Recoletos 7, ✉ 28001, ☎ 91 431 41 34 – ▤. AE Ⓓ MC VISA. plano p. 15 NV u
cerrado agosto, sábado mediodía y domingo – **Comida** carta aprox. 40.
◆ Restaurante bien llevado en familia. Posee un pequeño bar, un comedor de acogedora decoración clásica, montado con mobiliario escogido, y tres reservados en ladrillo visto.

XX **Mumbai Massala,** Recoletos 14, ✉ 28001, ☎ 91 435 71 94, *sugerencias@mumbaimassala.com, Fax 91 575 69 57* – ▤. AE Ⓓ MC VISA. plano p. 15 NX v
Comida - cocina hindú - carta aprox. 35.
◆ En él podrá conocer los secretos de la gastronomía hindú, con dos interesantes menús degustación. Entre sus salas destaca una para no fumadores, decorada con telas rojas.

XX **Al Mounia,** Recoletos 5, ✉ 28001, ☎ 91 435 08 28, *Fax 91 575 01 73* – ▤. AE Ⓓ MC VISA. plano p. 13 NV u
cerrado Semana Santa, agosto, domingo y lunes – **Comida** - cocina maghrebí - carta 23 a 34.
◆ Exótico local cerca del Museo Arqueológico Nacional. Decoración marroquí con madera tallada, escayolas y típicas mesitas bajas sobre moqueta. Platos tradicionales árabes.

XX **Gerardo,** D. Ramón de la Cruz 86, ✉ 28006, ☎ 91 401 89 46, *Fax 91 402 47 89* – ▤. AE Ⓓ MC VISA. JV s
cerrado 2ª quincena de agosto – **Comida** carta aprox. 42.
◆ Buen bar de espera con expositor de productos, un privado y una comedor clásico que destaca por sus vistas a un patio interior. Carta tradicional con pescados y mariscos.

XX **Teatriz,** Hermosilla 15, ✉ 28001, ☎ 91 577 53 79, *Fax 91 431 69 10* – ▤. AE Ⓓ MC VISA. GV u
Comida carta 27 a 37.
◆ En el patio de butacas del antiguo teatro Beatriz. Bar de tapas a la entrada, comedor y zona de copas en el escenario, dotados de un atractivo diseño modernista.

XX **La Miel,** Maldonado 14, ✉ 28006, ☎ 91 435 50 45, *manuelcoto@restaurantelamiel.com* – ▤. AE Ⓓ MC VISA. HU x
cerrado Semana Santa, agosto y domingo – **Comida** carta 34 a 42.
◆ De línea clásica, con el matrimonio propietario en sala y cocina. Ofrece un buen confort, esmerado servicio de mesa y una correcta carta internacional. Nutrida bodega.

XX **L'Olio,** Serrano 85, ✉ 28006, ☎ 91 563 81 52, *lolio@nexo.es, Fax 91 411 15 65* – ▤. AE Ⓓ MC VISA JCB. GU u
cerrado sábado mediodía – **Comida** - cocina italiana - carta 28 a 38.
◆ Restaurante italiano repartido en varias salas, con un amplio hall, suelo en madera y una decoración de inspiración algo intimista. Frecuentado por famosos de la prensa rosa.

XX **El Almirez,** Maldonado 5, ✉ 28006, ☎ 91 411 54 69, *elalmirez@santandersupernet.es, Fax 91 345 16 96* – ▤. AE DC MC VISA. ✂ GHU e
cerrado Semana Santa, del 9 al 22 de agosto y domingo noche – **Comida** carta 32 a 35.
◆ Pequeño establecimiento de estilo clásico en dos niveles, con dos comedores de adecuado montaje. Nuevo bar a la entrada, a modo de taberna, complementado con algunas mesas.

XX **La Misión,** José Silva 22, ✉ 28043, ☎ 91 519 24 63, *lamision@lamision.es, Fax 91 416 05 63*, 🏠 – ▤. AE DC MC VISA. ✂ JS c
cerrado Semana Santa, sábado mediodía y domingo – **Comida** carta 27 a 34.
◆ Bonito local decorado como una misión franciscana de la vieja California. Su cocina internacional, con varios platos americanos, encuentra apoyo en una clientela joven.

XX **El Chiscón de Castelló,** Castelló 3, ✉ 28001, ☎ 91 575 56 62, *Fax 91 575 56 05* – ▤. AE DC MC VISA HX e
cerrado agosto, domingo y festivos – **Comida** carta 32 a 41.
◆ Su fachada típica esconde un interior que por su cálida decoración se asemeja a una casa particular, sobre todo en las salas de la 1ª planta. Cocina tradicional a buen precio.

XX **El Asador de Aranda,** Diego de León 9, ✉ 28006, ☎ 91 563 02 46, *Fax 91 556 62 02* – ▤. AE DC MC VISA. ✂ HU s
cerrado agosto y domingo noche – **Comida** - cordero asado - carta aprox. 25.
◆ De noble decoración castellana, con bellos rincones y el horno de leña para sus asados a la vista. Comedor principal en el 1er piso, con vidrieras coloristas en sus paredes.

XX **Nicomedes,** Moscatelar 18, ✉ 28043, ☎ 91 388 78 28, *nicorest@terra.es, Fax 91 300 50 37*, 🏠 – ▤. AE DC MC VISA plano p. 7 CL z
cerrado Semana Santa, agosto, domingo noche y lunes – **Comida** carta 39 a 48.
◆ Atractiva casa dotada de una terraza a la entrada y una cuidada bodega en el sótano. Destaca su comedor colonial acristalado y el del 3er piso, más acogedor y con chimenea.

XX **Nicolás,** Villalar 4, ✉ 28001, ☎ 91 431 77 37, *jam@mail.ddnet.es, Fax 91 577 86 65* – ▤. AE DC MC VISA. ✂ plano p. 15 NX t
cerrado agosto, domingo y lunes – **Comida** carta 27 a 37.
◆ Local con decoración moderna de aire minimalista. Su carta de cocina tradicional resulta algo escasa, aunque está muy bien compensada. Correcto montaje.

XX **La Hoja,** Doctor Castelo 48, ✉ 28009, ☎ 91 409 25 22, *info@lahoja.es, Fax 91 574 14 78* – ▤. AE MC VISA JCB. ✂ JX y
cerrado agosto, domingo y lunes noche – **Comida** - cocina asturiana - carta 30 a 42.
◆ Ofrece dos salones clásicos con profusión de madera, donde sirven una copiosa cocina tradicional asturiana. Cuenta con varios platos de fabes y pollos de su propia granja.

XX **Guisando,** Núñez de Balboa 75, ✉ 28006, ☎ 91 575 10 10, *Fax 91 575 09 00* – ▤. AE DC MC VISA JCB. ✂ HV f
cerrado Semana Santa, 15 días en agosto y domingo noche – **Comida** carta aprox. 33.
◆ Goza de gran popularidad debido tanto a su clientela joven como a los buenos precios. Bar en la entrada y sala diáfana con rincones independientes. Sugerencias del día.

X ✿ **Casa d'a Troya,** Emiliano Barral 14, ✉ 28043, ☎ 91 416 44 55, *Fax 91 416 42 80* – ▤. DC MC VISA. ✂ JS f
cerrado Navidades, Semana Santa, 15 julio-1 septiembre, domingo y festivos – **Comida** - cocina gallega, pescados y mariscos - 25 y carta 31 a 37.
Espec. Pulpo a la gallega. Merluza a la gallega. Tarta de Santiago.
◆ Organización familiar que basa su cocina gallega en excelentes productos con sencilla elaboración tradicional. Hall-bar a la entrada y mobiliario clásico en el comedor.

X **Asador Velate,** Jorge Juan 91, ✉ 28009, ☎ 91 435 10 24, *catering@velatecaterin g.com, Fax 91 576 12 40* – ▤. AE DC MC VISA JCB. ✂ JX x
cerrado agosto y domingo – **Comida** - cocina vasca - carta 35 a 46.
◆ Típico asador vasco-navarro especializado en merluza y buey a la brasa. Salones decorados en estilo rústico norteño a modo de caserío. Carta de corte tradicional.

X **Horno de Juan,** Lope de Rueda 4, ✉ 28009, ☎ 91 575 69 16, *ldr@hornodejuan.com, Fax 91 576 01 88* – ▤. AE DC MC VISA. ✂ HX n
cerrado domingo noche – **Comida** - espec. en asados - carta 24 a 32.
◆ Reducidas pero acogedoras instalaciones en estilo castellano, con horno de leña a la entrada y una sala de sencillo mobiliario. Ofrece una sugerente carta tradicional.

X **Pelotari,** Recoletos 3, ✉ 28001, ☎ 91 578 24 97, *informacion@asador-pelotari.com, Fax 91 431 60 04* – ▤. AE DC MC VISA. ✂ plano p. 15 NV u
cerrado domingo – **Comida** carta 29 a 43.
◆ Clásico asador vasco que ha mejorado sus instalaciones, tanto en su servicio de mesa como en las salas ambientadas en estilo clásico-regional.

La Trainera, Lagasca 60, ✉ 28001, ☎ 91 576 05 75, *resta@latrainera.es, Fax 91 575 06 31* – ▤. AE ⓓ MC VISA JCB. ✂ GHV k
cerrado agosto y domingo – **Comida** - pescados y mariscos - carta 39 a 53.
◆ Marisquería que se muestra algo justa en confort. Posee sencillas salas de ambiente marinero, donde sirven un producto de gran calidad. Mesas sin mantel.

El Pescador, José Ortega y Gasset 75, ✉ 28006, ☎ 91 402 12 90, *Fax 91 401 30 26* – ▤. MC VISA. ✂ JV t
cerrado Semana Santa, agosto y domingo – **Comida** - pescados y mariscos - carta 43 a 55.
◆ Comedor de modesto montaje, en estilo rústico-marinero, que denota el paso de los años. Su cocina trabaja con productos del mar cuya calidad resulta excelente.

La Castela, Doctor Castelo 22, ✉ 28009, ☎ 91 574 00 15 – ▤. AE ⓓ MC VISA. ✂ HX r
cerrado agosto y domingo – **Comida** carta aprox. 33.
◆ Sigue la línea de las históricas tabernas madrileñas, con bar de tapeo a la entrada. Modesta pero correcta sala de estilo clásico, donde ofrecen una carta tradicional.

José Luis, General Oráa 5, ✉ 28006, ☎ 91 561 64 13, *joseluis@nexo.es,* 佘 – ▤. AE ⓓ MC VISA. ✂ GU z
Tapa 1,40 **Ración** aprox. 10.
◆ Afamado local en una buena zona de la ciudad, donde ofrecen una extensa selección de canapés, pinchos y raciones, en un entorno elegante con decoración clásica.

Mesón Cinco Jotas, Puigcerdá, ✉ 28001, ☎ 91 575 41 25, *m5jjorgejuan@osborne.es, Fax 91 575 56 35,* 佘 – |‡| ▤. AE ⓓ MC VISA. ✂ GX v
Tapa 2,20 **Ración** - espec. en ibéricos - aprox. 10,50.
◆ Prestigio merecido por la gran calidad en su oferta de productos ibéricos. Espléndida terraza donde saborear sus bien elaborados y atractivos pinchos.

Tasca La Farmacia, Diego de León 9, ✉ 28006, ☎ 91 564 86 52, *Fax 91 556 62 02* – ▤. AE ⓓ MC VISA. ✂ GHU s
cerrado 9 agosto-5 septiembre y domingo – **Tapa** 2,10 **Ración** - espec. en bacalaos - aprox. 4,35.
◆ De estilo tradicional, destacando una bellísima barra azulejada con motivos nobiliarios. No deje de probar las tapas o raciones de bacalao y zancarrón.

El Fogón de Trifón, Ayala 144, ✉ 28006, ☎ 91 402 37 94 – ▤. AE ⓓ MC VISA. ✂ JV a
cerrado agosto, domingo noche y lunes – **Tapa** 4 **Ración** aprox. 15.
◆ Negocio llevado directamente por su propietario. Puede resultar algo reducido, aunque es cálido y dispone de una barra muy bien surtida de productos y vinos. Pequeño comedor.

Mesón Cinco Jotas, Serrano 118, ✉ 28006, ☎ 91 563 27 10, *m5jserrano@osborne.es, Fax 91 561 32 84,* 佘 – ▤. AE ⓓ MC VISA. ✂ GU a
Tapa 2,20 **Ración** - espec. en ibéricos - aprox. 10,50.
◆ Eficiente organización en unas instalaciones de línea actual, con una variada selección de tapas y raciones donde priman los derivados del cerdo ibérico.

El Barril, Goya 86, ✉ 28009, ☎ 91 578 39 98 – ▤. AE ⓓ MC VISA JCB. ✂ JVX r
cerrado domingo noche – **Tapa** 3 **Ración** - espec. en mariscos - aprox. 18.
◆ Buena marisquería con barra bien acondicionada, donde exponen una extensa gama de productos. Dotado con una sala para disfrutar de sus platos con mayor comodidad.

José Luis, Serrano 89, ✉ 28006, ☎ 91 563 09 58, *joseluis@nexo.es, Fax 91 563 31 02,* 佘 – ▤. AE ⓓ MC VISA. ✂ GU u
Tapa 1,40 **Ración** aprox. 10.
◆ Es el 1er local que esta cadena abrió en Madrid, gozando de una situación privilegiada. Amplia variedad de pinchos y tapas de la cocina tradicional.

Taberna de la Daniela, General Pardiñas 21, ✉ 28001, ☎ 91 575 23 29, *Fax 91 409 07 11* – ▤. AE MC VISA. ✂ HV s
Tapa 2 **Ración** aprox. 5.
◆ Taberna típica del barrio de Salamanca, con la fachada azulejada y varios comedores para degustar sus tapas y raciones. Es famosa por su cocido y por el besugo al horno.

El Barril, Don Ramón de la Cruz 91, ✉ 28006, ☎ 91 401 33 05 – ▤. AE ⓓ MC VISA. ✂ JV n
cerrado 1ª quincena de agosto – **Tapa** 7 **Ración** - mariscos - aprox. 15.
◆ Conocida marisquería de gran aceptación, tanto por el servicio como por la calidad ofrecida. Bar-cervecería en la entrada muy frecuentado.

Jurucha, Ayala 19, ✉ 28001, ☎ 91 575 00 98 – ▤. ✂ GV a
cerrado agosto, domingo y festivos – **Tapa** 1,40 **Ración** aprox. 3,50.
◆ Suculentos pinchos y tapas de estilo vasco, que junto a la tortilla y las croquetas, han hecho de este bar una parada indispensable en cualquier ruta de tapeo por Madrid.

Arganzuela, Carabanchel, Villaverde : Antonio López, Paseo de Las Delicias, Paseo Santa María de la Cabeza (planos p. 6 y 10 salvo mención especial)

Rafael H. Atocha, Méndez Álvaro 30, ✉ 28045, ☎ 91 468 81 00, *atocha@rafaelhoteles.com, Fax 91 468 81 20* – 25/450. GZ t
Comida 20,25 – 10,80 – **245 hab** 169/205.
◆ Hotel de línea actual y elegante decoración, con un cuidado mobiliario y cuadros de buen gusto. Destaca por su organización y el completo equipamiento de sus habitaciones.

Rafael H. Pirámides, paseo de las Acacias 40, ✉ 28005, ☎ 91 517 18 28, *piramides@rafaelhoteles.com, Fax 91 517 00 90* – 25/80. DZ r
Comida 18 – 10,90 – **84 hab** 130/164 – 9 suites.
◆ Edificio en ladrillo visto, dotado de suficientes zonas nobles y un luminoso hall-recepción. Habitaciones renovadas con cortinajes vistosos y baños con suelo en tarima.

Carlton, paseo de las Delicias 26, ✉ 28045, ☎ 91 539 71 00, *carlton@hotelcarlton.com, Fax 91 527 85 10* – 25/200. FZ n
Comida 26,30 – 12,80 – **105 hab** 158/196 – 7 suites.
◆ Hotel de los años 70 con cierto aire clásico, dotado de unas habitaciones actualizadas, con suelo en moqueta, mobiliario moderno, y acogedores salones. Elegante comedor con un buen montaje.

Aramo, paseo de Santa María de la Cabeza 73, ✉ 28045, ☎ 91 473 91 11, *reservas-aramo@abbahoteles.com, Fax 91 473 92 14* – 25/200. rest EZ e
Comida 18 – 11,50 – **108 hab** 117/129.
◆ Posee habitaciones renovadas, revestidas de moqueta en el suelo y de papel en las paredes, con los baños un tanto ajustados. Salones de conferencias bien equipados. Restaurante de línea actual con suelo en tarima.

Vía Lusitania, Antonia Rodríguez Sacristán 14, ✉ 28044, ☎ 91 511 03 80, *heavenida@egidohoteles.com, Fax 91 511 03 81* – 25/80. AM a
Comida *(cerrado domingo)* 10,70 – 11,77 – **65 hab** 84,15/99,50.
◆ Está situado en una zona de nueva construcción, con una moderna concepción y gran funcionalidad como notas predominantes. Habitaciones bien equipadas y con suelos en madera. Su restaurante ocupa parte de los salones panelables.

Hontoria, pl. del General Maroto 2, ✉ 28045, ☎ 91 473 04 25 – . EZ v
cerrado Semana Santa, agosto, domingo y festivos – **Comida** carta 27 a 37.
◆ Negocio llevado con buen criterio por su chef-propietario. Ofrece un reducido comedor de estilo clásico y cuidado montaje, muy frecuentado por una clientela habitual.

Los Cigarrales, Antonio López 52, ✉ 28019, ☎ 91 469 74 52, *Fax 91 560 69 34* – . DZ n
cerrado domingo (julio-septiembre) y domingo noche resto del año – **Comida** carta 28 a 36.
◆ Local de estilo castellano con una atractiva sala y un adecuado salón para banquetes, ambos con profusión de madera. Correcta carta con varios platos manchegos.

Moncloa : Princesa, Paseo del pintor Rosales, Paseo de la Florida, Casa de Campo (planos p. 6 Y 10 salvo mención especial)

Husa Princesa, Princesa 40, ✉ 28008, ☎ 91 542 21 00, *husaprincesa@husa.es, Fax 91 542 73 28,* – 25/500. rest DV z
Comida *(cerrado del 1 al 15 de agosto, domingo y lunes noche)* carta 36 a 46 – 22 – **263 hab** 275/345 – 12 suites.
◆ Magnífico hotel situado en una de las principales arterias de la ciudad, con amplias zonas nobles y unas habitaciones espaciosas dotadas de muy buen confort. Íntimo y moderno comedor donde se puede degustar una cocina tradicional y mediterránea.

Meliá Madrid Princesa, Princesa 27, ✉ 28008, ☎ 91 541 82 00, *melia.madrid.princesa@solmelia.com, Fax 91 541 19 88,* – 25/350. plano p. 14 KV t
Comida carta aprox. 45 – 19 – **253 hab** 254/289 – 23 suites.
◆ Su localización y servicios le cautivarán, con gran experiencia en grupos y convenciones. Políticos, empresarios y artistas frecuentan este moderno y reformado hotel.

Sofitel Madrid Plaza de España sin rest, Tutor 1, ✉ 28008, ☎ 91 541 98 80, *h1320@accor.com, Fax 91 542 57 36* – hab, . plano p. 14 KV d
22,50 – **97 hab** 160/165.
◆ Bien remodelado, con las habitaciones dotadas de mobiliario de calidad y los baños en mármol. La elegancia, el detalle y el confort se combinan en perfecta armonía.

Monte Real, Arroyofresno 17, ✉ 28035, ☎ 91 316 21 40, *montereal@hotelmontereal.com, Fax 91 316 39 34*, – 25/250. AE VISA. AL b
Comida 33,06 – ☐ 15,08 – **76 hab** 130/160 – 4 suites.
◆ Tranquilo y con una refrescante piscina rodeada de césped. Ha mejorado notablemente su confort con la actualización general de las habitaciones, salones y recepción. Agradable comedor de línea clásica, en tonos vainilla y bien iluminado.

AC Los Vascos sin rest con cafetería por la noche, Los Vascos 27, ✉ 28040, ☎ 91 598 62 20, *aclosvascos@-hotels.com, Fax 91 598 62 21* – – 25/35. AE VISA. DT b
☐ 12 – **48 hab** 170.
◆ En conjunto resulta algo funcional, aunque disfruta de unas excelentes instalaciones. Luminosa recepción, zona social con biblioteca y correctas habitaciones.

Sal Gorda, Beatriz de Bobadilla 9, ✉ 28040, ☎ 91 553 95 06 – AE VISA. DT e
cerrado agosto y domingo – **Comida** carta 25 a 28.
◆ ¡Todo un hallazgo ! Profesionales reconocidos llevan esta acogedora y sugerente casa. Decoración clásica, cuidado mobiliario y atractiva carta a precios interesantes.

Neo, Quintana 30, ✉ 28008, ☎ 91 540 04 98 – AE VISA. DV c
cerrado semana santa, agosto, sábado mediodía, domingo y festivos – **Comida** carta 30 a 38.
◆ Atractivo restaurante de ambiente joven y estilo minimalista. Posee una sala en dos niveles, con los suelos en madera, notable servicio de mesa y numerosos detalles de diseño.

El Molino de los Porches, paseo Pintor Rosales 1, ✉ 28008, ☎ 91 548 13 36, *Fax 91 547 97 61*, – AE VISA. DV e
Comida - asados - carta 43 a 56.
◆ Emplazado en el Parque del Oeste, posee varios salones y una agradable terraza acristalada. Los asados al horno de leña y su sabrosa parrilla son una delicia.

Cuenllas, Ferraz 9, ✉ 28008, ☎ 91 547 19 64, *Fax 91 559 79 01* – AE VISA JCB. DV a
cerrado Semana Santa, agosto y domingo – **Comida** carta 35 a 53.
◆ Pequeño restaurante ubicado en una zona con gran actividad comercial y de negocios. Posee un recibidor y un buen comedor de montaje clásico. Excelente carta de vinos.

Currito, av. de las Provincias - Casa de Campo, ✉ 28011, ☎ 91 464 57 04, *curritomadrid@telefonica.net, Fax 91 479 72 54*, – AE VISA. AM s
cerrado domingo noche – **Comida** - cocina vasca - carta 45 a 51.
◆ En el pabellón Vizcaya de la Casa de Campo. Tradicional cocina vasca en este afamado local de grandes dimensiones, con destacable terraza y un bar de apoyo a la entrada.

Lizarran, Princesa 13, ✉ 28008, ☎ 91 541 64 50, *Fax 91 541 64 50* – VISA. plano p. 14 KV k
Tapa 1 **Ración** - tapas vascas - aprox. 7.
◆ Ofrece un sugerente expositor de tapas y raciones vascas en su barra, con varias mesas y taburetes de estilo rústico. Goza de gran popularidad como lugar de encuentro.

Chamberí : San Bernardo, Fuencarral, Alberto Aguilera, Santa Engracia (planos p. 8 y 15)

AC Santo Mauro, Zurbano 36, ✉ 28010, ☎ 91 319 69 00, *santo-mauro@ac-hotels.com, Fax 91 308 54 77*, – – 25/50. AE VISA JCB. FV e
Santo Mauro **: Comida** carta 46 a 55 – ☐ 20 – **43 hab** 255/307 – 8 suites.
◆ Precioso palacete de estilo francés en zona aristócrata y de embajadas. Marco elegante rodeado de un bonito jardín, con lujosos detalles en sus dependencias. El restaurante ocupa un bellísimo salón-biblioteca que da un toque de distinción a sus almuerzos.

Miguel Ángel, Miguel Ángel 31, ✉ 28010, ☎ 91 442 00 22, *comercial.hma@oh-es.com, Fax 91 442 53 20*, – – 25/200. AE VISA JCB. FU c
Arco **: Comida** carta 34 a 40 – ☐ 22 – **243 hab** 340 – 20 suites.
◆ Prestigio y tecnología aplicados a la hostelería, en la zona central de La Castellana. Habitaciones detallistas y amplias zonas nobles con decoración clásica elegante. Restaurante de cuidado montaje, pudiendo cenar en la terraza durante el verano.

Intercontinental Castellana, paseo de la Castellana 49, ✉ 28046, ☎ 91 700 73 00, *madrid@interconti.com, Fax 91 308 54 23*, – – 25/450. AE VISA JCB. GU v
Comida carta 45 a 80 – ☐ 28 – **270 hab** 335/365 – 27 suites.
◆ Enclavado en pleno centro financiero y bancario. Sus dependencias han sido renovadas totalmente, ofreciendo un elevado nivel de confort en un marco de elegante decoración.

Hesperia Madrid, paseo de la Castellana 57, ✉ 28046, ☎ 91 210 88 00, *hotel@hesperia-madrid.com, Fax 91 210 88 99* – 25/300. AE VISA JCB. rest FU b
Comida - ver también rest. ***Santceloni*** - 25 – 25 – **139 hab** 310/340 – 32 suites.
• Hotel de moderna decoración y atractivo diseño interior. Dispone de una amplia zona social, con diáfano hall-recepción y un luminoso patio central. Habitaciones clásicas. Comedor de esmerado montaje, con múltiples detalles de exquisito gusto.

Orfila, Orfila 6, ✉ 28010, ☎ 91 702 77 70, *inforeservas@hotelorfila.com, Fax 91 702 77 72,* – 25/80. AE VISA. NV d
Comida 60 – 25 – **28 hab** 297/365 – 4 suites.
• Palacete de finales del s. XIX ubicado en una exclusiva zona residencial. Un ambiente señorial define todas sus dependencias, equipadas con elegante mobiliario clásico. Comedor acogedor, pudiendo también disfrutar de su carta en el jardín interior.

NH Abascal, José Abascal 47, ✉ 28003, ☎ 91 441 00 15, *nhabascal@nh-hotels.com, Fax 91 442 22 11,* – 25/150 FU a
180 hab – 3 suites.
• Elegante edificio de línea clásica con buena fachada. Goza de un excelente hall con columnas en mármol, aunque la zona social se ve limitada a un salón-bar.

NH Zurbano, Zurbano 79-81, ✉ 28003, ☎ 91 441 45 00, *nhzurbano@nh-hotels.com, Fax 91 441 32 24* – 25/180. AE VISA. FU x
Comida carta aprox. 35 – 13,40 – **255 hab** 153/184 – 11 suites.
• Dividido en dos edificios con instalaciones propias en cada uno de ellos. Estilo funcional de buen gusto, con clientela habitual de negocios y equipos de élite deportiva.

NH Embajada, Santa Engracia 5, ✉ 28010, ☎ 91 594 02 13, *nhembajada@nh-hotels.com, Fax 91 447 33 12* – 25/60. AE VISA. MV r
Comida *(cerrado agosto)* carta aprox. 25 – 12,90 – **101 hab** 190.
• En un edificio rehabilitado con aportaciones de diseño vanguardista, en contraste con su esbelta fachada de marcado carácter tradicional. Espíritu práctico y actual.

NH Alberto Aguilera, Alberto Aguilera 18, ✉ 28015, ☎ 91 446 09 00, *nhalbertoaguilera@nh-hotels.com, Fax 91 446 09 04* – 25/100. AE VISA JCB. DV b
Comida *(cerrado agosto)* carta aprox. 35 – 14 – **148 hab** 154/180 – 5 suites.
• Moderno y acogedor, aunque sus zonas sociales se ven limitadas a la cafetería y el comedor. Confort, lencería y equipamiento con la calidad habitual de esta cadena.

NH Prisma, Santa Engracia 120, ✉ 28003, ☎ 91 441 93 77, *nhprisma@nh-hotels.com, Fax 91 442 58 51* – 25/70. AE VISA JCB. EU g
Comida *(cerrado agosto, sábado y domingo)* - sólo almuerzo - carta aprox. 31 – 13,50 – **103 suites** 190 – 7 hab.
• Distribuido en tres edificios independientes, estando la recepción y el salón-cafetería en el principal. La mayoría de las habitaciones son tipo apartamento con salón.

NH Argüelles sin rest con cafetería por la noche, Vallehermoso 65, ✉ 28015, ☎ 91 593 97 77, *nharguelles@nh-hotels.com, Fax 91 594 27 39* – . AE VISA JCB DU e
12 – **75 hab** 162/241.
• Tranquilo y moderno, con habitaciones funcionales de buen confort aunque algo reducidas en espacio. Posee suficientes zonas nobles y la decoración habitual de los NH.

Tryp Alondras sin rest con cafetería por la noche, José Abascal 8, ✉ 28003, ☎ 91 447 40 00, *tryp.alondras@solmelia.com, Fax 91 593 88 00* – . AE VISA JCB. EU a
11,50 – **72 hab** 125/134.
• De línea clásica-actual, con habitaciones amplias y luminosas, renovadas en su totalidad. Buen hall-recepción con cafetería a un lado donde ofrecen una pequeña carta.

Trafalgar sin rest con cafetería, Trafalgar 35, ✉ 28010, ☎ 91 445 62 00, *Fax 91 446 64 56* – 25. AE VISA. EU s
48 hab 76/109.
• Confortable en su categoría. Habitaciones funcionales con los suelos en corcho y baños algo justos. Sala de reuniones muy luminosa y cafetería explotada por otra empresa.

XXXX ✿✿ **Santceloni** - *Hotel Hesperia Madrid*, paseo de la Castellana 57, ✉ 28046, ☎ 91 210 88 40, *santceloni@hesperia-madrid.com, Fax 91 210 88 99* – . AE VISA JCB. FU b
cerrado Semana Santa, agosto, sábado mediodía, domingo y festivos – **Comida** 98 y carta 79 a 89.
Espec. Mero marinado con puré de manzana ahumado. Jarrete de ternera blanca con puré de patata. Sorpresas de fruta de la pasión.
• Fachada moderna con vigas neorrústicas en la entrada. Diáfana sala decorada en estilo minimalista, con excelente montaje y vajilla de diseño. Toda una experiencia culinaria.

XXXX ✿✿ **La Broche,** Miguel Ángel 29, ✉ 28010, ✆ 91 399 34 37, *info@labroche.com, Fax 91 399 37 78* – ▤. AE ⓓ ⓜ VISA JCB. ✂ FU c
cerrado Semana Santa, agosto, sábado y domingo – **Comida** 75 y carta 66 a 82.
Espec. Ensalada de sardinas ahumadas y trompeta de los muertos. Lubina asada con tapenade, cebollita, pimienta rosa y berros. Arroz basmati guisado y pichón de Navaz al aroma de las brasas (invierno-primavera).
• Un creador vanguardista en la cocina, que expone sus platos en una espaciosa sala de paredes blancas desnudas, pudiendo así centrar todos nuestros sentidos en su arte.

XXXX **Las Cuatro Estaciones,** General Ibáñez de Íbero 5, ✉ 28003, ✆ 91 553 63 05, *Fax 91 535 05 23* – ▤. AE ⓓ ⓜ VISA JCB. ✂ DT r
cerrado Semana Santa, agosto, sábado mediodía y domingo – **Comida** carta 45 a 68.
• Restaurante de estilo clásico con el suelo en moqueta e iluminación mediante fibra óptica. Posee un exclusivo bar de espera, seguido de la acogedora e íntima sala.

XXX **Il Gusto,** Espronceda 27, ✉ 28003, ✆ 91 535 39 02, *Fax 91 535 08 61* – ▤. AE ⓓ ⓜ VISA. ✂ FTU d
cerrado 15 días en agosto – **Comida** - rest. italiano - carta 37 a 47.
• Descubra los deliciosos matices de la gastronómica italiana. Sus modernas instalaciones disponen de hall y de un elegante comedor en el que se combinan el mármol y la madera.

XXX **Annapurna,** Zurbano 5, ✉ 28010, ✆ 91 319 87 16, *rteannapurna@yahoo.com, Fax 91 308 32 49* – ▤. AE ⓓ ⓜ VISA JCB. ✂ MV w
cerrado sábado mediodía, domingo y festivos – **Comida** - cocina hindú - carta aprox. 30.
• Comedor espacioso con un privado y jardín meramente decorativo. Motivos típicos hindúes y unos platos muy cromáticos, con todo el aroma y la sensualidad de la India.

XXX **Lur Maitea,** Fernando el Santo 4, ✉ 28010, ✆ 91 308 03 50, *restaurante@lurmaitea.com, Fax 91 308 62 25* – ▤. AE ⓓ ⓜ VISA. ✂ MV u
cerrado agosto, sábado mediodía, domingo y festivos – **Comida** - cocina vasca - carta 36 a 46.
• Entrada para carruajes, que da acceso a uno de los locales más conocidos para degustar la gastronomía vasca. Línea clásica, amplia carta y tienda con delicatessen.

XXX **Soroa,** Modesto Lafuente 88, ✉ 28003, ✆ 91 553 17 95, *soroa@restaurantesoroa.com, Fax 91 553 17 98* – ▤. AE ⓓ ⓜ VISA. ✂ FT x
cerrado domingo – **Comida** carta aprox. 39.
• Establecimiento con atractiva carta de tendencia innovadora. Posee un diseño moderno, con espaciosa sala en tonos claros y un reservado tipo bodega en el sótano.

XX **La Vendimia,** pl. del Conde del Valle de Suchil 7, ✉ 28015, ✆ 91 445 73 77, *Fax 91 448 86 72* – ▤. AE ⓓ ⓜ VISA JCB. ✂ DV b
cerrado domingo – **Comida** carta 28 a 38.
• Carta con platos tradicionales y de cocina vasca, en un local de línea clásico-moderna, con un servicio de mesa muy correcto. Clientes habituales de las oficinas cercanas.

XX **El Fogón de Zein,** Cardenal Cisneros 49, ✉ 28010, ✆ 91 593 33 20, *info@elfogondezein.com, Fax 91 591 00 34* – ▤. AE ⓓ ⓜ VISA. ✂ EU t
cerrado Semana Santa y domingo – **Comida** carta 28 a 37.
• Negocio dirigido con gran profesionalidad. Tras la barra de apoyo de la entrada se abre un pequeño privado y el redecorado comedor, vestido con cuadros contemporáneos.

XX **Porto Alegre 2,** Trafalgar 15, ✉ 28010, ✆ 91 593 37 62, *portoalegrell@terra.es, Fax 91 445 19 74* – ▤. AE ⓓ ⓜ VISA JCB. ✂ EV d
cerrado agosto y domingo – **Comida** carta 25 a 36.
• Restaurante de organización familiar, bien llevado y muy recomendable en su categoría. Sala dividida en dos espacios con mobiliario clásico. Cocina tradicional y regional.

XX **Odriozola,** Zurbano 13, ✉ 28010, ✆ 91 319 31 50, *Fax 91 319 12 93* – ▤. AE ⓓ ⓜ VISA JCB MV d
cerrado agosto, sábado mediódia y domingo – **Comida** - cocina vasca - carta 33 a 57.
• Negocio con barra de apoyo a la entrada y un agradable aunque reducido comedor. Posee un mobiliario clásico, solado en pizarra y un reservado en la entreplanta.

XX **Gala,** Espronceda 14, ✉ 28003, ✆ 91 442 22 44 – ▤. AE ⓓ ⓜ VISA. ✂ EU n
cerrado del 10 al 25 de agosto y domingo – **Comida** carta 40 a 55.
• Agradable restaurante de estilo moderno y diseño vanguardista, en contraste con un privado de tipo bodega. Muy frecuentado por gente joven.

XX **Tsunami,** Caracas 10, ✉ 28010, ✆ 91 308 05 69, *tsunamicaracas@telefonica.net, Fax 91 308 05 69* – ▤. AE ⓜ VISA. ✂ FV a
cerrado sábado mediodía, domingo y festivos – **Comida** - rest. japonés - carta 33 a 37.
• Bar occidental en la entrada, salas modernas con mobiliario de diseño y barra al fondo, preparando el sushi ante el cliente.

XX **Chuliá,** María de Guzmán 36, ✉ 28003, ☎ 91 535 31 23, *hchulia@teleline.es, Fax 91 535 10 10* – ▤. AE ⓓ ⓜⓒ VISA. ✂ ET n
cerrado agosto, domingo y lunes noche – **Comida** carta 25 a 40.
◆ Establecimiento familiar, con barra de apoyo en la entrada y dos salas de línea moderna donde abunda la madera. Correcta cocina de mercado y algún plato de actualidad.

XX **Mesón del Cid,** Fernández de la Hoz 57, ✉ 28003, ☎ 91 442 07 55, *madrid@mesondelcid.es, Fax 91 442 47 77* – ▤. AE ⓓ ⓜⓒ VISA. ✂ FU r
cerrado Semana Santa, agosto, domingo y festivos noche – **Comida** carta 31 a 38.
◆ Se accede por un amplio bar de apoyo. Sala en el 1er piso, con correcta carta de estilo tradicional y decoración castellana. Posee un pequeño privado en la planta baja.

XX **Alborán,** Ponzano 39-41, ✉ 28003, ☎ 91 399 21 50, *alboran@alboran-rest.com, Fax 91 399 21 50* – ▤. AE ⓓ ⓜⓒ VISA. ✂ EU g
cerrado domingo noche – **Comida** carta 27 a 38.
◆ Cafetería pública de tapeo en la entrada y dos salas dotadas con un mobiliario de calidad. Destaca su ambientación marinera, con el solado y las paredes en madera.

XX **Las Reses,** Orfila 3, ✉ 28010, ☎ 91 308 03 82, *Fax 91 319 42 36* – ▤. AE ⓜⓒ VISA. ✂ NV e
cerrado Semana Santa, agosto, sábado y domingo – **Comida** - carnes - carta 22 a 36.
◆ Establecimiento con solera y tradición en la ciudad. Sala principal en sótano de muy cuidado montaje, y comedor para banquetes en la 1ª planta. Carnes muy selectas.

XX **La Plaza de Chamberí,** pl. de Chamberí 10, ✉ 28010, ☎ 91 446 06 97, *Fax 91 594 21 20* – ▤. AE ⓓ ⓜⓒ VISA JCB. ✂ FV k
cerrado domingo – **Comida** carta 29 a 31.
◆ Negocio meritorio en su ascendente trayectoria. Bar privado y comedor en dos niveles de estilo clásico, con un correcto montaje. Selecta carta de estilo tradicional.

XX **Horno de Juan,** Joaquín María López 30, ✉ 28015, ☎ 91 543 30 43, *jml@hornodejuan.com, Fax 91 543 18 25* – ▤. AE ⓓ ⓜⓒ VISA. ✂ DU x
cerrado del 15 al 30 de agosto, domingo noche y lunes – **Comida** carta 22 a 31.
◆ Impecable establecimiento de estilo castellano. Destaca la presencia de un horno de leña y posee una carta atractiva aún tratándose de un asador, pues no se limita al cordero.

XX **Casa Hilda,** Bravo Murillo 24, ✉ 28015, ☎ 91 446 35 69 – ▤. AE ⓓ ⓜⓒ VISA. ✂ EU q
cerrado agosto, domingo noche y lunes noche – **Comida** carta 25 a 38.
◆ Organización correcta, sencilla y familiar. Ambiente algo austero donde predomina el mármol, salvo el reservado, que es tipo bodega. Carta clásica compensada.

X **La Parra,** Monte Esquinza 34, ✉ 28010, ☎ 91 319 54 98, *laparra@paukha.com* – ▤. AE ⓓ ⓜⓒ VISA. ✂ FV v
cerrado agosto, sábado mediodía y domingo – **Comida** carta 34 a 42.
◆ Pequeño local de cuidado montaje, con un comedor que luce en su decoración un ligero estilo británico, donde abunda la madera. Reducida carta de inspiración inglesa.

X **Villa de Foz,** Gonzálo de Córdoba 10, ✉ 28010, ☎ 91 446 89 93 – ▤. AE ⓜⓒ VISA. ✂
cerrado domingo – **Comida** - cocina gallega - carta 30 a 34. EV e
◆ Fiel cocina gallega, para disfrutar en un comedor de cuidado montaje y decoración actual. Aunque la carta resulta algo reducida el producto es de gran calidad.

X **Enzo,** Orfila 2, ✉ 28010, ☎ 91 308 16 47, *restaurante@pinocchio.es, Fax 91 662 18 65* – ▤. AE ⓓ ⓜⓒ VISA. ✂ NV d
cerrado agosto, sábado mediodía y domingo – **Comida** - cocina italiana - carta aprox. 30.
◆ Íntimo y acogedor restaurante de cocina italiana decorado en ladrillo visto. Sala en semisótano con el suelo en madera, mobiliario actual y una carta bastante atractiva.

X Balear, Sagunto 18, ✉ 28010, ☎ 91 447 91 15, *Fax 91 445 19 97* – ▤ EU y
Comida - arroces.
◆ Acceso directo a una sala de estilo café antiguo, con vistosas cortinas y visillos. También posee un privado en el sótano. Carta tradicional balear especializada en arroces.

X **Don Sancho,** Bretón de los Herreros 58, ✉ 28003, ☎ 91 441 37 94 – ▤. AE ⓓ ⓜⓒ VISA. ✂ FU u
cerrado Semana Santa, agosto, domingo, festivos y lunes noche – **Comida** carta 24 a 31.
◆ Organización modélica en su categoría, con una coqueta sala en dos niveles. Decoración actual en tonos pastel y cuadros modernos. Posee una clientela habitual.

X **La Despensa,** Cardenal Cisneros 6, ✉ 28010, ☎ 91 446 17 94 – ▤. AE ⓓ ⓜⓒ VISA. ✂ EV p
cerrado agosto domingo noche y lunes – **Comida** carta aprox. 24.
◆ Agradable marco familiar donde ofrecen una cocina casera, sin grandes complicaciones pero a precios muy razonables. Íntimo y redecorado en un estilo clásico-funcional.

🍷 **Mesón Cinco Jotas,** paseo de San Francisco de Sales 27, ✉ 28003, ☎ 91 544 01 89, *m5jsfsales@osborne.es, Fax 91 549 06 51,* 🏛 – ▤. AE ⓓ ⓜⓒ VISA. ✂ DT h
Tapa 2,20 **Ración** - espec. en ibéricos - aprox. 10,50.
◆ Estilo actual de la cadena, con dos salas donde saborear sus raciones o comer a la carta. En la barra ofrecen variedad de tapas, destacando sus excelentes productos ibéricos.

José Luis, paseo de San Francisco de Sales 14, ✉ 28003, ☎ 91 441 20 43, *joseluis@nexo.es*, – . AE MC VISA. DU v
Tapa 1,40 **Ración** aprox. 10.
◆ Más sencillo que otros establecimientos de esta conocida cadena de Madrid. Buen surtido de pinchos y raciones, pudiendo disfrutar de una agradable terraza en verano.

Zubia, Espronceda 28, ✉ 28003, ☎ 91 441 04 32, *info@restaurantezubia.com, Fax 91 441 10 43* – . AE MC VISA. FU h
cerrado agosto, sábado mediodía y domingo – **Tapa** 1,50 **Ración** aprox. 7,50.
◆ Bar dirigido por un profesional. Barra muy bien surtida, con pinchos vascos de calidad, ofreciendo además raciones y una correcta carta que sirven en dos pequeñas salas.

La Taberna de Don Alonso, Alonso Cano 64, ✉ 28003, ☎ 91 533 52 49 – . EFT r
cerrado Semana Santa, agosto y domingo noche – **Tapa** 1,90 **Ración** aprox. 11.
◆ Taberna que expone en su barra una pequeña muestra de pinchos, indicando en tablones de pizarra los de preparación en cocina y las raciones. Selección de vinos por copas.

Taberna El Maño, Vallehermoso 59, ✉ 28015, ☎ 91 448 40 35, , Ambiente taurino – MC VISA DU e
cerrado domingo noche y lunes – **Tapa** 2,50 **Ración** aprox. 12.
◆ Antiguo y popular local de ambiente taurino, con abundantes pinchos, tapas y raciones, donde predominan los mariscos y embutidos ibéricos. Ambiente distendido.

Chamartín, Tetuán : Paseo de la Castellana, Capitán Haya, Orense, Alberto Alcocer, Paseo de la Habana (planos p. 8 y 9)

Meliá Castilla, Capitán Haya 43, ✉ 28020, ☎ 91 567 50 00, *melia.castilla@solmelia.com, Fax 91 567 50 51*, – – 25/800. AE MC VISA. FR c
Comida - ver rest. ***L'Albufera*** y rest. ***La Fragata*** – 19 – **904 hab** 253/262 – 12 suites.
◆ Vestíbulo decorado con profusión de plantas, amplísimas instalaciones y cuidadas habitaciones. Macrohotel con gran actividad de banquetes y convenciones.

NH Eurobuilding, Padre Damián 23, ✉ 28036, ☎ 91 353 73 00, *nheurobuilding@nh-hoteles.es, Fax 91 345 45 76*, , , – , hab, – 25/900. AE MC VISA. GS a
Magerit *(cerrado agosto y domingo)* **Comida** carta 35 a 44 – 18,50 – **421 hab** 246 – 39 suites.
◆ Recientemente renovado, siguiendo la filosofía de confort de la cadena. Goza de modernas dependencias, amplias y bien equipadas, así como de una gran variedad de salones. Restaurante de buen nivel en un acogedor entorno clásico.

Mirasierra Suites H., Alfredo Marquerie 43, ✉ 28034, ☎ 91 727 79 00, *msh@jubanhoteles.com, Fax 91 727 79 08*, , , , – – 25/600. AE MC VISA JCB. BL a
Comida 17 – 6 – **182 hab** 295/335.
◆ Disfruta de una espaciosa recepción ubicada bajo una cúpula abierta y unas habitaciones muy bien equipadas, tipo apartamento, con bañera y ducha independientes en los aseos. Su sencillo restaurante se complementa con una pequeña terraza.

Holiday Inn Madrid, pl. Carlos Trías Beltrán 4 (acceso por Orense 22-24), ✉ 28020, ☎ 91 456 80 00, *Fax 91 456 80 01*, , – – 25/400. AE MC VISA JCB. hab FS z
Big Blue : **Comida** carta 31 a 39 – **282 hab** 283/300 – 31 suites.
◆ Buena situación junto al complejo Azca, repleto de oficinas y locales de ocio. Amplia oferta en servicios adicionales, con un hall clásico, tiendas y sala de Internet. Su restaurante Big Blue destaca por la llamativa decoración modernista y la esmerada carta.

AC Aitana, paseo de la Castellana 152, ✉ 28046, ☎ 91 458 49 70, *aitana@ac-hoteles.com, Fax 91 458 49 71*, – . AE MC VISA JCB. GS c
Comida 20 – 14 – **109 hab** 191/215 – 2 suites.
◆ Completamente renovado y donde se han implantado las últimas tecnologías. Posee un estilo vanguardista tanto en diseño interior como en mobiliario, con profusión de madera.

NH La Habana, paseo de La Habana 73, ✉ 28036, ☎ 91 443 07 20, *nhhabana@nh-hotels.com, Fax 91 457 75 79* – , hab, – 25/250. AE MC VISA JCB. HS f
Comida *(cerrado agosto)* carta 20 a 32 – 14,45 – **155 hab** 165/198 – 1 suite.
◆ Hotel de línea moderna con una excelente recepción y habitaciones muy confortables, aunque pueden resultar algo pequeñas. Clientela habitual de negocios.

Confortel Pío XII, av. Pío XII-77, ✉ 28016, ☎ 91 387 62 00, *com.confortel@once.es, Fax 91 302 65 22* – – 25/350. AE MC VISA JCB. JR t
Comida 18,50 – 12,50 – **214 hab** 170.
◆ Posee unas cómodas habitaciones en tonalidades suaves, con mobiliario moderno y suelos en madera. Muy bien acondicionado para minusválidos y con grandes salones panelables. Restaurante de buen nivel con las paredes desnudas.

Orense, Pedro Teixeira 5, ✉ 28020, ☎ 91 597 15 68, *reservas@hotelorense.com, Fax 91 597 12 95* – |‡| ▤ TV ⇔ – 🔬 25/50. AE ⓓ ⓜ VISA JCB. ✗ FS q
Comida 18,50 – ☕ 12,60 – **140 hab** 202,65/236,25.
• De arquitectura moderna, sus habitaciones resultan muy confortables, con una cuidada decoración y un completo equipamiento. Escasa zona social y correctas salas de reuniones.

Confortel Suites Madrid, López de Hoyos 143, ✉ 28002, ☎ 91 744 50 00, *info@confortelsuitesmadrid.com, Fax 91 415 30 73* – |‡| ▤ TV ♿ ⇔ – 🔬 25/350. AE ⓓ ⓜ VISA. ✗ JT y
Comida *(cerrado agosto, sábado y domingo)* 15 – ☕ 12 – **120 suites** 175/195.
• Moderna construcción y buen equipamiento, aunque sin grandes lujos, al gusto de su habitual clientela de negocios. Habitaciones tipo suite aunque no sobradas de espacio.

Don Pío sin rest, av. Pío XII-25, ✉ 28016, ☎ 91 353 07 80, *hoteldonpio@hoteldonpio.com, Fax 91 353 07 81* – |‡| ▤ TV ☎ P. AE ⓜ VISA. ✗ HR s
☕ 13 – **40 hab** 120/130.
• Buen hall-patio, con claraboya de estilo clásico-moderno, al que dan todas sus habitaciones, de notables dimensiones y detalles como los baños con hidromasaje.

Cuzco sin rest con cafetería, paseo de la Castellana 133, ✉ 28046, ☎ 91 556 06 00, *hotelcuzco@mundivia.es, Fax 91 556 03 72*, 🏋 – |‡| ▤ TV ♿ ⇔ P – 🔬 25/450. AE ⓓ ⓜ VISA JCB. ✗ FS a
☕ 12 – **322 hab** 162/203 – 8 suites.
• De línea clásica y a unos metros del Palacio de Congresos. Dispone de habitaciones amplias y cuidadas, aunque resultan algo anticuadas en su decoración. Clientela de negocios.

Castilla Plaza, paseo de la Castellana 220, ✉ 28046, ☎ 91 567 43 00, *castilla-plaza@abbahoteles.com, Fax 91 315 54 06* – |‡| ▤ TV ☎ ⇔ – 🔬 25/150. AE ⓓ ⓜ VISA JCB. ✗ GR u
Comida 20,50 – ☕ 14,80 – **139 hab** 118/133.
• Bello edificio acristalado que forma parte del conjunto arquitectónico conocido como la Puerta de Europa. Confortable y rico en detalles, muy al gusto actual. Restaurante especializado en cocina tradicional, con buen montaje y confortables instalaciones.

Foxá 32, Agustín de Foxá 32, ✉ 28036, ☎ 91 733 10 60, *foxa32@foxa.com, Fax 91 314 11 65* – |‡| ▤ TV ⇔ – 🔬 25/250. AE ⓓ ⓜ VISA. ✗ GR e
Comida 10,50 – ☕ 10 – **63 hab** 174/195 – 98 suites.
• Destacadas instalaciones con una reducida recepción y habitaciones personalizadas tipo apartamento, dotadas de una decoración clásica-elegante y mobiliario antiguo de calidad. El restaurante cuenta con el encanto de una atractiva terraza cubierta.

Foxá 25, Agustín de Foxá 25, ✉ 28036, ☎ 91 323 11 19, *foxa25@foxa.com, Fax 91 314 53 11* – |‡| ▤ TV ⇔. AE ⓓ ⓜ VISA. ✗ GR a
Comida carta 21 a 31 – ☕ 10 – **121 suites** 174/195.
• Las habitaciones, tipo suite con salón contiguo, poseen suelos en mármol, mobiliario funcional y reducidos baños con ducha de hidromasaje. El área social resulta algo justa.

Chamartín, Agustín de Foxá, ✉ 28036, ☎ 91 334 49 00, *chamartin@husa.es, Fax 91 733 02 14* – |‡| ▤ TV – 🔬 25/500. AE ⓓ ⓜ VISA JCB. ✗ HR
Comida - ver rest. ***Cota 13*** – ☕ 11,44 – **360 hab** 152/180 – 18 suites.
• Situado en la misma estación de Chamartín y con mucho movimiento de gente en su amplio hall. Dispone de habitaciones funcionales y varios salones polivalentes.

La Residencia de El Viso 🐌, Nervión 8, ✉ 28002, ☎ 91 564 03 70, *reservas@residenciadelviso.com, Fax 91 564 19 65*, 🏖 – |‡| ▤ TV. AE ⓓ ⓜ VISA JCB. ✗ HT c
Comida carta aprox. 45 – ☕ 10 – **12 hab** 77/129.
• Encantador hotelito con salón social que engloba el bar y la recepción. Habitaciones alegres y un hermoso jardín que supone todo un remanso de paz en plena ciudad. Comedor en un pabellón acristalado junto a una terraza interior que se habilita en verano.

Aristos, av. Pío XII-34, ✉ 28016, ☎ 91 345 04 50, *hotelaristos@elchaflan.com, Fax 91 345 10 23* – |‡| ▤ TV. AE ⓓ ⓜ VISA. ✗ JR d
Comida - ver rest. ***El Chaflán*** – ☕ 8,75 – **22 hab** 102,15/138,85 – 1 suite.
• De correcta fachada y carácter funcional. Sus habitaciones gozan de un completo equipamiento, con una decoración que recuerda a los años 80. Buena organización.

Tryp Infanta Mercedes sin rest, Huesca 21, ✉ 28020, ☎ 91 570 33 33, *infanta.mercedes@solmelia.com, Fax 91 571 11 56* – |‡| ▤ TV ♿ ⇔ – 🔬 25/50. AE ⓓ ⓜ VISA JCB. ✗ ES v
☕ 8,50 – **61 hab** 102/140.
• Hotel de línea actual muy funcional y escasa área social. Dispone de habitaciones bien equipadas con moqueta y correctos aseos, aunque 12 de ellos sólo con ducha.

NH Práctico sin rest, Bravo Murillo 304, ✉ 28020, ☎ 91 571 28 80, *nhpractico@nh-hotels.com, Fax 91 571 56 31* – |‡| ▤ TV ⇔. AE ⓓ ⓜ VISA. ✗ FR a
☕ 11,50 – **35 hab** 147/173.
• Íntimo y cuidado en todas sus dependencias, cuenta con escasas zonas comunes que según el horario tienen distintos usos. Habitaciones acogedoras y de buen montaje.

Togumar sin rest, Canillas 59, ✉ 28002, ☎ 91 519 00 51, *administracion@togumar.com, Fax 91 519 48 45* – 🛗 ▤ TV 🚗. AE ⓓ MC VISA. ✄ JT s
☕ 4 – **62 hab** 90/113.
◆ Reducida recepción para un hotel de estilo funcional, con habitaciones repartidas en dos edificios que se comunican por un patio. Tipo apartamentos con cocina instalada.

Zalacain, Álvarez de Baena 4, ✉ 28006, ☎ 91 561 48 40, *Fax 91 561 47 32* – ▤. AE ⓓ MC VISA JCB. ✄ GU b
cerrado Semana Santa, agosto, sábado mediodía, domingo y festivos – **Comida** 82 y carta 48 a 70.
Espec. Carpaccio de brevas con hígado de oca. Ravioli de botillo con salsa de vino de Mencia y trufas. Ragout de langostinos con albóndigas de acelgas.
◆ Marco refinado y emblemático, con salas clásicas de acogedora intimidad y una brigada muy cualificada. Combina su elegante atmósfera con delicados detalles decorativos.

Príncipe de Viana, Manuel de Falla 5, ✉ 28036, ☎ 91 457 15 49, *principeviana@ya.com, Fax 91 457 52 83* – ▤. AE ⓓ MC VISA. ✄ GS c
cerrado agosto, sábado mediodía, domingo y festivos – **Comida** - cocina vasco-navarra - carta 58 a 68.
◆ Cocina de inspiración vasco-navarra como marcan los cánones, siendo por ello bien conocido en la ciudad. Dispone de instalaciones de línea clásica y un excelente montaje.

El Bodegón, Pinar 15, ✉ 28006, ☎ 91 562 88 44, *Fax 91 562 97 25* – ▤. AE ⓓ MC VISA. ✄ GU q
cerrado agosto, sábado mediodía, domingo y festivos – **Comida** carta 53 a 65.
◆ Elegante casa señorial con bar privado de espera, y comedor en varios niveles cuyos ventanales dan a un agradable jardín. Elaboraciones de corte tradicional.

L'Albufera - *Hotel Meliá Castilla,* Capitán Haya 45, ✉ 28020, ☎ 91 567 51 97, *Fax 91 567 50 51* – ▤ 🚗. AE ⓓ MC VISA JCB. ✄ FR c
Comida - espec. en arroces - carta 36 a 49.
◆ Cuenta con tres salas de cuidado montaje clásico elegante, y otra a modo de jardín de invierno, en el centro de un patio interior con profusión de plantas.

Combarro, Reina Mercedes 12, ✉ 28020, ☎ 91 554 77 84, *combarro@combarro.com, Fax 91 534 25 01* – ▤. AE ⓓ MC VISA JCB. ✄ ES a
cerrado Semana Santa, agosto y domingo noche – **Comida** - pescados y mariscos - carta 44 a 58.
◆ Cocina gallega basada en la calidad del producto, visible en sus viveros. Bar público, comedor en el 1er piso y dos salas en el sótano, todo en un distinguido estilo clásico.

El Chaflán - *Hotel Aristos,* av. Pío XII-34, ✉ 28016, ☎ 91 350 61 93, *restaurante@elchaflan.com, Fax 91 345 10 23,* 🏠 – ▤. AE ⓓ MC VISA. ✄ JR d
cerrado 15 días en agosto, sábado mediodía y domingo **Comida** 60 y carta 51 a 63.
Espec. Alcachofas con vieiras, tuétano y toffe de naranja. Salmonetes de trasmayo con tartar de pepino y menta, cous-cous de calamarcillos y escabeche de aceitunas. Lomo de buey del Valle del Esla con migas trufadas, royal de foie y chutney de alcachofas.
◆ Marco de estilo minimalista dotado de excelente montaje y con un olivo bajo una claraboya en el centro de la sala. Sirve una cocina atractiva, vanguardista y de autor.

La Fragata - *Hotel Meliá Castilla,* Capitán Haya 45, ✉ 28020, ☎ 91 567 51 96, *Fax 91 567 50 51* – ▤ 🚗. AE ⓓ MC VISA. ✄ FR c
cerrado agosto y festivos – **Comida** carta 44 a 56.
◆ Goza de entrada independiente con un elegante bar privado, y el comedor rodeando a un hermoso patio interior con profusión de plantas. Nutrida carta tradicional.

Aldaba, av. de Alberto Alcocer 5, ✉ 28036, ☎ 91 345 21 93, *Fax 91 345 21 93* – ▤. AE ⓓ MC VISA. ✄ GS e
cerrado Semana Santa, agosto, sabado mediodía, domingo y festivos – **Comida** carta 50 a 60.
◆ Posee un bar de apoyo en la entrada y tras él un agradable comedor de estilo clásico-moderno, complementado por varios saloncitos privados. Excelente carta de vinos.

Señorío de Alcocer, av. de Alberto Alcocer 1, ✉ 28036, ☎ 91 345 16 96, *Fax 91 345 16 96* – ▤. AE ⓓ MC VISA JCB. ✄ GS e
cerrado Semana Santa, agosto, sábado mediodía y domingo – **Comida** carta 50 a 70.
◆ Acogedor establecimiento que reparte su capacidad en numerosas salas, a modo de privados. Posee un montaje clásico con notas de elegancia y ofrece cocina de inspiración vasca.

XXX **José Luis,** Rafael Salgado 11, ✉ 28036, ☎ 91 457 50 36, *joseluis@nexo.es, Fax 91 344 10 46* – ▤. AE ⓓ ⓜ VISA. ✗ GS m
cerrado agosto – **Comida** carta aprox. 46.
◆ Establecimiento con solera frente al estadio Santiago Bernabeu. Comedor agradable con bar de tapeo y dos terrazas acristaladas. Carta clásica internacional con platos vascos.

XXX **Goizeko Kabi,** Comandante Zorita 37, ✉ 28020, ☎ 91 533 01 85, *Fax 91 533 02 14* – ▤. AE ⓓ ⓜ VISA JCB. ✗ ES a
cerrado sábado mediodía en julio-agosto y domingo – **Comida** - cocina vasca - carta 46 a 65.
◆ Restaurante de cocina vasca actualizada con cierto prestigio en la ciudad. La distribución de sus mesas resulta algo apretada, aunque no está exento de elegancia y confort.

XXX **El Olivo,** General Gallegos 1, ✉ 28036, ☎ 91 359 15 35, *bistrotelolivosl@retemail.es, Fax 91 345 91 83* – ▤. AE ⓓ ⓜ VISA JCB. ✗ GR c
cerrado del 15 al 31 de agosto, domingo y lunes – **Comida** carta 38 a 63.
◆ Decoración moderna en tonos verdes y atractivos detalles alusivos al aceite de oliva. Destacan sus esmeradas elaboraciones en base a una cocina cosmopolita y mediterránea.

XXX **El Foque,** Suero de Quiñones 22, ✉ 28002, ☎ 91 519 25 72, *restaurante@elfoque.com, Fax 91 561 07 99* – ▤. AE ⓓ ⓜ VISA. ✗ HT r
cerrado domingo – **Comida** - espec. en bacalaos - carta 33 a 40.
◆ Íntimo local con buena situación junto al Auditorio Nacional de Música. Comedor en dos niveles decorado en estilo marinero. Carta atractiva especializada en bacalao.

XX **De Vinis,** paseo de la Castellana 123, ✉ 28046, ☎ 91 556 40 33, *vic.vino@teleline.es, Fax 91 556 08 58* – ▤. AE ⓓ ⓜ VISA. ✗ GS h
cerrado domingo y sábado mediodía – **Comida** carta 35 a 48.
◆ Modernas dependencias en un marco íntimo, con toques minimalistas y un destacable servicio de mesa. Carta innovadora con una extensa selección de vinos, servidos por copa.

XX **La Tahona,** Capitán Haya 21 (lateral), ✉ 28020, ☎ 91 555 04 41, *Fax 91 556 62 02* – ▤. AE ⓓ ⓜ VISA. ✗ FS u
cerrado agosto y domingo noche – **Comida** - cordero asado - carta aprox. 25.
◆ Bar de entrada con horno de leña y artesonado de madera que da paso a varias salas de ambiente castellano. Disfrute del tradicional asado y acompáñelo del clarete de la casa.

XX **O'Pazo,** Reina Mercedes 20, ✉ 28020, ☎ 91 553 23 33, *Fax 91 554 90 72* – ▤. ⓜ VISA. ✗ EFS p
cerrado Semana Santa, agosto y domingo – **Comida** - pescados y mariscos - carta 39 a 69.
◆ Aunque presenta cierto desfase decorativo ofrece un amplio comedor y un salón-biblioteca para reuniones de carácter más privado. Sugerentes expositores de pescados y mariscos.

XX **Pedralbes,** Basílica 15, ✉ 28020, ☎ 91 555 30 27, *Fax 91 570 95 30*, 🏠 – ▤. AE ⓓ ⓜ VISA. ✗ FT z
Comida - cocina catalana - carta 33 a 44.
◆ Comedor de aire mediterráneo, con profusión de plantas y cuadros que evocan al palacio del que toma el nombre. Salas en tres niveles donde ofrecen cocina tradicional catalana.

XX **El Telégrafo,** Padre Damián 44, ✉ 28036, ☎ 91 359 70 83, *Fax 91 350 61 19*, 🏠 – ▤. AE ⓓ ⓜ VISA. ✗ GS s
Comida - pescados y mariscos - carta 39 a 56.
◆ Local diáfano que imita en su decoración el interior de un barco. Bar-marisquería en la entrada y comedor con una carta especializada en productos del mar.

XX **Rianxo,** Oruro 11, ✉ 28016, ☎ 91 457 10 06, *Fax 91 457 22 04* – ▤. AE ⓓ ⓜ VISA. ✗ HS h
cerrado 15 agosto-15 septiembre y domingo – **Comida** - cocina gallega - carta aprox. 48.
◆ Cocina gallega preparada a la antigua usanza, basándose más que en la elaboración en la excelente calidad del producto. Bar de acceso y un atractivo comedor clásico.

XX **Carta Marina,** Padre Damián 40, ✉ 28036, ☎ 91 458 68 26, *Fax 91 458 68 26* – ▤. AE ⓓ ⓜ VISA. ✗ GS k
cerrado agosto y domingo – **Comida** - cocina gallega - carta 36 a 55.
◆ Establecimiento con profusión de madera en su decoración. Bar privado de buen montaje y acogedores comedores con terraza de verano e invierno. Fiel a la tradición gallega.

XX **Gerardo,** av. de Alberto Alcocer 46 C, ✉ 28016, ☎ 91 457 94 59, *Fax 91 401 30 00* – ▤. AE ⓓ ⓜ VISA. ✗ HS v
cerrado domingo noche – **Comida** carta aprox. 42.
◆ Establecimiento con comedores en dos plantas y una decoración marinera donde predominan las tonalidades azules y blancas. Destacan sus mariscos, carnes y arroces.

XX **Gaztelupe,** Comandante Zorita 32, ✉ 28020, ✆ 91 534 90 28, *Fax 91 554 65 66* – ▤. AE ⓓ MC VISA JCB. ✂ ES p
cerrado domingo noche en julio y agosto y domingo resto del año – **Comida** - cocina vasca - carta 50 a 60.
◆ Posee un bar en la entrada, salas renovadas en un acogedor estilo clásico-regional y un par de privados en el sótano. Extensa carta de cocina tradicional vasca.

XX **Castellana 179,** Castellana 179, ✉ 28046, ✆ 91 425 06 80, *castellana179@castellana179.com, Fax 91 425 06 81* – |♦| ▤. AE ⓓ MC VISA. ✂ GR g
cerrado 15 días en agosto, sábado mediodía y domingo – **Comida** carta 37 a 50.
◆ Amplias instalaciones de estilo clásico orientadas a la celebración de comidas y cenas de negocios. Dispone de numerosos privados y de una zona social polivalente.

XX **De María,** Félix Boix 5, ✉ 28036, ✆ 91 359 65 07, *demaria@infonegocio.com, Fax 91 350 56 63* – ▤. AE ⓓ MC VISA. ✂ GR h
Comida - pescados y carnes a la brasa - carta aprox. 39.
◆ Trabaja básicamente con productos a la brasa, ofreciendo también platos internacionales y una selección de entrantes. Diseño acogedor, con dos salas y un pequeño privado.

XX **La Leñera,** Hernani 60, ✉ 28020, ✆ 91 554 13 38, *Fax 91 554 13 38* – ▤. AE ⓓ MC VISA. ✂ ET v
cerrado del 7 al 23 de agosto y domingo noche – **Comida** - espec. en carnes a la brasa - carta 34 a 48.
◆ Conjunto alegre con decoración rústico-moderna que posee una parrilla al fondo del comedor. Ofrece una cocina especializada en carnes y pescados a la brasa.

XX **El Comité,** pl. de San Amaro 8, ✉ 28020, ✆ 91 571 87 11, *Fax 91 435 43 27*, Bistrot – ▤. AE ⓓ MC VISA. ✂ FS x
cerrado sabado mediodia y domingo – **Comida** carta aprox. 36.
◆ Restaurante de un acogedor estilo bistrot y mobiliario tipo café, que muestra en sus paredes un sinfín de fotografías antiguas. Carta especializada en cocina francesa.

XX **Ferreiro,** Comandante Zorita 32, ✉ 28020, ✆ 91 553 93 42, *Fax 91 553 89 90* – ▤. AE ⓓ MC VISA. ✂ ES p
Comida - cocina asturiana - carta 32 a 40.
◆ Establecimiento con bar de acceso y espacioso comedor. Luce una decoración clásico-moderna con bellas vidrieras alusivas, al igual que sus platos, a la verde Asturias.

XX **Cota 13** - *Hotel Chamartín,* estación de Chamartín, ✉ 28036, ✆ 91 334 49 00, *chamartin@husa.es, Fax 91 733 02 14* – ▤. AE ⓓ MC VISA JCB. ✂ HR
cerrado agosto – **Comida** carta 27 a 35.
◆ Excepcional comedor principal con techo alto a modo de antigua estación de tren. Decoración tipo vagón-restaurante de estilo 1900. Sencilla carta internacional y buen menú.

XX **Sayat Nova,** Costa Rica 13, ✉ 28016, ✆ 91 350 87 55 – ▤. AE ⓓ MC VISA. ✂ JS a
Comida - rest. armenio - carta 25 a 34.
◆ Un buen lugar para conocer los valores gastronómicos de la cocina armenia. Posee dos salas con el suelo en parquet y una decoración alusiva al juglar que da nombre a la casa.

XX **Ox's,** Juan Ramón Jiménez 11, ✉ 28036, ✆ 91 458 19 03, *Fax 91 344 14 37* – ▤. AE ⓓ MC VISA. ✂ GS t
cerrado agosto y domingo – **Comida** carta 36 a 42.
◆ El comedor principal es de corte moderno, aunque resulta algo funcional. Carta de inspiración vasco-navarra que se apoya mucho en recomendaciones y sugerencias de temporada.

XX **Jai-Alai,** Balbina Valverde 2, ✉ 28002, ✆ 91 561 27 42, *jaialai@infonegocio.com, Fax 91 561 38 46,* 🏖 – ▤. AE ⓓ MC VISA. ✂ GT h
cerrado agosto y lunes – **Comida** - cocina vasca - carta 26 a 33.
◆ Marco de los años 70 de correcto confort y estilo clásico elegante, destacando gratamente su amplia terraza. Ofrecen todo el sabor de la cocina vasca más tradicional.

XX **Donde Marian,** Torpedero Tucumán 32, ✉ 28016, ✆ 91 359 04 84, *Fax 91 350 79 61* – ▤. AE ⓓ MC VISA. ✂ JR z
cerrado Semana Santa, agosto, sábado mediodía y domingo – **Comida** - carnes a la brasa - carta aprox. 30.
◆ Sin lujos pero muy correcto, con una cocina de base vasco-navarra que podemos disfrutar en los dos salones de estilo clásico-moderno. Destacan sus carnes a la brasa.

X **Kabuki,** av. Presidente Carmona 2, ✉ 28020, ✆ 91 417 64 15, *Fax 91 556 02 32,* 🏖 – ▤. AE ⓓ MC VISA JCB. ✂ FS t
cerrado del 1 al 23 de agosto, sábado mediodía, domingo y festivos – **Comida** - rest. japonés - carta 42 a 60.
◆ Íntimo restaurante japonés con decoración minimalista de buen gusto. Cuenta con una moderna terraza y una barra-cocina donde se preparan, entre otros platos, el popular sushi.

Fass, Rodríguez Marín 84, ✉ 28002, ☎ 91 563 74 47, *info@fassgrill.com, Fax 91 563 74 53* – ▤. AE ⓞ ⓜ VISA. ✻ HS t
Comida - cocina alemana - carta 19 a 32.
◆ Bar-cervecería en la entrada y acceso independiente para el restaurante. Decoración rústica con profusión de madera, al más puro estilo bávaro montañés. Cocina alemana.

Al-Fanus, Pechuán 6, ✉ 28002, ☎ 91 562 77 18, *Fax 91 562 77 18* – ▤. AE ⓞ ⓜ VISA. ✻ HT k
cerrado domingo noche – **Comida** - rest. sirio - carta aprox. 30.
◆ Genuina cocina siria en un local con barra de apoyo en la entrada y comedor de estilo árabe. La iluminación intimista de los artesanales apliques metálicos recrea sus paredes.

El Asador de Aranda, pl. de Castilla 3, ✉ 28046, ☎ 91 733 87 02, *Fax 91 556 62 02* – ▤. AE ⓞ ⓜ VISA. ✻ GR b
cerrado del 9 agosto-6 septiembre y domingo noche – **Comida** - cordero asado - carta aprox. 25.
◆ Excelente ubicación junto a las torres Kio, con todo el encanto de la hidalguía castellana y detalles decorativos de elegante sobriedad. El lechazo protagoniza su cocina.

El Molino, Orense 70, ✉ 28020, ☎ 91 571 37 76, *Fax 91 571 37 76* – ▤. AE ⓞ ⓜ VISA. ✻ FR f
Comida - asados - carta 43 a 56.
◆ Barra de bar que da paso a un salón de estilo castellano sobrio, con varias salas semindependientes y otras ubicadas en el sótano. Cocina tradicional.

El Molino, Conde de Serrallo 1, ✉ 28020, ☎ 91 571 24 09 – ▤. AE ⓞ ⓜ VISA. ✻
Comida - asados - carta 43 a 56. FR w
◆ Conjunto acogedor que reparte sus comedores, de sencillo estilo castellano, entre dos plantas y una agradable bodega. Cocina tradicional típica de asador.

Asador Gaztelu, Rosario Pino 18, ✉ 28020, ☎ 91 571 38 85, 斎 – ▤. AE ⓞ ⓜ VISA. ✻
cerrado 2ª quincena agosto y domingo noche – **Comida** - cocina vasca - carta 30 a 40.
◆ Clásico asador vasco que destaca por su buen funcionamiento y por su honesta cocina, realizada con productos de gran calidad. Montaje sencillo y funcional. FR s

Carpaccio, Sor Ángela de la Cruz 8, ✉ 28020, ☎ 91 417 01 60, *cuzco@danicola.es, Fax 91 597 05 90* – ▤. AE ⓞ ⓜ VISA JCB. ✻ FS n
Comida - cocina italiana - carta 16 a 25.
◆ Establecimiento de ambiente joven, caracterizado por un comedor diáfano con mobiliario y decoración modernos. La especialidad es el carpaccio.

Tasca La Farmacia, Capitán Haya 19, ✉ 28020, ☎ 91 555 81 46, *Fax 91 556 62 02* – ▤. AE ⓜ VISA. ✻ FS r
cerrado 9 agosto-5 septiembre y domingo – **Tapa** 2,10 **Ración** - espec. en bacalaos - aprox. 4,35.
◆ Precioso local con decoración a base de azulejos, ladrillo visto, madera y una impresionante vidriera en el techo. Amplia oferta de tapas aunque es famoso por su bacalao.

Mesón Cinco Jotas, Padre Damián 42, ✉ 28036, ☎ 91 350 31 73, *m5jpdamian@osborne.es, Fax 91 345 79 51*, 斎 – ▤. AE ⓞ ⓜ VISA. ✻ GS s
Tapa 2,20 **Ración** - espec. en ibéricos - aprox. 10,50.
◆ Pertenece a una cadena especializada en jamón y embutidos ibéricos de calidad. Posee dos salas bien montadas donde se puede disfrutar de sus raciones y de una correcta carta.

José Luis, paseo de La Habana 4, ✉ 28036, ☎ 91 562 75 96, *joseluis@nexo.es, Fax 91 562 31 18* – ▤. AE ⓞ ⓜ VISA. ✻ GT h
Tapa 1,40 **Ración** aprox. 10.
◆ Lugar de encuentro bien conocido por los amantes del tapeo. Ambiente joven, distendido y una buena selección de raciones para saborear en el saloncito anexo.

Alrededores

por la salida ② :

Meliá Barajas, av. de Logroño 305 - N II y desvío a Barajas pueblo : 15 km, ✉ 28042, ☎ 91 747 77 00, *reservas.tryp.barajas@solmelia.com, Fax 91 747 87 17*, 斎, Fö, ⛱, 🌳 – 🛗 ▤ 📺 📞 ♿ 🅿 – 🏛 25/675. AE ⓞ ⓜ VISA JCB. ✻ rest
Comida 25 – ☕ 17 – **220 hab** 196/242 – 9 suites.
◆ Instalaciones confortables y de línea clásica, con habitaciones de completo equipamiento y baños actualizados. Gran variedad de salones rodeando la zona de jardín-piscina.

Tryp Alameda Aeropuerto, av. de Logroño 100 - N II y desvío a Barajas pueblo : 15 km, ✉ 28042, ☎ 91 747 48 00, *tryp.alameda.aeropuerto@solmelia.com, Fax 91 747 89 28* – 🛗 ▤ 📺 📞 🅿 – 🏛 25/280. AE ⓞ ⓜ VISA JCB. ✻
Comida 23,74 – ☕ 14 – **145 hab** 140/180 – 3 suites.
◆ Las zonas sociales están en proceso de modernización, aunque sus luminosas habitaciones disfrutan de un confort actual, con mobiliario en tonos cerezo y baños bien equipados.

Aparthotel Convención Barajas sin rest y sin ☕, Noray 10 - N II, desvío a Barajas pueblo y Zona Industrial : 10 km, ✉ 28042, ✆ 91 371 74 10, *aparthotel@hotel-convencion.com, Fax 91 371 79 01* – |‡| ☰ TV 🚗 – 🏆 25. AE ⓓ ⓜⓞ VISA. ✂
95 apartamentos 140/175.
◆ Dos bloques gemelos con escasas zonas comunes, aunque poseen unas espaciosas habitaciones tipo apartamento, dotadas de un saloncito y cocina.

NH Barajas sin rest, Catamarán 1 - N II, desvío a Barajas pueblo y Zona Industrial : 10 km, ✉ 28042, ✆ 91 742 02 00, *exbarajas@nh-hoteles.es, Fax 91 741 11 00* – |‡| ☰ TV 🚗. AE ⓓ ⓜⓞ VISA JCB. ✂
☕ 8 – **173 hab** 94.
◆ ¡Una buena opción en su estilo! De correcto confort y perteneciente a un segmento de hoteles sencillos dentro de la cadena NH. Algo justo en sus zonas comunes.

Villa de Barajas, av. de Logroño 331 - N II y desvío a Barajas pueblo : 15 km, ✉ 28042, ✆ 91 329 28 18, *villabarajas@infonegocio.com, Fax 91 329 27 04* – |‡| ☰ TV 🚗. AE ⓓ ⓜⓞ VISA. ✂
Comida - sólo cena, sólo clientes - 24 – ☕ 9 – **36 hab** 84/107.
◆ Pequeño y limitado en instalaciones aunque tiene el encanto que otorga la intimidad y el trato personalizado. Habitaciones correctas, completas y de suficiente confort.

Rancho Texano, av. de Aragón 364 - N II y acceso vía de servicio Coslada-San Fernando : 12 km, ✉ 28022, ✆ 91 747 47 36, *ranchotexano@ranchotexano.com, Fax 91 747 94 68,* 🌳 – ☰ P. AE ⓓ ⓜⓞ VISA JCB. ✂
cerrado domingo noche – **Comida** - espec. en carnes - carta 30 a 35.
◆ Amplias instalaciones de sabor añejo, con diversidad de comedores en dos niveles. Está especializado en productos a la brasa a modo de steak-house. Encantadora terraza.

Mesón Don Fernando, Canal de Suez 1 - N II y desvío a Barajas pueblo : 15 km, ✉ 28042, ✆ 91 747 75 51 – ☰. AE ⓓ ⓜⓞ VISA. ✂
cerrado sábado – **Comida** carta 35 a 45.
◆ Negocio familiar de sencillo mobiliario, con acceso por bar público y un comedor de estilo clásico-regional algo anticuado. Ofrecen copiosos platos de cuidada elaboración.

por la salida ⑦ :

AC Forum Aravaca, Camino de la Zarzuela 23 - Aravaca : 10,2 km - salida 10 autopista, ✉ 28023, ✆ 91 740 07 10, *forum@ac-hotels.com, Fax 91 740 07 11* – |‡| ☰ TV 🚗 – 🏆 30/210. AE ⓓ ⓜⓞ VISA JCB. ✂
Comida 12 – ☕ 11 – **78 hab** 101.
◆ Funcionalidad, diseño y materiales escogidos se dan cita en este hotel dotado de unas confortables habitaciones con suelo en tarima y baños actuales. Acogedora zona noble.

AC Aravaca sin rest con cafetería por la noche, Camino de la Zarzuela 3 - Aravaca : 10,2 km - salida 10 autopista, ✉ 28023, ✆ 91 740 06 80, *acaravaca@ac-hotels.com, Fax 91 740 06 81,* Fö – |‡|, ⇆ hab, ☰ TV ✆ ♿ 🚗 – 🏆 25/35
110 hab.
◆ Modernas instalaciones con habitaciones de nivel y un estimable equipamiento. Zonas comunes en el salón-recepción, con un área polivalente donde se sirven los desayunos.

Portonovo, 10,5 km - salida 10 autopista, ✉ 28023, ✆ 91 307 01 73, *Fax 91 307 02 86* – ☰ P. AE ⓓ ⓜⓞ VISA JCB. ✂
Comida - cocina gallega - carta 40 a 52.
◆ Nutrida variedad de platos gallegos cuya calidad viene avalada por la experiencia y la excelencia de sus productos. Correcto bar y atractivo salón con profusión de plantas.

Los Remos, Sopelana 13 - La Florida : 13 km - salida 12 autopista, ✉ 28023, ✆ 91 307 72 30, *Fax 91 372 84 35* – ☰ P. AE ⓓ ⓜⓞ VISA. ✂
Comida - pescados y mariscos - carta aprox. 50.
◆ Bar de estilo marinero con vivero y comedor acristalado, permitiendo la visión de sus cuidados exteriores, donde sirven una cocina especializada en pescados y mariscos.

Gaztelubide, Sopelana 13 - La Florida : 12,8 km - salida 12 autopista, ✉ 28023, ✆ 91 372 85 44, *gaztelubide@teleline.es, Fax 91 372 84 19,* 🌳 – |‡| ☰ P. AE ⓓ ⓜⓞ VISA. ✂
cerrado domingo noche – **Comida** - cocina vasca - carta 35 a 39.
◆ Instalaciones de aire rústico con un cálido comedor a la carta, un privado y una zona de menú, más sencilla, en la planta superior. Terraza acristalada y salas para banquetes.

MICHELIN ESPAÑA PORTUGAL S.A., División Comercial Av. de los Encuartes 19, ✉ 28760 TRES CANTOS (Madrid) ✆ 91 410 50 00, Atención al Cliente 902 209 230, Fax 91 410 50 10, Atención al Cliente 902 209 240

Lea atentamente la introducción: es la clave de la guía.

MADRIDEJOS *45710 Toledo* 576 N 19 – *10 332 h alt. 688.*
Madrid 120 – Alcázar de San Juan 29 – Ciudad Real 84 – Toledo 74 – Valdepeñas 81.

en la autovía A 4 *Norte : 6 km :*

Un Alto en el Camino, ✉ 45710, ☎ 925 46 00 00, *mseller@arrakis.es, Fax 925 46 35 41* – ▤ P. VISA
cerrado del 12 al 20 de septiembre y sábado – **Comida** - sólo almuerzo - carta aprox. 30.
◆ Bar público a la entrada, con un apartado a modo de tienda, seguido de un comedor, con murales de El Quijote, que resulta correcto. Clientela habitual de tipo medio.

MADRONA *40154 Segovia* 575 J 17 121 E 4 – *alt. 1 088.*
Madrid 90 – Ávila 58 – Segovia 9.

Sotopalacio sin rest, Segovia 15 ☎ 921 48 51 00, *sotopalacio@segonet.com, Fax 921 48 52 24* – TV. MC VISA. ※
12 hab ⊒ 39/48.
◆ Un hostal bien equipado que goza de una instalación impecable. La escasez de zona noble se ve compensada por unas habitaciones decorosas con baños actuales.

MADROÑERA *10210 Cáceres* 576 N 12 – *3 127 h alt. 589.*
Madrid 262 – Cáceres 62 – Mérida 102 – Plasencia 99.

Soterraña ⑤, Real 75 ☎ 927 33 42 62, *soterrana@soterrana.com, Fax 927 31 93 39,* ☂ – ▤ TV – 🚶 25/30. AE ⊙ MC VISA. ※ rest
Comida 10 – **23 hab** ⊒ 42/72.
◆ Hermosa casa señorial rehabilitada con todo el esplendor del pasado. Decoración detallista con suficientes zonas nobles y mobiliario elegante de calidad. El comedor a la carta se complementa con un asador de ambiente rústico, ubicado en la antigua cuadra.

MAGAZ *34220 Palencia* 575 G 16 – *782 h alt. 728.*
Madrid 237 – Burgos 79 – León 137 – Palencia 9 – Valladolid 49.

Europa Centro ⑤, urb. Castillo de Magaz (carret. de Palencia) - Oeste : 1 km ☎ 979 78 40 00, *h-castillavieja@mundivia.es, Fax 979 78 41 85,* ≤ – |‡| ▤ TV ♿ 🚗 P – 🚶 25/500. AE ⊙ MC VISA. ※ rest
Comida 16 – ⊒ 7 – **114 hab** 66/80 – 8 suites.
◆ Gran hotel con amplias zonas nobles y múltiples salones para convenciones. Elegante hall-recepción, área de servicio dinámica y habitaciones completas con buen mobiliario. Comedor espacioso y alegre, con el mobiliario en tonos claros.

MAHÓN *Illes Balears – ver Balears (Menorca).*

MAJADAHONDA *28220 Madrid* 576 K 18 575 K 18 121 G 7 – *43 955 h alt. 743.*
Las Rejas, Isaac Albéniz, Suroeste : 4,5 km ☎ 91 634 79 30 Fax 91 639 08 64 – **R.A.C.E.** *av. España 18 ✉ 28220 ☎ 91 639 41 59 Fax 91 639 10 62.*
Madrid 20 – Segovia 82 – Toledo 83.

Ars Vivendi, Cristo 23 ☎ 91 634 02 87, *Fax 91 639 62 03* – ▤. AE ⊙ MC VISA. ※
cerrado 3 semanas en agosto, domingo noche y lunes – **Comida** - cocina italiana - carta 32 a 48.
◆ Restaurante italiano que practica una interesante cocina, basada en elaboraciones de cierta exquisitez. Sala coqueta y acogedora, para una clientela fiel y elegante.

Lisboa Antiga, Iglesia 3 ☎ 91 634 51 86 – ▤. AE MC VISA. ※
cerrado agosto y domingo noche – **Comida** - cocina portuguesa - carta 21 a 30.
◆ Céntrico restaurante familiar compuesto de dos salitas y una especie de altillo. Ofrece una decoración sencilla y una cocina portuguesa elaborada con gran honestidad.

en el campo de golf Las Rejas *Suroeste : 4,5 km :*

Albatros, Isaac Albéniz - salida 10 autovía M 503, ✉ 28220, ☎ 91 634 76 18, *restaurante@albatros.com, Fax 91 559 42 20* – ▤ P. AE ⊙ MC VISA. ※
cerrado agosto, domingo noche y lunes – **Comida** carta aprox. 42.
◆ Instalado en un campo de golf. Comedor acristalado de corte vanguardista, con sillas en forja e iluminación indirecta. Cocina de tintes creativos.

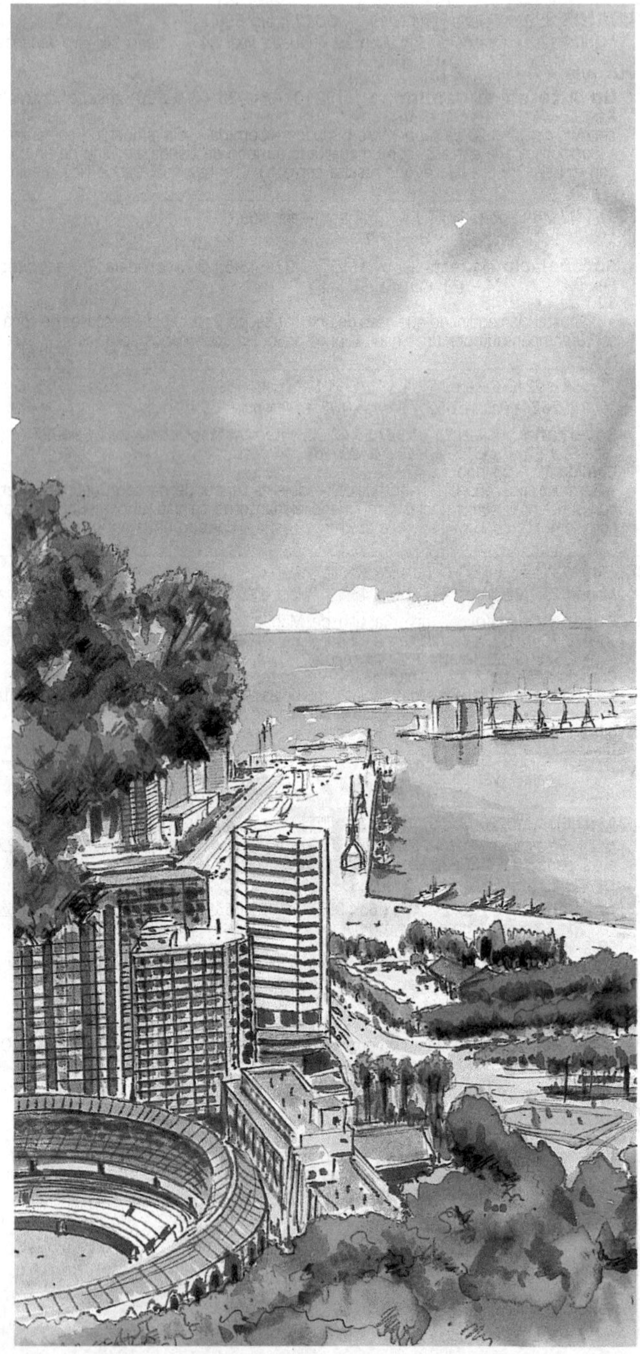

MÁLAGA

29000 **P** 578 V 16 *y* 124 H 5 *- 534 207 h. - Playa.*

Madrid 494 ④ - Algeciras 133 ② - Córdoba 175 ④ - Sevilla 217 ④ - València 651 ④.

OFICINAS DE TURISMO

pasaje de Chinitas 4, ✉ 29015, ☎ 95 221 34 45, otmalaga@andalucia.org Fax 95 222 94 21 y av. Cervantes 1, ✉ 29016, ☎ 95 213 47 30, info@malagaturismo.com Fax 95 221 41 20.

INFORMACIONES PRÁCTICAS

R.A.C.E. *Córdoba 17 (bajo) ✉ 29001 ☎ 95 222 98 36 Fax 95 260 83 83.*

18 *Málaga por ② : 9 km ☎ 95 237 66 77 Fax 95 237 66 12 -* 9 *El Candado, por ① : 5 km ☎ 95 229 93 40 Fax 95 229 48 12.*

de Málaga por ② : 9 km ☎ 95 204 88 44 - Iberia : Molina Larios 13 ✉ 29015 ☎ 95 212 01 97 CY *y aeropuerto ☎ 902 400 500.*

☎ 902 240 202.

para Melilla : Cia. Trasmediterránea, Estacion Maritima, Local E-1 ✉ 29016 CZ *- ☎ 95 206 12 06 Fax 95 206 12 21.*

CURIOSIDADES

Ver : *Gibralfaro : ≤★★* EY*- Alcazaba★ ≤★ (Museo Arqueológico★)* FY *- Catedral★* DY *- Iglesia de El Sagrario (portada★, retablo manierista★★)* DY **F**- *Santuario de la Virgen de la Victoria★ por calle Victoria* EY *- Museo Picasso★★* EY **M**[3].

Alred. : *Finca de la Concepción★ 7 km por ④.*

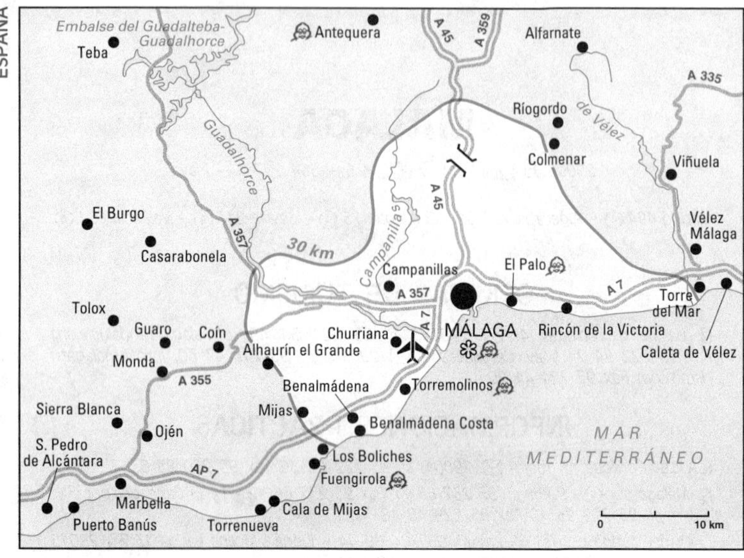

Parador de Málaga Gibralfaro, Castillo de Gibralfaro, ✉ 29016, ☎ 95 222 19 02, *gibralfaro@parador.es, Fax 95 222 19 04*, ≤ Málaga y mar, – 25/60. FY a
Comida 27 – 11 – **38 hab** 108/135.
◆ Auténtica balconada sobre la bahía y la ciudad, a los pies de la alcazaba. Elegante compromiso entre lo clásico y lo moderno en unas habitaciones de excelente equipamiento. Restaurante de cuidada decoración y exquisito ambiente en un marco luminoso.

AC Málaga Palacio, Cortina del Muelle 1, ✉ 29015, ☎ 95 221 51 85, *mpalacio@achoteles.com, Fax 95 222 51 00*, ≤, – 25/110. DZ n
Comida 17 – 13 – **195 hab** 180 – 19 suites.
◆ Amplias instalaciones con bonitas vistas sobre el puerto y un servicio al más alto nivel en esta cadena. Espaciosa zona social y habitaciones con mobiliario de diseño actual. Su comedor le brinda una cálida atmósfera y una carta de corte internacional.

NH Málaga, av. Río Guadalmedina, ✉ 29007, ☎ 95 207 13 23, *nhmalaga@nh-hotels.com, Fax 95 239 38 62*, – 25/900.
Comida 40 – 12,60 – **129 hab** 160 – 4 suites. CZ y
◆ Decoración minimalista, materiales escogidos y un moderno equipamiento en todas sus instalaciones, con un espacioso hall-recepción y habitaciones bien insonorizadas. El restaurante ha dado un nuevo enfoque a su cocina, ofreciendo una carta más propia de autor.

Larios, Marqués de Larios 2, ✉ 29005, ☎ 95 222 22 00, *info@hotel-larios.com, Fax 95 222 24 07* – – 25/150. DY s
Comida *(cerrado domingo)* carta 24 a 34 – 10 – **40 hab** 200.
◆ Elegancia y confort definen sus instalaciones, en pleno corazón de la ciudad. Habitaciones decoradas con mobiliario lacado en tonos claros, y baños completos en mármol.

Tryp Alameda sin rest, av. de la Aurora (C.C. Larios), ✉ 29002, ☎ 95 236 80 20, *tryp.alameda@solmelia.com, Fax 95 236 80 24* – hab,
12 – **130 hab** 126/140 – 2 suites. AV n
◆ Típico hotel de ciudad, moderno y bien equipado, dotado de amplias habitaciones con mobiliario escogido y baños actuales. Correcto salón de desayunos y comidas concertadas.

Don Curro sin rest con cafetería, Sancha de Lara 7, ✉ 29015, ☎ 95 222 72 00, *reservas@hoteldoncurro.com, Fax 95 221 59 46* – – 25/60. DZ e
6 – **118 hab** 73/105 – 6 suites.
◆ Establecimiento definido por su categórico clasicismo y su refinada elegancia. Habitaciones decoradas en madera, algunas de ellas, las reformadas, de estilo más actual.

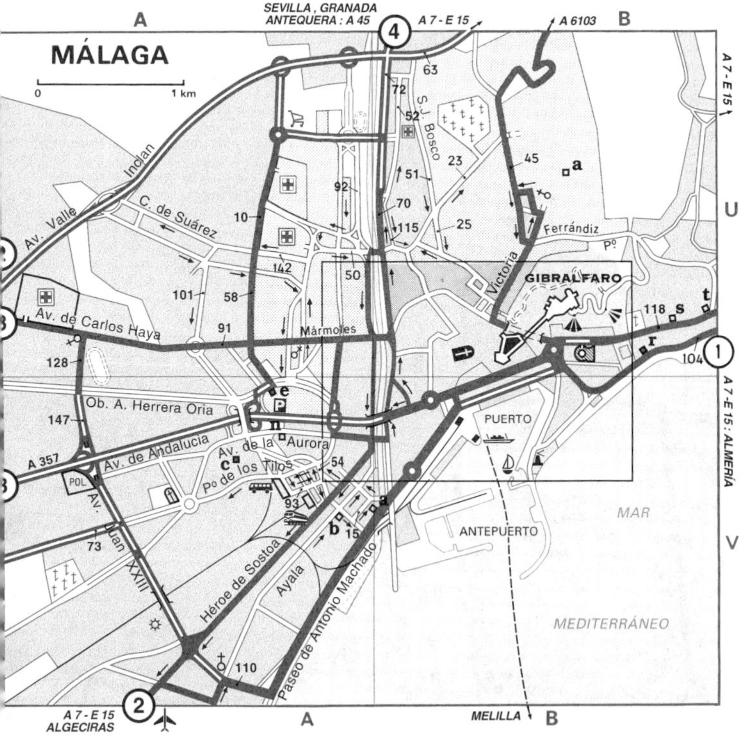

MÁLAGA

Street	Sq.	No.
las de Lezo	AU	10
anales	ABV	15
apuchinos (Alameda de)	BU	23
apuchinos (Carrera de)	BU	25
risto de la Epidemia	BU	45
r. Gálvez Ginachero (Av.)	AU	50
duardo Domínguez Avila	BU	51
milio Díaz	BU	52
slava	AV	54
Eugenio Gross	AU	58
Guerrero Strachan	BU	63
Huerto de los Claveles	BU	70
Jorge Silvela (Av. de)	BU	72
Jose Ortega y Gasset (Av.)	AV	73
Martinez Maldonado	AU	91
Martiricos (Pas. de)	AU	92
Mendívil	AV	93
Morales Villarrubia	AU	101
Pablo Ruiz Picasso (Pas.)	BU	104
Princesa	AV	110
Salamanca	BU	115
Sancha (Pas. de)	BU	118
Sancha Rosa de Lima (Av. de)	AU	128
Velarde	AU	142
Virgen de la Cabeza	AV	147

Monte Victoria sin rest, Conde de Ureña 58, ✉ 29012, ☎ 95 265 65 25, *info@hotelmontevictoria.com, Fax 95 265 65 24* – 🛗 ▤ TV ♿. MC VISA. ✗ — BU a
☕ 5,95 – **8 hab** 52/78.
◆ Entrañable hotel ubicado en una preciosa casa tipo villa. Dispone de una zona social con mobiliario antiguo y espaciosas habitaciones personalizadas en su decoración.

Los Naranjos sin rest, paseo de Sancha 35, ✉ 29016, ☎ 95 222 43 19, *reser@hotel-losnaranjos.com, Fax 95 222 59 75* – 🛗 ▤ TV ☎ 🚗 – 🎤 25. AE ⓓ MC VISA. ✗ — BU t
☕ 6,25 – **41 hab** 67,50/98,50.
◆ Quede encantado con el estimado trato familiar que ofrece esta agradable y organizada casa. Excelente mantenimiento, habitaciones correctamente dotadas y baños en mármol.

California sin rest, paseo de Sancha 17, ✉ 29016, ☎ 95 221 51 64, *info@hotel-california.net, Fax 95 222 68 86* – 🛗 ▤ TV ☎. AE ⓓ MC VISA. ✗ — BU s
☕ 6,03 – **24 hab** 51,55/74,77.
◆ En una antigua villa de instalaciones actualizadas, con pequeños salones de aire antiguo y unas acogedoras habitaciones. Llevado en familia con profesionalidad.

Venecia sin rest y sin ☕, Alameda Principal 9, ✉ 29001, ☎ 95 221 36 36, *Fax 952 21 36 37* – 🛗 ▤ TV. ⓓ MC VISA. ✗ — DZ u
40 hab 70/84.
◆ Sencillo hotel que cada año va renovando su confort, resultando muy recomendable en su categoría. Habitaciones de notable amplitud y baños con materiales escogidos.

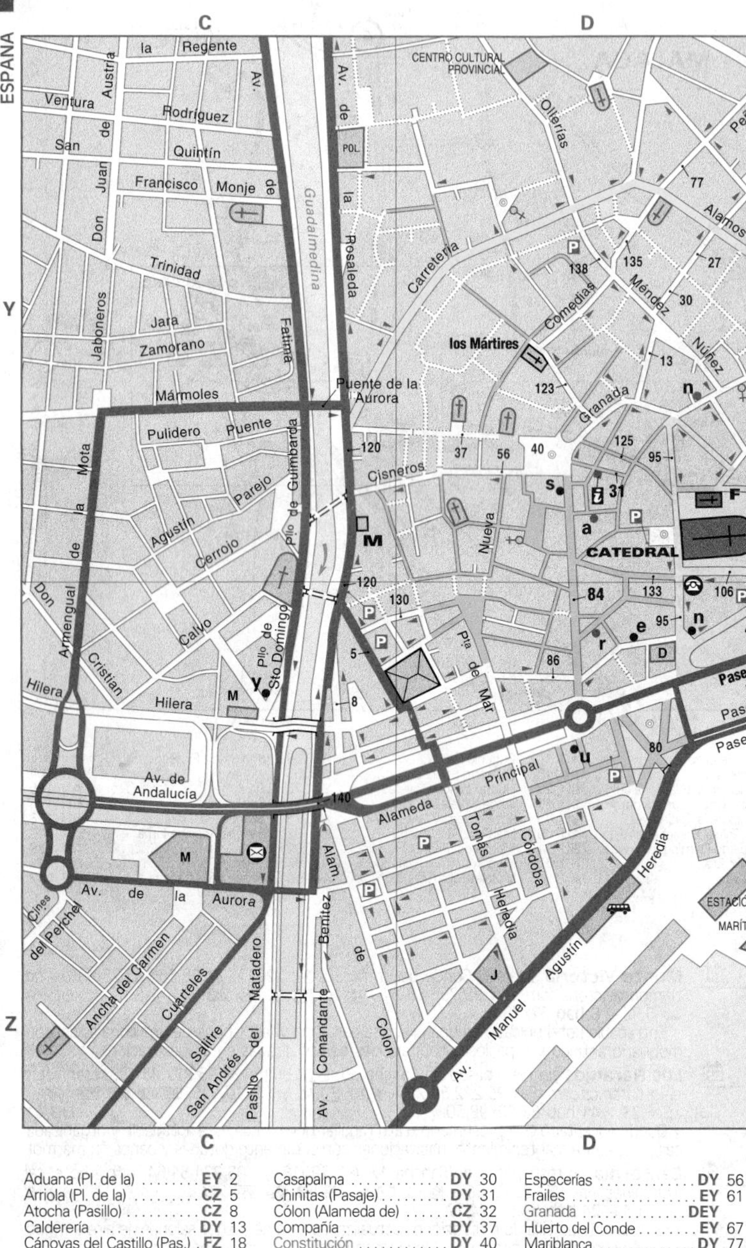

C
D
Y
Z
la Regente
Ventura
Austria
Rodríguez
San
Juan
de
Quintín
Francisco
Monje
de
Don
Av.
Trinidad
Jaboneros
Jara
Zamorano
Fatima
Mármoles
Puente de la Aurora
Pulidero
Puente
Mota
la
de
Parejo
Guimbarda
Agustín
Pllo de
Cerrojo
Armengual
Don
Calvo
Cristian
Hilera
Hilera
Pllo de Sto Domingo
M
Av. de Andalucía
Av. de la Aurora
M
Cines
del Perchel
Ancha del Carmen
Cuarteles
Matadero
Salitre
San Andrés
del
Pasillo
Guadalmedina
Av. de la Rosaleda
POL.
CENTRO CULTURAL PROVINCIAL
Olletrías
Peña
77
Alamos
Carretería
138
135
27
Méndez
30
Comedias
los Mártires
13
Núñez
123
Granada
n
120
37
56
40
125
95
Cisneros
s
31
F
M
a
Nueva
CATEDRAL
120
133
106
130
84
n
95
42
Pta de Mar
5
r
e
D
86
Paseo
8
Paseo
Paseo
80
u
Principal
140
Alameda
Tomás
Córdoba
Alam.
Heredia
ESTACIÓN MARÍTIM
Benítez
Heredia
de
J
Agustín
Manuel
Colon
Comandante
Av.
Av.

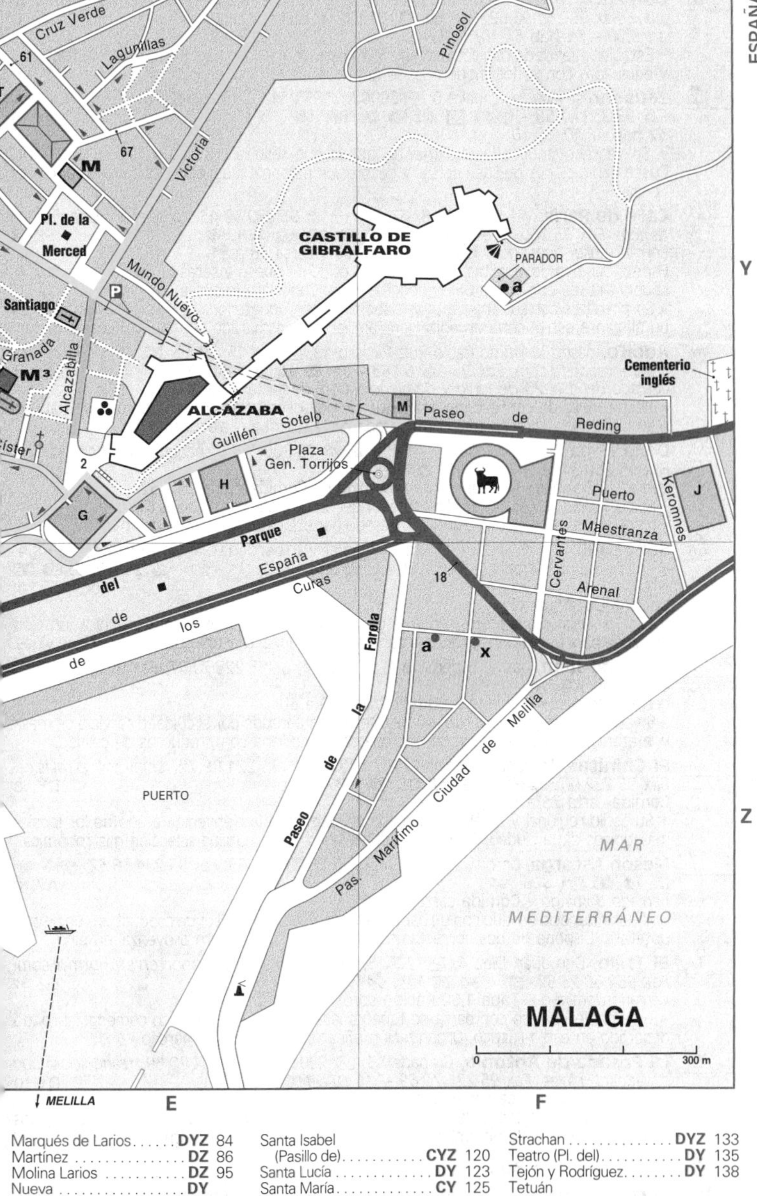

Marqués de Larios . . . . . . **DYZ** 84	Santa Isabel	Strachan . . . . **DYZ** 133
Martínez . . . . **DZ** 86	(Pasillo de). . . . . **CYZ** 120	Teatro (Pl. del). . . . . **DY** 135
Molina Larios . . . . **DZ** 95	Santa Lucía . . . . **DY** 123	Tejón y Rodríguez. . . . . **DY** 138
Nueva . . . . **DY**	Santa María. . . . . **CY** 125	Tetuán
Postigo de los Abades . . . . **DY** 106	Sebastián Souvirón . . . . . **CDZ** 130	(Puente de) . . . . **CZ** 140

Don Paco sin rest, Salitre 53, ✉ 29002, ☎ 95 231 90 08, *recepcion@hotel-donpaco.com, Fax 95 231 90 62* – |‡| ▤ TV. AE ◑ MC VISA. ✂ AV b
☕ 3,20 – **31 hab** 54,10/72,12.
• Establecimiento de correcta organización familiar, cuyas habitaciones, de estilo funcional y equipadas con baños modernos, se disponen en torno a un patio interior.

Zeus sin rest y sin ☕, Canales 8, ✉ 29002, ☎ 95 231 72 00, *recepcion@hotel-zeus.com, Fax 95 231 41 50* – |‡| ▤ TV. AE ◑ MC VISA. ✂ AV a
32 hab 48,10/60,10.
• Se va renovando adecuadamente, por lo que resulta muy válido en su categoría. Posee habitaciones de línea actual y decoración personalizada, con mobiliario de aire provenzal.

Café de París, Vélez Málaga 8, ✉ 29016, ☎ 95 222 50 43, *cafedeparis@rcafedeparis.com, Fax 95 260 38 64* – ▤ 🚗. AE ◑ MC VISA JCB. ✂ FZ x
cerrado julio, domingo y lunes – **Comida** 60 y carta 38 a 51.
Espec. Canelón de cigalitas de Málaga con caldo de queso y setas de temporada. Gazpachuelo aireado con lubina 65º y conchas finas. Chocolate (mousse-coulant-sorbete, etc.).
• Sorpréndase con sus imaginativas elaboraciones. Coqueto local gratamente decorado en un elegante estilo, seria organización familiar y un esmerado servicio de mesa.

Adolfo, paseo Marítimo Pablo Ruiz Picasso 12, ✉ 29016, ☎ 95 260 19 14, *infor@restauranteadolfo.com, Fax 95 222 67 63* – ▤. AE ◑ MC VISA. ✂ BU r
cerrado del 1 al 23 de junio y domingo – **Comida** carta 35 a 44.
• Restaurante de confortable ambiente y cálida decoración clásica salpicada de detalles rústicos, donde ofrecen una compensada carta. Clientela selecta muy fiel.

Doña Pepa, Vélez Málaga 6, ✉ 29016, ☎ 95 260 34 89, *paquitoreg@hotmail.com, Fax 95 260 34 89* – ▤. AE ◑ MC VISA. ✂ FZ a
cerrado 22 agosto-19 septiembre y domingo – **Comida** carta 23 a 32.
• Dispone de un bar y un sencillo comedor decorado a base de motivos taurinos, flamencos y fotografías de personajes que han pasado por el local. Buena capacidad para banquetes.

Santa Paula, av. de los Guindos - Local 28 (barriada Santa Paula), ✉ 29004, ☎ 95 223 65 57, *stapaula@inicia.es, Fax 95 223 12 91*, ☂ – ▤ – 🚶 25/70. AE ◑ MC VISA. ✂ por② : 3 km
Comida carta aprox. 36.
• Pese a su gran amplitud y enorme capacidad ofrece una excelente organización, con una zona para pescados y otra para carnes. Cocina honesta y una completa carta de vinos.

Figón de Juan, pasaje Esperanto 1, ✉ 29007, ☎ 95 228 75 47, *Fax 95 228 75 47* – ▤. AE MC VISA. ✂ AV e
cerrado agosto y domingo – **Comida** carta 19 a 30.
• Su aspecto exterior un tanto discreto se ve compensado por el cuidado servicio de mesa y la atenta brigada, a lo que se une una carta mediana con productos de calidad.

El Chinitas, Moreno Monroy 4, ✉ 29015, ☎ 95 221 09 72, *chinitas@arrakis.es, Fax 95 222 00 31*, ☂ – ▤. ◑ MC VISA. ✂ DY a
Comida carta 23 a 32.
• Su estilo regional y su alegre fachada andaluza dan la bienvenida a uno de los locales más típicos de la ciudad. Correctas instalaciones y una nutrida selección gastronómica.

Mesón Astorga, Gerona 11, ✉ 29006, ☎ 95 234 25 63, *Fax 95 234 68 32*, ☂ – ▤. AE ◑ MC VISA JCB. ✂ AV c
cerrado domingo – **Comida** carta aprox. 30.
• Popular negocio dotado con un bar en el acceso, buen expositor de productos y un amplio botellero. Dispone de dos correctas salas con mobiliario de aire provenzal en pino.

El Trillo, Don Juan Díaz 4, ✉ 29015, ☎ 95 260 39 20, *chaportorre@hotmail.com, Fax 952 60 23 82*, ☂ – ▤. AE VISA. ✂ DZ r
cerrado domingo – **Tapa** 1,60 **Ración** aprox. 7,80.
• Un establecimiento con barra de tapeo a la entrada, y un simpático comedor al fondo decorado en estilo rústico. Organización eficaz con personal numeroso.

La Posada de Antonio, Granada 33, ✉ 29015, ☎ 95 221 70 69, *franquicia@laposadadeantonio.es, Fax 95 221 70 69* – ▤. AE ◑ MC VISA. ✂ DY n
Tapa 1,50 **Ración** - carnes - aprox. 3.
• Acogedor bar de tapas de cuidada decoración típica donde podrá degustar escogidos productos, dentro de un ambiente joven y distendido. Personal amable.

por la carretera C 345 BU :

Cortijo La Reina ⛰, Noroeste : 13 km y desvío a la derecha 0,5 km, ✉ 29013, ☎ 95 101 40 00, *info@hotelcortijolareina.com, Fax 95 101 40 49*, ⛱, 🎾 – |‡| ▤ TV 📞 ♿ P – 🚶 25/350. AE ◑ MC VISA JCB. ✂
Comida 24 – **32 hab** ☕ 113/150.
• Antiguo cortijo andaluz con terrazas bajo árboles centenarios. La zona noble se reparte por numerosos rincones y las confortables habitaciones han personalizado su decoración. Coqueto restaurante neorrústico distribuido en varias salas.

Humaina, Noroeste : 16 km y desvío a la izquierda 4 km, ✉ 29013, ☎ 95 264 10 25, *info@hotelhumaina.es, Fax 95 264 01 15* – TV P – 25/30. VISA. rest
Comida carta 21 a 27 – 7,50 – **13 hab** 56/77.
◆ En pleno Parque Natural de los Montes de Málaga. Sencillo hotel de instalaciones muy dignas, con un bello mobiliario en forja y baños actuales. Su comedor ofrece una sabrosa cocina casera.

en El Palo *por ① : 6 km :*

Mamé, av. Juan Sebastián Elcano 146, ✉ 29017, ☎ 95 229 34 66, *Fax 95 260 94 74* – AE VISA
cerrado lunes – **Comida** carta aprox. 30.
◆ Restaurante definido por la decoración de diseño actual y la primacía de las tonalidades azules, con un buen servicio de mesa, terraza y una carta de corte innovador.

El Cobertizo, av. Pío Baroja 25 (urb. Echeverría), ✉ 29017 Málaga, ☎ 95 229 59 39, – AE VISA.
cerrado septiembre y miércoles salvo festivos – **Comida** carta 20 a 30.
◆ Dirección eficiente de carácter familiar en este pequeño local bien cuidado, donde una notable bodega sintoniza con una grata cocina. Cierto tipismo en su decoración.

Abuela María, Salvador Allende 15, ✉ 29017, ☎ 95 229 96 87 – AE VISA.
cerrado domingo – **Tapa** 3 **Ración** aprox. 6.
◆ Este bar de tapas rompe con los moldes por su diseño moderno e innovador, con las paredes en malva, una barra para tapeo a la entrada y una sala con pequeñas mesitas.

en Churriana *por ② y carretera de Coín : 6,5 km :*

La Cónsula *(Restaurante escuela)*, Finca La Cónsula, ✉ 29140 Málaga, ☎ 95 262 24 24, *direccion@cehm.org, Fax 95 262 24 60* – P. AE VISA.
cerrado Navidades, Semana Santa, agosto, sábado, domingo y festivos – **Comida** - sólo almuerzo - carta 30 a 45.
◆ Instalado en una extensa finca cuyos orígenes se remontan a principios del s. XIX. En su luminoso comedor de línea clásica podrá degustar esmeradas elaboraciones.

en Campanillas *por ③ : 12,2 km y desvío a la derecha 1,7 km :*

Posadas de España Málaga sin rest, Graham Bell 4, ✉ 29590, ☎ 95 123 30 00, *hotelmalaga@posadasdeespaña.com, Fax 95 123 30 01,* – P – 25/40. AE VISA.
6,60 – **92 hab** 76.
◆ Situado en el parque tecnológico, con una concepción muy funcional. Correctas habitaciones dotadas de mobiliario diseñado para trabajar, la mitad con camas de matrimonio.

MALLEZA *33866 Asturias* 572 B 11.
Madrid 504 – Oviedo 56.

Palacio Conde de Toreno, sin rest, La Granja - Norte : 1 km ☎ 98 583 58 83, *hctoreno@teleline.es, Fax 98 583 58 30,* – TV P – 25/200. VISA.
cerrado enero – **17 hab** 80,37/86,81.
◆ Sobrio palacio del s. XVII, en una finca rodeada de árboles y con una capilla privada. Posee confortables habitaciones distribuidas en torno a un patio central acristalado.

MALLORCA *Illes Balears – ver Balears.*

Escríbanos...
Sus elogios y sus críticas serán estudiados con toda atención.
Nuestros inspectores volverán a ver los hoteles y restaurantes
que Ud. nos indique. Con su colaboración,esta guía será
siempre mas exacta y mas completa.
Gracias anticipadas !

Los precios indicados pueden revisarse al alza,
en caso de variaciones significativas de los costes de bienes y servicios.
Solicite confirmación del precio definitivo cuando efectúe su reserva de hotel.

ESPAÑA

MALPARTIDA DE PLASENCIA *10680 Cáceres 576 M 11 – 4 234 h alt. 467.*

Madrid 227 – Ávila 158 – Cáceres 88 – Ciudad Real 313 – Salamanca 139 – Talavera de la Reina 111 – Plasencia 8.

Cañada Real, carret. EX-108 Sur : 1 km 927 45 94 07, *principal@hotelcreal.es, Fax 927 45 94 34,* – – 25/600. AE VISA.
Comida 20 – **61 hab** 74/98,50.
◆ Posee una cafetería y varios salones panelables. Sus habitaciones gozan de un completo equipamiento, con suelos en parquet y mobiliario en pino de tonos claros. Comedor principal con destacable servicio de mesa y restaurante asador de montaje más funcional.

La Posada de Amonaria sin rest, de la Luz 7 927 45 94 46, *posada@amonaria.com, Fax 927 45 94 46* – . VISA.
cerrado del 1 al 7 de enero y julio-11 agosto – 4,60 – **6 hab** 48,60/70,10.
◆ Casa rehabilitada con cariño, conservado elementos originales como los suelos, el mobiliario antiguo y los techos en madera. Agradable patio y baños actuales con ducha.

MALPICA DE BERGANTIÑOS *15113 A Coruña 571 C 3 – 7 434 h – Playa.*

Madrid 651 – Carballo 18 – A Coruña 58 – Santiago de Compostela 63.

Panchito sin rest, pl. Villar Amigo 6 981 72 03 07, *Fax 981 72 03 07* – . VISA.
4,20 – **11 hab** 43.
◆ Céntrico hotelito con bar público en la planta baja, recepción en el 1er piso y unas habitaciones modestas aunque de suficiente confort, resultando válidas como recurso.

en Porto Barizo *Oeste : 7 km :*

As Garzas, Porto Barizo 40, 15113 Malpica de Bergantiños, 981 72 17 65, *asgarzas@cresmas.net, Fax 981 72 06 05,* – . VISA.
cerrado 20 diciembre-4 enero y del 15 al 31 de octubre – **Comida** *(cerrado lunes, martes noche, miércoles noche y jueves noche, salvo verano, festivos y vísperas)* carta 25 a 37.
◆ Casa ubicada frente al mar que destaca por sus cuidadas presentaciones. Sala acristalada de estilo clásico-funcional, muy alegre y luminosa, con el suelo en madera.

MANACOR *Illes Balears – ver Balears (Mallorca).*

La MANGA DEL MAR MENOR *30380 Murcia 577 T 27 123 D 9 – Playa.*

La Manga, Suroeste : 11 km 968 17 50 00 Fax 968 17 50 58.
km 0 968 14 61 36 lamanga@marmenor.net Fax 968 56 49 58.
Madrid 473 – Cartagena 34 – Murcia 83.

Villas La Manga, Gran Vía de La Manga 968 14 52 22, *hotel@villaslamanga.es, Fax 968 14 53 23,* – – 25/50. AE VISA.
cerrado 22 diciembre-7 enero – **Comida** 12 – 9,50 – **60 hab** 102,50/155.
◆ Coqueto conjunto con unos exteriores muy cuidados, formado por varias villas en torno al edificio principal. Acogedoras habitaciones con mobiliario clásico y baños en mármol.

San Remo, Hacienda Dos Mares 968 14 08 13, *Fax 968 56 45 64,* – . AE VISA.
cerrado del 9 al 27 de diciembre y lunes (noviembre-enero) – **Comida** carta 18 a 25.
◆ Casi 30 años en el sector avalan su buen hacer. Pone a su disposición un comedor de correcto servicio de mesa, precedido por una espaciosa terraza.

MANILVA *29691 Málaga 578 W 14 124 C 7 – 4 902 h – Playa.*

Madrid 643 – Algeciras 40 – Málaga 97 – Ronda 61.

en Castillo de la Duquesa *Sureste : 4,8 km :*

Mesón del Castillo, pl. Mayor, 29691 Manilva, 95 289 07 66 – . AE VISA.
cerrado 15 días en junio, 15 días en noviembre y lunes – **Comida** carta 26 a 35.
◆ Afamado en este atractivo pueblo de pescadores. Cocina sencilla pero eficaz, basada en buenos productos, y una decoración neorrústica de inspiración marinera.

Hachomar, San José 4, 29691 Manilva, 95 289 03 47, *Fax 952 89 27 36,* – . AE VISA.
cerrado del 15 al 30 de febrero y lunes – **Comida** carta aprox. 35.
◆ Correcto restaurante de aspecto general pulcro y cuidado. Servicio de mesa funcional, con una carta variada donde destacan los productos del mar y sus arroces marineros.

MANISES 46940 València 577 N 28 – 24 453 h alt. 52.

Manises, Maestrat 1, Polígono Industral La Cova, carret. de Ribarroja, Noroeste : 2,5 km, 96 153 40 69 Fax 96 152 38 04.

de Valencia-Manises, 96 159 85 00.

Madrid 346 – Castelló de la Plana/Castellón de la Plana 78 – Requena 64 – València 10.

Tryp Azafata, autopista del aeropuerto 15 96 154 61 00, *tryp.azafata@solmelia.com, Fax 96 153 20 19,* – – 25/300. AE VISA JCB. rest
Comida carta 24 a 35 – 11 – **124 hab** 112/134,25 – 4 suites.
• De línea clásica y cercano al aeropuerto. Cuenta con una completa zona noble y ofrece habitaciones de adecuado confort, ideales para el descanso.

Ibis Valencia Aeropuerto sin rest con cafetería por la noche, L'Olivereta 96 152 60 63, *Fax 96 152 02 86* – , hab, . AE VISA
6 – **76 hab** 65.
• Resulta idéntico a otros hoteles de esta cadena, logrando con su sencillez un conjunto práctico y confortable. Bien situado junto al aeropuerto y frente a la estación de tren.

*En esta guía, el mismo símbolo en **rojo** o en **negro**, la misma palabra en letra fina o en negrita, no significan lo mismo. Lea atentamente la introducción.*

MANLLEU 08560 Barcelona 574 F 36 122 D 4 – 16 242 h alt. 461.

Madrid 649 – Barcelona 78 – Girona/Gerona 104 – Vic 9.

Torres, passeig de Sant Joan 40 93 850 61 88, *hoteltorres@torrespetit.com, Fax 93 850 61 88* – rest, – 25/40. AE VISA.
cerrado 23 diciembre-9 enero – **Comida** - ver también rest. ***Torres Petit*** - 12 – 6,65 – **17 hab** 35/58.
• Hotel familiar dirigido por dos hermanos. Dispone de una reducida zona social y de unas habitaciones funcionales, con mobiliario estándar y baños completos.

Torres Petit - *Hotel Torres*, passeig de Sant Joan 38 93 850 61 88, *torrespetit@torrespetit.com, Fax 93 850 61 88* – . AE VISA.
cerrado 23 diciembre-9 enero, Semana Santa, 12 días en agosto, domingo, martes noche y miércoles noche – **Comida** carta 27 a 43.
• Restaurante de línea actual donde ofrecen una carta innovadora basada en productos de temporada. Comedores de cuidado montaje y una amplia bodega acristalada en el sótano.

MANRESA 08240 Barcelona 574 G 35 – 66 879 h alt. 205.

Ver : *Localidad★ – Basílica-Colegiata de Santa María★★ BZ – Cova de Sant Ignasi★★ BZ – Pont Vell★ BZ.*

Via Sant Ignasi 40 08240 93 878 40 90 turisme@ajmanresa.org Fax 93 878 41 56.

Madrid 591 ③ – Barcelona 59 ① – Lleida/Lérida 122 ③ – Perpignan 239 ① – Tarragona 115 ② – Sabadell 67 ①

Plano página siguiente

Els Noguers , carret. C-55 - km 29 93 874 32 58, *Fax 93 877 20 52* – – 25/100. VISA. por ①
Comida *(cerrado agosto, domingo y lunes noche)* 11 – 3,50 – **30 hab** 53/65.
• Edificio moderno con exteriores cuidados. Posee unas habitaciones confortables y bien equipadas, que compensan su escasa zona social. Organización sencilla. Comedor de correcto montaje en edificio anexo.

Aligué, barriada El Guix 8 (carret. de Vic), 08243, 93 873 25 62, *info@restaurantaligue.es, Fax 93 874 80 74* – . AE VISA JCB. por ①
cerrado del 15 al 31 de agosto, domingo noche y lunes noche 11 – **Comida** carta 30 a 42.
• Negocio de atención familiar dotado de un bar a la entrada y dos comedores, uno de línea actual y otro más clásico. Interesante carta, menús degustación y de empresa.

La Cuina, Alfons XII-18 93 872 89 69, *lacuina@restaurantlacuina.com, Fax 93 872 89 69* – . AE VISA JCB. AZ e
cerrado 25 de julio-8 agosto, domingo noche y jueves – **Comida** carta 29 a 39.
• Barra de apoyo a la entrada con un pequeño vivero y tres comedores, uno más amplio y de montaje inferior dedicado al menú. Elaboraciones típicas de la zona.

MANRESA

Alfons XII . . . . AZ	Carrió . . . . AY	Rubió i Ors . . . . AZ 30
Angel Guimerá . . . . AY	Cova (Camí de la) . . . . . . BZ 12	Sant Ignasi (Via) . . . . BZ 32
Arbonés . . . . AZ 4	Era de l'Esquerra . . . . . . AY 14	Sant Marc . . . . BZ 34
Arquitecte Oms . . . . AY 5	Montserrat (Pl.) . . . . AZ 16	Sant Miquel . . . . BZ 36
Bastardes . . . . BZ 6	Muralla de Sant Domènec . . AY 18	Santa Llúcia . . . . BYZ 38
Born . . . . AY	Muralla de Sant Francesc . . AZ 20	Talamanca . . . . AZ 40
Cardenal Luch . . . . AY 2	Muralla del Carme . . . . . . BY 22	Urgell . . . . AY 42
	Nou de Valldaura . . . . . . AYZ 26	Vallfonollosa . . . . BZ 44
	Nou . . . . AY	Viladordis . . . . BY 46
	Pedregar . . . . BY 28	

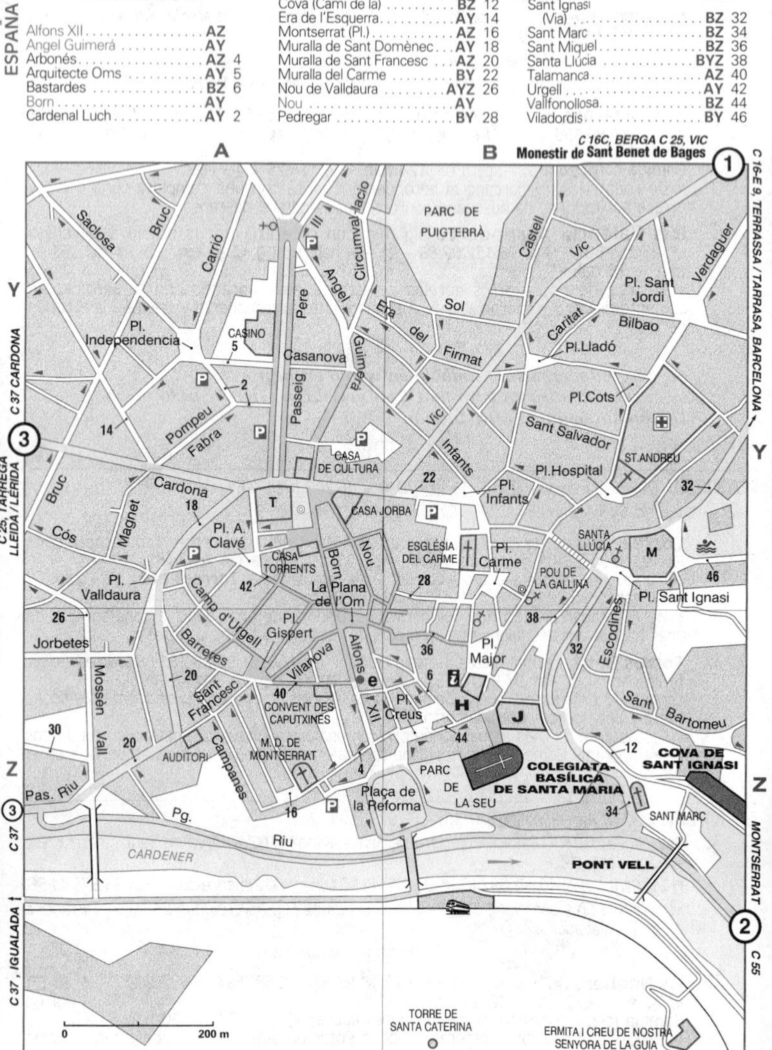

MANZANARES *13200 Ciudad Real* 576 O 19 – *18 326 h alt. 645.*
Madrid 173 – Alcázar de San Juan 63 – Ciudad Real 52 – Jaén 159.

Parador de Manzanares, autovía A 4 ☎ 926 61 04 00, *manzanares@parador.es, Fax 926 61 09 35,* – hab, 25/300. AE VISA JCB.
Comida 24 – 11 – **50 hab** 80/100.
◆ Atractiva quinta manchega rodeada de zona ajardinada. Ofrece confortables dependencias de sobria decoración, con mobiliario en madera y terraza en la mayoría de los casos. Su luminoso restaurante muestra una cocina atenta al recetario regional.

El Cruce, autovía A 4 ☎ 926 61 19 00, *reservas@hotelelcruce.com, Fax 926 61 19 12,* – 🅿. AE VISA.
Comida 17,10 – 5 – **38 hab** 64/81.
◆ Hotel de carretera con un amplio hall y una concurrida cafetería exterior. Las habitaciones han sido renovadas, con mobiliario funcional, tarima y buen aislamiento exterior. Comedor de montaje clásico-actual en cuya carta se ensalzan los platos de esta tierra.

MANZANARES EL REAL *28410 Madrid 576 J 18 575 J 18 121 G 5 – 4 292 h alt. 908.*
Ver : *Castillo★.*
Madrid 53 – Ávila 85 – El Escorial 34 – Segovia 51.

Parque Real, Padre Damián 4 ☎ 91 853 99 12, *Fax 91 853 99 60,* – 25/100. AE VISA.
Comida 21 – 5,30 – **24 hab** 52/60 – PA 40.
◆ Hotel de completo equipamiento, emplazado en el centro de la localidad. Posee habitaciones de correcto confort, todas con terraza, vistas a la sierra y al castillo.

La Pedriza, Urumea 8 ☎ 91 852 89 00, *info@ruralpedriza.com, Fax 91 852 89 06,* – 🅿. AE VISA.
Comida *(cerrado domingo noche y lunes)* 15 – **11 hab** 85.
◆ Casa rural de ambiente acogedor que ofrece habitaciones con decoración personalizada, alternando mobiliario antiguo y moderno. Personal amable. Su coqueto comedor goza de un estilo rústico-actual.

MANZANERA *44420 Teruel 574 L 27 – 465 h alt. 700 – Balneario.*
Madrid 352 – Teruel 51 – València 120.

en la carretera de Abejuela *Suroeste : 4 km :*

Balneario El Paraíso, ✉ 44420, ☎ 978 78 18 18, *info@balneariomanzanera.com, Fax 978 78 18 14,* – 🅿. VISA.
marzo-diciembre – **Comida** 17,68 – 8,32 – **69 hab** 52,85/75,50.
◆ En un entorno natural aislado y rodeado de árboles. Posee habitaciones sencillas en decoración y equipamiento, una buena zona social y dos destacables terrazas acristaladas.

MARBELLA *29600 Málaga 578 W 15 124 E 6 – 115 871 h – Playa.*
Ver : *Localidad★★ – Casco antiguo★ – Plaza de los Naranjos★ – Museo del grabado Español Contemporáneo★.*
Río Real, por ① : 5 km ☎ 95 276 57 33 Fax 95 277 21 40 – Los Naranjos, por ② : 7 km ☎ 95 281 24 28 Fax 95 281 14 28 – Aloha urb. Aloha, por ② : 8 km ☎ 95 281 23 88 Fax 95 281 23 89 – Las Brisas, Nueva Andalucía por ② : 11 km ☎ 95 281 08 75 Fax 95 281 55 18.
glorieta de la Fontanilla ☎ 95 277 14 42 turismo@marbella.com Fax 95 277 94 57 y pl. de los Naranjos ☎ 95 282 35 50 info@turismomarbella.com Fax 95 277 36 21.
Madrid 602 ① – Algeciras 77 ② – Cádiz 201 ② – Málaga 59 ①

Plano página siguiente

Gran Meliá Don Pepe, José Meliá ☎ 95 277 03 00, *gran.melia.don.pepe@solmelia.com, Fax 95 277 99 54,* ← mar y montaña, – 🅿 – 25/300. AE VISA JCB. por ②
Grill La Farola : **Comida** carta 58 a 65 – 22 – **184 hab** 335/377 – 17 suites.
◆ Un oasis de serenidad y belleza junto al mar, rodeado de un cuidado jardín subtropical. Sus excelentes estancias le sorprenderán por el confort y la profusión en detalles. El restaurante Grill La Farola ofrece interesantes platos en un ambiente elegante.

El Fuerte, av. El Fuerte ☎ 95 286 15 00, *elfuerte@fuertehoteles.com, Fax 95 282 44 11,* ←, climatizada, – 🅿 – 25/400. AE VISA. B e
Comida - sólo cena salvo julio y agosto - carta 34 a 43 - ***Beach Club*** *(sólo almuerzo, cerrado enero)* **Comida** carta 27 a 39 – **261 hab** 130/189 – 2 suites.
◆ Cálidas habitaciones de armoniosa decoración y unas zonas sociales que rezuman clasicismo. Privilegiada ubicación frente a la playa, con zonas ajardinadas y palmeras. Su restaurante Beach Club cuenta con una agradable terraza abierta al mar.

Fuerte Miramar, pl. José Luque Manzano ☎ 95 276 84 00, *miramarspa@fuertehoteles.com, Fax 95 276 84 14,* ←, Servicios terapéuticos, climatizada, – – 25/320. AE VISA. B v
Comida - sólo cena buffet salvo julio y agosto - 34 – **217 hab** 131/189 – 9 suites.
◆ Próximo al centro pero alejado del bullicio urbano. Instalaciones modernas y de alto confort, con pequeña zona de piscina en 1ª línea de playa y unas equipadas habitaciones. Comedor con servicio de buffet.

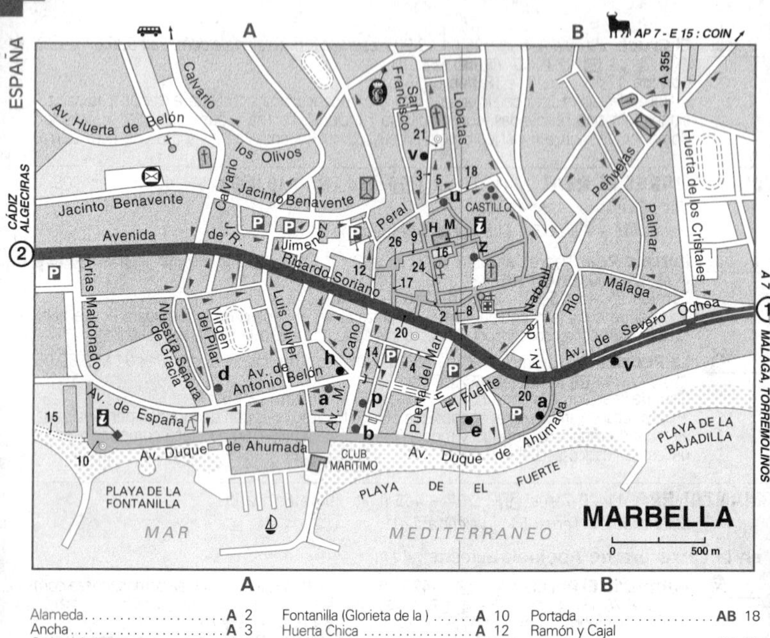

Princesa Playa sin rest, av. Duque de Ahumada - Paseo Marítimo ✆ 95 282 09 44, *hprincesa@spa.es, Fax 95 282 11 90,* – ▤ – 25/30 B a
100 hab.

◆ Hotel dotado de apartamentos en la 1ª línea de playa. Posee habitaciones amplias, diáfanas y con baños de plato ducha. Desayunos en el último piso, con hermosas vistas al mar.

Lima sin rest, av. Antonio Belón 2 ✆ 95 277 05 00, *LIMAHOTEL@terra.es, Fax 95 286 30 91* – ▤ TV. AE VISA. A h
5 – **64 hab** 80/99.

◆ Céntrico y de buen confort en su categoría. La reducida zona social se ve compensada por unas renovadas habitaciones, decoradas en estilo rústico-regional.

Linda Marbella sin rest y sin ☕, Ancha 21 ✆ 95 285 71 71, *lindamarbellasl@terra.es, Fax 95 276 61 61* – ▤ TV. VISA. A v
14 hab 50/80.

◆ Acogedor y de reciente construcción, en el casco antiguo. Posee instalaciones actuales, pequeña recepción, y unas habitaciones de sencillo equipamiento.

Ruperto de Nola, av. de Antonio Belón 3 ✆ 95 276 55 50, *Fax 95 276 66 13* – ▤. AE VISA JCB. A a
cerrado 15 enero-15 febrero – **Comida** carta 49 a 57.

◆ Su nombre hace referencia al autor del 1er tratado de cocina en España, editado en 1520. Posee comedores de estilo clásico donde ofrecen elaboraciones de tintes creativos.

Santiago, av. Duque de Ahumada 5 ✆ 95 277 00 78, *reservas@restaurantesantiago.com, Fax 95 282 45 03,* – ▤. AE VISA JCB. A b
cerrado noviembre – **Comida** - pescados y mariscos - carta 36 a 49.

◆ Considerado como uno de los mejores restaurantes de la ciudad. Buena organización y atenta brigada, especializándose en los productos del mar. Impresionante bodega.

La Tirana, urb. La Merced Chica - Huerta Márquez ✆ 95 286 34 24, *restaurante-latirana@hotmail.com,* – AE VISA por ②
cerrado 15 enero-15 febrero y domingo salvo verano – **Comida** - sólo cena en julio y agosto - carta aprox. 40.

◆ Coqueto negocio con barra de apoyo, y dos salones de esmerado montaje. Disfrute de su cocina en la espléndida terraza ajardinada, tipo patio andaluz.

Buenaventura, pl. de la Iglesia de la Encarnación 5 ☎ 95 285 80 69, *Fax 95 285 81 93*, – . MC VISA B z
Comida - sólo cena en julio y agosto - carta aprox. 52.
◆ Un marco de cálida rusticidad en tonalidades ocres, con chimenea y bodega acristalada. Disfrute de su carta en el bonito patio interior.

Casa de la Era, Finca El Chorraero - Noreste : 1 km ☎ 952 77 06 25, *eramarbella@hotmail.com, Fax 952 86 82 44*, – P. AE MC VISA por carret. de Ojén A-355 B
cerrado domingo – **Comida** - sólo almuerzo salvo fines de semana en invierno y sólo cena en verano - carta 23 a 33.
◆ Negocio familiar con una decoración colorista que cuida el detalle. Podrá degustar su cocina en la terraza exterior, punto fuerte de la casa.

El Balcón de la Virgen, Remedios 2 ☎ 95 277 60 92, *Fax 95 277 60 92*, – AE MC VISA. A u
Comida - sólo cena - carta aprox. 31.
◆ Instalado en un edificio del s. XVI, debe su nombre al altar de la Virgen que tiene en la fachada. De modesto montaje y aire rústico, basa su éxito en los precios contenidos.

Mamma Angela, Virgen del Pilar 17 ☎ 95 277 68 99, *Fax 95 281 71 53*, – . MC VISA. A d
cerrado 23 noviembre-28 diciembre y martes – **Comida** - sólo cena, cocina italiana - carta 21 a 30.
◆ Negocio familiar de cocina italiana. Deguste sus platos en un comedor rústico, con horno para pizzas a la vista. El pan, la pasta y los postres son de elaboración propia.

La Taberna de Santiago, av. del Mar 20 ☎ 95 277 00 78, *Fax 95 282 45 03*, – . AE MC VISA JCB. A p
cerrado noviembre – **Tapa** 1,20 **Ración** aprox. 5.
◆ Local de tapeo con la fachada repleta de azulejos, que posee una pequeña barra con expositor de productos, y varias mesas en mármol.

en la autovía de Málaga *por ① :*

Don Carlos , salida Elviria : 10 km, ✉ 29600, ☎ 95 276 88 00, *info@hoteldoncarlos.com, Fax 95 283 34 29*, <, , , climatizada, , , – TV P – 25/1200. AE MC VISA.
cerrado 7 diciembre-10 enero - ***Los Naranjos*** *(sólo cena)* **Comida** carta 40 a 55 – 19,20 – **229 hab** 239/279 – 12 suites.
◆ Gran hotel con todo el lujo y confort que corresponde a su categoría. Lo más destacado es el impresionante entorno tropical con piscinas, que se extiende hasta la playa. Exquisito comedor clásico con vistas al mar y al jardín.

Los Monteros , 5,5 km, ✉ 29600, ☎ 95 277 17 00, *hotel@losmonteros.com, Fax 95 282 58 46*, <, , , , , , – TV P – 25/400. AE MC VISA.
Comida carta aprox. 68 - ***El Corzo*** *(sólo cena)* **Comida** carta 57 a 79 – 20 – **28 hab** 230/306 – 149 suites.
◆ Complejo turístico con un bonito jardín subtropical, dotado de unas elegantes zonas nobles y de ocio. Habitaciones de distinto nivel, todas de elevado confort. En su restaurante El Corzo disfrutará de un ambiente clásico y refinado.

Río Real Golf H. , urb. Río Real - salida Torre Real : 3,5 km y desvío 1,5 km, ✉ 29600, ☎ 95 276 57 32, *comercial@rioreal.com, Fax 95 277 21 40*, <, , , , 18 – TV P – 25/55. AE MC VISA.
Comida carta 30 a 43 – **30 hab** 209/258 – 2 suites.
◆ Moderno hotel ubicado junto a un campo de golf, que pone a su disposición unas dependencias luminosas y confortables, decoradas por el reconocido interiorista Pascua Ortega. Cálido restaurante de estilo minimalista.

Alanda Club Marbella, carret. de Cádiz - km 192, ✉ 29600, ☎ 95 276 81 50, *info@alandaholidays.com, Fax 95 283 86 26*, , , , – TV P
187 hab.
◆ Complejo de apartamentos de buen nivel formado por varios edificios orientados a familias jóvenes con hijos, ya que disponen de varias zonas de ocio y hasta siete piscinas. Cuenta con un restaurante de cuidado montaje donde ofrecen una cocina tradicional.

Artola sin rest, 12,5 km, ✉ 29600, ☎ 95 283 13 90, *hotelartola@inves.es, Fax 95 283 04 50*, <, , , 9 – TV P. AE MC VISA JCB
8 – **31 hab** 70/105 – 2 suites.
◆ Ubicada en un campo de golf, esta antigua venta conserva su aire regional con estancias de buen confort y correcto equipamiento. Completa oferta deportiva.

XXX **La Hacienda,** salida Las Chapas : 11,5 km y desvío 1,5 km, ✉ 29600, ✆ 95 283 12 67, *info@restaurantelahacienda.com, Fax 95 283 33 28,* – P. AE ⓓ MC VISA
cerrado lunes y martes (salvo julio) – **Comida** - sólo cena en julio y agosto - carta aprox. 50.
◆ Villa rústica que mantiene todo el encanto y la tradición de otra época, combinados con un servicio de mesa exquisito. Patio-terraza con zona de porche.

XX **El Lago,** av. Las Cumbres - urb. Elviria Hills - salida Elviria : 10 km y desvío 2 km, ✉ 29600, ✆ 95 283 23 71, *ellago@restauranteellago.com, Fax 95 283 90 82,* – P. AE MC VISA.
cerrado del 8 al 24 de diciembre y lunes salvo agosto – **Comida** - sólo cena - carta 39 a 46.
◆ A su atractiva situación, en un campo de golf frente a un lago artificial, se une el cuidado montaje de sus luminosos comedores y las interesantes elaboraciones.

XX **Las Banderas,** urb. El Lido-Las Chapas : 9,5 km y desvío 0,5 km, ✉ 29600, ✆ 95 283 18 19, – P. MC VISA.
cerrado lunes – **Comida** carta 30 a 45.
◆ Su difícil localización se ve compensada por unas cuidadas instalaciones, en una atractiva casa tipo chalet con terraza y césped. Carta compensada.

en la carretera de Cádiz *por ②* :

Marbella Club, Boulevard Príncipe Alfonso von Hohenlohe : 3 km, ✉ 29600, ✆ 95 282 22 11, *hotel@marbellaclub.com, Fax 95 282 98 84,* , Servicios terapéuticos, , climatizada, , – TV P – 25/120. AE ⓓ MC VISA.
Comida carta 60 a 82 – 28 – **84 hab** 370/425 – 53 suites.
◆ Emblemático hotel que rezuma elegancia clásica en cada una de sus estancias. Posee un encanto de inspiración andaluza, gran confort, y hermosos parajes frente a la playa. El sofisticado comedor se complementa con una agradable terraza de verano.

Puente Romano, 3,5 km, ✉ 29600, ✆ 95 282 09 00, *reservas@puenteromano.com, Fax 95 277 57 66,* , , climatizada, , , – TV P – 25/650. AE ⓓ MC VISA JCB. rest
Roberto *(sólo cena)* **Comida** carta 45 a 60 – 25 – **175 hab** 324/370 – 99 suites.
◆ Elegante conjunto de estilo andaluz, en un magnífico jardín subtropical que le proporciona intimidad. Habitaciones tipo bungalow, espaciosas y de elevado confort. Su restaurante Roberto, con profusión de madera, ofrece platos de sabor italiano.

NH Alanda, Boulevard Príncipe Alfonso von Hohenlohe : 3,5 km, ✉ 29600, ✆ 95 289 96 00, *nhalanda@nh-hotels.com, Fax 95 276 48 46,* , Servicios terapéuticos, , – TV P – 25/300. AE ⓓ MC VISA JCB. rest
Comida - sólo cena - carta 35 a 49 – **194 hab** 292/331 – 5 suites.
◆ Goza de una línea moderna y se divide en tres edificios. Lo más destacado son sus habitaciones de estética minimalista, todas ellas con terraza y atractivos baños de diseño. Restaurante de estilo actual, con excelente servicio de mesa y carta de autor.

G.H. Guadalpín, Boulevard Príncipe Alfonso von Hohenlohe : 2 km, ✉ 29600, ✆ 95 289 94 00, *info@granhotelguadalpin.com, Fax 95 289 94 01,* , Servicios terapéuticos, , climatizada – TV – 25/200. AE ⓓ MC VISA.
Comida - ver también rest. ***Mesana*** – 73 – 20 – **30 hab** 240/300 – 97 suites.
◆ Dispone de un correcto hall-recepción con un atractivo lobby bar al fondo, desde donde se distribuye la zona noble. Habitaciones con mobiliario clásico de calidad y terraza.

Coral Beach, 5 km, ✉ 29600, ✆ 95 282 45 00, *reservas.coral@oh-es.com, Fax 95 282 62 57,* , , – TV P – 25/200. AE ⓓ MC VISA.
15 marzo-octubre - ***Florencia*** *(sólo cena)* **Comida** carta aprox. 40 – 18 – **148 hab** 225/255 – 22 suites.
◆ Complejo de moderna arquitectura mediterránea rodeando una gran piscina central. Confortables y espaciosas habitaciones, todas con terraza e idílicas vistas al mar. El restaurante Florencia está presidido por una bella acequia de influencia árabe con plantas.

NH Marbella, av. Conde Rudi : 2 km, ✉ 29600, ✆ 95 276 32 00, *nhmarbella@nh-hotels.com, Fax 95 286 07 86,* , – TV – 25/130. AE ⓓ MC VISA.
Comida 30 – **154 hab** 173/208 – 9 suites.
◆ Posee las habituales características de confort de los NH, complementándose en este caso con un cuidado jardín. Escasa zona social y habitaciones de completo equipamiento.

ESPAÑA

XXXX **Mesana** - *Hotel G.H. Guadalpín*, Boulevard Príncipe Alfonso von Hohenlohe : 2 km, ✉ 29600, ☎ 95 289 94 00, *info@granhotelguadalpin.com, Fax 95 289 94 01* – ▤ 🚗. AE ⓓ MC VISA JCB. ✂
cerrado domingo noche – **Comida** - sólo cena - carta 57 a 70.
◆ Claramente orientado al cliente de paso, con entrada independiente del hotel y unas magníficas instalaciones. Delicado comedor de estilo clásico-moderno con carta de autor.

XXXX **La Meridiana,** camino de la Cruz : 3,5 km, ✉ 29600, ☎ 95 277 61 90, *Fax 95 282 60 24*, ←, 🏖 – ▤ P. AE ⓓ MC VISA
cerrado 7 enero-11 febrero – **Comida** - sólo cena - carta 53 a 62.
◆ Acogedor marco con una elegante decoración, dotado de unos cuidados salones, tipo jardín de invierno, y una agradable terraza con palmeras y estanques.

XXX **Villa Tiberio,** 2,5 km, ✉ 29600, ☎ 95 277 17 99, *Fax 95 282 47 72*, 🏖 – P. AE ⓓ MC VISA. ✂
cerrado domingo salvo agosto – **Comida** - sólo cena - carta aprox. 48.
◆ Restaurante de corte italiano que destaca por su atractiva terraza ajardinada. Comedor clásico con mobiliario confortable y detalles decorativos de refinado gusto.

XXX **El Portalón,** 3 km, ✉ 29600, ☎ 95 282 78 80, *restaurante@elportalonmarbella.com, Fax 95 277 71 04* – ▤ P. AE ⓓ MC VISA. ✂
cerrado domingo (salvo agosto) – **Comida** carta aprox. 55.
◆ Profusión de madera en una atractiva casa de estilo rústico a modo de cabaña. Buena carta con maridaje entre los asados típicos castellanos y las elaboraciones creativas.

XX **El Rodeito,** 7,8 km, ✉ 29600 Nueva Andalucía, ☎ 95 281 08 61, *rodeito@elrodeito.com, Fax 95 290 81 08*, 🏖 – ▤ P. AE ⓓ MC VISA. ✂
Comida - espec. en carnes y asados - carta aprox. 50.
◆ Mesón asador bastante acogedor, con ambientación típica castellana y aperos de labranza decorativos. Ofrece dos comedores con mobiliario sencillo, y una terraza de verano.

Si busca un hotel tranquilo, consulte los mapas de la introducción o busque en el texto los establecimientos marcados con el signo 🐎

Nuestras guías de hoteles, nuestras guías turísticas y nuestros mapas de carreteras son complementarios. Utilícelos conjuntamente.

MARCHAMALO *19180 Guadalajara* 576 J 20 121 K 5 – *alt. 674.*
Madrid 59 – Guadalajara 4 – Cuenca 149 – Segovia 157.

XXX **Las Llaves,** pl. Mayor 16 ☎ 949 25 04 85, *info@restaurantelasllaves.com, Fax 949 25 04 85*, 🏖 – AE MC VISA. ✂
cerrado Semana Santa, agosto y domingo – **Comida** - sólo almuerzo salvo fines de semana - carta 28 a 43.
◆ Instalado en una casa palaciega del s. XVI, cuenta con un impecable servicio de mesa y una agradable terraza en el patio interior. Carta clásica con toques actuales.

MARCILLA *31340 Navarra* 573 E 24 – *2 237 h alt. 290.*
Madrid 345 – Logroño 65 – Pamplona 63 – Tudela 38 – Zaragoza 123.

XX **Villa Marcilla,** carret. Estación - Noreste : 2 km ☎ 948 71 37 37, *jbaselga@encomix.es, Fax 948 71 39 18*, 🏖, 🌳 – ▤ P. AE ⓓ MC VISA. ✂
Comida - sólo almuerzo salvo fines de semana - carta 22 a 35.
◆ Casa señorial con bello jardín, elegante salón social y dos comedores, uno de esmerado montaje para la carta, y otro más sencillo donde sirven un menú económico.

MAREO *Asturias – ver Gijón.*

MARGOLLES *33547 Asturias* 572 B 14.
Madrid 491 – Gijón 80 – Oviedo 73 – Ribadesella 11.

🏠 **La Tiendona,** carret. N 634 ☎ 98 584 04 74, *hotel-latiendona@wanadoo.es, Fax 98 584 13 16*, 🌳 – TV P. ⓓ MC VISA. ✂
cerrado 24 diciembre-24 enero – **Comida** *(cerrado lunes)* 14 – **25 hab** ☕ 65/110.
◆ Casona del s. XIX en piedra dotada de unas acogedoras habitaciones, con techos en madera y baños actuales. Eficiente organización familiar. Entrañable restaurante de aire rústico que ocupa lo que antaño fue el lagar.

MARÍA 04838 Almería 578 S 23 - 1 791 h alt. 1 198.

Madrid 515 - Almería 156 - Granada 175 - Lorca 56 - Murcia 128.

Sierramaría, Paraje La Moratilla ✆ 950 41 71 26, *info@hotelsierramaria.com, Fax 950 41 71 28,* ← - P. AE VISA.
cerrado 22 diciembre-15 enero - **Comida** 18 - 6 - **17 hab** 40/60.
• Establecimiento sencillo y funcional llevado por un simpático matrimonio que le imprime carácter familiar. Confortable salón social y cálidas habitaciones.

Torrente, Camino Real 10 ✆ 950 41 73 99 - rest,. hab
Comida *(cerrado viernes noche)* 10 - 2,50 - **19 hab** 20/40.
• Local de modestas instalaciones, dotado de habitaciones sobrias. La cafetería centra la actividad principal del negocio. Bien considerado en la zona. Comedor especializado en carnes a la brasa.

MARÍN 36900 Pontevedra 571 E 3 - 25 421 h alt. 14.

Madrid 619 - Santiago de Compostela 66 - Pontevedra 8 - Viana do Castelo 110 - Braga 132.

Villa de Marín sin rest, Calvo Sotelo 37 ✆ 986 89 22 22, *reservas@hotelvillademarin.com, Fax 986 83 95 13* - TV - 25/50. AE VISA.
3,90 - **18 hab** 59,90/84,50.
• Céntrico y de línea clásico-funcional. Posee habitaciones confortables con mobiliario de buen nivel, un correcto hall y una moderna cafetería orientada al público de la calle.

MARKINA-XEMEIN o MARQUINA 48270 Bizkaia 573 C 22 - 4 847 h alt. 85.

Alred. : *Balcón de Vizcaya★★ Suroeste : 15 km.*

Madrid 443 - Bilbao 51 - Donostia-San Sebastián 58 - Vitoria-Gasteiz 60.

MARMOLEJO 23770 Jaén 578 R 17 - 7 239 h.

Madrid 329 - Andújar 12 - Córdoba 67 - Jaén 50 - Puertollano 134.

Gran Hotel, Calvario 101 ✆ 953 54 09 75, *info@granhotelspa.com, Fax 953 51 74 33,* - TV P - 25. VISA.
Comida 12 - 5,95 - **54 hab** 47/82,40.
• Dispone de una correcta zona social y espaciosas habitaciones, aunque estas resultan algo austeras y funcionales. Ofrece tratamientos de belleza corporal en un edificio anexo. Cuidado restaurante de corte clásico.

MARTINET 25724 Lleida 574 E 35 - alt. 980.

Madrid 626 - Lleida/Lérida 157 - Puigcerdà 26 - La Seu d'Urgell/Seo de Urgel 24.

Boix, carret. N 260 ✆ 973 51 50 50, *Fax 973 51 50 65,* - P. AE VISA
cerrado lunes salvo agosto-12 septiembre - **Comida** carta 36 a 60.
• De aspecto sobrio, con bar público algo frío y una sala clásica de correcto montaje, donde ofrecen un esmerado servicio de mesa y una carta cuidada. Afamado en la zona.

MARTORELL 08760 Barcelona 574 H 35 122 B 8 - 16 793 h alt. 56.

Madrid 598 - Barcelona 33 - Manresa 37 - Lleida/Lérida 141 - Tarragona 80.

AC Martorell, av. Pau Claris ✆ 937 74 51 60, *acmartorell@ac-hotels.com, Fax 937 74 51 61,* - , hab, TV - 25/200. AE VISA.
Comida 24 - 9 - **92 hab** 90.
• Con la decoración actual propia de la cadena. Ofrece suficientes zonas nobles y confortables habitaciones, con los suelos en madera y plato ducha en la mayoría de sus baños. El comedor, que destaca por su abundante luz natural, presenta un correcto montaje.

Manel con hab, Pedro Puig 74 ✆ 93 775 23 87, *hotelmanel@hotmail.com, Fax 93 775 23 87* - TV - 25/35. AE VISA. rest
Comida carta 30 a 40 - 6,61 - **29 hab** 57,10/64,60.
• Restaurante dotado de dos salas para el menú en la planta baja y otras a la carta en el 1er piso, con un adecuado servicio de mesa. También posee habitaciones funcionales.

en la urbanización Can Amat *por la carretera N II - Noroeste : 6 km :*

Paradis Can Amat, ✉ 08635 Sant Esteve Sesrovires, ✆ 93 771 40 27, *canamat@paradis.es, Fax 93 771 47 03,* - P. AE VISA JCB.
Comida - sólo almuerzo salvo fines de semana - carta 25 a 35.
• En una antigua casa señorial con jardín. Los espaciosos salones para banquetes centran su actividad, sin descuidar los comedores a la carta de impecable montaje.

MASCA *Santa Cruz de Tenerife – ver Canarias (Tenerife).*

El MASNOU *08320 Barcelona 574 H 36 122 D 8 – 17 942 h.*
Madrid 628 – Barcelona 14 – Girona/Gerona 87 – Vic 56.

Torino, Pere Grau 21 ☎ 93 555 23 13, *hoteltorino@ssisoft.com, Fax 93 555 23 13* – rest, TV. AE VISA.
cerrado 24 diciembre-10 enero – **Comida** 12 – 6 – **13 hab** 50/68 – PA 30.
◆ Céntrico hotel de organización familiar dotado de una reducida zona noble. Sus habitaciones, con baños pequeños aunque actualizados, resultan confortables. Comedor alargado y de cuidado montaje, cuya decoración en tonos suaves recrea un cálido ambiente.

MASPALOMAS *Las Palmas – ver Canarias (Gran Canaria).*

MATADEPERA *08230 Barcelona 574 H 36 122 C 7 – 7 197 h alt. 423.*
La Mola, Pompeu Fabra ☎ 93 730 05 16 Fax 93 730 01 56.
Madrid 617 – Barcelona 36 – Lleida/Lérida 160 – Manresa 38.

El Celler, Gaudí 2 ☎ 93 787 08 57, *Fax 93 787 08 57* – . AE VISA
cerrado del 5 al 27 de agosto, domingo noche y miércoles – **Comida** carta 33 a 44.
◆ Villa neorrústica con un patio-terraza en torno al cual se distribuyen tres comedores de estilo clásico-regional. El recetario de la zona toma personalidad con notas de autor.

en Plà de Sant Llorenç *Norte : 2,5 km :*

Can Solà del Pla, ✉ 08230 Matadepera, ☎ 93 787 08 07, *cansola@ceot.es, Fax 93 730 03 12* – P. AE .
cerrado agosto, lunes y martes – **Comida** carta aprox. 37.
◆ Masía familiar de ambiente acogedor dotada de un hall con una antigua prensa y cuidados comedores de estilo rústico-regional. Zona de banquetes en el jardín.

MATAELPINO *28492 Madrid 576 J 18 575 J 18 121 G 5.*
Madrid 51 – Segovia 43.

El Bosque , Del Guerrero 5 ☎ 91 857 31 49, *com@el-bosque.org, Fax 91 842 65 25,* , , Servicios terapéuticos, , – P – 25/180. AE VISA.
Comida 25 – **35 hab** 55/101.
◆ Centro para el desarrollo humano dotado de un confortable salón social, biblioteca, auditorio y magníficos servicios terapéuticos. Las habitaciones resultan algo reducidas. El restaurante goza de una hermosa terraza-mirador con vistas al valle del Manzanares.

Azaya, Muñoz Grandes 7 ☎ 91 857 33 95, *Fax 91 857 33 24,* , – P. VISA.
cerrado 20 septiembre-20 octubre – **Comida** carta 26 a 35.
◆ En un amplio chalet situado sobre un promontorio, con comedor y terraza acristalados. Deguste sus platos de sabor tradicional, mientras contempla el bello entorno.

MATAMOROSA *39200 Cantabria 572 D 17.*
Madrid 346 – Aguilar de Campóo 31 – Reinosa 3 – Santander 73.

Mesón Las Lanzas, Real 85 ☎ 942 75 19 57 – P. AE VISA.
cerrado Navidades y domingo noche – **Comida** carta 24 a 28.
◆ Negocio bien llevado en familia, con un chef experimentado en paradores. El comedor resulta muy acogedor, de estilo neorrústico y con un cuidado montaje para su categoría.

MATARÓ *08300 Barcelona 574 H 37 122 E 7 – 101 479 h – Playa.*
Ver : Localidad★.
Madrid 661 ② – Barcelona 28 ② – Girona/Gerona 72 ③ – Sabadell 47 ③

Plano página siguiente

NH Ciutat de Mataró, Camí Ral 648, ✉ 08302, ☎ 93 757 55 22, *nhciutatdemataro@nh-hotels.com, Fax 93 757 57 26* – TV – 25/330. AE VISA.
rest por Camí Ral AZ
Camí Real : **Comida** carta 22 a 29 – 10,50 – **101 hab** 125 – 4 suites, 17 apartamentos.
◆ Fachada en ladrillo visto e interior de línea moderna. Sus confortables y bien equipadas habitaciones mantienen la estética de la cadena. Amplios salones para convenciones. Dispone de un comedor de cuidado montaje y otro polivalente orientado a los banquetes.

El Nou-Cents, El Torrent 21, ✉ 08302, ☎ 93 799 37 51, *restaurant@elnou-cents.com, Fax 93 741 11 07* – . AE VISA JCB AY d
cerrado Semana Santa, 15 días en agosto y domingo noche – **Comida** carta 31 a 49.
◆ Dispone de un amplio hall y dos comedores, uno de aire clásico con las paredes en estuco y el otro, que disfruta de un pequeño patio acristalado, con una estética más actual.

MATARÓ

Ajuntament (Pl.) . . . . AY 4
America (Av.) . . . . BY 2
Can Xammar . . . . AYZ 6
Escaletes (Baixada de les) . . . . . AZ 8
Geganta (Camí de la) . . . . AY 10
Genovesos (Muralla dels) . . . . . AY 12
Havana (Pl. l') . . . . BY 14
Hospital . . . . ABY 16
Josep Anselm Clavé . . . . AY 18
Massot (Baixada d'en) . . . . AY 21
Pascual Madoz . . . . BY 24
Portal de Valldeix . . . . AY 25
Sant Bonaventura . . . . AY 30
Sant Francesc d'Assis . . . . AY 32
Sant Llorenc (Muralla de) . . . . . . AZ 34
Sant Simó . . . . AY 37
Santa Maria . . . . AY 39
Tigre (Muralla del) . . . . AY 41
Xammar . . . . AYZ 49

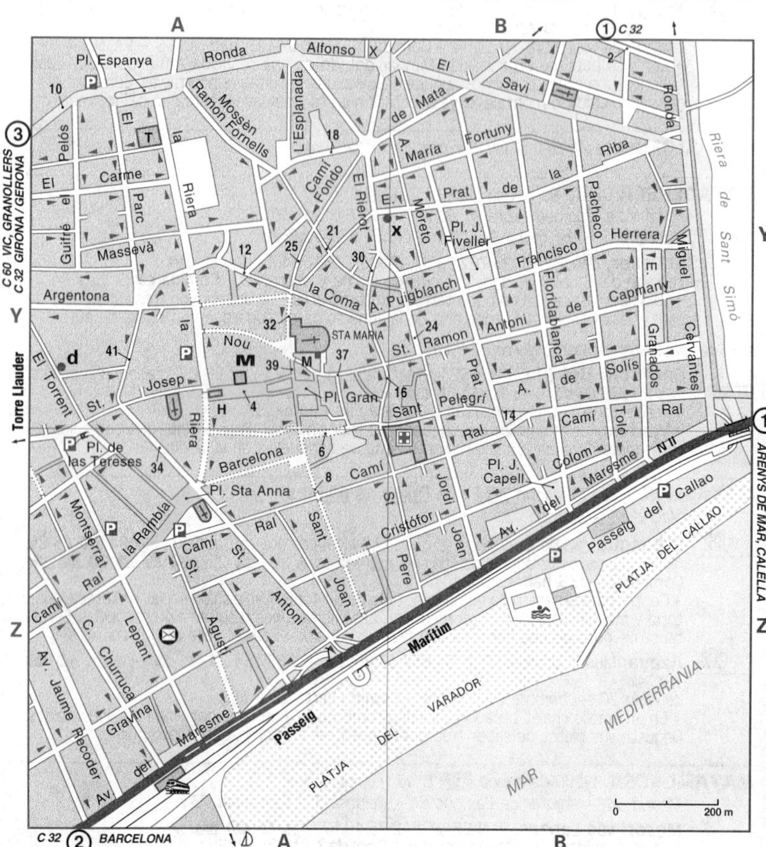

Can Manel, Prat de la Riba 14 ☎ 93 790 68 18, *Fax 93 790 76 29* – AE VISA ABY x
cerrado sábado noche, domingo y lunes noche – **Comida** carta aprox. 40.
◆ Negocio familiar con acogedoras salas de correcto montaje y una pequeña bodega como complemento. Su mesa ofrece una buena selección de pescados y mariscos.

MAZAGÓN *21130 Huelva* 578 U 9 – *Playa.*

pl. Odón Betanzos ☎ 959 37 63 00 mancomunidad-mazagon@diphuelva.es Fax 959 37 60 44.

Madrid 638 – Huelva 23 – Sevilla 102.

Carabela Santa María, av. de los Conquistadores ☎ 959 53 60 18, *reservas@hotelcarabelasantamaria.com, Fax 959 37 72 58,* – AE VISA.
Comida - sólo buffet - 15 – 7,50 – **73 hab** 82,50/102,90.
◆ Agradables vistas, interesante oferta deportiva y un cómodo interior se aúnan en este hotel, situado a la entrada de la localidad. Habitaciones funcionales y bien equipadas. Amplia cafetería y sencillo comedor con servicio de buffet.

por la carretera de Matalascañas :

Parador de Mazagón , Sureste : 7 km, ✉ 21130, ☎ 959 53 63 00, *mazagon@parador.es, Fax 959 53 62 28*, ≤ mar, , , , , - ▤ TV ♿ P - 25/120. AE ⓓ MC VISA.
Comida 27 - ☕ 11 - **62 hab** 112/140 - 1 suite.
◆ Un enclave privilegiado de vegetación y mar, en un marco de serenidad sublime. Dotado de habitaciones de gran confort y amplia zona de ocio con jardín y piscina. Acogedor restaurante con vistas a los pinares.

Albaida, Sureste : 1 km, ✉ 21130, ☎ 959 37 60 29, *informacion@hotelalbaida.com, Fax 959 37 61 08*, - ▤ TV P - 25/45. AE ⓓ MC VISA.
Comida 10 - **24 hab** ☕ 50/80.
◆ Pequeño hotel situado al borde de la carretera y con una escasa zona social de la que forma parte la cafetería. Posee habitaciones de correcto confort, con mobiliario rústico. Su comedor alterna el servicio a la carta con la organización de banquetes.

MECINA FONDALES *18416 Granada* 578 V 20 124 O 4 - *alt. 930.*

Madrid 488 - Granada 69 - Almería 139 - Málaga 128 - Motril 43.

Albergue de Mecina , La Fuente ☎ 958 76 62 54, *victor@hoteldemecina.com, Fax 958 76 62 55*, ≤, , - TV - 25/100. AE MC VISA.
Comida 15 - ☕ 6 - **22 hab** 50/70.
◆ Situado en un pequeño pueblo de Las Alpujarras, dispone de acogedores espacios sociales, y unas habitaciones bien equipadas decoradas en estilo regional. Comedor con vigas de madera en el techo y lámparas en forja.

El MÉDANO *Santa Cruz de Tenerife - ver Canarias (Tenerife).*

MEDINA DE POMAR *09500 Burgos* 575 D 19 - *5 584 h alt. 607.*

Madrid 329 - Bilbao 81 - Burgos 86 - Santander 108.

La Alhama , carret. de la Cerca - Noreste : 1 km ☎ 947 19 08 46, *info@hotelrestaurantealhama.com, Fax 947 19 13 12* - |‡|, ▤ rest, TV P - 25/300. MC VISA.
 rest
cerrado 24 diciembre-enero - **Comida** *(cerrado lunes)* 8 - **17 hab** ☕ 40/56 - 1 suite.
◆ Hotel de línea actual llevado por un amable matrimonio. Sus reducidas zonas sociales se completan con un pequeño salón y posee habitaciones funcionales de buen confort. Restaurante de correcto montaje y estilo clásico, comunicado con la cafetería.

El Olvido, av. de Burgos ☎ 947 19 00 01, *Fax 947 19 05 29* - ▤ P. AE ⓓ MC VISA.
cerrado octubre - **Comida** carta 18 a 32.
◆ Negocio bien llevado entre varios hermanos, con un amplio bar público y una luminosa sala de discreto montaje en un estilo clásico algo anticuado. Está muy orientado al menú.

MEDINA DE RIOSECO *47800 Valladolid* 575 G 14 - *4 945 h alt. 735.*

Ver : *Iglesia de Santa María (capilla de los Benavente★).*

Madrid 223 - León 94 - Palencia 50 - Valladolid 41 - Zamora 80.

Pasos, Lázaro Alonso 44 ☎ 983 70 10 02 - ▤. AE ⓓ MC VISA.
cerrado 2ª quincena de octubre y lunes salvo festivos - **Comida** carta aprox. 24.
◆ Entrada por un bar público de pulcro montaje. Comedor de estilo medieval castellano, con excelente servicio de mesa, chimenea, sillas en forja y variada carta tradicional.

MEDINA DEL CAMPO *47400 Valladolid* 575 I 15 - *20 499 h alt. 721.*

Ver : *Castillo de la Mota★.*

pl. Mayor de la Hispanidad 48 ☎ 983 81 13 57 turismo@ayto-medinadelcampo.es Fax 983 81 13 57.

Madrid 154 - Salamanca 81 - Valladolid 43.

Villa de Ferias, carret. de Madrid km 157 ☎ 983 80 27 00, *Fax 983 80 16 56* - ▤ TV P - 25/400. AE ⓓ MC VISA.
Comida 12 - ☕ 2,40 - **38 hab** 36/50.
◆ De línea actual, poniendo a su disposición una reducida zona noble con hall y habitaciones dotadas de suelos en tarima, mobiliario clásico de calidad y baños modernos. Acogedor restaurante con dos salas, una de aire colonial y la otra a modo de patio cubierto.

La Mota sin rest y sin ☕, Fernando el Católico 4 ☎ 983 80 04 50, *hotel-la-mota@hotmail.com, Fax 983 80 36 30* - |‡| TV P. AE ⓓ MC VISA.
44 hab 36/49.
◆ Hotel actualizado que suele trabajar con clientela de paso. Correcto hall-recepción y habitaciones funcionales de confort actual, con el suelo en moqueta y baños completos.

ESPAÑA

Continental, pl. Mayor de la Hispanidad 15 ☎ 983 80 10 14, *Fax 983 80 01 30* – ▤. AE MC VISA. ✂
cerrado del 15 al 31 de octubre y martes – **Comida** carta 24 a 32.
◆ Un histórico en plena Plaza Mayor. Entrada por cafetería con expositor de tapas, y comedor de estilo principios del s. XX. Cocina tradicional afamada por sus platos caseros.

en la carretera de Velascálvaro *Suroeste : 4 km :*

Palacio de las Salinas ☊, Las Salinas, ✉ 47400, ☎ 983 80 44 50, *balneario@palaciodelassalinas.es, Fax 983 80 46 15*, Servicios terapéuticos, ⛱, ☂, ✂ – |‡| TV P
64 hab.
◆ Majestuoso palacio construido en 1911 que funciona como hotel y balneario, con una imponente fachada y entorno ajardinado. Amplia zona noble y habitaciones de estilo clásico. Dispone de un comedor neoclásico de techos altos y una elegante cafetería.

MEDINA SIDONIA *11170 Cádiz* 578 W 12 – *15 877 h alt. 304.*
Ver : *Localidad★ – Conjunto arqueológico romano★ – Iglesia de Santa María la Mayor★ (retablo★).*
ℹ *pl. de la Iglesia Mayor ✉ 11170 ☎ 956 41 24 04 zuyalmedina@eresmas.com Fax 956 41 24 04.*
Madrid 620 – Algeciras 73 – Arcos de la Frontera 42 – Cádiz 42 – Jerez de la Frontera 37.

en la carretera A 393 *Sureste : 3 km :*

Venta La Duquesa, ✉ 11170 apartado 35, ☎ 95 641 08 36, *Fax 95 641 20 00*, ☂ – ▤ P. ⊙ MC VISA. ✂
cerrado martes – **Comida** carta 17 a 27.
◆ Típica venta situada en pleno campo, bien acondicionada en su sencillez. Destaca por ofrecer una cocina muy recomendable y por la amabilidad en el trato.

MEDINACELI *42240 Soria* 575 I 22 – *775 h alt. 1 201.*
Madrid 154 – Soria 76 – Zaragoza 178.

La Cerámica ☊ con hab, Santa Isabel 2 ☎ 975 32 63 81, *Fax 975 32 63 81* – MC VISA. ✂ rest
cerrado 15 diciembre-15 enero – **Comida** carta aprox. 19 – ☕ 4 – **9 hab** 60.
◆ Ubicado en el casco antiguo de la localidad. Acogedor restaurante de discreto montaje y aire rústico, que complementa sus servicios con unas correctas habitaciones.

en la antigua carretera N II *Sureste : 3,5 km :*

Nico, ✉ 42240, ☎ 975 32 60 11, *jacinto.3017@cajarural.com, Fax 975 32 64 74* – ▤ rest, TV ⛍ P. MC VISA. ✂
cerrado 7 enero-7 febrero – **Comida** 21 – ☕ 8 – **22 hab** 63/74.
◆ Su carácter práctico y funcional lo convierten en un buen recurso de carretera. Seria dirección, y unas instalaciones algo desfasadas que, no obstante, están bien cuidadas.

Duque de Medinaceli, ✉ 42240, ☎ 975 32 61 11, *jacinto.3017@cajarural.com, Fax 975 32 64 72* – TV ⛍. ⊙ MC VISA. ✂
Comida 21 – ☕ 5,50 – **12 hab** 45/56.
◆ Grato hotelito dotado de habitaciones que, aunque elementales, poseen detalles actualizados, algunas de ellas con ducha-cabina. Ultime sus compras en la zona de tienda.

MEIRA *27240 Lugo* 571 C 8 – *1 833 h alt. 383.*
Madrid 538 – A Coruña 121 – Lugo 36.

al Este *: 3 km :*

Casa Cazoleiro ☊, Grañanova, ✉ 27240, ☎ 982 33 03 31, *casacazoleiro@teleline.es, Fax 982 33 03 31* – TV P. AE ⊙ MC VISA JCB. ✂
Comida *(cerrado lunes)* 10,50 – ☕ 3,70 – **8 hab** 36,80/46.
◆ Casa rural restaurada, dotada de espaciosas y confortables habitaciones. El cálido ambiente familiar y su atractiva ubicación en pleno campo le brindan una grata estancia.

MELIDE *15800 A Coruña* 571 D 5 – *8 210 h alt. 454.*
Madrid 556 – A Coruña 72 – Santiago de Compostela 55 – Lugo 54.

en la carretera N 547 *Sureste : 6 km :*

Casa de los Somoza, Coto, ✉ 15808 Coto, ☎ 981 50 73 72, *Fax 981 50 73 72*, ☂ – P. MC VISA. ✂
cerrado Navidades – **Comida** 16 – ☕ 5 – **10 hab** 38,50/48,15.
◆ Casona de labranza con un bello jardín, en pleno Camino de Santiago. Ofrece cálidas habitaciones con las paredes en piedra, el suelo en madera y mobiliario de estilo antiguo.

MELILLA 52000 742 ⑥ y ⑪ – 63 670 h – Playa.

Ver : Ciudad antigua★ : Terraza Museo Municipal ✻★ BZ **M.**

✈ de Melilla, carret. de Yasinen por av. de la Duquesa Victoria 4 km AY ✆ 95 269 86 14 – Iberia : Cándido Lobera 2 ✆ 902 400 500.

⛴ para Almería y Málaga : Cía. Trasmediterránea : General Marina 1 ✉ 52001 ✆ 902 45 46 45 Fax 95 269 01 70 AY.

ℹ Fortuny 21 (Palacio de Congresos) ✉ 52004 ✆ 95 267 54 44 turismo@camelilla.es Fax 95 267 96 16 – **R.A.C.E.** Pablo Vallesca 8-2º (edificio Anfora) ✉ 52001 ✆ 95 268 17 13.

Melilla Puerto, explanada de San Lorenzo, ✉ 52004, ✆ 95 269 55 25, *reservas@hotelmelillapuerto.com*, Fax 95 269 55 06 – 25/500. AE ⓓ ⓜⓒ VISA. ✻
La Almoraima **:Comida** carta 24 a 32 – ☕ 8 – **134 hab** 82/114 – 5 suites. AZ a

◆ Ubicado en pleno puerto y con todo lujo de detalles. Dispone de un amplio hall y espaciosos salones, que al igual que las habitaciones se visten con buen mobiliario clásico. Restaurante de cuidado montaje alrededor de un patio, con una fuente en piedra.

MELILLA

Calle	Plano	Nº
Actor Tallavi	AZ	
Aljibes (Pl. de)	BZ	2
Alvaro de Bazán	AZ	
Armas (Pl. de)	BZ	
Avanzadilla (Pl. de la)	BZ	
Castillejos	AY	3
Ciudad de Málaga	AZ	
Comandante Benitez (Pl.)	AY	4
Concepción	BZ	6
Democracia (Av. de la)	AY	
Duquesa Victoria (Av.)	AY	7
España (Pl. de)	AY	
Florentina (Túnel de)	BZ	
Francisco Mir Berlanga (Pas. Marítimo)	AZ	
Juan Carlos I (Av. del Rey)	AY	10
Luis de Sotomayor	AY	
Macias (Av. del Gen.)	BY, BZ	
Marina (Gen.)	AY	
Marina (Puerta de la)	BZ	
Marina Española (Av. de)	AYZ	
Marítimo (Pas.)	AZ	
Marqués de Montémar	AZ	13
Menéndez y Pelayo (Pl.)	AY	15
Miguel Acosta	BZ	16
Músico Granados	AZ	
O'Donnell (Gen.)	AY	
Pablo Vallescá	AY	18
Parada (Pl. de la)	BZ	
Pintos (Gen.)	AZ	
Polavieja (Gen.)	AZ	
Prim (Gen.)	AY	
Querol	AYZ	
Rafael Ginel (Pas. Marítimo)	AZ	
Reyes Católicos (Av.)	AY	
San Miguel	BZ	19
Santiago (Puerta de)	BZ	

Parador de Melilla ⑤, av. Cándido Lobera, ✉ 52001, ☎ 95 268 49 40, *melilla@parador.es, Fax 95 268 34 86,* ≤, ⛱, ⛳ - |♦| ▤ TV ♿ P. AE ⓓ MC VISA JCB. ✻ AY a
Comida 24 - ☕ 10 - **40 hab** 84/105.
◆ Excelentes instalaciones sobre un promontorio, con las mejores vistas sobre la ciudad. Amplias zonas nobles, y habitaciones con mobiliario moderno de influencia colonial. Atractivo comedor circular de carácter panorámico.

Los Salazones, Conde Alcaudete 15, ✉ 52006, ☎ 95 267 36 52, *Fax 95 267 15 15* - ⊁ rest, ▤. AE ⓓ MC VISA. ✻ por av. Marqués de Montemar AZ
cerrado 20 días en octubre, domingo noche y lunes - **Comida** - pescados y mariscos - carta 30 a 41.
◆ Posee barra de bar interior, que sirve de distribución a las cuatro salas que lo componen, y también una bodega que funciona como privado. ¡Fresquísimos productos del mar!

MENORCA *Illes Balears - ver Balears.*

MERANGES *17539 Girona* 574 E 35 - *61 h alt. 1 540.*
Madrid 652 - Girona/Gerona 166 - Puigcerdà 18 - La Seu d'Urgell/Seo de Urgel 50.

Can Borrell ⑤ con hab, Retorn 3 ☎ 972 88 00 33, *info@canborrell.com, Fax 972 88 01 44,* ≤, 🏠 - P. MC VISA. ✻
cerrado del 10 al 27 de enero - **Comida** *(cerrado lunes noche y martes)* - cocina regional - carta 27 a 34 - **8 hab** ☕ 67/85.
◆ En un pueblo de montaña lleno de encanto. Acogedor marco de estilo rústico donde podrá saborear una cocina arraigada en el recetario catalán. Posee también habitaciones.

Escríbanos...
Sus elogios y sus críticas serán estudiados con toda atención.
Nuestros inspectores volverán a ver los hoteles y restaurantes
que Ud. nos indique. Con su colaboración,esta guía será
siempre mas exacta y mas completa.
Gracias anticipadas !

Si se retrasa en el camino y no puede llegar antes de las 18h,
confirme telefónicamente su reserva,
es más seguro... y es la costumbre.

Las páginas explicativas de la introducción
le ayudarán a sacar el máximo partido a su ***Guía Michelin.***

Ses MERAVELLES *Illes Balears - ver Balears (Mallorca) : Palma.*

Es MERCADAL *Illes Balears - ver Balears (Menorca).*

MERCADILLO DE MENA *09586 Burgos* 573 C 20.
Madrid 406 - Bilbao 31 - Santander 83.

Posada Don Saulo, carret. Bilbao-Reinosa ☎ 947 14 12 05, *donsaulo@jazzfree.com, Fax 947 14 13 00,* ≤ - TV P. VISA. ✻
cerrado Navidades - **Comida** - ver rest. ***Mesón Don Pablo*** - ☕ 5 - **12 hab** 33/54.
◆ Hotel ubicado en una antigua casa de piedra, rehabilitada en estilo regional. Ofrece buen confort, con unos preciosos techos rústicos y la mitad de los baños de plato ducha.

Mesón Don Pablo - *Hotel Posada Don Saulo,* carret. Bilbao-Reinosa ☎ 947 12 66 63, *donsaulo@jazzfree.com, Fax 947 14 13 00* - P. VISA. ✻
cerrado Navidades - **Comida** carta 15 a 27.
◆ Disfrute de los sabores tradicionales en un atractivo entorno rústico. Bar público a la entrada para tapas y raciones, seguido de dos comedores con sencillo montaje.

MÉRIDA *06800 Badajoz 576 P 10 – 50 780 h alt. 221.*

Ver : *Mérida romana*★★ : *Museo Nacional de Arte Romano*★★ *(edificio*★*), Mosaicos*★ BY, **M1** – *Teatro romano*★★ BZ – *Anfiteatro romano*★ BY – *Puente romano*★ AZ – *Iglesia de Santa Eulalia* BY.

paseo de José Alvárez Sáenz de Buruaga ✆ 924 00 97 30 otmerida@eco.juntaex.es Fax 924 00 97 31.

Madrid 347 ② – Badajoz 62 ③ – Cáceres 71 ① – Ciudad Real 252 ② – Córdoba 254 ③ – Sevilla 194 ③

Planos páginas siguientes

Parador de Mérida, pl. de la Constitución 3 ✆ 924 31 38 00, *merida@parador.es, Fax 924 31 92 08,* – 25/150. AE VISA JCB. BY a
Comida 25 – 11 – **79 hab** 104/130 – 3 suites.
◆ Ocupa parte de un convento franciscano del s. XVIII, íntimo y acogedor, con habitaciones de estilo clásico y mobiliario castellano. Su hermoso patio serena el espíritu. Tranquilo restaurante cuya cocina se basa en un recetario tradicional extremeño.

Meliá Mérida, pl. de España 19 ✆ 924 38 38 00, *melia.merida@solmelia.com, Fax 924 38 38 01,* – hab, – 25/50. AE VISA JCB. BY c
Comida carta 30 a 37 – 15 – **71 hab** 125/155 – 5 suites.
◆ Consta de dos edificios colindantes, uno del s. XVI y el otro del s. XIX. Cuidadas habitaciones con mobiliario neorrústico y un bonito patio decorado con azulejos antiguos.

Velada Mérida, av. Reina Sofía ✆ 924 31 51 10, *recepcion.merida@veladahoteles.com, Fax 924 31 15 52,* – 25/1000. AE VISA. CZ b
***Alcazaba* : Comida** carta 28 a 34 – 9 – **99 hab** 91/109.
◆ Hotel de línea actual y gran capacidad. Disfruta de un adecuado mantenimiento, organización a la altura y unas habitaciones de correcta amplitud que resultan confortables. Restaurante moderno y de acceso independiente, que trabaja bien con el cliente de paso.

Nova Roma, Suárez Somonte 42 ✆ 924 31 12 61, *novaroma@extremadura.net, Fax 924 30 01 60* – AE VISA. BZ x
Comida carta aprox. 21 – 6,75 – **55 hab** 62/86.
◆ Cercano a la zona monumental. Dispone de suficientes zonas nobles, que están bien amuebladas, y unas espaciosas habitaciones con los suelos en moqueta. Agradable comedor donde ofrecen una carta tradicional y coqueta cafetería.

Zeus, av. Reina Sofía 8 ✆ 924 31 81 11, *recepcion@hotelzeusmerida.com, Fax 924 30 33 76* – AE VISA. BZ a
Comida *(cerrado domingo noche)* 14 – 5 – **44 hab** 55/75.
◆ Íntimo y con unas acogedoras zonas sociales, que han sido actualizadas recientemente. Habitaciones clásicas y prácticas, con baños completos.

Cervantes, Camilo José Cela 10 ✆ 924 31 49 01, *informacion@hotelcervantes.com, Fax 924 31 13 42* – AE VISA. BY e
Comida *(cerrado domingo y lunes)* - sólo menú - 18 – 4,21 – **30 hab** 50/70.
◆ Hotel pequeño y familiar, en pleno centro de la ciudad. Un estilo clásico, sencillo y confortable define su espíritu. Equipamiento a la altura y amable organización. Sobrio comedor de corte castellano en un entorno que, aunque modesto, resulta correcto.

Altair, av. José Fernández López ✆ 924 30 45 12, *restaurantealtair@yahoo.es, Fax 924 30 45 12* – AE VISA JCB AY v
cerrado domingo salvo vísperas de festivos – **Comida** carta 41 a 47.
Espec. Foie gras en ensalada con gallo de corral y vinagreta de manzana. Rape en brocheta de hinojo con secretos de ibérico y sopa de almendras. Naranja y limón con chocolate, dulce de melón y azahar.
◆ Tras su pequeño hall se dispone el comedor, de estilo minimalista con estores cubriendo sus amplias cristaleras. Cuenta también con dos privados panelables y baños de diseño.

Cachicho, av. de la Libertad 51 ✆ 924 37 28 47, *Fax 924 37 28 47* – AE VISA. AZ a
cerrado domingo – **Comida** carta 30 a 37.
◆ Posee un bar en el centro y un comedor a cada lado de estilo rústico-actual, con vigas de madera, mobiliario en forja y las sillas en mimbre. También ofrece tres privados.

en la antigua carretera N V :

Tryp Medea sin rest, av. de Portugal : 3 km, ✉ 06800, ✆ 924 37 24 00, *medea@trypnet.com, Fax 924 37 30 20,* – 25/350. AE VISA. por av. de Portugal AZ
12 – **125 hab** 118/150 – 1 suite.
◆ Congresos y reuniones en un hotel moderno, a las afueras de la ciudad. Zonas nobles espaciosas y unas habitaciones acogedoras, en las que el mármol cobra protagonismo.

MÉRIDA

Abadias (Av. de las) . . . . **AY** 2
Artes y Oficios . . . . **CZ** 4
Ausonio . . . . **CY** 5
Avenal de Pancaliente . . . . . . **AY** 6
Berzocana . . . . **BY** 10
Calderon de la Barca . . . . **BZ** 12
Camillo José Cela . . . . **BY** 14
Capitan Francesco
de Almaraz . . . . **AY** 16
Cervantes . . . . **BY** 17
Constitucion (Pl. de la) . . . . . . **BY** 18
Don César Lozano . . . . **AY** 20
Estudiantes (Av. de los) . . . . . **BZ** 22
Félix Valverde Lillo . . . . **BY** 23
John Lennon . . . . **BZ** 24
José A. Saez de Buruaga . . . . **BZ** 25
Juan de Avalos (Glorieta) . . . . **BZ** 30
Juan de Avalos (Pl.) . . . . **BZ** 32
Louis Braille . . . . **BY** 34
Lusitania (Av. de) . . . . **BZ** 35
Manga del Matadero . . . . **AY** 38
Marques de Paterna . . . . **CY** 40
Moreno de Vargas . . . . **BY** 42
Muestra Senora de la Antigua **CY** 43
Nerja . . . . **CY** 44
Rastro (Pl. del) . . . . **BZ** 45
Reyes Catolicos (Av. de los) . . **AZ** 46
Romero Leal . . . . **BZ** 48
Salvador . . . . **AY** 50
Sancho Pèrez . . . . **AY** 52
Santa Clara . . . . **BY** 53
Santa Eulalia . . . . **AY** 54
Trajano . . . . **BY** 56
Villa (Puerta de la) . . . . **BY** 60

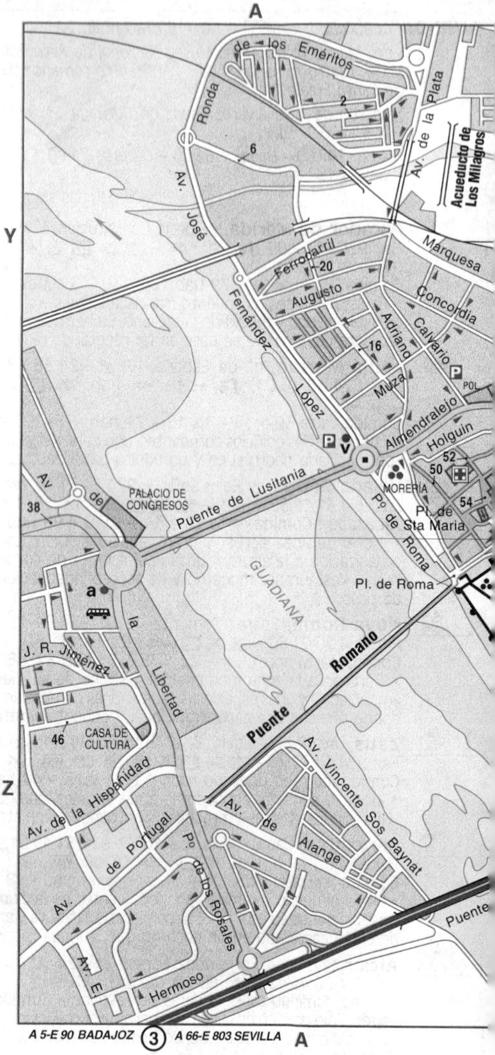

A 5-E 90 BADAJOZ ③ A 66-E 803 SEVILLA

Las Lomas, av. Reina Sofía 78 - por ② : 3 km, ✉ 06800, ✆ 924 31 10 11, *info@hotellaslomas.com, Fax 924 30 08 41,* - 25/800. VISA.
Comida carta 25 a 32 - 10 - **134 hab** 96/120.
◆ Una opción a las afueras de la ciudad. Destaca por su buen equipamiento, con una línea práctica, suficientes áreas comunes y salas de conferencias bien dispuestas. El comedor, de estilo clásico, disfruta de una zona acristalada con vistas a la piscina-jardín.

Si busca un hotel tranquilo, consulte los mapas de la introducción o busque en el texto los establecimientos marcados con el signo

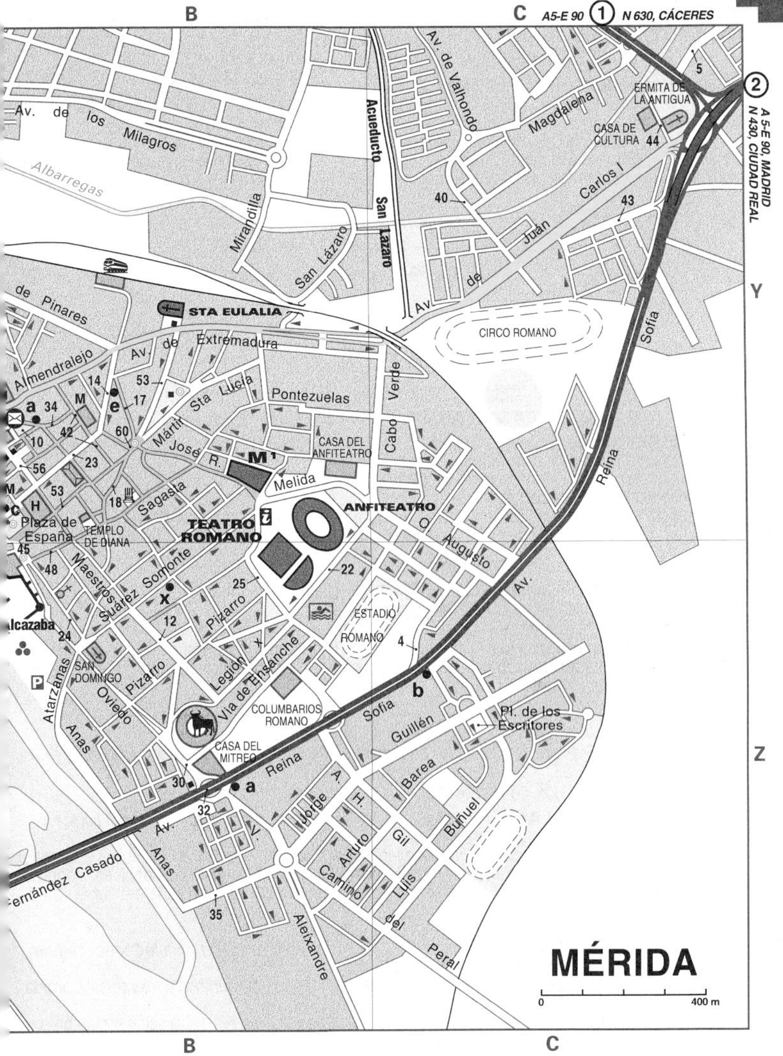

MÉRIDA

Pida a su librería el catálogo de publicaciones Michelin

MESTANZA *13592 Ciudad Real* 576 *Q 17 – 890 h alt. 760.*
Madrid 247 – Ciudad Real 58 – Córdoba 168.

Mestanza ⛰, Puertollano 24 ✆ 926 48 55 08, *casarural@mestanza.com, Fax 926 48 55 08,* ⛱ – ▤ P. MC VISA. ✕ rest
Comida - sólo clientes - 14 – **6 hab** ☕ 36/54.
◆ Clásico establecimiento rural llevado por un joven matrimonio. Salón social con una pequeña barra de bar y cómodas habitaciones cuidadas al detalle. Comedor de uso privado.

LAS MESTAS *10624 Cáceres* 576 K 11 – *79 h.*

Madrid 262 – Béjar 52 – Ciudad Rodrigo 62 – Salamanca 94.

Hospedería Hurdes Reales ⓢ, Factoría ☎ 927 43 41 39, *recepcion@pymextremadura.com, Fax 927 43 40 46,* ← montañas, ⛱, ⚐ – |‡| ▤ TV ♿ P – 🎪 250. AE ⓓ ⓜⓒ VISA. ✂
Comida 25 – **30 hab** ☐ 95,50/111.
◆ Ha recuperado la antigua Factoría de Alfonso XIII, en un paraje de Las Hurdes rodeado de montañas. Sus habitaciones, con suelo en madera y baños actuales, resultan acogedoras. Comedor semicircular, muy luminoso y de cuidado montaje.

MESTAS DE ARDISANA *33507 Asturias* 572 B 15.

Madrid 458 – Cangas de Onís 27 – Gijón 96 – Oviedo 83 – Ribadesella 32.

Benzua ⓢ sin rest, ☎ 98 592 56 85, *diamulle@cyberastur.es, Fax 98 592 56 85* – TV P. AE ⓓ ⓜⓒ VISA. ✂
10 hab ☐ 65/90.
◆ Hotelito situado en un bello entorno natural. Dispone de una buena zona noble y de unas habitaciones de adecuado confort, con mobiliario estándar y baños completos.

MIAJADAS *10100 Cáceres* 576 O 12 – *9 065 h alt. 297.*

Madrid 291 – Cáceres 60 – Mérida 52.

El Cortijo, carret. de Don Benito - Sur : 1 km ☎ 927 34 79 95, *Fax 927 34 79 95* – ▤ TV P – 🎪 25/40. ⓜⓒ VISA. ✂
cerrado 2ª quincena de junio – **Comida** 10 – ☐ 3 – **20 hab** 24/35.
◆ Instalaciones de correcto equipamiento en su categoría. Ofrece habitaciones de mobiliario algo anticuado pero cuidado, con camas de matrimonio y cabina de ducha en los baños. Amplia cafetería y comedor rústico-regional de adecuado montaje, con un privado.

en la antigua carretera N V *Suroeste : 1,5 km :*

Triana, ✉ 10100, ☎ 927 34 71 21, *hoteltriana@bme.es, Fax 927 34 71 21* – |‡| ▤ TV ♿ 🚗 P – 🎪 25/800. AE ⓓ ⓜⓒ VISA. ✂
Comida carta aprox. 28 – ☐ 4 – **46 hab** 32,15/51,45.
◆ Instalaciones concebidas para el descanso y la celebración de grandes acontecimientos. Amplias habitaciones con sencillo mobiliario castellano, cafetería y discoteca. Correcto restaurante de montaje funcional.

MIERES *33600 Asturias* 572 C 12 – *53 170 h alt. 209.*

ℹ *Manuel Llaneza 8 (Casa de Cultura) ☎ 98 545 05 33 turismo@ayto-mieres.es Fax 98 545 05 33.*

Madrid 426 – Gijón 48 – León 102 – Oviedo 20.

El Cenador del Azul, Aller 51-53 ☎ 98 546 18 14, *elcenadordelazul@telefonica.net, Fax 98 545 35 47* – ▤. ⓜⓒ VISA. ✂
cerrado Semana Santa, domingo y miércoles – **Comida** carta 23 a 33.
◆ Céntrico y de amable organización familiar. Posee unas instalaciones de línea moderna con mobiliario de calidad, buen servicio de mesa y barra de apoyo a la entrada.

en Cenera *Suroeste : 7 km :*

Cenera ⓢ, ✉ 33615 Cenera, ☎ 98 542 63 50, *hotel@valledecenera.com, Fax 98 542 69 54* – ▤ rest, TV. ⓓ ⓜⓒ VISA. ✂
cerrado 20 octubre-20 noviembre - ***La Panoya*** *(cerrado noviembre y miércoles)* **Comida** carta 21 a 27 – ☐ 6 – **6 hab** 42/70.
◆ Típica casona asturiana en piedra y madera, dotada de un confortable salón social con chimenea y unas acogedoras habitaciones con decoración personalizada.

Es MIGJORN GRAN *Illes Balears – ver Balears (Menorca).*

MIJAS *29650 Málaga* 578 W 16 124 G 6 – *32 835 h alt. 475.*

Ver : *Pueblo★ ←★.*

⛳18 ⛳18 *Mijas, Sur : 5 km ☎ 95 247 68 43 Fax 95 246 79 43.*

ℹ *pl. Virgen de la Peña ☎ 95 248 58 20 turismo@mijas.es Fax 95 248 66 94.*

Madrid 585 – Algeciras 115 – Málaga 30.

Mijas, urb. Tamisa 2 ☎ 95 248 58 00, *mijasres@hotasa.es, Fax 95 248 58 25,* ← montañas, Fuengirola y mar, 🏖, Fő, ⛱, ⚐, 🎾 – |‡| ▤ TV 🚗 P – 🎪 25/300. AE ⓓ ⓜⓒ VISA. ✂
Comida 23,25 – ☐ 11,45 – **198 hab** 92,25/113,40 – 4 suites.
◆ Conjunto de estilo andaluz cuya ubicación brinda una bella panorámica. Habitaciones bien equipadas, variadas zonas nobles y amplia oferta de ocio en sus alrededores. Diáfano comedor de talante clásico, bordeado por un balcón con gratas vistas.

El Capricho, Los Caños 5-1º ✆ 95 248 51 11, *Fax 95 259 05 76*, ←, 余 – ▤. AE ⓓ ⓜⓒ VISA JCB. ✗
cerrado 15 noviembre-15 diciembre y miércoles – **Comida** carta aprox. 32.
◆ Restaurante familiar de reducidas dimensiones con acogedora sala en estilo regional. Disfrute de las hermosas vistas sobre el pueblo, desde su amplia terraza con toldos.

El Olivar, av. Virgen de la Peña - edificio El Rosario ✆ 95 248 61 96, *Fax 95 248 61 96*, ←, 余 – AE ⓓ ⓜⓒ VISA. ✗
cerrado febrero y sábado – **Comida** carta 14 a 28.
◆ Negocio de modestas instalaciones que, sin embargo, trabaja bastante por su privilegiado emplazamiento. Posee mobiliario sencillo, y una terraza muy concurrida.

en la carretera de Fuengirola *Sur : 3,8 km :*

Fransana, carret. de Mijas km 4,2, ✉ 29650, ✆ 95 259 07 27, *restaurantefransana@hotmail.com*, *Fax 95 266 13 08*, 余 – P. AE ⓓ ⓜⓒ VISA. ✗
cerrado domingo – **Comida** - sólo cena - carta 29 a 34.
◆ Casa de campo rodeada de vegetación y con una agradable terraza de verano. En su interior, de cuidado estilo rústico, ofrecen una cocina inventiva con ganas de sorprender.

MINAS DE RIOTINTO *21660 Huelva 578 S 10 – 5 374 h alt. 417.*

Ver : *Localidad* ★★ – *Parque Minero de Riotinto*★★ *(Museo Minero y Ferroviario*★, *Corta Atalaya*★★★, *Cerro Colorado*★★*).*

Madrid 514 – Aracena 35 – Beja 155 – Huelva 74 – Sevilla 86 – Zafra 131.

MIRAFLORES DE LA SIERRA *28792 Madrid 576 J 18 575 J 18 121 H 5 – 2 649 h alt. 1 150.*

Madrid 52 – El Escorial 50 – Segovia 92.

La Posada, Calvo Sotelo 6 ✆ 91 844 46 46, *Fax 91 844 32 12* – |♦| ▤ TV ⇐ – 🔏 25. AE ⓜⓒ VISA. ✗
Comida - ver rest. ***Mesón Maito*** – ☕ 3,60 – **17 hab** 64,30/77 – 8 apartamentos.
◆ Hotel confortable montado con materiales de calidad. Pequeño bar contiguo al hall, correcta zona noble, y habitaciones de buen equipamiento con mobiliario provenzal.

Mesón Maito - *Hotel La Posada*, Calvo Sotelo 5 ✆ 91 844 35 67, *maitosa@teleline.es*, *Fax 91 844 32 12*, 余 – ▤. AE ⓓ ⓜⓒ VISA. ✗ – **Comida** carta 26 a 32.
◆ Casa familiar especializada en carne roja de buey y asados en horno de leña, con instalaciones funcionales de estilo castellano que resultan muy acogedoras.

Asador La Fuente, Mayor 12 ✆ 91 844 42 16, *crisazo@yahoo.es*, 余 – ▤. AE ⓓ ⓜⓒ VISA. ✗ – *cerrado del 15 al 30 de septiembre* – **Comida** - asados - carta 25 a 34.
◆ Local tipo asador dotado de una correcta sala de estilo regional, con horno de leña y cocina a la vista. Dispone también de una atractiva terraza, y bodega en el sótano.

MIRAMBEL *44141 Teruel 574 K 28 – 138 h alt. 993.*

Madrid 420 – Morella 24 – Teruel 120.

Guimerá, Agustín Pastor 28 ✆ 964 17 82 69, *guimera@turismomaestrazgo.com*, *Fax 964 17 82 69* – ▤ rest, TV. ⓜⓒ VISA. ✗
Comida 10 – ☕ 2 – **16 hab** 20/30.
◆ Sencillo negocio de larga trayectoria familiar, con la fachada en piedra y madera. Posee una discreta zona social, y unas habitaciones equipadas con lo imprescindible.

MIRANDA DE EBRO *09200 Burgos 575 D 21 – 37 197 h alt. 463.*

ℹ *Parque Antonio Machado 4 ✆ 947 32 03 03 cijmiranda@aytomirebro.org Fax 947 32 03 03.*

Madrid 322 – Bilbao 84 – Burgos 79 – Logroño 71 – Vitoria-Gasteiz 33.

Neguri, Estación 80 ✆ 947 32 25 12, *Fax 947 32 56 10* – ▤. AE ⓓ ⓜⓒ VISA. ✗
cerrado del 1 al 15 de agosto, domingo noche y lunes – **Comida** carta aprox. 41.
◆ Interesante punto gastronómico. Posee varias salas de elegante montaje clásico, donde ofrecen una atractiva carta internacional con platos tradicionales y de autor.

MOAÑA *36959 Pontevedra 571 F 3 – 18 026 h – Playa.*

Madrid 607 – Pontevedra 28 – Vigo 21.

en Domaio *Este : 6 km :*

O'Xantar de Mónica, puerto, ✉ 36957 Domaio, ✆ 986 32 62 43, ←, 余 – ▤. AE ⓓ ⓜⓒ VISA. ✗
Comida - pescados y mariscos - carta 30 a 50.
◆ Casa en piedra frente a la ría de Vigo, dotada de dos comedores funcionales y con toques modernos en su decoración. Bodega variada y productos escogidos.

MOGRO *39310 Cantabria* 572 B 18.
Madrid 394 – Santander 14 – Torrelavega 12.

El Desierto sin rest, junto estación ferrocarril ✆ 942 57 66 47, *eldesierto@hotmail.com, Fax 942 57 66 47,* ← – TV P. MC VISA. ✂
Semana Santa y 15 junio-15 septiembre – ☕ 3,75 – **11 hab** 39/60.
◆ Antigua casona montañesa bien acondicionada. Las habitaciones resultan algo reducidas aunque suficientemente acogedoras, con suelo en parquet y mobiliario rústico.

en la zona de la playa :

Milagros Golf, playa de Mogro, ✉ 39310, ✆ 942 51 74 74, *milagrosgolf@hotelesdecantabria.com, Fax 942 51 74 75,* ←, Fб, ▢ – |♦| ▤ TV ⇔ P – 🏛 25/300. AE ⓓ MC VISA. ✂
Comida 22,24 – ☕ 7,51 – **75 hab** 111,19/144,24.
◆ Hotel moderno y muy bien equipado. Zona noble con diseño de vanguardia, habitaciones de buen nivel y un cálido salón social abuhardillado, con vistas panorámicas a la playa. Comedor de estilo clásico elegante bajo un techo abovedado en color azul.

MOGUER *21800 Huelva* 578 U 9 – *12 193 h alt. 50.*
Ver : *Localidad★ – Monasterio de Santa Clara★ – Casa-Museo Zenobia y Juan Ramón★ – calle Andalucía★ – Torre de la Iglesia de Nuestra Señora de la Granada★.*
Madrid 618 – Huelva 19 – Sevilla 82.

MOIÀ *Barcelona* 574 G 38 122 C 6 – *3 303 h alt. 776.*
Alred. : *Monasterio de Santa María de l'Estany★, (claustro★ : capiteles★★) Norte : 8 km.*
Madrid 611 – Barcelona 72 – Manresa 26.

Les Voltes de Sant Sebastià, Sant Sebastià 9 ✆ 93 830 14 40, *lesvoltes@lesvoltes.com* – ▤. AE MC VISA
cerrado del 15 al 28 de febrero, del 1 al 7 de septiembre, lunes salvo julio - agosto y martes – **Comida** carta 25 a 31.
◆ Céntrico establecimiento ubicado en unas antiguas cuadras, con los techos abovedados en piedra. Comedor actual, dotado de buen mobiliario y una carta de tendencia regional.

MOJA *08734 Barcelona* 574 I 35.
Madrid 561 – Barcelona 60 – Tarragona 53.

al Suroeste : *2 km* :

Masgranell con hab, carret. de Daltmar, ✉ 08734, ✆ 93 898 10 01, *masgranell@masgranell.com, Fax 93 898 33 09,* ☂, ⛱ – TV P. AE ⓓ MC VISA
Comida *(cerrado domingo noche y lunes)* carta aprox. 30 – **4 hab** ☕ 80/100 – 2 apartamentos.
◆ Antigua masía rodeada de viñedos, con dos comedores de moderna decoración y un amplísimo hall para las sobremesas. También ofrece correctas habitaciones frente a la piscina.

MOJÁCAR *04638 Almería* 578 U 24 – *4 305 h alt. 175 – Playa.*
Ver : *Localidad★ – Emplazamiento★.*
⛳9 *Cortijo Grande (Turre) ✆ 950 47 91 76 Fax 950 46 81 75 –* ⛳18 *Marina Golf, urb. Marina de la Torre, Noreste : 5,5 km ✆ 950 13 32 35 Fax 950 13 32 30.*
ℹ *pl. Nueva ✆ 950 61 50 25 info@mojacar.es Fax 950 61 51 63.*
Madrid 527 – Almería 95 – Murcia 141.

Mamabel's, Embajadores 5 ✆ 950 47 24 48, *hotel@mamabels.com, Fax 950 47 24 48,* ← mar, ☂ – TV. MC VISA JCB. ✂
cerrado 6 enero-6 febrero – **Comida** *(cerrado domingo salvo Semana Santa y agosto)* - sólo cena - 19 – ☕ 6 – **9 hab** 75,80/90.
◆ Estancias mágicas en un hostal lleno de encanto. El mobiliario de época y la delicada lencería definen una ambientación rica en detalles. Excelente panorámica. El restaurante comparte con el hotel una ubicación privilegiada, encaramado en una gran roca.

Arco Plaza sin rest y sin ☕, Aire 1 ✆ 950 47 27 77, *Fax 950 47 27 17* – ▤ TV. AE ⓓ MC VISA
15 hab 36/52.
◆ El pasado árabe de la ciudad aflora en su entorno, ofreciendo algunas habitaciones una bella panorámica de las típicas callejuelas y del mar. Cuidado mobiliario rústico.

en la playa :

Parador de Mojácar, paseo del Mediterráneo - Sureste : 2,5 km, ✉ 04638, ☏ 950 47 82 50, *mojacar@parador.es, Fax 950 47 81 83,* ≤, ☂, ☂, ✂ - ▤ TV P - 🏊 25/300. AE ⊙ MC VISA. ✂
Comida 25 - ☕ 11 - **98 hab** 88/110.
◆ Ubicado en uno de los parajes más bellos de la costa de Almería. Habitaciones bien equipadas, gran zona social y magníficas salas de congresos. Agradables terrazas. Comedor con decoración neorrústica y una cocina de raíces árabe-andaluzas.

El Puntazo (anexo ⌂), paseo del Mediterráneo 257 - Sureste : 4,5 km, ✉ 04638, ☏ 950 47 82 65, *info@hotelelpuntazo.com, Fax 950 47 82 85,* ≤, ☂, ☂ - ▤ TV ♿ ⇔ P - 🏊 25/125. MC VISA. ✂
cerrado noviembre - **Comida** 10 - ☕ 6 - **34 hab** 92/115 - 24 apartamentos.
◆ En 1ª línea de playa. Conjunto hotelero de sencilla organización familiar dotado de distintas posibilidades de alojamiento, con habitaciones modernas y amplios exteriores. Restaurante con dos zonas, una de buffet y la otra para una carta tradicional.

Virgen del Mar sin rest, paseo del Mediterráneo 245 - Sureste : 4,5 km, ✉ 04638, ☏ 950 47 22 22, *info@hotelvirgendelmar.com, Fax 950 47 22 11* - |‡| ▤ TV ⇔ P. AE MC VISA. ✂
40 hab ☕ 80.
◆ El tono azul de su decoración recrea el color del mar que protagoniza su entorno. Habitaciones funcionales, frescas, algunas dotadas de terraza con vistas al océano.

El MOLAR *28710 Madrid 576 J 19 575 J 19 121 I 5 - 2 755 h alt. 817.*

Madrid 44 - Aranda de Duero 115 - Guadalajara 63 - Segovia 94.

Azul sin rest, av. de España 57 ☏ 91 841 02 53, *Fax 91 841 02 55* - |‡| ▤ TV P. MC VISA
40 hab ☕ 48/60.
◆ Sencillo establecimiento ampliado con 11 habitaciones más, construidas a modo de buhardillas, que siguen manteniendo un buen nivel de confort dentro de su categoría.

La MOLINA *17537 Girona 574 E 35 - alt. 1 300 - Deportes de invierno ⛷14 ⛷1.*

ℹ av. Supermolina (edificio Telecabina) ☏ 972 89 20 31 lamolina@lamolina.com Fax 972 14 50 48.

Madrid 651 - Barcelona 148 - Girona/Gerona 131 - Lleida/Lérida 180.

Roc Blanc ⛰, alt. 1450 ☏ 972 14 50 00, *info@rocblanclamolina.com, Fax 972 14 50 02,* ≤, ☂, ☂ - |‡| TV P. AE ⊙ MC VISA. ✂ rest
5 diciembre-2 abril y 24 junio-11 septiembre - **Comida** - sólo buffet, sólo clientes - 15 - ☕ 6,50 - **52 hab** 56/80.
◆ Hotel de línea clásica a las afueras de la localidad. Espaciosa zona noble, y unas habitaciones funcionales equipadas con baños completos. Comidas sólo para clientes.

Adserá ⛰, alt. 1 600 ☏ 972 89 20 01, *hotel@hoteladsera.com, Fax 972 89 20 25,* ≤, ☂ - |‡| TV P. MC VISA. ✂ rest
diciembre-20 abril y julio-10 septiembre - **Comida** - sólo buffet - 19 - ☕ 7 - **41 hab** 60/95.
◆ Emplazado en una estación de montaña, dispone de unas dependencias funcionales y de cuidado mantenimiento, que resultan muy válidas en su categoría. Comedor centrado en el servicio de buffet.

Niu dels Falcons ⛰, Font Moreu 10 ☏ 972 89 20 73, *niudelsfalcons@mailpersona l.com, Fax 972 89 27 04* - TV P. MC VISA JCB. ✂
cerrado 28 de marzo-26 de abril y noviembre - **Comida** - sólo clientes, sólo cena - 15 - **7 hab** ☕ 85/100.
◆ Pequeño chalet en un bello paraje de montañas, dotado de unas confortables habitaciones con paredes en madera. Acogedor salón social con chimenea y comedor privado.

MOLINA DE ARAGÓN *19300 Guadalajara 576 J 24 - 3 656 h alt. 1 050.*

Madrid 197 - Guadalajara 141 - Teruel 104 - Zaragoza 144.

San Francisco sin rest y sin ☕, pl. San Francisco 6 ☏ 949 83 27 14 - TV. AE ⊙ MC VISA JCB. ✂
18 hab 27,50/42.
◆ Situado en una de las salidas de la localidad. Hotel sencillo y funcional, que posee habitaciones de un confort muy correcto, con baños completos y actuales.

Molino del Batán ⛰, carret. de Castilnuevo - Sur : 1 km ☏ 949 83 11 11, *Fax 949 83 11 11* - P. ⊙ MC VISA. ✂
Comida *(cerrado junio-septiembre y de domingo a jueves)* - sólo cena - 20 - **9 hab** ☕ 36/50 - 7 suites, 7 apartamentos.
◆ Instalado en una antigua fábrica de harina, sus habitaciones gozan de cierto encanto combinando los detalles rústicos en madera con el hierro forjado. Baños modernos.

MOLINASECA *24413 León 575 E 10 – 744 h alt. 585.*
Madrid 383 – León 103 – Lugo 125 – Oviedo 213 – Ponferrada 7.

La Posada de Muriel, pl. del Santo Cristo ☎ 987 45 32 01, *info@laposadademuriel.com, Fax 987 45 31 35* – ▤ TV. AE ① MC VISA. ⚘
cerrado del 15 al 30 de enero – **Comida** *(cerrado lunes)* carta 17 a 28 – ☕ 4,20 – **8 hab** 41,47/59,50.
◆ Entrañable marco de aire regional definido por la pizarra y la madera. Acogedoras habitaciones con nombres propios de caballeros templarios, buena lencería y baños completos. Cálido restaurante que combina la cocina creativa con los platos típicos leoneses.

Casa Ramón, Jardines Ángeles Balboa 2 ☎ 987 45 31 53, *Fax 987 45 31 53* – ▤. AE ① MC VISA. ⚘
cerrado 20 septiembre-10 octubre y lunes salvo festivos – **Comida** carta 27 a 40.
◆ Negocio afamado que posee un bar con expositor de productos, seguido de una sala con el techo y las paredes en madera. Nutrida carta con buen apartado de pescados y mariscos.

Es MOLINAR *Illes Balears – ver Balears (Mallorca) : Palma.*

Los MOLINOS *28460 Madrid 576 J 17 575 J 17 121 F 5 – 2 530 h alt. 1 045.*
Madrid 55 – Ávila 71 – Segovia 58.

La Fábrica de Hielo, Miguel Menéndez Boneta 21 ☎ 91 855 03 70, 🍽 – ▤ P
◆ Su nombre indica la antigua utilidad de este edificio. Comedor en dos niveles con un sencillo servicio de mesa, manteniendo la maquinaria original como elemento decorativo.

MOLINOS DE DUERO *42156 Soria 575 G 21 – 189 h alt. 1 323.*
Madrid 232 – Burgos 110 – Logroño 75 – Soria 38.

Real Posada de la Mesta ⛰, pl. Cañerías ☎ 975 37 85 31, *reservas@realposada.com, Fax 975 23 15 39* – TV. AE ① MC VISA. ⚘
fines de semana salvo enero, Semana Santa y 25 junio-20 septiembre – **Comida** carta 37 a 43 – ☕ 9 – **14 hab** 85/110.
◆ Ambiente acogedor en esta casona del s. XVIII que evidencia la tradición soriana. Interiores con carácter, donde el mobiliario rústico convive con elementos de diseño. Su entrañable restaurante rinde culto a la más alta gastronomía autóctona.

San Martín, pl. San Martín Ximénez 3 ☎ 975 37 84 42, *hsanmartin@hsanmartin.com, Fax 975 37 84 77* – ▤ rest, TV. AE ① MC VISA. ⚘
Comida 13 – ☕ 6 – **16 hab** 40.
◆ Dos hermanos que apuestan fuerte. Antigua escuela cuyo interior ha sido rehabilitado con un criterio moderno y actual, mientras su exterior ha sabido conservar la piedra. Comedor de alegre decoración y cuidado servicio de mesa.

MOLINS DE REI *08750 Barcelona 574 H 36 122 C 8 – 17 771 h alt. 37.*
Madrid 600 – Barcelona 18 – Tarragona 92.

Calasanz, av. de Barcelona 36-38 ☎ 93 668 16 39, *hotel@hotelcalasanz.com, Fax 93 668 09 86* – ▤ TV ☎ 🚗. AE ① MC VISA. ⚘
Comida - ver rest. ***Calasanz*** – ☕ 10 – **24 hab** 60/80.
◆ En el centro de la localidad. Dispone de unas habitaciones claras, confortables y de completo equipamiento, así como de una cuidada cafetería que suple al salón social.

Calasanz - *Hotel Calasanz*, av. de Barcelona 36-38 ☎ 93 668 16 39, *hotel@hotelcalasanz.com, Fax 93 668 09 86* – ▤. AE ① MC VISA. ⚘
cerrado Semana Santa, 15 días en agosto, domingo y festivos – **Comida** carta 26 a 40.
◆ Restaurante muy apreciado en la ciudad por su cocina de base catalana y mediterránea, aderezada con ciertos detalles de autor. Organización familiar experimentada.

D'en Robert, av. de Barcelona 232 ☎ 93 680 02 14, *rrobert7@teleline.es, Fax 93 680 02 14* – ▤. AE ① MC VISA JCB. ⚘
cerrado agosto, domingo, lunes noche y martes noche – **Comida** carta 21 a 29.
◆ Establecimiento de fachada discreta situado a la entrada de la localidad. Su carta hace gala de una cocina de corte clásico-tradicional a precios contenidos. Comedor privado.

MOLLERUSSA *25230 Lleida 574 H 32 – 9 108 h alt. 250.*
Madrid 481 – Barcelona 137 – Lleida/Lérida 23 – La Seu d'Urgell/Seo de Urgell 136 – Tarragona 83.

Duch sin rest, Prat de la Riba 8 ☎ 973 71 18 10, *Fax 973 71 18 13*, 🏋, ⛱ – ▤ TV – 🎤 25/35
20 hab.
◆ La recepción y el salón social ocupan una antigua casa señorial. Las habitaciones, espaciosas y de estilo funcional, se disponen en un anexo de construcción moderna.

MOLLET DE PERALADA *17752 Girona* 574 E 39 122 I 2 – *180 h alt. 59.*

Madrid 751 – Girona/Gerona 53 – Figueres 15 – Perpignan 59.

Ca la Maria, Unió 5 ✆ 972 56 33 82 – ▤ P. MC VISA. ✻
cerrado 15 febrero-15 marzo, martes y domingo noche – **Comida** carta 23 a 33.
◆ Concurrido restaurante de organización familiar, dotado de un espacioso comedor de sencillo montaje, con las mesas separadas por biombos de madera. Personal amable.

MOLLET DEL VALLÈS *08100 Barcelona* 574 H 36 122 D 7 – *40 947 h alt. 65.*

Madrid 618 – Barcelona 21 – Girona/Gerona 85 – Manresa 53 – Vic 50.

Ciutat sin rest, Gallecs 68 ✆ 93 579 58 00, *mollet@hotelciutat.com, Fax 93 579 58 01* – |‡| ▤ TV ♿ ⇐ – 🔬 25/200. AE ⓓ MC VISA JCB
☕ 8,15 – **64 hab** 106,50/133,10.
◆ Hotel de instalaciones modernas orientado a una clientela de negocios. Posee amplios salones para conferencias, y confortables habitaciones equipadas con todo detalle.

MOLLÓ *17868 Girona* 574 E 37 122 E 2 – *333 h alt. 1 140.*

Alred. : *Beget★★ (iglesia románica★★ : Majestad de Beget★) Sureste : 18 km.*

Madrid 707 – Barcelona 135 – Girona/Gerona 88 – Prats de Molló 24.

Calitxó ⛰, passatge El Serrat ✆ 972 74 03 86, *info@hotelcalixto.com, Fax 972 74 07 46,* ≤, ⛱ – |‡| TV P. MC VISA. ✻
Comida 17 – **26 hab** ☕ 79,40.
◆ Establecimiento de organización familiar, instalado en un atractivo edificio con cuidados exteriores. Posee unas habitaciones sencillas de correcto confort en su categoría. Comedor de estilo clásico-regional, con una cocina que sorprende por su creatividad.

MONACHIL *18193 Granada* 578 U 19 124 M 3 – *5 684 h alt. 730.*

Madrid 440 – Granada 10 – Málaga 137 – Murcia 296 – Sevilla 271 – València 551.

Los Cerezos ⛰, av. de la Libertad (Los Llanos) ✆ 958 30 00 04, *hcerezos@infonegocio.com, Fax 958 30 80 05,* ≤ la vega, Granada y Sierra Nevada, ⛲ – ▤ TV P. AE ⓓ MC VISA. ✻ rest – **Comida** 15 – **16 hab** ☕ 50/62.
◆ Establecimiento de sencilla organización, dotado de habitaciones de distinto confort y salones para banquetes. La recepción y la cafetería conforman las zonas comunes.

La Almunia del Valle ⛰, camino de la Umbría (casco antiguo) - Este : 1,5 km ✆ 958 30 80 10, *laalmunia@infonegocio.com, Fax 958 30 80 10,* ≤, ⛲ – TV ✆ P. MC VISA. ✻ rest
cerrado Navidades – **Comida** - sólo clientes, sólo cena - 30 – **9 hab** ☕ 114.
◆ Casa de campo situada en una ladera e integrada plenamente en el paisaje, creando varias terrazas a modo de jardín escalonado. Habitaciones de buen confort y estilo actual.

Alicia Carolina sin rest, Granada 1 (cruce Colinas) ✆ 958 50 03 93, *alihiguer@yahoo.es, Fax 958 50 03 93* – ▤ TV ♿ P. MC VISA. ✻
10 hab ☕ 40/55.
◆ Su acogedor salón social con chimenea se complementa con unas cómodas habitaciones, decoradas en diferentes estilos, entre las que destacan las dos abuhardilladas.

MONASTERIO – *ver el nombre propio del monasterio.*

MONDA *29110 Málaga* 578 W 15 124 E 6 – *1 753 h alt. 377.*

Madrid 567 – Algeciras 96 – Málaga 42 – Marbella 17 – Ronda 76.

El Castillo de Monda ⛰, ✆ 95 245 71 42, *mondas@spa.es, Fax 95 245 73 36* ≤ serranía de Ronda y pueblo, ⛲ – ▤ TV P – 🔬 25/80. AE MC VISA. ✻
Comida 30 – ☕ 8,50 – **25 hab** 95/113.
◆ Castillo árabe cuya ubicación en lo alto de una montaña brinda excelentes vistas. Cuenta con unas confortables dependencias decoradas con detalles de buen gusto. Luminoso comedor con motivos heráldicos vistiendo sus paredes.

MONDARIZ-BALNEARIO *36878 Pontevedra* 571 F 4 – *662 h alt. 70 – Balneario.*

18 *Golf Balneario Mondariz - Oeste : 1 km* ✆ *986 65 62 00 Fax 986 66 45 12.*

Madrid 575 – Ourense 70 – Pontevedra 51 – Vigo 34.

Meliá Balneario Mondariz ⛰, av. Enrique Peinador ✆ 986 65 61 56, *melia.balneario.mondariz@solmelia.com, Fax 986 65 61 86,* Servicios terapéuticos, Fø, ⛲, ⛲, ⛱ – |‡| ▤ TV ⇐ P – 🔬 25/350. AE ⓓ MC VISA JCB. ✻
Comida 22 – ☕ 12 – **146 hab** 140.
◆ Singular edificio convertido en un hotel-balneario de gran nivel, con espaciosas zonas comunes y unas habitaciones de cuidado mobiliario clásico. Buena oferta terapéutica. Su restaurante es el marco ideal para degustar las excelencias de la cocina gallega.

MONDOÑEDO *27740 Lugo* 571 *B 7 - 5 774 h alt. 139.*
Ver : *Catedral*★. *–Madrid 571 – A Coruña 115 – Lugo 60 – Viveiro 59.*

MONDRAGÓN *Gipuzkoa – ver Arrasate/Mondragón.*

MONELLS *17121 Girona* 574 G 38 122 I 5.
Madrid 713 – Girona/Gerona 28 – Barcelona 114 – Palamós 24.

Arcs de Monells, Vilanova 1 ☎ 972 63 03 04, *hotelarcs@hotelarcsmonells.com, Fax 972 63 03 65*, – 🅿 – 15/25. rest
Comida *(cerrado domingo noche y lunes)* 30 – 12 – **23 hab** 144/179.
◆ Antigua masía con un anexo moderno emplazada en una extensa pradera. Sus espaciosas y confortables dependencias combinan la rusticidad de antaño y el diseño más actual. Comedor instalado en una construcción acristalada, tipo carpa, que le brinda abundante luz.

L'Hort del Rector, L'Església 2 ☎ 972 63 03 96, *Fax 972 77 39 74* – . AE VISA.
cerrado 15 diciembre-15 enero, lunes y martes – **Comida** - sólo almuerzo salvo julio, agosto y fines de semana, espec. en bacalaos - carta 17 a 29.
◆ Restaurante de estilo neorrústico con una galería acristalada, situado frente a la iglesia de la localidad. En su decoración destaca una numerosa colección de libros.

MONFORTE DE LEMOS *27400 Lugo* 571 *E 7 – 20 510 h alt. 298.*
R.A.C.E. *Doctor Casares 110* ✉ *27400* ☎ *982 40 23 00 Fax 982 40 37 71.*
Madrid 501 – Lugo 65 – Ourense 49 – Ponferrada 112.

Parador de Monforte de Lemos, pl. Luis de Góngora y Argote ☎ 982 41 84 84, *monforte@parador.es, Fax 982 41 84 95*, ←, – 🅿 – 25/170. AE VISA.
marzo-octubre – **Comida** 25 – 11 – **45 hab** 104/130 – 5 suites.
◆ Bello conjunto arquitectónico situado sobre un promontorio con vistas panorámicas. El edificio principal ocupa un antiguo monasterio dotado de un hermoso claustro neoclásico. El restaurante disfruta de un cuidado montaje y un precioso techo en madera.

Puente Romano sin rest, paseo del Malecón ☎ 982 41 11 68, *hotelpromano@interbook.net, Fax 982 40 35 51* – . AE VISA JCB.
3,50 – **32 hab** 25,90/41.
◆ Modesto hotel clásico-actual ubicado junto a un río, con vistas parciales a éste. Las habitaciones, funcionales y de mobiliario sencillo, ofrecen un confort suficiente.

O Grelo, Campo de la Virgen (subida al Castillo) ☎ 982 40 47 01, *ogrelo@resgrelo.com, Fax 982 40 36 00*, – . AE VISA.
Comida carta 22 a 33.
◆ Instalado en un antiguo edificio de piedra, en la subida al castillo. Bar público a la entrada para raciones, comedor en la 1ª planta y terraza en el último piso.

MONISTROL DE CALDERS *08275 Barcelona* 574 G 36 122 C 6 *– 671 h alt. 447.*
Madrid 589 – Barcelona 54 – Girona/Gerona 107 – Lleida/Lérida 132 – Escaldes Engorgany 143.

La Masia del Solà, ☎ 93 839 90 25, *Fax 93 839 90 25* – 🅿. VISA JCB
cerrado del 7 al 31 de enero y martes – **Comida** - sólo almuerzo, salvo viernes y sábado - carta 26 a 34.
◆ Restaurante de organización familiar emplazado en una antigua casa de piedra, con tres comedores y dos privados de correcto montaje. Completa carta de cocina regional.

MONISTROLET DE RAJADELL *08289 Barcelona* 574 G 35 *– 20 h.*
Madrid 562 – Barcelona 67 – Lleida/Lérida 106 – Girona 138 – Sant Julià de Lòria 131.

Manso Noguera, Eix Transversal C 25 - salida 126 ☎ 93 872 75 38, *hotel@mansonoguera.com, Fax 93 872 21 97*, – 🅿 – 25/50
12 hab.
◆ Este tranquilo hotel ocupa una antigua masía transformada a principios del s. XX en un palacete modernista. Dispone de varios saloncitos sociales y espaciosas habitaciones. Su cuidado restaurante se complementa con una bodega y una carpa para banquetes.

Utilice la guía del año en curso.

MONT-RAS *17253 Girona* 574 G 39 122 I 5 – *1 358 h alt. 88.*
Madrid 717 – Figueres 54 – Girona/Gerona 40 – Barcelona 119.

por la carretera de Palamós *Sureste : 1,5 km y desvío a la izquierda 2 km :*

La Cuina de Can Pipes, barri Canyelles, ✉ 17253, ☎ 972 30 66 77, *cuina@canpipes.com, Fax 972 30 69 99,* – P. VISA JCB.
cerrado enero, lunes y martes salvo verano – **Comida** - sólo cena salvo sábado y domingo - carta 58 a 75.
Espec. Mar y montaña de cigalas y pies de cerdo. Rodaballo con gambas de Palamós, almejas y ajo tierno. Postre de músico con texturas de avellanas, almendras, nueces y piñones (otoño).
◆ Restaurante de estilo rústico elegante en una masía del s. XVIII con bonita terraza arbolada. Posee un espacioso comedor con bodega anexa y un pabellón para fumadores.

MONTANEJOS *12448 Castelló* 577 L 28 – *422 h alt. 369 – Balneario.*
Madrid 408 – Castelló de la Plana/Castellón de la Plana 62 – Teruel 106 – València 95.

Rosaleda del Mijares ☞, carret. de Tales 28 ☎ 964 13 10 79, *info@hotelesrosaleda.com, Fax 964 13 11 36,* – 25/40. VISA.
cerrado 15 diciembre-15 febrero – **Comida** 15 – **81 hab** ☐ 58/80.
◆ Hotel rodeado de pinos, de completas instalaciones, que cuenta con zonas sociales espaciosas y cuidadas al detalle. ¡No deje de visitar la magnífica piscina cubierta ! Amplio restaurante que combina la cocina tradicional mediterránea y la casera.

MONTAÑAS DEL FUEGO *Las Palmas – ver Canarias (Lanzarote).*

MONTBLANC *43400 Tarragona* 574 H 33 – *5 612 h alt. 350.*
Ver *: Localidad★★ - Emplazamiento★★ – Recinto amurallado★★ (Iglesia de Sant Miquel★, Iglesia de Santa María★★ : órgano★★, Museo Comarcal de la Conca de Barberà★).*
Otras curiosidades *: Convento de la Serra★, Hospital de Santa Magdalena★.*
Miquel Alfonso (iglesia St. Francesc) ☎ 977 86 17 33 tur.montblanc@altanet.org Fax 977 86 17 33.
Madrid 518 – Barcelona 112 – Lleida/Lérida 61 – Tarragona 36.

Ducal, Francesc Macià 11 ☎ 977 86 24 48, *Fax 977 86 21 31* – rest, P – 25/50. AE VISA.
Comida 4 – ☐ 3 – **41 hab** 27,50/43,50.
◆ Céntrico establecimiento de instalaciones modestas y habitaciones de estilo clásico, con mobiliario funcional algo anticuado y baños completos. Comedor a la carta separado del bar público y un amplio salón para celebraciones.

El Molí del Mallol, Muralla Santa Anna 2, ✉ 43400 apartado 93, ☎ 977 86 05 91, *mallolrestauracio@molimallol.com, Fax 977 86 26 83* – P. AE VISA.
Comida carta 20 a 33.
◆ Cubierta de madera a dos aguas, decoración rústica y grandes arcos en ladrillo visto que distribuyen la sala. Ambiente acogedor para degustar su cocina catalana.

MONTBRIÓ DEL CAMP *43340 Tarragona* 574 I 33 – *1 393 h alt. 132.*
Madrid 554 – Barcelona 125 – Lleida/Lérida 97 – Tarragona 21.

Termes Montbrió ☞, Nou 38 ☎ 977 81 40 00, *hoteltermes@gruprocblanc.com, Fax 977 82 69 69,* Servicios terapéuticos, – P – 40/450. AE VISA.
***Horta Florida :* Comida** carta aprox. 33 – **206 hab** ☐ 153/198 – 8 suites.
◆ A su privilegiado emplazamiento en una antigua finca con un frondoso jardín se une la excelente oferta lúdico-termal. Dependencias amplias, sobrias y elegantes. Su restaurante Horta Florida brinda bonitas vistas del entorno.

St. Jordi sin rest, av. de Sant Jordi 24 ☎ 977 82 67 19, *st.jordi@atriumhotels.com, Fax 977 82 67 60* – P. AE VISA
23 hab ☐ 38/58,20.
◆ Instalado en una casa antigua totalmente renovada, posee un acogedor saloncito social, y unas vistosas habitaciones con baños modernos. Impecable mantenimiento.

Torre dels Cavallers, carret. de Cambrils ☎ 977 82 60 53, *torre@grn.es, Fax 977 82 60 53* – P. AE VISA.
cerrado lunes noche y martes – **Comida** carta aprox. 30.
◆ Atractiva casita en piedra de aire rústico con varias salas de correcto mobiliario y buen servicio de mesa. Propone una carta tradicional con especial atención a las carnes.

MONTE – *ver el nombre propio del monte.*

MONTE LENTISCAL *Las Palmas – ver Canarias (Gran Canaria) : Santa Brígida.*

MONTEAGUDO *30160 Murcia* 577 R 26 128 B 6.
Madrid 400 – Alacant/Alicante 77 – Murcia 5.

XXX **Monteagudo,** av. Constitución 93 ☎ 968 85 00 64, *monteagudo@restaurantemonteagudo.com, Fax 968 85 17 10* – ▤ P. AE ⓓ ⓜⓒ VISA
cerrado del 9 al 22 de agosto y domingo – **Comida** carta 29 a 40.
◆ El buen oficio de sus fogones se manifiesta, con esmerado detalle, en una espaciosa sala de línea clásica. El cuidado servicio de mesa es una nota destacable.

MONTECORTO *29430 Málaga* 578 V 14 124 C 5.
Madrid 559 – Málaga 111 – Algeciras 114 – Marbella 81 – Ronda 21.

al Sur : *3 km y camino particular a la derecha 2 km :*

El Horcajo ⛰, ✉ 29400 apartado 149 Ronda, ☎ 95 218 40 80, *info@elhorcajo.com, Fax 95 218 41 71,* ⛱ – TV P – 🏠 25/70. ⓜⓒ VISA. ✈
Comida 16,37 – **26 hab** ☕ 67,98/81,89.
◆ Cortijo típico del s. XIX ubicado en una finca amplia y aislada. Goza de habitaciones rústicas y de una espaciosa zona social con grandes arcos, en lo que fueron las cuadras. Comedor distribuido en dos partes, con chimenea y el techo en madera.

MONTEJAQUE *29360 Málaga* 578 V 14 124 C 5 – *969 h alt. 687.*
Madrid 563 – Algeciras 100 – Cádiz 136 – Málaga 106 – Marbella 78 – Ronda 18 – Sevilla 125.

Palacete de Mañara, pl. de la Constitución 2 ☎ 95 216 72 52, *hotelpalacete@ole.com, Fax 95 216 74 08,* ☂, ⛱ – ▤ rest, TV. ⓜⓒ VISA. ✈
cerrado 6 enero-15 febrero – **Comida** 12,50 – ☕ 3 – **8 hab** 45/55.
◆ Ubicado en un pintoresco pueblo de la serranía de Ronda. Habitaciones amplias con mobiliario rústico, algunas de ellas abuhardilladas, y zonas comunes muy cuidadas. Salón-comedor de corte regional con una atractiva viguería en el techo.

MONTEMOLÍN *06291 Badajoz* 576 R 11 – *1683 h alt. 559.*
Madrid 437 – Badajoz 116 – Córdoba 190 – Mérida 94 – Sevilla 108.

El Águila, Corredera Alta 32 ☎ 924 51 02 64, *info@aventurastentudia.com, Fax 924 51 02 64,* ⛱ – 🚗. VISA. ✈
Comida - sólo clientes - 17 – **9 hab** ☕ 48.
◆ Casa típica dotada de cuidadas habitaciones, con el mobiliario en forja y los baños actuales. Posee varios salones sociales, un atractivo patio-terraza y un comedor privado.

MONTFALCÓ MURALLAT *Lleida – ver Les Oluges.*

MONTILLA *14550 Córdoba* 578 T 16 – *21607 h alt. 400.*
ℹ *Capitán Alonso Vargas 3 ☎ 957 65 24 62 Fax 957 65 79 33.*
Madrid 443 – Córdoba 45 – Jaén 117 – Lucena 28.

XX **Las Camachas,** av. Europa 3 ☎ 957 65 00 04, *lascamachas@hotmail.com, Fax 957 65 03 32,* ☂ – ▤ P. AE ⓓ ⓜⓒ VISA JCB. ✈
Comida carta 16 a 25.
◆ Mesón de arquitectura andaluza con varias salas de buen montaje, complementadas por un bar y una atractiva bodega. Su cocina elabora platos de la región a la antigua usanza.

en la carretera N 331 :

Don Gonzalo, Suroeste : 3 km, ✉ 14550, ☎ 957 65 06 58, *gestion@hoteldongonzalo.com, Fax 957 65 06 66,* ⛱, 🌳, 🎾 – |‡| ▤ TV P – 🏠 25/70. AE ⓓ ⓜⓒ VISA. ✈
Comida 9,65 – ☕ 4,30 – **35 hab** 37,50/60,90 – 1 suite.
◆ En la cuna de Don Gonzalo Fernández de Córdoba, este hotel le hace los honores. Exterior ajardinado, correcta zona noble, y completas estancias con mobiliario de calidad. Comedor de adecuado montaje y buen mantenimiento, ubicado en la planta baja del edificio.

Alfar, Noroeste : 5 km, ✉ 14550 apartado 178, ☎ 957 65 11 20, *hotelrestalfar@yahoo.es, Fax 957 65 11 20,* ⛱ – |‡| ▤ TV P. ⓜⓒ VISA. ✈
Comida 7,20 – ☕ 1,70 – **38 hab** 24/42.
◆ Un recurso de carretera dotado con habitaciones funcionales y de correcto equipamiento. Su zona social presenta un aspecto bien cuidado. Salón-comedor sencillo, situado junto a un amplio bar de tapas.

MONTMELÓ *08160 Barcelona* 574 H 36 122 D 7 – *7 470 h alt. 72.*
Madrid 627 – Barcelona 20 – Girona/Gerona 80 – Manresa 54.

al Norte : *2,5 km* :

Express by Holiday inn Montmeló sin rest, Cami de Can Gordi 15, ✉ 08400, ☎ 93 701 70 00, *express.montmelo@ichotelsgroup.com, Fax 93 701 70 01* – |♦|, ⇔ ▤ TV ☎ ♿ P – 🚶 25/45. AE ⓓ ⓜⓒ VISA. ✂
100 hab ☐ 80.
◆ Hotel de línea moderna situado en un área industrial. Posee una correcta zona noble con cafetería y habitaciones funcionales de adecuado confort, con los suelos en moqueta.

MONTSENY *08460 Barcelona* 574 G 37 122 E 6 – *277 h alt. 522.*
Alred. : *Sierra de Montseny★.*
Madrid 673 – Barcelona 60 – Girona/Gerona 68 – Vic 36.

Can Barrina ⛵ con hab, carret. de Palautordera - Sur : 1,2 km ☎ 93 847 30 65, *info@canbarrina.com, Fax 93 847 31 84*, ≤, ⛱, ⛲, 🌳 – TV P. ⓓ ⓜⓒ VISA. ✂
cerrado Navidades – **Comida** carta aprox. 30 – ☐ 9 – **14 hab** 58/86.
◆ Antigua casa de campo dotada de unas salas de cálida rusticidad y una agradable terraza con vistas a la sierra de Montseny. Además dispone de habitaciones.

por la carretera de Tona *Noroeste : 7 km y desvío a la derecha 1 km* :

Sant Bernat ⛵, ✉ 08460, ☎ 93 847 30 11, *hsantbernat@husa.es, Fax 93 847 32 20*, ≤, ⛲, 🌳 – TV P – 🚶 25/55. AE ⓓ ⓜⓒ VISA JCB. ✂
Comida 25 – **19 hab** ☐ 96/133 – 3 suites.
◆ Hotel de atractiva fachada con unas acogedoras instalaciones, cuya cuidada decoración y espléndidas vistas a la sierra de Montseny lo consolidan como un buen recurso. Comedor de montaje clásico ambientado con una chimenea y vigas de madera en el techo.

MONTSERRAT *08691 Barcelona* 574 H 35 – *alt. 725.*
Ver : *Lugar★★★ – La Moreneta★★.*
Alred. : *Carretera de acceso por el oeste ≤★★ – Ermita Sant Jeroni★, Ermita de Santa Cecilia (iglesia★), Ermita de Sant Miquel★.*
Madrid 594 – Barcelona 49 – Lleida/Lérida 125 – Manresa 22.

Abat Cisneros ⛵, pl. Monestir ☎ 93 877 77 01, *reserves@larsa-montserrat.com, Fax 93 877 77 24* – |♦|, ▤ rest, TV ♿ – 🚶 28/125. AE ⓜⓒ VISA. ✂
Comida 23,60 – **82 hab** ☐ 48,85/85.
◆ Edificio histórico ubicado en pleno santuario. Dispone de un correcto salón social y de habitaciones funcionales que brindan todo lo necesario para una grata estancia. Uno de los comedores ocupa las antiguas caballerizas, con el techo abovedado y esculturas.

MONTUIRI *Illes Balears – ver Balears (Mallorca).*

MONZÓN *22400 Huesca* 574 G 30 – *14 405 h alt. 368.*
ℹ *Estación de Autobuses ☎ 974 41 77 74 marianmur@terra.es Fax 974 41 77 74.*
Madrid 463 – Huesca 70 – Lleida/Lérida 50.

Vianetto, av. de Lérida 25 ☎ 974 40 19 00, *vianetto@monzon.net, Fax 974 40 45 40* – |♦| ▤ TV. AE ⓓ ⓜⓒ VISA. ✂ rest – **Comida** 9,30 – ☐ 4,20 – **84 hab** 27,50/47.
◆ Hotel de línea clásica y organización familiar que goza de suficientes zonas nobles. Sus habitaciones resultan funcionales, de correcto confort y completo equipamiento. Restaurante de adecuado montaje que cuida con mimo sus elaboraciones.

Piscis, pl. de Aragón 1 ☎ 974 40 00 48, *Fax 974 40 40 10* – ▤. AE ⓓ ⓜⓒ VISA. ✂
Comida carta aprox. 30.
◆ Céntrico negocio con una cafetería pública en la entrada. Cuenta con un cuidado comedor a la carta, otro más sencillo para el menú y un amplio salón reservado para banquetes.

MORA *45400 Toledo* 576 M 18 – *9 244 h alt. 717.*
Madrid 100 – Ciudad Real 92 – Toledo 31.

Agripino, pl. Príncipe de Asturias 9 ☎ 925 30 00 00, *Fax 925 30 00 00* – |♦| ▤ TV. ⓓ ⓜⓒ VISA. ✂ – *cerrado agosto* – **Comida** 12 – ☐ 2 – **20 hab** 20/35.
◆ Un hotelito práctico y funcional llevado con dignidad. Fachada años 70, y unas habitaciones de sencillo confort con baños que, aunque algo reducidos, resultan correctos.

Los Conejos con hab, Cánovas del Castillo 14 ☎ 925 30 15 04, *Fax 925 30 15 86* – ▤ TV. ⓜⓒ VISA. ✂
Comida carta aprox. 31 – ☐ 3 – **22 hab** 25/40.
◆ Alojamiento y comida en un mismo negocio. Amplia sala con un mobiliario de calidad y un esmerado servicio de mesa, ofreciendo además cinco habitaciones con baños completos.

MÓRA D'EBRE *43740 Tarragona 574 I 31 - 4 487 h.*

Alred. : *Castillo de Miravet★ Suroeste : 11 km.*

Madrid 504 - Lleida/Lérida 81 - Tarragona 68 - Tortosa 51.

MORA DE RUBIELOS *44400 Teruel 574 L 27 - 1 313 h alt. 1 035.*

Madrid 341 - Castelló de la Plana/Castellón de la Plana 92 - Teruel 40 - València 129.

El Rinconcico, Santa Lucía 4 ☎ 978 80 60 63, *areber@elrinconcico.com* - ▤. MC VISA. ✈
cerrado del 14 al 20 de marzo, del 1 al 15 de julio y martes - **Comida** carta 16 a 25.
◆ Emplazado en el centro de la localidad. Pequeño restaurante con bar de espera en la planta baja, y sala de correcto montaje en el 1er piso. Cocina de variados sabores.

MORAIRA *03724 Alacant 577 P 30 123 I 2 - 757 h - Playa.*

carret. Moraira-Calpe 22-A ☎ 96 574 51 68 touristinfo.teulada@turisme.m400.gva.es Fax 96 649 15 04.

Madrid 483 - Alacant/Alicante 75 - Gandía 65.

La Sort sin rest con cafetería, av. de la Paz 24 ☎ 96 649 19 49, *hotel@lasort.com, Fax 96 649 19 50,* ← - |‡| ▤ TV ✆ 🚗. AE ① MC VISA. ✈
22 hab ☕ 125/150.
◆ Se encuentra en 1ª línea de playa, al lado del castillo de Moraira. Dispone de una reducida zona social y modernas habitaciones, todas ellas con hidromasaje en los baños.

La Sort, av. de Madrid 1 ☎ 96 649 11 61, *lasort@ctv.es, Fax 96 574 51 35* - ▤. AE ① MC VISA
cerrado 22 diciembre-15 enero y domingo salvo verano - **Comida** carta 31 a 50.
◆ Negocio de seria organización familiar con la fachada acristalada, dotado de un comedor de estilo clásico-moderno, que se ve complementado por un buen bar de tapas.

Casa Dorita, Barranquet ☎ 96 574 48 61, *cadorita@iespana.es, Fax 96 574 48 61* - ▤. AE ① MC VISA. ✈
cerrado Navidades, enero y lunes - **Comida** carta 22 a 35.
◆ Discreto restaurante de sencillo montaje y correcto mantenimiento, que basa su éxito en el esmero y cuidado con que elaboran los platos.

por la carretera de Calp :

Gema H. 🐎, Estaca de Bares 11 - Suroeste : 2,5 km, ✉ 03724, ☎ 96 649 88 40, *Fax 96 574 71 88,* ←, 🏊, 🌳 - |‡| TV P. ① MC VISA. ✈ rest
cerrado enero y febrero - **Comida** *(julio-septiembre)* 16 - **39 hab** ☕ 57/75.
◆ Agradable hotel con la funcionalidad propia de los establecimientos playeros. Renovado en las zonas nobles, con cuidadísimo entorno y correcto confort general.

Girasol, Suroeste : 1,5 km, ✉ 03724, ☎ 96 574 43 73, *girasol@relaischateaux.com, Fax 96 649 05 45,* 🏡 - ▤ P. AE ① MC VISA JCB. ✈
cerrado noviembre, domingo noche (octubre-marzo) y lunes salvo verano - **Comida** - sólo cena en verano salvo domingo - 98 y carta 66 a 85.
Espec. Terrina de sardinas con verduras a la parrilla, queso fresco y aceite de chorizo. Filetes de salmonetes de Moraira con muselina de patata y limón. Crema quemada a la citronella con sorbete de coco (octubre-junio).
◆ Hermosa villa con un interior de refinada elegancia, tanto en la decoración como en cada uno de los detalles. Impecable servicio de mesa y bodega de altísimo nivel.

La Bona Taula, Suroeste : 1,5 km, ✉ 03724, ☎ 96 649 02 06, *bonataula@bonataula.com, Fax 96 574 23 84,* ← mar, 🏡 - ▤ P. AE ①. ✈
Comida carta 37 a 45.
◆ Situación privilegiada frente al mar, exteriores luminosos y una panorámica agradable. Salón en dos niveles donde ofrecen una carta con buen apartado de pescados.

MORALZARZAL *28411 Madrid 576 J 18 575 J 18 121 G 5 - 2 248 h alt. 979.*

Madrid 44 - Ávila 77 - Segovia 57.

El Cenador de Salvador 🐎 con hab, av. de España 30 ☎ 91 857 77 22, *cenador@infonegocio.com, Fax 91 857 77 80,* 🏡 - ▤ TV P. AE ① MC VISA. ✈
cerrado 10 enero-10 febrero - **Comida** *(cerrado domingo noche y lunes)* 82 y carta 60 a 77 - ☕ 15 - **7 hab** 150/210,35.
Espec. Bourguignonne de caracoles y manitas de lechal. Consomé de tórtolas asadas y trufa de verano. Asado de pluma ibérica con puré de patatas raff.
◆ Elegante villa con los comedores en dos niveles, dotados de mobiliario clásico, parquet y un excelente servicio de mesa. Terraza ajardinada y habitaciones muy coquetas.

MOREDA DE ALLER *33670 Asturias 572 C 12.*

Madrid 436 – Gijón 60 – León 103 – Oviedo 30.

Collainos, av. Tartiere 44 ✆ 98 548 10 40 – . VISA.
Comida carta aprox. 30 – ☐ 3 – **8 hab** 25/42.
• Hotelito de cuidada fachada llevado con acierto en familia. De línea funcional, posee unas habitaciones con un equipamiento acorde a su categoría.

Teyka, Constitución 35 ✆ 98 548 10 20, *teyka35@hotmail.com* – VISA.
Comida carta 20 a 28.
• Negocio dotado de una barra de apoyo, y una sala bien dispuesta con una bóveda acristalada, tipo lucernario, que le proporciona luz natural. Carta mediana.

El MORELL *43760 Tarragona 574 I 33 – 2 366 h alt. 85.*

Madrid 528 – Lleida/Lérida 84 – Tarragona 29 – Tortosa 95.

La Grava, Pareteta 4 ✆ 977 84 06 18, *lagrava@lagrava.com, Fax 977 84 13 99,* – . AE VISA.
cerrado domingo – **Comida** carta 27 a 30.
• Ubicado en una casa antigua del centro de la población. Comedor de estilo rústico que ofrece sabrosos platos de la zona a precios moderados.

MORELLA *12300 Castelló 577 K 29 – 2 717 h alt. 1 004.*

Ver : *Emplazamiento★ – Basílica de Santa María la Mayor★ – Castillo ≤★.*

pl. de San Miguel ✆ 964 17 30 32 touristinfo.morella@turisme.m400.gva.es Fax 964 17 30 32.

Madrid 440 – Castelló de la Plana/Castellón de la Plana 98 – Teruel 139.

Rey Don Jaime, Juan Giner 6 ✆ 964 16 09 11, *hotel@reydonjaimemorella.com, Fax 964 16 09 88* – – 25/200. AE VISA.
Comida 10,60 – ☐ 6 – **44 hab** 38,35/63.
• En pleno centro del recinto amurallado se alza este hotel de habitaciones acogedoras y espaciosas, con decoración de estilo clásico-regional. Zonas sociales muy cuidadas. Cálido restaurante donde podrá disfrutar con la típica cocina de la comarca de Els Ports.

Cardenal Ram, Cuesta Suñer 1 ✆ 964 17 30 85, *hotelcardenalram@ctv.es, Fax 964 17 32 18* – rest, . VISA.
Comida *(cerrado domingo noche y lunes)* 16 – ☐ 8 – **17 hab** 45/70 – 2 suites.
• Casa señorial del s. XVI con unas sobrias dependencias recreadas con mobiliario de estilo regional en madera. Destaca la elegante escalera interior realizada en piedra. Su reformado restaurante es un buen exponente de la cocina local con sabor casero.

Del Pastor sin rest, San Julián 12 ✆ 964 16 10 16, *info@hoteldelpastor.com, Fax 964 17 33 22,* ≤ – . VISA.
12 hab ☐ 40,50/66,50.
• Pequeño hotel de organización familiar, con atractiva fachada. El buen gusto en la decoración queda patente en las habitaciones completamente equipadas.

Casa Roque, Cuesta San Juan 1 ✆ 964 16 03 36, *morella@restaurantecasaroque.com, Fax 964 16 02 00* – . AE VISA.
cerrado domingo noche y lunes – **Comida** carta 20 a 31.
• Restaurante de estilo regional ubicado en una casa-palacio con grandes puertas en madera tallada que data del s. XVII. Su especialidad es el cordero relleno trufado.

La Fonda, García 21 ✆ 96 417 31 81, *fondamorella@wanadoo.com* – . VISA.
cerrado del 15 al 31 de mayo y lunes – **Comida** carta aprox. 20.
• Distribuido en tres confortables salas de estilo clásico, aunque su capacidad resulta algo escasa. Destaca la del 3er piso, con el techo en madera y excelentes vistas.

Meson del Pastor, Cuesta Jovaní 7 ✆ 964 16 02 49, *info@mesondelpastor.com, Fax 964 17 31 07* – . AE VISA.
cerrado miércoles salvo festivos – **Comida** - sólo almuerzo salvo sábado y agosto - carta 14 a 24.
• Situado en la 1ª planta de un céntrico edificio de piedra. A precios moderados, ofrece una cocina mediterránea en la que triunfan las recetas de las masías de la comarca.

Blanca, Marquesa de Fuente el Sol 9 ✆ 964 17 32 98, *Fax 964 16 06 05* – . AE VISA.
cerrado febrero y miércoles – **Comida** carta aprox. 21.
• Ocupa el solar de una antigua casa de curtidores de la que aún conserva un arco gótico en el centro del comedor. Correcto servicio de mesa con una carta sencilla.

en la carretera CS 840 *Oeste : 4,5 km :*

Fábrica de Giner, ✉ 12300, ☎ 964 17 31 42, *hotel@hotelfabrica.com, Fax 964 17 31 97* – ⌸ ▤ TV P. VISA. ✻
Comida carta aprox. 25 – ☕ 8 – **24 hab** 57/72.
◆ Estilo moderno con mobiliario de diseño para este atractivo hotel, que cuenta con una buena zona social y unas habitaciones algo reducidas, pero muy bien equipadas. Sencillo restaurante de techos altos, excelente montaje e impecable mantenimiento.

MORGA *48115 Bizkaia* 573 C 21 – *407 h alt. 248.*
Madrid 407 – Vitoria/Gasteiz 83 – Bilbao 29 – Donostia/San Sebastián 95.

en el barrio Andra Mari :

Katxi ⛰ sin rest, Foruen Bidea 20, ✉ 48115, ☎ 94 627 07 40, *hotel@katxi.com, Fax 94 627 02 45*, – ▤ TV ☎ P. MC VISA. ✻
cerrado del 6 al 31 de enero – ☕ 8 – **9 hab** 66/150.
◆ Construcción a modo de caserío en plena reserva natural del Urdaibai. En conjunto resulta muy coqueto, con numerosos detalles y habitaciones personalizadas en su decoración.

MORON DE ALMAZAN *42223 Soria* 575 H 22 – *257 h alt. 1011.*
Madrid 185 – Valladolid 218 – Soria 49 – Logroño 153 – Guadalajara 130.

La Vieja Estación de Morón ⛰ sin rest, av. de la Estación ☎ 975 30 60 86, *laviejaestaciondemoron@telefonica.net*, ≼ – ✻
cerrado enero – **6 hab** ☕ 40/60.
◆ Dispone de un salón social con chimenea y una sala para desayunar, mientras que en la planta superior se distribuyen las habitaciones, funcionales y con mobiliario en forja.

MOSCARI *Illes Balears – ver Balears (Mallorca).*

MÓSTOLES *28930 Madrid* 576 L 18 575 L 18 – *197062 h alt. 661*
Madrid 17 – Toledo 64.

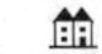

La Princesa, autovía M-506, km 9 - salida Móstoles centro, ✉ 28922 Alcorcón, ☎ 91 647 60 72, *hotel@laprincesa.com, Fax 91 647 54 67* – ⌸, ✻ hab, ▤ TV ☎ P – 🎤 25/300. AE MC VISA. ✻
Comida 18 – ☕ 12 – **76 hab** 80/100.
◆ De línea funcional y llevado en familia. Sus habitaciones resultan algo justas en sus dimensiones, aunque disfrutan de un buen equipamiento y unos aseos con detalles. El comedor, que es muy luminoso, se complementa con salones para banquetes en el 1er piso.

MOTA DEL CUERVO *16630 Cuenca* 576 N 21 – *5568 h alt. 750.*
Madrid 139 – Albacete 108 – Alcázar de San Juan 36 – Cuenca 113.

Mesón de Don Quijote, Francisco Costi 2 ☎ 967 18 02 00, *reservas@mesondonquijote.com, Fax 967 18 07 11*, ⛱ – ▤ TV P. AE VISA. ✻
Comida 25 – ☕ 6,50 – **36 hab** 50/90.
◆ Establecimiento ubicado en el centro de la localidad. Acogedores salones sociales de estilo rústico-regional, dotando a sus habitaciones con mobiliario en forja y madera. Agradable comedor.

Casa de la Luna, Mayor Baja 10 ☎ 967 18 24 13, *casalaluna@telefonica.net, Fax 967 18 24 13* – ▤ TV ☎. AE ⓓ MC VISA. ✻
cerrado del 20 al 30 de septiembre – **Comida** - es necesario reservar - 15 – **7 hab** ☕ 58/90.
◆ Antigua casa señorial dotada de impecables habitaciones, todas personalizadas y decoradas en diferentes estilos. Patio típico cubierto, con un bello zócalo de azulejos.

MOTILLA DEL PALANCAR *16200 Cuenca* 576 N 24 – *4744 h alt. 900.*
Madrid 202 – Cuenca 68 – València 146.

Seto con hab, carret. Madrid 54 ☎ 969 33 21 18, *Fax 969 33 32 28* – ⌸ ▤ TV P. AE ⓓ MC VISA JCB. ✻
Comida carta 22 a 30 – ☕ 6 – **21** hab 30/48.
◆ Restaurante con una cuidada decoración rústico-regional en cuya mesa priman las elaboraciones tradicionales y los productos de calidad. Habitaciones de buen confort.

MOTRIL *18600 Granada* 578 V 19 124 M 5 – *45 880 h alt. 65.*

Los Moriscos, urb. playa Granada carret. de Bailén : 8 km ✆ 958 82 55 27, Fax 958 82 55 27.

Madrid 501 – Almería 112 – Antequera 147 – Granada 73 – Málaga 96.

por la carretera N 340 *Oeste : 3 km y desvío a la derecha 0,5 km :*

Casa de los Bates sin rest (es necesario reservar), carret. de Mirasierra, ✉ 18600, ✆ *958 34 94 95, borjar@jet.es, Fax 958 34 91 22,* – TV P. AE VISA JCB.
4 hab 96,10/132.
◆ Hermoso palacete andaluz del s. XIX, emplazado en lo alto de un cerro y rodeado por un frondoso jardín tropical. Deléitese en los acogedores rincones que le brinda.

en el puerto *Suroeste : 4,5 km :*

G.H. Elba Motril, av. playa de Poniente, ✉ 18600, ✆ 958 60 77 44, *hmotril@anjoca.com, Fax 958 60 77 76,* – TV P – 25/50. AE VISA.
Comida carta aprox. 30 – **71 hab** 109,14 – 22 suites.
◆ Elegancia y buen gusto definen su atractivo interior clásico, en un bello marco de aire mediterráneo. Estancias amplias equipadas con mobiliario escogido y baños en mármol. Cuenta con dos restaurantes, uno para la carta y otro, más espacioso, para el buffet.

MOZAGA *Las Palmas – ver Canarias (Lanzarote).*

MOZÁRBEZ *37183 Salamanca* 575 J 13 – *324 h alt. 871.*

Madrid 219 – Béjar 64 – Peñaranda de Bracamonte 53 – Salamanca 14.

Mozárbez, carret. N 630 ✆ 923 30 82 91, *recepcion@hotelmozarbez.com, Fax 923 30 81 80,* – TV P. VISA. rest
Comida 8,50 – 4,10 – **35 hab** 46,20/68,30.
◆ Íntimo hotel de carretera de carácter familiar, dotado de unas habitaciones muy correctas. Pequeña recepción y una acogedora cafetería pública con chimenea. Dispone de dos comedores de estilo clásico, uno de ellos reservado para banquetes.

MUGA DE SAYAGO *49212 Zamora* 575 H 11 – *486 h alt. 790.*

Madrid 296 – Valladolid 145 – Zamora 44 – Bragança 92 – Miranda do Douro 19.

De Sayago, av. José Luis Gutiérrez 4 ✆ 980 61 76 77, *Fax 980 61 76 80* – , rest, TV. AE VISA.
Comida 9 – 3,60 – **45 hab** 48/66.
◆ Céntrico y dotado de un bonita fachada en granito. Posee una elegante cafetería y habitaciones clásicas, con los suelos en madera y ducha-columna de hidromasaje en los baños. En los fogones de su cuidado restaurante elaboran una cocina tradicional variada.

MUGARDOS *15620 A Coruña* 571 B 5 – *6 478 h alt. 8.*

Madrid 612 – Santiago de Compostela 90 – A Coruña 51 – Ferrol 13.

Mesón da Pedreira, La Pedreira 33 - Sureste : 1,5 km ✆ 981 47 08 08, *pamasoal@ctv.es, Fax 981 47 00 66* – P. AE VISA.
cerrado 12 septiembre-1 octubre y domingo – **Comida** carta aprox. 29.
◆ Un buen lugar para degustar la cocina gallega, gozando de cierto prestigio en la zona. Cuenta con dos salas clásicas y un comedor privado, todos ellos de esmerado montaje.

MUGIRO *31878 Navarra* 573 D 24.

Madrid 433 – Pamplona 34 – Vitoria/Gasteiz 86 – Logroño 124 – Donostia/San Sebastián 48.

Venta Muguiro, Autopista A15 - salida 123 ✆ 948 50 41 02, *vmuguiro@interbook.net, Fax 948 50 41 02* – P. VISA.
cerrado 15 octubre-15 noviembre, martes noche y miércoles – **Comida** carta 21 a 30.
◆ Venta del s. XIX ubicada junto a la carretera. Se trata de un negocio familiar en un marco rústico acogedor, definido por las paredes en piedra y la viguería en madera.

MÚJICA *Bizkaia – ver Muxika.*

MUNDAKA *48360 Bizkaia* 573 B 21 – *1 843 h – Playa.*

Kepa Deuna ✆ 94 617 72 01 turismo.mundaka@bizkaia.org Fax 617 72 01.

Madrid 436 – Bilbao 37 – Donostia-San Sebastián 105.

Atalaya sin rest con cafetería, paseo de Txorrokopunta 2 ✆ 94 617 70 00, *reservas@hotel-atalaya-mundaka.com, Fax 94 687 68 99* – TV P. AE VISA.
7,75 – **11 hab** 72,50/91.
◆ Casa de atractiva fachada con numerosos detalles en su interior. Coqueto bar, reducido salón social y cuidadas habitaciones de mobiliario clásico.

El Puerto sin rest, Portu 1 ☎ 94 687 67 25, *info@hotelelpuerto.com, Fax 94 687 67 26,* ≤ – TV. AE VISA
8 – **11 hab** 50/69.
• Antigua casa de pescadores con fachada típica de la zona. Ofrece una pequeña área social, un bar público para los desayunos y confortables habitaciones con vistas al puerto.

Mundaka sin rest, Florentino Larrínaga 9 ☎ 94 687 67 00, *hotelmundaka@euskalnet.net, Fax 94 687 61 58* – TV P. AE VISA
cerrado Navidades – 7 – **19 hab** 48/69.
• Céntrico hotel con bar público de entrada independiente. Posee una pequeña sala de estar y habitaciones con mobiliario estándar, dos con mirador y una abuhardillada.

en la carretera de Gernika *Sur : 1,2 km :*

Portuondo, barrio Portuondo 1 ☎ 94 687 60 50, *portuondo1@campingportuondo.com, Fax 94 687 78 28,* ≤ playa de Laida – VISA.
cerrado 9 diciembre-15 enero y lunes salvo verano – **Comida** carta 31 a 39.
• Instalado en un antiguo caserío, con una espectacular terraza sobre la playa de Laida. Cuenta con una zona para tapeo en la planta baja y un comedor rústico en el 1er piso.

MUNGIA o MUNGUÍA *48100 Bizkaia 573 B 21 – 13 772 h alt. 20.*

Madrid 449 – Bermeo 17 – Bilbao 17 – Donostia-San Sebastián 114.

Torrebillela, Beko-Kale 18 ☎ 94 674 32 00, *hoteltorrebillela@infonegocio.com, Fax 94 674 39 27* – rest, TV. VISA.
Comida 17,05 – 5 – **18 hab** 48,08/63,10.
• Ubicado junto al antiguo edificio del que toma el nombre. Posee unas habitaciones de buen confort general, destacando por su mobiliario clásico-actual. Comedor de línea moderna emplazado en el sótano, con servicio de menú y carta por encargo.

Lauaxeta, Lauaxeta 4 ☎ 94 674 43 80, *hotellauaxeta@infonegocio.com, Fax 94 674 43 79,* – rest, TV. VISA.
Comida 12,05 – 5 – **17 hab** 48,08/54,09.
• Establecimiento de correcto confort y sencilla organización familiar. Posee una reducida recepción y habitaciones con mobiliario estándar. Restaurante de aspecto íntimo con detalles de calidad en su montaje, donde ofrecen una cocina de base tradicional.

MUNITIBAR o ARBACEGUI *48381 Bizkaia 573 C 22 – 390 h alt. 198.*

Madrid 424 – Bilbao 43 – Donostia-San Sebastián 70 – Vitoria-Gasteiz 62.

Garro sin rest, Gerrikaitz ☎ 94 616 41 36, *mvebilbao@telelineb.com, Fax 94 616 41 36,* – P.
4 – **6 hab** 31,20/39.
• Caserío ubicado en plena naturaleza y con una bella terraza-mirador. Sus habitaciones combinan los detalles rústicos con el confort actual. Zona social con chimenea y cocina.

MURCIA *30000 P 577 S 26 123 B 7 – 391 146 h alt. 43.*

Ver : *Catedral★ (fachada★, Capilla de los Vélez★, Museo : San Jerónimo★, campanario : ≤★)* DY – *Museo Salzillo★* CY - *calle de la Trapería★* DY.

de Murcia-San Javier por ② : 50 km ☎ 968 17 20 00.

Santa Clara (detrás del Teatro Romea) ✉ 30004 ☎ 968 22 06 59 turismo@ayto.murcia.es Fax 968 22 06 59 y pl. de Cardenal Belluga ✉ 30004 ☎ 968 35 87 49 turismobelluga@hotmail.com Fax 968 35 87 48 – **R.A.C.E.** *San Leandro 1 (edificio Martinica) ✉ 30003 ☎ 968 25 00 72 Fax 968 34 02 29.*

Madrid 404 ① – Albacete 146 ① – Alacant/Alicante 81 ① – Cartagena 49 ② – Lorca 64 ③ – València 256 ①

7 Coronas, paseo de Garay 5, ✉ 30003, ☎ 968 21 77 72, *silken7coronas@hoteles-silken.com, Fax 968 22 12 94,* – TV – 25/400. AE VISA JCB. X x
Comida - ver rest. ***Las Coronas*** – 11,50 – **153 hab** 92/107 – 3 suites.
• Hotel de línea moderna con unos exteriores muy cuidados, destacando la agradable terraza ajardinada. Elegante zona noble y habitaciones espaciosas decoradas con sumo gusto.

NH Rincón de Pepe, pl. Apóstoles 34, ✉ 30001, ☎ 968 21 22 39, *nhrincon@nh-hotels.es, Fax 968 22 17 44* – TV – 25/150. AE VISA. DY r
Comida - ver rest. Rincón de Pepe – 12 – **147 hab** 168/240 – 4 suites.
• La estética NH convive con elementos de la decoración inicial, como los detalles en mármol. La cafetería, que aprovecha restos de la muralla árabe, centra la zona social.

MURCIA

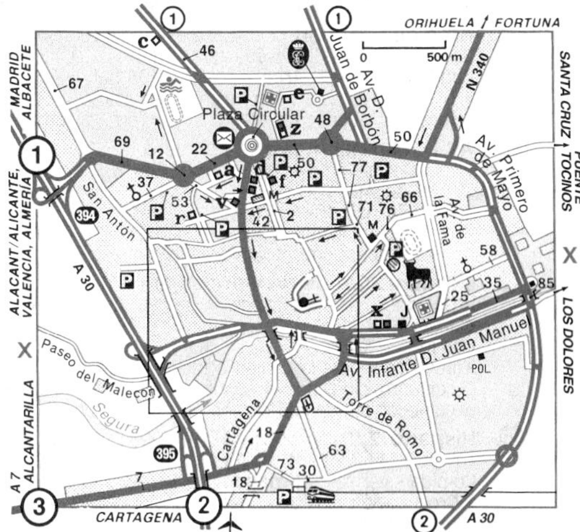

- Alfonso X el Sabio (Gran Vía) . . . . DY, X 2
- Cardenal Belluga (Pl.) . . . . DY 5
- Ciudad de Almería (Av.) . . . . X 7
- Colón (Alameda de) . . . . DZ
- Constitución (Av. de la) . . . . X 9
- Emilio Díez de Revenga (Pl.) . . . . X 12
- España (Glorieta de) . . . . DZ 15
- Floridablanca . . . . DZ, X 18
- Garay (Pas. de) . . . . DZ 20
- General Primo de Rivera (Av.) . . . . X 22
- General Yagüe . . . . X 25
- Gómez Cortina . . . . CY 28
- Industria . . . . X 30
- Infante Don Juan Manuel (Avenida) . . . . DZ 33
- Intendente Jorge Palacio (Av.) . . . . X 35
- Isaac Albeniz . . . . X 37
- Isidoro de la Cierva . . . . DY 40
- Jaime I el Conquistador . . . . . . X 42
- José Antonio Ponzoa . . . . DY 44
- Juan Carlos I (Av.) . . . . X 46
- Juan XXIII (Pl.) . . . . X 48
- Levante (Ronda de) . . . . X 50
- Libertad (Av. de la) . . . . X 53
- Licenciado Cascales . . . . DY 56
- Luis Fontes Pagán . . . . X 58
- Marcos Redondo . . . . CY 60
- Marqués de Corvera (Pas.) . . . . X 63
- Martínez Tornel (Pl.) . . . . DZ 65
- Melilla . . . . X 66
- Miguel de Cervantes (Av.) . . . . X 67
- Norte (Ronda) . . . . X 69
- Obispo Frutos . . . . X 71
- Perea (Av.) . . . . X 73
- Platería . . . . DY
- Proclamación . . . . DZ 75
- Puerta de Orihuela . . . . X 76
- Rector José Loustau . . . . X 77
- San Francisco (Plano de) . . . CYZ 78
- Sociedad . . . . DY 80
- Teniente Flomesta (Av.) . . . . . DZ 83
- Trapería . . . . DY
- Vistabella (Puente de) . . . . X 85

ORIHUELA FORTUNA
MADRID ALBACETE
SANTA CRUZ
PUENTE TOCINOS
ALACANT/ALICANTE, VALENCIA, ALMERÍA
LOS DOLORES
ALCANTARILLA
CARTAGENA
A 7
A 30
N 340
0 500 m
Plaza Circular
Av. D. Juan de Borbón
Av. Primero de Mayo
Av. de la Fama
San Antón
Paseo del Malecón
Segura
Av. Infante D. Juan Manuel
Torre de Romo
Cartagena
POL
394
395

C
D
Y
Z
Acisclo
Díaz
Gran Vía
Mariano Girada
Santa Teresa
MUSEO SALZILLO
Pl. San Agustín
San Nicolás
Pl. Mayor
Plaza Sta Isabel
Pl. Julián Romea
Pl. Santo Domingo
Merced
Alejandro Seiquer
Trapería
Platería
Casino
Pl. Cetina
CATEDRAL
Sagasta
García Alix
Juan de la Cierva
Pl. Santa Catalina
Pilar
S. Pedro
Pascual
Escultor Salzillo
Frenería
San Antonio
Apóstoles
Jara Carrillo
Ceballos
Puente Viejo
Puente Nuevo
Pl. de la Cruz Roja
JARDINES DEL MALECÓN
Paseo del Malecón
Alcalde Gaspar de la Peña
MURCIA PARQUE
AUDITORIUM
Segura
Pl. de Camachos
Av. Río Segura
JARDÍN DE FLORIDABLANCA
Alameda de Colón
Princesa
Torre de Romo
Cartagena
Pl. González Conde
A 30
POL
0 100 m

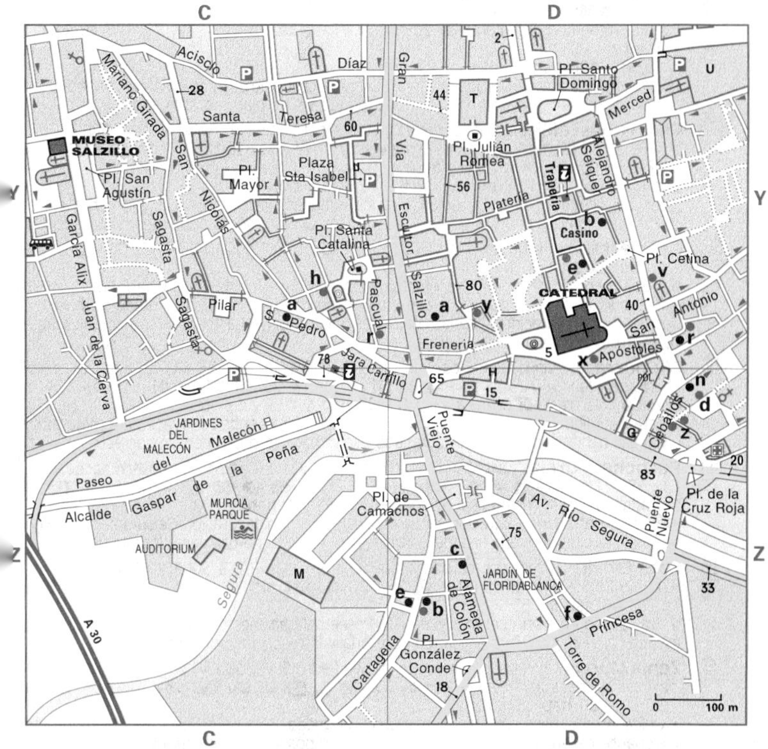

NH Amistad Murcia, Condestable 1, ✉ 30009, ☎ 968 28 29 29, *nhamistaddemurcia@nh-hotels.com, Fax 968 28 08 28* – |♦| ▤ TV ⇔ – 🏛 25/600. AE ◑ MC VISA JCB. ✻ X r
Condestable *(cerrado domingo)* **Comida** carta 24 a 30 – ☕ 12 – **143 hab** 170 – 5 suites.
◆ Un edificio de nueva planta, en pleno centro, cuya decoración moderna con toques vanguardistas lo convierten en el hotel ideal para estancias vacacionales o de trabajo.

Arco de San Juan, pl. de Ceballos 10, ✉ 30003, ☎ 968 21 04 55, *reservas@arcosanjuan.com, Fax 968 22 08 09* – |♦| ▤ TV ⇔ – 🏛 25/300. AE ◑ MC VISA. ✻ DZ n
Comida - ver rest. ***Arco*** – ☕ 12 – **103 hab** 106/150 – 3 suites.
◆ El respeto al pasado pervive en su fachada señorial, en armonía con un interior moderno y funcional, aunque no exento de confort. Habitaciones bien equipadas.

AC H. Murcia sin rest con cafetería, av. Juan Carlos I, ✉ 30009, ☎ 968 27 42 50, *acmurcia@ac-hotels.com, Fax 968 27 44 26,* Fā, ⛱ – |♦| ▤ TV ☎ ♿ ⇔ P – 🏛 25/40. AE ◑ MC VISA. ✻ X c
☕ 9 – **76 hab** 104 – 2 suites.
◆ Instalado en un edificio moderno dotado de suficientes zonas sociales. Dispone de varios tipos de habitaciones, todas con un completo equipamiento y los suelos en madera.

Catalonia Conde de Floridablanca, Princesa 18, ✉ 30002, ☎ 968 21 46 26, *floridablanca@hoteles-catalonia.es, Fax 968 21 32 15* – |♦| ▤ TV ⇔ – 🏛 25/75. AE ◑ MC VISA JCB. ✻ DZ f
Comida carta aprox. 30 – ☕ 10 – **77 hab** 82/96 – 5 suites.
◆ Céntrico y dotado de confortables instalaciones. Un cálido estilo regional perfila todo el conjunto, dibujando en su interior acogedoras habitaciones de buen equipamiento. En el comedor se dan cita elementos rústicos como la viguería en madera vista.

Hispano 2, Radio Murcia 3, ✉ 30001, ☎ 968 21 61 52, *hotel@hotelhispano.net, Fax 968 21 68 59* – |♦| ▤ TV ⇔ – 🏛 25/100. AE ◑ MC VISA. ✻ DY e
Comida - ver rest. ***Hispano*** – ☕ 5 – **35 hab** 55/65.
◆ Organización familiar y unas instalaciones clásicas de poca actualidad, aunque de buen confort general en habitaciones y cuartos de baño. Parco en zonas comunes.

Hesperia Murcia sin rest con cafetería, Madre de Dios 4, ✉ 30004, ☎ 968 21 77 89, *hotel@hesperia-murcia.com, Fax 968 21 07 41* – |♦| ▤ TV ⇔ – 🏛 25/120. AE ◑ MC VISA. ✻ DY a
☕ 8,50 – **120 hab** 85/105.
◆ Hotel de línea clásica, situado en pleno centro y dotado de equipadas habitaciones. Amplia zona noble en la 1ª planta con cafetería, donde sirven platos combinados.

Churra-Vistalegre con cafetería, Arquitecto Juan J. Belmonte 4, ✉ 30007, ☎ 968 20 17 50, *hotelchurravistalegre@elchurra.net, Fax 968 20 17 95* – |♦| ▤ TV ⇔ – 🏛 25/100. AE ◑ MC VISA. ✻ X e
Comida - ver rest. ***El Churra*** – ☕ 6 – **57 hab** 50/75.
◆ Actual y acogedor, pero escaso en espacios comunes. Habitaciones correctamente amuebladas, con baños completos. Mobiliario y decoración agradables, de aire neorrústico.

La Huertanica, Infantes 5, ✉ 30001, ☎ 968 21 76 69, *Fax 968 21 25 04* – |♦| ▤ TV ⇔. AE ◑ MC VISA JCB. ✻ DY b
Comida *(cerrado del 1 al 15 de agosto y domingo)* 24 – ☕ 4,51 – **31 hab** 41,07/53,64.
◆ Tranquilidad y buen servicio están a su alcance en este céntrico y moderno hotelito. Destacan sus habitaciones, todas con vistas al exterior y cuartos de baño actuales. Restaurante avalado por 75 años de experiencia.

El Churra, av. Marqués de los Vélez 12, ✉ 30008, ☎ 968 23 84 00, *hotelchurra@elchurra.net, Fax 968 23 77 93* – |♦| ▤ TV ⇔ – 🏛 25/50. AE ◑ MC VISA. ✻ X z
Comida - ver rest. ***El Churra*** – ☕ 6 – **97 hab** 45/75 – 1 suite.
◆ Establecimiento de línea clásica, cuya zona noble está siendo renovada para mejorar su nivel. Las habitaciones no son demasiado espaciosas, pero ofrecen un correcto confort.

Pacoche Murcia, Cartagena 30, ✉ 30002, ☎ 968 21 33 85, *hotel@pacoche.es, Fax 968 21 40 04* – |♦| ▤ TV ♿ ⇔ – 🏛 25/50. AE ◑ MC VISA JCB. ✻ DZ e
Comida - ver rest. ***Universal Pacoche*** – ☕ 6 – **72 hab** 55/90.
◆ Hotelito dotado de habitaciones funcionales, sobrias en decoración. Se complementa con salón-biblioteca, pequeña sala de conferencias, y cafetería-bar para desayunos.

Casa Emilio sin rest con cafetería, Alameda de Colón 9, ✉ 30010, ☎ 968 22 06 31, *Fax 968 21 30 29* – |♦| ▤ TV – 🏛 25/100. MC VISA. ✻ DZ c
☕ 3 – **46 hab** 36/55.
◆ Emplazado en pleno centro comercial. Posee habitaciones decoradas con sencillez, de aspecto alegre y confort actual. La cafetería y la recepción conforman la zona social.

Zenit Murcia sin rest con cafetería, pl. San Pedro 5, ✉ 30004, ☎ 968 21 47 42, *murcia@zenithoteles.com, Fax 968 21 67 65* – |♦| ▤ TV. AE MC VISA. ✻ CY a
☕ 7,50 – **61 hab** 65/100.
◆ Ubicado en el barrio más emblemático de la ciudad. Dispone de habitaciones modestas y elegante cafetería. Ofertas especiales para grupos y fines de semana.

Campanile Murcia sin rest con cafetería, av. Juan Carlos I, 77, 30100, 968 89 97 81, *murcia@campanile.com, Fax 968 89 97 82* – – 25/50. AE VISA por av. Juan Carlos I X
6,50 – **117 hab** 64/75.
◆ Tanto la recepción como la cafetería integran su reducida zona social. Las habitaciones resultan muy correctas en su categoría, con calidades sencillas y gran funcionalidad.

Universal Pacoche sin , Cartagena 21, 30002, 968 21 76 05, *Fax 968 21 76 05* – . AE VISA. DZ b
Comida - ver rest. ***Universal Pacoche*** – **47 hab** 35/50.
◆ Antiguo hotel reformado, dotado de habitaciones funcionales, decoradas con materiales sencillos. Su escasa zona noble se reduce al hall-recepción.

Rincón de Pepe - *Hotel NH Rincón de Pepe*, pl. Apóstoles 34, 30001, 968 21 22 39, *rinconpp@mur.hnet.es, Fax 968 22 17 44* – . AE VISA. DY r
cerrado domingo noche – **Comida** carta 30 a 43.
◆ Una firme trayectoria, y el prestigio de la buena restauración, dan fe de un restaurante con clase y solera. Su carta recoge la mejor tradición gastronómica murciana.

Alfonso X, av. Alfonso X el Sabio 8, 30008, 968 23 10 66, *alfonsox@telefonica.net, Fax 968 27 07 03,* – . AE VISA. X f
cerrado domingo en julio y agosto – **Comida** carta aprox. 37.
◆ Su agradable ambiente es un aliciente más en el moderno comedor, decorado con materiales de primera calidad y detalles de sumo gusto. Excelente servicio de mesa.

Arco - *Hotel Arco de San Juan*, pl. de San Juan 1, 30003, 968 21 04 55, *reservas@arcosanjuan.com, Fax 968 22 08 09* – . AE VISA. DZ d
cerrado agosto, sábado y domingo – **Comida** carta 24 a 30.
◆ A la sugestiva decoración se unen un atento servicio de mesa y un correcto montaje. Su carta se inspira en el recetario local para ofrecer elaboraciones creativas.

Las Coronas - *Hotel 7 Coronas*, paseo de Garay 5, 30003, 968 21 77 72, *silken7coronas@hoteles-silken.com, Fax 968 22 12 94* – . AE VISA JCB. X x
Comida carta 22 a 34.
◆ Diseñado para complacer a los paladares más exigentes. Descubra su selecta carta, surtida en sabores y elaboraciones de corte regional. Excelente servicio de mesa.

Raimundo González, pl. Raimundo González Frutos 5, 30001, 968 21 23 77, *restaurante@raimundogonzalez.com, Fax 968 22 03 20* – . VISA. DY v
cerrado agosto y lunes salvo festivos – **Comida** carta aprox. 38.
◆ Elegancia y confort conviven en armonía en este clásico restaurante, decorado con cierta elegancia. Carta típica de la zona, apoyada por un aceptable montaje.

Rocío, Batalla de las Flores, 30008, 968 24 29 30, *Fax 968 23 76 61* – . VISA. X a
cerrado domingo – **Comida** carta aprox. 29.
◆ Comedor bien organizado, dotado de buen mobiliario, donde podrá degustar la cocina de la tierra, elaborada con selectos productos, y una carta muy correcta.

Las Cadenas, Apóstoles 10, 30001, 968 22 09 24 – . AE VISA. DY x
cerrado agosto y domingo – **Comida** carta aprox. 29.
◆ Bien llevado por el matrimonio propietario. Acogedor pero sin lujos, practica una cocina de múltiples sabores, compensada con platos tradicionales y de otras latitudes.

Hispano - *Hotel Hispano 2*, Arquitecto Cerdá 7, 30001, 968 21 61 52, *hotel@hotelhispano.net, Fax 968 21 68 59* – . AE VISA. DY e
cerrado domingo en julio-agosto y domingo noche resto del año – **Comida** carta 21 a 37.
◆ De gran prestigio en la ciudad, merced a su larga y firme trayectoria. La gastronomía mediterránea es la base de su cocina. ¡Deguste su amplio surtido de tapas murcianas!

Acuario, pl. Puxmarina 3, 30004, 968 21 99 55, *Fax 968 22 33 37* – . AE VISA. DY y
cerrado Semana Santa, del 15 al 30 de agosto y domingo – **Comida** carta aprox. 30.
◆ Restaurante familiar, con dos salones y un comedor privado. Su cocina se inspira en el recetario local para ofrecer novedosas elaboraciones.

El Churra - *Hoteles Churra-Vistalegre y El Churra*, Obispo Sancho Dávila 13, 30007, 968 27 15 22, *restauranteelchurra@elchurra.net, Fax 968 27 03 15* – . AE VISA JCB. X z
cerrado sábado y domingo en julio-agosto – **Comida** carta aprox. 35.
◆ Todo un clásico. Carta surtida en platos típicos, y una especialidad cuya receta original es la pata de cabrito al estilo murciano. Bar público en la entrada.

La Gran Taberna, av. de la Libertad 6, 30009, 968 24 45 22, *Fax 968 27 13 56* – . AE VISA. X v
cerrado 2ª quincena de agosto, domingo y martes noche – **Comida** carta 23 a 30.
◆ En su agradable sala tipo taberna, el propietario vestido de chef y su atenta brigada, le darán cuenta de la extensa carta. Espaciosa cafetería con tapas y menú económico.

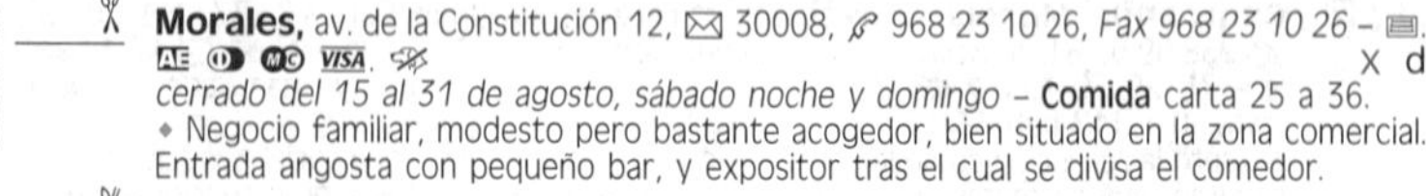

X **Morales,** av. de la Constitución 12, ✉ 30008, ☎ 968 23 10 26, *Fax 968 23 10 26* – ▤. AE ⓓ MC VISA. ✂ X d
cerrado del 15 al 31 de agosto, sábado noche y domingo – **Comida** carta 25 a 36.
• Negocio familiar, modesto pero bastante acogedor, bien situado en la zona comercial. Entrada angosta con pequeño bar, y expositor tras el cual se divisa el comedor.

X **Alborada,** Lepanto 4, ✉ 30008, ☎ 968 23 23 23, *r_alborada@eresmas.com* – ▤. AE ⓓ MC VISA. ✂ X d
cerrado sábado en julio-agosto, domingo y lunes noche – **Comida** - sólo almuerzo en agosto - carta aprox. 31.
• Sala de aspecto moderno, aunque sobria en decoración, unida al bar público de entrada donde sirven tapas y raciones. Dirigido por un profesional del ramo.

X **Universal Pacoche** - *Hoteles Pacoche Murcia y Universal Pacoche*, Cartagena 25, ✉ 30002, ☎ 968 21 13 38, *Fax 968 21 76 05* – ▤. AE ⓓ MC VISA DZ b
cerrado 20 días en agosto y domingo – **Comida** carta aprox. 17.
• Decorado en un cuidado estilo regional, cuenta con una barra para tapear en la entrada, y dos comedores bien dispuestos donde ofrecen una carta mediana.

🍷 **La Pequeña Taberna,** General Margallo 7, ✉ 30003, ☎ 968 21 98 40, *Fax 968 21 98 40*, ☂ – ▤. AE MC VISA. ✂ DZ z
cerrado del 10 al 30 de agosto y martes – **Tapa** 4,50 **Ración** aprox. 7.
• Taberna típica, bien organizada y espaciosa, con una zona reservada para mesas y restaurante, aunque las raciones son su plato fuerte.

🍷 **Mesón Las Viandas,** Pascual 2-4, ✉ 30004, ☎ 968 22 11 88, *info@mesonlasviandas.com, Fax 968 21 01 02* – ▤. ⓓ MC VISA. ✂ CY r
cerrado domingo en julio y agosto – **Tapa** 2 **Ración** aprox. 5.
• Casa tipo mesón llevada por dos hermanos, dotada de un buen número de mesas donde tapear. El jamón serrano y las migas murcianas son algunas de sus especialidades.

🍷 **La Pequeña Pequeña,** General Margallo 10, ✉ 30003, ☎ 968 21 51 65 – ▤. AE ⓓ MC VISA. ✂ DZ z
cerrado agosto y martes – **Tapa** 2,50 **Ración** aprox. 5.
• Popular y muy concurrido, ha conseguido hacerse un nombre en la ciudad. Pequeño local con buena organización y cuidado mantenimiento.

🍷 **Mesón Murcia,** pl. de las Flores 6, ✉ 30004, ☎ 968 21 96 56, ☂ – ▤. AE MC VISA. ✂ CY h
Tapa 1 **Ración** aprox. 4,50.
• Bar tipo mesón de organización sencilla, emplazado en una plaza muy concurrida. Deguste sus tapas y raciones en la agradable terraza al aire libre.

Ver también : **Santa Cruz** *Noreste : 9 km* X.

MURGIA o MURGUÍA *01130 Araba 573 D 21 – 875 h alt. 620.*

⛳9 *Zuia, zona deportiva de Altube, Noroeste : 5 km ☎ 945 43 09 22 Fax 945 43 09 18.*
Madrid 362 – Bilbao 45 – Vitoria-Gasteiz 19.

🏨 **La Casa del Patrón** 🐌, San Martín 2 ☎ 945 46 25 28, *hotel@casadelpatron.com, Fax 945 46 24 80* – |$| ▤ TV ☎ 🚗. ⓓ MC VISA. ✂ rest
Comida 15 – ☕ 4 – **14 hab** 42/55.
• Su atractiva fachada nos da la bienvenida a un interior cuya distribución evoca las casas antiguas. Cálidas habitaciones con baños en mármol, algunas de ellas abuhardilladas. Restaurante de buen montaje en el 1er piso, con los suelos en madera.

en Sarria *Norte : 1,5 km :*

XX **Arlobi,** Elizalde 21, ✉ 01139 Sarria, ☎ 945 43 02 12, ☂ – ▤ P. AE MC VISA. ✂
Comida carta aprox. 29.
• Mientras algunas de sus salas apuestan por tendencias actuales, un comedor de estilo rústico retoma el tipismo de esta casa de piedra. Posee también un bar con chimenea.

MURILLO EL FRUTO *31313 Navarra 573 E 25 – 724 h alt. 366.*

Madrid 361 – Pamplona 69 – Jaca 115 – Logroño 91 – Tudela 55.

⌂ **Txapi-Txuri,** Santa Úrsula 59 ☎ 948 71 58 08, *kermamlasquibar@terra.es, Fax 948 71 58 08*, ☂ – ▤ rest, P. MC VISA. ✂
cerrado enero y del 1 al 15 de septiembre – **Comida** *(cerrado domingo noche, lunes y martes)* 10 – ☕ 4 – **9 hab** 33/37,50.
• Ha mejorado su confort tras la construcción de nuevas habitaciones, dotadas con mobiliario de diferentes estilos, suelos en madera o gres rústico y baños de plato ducha.

MURO (Playa de) *Illes Balears – ver Balears (Mallorca) : Port d'Alcúdia.*

MUSKIZ *48550 Bizkaia* 573 C 20 – *6 394 h alt. 10.*
Madrid 419 – Bilbao 28 – Santander 82.

en la carretera N 634 *Noroeste : 4 km :*

Muskiz sin rest, El Haya 16, ✉ 48550, ☎ 94 670 78 28, *hotelmuskiz@hotelmuskiz.com, Fax 94 670 74 51* – TV P. AE VISA.
☕ 4 – **20 hab** 52/70.
◆ Ubicado en un antiguo edificio de aduanas. Recepción con un pequeño bar anexo como única zona social, y habitaciones que resultan algo reducidas, tres de ellas con jacuzzi.

MUXIKA o MÚJICA *48392 Bizkaia* 573 C 21 – *1 341 h alt. 40.*
Madrid 406 – Bilbao 32 – Donostia-San Sebastián 84 – Vitoria-Gasteiz 56.

en la carretera BI 635 :

Iberreko Errota sin rest, barrio Ariatza - Sureste : 4 km, ✉ 48392, ☎ 94 625 45 67, *iberrekoerrota@wanadoo.es* – TV P.
☕ 3 – **8 hab** 50.
◆ Atractiva casa en piedra que antaño funcionó como molino, conservando en la sala de desayunos piezas de la maquinaria original. Habitaciones funcionales de estilo clásico.

XX **Remenetxe,** barrio Ugarte - Este : 2 km ☎ 94 625 35 20, *remenetxe@remenetxe.com, Fax 94 625 57 83,* – P. AE VISA.
cerrado febrero y miércoles – **Comida** carta 33 a 49.
◆ Bello caserío con un pequeño bar en la entrada. Sus comedores brindan un cuidado montaje con atractivos detalles rústicos. Cocina vasca acompañada con excelentes vinos.

NÁJERA *26300 La Rioja* 573 E 21 – *6 901 h alt. 484.*
Ver : *Monasterio de Santa María la Real★ (claustro★, iglesia★ : panteón real★, sepulcro de Blanca de Navarra★, coro alto : sillería★).*
Madrid 324 – Burgos 85 – Logroño 28 – Vitoria-Gasteiz 84.

NATXITUA *Bizkaia – ver Ea.*

NAVA *33520 Asturias* 572 B 13 – *5 564 h.*
Madrid 463 – Gijón 41 – Oviedo 32 – Santander 173.

Villa de Nava, carret. de Santander ☎ 98 571 80 70, *hnava@mx3.redestb.es, Fax 98 571 80 83* – rest, TV P – 25/300. VISA.
Casa Mino : **Comida** carta 20 a 31 – ☕ 4,50 – **39 hab** 58,68/74,50 – 1 suite.
◆ Emplazado a la salida de la localidad, pone a su disposición unas confortables habitaciones con mobiliario estándar y baños actuales. Ambiente familiar. Acogedor restaurante dotado de una sidrería a la entrada y una sala de estilo clásico-regional.

NAVACERRADA *28491 Madrid* 576 J 17 575 J 17 121 F 5 – *1 597 h alt. 1 203 – Deportes de invierno en el Puerto de Navacerrada* ⛷ *8.*
Madrid 50 – El Escorial 21 – Segovia 35.

Hacienda Los Robles, av. de Madrid 27 ☎ 91 856 02 00, *hacienda@haciendalosrobles.com, Fax 91 856 02 25,* – TV P – 25/80. AE VISA.
Comida - sólo menú - 18 – **24 hab** ☕ 60/75 – 5 suites.
◆ Hotel rural con parte de la fachada en piedra y atractivas balconadas de madera. Correcta zona social, tres salas de reuniones y habitaciones con mobiliario rústico. El restaurante, que basa su oferta en el menú, se complementa con un bar a modo de pub inglés.

Nava Real, Huertas ☎ 91 853 10 00, *Fax 91 853 12 40* – TV – 25. AE VISA.
Comida 12,02 – ☕ 3,61 – **16 hab** 54,05/60.
◆ Sólido edificio en piedra ubicado en el centro de la localidad. Lo más destacado es el exquisito gusto decorativo que ostentan sus habitaciones, de carácter intimista. Restaurante de aire rústico que trabaja con productos escogidos.

XX **Felipe,** av. de Madrid 2 ☎ 91 856 08 34, *Fax 91 853 12 46* – . AE VISA JCB.
Comida carta 27 a 36.
◆ Establecimiento llevado con profesionalidad, que dispone de un buen bar para el tapeo, y dos salones de cuidado montaje, uno de estilo rústico y el otro más clásico.

XX **Asador Felipe,** Mayo 2 ☎ 91 853 10 41, *Fax 91 853 12 46* – AE VISA JCB.
junio-septiembre y fines de semana resto del año – **Comida** carta 30 a 40.
◆ Casa de piedra con terrazas bajo un árbol centenario. Salas de montaje castellano, con servicio de mesa a la altura, horno de leña y parrilla. Agradable porche acristalado.

ESPAÑA

en la carretera M 601 :

Arcipreste de Hita, Noroeste : 1,5 km, ✉ 28491, ☎ 91 856 01 25, *recepcion@hotelarciprestedehita.com, Fax 91 856 02 70,* ≤ pantano y montañas, Fá, ⛱, ⛱ - |♦|, ▤ rest, TV P - 🏊 25/60. AE ① MC VISA. ✂
Comida 20 - ☕ 10 - **38 hab** 90/100.
◆ Hotelito ubicado en un bello entorno natural. Instalaciones completas y bien equipadas con habitaciones confortables, correcta zona noble, y una variada oferta deportiva. Luminoso restaurante de línea clásica con un esmerado montaje.

La Fonda Real, Noroeste : 2 km, ✉ 28491, ☎ 91 856 03 05, *Fax 91 856 05 40* - P. AE MC VISA. ✂
cerrado lunes - **Comida** - sólo almuerzo salvo Navidades, Semana Santa, verano y fines de semana - carta aprox. 37.
◆ Bello edificio en piedra del s. XVIII decorado con gusto en estilo castellano-antiguo. En los días de invierno una chimenea caldea el ambiente de su elegante comedor.

Las Postas con hab, Suroeste : 1,5 km, ✉ 28491, ☎ 91 856 02 50, *postas@hotelespostas.com, Fax 91 853 11 51,* ≤ - ▤ rest, TV P - 🏊 25/60. AE MC VISA. ✂
Comida carta aprox. 27 - ☕ 5 - **22 hab** 55/65.
◆ Acogedor marco en una casa de postas del s. XIX, con un espacioso comedor acristalado de estilo rústico-actual. Posee unas coquetas habitaciones como complemento.

en el valle de La Barranca *Noreste : 3,5 km :*

La Barranca ⛰, pinar de La Barranca - alt. 1 470, ✉ 28491 Navacerrada, ☎ 91 856 00 00, *Fax 91 856 05 40,* ≤, ⛱, ✂ - |♦| TV P - 🏊 25/35. MC VISA. ✂
Comida 24 - **42 hab** ☕ 80/104 - 2 suites.
◆ Hotel de montaña situado en un paraje tranquilo y aislado. Acusa cierto desfase decorativo, aunque sus zonas comunes son amplias y las habitaciones de confort simple. Comedor rústico que brinda unas hermosas vistas.

NAVACERRADA (Puerto de) *28470 Madrid-Segovia* 576 *J 17* 575 *J 17* 121 *F 5 - alt. 1 860 - Deportes de invierno : ⛷8.*
Ver : *Puerto★ (≤★).*
Madrid 57 - El Escorial 28 - Segovia 28.

Pasadoiro, carret. N 601 ☎ 91 852 14 27, *pasadoiro@pasadoiro.com, Fax 91 852 35 29,* ≤ - TV P. AE ① MC VISA. ✂
Comida *(cerrado miércoles)* 20 - ☕ 4,50 - **36 hab** 40/60.
◆ Clásico alojamiento de montaña que pone a su disposición un acogedor salón social con chimenea, y unas sencillas habitaciones algo anticuadas pero muy cuidadas.

NAVAFRÍA *40161 Segovia* 575 *I 18* 121 *G 3 - 353 h alt. 1 193.*
Madrid 103 - Segovia 32 - Aranda de Duero 90 - Valladolid 134.

Posada Mingaseda ⛰, Campillo 12 ☎ 921 50 69 02, *reservas@posadamingaseda.es, Fax 921 50 62 35* - TV ♿. AE ① MC VISA. ✂
Comida 25 - **14 hab** ☕ 90/125.
◆ Instalado en una antigua casa restaurada con acierto. Sus dependencias, equipadas con mobiliario escogido y detalles de sumo gusto, resultan muy confortables.

NAVALCARNERO *28600 Madrid* 576 *L 17* 575 *L 17* 121 *F 8 - 14 256 h alt. 671.*
ℹ *pl. de Segovia 1 (bajo)* ☎ *91 810 11 42 info@turismo-navalcarnero.com Fax 91 811 13 48.*
Madrid 32 - El Escorial 42 - Talavera de la Reina 85.

Hostería de las Monjas, pl. de la Iglesia 1 ☎ 91 811 18 19 - ▤. AE ① MC VISA. ✂
cerrado del 15 al 31 de julio y lunes - **Comida** carta aprox. 35.
◆ Marco rústico en este restaurante con bar en la entrada y comedor de estilo castellano. Correcto montaje en su categoría, y una carta mediana con asados en horno de leña.

NAVALENO *42149 Soria* 575 *G 20 - 973 h alt. 1 200.*
Madrid 219 - Burgos 97 - Logroño 108 - Soria 48.

El Maño, Calleja del Barrio 5 ☎ 975 37 41 68 - ▤. AE ① MC VISA JCB. ✂
cerrado 15 días en septiembre y lunes noche de septiembre a junio - **Comida** carta 17 a 22.
◆ Una antigua casona dotada de un interior sencillo que, no obstante, posee cierto encanto. La bondad de sus precios y una carta interesante lo han convertido en un clásico.

NAVALMORAL DE LA MATA *10300 Cáceres 576 M 13 – 15 211 h alt. 514.*

Madrid 180 – Cáceres 121 – Plasencia 69.

Los Arcos de Baram, Regimiento Argel 6 ✆ 927 53 30 60 – ▤. MC VISA. ✻
Comida carta 23 a 30.
• Dispone de un pequeño bar y tres amplios comedores de montaje funcional. Trabaja mucho con grupos, ofreciendo una cocina tradicional con platos representativos de la región.

NAVARREDONDA DE GREDOS *05635 Ávila 575 K 14 – 552 h alt. 1 600.*

Madrid 174 – Ávila 62 – Plasencia 109 – Salamanca 102.

La Casa de Arriba ⛰, La Cruz ✆ 920 34 80 24, *reservas@casadearriba.com, Fax 920 34 83 86* – TV. MC VISA. ✻
Comida - sólo menu, sólo clientes - 19 – ☕ 7,50 – **8 hab** 67/79.
• Casa solariega en piedra del s. XVII declarada de interés histórico-artístico. Amplio hall, cuidado salón social y amplias habitaciones, con solado en madera y viguería vista.

NAVARRETE *26370 La Rioja 573 E 22 – 2 243 h alt. 512.*

Madrid 345 – Burgos 106 – Logroño 11 – Vitoria-Gasteiz 84.

San Camilo sin rest, carret. de Fuenmayor 4 ✆ 941 44 11 11, *sancamilo@sanmillan.com, Fax 941 44 11 12,* 🌳 – |♦| ▤ TV ✆ P – 🏛 25/500. AE MC VISA
☕ 5,80 – **38 hab** 54/72.
• Antiguo seminario rodeado de una amplísima zona ajardinada. Cuenta con unas habitaciones confortables y de alegres tonalidades, todas con columna de hidromasaje en los baños.

NAVEDA *39211 Cantabria 572 C 17.*

Madrid 362 – Santander 86 – Palencia 142.

Casona de Naveda ⛰, pl. del Medio Lugar 37 ✆ 942 77 95 15, *info@casonadenaveda.com, Fax 942 77 96 81,* 🌳 – TV. AE ⊕ MC VISA. ✻
Comida - sólo cena, sólo clientes - 19 – ☕ 7 – **9 hab** 69/86.
• Decorada con atractivas piezas de anticuario. Ofrece espaciosas habitaciones con los suelos en madera y baños modernos, así como un luminoso comedor para el cliente alojado.

NAVIA *33710 Asturias 572 B 9 – 8 914 h – Playa.*

ℹ Real 6 ✆ 98 547 37 95 turismo@ayto-navia.es (temp).
Madrid 565 – A Coruña 203 – Gijón 118 – Oviedo 122.

Palacio Arias sin rest, av. de los Emigrantes 11 ✆ 98 547 36 71, *palacioarias@fade.es, Fax 98 547 36 83* – |♦| TV 🚗 P – 🏛 25/50. AE ⊕ MC VISA. ✻
☕ 5 – **16 hab** 55/90.
• Elegante palacete obra del insigne arquitecto Luis Menéndez Pidal. Posee algunas habitaciones abuhardilladas y magníficos salones sociales decorados con mobiliario antiguo.

Blanco ⛰, La Colorada - Norte : 1,5 km ✆ 98 563 07 75, *visita@hotelblanco.net, Fax 98 547 32 01,* 🏊, 🎾 – |♦|, ▤ rest, TV ✆ P – 🏛 25/500. AE ⊕ MC VISA. ✻
Comida 10 – ☕ 5 – **44 hab** 30/75.
• Moderno hotel que cuenta con una buena zona noble y unas habitaciones funcionales, espaciosas y de adecuado confort. Piscina anexa rodeada de césped artificial. Restaurante a la carta muy luminoso y tres amplios comedores para banquetes.

Arias sin rest, av. de los Emigrantes 11 ✆ 98 547 36 71, *palacioarias@fade.es, Fax 98 547 36 83* – |♦| TV 🚗 P. AE ⊕ MC VISA. ✻
☕ 5 – **42 hab** 30/55 – 21 apartamentos.
• Situado dentro del recinto del hotel Palacio Arias, con el que comparte los salones sociales. Sus habitaciones están dotadas de mobiliario clásico y baños actuales.

La Barcarola, Las Armas 15 ✆ 98 547 45 28, *labarcarola@telefonica.net* – MC VISA
cerrado 2ª quincena de enero y martes salvo agosto y festivos – **Comida** carta 27 a 42.
• Acogedor marco neorrústico con mobiliario antiguo. Dispone de un bar en la planta baja y una sala en el 1er piso, con gruesos muros en piedra y las vigas del techo en madera.

NEGREIRA *15830 A Coruña 571 D 3 – 6 265 h alt. 183.*

Madrid 633 – A Coruña 92 – Santiago de Compostela 20.

Tamara, av. de Santiago ✆ 981 88 52 01, *info@hotel_tamara.com, Fax 981 88 58 13* – |♦| TV P. AE ⊕ MC VISA. ✻
Comida 7 – ☕ 3 – **42 hab** 27,82/40,66 – 22 apartamentos.
• Hotel de línea clásica ubicado a la entrada de la localidad. Correcto salón social en la planta sótano, amplia cafetería y habitaciones funcionales con el suelo en tarima. El restaurante trabaja mucho con banquetes.

ESPAÑA

Casa Barqueiro, av. de Santiago 13 ✆ 981 81 82 34, *museo@wanadoo.es, Vinoteca* – ▤. AE ⓓ ⓜ VISA. ✄
cerrado martes salvo verano **Comida** carta 22 a 27.
◆ Establecimiento de nueva construcción y línea actual, con bar para tapeo en la entrada. En su bien montado comedor podrá degustar los platos más populares de la región.

en Ponte Maceira *por la carretera de Portomouro - Este : 4 km :*

Ponte Maceira, ✉ 15864 Ponte Maceira, ✆ 981 88 16 80 – P. ⓜ VISA. ✄
marzo-octubre – **Comida** *(cerrado lunes)* carta 24 a 27.
◆ Goza de un singular atractivo por su situación junto a un puente romano que cruza el río Tambre. Casa construida en piedra, con un bar y tres salas de montaje funcional.

NEGURI *Bizkaia – ver Getxo.*

NERJA *29780 Málaga* 578 *V 18* 124 *K 5 – 14 334 h – Playa.*
Ver : *Localidad★ – Balcón de Europa★.*
Alred. : *Cueva de Nerja★★ Noreste : 4 km – Carretera★ de Nerja a La Herradura ≤★★.*
Puerta del Mar 2 ✆ 95 252 15 31 turismo@nerja.org Fax 95 252 62 87.
Madrid 549 – Almería 169 – Granada 107 – Málaga 52.

Parador de Nerja, Almuñécar 8 ✆ 95 252 00 50, *nerja@parador.es, Fax 95 252 19 97,* ≤ mar, ☂, ⛱, ⛬, ✂ – |‡| ▤ TV ♿ P – 🔬 25/150. AE ⓓ ⓜ VISA JCB. ✄
Comida 25 – ☕ 11 – **96 hab** 108/135 – 2 suites.
◆ Magnífica ubicación en un acantilado, con un cuidado jardín frente al mar, una elegante zona noble y habitaciones actuales. Atractivo ascensor panorámico hasta la playa. Comedor con el techo en madera a modo de refugio de montaña.

Balcón de Europa, paseo Balcón de Europa 1 ✆ 95 252 08 00, *balconeuropa@spa.es, Fax 95 252 44 90,* ≤, ☂, ⛱ climatizada, ⛺ – |‡| ▤ TV – 🔬 25/100. AE ⓓ ⓜ VISA. ✄ rest
Comida 26 – ☕ 9 – **111 hab** 93/121.
◆ Disfrute de excelentes vistas al mar desde sus confortables habitaciones recientemente actualizadas. Profusión de mármol en zonas comunes, y una genuina terraza-solarium. Idílico restaurante panorámico.

Plaza Cavana, pl. Cavana 10 ✆ 95 252 40 00, *hotelplazacavana@infonegocio.com, Fax 95 252 40 08,* ⛱, ⛱ – |‡| ▤ TV 🚗 – 🔬 25/120. ⓓ ⓜ VISA. ✄
Comida *(cerrado enero y domingo)* - sólo cena - 12 – ☕ 6 – **39 hab** 60/100.
◆ Hotel moderno de cuidado exterior. Posee habitaciones luminosas, actuales y de buen confort, con los cabeceros de las camas en azulejos. Agradables piscinas y zona social. Coqueto comedor con acceso directo desde la calle.

Perla Marina, Mérida 7 ✆ 95 252 33 50, *Fax 95 252 40 83,* ≤, ⛱ – |‡| ▤ TV 🚗 – 🔬 25/180. AE ⓓ ⓜ VISA. ✄
Comida - sólo cena buffet - 16,83 – ☕ 5,11 – **106 hab** 60,10/102,17.
◆ Situado en una zona tranquila a las afueras de la localidad. Carácter actual y utilitario, con zonas comunes espaciosas, y muchas de sus habitaciones mirando al mar. Salón-comedor con un completo servicio de buffet.

Paraíso del Mar ⛵ sin rest, prolongación de Carabeo 22 ✆ 95 252 16 21, *info@hispanica-colint.es, Fax 95 252 23 09,* ≤, ⛱, ⛬ – ▤ TV 🚗. AE ⓓ ⓜ VISA. ✄
9 hab 110/120 – 7 suites.
◆ Junto al Mirador del Bendito, disponiendo espectaculares vistas desde la piscina y las habitaciones, todas actuales y de diseño personalizado. Acceso privado a la playa.

Carabeo, Hernando de Carabeo 34 ✆ 95 252 54 44, *hcarabeo@arrakis.es, Fax 95 252 26 77,* ≤, ☂, ⛱ – ▤ TV. ⓓ ⓜ VISA. ✄
cerrado 14 noviembre-15 diciembre – **Comida** *(cerrado lunes)* carta 29 a 44 – **6 hab** ☕ 80/140 – 1 apartamento.
◆ Bello hotel con diseño distinto en todas sus habitaciones, y un elegante salón de estilo inglés. Posee un precioso patio ajardinado con piscina y vistas al Mediterráneo. Comedor de reducido tamaño pero muy acogedor.

Don Peque sin rest, Diputación Provincial 13-1º ✆ 95 252 13 18, *Fax 95 252 13 18* – ⓜ VISA. ✄
☕ 3 – **10 hab** 44.
◆ En zona céntrica y comercial. Aunque los niveles de mantenimiento son correctos, sus habitaciones están anticuadas. Mobiliario castellano y sencilla organización.

Udo Heimer, PUEBLO ANDALUZ, 27 ✆ 95 252 00 32, *Fax 95 252 00 32,* ☂ – ▤. ⓜ VISA
cerrado enero y miércoles – **Comida** carta 32 a 39.
◆ La propietaria demuestra desde los fogones su pasión por la cocina de autor, ofreciendo elaboraciones en las que se juega con los contrastes, colores, texturas y sabores.

Verano Azul, Almirante Ferrándiz 31 ✆ 95 252 69 62, – MC VISA.
cerrado 15 noviembre-15 diciembre y miércoles – **Comida** carta 20 a 26.
◆ Bien llevado por el matrimonio propietario, que ha conseguido consolidarlo en la zona. Reducidas pero confortables instalaciones, con pequeña terraza en calle peatonal.

La Posada Ibérica, Nueva 1 ✆ 95 252 62 86 – VISA.
cerrado febrero y miércoles – **Tapa** 1,50 **Ración** aprox. 9.
◆ Mesón decorado en estilo castellano, con ladrillo visto y madera. Posee una zona de tapeo donde ofrecen deliciosas raciones y tapas extremeñas, así como un reducido comedor.

NIGRÁN *36350 Pontevedra* 571 F 3 – *15 647 h alt. 40.*
Madrid 619 – Ourense 108 – Pontevedra 44 – Vigo 17.

Los Abetos, av. Val Miñor 89 (carret. PO 552) ✆ 986 36 81 47, *losabetos@losabetos.com, Fax 986 36 55 67,* Interesante bodega – P. AE MC VISA.
Comida carta 27 a 39.
◆ Restaurante de amplia capacidad donde podrá saborear sus conocidas carnes a la brasa y los variados caldos de su bien nutrida bodega. Posee también salones de convenciones.

NOÁIN *31110 Navarra* 573 D 25.
Madrid 383 – Pamplona 7 – Vitoria/Gasteiz 104 – Logroño 96 – Donostia/San Sebastián 87.

junto a la autopista A 15 *Noreste : 5 km :*

Ciudadela, Ciudad del Transporte, ✉ 31119, ✆ 948 31 44 44, *reservas@hotelciudadela.com, Fax 948 31 44 45* – TV P. AE MC VISA.
Comida 18 – ☕ 5 – **88 hab** 120 – 1 suite.
◆ Funcional y moderno, está muy orientado al mundo empresarial. La reducida zona social se compensa con unas habitaciones de excelente confort, completamente equipadas.

NOIA *15200 A Coruña* 571 D 3 – *14 082 h.*
Ver : *Iglesia de San Martín*★.
Alred. : *Oeste : Rías de Muros y Noia*★★.
Madrid 639 – A Coruña 109 – Pontevedra 62 – Santiago de Compostela 35.

por la carretera de Boiro *Sur : 0,8 km y desvío a la derecha 0,3 km :*

Casa do Torno , Lugar do Torno 1, ✉ 15200, ✆ 981 84 20 74, *casatorno@wanadoo.es, Fax 981 84 23 76* – TV P. MC VISA.
Comida - sólo cena, sólo clientes - 12,15 – ☕ 4,21 – **8 hab** 34,32/50,47.
◆ Antigua escuela rehabilitada que posee una agradable zona noble y unas habitaciones acogedoras, con los suelos en madera y bello mobiliario personalizado de estilo antiguo.

NOJA *39180 Cantabria* 572 B 19 – *1 562 h – Playa.*
Madrid 422 – Bilbao 79 – Santander 45.

en la playa de Ris *Noroeste : 2 km :*

Torre Cristina , La Sierra 9, ✉ 39184 Ris, ✆ 942 67 54 20, *torrecristina@hotmail.com, Fax 942 63 10 24,* ←, – , rest, TV P. MC VISA.
15 junio-15 septiembre – **Comida** - sólo clientes - 11 – ☕ 5 – **49 hab** 65/98.
◆ Moderno hotel con acceso por una rotonda acristalada. Amplio hall, habitaciones de confort actual con adecuado mobiliario y buenas zonas lúdicas. Comidas sólo para clientes.

Las Dunas, paseo Marítimo 4, ✉ 39184 Ris, ✆ 942 63 01 23, *hlasdunas@hotmail.com, Fax 942 63 01 08,* ←, – TV P. MC VISA.
junio-septiembre – **Comida** 12 – ☕ 4,50 – **70 hab** 65/95.
◆ Clásico establecimiento vacacional que va actualizando sus instalaciones año tras año. Se han renovado los suelos de sus habitaciones, resultando éstas muy confortables. Comedor dotado de buen mobiliario, con una reducida carta y un equilibrado menú.

Montemar , Arenal 21, ✉ 39184 Ris, ✆ 942 63 03 20, *montemar@hotelmontemar.com, Fax 942 63 03 20,* , – , rest, TV P. MC VISA.
15 junio-15 septiembre – **Comida** 10 – ☕ 5 – **61 hab** 60/78.
◆ Sencillas instalaciones con la funcionalidad habitual en un alojamiento de playa. Sus habitaciones resultan correctas, y como novedad ofrece un coqueto gimnasio.

NOREÑA *33180 Asturias* 572 B 12 – *4 193 h alt. 199.*
Madrid 447 – Oviedo 16.

Doña Nieves sin ☕, Pío XII-4 ✆ 98 574 02 74, *hotelcabeza@verial.es, Fax 98 574 12 71,* – TV – 25/100. AE MC VISA.
Comida - en el Hotel ***Cabeza*** – **27 hab** 46/60.
◆ Funciona como un anexo del hotel Cabeza, ya que centraliza en él todos los servicios. Habitaciones completamente equipadas, con suelo en moqueta y mobiliario clásico.

ESPAÑA

Cabeza, Javier Lauzurica 4 ✆ 98 574 02 74, *hotelcabeza@verial.es, Fax 98 574 12 71* – |♦|, ▤ rest, TV ✆ 🚗. AE ⓓ ⓜ VISA. ✻
Comida *(cerrado domingo)* 12 – ☕ 5 – **48 hab** 46/60.
◆ Establecimiento familiar bien dirigido, dotado de una discreta zona social y de unas habitaciones de suficiente confort, con los baños actualizados.

por la antigua carretera de Gijón *Norte : 1,5 km :*

Cristina ⛰, Las Cabañas, ✉ 33180, ✆ 98 574 47 47, *hotelcristina@verial.es, Fax 98 574 22 02*, ←, 🌳 – |♦| ▤ TV ✆ 🚗 P – 🎤 25/400. AE ⓓ ⓜ VISA. ✻
Comida 15 – ☕ 6 – **55 hab** 70/90.
◆ Conjunto actual a las afueras de la ciudad, definido por su fachada azul, con balcones y un amplio porche. Habitaciones amplias, funcionales y dotadas de mobiliario clásico. Disfruta de un restaurante a la carta y de una sidrería decorada con gran tipismo.

NOVO SANCTI PETRI (Urbanización) *Cádiz – ver Chiclana de la Frontera.*

La NUCIA *03530 Alacant* 577 Q 29 123 H 3 – *6 106 h alt. 85.*
Madrid 450 – Alacant/Alicante 56 – Gandía 64.

en la carretera de Benidorm *Sur : 4,5 km y desvío a la derecha 1 km :*

Kaskade I, urb. Panorama III, ✉ 03530, ✆ 96 587 31 40, *Fax 96 587 34 48*, 🌳, 🏊, 🎾 – P. ⓜ VISA. ✻ – *cerrado 15 diciembre-15 enero* – **Comida** carta 16 a 26.
◆ Restaurante de organización familiar en un agradable paraje. Íntimo y correcto comedor, donde ofrecen una extensa carta con predominio de platos tradicionales.

NUEVA *33592 Asturias* 572 B 15.
Madrid 452 – Avilés 96 – Gijón 73 – Oviedo 87 – Ribadesella 15.

La Casona de Nueva ⛰ sin rest, barrio La Granda ✆ 985 41 00 21, *lacasonadenueva@telefonica.net, Fax 985 41 07 07* – |♦| TV P. AE ⓜ VISA. ✻
cerrado enero y febrero – **11 hab** ☕ 69/94.
◆ Casa tipo chalet en un entorno tranquilo. Destacan sus confortables habitaciones, algunas abuhardilladas, con mobiliario en forja, suelos en madera y baños actuales.

al Noroeste : *2,5 km :*

Alfoz de Rondiella ⛰, ✉ 33591 Piñeres de Pría, ✆ 985 41 04 65, *reservas@alfozderondiella.com, Fax 985 41 00 29*, 🌳 – TV P. ⓜ VISA. ✻ – *cerrado 6 enero-10 febrero* – **Comida** - sólo cena - carta aprox. 25 – **10 hab** ☕ 68,12/72,12.
◆ Antigua casa de labranza con unas espaciosas dependencias que combinan con acierto mobiliario moderno y de época. Agradable salón-comedor con chimenea.

NUÉVALOS *50210 Zaragoza* 574 I 24 – *252 h alt. 724.*
Ver : *Monasterio de Piedra : Parque y cascadas★★ (Sur : 3 km).*
Madrid 223 – Guadalajara 166 – Tudela 139 – Zaragoza 108.

Río Piedra, travesía Monasterio de Piedra 1 ✆ 976 84 90 07, *Fax 976 84 90 87*, 🌳, 🏊 – ▤ rest, TV 🚗 P. AE ⓓ ⓜ VISA. ✻ – *cerrado enero* – **Comida** 16 – ☕ 3 – **30 hab** 36/54.
◆ Negocio familiar con pequeña zona ajardinada. Las habitaciones resultan funcionales, amplias y luminosas, con discreto mobiliario en pino de línea provenzal. Su moderno comedor trabaja mucho con banquetes, aunque posee un sorprendente menú degustación.

en el Monasterio de Piedra *Sur : 3 km :*

Monasterio de Piedra ⛰, ✉ 50210 Nuévalos, ✆ 902 19 60 52, *hotel@monasteriopiedra.com, Fax 976 84 90 54*, 🎾 – ▤ rest, TV ♿ P – 🎤 25/170. AE ⓓ ⓜ VISA. ✻
Comida 23 – **61 hab** ☕ 68/126.
◆ Antiguo monasterio que da nombre al parque natural anexo, famoso por sus espectaculares cascadas. Confortables dependencias austeras, con patios y pasillos de aspecto monacal. Espacioso comedor de techos altos donde se suele trabajar con grupos.

NUEVO PORTIL (Urbanización) *Huelva – ver Cartaya.*

OCAÑA *45300 Toledo* 576 M 19 121 J 10 – *6 708 h alt. 730.*
Madrid 66 – Alcázar de San Juan 90 – Aranjuez 15 – Toledo 52.

Casa Carmelo, Santa Catalina 10 ✆ 925 13 07 77, *info@casacarmelo.com, Fax 925 13 07 77* – ▤. AE ⓓ ⓜ VISA
cerrado del 15 al 30 de septiembre – **Comida** carta 24 a 30.
◆ Sabores de la tierra en una casa del s. XV cuya sala principal, a modo de patio toledano, rebosa de luz natural. Evocadores rincones con mesas en unas antiguas cuevas.

OCHAGAVÍA *31680 Navarra 573 D 26 – 591 h alt. 765.*

Madrid 472 – Bayonne 119 – Pamplona 75 – Tudela 165.

Auñamendi, pl. Gurpide 1 ✆ 948 89 01 89, *auniamendi@jet.es, Fax 948 89 01 89* – rest, TV. VISA.
cerrado 11 septiembre-8 octubre – **Comida** 16 – 6 – **11 hab** 48/60.
• Recréese con la belleza del entorno y descanse en este agradable hostal, con amplio salón social abuhardillado y unas confortables habitaciones de aire neorrústico.

OGÍJARES *18151 Granada 578 U 19 124 M 3 – 5 062 h alt. 717.*

Madrid 426 – Granada 9 – Málaga 129.

al Suroeste : *4 km* :

Cortijo Landete , Buganvillas 6, ✉ 18151, ✆ 958 50 66 60, *cortijolandete@terra.es, Fax 958 50 69 68*, – TV. VISA.
Comida 25,90 – 8,25 – **9 hab** 104,75/130,90.
• El sabor de lo antiguo y el tipismo andaluz descubren un atractivo edificio de cuidados exteriores. Posee habitaciones de ligero estilo rústico y completas zonas de ocio. Restaurante situado en el ático, con un exquisito salón acristalado.

OIARTZUN u OYARZUN *20180 Gipuzkoa 573 C 24 – 8 393 h alt. 81.*

Madrid 481 – Bayonne 42 – Pamplona 98 – Donostia-San Sebastián 11.

al Sur :

XXX ✿✿ **Zuberoa,** pl. Bekosoro 1 (barrio Iturriotz) - 2,2 km ✆ 943 49 12 28, *Fax 943 49 26 79*, – P. AE VISA.
cerrado 30 diciembre-16 enero, 28 marzo-10 abril, del 12 al 30 de octubre, domingo y miércoles – **Comida** 93 y carta 69 a 78.
Espec. Caldereta templada de bogavante. Cochinillo confitado, frutas al jengibre y puré de patata. Helado de mamia, bizcocho de nuez, compota de pera y crema de queso (noviembre-15 junio).
• De reconocido prestigio y alta profesionalidad. Caserío del s. XV con una agradable terraza, cuyo interior alberga un comedor de elegante rusticidad y esmerado montaje.

XX **Matteo,** Ihurrita bidea 2 (barrio Ugaldetxo) - 1 km ✆ 943 49 11 94, *restaurantematteo@telefonia.net, Fax 943 49 00 59* – P. AE VISA.
cerrado del 1 al 15 de enero y lunes – **Comida** carta 42 a 58.
• Restaurante centenario con un servicio de mesa de nivel, instalado en una casa de arquitectura popular. Sus comedores resultan bastante acogedores e íntimos.

por la carretera de Irún *Noreste : 2,5 km y desvío a la izquierda 1,5 km* :

Usategieta , Maldaburu bidea 15 (barrio Gurutze), ✉ 20180, ✆ 943 26 05 30, *reservas@hotelusategieta.com, Fax 943 26 06 75*, – TV P. AE VISA.
Comida carta 25 a 40 – 7 – **13 hab** 108/139.
• Atractivo edificio neorrústico en un bonito paraje. Posee un luminoso salón social y confortables habitaciones, la mitad de ellas con balcón y las superiores abuhardilladas. Cálido comedor exterior dotado de buen montaje y con parte de su parrilla a la vista.

OIEREGI u OYEREGUI *31720 Navarra 573 C 25.*

Alred. : *Noroeste : Valle del Bidasoa★.*

Madrid 449 – Bayonne 68 – Pamplona 50 – Donostia-San Sebastián 55.

OJEDO *39585 Cantabria 572 C 16.*

Madrid 398 – Aguilar de Campóo 81 – Santander 111.

Infantado, carret. N 621 ✆ 942 73 09 39, *Fax 942 73 05 78*, – , rest, TV P. AE VISA.
cerrado 20 enero-20 febrero – **Comida** 15 – **46 hab** 41,37/60,60 – 2 suites.
• Edificio en piedra situado al borde de la carretera. Posee acogedores salones sociales y unas confortables habitaciones con mobiliario castellano. Aseos completos. Restaurante de gran capacidad presidido por un horno de leña.

Peña Sagra, cruce carret. N 621 y N 627 ✆ 942 73 07 92, *peñasagra@yahoo.es, Fax 942 73 07 96* – TV P. VISA.
Comida 7,50 – **22 hab** 36,06/57,69.
• De sencilla organización familiar. Su escasa zona social se compensa con unas cálidas habitaciones que poseen suelo en parquet, mobiliario rústico-moderno y baños actuales. Restaurante tipo mesón, con arcos en ladrillo visto y viguería de madera.

Martín, carret. N 621 ✆ 942 73 07 00, *Fax 942 73 02 33,* ← - P. AE MC VISA. ✂
cerrado 10 diciembre-febrero – **Comida** carta aprox. 23.
◆ En la sencillez radica su eficacia. Posee una barra de apoyo a la entrada, seguida de dos salas de modesto montaje donde ofrecen una carta clásica de la zona.

OJÉN *29610 Málaga 578 W 15 124 D 6 – 1 976 h alt. 780.*

Madrid 610 – Algeciras 85 – Málaga 64 – Marbella 8.

La Posada del Ángel sin rest, Mesones 21 ✆ 95 288 18 08, *info@laposadadelange l.com, Fax 95 288 18 10* – TV. MC VISA. ✂
cerrado 15 enero-15 febrero – ☕ 7 – **17 hab** 50/93.
◆ Acogedor hotelito con varias casas distribuidas en torno a un patio-terraza. Las habitaciones están personalizadas en su decoración, con mobiliario antiguo y baños de diseño.

en la Sierra Blanca *Noroeste : 10 km por A 355 y carretera particular :*

Refugio de Juanar ⛰, ✉ 29610 Ojén, ✆ 95 288 10 00, *yjuanar@juanar.com, Fax 95 288 10 01,* ⛰, 🌳, 🎾 – |♿|, ▤ rest, TV P – 🏛 25/60. AE ① MC VISA JCB. ✂
Comida carta aprox. 35 – ☕ 7,50 – **23 hab** 73/95 – 3 suites.
◆ Bello entorno en una reserva cinegética. Cuidadas instalaciones con un hall-recepción donde predomina el ladrillo visto, y habitaciones amplias con mobiliario neorrústico. Comedor regional de aire castellano, con una preciosa bodega típica y barbacoa exterior.

OLABERRIA *20212 Gipuzkoa 573 C 23 – 936 h alt. 332.*

Madrid 422 – Bilbao 85 – Donostia-San Sebastián 44 – Pamplona 74 – Logroño 114.

Zezilionea ⛰ con hab, Herriko Plaza ✆ 943 88 58 29, *Fax 943 88 41 69,* 🏖 – |♿|, ▤ rest, TV ♿. AE MC VISA. ✂
cerrado Navidades – **Comida** *(cerrado domingo noche y lunes noche)* carta 23 a 31 – **9 hab** ☕ 37,85/54,10.
◆ Hostal de reciente construcción en el centro de la localidad. Posee un bar con algunas mesas para el menú, un comedor neorrústico tipo sidrería y unas correctas habitaciones.

OLEIROS *15173 A Coruña 571 B 5 – 18 727 h alt. 79.*

Madrid 580 – A Coruña 8 – Ferrol 24 – Santiago de Compostela 78.

El Refugio, pl. de Galicia 11 ✆ 981 61 08 03, *Fax 981 63 14 80* – ▤. AE ① MC VISA JCB. ✂
cerrado 20 días en septiembre y domingo noche – **Comida** carta 39 a 49.
◆ Posee una cafetería en la entrada. Su carta combina por igual una cocina gallega y tradicional, con marisco, y otra de tinte internacional basada en carnes. Excelente bodega.

OLITE *31390 Navarra 573 E 25 – 3 049 h alt. 380.*

Ver : *Castillo de los Reyes de Navarra★★ – Iglesia de Santa María la Real (fachada★).*
i *plaza de los Teobaldos ✆ 948 74 17 03 oit.olite@cfnavarraa.es Fax 948 74 17 03.*
Madrid 370 – Pamplona 43 – Soria 140 – Zaragoza 140.

Parador de Olite ⛰, pl. de los Teobaldos 2 ✆ 948 74 00 00, *olite@parador.es, Fax 948 74 02 01* – |♿| ▤ TV ♿ – 🏛 25/200. AE ① MC VISA. ✂
Comida 27 – ☕ 11 – **43 hab** 92/115.
◆ Instalado en una de las alas del antiguo castillo de los reyes de Navarra. En sus elegantes dependencias el confort actual y el pasado histórico conviven en armonía. Íntimo comedor recreado por bellas vidrieras.

Merindad de Olite sin rest, Rua de la Judería 11 ✆ 948 74 02 13, *Fax 948 74 07 35* – ▤ TV. AE ① MC VISA. ✂
☕ 6 – **10 hab** 57/66.
◆ Entrañable establecimiento familiar, reconstruido sobre los restos de una antigua muralla romana y decorado en un cálido estilo rústico. Habitaciones con mobiliario escogido.

Casa Zanito con hab, Rua Mayor 10 ✆ 948 74 00 02, *zanito1@es.inter.net, Fax 948 71 20 87* – |♿| ▤ TV. AE ① MC VISA. ✂
cerrado 15 diciembre-15 enero – **Comida** *(cerrado lunes y martes salvo julio-agosto)* carta 32 a 40 – **16 hab** ☕ 55/68.
◆ Restaurante de esmerado montaje donde degustar una cocina de raíces locales, y como complemento habitaciones con mobiliario de calidad en madera.

ESPAÑA

OLIVA 46780 València 577 P 29 – 20 311 h – Playa.

Olivanova, Sureste : 6 km ☎ 96 285 76 66 Fax 96 285 76 67.
passeig Lluís Vives ☎ 96 285 55 28 oliva@touristinfo.net Fax 96 285 55 28.
Madrid 424 – Alacant/Alicante 101 – Gandía 8 – València 76.

en la playa *Este : 3 km :*

Kiko Port, ✉ 46780 apartado 70, ☎ 96 285 61 52, *kikopark@kikopark.com, Fax 96 285 43 20,* ≤ mar, – ▤. MC VISA.
Comida carta 30 a 36.
◆ Situado frente al puerto deportivo, es el marco ideal para saborear su carta mientras disfruta de las vistas al mar. Su decoración imita el interior de un barco.

Soqueta, Vía de Ronda, ✉ 46780, ☎ 96 285 14 52, *Fax 96 285 14 52,* – AE MC VISA.
cerrado enero, del 15 al 31 de octubre, domingo noche y lunes – **Comida** carta aprox. 33.
◆ Distribuido en dos zonas : un salón sencillo para menú, y una terraza cubierta que trabaja la carta. Afamado por la calidad de sus platos de sabor típicamente valenciano.

al Sur *: 3 km :*

Mistral, Partida l'Elca, ✉ 46780, ☎ 96 285 53 49, *restaurante-mistral@yahoo.es, Fax 96 285 10 53,* – ▤ P. MC VISA.
cerrado 15 octubre-15 noviembre y lunes – **Comida** - sólo almuerzo salvo viernes y sábado, de septiembre a junio y sólo cena en julio-agosto - carta 22 a 30.
◆ Restaurante de organización familiar, ubicado en un tranquilo paraje entre frutales, donde podrá degustar platos de la cocina tradicional. Espaciosa terraza exterior.

por la carretera de Alacant *al borde del mar - Sureste : 6 km :*

Oliva Nova Golf, ✉ 46780 apartado 31, ☎ 96 285 76 00, *reservashotel@chg.es, Fax 96 285 76 01,* ≤, , , , , , , , 18 – ▤ TV & P – 25/300. AE MC VISA.
Comida 27 – **127 hab** 148/192 – 115 suites.
◆ Atractivo conjunto de modernas dependencias entre jardines, situado frente al mar. Sus habitaciones, de aire alegre y a la vez elegante, le ofrecen todas las comodidades. Restaurante con detalles rústicos, que en verano se complementa con otro más informal.

La OLIVA (Monasterio de) 31310 Navarra 573 E 25.

Ver : *Monasterio★ (iglesia★★, claustro★).*
Madrid 366 – Pamplona 73 – Zaragoza 117.

OLIVARES DE DUERO 47359 Valladolid 575 H 16 – 336 h alt. 744.

Madrid 216 – Aranda de Duero 65 – Valladolid 40.

Casa el Agapio, Santa María 11 ☎ 983 68 04 95, *agapiorural@hotmail.com, Fax 983 68 04 95,* Biblioteca – MC VISA.
cerrado 20 enero-4 febrero – **Comida** *(cerrado martes)* 10 – 3 – **7 hab** 29/48.
◆ Casa rural de amable organización familiar. Goza de un salón social con chimenea y habitaciones de suficiente confort, con suelos en madera y baños completos. Acogedor restaurante rústico en cuya carta destacan las elaboraciones con avestruz.

OLIVELLA 08818 Barcelona 574 I 35 – 1 443 h alt. 211.

Madrid 572 – Barcelona 51 – Tarragona 64.

El Margalló, Ronda Sur (casco antiguo) ☎ 93 896 84 84, *info@elmargallo.com, Fax 93 896 86 56,* – ▤ P. AE MC VISA.
cerrado 15 octubre-15 noviembre y lunes – **Comida** - sólo almuerzo salvo fines de semana y julio-agosto - carta 27 a 43.
◆ Construcción de estilo actual con detalles regionales. Alberga una sala que combina lo rústico y lo moderno, dotada de buen mobiliario y viguería de madera en el techo.

OLIVENZA 06100 Badajoz 576 P 8 – 10 004 h alt. 268.

Madrid 434 – Badajoz 30 – Cáceres 125 – Mérida 90 – Portalegre 81.

Alcañices, Colón 3 ☎ 924 49 15 70, *alcanicesoli@terra.es, Fax 924 49 15 70* – ▤. MC VISA.
cerrado 15 dias en octubre, domingo noche y lunes noche – **Comida** - sólo almuerzo en invierno salvo viernes y sábado - carta 24 a 29.
◆ Céntrico negocio de sencilla organización, dotado de un bar a la entrada, y un comedor bien dispuesto de línea clásico-actual. Correcta carta a precios moderados.

Dosca, pl. de la Constitución 15 ✆ 924 49 10 65, *Fax 924 49 10 65* – ▤. VISA.
Comida carta 21 a 27.
◆ Goza de cierto renombre en la localidad, pues está avalado por sus más de 20 años de experiencia. Cuenta con un pequeño bar de espera y un comedor clásico en dos niveles.

OLIVES *17468 Girona* 574 F 38 122 H 4 – *26 h alt. 120.*
Madrid 714 – Barcelona 122 – Girona/Gerona 23 – Perpignan 80.

Mas Ros, ✆ 972 56 10 44, *info@masros.com*, – TV P. VISA JCB.
Comida - sólo clientes, sólo cena - 15 - **6 hab** 60/85.
◆ Bonito caserón en piedra rodeado por una gran zona verde y con un porche para el verano. Correcta zona social y espaciosas habitaciones vestidas con mobiliario restaurado.

OLLAURI *26220 La Rioja* 573 E 21 – *294 h alt. 493.*
Madrid 325 – Logroño 40 – Vitoria-Gasteiz 50 – Burgos 93 – Bilbao 95.

El Conde, Sol de la Cabra ✆ 941 33 83 59, *restaurantelconde@fer.es, Fax 941 33 80 47* – ▤. VISA.
cerrado 23 diciembre-9 enero, del 1 al 15 de junio, del 12 al 26 de septiembre, domingo noche y lunes – **Comida** carta 27 a 31.
◆ Ocupa parte de una bodega que puede ser visitada por sus clientes. Sala repartida en tres niveles con decoración rústica de diseño, dejando la viguería en madera a la vista.

L'OLLERÍA *46850 València* 577 P 28 123 E 1 – *6 791 h alt. 232.*
Madrid 388 – Albacete 137 – Alacant/Alicante 96 – València 73.

San Miguel, av. Diputación 6 ✆ 96 220 03 59, *Fax 96 220 02 87* – ▤ TV P. AE VISA.
Comida *(cerrado domingo)* 10,60 – 5 – **24 hab** 30,60/45.
◆ Hotel con fachada en ladrillo visto, a la entrada de la ciudad. Sus dependencias son funcionales, con el mobiliario de las habitaciones en pino y los baños completos. Restaurante dotado de acceso independiente, con una sala en estilo clásico-moderno.

OLMEDILLA DEL CAMPO *16550 Cuenca* 576 L 21 – *83 h alt. 980.*
Madrid 113 – Cuenca 56 – Guadalajara 135 – Toledo 133.

La Jacoba, Las Maravillas 2 ✆ 969 13 65 04, *lajacoba@eresmas.com, Fax 969 13 65 64* – AE VISA JCB.
Comida - sólo clientes - 10 - **5 hab** 45.
◆ Casa de labranza con un bar tipo bodega a la entrada, seguido del comedor para los clientes alojados. Cómodas habitaciones con mobiliario de aire antiguo y baños completos.

OLMEDO *47410 Valladolid* 575 I 15 121 B 2 – *3 637 h alt. 771.*
Madrid 151 – Ávila 79 – Salamanca 132 – Valladolid 44 – Zamora 114.

Mesón Mariano, Arco San Francisco 10 ✆ 983 60 04 42, *Fax 983 60 10 59* – ▤.
cerrado del 15 al 30 de octubre y jueves noche – **Comida** carta 22 a 30.
◆ Típico mesón dotado de un bar a la entrada, decorado con fotografías de toreros, y un comedor de estilo castellano con el horno de asar a la vista. Personal amable.

OLOST *08516 Barcelona* 574 G 36 122 C 5 – *960 h alt. 669.*
Madrid 618 – Barcelona 85 – Girona/Gerona 98 – Manresa 71.

Sala con hab, pl. Major 17 ✆ 93 888 01 06, *info@fondasala.com, Fax 93 812 90 68* – ▤ rest, TV. AE VISA.
cerrado Navidades y del 1 al 20 de septiembre – **Comida** *(cerrado domingo noche, lunes noche y martes)* carta 36 a 53 – 6 – **12 hab** 25/50.
Espec. Espuma de becada con compota de cebolla al agridulce (noviembre-febrero). Suprema de lubina con pisto manchego y chips de espinacas. Arco iris de cítricos con frutos rojos.
◆ Céntrico negocio dotado de un bar a la entrada con mesas para el menú, y un comedor a la carta de superior montaje en estilo clásico. Cocina creativa con platos regionales.

OLOT *17800 Girona* 574 F 37 122 E 3 – *26 613 h alt. 443.*
Ver : *Localidad★ - Iglesia de Sant Esteve★ (cuadro de El Greco★)* BY, *Museo Comarcal de la Garrotxa★* BY **M** – *Casa Solà-Morales★ (fachada modernista★)* BY.
Alred. : *Parque Natural de la Zona volcánica de la Garrotxa★.*
Hospici 8 ✆ 972 26 01 41 turisme@olot.org Fax 972 27 19 00.
Madrid 700 ② – Barcelona 130 ② – Girona/Gerona 57 ①

OLOT

Street	Square	No.
Alt de la Maduixa	BY	2
Amèrica (Pl.)	AZ	4
Anselm Clavé (Av.)	BZ	5
Antoni Llopis	BY	6
Balears (Av.)	AZ	8
Balmes (Pl.)	AY	9
Bisbe Guillamet (Pas. del)	AY	10
Bisbe Vilanova	ABZ	12
Blay (Pas. d'en)	BY	13
Cal Russet (Pont de)	BZ	14
Carme (Pl.)	BY	16
Carme	BY	15
Cuba (Av.)	AZ	20
Dr. Joaquim Danés (Av.)	AY	22
Esgleiers	BY	26
Francesc Vayreda (Pl. de)	BZ	29
Major (Pl.)	BY	34
Major	BY	32
Marià Vayreda	BY	35
Mig (Pl. del)	BY	36
Pont Nou	BY	37
República Argentina (Av.)	AZ	38
Sabina Sureda	BY	39
Sant Esteve	BY	41
Sant Rafel	ABY	
Santa Pau (Ctra)	BZ	40
Sastres	BY	43
Serra i Ginesta	BY	44
Valls Nous	BY	46
Verge de Montserrat	BZ	52

Riu Olot sin rest, carret. de Santa Pau ☎ 972 26 94 44, *hotel.olot@riu.com, Fax 972 26 67 03,* ≤ – |‡| ▤ TV ♿ 🚗 P – 🎪 25/40. AE ① MC VISA. ✂ BZ c
28 hab ☕ 62/82 – 4 suites.
◆ De línea moderna, brinda bellas vistas sobre la montaña. Cuidada zona noble y habitaciones confortables con mobiliario escogido y baños en mármol, cuatro de ellas con salón.

Can Blanc 🐑 sin rest, Paratge La Deu - Sur : 2 km ☎ 972 27 60 20, *la_deu@grn.es, Fax 972 27 60 19,* ≤, 🏊, 🌳 – ▤ TV 📞 P. VISA. ✂ por ②
12 hab ☕ 54/82.
◆ Masía típica construida en piedra basáltica y ubicada en un frondoso paraje. Salón rústico con chimenea y correctas habitaciones que resultan algo sobrias en su decoración.

Borrell sin rest, Nónit Escubós 8 ☎ 972 27 61 61, *borrell@agtat.es, Fax 972 27 04 08* – |‡| ▤ TV 🚗. AE MC VISA. ✂ AZ a
☕ 7,50 – **24 hab** 45/65.
◆ Hotel de eficiente organización familiar, dotado de unas habitaciones amplias y correctamente equipadas con baños actuales. Suficientes espacios sociales.

Perla d'Olot, av. Santa Coloma 97 ☎ 972 26 23 26, *hperla@turismegarrotxa.com, Fax 972 27 07 74* – |‡| ▤ TV ♿ 🚗. AE ① MC VISA. ✂ rest por ②
Comida *(cerrado del 10 al 28 de enero y 27 junio-15 julio)* 12 – ☕ 6 – **36 apartamentos** 44/72 – PA 24.
◆ Establecimiento de línea clásica llevado en familia, que pone a su disposición apartamentos funcionales con un confort y un mantenimiento adecuados a su nivel.

La Perla, carret. La Deu 9 ☎ 972 26 23 26, *hperla@turismegarrutxa.com, Fax 972 27 07 74* – |‡|, ▤ rest, TV 🚗. AE ① MC VISA. ✂ por ②
Comida *(cerrado del 10 al 28 de enero y 27 junio-15 julio)* 12 – ☕ 6 – **26 hab** 34/54.
◆ De la misma propiedad que el hotel Perla d'Olot, ofrece unas habitaciones sencillas y bien equipadas, la mitad con baños completos y el resto con plato ducha.

XXX ✿ **Les Cols,** Mas Les Cols - carret. de La Canya ☎ 972 26 92 09, *restaurant@lescols.com, Fax 972 27 07 27* – ▤. AE ① MC VISA JCB por ①
cerrado del 3 al 8 de enero, 25 julio-13 agosto, domingo, lunes noche, martes noche y festivos – **Comida** 39 y carta 30 a 35.
Espec. Canelón de aguacate, foie gras, plátano y lima. Merluza con agua de arroz, emulsión de ajos y parmesano. Todo chocolate.
◆ Instalado en una antigua masía con huerto propio e interior vanguardista, recreando un sorprendente marco con protagonismo del hierro y del acero.

X **La Deu,** carret. La Deu - Sur : 2 km ☎ 972 26 10 04, *la_deu@grn.es, Fax 972 26 64 36* – ▤ P. AE ① MC VISA. ✂ por ②
Comida carta 19 a 27.
◆ Restaurante de organización familiar, con un correcto servicio de mesa, donde ofrecen una extensa carta de corte regional. Amplios salones para banquetes.

Les OLUGES *25214 Lleida* 574 *G 33 – 189 h.*

Barcelona 110 – Lleida/Lérida 63 – Tarragona 89 – Sant Julià de Lòria 116.

en Montfalcó Murallat *Sureste : 2,5 km :*

X **Montfalcó,** Rodó 6, ✉ 25214 Montfalcó Murallat, ☎ 973 53 17 55 – ▤ P. MC VISA. ✂
cerrado 7 días de Navidades, 7 días en febrero, 26 septiembre-9 octubre, domingo noche y lunes – **Comida** - sólo almuerzo salvo viernes y sábado - carta 20 a 30.
◆ Se encuentra en la plaza de este pequeño pueblo amurallado, en una antigua casa de piedra. Dispone de un cálido hall, un comedor de cuidado montaje y una bonita bodega.

ONDARA *03760 Alacant* 577 *P 30* 123 *I 2 – 4776 h alt. 35.*

Madrid 431 – Alcoi 88 – Alacant/Alicante 84 – Denia 10 – Xàbia/Jávea 16 – València 94.

XX ✿ **Casa Pepa,** partida Pamis 7-30, Suroeste : 1,5 km ☎ 96 576 66 06, *casa.pepa@wanadoo.es, Fax 96 647 66 27,* 🍽 – ▤ P. AE MC VISA. ✂
cerrado febrero, domingo noche (salvo julio-agosto) y lunes – **Comida** - sólo cena en julio y agosto - 60 y carta 46 a 56.
Espec. Rollito crujiente de bonito marinado con mostaza de pistacho. Colitas de cigala a la plancha con picadillo de navajas e ibérico con arroz aromático. Careta y manitas de cerdo con "socarrat de arròs amb fesols i naps" (noviembre-abril).
◆ Típica casa de campo entre naranjos y olivos con agradable terraza bajo una parra. En contraste con su estilo rústico, ofrece una cocina actual y mediterránea.

ONDÁRROA *48700 Bizkaia* 573 *B 22 – 10265 h – Playa.*

Ver : *Pueblo típico★.*

Alred. : *Carretera en cornisa de Ondara a Lekeitio ≤★.*

Madrid 427 – Bilbao 61 – Donostia-San Sebastián 49 – Vitoria-Gasteiz 72.

ONTINYENT u ONTENIENTE *46870 València* 577 P 28 123 E 1 – *29 511 h alt. 400.*

pl. de Santo Domingo 13 ☎ 96 291 60 90 ontinyent@turismo.net Fax 96 291 63 03.

Madrid 369 – Albacete 122 – Alacant/Alicante 91 – València 84.

XX **El Tinell de Calabuig,** Gomis 23 ☎ 96 291 50 48, *eltinell@terra.es, Fax 96 291 52 30* – ▤. AE ⓓ ⓜⓒ VISA. ✂
cerrado Semana Santa, del 1 al 15 de agosto, del 7 al 14 de octubre, domingo y lunes noche – **Comida** carta aprox. 40.
• Casa seria y bien llevada por el matrimonio propietario, con salas clásicas en dos niveles. Su cocina es un ejemplo del buen hacer plasmado en su interesante carta.

OÑATI *20560 Gipuzkoa* 573 C 22 – *10 264 h alt. 231.*

Alred. : *Carretera★ a Arantzazu.*

San Juan 14 ☎ 943 78 34 53 turismo@oinati.org Fax 943 78 30 69.

Madrid 401 – Bilbao 62 – Donostia-San Sebastián 74 – Vitoria-Gasteiz 45.

en la carretera de Urrejola *Oeste : 2 km :*

XX **Etxe-Aundi** 🐑 con hab, Torre Auzo 9, ✉ 20560, ☎ 943 78 19 56, *reservas@etxe-aundi.com, Fax 943 78 32 90* – ▤ TV P. AE ⓓ ⓜⓒ VISA. ✂
cerrado 31 julio-24 agosto – **Comida** *(cerrado domingo noche)* carta aprox. 32 – ☕ 5 – **12 hab** 42,07/54,09.
• Antigua casa solariega de ambiente acogedor, donde sirven una cocina de raíces locales. Lo complementan un salón de banquetes más sencillo y unas confortables habitaciones.

en la carretera de Arantzazu *Suroeste : 2 km :*

Soraluze 🐑, ✉ 20560, ☎ 943 71 61 79, *Fax 943 71 60 70,* ≤ – ▤ rest, TV P. AE ⓓ ⓜⓒ VISA. ✂
Comida *(cerrado domingo noche)* 7,50 – ☕ 3,60 – **12 hab** 40/48,08.
• Sumergido en el sosiego de una finca que disfruta de serenas vistas. Goza de suficiente confort, con un amplio hall y mobiliario estándar en las espaciosas habitaciones. Dispone de dos luminosos comedores, uno para la carta y otro para banquetes o grupos.

ORCE *18858 Granada* 578 S 22 – *1 412 h alt. 925.*

Ver : *Localidad★.*

Madrid 522 – Granada 136 – Murcia 158.

por la carretera de María *Sureste : 7 km y desvío a la izquierda 0,5 km :*

Laveranda 🐑 sin rest (es necesario reservar), Fuentenueva, ✉ 18858, ☎ 958 34 43 80, *Fax 958 34 43 80* – P. ✂
cerrado enero y febrero – **6 hab** ☕ 39/50 – 2 apartamentos.
• Escuchar el ruido del silencio, respirar el aroma de la naturaleza y otras tantas vivencias, se hacen realidad en sus cuevas. Sencillez y pulcritud recrean su interior.

ORDES *15680 A Coruña* 571 C 4 – *11 693 h.*

Madrid 599 – A Coruña 39 – Santiago de Compostela 27.

Nogallas, Alfonso Senra 110 ☎ 981 68 01 55, *Fax 981 68 01 31* – |‡| TV. AE ⓓ ⓜⓒ VISA. ✂
Comida 10 – ☕ 3,30 – **56 hab** 21/39.
• Céntrico edificio de sencilla organización, que ha renovado recientemente su área social. Habitaciones muy funcionales y algo desfasadas, aunque de correcto confort. Espacioso restaurante donde sirven una carta de gusto cosmopolita.

ORDESA Y MONTE PERDIDO (Parque Nacional de) *Huesca* 574 E 29 y 30 – *alt. 1 320.*

Ver : *Parque Nacional★★★.*

Madrid 490 – Huesca 100 – Jaca 62.
Hoteles y restaurantes ver : **Torla** *Suroeste : 8 km.*

ORDIZIA *20240 Gipuzkoa* 573 C 23 – *8 966 h.*

Madrid 421 – Beasain 2 – Pamplona 68 – Donostia-San Sebastián 41 – Vitoria-Gasteiz 71.

X **Martínez,** Santa María 10 ☎ 943 88 06 41, *Fax 943 88 06 41* – ▤. ⓜⓒ VISA. ✂
cerrado agosto, lunes y noches de martes a jueves – **Comida** carta 25 a 32.
• Bar público a la entrada con una barra llena de sugerentes pinchos y a continuación el comedor. Ofrece una cocina de tendencia vasca, con nuevos matices y a precios moderados.

ORENA *39525 Cantabria* 572 B 17.
Madrid 388 – Santander 30 – Bilbao 128 – Oviedo 158.

Caborredondo sin rest, barrio Caborredondo 81 - Noroeste : 1,5 km ☎ 942 71 61 81, *Fax 942 71 62 66,* – TV ♿ P. MC VISA. ✗
cerrado 15 diciembre-28 febrero – **14 hab** ☕ 65.
◆ Casa de estilo rústico-actual cuyas habitaciones combinan la madera, la piedra y el ladrillo visto, siendo abuhardilladas las de la última planta. Porche con vistas al prado.

El Sitio del Valle (es necesario reservar), barrio Perelada ☎ 942 71 62 04, *sitio valle@arrakis.es* – P. AE MC VISA. ✗
Comida - sólo clientes salvo viernes, sábado, domingo, puentes y 16 julio-12 septiembre - 15 – ☕ 4,50 – **4 hab** 65.
◆ Ideal para disfrutar de la tranquilidad y la belleza del entorno. Antigua casa de labranza con un bonito porche acristalado y unas dependencias de acogedora rusticidad.

ORGANYÀ *25794 Lleida* 574 F 33 – *1049 h alt. 558.*
Alred. : *Garganta de Tresponts*★★ *Norte : 2 km – Embalse de Oliana*★ *Sur : 6 km – Coll de Nargó (iglesia de Sant Climent*★*) Sur : 6 km.*
ℹ *pl. Homilies* ☎ *973 38 20 02 ajuntament@organya.ddl.net Fax 973 38 35 36 (temp).*
Madrid 579 – Lleida/Lérida 110 – La Seu d'Urgell/Seo de Urgel 23.

ÓRGIVA *18400 Granada* 578 V 19 124 N 4 – *4994 h alt. 450.*
Madrid 485 – Almería 121 – Granada 60 – Málaga 121.

Taray Alpujarra, carret. A 348 - Sur : 1 km ☎ 958 78 45 25, *tarayalp@teleline.es, Fax 958 78 45 31,* – TV P. AE MC VISA. ✗
cerrado del 20 al 30 de enero – **Comida** 12 – ☕ 5,18 – **15 hab** 65,25/69,71.
◆ La arquitectura típica y la decoración rústica se dan cita en este agradable complejo, definido por un interior de moderno equipamiento. Posee habitaciones de gran confort. Restaurante situado en el edificio central del hotel, con dos salas de buen montaje.

Mirasol, av. González Robles 5 ☎ 958 78 51 08, *Fax 958 78 51 59* – rest, TV. MC VISA. ✗ rest
Comida 7 – ☕ 4 – **19 hab** 30/40.
◆ Un hotelito de ambiente familiar y acogedor, anexo al antiguo hostal. Dotado de habitaciones confortables, de línea sobria, decoradas con mobiliario provenzal.

ORIENT *Illes Balears – ver Balears (Mallorca).*

ORIHUELA *03300 Alacant* 577 R 27 128 C 6 – *49642 h alt. 24.*
Ver : *Catedral*★ - *Colegio de Santo Domingo (iglesia*★*).*
ℹ *Francisco Díe 25 (Palacio de Rubalcava)* ☎ *96 530 27 47 touristinfo.orihuela@turisme.m400.gva.es Fax 96 530 62 94.*
Madrid 445 – Alacant/Alicante 60 – Cartagena 81 – Murcia 24.

SH Palacio de Tudemir, Alfonso XIII-1 ☎ 96 673 80 10, *palacio.tudemir@sh-hoteles.com, Fax 96 673 80 70,* – TV ♿ – 25/350. AE MC VISA JCB. ✗
Comida 16 – ☕ 6,50 – **50 hab** 95 – 1 suite.
◆ Instalado en un palacio del s. XVIII, posee unas habitaciones modernas y completamente equipadas, con solado en mármol, mobiliario escogido y baños detallistas. Correcto restaurante ubicado en la 1ª planta.

ORÌS *08573 Barcelona* 574 F 36 122 D 4 – *226 h alt. 708.*
Madrid 638 – Girona/Gerona 83 – Barcelona 87 – Font-Romeu 104.

L'Auró, carret. C 17 - km 76,2 - salida Oris ☎ 93 859 53 01, *aurorescon@terra.es* – P. MC VISA. ✗ – *cerrado Semana Santa, 16 agosto-6 septiembre, domingo noche y lunes* – **Comida** carta 24 a 37.
◆ Establecimiento de correcto montaje y servicio de mesa en consonancia, que ofrece una cocina de tendencia clásica salpicada de platos innovadores.

OROPESA *45460 Toledo* 576 M 14 – *2911 h alt. 420.*
Ver : *Castillo*★.
Madrid 155 – Ávila 122 – Talavera de la Reina 33.

Parador de Oropesa, pl. del Palacio 1 ☎ 925 43 00 00, *Fax 925 43 07 77,* – TV P – 25/45. AE MC VISA JCB. ✗
Comida 27 – ☕ 11 – **44 hab** 96/120 – 4 suites.
◆ Castillo-palacio del s. XIV con un atractivo patio y unas habitaciones personalizadas, donde el mimo y el detalle definen un bello estilo rústico. El comedor recrea un rincón sereno y tranquilo, donde podrá degustar la cocina regional.

La Hostería, pl. del Palacio 5 ☎ 925 43 08 75, *lahosteria@lahosteriadeoropesa.com, Fax 925 43 08 75* – ▤ TV – 🏢 25. ⓓ MC VISA. ✈

Comida 10 – ☕ 3 – **12** hab 45/60.

◆ Establecimiento de atención familiar dotado de unas confortables habitaciones correctamente equipadas, decoradas en estilo neorrústico. Acogedora zona social.

La OROTAVA *Santa Cruz de Tenerife – ver Canarias (Tenerife).*

ORPESA u **OROPESA DEL MAR** *12594 Castelló* 577 L 30 – *2 451 h alt. 16 – Playa.*

ℹ av. de la Plana 4 ☎ 964 31 22 41 oropesacentro@touristinfo.net Fax 964 31 09 91 (temp) y paseo de la Concha ☎ 964 31 23 20 touristinfo-oropesadelmar@turisme.m400.gva.es Fax 964 31 24 91.

Madrid 447 – Castelló de la Plana/Castellón de la Plana 22 – Tortosa 100.

en la zona de la playa :

Neptuno Playa sin rest, paseo Marítimo La Concha 1, ✉ 12594, ☎ 964 31 00 40, *Fax 964 31 00 75,* ⩽ – |‡| ▤ TV 🚗. AE ⓓ MC VISA

abril-septiembre – ☕ 4,50 – **88 hab** 45/81.

◆ Situado en pleno paseo marítimo, es ideal para pasar unos días de descanso disfrutando del sol mediterráneo. Sus habitaciones están perfectamente equipadas.

Marina, paseo Marítimo La Concha 12, ✉ 12594, ☎ 964 31 00 99, *Fax 964 31 00 99,* ⩽ – |‡|, ▤ rest, TV. AE MC VISA. ✈

cerrado diciembre-8 enero – **Comida** 10 – ☕ 4 – **17 hab** 39/55.

◆ Pequeño hotel, de sencilla organización, en 1ª línea de playa, que presenta unas habitaciones exteriores, muy funcionales, con magníficas vistas sobre el mar. Dispone de un discreto comedor con un correcto servicio de mesa.

La Flama, edificio el Faro - urb. Marina d'Or Norte : 1km, ✉ 12594, ☎ 964 31 29 55 – ✗ ▤. MC VISA. ✈

cerrado 15 dias en noviembre y martes en invierno – **Comida** - espec. en carnes - carta aprox. 30.

◆ Se encuentra a la entrada de la urbanización Marina D'Or, con un comedor actual, alegre y colorista, donde ofrecen una carta internacional especializada en carnes a la brasa.

ORREAGA o **RONCESVALLES** *31650 Navarra* 573 C 26 – *60 h alt. 952.*

Ver : Pueblo★ - Conjunto Monumental : museo★.

ℹ Antiguo Molino ☎ 948 76 03 01 oit.roncesvalles@cfnavarra.es Fax 948 76 03 01.

Madrid 446 – Pamplona 47 – St-Jean-Pied-de-Port 29.

La Posada, ☎ 948 76 02 25, *Fax 948 76 02 66* ⩽ – TV P. MC VISA. ✈

cerrado noviembre – **Comida** 15 – ☕ 6 – **18 hab** 38,50/45 – PA 36.

◆ Establecimiento ubicado en un antiguo casón. Las habitaciones, decoradas en estilo rústico y algunas de ellas tipo dúplex, le brindan un adecuado confort.

ORRIOLS *17468 Girona* 574 F 38 122 H 4.

Madrid 730 – Figueres 21 – Girona/Gerona 21.

L'Odissea de l'Empordà con hab, av. del Castell 6 ☎ 972 55 17 18, *info@odissea-emporda.com, Fax 972 56 04 18,* 🏊 – ▤ TV P – 🏢 25/70. AE MC VISA. ✈ hab

cerrado enero – **Comida** *(cerrado martes y miércoles)* carta 45 a 69 – ☕ 15 – **10 hab** 255.

◆ Instalado en un palacio renacentista, el mobiliario moderno y la sobriedad de su arquitectura recrean un elegante marco. Posee también habitaciones de elevado confort.

ORTIGOSA DEL MONTE *40421 Segovia* 575 J 17 121 E 4 – *290 h.*

Madrid 72 – Ávila 56 – Segovia 15.

en la carretera N 603 *Este : 2,3 km :*

La Becea, ✉ 40421, ☎ 921 48 90 49, *labecea@mixmail.com* – P. MC VISA. ✈

cerrado jueves noche – **Comida** carta 14 a 20.

◆ Dignas instalaciones en un negocio familiar que resulta sencillo pero fiable. Cocina casera a precios contenidos, siendo su especialidad los guisos de la abuela.

OSEJA DE SAJAMBRE *24916 León* 572 C 14 – *345 h alt. 760.*

Alred. : Mirador★★ ⩽★★ Norte : 2 km – Desfiladero de los Beyos★★★ Noroeste : 5 km – Puerto del Pontón★ (⩽★★) Sur : 11 km – Puerto de Panderruedas★ (mirador de Piedrafitas ⩽★★ 15 mn. a pie) Sureste : 17 km.

Madrid 385 – León 122 – Oviedo 108 – Palencia 159.

ESPAÑA

OSUNA 41640 Sevilla 578 U 14 124 D 2 – 16 240 h alt. 328.

Ver : Localidad★★ - Zona monumental★ – Colegiata★ (lienzos de Ribera★★, Panteón Ducal★★) – Monasterio de la Encarnación★ – Palacios y Casas Señoriales★★ – calle San Pedro★ – Torre de la Iglesia de la Merced★.

pl. Mayor ☎ 954 81 57 32 turismo@ayto-osuna.es Fax 954 81 57 32.

Madrid 489 – Córdoba 85 – Granada 169 – Málaga 123 – Sevilla 92.

Palacio Marqués de la Gomera, San Pedro 20 ☎ 95 481 22 23, *info@hotelpalaciodelmarques.com, Fax 95 481 02 00* – AE VISA
***La Casa del Marqués* : Comida** carta 27 a 33 – 10 – **18 hab** 75/94 – 2 suites.
◆ Palacio barroco del s. XVIII cuyos muros albergan unas dependencias cuidadas al detalle. Sus habitaciones, personalizadas en decoración, ofrecen un magnífico confort. Cálido restaurante con viguería en madera, junto a la galería de arcos del patio interior.

El Caballo Blanco, Granada 1 ☎ 95 481 01 84, *Fax 95 481 01 84* – AE VISA. rest
Comida *(cerrado domingo)* 24 – 2,90 – **13 hab** 28/48.
◆ Pequeño hostal emplazado en el centro de la localidad. Entre sus dependencias destacan el patio andaluz, y las confortables habitaciones equipadas con baños completos. Bello comedor recorrido por un zócalo de azulejos sevillanos.

Doña Guadalupe, pl. de Guadalupe 6 ☎ 95 481 05 58, *porcuna5@terra.es, Fax 95 481 04 04* – AE VISA.
cerrado del 1 al 15 de agosto y martes – **Comida** carta 26 a 32.
◆ Acceso por un bar decorado en tonos fuertes, seguido por el amplio comedor de estilo clásico distribuido en dos niveles. Raciones abundantes y productos de calidad.

OTUR 33792 Asturias 572 B 10 – Playa.

Madrid 548 – A Coruña 193 – Gijón 91 – Lugo 134 – Oviedo 98.

Casa Consuelo, carret. N 634 ☎ 98 547 07 67, *info@casaconsuelo.com, Fax 98 564 16 42,* – AE VISA.
Comida - ver rest. ***Casa Consuelo*** – 4 – **37 hab** 35/45.
◆ Hotel de carretera familiar y funcional. Ofrece unas impecables habitaciones, la mitad de ellas actualizadas y el resto con mobiliario castellano. Clientela de comerciales.

Casa Consuelo - *Hotel Casa Consuelo*, carret. N 634 ☎ 98 547 07 67, *info@casaconsuelo.com, Fax 98 564 16 42* – AE VISA.
cerrado noviembre y lunes – **Comida** carta 28 a 40.
◆ Acreditado restaurante con salas de estilo clásico-regional y una destacable colección de botellas de vino. Su cocina ofrece una grata selección gastronómica.

OURENSE 32000 P 571 E 6 – 109 051 h alt. 125.

Ver : Catedral★ (Pórtico del Paraíso★★, Cimborrio★) AY **B** – *Museo Arqueológico y de Bellas Artes (Camino del Calvario★)* AZ **M** – *Claustro de San Francisco★* AY.

Excurs. : Ribas de Sil (Monasterio de San Esteban : paraje★) 27 km por ② - Gargantas del Sil★ 26 km por ②.

Caseta do Legoeiro-Ponte Romana ✉ 32003 ☎ 988 37 20 20 Fax 988 21 49 76 – **R.A.C.E.** *Valle Inclán 25 (entlo) ✉ 32004 ☎ 988 22 69 86.*

Madrid 499 ④ – Ferrol 198 ① – A Coruña 183 ① – Santiago de Compostela 111 ① – Vigo 101 ⑤

G.H. San Martín sin rest con cafetería, Curros Enríquez 1, ✉ 32003, ☎ 988 37 18 11, *ghourense@proalsa.es, Fax 988 37 21 38* – – 25/250. AE VISA. AY a
10 – **89 hab** 93,60/117 – 1 suite.
◆ Todo un clásico en la ciudad. Dotado de suficientes zonas sociales y unas habitaciones de buen confort. Cafetería de línea moderna y terraza en el último piso.

Sanmiguel, San Miguel 12, ✉ 32005, ☎ 988 22 12 45, *info@restaurante-sanmiguel.com, Fax 988 24 27 49* – AE VISA. AY s
cerrado 10 enero-1 febrero – **Comida** carta 27 a 50.
◆ Repartido en varias salas de distintos estilos, todas con buen mobiliario y adecuado servicio de mesa, ofrece una cocina de múltiples sabores. Muy afamado en la ciudad.

Adega San Cosme (Casa Sindo), pl. de San Cosme 2, ✉ 32005, ☎ 988 24 88 00 – VISA. AZ d
cerrdo del 15 al 30 de enero, del 15 al 30 de agosto y domingo – **Comida** carta 21 a 35.
◆ Coqueto restaurante con decoración neorrústica en un antiguo edificio de piedra. Ofrece una correcta cocina elaborada con sencillez y basada en productos de la tierra.

OURENSE

Alfonso R. Castelao . . . . **B** 2
Barreira . . . . **AZ** 3
Basilio Álvarez . . . . **B** 4
Bedoya . . . . **AY**
Buenos Aires (Av. de) . . . . **B** 5
Cabeza de Manzaneda . . . . **AZ** 6
Caldas (Av. de As) . . . . **B** 7
Capitán Eloy . . . . **AY**
Cardenal Quiroga Palacios . . . . . **AY** 9

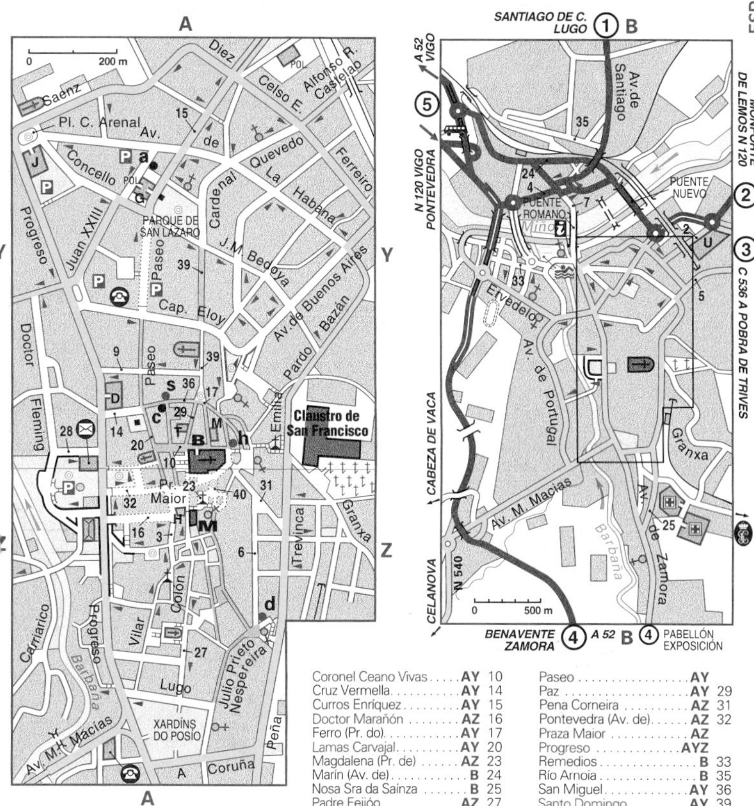

Coronel Ceano Vivas . . . . **AY** 10
Cruz Vermella. . . . . **AY** 14
Curros Enríquez . . . . **AY** 15
Doctor Marañón . . . . **AZ** 16
Ferro (Pr. do). . . . . **AY** 17
Lamas Carvajal. . . . . **AY** 20
Magdalena (Pr. de) . . . . . . **AZ** 23
Marín (Av. de) . . . . **B** 24
Nosa Sra da Saínza . . . . **B** 25
Padre Feijóo . . . . **AZ** 27
Parada Justel . . . . **AY** 28
Paseo . . . . **AY**
Paz . . . . **AY** 29
Pena Corneira . . . . **AZ** 31
Pontevedra (Av. de). . . . . . **AZ** 32
Praza Maior . . . . **AZ**
Progreso . . . . **AYZ**
Remedios . . . . **B** 33
Río Arnoia . . . . **B** 35
San Miguel. . . . . **AY** 36
Santo Domingo . . . . **AY** 39
Trigo (Pr. do). . . . . **AZ** 40

Zarampallo con hab, Hermanos Villar 19, ✉ 32005, ✆ 988 23 00 08, *zarampallo@zarampallo.com, Fax 988 23 00 08* – 🛗, ▤ rest, TV. AE ⓪ MC VISA. ✗ AY c
Comida *(cerrado domingo noche)* carta aprox. 31 – ☕ 3,50 – **14 hab** 26/45.
◆ El restaurante centra la actividad de este negocio, que también posee habitaciones. Dispone de salas de corte actual en dos niveles, una de ellas con las paredes en piedra.

Porta da Aira, Fornos 2, ✉ 32005, ✆ 988 25 07 49 – ▤. AE ⓪ MC VISA JCB. ✗ AY h
cerrado del 15 al 30 de septiembre y lunes – **Tapa** 2,80 **Ración** aprox. 7.
◆ Bar de tapas muy conocido en la ciudad por sus huevos rotos, la especialidad de la casa. Posee algunas mesas junto a la barra y ofrece una buena selección de vinos por copas.

en El Cumial *por ④ : 6 km :*

Auriense ⛰, El Cumial 12, ✉ 32915 El Cumial, ✆ 988 23 49 00, *direccion@auriensehotel.com, Fax 988 24 50 01,* ≤, 🏊, 🌳 – 🛗 ▤ TV P – 🔬 25/500. AE ⓪ MC VISA. ✗ rest
Comida *(cerrado sábado, domingo y festivos)* 14,42 – ☕ 6,95 – **119 hab** 44,50/62,70 – 16 suites.
◆ Construcción moderna y con amplios exteriores ajardinados. Espaciosa zona noble y unas habitaciones que compensan la funcionalidad del mobiliario con un completo equipamiento. Su cuidado restaurante de estilo clásico-regional dispone de entrada independiente.

Ver también : **A Derrasa** *por ③ : 10 km*
Santa Baia *por ③ : 13 km*
Bentraces *por carret. N 540 - Suroeste : 16 km.*

OVIEDO *33000* P *Asturias* 572 B 12 – *201 005 h alt. 236.*

Ver : *Ciudad Vieja*★★ - *Catedral*★ *(retablo mayor*★★*, Cámara Santa : estatuas-columnas*★★*, tesoro*★★*)* BY - *Museo de Bellas Artes de Asturias*★ BZ **M1** – *Antiguo Hospital del Principado (escudo*★*)* AY **P** - *Iglesia de San Julián de Los Prados*★ BY.

Alred. : *Santuarios del Monte Naranco*★ *(Santa María del Naranco*★★*, San Miguel de Lillo*★ *: jambas*★★*) Noroeste : 4 km por av. de los Monumentos* AY.

Excurs. : *Iglesia de Santa Cristina de Lena*★ *(*★*) 34 km por ② – Teverga* ≤★ *de Peñas Juntas - Desfiladero de Teverga*★ *43 km por ③.*

Club Deportivo La Barganiza : 12 km ✆ 98 574 24 68 Fax 98 574 24 42.

de Asturias por ① : 47 km ✆ 98 512 75 00 – Iberia : Centro de Negocios (Hotel De la Reconquista) Gil de Jaz 16 ✉ 33004 ✆ 902 400 500.

cimadevilla 14 ✆ 902 300 202 oficina.turismo@ayto-oviedo.es Fax 98 521 30 66 y Uría 64 ✉ 33003 ✆ 98 521 33 85 ofiturio@princast.es Fax 98 522 84 59 – **R.A.C.E.** *Foncalada 6 (bajo) ✉ 33002 ✆ 98 522 31 06 Fax 98 522 76 68.*

Madrid 446 ② – Bilbao 306 ① – A Coruña 326 ③ – Gijón 29 ① – León 121 ② – Santander 203 ②

De la Reconquista, Gil de Jaz 16, ✉ 33004, ✆ 98 524 11 00, *reconquista@hoteldelareconquista.com, Fax 98 524 11 66* – – 25/600. AE VISA
Comida carta 50 a 70 – 16 – **132 hab** 170/210 – 10 suites. AY P
◆ Suntuoso hotel-monumento en un edificio del s. XVIII que en su origen funcionó como hospicio y hospital. Sus habitaciones y el salón porticado son joyas de gran exquisitez. Restaurante de refinada elegancia en un ambiente distinguido.

AC Forum Oviedo, pl. de los Ferroviarios 1, ✉ 33003, ✆ 98 596 54 88, *acforumoviedo@ac.hotels.com, Fax 98 596 54 87*, – – 25/400. AE VISA.
Comida 15 – 10 – **148 hab** 102 – 7 suites. AY h
◆ Moderno edificio instalado en la misma estación del ferrocarril. Cuenta con una amplia zona social, diversas salas de reuniones y habitaciones de completo equipamiento. El restaurante, instalado en el 2º piso, resulta actual dentro de su funcionalidad.

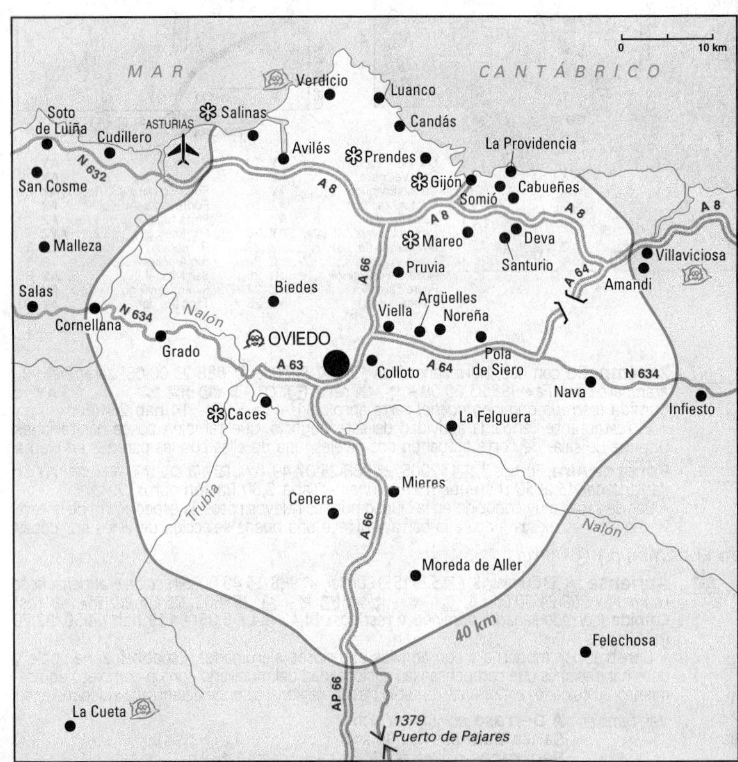

OVIEDO

Adelantado de la Florida . . . . . **BY** 2
Alcalde G. Conde . . . . **BY** 3
Alfonso II (Pl.) . . . . **BZ** 4
Argüelles . . . . **ABY** 5
Arzobispo Guisasola . . . . **BZ** 6
Cabo Noval . . . . **AZ** 7
Campo de los Patos (Pl.) . . . . **BY** 8
Canóniga . . . . **BZ** 9
Cimadevilla . . . . **BZ** 10
Constitución (Pl. de la) . . . . . . **BZ** 12
Covadonga . . . . **AY** 13
Daoiz y Velarde (Pl. de) . . . . . . **BZ** 14
División Azul . . . . **AZ** 15
Fruela . . . . **ABZ** 17
Ingeniero Marquina . . . . **AY** 18
Marqués de Gastañaga . . . . . **BZ** 20
Marqués de Santa Cruz . . . . . **AZ** 21
Martínez Marina . . . . **ABZ** 22
Martínez Vigil . . . . **BY** 23
Melquíades Álvarez . . . . **AY** 25
Monumentos (Av. de los) . . . . **AY** 27
Padre Vinjoy . . . . **AZ** 28
Palacio Valdés . . . . **AY** 29
Pelayo . . . . **AYZ** 30
Pérez de la Sala . . . . **AZ** 31
Porlier (Pl. de) . . . . **BZ** 32
Postigo Alto . . . . **BZ** 33
Riego (Pl.) . . . . **BZ** 34
San Antonio . . . . **BZ** 36
San Francisco . . . . **ABZ** 37
San José . . . . **BZ** 38
San Vicente . . . . **BYZ** 39
Tenderina (La) . . . . **BY** 42
Teniente Alfonso Martínez . . . . **BY** 44
Uría . . . . **AY** 45

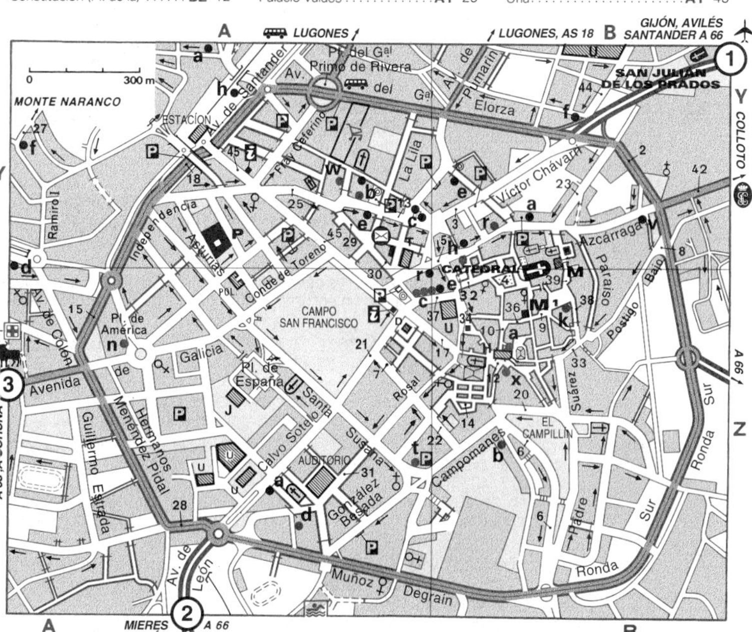

Monumental Naranco, Marcelino Suárez 29, ✉ 33012, ☎ 98 596 32 80, *reservas .naranco@hoteles-silken.com, Fax 98 596 39 90,* – hab, – 25/300. AE VISA. AY d
Comida 18 – ☕ 11 – **62 hab** 103/117 – 2 suites.
◆ Un moderno equipamiento y un emplazamiento de lujo. Disfrute de una grata estancia, ya sea por trabajo o por placer, en unas instalaciones dotadas del confort más actual.

G.H. Regente sin rest, Jovellanos 31, ✉ 33003, ☎ 98 522 23 43, *recepcion@granh otelregente.com, Fax 98 522 93 31* – hab, – 25/220. AE VISA BY a
☕ 10,60 – **121 hab** 115/134 – 1 suite.
◆ Un clásico actualizado con habitaciones de distinto nivel y confort, entre las que destacan las élite y las club, todas de entrañable decoración y con mobiliario escogido.

NH Principado, San Francisco 6, ✉ 33003, ☎ 98 521 77 92, *nhprincipado@nh-hot els.com, Fax 98 521 39 46* – rest, – 25/200. AE VISA. BZ e
Comida carta 25 a 35 – ☕ 10,50 – **88 hab** 89/102 – 9 suites.
◆ Al más puro estilo de la cadena, en pleno centro histórico-artístico. Habitaciones de grato aspecto moderno funcional, correctamente equipadas en su categoría.

Ciudad de Oviedo sin rest con cafetería, Gascona 21, ✉ 33001, ☎ 98 522 22 24, *coviedo@hotelclarin.es, Fax 98 522 15 99* – – 25/50. AE VISA. BY e
☕ 8 – **58 hab** 83,50/106.
◆ Su serena fachada anuncia un interior de elegante y cuidada decoración. Moqueta, mobiliario escogido y baños completos en unas habitaciones correctamente equipadas.

La Gruta, alto de Buenavista, ✉ 33006, ☎ 98 523 24 50, *htlagruta@lagruta.com, Fax 98 525 31 41*, ≤, – |\$| TV ☎ P – 25/1000. AE ⓓ ⓜⓒ VISA JCB. ✻ por ③
Comida - ver rest. ***La Gruta*** – ☕ 7,10 – **101 hab** 71/91 – 4 suites.
◆ Goza de reconocida tradición en la ciudad. Conjunto funcional y de adecuadas instalaciones, con habitaciones enmoquetadas y bien equipadas. Gran disponibilidad para congresos.

Clarín sin rest con cafetería, Caveda 23, ✉ 33002, ☎ 98 522 72 72, *reservasclarin@hotelclarin.es, Fax 98 522 80 18* – |\$| TV ☎ – 25/50. AE ⓓ ⓜⓒ VISA. ✻ AY b
☕ 8 – **47 hab** 75/90.
◆ Establecimiento de línea clásica situado en pleno centro. Correcto salón social, y unas habitaciones de completo equipamiento con mobiliario escogido y baños actuales.

Ramiro I sin rest con cafetería, av. Calvo Sotelo 13, ✉ 33007, ☎ 98 523 28 50, *ramiro@hotelramiro.com, Fax 98 523 63 29* – |\$| ▤ TV ☎ – 25/50. AE ⓓ ⓜⓒ VISA. ✻ AZ a
83 hab ☕ 77/118.
◆ Su nombre homenajea al rey precursor del arte asturiano. La zona social rezuma cierta elegancia clásica, y todas las habitaciones se han actualizado en confort y decoración.

Rei Alfonso II sin rest, Ramiro I-30, ✉ 33012, ☎ 98 527 76 60, *info@reialfonsoii.com, Fax 98 527 08 82* – |\$| ▤ TV ☎ P. AE ⓓ ⓜⓒ VISA AY f
☕ 8,50 – **19 hab** 85/105.
◆ Villa de estilo colonial en una zona residencial próxima al centro. Su armónico interior combina la tecnología actual con un entorno acogedor y elegantes detalles decorativos.

El Magistral sin rest, Jovellanos 3, ✉ 33003, ☎ 98 521 51 16, *hotel@elmagistral.com, Fax 98 521 06 79* – |\$| TV ☎ – 25/40. AE ⓓ ⓜⓒ VISA JCB. ✻ BY h
☕ 10 – **34 hab** 75/99.
◆ Moderno establecimiento dotado de equipadas habitaciones, con escogido mobiliario clásico y baños actuales. El discreto hall y un pequeño bar centran la zona social.

Vetusta sin rest, Covadonga 2, ✉ 33002, ☎ 98 522 22 29, *info@hotelvetusta.com, Fax 98 522 22 09* – |\$| ▤ TV. AE ⓓ ⓜⓒ VISA. ✻ AY c
☕ 4,50 – **16 hab** 77/107.
◆ Pequeño hotelito de atractiva fachada en pleno centro. Son dignas de destacar sus habitaciones modernas, confortables y con baños completos, algunos con hidromasaje.

Campus sin rest, Fernando Vela 13, ✉ 33001, ☎ 98 511 16 19, *campus@cadenahotelerasturiana.com, Fax 98 511 13 88* – |\$| TV ☎ . AE ⓓ ⓜⓒ VISA BY f
☕ 7,50 – **58 apartamentos** 84,15/105.
◆ Apartamentos con funcionamiento hotelero. Decoración funcional y un correcto equipamiento, con cocina y baños completos. Correcto hall y cafetería como únicas zonas nobles.

Astures sin rest, Campo de los Patos 7, ✉ 33010, ☎ 98 520 09 08, *hastures@inicia.es, Fax 98 522 67 46* – |\$| TV . AE ⓓ ⓜⓒ VISA. ✻ BY v
☕ 8 – **65 hab** 70/100.
◆ Típico hotel de ciudad orientado al cliente de negocios. Pequeño hall-recepción con salón de desayunos y varios tipos de habitaciones, todas ellas con los suelos en parquet.

Campoamor sin rest, Argüelles 23, ✉ 33003, ☎ 98 521 07 20, *campoamor@cidalgahoteles.com, Fax 98 521 18 92* – |\$| ▤ TV. AE ⓓ ⓜⓒ VISA. ✻ AZ r
☕ 5,50 – **16 hab** 77/113.
◆ En pleno centro de la ciudad. Coquetas instalaciones con reducido hall-bar como única zona social. Destacan sus elegantes habitaciones clásicas con baños actuales.

Longoria Plaza sin rest, Covadonga 13, ✉ 33002, ☎ 98 520 78 47, *longoriaplaza@cidalgahoteles.com, Fax 98 520 23 36* – |\$| ▤ TV. AE ⓓ ⓜⓒ VISA. ✻ AY e
☕ 5,50 – **33 hab** 77/113.
◆ Reconocible por su moderna y estrecha fachada. Conjunto práctico y funcional, con habitaciones de línea actual que resultan algo dispares en cuanto a sus dimensiones.

Carreño sin rest, Monte Gamonal 4, ✉ 33012, ☎ 98 511 86 22, *Fax 98 511 82 65* – |\$| TV ☎ ♿ . ⓓ ⓜⓒ VISA. ✻ AY a
☕ 3,10 – **32 hab** 41,17/58,81.
◆ Un recurso válido en su categoría. Discreto hall seguido de un bar con sala de desayunos, y unas confortables habitaciones con detalles de un nivel superior.

Santa Clara sin rest, Santa Clara 1, ✉ 33001, ☎ 98 522 27 27, *santaclara@cidalgahoteles.com, Fax 98 522 87 37* – |\$| TV. AE ⓓ ⓜⓒ VISA. ✻ AY c
☕ 3,50 – **14 hab** 50/68.
◆ Modestas instalaciones con pequeña recepción y bar público. Las habitaciones, de adecuado equipamiento y mobiliario funcional sencillo, ofrecen un correcto confort.

XXX **Del Arco,** pl. de América, ✉ 33005, ✆ 98 525 55 22, *Fax 98 527 58 79* – ▤. AE ⓓ ⓜ VISA. ✂ AZ n
cerrado 15 días en agosto y domingo – **Comida** carta 28 a 41.
• Bar privado a la entrada, con elegantes salas en la 1ª planta. Su destacable montaje complementa a una cocina de sabor cosmopolita, con algunos platos asturianos.

XXX **Botas,** pl. de la Constitución 11, ✉ 33009, ✆ 98 521 56 90, *Fax 98 522 22 70* – ▤. ⓓ ⓜ VISA. ✂ BZ x
cerrado enero – **Comida** carta 30 a 43.
• Por su gran confort se sitúa en la cima de la restauración ovetense, con una acogedora distribución mediante columnas y arcos en ladrillo visto. Decoración clásico-moderna.

XXX **Casa Fermín,** San Francisco 8, ✉ 33003, ✆ 98 521 64 52, *casafermin@almirez.com, Fax 98 522 92 12* – ▤. AE ⓓ ⓜ VISA. ✂ AZ c
cerrado domingo – **Comida** carta 40 a 44.
• Acreditado negocio de buen hacer y larga trayectoria. Disfruta de un atractivo comedor con solado en madera, paredes en mármol travertino y techo acristalado.

XXX **La Corrada del Obispo,** Canóniga 18, ✉ 33003, ✆ 98 522 00 48, *Fax 98 520 47 79* – ▤. AE ⓜ VISA. ✂ BZ k
cerrado domingo noche – **Comida** carta aprox. 36.
• En una casa del s. XVIII, con los muros en piedra vista y una decoración neorrústica combinada con detalles modernos. Bar privado a la entrada y amplias salas en la 1ª planta.

XX **El Asador de Aranda,** Jovellanos 19, ✉ 33003, ✆ 98 521 32 90, *Fax 98 521 32 90,* 🏡 – ▤. AE ⓓ ⓜ VISA BY r
cerrado domingo en julio-agosto y domingo noche resto del año – **Comida** - asados - carta aprox. 35.
• Ofrece una oferta culinaria especializada en asados, con el clásico cordero, cochinillo y chuletones. Agradable patio a la entrada y una sala de noble estilo castellano.

XX **Casa Conrado,** Argüelles 1, ✉ 33003, ✆ 98 522 39 19, *info@casaconrado.com, Fax 98 522 57 93* – ▤. AE ⓓ ⓜ VISA. ✂ BY h
cerrado agosto y domingo – **Comida** carta 34 a 46.
• Cita obligada para los amantes de la gastronomía asturiana e internacional. Su experiencia, calidad y buen hacer definen la cotidianeidad de este local. Elegante clientela.

XX **La Goleta,** Covadonga 32, ✉ 33002, ✆ 98 521 38 47, *info@la-goleta.com, Fax 98 521 26 09* – ▤. AE ⓓ ⓜ VISA JCB. ✂ AY b
cerrado julio y domingo – **Comida** carta aprox. 36.
• La filial marinera de Casa Conrado. Cálido marco cuya característica decoración anuncia una cocina basada en productos del mar. Bar en planta baja y comedor en el 1er piso.

XX **Casa Lobato,** av. de los Monumentos 67, ✉ 33012, ✆ 98 529 77 45, *Fax 98 511 18 25,* ≤, 🏡 – ▤ P. AE ⓓ ⓜ VISA JCB. ✂ por carret. del Monte Naranco AY
cerrado Semana Santa, lunes noche y martes – **Comida** carta 30 a 43.
• Goza de una reconocida organización. Destaca su pabellón acristalado para banquetes, sin olvidar el servicio a la carta y el concurrido bar público. Correctas elaboraciones.

XX **La Gruta** - *Hotel La Gruta*, alto de Buenavista, ✉ 33006, ✆ 98 523 24 50, *rtgruta@lagruta.com, Fax 98 525 31 41,* ≤, Vivero propio – ▤ P. AE ⓓ ⓜ VISA JCB. ✂ por ③
Comida carta 30 a 42.
• Mención independiente del hotel por prestigio, carta y funcionamiento. Bar-sidrería con vivero y comedor contiguo sin separación. Trabaja bastante los banquetes.

XX **La Puerta Nueva,** Leopoldo Alas 2, ✉ 33008, ✆ 98 522 52 27, *info@lapuertanueva.net, Fax 98 521 28 98* – ▤. AE ⓓ ⓜ VISA. ✂ BZ b
cerrado domingo – **Comida** carta 32 a 45.
• Su chef-propietario ha logrado marcar su impronta en cada plato, logrando una cocina tradicional con detalles personalizados. Entorno acogedor y con buen servicio de mesa.

XX **Sasinia,** Félix Aramburu 12, ✉ 33007, ✆ 98 527 46 21, *Fax 98 525 29 60* – ▤. ⓜ VISA. ✂ AZ d
cerrado sabado – **Comida** carta 32 a 35.
• Restaurante serio y estable con una carta no muy amplia de elaboraciones regionales, que incluye algún que otro plato de línea actual. Funcionalidad y mobiliario moderno.

X **El Raitán y El Chigre,** pl. de Trascorrales 6, ✉ 33009, ✆ 98 521 42 18, *Fax 98 522 83 21,* 🏡 – ▤. ⓓ ⓜ VISA. ✂ BZ a
cerrado domingo noche – **Comida** - cocina regional - carta 27 a 42.
• Dos casas unidas interiormente, con entradas independientes, configuran un restaurante muy acogedor, definido por su cuidada decoración rústica. Trabaja mucho los menús.

X **Logos,** San Francisco 10, ✉ 33003, ✆ 98 521 20 70, *Fax 98 521 20 70* – ▤. AE ⓓ ⓜ VISA. ✂ AZ c
cerrado del 15 al 31 de agosto y lunes – **Comida** carta 26 a 40.
• Bar de tapas a la entrada seguido de dos comedores, uno funcional y otro más acogedor con las paredes en piedra vista. Carta regional con buen apartado de carnes y arroces.

ESPAÑA

Casa Arturo, pl. de San Miguel 1, ✉ 33007, ☎ 98 522 94 88 – ▤. AE ⓓ ⓜ VISA AZ t
cerrado domingo (julio-agosto) y domingo noche resto del año – **Comida** carta 31 a 43.
◆ Marco neorrústico tipo asador, con la parrilla a la vista. Ofrece una carta tradicional especializada en carnes, aunque también oferta cocina asturiana, arroz y bacalao.

Las Campanas de San Bernabé, San Bernabé 7, ✉ 33002, ☎ 98 522 49 31, *Fax 98 522 49 32* – ▤. AE ⓓ ⓜ VISA JCB. ✗ AY w
cerrado 11 agosto-8 septiembre y domingo – **Comida** carta 19 a 21.
◆ Casa de cálidas instalaciones en estilo regional, con el suelo en baldosas de barro, las paredes en ladrillo visto y maderas policromadas en el techo. Carta algo reducida.

Logos, San Francisco 10, ✉ 33003, ☎ 98 521 20 70, *Fax 98 521 20 70* – ▤. AE ⓓ ⓜ VISA. ✗ AZ c
cerrado del 15 al 31 de agosto y lunes – **Tapa** 6,10 **Ración** aprox. 14,50.
◆ Muy interesante como bar de tapas, dada la gran cantidad de pinchos y raciones que ofrecen. Amplias instalaciones de correcto confort con unos productos escogidos.

al Norte : *3 km* :

Casa Camila ⛰, Fitoria 28, ✉ 33194, ☎ 98 511 48 22, *info@casacamila.com, Fax 98 529 41 98,* ≤ Oviedo, valle y montañas, ⛱ – ▤ rest, TV ☎. ⓜ VISA. ✗ rest por Fray Ceferino AY
Comida *(cerrado domingo y lunes)* 18 – ☕ 7,80 – **7 hab** 68/88.
◆ Hotel con encanto, tipo chalet, cuya ubicación en la falda del Naranco brinda bellas vistas de la ciudad y los alrededores. Acogedoras dependencias cuidadas al detalle. Entrañable comedor con unos grandes ventanales, brindando una magnífica panorámica.

por la carretera de Lugones AS 18 *Noreste : 5,5 km* :

El Camin de Oviedo, Jaime Truyols Santonja 9 (urb. la Corredoria), ✉ 33011 Oviedo, ☎ 98 529 06 29, *restaurante@elcamindeoviedo.com* – ▤. ⓜ VISA. ✗
cerrado agosto, domingo, lunes y festivos – **Comida** carta 43 a 54.
◆ Se encuentra en una urbanización a las afueras de la ciudad, donde apuestan por una cocina creativa. Comedor de cuidado montaje rodeando un acogedor patio cubierto. por Fray Ceferino AY

en Colloto *Noreste : 4 km* :

Palacio de la Viñona ⛰ sin rest, Julián Clavería 14, ✉ 33010 Colloto, ☎ 98 579 33 99, *la_vinona@infonegocio.com, Fax 98 579 43 73,* ⛱ – 🛗 TV ☎ P. AE ⓓ ⓜ VISA. ✗ por La Tenderina BY
☕ 8 – **15 hab** 80,70/99,30.
◆ Una estancia encantadora entre el campo y la ciudad. Antigua casona reformada con interiores modernos y alegres. Organización familiar y elevado nivel de confort.

OYARZUN *Gipuzkoa – ver Oiartzun.*

OYEREGUI *Navarra – ver Oieregi.*

OZA DOS RÍOS *15380 A Coruña* 571 C 5 – *3 125 h.*
Madrid 571 – Santiago de Compostela 67 – A Coruña 29 – Lugo 76 – Pontevedra 123.

en Cines *Oeste : 3 km* :

Rectoral de Cines ⛰, ✉ 15389 Cines, ☎ 981 77 77 10, *reservas@rectoraldecines.com, Fax 981 78 55 66,* ♿, ⛱ – TV P. ⓓ ⓜ VISA. ✗
Comida *(cerrado domingo noche)* 15 – ☕ 6 – **12 hab** 60/80.
◆ Magnífica casona en piedra rodeada por una amplia zona de césped. Elegante salón social con chimenea y confortables habitaciones que destacan por sus detallistas baños. Su atractivo restaurante posee dos salas neorrústicas donde ofrecen una carta muy correcta.

PADRIÑAN *Pontevedra – ver Sanxenxo.*

Escríbanos...
Sus elogios y sus críticas serán estudiados con toda atención.
Nuestros inspectores volverán a ver los hoteles y restaurantes que Ud. nos indique. Con su colaboración,esta guía será siempre mas exacta y mas completa.
Gracias anticipadas !

PADRÓN *15900 A Coruña* 571 *D 4 – 10 147 h alt. 5.*

Madrid 634 – A Coruña 94 – Ourense 135 – Pontevedra 37 – Santiago de Compostela 20.

A Casa Antiga do Monte, Boca do Monte-Lestrove - Suroeste : 1,5 km ☎ 981 81 24 00, *informacion@susavilaocio.es, Fax 981 81 24 01,* ≤, Fб, ⛱, 🌳 – TV P. AE ⓓ MC VISA. ✂
Comida - sólo cena, sólo clientes - 22,04 – ☕ 6,91 – **10 hab** 60/90.
• Edificio señorial en una antigua casa de labranza que cuenta con una zona noble de estilo regional y habitaciones de cálido confort. Sirve cenas a sus clientes.

Pazo de Hermida, Trasmuro 21, ✉ 15916 Lestrove, ☎ 981 81 71 10, *Fax 981 81 71 17* – TV P. MC VISA. ✂
cerrado Navidades – **Comida** - sólo cena, sólo clientes - 27 – ☕ 6 – **6 hab** 76.
• Histórico pazo donde vivió y escribió algunos de sus poemas la insigne Rosalía de Castro. Posee unas acogedoras estancias cuya decoración recrea un cálido ambiente.

Chef Rivera con hab, enlace Parque 7 ☎ 981 81 04 13, *Fax 981 81 14 54,* Interesante bodega – |‡| ▤ TV ⇔. AE ⓓ MC VISA. ✂
Comida *(cerrado domingo noche y lunes noche)* carta 20 a 34 – ☕ 3 – **17 hab** 40/50.
• Afamado en la localidad gracias a su impecable cocina. Agradable comedor complementado con un salón para banquetes, en el que destaca la amplia colección de oportos.

A Casa dos Martínez, Longa 7 ☎ 981 81 05 77, *enriquecastillo2002@yahoo.es* – ▤. AE MC VISA
cerrado 15 dias en noviembre, 15 dias en mayo, domingo noche y martes noche en invierno y lunes – **Comida** carta 23 a 29.
• Restaurante de organización familiar ubicado en el casco antiguo. Posee una sala de línea actual con sencillo mobiliario, basando su carta en productos de mercado.

en la carretera N 550 *Norte : 2 km :*

Scala, ✉ 15917, ☎ 981 81 13 12, *Fax 981 81 15 00,* ≤, ⛱ – |‡|, ▤ rest, TV P – 🎤 25/800. MC VISA. ✂
Comida - ver también rest. ***Asador O'Pazo*** - 10 – ☕ 4 – **194 hab** 48,08/66,11.
• Sus instalaciones se ven progresivamente mejoradas y ampliadas. Espaciosas zonas comunes, y unas habitaciones actuales de completo equipamiento. Organización profesional.

Asador O'Pazo - *Hotel Scala,* ✉ 15917, ☎ 981 81 15 07, *opazoasador@terra.es, Fax 981 81 15 00* – ▤ P. MC VISA. ✂
cerrado 2ª quincena de enero y domingo noche – **Comida** carta 35 a 51.
• Restaurante de moderna construcción con unos agradables exteriores arbolados. Cuenta con varios comedores de buen montaje, en los que podrá degustar sus sabrosas carnes.

PÁGANOS *Araba – ver Laguardia.*

PAGUERA *Illes Balears – ver Balears (Mallorca) : Peguera.*

PAIPORTA *València – ver València.*

Los PALACIOS Y VILLAFRANCA *41720 Sevilla* 578 *U 12 – 29 417 h alt. 12.*

Madrid 529 – Cádiz 94 – Huelva 120 – Sevilla 33.

Manolo Mayo con hab, av. de Sevilla 29 ☎ 85 581 10 86, *restaurante@manolomayo.com, Fax 95 581 11 52* – |‡| ▤ TV ☏ ♿ ⇔. AE ⓓ MC VISA. ✂
Comida carta 28 a 30 – ☕ 4 – **47 hab** 45/72.
• Amplio y vistoso comedor con toques regionales en su decoración, que propone una cocina con platos típicos de la zona. Ofrece habitaciones de confort actual como complemento.

PALAMÓS *17230 Girona* 574 *G 39* 122 *I 5 – 13 258 h – Playa.*

ℹ *passeig del Mar 22 ☎ 972 60 05 00 info@palamos.org Fax 972 60 01 37.*

Madrid 726 – Barcelona 109 – Girona/Gerona 46.

Trias, passeig del Mar ☎ 972 60 18 00, *Fax 972 60 18 19,* ≤, ⛱ climatizada – |‡| ▤ TV ⇔ P. AE ⓓ MC VISA. ✂ rest
23 marzo-26 septiembre – **Comida** 33 – ☕ 11 – **70 hab** 72/162.
• Hotel de línea clásica y organización familiar, ubicado frente a la playa. Posee unas habitaciones espaciosas y bien equipadas que evidencian el paso del tiempo. Restaurante de gran capacidad y sencillo montaje.

Vostra Llar, av. President Macià 12 ☎ 972 31 42 62, *vostrallar@vostrallar.com, Fax 972 31 43 07,* 🌳 – |‡|, ▤ rest, TV. MC VISA. ✂
abril-18 octubre – **Comida** 6,98 – **45 hab** ☕ 61/70.
• Se encuentra frente a una tranquila plaza, en el corazón de la ciudad. Dispone de un amplio hall y de modernas habitaciones con los baños actualizados.

Marina, av. 11 de Setembre 48 ☎ 972 31 42 50, *info@hotelmarina-palamos.com, Fax 972 60 00 24* – |‡|, ▤ rest, TV ♿. AE ⓓ MC VISA. ✗ rest
Comida carta aprox. 32 – ☕ 7 – **62 hab** 49/60.
◆ Establecimiento céntrico y funcional, llevado por sus propietarios. Habitaciones de suficiente confort en su categoría con baños completos, salvo algunas con plato ducha.

La Gamba, pl. Sant Pere 1 ☎ 972 31 46 33, *restaurant@lagambapalamos.com, Fax 972 31 85 26,* 🏖 – ▤. AE ⓓ MC VISA. ✗
cerrado 7 enero-14 febrero y lunes – **Comida** - pescados y mariscos, solo almuerzo de octubre-mayo salvo fines de semana - carta aprox. 42.
◆ Recientemente reformado, dispone de una sala en dos niveles, con vigas de hierro y paredes en ladrillo semivisto, complementada con un bar de apoyo y una terraza acristalada.

María de Cadaqués, Tauler i Servià 6 ☎ 972 31 40 09, *mariacadaques@telefonica.net* – ▤. AE ⓓ MC VISA
cerrado 15 diciembre-enero, domingo noche en invierno y lunes – **Comida** - pescados y mariscos - carta 26 a 36.
◆ Restaurante con una larga trayectoria a su espalda, llevado por la hija de los fundadores. Basa su éxito en una cocina elaborada con productos seleccionados.

Bell Port, passeig del Mar 1 ☎ 972 31 57 72, 🏖 – ▤. AE ⓓ MC VISA
cerrado 10 diciembre-enero – **Comida** *(sólo almuerzo salvo viernes y sábado de octubre-abril)* carta 35 a 48.
◆ Establecimiento de organización familiar, dotado de una sala de adecuada instalación, que se complementa con una terraza acristalada y un bar de apoyo.

L'Arcada, Pagès Ortiz 49 ☎ 972 31 51 69, 🏖 – ▤. MC VISA
cerrado enero, domingo noche y lunes – **Comida** carta 37 a 50.
◆ Posee un comedor de sencillo montaje, con vigas de madera en el techo que le aportan un aire rústico, y dos reservados de reducida capacidad en el 1er piso.

Celler de la Planassa, Vapor 4 (La Planassa) ☎ 972 31 64 96, *Fax 972 60 04 12,* 🏖 – ▤. MC VISA
cerrado noviembre, lunes mediodía (julio-agosto), domingo noche y lunes resto del año – **Comida** carta 28 a 45.
◆ Situado frente al puerto, está llevado por dos jóvenes hermanos. Cuenta con una sala de estilo marinero, precedida de una acogedora terraza acristalada.

Gamas, Indústria 3 ☎ 972 31 76 51 – ▤. AE ⓓ MC VISA. ✗
cerrado 18 diciembre-18 enero, domingo noche y lunes – **Comida** - pescados y mariscos - carta aprox. 36.
◆ Negocio de organización profesional decorado en estilo marinero, con un comedor de sencillo montaje y un pequeño reservado en la entreplanta. Productos escogidos.

en La Fosca *Noreste : 2 km :*

Áncora 🐎, Josep Plà, ✉ 17230 apartado 242 Palamós, ☎ 972 31 48 58, *hotelancora@telefonica.net, Fax 972 60 24 70,* ←, 🏊, 🎾 – |‡| ▤ TV P. AE MC VISA. ✗ rest
Comida *(cerrado enero)* 18,80 – ☕ 6,20 – **46 hab** 58/81.
◆ Hotel de playa recientemente renovado, que dispone de unas habitaciones espaciosas con mobiliario correcto y baños actuales. Cuidada zona noble. Comedor de gran capacidad y adecuado montaje.

en Plà de Vall-Llobregà *carretera de Palafrugell C 31 - Norte : 3,5 km :*

Mas dels Arcs, ✉ 17230 apartado 115 Palamós, ☎ 972 31 51 35 – ▤ P. MC VISA
cerrado 6 enero-febrero, lunes noche y martes salvo verano – **Comida** carta 31 a 40.
◆ Restaurante familiar en un edificio de planta horizontal, con el propietario en los fogones. Comedor de estilo clásico con mesas amplias, y terraza acristalada.

PALAU-SATOR *17256 Girona* 574 G 39 122 I 5 – *291 h alt. 20.*

Madrid 732 – Girona/Gerona 37 – Figueres 51 – Palafrugell 17 – Palamós 24.

Mas Pou, pl. de la Mota 4 ☎ 972 63 41 25, *info@maspou.com, Fax 972 63 50 13* – ▤ P. AE ⓓ MC VISA. ✗
cerrado 23 diciembre-3 febrero, domingo noche en invierno y lunes – **Comida** carta 19 a 28.
◆ Instalado en una casa de piedra tipo masía, posee un hall de espera, y varios comedores contiguos de sencillo montaje decorados con útiles agrícolas.

en Fontclara *Noreste : 3 km :*

Can Massanes 🐎, pl. de la Vila 1, ✉ 17256 Palau-Sator, ☎ 972 63 42 35, *Fax 972 63 42 35,* 🏊, 🌳 – P. ✗
Comida - sólo cena, sólo clientes - 15 – **4 hab** ☕ 70 – 2 apartamentos.
◆ Bonita casona dotada de unas espaciosas habitaciones decoradas con mobiliario antiguo, y dos apartamentos completamente equipados. Cálido salón social y comedor privado.

ESPAÑA

PALAU-SAVERDERA 17495 Girona 574 F 39 122 I 3 – 975 h alt. 78.

Madrid 763 – Figueres 17 – Girona/Gerona 57.

en la carretera GIV 6102 *Sur : 1 km :*

Mas la Torre sin rest, ✉ 17495, ☎ 972 25 54 53, *Fax 972 15 11 85*, Granja ganadera – P. ✻
7 hab ☕ 59/73,50.
◆ Ubicado dentro de una masía dedicada a la explotación ganadera. Agradable hall, bonita zona de desayunos en la antigua cocina y habitaciones algo básicas pero muy limpias.

en la carretera de Castelló d'Empúries *Suroeste : 2,7 km :*

Aiguamolls, Veïnat Les Torroelles, ✉ 17495, ☎ 972 55 20 63, *aiguamolls@terra.es, Fax 97 215 27 88* – ▤ P. MC VISA. ✻
cerrado 2ª quincena de febrero, 2ª quincena de noviembre y lunes – **Comida** carta 20 a 31.
◆ Acogedor restaurante llevado por un amable matrimonio. Instalado en las cuadras de una antigua masía, posee tres pequeñas salas con el techo abovedado y las paredes en piedra.

PALENCIA 34000 P 575 F 16 – 80 836 h alt. 781.

Ver : *Catedral★★ (interior★★ : tríptico★ - Museo★ : tapices★)* AY.
Alred. : *Baños de Cerrato (Basílica de San Juan Bautista★) 14 km por ②.*
ℹ *Mayor 105 ✉ 34001 ☎ 979 74 00 68 oficinadeturismodepalencia@jcyl.es Fax 979 70 08 22* – **R.A.C.E.** *av. Casado del Alisal 25 ✉ 34001 ☎ 979 74 69 50 Fax 979 70 19 74.*
Madrid 235 ② – Burgos 88 ② – León 128 ③ – Santander 203 ① – Valladolid 47 ②

Plano página siguiente

Castilla Vieja, av. Casado del Alisal 26, ✉ 34001, ☎ 979 74 90 44, *h-castillavieja@mundivia.es, Fax 979 74 75 77* – |♦|, ▤ rest, TV ♿ 🚗 – 🏛 25/250. AE ⓓ MC VISA JCB. ✻ rest BZ x
Comida 14 – ☕ 4 – **67 hab** 55/70 – 2 suites.
◆ Céntrico hotel que ha mejorado tras su redecoración general, tanto del hall como de las completas habitaciones de tendencia clásica. Cafetería con acceso exterior. El restaurante ubicado en el 1er piso se complementa con un mesón típico.

Rey Sancho, av. Ponce de León, ✉ 34005, ☎ 979 72 53 00, *reservas@reysancho.com, Fax 979 71 03 34*, 🌳, 🏊, 🎾 – |♦| ▤ TV ♿ 🚗 P – 🏛 25/500. AE ⓓ MC VISA. ✻
Comida 12 – ☕ 8 – **91 hab** 70/90 – 2 suites. AZ a
◆ Buen confort, amplia zona noble y unos bellos exteriores. Todas sus habitaciones han sido renovadas, con el suelo en moqueta y mobiliario en madera o hierro forjado. El comedor ocupa un lateral de los salones clásicos, reservados a la celebración de banquetes.

AC Palencia, av. de Cuba 25 - Noreste : 1 km, ✉ 34004, ☎ 979 16 57 01, *direc.acpalencia@ac-hotels.com, Fax 979 16 57 02*, 🏋 – |♦| ▤ TV 🚗 – 🏛 25. AE ⓓ MC VISA. ✻ rest por Pasarela de Villalobón BY
Comida - sólo cena - carta aprox. 20 – ☕ 8 – **63 hab** 65 – 2 suites.
◆ Posee el sello de la cadena, con suficientes zonas comunes y una atenta organización. Amplias habitaciones con los suelos en parquet, mobiliario escogido y baños actuales.

Diana Palace sin rest con cafetería por la noche, av. de Santander 12, ✉ 34003, ☎ 979 01 80 50, *reservas@eurostarsdianapalace.com, Fax 979 01 80 59* – |♦| ▤ TV 📞 🚗 – 🏛 25/100. AE ⓓ MC VISA. ✻ BY a
☕ 8 – **65 hab** 85/95.
◆ Bien situado cerca de las estaciones de tren y autobús. Sus habitaciones resultan confortables, con mobiliario moderno de calidad, suelos en madera y un completo equipamiento.

Don Rodrigo, Los Gatos 1, ✉ 34005, ☎ 979 70 62 80, *h-donrodrigo@mundivia.es, Fax 979 70 62 81* – |♦|, ▤ rest, TV 🚗. AE MC VISA AZ d
Comida 12,50 – ☕ 3 – **20 hab** 30/60.
◆ Hotel actualizado, con habitaciones sobrias y mobiliario funcional de calidad estándar. Posee baños modernos y completos, así como una cafetería con entrada independiente. Sencillo comedor de montaje clásico con un correcto servicio de mesa.

Plaza Jardinillos, Eduardo Dato 2, ✉ 34005, ☎ 979 75 00 22, *plazajardinillos@yahoo.es, Fax 979 75 01 90* – |♦| ▤ TV 🚗. MC VISA. ✻ rest AY v
Comida 9 – ☕ 3,60 – **35 hab** 36/45.
◆ Con el cambio de explotación ha mejorado su confort, tanto en la reducida recepción como en las correctas habitaciones, aunque estas aún están pendientes de algunos detalles. Bar típico a modo de taberna madrileña y restaurante-arrocería en un semisótano.

Monclús sin rest, Menéndez Pelayo 3, ✉ 34001, ☎ 979 74 43 00, *monclus@hotelmonclus.com, Fax 979 74 44 90* – |♦| TV. AE ⓓ MC VISA JCB. ✻ AZ c
☕ 2,70 – **40 hab** 33/50.
◆ Céntrico, sencillo y de organización familiar. Posee cierto desfase decorativo, con mobiliario castellano en las habitaciones y un correcto confort en su categoría.

ESPAÑA

PALENCIA

Antigua Florida (Av. de la) . . . . **AY** 2
Asturias (Av. de) . . . . **AY** 3
Barrio y Mier . . . . **AY** 4
Cardenal Almaraz . . . . **AZ** 5
Cervantes (Pl.) . . . . **AY** 8
La Cestilla . . . . **AZ** 23
Eduardo Dato . . . . **AY** 14
Gil de Fuentes . . . . **AZ** 17
Ignacio Martínez de Azcoitia . . . . **BY** 20
Jorge Manrrique . . . . **AY** 21
Juan de Castilla . . . . **AY** 22
Mayor (Pl.) . . . . **AY** 24
Mayor (Puente) . . . . **AZ** 25
Mayor . . . . **AYZ**
Menéndez Pelayo . . . . **AY** 26
Padre Faustino Calvo (Pas. del) . . . . **AZ** 28
Salvino Sierra . . . . **AY** 32
San Francisco (Pl.) . . . . **BZ** 6
San Juan de Dios . . . . **BZ** 33
San Marcos . . . . **AZ** 34
Santander (Av. de) . . . . **ABY** 38
Santo Domingo de Guzmán . . . . **AY** 40

Colón 27 sin rest y sin ⊏⊐, Colón 27, ✉ 34002, ☎ 979 74 07 00, *Fax 979 74 07 20* – |♦| TV. MC VISA. ✂ BZ f
22 hab 30/42.
◆ La excelente situación es uno de sus principales atractivos. Reducido hall-recepción y unas habitaciones decorosas, con suelo en moqueta y mobiliario funcional.

Ávila sin rest con cafetería, Conde Vallellano 5, ✉ 34002, ☎ 979 71 19 10, *reservas @hostalavila.com, Fax 979 71 19 10* – ▤ TV ⇔. MC VISA. ✂ BZ n
⊏⊐ 3 – **20 hab** 30,22/48,23.
◆ Pequeño hostal que ocupa toda una planta en un edificio de viviendas. Gran sencillez y confort, con suelos en corcho y parquet. Posee una cafetería con entrada independiente.

XX **Casa Lucio,** Don Sancho 2, ✉ 34001, ☎ 979 74 81 90, *Fax 979 70 15 52* – ▤. AE MC VISA. ✗ AZ s
cerrado del 1 al 15 de julio y domingo – **Comida** carta aprox. 29.
• Restaurante de estilo clásico-regional, con bar público en la entrada y comedor abovedado. Su carta de cocina tradicional incluye también algún plato más atrevido.

XX **Isabel,** Valentín Calderón 6, ✉ 34001, ☎ 979 74 99 98 – ▤. MC VISA. ✗ AY b
cerrado del 15 al 30 septiembre, domingo noche y lunes – **Comida** carta 20 a 25.
• Negocio familiar con un bar poco frecuentado e íntimo comedor de estilo clásico-moderno. Buen servicio de mesa y sabrosos platos de cocina tradicional a precios moderados.

X **Asador La Encina,** Casañé 2, ✉ 34002, ☎ 979 71 09 36, *Fax 979 72 67 03* – ▤. AE ⓓ MC VISA. ✗ BZ m
cerrado del 1 al 15 de agosto y domingo noche – **Comida** carta 26 a 34.
• Adecuado montaje en un comedor de aire rústico. Su especialidad son los asados en horno de leña, aunque también ofrece una buena selección de carnes y pescados.

X **Casa Damián,** Ignacio Martínez de Azcoitia 9, ✉ 34001, ☎ 979 74 46 28, *Fax 979 74 38 70* – ▤. AE ⓓ MC VISA. ✗ AY r
cerrado 24 diciembre-5 enero, 24 julio-24 agosto, domingo noche y lunes – **Comida** carta 32 a 41.
• Acreditado restaurante que goza de gran tradición en la ciudad. Elaboraciones caseras a la vieja usanza, con buen producto, en un entorno decorativo algo desfasado.

🍷 **Prada a Tope,** Pedro Fernández del Pulgar 9, ✉ 34005, ☎ 979 75 08 95 – ▤. VISA
Tapa 2 **Ración** - productos de El Bierzo - aprox. 7,50. AZ e
• Local típico de la cadena. Decoración rústica con profusión de madera y fotografías de El Bierzo. Venta directa de productos de esa comarca y amplia selección de tapas.

🍷 **Casa Matías-Bar Ecuador,** Los Soldados 19 ☎ 979 74 41 18, *Fax 979 74 41 18* – ▤. AE ⓓ MC VISA. ✗ ABY w
cerrado del 16 al 31 de julio y miércoles – **Tapa** 1,75 **Ración** aprox. 5,75.
• Histórico y popular bar de tapeo, con una barra bien surtida, donde jamones y lomos están expuestos para excitar nuestro apetito. Posee mesas en el sótano.

Ver también : **Magaz** *por ② : 10 km.*

La PALMA *Santa Cruz de Tenerife – ver Canarias.*

LA PALMA DE CERVELLÓ *08756 Barcelona* 574 H 35 122 B 8.
Madrid 613 – Barcelona 22 – Girona 115 – Tarragona 99.

XX **Amarena,** carret. de Corbera km 1,3 ☎ 93 672 09 14, *amarena.rest@terra.es,* 🌳 – ▤ P. MC VISA. ✗
cerrado 28 marzo-10 abril, 15 dias en septiembre, domingo noche y lunes – **Comida** carta 23 a 38.
• Coqueto negocio dotado de una luminosa sala neorrústica y una agradable terraza con profusión de plantas. Ofrece una cocina tradicional mediterránea con detalles de autor.

PALMA DE MALLORCA *Illes Balears – ver Balears (Mallorca).*

PALMA DEL RÍO *14700 Córdoba* 578 S 14 – *17 978 h alt. 54.*
Madrid 462 – Córdoba 55 – Sevilla 92.

🏨 **Hospedería de San Francisco,** av. Pío XII-35 ☎ 957 71 01 83, *hospederia@casasypalacios.com, Fax 957 71 02 36,* 🌿, 🌳 – ▤ TV. AE MC VISA. ✗
Comida carta 26 a 35 – ☕ 8 – **35 hab** 81,40/107.
• Convento del s. XV, con varios patios y confortables instalaciones que respetan sus características originales. Las habitaciones poseen mobiliario rústico y baños actuales. El restaurante ocupa el antiguo refectorio, con una carta tradicional y platos de caza.

PALMANOVA *Illes Balears – ver Balears (Mallorca).*

Las PALMAS DE GRAN CANARIA *Las Palmas – ver Canarias (Gran Canaria).*

PALMONES *11379 Cádiz* 578 X 13 124 B 8 – *Playa.*
Madrid 661 – Algeciras 8 – Cádiz 125 – Málaga 133.

XX **Mesón El Copo,** Trasmayo 2 ☎ 956 67 77 10, *elcopo@ono.com, Fax 956 67 77 86* – ▤. AE ⓓ MC VISA. ✗
cerrado domingo – **Comida** - pescados y mariscos - carta 29 a 40.
• Posee varios salones con diferentes ambientes, destacando el que recrea el camarote de un barco. La buena calidad de sus productos queda patente en el vivero central.

El PALO *Málaga - ver Málaga.*

PALOS DE LA FRONTERA *21810 Huelva* 578 U 9 - *7335 h alt. 26.*

Ver : *Localidad★.*

Alred. : *La Rábida★ (Iglesia del Monasterio de Santa María★) 3 km al Suroeste - Muelle de las Carabelas★ 3 km al Suroeste.*

Madrid 623 - Huelva 12 - Sevilla 93.

La Pinta, Rábida 79 ☎ 959 35 05 11, *pstmaster@hotellapinta.com, Fax 959 53 01 64* - AE VISA.
Comida 10 - 3 - **30 hab** 30,05/60,10.
◆ Dotado con instalaciones de correcto confort. Posee habitaciones cómodas y de impecable mantenimiento, con destacable amplitud en las de matrimonio y los suelos en mármol. Comedor clásico con profusión de madera.

PALS *17256 Girona* 574 G 39 122 I 5 - *1675 h alt. 55.*

Ver : *Pueblo medieval★ (El Pedró★).*

Pals, playa ☎ 972 66 77 39 Fax 972 63 67 99.

pl. Major 7 ☎ 972 63 73 80 turisme.pals@ddgi.es Fax 972 63 73 26.

Madrid 744 - Girona/Gerona 40 - Palafrugell 8.

Mas Salvi , Carmany ☎ 972 63 64 78, *info@massalvi.com, Fax 972 63 73 12*, - 25/80. AE VISA.
cerrado 7 enero-7 febrero - **Comida** *(cerrado lunes)* carta 38 a 42 - **20 hab** 180/225 - 2 suites.
◆ Hotel de lujo instalado en una masía familiar del s. XVII completamente restaurada. Posee varias zonas sociales y habitaciones de aire rústico-actual con detalles de calidad. En el restaurante, con grandes ventanales, se elabora una cocina propia de autor.

Mas Roig con hab, carret. de Torroella de Montgrí - Norte : 1,7 km ☎ 972 63 73 63, *info@hotelmasroig.com, Fax 972 66 74 01*, - AE VISA.
cerrado 15 dias en mayo y 15 dias en noviembre - **Comida** *(cerrado martes)* carta 22 a 36 - 12 - **9 hab** 100/130.
◆ Masía típica construida en 1620, con dos comedores de aire rústico y un agradable patio-terraza. Ofrece una cocina del Ampurdán actualizada y habitaciones de buen confort.

Sol Blanc con hab, carret. de Torroella de Montgrí - Norte : 1,5 km ☎ 972 66 73 65, *restaurant_sol_blanc@retemail.es, Fax 972 63 62 65*, - VISA
Comida *(cerrado miércoles salvo julio-agosto y martes)* carta 20 a 31 - **2 hab** 110.
◆ Antigua masía en pleno campo con una sala acristalada y otra ubicada en lo que antaño fue el pajar de la casa. Se complementa con dos confortables habitaciones.

en la playa :

Sa Punta , Este : 6 km, ✉ 17256, ☎ 972 66 73 76, *sapunta@hotelsapunta.com, Fax 972 66 73 15*, - 25/60. AE VISA JCB.
Comida - ver rest. ***Sa Punta*** - 10 - **30 hab** 125/140 - 3 suites.
◆ Magnífico hotel con terrazas ajardinadas, dotado de unas dependencias de elevado confort, cuidadas al detalle y correctamente equipadas. Atractiva oferta recreativa.

La Costa , av. Arenales de Mar 3 - Este : 8 km, ✉ 17256, ☎ 972 66 77 40, *info@lacostahotel.com, Fax 972 66 77 36*, - 25/300. AE VISA.
marzo-noviembre - **Comida** 36 - **117 hab** 147/196 - 3 suites.
◆ Ubicado en un emplazamiento privilegiado junto a un pinar, pone a su disposición unas instalaciones cálidas y muy confortables. Elegante hall-recepción y completa zona noble. Comedor luminoso y acogedor, aunque resulta algo inferior al resto del hotel.

Sa Punta - *Hotel Sa Punta*, Este : 6 km, ✉ 17256, ☎ 972 66 73 76, *sapunta@hotelsapunta.com, Fax 972 66 73 15*, - AE VISA JCB.
Comida carta 41 a 51.
◆ Restaurante de impecable montaje con arcos distribuyendo las mesas, precedido de un hall de acceso con una completa bodega vista y acristalada. Terrazas ajardinadas.

PÁMANES *39718 Cantabria* 572 B 18.

Madrid 381 - Santander 24 - Bilbao 91 - Burgos 146.

Casa Navarro, Lastra 66 ☎ 942 52 82 32, *info@restaurantecasanavarro.com, Fax 942 52 84 84* - AE VISA.
cerrado lunes salvo julio y agosto - **Comida** carta 22 a 29.
◆ Entrada por un bar público, quedando el comedor en la 1ª planta. Ofrece un trato familiar y una honesta cocina tradicional, que resulta muy bien acogida entre sus clientes.

PAMPLONA *31000* P *Navarra* 573 D 25 – *186 245 h alt. 415.*

Ver : *Catedral*★★ *(sepulcro*★★*, claustro*★*)* BY – *Museo de Navarra*★ *(mosaicos*★*, capiteles*★*, pinturas murales*★*, arqueta hispano-árabe*★*)* AY **M** – *Ayuntamiento (fachada*★*)* AY **H** – *Iglesia de San Saturnino*★ AY.

Club de Golf Castillo de Gorraiz, urb. Gorraiz, por ① : 7 km ☎ 948 33 70 73 Fax 948 33 73 15 – Club de Golf Señorío de Zuasti, por ② : 15 km, salida autopista A 15 (área de servicio de Zuasti), ☎ 948 30 29 00 Fax 948 30 28 78 – Ulzama, por ① : 21 km ☎ 948 30 54 71 Fax 948 30 92 09 – ✈ de Pamplona por ③ : 7 km ☎ 948 16 87 00 – Iberia : aeropuerto ✉ 31003 ☎ 902 400 500.

Eslava 1 ✉ 31001 ☎ 848 42 04 20 oit.pamplona@cfnavarra.es Fax 848 42 46 30 – **R.A.C.V.N.** *av. Sancho el Fuerte 29 ✉ 31007 ☎ 948 26 65 62 Fax 948 17 68 83.*

Madrid 396 ③ – Barcelona 471 ③ – Bayonne 118 ① – Bilbao 157 ⑤ – Donostia-San Sebastián 79 ⑤ – Zaragoza 169 ③

Tres Reyes, Jardines de la Taconera, ✉ 31001, ☎ 948 22 66 00, *hotel3reyes@abc.ibern et.com, Fax 948 22 29 30,* – – 25/500. AE VISA.
Comida 27,50 – 15 – **152 hab** 142/183 – 8 suites. AY x
◆ Privilegiada ubicación junto a unos jardines. Zona noble de estilo clásico en varios niveles, habitaciones amplias y luminosas, en tonos claros, con baños actuales. Restaurante funcional donde sirven una carta bastante equilibrada.

PAMPLONA

Abejeras	X	3
Artica	V	7
Baja Navarra (Av.)	X	8
Barañáin (Av. de)	X	10
Bayona (Av.)	V	13
Biurdana	VX	14
Buenaventura Iñiguez	X	15
Enamorados	V	23
Ermitagaña	X	24
Fuente de la Teja (Camino)	X	28
Julián Gayarre	X	34
Landaben (Av.)	V	35
Lezkairu (Camino)	X	37
Magdalena	V	39
Mendigorría	V	42
Monasterio Belate	X	46
Monasterio Irache	X	45
Pío XII (Av.)	X	53
Río Queiles	X	58
San Cristóbal	V	62
San Pedro (Puente de)	V	68
Tajonar	X	75
Valle de Aranguren	X	76

PAMPLONA

Amaya . . . . **BYZ** 4
Ansoleaga . . . . **AY** 5
Bayona (Av. de) . . . . **AY** 13
Carlos III (Av. de) . . . . **BYZ**
Castillo de Maya . . . . **BZ** 16
Chapitela . . . . **BY** 17
Conde Oliveto (Av. del) . . . . . . **AZ** 19
Cortes de Navarra . . . . **BY** 20
Cruz (Pl. de la) . . . . **BZ** 22
Esquiroz . . . . **AZ** 25
Estafeta . . . . **BY** 26
García Castañón . . . . **ABY** 30
Juan de Labrit . . . . **BY** 33
Leyre . . . . **BYZ** 36
Mayor . . . . **AY** 40
Mercaderes . . . . **BY** 43
Navarrería . . . . **BY** 48
Navas de Tolosa . . . . **AY** 50
Paulino Caballero . . . . **BZ** 51
Príncipe de Viana (Pl. del) . . . . **BZ** 54
Reina (Cuesta de la) . . . . **AY** 56
Roncesvalles (Av. de) . . . . **BY** 59
San Fermín . . . . **BZ** 63
San Francisco (Pl. de) . . . . **AY** 65
San Ignacio (Av. de) . . . . **BYZ** 66
Sancho el Mayor . . . . **ABZ** 60
Sangüesa . . . . **BZ** 69
Santo Domingo . . . . **AY** 70
Sarasate (Paseo de) . . . . **AY** 72
Taconera (Recta de) . . . . **AY** 73
Vínculo (Pl. del) . . . . **AYZ** 78
Zapatería . . . . **AY** 89

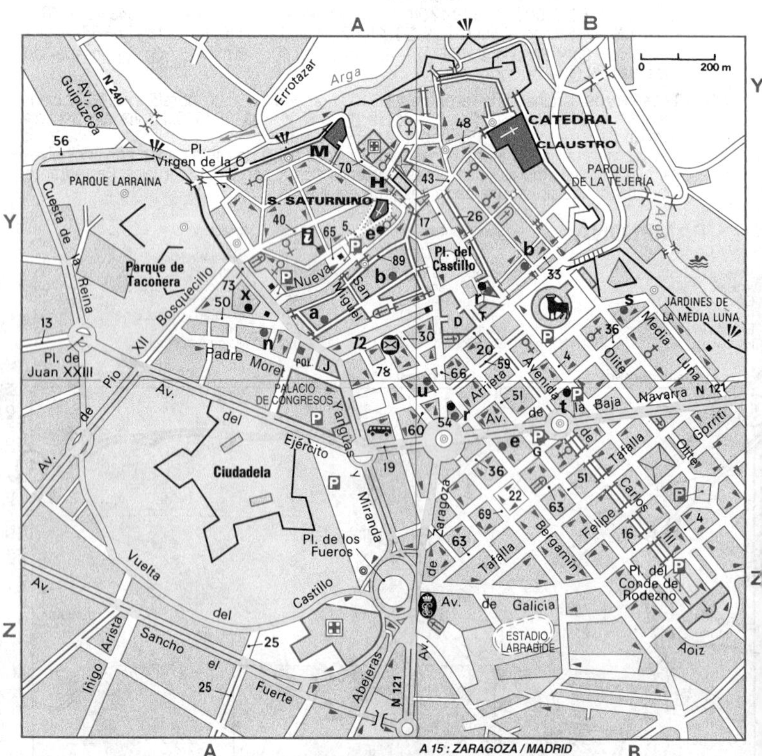

NH Iruña Park, Arcadio María Larraona 1, ✉ 31008, ☎ 948 19 71 19, *nhirunapark @nh-hotels.com, Fax 948 17 23 87* – 🛗 ▤ 📺 ♿ 🚗 – 🏛 25/1500. AE ⓓ ⓜⓒ VISA. ✈ X r
Comida 22 – ☕ 12,40 – **219 hab** 136 – 6 suites.
◆ Céntrico establecimiento con el sello de calidad de la cadena NH. Las habitaciones han sido redecoradas elevando su confort y se complementa con unas espaciosas zonas nobles. Comedor con suelos en madera y mobiliario clásico-actual.

Blanca de Navarra, Av. Pío XII-43, ✉ 31008, ☎ 948 17 10 10, *comercial@hotelblancadenavarra.com, Fax 948 17 54 14* – 🛗 ▤ 📺 🚗 – 🏛 25/400. AE ⓓ ⓜⓒ VISA. ✈ X e
Comida 21 – ☕ 10 – **100 hab** 93/115 – 2 suites.
◆ El exquisito cuidado en cada detalle es una de las características que mejor define sus instalaciones. Parco en zonas comunes y habitaciones íntimas bien insonorizadas. Restaurante de ambiente clásico donde ofrecen una correcta carta.

AC Ciudad de Pamplona, Iturrama 21, ✉ 31007, ☎ 948 26 60 11, *cpamplona@ac-hotels.com, Fax 948 17 36 26,* 🏋 – 🛗 ▤ 📺 🚗 – 🏛 25/50. AE ⓓ ⓜⓒ VISA JCB. ✈ X a
Comida 18 – ☕ 12,50 – **115 hab** 105 – 2 suites.
◆ Establecimiento que paulatinamente va elevando el confort de sus instalaciones, de cara a mejorar su categoría. Habitaciones de estilo minimalista con baños en mármol. El comedor mantiene la misma línea decorativa, destacando por su cuidado servicio de mesa.

Reino de Navarra, Acella 1, ✉ 31008, ✆ 948 17 75 75, *reino-de-navarra@abbahoteles.com, Fax 948 17 77 78* – |‡| ▤ TV 🚗 – 25/160. AE ⓓ MC VISA. ✗ rest X n
Comida 20 – ☕ 11 – **83 hab** 110/122.
◆ En el área de negocios de la ciudad. Destaca por sus amplias y luminosas habitaciones, decoradas con mobiliario escogido, en la 7ª planta orientadas a ejecutivos.

Maisonnave, Nueva 20, ✉ 31001, ✆ 948 22 26 00, *informacion@hotelmaisonnave.es, Fax 948 22 01 66* – |‡| ▤ TV 🚗 – 25/300. AE ⓓ MC VISA. ✗ rest AY e
Comida *(cerrado 15 julio-agosto y sábado)* 17 – ☕ 9 – **138 hab** 68/81.
◆ Correcta distribución, grandes prestaciones y un céntrico emplazamiento. Sus habitaciones gozan de un mobiliario de calidad y cuentan con baños modernos.

Albret sin rest con cafetería, Ermitagaña 3, ✉ 31008, ✆ 948 17 22 33, *reservas@hotelalbret.net, Fax 948 17 83 84* – |‡| ▤ TV 🚗 – 60/150. AE ⓓ MC VISA. ✗ X v
☕ 11 – **107 hab** 95,10/116,40 – 2 suites.
◆ Hall-recepción bien acondicionado. Habitaciones de línea moderna, poco espaciosas pero con detalles. Bar-cafetería con menús y una pequeña carta.

Leyre sin rest, Leyre 7, ✉ 31002, ✆ 948 22 85 00, *hleyre@hotel-leyre.com, Fax 948 22 83 18* – |‡| TV – 25/50. AE ⓓ MC VISA. ✗ BZ t
☕ 8 – **55 hab** 70/90.
◆ Céntrico hotel de correctas instalaciones. Parco en zonas comunes aunque bien cuidadas y unas habitaciones de notable amplitud, con suelos en parquet y mobiliario clásico.

Yoldi sin rest, av. de San Ignacio 11, ✉ 31002, ✆ 948 22 48 00, *yoldi@hotelyoldi.com, Fax 948 21 20 45* – |‡| ▤ TV. AE ⓓ MC VISA. ✗ BZ r
☕ 8 – **50 hab** 54/80.
◆ De línea actual y organización familiar, con instalaciones funcionales. Habitaciones amplias, luminosas y bien equipadas.

Europa, Espoz y Mina 11-1º, ✉ 31002, ✆ 948 22 18 00, *europa@hreuropa.com, Fax 948 22 92 35* – |‡| ▤ TV. AE ⓓ MC VISA. ✗ BY r
Comida - ver rest. ***Europa*** – ☕ 8 – **25 hab** 92/116.
◆ Correcta organización en familia, céntrico emplazamiento, y unas habitaciones pequeñas aunque bien equipadas con baños en mármol. Un recurso válido en su categoría.

XXXX **Josetxo,** pl. Príncipe de Viana 1, ✉ 31002, ✆ 948 22 20 97, *rjosetxo@bch.navegalia.com, Fax 948 22 41 57* – ▤. AE ⓓ MC VISA. ✗ BZ r
cerrado Semana Santa, agosto y domingo – **Comida** carta 48 a 59.
◆ Elegante casa señorial, dirigida con gran profesionalidad por los dos matrimonios propietarios. Servicio de mesa y accesorios de gran nivel, en un distinguido marco clásico.

XXX ✿ **Rodero,** Arrieta 3, ✉ 31002, ✆ 948 22 80 35, *info@restauranterodero.com, Fax 948 21 12 17* – ▤. AE MC VISA JCB. ✗ BY s
cerrado Semana Santa, 2ª quincena de julio, domingo y lunes noche – **Comida** 56,50 y carta 39 a 48.
Espec. Cuajada de coco con berberechos, huevas de trucha y crema de erizos de mar. Vieiras con papada de cerdo, puré de patata y vainilla, y ensalada con vinagreta de pomelo. Atún toro con setas escabechadas y aceite de guindillas.
◆ Ha mejorado tras la ampliación y la actualización de su decoración. Hall-ropero, zona de espera y un comedor, con el suelo en tarima flotante y las paredes forradas en madera.

XXX **Alhambra,** Francisco Bergamín 7, ✉ 31003, ✆ 948 24 50 07, *alhambra@hreuropa.com, Fax 948 24 09 19* – ▤. AE ⓓ MC VISA. ✗ BZ e
cerrado Semana Santa y domingo – **Comida** carta aprox. 45.
◆ Un cuidado montaje con todo tipo de detalles, una brigada profesional, y un excelente servicio de mesa para una cocina de gran interés.

XXX ✿ **Europa** - *Hotel Europa*, Espoz y Mina 11-1º, ✉ 31002, ✆ 948 22 18 00, *europa@hreuropa.com, Fax 948 22 92 35* – ▤. AE ⓓ MC VISA. ✗ BY r
cerrado domingo – **Comida** 35 y carta 43 a 48.
Espec. Rulos de mango rellenos de foie con su pequeña ensalada. Cochinillo confitado a 80º y su piel tostada con verduritas maceradas en vinagre de Jerez. Ravioli de piña natural relleno de helado de coco y trufa con sopa de maracuyá.
◆ Llevado con gran profesionalidad por cuatro hermanos. Posee dos salas de elegante estilo clásico, con los suelos en parquet y el mobiliario de calidad. Brigada muy atenta.

XXX **Hartza,** Juan de Labrit 19, ✉ 31001, ✆ 948 22 45 68 – ▤. AE ⓓ MC VISA. ✗ BY b
cerrado agosto, domingo noche y lunes – **Comida** carta aprox. 57.
◆ Casa de elegante decoración rústica, con vigas de madera en tonos azules y un impecable parquet, regentada por tres hermanas dedicadas plenamente.

XXX **Don Pablo,** Navas de Tolosa 19, ✉ 31002, ✆ 948 22 52 99, *info@restaurantedonpablo.com, Fax 948 21 02 64* – ▤. AE ⓓ MC VISA. ✗ AY n
cerrado del 1 al 15 de agosto, domingo noche en invierno y domingo resto del año – **Comida** carta 42 a 50.
◆ Restaurante de amable organización familiar que destaca por su esmerada cocina. Correcta fusión de elaboraciones clásicas y contemporáneas, y un cuidado servicio de mesa.

XX **Casa Manolo,** García Castañón 12-1º, ✉ 31002, ✆ 948 22 51 02, *info@restaurantecasamanolo.com, Fax 948 20 33 83* – ▤. AE ① MC VISA. ✻ BYZ u
cerrado 7 días en enero, 21 días en agosto, domingo noche y lunes – **Comida** carta 26 a 38.
◆ Instalado en el 1er piso. Tras duplicar su capacidad ha aumentado su oferta de cara a la celebración de banquetes. Carta compensada y un esmerado servicio de mesa.

X **La Casona,** Pueblo Viejo (Barañain), ✉ 31010, ✆ 948 18 67 13, *Fax 948 18 67 15* – ▤. AE ① MC VISA. ✻ X g
cerrado domingo noche – **Comida** - pescados y carnes a la brasa - carta 25 a 36.
◆ Antigua casona tipo asador, con sidrería a un lado y al otro un comedor para la carta con parrilla a la vista. Dos salones para banquetes en el 1er piso.

Ÿ/ **Letyana,** Travesía de Bayona 2, ✉ 31011, ✆ 948 25 50 45 – ▤. MC VISA. ✻ X b
cerrado del 21 al 28 de febrero, del 15 al 31 de julio y martes – **Tapa** 2 **Ración** aprox. 12.
◆ ¡Sorprendente bar de tapas ! Planta baja con una barra repleta de suculentos pinchos y en la entreplanta un pequeño comedor, tipo balcón, donde ofrecen un menú degustación.

Ÿ/ **Baserri,** San Nicolás 32, ✉ 31001, ✆ 948 22 20 21, *info@restaurantebaserri.com* – ▤. MC VISA JCB. ✻ AY b
Tapa 1,80 **Ración** aprox. 5.
◆ Local tipo mesón emplazado en una céntrica calle repleta de bares. Cuenta con un sencillo comedor al fondo para degustar un menú a base de tapas y pinchos variados.

Ÿ/ **Gaucho,** Espoz y Mina 4, ✉ 31001, ✆ 948 22 50 73 – ▤. ✻ BY r
cerrado del 15 al 26 de julio – **Tapa** 2.
◆ Negocio bien organizado y que goza de gran fama en la ciudad. Posee una barra repleta de pinchos bien elaborados y cuenta con algunas mesas como apoyo.

Ÿ/ **Museo,** San Gregorio 48, ✉ 31001, ✆ 948 22 20 50 – ▤. ✻ AY a
cerrado del 15 al 31 de julio – **Tapa** 1,40 **Ración** aprox. 3.
◆ La moderna decoración y su correcta oferta gastronómica son las características que mejor definen su buen hacer. Instalación de mantenimiento muy cuidado.

Ver también : **Berrioplano** *por N 240 A : 6 km* V.

PANCAR *Asturias – ver Llanes.*

PANES *33570 Asturias* 572 C 16 – *alt. 50.*

Alred. : *Desfiladero de La Hermida*★★ *Suroeste : 12 km.*

🅱 *carret. general (Peñamellera Baja) ✆ 98 541 42 97 pvaja@netcom.es Fax 985 41 44 51 (temp).*

Madrid 427 – Oviedo 128 – Santander 89.

Covadonga, Virgilio Linares ✆ 985 41 42 30, *info@hotelcovadonga.net, Fax 98 541 41 62,* – |♦|, ▤ rest, TV P. MC VISA. ✻
Comida 9 – ☕ 4 – **22 hab** 34/63.
◆ Establecimiento de organización familiar, que pone a su disposición unas espaciosas habitaciones de buen confort, con mobiliario funcional y baños completos.

El Tilo, Mayor ✆ 985 41 41 67, *Fax 985 41 42 56,* – |♦|, ▤ rest, TV ✆ P. ① MC VISA. ✻
Comida 12 – ☕ 4,20 – **27 hab** 58/78.
◆ Se encuentra próximo al río y rodeado de zonas verdes. En conjunto resulta práctico y funcional, con un confort actual muy acorde a su categoría.

Villa Elena sin rest, carret. general ✆ 985 41 42 33, *villaelena@solinternet.es, Fax 985 41 42 33* – TV P. MC VISA. ✻
cerrado 16 diciembre-febrero – **10 hab** ☕ 48/60.
◆ En su estructura se aprecia cierto estilo montañés. Posee un salón social, correctas habitaciones con detalles rústicos y una pequeña salita para los desayunos.

en Alevia *Noroeste : 3 km :*

Casona d'Alevia sin rest, ✉ 33579 Peñamellera Baja, ✆ 98 541 41 76, *alevia@casonadalevia.com, Fax 98 541 42 24* – TV. ① MC VISA. ✻
cerrado 9 enero-10 febrero – ☕ 7 – **9 hab** 80.
◆ Antigua casona restaurada según los dictados de la arquitectura popular asturiana. Acogedoras habitaciones con suelo en madera, vigas en el techo y baños actuales.

en la carretera de Cangas de Onís :

La Molinuca, Oeste : 6 km, ✉ 33578 Peñamellera Alta, ✆ 98 541 40 30, *info@lamolinuca.com, Fax 98 541 43 97,* ≤, – TV P. ① MC VISA. ✻
12 marzo-2 noviembre – **Comida** 11 – ☕ 4 – **31 hab** 48/60.
◆ Emplazado junto a la ribera del río Cares. Sus habitaciones bien equipadas, aunque algo justas en dimensiones, resultan confortables en su categoría.

XX **Casa Julián** con hab, Oeste : 9 km, ✉ 33578 Niserias, ☎ 98 541 57 97, *hotel@casa julian.com, Fax 98 541 57 97,* ≤ – TV P. ⓓ MO VISA. ✻
marzo-15 diciembre – **Comida** carta 20 a 26 – ☕ 5 – **4 hab** 48/60.
• Negocio familiar ubicado junto al río Cares. Posee una sala luminosa y de buen mantenimiento, donde ofrecen una cocina sin grandes alardes, y habitaciones como complemento.

PANTICOSA *22661 Huesca 574 D 29 – 1 005 h alt. 1 185 – Balneario – Deportes de invierno : ⛷13 ⛷1.*

Alred. : *Balneario de Panticosa★ – Norte : Garganta del Escalar★★.*

Madrid 481 – Huesca 86.

Sabocos ⛰, Fondón 1 ☎ 974 48 74 88, *Fax 974 48 70 58,* ≤ – |♦| TV P. MO VISA. ✻
3 diciembre-3 abril y junio-12 octubre – **Comida** - sólo cena en invierno - 12,50 – ☕ 8,20 – **28 hab** 49,50/62.
• Pequeño hotel decorado con mimo, llevado por un joven matrimonio. Sus alegres habitaciones, con suelo en madera, buena lencería y baños actuales, resultan muy cómodas.

Escalar, La Cruz 2 ☎ 974 48 70 08, *Fax 974 48 70 03,* ≤, ⛆ climatizada – TV 🚗. MO VISA. ✻
diciembre-abril y junio-septiembre – **Comida** - sólo menú - 11 – ☕ 6 – **32 hab** 49/54,62.
• Cálidas instalaciones de ambiente familiar con una zona social completamente revestida en madera. Ofrece discretas habitaciones con suelos en parquet y un correcto confort.

Morlans, San Miguel ☎ 974 48 70 57, *casamorlans@terra.es, Fax 974 48 73 86* – ▤ rest, TV P. MO VISA. ✻
3 diciembre-abril y julio-20 septiembre – **Comida** *(cerrado domingo)* - sólo menú - 12 – ☕ 10 – **25 hab** 40/60.
• Hotel típico de montaña con gran profusión de madera en todas sus dependencias. Reducida área social y habitaciones sencillas pero de cuidado mantenimiento. Modesto comedor precedido por un bar público.

Valle de Tena, La Cruz 69 ☎ 974 48 70 73, *hotelvalledetena@hotmail.com, Fax 974 48 70 92* – TV P. MO VISA. ✻
diciembre-abril y julio-septiembre – **Comida** - sólo clientes - 10,25 – ☕ 7,75 – **28 hab** 44/57.
• Muy familiar y ubicado en la entrada de la localidad. Posee una cuidada zona social con chimenea, dotándose de habitaciones funcionales y un sencillo comedor privado.

en el Balneario de Panticosa *Noreste : 8 km :*

XX **Del Lago,** ✉ 22650 Balneario de Panticosa, ☎ 974 48 73 45, *reservas@panticosa.com, Fax 974 48 71 37,* ≤ – ▤ P. AE ⓓ MO VISA. ✻
Comida carta aprox. 60.
• Forma parte de un amplio complejo hotelero, frente a un pinar y con un lago de fondo. Comedor de estilo moderno y cuidado montaje, con grandes ventanales y el suelo en madera.

PARADELA *27611 Lugo 571 D 8 – 2 463 h.*

Madrid 482 – Santiago de Compostela 185 – Lugo 72 – Ourense 165.

al Sur *: 4 km :*

O Foilebar ⛰, Castro de Rei - O Foilebar, ✉ 27611, ☎ 982 54 10 73, *ofoilebar@ozu.es, Fax 982 54 10 73* – ♿ P. AE ⓓ MO VISA JCB
Comida - sólo clientes - 15 – ☕ 3 – **6 hab** 40/52.
• Antigua casa de labranza construida en piedra y en pleno campo. Ofrece confortables habitaciones decoradas con mobiliario antiguo y un bonito comedor para el cliente alojado.

El PARDO *28048 Madrid 576 K 18 575 K 18 121 H 6.*

Ver : *Palacio Real★ (tapices★) – Convento de Capuchinos : Cristo yacente★.*

Madrid 17 – Segovia 93.

X **Menéndez,** av. de La Guardia 25 ☎ 91 376 15 56, *Fax 91 376 15 56,* ☂ – ▤. AE ⓓ MO VISA
cerrado del 5 al 20 de agosto – **Comida** carta 24 a 38.
• Negocio bien llevado por profesionales. Ofrece un comedor de inspiración clásica, con montaje y servicio de mesa muy correctos dentro de su sencillez.

PAREJA *19129 Guadalajara* 576 K 22 – *498 h alt. 760.*
Madrid 120 – Toledo 190 – Guadalajara 71 – Cuenca 96.

por la carretera N 204 *Noroeste : 7,4 km y desvío a la izquierda 4 km :*

Isla Alcarria, ✉ 19129, ☎ 949 82 70 04, *hotelislaalcarria@vlhoteles.com, Fax 949 82 70 04,* ← embalse de Entrepeñas, – ▤ TV P. VISA.
Comida *(cerrado domingo noche)* carta aprox. 26 – ☕ 6 – **12 hab** 96/120.
◆ En un enclave aislado, donde confluye el río Tajo con el embalse de Entrepeñas. Correcta zona social y habitaciones personalizadas en su decoración, casi todas con vistas.

PARETS DEL VALLÈS *08150 Barcelona* 574 H 36 122 D 7 – *10 928 h alt. 94.*
Madrid 637 – Barcelona 24 – Girona/Gerona 81 – Manresa 64.

El Jardí, Major 1 ☎ 93 562 01 03, – ▤. AE VISA.
cerrado Semana Santa, agosto, domingo noche, lunes noche y martes – **Comida** - sólo almuerzo de enero a abril salvo fines de semana - carta 26 a 38.
◆ En sus comedores de estilo rústico podrá degustar una cocina elaborada con productos escogidos. Destaca por su agradable y céntrica terraza.

PARLAVÀ *17133 Girona* 574 F 39 122 I 4 – *335 h alt. 40.*
Madrid 719 – Girona/Gerona 24 – Barcelona 120 – Figueres 36 – Palamós 26.

en Fonolleres *por la carretera de Torroella de Montgrí - Noreste : 2 km :*

Mas Crisaran (es necesario reservar), ✉ 17133 Fonolleres, ☎ 972 76 90 00, *agrolodge@ctv.es, Fax 972 76 92 19,* – ▤ TV P. AE VISA
cerrado 4 enero-10 febrero – **Comida** *(cerrado miércoles en julio-agosto y domingo resto del año)* - sólo cena en verano - 31 – **8 hab** ☕ 210/250 – 1 suite.
◆ Instalado en una antigua masía, dispone de unas dependencias decoradas con sumo gusto, destacando las magníficas habitaciones de aire oriental y el impresionante salón social. Su restaurante, tipo jardín de invierno, brinda bellas vistas sobre la pradera.

La PARRA *06176 Badajoz* 576 Q 10 – *1 417 h alt. 536.*
Madrid 395 – Mérida 57 – Badajoz 60 – Barrancos 92 – Mourão 79.

Hospedería Convento de la Parra, Santa María 16 ☎ 924 68 26 92, *laparra@wanadoo.es, Fax 924 68 26 19,* – AE VISA. rest
Comida *(cerrado lunes)* carta aprox. 26 – **21 hab** ☕ 162.
◆ Las paredes encaladas definen un conjunto que ha sabido cuidar los detalles con exquisita delicadeza. Sus habitaciones dan a un patio y ocupan las sobrias celdas del convento. Restaurante dotado de cierto encanto, con las mesas en madera natural.

PASAI DONIBANE o PASAJES DE SAN JUAN *20110 Gipuzkoa* 573 C 24 – *18 203 h.*
Ver : *Localidad pintoresca★.*
Alred. : *Trayecto★★ de Pasajes de San Juan a Fuenterrabía por el Jaizkibel.*
Madrid 477 – Pamplona 100 – St-Jean-de-Luz 27 – Donostia-San Sebastián 11.

Casa Cámara, San Juan 79 ☎ 943 52 36 99, ←, Vivero propio – VISA
cerrado domingo noche y lunes – **Comida** - pescados y mariscos - carta 23 a 34.
◆ Pozo con agua de mar, a modo de vivero, al que le afectan las mareas. De larga tradición y cierto prestigio, va adecuándose a los nuevos tiempos poco a poco. Vistas al puerto.

Nicolasa, San Juan 59 ☎ 943 51 54 69, *Fax 943 51 54 69,* ← – AE VISA.
cerrado 16 diciembre-15 enero, domingo noche y lunes – **Comida** carta 20 a 28.
◆ Situado en una calle típica del lugar, posee un hall de entrada con barra de apoyo, y un comedor de cándida decoración y esmerado montaje abierto a la zona portuaria.

Txulotxo, San Juan 71 ☎ 943 52 39 52, *Fax 943 51 96 01,* ← – AE VISA.
cerrado del 20 diciembre-10 enero, domingo noche y martes – **Comida** - pescados - carta 21 a 29.
◆ Correctas instalaciones al borde del mar. Sencillo restaurante de carácter familiar y pulcro mantenimiento, ocupando una casa antigua de la localidad. Precios contenidos.

PASAIA o PASAJES DE SAN PEDRO *20110 Gipuzkoa* 573 C 24 – *18 203 h.*
Madrid 458 – Bayonne 50 – Pamplona 84 – Donostia-San Sebastián 6.

Izkiña, Euskadi Etorbidea 19 - Trintxerpe, ✉ 20110, ☎ 943 39 90 43, *aoo@infonegocio.com, Fax 943 39 90 43,* Vivero propio – ▤. AE VISA.
cerrado Semana Santa, ultima semana de agosto, domingo noche, y lunes – **Comida** - pescados y mariscos - carta aprox. 45.
◆ Apreciada cocina basada en los frutos del mar. Dos comedores de línea actual y tonos suaves, realzados con algún que otro detalle marinero. Eficiente organización familiar.

PASARÓN DE LA VERA *10411 Cáceres* 576 L 12 – *724 h alt. 596.*
Madrid 229 – Ávila 154 – Cáceres 115 – Plasencia 30.

La Casa de Pasarón, La Magdalena 18 927 46 94 07, *pasaron@pasaron.com,* – . VISA.
cerrado del 24 al 31 de diciembre y del 7 al 31 de enero – **Comida** *(cerrado de lunes a jueves)* 20 – **12 hab** 43/65,80.
◆ Casa de principios del s. XX, construida en piedra y ubicada en el centro de la localidad. Posee un acogedor saloncito social y habitaciones funcionales de línea rústica. Reducido comedor con cinco mesas y el techo abovedado, donde ofrecen platos caseros.

PASTRANA *19100 Guadalajara* 576 K 21 121 M 7 – *1 092 h alt. 759.*
Ver : *Colegiata (tapices★).*
Madrid 101 – Guadalajara 46 – Sacedón 39 – Tarancón 59.

PATALAVACA (Playa de) *Las Palmas – ver Canarias (Gran Canaria) : Arguineguín.*

PATERNA *46980 València* 577 N 28 – *46 974 h alt. 50.*
Madrid 345 – Valencia 13 – Castelló de la Plana/Castellón de la Plana 70.

por la autovía CV 35 :

Cruz de Gracia sin rest, urb. La Cruz de Gracia 12 - Norte : 5,5 km - salida 6 autovía 96 390 41 39, *correo@hotelcruzdegracia.com, Fax 96 363 14 68,* – . VISA.
6 – **8 hab** 100.
◆ A modo de chalet, en una urbanización tranquila, vigilada y de ambiente familiar. Sus habitaciones están dotadas con mobiliario moderno y baños actuales. Entorno ajardinado.

PAU *17494 Girona* 574 F 39 122 I 3 – *363 h alt. 33.*
Madrid 760 – Figueres 14 – Girona/Gerona 54.

L'Olivar d'en Norat, carret. de Rosas - Este : 1 km 972 53 03 00, *Fax 972 55 20 55,* – VISA
cerrado lunes – **Comida** - cocina vasca - carta 24 a 41.
◆ Situado entre olivos al pie de una montaña. Posee unas completas instalaciones con barra de apoyo, terraza exterior, comedor de estilo clásico y una carpa para banquetes.

El PAULAR *28741 Madrid* 576 J 18 575 J 18 121 G 4 – *alt. 1 073.*
Ver : *Cartuja★ (iglesia : retablo★★).*
Madrid 76 – Segovia 55.
Hoteles y restaurantes ver : **Rascafría** *Norte : 1,5 km.*

PECHINA *04259 Almería* 578 V 22 124 T 4 – *2 166 h alt. 98 – Balneario.*
Madrid 566 – Almería 12 – Guadix 102.

en Baños de Sierra Alhamilla *Noreste : 8 km :*

Balneario de Sierra Alhamilla, Los Baños, 04259 Pechina, 950 31 74 13, *balneario_alhamilla@cajamar.es, Fax 950 16 02 57,* sierra, valle y mar – . VISA.
Comida 17 – 5,10 – **19 hab** 43/57 – PA 27.
◆ Descubra las propiedades medicinales de las aguas de este hotel-balneario que conserva unas antiguas albercas. Habitaciones cómodas, con buenas vistas y mobiliario de calidad.

PECHÓN *39594 Cantabria* 572 B 16 – *Playa.*
Madrid 417 – Gijón 116 – Oviedo 128 – Santander 68.

Don Pablo sin rest, El Cruce 942 71 95 00, *donpablo@donpablohotel.com, Fax 942 71 95 23,* – VISA
34 hab 58,90/69,15.
◆ Construido con materiales de calidad y de buen aspecto exterior. Correcta zona noble y unas confortables habitaciones, algunas tipo dúplex y con bañera de hidromasaje.

Posada Mellante sin rest, 942 71 94 71, *ramiro@posadamellante.jazztel.es, Fax 942 71 94 71* – VISA.
4 – **13 hab** 30/48.
◆ Antigua casa de labranza transformada en alojamiento rural. Íntimo salón social con chimenea y cálidas habitaciones, siendo los baños algo pequeños. Discreta cafetería.

PEDRAZA *40172 Segovia* 575 I 18 121 H 3 – *469 h alt. 1073.*
Ver : *Pueblo histórico★★.*
Real 3 ☎ 921 50 86 66 pedrazaturismo@wanadoo.es.
Madrid 126 – Aranda de Duero 85 – Segovia 35.

La Posada de Don Mariano, Mayor 14 ☎ 921 50 98 86, *info@hoteldonmariano.com, Fax 921 50 98 87* – TV. AE MC VISA.
Comida *(cerrado del 1 al 15 de enero, del 15 al 30 de junio, domingo noche y lunes)* 19 – 5,75 – **18 hab** 61/75.
• Todo es sereno, desde la fachada en piedra hasta sus excelentes instalaciones. A destacar sus bellas habitaciones por decoración, tela, mobiliario y confort. Un espléndido montaje y una delicada elegancia crean un comedor lleno de encanto.

Hospedería de Santo Domingo sin rest, Matadero 3 ☎ 921 50 99 71, *info@hospederiadesantodomingo.com, Fax 921 50 86 83,* – TV. AE MC VISA.
9 – **17 hab** 75/90.
• Casa rehabilitada que ha conservado al máximo su estructura original. La zona social, con chimenea, dispone de dos ambientes y sus habitaciones poseen un equipamiento actual.

La Olma, pl. del Alamo 1 ☎ 921 50 99 81, *laolma@laolma.com, Fax 921 50 99 35* – AE MC VISA.
cerrado 2ª quincena de septiembre y martes – **Comida** carta 27 a 35.
• Una casa que conserva el tipismo de la región. Restaurante asentado que ha sabido reducir su carta en favor de una oferta más selecta. Dirección familiar, seria y eficaz.

El Corral de Joaquina, Íscar 3 ☎ 921 50 98 19, *Fax 921 50 98 19,* – AE MC VISA.
cerrado lunes salvo 15 julio-15 septiembre – **Comida** - sólo almuerzo en invierno salvo fines de semana - carta 23 a 29.
• Regentado por dos hermanos, nos brindan una cocina basada en asados al horno de leña y platos del lugar. Un estilo local define su decoración.

PEDREZUELA *28723 Madrid* 576 J 19 575 J 19 121 I 5 – *798 h.*
Madrid 44 – Aranda de Duero 117 – Guadalajara 72 – Segovia 92.

Los Nuevos Hornos, autovía A 1 - Norte : 2 km ☎ 91 843 35 71, *Fax 91 843 38 73,* – P. AE VISA.
cerrado agosto y martes – **Comida** carta aprox. 35.
• Bar público en la entrada que sirve de distribuidor entre el comedor a la carta y los dos amplísimos salones para banquetes. Cálida decoración con profusión de madera.

Las PEDROÑERAS *16660 Cuenca* 576 N 21 y 22 – *6475 h alt. 700.*
Madrid 160 – Albacete 89 – Alcázar de San Juan 58 – Cuenca 111.

Las Rejas, General Borrero 49 ☎ 967 16 10 89, *reslasrejas@terra.es, Fax 967 16 21 68* – P. AE MC VISA.
cerrado 2ª quincena de junio, domingo noche, lunes, martes noche y miércoles noche – **Comida** 62 y carta 43 a 52.
Espec. Puerros jóvenes anisados con queso, piña y caviar. Esencia de liebre sobre melaza de melón y cebolla con cristales de ajo. Papada de cerdo ibérico con aguja de pichón y estofado de alubias.
• Casa de reconocido prestigio nacional sabiamente llevada por su chef-propietario. Salón principal de cuidado estilo rústico, con una cocina creativa de gran nivel.

El PEDROSO *41360 Sevilla* 578 S 12 – *2393 h alt. 415.*
Madrid 502 – Aracena 104 – Écija 96 – Sevilla 74.

Los Álamos con hab, carret. de Sevilla A 432 - Suroeste : 0,5 km ☎ 95 488 96 11, *Fax 95 488 96 11* – TV P. AE MC VISA. rest
Comida *(cerrado del 16 al 30 de septiembre)* carta aprox. 23 – **5 apartamentos** 35/48.
• Situado a las afueras de la localidad. Posee bar a la entrada, junto con un salón de reducida capacidad y línea clásica. Carta regional a precios moderados.

PEGUERA *Illes Balears – ver Balears (Mallorca).*

PELEGRINA *19268 Guadalajara* 576 I 22.
Madrid 129 – Aranda de Duero 144 – Guadalajara 72 – Soria 114 – Zaragoza 200.

La Casa de Pepe Benlloch sin rest, La Plaza 3 ☎ 949 28 00 71, *jardinalcarria@brihuegarural.com* – TV. AE MC VISA.
6 hab 50/70.
• Acogedora casa rural con funcionamiento hotelero, dotada de una correcta zona social de inspiración rústica, y unas sencillas habitaciones muy válidas en su categoría.

PEÑAFIEL *47300 Valladolid* 575 H 17 – *5 003 h alt. 755.*

Ver : *Castillo★.*

pl. del Coso 2 ☎ 983 88 15 26 info@turismopenafiel.com Fax 983 88 06 50.

Madrid 176 – Aranda de Duero 38 – Valladolid 55.

Ribera del Duero, av. Escalona 17 ☎ 983 88 16 16, *info@hotelriberadelduero.com, Fax 983 88 14 44* – 25/450. AE VISA. rest
cerrado 23 diciembre-7 enero – **Comida** 9 – 6 – **27 hab** 65,50/74,65.
◆ Ubicado en una antigua fábrica de harinas. Gran cafetería, diáfana sala de conferencias de estilo rústico y unas habitaciones confortables, abuhardilladas en el 3er piso. Cuidado restaurante neorrústico donde el tradicional lechazo se prepara por encargo.

PEÑARANDA DE BRACAMONTE *37300 Salamanca* 575 J 14 – *6 290 h alt. 730.*

pl. de España 14 ☎ 923 54 12 00 fgsr.pdb@fundaciongsr.es Fax 923 54 16 87.

Madrid 164 – Ávila 56 – Salamanca 43.

Las Cabañas - El Tostón de Oro, Carmen 14 ☎ 923 54 02 03, *Fax 923 54 02 03* – . AE VISA.
cerrado lunes – **Comida** carta 25 a 34.
◆ Casa de larga tradición que dispone de un pequeño bar público, una sala para el menú y un cuidado comedor a la carta, con acceso desde un patio cubierto. Completa bodega.

PEÑARANDA DE DUERO *09410 Burgos* 575 G 19 – *609 h alt. 855.*

Ver : *Localidad★ - Plaza Mayor★ - Palacio de Avellaneda★ (artesonados★).*

Madrid 175 – Burgos 90 – Aranda de Duero 18 – Segovia 137 – Valladolid 119.

La Posada Ducal con hab, pl. Mayor 1 ☎ 947 55 23 47, ← – . VISA.
Comida carta 21 a 31 – **17 hab** 61,10.
◆ Antigua casa señorial que perpetúa la tradición del soportal castellano. Centra su actividad en un gran restaurante rústico, aunque también ofrece unas coquetas habitaciones.

PEÑARROYA PUEBLONUEVO *14200 Córdoba* 578 R 14 – *13 946 h alt. 577.*

Madrid 394 – Azuaga 46 – Córdoba 83 – Sevilla 232.

Gran Hotel sin rest, Trinidad 7 ☎ 957 57 00 58, *Fax 957 57 01 94* – . AE VISA.
3,50 – **17** hab 23/45.
◆ Pequeño hotel de atención familiar ubicado en el centro del pueblo. Posee un correcto salón social y habitaciones de suficiente confort, equipadas con baños completos.

PEÑÍSCOLA *12598 Castelló* 577 K 31 – *3 677 h – Playa.*

Ver : *Ciudad Vieja★ (castillo★ ←★).*

paseo Marítimo ☎ 964 48 02 08 penyiscola@touristinfo.net Fax 964 48 93 92.

Madrid 494 – Castelló de la Plana/Castellón de la Plana 76 – Tarragona 124 – Tortosa 63.

Hostería del Mar *(Parador Colaborador)*, av. Papa Luna 18 ☎ 964 48 06 00, *reservas@hosteriadelmar.net, Fax 964 48 13 63*, ←, Cenas medievales los sábados, – – 25/300. AE VISA. rest
Comida 18 – 7 – **85 hab** 91/122 – 1 suite – PA 36.
◆ La silueta del castillo del Papa Luna le acompañará durante su estancia en este hotel de aire castellano. Buenas zonas recreativas y habitaciones completas, todas con terraza. El restaurante se ha hecho muy popular por la organización de cenas medievales.

Porto Cristo, av. Papa Luna 2 ☎ 964 48 07 18, *Fax 964 48 90 49* – .
Semana Santa-octubre – **Comida** 11,50 – 5,62 – **41 hab** 46,30/92,73.
◆ Pida las habitaciones de las dos primeras plantas, renovadas parcialmente. La terraza le brinda la posibilidad de tomar el aperitivo mientras contempla la playa. Acogedor restaurante con arcos sostenidos por pilares y vigas de madera en los techos.

Mare Nostrum sin rest, Molino 4 ☎ 964 48 16 26, ← – . VISA.
cerrado 15 diciembre-15 febrero – **24 hab** 47/62.
◆ Se encuentra al lado del castillo. De organización familiar, dispone de una zona social simple y de habitaciones completas con buenas vistas sobre el mar y el pueblo.

Simó con hab, Porteta 5 ☎ 964 48 06 20, *info@restaurantesimo.com, Fax 964 48 16 63*, ←, – rest, . AE VISA.
marzo-septiembre – **Comida** *(cerrado martes)* carta 30 a 50 – 5,50 – **10 hab** 60/75.
◆ De reducidas dimensiones, lo avala un correcto servicio de mesa. Propone una selección de productos del mar, acompañados de una amplia carta de vinos. Posee habitaciones.

La PERA *17120 Girona* 574 F 38 122 H 4 – *376 h alt. 89.*

Madrid 715 – Girona/Gerona 20 – Barcelona 117 – Figueres 51.

Can Massa sin rest, Vell ✆ 972 48 83 26, *canmassa@canmassa.com, Fax 972 48 83 26* – P. MC VISA. ✗
5 – **4 hab** 55.
◆ Acogedora casa de labranza que posee unas cálidas habitaciones decoradas con mobiliario antiguo. Pequeño salón social con chimenea y agradable patio con césped.

por la carretera C 66 *Este : 2 km y desvío a la derecha 0,5 km :*

Mas Duràn ⛰, ✉ 17120, ✆ 972 48 83 38, *info@masduran.com, Fax 972 48 83 38* – P. ✗
Comida - sólo cena, sólo clientes - 15 – **5 hab** 70.
◆ Masía del s. XVII en pleno campo, que dispone de unas cuidadas habitaciones con baños completos y decoración personalizada. Atractiva zona social y comedor privado.

PERALADA *17491 Girona* 574 F 39 122 I 3 – *1 118 h alt. 2.*

Ver : *Localidad★ – Castillo-palacio de Peralada★ – Convento del Carme★ (Museo del Castell de Peralada★ : colección de vidrio★★) – Claustro de Sant Domènec★.*

18 *Peralada, Paraje La Garriga ✆ 972 53 82 87 Fax 972 53 82 36.*

pl. Peixateria 6 ✆ 972 53 88 40 promocio@peralada.org Fax 972 53 83 27.

Madrid 738 – Girona/Gerona 47 – Perpignan 61.

Hostal de la Font sin rest, de la Font 15-19 ✆ 972 53 85 07, *info@hostaldelafont .com, Fax 972 53 85 06* – TV. AE MC VISA JCB
7,20 – **12 hab** 75/95.
◆ De excelente mantenimiento, posee unas habitaciones bien equipadas con baños actuales. Agradable salón social y bonito patio interior con plantas.

Cal Sagristà, Rodona 2 ✆ 972 53 83 01, *Fax 972 53 85 06,* – . AE MC VISA
cerrado 15 días en noviembre, 15 días en diciembre, lunes noche y martes(salvo julio, agosto, festivos y vísperas) – **Comida** carta 25 a 31.
◆ Acogedor restaurante llevado directamente por su propietaria, dotado de una espaciosa sala de estilo neorrústico, con el suelo en madera y un correcto montaje.

al Noreste *: 1,5 km :*

Golf Peralada ⛰, Rocaberti, ✉ 17491, ✆ 972 53 88 30, *hotel@golfperalada.com, Fax 972 53 88 07,* ≤ golf, pueblo y montañas al fondo, Servicios terapéuticos, 18 – TV P – 25/250. AE MC VISA. ✗
Comida 36 – **54 hab** 265 – 1 suite.
◆ A su privilegiado emplazamiento en el centro de un campo de golf se une la completa oferta recreativa y terapéutica. Habitaciones decoradas con sumo gusto y magníficos baños. Restaurante de aire regional con un excelente servicio de mesa.

PERALEJO *28211 Madrid* 576 K 17 575 K 17 121 F 6.

Madrid 48 – El Escorial 6 – Ávila 70 – Segovia 66 – Toledo 103.

Casavieja, ✆ 91 899 20 11 – . AE MC VISA. ✗
cerrado del 10 al 25 de septiembre y lunes – **Comida** carta aprox. 30.
◆ Negocio familiar en una casa de piedra que antaño fue una vaquería. La rusticidad decorativa y el cálido ambiente hacen gala de una cocina sencilla pero bien presentada.

PERALES DEL PUERTO *10896 Cáceres* 576 L 9 – *967 h alt. 441.*

Madrid 300 – Alcántara 68 – Cáceres 101 – Salamanca 149.

Don Julio sin rest, av. Sierra de Gata 20 ✆ 927 51 46 50, *hrdonjulio@terra.es, Fax 927 51 46 49* – TV P. AE MC VISA JCB. ✗
9 hab 46/58.
◆ Agradable casa familiar transformada en hotel rural. Dispone de un salón social con chimenea y amplias habitaciones de techos altos, con detalles rústicos y baños actuales.

PERAMOLA *25790 Lleida* 574 F 33 – *393 h alt. 566.*

Madrid 567 – Lleida/Lérida 98 – La Seu d'Urgell/Seo de Urgel 47.

al Noreste *: 2,5 km :*

Can Boix ⛰, Afueras, ✉ 25790, ✆ 973 47 02 66, *hotel@canboix.com, Fax 973 47 02 81,* ≤, – TV P – 25/40. AE MC VISA JCB. ✗ rest
cerrado 15 enero-15 febrero – **Comida** carta 30 a 51 – 8,50 – **41 hab** 93,60/117.
◆ El bello entorno y sus confortables instalaciones le garantizan una estancia inolvidable. Habitaciones amplias, luminosas y de excelente equipamiento, con baños modernos. Comedor de esmerado montaje con una oferta culinaria basada en productos de la zona.

PERATALLADA 17113 Girona 574 G 39 122 I 5 - alt. 43.

Ver : Localidad★★.

Madrid 752 – Girona/Gerona 33 – Palafrugell 16.

El Cau del Papibou, Major 10 ✆ 972 63 40 18, *peratallada@hotelcau.net, Fax 972 63 47 16,* – ▤ TV. AE ◑ MC VISA. ✻
Comida *(cerrado enero y martes)* carta 20 a 26 – **6 hab** ☕ 85/110.
• Íntimo hotel con la fachada en piedra y un coqueto patio interior. La mayoría de sus habitaciones disponen de una decoración sobria, con vigas de madera y mobiliario rústico. El restaurante se encuentra en las antiguas cocinas de la casa.

Ca l'Aliu sin rest, Roca 6 ✆ 972 63 40 61, *Fax 972 63 40 61* – ▤ TV. ◑ MC VISA. ✻
7 hab ☕ 55/60.
• Hotel rural dotado de unas acogedoras habitaciones equipadas con mobiliario restaurado, siendo algunas de ellas abuhardilladas. Reducida zona social con pequeño patio-terraza.

Ca l'Anguila , Mas Anguila - Oeste : 1 km ✆ 972 63 41 13, *info@calanguila.com, Fax 972 63 41 13* – TV P. ✻
Comida - sólo cena, sólo clientes - 16 – ☕ 5 – **6 hab** 60.
• Casa-finca de ganado emplazada en un tranquilo paraje, que pone a su disposición unas instalaciones de nueva construcción decoradas en estilo rústico.

La Riera con hab, pl. les Voltes 3 ✆ 972 63 41 42, *Fax 972 63 50 40* – TV P. AE ◑ MC VISA. ✻ hab
Comida *(cerrado martes)* carta aprox. 30 – ☕ 5 – **8 hab** 60.
• Instalado en una antigua casa medieval, dispone de un comedor de corte rústico y una espaciosa terraza con plantas. Habitaciones funcionales como complemento.

Can Nau, pl. Esquiladors 2 ✆ 972 63 40 35, *cannau@terra.es* – ▤. MC VISA. ✻
cerrado 15 junio-15 julio, domingo noche salvo agosto y miércoles salvo festivos – **Comida** carta 19 a 25.
• Antigua casona de estilo regional dotada de cuatro pequeñas salas de correcto montaje, con una decoración rústica personalizada. Amable atención familiar.

El Borinot, del Forn 15 ✆ 972 63 40 84, *rborinot@borinot.com, Fax 972 63 41 39* – P. AE ◑ MC VISA. ✻
cerrado de lunes a jueves (octubre-Semana Santa) y martes resto del año – **Comida** carta 21 a 29.
• Llevado por dos hermanos, ocupa una antigua casa regional de entrañable rusticidad. Cuenta con una barra de apoyo y varios comedores en piedra vista bien dispuestos.

Can Bonay, pl. les Voltes 13 ✆ 972 63 40 34, – ▤ P. MC VISA. ✻
cerrado 9 diciembre-23 enero y lunes – **Comida** - sólo almuerzo en invierno salvo viernes y sábado - carta 28 a 38.
• Establecimiento dirigido por dos hermanos, con una interesante bodega-museo en la planta baja, y una sala en el 1er piso de adecuado montaje y correcto mobiliario.

El PERDIGÓN 49720 Zamora 575 H 12 – 858 h alt. 720.

Madrid 243 – Salamanca 74 – Valladolid 88 – Zamora 12.

Bodega Pámpano, barrio de Las Bodegas ✆ 980 57 62 17 – P. AE ◑ MC VISA. ✻
cerrado lunes salvo festivos – **Comida** - carnes a la brasa - carta aprox. 25.
• Restaurante ubicado en una bodega con 300 años de antigüedad, entrando por una angosta escalera que baja hasta 12 m. de profundidad. Especializado en carnes a la brasa.

La PEREDA Asturias – ver Llanes.

El PERELLÓ 43519 Tarragona 574 J 32 – 2 119 h alt. 142.

Madrid 519 – Castelló de la Plana/Castellón de la Plana 132 – Tarragona 59 – Tortosa 33.

La Panavera sin rest, pl. del Forn 25 ✆ 977 49 03 18, *hostallapanavera@pcserveis.com, Fax 977 49 06 53* – ▤ TV. MC VISA JCB
☕ 6 – **6 hab** 70/95.
• Céntrica casa de piedra que en su día funcionó como molino de aceite. Disfruta de habitaciones acogedoras, con mobiliario antiguo restaurado y atractivos detalles decorativos.

Censals, carret. N 340 ✆ 977 49 00 59, *Fax 977 49 10 20* – ▤ P. AE MC VISA. ✻
cerrado del 1 al 21 de noviembre, martes noche y miércoles salvo verano – **Comida** carta aprox. 28.
• Correcto recurso de carretera que consta de dos comedores a la carta, y una amplia sala para banquetes. Propone esmeradas elaboraciones mediterráneas e internacionales.

PETRA Illes Balears – ver Balears (Mallorca).

PETRER *03610 Alacant* 577 Q 27 123 D 4 – *24 383 h alt. 640.*

Madrid 380 – Albacete 130 – Alacant/Alicante 36 – Elda 2 – Murcia 82.

AC Petrer sin rest, av. de Madrid 10 ☎ 96 695 60 80, *acpetrer@ac-hotels.com, Fax 96 695 60 81* – AE VISA.
7 – **31 hab** 80.
• En el edificio de la estación de autobuses. Sus habitaciones, algo justas en dimensiones, están completamente equipadas, disponiendo la mayoría de plato ducha en los baños.

La Sirena, av. de Madrid 14 ☎ 96 537 17 18, *info@lasirena.net, Fax 96 695 09 22* – AE VISA.
cerrado Semana Santa, 3 últimas semanas de agosto, domingo noche y lunes – **Comida** - espec. en pescados y mariscos - carta aprox. 40.
• Restaurante especializado en productos del mar aunque también ofrece carnes en su carta. Buen bar de tapeo con expositor en la entrada y comedor de estilo moderno.

PIEDRA (Monasterio de) *Zaragoza – ver Nuévalos.*

PIEDRAHÍTA *05500 Ávila* 575 K 14 – *2 242 h alt. 1 062.*

Madrid 172 – Ávila 62 – Plasencia 88 – Salamanca 70.

Gran Duque, Pastelería 17 ☎ 920 36 02 77, *informacion@hostalgranduque.net, Fax 920 36 00 85* – rest, AE VISA.
Comida 10 – 4 – **21 hab** 40/53.
• Remodelado y de atenta organización familiar. Habitaciones confortables aunque algo pequeñas, con parquet, mobiliario castellano y buenos baños. Bar en planta baja. Comedor rústico de correcto montaje, con una cálida chimenea.

PINEDA DE MAR *08397 Barcelona* 574 H 38 122 G 7 – *16 317 h – Playa.*

Sant Joan (entrada Pinemar) ☎ 93 762 34 90 turisme@pinedademar.org Fax 93 762 90 62 (temp).

Madrid 694 – Barcelona 51 – Girona/Gerona 52.

Sabiote, Mossèn Antoni Doltra 15 ☎ 93 767 14 40, *info@hotelsabiote.com, Fax 93 767 14 40* – rest, AE VISA JCB.
cerrado 9 diciembre-11 enero – **Comida** *(cerrado lunes salvo festivos de octubre-junio)* 9 – 3,50 – **26 hab** 30/48.
• Pequeño hotel de ambiente familiar situado al borde de la carretera. Sus habitaciones, funcionales y bien equipadas, resultan correctas en su categoría. El restaurante posee una carta clásica, aunque centra su actividad en el menú del día.

Can Formiga, Església 104 ☎ 93 767 17 35, *restcanformiga@terra.es, Fax 93 762 91 68* – AE VISA
cerrado 2ª quincena de mayo, 2ª quincena octubre, domingo noche y lunes – **Comida** carta 31 a 40.
• Negocio familiar instalado en una antigua bodega. Posee un pequeño bar de apoyo y una reducida sala de aire rústico, donde podrá comer a la carta o elegir el menú.

PINETA (Valle de) *Huesca – ver Bielsa.*

PINOS GENIL *18191 Granada* 578 U 19 124 M 3 – *1 069 h alt. 774.*

Madrid 443 – Granada 11.

en la carretera de Granada *Oeste : 3 km :*

Los Pinillos, ✉ 18191, ☎ 958 48 61 09, *Fax 958 48 72 16,* – AE VISA.
cerrado agosto, domingo noche y martes – **Comida** carta aprox. 30.
• 30 años de experiencia avalan el buen hacer de este restaurante de carretera, correctamente dirigido por cinco hermanos. Especializado en la celebración de banquetes.

EL PINÓS o **PINOSO** *03650 Alacant* 577 Q 26 – *5 612 h alt. 450.*

Madrid 399 – Albacete 148 – Alacant/Alicante 59 – Murcia 61.

Paco Gandía, San Francisco 2 ☎ 965 47 80 23 – AE VISA.
cerrado agosto y domingos de mayo a julio – **Comida** - sólo almuerzo, espec. en arroz con conejo y caracoles - carta aprox. 45.
• Casa algo difícil de localizar, pero que sin embargo goza de gran prestigio en la zona. Correcto confort y buen montaje, para una cocina regional con toques caseros.

PINTO *28320 Madrid* 576 L 18 575 L 18 121 H 8 – *30 114 h alt. 604.*
Madrid 20 – Aranjuez 28 – Toledo 59.

Plaza Santiago, pl. de Santiago 1 ✆ 91 692 83 90, *hps@egidohoteles.com, Fax 91 692 83 91,* – – 25/300. AE VISA.
***Savarín** (cerrado domingo en agosto)* **Comida** carta aprox. 34 – 10 – **68 hab** 70/90.
◆ Coqueto hotel ubicado en el centro de la localidad, en una casona con exteriores ajardinados. Elegante hall-recepción, y habitaciones equipadas con muebles de calidad. Restaurante con mobiliario de diseño e iluminación mediante múltiples puntos de luz.

Indiana sin rest, Castilla 8 ✆ 91 692 62 53, *correo@hotel-indiana.com, Fax 91 691 69 52* – . AE VISA.
5 – **25 hab** 60.
◆ Pequeño establecimiento con habitaciones de carácter práctico y acogedor. Goza de un buen equipamiento y de unos baños vistosos, aunque sólo disponen de plato ducha.

El Asador de Pinto, Castilla 19 ✆ 91 691 53 35, *Fax 91 691 67 35* – . AE VISA.
cerrado Semana Santa, 15 días en agosto y domingo noche – **Comida** carta aprox. 41.
◆ Céntrico restaurante especializado en banquetes, que cuenta con una acogedora sala decorada en estilo castellano, donde sirven una cuidada carta con algún toque innovador.

al Norte : *2,5 km* :

Posadas de España sin rest con cafetería, Sierra Nevada 3 - Parque Empresarial Andalucía ✆ 91 691 84 60, *hotelpinto@posadasdeespana.com, Fax 91 691 90 39* – – 30. AE VISA.
6,60 – **72 hab** 76.
◆ En un parque empresarial próximo a la localidad. Hall con zona de snack anexa y habitaciones de tecnología actual, con los suelos en tarima y el mobiliario en maderas claras.

PITRES *18414 Granada* 578 V 20 124 O 4 – *alt. 1 295.*
Madrid 468 – Granada 70 – Almería 140 – Málaga 128 – Motril 43.

San Roque, Cruz 1 ✆ 958 85 75 28, *Fax 958 85 75 28,* – . VISA.
Comida 10 – 3 – **8 hab** 35/52.
◆ Edificio típico con un cálido interior, definido por las vigas en madera y la sobria decoración de estilo tradicional. Goza de correctas habitaciones en un ambiente familiar. Salón-comedor con chimenea, de aspecto hogareño y cotidiano.

PLÀ DE SANT LLORENÇ *Barcelona – ver Matadepera.*

EL PLA DE SANT TIRS *25796 Lleida* 574 F 34.
Madrid 591 – Lleida/Lérida 131 – Andorra La Vella 29 – Barcelona 177.

Plat d'Or, Coromines 12 ✆ 973 38 72 87, *platdor@ozu.es, Fax 973 36 05 42* – . AE VISA
cerrado 1ª quincena de junio y miércoles salvo festivos – **Comida** - sólo almuerzo salvo agosto-15 septiembre, fines de semana y festivos - carta 20 a 33.
◆ Casa de organización familiar distribuida en dos salas, una para el menú y otra para la carta. El hijo al frente de los fogones elabora una cocina de cierto atractivo.

PLÀ DE VALL LLOBREGÀ *Girona – ver Palamós.*

PLASENCIA *10600 Cáceres* 576 L 11 – *36 826 h alt. 355.*
Ver : *Catedral★ (retablo★, sillería★).*
Santa Clara 2 ✆ 927 42 38 43 turismo@aytoplasencia.es Fax 927 42 55 94.
Madrid 257 – Ávila 150 – Cáceres 85 – Ciudad Real 332 – Salamanca 132 – Talavera de la Reina 136.

Parador de Plasencia , pl. de San Vicente Ferrer ✆ 927 42 58 70, *plasencia@parador.es, Fax 927 42 58 72,* – – 25/150. AE VISA JCB.
Comida 27 – 11 – **64 hab** 104/130 – 2 suites.
◆ Combina, en un convento del s. XV, la austeridad dominica con un exquisito gusto decorativo. Impresionantes zonas nobles, extraordinarios claustros y mobiliario español. Magnífico comedor con azulejos antiguos, ubicado en el refectorio.

Alfonso VIII, Alfonso VIII-34 ✆ 927 41 02 50, *comercial@hotelalfonsoviii.com, Fax 927 41 80 42* – – 25/400. AE VISA.
Comida 21 – 9,05 – **53 hab** 67/109 – 2 suites – PA 45,50.
◆ Céntrico hotel de fachada sobria, que pone a su disposición unas dependencias de línea clásica con profusión de madera. A destacar la bonita escalera central. Restaurante de buen nivel con un espacioso salón para banquetes.

ESPAÑA

Real, av. de Salamanca ✆ 927 41 29 00, *hostalreal@hostalreal.com, Fax 927 41 68 24* –
Comida 9 – 6 – **33 hab** 31/44.
◆ Negocio de organización familiar, funcional y sencillo pero bien llevado. Cuenta con unas habitaciones correctas, de suficiente confort en su categoría.

La Alacena de Chus, Higuerillas 2 (Puerta Berrozana) ✆ 927 42 37 86 –
◆ Establecimiento de diseño, decorado con buen gusto y de apreciable confort. Sala reducida aunque acogedora, en tonos claros, con una cocina de carácter actual y moderno.

Viña La Mazuela, av. de las Acacias 1 (urb. La Mazuela) ✆ 927 42 58 42, *info@restaurantelamazuela.com, Fax 927 42 57 52* – . VISA.
cerrado del 1 al 15 de agosto, domingo en verano y miércoles en invierno – **Comida** carta 26 a 32.
◆ Concurrido bar público en la entrada, seguido de un acogedor comedor neoclásico con detalles regionales. En un local anexo disponen de salas para el menú, grupos y banquetes.

Casa Juan, Arenillas 2 ✆ 927 42 40 42, *restcasajuan@turinet.net, Fax 927 41 69 29*, – . AE VISA.
cerrado del 15 al 30 de enero, del 1 al 15 de julio y jueves – **Comida** carta 26 a 31.
◆ Dirigido con profesionalidad por su propietario, que tiene muy claras sus pretensiones. Amplio hall-recibidor, un luminoso comedor de montaje clásico y un patio-terraza.

Florida 2, av. de España 22 ✆ 927 41 38 58, *floridados@wanadoo.es, Fax 927 41 42 91* – . VISA.
Comida carta 17 a 28.
◆ Negocio familiar ubicado a la entrada de la localidad, que cuenta con un bar público donde sirven raciones y bocadillos, y dos salas con un sencillo servicio de mesa.

La Pitarra del Gordo, pl. Mayor 8 ✆ 927 41 45 05, – . AE VISA JCB.
Tapa 1 **Ración** - embutidos y quesos - aprox. 9.
◆ Pequeño local en un marco rústico lleno de jamones colgando del techo. Goza de gran popularidad gracias al vino de pitarra y a sus excelentes embutidos.

en la carretera N 630 *Suroeste : 3 km :*

Azar, ✉ 10600, ✆ 927 42 18 33, *hotelazar@terra.es, Fax 927 42 18 33* – P – 25/400. VISA.
cerrado 20 diciembre-7 enero – **Comida** carta aprox. 25 – 5 – **48 hab** 60/81.
◆ Hotel de carretera muy próximo a la ciudad. Su reducida zona social se ve compensada por unas acogedoras habitaciones, con mobiliario de vanguardia y baños actuales. Luminoso restaurante complementado con dos espaciosos salones para banquetes.

PLATJA D'ARO *17250 Girona 574 G 39 122 I 6 – 4 785 h – Playa.*

D'Aro, urb. Mas Nou, Noroeste : 4,5 km ✆ 972 82 69 00 Fax 972 82 69 06.
Mossèn Cinto Verdaguer 4 ✆ 972 81 71 79 turisme@platjadaro.com Fax 972 82 56 57.
Madrid 715 – Barcelona 102 – Girona/Gerona 39.

Columbus , passeig del Mar 100 ✆ 972 81 71 66, *info@eurocolumbus.es, Fax 972 81 75 03*, ←, , , – P – 25/250. AE VISA.
cerrado del 18 al 29 diciembre – **Comida** *(abril-octubre)* carta aprox. 29 – **100 hab** 97/150 – 2 suites.
◆ Ubicado en la 1ª línea de playa, posee unas habitaciones funcionales y bien equipadas. Espaciosa zona noble y agradables exteriores. Restaurante clásico de gran capacidad, que basa su oferta culinaria en un variado menú.

Mar Condal , passeig Marítim 104 ✆ 972 81 80 69, *hotel@marcondal.com, Fax 972 81 61 14*, ←, , – , rest, P. AE VISA.
cerrado octubre-noviembre – **Comida** *(mayo-septiembre)* - sólo buffet - 12 – **150 hab** 66/111 – 2 suites.
◆ Situado frente al mar y rodeado de pinos, pone a su disposición unas habitaciones funcionales con baños completos. Terraza interior con piscina. Sencillo restaurante con servicio de buffet y vistas a la playa.

Cosmopolita, Pinar del Mar 30 ✆ 972 81 73 50, *hotelcosmopolita@teleline.es, Fax 972 81 74 50*, ← – , rest, . VISA. rest
cerrado enero – **Comida** 13 – 6 – **92 hab** 55/100.
◆ Ubicado en 1ª línea de playa, posee unas habitaciones bien equipadas que resultan de correcto confort en su categoría. Suficiente zona noble.

Costa Brava , carret. de Palamós - Punta d'en Ramís ✆ 972 81 73 08, *hotelcostabrava@hotmail.com, Fax 972 82 63 48*, ← mar, – P. AE VISA. rest
15 marzo-15 noviembre - ***Can Poldo :*** **Comida** carta 25 a 37 – **57 hab** 67/126.
◆ Construido sobre las rocas de la playa destaca por sus magníficas vistas. Bar-salón panorámico y habitaciones de distinto nivel, con un equipamiento personalizado. Luminoso restaurante de estilo clásico dotado de entrada independiente.

Aromar, Passeig Marítim ☎ 972 81 70 62, *aromar@grn.es, Fax 972 81 75 72,* ←, ☂, ⛱ - |♦|, ▤ rest, TV ⇔ - 🎓 25/100. AE ⓓ ⓜ VISA. ✈
Comida 15 - **160 hab** ☕ 64/110.
◆ Hotel en fase de reforma, que cuenta con unas dependencias confortables y bien equipadas, destacando las habitaciones de la 6ª planta con bañera de hidromasaje.

Xaloc, carret. de Palamós - playa de Rovira ☎ 972 81 73 00, *xaloc@ghthotels.com, Fax 972 81 61 00* - |♦|, ▤ rest, TV P. AE ⓜ VISA. ✈
mayo-septiembre - **Comida** - sólo cena buffet - 13,50 - ☕ 6 - **47 hab** 71/118.
◆ Establecimiento de discreta organización, ubicado en una pequeña cala. Posee una correcta zona social y unas habitaciones funcionales de suficiente confort en su categoría. El restaurante centra su actividad en las cenas y en el servicio de buffet.

Panamá sin rest, carret. de S'Agaró, ✉ 17250, ☎ 972 81 76 39, *hotelpanama@hotel-panama.com, Fax 972 81 79 34,* ⛱ - |♦| TV. ⓓ ⓜ. ✈
abril-octubre - **42 hab** ☕ 64/80.
◆ Hotel de línea actual que dispone de unas instalaciones muy funcionales. Habitaciones con mobiliario estándar y alegre decoración, todas reformadas, y baños en buen estado.

Aradi, av. Cavall Bernat 78 ☎ 972 81 73 76, *Fax 972 81 62 79,* ☂ - ▤. AE ⓓ ⓜ VISA. ✈
Comida carta 25 a 35.
◆ Establecimiento de estilo regional, con las mesas algo apretadas pero bien dispuestas, que se complementa con una terraza muy concurrida en verano. Carta discreta.

en la carretera de Mas Nou *Oeste : 1,5 km :*

Carles Camós-Big Rock ⛰ con hab, barri de Fanals 5, ✉ 17250, ☎ 972 81 80 12, *carles@carlescamos.com, Fax 972 81 89 71* - ▤ TV P. AE ⓓ ⓜ VISA
cerrado diciembre - **Comida** *(cerrado domingo noche y lunes)* - sólo cena salvo fines de semana - carta aprox. 37 - **5 suites** ☕ 120.
◆ Instalado en una antigua masía señorial, posee varios comedores de estilo rústico e impecable montaje, con mobiliario escogido. Carta interesante y brigada profesional.

PLATJA DE SANT JOAN o PLAYA DE SAN JUAN *03540 Alacant* 577 Q 28 123 F 4

- Playa.

⛳18 Alicante Golf, av. Locutor Vicente Hipólito 37 ☎ 96 515 73 20 Fax 96 515 71 20.

Madrid 424 - Alacant/Alicante 7 - Benidorm 33.

Hesperia Alicante Golf Spa, av. de las Naciones ☎ 96 526 86 00, *hotel@hesperia-alicante.com, Fax 96 526 82 42,* ☂, Fō, ⛱, ⛱, ⛳18 - |♦| ▤ TV ♿ ⇔ P - 🎓 25/300. AE ⓓ ⓜ VISA. ✈
Comida 45 - ☕ 14 - **154 hab** 200 - 2 suites.
◆ Junto a un campo de golf. Posee un elegante hall seguido de los distintos salones sociales, además de unas cómodas habitaciones en tonos cálidos, todas con terraza.

Holiday Inn Alicante-Playa de San Juan ⛰, av. de Cataluña 20 ☎ 96 515 61 85, *hi.alc.playa@retemail.es, Fax 96 515 39 36,* Fō, ⛱ - |♦| ▤ TV ♿ P - 🎓 50/100. AE ⓓ ⓜ VISA JCB. ✈
Comida 16,50 - ☕ 11 - **126 hab** 158/174 - PA 38.
◆ Completamente renovado, bien insonorizado y con una funcionalidad confortable. Parece más bien un hotel de ciudad que de playa. Colores claros con profusión de maderas. El comedor resulta algo más sencillo que el resto de instalaciones.

Almirante ⛰, av. de Niza 38 ☎ 96 565 01 12, *info@hotelalmirante.com, Fax 96 565 71 69,* ←, ⛱, ⛱, 🎾 - |♦| ▤ TV P - 🎓 25/70. AE ⓓ ⓜ VISA. ✈
Pocardy : **Comida** carta 21 a 29 - ☕ 5 - **64 hab** 66/101.
◆ De línea clásica, aunque con toda la modernidad de la hostelería actual. Esmerado servicio, gran confort, luminosas habitaciones y una amplia variedad de salones. Restaurante que destaca por su entorno, con profusión de madera.

Mío Cid, av. Costablanca 22-A ☎ 96 515 27 00, *Fax 96 526 52 26,* ←, ☂, ⛱ - |♦| ▤ TV ♿ ⇔. AE ⓓ ⓜ VISA. ✈
Comida carta aprox. 34 - ☕ 8,11 - **43 hab** 90,15/120,20.
◆ De reciente construcción y muy llamativo, por su eclecticismo de aroma clásico y mudéjar-castellano. Decoración detallista y habitaciones acogedoras, todas exteriores. Bar-restaurante en ladrillo visto y madera.

Castilla Alicante, av. Países Escandinavos 7 ☎ 96 516 20 33, *comercial@hcastilla.com, Fax 96 516 20 61,* ⛱ - |♦| ▤ TV P - 🎓 25/120. AE ⓓ ⓜ VISA JCB. ✈
Comida 14,42 - ☕ 9,50 - **155 hab** 93,15/130,35.
◆ Una buena opción para sus jornadas de ocio y reuniones de empresa. Funcional, actualizado y con habitaciones confortables que, además de ser exteriores, poseen terraza. Comedor de carácter íntimo, con grandes ventanales y un buen servicio de mesa.

XX **Estella,** av. Costa Blanca 125 ✆ 96 516 04 07 – ▤. AE ⓓ ⓜⓒ VISA. ✈
cerrado del 20 al 30 de junio, del 10 al 30 de noviembre, domingo noche y lunes – **Comida** carta 29 a 33.
◆ Restaurante con un interior muy cuidado, en el que se nota la mano familiar de su sencilla organización. Cocina tradicional con cierto toque casero y afrancesado.

en la carretera de Sant Joan d'Alacant *Noroeste : 2 km :*

X **La Vaquería,** carret. Benimagrell 52, ✉ 03560 El Campello, ✆ 96 594 03 23, *Fax 96 598 00 27,* 🏞 – ▤. AE ⓓ ⓜⓒ VISA. ✈
cerrado lunes – **Comida** - espec. en carnes a la brasa - carta aprox. 44.
◆ Se trata del antiguo Monastrell, con la misma propiedad y brigada. El nuevo establecimiento, de carta más simple, está especializado en carnes a la brasa.

PLAYA – *ver el nombre propio de la playa.*

PLAYA BLANCA *Las Palmas – ver Canarias (Lanzarote).*

PLAYA CANYELLES (Urbanización) *Girona – ver Lloret de Mar.*

PLAYA GRANDE *Murcia – ver Puerto de Mazarrón.*

PLAYA DE PALMA *Illes Balears – ver Balears (Mallorca) : Palma.*

PLAYA DE SAN JUAN *Alacant – ver Platja de Sant Joan.*

PLAYA DE LAS AMÉRICAS *Santa Cruz de Tenerife – ver Canarias (Tenerife).*

Las PLAYAS *Santa Cruz de Tenerife – ver Canarias (El Hierro) : Valverde.*

PLENTZIA *48620 Bizkaia* 573 B 21 – *3 622 h.*
Madrid 421 – Bilbao 25 – Santander 114 – Vitoria-Gasteiz 93 – Donostia-San Sebastián 120.

XX **Kaian** con hab, Areatza 38 ✆ 94 677 54 70, *kaian@panaiv.com, Fax 94 677 02 85* – ▤ ▤ TV ✆ ♿. AE ⓓ ⓜⓒ VISA. ✈
Comida *(cerrado domingo noche)* carta aprox. 36 – ☕ 6 – **7 hab** 70/85.
◆ Casita tipo chalet que tiene en su restaurante la actividad principal, aunque también ofrece confortables habitaciones. Posee dos comedores clásicos con detalles actuales.

POBEÑA *48550 Bizkaia* 573 B 20 – *205 h – Playa.*
Madrid 405 – Vitoria/Gasteiz 81 – Bilbao 21 – Santander 84 – Donostia/San Sebastián 114.

⌂ **Mugarri,** pl. de Pobeña 2 ✆ 94 670 77 99, *Fax 94 670 77 99* – TV P. ⓜⓒ VISA. ✈
Comida *(cerrado Navidades, agosto y martes)* carta 36 a 44 – ☕ 6 – **8 apartamentos** 42/60.
◆ Caserón rural ubicado a escasos metros de la playa. Posee habitaciones tipo apartamento, todas con un amplio salón y cocina independiente de completo equipamiento. Su restaurante ofrece una carta tradicional especializada en parrilladas, pescados y mariscos.

LA POBLA DE FARNALS *46137 València* 577 N 29 – *4 501 h alt. 14.*
Madrid 369 – Castelló de la Plana/Castellón de la Plana 58 – València 17.

en la playa *Este : 5 km :*

XX **Bergamonte,** av. del Mar 10, ✉ 46137, ✆ 96 146 16 12, *Fax 96 146 14 77,* 🏞, Ⅎ₆, 🏊, 🎾 – ▤ P. AE ⓜⓒ VISA. ✈
cerrado domingo noche y lunes noche – **Comida** carta 28 a 39.
◆ Emplazado en un complejo deportivo, su arquitectura imita una barraca, donde podrá degustar una cocina tradicional con los platos valencianos más representativos.

Si se retrasa en el camino y no puede llegar antes de las 18h, confirme telefónicamente su reserva, es más seguro... y es la costumbre.

POBLET (Monasterio de) *43448 Tarragona 574 H 33 – alt. 490.*

Ver : *Paraje★ – Monasterio★★★ (capilla de Sant Jordi★★, Plaza Mayor★, Puerta Real★, Palacio del Rey Martín★, claustro★★ : capiteles★, templete★, sala capitular★★ ; Iglesia★★ : Panteón Real★★, Retablo Mayor★★).*

paseo del Abat Conill 9 (bajos) 977 87 12 47 oturconca@altanet.org Fax 977 87 12 87.

Madrid 528 – Barcelona 122 – Lleida/Lérida 51 – Tarragona 46.

Masía del Cadet, 43449 Les Masies, 977 87 08 69, *masiadelcadet@yahoo.es, Fax 977 87 04 96,* – rest, *cerrado del 15 al 30 de noviembre –* **Comida** *(cerrado domingo noche y lunes salvo festivos)* 18 – 6 – **12 hab** 69,75/73.
◆ Destaca por sus cuidados exteriores y la tranquilidad de su entorno. Gran casa de pueblo dotada de habitaciones confortables con mobiliario actual.

Monestir sin rest, 43449 Les Masies, 977 87 00 58, *info@hotelmonestir.com, Fax 977 87 00 30,* – *cerrado 9 diciembre-28 febrero –* 8,50 – **30 hab** 66/85.
◆ Hotel de larga tradición familiar, reconocido como el más antiguo de la localidad. Sus habitaciones espaciosas y de techos altos resultan confortables.

Fonoll, pl. Ramón Berenguer IV-2 977 87 03 33, *restaurantfonoll@wanadoo.es, Fax 977 87 13 66,* – *cerrado 22 diciembre-22 enero y jueves –* **Comida** carta aprox. 28.
◆ Negocio familiar dotado de un servicio de mesa sencillo pero correcto. Sala precedida por una agradable terraza, donde podrá degustar una cocina de elaboraciones caseras.

A POBRA DE TRIVES o La PUEBLA DE TRIVES *32780 Ourense 571 E 8 – 3 077 h alt. 730.*

Madrid 479 – Bragança 146 – Lugo 115 – Ourense 74 – Ponferrada 84.

Casa Grande de Trives sin rest, Marqués de Trives 17 988 33 20 66, *informacion@casagrandetrives.com, Fax 988 33 20 66 –* 5,30 – **9 hab** 60/72.
◆ Casa llevada en familia, en el centro del pueblo. Las habitaciones, con mobiliario antiguo de distintos estilos y baños actuales, ofrecen un buen confort.

POBRA DO CARAMIÑAL o PUEBLA DEL CARAMIÑAL *15940 A Coruña 571 E 3 – 9 863 h – Playa.*

Alred. : *Mirador de la Curota★★ Norte : 10 km.*

Madrid 665 – A Coruña 123 – Pontevedra 68 – Santiago de Compostela 51.

O Lagar, Condado 7 981 83 00 37, *info@restaurantelagar.com, Fax 981 83 39 61 –* *cerrado 15 diciembre-15 enero, domingo noche y lunes –* **Comida** - sólo almuerzo salvo viernes, sábado y vísperas de festivos (15 septiembre-junio) - carta aprox. 34.
◆ Céntrico restaurante llevado con buen criterio por la familia propietaria. Comedor principal de cuidado mobiliario y correcto servicio de mesa. Posee salones para banquetes.

junto a la playa de Cabio *Sur : 3 km :*

Lombiña sin rest, Xobre-Costa 74, 15940 A Pobra do Caramiñal, 981 83 39 10, *hotellombina@terra.es, Fax 981 83 39 12,* – *cerrado 15 diciembre-7 enero –* **30 hab** 75.
◆ Hotel de moderna construcción. Aunque la zona social es algo escasa, sus confortables habitaciones están bien equipadas, todas con parquet flotante y un pequeño balcón.

POLA DE ALLANDE *33880 Asturias 572 C 10 – 710 h alt. 524.*

Madrid 500 – Cangas 21 – Luarca 84 – Oviedo 106.

La Nueva Allandesa, Donato Fernández 3 98 580 70 27, *info@lanuevaallandesa.com, Fax 98 580 80 31 –* rest, **Comida** *(cerrado domingo noche)* carta 15 a 21 – 4 – **36 hab** 36/60.
◆ Establecimiento de larga tradición familiar. Dispone de habitaciones de buen confort dentro de su sencillez, con equipamiento actual, mobiliario estándar y baños modernos. Comedor bien considerado en la zona por su esmerada cocina a precios moderados.

POLA DE SIERO *33510 Asturias 572 B 12.*

Madrid 470 – Gijón 23 – Oviedo 18.

Lóriga, Valeriano León 22 98 572 00 26, *info@hotel-loriga.com, Fax 98 572 07 98 –* – 25/300. **Comida** - ver rest. ***La Ferrada*** – 4,30 – **40 hab** 56/89.
◆ Céntrico y de línea clásica. Las habitaciones, funcionales pero bien equipadas, disponen de tarima en los suelos y correcto mobiliario. Adecuada zona social.

ESPAÑA

La Ferrada - *Hotel Lóriga*, Valeriano León 20 ☎ 98 572 00 26, *info@hotel-loriga.com, Fax 98 572 07 98* – ▤. AE ⓓ ⓜⓒ VISA. ✂
cerrado lunes – **Comida** carta 30 a 42.
• Acreditado restaurante de ambiente rústico definido por la decoración mediante madera, ladrillo y trofeos de caza. Interesante cocina y una correcta bodega.

POLA DE SOMIEDO *33840 Asturias* 572 C 11.
Madrid 444 – Oviedo 86.

Casa Miño sin rest, Rafael Rey López ☎ 98 576 37 30, *informa@hotelcasamino.com, Fax 98 576 37 50* – |≑| TV. ⓓ ⓜⓒ VISA. ✂
cerrado 15 diciembre-15 enero – ☕ 3,60 – **15 hab** 36/54.
• Edificio de estilo montañés en un magnífico entorno natural. Acogedor salón social con chimenea, y habitaciones que aúnan el calor rústico con el confort actual.

POLLENÇA *Illes Balears – ver Balears (Mallorca).*

POLOP *03520 Alacant* 577 Q 29 123 H 3 – *1 903 h alt. 230.*
Madrid 449 – Alacant/Alicante 57 – Gandía 63.

Ca l'Àngeles, Gabriel Miró 12 ☎ 96 587 02 26, *Fax 96 587 02 26* – ▤. AE ⓓ ⓜⓒ VISA. ✂
cerrado 15 junio-15 julio y martes – **Comida** - sólo almuerzo salvo viernes, sábado y junio-septiembre - carta 30 a 37.
• Pulcro establecimiento de aspecto antiguo y estilo neorrústico por su mobiliario y vigas de madera, así como las abundantes fotografías de familia. Platos tradicionales.

POMALUENGO *39660 Cantabria* 572 C 18.
Madrid 367 – Santander 26 – Bilbao 105 – Burgos 132.

La Venta de Castañeda, Castañeda (carret. N 634) ☎ 942 59 21 40, *ventacastañeda@movistar.com, Fax 942 59 21 40* – ▤ P. AE ⓜⓒ VISA. ✂
cerrado lunes noche y martes noche – **Comida** carta aprox. 28.
• Céntrico negocio con un bar a la entrada. Posee varias salas, diferenciando las de servicio a la carta y las de menú diario. Correcto montaje con techos en madera.

PONFERRADA *24400 León* 575 E 10 – *59 702 h alt. 543.*
Alred. : *Peñalba de Santiago★ Sureste : 21 km – Las Médulas★ Suroeste : 22 km.*
Gil y Carrasco 4 (junto al Castillo) ☎ 987 42 42 36 turismo@ayuntamientodeponferrada.org Fax 987 42 42 36.
Madrid 385 – Benavente 125 – León 105 – Lugo 121 – Ourense 159 – Oviedo 210.

AC Ponferrada, av. Astorga 2 ☎ 987 40 99 73, *acponferrada@ac.hoteles.com, Fax 987 40 99 74* – |≑| ▤ TV ♿ – 🏛 25/40. AE ⓓ ⓜⓒ VISA. ✂
Comida - sólo cena - 19 – ☕ 8 – **55 hab** 66,50 – 5 suites.
• Hotel de línea moderna que pone a su disposición una espaciosa zona noble, y unas cómodas habitaciones, con suelo en tarima, mobiliario escogido y baños en mármol.

Ponferrada Plaza , av. Escritores 6 ☎ 987 40 61 71, *ponferradaplaza@domus-hoteles.es, Fax 987 42 68 12*, – |≑| ▤ TV 🚗 P – 🏛 25/300. AE ⓜⓒ VISA. ✂ rest
Comida *(cerrado domingo noche)* 10,80 – ☕ 6,61 – **38 hab** 70,09/81,31 – 2 suites.
• Establecimiento llevado por un personal joven y profesional, con unas dependencias funcionales que ofrecen un buen nivel de confort. Amplias salas de reuniones.

Del Temple Ponferrada, av. de Portugal 2 ☎ 987 41 00 58, *ponferrada@temple hoteles.com, Fax 987 42 35 25* – |≑| ▤ TV 🚗 – 🏛 25/120. AE ⓓ ⓜⓒ VISA. ✂
Comida 11 – ☕ 5,20 – **112 hab** 67/98 – 2 suites.
• Confort moderno en este emblemático hotel de cuidadas instalaciones, cuya decoración evoca la época de los templarios. Las habitaciones poseen camas con dosel.

El Castillo, av. del Castillo 115 ☎ 987 45 62 27, *elcastillo@picos.com, Fax 987 45 62 31* – |≑| ▤ TV 🚗. AE ⓜⓒ VISA. ✂ rest
Comida *(cerrado miércoles)* 11 – ☕ 3,80 – **29 hab** 53/74.
• De moderna construcción junto al Castillo de los Templarios. Posee una adecuada zona social y habitaciones de confort actual, con tarima flotante y mobiliario funcional.

Bérgidum sin rest con cafetería por la noche, av. de la Plata 4 ☎ 987 40 15 12, *hotelbergidum@hotelbergidum.com, Fax 987 40 16 00* – |≑| ▤ TV 🚗. AE ⓓ ⓜⓒ VISA
☕ 4,30 – **71 hab** 55/76.
• Ocupa tres plantas de un edificio de viviendas. De línea clásica, sus funcionales dependencias le ofrecen un correcto equipamiento. En la cafetería sirven platos combinados.

Bierzo Plaza, pl. del Ayuntamiento 4 ✆ 987 40 90 01, *hotelbierzoplaza@hotelbierzoplaza.com, Fax 987 40 90 13* – 25. AE VISA.
Comida 10 – 3 – **20 hab** 58,85/81,85.
◆ Su fachada esconde un interior actual y de excelentes materiales, con una correcta zona social y confortables habitaciones de carácter funcional. Atractiva cafetería pública.

Casa Noval, Aceiterías 9 ✆ 987 40 60 00, *asador_noval@asadornoval.e.telefonica.net,* – AE VISA.
cerrado 2ª quincena de enero – **Comida** carta 22 a 30.
◆ Antigua casa de piedra con patio interior ajardinado, dotado de un acogedor bar, tipo bodega, en el sótano, y un comedor de aire actual con suelo en madera, en la 1ª planta.

en la carretera N VI *Noreste : 6 km :*

Azul Montearenas, ✉ 24400, ✆ 987 41 70 12, *azul@bierzonet.es, Fax 987 42 48 21,* – AE VISA.
cerrado domingo noche – **Comida** carta 24 a 32.
◆ Negocio dirigido por dos hermanos, que cuenta con una luminosa sala de estilo clásico, parcialmente acristalada, donde sirven una cocina de cierto atractivo.

PONT D'ARRÒS *Lleida – ver Vielha.*

Es PONT D'INCA *Illes Balears – ver Balears (Mallorca).*

EL PONT DE BAR *25723 Lleida* 574 E 34 – *169 h.*
Madrid 614 – Puigcerdà 34 – La Seu d'Urgell/Seo de Urgel 23.

en la carretera N 260 *Este : 4,5 km :*

La Taverna dels Noguers, ✉ 25723, ✆ 973 38 40 20 – VISA
cerrado 7 enero-7 febrero, julio (salvo fines de semana) y jueves – **Comida** - sólo almuerzo salvo sábado - carta aprox. 27.
◆ Casa llevada en familia con sala de estilo regional, presidida por una chimenea y techos en madera. Carta de elaboración casera con guisos y platos de la cocina catalana.

PONT DE MOLINS *17706 Girona* 574 F 38 122 H 3 – *260 h.*
Madrid 749 – Figueres 6 – Girona/Gerona 42.

El Molí con hab de 15 marzo a octubre, carret. Les Escaules - Oeste : 2 km ✆ 972 52 92 71, *molipark@intercom.es, Fax 972 52 91 01,* – AE VISA.
hab
Comida *(cerrado 22 diciembre-22 enero, martes noche y miércoles)* carta 20 a 36 – **8 hab** 53/85.
◆ Instalado en un molino del s. XVIII, posee habitaciones como complemento. De estilo rústico, con paredes en piedra y vigas en el techo, en su mesa degustará una buena cocina.

PONTE CALDELAS *36820 Pontevedra* 571 E 4 – *7467 h alt. 320 – Balneario.*
Madrid 582 – Ourense 88 – Pontevedra 14 – Vigo 41.

Las Colonias sin rest, av. de Pontevedra 3 ✆ 986 76 63 08, *contacto@hotel-lascolonias.com, Fax 986 76 65 03* – – 25/75. VISA.
2,70 – **29** hab 36,06/48,08.
◆ Hotel de reciente inauguración llevado en familia e instalado en una antigua casa de piedra. Dispone de espaciosas habitaciones, con mobiliario funcional y baños completos.

PONTE MACEIRA *A Coruña – ver Negreira.*

PONTE ULLA o **PUENTE ULLA** *15881 A Coruña* 571 D 4.
Madrid 585 – Santiago de Compostela 22 – A Coruña 94 – Pontevedra 58.

Villa Verde, Lugar de Figueiredo 10 ✆ 981 51 26 52, *villa_verde@terra.es, Fax 981 81 48 74,* – AE VISA.
cerrado 22 diciembre-4 enero, domingo noche y lunes – **Comida** carta 23 a 30.
◆ Casa de campo en piedra, con un pequeño hall y un comedor de línea clásica-actual. En el sótano posee una sala más rústica, tipo mesón, y otra acristalada detrás de la cocina.

PONTEAREAS o PUENTEAREAS *36860 Pontevedra 571 F 4 - 15 630 h alt. 50.*

Madrid 576 - Ourense 75 - Pontevedra 45 - Vigo 26.

Condado, Alcázar de Toledo 62 ✆ 986 64 13 10, *Fax 986 64 13 19* - 🛗 ▤ TV P. AE MC VISA. ✂
Comida *(cerrado lunes)* 11 - ☕ 3 - **28 hab** 35/55.
◆ Establecimiento de correcta organización, dotado de unas instalaciones de aspecto actual. Las habitaciones ofrecen un buen confort, con un equipamiento que da la talla.

por la carretera de Mondariz *Norte : 5,5 km y desvío a la izquierda 100 m :*

Casa das Pías 🐌, Cotobade 11 - Pías, ✉ 36895 Pías, ✆ 986 69 74 65, *Fax 986 69 74 65*, 🏊 - TV P. ✂
Comida - sólo clientes, sólo cena - 13 - ☕ 5 - **7 hab** 55.
◆ Construida en piedra, con un atractivo porche junto a su piscina. Dispone de un salón social neorrústico, habitaciones con mobiliario antiguo y un comedor privado en un anexo.

PONTEDEUME o PUENTEDEUME *15600 A Coruña 571 B 5 - 8 851 h - Playa.*

Madrid 599 - A Coruña 48 - Ferrol 15 - Lugo 95 - Santiago de Compostela 85.

en Castelo de Andrade *Sureste : 7 km :*

Casa do Castelo de Andrade 🐌 sin rest, ✉ 15608 Castelo de Andrade, ✆ 981 43 38 39, *casarural@casteloandrade.com, Fax 981 43 34 66* - ♿ P. MC VISA. ✂
☕ 6 - **10 hab** 63,20/79.
◆ Magnífico conjunto rural ubicado en una extensa finca. El edificio principal ofrece dos salones de estilo rústico y habitaciones personalizadas con una decoración detallista.

PONTEVEDRA *36000* P *571 E 4 - 76 798 h.*

Ver : *Barrio antiguo★ : Plaza de la Leña★* BY- *Museo Provincial (tesoros célticos★)* BY **M1** - *Iglesia de Santa María la Mayor★ (fachada oeste★)* AY - *Ría★.*

Alred. : *Mirador de Coto Redondo★★ ※★★ 14 km por ③.*

ℹ *Xeneral Gutiérrez Mellado 1 ✉ 36001 ✆ 986 85 08 14 Fax 986 84 81 23.*

Madrid 599 ② - Lugo 146 ① - Ourense 100 ② - Santiago de Compostela 57 ① - Vigo 27 ③

Plano página siguiente

Parador de Pontevedra, Barón 19, ✉ 36002, ✆ 986 85 58 00, *pontevedra@parador.es, Fax 986 85 21 95*, 🌳, 🪑 - 🛗 ▤ TV ♿ P - 🏛 25/40. AE ⓓ MC VISA JCB. ✂ AY a
Comida 25 - ☕ 11 - **45 hab** 108/135 - 2 suites.
◆ La tradición del pasado se funde con la arquitectura señorial en este pazo de serena belleza, renovado recientemente. Destacan los cuartos de baño, con encimeras en mármol. En su acogedor restaurante podrá degustar las excelencias de la gastronomía gallega.

Rías Bajas, Daniel de la Sota 7, ✉ 36001, ✆ 986 85 51 00, *contacto@hotelriasbajas.com, Fax 986 85 51 50* - 🛗, ▤ rest, TV 🚗 - 🏛 25/90. AE ⓓ MC VISA BZ n
Comida 10 - ☕ 5,50 - **93 hab** 55/89 - 7 suites.
◆ De firme trayectoria, está emplazado en el corazón de la localidad. Dispone de unas dependencias de estilo clásico, cómodas y bien equipadas. Restaurante de cuidado montaje donde se combinan la carta y el menú.

Don Pepe sin rest, carret. de La Toja 24, ✉ 36163 Poio, ✆ 986 87 22 60, *Fax 986 87 34 33* - 🛗 TV P. AE ⓓ MC VISA. ✂ por Puente de la Barca AY
☕ 4,85 - **27 hab** 47/51 - 2 suites.
◆ Clásico establecimiento ubicado a la salida de la ciudad. Las habitaciones, con baños detallistas, ofrecen un confort superior a su categoría. Parco en zonas comunes.

Ruas sin rest, Sarmiento 20, ✉ 36002, ✆ 986 84 64 16, *hotelruas@terra, es, Fax 986 84 64 11* - ▤ TV. AE ⓓ MC VISA JCB BY r
☕ 5 - **22 hab** 38/58.
◆ Pequeño establecimiento de fachada en piedra en el casco antiguo. Las habitaciones, pese a resultar algo sencillas, ofrecen un confort muy correcto en su categoría.

Alameda de Doña Antonia, Soportales de la Herrería 9-1º, ✉ 36002, ✆ 986 84 72 74 - ▤. AE ⓓ MC VISA. ✂ BZ x
cerrado domingo - **Comida** carta 29 a 42.
◆ En los soportales de una de las plazas más emblemáticas de la ciudad. Sala dotada con un buen servicio de mesa, donde podrá degustar platos típicos y de otras latitudes.

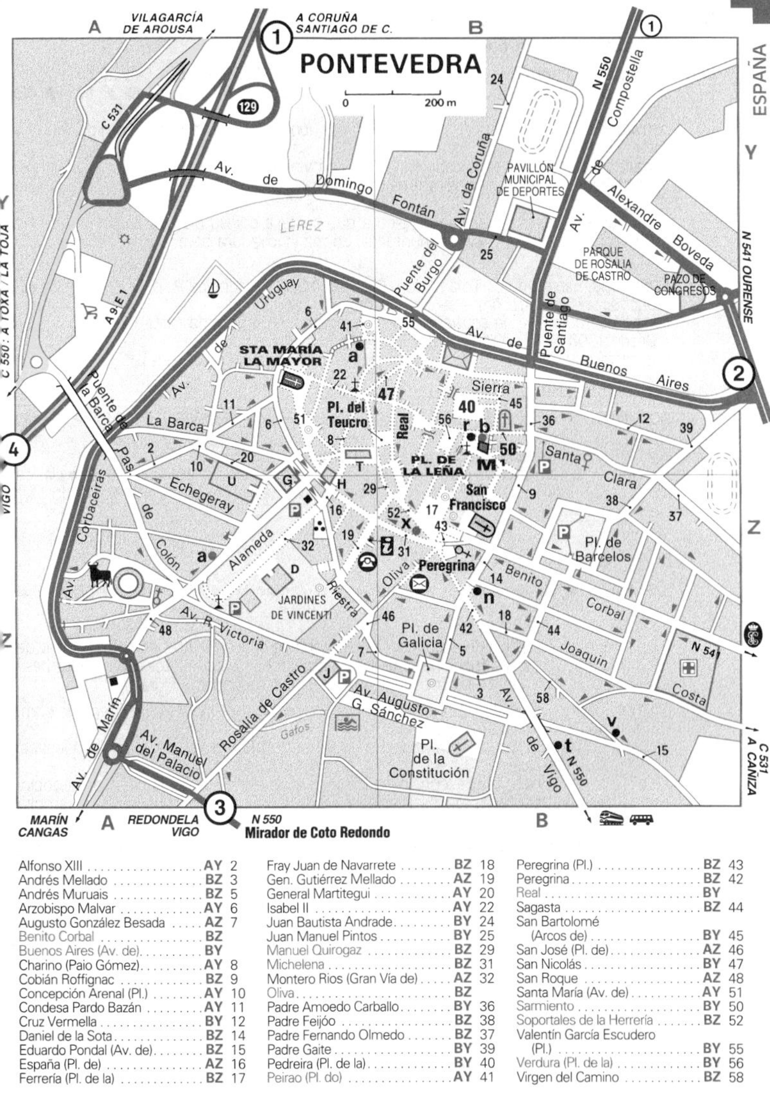

Alfonso XIII . . . . AY 2
Andrés Mellado . . . . BZ 3
Andrés Muruais . . . . BZ 5
Arzobispo Malvar . . . . AY 6
Augusto González Besada . . . . . AZ 7
Benito Corbal . . . . BZ
Buenos Aires (Av. de). . . . . BY
Charino (Paio Gómez). . . . . AY 8
Cobián Roffignac . . . . BZ 9
Concepción Arenal (Pl.) . . . . AY 10
Condesa Pardo Bazán . . . . AY 11
Cruz Vermella . . . . BY 12
Daniel de la Sota. . . . . BZ 14
Eduardo Pondal (Av. de). . . . . . . BZ 15
España (Pl. de) . . . . AZ 16
Ferrería (Pl. de la) . . . . BZ 17
Fray Juan de Navarrete . . . . BZ 18
Gen. Gutiérrez Mellado . . . . AZ 19
General Martitegui . . . . AY 20
Isabel II . . . . AY 22
Juan Bautista Andrade. . . . . BY 24
Juan Manuel Pintos . . . . BY 25
Manuel Quirogaz . . . . BZ 29
Michelena . . . . BZ 31
Montero Rios (Gran Vía de) . . . . . AZ 32
Oliva. . . . . BZ
Padre Amoedo Carballo. . . . . BY 36
Padre Feijóo . . . . BZ 38
Padre Fernando Olmedo . . . . BZ 37
Padre Gaite . . . . BY 39
Pedreira (Pl. de la). . . . . BY 40
Peirao (Pl. do) . . . . AY 41
Peregrina (Pl.) . . . . BZ 43
Peregrina. . . . . BZ 42
Real . . . . BY
Sagasta . . . . BZ 44
San Bartolomé (Arcos de) . . . . BY 45
San José (Pl. de). . . . . AZ 46
San Nicolás . . . . BY 47
San Roque . . . . AZ 48
Santa María (Av. de) . . . . AY 51
Sarmiento . . . . BY 50
Soportales de la Herrería . . . . . . BZ 52
Valentín García Escudero (Pl.) . . . . . BY 55
Verdura (Pl. de la) . . . . BY 56
Virgen del Camino . . . . BZ 58

Alameda, Alameda 10, ✉ 36001, ☎ 986 85 74 12 – ▤. AE ⓓ ⓜ VISA. ✗ — AZ a

cerrado domingo – **Comida** carta aprox. 37.

◆ Restaurante de correcto montaje cuya carta aúna los sabores gastronómicos tradicionales con una excelente y completa variedad de vinos. Comedor privado en la bodega.

Rianxo, pl. da Leña 6, ✉ 36002, ☎ 986 85 52 11, *casgonzasl@yahoo.es*, – AE ⓜ VISA. ✗ — BY b

cerrado domingo – **Comida** carta 15 a 22.

◆ Resulta una buena opción gracias a la honestidad de su cocina casera y a lo atractivo de sus precios. Bar de tapas a la entrada y comedor de estilo regional en el 1er piso.

ESPAÑA

en San Salvador de Poio *por Puente de la Barca AY :*

XXX **Solla,** av. Sineiro 7 - carret. de La Toja : 2 km, ✉ 36994 San Salvador de Poio, ✆ 986 87 28 84, *correo@restaurantesolla.com, Fax 986 87 31 29* – ▤ P. AE ◑ MC VISA. ✻
cerrado 15 días en Navidades, domingo noche, lunes y jueves noche – **Comida** 38,50 y carta 37 a 45.
Espec. Lomo de jurel en escabeche a 52º con vinagreta de encurtidos y mostaza (primavera-verano). Mero en caldeirada de moluscos. Morcillo de ternera presentado como una "carne o caldeiro".
◆ Situado en una antigua casa de piedra que destaca por su diáfano comedor, con un espectacular ventanal hacia las montañas. Cocina innovadora basada en productos de la tierra.

XX **Casa Ces,** carret. de La Toja : 2 km, ✉ 36994 San Salvador de Poio, ✆ 986 87 29 46, *monchouza@mixmail.com* – ▤. AE ◑ MC VISA. ✻
cerrado 2ª quincena de septiembre y domingo noche – **Comida** carta 22 a 34.
◆ Desde 1908. Negocio familiar dotado de un comedor de cuidado montaje, donde sirven una carta que combina elaboraciones típicas con las de otras latitudes.

en la carretera N 550 *por ① : 4 km :*

X **Corinto,** Touceda 27, ✉ 36157 Alba, ✆ 986 87 03 45, *Fax 986 87 07 51* – P. AE MC VISA. ✻
cerrado enero, domingo noche y lunes – **Comida** carta 35 a 50.
◆ Restaurante familiar ubicado junto a la carretera, con unas instalaciones de estilo clásico algo desfasado. Es muy conocido en la zona por las bondades de su cabrito asado.

PONTS *25740 Lleida* 574 G 33 – *2 247 h alt. 363.*
Madrid 533 – Barcelona 131 – Lleida/Lérida 64.

Boncompte, pl. Sant Cristòfol 1 ✆ 973 46 10 02, *Fax 973 46 10 04* – |‡| ▤ TV ♿ P. MC VISA. ✻
Comida 12 – ☕ 3 – **34 hab** 35/58.
◆ Orientado a la clientela de paso, con amplia zona de aparcamiento, en pleno centro de la localidad. Habitaciones funcionales de línea actual y baños completos. El comedor basa sus primeros platos en un buffet, pudiendo elegir los segundos a la carta.

X **Ponts,** carret. de Calaf 2 ✆ 973 46 00 17, *restaurant-ponts@infonegocio.com, Fax 973 46 00 17* – ▤ P. ◑ MC VISA. ✻
cerrado 27 junio-13 julio, domingo noche y lunes – **Comida** - sólo almuerzo salvo jueves, viernes y sábado - carta 20 a 31.
◆ Llevado en familia, ahora con los hijos al frente dando nuevos bríos al negocio. Instalaciones redecoradas en estilo neorrústico, con cafetería pública y un amplio comedor.

X **Ventureta,** carret. de Seo de Urgel 2 ✆ 973 46 03 45, *Fax 973 46 05 07* – ▤. MC VISA. ✻
cerrado del 5 al 20 de junio y jueves – **Comida** carta aprox. 30.
◆ De organización familiar, en pleno centro de la localidad, con bar y una sala de sencillo montaje. Practica una cocina de elaboración casera basada en el recetario local.

PORRERA *43739 Tarragona* 574 I 32 – *435 h alt. 316.*
Alred. : *Cartuja de Escaladei★ Noroeste : 17 km.*
Madrid 530 – Lleida/Lérida 84 – Tarragona 42 – Tortosa 80.

PORRERES *Illes Balears – ver Balears (Mallorca).*

PORT BALÍS *Barcelona – ver Sant Andreu de Llavaneres.*

PORT D'ALCÚDIA *Illes Balears – ver Balears (Mallorca).*

PORT D'ANDRATX *Illes Balears – ver Balears (Mallorca).*

EL PORT DE LA SELVA *17489 Girona* 574 E 39 122 J 2 – *872 h – Playa.*
Ver : *Localidad★.*
Alred. : *Monasterio de Sant Pere de Rodes★★★ (paraje★★, iglesia★★★, campanario★★, capiteles★) Suroeste : 8 km.*
i *Mar 1 ✆ 972 38 70 25 turisme@portdelaselva.net Fax 972 38 74 13 (temp).*
Madrid 776 – Banyuls 39 – Girona/Gerona 67.

Porto Cristo, Major 59 ☎ 972 38 70 62, *hotelportocristo@hotelportocristo.com, Fax 972 38 75 29* – 25. AE VISA
marzo-noviembre – **Comida** 15 – **50 hab** 124.
◆ Tras su reciente reforma dispone de unas habitaciones amplias y bien equipadas, con mobiliario funcional de calidad. Muchos de sus aseos cuentan con bañera de hidromasaje.

Ca l'Herminda, l'Illa 7 ☎ 972 38 70 75, *benvinguts@herminda.com,* VISA
abril-septiembre – **Comida** *(cerrado lunes noche y martes de abril a junio)* carta 24 a 33.
◆ Acogedor restaurante de aire rústico, con pequeña recepción y vivero a la entrada, y un comedor de correcto montaje en varios niveles con un balcón a modo de terraza.

Cal Mariner con hab, carret. de Cadaqués 2 ☎ 972 38 80 05, *calmariner@terra.es, Fax 972 38 80 06,* VISA.
cerrado 9 diciembre-15 febrero – **Comida** carta aprox. 34 – 6 – **9 hab** 40/80.
◆ Original construcción en forma de barco con salas de estilo marinero en dos niveles, destacando la del 1er piso por sus vistas y terraza. Como complemento ofrece habitaciones.

Bellavista, Platja 3 ☎ 972 38 70 50, *Fax 972 38 71 30,* VISA
cerrado 15 octubre-15 noviembre y martes – **Comida** - sólo almuerzo de octubre a marzo - carta 13 a 23.
◆ De larga y fiable trayectoria familiar, instalado en un edificio acristalado con vistas al mar. Ofrece una cocina correcta aunque sin grandes alardes en las elaboraciones.

PORT DE POLLENÇA *Illes Balears – ver Balears (Mallorca).*

PORT DE SÓLLER *Illes Balears – ver Balears (Mallorca).*

PORT ESCALA *Girona – ver L'Escala.*

PORTALS NOUS *Illes Balears – ver Balears (Mallorca).*

PORTALS VELLS *Illes Balears – ver Balears (Mallorca).*

PORTBOU *17497 Girona* 574 E 39 122 I 2 – *1479 h – Playa.*
Alred. : *carretera de Colera★★.*
passeig Lluís Companys ☎ 972 12 51 61 portbou@ddgi.es Fax 972 12 51 61 (temp).
Madrid 782 – Banyuls 17 – Girona/Gerona 74.

La Masía sin rest, passeig de la Sardana 1 ☎ 972 39 03 72, *hotellamasia@eresmas.com, Fax 972 12 50 66* – VISA
6 – **14 hab** 50/80.
◆ Negocio familiar dotado de habitaciones con decoración personalizada y mobiliario estándar, la mayoría con plato ducha. Destaca el viejo pino que crece en su interior.

Comodoro sin rest, Méndez Núñez 1 ☎ 972 39 01 87, *Fax 972 39 01 87* – VISA
junio-1 octubre – **14 hab** 85.
◆ Establecimiento de ambiente familiar, dotado de unas instalaciones confortables y cuidadas, que resultan de excelente nivel en su categoría.

PORTO BARIZO *A Coruña – ver Malpica de Bergantiños*

PORTO CRISTO *Illes Balears – ver Balears (Mallorca).*

PORTO PÍ *Illes Balears – ver Balears (Mallorca) : Palma.*

PORTO DO SON *15970 A Coruña* 571 D 2 – *10414 h – Playa.*
Madrid 662 – Muros 47 – Noia 15 – Pontevedra 72 – Santiago de Compostela 52.

Arnela II con hab, travesía 13 Septiembre 4 ☎ 981 76 73 44 – VISA.
Comida carta 18 a 32 – 3 – **10 hab** 20/30.
◆ Negocio de sencilla organización. Comedor de cuidado montaje, en la planta baja de un edificio, donde también ofrecen habitaciones. Carta basada en productos de la zona.

PORTOCOLOM *Illes Balears – ver Balears (Mallorca).*

PORTOMARÍN *27170 Lugo* 571 D 7 – *2 159 h.*

Ver : *Iglesia★.*

Excurs. : *Vilar de Donas (iglesia : frescos★) Noroeste : 36 km.*

Madrid 515 – Lugo 40 – Ourense 80.

Pousada de Portomarín, av. de Sarria ☎ 982 54 52 00, *hpousada@galinor.com, Fax 982 54 52 70,* ←, – , rest, – 25/300
32 hab – 2 suites.
◆ La privilegiada situación en la ruta Xacobea, el sereno entorno, y la elegante decoración interior definen su atractivo marco. Amplia oferta en servicios complementarios.

PORTOPETRO *Illes Balears – ver Balears (Mallorca).*

PORTONOVO *36970 Pontevedra* 571 E 3 – *Playa.*

Madrid 626 – Pontevedra 22 – Santiago de Compostela 79 – Vigo 49.

Siroco sin rest, av. de Pontevedra 12 ☎ 986 72 08 43, *hotelsiroco@ensanxenxo.com, Fax 986 69 10 16,* ← – . AE MC VISA.
Semana Santa-13 octubre – **32 hab** 45/77.
◆ Céntrico emplazamiento con vistas al mar. Correcta zona social en la 4ª planta, con terraza-solarium, pequeño jardín y habitaciones amuebladas en un estilo funcional.

Martín-Esperanza, av. de Pontevedra 60 ☎ 986 72 05 21, *Fax 986 72 10 78,* ← – . MC VISA.
Semana Santa-octubre – **Comida** 10 – 4,10 – **16 hab** 30/56 – 1 apartamento – PA 20.
◆ Organización muy familiar, en 1ª línea de playa. Dispone de unas habitaciones de aire funcional, con espléndidas terrazas en 11 de ellas. Zona social limitada a la cafetería. Correcto comedor con vistas al mar.

Nuevo Cachalote, Marina ☎ 986 72 34 54, *monchoi@ctv.es, Fax 986 72 34 55* – , rest, . MC VISA.
abril-15 octubre – **Comida** 12,67 – **31 hab** 34,38/62,51.
◆ Establecimiento de organización familiar, situado en el centro de la localidad. Dispone de una pequeña zona social y de habitaciones funcionales con baños actuales exteriores. El restaurante ofrece una carta muy variada de corte tradicional.

Cachalote, Marina ☎ 986 72 08 52, *monchoi@ctv.es, Fax 986 72 34 55* – . MC VISA.
junio-septiembre – **Comida** - en el ***Hotel Nuevo Cachalote*** – **27 hab** 30,72/51,38.
◆ Llevado en familia y de la misma propiedad que el hotel Nuevo Cachalote, donde ofrecen servicio de comedor. Las habitaciones le brindan un correcto confort en su categoría.

Titanic, Rafael Picó 46 ☎ 986 72 36 45, ← – . MC VISA JCB.
cerrado 20 diciembre-6 enero, y lunes en invierno – **Comida** - pescados y mariscos - carta 26 a 37.
◆ Céntrico restaurante familiar, con una agradable panorámica sobre el puerto y una luminosa sala acristalada, donde podrá saborear la cocina típica basada en productos del mar.

en la carretera C 550 :

Galatea, Paxariñas - Oeste : 1,5 km, ✉ 36970 Portonovo, ☎ 986 72 70 27, *correo@hotelgalatea.com, Fax 986 72 78 33,* ←, Servicios terapéuticos, , – – 25/200. AE MC VISA.
cerrado 10 enero-17 febrero – **Comida** 22 – **80 hab** 110/130 – 6 suites.
◆ Atractivo hotel de nueva construcción, que combina el confort con un completo centro de tratamientos terapéuticos. Goza de unas confortables habitaciones de línea moderna. Espacioso restaurante con la carta al gusto de su cosmopolita clientela.

Cabicastro, Oeste : 1 km, ✉ 36970 Portonovo, ☎ 986 69 08 48, *info@cabicastro.com, Fax 986 69 02 58,* ←, , – , rest, – 25/100. MC VISA.
Comida *(abril-octubre)* 16 – 5 – **54 apartamentos** 90.
◆ Complejo turístico que engloba dos establecimientos unidos por la piscina y los jardines. Destaca el confort y mobiliario neorrústico de los apartamentos denominados Punta.

Canelas, Oeste : 1 km, ✉ 36970 Portonovo, ☎ 986 72 08 67, *info@hotelcanelas.com, Fax 986 69 08 90,* – . AE MC VISA.
abril-octubre – **Comida** 18 – 6,50 – **36 hab** 65,50/76,50.
◆ Ubicado en un bello paraje frente al mar. Tras una remodelación total ha mejorado notablemente su confort general, ofreciendo habitaciones más amplias y de diseño actual.

Ver también : **Sanxenxo** *Este : 1,5 km.*

PORTUGALETE *48920 Bizkaia* 573 C 20 – *52 111 h.*

Madrid 415 – Bilbao 21 – Santander 82.

G.H. Puente Colgante, María Díaz de Haro 2 ✆ 94 401 48 00, *info@granhotelpuentecolgante.com, Fax 94 401 48 10,* ≤ – |‡|, ▤ TV ♿ 🚗 – 🎪 25/200. AE ⓓ MC VISA. ✂
Comida 17 – ☕ 9 – **74 hab** 99/111.
• Frente a la ría y con una elegante fachada clásico-colonial de finales del s. XIX. Destaca el confort de sus habitaciones, con mobiliario moderno y baños completos en mármol. Restaurante de línea actual con las paredes desnudas en tonos grises.

PORTUGOS *18415 Granada* 578 V 20 124 O 4 – *457 h alt. 1 305.*

Madrid 506 – Granada 87 – Motril 56.

Nuevo Malagueño ⛰, Sierra Nevada 1 ✆ 958 76 60 98, *Fax 958 85 73 37,* ≤ – |‡|, ▤ rest, TV 🚗 P – 🎪 25/200. MC VISA. ✂
cerrado julio – **Comida** *(cerrado miércoles)* 12 – ☕ 5,50 – **30 hab** 40/63.
• El ambiente familiar y las gratas vistas le proponen una agradable estancia en este hotelito, que trabaja sobre todo con grupos. Habitaciones de buen equipamiento. El restaurante se complementa con un salón para banquetes y el encanto del paisaje alpujarreño.

POSADA DE VALDEÓN *24915 León* 575 C 15 – *496 h alt. 940.*

Alred. : *Puerto de Pandetrave★★ Sureste : 9 km – Puerto de Panderruedas★ (Mirador de Piedrafitas★★) Suroeste : 6 km – Puerto del Pontón★ ≤★★ Suroeste : 12 km.*

Madrid 411 – León 123 – Oviedo 140 – Santander 170.

Picos de Europa ⛰, ✆ 987 74 05 93, *felix@nova.es, Fax 987 74 05 93* ≤, 🏔 – P. AE ⓓ MC VISA. ✂
mayo-septiembre y fines de semana resto del año – **Comida** - sólo cena, sólo clientes - 18 – ☕ 4 – **8 hab** 60.
• Ubicado a la entrada de la localidad, ofrece unas acogedoras habitaciones con mobiliario antiguo y baños completos, siendo cuatro de ellas abuhardilladas.

POTES *39570 Cantabria* 572 C 16 – *1 411 h alt. 291.*

Ver : *Paraje★.*

Alred. : *Santo Toribio de Liébana ≤★ Suroeste : 3 km – Desfiladero de La Hermida★★ Norte : 18 km – Puerto de San Glorio★ (Mirador de Llesba ≤★★) Suroeste : 27 km y 30 mn. a pie.*

ℹ Plaza de las estaciones ✆ 942 73 07 87 turismopotes@cantabria.org Fax 942 73 07 87.

Madrid 399 – Palencia 173 – Santander 115.

Valdecoro, Roscabado 5 ✆ 942 73 00 25, *Fax 942 73 03 15,* ≤ – |‡|, ▤ rest, TV P. AE MC VISA. ✂
cerrado enero - ***Paco Wences :*** **Comida** carta 20 a 22 – **41 hab** ☕ 44,50/69.
• Hotel de organización familiar al borde de la carretera. Sus habitaciones son funcionales y actuales, conservando en su estilo todo el calor hogareño de las casas de montaña. Restaurante con decoración regional y una cocina basada en la calidad del producto.

El Bodegón, San Roque 4 ✆ 942 73 02 47 – AE ⓓ MC VISA. ✂
cerrado miércoles salvo julio-septiembre – **Comida** carta aprox. 26.
• Antigua casa que conserva parte de su estructura original, con la fachada en piedra. Combina detalles rústicos y actuales, ofreciendo una buena cocina a precios moderados.

en la carretera de Fuente Dé *Oeste : 1,5 km :*

La Cabaña ⛰ sin rest, La Molina, ✉ 39570, ✆ 942 73 00 50, *kiko@mundivia.es, Fax 942 73 00 51,* ≤, 🏔 – TV P. MC VISA. ✂
☕ 5,25 – **24 hab** 52.
• Construcción tipo chalet dotada de una zona social muy acogedora. Las habitaciones se ajustan a su categoría, todas revestidas de madera y con aseos completos.

POZAL DE GALLINAS *47450 Valladolid* 575 I 15 – *491 h alt. 737.*

Madrid 160 – Valladolid 60 – Segovia 97 – Ávila 88.

al Sureste : *3,3 km :*

La Posada del Pinar ⛰, Pinar de San Rafael, ✉ 47450, ✆ 983 48 10 04, *reservas@laposadadelpinar.com, Fax 983 48 10 04,* 🌲 – |‡| TV P – 🎪 25/40. MC VISA. ✂
Comida - sólo clientes - 18,50 – ☕ 5,95 – **22 hab** 70/80.
• Magnífico turismo rural rodeado de pinares. Disfruta de una excelente zona social y cuidadas habitaciones, en su mayor parte con mobiliario de época. Elegante comedor privado.

POZOBLANCO 14400 Córdoba 578 Q 15 – 15 445 h alt. 649.

Pozoblanco, Sur : 3 km 957 33 91 71 Fax 957 33 91 71.
Madrid 361 – Ciudad Real 164 – Córdoba 67.

Los Godos, Villanueva de Córdoba 32 957 77 00 22, Fax 957 77 09 88 – AE MC VISA.
Comida 7,80 – 6 – **32 hab** 36/65.
• Hotel familiar de adecuado mantenimiento, dotado con habitaciones de completo equipamiento, que resultan muy confortables para su categoría. Modesto comedor con vigas de madera en el techo y una sencilla oferta de pizzas en el bar.

en la carretera de Alcaracejos *Oeste : 2 km :*

San Francisco, 14400, 957 77 15 12, Fax 957 77 15 01 – P. AE MC VISA.
Comida 8,40 – 3,60 – **40 hab** 44/68.
• Sencillo establecimiento dirigido con seriedad, dotado de instalaciones amplias, aunque algo pobres en decoración. Sus habitaciones resultan funcionales.

POZONDÓN 44368 Teruel 574 K 25 – 86 h alt. 1 407.

Madrid 254 – Teruel 50 – Zaragoza 171.

Casa la Abuela de Vicente sin rest y sin , Los Pozos 9 978 70 12 66, *sierradealbarracin@ecoturismoaragon.com, Fax 978 70 12 66* –
4 hab 28 – 2 apartamentos.
• Antiguo edificio situado en el centro del pueblo. Habitaciones de buen confort en su categoría con paredes en piedra vista, vigas de madera en los techos y baños sencillos.

POZUELO DE ALARCÓN 28200 Madrid 576 K 18 575 K 18 121 H 7 – 68 470 h alt. 690.

Madrid 12.

La Española, av. Juan XXIII-5, 28224, 91 715 87 85, *laespanola@yacabo.com, Fax 91 352 67 93,* – AE MC VISA JCB.
cerrado 20 dias en agosto, domingo noche y lunes – **Comida** carta 28 a 37.
• Negocio de corte clásico decorado con profusión de madera y atractivos detalles regionales. Cuenta con dos terrazas, dos comedores en cada planta y tres saloncitos privados.

Boleca, av. del General Mola 44, 28224, 91 715 20 42, *Fax 91 455 00 64,* – P. AE MC VISA.
cerrado agosto – **Comida** carta 35 a 40.
• Restaurante de línea clásico-actual. Buen hall de entrada seguido de una sala acristalada, con mobiliario en mimbre. Correcto servicio de mesa y agradable terraza.

Zurito, Lope de Vega 2, 28224, 91 351 72 76, *zurito@zurito.com, Fax 91 351 72 76* – AE MC VISA.
cerrado Semana Santa, 20 días en agosto, domingo noche y lunes – **Comida** carta 32 a 39.
• De elegante fachada y ubicado en una zona residencial. Cuenta con un interesante bar a la entrada para tomar pinchos y raciones, así como un pequeño comedor de corte clásico.

Bodega La Salud, Jesús Gil González 36, 28223, 91 715 33 90, *bodegalasalud@yacabo.com, Fax 91 352 67 93* – AE MC VISA JCB.
cerrado Semana Santa, agosto, domingo noche y jueves – **Comida** - carnes a la brasa - carta 19 a 27.
• Modesto restaurante tipo mesón decorado en un estilo clásico-regional, con la parrilla a la vista desde el comedor. Especializado en tortilla española y carnes a la brasa.

junto a la autovía M 502 *Sureste : 2,5 km :*

Urrechu, C.C. Zoco de Pozuelo-1º, 28223, 91 715 75 59, *reservas@urrechu.com, Fax 91 799 03 72,* – AE MC VISA.
cerrado Semana Santa y domingo noche – **Comida** carta 36 a 50.
• Dispone de una barra bien surtida en pinchos e ibéricos, así como una sidrería en la planta baja, un comedor neorrústico en el 1er piso, varios privados y una vistosa terraza.

en la Ciudad de la Imagen *Sur : 6,5 km :*

NH Ciudad de la Imagen sin rest, Luis Buñuel 1, 28223 Pozuelo de Alarcón, 91 711 02 22, *exciudadimagen@nh-hotels.com, Fax 91 711 24 28* – AE MC VISA JCB.
7 – **76 hab** 90.
• Hotel perteneciente a la cadena NH, correcto aunque con menos servicios y un confort más funcional. Reducida zona social, englobada por el hall-cafetería y la recepción.

POZUELO DE CALATRAVA *13179 Ciudad Real* 576 P 18 – *2602 h alt. 630.*
Madrid 198 – Toledo 134 – Ciudad Real 16.

por la carretera de Torralba *Noreste : 5 km y desvío a la derecha 2 km :*

XX **La Membrilleja,** ✆ 926 69 30 64, *lamembrilleja@terra.es, Fax 926 69 30 64* – P. VISA. ✗
cerrado del 1 al 10 de junio y lunes – **Comida** - sólo almuerzo en invierno, salvo viernes y sábado - carta 29 a 39.
◆ Antigua casa de labranza, con un gran patio manchego y bodega. Disponen de un comedor de invierno con chimenea y otro más fresco de verano, así como un salón para banquetes.

PRÁDENA *40165 Segovia* 575 I 18 121 H 3 – *495 h alt. 1121.*
Madrid 106 – Segovia 47 – Aranda de Duero 73 – Valladolid 118.

Posada del Acebo sin rest, Rafael Matesanz 7 ✆ 921 50 72 60, *acebo@tursegovia.com, Fax 921 42 92 02* – VISA. ✗ – **8 hab** ☐ 40/54.
◆ Una casona del s. XVIII cuya rehabilitación conserva el sobrio estilo castellano. Habitaciones abuhardilladas en el piso superior y dos, en planta baja, con baño compartido.

La PRADERA DE NAVALHORNO *Segovia – ver La Granja.*

PRADES *43364 Tarragona* 574 I 32 – *475 h.*
Madrid 530 – Lleida/Lérida 68 – Tarragona 50.

X **L'Estanc,** pl. Major 9 ✆ 977 86 81 67 – VISA JCB. ✗
cerrado 15 enero-15 febrero y miércoles salvo agosto – **Comida** - carnes - carta 21 a 30.
◆ Situado en el centro del pueblo, destaca por sus elaboraciones caseras con productos escogidos. Comedor rústico en dos niveles, con un sencillo montaje.

PRADO *33344 Asturias* 572 B 14 – *alt. 135.*
Madrid 479 – Oviedo 67.

EL Babú, Carrales - carret. N 632 - Oeste : 1 km, ✉ 33343 Carrales, ✆ 98 585 32 72, *elbabu@elbabu.com, Fax 98 585 32 73,* ←, – TV P. AE VISA. ✗ rest
cerrado 15 enero-15 febrero – **Comida** 17,50 – ☐ 6 – **7 hab** 63/79.
◆ Atractiva casona del s. XVIII decorada en estilo minimalista. En sus habitaciones, con mobiliario de diseño y excelente lencería, disfrutará de una sosegada estancia. Restaurante de línea actual que brinda espléndidas vistas de la sierra del Sueve.

EL PRAT DE LLOBREGAT *08820 Barcelona* 574 I 36 122 C 9 – *63139 h alt. 5.*
✈ *de El Prat-Barcelona* ✆ *93 298 38 38.*
Madrid 611 – Barcelona 15 – Girona/Gerona 113.

Ciutat del Prat, av. Remolar 46 ✆ 93 378 83 33, *ciutatdelprat@euro-mar.com, Fax 93 478 60 63,* – TV – 25/100. AE VISA. ✗
Comida 20 – ☐ 10 – **130 hab** 112/140.
◆ Moderno edificio dotado de habitaciones en vivos colores, con un completo mobiliario clásico y baños en mármol. Las zonas comunes resultan alegres y confortables. Restaurante con detalles de elegancia tanto en montaje como en decoración.

en el Parque de Negocios Mas Blau II *Suroeste : 3 km :*

Tryp Barcelona Aeropuerto, pl. del Pla de L'Estany 1-2, ✉ 08820, ✆ 93 378 10 00, *tryp.barcelona.aeropuerto@solmelia.com, Fax 93 378 10 01,* – TV – 25/300. AE VISA JCB. ✗
Comida 23 – ☐ 15 – **205 hab** 132.
◆ Conjunto funcional en un parque de negocios cercano al aeropuerto. El hall resulta original, ya que a él dan los pasillos de todas sus prácticas y confortables habitaciones.

PRATS DE LLUÇANÈS *08513 Barcelona* 574 F 36 122 C 4 – *2625 h alt. 707.*
passeig del llucanes ✆ *93 856 01 00 pratsl@diba.es Fax 93 850 80 70.*
Madrid 607 – Barcelona 98 – Berga 32 – Girona/Gerona 97 – Manresa 43 – Vic 29.

XX ✿ **Lluçanès,** Major 1 ✆ 93 850 80 50, *cuina@restaurantllucanes.com, Fax 93 850 87 06* – AE VISA. ✗
cerrado 15 días en febrero, 15 días en julio, lunes y martes – **Comida** - sólo almuerzo, salvo viernes y sábado - 65 y carta 60 a 74.
Espec. Ensalada de paloma torcaz con trufa blanca de junio y vinagres en texturas (15 junio-15 septiembre). Sopa de guisantes con helado de avellanas y flor de sal. Terrina de becada con tostada de pan de nueces y consomé de trufa negra (diciembre-marzo).
◆ Las inquietudes de sus propietarios, el acogedor marco de estilo regional, y el esmerado cuidado con que elaboran sus platos lo consolidan como un interesante recurso.

PREMIÀ DE DALT *08338 Barcelona 574 H 37 122 E 7 – 6 511 h alt. 142.*
Madrid 627 – Barcelona 20 – Girona/Gerona 82.

en la carretera de Premià de Mar *Sur : 2 km :*

Sant Antoni, Penedès 43, ✉ 08338 Premià de Dalt, ☎ 93 752 34 81, *Fax 93 752 34 81*, – P. VISA.
cerrado del 16 al 31 de agosto y lunes – **Comida** - sólo almuerzo en invierno salvo viernes y sábado - carta 28 a 38.
◆ Restaurante de sencilla organización familiar con salas de estilo rústico-regional, y tienda de vinos a la entrada. En su mesa podrá saborear platos de tradición catalana.

PRENDES *33438 Asturias 572 B 12.*
Madrid 484 – Avilés 17 – Gijón 10 – Oviedo 32.

Casa Gerardo, carret. AS 19 ☎ 98 588 77 97, *info@casa-gerardo.com, Fax 98 588 77 98* – P. AE VISA JCB.
cerrado enero y lunes – **Comida** - sólo almuerzo salvo viernes y sábado - carta 39 a 52.
Espec. Cigala, pasta y berza asturiana. Bacalao blanco y negro. Atún con fresas y chocolate (verano).
◆ Negocio de gran arraigo en la zona, con salas de corte neorrústico e impecable montaje, donde ofrecen una cocina que combina tradición e innovación con acierto.

PRIEGO DE CÓRDOBA *14800 Córdoba 578 T 17 – 22 811 h alt. 649.*
Ver : *Localidad★★ – Fuentes del Rey y de la Salud★★ – Parroquia de la Asunción★ : Capilla del Sagrario★★ – Barrio de la Villa★★ – El Adarve★.*
Madrid 395 – Antequera 85 – Córdoba 103 – Granada 79.

Balcón del Adarve, paseo de Colombia 36 ☎ 957 54 70 75, *info@balcondeladarve.com, Fax 957 54 04 79*, ← – AE VISA.
cerrado lunes – **Comida** carta 24 a 30.
◆ Sorprende por su ubicación sobre unas antiguas murallas que sirven como balcón a las montañas y a los campos de olivos. Comedores de excelente montaje y terraza con vistas.

en Zagrilla *Noroeste : 10 km :*

Villa Turística de Priego, ✉ 14816 Zagrilla, ☎ 957 70 35 03, *alonatur@arrakis.es, Fax 957 70 35 73*, – P – 50/150. AE VISA.
cerrado 9 enero-3 febrero – **Comida** 10 – 5,50 – **47 apartamentos** 50,50/68,30 – 5 hab.
◆ Armónico conjunto entre olivos, compuesto por un amplio cortijo que acoge las zonas nobles y diversas villas escalonadas a modo de pueblo andaluz. Posee magníficas vistas. La rusticidad se respira en su comedor, sobrio y de correcto montaje.

La PROVIDENCIA *Asturias – ver Gijón.*

PRULLANS *25727 Lleida 574 E 35 – 192 h alt. 1 096.*
Madrid 632 – Lleida/Lérida 163 – Puigcerdà 22.

Muntanya, Puig 3 ☎ 973 51 02 60, *muntanya@prullans.net, Fax 973 51 06 06*, ←, – P – 25. VISA.
cerrado 2 noviembre-3 diciembre y del 13 al 26 de diciembre – **Comida** 16 – **50 hab** 43,50/71.
◆ Céntrico establecimiento que poco a poco va renovando sus instalaciones, con un correcto confort en su categoría. Suficientes zonas nobles y habitaciones acogedoras. Comedor de cuidado montaje y amplios salones panorámicos para banquetes.

PRUVIA *33192 Asturias 572 B 12.*
Madrid 468 – Avilés 29 – Gijón 13 – Oviedo 15.

La Campana, carret. AS 18 ☎ 98 526 58 36, *lacampana@restaurantelacampana.com, Fax 98 526 48 80*, – P – 25/1000. AE VISA.
Comida - ver rest. ***La Campana*** - – **34 hab** 73/88.
◆ Hotel de línea moderna en un entorno natural que invita al descanso. Posee un elegante salón social, y unas confortables habitaciones completamente equipadas.

La Campana - *Hotel La Campana,* carret. AS 18 ☎ 98 526 58 36, *lacampana@restaurantelacampana.com, Fax 98 526 48 80* – P. AE VISA.
Comida carta 24 a 37.
◆ Dispone de dos ambientes, uno clásico con dos salas y otro regional llamado El Llar, especializado en la gastronomía asturiana y famoso por sus pescados y carnes a la brasa.

La Venta del Jamón, carret. AS 18 ☎ 98 526 28 02, *Fax 98 526 79 59*, 🏞 – P. AE ① MC VISA. ⊁
cerrado domingo noche – **Comida** carta 29 a 37.
◆ Centenario negocio especializado en bacalao, arroces y carnes. Bar-sidrería en la entrada seguido de un comedor de estilo rústico, y otro más clásico en la 1ª planta.

PUÇOL *46530 València* 577 *N 29 – 12 432 h alt. 48.*
Madrid 373 – Castelló de la Plana/Castellón de la Plana 54 – València 23.

Monte Picayo ⛰, urb. Monte Picayo ☎ 96 142 01 00, *Fax 96 142 21 68*, ←, 🏞, 🏊, 🌳, 🎾 – 🛗 ≡ TV P – 🏛 25/500. AE ① MC VISA. ⊁
Comida carta aprox. 37 – **79 hab** ☕ 192/240 – 3 suites.
◆ Situado en la ladera de un monte con magníficas vistas sobre la huerta valenciana. Sus dependencias son amplias, como la elegante zona noble o las confortables estancias. Restaurante de montaje clásico con un impecable servicio de mesa.

Alba sin rest y sin ☕, av. Hostalets 96 ☎ 96 142 24 44, *hotelalba@nexo.es*, *Fax 96 142 21 48* – 🛗 ≡ TV 🚗. MC VISA. ⊁
16 hab 64,30.
◆ Pequeño hotel ubicado en el centro de la localidad, con habitaciones de línea actual, correctamente equipadas y con baños completos. Trato familiar.

Asador Mares, carret. de Barcelona 17 ☎ 96 142 07 21, *Fax 96 146 40 33*, 🏞 – ≡. AE MC VISA
cerrado Semana Santa, del 1 al 15 de octubre, domingo noche, lunes noche y martes – **Comida** - sólo almuerzo salvo viernes y sábado - carta 22 a 32.
◆ De atractiva fachada neoclásica, posee cinco pequeñas salas de buen montaje, terraza interior y un amplio salón para banquetes. Carta clásica y carnes a la brasa.

Rincón del Faro, carret. de Barcelona 49 ☎ 96 142 01 20 – ≡. AE ① MC VISA. ⊁
cerrado septiembre, domingo y lunes noche – **Comida** carta 27 a 34.
◆ Restaurante de organización profesional con bar a la entrada para aperitivos, y salón al fondo decorado en estilo regional. Ofrece sabrosos platos de buen nivel.

Nuestras guías de hoteles, nuestras guías turísticas y nuestros mapas de carreteras son complementarios. Utilícelos conjuntamente.

Denos su opinión sobre los restaurantes recomendados, sus especialidades y los vinos de la región.

Si desea ampliar la información relativa a los precios indicados en esta guía, consulte las páginas explicativas.

PUEBLA DE ALFINDÉN *50171 Zaragoza* 574 *H 27 – 1 439 h alt. 197.*
Madrid 340 – Huesca 83 – Lleida/Lérida 139 – Zaragoza 17.

Galatea, Barrio Nuevo 6 (carret. N II) ☎ 976 10 79 99, *galate@.jet.es*, *Fax 976 10 79 99* – ≡. AE ① MC VISA. ⊁
cerrado 20 días en agosto y domingo – **Comida** carta 30 a 38.
◆ Casa acogedora con el comedor principal en el 1er piso, teniendo en la planta de acceso un discreto privado. Excelente mantenimiento y mimo en los detalles decorativos.

en la autopista A 2 *Noroeste : 1,5 km :*

Aragón sin rest y sin ☕, área de servicio Casablanca-Aragón (dirección Lleida), ✉ 50171, ☎ 976 10 73 47, *Fax 976 10 73 28* – ≡ TV ♿ P. AE ① MC VISA JCB. ⊁
40 hab 35,90/50,90.
◆ Hotel de carretera con un confort muy correcto dentro de su sencillez, apoyado por la cafetería del área de servicio. Sus habitaciones resultan algo funcionales.

LA PUEBLA DE CASTRO *22435 Huesca* 574 *F 30 – 331 h alt. 649.*
Madrid 461 – Huesca 74 – Lleida/Lérida 86.

al Este *: 7 km :*

Lago Barasona, carret. N 123a, ✉ 22435, ☎ 974 54 51 48, *info@lagobarasona.com*, *Fax 974 54 52 28*, 🏊, 🎾 – ≡ rest, TV P. ① MC VISA. ⊁
abril-septiembre – **Comida** *(cerrado miércoles)* 12 – ☕ 5 – **10 hab** 48/63.
◆ De discreta organización, destaca por su oferta complementaria de actividades deportivas y de ocio. Dependencias sobrias en decoración pero bien dispuestas.

PUEBLA DE DON FADRIQUE *18820 Granada* 578 S 22 – *2 419 h alt. 1 164.*

Madrid 388 – Almería 199 – Granada 163 – Lorca 99 – Úbeda 149.

al Noroeste : *12 km* :

Collados de La Sagra ⛰, carret. de La Sagra 1, ✉ 18820, ☎ 958 34 44 72, *callados@arrakis.es, Fax 958 34 44 71,* ≤, 🌳, 🏊 – ▤ rest, TV 🚗 P – 🎪 25/30. AE ◑ MC VISA JCB. ✂
Comida *(cerrado del 25 al 31 de julio y martes)* 20 – **20 hab** ☕ 38/70 – 4 apartamentos.
◆ Su ubicación al pie de la sierra de La Sagra es la mejor carta de presentación. Posee unas equipadas habitaciones, con toques rústicos y de cómoda actualidad. Restaurante en un edificio anexo, donde triunfan los platos de la comarca.

PUEBLA DE SANABRIA *49300 Zamora* 575 F 10 – *1 696 h alt. 898.*

Alred. : *Carretera a San Martín de Castañeda* ≤★ *Noreste : 20 km.*

Madrid 341 – León 126 – Ourense 158 – Valladolid 183 – Zamora 110.

Parador de Puebla de Sanabria ⛰, av. del Lago 18 ☎ 980 62 00 01, *puebla@parador.es, Fax 980 62 03 51,* ≤ – |‡| TV 🚗 P – 🎪 25/40. AE ◑ MC VISA JCB. ✂
Comida 25 – ☕ 10 – **44 hab** 80/100.
◆ Organización típica de parador, con buenas instalaciones que resultan sobrias y funcionales. Zonas nobles adecuadas y habitaciones con mobiliario castellano. Comedor de montaje clásico con elementos tradicionales.

Los Perales ⛰ sin rest, colonia Los Perales ☎ 980 62 00 25, *sanabriaperale@infonegocio.com, Fax 980 62 03 85,* 🏋 – TV P – 🎪 25/50. AE ◑ MC VISA JCB
☕ 4 – **24 hab** 60/70.
◆ En una casona que desde 1876 funcionó como posada. Su zona social cuenta con algunos objetos antiguos y las habitaciones, de estilo clásico, ofrecen un correcto confort.

Hospedería La Cartería, Rua 16 ☎ 980 62 03 12, *sanabria23@infonegocio.com, Fax 980 62 03 85,* 🏋 – TV. AE ◑ MC VISA JCB. ✂
Comida 15 – ☕ 3 – **8 hab** 85/95.
◆ Casa del s. XVIII en piedra que combina la rusticidad de sus paredes y techos con detalles de diseño moderno, logrando un entorno muy cálido y gratificante. El comedor resulta un poco reducido, aunque cuenta con una cuidada decoración.

La PUEBLA DE TRIVES *Ourense – ver Poboa de Trives.*

PUEBLA DEL CARAMIÑAL *A Coruña – ver Pobra do Caramiñal.*

PUEBLO NUEVO DE GUADIARO *Cádiz – ver Sotogrande.*

PUENTE DE SAN MIGUEL *39530 Cantabria* 572 B 17.

Madrid 376 – Burgos 141 – Santander 26 – Torrelavega 4.

XX **La Ermita 1883** con hab, pl. Javier Irastorza 89 ☎ 942 83 84 91, *Fax 942 82 02 58* – ▤ rest, TV. AE MC VISA. ✂
Comida carta 22 a 33 – ☕ 4,50 – **6 hab** 27,50/41,50.
◆ Atractivo comedor clásico en tonos ocres, con galería acristalada, donde ofrecen una carta mediana a precios módicos. Posee confortables habitaciones de aire rústico.

X **Hostería Calvo** con hab, carret. de Oviedo 182 ☎ 942 82 00 56, *Fax 942 82 00 42* – ▤ rest, TV. AE ◑ MC VISA. ✂
Comida *(cerrado domingo noche y lunes)* carta 22 a 30 – ☕ 3,60 – **8 hab** 30/51.
◆ Sencillo y pulcro restaurante ubicado en una antigua casa de estilo regional. Su interior es actual, adecuado a su categoría, y ofrece habitaciones como complemento.

en la carretera de Novales *Noroeste : 2,5 km* :

XX **La Casona del Valle** con hab, El Estanque, ✉ 39539 Villapresente, ☎ 942 83 83 52, *Fax 942 83 83 93,* 🌳 – TV P. AE MC VISA. ✂
Comida carta 29 a 35 – ☕ 5 – **6 hab** 60.
◆ El restaurante centra la actividad del negocio, aunque también dispone de cuidadas habitaciones de estilo rústico-actual. Comedor de corte clásico con buen servicio de mesa.

PUENTE DE SANABRIA *49350 Zamora* 575 F 10.

Alred. : *Norte : Carretera a San Martín de Castañeda* ≤★.

Madrid 347 – Benavente 90 – León 132 – Ourense 164 – Zamora 116.

PUENTE GENIL *14500 Córdoba* 578 T 15 – *28 139 h alt. 171.*

Madrid 457 – Sevilla 130 – Córdoba 69 – Málaga 101.

Casa Pedro, Poeta García Lorca 5 ☎ 957 60 42 76, *Fax 957 60 76 82* – ▤. AE ⓓ MC VISA. ✂
cerrado julio y lunes – **Comida** carta 17 a 21.
◆ Negocio familiar de línea actual. Posee una buena cafetería donde montan mesas para el menú y un comedor a la carta de correcto montaje, con las paredes en madera y piedra.

PUENTE LA REINA *31100 Navarra* 573 D 24 – *2 155 h alt. 346.*

Ver : *Iglesia del Crucifijo (Cristo★) – Iglesia Santiago (portada★).*

Alred. : *Iglesia de Eunate★★ Este : 5 km – Cirauqui★ (iglesia de San Román : portada★) Oeste : 6 km.*

Madrid 403 – Logroño 68 – Pamplona 24.

Jakue, carret. de Pamplona - Noreste : 1 km ☎ 948 34 10 17, *hotel@jakue.com, Fax 948 34 11 20* – |♦|, ▤ rest, TV P – 🏛 25/300. AE ⓓ MC VISA. ✂ rest
Comida 11,50 – ☕ 6 – **28 hab** 93/117.
◆ Un punto de encuentro en el Camino de Santiago. Establecimiento de correcta organización, dotado de unas cuidadas habitaciones con mobiliario funcional y baños actuales. Comedor de nivel superior al hotel con un esmerado servicio de mesa.

Mesón del Peregrino con hab, carret. de Pamplona - Noreste : 1 km ☎ 948 34 00 75, *elperegrino@terra.es, Fax 948 34 11 90*, ⛱, 🌳 – ▤ rest, TV P – 🏛 25/400. AE MC VISA. ✂ rest
cerrado 23 diciembre-10 enero – **Comida** *(cerrado domingo noche y lunes)* carta 40 a 66 – ☕ 15 – **13 hab** 150/190.
◆ Haga un alto en el camino, y dese un homenaje en este elegante restaurante de cálido ambiente rústico. Unas detallistas habitaciones complementan su atractiva oferta.

PUENTE LA REINA DE JACA *22753 Huesca* 574 E 27 – *303 h.*

Madrid 541 – Huesca 71 – Jaca 21 – Pamplona 92.

Anaya, carret. de Pamplona 12 ☎ 974 37 74 11, *Fax 974 37 73 97* – |♦|, ▤ rest, TV 🚗 P. MC VISA. ✂
cerrado del 20 al 30 de junio y del 1 al 20 de octubre – **Comida** *(cerrado miércoles noche en invierno)* 9 – ☕ 4,40 – **40 hab** 30,43/44,64.
◆ Amplia zona social en la planta baja, aunque resulta algo sobria en su decoración. Las habitaciones son luminosas, destacando las abuhardilladas del piso superior.

PUENTE ULLA *A Coruña – ver Ponte Ulla.*

PUENTE VIESGO *39670 Cantabria* 572 C 18 – *2 464 h alt. 71 – Balneario.*

Ver : *Cueva del castillo★.*

Madrid 364 – Bilbao 128 – Burgos 125 – Santander 26.

G.H. Puente Viesgo 🐚, Manuel Pérez Mazo ☎ 942 59 80 61, *puenteviesgo@grupor hin.com, Fax 942 59 82 61*, Servicios terapéuticos, 🏋, ⛱, 🌳, 🎾 – |♦|, ▤ rest, TV 🚗 P – 🏛 25/300. AE ⓓ MC VISA. ✂
El Jardín : **Comida** carta 26 a 45 – ☕ 9 – **142 hab** 125/155 – 3 suites.
◆ Dé un respiro a su salud en las cuidadas instalaciones de este hotel-balneario. Cuenta con una correcta zona noble, siendo sus habitaciones confortables y todas exteriores. Su restaurante El Jardín goza de una alegre decoración.

PUENTEAREAS *Pontevedra – ver Ponteareas.*

PUENTEDEUME *A Coruña – ver Pontedeume.*

PUERTO *– ver a continuación y el nombre propio del puerto.*

PUERTO BANÚS *Málaga* 578 W 15 124 E 7 – *27 820 h – Playa.*

Ver : *Puerto deportivo★★.*

Madrid 622 – Algeciras 69 – Málaga 68 – Marbella 8.

Cipriano, av. Playas del Duque - edificio Sevilla, ✉ 29660 Nueva Andalucía, ☎ 95 281 10 77, *rtecipriano@infonegocio.com, Fax 95 281 10 77*, 🌳 – ▤ P. AE ⓓ MC VISA. ✂
Comida carta 44 a 59.
◆ Magníficas instalaciones de estilo clásico, con maderas de calidad y detalles de gran elegancia. Buen bar-hall de espera, amplio comedor en dos niveles, y varios privados.

PUERTO DE ALCUDIA *Illes Balears – ver Balears (Mallorca) : Port d'Alcúdia.*

PUERTO DE ANDRATX *Illes Balears – ver Balears (Mallorca) : Port d'Andratx.*

PUERTO DE BEJAR *37720 Salamanca 575 K 12 – 478 h alt. 850.*

Madrid 227 – Valladolid 203 – Salamanca 83 – Cáceres 132 – Avila 115.

El Jardín del Conde, Finca Coto Nuestra Señora del Carmen - Suroeste : 1,5 km *923 41 42 73, reservas@eljardindelconde.com –* **Comida** *(cerrado lunes)* - sólo clientes - 12 – 5 – **6 hab** 46/75 – 1 suite.
◆ Destaca por su situación en un jardín romántico del s. XIX, con árboles y plantas de gran valor botánico. Cálida zona social con biblioteca y habitaciones de sencillo confort.

PUERTO DE LA CRUZ *Santa Cruz de Tenerife – ver Canarias (Tenerife).*

PUERTO DE LAS NIEVES *Las Palmas – ver Canarias (Gran Canaria) : Agaete.*

PUERTO DE MAZARRÓN *30860 Murcia 577 T 26 – Playa.*

plaza de Toneleros (pérgola) 968 59 44 26 mazarron.turismo@cerconet.com Fax 968 59 44 26.

Madrid 459 – Cartagena 33 – Lorca 55 – Murcia 69.

La Cumbre, urb. La Cumbre 968 59 48 61, *Fax 968 59 44 50,* – – 25/300.
Comida 15 – **119 hab** 58/85.
◆ Ubicado en una urbanización alejada del mar, pero con excelentes vistas. Hotel de línea clásico-actual, con buenas zonas comunes, y habitaciones de completo equipamiento.

Virgen del Mar, paseo Marítimo 2 968 59 50 57, – .
cerrado noviembre y domingo noche en invierno – **Comida** - pescados y mariscos - carta 26 a 30.
◆ Restaurante muy acreditado en la zona, ubicado frente al mar. Organización familiar, y una cuidada sala en montaje y equipamiento. Terraza exterior bien acondicionada.

en Playa Grande *Oeste : 3 km :*

Playa Grande, av. del Castellar 19, 30877 Puerto de Mazarrón, 968 15 57 15, *correo@hotel-playagrande.com, Fax 968 15 57 13,* – – 25/250.
cerrado 20 diciembre-enero – **Comida** 15 – **38 hab** 84/103.
◆ Situado en 1ª línea de playa. Hotel funcional y de aspecto moderno, dotado de unas completas instalaciones. Amplias terrazas y vistas al mar en todas las habitaciones. El restaurante se complementa con una espaciosa cafetería.

PUERTO DE POLLENSA *Illes Balears – ver Balears (Mallorca) : Port de Pollença.*

Las principales arterias comerciales aparecen señaladas en **rojo** *en la lista de calles que figura junto a los planos de las ciudades.*

Una reserva confirmada por escrito o por fax es una garantía de seguridad.

El PUERTO DE SANTA MARÍA *11500 Cádiz 578 W 11 – 69 663 h – Playa.*

Ver : *Localidad★ – Iglesia Mayor Prioral (portada del Sol★) BZ – Monasterio de Nuestra Señora de la Victoria (portada★) CY.*

Vistahermosa, Oeste : 1,5 km 956 54 19 68 Fax 956 87 56 04.

Luna 22 956 54 24 13 ptoturis@elpuertosm.es Fax 956 54 22 46.

Madrid 610 ① – Cádiz 22 ② – Jerez de la Frontera 12 ① – Sevilla 102 ①

Planos páginas siguientes

Duques de Medinaceli, pl. de los Jazmines 2 956 86 07 77, *dmedinaceli@jale.com, Fax 956 54 26 87,* – CY b
Reina Isabel : **Comida** carta 28 a 39 – 18 – **9 hab** 113/156 – 19 suites.
◆ Bonito palacete del s. XVIII con un espectacular jardín botánico y una pequeña capilla. Sus espaciosas dependencias están decoradas con sumo gusto en estilo isabelino. Elegante restaurante de excelente montaje complementado con una atractiva terraza.

Monasterio de San Miguel, Virgen de los Milagros 27 ✆ 956 54 04 40, *monasterio@jale.com, Fax 956 54 26 04,* – ⧉ ▤ TV ☏ ♿ 🚗 P – 🧑‍🏫 25/400. AE ⓓ MC VISA. ✂ CY a

Las Bóvedas : **Comida** carta 24 a 38 – ☕ 12 – **155 hab** 125/167 – 10 suites.

◆ Antiguo convento donde la sobria elegancia de su arquitectura se funde con la decoración. Las suites, de aire regio, y el magnífico claustro evocan el sosiego de antaño. Restaurante ubicado en el viejo lavadero, con los techos abovedados.

Santa María, av. de la Bajamar ✆ 956 87 32 11, *reservas@hotelsantamaria.es, Fax 956 87 36 52,* – ⧉ ▤ TV 🚗 – 🧑‍🏫 25/200. AE ⓓ MC VISA. ✂ BZ c

Comida 14,35 – ☕ 5,95 – **97 hab** 78,40/96,70 – 3 suites.

◆ Conserva la portada de la antigua casa-palacio sobre la que se construyó. El renovado interior invita al descanso y sus íntimas estancias le ofrecen un confort actualizado. Tras las recientes reformas han creado un pequeño comedor clásico de correcto montaje.

Los Cántaros sin rest con cafetería, Curva 6 ✆ 956 54 02 40, *reservas@hotelloscantaros.com, Fax 956 54 11 21* – ⧉ ▤ TV ☏. AE ⓓ MC VISA. ✂ BZ e

39 hab ☕ 92,40/113,80.

◆ Toma el nombre de los cántaros del s. XVII encontrados en el subsuelo del solar. La decoración sin estridencias y las líneas depuradas crean un ambiente sosegado.

Del Mar sin rest, av. Marina de Guerra ✆ 956 87 59 11, *delmarhotel@terra.es, Fax 956 85 87 16* – ▤ TV ♿ 🚗. AE ⓓ MC VISA. ✂ AZ b

☕ 5 – **41 hab** 70/98.

◆ Las acogedoras instalaciones y el impecable mantenimiento realzan su nivel. Las habitaciones, de corte moderno con mobiliario funcional, poseen el suelo en mármol.

Dunas Puerto, Camino de los Enamorados ✆ 956 85 03 11, *dunas@jale.com, Fax 956 85 02 50,* – ▤ TV P. AE ⓓ MC VISA. ✂ rest AZ s

Comida 14 – ☕ 7 – **62 hab** 115/144 – PA 31.

◆ Conjunto de bungalows situados en un pinar a las afueras de la ciudad. Posee adecuadas zonas comunes y habitaciones, sencillas pero bien equipadas, que se abren al jardín. Espacioso restaurante con un amplio salón para banquetes.

Casa del Regidor sin rest, Ribera del Rio 30 ✆ 956 87 73 33, *hotelcasadelregidor@telefonica.net, Fax 956 87 28 13* – ⧉ ▤ TV ☏ ♿. AE MC VISA CZ z

☕ 3,60 – **15 hab** 60/80.

◆ Ocupa una antigua casa del s. XVII, con un bonito patio andaluz a la entrada y un pequeño salón social con biblioteca. Ofrece cómodas habitaciones de línea actual.

El Faro del Puerto, av. de Fuentebravía ✆ 956 87 09 52, *informacion@elfarodelpuerto.com, Fax 956 54 04 66,* – ▤ P. AE ⓓ MC VISA. ✂ AZ f

cerrado domingo noche salvo agosto – **Comida** carta 32 a 41.

◆ Lo avala su organización profesional, bien conocida en toda la provincia. Posee varios comedores de corte clásico, tres privados y una bodega acristalada como zona de espera.

Los Portales, Ribera del Río 13 ✆ 956 54 18 12, *bodegacortijo@losportales.com, Fax 956 54 13 40* – ▤ 🚗. AE ⓓ MC VISA. ✂ CZ s

Comida carta 23 a 34.

◆ Su carta es una buena muestra de los productos que proporciona la bahía de Cádiz. Disfrútela en sus comedores de estilo clásico-regional, con detalles en madera y azulejos.

Casa Paco Ceballos, Ribera del Marisco ✆ 956 54 29 08, – ▤. AE ⓓ MC VISA. ✂ CZ s

cerrado del 7 al 27 de enero, 13 octubre-1 noviembre y miércoles salvo verano – **Tapa** 2,20 **Ración** - pescados y mariscos - aprox. 7,50.

◆ Bar de adecuado montaje, muy afamado en la ciudad. Dispone de una amplia terraza, de mucha aceptación, para saborear con calma sus múltiples tapas de sabor marinero.

en la carretera de Cádiz *por ② : 2,5 km :*

Tryp El Caballo Blanco, av. de Madrid 1, ✉ 11500, ✆ 956 56 25 41, *tryp.el.caballo.blanco@solmelia.com, Fax 956 56 27 12,* , , – hab, ▤ TV ♿ P – 🧑‍🏫 25/150. AE ⓓ MC VISA. ✂ rest

Comida 18 – ☕ 11 – **94 hab** 119,50/145.

◆ Una magnífica zona ajardinada rodea la construcción, típicamente andaluza. Posee confortables habitaciones en el edificio principal y alrededor de la piscina. En el comedor se ofrecen platos de tendencia tradicional y un surtido buffet de desayuno.

en Valdelagrana *por ② : 2,5 km :*

Puertobahía, av. la Paz 38, ✉ 11500 El Puerto de Santa María, ✆ 956 56 27 21, *reservas@hotelpuertobahia.com, Fax 956 56 12 21,* ≤, , , – ⧉ ▤ TV ☏ ♿ P – 🧑‍🏫 25/200. AE MC VISA. ✂

Comida carta aprox. 26 – ☕ 7,50 – **330 hab** 87/124.

◆ Su aspecto exterior no refleja las atractivas instalaciones de línea moderna que posee. Los amplios salones lo confirman como un buen recurso para reuniones de trabajo. El luminoso comedor acristalado le permitirá contemplar el mar.

EL PUERTO DE SANTA MARIA

Alfonso X El Sabio (Pl.) . . **BZ** 3
Antonio Fernández Sevilla. . . . . **AZ**
Arzobispo Bizarrón. . . . **ABY** 4
Aurora . . . . **BZ** 6
Caldevilla . . . . **CY** 7
Carmen Pérez Pascual . . **BY** 9
Catavino. . . . . **BZ** 10
Curva . . . . **BZ** 12
Dr Múñoz Seca . . . . **BY** 13
Ejército (Av. del) . . . . **AZ**
Elias Ahuja (Pl. de) . . . . . **AZ** 15
Enrique Bartolomé (Pl. de) . . . . **AZ** 16
Fernán Caballero . . . . **BZ** 18
Fray Bernal Boyl (Av.) . . . **CY** 19
Galeras Reales (Pl. de las) . . . . **BZ** 21
Ganado . . . . **BY**
Herrería (Pl. de la) . . . . . . **BZ** 22
Isaac Peral (Pl. de) . . . . . . **BZ** 24
Javier de Burgos . . . . **CZ** 25
Libertad (Av. de la) . . . . . **AZ** 27
Luis Mazzantini . . . . **AZ** 28
Luna . . . . **BZ**
Magisterio (Rotonda) . . . **AZ** 30
Menesteo . . . . **BZ** 31
Micalea Aramburu de Mora . . . . **BZ** 33
Miguel del Pino (Pl.) . . . . **AZ** 34
Misericordia . . . . **BZ** 36
Pedro Múñoz Seca . . . . . **BZ** 37
Polvorista (Pl. del) . . . . . . **BZ** 39
Pozos Dulces . . . . **CY** 40
Ribera del Marisco . . . . . **CZ** 41
Ribera del Río . . . . **CYZ** 42
Ricardo Alcón . . . . **BZ** 43
San Juan (Pl.) . . . . **AY** 48
San Juan . . . . **BY** 46
San Sebastian . . . . . . **ABYZ** 49
Santa M. de la Cabeza . . **AY** 51
Santísima Trinidad. . . . . . **CY** 52
Santo Domingo . . . . **BZ** 54
Varilargueros . . . . **AZ** 55
Virgen de los Milagros **BCYZ**

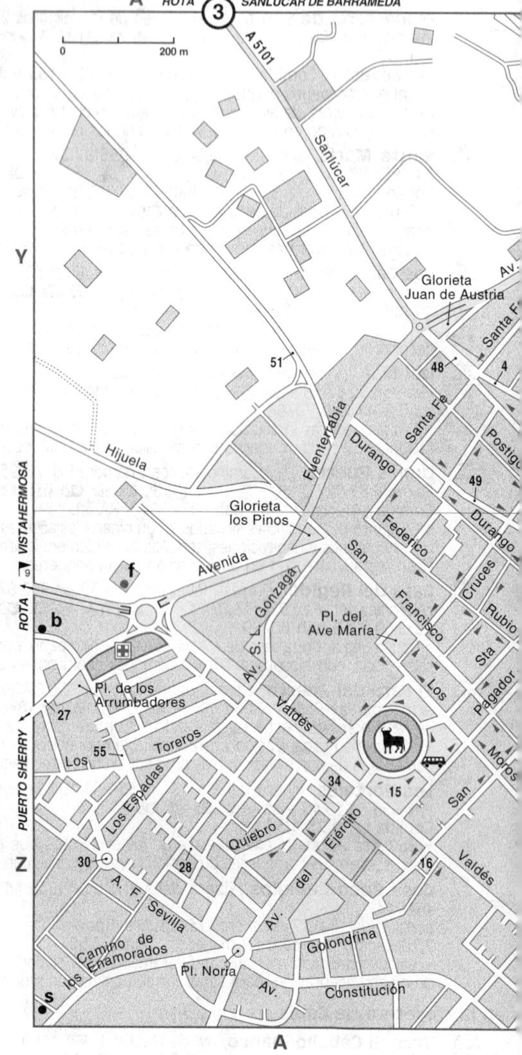

en la carretera de Rota CA 603 AZ : *Oeste : 1,5 km :*

Los Jándalos, Amparo Osborne - Vistahermosa, ✉ 11500, ☎ 956 87 34 11, *reservas@jandalos.com, Fax 956 87 20 12*, – 25/75.

Comida 18 – 9 – **18 hab** 200/230 – 45 apartamentos.

◆ Conjunto dotado con habitaciones de gran confort, dúplex en edificios independientes y correctos apartamentos, todo en torno a un espléndido jardín con profusión de plantas. El restaurante ofrece un buen servicio de mesa y dispone de una agradable terraza.

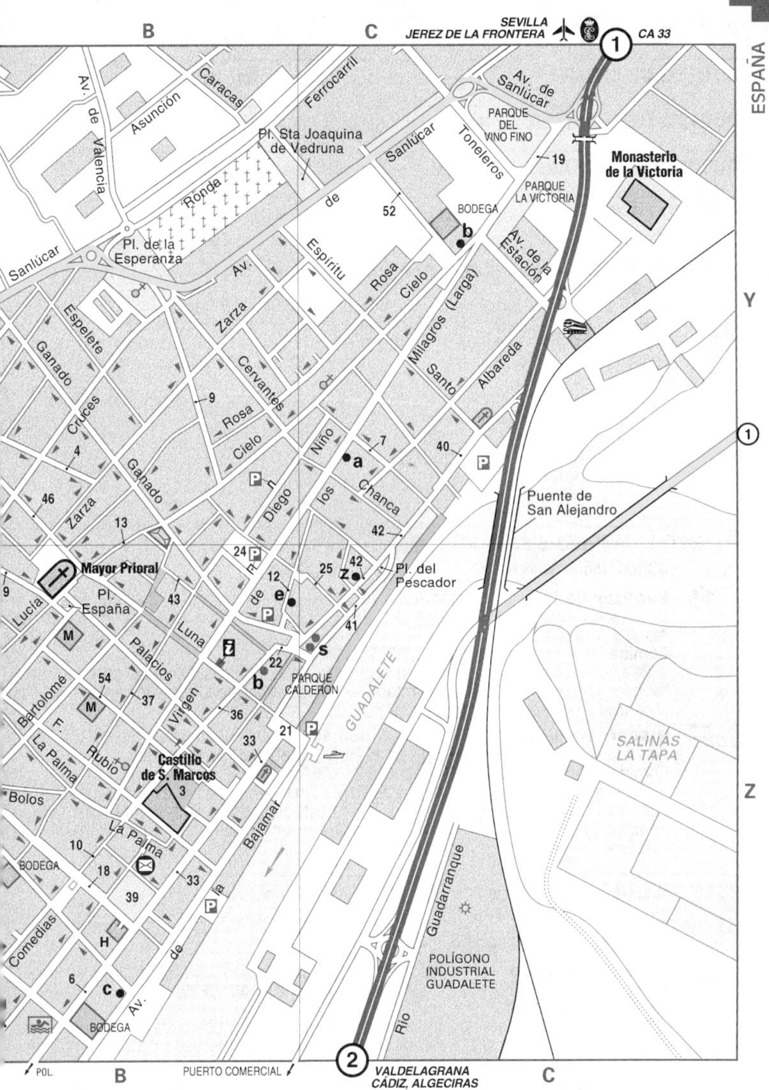

Escríbanos...
Sus elogios y sus críticas serán estudiados con toda atención. Nuestros inspectores volverán a ver los hoteles y restaurantes que Ud. nos indique. Con su colaboración,esta guía será siempre mas exacta y mas completa.
Gracias anticipadas !

PUERTO DE SANTIAGO *Santa Cruz de Tenerife – ver Canarias (Tenerife).*

PUERTO DE SÓLLER *Illes Balears – ver Balears (Mallorca) : Port de Sóller.*

PUERTO DEL CARMEN *Las Palmas – ver Canarias (Lanzarote).*

PUERTO DEL ROSARIO *Las Palmas – ver Canarias (Fuerteventura).*

PUERTO LÁPICE *13650 Ciudad Real* 576 O 19 – *1 000 h alt. 676.*

Madrid 135 – Alcázar de San Juan 25 – Ciudad Real 62 – Toledo 85 – Valdepeñas 65.

El Puerto, av. de Juan Carlos I-59 ☎ 926 58 30 50, *Fax 926 58 30 52* – ▤ TV P – 🏔 25. AE MC VISA. ⛌ rest
cerrado del 13 al 27 de enero – **Comida** 9,50 – ☕ 4 – **29 hab** 32/45.
• Hotel familiar situado a la entrada del pueblo. Correcto hall-recepción, un agradable salón social con chimenea y habitaciones sobrias vestidas con mobiliario rústico. Restaurante formado por tres salas panelables, donde ofrecen cocina regional a buen precio.

Denos su opinión sobre los restaurantes recomendados, sus especialidades y los vinos de la región.

PUERTO LUMBRERAS *30890 Murcia* 577 T 24 – *9 824 h alt. 333.*

Madrid 466 – Almería 141 – Granada 203 – Murcia 80.

Parador de Puerto Lumbreras, av. de Juan Carlos I-77 ☎ 968 40 20 25, *pto.lumbreras@parador.es, Fax 968 40 28 36,* ⛱, 🌳 – |‡| ▤ TV ♿ 🚗 P – 🏔 25/60. AE ⓓ MC VISA JCB. ⛌
Comida 24 – ☕ 10 – **60 hab** 68/85.
• Relajante recurso de carretera en una salida de la localidad. Recréese en sus luminosas habitaciones, y disfrute del encantador entorno ajardinado. El comedor, en una rotonda acristalada, goza de una singular belleza.

Riscal, av. de Juan Carlos I-5 ☎ 968 40 20 50, *recepcion@hotelriscal.com, Fax 968 40 06 71,* ⛱ – |‡| ▤ TV ♿ P – 🏔 25/800. MC VISA. ⛌ rest
Comida 11,83 – ☕ 5,22 – **48 hab** 47,92/62,67.
• Ha sido modernizado en distintas fases, manteniendo su aire clásico. Cuenta con unas habitaciones funcionales y baños actualizados recientemente. Clientela de negocios. El restaurante se complementa con una gran sala de banquetes y una cafetería.

PUERTOLLANO *13500 Ciudad Real* 576 P 17 – *49 459 h alt. 708.*

Excurs. : *Castillo Convento de Calatrava la Nueva★ Este : 35 km.*

Madrid 235 – Ciudad Real 38.

Tryp Puertollano sin rest, Lope de Vega 3 ☎ 926 41 07 68, *puertollano@trypnet.com, Fax 926 41 05 45* – |‡| ▤ TV 🚗 – 🏔 25/200. AE ⓓ MC VISA. ⛌
☕ 7 – **39 hab** 65/80.
• Hotel de línea actual con instalaciones funcionales y completamente equipadas, entre las que destaca el hall-recepción. Habitaciones de adecuado confort y mantenimiento.

El Comendador, Encina 16 ☎ 926 42 91 27, *jangelsm@hotmail.com* – ▤. AE ⓓ MC VISA. ⛌
cerrado 2ª quincena de julio y lunes salvo festivos o vísperas – **Comida** carta 21 a 35.
• Buen local para degustar la gastronomía regional, en un entorno de aire rústico dominado por los tonos terrosos de sus paredes. Cocina a la vista con expositor de productos.

en la carretera de Ciudad Real *Noreste : 2 km :*

Verona, ✉ 13500, ☎ 926 42 54 79, *Fax 926 42 54 79* – |‡| ▤ TV 📞 P – 🏔 25/600. MC VISA. ⛌
Comida 9 – ☕ 3 – **30 hab** 46,40/58 – PA 17,85.
• Ubicado a la entrada de la población. La pulcritud en el mantenimiento le otorga nivel a sus habitaciones funcionales, de sencillo equipamiento y baños correctos. Restaurante muy dedicado a los banquetes.

PUIG *46540 València 577 N 29 – 6 430 h alt. 50.*

Madrid 367 – Castelló de la Plana/Castellón de la Plana 57 – València 18.

Ronda II, Julio Ribelles 15 ☎ 96 147 12 28, *Fax 96 147 12 28* – |‡| ▤ TV – 🏛 25/225. AE ⓞ ⓜ VISA. ✂
Comida - en el Hotel ***Ronda I*** – **59 hab** ☕ 40/60.
◆ Hotel de correctas instalaciones con pequeño hall-recepción, cafetería a un lado y salas de conferencias al fondo. Las habitaciones destacan por su completo equipamiento.

Ronda I, Julio Ribelles 9 ☎ 96 147 12 79, *Fax 96 147 12 79* – |‡| ▤ TV 🚗. AE ⓞ ⓜ VISA. ✂
Comida 9 – **45 hab** ☕ 29,50/45.
◆ Del mismo propietario que el hotel Ronda II, se mantiene en su línea, aunque con dependencias algo más sencillas y una correcta cafetería como única zona social.

Casbah sin rest con cafetería, Julio Ribelles 13 ☎ 96 147 31 52, *info@hotelcasbah.com, Fax 96 147 32 42* – |‡| ▤ TV 🚗 – 🏛 25. AE ⓞ ⓜ VISA. ✂
☕ 4 – **58 hab** 36/52.
◆ Funcional y de atenta organización familiar, con habitaciones de suficiente confort gracias a su adecuado equipamiento, aunque los baños resultan algo reducidos.

Pensión Ronda, Julio Ribelles 5 ☎ 96 147 12 79, *Fax 96 147 12 79* – |‡| TV. AE ⓞ ⓜ VISA. ✂
Comida - en el Hotel ***Ronda I*** – **19 hab** ☕ 17/30.
◆ Complementa a los hoteles Ronda, siendo el más elemental de los tres. Está dotado con todo lo indispensable para proporcionar una agradable estancia a sus clientes.

PUIG-REIG *08692 Barcelona 574 G 35 – 4 676 h alt. 455.*

Madrid 605 – Andorra la Vella 101 – Barcelona 86 – Girona/Gerona 129 – Lleida/Lérida 146.

El Celler de Ca la Quica, Major 48 ☎ 93 838 02 20 – ⓜ VISA. ✂
cerrado 20 días en junio, lunes y martes – **Comida** - sólo almuerzo salvo viernes y sábado - carta 28 a 39.
◆ Acogedor restaurante en una casa del s. XIX. En sus comedores, con paredes en piedra y techos abovedados, podrá degustar sabrosos guisos y carnes. Interesante bodega.

PUIGCERDÀ *17520 Girona 574 E 35 – 6 414 h alt. 1 152.*

Ver : Campanario★.

Cerdanya, Suroeste : 1 km ☎ 972 14 14 08 Fax 972 88 13 38.

Querol 1 ☎ 972 88 05 42 info@puigcerda.com Fax 972 14 15 22.

Madrid 653 – Barcelona 169 – Girona/Gerona 152 – Lleida/Lérida 184.

Avet Blau H. sin rest, pl. de Santa Maria 14 ☎ 972 88 25 52, *Fax 972 88 12 12* – TV. ⓜ VISA
6 hab ☕ 95.
◆ Hotel de organización familiar y línea clásica, situado en el centro de la localidad, que dispone de unas habitaciones espaciosas y bien equipadas, con baños actuales.

Tèrminus, pl. Estació 2 ☎ 972 88 02 12, *reservas@hotelterminus.net, Fax 972 88 00 02* – |‡| TV – 🏛 30. ⓜ VISA. ✂
cerrado del 15 al 31 de octubre – **Comida** 10,85 – **24 hab** ☕ 35/62.
◆ Ubicado junto a la estación de tren. Establecimiento llevado en familia, que posee unas habitaciones funcionales y de correcto confort, con baños completos. Sencillo restaurante de aire rústico, emplazado en la 1ª planta del edificio.

Del Lago sin rest, av. Dr. Piguillem 7 ☎ 972 88 10 00, *hlago@minorisa.es, Fax 972 14 15 11*, – TV P. AE ⓜ VISA. ✂
☕ 6 – **13 hab** 70/85.
◆ Hotel de cuidados exteriores, situado junto al lago de la localidad, cuyas dependencias de adecuado mantenimiento recrean un cálido ambiente. Amplio jardín.

Puigcerdà, av. Catalunya 42 ☎ 972 88 21 81, *hotelpuigcerda@esmorer.com, Fax 972 88 22 90* – |‡|, ▤ rest, TV. ⓜ VISA. ✂ rest
Comida - sólo clientes - 13 – **39 hab** ☕ 62,61/100,75.
◆ Establecimiento de línea clásica a la entrada de la ciudad. Las habitaciones resultan algo funcionales, gozando de suficiente confort y con unos baños completos.

La Tieta, dels Ferrers 20 ☎ 972 88 01 56, *Fax 972 88 01 56* – ⓜ VISA
cerrado 12 junio-12 julio, lunes, martes y miércoles salvo festivos y verano – **Comida** carta 32 a 40.
◆ Negocio de seria organización, dotado de dos salas bien dispuestas en estilo rústico y con las paredes en piedra vista. Correcta oferta culinaria.

XX **Josepmariamassó,** d'Espanya 9 ✆ 972 88 43 08, *massocuiner@sut.es*
cerrado 15 dias en mayo-junio, 15 dias en noviembre, lunes y martes salvo agosto – **Comida** carta 36 a 43.
◆ Llevado por un joven chef con inquietudes. Ofrece dos ambientes, diferenciando entre el comedor principal de línea moderna y una sala en el sótano con las paredes en piedra.

en la carretera de Barcelona *Sureste : 1 km :*

Puigcerdà Park H., ✉ 17520, ✆ 972 88 07 50, *Fax 972 88 07 54*, ←, 🏊, 🌳, 🎾 – 🛗, ▤ rest, TV P. AE MC VISA. ⚔ rest
cerrado 10 noviembre-20 diciembre – **Comida** 24 – **54 hab** ☕ 75/90.
◆ Instalado en un edificio de inspiración montañesa, dispone de unas habitaciones actualizadas en baños y complementos, con mobiliario algo anticuado. Cuidados exteriores. Sencillo pero espacioso comedor en dos niveles.

en la carretera de Llívia *Noreste : 1 km :*

Del Prado, carret. de Llívia, ✉ 17520, ✆ 972 88 04 00, *hprado@teleline.es, Fax 972 14 11 58*, 🏊 climatizada, 🌳, 🎾 – 🛗, ▤ rest, TV ♿ 🚗 P. AE ① MC VISA. ⚔ rest
Comida *(cerrado del 15 al 30 noviembre)* 25 – **54 hab** ☕ 60,30/98,60.
◆ De seria organización familiar, pone a su disposición unas dependencias confortables, de línea clásica y con un completo equipamiento. Exteriores ajardinados.

Ver también : **Bolvir de Cerdanya** *Suroeste : 6 km.*

PUIGDÀLBER *08797 Barcelona* 574 *H 35 – 350 h alt. 239.*
Madrid 563 – Barcelona 54 – Tarragona 59 – Lleida/Lérida 123.

XX **Can Ferran,** pl. Sant Andreu 6 ✆ 93 898 84 09, *Fax 93 898 84 09* – ▤. AE ① MC VISA JCB. ⚔
cerrado del 17 enero-2 febrero, 15 al 31 de agosto y martes – **Comida** carta 28 a 36.
◆ Ocupa una antigua casa señorial con cuatro acogedoras salitas a la carta, una de ellas decorada con una prensa de vino. Salón para banquetes independiente y zona ajardinada.

PUIGPUNYENT *Illes Balears – ver Balears (Mallorca).*

*En esta guía, el mismo símbolo en **rojo** o en **negro**, la misma palabra en letra fina o en **negrita**, no significan lo mismo. Lea atentamente la introducción.*

Es PUJOLS *Illes Balears – ver Balears (Formentera).*

PUNTA UMBRÍA *21100 Huelva* 578 *U 9 – 9897 h – Playa.*
ℹ *av. de Huelva 1 ✆ 959 49 51 60 turismo@ayto-puntaumbria.es Fax 959 49 5166.*
Madrid 648 – Huelva 21.

Ayamontino, av. de Andalucía 35 ✆ 959 31 14 50, *hotelayamontino@hotmail.com, Fax 959 31 03 16* – 🛗 ▤ TV 🚗 P. AE ① MC VISA. ⚔
Comida carta aprox. 31 – ☕ 4,20 – **45 hab** 46,20/72,50.
◆ Su larga trayectoria avala el buen hacer de este hotel, situado en pleno centro de la localidad. Hall-recepción de aspecto actual y habitaciones de correcto equipamiento. El comedor se complementa con un bar-terraza que sólo funciona en temporada.

en la carretera de El Portil-Huelva *Noroeste : 7,5 km :*

XX **El Paraíso,** ✉ 21100, ✆ 959 31 27 56, *mensajes@restauranteelparaiso.com, Fax 959 31 27 56* – ▤ P. AE ① MC VISA. ⚔
Comida - pescados y mariscos - carta 30 a 49.
◆ Restaurante lleno a diario. Su completa carta, elaborada con productos de calidad, avala el gran prestigio del que goza en toda la provincia. Clientela de negocios.

QUART DE POBLET *46930 València* 577 *N 28 – 27404 h.*
Madrid 343 – València 9.

X **Casa Gijón,** Joanot Martorell 16 ✆ 96 154 50 11, *gijonrestaurantes@cesser.com, Fax 96 154 10 65* – ▤. AE ① MC VISA. ⚔
Comida carta aprox. 27.
◆ Negocio con decoración típica que posee un bar de tapas y varias salas, destacando el comedor-bodega abovedado de estilo rústico. Interesante carta con cuatro menús.

QUATRETONDETA *03811 Alacant* 577 P 29 123 G 2 – *alt. 520.*

Madrid 430 – Alcoi 23 – Alacant/Alicante 80 – Benidorm 55 – València 116.

Els Frares, av. País Valencià 20 ☎ 96 551 12 34, *elsfrares@terra.es, Fax 96 551 12 00,* – AE ⓓ ⓜ VISA. rest
Comida - sólo clientes - 18 – ☕ 5 – **9 hab** 55/75.
• Casa antigua de ambiente acogedor ubicada en el centro de la localidad. Habitaciones correctas en su categoría y comedor privado decorado con aperos de labranza.

QUEJANA *Araba – ver Kexaa.*

QUEJO (Playa de) *Cantabria – ver Isla.*

QUIJAS *39590 Cantabria* 572 B 17.

Madrid 386 – Burgos 147 – Oviedo 172 – Santander 30.

La Torre de Quijas sin rest, barrio Vinueva 76 - carret. N 634 ☎ 942 82 06 45, *inforuracion@casonatorredequijas.com, Fax 942 83 82 55* – TV P. AE ⓜ VISA.
cerrado 15 diciembre-15 enero – ☕ 6 – **20 hab** 67/90.
• Las habitaciones de aire rústico han mejorado sustancialmente su confort, con el solado en madera y la profusión de motivos decorativos. Cálida organización familiar.

Posada La Venta de Quijas sin rest, carret. N 634 - barrio La Venta 69 ☎ 942 82 19 98, *posada@laventadequijas.com, Fax 942 82 18 37* – TV ♿ P. ⓜ VISA.
☕ 5 – **22 hab** 62,50/85.
• Atractiva casona señorial del s. XIX que pone a su disposición suficientes zonas comunes y unas confortables habitaciones de entrañable rusticidad, algunas abuhardilladas.

Hostería de Quijas con hab, barrio Vinueva - carret. N 634 ☎ 942 82 08 33, *info@hosteriadequijas.com, Fax 942 83 80 50,* – TV P. AE ⓓ ⓜ VISA.
cerrado 20 diciembre-10 enero – **Comida** *(cerrado domingo noche y lunes)* carta aprox. 50 – ☕ 6 – **14 hab** 56/78 – 5 suites.
• Casa señorial del s. XVIII rodeada de un amplio jardín. Su elegante comedor conserva el sereno sabor de otros tiempos, con paredes en piedra y recia viguería de madera.

QUINTANADUEÑAS *09197 Burgos* 575 E 18 – *alt. 850.*

Madrid 241 – Burgos 6 – Palencia 90 – Valladolid 125.

La Galería, carret. de Burgos-Sureste : 1,3 km ☎ 947 29 26 06, *hotel@hglagaleria.com, Fax 947 29 26 05* – TV ♿ P – 25/700. AE ⓓ ⓜ VISA.
Comida carta 19 a 30 – ☕ 7 – **60 hab** 77/98.
• Hotel de línea actual ubicado a las afueras de la localidad, con espaciosa cafetería y una moderna zona social. Sus habitaciones disfrutan de un completo equipamiento. Buen restaurante a la carta dotado de entrada independiente.

QUINTANALUENGOS *34839 Palencia* 575 D 16 – *alt. 960.*

Madrid 338 – Burgos 99 – Palencia 115 – Santander 117.

La Aceña, del Puente ☎ 979 87 02 64, *laaceña@hotmail.com,* – P. VISA.
Comida - sólo cena, sólo clientes - 10 – ☕ 3 – **6 hab** 30/40.
• Antigua casa de labranza a cargo de un joven matrimonio. Acogedor salón-comedor con chimenea, donde ofrecen la cena a sus clientes, y habitaciones de suficiente confort.

QUINTANAR DE LA SIERRA *09670 Burgos* 575 G 20 – *2 093 h alt. 1 200.*

Alred. : *Laguna Negra de Neila★★ (carretera★★) Noroeste : 15 km.*

Madrid 253 – Burgos 76 – Soria 70.

QUINTANAS DE GORMAZ *42313 Soria* 575 H 21 – *200 h alt. 778.*

Madrid 222 – Almazán 43 – Aranda de Duero 69 – Soria 71.

La Casa Grande de Gormaz, camino de Las Fuentes - Sur : 1 km ☎ 975 34 09 82, *reservas@casagrandegormaz.com,* – ⓜ VISA.
cerrado 24 diciembre-2 enero – **Comida** - sólo clientes - 14 – ☕ 5 – **11 hab** 45/61.
• Turismo rural en una villa de tipo colonial. Cuenta con unas habitaciones que, como su zona social, resultan amplias y agradables. Ofrece comidas a los clientes alojados.

QUINTANILLA DE ONÉSIMO *47350 Valladolid* 575 H 16 – *1 159 h alt. 745.*
Madrid 215 – Aranda de Duero 63 – Valladolid 38.

Posada Fuente de la Aceña, Camino del Molino 983 68 09 10, *posada@fuenteacena.com, Fax 983 68 09 20* – 25.
Comida *(cerrado domingo noche)* carta 26 a 38 – 7 – **22 hab** 80/104.
• Instalado parcialmente en un antiguo molino al borde del río Duero. Sus luminosas habitaciones, en un edificio anexo, ofrecen una moderna sobriedad y baños de diseño. Cálido comedor con las paredes en piedra y el suelo en madera.

en la carretera N 122 *Este : 3 km :*

Arzuaga, km 325 983 68 70 04, *hotel@arzuaganavarro.com, Fax 983 68 70 99,* – 25/300.
Comida 30 – **39 hab** 130 – 4 suites.
• Su impresionante fachada en piedra da cobijo tanto al hotel como a la conocida bodega de la que toma el nombre. Posee habitaciones de gran nivel, todas con excelentes baños. Espaciosa cafetería y restaurante de sencillo montaje bajo un porche acristalado.

QUINTANILLA DEL AGUA *09347 Burgos* 575 F 19.
Madrid 213 – Burgos 45 – Palencia 88 – Soria 131.

El Batán del Molino, El Molino - Sur : 1 km 947 17 47 15, *batanmolino@wanadoo.es, Fax 947 17 47 49,* –
cerrado enero – **Comida** - sólo clientes, sólo cena - 10 – 4 – **9 hab** 35/42.
• Molino del s. XI emplazado en un tranquilo paraje. Su arquitectura tradicional combina el ladrillo y la piedra con las vigas en madera vista. Posee habitaciones con encanto.

RÁBADE *27370 Lugo* 571 C 7 – *1 692 h.*
Madrid 530 – A Coruña 79 – Lugo 15 – Ponferrada 133 – Santiago de Compostela 100.

Manuel Francisco, antigua carret. N VI 982 39 00 12, *mflugo@cotoreal.net, Fax 982 39 00 12* – rest, – 25/200.
***Asador Coto Real :* Comida** carta 26 a 35 – 8 – **40 hab** 60/75.
• Hotel de línea moderna situado en el centro de la localidad. Posee una correcta zona noble y habitaciones espaciosas dotadas de un buen confort, con baños en mármol. Restaurante especializado en asados en horno de leña al estilo castellano.

RABANAL DEL CAMINO *24722 León* 575 E 11 – *alt. 1 150.*
Madrid 353 – León 67 – Ponferrada 34 – Zamora 86.

La Posada de Gaspar, Real 27 987 69 10 79, *Fax 987 69 19 96,* –
marzo-10 diciembre – **Comida** 12 – 4,50 – **11 hab** 35/55.
• Atractiva casa que conserva los principios de la arquitectura regional. La decoración de aire rústico confiere a sus bien equipadas dependencias un ambiente acogedor. Espacioso restaurante donde podrá degustar una selección gastronómica de tendencia clásica.

La RÁBITA *18760 Granada* 578 V 20 124 O 5 – *Playa.*
Madrid 549 – Almería 69 – Granada 120 – Málaga 152.

Las Conchas, paseo Marítimo 55 958 83 74 05, *Fax 958 82 90 17,* – hab,
abril-septiembre – **Comida** 11,60 – 4,40 – **24 hab** 54/85 – 1 suite.
• Dirigido con profesionalidad por el matrimonio propietario. Posee habitaciones de diferente confort, la mayoría renovadas, con mobiliario funcional y baños completos.

RACÓ DE SANTA LLÚCIA *Barcelona – ver Vilanova i la Geltrú.*

RAICES *15895 A Coruña* 571 D 4.
Madrid 604 – Santiago de Compostela 9 – A Coruña 81 – Pontevedra 60 – Monção 115.

Casa do Cruceiro sin rest, 981 54 85 96, *casadocruceiro@terra.es, Fax 981 54 85 96,* –
4,81 – **6 hab** 42/55.
• Cuidada casa de piedra con un pequeño jardín y piscina. Acogedora zona social y confortables habitaciones dotadas de mobiliario antiguo e hidromasaje en todos los baños.

RAMALES DE LA VICTORIA *39800 Cantabria 572 C 19 – 2 481 h alt. 84.*

Madrid 368 – Bilbao 64 – Burgos 125 – Santander 51.

Río Asón con hab, Barón de Adzaneta 17 ☎ 942 64 61 57, *rioason@terra.es, Fax 942 67 83 60* – rest,. AE MC VISA.
cerrado 23 diciembre-enero – **Comida** *(cerrado lunes noche en verano, martes noche (octubre-Semana Santa), domingo noche y lunes resto del año)* 70 y carta 39 a 54 – 5 – **9 hab** 40/52.
Espec. Huevo Imanol sobre salmón ahumado y salsa de Oporto caramelizada. Filetes de salmonetes de roca con tomate confitado y vinagreta de oliva negra. Pichón de Bresse asado en costra de sal.
◆ Profesionalidad avalada por su buen hacer en la cocina. Bar a la entrada y comedor de línea clásico-actual con un esmerado servicio de mesa. También ofrece habitaciones.

RANDA *Illes Balears – ver Balears (Mallorca).*

RASCAFRÍA *28740 Madrid 576 J 18 575 J 18 121 G 4 – 1 637 h alt. 1 163.*

Ver : *Cartuja de El Paular★ (iglesia : retablo★★).*

Madrid 78 – Segovia 51.

Santa María de El Paular , carret. M 604 - Sur : 1,5 km, ✉ 28741 El Paular, ☎ 91 869 10 11, *reservas@paular.com, Fax 91 869 10 06*, climatizada, , – TV P – 25/100. AE MC VISA JCB. rest
cerrado enero – **Comida** carta 35 a 45 – **49 hab** 124/151 – 5 suites.
◆ Ubicado en un monasterio cartujo del s. XV cuya decoración conserva el encanto de antaño. Sus dependencias están siendo renovadas para mejorar el nivel de confort.

Rosaly sin rest, av. del Valle 39 ☎ 91 869 12 13, *Fax 91 869 12 55*, – TV P. VISA.
2,50 – **32 hab** 40.
◆ Modesto alojamiento de organización familiar situado a la entrada de la localidad. Pequeña recepción, y habitaciones de suficiente equipamiento con baños completos.

Barondillo, Cuesta del Chorro 4 ☎ 91 869 18 19, *Fax 91 869 14 46* – AE MC VISA.
cerrado 20 mayo-15 junio y martes – **Comida** carta 35 a 42.
◆ Bonita casa en piedra con bar de apoyo en la planta baja, y un reducido comedor de estilo rústico en el primer piso. Escogida carta de vinos.

Los Calizos con hab, carret. de Miraflores - Este : 1 km ☎ 91 869 11 12, *Fax 91 869 11 12*, , – P. AE MC VISA JCB.
Comida carta 31 a 47 – **12 hab** 52/70.
◆ Emplazado en pleno campo, posee dos espaciosos salones de sencillo montaje, y una agradable terraza ajardinada. Se complementa con unas correctas habitaciones.

EL RASO *05480 Ávila 575 L 13.*

Madrid 192 – Ávila 108 – Plasencia 150 – Talavera de la Reina 122.

La Sayuela , Camino de Las Sayuelas - Norte : 1 km ☎ 629 380 689, *info@lasayuela.com*, *valle del Tiétar y sierra de Gredos* – P. AE VISA.
Comida - sólo clientes - 18 – **5 hab** 60,06/62,06.
◆ Pequeña casa rural en una tranquila finca con magníficas vistas. Coqueto salón social con chimenea, habitaciones con mobiliario en hierro forjado y baños de plato ducha.

al Suroeste : *1 km y desvío a la derecha 1,5 km :*

Posada Rincón de Alardos , Finca Las Planas, ✉ 05480 apartado 87 Candeleda, ☎ 920 37 70 75, *clientes@rincondealardos.es, Fax 920 37 71 29*, – P. MC VISA.
Comida - es necesario reservar - 18 – **5 hab** 76/86.
◆ Antigua casona de labranza en pleno campo, completamente remodelada y de interior rústico. Acoge unas habitaciones de buen confort, con detalles y los suelos en esterilla. En su comedor es necesaria la reserva de mesa.

REBOREDO *36988 Pontevedra 571 E 3 – Playa.*

Madrid 650 – A Coruña 116 – Pontevedra 52 – Santiago de Compostela 36.

Mirador Ría de Arosa, ☎ 986 73 08 38, *reservas@miradorriadearosa.com, Fax 986 73 06 48* ría de Arousa, – TV P. AE MC VISA.
Semana Santa-octubre – **Comida** 17,50 – **41 hab** 45/65 – PA 33,50.
◆ Negocio familiar que goza de una atractiva zona social con terraza y correctas habitaciones de estilo clásico, la mitad de ellas con espectaculares vistas a la Ría de Arousa. Varias mesas del restaurante disfrutan de una excelente panorámica.

REGENCÓS *17214 Girona* 574 G 39 122 J 5 – *287 h alt. 78.*
Madrid 721 – Barcelona 128 – Girona/Gerona 42 – Perpignan 115.

Del Teatre, plaça Major ✆ 972 30 62 70, *info@hoteldelteatre.com, Fax 972 30 62 73,* – . *cerrado 15 diciembre-febrero* – **Comida** *(cerrado domingo noche y lunes)* 35 – **6 hab** 166/210 – 1 suite.
◆ Hotel dotado de una estética muy cuidada. Dispone de una correcta zona social y amplias habitaciones en las que se combinan la decoración actual y los detalles de vanguardia.

Els REGUERS *43527 Tarragona* 574 J 31.
Madrid 546 – Castelló de la Plana/Castellón de la plana 134 – Tarragona 93 – Tortosa 7.

El Celler d'en Panxampla, carret. d'Alfara - Norte : 0,5 km ✆ 977 47 41 35, *elceller@panxampla.e.telefonica.net, Fax 977 47 42 11* – VISA. *cerrado del 15 al 30 de septiembre, lunes noche y martes* – **Comida** carta 27 a 41.
◆ Su nombre alude a uno de los últimos bandoleros de Cataluña. Antigua masía con cuidada decoración de estilo rústico, que ofrece una cocina repleta de posibilidades.

Calau, Cabassers 26 ✆ 977 47 40 05 – VISA. *cerrado julio, martes noche y miércoles* – **Comida** - carnes a la brasa - carta aprox. 24.
◆ Frecuentado bar a la entrada, seguido de un comedor decorado con vigas de madera en el techo, y animales de montaña disecados. Elaboraciones sencillas pero sabrosas.

REINOSA *39200 Cantabria* 572 C 17 – *12852 h alt. 850 – Balneario en Fontibre – Deportes de invierno en Alto Campóo, Oeste : 25 km : 13.*
Excurs. : *Pico de Tres Mares★★★ (※★★★) Oeste : 26 km y telesilla.*
av. Puente de Carlos III - 23 ✆ 942 75 52 15 *turismoreinosa@cantabria.org Fax 942 75 52 15.*
Madrid 355 – Burgos 116 – Palencia 129 – Santander 69.

Villa Rosa sin rest, Héroes de la Guardia Civil 4 ✆ 942 75 47 47, *posada@villarosa.com, Fax 942 75 44 05* – VISA. **13 hab** 46/59.
◆ Atractiva villa de estilo 1900, completamente rehabilitada, cuyas cuidadas dependencias están decoradas a base de antigüedades y otros detalles de indudable gusto.

en Alto Campóo *Oeste : 25 km :*

Corza Blanca , alt. 1 660, ✉ 39200 Reinosa, ✆ 942 77 92 50, *hcorzablanca@altocampoo.com, Fax 942 77 92 51,* – VISA. *cerrado octubre y noviembre* – **Comida** 12 – 4,50 – **68 hab** 49/75.
◆ Establecimiento de montaña de aspecto moderno y funcional. Posee una amplia zona social, acogedoras habitaciones, y una gran oferta para practicar deportes al aire libre. Luminoso salón-comedor cuya carta se basa en platos tradicionales y productos típicos.

RENTERÍA *Gipuzkoa – ver Errenteria.*

REQUENA *46340 València* 577 N 26 – *17014 h alt. 292.*
García Montes ✆ 96 230 38 51 *touristinfo.requena@turisme.m400.gva.es Fax 96 230 38 51.*
Madrid 279 – Albacete 103 – València 69.

Avenida sin rest y sin , San Agustín 10 ✆ 96 230 04 80, *info@hotelavenidarequena.com, Fax 96 230 04 80* – VISA **30 hab** 25,80/40,90.
◆ Céntrico hotel de mantenimiento algo flojo, con correcto salón social al lado de la recepción. Sus habitaciones son sencillas y los baños completos aunque anticuados.

Mesón del Vino, av. Arrabal 11 ✆ 96 230 00 01, *Fax 96 230 24 27* – VISA. *cerrado septiembre y martes* – **Comida** carta aprox. 27.
◆ Casa de larga tradición familiar y aire regional, cuya carta le propone especialidades del lugar a precios moderados. Venta de vinos en su vistosa bodega.

Los precios indicados pueden revisarse al alza,
en caso de variaciones significativas de los costes de bienes y servicios.
Solicite confirmación del precio definitivo cuando efectúe su reserva de hotel.

REQUIJADA *40173 Segovia* 575 I 18 – *28 h alt. 1 107.*

Madrid 127 – Valladolid 107 – Segovia 41.

Posada de las Vegas, La Ermita 17 921 12 70 08, *reservas@posadalasvegas.com, Fax 921 12 70 08* – . *VISA*.
cerrado 15 agosto-15 septiembre – **Comida** *(cerrado miércoles)* 20 – **6 hab** 70/96.
• Aquí la tranquilidad está garantizada. Dispone de un confortable salón social y coquetas habitaciones de estilo rústico, con equipamiento actual y la viguería a la vista. El comedor resulta funcional, pero posee un horno de asar que le imprime cierto carácter.

REUS *43200 Tarragona* 574 I 33 – *88 595 h alt. 134.*

Ver : *Localidad★ - Casa Navàs★★* BY – *Palau Bofarull★* BY.

Alred. : *Universal Studios Port Aventura★★★ por ③.*

18 Reus Aigüesverds, carret. de Cambrils km 1,8-Mas Guardià 977 75 27 25 Fax 977 75 19 38.

de Reus por ② : 3 km 977 77 98 00.

Sant Joan 34 43201 977 77 81 49 infoturisme@reus.net Fax 977 78 81 50.

Madrid 547 ④ – Barcelona 118 ② – Castelló de la Plana/Castellón de la Plana 177 ③ – Lleida/Lérida 90 ① – Tarragona 14 ②

Planos páginas siguientes

NH Ciutat de Reus, av. Marià Fortuny 85, 43203, 977 34 53 53, *nhciutatdereus@nhhotels.com, Fax 977 34 32 34* – – 60/400. AE *VISA* JCB CX r
Comida *(cerrado domingo)* 21 – 11 – **76 hab** 113 – 8 suites.
• Moderno hotel de líneas depuradas y decoración actual, en consonancia con el estilo de la cadena NH. Habitaciones espaciosas, confortables y bien equipadas.

Gaudí, Arrabal Robuster 49, 43204, 977 34 55 45, *reserve@gargallo-hotels.com, Fax 977 34 28 08* – – 25/150. AE *VISA* JCB. rest BZ a
Comida 11,70 – 10,70 – **87 hab** 66,40/85,70.
• Hotel de sobria fachada, situado en el centro comercial de la localidad. Zona noble totalmente reformada, y habitaciones luminosas de sencilla decoración. Comedor de montaje clásico con mobiliario actual de buen nivel.

Quality Reus sin rest, carret. de Salou 129 - Sureste : 1,5 km, 43205, 977 75 21 46, *qualityr@teleline.es, Fax 977 77 31 73* – – 25/50. AE *VISA* por ③
6,49 – **60 hab** 74,95/90,85.
• Emplazado a las afueras de la población, es un recurso especialmente válido para una clientela de negocios. Instalaciones modernas y funcionales de buen confort.

Simonet, Raval Santa Anna 18, 43201, 977 34 59 74, *hsimonet@hostalsimonet.com, Fax 977 34 45 81*, – . AE *VISA*. BY e
cerrado 24 diciembre-8 enero – **Comida** *(cerrado del 15 al 30 de agosto y domingo noche)* 17,69 – 4,82 – **39 hab** 40,13/77,04.
• Casa con solera y tradición situada en el centro de la localidad, que posee unas dependencias de estilo clásico bien equipadas. A destacar las habitaciones renovadas. El comedor ofrece una carta sin elaboraciones complicadas, aunque trabaja mucho.

La Glorieta del Castell, pl. Castell 2, 43201, 977 34 08 26, *Fax 977 34 08 26* – . AE *VISA* JCB. BZ c
cerrado 22 agosto-11 septiembre y domingo – **Comida** carta aprox. 37.
• Una antigua casa acoge este restaurante con salas de distinto ambiente, estando la principal en la 1ª planta. Propone una refinada carta para el comensal más exigente.

El Tupí, Alcalde Joan Bertran 3, 43202, 977 31 05 37 – . AE *VISA*.
cerrado del 15 al 31 de agosto, domingo y lunes noche – **Comida** carta aprox. 31.
• Pequeño establecimiento familiar con cafetería a la entrada, seguida por un salón de correcto mobiliario y buen servicio de mesa. Carta regional. AZ s

en la carretera de Tarragona *por ② : 1 km :*

Masia Típica Crusells, 43206, 977 75 40 60, *Fax 977 77 24 12* – . AE *VISA* JCB.
cerrado lunes noche – **Comida** carta 25 a 35.
• Restaurante de aire regional llevado de forma acertada por cinco hermanos. Sin descuidar el comedor a la carta, su principal actividad se centra en los banquetes.

en Castellvell AX *(Baix Camp) Norte : 2 km :*

El Pa Torrat, av. de Reus 24, 43392 Castellvell, 977 85 52 12, *Fax 977 85 52 12* – . AE *VISA*.
cerrado Navidades, del 15 al 31 de agosto, martes y festivos noche – **Comida** - cocina regional - carta 24 a 30.
• Acogedor restaurante de estilo rústico con mesas amplias y bien separadas, que ofrece sabrosos platos caseros de tradición catalana, a precios contenidos.

REUS

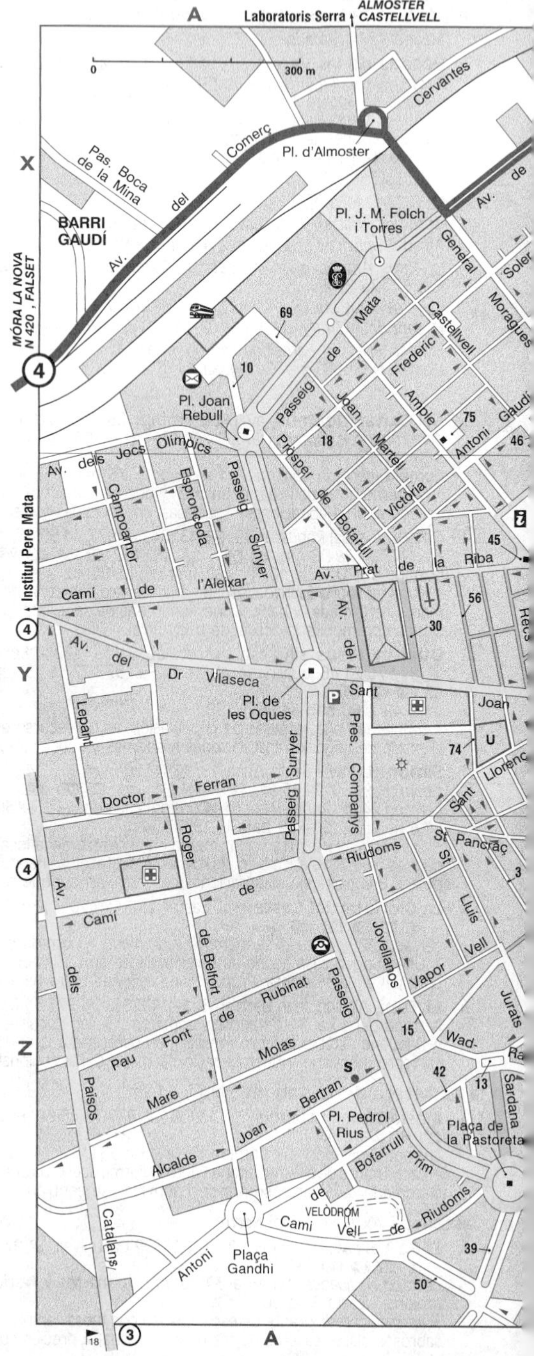

A
Laboratoris Serra
ALMOSTER
CASTELLVELL
0
300 m
Cervantes
Pl. d'Almoster
Comerç
Pas. Boca de la Mina
Av. del
X
BARRI GAUDÍ
Pl. J. M. Folch i Torres
Av. de
General
Soler
Moragues
Castellvell
MÓRA LA NOVA
N 420 , FALSET
69
Mata
de
Frederic
Passeig
Joan
Ample
10
Pl. Joan Rebull
Antoni
Gaudí
75
46
18
Martell
Pròsper
de
Bofarull
Victòria
Av. dels Jocs Olímpics
Campoamor
Espronceda
Passeig
Sunyer
Institut Pere Mata
45
Av. Prat de la Riba
Camí de l'Aleixar
Av. del
56
30
Reus
Av. del Dr Vilaseca
Y
Pl. de les Oques
Sant Joan
Lepant
Pres. Companys
Passeig Sunyer
U
74
Llorenç
Sant
Doctor Ferran
Roger
St Pancraç
St
Riudoms
3
Av.
de
Camí
Lluís
Vell
de Belfort
dels
Jovellanos
Vapor
Rubinat
Passeig
Jurats
de
Font
15
Wad-Ras
Z
Pau
Molas
S
42
13
Sardana
Països
Mare
Bertran
Pl. Pedrol Rius
Plaça de la Pastoreta
Joan
Alcalde
Bofarull
Prim
de
VELÒDROM
Camí Vell de Riudoms
Catalans
Antoni
Plaça Gandhi
39
50
18
3
A

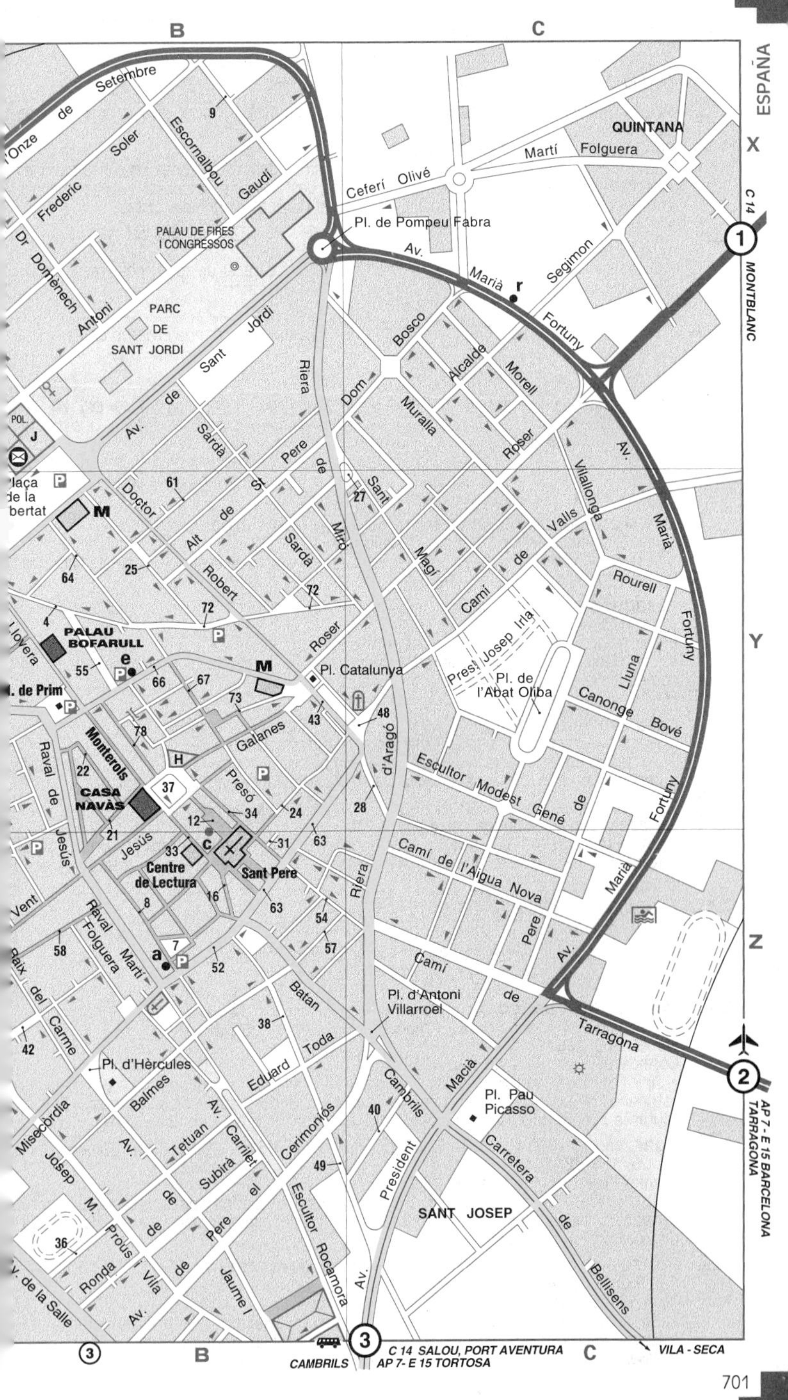

B
C
ESPAÑA
X
Y
Z
QUINTANA
Martí Folguera
Ceferí Olivé
Pl. de Pompeu Fabra
Av. Marià Fortuny
Segimon
C 14
1
MONTBLANC
Onze de Setembre
Frederic Soler
Escornalbou
Gaudí
Dr Domènech
Antoni
PALAU DE FIRES I CONGRESSOS
PARC DE SANT JORDI
Av. de Sant Jordi
Riera de Miró
Dom Bosco
Alcalde Morell
Muralla
Roser
Vilallonga
Pere
Sant
Sardà
Doctor
Alt de St
Robert
Magí
Camí de Valls
Rourell
Pres. Josep Irla
Pl. de l'Abat Oliba
Lluna
Canonge Bové
Pl. Catalunya
Escultor Modest Gené
Camí de l'Aigua Nova
Pl. d'Aragó
Plaça de la Llibertat
PALAU BOFARULL
CASA NAVÀS
Monterols
Galanes
Presó
Jesús
Raval de Jesús
Centre de Lectura
Sant Pere
Raval Folguera
Martí
Carme
Pl. d'Hèrcules
Balmes
Misericòrdia
Josep M. Prous
Ronda
Vila
Av. de la Salle
Av. Tetuan
Av. de Subirà
Carrilet
Pere el
Jaume I
Eduard Toda
Batan
Cerimonios
Escultor Rocamora
President
Cambrils
Macià
Pl. d'Antoni Villarroel
Pl. Pau Picasso
Carretera de Bellisens
SANT JOSEP
Camí de Tarragona
Av. Pere
2
AP 7 - E 15 BARCELONA TARRAGONA
3
C 14 SALOU, PORT AVENTURA
AP 7 - E 15 TORTOSA
CAMBRILS
VILA - SECA
POL.
J
M
H
P
e
a
r
c

RIAÑO *24900 León* 575 D 14 – *485 h alt. 1 125.*

Valcayo 8 ☎ 987 74 06 13 mmmriano@wanadoo.es Fax 987 77 06 67.

Madrid 374 – León 95 – Oviedo 112 – Santander 166.

Presa, av. Valcayo 12 ☎ 987 74 06 37, *Fax 987 74 07 37,* ← – |‡|, ▤ rest, TV. MC VISA.
Comida 13 – ☕ 4 – **33 hab** 39/55.
◆ En un entorno ideal para el descanso y la práctica deportiva. Posee unas habitaciones correctamente equipadas, con baños completos, destacando su excelente mantenimiento. Comedor decorado a base de madera y dotado de unas magníficas vistas.

Abedul sin rest, av. Valcayo 16 ☎ 987 74 07 06, ← – TV. MC VISA.
☕ 4 – **14 hab** 35/50.
◆ Establecimiento de sencilla organización que, pese a carecer de zona noble, resulta muy válido por sus habitaciones de buen confort y aspecto actual.

RIAZA *40500 Segovia* 575 I 19 121 J 2 – *1 650 h alt. 1 200 – Deportes de invierno en La Pinilla, Sur : 9 km - 12 1.*

Madrid 116 – Aranda de Duero 60 – Segovia 70.

Plaza, pl. Mayor 4 ☎ 921 55 10 55, *Fax 921 55 11 28* – ▤ TV – 25. MC VISA.
cerrado 20 septiembre-10 octubre – **Comida** *(cerrado miércoles salvo julio y agosto)* 12 – ☕ 6 – **15 hab** 45/55.
◆ En una bella plaza porticada. Un hotel nuevo y bien equipado, con una correcta sala de reuniones y adecuada zona social. Habitaciones confortables con baños actuales. El agradable ambiente del restaurante invita a saborear la cocina regional.

La Casona, de la Iglesia 5 ☎ 921 55 11 20 – ▤. AE MC VISA JCB.
cerrado miércoles salvo festivos – **Comida** carta 25 a 39.
◆ Su ubicación en la casa más antigua del lugar, le convierte en el marco ideal para saborear la cocina de la tierra. Posee una capilla del s. XVII de uso restringido.

Casaquemada con hab, Isidro Rodríguez 18 ☎ 921 55 00 51, *Fax 921 55 06 04* – ▤ TV. AE MC VISA.
Comida carta 24 a 35 – ☕ 3 – **9 hab** 40/55.
◆ En los días de frío una chimenea caldea el ambiente. Agradable rusticidad en un comedor bien cuidado, y como complemento unas habitaciones decoradas con gusto y estilo.

Casa Marcelo, pl. Mayor 16 ☎ 921 55 03 20 – MC VISA.
cerrado 14 diciembre-8 enero y martes – **Comida** carta 25 a 39.
◆ Un clásico en la zona que debe su éxito a un personal amable y profesional. La fachada y decoración interior mantienen vivas las tradiciones del lugar. Cocina regional.

La Taurina, pl. Mayor 6 ☎ 921 55 01 05 – ▤. AE MC VISA.
cerrado octubre – **Comida** carta aprox. 30.
◆ Un restaurante típico y familiar. Sala principal con motivos castellanos, y un pequeño privado. Cocina a la vista que basa sus elaboraciones en el recetario de esta tierra.

RIBADEO *27700 Lugo* 571 B 8 – *8 761 h alt. 46.*

Alred. : *Puente* ←★.

Dionisio Gamallo Fierros ☎ 982 12 86 89 turismo@ribadeo.org Fax 982 12 08 09.

Madrid 591 – A Coruña 158 – Lugo 90 – Oviedo 169.

Parador de Ribadeo, Amador Fernández 7 ☎ 982 12 88 25, *ribadeo@parador.es, Fax 982 12 83 46,* ← ría del Eo y montañas – |‡|, ▤ rest, TV P – 25/100. AE MC VISA JCB.
Comida 25 – ☕ 11 – **46 hab** 104/130 – 1 suite.
◆ Típica casona restaurada, en un paraje de excelsa belleza dominado por la ría y los pueblos asturianos de la orilla. Recréese en sus dependencias decoradas con sumo gusto. El restaurante cuenta con especialidades como la empanada y el lacón con grelos.

Voar, carret. N 634 ☎ 982 12 86 85, *Fax 982 13 06 85,* – |‡| TV P – 25/300. MC VISA. rest
Comida 9 – ☕ 6 – **42 hab** 65/70.
◆ Situado a las afueras de la ciudad. Cuidado exterior con piscina y pista de tenis, suficiente zona noble, y unas habitaciones de notable amplitud con baños actuales. El comedor resulta discreto por su montaje.

Bouza sin rest con cafetería, José Vicente Pérez Martínez 13 ☎ 982 13 00 87, *Fax 982 13 00 84* – |‡| TV. MC VISA.
☕ 4,50 – **28 hab** 48/60.
◆ Su acertada organización y las modernas instalaciones le brindan una grata estancia. Recréese en sus espaciosas y confortables habitaciones, decoradas con todo detalle.

O Cabazo, Alza 1 982 12 85 17, *Fax 982 12 84 66* – rest, AE VISA.
Comida *(cerrado domingo salvo julio-septiembre)* 10 – 5 – **19 hab** 45,10/60,10.
◆ Pequeño establecimiento llevado en familia, que destaca por su seria organización. Las habitaciones, funcionales y con baños completos, ofrecen un correcto confort.

Balastrera, Carlos III-17 98 212 00 21, *Fax 98 212 00 29* – AE VISA. rest
Comida 7,50 – 4,50 – **8 hab** 62,70/83,60.
◆ Instalado en una bonita casa de principios del s. XX. Dispone de un espacioso salón social y de habitaciones modernas, todas con diferentes colores y los suelos en madera. Correcto restaurante a la carta, con cafetería, en un edificio anexo.

Mediante, pl. de España 16 982 13 04 53, *mediante@ribadeo.com, Fax 982 13 07 58* – AE VISA.
Comida *(cerrado 1 noviembre-2 diciembre y domingo salvo Semana Santa y verano)* carta 17 a 34 – 5 – **20 hab** 44,73/64,20.
◆ Céntrico negocio de buen nivel en su categoría. Sus dependencias, cómodas y bien equipadas, le brindan una agradable estancia.

A Cortiña sin rest, Paco Lanza 982 13 01 87, *cantalarana@eresmas.com, Fax 982 13 01 87*, – VISA.
cerrado febrero – **6 hab** 67.
◆ En una antigua casa de piedra, con el matrimonio propietario al frente. Dispone de suficientes zonas comunes y de unas habitaciones dotadas con el equipamiento elemental.

en Vilaframil *Oeste : 5 km :*

La Villa con hab, carret. N 634 - km 559, 27797 Vilaframil, 982 12 30 01, *Fax 982 12 30 02* – rest, VISA.
Comida carta aprox. 27 – 4 – **10 hab** 40/65.
◆ El restaurante centra la actividad de este negocio familiar, que también ofrece habitaciones. Bar público a la entrada y tres salas de correcto montaje en el 1er piso.

en Vilela *Suroeste : 6 km :*

Casa Doñano sin rest, 27714 Vilela, 98 213 74 29, *turismorural@casadonano.com, Fax 98 213 48 00* – AE VISA.
7 – **8 hab** 70/85,50.
◆ Antigua casa de labranza situada en plena naturaleza. El ambiente rústico y hogareño envuelve todas sus estancias, combinando el confort actual con el mobiliario de época.

RIBADESELLA *33560 Asturias* 572 B 14 – *6 182 h – Playa.*
Ver : *Cuevas Tito Bustillo★ (pinturas rupestres★).*
Marqueses de Argüelles (El Muelle) 98 586 00 38 ribadesellaturismo@wanadoo.es Fax 98 586 03 51.
Madrid 485 – Gijón 67 – Oviedo 84 – Santander 128.

en la playa :

G.H. del Sella, 33560, 98 586 01 50, *info@granhotelsella.com, Fax 98 585 74 49*, – – 25/300. AE VISA.
abril-15 octubre – **Comida** 21,04 – 9,02 – **77 hab** 84,10/105,10 – 4 suites.
◆ En 1ª línea de playa. Antiguo palacio de verano de los marqueses de Argüelles, cuyas elegantes dependencias acogieron huéspedes tan ilustres como el rey Alfonso XIII. Restaurante clásico, con grandes ventanales que brindan luz natural e interesantes vistas.

Villa Rosario, Dionisio Ruisánchez 6, 33560, 98 586 00 90, *info@hotelvillarosario.com, Fax 98 586 02 00*, – AE VISA.
Comida *(cerrado noviembre y miércoles)* 18 – 7,50 – **17 hab** 125/155 – 1 suite.
◆ Casa-palacete de estilo indiano frente a la playa. Las habitaciones resultan algo sobrias, aunque poseen un valioso mobiliario de finales del s. XIX y unos baños muy modernos.

Don Pepe, Dionisio Ruisánchez 12, 33560, 98 585 78 81, *hoteldonpepe@telefonica.net, Fax 98 585 78 77*, – AE VISA.
abril-10 diciembre – **Comida** 16 – 6 – **32 hab** 48/80.
◆ Privilegiada situación frente al mar. Establecimiento de línea moderna dotado de unas habitaciones de notable amplitud, con lencería de calidad y baños actuales. Restaurante tipo carpa de correcto montaje y buen mantenimiento, ubicado en un anexo.

Ribadesella Playa sin rest, Ricardo Cangás 3, 33560, 98 586 07 15, *jlgarcia@fade.es, Fax 98 586 02 20*, – VISA.
4,20 – **17 hab** 60,10/87,10.
◆ Instalado en una elegante villa. Adecuada zona noble y confortables habitaciones, recientemente reformadas, destacando las que tienen vista frontal a la playa.

ESPAÑA

Derby sin rest, El Pico 24, ✉ 33560, ✆ 98 586 00 92, *Fax 98 586 03 79* – |♦|. 📺. MC VISA
15 marzo-octubre – ☕ 3 – **27 hab** 35/50.
• Hotel de sencilla organización con una pequeña recepción y una discreta área social. Habitaciones con mobiliario estándar y baños modernos, algunos con plato ducha.

El Corberu sin rest, Ardines - Suroeste : 1,5 km, ✉ 33569 Ardines, ✆ 98 586 01 13, *elcorberu@eresmas.com, Fax 98 586 17 14,* ← – 📺 P. MC VISA.
cerrado 19 diciembre-31 enero – ☕ 4,50 – **8 hab** 50/60.
• Turismo rural ubicado en una tranquila ladera, con vistas al valle del Sella y a las montañas. Posee un cálido salón social con chimenea y unas coquetas habitaciones.

La Huertona, carret. de Junco - Suroeste : 1,5 km, ✉ 33560, ✆ 98 586 05 53, *Fax 98 586 14 09,* ← – ▤. AE ⓓ MC VISA.
cerrado 20 enero-5 marzo, lunes noche y martes salvo agosto – **Comida** carta 33 a 46.
• Negocio de organización familiar con cierto prestigio y reconocimiento en la zona. Pequeño bar de espera y un cuidado comedor, muy luminoso y con vistas a los alrededores.

por la carretera de Collía :

El Carmen sin rest, El Carmen - Suroeste : 4 km, ✉ 33567 El Carmen, ✆ 98 586 12 89, *hotel@hotelelcarmen.com, Fax 98 586 12 48,* ←, – 📺 P. MC VISA.
cerrado 23 diciembre-febrero – ☕ 5 – **8 hab** 52/62.
• Casa de nueva construcción atenta a la arquitectura de la zona. Su marco de estilo rústico brinda unas cuidadas dependencias, con techo en madera y mobiliario antiguo.

La Biesca sin rest, Sebreño - Suroeste : 2,5 km, ✉ 33560 Ribadesella, ✆ 98 586 00 00, *labiesca@wanadoo.es, Fax 98 586 04 11,* ← – 📺 P. MC VISA.
Semana Santa-septiembre – ☕ 5 – **11 hab** 50/60.
• Acogedor hotelito con habitaciones de correcto confort, en un bello entorno natural. A destacar el atractivo porche y la gran sala de desayunos con arcos en ladrillo visto.

en la carretera AS 263 *Este : 4,5 km :*

Camangu sin rest, Camango, ✉ 33568 Camango, ✆ 98 585 76 46, *hotelcamangu@hotmail.com, Fax 98 585 76 46* – 📺 P. MC VISA.
10 hab ☕ 44/57.
• En un hermoso paraje rodeado de zonas verdes. Decorado con mucho gusto y cuidando los detalles, sus dependencias brindan un excelente confort en su categoría.

en Junco :

Paraje del Asturcón, Suroeste : 4 km, ✉ 33560 Ribadesella, ✆ 98 586 05 88, *correo@parajedelasturcon.com, Fax 98 586 05 88,* ← localidad y alrededores – 📺 ✆ ♿ P. AE ⓓ MC VISA. rest
Comida - sólo clientes con reserva - 12,70 – ☕ 5 – **10 hab** 60/72.
• Muy tranquilo y con excelentes vistas. Posee un acogedor salón social con chimenea y habitaciones de buen confort con los suelos en madera, seis de ellas abuhardilladas.

Mirador del Sella sin rest, Suroeste : 4,5 km, ✉ 33569, ✆ 98 586 18 41, *correo@miradordelsella.com, Fax 98 586 18 42,* ← localidad y alrededores – 📺 ✆ P. AE MC VISA
☕ 6 – **13 hab** 89.
• Su propietario ha sabido sacarle partido al hermoso entorno circundante. Buen salón social y confortables habitaciones de línea actual, algunas con hidromasaje en los baños.

RIBERA DE CARDÓS *25570 Lleida 574 E 33 – alt. 920.*

Alred. : *Valle de Cardós★.*
Madrid 614 – Lleida/Lérida 157 – Sort 21.

Sol i Neu, Llimera 1 ✆ 973 62 31 37, *Fax 973 62 31 37,* ←, – 📺 P. MC VISA.
20 marzo-20 diciembre – **Comida** - sólo menú - 15 – ☕ 4,50 – **27 hab** 38/54.
• Establecimiento llevado en familia, dotado de unas instalaciones sencillas pero decorosas, en un bello paraje. Habitaciones de distinto confort que van renovando poco a poco.

RIBES DE FRESER *17534 Girona 574 F 36 122 D 3 – 2 358 h alt. 920 – Balneario.*

Excurs. : *Vall de Núria★ (tren cremallera ←★★).*
pl. Ajuntament 3 ✆ 972 72 77 28 patronat.turisme@vallderibes.com Fax 972 72 70 16.
Madrid 689 – Barcelona 118 – Girona/Gerona 101.

Catalunya Park H., passeig Mauri 9 ✆ 972 72 71 98, *Fax 972 72 70 17,* ←, – |♦| 📺 AE ⓓ MC VISA.
Semana Santa y junio-septiembre – **Comida** 15 – ☕ 5 – **55 hab** 41/56.
• Hotel de línea clásica llevado en familia, dotado de una correcta área social y unas habitaciones funcionales. A destacar la cuidada zona de césped con piscina. Restaurante a la carta de adecuado montaje, con un espacioso salón para banquetes.

Catalunya, Sant Quintí 37 ✆ 972 72 70 17, *Fax 972 72 70 17* – |♦|. AE ⓓ ⓜⓒ VISA.
Comida - sólo cena - 15 – ☐ 5 – **18 hab** 34/49,50.
◆ Pequeño hotel llevado directamente por sus propietarios, dotado de unas habitaciones muy funcionales con baños completos aunque un tanto reducidos.

RICOTE *30610 Murcia* 577 R 25 – *1 679 h alt. 400.*
Madrid 371 – Archena 10 – Cieza 15 – Cehegín 40 – Lorca 93 – Murcia 37.

El Sordo, Alharbona ✆ 968 69 71 50, *info@elsordo.es, Fax 968 69 72 09* – P. AE ⓓ ⓜⓒ VISA JCB.
cerrado julio y miércoles – **Comida** - espec. en asados y caza - carta aprox. 32.
◆ Destaca por su interesante carta basada en asados de caza, en la que cobran protagonismo productos propios del buen gourmet, como la carne de avestruz, el foie o la trufa.

RIELLS *17404 Girona* 574 G 37 122 F 6 – *998 h alt. 487.*
Madrid 657 – Barcelona 59 – Girona/Gerona 59 – Vic 44.

Can Marlet con hab, Sureste : 1,5 km ✆ 972 87 09 03, *info@canmarlet.com, Fax 972 87 08 96,* – TV P. AE ⓜⓒ VISA.
cerrado agosto – **Comida** carta 38 a 48 – **11 hab** ☐ 100.
◆ Antigua masía en un frondoso paraje de la sierra del Montseny, recreando un bello marco. Cuidada decoración, esmerado montaje y excelentes habitaciones como complemento.

Sa RIERA (Playa de) *Girona – ver Begur.*

La RIERA DE GAIÀ *43762 Tarragona* 574 I 34 – *894 h alt. 28.*
Madrid 558 – Barcelona 102 – Lleida/Lérida 118 – Sitges 34 – Tarragona 14.

La Masia de l'Era, Sant Joan 64 ✆ 977 65 54 02, – P. AE ⓓ ⓜⓒ VISA.
cerrado octubre, domingo noche y lunes – **Comida** - sólo almuerzo salvo viernes y sábado - carta aprox. 30.
◆ Ubicado en una masía de aire rústico. Entrada por un patio habilitado como terraza, e interior distribuido en distintos comedores decorados con objetos antiguos.

RINCÓN DE LA VICTORIA *29730 Málaga* 578 V 17 124 I 5 – *13 007 h – Playa.*
Añoreta, av. del Golf-urb. Añoreta Golf ✆ 95 240 40 00 Fax 95 240 40 50.
Madrid 568 – Almería 208 – Granada 139 – Málaga 14.

Rincón Sol, av. del Mediterráneo 174 ✆ 95 240 11 00, *rinconsol@spa.es, Fax 95 240 43 79,* – |♦| TV – 25/180. AE ⓓ ⓜⓒ VISA.
Comida 15 – ☐ 6,50 – **86 hab** 70/85 – 1 suite.
◆ Establecimiento de playa diseñado como un hotel de ciudad. Zonas comunes luminosas, y habitaciones actuales, uniformes en su estilo, aunque varían algo en los baños. Comedor con mobiliario funcional y grandes ventanales frente al mar.

por la carretera de Macharaviaya *Noreste : 8 km y desvío a la derecha 1,3 km :*

Molino de Santillán, ✉ 29730 apartado 101, ✆ 902 120 240, *informacion@molinodesantillan.es, Fax 95 240 09 50,* – TV P – 25/90. AE ⓓ ⓜⓒ VISA JCB. rest – **Comida** carta 32 a 49 – **20 hab** ☐ 98,90/119,90.
◆ En pleno campo y con el mar al fondo, resulta ideal si busca tranquilidad. Hotel a modo de cortijo con decoración neorrústica y confortables habitaciones personalizadas.

RIOFRÍO *18313 Granada* 578 U 17 124 I 3.
Madrid 466 – Sevilla 195 – Granada 59 – Málaga 69.

Almazara, Cerro de la Estación - Este : 0,5 km ✆ 95 832 69 10, *hotelalmazara@telefonica.net, Fax 95 832 69 11,* – |♦| TV P. ⓜⓒ VISA.
Comida 18 – **32 hab** ☐ 125/150.
◆ Con vistas a los campos de olivos y muy tranquilo por su ubicación a 500 m. del pueblo. Reducida zona social y confortables habitaciones dotadas de mobiliario neorrústico. Buen restaurante de estilo clásico-actual con el mobiliario en hierro forjado.

RIÓPAR *02450 Albacete* 576 Q 22 – *1 290 h alt. 1 139.*
Madrid 295 – Albacete 119 – Ciudad Real 173 – Valdepeñas 108.

Riópar sin rest, Choperas ✆ 967 43 51 91, *hriopar@wanadoo.es, Fax 967 43 53 77,* – |♦| TV P – 25/50. ⓓ ⓜⓒ VISA.
30 hab ☐ 48,62/74,80.
◆ Una organización voluntariosa que resulta óptima. Hotelito con zona social adecuada y unas habitaciones confortables con suelos en madera y baños modernos.

Los Bronces, Haza de San Luis 11 ☎ 967 43 50 33, *Fax 967 43 50 90*, – rest, P. AE ⓓ ⓜⓒ VISA JCB. ✂
Comida 9 – ☕ 2,50 – **20 hab** 18/33.
◆ Agradable hotel de carácter familiar. Escasez de zonas nobles, un bar que hace las veces de hall-recepción y unas habitaciones espaciosas con mobiliario de pino.

RÍOGORDO *29180 Málaga* 578 V 17 124 I 4 – *2 673 h alt. 400.*
Madrid 484 – Sevilla 200 – Málaga 40.

en la carretera del Arco *Norte : 3 km :*

Hospedería Retamar , camino del Bujeo 30, ✉ 29180, ☎ 95 203 12 25, *Fax 95 203 12 09*, – TV P – 25. AE ⓜⓒ VISA. ✂
Comida carta aprox. 29 – ☕ 5,86 – **11 hab** 68,21/80,24.
◆ Antiguo cortijo ubicado en un paraje montañoso con magníficas vistas. Disfruta de cálidas dependencias donde se han cuidado la decoración rústica y el ambiente hogareño. Correcto restaurante de cocina casera distribuido en tres acogedoras salas.

RIPOLL *17500 Girona* 574 F 36 122 D 3 – *11 204 h alt. 682.*
Ver : *Localidad★ - Antiguo Monasterio de Santa María★ (portada★★★, iglesia★, claustro★).*
Alred. : *San Juan de las Abadesas★ : puente medieval★, Monasterio★★ (iglesia★ : descendimiento de la Cruz★★, claustro★) Noreste : 10 km.*
pl. de l'Abat Oliba ☎ 972 70 23 51 otripoll@ddgi.es Fax 972 70 23 51.
Madrid 675 – Barcelona 104 – Girona/Gerona 86 – Puigcerdà 65.

Del Ripollés, pl. Nova 11 ☎ 972 70 02 15, *hostaldelripolles@elripolles.com, Fax 972 70 00 27*, – TV. AE ⓓ ⓜⓒ VISA. ✂
Comida *(cerrado domingo mediodía)* 8,15 – ☕ 4 – **8 hab** 30/50.
◆ Sencillo establecimiento familiar ubicado en el centro de la localidad, con unas dependencias funcionales y bien equipadas, que resultan muy válidas en su categoría.

Reccapolis, carret. Sant Joan 68 (C 151a) ☎ 972 70 21 06, *reserves@reccapolis.com, Fax 972 70 21 06*, – AE ⓓ ⓜⓒ VISA. ✂
cerrado 15 días en septiembre y miércoles noche – **Comida** carta 24 a 37.
◆ Restaurante de cuidado montaje y adecuado mantenimiento, distribuido en dos espacios contiguos, que se complementa con una terraza porticada. Amable atención familiar.

RIPOLLET *08291 Barcelona* 574 H 36 122 C 7 – *26 835 h alt. 79.*
Madrid 625 – Barcelona 16 – Girona/Gerona 74 – Sabadell 6.

Eulalia, Casanovas 29 ☎ 93 692 04 02, *Fax 93 691 63 57* – P. ⓜⓒ VISA. ✂
cerrado del 7 al 30 de agosto, domingo, lunes, martes noche y festivos – **Comida** carta 20 a 36.
◆ Casa familiar distribuida en tres niveles. Dispone de un elegante comedor a la carta con pequeña bodega en el sótano, reservando para sus menús la planta baja y el 1er piso.

RIS (Playa de) *Cantabria – ver Noja.*

RIUDARENES *17421 Girona* 574 G 38 122 G 6 – *1 102 h alt. 84.*
Madrid 693 – Barcelona 80 – Girona/Gerona 27.

La Brasa, carret. Santa Coloma 21 ☎ 972 85 60 17, *info@labrasa.com, Fax 972 85 62 38* – TV. AE ⓓ ⓜⓒ VISA. ✂
cerrado 15 enero-25 febrero – **Comida** - ver rest. ***La Brasa*** – **20 hab** ☕ 35/70.
◆ Pequeño y modesto hotel instalado en un edificio de nueva construcción, dotado de unas habitaciones espaciosas y acogedoras con baños modernos.

La Brasa - *Hotel La Brasa*, carret. Santa Coloma 21 ☎ 972 85 60 17, *info@labrasa.com, Fax 972 85 62 38* – . AE ⓓ ⓜⓒ VISA. ✂
cerrado 15 enero-25 febrero y lunes – **Comida** - sólo almuerzo, cocina regional - carta 20 a 26.
◆ Negocio familiar con detalles de estilo rústico en su decoración, donde ofrecen una completa carta basada en el recetario regional a precios moderados.

Si busca un hotel tranquilo, consulte los mapas de la introducción o busque en el texto los establecimientos marcados con el signo

RIVAS - VACIAMADRID *28529 Madrid* 576 L 19 575 L 19 121 I 7 – *27 422 h alt. 590.*

Madrid 20 – Toledo 81 – Segovia 118 – Guadalajara 61.

en el Polígono Industrial Santa Ana *salida 17 autovía A 3 :*

AC Rivas, Francisco de Quevedo 2 ✆ 91 499 07 00, *acrivas@ac-hotels.com, Fax 91 499 07 01* – 25/30. AE VISA.
***Kontraste :* Comida** carta 30 a 40 – 8 – **83 hab** 75.
◆ En un polígono que está viviendo un rápido desarrollo. Correcto hall, salón social y las habitaciones clásicas de la cadena, modernas, confortables y con el suelo en tarima. Restaurante amplio y luminoso, con una carta tradicional que resulta algo reducida.

ROA DE DUERO *09300 Burgos* 575 G 18 – *2 264 h alt. 810.*

Madrid 181 – Aranda de Duero 20 – Burgos 82 – Palencia 72 – Valladolid 76.

Vadorrey, La Cruces 21 ✆ 947 54 18 32, *info@hotelvadorrey.com, Fax 947 54 03 83* – VISA.
Comida 10 – **20 hab** 40/45 – 8 apartamentos.
◆ Hotel céntrico y de sencilla organización, con la pequeña recepción junto al bar público de la entrada y unas correctas habitaciones en las que destacan los baños en mármol. Restaurante clásico especializado en asados, con un horno de leña a la vista.

Chuleta, av. de la Paz 7 ✆ 947 54 03 12 – VISA JCB.
cerrado del 15 al 30 de noviembre y lunes – **Comida** carta 24 a 30.
◆ Correcto establecimiento dotado de un bar privado y un comedor clásico en el que se integran tanto la cocina como el horno de leña. Gran sala de banquetes en el sótano.

ROCAFORT *46111 València* 577 N 28 – *4 055 h alt. 35.*

Madrid 361 – València 9.

Été, Francisco Carbonell 33 ✆ 96 131 11 90, *eteweb@jazzfree.com, Fax 96 131 04 24* – AE VISA.
cerrado Semana Santa, del 7 al 31 de agosto, domingo, lunes y festivos – **Comida** carta 27 a 35.
◆ Acogedora sala de estilo clásico, con un servicio de mesa que destaca por su buen nivel. Sus platos combinan las recetas internacionales con otras de tendencia francesa.

El ROCÍO *21750 Huelva* 578 U 10.

Ver : *Parque Nacional de Doñana★★★.*

Madrid 607 – Huelva 67 – Sevilla 78.

Toruño, pl. del Acebuchal 22 ✆ 959 44 23 23, *hoteltoruno@eremas.com, Fax 959 44 23 38,* – 25/200. VISA.
Comida carta aprox. 28 – **30 hab** 52,50/75.
◆ En un emplazamiento privilegiado junto a las marismas de Doñana. Posee habitaciones funcionales, con buen nivel de confort y equipamiento. Restaurante panorámico en un edificio anexo.

en la carretera de Matalascañas *Suroeste : 4 km :*

El Cortijo de los Mimbrales, 21750, ✆ 959 44 22 37, *info@cortijomimbrales.com, Fax 959 44 24 43,* – rest, AE VISA. rest
Comida 18 – **26 hab** 140/165 – 6 apartamentos.
◆ Antiguo poblado convertido en atractivo conjunto rústico con habitaciones y apartamentos, en una extensa finca de naranjos. Las albercas y el jardín centran su oferta lúdica. El comedor se complementa con una espléndida terraza.

La RODA *02630 Albacete* 576 O 23 – *12 938 h alt. 716.*

Madrid 210 – Albacete 37.

Flor de la Mancha, Alfredo Atienza 139 ✆ 967 44 09 00, *hotel@flordelamancha.com, Fax 967 44 09 04* – rest, AE VISA JCB.
Comida carta 18 a 32 – 5 – **54 hab** 29/49.
◆ Pequeño y con una clientela habitual. Pese a su confort y decoración un tanto básicos, posee habitaciones y baños totalmente renovados. Cálido mobiliario en madera. Comedor de estilo castellano en un entorno de ambiente cómodo y distendido.

Juanito con hab, Mártires 15 ✆ 967 54 80 41, *hoteljuanito@hoteljuanito.com, Fax 967 54 81 46* – AE VISA.
Comida carta aprox. 24 – 3 – **31 hab** 24/45.
◆ Restaurante con habitaciones, que ha sido renovado con materiales de calidad. Decoración elegante, clásica y actual. Carta atractiva y una cocina que sabe innovar.

en la carretera N 301 *Noroeste : 2,5 km :*

Juanito, ✉ 02630, ☎ 967 44 15 12, *Fax 967 44 40 06* – AE VISA.
Comida carta aprox. 24.
◆ Típico establecimiento de carretera dedicado en gran parte a grupos y banquetes. Amplio pabellón con cafetería pública, un comedor y salones de gran capacidad.

RODA DE ISÁBENA *22482 Huesca 574 F 31 – 281 h alt. 751.*
Madrid 491 – Huesca 106 – Lleida/Lérida 95.

Hospedería de Roda de Isábena, pl. de la Catedral ☎ 974 54 45 54, *Fax 974 54 45 00,* ← – VISA.

cerrado noviembre y del 20 al 26 de diciembre – **Comida** - ver rest. ***Hospedería La Catedral*** – 4,80 – **10** hab 34/51.
◆ Un remanso de paz y tranquilidad en el interior de un sobrio edificio medieval. Posee unas habitaciones equipadas con mobiliario actual, casi todas con balcón o terraza.

Hospedería La Catedral - *Hotel Hospedería de Roda de Isábena,* pl. Pons Sorolla ☎ 974 54 45 45 – VISA.
cerrado noviembre, del 20 al 26 de diciembre y domingo noche salvo verano – **Comida** carta aprox. 23.
◆ Emplazado en un refectorio cisterciense, con vistas al bonito claustro del s. XII. Su interior recrea un cálido ambiente con las paredes y bóveda en piedra.

RODALQUILAR *04115 Almería 578 V 23.*
Madrid 587 – Sevilla 456 – Almería 52.

Rodalquilar, Paraje de los Albacetes - Oeste : 0,5 km ☎ 950 38 98 38, *info@hotelrodalquilar.com, Fax 950 38 98 39,* – – 25/120. AE VISA
Comida *(cerrado lunes)* 22 – **24 hab** 89/118.
◆ Hotel de construcción horizontal cuyas dependencias rodean un amplio patio con piscina y algunas palmeras. Habitaciones funcionales de correcto confort y equipamiento actual. Restaurante de adecuado montaje donde se ofrece una reducida carta tradicional.

Los precios indicados pueden revisarse al alza,
en caso de variaciones significativas de los costes de bienes y servicios.
Solicite confirmación del precio definitivo cuando efectúe su reserva de hotel.

ROIS *15911 A Coruña 571 D 4.*
Madrid 638 – A Coruña 98 – Pontevedra 41 – Santiago de Compostela 46.

Casa Ramallo, Castro 5 ☎ 981 80 41 80, *Fax 981 80 41 80* – AE VISA.

cerrado Navidades y lunes – **Comida** - sólo almuerzo - carta aprox. 25.
◆ Negocio fundado en 1898. Posee un comedor de cuidado montaje y esmerado servicio de mesa, donde podrá degustar sus sabrosos guisos o la exquisita lamprea.

ROJALES *03170 Alacant 577 R 27 128 D 6 – 8 489 h alt. 125.*
La Marquesa, av. Justo Quesada ☎ 96 671 42 58 golfmarquesa@ctv.es Fax 96 671 42 67.
Madrid 436 – Valencia 197 – Alacant/Alicante 43 – Murcia 66.

en la carretera CV 895 *Sureste : 8 km :*

La Laguna, av. Antonio Quesada 53 - urb. Doña Pepa ☎ 96 572 55 77, *info@hotellaguna.com, Fax 96 572 58 55,* Servicios terapéuticos, – – 25/200. AE VISA JCB.
Comida 20 – 10 – **97 hab** 122/135.
◆ Cercano a los Parques Naturales de Las Lagunas. Dispone de habitaciones cálidas y confortables, donde se miman los detalles. Buena oferta en servicios complementarios. Acogedor restaurante especializado en cocina mediterránea tradicional.

RONCESVALLES *Navarra – ver Orreaga.*

RONDA 29400 Málaga 578 V 14 124 D 5 – 35 788 h alt. 750.

Ver : *Localidad★★ - La Ciudad★★ – Puente Nuevo★* Y *- Jardines de Forestier★* Y **A** *– Baños árabes★* Z *– Minarete de San Sebastián★* Z **F** *– Santa María la Mayor★* Z *– Palacio de Mondragón★★ : Museo de la Ciudad* Z **M4** *– Arco de Cristo ≤★★* Y *– Plaza de Toros★* Y **M6** *– Templete de la Virgen de los Dolores★* Y **V**.

Alred. : *Iglesia rupestre de la Virgen de la Cabeza★ ≤★★ 2,7 km por ③ – Cueva de la Pileta★ 20 km por ①.*

Excurs. : *carretera★★ de Ronda a San Pedro de Alcántara por ②.*

pl. de España 9 ☎ 95 287 12 72 otronda@andalucia.org Fax 95 287 12 72 y paseo Blas Infante ☎ 952 18 71 19 turismo@ronda-e.com Fax 952 18 71 47.

Madrid 612 ① – Algeciras 102 ③ – Antequera 94 ① – Cádiz 149 ① – Málaga 96 ② – Sevilla 147 ①

Parador de Ronda, pl. de España ☎ 95 287 75 00, *ronda@parador.es, Fax 95 287 81 88,* ≤, , – |¢| ▤ TV – 25/80. AE ① MC VISA JCB. Y a

Comida 27 – 11 – **70 hab** 108/135 – 8 suites.

◆ Al borde del Tajo, en el edificio del antiguo ayuntamiento. Hall de entrada con llamativa cúpula, y confortables habitaciones que combinan lo rústico con lo moderno. Comedor luminoso y elegante, con una cocina especializada en platos típicos y de caza.

RONDA

Armiñán .... YZ
Carmen Abela (Pl. de) .... Y 5
Cerillo .... Y
Descalzos (Pl. de los) ..... Y
Doctor Fleming (Av.)...... Y 6
Duquesa de Parcent (Pl. de la) .... Z 8
España (Pl. de) .... Y 12
Espinel (Carrera de) ...... Y
Gigante (Pl. del) .... Y 14
González Campos........ Z 15
Imágenes (Cuesta de làs) . Z 18
Juan José de Puya....... Y 3
María Auxiliadora (Pl.) .... Z 2
Marqués de Salvatierra ... Z 21
Merced (Pl. de la) .... Y 24
Padre Mariano Soubirón .. Y 26
Peñas .... Y
Poeta Abul-Beca (Pl.) ..... Z 27
Prado Nuevo........... Z
Real .... Y
Ruedo Alameda (Pl.)...... Z
Ruedo Gameros......... Z 29
Santa Cecilia............ Y 30
Santo Domingo .... Y 33
Sevilla .... Y
Sor Ángela............. Z 34
Tenorio .... YZ
Virgen de la Paz .... Y 36
Virgen de los Dolores..... Y

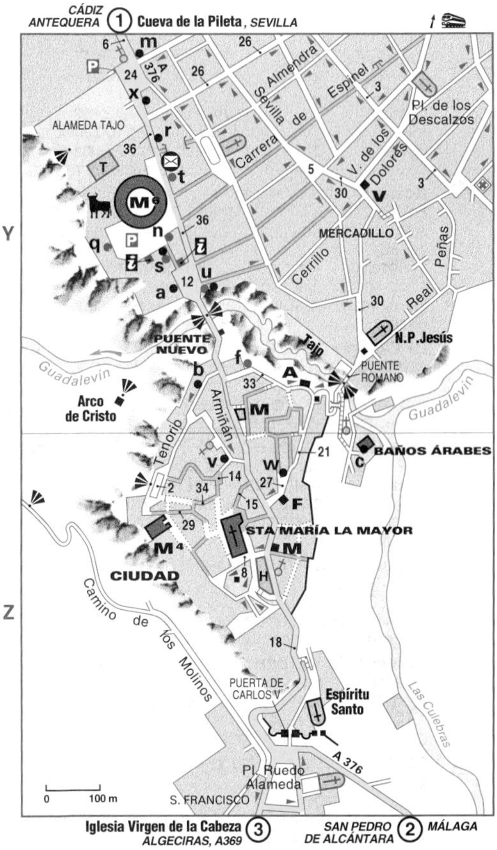

CÁDIZ ANTEQUERA ① Cueva de la Pileta, SEVILLA

Iglesia Virgen de la Cabeza ③ ALGECIRAS, A369 — SAN PEDRO DE ALCÁNTARA ② MÁLAGA

ESPAÑA

Maestranza, Virgen de la Paz 24 ✆ 95 218 70 72, *reservas@hotelmaestranza.com, Fax 95 219 01 70* – |♦| ≡ TV 🚗 – 25/200. AE ⓓ MC VISA. ✂ Y r
Sol y Sombra : **Comida** carta 23 a 32 – ☕ 8,21 – **52 hab** 78,90/123,36 – 2 suites.
◆ Disfrute de su visita en un hotel con la tecnología más actual. Se aprecian los materiales de calidad, tanto en el hall-recepción como en sus bien equipadas habitaciones. El restaurante se ofrece como una buena opción para conocer la cocina serrana.

San Gabriel sin rest, Marqués de Moctezuma 19 ✆ 95 219 03 92, *info@hotelsangabriel.com, Fax 95 219 01 17* – |♦| ≡ TV. AE MC VISA. ✂ Z v
cerrado Navidades y del 21 al 31 de julio – ☕ 6,50 – **16 hab** 68/85.
◆ Mansión señorial del s. XVIII que conserva el encanto de un pasado noble. Sus habitaciones tienen una decoración distinta, con gusto en los detalles y mobiliario antiguo.

El Juncal, carret. de El Burgo : 1 km y desvío a la derecha 0,5 km ✆ 952 16 11 70, *hotel@eljuncal.com, Fax 952 16 11 60*, Bodega propia, – ≡ TV ✆ & P. AE ⓓ MC VISA. ✂ por ① Y
cerrado 15 días en enero y 15 días en febrero – **Comida** - sólo clientes - 42 – ☕ 12 – **7 hab** 103/115 – 4 suites.
◆ Instalado en un antiguo cortijo con bodega propia, donde podrá ver todo el proceso de elaboración del vino. Sus dependencias, de línea minimalista, ofrecen un elevado confort.

Montelirio, Tenorio 8 ✆ 952 87 38 55, *recepcion@hotelmontelirio.com, Fax 952 16 11 85*, Bodega y alberca, – |♦| ≡ TV P – 25/40. AE ⓓ MC VISA. ✂
Albacara : **Comida** carta 30 a 40 – **15 hab** ☕ 100/150. Y b
◆ Casa-palacio del s. XVII dotada de impresionantes vistas sobre el río Guadalevín. Posee habitaciones personalizadas en su decoración, un patio y una espectacular terraza. Desde algunas mesas de su restaurante también se disfruta de una magnífica panorámica.

Reina Victoria, av. Dr. Fleming 25 ✆ 95 287 12 40, *reinavictoriaronda@husa.es, Fax 95 287 10 75*, ≤ valle y serranía de Ronda, – |♦| ≡ TV P – 25/200. AE ⓓ MC VISA JCB. ✂ rest por ①
Comida 23 – ☕ 11 – **87 hab** 85/124 – 2 suites.
◆ Atractivo edificio al borde del Tajo, con espléndidas vistas al valle y la serranía de Ronda. De aire inglés, posee amplias habitaciones y una elegante zona noble. Luminoso comedor de ambiente clásico-funcional con el suelo en mármol.

Acinipo, José Aparicio 7 ✆ 95 216 10 02, *hacinipo@serraniaderonda.com, Fax 95 216 10 02*, – |♦| ≡ TV – 25/50. AE ⓓ MC VISA. ✂ Y s
Atrium *(cerrado del 10 al 31 de enero y lunes)* **Comida** carta 24 a 38 – ☕ 7 – **14 hab** 77/96.
◆ Hotel de línea moderna situado junto a la plaza de toros. Buen hall dotado de salón social y confortables habitaciones, con los suelos en madera y luz natural en los baños. El restaurante posee acceso independiente y un comedor con mucho diseño.

La Casona de la Ciudad sin rest, Marqués de Salvatierra 5 ✆ 95 287 95 95, *reservas@lacasonadelaciudad.com, Fax 95 216 10 95*, – |♦| ≡ TV 🚗. MC VISA Z w
☕ 12 – **9 hab** 90/100.
◆ Casona del s. XVI que cuenta con una bonita terraza ajardinada, una amplia zona noble y unas habitaciones con muebles de anticuario y preciosos baños.

Don Miguel, pl. de España 4 ✆ 95 287 77 22, *info@dmiguel.com, Fax 95 287 83 77*, ≤ – |♦| ≡ TV ✆ 🚗. AE ⓓ MC VISA JCB. ✂ Y u
Comida - ver rest. ***Don Miguel*** – **30 hab** ☕ 55/85.
◆ Hotel confortable y bien equipado, ampliado recientemente con nuevas habitaciones. Mantiene un mobiliario rústico de inspiración provenzal, y unas correctas zonas comunes.

Royal sin rest, Virgen de la Paz 42 ✆ 95 287 11 41, *hroyal@ronda.net, Fax 95 287 81 32* – ≡ TV. AE ⓓ MC VISA. ✂ Y x
☕ 2,50 – **29 hab** 26/43.
◆ Sencillo hotel de amable organización. Posee habitaciones funcionales y bien equipadas, que resultan muy correctas para su categoría. Espacio social algo limitado.

Alavera de los Baños, Hoyo San Miguel, ✉ apartado 97, ✆ 952 87 91 43, *alavera@ctv.es, Fax 952 87 91 43*, – MC VISA. ✂ Z c
cerrado diciembre y enero – **Comida** carta 22 a 34 – **10 hab** ☕ 55/80.
◆ Habitaciones coquetas pero reducidas, sólo con plato ducha en los baños. Ofrece una decoración en colores vivos y ocres, así como un pequeño patio-jardín con alberca.

Colón sin rest con cafetería, Pozo 1 ✆ 952 87 02 18, *Fax 952 87 00 80* – |♦| ≡ TV. MC VISA. ✂ Y m
☕ 3 – **10 hab** 25/50.
◆ Hotel de gran funcionalidad y sencillez, aunque ostenta un digno confort en sus habitaciones. Posee una amplia cafetería en la planta baja, donde sirven el desayuno.

Arunda I sin rest, Tabares 2 ☎ 952 19 01 02, *hotelesarunda@serraniaderonda.com, Fax 952 19 05 98* – |♦| ▤ TV. AE ⓓ ⓜⓒ VISA. ✈ por carret. de la estación Y
☕ 1,80 – **12 hab** 25,68/40.
◆ Amable organización familiar, que le ofrece unas habitaciones con todo lo necesario dentro de su modestia. Mobiliario rondeño, y pulcro mantenimiento.

XXX ✿ **Tragabuches,** José Aparicio 1 ☎ 95 219 02 91, *tragabuches@tragabuches.com, Fax 95 287 86 41* – ▤. AE ⓓ ⓜⓒ VISA. ✈ Y s
cerrado domingo noche y lunes – **Comida** 68,34 y carta 40 a 49.
Espec. Gazpacho de cerezas, nieve de queso fresco y anchoas. Sémola helada de aceite de oliva, pan tostado y ajo. Lubina en espeto.
◆ Decoración de diseño vanguardista en una casa del s. XIX, que con su nombre rinde homenaje a un bandolero local. Confortables comedores para una cocina creativa andaluza.

XXX **Del Escudero,** paseo de Blas Infante 1 ☎ 952 87 13 67, *info@delescudero.com, Fax 952 87 45 32,* ≤ valle, ☂ – ▤. AE ⓓ ⓜⓒ VISA. ✈ Y q
cerrado domingo noche – **Comida** carta aprox. 34.
◆ Chalet señorial junto al Tajo con hermosos detalles de diseño, que posee salas luminosas, suelos en mármol y grandes ventanales con vistas al valle. Agradable jardín.

XX **Casa Santa Pola,** Santo Domingo 3 ☎ 952 87 92 08, *santapola@ronda.net, Fax 952 87 93 28,* ☂ – AE ⓓ ⓜⓒ VISA JCB. ✈ Y f
Comida carta 30 a 36.
◆ Preciosa casa de estilo árabe con múltiples salitas y balcones colgados sobre el Tajo, distribuida en cinco plantas. Salón con espectáculo de flamenco.

XX **Don Miguel** - *Hotel Don Miguel,* pl. de España 5 ☎ 95 287 10 90, *info@dmiguel.com, Fax 95 287 83 77,* ☂ – |♦| ▤. AE ⓓ ⓜⓒ VISA JCB. ✈ Y u
cerrado domingo mediodía de junio a agosto – **Comida** carta aprox. 26.
◆ Disfruta de una situación privilegiada, con bellas terrazas a modo de balcones escalonados sobre el Tajo. Salas sencillas y acogedoras dotadas de un correcto montaje.

XX **Pedro Romero,** Virgen de la Paz 18 ☎ 95 287 11 10, *pedroromero@ronda.net, Fax 95 287 10 61* – ▤. AE ⓓ ⓜⓒ VISA. ✈ Y t
Comida carta aprox. 41.
◆ Restaurante de organización familiar seria. En sus salas se aprecia todo el tipismo de Andalucía, con mobiliario regional y las paredes cuajadas de motivos taurinos.

XX **Jerez,** paseo de Blas Infante 2, ✉ apartado 447, ☎ 95 287 20 98, *restaurantejerez@restaurantejerez.com, Fax 95 287 46 36,* ☂ – ▤. AE ⓓ ⓜⓒ VISA JCB. ✈ Y n
Comida carta 26 a 33.
◆ Familiar y con una brigada profesional. Comedores renovados en un cálido estilo rústico, con profusión de madera, y una cocina correcta pero sin alardes. Terraza funcional.

en la carretera A 376 *por ① : 5,5 km y desvío a la derecha 3,2 km :*

La Fuente de la Higuera ⚘ (es necesario reservar), Partido de los Frontones, ✉ 29400, ☎ 95 211 43 55, *info@hotellafuente.com, Fax 95 211 43 56,* ≤ olivares y valle, ☂, ⛱ – TV P. ⓜⓒ VISA. ✈
Comida - sólo clientes - 35 – **4 hab** ☕ 120/135 – 6 suites, 1 apartamento.
◆ Elegante mansión rural con magníficas vistas al valle y los olivares. Lujo y confort a su servicio, con amplias habitaciones donde destaca el exquisito gusto en los detalles.

ROQUETAS DE MAR *04740 Almería* 578 *V 22* 124 *S 5 – 32 361 h – Playa.*

18 Playa Serena, urb. Playa Serena ☎ 950 33 30 55 Fax 950 33 30 55.
Madrid 605 – Almería 18 – Granada 176 – Málaga 208.

en la urbanización Roquetas de Mar *Sur : 4 km :*

XX **Al-Baida,** av. Las Gaviotas 94, ✉ 04740, ☎ 950 33 38 21, *Fax 950 33 39 51,* ☂ – ▤. AE ⓓ ⓜⓒ VISA JCB
cerrado marzo y miércoles – **Comida** carta 25 a 47.
◆ Emblemático rincón de la cocina almeriense. Su variada carta se completa con unas salas de estilo clásico-moderno y un buen servicio de mesa. Productos de calidad.

*En esta guía, el mismo símbolo en **rojo** o en **negro**, la misma palabra en letra fina o en negrita, no significan lo mismo. Lea atentamente la introducción.*

ROSES o **ROSAS** *17480 Girona* 574 F 39 122 j 3 – *13 594 h – Playa.*
Ver : *Localidad★ – Ciudadela★.*
av. de Rhode 101 972 25 73 31 otroses@ddgi.es Fax 972 15 11 50.
Madrid 763 – Barcelona 153 – Girona/Gerona 56.

Terraza, passeig Marítim 16 972 25 61 54, *info@hotelterraza.com, Fax 972 25 68 66,* climatizada – 25/150. rest
marzo-15 noviembre – **Comida** 32 – **96 hab** 130/170.
• Hotel de larga tradición familiar en pleno paseo marítimo. Dispone de una variada zona social y habitaciones de completo equipamiento, la mayoría de ellas actualizadas. Cuenta con dos comedores, destacando el de invierno por sus vistas al mar.

Coral Platja, av. de Rhode 28 972 25 21 10, *reservas@prestigehotels.com, Fax 972 25 21 01,* –
cerrado enero – **Comida** - sólo buffet - 19,50 – **167 hab** 103/152.
• Situado en 1ª línea de playa y con una organización profesional. Tras la renovación de las instalaciones ha mejorado sustancialmente su nivel. Espacioso comedor con decoración marinera, centrando su actividad en el buffet.

Ramblamar, av. de Rhode 153 972 25 63 54, *hotelsrisech@vodafone.es, Fax 972 25 68 11,* mar –
Semana Santa-15 octubre – **Comida** 17 – 7,20 – **52 hab** 36/61,80.
• Llevado en familia, posee unas funcionales habitaciones de buen nivel de confort, con baños actuales. Muy válido como recurso de playa. Comedor con vistas al mar y abundante luz natural, combinando la carta y el menú.

Goya sin rest, Riera Ginjolers 972 25 61 23, *info@goyahotel.com, Fax 972 15 14 61,* –
abril-octubre – **75 hab** 61/93,50.
• De línea clásica, cuenta con unas habitaciones de confort y equipamiento acordes a su categoría. Correcta zona noble que incluye una amplia sala para desayunos.

Mont-Mar, Dr. Ferran 7 972 45 97 00, *hotelmontmar@hotmail.com, Fax 972 45 97 01* –
cerrado 15 diciembre-6 enero – **Comida** *(cerrado sábado en invierno)* 7,50 – **35 hab** 40,60/63,90.
• Establecimiento de nueva construcción dotado de habitaciones insonorizadas, confortables y bien equipadas, con sanitarios modernos. Discretos espacios sociales.

Novel Risech, av. de Rhode 183 972 25 62 84, *hotelsrisech@vodafone.es, Fax 972 25 68 11,* – rest,
Comida 16 – 6,60 – **78 hab** 34,80/58,80.
• Ubicado frente al mar. Dirigido por un amable matrimonio, cuenta con unas dependencias muy funcionales que resultan de suficiente confort en su categoría. Espacioso comedor de pulcro mantenimiento.

Flor de Lis, Cosconilles 47 972 25 43 16, *Fax 972 25 43 16* –
22 diciembre-5 enero y Semana Santa-15 octubre – **Comida** *(cerrado martes salvo julio-septiembre)* - sólo cena, cocina francesa - carta 37 a 48.
• Instalado en una antigua casa de piedra, posee dos salas de inspiración rústica con el techo abovedado. Ofrece una carta arraigada en la tradición culinaria francesa.

Die Insel, Pescadors 17 972 25 71 23, *Fax 972 15 37 69* –
cerrado 10 enero-10 marzo y martes – **Comida** carta 30 a 51.
• Llevado con profesionalidad por un alemán afincado en la localidad, dispone de una acogedora sala de correcto montaje, donde degustará una cocina generosa en pescados.

Llevant, av. de Rhode 145 972 25 68 35, –
cerrado noviembre-31 enero, lunes noche y martes salvo verano – **Comida** carta 19 a 27.
• Pequeño establecimiento de línea clásica llevado en familia, con una terracita en la entrada y una sala de sencillo servicio de mesa. Personal amable.

en la urbanización Santa Margarida *Oeste : 2 km :*

Monterrey, passeig Marítim 72, 17480 Roses, 972 25 66 76, *hotel@monterrey.es, Fax 972 25 38 69,* climatizada – rest,
15 marzo-20 noviembre – **Comida** 14,50 – 9 – **135 hab** 74/105.
• Acogedor hotel en constante renovación, dotado de una completa zona noble y unas habitaciones de buen nivel de confort con baños actuales. Acceso directo a la playa. Comedor de notable amplitud que basa su oferta en el buffet.

Marítim, Jacinto Benavente 2, ✉ 17480 Roses, ☎ 972 25 63 90, *info@hotelmaritim.es, Fax 972 25 68 75*, ≤, – |‡|, ▤ rest, P. AE MC VISA.
19 marzo-5 noviembre – **Comida** - sólo buffet - 11 – **145 hab** 74/112.
◆ Ubicado en 1ª línea de playa, pone a su disposición unas habitaciones funcionales y bien equipadas, con baños en mármol. Espaciosos salones sociales. Nutrido buffet con especialidades frías y calientes.

Montecarlo, av. de la Platja, ✉ 17480 Roses, ☎ 972 25 66 73, *info@hotelmontecarlo.net, Fax 972 25 57 03*, ≤, – |‡|, ▤ rest,. AE MC VISA. rest
15 marzo-15 octubre – **Comida** 13 – 7 – **126 hab** 58/80.
◆ Establecimiento funcional y de línea clásica, situado frente al mar. Posee unas habitaciones de suficiente confort con baños un tanto anticuados, y una correcta zona noble. Comedor con servicio de buffet.

El Jabalí con hab, Jacinto Benavente, ✉ 17480 Roses, ☎ 972 25 65 25, *thalassasport@xarxacontrol.es, Fax 972 15 33 28*, – ▤ TV. MC VISA
Comida *(cerrado 15 noviembre-15 diciembre y miércoles)* carta 19 a 26 – **4 hab** 67/104.
◆ Negocio de organización familiar con el comedor decorado en un cuidado estilo rústico, que centra su actividad en las cenas. Posee habitaciones como complemento.

en la playa de Canyelles Petites *Sureste : 2,5 km :*

Vistabella, av. Díaz Pacheco 26, ✉ 17480 Roses, ☎ 972 25 62 00, *info@vistabellahotel.com, Fax 972 25 32 13*, ≤, – |‡| ▤ TV P. AE MC VISA. rest
Semana Santa-noviembre - ***Els Brancs*** *(sólo cena salvo miércoles, domingo y festivos, cerrado lunes salvo julio-agosto y festivos)* **Comida** carta 47 a 54 – **21 hab** 280 – 8 suites.
◆ Goza de un magnífico emplazamiento frente a una cala y posee una agradable terraza ajardinada. Acogedoras habitaciones y unas espléndidas suites con decoración surrealista. Restaurante de estilo mediterráneo, en tonos blancos y con hermosas vistas al mar.

en la playa de La Almadraba *Sureste : 4 km :*

Almadraba Park H., ✉ 17480 Roses, ☎ 972 25 65 50, *almadrabapark@almadrabapark.com, Fax 972 25 67 50*, ≤ mar, – |‡| ▤ TV P – 25/190. AE MC VISA.
23 abril-18 octubre – **Comida** 37 – **60 hab** 120/200 – 6 suites.
◆ Atractivo hotel de cuidados exteriores, emplazado en una pequeña colina con terrazas ajardinadas sobre la bahía. Confortables habitaciones equipadas con baños modernos. Luminoso comedor desde donde se contempla el mar.

en Cala Montjoi *Sureste : 7 km :*

El Bulli, ✉ 17480 apartado 30 Roses, ☎ 972 15 04 57, *bulli@elbulli.com, Fax 972 15 07 17*, ≤, – ▤ P. AE MC VISA JCB.
abril-octubre – **Comida** *(cerrado lunes y martes salvo julio-septiembre)* - sólo cena - 145.
Espec. "Espardenyes" al jamón, gelée de yogur, "llardons" de jamón. Gambas al natural. Tierra de chocolate.
◆ Meca gastronómica en una escondida cala, de acogedor marco rústico, con una bella terraza. Alta profesionalidad, brigada cualificada e imaginación desbordada en cocina.

ROTA *11520 Cádiz* 578 W 10 – *27 139 h – Playa.*

Ver : *Villa vieja★ – Iglesia de Nuestra Señora de la O★ – Playa de la Costilla★.*

Cuna 2 (Palacio Municipal Castillo de Luna) ☎ 956 84 63 45 turismorota@hotmail.com Fax 956 84 63 46.

Madrid 632 – Cádiz 44 – Jerez de la Frontera 34 – Sevilla 125.

Duque de Nájera, Gravina 2 ☎ 956 84 60 20, *direccion@hotelduquedenajera.com, Fax 956 81 24 72*, ≤, – |‡| ▤ TV – 25/300. AE MC VISA.
El Embarcadero : **Comida** carta 30 a 36 - ***La Bodega*** *(sólo cena buffet)* **Comida** carta aprox. 22 – 10 – **92 hab** 137/170.
◆ Hotel de línea clásica-actual ubicado en 1ª línea de playa. De atractivo exterior, las espléndidas instalaciones y las confortables estancias son las notas que lo definen. El restaurante El Embarcadero goza de entrada independiente y una decoración marinera.

en la carretera de Chipiona *Oeste : 2 km :*

Playa de la Luz, av. Diputación, ✉ 11520, ☎ 956 81 05 00, *reservas@hotelplayadelaluz.com, Fax 956 81 06 06*, – ▤ TV P – 25/300. AE MC VISA.
Comida 21,70 - ***Atlántico*** : **Comida** carta 23 a 33 – 10,35 – **235 hab** 107,60/134,55.
◆ Complejo hotelero en 1ª línea de playa, distribuido en varios pabellones, con jardines entre ellos. El aire decorativo andaluz inunda sus completas dependencias. El restaurante Atlántico cuida mucho sus elaboraciones, primando los matices locales.

Las ROZAS DE MADRID *28230 Madrid* 576 K 18 575 K 18 121 G 7 – *59 002 h alt. 718.*

Madrid 19 – Segovia 91.

XX **El Asador de Aranda,** vía de servicio autovía A 6 - Sureste : 1,5 km ☎ 91 639 30 27, *Fax 91 556 62 02*, – ▤ P. AE ① ⓂⒸ VISA. ✂
cerrado del 9 al 31 de agosto y domingo noche – **Comida** - cordero asado - carta aprox. 26.
◆ El cordero asado es el protagonista. Comedor de sabor castellano en dos niveles, con el horno de leña a la vista, un agradable patio-terraza y una sala-mirador con vidrieras.

XX **La Chalota,** La Fuente 7 ☎ 91 637 38 98, *info@lachalota.com* – ▤. ⓂⒸ VISA. ✂
cerrado 21 días en agosto y domingo – **Comida** carta 28 a 38.
◆ Cálido comedor de línea clásica en el que destacan sus aparadores antiguos y el atractivo tapizado del mobiliario. Ofrece un servicio de mesa bastante cuidado.

RUBÍ *08191 Barcelona* 574 H 36 122 C 8 – *50 384 h alt. 123.*

Madrid 616 – Barcelona 26 – Lleida/Lérida 160 – Mataró 43.

Sant Pere II sin rest, Riu Segre 27 ☎ 93 588 59 95, *Fax 93 588 50 36* – |‡| ▤ TV. ⓂⒸ VISA JCB
☕ 7 – **18 hab** 75/87.
◆ Hotel de reducidas dimensiones y línea clásica, dotado de una zona social que incluye la cafetería. Habitaciones funcionales, con mobiliario actual y baños completos.

RUBIELOS DE MORA *44415 Teruel* 574 L 28 – *570 h alt. 929.*

pl. de Hispanoamérica 1 ☎ 978 80 40 01 rubimora@teleline.es Fax 978 80 46 00.

Madrid 357 – Castelló de la Plana/Castellón de la Plana 93 – Teruel 56.

Los Leones , pl. Igual y Gil 3 ☎ 978 80 44 77, *hoteleones@gudar.com*, *Fax 978 80 46 15* – AE ① ⓂⒸ VISA. ✂
Comida 18 – ☕ 6 – **12 hab** 60/80.
◆ La restauración de este caserón del s. XVII quiso respetar su noble origen, evocando tiempos pasados. Recréese en sus estancias rústicas y descubra el bello patio interior. Comedor dispuesto en dos salas, ofreciendo una cocina tradicional actualizada.

Montaña Rubielos , av. de los Mártires ☎ 978 80 42 36, *reservas@hotelrubielos.com*, *Fax 978 80 42 84*, ≤, Fø, , – ▤ rest, TV P – 25/150. ⓂⒸ VISA. ✂
Comida 18 – ☕ 7 – **37 hab** 47/84.
◆ Conjunto de correcta distribución rodeado por un amplio jardín. Posee habitaciones de buen confort, dotadas de mobiliario castellano y baños completos. Vistas al campo. Luminoso comedor con un montaje de calidad.

Si se retrasa en el camino y no puede llegar antes de las 18h, confirme telefónicamente su reserva, es más seguro... y es la costumbre.

RUEDA (Monasterio de) *Zaragoza – ver Sástago.*

RUGAT *46842 València* 577 P 28 – *199 h alt. 300.*

Madrid 398 – Alcoi 41 – Denia 46 – Gandía 21.

La Casa Vieja , Horno 4 ☎ 96 281 40 13, *info@lacasavieja.com, Fax 96 281 40 13*, , – ⓂⒸ VISA. ✂ rest
cerrado 15 diciembre-15 enero – **Comida** *(cerrado lunes y martes en verano)* - sólo cena, sólo fines de semana en invierno - carta aprox. 28 – **6 hab** ☕ 70/85.
◆ Pequeño establecimiento de marco rústico en un ambiente agradable y tranquilo. A destacar el salón social con chimenea y las habitaciones sencillas pero confortables. Restaurante con dos salas que evocan el carácter mediterráneo y una atractiva terraza.

RUILOBA *39527 Cantabria* 572 B 17 – *731 h alt. 35.*

Madrid 393 – Aguilar de Campóo 106 – Oviedo 150 – Santander 41.

La Cigoña , barrio La Iglesia ☎ 942 72 10 75, *lacigoña@ceoecant.es*, *Fax 942 72 10 75*, , – TV. AE ① ⓂⒸ VISA JCB
Comida *(cerrado miércoles)* 15 – ☕ 6,60 – **15 hab** 36/48.
◆ Antigua casa, sabiamente rehabilitada, con un bonito jardín. La mayoría de sus habitaciones poseen suelo en parquet y un cuidado mobiliario que rememora otros tiempos. Agradable comedor de estilo rústico con las paredes en piedra.

SABADELL 08200 Barcelona 574 H 36 122 C 7 – 189 184 h alt. 188.

Madrid 626 ② – Barcelona 23 ② – Lleida/Lérida 169 ② – Mataró 47 ② – Tarragona 108 ②.

Planos páginas siguientes

Sabadell, pl. Catalunya 10, ✉ 08206, ☎ 93 727 92 00, *sabadell@hoteles-catalonia.es, Fax 93 727 86 17* – |♦|, ▤ ▣ ☎ ♿ 🚗 – 🅰 25/300. AE ⓓ ⓜ VISA. ✂ AY a
Comida carta aprox. 30 – ☕ 10 – **110 hab** 87/103.
◆ De moderna concepción y dotado de una buena zona social. Sus confortables habitaciones, de mobiliario clásico y con los suelos en parquet, resultan ideales para el descanso. Su cuidado comedor se complementa con varios salones panelables para banquetes.

G.H. Verdi, av. Francesc Macià 62, ✉ 08208, ☎ 93 723 11 11, *verdi@hoteles-catalonia.es, Fax 93 723 12 32* – |♦|, ▤ ▣ ☎ ♿ 🚗 – 🅰 25/450. AE ⓓ ⓜ VISA. ✂ AX b
Comida carta aprox. 30 – ☕ 10 – **194 hab** 87/103 – 1 suite.
◆ Céntrico y de línea actual, con un espacioso hall, salones de convenciones panelables y habitaciones de completo equipamiento decoradas en distintos estilos. Correcto comedor donde se elabora una cocina de tendencia regional.

Urpí, av. 11 Setembre 38, ✉ 08208, ☎ 93 723 54 19, *hotelurpi@terra.es, Fax 93 723 35 28* – |♦|, ▤ ▣ ☎ 🚗 – 🅰 25/600. AE ⓓ ⓜ VISA. ✂ rest BX c
Comida 11 – ☕ 7 – **123 hab** 55/68.
◆ Hotel de organización familiar actualizado parcialmente y dotado de una amplia zona noble. Sus habitaciones, unas clásicas y otras modernas, se completan con buenos baños.

Can Feu, Pintor Borrassà 43, ✉ 08205, ☎ 93 727 70 42 – ▤. ⓜ VISA. ✂ AZ e
cerrado agosto, sábado noche, domingo y festivos – **Comida** carta 28 a 47.
◆ Casa de larga trayectoria y organización familiar. Posee tres salas de aire clásico, donde ofrecen una carta tradicional que pone especial atención en los pescados y mariscos.

Forrellat, Horta Novella 27, ✉ 08201, ☎ 93 725 71 51, *Fax 93 725 71 51* – ▤. AE ⓜ VISA. ✂ BZ d
cerrado Semana Santa, 21 días en agosto, domingo y lunes noche – **Comida** carta 24 a 41.
◆ Restaurante de carácter familiar cuya sala, decorada en estilo moderno, cuenta con un esmerado montaje. Sirven platos típicos de la zona que cambian según la temporada.

Txesuskoa, d'en Font 18, ✉ 08201, ☎ 93 727 92 83 – ▤. ⓜ VISA. ✂ BY f
cerrado agosto y domingo – **Tapa** 0,90 **Ración** - tapas vascas - aprox. 3,50.
◆ De atractivo exterior y ambiente distendido, goza del favor de una clientela joven. Nutrida variedad en tapas y raciones de inspiración vasca.

S'ABANELL (Playa de) *Girona – ver Blanes.*

SABINOSA *Santa Cruz de Tenerife – ver Canarias (El Hierro).*

SABIÑÁNIGO 22600 Huesca 574 E 28 – 9 917 h alt. 798.

Madrid 443 – Huesca 53 – Jaca 18.

La Pardina 🐁, Santa Orosia 36 (carret. de Jaca) ☎ 974 48 09 75, *hlp@fantasia-hoteles.com, Fax 974 48 10 73,* 🏊, 🌳 – |♦|, ▤ rest, ▣ ☎ P. AE ⓓ ⓜ VISA. ✂
Comida 12 – **63 hab** ☕ 81/120.
◆ Hotel con un cuidado jardín junto a un pinar en el que destaca una espectacular fuente. Las habitaciones, que han sido actualizadas, resultan funcionales en su confort. El restaurante posee un coqueto comedor a la carta con chimenea.

SACEDÓN 19120 Guadalajara 576 K 21 – 1 632 h alt. 740.

Madrid 107 – Guadalajara 51.

Mariblanca sin ☕ salvo verano, pl. de Abajo 2 ☎ 949 35 00 44, *mariblanca@wanadoo.es, Fax 949 35 02 55,* 🏊, 🌳 – ▤ ▣ P. AE ⓜ VISA. ✂ – *cerrado del 15 al 30 de septiembre* – **Comida** *(cerrado domingo noche)* 10 – **31 hab** 30,45/50,40.
◆ Pequeño hotel familiar de fachada clásica. Dotado de habitaciones sobrias y baños actuales, con salida a un amplio jardín donde se ubica la piscina. Comedor de cálida decoración que tiene en el cabrito asado la especialidad de la casa.

SADA 15160 A Coruña 571 B 5 – 9 190 h – Playa.

Madrid 584 – A Coruña 20 – Ferrol 38 – Santiago de Compostela 68.

Sada Marina H., paseo Marítimo ☎ 981 62 34 06, *info@hotelsadamarina.com, Fax 981 62 38 06,* ≤ – |♦|, ▤ rest, ▣ 🚗 – 🅰 25/1000. AE ⓓ ⓜ VISA JCB. ✂ rest
Comida 15 – ☕ 7,80 – **76 hab** 92,69/115,72 – PA 36,33.
◆ Su proximidad a la playa evidencia una orientación vacacional. Disfruta de amplias zonas nobles y ofrece habitaciones de correcto confort, todas ellas con terraza. Comedor diáfano dotado de entrada independiente, suelos en madera y paredes en ladrillo visto.

SABADELL

Advocat Cirera	BY	2
Angel Guimera	BZ	3
Borriana	BY	4
Can Feu (Pg.)	AYZ	5
Casanovas i Bosch	CY	6
Doctor Puig	BY	8
Doctor Robert (Pl.)	BY	7
Escola Industrial	BY	10
Església	BY	11
Francesc Izard	CX	12
Joan Maragall	BY	14
Lluís Carreras	AX	15
Lluna	BY	17
Mare de Deu de les Neus	BY	18
María Fortuny	BY	19
Mestre Rius	BY	20
Monterols	BX	22
Mossèn Gaietà	BZ	23
Narcisa Freixas	CY	24
Pedregar	BY	25
Prats de Lluçanès (Ctra. de)	AX	27
Puigcerda	AZ	28
Rosa	BY	29
Sant Antoni M Claret	BY	32
Sant Antoni	BY	31
Sant Feliu	BY	33
Sant Francesc	BY	34
Sant Roc (Pl.)	BY	35

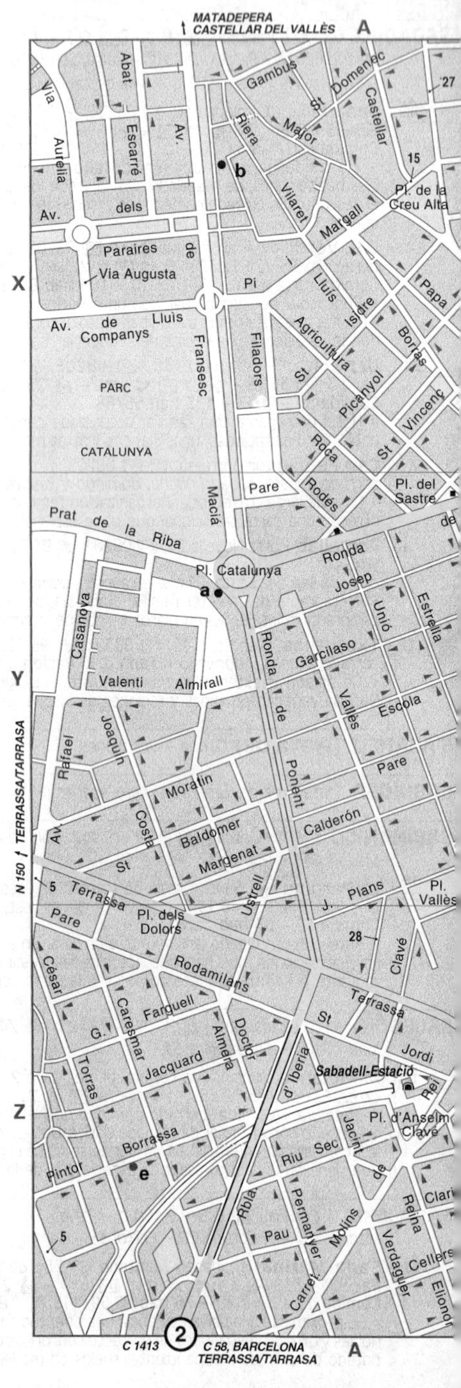

MATADEPERA
CASTELLAR DEL VALLÈS
B
C
X
Y
Z
C 155, GRANOLLERS
C 1413, CALDES DE MONTBUI
200m
Ripoll
PARC TAULÍ
TORRE DE L'AIGUA
Pl. dels Usatges
Pl. de Pep Ventura
Pl. del Taulí
Pl. Batlle Marcet
Pl. Granados
LA PURÍSSIMA
ST SALVADOR
Pl. de St Salvador
Pl. de Fr. Mompou
SABADELL-CENTRE
Pl. d'Antoni Llonch
Pl. del Mercat
Pl. de St Jaume
ST FELIU
ST ANTONI
Pl. del Gas
Sabadell-Rambla
ESCOLA TEXTIL D'ARTS I OFICIS
Pl. de St Joan
C 58
Santa Maria de Barberà
A 18
717

SÁDABA *50670 Zaragoza* 574 F 26 – *1 712 h alt. 454.*
Madrid 373 – Huesca 116 – Pamplona 90 – Zaragoza 93.

Hospedería de Sádaba, Mayor 18 ✆ 976 67 53 77, *Fax 976 67 53 77* – rest,. VISA.
Comida 8,50 – **18 hab** 28/56.
◆ Antiguo caserón nobiliario con una bella fachada. Las habitaciones resultan algo sobrias en su decoración, con vigas de madera en los techos y mobiliario de estilo rústico. Espacioso comedor de aceptable montaje en el 1er piso.

SAELICES *16430 Cuenca* 576 M 21 – *636 h alt. 931.*
Ver : *Ciudad romana de Segóbriga (anfiteatro★).*
Madrid 102 – Toledo 120 – Cuenca 74 – Guadalajara 122.

en la carretera CM 310 *Suroeste : 9 km :*

Hospedería Casas de Luján, ✉ 16430, ✆ 680 990 951, *casasdelujan@casasdelujan.com, Fax 659 010 666,* – – 25/300. AE VISA.
cerrado 15 febrero-15 marzo – **Comida** *(cerrado lunes)* - sólo almuerzo salvo viernes y sábado - 21 – 6 – **7 hab** 60/85.
◆ Casa labriega del s. XVI con los muros en mampostería, salvaguardando el encanto de la arquitectura popular. Interior rústico con profusión de madera y baños de plato ducha. El restaurante, con sus grandes mesas, comparte el estilo decorativo de toda la villa.

S' AGARÓ *17248 Girona* 574 G 39 122 I 6 – *Playa.*
Ver : *Localidad★ (≤★).*
Madrid 717 – Barcelona 103 – Girona/Gerona 42.

Hostal de La Gavina , pl. de la Rosaleda ✆ 972 32 11 00, *gavina@lagavina.com, Fax 972 32 15 73,* ≤, , , , , – – 25/250. AE VISA. rest
30 diciembre-2 enero y Semana Santa-26 octubre – ***Candlelight*** *(sólo cena)* **Comida** carta 41 a 59 – 19 – **58 hab** 215/270 – 16 suites.
◆ Instalaciones palaciegas de gran lujo decoradas con antigüedades. Sus magníficas dependencias combinan el elevado confort con una refinada elegancia. Fitness e hidroterapia. El exquisito restaurante Candlelight hace gala de un hermoso patio señorial.

S'Agaró H. , platja de Sant Pol ✆ 972 32 52 00, *info@hotelsagaro.com, Fax 972 32 45 33,* ≤, , , – – 25/250. AE VISA. rest
febrero-octubre – **Comida** carta aprox. 32 – 12 – **97 hab** 119/190.
◆ Acogedor hotel situado frente al mar, dotado de unas dependencias cuidadas al detalle con mobiliario de estilo clásico. Amplia zona noble y atractiva piscina ajardinada.

Sant Pol, platja de Sant Pol 125, ✉ 17248, ✆ 972 32 10 70, *info@hotelsantpol.com, Fax 972 82 23 78,* ≤, – . AE VISA JCB. rest
cerrado noviembre – **Comida** 17,50 – **24 hab** 77,50/98,50.
◆ Ubicado en 1ª línea de playa. De organización familiar, posee unas habitaciones completamente equipadas, dos de ellas con jacuzzi y una adaptada para discapacitados físicos. Restaurante muy orientado al cliente de paso, con carta de buen nivel.

La Taverna del Mar, platja de Sant Pol ✆ 972 32 38 00, *pellicer@latavernadelmar.com, Fax 972 82 18 46,* ≤, , – AE VISA. – *cerrado diciembre, lunes noche y martes salvo julio y agosto* – **Comida** - pescados y mariscos - carta 51 a 60.
◆ Su privilegiado emplazamiento y la cuidada decoración de aire marinero, con elegante mobiliario en mimbre, recrean un cálido marco. Productos de excelente calidad.

SAGUNT o SAGUNTO *46500 València* 577 M 29 – *58 164 h alt. 45.*
Ver : *Acrópolis ★.*
pl. Cronista Chabret ✆ 96 266 22 13 touristinfo.sagunto@turisme.m400.gva.es Fax 96 266 26 77.
Madrid 350 – Castelló de la Plana/Castellón de la Plana 40 – Teruel 120 – València 28.

Azahar sin rest y sin , av. Pais Valencià 8 ✆ 96 266 33 68, *Fax 96 265 01 75* – . VISA.
25 hab 48/60.
◆ Hotel familiar dotado de habitaciones correctas y completamente equipadas, insonorizado con doble ventana. Personal amable y trato cordial.

L'Armeler, subida del Castillo 44 ✆ 96 266 43 82, *info@larmeler.com, Fax 96 266 43 82,* – . AE VISA
Comida - sólo almuerzo de noviembre a marzo salvo jueves, viernes y sábado - carta 26 a 36.
◆ Goza de cierto prestigio en el casco antiguo. Ofrece salas de reducida capacidad en estilo neorrústico, donde podrá saborear una cocina de tendencia francesa y mediterránea.

en el puerto *Este : 6 km :*

El Bergantín, pl. del Sol, ✉ 46520 Puerto de Sagunto, ☎ 96 268 03 59, *hotel@elbergantin.com, Fax 96 267 33 23* – 🛗 ▤ 📺. MC VISA. ✻ rest
cerrado 8 diciembre-8 enero – **Comida** *(cerrado domingo)* 11 – ☕ 3 – **24 hab** 35/46 – PA 21,50.
◆ Hotel familiar preocupado por la mejora de sus instalaciones. Ofrece habitaciones renovadas de buen confort, con equipamiento a la altura y suficiente amplitud.

SAHAGÚN *24320 León* 575 E 14 – *3 351 h alt. 816.*
Madrid 298 – León 66 – Palencia 63 – Valladolid 110.

La Codorniz, Arco 84 ☎ 987 78 02 76, *lacodorniz@eresmas.com, Fax 987 78 01 86* – 🛗, ▤ rest, 📺 🚗 – 🏛 25/60. AE ⓓ MC VISA. ✻
Comida - ver también rest. ***San Facundo*** - 12 – ☕ 4 – **40 hab** 39/50.
◆ Sencillo hostal de atención familiar, dotado de una buena cafetería con pequeña recepción a la entrada, y unas habitaciones funcionales recientemente renovadas.

Luis, pl. Mayor 4 ☎ 987 78 10 85, *Fax 987 78 10 85* – ▤. AE ⓓ MC VISA JCB
Comida carta aprox. 46.
◆ Casa de estilo castellano con paredes en ladrillo visto y artesonado en el techo, ambientada con mobiliario antiguo. Su sala se complementa con un atractivo patio interior.

San Facundo - *Hotel La Codorniz,* av. de la Constitución 99 ☎ 987 78 02 76, *lacodorniz@eresmas.com, Fax 987 78 01 86* – ▤. AE ⓓ MC VISA. ✻
Comida carta 25 a 32.
◆ La decoración mudéjar ensalza las joyas arquitectónicas de la localidad. Disfrute de su sabroso lechazo churro, de los puerros de Sahagún o de sus populares jornadas de caza.

SALAMANCA

37000 P 575 J 12 y 13 – *158 523 h. alt. 800.*

Madrid 206 ② – *Ávila 98* ② – *Cáceres 217* ③ – *Valladolid 115* ① – *Zamora 62* ①.

OFICINAS DE TURISMO

Rua Mayor (Casa de Las Conchas), ✉ *37008,* ✆ *923 26 85 71, Fax 923 26 24 92 y pl. Mayor 32,* ✉ *37002,* ✆ *923 21 83 42, Fax 923 21 83 42.*

INFORMACIONES PRÁCTICAS

18 *urbanización Vega de Salamanca (Villamayor) por av de Italia : 7 km* ✆ *923 16 00 68 Fax 923 33 70 07* BY.

CURIOSIDADES

Ver : *El centro monumental*★★★ : *Plaza Mayor*★★★ BY, *Patio de Escuelas*★★★ *(fachada de la Universidad*★★★ *)* BZ **U** – *Escuelas Menores (patio*★★, *cielo de Salamanca*★ *)* BZ **U1** – *Catedral Nueva*★★ *(fachada occidental*★★★ *)* BZ – *Catedral Vieja*★★★ *(retablo mayor*★★, *sepulcro*★★ *del obispo Anaya, órgano*★ *)* BZ – *Convento de San Esteban*★ *(fachada*★★, *claustro*★ *)* BZ – *Convento de las Dueñas (claustro*★★ *)* BZ **F** – *Palacio de Fonseca (patio*★ *)* BY **D** – *Iglesia de la Purísima Concepción (retablo de la Inmaculada Concepción*★ *)* BY **P** – *Convento de las Úrsulas (sepulcro*★ *)* BY **X** – *Colegio Fonseca (patio*★ *)* AY – *Casa de las Conchas*★ BY.

Alameda Palace Salamanca, paseo de la Estación 1, ✉ 37004, ☎ 923 28 26 26, *recepcion@hotelalamedapalace.com, Fax 923 28 27 00,* – 25/500. AE VISA. CY x
Comida carta aprox. 60 – 12 – **103 hab** 196/245.
• Disfrute de la elegante decoración clásica que define sus estancias. Posee confortables habitaciones con las paredes enteladas, delicado mobiliario italiano y aseos en mármol. Ofrece un distinguido restaurante a la carta y varios salones para banquetes.

NH Palacio de Castellanos, San Pablo 58, ✉ 37008, ☎ 923 26 18 18, *nhpalaciodecastellanos@nh-hotels.com, Fax 923 26 18 19,* – – 25/120. AE VISA. BZ r
Comida 20 – 11,80 – **62 hab** 106/136.
• Fachada señorial y completas instalaciones en este bello marco. Elegante patio interior que hace de hall-recepción, y mobiliario de calidad en sus dependencias. El restaurante, que resulta algo funcional, goza de una entrada independiente.

Parador de Salamanca, Teso de la Feria 2, ✉ 37008, ☎ 923 19 20 82, *Fax 923 19 20 87,* <, , , , – – 25/220. AE VISA. AZ a
Comida 25 – 11 – **108 hab** 104/130.
• Ubicado sobre un montículo en la ribera del río Tormes, goza de unas vistas privilegiadas. Algo sobrio en mobiliario y decoración, siendo sus habitaciones de buen nivel. Luminoso comedor con grandes ventanales panorámicos.

AC Palacio de San Esteban , Arroyo de Santo Domingo 3, ✉ 37001, ☎ 923 26 22 96, *psanesteban@ac-hotels.com, Fax 923 26 88 72,* – – 25. AE VISA. BZ v
***El Monje* : Comida** carta 36 a 42 – 11 – **50 hab** 165 – 1 suite.
• En pleno casco histórico, ocupando parte del convento de San Esteban. Zona social con biblioteca de diseño moderno y habitaciones dotadas de un completo equipamiento. Comedor de línea actual presidido por unos antiguos arcos en piedra.

Meliá Las Claras, Marquesa de Almarza, ✉ 37001, ☎ 923 12 85 00, *melia.las.claras@solmelia.com, Fax 923 12 85 05* – – 25/180. AE VISA JCB. CZ k
***Las Claras* : Comida** carta 25 a 32 – 12,30 – **72 hab** 135/161.
• Moderno hotel que combina el clasicismo de su arquitectura con un equipamiento dotado de las últimas tecnologías. Dependencias confortables decoradas con sumo gusto. Diáfano restaurante con bonito techo artesonado y una carta tradicional actualizada.

Rector sin rest, Rector Esperabé 10, ✉ 37008, ☎ 923 21 84 82, *hotelrector@telefonica.net, Fax 923 21 40 08* – . AE VISA. BZ e
10 – **14 hab** 89/112.
• Su hermosa fachada neoclásica esconde un interior con cierto encanto. Salón social dotado de vidrieras modernistas y habitaciones elegantes con el mobiliario en caoba.

Fonseca, pl. San Blas 2, ✉ 37007, ☎ 923 01 10 10, *fonseca@abbahoteles.com, Fax 923 01 10 11,* – – 25/220. AE VISA JCB. rest AY x
Comida 18 – 11,80 – **83 hab** 104/107 – 3 suites.
• Hotel de moderna construcción con la fachada en piedra, cuidando el estilo del centro histórico. Correcta zona social y espaciosas habitaciones completamente equipadas. La cafetería goza de un acceso independiente y da paso a un comedor de adecuado montaje.

Catalonia Salamanca Plaza, Espoz y Mina 25, ✉ 37002, ☎ 923 28 17 17, *salamancaplaza@hoteles-catalonia.es, Fax 923 28 12 43* – – 25/150. AE VISA. BY f
Comida carta aprox. 30 – 10 – **67 hab** 85/106.
• A escasos metros de la Plaza Mayor. Sala polivalente en el sótano y habitaciones actuales de carácter utilitario, cada una de ellas con el escudo de una localidad salmantina.

Byblos, Ronda del Corpus 2, ✉ 37002, ☎ 923 21 25 00, *byblos@hotelbyblos.com, Fax 923 21 60 80* – – 25/60. AE VISA. BY h
Comida 16 – 9,50 – **69 hab** 105,20/129,20.
• Posee una zona social de elegante estilo clásico y habitaciones funcionales, equipadas con mobiliario escogido y aseos en mármol, todos ellos con bañera de hidromasaje. Comedor interior dotado de un tragaluz y un cuidado servicio de mesa.

Tryp Salamanca sin rest, Álava 8, ✉ 37001, ☎ 923 26 11 11, *tryp.salamanca@solmelia.com, Fax 923 26 24 29* – – 25/100. AE VISA. CYZ f
10,50 – **59 hab** 115/124 – 4 suites.
• En líneas generales presenta cierta funcionalidad, sin embargo, las habitaciones están bien equipadas y son confortables. Espacios comunes algo reducidos.

Puente Romano de Salamanca, pl. Chica 10, ✉ 37008, ☎ 923 19 37 36, *info@hotelpuenteromanodesalamanca.com, Fax 923 19 37 36,* – 🛗 ▤ TV ✆ 🚗. MC VISA. ✂ AZ b
Comida - sólo Semana Santa y verano - 15 – ☕ 7,80 – **33 hab** 80/100 – 2 suites.
◆ De organización familiar y construido en la ribera opuesta del Tormes. Goza de unas instalaciones actuales, con un bar integrado en la zona social y confortables habitaciones. Luminoso restaurante clásico donde ofrecen una reducida carta de tinte tradicional.

San Polo, Arroyo de Santo Domingo 2, ✉ 37008, ☎ 923 21 11 77, *hotelsanpolo@terra.es, Fax 923 21 11 54,* – 🛗 ▤ TV ✆. AE ⓓ MC VISA. ✂ BZ n
Comida 15 – ☕ 7,80 – **37 hab** 63/83.
◆ Su moderno exterior contrasta con las ruinas de la iglesia románica anexa. Las habitaciones ofrecen confort y equipamiento actuales, así como hidromasaje en numerosos baños. El comedor acristalado goza de relajantes vistas a los vestigios colindantes.

Salamanca Plaza del Mercado sin rest, pl. del Mercado 16, ✉ 37001, ☎ 923 27 22 50, *reservas@salamancaplaza.com, Fax 923 27 09 32* – 🛗 ▤ TV ✆ 🚗. AE ⓓ MC VISA. ✂ BY w
☕ 5,60 – **38 hab** 48,08/87,15.
◆ Céntrico hotel de fachada clásica que posee un luminoso hall-recepción con el techo de cristal. En su mayor parte cuenta con habitaciones espaciosas y de correcto confort.

Torre del Clavero sin rest, Consuelo 21, ✉ 37001, ☎ 923 28 04 10, *info@hoteltorredelclavero.com, Fax 923 21 77 08* – 🛗 ▤ TV ✆ 🚗. AE ⓓ MC VISA BZY s
☕ 7,50 – **26 hab** 77/115,50.
◆ Toma el nombre del torreón castrense situado frente a su entrada. Ofrece habitaciones actuales abuhardilladas en la última planta, con baños modernos y los suelos en tarima.

Rona Dalba sin rest, pl. San Juan Bautista 12, ✉ 37002, ☎ 923 26 32 32, *hronadalba@hoteles-silken.com, Fax 923 21 54 57* – 🛗, ⇔ hab, ▤ TV ✆. AE ⓓ MC VISA JCB. ✂ BY a
☕ 9,50 – **89 hab** 60/118.
◆ Aspecto actual y cuidado, aunque sus escasas zonas comunes se limitan a la cafetería y el atractivo salón de desayunos. Posee habitaciones funcionales y bien equipadas.

Stil Salamanca sin rest, av. Agustinos Recoletos 44 - Noreste : 1,5 km, ✉ 37005, ☎ 923 22 65 00, *stilsalamanca@stilhotels.com, Fax 923 23 47 00,* – 🛗 ▤ TV ✆ ♿ 🚗 P – 🏛 25/600. AE ⓓ MC VISA JCB. ✂ por ①
80 hab ☕ 67,50/115 – 2 suites.
◆ Moderno edificio cuyas habitaciones gozan de un completo equipamiento, con mobiliario actual y los suelos en tarima. Buen salón para desayunos con servicio de buffet.

Microtel Placentinos sin rest, Placentinos 9, ✉ 37008, ☎ 923 28 15 31, *recepcion@microtelplacentinos.com, Fax 923 28 16 13* – 🛗 ▤ TV ✆. AE ⓓ MC VISA. ✂ AZ k
☕ 7 – **9 hab** 85/90.
◆ Pequeño hotel que hace gala de una sabia distribución del espacio. Dispone de cómodas habitaciones con las paredes en piedra, viguería en el techo e hidromasaje en los baños.

Italia sin rest, av. de Italia 11, ✉ 37007, ☎ 923 25 50 25, *info@hostalitaliasalamanca.com, Fax 923 25 78 11* – 🛗 TV. MC VISA. ✂ BY c
☕ 3,50 – **44 hab** 42/58.
◆ Hostal con acceso por un edificio de viviendas. Cuenta con un bar-cafetería donde sirven el desayuno y correctas habitaciones, con suelos en parquet y los baños actuales.

Ibis Salamanca sin rest, La Marina 15, ✉ 37001, ☎ 923 27 23 80, *h3672@accor-hotels.com, Fax 923 26 80 09* – 🛗, ⇔ hab, ▤ TV ✆ ♿ 🚗. AE ⓓ MC VISA CY s
☕ 6 – **62 hab** 49/59.
◆ En la línea habitual de la cadena. Posee una sencilla zona para desayunos anexa a la recepción y habitaciones muy funcionales, con el suelo en moqueta y los baños tipo cabina.

El Toboso sin rest, Clavel 7, ✉ 37001, ☎ 923 27 14 64, *info@hoteltoboso.com, Fax 923 27 14 64* – 🛗 TV. AE ⓓ MC VISA BY x
☕ 2,50 – **28 hab** 32,10/54,80 – 7 apartamentos.
◆ Espléndida situación por su proximidad a la Plaza Mayor, corazón de la vida salmantina. Habitaciones con mobiliario castellano y varios tipos de apartamentos. Baños renovados.

Hostería Casa Vallejo, San Juan de la Cruz 3, ✉ 37001, ☎ 923 28 04 21, *info@hosteriacasavallejo.com, Fax 923 21 31 12* – 🛗 ▤ TV ✆. MC VISA. ✂ rest BY b
cerrado febrero - ***Casa Vallejo*** *(cerrado domingo noche y lunes)* **Comida** carta 18 a 35 – ☕ 2,50 – **13 hab** 30/58.
◆ Negocio dotado con habitaciones funcionales de aspecto actual y correctos baños. Algunas estancias pueden resultar un poco pequeñas, pero es una buena opción en su categoría. Dispone de un bar público y un comedor, ofreciendo una sugerente carta tradicional.

SALAMANCA

Álvaro Gil . . . . BY 3
Anaya (Pl.) . . . . BZ 4
Ancha . . . . ABY
Ángel (Pl.) . . . . BY 6
Azafranal . . . . CY
Balmes . . . . AZ
Bandos (Pl. de los) . . . . BY 7
Bordadores . . . . BY 9
Caldereros . . . . BZ 10
Calderón de la Barca . . . . BZ 12
Campaña . . . . BY
Canalejas (Pas. de) . . . . CYZ
Carmelitas (Pas. de las) . . . . ABY
Carmen (Cuesta del) . . . . BY 13
Cervantes . . . . BY
Champagnat (Av. de) . . . . AY
Comuneros (Av. de los) . . . . CY 16
Concilio de Trento (Pl.) . . . . BZ 18
Condes de Crespo Rascón . . . . BY 19
Constitución (Pl. de la) . . . . CY 21
Corillo (Pl.) . . . . BY 22
Desengaño (Pas.) . . . . AZ 24
Diego de Cobarrubias (Pl.) . . . . AY
Dr. Gregorio Marañón (Av.) . . . . AY
Dr. Torres Villarroel (Pas. del) . . . . BY 25
Enrique Esteban (Puente) . . . . BZ 27
España (Pl. del) . . . . CY
Espoz y Mina . . . . BY 28
Estación (Pas. de la) . . . . CY 30
Federico Anaya (Av. de) . . . . CY 31
Filiberto Villalobos (Av. de) . . . . AY 33
Fray Luis de Granada . . . . BY 34
Fregeneda . . . . AZ
Fuente (Pl. de la) . . . . BY 36
García Tejado . . . . AY
Gran Via . . . . CY
Grillo . . . . CYZ
Italia (Av. de) . . . . BY
Juan de la Fuente . . . . BZ 37
Libertad (Pl. de la) . . . . BY 39
Libreros . . . . BZ 40
María Auxiliadora . . . . CY 42
Marquesa de Almarza . . . . CZ 43
Mayor (Pl.) . . . . BY
Meléndez . . . . BY 45
Mirat (Av. de) . . . . BCY
Monterrey (Pl. de) . . . . BY 46
Obispo Jarrín . . . . BY 48
Padilla . . . . CY 49
Palominos . . . . BZ 51
Patio Chico . . . . BZ 52
Pedro Mendoza . . . . CY 54
Poeta Iglesias (Pl.) . . . . BY 57
Portugal (Av. de) . . . . CY
Pozo Amarillo . . . . BY 58
Principe de Asturias (Puente) . . . . BZ 59
Prior . . . . BY
Progreso (Pas. del) . . . . AZ
Puerta de Zamora (Pl.) . . . . BY
Ramón y Cajal . . . . AY 60
Rector Esperabe (Pas. del) . . . . BZ
Rector Lucena . . . . BY 15
Reina (Pl. de la) . . . . CY 61
Reyes de España (Av.) . . . . BZ 63
Rosario . . . . BCZ
Rúa Mayor . . . . BZ
San Antonio (Pas. de) . . . . CY
San Blas . . . . AY 64
San Gregorio . . . . AZ
San Isidro (Pl. de) . . . . BYZ 66
San Julián (Pl.) . . . . CY 67
San Justo . . . . BY
San Pablo . . . . BZ
San Vicente (Pas. de) . . . . AY
Sánchez Fabres (Puente) . . . . AZ 73
Sancti Spiritus (Cuesta) . . . . CY 75
Santa Clara . . . . CZ
Santa Eulalia (Pl.) . . . . CY 69
Santa Teresa (Pl. de) . . . . BY 70
Santo Domingo (Pl.) . . . . BZ 72
Serranos . . . . BZ 76
Sorias . . . . BY
Toro . . . . BCY
Tostado . . . . BZ 78
Vergara . . . . CYZ
Villamayor (Av. de) . . . . AY
Wences Moreno . . . . BY 79
Zamora . . . . BY

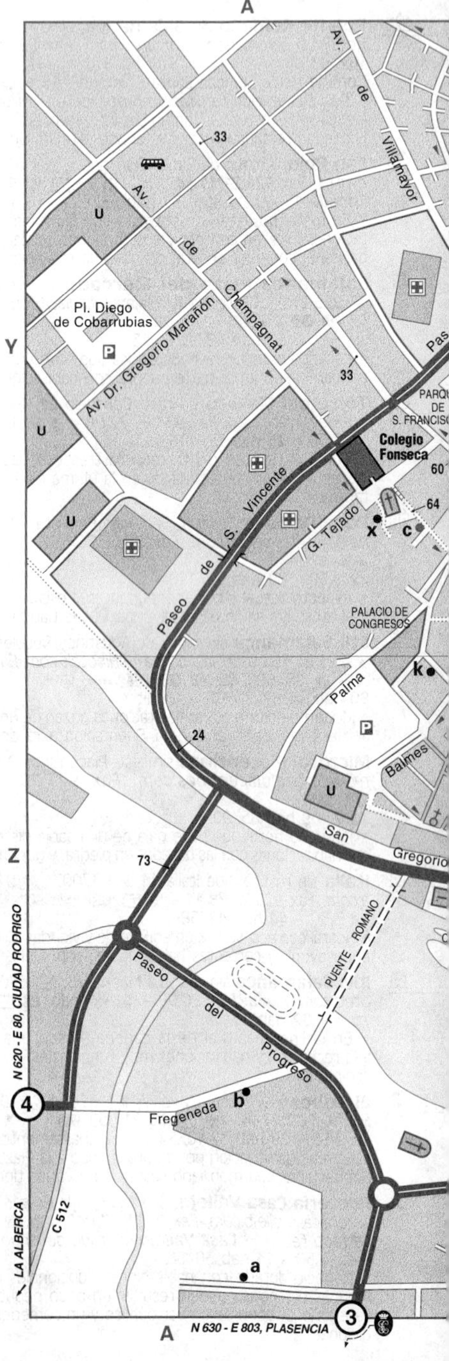

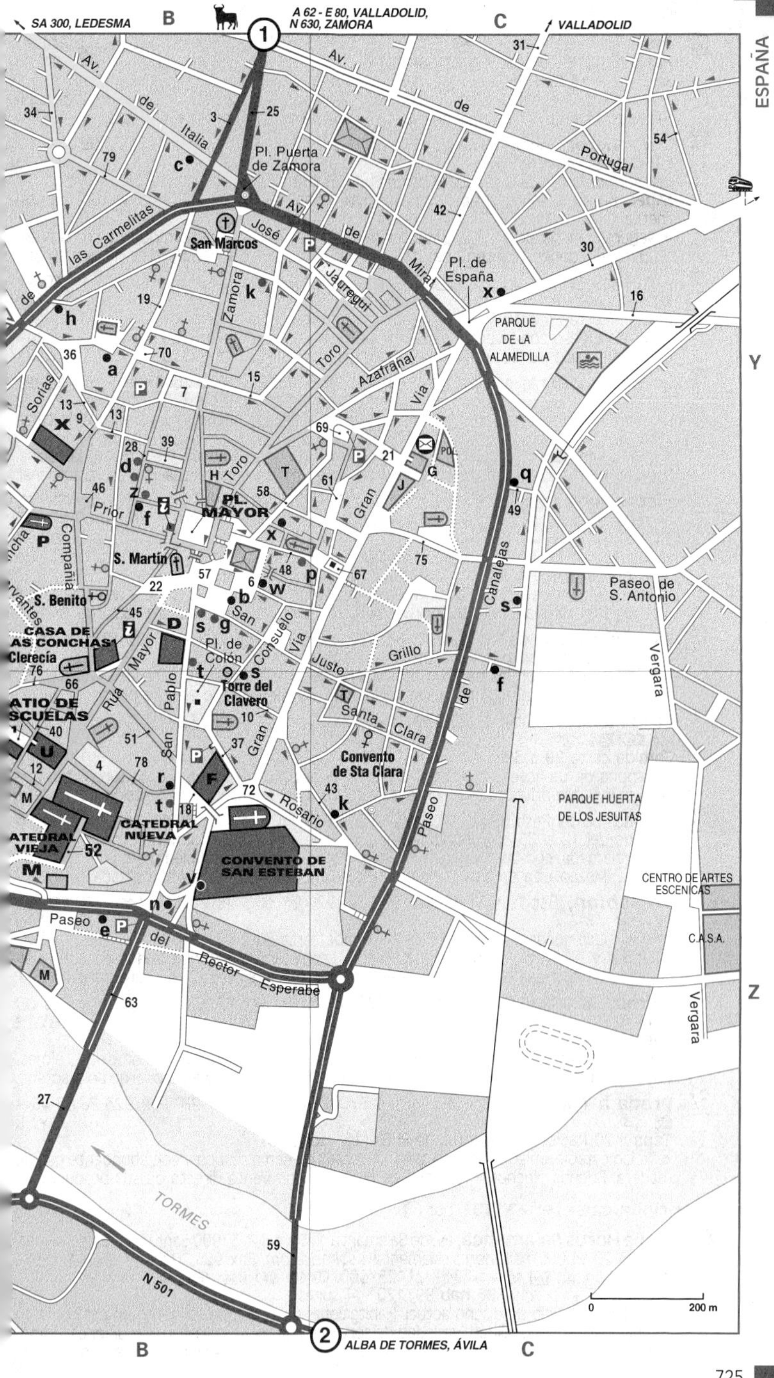
SA 300, LEDESMA
A 62 - E 80, VALLADOLID, N 630, ZAMORA
VALLADOLID
Pl. Puerta de Zamora
Av. de Italia
Av. de Portugal
Av. de José Mirat
las Carmelitas
San Marcos
Zamora
Jauregui
Toro
Azafranal
Gran Via
Pl. de España
PARQUE DE LA ALAMEDILLA
Sorias
Prior
Compañía
PL. MAYOR
S. Martín
S. Benito
CASA DE AS CONCHAS
Clerecía
ATIO DE SCUELAS
Rua Mayor
San Pablo
Pl. de Colón
Torre del Clavero
San
Consuelo
Justo
Grillo
Santa Clara
Convento de Sta Clara
Rosario
Paseo de Canalejas
Paseo de S. Antonio
Vergara
PARQUE HUERTA DE LOS JESUITAS
CENTRO DE ARTES ESCENICAS
C.A.S.A.
CATEDRAL NUEVA
ATEDRAL VIEJA
CONVENTO DE SAN ESTEBAN
Paseo del Rector Esperabe
TORMES
N 501
ALBA DE TORMES, ÁVILA
0
200 m

ESPAÑA

París sin rest, Padilla 1, ✉ 37002, ✆ 923 26 29 70, *hotelparis@usuarios.retecal.es, Fax 923 26 29 70* – ▤ 📺. AE ⓓ ⓜ VISA. ⛌ CY q
☕ 3,75 – **13 hab** 35/51.
♦ Íntimo y de excelente trato, debido a la organización familiar y al limitado número de habitaciones. Mobiliario funcional en madera y suficiente confort para su descanso.

Chez Víctor, Espoz y Mina 26, ✉ 37002, ✆ 923 21 31 23, *Fax 923 21 76 99* – ▤. AE ⓓ ⓜ VISA JCB. ⛌ BY d
cerrado agosto, domingo noche y lunes – **Comida** carta 37 a 42.
Espec. Ensalada de cangrejo y manzana. Salmón salvaje con salsa al vino de Toro. La pralinette.
♦ Negocio familiar de exitosa trayectoria. Posee un comedor clásico-moderno con el suelo en parquet, donde ofrecen una carta de base internacional con detalles de actualidad.

Albatros, Obispo Jarrín 10, ✉ 37001, ✆ 923 26 93 87, *Fax 923 21 90 70* – ▤. AE ⓓ ⓜ VISA JCB. ⛌ BY p
Comida carta 24 a 36.
♦ Bar de acceso con vivero y expositor de vinos en representación de su amplia bodega. Comedor clásico y dos salones para banquetes. Jamones y embutidos de fabricación propia.

La Hoja Charra, pasaje Coliseum 19, ✉ 37002, ✆ 923 26 40 28 – ▤. AE ⓜ VISA. ⛌ BY z
cerrado 15 días en febrero, 15 días en agosto, domingo noche y lunes – **Comida** carta 23 a 29.
♦ Llevado con acierto e ilusión entre dos hermanos, uno en la sala y el otro en la cocina. Sobrio comedor de estética moderna donde ofrecen una carta actual de base tradicional.

Víctor Gutiérrez, San Pablo 66, ✉ 37008, ✆ 923 26 29 73 – ▤. AE ⓜ VISA JCB. ⛌
cerrado domingo de junio-agosto y domingo noche resto del año – **Comida** 50 y carta 34 a 52. BZ t
Espec. Milhoja de trucha ahumada y foie. Lubina, piña y manzana ácida. Bizcocho líquido de chocolate al 70 %.
♦ Poco a poco se está haciendo un importante hueco en la ciudad. Comedor de estilo actual y reducida capacidad, con un buen servicio de mesa y una destacable carta de vinos.

Merchán, cuesta de San Blas 14, ✉ 37001, ✆ 923 28 07 92 – ▤. ⓜ VISA. ⛌ AY c
cerrado agosto, domingo y lunes noche – **Comida** carta 27 a 34.
♦ Original marco con las paredes en madera, decorado a base de recetas en castellano antiguo e ilustraciones de libros de cocina. Su chef-propietario elabora platos de autor.

Casa Paca, San Pablo 1, ✉ 37001, ✆ 923 21 89 93, *Fax 923 27 01 77*, ☂ – ▤. AE ⓓ ⓜ VISA. ⛌ BY s
Comida carta 29 a 39.
♦ Dispone de un acceso directo al comedor principal y otro a un bar de tapas, con dos salas más y dos privados. Ambiente clásico con detalles rústicos y profusión de madera.

La Olla, pl. del Peso 8, ✉ 37001, ✆ 923 26 85 54 – ▤. AE ⓓ ⓜ VISA BY g
cerrado del 12 al 25 de febrero, domingo noche y martes – **Comida** carta 23 a 33.
♦ Sala alargada, con un pequeño hall en la entrada, revestida en piedra y con el techo de madera. Mezcolanza de estilos rústico y clásico. Cocina tradicional actualizada.

Le Sablon, Espoz y Mina 20, ✉ 37002, ✆ 923 26 29 52 – ▤. AE ⓓ ⓜ VISA. ⛌ BY d
cerrado julio, lunes noche y martes – **Comida** carta 20 a 34.
♦ Íntimo y bien dirigido por el matrimonio propietario. Sala única cuadrada con buen cubierto y una mesa-expositor central. Carta internacional variada e interesante bodega.

Momo, San Pablo 13, ✉ 37001, ✆ 923 28 07 98, *Fax 923 28 07 98*, ☂ – ▤. AE ⓜ VISA. ⛌ BY t
Tapa 1,50 **Ración** aprox. 12.
♦ Local de pinchos con elementos minimalistas y sutiles detalles, como los relojes, que hacen referencia a la novela de la que toma el nombre. Comedor moderno en el sótano.

Prada a Tope, del Arco 12-14, ✉ 37002, ✆ 923 26 17 98, *Fax 923 26 85 46* – ▤. ⛌ BY k
Tapa 1,20 **Ración** - productos de El Bierzo - aprox. 5.
♦ Típico establecimiento de la cadena, decorado en estilo rústico y con abundante uso de madera. Buenos pinchos y raciones de El Bierzo, con venta directa de sus productos.

en la antigua carretera N 501 por ② :

Meliá Horus Salamanca, av. de Salamanca 1 : 3 km, ✉ 37900 Santa Marta de Tormes, ✆ 923 20 11 00, *melia.horus.salamanca@solmelia.com, Fax 923 20 11 12*, 🏋, 🏊, 🎾 – 🛗, ⛌ hab, ▤ 📺 📞 🚗 🅿 – 🎤 25/500. AE ⓓ ⓜ VISA JCB. ⛌
Comida 25 – ☕ 11 – **86 hab** 99/120 – 4 suites.
♦ Moderno edificio de diseño actual. Habitaciones de buen equipamiento en estilo clásico y funcional. Profesionalidad, variedad de servicios y amplitud en salas de reuniones. Comedor a modo de invernadero acristalado, donde sirven los desayunos en verano.

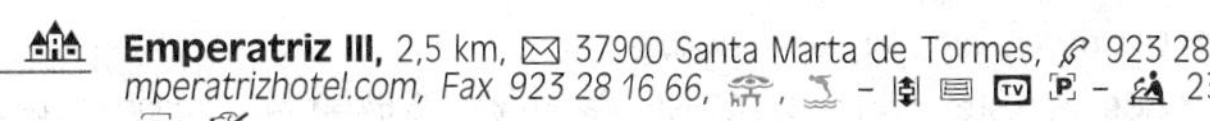

Emperatriz III, 2,5 km, ✉ 37900 Santa Marta de Tormes, ☎ 923 28 15 99, *info@emperatrizhotel.com, Fax 923 28 16 66*, - 23/400. VISA JCB.
Comida 15,03 - 4,21 - **75 hab** 51,69/72,12.
◆ Hotel de nueva construcción y línea actual, con una amable organización familiar. Posee espaciosas zonas sociales y habitaciones funcionales de correcto confort. Restaurante de adecuado montaje con el mobiliario forrado en tela.

en la carretera N 630 *por ③ : 2,5 km :*

Montalvo, Hoces del Duratón 1, ✉ 37008, ☎ 923 19 40 40, *montalvo@partner-hotels.com, Fax 923 19 16 96* - 25/250. AE VISA.
Comida 9,50 - 5,50 - **57 hab** 76/90.
◆ Ubicado junto a la carretera, está muy enfocado a la clientela de empresa. Sus dependencias, totalmente aisladas del exterior, ofrecen un completo equipamiento. Restaurante diáfano y luminoso, con un buen apartado de arroces en su carta tradicional.

en Villamayor *por av. de Italia y carretera SA 300 - Noroeste : 4,5 km :*

Doña Brígida, Urbanización Vega de Salamanca - Oeste : 4 km, ✉ 37185, ☎ 923 33 70 20, *reservas.hoteldb@grupomrs.com, Fax 923 33 70 30*, climatizada, 18 - 25/2000. AE VISA.
Comida 19 - 9,50 - **101 hab** 120/139 - 2 suites.
◆ Un buen hotel donde se combinan el ocio, el descanso y el negocio. Dispone de unas confortables zonas nobles y espaciosas habitaciones, así como un moderno auditorio anexo. Restaurante de gran amplitud y cuidado montaje, donde se ofrece una carta tradicional.

La Caserna, Larga, 5 ☎ 923 28 95 03, *Fax 923 28 95 03*, - VISA.
cerrado domingo en julio-agosto, domingo noche y lunes resto del año - **Comida** carta 29 a 35.
◆ Cálido restaurante donde se ensalza la cocina regional, con un patio a la entrada y dos comedores rústicos definidos por las paredes en piedra y los detalles castellanos.

SALARDÚ *25598 Lleida 574 D 32 - alt. 1 267 - Deportes de invierno en Baqueira-Beret, Este : 4 km - 28.*

Ver : *Localidad★ - Iglesia de Sant Andreu★ (pinturas góticas★★, Majestad de Salardú★★).*
Madrid 611 - Lleida/Lérida 172 - Vielha/Viella 9.

Petit Lacreu, carret. de Viella ☎ 973 64 41 42, *Fax 973 64 42 43*, climatizada, - AE VISA.
diciembre-abril y julio-septiembre - **Comida** - en el Hotel ***Lacreu*** - 8,50 - **30 hab** 52/80.
◆ Acogedor establecimiento dotado de una coqueta zona social, y unas habitaciones con mobiliario escogido, abuhardilladas en la 3ª planta. Menú exclusivo en el hotel Lacreu.

Lacreu, carret. de Viella ☎ 973 64 42 22, *Fax 973 64 42 43*, climatizada, - rest, VISA.
diciembre-abril y julio-septiembre - **Comida** - sólo clientes - 16 - 8 - **68 hab** 40/64.
◆ Negocio familiar de larga trayectoria, con habitaciones de distintos tipos pero de similar confort, renovadas en varias fases. Comidas sólo para los clientes alojados.

Garona, ☎ 973 64 50 10, *Fax 973 64 40 26* - VISA.
diciembre-abril y julio-septiembre - **Comida** - sólo cena en invierno - carta aprox. 27 - **31 hab** 45/85.
◆ Instalaciones un tanto desfasadas que paulatinamente van renovando, con un correcto salón social y unas habitaciones sobrias de estilo funcional, destacando las actualizadas.

Deth Paûs sin rest, pl. de la Pica ☎ 973 64 58 36, *Fax 973 64 45 00*, - VISA.
diciembre-abril y julio-septiembre - 5,50 - **18 hab** 48/64.
◆ Bien llevado en familia, en un tranquilo paraje. Cuidada zona social, buen salón con barra de bar a un lado, y unas habitaciones de adecuado confort en su categoría.

Prat Aloy, Dera Mola ☎ 973 64 45 81, - VISA.
cerrado 3 mayo-15 junio, 15 octubre-25 noviembre y lunes salvo festivos - **Comida** carta 16 a 26.
◆ En una finca ajardinada, a la entrada de la localidad. Conjunto rústico con una correcta terraza, bar en la planta baja y un comedor con profusión de madera en el 1er piso.

ESPAÑA

en Tredós *por la carretera del port de la Bonaigua :*

De Tredós, Este : 1,4 km, 25598 Salardú, 973 64 40 14, *parador@hotelde tredos.com, Fax 973 64 43 00*, -.
diciembre-abril y julio-septiembre – **Comida** - sólo cena - 18 - **43 hab** 78,80/115,50.
• Cálido establecimiento de montaña dotado de amplias instalaciones de aire clásico-regional, decoradas con sumo gusto. Gran salón social y habitaciones con baños detallistas.

Orri, Este : 1,2 km, 25598 Salardú, 973 64 60 86, *hotel.orri@husa.es, Fax 973 64 60 89*, - .
diciembre-Semana Santa y julio-15 septiembre – **Comida** 17 – **30 hab** 90/145.
• Hotel de montaña, algo reducido pero decorado con calidez, en un bello paraje. Correcto hall, buen salón social y unas habitaciones de esmerada instalación.

en Bagergue *Norte : 2 km :*

Casa Perú, Sant Antoni 6, 25598 Bagergue, 973 64 54 37, *casaperu@interbo ok.net, Fax 973 64 54 37* – .
cerrado mayo, del 1 al 15 de julio y miércoles en invierno – **Comida** - carnes - carta aprox. 25.
• Acogedoras instalaciones de estilo clásico-regional y un cuidado montaje, donde sirven una carta actualizada por el joven matrimonio propietario.

SALAS *33860 Asturias* 572 B 11 – *6 695 h alt. 239.*

Madrid 480 – Oviedo 46 – León 157.

Castillo de Valdés Salas, pl. Campa 98 583 01 73, *hotel@castillovaldesalas.com, Fax 98 583 01 83* – .
Comida 10 – 6 – **12 hab** 66/85.
• Instalado en el antiguo ayuntamiento, edificio de piedra con un bonito patio. Dispone de un salón social con chimenea y habitaciones de línea actual, con los suelos en madera. En el restaurante, muy luminoso y de cuidado montaje, ofrecen una carta regional.

SALDAÑA *34100 Palencia* 575 E 15 – *3 100 h alt. 910.*

Madrid 291 – Burgos 92 – León 101 – Palencia 65.

Dipo's, carret. de Relea - Norte : 1,5 km 979 89 01 44, *Fax 979 89 05 50*, , , – .
Comida 9 – 3,50 – **40 hab** 25/42.
• Hotel de organización familiar con exteriores cuidados. Pequeña recepción y habitaciones de correcto confort, algunas abuhardilladas, donde predomina el mobiliario castellano. Comedor de amplia capacidad que trabaja mucho con banquetes y bodas.

SALDUERO *42156 Soria* 575 G 21 – *216 h alt. 1 096.*

Madrid 228 – Burgos 108 – Logroño 85 – Soria 42.

Las Nieves, Rafael García 20 975 37 84 17, *Fax 975 37 85 07* – .
Comida 9 – 2,50 – **16 hab** 23/40.
• Con todo el encanto de lo cotidiano : un hotel pequeño y familiar dotado de un confort que, aunque sencillo, resulta óptimo. Cálidas habitaciones con mobiliario regional. Comedor alargado que posee aires rústicos, con nobles vigas en madera.

El SALER *46012 València* 577 N 29 – *Playa.*

18 El Saler (Parador El Saler) Sur : 7 km 96 161 03 84 Fax 96 162 73 66.
Madrid 356 – Gandía 55 – València 12.

al Sur *: 7 km :*

Parador de El Saler, av. Pinares 151, 46012 València, 96 161 11 86, *saler@parador.es, Fax 96 162 70 16*, , , , 18 – – 25/200. .
Comida 27 – 11 – **58 hab** 108/135.
• Emplazado en un campo de golf con el mar al fondo. Sus espléndidas instalaciones invitan a disfrutar del ocio, mientras las luminosas habitaciones velan por su bienestar. Comedor de cuidado montaje donde podrá descubrir una cocina anclada en la tradición.

SALINAS *33400 Asturias 572 B 12 - Playa.*
Ver : *Desde la Peñona ≤★ de la playa.*
Madrid 488 - Avilés 5 - Gijón 24 - Oviedo 39.

XXX **Real Balneario,** Juan Sitges 3 ✆ 98 551 86 13, *Fax 98 550 25 24,* ≤ - ▤. AE ⓓ MC VISA. ✻
✿ *cerrado 7 enero-5 febrero y domingo noche* - **Comida** carta 26 a 41.
Espec. Vieiras salteadas con ahumado de Pria y crema de patata. Lomo de virrey con raviolis de patata, acelga y guisantes. Tocino de cielo con leche merengada y canela.
◆ Situado frente a la playa, posee dos salas acristaladas a modo de terraza cubierta, y otra interior de línea clásica. Interesante cocina cosmopolita con toques creativos.

SALINAS DE LENIZ *Gipuzkoa - ver Leintz-Gatzaga.*

SALINAS DE PISUERGA *34830 Palencia 575 D 16 - 272 h alt. 940.*
Madrid 332 - Valladolid 163 - Palencia 116 - Santander 113.

El Molino de Salinas ⛰, paseo del Molino ✆ 979 12 01 30, *cuernago@telefonica.net, Fax 979 12 01 35* - TV P. ⓓ MC VISA. ✻ rest
Comida *(cerrado lunes)* 10 - **15 hab** ☕ 60/79.
◆ En lo que era un antiguo molino de harina del que sólo queda un canal de agua bajo el salón social. Posee habitaciones con dos tipos de mobiliario, moderno y rústico-colonial. Restaurante de línea actual y cocina regional.

SALINAS DE SIN *22365 Huesca 574 E 30 - alt. 725.*
Alred. : *Este : Valle de Gistaín★.*
Madrid 541 - Huesca 146.

X **Mesón de Salinas** con hab, cruce carret. de Bielsa ✆ 974 50 40 01, *Fax 974 50 40 41,* ☂ - |♦|, ▤ rest, TV P. AE MC VISA. ✻
cerrado enero - **Comida** carta 18 a 29 - ☕ 6 - **25 hab** 30/49.
◆ Sencillo negocio de organización familiar que poco a poco se ha visto ampliado. Posee varios salones de modesto montaje y como complemento ofrece correctas habitaciones.

SALINILLAS DE BURADÓN *01212 Araba 573 E 21.*
Madrid 331 - Bilbao 88 - Vitoria-Gasteiz 39 - Logroño 51.

Areta Etxea ⛰ sin rest, Mayor 17 ✆ 945 33 72 75, *aretako@euskalnet.net* - AE ⓓ MC VISA. ✻
☕ 3,50 - **5 hab** 30/42.
◆ Casona del s. XVII en un pueblecito tranquilo. La amplia zona social, con un espacio para las comidas, se combina con la cocina y las habitaciones poseen mobiliario antiguo.

SALLENT *08650 Barcelona 574 G 35 - 7659 h alt. 275.*
Madrid 593 - Barcelona 70 - Berga 39 - Manresa 14 - Vic 54.

junto a la autovía C 16 :

Hostal del Camp ⛰, Sur : 3,8 km, ✉ 08650, ✆ 93 837 08 77, *hostaldelcamp@vilavihotels.com, Fax 93 837 02 66,* ⛱ - ▤ TV ♿ P. AE MC VISA. ✻ rest
Comida carta 15 a 26 - ☕ 5 - **26 hab** 35/70.
◆ En un edificio de aire regional emplazado en pleno campo. Posee una reducida zona social, y unas acogedoras habitaciones que destacan por equipamiento y amplitud. Dispone de un comedor a la carta de estilo clásico.

SALLENT DE GÁLLEGO *22640 Huesca 574 D 29 - 1823 h alt. 1305 - Deportes de invierno en El Formigal : ⛷21 ⛷1.*
Madrid 485 - Huesca 90 - Jaca 52 - Pau 78.

Bocalé sin rest, Francia ✆ 974 48 85 55, *hotel@bocale.com, Fax 974 48 85 56,* ≤, ⛱ - |♦| TV 🚗 P. MC VISA. ✻
cerrado mayo y noviembre - **21 hab** ☕ 80/120.
◆ Llevado directamente por el matrimonio propietario. Posee una decoración de estilo rústico con mobiliario y materiales de calidad, demostrando gran gusto por los detalles.

ESPAÑA

Almud ⑤, Espadilla 11 ℘ 974 48 83 66, *hotel_almud@ctv.es, Fax 974 48 81 43*, ≤ – TV. AE ⓓ ⓜⓒ VISA. ✱
Comida - sólo cena, sólo menú, sólo clientes - 12 – **11 hab** ☐ 63/91.
◆ Céntrico y acogedor hotelito ubicado en una antigua casa de montaña. Destacan sus habitaciones, personalizadas y con mobiliario de época. Coqueto comedor de uso privado.

El Reyno sin rest, Francia 10 ℘ 974 48 81 52, *correo@hotelelreyno.com, Fax 974 48 81 42* – |‡| TV ⇐. ⓓ ⓜⓒ VISA. ✱
☐ 5 – **7 hab** 50/80 – 7 apartamentos.
◆ Ofrece reducidos apartamentos con una pequeña cocina. Las habitaciones son funcionales, y como complemento cuenta con una sala de desayunos y un salón social en el sótano.

Familiar Maximina, La Iglesia 3 ℘ 974 48 84 36, *Fax 974 48 84 36* – TV. VISA. ✱
cerrado 23 mayo-7 junio – **Comida** - sólo cena, sólo menú, sólo clientes - 11 – ☐ 4,60 – **9 hab** 37/59.
◆ Discreto negocio de amable organización familiar. Dispone de sencillas habitaciones con baños actuales de correcto mantenimiento, y cuenta con un simbólico comedor.

en El Formigal *Noroeste : 4 km :*

Formigal ⑤, ✉ 22640 El Formigal, ℘ 974 49 00 30, *hotel@formigal.com, Fax 974 49 02 04*, ≤ alta montaña, Fø, ☐ – |‡| TV ⇐ P – 🔏 25/120. AE ⓓ ⓜⓒ VISA. ✱
diciembre-10 abril y 18 junio-septiembre – **Comida** carta aprox. 25 – ☐ 13 – **107 hab** 101/104 – PA 48.
◆ Renovado casi en su totalidad, ofreciendo una buena oferta de trabajo y descanso. Goza de una espaciosa zona noble, con habitaciones modernas y muy bien equipadas. Luminoso restaurante con unas impresionantes vistas panorámicas.

Villa de Sallent ⑤ (anexo 🏨), ✉ 22640 El Formigal, ℘ 974 49 02 23, *hotelvillassallent@lospirineos.com, Fax 974 49 01 50*, ≤ alta montaña, Fø, ☐ – |‡| TV ⇐ – 🔏 25/150. AE ⓓ ⓜⓒ VISA. ✱
Comida 24 – ☐ 11,50 – **82 hab** 120/150.
◆ Ha doblado su capacidad tras las reformas, presentando acabados de primera calidad. Ofrece habitaciones en dos categorías distintas, compartiendo las zonas nobles. Comedor de correcto montaje donde podrá disfrutar de una cocina de cuidadas elaboraciones.

Eguzki-Lore ⑤, ✉ 22640 El Formigal, ℘ 974 49 01 23, *hoteleguzkilore@lospirineos.com, Fax 974 49 01 22*, ≤ alta montaña – TV. ⓓ ⓜⓒ VISA. ✱ rest
diciembre-abril y julio-septiembre – **Comida** - sólo cena - 14 – **35 hab** ☐ 80/125 – 1 suite.
◆ Posee una fachada de llamativos colores y un recargado interior que resulta acogedor, con gran profusión de plantas y antigüedades. Habitaciones reducidas pero actuales. El restaurante ofrece una cocina de corte internacional con tendencias vascas.

Escríbanos...
Sus elogios y sus críticas serán estudiados con toda atención.
Nuestros inspectores volverán a ver los hoteles y restaurantes
que Ud. nos indique. Con su colaboración,esta guía será
siempre mas exacta y mas completa.
Gracias anticipadas !

SALOBREÑA *18680 Granada* 578 V 19 124 M 5 – *9 220 h alt. 100 – Playa.*
Ver : *Localidad★.*
⛳9 *Los Moriscos, Sureste : 5 km ℘ 958 82 55 27 Fax 958 82 55 27.*
Madrid 499 – Almeria 119 – Granada 74 – Málaga 102.

SALOU *43840 Tarragona* 574 I 33 – *8 236 h – Playa.*
Ver : *Localidad★ – Paseo de Jaume I★.*
Alred. : *Universal Studios Port Aventura★★★.*
ℹ *passeig Jaume I-4 (xalet Torremar) ℘ 977 35 01 02 pmtsalou@salou.org Fax 977 38 07 47.*
Madrid 556 ① – Lleida/Lérida 99 ① – Tarragona 10 ②

Planos páginas siguientes

Regina Gran Hotel, Joan Fuster 3 ✆ 977 35 35 33, *pregina@tinet.org, Fax 977 38 88 78*, – AE MC VISA. BY t
cerrado 4 enero-12 febrero – **Comida** - sólo buffet - 12 – **282 hab** 108,92/145,23 – 6 suites.
◆ Gran hotel de línea moderna distribuido en dos edificios, que dispone de unas habitaciones con mobiliario estándar y buen equipamiento. Variada oferta recreativa. El restaurante ofrece los servicios de buffet y showcooking.

Regente Aragón, Llevant 5 ✆ 977 35 20 02, *hotel@hotelregentearagon.com, Fax 977 35 20 03*, – 25/50. AE MC VISA JCB. AY a
Comida 14 – **82 hab** 110/148.
◆ Establecimiento funcional que trabaja tanto con turistas como con clientes de empresa. Habitaciones bien equipadas, pequeña zona noble, y atractivo solarium en el ático.

Rotonda, pl. Mossèn Muntanyola 4 ✆ 977 35 01 74, *casablancaplaya@ctv.es, Fax 977 35 01 17* – AE MC VISA AY c
junio-septiembre – **Comida** - en el hotel ***Casablanca Playa*** – **12 hab** 64,50/95,20 – 8 suites.
◆ Funciona como anexo del Casablanca Playa, aunque sus espaciosas habitaciones ofrecen un confort superior. El resto de servicios se realiza en el citado hotel.

Casablanca Playa, passeig Miramar 12 ✆ 977 38 01 07, *casablancaplaya@ctv.es, Fax 977 35 01 17*, AE MC VISA. AY b
Comida 11,75 – **63 hab** 64,50/95,20.
◆ Establecimiento situado en 1ª línea de playa, que dispone de habitaciones actuales e insonorizadas, todas con terraza y mobiliario moderno. Reducida zona social.

Caspel, Alfons V-9 ✆ 977 38 02 07, *caspel@costa-daurada.com, Fax 977 35 01 75*, – 25/170. AE MC VISA. BZ d
Comida - sólo buffet - 12 – 8 – **95 hab** 80/100.
◆ Dotado de unas habitaciones luminosas y de línea actual, con mobiliario sencillo, además de unas buenas instalaciones deportivas. Trato cálido y familiar. Alegre comedor que centra su actividad en el buffet.

Blau Mar, Pere III el Gran 4 ✆ 977 35 04 44, *reservas.blaumar@oh-es.com, Fax 977 38 15 79*, – P. AE MC VISA. AY f
11 marzo-octubre – **Comida** - sólo buffett y ver también rest. ***Arena*** - 15 – 8,25 – **250 apartamentos** 157/159.
◆ Ideado para la familia, ya que cuenta con estancias tipo apartamento, muy luminosas y dotadas de una pequeña cocina. Amplia zona de entretenimiento, sobre todo para los niños.

Planas, pl. Bonet 3 ✆ 977 38 01 08, *Fax 977 38 05 33*, – MC VISA.
abril-octubre – **Comida** 15,50 – 6,20 – **100 hab** 39,30/69. AY e
◆ Todo un clásico en la localidad con unas dependencias de suficiente confort que, pese a su antigüedad, presentan un impecable mantenimiento. Bonita terraza con árboles.

XX **José Luis Arceiz,** Llevant 7 ✆ 977 35 07 07, *restaurante@joseluisarceiz.com, Fax 977 35 20 03* – AE MC VISA JCB. AY a
cerrado enero, lunes y martes – **Comida** carta 30 a 45.
◆ Restaurante con un montaje de buen nivel, mobiliario de calidad, y acusado carácter intimista. Su mesa propone interesantes elaboraciones y excelentes caldos.

XX **Albatros,** Brusel.les 60 ✆ 977 38 50 70, *Fax 977 38 50 70*, – AE MC VISA JCB. BZ f
cerrado del 1 al 25 de enero, domingo noche y lunes salvo festivos – **Comida** carta 39 a 46.
◆ De línea clásica y con un correcto servicio de mesa, está dirigido por el chef propietario. Disfrute de sus elaboraciones en la sencilla terraza exterior.

XX **La Goleta,** Gavina - playa Capellans ✆ 977 38 35 66, *Fax 977 35 01 17*, – P. AE MC VISA. BZ k
cerrado domingo noche salvo verano – **Comida** carta 30 a 43.
◆ Salpicado de detalles marineros, y rodeado de una terraza acristalada con buena panorámica de la playa. En su mesa degustará platos de sabor regional e internacional.

X **Arena** - *Hotel Blau Mar*, esq. Pere III el Gran ✆ 977 38 40 00, – AE MC VISA. AY f
Comida carta aprox. 34.
◆ Establecimiento de espíritu joven, con talante algo informal y de ambiente mediterráneo. Destaca por su gran luminosidad, con grandes superficies acristaladas y una terraza.

SALOU

Alfonso V el Magnànim . . . . **BZ** 3
Amposta . . . . **BZ** 4
Andorra (Av. d') . . . . **BY**
Augusta (Via) . . . . **AY** 6
Aurèlia (Via) . . . . **AY** 7
Barbastre . . . . **BY**
Barcelona . . . . **AY**
Battle Pere Molas (Av. del) . . **BY**
Beranguer de Palou . . . . **AY** 9
Berlin . . . . **AY**
Brussel.les . . . . **BZ**
Burguera . . . . **BY** 10
Carles Buigas (Av. de) . . . . . . **BZ**
Ciutat de Reus . . . . **AY**
Costa (Carret. de la) . . . . **BZ** 12
Ebre . . . . **AY** 13
Esglèsia . . . . **AY** 15
Europa (Pl. d') . . . . **BY**
Jaume I el Conqueridor
(Pas. de) . . . . **ABY**
Lleida . . . . **BY** 16
Lluís Companys . . . . **BY** 18
Logronyo . . . . **BY**
Madrid . . . . **BY** 19
Major de Salou . . . . **ABY**
Mar . . . . **AY** 21
Milà . . . . **AY**
Miramar (Pas. de) . . . . **AY** 22
Montblanc . . . . **BZ** 24
Murillo . . . . **BY**
Navarra . . . . **BY** 25
Nord . . . . **ABY**
Pere III el Gran . . . . **AY** 27
Plaça Catalunya . . . . **BY** 28
Pompeu Fabra (Av. de) . . . . . **BY**
Roger de Llúria . . . . **BZ** 30
Roma (Via) . . . . **AY**
Saragossa . . . . **BY**
Serafí Pitarra . . . . **BZ**
Terrer . . . . **BY**
València . . . . **AY** 31
Valls . . . . **BZ**
Vendrell . . . . **BZ**

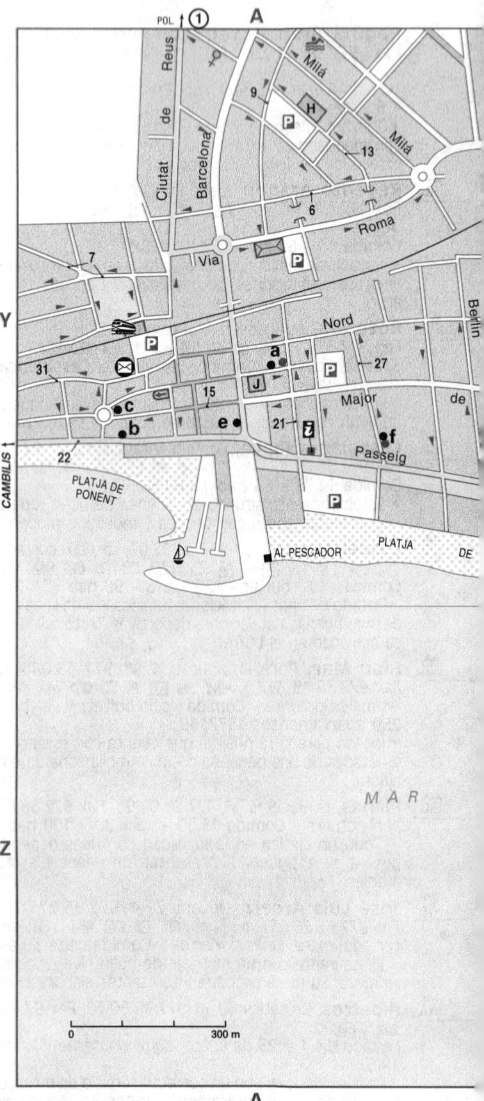

SALT *17190 Girona* 574 G 38 122 G 5 – *21 939 h alt. 86.*
Madrid 695 – Girona/Gerona 4 – Palafrugell 40 – Palamós 46.

Vilanova, passeig Marqués de Camps 51 ✆ 972 23 30 26 – ▤. AE MC VISA. ✻
cerrado Semana Santa, 21 días en agosto, domingo, lunes noche y martes noche – **Comida** carta 17 a 28.
◆ Restaurante familiar que centra su actividad en la clientela de negocios. Posee una barra de apoyo y un comedor de estilo clásico bien dispuesto. Carro de repostería casera.

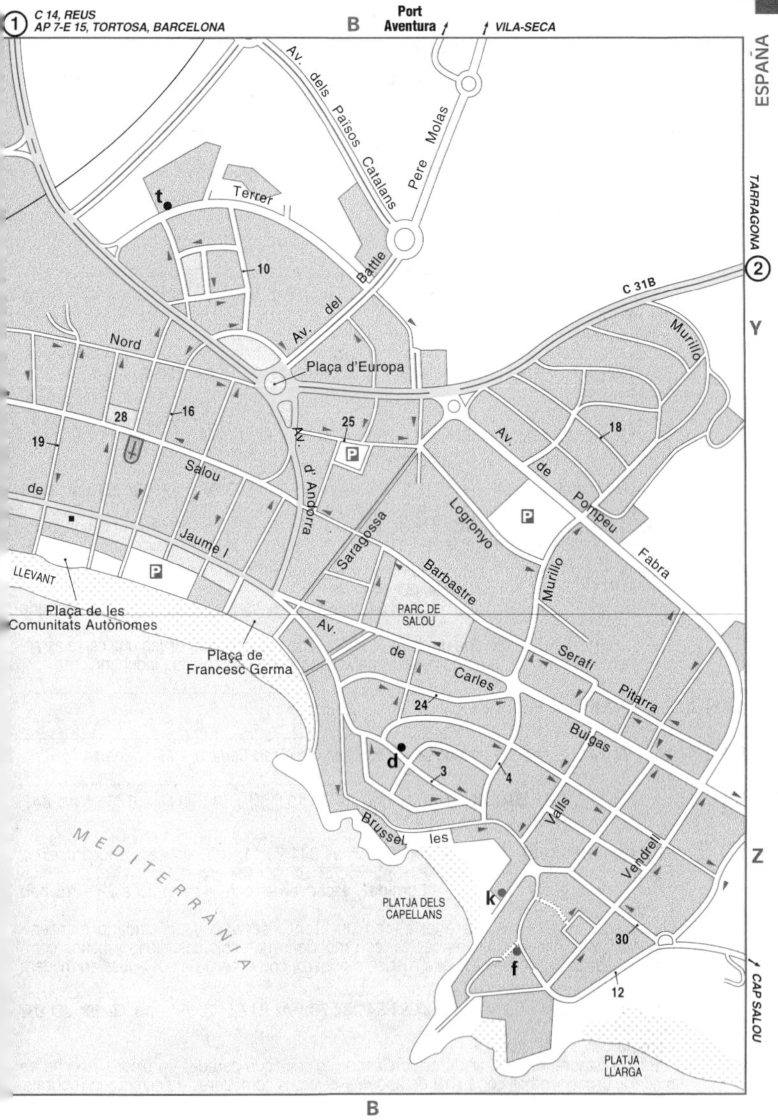

1 C 14, REUS
AP 7-E 15, TORTOSA, BARCELONA
B
Port Aventura
VILA-SECA
TARRAGONA 2
C 31B
Y
Z
CAP SALOU
B

Av. dels Països Catalans
Pere Molas
Terrer
Av. del Batlle
Nord
Plaça d'Europa
Av. d' Andorra
Salou
de
Jaume I
Saragossa
Logronyo
Av. de Pompeu Fabra
Murillo
Barbastre
PARC DE SALOU
Av. de Carles
Serafí Pitarra
Bulgas
Valls
Vendrell
Brussel. les
LLEVANT
Plaça de les Comunitats Autònomes
Plaça de Francesc Germa
MEDITERRÀNIA
PLATJA DELS CAPELLANS
PLATJA LLARGA
t 10 28 16 19 25 18 24 d 3 4 k f 30 12

SAMANIEGO *01307 Araba* 573 E 21 – *247 h alt. 572.*
Madrid 339 – Bilbao 107 – Burgos 108 – Logroño 34 – Vitoria-Gasteiz 59.

Palacio de Samaniego, Constitución 12 ☎ 945 60 91 51, *recepcion@palaciosamaniego.com, Fax 945 60 91 57* – TV. MC VISA.
cerrado del 1 al 15 de enero – **Comida** - sólo fines de semana - 40 – ☕ 7 – **12 hab** 47/84.
◆ La sobriedad de los antiguos señoríos aún pervive en esta atractiva casa, cuyo interior abriga unas habitaciones cálidas y confortables, decoradas con gusto. Restaurante con tres salas, donde la austeridad del pasado recrea una atmósfera acogedora.

SAMIEIRA *36992 Pontevedra* 571 E 3 – *Playa.*
Madrid 616 – Pontevedra 12 – Santiago de Compostela 69 – Vigo 38.

Villa Covelo, carret. de La Toja ☎ 986 74 11 21, *info@villacovelo.com, Fax 986 74 15 20,* ≤, Ⅰ, climatizada – ▯ TV P. MC VISA.
Semana Santa-octubre – **Comida** 18,50 – **50 hab** ☐ 67/86,50 – PA 32.
◆ Buen hotel de línea clásica-actual donde se cuidan mucho los detalles. Posee zonas sociales bien equipadas, con un elegante salón-biblioteca y acogedoras habitaciones. El restaurante ofrece un montaje algo sencillo, aunque adecuado a su categoría.

SAMOS *27620 Lugo* 571 D 8 – *2 311 h.*
Madrid 479 – Lugo 42 – Ourense 84 – Ponferrada 85.

por la carretera de Triacastela *Oeste : 6 km y desvío a la derecha 4 km :*

Casa Arza, Reigosa, ✉ 27633 Reigosa, ☎ 982 18 70 36, *Fax 982 18 70 36* – AE ⓓ MC VISA JCB.
Comida - sólo cena, sólo clientes - 10 – ☐ 4 – **9 hab** 30/35.
◆ Instalado en una antigua casa de labranza de una pequeña aldea. Agradable salón con chimenea y habitaciones rústicas con las paredes en piedra. Comedor privado abuhardillado.

SAN ADRIÁN *31570 Navarra* 573 E 24 – *4 998 h alt. 318.*
Madrid 324 – Logroño 56 – Pamplona 74 – Zaragoza 131.

Ochoa sin rest, Delicias 1 ☎ 948 67 08 26, *Fax 948 67 08 26* – TV. ⓓ MC VISA.
cerrado agosto – ☐ 4,28 – **16 hab** 27,29/38,52.
◆ Hostal llevado en familia, de excelente pulcritud y correcto mantenimiento, con instalaciones sencillas y confortables en su nivel. Habitaciones de estilo castellano.

Ríos, av. Celso Muerza 18 ☎ 948 69 60 68, *948696087@restauranterios.e.telefonica.net, Fax 948 69 60 87* – ▤ P. AE ⓓ MC VISA.
cerrado del 1 al 15 de agosto, del 20 al 31 de diciembre, domingo y lunes noche – **Comida** carta 28 a 37.
◆ Comedor de aire clásico con un cuidado servicio de mesa, donde sirven una carta atractiva, varios privados, y un amplio salón para banquetes con entrada independiente.

SAN ADRIÁN DE COBRES *Pontevedra – ver Vilaboa.*

SAN AGUSTÍN (Playa de) *Las Palmas – ver Canarias (Gran Canaria) : Maspalomas.*

SAN AGUSTÍN DEL GUADALIX *28750 Madrid* 576 J 19 575 J 19 121 I 5 – *6 333 h alt. 648.*
Madrid 34 – Aranda de Duero 128.

El Figón de Raúl, av. de Madrid 21 ☎ 91 841 90 11, *araceli@caserondearaceli.es, Fax 91 841 90 50* – ▤ TV P – 25. AE ⓓ MC VISA.
cerrado del 8 al 28 de agosto – **Comida** - espec. en arroces - carta 23 a 29 – **16 hab** ☐ 52,34/64,28.
◆ Correcto hotel en su categoría, con un atento servicio y un cuidado mantenimiento. Posee habitaciones modestas, con mobiliario de estilo castellano y baños completos. Espacioso comedor de aire rústico-marinero, con el techo a dos aguas en madera vista.

Casa Juaneca, Lucio Benito 3 ☎ 91 841 84 78, *Fax 91 841 82 64* – ▤. AE ⓓ MC VISA JCB.
Comida carta 30 a 40.
◆ Buen restaurante familiar de estilo clásico-regional, con paredes en piedra y techo en madera. Espacioso hall con barra de apoyo y diversos comedores de esmerado montaje.

SAN ANTONIO *46390 València* 577 N 26.
Madrid 278 – Requena 6 – Teruel 118 – València 75.

Casa Doña Anita, Mayor 13 ☎ 96 232 07 37, *casadeanita@tubal.net, Fax 96 232 06 76* – TV. MC VISA. rest
Comida *(cerrado lunes)* 15 – ☐ 6,01 – **8 hab** 40,87/60,01.
◆ Casa de principios del s. XX, que conserva el aire antiguo en el mobiliario de época y los detalles modernistas, aunque su excelente confort goza de una actual vigencia.

SAN BARTOLOMÉ *Las Palmas – ver Canarias (Lanzarote).*

SAN BARTOLOMÉ DE TIRAJANA *Gran Canaria – ver Canarias (Gran Canaria).*

SAN CLEMENTE *16600 Cuenca 576 N 22 – 6 534 h alt. 709.*

Madrid 197 – Toledo 179 – Cuenca 105 – Albacete 81.

Casa de los Acacio, Cruz Cerrada 10 ☎ 969 30 03 60, *casa-acacio@telefonica.net, Fax 969 30 00 67,* – AE MC VISA.
cerrado 1ª quincena de marzo y 2ª quincena de septiembre – **Comida** - es necesario reservar - 18 – 8 – **6 hab** 78/100 – 1 suite.
◆ Conjunto señorial del s. XVII en el que destaca su hermoso patio porticado, utilizado como salón social. Sus sobrias habitaciones poseen mobiliario antiguo en perfecto estado.

SAN COSME *33155 Asturias 572 B 11.*

Madrid 530 – Gijón 58 – Luarca 37 – Oviedo 68.

El Chisco sin rest, carret. AS 222 ☎ 98 559 73 21, *chisco@astures.com, Fax 98 559 72 65,* – TV P. AE MC VISA.
cerrado 12 diciembre-12 enero – **22 hab** 40/48.
◆ Modesto hotel de sencilla organización familiar, dotado de unas habitaciones muy correctas en su categoría, con mobiliario estándar, buena lencería y baños completos.

La Fragua del Canajal sin rest, carret. AS 222 ☎ 98 559 73 65, *lafragua1@yahoo.com, Fax 98 559 72 65,* – TV P. AE MC VISA.
2,40 – **4 hab** 46.
◆ Casa rural rodeada por un cuidado jardín. Ofrece coquetas habitaciones de estilo regional, baños actuales y un luminoso salón para desayunos con mirador en el 1er piso.

SAN ESTEBAN DEL VALLE *05412 Ávila 575 L 15 – alt. 778.*

Madrid 177 – Ávila 67 – Plasencia 160 – Talavera de la Reina 57.

Posada de Esquiladores, Esquiladores 1 ☎ 920 38 34 98, *posada@esquiladores.com, Fax 920 38 34 56* – TV – 25. AE MC VISA.
Comida *(cerrado martes y miércoles)* 18 – **12 hab** 71/100.
◆ En un antiguo edificio con bonito patio interior y bodega en el sótano. Habitaciones espaciosas con distintos tipos de mobiliario y baños actuales, la mitad con hidromasaje.

SAN FELICES *42113 Soria 575 G 23 – 87 h alt. 1 050.*

Madrid 278 – Valladolid 263 – Soria 52 – Logroño 100 – Pamplona 123.

La Casa de Santos y Anita sin rest con cafetería, Fuente 9 ☎ 975 18 55 10, *info@lacasadesantosyanita.com, Fax 975 18 55 10,* – TV.
4 – **8 hab** 45/50.
◆ Casona en piedra ubicada en un pueblo de la sierra soriana. Posee un bar en la planta baja y habitaciones en los dos pisos superiores, de línea actual con detalles rústicos.

SAN FERNANDO *11100 Cádiz 578 W 11 – 91 696 h – Playa.*

Real 24 ☎ 956 94 42 26 turismo@ayto-sanfernando.org Fax 956 94 40 55.

Madrid 634 – Algeciras 108 – Cádiz 13 – Sevilla 126.

AC Salymar sin rest con cafetería por la noche, Real 32 (pl. de la Iglesia) ☎ 956 80 22 60, *acsalymar@ac-hotels.com, Fax 956 80 22 61* – TV – 25/50. AE MC VISA.
8 – **55 hab** 100.
◆ Céntrico aunque de reducidas instalaciones, con una única sala de uso polivalente. Sus habitaciones son de línea actual, destacando las 12 con balcón-terraza a la plaza.

Venta Los Tarantos, Luis de Milena 63 ☎ 956 88 12 72, *Fax 956 59 29 07* – AE MC VISA.
cerrado domingo – **Comida** carta 22 a 30.
◆ Antigua venta con una cuidada decoración regional, donde ofrecen una cocina de buen nivel especializada en platos marineros. El salón principal ocupa el patio del edificio.

SAN FERNANDO DE HENARES *28830 Madrid 576 L 20 575 L 20 121 I 7 – 25 477 h alt. 585.*

Madrid 17 – Guadalajara 40.

en la carretera de Mejorada del Campo *Sureste : 3 km :*

Palacio del Negralejo, ✉ 28820 apartado 97 Coslada, ☎ 91 669 11 25, *postbox@palaciodelnegralejo.es, Fax 91 672 54 55,* – P. AE MC VISA.
cerrado 24 diciembre-2 enero, Semana Santa, agosto y domingo noche – **Comida** carta 36 a 47.
◆ Ubicado en una casa de campo de aire señorial, con varios edificios castellanos y un hermoso patio central. Destaca su bar y el magnífico comedor principal de estilo rústico.

ESPAÑA

La Posta Real, ✉ 28830 apartado 111 San Fernando de Henares, ☎ 91 672 12 74, *lapostareal@retemail.es, Fax 91 672 16 62,* Plaza de toros, – ▤ P. AE ⓓ MO VISA.
cerrado 24 diciembre-2 enero, Semana Santa y agosto – **Comida** - sólo almuerzo salvo fines de semana - carta aprox. 45.
◆ Atractivo y amplio conjunto rústico en una antigua casa de postas rehabilitada, cuyos edificios giran en torno a un gran patio castellano. Posee un coso taurino propio.

SAN ILDEFONSO *Segovia – ver La Granja.*

SAN ISIDRO *Santa Cruz de Tenerife – ver Canarias (Tenerife).*

SAN JOSÉ *04118 Almería* 578 V 23 – *Playa.*
Madrid 590 – Almería 40.

Doña Pakyta, Del Correo ☎ 950 61 11 75, *donapakyta@a2000.es, Fax 950 61 10 62,* ≤ mar – ▤ TV – 25/30. AE ⓓ MO VISA.
Comida *(cerrado noviembre)* 25 – **11 hab** 100/151 – 2 suites.
◆ Completamente renovado y ubicado en 1ª línea de playa, ofreciendo excelentes vistas sobre el mar. Zonas nobles muy luminosas y habitaciones funcionales con mobiliario actual. Restaurante con mucha luz natural, suelos en mármol y buen servicio de mesa.

Cortijo El Sotillo, Norte : 1 km ☎ 950 61 11 00, *sotillo@a2000.es, Fax 950 61 11 05,* – ▤ TV P. AE ⓓ MO VISA.
Comida 25 – **20 hab** 110/156.
◆ Ubicado en las antiguas caballerizas del cortijo, su decoración interior afianza el carácter popular del edificio y añade detalles modernos. Piscina climatizada. En el comedor se alterna la cocina tradicional con la creativa.

Agades, Sidi Bel Abbes 1 ☎ 950 38 03 90, *Fax 950 38 00 06,* – ▤ hab, TV P. AE ⓓ MO VISA
cerrado 15 diciembre-10 enero – **Comida** *(cerrado lunes)* 15 – 3,50 – **37 hab** 49/65.
◆ Sus cuidadas instalaciones dibujan un conjunto encantador, óptimo para el descanso y el ocio. Habitaciones actuales, de gran confort y atractiva piscina al aire libre. Restaurante en un edificio anexo.

SAN JOSÉ *Illes Balears – ver Balears (Eivissa) : Sant Josep de Sa Talaia.*

SAN JUAN DE ALICANTE *Alacant – ver Sant Joan d'Alacant.*

SAN JUAN DEL PUERTO *21610 Huelva* 578 U 9 – *5 961 h alt. 14.*
Madrid 614 – Sevilla 80 – Huelva 12 – Castro Marim 66 – Vila Real de Santo António 69.

Real sin rest y sin , Real 35 ☎ 959 70 13 31, *hostalreal@ono.com, Fax 959 70 13 34* – ▤ TV . AE ⓓ MO VISA.
16 hab 20/36.
◆ Su zona social se reduce a dos sofás junto a la recepción, aunque las habitaciones disfrutan de un cuidado confort, con mobiliario rústico actual y baños modernos.

SAN LEONARDO DE YAGÜE *42140 Soria* 575 G 20 – *2 103 h alt. 1 050.*
Madrid 198 – Valladolid 209 – Soria 54 – Logroño 119 – Burgos 92.

en la carretera N 234 *Este : 2 km :*

La Reserva de San Leonardo, km 401, ✉ 42140, ☎ 975 37 69 12, *comercial@hotellareserva.net, Fax 975 37 69 08* – ▤ TV P – 25/200. AE ⓓ MO VISA. rest
Comida 20 – 10 – **62 hab** 85/107 – 3 suites.
◆ Complejo construido junto a un frondoso pinar. Ofrece amplias zonas sociales y habitaciones de completo equipamiento, destacando por su tamaño las de los edificios anexos. Su restaurante a la carta goza de una elegante decoración y un buen servicio de mesa.

SAN LORENZO DE EL ESCORIAL 28200 Madrid 576 K 17 575 K 17 121 F 6 – 12 455 h alt. 1 040.

Ver : Monasterio★★★ (Palacios★★ : tapices★ - Panteones★★ : Panteón de los Reyes★★★, Panteón de los Infantes★) – Salas capitulares★ - Basílica★★ - Biblioteca★★ – Nuevos Museos★★ : El Martirio de San Mauricio y la legión Tebana★ – Casita del Príncipe★ (Techos pompeyanos★).

Alred. : Silla de Felipe II ≤★ Sur : 7 km.

18 Herrería, ☎ 91 890 51 11 Fax 91 890 71 54.

Grimaldi 2 ☎ 91 890 53 13 turismo@sanlorenzodeelescorial.org Fax 91 890 53 13.

Madrid 49 – Ávila 64 – Segovia 52.

Botánico, Timoteo Padrós 16 ☎ 91 890 78 79, *hotelbotanico@valdesimonte.com, Fax 91 890 81 58* – 25/60.
Comida carta 30 a 43 – **20 hab** 95/110.
◆ Preciosa villa de recreo con cálidas instalaciones en madera, piedra y pizarra. Posee habitaciones muy acogedoras con numerosos detalles y mobiliario antiguo. Coqueto restaurante a modo de cabaña, decorado con buen gusto.

Miranda Suizo, Floridablanca 18 ☎ 91 890 47 11, *reservas@hotelmirandasuizo.com, Fax 91 890 43 58,* – rest, – 25/100.
Comida *(cerrado domingo noche)* 11,50 – 7 – **52 hab** 69/84,57.
◆ Hotel de línea actual montado con materiales de calidad. Habitaciones con suelo en madera y esmerado equipamiento. Enorme cafetería muy frecuentada. En el comedor ofrecen una cocina que cuida sus elaboraciones.

Los Lanceros, Calvario 47 ☎ 91 890 80 11, *info@loslanceros.com, Fax 91 896 10 86* – – 25/70.
Comida 20 – **36 hab** 79,60/94.
◆ Conjunto de corte clásico-actual, con una cuidada fachada y una destacable terraza arbolada. La mayoría de sus habitaciones poseen un pequeño balcón y bañera de hidromasaje. El restaurante dispone de una sala acristalada en tonos verdosos.

Florida, Floridablanca 12 ☎ 91 890 15 20, *info@hflorida.com, Fax 91 890 17 15,* – – 40/30.
Comida 10,90 – 5 – **50 hab** 57/69.
◆ Céntrico y funcional, posee unas acogedoras habitaciones con diferentes niveles de confort, destacando por equipamiento las que tienen jacuzzi y vistas al monasterio.

Cristina sin rest, Juan de Toledo 6 ☎ 91 890 19 61, *hcristina@eresmas.com, Fax 91 890 12 04* – *cerrado Navidades* – 2,75 – **16 hab** 38/46,50.
◆ Pequeño hotel familiar dotado de unas instalaciones sencillas aunque de suficiente confort. Las habitaciones resultan algo oscuras, y poseen un mobiliario castellano.

Tres Arcos, Juan de Toledo 42 ☎ 91 890 68 97, *Fax 91 890 79 97,* – .
Comida 15 – 5,50 – **30 hab** 38/48.
◆ Negocio llevado por una simpática familia, que lo ha visto crecer poco a poco. Sus habitaciones son bastante funcionales, con baños actuales de escasa amplitud. Restaurante de estilo regional con chimenea.

Charolés, Floridablanca 24 ☎ 91 890 59 75, *Fax 91 890 05 92,* – .
Comida carta aprox. 45.
◆ Afamado establecimiento donde se ofrece una cocina seria y bien elaborada. Dispone de varias salas de acogedora intimidad, con atractivas paredes en piedra. Trato exquisito.

Parrilla Príncipe con hab, Floridablanca 6 ☎ 91 890 16 11, *p.principe@wanadoo.es, Fax 91 890 76 01,* – rest, .
Comida *(cerrado martes)* carta aprox. 40 – 5,25 – **25 hab** 44,10/59.
◆ Agradable casa cuyo comedor a la carta, en ladrillo visto y con viguería de madera, ha sido renovado recientemente. Se complementa con unas habitaciones bien equipadas.

al Noroeste : *1,8 km* :

Horizontal, Camino Horizontal, ✉ 28200, ☎ 91 890 38 11, *webmaster@restaurantehorizontal.com, Fax 91 896 91 99,* – .
cerrado lunes noche y martes de octubre a marzo – **Comida** carta 26 a 35.
◆ Cálido restaurante ubicado en pleno monte, con bar privado en la entrada. Posee un impecable comedor clásico con las paredes en piedra vista, y una cocina atractiva.

SAN MAMÉS DE MERUELO 39192 Cantabria 572 B 19 – alt. 60.

Madrid 446 – Bilbao 75 – Burgos 173 – Santander 38 – Torrelavega 56.

Casona de Meruelo sin rest, barrio de la Iglesia 40 ☎ 942 63 70 92, *alustros@interbook.net, Fax 942 65 70 42,* ≤ valle, climatizada – .
cerrado 22 diciembre-2 febrero – 8 – **11 hab** 70/90.
◆ Casa señorial del s. XVIII catalogada como monumento de interés. Hermoso conjunto circundado por un gran muro de piedra, con exquisito gusto decorativo en su interior.

SAN MARTÍN DE LA VIRGEN DE MONCAYO *50584 Zaragoza* 574 G 24 – *332 h alt. 813.*

Madrid 292 – Zaragoza 100.

Gomar , Camino de la Gayata ✆ 976 19 21 01, *Fax 976 19 20 98*, ≤, – rest, .
Comida 12 – ☕ 4 – **22 hab** 28/45.
◆ Establecimiento de modesta organización familiar. Se han efectuado mejoras en el confort de las habitaciones y los aseos se han visto actualizados. El restaurante posee salones de sencillo montaje, trabajando los banquetes con asiduidad.

SAN MARTÍN DE OSCOS *33777 Asturias* 572 C 9 – *571 h alt. 697.*

Madrid 602 – Lugo 91 – Oviedo 199.

La Marquesita con hab, carretera Principal ✆ 98 562 60 02, *lamarquesita@terra.es*, *Fax 98 562 60 02*, – . AE VISA
Comida *(cerrado domingo noche)* carta 22 a 38 – **6 hab** ☕ 40/50.
◆ Posee un bar a la entrada donde sirven menús y un correcto comedor con las paredes en piedra y el techo en madera. Cocina sin grandes alardes con especialidades de la zona.

SAN MARTÍN DE TREVEJO *10892 Cáceres* 576 L 9 – *989 h alt. 610.*

Madrid 329 – Alcántara 82 – Cáceres 122 – Castelo Branco 95 – Salamanca 147.

en la carretera EX 205 *Sureste : 8 km :*

Finca El Cabezo sin rest, ✉ 10892, ✆ 927 19 31 06, *correo@elcabezo.com*, *Fax 927 19 31 06* – VISA.
6 hab ☕ 76.
◆ Casa de labranza en piedra con las habitaciones distribuidas alrededor de un patio. Cálido salón social con chimenea y unas confortables estancias dotadas de baños completos.

SAN MARTÍN DE VALDEIGLESIAS *28680 Madrid* 576 K 16 575 K 16 121 D 7 – *6 191 h alt. 681.*

Madrid 73 – Ávila 58 – Toledo 81.

La Corredera, Corredera Alta 28 ✆ 91 861 10 84, *arcoscorredera@terra.es*, *Fax 91 861 04 34* – . AE VISA.
cerrado febrero - ***Arcos de La Corredera*** **: Comida** carta 35 a 40 – ☕ 5 – **14 hab** 45/55.
◆ Coquetas instalaciones con habitaciones alegres de cuidado equipamiento. Buen confort, combinando el mobiliario tradicional y los baños modernos. Restaurante con decoración rústica y elegante servicio de mesa.

SAN MIGUEL *Illes Balears – ver Balears (Eivissa) : Sant Miquel de Balansat.*

SAN MIGUEL DE LUENA *39687 Cantabria* 572 C 18.

Madrid 345 – Burgos 102 – Santander 51.

en la subida al puerto del Escudo *carretera N 623 - Sureste : 2,5 km :*

Ana Isabel con hab, ✉ 39687, ✆ 942 59 52 06, *h-anaisabel@cantabria.org*, *Fax 942 59 52 06* – . AE VISA.
cerrado noviembre – **Comida** *(cerrado martes)* carta aprox. 22 – ☕ 2,50 – **9 hab** 25/45.
◆ Resulta válido como recurso de carretera, con un discreto bar y dos salas de sencillo montaje. Ofrece habitaciones como complemento al negocio, muy sencillas pero cuidadas.

SAN MILLÁN DE LA COGOLLA *26326 La Rioja* 573 E 21 – *286 h alt. 728.*

Ver : *Monasterio de Suso★ - Monasterio de Yuso (marfiles tallados★★).*

Monasterio de Yuso (edificio Aula de La Lengua) ✆ 941 37 32 59 turismosanmillan@najera.net Fax 941 37 32 59.

Madrid 326 – Burgos 96 – Logroño 53 – Soria 114 – Vitoria-Gasteiz 82.

en el Monasterio de Yuso :

Hospedería del Monasterio de San Millán , ✉ 26326 San Millán de la Cogolla, ✆ 941 37 32 77, *hospederia@sanmillan.com*, *Fax 941 37 32 66*, ≤ – , rest, – 25/150. AE VISA.
cerrado del 5 al 22 de enero – **Comida** 16 – ☕ 7,50 – **22 hab** 83/104 – 3 suites – PA 34,80.
◆ En un ala del monasterio de San Millán de Yuso, cuna de la lengua castellana. Los viejos aires monacales y el confort actual conviven al calor de unos muros en piedra. Acogedor restaurante de tonos suaves y ambiente cálido.

SAN PEDRO DE ALCÁNTARA *29670 Málaga 578 W 14 124 E 7 – 27 820 h – Playa.*

Excurs. : *Carretera★★ de San Pedro de Alcántara a Ronda (cornisa★★).*

Guadalmina, Oeste : 3 km ☎ 95 288 33 75 Fax 95 288 34 83 – Aloha, Oeste : 3 km ☎ 95 281 23 88 Fax 95 281 23 89 – Atalaya Golf Country Club, Oeste : 3,5 km ☎ 95 288 28 12 Fax 95 288 78 97 – La Quinta Golf Country Club - urb. La Quinta Golf - Norte : 3,3 km ☎ 95 276 23 90 Fax 95 276 23 99.

Marqués del Duero 69 ☎ 95 278 52 52 turismosanpedro@marbellaweb.com Fax 95 278 90 90.

Madrid 624 – Algeciras 69 – Málaga 70.

ESPAÑA

Casa Fernando, av. del Mediterráneo ☎ 95 278 46 41, *lander_73@terra.es, Fax 95 278 46 41,* – VISA.
cerrado domingo – **Comida** carta aprox. 31.
◆ Atractivo edificio de aire colonial dotado de un cuidado jardín a la entrada. Su diáfano interior rústico destaca por el montaje, con profusión de madera y ladrillo visto.

por la carretera de Ronda *y desvío a la derecha :*

The Westin La Quinta, urb. La Quinta - Norte : 3,3 km, ✉ 29660 Nueva Andalucía, ☎ *95 276 20 00, laquinta.marbella@westin.com, Fax 95 276 20 25,* climatizada – 25/300. AE VISA.
Comida carta 44 a 50 – 21 – **169 hab** 255/280 – 3 suites.
◆ Bello edificio situado entre dos campos de golf. Habitaciones de grandes dimensiones, con mobiliario de estilo neorrústico andaluz y escogidos detalles decorativos. En su restaurante podrá disfrutar de un espacio alegre y acogedor.

Taberna del Alabardero con hab, urb. Fuente del Espanto-Cerro Artola - Norte : 3,8 km, ✉ 29679 Benahavís, ☎ 95 281 27 94, *taberna.alabardero@teleline.es, Fax 95 281 86 30,* – 25/50. AE VISA. rest
Comida carta 45 a 52 – **22 hab** 170/190.
◆ Luminoso restaurante de aire colonial y esmerado montaje, complementado con un bar inglés, unas espléndidas habitaciones y unos bonitos paseos ajardinados junto a la piscina.

El Gamonal, Camino La Quinta - Norte : 2 km, ✉ 29670, ☎ 95 278 99 21, Fax 95 278 80 24, – VISA.
cerrado 8 enero-8 febrero y miércoles – **Comida** - sólo cena en verano - carta 25 a 33.
◆ Negocio de organización familiar que posee un alegre comedor neorrústico, con toda la luminosidad y el colorido del Mediterráneo. Cocina basada en productos de la zona.

por la carretera de Cádiz :

Villa Padierna, carret. de Cádiz - km 166 - salida Cancelada : 6 Km y desvío 2 Km,, ✉ 29679, ☎ 95 288 91 50, *info@hotelvillapadierna.com, Fax 95 288 91 60,* – 25/100. AE VISA.
Comida carta 47 a 61 – 17 – **47 hab** 240/300 – 12 suites.
◆ Hotel construido a modo de villa señorial, con profusión de mármol, muebles antiguos y obras de arte. Dispone de un luminoso patio central y unas excelentes habitaciones. En su cuidado restaurante ofrecen una carta tradicional con algún detalle de autor.

Golf H. Guadalmina, urb. Guadalmina Baja - Suroeste : 2 km y desvío 1,2 km, ✉ 29678, ☎ 95 288 22 11, *reservas@hotelguadalmina.com, Fax 95 288 22 91,* – 25/300. AE VISA. rest
Comida 35 – 15 – **179 hab** 185/220 – 12 suites.
◆ Acogedoras instalaciones de golf y playa con un excelente equipamiento. Amplios espacios comunes, que combinan mármol y detalles neorrústicos, y agradables terrazas. Su restaurante goza de magníficas vistas, ofreciendo una selecta carta y buffet los domingos.

Víctor, Centro Comercial Guadalmina - Suroeste : 2,2 km, ✉ 29678, ☎ 95 288 34 91, – VISA.
cerrado junio y lunes – **Comida** carta 35 a 45.
◆ Casa de reducidas dimensiones en estilo clásico, con bar-hall privado en la entrada. Ambiente tranquilo, buen mantenimiento, y platos basados en la calidad del producto.

SAN PEDRO DE RUDAGÜERA *39539 Cantabria 572 B 17 – 442 h alt. 70.*

Madrid 387 – Santander 36 – Santillana del Mar 23 – Torrelavega 14.

La Ermita 1826 con hab, ☎ 942 71 90 71, *Fax 942 82 02 58* – rest, AE VISA. rest
Comida carta aprox. 25 – 4,50 – **5 hab** 28,30/35,50.
◆ Acogedora casita de piedra en estilo rústico. Posee un bar público, una gran sala en la que las vigas de madera toman el protagonismo y un comedor más clásico en el 1er piso.

SAN PEDRO DE VIVEIRO *27866 Lugo 571 B 7.*

Madrid 615 – A Coruña 142 – Ferrol 97 – Lugo 104.

O Val do Naseiro , ☎ 982 59 84 34, *valdonaseiro@terra.es, Fax 982 59 82 64* ← – |$|, ▤ rest, TV – P – 25/700. AE MC VISA.
Comida 12 – 6 – **39 hab** 80/100 – 2 suites.
◆ Hotel de línea clásica llevado en familia, que posee unas espaciosas instalaciones. Amplia zona social, confortables habitaciones, y un gran salón para banquetes. Sencillo comedor con acceso independiente.

SAN PEDRO DEL PINATAR *30740 Murcia 577 S 27 128 D 7 – 12 221 h – Playa.*

Parque de los Reyes de España 1 ☎ 968 18 23 01 sppinatar@marmenor.net Fax 968 18 37 06.

Madrid 441 – Alacant/Alicante 70 – Cartagena 40 – Murcia 51.

La Casa del Reloj, antigua carret. N 332 - Noreste : 1,5 km ☎ 968 18 24 06, *correo@restaurantelacasadelreloj.com, Fax 968 18 24 06*, – ▤ P. AE MC VISA JCB.
cerrado 12 octubre-15 noviembre y miércoles – **Comida** carta 28 a 33.
◆ Ubicado en un complejo arquitectónico del s. XIX. La obra de más de 30 artistas recrea su confortable comedor, donde ofrece una carta sin alardes. Especializado en asados.

en Lo Pagán :

Traíña, av. Generalísimo 84 - Sur : 1 km, ✉ 30747 Lo Pagán, ☎ 968 33 50 22, *info@hoteltraina.com, Fax 968 17 82 20*, – |$| ▤ TV ♿ P – 25/200. AE MC VISA.
Comida 20 – **78 hab** 80/115 – 2 suites.
◆ La excelente calidad de los materiales empleados define una decoración exquisita y de discreta elegancia. A las modernas instalaciones se une un entorno de serena belleza. Confortable comedor, luminoso y dotado de un servicio de mesa escogido.

Barceló Lodomar , Río Bidasoa 1 - Sur : 3,5 km, ✉ 30740 Lo Pagán, ☎ 968 18 68 02, *lodomar@barcelo.com, Fax 968 18 68 04*, – |$| ▤ TV – 25/100. AE MC VISA.
Comida - sólo buffet - 15,50 – **88 hab** 90/121.
◆ Emplazado frente al parque de Las Salinas. Dispone de unas confortables habitaciones con mobiliario en maderas claras y baños actuales, así como un centro de talasoterapia. Restaurante acristalado, con un completo buffet.

Neptuno, Generalísimo 19 - Sur : 2,5 km, ✉ 30740 Lo Pagán, ☎ 968 18 19 11, *info@hotelneptuno.net, Fax 968 18 33 01*, ← – |$| ▤ TV. AE MC VISA. rest
Comida 22 – **40 hab** 50/80.
◆ A pocos metros de las curativas charcas de Las Salinas, disfruta de una ubicación privilegiada en 1ª línea de playa. Instalaciones funcionales pero bien equipadas. Agradable comedor panorámico complementado con una terraza bajo toldos.

Venezuela, Campoamor - Sur : 2,5 km, ✉ 30747 Lo Pagán, ☎ 968 18 15 15, *restvenezuela@terra.es, Fax 968 18 19 09*, – ▤. MC VISA.
cerrado 15 octubre-15 noviembre y lunes salvo festivos – **Comida** - espec. en pescados y mariscos - carta 25 a 38.
◆ Un clásico en la zona. Sus pescados y mariscos le han otorgado el reconocimiento unánime. Casa seria llevada con profesionalidad por una atenta brigada.

SAN RAFAEL *40410 Segovia 575 J 17 121 E 5.*

Madrid 62 – Segovia 39 – Ávila 52 – Toledo 132.

en la carretera de Segovia N 603 *Norte : 8 km :*

Tryp Comendador, Río Tajo - urb. Los Ángeles de San Rafael, ✉ 40422 Los Ángeles de San Rafael, ☎ 921 19 58 00, *tryp.comendador@solmelia.com, Fax 921 19 58 09*, ←, – |$| ▤ TV ♿ P – 25/300. AE MC VISA.
Comida 23 – 10,50 – **150 hab** 100/125.
◆ Hotel de línea moderna dotado de unas dependencias espaciosas y acogedoras, con toques rústicos en su decoración. Buena oferta complementaria para los negocios y el ocio.

SAN SALVADOR DE POIO *Pontevedra – ver Pontevedra.*

SAN SEBASTIÁN *Gipuzkoa – ver Donostia-San Sebastián.*

SAN SEBASTIÁN DE LA GOMERA *Santa Cruz de Tenerife – ver Canarias (La Gomera).*

SAN SEBASTIÁN DE LOS REYES *28700 Madrid* 576 K 19 121 I 6 – *59 646 h alt. 678.*

Madrid 18.

Zenit de los Reyes, pl. Ciudad Real 2 ✆ 91 659 16 00, *reyes@zenithoteles.com, Fax 91 659 16 01* – 🛗 ▤ TV ♿ 🚗 – 🎤 25/100. AE ⓓ MC VISA
Comida 9,70 – ☕ 8,75 – **72 hab** 113/128.
◆ De línea moderna y situado en un área residencial. Posee habitaciones funcionales de correcto confort, con el suelo en tarima flotante y baños reducidos. Escasa zona social. Comedor de carácter actual en el que se ofrece la carta y un cuidado menú del día.

Izamar, av. Matapiñonera 6 ✆ 91 654 38 93, *maitoizago@hotmail.com, Fax 91 653 69 42,* 🌳 – ▤ P. AE MC VISA. ✂
cerrado domingo noche y lunes – **Comida** - pescados y mariscos - carta 34 a 49.
◆ Negocio serio cuya cocina está especializada en la elaboración de productos del mar. Elegante marco con profusión de madera y detalles marineros. Posee vivero propio y tienda.

Gaztelupe, Isla de La Palma 2 ✆ 91 653 06 16, *gaztelupe@gaztelupe.com, Fax 91 653 37 91,* 🌳 – ▤ 🚗. AE ⓓ MC VISA. ✂
cerrado domingo noche – **Comida** - cocina vasca - carta 35 a 44.
◆ Posee un bar-sidrería a la entrada y tres salas para disfrutar de la cocina vasca, en la planta baja rústicas y la del 1er piso más moderna. Trabaja con banquetes y catering.

Vicente, Lanzarote 26 ✆ 91 663 95 32 – ▤. AE ⓓ MC VISA. ✂
cerrado 2ª quincena de agosto y domingo – **Comida** carta 23 a 36.
◆ Negocio situado en un polígono industrial. Dispone de un concurrido bar de tapas y de diversas salas donde ofrecen una carta tradicional, destacando por sus carnes a la brasa.

en la carretera de Algete *Noreste : 7 km :*

El Molino, ✉ 28700, ✆ 91 653 59 83, *Fax 91 651 55 83,* 🌳 – ▤ P. AE ⓓ MC VISA. ✂
Comida - espec. en asados - carta 34 a 40.
◆ Negocio de buen montaje en sus distintos comedores, marcados por un estilo típico castellano. Está especializado en cochinillo asado, cordero y carnes a la parrilla.

SAN VICENTE DE TORANZO *39699 Cantabria* 572 C 18 – *alt. 168.*

Madrid 354 – Bilbao 124 – Burgos 115 – Santander 36.

Posada del Pas, carret. N 623 ✆ 942 59 44 11, *recepcion@hotelposadadelpas.com, Fax 942 59 43 86,* 🏊, 🎾 – ▤ rest, TV 🚗 P. AE MC VISA. ✂
marzo-15 octubre – **Comida** 10,50 – ☕ 5 – **32 hab** 49/69.
◆ Casona en piedra del s. XVIII en la ruta turística del Sobao. Sus habitaciones son de estilo neorrústico, todas exteriores, de colores muy vivos y con mobiliario sencillo. Comedor acristalado con profusión de madera.

SAN VICENTE DEL MAR *Pontevedra – ver O Grove.*

SAN VICENTE DE LA BARQUERA *39540 Cantabria* 572 B 16 – *4 349 h – Playa.*

Ver : *Emplazamiento★.*

Alred. : *Carretera de Unquera ≤★.*

ℹ *av. Generalísimo 20 ✆ 942 71 07 97 turismosanvicente@cantabria.org Fax 942 71 07 97.*

Madrid 421 – Gijón 131 – Oviedo 141 – Santander 64.

Villa de San Vicente, Fuente Nueva 1 ✆ 942 71 21 38, *Fax 942 71 51 52,* 🌳 – 🛗, ▤ rest, TV. AE ⓓ MC VISA. ✂
marzo-octubre – **Comida** 9,60 – **50 hab** ☕ 71,40/102.
◆ Goza de una ubicación privilegiada que permite contemplar la ciudad. Sus habitaciones resultan luminosas, actuales y alegres, decorándose en distintos tonos según la planta. El restaurante resulta algo funcional aunque cuenta con muy buenas vistas.

Luzón sin rest, av. Miramar 1 ✆ 942 71 00 50, *Fax 942 71 00 50,* ≤ – 🛗 TV. AE MC VISA. ✂
☕ 2,50 – **36 hab** 37/60.
◆ Casona bien situada y con encanto, cuya zona noble evoca la decoración de principios del s. XX. Posee habitaciones de corte clásico, con baños algo reducidos aunque actuales.

Noray 🐚 sin rest, Río Saja 3 ✆ 942 71 21 41, *noray@hotelnoray.com, Fax 942 71 24 32,* ≤ – TV 🚗 P. MC VISA. ✂
☕ 3,70 – **20 hab** 44/60.
◆ Chalet en la zona alta de esta bellísima localidad. Ofrece una reducida zona social y unas correctas habitaciones, algunas de ellas con hermosas vistas desde sus terrazas.

XX **Maruja,** av. Generalísimo ✆ 942 71 00 77, *maruja@arrakis.es, Fax 942 71 20 51* – AE ⓓ MC VISA. ✻ – *cerrado 2ª quincena febrero, 2ª quincena octubre y miércoles salvo julio y agosto* – **Comida** carta 26 a 35.
◆ Céntrico negocio de larga tradición y fama bien ganada. Sus comedores son acogedores, con paredes en tonos salmón y grandes cortinajes. Servicio de mesa a la altura.

X **Boga-Boga,** pl. José Antonio 9 ✆ 942 71 01 35, *Fax 942 71 01 51*, ☂ – ▤. AE ⓓ MC VISA JCB. ✻ – *cerrado martes de octubre a mayo* – **Comida** carta 25 a 34.
◆ Restaurante muy conocido en la localidad. Posee un bar público en la entrada y un comedor de cuidado montaje dentro de su sencillez, donde sirven platos tradicionales.

en Los Llaos *Noreste : 5 km :*

🏠 **Gerra Mayor** ⚘ sin rest con cafetería, carret. de la playa de Gerra, ✉ 39547 Los Llaos, ✆ 942 71 14 01, *info@hgerramayor.com, Fax 942 71 14 01*, ≤ playa, mar y montañas – TV P. AE MC VISA. ✻
cerrado 15 diciembre-febrero – ☕ 5 – **19 hab** 50/65.
◆ Se encuentra en la cima de un pequeño monte, abarcando con sus vistas las playas, el mar y los Picos de Europa. Todas sus habitaciones gozan de una decoración personalizada.

SAN VICENTE DE LA SONSIERRA *26338 La Rioja* 573 *E 21 – 1 132 h alt. 528.*

Madrid 334 – Bilbao 107 – Burgos 103 – Logroño 35 – Vitoria-Gasteiz 44.

X **Casa Toni,** Zumalacárregui 27 ✆ 941 33 40 01, *Fax 941 30 81 28* – ▤. AE MC VISA. ✻
cerrado 23 diciembre-2 enero, del 15 al 30 de junio, del 15 al 30 de septiembre y lunes – **Comida** - sólo almuerzo salvo viernes, sábado y vísperas de festivo - carta 21 a 32.
◆ Casa de serena fachada, con zona de bar y un comedor que ha diversificado su actividad entre la carta y el menú. Una segunda sala de uso restringido complementa el negocio.

SANDINIÉS *22664 Huesca* 574 *D 29.*

Madrid 460 – Huesca 79 – Jaca 43.

X **Casa Pelentos** ⚘ con hab, del Medio 6 ✆ 974 48 75 00, *Fax 974 48 75 00* – TV. ⓓ MC VISA. ✻
cerrado noviembre – **Comida** carta 23 a 32 – **7 hab** ☕ 45/66.
◆ Céntrico restaurante instalado en una acogedora casona de piedra, y decorado en un cuidado estilo neorrústico. Se complementa con unas coquetas habitaciones.

SANGENJO *Pontevedra – ver Sanxenxo.*

SANGONERA LA VERDE *30833 Murcia* 577 *S 26* 128 *A 7 – 8 368 h.*

Madrid 404 – Murcia 11 – Alacant/Alicante 91.

por la carretera de Mazarrón *Suroeste : 2,5 km y desvío a la izquierda 0,5 km :*

X **La Casa de Salvador,** camino de los Pozos 21, ✉ 30833, ✆ 670 37 21 26, ☂ – ▤ P. MC VISA. ✻ – *cerrado del 15 al 30 de agosto y domingo(julio y agosto)* – **Comida** *(solo almuerzo salvo jueves, viernes y sabado)* 20.
◆ Buen restaurante situado en plena huerta murciana y rodeado por una exuberante vegetación. Disfruta de varias salas acristaladas, tipo invernadero, y una agradable terraza.

SANGÜESA *31400 Navarra* 573 *E 26 – 4 447 h alt. 404.*

Ver : *Iglesia de Santa María la Real★ (portada sur★★).*
ℹ *Mayor 2 ✆ 948 87 14 11 oit.sanguesa@cfnavarra.es Fax 948 87 14 11.*
Madrid 408 – Huesca 128 – Pamplona 46 – Zaragoza 140.

🏠 **Yamaguchy,** carret. de Javier - Este : 0,5 km ✆ 948 87 01 27, *info@hotelyamaguchi.com, Fax 948 87 07 00* – ▤ rest, TV 🚗 P. AE ⓓ MC VISA. ✻
Comida 11 – ☕ 6,30 – **41 hab** 35,65/55,65.
◆ Negocio llevado en familia, que resulta un recurso válido en su categoría. Habitaciones de distinto confort, individuales en la planta baja y unas más modernas en el 1er piso.

SANLÚCAR DE BARRAMEDA *11540 Cádiz* 578 *V 10 – 57 044 h – Playa.*

Ver : *Localidad★ – Iglesia de Nuestra Señora de la O (portada★★) – Covachas★.*
ℹ *Calzada del Ejército ✆ 956 36 61 10 turismo@aitosanlucar.org Fax 956 36 61 32.*
Madrid 669 – Cádiz 45 – Jerez de la Frontera 23 – Sevilla 106.

🏠 **Tartaneros** sin rest, Tartaneros 8 ✆ 956 38 53 93, *hoteltartaneros@telefonica.net, Fax 956 38 53 94* – ▤ TV. AE ⓓ MC VISA. ✻
☕ 5,10 – **22 hab** 90/102 – 2 suites.
◆ Antigua mansión señorial con una magnífica fachada que refleja el esplendor de antaño. Los elegantes salones sociales contrastan con la sobriedad de las habitaciones.

Posada de Palacio sin rest, Caballeros 11 (barrio alto) ☎ 956 36 48 40, *posadadepalacio@terra.es, Fax 956 36 50 60* – AE VISA
cerrado 8 enero-1 marzo – ☐ 6 – **27 hab** 80/90.
◆ Pequeño hotel de organización familiar ubicado en una antigua casa de estilo andaluz. Habitaciones sencillas pero completas, algunas con mobiliario de época.

Mirador Doñana, Bajo de Guía ☎ 956 36 42 05, *info@miradordoñana.com, Fax 956 38 16 83,* ←, – ▤. AE VISA.
cerrado 13 enero-13 febrero – **Comida** - pescados y mariscos - carta 20 a 33.
◆ Cocina marinera con protagonismo de los pescados fritos, langostinos y angulas del Guadalquivir. Ofrece dos comedores con motivos náuticos y fotografías de puertos antiguos.

Casa Bigote, Bajo de Guía 10 ☎ 956 36 26 96, *info@restaurantecasabigote.com, Fax 956 36 87 21* – ▤. AE VISA JCB.
cerrado noviembre y domingo – **Comida** - pescados y mariscos - carta 21 a 30.
◆ Acreditado restaurante de estilo rústico, salpicado con detalles marineros. Productos frescos y buenos precios son sus claves. ¡No deje de probar los sabrosos guisos!

El Veranillo, prolongación av. Cerro Falón ☎ 956 36 27 19, *Fax 956 36 27 19,* – ▤. AE VISA.
cerrado domingo noche y lunes – **Comida** - sólo almuerzo salvo verano, viernes y sábado - carta aprox. 30.
◆ Restaurante familiar destacable por ofrecer una cocina casera, que recupera la tradicional gastronomía andaluza. Correcto montaje y buen servicio de mesa.

SANLÚCAR LA MAYOR *41800 Sevilla* 578 T 11 – *9 448 h alt. 143.*

Madrid 569 – Huelva 72 – Sevilla 18.

Hacienda Benazuza , Virgen de las Nieves ☎ 95 570 33 44, *hbenazuza@elbullihotel.com, Fax 95 570 34 10,* ←, , , – ▤ TV P – 25/400. AE VISA.
cerrado del 6 al 31 de enero - ***La Alquería*** *(sólo cena, cerrado lunes)* **Comida** carta 67 a 83 – ☐ 32 – **26 hab** 400 – 18 suites.
Espec. Gazpacho de bogavante perfumado a la albahaca (abril-septiembre). Pañuelos de pan y trufa de verano. Cinta ibérica con pinzas de buey de mar y cilantro fresco.
◆ Magnífico hotel instalado en una alquería del s. X. Sus lujosas dependencias combinan en armonía el mobiliario histórico con una exquisita decoración y el confort más actual. Restaurante rústico-elegante, con un cuidado servicio de mesa y el techo en madera.

SANT ANDREU DE LLAVANERES *08392 Barcelona* 574 H 37 122 E 7 – *4 182 h alt. 114.*

Llavaneres, Oeste : 1 km ☎ 93 792 60 50 Fax 93 795 25 58.
Madrid 666 – Barcelona 35 – Girona/Gerona 67.

L'Esguard, passatge de les Alzines 16 ☎ 93 792 77 67, *esguard@miguelsanchezromera.com, Fax 93 792 77 67* – ▤. AE VISA JCB
cerrado Navidades, Semana Santa, 15 días en octubre, lunes, martes y domingo noche – **Comida** 80 y carta 67 a 71.
Espec. "Omnium" de cereales con aceite de oliva virgen y salsa aterciopelada de tandoori. Bacalao templado al jugo de limón en semiconfit con pisto de aguacates. Pichón de Vendée y su aperitivo, relleno de pasta de oliva negra, almendras y hierbas de montaña con ensalada gelée.
◆ Espléndida masía cuyos orígenes se remontan al s. XVII, decorada en estilo neorrústico. Su vanguardista y creativa cocina es una fiesta de color y sabor para los sentidos.

en Port Balís *Sureste : 3 km :*

El Racó del Navegant, ✉ 08392 Sant Andreu de Llavaneres, ☎ 93 792 86 13, *raconavegant@airtel.net, Fax 93 756 02 63,* – ▤. VISA.
cerrado del 2 al 24 de enero, del 12 al 20 de septiembre, domingo noche y lunes – **Comida** carta 25 a 59.
◆ Dispone de un comedor clásico-actual con decoración marinera y una agradable terraza entoldada. Nutrida carta tradicional donde los productos del mar toman el protagonismo.

Can Jaume, ✉ 08392 Sant Andreu de Llavaneres, ☎ 93 792 69 60, *Fax 93 792 91 23,* – ▤. VISA.
cerrado del 1 al 23 de enero y miércoles – **Comida** - sólo almuerzo salvo viernes en verano y sábado - carta 22 a 41.
◆ Negocio familiar ubicado en pleno puerto deportivo. En sus bien montadas salas podrá degustar platos de tendencia clásica, destacando los pescados y mariscos.

SANT ANDREU DE LA BARCA *08740 Barcelona 574 H 35 122 B 8 – 14 547 h alt. 42.*

Madrid 604 – Barcelona 26 – Manresa 43.

Catalonia Bristol, Via de l'Esport 4 ✆ 93 682 11 77, *bristol@hoteles-catalonia.es, Fax 93 682 37 97,* – |‡|, ▤ TV ♿ – 25/180. AE ⓓ MC VISA
Comida carta aprox. 30 – ▭ 10 – **57 hab** 68/75.
• Hotel de línea actual dotado de unas espaciosas instalaciones. Sus habitaciones resultan algo funcionales, aunque de buen confort gracias a su completo equipamiento. Comedor luminoso y de correcto montaje, donde ofrecen una carta de tendencia internacional.

Ibis Barcelona Sant Andreu de la Barca, Energía 1 ✆ 93 653 54 70, *h3445@accor-hotels.com, Fax 93 682 40 85* – |‡|, hab, ▤ TV ♿ P. AE ⓓ MC VISA JCB. rest
Comida 12,50 – ▭ 6 – **72 hab** 59.
• Se encuentra junto a un polígono industrial y posee las características de funcionalidad habituales en los hoteles de esta cadena. Materiales sencillos y precios contenidos. Bar-comedor con parrilla a la vista.

La Estancia, pl. Charlie Rivel 1 ✆ 93 653 37 61, *rtelaestancia@telefonica.net* – ▤
Comida - sólo almuerzo salvo viernes y sábado.
• Restaurante de cuidado montaje y línea actual, llevado directamente por el propietario. Su carta propone platos creativos y menús degustación.

SANT ANTONI DE CALONGE *17252 Girona 574 G 39 122 I 5 – Playa.*

av. Catalunya ✆ 972 66 17 14 turisme@ajcalonge.org Fax 972 66 10 80.
Madrid 717 – Barcelona 107 – Girona/Gerona 48.

Rosa dels Vents, passeig de Mar ✆ 972 65 13 11, *hotel@rosadelsvents.com, Fax 972 65 06 97,* ← – |‡|, ▤ rest, TV P. ⓓ MC VISA. hab
abril-octubre – **Comida** 18 – ▭ 7 – **58 hab** 89/119.
• Ubicado en 1ª línea de playa y llevado por sus jóvenes propietarios, ofrece unas instalaciones recientemente renovadas en un excelente estado de mantenimiento. Restaurante de notable amplitud, con un bar público en la entrada.

Rosamar, passeig Josep Mundet 43 ✆ 972 65 05 48, *hotel@rosamar.com, Fax 972 65 21 61,* ← – |‡|, ▤ rest, TV P. VISA. rest
Semana Santa-octubre – **Comida** - sólo buffet - 10 – **50 hab** ▭ 80/120.
• Acogedor establecimiento situado frente al mar, dotado de unas habitaciones decoradas en cálidas tonalidades, correctamente equipadas con baños actuales. Adecuada zona noble. Comedor espacioso y bien montado, con servicio de buffet.

Refugi de Pescadors, passeig Josep Mundet 55 ✆ 972 65 06 64, *info@refugidepescadors.com, Fax 972 65 10 88,* – ▤. AE ⓓ MC VISA.
cerrado 13 diciembre-15 enero, domingo noche y lunes salvo verano y festivos – **Comida** - pescados y mariscos - carta 30 a 50.
• Todo un clásico en la localidad, llevado por los hijos de los fundadores. Posee un comedor en dos niveles, cuya decoración de estilo marinero imita el interior de un barco.

SANT ANTONI DE PORTMANY *Illes Balears – ver Balears (Eivissa).*

SANT BOI DE LLOBREGAT *08830 Barcelona 574 H 36 122 C 8 – 77 894 h alt. 30.*

Madrid 626 – Barcelona 19 – Tarragona 83.

El Castell , Castell 1 ✆ 93 640 07 00, *elcastell@elcastell.com, Fax 93 640 07 04,* – |‡| ▤ TV ♿ P – 25/125. AE ⓓ MC VISA JCB. rest
Comida carta 22 a 32 – **48 hab** ▭ 74/110.
• Situado en la cima de una colina y rodeado de varias terrazas con pinos. Recientemente ha reformado sus habitaciones, logrando un confort más actual y con suelos en parquet. Restaurante de gran capacidad distribuido en varias salas.

SANT CARLES DE LA RÁPITA *43540 Tarragona 574 K 31 – 10 574 h – Playa.*

pl. Carles III-13 ✆ 977 74 01 00 turisme@larapita.com Fax 977 74 43 87.
Madrid 505 – Castelló de la Plana/Castellón de la Plana 91 – Tarragona 90 – Tortosa 29.

Miami Mar, passeig Maritim 18 ✆ 977 74 58 59, *mar@miamicanpons.com, Fax 977 74 06 74,* ←, , – |‡| ▤ TV ♿ – 25/50. AE ⓓ MC VISA.
Comida *(cerrado 14 días en enero)* - arroces, pescados y mariscos - carta aprox. 33 – **29 hab** ▭ 107/134 – 1 suite.
• Se encuentra en 1ª línea de playa. Dispone de una pequeña recepción con salón-bar y confortables habitaciones de estilo actual, todas con mobiliario moderno y terraza. En su restaurante ofrecen una cocina marinera especializada en arroces, pescados y mariscos.

ESPAÑA

Llansola, Sant Isidre 98 ✆ 977 74 04 03, *Fax 977 74 04 03* – rest, TV P. VISA. – *cerrado noviembre* – **Comida** *(cerrado domingo noche y lunes mediodía)* 13 – **21 hab** 33/60.
◆ Hotel de organización familiar situado en el centro de la localidad. Dotado de unas cuidadas dependencias, con habitaciones sobrias aunque de correcto equipamiento. Restaurante de estilo clásico con varios comedores privados.

Juanito Platja, passeig Marítim ✆ 977 74 04 62, *Fax 977 74 27 57*, ←, – P. VISA.
abril-septiembre – **Comida** 16 – 4 – **35 hab** 35/60.
◆ Situado frente al mar. Posee una zona social muy reducida, y unas habitaciones de mínimo equipamiento, pero todas con mobiliario de buen nivel y terraza.

Varadero, av. Constitució 1 ✆ 977 74 10 01, *Fax 977 74 22 06*, – AE VISA.
cerrado 15 diciembre-15 enero y lunes – **Comida** - pescados y mariscos - carta aprox. 35.
◆ Sólido negocio ubicado frente al club náutico. Dispone de una amplia cafetería, un comedor con un buen servicio de mesa, y dos salones para banquetes en la entreplanta.

Can Víctor, Vista Alegre 8 ✆ 977 74 29 05, *canvictor@larapita.com, Fax 977 74 53 30*, – AE VISA JCB
Comida - pescados y mariscos - carta aprox. 25.
◆ Buen mobiliario, correcto servicio de mesa, y un salón para banquetes en la 1ª planta. Disfrute de una cocina especializada en platos de sabor marinero.

Casa Ramón, Pou de les Figueretes 7 ✆ 977 74 14 58, *convictor@larapita.com, Fax 977 74 53 30* – AE VISA JCB
Comida - pescados y mariscos - carta aprox. 25.
◆ Amplio comedor con mesas bien distribuidas, y un pequeño altillo que rompe la homogeneidad de la sala. Carta colmada de elaboraciones basadas en frutos del mar.

Brasseria Elena, pl. Lluís Companys 1 ✆ 977 74 29 68, – VISA.
cerrado 3 noviembre-3 diciembre y martes salvo julio-agosto – **Comida** - carnes a la brasa - carta 13 a 24.
◆ Reducido comedor de montaje clásico e impecable mantenimiento, llevado con dedicación por los propietarios. En verano disfrute de su cocina en la terraza exterior.

SANT CELONI *08470 Barcelona 574 G 37 122 E 6 – 11 937 h alt. 152.*

Alred. : *Noroeste, Sierra de Montseny★ : itinerario★★ de San Celoni a Santa Fé del Montseny – Carretera★ de San Celoni a Vic por Montseny.*
Madrid 662 – Barcelona 51 – Girona/Gerona 54.

Suis sin rest, Major 152 ✆ 93 867 00 02, *info@hotelsuis.com, Fax 93 867 43 43* – TV VISA.
5 – **34 hab** 50/90.
◆ Céntrico y de organización familiar. Han realizado una importante reforma en la zona social y en la mayoría de las habitaciones, por lo que goza de mayor confort y actualidad.

Can Fabes con hab, Sant Joan 6 ✆ 93 867 28 51, *canfabes@canfabes.com, Fax 93 867 38 61* – TV AE VISA JCB. hab
cerrado del 1 al 14 de febrero y 27 junio-11 julio – **Comida** *(cerrado domingo noche y lunes)* 118 y carta 96 a 112 – 30 – **5 hab** 180/280.
Espec. Verduras en cocotte al aceite de setas. Pichón a la brasa con foie a las pimientas. Fresas con mascarpone y flores de acacia.
◆ Su comedor rústico contrasta con las salas de diseño minimalista. La creatividad del chef actualiza una cocina de raíces locales. Habitaciones modernas y de líneas puras.

SANT CLIMENT *Illes Balears – ver Balears (Menorca).*

SANT CUGAT DEL VALLÈS *08190 Barcelona 574 H 36 122 C 8 – 38 834 h alt. 180.*

Ver : *Monasterio★★ (Iglesia★ : retablo de todos los Santos★, claustro★ : capiteles románicos★).*
18 *Sant Cugat, Villa ✆ 93 674 39 08 Fax 93 675 51 52.*
Madrid 615 – Barcelona 20 – Sabadell 9.

Casablanca, Sabadell 47 ✆ 93 674 53 07, *Fax 93 587 98 28* – VISA.
cerrado Semana Santa y domingo – **Comida** carta 16 a 28.
◆ Emplazado en la planta baja de una antigua casa del centro de la ciudad. Acogedor marco rústico en madera y ladrillo visto, que ofrece una cocina con cuidadas presentaciones.

La Fonda, Enric Granados 12 ✆ 93 675 54 26, *reservas@lafonda.c.telefonica.net, Fax 93 674 50 59* – AE VISA.
cerrado del 1 al 15 de septiembre, domingo y lunes noche – **Comida** carta 35 a 52.
◆ El buen gusto impera en la decoración de su reducida sala de estilo clásico. Propone una interesante carta con detalles de cierto nivel y repostería casera.

al Noroeste : *3 km* :

Novotel Barcelona Sant Cugat, pl. Xavier Cugat, ✉ 08190, ☎ 93 589 41 41, *h1167@accor-hotels.com, Fax 93 589 30 31,* ≤, ⛱, 🏊 – |♦|, ⇔ hab, ▤ TV ☎ ♿ 🚗 🅿 – 🏛 25/300. AE ⓓ ⓜⓒ VISA JCB
Comida 14 – ☕ 13,91 – **146 hab** 115 – 4 suites.
◆ En una zona empresarial. Posee salones para convenciones, un amplio espacio social con la cafetería integrada y confortables habitaciones, resultando los baños algo reducidos. Luminoso comedor con profusión de plantas y vistas a la piscina.

SANT FELIU DE BOADA *17256 Girona* 574 *G 39* 122 *I 5.*

Madrid 736 – Girona/Gerona 39 – Barcelona 136 – Perpignan 104.

Can Joan, La Font 9 ☎ 972 63 43 13, ⛱ – ▤ 🅿. ⓓ ⓜⓒ VISA. ✂ – *cerrado 22 diciembre-5 febrero, lunes noche (octubre-mayo) y martes salvo julio y agosto* – **Comida** carta 18 a 26.
◆ Acogedor restaurante de estilo neorrústico con el joven propietario en los fogones, que se complementa con un bar de apoyo en la entrada y una agradable terracita.

SANT FELIU DE GUÍXOLS *17220 Girona* 574 *G 39* 122 *I 6 – 16 088 h – Playa.*

Ver : Localidad★, Iglesia Monasterio de Sant Feliu★ (portada★★) A – Capilla de Sant Elm (≤★★) A – Pedralta★ por ③.

ℹ *pl. Monestir ☎ 972 82 00 51 turisme@guixols.net Fax 972 82 01 19.*

Madrid 713 ③ – Barcelona 100 ③ – Girona/Gerona 37 ③

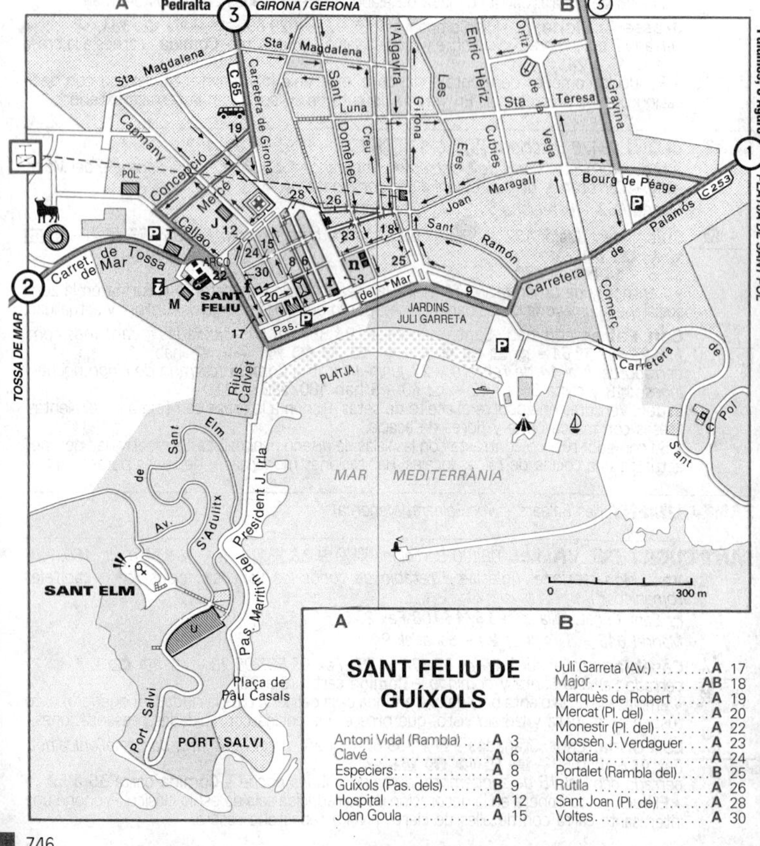

Curhotel Hipócrates, carret. de Sant Pol 229 ☎ 972 32 06 62, *reservashipocrates@hipocratescurhotel.com, Fax 972 32 38 04*, ≤, Servicios terapéuticos y de cirugía estética, – 25/150. AE MC VISA. B c
cerrado 9 diciembre-13 febrero – **Comida** carta aprox. 26 – **88 hab** 123,50/197 – 4 suites.
◆ Hotel en fase de reforma, especializado en tratamientos de salud y belleza. Completísima zona noble, y acogedoras habitaciones con mobiliario clásico y baños actuales.

Plaça sin rest, pl. Mercat 22 ☎ 972 32 51 55, *info@hotelplaza.org, Fax 972 82 13 21* – AE MC VISA A f
6 – **19 hab** 100.
◆ De organización familiar, cuenta con una sencilla zona noble, y unas habitaciones de línea actual con buen nivel de confort. Clientela mixta de negocios y vacacional.

Casa Buxó, Major 18 ☎ 972 32 01 87 – AE MC VISA A n
abril-20 octubre – **Comida** *(cerrado lunes noche y martes noche)* carta 20 a 32.
◆ De estilo clásico y llevado por el matrimonio propietario, con detalles regionales y grandes vidrieras en las ventanas. Propone una cocina de sabor local.

Can Salvi, passeig del Mar 23 ☎ 972 32 10 13, *cansalvi@telelineb.com, Fax 972 82 13 37*, – AE MC VISA A r
cerrado enero, domingo noche y lunes – **Comida** carta 38 a 46.
◆ Restaurante de correcto montaje, con el dueño en los fogones ofreciendo una amplia carta de tendencia marinera y varios menús. Se complementa con dos agradables terrazas.

Cau del Pescador, Sant Domènec 11 ☎ 972 32 40 52, *Fax 972 32 40 52* – AE MC VISA JCB. A n
cerrado 7 enero-7 febrero y martes en invierno – **Comida** - pescados y mariscos - carta 21 a 36.
◆ Pequeño negocio de atención familiar, dotado de dos sencillas salas con las mesas un tanto apretadas, donde sirven una esmerada carta especializada en productos del mar.

SANT FERRIOL *Girona – ver Besalú.*

SANT FRUITÓS DE BAGES *08272 Barcelona 574 G 35 – 4549 h alt. 246.*
Ver : *Monasterio de Sant Benet de Bages★★.*
Madrid 596 – Barcelona 72 – Manresa 5.

La Sagrera sin rest, av. Bertrand i Serra 2 ☎ 93 876 09 42, *Fax 93 878 85 92* – AE MC VISA.
4 – **8 hab** 38/55.
◆ Antigua casa rural restaurada para albergar este pequeño hotel. Decorada con gusto, posee un acogedor salón social, y unas reducidas habitaciones de confort actual.

SANT GREGORI *17150 Girona 574 G 38 122 G 5 – 1830 h alt. 112.*
Madrid 707 – Girona/Gerona 9 – Barcelona 108 – Figueres 52.

Masferran sin rest, camí de la Bruguera ☎ 972 42 88 90, *info@masferran.com, Fax 972 42 84 70*, ≤, Belleza y medicina natural, – 25.
AE MC VISA.
9 – **11 hab** 145 – 1 suite.
◆ Masía concebida como un centro de belleza y medicina natural. Dispone de una correcta zona social y espaciosas habitaciones con mobiliario funcional y los suelos en madera.

Maràngels, carret. GI 531 - Este : 1 km ☎ 972 42 91 59, *marangels@grn.es, Fax 972 42 91 59* – AE MC VISA.
cerrado domingo noche y lunes – **Comida** carta 26 a 41.
◆ Llevado con profesionalidad, ocupa una masía con una cuidada zona ajardinada. Un marco rústico, con mobiliario y decoración modernos, donde sirven una interesante carta.

SANT HILARI SACALM *17403 Girona 574 G 37 122 F 5 – 4677 h alt. 801 – Balneario.*
Ver : *Localidad★.*
pl. Dr. Robert ☎ 972 86 96 86 turismeshs@santhilari.org Fax 972 86 96 77.
Madrid 664 – Barcelona 82 – Girona/Gerona 45 – Vic 36.

Torrás, pl. Gravalosa 13 ☎ 972 86 80 96, *h.torras@wanadoo.es, Fax 972 87 22 34* –
AE MC VISA.
cerrado enero – **Comida** *(cerrado viernes)* 12 – 6 – **58 hab** 27/46.
◆ Céntrico hotel dotado de unas habitaciones funcionales y bien equipadas, distribuidas en dos edificios, siendo las del Torrás de confort un tanto superior.

SANT JOAN DESPÍ *Barcelona – ver Barcelona : Alrededores.*

ESPAÑA

SANT JOAN D'ALACANT o **SAN JUAN DE ALICANTE** *03550 Alacant* 577 Q 28 123 F 4 – *14 369 h alt. 50.*

Madrid 426 – Alcoi 46 – Alacant/Alicante 9 – Benidorm 34.

XX **La Quintería,** Dr. Gadea 17 ☎ 96 565 22 94 – ▤. AE ⓓ ⓜ VISA. ✈
cerrado 20 junio-25 julio, domingo y miércoles noche – **Comida** - espec. en mariscos y cocina gallega - carta 35 a 43.
◆ De organización seria y profesional, cuidando especialmente la calidad de sus productos. Buen bar privado y tres salas de correcto montaje en estilo clásico-regional.

SANT JORDI *Illes Balears – ver Balears (Eivissa).*

SANT JOSEP DE SA TALAIA *Illes Balears – ver Balears (Eivissa).*

SANT JULIÀ DE VILATORTA *08504 Barcelona* 574 G 36 122 D 5 – *1 934 h alt. 595.*

Madrid 643 – Barcelona 72 – Girona/Gerona 85 – Manresa 58.

Torre Martí, Ramón Llull 11 ☎ 93 888 83 72, *hoteltorremarti@yahoo.es, Fax 93 888 83 74* – TV ☏ ♿ P. AE ⓓ ⓜ VISA JCB. ✈
Comida - sólo clientes - 25 – **8 hab** ☕ 110/135.
◆ Atractiva casa señorial dotada de salón-biblioteca y habitaciones de cuidado confort, todas con muebles antiguos de diferentes estilos y algunas con acceso directo al jardín.

XX **Ca la Manyana** con hab, av. Nostra Senyora de Montserrat 38 ☎ 93 812 24 94, *cal amanyana@teleline.es, Fax 93 888 70 04* – ▤ TV. AE ⓜ VISA. ✈ rest
cerrado octubre – **Comida** *(cerrado domingo noche y lunes)* carta 31 a 41 – ☕ 8 – **20 hab** 46/60,50.
◆ Instalado en una casona señorial de atractiva fachada, su principal actividad es el restaurante. En su mesa podrá degustar la más arraigada tradición culinaria catalana.

SANT JUST DESVERN *Barcelona – ver Barcelona : Alrededores.*

SANT LLORENÇ DES CARDASSAR *Illes Balears – ver Balears (Mallorca).*

SANT LLUÍS *Illes Balears – ver Balears (Menorca).*

SANT MARÇAL *Barcelona* 574 G 37 122 E 6.

Madrid 686 – Barcelona 86 – Girona/Gerona 60 – Vic 36.

Sant Marçal ⛰, ✉ 08460 Montseny, ☎ 93 847 30 43, *reservas@hotelsantmarcal.com, Fax 93 847 30 43,* ≤, ⛱ – TV P – 🏛 25/200. ⓓ ⓜ VISA. ✈
Comida - sólo clientes - 35 – **12 hab** ☕ 145/282.
◆ Emplazado en plena montaña, ocupa un antiguo monasterio cuyas habitaciones, con decoración rústica personalizada, conservan el sosiego de antaño. Espléndida zona noble.

SANT MARTÍ VELL *17462 Girona* 574 F 38 122 H 4 – *199 h alt. 65.*

Madrid 706 – Girona/Gerona 14 – Barcelona 106 – Figueres 47.

X **De la Riera,** carret. de Bordils a Corça - Sureste : 1 km ☎ 972 49 02 11, *casiahumad a@jazzfree.com, Fax 972 49 06 48,* ☂ – P. AE ⓜ VISA
24 junio-12 septiembre y fines de semana resto del año – **Comida** - sólo cena en verano salvo sábado y domingo - carta 29 a 40.
◆ Restaurante ubicado a las afueras de la localidad, dotado de dos salas abovedadas con suelo rústico y un correcto servicio de mesa. Agradable terraza exterior.

SANT MIQUEL DE BALANSAT *Illes Balears – ver Balears (Eivissa).*

SANT PAU D'ORDAL *08739 Barcelona* 574 H 35.

Madrid 587 – Barcelona 51 – Lleida/Lérida 116 – Tarragona 66.

XX **Cal Xim,** pl. Subirats 5 ☎ 93 899 30 92, *amigocastellvi@terra.es, Fax 93 899 33 16,* Interesante enoteca – ▤. AE ⓜ VISA. ✈
cerrado Navidades, Semana Santa, 2ª quincena de agosto y domingo – **Comida** - carnes a la brasa, sólo almuerzo salvo viernes - carta aprox. 30.
◆ Ubicado en la plaza del pueblo, está llevado eficientemente por dos hermanos. La clave de su éxito radica en la calidad del producto y en los precios moderados.

XX Cal Pere del Maset, Ponent 20 ☎ 93 899 30 28, *Fax 93 899 40 49* – ▤
◆ Negocio familiar con el propietario en la sala y su esposa en la cocina. Posee dos salas principales y cinco privados, destacando por su confort el comedor de la bodega.

SANT PERE PESCADOR 17470 Girona 574 F 39 122 I 3 – 1215 h alt. 5.

Madrid 750 – Figueres 16 – Girona/Gerona 47.

Can Ceret, del Mar 1 ☎ 972 55 04 33, *canceret@terra.es, Fax 972 55 04 33,* – AE MC VISA.
cerrado noviembre – **Comida** 28 – **10 hab** 70/100.
◆ En una atractiva casa que data del s. XVIII. Un entrañable marco rústico dotado de unas habitaciones bien equipadas, con mobiliario moderno y baños completos. Acogedor restaurante con las paredes en piedra, complementado con una agradable terraza exterior.

SANT PERE DE RIBES 08810 Barcelona 574 I 35 – 13 722 h alt. 44.

pl. Sota-Ribes (Casa del Terme) ☎ 93 896 28 54 p.garraf.ciribes@diba.es Fax 93 896 28 57.
Madrid 596 – Barcelona 46 – Sitges 4 – Tarragona 52.

El Tovalló Verd, carret. dels Cards 58 ☎ 93 896 21 21, *Fax 93 896 21 21* – AE MC VISA.
cerrado 28 marzo-3 abril, 21 días en noviembre, martes noche y miércoles salvo festivos – **Comida** carta 33 a 46.
◆ Un amable matrimonio regenta este restaurante de estilo clásico-moderno, con terraza al fondo. Su mesa acoge una cocina creativa, con postres caseros y selectos caldos.

La Torrada, carret. de Sitges 7 ☎ 93 896 29 93 – AE MC VISA.
cerrado Navidades, del 15 septiembre-1 octubre y lunes – **Comida** - carnes a la brasa - carta 23 a 30.
◆ De entrañable rusticidad. Su sencillo servicio de mesa se compensa con una sabrosa cocina que trabaja casi exclusivamente la carne a la brasa.

en la carretera de Olivella *Noreste : 1,5 km :*

Can Lloses, ✉ 08810, ☎ 93 896 07 46, *canlloses@wol.es, Fax 93 896 48 76,* – P. MC VISA JCB.
cerrado octubre y martes – **Comida** - carnes - carta aprox. 24.
◆ Modesto restaurante de organización familiar que posee un bar independiente y dos comedores de estilo regional. Trabajan con productos de la zona a precios moderados.

SANT POL DE MAR 08395 Barcelona 574 H 37 122 F 7 – 2 383 h – Playa.

Madrid 679 – Barcelona 46 – Girona/Gerona 53.

Gran Sol *(Hotel escuela),* carret. N II ☎ 93 760 00 51, *gransol@euht-santpol.org, Fax 93 760 09 85,* – P – 25/200. AE MC VISA. rest
Comida carta aprox. 28 – 8,90 – **44 hab** 73/98.
◆ Situado al borde de la carretera. Su actividad como hotel escuela se compensa con unas habitaciones funcionales y de completo equipamiento, todas con terraza sobre el mar. Aunque su comedor cuenta con un sencillo montaje, brinda unas atractivas vistas.

Sant Pau, Nou 10 ☎ 93 760 06 62, *santpau@ruscalleda.com, Fax 93 760 09 50* – P. AE MC VISA JCB.
cerrado del 2 al 23 de mayo y del 1 al 21 de noviembre, domingo noche, lunes y jueves mediodía – **Comida** 96 y carta 84 a 94.
Espec. Espardeñas-parmentier con aceite, calabacín, y perejil (invierno). Capicúa de ternera-cuatro texturas cárnicas, fruta y verdura especiada. Postres temáticos en dos servicios.
◆ Sus impecables salas, cuidadas con todo detalle, recrean el marco ideal para disfrutar de una cocina creativa. Ofrece un interesante menú degustación y una gran bodega.

SANT QUIRZE DEL VALLÈS 08192 Barcelona 574 H 36 122 C 7 – 9 047 h alt. 188.

Madrid 611 – Barcelona 22 – Manresa 46 – Mataró 34 – Vic 59.

Lluernari, Pintor Vila Puig 73 ☎ 93 721 01 63, *lluernari@lluernari.com, Fax 93 721 23 10,* – AE MC VISA.
cerrado del 7 al 16 de enero, Semana Santa, del 1 al 21 de agosto, domingo y lunes noche – **Comida** carta 22 a 31.
◆ Situado en la parte alta de la localidad. En sus salas, de destacable montaje en estilo clásico-regional, disfrutará de una cocina atractiva a precios contenidos.

en la carretera de Rubí C 1413 *Suroeste : 6 km :*

Can Ferran, ✉ 08192, ☎ 93 699 17 63, *Fax 93 588 19 28* – P.
cerrado agosto, sabado noche, domingo y festivos – **Comida** - carnes a la brasa - carta aprox. 35.
◆ Negocio familiar ubicado en una antigua masía. Instalaciones de línea clásica con tres amplias salas y un comedor privado, donde ofrecen platos regionales y carnes a la brasa.

ESPAÑA

SANT SADURNÍ D'ANOIA *08770 Barcelona* 574 H 35 – *9 283 h alt. 162.*

Madrid 578 – Barcelona 46 – Lleida/Lérida 120 – Tarragona 68.

XX **La Cava d'en Sergi,** València 17 ✆ 93 891 16 16, *Fax 93 818 32 77* – ▤. MC VISA. ✂
cerrado Semana Santa, del 1 al 21 de agosto y lunes – **Comida** carta 25 a 29.
• Bien llevado por su joven propietario, ofrece una cocina de mercado con toques creativos. Comedor moderno con el suelo en parquet y un cuidado servicio de mesa.

en la carretera C 243 a *Suroeste : 4 km :*

Sol i Vi, Can Bas, ✉ 08739 Lavern, ✆ 93 899 32 04, *restaurant@solivi.com, Fax 93 899 34 35,* ≤, – ▤ TV P. AE ⓓ MC VISA. ✂
cerrado del 10 al 23 de enero – **Comida** 20 – **25 hab** ☕ 58/80.
• Hotel de cuidadas dependencias instalado en una masía frente a los viñedos. Sus habitaciones, con mobiliario en pino macizo y baños correctos, resultan de suficiente confort. Posee dos salas de aire rústico para comer a la carta y salones para banquetes.

en la carretera de Ordal *Sureste : 4,5 km :*

XX **Mirador de les Caves,** Els Casots, ✉ 08770 apartado 72 Els Casots, ✆ 93 899 31 78, *mirador.caves@retemail.es, Fax 93 899 33 88,* ≤ – ▤ P. AE ⓓ MC VISA. ✂ – *cerrado 15 días en Navidades, 15 días en agosto, domingo noche y lunes noche* – **Comida** carta aprox. 28.
• Situado en una colina, brinda magníficas vistas de la localidad. Luminoso comedor con buen servicio de mesa, una carpa para banquetes, y un jardín para los aperitivos.

SANT SALVADOR *Illes Balears – ver Balears (Mallorca).*

SANT SALVADOR DE BIANYA *Girona – ver La Vall de Bianya.*

SANT VICENT DEL RASPEIG o SAN VICENTE DEL RASPEIG *03690 Alacant* 577 Q 28 123 E 4 – *30 119 h alt. 110.*

Madrid 422 – Alcoi 49 – Alacant/Alicante 9 – Benidorm 48.

X **La Paixareta,** Torres Quevedo 10 ✆ 96 566 58 39 – ▤. AE ⓓ MC VISA. ✂
cerrado 2ª quincena de agosto, domingo (julio-agosto) y domingo noche resto del año – **Comida** carta 23 a 30.
• Comedor contiguo al bar, separado por un biombo y otras dos salas más, de nueva instalación, que son utilizadas como reservados. Su carta está muy bien diversificada.

SANTA BAIA *32792 Ourense* 571 F 6.

Madrid 493 – Ourense 13 – Pontevedra 113 – Vigo 87.

XXX **Galileo,** carret. C 536 ✆ 988 38 04 25, *info@restaurantegalileo.com, Fax 988 38 04 25* – ▤ P. AE MC VISA. ✂ – *cerrado domingo noche y lunes* – **Comida** carta 31 a 43.
• Restaurante de línea moderna, instalado en una antigua casa de piedra restaurada, a pie de carretera. Destacan las dos salas de la 1ª planta, una rústica y otra acristalada.

SANTA BÁRBARA *43570 Tarragona* 574 J 31 – *3 322 h alt. 79.*

Madrid 515 – Castelló de la Plana/Castellón de la Plana 107 – Tarragona 98 – Tortosa 15.

Venta de la Punta, Major 207 ✆ 977 71 89 63, *Fax 977 71 81 37* – |‡| ▤ TV. AE ⓓ MC VISA. ✂
Comida - ver rest. ***Venta de la Punta*** – **22 hab** ☕ 33/55.
• Hotel de buenas instalaciones dotado de una reducida zona social, y unas confortables habitaciones de amplitud suficiente, equipadas con mobiliario moderno.

X **Venta de la Punta** - *Hotel Venta de la Punta,* carret. de Madrid 2 ✆ 977 71 90 95, *ventahotels@hotmail.com, Fax 977 71 81 37* – ▤. AE ⓓ MC VISA. ✂ – *cerrado 15 días en enero, 15 días en septiembre y domingo noche* – **Comida** carta 22 a 30.
• Emplazado en un edificio cercano al hotel. Bar público con comedor para menús en la entrada, y salones privados para la carta en el 1er piso. Adecuado montaje.

SANTA BRÍGIDA *Las Palmas – ver Canarias (Gran Canaria).*

SANTA COLOMA DE FARNERS *17430 Girona* 574 G 38 122 F 5 – *8 111 h alt. 104 – Balneario.*

Ver : *Localidad★.*

Madrid 700 – Barcelona 87 – Girona/Gerona 29.

Balneario Termas Orión ♨, Afueras - Sur : 2 km ✆ 972 84 00 65, *Fax 972 84 04 66,* ✂ – |‡| ▤ TV ♿ P – 🏊 25/500. MC VISA. ✂
cerrado 3 enero-24 febrero – **Comida** 18,50 – ☕ 8 – **67 hab** 66/88.
• Hotel-balneario ubicado en un gran parque a las afueras de la localidad, que cuenta con cuidados espacios sociales y unas confortables habitaciones de estilo actual. Espacioso restaurante de línea clásica, con un salón para banquetes en un pabellón anexo.

en la carretera de Sils *Sureste : 2 km :*

XX **Mas Solá,** ✉ 17430, ☎ 972 84 08 48, *massola@massola.net, Fax 972 84 35 59,* – ▤ P. AE ⊙ ⊕ VISA. ✂ – *cerrado 10 enero-10 febrero, domingo noche, lunes noche y martes* – **Comida** carta 29 a 49.
◆ Negocio de atención familiar en una antigua masía de estilo rústico-regional. Posee dos salas con mobiliario de buen nivel, un privado y un salón para banquetes.

SANTA COLOMA DE GRAMENET *Barcelona – ver Barcelona : Alrededores.*

SANTA COLOMA DE QUERALT *43420 Tarragona 574 H 34 – 2553 h.*

Madrid 536 – Barcelona 91 – Lleida/Lérida 85 – Tarragona 59.

XX **Hostal Colomí,** Raval de Jesús 10 ☎ 977 88 06 53 – ▤. ⊙ ⊕ VISA. ✂
cerrado 7 días en diciembre, 7 días en septiembre y martes salvo festivos – **Comida** - sólo almuerzo salvo sábado - carta 22 a 34.
◆ Instalado en una antigua casa del centro de la localidad. Comedor bien montado con parrilla a la vista, y un pequeño reservado en un lateral. Surtida oferta gastronómica.

SANTA COLOMBA DE SOMOZA *24722 León 575 E 11 – 422 h alt. 989.*

Madrid 344 – Valladolid 193 – León 64 – Oviedo 166 – Zamora 145.

Casa Pepa , Mayor 2 ☎ 987 63 10 41, *correo@casapepa.com, Fax 987 63 10 41* – rest,. ⊕ VISA. ✂
cerrado del 23 al 30 de septiembre – **Comida** 11,60 – **6 hab** ☕ 44/55.
◆ Caserón de arrieros del s. XVIII ubicado en el corazón de La Maragatería. Conserva la estructura original, con un patio central y habitaciones rústicas llenas de encanto. En su cálido restaurante podrá degustar los platos típicos de la comarca.

SANTA COMBA *15840 A Coruña 571 C 3 – 11347 h alt. 352.*

Madrid 653 – A Coruña 67 – Santiago de Compostela 33.

XX **Retiro da Costiña,** av. de Santiago 12 ☎ 981 88 02 44 – ▤ P. ⊙ ⊕ VISA. ✂
cerrado 1ª quincena octubre, domingo noche y miércoles – **Comida** carta aprox. 36.
◆ Casa de nueva construcción con las paredes en piedra. Bar de espera a la entrada, seguido de un comedor con buen mobiliario. Posee una bodega donde ofrecen aperitivos.

SANTA CRISTINA (Playa de) *A Coruña – ver A Coruña.*

SANTA CRISTINA (Playa de) *Girona – ver Lloret de Mar.*

SANTA CRISTINA D'ARO *17246 Girona 574 G 39 122 H 6 – 1859 h.*

Costa Brava, La Masia ☎ 972 83 70 55 Fax 972 83 72 72.
Estació 4 (antigua Estación del Carrilet) ☎ 972 83 52 93 turismesantacristina@telefonica.net Fax 972 83 52 93.
Madrid 709 – Barcelona 96 – Girona/Gerona 33.

junto al golf *Oeste : 2 km :*

Golf Costa Brava , ✉ 17246, ☎ 972 83 51 51, *hotel@hotelgolf.biz, Fax 972 83 75 88,* – ▤ TV P – 25/200. AE ⊙ ⊕ VISA. ✂ rest
Semana Santa-15 octubre – **Comida** carta aprox. 33 – ☕ 9 – **91 hab** 69/124.
◆ Llevado directamente por sus propietarios, cuenta con una acogedora zona noble, y unas habitaciones correctamente equipadas que resultan algo sencillas en su categoría. Comedor de grandes dimensiones con una decoración un tanto sobria.

en la carretera de Platja d'Aro *Este : 2 km :*

Mas Torrellas , ✉ 17246, ☎ 972 83 75 26, *Fax 972 83 75 27,* – ▤ hab, TV P. AE ⊙ ⊕ VISA JCB. ✂
15 marzo-15 octubre – **Comida** carta aprox. 30 – **17 hab** ☕ 60/90.
◆ Antigua masía en pleno campo dotada de una correcta zona noble y unas habitaciones funcionales, con mobiliario de pino y baños actuales. Discreta organización. Buen restaurante de estilo rústico, con el techo abovedado y las paredes en piedra vista.

en la carretera de Girona *Noroeste : 2 km :*

XX **Les Panolles,** ✉ 17246, ☎ 972 83 70 11, *lespanolles@lespanolles.com, Fax 972 83 72 54,* – ▤ P. AE ⊙ ⊕ VISA
cerrado miércoles en invierno – **Comida** carta 27 a 37.
◆ Masía del s. XVII con una decoración de estilo rústico en la que destaca el acogedor salón privado, ubicado en la antigua cocina de la casa. Brigada un tanto justa.

ESPAÑA

al Noroeste : *5 km* :

Mas Tapiolas, Veûnat de Solius, ✉ 17246 Solius, ☎ 972 83 70 17, *info@euromar.com, Fax 972 83 71 34*, – 🏊 25/450. AE ⓓ MC VISA. rest
Comida 28 – **40 hab** ☕ 158/198.
◆ Atractivo hotel instalado parcialmente en una masía del s. XVIII con amplias zonas ajardinadas. Sus confortables dependencias están decoradas con detalles de sumo gusto. En los antiguos establos se ubica el comedor, con varias salas de estilo rústico elegante.

SANTA CRUZ *30162 Murcia* 577 R 26.
Madrid 403 – Murcia 9.

XXXX **Hostería Palacete Rural La Seda,** Vereda del Catalán - Norte : 1 km ☎ 968 87 08 48, *hosteria@palacetelaseda.com, Fax 968 87 08 48* – P. AE MC VISA.
cerrado domingo – **Comida** carta 43 a 64.
◆ Mobiliario isabelino, arañas de Murano, clásicos artesonados y piezas de museo comparten mesa en este imponente palacete repleto de plantas, en plena huerta murciana.

SANTA CRUZ DE BEZANA *39100 Cantabria* 572 B 18 – *5 280 h alt. 45.*
Madrid 378 – Bilbao 102 – Santander 8 – Torrelavega 18.

Camargo, barrio Bojar 2, ✉ 39608 Igollo de Camargo, ☎ 942 58 58 70, *reservas@hotelcamargo.com, Fax 942 58 58 73* – rest, TV P. MC VISA.
Comida *(cerrado sábado noche y domingo)* - sólo cena - 10 – **32 hab** ☕ 72,12/96,16.
◆ Hotel de línea actual con habitaciones completas, cómodas y funcionales, decoradas en tonos claros y alegres. Muy orientado al viajante, que se encontrará como en su casa. Moderno restaurante con un correcto servicio de mesa.

Los Sauces sin rest, Alto de San Mateo 4 - Sur : 2 km, ✉ 39108 Maoño, ☎ 942 58 03 76, *Fax 942 58 03 76*, – TV P.
☕ 4 – **10 hab** 50/60.
◆ Todas sus habitaciones son dobles, exteriores y con agradables detalles, algunas con vistas al mar. Entorno rodeado de césped, con una caseta acristalada a modo de merendero.

XX **Solar de Puebla,** Alto de Maoño 10 (carret. N 611) - Sur : 1,5 km ☎ 942 58 07 57, *Fax 942 58 12 63* – P. AE ⓓ MC VISA.
cerrado del 7 al 27 de enero, del 19 al 28 de septiembre, domingo y lunes salvo julio-agosto – **Comida** carta 24 a 38.
◆ En una antigua casa a las afueras de la localidad. Salas en tres plantas decoradas en un cuidado estilo rústico, con los suelos en madera y las paredes en piedra vista.

SANTA CRUZ DE MUDELA *13730 Ciudad Real* 576 Q 19 – *4 775 h alt. 716.*
Madrid 218 – Ciudad Real 77 – Jaén 118 – Valdepeñas 15.

Casa Palacio, María del Rosario Laguna 6 ☎ 926 34 90 60, *hotel@hotelpalaciosantacruz.com, Fax 926 34 27 91*, – TV P – 🏊 25/80. AE ⓓ MC VISA.
Comida 22 – ☕ 9 – **14 hab** 90/100.
◆ Casa palaciega del s. XVII dotada de un bonito patio cubierto por una cúpula de cristal. Dispone de dos salas de reuniones y habitaciones de buen confort, con baños modernos. Bar-bodega típico decorado con grandes tinajas y un agradable comedor con chimenea.

SANTA CRUZ DE TENERIFE *Santa Cruz de Tenerife – ver Canarias (Tenerife).*

SANTA CRUZ DE LA PALMA *Santa Cruz de Tenerife – ver Canarias (La Palma).*

SANTA CRUZ DE LA SERÓS *22792 Huesca* 574 E 27 – *137 h alt. 788.*
Ver : *Pueblo★.*
Alred. : *Monasterio de San Juan de la Peña★★ (paraje★★, claustro★ : capiteles★★) Sur : 5 km.*
Madrid 480 – Huesca 85 – Jaca 14 – Pamplona 105.

X **Casa d'Ojaletero,** Fuente 2 ☎ 974 36 40 03, *casadojalatero@casadojalatero.com, Fax 974 36 40 03*, – MC VISA.
cerrado del 10 al 30 de marzo y miércoles – **Comida** carta 22 a 29.
◆ Emplazado en una antigua casa de piedra y llevado directamente por sus propietarios. Posee dos salas de ambiente rústico, destacando la del piso inferior por su chimenea.

SANTA ELENA *23213 Jaén 578 Q 19 – 1 076 h alt. 742.*

Madrid 256 – Sevilla 280 – Jaén 79 – Ciudad Real 114.

por la carretera de Miranda del Rey *Noroeste : 2 km y desvío a la derecha 2 km :*

Mesa del Rey, salida 257 autovía, ✉ 23213, ☎ 953 12 50 55 – P. VISA.
Comida - es necesario reservar - 20 – **8 hab** ☐ 55/67.
• Casa de campo donde la tranquilidad y el contacto con la naturaleza están asegurados. Salón social con chimenea y habitaciones sobrias, la mayoría con aseos tipo plato ducha.

SANTA EUGÈNIA DE BERGA *08507 Barcelona 574 G 36 122 D 5 – 1 591 h alt. 538.*

Madrid 641 – Barcelona 70 – Girona/Gerona 83 – Vic 4.

L'Arumi H., carret. d'Arbúcies 1 ☎ 93 889 53 32, *hotelarumi@terra.es, Fax 93 889 55 73,* – TV P. VISA.
cerrado del 24 al 29 de diciembre – **Comida** - ver rest. ***L'Arumi*** – ☐ 5,50 – **18 hab** 60/70 – 3 suites.
• De línea actual, su reducida zona social se ve compensada con unas confortables habitaciones, equipadas con mobiliario de diseño y excelentes baños. Impecable mantenimiento.

L'Arumi - *Hotel L'Arumi H.,* carret. d'Arbúcies 21 ☎ 93 885 56 03, *hotelarumi@terra.es, Fax 93 889 55 73* – P. VISA.
cerrado julio, domingo noche y lunes – **Comida** carta 17 a 27.
• Restaurante de montaje clásico y cuidada bodega, ubicado a pocos metros del hotel. Ofrece una cocina de corte regional, destacando por la calidad de sus pescados.

SANTA EUGENIA DE RIBEIRA *A Coruña – ver Santa Uxía de Ribeira.*

SANTA EULALIA DE OSCOS *33776 Asturias 572 C 8 – 611 h alt. 547.*

Madrid 579 – A Coruña 169 – Lugo 78 – Oviedo 181.

Casona del Bosque de Pumares sin rest, Pumares - Oeste : 1 km ☎ 98 562 12 97, *info@casonapumares.com, Fax 98 562 13 13* – TV P. VISA.
cerrado 15 diciembre-15 febrero – ☐ 6 – **9 hab** 71/82.
• Magnífica casona del s. XVII en cuyo interior conviven rusticidad y confort. Relájese en su entrañable salón con hogar, ideal para asar castañas al abrigo del otoño.

Casa Pedro, Teresa de Francisco ☎ 98 562 60 97, *casapedrorural@hotmail.com, Fax 98 562 60 97,* – TV P. VISA.
cerrado del 21 al 27 de diciembre – **Comida** *(cerrado domingo noche)* 10 – ☐ 3,50 – **8 hab** 30/40.
• Hotelito familiar de cuidada fachada. Dispone de unas habitaciones funcionales, con mobiliario estándar y baños actuales, que destacan por su buen mantenimiento. Comedor a la carta de discreto montaje, con un bar a la entrada donde también sirven menús.

SANTA EULALIA DEL RÍO *Illes Balears – ver Balears (Eivissa).*

SANTA GERTRUDIS DE FRUITERA *Illes Balears – ver Balears (Eivissa).*

SANTA MARGALIDA *Illes Balears – ver Balears (Mallorca).*

SANTA MARGARIDA (Urbanización) *Girona – ver Roses.*

SANTA MARGARIDA i ELS MONJOS *08730 Barcelona 574 I 34 y 35 – 3 922 h alt. 161.*

Madrid 571 – Barcelona 59 – Tarragona 43.

Hostal del Penedés, carret. N 340 - Suroeste : 1 km ☎ 93 898 00 61, *Fax 93 818 60 32* – TV P. VISA. rest
Comida 12 – ☐ 6 – **32 hab** 36/57.
• Buen recurso de carretera ubicado en una zona industrial. Las habitaciones cuentan con un confort adecuado a su categoría, siendo cinco de ellas más actuales. Restaurante distribuido en dos partes, una para el menú y otra para la carta. Parrilla a la vista.

SANTA MARÍA DE GETXO *Bizkaia – ver Getxo (Getxoko Andramari).*

SANTA MARÍA DE HUERTA *42260 Soria 575 I 23 – 611 h alt. 764.*

Ver : *Monasterio★★ (claustro de los Caballeros★, refectorio★★).*

Madrid 182 – Soria 84 – Zaragoza 131.

SANTA MARÍA DE MAVE *34492 Palencia* 575 D 17.

Madrid 323 – Burgos 79 – Santander 116.

Hostería El Convento ⛰, ☎ *979 12 36 11, Fax 979 12 54 92*, – TV P. AE ⓓ ⓜⓒ VISA. ✂
Comida 10,80 – ☕ 4,50 – **25 hab** 40/53.
• En un antiguo monasterio benedictino. Posee unas correctas zonas sociales y unas confortables habitaciones, algo sobrias en general pero todas diferentes y con baños modernos. Comedor rústico con dos salas revestidas en piedra y una gran carpa para banquetes.

SANTA MARÍA DEL ÁGUILA *04710 Almería* 578 V 21 124 R 5.

Madrid 565 – Almería 32 – Granada 154 – Málaga 172.

en la carretera de Almería *Este : 3 km :*

El Edén, ✉ 04710, ☎ 950 58 10 36, *Fax 950 58 05 10* – ▤ rest, TV P. AE ⓜⓒ VISA. ✂ rest
Comida 9 – ☕ 3 – **44 hab** 33/50.
• Situado al borde de la carretera. Las habitaciones son sencillas y están decoradas con mobiliario de pino. Instalaciones aceptables en su categoría.

SANTA MARÍA DEL CAMÍ *Illes Balears – ver Balears (Mallorca).*

SANTA MARIÑA DE AUGAS SANTAS *Ourense – ver Allariz.*

SANTA PAU *17811 Girona* 574 F 37 122 F 4 – *1381 h.*

Ver : *Localidad★ – Parque Natural zona volcánica de la Garrotxa★.*
Madrid 690 – Figueres 55 – Girona/Gerona 43.

Cal Sastre ⛰, Cases Noves 1 ☎ 972 68 00 49, *reserves@calsastre.com, Fax 972 68 04 81*, ≤, – TV. AE ⓓ ⓜⓒ VISA. ✂
cerrado del 1 al 15 de febrero – **Comida** - ver rest. ***Cal Sastre*** – **10 hab** ☕ 78/104.
• Hotel con encanto instalado en una casita de piedra, dotado de una acogedora zona social y unas coquetas habitaciones equipadas con mobiliario antiguo y excelente lencería.

Cal Sastre - *Hotel Cal Sastre*, placeta dels Balls 6 ☎ 972 68 04 21, *sastre@calsastre.com, Fax 972 68 04 81* – AE ⓓ ⓜⓒ VISA. ✂ – *cerrado del 1 al 15 de febrero, del 1 al 15 de julio, domingo noche, festivos noche y lunes* – **Comida** carta 36 a 42.
• Ubicado en una casa del s. XVI con el hijo de los dueños al frente. Posee varias salas de estilo rústico con un destacable servicio de mesa, donde ofrecen una esmerada cocina.

por la carretera Gi 524 *Noroeste : 6 km :*

La Francesa, Pí 27, ✉ 17811, ☎ 972 26 22 41, *lafrancesa@garrotxa.com*, – ▤. AE ⓓ ⓜⓒ VISA. ✂ – *cerrado domingo noche y lunes* – **Comida** carta 18 a 29.
• Negocio de sencilla organización familiar con una sala de correcto montaje y línea clásica, complementada con dos agradables terrazas. Discreta carta a precios contenidos.

SANTA POLA *03130 Alacant* 577 R 28 123 E 5 – *15365 h – Playa.*

ℹ *Astilleros 4 ☎ 96 669 60 52 touristinfo.santapolac@turisme.m400.gva.es Fax 96 669 60 39.*
Madrid 423 – Alacant/Alicante 19 – Cartagena 91 – Murcia 75.

Quatre Llunes sin rest, Marqués de Molins 41 ☎ 96 669 60 80, *info@hostalquatrellunes.com, Fax 96 669 60 81* – |‡| ▤ TV. AE ⓓ ⓜⓒ VISA. ✂
☕ 2,50 – **25 hab** 37,50/53.
• Hostal de línea actual, recientemente inaugurado, dotado de unas habitaciones con mobiliario de diseño, lencería de calidad y excelentes baños. Buen hall-recepción.

en la playa del Varadero *Este : 1,5 km :*

Varadero, Santiago Bernabeu, ✉ 03130 Santa Pola, ☎ 96 541 17 66, *Fax 96 669 29 95*, ≤, – ▤ P. AE ⓓ ⓜⓒ VISA. ✂
Comida carta aprox. 39.
• Correcta organización con comedores privados y salas a diferentes niveles. Decoración marinera y espaciosa terraza frente a la playa. Situado en una bonita urbanización.

en la carretera N 332 :

Marina Palace, Norte : 1 km, ✉ 03130, ☎ 96 541 13 12, *reservasantapola@jmhoteles.com, Fax 96 541 16 02*, ≤, – |‡| ▤ TV P – 25/1000. AE ⓜⓒ VISA. ✂
Comida 12 – ☕ 7,21 – **100 hab** 57/85 – PA 25,84.
• Rodeado de múltiples espacios recreativos para hacer su estancia más placentera. Todas las habitaciones son exteriores y de moderno equipamiento. Comedor amplio y funcional, con gran variedad de platos.

El Faro, Norte : 2,5 km, ✉ 03130, ☎ 96 541 21 36, *Fax 96 669 24 08,* – ▤ P. AE ⓓ ⓜ VISA.
Comida carta 20 a 36.
• Local dotado con un hall-recibidor y tres espacios contiguos de correcto confort en su categoría. Ofrece en su carta pescados, mariscos y arroces de elaboración tradicional.

en la carretera de Elx *Noroeste : 3 km :*

María Picola, ✉ 03130, ☎ 96 541 35 13, *restaurantepicola@hotmail.com, Fax 96 541 35 13,* – ▤ P. AE ⓓ ⓜ VISA.
cerrado octubre, lunes mediodía (julio-agosto), domingo noche y lunes resto del año – **Comida** carta 32 a 41.
• Chalet de cuidado exterior con una agradable terraza. Salón de buen montaje y decoración, con dos reservados a los lados, donde ofrecen cocina internacional y mediterránea.

SANTA PONÇA *Illes Balears – ver Balears (Mallorca).*

SANTA SUSANNA *08398 Barcelona* 574 H 38 122 G 7 *– 1996 h alt. 10 – Playa.*
Madrid 670 – Girona/Gerona 50 – Barcelona 56.

Can Rosich, Can Rosich - Noroeste : 1,5 km ☎ 93 767 84 73, *canrosich@canrosich.com, Fax 93 767 84 73* – P.
cerrado 3 noviembre-3 diciembre – **Comida** - sólo cena, sólo clientes - 15 – ☕ 7 – **6 hab** 50.
• Villa del s. XVIII rodeada por un tranquilo paraje de montaña. Sus habitaciones cuentan con mobiliario antiguo original y baños de estilo rústico-actual. Comedor privado.

SANTA UXÍA DE RIBEIRA o **SANTA EUGENIA DE RIBEIRA** *15960 A Coruña* 571 E 3 *– 23255 h alt. 8.*
Madrid 643 – Santiago de Compostela 61 – A Coruña 134 – Pontevedra 71.

Baiuca, av. Miguel Rodríguez Bautista 17 ☎ 981 87 36 82, *baiuca@arrakis.es, Fax 981 87 53 34* – ▤. AE ⓓ ⓜ VISA JCB.
cerrado 24 diciembre-5 enero, 2ª quincena de septiembre, domingo y miércoles noche – **Comida** carta 21 a 40.
• Negocio llevado por dos hermanos. Posee un bar público a la entrada, seguido de un comedor rústico-actual con viejas vigas y reservados. Totalmente adaptado a minusválidos.

SANTANDER *39000* P *Cantabria* 572 B 18 *– 185231 h – Playa.*
Ver : *Emplazamiento★★ – Catedral : iglesia del Cristo★* EZ *– Museo Regional de Prehistoria y Arqueología★ (bastones de mando★)* FZ **M1** *– El Sardinero★★* CDY *– Paseo de Pereda★* EFZ *– Península de la Magdalena★★* DY *– Paseo al Cabo Mayor★* CY.
18 9 *Pedreña, por ③ : 24 km ☎ 942 50 00 01 Fax 942 50 01 36.*
✈ *de Santander por ③ : 7 km ☎ 942 20 21 00 – Iberia : paseo de Pereda 18 ✉ 39004 ☎ 942 22 97 00* FZ *y aeropuerto ☎ 902 400 500.*
ℹ *Jardines de Pereda ✉ 39003 ☎ 942 20 30 00 turismo@ayto-santander.es Fax 942 20 30 05 y Mercado del Este ✉ 39003 ☎ 942 31 07 08 ofitur@cantabria.org Fax 942 31 32 48* – **R.A.C.E.** *Marcelino Sanz de Sautuola 4 ✉ 39003 ☎ 942 22 32 37 Fax 942 22 32 73.*
Madrid 389 ② – Bilbao 116 ③ – Burgos 154 ② – León 266 ① – Oviedo 203 ① – Valladolid 250 ①

Planos páginas siguientes

Bahía, av. Alfonso XIII-6, ✉ 39002, ☎ 942 20 50 00, *hotelbahia@gruposardinero.com, Fax 942 20 50 01,* < – |‡| ▤ TV ♿ – 25/700. AE ⓓ ⓜ VISA JCB. EZ h
Comida 23 – ☕ 13 – **167 hab** 156/195 – 21 suites.
• Completamente renovado y con un magnífico emplazamiento. Amplio hall-recepción, seguido de unas zonas nobles con materiales de gran calidad. Cuidado confort. Comedor de montaje clásico.

NH Ciudad de Santander, Menéndez Pelayo 13, ✉ 39006, ☎ 942 31 99 00, *nhciudaddesantander@nh-hotels.com, Fax 942 21 73 03* – |‡| ▤ TV P – 25/220. AE ⓓ ⓜ VISA JCB. rest FZ e
Airén *(cerrado domingo)* **Comida** carta 24 a 31 – ☕ 10,50 – **60 hab** 103/180 – 2 suites.
• Posee las características de la cadena, aunando diseño y funcionalidad, sin menoscabo de un confort a la altura de las exigencias más actuales. Buen gusto decorativo. Luminoso restaurante a la carta, con entrada independiente.

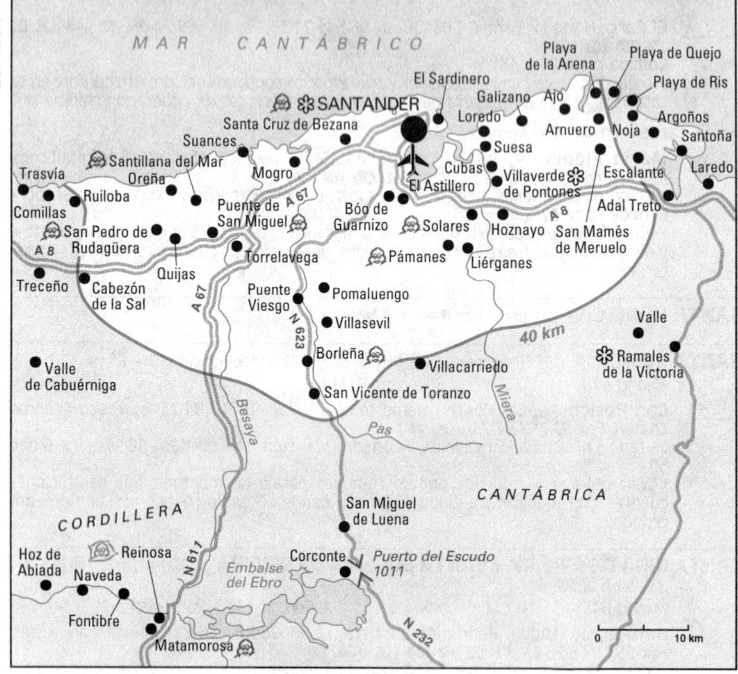

Coliseum, pl. de los Remedios 1, ✉ 39001, ☎ 942 31 80 81, *coliseum@hoteles-silken.com, Fax 942 31 80 82* – |♦|, ⇔ hab, TV ✆ 🚗 – 🏛 25/250. AE ⓓ ⓜⓒ VISA. ✻ EZ b

Comida *(cerrado domingo noche salvo 15 julio-15 septiembre)* 18 – ☕ 10,50 – **92 hab** 120/150.

◆ Ubicado en una zona céntrica y comercial. En conjunto está diseñado para el cliente de negocios, con varios salones panelables y habitaciones actuales de completo confort. Restaurante de estética moderna y líneas puras.

Vincci Puertochico sin rest, Castelar 25, ✉ 39004, ☎ 942 22 52 00, *puertochico@vinccihoteles.com, Fax 942 21 37 23* – |♦|, ⇔ hab, ▤ TV ✆. AE ⓓ ⓜⓒ VISA. ✻ CY s

☕ 12 – **51 hab** 114/180 – 1 suite.

◆ Atractivo edificio de modernas instalaciones a orillas de la bahía. La cafetería está integrada en la zona social y sus habitaciones disponen de un mobiliario muy actual.

San Glorio 2 sin rest con cafetería, Federico Vial 3, ✉ 39009, ☎ 942 22 16 66, *hsanglorio@hotmail.com, Fax 942 31 21 09* – TV. AE ⓓ ⓜⓒ VISA JCB BY e

☕ 4 – **33 hab** 62,62/75,70.

◆ Ha incrementado notablemente su confort tras las recientes reformas en las habitaciones. Cuenta con un solado y mobiliario en madera, así como con baños actualizados.

El Serbal, Andrés del Río 7, ✉ 39004, ☎ 942 22 25 15, *elserbal@hotmail.com, Fax 942 22 25 15* – ▤. AE ⓜⓒ VISA. ✻ FZ k

cerrado febrero, domingo noche y lunes – **Comida** 45 y carta 29 a 37.

Espec. Arroz con cachón y carabineros al ali-oli (marzo-septiembre). Bacalao y hongos con salsas invertidas (octubre-enero). Torrija de sobao Pasiego con helado de canela al orujo de Liébana.

◆ Llevado con acierto y profesionalidad. Posee un bar a la entrada y dos espaciosas salas de estilo moderno, destacando en el anexo de una de ellas su bodega visitable.

Puerto, Hernán Cortés 63, ✉ 39003, ☎ 942 21 56 55, *Fax 942 21 93 93*, Vivero propio – ▤. AE ⓓ ⓜⓒ VISA JCB. ✻ FZ m

cerrado domingo noche y lunes salvo julio-septiembre – **Comida** - pescados y mariscos - carta 40 a 52.

◆ Negocio asentado y con gran prestigio en la localidad. Concurrido bar público y una sala de esmerado montaje en la entreplanta. Excelente producto.

XX **Zacarías,** General Mola 41, ✉ 39003, ☎ 942 21 23 33, *Fax 942 36 11 87* – ▤. AE ⓓ ⓜⓒ VISA FZ r
Comida carta 30 a 37.
• Atractivo restaurante que junto a su amplio bar destaca por el comedor, tipo patio y rodeado de una balconada. Cuenta con una atenta brigada y una cocina de sabor norteño.

XX **Asador Lechazo Aranda,** Tetuán 15, ✉ 39004, ☎ 942 21 48 23 – ▤. ⓜⓒ VISA. ✻ FZ t
cerrado lunes noche – **Comida** - cordero asado - carta 20 a 37.
• Excelentes instalaciones que recrean sabiamente la belleza y atmósfera de la más noble decoración castellana. Carta basada en especialidades como el cordero asado.

XX **La Bombi,** Casimiro Sáinz 15, ✉ 39003, ☎ 942 21 30 28, *INMOVEPER@ONO.es, Fax 942 28 14 16* – ▤. AE ⓜⓒ VISA. ✻ FZ b
cerrado del 1 al 15 de febrero, del 1 al 15 de noviembre y domingo – **Comida** carta 27 a 42.
• Restaurante que basa su éxito en la bondad de sus productos, con un sugerente expositor en el bar de la entrada. Su sala en dos niveles goza de un estilo clásico-moderno.

XX **Sixtina,** Sol 47, ✉ 39003, ☎ 942 21 95 95 – ▤. AE ⓓ ⓜⓒ VISA FZ q
cerrado 15 días en octubre y domingo – **Comida** carta 27 a 36.
• De amable organización y con los propietarios al frente. Posee un bar de apoyo seguido de una sala de estilo neorrústico, con ciertos detalles decorativos de vanguardia.

XX **Mesón Segoviano,** Menéndez Pelayo 49, ✉ 39006, ☎ 942 31 10 10, *info@mesonsegoviano.com, Fax 942 05 08 46* – ▤. AE ⓓ ⓜⓒ VISA JCB. ✻ FZ f
cerrado domingo – **Comida** carta aprox. 34.
• Cálido establecimiento con un bar público y dos comedores de aire rústico-castellano, donde se combinan sabiamente el ladrillo, la piedra, el hierro forjado y la madera.

XX **Machinero,** Ruiz de Alda 16, ✉ 39009, ☎ 942 31 49 21, *restaurante@machinero.com, Fax 942 05 13 72* – ▤. AE ⓓ ⓜⓒ VISA. ✻ BY t
cerrado del 1 al 15 de octubre y domingo – **Comida** carta 20 a 28.
• Su interesante cocina expresa las inquietudes y tendencias de su joven chef-propietario. El bar de la entrada le resta cierto protagonismo al comedor, cuidado y moderno.

XX **Cañadío,** Gómez Oreña 15 (pl. Cañadío), ✉ 39003, ☎ 942 31 41 49, *pquiros@ono.es* – ▤. AE ⓓ ⓜⓒ VISA. ✻ FZ c
Comida carta 28 a 36.
• Disfruta de doble entrada, bien por la zona del bar o directamente al restaurante. Comedor neorrústico de esmerado montaje distribuido en dos zonas.

X **Laury,** av. Pedro San Martín 4 (Cuatro Caminos), ✉ 39010, ☎ 942 33 01 09, *Fax 942 34 63 85* – ▤. AE ⓓ ⓜⓒ VISA. ✻ AY v
cerrado del 15 al 30 de octubre y domingo – **Comida** - pescados y mariscos - carta 32 a 40.
• De sencilla organización familiar. Cuenta con un concurrido bar en el que adquieren protagonismo un vivero de marisco y una parrilla. Comedor luminoso y de correcto montaje.

X **El Limonar de Soano,** Rubio 4, ✉ 39001, ☎ 942 37 43 06, *Fax 942 37 43 06* – AE ⓓ ⓜⓒ VISA. ✻ EZ q
cerrado 21 días en agosto y domingo – **Comida** carta 26 a 34.
• Sencillo comedor de forma alargada, con cuadros modernos en las paredes y lámparas de hierro forjado, precedido por un amplio bar. Personal muy atento.

X **Bodega Cigaleña,** Daoiz y Velarde 19, ✉ 39003, ☎ 942 21 30 62, *Fax 942 21 01 84* – ▤. AE ⓓ ⓜⓒ VISA JCB. ✻ FZ a
cerrado del 15 al 30 de junio y domingo – **Comida** carta 31 a 45.
• Atractivo establecimiento de ambiente rústico, con multitud de detalles alusivos al mundo del vino y la vendimia. Excelente expositor con botellas de gran estimación.

X **Bodega del Riojano,** Río de la Pila 5, ✉ 39003, ☎ 942 21 67 50, *vicmer@nexo.es, Fax 942 21 67 50* – AE ⓓ ⓜⓒ VISA. ✻ FZ u
cerrado domingo noche y lunes – **Comida** carta 22 a 31.
• Local típico que refleja lo que sería una antigua bodega. Su decoración recrea una cálida atmósfera, con detalles como el portón de madera con aldaba o los toneles de vino.

X **Prada a Tope,** Guevara 7, ✉ 39001, ☎ 942 21 00 97, *Fax 942 36 21 60* – AE ⓓ ⓜⓒ VISA. ✻ EZ x
cerrado 20 junio-6 julio – **Comida** - productos de El Bierzo - carta 16 a 21.
• Un clásico de la cadena más representativa de la comarca de El Bierzo. Lo definen la rusticidad de sus maderas, y los exquisitos productos en venta. Posee dos comedores.

X **Mesón Gele,** Eduardo Benot 4, ✉ 39003, ☎ 942 22 10 21 – ▤. AE ⓓ ⓜⓒ VISA. ✻ FZ n
cerrado febrero, domingo noche y lunes – **Comida** carta 23 a 33.
• Céntrico negocio llevado con amabilidad. Cuenta con un concurrido bar público, seguido de un comedor de correcto montaje y otra sala similar en la entreplanta. Buena carta.

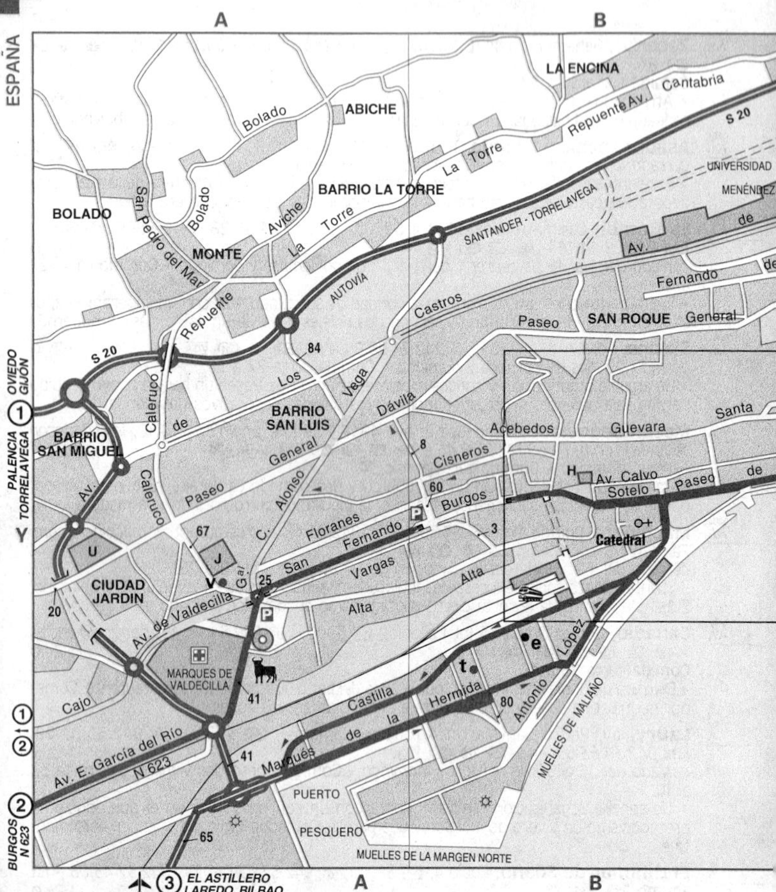

SANTANDER

Acebedos . . . . **BY**
Alcalde Vega Lamera . . . . . . **CY**
Alcazar de Toledo . . . . **BY** 3
Alfonso XIII (Av.) . . . . **EZ** 4
Alta . . . . **ABY**
Alto de Miranda (Pl.) . . . . **CY**
Andrés del Rio . . . . **FZ** 6
Antonio López . . . . **BY, EZ**
Antonio Mendoza . . . . **ABY** 8
Arrabal . . . . **EFZ** 10
Atalaya (Cuesta de la) . . . . . . **EZ** 12
Atilano Rodríguez . . . . **EZ** 13
Aviche . . . . **AY**
Bolado . . . . **AY**
Brisas (Pl. las) . . . . **CY**
Burgos . . . . **BY**
Cádiz . . . . **EZ**
Cajo . . . . **AY**
Calderón de la Barca (Av.) . . . **EZ** 15
Caleruco (Bajada del) . . . . **AY**
Calvo Sotelo (Av.) . . . . **EZ**
Cañadio (Pl.) . . . . **FZ** 19
Canalejas (Pas.) . . . . **CY**
Cantabria (Av.) . . . . **BY**
Cardenal Herrera Oria (Av.) . . **AY** 20
Casimiro Sáinz . . . . **FZ** 21
Castañeda (Av.) . . . . **CY**
Castelar . . . . **CY**
Castilla . . . . **ABY, EZ**
Castros (Av. los) . . . . **ADY**
Catalayud . . . . **CY**
Cervantes . . . . **EZ**
Cisneros . . . . **BY**
Cuatro Caminos (Pl.) . . . . **AY** 25
Daoíz y Velarde . . . . **FZ** 27
Duque de Santo Mauro . . **CDY**
Eduardo García del Río . . . . . **AY**
Escalantes . . . . **EZ** 30
Estaciones (Pl.) . . . . **EZ**
Fernando de los Ríos . . . . . **BCY**
Floranes . . . . **AY**
Francisco de Quevedo . . . . . **EZ** 32
Gándara . . . . **FZ**
General Camilo Alonso Vega **AY**
General Dávila (Pas.) . . . . . **ACY**
General Mola . . . . **EFZ**
Guevara . . . . **EZ**
Hernán Cortès . . . . **FZ**
Honduras . . . . **CY**
Hospital (Cuesta del) . . . . **EZ** 37
Infantes (Av. los) . . . . **CY**
Isabel II . . . . **EZ**
Jerónimo Saínz de la Maza . **AY** 41
Jesús de Monasterio . . . . . . **EZ** 42
Joaquin Costa . . . . **CY**
José Antonio (Pl.) . . . . **FZ** 44
Juan de Herrera . . . . **EZ** 46
Juan de la Cosa . . . . **FZ** 47
Lealtad . . . . **EZ** 49
Lope de Vega . . . . **FZ**
Luis Carrero Blanco . . . . **CY** 51
Luis Mártinez . . . . **DY** 52
Marcelino Sautuola . . . . **FZ** 55
Marqués de la Hermida . . **ABY**
Matiás Montero (Pl.) . . . . **FZ** 56
Menéndez Pelayo (Pas.) **CY, FZ**
Numancia (Pl.) . . . . **BY** 60
Parayas (Av.) . . . . **AY** 65
Pedro San Martín (Av.) . . . . . **AY** 67
Peña Herbosa . . . . **FZ** 69
Pereda (Pas. de) . . . . **EFZ**
Pérez Galdós (Pas.) . . . . . . **CDY**
Porticada (Pl.) . . . . **EZ** 72
Ramón Dóriga . . . . **FZ** 75
Ramón y Cajal . . . . **CDY**
Reina Victoria (Av.) . . . . **CDY**
Repuente . . . . **AY**
Rúalasal . . . . **EZ**

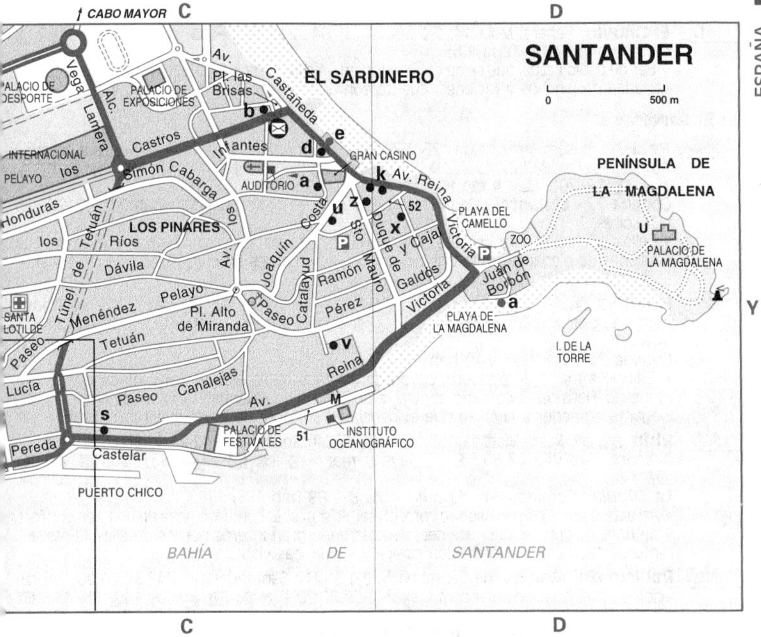

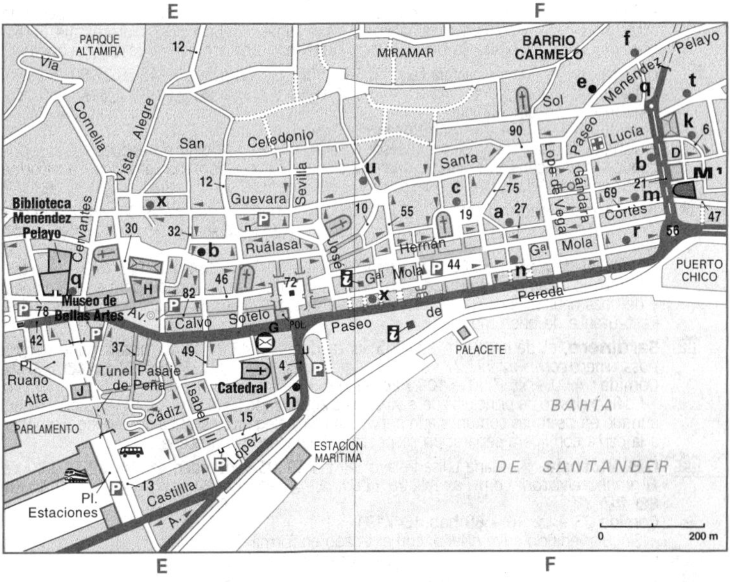

SANTANDER

Ruano (Pl.) . . . . **EZ**	San Juan (Bajada de) . . . . . . **AY** 84	Tetuán . . . . **CY**
Rubio . . . . **EZ** 78	San Pedro . . . . **AY**	La Torre . . . . **ABY**
Ruiz de Alda . . . . **BY** 80	Santa Lucía . . . . **FZ**	Valdecilla (Av.) . . . . **AY**
San Celedonio . . . . **EZ**	Sevilla . . . . **EZ**	Valliciergo . . . . **FZ** 90
San Fernando . . . . **AY**	Simón Cabarga . . . . **CY**	Vargas . . . . **ABY**
San Francisco . . . . **EZ** 82	Sol . . . . **FZ**	Via Cornelia . . . . **EZ**
San José . . . . **EZ**	Tetuán (Túnel) . . . . **CY**	Vista Alegre . . . . **EZ**

El Diluvio, General Mola 14, ✉ 39004, ☎ 942 21 85 63 – ▤. ✻ FZ x
cerrado domingo – **Tapa** 1,65.
◆ Bar de estilo actual que se ha convertido en un clásico de la localidad. Junto a su escogida variedad de pinchos y raciones, cuenta con un correcto servicio de catering.

en El Sardinero :

Real ⛲, paseo Pérez Galdós 28, ✉ 39005 Santander, ☎ 942 27 25 50, *realsantander@husa.es, Fax 942 27 45 73*, ≤ bahía, Servicios de talasoterapia, Fø, 🌲 – |‡| ▤ TV ♿ P – 🅰 25/200. AE ⓓ ⓜ VISA. ✻ rest CY v
Comida 29 - ***El Puntal*** : **Comida** carta 35 a 47 – ☕ 13,50 – **114 hab** 220,60/275,75 – 9 suites.
◆ Bello edificio de principios del s. XX en un emplazamiento privilegiado. Posee un amplio hall y salones de elegante estilo clásico, con las habitaciones en consonancia. El restaurante El Puntal goza de agradables vistas a la bahía.

Hoyuela ⛲, av. de los Hoteles 7, ✉ 39005 Santander, ☎ 942 28 26 28, *hotelhoyuela@gruposardinero.com, Fax 942 28 00 40* – |‡| ▤ TV 🚗 – 🅰 60/300. AE ⓓ ⓜ VISA JCB. ✻ CY a
Comida 23 – ☕ 9,80 – **49 hab** 139/196 – 6 suites.
◆ Edificio a modo de palacete, cuyo interior de corte clásico se combina con mobiliario moderno. Hermoso lucernario central, amplia zona noble, y habitaciones de alto confort. Elegante comedor a la carta que evidencia en su montaje cierta inspiración inglesa.

Rhin ⛲, av. Reina Victoria 153, ✉ 39005 Santander, ☎ 942 27 43 00, *rhin@gruporhin.com, Fax 942 27 86 53*, ≤ playa y mar – |‡| ▤ TV – 🅰 50/300. AE ⓓ ⓜ VISA. ✻ CDY k
La Cúpula : **Comida** carta 31 a 44 – ☕ 8 – **89 hab** 106/158.
◆ Atractivo hotel con un esbelto torreón semicircular. El conjunto goza de un buen confort y de unas magníficas habitaciones, demostrando gran interés por los detalles. El restaurante destaca por su decoración clásica y sus idílicas vistas al mar.

Palacio del Mar, av. de Cantabria 5, ✉ 39012 Santander, ☎ 942 39 24 00, *informacion@hotel-palaciodelmar.com, Fax 942 39 22 20* – |‡| ▤ TV 🚗 P – 🅰 25/450. AE ⓓ ⓜ VISA. ✻ por av. de Castañeda CY
Comida 19 - ***Neptuno*** : **Comida** carta 23 a 35 – ☕ 9 – **21 hab** 144/180 – 47 suites.
◆ Su moderna estructura está en sintonía con las tendencias actuales. Hall-recepción de atractivo diseño, y confortables habitaciones, algunas con bañera de hidromasaje. El restaurante Neptuno busca su propio estilo, recreando una atmósfera cálida y acogedora.

Chiqui ⛲, av. Manuel García Lago 9, ✉ 39005 Santander, ☎ 942 28 27 00, *hotelchiqui@hotelchiqui.com, Fax 942 27 30 32*, ≤ playa y mar – |‡|, ▤ rest, TV ♿ 🚗 P – 🅰 25/700. AE ⓜ VISA. ✻ por av. de Castañeda CY
Comida 18 – ☕ 8 – **157 hab** 84/135 – 4 suites.
◆ Disfruta de una vista privilegiada desde un extremo de El Sardinero. Adecuada zona social, coqueto hall-recepción y habitaciones funcionales de cuidado equipamiento. La reforma de su comedor clásico ha supuesto una mejora general.

Santemar, Joaquín Costa 28, ✉ 39005 Santander, ☎ 942 27 29 00, *hotelsantemar@h-santos.es, Fax 942 27 86 04* – |‡| ▤ TV 🚗 – 🅰 25/700. AE ⓓ ⓜ VISA. ✻ CY u
El Rincón de Mariano : **Comida** carta 35 a 42 – ☕ 12 – **344 hab** 142/178 – 6 suites.
◆ Complejo de amplia capacidad. Dispone de una espaciosa zona noble para convenciones, y de unas habitaciones funcionales aunque correctas. Clientela vacacional y de negocios. Restaurante de buen montaje.

Sardinero, pl. de Italia 1, ✉ 39005 Santander, ☎ 942 27 11 00, *hotelsardinero@gruposardinero.com, Fax 942 27 16 98*, ≤ – |‡|, ▤ rest, TV – 🅰 25/150. AE ⓓ ⓜ VISA. ✻
Comida 14,50 – ☕ 7,50 – **109 hab** 93/125. CY d
◆ Edificio clásico de principios del s. XIX. Se ha actualizado la decoración de las habitaciones, aunque en las zonas comunes aún pervive la fría y elegante estética del pasado. Comedor a la carta con ligera separación respecto a la concurrida cafetería.

G.H. Victoria ⛲, María Luisa Pelayo 38, ✉ 39005 Santander, ☎ 942 29 11 00, *info@granhotelvictoria.com, Fax 942 29 11 01*, ≤ – |‡|, ▤ rest, TV 🚗 – 🅰 25/150. AE ⓓ ⓜ VISA. ✻ DY x
Comida 25 – ☕ 10 – **68 hab** 154/191.
◆ Singular edificio cuyo diseño, con el tejado en forma de pirámide, lo dota de una gran luminosidad. Posee habitaciones y apartamentos, siendo estos últimos más amplios.

Don Carlos, Duque de Santo Mauro 20, ✉ 39005 Santander, ☎ 942 28 00 66, *hoteldoncarlos@ono.com, Fax 942 28 11 77* – |‡|, ▤ rest, TV 🚗. ⓜ VISA. ✻ CY z
Comida *(cerrado domingo noche salvo verano)* 16 – ☕ 6 – **28 apartamentos** 125/140 – PA 35.
◆ Ubicado en una zona muy tranquila. Ofrece confortables apartamentos, todos ellos de gran amplitud, aunque su mobiliario y equipamiento resultan sencillos. Cuenta con un correcto comedor que habitualmente trabaja con grupos de empresa o banquetes.

Carlos III sin rest, av. Reina Victoria 135, ✉ 39005 Santander, ☎ 942 27 16 16, *Fax 942 27 16 16* – TV. AE MC VISA. DY k
18 marzo-3 noviembre – ☕ 3,30 – **28 hab** 52/69.
• Instalaciones emplazadas en dos palacetes contiguos unidos interiormente. Sus confortables habitaciones poseen mobiliario en madera y baños completos aunque algo reducidos.

Las Brisas sin rest, La Braña 14, ✉ 39005 Santander, ☎ 942 27 50 11, *abrisas@cantabria.org, Fax 942 28 11 73* – TV. AE D MC VISA CY b
☕ 10 – **13 hab** 90/100.
• Acogedor hotelito con la estructura típica de la zona, destacando su esbelto torreón. Sorprende por su ambiente, mobiliario y decoración, combinados con exquisito gusto.

Rhin, pl. de Italia 2, ✉ 39005 Santander, ☎ 942 27 30 34, *rhin@gruporhin.com, Fax 942 27 80 08,* ≤ playa y mar, – ▤. AE D MC VISA. CY e
Comida carta 28 a 40.
• Complejo ubicado a pie de playa, con terraza y una concurrida cafetería pública. Posee un comedor a la carta de estilo clásico, acristalado y con hermosas vistas al mar.

Balneario La Magdalena, Horadada, ✉ 39005, ☎ 942 03 21 08, *info@balneariolamagdalena.com, Fax 942 22 39 09,* ≤ playa y bahía, – ▤. AE D MC VISA. DY a
cerrado 23 diciembre-4 enero – **Comida** carta 24 a 31.
• Negocio de estilo actual con excelentes vistas a la bahía y la playa. Cafetería pública a la entrada, correcto comedor y espaciosa terraza al borde del mar.

por la salida ③ : *3,5 km* :

NH Santander sin rest con cafetería por la noche salvo fines de semana, av.Parayas 50 (Polígono Industrial Nueva Montaña), ✉ 39011, ☎ 942 35 22 66, *exsantander@nh-hotels.com, Fax 942 35 27 50,* ≤ – ▤ TV P. AE D MC VISA JCB
☕ 6,50 – **103 hab** 90/112.
• De nueva construcción. Amplia zona noble en la que destaca la cafetería y unas habitaciones cómodas y funcionales, con baños tipo plato ducha en mármol.

SANTERVÁS DE LA VEGA *34112 Palencia 575 E 15 – 540 h alt. 920.*

Madrid 327 – Valladolid 116 – Palencia 67 – León 97.

El Moral, carret. de Saldaña ☎ 979 89 20 92, *correo@elmoral.com, Fax 979 89 20 92,* – TV P. AE D MC VISA JCB.
cerrado 6 enero-1 febrero – **Comida** carta 18 a 29 – ☕ 6 – **12 hab** 30/60.
• De amable organización familiar, con un buen hall-recepción, coqueto salón social y un atractivo porche dando al jardín. Habitaciones confortables y de cuidado mobiliario.

SANTES CREUS (Monasterio de) *43815 Tarragona 574 H 34 – alt. 340.*

Ver : *Monasterio★★★ (Gran claustro★★★ - Sala capitular★★ - Iglesia★★ : rosetón★ - tumbas reales★★, patio del Palacio Real★).*
Madrid 555 – Barcelona 95 – Lleida/Lérida 83 – Tarragona 32.

Grau con hab, Pere El Gran 3 ☎ 977 63 83 11 – ▤ rest,. MC VISA.
Semana Santa y julio-15 octubre (Hotel) – **Comida** *(cerrado 15 diciembre-15 enero y lunes)* carta aprox. 27 – ☕ 3,70 – **15 hab** 26/36.
• Aunque posee habitaciones, su principal actividad es el restaurante. Negocio familiar de buen montaje y esmerado servicio de mesa. Carta de tendencia regional.

SANTIAGO DE COMPOSTELA

15700 A Coruña 571 D 4 – 93 381 h. alt. 264.

Madrid 613 ② – A Coruña/La Coruña 72 ② – Ferrol 103 ② – Ourense/Orense 111 ③ – Vigo 84 ④.

OFICINAS DE TURISMO

Rúa do Vilar 43, ✉ 15705, ☎ 981 58 40 81, otsantiago@xunta.es Fax 981 56 51 78 y Rúa do Vilar 63 ✉ 15705 ☎ 981 55 51 29, info@santiagoturismo.com Fax 981 55 47 48.

INFORMACIONES PRÁCTICAS

18 *Santiago, por ② : 9 km ☎ 981 88 82 76 Fax 981 50 95 03.*

de Santiago de Compostela, Lavacolla por ② : 12 km ☎ 981 54 75 01 – Iberia : Xeneral Pardiñas 36 ✉ 15701 ☎ 902 400 500 Z.

CURIOSIDADES

Ver : *Praza do Obradoiro★★★ V – Catedral★★★ (Fachada del Obradoiro★★★, Pórtico de la Gloria★★★, Museo de tapices★★, Claustro★, Puerta de las Platerias★★) V – Palacio Gelmírez (salón sinodal★) V* **A** *– Hostal de los Reyes Católicos★ : fachada★ V – Barrio antiguo★★ VX : Praza da Quintana★★ – Puerta del Perdón★ – Monasterio de San Martín Pinario★ V – Colegiata de Santa María del Sar★ (arcos geminados★) Z – Paseo de la Ferradura ≤★ XY – Rúa do Franco ≤★ X.*

Alred. : *Pazo de Oca★ : parque★★ 25 km por ③.*

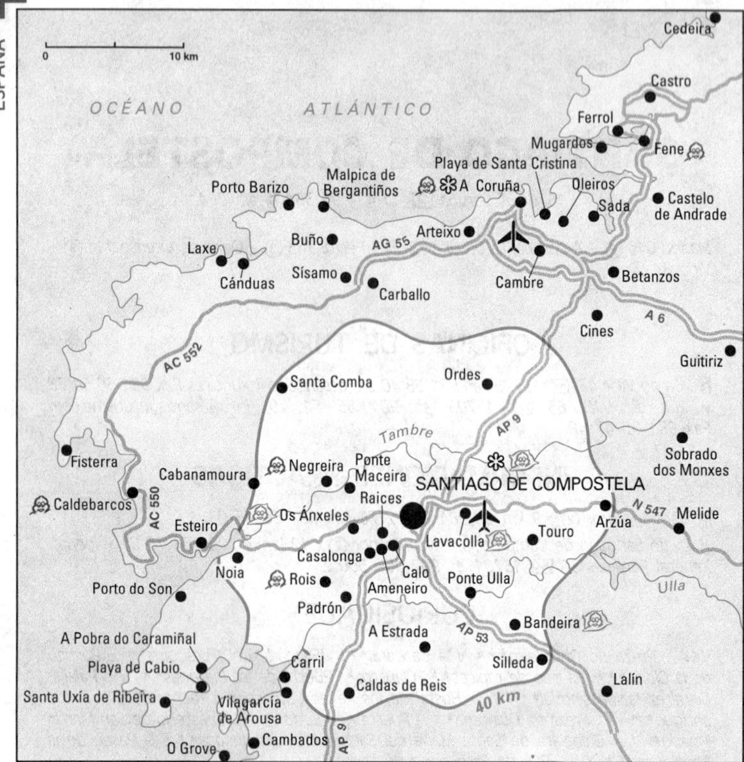

Parador Hostal dos Reis Católicos, praza do Obradoiro 1, ✉ 15705, ☎ 981 58 22 00, *santiago@parador.es, Fax 981 56 30 94* – 🛗 ▤ 📺 ♿ 🚗 – 🏛 25/300. AE ⓓ MC VISA JCB. ⛔ V

Comida 30 - ***Dos Reis :* Comida** carta 39 a 47 - ***Enxebre :* Comida** carta 24 a 29 – ☕ 15 – **131 hab** 156/195 – 6 suites.

◆ Impresionante edificio del s. XVI en el que se mezclan fe, arte y tradición. Magnífica zona noble y habitaciones de época distribuidas en torno a cuatro patios interiores. El restaurante Dos Reis, dotado con enormes arcos de piedra, ofrece una carta regional.

Meliá Araguaney, Alfredo Brañas 5, ✉ 15701, ☎ 981 55 96 00, *melia@araguaney.com, Fax 981 59 02 87,* 🏊 – 🛗 ▤ 📺 ♿ 🚗 – 🏛 25/300. AE ⓓ MC VISA JCB. ⛔ rest Z c

Comida - ver también bar ***Caney*** 20 – ☕ 13 – **79 hab** 137/166 – 2 suites.

◆ Céntrico hotel de línea actual. Correcta zona común, y unas habitaciones amplias dotadas de buen confort y completo equipamiento. Decoración no exenta de cierta elegancia. Comedor principal de montaje clásico.

Puerta del Camino, Miguel Ferro Caaveiro, ✉ 15703, ☎ 981 56 94 00, *info@puertadelcamino.com, Fax 981 57 26 27,* ≤, 🏊 – 🛗 ▤ 📺 ♿ 🚗 🅿 – 🏛 25/900. AE ⓓ MC VISA. ⛔ por ②

***Berenguela :* Comida** carta 33 a 40 – ☕ 11 – **160 hab** 132/165 – 4 suites.

◆ Conjunto acristalado y de moderna factura, con una amplia zona noble y habitaciones que miman los detalles. La ubicación junto al Palacio de Congresos define su clientela. Restaurante con entrada independiente, siendo frecuente la organización de banquetes.

AC Palacio del Carmen 🐌, Oblatas, ✉ 15703, ☎ 981 55 24 44, *pcarmen@ac-hotels.com, Fax 981 55 24 45,* 🏋, 🏊, 🌳 – 🛗 ▤ 📺 ♿ 🚗 🅿 – 🏛 25/180. AE ⓓ MC VISA. ⛔ Y t

Comida carta 24 a 37 – ☕ 10 – **70 hab** 174/232 – 4 suites.

◆ Precioso hotel emplazado en un antiguo convento, con una amplia zona ajardinada. Posee unas buenas habitaciones dotadas con mobiliario y baños de diseño actual. El restaurante destaca por su luminosidad, dando al jardín.

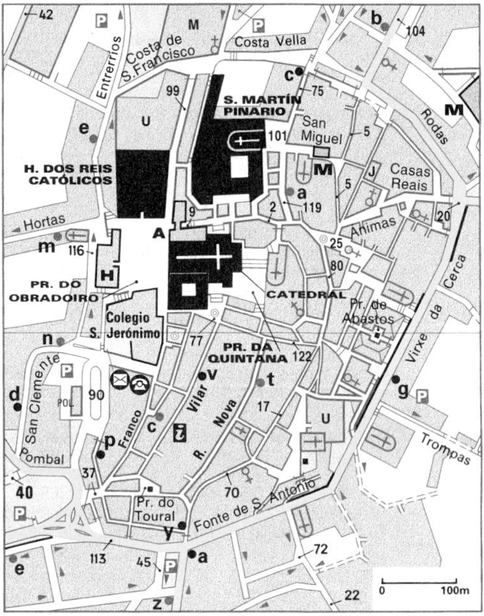

SANTIAGO DE COMPOSTELA

Acibechería . . . . V 2
Algalia de Arriba. . . . . . . V 5
Arco de Palacio . . . . V 9
Basquiños . . . . Y 12
Burgás (Av. das). . . . . . . Y 15
Caldeirería . . . . X 17
Camiño (Porta do) . . . . . V 20
Castrón Douro . . . . X 22
Cervantes (Pr. de) . . . . . V 25
Concheiros. . . . . Y 27
Coruña (Av. da). . . . . Y 32
Curros Enríquez . . . . Z 35
Faxeiras (Porta da). . . . . X 37
Ferradura (Pas. da) . . . XY 40
Galeras . . . . Y 42
Galicia (Pr. de) . . . . X 45
Gonzalo Torrente Ballester (Av.). . . . . Y 47
Hórrero . . . . Z 53
Hortas (Campo das) . . . Y 55
Immaculada (Pr. da). . . . V 58
Loureiros . . . . Y 65
Montero Ríos. . . . . Y 67 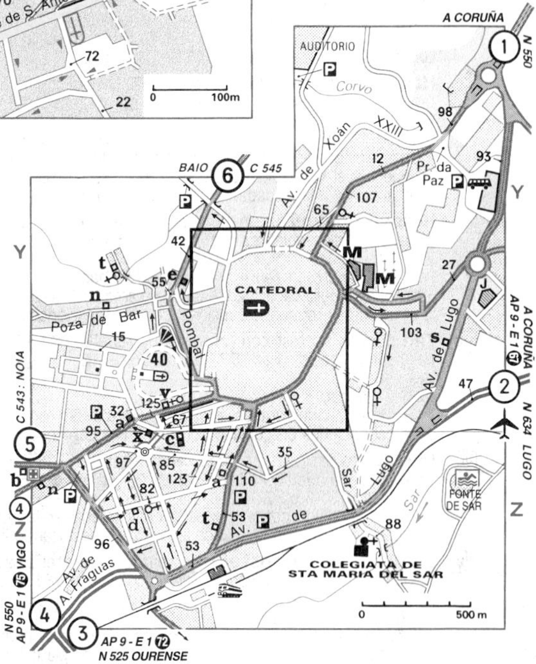
Nova (R.) X
Orfas . . . . X 70
Patio de Madres . . . . . . X 72
Pena (Porta de la) . . . . . V 75
Praterías (Pr. das) . . . . VX 77
Preguntoiro . . . . V 80
República Arxentina. . . . Z 82
República de El Salvador Z 85
Rodiño (Corredoira) . . . . Z 88
Rodrigo de Padrón (Av. de). . . . . X 90
Rodríguez de Viguri . . . . Y 93
Romero Donallo. . . . . . . Z 96
Rosalía de Castro (Av. de). . . . . YZ 95
Roxa (Pr.) . . . . Z 97
San Caetano . . . . Y 98
San Francisco . . . . V 99
San Martíño (Pr. de). . . . V 101
San Pedro. . . . . Z 103
San Roque . . . . V 104
Santa Clara. . . . . Y 107
Santiago de Guayaquil. . Z 110
Senra . . . . X 113
Trinidade. . . . . V 116
Troia . . . . V 119
Vilar (R. do) X
Xelmírez. . . . . X 122
Xeneral Pardiñas . . . . . . Z 123
Xoán Carlos I (Av.) . . . . . Y 125

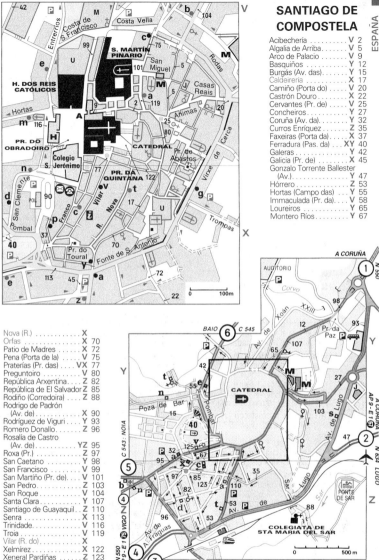

G.H. Santiago, Maestro Mateo, ✉ 15706, ☎ 981 53 42 22, *recepcionghs@proalsa.es,* *Fax 981 53 42 23,* ← - |♦| ▤ TV ☎ ♿ 🚗 - 25/300. AE ⓓ ⓜ VISA. ✗ Z b

Comida 20 – ☕ 10 – **134 hab** 119/169 – 9 suites.

◆ Su fachada acristalada da paso a un elegante hall-recepción dotado con ascensores panorámicos. Posee habitaciones de línea clásica con columnas de hidromasaje en los baños.

ESPAÑA

Tryp San Lázaro, av. Fernando de Casas Novoa, ✉ 15703, ☎ 981 55 10 00, *tryp.san.lazaro@solmelia.com, Fax 981 57 11 41* – |‡| ▤ TV ☎ ♿ 🚗 P – 🎤 25/230. AE ⓓ ⓜ VISA. ✂ por ②
Comida 13 – ☕ 10 – **132 hab** 110/131.
◆ Conjunto actual que destaca por sus zonas ajardinadas y el amplio aparcamiento exterior. Las habitaciones resultan espaciosas, con mobiliario moderno y el suelo en tarima.

Tryp Santiago, Restollal 24 (El Pajonal), ✉ 15702, ☎ 981 53 49 49, *direccion@mc-santiago.com, Fax 981 52 45 66* – |‡| ▤ TV ♿ 🚗 – 🎤 25/350. AE ⓓ ⓜ VISA JCB. ✂ por ③
Comida 19 – ☕ 11 – **93 hab** 113/141 – 6 suites.
◆ Instalaciones de moderna factura que son un importante referente en el mundo empresarial de la ciudad. Amplios salones de conferencias, y habitaciones de confort actual. El comedor combina el buffet de desayunos y una variada carta de cocina gallega.

Hesperia Peregrino, av. Rosalía de Castro, ✉ 15706, ☎ 981 52 18 50, *hotel@hesperia-peregrino.com, Fax 981 52 17 77,* climatizada, – |‡|, ✂ hab, ▤ TV P – 🎤 25/250. AE ⓓ ⓜ VISA. ✂ Z n
Comida 17 – ☕ 10 – **149 hab** 107,50/133,50.
◆ Ha sido renovado para ofrecer unas instalaciones dinámicas y confortables. Buen hall-recepción, habitaciones de equipamiento actual y un agradable jardín en plena localidad. Sobrio restaurante con ventanales a la piscina.

Virxe da Cerca, Virxe da Cerca 27, ✉ 15703, ☎ 981 56 93 50, *info@pousadasdecompostela.com, Fax 981 58 69 25,* – |‡| ▤ TV 🚗 – 🎤 25/75. AE ⓓ ⓜ VISA. ✂ X g
Comida *(cerrado domingo)* - sólo cena - 15,60 – ☕ 8,50 – **43 hab** 90,95/101,65.
◆ Ubicado parcialmente en una antigua casa de piedra del s. XVIII. Combina modernidad y tradición, con la mitad de sus habitaciones en estilo rústico y una cálida área social. Luminoso restaurante tipo cabaña en el jardín.

Hesperia Compostela, Hórreo 1, ✉ 15702, ☎ 981 58 57 00, *hotel@hesperia-compostela.com, Fax 981 58 52 90* – |‡|, ▤ rest, TV – 🎤 25/200. AE ⓓ ⓜ VISA. ✂ X a
Comida 19,50 – ☕ 8,50 – **98 hab** 112/138 – 1 suite.
◆ Un clásico que recientemente ha actualizado sus zonas nobles. Cuenta con habitaciones de buen nivel y correcto equipamiento en su mobiliario. Aseos a la altura. Su comedor complementa a la cuidada cafetería de estilo inglés.

Hesperia Gelmírez sin rest con cafetería, Hórreo 92, ✉ 15702, ☎ 981 56 11 00, *hotel@hesperia-gelmirez.com, Fax 981 55 52 81* – |‡| TV – 🎤 25/180. AE ⓓ ⓜ VISA. ✂ Z a
cerrado 2 enero-11 febrero – ☕ 8 – **138 hab** 75/92.
◆ Hotel de amplia capacidad. Aunque su área social resulta escasa, está bien apoyada por la cafetería. El mobiliario funcional de las habitaciones no disminuye su confort.

San Carlos sin rest con cafetería, Hórreo 106, ✉ 15702, ☎ 981 56 05 05, *hotelsancarlos@verial.es, Fax 981 56 05 06* – |‡| ▤ TV – 🎤 25. AE ⓓ ⓜ VISA JCB. ✂ Z t
☕ 8 – **21 hab** 85/102.
◆ De organización familiar, acogedor y actual. Su escasa zona noble se compensa con unas habitaciones de cuidado confort. En su cafetería ofrecen platos combinados.

Herradura sin rest, av. Xoán Carlos I-1, ✉ 15706, ☎ 981 55 23 40, *hotelherradura@verial.es, Fax 981 55 23 41* – |‡| ▤ TV. AE ⓓ ⓜ VISA. ✂ Y v
☕ 5 – **20 hab** 65/80.
◆ Atractivo edificio con las típicas galerías gallegas en la fachada. Posee unas habitaciones de buen confort, con los baños algo justos, destacando las abuhardilladas.

Ciudad de Compostela sin rest con cafetería, av. de Lugo 213, ✉ 15703, ☎ 981 56 93 20, *ciudadcompostela@husa.es, Fax 981 56 93 23* – |‡| TV 🚗 – 🎤 25/50. AE ⓓ ⓜ VISA. ✂ Y s
☕ 7,50 – **30 hab** 66,50/83.
◆ Establecimiento moderno muy enfocado al cliente de negocios, cuyas habitaciones resultan bastante confortables, la mitad de ellas con plato ducha. Correcta zona social.

San Lorenzo, San Lourenzo 2, ✉ 15705, ☎ 981 58 01 33, *info@hsanlorenzo.com, Fax 981 56 15 50* – |‡| TV. AE ⓓ ⓜ VISA JCB. ✂ Y n
Comida 13 – ☕ 7 – **54 hab** 50/80 – PA 28,05.
◆ Tras su actualización ha mejorado el equipamiento general, poniéndose a la altura de las nuevas exigencias hosteleras. Correcta área social, y habitaciones funcionales.

Costa Vella sin rest, Porta da Pena 17, ✉ 15704, ☎ 981 56 95 30, *hotelcostavella@costavella.com, Fax 981 56 95 31,* ≤, – TV. AE ⓜ VISA. ✂ V c
☕ 5 – **14 hab** 45/64.
◆ Íntimo hotel ubicado en una casa restaurada. Destaca por su agradable terraza interior con jardín y por sus coquetas habitaciones, cuatro de ellas con galería y bellas vistas.

San Clemente sin rest, San Clemente 28, ✉ 15705, ☎ 902 40 58 58, *info@pousadasdecompostela.com, Fax 981 58 66 26* – TV. AE ⓓ MC VISA. ✗ X d
☕ 5,35 – **10 hab** 69,55/74,90.
◆ De pequeñas dimensiones pero bien situado en el casco histórico. Las habitaciones ofrecen un cuidado montaje y un buen confort, con el suelo en madera y las paredes en piedra.

Entrecercas sin rest, Entrecercas 11, ✉ 15705, ☎ 981 57 11 51, *Fax 981 57 11 12* – TV. AE ⓓ MC VISA. ✗ X p
7 hab ☕ 45/65.
◆ En una antigua casa de piedra con varios siglos de historia. Posee un correcto salón social y unas habitaciones que, aunque algo reducidas, resultan bastante coquetas.

Airas Nunes sin rest, Rúa do Vilar 17, ✉ 15705, ☎ 902 40 58 58, *info@pousadasdecompostela.com, Fax 981 56 03 25* – TV. AE ⓓ MC VISA. ✗ X v
☕ 6,42 – **10 hab** 69,55/85,60.
◆ Ubicado en un edificio del s. XVII con soportales. Las habitaciones se reparten en tres pisos, todas con vigas de madera en los techos y mobiliario de estilo antiguo.

México sin rest, República Arxentina 33-4º, ✉ 15706, ☎ 981 59 80 00, *recepcion@hmexico.e.telefonica.net, Fax 981 59 80 16* – |‡| TV 🚗. VISA. ✗ Z d
☕ 3,30 – **57 hab** 28/47.
◆ Hostal de sencilla organización familiar ubicado en un edificio de viviendas. Recepción en la 4ª planta, con unas instalaciones correctas pero algo anticuadas.

Mapoula sin rest y sin ☕, Entremurallas 10-3º, ✉ 15702, ☎ 981 58 01 24, *mapoula@mapoula.com, Fax 981 58 40 89* – |‡| TV. MC VISA. ✗ X y
12 hab 30/37.
◆ Lo más destacado es su localización en el casco antiguo de la ciudad. Negocio definido por la organización totalmente familiar, dotado de unas habitaciones funcionales.

Toñi Vicente, Rosalía de Castro 24, ✉ 15706, ☎ 981 59 41 00, *restaurante@restaurantetonivicente.com, Fax 981 59 35 54* – ▤. AE ⓓ MC VISA. ✗ Y a
cerrado Navidades, del 15 al 30 de mayo y domingo – **Comida** 50 y carta 46 a 52.
Espec. Atún rojo en escabeche templado con cuscús de quinoa (mayo-agosto). Ensalada harinada de vieiras, caviar de salmón, pistachos, parmesano y foie. Bogavante templado en jugo de trufas.
◆ Un buen exponente de la cocina creativa y de vanguardia. Hall-recepción seguido por una sala de esmerado montaje, con las paredes en estuco y piedra. Privado en el sótano.

Asador Castellano, Nova de Abaixo 2, ✉ 15705, ☎ 981 59 03 57, *asadorcastellan@terra.es, Fax 981 59 44 89* – ▤. AE ⓓ MC VISA. ✗ YZ x
cerrado domingo (julio-agosto), domingo noche y lunes resto del año – **Comida** - espec. en carnes - carta 27 a 37.
◆ Bar a la entrada con mesas rústicas para tapear y dos salas de noble estilo castellano. La especialidad son las carnes y los asados en horno de leña. Excelente carta de vinos.

Carretas, Carretas 21, ✉ 15705, ☎ 981 56 31 11, *san.clemente@terra.es, Fax 981 56 29 39* – ▤. AE ⓓ MC VISA JCB. ✗ V e
cerrado enero y domingo – **Comida** carta 30 a 38.
◆ Posee un correcto bar de acceso, una sala de estilo clásico-moderno y cuatro privados en el 1er piso. El conjunto logra un ambiente acogedor con una clientela habitual.

San Clemente, San Clemente 6, ✉ 15705, ☎ 981 58 08 82, *san.clemente@terra.es, Fax 981 56 29 39,* 🏖 – ▤. AE ⓓ MC VISA JCB. ✗ X n
cerrado enero y lunes – **Comida** carta 27 a 38.
◆ Negocio bien llevado en donde se ofrece una carta completa y variada. Dispone de un bar a la entrada y de un comedor, con un servicio de mesa acorde a su categoría.

Casa Marcelo, Hortas 1, ✉ 15705, ☎ 981 55 85 80, *restaurante@casamarcelo.net, Fax 981 55 47 62* – ▤. AE ⓓ MC VISA V m
cerrado febrero, domingo, lunes y martes – **Comida** - sólo menú - 34.
Espec. Caldo marino de algas con percebes, mejillones y berberechos. Merluza del pincho de Celeiro a 62º con zumo de guisantes, menta y espárragos. Cochinillo de Ávila confitado con repollo guisado al jengibre.
◆ Tras su cuidada fachada en piedra se esconde una sala neorrústica de buen montaje, con los fogones a la vista, donde encontrará una cocina creativa entorno a un único menú.

Don Gaiferos, Rúa Nova 23, ✉ 15705, ☎ 981 58 38 94, *Fax 981 58 38 94* – ▤. AE ⓓ MC VISA. ✗ X t
cerrado del 1 al 15 de enero, domingo noche y lunes noche – **Comida** carta aprox. 45.
◆ Ubicado en la zona peatonal próxima a la Catedral. Reducido bar de apoyo, seguido de un original comedor con las paredes en piedra vista. Mobiliario clásico tipo café.

Fornos, Hórreo 24, ✉ 15702, ☎ 981 56 57 21, *Fax 981 57 17 27* – ▤. AE ⓓ MC VISA. ✗ X z
cerrado 1ª quincena de enero y domingo salvo verano – **Comida** carta 33 a 45.
◆ Comedor en dos niveles, con una cálida decoración definida por la profusión de madera y los detalles florales. Su cocina apuesta por la bondad de los productos gallegos.

ESPAÑA

XX **Don Quijote,** Galeras 20, ✉ 15705, ☎ 981 58 68 59, *Fax 981 57 29 69* – ▤. AE ⓞ MC VISA. ✂ Y e
Comida carta 23 a 34.
◆ Cuenta con un bar popular y algo bullicioso, seguido del comedor principal y de un salón para banquetes. Sus elaboraciones permanecen atentas a la tradición gallega.

XX **Sexto II,** Raíña 23, ✉ 15705, ☎ 981 56 05 24, *sextouno@terra.es, Fax 981 56 05 96* – ▤. AE ⓞ MC VISA JCB. ✂ X c
cerrado lunes – **Comida** carta aprox. 25.
◆ Ubicado en pleno casco histórico, con un concurrido bar en la entrada y comedor dividido en dos salas. El montaje es bueno, aunque la distribución se antoja apretada.

Y/ **Caney** - *Hotel Meliá Araguaney*, Alfredo Brañas 5, ✉ 15701, ☎ 981 55 96 03, *melia@araguaney.com, Fax 981 59 02 87* – ▤ 🚗. AE ⓞ MC VISA JCB. ✂ Z c
Tapa 6 **Ración** aprox. 13.
◆ Magnífico bar de tapas con entrada independiente respecto al hotel. Amplia barra para tapeo, seguida por una salita para el café y por un elegante comedor al fondo.

Y/ **La Bodeguilla de San Roque,** San Roque 13, ✉ 15704, ☎ 981 56 43 79, *bodeguilla@wanadoo.es, Fax 981 57 74 83,* ☂ – AE ⓞ MC VISA. ✂ V b
Tapa 2,60 **Ración** aprox. 5,50.
◆ Bien llevado por su propietario, este local es muy conocido en la ciudad por la calidad de sus tapas y raciones. Excelente carta de vinos y un comedor en el 1er piso.

Y/ **Adega Abrigadoiro,** Carreira do Conde 5, ✉ 15706, ☎ 981 56 31 63 – ✂ X e
Ración - espec. en quesos y embutidos - aprox. 5.
◆ Céntrico bar de tapas con decoración típica. Ofrecen una buena selección de raciones, donde se aprecia la bondad de los productos gallegos. Precios razonables.

en la antigua carretera N 634 *por ② :*

🏨 **Los Abetos** *(anexo 🏨)* 🐦, San Lázaro - carret. Arines 3 km, ✉ 15820 Los Abetos, ☎ 981 55 70 26, *info@hotellosabetos.com, Fax 981 58 61 77*, ≤, 🏊 climatizada, 🌳, ✂ – |‡| ▤ TV P – 🎤 25/500. AE ⓞ MC VISA. ✂
Comida 15 – ☕ 11 – **78 hab** 115/144 – 70 apartamentos.
◆ Moderno hotel de atractiva fachada piramidal, con diáfano hall-recepción en dos niveles, y habitaciones de completo equipamiento. Precioso jardín privado con lago y capilla. Restaurante de estilo actual, acristalado y con bellas vistas.

XX **Sexto,** San Marcos - 5 km, ✉ 15820 San Marcos, ☎ 981 56 65 07, *sextouno@terra.es, Fax 981 57 14 07,* ☂ – ▤ P. AE ⓞ MC VISA JCB. ✂
cerrado lunes – **Comida** carta aprox. 22.
◆ Negocio llevado con profesionalidad. Cuenta con salas de estilo clásico, aunque su servicio de mesa resulta algo justo para la categoría. Su carta toca varios tipos de cocina.

SANTIAGO MILLAS *24732 León 575 E 11 – 364 h alt. 955.*

Madrid 329 – Benavente 59 – León 55 – Ponferrada 81.

en el Barrio de Abajo *Este : 3 km :*

⌂ **Guts Muths** 🐦, Matanza 1, ✉ 24732, ☎ 987 69 11 23, *Fax 987 69 11 23* – AE ⓞ MC VISA
Comida - sólo menú, sólo fines de semana - 20 – ☕ 8 – **8 hab** 65,50.
◆ Antigua casa de arrieros convertida en hotelito rural. Dispone de unas habitaciones de estilo rústico, algunas con techo en madera, comunicadas por una galería acristalada.

SANTILLANA DEL MAR *39330 Cantabria 572 B 17 – 3 839 h alt. 82.*

Ver : *Pueblo pintoresco★★ : Colegiata★ (interior : cuatro Apóstoles★, retablo★, claustro★ : capiteles★★).*

Alred. : *Museo de Altamira★★ (techo★★★) Suroeste : 2 km.*

ℹ *av. Jesús Otero 22 ☎ 942 81 88 12 santillana@cantabria.org Fax 942 84 02 65.*

Madrid 393 – Bilbao 130 – Oviedo 171 – Santander 26.

🏨 **Parador de Santillana Gil Blas** 🐦, pl. Ramón Pelayo 11 ☎ 942 81 80 00, *santillanagb@parador.es, Fax 942 81 83 91,* 🌳 – |‡|, ▤ rest, TV 🚗 P – 🎤 25/200. AE ⓞ MC VISA JCB. ✂
Comida 27 – ☕ 10 – **55 hab** 120/150 – 1 suite.
◆ Antigua mansión solariega en piedra con bello zaguán empedrado. Sus habitaciones y dependencias gozan de gran confort, con recias vigas de madera y mobiliario castellano. Amplio comedor de estilo rústico con detalles de cierta elegancia.

Casa del Marqués sin rest, Cantón 26 942 81 88 88, *casa_marques@telefonica.net, Fax 942 81 88 88* – TV P. AE VISA.
cerrado 19 diciembre-febrero – 9,02 – **15 hab** 158/176.
* Magnífica casona del s. XIV, que fue residencia del primer Marqués de Santillana. Sus estancias rústicas se decoran con sumo gusto, combinando el confort con la tradición.

Altamira, Cantón 1 942 81 80 25, *info@hotelaltamira.com, Fax 942 84 01 36* – rest, TV. AE VISA.
Comida 17 – 7 – **32 hab** 54/92.
* Casona señorial del s. XVII, dotada con mobiliario de época y unas habitaciones que conservan el encanto noble e hidalgo de otros tiempos. La madera abunda por doquier. Restaurante rústico en dos niveles, donde se crea una atmósfera que rezuma calidez.

Siglo XVIII sin rest, Revolgo 38 942 84 02 10, *hotelsigloXVIII@arrakis.es, Fax 942 84 02 11,* – TV P. AE VISA.
cerrado 9 diciembre-1 marzo – 3,50 – **16 hab** 60/69.
* Casa de arquitectura tradicional en impecable estado. El interior muestra estancias de cálida factura, con viguería a la vista, siendo todas sus habitaciones exteriores.

Los Infantes, av. Le Dorat 1 942 81 81 00, *hinfantes@mundivia.es, Fax 942 84 01 03* – TV P. AE VISA.
cerrado del 23 al 31 de diciembre – **Comida** *(cerrado 12 diciembre-15 marzo)* 12,50 – 7,50 – **48 hab** 81/107.
* Su atractiva fachada del s. XVIII con blasones descubre un interior de raíces montañesas. Cuenta con habitaciones totalmente reformadas que conservan el mobiliario en forja.

Santillana, El Cruce 942 81 80 11, *santillana@mundivia.es, Fax 942 84 01 03* – TV. AE VISA. rest
Semana Santa-octubre – **Comida** 12 – 7,50 – **36 hab** 81/107.
* La piedra de su fachada ha sido tapizada por la hiedra, creando un conjunto de gran belleza. Correcta zona social, y confortables habitaciones de completo equipamiento. El comedor disfruta de cierta independencia respecto a la cafetería.

Casa del Organista sin rest, Los Hornos 4 942 84 03 52, *organist@arrakis.es, Fax 942 84 01 91* – TV P. VISA.
cerrado 10 diciembre-15 marzo – 4,80 – **14 hab** 75/90.
* Casona montañesa del s. XVIII sabiamente combinada en piedra y madera. La cálida decoración de sus coquetas habitaciones, en tonos albero, confirma un conjunto muy acogedor.

Los Blasones, pl. de la Gándara 8 942 81 80 70, *Fax 942 84 02 07* – . AE VISA.
15 marzo-9 diciembre – **Comida** carta aprox. 29.
* Negocio de estilo rústico con salas algo apretadas en su distribución, aunque el confort es muy correcto para la categoría. Organización eficaz.

por la carretera de Suances :

Colegiata, Los Hornos 20 - Norte : 1 km, 39330, 942 84 02 16, *Fax 942 84 02 17,* , – TV P – 25/300. AE VISA.
Comida *(cerrado domingo noche y lunes)* carta aprox. 30. – 3,61 – **27 hab** 45,08/63,11.
* Tranquilo hotel de confortables habitaciones dotadas de un completo equipamiento, con los suelos en moqueta. Cuenta con una relajante galería abierta al paisaje cántabro. Comedor rústico-elegante con viguería a la vista y una chimenea en piedra.

Casa Güela sin rest, Los Hornos (Camping) - Norte : 1,5 km, 39330, 942 81 82 50, *complejosantillana@.cantabria.com, Fax 942 84 01 83* – TV P. VISA.
10 hab 79,32/105,76.
* Coqueta casa de piedra ubicada al final de un camping. Lo más destacado es su lencería de corte artesanal, así como el mobiliario y algunos detalles de indudable elegancia.

por la carretera de las Cuevas de Altamira :

Herrán sin rest, barrio Herrán 32 - Sur : 1 km y desvío a la derecha 0,5 km, 39360 Herrán, 942 81 81 12, *posadaherran@yahoo.es,* – P.
cerrado Navidades – 2,75 – **5 hab** 45.
* Casa rústica de pueblo, muy cuidada, donde aún se aprecia la autenticidad del entorno. Posee algunas habitaciones abuhardilladas y un patio-jardín, con césped y barbacoa.

por la carretera de Puente de San Miguel *Sureste : 2,5 km :*

Palacio los Caballeros sin rest, barrio Vispieres, 39360, 625 340 665, *casonacaballero@terra.es, Fax 942 82 09 76,* – TV P. VISA.
cerrado 20 diciembre-enero – 6 – **14 hab** 80/100.
* Casona llevada con dedicación, en un extensa finca. Lo más destacado es la gran amplitud de sus habitaciones, aunque el conjunto puede resultar algo frío en su decoración.

ESPAÑA

Zabala, barrio Vispieres 46, ✉ 39360, ☎ 942 83 84 00, *Fax 942 83 83 30* – AE MC VISA.
Comida *(Semana Santa y julio-septiembre)* 7,50 – 3 – **27 hab** 67/84.
◆ Un ejemplo de sencillez y buen mantenimiento. Habitaciones funcionales de suficiente confort con aseos completos y actuales. Resulta muy correcto para su categoría.

SANTO DOMINGO DE SILOS *09610 Burgos* 575 *G 19 – 328 h alt. 1 003.*
Ver : *Monasterio★★ (claustro★★★).*
Madrid 203 – Burgos 58 – Soria 99.

Tres Coronas de Silos, pl. Mayor 6 ☎ 947 39 00 47, *Fax 947 39 00 65* – AE MC VISA. rest
Comida 18 – 8 – **16 hab** 55/79.
◆ Atractiva casona en piedra que conserva todo el encanto y la hidalguía castellanos. Conjunto de notable equipamiento con profusión de madera en mobiliario y decoración. Coqueto comedor en sintonía con el estilo que impera en todo el edificio.

SANTO DOMINGO DE LA CALZADA *26250 La Rioja* 573 *E 21 – 5 772 h alt. 639.*
Ver : *Catedral★ (retablo mayor★★) – Parte antigua★.*
Mayor 70 ☎ 941 34 12 30 santodomingo@riooja.org Fax 941 34 12 31.
Madrid 310 – Burgos 67 – Logroño 47 – Vitoria-Gasteiz 65.

Parador de Santo Domingo de la Calzada, pl. del Santo 3 ☎ 941 34 03 00, *sto .domingo@parador.es, Fax 941 34 03 25,* – – 25/120. AE MC VISA JCB.
Comida 27 – 11 – **59 hab** 104/130 – 2 suites.
◆ La solemnidad de un hospital de peregrinos, al calor de un confort actual. Su soberbio interior ha sabido hermanar las antiguas dependencias con otras más modernas. Restaurante de cálida rusticidad, con un espacio bañado de abundante luz natural.

El Corregidor, Mayor 14 ☎ 941 34 21 28, *Fax 941 34 21 15* – rest, – 25/300. AE MC VISA.
Comida 12 – 6,59 – **32 hab** 67,42/84,32.
◆ Instalado en la antigua casa del corregidor, su fachada continúa la tradición del ladrillo visto. Acogedora zona social, y unas cuidadas habitaciones con baños actuales. Restaurante de correcto montaje realzado mediante mobiliario clásico en tonos suaves.

El Rincón de Emilio, pl. Bonifacio Gil 7 ☎ 941 34 09 90, *rincondeemilio@lacalzada.com, Fax 941 34 05 27,* – . AE MC VISA.
cerrado febrero y martes noche – **Comida** carta aprox. 26.
◆ Casa familiar llevada con orgullo y dignidad. Aunque su sala de espera resulta algo sobria, posee una agradable terraza y un comedor de estilo rústico muy acogedor.

SANTO TOMÉ DEL PUERTO *40590 Segovia* 575 *I 19* 121 *I 2 – 370 h alt. 1 129.*
Madrid 100 – Aranda de Duero 61 – Segovia 59.

Mirasierra, antigua carret. N I ☎ 921 55 72 98, *reservas@hotelmirasierra.com, Fax 921 55 71 05,* – AE MC VISA.
cerrado 24 diciembre-7 enero – **Comida** 30 – 6 – **41 hab** 58/75.
◆ Hotel de línea clásica con exteriores renovados. Habitaciones de dos tipos : unas antiguas en estilo castellano, y otras más modernas y funcionales, con baños actuales. Comedor con profusión de maderas que tiene en el cordero asado al protagonista de su cocina.

SANTOMERA *30140 Murcia* 577 *R 26* 128 *B 6 – 8 488 h alt. 28.*
Madrid 402 – Alacant/Alicante 68 – Cartagena 74 – Murcia 14.

Santos sin rest con cafetería, Almazara 11 ☎ 968 86 52 11, *hsantosweb@jazzfree.com, Fax 968 86 52 11* – . MC VISA.
4 – **14 hab** 43/64.
◆ Llevado en familia, pone a su disposición unas habitaciones correctas, con mobiliario estándar y baños reducidos. Cafetería en la planta baja donde sirven un menú diario.

SANTOÑA *39740 Cantabria* 572 *B 19 – 10 929 h – Playa.*
Madrid 441 – Bilbao 81 – Santander 48.

Puerto Rico, General Salinas 8 ☎ 942 67 19 11, *hotelpuertorico@mundivia.es, Fax 942 67 19 07* – rest, – 25/50. MC VISA.
cerrado del 8 al 30 de enero – **Comida** *(cerrado lunes)* 15 – 3,60 – **30 hab** 60/85.
◆ Céntrico hotel de modesta organización familiar. Cuenta con un salón de convenciones en el sótano, y unas habitaciones de confort actual con baños a su altura. Restaurante de línea clásica-marinera con las paredes forradas en madera y una correcta carta.

La Marisma 2, Manzanedo 19 942 66 06 06, *restaurantelamarisma2@hotmail.com* – . VISA.
cerrado 15 diciembre-15 enero, domingo noche y lunes – **Comida** - pescados y mariscos - carta 36 a 48.
• Llevado directamente por sus dueños centra su cocina en la elaboración de productos del mar, destacando por la bondad de los mismos. Decoración con detalles marineros.

en la playa de Berria *Noroeste : 3 km :*

Juan de la Cosa , 39740 Santoña, 942 66 12 38, *mastuy@hoteljuandelacosa.com, Fax 942 66 16 32,* , , , – – 25/300. VISA.
cerrado enero – **Comida** 25 – 9 – **49 hab** 75/95 – 4 suites, 18 apartamentos.
• Su nombre rinde homenaje al insigne navegante de la localidad. Cuenta con modernas instalaciones junto a la playa, ofreciendo cómodas habitaciones y equipados apartamentos. Disfrute de las hermosas vistas que le brinda su comedor acristalado.

Posada Las Garzas sin rest, 39740, 942 66 34 84, *lasgarzas@posadalasgarzas.com, Fax 942 62 85 41* – . AE VISA.
cerrado 12 diciembre-2 enero – **11 hab** 56/72.
• Casa que guarda la estética constructiva de la zona. Agradable zona social con una terraza de verano acristalada y habitaciones de cuidado confort, algunas abuhardilladas.

SANTOVEÑA *33556 Asturias* 572 B 15.
Madrid 452 – Gijón 81 – Oviedo 95 – Santander 98.

al Noroeste *: 3,5 km :*

La Montaña Mágica , El Allende, 33508 El Allende, 98 592 51 76, *magica@llanes.as, Fax 98 592 57 80,* sierra del Cuera y picos de Europa – . AE VISA.
Comida *(cerrado domingo mediodía)* - sólo clientes - 12,50 – 5 – **14 hab** 50/66.
• Tres edificios en piedra, restaurados con acierto, componen esta acogedora casa rural, dotada de unas habitaciones espaciosas, con mobiliario escogido y baños actuales.

SANTPEDOR *08251 Barcelona* 574 G 35 – *4 579 h alt. 320.*
Madrid 638 – Barcelona 69 – Manresa 6 – Vic 54.

Ramón, Camí de Juncadella 93 832 08 50, *restaurantramon@terra.es, Fax 93 827 22 41* – . AE VISA. – *cerrado domingo noche* – **Comida** carta 32 a 42.
• Negocio llevado en familia. Una colección de molinillos ambienta sus salas de esmerado montaje, en las que podrá degustar una cocina basada en la tradición de la zona.

SANTUARIO – *ver el nombre propio del santuario.*

SANTULLANO *Asturias* 572 B 12 – *2 435 h alt. 167.*
Madrid 470 – Avilés 20 – Gijón 34 – Oviedo 25.

en Biedes *Este : 3 km :*

Casa Edelmiro, 33190 Biedes, 98 579 94 92, *contacto@casaedelmiro.com, Fax 98 579 90 11* – . AE VISA JCB.
cerrado del 1 al 15 de agosto y martes – **Comida** carta 25 a 30.
• Casa familiar fundada en 1890 que goza de buen nombre en la zona. En su bien dispuesta mesa sirven una cocina que mantiene las raíces gastronómicas locales.

SANTURIO *Asturias – ver Gijón.*

SANTURTZI o SANTURCE *48980 Bizkaia* 573 C 20 – *50 124 h.*
Madrid 411 – Bilbao 20 – Santander 97.

NH Palacio de Oriol, av. Cristóbal Murrieta 27 94 493 41 00, *nhpalaciodeoriol@nh-hotels.com, Fax 94 483 78 90,* – – 25/500. AE VISA.
Comida *(cerrado domingo noche y lunes)* 26 – 12 – **86 hab** 116/145 – 2 suites.
• Antiguo palacio familiar cuyo interior ha conservando la estructura original. Excelente salón de eventos, zona social en lo que era la capilla y habitaciones de buen confort. El comedor, que disfruta de un cuidado montaje, se complementa con dos saloncitos.

San Jorge, Antonio Alzaga 51 94 483 93 93, *reservas@hotelsanjorge.com, Fax 94 483 93 75* – , rest, – 25/100. AE VISA.
Comida 10 – 4,50 – **30 hab** 50/69.
• Moderno y de correcta organización, ofrece a sus clientes habitaciones de completo equipamiento, con baños actuales y un buen confort general. Bar-cafetería independiente. Restaurante de corte clásico que trabaja con frecuencia los banquetes.

XX **Kai-Alde,** Capitán Mendizábal 7 ✆ 94 461 00 34, *Fax 94 461 00 34,* – AE ⓓ MC VISA
cerrado noviembre y lunes noche – **Comida** carta 20 a 42.
• Negocio familiar llevado con acierto por la propiedad. Dispone de un bar público a la entrada, dos comedores en la planta baja y uno más amplio para banquetes en el 1er piso.

SANXENXO o SANGENJO *36960 Pontevedra* 571 E 3 – *14 659 h* – *Playa.*

Madrid ✆ 986 72 02 85 turismo@sanxenxo.org Fax 986 72 10 22.
Madrid 622 – Ourense 123 – Pontevedra 18 – Santiago de Compostela 75.

Carlos I, Vigo 2 ✆ 986 72 70 36, *hotelcarlosprimero@carlosprimero.com, Fax 986 72 11 08,* Servicios terapéuticos, – – 25/350. AE ⓓ MC VISA.
Comida 22 – 8,20 – **129 hab** 106/131 – 1 suite.
• Emplazado en un altozano. Recréese en unas instalaciones equipadas con todo detalle. Modernos y completos servicios de ocio, en especial el salón termal. Cuenta con un comedor de gran capacidad y un restaurante a la carta de superior montaje.

Augusta, Lugar de Padriñán ✆ 986 72 78 78, *reservas@hotelaugustasanxenxo.com, Fax 986 72 70 60,* climatizada, – – 25/180. AE MC VISA.
Comida 19,50 – 8,50 – **56 hab** 115/135.
• Disfrute del confort de sus acogedoras dependencias, en pleno campo. Habitaciones con mobiliario en forja, elegante zona social y una sugestiva oferta lúdica. Luminoso y coqueto restaurante de estilo clásico-actual donde se ofrece una completa carta.

Sanxenxo, av. Playa de Silgar 3 ✆ 986 69 11 11, *info@gruposanxenxo.com, Fax 986 72 37 79,* playa, mar y Sanxenxo, – – 25/35
46 hab – 1 suite.
• Las instalaciones, que han sido actualizadas, se encuentran en 1ª línea de playa. Disfruta de bellas vistas, piscina al borde del mar y habitaciones coquetas en su decoración. Correcto restaurante con cetáreas de marisco propias, un salón de té y terraza.

Rotilio, av. do Porto 7 ✆ 986 72 02 00, *hotelrotilio@hotelrotilio.com, Fax 986 72 41 88,* – AE ⓓ MC VISA.
cerrado 15 diciembre-15 enero – **Comida** - ver rest. ***La Taberna de Rotilio*** – 10 – **40 hab** 58/103.
• En la zona del puerto. Atractiva área social con una sala panorámica en el ático y terraza solarium. Habitaciones de buen confort, con baños actuales y mobiliario en mimbre.

Cervantes, Progreso 31 ✆ 986 72 07 00, *poldito2002@terra.es, Fax 986 72 07 01,* – rest, MC VISA.
Semana Santa-15 octubre – **Comida** 14 – **18 hab** 31/50.
• Cuidado establecimiento familiar de línea clásica. Las habitaciones, de suficiente equipamiento con mobiliario castellano y baños completos, ofrecen un buen confort. Restaurante funcional dotado de entrada independiente por una terraza-patio.

XX **La Taberna de Rotilio** - *Hotel Rotilio,* av. do Porto ✆ 986 72 02 00, *hotelrotilio@hotelrotilio.com, Fax 986 72 41 88,* Vivero propio – AE ⓓ MC VISA.
cerrado 15 diciembre-15 enero, domingo noche y lunes de octubre a mayo – **Comida** carta 32 a 48.
Espec. Ensalada de pulpo. Arroz a la plancha con choco y zamburiñas. Braseado de lubina y hortalizas.
• Goza de cierto prestigio, con acceso independiente y emplazado en el semisótano. Los productos de la tierra presiden su cocina, con base tradicional y detalles de autor.

XX **Pepe Vieira,** pl. Constitución 2 ✆ 986 69 17 49, *pepevieira@terra.es,* – MC VISA.
cerrado domingo noche, lunes y martes – **Comida** carta aprox. 32.
• Restaurante de instalaciones actuales dirigido por dos hermanos que vuelcan su creatividad en la cocina. Comedor de buen montaje dotado de algunas mesas con vistas al mar.

en Padriñán *Norte : 2 km :*

Antiga Casa de Reis sin rest, Reis 39, ✉ 36966 Padriñán, ✆ 986 69 05 50, *info@antigacasadereis.com, Fax 986 72 78 57* – MC VISA.
cerrado 15 diciembre-15 enero – **6 hab** 60,10/120,20.
• Casa reconstruida que ha respetado, en lo posible, su distribución original. Posee numerosos detalles decorativos que combinan la piedra, la madera y el mobiliario antiguo.

en la carretera C 550 :

Nanín, playa de Nanín - Este : 1 km, ✉ 36960, ✆ 986 69 15 00, *hotel@nanin.com, Fax 986 69 16 01,* – rest, – 25/75. MC VISA.
Semana Santa-15 diciembre – **Comida** 16 – 4,90 – **24 hab** 78,40/98 – 28 apartamentos.
• Moderno establecimiento situado en 1ª línea de playa. Posee apartamentos y habitaciones, en muchos casos con vistas al mar, dotados de un buen confort y baños completos. Espacioso restaurante de sencillo montaje.

Áncora sin rest, La Granja-Dorrón - Este : 3,5 km, ✉ 36960, ✆ 986 74 10 74, *hotel ancora@terra.es, Fax 986 74 13 90* – TV P. AE VISA.
abril-octubre – **30 hab** 49,50/66.
◆ Instalaciones de línea clásica y atenta organización familiar, al borde de la carretera general. Ofrece una correcta zona social con salón-bar y cuidadas habitaciones.

Ver también : **Portonovo** *Oeste : 1,5 km.*

El SARDINERO *Cantabria – ver Santander.*

SARDÓN DE DUERO *47340 Valladolid* 575 H 16 – *643 h alt. 723.*
Madrid 206 – Valladolid 29 – Segovia 89 – Palencia 77.

La Puerta de la Ribera, carret. de Soria ✆ 983 68 70 10, *Fax 983 68 70 11,* – TV P. VISA.
Comida 7,80 – **6 hab** 28,94/54,66.
◆ Casa de sencilla organización, con un bar a la entrada que destaca por su extensa bodega y por la venta de productos típicos. Habitaciones personalizadas y bien equipadas.

SARRIA *Araba – ver Murgia.*

SARRIA *27600 Lugo* 571 D 7 – *12 437 h alt. 420.*
Madrid 491 – Lugo 32 – Ourense 81 – Ponferrada 109.

NH Alfonso IX, Peregrino 29 ✆ 982 53 00 05, *nhalfonsoix@nh-hotels.es, Fax 982 53 12 61* – TV P – 25/400. AE VISA.
Comida 12 – 7 – **60 hab** 51/60.
◆ Bello emplazamiento en un sereno paraje junto a un río. Dotado de zonas sociales bien dispuestas, y de amplias habitaciones con mobiliario escogido, al estilo de la cadena. Agradable comedor y una buena oferta complementaria en salones para banquetes.

Roma, Calvo Sotelo 2 ✆ 982 53 22 11, *h.roma-1930@yahoo.es, Fax 982 53 36 08* – TV. VISA.
Comida - espec. en carnes a la brasa - 11 – 4 **18 hab** 30/43.
◆ Antiguo hotel totalmente renovado, junto a la estación del tren. Las habitaciones, amplias y con un correcto equipamiento, ofrecen un adecuado confort. Íntima zona noble. Restaurante especializado en carnes a la parrilla, preparadas a la vista de los clientes.

SARRIÓN *44460 Teruel* 574 L 27 – *1 021 h alt. 991.*
Madrid 338 – Castelló de la Plana/Castellón de la Plana 118 – Teruel 37 – València 109.

El Asturiano, carret. N 234 ✆ 978 78 10 00, *Fax 978 78 10 32* – TV P. AE VISA.
cerrado Navidades – **Comida** *(cerrado sábado)* 9 – 2,50 – **15 hab** 21/35.
◆ Bien llevado en familia, posee habitaciones funcionales ambientadas con distintos estilos decorativos y equipamiento suficiente. Válido para el cliente de paso. Restaurante especializado en platos típicos asturianos, como la fabada o los escabeches.

SARVISÉ *22374 Huesca* 574 E 29.
Madrid 475 – Huesca 93 – Jaca 58.

Casa Frauca con hab, carret. de Ordesa ✆ 974 48 63 53, *info@casafrauca.com, Fax 974 48 67 89* – rest, TV. AE VISA.
cerrado 7 enero-febrero – **Comida** *(cerrado domingo noche y lunes)* carta 19 a 30 – 3,50 – **12 hab** 33/39.
◆ Pequeño negocio repartido en dos salas de cálido estilo rústico, donde ofrecen una cocina regional-casera detallista. Posee habitaciones abuhardilladas como complemento.

SÁSTAGO *50780 Zaragoza* 574 I 28 – *1 373 h alt. 153.*
Madrid 371 – Zaragoza 64 – Teruel 177 – Huesca 139.

en el Monasterio de Rueda *Sureste : 6 km :*

La Hospedería del Monasterio de Rueda, ✉ 50780 Sástago, ✆ *976 17 00 16, info@monasteriorueda.com, Fax 976 17 00 60,* – TV P – 25/140. AE VISA.
Comida 18,70 – **35 hab** 80/98.
◆ Ocupa un ala del monasterio, con amplias zonas nobles y una decoración actual. Las habitaciones resultan confortables y algunas de ellas cuentan con hidromasaje en los baños. El restaurante se complementa con una bonita bodega llena de barricas antiguas.

El SAUZAL *Santa Cruz de Tenerife – ver Canarias (Tenerife).*

SEGORBE *12400 Castelló* 577 M 28 – *7 435 h alt. 358.*

Ver : *Museo (colección de retablos★).*

Marcelino Blasco 3 ☎ 964 71 32 54 touristinfo.segorbe@turisme.m400.gva.es Fax 964 71 32 54.

Madrid 395 – Castelló de la Plana/Castellón de la Plana 57 – Sagunt/Sagunto 34 – Teruel 83 – València 57.

María de Luna, av. Comunidad Valenciana 2 ☎ 964 71 13 13, *info@hotelmariadeluna.es, Fax 964 71 12 13* – ¦ ▤ TV ♿ 🚗. MC VISA. ✱
Comida *(cerrado 2ª quincena de julio, domingo noche y lunes)* 10 – **45 hab** ☕ 38,65/62,06.
◆ La decoración en tonalidades cálidas y el mobiliario de corte actual crean una atmósfera acogedora. Un amplio hall-recepción, de línea clásica, le da la bienvenida. En el edificio contiguo se encuentra el comedor, con varios salones para banquetes.

Hospedería El Palen sin rest, Franco Ricart 9 ☎ 964 71 07 40, *hostalpalen@hotmail.com, Fax 964 71 24 10* – ¦ ▤ TV. VISA. ✱
8 hab ☕ 39/62.
◆ Casa del s. XVIII que refleja su pasado en la decoración a base de muebles antiguos. Las habitaciones, sencillas y acogedoras, harán su estancia aún más agradable.

SEGOVIA *40000* P 575 J 17 121 F 4 – *55 640 h alt. 1 005.*

Ver : *Acueducto romano★★★* BY – *Ciudad vieja★★ : Catedral★★* AY*(claustro★, tapices★)* – *Plaza de San Martín★ (iglesia de San Martín★)* BY – *Iglesia de San Millán★* BY- *Iglesia de San Juan de los Caballeros★* BY **M1**- *Iglesia de San Esteban (torre★)* AX – *Alcázar★★* AX- *Capilla de la Vera Cruz★* AX – *Monasterio de El Parral★* AX.

Alred. : *Palacio de La Granja de San Ildefonso★★ (Museo de Tapices ★★, Jardines★★ : surtidores★★) Sureste : 11 km por ③ – Palacio de Riofrío★ Sur : 11 km por ⑤.*

pl. Mayor 10 ✉ 40001 ☎ 921 46 03 34 Fax 921 46 03 30 y pl. del Azoguejo 1 ✉ 40001 ☎ 921 46 29 06 segoviaturism@vianwe.com Fax 921 46 04 92.

Madrid 98 ④ – Ávila 67 ⑤ – Burgos 198 ② – Valladolid 110 ①

Parador de Segovia , carret. CL 601, ✉ 40003, ☎ 921 44 37 37, *segovia@parador.es, Fax 921 43 73 62,* ≤ Segovia y sierra de Guadarrama, Fö, ⛱, ⛱, ⛱, 🎾 – ¦, ✱ hab, ▤ TV ☎ ♿ 🚗 P – 🏛 25/350. AE ⓓ MC VISA JCB. ✱ AZ v
Comida 27 – ☕ 11 – **106 hab** 104/130 – 7 suites.
◆ Perfecto emplazamiento con impresionantes vistas sobre la ciudad y la sierra de Guadarrama. Su línea moderna y actual, contrasta con el marco histórico de la antigua urbe. Dinámico comedor donde se rinde honores a la tradición gastronómica segoviana.

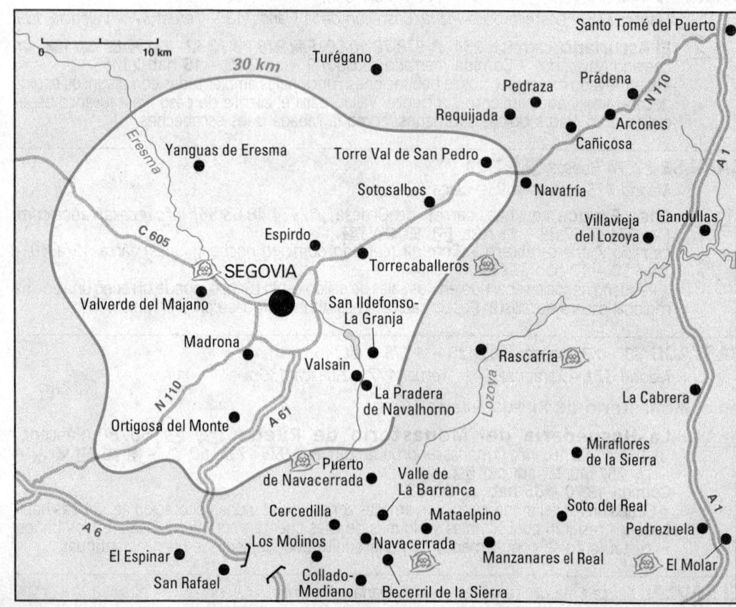

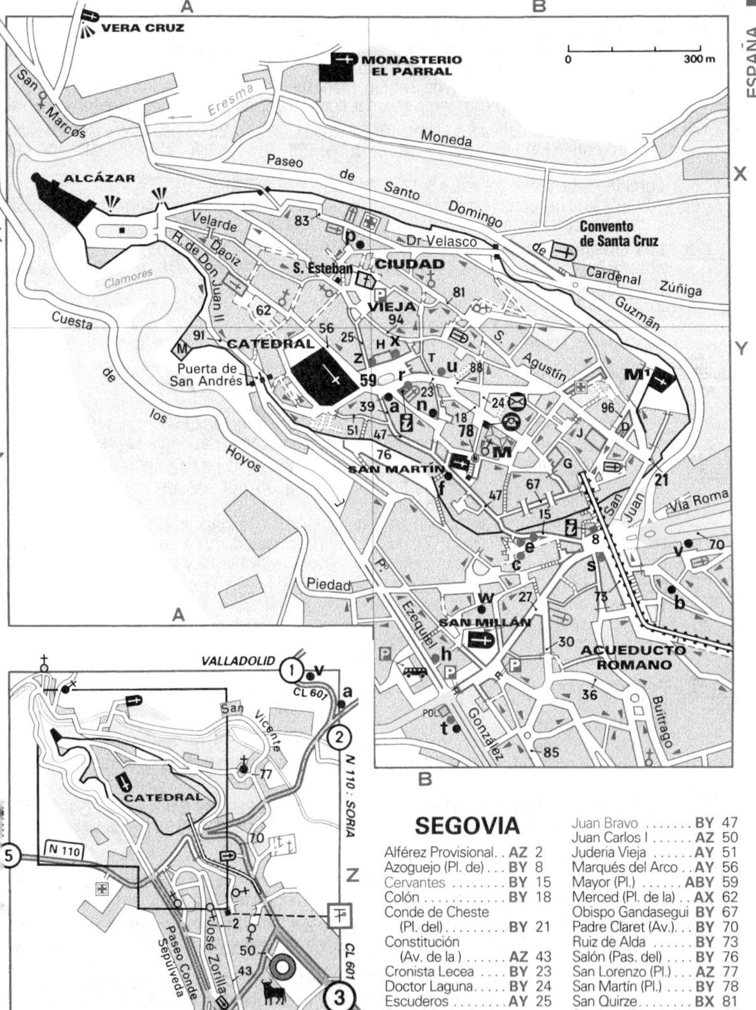

SEGOVIA

Los Arcos, paseo de Ezequiel González 26, ✉ 40002, ☎ 921 43 74 62, *hotellosarcos@hotellosarcos.com, Fax 921 42 81 61,* – 25/300. AE VISA JCB. BY t

Comida - ver rest. ***La Cocina de Segovia*** – 9 – **59 hab** 102/122.

◆ Céntrica localización. Congresos y convenciones en un hotel de carácter funcional, con una correcta zona social. Habitaciones cómodas y bien dotadas, con baños en mármol.

Ayala Berganza sin rest, Carretas 5, ✉ 40001, ☎ 921 46 04 48, *ayalaberganza@partner-hotels.com, Fax 921 46 23 77* – – 25. AE VISA. BY w

17 hab 110/133.

◆ Instalado en dos edificios, uno del s. XVI de estilo gótico-mudéjar y otro de nueva planta. Confortables espacios, decoración agradable y un equipamiento más que adecuado.

ESPAÑA

Infanta Isabel, pl. Mayor 12, ✉ 40001, ☎ 921 46 13 00, *admin@hotelinfantaisabel.com, Fax 921 46 22 17* – ▮ ▤ TV 🚗 – 🏛 25/60. AE ⓓ MC VISA. ✱ BY a
Comida carta 27 a 32 – ☕ 9 – **37 hab** 73/92.
• Una casa del s. XIX que ha sabido mantener su arquitectura original. Atractivas habitaciones en un bello marco señorial, donde tradición y confort conviven en armonía.

Acueducto, av. del Padre Claret 10, ✉ 40001, ☎ 902 25 05 50, *reservas@hotelacueducto.com, Fax 921 42 84 46* – ▮ ▤ TV 🚗 – 🏛 25/200. AE ⓓ MC VISA. ✱ BY v
Comida carta aprox. 28 – ☕ 5,78 – **79 hab** 54,75/82,90.
• Frente al acueducto. Un hotel bien dirigido, cómodo y funcional, con correcta zona social y unas habitaciones acogedoras. A destacar las renovadas recientemente.

Los Linajes 🐚 sin rest con cafetería, Doctor Velasco 9, ✉ 40003, ☎ 921 46 04 75, *hotelloslinajes@terra.es, Fax 921 46 04 79*, ≤ – ▮ ▤ TV 🚗 – 🏛 25/200. AE ⓓ MC VISA JCB. ✱ AX p
☕ 9 – **55 hab** 73/99.
• Su nombre alude al núcleo antiguo del hotel, que en su día fue una casa del s. XVII. Habitaciones abuhardilladas o con terraza, en un clima reposado que invita al descanso.

Las Sirenas sin rest y sin ☕, Juan Bravo 30, ✉ 40001, ☎ 921 46 26 63, *hotelsirenas@terra.es, Fax 921 46 26 57* – ▮ ▤ TV. AE ⓓ MC VISA JCB. ✱ BY f
39 hab 53/70.
• En un bello rincón segoviano. Estilo algo anticuado, compensado por unas habitaciones de correcto confort. Amplia zona social, compartida con el casino de la ciudad.

Ruta de Castilla, carret. de Soria 25, ✉ 40003, ☎ 921 44 10 88, *hotel@rutacastilla.com, Fax 921 44 10 09* – ▮ ▤ TV ♿ 🚗 – 🏛 25/100. MC VISA. ✱ AZ a
Comida 12,02 – ☕ 5 – **34 hab** 56/70.
• Un conjunto funcional decorado con sencillez. Sala de reuniones en el 1er piso y unas habitaciones actuales, con suelos en plaqueta, mobiliario estándar y baños completos. Grandes ventanales iluminan el comedor, con columnas en ladrillo visto y nobles vigas.

Don Jaime sin rest, Ochoa Ondátegui 8, ✉ 40001, ☎ 921 44 47 90, *hostaldonjaime@terra.es, Fax 921 44 47 87* – TV 🚗. MC VISA JCB. ✱ BY b
☕ 3 **24 hab** 22/42.
• Hotel pequeño, céntrico y familiar, dotado de unas habitaciones que, aunque discretas, resultan cómodas y confortables. Cuidado entorno y una organización que da la talla.

Fornos sin rest y sin ☕, Infanta Isabel 13-1º, ✉ 40001, ☎ 921 46 01 98, *hostalfornos@hotmail.com, Fax 921 46 01 98* – ▤ TV. AE MC VISA. ✱ BY n
10 hab 38,58/51,45.
• ¡Todo un hallazgo! Entrañable alojamiento en el corazón de la ciudad. Coquetas habitaciones en una línea actual de tonos claros, con mobiliario de mimbre y baños modernos.

XXX **La Cocina de Segovia** - *Hotel Los Arcos*, paseo de Ezequiel González 26, ✉ 40002, ☎ 921 43 74 62, *hotellosarcos@hotellosarcos.com, Fax 921 42 81 61* – ▤ 🚗. AE ⓓ MC VISA. ✱ BY t
cerrado domingo noche – **Comida** carta aprox. 42.
• Su carta ensalza las excelencias del lugar. Comedor con horno de leña en un estilo clásico-regional, donde el gusto y el detalle cobran protagonismo. Alta profesionalidad.

XX **Mesón de Cándido,** pl. Azoguejo 5, ✉ 40001, ☎ 921 42 59 11, *candido@mesondecandido.es, Fax 921 42 96 33*, 🏠 – ▤. AE ⓓ MC VISA JCB. ✱ BY s
Comida carta 24 a 36.
• Auténtico museo de la cocina regional. Raigambre y tradición en una casa del s. XV, que ha sido convertida en un mesón típico segoviano. Acogedor marco rústico-castellano.

XX **José María,** Cronista Lecea 11, ✉ 40001, ☎ 921 46 60 17, *correo@rtejosemaria.com, Fax 921 46 61 29* – ▤. AE ⓓ MC VISA JCB. ✱ BY u
Comida carta 24 a 36.
• Un negocio asentado y bien organizado que ha dado sus frutos. Calidad en sus productos, sabrosos cochinillos y buenos platos castellanos definen su tendencia.

XX **Duque,** Cervantes 12, ✉ 40001, ☎ 921 46 24 87, *info@restauranteduque.es, Fax 921 46 24 82* – ▤. AE ⓓ MC VISA JCB. ✱ BY e
Comida carta 26 a 34.
• El mesón más antiguo de Segovia, en una casa del s. XIX. Su maestría en el asar y una cocina que ha creado escuela, le han llevado a la cima del éxito. Decoración castellana.

XX **Maracaibo,** paseo de Ezequiel González 25, ✉ 40002, ☎ 921 46 15 45, *oscar@restaurantemaracaibo.com, Fax 921 46 23 47* – ▤. AE ⓓ MC VISA JCB. ✱ BY h
cerrado 20 días en julio y lunes – **Comida** carta 36 a 46.
• Atractiva gastronomía que se ha desmarcado de los asados, en un entorno clásico bien cuidado. Sabores regionales y platos actuales conforman una carta amplia y equilibrada.

XX **La Concepción,** pl. Mayor 15, ✉ 40001, ☎ 921 46 09 30, *laconcepcion@terra.es, Fax 921 46 09 31,* 🍽 – AE ⓓ ⓜ VISA. ✂ ABY z
Comida carta 36 a 48.
• Bar público con terraza, y un comedor en el sótano con muros en piedra. Carta internacional que, dejando a un lado los célebres asados, resulta interesante.

X **El Bernardino,** Cervantes 2, ✉ 40001, ☎ 921 46 24 77, *reservas@elbernardino.com, Fax 921 46 24 74,* 🍽 – ▤. AE ⓓ ⓜ VISA JCB. ✂ BY e
Comida carta 25 a 36.
• Dos jóvenes hermanos dirigen esta casa, y nos ofrecen una cocina regional a precios razonables. Cuidado montaje en un marco clásico-tradicional, realzado con bellos cuadros.

X **Villena,** pl. Mayor 10, ✉ 40001, ☎ 921 46 17 42, *Fax 921 46 00 10,* 🍽 – ▤. AE ⓓ ⓜ VISA. ✂ BY r
cerrado 2ª quincena de julio, domingo noche y lunes – **Comida** carta 31 a 39.
• Un negocio que, tras una acertada redecoración, ha elevado su nivel. Discreta organización y una cocina que tantea con timidez las tendencias actuales.

X **Solaire,** Santa Engracia 3, ✉ 40001, ☎ 921 46 24 95, *Fax 921 46 24 97* – ▤. AE ⓓ VISA. ✂ BY c
Comida carta aprox. 26.
• Un comedor bien dispuesto, y sala para banquetes con entrada independiente. Buena cocina, donde guisos y asados son la base de una carta tradicional. Clientela de grupos.

X **La Taurina,** pl. Mayor 8, ✉ 40001, ☎ 921 46 09 02, *Fax 921 46 08 97,* 🍽 – AE ⓓ ⓜ VISA. ✂ BY x
Comida carta 25 a 32.
• Típico bar taurino y una sala principal en dos niveles, decorada en un estilo castellano con cabezas de ciervo. Correcto montaje y una gastronomía clásica poco innovadora.

🍷 **Cuevas de Duque,** Santa Engracia 6, ✉ 40001, ☎ 921 46 24 86, *info@restaurantduque.es, Fax 921 46 24 82* – ▤. AE ⓓ ⓜ VISA JCB. ✂ BY e
Ración aprox. 8.
• Aunque con acceso independiente, pertenece a la misma propiedad que el restaurante Duque. Decoración típica y una carta de raciones, que apenas contempla la tapa.

en la carretera N 110 *por ② :*

🏨 **Puerta de Segovia,** 2,8 km, ✉ 40196 La Lastrilla, ☎ 921 43 71 61, *hotelpuertasegovia@futurnet.es, Fax 921 43 79 63,* 🏊, 🎾 – |♦| ▤ TV ♿ P – 🏛 25/1000. AE ⓓ ⓜ VISA JCB. ✂
Comida 23,75 – ☕ 7,50 – **205 hab** 57,05/95,05.
• Bella ubicación en el mirador de La Lastrilla. Un hotel especializado en convenciones y banquetes. Adecuadas prestaciones y unas habitaciones actuales con baños en mármol. Correcto restaurante con claraboya.

🏠 **Avenida del Sotillo,** 3 km, ✉ 40196 La Lastrilla, ☎ 921 44 54 14, *Fax 921 43 56 69* – |♦| ▤ TV 🚗 P. AE ⓜ VISA. ✂ rest
Comida 7 – ☕ 3 – **29 hab** 29/42.
• Hotel de instalaciones sencillas pero cuidadas. Escasa zona noble y unas habitaciones elementales, con suelos en plaqueta y baños modernos. Organización familiar.

🏠 **Venta Magullo,** 2,5 km, ✉ 40196 La Lastrilla, ☎ 921 43 50 11, *venta-magullo@telefonica.net, Fax 921 44 07 63* – |♦|, ▤ rest, TV P. AE ⓜ VISA. ✂
Comida 9 – ☕ 5 – **65 hab** 33/50.
• Un establecimiento llevado en familia. Típico hotel de carretera dotado de habitaciones que, aunque sencillas, resultan dignas y confortables. Algunas de ellas con terraza. Amplio restaurante con dos ambientes, uno de estilo castellano y el otro más alegre.

en la carretera de Arévalo C 605 *por ⑤ : 4,5 km :*

X **La Parrilla de Tejadilla,** ✉ 40196 Zamarramala, ☎ 921 44 21 49, *Fax 921 44 37 20,* 🍽 – ▤ P. AE ⓓ ⓜ VISA. ✂ – *cerrado del 7 al 31 de enero y lunes* – **Comida** - espec. en pescados y carnes a la brasa - carta 29 a 37.
• Acogedor restaurante con bar a la entrada y dos salas de estilo regional-moderno, que destaca por ofrecer una cocina que huye de los tópicos gastronómicos de la zona.

SEGUR DE CALAFELL *43882 Tarragona* 574 I 34 – *Playa.*

ℹ *carret. de Barcelona 76 ☎ 977 15 90 58 tur2calafell@altanet.org Fax 977 15 91 13.*
Madrid 577 – Barcelona 62 – Tarragona 33.

🏨 **Victoria,** carret. Barcelona 98 ☎ 977 16 20 02, *Fax 977 16 20 08,* 🍽, 🏋, 🏊 climatizada, 🏊 – |♦|, ▤ rest, TV 🚗. ⓜ VISA. ✂ rest
cerrado 15 diciembre-10 enero – **Comida** *(cerrado domingo noche y lunes)* 15 – **32 hab** ☕ 55/84,14.
• Hotel próximo a la playa dirigido por dos hermanos. Dispone de espaciosas habitaciones con baños actuales, y una buena oferta de servicios complementarios.

ESPAÑA

Mediterràni, pl. Mediterràni ☎ 977 16 23 27, *rmedite@teleline.es* – ▤. AE VISA. ✈
cerrado 25 diciembre-10 enero, domingo noche y lunes – **Comida** carta aprox. 30.
• Restaurante con pequeña barra de apoyo a la entrada, seguida de cuatro salas con un servicio de mesa adecuado a su categoría. Carta basada en la cocina catalana.

LA SELVA DEL CAMP *43201 Tarragona* 574 I 33 – *4 256 h alt. 247.*
Madrid 531 – Barcelona 114 – Tarragona 16 – Lleida/Lérida 80.

por la carretera de Constantí *Sureste : 4 km :*

Mas Passamaner 🔇, Camí de la Serra 52, ✉ 43470, ☎ 977 76 63 33, *hotel@maspassamaner.com, Fax 977 76 63 36,* , Servicios terapeúticos, , , , – ▤ TV
, P – 25/300. AE VISA.
La Gigantea : **Comida** carta 42 a 58 – ▭ 15 – **24 hab** 170/215 – 2 suites.
• Bonita villa modernista aislada en el campo, donde disfruta de unos interiores de tendencia minimalista en armonía con detalles de otros estilos. Agradables exteriores. El luminoso restaurante se encuentra ubicado en un edificio anexo.

SENA DE LUNA *24145 León* 575 D 12 – *519 h alt. 1 142.*
Madrid 411 – León 65 – Oviedo 64 – Ponferrada 147.

Días de Luna 🔇, carret. de Villablino ☎ 987 59 77 67, *turismorural@diasdeluna.com, Fax 987 59 77 67,* ≤ – P – 25. VISA.
Comida - sólo clientes - 14 **17 hab** ▭ 38/55.
• Casa rural con atractiva fachada en piedra y ambiente acogedor, ubicada en un bonito paraje. Confortables dependencias de estilo rústico decoradas con sumo gusto.

SEO DE URGEL *Lleida – ver La Seu d'Urgell.*

SEPÚLVEDA *40300 Segovia* 575 I 18 121 H 2 – *1 378 h alt. 1 014.*
Ver : *Emplazamiento*★.
Madrid 123 – Aranda de Duero 52 – Segovia 59 – Valladolid 107.

Vado del Duratón, San Justo y Pastor 10 ☎ 921 54 08 13, *direccion@vadodelduraton.com, Fax 921 54 08 14* – ▤ TV P – 25/250. AE VISA.
cerrado 7 enero-5 febrero - ***Fogón del Azogue*** *(cerrado lunes)* **Comida** carta 30 a 43 – **22 hab** ▭ 64,90/103,83.
• Hotel de nueva construcción que ocupa una céntrica casona antigua. Pone a su disposición amplias zonas nobles, y unas habitaciones de buen confort con baños en mármol. El restaurante está ubicado en un edificio anexo, comunicado por medio de un pasadizo.

Cristóbal, Conde Sepúlveda 9 ☎ 921 54 01 00, *restcristobal@portalsegovia.com, Fax 921 54 05 68* – ▤. AE VISA. ✈ – *cerrado del 1 al 15 de septiembre, del 15 al 30 de diciembre, lunes noche y martes* – **Comida** carta 19 a 28.
• Un clásico en el lugar que, pese a su línea elemental y sencilla, funciona bien. Bar público, dos comedores castellanos y una bodega correctamente acondicionada.

Casa Paulino, Barbacana 2 ☎ 921 54 00 16, *casapaulino@portalsegovia.com, Fax 921 54 01 34* – ▤. AE VISA. ✈ – *cerrado del 15 al 30 de junio, del 15 al 30 de noviembre y lunes salvo agosto* – **Comida** carta aprox. 26.
• Negocio asentado que debe su éxito a la profesionalidad y seriedad del propietario. Gastronomía regional, y una carta en la que no faltan los célebres asados.

SERINYÀ *17852 Girona* 574 F 38 122 G 3 – *878 h.*
Madrid 714 – Barcelona 122 – Girona/Gerona 26 – Perpignan 89.

Can Solanas 🔇, Sant Sebastià 48 ☎ 972 59 31 99, *cansolanas@terra.es,* , – P.
AE VISA. ✈
Comida - sólo clientes, sólo cena - 19,90 – **5 hab** ▭ 55,50/82,20.
• Masía familiar que ha sido rehabilitada respetando, en lo posible, la distribución original. Destaca su gran terraza cubierta y la decoración, algo ecléctica pero muy cuidada.

SERRADUY *22483 Huesca* 574 F 31 – *alt. 917.*
Alred. : *Roda de Isábena : enclave*★ *montañoso - Catedral : sepulcro de San Ramón*★ *(Suroeste : 6 km).*
Madrid 508 – Huesca 118 – Lleida/Lérida 100.

Casa Peix, ☎ 974 54 44 30, *casaelpeix@hotmail.com, Fax 974 54 44 60,* – P. VISA.
✈ rest
marzo-10 diciembre – **Comida** - sólo menú - 20 – ▭ 9 – **26 hab** 35/48.
• Discreto establecimiento de montaña con unas instalaciones algo desfasadas. Sus habitaciones resultan sencillas, aunque gozan de un correcto mantenimiento. Dispone de un amplio y cuidado restaurante que basa su oferta en los menús.

SERREJÓN *10528 Cáceres 576 M 12 – 386 h alt. 341.*

Madrid 211 – Cáceres 122 – Plasencia 41 – Talavera de la Reina 95.

Alcaudón, Caganchas 17 ☎ 927 54 76 00, *info@alcaudon.net* – AE VISA.
cerrado julio – **Comida** *(cerrado lunes)* - es necesario reservar - 11 – **8 hab** 35/55.
◆ Antigua casona con los muros exteriores en piedra y un cálido interior. Posee habitaciones de sencillo confort, con los techos en madera y baños de plato ducha. Coqueto comedor, decorado con buen gusto, en el que destacan las sillas en hierro forjado.

SETCASES *17869 Girona 574 E 36 122 D 2 – 150 h alt. 1 279 – Deportes de invierno en Vallter : 8.*

Madrid 710 – Barcelona 138 – Girona/Gerona 91.

La Coma, ☎ 972 13 60 74, *Fax 972 13 60 73* – TV P. VISA.
Comida 17 – **20 hab** 62/82.
◆ Hotel de atención familiar situado a la entrada de la localidad, dotado de una reducida zona noble y unas habitaciones de suficiente confort con baños completos. Comedor de notable amplitud y sencillo montaje.

SETENIL *11692 Cádiz 578 V 14 – 2 973 h alt. 572.*

Ver : *Localidad★.*

Madrid 543 – Antequera 86 – Arcos de la Frontera 81 – Ronda 19.

La SEU D'URGELL o **SEO DE URGEL** *25700 Lleida 574 E 34 – 11 195 h alt. 700.*

Ver : *Localidad★ - Catedral de Santa María★★ (Claustro★ : Iglesia de Sant Miquel★ - Museo diocesano★ : Beatus★★, retablo de la Abella de la Conca★).*

av. Valls d'Andorra 33 ☎ 973 35 15 11 turismeseu@svt.es Fax 973 36 01 56.

Madrid 602 – Andorra la Vella 20 – Barcelona 200 – Lleida/Lérida 133.

Parador de la Seu d'Urgell, Sant Domènec 6 ☎ 973 35 20 00, *seo@parador.es, Fax 973 35 23 09,* – TV – 25/60. AE VISA JCB.
Comida 25 – 11 – **78 hab** 92/115 – 1 suite.
◆ Remotos orígenes medievales se ciernen sobre sus modernas instalaciones, en proceso de redecoración. Zona social en el patio interior y habitaciones con baños en mármol.

Nice, av. Pau Claris 4 ☎ 973 35 21 00, *nice@hotelnice.net, Fax 973 35 12 21* – TV – 25/100. AE VISA.
Comida 13,50 – 9 – **51 hab** 46/75 – 5 suites.
◆ Sencillo establecimiento llevado en familia, dotado de habitaciones funcionales de buen confort y aspecto actual, renovadas en su mayoría aunque con baños anticuados.

Avenida, av. Pau Claris 24 ☎ 973 35 01 04, *reserves@avenhotel.com, Fax 973 35 35 45* – TV. AE VISA.
Comida *(cerrado domingo)* - sólo menú - 9,50 – 5,50 – **47 hab** 32,75/48,35.
◆ Céntrico hotel de organización familiar, con pequeña recepción y habitaciones de distinto confort, la mitad con mobiliario en pino.

Duc d'Urgell, Josep de Zulueta 43 ☎ 973 35 21 95, *Fax 973 35 21 95* – TV P. VISA.
cerrado del 1 al 20 de enero y domingo noche – **Comida** 9,50 – 4,15 – **36 hab** 36/50.
◆ Pequeña residencia llevada en familia, que resulta un válido recurso en su categoría. Habitaciones funcionales y de suficiente confort, con baños completos algo anticuados. Restaurante de moderno montaje orientado básicamente a grupos.

La Vall del Cadí sin rest, carret. de Cerc - Sureste : 1,5 km ☎ 973 35 03 90, *jpe@andorra.ad, Fax 973 35 03 90* – TV P
5 – **9 hab** 40/50.
◆ Acogedora casita ubicada a las afueras de la localidad, que pone a su disposición unas espaciosas habitaciones abuhardilladas, la mayoría con plato ducha.

Cal Pacho, La Font 11 ☎ 973 35 27 19, *Fax 973 35 27 19* – VISA.
cerrado del 1 al 15 de mayo, 20 octubre-10 noviembre y lunes – **Comida** - sólo almuerzo salvo junio-septiembre y fines de semana - carta aprox. 22.
◆ Casa familiar con muchos años de vida, que paulatinamente va renovando sus instalaciones. Sala rústica con esmerado servicio de mesa y una carta a precios ajustados.

Cal Teo, av. Pau Claris 38 ☎ 973 35 10 29, *Fax 973 35 33 13* – AE VISA.
cerrado domingo noche y lunes – **Comida** carta aprox. 22.
◆ Pequeño restaurante con amplia barra de bar en la entrada, y una sala tipo mesón de montaje sencillo. Las carnes a la brasa centran su oferta gastronómica.

ESPAÑA

en Castellciutat *Suroeste : 1 km :*

El Castell de Ciutat ⑤, carret. N 260, ✉ 25710 apartado 53 La Seu d'Urgell, ✆ 973 35 00 00, *elcastell@relaischateaux.com, Fax 973 35 15 74,* ≤ valle, Seo de Urgel y montañas, Fб, ⌒, ⌒, ⌒ – ▤ TV P – 🏛 25/75. AE ⓪ MC VISA. ✻ rest
Comida 70 y carta 51 a 56 – **34 hab** ☐ 130/170 – 3 suites.
Espec. Coca de queso de cabra con endivias y tomate confitado, frutos secos y virutas de jamón de Guijuelo. Cabrito de Castellbó a l'ast con hierbas del bosque y gratin de berenjenas. Buñuelos rellenos de chocolate aromatizados con cítricos y anís, servidos con su helado de coco.
◆ Una elegante decoración clásica define su interior. Habitaciones equipadas con gran confort, las de la planta baja superiores a las abuhardilladas. Piscina rodeada de césped. Exquisito ambiente en un restaurante de esmerado montaje.

La Glorieta ⑤, Camí de La Seu, ✉ 25710 Castellciutat, ✆ 973 35 10 45, *glorietavalirasl@tiscali.es, Fax 973 35 42 61,* ≤ valle y montañas, ⌒ – |‡| TV P. MC VISA. ✻
Comida 17 – ☐ 7 – **28 hab** 34/65.
◆ Pequeño establecimiento familiar, a las afueras de la localidad. Salón social con gratas vistas y bar que sirve de apoyo a la piscina. Habitaciones discretas pero cuidadas.

La Seu con hab, carret. N 260, ✉ 25710 Castellciutat, ✆ 973 35 24 00, *mpirineu@teleline.es, Fax 973 35 34 10* – ▤ TV P. AE ⓪ MC VISA. ✻
cerrado 23 junio-23 julio – **Comida** carta 32 a 41 – ☐ 7,50 – **18 hab** 54/78.
◆ Típico restaurante de carretera orientado a la clientela de paso, con entrada por un bar público con mesas para menú, y un espacioso comedor. Posee también habitaciones.

al Noreste : *6 km :*

Cal Serni ⑤ (es necesario reservar), Calbinyà, ✉ 25798 Valls de Valira, ✆ 973 35 28 09, *info@calserni.es, Museo del pagès* – P. ✻
Comida - sólo clientes, sólo menú - 12 – ☐ 6,50 – **6 hab** 37/50.
◆ Se encuentra en una pequeña aldea de montaña, en una casa del s. XVI donde también podrá visitar el Museo del Pagès. Ofrece habitaciones de estilo rústico con gran encanto.

SEVA *08553 Barcelona* 574 G 36 122 D 5 – *1 758 h alt. 663.*
Madrid 665 – Barcelona 60 – Manresa 48 – Vic 15.

Seva ⑤, Roure 2 - Oeste : 1 km ✆ 93 884 03 76, *comercial@hotelseva.com, Fax 93 884 04 60* – |‡| TV ☏ ♿ P. MC VISA. ✻
Comida *(cerrado noviembre y lunes)* 20 – ☐ 5 – **22 hab** 51/65 – 1 suite.
◆ Este edificio, típico de montaña, destaca por sus atractivos balcones en madera. Las habitaciones son de línea sobria, disponiendo todas ellas de mobiliario rústico y terraza. En su sencillo restaurante podrá degustar deliciosas especialidades caseras.

SEVILLA

41000 P 578 T 11 *y* 12 *- 702 520 h. alt. 12.*

Madrid 531 ①- A Coruña/La Coruña 917 ⑥ - Lisboa 410 ⑥ - Málaga 211 ② - València 659 ①.

OFICINAS DE TURISMO

av. de la Constitución 21 B ✉ 41004, ☎ 95 422 14 04, otsevilla@andalucia.org Fax 95 422 97 53, Estación de Santa Justa ✉ 41018, ☎ 95 453 76 26 paseo de Las Delicias 9, ✉ 41013, ☎ 95 423 44 65 y Aeropuerto ☎ 95 444 91 28.

INFORMACIONES PRÁCTICAS

R.A.C.E. *av. Eduardo Dato 22, ✉ 41018, ☎ 95 463 13 50, Fax 95 465 96 04.*

18 *Pineda* FS ☎ *95 461 14 00*

9 *Las Minas (Aznalcázar) SO : 25 km por ⑤ ☎ 95 575 06 78.*

✈ *de Sevilla-San Pablo por ① : 14 km ☎ 95 444 90 00 - Iberia : av. de la Buhaira 8 (edificio Cecofar), ✉ 41018, ☎ 902 400 500* FR.

CURIOSIDADES

Ver : *La Giralda★★★ (※ ★★★)* BX *- Catedral★★★ (retablo Capilla Mayor★★★, Capilla Real★★)* BX - Real Alcázar★★★ BXY *(Cuarto del Almirante : retablo de la Virgen de los Mareantes★ ; Palacio de Pedro el Cruel★★★ : cúpula★★★ del Salón de Embajadores ; Palacio de Carlos V : tapices★★ ; Jardines★ : galería del grutesco★) - Barrio de Santa Cruz★★★* BCX *(Hospital de los Venerables★) - Museo de Bellas Artes★★★ (sala V★★★, sala X★★)* AV *- Casa de Pilatos★★ (azulejos★★, escalera★★ : cúpula★)* CX *- Parque de María Luisa★★* FR *(Plaza de España★* FR **114** *- Museo Arqueológico★* FR *: Tesoro de Carambolo★, colección romana★).*

Otras curiosidades : *Hospital de la Caridad★ (iglesia★★)* BY *- Convento de Santa Paula★* CV *(portada★ iglesia) - Iglesia del Salvador★* BX *(retablos barrocos★★) - Palacio de la Condesa de Lebrija★* BV *- Capilla de San José★* BX *- Ayuntamiento (fachada oriental★)* BX **H** *- Iglesia de Santa María la Blanca★* CX *- Iglesia de San Luis de los Franceses★ (interior★★)* FR **R** *- Parque temático : Isla Mágica★* FP.

Alred. : *Itálica★ 9 km por ⑥.*

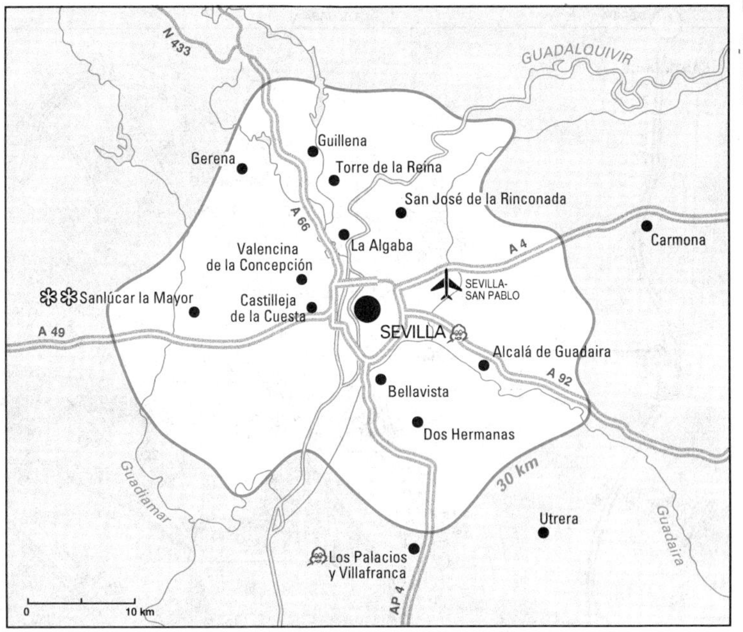

Alfonso XIII, San Fernando 2, ✉ 41004, ☎ 95 491 70 00, *Fax 95 491 70 99*, – hab, – 25/500. AE MC VISA JCB. BY c
San Fernando :* Comida** carta 42 a 53 - ***Kaede *(rest. japonés)* **Comida** carta 28 a 39 – 20 – **127 hab** 347/455 – 19 suites.
◆ Majestuoso edificio de estilo andaluz con un interior de exquisito gusto decorativo, combinando arcos, arabescos y mosaicos. Posee habitaciones árabes, castellanas y barrocas. Su restaurante San Fernando goza de un cuidado montaje en un ambiente suntuoso.

Meliá Colón, Canalejas 1, ✉ 41001, ☎ 95 450 55 99, *melia.colon@solmelia.com, Fax 95 422 09 38* – hab, – 25/200. AE MC VISA JCB. AX s
Comida - ver rest. ***El Burladero*** – 18 – **204 hab** 269/345 – 14 suites.
◆ Con todas las ventajas de una céntrica localización. Detalles impecables, avanzada técnica hostelera y gran profesionalidad. Destacadas habitaciones y entorno bien cuidado.

Sevilla Center, av. de la Buhaira, ✉ 41018, ☎ 95 454 95 00, *sevilla@hotelescenter.es, Fax 95 453 37 71*, ciudad y alrededores, – hab, – 25/440. AE MC VISA. FR n
Comida 30 – 12 – **207 hab** 185/220 – 23 suites.
◆ Dotado de una espaciosa zona noble con piano-bar y dos tipos de habitaciones, las de ejecutivos clásicas y el resto de diseño, todas exteriores y con espectaculares vistas. Su elegante restaurante se completa con una agradable terraza de verano.

Meliá Lebreros, Luis Morales 2, ✉ 41018, ☎ 95 457 94 00, *melia.lebreros@solmelia.com, Fax 95 458 23 09*, – hab, – 25/480. AE MC VISA JCB. FR v
Comida - ver rest. ***La Dehesa*** – 17 – **431 hab** 180 – 6 suites.
◆ Situado en una zona de negocios. Goza de excelentes instalaciones, sobre todo en salones, con habitaciones algo reducidas pero bien equipadas y una planta para ejecutivos.

Occidental Sevilla sin rest con cafetería, av. Kansas City, ✉ 41018, ☎ 95 491 97 97, *reservas-sevilla@occidental-hoteles.com, Fax 95 458 46 15*, – hab, – 25/450. AE MC VISA JCB. FR s
12 – **228 hab** 140/170 – 13 suites.
◆ En zona dinámica y comercial. Salas de reunión y salones de gran capacidad para cualquier evento social. Habitaciones cuidadas y confortables, con baños en mármol.

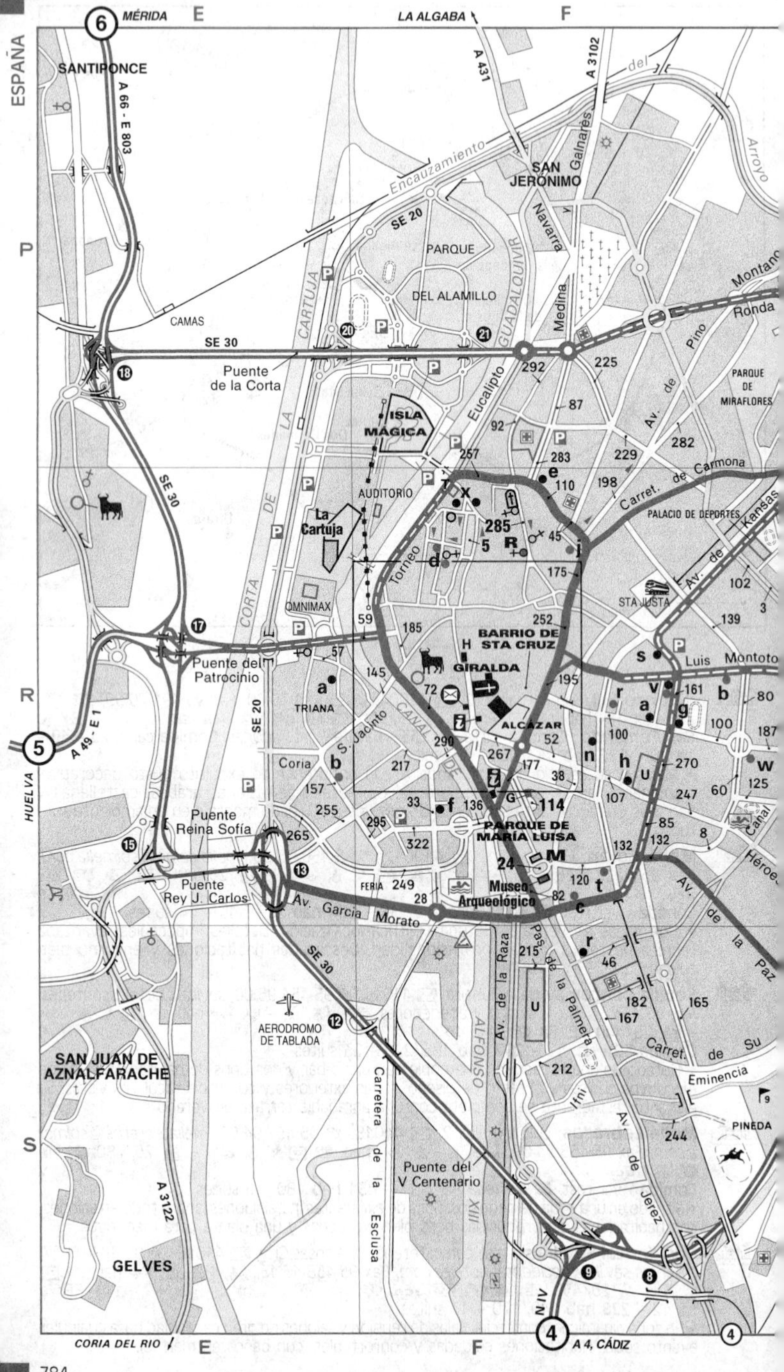
MÉRIDA
LA ALGABA
CORIA DEL RIO
A 4, CÁDIZ
HUELVA
SANTIPONCE
SAN JERÓNIMO
PARQUE DEL ALAMILLO
CAMAS
SE 30
SE 20
Puente de la Corta
ISLA MÁGICA
AUDITORIO
La Cartuja
OMNIMAX
Puente del Patrocinio
TRIANA
BARRIO DE STA CRUZ
GIRALDA
ALCAZAR
PALACIO DE DEPORTES
STA JUSTA
PARQUE DE MIRAFLORES
Puente Reina Sofía
Puente Rey J. Carlos
PARQUE DE MARÍA LUISA
Museo Arqueológico
FERIA
AERODROMO DE TABLADA
SAN JUAN DE AZNALFARACHE
GELVES
Puente del V Centenario
PINEDA
Av. Garcia Morato
Carretera de la Esclusa
Av. de la Raza
Paseo de la Palmera
Av. de Jerez
Carret. de Carmona
Luis Montoto
Eucalipto
Torneo
Av. de Kansas
Av. de Pino Montano
Ronda
Av. de la Paz
Carret. de Su Eminencia
Héroes
A 66 - E 803
A 49 - E 1
A 3122
A 431
A 3102
N IV
Encauzamiento del Arroyo
GUADALQUIVIR
CORTA DE LA CARTUJA
CANAL DE ALFONSO XIII
Navarra
Medina
Galnares
Coria
S. Jacinto
Ifni

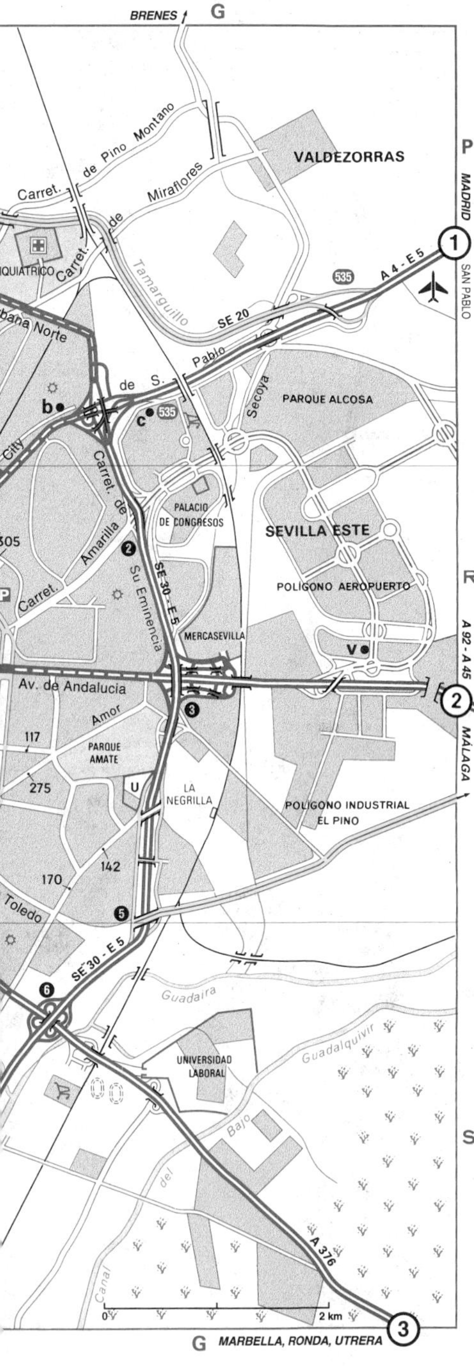

SEVILLA

Ada	FR	3
Alameda de Hércules	FR	5
Alcade Juan Fernández	FR	8
América (Pl. de)	FR	24
Antonio Bienvenida	FR	28
Asunción	FR	33
Borbolla (Av. de)	FR	38
Capuchinos (Ronda)	FR	45
Cardenal Ilundain	FS	46
Carlos V (Av.de)	FR	52
Castilla	ER	57
Chapina (Puente)	FR	59
Ciudad Jardín (Av.)	FR	60
Cristóbal Colón (Pas. de)	FR	72
Cruz del Campo (Av.)	FR	80
Delicias (Pas. de las)	FR	82
Diego Martínez Barrio	FR	85
Doctor Fedriani	FP	87
Don Fabrique	FP	92
Eduardo Dato (Av.)	FR	100
Éfeso	FR	102
Enramadilla	FR	107
Eritaña (Av.)	FR	110
España (Pl. de)	FR	114
Federico Mayo Gayarre	GR	117
Felipe II	FR	120
Francisco Buendía	FR	125
General Merry	FR	132
Generalísimo (Puente del)	FR	136
El Greco (Av.)	FR	139
Isabel II o de Triana (Puente)	FR	145
López de Gomara	ER	157
Luis de Morales	FR	161
Manuel Fal Conde	FS	165
Manuel Siurot (Av.)	FS	167
Maqueda	GR	170
María Auxiliadora	FR	175
María Luisa (Av.)	FR	177
Marqués de Luca de Tena	FS	182
Marqués de Paradas (Av.)	FR	185
Marqués de Pickman	FR	187
Menéndez Pelayo	FR	195
Miraflores (Av.)	FR	198
Padre García Tejero (Av.)	FS	212
Páez de Rivera	FS	215
Pagés del Corro	FR	217
Pedro Gual Villalbi (Av.)	FP	225
Pío XII (Ronda)	FP	229
Quintillo (Camino)	FS	244
Ramón de Carranza (Av.)	FR	249
Ramón y Cajal (Av.)	FR	247
Recaredo	FR	252
República Argentina (Av.)	ER	255
Resolana	FR	257
Rubén Darío	ER	265
San Fernando	FR	267
San Francisco Javier (Av.)	FR	270
San Juan de la Cruz (Av.)	GR	275
San Juan de la Salle	FP	282
San Juan de Ribera	FP	283
San Luis	FR	285
San Telmo (Puente de)	FR	290
Sánchez Pizjuán (Av.)	FP	292
Santa Fé	FR	295
Tesalónica	GR	305
Virgen de Luján	FPR	322

SEVILLA

Agua (Callejón del) ..... CY 4
Alemanes .... BX 12
Alfaro (Pl. de) .... CXY 15
Alianza (Pl.) .... BX 19
Almirante Apodaca..... CV 20
Almirante Lobo .... BY 21
Álvarez Quintero....... BX 22
Amador de los Ríos .... CX 23
Antillano Campos...... AX 26
Aposentadores .... BV 29
Arco de la Judería...... BY 30
Argote de Molina ...... BX 31
Banderas (Patio de) ... BXY 35
Capitán Vigueras....... CY 42
Cardenal Spínola....... AV 47
Castelar.............. AX 55
Chapina (Puente) ...... AX 59
Doña Elvira (Pl. de) .... BX 95
Doña Guiomar .... AX 97
Escuelas Pías .... CV 112
Farmaceútico E. Murillo Herrera............ AY 115
Feria................. BV
Francisco Carrión Mejías CV 126
Francos .... BX
Fray Ceferino González . BX 127
García de Vinuesa...... BX 130
General Polavieja ...... BX 135
Gloria .... BXY 137
Gonzalo Bílbao .... CV 138
Jesús de la Vera Cruz... AV 147
José Laguillo.......... CV 302
José María Martínez Sánchez Arjona............ AY 150
Julio César .... AX 152
Júpiter .... CV 153
Luis Montoto .... CX 160
Marcelino Champagnat . AY 172
Martín Villa .... BV 190
Mateos Gago .... BX 192
Mesón del Moro....... BX 197
Murillo .... AV 202
Museo (Pl.) .... AV 205
Navarros............. CVX 207
O'Donnell .... BV 210
Pascual de Gayangos... AV 220
Pastor Landero........ AX 222
Pedro del Toro......... AV 227
Pimienta o Susona..... BCY 228
Ponce de León (Pl.) .... CV 234
Puente y Pellón .... BV 242
Puerta de Jerez........ BY 243
República Argentina (Av.) AY 255
Reyes Católicos .... AX 260
Rodrigo Caro (Callejón de) .... BX 261
Romero Morube........ BX 264
San Gregorio.......... BY 272
San Juan de la Palma... BV 277
San Pedro (Pl.) .... BV 286
San Sebastián (Pl.) ..... CY 287
Santa Isabel (Pl. de) .... CV 296
Santa María La Blanca .. CX 297
Santa Marta (Pl. de) .... BX 298
Santa Teresa.......... CX 299
Santander .... BY 300
Sierpes .... BVX
Temprado .... BY 304
Tetuán .... BX
Tres Cruces (Pl. de las).. CX 306
Triunfo (Pl.) .... BX 307
Velázquez .... BV 310
Venerables (Pl.) .... BCX 312
Virgen de los Reyes (Pl. de la) .... BX 324
Viriato............... BV 329

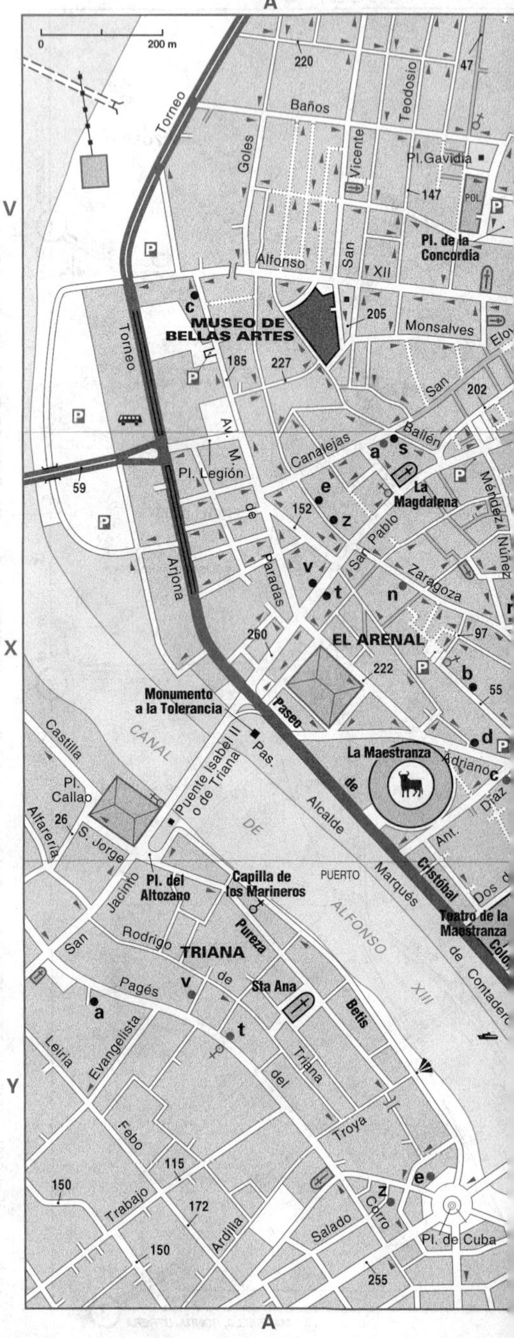

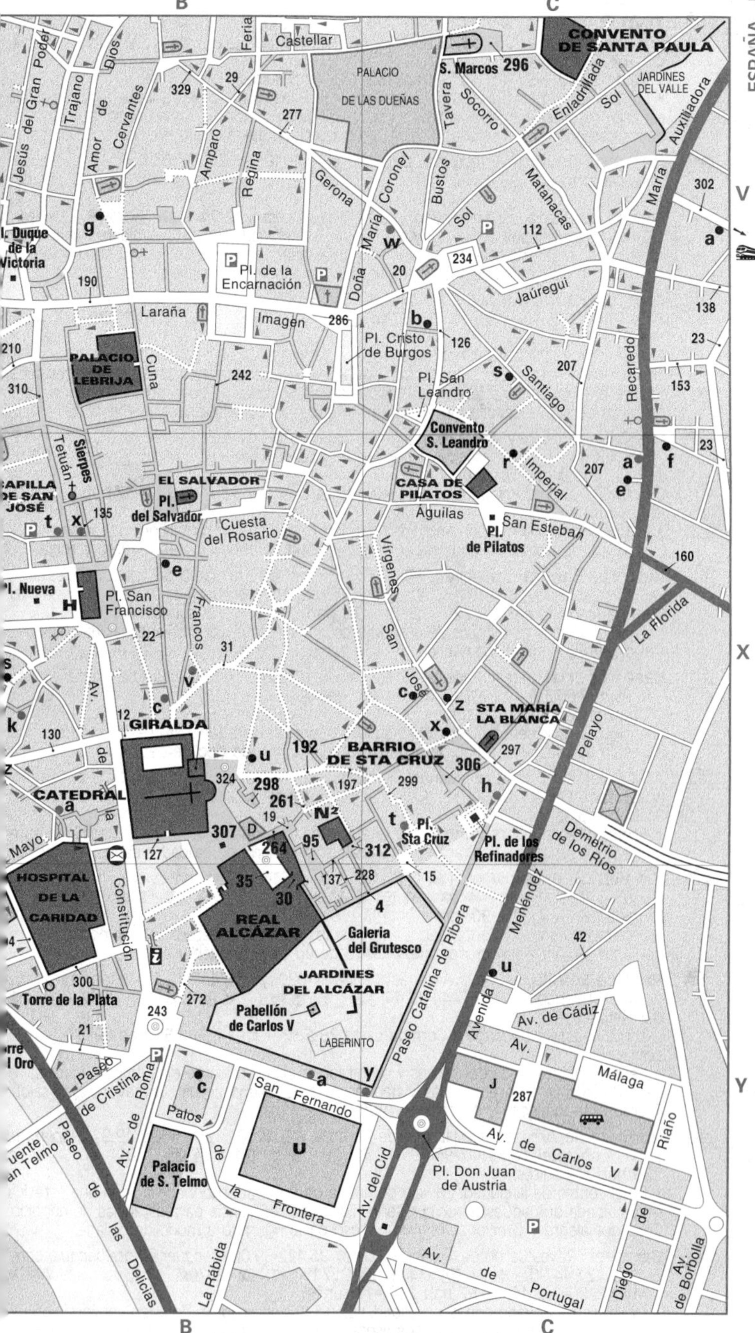
B
C
CONVENTO DE SANTA PAULA
PALACIO DE LAS DUEÑAS
S. Marcos 296
JARDINES DEL VALLE
Castellar
Feria
Jesús del Gran Poder
Trajano
Amor de Dios
Cervantes
Amparo
Regina
Gerona
Doña María Coronel
Bustos Tavera
Socorro
Enladrillada
Sol
Auxiliadora
Matahacas
María
Pl. Duque de la Victoria
Pl. de la Encarnación
Laraña
Imagen
Pl. Cristo de Burgos
Jáuregui
Pl. San Leandro
Santiago
Recaredo
PALACIO DE LEBRIJA
Cuna
Convento S. Leandro
Sierpes
Tetuán
CAPILLA DE SAN JOSÉ
EL SALVADOR
Pl. del Salvador
CASA DE PILATOS
Águilas
Imperial
Pl. de Pilatos
San Esteban
Cuesta del Rosario
Vírgenes
Pl. Nueva
Pl. San Francisco
Francos
San José
La Florida
GIRALDA
STA MARÍA LA BLANCA
BARRIO DE STA CRUZ
Pelayo
CATEDRAL
Pl. Sta Cruz
Pl. de los Refinadores
Demetrio de los Ríos
Mayo
HOSPITAL DE LA CARIDAD
Constitución
REAL ALCÁZAR
Galeria del Grutesco
JARDINES DEL ALCÁZAR
Pabellón de Carlos V
LABERINTO
Paseo Catalina de Ribera
Menéndez Pelayo
Avenida
Av. de Cádiz
Torre de la Plata
Torre del Oro
Paseo de Cristina
Av. de Roma
Patos
San Fernando
Av. Málaga
Av. de Carlos V
Riaño
Palacio de S. Telmo
de la Frontera
Av. del Cid
Pl. Don Juan de Austria
Paseo de las Delicias
La Rábida
Av. de Portugal
Diego de Riaño
Av. de Borbolla
V
X
Y

Tryp Macarena, San Juan de Ribera 2, ✉ 41009, ☎ 95 437 58 00, *tryp.macarena@solmelia.com, Fax 95 438 18 03,* – hab, – 25/600. FR e

Comida 22,50 – 13 – **311 hab** 135/155 – 10 suites.

◆ Clasicismo y amplias áreas nobles en un hotel cuyas habitaciones, aunque algo justas en espacio, resultan acogedoras tras su cuidada remodelación. Hermoso patio interior. Elegante comedor con molduras clásicas en los techos, destacadas lámparas y bellas telas.

Hesperia Sevilla, av. Eduardo Dato 49, ✉ 41018, ☎ 95 454 83 00, *hotel@hesperia-sevilla.com, Fax 95 453 23 42,* – – 25/500. FR a

Comida *(cerrado agosto y domingo)* carta 29 a 36 – 13 – **242 hab** 180/228 – 2 suites.

◆ En importante zona comercial y residencial. Su estimada línea actual alberga una cálida zona social, moderna sala de reuniones, y unas habitaciones de completo equipamiento. En su comedor, renovado y bien decorado, ofrecen una carta de tendencia tradicional.

Inglaterra, pl. Nueva 7, ✉ 41001, ☎ 95 422 49 70, *hotin@hotelinglaterra.es, Fax 95 456 13 36* – hab, – 25/120. rest AX r

Comida 30 – 12 – **94 hab** 148/185.

◆ Hotel con solera y tradición, de mobiliario clásico y habitaciones cálidas, enteladas cada una de ellas en tonos diferentes. Disfrute de las ventajas de su céntrica ubicación. Restaurante de suave decoración y gran intimismo, con agradables vistas a la plaza.

Las Casas del Rey de Baeza, Santiago (pl. Jesús de la Redención 2), ✉ 41003, ☎ 95 456 14 96, *lascasasdelreydebaeza@hospes.es, Fax 95 456 14 41,* – CV s

Comida *(cerrado domingo mediodía y lunes)* carta aprox. 25 – 12 – **37 hab** 152/177 – 4 suites.

◆ En una antigua corrala del centro de la ciudad. Conjunto tradicional con habitaciones muy cuidadas y de excelente equipamiento, combinando el mobiliario en madera y forja.

Vincci La Rábida, Castelar 24, ✉ 41001, ☎ 95 450 12 80, *larabida@vinccihoteles.com, Fax 95 421 66 00* – – 25/70. rest AX b

Comida *(cerrado agosto)* 22 – 12 – **79 hab** 162/194 – 2 suites.

◆ Tranquilo y con elementos de gran lujo en un edificio histórico. Tanto las habitaciones como la zona noble cuidan su decoración, aunque lo más destacado es el patio central.

Casa Imperial sin rest, Imperial 29, ✉ 41003, ☎ 95 450 03 00, *info@casaimperial.com, Fax 95 450 03 30* – CX r

18 hab 230/250 – 8 suites.

◆ Antiguo palacio señorial del s. XVI cuidadosamente restaurado, con tres preciosos patios de estilo andaluz. Posee habitaciones decoradas con todo tipo de detalles.

AC Ciudad de Sevilla, av. Manuel Siurot 25, ✉ 41013, ☎ 95 423 05 05, *csevilla@ac-hotels.com, Fax 95 423 85 39,* – – 25/100 FS r

91 hab – 3 suites.

◆ Sorprendente eclecticismo entre una fachada señorial y un interior decididamente moderno y funcional. Habitaciones dotadas de mobiliario de calidad y baños en mármol.

NH Viapol, Balbino Marrón 9, ✉ 41018, ☎ 95 464 52 54, *nhviapol@nh-hotels.com, Fax 95 464 66 68* – hab, – 25/250.

Comida 18 – 12 – **90 hab** 121/143 – 6 suites. FR h

◆ Próximo al barrio de Santa Cruz. Clásico estilo NH, buenos materiales y un equipamiento perfecto. Organización profesional a cargo de un equipo joven y amable.

Vértice Sevilla, av. de la Aeronáutica, ✉ 41020, ☎ 95 447 58 47, *reservas.sevilla@verticehoteles.com, Fax 95 444 40 44,* – – 25/270. GR v

cerrado agosto y domingo – **Comida** carta 28 a 32 – 11,50 – **51 hab** 99/114 – 106 suites.

◆ Cercano al Palacio de Congresos y orientado a una clientela de ejecutivos. Ofrece salas de reunión muy bien equipadas y habitaciones de diseño actual, la mayoría con salón. Restaurante luminoso y de cuidado montaje.

NH Plaza de Armas, av. Marqués de Paradas, ✉ 41001, ☎ 95 490 19 92, *nhplazadearmas@nh-hotels.com, Fax 95 490 12 32,* – – 25/250 AV c

260 hab – 2 suites.

◆ En el centro de la ciudad. Edificio de nueva planta, moderno y actual, con una estética muy cuidada que apuesta por el diseño. Toda una referencia para estancias de negocio. Comedor alegre y funcional, con un vistoso panel figurado a modo de collage.

Bécquer, Reyes Católicos 4, ✉ 41001, ☎ 95 422 89 00, *becquer@hotelbecquer.com, Fax 95 421 44 00* – – 25/180. AX v

Comida 20 – 11 – **137 hab** 210 – 2 suites.

◆ Un clásico renovado con puntualidad. Las habitaciones gozan de buen confort, con los suelos en parquet y sus espaciosos aseos en mármol. Dispone de salones panelables.

AC Santa Justa, Luis Fuentes Bejarano 15, ✉ 41020, ☎ 95 426 06 90, *acsantajusta@ac-hotels.com, Fax 95 426 06 91,* – ▮ ▤ TV ☎ ♿ ⇔ P – 🏠 25/500. AE ◑ ◎ VISA JCB. ✻ GP c
Comida - sólo cena - carta aprox. 30 – ☕ 10 – **144 hab** 89.
◆ Diáfano hall y luminosos salones con acceso a un patio. Sus confortables habitaciones poseen mobiliario en tonos cerezo y aseos definidos por el mármol verde y el cristal.

Novotel Sevilla Marqués del Nervión, av. Eduardo Dato 71, ✉ 41005, ☎ 95 455 82 00, *h3210@accor-hotels.com, Fax 95 453 42 33,* – ▮, ⇔ hab, ▤ TV ☎ ♿ ⇔ – 🏠 25/160. AE ◑ ◎ VISA. ✻ rest FR g
Comida carta 19 a 28 – ☕ 14,50 – **169 hab** 120/130 – 2 suites.
◆ Instalaciones modernas, luminosas y funcionales, destacando el que todas sus habitaciones dispongan de cama de matrimonio y de un sofá-cama. Piscina panorámica en el ático.

Las Casas de los Mercaderes sin rest, Álvarez Quintero 9, ✉ 41004, ☎ 95 422 58 58, *mercaderes@intergrouphoteles.com, Fax 95 422 98 84* – ▮ ▤ TV ⇔. AE ◑ ◎ VISA. ✻ BX e
☕ 13 – **47 hab** 88/128.
◆ Antiguo edificio en pleno centro comercial, con un agradable patio cubierto y habitaciones de adecuado equipamiento. A destacar las de la 1ª planta por su amplitud.

Doña María sin rest, Don Remondo 19, ✉ 41004, ☎ 95 422 49 90, *reservas@hdmaria.com, Fax 95 421 95 46,* ≤, – ▮ ▤ TV. AE ◑ ◎ VISA. ✻ BX u
☕ 12 – **64 hab** 100/190.
◆ Estimado clasicismo y soberbia terraza volcada a la Giralda. Habitaciones señoriales en diferentes estilos, homenajeando, cada una de ellas, a una mujer famosa de Sevilla.

G.H. Lar, pl. Carmen Benítez 3, ✉ 41003, ☎ 95 441 03 61, *larhotel@vianwe.com, Fax 95 441 04 52* – ▮ ▤ TV ☎ ⇔ – 🏠 25/300. AE ◑ ◎ VISA JCB. ✻ CX f
Comida 19 – ☕ 7,90 – **129 hab** 86,50/120 – 8 suites.
◆ Aunque su decoración acusa el paso de los años, su confort sigue siendo de buen nivel y su mantenimiento correcto. Una funcionalidad clásica recorre todos sus rincones. Restaurante práctico y de notable amplitud.

Zenit Sevilla ⛭, Pagés del Corro 90, ✉ 41010, ☎ 95 434 74 34, *sevilla@zenithoteles.com, Fax 95 434 27 07* – ▮ ▤ TV ⇔ – 🏠 25/160. AE ◑ ◎ VISA. ✻ AY a
Comida carta 24 a 38 – ☕ 12 – **112 hab** 155/165 – 16 suites.
◆ Línea actual y mobiliario rústico. Suficiente zona social, habitaciones de carácter funcional, y tres salas de reuniones bien equipadas. Eficiente organización. Su coqueto restaurante de estilo clásico propone una interesante cocina.

Catalonia Emperador Trajano, José Laguillo 8, ✉ 41003, ☎ 95 441 11 11, *trajano@hoteles-catalonia.es, Fax 95 453 57 02* – ▮ ▤ TV ⇔ – 🏠 25/150. AE ◑ ◎ VISA. ✻ CV a
Comida carta aprox. 30 – ☕ 10 – **76 hab** 99/109.
◆ Su nombre rinde tributo al célebre emperador romano nacido en Sevilla. Funcionalidad, buen equipamiento y confortabilidad velan por su bienestar en sus cómodas habitaciones.

Catalonia Giralda, Sierra Nevada 3, ✉ 41003, ☎ 95 441 66 61, *giralda@hoteles-catalonia.es, Fax 95 441 93 52* – ▮ ▤ TV – 🏠 25/250. AE ◑ ◎ VISA. ✻ CX e
Comida carta aprox. 30 – ☕ 10 – **110 hab** 99/109.
◆ Céntrico establecimiento de línea actual y prácticas habitaciones, con los detalles que su descanso requiere. Conferencias y seminarios encuentran aquí su marco ideal.

Monte Triana sin rest con cafetería, Clara de Jesús Montero 24, ✉ 41010, ☎ 95 408 50 00, *hmtreservas@hotelesmonte.com, Fax 95 433 89 07* – ▮, ⇔ hab, ▤ TV ☎ ⇔ – 🏠 25/40. AE ◑ ◎ VISA. ✻ ER a
☕ 8,80 – **117 hab** 107/117.
◆ Una buena opción en el popular barrio de Triana. Posee una zona noble de cuidada sobriedad y habitaciones funcionales, con mobiliario clásico renovado y los suelos en parquet.

Monte Carmelo sin rest con cafetería, Virgen de la Victoria 7, ✉ 41011, ☎ 95 427 90 00, *montecarmelo@hotelesmonte.com, Fax 95 427 10 04* – ▮, ⇔ hab, ▤ TV ☎ ⇔ – 🏠 25/35. AE ◑ ◎ VISA. ✻ FR f
☕ 8,50 – **68 hab** 107/117.
◆ En una zona tranquila del barrio de Los Remedios. El conjunto se ha renovado poco a poco, incorporando a sus confortables habitaciones los últimos avances tecnológicos.

Rey Alfonso X sin rest, Ximénez de Enciso 35, ✉ 41004, ☎ 95 421 73 07, *reservas@reyalfonsox.com, Fax 95 422 02 46* – ▮ ▤ TV ⇔. AE ◑ ◎ VISA JCB. ✻ CX x
☕ 13 – **35 hab** 139/155.
◆ De construcción moderna, en marcado contraste con el tipismo de la zona. Las habitaciones son amplias, clásicas y muy luminosas, aunque resultan algo frías en su decoración.

Fernando III, San José 21, ✉ 41004, ☎ 95 421 77 08, *reservas@fernando3.com, Fax 95 422 02 46,* – ▮ ▤ TV ♿ ⇔ – 🏠 25/250. AE ◑ ◎ VISA JCB. ✻ CX z
Comida 18 – ☕ 13 – **154 hab** 198/220 – 1 suite.
◆ Hotel de línea clásica en el barrio de Santa Cruz. Ha renovado las habitaciones, que cuentan con baños actuales y mobiliario restaurado. Destacables vistas desde su terraza.

ESPAÑA

Alcázar sin rest, Menéndez Pelayo 10, ✉ 41004, ☎ 95 441 20 11, *reservas@hotelalcazar.com, Fax 95 442 16 59* – CY u
93 hab ☕ 134/166.
◆ Ha mejorado en todas sus dependencias, logrando un confort mucho más actual. Destacan las habitaciones con terraza del último piso por sus vistas a los Reales Alcázares.

Puerta de Triana sin rest, Reyes Católicos 5, ✉ 41001, ☎ 95 421 54 04, *reservashotel@hotelpuertadetriana.com, Fax 95 421 54 01* – AE VISA JCB. AX t
65 hab ☕ 65/85.
◆ Salón social y recepción con empaque y, aunque sus habitaciones resultan menos vistosas que el resto del hotel, su elegante clasicismo define un entorno decididamente cálido.

Casona de San Andrés sin rest, Daoíz 7, ✉ 41003, ☎ 95 491 52 53, *info@casonadesanandres.com, Fax 95 491 57 65* – VISA. BV g
25 hab ☕ 50/90.
◆ Ocupa un edificio del s. XIX con dos patios interiores, a los que dan muchas de sus habitaciones. En su coqueta decoración se han conservado rejerías y vidrieras antiguas.

Adriano sin rest, Adriano 12, ✉ 41001, ☎ 95 429 38 00, *info@adrianohotel.com, Fax 95 422 89 46* – 25. VISA AX d
☕ 3,60 – **34 hab** 104/130.
◆ En su espacioso hall de entrada se encuentran la recepción y la cafetería. Las habitaciones están bien equipadas, con una decoración sobria pero de calidad. Azotea-solárium.

Patio de la Cartuja sin rest, Lumbreras 8-10, ✉ 41002, ☎ 95 490 02 00, *informacionalcliente@patiosdesevilla.com, Fax 95 490 20 56* – AE VISA. FR x
☕ 5 – **34 apartamentos** 66/93 – 3 hab.
◆ Situado en lo que era una antigua corrala, con todas las habitaciones dando a un patio recorrido por galerías abierta. Ofrece apartamentos con salón, amplios y funcionales.

Amadeus Sevilla sin rest, Farnesio 6, ✉ 41004, ☎ 95 450 14 43, *reservas@hotelamadeussevilla.com, Fax 95 450 00 19* – VISA. CX c
☕ 7 – **14 hab** 63/90.
◆ Hermosa casa transformada en hotel temático, con la música clásica como la clave de su filosofía. Posee habitaciones personalizadas e insonorizadas, varias de ellas con piano.

Patio de la Alameda sin rest y sin ☕, Alameda de Hércules 56, ✉ 41002, ☎ 95 490 49 99, *informacionalcliente@patiosdesevilla.com, Fax 95 490 02 26* – AE VISA. FR x
22 apartamentos 66/93.
◆ Con las ventajas y comodidades de un aparthotel. Cuidadas habitaciones de notable amplitud, cocina equipada, y una pequeña zona noble en un patio interior con luz natural.

Montecarlo, Gravina 51, ✉ 41001, ☎ 95 421 75 03, *hotel@hotelmontecarlosevilla.com, Fax 95 421 68 25* – AE VISA. AX e
Comida 16,95 – ☕ 7 – **49 hab** 60/90.
◆ Dos edificios con dos patios centrales y una recepción común. Posee habitaciones de distinto confort, siendo las del anexo más actuales que las de la parte antigua.

Maestranza-Centro sin rest y sin ☕, Gamazo 12, ✉ 41001, ☎ 95 456 10 70, *sevilla@hotel-maestranza.com, Fax 95 421 44 04* – VISA. BX s
18 hab 49/87.
◆ Establecimiento edificado sobre una típica casa sevillana, que ha sido restaurada y acondicionada para su bienestar. Habitaciones prácticas y patio regional a modo de hall.

Don Pedro sin rest, Gerona 24, ✉ 41003, ☎ 954 29 33 33, *reservas@hoteldonpedro.net, Fax 954 21 11 66* – AE VISA. CV d
20 hab ☕ 57/77.
◆ Ocupa un antiguo palacete restaurado del s. XVIII, con un hermoso patio central donde se ubica la recepción y la zona social. Habitaciones confortables y muy luminosas.

La Casa del Maestro sin rest, Almudena 5, ✉ 41003, ☎ 95 450 00 07, *reservas@lacasadelmaestro.com, Fax 95 450 00 06* – AE VISA JCB CV b
cerrado agosto – **11 hab** ☕ 111/138.
◆ Pequeña casa de vecinos transformada en hotel, donde nació y creció el famoso guitarrista flamenco Niño Ricardo. Posee habitaciones personalizadas y de mimada decoración.

Reyes Católicos sin rest y sin ☕, Gravina 57, ✉ 41001, ☎ 95 421 12 00, *hotel@hotelreyescatolicos.info, Fax 95 421 63 12* – AE VISA. AX z
29 hab 60/90.
◆ Descubra el encanto de este hotelito. Ambiente cálido y una organización sencilla pero eficiente. Habitaciones bien equipadas con baños completos.

Ibis Sevilla sin rest, Aviación - Pol. Ind. Calonge, ✉ 41007, ☎ 95 436 18 39, *H3207-gm@accor-hotels.com, Fax 95 436 18 39* – AE VISA GP b
☕ 6 – **70 hab** 90.
◆ Cumple con las características de funcionalidad propias de la cadena Ibis, ofreciendo habitaciones sencillas y baños reducidos, tipo plato ducha. Planta para no fumadores.

XXX **Egaña Oriza,** San Fernando 41, ✉ 41004, ☎ 95 422 72 54, *reservas@restauranteoriza.es, Fax 95 450 27 27* – ▤. AE ⓓ ⓜ VISA. ✂ CY y
cerrado agosto, sábado mediodía y domingo – **Comida** carta 45 a 55.
◆ Junto a la antigua muralla de la ciudad. Goza de una cocina acreditada y de un luminoso comedor, estilo jardín de invierno, con los suelos en madera. Clientela elegante.

XXX **Taberna del Alabardero** con hab, Zaragoza 20, ✉ 41001, ☎ 95 450 27 21, *rest.alabardero@esh.es, Fax 95 456 36 66* – ▮ ▤ TV. AE ⓓ ⓜ VISA JCB. ✂ AX n
cerrado agosto – **Comida** carta aprox. 47 – **7 hab** 118/145.
◆ ¡No se lo pierda ! Marco bellísimo y una excelente cocina en una casa-palacio rehabilitada, en la que impera un exquisito gusto decorativo. Servicio de mesa de gran nivel.

XXX **El Burladero** - *Hotel Melia Colón*, Canalejas 1, ✉ 41001, ☎ 95 450 55 99, *melia.colon@solmelia.com, Fax 95 422 09 38* – ▤. AE ⓓ ⓜ VISA JCB. ✂ AX a
cerrado 15 junio-agosto – **Comida** carta 36 a 49.
◆ Restaurante con identidad propia y numerosos detalles taurinos en la decoración. Posee una pequeña tasca a la entrada y un comedor, ofreciendo cocina tradicional actualizada.

XXX **La Dehesa** - *Hotel Meliá Lebreros*, Luis Morales 2, ✉ 41018, ☎ 95 457 62 04, *melia.lebreros@solmelia.com, Fax 95 458 23 09* – ▤. AE ⓓ ⓜ VISA. ✂ FR v
Comida - carnes a la brasa - carta 33 a 42.
◆ Posee decoración típica andaluza y un clima acogedor, con techos en madera, paredes blancas y una bodeguita anexa para el tapeo. Especializado en carnes a la brasa.

XXX **Marea Grande,** Diego Angulo Íñiguez 16 - edificio Alcázar, ✉ 41018, ☎ 95 453 80 00, *Fax 95 453 80 00* – ▤. AE ⓓ ⓜ VISA. ✂ FR r
cerrado 2ª quincena de agosto y domingo – **Comida** - pescados y mariscos - carta 33 a 40.
◆ Bar de entrada para tapear seguido de un confortable comedor, donde sirven una interesante oferta culinaria. Mobiliario elegante y un servicio de mesa que da la talla.

XX **Al-Mutamid,** Alfonso XI-1, ✉ 41005, ☎ 95 492 55 04, *modesto@andalunet.com, Fax 95 492 25 02* – ▤. AE ⓓ ⓜ VISA. ✂ FR w
cerrado 15 días en agosto – **Comida** carta 31 a 38.
◆ Edificio de tres alturas con un bar de tapeo a la entrada, un comedor clásico en el 1er piso y varios privados en la 2ª planta. Interesante bodega para grupos en el sótano.

XX **La Albahaca,** pl. Santa Cruz 12, ✉ 41004, ☎ 95 422 07 14, *la-albahaca@terra.es, Fax 95 456 12 04*, 🏵 – ▤. AE ⓓ ⓜ VISA JCB. ✂ CX t
cerrado domingo – **Comida** carta 33 a 42.
◆ Sabores de la tierra definen su cocina. Antigua casa señorial situada en el casco viejo de la ciudad, con bar de apoyo y tres salas dotadas de estimado mobiliario.

XX **Poncio,** Victoria 8, ✉ 41010, ☎ 95 434 00 10, *reservas@ponciorestaurantes.com, Fax 95 433 41 43* – ▤. AE ⓓ ⓜ VISA. ✂ AY v
cerrado domingo y festivos – **Comida** carta 31 a 36.
◆ Cálido marco en el que conviven elementos rústicos, detalles de diseño y pinturas de vanguardia, con guiños decorativos a la tradición taurina y andaluza. Cocina de autor.

XX **San Fernando 27,** San Fernando 27, ✉ 41004, ☎ 95 422 09 66, *Fax 95 422 09 66*, 🏵 – ▤. AE ⓓ ⓜ VISA. ✂ BY a
cerrado agosto y domingo – **Comida** carta aprox. 35.
◆ Restaurante ubicado frente a la Universidad. Su moderno interior con decoración de diseño crea una atmósfera propicia para degustar una cocina creativa de base regional.

XX **El Asador de Aranda,** Luis Montoto 150, ✉ 41005, ☎ 95 457 81 41, *Fax 95 457 81 41*, 🏵 – ▤ P. AE ⓓ ⓜ VISA. ✂ FR b
cerrado agosto y domingo noche – **Comida** - cordero asado - carta 22 a 27.
◆ En un palacete bien acondicionado en estilo castellano antiguo, con algunos guiños a la tradición local. Saber hacer, buenas costumbres y los sabores de toda la vida.

XX **Az-Zait,** pl. San Lorenzo 1, ✉ 41002, ☎ 95 490 64 75, *Fax 95 490 65 15* – ▤. AE ⓓ ⓜ VISA. ✂ FR d
cerrado agosto y domingo noche – **Comida** carta 25 a 30.
◆ Bien llevado por su chef-propietario. El conjunto goza de cierto estilo andaluz, repartiéndose por diferentes estancias y destacando por su cuidadísimo servicio de mesa.

XX **La Isla,** Arfe 25, ✉ 41001, ☎ 95 421 26 31, *laisla@restaurantelaisla.com, Fax 95 456 22 19* – ▤. AE ⓓ ⓜ VISA. ✂ BX a
cerrado agosto – **Comida** carta 39 a 45.
◆ Entrada por pequeño bar con expositor de productos. Cuidada instalación y gran experiencia en el tratamiento de los pescados. Profesionalidad y agradable ambiente.

XX **El Crujiente,** San Hermenegildo 42, ✉ 41003, ☎ 95 441 79 26, *elcrujiente@yahoo.es* – ▤. ⓓ ⓜ VISA. ✂ FR j
cerrado 15 días en agosto, domingo noche y lunes – **Comida** carta 24 a 32.
◆ Llevado por un chef con ideas nuevas y ganas de sorprender. Posee una barra de apoyo, cocina semivista y una sala diáfana, con mobiliario de diseño en madera de pino y metal.

ESPAÑA

XX **Jaylu,** López de Gomara 19, ✉ 41010, ✆ 95 433 94 76, *Fax 95 415 54 57* – ▤. AE ⓓ ⓜⓒ VISA. ✗ ER b
cerrado agosto y domingo – **Comida** carta aprox. 60.
◆ Dispone de un bar a la entrada donde sirven tapas y raciones. El comedor goza de un buen servicio de mesa y una decoración de cierta elegancia definida por los tonos claros.

XX **Pleamar,** Gustavo Bacarisas 1, ✉ 41010, ✆ 95 427 79 80, *pleamar@supercable.es, Fax 95 445 01 80* – ▤. AE ⓓ ⓜⓒ VISA. ✗ AY z
cerrado del 15 al 31 de agosto y domingo noche – **Comida** - pescados y mariscos - carta 25 a 36.
◆ Negocio de organización seria y profesional. Su comedor clásico presenta una estética algo desfasada, aunque ofrecen una carta con productos del mar de gran calidad.

XX **Casa Robles,** Álvarez Quintero 58, ✉ 41004, ✆ 95 456 32 72, *info@roblesrestaurantes.com, Fax 95 456 44 79,* ☂ – ▤. AE ⓓ ⓜⓒ VISA JCB. ✗ BX c
Comida carta 25 a 35.
◆ Casa muy turística y con gran tipismo decorativo. Bar y terraza seguidos de un comedor clásico, mientras el resto de salas se reparten entre el piso superior y los anexos.

X **El Espigón,** Bogotá 1, ✉ 41013, ✆ 95 462 68 51, *cadenaespigon@terra.es, Fax 95 423 53 40* – ▤. AE ⓓ ⓜⓒ VISA. ✗ FR c
cerrado domingo – **Comida** - pescados y mariscos - carta 29 a 38.
◆ Frecuentado por gente de negocios. Sabor marinero en el bar de la entrada, y tres salas bien montadas con servicio a la carta. Especial protagonismo de pescados y mariscos.

X **El Espigón II,** Felipe II-28, ✉ 41013, ✆ 95 423 49 24, *cadenaespigon@terra.es, Fax 95 423 53 40* – ▤. AE ⓓ ⓜⓒ VISA. ✗ FR t
cerrado agosto y lunes – **Comida** - pescados y mariscos - carta 29 a 38.
◆ Con el mismo estilo, decoración y espíritu que su homólogo. Goza de un mantenimiento y mobiliario muy correctos en su categoría. Clientela de cierto nivel.

X **Becerrita,** Recaredo 9, ✉ 41003, ✆ 95 441 20 57, *restaurante@becerrita.com, Fax 95 453 37 27* – ▤. AE ⓓ ⓜⓒ VISA JCB. ✗ CX a
cerrado 15 días en agosto y domingo noche – **Comida** carta 29 a 39.
◆ Con todo el encanto y sabor de un negocio familiar. Pequeño bar de tapas a la entrada y dos salas bien acondicionadas, donde sirven sabrosas especialidades regionales.

X **Eslava,** Eslava 3, ✉ 41002, ✆ 95 490 65 68 – ▤. AE ⓓ ⓜⓒ VISA. ✗ FR d
cerrado agosto y lunes – **Comida** carta aprox. 28.
◆ Restaurante de ambiente familiar que empieza a ser todo un referente de la cocina regional. Posee un bar de gran aceptación por sus tapas y raciones, con clientela habitual.

X **Horacio,** Antonia Díaz 9, ✉ 41001, ✆ 95 422 53 85, *horacio@andalunet.com, Fax 95 421 79 27* – ▤. AE ⓓ ⓜⓒ VISA. ✗ AX c
cerrado del 15 al 31 de agosto y domingo de julio-15 agosto – **Comida** carta 20 a 31.
◆ Un establecimiento sencillo y de carácter familiar, con bar público a la entrada y dos salas con mobiliario de mimbre, montadas a distinto nivel. Cuidadas instalaciones.

Y/ **El Rinconcillo,** Gerona 40, ✉ 41003, ✆ 95 422 31 83, *elrinconcillo1670@elrinconcillo1670.e.telefonica.net* – ▤. AE ⓓ ⓜⓒ VISA. ✗ CV w
cerrado 17 julio-9 agosto – **Tapa** 1,65 **Ración** aprox. 4.
◆ Negocio de gran trayectoria profesional, instalado en la taberna más antigua de la ciudad. Marco grato y decoración regional, con unos productos elaborados en estilo casero.

Y/ **Mesón Cinco Jotas,** Albareda 15, ✉ 41001, ✆ 954 21 05 21, *m5jalbareda@osborne.es, Fax 954 56 41 44* – ▤. AE ⓓ ⓜⓒ VISA. ✗ BX t
Tapa 2 **Ración** - espec. en ibéricos - aprox. 9.
◆ Céntrico establecimiento dotado de una barra amplia, generosa y bien surtida, con mesas contiguas. Cuenta también con un pequeño comedor en la entreplanta.

Y/ **José Luis,** pl. de Cuba 3, ✉ 41011, ✆ 95 427 20 17, *joseluis@nexo.es, Fax 95 427 64 80,* ☂ – ▤. AE ⓓ ⓜⓒ VISA. ✗ AY e
Tapa 1,40 **Ración** aprox. 10.
◆ Un clásico establecimiento de la cadena José Luis. Disfrute de la variedad de sus tapas y raciones o, si lo desea, de la carta servida en el comedor.

Y/ **Robles Placentines,** Placentines 2, ✉ 41004, ✆ 95 421 31 62, *info@roblesrestaurantes.com, Fax 95 456 44 79,* ☂ – ▤. AE ⓓ ⓜⓒ VISA JCB. ✗ BX v
Tapa 2,10 **Ración** aprox. 12,95.
◆ Bar tipo mesón, con profusión de maderas y una atractiva decoración que gira en torno al tema de la fiesta taurina. Dispone de una nutrida y sugerente carta de tapas.

Y/ **Modesto,** Cano y Cueto 5, ✉ 41004, ✆ 95 441 68 11, *modesto@andalunet.com, Fax 95 492 25 02,* ☂ – ▤. AE ⓓ ⓜⓒ VISA JCB. ✗ CX h
Tapa 2 **Ración** - pescados y mariscos - aprox. 10,50.
◆ Local situado en el barrio de Santa Cruz, con tapas y raciones especializadas en pescados y mariscos. Agradable terraza, buen bar público y correcto comedor en el 1er piso.

España, San Fernando 41, ✉ 41004, ℘ 95 422 72 11, *reservas@restauranteoriza.es, Fax 95 450 27 27,* – AE VISA. CY y
cerrado agosto y domingo noche – **Tapa** 2,10 **Ración** aprox. 9.
◆ Servicio de tapeo en el bar del restaurante Egaña Oriza. Barra espaciosa con gran surtido de productos. Ambiente ameno y una grata terraza junto a la antigua muralla.

Bodeguita Romero, Harinas 10, ✉ 41001, ℘ 95 421 41 78, *sabenye@hotmail.com* – AE VISA. BX k
cerrado agosto y lunes salvo festivos – **Tapa** 1,80 **Ración** aprox. 21.
◆ Casa muy consolidada y afamada, donde una barra amplia y surtida deleita los sentidos. Organización seria y animado ambiente, en un marco cuidado con esmero.

O'Tapas Albahaca, Pagés del Corro 119, ✉ 41010, ℘ 95 427 41 63, *Fax 95 427 41 63,* – AE VISA. AY t
cerrado del 14 al 31 de agosto y domingo – **Tapa** 2 **Ración** aprox. 7,50.
◆ Lugar de encuentro en el encantador barrio de Triana. Bar a la entrada y una amplia sala de ambiente acogedor, donde podrá saborear pinchos y raciones. Curiosa carta de vinos.

Casa La Viuda, Albareda 2, ✉ 41001, ℘ 95 421 54 20, *hostelse@eresmas.com, Fax 95 422 38 00,* – VISA. BX x
cerrado domingo en julio y agosto – **Tapa** 1,65 **Ración** aprox. 7,50.
◆ Un céntrico establecimiento con todo el calor de los bares de tapas. Buen hacer y gran variedad de elaboraciones. Amables tertulias en un entorno joven y animado.

Mesón Cinco Jotas, Castelar 1, ✉ 41001, ℘ 954 21 07 63, *Fax 95 421 27 86,* – AE VISA. BX z
Tapa 2 **Ración** - espec. en ibéricos - aprox. 9.
◆ Disfrute del sabroso tapeo en este local, con amplia barra, agradable terraza y un comedor contiguo donde podrá comer o degustar una nutrida selección de productos ibéricos.

en Bellavista *por av. de Jerez FS : 5,5 km :*

Doña Carmela, av. de Jerez 14, ✉ 41014 Sevilla, ℘ 95 469 29 03, *dcarmela@dcarmela.com, Fax 95 469 34 37* – – 25/50. AE VISA JCB.
Comida 12 – 6 – **58 hab** 67,50/84 – 1 suite.
◆ Un clasicismo actualizado define un entorno confortable. Área social suficiente y habitaciones funcionales, con mobiliario adecuado, suelos en mármol y baños bien equipados. Comedor de sencillo montaje en un ambiente distendido y familiar.

SIERRA BLANCA *Málaga – ver Ojén.*

SIERRA DE CAZORLA *Jaén – ver Cazorla.*

SIERRA DE URBIÓN ★★ *Soria* 575 F y G 21 – *alt. 2228.*

Ver : *Laguna Negra de Urbión★★ (carretera★★) – Laguna Negra de Neila★★ (carretera★★).*
Hoteles y restaurantes ver : **Soria.**

SIERRA NEVADA *18196 Granada* 578 U 19 – *alt. 2080 – Deportes de invierno 18 2.*

Madrid 461 – Granada 31.

Meliá Sierra Nevada, pl. Pradollano ℘ 958 48 04 00, *melia.sierra.nevada@solmelia.com, Fax 958 48 04 58,* ←, – – 25/250. AE VISA JCB.
diciembre-abril – **Comida** - sólo cena - 28 – 14 – **217 hab** 148/188 – 4 suites.
◆ Goza de una inmejorable ubicación en el centro de la estación de Sierra Nevada. De su interior destacan los baños en mármol y los amplios salones de la zona noble. Restaurante con servicio de buffet, menú y exquisitas especialidades a la carta.

Kenia Nevada, Virgen de las Nieves 6 ℘ 958 48 09 11, *kenianevada@arrakis.es, Fax 958 48 08 07,* ←, – – 25/90. AE VISA.
Comida - sólo buffet - 24,50 – 12 – **66 hab** 78,70/140 – 1 suite.
◆ La madera y la piedra dibujan su armonioso estilo alpino. Deléitese con la belleza de la sierra, y disfrute de un tranquilo descanso en sus confortables instalaciones. Su restaurante le propone un interesante buffet.

Meliá Sol y Nieve, pl. Pradollano ℘ 958 48 03 00, *Fax 958 48 08 54,* ←, – . AE VISA.
noviembre-mayo – **Comida** - sólo cena buffet - 28 – 14 – **177 hab** 146/188.
◆ Ubicado en el corazón de Sierra Nevada. Posee habitaciones sencillas, mobiliario funcional y una zona noble de buen equipamiento. Organización a la altura. Comedor con un completo servicio de buffet.

ESPAÑA

Nevasur, Virgen de las Nieves 17 ☎ 958 48 03 50, *Fax 958 48 03 65*, ← Sierra Nevada y valle – |‡| TV. ⓓ ⓜ VISA. ✻ rest
Comida - sólo buffet - 15 – **65 hab** ☕ 80/125.
◆ Disfrute de una cálida estancia en este pequeño hotel, donde comodidad y descanso se ponen a su servicio. Posee habitaciones de correcto confort y un salón acristalado. Adecuado comedor con buffet frío y caliente.

XXX Ruta del Veleta Sierra Nevada, edificio Europa ☎ 958 48 12 01, *rutadelveleta@granada.net, Fax 958 48 62 93* – ▤
◆ El estilo nórdico y la arquitectura típica se dan cita en este atractivo restaurante, dotado de numerosos salones. Su cocina rinde homenaje a los platos autóctonos.

SIETE AGUAS *46392 València* 577 *N 27 – 1 126 h alt. 700.*

Madrid 304 – València 53.

junto a la autovía A3 *Sureste : 5,5 km :*

X **Venta L'Home,** salida 306 dirección València y 311 dirección Madrid, ✉ 46360 apartado 32 Buñol, ☎ 96 250 35 15, ☂, ⛲ – ▤ P. AE ⓓ ⓜ VISA
Comida - espec. en carnes - carta 29 a 39.
◆ Casa de postas del S. XVII con una decoración rústica de singular atractivo y encanto. Dispone de varios comedores, destacando el instalado en una antigua chimenea cónica.

SIETE IGLESIAS DE TRABANCOS *47511 Valladolid* 575 *H 14 – 641 h alt. 726.*

Madrid 184 – Salamanca 65 – Valladolid 54 – Zamora 68.

Los Toreros del Trabancos, autovía A 62 - km 177 ☎ 983 81 71 05, *trabancos@hotellostoreros.com, Fax 983 81 71 06* – |‡| ▤ TV ♿ P. AE ⓓ ⓜ VISA. ✻
Comida 11,10 – ☕ 3,20 – **40 hab** 32,10/57.
◆ Hotel de nueva construcción que pone a su disposición unas habitaciones con mobiliario estándar y baños actuales, algunas con hidromasaje. Discreta zona social. Restaurante de sencillo montaje donde ofrecen una cocina de sabor tradicional.

SIGÜENZA *19250 Guadalajara* 576 *I 22 – 5 426 h alt. 1 070.*

Ver : Catedral★★ (Interior : puerta capilla de la Anunciación★, conjunto escultórico del crucero★★, techo de la sacristía★, cúpula de la capilla de las Reliquias★, púlpitos presbiterio★, crucifijo capilla girola★ - Capilla del Doncel : sepulcro del Doncel★★).

B Ermita del Humilladero ☎ 949 34 70 07 siguenza@siguenza.com Fax 949 34 70 08.

Madrid 129 – Guadalajara 73 – Soria 96 – Zaragoza 191.

Parador de Sigüenza ⛰, ☎ 949 39 01 00, *siguenza@parador.es, Fax 949 39 13 64*, Fø – |‡| ▤ TV ☏ P – 🏛 25/200. AE ⓓ ⓜ VISA JCB. ✻
Comida 27 – ☕ 11 – **79 hab** 104/130 – 2 suites.
◆ Instalado en un castillo medieval cuyas murallas testimonian un pasado colmado de historia. Bellas estancias con decoración de época y numerosas comodidades actuales. En su hermoso salón-comedor podrá degustar los platos más típicos.

El Doncel, paseo de la Alameda 3 ☎ 949 39 00 01, *hostaldoncel@futurnet.es, Fax 949 39 10 90* – ▤ rest, TV. AE ⓓ ⓜ VISA. ✻
cerrado del 15 al 30 de noviembre – **Comida** *(cerrado domingo noche y lunes salvo julio-agosto)* carta aprox. 36 – ☕ 4,81 – **18 hab** 33/56.
◆ Pequeño hotel familiar, emplazado en el centro de la localidad. Ofrece un buen mantenimiento en sus habitaciones de estilo clásico, todas con cuartos de baño actuales. Sencillo comedor donde sirven platos regionales.

El Motor, av. Juan Carlos I-2 ☎ 949 39 08 27, *elmotor@hostalelmotor.com, Fax 949 39 00 07* – ▤ TV P. AE ⓜ VISA. ✻
Comida *(cerrado del 1 al 15 de marzo y domingo noche)* 12 – ☕ 5 – **18 hab** 36/45.
◆ Dotado de habitaciones un tanto sobrias, aunque de suficiente confort. Organización familiar correcta y entrada por bar público.

Laberinto, Alameda 1 ☎ 949 39 11 65, *laberintohotel@turismosngu.com* – |‡| TV. ⓜ VISA. ✻
Comida 10 – ☕ 4 – **14 hab** 42/48.
◆ De modesta organización y reciente construcción, posee unas habitaciones muy discretas, equipadas con materiales estándar, algunas con plato ducha en sus baños.

XX **Calle Mayor,** Mayor 21 ☎ 949 39 17 48, *Fax 949 39 38 15* – ▤. AE ⓓ ⓜ VISA. ✻
cerrado Navidades, domingo noche y lunes salvo verano – **Comida** carta 23 a 27.
◆ Paredes de piedra y estilo neorrústico en una sala de buen montaje, donde degustar una correcta cocina elaborada con productos de calidad. Bien llevado por los empleados.

en Alcuneza *Noreste : 6 km :*

El Molino de Alcuneza, ✉ 19264 Alcuneza, ☎ 949 39 15 01, *molinoal@teleline.es, Fax 949 34 70 04,* – TV P. AE MC VISA.
cerrado 7 días en agosto y domingo – **Comida** - sólo cena, sólo clientes - 27,05 – 7,21 – **10 hab** 72,12/108,18.
◆ Antiguo molino de ambiente rústico acogedor. Ha sido restaurado con materiales de calidad y posee unas habitaciones de gran confort. Piscina con agua salada y comedor privado.

SILLEDA *36540 Pontevedra* 571 D 5 – *9619 h alt. 463.*
Madrid 574 – Chantada 50 – Lugo 84 – Ourense 73 – Pontevedra 63 – Santiago de Compostela 37.

Katiuska, Outeiro 52 ☎ 986 59 25 25, *info@hotelkatiuska.com, Fax 986 59 25 26,* – TV P – 25/700. AE MC VISA.
Comida 18 – **88 hab** 86/115.
◆ Magnífico hotel dotado de amplias instalaciones, con un buen hall, cafetería a un lado y piano-bar al otro. Posee habitaciones completas, con mobiliario y decoración modernos. Espléndido restaurante panorámico ubicado en la 5ª planta.

Ramos sin rest, San Isidro 24 ☎ 986 58 12 12, *Fax 986 58 02 83* – TV. AE MC VISA.
33 hab 20/30 – 2 apartamentos.
◆ Dispone de una pequeña recepción, un coqueto salón, y una moderna cafetería en dos niveles. Habitaciones funcionales de buen confort.

Ricardo, San Isidro 15 ☎ 986 58 08 77 – MC VISA.
Comida carta 25 a 30.
◆ Seria organización con los propietarios al frente, en sala y cocina. Posee un comedor independiente, amplio y de correcto montaje, y una cafetería con mesas para el menú.

SILS *17410 Girona* 574 G 38 122 G 6 – *2376 h alt. 75.*
Madrid 689 – Barcelona 76 – Girona/Gerona 27.

Hostal de la Granota, carret. N II - Este : 1,5 km ☎ 972 85 30 44, *Fax 972 85 32 44,* – P. AE MC VISA.
cerrado 10 julio-10 agosto, domingo noche y miércoles – **Comida** carta 19 a 27.
◆ Acogedor restaurante de ambiente típico catalán, instalado en una antigua casa de postas. Cuenta con una cuidada decoración de estilo rústico y mobiliario de buen nivel.

SIMANCAS *47130 Valladolid* 575 H 15 – *2031 h alt. 725.*
18 Entrepinos, carret. de Pesqueruela km 1,5 ☎ 983 59 05 11 Fax 983 59 07 65.
Madrid 197 – Ávila 117 – Salamanca 103 – Segovia 125 – Valladolid 11 – Zamora 85.

Las Moradas de Simancas, Luis Antonio Conde 3 ☎ 983 59 19 74, *lasmoradasdesimancas@hotmail.com, Fax 983 59 19 75,* – TV. MC VISA. rest
cerrado Navidades – **Comida** 18 – **9 hab** 75/100 – 1 apartamento.
◆ La zona social resulta algo justa, aunque sus habitaciones gozan de un moderno y completo equipamiento, con suelos en madera, mobiliario colonial y en algunos casos terraza. Restaurante de correcto montaje ubicado en el sótano.

SINEU *Illes Balears – ver Balears (Mallorca).*

SIRESA *22790 Huesca* 574 D 27.
Ver : *Iglesia de San Pedro★★ (retablos★).*
Madrid 483 – Huesca 100 – Jaca 50 – Pamplona 120.

Castillo d'Acher, La Virgen ☎ 974 37 53 13, *hotel@castillodacher.com, Fax 974 37 52 33* – P. AE MC VISA. rest
Comida 12 – 8 – **25 hab** 38/42.
◆ Recio edificio de sencilla organización familiar, emplazado en un hermoso pueblecito pirenaico. Posee una correcta zona social y habitaciones con mobiliario en pino. Amplio restaurante de modesto montaje.

SÍSAMO *15106 A Coruña* 571 C 3.
Madrid 640 – Carballo 3 – A Coruña 43 – Santiago de Compostela 46.

Pazo do Souto, Torre 1 ☎ 981 75 60 65, *reservas@pazodosouto.com, Fax 981 75 61 91* – TV P. AE MC VISA
Comida 12 – 5 – **11 hab** 48/78.
◆ En un antiguo pazo del s. XVII. Sus bellos exteriores se ven complementados con unas habitaciones confortables, y unos cálidos rincones en estilo rústico-regional.

SITGES *08870 Barcelona* 574 I 35 – *13 096 h – Playa.*
Ver : *Localidad*★★ - *Casc antic*★★ – *Museo del Cau Ferrat*★★ EZ – *Museo Maricel de Mar*★ EZ – *Casa Llopis*★ DY.
Terramar, ☎ *93 894 05 80 Fax 93 894 70 51* AX.
Sinia Morera 1 ☎ *93 894 42 51 info@sitgestur.com Fax 93 894 43 05.*
Madrid 597 ① – Barcelona *45* ② – *Lleida/Lérida 135* ① – *Tarragona 53* ③

San Sebastián Playa H. sin rest con cafetería, Port Alegre 53 ☎ 93 894 86 76, *hotelsansebastian@hotelsasebastian.com, Fax 93 894 04 30,* – – 25/120. AE VISA. CV e
12 – **48 hab** 160/180 – 3 suites.
◆ Situado frente al paseo marítimo. Sus luminosas dependencias cuentan con todo el equipamiento necesario para acoger tanto al cliente de negocios como al turista vacacional.

Antemare , av. Verge de Montserrat 48 ☎ 93 894 70 00, *antemare@antemare.com, Fax 93 894 63 01,* Servicios de talasoterapia, , – – 25/300. AE VISA. AX s
Comida 15 – **116 hab** 142/166.
◆ Distribuido en varios edificios comunicados. El principal, y a la vez el más anticuado, posee unas habitaciones que pretenden reformar, siendo el resto moderno y acogedor. Comedor ubicado junto a la piscina y con mobiliario en mimbre.

Sitges Park H., Jesús 16 ☎ 93 894 02 50, *direccion@sitgespark.e.telefonica.net, Fax 93 894 08 39,* – – 25/90. AE VISA JCB. EY z
15 marzo-noviembre – **Comida** - sólo clientes - 14,30 – 6,70 – **85 hab** 73/91,50.
◆ Ocupa parcialmente un edificio de época. Zona noble con detalles antiguos, habitaciones funcionales y un comedor para sus clientes. Una torre modernista preside el jardín.

SITGES

Balmins (Av.) . . . . **CV** 2
Camí dels Capellans (Av.) . . **BV** 3
Catalunya (Pl.) . . . . **BV** 4
Corts d'Arago . . . . **CV** 6
Les Costes (Carret. de) . . . **CV** 20
Doctor Benaprès (Pas. del) **AX** 7
E. Roig i Raventos (Av.) . . . **CV** 8
Enric Morera . . . . **AV** 9
Joan Maragall . . . . **BCV** 13
Joan R. Benaprès . . . . **BV** 14
Josep Carbonell i Gener . . **AX** 15
Josep V. Foix . . . . **AX** 18
Juan de la Cierva . . . . **AX** 19
Mare de Deu de Montserrat (Av.) . . . . **AX** 23
Mossèn Joan Llopis Pi . . **ABV** 24
Pompeu Fabra . . . . **CV** 25
Port Alegre . . . . **BV** 28
Prat de la Riba . . . . **AV** 29
Roig i Soler . . . . **AX** 30
Salvador Casacuberta (Av.) **AX** 33
Samuel Barrachina . . . . **BV** 34
Sant Honorat . . . . **CV** 42
Vidal Barraqurer . . . . **BV** 35

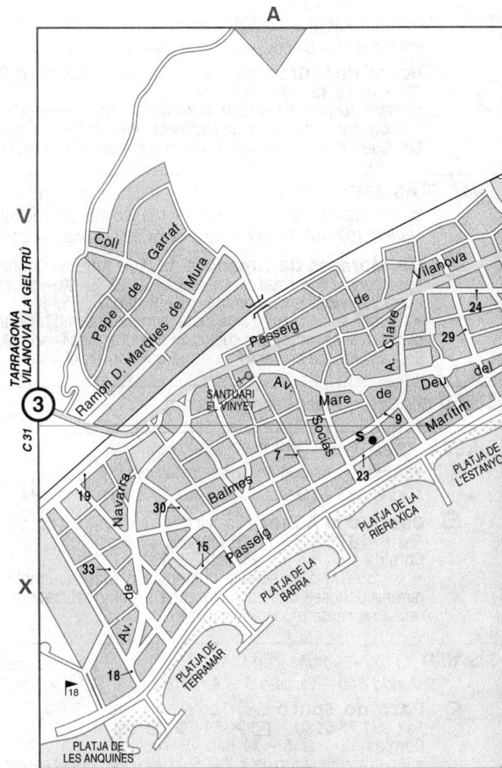

Celimar sin rest, passeig de la Ribera 20 ☎ 93 811 01 70, *hotelcelimar@turinet.net*, *Fax 93 811 04 03* – |‡| ▤ TV. AE ⓓ ⓜⓒ VISA. ✈ EZ a
27 hab ☕ 115/135.
◆ Se encuentra frente a la playa, con una agradable terraza-cafetería en el paseo. Las zonas comunes resultan algo reducidas y posee habitaciones funcionales pero vistosas.

La Santa María, passeig de la Ribera 52 ☎ 93 894 09 99, *info@lasantamaria.com*, *Fax 93 894 78 71*, 🏖 – |‡|, ▤ hab, TV P. AE ⓓ ⓜⓒ VISA. ✈ DZ f
cerrado 20 diciembre-12 enero – **Comida** 11 – **60 hab** ☕ 78/108.
◆ Hotel céntrico y familiar, cuya decoración rinde honores al descubrimiento de América. Habitaciones de dos tipos, destacando las de línea más moderna y funcional. Sencillo y amplio restaurante distribuido en una serie de salas con detalles rústicos.

La Pinta, passeig de la Ribera 58 ☎ 93 894 09 99, *info@lapinta.net*, *Fax 93 894 03 79*, 🏖 – |‡| ▤ TV. AE ⓓ ⓜⓒ VISA DZ t
cerrado 20 diciembre-12 enero – **Comida** 11,50 – **24 hab** ☕ 78/108.
◆ Hotel de organización familiar que posee unas habitaciones acogedoras y bien equipadas. Al tratarse de un edificio antiguo, algunas conservan sus techos altos. Restaurante de aire marinero, ambientado con restos de barcos y motivos alusivos al descubrimiento.

Galeón, Sant Francesc 46 ☎ 93 894 06 12, *Fax 93 894 63 35*, 🏊 – |‡| ▤ TV. ⓜⓒ VISA. ✈ DY u
mayo-octubre – **Comida** 12,50 – **47 hab** ☕ 62/86.
◆ Dotado de unas instalaciones algo anticuadas, aunque de suficiente confort. Las habitaciones del edificio anexo, con balcón y baños actuales, resultan de mayor nivel. Comedor alargado con unas sencillas lámparas en forja.

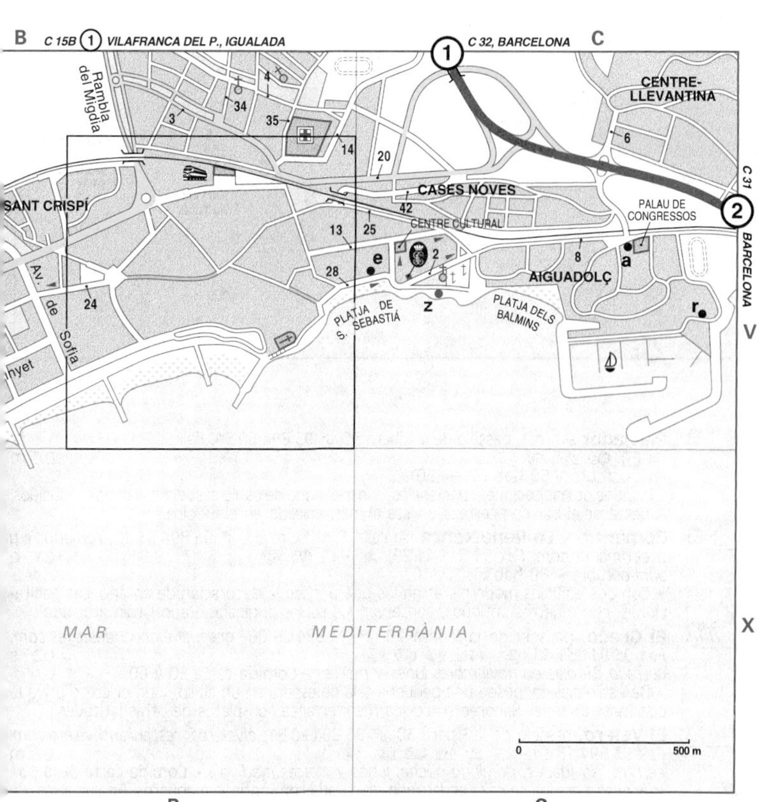

SITGES

Animes . . . . EY 3
Artur Carbonell (Av.) . . . . DY 6
Baluard (Pl.) . . . . EZ 7
Barcelona . . . . EZ 10
Camí dels Capellans (Av.) . . . . EY 12
Cap de la Vila (Pl.) . . . . EY
Devallada . . . . EZ 15
Eduard Maristany (Pl.) . . . . EY 16
Espanya (Pl.) . . . . DZ 20
Fonollar . . . . EZ 21
Francesc Gumà . . . . EY 23
Jesús . . . . EY
Major . . . . EZ
Marquès de Montroig . . . . . . DZ 30
Migdia (Rambla) . . . . DY 31
Mossèn Joan Llopis . . . . DZ 33
Parellades . . . . DZ
Sant Bartomeu . . . . DEY 39
Sant Francesc . . . . DY
Sant Gaudenci . . . . DEY 40
Sant Honorat . . . . EY 42
Vilafranca (Pas.) . . . . DY 47

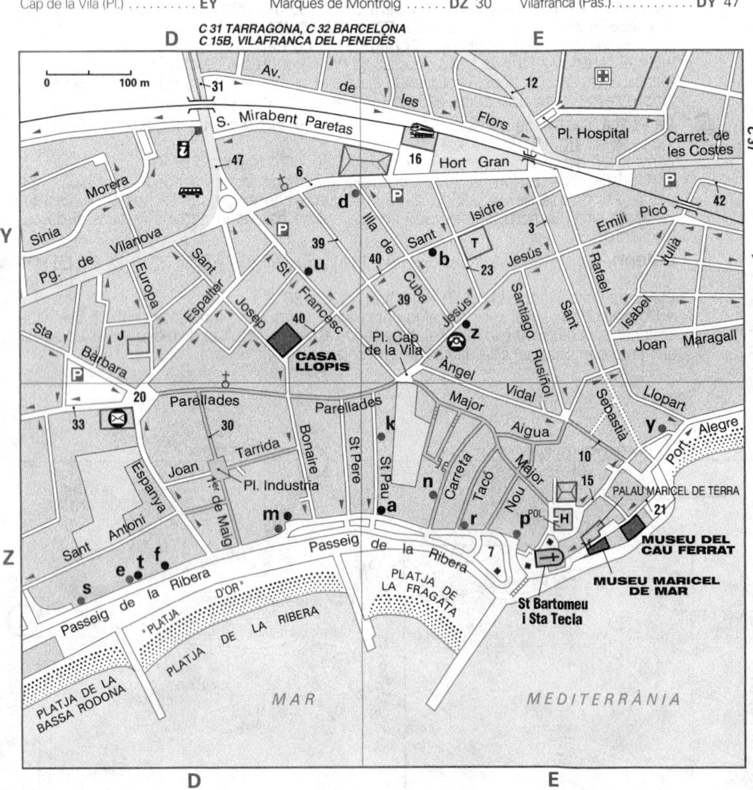

Platjador sin rest, passeig de la Ribera 35 ☎ 93 894 50 54, *Fax 93 811 03 84*, – ▮ ▤ TV. MC VISA. DZ m
abril-octubre – **59 hab** 69/94,50.
• Dispone de habitaciones funcionales, con mobiliario de estilo castellano y baños reducidos. A destacar el bar con terraza y vista al mar, ubicado en el 5º piso.

Romàntic y La Renaixença sin rest, Sant Isidre 33 ☎ 93 894 83 75, *romantic@hotelromantic.com*, *Fax 93 811 41 29*, – AE MC VISA EY b
abril-octubre – **69 hab** ☐ 72/107.
• Con dos edificios modernistas en los que pervive la decoración de antaño. Las habitaciones, con muebles antiguos, conservan los suelos originales. Patio-jardín arbolado.

El Greco, passeig de la Ribera 70 ☎ 93 894 29 06, *greco@elgrecodesitges.com*, *Fax 93 811 31 38*, – ▤. MC VISA DZ s
cerrado 15 días en noviembre, lunes y martes – **Comida** carta 50 a 60.
• De estilo clásico, posee una pequeña sala de espera en un altillo, y un discreto privado con mesa imperial. Saboree su cocina mediterránea con platos de otras latitudes.

El Velero, passeig de la Ribera 38 ☎ 93 894 20 51, *elvelero@restaurantevelero.com*, *Fax 93 894 15 14* – ▤. AE MC VISA. DZ m
cerrado Navidades, domingo noche, lunes y martes mediodía – **Comida** carta 36 a 53.
• Acceso por una terraza acristalada, decorada con motivos marineros. En sus salas, de buen mobiliario y servicio de mesa en consonancia, disfrutará de una carta típica.

XX **Maricel,** passeig de la Ribera 6 ℘ 93 894 20 54, *info@balneariolamagdalena.com, Fax 93 811 44 34,* ≤, – ▤. AE ⓓ ⓜⓒ VISA. ✻ EZ r
cerrado del 15 al 30 de noviembre, martes noche y miércoles – **Comida** carta 41 a 51.
◆ Restaurante de estilo clásico con las salas en dos niveles. El mobiliario de calidad y el esmerado servicio de mesa hacen gala de una cocina elaborada y creativa.

XX **Fragata,** passeig de la Ribera 1 ℘ 93 894 10 86, *restamar@telefonica.net, Fax 93 894 00 31,* – ▤. AE ⓓ ⓜⓒ VISA JCB. ✻ EZ p
Comida carta 24 a 31.
◆ Casa familiar de línea moderna y correcto montaje, con barra de apoyo en un lateral. Opte por degustar sus platos, con amplio apartado de arroces, en la agradable terraza.

X **Mare Nostrum,** passeig de la Ribera 60 ℘ 93 894 33 93, *Fax 93 894 33 93,* – AE ⓓ ⓜⓒ VISA. ✻ DZ e
Comida carta 26 a 32.
◆ Posee dos comedores, el principal salpicado de detalles marineros y con barra de apoyo, siendo el otro más moderno. Carta de la zona con sugerencias del día.

X **Oliver's,** Isla de Cuba 39 ℘ 93 894 35 16 – ▤. ⓜⓒ VISA. ✻ DY d
Comida - sólo cena salvo sábado, domingo y festivos - carta 23 a 39.
◆ Regentado por el matrimonio propietario, dispone de una única sala en la que la madera adquiere protagonismo. Ofrece platos cosmopolitas junto a otros más creativos.

X **La Nansa,** Carreta 24 ℘ 93 894 19 27, *Fax 93 894 25 25* – ▤. AE ⓓ ⓜⓒ VISA. ✻ EZ n
cerrado enero, 10 días en mayo, martes y miércoles – **Comida** carta 28 a 36.
◆ Restaurante de ambiente marinero, cuyo nombre hace referencia a las nasas que lo decoran. Los vinos y cavas de la región acompañan a una cocina con idénticos orígenes.

X **Els 4 Gats,** Sant Pau 13 ℘ 93 894 19 15 – ▤. ⓜⓒ VISA. ✻ EZ k
15 abril-15 octubre – **Comida** *(cerrado miércoles)* carta 25 a 38.
◆ Los techos en madera, las cerámicas, y los cuadros de las paredes recrean su marco regional. En sus fogones elaboran platos arraigados en la tradición catalana.

X **La Torreta,** Port Alegre 17 ℘ 93 894 52 53, *bookings@latorreta.com, Fax 93 894 73 31,* – AE ⓓ ⓜⓒ VISA JCB. ✻ EZ y
cerrado noviembre y martes – **Comida** carta 30 a 46.
◆ En sus salas de correcto montaje, decoradas en tonos ocres, sirven una cocina marinera con amplio apartado de arroces. La terraza frente a la playa es una cita obligada.

X **Vivero,** passeig Balmins ℘ 93 894 21 49, *elvivero@elviverositges.com, Fax 93 811 30 00,* ≤, – ▤ P. AE ⓓ ⓜⓒ VISA JCB. ✻ CV z
cerrado 20 diciembre-20 enero y martes de enero-mayo – **Comida** - pescados y mariscos - carta 26 a 42.
◆ Restaurante con detalles alusivos al mar que evocan la tendencia de su carta. El mobiliario sencillo y el modesto servicio de mesa se compensan con unas inmejorables vistas.

en el puerto de Aiguadolç *por ② : 1,5 km :*

Meliá Sitges ✉ 08870 Sitges, ℘ 93 811 08 11, *melia.sitges@solmelia.com, Fax 93 894 90 97,* ≤, , Teatro-auditorio, , , , – ▤ TV ♿ – 25/1400. AE ⓓ ⓜⓒ VISA. ✻ CV a
Noray : **Comida** carta 26 a 41 – 18 – **294 hab** 170/213 – 13 suites.
◆ Moderno edificio en mármol dotado de unas magníficas instalaciones, que acogen el famoso festival de cine de la localidad. Todo un mundo de detalles, con césped y piscina. Comedor de gran capacidad y excelente montaje, resultando algo sobrio en su decoración.

Estela Barcelona , av. port d'Aiguadolç, ✉ 08870 Sitges, ℘ 93 811 45 45, *info@hotelestela.com, Fax 93 811 45 46,* ≤, , Junto al puerto deportivo, – ▤ TV ♿ – 25/300. AE ⓓ ⓜⓒ VISA. ✻ CV r
Comida 25 – **48 hab** 160/180 – 9 suites.
◆ Hotel de línea actual y atractiva fachada. Esculturas y pinturas de reconocidos artistas contemporáneos ponen una nota de color en sus espaciosas dependencias. El restaurante decora sus paredes con bellas litografías.

SOBRADO DOS MONXES *15312 A Coruña* 571 C 5 – *2 739 h alt. 511.*
Madrid 552 – A Coruña 64 – Lugo 46 – Santiago de Compostela 61.

San Marcus, pl. da Porta 49 ℘ 981 78 75 27, , – TV. AE ⓓ ⓜⓒ VISA. ✻
abril-octubre – **Comida** 13 – 4,50 – **12 hab** 26/38.
◆ Acogedor hotelito de sencilla organización familiar. Las habitaciones son reducidas, aunque personalizadas y de completo equipamiento. Agradable cafetería de estilo inglés.

El SOCORRO *Santa Cruz de Tenerife – ver Canarias (Tenerife) : Tegueste*

SOJO *01478 Araba* 573 C 20.

Madrid 389 – Bilbao 32 – Vitoria-Gasteiz 61 – Santander 122.

Ibaizar ⛰, Única 4 ✆ 945 39 66 86, *info@ibaizar.com, Fax 945 39 66 86* – ♿ P. MC VISA. ✻
Comida - sólo menú, sólo clientes - 23 – ☕ 4,50 – **5 hab** 51/60.
◆ Caserón del s. XVIII en un paisaje realmente bucólico. Posee habitaciones de estilo rústico con una decoración personalizada y un comedor privado con hermosas vistas.

La SOLANA *13240 Ciudad Real* 576 P 20 – *13 892 h alt. 770.*

Madrid 188 – Alcázar de San Juan 78 – Ciudad Real 67 – Manzanares 15.

San Jorge, carret. de Manzanares ✆ 926 63 34 02, *Fax 926 63 22 41* – ▤ TV 🚗 P. VISA. ✻
cerrado del 7 al 27 de enero – **Comida** 9 – ☕ 2,70 – **21 hab** 27/48.
◆ Sencillo hostal familiar situado a la salida de la localidad. Sus habitaciones poseen un equipamiento correcto en su categoría, con mobiliario de aire provenzal en pino.

SOLARES *39710 Cantabria* 572 B 18 – *5 723 h alt. 70.*

Madrid 387 – Bilbao 85 – Burgos 152 – Santander 19.

Casa Enrique con hab, paseo de la Estación 20 ✆ 942 52 00 73, *casaen@mundivia.es, Fax 942 52 01 60* – ▤ rest, TV P. AE ◑ MC VISA JCB. ✻
cerrado 20 septiembre-10 octubre – **Comida** *(cerrado domingo noche)* carta 21 a 30 – ☕ 4,80 – **16 hab** 30/60.
◆ Edificio en dos niveles cuyo restaurante constituye la actividad principal, contando con unas coquetas habitaciones. Comedor de corte clásico con un esmerado servicio de mesa.

SOLIVELLA *43412 Tarragona* 574 H 33 – *710 h.*

Alred. : *Monasterio de Vallbona de les Monges★★ (iglesia★★, claustro★).*

Madrid 525 – Lleida/Lérida 66 – Tarragona 51.

Cal Travé, carret. d'Andorra 56 ✆ 977 89 21 65, *restaurant@sanstrave.com, Fax 977 89 20 73* – ▤. ◑ MC VISA. ✻
cerrado del 1 al 15 de julio, del 15 al 31 de octubre y miércoles – **Comida** - carnes a la brasa - carta 24 a 30.
◆ Negocio de larga trayectoria caracterizado por su decoración típica y una cocina de sabrosas elaboraciones caseras. Reducida bodega con vitrina acristalada y vinos propios.

SÓLLER *Illes Balears – ver Balears (Mallorca).*

SOLSONA *25280 Lleida* 574 G 34 – *6 601 h alt. 664.*

Ver : *Localidad★★ - Museo Diocesano y Comarcal★★ (pinturas★★ románicas y góticas, frescos de Sant Quirze de Pedret★★, frescos de Sant Pau de Caserres★, Cena de Santa Constanza★) – Catedral★ (Virgen del Claustro★).*

ℹ *carret. Basella 1 ✆ 973 48 23 10 turisme@elsolsonesinvita.com Fax 973 48 19 33.*

Madrid 577 – Lleida/Lérida 108 – Manresa 52.

Sant Roc, pl. Sant Roc ✆ 973 48 00 06, *info@hotelsantroc.com, Fax 973 48 40 08* – 🛗 ▤ TV 📞. AE ◑ MC VISA. ✻
***El Buffi* : Comida** carta 22 a 38 – ☕ 8 – **25 hab** 50/100.
◆ Bello edificio de principios del s. XX donde se combinan el confort actual y los detalles de vanguardia. Destacan las habitaciones del tercer piso, amplias y abuhardilladas. El restaurante disfruta de un cuidado montaje, con techos altos y grandes ventanales.

Crisami, carret. de Manresa 52 ✆ 973 48 04 13, *Fax 973 48 37 72* – ▤ rest, TV 🚗 P. MC VISA. ✻
cerrado del 1 al 15 de enero – **Comida** 12 – ☕ 5 – **21 hab** 27/50.
◆ Pequeño establecimiento llevado en familia, con entrada por un bar público, dotado de habitaciones bien equipadas pero de aspecto antiguo, y baños también algo desfasados.

SOMIÓ *Asturias – ver Gijón.*

SON BOU *Illes Balears – ver Balears (Menorca) : Alaior.*

SON SERVERA *Illes Balears – ver Balears (Mallorca).*

SON VIDA *Illes Balears – ver Balears (Mallorca) : Palma.*

ESPAÑA

SONDIKA *48150 Bizkaia* 573 C 21 – *4 001 h alt. 42.*

de Bilbao, Sondika ℘ 905 50 55 05.

Madrid 400 – Bilbao 14 – Vitoria-Gasteiz 72 – Donostia-San Sebastián 100.

Tryp Sondika, carret. La Avanzada 2 - Oeste : 1 km ℘ 94 453 80 52, *tryp.sondika@solmelia.com, Fax 94 453 86 20* – 25/150. AE VISA.
Comida 15,06 – 10 – **68 hab** 95/104,50.
◆ Construcción moderna de fachada clásica, con la cafetería y el salón de desayunos integrados en el hall-recepción. Ofrece habitaciones confortables y bien equipadas. Restaurante funcional con menú y carta de cocina tradicional.

Gaztañaga, Txorri Erri 34 ℘ 94 453 15 10, *Fax 94 453 21 82* – . AE VISA.
cerrado Semana Santa, del 15 al 30 de agosto, sabado y domingo – **Comida** - sólo almuerzo salvo viernes - carta aprox. 36.
◆ Casa de organización familiar con 100 años de historia. Posee una sala reducida aunque de impecable mantenimiento, en estilo clásico y con un destacable montaje.

SORBAS *04270 Almería* 578 U 23 – *2 707 h alt. 409.*

Ver : *Emplazamiento★.*

Madrid 552 – Almería 59 – Granada 174 – Murcia 167.

SORIA *42000* P 575 G 22 – *34 640 h alt. 1 050.*

Ver : *Iglesia de Santo Domingo★ (portada★★)* A – *Catedral de San Pedro (claustro★)* B – *San Juan de Duero (claustro★)* B.

Medinaceli 2 ✉ 42003 ℘ 975 21 20 52 maria-jose.ruiz@so.jcyl.es Fax 975 22 12 89.

Madrid 225 ③ – Burgos 142 ④ – Calatayud 92 ② – Guadalajara 169 ③ – Logroño 106 ① – Pamplona 167 ②

Parador de Soria , parque del Castillo, ✉ 42005, ℘ 975 24 08 00, *soria@parador.es, Fax 975 24 08 03,* ≤ valle del Duero y montañas, – P – 25/70. AE VISA JCB. B e
Comida 25 – 11 – **67 hab** 96/120.
◆ Bella ubicación en el parque del Castillo. Como le sucedió al poeta Antonio Machado, sus vistas sobre el Duero y la sierra del Moncayo le enamorarán. Sobria decoración. Comedor renovado que comparte espacio con el salón social.

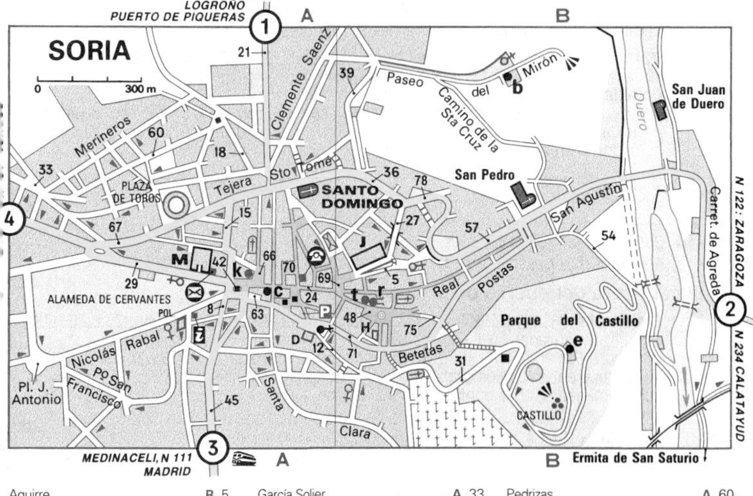

ESPAÑA

Ciudad de Soria sin rest, Zaragoza, ✉ 42004, ✆ 975 22 42 05, *info@hotelciudaddesoria.com, Fax 975 22 44 28* – 🛗 ▤ TV 🚗. AE ⊕ MC VISA. ✗ por ④
☕ 6 – **29 hab** 70/90 – 1 suite.
• De reciente inauguración. Habitaciones funcionales con una decoración escasa que se ve compensada por unos baños modernos. Detalles de diseño en su cafetería.

Mesón Leonor 🐦, paseo del Mirón, ✉ 42005, ✆ 975 22 02 50, *Fax 975 22 99 53*, ← – ▤ TV P – 🏃 25/200. AE ⊕ MC VISA. ✗ rest B b
Comida 15,70 – ☕ 4,50 – **32 hab** 50,50/75.
• Su nombre no es gratuito, sino que evoca a la mujer que tantos versos inspiró a Machado. Bello edificio de estilo regional, con unas habitaciones completas y entrañables. Comedor rústico-castellano con grandes ventanales y agradables vistas.

Hostería Solar de Tejada sin rest y sin ☕, Claustrilla 1, ✉ 42002, ✆ 975 23 00 54, *solardetejada@wanadoo.es, Fax 975 23 00 54* – 🛗 TV. ⊕ MC VISA. ✗ A c
18 hab 47/52.
• Hotel coqueto y familiar de gran atractivo, ubicado en el casco antiguo de la ciudad. Gusto exquisito y alegres habitaciones con baños originales.

Fogón del Salvador, pl. del Salvador 1, ✉ 42001, ✆ 975 23 01 94, *asador@fogonsalvador.com, Fax 975 23 24 09* – ▤. AE ⊕ MC VISA JCB. ✗ A k
cerrado martes salvo verano – **Comida** - espec. en carnes a la brasa y asados - carta 25 a 39.
• La calidad de sus productos y una dirección profesional le han labrado un hueco en la ciudad. Adecuado montaje, y una cocina basada en carnes a la brasa.

Mesón Castellano, pl. Mayor 2, ✉ 42002, ✆ 975 21 30 45, *Fax 975 21 26 90* – ▤. AE ⊕ MC VISA. ✗ B t
Comida carta aprox. 29.
• Una casa bien cimentada que ha dado buenos frutos. Su interior alberga dos salas rústico-castellanas, en donde ofrecen una carta tipo asador que contempla también el pescado.

Casa Augusto, pl. Mayor 5, ✉ 42002, ✆ 975 21 30 41, *info@casaaugusto.com, Fax 975 21 30 41* – ▤. AE ⊕ MC VISA JCB. ✗ B r
Comida carta 15 a 26.
• Interior acogedor con bellas paredes azulejadas, y una decoración de exquisito gusto. Su profesionalidad y estilo marcarán la pauta de su filial, el Mesón de Isabel.

El Mesón de Isabel, pl. Mayor 4, ✉ 42002, ✆ 975 21 19 44, *info@casaaugusto.com, Fax 975 21 30 41* – AE ⊕ MC VISA. ✗ B r
Comida carta aprox. 21.
• Se trata del hermano pequeño del restaurante Casa Augusto, con el que comparte cocina, aunque no carta, siendo esta última más reducida. Coqueto entorno clásico-regional.

en la carretera N 234 *por ④ : 8 km y desvío a la derecha 1,2 km :*

Valonsadero 🐦, Monte Valonsadero, ✉ 42001, ✆ 975 18 00 06, *Fax 975 18 07 98*, ← campo, 🏞 – 🛗 ▤ TV P. AE ⊕ MC VISA. ✗
Comida 30 – ☕ 4,50 – **9 hab** 63/85.
• El elegante estilo y su privilegiada ubicación en pleno campo, lo convierten en un recurso decididamente atractivo. Sus habitaciones con mobiliario de época son una joya. Luminoso comedor en tonos suaves, con grandes ventanas y bellas vistas.

SORIGUEROLA *Girona – ver Alp.*

SORPE *25587 Lleida 574 E 33 – alt. 1 113.*

Madrid 627 – Lleida/Lérida 174 – La Seu d'Urgell/Seo de Urgel 90.

en la carretera del puerto de la Bonaigua *Oeste : 4,5 km :*

Els Avets 🐦, ✉ 25587, ✆ 973 62 63 55, *info@elsavets.com, Fax 973 62 63 38*, ←, 🏞, 🏊 climatizada – TV 🚗 P. VISA. ✗
diciembre-Semana Santa y 20 junio-septiembre – **Comida** 20 – **28 hab** ☕ 50/100.
• El sereno entorno y los cuidados exteriores son sus mejores bazas. Espaciosa área social con chimenea, y unas confortables habitaciones con vistas a un bosque de abetos.

SORT *25560 Lleida 574 E 33 – 1 511 h alt. 720.*

🅸 *av. Comtes de Pallars 21 ✆ 973 62 10 02 turisme@noguerapallaresa.com Fax 973 62 10 03.*
Madrid 593 – Lleida/Lérida 136.

Pessets, carret. de Seo de Urgel ✆ 973 62 00 00, *info@hotelpessets.com, Fax 973 62 08 19*, ←, 🏊, 🎾, ✗ – 🛗, ▤ rest, TV – 🏃 30/200. MC VISA. ✗ rest
cerrado noviembre – **Comida** 15 – ☕ 6,50 – **80 hab** 66/83.
• Llevado en familia con seriedad, posee una correcta zona social de estilo neorrústico, y unas habitaciones espaciosas con mobiliario funcional pero de buena factura. Restaurante de cuidado montaje, con salones para banquetes en el sótano.

XX **Fogony,** av. Generalitat 45 ✆ 973 62 12 25, *fogony@fogony.com, Fax 973 62 12 25* – ▤. AE ⓓ ⓜ VISA. ✗ – *cerrado del 7 al 22 de enero, domingo noche y lunes* – **Comida** - es necesario reservar - carta 35 a 55.
◆ Sala algo reducida de estilo clásico-regional atendida por el propietario, con la esposa en los fogones elaborando una cocina basada en el recetario local.

SOS DEL REY CATÓLICO *50680 Zaragoza 574 E 26 – 974 h alt. 652.*

Ver : Iglesia de San Esteban★ (cripta★, coro★).

Alred. : Uncastillo (iglesia de Santa María : portada Sur★, sillería★, claustro★) Sureste : 22 km.

Madrid 423 – Huesca 109 – Pamplona 59 – Zaragoza 122.

Parador de Sos del Rey Católico ⛰, Arquitecto Sáinz de Vicuña 1 ✆ 948 88 80 11, *sos@parador.es, Fax 948 88 81 00,* ≤ – 🛗 ▤ TV ✆ ♿ P – 🏛 25/45. AE ⓓ ⓜ VISA. ✗ *cerrado enero-12 febrero* – **Comida** 25 – ☕ 11 – **66 hab** 96/120.
◆ Edificio de estilo regional frente a la muralla medieval, destacando su galería cerrada y la barbacana con balaustre en madera. Confortables habitaciones de sobria decoración. Diáfano comedor con pilastras de piedra y viguería en el techo.

SOTÉS *26371 La Rioja 573 E 22 – 250 h alt. 672.*

Madrid 341 – Burgos 103 – Logroño 17 – Vitoria-Gasteiz 88.

Señorío de Moncalvillo ⛰ sin rest, La Iglesia 9 ✆ 941 44 18 89, *info@senoriode moncalvillo.com* – ✗
☕ 3,50 – **7 hab** 42,40/53.
◆ Casa señorial del s. XVII cuyas dependencias, decoradas con mobiliario y objetos de la época, conservan el ambiente de antaño. Coqueto salón social con chimenea.

SOTO DE CANGAS *33559 Asturias 572 B 14 – 155 h alt. 84.*

Madrid 439 – Oviedo 73 – Santander 134.

La Balsa sin rest, carret. de Covadonga ✆ 98 594 00 56, *Fax 98 594 00 56* – TV. AE ⓓ ⓜ VISA. ✗ – *cerrado enero-febrero* – ☕ 3,60 – **14 hab** 35/60.
◆ Instalado en una casona de piedra al borde de la carretera. Dispone de unas cuidadas habitaciones con suelo en madera y vigas en el techo, destacando las abuhardilladas.

La Ablaneda sin rest, El Bosque - carret. de Covadonga - Sur : 1 km, ✉ 33589 El Bosque, ✆ 98 594 02 45, *hotel@ablaneda.com, Fax 98 594 02 46* – TV P. AE ⓓ. ✗ *marzo-5 noviembre* – ☕ 5 – **10 hab** 52/70.
◆ Acogedor hotel con fachada en ladrillo visto. Posee una reducida zona noble, y unas habitaciones decoradas en tonos vivos, con mobiliario estándar y baños correctos.

SOTO DE LUIÑA *33156 Asturias 572 B 11.*

Madrid 520 – Avilés 37 – Gijón 60 – Luarca 30 – Oviedo 66.

al Noroeste : *1,5 km :*

X **Cabo Vidio** ⛰ con hab, acceso carret. N 632, ✉ 33156, ✆ 98 559 61 12, *hcabovid io@terra.es, Fax 98 559 67 09* – TV P. ⓜ VISA. ✗ *cerrado enero* – **Comida** *(cerrado lunes en invierno)* carta 27 a 36 – ☕ 4 – **12 hab** 30/65.
◆ Amable negocio familiar con el restaurante centrando su actividad y la opción de habitaciones. Su comedor neorrústico acristalado se asoma a una terraza ajardinada.

SOTO DEL REAL *28791 Madrid 576 J 18 575 J 18 121 H 5 – 5850 h alt. 921.*

Madrid 47 – El Escorial 47 – Guadalajara 92 – Segovia 83.

XX **La Cabaña,** pl. Chozas de la Sierra (urb. La Ermita) ✆ 91 847 78 82, *Fax 91 847 78 82,* 🏕 – ▤ P. ⓓ ⓜ VISA. ✗ – *cerrado lunes noche en invierno y martes* – **Comida** carta 25 a 37.
◆ Establecimiento de cuidados exteriores con una agradable terraza. Posee dos coquetos comedores de aire rústico, uno de ellos con grandes cristaleras.

SOTOGRANDE *11310 Cádiz 578 X 14 124 C 8 – Playa.*

18 9 Sotogrande, paseo del Parque ✆ 956 78 50 14 Fax 956 79 50 29 – 18 9 Valderrama, urb. Sotogrande, Suroeste : 4 km ✆ 956 79 12 00 Fax 956 79 60 28 – 18 9 Almenara, urb. Sotogrande, Suroeste : 5,5 km ✆ 956 58 20 54 Fax 956 58 20 24.

Madrid 666 – Algeciras 27 – Cádiz 148 – Málaga 111.

Royal Golf, salida 130 autovía - vía de servicio dirección Málaga ✆ 956 79 62 63, *com ercial@royalgolfhoteles.com, Fax 956 78 51 59,* 🏊, 🏌 – 🛗 ▤ TV 🚗 – 🏛 25/350. AE ⓓ ⓜ VISA. ✗
Comida carta 20 a 36 – **70 hab** ☕ 115/145 – 38 apartamentos.
◆ Su ubicación y una amplia gama de prestaciones lo orientan tanto al paso como al descanso. Reminiscencias arábigo-andaluzas en un interior alegre y confortable.

en Pueblo Nuevo de Guadiaro *Norte : 1,5 km :*

XXX **Barbesula,** Cortijo los Canos, ✉ 11311 Pueblo Nuevo de Guadiaro, ☎ 956 69 56 00, *Fax 956 79 65 93,* – ▤ P. AE MC VISA. ✻
Comida - sólo cena - carta 40 a 54.
◆ Elegante restaurante de línea clásica con numerosos detalles decorativos que evocan la época del Imperio Romano. Instalado en un antiguo cortijo con un precioso patio-terraza.

al Suroeste : *5,5 km :*

NH Almenara ⑤, av. Almenara, ✉ 11310, ☎ 956 58 20 00, *nhalmenara@nh-hotels.com, Fax 956 58 20 01,* ≤, , , , , 18 – ▤ TV ☏ ♿ P – 25/80. AE ① MC VISA. ✻
Comida carta aprox. 44 – ▭ 18 – **148 hab** 182/193 – 12 suites.
◆ Emplazado en un entorno idílico, junto a un campo de golf propio. Sus magníficas dependencias poseen las últimas tecnologías para el cuidado del cuerpo y el descanso. Disfrute de una espléndida cena en su terraza.

SOTOS DE SEPÚLVEDA *40593 Segovia* 575 I 19.

Madrid 108 – Aranda de Duero 64 – El Burgo de Osma 78 – Segovia 74.

Palacio de Esquileo ⑤, ☎ 921 12 55 12, *Fax 921 55 73 84* – ▤ TV ♿ P – 25. MC VISA. ✻
Comida - martes a jueves previa reserva - 14 – **12 hab** ▭ 60/75.
◆ Antiguo hospedaje rústico de comerciantes de lanas, en un paraje verde. Varios anexos, a destacar el de las habitaciones que agrupadas de cuatro en cuatro comparten salón.

SOTOSALBOS *40170 Segovia* 575 I 18 121 G 3 – *94 h alt. 1161.*

Madrid 106 – Aranda de Duero 98 – Segovia 20.

De Buen Amor ⑤ sin rest, Eras 7 ☎ 921 40 30 20, *hosbamor@infonegocio.com, Fax 921 40 30 22* – TV. AE MC VISA. ✻
12 hab ▭ 55/77.
◆ La ubicación en una antigua casa de labranza y su bello estilo rústico-actual le otorgan un especial encanto. Acogedoras habitaciones, algunas de ellas abuhardilladas.

SOTOSERRANO *37657 Salamanca* 575 K 11 – *673 h alt. 522.*

Madrid 311 – Béjar 36 – Ciudad Rodrigo 61 – Salamanca 106.

Mirador ⑤, carret. de Coria 29 ☎ 923 42 21 55, *hotelmirador@wanadoo.es, Fax 923 42 21 55,* ≤ – ▤ TV P. MC VISA. ✻
cerrado del 3 al 18 de septiembre – **Comida** 12 – ▭ 3 – **14 hab** 30/40.
◆ Disfruta de un estilo rústico de montaña, con profusión de madera y piedra. Ofrece habitaciones de correcto confort, con mobiliario en pino y agradables vistas. Su acogedor bar da paso a un comedor con las paredes en ladrillo visto. Atractiva terraza cubierta.

SUANCES *39340 Cantabria* 572 B 17 – *5842 h – Playa.*

Madrid 394 – Bilbao 131 – Oviedo 182 – Santander 28.

en la zona de la playa :

Cuevas III, Ceballos 53, ✉ 39340, ☎ 942 84 43 43, *hotelcuevas3@telefonica.net, Fax 942 84 44 45* – , ▤ rest, TV P. ① MC VISA. ✻
cerrado 15 diciembre-febrero – **Comida** - buffet, sólo clientes - 15 – **62 hab** ▭ 76/108.
◆ Bello edificio de arquitectura tradicional que une dos torreones en piedra con una hermosa balconada en madera. Sus sobrias habitaciones poseen mobiliario en castaño macizo.

Azul sin rest, Acacio Gutiérrez 98, ✉ 39340, ☎ 942 81 15 51, *hotelazul@hotelesensuances.com, Fax 942 81 15 21,* – TV – 25/200. AE MC VISA. ✻
cerrado enero y febrero – ▭ 4,50 – **30 hab** 80/105.
◆ Moderno y fiel a su nombre, con la fachada en tonos azulados. Amplio hall-recepción, zona de convenciones y unas confortables habitaciones de equipamiento actual.

en la zona del faro :

Albatros ⑤, Madrid 18-B (carret. de Tagle), ✉ 39340, ☎ 942 84 41 40, *hotelalbatros@ceoecant.es, Fax 942 84 41 12,* ≤, , – TV P. MC VISA. ✻ rest
cerrado 9 diciembre-14 febrero – **Comida** 13,20 – **42 hab** ▭ 140/160.
◆ Exuberante fachada cubierta por una enredadera que mimetiza el edificio con el verde paisaje cántabro. Confortables habitaciones y una completa zona de fitness con saunas. Restaurante funcional donde se ofrece un menú, pequeña carta y platos combinados.

Apart. El Casería, av. Acacio Gutiérrez 157, ✉ 39340, ☎ 942 81 05 75, caseri o@caserio.com, Fax 942 81 05 76, ←, 🏊 – TV 🚗. AE ⓓ ⓜ VISA. ✽
cerrado 22 diciembre-23 enero – **Comida** - ver rest. ***El Caserío*** – ☕ 4 – **19 apartamentos** 92/125.
• Excelentes apartamentos de equipamiento completo, en su mayoría tipo dúplex y con terraza privada. Su emplazamiento sobre el mar le confiere una belleza singular.

El Castillo sin rest, av. Acacio Gutiérrez 142, ✉ 39340, ☎ 942 81 03 83, hotelc astillo@ceoecant.es, Fax 942 81 03 74, ← – TV. ⓓ ⓜ VISA
☕ 7 – **9 hab** 95.
• Construcción a modo de pequeño castillo que destaca por su ubicación en un atractivo entorno. Posee habitaciones juveniles y desenfadadas, con un impecable mantenimiento.

El Caserío - Hotel Apart. El Caserío con hab, av. Acacio Gutiérrez 159, ✉ 39340, ☎ 942 81 05 75, caserio@caserio.com, Fax 942 81 05 76 – ▤ rest, TV P. AE ⓓ ⓜ VISA. ✽
cerrado 22 diciembre-23 enero – **Comida** carta 29 a 35 – ☕ 4 – **9 hab** 61.
• Dese un homenaje con los mejores productos de la costa. Su comedor acristalado goza de unas magníficas vistas, siempre compartidas con un servicio de mesa de buen nivel.

SUDANELL *25173 Lleida* 574 H 31 – *704 h alt. 152.*
Madrid 453 – Huesca 127 – Lleida/Lérida 11 – Tarragona 105.

La Lluna, av. Catalunya 11 ☎ 973 25 81 93 – ▤. AE ⓓ ⓜ VISA. ✽
cerrado Semana Santa, del 15 al 30 de agosto y lunes – **Comida** - sólo almuerzo salvo sábado, espec. en caracoles y carnes - carta 20 a 27.
• Típico restaurante llevado por dos matrimonios con plena dedicación, dotado de instalaciones sencillas pero cuidadas, con bar público en la entrada y dos comedores.

SUESA *39150 Cantabria* 572 B 18.
Madrid 399 – Santander 26 – Bilbao 87.

La Casona de Suesa sin rest, La Pola 23 ☎ 942 50 40 63, lacasonadesuesa@hotmail.com, Fax 942 50 43 47 – TV P. AE ⓓ ⓜ VISA. ✽
10 hab ☕ 68/85.
• Casa rústica bien rehabilitada. Posee un salón con chimenea y habitaciones personalizadas, con los suelos en madera, baños detallistas y en algunos casos abuhardilladas.

TABARCA (Isla de) *03138 Alacant* 577 R 28 128 F 5 y 6 – *Playa.*
⛴. *Accesos desde : Alacant, Santa Pola y Torrevieja.*

Casa del Gobernador sin rest, Arzola ☎ 96 596 08 86, casadelgobernador@ctv.es, Fax 96 596 12 72, ← – ▤. AE ⓜ VISA. ✽
cerrado 15 enero-15 febrero – **14 hab** ☕ 55/80.
• Edificio histórico acondicionado para hotel, que conserva los muros originales en piedra. Patio de acceso, amplio hall-recepción y unas habitaciones sobrias.

TABERNAS *04200 Almería* 578 V 22 124 T 3 – *3 204 h alt. 404.*
Madrid 529 – Sevilla 394 – Almería 31 – Granada 145.

en la carretera N 340 *Noreste : 8 km :*

Hospedería del Desierto, km 478, ✉ 04200, ☎ 950 52 53 08, info@hospederiadeldesierto.com, Fax 950 52 57 22, 🏊 – ▤ ▤ TV ♿ P – 🏛 25/100. AE ⓜ VISA
Comida *(cerrado domingo noche y lunes)* 24 – ☕ 3,50 – **20 hab** 56/70 – 1 suite.
• Instalado sobre una plantación de olivos que sirven para decorar parte de sus instalaciones. Posee habitaciones funcionales de adecuado confort, algunas con terraza o patio. El restaurante cuenta con dos salas de línea clásica-actual.

TACORONTE *Santa Cruz de Tenerife – ver Canarias (Tenerife).*

TAFALLA *31300 Navarra* 573 E 24 – *10 249 h alt. 426.*
Alred. : *Ujué★ Este : 19 km.*
Madrid 365 – Logroño 86 – Pamplona 38 – Zaragoza 135.

Beratxa, Escuelas Pías 7 ☎ 948 70 40 46, Fax 948 70 39 18 – ▤ ▤ TV – 🏛 25/100. ⓓ ⓜ VISA. ✽
Comida *(cerrado domingo noche)* 14 – ☕ 5 – **15 hab** 73/109.
• Instalaciones dotadas de un correcto confort, en pleno centro urbano. Las habitaciones destacan por su cuidada decoración, con mobiliario moderno y lámparas de diseño. Restaurante íntimo y de cálido ambiente, donde ofrecen una carta tipo asador.

XXX **Tubal,** pl. de Navarra 4-1º ✆ 948 70 08 52, *tubal@restaurantetubal.com, Fax 948 70 00 50* – |‡| ▤. AE ⓓ ⓜⓒ VISA. ✂
cerrado del 24 al 31 de enero, 21 agosto-5 septiembre, domingo noche y lunes – **Comida** 48 y carta 46 a 52.
Espec. Gazpacho de bogavante (verano). Mero asado con compota de cebolla y tomate confitado, puré de manzana y caramelo de naranja. Sopa fría de piña con frutas y helado de maracuyá.
◆ Bien llevado entre la propietaria y su hijo. Posee varias salas de corte clásico decoradas a base de maderas oscuras y espejos. Bonito patio a modo de jardín de invierno.

TAFIRA ALTA *Las Palmas – ver Canarias (Gran Canaria).*

TALAVERA DE LA REINA *45600 Toledo* 576 M 15 121 B 10 – *69 136 h alt. 371.*
ℹ *Ronda del Cañillo (Torreón) ✆ 925 82 63 22 infotur@aytotalaveradelareina.es Fax 925 82 63 22.*
Madrid 120 – Ávila 121 – Cáceres 187 – Córdoba 435 – Mérida 227.

Ebora, av. de Madrid 1 ✆ 925 80 76 00, *Fax 925 81 58 08* – |‡| ▤ TV – 🏂 25/1000. AE ⓓ ⓜⓒ VISA. ✂
Comida - ver rest. ***Anticuario*** – ☕ 5,10 – **165 hab** 51,30/72,35.
◆ Hotel de amplia capacidad situado a la entrada de la localidad. Habitaciones de dos tipos : unas antiguas y otras, las reformadas, más modernas y confortables.

Perales, av. Pío XII-3 ✆ 925 80 39 00, *Fax 925 80 39 00* – |‡| ▤ TV. ⓜⓒ VISA. ✂
Comida *(cerrado domingo)* 9 – ☕ 3 – **59 hab** 40/65.
◆ Hotel que se ha reformado poco a poco, dotando a sus habitaciones con suelos en plaqueta blanca, mobiliario elegante y baños actuales.

Roma Aurea, Roma 1 ✆ 925 72 16 75, *Fax 925 72 16 77* – |‡| ▤ TV ♿ 🚗 P – 🏂 25/60. AE ⓜⓒ VISA. ✂
Comida *(cerrado agosto y domingo)* 14 – ☕ 5 – **44 hab** 50,65/74,20.
◆ Ubicado en una zona de importante expansión. Ofrece un correcto espacio social y habitaciones que, sin ser muy amplias, gozan de un completo y cuidado mobiliario clásico. Luminoso comedor panelable que permite cierta intimidad cuando se organizan banquetes.

XX **Anticuario** - *Hotel Ebora,* av. de Madrid 1 ✆ 925 80 76 00, *Fax 925 81 58 08* – ▤. AE ⓓ ⓜⓒ VISA. ✂
cerrado del 2 al 22 de agosto y domingo noche – **Comida** carta 23 a 36.
◆ Un hall cálido y acogedor le da la bienvenida a un entorno clásico, de marcada personalidad. Carta tradicional e internacional, servicio de menú y elegante vajilla inglesa.

🍸 **El Esturión,** Miguel Hernández 7 ✆ 925 82 46 38 – ▤. AE ⓜⓒ VISA. ✂
cerrado del 1 al 15 de agosto y lunes – **Tapa** 2,70 **Ración** - frituras y pescados - aprox. 11.
◆ En una zona típica de tapeo. Bonito local con decoración andaluza que, además del bar, posee una sala con servicio de restaurante. Sus especialidades son las frituras.

🍸 **Taberna Mingote,** pl. Federico García Lorca 5 ✆ 925 82 56 33, ☂, Grabados de Mingote y motivos taurinos – ▤. AE ⓜⓒ VISA. ✂
cerrado del 15 al 31 de julio y martes – **Tapa** 2,50 **Ración** aprox. 11.
◆ Arte y buen ambiente en esta simpática taberna adornada, en su zona de bar, con motivos taurinos y grabados de Mingote. El comedor está realzado con bellas cerámicas.

TAMAJÓN *19222 Guadalajara* 576 I 20 121 K 3 – *167 h alt. 1 029.*
Madrid 93 – Aranda de Duero 124 – Guadalajara 49.

Tamaya 🐦, Picota ✆ 949 85 91 89, ≤ – ▤ rest, P. ✂
Comida - sólo cena, sólo clientes - 15 – **10 hab** ☕ 60.
◆ Modesto recurso rural, dotado de un equipamiento que sabe cumplir con las necesidades básicas del confort. Restaurante de uso exclusivo para los clientes alojados.

TAMARITE DE LITERA *22550 Huesca* 574 G 31 – *3 988 h alt. 360.*
Madrid 506 – Huesca 96 – Lleida/Lérida 36.

XX **Casa Toro,** av. Florences Gili ✆ 974 42 09 67 – ▤ P. ⓓ ⓜⓒ VISA
cerrado 15 días en noviembre, domingo noche y lunes – **Comida** carta 26 a 35.
◆ Dispone de un bar público en la entrada, seguido de una sala acogedora y con un buen servicio de mesa. Correcta cocina casera sin complicadas elaboraciones.

TAMARIU *17212 Girona* 574 G 39 122 J 5 – *Playa.*
Madrid 731 – Girona/Gerona 48 – Palafrugell 10 – Palamós 21.

Tamariu, passeig del Mar 3 ☎ 972 62 00 31, *hotel@tamariu.com, Fax 972 62 05 00,* – VISA.
4 marzo-6 noviembre – **Comida** 17 – **17 hab** 78/122.
• Hotel de eficiente organización familiar que, tras la reciente renovación de sus dependencias, brinda unas habitaciones confortables y de línea moderna, muy bien equipadas. Sencillo comedor complementado por una terraza acristalada con vistas a la playa.

Es Furió, Foraió 7 ☎ 972 62 00 36, *acomas@intercom.es, Fax 972 30 66 67* – VISA.
marzo-5 noviembre – **Comida** 16 – **8 hab** 81,50/114.
• Céntrico establecimiento con el dueño al frente, dotado de unas habitaciones espaciosas, alegres y confortables, todas con terraza y baños completos.

TAPIA DE CASARIEGO *33740 Asturias* 572 B 9 – *4 282 h – Playa.*
pl. de la Iglesia ☎ 98 547 29 68 molt@tapiadecasariego.com Fax 985 62 80 80 (temp).
Madrid 578 – A Coruña 184 – Lugo 99 – Oviedo 143.

San Antón, pl. de San Blas 2 ☎ 98 562 80 00, *Fax 98 562 80 01* – VISA.
Comida 10 – 3 – **18 hab** 42/60.
• Ha sido completamente renovado, ofreciendo unas instalaciones funcionales pero de suficiente confort. Reducida zona noble y correctas habitaciones con los suelos en madera. Sencillo comedor dotado de entrada independiente y especializado en cocina casera.

Palermo, Bonifacio Amago 13 ☎ 98 562 83 70, *palermo-gourmet@eresmas.com, Fax 98 562 83 70* – AE VISA.
cerrado del 2 al 17 de noviembre, domingo noche y lunes salvo julio-agosto – **Comida** carta 26 a 38.
• Restaurante de sólida trayectoria y eficiente dirección. En su luminoso comedor degustará una cocina de tendencia clásica, regada con los selectos caldos de su bodega.

El Bote, Marqués de Casariego 30 ☎ 98 562 82 82, *proguiva@telepolis.com, Fax 98 547 10 86* – AE VISA. – *cerrado miércoles* – **Comida** carta 33 a 43.
• Elegante cafetería dotada de entrada independiente, una sala clásica con numerosos detalles y el suelo en madera, y un discreto privado. Elabora una correcta oferta culinaria.

en la carretera N 634 *Suroeste : 2,5 km :*

El Álamo, Rapalcuarto, ✉ 33749 Rapalcuarto, ☎ 98 562 86 49, *Fax 98 547 26 49* – P. AE VISA.
cerrado 2ª quincena de febrero y martes noche – **Comida** carta aprox. 30.
• Restaurante de carretera, con instalaciones de línea actual recientemente renovadas. Aunque cuenta con una correcta carta, basa su actividad en un menú muy recomendable.

TARAMUNDI *33775 Asturias* 572 B 8 – *1 015 h alt. 276.*
Madrid 571 – Lugo 65 – Oviedo 195.

La Rectoral , La Villa ☎ 98 564 67 67, *larectoral@infonegocio.com, Fax 98 564 67 77,* ← valle y montañas, – P. – 25. AE VISA.
Comida *(cerrado miércoles)* carta aprox. 28 – **18 hab** 104/130.
• Magnífica casona del s. XVIII en estilo rústico-regional. Decorada con gusto, en sus estancias disfrutará del confort actual y del sosiego que brinda su emplazamiento. Impecable comedor complementado con una espléndida terraza.

Casa Petronila, pl. del Campo ☎ 98 564 68 74, *attcliente@casapetronila.com, Fax 98 564 68 85* – VISA.
Comida 12 – 4 – **20 hab** 42/54.
• Céntrico hotel de sencilla organización y buen confort en su categoría. De línea funcional, posee unas habitaciones de notable amplitud.

Taramundi, Mayor 8 ☎ 98 564 67 27, *disfruta@hoteltaramundi.com, Fax 98 564 68 61,* – VISA.
Comida carta 23 a 26 – 2,50 – **7 hab** 42/54.
• Reducido y de sencilla pero amable organización familiar, con entrada por un bar público donde se encuentra la recepción. Habitaciones funcionales de correcto confort.

TARANCÓN *16400 Cuenca* 576 L 20 y 21 121 L 9 – *12 375 h alt. 806.*
Madrid 81 – Cuenca 82 – València 267.

Sur, antigua carret. N III ☎ 969 32 06 00, *Fax 969 32 06 04* – P. VISA. rest
Comida 9,60 – 4 – **29 hab** 33,60/52.
• Hotel familiar de gran tradición, que ha sido actualizado mediante una reforma total. Habitaciones con mobiliario clásico de calidad y buenos baños. Restaurante especializado en la organización de banquetes.

Mesón del Cantarero, antigua carret. N III ✆ 969 32 05 33, *meson-cantarero@telefonica.net, Fax 969 32 42 12,* – P. AE MC VISA.
cerrado martes – **Comida** carta 25 a 40.
◆ Instalaciones de carácter regional, con un bar en la entrada y comedores a ambos lados. Mobiliario funcional, buena carta y una gran carpa climatizada para banquetes.

Bodega La Viña, av. Juan Carlos I 7 ✆ 969 32 07 05 – AE MC VISA.
cerrado martes – **Comida** carta 25 a 36.
◆ Ocupa un edificio con la fachada en ladrillo visto, dotado de terraza, bar de tapas a la entrada y un comedor de aire rústico en el sótano. Cocina y vinos propios de la zona.

TARANES *33557 Asturias* 572 C 14.
Madrid 437 – Gijón 116 – León 186 – Oviedo 111.

en la carretera AS 261 *Este : 3 km :*

La Casona de Mestas ✉ 33557, ✆ 98 584 30 55, *casonademesta@terra.es, Fax 98 584 30 92,* – P. MC VISA.
cerrado enero y febrero – **Comida** 12,05 – 5 – **14 hab** 46/55.
◆ Casona de corte regional en un bello entorno natural montañoso. La sencilla calidez de las habitaciones encuentra el complemento perfecto en la bondad de sus aguas termales. Comedor instalado en un pabellón acristalado de techo alto con viguería.

TARAZONA *50500 Zaragoza* 574 G 24 – *10 638 h alt. 480.*
Ver : *Catedral (capilla★).*
Alred. : *Monasterio de Veruela★★ (iglesia abacial★★, claustro★ : sala capitular★).*
pl. de San Francisco 1 ✆ 976 64 00 74 turismo@tarazona.org Fax 976 19 90 75.
Madrid 294 – Pamplona 107 – Soria 68 – Zaragoza 88.

Brujas de Bécquer, carret. de Zaragoza - Sureste : 1 km ✆ 976 64 04 04, *hbrujbecquer@infonegocio.com, Fax 976 64 01 98* – P – 25/500. AE MC VISA. rest
Comida *(cerrado domingo noche)* 8 – 3,70 – **56 hab** 36,40/49.
◆ Hotel de carretera ubicado a la salida de la localidad. Sus habitaciones gozan de un correcto confort, con mobiliario sencillo y funcional, siendo los baños actuales.

Santa Águeda sin rest, Visconti 26 ✆ 976 64 00 54, *santa_agueda@hotmail.com, Fax 976 19 91 61* – TV. AE MC VISA
11 hab 58/70.
◆ Hostal instalado en una antigua casa rehabilitada. Posee una pequeña salita y habitaciones funcionales de suficiente confort, combinando mobiliario en hierro forjado y madera.

O Cubillar con hab, pl. de Nuestra Señora 12 ✆ 976 64 11 92, *o.cubillar@yahoo.es, Fax 976 19 90 86* – rest, TV. MC VISA. rest
Comida *(cerrado domingo noche)* carta 22 a 31 – 3 – **4 hab** 48,80.
◆ Casa con bar público en la planta baja y dos salas de estilo rústico-regional en el 1er piso. Especializado en carnes y pescados a la brasa. Dispone de habitaciones.

El Galeón, av. La Paz 1 ✆ 976 64 29 65, *Fax 976 64 29 65* – AE MC VISA
cerrado domingo noche – **Comida** carta aprox. 23.
◆ Bien llevado por sus dos propietarios, presentes en sala y cocina. Goza de un buen expositor de pescado en el bar, y ofrece un correcto servicio de mesa en su categoría.

TARIFA *11380 Cádiz* 578 X 13 – *15 528 h – Playa.*
Ver : *Mirador del Estrecho ≤★★ – Playa de los Lances★.*
Alred. : *Ruinas romanas de Baelo Claudia★ 15 km al Noroeste.*
para Tánger : Marruecostour, estación Marítima, local C-6 ✆ 956 65 26 61 Fax 956 65 31 32.
paseo de la Alameda ✉ apartado 248 ✆ 956 68 09 93 turismo.tarifa@teleline.es Fax 956 68 09 93.
Madrid 715 – Algeciras 22 – Cádiz 99.

en la carretera de Cádiz *: Noroeste : 6,5 km :*

La Codorniz, ✉ 11380, ✆ 956 68 47 44, *lacodorniz@cherrytel.com, Fax 956 68 41 01,* – TV P. AE MC VISA.
Comida 16,50 – 4 – **35 hab** 78,40/111.
◆ Arquitectura de aire andaluz que recuerda las tradicionales ventas. Sus equipadas habitaciones resultan confortables, destacando las situadas en la parte posterior. Restaurante de estilo rústico, con vigas de madera en el techo.

en la carretera de Málaga *Noreste : 11 km :*

Mesón de Sancho, ✉ 11380 apartado 25, ☎ 956 68 49 00, *rsancho@cherrytel.com, Fax 956 68 47 21,* – TV P. AE ① MC VISA JCB. rest
Comida 15,70 – 4,65 – **40 hab** 58,70/69,50.
• Estratégica situación para divisar el paisaje que compone el Estrecho de Gibraltar. Completas dependencias con habitaciones amplias y luminosas. Buena organización.

Una reserva confirmada por escrito o por fax es una garantía de seguridad.

TARRAGONA *43000* P 574 I 33 – *115 153 h alt. 49 – Playa.*

Ver : *Tarragona romana★★ : Passeig Arqueològic★* DZ, *Museu Nacional Arqueològic de Tarragona★* DZ **M4** – *Recinte Monumental del Pretori i del Circ Romà★* DZ **M1** – *Anfiteatro★★* DZ – *Ciudad medieval : Catedral★★ (Museo Diocesano★, claustro★★, retablo de Santa Tecla★★★)* DZ.

Otras curiosidades : *El Serrallo★* AY.

Alred. : *Acueducto de les Ferreres★★ 4 km por ④ – Mausoleo de Centcelles★★ Noroeste : 5 km por ③ – Torre de los Escipiones★ 5 km por ① – Villa romana de Els Munts★ : emplazamiento★★, termas★ 12 km por ①.*

Excurs. : *Arco de Berà★ 20 km por ① (Roda de Berà).*

18 *Costa Dorada, Este : 8 km ☎ 977 65 33 61 Fax 977 65 30 28 – Iberia : rambla Nova 116 ✉ 43001 ☎ 902 400 500* AZ.

Agencia Marítima Transhispánica, Apodaca 40 ✉ 43004 ☎ 977 22 87 11 Fax 977 22 28 56 BY.

ℹ *Fortuny 4 ✉ 43001 ☎ 977 23 34 15 tarracogene@telefonica.net Fax 977 24 47 02 y Major 39 ✉ 43003 ☎ 977 25 07 95 turisme.tgna@altanet.org Fax 977 24 55 07.*

Madrid 555 ④ – Barcelona 109 ④ – Castelló de la Plana/Castellón de la Plana 184 ③ – Lleida/Lérida 97 ④

TARRAGONA

Cuixa (Camí de la) .... **BY** 13
Generalitat (Pl. de la) .... **AY** 15
Independència (Pas. de la) ... **AY** 16
Mallorca .... **AY** 21
President F. Macià (Av.) ..... **AY** 36
President Lluís Companys (Av.) .... **AY** 37
Rafael de Casanova (Pas. Marítim de) .... **BY** 38
Rovira i Virgili .... **BY** 44
Trafalgar .... **AY** 54

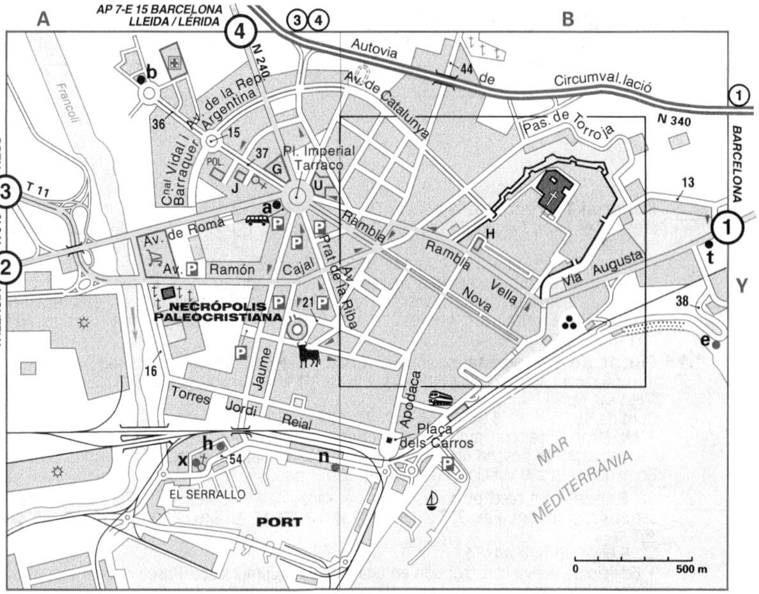

TARRAGONA

Àngels (Pl.) . . . . DZ 2
Baixada de Misericòrdia . . . . . DZ 3
Baixada de Toro . . . . DZ 5
Baixada Roser . . . . DZ 8
Cavallers . . . . DZ 9
Civadería . . . . DZ 10
Coques (Les) . . . . DZ 12
Enginyer Cabestany . . . . CZ 14
López Peláez . . . . CZ 19
Mare de Déu del Claustre . . . DZ 22
Nova (Rambla) . . . . CDZ
Pau Casals (Av.) . . . . CZ 27
Pla de la Seu . . . . DZ 29
Pla de Palau . . . . DZ 32
Ponç d'Icart . . . . CZ 33
Portalet . . . . DZ 34
Ramón i Cajal (Av.) . . . . CZ 40
Roser (Portal del) . . . . DZ 43
Sant Agustí . . . . DZ
Sant Antoni (Portal de) . . . . . DZ 46
Sant Joan (Pl.) . . . . DZ 52
Unió . . . . CZ
William J. Bryant . . . . DZ 55

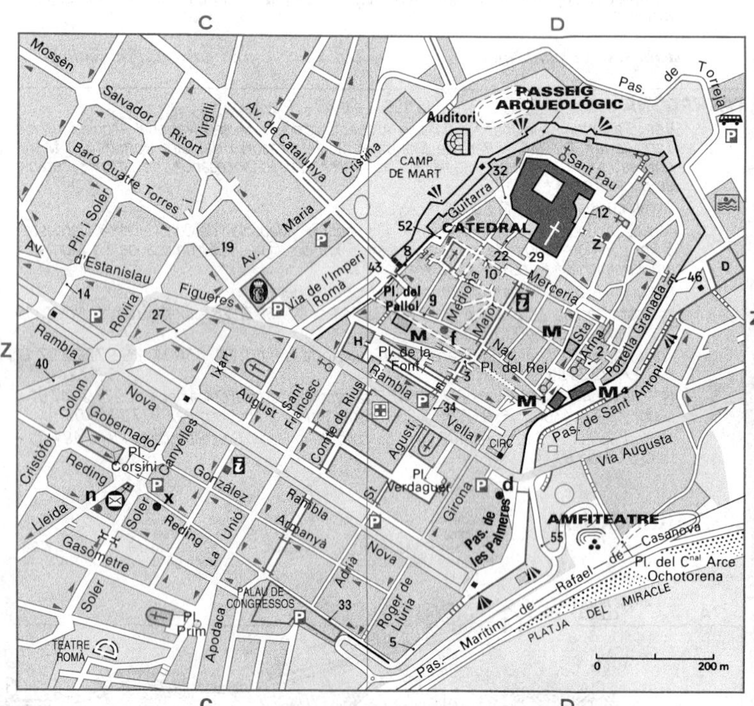

Imperial Tarraco, passeig de les Palmeres, ✉ 43003, ☎ 977 23 30 40, *imperial@tinet.fut.es, Fax 977 21 65 66,* ← – 25/500. DZ d
Comida 18 – ☕ 11 – **155 hab** 111/135 – 15 suites.
◆ Disfrute de sus excelentes vistas sobre el Mediterráneo. Posee unas instalaciones actualizadas, equipadas con todo lo necesario para que su estancia sea inolvidable. El luminoso comedor se caracteriza por su elegancia e impecable montaje.

Ciutat de Tarragona, pl. Imperial Tarraco 5, ✉ 43005, ☎ 977 25 09 99, *hoteltgn@sbgrup.com, Fax 977 25 06 99,* – 25/500. rest AY a
Comida 16,95 – ☕ 8,95 – **156 hab** 77/123 – 12 suites.
◆ Moderno hotel con mobiliario de diseño y buena iluminación natural. Sus espaciosas habitaciones poseen un equipamiento capaz de satisfacer los más mínimos detalles. Comedor amplio y funcional ubicado en el 1er piso.

SB Express sin rest, pl. de les Corts Catalanes 4, ✉ 43005, ☎ 977 22 10 50, *expresstgn@sbgrup.com, Fax 977 21 14 49* – 25/70. AY b
☕ 5,65 – **90 hab** 44/54.
◆ Edificio de nueva construcción en una zona bien comunicada. Posee modernas y espaciosas habitaciones, pensadas para el trabajo y todas con sofá convertible en cama supletoria.

Astari sin rest, Via Augusta 95, ✉ 43003, ☎ 977 23 69 00, *astari@key-hotels.com, Fax 977 23 69 11*, ≤, – |‡| ▤ TV – 25/135. AE ⓓ MC VISA. BY t
6,40 – **80 hab** 75/90.
• Orientado a la actividad empresarial. Dispone de un amplio hall-recepción de línea actual, y de unas habitaciones de gran calidez que invitan al descanso.

Urbis sin rest con cafetería salvo domingo, Reding 20 bis, ✉ 43001, ☎ 977 24 01 16, *info@hotelurbis.com, Fax 977 24 36 54* – |‡| ▤ TV – 25. AE ⓓ MC VISA. CZ x
44 hab 57,75/90,30.
• Hotel de organización familiar exento de zona social. Sus habitaciones resultan algo reducidas, pero de suficiente confort y con cuartos de baño actuales.

Merlot, Cavallers 6, ✉ 43003, ☎ 977 22 06 52, *merlot@restaurantmerlot.com, Fax 977 22 81 53*, – ▤. AE ⓓ MC VISA DZ f
cerrado del 1 al 15 de febrero, domingo y lunes mediodía – **Comida** - sólo cena en agosto - carta 36 a 52.
• Acogedor marco rústico con bodega, una cuidada decoración y un esmerado servicio de mesa. Propone una cocina mediterránea con detalles novedosos.

Fortí de la Reina, passeig Rafael de Casanova, ✉ 43007, ☎ 977 24 48 77, *Fax 977 22 20 99*, ≤ ciudad y mar – ▤ P. AE MC VISA. BY e
cerrado del 1 al 20 de enero, del 4 al 14 de julio, domingo noche y martes – **Comida** carta 27 a 35.
• Goza de una ubicación privilegiada al ocupar una antigua fortaleza con hermosas vistas al mar. Disfruta de un distinguido comedor a la carta y amplios salones para banquetes.

Estació Marítima, Moll de Costa Tinglado 4 (puerto), ✉ 43004, ☎ 977 22 74 18, *Fax 977 23 21 00*, ≤, – ▤. AE ⓓ MC VISA. AY n
cerrado domingo noche y lunes – **Comida** - pescados y mariscos - carta 40 a 49.
• Emplazado en una nave de la antigua estación marítima. Salas en distintos niveles, con buen mobiliario y correcto servicio de mesa, donde degustar platos de sabor marinero.

Manolo, Gravina 61, ✉ 43004, ☎ 977 22 34 84, *rest-manolo@terra.es*, – ▤. AE ⓓ MC VISA. AY x
cerrado del 15 al 31 de enero, domingo noche y lunes – **Comida** - pescados y mariscos - carta 36 a 50.
• Negocio familiar con sencillo bar en la entrada, comedor de cuidado mantenimiento en un lateral, y terraza exterior. Carta especializada en productos del mar.

Barhaus, Sant Llorenç 22, ✉ 43004, ☎ 977 24 47 70 – |‡| ▤. AE ⓓ MC VISA JCB DZ z
cerrado del 15 al 31 de agosto y domingo – **Comida** carta 26 a 39.
• Ubicado en una dependencia del Colegio de Arquitectos. Posee un reducido comedor con apliques de tipo romano en las paredes y detalles en piedra.

Cal Martí, Sant Pere 12, ✉ 43004, ☎ 977 21 23 84 – ▤. MC VISA. AY h
cerrado septiembre, domingo noche y lunes – **Comida** carta 21 a 32.
• Restaurante familiar, con salas de sencillo montaje y correcto mobiliario dispuestas en dos niveles. Su cocina está especializada en platos marineros y mariscos.

en la carretera de Barcelona *por* ① :

Nuria, Via Augusta 145 - 1,8 km, ✉ 43007, ☎ 977 23 50 11, *reservas@hotelnuria.com, Fax 977 24 41 36* – |‡| ▤ TV P. AE ⓓ MC VISA.
cerrado del 1 al 20 de enero – **Comida** *(cerrado domingo)* - sólo cena - 16 – **57 hab** 64/84.
• Hotel de adecuada organización dotado de una reducida zona noble. Ha mejorado su confort y también su categoría, tras la profunda reforma de las habitaciones.

Sant Jordi sin rest, 2 km, ✉ 43007, ☎ 977 20 75 15, *reservas@hotelsantjordi.info, Fax 977 20 76 32*, ≤ – |‡| ▤ TV P. ⓓ MC VISA JCB.
cerrado 19 diciembre-16 enero – 4,50 – **39 hab** 45/70.
• Situado frente a la playa, dispone de unas espaciosas habitaciones con detalles decorativos y cuartos de baño actualizados. Suficiente zona social.

Sol Ric, Via Augusta 227 - 1,9 km, ✉ 43007, ☎ 977 23 20 32, *Fax 977 23 68 29*, – ▤ P. AE MC VISA.
cerrado 21 diciembre-21 enero, domingo noche y lunes – **Comida** carta 20 a 28.
• Goza de gran aceptación en la zona y dispone de comedores en estilo rústico catalán. Platos mediterráneos y una completa carta de vinos. Agradable terraza con arbolado.

TARRASA *Barcelona* – *ver Terrassa.*

TÀRREGA *25300 Lleida* 574 H 33 – *11 344 h alt. 373.*

Madrid 503 – Balaguer 25 – Barcelona 112 – Lleida/Lérida 44 – Tarragona 74.

Pintor Marsà, av. Catalunya 112 ✆ 973 50 15 16, *pintormarsa@hostaldelcame.com, Fax 973 31 03 86,* – rest, – 25/40. . rest
Comida *(cerrado domingo noche y lunes)* 10 – 4,50 – **23 hab** 30/52 – 1 suite.
◆ Pequeño establecimiento de amable organización familiar, dotado de unas acogedoras instalaciones de estilo clásico, con habitaciones de línea actual y baños en mármol. Correcto comedor complementado con una barbacoa en el exterior.

TAÜLL *25528 Lleida* 574 E 32 – *alt. 1 630 – Deportes de invierno* *15.*

Ver : *Iglesia de Sant Climent★★ – Iglesia de Santa María★.*

Madrid 567 – Lleida/Lérida 150 – Vielha/Viella 57.

El Calíu, carret. de Pistas ✆ 973 69 62 12, *elcaliutaull@yahoo.es,* – .
cerrado del 1 al 7 de junio y martes en invierno – **Comida** - sólo fines de semana en primavera y otoño - carta 21 a 29.
◆ En los bajos de un bloque de apartamentos. Su fachada de estilo montañés contrasta con la moderna y colorida decoración interior. Carta sencilla con elaboraciones a la brasa.

TAVERNES DE LA VALLDIGNA *46760 València* 577 O 29 – *16 062 h alt. 7 – Playa a 4 km.*

Madrid 393 – Alacant/Alicante 129 – Gandía 16 – València 57.

en la carretera N 332 *Noreste : 3 km :*

Las 5 Hermanas II, ✉ 46760, ✆ 96 283 70 35, *r5hermanas@mixmail.com, Fax 96 282 40 59,* ≤ campos de naranjos – . .
cerrado noviembre y lunes – **Comida** carta 16 a 24.
◆ Establecimiento de carretera con magníficas vistas sobre los campos de naranjos. Sala sencilla con grandes ventanales, y platos tradicionales a precios asequibles.

TEBA *29327 Málaga* 578 V 15 124 E 4 – *4 375 h alt. 555.*

Madrid 509 – Málaga 72 – Antequera 47 – Marbella 92 – Osuna 50.

al Sureste : *2 km :*

Molino de las Pilas con hab, carret. Vieja de Ronda, ✉ 29327 apartado 209, ✆ 95 274 86 22, *info@molinodelaspilas.com, Fax 95 274 86 47,* ≤ – . rest
cerrado del 7 al 31 de enero – **Comida** *(cerrado martes)* carta 18 a 24 – **6 hab** 55/70.
◆ En un molino de aceite del s. XIX que aún conserva todas sus piezas. Correcto servicio de mesa y, complementando el negocio, la opción de habitaciones de aire rústico.

En esta guía, el mismo símbolo en ***rojo*** *o en* ***negro****,*
la misma palabra en letra fina o en negrita, no significan lo mismo.
Lea atentamente la introducción.

TEGUESTE *Santa Cruz de Tenerife – ver Canarias (Tenerife).*

A TEIXEIRA *32765 Ourense* 571 E 7 – *639 h alt. 560.*

Madrid 481 – Lugo 89 – Ourense 46 – Ponferrada 108.

Casa Grande de Cristosende , Cristosende - Suroeste : 1,7 km ✆ 988 20 75 29, *Fax 988 20 75 30* – . .
Comida 12 – 4 – **7 hab** 72.
◆ Antigua casona solariega donde la piedra vista toma el protagonismo en cada estancia. Correcta zona social y confortables habitaciones, con los suelos y los techos en madera.

TELDE *Las Palmas – ver Canarias (Gran Canaria).*

TEMBLEQUE *45780 Toledo* 576 M 19 – *2 141 h.*

Ver : *Plaza Mayor★.*

Madrid 92 – Aranjuez 46 – Ciudad Real 105 – Toledo 55.

TENERIFE *Santa Cruz de Tenerife – ver Canarias.*

TENTENIGUADA *Las Palmas – ver Canarias (Gran Canaria).*

TEROR *Las Palmas – ver Canarias (Gran Canaria).*

TERRADELLES *17468 Girona 574 F 38 122 H 4 – 85 h.*

Madrid 710 – Barcelona 118 – Girona/Gerona 19 – Perpignan 76.

Mas Alba, ☎ 972 56 04 88, *masalba@wanadoo.es, Fax 972 56 04 88* Ganadería propia, – P. VISA.
cerrado 7 enero-7 febrero – **Comida** - sólo clientes, sólo cena - 10 – **5 hab** 50/70.
◆ Antigua masía familiar que data de 1360. Posee una recepción abovedada, un salón-comedor con chimenea y habitaciones rústicas con detalles de muros y maderas originales.

TERRADES *17731 Girona 574 F 38 122 H 3 – 184 h.*

Madrid 748 – Girona/Gerona 50 – Figueres 14 – Perpignan 60 – Vic 114.

La Fornal, Major 31 ☎ 972 56 90 95, *globalnet@airtel.net* – P. AE MC VISA
cerrado domingo noche y lunes – **Comida** carta 18 a 28.
◆ Acogedora casa con el dueño en los fogones, que pone a su disposición dos salas de sencillo montaje en estilo rústico, y una terracita exterior con césped.

TERRASSA o TARRASA *08220 Barcelona 574 H 36 122 C 7 – 157 442 h alt. 277.*

Ver : *Conjunto Monumental de Iglesias de Sant Pere★★ : Sant Miquel★, Santa María★ (retablo de los Santos Abdón y Senén★★) – Iglesia de Sant Pere (retablo de piedra★) – Masía Freixa★ – Museo de la Ciencia y la Técnica de Cataluña★.*

Raval de Montserrat 14 ✉ 08221 ☎ 93 739 70 19 turisme@terrassa.org. Fax 93 739 70 63.

Madrid 613 – Barcelona 31 – Lleida/Lérida 156 – Manresa 41.

Plano página siguiente

Don Cándido, Rambleta Pare Alegre 98, ✉ 08224, ☎ 93 733 33 00, *doncandido@cirsa.com, Fax 93 733 08 49*, ←, Servicios terapéuticos, – AE MC VISA. AZ a
Comida carta 23 a 41 – 10,50 – **103 hab** 90/116 – 3 suites.
◆ Moderno y de planta circular, está orientado a una clientela de negocios. Posee un amplio hall al estilo americano, y unas confortables habitaciones con baños en mármol. Su comedor ofrece una carta con vistosos platos de presentación y menú de trabajo.

Terrassa Park sin rest con cafetería, av. Santa Eulàlia 236, ✉ 08223, ☎ 93 700 44 00, *terrassapark@cirsa.com, Fax 93 700 44 01* – AE MC VISA. BZ c
6 – **74 hab** 68/91.
◆ De línea actual, con reducidas zonas nobles y la cafetería integrada. Sus habitaciones disfrutan de suficiente equipamiento, con mobiliario funcional y los suelos en tarima.

Tàrrega sin rest y sin , Tàrrega 17-19, ✉ 08227, ☎ 93 736 36 40, *buzon@hostaltarrega.com, Fax 93 736 05 87* – MC VISA. por Castellar BY
12 hab 52,45/66.
◆ Hostal de amable organización dotándose de habitaciones modestas pero muy bien equipadas, con baños que resultan modernos y completos. Excelente opción en su categoría.

Burrull-Hostal del Fum, carret. de Moncada 19, ✉ 08221, ☎ 93 788 83 37, *Fax 93 788 57 79* – P. AE MC VISA. AZ b
cerrado Semana Santa, agosto, domingo noche y lunes – **Comida** carta 20 a 34.
◆ Negocio bien conocido en la zona y de larga tradición familiar. Ofrece un servicio de mesa de calidad y una carta de corte casero, con platos propios del recetario catalán.

Sara, av. Abat Marcet 201, ✉ 08225, ☎ 93 735 80 25, *restaurant_sara@telefonica.net, Fax 93 735 86 05* – AE MC VISA. AY d
cerrado Semana Santa, 3 semanas en agosto, domingo y miércoles noche – **Comida** carta 21 a 33.
◆ Regentado por el matrimonio propietario. Restaurante de estilo clásico con detalles regionales, donde sirven una cocina de tendencia catalana con cuidadas elaboraciones.

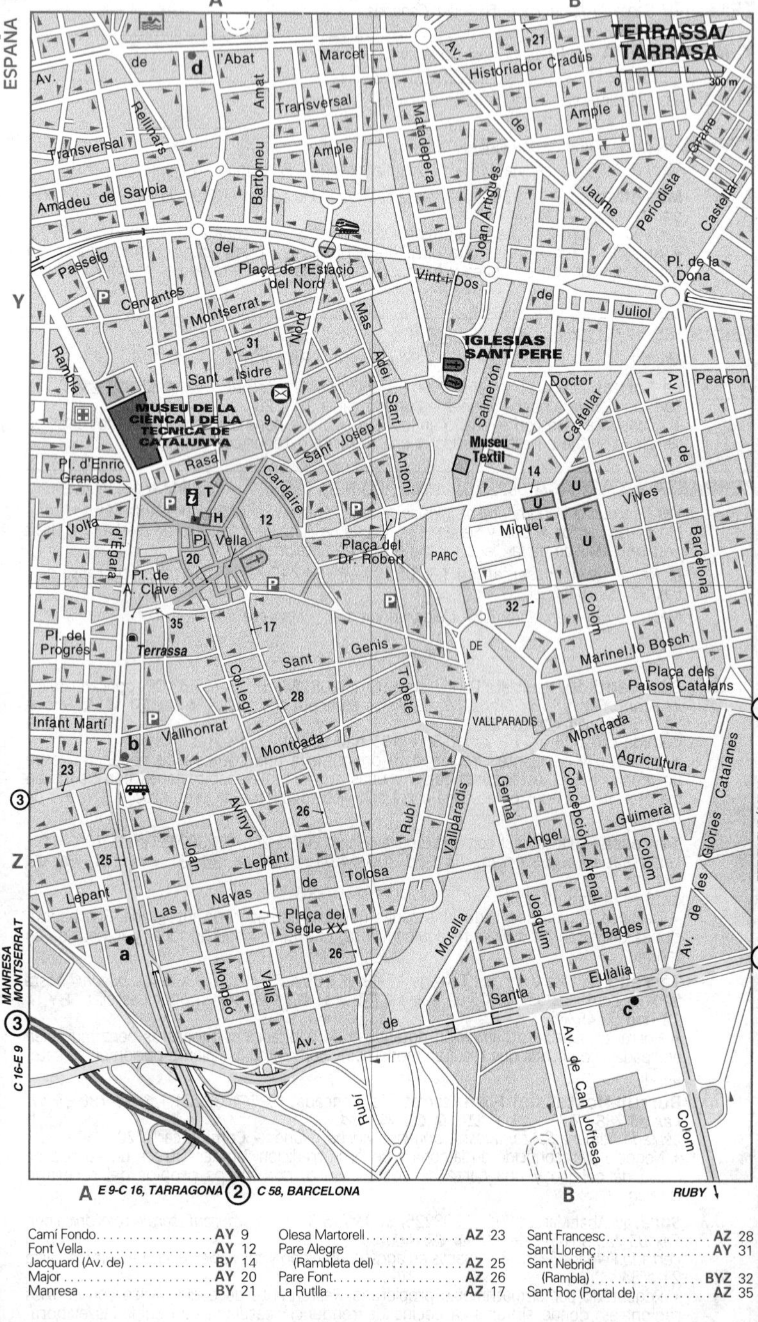

Camí Fondo .... AY 9
Font Vella .... AY 12
Jacquard (Av. de) .... BY 14
Major .... AY 20
Manresa .... BY 21
Olesa Martorell .... AZ 23
Pare Alegre (Rambleta del) .... AZ 25
Pare Font .... AZ 26
La Rutlla .... AZ 17
Sant Francesc .... AZ 28
Sant Llorenç .... AY 31
Sant Nebridi (Rambla) .... BYZ 32
Sant Roc (Portal de) .... AZ 35

TERUEL *44000* P 574 K 26 – *30 789 h alt. 916.*

Ver : *Emplazamiento*★ – *Museo Provincial*★ Y, *Torres mudéjares*★ YZ – *Catedral (techo artesonado*★*)* Y.

Tomás Nougués 1 ✉ *44001* ☎ *978 60 22 79 ofi.turismo.teruel@aragob.es Fax 978 60 22 79* – **R.A.C.E.** *Miguel de Cervantes 11* ✉ *44002* ☎ *978 60 34 95 Fax 978 61 00 97.*

Madrid 301 ② – Albacete 245 ② – Cuenca 152 ② – Lleida/Lérida 334 ② – València 146 ② – Zaragoza 184 ②

ESPAÑA

Reina Cristina, paseo del Óvalo 1, ✉ 44001, ☎ 978 60 68 60, *reserve@gargallo-hotels.com, Fax 978 60 53 63* – |♦|, ▤ rest, TV – 🏛 25/350. AE ⓓ MC VISA JCB. ✗ rest Z a

Comida 17,65 – ☕ 10,70 – **81 hab** 86,80/108,20.

◆ Su hotel en la capital del arte mudéjar. Céntrico y de correcta organización, cuenta con amplias habitaciones de adecuado equipamiento y la mayoría de los baños actuales. Su elegante comedor le propone una cocina de mercado elaborada con productos de la zona.

Torico Plaza sin rest, Yagüe de Salas 5, ✉ 44001, ☎ 978 60 86 55, *reservas@bacohoteles.com, Fax 978 60 86 55* – |♦| ▤ TV ☎ ♿. AE ⓓ MC VISA. ✗ Z b

31 hab ☕ 90/108.

◆ Hotel actual ubicado en el corazón de la ciudad. Ofrece habitaciones funcionales y de correcto confort, dotadas con mobiliario de buen nivel. La recepción está en el 1er piso.

Suite Camarena Plaza sin rest, urb. Pinilla-edificio Camarena-Sur : 1,5 km, ✉ 44001, ☎ 978 60 86 55, *camarenaplaza@bacohoteles.com, Fax 978 62 30 31* – |♦| ▤ TV ☎ 🚗. AE ⓓ MC VISA. ✗ por N 234 Z

24 hab ☕ 76,67/121,33.

◆ Se encuentra junto al campo de fútbol. Posee habitaciones de línea actual con los suelos en tarima y un pequeño salón social donde también sirven los desayunos.

Plaza Boulevard, pl. Tremedal 3, ✉ 44001, ☎ 978 60 88 17, *Fax 978 60 88 97* – |♦| ▤ TV. AE ⓓ MC VISA. ✗ Z c

Comida 9 – ☕ 6,37 – **18 hab** 55,21/81,32.

◆ Su pequeña recepción junto a la cafetería se ve compensada por unas habitaciones de adecuado confort, dos de ellas abuhardilladas y con sauna e hidromasaje en los baños. Cuidado comedor a la carta ubicado en la entreplanta y otro para grupos en el sótano.

TERUEL

Abadía . . . . . Z 2
Amantes (Pl. de los) . . . . Z 4
Amantes . . . . . Y 3
Ambeles (Ronda de) . . . Z 5
Bretón (Pl.) . . . . . Z 6
Carlos Castel o del Torico (Pl.) . . . . YZ 7
Catedral (Pl. de la) . . . . . Y 8
Chantria . . . . . Z 10
Comte Fortea . . . . . Y 9
Cristo Ray (Pl. de) . . . . . Y 12
Dámaso Torán (Ronda de) . . . . . Y 13
Fray Anselmo Polanco . . . . . Y 14
Joaquín Costa . . . . . Y 15
Miguel Ibáñez . . . . . Y 16
Óvalo (Pas.) . . . . . Z 18
Pérez Prado (Pl. de) . . . . Y 19
Pizarro . . . . . Z 20
Ramón y Cajal . . . . . Z 22
Rubio . . . . . Y 23
Salvador . . . . . Z 24
San Francisco . . . . . Z 25
San Juan (Pl.) . . . . . Z 27
San Martín . . . . . Y 28
San Miguel . . . . . Y 29
Temprado . . . . . Y 30
Venerable F. de Aranda (Pl.) . . . . . Y 35
Yagüe de Salas . . . . . Y 37

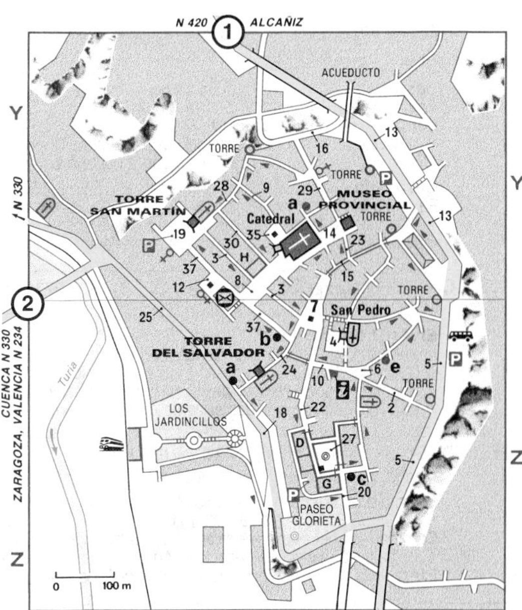

Civera sin rest, av. de Sagunto 37 - Sur : 1 km, ✉ 44002, ☎ 978 60 23 00, *hotelcivera@hotmail.com, Fax 978 60 23 04* – ⊠ ▤ ☐ ♿ P. AE ⓓ ⓜ VISA JCB por N 234 Z
☐ 6,40 – **73 hab** 69,70/87,75.
◆ Tras una importante reforma ha mejorado su confort, tanto en la zona social como en las habitaciones, que siendo funcionales ofrecen mobiliario actual y unos baños correctos.

La Tierreta, Francisco Piquer 6, ✉ 44001, ☎ 978 61 79 23, *Fax 978 61 79 23* – ▤. ⓓ ⓜ VISA. ✂ Y a
cerrado del 12 al 19 de julio, del 13 al 28 de octubre y domingo – **Comida** carta 24 a 35.
◆ Resulta interesante, ya que ofrece una cocina creativa basada en los productos de la zona. Posee un comedor principal con el suelo en tarima y un privado en el sótano.

La Menta, Bartolomé Esteban 10, ✉ 44001, ☎ 978 60 75 32, *Fax 978 60 58 04* – ▤. ✂ Z e
cerrado del 7 al 22 de enero, del 9 al 25 de julio, domingo y lunes – **Comida** carta 22 a 30.
◆ Entrada por una pequeña barra que da paso al comedor, dividido en varias salas de correcto montaje. Comunicado con una pizzería de funcionamiento independiente.

en la carretera N 234 *Noroeste : 2 km :*

Parador de Teruel, ✉ 44003, ☎ 978 60 18 00, *teruel@parador.es, Fax 978 60 86 12,* ⛱, ⛐, ✂ – ⊠, ▤ rest, ☐ ♿ ⇔ P – 🔑 25/200. AE ⓓ ⓜ VISA. ✂
Comida 25 – ☐ 11 – **54 hab** 84/105 – 6 suites.
◆ Palacete de arquitectura típica turolense, en un tranquilo paraje arbolado. La tradición cristiana y la árabe perfilan un interior lleno de encanto. Reciente remodelación. Su cocina le sugiere un apetitoso recorrido por los platos de la región.

El TIEMBLO *05270 Ávila* 575 K 16 121 C 7 – *3 795 h alt. 680.*

Alred. : *Embalse de Burguillo* ★ *Noroeste : 7 km – Pantano de San Juan* ⩽★ *Este : 17 km.*
Madrid 83 – Ávila 50.

Toros de Guisando, av. de Madrid ☎ 91 862 70 82, *correo@torosdeguisando.com, Fax 91 862 71 92,* ⩽ – ⊠ ▤ ☐ ⇔ P – 🔑 25/500. ⓜ VISA. ✂
Comida 17 – ☐ 4 – **24 hab** 50/65.
◆ En la avenida de entrada a la localidad. Ofrece amplitud y modernidad tanto en las zonas comunes como en sus habitaciones, dotadas de mobiliario funcional y baños actuales. Comedor de estilo clásico y dos salones con gran actividad de banquetes.

TINEO *33870 Asturias* 572 B 10 – *14 857 h alt. 673.*

Ver : ✻★★.
Madrid 523 – León 185 – Lugo 184 – Oviedo 68 – Ponferrada 135.

en El Crucero *Noreste : 3,5 km :*

Casa Lula ⛰ sin ☐, antigua carret. C 630, ✉ 33877 El Crucero, ☎ 98 580 16 00, *Fax 98 590 00 10* – ☐ P. AE ⓓ ⓜ VISA
Comida - ver rest. ***Casa Lula*** – **11 hab** 30/50.
◆ Muy vinculado al restaurante del mismo nombre. Dispone de unas habitaciones de buena amplitud y correcto equipamiento, con mobiliario estándar y baños actuales.

Casa Lula - *Hotel Casa Lula*, antigua carret. C 630, ✉ 33877 El Crucero, ☎ 98 580 02 38, *Fax 98 590 00 10* – ▤ P. AE ⓓ ⓜ VISA. ✂ – *cerrado viernes* – **Comida** carta 21 a 25.
◆ Bien valorado desde su fundación en 1925. Ofrece un comedor de aire regional, otro más íntimo con las paredes en piedra y un salón para banquetes con acceso independiente.

TITULCIA *28359 Madrid* 576 L 19 575 L 19 121 I 9 – *872 h alt. 509.*

Madrid 37 – Aranjuez 21 – Ávila 159.

El Rincón de Luis, Grande 31 ☎ 91 801 01 75, *info@elrincondeluis.com, Fax 91 801 00 82* – ▤. AE ⓓ ⓜ VISA. ✂
cerrado del 15 al 31 de agosto y lunes – **Comida** - sólo almuerzo - carta 21 a 38.
◆ Modesto negocio familiar de cocina tradicional especializado en asados. Posee un bar en la entrada, seguido por dos salas de correcto montaje, con horno de leña a la vista.

EL TOBOSO *45820 Toledo* 576 N 21 – *2 065 h alt. 692.*

Madrid 138 – Albacete 124 – Alcázar de San Juan 30 – Toledo 127.

Casa de la Torre ⛰, Antonio Machado 16 ☎ 925 56 80 06, *info@casadelatorre.com, Fax 925 56 80 06* – ☐. AE ⓜ VISA. ✂
Comida - es necesario reservar - 25 – **8 hab** ☐ 48/80.
◆ Típica casa manchega decorada con múltiples detalles alusivos a Don Quijote y Sancho Panza. Habitaciones confortables, con mobiliario antiguo y baños reducidos.

La TOJA (Isla de) *Pontevedra – ver A Toxa (Illa de).*

TOLEDO

45000 P 576 M 17 y 121 F 10 - 69 450 h. alt. 529.

Madrid 71 ①- Ávila 137 ⑥ - Ciudad Real 120 ③ - Talavera de la Reina 78 ⑥.

OFICINAS DE TURISMO

Puerta Bisagra ✉ 45003, ✆ 925 22 08 43, Fax 925 25 26 48 y pl. del Ayuntamiento 1 ✉ 45071, ✆ 925 25 40 30, turismo@ayto-toledo.org Fax 925 25 59 46.

INFORMACIONES PRÁCTICAS

R.A.C.E. *Colombia 10, ✉ 45004, ✆ 925 21 16 37, Fax 925 21 56 54.*

CURIOSIDADES

Ver : *Emplazamiento★★★ – El Toledo Antiguo★★★ – Catedral★★★* BY *(Retablo de la Capilla Mayor★★, Sillería del coro★★★, transparente girola★, artesonado mudéjar de la sala capitular★, Sacristía : obras de El Greco★, Tesoro : custodia★★) – Iglesia de Santo Tomé : El Entierro del Conde de Orgaz★★★* AY *– Casa y Museo de El Greco★* AY **M1** *– Sinagoga del tránsito★★ (decoración mudéjar★★)* AYZ *– Iglesia de Santa María la Blanca★ : capiteles★* AY *– Monasterio de San Juan de los Reyes★ (iglesia : décoración escultórica★)* AY *– Iglesia de San Román : museo de los concilios y de la cultura visigoda★* BY *– Museo de Santa Cruz★★ (fachada★★, colección de pintura de los s. XVI y XVII★, obras de El Greco★, obras de primitivos★, retablo de la Asunción de El Greco★, patio plateresco★, escalera de Covarrubias★)* CXY.

Otras curiosidades : *Hospital de Tavera★ : palacio★ – Iglesia : El bautismo de Cristo de El Greco★* BX.

Planos páginas siguientes

Parador de Toledo, cerro del Emperador, ✉ 45002, ☎ 925 22 18 50, *toledo@parador.es*, Fax 925 22 51 66, – – 25/100. AE VISA JCB. BZ t
Comida 27 – 11 – **73 hab** 104/130 – 3 suites.
• Edificio de estilo regional sobre la hoz del Tajo, con una piscina rodeada de césped y la ciudad al fondo. Lujo y arte se dan cita, con detalles castellanos y mudéjares. Comedor con el sabor de la recia hidalguía y una completa carta de raíces locales.

Beatriz, carret. de Ávila, ✉ 45005, ☎ 925 26 91 00, *beatriztoledo@beatrizhotel es.com*, Fax 925 21 58 65, – – 25/2000. AE VISA. por ④ AX
Comida *(cerrado domingo noche)* - ver también rest. ***Alacena*** - 23,50 – 10,50 – **295 hab** 99/139,75.
• Hotel de línea actual con magníficas prestaciones y un trato personalizado. Convenciones y demás celebraciones encuentran aquí su lugar de referencia. Amplia terraza. Comedor funcional con la opción de menú diario y buffet los fines de semana.

AC Ciudad de Toledo, carret. de Circunvalación 15, ✉ 45005, ☎ 925 28 51 25, *ctoledo@ac-hotels.com*, Fax 925 28 47 00, – – 25/50. AE VISA. rest AZ e
Comida carta aprox. 41 – 12 – **49 hab** 125.
• Moderno y elegante con la ciudad al fondo. Decoración regional, equipamiento excelente y habitaciones coquetas, poseyendo algunas de ellas vistas impresionantes. Restaurante con instalaciones detallistas y un adecuado servicio de mesa.

María Cristina, Marqués de Mendigorría 1, ✉ 45003, ☎ 925 21 32 02, *informacion@hotelmariacristina.com*, Fax 925 21 26 50 – – 25/200. AE VISA. BX s
El Ábside *(cerrado domingo)* **Comida** carta 21 a 35 – 6 – **73 hab** 62/96,50.
• Distinguido alojamiento en un edificio que alberga un ábside mudéjar del s. XV. Su entrada, a modo de loggia italiana, continúa la tradición toledana del ladrillo visto. Entrañable comedor con los muros en piedra.

Doménico, cerro del Emperador, ✉ 45002, ☎ 925 28 01 01, *reservas@hoteldo menico.com*, Fax 925 28 01 03, – – 25/100. AE VISA. rest BZ a
Comida 25 – 10,40 – **50 hab** 88,35/126,21.
• Su nombre rinde tributo al genio de El Greco. Un hotel tranquilo, moderno y funcional, en el que destaca una terraza panorámica. Habitaciones actuales con suelos rústicos. Comedor a la carta con grandes ventanales y sabrosas elaboraciones.

Hesperia Toledo sin rest, Marqués de Mendigorría 10, ✉ 45003, ☎ 925 01 06 00, *hotel@hesperia-toledo.com*, Fax 925 01 06 10 – – 25/60. AE VISA JCB. BX x
9 – **35 hab** 115/185.
• Con un curioso hall tipo patio a la entrada, desde donde también se accede a unos cines. Reducida biblioteca en la zona noble y habitaciones actuales de completo equipamiento.

Alfonso VI, General Moscardó 2, ✉ 45001, ☎ 925 22 26 00, *info@hotelalfonsovi.com*, Fax 925 21 44 58 – – 25/150. AE VISA JCB. CY u
Comida 18,25 – 9 – **83 hab** 80,30/127.
• Frente al alcázar. Nombre histórico que alude al rey que reconquistó la ciudad. Hotel de estilo clásico-castellano, con habitaciones correctas y baños renovados. Sobrio comedor de aire regional con gran actividad de grupos.

Abacería, Pontezuelas 8, ✉ 45004, ☎ 925 25 00 00, *abaceria@hotelabaceria.com*, Fax 925 25 18 68, – – 50. VISA JCB. AZ x
Comida 18,32 – 5,78 – **40 hab** 51,68/93,75.
• Un hotel confortable con la ciudad al fondo. Zonas comunes espaciosas y habitaciones, todas exteriores, modernas y bien equipadas. Seria organización. Su restaurante se complementa con un bar con terraza.

Pintor El Greco sin rest, Alamillos del Tránsito 13, ✉ 45002, ☎ 925 28 51 91, *info@hotelpintorelgreco.com*, Fax 925 21 58 19 – . AE VISA JCB AY a
5,60 – **33 hab** 82/102.
• Recuperación de una casa del s. XVII, en la que destacan su fachada y patio interior. Habitaciones acogedoras con suelos en plaqueta rústica. Bonita vista de Los Cigarrales.

Abad Toledo sin rest, Real del Arrabal 1, ✉ 45003, ☎ 925 28 35 00, *reservas@hotelabad.com*, Fax 925 28 35 01 – – 25. AE VISA JCB. BX n
7 – **22 hab** 79,60/99,50.
• Ocupa una antigua casa que en otro tiempo funcionó como herrería. Tras su rehabilitación se caracteriza por conservar, en lo posible, los elementos constructivos originales.

TOLEDO

Calle	Plano	N.º
Alcántara (Puente de)	CX	
Alfileritos	BY	
Alfonso VI (Pl. de)	BX	
Alfonso X el Sabio	BY	2
Alfonso XII	BY	3
América (Av. de)	AX	
Ángel	AY	
Ave María	BZ	
Ayuntamiento (Pl. del)	BY	4
Azarquiel (Puente de)	CX	
Cabestreros (Pas. de)	CZ	
Cadenas	BY	7
Campana (Travesía)	BY	8
Cardenal Lorenzana	BY	9
Cardenal Tavera	BX	
Carlos III (Av. de)	AX	
Carlos V (Cuesta de)	BY	13
Carmelitas	AY	14
Cava (Av. de la)	AX	
Cervantes	CY	
Circo Romano (Pas. del)	AX	
Colegio de Doncellas	AY	17
Comercio	BY	
Conde (Pl. del)	AY	18
Consistorio (Pl. del)	BY	19
Cordonerías	BY	20
Cruz Verde (Pas. de la)	BZ	
Duques de Lerma (Av. de los)	BX	
Esteban Illán	BY	24
Gerardo Lobo	BX	
Hombre de Palo	BY	27
Honda	BX	28
Juanelo (Ronda de)	CY	
Mas del Ribero (Av. de)	AX	
Matías Moreno	AY	
Merced	BY	
Núñez de Arce	BX	32
Nuncio Viejo	BY	29
Padilla (Pl. y Calle de)	ABY	33
Padre Mariana (Pl.)	BY	34
Pascuales (Cuesta de los)	CY	36
Plata	BY	
Pozo Amargo	BZ	
Real del Arrabal	BX	
Recaredo (Pas. de)	AX	
Reconquista (Av. de la)	ABX	
Reyes Católicos	AY	
Rosa (Pas. de la)	CX	
El Salvador	BY	22
San Cristóbal (Pas.)	BZ	38
San Juan de Dios	AY	40
San Justo (Cuesta)	CY	
San Justo (Pl.)	BY	41
San Marcos	BY	42
San Martín (Puente)	AY	
San Román	BY	44
San Sebastián (Carreras de)	BZ	
San Torcuato	BZ	
San Vicente (Pl. de)	BY	45
Santa Leocadia (Cuesta de)	AY	
Santo Tomé	ABY	
Sillería	BX	
Sixto Ramón Parro	BY	46
Sola	BZ	
Taller del Moro	BY	48
Tendillas	BY	10
Toledo de Ohio	BY	49
Tornerías	BY	50
Tránsito (Pas. del)	AYZ	52
Trinidad	BY	
Venancio González	CX	53
Zocodover (Pl. de)	CY	

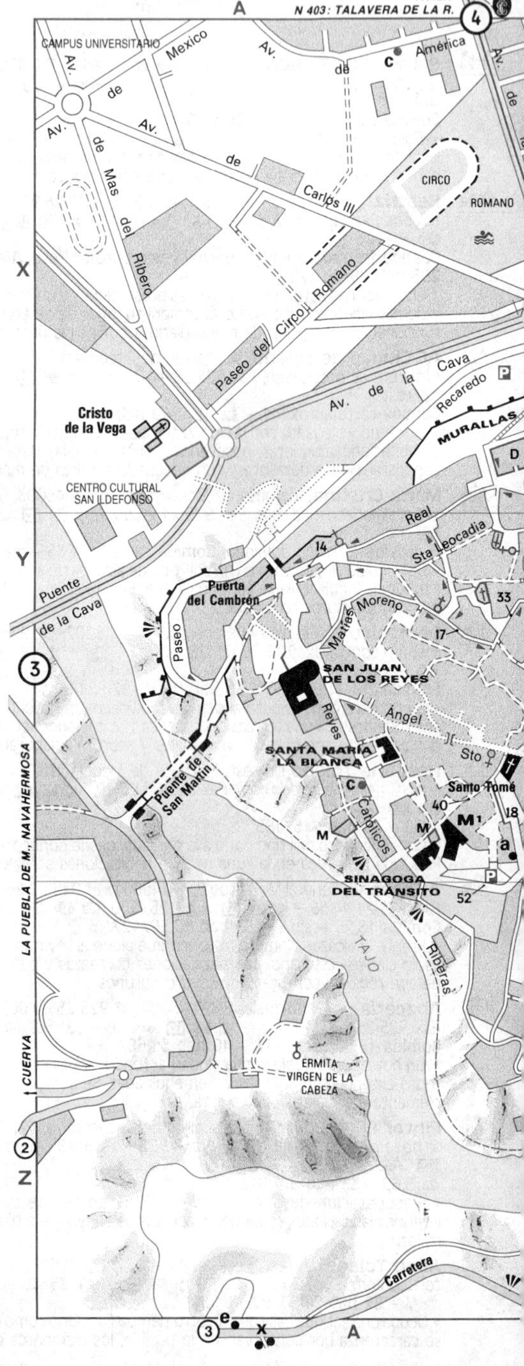

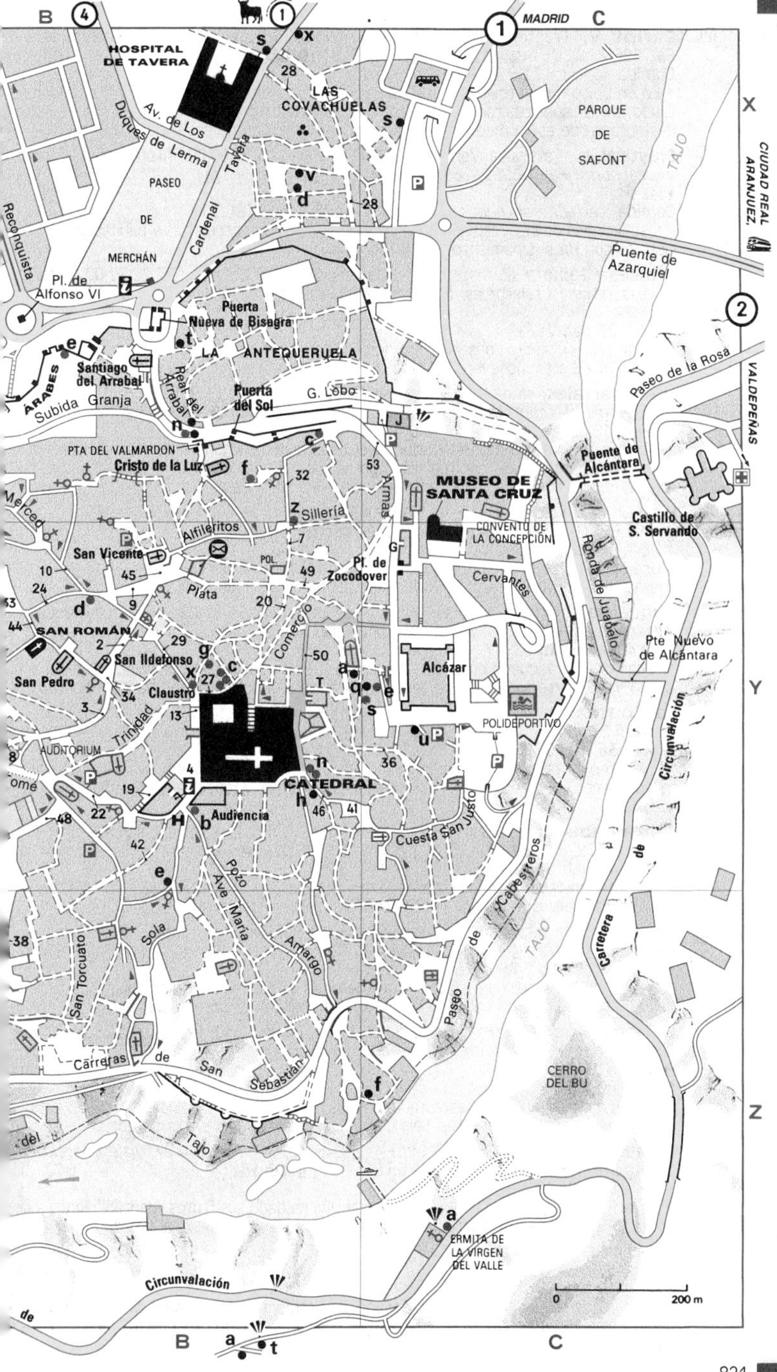

HOSPITAL DE TAVERA
LAS COVACHUELAS
PARQUE DE SAFONT
MADRID
CIUDAD REAL ARANJUEZ
Av. de Los Duques de Lerma
PASEO DE MERCHÁN
Cardenal Tavera
Reconquista
Pl. de Alfonso VI
Puente de Azarquiel
Puerta Nueva de Bisagra
LA ANTEQUERUELA
Santiago del Arrabal
ÁRABES
Subida Granja
Real del Arrabal
Puerta del Sol
G. Lobo
Paseo de la Rosa
VALDEPEÑAS
PTA DEL VALMARDON
Cristo de la Luz
MUSEO DE SANTA CRUZ
CONVENTO DE LA CONCEPCIÓN
Puente de Alcántara
Castillo de S. Servando
Ronda de Juanelo
Merced
Sillería
Armas
Alfileritos
San Vicente
POL.
Pl. de Zocodover
Cervantes
Plata
Comercio
SAN ROMÁN
San Ildefonso
San Pedro
Claustro
Alcázar
Pte Nuevo de Alcántara
Trinidad
AUDITORIUM
POLIDEPORTIVO
CATEDRAL
Circunvalación
Audiencia
Cuesta San Justo
Pozo
Ave María
Amargo
Sola
San Torcuato
Paseo de Cabestreros
TAJO
Carretera de
Carreras de San Sebastián
CERRO DEL BU
del Tajo
ERMITA DE LA VIRGEN DEL VALLE
Circunvalación
de
0
200 m
B
C
X
Y
Z

Carlos V, Trastamara 1, ✉ 45001, ☎ 925 22 21 00, *info@carlosv.com, Fax 925 22 21 05* - |♦| ▤ TV - 🔔 25/80. AE ◑ MC VISA JCB. ✈ BY a
Comida 15 - ☕ 7,85 - **69 hab** 73,75/108.
◆ En un típico rincón toledano. Sus habitaciones con cierto aire de montaña y suelos imitando el mármol, resultan agradables. A reseñar las que poseen una pequeña terraza. Restaurante de estilo mudéjar, evocando un pasado lleno de esplendor.

Mayoral, av. Castilla-La Mancha 3, ✉ 45003, ☎ 925 21 60 00, *informacion@hotelmayoral.com, Fax 925 21 69 54* - |♦| ▤ TV 🚗 - 🔔 25/130. AE ◑ MC VISA. ✈ CX s
Comida *(cerrado domingo)* 15,50 - ☕ 6 - **110 hab** 62/96,50.
◆ Instalaciones de inspiración moderna. Salas de reuniones panelables y habitaciones funcionales con un equipamiento a la altura y baños completos.

Princesa Galiana sin rest, paseo de la Rosa 58, ✉ 45006, ☎ 925 25 72 00, *hotel_princesa_galiana@teleline.es, Fax 925 22 99 76* - |♦| ▤ TV ♿ 🚗 - 🔔 25/30. MC VISA. ✈ por paseo de la Rosa CX
☕ 7 - **27 hab** 75/95.
◆ Su fachada en piedra conserva la tradición de la arquitectura toledana. Habitaciones con detalles mudéjares, poseyendo las de la 3ª planta una estructura abuhardillada.

Los Cigarrales, carret. de Circunvalación 32, ✉ 45004, ☎ 925 22 00 53, *cigarrales@hotelcigarrales.com, Fax 925 21 55 46,* ≤ - |♦| ▤ TV P. AE ◑ MC VISA. ✈ AZ x
Comida 10,80 - ☕ 4,90 - **35 hab** 29,50/46,60.
◆ Disfrute de unas serenas vistas sobre la ciudad. Un hotel organizado, pequeño y familiar. Habitaciones entrañables con mobiliario provenzal. El comedor resulta algo desfasado en su decoración, con las paredes en blanco y zócalo de azulejos.

Real sin rest, Real del Arrabal 4, ✉ 45003, ☎ 925 22 93 00, *hotelreal@socranet.com, Fax 925 22 87 67* - |♦| ▤ TV 🚗. AE ◑ MC VISA JCB. ✈ BX n
☕ 6 - **54 hab** 51/81.
◆ Una opción próxima a la iglesia del Cristo de la Luz. Fachada clásica y un interior actual con habitaciones que, pese a su mobiliario estándar, resultan confortables.

Duque de Lerma 🐌 sin rest, Espino 4, ✉ 45003, ☎ 925 22 25 00, *hotelduquelerma@terra.es, Fax 925 22 12 00* - |♦| ▤ TV. MC VISA. ✈ BX v
☕ 2,40 - **18 hab** 63/77.
◆ El calor de un pequeño hotel con las técnicas de las nuevas construcciones. Exterior en ladrillo visto, correctas zonas sociales y habitaciones funcionales con baños modernos.

Las Conchas sin rest, Juan Labrador 8, ✉ 45001, ☎ 925 21 07 60, *lasconchas@ctv.es, Fax 925 22 42 71* - |♦| ▤ TV ♿. AE MC VISA BCY q
☕ 5 - **35 hab** 55/75.
◆ Céntrico hotel de nueva construcción, situado en una zona peatonal. Amplia recepción con suelos en mármol y habitaciones modernas y funcionales, dotadas de baños actuales.

Santa Isabel sin rest, Santa Isabel 24, ✉ 45002, ☎ 925 25 31 20, *santa-isabel@arrakis.es, Fax 925 25 31 36* - |♦| ▤ TV 🚗. AE ◑ MC VISA JCB. ✈ BY e
☕ 4 - **42 hab** 30/45.
◆ Un hotel en fase de ampliación, próximo a la Catedral. Recepción de línea clásica, un saloncito de televisión y habitaciones confortables con suelos en parquet.

Martín 🐌 sin rest, Espino 10, ✉ 45003, ☎ 925 22 17 33, *hotel-martin@terra.es, Fax 925 22 19 18* - |♦| ▤ TV. MC VISA. ✈ BX d
☕ 2,40 - **29 hab** 54,60 - 2 apartamentos.
◆ En una zona tranquila del casco antiguo. Además de habitaciones bien equipadas, posee dos apartamentos con cocina en un anexo, de similares características.

La Posada de Manolo sin rest, Sixto Ramón Parro 8, ✉ 45001, ☎ 925 28 22 50, *laposadademanolo@wanadoo.es, Fax 925 28 22 51* - ▤ TV ♿. AE MC VISA. ✈ BY h
14 hab ☕ 42/72.
◆ Ocupa una antigua casa restaurada, con las habitaciones distribuidas en tres plantas, decoradas en estilos diferentes. Sala para desayunos con vistas a la Catedral.

El Diamantista sin rest, pl. Retama 4, ✉ 45002, ☎ 925 25 14 27, *viaje@hoteldiamantista.e.telefonica.net, Fax 925 21 05 86* - ▤ TV. MC VISA BCZ f
☕ 2 - **16 hab** 39/49.
◆ Un hotel de organización sencilla y familiar que ha dado sus frutos. Mantenimiento a la altura y habitaciones bien cuidadas. A destacar aquéllas que miran al río.

Puerta de Bisagra sin rest, del Potro 5, ✉ 45003, ☎ 925 28 52 77, *Fax 925 28 52 77* - |♦| ▤ TV. MC VISA BX t
☕ 2 - **19 hab** 25/43.
◆ Hotelito de nueva construcción, llevado directamente por la propiedad. Escasa zona noble y reducidas habitaciones de línea castellana, la mayoría con plato ducha en sus baños.

XXX **Alacena** - *Hotel Beatriz*, carret. de Ávila, ✉ 45005, ☎ 925 26 91 00, *beatriztoledo@beatrizhoteles.com, Fax 925 21 58 65*, – ▤ [P]. AE ⓓ MC VISA. por ④ AX
cerrado domingo noche salvo verano – **Comida** carta 26 a 37.
◆ Salones para banquetes en el piso superior y un restaurante a la carta en la planta baja de gran amplitud, con dos privados y una agradable terraza.

XX **Hostal del Cardenal** con hab, paseo Recaredo 24, ✉ 45004, ☎ 925 22 49 00, *cardenal@hostaldelcardenal.com, Fax 925 22 29 91*, – ▤ TV. AE ⓓ MC VISA. rest BX e
Comida carta 25 a 37 – ☕ 7,50 – **27 hab** 65/106.
◆ En un palacio del s. XVIII que sirvió como residencia al cardenal Lorenzana. Posee diversas salas, con profusión de madera, en un estilo clásico-castellano. Jardín arbolado.

XX **Adolfo,** La Granada 6, ✉ 45001, ☎ 925 22 73 21, *adolfo-toledo@adolfo-toledo.com, Fax 925 25 31 98* – ▤. AE ⓓ MC VISA JCB. BY g
cerrado 15 días en enero, 2ª quincena de julio, domingo noche y lunes – **Comida** carta aprox. 50.
◆ Prestigiosa cocina basada en el recetario tradicional, aunque da alguna concesión a la modernidad. Destaca su selecta bodega y el magnífico artesonado de los ss. XIV y XV.

XX **La Ermita,** carret. de Circunvalación, ✉ 45004, ☎ 925 25 31 93, *Fax 925 22 35 29*, ≤ ciudad, – ▤. AE ⓓ MC VISA. CZ a
cerrado del 1 al 15 de agosto, domingo noche y lunes – **Comida** carta 30 a 36.
◆ Casa de piedra al borde del río Tajo y con vistas a la ciudad. Posee un comedor de línea moderna, con grandes ventanales y mobiliario de buen nivel.

XX **Casón de los López de Toledo,** Sillería 3, ✉ 45001, ☎ 925 25 47 74, *casontoledo@casontoledo.com, Fax 925 25 72 82*, Exposición y venta de antigüedades – ▤. AE MC VISA. BXY z
cerrado lunes noche y martes – **Comida** carta 35 a 46.
◆ Sus excelencias no sólo están en los fogones. Edificio señorial en piedra con un balcón de esquina en la fachada e interior castellano, con sillas de auténtico anticuario.

XX **El Pórtico,** av. de América 1, ✉ 45004, ☎ 925 21 43 15, *Fax 925 22 14 86* – ▤. AE VISA. AX c
cerrado 20 días en agosto y domingo noche – **Comida** carta 31 a 42.
◆ Conjunto acogedor formado por un bar de espera junto a una sala que homenajea al mundo taurino, un salón imperial con artesonado y otro espacio más en el sótano.

XX **Almena,** Núñez de Arce 11, ✉ 45001, ☎ 925 21 04 42, *Fax 925 21 45 10* – ▤. AE ⓓ MC VISA BX c
cerrado domingo noche – **Comida** carta 29 a 36.
◆ Restaurante de estilo actual, con un pequeño hall de espera y un comedor colorista donde impera la luminosidad. Dispone de un reservado y de unos aseos de alegre diseño.

XX **Locum,** Locum 6, ✉ 45001, ☎ 925 22 32 35, *locum@locum.es, Fax 925 22 03 34* – ▤. AE MC VISA. BY n
cerrado lunes noche y martes – **Comida** carta 28 a 38.
◆ En una estrecha callejuela. Parte de su encanto radica en el hecho de ocupar una casa del s. XVII, con las mesas distribuidas en los corredores de madera que rodean el patio.

XX **Rincón de Eloy,** Juan Labrador 10, ✉ 45001, ☎ 925 22 93 99, *Fax 925 22 93 99* – ▤. MC VISA. BCY s
Comida carta 28 a 34.
◆ Montaje correcto en un amable marco de tonos claros. Dos salas, una a nivel de calle y otra en el sótano, que es la principal. Profesionalidad y cuidado servicio de mesa.

XX **La Lumbre,** Real del Arrabal 5, ✉ 45003, ☎ 925 28 53 07, *lalumbre@eresmas.net, Fax 925 22 03 73* – ▤. AE ⓓ MC VISA. BX n
cerrado julio y domingo – **Comida** - asados - carta 26 a 33.
◆ Toda una referencia para los amantes de la caza. Con un personal algo justo pero serio, su organización resulta eficaz. Carta de asados con algún que otro plato actual.

XX **La Perdiz,** Reyes Católicos 7, ✉ 45002, ☎ 925 25 29 19, *adolfo-toledo@adolfo-toledo.com, Fax 925 25 29 19* – ▤. AE ⓓ MC VISA JCB. AY c
cerrado 21 días en enero, del 1 al 15 de agosto, domingo noche y lunes – **Comida** carta aprox. 34.
◆ Su especialidad es la perdiz. Una casa que, siendo la hermana menor del restaurante Adolfo, ha sabido mantener el listón bien alto : profesionalidad, calidad y saber hacer.

XX **El Cobertizo,** Hombre de Palo 9, ✉ 45001, ☎ 925 22 38 09, *bmg@mixmail.com, Fax 925 25 20 08* – ▤. AE ⓓ MC VISA. BY c
cerrado domingo noche – **Comida** carta 21 a 33.
◆ Carta clásica, organización a la altura y céntrica localización. Pequeña barra de apoyo, sala semicircular en el 1er piso y un coqueto reservado en la planta superior.

Mesón Aurelio, Sinagoga 1, ✉ 45001, ✆ 925 22 13 92, *casaaurelio@infonegocio.com, Fax 925 25 34 61* – ▤. AE ⓓ ⓜⓒ VISA JCB. ✂ BY c
cerrado julio y lunes – **Comida** carta 31 a 44.
◆ Su estilo y cocina siguen las directrices de la casa matriz, Aurelio. Adecuado montaje y un comedor en dos alturas, el del sótano decorado con botellas de vino.

Aurelio, pl. del Ayuntamiento 4, ✉ 45001, ✆ 925 22 77 16, *casaaurelio@infonegocio.com, Fax 925 25 34 61* – ▤. AE ⓓ ⓜⓒ VISA JCB. ✂ BY b
cerrado julio y martes – **Comida** carta 33 a 39.
◆ Junto a la Catedral. Otro establecimiento de la saga de los Aurelio, donde los detalles típicos vuelven a cobrar protagonismo. Cuidada fachada en ladrillo visto.

Casa Aurelio, Sinagoga 6, ✉ 45001, ✆ 925 22 20 97, *casaaurelio@infonegocio.com, Fax 925 25 34 61* – ▤. AE ⓓ ⓜⓒ VISA JCB. ✂ BY c
cerrado agosto y miércoles – **Comida** carta 36 a 42.
◆ Un restaurante acogedor, que recoge las tradiciones gastronómicas de la tierra y las reviste de prestancia, orgullo y dignidad. Entorno regional con paredes en piedra vista.

La Parrilla, Horno de los Bizcochos 8, ✉ 45001, ✆ 925 21 22 45 – ▤. ⓜⓒ VISA CY e
Comida carta 28 a 34.
◆ Céntrica ubicación. Un negocio familiar bien asentado. Sencillas instalaciones en dos niveles, con techos ennoblecidos por bellas vigas. Ambiente cómodo y distendido.

Los Cuatro Tiempos, Sixto Ramón Parro 5, ✉ 45001, ✆ 925 22 37 82, *Fax 925 22 10 21* – ▤. AE ⓓ ⓜⓒ VISA JCB. ✂ BY n
cerrado domingo noche – **Comida** carta 25 a 31.
◆ En los aledaños de la Catedral. Bar público en planta baja y un comedor, con su cocina, en el piso superior. Estilo castellano, correcto confort y un mantenimiento adecuado.

Cúrcuma, Tendillas 3, ✉ 45002, ✆ 925 25 02 02 – ▤. AE ⓓ ⓜⓒ VISA. ✂ BY d
cerrado del 24 al 31 de enero, del 7 al 31 de agosto, domingo noche y lunes – **Comida** carta 26 a 30.
◆ Negocio de estilo actual que posee una barra de apoyo en la entrada seguida de una sala bien dispuesta y un privado. Su variada carta incluye platos típicos de la zona.

La Catedral, Nuncio Viejo 1, ✉ 45002, ✆ 925 22 42 44, *adolfo-toledo@adolfo-toledo.com, Fax 925 25 31 98* – ▤. AE ⓓ ⓜⓒ VISA JCB. ✂ BY x
Comida carta 25 a 33.
◆ Un local pequeño y acogedor, donde el tono cálido de sus paredes armoniza con la nobleza de sus techos. Esmerado servicio de mesa y agradable profesionalidad.

Hierbabuena, callejón de San José 17, ✉ 45003, ✆ 925 22 39 24, *cigarralhierbabuena@terra.es, Fax 925 22 39 24* – ▤. AE ⓓ ⓜⓒ VISA. ✂ BX f
cerrado domingo en julio-agosto y domingo noche resto del año – **Comida** carta aprox. 38.
◆ Atractiva distribución circular alrededor de un patio interior. Cocina clásico-tradicional llevada por un equipo joven que, no obstante, resulta dinámico y eficaz.

en la carretera de Cuerva AZ *Suroeste : 3,5 km :*

La Almazara 🐑, sin rest, ✉ 45080 apartado 6, ✆ 925 22 38 66, *reservas@hotelalmazara.com, Fax 925 25 05 62,* ← – P. AE ⓓ ⓜⓒ VISA. ✂
cerrado 11 diciembre-febrero – ☕ 4 – **28 hab** 30/45.
◆ Acogedora estancia entre olivos y encinas, en una antigua residencia del s. XVI. Habitaciones funcionales con baños completos, algunas de ellas con vistas sobre la ciudad.

por la carretera de Circunvalación AZ *Sur : 5 km :*

Cigarral del Pintor 🐑, urb. La Pozuela, ✉ 45004, ✆ 925 59 10 42, *cigarraldelpintor@wanadoo.es, Fax 925 59 00 65,* ← valle de los Cigarrales, Fδ, 🏊 – ▤ TV P. AE ⓓ ⓜⓒ VISA. ✂ rest
Comida - sólo clientes, es necesario reservar - 25 – ☕ 7,50 – **6 hab** 80/100.
◆ Casa rural en pleno campo, llevada por un amable matrimonio. Elegante salón social, comedor privado con chimenea y espaciosas habitaciones bien equipadas.

TOLOSA *20400 Gipuzkoa 573 C 23 – 18 085 h alt. 77.*

ℹ *pl. Santa María 1* ✆ *943 69 74 13 tolosaldeatour@euskalnet.net Fax 943 67 62 13.*
Madrid 444 – Pamplona 64 – Donostia-San Sebastián 26 – Vitoria-Gasteiz 89.

Oria, Oria 2 ✆ 943 65 46 88, *hoteloria@hoteloria.com, Fax 943 65 36 12* – |♦|, ▤ rest, TV ♿ 🚗 – 🎤 25/40. AE ⓜⓒ VISA
cerrado Navidades – **Comida** *(cerrado domingo noche)* 13 – ☕ 7 – **45 hab** 50/71.
◆ Habitaciones distribuidas en dos edificios, uno de construcción actual y otro a modo de chalet con un estilo de principios del s. XX. Confortable funcionalidad. Amplio restaurante tipo asador decorado con mesas alargadas y barriles de sidra.

XXX **Fronton,** San Francisco 4-1º ✆ 943 65 29 41, *Fax 943 65 29 41* – |♦| ▤. MC VISA
cerrado Navidades, domingo noche y lunes – **Comida** carta 26 a 32.
◆ Ocupa un edificio de 1930 de estilo racionalista, con acceso directo a un frontón. Cafetería con pinchos en la planta baja y un comedor con decoración Art-déco en el 1er piso.

XX **Sausta,** Belate pasealekua 7-8 ✆ 943 65 54 53, *sausta@euskalnet.net, Fax 943 65 54 53* – ▤. MC VISA. ✻
cerrado 15 días en Semana Santa, 15 días en agosto, domingo noche y lunes – **Comida** carta 22 a 29.
◆ Situado en una salida de la localidad. Barra de apoyo a la entrada y una coqueta sala de estilo actual, con unos pequeños biombos y algún detalle rústico. Clientela habitual.

X **Hernialde,** Martín José Iraola 10 ✆ 943 67 56 54 – ▤. ✻
cerrado Navidades, agosto, lunes noche, martes y miércoles noche – **Comida** carta aprox. 30.
◆ Negocio familiar dotado de un pequeño bar privado y una luminosa sala con el suelo en parquet, donde se ofrece una sabrosa cocina vasca elaborada con productos naturales.

TOLOX *29109 Málaga 578 V 15 124 E 5 – 2 252 h alt. 315 – Balneario.*

Madrid 600 – Antequera 81 – Málaga 54 – Marbella 46 – Ronda 53.

al Noroeste : *3,5 km* :

Cerro de Hijar ⛰, ✉ 29109, ✆ 95 211 21 11, *cerro@cerrodehijar.com, Fax 95 211 97 45,* ≤ sierra de las Nieves, ⛱ – TV ♿ P. AE ◑ MC VISA JCB. ✻ rest
Comida - sólo menú - 27 – ☕ 7,20 – **18 hab** 71/79.
◆ Privilegiada situación en un cerro con vistas a la sierra de las Nieves. Su arquitectura evoca una típica hacienda andaluza, con espaciosas habitaciones de aire colonial. El restaurante ofrece un servicio de mesa de diseño y un menú con platos creativos.

TOMELLOSO *13700 Ciudad Real 576 O 20 – 27 936 h alt. 662.*

Madrid 179 – Alcázar de San Juan 31 – Ciudad Real 96 – Valdepeñas 67.

Paloma sin rest, Campo 10 ✆ 926 51 33 00, *hostalpaloma@terra.es, Fax 926 51 33 08* – |♦| ▤ TV 🚗 P. VISA
42 hab ☕ 33/47.
◆ Céntrico hotel con cafetería privada en el 1er piso y la mayoría de las habitaciones actualizadas, tanto en confort como en decoración, aunque varios baños son de plato ducha.

TONA *08551 Barcelona 574 G 36 122 D 5 – 5 505 h alt. 600.*

Alred. : *Sierra de Montseny★ : Carretera★ de Vic a Sant Celoni por Montseny.*
Madrid 627 – Barcelona 56 – Manresa 42.

Aloha, carret. de Manresa 6 ✆ 93 887 02 77, *info@hotelaloha.com, Fax 93 887 07 11,* Fø, ⛱ – |♦|, ▤ rest, TV ☎ P – 🏠 25/130. AE ◑ MC VISA. ✻
cerrado 24 diciembre-6 enero – **Comida** *(cerrado domingo noche)* carta 26 a 33 – ☕ 11 – **32 hab** 65/97.
◆ La eficiente organización se manifiesta en su buen funcionamiento. Habitaciones con mobiliario de calidad y baños completos, destacando el confort de las abuhardilladas. Comedor a la carta de esmerado montaje y una correcta bodega.

XX **Torre Simón,** Doctor Bayés 75 ✆ 93 887 00 92, *Fax 93 887 00 92*, 🏕 – P. AE MC VISA. ✻
cerrado 3 semanas en agosto, domingo noche y lunes – **Comida** carta 39 a 49.
◆ Ocupa una antigua casa señorial de veraneo, con una torre modernista. Posee varios comedores de estilo clásico, donde sirven interesantes platos de tendencia actual.

XX **4 Carreteres,** carret. C 17 - km 50 ✆ 93 887 03 50, *fidomar@terra.es, Fax 93 887 04 00* – ▤ P. AE ◑ MC VISA. ✻
Comida carta 20 a 46.
◆ Comedor actual donde se combinan el diseño moderno y los detalles rústicos. Su carta apuesta por la cocina innovadora sin renunciar al placer de algunos platos tradicionales.

TOPAS *37799 Salamanca 575 I 13 – 725 h alt. 820.*

Madrid 222 – Valladolid 120 – Salamanca 26 – Zamora 52 – Miranda do Douro 86.

por la carretera N 630 *Oeste : 9,5 km y desvío a la derecha 2,3 km* :

Castillo del Buen Amor ⛰, ✆ 923 35 50 02, *castillo@buenamor.net, Fax 923 35 51 12,* ⛱ – ▤ TV ☎ P – 🏠 25/70. AE MC VISA. ✻ rest
Comida - es necesario reservar - carta 30 a 50 – **44 hab** ☕ 190 – 1 suite.
◆ Castillo-palacio del s. XV construido sobre una fortaleza del s. XI. Posee una variada zona noble, un hermoso patio gótico y espaciosas habitaciones, algunas bajo cúpulas. El restaurante resulta sobrio, con las paredes en piedra y el techo abovedado.

TORÀ *25750 Lleida* 574 G 34 – *1 130 h alt. 448.*

Madrid 542 – Barcelona 110 – Lleida/Lérida 83 – Manresa 49.

Hostal Jaumet con hab, carret. C 1412 ☎ 973 47 30 77, *info@hostaljaumet.com, Fax 973 47 30 81,* – VISA JCB.
cerrado 10 días en febrero y 10 días en noviembre – **Comida** carta 24 a 29 – 6 – **17 hab** 60/70.
• Restaurante que ofrece también habitaciones, con bar, un comedor de cálido montaje, un pequeño privado, y la sala-hall TV como zona social para los clientes alojados.

TORDESILLAS *47100 Valladolid* 575 H 14 y 15 – *7 637 h alt. 702.*

Ver : *Convento de Santa Clara★ (artesonado★★, patio★).*

Casas del Tratado ☎ 983 77 10 67 turismo@tordesillas.net Fax 983 77 10 67.

Madrid 179 – Ávila 109 – León 142 – Salamanca 85 – Segovia 118 – Valladolid 30 – Zamora 67.

Parador de Tordesillas, carret. de Salamanca - Suroeste : 1 km ☎ 983 77 00 51, *tordesillas@parador.es, Fax 983 77 10 13,* – 25/400. AE VISA.
Comida 25 – 11 – **68 hab** 96/120.
• Casa solariega al abrigo de un frondoso pinar, auténtico remanso de paz y tranquilidad. Agradable zona noble, varias salas de reunión y habitaciones de estilo castellano. Luminoso comedor con el techo artesonado y sobria decoración.

Doña Carmen, carret. de Salamanca ☎ 983 77 01 12, *carmen@hotellostoreros.com, Fax 983 77 04 62,* – AE VISA.
Comida 13,75 – 3,60 – **15 hab** 36/60.
• Pequeño hotel de organización familiar a orillas del Duero. Habitaciones de correcto confort en estilo clásico-actual, con mobiliario funcional y baños completos. En su comedor los platos se elaboran con el cariño que precisan las recetas tradicionales.

Los Toreros, av. de Valladolid 26 ☎ 983 77 19 00, *toreros@hotellostoreros.com, Fax 983 77 19 54* – rest, – 25/60. AE VISA.
Comida 11 – 3,25 – **27 hab** 31/50.
• Conjunto de agradable fachada en lo que era una antigua casa de labranza. Cuenta con habitaciones algo sencillas en su equipamiento, aunque se están actualizando. Restaurante clásico muy conocido por la celebración de banquetes, ya que posee varios salones.

en la autovía A 62 *Este : 5 km :*

El Montico, 47100, ☎ 983 02 82 00, *elmontico@elmontico.com, Fax 983 02 82 01,* – rest, – 25/400. AE VISA. rest
Comida carta 21 a 30 – 7 – **59 hab** 80/99 – 4 suites.
• Disfrute del descanso en un paraje rodeado de frondosos pinares. Ofrece unas cálidas instalaciones de correcto confort, con un amplio salón-bar dotado de chimenea. Agradable comedor a la carta con grandes ventanales, zona de banquetes independiente y terraza.

TORIJA *19190 Guadalajara* 576 J 20 121 L 5 – *532 h alt. 964.*

Madrid 77 – Toledo 147 – Guadalajara 22 – Segovia 168.

El Alcominero sin rest, General Aldeanueva 5 ☎ 949 32 21 66, *Fax 949 32 21 66* – AE VISA
5 hab 30/60.
• Casa de pueblo adaptada como turismo rural y compartida con su propietaria. Dispone de sencillas habitaciones decoradas con objetos y detalles de la familia. Pequeño patio.

TORLA *22376 Huesca* 574 E 29 – *363 h alt. 1 113.*

Ver : *Paisaje★.*

Alred. : *Parque Nacional de Ordesa y Monte Perdido★★★ Noreste : 8 km.*

Madrid 482 – Huesca 92 – Jaca 54.

Abetos sin rest, carret. de Ordesa ☎ 974 48 64 48, *hotelabetos@torla.com, Fax 974 48 64 00,* – AE VISA.
cerrado 7 enero-20 marzo – 7 – **22 hab** 45/70.
• Típica construcción pirenaica rodeada de césped y con una agradable terraza. Sus habitaciones resultan actuales, con el suelo en parquet y abuhardilladas en el 2º piso.

Edelweiss, av. de Ordesa 1 ☎ 974 48 61 73, *Fax 974 48 63 72,* – VISA.
15 marzo-15 diciembre – **Comida** - sólo cena - 11 – 6,60 – **57 hab** 30/49,50.
• Entrada por una terraza con jardín en el frontal del hotel. Posee cálidas áreas comunes y unas correctas habitaciones, siendo sus baños algo anticuados. Comedor sobrio, con mobiliario de corte castellano y un adecuado montaje.

Villa de Torla, pl. Aragón 1 ☎ 974 48 61 56, *info@hotelvilladetorla.com, Fax 974 48 63 65*, ≤, – |♦|, rest, TV. MC VISA.
cerrado enero-marzo – **Comida** - sólo menú, sólo clientes - 12 – 5,50 – **38 hab** 40/65.
◆ Goza de habitaciones en distintos estilos, pero dentro de una misma línea rústica con profusión de madera. Completa su oferta con dos terrazas-solarium y un comedor privado.

Bella Vista sin rest, av. de Ordesa 6 ☎ 974 48 61 53, *info@bellavistaordesa.com, Fax 974 48 61 53*, ≤ – TV P. VISA.
abril-octubre – 5 – **14 hab** 45/55.
◆ Modestas instalaciones de organización y trato familiar. Parte de su encanto radica en su estilo algo anticuado y en las hermosas vistas al valle. Impecable mantenimiento.

TORNAVACAS *10611 Cáceres 576 L 12 – 1 364 h alt. 871.*

Madrid 216 – Mérida 200 – Cáceres 132 – Salamanca 104 – Avila 104.

Antigua Posada, Real de Abajo 32 ☎ 927 17 70 19, *Fax 927 17 70 19* –
Comida - sólo clientes, sólo cena - 12 – **5 hab** 36/48.
◆ Casa del s. XVIII con la fachada en piedra. Posee un comedor con chimenea y habitaciones rústicas personalizadas, con los suelos en madera y ducha en la mayoría de sus baños.

TORO *49800 Zamora 575 H 13 – 9 649 h alt. 745.*

Ver : *Colegiata★ (portada occidental★★ - Interior : cúpula★, cuadro de la Virgen de la Mosca★).*

pl. Mayor 6 ☎ 980 69 47 47 turismo@toroayto.es Fax 980 69 47 48.

Madrid 210 – Salamanca 66 – Valladolid 63 – Zamora 33.

Juan II, paseo del Espolón 1 ☎ 980 69 03 00, *info@hoteljuanII.com, Fax 980 69 23 76*, – |♦|, rest, rest, TV – 25/250. AE MC VISA. rest
Comida 9,02 – 4,82 – **42 hab** 48,08/66,11.
◆ Hermosas vistas sobre la vega del Duero. Correctas habitaciones, la mayoría con baños actuales y mobiliario castellano, destacando las del 1er piso y las que tienen terraza. Posee dos comedores donde ofrecen cocina regional y un salón para banquetes.

María de Molina, pl. San Julián de los Caballeros 1 ☎ 980 69 14 14, *h.molina@helcom.es, Fax 980 69 14 14* – |♦| TV – 25/400. AE MC VISA.
Comida 11 – 5 – **33 hab** 46/61.
◆ Habitaciones algo funcionales y con mobiliario estándar. Es un buen hotel en su categoría y dispone de una cafetería con entrada independiente. Acogedor comedor de montaje actual y un salón clásico para banquetes.

TORRE BARONA *Barcelona – ver Castelldefels.*

TORRE DEL COMPTE *44597 Teruel 574 J 30 – 205 h alt. 497.*

Madrid 409 – Teruel 189 – Tortosa 71 – Zaragoza 136.

La Parada del Compte, antigua Estación del Ferrocarril - Noreste : 2,5 km ☎ 978 76 90 72, *Fax 978 76 90 74*, ≤, – rest, P. AE MC VISA.
cerrado del 9 al 31 de enero – **Comida** *(cerrado de lunes a jueves de octubre-mayo y lunes salvo festivos resto del año)* - es necesario reservar - 30 – 10 – **11 hab** 110.
◆ Un nuevo concepto de hotel rural ubicado en una antigua estación de tren. La decoración de las estancias, identificadas como apeaderos, se inspira en el lugar de origen. Su restaurante le propone un apetitoso viaje por la cocina aragonesa.

TORRE DEL MAR *29740 Málaga 578 V 17 124 J 5 – 15 791 h – Playa.*

av. de Andalucía 52 ☎ 95 254 11 04 turismo@ayto-velezmalaga.es Fax 95 254 33 31.

Madrid 570 – Almería 190 – Granada 141 – Málaga 31.

Mainake, Los Fenicios ☎ 95 254 72 46, *mainake@husa.es, Fax 95 254 15 43*, – |♦| TV – 25/300. AE MC VISA.
Comida 12,50 – 8,50 – **40 hab** 86/108.
◆ Ciertos toques de elegancia y unos materiales de notable calidad perfilan el interior de este confortable hotel, que cuenta además con una relajante piscina en el ático. Restaurante cuidado y bien dispuesto.

Vincci Proamar, paseo Marítimo Poniente ☎ 95 254 79 70, *proamar@vinccihoteles.com, Fax 95 254 79 71*, – |♦|, hab, TV P – 25/300. AE MC VISA JCB.
Comida - sólo buffet - 17 – 9 – **161 hab** 100/128.
◆ Sus habitaciones combinan el confort más actual con un elegante mobiliario clásico, apostando claramente por los materiales de buena calidad. Centro de estética y masajes. Amplio comedor basado en el servicio de buffet.

Miraya sin rest, Patrón Veneno 6 ✆ 95 254 59 69, *hotelmiraya@wanadoo.es*, *Fax 95 254 55 15* – AE VISA.
☕ 4 – **20 hab** 50/75.
• De línea moderna y frente al paseo marítimo. Todas las habitaciones poseen un sencillo mobiliario provenzal y baños completos, destacando las de la 1ª planta por su terraza.

Mediterráneo sin rest y sin ☕, av. de Andalucía 65 ✆ 95 254 08 48, *Fax 95 254 08 48* – TV.
cerrado Navidades – **18 hab** 30/55.
• Casa de confort muy digno y un mantenimiento adecuado a su categoría. Cuenta con un correcto salón-recepción y unas modestas habitaciones.

Le Canard, Azucarera, bloque 8 - Pueblo Rocío ✆ 95 254 12 96, *pit.bull2@firemail.de*, – VISA.
cerrado agosto y lunes – **Comida** - sólo cena salvo domingo, cocina francesa - carta 39 a 50.
• Luminoso local de corte clásico con excelente montaje, llevado directamente por sus propietarios. Buen servicio de mesa, chimenea decorativa e interesante cocina francesa.

TORRE DE LA REINA *Sevilla* – *ver Guillena.*

TORRE VAL DE SAN PEDRO *40171 Segovia* 575 *I 18 – 161 h alt. 1119.*
Madrid 120 – Segovia 30 – Aranda de Duero 96.

La Majada ⛰, Tres Casas ✆ 921 50 62 22, *lamajada@viasegovia.com*, *Fax 921 50 62 22* – P. VISA.
Comida - sólo cena, sólo menu, sólo clientes - 14 – ☕ 6 – **9 hab** 45/60.
• Casa de bella estética exterior e interior funcional aunque acogedor, combinando la madera, el hierro forjado y los suelos en barro cocido. Comedor para el cliente alojado.

TORREBAJA *46143 València* 577 *L 26 – 455 h alt. 760.*
Madrid 276 – Cuenca 113 – Teruel 37 – València 140.

Emilio con hab, carret. N 420 ✆ 978 78 30 04, *casaemilio@rincondeademuz.net*, *Fax 978 78 30 19* – rest, TV P. AE VISA.
cerrado domingo noche y lunes noche – **Comida** carta aprox. 22 – ☕ 4 – **19 hab** 25/36.
• Afamado restaurante situado en el centro de la localidad. Amplio salón con un correcto servicio de mesa, que le propone una carta de cierto nivel. Habitaciones discretas.

TORREBLANCA *12596 Castelló* 577 *L 30 – 4816 h.*
Madrid 454 – Valencia 113 – Castelló de la Plana/Castellón de la Plana 44 – Teruel 184.

La Strada, av. del Mar 13 ✆ 964 42 14 41, *lastrada@hotmail.com* – . VISA.
cerrado 7 días en septiembre y lunes – **Comida** carta 21 a 30.
• Un matrimonio lleva con entusiasmo y buen hacer las riendas de este negocio. En su moderno comedor podrá disfrutar de una atractiva cocina de autor a precios asequibles.

TORRECABALLEROS *40160 Segovia* 575 *J 17* 121 *F 4 – 296 h alt. 1152.*
Madrid 97 – Segovia 12.

Burgos sin rest, carret. N 110 ✆ 921 40 12 18 – TV P. AE VISA.
☕ 3,60 – **26 hab** 25/46.
• Un hotel completo y bien equipado con unas habitaciones de línea actual, cómodas y confortables. Pequeña recepción y un comedor donde sólo sirven desayunos.

La Portada de Mediodía, San Nicolás de Bari 31 ✆ 921 40 10 11, *Fax 921 40 10 88*, – AE VISA. – *cerrado domingo noche y lunes* – **Comida** carta 26 a 30.
• La habilitación de una casa antigua y un montaje acertado definen este local que, además de salas en estilo rústico, posee un salón para banquetes. Cocina tradicional.

El Rancho de la Aldegüela, pl. Marqués de Lozoya 3 ✆ 921 40 10 60, *info@el-rancho.com*, *Fax 921 40 12 28*, , Granja escuela – AE VISA.
cerrado domingo noche – **Comida** carta 27 a 34.
• Su ubicación en una finca de esquileo le confiere un cálido sabor rústico, reforzado por unos exteriores cuidados con terraza y arboleda. Zona de banquetes independiente.

TORRECILLA EN CAMEROS *26100 La Rioja* 573 *F 22 – 546 h alt. 774.*
Madrid 306 – Burgos 174 – Logroño 29 – Soria 78 – Vitoria-Gasteiz 116.

Sagasta ⛰ sin rest, San Juan 4 ✆ 941 46 02 92, *Fax 941 46 02 91* – TV. VISA.
☕ 5 – **17 hab** 40/60.
• Su serena fachada en piedra cobija una cálido interior. Zona social con chimenea y habitaciones de aire castellano, la mayoría con cabeceros en forja y baños actuales.

TORREDEMBARRA 43830 Tarragona 574 I 34 – 6 218 h – Playa.

av. Montserrat 28 bajos ✆ 977 64 45 80 turisme@ajtorredembarra.org, Fax 977 64 38 35.
Madrid 566 – Barcelona 94 – Lleida/Lérida 110 – Tarragona 12.

en la zona de la playa :

Morros, Pérez Galdós 15, ✉ 43830, ✆ 977 64 02 25, *hotel@morros.es*, *Fax 977 64 18 64* – AE VISA. rest
Comida *(julio-septiembre)* - sólo menú - 12 – 6,50 – **76 hab** 33/76.
◆ Situado a pocos metros de la playa. Hotel de línea clásica con una correcta zona noble, y habitaciones de suficiente confort equipadas con baños completos. Coqueta terraza.

Morros, Rafel de Campalans 42, ✉ 43830, ✆ 977 64 00 61, *restmorros@hotmail.com*, *Fax 977 64 33 03*, – AE VISA – *cerrado 19 diciembre-19 enero, domingo noche y lunes (salvo julio y agosto)* – **Comida** carta 30 a 48.
◆ Prestigioso restaurante de estilo actual, con las salas dispuestas en dos niveles. Saboree sus elaboraciones de corte regional e internacional en la agradable terraza.

Can Cues, Tamarit 14, ✉ 43830, ✆ 977 64 05 73 – AE VISA.
cerrado octubre, domingo noche y lunes – **Comida** carta 27 a 40.
◆ Su nombre rinde homenaje a un pescador del lugar, cuya familia lleva este acogedor negocio. La tradición marinera pervive en su mesa y en las fotos que ambientan sus paredes.

TORREJÓN DE ARDOZ 28850 Madrid 576 K 19 575 K 19 121 J 7 – 104 790 h alt. 585.

Madrid 23.

Aida, av. de la Constitución 167 ✆ 91 677 65 53, *grupohostal@adv.es*, *Fax 91 675 15 54* – 25/300. AE VISA.
Comida - en el ***Hotel Torrejón*** – 10 – **68 hab** 107/149.
◆ Dotado de un amplio hall-recepción y de espaciosas zonas comunes. Sus confortables habitaciones resultan funcionales, con buen equipamiento y una excelente insonorización.

Torre Hogar, av. de la Constitución 96 ✆ 91 677 59 75, *reservas@torrehogar.com*, *Fax 91 656 85 25*, – 25/300. AE VISA.
Comida *(cerrado agosto y domingo)* 16 – **84 hab** 120/140.
◆ Instalaciones de aspecto confortable. Posee un hall-recepción con acogedora cafetería contigua y unas habitaciones funcionales con los baños al gusto del día. Comedor alegre, agradable y con un servicio de mesa de calidad.

Torrejón, av. de la Constitución 173 ✆ 91 675 26 44, *direccion@hostaltorrejon.com*, *Fax 91 677 34 44* – 25/350. AE VISA.
Comida 15 - ***Parrilla Don José*** *(cerrado domingo noche)* **Comida** carta 21 a 30 – 10 – **89 hab** 70,50/102.
◆ Un clásico en proceso de renovación, con un correcto hall-recepción de línea actual y una moderna cafetería. Sus habitaciones y baños han sido actualizados recientemente. Disfrute de su cocina en un ambiente de estilo neorrústico, con mobiliario castellano.

Plaza Mayor sin rest, Cristo 21 ✆ 91 648 78 50, *reservas@hostal-plazamayor.com*, *Fax 91 677 96 61* – 25/30. VISA.
34 hab 65/86.
◆ La zona social del hotel se limita a su cafetería, de uso exclusivo para los clientes alojados. Ofrece habitaciones modernas, con los suelos en madera y mobiliario de calidad.

Don Sancho sin rest, av. de la Constitución 21 ✆ 91 675 26 15, *info@hostaldonsancho.com*, *Fax 91 675 25 64* – AE VISA
4 – **44 hab** 55/70.
◆ Ocupa toda una planta en un edificio de atractiva fachada. Excelente mantenimiento, y agradables habitaciones de confort actual con un personal joven, amable y eficaz.

La Casa Grande con hab, Madrid 2 ✆ 91 675 39 00, *lcg@lacasagrande.es*, *Fax 91 675 06 91*, – 25/150. AE VISA JCB.
cerrado agosto (hotel) – **Comida** carta 22 a 33 – **8 hab** 100/130.
◆ En una antigua casa de labor del s. XVI, con suntuosos salones para banquetes y un gran comedor rústico abovedado donde organizan cenas medievales. Museo de iconos y lagar.

TORRELAGUNA 28180 Madrid 576 J 19 575 J 19 121 I 5 – 2 898 h alt. 744.

Madrid 58 – Guadalajara 47 – Segovia 108.

La Posada del Camino Real, San Francisco 6 ✆ 91 843 12 58, *Fax 91 848 55 20* – VISA.
cerrado del 1 al 15 de agosto – **Comida** carta aprox. 23 – **14 hab** 49/61.
◆ Conjunto castellano con bello patio cubierto y porticado. Posee habitaciones poco espaciosas pero acogedoras, con mobiliario rústico y cabeceros de las camas en forja. Restaurante distribuido en dos salas, destacando la ubicada en unas cuevas del s. XVII.

TORRELAVEGA *39300 Cantabria* 572 B 17 – *59 520 h alt. 23.*

Juan José Ruano 9 ☎ 942 89 29 82 turismotorrelavega@cantabria.org Fax 942 89 29 82.
Madrid 384 ② – Bilbao 121 ② – Oviedo 178 ④ – Santander 24 ①

Torresport, Sierrapando 694 - 1,5 km ☎ 942 30 31 00, *reservas@hoteltorresport.com, Fax 942 30 31 75,* – – 25/110. VISA. por ②
Sejos *(cerrado domingo noche salvo agosto)* **Comida** carta 24 a 30 – ☕ 8 – **64 hab** 100/120 – 2 suites.
• A las afueras de la ciudad y enfocado al cliente de negocios, ofreciendo también una buena oferta deportiva. Habitaciones muy bien equipadas y decoradas en tonos alegres. Su cuidado restaurante brinda una interesante carta de autor.

Torrelavega, av. Julio Hauzeur 6 ☎ 942 80 31 20, *htorrela@teleline.es, Fax 942 80 27 00* – – 25/450. VISA JCB. Y a
Comida *(cerrado domingo salvo marzo-noviembre)* 10,80 – ☕ 8,40 – **116 hab** 80,60/109,20.
• Moderno y ubicado en un centro comercial. Compensa su funcionalidad con unas amplias habitaciones, destacando la incorporación de un nuevo suelo en tarima.

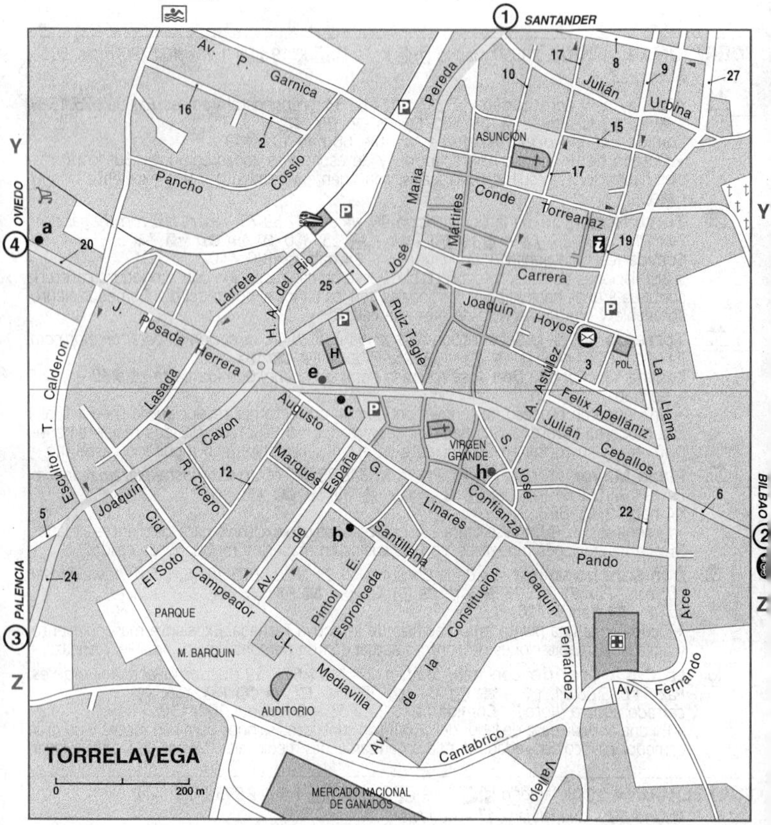

Marqués de Santillana sin rest, Marqués de Santillana 8 ☎ 942 89 29 34, *Fax 942 89 29 34* – |♦| TV. MC VISA. ✂ Z b
3 – **38 hab** 70/100.
• Su buen mantenimiento lo hace merecedor de nuestra recomendación, con unas espaciosas habitaciones que, sin embargo, resultan un poco sencillas en mobiliario y aseos.

Cuatro Caminos sin rest y sin ☕, Julián Ceballos 8 ☎ 942 80 42 30, *Fax 942 80 42 30* – |♦| TV. VISA Z c
8 hab 43/55.
• Hotelito de amable organización y clima acogedor, dotado de unas entrañables habitaciones, con baños actuales, que destacan por su cálida decoración y pulcro mantenimiento.

Los Avellanos, Joaquín Fernández Vallejo 122 - 2 km ☎ 942 88 12 25, *jesusdediego@losavellanos.com, Fax 942 80 23 46* – ▤. AE ⓓ MC VISA. ✂
cerrado 15 días en junio – **Comida** - sólo almuerzo de domingo a miércoles - carta 23 a 33. por av. Fernández Vallejo Z
• Mesón con largos años de experiencia y cierto reconocimiento en la ciudad. Dispone de un reducido pero coqueto comedor y una amplia bodega, que a su vez funciona como tienda.

El Palacio, Joaquín Fernández Vallejo 192 - Sur 1,5 km, ✉ 39316 Tanos, ☎ 942 80 11 61, *elpalacio@terra.es,* – ▤. AE MC VISA por Joaquín Fernández Vallejo Z
cerrado domingo noche y lunes – **Comida** carta 22 a 29.
• Llevado en familia de una forma amable y voluntariosa. Posee varias salas que recrean diferentes ambientes personalizando sus colores, estilo y mobiliario.

Lucio, Goya 2 ☎ 942 80 70 96, *lucio@ono.com* – ▤. MC VISA. ✂ Z h
cerrado del 1 al 11 de marzo, del 12 al 30 de septiembre y miércoles – **Comida** carta 19 a 28.
• Bar popular de raciones en la entrada, con parrilla vista tras la barra. En la planta superior dispone de dos salas de cuidado servicio de mesa, con la mantelería de puntilla.

Villa de Santillana, Julián Ceballos 11 ☎ 942 88 30 73, *restaurante@villasantillana.com, Fax 942 88 47 74* – ▤. AE ⓓ MC VISA. ✂ Y e
cerrado del 19 al 28 de febrero, 24 junio-15 julio, domingo noche y lunes – **Comida** carta 20 a 26.
• Negocio muy conocido en la localidad, con acceso por un amplio bar público de aspecto moderno. Su comedor ofrece un sobrio montaje castellano, y posee también un reservado.

TORRELODONES *28520 Madrid 576 K 18 575 K 18 121 G 6 – 14717 h alt. 845.*

Madrid 29 – Ávila 85 – Segovia 67 – Toledo 99.

Torrelodones sin rest, Sama de Langreo ☎ 91 840 66 06, *info@hoteltorrelodones.com, Fax 91 840 66 07,* ≤ – |♦| ▤ TV P. AE ⓓ MC VISA JCB. ✂
37 hab ☕ 96,20/120.
• Compensa su escasa zona social mediante unas correctas habitaciones, con el suelo en moqueta, mobiliario moderno de líneas sencillas y unos baños actuales.

TORREMENGA *10413 Cáceres 576 L 12 – 555 h alt. 530.*

Madrid 227 – Ávila 161 – Cáceres 118 – Plasencia 33.

El Turcal , carret. EX 203 - Suroeste : 1,5 km ☎ 616 61 11 16, *elturcal@elturcal.com, Fax 619 29 10 19,* – TV. VISA. ✂
cerrado del 8 al 31 de enero – **Comida** - sólo cena, sólo clientes - 20 – ☕ 6,30 – **11 hab** 70/90.
• Hotel rural de arquitectura bioclimática, con acogedoras dependencias de línea moderna que combinan diseño y tradición mediante la utilización de piedra, hierro y madera.

TORREMOLINOS *29620 Málaga 578 W 16 124 H 6 – 35309 h – Playa.*

pl. Blas Infante 1 ☎ 95 237 95 12 turismo@ayto-torremolinos.org Fax 95 237 95 51 y pl. de las Comunidades Autónomas ☎ 95 237 19 09 Fax 95 237 95 51.

Madrid 569 ① – Algeciras 124 ② – Málaga 16 ①

Plano página siguiente

Meliá Costa del Sol, paseo Marítimo 11 ☎ 95 238 66 77, *melia.costa.delsol@solmelia.com, Fax 95 238 64 17,* ≤, Servicios de talasoterapia, – |♦|, ⇔ hab, ▤ TV ☎ ♿ P – 25/200. AE ⓓ MC VISA JCB. ✂ Y b
Comida carta 36 a 44 – ☕ 12,30 – **479 hab** 108,70/137,20 – 54 suites.
• Complejo vacacional y de negocios, con amplias instalaciones bien equipadas frente a la playa. Espacioso hall y confortables habitaciones, todas ellas con vistas al mar. Comedor con agradable ambiente, servicio de buffet y la posibilidad de un menú dietético.

TORREMOLINOS

Street	Zone	No.
Andalucia (Pl. de)	Y	2
Carlos Arniches	Y	3
Carmen Montes	Z	6
Carmen	Z	4
Cauce	Y	7
Colorado (Pas. del)	Y	9
Cordera	Z	12
Costa del Sol (Pl.)	Y	13
Danza Invisible	Y	15
Europa	Y	18
Garcia de la Serna	Y	21
Manantiales (Av. de los)	Y	22
Marquès de Salamanca	Y	23
Monte Coronado	Z	25
Montemar	Z	26
Pan Triste (Pas. del)	Y	28
Pez Espada	Z	29
Rafael Quintana Rosado	Y	30
Remo (del)	Z	32
San Miguel	Y	34
Santos Rein	Y	35
Skal	Y	36
Trocadero	Z	37
Verdiales	Y	39

MÁLAGA

① A 7 - E 15 : MÁLAGA

MARBELLA, GIBRALTAR, ALGECIRAS

AP 7 - E 15

N 340, ALGECIRAS, MARBELLA
BENALMADENA, FUENGIROLA

MAR MEDITERRÁNEO

PALACIO DE CONGRESOS

PARQUE AQUÁTICO

PARQUE DE LA BATERIA

MONTEMAR

LA CARIHUELA

Sol Don Pedro, av. del Lido ☎ 95 238 68 44, *sol.don.pedro@solmelia.es, Fax 95 238 69 35,* – – 25/40. AE MC VISA JCB. Y p
Comida - sólo buffet - 12,90 – 6,40 – **344 hab** 87,10/132,60.
◆ Espaciosas zonas comunes con decoración regional y matices andaluces. Buen confort general, con habitaciones funcionales que han actualizado sus baños recientemente. Sencillo comedor con profusión de ladrillo visto y un variado servicio de buffet.

Isabel sin rest, paseo Marítimo 97 ☎ 95 238 17 44, *reservas@hotelisabel.net, Fax 95 238 11 98,* ←, – . AE MC VISA Y n
abril-noviembre – **40 hab** 70,50/105.
◆ Pequeño hotel familiar que ostenta un buen mantenimiento en sus instalaciones. Correcta zona noble, y amplias habitaciones con terraza. Trabaja con clientela particular.

Cetus, paseo Marítimo ☎ 95 237 41 18, *Fax 95 238 24 55,* ←, – . AE MC VISA. Y c
cerrado domingo – **Comida** carta 32 a 36.
◆ Llevado por profesionales y en pleno paseo marítimo. Posee una atractiva terraza a la entrada seguida por un comedor de montaje clásico-moderno, con la parrilla a la vista.

al Suroeste : *barrios de La Carihuela y Montemar :*

Pez Espada, Salvador Allende 11, ✉ 29620, ☎ 95 238 03 00, *pezespad@medplaya.com, Fax 95 237 28 01,* ←, , , , – – 25/250. AE MC VISA JCB. Z x
Comida 21 – 11 – **192 hab** 95,50/148 – 13 suites.
◆ En 1ª línea de playa y formado por dos edificios. Cuenta con un enorme hall de entrada, amplias zonas comunes y habitaciones algo funcionales pero bien equipadas. Restaurante clásico-moderno con servicio de buffet, reservando la carta para los meses estivales.

Tropicana, Trópico 6, ✉ 29620, ☎ 95 238 66 00, *Fax 95 238 05 68,* ←, – – . AE MC VISA JCB. Z q
Mango : **Comida** carta aprox. 35 – **84 hab** 132/185.
◆ Original hotel frente al mar, con una atractiva decoración de aire colonial. Disfruta de unos cuidados exteriores y unas habitaciones que recientemente han sido actualizadas. Vistoso restaurante por su construcción a modo de cabaña acristalada.

La Luna Blanca, pasaje del Cerrillo 2, ✉ 29620, ☎ 952 05 37 11, *info@la_luna_blanca.com, Fax 952 38 42 84,* – – 25. MC VISA JCB. Z b
Comida - es necesario reservar - 30 – **9 hab** 103,70/122 – 1 apartamento.
◆ Hotel tipo chalet con propietarios japoneses, pulcros y organizados. Diáfano salón social y amplias habitaciones, destacando la suite japonesa con tatami en vez de cama. En su restaurante se ofrece cocina internacional y especialidades propias del Japón.

El Tiburón sin rest, Los Nidos 7, ✉ 29620, ☎ 95 238 13 11, *Fax 95 238 22 44,* – . AE MC VISA Z d
marzo-noviembre – **40 hab** 45/75.
◆ Establecimiento familiar de sencillas instalaciones, que destaca en su nivel por la pulcritud del mantenimiento. Zona noble escasa, compensada por un trato personalizado.

Siglo XXI, av. Carlota Alessandre 18, ✉ 29620, ☎ 952 05 70 77, *sigloxxi@royalpremierhoteles.com, Fax 952 05 70 78* – . AE MC VISA. Z c
cerrado lunes salvo julio-septiembre – **Comida** - sólo cena de julio a septiembre - carta aprox. 36.
◆ Dispone de tres salas diáfanas y de línea actual, donde el mobiliario de diseño y los cuadros que visten sus paredes toman cierto protagonismo. Interesante carta de autor.

Figón de Montemar, av. Pez Espada 101, ✉ 29620, ☎ 95 237 26 88, *SUFUR-@hotmail.com,* – . Z v
cerrado 11 enero-11 febrero y domingo – **Comida** carta aprox. 27.
◆ Local íntimo y acogedor, llevado con simpatía por sus propietarios. El comedor, de correcto montaje, se decora con botelleros y estanterías de vinos. Agradable terraza.

La Jábega, Mar 17, ✉ 29620, ☎ 95 238 63 75, *Fax 95 237 08 16,* ←, – . AE MC VISA JCB. Z e
Comida - pescados y mariscos - carta aprox. 32.
◆ Restaurante familiar ubicado en 1ª línea de playa. Posee un bar de espera, una terraza acristalada y correctos comedores para una cocina especializada en pescados y mariscos.

El Roqueo, Carmen 35, ✉ 29620, ☎ 95 238 49 46, *Fax 95 205 07 03,* ←, – AE MC VISA. Z a
cerrado 15 diciembre-20 enero y martes – **Comida** carta 26 a 35.
◆ Acreditado en la zona por la excelencia del producto y sus esmeradas elaboraciones. Instalaciones divididas en dos salas con buen servicio de mesa. Selecta clientela.

Juan, paseo Marítimo 28, ✉ 29620, ☎ 95 238 56 56, *Fax 95 238 08 29,* ←, – . AE MC VISA. Z t
cerrado 20 diciembre-20 enero y lunes – **Comida** carta 26 a 34.
◆ Negocio familiar con un bar público, comedor decorado mediante motivos marineros y una concurrida terraza frente al mar. Carta tradicional con pescados y mariscos de calidad.

ESPAÑA

en la carretera de Málaga *por ①* :

Parador de Málaga del Golf, junto al golf - 5 km, ✉ 29080 apartado 324 Málaga, ☎ 95 238 12 55, *malaga@parador.es, Fax 95 238 89 63,* ≤, ☂, ⛱, ✂, 18 - ▤ TV ♿ P - 🏃 25/320. AE ① ⓂⒸ VISA. ✂
Comida 25 - ☕ 11 - **56 hab** 100/125 - 4 suites.
◆ Bello parador integrado en un entorno ideal para la práctica del golf. Disfruta de espacios modernos, terrazas y amplias habitaciones con detalles en madera, cuero o mimbre. Diáfano comedor con el techo a dos aguas y grandes ventanales a la piscina.

Frutos, urb. Los Álamos - 3 km, ✉ 29620, ☎ 95 238 14 50, *restaurantefrutos@telefonica.net, Fax 95 237 13 77,* ☂ - ▤ P. AE ① ⓂⒸ VISA. ✂
cerrado domingo noche - **Comida** carta 30 a 39.
◆ Cuenta con un bar a la entrada, una sala clásica para los días soleados y dos luminosas terrazas acristaladas. La bodega visitable del sótano dispone de unas 250 referencias.

TORRENT *17123 Girona* 574 G 39 122 I 5 - *219 h.*
Madrid 744 - Barcelona 133 - Girona/Gerona 37 - Palafrugell 4.

Mas de Torrent ⛱, ☎ 972 30 32 92, *mastorrent@relaischateaux.com, Fax 972 30 32 93* ≤, ☂, ⛱, ☂, ✂ - ▤ TV ♿ P - 🏃 25/40. AE ① ⓂⒸ VISA. ✂
cerrado 10 enero-10 febrero - **Comida** carta 51 a 71 - **32 hab** ☕ 265/345 - 7 suites.
◆ Ubicado en un tranquilo entorno natural. Posee unas magníficas dependencias decoradas con sumo gusto, distribuidas en una masía del s. XVIII y en anexos más modernos. Cálido comedor de elegante instalación, con viguería en el techo y mobiliario de mimbre.

TORRENT *46900 València* 577 N 28 - *56 191 h alt. 63.*
Madrid 345 - Alacant/Alicante 182 - Castelló de la Plana/Castellón de la Plana 86 - València 12.

en El Vedat *Suroeste : 4,5 km :*

Lido ⛱, Juan Ramón Jiménez 5, ✉ 46901 El Vedat, ☎ 96 155 15 00, *informacion@hotel-lido.net, Fax 96 155 12 02,* ≤, 🏋, ⛱, ☂ - 🛗 ▤ TV P - 🏃 25/500. AE ① ⓂⒸ VISA. ✂
Comida 18,70 - **88 hab** ☕ 66/92 - PA 37,50.
◆ Hotel con atractivos exteriores y una buena zona social, en la que destaca la amplia cafetería. Las habitaciones, todas con terraza, disponen de mobiliario muy funcional. Espacioso restaurante acristalado, rodeado de árboles y plantas.

TORRENUEVA *29649 Málaga* 578 W 15 124 F 7 - *Playa.*
Madrid 572 - Málaga 42 - Algeciras 101 - Marbella 18 - Ronda 80.

El Océano Beach H. ⛱, autovía N 340 - km 199 ☎ 95 258 75 50, *info@oceanohotel.com, Fax 95 258 76 37,* ≤, ☂, ⛱ climatizada - ▤ TV P. ⓂⒸ VISA. ✂
Comida carta 33 a 43 - ☕ 13 - **40 hab** 140/195.
◆ Acogedor hotel volcado sobre el mar. Posee elegantes zonas nobles dotadas con un equipamiento de calidad y habitaciones personalizadas con un atractivo mobiliario en mimbre. Disfruta de un restaurante de aire colonial, ambientado en distintas zonas de África.

TORREVIEJA *03180 Alacant* 577 S 27 128 E 7 - *25 891 h - Playa.*
18 *Villamartín, Suroeste : 7,5 km ☎ 96 676 51 70 Fax 96 676 51 70 -* 18 *Campoamor, Dehesa de Campoamor, Suroeste : 10 km ☎ 96 532 13 66 Fax 96 532 05 06.*
ℹ *pl. Capdepont ☎ 96 570 34 33 touristinfo.torrevieja@turisme.m400.gva.es Fax 96 571 59 36.*
Madrid 435 - Alacant/Alicante 50 - Cartagena 60 - Murcia 45.

Miramar, paseo Vista Alegre ☎ 96 571 34 15, *torrevieja@restaurante-miramar.es, Fax 96 571 07 65,* ≤, ☂ - AE ① ⓂⒸ VISA. ✂
cerrado martes salvo verano - **Comida** carta 22 a 32.
◆ Terraza sobre el puerto deportivo, de ambiente agradable y de estilo clásico. Dispone de un salón principal acristalado, comedor para banquetes y un bar muy cuidado.

TORRIJOS *45500 Toledo* 576 M 17 121 E 10 - *9 522 h alt. 529.*
Madrid 87 - Ávila 113 - Toledo 29.

Castilla, av. de Toledo ☎ 925 76 18 00, *hotelcastilla@hotel-castilla.com, Fax 925 77 00 00,* ⛱ - 🛗 ▤ TV P - 🏃 25/250. AE ① ⓂⒸ VISA. ✂
Comida 10,22 - **63 hab** ☕ 43/66.
◆ Hotel ampliado y actualizado con dos tipos de habitaciones : las antiguas con mobiliario castellano y baños desfasados, y otras más modernas, cuyos suelos imitan el mármol. Comedor práctico y bien cuidado, con las paredes enteladas en tonos verdes.

El Mesón, Puente 19 ☎ 925 76 04 00, *Fax 925 76 08 56* – |‡|, ▤ rest, TV – 🏛 25/400. AE ⓓ ⓜ VISA. ✂
Comida 10 – ☕ 3 – **44 hab** 42/66.
◆ Pequeño y de ambiente familiar. Sus habitaciones son confortables y acogedoras, destacando las reformadas por ser más actuales y poseer baños modernos.

Tinín, Puente 62 ☎ 925 76 11 65 – ▤. AE ⓜ VISA. ✂
cerrado 16 agosto-4 septiembre y miércoles – **Comida** carta 21 a 30.
◆ Un negocio llevado con acierto y dignidad. Cocina que apuesta, con orgullo y decisión, por las tradiciones del lugar. Bonita decoración regional define el entorno.

TORROELLA DE MONTGRÍ *17257 Girona* 574 F 39 122 I 4 – *6 723 h alt. 20.*

Ver : *Localidad★ - Castillo ≤★★.*

18 9 *Empordá, Sur : 1,5 km ☎ 972 76 04 50 Fax 972 75 71 00.*

ℹ *carret de l'Estartit-Torroella ☎ 972 75 79 74 otestar@ddgi.es Fax 972 75 17 49 (temp).*

Madrid 740 – Barcelona 127 – Girona/Gerona 30.

Palau Lo Mirador ⛰, passeig de l'Església 1 ☎ 972 75 80 63, *palaulomirador@teleline.es, Fax 972 75 82 46,* 🏊, 🌳 – TV P – 🏛 25/60. AE ⓓ ⓜ VISA. ✂
cerrado enero – **Comida** *(cerrado lunes y martes salvo verano)* carta 36 a 48 – **10 hab** ☕ 135/170.
◆ Magnífico edificio palaciego, antaño residencia real de Jaime I, que acoge unas excelentes habitaciones de estilo renacentista, con acceso a través de un bello patio gótico. Restaurante de exquisito montaje instalado en las antiguas cuadras de la casa.

Coll sin rest, carret. de L'Estartit ☎ 972 75 81 99, *info@hotel-coll.com, Fax 972 75 85 12,* 🏊 – |‡| TV P. ⓜ VISA. ✂
cerrado diciembre – ☕ 6 – **24 hab** 80.
◆ Llevado por los hermanos de los fundadores, dispone de una espaciosa zona noble, y unas habitaciones de adecuado confort en su categoría con baños completos.

en la playa de La Gola *Sureste : 7,5 km :*

Picasso, carret. de Pals y desvío a la izquierda, ✉ 17257 Torroella de Montgrí, *☎ 972 75 75 72, info@hotelpicasso.net, Fax 972 76 11 00,* ☂, 🏊 – ▤ rest, P. ⓜ VISA. ✂
cerrado enero – **Comida** *(cerrado miércoles salvo verano)* 12 – **17 hab** ☕ 92.
◆ Funcional hotel emplazado en una tranquila zona de playa, dotado de unos correctos espacios sociales y unas habitaciones sencillas, de suficiente confort en su nivel.

TORROX COSTA *29793 Málaga* 578 V 18 124 K 5 – *6 855 h – Playa.*

Madrid 529 – Almería 159 – Granada 115 – Málaga 45 – Motril 48.

por la carretera N 340 *Oeste : 1,5 km y desvío a la derecha 1 km :*

Cortijo Amaya ⛰, ✉ 29793, ☎ 95 253 02 45, *informacion@cortijoamaya.com, Fax 95 253 02 45,* 🏊, 🌳, 🎾 – ▤ hab, TV P. AE ⓜ VISA. ✂
Comida - sólo clientes - 10 - **14 hab** ☕ 60,90/73,50.
◆ Tranquila casa rodeada de extensos campos de cultivo. Sus habitaciones de estilo rústico poseen aún el aroma tradicional. Comidas sólo para los clientes alojados.

TORTOSA *43500 Tarragona* 574 J 31 – *29 717 h alt. 10.*

Ver : *Localidad★ - Catedral★★* BY – *Palacio Episcopal★ : capilla gótica★* BY – *Reales Colegios de Tortosa★ (Colegio Sant Lluís★ patio★★)* CY.

ℹ *av. Generalitat ☎ 977 44 25 67 imact.turisme@tortosa.altanet.org Fax 977 51 08 16.*

Madrid 486 ① – Castelló de la Plana/Castellón de la Plana 123 ③ – Lleida/Lérida 129 ① – Tarragona 83 ③ – Zaragoza 204 ①

Planos páginas siguientes

Parador de Tortosa ⛰, Castell de la Suda ☎ 977 44 44 50, *tortosa@parador.es, Fax 977 44 44 58,* ≤, 🏊, 🌳 – |‡| ▤ TV P – 🏛 25/150. AE ⓓ ⓜ VISA JCB. ✂ CY
Comida 25 – ☕ 11 – **72 hab** 84/105.
◆ Ocupa un castillo medieval sobre una colina, con vistas a la vega del Ebro. Sus magníficas dependencias recrean el ambiente de épocas pasadas, sin olvidar el confort actual. Comedor con predominio de piedra y madera, destacando sus ventanales góticos.

Corona Tortosa, pl. Corona de Aragón 7 ☎ 977 58 04 33, *hcorona@sbgrup.com, Fax 977 58 04 28,* 🏊, 🌳 – |‡| ▤ TV ♿ 🚗 – 🏛 25/250. AE ⓓ ⓜ VISA JCB. ✂ rest AX b
Comida *(cerrado domingo noche)* carta 21 a 28 – ☕ 4,50 – **72 hab** 52/74 – 30 apartamentos.
◆ De línea moderna, sus dependencias poseen el equipamiento necesario para hacer grata su estancia. Habitaciones confortables con mobiliario escogido y baños en mármol. Amplio y luminoso comedor a la carta.

TORTOSA

Agustí Querol (Pl.) .... **BY** 3
Alacant .... **AY** 4
Alfara de Carles .... **ABY** 6
Alfons XII (Pl.) .... **BZ** 7
Ángel (Pl. de l') ...... **BY** 8
Bisbe Aznar .... **BY** 9
Cabanes Teodor González .... **BZ** 10
Cabrera Grignon (Pl. de) .... **BZ** 12
Canonge Macip ..... **ABZ** 13
Capellans (Carreró dels) .... **CY** 17
Cappelans (Costa dels) **BY** 15
Castell (Costa del) .... **CY** 18
Ciutat .... **BY** 20
Comte Bañuelos ..... **BZ** 21
Constitució (Pl.) ...... **BY** 23
Croera .... **BY** 27
Emili Sanz (Pl.) ...... **BZ** 29
Escorxador (Pl. de l') .. **BY** 30
Espanya (Pl. d') ...... **BZ** 32
Felip Neri .... **CY** 33
Francesc Pizarro ..... **AY** 34
Hernán Cortés .... **AY** 35
Historiador Cristòfol Despuig .... **BZ** 36
Immaculada Concepció .... **CX** 37
Jardi Besuldo i Terol .. **AX** 44
Jerusalem (Trav.) ..... **CX** 38
Joan Moreira (Pas.) ... **BZ** 39
Joan Sebastián Elcano **AY** 40
Joaquim Bau (Pl.) .... **AY** 42
Major de Remolins ... **CX** 45
Major de Sant Jaume . **CX** 47
Marqués de Bellet .... **BZ** 49
Mas de Barberans .... **AZ** 50
Mercaders d'en Carbó .... **BYZ** 52
Mercè .... **CY** 54
Metge Vilà .... **BZ** 56
Na Perona .... **BZ** 57
Paiolet (Pl. del) ...... **BY** 59
Pau (Pl. de la) .... **BZ** 61
Pere d'Alberni .... **BY** 62
Pintor Gimeno .... **BY** 64
Providència .... **CY** 65
Puríssima .... **CY** 67
Ramon Berenguer IV **BCZ** 68
Ronda (Pas.) .... **CY** 70
Rosa .... **BY** 71
Sant Blai (Pda de) .... **BZ** 73
Sant Domènec .... **CY** 74
Sant Francesc (Pda de) **BY** 76
Sant Francesc ...... **CYZ** 75
Sant Jaume (Pl. de) . **BCY** 78
Sant Jaume (Ratila de) **BY** 80
Sant Joan Bta. de la Salle .... **CZ** 81
Santa Teresa .... **BZ** 83
Tamarit i Gil .... **AX** 85

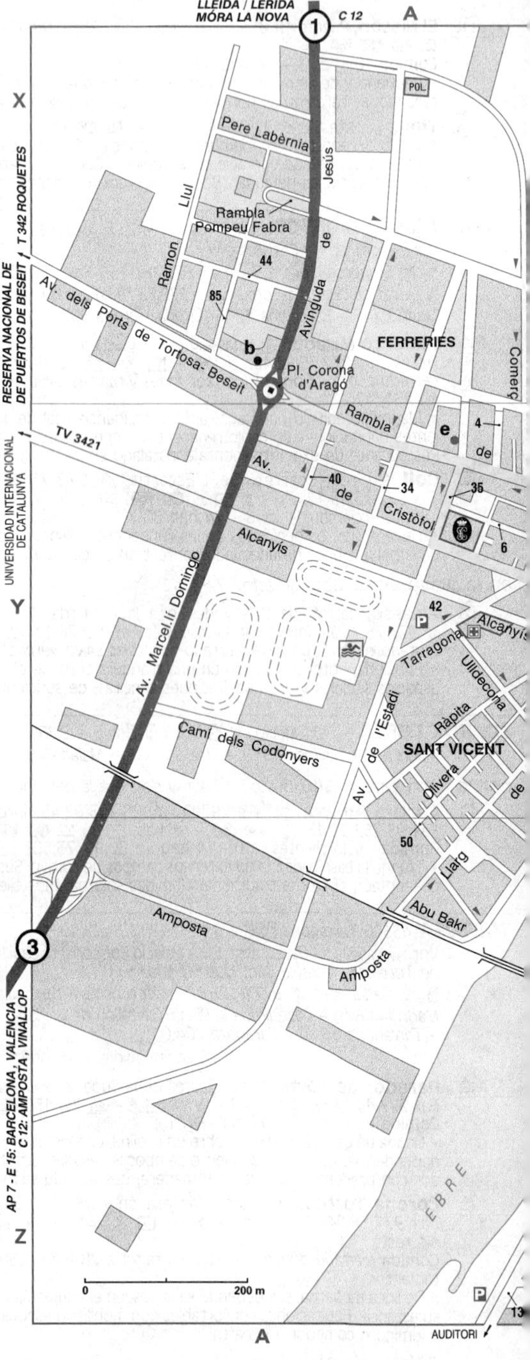

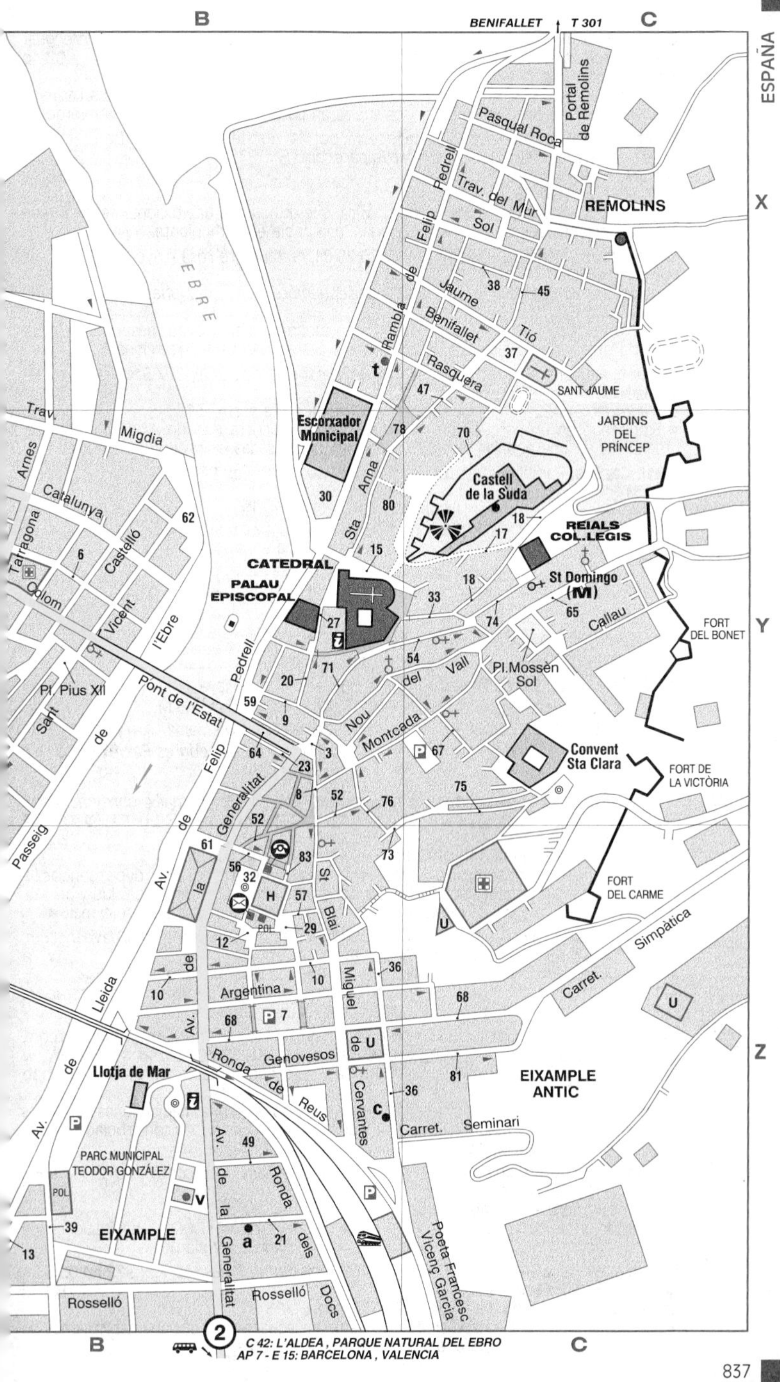
BENIFALLET T 301
Portal de Remolins
Pasqual Roca
Trav. del Mur
REMOLINS
Sol
Felip Pedrell
Rambla de
Jaume Tió
Benifallet
Rasquera
SANT JAUME
JARDINS DEL PRÍNCEP
EBRE
Trav. Migdia
Arnes
Catalunya
Tarragona
Castelló
Colom
Vicent
l'Ebre
Pl. Pius XII
Sant
Pont de l'Estat
Passeig de
Escorxador Municipal
Sta Anna
Castell de la Suda
REIALS COL.LEGIS
CATEDRAL
PALAU EPISCOPAL
St Domingo
Callau
FORT DEL BONET
Vall
Nou del
Pl.Mossèn Sol
Montcada
Convent Sta Clara
FORT DE LA VICTÒRIA
Felip Pedrell
Av. de la Generalitat
St Blai
FORT DEL CARME
Simpàtica
Carret.
Av. de
Argentina
Miguel de Cervantes
Lleida
Ronda de Reus
Genovesos
EIXAMPLE ANTIC
Lliotja de Mar
Av. de
Carret. Seminari
PARC MUNICIPAL TEODOR GONZÁLEZ
POL
EIXAMPLE
Av. de la Generalitat
Ronda dels Docs
Poeta Francesc Vicenç Garcia
Rosselló
Rosselló
C 42: L'ALDEA, PARQUE NATURAL DEL EBRO
AP 7 - E 15: BARCELONA, VALENCIA

Berenguer IV sin rest, Historiador Cristófol Despuig 36 ✆ 977 44 95 80, *berenguer @key-hotels.com, Fax 977 44 95 89* – |$| ▤ TV ♿. AE ⓓ MC VISA. ✗ BZ c
☕ 6,40 – **54 hab** 53/65.
• De corte actual y con un buen hall-recepción que se une a la sala para desayunos. Las habitaciones resultan confortables, con los suelos en parquet y baños en mármol verde.

Tortosa Parc sin rest con cafetería por la noche, Comte de Bañuelos 10 ✆ 977 44 61 12, *reservas@hoteltortosaparc.com, Fax 977 44 61 12* – |$| ▤ TV 🚗. MC VISA BZ a
☕ 4,82 – **84 hab** 28,94/47,58.
• Hotel de organización familiar y línea clásica, que dispone de habitaciones sencillas, con un equipamiento adecuado a su categoría. Zona noble en la 1ª planta.

Rosa Pinyol, Hernán Cortés 17 ✆ 977 50 20 01, *restaurante-rosa-pinyol@hotmail.com, Fax 977 50 20 01* – ▤. AE MC VISA. ✗ AY e
cerrado 1ª quincena de julio, 2ª quincena de septiembre, domingo y lunes noche – **Comida** carta 24 a 31.
• Nueva ubicación en un edificio de aspecto moderno. Servicio de mesa esmerado, y cómodo mobiliario de diseño como notas más destacadas. Carta tradicional.

El Parc, av. Generalitat 72 ✆ 977 44 48 66, *bar@elparc.net, Fax 977 51 11 19* – ▤. AE MC VISA. ✗ BZ v
cerrado del 7 al 22 de enero y martes – **Comida** carta aprox. 31.
• Emplazado en un parque público. Posee dos salas acristaladas de modesto montaje, precedidas de una popular cafetería. Elaboraciones basadas en productos escogidos.

Sant Carles, Rambla Felip Pedrell 13 ✆ 977 44 10 48, *Fax 977 51 04 44* – ▤. AE ⓓ MC VISA. ✗ BX t
cerrado domingo y festivos – **Comida** - pescados y mariscos - carta 22 a 30.
• Negocio familiar dotado de buen mobiliario. Sala contigua a una barra de apoyo, separada por un biombo alargado. Cocina regional especializada en frutos del mar.

TOSES (Port de) *17536 Girona 574 E 36 – 148 h alt. 1 800.*

Ver : ≤★.
Madrid 679 – Girona/Gerona 131 – Puigcerdà 26.

TOSSA DE MAR *17320 Girona 574 G 38 122 H 6 – 3 406 h – Playa.*

Ver : *Localidad veraniega★, Vila Vella★* BZ – *Museo Municipal★* BZ **M.**
Alred. : *Recorrido en cornisa★★ de Tossa de Mar a LLoret de Mar 11 km por ②.*
🅘 *av. del Pelegrí 25 (edificio La Nau) ✆ 972 34 01 08 oftossa@ddgi.es Fax 972 34 07 12.*
Madrid 707 ③ – Barcelona 79 ③ – Girona/Gerona 41 ①

G.H. Reymar 🔇, platja de Mar Menuda ✆ 972 34 03 12, *mail@ghreymar.com, Fax 972 34 15 04,* ≤, 🏖, 🏋, 🏊, 🏊, 🎾 – |$| ▤ TV 🚗 – 🏛 25/50. AE ⓓ MC VISA JCB. ✗ rest BY x
mayo-octubre – **Comida** 31 – **148 hab** ☕ 133/242 – 18 suites.
• Hotel con un excelente emplazamiento frente a la playa, que posee unas dependencias de línea clásica completamente equipadas. Funciona también como centro de salud y belleza. Restaurante acristalado y de montaje funcional, con espléndidas vistas sobre el mar.

Vila de Tossa, av. Costa Brava 25 ✆ 972 34 22 22, *info@hotelesholidaypark.com, Fax 972 34 05 65* – |$| ▤ TV. AE ⓓ MC VISA. ✗ rest AY a
abril-octubre y fines de semana salvo enero – **Comida** 20 – **43 hab** ☕ 94/144.
• Dotado de unas instalaciones de correcto confort, con toques de diseño en la decoración, jacuzzi y solarium en el ático. Muy válido como recurso de playa.

Mar Menuda 🔇, platja de Mar Menuda ✆ 972 34 10 00, *hotel@marmenuda.com, Fax 972 34 00 87,* ≤, 🏖 – |$| ▤ TV 🚗 P – 🏛 25/100. AE ⓓ MC VISA. ✗ BY w
cerrado noviembre-26 diciembre – **Comida** - sólo cena - carta 27 a 43 – **50 hab** ☕ 125/133,50.
• Llevado por el hijo de los propietarios pone a su disposición unas habitaciones luminosas y confortables, de aire mediterráneo. Acogedora zona social y terraza con arbolado. Comedor a la carta de sencilla instalación.

Diana sin rest, pl. de España 6 ✆ 972 34 18 86, *info@diana-hotel.com, Fax 972 34 18 86,* ≤ – |$| ▤ TV. AE ⓓ MC VISA. ✗ BZ c
marzo-noviembre – **21 hab** ☕ 69/132.
• Instalado en un elegante edificio modernista de principios del s. XX. Sus habitaciones, de discreta decoración, se ven compensadas por una magnífica zona noble.

Florida, av. de la Palma 12 ✆ 972 34 03 08, *hotelflorida@husa.es, Fax 972 34 09 53* – |$| ▤ TV P. AE ⓓ MC VISA. ✗ BZ d
abril-octubre – **Comida** 17 – ☕ 6,50 – **49 hab** 51/86.
• Funcional hotel de línea actual, dotado de una adecuada zona social y habitaciones de correcto confort, con mobiliario clásico y baños completos.

TOSSA DE MAR

Calle	Plano	N.°
Codolar	BZ	3
Concòrdia (Pl.)	AY	4
Costa Brava (Av. de la)	AYZ	6
Dr Trueta	ABZ	7
Enric Claudi Girbal	BY	9
Enric Granados	BYZ	10
Escultor Casanova	BY	12
Estolt	BZ	13
Giverola	AZ	15
La Guàrdia	AZ	
Isaac Albéniz	BY	16
Joaquim-Esteve Llach	BY	18
Mar (Pas. del)	BZ	21
María Auxiliadora	AZ	22
Nacions Sense Estat (Pl. de les)	AZ	24
Ntra. Sra. de Montserrat	BY	25
Palma (Av. de la)	BYZ	26
Pelegrí (Av. del)	AZ	27
Pintor Fortuny	BZ	28
Pintor Oscar Zügel	BY	30
Pintor Ramon Reig	BY	31
Portal	BZ	33
Pou de la Vila	BZ	34
Sant Antoni	AZ	36
Sant Josep	AZ	37
Sant Ramon de Penyafort (Av.)	BZ	39
Socors	BZ	40
Sot de Ses Pomeres	AZ	42
Tarull	AZ	43
Torrent d'En Bou	AZ	45
Víctor Català	AY	46

Las páginas explicativas de la introducción le ayudarán a sacar el máximo partido a su ***Guía Michelin****.*

ESPAÑA

Sant March sin rest, av. del Pelegrí 2 ☎ 972 34 00 78, *hotelsantmarch@eresmas.com, Fax 972 34 25 34*, – TV P. MC VISA AZ u
Semana Santa-octubre – **29 hab** 38,50/71,15.
◆ Sencillo hotel de agradables exteriores y ambiente familiar, dotado de unas instalaciones funcionales, que resultan de correcto confort en su categoría.

Avenida, av. de la Palma 5 ☎ 972 34 07 56, *hotelavenida@telefonica.net, Fax 972 34 22 70* – TV. AE MC VISA. rest BZ f
25 abril-15 octubre – **Comida** - sólo clientes - 12 – **50 hab** 57/90.
◆ Llevado directamente por su propietario, cuenta con unas habitaciones funcionales y de línea actual, equipadas con mobiliario clásico y baños completos. Comedor privado.

Capri sin rest, passeig del Mar 17 ☎ 972 34 03 58, *caprihotel@tossa.com, Fax 972 34 15 52*, ≤ – TV. MC VISA BZ r
marzo-noviembre – **22 hab** 68,80/86.
◆ Su escasa zona social se ve compensada por unas habitaciones con distinta decoración según la planta, unas clásicas y otras más coloristas, todas de adecuado confort.

Corisco sin rest, Pou de la Vila 8 ☎ 972 34 01 74, *hotelcorisco@tossademar.com, Fax 972 34 09 98*, ≤ – TV. MC VISA BZ n
cerrado enero – **28 hab** 50/120.
◆ Posee una correcta zona social, y unas habitaciones con mobiliario estándar y baños completos, algunas de ellas con terraza al mar. Válido como recurso de playa.

Canaima sin rest, av. de la Palma 24 ☎ 972 34 09 95, *hotelcanaima@teleline.es, Fax 972 34 09 95* – MC VISA. BY q
Semana Santa-septiembre – **17 hab** 44/60.
◆ Hotel de línea actual dotado de unas instalaciones de cuidado mantenimiento, con habitaciones sencillas y funcionales que ofrecen un confort acorde a su categoría.

Horta Rosell sin rest, Pola 29 ☎ 972 34 04 32 – P AZ k
junio-septiembre – 4,50 – **29 hab** 35/42.
◆ Llevado directamente por su dueña, posee unas habitaciones correctas con baños pequeños aunque renovados, todos con plato ducha o media bañera. Buen salón social.

Turissa sin rest, av. del Pelegrí 27 ☎ 972 34 02 11, *hotelturissa@smhoteles.com, Fax 972 34 02 11*, – TV. MC VISA AZ a
27 hab 40/60.
◆ Este hotel puede resultar algo funcional en su organización y por sus servicios, no obstante ofrece unas correctas habitaciones, con mobiliario nuevo y baños de plato ducha.

La Cuina de Can Simon, Portal 24 ☎ 972 34 12 69, *Fax 972 34 15 82* – . AE MC VISA. BZ e
cerrado del 13 al 30 de enero, del 11 al 29 de noviembre, domingo noche, lunes y martes salvo festivos y verano – **Comida** 48 y carta 40 a 62.
Espec. Cocktail de buey de mar, trompetas negras y calabaza con su consomé. Pargo en suprema templado, guisantes y verduras. El nuevo biscuit helado y chocolate picante.
◆ Restaurante familiar de estilo rústico elegante, junto a la antigua ciudad amurallada. El hijo del dueño se ocupa de los fogones, elaborando una cocina interesante.

Castell Vell, pl. Roig i Soler 2 ☎ 972 34 10 30, *Fax 972 34 10 30*, – AE MC VISA. BZ v
15 mayo-noviembre – **Comida** *(cerrado lunes salvo festivos y julio-agosto)* carta 32 a 46.
◆ Negocio de correcto montaje, emplazado en el casco antiguo de la localidad, que posee varias salas de estilo regional ambientadas con aperos de labranza.

Victoria, passeig del Mar 23 ☎ 972 34 01 66, *info@hrvictoriatossa.com, Fax 972 34 23 10*, – . AE MC VISA BZ z
febrero-octubre – **Comida** *(cerrado lunes)* carta 26 a 40.
◆ Restaurante de sencillo montaje y discreto servicio de mesa, donde ofrecen una cocina tradicional especializada en pescados y mariscos. Terraza frente a la playa.

L'Illa, Sant Ramón Penyafort 13 ☎ 972 34 27 51, *restauratilla@hotmail.com*, – AE MC VISA. BZ a
Semana Santa-15 octubre – **Comida** *(cerrado miércoles)* carta 24 a 36.
◆ Se encuentra a un lado de la playa, con una amplia cristalera, terraza y estupendas vistas al mar. Cocina regional elaborada con buen apartado de pescados y mariscos.

TOURO *15822 A Coruña* 571 D 5 – *4 825 h alt. 310.*
Madrid 589 – Santiago de Compostela 31 – A Coruña 82 – Lugo 86.

al Este : *7 km* :

Pazo de Andeade , Andeade-Lugar de Casa Grande 1, ✉ 15824 Andeade, ☎ 981 51 73 59, *reservas@pazosdegalicia.com, Fax 981 51 73 59*, – P. MC VISA.
Comida *(cerrado domingo noche y lunes)* 13 – 5 – **9 hab** 43,20/54.
◆ Negocio familiar instalado en un atractivo pazo cuyos orígenes se remontan al s. XVIII. Un marco de cálida rusticidad que resulta ideal para una estancia sosegada.

TOX 33793 Asturias 572 B 10.

Madrid 558 – Avilés 75 – Luarca 11 – Gijón 98 – Lugo 132 – Oviedo 106.

Villa Borinquen sin rest, ☎ 98 564 82 20, *villaborinquen@eresmas.com, Fax 98 564 82 22* ≤ – TV P. MO VISA.
cerrado 15 diciembre-15 marzo – 8 – **11 hab** 60/75.
◆ Acogedor hotel con todo el calor de las casas indianas. Posee un espacioso salón social con chimenea, y unas cuidadas habitaciones de excelente confort en su categoría.

A TOXA (Illa de) o La Toja (Isla de) 36991 Pontevedra 571 E 3 – Balneario – Playa.

Ver : *Paraje★★ – Carretera★ de La Toja a Canelas.*
La Toja, ☎ 986 73 01 58 Fax 986 73 31 22.
Madrid 637 – Pontevedra 33 – Santiago de Compostela 73.

G.H. La Toja, ☎ 986 73 00 25, *info@latojagranhotel.com, Fax 986 73 12 01* ≤ ría de Arousa, , Servicios terapéuticos, , climatizada, , – , rest, TV P – 25/500. AE MO VISA.
Comida 45 – 16 – **172 hab** 232/248 – 25 suites.
◆ El lujo al servicio de la salud y el descanso. Déjese seducir por unas instalaciones equipadas con todo detalle, en un bello paraje verde con vistas a la ría de Arousa. Comedor de cuidado montaje, con mobiliario escogido y un excelente servicio de mesa.

Hesperia isla de la toja, ☎ 986 73 00 50, *hotel@hesperia-isladelatoja.com, Fax 986 73 01 01* ≤, , climatizada, – TV – 25/450. AE MO VISA.
Isla de La Toja **Comida** carta 25 a 35 - ***El Acueducto*** *(espec. en arroces)* **Comida** carta aprox. 30 – 12 – **104 hab** 124/155.
◆ Magnífico hotel-balneario de línea moderna-minimalista en el que destacan sus completas habitaciones e instalaciones terapéuticas, con la hermosa ría de Arousa al fondo. Se distingue su restaurante El Acueducto, de aire neorrústico y especializado en arroces.

Louxo, ☎ 986 73 02 00, *hotel@louxolatoja.com, Fax 986 73 27 91* ≤ ría de Arousa, , Centro de talasoterapia, , , , – TV P – 25/200. AE MO VISA.
Comida 23 – **113 hab** 112/136 – 3 suites.
◆ Goza de un emplazamiento privilegiado sobre el mar, con instalaciones de gran confort. Correctas zonas sociales, amplias habitaciones y un reducido centro de talasoterapia. Comedor con excelentes vistas y una carta tradicional nutrida en pescados y mariscos.

Los Hornos, ☎ 986 73 10 32, *Fax 986 73 12 01* ≤, – AE MO VISA.
Comida carta aprox. 44.
◆ Llevado por el G. H. La Toja. En su espaciosa sala acristalada, decorada con mobiliario escogido y baños detallistas, podrá degustar platos internacionales y tradicionales.

TRAGACETE 16150 Cuenca 576 K 24 – 345 h alt. 1 283.

Alred. : *Nacimiento del río Cuervo★ (cascadas★) Norte : 12 km.*
Madrid 235 – Cuenca 71 – Teruel 89.

El Gamo sin rest, Fernando Royuela 18 ☎ 969 28 90 11, *elgamo@teleline.es, Fax 969 28 92 28* – TV. VISA.
3 – **39 hab** 28/56.
◆ Cómodas instalaciones en un edificio de sólida arquitectura con la fachada en piedra. Buen salón-cafetería, decorado con mobiliario de calidad y confortables habitaciones.

TRAMACASTILLA 44112 Teruel 574 K 25 – 132 h alt. 1 260.

Madrid 275 – Teruel 57 – Zaragoza 198.

por la carretera A 1512 *Este : 1 km :*

Hospedería El Batán con hab, ✉ 44112, ☎ 978 70 60 70, *Fax 978 70 69 69* – TV P. MO VISA. – *cerrado del 1 al 7 de octubre* – **Comida** *(cerrado martes)* carta 25 a 30 – 5,90 – **8 hab** 38/56 – 1 apartamento.
◆ Restaurante de estilo rústico-regional en pleno campo, con vigas de madera en el techo. Ofrece también habitaciones y un apartamento en una casita anexa. Bodega selecta.

TRASVÍA Santander – ver Comillas.

TRECEÑO 39592 Cantabria 572 C 17.

Madrid 402 – Burgos 163 – Oviedo 140 – Santander 47.

Palacio Guevara, barrio La Plaza 22 ☎ 942 70 33 30, *palacioguevara@lycos.es, Fax 942 70 33 30* – TV P. AE MO VISA.
cerrado 24 enero-4 febrero - **Comida** 15 – 4,50 – **16 hab** 70/90.
◆ Hermoso palacio montañés construido en 1713. Goza de un luminoso salón social y posee habitaciones rústicas donde conviven en armonía la piedra, la madera y el confort actual. Cálido restaurante distribuido en tres espacios, con un cuidado servicio de mesa.

Casona de La Salceda sin rest, barrio la Plaza 16 ✆ 942 70 50 75, *la-salceda@ipo net.es, Fax 942 70 50 71* – TV. VISA.
cerrado 24 diciembre-15 enero – **10 hab** 63/73 – 1 suite.
◆ Casa montañesa del s. XVII completamente rehabilitada. Gran mimo en los detalles, con unas habitaciones de aire rústico definidas por su cálido confort y la viguería vista.

TREDÓS *Lleida – ver Salardú.*

TREFACIO *49359 Zamora* 575 F 10 – *239 h alt. 960.*
Madrid 366 – Valladolid 212 – Zamora 122 – Bragança 53.

El Rincón de Trefacio, carret. de San Ciprián ✆ 980 62 83 00, *elrincon@helco m.es, Fax 980 62 83 26*, – TV P. VISA.
cerrado enero – **Comida** *(cerrado lunes y martes en invierno)* - sólo clientes salvo fines de semana y verano - 9 – 4 – **18 hab** 36,80/46.
◆ Conjunto construido en piedra, con un pequeño jardín. En dos edificios anexos se reparten las habitaciones, sobrias en decoración y con los suelos en parquet o barro cocido.

TREMP *25620 Lleida* 574 F 32 – *6 514 h alt. 432.*
Ver : *Iglesia de Santa María★ (Santa María de Valldeflors★).*
Alred. : *Pantano de Sant Antoni★ Este : carretera a Coll de Nargó (collado de Bòixols★★) – Castell de Mur★ Suroeste : 19 km – Iglesia de Santa María de Covet★ Suroeste : 32 km.*
Excurs. : *Norte : Vall Fosca★ – Noreste : Desfiladero de Collegats★★ (roca de l'Argenteria★).*
pl. de la Creu 1 ✆ 973 65 00 09 turisme@ajuntamentdetremp.com Fax 973 65 20 36.
Madrid 546 – Huesca 156 – Lleida/Lérida 93.

Siglo XX, pl. de la Creu 8 ✆ 973 65 00 00, *info@hotelseglexx.info, Fax 973 65 26 12*, – TV. AE VISA JCB.
Comida 10 – **49 hab** 39/54.
◆ Establecimiento de sencilla organización familiar, en estilo clásico-antiguo, dotado de distintas habitaciones, todas de notable amplitud y equipadas con baños actuales. Comedor de adecuado montaje ubicado en el sótano.

TRES CANTOS *28760 Madrid* 576 K 18 121 H 6 – *22 301 h alt. 802* – **R.A.C.E.** *Isaac Newton - Parque Tecnológico de Madrid (PTM) ✆ 91 594 74 00 Fax 91 594 73 88.*
Madrid 26.

Jardín de Tres Cantos, av. de los Encuartes 17 ✆ 91 806 49 99, *Fax 91 806 49 80* – TV – 25/75. AE VISA JCB.
Comida 18,40 – **54 hab** 122,80/154,40.
◆ Hotel de línea moderna con numerosa clientela de ejecutivos. Aunque las zonas comunes son algo escasas, ofrece un alto nivel de confort en sus bien equipadas habitaciones. El restaurante dispone de un comedor clásico-actual, un reservado y una cafetería.

Express by Holiday Inn Madrid Tres Cantos sin rest con cafetería por la noche, Parque Empresarial Euronova ✆ 91 803 99 00, *trescantos@expresshi.com, Fax 91 803 59 99* – TV – 20/45. AE VISA JCB.
61 hab 104.
◆ Goza del sello de identidad de la cadena, aunque un poco más informal y de gran funcionalidad. Escasa zona noble, excelente mantenimiento, y habitual clientela de negocios.

Asador Kantuta, Sector Islas 40 ✆ 91 803 77 50, *Fax 91 803 47 50* – . AE VISA.
cerrado domingo noche – **Comida** carta aprox. 40.
◆ Sus cuidadas instalaciones combinan una decoración de estilo regional con una cocina de calidad. Bar privado a la entrada, varios reservados y un amplio comedor principal.

MICHELIN ESPAÑA PORTUGAL, S.A., División Comercial Av. de los Encuartes 19, 28760 ✆ 91 410 50 00, Atención al Cliente 902 209 230, Fax 91 410 50 10, Atención al Cliente 902 209 240

TRESGRANDAS *33598 Asturias* 572 B 16.
Madrid 421 – Gijón 101 – Oviedo 111 – Santander 77.

El Molino de Tresgrandas, ✆ 98 541 11 91, *hotel@molinotresgrandas.com, Fax 98 541 11 57* ≤, – TV P. VISA.
cerrado del 1 al 21 de febrero – **Comida** - sólo clientes, sólo cena - 16 – 6,60 – **8 hab** 63/86.
◆ Antiguo molino rehabilitado en un bello paraje. De sencilla organización familiar, con habitaciones de estilo rústico correctamente equipadas. Comidas sólo para clientes.

TREVÉLEZ *18417 Granada 578 U 20 124 O 3 – 823 h alt. 1476.*

Ver : *Pueblo★ – Valle del río Trevélez★.*

Madrid 507 – Almería 130 – Granada 97 – Málaga 154.

en la carretera de Juviles *Sur : 4 km :*

Alcazaba de Busquístar ⚘, ✉ 18416 Busquístar, ☎ 958 85 86 87, *info@alpujarrallazaba.com, Fax 958 85 86 93,* ←, ⛱ – TV P – 🏛 25/100. MC VISA. ✻
Comida 12 – ☕ 6,50 – **43 hab** 64,80/81.
◆ Un bello conjunto envuelto en la magia del paisaje alpujarreño. Recréese en sus apartamentos de cálido estilo rústico, decorados con gran gusto. Amplia zona lúdica. Su restaurante rezuma el confort que el comensal busca, con una completa carta.

TRIGUEROS *21620 Huelva 578 T 9 – 7016 h alt. 78.*

Madrid 612 – Huelva 19 – Sevilla 84.

X **Los Arcos 2,** carret. N 435 ☎ 959 30 52 11, *Fax 959 30 52 11,* ☂ – ▤ P. AE ⓓ MC VISA. ✻
Comida carta 19 a 27.
◆ Los techos altos, el suelo rústico y determinados detalles típicos componen la decoración de esta antigua bodega, dispuesta en dos naves. Se come bien y a buen precio.

TRUJILLO *10200 Cáceres 576 N 12 – 9456 h alt. 564.*

Ver : *Pueblo histórico★★. Plaza Mayor★★ (palacio de los Duques de San Carlos★, palacio del Marqués de la Conquista : balcón de esquina★) – Iglesia de Santa María★ (retablo★).*

ℹ *pl. Mayor ☎ 927 32 26 77 ofitur@ayto-trujillo.com Fax 927 65 91 40.*

Madrid 254 – Cáceres 47 – Mérida 89 – Plasencia 80.

Parador de Trujillo ⚘, Santa Beatriz de Silva 1 ☎ 927 32 13 50, *trujillo@parador.es, Fax 927 32 13 66,* ⛱ – |‡| ▤ TV ☎ ♿ 🚗 P – 🏛 25/150. AE ⓓ MC VISA JCB. ✻
Comida 27 – ☕ 11 – **48 hab** 96/120 – 2 suites.
◆ Ocupa el antiguo convento de Santa Clara, del s. XVI. Las habitaciones, que contrastan con el edificio por su modernidad, se distribuyen alrededor de un hermoso claustro. Comedor con el techo abovedado en ladrillo y un magnífico mural al fondo.

Meliá Trujillo, pl. del Campillo 1 ☎ 927 45 89 00, *melia.trujillo@solmelia.com, Fax 927 32 30 46,* ⛱ – |‡| ▤ TV ☎ ♿ – 🏛 25/250. MC VISA JCB. ✻
El Refectorio *(cerrado domingo noche)* **Comida** carta 34 a 42 – ☕ 12 – **76 hab** 108/129 – 1 suite.
◆ Instalado en un convento del s. XVI con la fachada en tonos teja y una elegante decoración. Acogedor salón social en lo que era la capilla y habitaciones de elevado confort. Restaurante con el techo abovedado y acceso desde el bello patio interior.

Isla del Gallo, pl. de Aragón 2 ☎ 927 32 02 43, *hotel@isladelgallo.com, Fax 927 65 91 16,* ☂, ♿, ⛱ – |‡| ▤ TV ☎ – 🏛 25/60. AE ⓓ MC VISA. ✻
Comida *(cerrado domingo noche y lunes)* 35 – ☕ 10 – **22 hab** 90/113.
◆ Asentado sobre varias casas de los ss. XVI y XVII, unidas y rehabilitadas. La decoración gira en torno a la figura de Pizarro, con habitaciones detallistas y un coqueto patio. Restaurante de gran nivel y excelente montaje, dotado de entrada independiente.

Victoria, pl. del Campillo 22 ☎ 927 32 18 19, *Fax 927 32 30 84* – |‡| ▤ TV ♿ 🚗. AE MC VISA. ✻
Comida 10,70 – ☕ 4,50 – **27 hab** 70.
◆ Actualizado y con abundancia de mármol en las zonas comunes. Habitaciones modernas de techos altos, abuhardilladas en el 3er piso, rodeando un atractivo patio distribuidor. Restaurante funcional con entrada independiente en un edificio anexo.

X **Pizarro,** pl. Mayor 13 ☎ 927 32 02 55, *Fax 927 32 02 55* – ▤. MC VISA. ✻
Comida - cocina regional - carta aprox. 35.
◆ Casa muy acreditada y dirigida por dos hermanas. Salas en el 1er piso, con sencillo mobiliario de estilo clásico-antiguo, y una lograda cocina regional.

junto a la autovía N V *Suroeste : 6 km :*

X **La Majada,** salida 259, ✉ 10200, ☎ 927 32 03 49, *Fax 927 32 03 49,* ☂ – ▤ P. ⓓ MC VISA JCB. ✻
Comida carta aprox. 27.
◆ Villa con una terraza exterior. Bar-comedor de estilo clásico-regional y un salón de mayor capacidad para los fines de semana. Ofrece unos platos copiosos en carta y menú.

ESPAÑA

por la carretera EX 208 *Sureste : 11 km y desvío a la derecha 1 km :*

Viña Las Torres sin rest, camino de Buenavista, ✉ 10200, ☎ 927 31 93 50, *info@vinalastorres.com, Fax 927 31 93 55,* ←, ⛱, ✂ – ▤ TV. MC VISA. ✗
8 hab ☕ 60/73.
◆ Antigua villa vacacional situada en pleno campo y rodeada por un jardín silvestre. Posee habitaciones de aire rústico, destacando las ubicadas en el torreón por sus vistas.

TUDELA *31500 Navarra* 573 F 25 – *26 163 h alt. 275.*

Ver : Catedral★ (claustro★★, portada del Juicio Final★, interior – capilla de Nuestra Señora de la Esperanza★).

pl. Vieja 1 ☎ 948 84 80 58 oit.tudela@cfnavarra.es Fax 948 84 80 58 – **R.A.C.E.** *paseo Badillo 1 (bajo) ☎ 948 84 83 64.*

Madrid 316 – Logroño 103 – Pamplona 84 – Soria 90 – Zaragoza 81.

AC Ciudad de Tudela, Misericordia ☎ 948 40 24 40, *ctudela@ac-hotels.com, Fax 948 40 24 41,* – ▤ TV ♿ P – 🏛 25/250. AE ◑ MC VISA JCB. ✗
Comida *(cerrado domingo)* carta 25 a 36 – ☕ 10 – **41 hab** 100 – 1 suite.
◆ Atractivas instalaciones con una acertada fusión entre pasado y vanguardia. Descubra su encanto y descanse en unas equipadas habitaciones, al más puro estilo de la cadena. Moderno y luminoso comedor donde podrá degustar una variada oferta gastronómica.

Tudela Bardenas, av. de Zaragoza 60 ☎ 948 41 08 02, *hotel@tudelabardenas.com, Fax 948 41 09 72* – ▤ TV – 🏛 25/130. AE ◑ MC VISA. ✗ rest
Comida *(cerrado domingo noche y lunes)* 15 – ☕ 7 – **46 hab** 53/63.
◆ Establecimiento de línea actual situado junto a la plaza de toros, parco en zonas sociales. Habitaciones amplias, con suelo en tarima o moqueta y decoradas en tonos claros. Restaurante con entrada independiente y comedores privados de excelente nivel.

NH Delta, av. de Zaragoza 29 ☎ 948 82 14 00, *nhdelta@nh-hotels.com, Fax 948 82 14 00* – ▤ TV – 🏛 25/40. AE ◑ MC VISA. ✗ rest
Comida *(cerrado domingo noche y lunes)* 9 – ☕ 7 – **43 hab** 72/86.
◆ Céntrico establecimiento atendido por un amable personal, dotado de habitaciones sencillas, bien equipadas en su categoría y con baños en mármol. Parco en zonas sociales.

Santamaría sin rest con cafetería, San Marcial 14 ☎ 948 82 12 00, *info@hotelsantamaria.net, Fax 948 82 12 00* – ▤ TV – 🏛 25/200. AE ◑ MC VISA. ✗
☕ 5,40 – **51 hab** 45/65.
◆ Todo un clásico cuyas instalaciones están siendo renovadas y dotado de habitaciones que sorprenden por su completo equipamiento. En su cafetería se ofrecen platos combinados.

Treintaitres, Pablo Sarasate 7 ☎ 948 82 76 06, *restaurant33@terra.es, Fax 948 41 10 08* – ▤. AE ◑ MC VISA JCB. ✗
cerrado del 1 al 22 de agosto y domingo – **Comida** carta aprox. 33.
◆ Negocio bien llevado en familia, con un bar y dos comedores, uno a un lado y el otro en el piso superior, ambos con decoración minimalista. Se combina la carta y el menú.

Iruña, Muro 11 ☎ 948 82 10 00 – ▤. AE ◑ MC VISA. ✗
cerrado jueves – **Comida** carta aprox. 29.
◆ Casa de larga y firme trayectoria, que ha ampliado su oferta para banquetes al renovar el salón a tal efecto. En su cocina se dan cita los platos típicos de la región.

Casa Ignacio (Pichorradicas), Cortadores 11 ☎ 948 82 10 21, *Fax 948 17 67 32* – ▤. AE ◑ MC VISA. ✗
cerrado del 1 al 15 de julio, domingo noche y lunes – **Comida** carta 30 a 37.
◆ Íntimo e instalado en una casa del casco histórico. Posee dos salas de estilo actual, con vigas de madera en el techo y algunas paredes en ladrillo visto. Precios contenidos.

en la carretera N 232 *Sureste : 3 km :*

Beethoven, ✉ 31512 Fontellas, ☎ 948 82 52 60, *restaurante@rtebeethoven.com, Fax 948 82 52 60* – ▤ P. AE ◑ MC VISA. ✗
cerrado agosto y domingo – **Comida** carta 27 a 34.
◆ Elegante clasicismo, gran pulcritud y unos materiales de notable calidad, en un negocio familiar, serio y estable, que también cosecha éxitos en la celebración de banquetes.

TUDELA DE DUERO *47320 Valladolid* 575 H 16 – *4 842 h alt. 701.*

Madrid 188 – Aranda de Duero 77 – Segovia 107 – Valladolid 16.

Jaramiel, carret. N 122 - Noroeste : 1 km ☎ 983 52 02 67, *hotel-restaurante@jaramiel.com, Fax 983 52 20 12,* ⛱ – ▤ rest, TV P. MC VISA. ✗
Comida *(cerrado 24 diciembre-2 enero)* carta 22 a 34 – ☕ 5 – **46 hab** 45/65.
◆ Singular hotel cuyas habitaciones se distribuyen en varios edificios, con profusión de madera, baños completos y detalles decorativos castellanos. Exterior ajardinado. Comedor clásico-regional y un gran salón para banquetes a modo de invernadero acristalado.

Mesón 2,39, Antonio Machado 39 ✆ 983 52 07 34 – ▤. AE ⓓ MC VISA. ✂ – *cerrado agosto y lunes en verano* – **Comida** - sólo almuerzo, salvo viernes y sábado - carta 22 a 30.
◆ Sorprendente restaurante de línea rústica escondido tras una fachada poco atractiva, con un matrimonio llevando las riendas del negocio. Ofrece cocina casera a buen precio.

TUI *36700 Pontevedra* 571 F 4 – *15 346 h alt. 44.*

Ver : *Emplazamiento★, Catedral★ (portada★).*

ℹ *Colón, ✆ 986 60 17 89 Fax 986 60 17 89.*

Madrid 604 – Ourense 105 – Pontevedra 48 – Porto 124 – Vigo 29.

Parador de Tui ⛶, av. de Portugal ✆ 986 60 03 00, *tui@parador.es, Fax 986 60 21 63,* ≤, ⛱, ⛶, ✂ – ⇅ ▣ ☎ P. AE ⓓ MC VISA JCB. ✂
Comida 25 – ☕ 11 – **31 hab** 108/135 – 1 suite.
◆ El granito y la madera recrean la ornamentación de este típico pazo, que coquetea con el río Miño en un bello paraje. Ha sido actualizado, mejorando notablemente su confort. Luminoso comedor donde podrá degustar platos típicos del sur de Galicia.

Colón Tuy, Colón 11 ✆ 986 60 02 23, *colonhot@jet.es, Fax 986 60 03 27,* ≤, ⛱, ✂ – ⇅ ▤ ▣ 🚗 – 🎤 25/100. AE ⓓ MC VISA. ✂
Comida *(cerrado domingo)* carta 17 a 25 – ☕ 6 – **45 hab** 40/77 – 21 apartamentos.
◆ Este céntrico hotel ha realizado importantes mejoras en la cafetería y en los apartamentos, todos de diseño actual. Sus habitaciones, algo funcionales, brindan bellas vistas.

O Novo Cabalo Furado, pl. do Concello 3 ✆ 986 60 22 63, *onovocabalofurado@hotmail.com, Fax 986 60 12 15* – ▤. ⓓ MC VISA. ✂
cerrado 23 diciembre-8 enero, del 16 al 30 de junio, domingo en julio-septiembre, domingo noche y lunes resto del año – **Comida** carta 23 a 30.
◆ Pese a su sencillo montaje goza de un gran carisma en la zona. Entrada por un bar público con cocina semivista, y modesto comedor en la entreplanta. Muy frecuentado.

al Norte : *3 km :*

Alfonso I, Gándara-Guillarei, ✉ 36720 Guillarei, ✆ 986 60 70 60, *reservas@halfonsoprimero.com, Fax 986 60 36 78* – ⇅ ▤ ▣ ♿ P – 🎤 25/200. AE ⓓ MC VISA. ✂
Reino de Galicia **: Comida** carta 24 a 31 – ☕ 7 – **61 hab** 60/84 – 3 suites.
◆ Bella fachada de aire antiguo, y unas modernas instalaciones equipadas con todo detalle. Las habitaciones, con terraza y baños completos, le brindan un gran confort. Restaurante especializado en carnes, con parrilla a la vista y vivero propio.

TUIXÉN *25717 Lleida* 574 F 34.

Madrid 610 – Andorra la Vella 48 – Berga 49 – Lleida/Lérida 152.

Cal Gabriel ⛶, Riu de la Mola 5 ✆ 973 37 01 42, *CALGABRIEL@terra.es, Fax 973 37 01 42* – AE ⓓ MC VISA. ✂ – *cerrado 15 días en septiembre* – **Comida** - sólo clientes, sólo cena - 14 – ☕ 8 – **6 hab** 32.
◆ Casa en piedra de mediados del s. XIX, en un tranquilo paraje. Sus dependencias pese a estar decoradas con suma sencillez, resultan bastante acogedoras. Comedor privado.

TURÉGANO *40370 Segovia* 575 I 17 121 F 3 – *1 082 h alt. 935.*

Madrid 130 – Aranda de Duero 72 – Segovia 35 – Valladolid 96.

El Zaguán con hab, pl. de España 16 ✆ 921 50 11 65, *zaguan@el-zaguan.com, Fax 921 50 07 76* – ⇅ ▤ ▣. MC VISA. ✂ – *cerrado Navidades* – **Comida** *(cerrado domingo noche)* carta 23 a 29 – ☕ 5 – **15 hab** 42/66.
◆ Conjunto castellano de estilo rústico-regional, definido por sus grandes vigas de madera y el horno de asar a la vista del cliente. Dispone de unas cálidas habitaciones.

ÚBEDA *23400 Jaén* 578 R 19 – *31 962 h alt. 757.*

Ver : *Localidad★★ – Barrio Antiguo★★ : plaza Vázquez de Molina★★* BZ, *Palacio de las Cadenas★* BZ **H,** *capilla de El Salvador★★* BZ – *Iglesia de Santa María de los Alcázares★* BZ – *Iglesia de San Pablo★* BY – *Palacio del Conde de Guadiana (torre★)* AY **Q.**

ℹ *Baja del Marqués 4 (Palacio del Marqués de Contadero) ✆ 953 75 08 97 otubeda@andalucia.org Fax 953 79 26 70* AZ.

Madrid 323 – Albacete 209 – Almería 227 – Granada 141 – Jaén 57 – Linares 27 – Lorca 277.

Plano página siguiente

Parador de Úbeda ⛶, pl. Vázquez Molina ✆ 953 75 03 45, *ubeda@parador.es, Fax 953 75 12 59* – ▤ ▣ – 🎤 25/90. AE ⓓ MC VISA JCB. ✂ BZ c
Comida 27 – ☕ 11 – **36 hab** 108/135.
◆ Palacio del s. XVI de corte renacentista. Bajo su porte señorial asoma la huella de un pasado noble. Las habitaciones, de techos altos, muestran un estilo rústico y elegante. Comedor de sobria decoración y cálido ambiente regional.

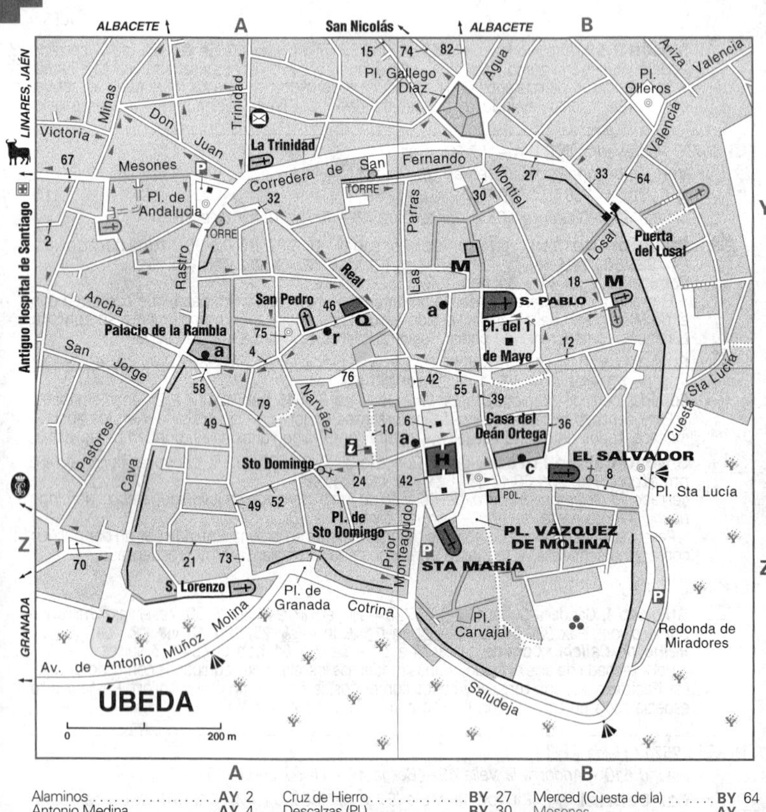

Alaminos . . . . . AY 2
Antonio Medina . . . . . AY 4
Ayuntamiento (Pl. del) . . . . . BZ 6
Baja del Salvador . . . . . BZ 8
Baja Marqués (Pl.) . . . . . AZ 10
Beltrán de la Cueva . . . . . BY 12
Campanario . . . . . AY 15
Carmen . . . . . BY 18
Condestable Dávalos . . . . . AZ 21
Corazón de Jesús . . . . . AZ 24
Corredera de San Fernando . . . . . ABY
Cruz de Hierro . . . . . BY 27
Descalzas (Pl.) . . . . . BY 30
Doctor Quesada . . . . . AY 32
Fuente Seca . . . . . BY 33
Horno Contador . . . . . BZ 36
Juan González . . . . . BZ 39
Juan Montilla . . . . . BZ 42
Juan Pasquau . . . . . AY 46
Jurando Gómez . . . . . AZ 49
Luna y Sol . . . . . AZ 52
María de Molina . . . . . BYZ 55
Marqués (Pl. del) . . . . . AZ 58
Merced (Cuesta de la) . . . . . BY 64
Mesones . . . . . AY
Obispo Cobos . . . . . AY 67
Real . . . . . AY
San Francisco (Pl.) . . . . . AZ 70
San Lorenzo (Pl.) . . . . . AZ 73
San Nicólas . . . . . BY 74
San Pedro (Pl. de) . . . . . AY 75
Santa Clara (Pl. de) . . . . . AZ 76
Santo Domingo . . . . . AZ 79
Trillo . . . . . BY 82

RL Ciudad de Úbeda, Cronista Juan de la Torre ✆ 953 79 10 11, *ciudaddeubeda@rlhoteles.com, Fax 953 79 10 12,* – ▮ ▤ TV – 25/450. AE ◑ MC VISA. ✂ por Obispo Cobos AY
Comida 15 – 7,50 – **92 hab** 78/99 – 4 suites.
• Conjunto de línea actual que aglutina en su recepción tanto la zona social como la cafetería. Sus habitaciones son amplias y poseen mobiliario clásico de buen nivel. El restaurante resulta algo funcional, aunque está acristalado y da a una terraza con piscina.

Rosaleda de Don Pedro, Obispo Toral 2 ✆ 953 79 61 11, *info@rosaledadedonpedro.com, Fax 953 79 51 49,* , – ▮ ▤ TV – 25/350. MC VISA. ✂ BY a
Comida 15 – 7 – **30 hab** 84/106.
• La amplitud y el mobiliario rústico de calidad definen unas habitaciones de adecuado confort. Cuenta con dos salones polivalentes complementando a las zonas comunes. En el restaurante podrá degustar platos del recetario tradicional y de la cocina jienense.

María de Molina sin rest, pl. del Ayuntamiento ✆ 953 79 53 56, *hotelmm@hotel-maria-de-molina.com, Fax 953 79 36 94* – ▮ ▤ TV. AE ◑ MC VISA. ✂ BZ a
6,50 – **20 hab** 66/95.
• Se encuentra en pleno centro histórico. Su hermoso patio cubierto funciona como distribuidor de las habitaciones, resultando todas amplias y personalizadas en su mobiliario. Su cuidado comedor se reparte en dos salas y apuesta por una decoración austera.

Palacio de la Rambla sin rest, pl. del Marqués 1 ☎ 953 75 01 96, *palaciorambla@terra.es, Fax 953 75 02 67*, – ▤ TV. AE MC VISA. ✻ AY a
cerrado 15 julio-15 agosto – **8 hab** ☐ 72/100.
• Sumérjase en el exquisito pasado de este palacio del s. XVI. Estancias detallistas, decoradas con mobiliario de época. Su patio renacentista es una invitación al reposo.

Álvar Fáñez, Juan Pasquau 5 ☎ 953 79 60 43, *alvarfanez@hotel.com, Fax 953 79 60 43* – |♦| ▤ TV. AE MC VISA. ✻ rest AY r
Comida 12 – **11 hab** ☐ 80/100.
• Edificio antiguo de gran valor arquitectónico. Posee un patio central de columnas y una amplia solana con agradables vistas. Las habitaciones recrean el estilo del s. XIX. Pequeño restaurante ubicado en el sótano y un bar en la antigua bodega abovedada.

La Paz sin rest, Andalucía 1 ☎ 953 75 08 48, *reservas@hotel-lapaz.com, Fax 953 75 08 48* – |♦| ▤ TV. ⊙ MC VISA por Minas AY
☐ 3,35 – **40 hab** 40/58.
• Casa de atenta organización familiar. Sus escasas zonas comunes empiezan a acusar el paso del tiempo, aunque se compensan con unas habitaciones de impecable limpieza.

Cusco, parque de Vandelvira 8 ☎ 953 75 34 13 – ▤. MC VISA. ✻ por Obispo Cobos AY
cerrado domingo en julio-agosto – **Comida** carta 23 a 31.
• Pequeño salón, prolijo en mobiliario y decoración. Combina la cocina artesana regional con la internacional. La fiesta nacional inspira la decoración del bar.

UCLÉS *16452 Cuenca 576 M 21 121 M 10 – 306 h alt. 1 020.*

Ver : Castillo-Monasterio (portada★, artesonado★) - Ciudad romana de Segóbriga (anfiteatro★).

Madrid 95 – Cuenca 70 – València 262.

Casa Palacio, Angustias 2 ☎ 969 13 50 65, *lacasapalacio@navegalia.com, Fax 969 13 50 11*, – ▤ TV. AE ⊙ MC VISA. ✻
Villa de Uclés *(cerrado 1ª quincena de septiembre, lunes noche y martes)* **Comida** carta aprox. 37 – ☐ 7 – **7 hab** 79,20/99.
• Acogedora y céntrica casona cuya atractiva fachada data del s. XVI. En sus dependencias conviven armónicamente elementos rústicos y otros más modernos.

ULLASTRET *17133 Girona 574 F 39 122 I 4 – 256 h alt. 49.*

Alred. : Ciutat ibérica★★.

Madrid 731 – Girona/Gerona 27 – Figueres 40 – Palafrugell 16.

El Fort con hab, Pressó 2 ☎ 972 75 77 73, *info@hotelelfort.com, Fax 972 75 83 64*, – ▤ TV. ⊙ MC VISA. ✻
cerrado del 15 al 28 de febrero, del 23 al 29 de mayo y del 5 al 11 de septiembre – **Comida** *(cerrado miércoles salvo agosto)* carta 28 a 39 – **4 hab** ☐ 100/150.
• Situado en la muralla medieval, con un bar típico a la entrada, un comedor de cuidado montaje y una bonita terraza. También posee habitaciones, espaciosas y muy detallistas.

ULLDECONA *43550 Tarragona 574 K 31 – 5 032 h alt. 134.*

Madrid 510 – Castelló de la Plana/Castellón de la Plana 88 – Tarragona 104 – Tortosa 30.

Bon Lloc con hab, antigua carret. de Vinaroz ☎ 977 57 30 16, *Fax 977 72 02 09*, – ▤ TV P. AE ⊙ MC VISA. ✻ – *cerrado 2ª quincena de octubre* – **Comida** *(cerrado domingo noche y lunes mediodía)* carta 17 a 25 – ☐ 4 – **12 hab** 36/48.
• Dispone de habitaciones aunque su principal actividad es el restaurante. Acceso por una recepción con bar de apoyo, y comedor de buen montaje en un lateral.

en la carretera de La Sénia *Noroeste : 2 km :*

Les Moles, ✉ 43550 apartado 1, ☎ 977 57 32 24, *lesmoles@lesmoles.com, Fax 977 72 06 77* – ▤ P. AE ⊙ MC VISA. ✻
cerrado del 4 al 10 de julio, 21 días en noviembre, domingo noche, lunes y martes noche – **Comida** carta 25 a 44.
• De estilo neorrústico con sala en piedra vista, un pequeño altillo en uno de sus lados, y vigas de cemento en el techo. Lo completa un pabellón acristalado para banquetes.

UNCASTILLO *50678 Zaragoza 574 E 26 – 834 h alt. 601.*

Madrid 386 – Huesca 88 – Pamplona 83 – Zaragoza 107.

Posada La Pastora sin rest, Roncesvalles 1 ☎ 976 67 94 99, *lapastora@lapastora.net, Fax 976 67 92 11* – TV. ⊙ MC VISA. ✻
☐ 5 – **8 hab** 44/62.
• Sencilla casa de piedra a cargo de un joven matrimonio. Íntima recepción junto al comedor de desayunos, y unas reducidas habitaciones de suficiente confort.

UNQUERA *39560 Cantabria* 572 B 16.

carret. N-634 km 279 *942 71 96 80 turismounquera@cantabria.org Fax 942 71 96 81.*
Madrid 420 – Gijón 110 – Oviedo 122 – Santander 65.

Canal sin rest, pl. de la Estación 942 71 70 70, *Fax 942 71 71 01* – TV. AE MC VISA.
2,60 – **56 hab** 33/53.
◆ Hotel dotado de una amplia recepción, bien separada de la cafetería. Cuenta con espaciosas habitaciones de estilo clásico, mobiliario en madera y baños actuales.

URDAITZ o **URDÁNIZ** *31698 Navarra* 573 D 25 – *1 527 h alt. 696.*
Madrid 413 – Pamplona 18 – Bilbao 176 – Donostia-San Sebastián 96 – Pau 163.

El Molino, carret. N 135 - Suroeste : 0,5 km 948 30 41 09 – P. MC VISA.
cerrado 2ª quincena de febrero, miércoles noche en invierno, lunes y martes noche – **Comida** carta aprox. 30.
◆ Instalado en una antigua casa de piedra junto a la carretera. Cuenta con un bar público a la entrada donde sirven el menú y dispone de dos salas de aire clásico para la carta.

URDAZUBI o **URDAX** *31711 Navarra* 573 C 25 – *459 h alt. 95.*
Madrid 475 – Bayonne 26 – Pamplona 80.

Irigoienea sin rest, barrio Iribere - Noreste : 1,5 km 948 59 92 67, *reservas@irigoienea.com, Fax 948 59 92 43,* – TV P. MC VISA.
cerrado del 10 al 30 de junio y de lunes a miércoles salvo verano – 6 – **11 hab** 48/69.
◆ El sereno entorno natural, el sabor de antaño y el confort actual se funden en este caserón del s. XVIII. Zona social con biblioteca-mirador y unas cálidas habitaciones.

La Koska, San Salvador 3 948 59 90 42, *Fax 948 59 91 47* – P. AE MC VISA.
cerrado 11 noviembre-3 diciembre, domingo noche y lunes – **Comida** - sólo almuerzo en invierno salvo sábado y puentes - carta 44 a 66.
◆ Correcta organización con el chef-propietario al frente, situado a la entrada del pueblo. Sala con decoración rústica presidida por una imponente chimenea.

URDUÑA-ORDUÑA *48460 Bizkaia* 573 C 20 – *4 194 h alt. 283.*
Alred. : *Sur : Carretera del Puerto de Orduña* ★.
Madrid 357 – Bilbao 45 – Burgos 111 – Vitoria-Gasteiz 40.

URKIOLA (Puerto de) *48211 Bizkaia* 573 C 22 – *alt. 700.*
Madrid 386 – Bilbao 40 – Donostia-San Sebastián 79 – Vitoria-Gasteiz 31.

Bizkarra, 94 681 20 26, *Fax 94 681 20 26* – P. AE MC VISA.
cerrado 24 diciembre-7 enero y lunes – **Comida** carta 20 a 31.
◆ Negocio con una larga trayectoria a su espalda, llevado por cuatro hermanos. Posee un modesto comedor junto al bar público y, en la 1ª planta, otro de superior montaje.

URRÚNAGA *01170 Araba* 573 D 22 – *91 h.*
Madrid 361 – Vitoria-Gasteiz 14 – Logroño 103 – Pamplona 101 – Bilbao 73.

Urtegi Alde, 945 46 57 01 – P. MC VISA.
cerrado 2ª quincena de agosto – **Comida** - sólo almuerzo, salvo viernes, sábado y vísperas de festivo - carta 30 a 37.
◆ Instalado parcialmente en un antiguo caserío con dos partes bien diferenciadas, una rústica que conserva los viejos pesebres de la cuadra y otra acristalada de estilo moderno.

URTX *17538 Girona* 574 E 35.
Madrid 635 – Andorra la Vella 60 – Lleida/Lérida 177.

Cal Mateu sin rest, pl. Major 1 972 89 04 95 –
6 hab 25/48.
◆ Llevado en familia, ocupa una casona con la fachada en piedra. Posee unas habitaciones funcionales y muy cuidadas, todas con baño, y un pequeño salón social con chimenea.

USURBIL *20170 Gipuzkoa* 573 C 23 – *alt. 27.*
Madrid 485 – Bilbao 97 – Pamplona 88 – Donostia-San Sebastián 9.

por la carretera de Bilbao *Oeste : 3 km y desvío a la izquierda 0,5 km :*

Saltxipi, Txoko Alde 23, 20170, 943 36 11 27, *saltxipi@adenet.es, Fax 943 36 55 54* – P. MC VISA.
cerrado del 1 al 15 de julio, del 1 al 15 de noviembre, domingo noche y lunes – **Comida** carta 38 a 44.
◆ Restaurante decorado en un atractivo estilo regional, con una eficiente organización familiar que ha sabido ganarse los favores de una clientela de buen nivel.

Zumeta, Txoko Alde 34, ✉ 20170, ☎ 943 36 27 13 – ▤. MC VISA
cerrado martes noche y miércoles – **Comida** carta 21 a 33.
• Casa sencilla y familiar, donde sirven una cocina con elaboraciones muy dignas a precios moderados. Discreto confort, compensado por un servicio de mesa que da la talla.

UTEBO *50180 Zaragoza* 574 *G 27 – 7 766 h alt. 207.*
Madrid 334 – Pamplona 157 – Zaragoza 13.

en la antigua carretera N 232 *Oeste : 2 km :*

El Águila, ✉ 50180, ☎ 976 77 11 00, *elaguila@jazzfree.com, Fax 976 77 11 05* – |‡| ▤ TV P – 25/200. D MC VISA. rest
Comida *(cerrado domingo)* 9,60 – ☕ 3,60 – **50 hab** 40,35/57,80.
• Correctas instalaciones orientadas al cliente del polígono industrial. Las habitaciones, con mobiliario de línea clásica y baños un poco anticuados, resultan algo funcionales. El restaurante goza de cierto encanto por su tímida decoración rústica.

en la autovía N 232 *Sureste : 2,5 km :*

Las Ventas, dirección Logroño, ✉ 50180, ☎ 976 77 04 82, *Fax 976 77 02 20*, – |‡| ▤ TV P – 25/200. AE D MC VISA.
La Sidrería *(sólo almuerzo salvo viernes, sábado y festivos)* **Comida** carta aprox. 31 – ☕ 7 – **57 hab** 55/80.
• Una buena opción como hotel de carretera, con piscina y varias pistas de tenis. Las habitaciones resultan algo funcionales, aunque gozan de suelos en parquet. Restaurante de aire rústico, tipo asador.

UTIEL *46300 València* 577 *N 26 – 11 392 h alt. 720.*
Madrid 269 – Albacete 117 – Almansa 97 – València 82.

El Tollo, Alto San Agustín ☎ 96 217 02 31, *Fax 96 217 02 31*, ← – |‡| ▤ TV ♿ P. AE MC VISA.
Comida 9 – ☕ 5 – **35 hab** 43,59/68,25.
• Típico recurso de carretera dotado de unas confortables dependencias de diseño actual, equipadas con buen mobiliario. Su zona social se limita a la cafetería. Popular restaurante de cuidado montaje.

El Carro, Héroes del Tollo 21 ☎ 96 217 11 31, *elcarroutiel@hotmail.com* – ▤. AE MC VISA.
cerrado del 15 al 30 de junio, domingo y miércoles noche – **Comida** carta aprox. 27.
• Establecimiento de organización familiar, con dos salones de reducida capacidad, muy luminosos, decorados en estilo moderno. Carta con pretensiones.

UTRERA *41710 Sevilla* 578 *U 12 – 45 862 h alt. 49.*
Madrid 523 – Sevilla 37 – Cádiz 106 – Huelva 127.

Veracruz sin rest, Corredera 44 ☎ 955 86 52 52, *hotelveracruz@hotelveracruz.com, Fax 955 86 77 92* – |‡| ▤ TV ♿. AE D MC VISA.
18 hab ☕ 48/78.
• Disfruta de un luminoso patio interior acristalado y unas habitaciones detallistas, todas con buen mobiliario y baños completos, salvo las individuales que son de plato ducha.

por la carretera de Estación Don Rodrigo *Noroeste : 15 km :*

Hacienda de Orán sin rest, ☎ 95 581 59 94, *haciendadeoran@hotmail.com, Fax 95 81 61 72*, – ▤ TV P – 25/100. AE D MC VISA.
☕ 11 – **16 hab** 145.
• Casa-cortijo emplazada en pleno campo, cobijando un importante museo de carruajes. Destaca por el hermoso estilo regional de su decoración, palpable en todas las habitaciones.

VACARISSES *08233 Barcelona* 574 *H 35 – 871 h alt. 382.*
Madrid 595 – Barcelona 42 – Lleida/Lérida 130 – Manresa 22 – Terrassa/Tarrasa 10.

El Cingle, pl. Major ☎ 93 835 91 25, *elcingle@elcingle.com, Fax 93 835 96 42*, – ▤. AE D MC VISA.
cerrado del 3 al 10 de enero, 8 agosto-1 septiembre, domingo noche, lunes, martes noche y miércoles noche – **Comida** carta 43 a 53.
Espec. Raviolis de foie con trufa. Suprema de merluza con arroz, galeras y chipirones. Buñuelos de chocolate con helado de plátano y sal de naranja.
• Acogedor restaurante dotado de dos salas decoradas con buen gusto, que se complementan con una agradable terraza para las cenas de verano. Carta interesante y actual.

VADILLOS *16892 Cuenca* 576 K 23.
Madrid 234 – Cuenca 70 – Teruel 164.

Caserío de Vadillos, av. San Martín de Porres ✆ 969 31 32 39, *Fax 969 31 32 01* – TV P. VISA.
Comida 10 – 3,60 – **22 hab** 33/47.
◆ Sorprende por su atractiva fachada en piedra. Correcto hall-recepción y bar de estilo regional con chimenea. Habitaciones completas, todas ellas con baño individual. Restaurante de organización familiar ubicado en un bello entorno natural.

VAL DE SAN VICENTE *39548 Cantabria* 572 B 16.
Madrid 421 – Santander 68.

Valle de Arco sin rest, Barrio Arco, ✉ 39548 Prellezo, ✆ 942 71 15 65, *info@hotelvalledearco.com, Fax 942 71 16 64,* ← – TV P. AE VISA.
24 hab 75/86.
◆ Bella casona construida en piedra y madera. Dispone de una acogedora zona social y amplias habitaciones personalizadas en su decoración, algunas con bañera de hidromasaje.

VALCARLOS *Navarra – ver Luzaide.*

VALDELAGRANA *Cádiz – ver El Puerto de Santa María.*

VALDELATEJA *09145 Burgos* 575 D 18 – *alt. 772.*
Madrid 293 – Bilbao 106 – Burgos 57 – Santander 95 – Vitoria-Gasteiz 128.

Balneario de Valdelateja, carret. N 623 ✆ 947 15 02 20, *grupocastelar@mundivia.es, Fax 947 15 02 71,* ←, Servicios terapéuticos, – TV P – 25/70. AE VISA.
cerrado 10 diciembre-febrero – **Comida** 17 – 7 – **34 hab** 97.
◆ Armónico conjunto en plena naturaleza, junto al río Rudrón. Gracias a su manantial termal y a los tratamientos de belleza corporal, supone una buena opción para el descanso. Comedor neorrústico muy acogedor, ideal para disfrutar de la tradicional sobremesa.

VALDEMORO *28340 Madrid* 576 L 18 575 L 18 121 H 8 – *17 954 h alt. 615.*
Madrid 27 – Aranjuez 21 – Toledo 53.

Chirón, Alarcón 27 ✆ 91 895 69 74, *chiron@restaurantechiron.com, Fax 91 895 69 60* – AE VISA JCB.
cerrado Semana Santa, del 1 al 21 de agosto y domingo noche – **Comida** carta 30 a 36.
◆ Entrada por un elegante hall, con bodega vista acristalada y escaleras de mármol de acceso al 1er piso. Excelente comedor clásico-moderno con un cuidado montaje.

VALDEPEÑAS *13300 Ciudad Real* 576 P 19 – *25 067 h alt. 720.*
Alred. : *San Carlos del Valle★ (plaza Mayor★) Noreste : 22 km.*
Madrid 203 – Albacete 168 – Alcázar de San Juan 87 – Aranjuez 156 – Ciudad Real 62 – Córdoba 206 – Jaén 135 – Linares 96 – Toledo 153 – Úbeda 122.

Central sin rest con cafetería, Capitán Fillol 4 ✆ 926 31 33 88, *info@hotelcentralral.com, Fax 926 31 35 09* – TV. VISA JCB.
3,25 – **26 hab** 38/58.
◆ Céntrico hotel de correcta organización, con espaciosas y confortables habitaciones que destacan por la escogida calidad de sus materiales. Cafetería con una pequeña carta.

Sucot, av. 1º de Julio 87 ✆ 926 31 29 32, – . AE VISA.
cerrado 2ª quincena de septiembre y lunes – **Comida** carta 21 a 31.
◆ Ocupa una antigua bodega, conservando las primitivas tinajas para ensalzar la decoración vinícola. Bar de espera, tres comedores de aire regional y un agradable patio-terraza.

en la autovía A4 *Norte : 4 km :*

La Aguzadera, dirección Córdoba, ✉ 13300, ✆ 926 32 32 08, *la-aguzadera@manchanet.es, Fax 926 31 14 02,* – P. AE VISA.
cerrado domingo noche y lunes – **Comida** - cocina regional - carta aprox. 32.
◆ Establecimiento dotado con un bar a la entrada y tres salas de cuidado montaje clásico-regional. Una buena opción para descubrir la cocina manchega y los caldos de la zona.

Venta La Quintería, dirección Madrid, ✉ 13300, ✆ 926 33 82 93, *la-aguzadera@manchanet.es, Fax 926 31 14 02* – P. AE VISA.
cerrado del 4 al 26 de noviembre y miércoles – **Comida** - sólo almuerzo, cocina regional - carta 23 a 28.
◆ Venta típica manchega con patio y tienda. Posee un bar y dos comedores, uno con chimenea y otro más amplio de estilo regional, adornado con grandes tinajas y viguería vista.

VALDERROBRES *44580 Teruel 574 J 30 - 1 870 h alt. 508.*

Madrid 421 - Lleida/Lérida 141 - Teruel 195 - Tortosa 56 - Zaragoza 141.

Querol, av. Hispanidad 14 ☎ 978 85 01 92, *HOSTALQUEROL@terra.es, Fax 978 89 08 57* - ▤ TV. MC VISA. ✻
cerrado del 1 al 16 de enero - **Comida** *(cerrado domingo)* 12 - ☕ 5,25 - **19 hab** 27,50/42,50 - 4 apartamentos.
◆ Hostal familiar de modestas instalaciones, situado en el centro de la localidad. Las habitaciones, funcionales pero de buen confort, son superiores al resto del conjunto.

VALDEVIMBRE *24230 León 575 E 13 - 1 275 h alt. 811.*

Madrid 332 - León 25 - Palencia 123 - Ponferrada 104 - Valladolid 133.

Los Poinos, Canal de Rozas 81 ☎ 987 30 40 18, *lospoinos@lospoinos.com, Fax 987 30 41 22* - MC VISA
cerrado 2ª quincena de enero, martes noche en invierno y miércoles - **Comida** carta 22 a 30.
◆ Su nombre rememora los tacos de madera sobre los que se apoyan las cubas. Bar rústico a la entrada y diversos comedores excavados en la piedra caliza de una antigua bodega.

La Cueva del Cura, Cuesta de la Horca ☎ 987 30 40 37 - ⓓ MC VISA. ✻
cerrado martes - **Comida** carta 19 a 30.
◆ Cándido tipismo al calor de una cueva-bodega. Compuesto por una multitud de pequeños comedores, brinda una eficiente dirección con un socio en la parrilla y otro en la sala.

VALDILECHA *28511 Madrid 576 L 20 575 L 20 121 K 8 - 1 665 h alt. 718.*

Madrid 44 - Guadalajara 48 - Toledo 111.

El Palacete de La Ochava, prolongación calle Alcalá 4 ☎ 91 876 10 20, *palacete@la-ochava.com, Fax 91 876 10 21* - |♦| ▤ TV 🚗 - 🏅 25/40. AE MC VISA. ✻
Comida - ver rest. ***La Ochava*** - **29 hab** ☕ 45/57.
◆ Hotel de sencilla organización familiar, que sorprende en esta localidad por su buen nivel de equipamiento y confort. Habitaciones cálidas, amplias y detallistas.

La Ochava - *Hotel El Palacete de La Ochava,* Mayor 58 ☎ 91 873 80 69, *restaurante@la-ochava.com, Fax 91 873 86 10* - ▤. AE MC VISA. ✻
Comida carta 30 a 40.
◆ Popular restaurante de ambiente rústico, con horno de leña y especializado en asados. Su fama, bien ganada a través de los años, hace que se llene durante los fines de semana.

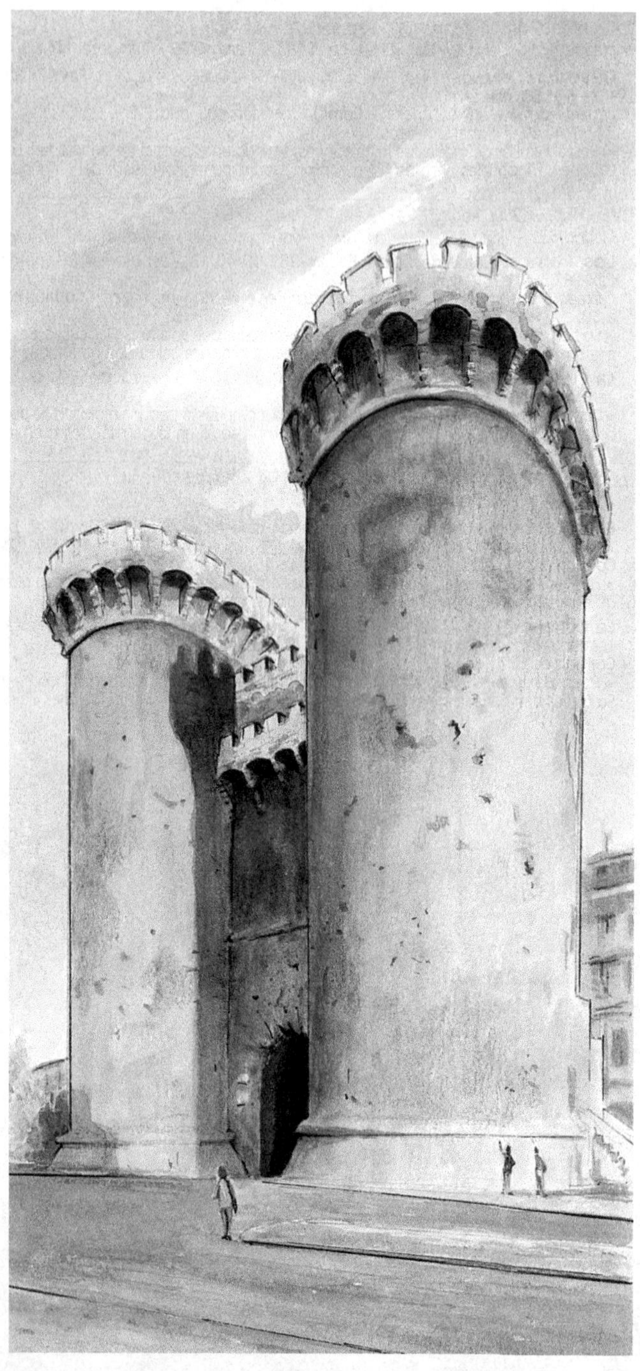

VALÈNCIA

46000 **P** 577 N 28 *y* 29 *- 746 612 h. alt. 13.*

Madrid 352 ④ - Albacete 183 ③ - Alacant/Alicante (por la costa) 174 ③ - Barcelona 355 ① - Bilbao 600 ① - Castelló de la Plana/Castellón de la Plana 75 ① - Málaga 608 ③ - Sevilla 659 ④ - Zaragoza 318 ①.

OFICINAS DE TURISMO

Pl. del Ayuntamiento 1, ✉ 46002, ☎ 96 351 04 17, aytovalencia@touristinfo.net Fax 96 352 58 12, Paz 48, ✉ 46003, ☎ 96 398 64 22, valencia@touristinfo.net Fax 96 398 64 21, Xàtiva 24 (Estación del Norte), ✉ 46007, ☎ 96 352 85 73, renfe@touristinfo.net Fax 96 352 85 73 y Poeta Querol, ✉ 46002, ☎ 96 351 49 07, dipuvalencia@touristinfo.net Fax 96 351 99 27.

INFORMACIONES PRÁCTICAS

R.A.C.E. *(R.A.C. de Valencia) Gran Vía Marqués del Turia 79, ✉ 46005, ☎ 96 334 55 22, Fax 96 334 39 89.*

9 *Club de Golf Manises por ④ : 12 km ☎ 96 153 40 69.*
9 9 9 *Club Escorpión NO : 19 km por carretera de Liria ☎ 96 160 12 11.*
18 *El Saler (Parador de El Saler) por ② : 15 km ☎ 96 161 03 84.*

de Valencia-Manises por ④ : 11 km ☎ 96 159 85 00 - Iberia : Paz 14, ✉ 46003, ☎ 902 400 500 EFY.

para Baleares : Cia. Trasmediterránea, Muelle de Poniente, ✉ 46024, ☎ 96 316 48 59, Fax 96 316 48 55 CV.

CURIOSIDADES

Ver : *La Ciudad Vieja★ : Catedral★ (El Miguelete★, Capilla del Santo Cáliz★)* EX, *Palacio de la Generalidad★ (artesonado★ del Salón dorado)* EX ; *Lonja★ (sala de la contratación★★)* DY *- Ciutat de les Arts i les Ciències★★ (L'Oceanogràfic★★, Museu de les Ciències Príncipe Felipe★★, L'Hemisfèric★, L'Umbrade★)* BV.

Otras curiosidades : *Museo de Cerámica★★ (Palacio del Marqués de Dos Aguas★★)* EY **M**[1] *- Museo de Bellas Artes San Pio V★ (primitivos valencianos★★)* FX *- Colegio del Patriarca o del Corpus Christi★ (tríptico de la Pasión★)* EY **N** *- Torres de Serranos★* EX *- I.V.A.M.★* DX.

VALÈNCIA

9 de Octubre . . . . AU 99
Alcade Reig. . . . . BV 2
Ángel Guimerá . . . . AU 7
Burjassot (Av. de). . . . . AU 9
Campanar (Av.). . . . . . . AU 10
Cavanilles . . . . BU 14
Constitución (Av. de la). BU 15
Doctor Peset Aleixandre (Av.) . . . . BU 20
Doctor Tomás Sala (Av. del) . . . . AV 21
Fernando el Católico (G. Vía). . . . . AU 26
Filipinas . . . . BV 29
Gaspar Aguilar (Av. de) . AV 31
General Avilés (Av.) . . . AU 32
General Urrutia . . . . BV 36
Giorgeta (Av.) . . . . AV 37
Guadalaviar . . . . BU 38
Hermanos Maristas (Av. de). . . . . BV 42
Ingeniero Manuel Soto (Av.) . . . . CV 43
José Soto Mico . . . . . . AV 46
Liano de la Zaidia . . . . . BU 47
Maestro Rodrigo (Av.) . AU 51
Mandingora (Av. de) . . . AV 52
Manuel de Falla (Av.) . . AU 53
Menéndez Pidal (Av.) . . AU 58
Morenas (Camino) . . . . CV 60
Pechina (Paseo) . . . . . . AU 68
Pérez Galdós (Av. de) . . AU 69
Peris y Valero (Av. de) . . BV 71
Pianista Martinez Carrasco (Av. del) . . . . BV 72
Plata (Av. de la) . . . . BV 76
Primado Reig (Av. del) . BU 78
San josé de Calasanz . . AU 82
San Vicente Mártir (Av.) AV 84
Tirso de Molina (Av.). . . AU 92

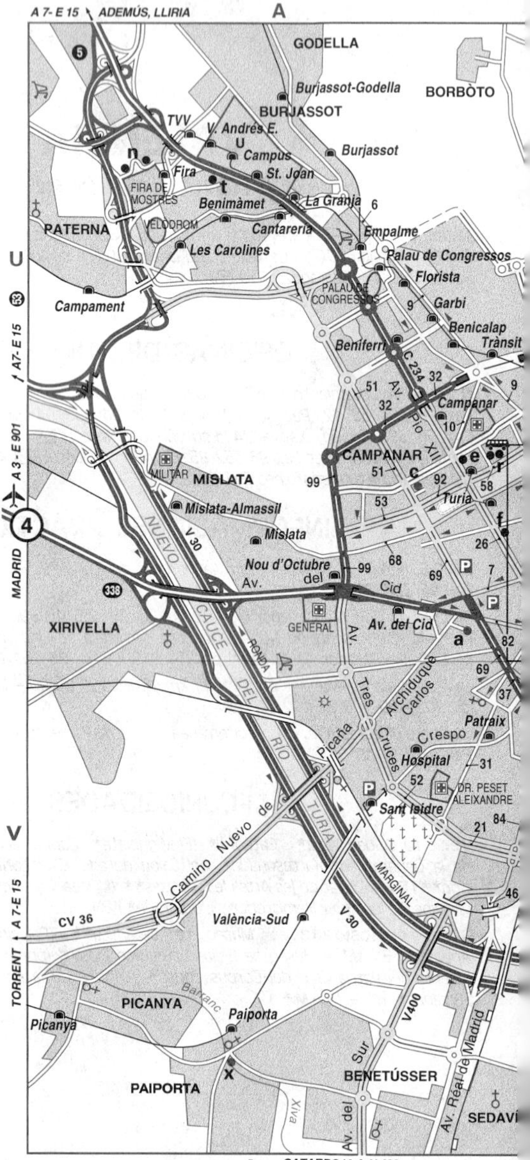

Meliá Valencia Palace, paseo de la Alameda 32, ✉ 46023, ☎ 96 337 50 37, *meli a.valencia.palace@solmelia.com, Fax 96 337 55 32,* ←, 🏋, 🏊 – 🛗 ▤ 📺 ♿ – 🎤 25/800. AE ⓓ ⓜⓒ VISA JCB. 🚭 BU t
Comida 35 – ☕ 14 – **243 hab** 188/227 – 5 suites.
◆ Sus instalaciones disfrutan de un excelente confort, con un espectacular hall que refleja las nuevas tendencias en diseño de interiores y unas cuidadísimas habitaciones. Restaurante de corte clásico-moderno con detalles minimalistas.

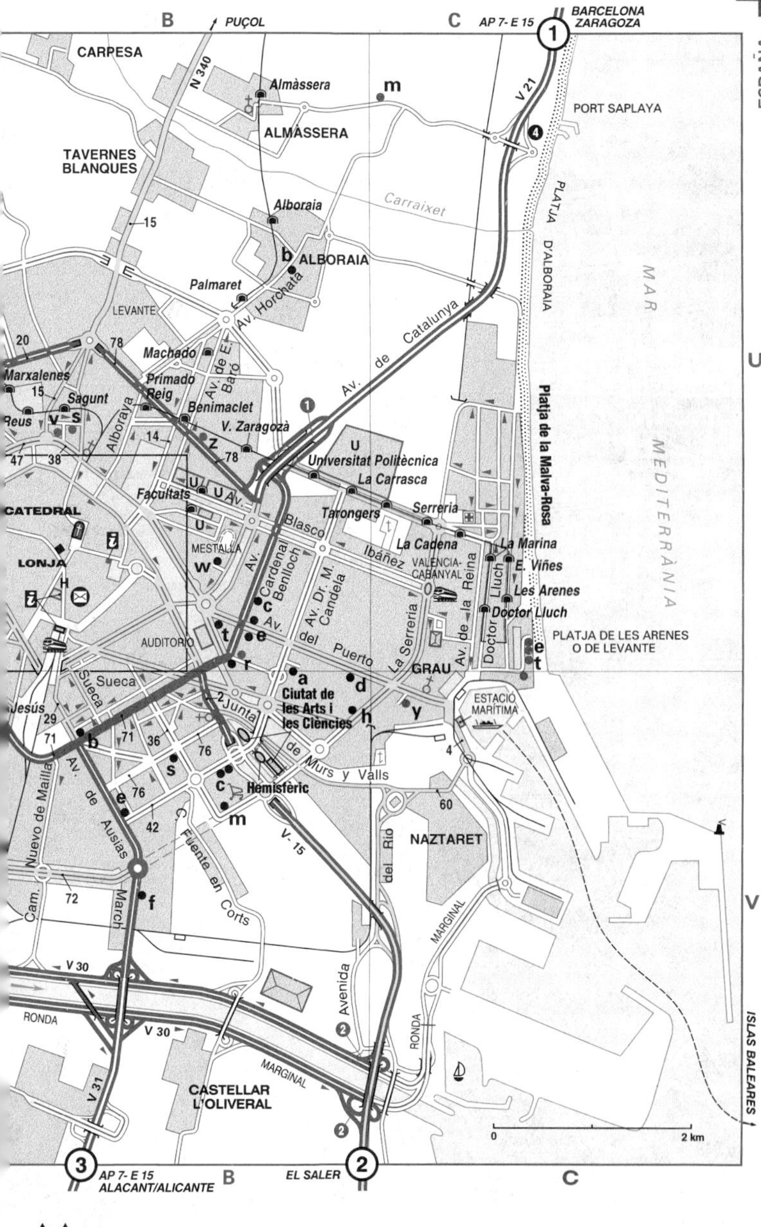

Astoria Palace, pl. Rodrigo Botet 5, ✉ 46002, ☎ 96 398 10 00, *info@hotel-astoria-palace.com*, *Fax 96 398 10 10*, – | ▤ TV ♿ – 🏊 25/500. AE ⓓ MC VISA JCB.
EY p

Comida - ver rest. ***Vinatea*** – ☕ 12 – **196 hab** 110/146 – 8 suites.

◆ Un equipamiento de vanguardia y un emplazamiento de lujo, para que su estancia resulte inolvidable. Elegante salón social, excelentes habitaciones y un completo fitness.

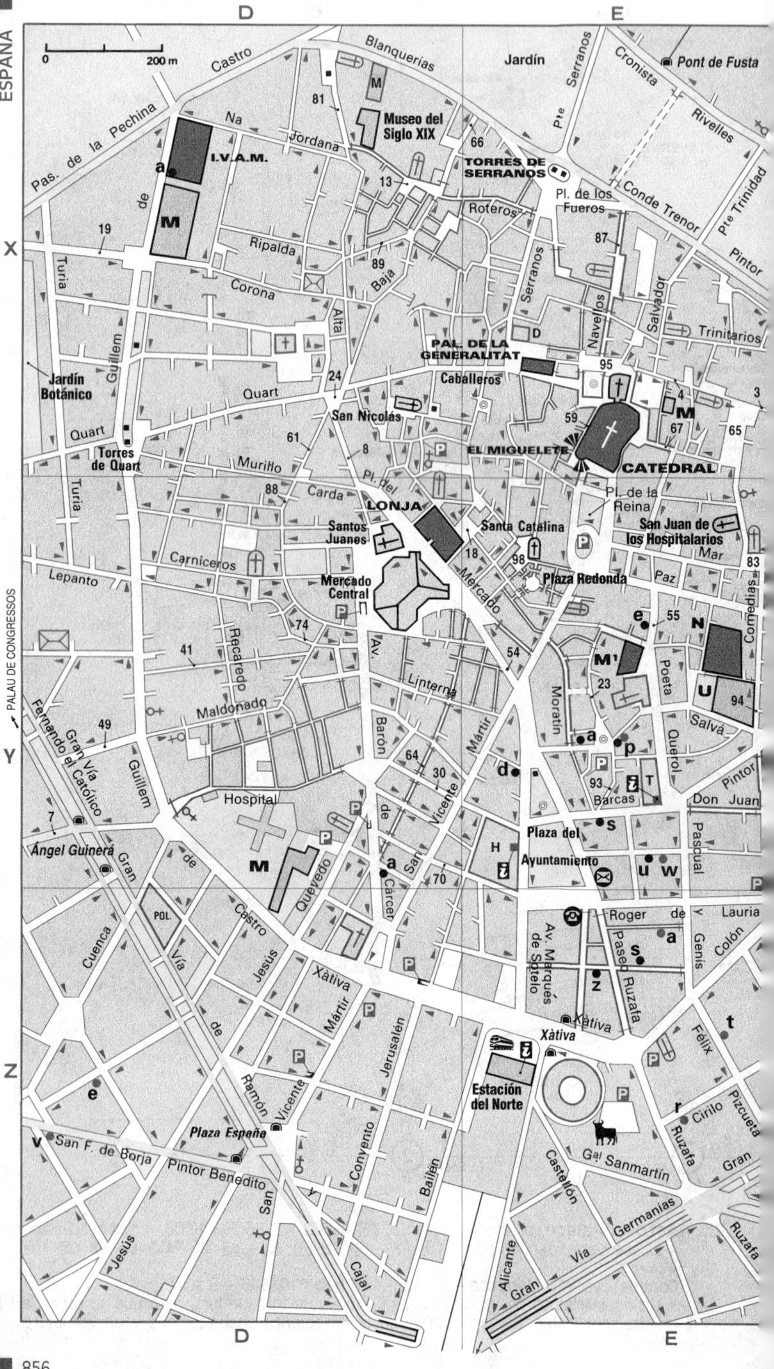

D E

0 200 m

Blanquerías
Castro
Jardín
Serranos
Pte
Cronista
Pont de Fusta
Rivelles
Pas. de la Pechina
Na
Jordana
M
Museo del Siglo XIX
81
66
TORRES DE SERRANOS
I.V.A.M.
a
de
13
Pl. de los Fueros
Conde Trenor
Pte Trinidad
Roteros
M
19
X
Ripalda
87
Pintor
89
Baja
Turia
Corona
Serranos
Navellos
Salvador
Trinitarios
Alta
D
PAL. DE LA GENERALITAT
Guillem
Jardín Botánico
24
95
Caballeros
Quart
4
3
M
San Nicolás
59
67
65
Quart
61
Torres de Quart
8
EL MIGUELETE
CATEDRAL
Murillo
P
Pl. del
88
Carda
Pl. de la Reina
Turia
LONJA
Santos Juanes
Santa Catalina
San Juan de los Hospitalarios
Carniceros
18
98
Mar
83
Lepanto
Mercado Central
Mercado
Plaza Redonda
Paz
e
55
N
Comedias
74
Av.
54
M1
Recaredo
41
Linterna
Poeta
Moratín
23
U
94
PALAU DE CONGRESSOS
Maldonado
Barón
Mártir
Salvá
Fernando el Católico
Gran Vía
49
a
p
Querol
Y
64
d
Guillem
30
Vicente
P
93
T
Pintor
Barcas
Don Juan
Hospital
de
7
s
Plaza del Ayuntamiento
Pascual
Ángel Guinerá
H
Gran
M
de
a
San
u
w
70
Quevedo
Cárcer
Castro
POL.
Roger de Lauria
Cuenca
Av. Marqués de Sotelo
Paseo Ruzafa
a
s
Genís
Colón
Vía
Jesús
P
Xàtiva
Mártir
z
Xàtiva
Xàtiva
t
de
Jerusalén
Félix
Z
P
Estación del Norte
e
Ramón
Vicente
P
r
Cirilo
Pizcueta
v
San F. de Borja
Plaza España
Convento
Ruzafa
Pintor Benedito
Bailén
Gal Sanmartín
Castellón
Gran
San
y
Germanías
Jesús
Ruzafa
Vía
Cajal
Alicante
Gran

D E

VALÈNCIA

Street	Grid	No.
Almirante	EX	3
Almudín	EX	4
Ángel Guimerá	DY	7
Ayuntamiento (Pl. del)	EY	
Bolsería	DX	8
Carmen (Pl. del)	DX	13
Doctor Collado (Pl.)	EY	18
Doctor Sanchís Bergón	DX	19
Embajador Vich	EY	23
Esparto (Pl. del)	DX	24
Garrigues	DY	30
General Palanca	FY	35
Guillem Sorolla	DY	41
Maestres	FX	48
Maestro Palau	DY	49
María Cristina (Av.)	EY	54
Marqués de Dos Aguas	EY	55
Marqués de Sotelo (Av.)	EZ	
Micalet	EX	59
Moro Zeit	DX	61
Músico Peydró	DY	64
Nápoles y Sicilia (Pl.)	EX	65
Padre Huérfanos	EX	66
Palau	EX	67
Pascual y Genís	EYZ	
Paz	EFY	
Periodista Azzati	DY	70
Pie de la Cruz	DY	74
Poeta Quintana	FY	77
Salvador Giner	DX	81
San Vicente Ferrer (Pl.)	EY	83
San Vicente Mártir	DY	
Santa Ana (Muro)	EX	87
Santa Teresa	DY	88
Santo Tomás	DX	89
Transits	EY	93
Universidad	EY	94
Virgen (Pl. de la)	EX	95
Virgen de la Paz (Pl.)	EY	98

ESPAÑA

NH Las Artes I, av. Instituto Obrero 28, ✉ 46013, ☎ 96 335 13 10, *nhlasartes@nh-hotels.com, Fax 96 374 86 22,* – 25/250 BV c
172 hab – 2 suites.
◆ El excelente equipamiento y el esmerado confort se funden en unas instalaciones de moderna construcción. Habitaciones detallistas y una extensa oferta complementaria. Restaurante de uso polivalente.

Hesperia Parque Central, pl. Manuel Sanchis Guarner, ✉ 46006, ☎ 96 303 91 00, *hotel@hesperia-parquecentral.com, Fax 96 303 91 30,* – – 25/250. AE VISA JCB. BV b
Comida 18 – 9 – **178 hab** 160/200 – 14 suites.
◆ Típico hotel moderno de ciudad, con amplias y confortables habitaciones bien equipadas, y con buenas calidades. Notable variedad de salones.

Vincci Lys, Martínez Cubells 5, ✉ 46002, ☎ 96 350 95 50, *lys@vinccihoteles.com, Fax 96 350 95 52* – – 25/70. AE VISA. EZ s
Comida *(cerrado agosto)* 26 – 11,80 – **95 hab** 245 – 5 suites.
◆ Elegante y de línea clásica, con un espacioso hall-recepción en el que se integran el salón social y el bar. Destacan sus magníficas y cuidadas habitaciones. Restaurante de impecable montaje con un joven chef en los fogones.

Puerta Valencia, Cardenal Benlloch 28, ✉ 46021, ☎ 96 393 63 95, *puertavalencia@hoteles-silken.com, Fax 96 393 63 96* – – 25/400. AE VISA. BU c
Comida 15 – 10 – **150 hab** 120/140 – 7 suites.
◆ Hotel de estética moderna decorado con mucho diseño y detalles de buen gusto. Dispone de un espacioso hall, magníficas habitaciones y un excelente salón de conferencias. En su restaurante, de techos altos y aire vanguardista, se ofrece una carta tradicional.

Meliá Plaza, pl. del Ayuntamiento 4, ✉ 46002, ☎ 96 352 06 12, *melia.plaza@solmelia.com, Fax 96 352 04 26,* – – 25/80. AE VISA JCB. EY d
Comida 23 – 9,50 – **100 hab** 165 – 1 suite.
◆ Renovado poco a poco, consiguiendo así un esmerado confort general, con materiales escogidos y una elegante decoración. Habitaciones de excelente equipamiento.

Abba Acteón, Vicente Beltrán Grimal 2, ✉ 46023, ☎ 96 331 07 07, *acteon@abbahoteles.com, Fax 96 330 22 30,* – – 25/400. AE VISA JCB. BUV a
Comida 21 – 11,75 – **182 hab** 140/150 – 5 suites.
◆ Calidad y diseño son sus referentes. Habitaciones de notable amplitud, decoradas con materiales escogidos, y un excelente equipamiento con baños en mármol. El restaurante resulta diáfano, moderno y de cuidado montaje.

NH Center, Ricardo Micó 1, ✉ 46009, ☎ 96 347 50 00, *nhcenter@nh-hotels.com, Fax 96 347 62 52,* climatizada, – – 25/400. AE VISA JCB. AU r
Comida 20 – 11,50 – **190 hab** 113 – 3 suites.
◆ Clásico hotel de la cadena algo superior a la media, gracias a complementos como el albornoz en los baños. Piscina cubierta en invierno con techo móvil. Luminoso comedor de notable amplitud y ambiente acogedor.

Holiday Inn Valencia, paseo de la Alameda 38, ✉ 46023, ☎ 96 303 21 00, *reservas@holidayinnvalencia.com, Fax 96 303 21 26,* – – 25/55. AE VISA BU r
Comida 12 – 12 – **200 hab** 225/255.
◆ Hotel cuyo diseño aúna modernas tendencias. Las habitaciones, orientadas al cliente de empresa, destacan por confort y equipamiento. Terraza-bar con bella panorámica. Restaurante unido al hall-cafetería.

AC València sin rest con cafetería por la noche, av. de Francia 67, ✉ 46023, ☎ 96 331 70 00, *acvalencia@ac-hotels.com, Fax 96 331 70 01,* – – 25/100. AE VISA JCB. BV h
10 – **181 hab** 140 – 2 suites.
◆ Moderno, funcional y claramente dirigido al hombre de negocios, con una correcta área social y la cafetería repartida en varios espacios. Habitaciones de cuidado confort.

Jardín Botánico sin rest, Dr. Peset Cervera 6, ✉ 46008, ☎ 96 315 40 12, *inf-reservas@hoteljardinbotanico.com, Fax 96 315 34 08* – . AE VISA. AU f
9 – **16 hab** 240.
◆ El diseño es su máximo exponente, tanto en su edificio centenario rehabilitado, como en la moderna decoración interior. Equipadas habitaciones con bañera de hidromasaje.

Meliá Inglés, Marqués de Dos Aguas 6, ✉ 46002, ☎ 96 351 64 26, *ingles@sh-hoteles.com, Fax 96 394 02 51* – 🛗 ▤ 📺 – 🧑‍🏫 25/60. AE ⓓ MC VISA. ✂ EY e
Comida carta 28 a 34 – **63 hab** ☕ 120/170.
◆ En un antiguo edificio de atractiva fachada, al que han dotado de todo el confort y tecnología modernos. Destacan sus magníficas habitaciones decoradas con sumo gusto.

Dimar sin rest con cafetería, Gran Vía Marqués del Turia 80, ✉ 46005, ☎ 96 395 10 30, *hdimar@terra.es, Fax 96 395 19 26* – 🛗 ▤ 📺 – 🧑‍🏫 25/50. AE ⓓ MC VISA. ✂ FZ q
103 hab ☕ 110/134 – 1 suite.
◆ Establecimiento de línea clásica, en pleno centro comercial. Destacan sus confortables habitaciones, de agradable decoración y excelente equipamiento con baños completos.

Reina Victoria, Barcas 4, ✉ 46002, ☎ 96 352 04 87, *hreinavictoriavalencia@husa.es, Fax 96 352 27 21* – 🛗 ▤ 📺 – 🧑‍🏫 25/75. AE ⓓ MC VISA. ✂ EY s
Comida 22,25 – ☕ 10,50 – **94 hab** 130/185 – 3 suites.
◆ Bella fachada y magnífica ubicación, a un paso de los principales museos. Elegantes instalaciones con atractiva zona social, y unas habitaciones actualizadas con acierto. Discreto comedor en la 1ª planta, junto al bar de estilo inglés.

NH Ciudad de Valencia ♨, av. del Puerto 214, ✉ 46023, ☎ 96 330 75 00, *nhciudaddevalencia@nh-hotels.com, Fax 96 330 98 64* – 🛗 ▤ 📺 🚗 – 🧑‍🏫 30/80. AE ⓓ MC VISA JCB. ✂ BV d
Comida *(cerrado Navidades y domingo)* 16 – ☕ 9,50 – **147 hab** 90 – 2 suites.
◆ Un clásico de la cadena, con gran hall-recepción y salón-bar. Las habitaciones, de completo equipamiento, incluyen detalles como el suelo de madera o la triple ventana. Comedor de notable amplitud, con una decoración cálida a la par que funcional.

Catalonia Excelsior sin rest, Barcelonina 5, ✉ 46002, ☎ 96 351 46 12, *excelsior@hoteles-catalonia.es, Fax 96 352 34 78* – 🛗 ▤ 📺 ♿. AE ⓓ MC VISA. ✂ EY a
☕ 10 – **81 hab** 99/124.
◆ Renovado en su totalidad, el céntrico emplazamiento es su mejor baza. Parco en zonas sociales, y habitaciones un tanto reducidas que compensa con un completo equipamiento.

Turia, Profesor Beltrán Baguena 2, ✉ 46009, ☎ 96 347 00 00, *reservas@hotelturia.es, Fax 96 347 32 44* – 🛗 ▤ 📺 🚗 – 🧑‍🏫 25/300. AE MC VISA. ✂ AU r
Comida - sólo cena - 18 – **160 hab** ☕ 88 – 10 suites.
◆ Moderno edificio junto a la estación de autobuses, que brinda a sus clientes unas equipadas habitaciones con hidromasaje en los baños. Discreto hall-salón.

Cónsul del Mar, av. del Puerto 39, ✉ 46021, ☎ 96 362 54 32, *reservas@hotelconsuldelmar.com, Fax 96 362 16 25*, 🏋, 🏊 – 🛗 ▤ 📺 🅿 – 🧑‍🏫 25/50. AE ⓓ MC VISA. ✂ rest BU e
Comida *(cerrado domingo noche)* 10 – ☕ 6,25 – **45 hab** 145.
◆ Marco señorial de estilo 1900, conservando el atractivo arquitectónico de la época. Habitaciones con mobiliario escogido y baños detallistas, abuhardilladas en la 3ª planta. El comedor resulta acogedor.

NH Abashiri, av. de Ausias March 59, ✉ 46013, ☎ 96 373 28 52, *nhabashiri@nh-hotels.es, Fax 96 373 49 66* – 🛗 ▤ 📺 🚗 – 🧑‍🏫 30/250. AE ⓓ MC VISA. ✂ BV e
Comida 22 – ☕ 9,50 – **168 hab** 103/135.
◆ Distribuido en dos edificios anexos tras la última ampliación. Marca el espíritu práctico de la cadena, con zonas nobles de escasa amplitud y habitaciones íntimas. El comedor se ve realzado por su abundante luz natural.

Express by Holiday Inn Ciudad de las Ciencias sin rest con cafetería por la noche, Escritor Rafael Ferreres 22, ✉ 46013, ☎ 96 316 25 30, *recepcion@expresshivalencia.com, Fax 96 395 28 48* – 🛗 ▤ 📺 📞 ♿ 🚗 🅿 – 🧑‍🏫 25/100. AE ⓓ MC VISA JCB. ✂ BV m
100 hab ☕ 92,34.
◆ Línea actual y gran funcionalidad, estando prácticamente unidos el hall-recepción, la cafetería y el salón. Ofrecen pocos servicios pero las habitaciones son confortables.

NH Villacarlos sin rest, av. del Puerto 60, ✉ 46023, ☎ 96 337 50 25, *nhvillacarlos@nh-hotels.com, Fax 96 337 50 74* – 🛗 ▤ 📺 BU e
51 hab.
◆ Instalaciones de correcto confort, pese a su escasa amplitud y su estilo funcional. Habitaciones clásicas, en algunos casos pequeñas y sólo con plato ducha.

Ad-Hoc, Boix 4, ✉ 46003, ☎ 96 391 91 40, *adhoc@adhochoteles.com, Fax 96 391 36 67* – 🛗 ▤ 📺. AE ⓓ MC VISA. ✂ rest FX a
Comida *(cerrado viernes mediodía, sábado mediodía y domingo)* 32 – ☕ 9 – **28 hab** 139/171.
◆ En un atractivo edificio del s. XIX. Íntima zona social, y unas habitaciones de sobria decoración neorrústica, con ladrillo visto, vigas de madera y losetas de barro.

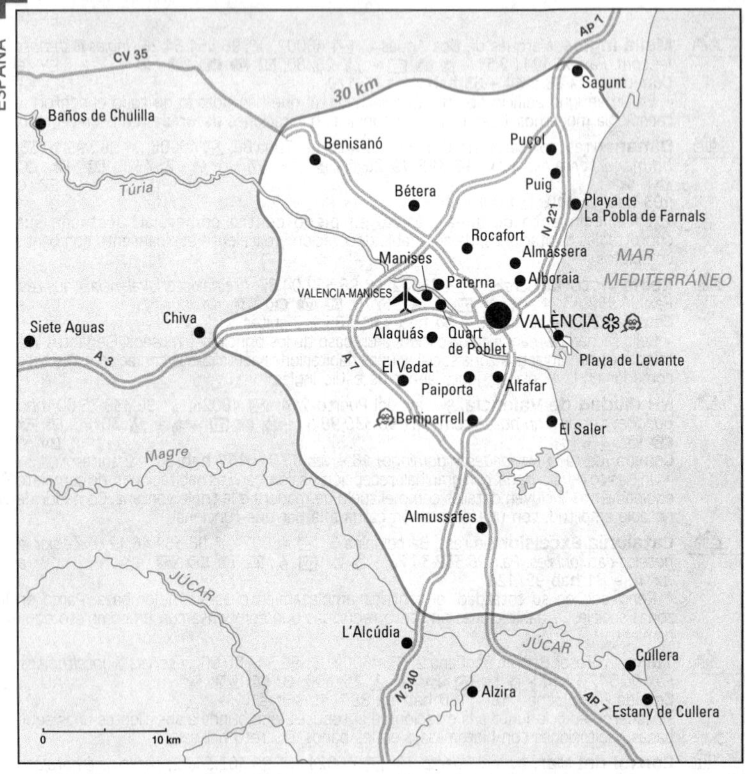

NH Las Artes II sin rest, av. Instituto Obrero 26, ✉ 46013, ✆ 96 335 60 62, *exlasartes@nh-hotels.com, Fax 96 333 46 83* – |‡| ▤ TV 🚗. AE ⓓ ⓜⓒ VISA. ✂ BV c
☕ 8,50 – **121 hab** 88.
• Establecimiento de línea funcional dotado de unas correctas instalaciones. Escasa zona social, y unas sencillas habitaciones que destacan por su alegre decoración.

Express by Holiday Inn Valencia San Luis sin rest, av. de Ausias March 99, ✉ 46013, ✆ 96 306 30 00, *Fax 96 306 30 40* – |‡| ▤ TV ♿ 🚗 – 🎤 25/70. AE ⓓ ⓜⓒ VISA JCB BV f
125 hab ☕ 100.
• Al más puro estilo de la cadena. Un recurso válido en su categoría que brinda a su clientela una adecuada oferta, con habitaciones de aceptable confort y baños actuales.

Expo H. Valencia, av. Pío XII-4, ✉ 46009, ✆ 96 303 36 00, *comercialval@expogrupo.com, Fax 96 346 53 56,* 🏊 – |‡| ▤ TV – 🎤 25/500. AE ⓓ ⓜⓒ VISA JCB. ✂ AU e
Comida 20 – ☕ 9 – **378 hab** 165/180.
• Establecimiento de gran capacidad, dotado de unas sencillas habitaciones con suficiente equipamiento. Correcto hall-recepción, y piscina-solarium en la última planta. Comedor funcional, unido a la cafetería, donde ofrecen una carta de corte cosmopolita.

Serrano, General Urrutia 48, ✉ 46013, ✆ 96 334 78 00, *hotelserrano@husa.es, Fax 96 334 78 01* – |‡| ▤ TV ♿ 🚗 P – 🎤 25/300. AE ⓓ ⓜⓒ VISA. ✂ BV s
Comida *(cerrado sábado y domingo)* 12,50 – ☕ 7,50 – **105 hab** 98/122.
• Un recurso válido en su categoría. Amplio hall-recepción con cafetería, que da acceso a unas habitaciones de aspecto funcional un tanto desfasadas en decoración.

Sorolla sin rest, Convento de Santa Clara 5, ✉ 46002, ✆ 96 352 33 92, *reservas@hotelsorolla.com, Fax 96 352 14 65* – |‡| ▤ TV. AE ⓓ ⓜⓒ VISA JCB. ✂ EZ z
58 hab ☕ 99/142.
• Totalmente reformado, alcanzando una línea funcional de adecuado confort. Aunque la zona social resulta un poco escasa, las habitaciones presentan un correcto equipamiento.

Mediterráneo sin rest, Barón de Cárcer 45, ✉ 46001, ☎ 96 351 01 42, *riasmedite r@terra.es, Fax 96 351 01 42* – |♦| ▤ TV. AE ⓓ ⓜ VISA JCB. ✂ DY a
☕ 6 – **34 hab** 77/120.
◆ Céntrico establecimiento, muy actualizado, con un íntimo y elegante hall-recepción en madera y mármol. Sala de desayunos en la 1ª planta y habitaciones clásicas.

Continental sin rest, Correos 8, ✉ 46002, ☎ 96 353 52 82, *continental@contitel.es, Fax 96 353 11 13* – |♦| ▤ TV. AE ⓓ ⓜ VISA. ✂ EY u
46 hab ☕ 58/100.
◆ Céntrico hotel, modesto y de estilo funcional. Posee un pequeño hall-recepción de línea actual, y unas habitaciones de discreto equipamiento.

Rías Gallegas, Cirilo Amorós 4, ✉ 46004, ☎ 96 352 51 11, *Fax 96 351 99 10* – ▤ P. AE ⓓ ⓜ VISA. ✂ EZ r
cerrado agosto y domingo – **Comida** carta 39 a 57.
◆ ¡Impecable ! Especializado en cocina tradicional gallega, con una carta mediana basada en productos del mar. Exclusivo comedor en dos niveles y excelente servicio de mesa.

Eladio, Chiva 40, ✉ 46018, ☎ 96 384 22 44, *michel@resteladio.com, Fax 96 384 64 21* – ▤. AE ⓓ ⓜ VISA. ✂ AU a
cerrado agosto y domingo – **Comida** carta aprox. 40.
◆ Cuidadas instalaciones de distinguido estilo clásico, con bar privado en la entrada, y una carta de arraigadas raíces gallegas. Dirección eficiente y brigada profesional.

Torrijos, Dr. Sumsi 4, ✉ 46005, ☎ 96 373 29 49, *rte.torrijos@terra.es, Fax 96 373 29 49* – ▤. AE ⓓ ⓜ VISA JCB. ✂ FZ h
cerrado del 7 al 17 de enero, Semana Santa, domingo noche y lunes – **Comida** 55 y carta 37 a 52.
Espec. Langostino con meloso de ternera, sopita de gorgonzola y alcaparras. Arroz meloso de ventresca de congrio y oreja crujiente de cerdo. Falso bizcocho de canela con pomelo, helado de membrillo y rosas.
◆ Elegantes instalaciones de línea moderna, con excelente servicio de mesa y una carta de autor, atractiva y atrevida al mismo tiempo, elaborada por el chef-propietario.

Albacar, Sorní 35, ✉ 46004, ☎ 96 395 10 05, *Fax 96 395 60 55* – ▤. AE ⓓ ⓜ VISA. ✂ FY s
cerrado 6 agosto-6 septiembre, sábado mediodía y domingo – **Comida** carta aprox. 37.
◆ Goza de cierto prestigio en la ciudad. Montaje de estilo clásico-moderno con importante afluencia de público, siempre agradecido por su cocina innovadora y creativa.

La Sucursal, Guillém de Castro 118, ✉ 46003, ☎ 96 374 66 65, *Fax 96 392 41 54* – ▤. AE VISA. ✂ DX a
cerrado del 15 al 31 de agosto, sábado mediodía y domingo – **Comida** carta 40 a 51.
◆ Forma parte del edificio utilizado por el IVAM. Cafetería pública en la planta baja y un comedor minimalista en el 1er piso. Combina la cocina innovadora y la tradicional.

Vinatea - *Hotel Astoria Palace*, Vilaragut 4, ✉ 46002, ☎ 96 398 10 00, *Fax 96 398 10 10* – ▤. AE ⓓ ⓜ VISA JCB. ✂ EY p
Comida carta aprox. 35.
◆ Restaurante de excelente montaje con entrada independiente, donde ofrecen una selección gastronómica de cierto nivel. Refinada decoración clásica con mobiliario escogido.

Riff, Conde de Altea 18, ✉ 46005, ☎ 96 333 53 53, *restaurante@restaurante-riff.com* – ▤. AE ⓓ ⓜ VISA. ✂ FZ k
cerrado agosto, domingo y lunes – **Comida** carta 42 a 63.
◆ Sigue las nuevas tendencias de la restauración, realizando una cocina creativa en un marco de diseño minimalista. Impecable montaje y eficiente brigada.

Kailuze, Gregorio Mayáns 5, ✉ 46005, ☎ 96 335 45 39, *Fax 96 335 48 93* – ▤. AE ⓜ VISA. ✂ FZ d
cerrado Semana Santa, agosto, sábado mediodía y domingo – **Comida** - cocina vasco-navarra - carta 51 a 61.
◆ Cálida decoración y excelente servicio de mesa, para un establecimiento con hall en la entrada y coqueto salón de pulcro montaje. Sólida cocina de estilo vasco-navarro.

El Gastrónomo, av. Primado Reig 149, ✉ 46020, ☎ 96 369 70 36 – ▤ 🚗. AE ⓜ VISA. ✂ BU z
cerrado del 1 al 7 de enero, Semana Santa, agosto, domingo y lunes noche – **Comida** carta 30 a 40.
◆ Restaurante a la antigua usanza, tanto en funcionamiento como en la nutrida selección gastronómica que ofrece. Comedor de correcta instalación y adecuado equipamiento.

El Ángel Azul, Conde de Altea 33, ✉ 46005, ☎ 96 374 56 56, *restaurante@angelazul.com, Fax 96 374 56 56* – ▤. ✂ FZ e
cerrado 15 agosto-15 septiembre, domingo y lunes – **Comida** carta 35 a 45.
◆ Su propietario, antiguo cocinero del restaurante, ha sabido dar continuidad al trabajo de esta casa, con una interesante carta de corte creativo. Montaje clásico-actual.

XX **Joaquín Schmidt,** Visitación 7, ✉ 46009, ☎ 96 340 17 10, *info@joaquinschmidt.com, Fax 96 340 17 10,* – ▤. MC VISA. ✂ BU v
cerrado 15 días en Semana Santa, 2ª quincena de agosto, domingo y lunes mediodía – **Comida** carta aprox. 50.
◆ Acogedor restaurante de gran prestigio en la ciudad, en una antigua casa con patio. Decoración detallista en sus dos coquetas salas, con un esmerado servicio de mesa.

XX **Civera,** Lérida 11, ✉ 46009, ☎ 96 347 59 17, *civera@ole.com, Fax 96 346 50 50* – ▤. AE ① MC VISA. ✂ BU s
cerrado Semana Santa, 2ª quincena agosto, del 1 al 7 de septiembre, domingo noche y lunes – **Comida** - pescados y mariscos - carta 28 a 57.
◆ Marisquería afamada, que posee un animado bar en la entrada y diversidad de salas de estilo clásico y regional. Carta completa basada en escogidos productos del mar.

XX **Civera Centro,** Mosén Femades 10, ✉ 46002, ☎ 96 352 97 64, *civeracentro@marisqueriascivera.com, Fax 96 346 50 50,* – ▤. AE ① MC VISA. ✂ EZ a
cerrado Semana Santa, 2ª quincena de junio y del 1 al 7 de julio – **Comida** - pescados y mariscos - carta 32 a 53.
◆ Restaurante popular y afamado por su excelente género, con un atractivo expositor. Brigada amable y esmerado servicio de mesa, compensados con unas correctas elaboraciones.

XX ✿ **Ca'Sento,** Méndez Núñez 17, ✉ 46024, ☎ 96 330 17 75 – ▤. AE VISA. ✂ CV y
cerrado Semana Santa, agosto, domingo y lunes noche – **Comida** - es necesario reservar - 60 y carta 37 a 51.
Espec. Cornetes de yuca y changurro. Rodaballo con su piel crujiente y jugo de rustido de carne. Cochinillo confitado en su piel crujiente, y salsa de naranja y clavo.
◆ Llevado en familia con acierto. Cocina de sólida base marinera y sabores transparentes, con guiños a la nueva restauración. Le sorprenderán sus creativas elaboraciones.

XX ✿ **Alejandro,** Amadeo de Saboya 15, ✉ 46010, ☎ 96 393 40 46, *Fax 96 393 40 46* – ▤. AE MC VISA. ✂ BU w
cerrado sábado mediodía y domingo – **Comida** carta 39 a 43.
Espec. Vieiras con sorbete de pomelo rosa. Solomillo de buey con verduritas y cremoso de patata al aceite de trufa blanca. Drácula.
◆ Prometedor negocio llevado con mucho talento por su joven chef-propietario. Dispone de una acogedora sala de estilo clásico combinado con detalles minimalistas.

XX **El Timonel,** Félix Pizcueta 13, ✉ 46004, ☎ 96 352 63 00, *restaurante@eltimonel.com, Fax 96 351 17 32* – ▤. AE ① MC VISA. ✂ EZ t
cerrado lunes – **Comida** carta 25 a 38.
◆ Llevado en familia, con el propietario en la sala y el hijo al frente de los fogones. Cálida decoración realzada con detalles marineros, y una adecuada oferta gastronómica.

XX **Chust Godoy,** Boix 6, ✉ 46003, ☎ 96 391 38 15, *Fax 96 392 22 39* – ▤. AE ① MC VISA. ✂ FX a
cerrado Semana Santa, agosto, sábado mediodía y domingo – **Comida** carta 35 a 46.
◆ Atención personalizada del chef que junto a su esposa dirige esta casa. Comedor de estilo neorrústico, con ladrillo visto y vigas de madera, y un destacable servicio de mesa.

XX **Alghero,** Burriana 52, ✉ 46005, ☎ 96 333 35 79, *correo@alghero-rest.com* – ▤. AE ① MC VISA. ✂ FZ m
cerrado 15 días en Semana Santa, 15 dias en agosto, domingo y lunes – **Comida** carta 28 a 33.
◆ Atractivo montaje y elegante mobiliario, con la propietaria en sala. Elabora una cocina de base mediterránea, con guiños a la gastronomía italiana y platos creativos.

XX **El Ensanche,** Salamanca 26, ✉ 46005, ☎ 96 334 06 70, *elensanche@ono.com, Fax 96 325 40 77* – ▤. AE ① MC VISA. ✂ FZ c
cerrado del 9 al 31 de agosto – **Comida** carta 27 a 35.
◆ Negocio familiar dotado de dos salas algo funcionales, aunque de cuidado montaje. Cocina tradicional actualizada, con un buen apartado de arroces y varios platos de autor.

XX **Valentina,** Correos 14, ✉ 46002, ☎ 96 394 49 42, *valentina85@ozu.es* – ▤. AE ① MC VISA. ✂ EY w
cerrado agosto y domingo – **Comida** carta 18 a 26.
◆ Asentado en la zona. Céntrico restaurante de estilo clásico y ambiente confortable, que propone en su carta una variada oferta culinaria con destacado apartado de arroces.

X **Montes,** pl. Obispo Amigó 5, ✉ 46007, ☎ 96 385 50 25 – ▤. AE ① MC VISA. ✂ DZ v
cerrado agosto, domingo noche y lunes – **Comida** carta 20 a 27.
◆ Sala principal de agradable decoración, donde ofrecen un servicio de mesa superior a su nivel. Entrada por un correcto hall con barra, seguido de un comedor alargado.

X **Chocomeli,** Poeta Antonino Chocomeli 6, ✉ 46015, ☎ 96 348 37 90 – ▤. AE ◑ MC VISA. ✗ AU c
cerrado Navidades, Semana Santa, del 9 al 25 de agosto, domingo y festivos – **Comida** - es necesario reservar - carta 23 a 35.
◆ Casa especializada en productos del mar que trabaja con una clientela de buen nivel. Sala íntima con el propietario al frente y un personal amable.

X **Mey Mey,** Historiador Diago 19, ✉ 46007, ☎ 96 384 07 47 – ▤. AE ◑ MC VISA. ✗ DZ e
cerrado Semana Santa y 3 últimas semanas de agosto – **Comida** - rest. chino - carta 19 a 25.
◆ Acertado montaje con la estética decorativa habitual de un restaurante chino. Destaca su fuente circular con peces de colores, el ambiente joven y la extensa carta.

X **Eguzki,** av. Baleares 1, ✉ 46023, ☎ 96 337 50 33, *Fax 96 337 50 33* – ▤. ◑ MC VISA. ✗ BU r
cerrado Semana Santa, agosto y domingo – **Comida** - cocina vasca - carta 26 a 34.
◆ Restaurante vasco de organización familiar entusiasta, con una cuidada fachada de piedra. Hall-bar en planta baja y correcto comedor en el 1er piso.

X **Palace Fesol,** Hernán Cortés 7, ✉ 46004, ☎ 96 352 93 23, *palacefesol@palacefesol.com, Fax 96 353 00 68,* Decoración regional – ▤. AE ◑ MC VISA. ✗ FZ s
cerrado Semana Santa, sábado y domingo en verano y lunes – **Comida** carta 28 a 37.
◆ Modesto negocio con muchos años de vida. Bar público en la entrada, y sala al fondo montada con sencillez en estilo regional. Carta sin grandes alardes.

X **Bazterretxe,** Maestro Gozalbo 25, ✉ 46005, ☎ 96 395 18 94 – ▤. VISA. ✗ FZ a
cerrado agosto y domingo noche – **Comida** - cocina vasca - carta 18 a 23.
◆ Digno y correcto restaurante de cocina vasca tradicional, que ofrece una discreta selección gastronómica. Amplio bar y un comedor con las mesas algo ajustadas.

X **El Romeral,** Gran Vía Marqués del Turia 62, ✉ 46005, ☎ 96 395 15 17 – ▤. AE ◑ MC VISA. ✗ FZ z
cerrado 28 marzo-4 abril, agosto, domingo noche y lunes – **Comida** carta aprox. 30.
◆ ¡Un clásico en la ciudad! Decoración de estilo antiguo en sus dos salas, donde ofrecen una carta mediana de sencillas elaboraciones con productos escogidos.

en la playa de Levante (Les Arenes) CUV :

XX **La Rosa,** av. de Neptuno 70, ✉ 46011 València, ☎ 96 371 20 76, *Fax 96 371 25 65,* ⩽, 🏖 – ▤. AE ◑ MC VISA. ✗ CU e
cerrado Semana Santa y 21 días en agosto – **Comida** - sólo almuerzo en invierno, arroces, pescados y mariscos - carta aprox. 38.
◆ Con uno de los mejores montajes de la zona. Salas bien equipadas y una agradable terraza, donde disfrutar de su extensa oferta gastronómica con base marinera.

X **L'Estimat,** av. de Neptuno 16, ✉ 46011 València, ☎ 96 371 10 18, *info@lestimat.com, Fax 96 372 73 85,* ⩽, 🏖 – MC VISA. ✗ CU t
cerrado 14 agosto-13 septiembre, domingo noche, lunes noche y martes – **Comida** carta 25 a 35.
◆ Funcional pero acogedor. Comedor divisible, de notable amplitud, con un servicio de mesa muy cuidado y renovado. Cocina a la vista, carta amplia y productos de nivel.

X **La Pepica,** av. de Neptuno 6, ✉ 46011 València, ☎ 96 371 03 66, *Fax 96 371 42 00,* ⩽, 🏖 – ▤. AE ◑ MC VISA. ✗ CU t
cerrado del 16 al 30 de noviembre, domingo noche y festivos noche – **Comida** carta 27 a 41.
◆ Con el aliciente de ser el más antiguo del lugar. Sala de grandes dimensiones decorada con sencillez en estilo clásico-antiguo. Variada oferta de platos locales.

X **Chicote** con hab, av. de Neptuno 34, ✉ 46011 València, ☎ 96 371 61 51, *Fax 96 371 83 53,* ⩽, 🏖 – ▤ rest, TV. AE ◑ MC VISA. ✗ CU e
cerrado del 7 al 20 de enero y del 6 al 19 de septiembre – **Comida** *(cerrado lunes)* carta 21 a 30 – ☕ 3 – **18 hab** 35/50.
◆ Comedor de modesto confort con habitaciones que van actualizando paulatinamente. Organización familiar, amable servicio y un montaje sencillo con platos marineros.

junto a la Fira de Mostres :

🏨 **Feria,** av. de las Ferias 2, ✉ 46035 Benimàmet, ☎ 96 364 44 11, *fiesta@hotelferiavalencia.com, Fax 96 364 54 83* – 🛗 ▤ TV 🚗 – 🎤 25/250. AE ◑ MC VISA. ✗ rest AU n
Comida carta aprox. 25 – **136 suites** ☕ 135/220.
◆ Una dirección eficaz y un logrado equipamiento son sus señas de identidad. Habitaciones con amplio salón, todas exteriores. Zonas complementarias para convenciones.

ESPAÑA

NH Jardines del Turia, Pintor Velázquez, 46100 Burjassot, 96 390 54 60, *nhjardinesdelturia@nh-hotels.com, Fax 96 364 63 61* – – 25/100. AU t
Comida 17 – 9,50 – **97 apartamentos** 90/130 – 15 hab.
• Funcional y acogedor, al estilo de la cadena. Las habitaciones, tipo apartamento, disponen de cocina y salón. Ascensores panorámicos orientados al bello patio interior. Luminoso comedor de agradable montaje.

Vora Fira, Cullera 67, 46035 Benimàmet, 96 364 00 52, *reservas@hotelvorafira.es, Fax 96 364 14 95* – – 25/150. AU n
Comida 15 – 7 – **110 hab** 125/170.
• Pensado y diseñado para el cliente de ferias. Máxima funcionalidad, mobiliario sencillo y unas habitaciones dotadas de un confort suficiente.

en Alboraia :

Olympia, Maestro Serrano 5, 46120 Alboraia, 902 30 01 32, *reservas@olympiagrupo.com, Fax 902 30 01 42*, Centro termal, – – 25/600. BU b
Comida 16,25 – 9 – **164 hab** 120/140 – 3 suites.
• Goza de unas instalaciones completísimas que tienen en el gimnasio y en el centro termal sus dos mayores atractivos. Sugerente terraza bajo una cúpula acristalada. Restaurante de línea clásico-moderna donde se ofrecen platos regionales y arroces.

en Almàssera :

Lluna de València, Camí del Mar 56, 46132 Almàssera, 96 185 10 86, *Fax 96 185 10 06* – . CU m
cerrado Semana Santa, sábado mediodía y domingo – **Comida** carta aprox. 28.
• Un olivo milenario preside su entrada. Atractivas salas en lo que antaño fue una alquería, con la principal de cálido ambiente rústico. Joven brigada y una carta mediana.

en Paiporta :

Machado Dotze, Antonio Machado 12, 46200 Paiporta, 96 397 22 27 – . AV x
cerrado agosto y domingo – **Comida** carta 27 a 34.
• Menú degustación en un comedor de correcto montaje, con decoración sobria, compensada por un esmerado servicio de mesa.

VALÈNCIA D'ÀNEU *25587 Lleida* 574 E 33 – *alt. 1 075.*

Madrid 626 – Lleida/Lérida 170 – La Seu d'Urgell/Seo de Urgel 86.

La Morera , carret. C 28 973 62 61 24, *info@hotel-lamorera.com, Fax 973 62 61 07*, , – .
cerrado 10 enero-4 febrero, abril y 23 octubre-noviembre – **Comida** 14 – **28 hab** 56/82.
• Cuidados exteriores con piscina, y unas habitaciones de línea funcional decoradas con mobiliario de pino, todas con balcón excepto las abuhardilladas.

VALENCIA DE DON JUAN *24200 León* 575 F 13 – *3 920 h alt. 765.*

Madrid 285 – León 38 – Palencia 98 – Ponferrada 116 – Valladolid 105.

Villegas, Palacio 10 987 75 01 61, *Fax 987 75 22 70*, – .
Comida carta aprox. 25 – 4 – **29 hab** 45/70.
• Céntrico hotel formado por dos edificios, uno antiguo a modo de casa señorial y el otro, anexo, más moderno. Posee habitaciones de confort actual con los suelos en parquet. Dispone de dos comedores, uno de invierno y otro de verano con mobiliario en mimbre.

Casa Alcón, pl. Mayor 987 75 10 96, *casaalcon@terra.es* – .
cerrado del 1 al 15 de octubre, 3ª semana de junio y lunes – **Comida** carta 22 a 30.
• Negocio familiar dotado con un bar de espera a la entrada y con una sala de estilo clásico-regional. Trabaja mucho el menú, aunque también propone una carta interesante.

VALENCINA DE LA CONCEPCIÓN *41907 Sevilla* 578 T 11 – *6 839 h alt. 148.*

Madrid 537 – Sevilla 9 – Huelva 89.

Vereda Real, carret. Gines-Valencina - Sur : 1,5 km 955 72 01 00, *recepcion@hotel-veredareal.com, Fax 955 72 83 83*, , , – – 25/180. rest
***Tierra de Olivos :* Comida** carta 20 a 30 – 7 – **53 hab** 74,40/93 – 2 suites.
• Construcción de estilo andaluz en una zona de urbanizaciones, con atractivos rincones y patios. Amplio hall-recepción ubicado bajo una cúpula y habitaciones de confort actual. Restaurante de aire rústico dotado de entrada independiente.

ESPAÑA

VALENTÍN *30420 Murcia* 577 R 24.
Madrid 378 – Albacete 124 – Lorca 78 – Murcia 86.

Molino Sahajosa, 968 72 01 70, *sahajosa@wanadoo.es, Fax 968 43 30 87,* –
Comida - sólo clientes - 24 – **10 hab** 38,52/51,36.
◆ Antiguo molino rehabilitado en pleno campo. Su decoración rústica le brinda un interior lleno de encanto. Cocina y mesa familiar, exclusiva para huéspedes previa reserva.

La VALL DE BIANYA *17813 Girona* 574 F 37 122 E 3 – *1 025 h alt. 480.*
Madrid 706 – Figueres 48 – Girona/Gerona 74 – Vic 74.

en la carretera C 26 :

Ca l'Enric, Noroeste : 2 km, ✉ 17813, 972 29 00 15, *Fax 972 29 12 06,* – AE VISA.
cerrado Navidades, del 1 al 15 de julio, domingo noche y lunes – **Comida** carta 41 a 57.
Espec. Costra de pan, anchoas, queso y aceituna negra. Infusión de marisco con puré de verduras. Tuétano rebozado, caviar, huevo hilado y yogurt.
◆ De amable atención familiar. Su interior, con un estilo rústico-clásico actualizado, posee suelos en tarima y las paredes en tonos tierra. Interesante carta y completa bodega.

Ca la Nàsia, Llocalou - Sureste : 2,5 km, ✉ 17813, 972 29 02 00, *lanasia@teleline.es* – AE VISA.
cerrado del 1 al 8 de enero, 20 julio-10 agosto y lunes – **Comida** carta 16 a 23.
◆ Negocio de sencilla organización, con barra de apoyo a la entrada y un espacioso comedor de correcto montaje, que propone una cocina arraigada en el recetario regional.

en Sant Salvador de Bianya *Noroeste : 7,5 km :*

Hostal de Sant Salvador, ✉ 17813 Sant Salvador de Bianya, 972 19 51 54, *Fax 972 19 51 54* – VISA.
cerrado del 15 al 30 de noviembre, lunes y martes – **Comida** carta 30 a 45.
◆ Situado en un tranquilo paraje de montaña, ocupa una masía del s. XV decorada en un cuidado estilo rústico. A destacar la excelente calidad de sus productos.

VALLADOLID *47000* P 575 H 15 – *318 293 h alt. 694.*
Ver : *Museo Nacional de Escultura*** en el colegio de San Gregorio (portada***, patio**, capilla*)* CX – *Iglesia de San Pablo (fachada***)* CX.
Otras curiosidades : *Catedral* (museo Diocesano y Catedralicio*)* CY- *Iglesia de las Angustias (Virgen de los siete cuchillos*)* CY **L** - *Museo Oriental (colección de Arte Chino*, marfiles*)* BZ **M1.**
de Valladolid por ⑥ : 13 km 983 41 55 00 – Iberia : aeropuerto ✉ 47620 902 400 500.
Santiago 19 bis ✉ 47001 983 34 40 13 oficina.turismo@va.jcyl.es Fax 983 35 47 31 – **R.A.C.E.** *Santa María 21 ✉ 47001 983 39 20 99 Fax 983 39 68 95.*
Madrid 191 ④ – Burgos 125 ① – León 139 ⑥ – Salamanca 115 ⑤ – Zaragoza 420 ①
Planos páginas siguientes

Olid Meliá, pl. San Miguel 10, ✉ 47003, 983 35 72 00, *melia.olid@solmelia.com, Fax 983 33 68 28,* – – 25/350. AE VISA JCB. BX a
Comida 19 – 12 – **204 hab** 87,50/138 – 7 suites.
◆ Por su céntrico emplazamiento, tradición y completo equipamiento, se alza como la referencia hotelera en la ciudad. Un excelente punto de encuentro para el ocio y el negocio. Luminoso comedor a la carta en la 1ª planta, con decoración clásica y acristalado.

Tryp Recoletos, Acera de Recoletos 13, ✉ 47004, 983 21 62 00, *recepcion.tryp.recoletos@solmelia.com, Fax 983 21 62 10* – – 25/70. AE VISA. BZ b
Comida carta aprox. 32 – 10,75 – **80 hab** 88/106,50.
◆ Hotel de nueva construcción que pone a su disposición unas habitaciones espaciosas, con suelo en moqueta y baños modernos, las de la última planta abuhardilladas. El restaurante del 1er piso ofrece una carta tradicional actualizada, especializada en arroces.

Juan de Austria, paseo de Zorrilla 108, ✉ 47006, 983 45 74 75, *juandeaustria@proinnet.com, Fax 983 45 76 58* – hab, – 25/250. AE VISA. AZ m
Comida 18,50 – 10,50 – **87 hab** 110/123.
◆ En la principal arteria de la ciudad. Bella fachada acristalada, elegante hall con ascensores panorámicos, y unas habitaciones de correcto confort con mobiliario funcional. Comedor de línea moderna con un cuidado servicio de mesa.

VALLADOLID

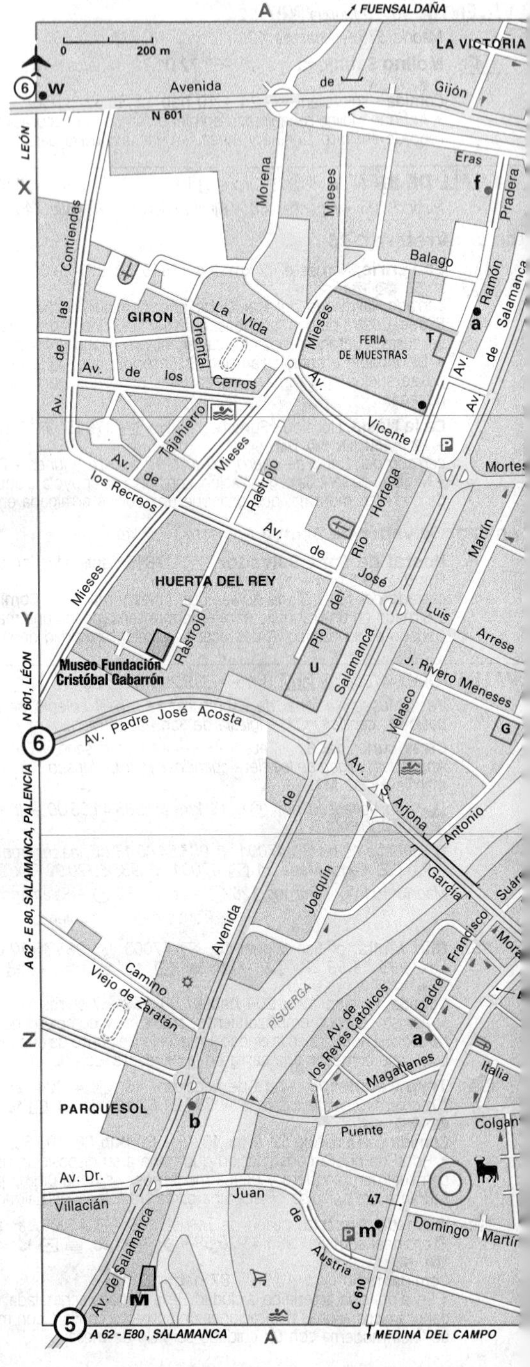

A
FUENSALDAÑA
LA VICTORIA
0
200 m
6
W
Avenida
de
Gijón
N 601
LEÓN
X
Eras
f
Pradera
Morena
Mieses
Contiendas
las
de
Balago
Ramón
Salamanca
GIRON
La Vida
Oriental
Mieses
FERIA DE MUESTRAS
T
a
Av.
de los
Cerros
Av.
Av.
Vicente
P
Av.
Tajahierro
Av.
de
los Recreos
Mieses
Rastrojo
Hortega
Mortes
Av.
de
Río
José
Martín
Mieses
HUERTA DEL REY
del
Luis
Arrese
Y
Pío
Rastrojo
U
Salamanca
J. Rivero Meneses
Museo Fundación
Cristóbal Gabarrón
N 601, LEÓN
Av. Padre José Acosta
6
Velasco
G
Av.
de
S. Arjona
Antonio
A 62 - E 80, SALAMANCA, PALENCIA
García
Joaquín
Suare
Avenida
Francisco
Mora
Camino
Viejo de Zaratán
PISUERGA
Padre
Av. de
los Reyes Católicos
Z
a
Magallanes
Italia
PARQUESOL
b
Puente
Colgan
Av. Dr.
Villacián
Juan
47
de
Domingo
Martín
m
P
Austria
C 610
Av. de Salamanca
M
5
A 62 - E80, SALAMANCA
A
MEDINA DEL CAMPO

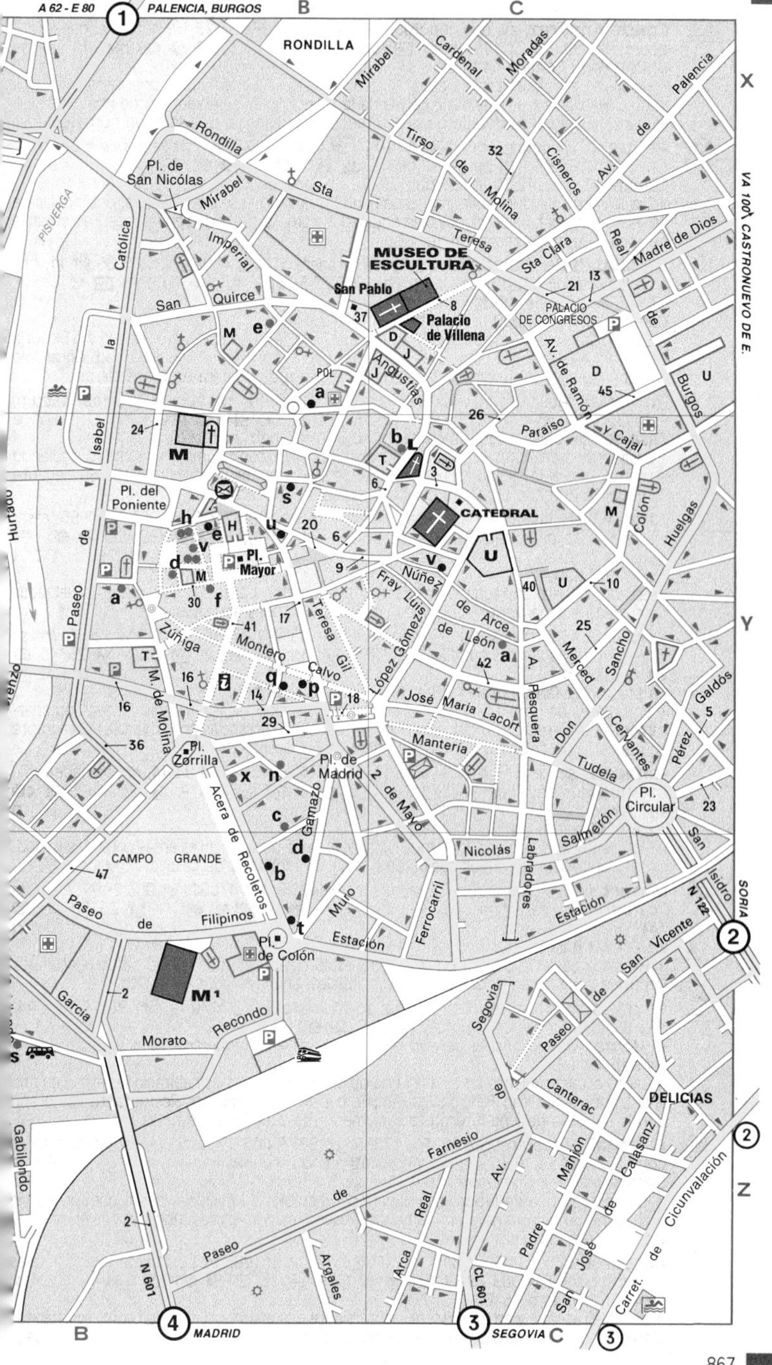

A 62 - E 80
1
PALENCIA, BURGOS
B
C
X
Y
Z
RONDILLA
MUSEO DE ESCULTURA
San Pablo
Palacio de Villena
PALACIO DE CONGRESOS
CATEDRAL
Pl. Mayor
Pl. de San Nicólas
Pl. del Poniente
Pl. Zorrilla
Pl. de Madrid
Pl. Circular
Pl. de Colón
CAMPO GRANDE
DELICIAS
PISUERGA
VA 100 CASTRONUEVO DE E.
SORIA
N 122
N 601
CL 601
4
MADRID
3
SEGOVIA
2

Conde Ansúrez, av. de Gijón 100, ✉ 47009, ☎ 983 36 23 10, *hotel@condeansure z.com, Fax 983 36 23 14* – 🛗 ▤ 📺 ☎ 🚗 – 🏛 25/500. AE ⓓ ⓜⓞ VISA. ✻ AX w
***El Caserón* : Comida** carta 22 a 34 – ☕ 4 – **49 hab** 60,10/72,10.
◆ Hermoso edificio de estilo clásico, a las afueras de la ciudad y muy orientado a los banquetes. Habitaciones luminosas, con toda la tecnología y comodidades de nuestros días. Elegante restaurante dotado de dos comedores privados y una sala con horno de leña.

Felipe IV, Gamazo 16, ✉ 47004, ☎ 983 30 70 00, *hotel@hfelipeiv.com, Fax 983 30 86 87* – 🛗 ▤ 📺 ☎ 🚗 – 🏛 25/700. AE ⓓ ⓜⓞ VISA. ✻ BZ d
Comida 14 – ☕ 10,30 – **129 hab** 76/117 – 2 suites.
◆ Establecimiento que paulatinamente ha ido renovando sus instalaciones, dotándolas de un mayor confort. Habitaciones bien equipadas y amplia capacidad en salones. Restaurante de línea clásica ubicado en el 1er piso.

NH Ciudad de Valladolid, av. Ramón Pradera 10, ✉ 47009, ☎ 983 35 11 11, *nhciudaddevalladolid@nh-hotels.com, Fax 983 33 50 50* – 🛗, ⊁ hab, ▤ 📺 ☎ 🚗 – 🏛 25/300. AE ⓓ ⓜⓞ VISA. ✻ AX a
Comida 23 – ☕ 11,50 – **78 hab** 98/118 – 2 suites.
◆ Edificio de moderna construcción frente a la Feria de Muestras. Sigue el estilo y la filosofía de la cadena, teniendo como referencias el buen confort y la funcionalidad. Agradable comedor en la planta baja del hotel, con profusión de madera en tonos claros.

Imperial, Peso 4, ✉ 47001, ☎ 983 33 03 00, *recepcion@himperial.com, Fax 983 33 08 13* – 🛗 ▤ 📺 ☎ – 🏛 25/125. AE ⓜⓞ VISA. ✻ rest BY e
***Casa de Los Gallo* : Comida** carta aprox. 30 – **63 hab** ☕ 58/76.
◆ Casa señorial del s. XVI en pleno centro. Precioso salón con columnas y capiteles, siguiendo la línea clásica de la fachada, y habitaciones actualizadas con baños completos. Su elegante comedor le propone un menú del día y una correcta carta.

Lasa sin rest con cafetería, Acera de Recoletos 21, ✉ 47004, ☎ 983 39 02 55, *reservas.lasa@telefonica.net, Fax 983 30 25 61* – 🛗 ▤ 📺 – 🏛 25/60. AE ⓓ ⓜⓞ VISA JCB. ✻ BZ t
☕ 4 – **62 hab** 47,20/89,45.
◆ Establecimiento de fachada clásica, frente a un gran parque. Habitaciones actualizadas de cuidado equipamiento con baños completos, algunas abuhardilladas.

Tryp Sofía-Parquesol, Hernando de Acuña 35, ✉ 47014, ☎ 983 37 28 93, *trip.sofia.parquesol@solmelia.com, Fax 983 37 70 27* – 🛗, ⊁ hab, ▤ 📺 🚗 – 🏛 25/45. AE ⓓ ⓜⓞ VISA. ✻ por Doctor Villacián AZ
***La Miranda* : Comida** carta 28 a 35 – ☕ 9,90 – **58 hab** 105.
◆ En un área de gran auge urbanístico. Zona noble algo escasa, y habitaciones tipo apartamento de correcto confort, con cocina utilizable en estancias prolongadas. Restaurante con decoración colorista y atractivos detalles de diseño.

Amadeus sin rest, Montero Calvo 18, ✉ 47001, ☎ 983 21 94 44, *hotelamadeus@hotelamadeus.net, Fax 983 21 94 40* – 🛗 ▤ 📺 ☎ 🚗 – 🏛 25/150. AE ⓜⓞ VISA. ✻ BY p
☕ 6 – **31 hab** 81/108.
◆ Hotel emplazado en una zona muy comercial. Goza de suficientes áreas comunes y espaciosas habitaciones, con los suelos en parquet y mobiliario de calidad.

Mozart sin rest con cafetería, Menéndez Pelayo 7, ✉ 47001, ☎ 983 29 77 77, *hotelmozart@hotelmozart.net, Fax 983 29 21 90* – 🛗 ▤ 📺 ☎ 🚗 – 🏛 25/50. AE ⓜⓞ VISA. ✻ BY q
☕ 6 – **42 hab** 68/90.
◆ Histórica casa residencial burguesa de estilo ecléctico, rodeada de calles peatonales. Reducida zona noble y habitaciones funcionales, abuhardilladas en el último piso.

Feria, av. Ramón Pradera (Feria de Muestras), ✉ 47009, ☎ 983 33 32 44, *Fax 983 33 33 00* – ▤ 📺 – 🏛 25/400. AE ⓜⓞ VISA. ✻ AX
El Horno *(cerrado noches de domingo a miércoles)* **Comida** carta 30 a 37 – ☕ 3,50 – **34 hab** 48/68.
◆ Cálido establecimiento junto a la Feria de Muestras. Todas las habitaciones están en una sola planta y resultan funcionales. Amplia capacidad en salones. Restaurante castellano donde el horno de leña interpreta sabiamente los sabores de la tierra.

El Nogal, Conde Ansurez 10, ✉ 47003, ☎ 983 34 03 33, *hotelelnogal@hotelelnogal.com, Fax 983 35 49 65* – 🛗 ▤ 📺 ☎. AE ⓓ ⓜⓞ VISA. ✻ BY s
Comida *(cerrado domingo noche)* 13 – ☕ 5 – **26 hab** 46/75.
◆ Íntimo y céntrico. Reducida zona social y confortables habitaciones, casi todas con balcón y columna de hidromasaje en los baños. Posee tres comedores, uno clásico renovado y los otros dos algo más discretos.

Catedral sin rest, Núñez de Arce 11, ✉ 47002, ☎ 983 29 88 11, *reservas@hotelesvalladolid.com, Fax 983 29 89 11* – 🛗 ▤ 📺 – 🏛 25. AE ⓓ ⓜⓞ VISA JCB CY v
☕ 4,50 – **27 hab** 45/63.
◆ De bella fachada y en un entorno de ambiente universitario. Salita de reuniones, habitaciones funcionales pero detallistas con baños algo reducidos y cafetería para desayunos.

París sin rest y sin ⊡, Especería 2, ✉ 47001, ✆ 983 37 06 25, *recepcion@hostalparis.com, Fax 983 35 83 01* – |♦| ▤ TV. AE ⓓ ⓜ VISA BY u
37 hab 49,40/65,70.
◆ Hostal cálido y acogedor en pleno casco viejo, con la entrada bajo un soportal tradicional. Destaca por una limpieza impecable y el completo equipamiento de sus habitaciones.

Santi, Correos 1, ✉ 47001, ✆ 983 33 93 55, *Fax 983 33 81 57*, ☂ – ▤. AE ⓓ ⓜ VISA. ✂ BY v
cerrado 2ª quincena de agosto y domingo – **Comida** carta 26 a 37.
◆ Casa renacentista del s. XVI con un precioso patio interior. Posee dos salas de aire rústico, la principal decorada con trofeos de caza, dos privados y una taberna para tapeo.

La Parrilla de San Lorenzo, Pedro Niño 1, ✉ 47001, ✆ 983 33 50 88, *res_parrilla@terra.es, Fax 983 33 50 88* – ▤. AE ⓓ ⓜ VISA JCB. ✂ BY a
cerrado lunes en julio-agosto y domingo noche – **Comida** carta 22 a 30.
◆ En los bajos de un convento del s. XVI y decorado con valiosas obras de arte. Posee un bar en la entrada, varios comedores abovedados de aire medieval y una bodega visitable.

Germán, Fray Luis de León 22, ✉ 47007, ✆ 983 29 03 09, *Fax 983 21 06 67* – ▤. AE ⓓ ⓜ VISA JCB. ✂ CY a
cerrado domingo en julio-agosto y domingo noche resto de año – **Comida** carta 25 a 39.
◆ Negocio familiar ubicado en la noble casa-palacio de los Marqueses de Castromonte. En su acogedora sala abovedada ofrecen elaboraciones de corte tradicional actualizado.

Fátima, Pasión 3-1º, ✉ 47001, ✆ 983 34 28 39, *r.fatima@wanadoo.es, Fax 983 34 28 39* – ▤. AE ⓓ ⓜ VISA. ✂ BY f
cerrado domingo noche y lunes noche – **Comida** carta 30 a 44.
◆ En una de las calles de más abolengo. Decoración clásica elegante, en el 1er piso de una antigua casa, con una cuidada cocina creativa de línea actual y excelente bodega.

El Figón de Recoletos, Acera de Recoletos 3, ✉ 47004, ✆ 983 39 60 43, *Fax 983 39 60 43* – ▤. ⓓ ⓜ VISA. ✂ BY x
cerrado 20 julio-12 agosto y domingo noche – **Comida** - cordero asado - carta 26 a 33.
◆ Restaurante con toda la hidalguía castellana. Dispone de varias salas, aunque destacan las de la entrada por su decoración nobiliaria, con profusión de madera y vidrieras.

Ponte Vecchio, Adolfo Miaja de la Muela 14, ✉ 47014, ✆ 983 37 02 00, *Fax 983 37 07 73* – ▤. AE ⓓ ⓜ VISA JCB. ✂ por Doctor Villacián AZ
cerrado del 1 al 15 de agosto y lunes – **Comida** - cocina italiana - carta 18 a 32.
◆ Distinguidas instalaciones dedicadas a la gastronomía italiana. Su comedor, distribuido en diversas alturas, posee un estilo clásico-moderno inspirado en la Roma antigua.

La Perla de Castilla, av. Ramón Pradera 15, ✉ 47009, ✆ 983 37 18 28, *maestres@maestres.com, Fax 983 37 39 07* – ▤. AE ⓓ ⓜ VISA. ✂ AX f
cerrado Semana Santa y domingo noche – **Comida** carta 26 a 36.
◆ Negocio familiar con acceso por bar público. Posee un comedor de línea clásico-regional, con vigas de madera, donde ofrecen una cocina tradicional con detalles actuales.

Gabino, Angustias 3-1º, ✉ 47003, ✆ 983 14 01 90, *Fax 983 14 01 89* – ▤. AE ⓓ ⓜ VISA. ✂ CY b
cerrado 20 días en agosto, domingo noche y lunes – **Comida** carta 25 a 33.
◆ En el 1er piso de un edifico de viviendas junto al teatro Calderón, con un buen hall y cuatro reducidas salas de estilo clásico-moderno. Carta tradicional con platos de autor.

Don Bacalao, pl. Santa Brígida 5, ✉ 47003, ✆ 983 34 39 37, *d.bacalao@terra.es, Fax 983 35 49 96* – ▤. AE ⓓ ⓜ VISA. ✂ BX e
cerrado domingo en julio-agosto y domingo noche resto del año – **Comida** - espec. en bacalao - carta aprox. 30.
◆ Profesionalidad y animado ambiente, con el propietario al frente. Un local muy concurrido que sorprende por su interesante cocina y sus cuidadas presentaciones.

La Criolla, Calixto Fernández de la Torre 2, ✉ 47001, ✆ 983 37 38 22, *rte_lacriolla@terra.es, Fax 983 37 49 87*, ☂ – ▤. AE ⓓ ⓜ VISA. ✂ BY d
cerrado lunes – **Comida** carta 27 a 35.
◆ Céntrico y de gran capacidad, con distintas salas en estilo rústico-castellano que homenajean a personajes célebres de la ciudad. Disfrute con sus típicas tablas.

La Rosada, Tres Amigos 1, ✉ 47006, ✆ 983 22 01 64, *Fax 983 47 15 18* – ▤. AE ⓜ VISA. ✂ AZ a
Comida carta 20 a 32.
◆ Punto de encuentro habitual para los almuerzos de trabajo, con una cafetería y dos comedores de estilo clásico. Carta tradicional conservadora que combina carnes y pescados.

La Raíz, San José 23, ✉ 47007, ✆ 983 22 82 47 – ▤. ⓜ VISA. ✂ BZ s
cerrado domingo noche y lunes en invierno, domingo en verano – **Comida** carta aprox. 30.
◆ Comedor íntimo y acogedor, de aire neorrústico aunque con interesantes toques modernos en su decoración. El chef combina sabiamente la cocina tradicional con la de autor.

ESPAÑA

X **La Goya,** puente Colgante 79, ✉ 47014, ☎ 983 34 00 23, *Fax 983 35 57 24,* 余 - P. AE MC VISA. ✻ AZ b
cerrado agosto, domingo noche y lunes – **Comida** carta aprox. 32.
◆ Goza de gran arraigo, con una carta basada en guisos y platos de caza. Comedor de invierno de aire regional y otro de verano bajo los soportales de un bello patio castellano.

X **Pedro Olivar,** Marina Escobar 5, ✉ 47001, ☎ 983 30 95 31 – ▤. AE MC VISA. ✻ BY n
cerrado domingo noche – **Comida** - pescados y mariscos - carta 30 a 43.
◆ Casa especializada en productos del mar, con un amplio hall y un bar de estilo clásico-marinero. Posee salas de sencillo montaje y otra de mayor capacidad para banquetes.

X **La Pedriza,** Colmenares 10, ✉ 47004, ☎ 983 39 79 51, *Fax 983 39 60 43* – ▤. ⓓ MC VISA. ✻ BY c
cerrado 12 agosto-3 septiembre y lunes noche – **Comida** - cordero asado - carta 22 a 33.
◆ Pertenece a la cadena El Asador de Aranda. Fachada en madera, bar público con una nutrida oferta de tapas y comedor clásico-castellano precedido por un gran horno de leña.

Y/ **VinoTinto,** Campanas 4, ✉ 47001, ☎ 983 34 22 91, *Fax 983 35 76 63* – ▤. AE ⓓ MC VISA. ✻ BY h
cerrado del 15 al 31 de agosto – **Tapa** 1,50 **Ración** aprox. 7.
◆ De moderno montaje, con parrilla a la vista y una buena selección de canapés o raciones en la barra. En el comedor de la planta inferior podrá degustar su chuletón de buey.

Y/ **La Tasquita,** Caridad 2, ✉ 47001, ☎ 983 35 13 51, *gelotasquita@yahoo.es, Fax 983 39 58 94* – ▤. ⓓ MC VISA. ✻ BY d
cerrado del 15 al 31 de julio y lunes – **Tapa** 1,50 **Ración** aprox. 5.
◆ Bar de tapas tipo taberna antigua, con una sala definida por el zócalo de azulejos y su precioso suelo. Ofrece deliciosas tostas y canapés, así como montaditos y raciones.

Y/ **La Mina,** Correos 7, ✉ 47001, ☎ 983 33 30 08, *Fax 983 37 49 87* – ▤. AE ⓓ MC VISA. ✻ BY h
cerrado miércoles – **Tapa** 2 **Ración** aprox. 8.
◆ Local de estilo rústico-castellano. Excelente variedad de raciones y tostas, destacando su popular pincho de setas. Correcto comedor en el sótano con las paredes en piedra.

Y/ **La Taberna del Herrero,** Calixto Fernández de la Torre 4, ✉ 47001, ☎ 983 34 23 10, *tabernadelherrero@sabioss.es, Fax 983 35 76 63,* 余 – ▤. MC VISA. ✻ BY d
cerrado del 1 al 15 de agosto – **Tapa** 1,50 **Ración** aprox. 7.
◆ Sala neorrústica con mesas, amplia barra y cocina a la vista. Pinchos y raciones servidos en cazuelitas o sartenes, pudiéndose acompañar con vinos por copa.

en la urbanización Fuente Berrocal *Norte : 4 km :*

XX **El Hueco,** pl. de la Ópera 4, ✉ 47009, ☎ 983 38 07 02, *info@elhuecorestaurante.com, Fax 983 34 99 05,* 余 – ▤. AE ⓓ MC VISA. ✻ por carret. de Fuensaldaña AX
Comida carta 30 a 41.
◆ Concurrido bar a la entrada con horno de leña a la vista y un correcto comedor clásico decorado con numerosas antigüedades. Dispone de varios salones anexos para banquetes.

por la salida ① *: 3 km :*

Ibis Valladolid sin rest con cafetería por la noche, av. del Euro 1 - Ronda Norte, ✉ 47009, ☎ 983 36 21 11, *h3204@accor-hotels.com, Fax 983 36 28 39* – |‡|, ⇔ hab, ▤ TV ♿ P. AE ⓓ MC VISA
☕ 6 – **71 hab** 49.
◆ De nueva construcción, con el confort y la funcionalidad que definen a la cadena. Habitaciones de correcto equipamiento, con mobiliario sencillo y plato ducha en los baños.

por la salida ⑤ :

AC Palacio de Santa Ana ⛰, Santa Ana - 4 km, ✉ 47195 Arroyo de la Encomienda, ☎ 983 40 99 20, *psantaana@ac-hotels.com, Fax 983 40 99 21,* Fö, ⛱, 🌳 – |‡| ▤ TV ☎ 🚗 P – 🎓 25/400. AE ⓓ MC VISA
Los Jerónimos : **Comida** carta aprox. 38 – ☕ 10 – **99 hab** 122 – 3 suites.
◆ En el antiguo monasterio de los Jerónimos, rodeado de una bonita pradera con mirador frente al río Pisuerga. Magnífico claustro y habitaciones con mobiliario de diseño. Espléndido restaurante a la carta, luminoso y de esmerado montaje.

La Vega ⛰, av. de Salamanca - 6 km, ✉ 47195 Arroyo de la Encomienda, ☎ 983 40 71 00, *lavega@lavegahotel.com, Fax 983 40 70 54,* Fö, ⛱, 🌳 – |‡|, ⇔ hab, ▤ TV ☎ ♿ 🚗 P – 🎓 25/400. AE ⓓ MC VISA. ✻
Comida 21,04 – ☕ 9,05 – **143 hab** 100,10/117,90 – 6 suites.
◆ Hotel moderno de equilibrada fachada. Atractivo hall-recepción con ascensores panorámicos, amplias zonas nobles y salones de convenciones. Habitaciones de buen confort. Su acogedor restaurante fusiona la cocina tradicional con la de autor.

El Jardín de la Abadía, San José 3 - 7 km, 47195 Arroyo de la Encomienda, 983 40 99 16, *hotel@jardindelaabadia.com, Fax 983 40 70 35* – AE VISA JCB.
Comida *(cerrado domingo noche)* carta 35 a 44 – **23 hab** 75/110 – 1 apartamento.
• Antigua abadía rehabilitada con buen gusto. Disfruta de unas cómodas habitaciones en colores vivos, con mobiliario neorrústico y vistosa grifería en los baños. Acogedor restaurante con atractivas pinturas murales y excelente servicio de mesa.

VALLDEMOSSA *Illes Balears – ver Balears (Mallorca).*

VALLE – *ver el nombre propio del valle.*

VALLE *39815 Cantabria* 572 C 19 – *alt. 138.*
Madrid 364 – Bilbao 84 – Burgos 130 – Santander 54.

Torre de Ruesga, 942 64 10 60, *reservas@t-ruesga.com, Fax 942 64 11 72,* – TV P. AE VISA.
cerrado del 10 al 30 de enero – **Comida** *(cerrado domingo noche y lunes)* carta 29 a 36 – 9 – **15 hab** 70/108 – PA 43.
• Palacete del s. XVII que combina el estilo clásico de su zona noble con la rusticidad de unas habitaciones decoradas con sumo detalle, 9 de ellas con salón. Bellos exteriores. Elegante restaurante con entrada independiente.

VALLE DE CABUÉRNIGA *39510 Cantabria* 572 C 17 – *1 091 h alt. 260.*
Madrid 389 – Burgos 154 – Oviedo 163 – Palencia 172 – Santander 52.

Camino Real, Selores - Sur : 1,5 km, 39511 Selores, 942 70 61 71, *camino-real@mundivia.es, Fax 942 70 63 76* – TV P. AE VISA. rest
Comida carta aprox. 26 – 9 – **21 hab** 98/110 – 1 suite.
• Antigua casona en la que se mezclan elementos rústicos originales con otros de diseño moderno, alcanzando una atmósfera armónica, elegante y acogedora. Gran nivel de confort. Comedor de cálido ambiente, recreado con detalles decorativos y vivos colores.

La Casona del Peregrino, Terán - Sur : 1 km, 39511 Terán de Cabuérniga, 942 70 63 43, *info@casonadelperegrino.es, Fax 942 70 63 44* – TV P. VISA. – *cerrado 7 enero-7 febrero* – **Comida** - sólo cena, sólo clientes - carta 30 a 44 – 4,81 – **14 hab** 76/82.
• Casona montañesa con una encantadora balconada de madera en su fachada. Posee habitaciones acogedoras, destacando las superiores por su amplitud. Sirven cenas a sus clientes.

VALLE DE GUERRA *Santa Cruz de Tenerife – ver Canarias (Tenerife).*

VALLEJERA DE RIOFRÍO *37717 Salamanca* 575 K 12 – *52 h alt. 1 141.*
Madrid 210 – Ávila 100 – Plasencia 64 – Salamanca 70.

Cubino H., antigua carret. N 630 923 40 46 00, *info@cubinohotel.com, Fax 923 40 46 03,* sierra de Béjar, – TV P – 25/70. VISA. rest
Comida 8,50 – 6 – **30 hab** 45,50/56,50.
• Hotel de línea moderna en plena sierra de Béjar, que resulta ideal para los amantes de los deportes. Espaciosas zonas nobles y habitaciones de buen confort. Su restaurante brinda unas magníficas vistas.

La Corrobla, antigua carret. N 630 - Noroeste : 1 km 923 41 10 35, *lacorrobla@terra.es* – P. VISA. – *cerrado 7 días en junio, 7 días en julio y miércoles* – **Comida** - sólo almuerzo, salvo viernes, sábado y verano - carta 22 a 26.
• Llevado con buen hacer por un atento matrimonio. Dispone de dos luminosos comedores con chimenea, destacando el superior por su cubierta en madera y sus vistas panorámicas.

VALLFOGONA DE RIUCORB *43427 Tarragona* 574 H 33 – *101 h alt. 698 – Balneario.*
Alred. : *Guimerà★ Oeste : 5 km.*
Madrid 523 – Barcelona 106 – Lleida/Lérida 64 – Tàrrega 20 – Tarragona 74.

Regina, carret. del Balneario - Este : 1,5 km 977 88 00 28, *info@hotelbalnearioregina.com, Fax 977 88 08 86,* – TV P – 25/200. AE VISA.
Comida *15 mayo-12 septiembre y fines de semana resto del año* - 25 – **50 hab** 70/100.
• Atractivo edificio en piedra de principios del s. XX, que destaca por sus servicios de salud y belleza. Habitaciones amplias con mobiliario de mimbre y detalles de diseño. Restaurante luminoso y de buen montaje, con un coqueto privado de techo abovedado.

XX **Hostal del Rector,** av. del Riu Corb 13 ✆ 977 88 13 48 - ▤. MC VISA. ✂
Comida carta aprox. 36.
◆ Ocupa las instalaciones de un antiguo café de principios del s. XX, conservando los techos altos y su ambiente acogedor. Propone una carta con platos de sabor regional.

VALLROMANES *08188 Barcelona* 574 H 36 122 D 7 – *654 h alt. 153.*
Vallromanes, Afueras ✆ 93 572 90 64 Fax 93 572 93 30.
Madrid 643 – Barcelona 22 – Tarragona 123.

XX **Sant Miquel,** pl. de l'Església 12 ✆ 93 572 90 29, *sant.miquel@wanadoo.es, Fax 93 572 96 43* – ▤. AE ⓓ MC VISA JCB
cerrado del 17 al 23 de enero, 16 agosto-8 septiembre y lunes – **Comida** - sólo almuerzo salvo fines de semana - carta 33 a 42.
◆ Ubicado en el centro de la localidad, dispone de dos comedores, uno clásico y otro tipo jardín de invierno, en los que podrá degustar una cocina típica de la zona.

X **El Petit Mont Bell,** carret. de Granollers - Oeste : 1 km ✆ 93 572 81 00, *montbell@mont-bell.es, Fax 93 572 81 03,* ≤ – ▤ P. AE MC VISA. ✂
cerrado del 1 al 22 de agosto y lunes – **Comida** - sólo almuerzo salvo viernes y sábado - carta 24 a 37.
◆ Edificio de planta baja dotado de un hall con vivero, y varias salas de correcto montaje que brindan buenas vistas. Funciona como complemento del restaurante Mont Bell.

X **Mont Bell,** carret. de Granollers - Oeste : 1 km ✆ 93 572 81 00, *montbell@mont-bell.es, Fax 93 572 81 03* – ▤ P. AE MC VISA. ✂
cerrado del 1 al 22 de agosto y domingo – **Comida** carta 20 a 33.
◆ Posee una carpa para banquetes, y distintos comedores de cuidado servicio de mesa, entre los que destaca uno más moderno con cristaleras y mamparas móviles. Carta amplia.

VALLS *43800 Tarragona* 574 I 33 – *20 124 h alt. 215.*
Ver : *Localidad★ – Teatro Principal★.*
La Cort 61 ✆ 977 61 25 30 turisme.valls@altanet.org Fax 977 61 25 30.
Madrid 535 – Barcelona 100 – Lleida/Lérida 78 – Tarragona 19.

X **Gourmet,** carret. de Lleida ✆ 977 60 61 58, *Fax 977 60 61 58* – ▤. AE ⓓ MC VISA
cerrado del 15 al 31 de agosto, domingo noche y lunes salvo festivos – **Comida** carta aprox. 25.
◆ Reducido restaurante de correcto montaje y buena organización, que posee un reservado en la 1ª planta. Carta con varios tipos de menús.

en la carretera N 240 *Sur : 1,5 km :*

Félix, ✉ 43800, ✆ 977 60 90 90, *hotel@felixhotel.net, Fax 977 60 50 07,* ⛱, ✂ – ⇅ ▤ TV P – 🏛 25/100. MC VISA. ✂
Comida - ver rest. ***Casa Félix*** – ☕ 9 – **56 hab** 48/83.
◆ Hotel de línea moderna situado a las afueras de la localidad. La reducida zona noble se compensa con unas habitaciones muy confortables, equipadas con mobiliario de calidad.

XX **Casa Félix** - *Hotel Félix,* ✉ 43800, ✆ 977 60 13 50, *restaurant@felixhotel.net, Fax 977 60 00 14* – ▤ P. MC VISA. ✂
Comida carta 31 a 38.
◆ Cafetería a la entrada con mesas para tapear, seguida de un comedor clásico. Pruebe sus calçotadas en el interior de unos grandes barriles, a modo de reservados.

en la antigua carretera N 240 *Noroeste : 1,8 km :*

XX **Masía Bou,** ✉ 43800, ✆ 977 60 04 27, *restaurant@masiabou.com, Fax 977 61 32 94,* 🏡 – ▤ P. MC VISA. ✂
cerrado lunes noche y martes salvo octubre-mayo – **Comida** carta 30 a 38.
◆ Casa de larga tradición familiar, con terrazas bajo los árboles y gran actividad de banquetes. En su comedor, de correcto servicio de mesa, sirven una sabrosa cocina catalana.

VALSAIN *Segovia – ver La Granja.*

VALVANERA (Monasterio de) *26323 La Rioja* 573 F 21.
Ver : *Paraje★★.*
Madrid 359 – Burgos 120 – Logroño 63.

Hospedería Abadía de Valvanera 🐚, ✆ 941 37 70 44, *hostal@abadiavalvanera.com, Fax 941 37 71 94* ≤ – P – 🏛 30. AE ⓓ MC VISA. ✂
cerrado 16 diciembre-13 enero – **Comida** 11 – ☕ 5 – **28 hab** 34/45.
◆ Antiguo monasterio benedictino sumergido en el silencio de la sierra de San Lorenzo. Sobria decoración, compensada por un equipamiento correcto y un confort suficiente. Su comedor continúa la línea sencilla del establecimiento.

VALVERDE *Santa Cruz de Tenerife – ver Canarias (El Hierro).*

VALVERDE DEL MAJANO *40140 Segovia 575 J 17 121 E 4 – 524 h alt. 923.*
Madrid 94 – Segovia 12 – Ávila 63 – Valladolid 118.

al Noreste : *3,5 km por la carretera de Hontanares de Eresma y desvío 1,5 km :*

Caserío de Lobones, ✉ 40140, ℘ 921 12 84 08, *jpujadas@lobones.com, Fax 921 12 83 44*, – TV P. AE VISA.
Comida - sólo cena, sólo clientes - carta 14 a 22 – 7 – **9 hab** 90/105.
◆ Posada rural en pleno campo, junto a una arboleda atravesada por el río Eresma. Habitaciones con decoración personalizada y la opción de cena sólo para los clientes alojados.

VARADERO (Playa del) *Alacant – ver Santa Pola.*

VECINDARIO *Las Palmas – ver Canarias (Gran Canaria).*

El VEDAT *València – ver Torrent.*

VEGA DE RÍO PALMA *Las Palmas – ver Canarias (Fuerteventura).*

VEGA DE SAN MATEO *Las Palmas – ver Canarias (Gran Canaria).*

VEJER DE LA FRONTERA *11150 Cádiz 578 X 12 – 12 773 h alt. 193.*
Ver : *Localidad*★.
Alred. : *Parque Natural La Breña y Marismas de Barbate*★ – *Playa de los Caños de Meca*★★.
Marqués de Tamarón 10 ℘ 956 45 17 36 oficinaturismovejer@hotmail.com Fax 956 45 16 20.
Madrid 667 – Algeciras 82 – Cádiz 50.

Convento de San Francisco, La Plazuela ℘ 956 45 10 01, *convento-san-francisco@tugasa.com, Fax 956 45 10 04* – TV – 25/40. AE VISA.
***El Refectorio* : Comida** carta 20 a 30 – 3,70 – **25 hab** 45,20/63,50.
◆ Antiguo convento donde se funden la sobriedad de antaño y el confort actual. Sus habitaciones gozan de techos altos con vigas de madera y mobiliario rústico.

El Paso sin rest, carret. N 340 - Este : 1,5 km ℘ 956 45 11 63, *hotelelpaso@hotmail.com, Fax 956 45 10 83* – TV P. VISA
19 hab 65/75,50.
◆ Pequeño hotel tipo villa, junto a la carretera. Dispone de un salón social con chimenea y confortables habitaciones que combinan el mobiliario en madera y hierro forjado.

Trafalgar, pl. de España 31 ℘ 956 44 76 38, *guarnio@teleline.es, Fax 956 44 75 69*, – . AE VISA.
cerrado enero-15 febrero – **Comida** carta 24 a 30.
◆ Céntrico restaurante, recientemente renovado, que pone a su disposición dos comedores, el principal de carácter minimalista y el secundario de aire rústico.

La Vera Cruz, Eduardo Shelly 1 ℘ 956 45 16 83 – . AE VISA.
cerrado enero y miércoles – **Comida** - cocina francesa - carta 29 a 41.
◆ Ocupa una antigua casa del casco antiguo que, en su día, sirvió como capilla, conservando grandes arcos y los suelos originales en piedra. Correcta carta de cocina francesa.

VÉLEZ BLANCO *04830 Almería 578 S 23 – 2 251 h alt. 1 070.*
Madrid 506 – Almería 148 – Granada 168 – Lorca 52 – Murcia 122.

Casa de los Arcos sin rest, San Francisco 2 ℘ 950 61 48 05, *losarcos@fenpa.org, Fax 950 61 49 47* – TV – 25. VISA.
cerrado junio – 4,81 – **8 hab** 35/51 – 6 suites.
◆ Ejemplo de la arquitectura de los ss. XVIII y XIX. Aflora en sus muros la huella del pasado señorial que la rehabilitación ha querido reflejar. Decorado con sobriedad.

Velad Al-Abyadh sin rest, Balsa Parra 28 ℘ 950 41 51 09, *hotelvelad@hotelvelad.com, Fax 950 41 50 98*, – TV. AE VISA JCB.
26 hab 45/64 – 1 suite.
◆ La calidez del estilo rústico define un espacio confortable en este hotel de organización familiar. Habitaciones bien equipadas y buena aceptación en la zona.

El Molino, Curtidores ℘ 950 41 50 70, – . VISA.
cerrado del 11 al 24 de julio y jueves noche – **Comida** carta aprox. 30.
◆ A la seria organización hay que añadir la calidad en la elaboración y la presentación de sus platos. Cuenta con un amplio comedor donde ofrecen una carta tradicional.

VÉLEZ MÁLAGA *29700 Málaga* 578 V 17 124 J 5 – *52 150 h alt. 67.*
Madrid 530 – Almería 180 – Granada 100 – Málaga 35.

Dila sin rest y sin, av. Vivar Téllez 3 95 250 39 00, *hoteldila@hoteldila.com, Fax 95 250 39 08* –
18 hab 38,65/61,85.
◆ Pequeño hotel llevado de modo familiar. Sus sencillas instalaciones cuentan con una recepción en el 1er piso, y unas confortables habitaciones con mobiliario provenzal.

El VENDRELL *43700 Tarragona* 574 I 34 – *15 456 h.*
Ver : *Museo Deu★.*
Alred. : *Sant Salvador, Museo Pau Casals★ Sureste : 3,5 km.*
Dr Robert 33 977 66 02 92 turisme@citvendrell.com Fax 977 66 59 24.
Madrid 570 – Barcelona 75 – Lleida/Lérida 113 – Tarragona 27.

Ramblas Vendrell, av. Riera de la Bisbal 47 977 66 10 96, *info@hotelramblasvendrell.com, Fax 977 66 45 42* – – 25/75.
La Diva *(espec. en arroces)* **Comida** carta 30 a 38 – **42 hab** 72/90 – 1 suite.
◆ Edificio de línea actual situado cerca del centro de la localidad. Su escasa zona social se ve compensada con unas habitaciones confortables y de completo equipamiento. En su moderno restaurante se ofrece una carta tradicional especializada en arroces.

Pí, Rambla 2 977 66 00 02 – .
cerrado del 15 al 31 de octubre y domingo noche salvo verano – **Comida** carta 18 a 30.
◆ Se trata del restaurante más antiguo de la población. Comedor distribuido en dos coquetas salas decoradas en estilo 1900, donde se propone una variada oferta culinaria.

El Molí de Cal Tof, av. de Santa Oliva 2 977 66 26 51 –
cerrado domingo noche y lunes – **Comida** carta 31 a 53.
◆ Negocio familiar dotado de dos salones contiguos a distinto nivel y un reservado, donde podrá degustar una cocina típica catalana. Decoración rústica y un cálido ambiente.

VERA *04620 Almería* 578 U 24 – *5 931 h alt. 102.*
pl. Mayor 1 950 39 31 42 aytovera@larural.es Fax 950 39 31 44.
Madrid 512 – Almería 95 – Murcia 126.

Terraza Carmona, Manuel Giménez 1 950 39 07 60, *terracarmo@cajamar.es, Fax 950 39 13 14* – – 25/150.
Comida - ver rest. ***Terraza Carmona*** – 6 – **38 hab** 46/66.
◆ Ubicado en el centro de la localidad. El marco idóneo para disfrutar de gratas estancias, vacacionales o de trabajo. Clientela del ámbito comercial y de empresa.

Terraza Carmona - *Hotel Terraza Carmona,* Manuel Giménez 1 950 39 07 60, *terracarmo@cajamar.es, Fax 950 39 13 14* –
cerrado del 11 al 25 de enero y lunes – **Comida** carta 23 a 30.
◆ Muy concurrido y de fama en la zona. Dotado de amplias y acogedoras instalaciones, donde ofrecen una variada carta regional. No deje de probar su tarta borracha.

en la carretera de Garrucha *Sureste : 2 km :*

Vera Hotel, 04620, 950 39 30 08, *verahotel@interbook.net, Fax 950 39 31 48,* –
Comida 14 – 4 – **25 hab** 58/83.
◆ Sus habitaciones, todas orientadas al exterior, originales, detallistas y decoradas con mobiliario de calidad, ofrecen el confort necesario para una estancia agradable.

VERA DE BIDASOA *Navarra – ver Bera.*

VERDICIO *33448 Asturias* 572 B 12.
Madrid 493 – Oviedo 43 – Avilés 14 – Gijón 26.

Palacio de Fiame sin rest, Fiame 98 587 81 50, *palaciodefiame@hotmail.com, Fax 98 587 80 04* –
18 hab 60,70/75,12.
◆ Junto a un pequeño palacio del que toma nombre. Posee unas confortables habitaciones con mobiliario moderno y baños completos, algunas con hidromasaje y otras con terraza.

La Fustariega, Fiame 98 587 81 03 –
cerrado 21 días en noviembre y miércoles salvo festivos, vísperas y agosto – **Comida** carta 28 a 66.
◆ Bar-sidrería dotado de una espaciosa sala para el menú y de dos correctos comedores para la carta. Cocina tradicional variada elaborada con productos escogidos.

VERÍN *32600 Ourense 571 G 7 – 11 018 h alt. 612 – Balneario.*
Alred. : *Castillo de Monterrey (✳★ - Iglesia : portada★) Oeste : 6 km.*
San Lázaro 26 ☎ 988 41 16 14 turismo@verin.net.
Madrid 430 – Ourense 69 – Vila Real 90.

junto al castillo *Noroeste : 4 km :*

Parador de Verín, ✉ 32600, ☎ 988 41 00 75, *verin@parador.es, Fax 988 41 20 17*, ≤ castillo y valle, – 25/300. AE VISA JCB.
Comida 25 – 10 – **22 hab** 80/100 – 1 suite.
◆ La proximidad al castillo le confiere una magnífica panorámica. Bello edificio en piedra recreado por las típicas formas de un pazo, y un interior de cálido confort. En el sereno marco del comedor podrá degustar la gastronomía típica de la zona.

en la carretera N 525 *Noroeste : 4,5 km :*

Gallego, ✉ 32680 apartado 82, ☎ 988 41 82 02, *reservas@hotelgallego.com, Fax 988 41 82 02*, ≤, – rest, – 25/300. AE VISA JCB. rest
Comida 24 – 6 – **40 hab** 40/65.
◆ El valle de Monterrei recrea su entorno en un paraje natural de gran belleza. Hotel de línea clásica dotado de correctas zonas sociales y habitaciones con baños completos. El restaurante, que fue el origen del negocio, ofrece cocina regional e internacional.

VIANA *31230 Navarra 573 E 22 – 3 276 h alt. 470.*
Madrid 341 – Logroño 10 – Pamplona 82.

Borgia, Serapio Urra ☎ 948 64 57 81 – AE VISA JCB
cerrado agosto y domingo – **Comida** - sólo almuerzo salvo sábado - carta 30 a 46.
◆ Casa familiar con la fachada en piedra, hierro forjado y madera. El comedor combina la decoración rústica con detalles de diseño, destacando por su excelente servicio de mesa.

en la carretera NA 134 *Sur : 10 km :*

Husa Las Cañas, km : 96,5 (parque comercial Las Cañas), ✉ 31230 Viana, ☎ 948 44 66 55, *husaviana@husa.es, Fax 948 44 66 56* – hab, – 25/120. AE VISA.
Comida 10 – 5 – **75 hab** 90/100.
◆ Hotel de línea moderna situado en un centro comercial a las afueras de la localidad. Su reducida zona noble se compensa con habitaciones espaciosas y de buen confort. En su restaurante ofrecen una carta variada, con un apartado de pastas y pizzas.

VIC *08500 Barcelona 574 G 36 122 D 5 – 29 113 h alt. 494.*
Ver : *Localidad★★ - Museo episcopal★★★* BY *– Catedral★ (pinturas★★, retablo★★, claustro★)* BCY *– Plaça Major★* BY.
Alred. : *L'Estany★ : Monasterio de Santa María de L'Estany★ Suroeste : 19 km – Monasterio de Sant Pere de Casserres★, emplazamiento★★ Noreste : 17 km.*
Ciutat 4 ☎ 93 886 20 91 turisme@ajvic.es Fax 93 889 26 37.
Madrid 637 ④ – Barcelona 66 ④ – Girona/Gerona 79 ③ – Manresa 52 ④

Planos páginas siguientes

NH Ciutat de Vic, passatge Can Mastrot ☎ 93 889 25 51, *nhciutatdevic@nh-hotels.com, Fax 93 889 14 47* – – 25/100. AE VISA JCB. rest BX a
Comida *(cerrado agosto y domingo noche)* 18 – 11 – **36 hab** 97/112.
◆ Edificio moderno de fachada algo sobria, que alberga un confortable interior dotado de una reducida zona noble, y unas habitaciones bien equipadas en la línea de la cadena. Restaurante ambientado con pinturas contemporáneas y las paredes paneladas en madera.

Balmes sin rest, Francesc Pla 6 ☎ 93 889 12 72, *balmesvic90@hotmail.com, Fax 93 889 29 15* – AE VISA JCB CX a
50 hab 62/84.
◆ Hotel de diseño actual cuyo nombre rinde homenaje al insigne filósofo de la localidad. Las habitaciones, todas exteriores, están siendo renovadas para mejorar su categoría.

Art de Coch, Sant Miquel dels Sants 1 ☎ 93 886 40 33, *calamançana@teleline.es, Fax 93 888 70 04* – AE VISA. BY u
cerrado del 1 al 15 de septiembre, domingo noche y lunes – **Comida** carta 30 a 38.
◆ Su nombre alude al primer libro de cocina impreso en catalán. Cafetería a la entrada seguida de una sala de línea actual y cuidado montaje, con vistas a un patio ajardinado.

Basset, Sant Sadurní 4 ☎ 93 889 02 12 – AE VISA. BY n
cerrado domingo y festivos – **Comida** carta 22 a 38.
◆ Negocio de organización familiar que cuenta con dos comedores de estilo clásico-regional y otro de línea más actual, todos de correcto mobiliario y adecuado montaje.

VIC

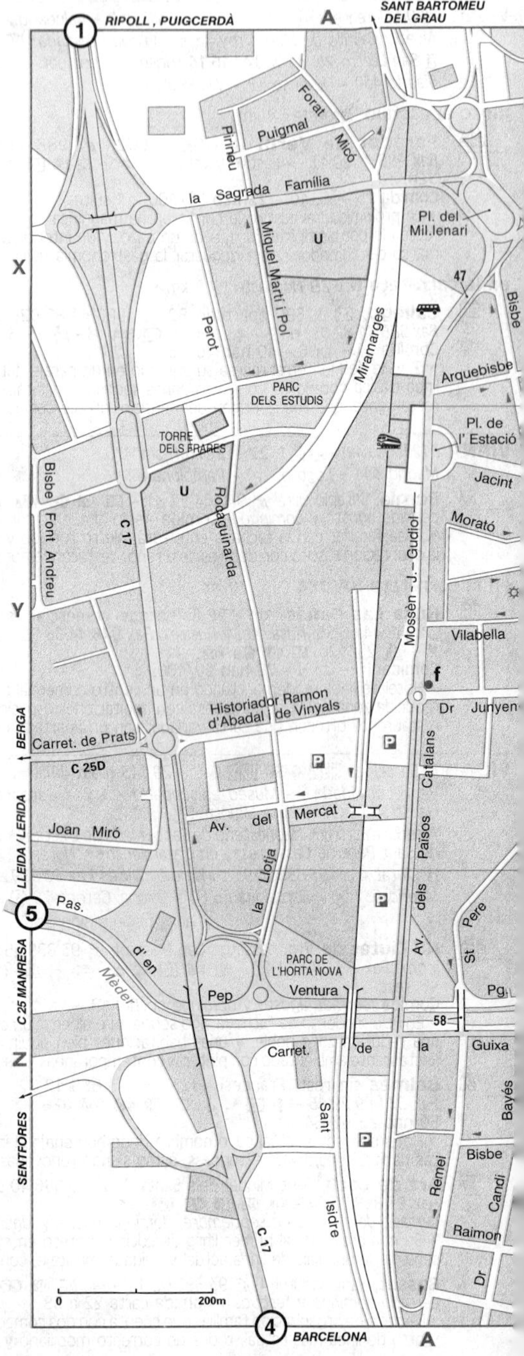

RIPOLL, PUIGCERDÀ
SANT BARTOMEU DEL GRAU
A
X
Y
Z
Forat
Puigmal
Pirineu
Micó
la Sagrada Família
Pl. del Mil.lenari
Miquel Martí i Pol
U
47
Bisbe
Perot
Miramarges
Arquebisbe
PARC DELS ESTUDIS
TORRE DELS FRARES
Pl. de l' Estació
Jacint
Bisbe
U
Rodaguinarda
Morató
Font Andreu
C 17
Mossèn - J. - Gudiol
Vilabella
f
Historiador Ramon d'Abadal i de Vinyals
Dr Junyent
BERGA
Carret. de Prats
C 25D
Països Catalans
LLEIDA / LERIDA
Joan Miró
Av. del Mercat
la Llotja
Av. dels
5
Pas. d'en Pep Ventura
Mèder
St Pere
PARC DE L'HORTA NOVA
Pg.
C 25 MANRESA
58
Carret. de la Guixa
Sant Isidre
SENTFORES
Bayés
Bisbe
Remei
Candi
Raimon
C 17
Dr
0
200m
4
BARCELONA

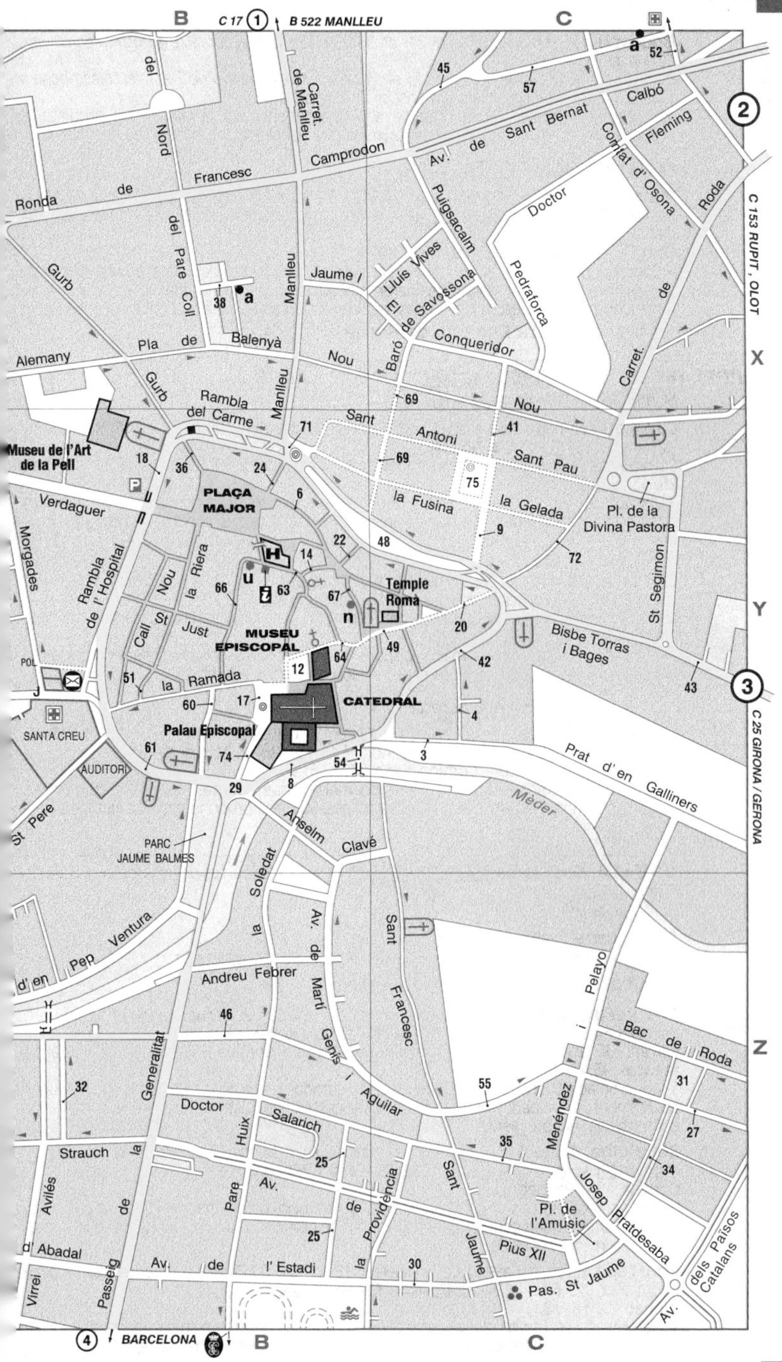

C 17
1
B 522 MANLLEU
B
C
2
3
4
X
Y
Z
C 153 RUPIT, OLOT
C 25 GIRONA / GERONA
BARCELONA
Ronda de Francesc Camprodon
Av. de Sant Bernat
Carret. de Manlleu
Calbó
Fleming
Comtat d' Osona
Roda
Doctor
Pedraforca
Puigsacalm
Lluís Vives
El de Savossona
Jaume I
Manlleu
Baró
Conquerido
Carret. de
Gurb
Pla de Balenyà
Alemany
Nou
Rambla del Carme
Sant Antoni
Sant Pau
la Fusina
la Gelada
Pl. de la Divina Pastora
St Segimon
Bisbe Torras i Bages
Museu de l'Art de la Pell
PLAÇA MAJOR
Verdaguer
Morgades
Rambla de l' Hospital
Nou
la Riera
Call
St Just
la Ramada
MUSEU EPISCOPAL
Temple Romà
CATEDRAL
Palau Episcopal
SANTA CREU
AUDITORI
PARC JAUME BALMES
St Pere
Prat d' en Galliners
Mèder
Anselm Clavé
la Soledat
Av. de Martí Genís i Aguilar
Sant Francesc
Pelayo
Menéndez
Bac de Roda
Pep Ventura
d' en
Andreu Febrer
Generalitat
Doctor Salarich
Huix
Strauch
la
Pare
Av. de la Providència
Sant Jaume
Pius XII
Pl. de l'Amusic
Josep Pratdesaba
Avilés
d' Abadal
Virrei
Passeig de
Av. de l' Estadi
Pas. St Jaume
dels Països Catalans
Av.
POL
a
52
45
57
38
69
41
71
75
18
36
24
6
22
48
9
72
14
66
63
67
20
49
64
12
42
51
60
17
4
43
61
74
54
3
29
8
46
32
55
31
27
35
34
25
30

Boccatti, Mossèn Josep Gudiol 21 ☎ 93 889 56 44, *boccatti1978@hotmail.com* – AE VISA. AY f
cerrado del 15 al 30 de abril, del 15 al 31 de agosto, domingo noche, miércoles noche y jueves – **Comida** - pescados y mariscos - carta 28 a 52.
• Restaurante de sencillo montaje llevado directamente por el matrimonio propietario. Propone una completa carta de sabor marinero elaborada con productos escogidos.

en la carretera de Roda de Ter *por ② : 15 km :*

Parador de Vic, ✉ 8500, ☎ 93 812 23 23, *vic@parador.es, Fax 93 812 23 68,* ≤ pantano de Sau y montañas, – 25/100. AE VISA JCB.
Comida 25 – 10 – **39 hab** 88/110.
• Con aires de masía catalana, su sólida arquitectura en piedra domina el paisaje. Las espaciosas y confortables instalaciones harán que su estancia sea inolvidable. Señorial restaurante con mobiliario escogido y unas vistosas lámparas en hierro forjado.

Ver también : **Santa Eugenia de Berga** *por ③ : 4 km.*

VIDRERES *17411 Girona* 574 G 38 122 G 6 – *3 780 h alt. 93.*
Madrid 687 – Barcelona 74 – Girona/Gerona 31.

Can Pou con hab, Pau Casals 15 ☎ 972 85 00 14, *canpou@ctv.es, Fax 972 85 05 76,* – rest, VISA
Comida *(cerrado domingo noche en invierno y lunes)* carta 19 a 28 – 4,50 – **14 hab** 25/43.
• Ubicado en el centro de la localidad. Negocio de sencillo montaje donde sirven una variada carta con especialidades típicas catalanas. Posee habitaciones como complemento.

al Suroeste *: 2 km :*

Can Castells, entrada por carret. N II, ✉ 17430 apartado 77 Santa Coloma de Farners, ☎ 972 85 03 69, *cancastells@yahho.es* – VISA
cerrado 15 días en noviembre y martes – **Comida** - sólo almuerzo salvo viernes y sábado - carta 15 a 23.
• Instalado en una antigua masía, dispone de cuatro salas con buen servicio de mesa decoradas en estilo rústico. Está especializado en carnes a la brasa.

en la carretera de Llagostera *Noreste : 5 km :*

El Molí de la Selva, Santa Ceclina 14, ✉ 17455 Caldes de Malavella, ☎ 972 47 15 00, *restaurant@elmolidelaselva.com, Fax 972 47 15 13* – AE VISA
cerrado domingo noche – **Comida** carta 23 a 36.
• Restaurante emplazado en un antiguo molino, que cuenta con varios comedores de correcto montaje distribuidos en dos niveles. Su mesa propone una cocina típica de la zona.

VIELHA o VIELLA *25530 Lleida* 574 D 32 – *3 220 h alt. 971 – Deportes de invierno en Baqueira-Beret.*
Ver : *Iglesia (Cristo de Mijaran★).*
Alred. : *Norte : Valle de Arán★★.*
Sarriulera 10 ☎ 973 64 01 10 o.torisme@aran.org Fax 973 64 03 72.
Madrid 595 – Lleida/Lérida 163 – St-Gaudens 70.

Eth Refugi d'Aran, av. Garona 27 ☎ 973 64 30 02, *refugiaran@interbook.net, Fax 973 64 30 56,* – AE VISA.
cerrado 30 abril-mayo y 30 septiembre-noviembre – **Comida** 15 – 3 – **48 apartamentos** 93,40/116,70.
• Moderno aparthotel emplazado junto al río, dotado de una acogedora zona social, y unos apartamentos equipados con gran confort en estilo neorrústico. Cafetería y restaurante con entrada independiente.

Sol Vielha, Aneto 1 ☎ 973 63 80 00, *vielha@solmelia.com, Fax 973 63 80 09,* – – 25/200. AE VISA JCB.
Comida 15 – **95 hab** 60/121.
• Céntrico edificio con amplias zonas nobles y de ocio. Ofrece habitaciones de completo equipamiento y buen confort general, algunas de ellas tipo dúplex o abuhardilladas. Comedor de correcto montaje.

Fonfreda sin rest, passeig de la Llibertat 18 ☎ 973 64 04 86, *fonfredahotel@mixmail.com, Fax 973 64 24 42* – AE VISA.
26 hab 58/78.
• Bien llevado en familia, acogedor y con un correcto confort en su categoría. Agradable fachada y habitaciones de distintos tipos, en el último piso abuhardilladas.

Eth Solan sin rest, av. Baile Calbetó Barra 14 ☎ 973 64 02 04, *ethsolan@retemail.es, Fax 973 64 03 17,* ≤ – |‡| TV P. AE VISA. ✻
diciembre-abril y julio-15 octubre – **39 hab** ☐ 72,34/111,30.
◆ Negocio que destaca por su moderno confort. Dotado de correctas zonas nobles y con habitaciones de completo equipamiento, algunas de ellas con bañera de hidromasaje.

Apart. Serrano, San Nicolás 2 ☎ 973 64 01 50, *hssl@sispromat.com, Fax 973 64 01 52* – |‡| TV. AE VISA. ✻
cerrado 20 septiembre-15 diciembre – **Comida** carta 19 a 24 – ☐ 6 – **9 apartamentos** 98/120.
◆ Apartamentos acogedores y espaciosos, algunos tipo buhardilla y de estilo clásico, con cocina bien equipada, y en los modernos cuartos de baño bañera de hidromasaje.

Ribaeta, pl. Coto Março ☎ 973 64 20 36, *hgribaeta@grupohg.com, Fax 973 64 30 47* – |‡| TV. VISA. ✻
Comida *(cerrado mayo-junio y octubre-noviembre)* 12 – **24 hab** ☐ 59/84.
◆ Céntrico establecimiento llevado en familia, con íntima zona noble y habitaciones dotadas de mobiliario funcional, algunas abuhardilladas, con aseos correctos. Adecuado comedor y cafetería con entrada independiente.

Baricauba y Riu Nere, Mayor 4 ☎ 973 64 01 50, *hssl@sispromat.com, Fax 973 64 01 52* – |‡| TV. AE VISA. ✻
cerrado 20 septiembre-15 diciembre – **Comida** - en el ***Apart. Serrano*** – ☐ 6 – **48 hab** 62/100.
◆ Acogedor salón social con chimenea, y unas habitaciones de estilo clásico repartidas en dos edificios, siendo las del Riu Nere de un confort superior a las del Baricauba.

La Bonaigua sin rest, Castèth 9 bis ☎ 973 64 01 44, *hotellabonaigua@hotellabonaigua.com, Fax 973 64 12 18* – |‡| TV. VISA. ✻
☐ 3,90 – **23 hab** 35/50.
◆ Hotel llevado en familia, que resulta un recurso válido en su categoría, con cafetería a modo de comedor para desayunos, salón social y habitaciones funcionales.

Antonio, carret. del Túnel ☎ 973 64 08 87, *rest_antonio@hotmail.com, Fax 973 64 18 23* – AE VISA
cerrado 2ª quincena de junio, 2ª quincena de noviembre y lunes – **Comida** carta 22 a 35.
◆ Restaurante familiar dispuesto en dos salas, una rústica de sencillo montaje, y otra de confort superior en estilo clásico, con un pequeño reservado y aseos detallistas.

Era Lucana, av. Alcalde Calbetó 8-12, edificio Portals d'Arán ☎ 973 64 17 98, *Fax 973 64 04 83* – ▤. AE VISA. ✻
cerrado del 1 al 15 de julio y lunes salvo festivos – **Comida** carta 24 a 29.
◆ Ha mejorado con el cambio de local. Dispone de un bar de espera, una sala principal de buen montaje y dos privados de estilo clásico-actual, con los techos en madera.

Nicolás, Castèth 7 ☎ 973 64 18 20 – VISA. ✻
cerrado mayo, junio y noviembre – **Comida** carta 26 a 39.
◆ Amable organización con el chef-propietario al frente. Dispuesto en dos salas de correcto montaje y decoración típica, con barra de apoyo y un pequeño reservado.

Deth Gormán, Met Día 8 ☎ 973 64 04 45 – ▤. VISA. ✻
cerrado 2ª quincena junio y martes – **Comida** carta 19 a 26.
◆ Pequeño restaurante dirigido por su propietario, con sala rústica de sencilla instalación y barra de apoyo, donde degustar una cocina basada en el recetario de la tierra.

All i Oli, Major 9 ☎ 973 64 17 57 – VISA. ✻
Comida carta 24 a 33.
◆ Negocio familiar ubicado en una calle próxima al río. Sala de modesto montaje y capacidad un tanto reducida, con barra de apoyo y parrilla a la vista. Carta mediana.

en Betrén *por la carretera de Salardú - Este : 1 km :*

Tuca ⛷, ✉ 25539 Betrén, ☎ 973 64 07 00, *hotel.tuca@husa.es, Fax 973 64 07 54,* ≤, climatizada – |‡| TV P – 25/130. AE VISA. ✻
cerrado 12 octubre-noviembre – **Comida** 20 – **114 hab** ☐ 85/145 – 1 suite.
◆ Correctas instalaciones de línea clásica dotadas de un cuidado confort, con amplia zona noble, sala de reuniones panelable y unas acogedoras habitaciones con baños actuales. Restaurante de buena capacidad, aunque sus elaboraciones resultan algo escuetas.

en Escunhau *por la carretera de Salardú - Este : 3 km :*

Es Pletieus, carret. C 28, ✉ 25539 Escunhau, ☎ 973 64 07 90, *espletieus@aranweb.com, Fax 973 64 10 04,* ≤ – |‡| TV P. AE VISA JCB. ✻
cerrado mayo y noviembre – **Comida** - ver rest. ***Es Pletieus*** – **18 hab** ☐ 50/70.
◆ Esmerada organización con los propietarios al frente. Suficiente zona social, y unas habitaciones de cuidado confort con mobiliario funcional y baños actuales.

ESPAÑA

XX **Es Pletieus** - *Hotel Es Pletieus,* carret. C 28, ✉ 25539 Escunhau, ☎ 973 64 04 85, *espletieus@aranweb.com, Fax 973 64 10 04,* ← - P. AE ① MC VISA JCB. ✻
cerrado 1ª quincena de mayo, 1ª quincena noviembre y martes (salvo en invierno y verano) – **Comida** carta 25 a 31.
◆ La chimenea central y los techos en madera definen su cálida decoración. Sala de correcto montaje con barra de apoyo, y una cocina que aúna distintas tendencias culinarias.

en la carretera N 230 *Sur : 2,5 km :*

Parador de Vielha ⛰, ✉ 25530, ☎ 973 64 01 00, *viella@parador.es, Fax 973 64 11 00,* ← valle y montañas, 🏊 - |♦| TV 🚗 P - 🏛 25/50. AE ① MC VISA JCB. ✻
Comida 25 – ☕ 11 – **118 hab** 104/130.
◆ Confort actualizado en un entorno de inusitada belleza paisajística. Cuidadas habitaciones y un atractivo salón circular dotado de una chimenea en el centro de la estancia. Coqueto comedor con espectaculares vistas.

en Garòs *por la carretera de Salardú - Este : 5 km :*

Garós Ostau ⛰ sin rest, Cal 3, ✉ 25539 Garós, ☎ 973 64 23 78, *Fax 973 64 32 15* - TV. ① VISA. ✻
cerrado del 1 al 15 de julio y del 1 al 7 de septiembre – ☕ 7 – **8 hab** 78.
◆ Instalado en una antigua cuadra de ganado, con abundancia de piedra y madera en su decoración. Salón social con chimenea y habitaciones de buen nivel, algunas abuhardilladas.

X **Plaça Garòs** con hab, d'Era Hont 2, ✉ 25539 Garòs, ☎ 973 64 17 74, *plazagaros@eresmas.com, Fax 973 64 17 74* - TV. ① MC VISA. ✻
cerrado junio, octubre y noviembre – **Comida** carta 17 a 20 – **4 hab** ☕ 48/65.
◆ El restaurante centra la actividad de este negocio familiar, que posee también unas confortables habitaciones. Sala de adecuado montaje con la propietaria al frente.

en Pont d'Arrós *Noroeste : 6 km :*

Peña, carret. N 230, ✉ 25537 Pont d'Arrós, ☎ 973 64 08 86, *info@hotelpenha.com, Fax 973 64 23 29,* ←, ⚡ - ▤ rest, TV P. AE MC VISA. ✻
cerrado noviembre – **Comida** *(cerrado martes)* 16 – ☕ 9 – **24 hab** 50/70.
◆ A pie de carretera, en un paraje de agreste belleza. Ofrece a su clientela unas acogedoras habitaciones, con mobiliario rústico en pino y baños actuales. Íntima zona noble. Comedor de sencilla instalación y aceptable servicio de mesa.

X **Cal Manel,** carret. N 230, ✉ 25537 Pont d'Arrós, ☎ 973 64 11 68, 🏕 - ▤ P. VISA. ✻
cerrado del 15 al 26 de diciembre, del 11 al 30 de mayo y lunes salvo festivos o puentes – **Comida** carta aprox. 29.
◆ Correcta organización con el propietario al frente, y una carta de múltiples sabores. Sala de modesto montaje con barra de apoyo, en verano complementada por una terraza.

VIELLA *33429 Asturias* 572 B 12.
Madrid 459 – Avilés 29 – Gijón 25 – Oviedo 10.

La Cabaña, carret. AS-17 ☎ 98 526 53 36, *lacabana@fade.es, Fax 98 526 41 57* – |♦| ▤ TV 🚗 P - 🏛 25/300. AE ① MC VISA. ✻
Comida 9 – ☕ 5 – **56 hab** 48/65.
◆ Pone a su disposición unas habitaciones completamente equipadas, con mobiliario actual y suelo en madera las más modernas, siendo las de la 2ª planta abuhardilladas.

VIGO *36200 Pontevedra* 571 F 3 – *288 324 h alt. 31.*
Ver : *Emplazamiento★ – El Castro ←★★* AZ.
Alred. : *Ría de Vigo★★ – Mirador de la Madroa★★ ←★★ por carret. del aeropuerto : 6 km* BZ.
⛳9 *Vigo, por ② : 11 km ☎ 986 48 66 45 Fax 986 48 66 43.*
✈ *de Vigo por N 550 : 9 km* BZ *☎ 986 26 82 00 – Iberia : Marqués de Valladares 13 ✉ 36201 ☎ 902 400 500* AY *– Iberia : aeropuerto ☎ 902 40 05 00.*
🚆 *☎ 986 22 35 97.*
⛴ *Cía. Trasmediterránea, Luis Taboada 6 ✉ 36201 ☎ 902 45 46 45 Fax 986 43 14 30.*
ℹ *Cánovas del Castillo 22 ✉ 36202 ☎ 986 43 05 77 Fax 986 43 00 80* – **R.A.C.E.** *Elduayen 24 ✉ 36202 ☎ 986 22 70 61 Fax 986 43 01 62.*
Madrid 588 ② – A Coruña 156 ① – Ourense 101 ② – Pontevedra 27 ① – Porto 157 ②

NH Palacio de Vigo, av. de García Barbón 17, ✉ 36201, ☎ 986 43 36 43, *nhpalaciodevigo@nh-hotels.com, Fax 986 22 74 32,* ⚡ - |♦| ▤ TV ♿ 🚗 - 🏛 25/500. AE ① MC VISA. ✻ rest BY y
Comida *(cerrado domingo)* 25 – ☕ 13 – **107 hab** 116/130 – 1 suite.
◆ Instalado en un atractivo edificio antiguo rehabilitado. Destacada zona noble con mobiliario escogido, y habitaciones de notable amplitud equipadas con todo detalle.

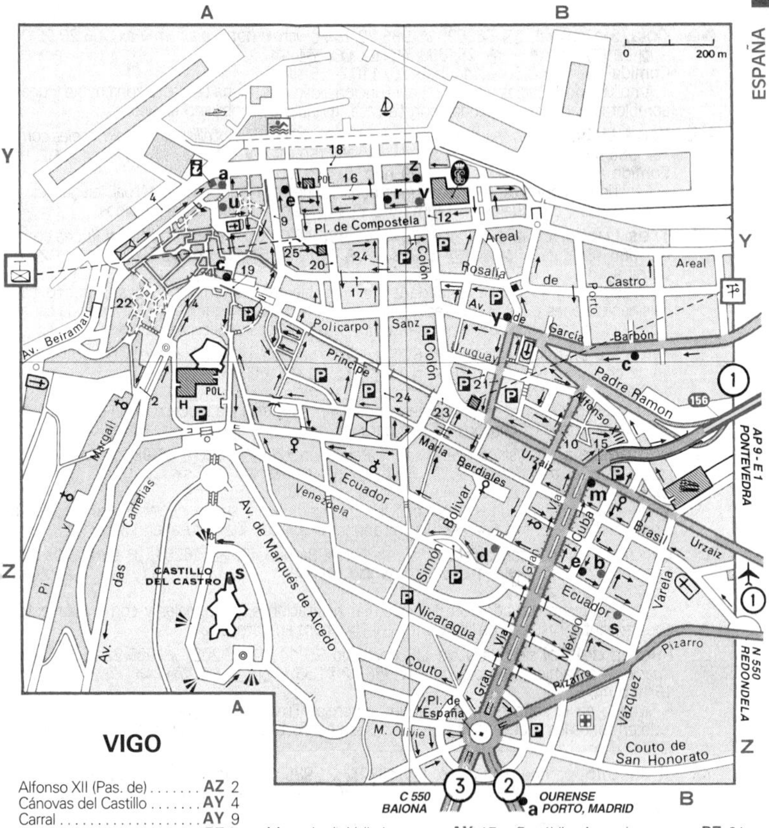

VIGO

Alfonso XII (Pas. de) . . . . AZ 2
Cánovas del Castillo . . . . AY 4
Carral . . . . AY 9
Cervantes . . . . BZ 10
Colón . . . . BY
Concepción Arenal . . . . BY 12
J. Elduayen . . . . AY 14
Lepanto . . . . BZ 15
Luis Taboada . . . . AY 16
Marqués de Valladares . . . . . AY 17
Montero Ríos . . . . AY 18
Policarpo Sanz . . . . ABY
Porta do Sol . . . . AY 19
Príncipe . . . . AYZ
Reconquista . . . . AY 20
República Argentina . . . . BZ 21
Ribeira . . . . AY 22
Urzaiz (Pl.) . . . . BZ 23
Urzaiz . . . . BZ
Velázquez Moreno . . . . AYZ 24
Victoria . . . . AY 25

Tryp Los Galeones, av. de Madrid 21, ✉ 36204, ☎ 986 48 04 05, *direccion@galeones.com, Fax 986 48 06 66* – 🛗 ▤ TV 🚗 – 🎤 25/270. AE ◑ MC VISA. ✈ BZ a
Comida 19 – ☕ 10,50 – **76 hab** 101/135 – 4 suites.
◆ Moderno y con un excelente equipamiento. Espacioso hall, salas de reuniones panelables, y unas habitaciones insonorizadas de elevado confort. Coqueto restaurante cuyos fogones proponen una variada oferta culinaria.

Ciudad de Vigo, Concepción Arenal 5, ✉ 36201, ☎ 986 22 78 20, *info@ciudaddevigo.com, Fax 986 43 98 71* – 🛗 ▤ TV 🚗 – 🎤 25/220. AE ◑ MC VISA. ✈ BY z
Comida 16 – ☕ 8,50 – **99 hab** 103,50/129,50 – 2 suites.
◆ Hotel de línea clásico-actual que presenta un cuidado mantenimiento. Equipadas salas de conferencias y habitaciones de estilo inglés, amplias y elegantes. La reducida capacidad del comedor se compensa con la cafetería.

Hesperia Vigo, av. de la Florida 60-A, ✉ 36210, ☎ 986 29 66 00, *hotel@hesperia-vigo.com, Fax 986 29 18 00* – 🛗 ▤ TV 📞 🚗 – 🎤 25/200. AE ◑ MC VISA. ✈ por ③
Comida 20 – ☕ 7,75 – **122 hab** 94/112 – 1 suite.
◆ Cerca del estadio de fútbol de Balaidos. Seria organización y calidad acreditada en un hotel de espíritu práctico. Congresos y banquetes encuentran su lugar de referencia. Restaurante funcional, con los suelos en madera y una carta algo reducida.

Coia, Sanxenxo 1, ✉ 36209, ☎ 986 20 18 20, *info@hotelcoia.com, Fax 986 20 95 06* - 🅿 - 25/600. AE VISA. por ③
Comida 15 - 8,50 - **111 hab** 70/110 - 15 suites.
◆ Amplitud de espacios y confortable funcionalidad. Posee una correcta zona noble y unas completas habitaciones, todas con terraza, moqueta y mobiliario clásico.

Zenit Lisboa, Gran Vía 1, ✉ 36204, ☎ 986 41 72 55, *hotellisboa@zenithoteles.com, Fax 986 48 26 48* - - 25/150. AE VISA. BZ m
Comida *(cerrado domingo)* 12 - **99 hab** 80/100 - 1 suite.
◆ Céntrico y confortable. Posee unas habitaciones de estilo clásico-actual, elegantes e insonorizadas, con suelos en tarima y baños actuales aunque algo reducidos.

Tres Luces, Cuba 19, ✉ 36204, ☎ 986 48 02 50, *reservas@hotel3luces.com, Fax 986 48 33 27* - - 25/150. AE VISA. BZ e
Comida 14 - 6,50 - **70 hab** 63/90 - 2 suites.
◆ Avalado por la profesionalidad y el notable mantenimiento de sus confortables habitaciones y zonas sociales. Salas de conferencias bien equipadas. La reducida capacidad del restaurante se ve compensada por un esmerado servicio de mesa.

América sin rest, Pablo Morillo 6, ✉ 36201, ☎ 986 43 89 22, *reservas@hotelamerica-vigo.com, Fax 986 43 70 56* - . AE VISA. AY r
44 hab 53,10/80.
◆ Atractiva fachada en piedra que esconde un interior de línea moderna, con habitaciones amplias de correcto confort. La sala para los desayunos brinda bellas vistas de la ría.

Compostela sin rest con cafetería, García Olloqui 5, ✉ 36201, ☎ 986 22 82 27, *hcompostela@terra.es, Fax 986 22 59 04* - . AE VISA. AY e
6,95 - **30 hab** 52/69.
◆ Posee unas habitaciones con mobiliario de buen nivel y suelos en moqueta que, en el último piso, presentan una estructura abuhardillada con luz natural en los baños.

Canaima sin rest con cafetería, av. de García Barbón 42, ✉ 36201, ☎ 986 43 09 34, *Fax 986 22 13 85* - . AE VISA. BYZ c
3,30 - **54 hab** 37/52.
◆ Establecimiento llevado con dignidad. Las habitaciones, funcionales y con un correcto equipamiento, resultan de suficiente confort para su categoría.

Puerta del Sol sin rest y sin , Porta do Sol 14, ✉ 36202, ☎ 986 22 23 64, *informacion@alojamientosvigo.com, Fax 986 22 71 53* - . VISA. AY c
16 hab 44/56.
◆ Situado en la zona de mayor auge comercial. Tras una completa reforma ha mejorado en todos los aspectos, logrando un buen confort general con un estilo rústico actualizado.

El Castillo, parque del Castro, ✉ 36203, ☎ 986 42 11 11, *info@restauranteelcastillo.com, Fax 986 42 12 99*, ← ría de Vigo y ciudad - 🅿. AE VISA. AZ s
cerrado Semana Santa, domingo noche y lunes - **Comida** carta 31 a 37.
◆ Antiguo castillo ubicado en un parque con hermosas vistas. Comedor de correcto montaje donde podrá degustar platos de corte tradicional y dos amplias salas para banquetes.

Las Bridas, Ecuador 54-56, ✉ 36203, ☎ 986 43 00 37, *bridasvigo@terra.es, Fax 986 43 13 91* - . AE VISA. BZ d
cerrado domingo - **Comida** carta 37 a 43.
◆ Negocio llevado con profesionalidad. Pequeña barra de apoyo a la entrada y dos comedores de estilo clásico, donde sirven una cocina cosmopolita con influencias regionales.

La Oca, Purificación Saavedra 8 (frente mercado de Teis), ✉ 36207, ☎ 986 37 12 55, *rlaoca@teleline.es* - AE VISA. por av. de García Barbón BY
cerrado Semana Santa, 20 días en agosto, sábado, domingo, lunes noche y martes noche - **Comida** carta 23 a 30.
◆ Negocio de atención familiar, dotado de una reducida sala con suelo en madera y mobiliario de buen nivel. Interesante menú degustación y una excelente carta de vinos.

Maruja Limón, Baixada á Salgueira 52, ✉ 36204, ☎ 986 47 34 06 - 🅿. AE VISA. por ②
cerrado del 14 al 28 de febrero, 28 agosto-12 septiembre, domingo noche en invierno, domingo en verano y lunes - **Comida** carta 25 a 34.
◆ Dispone de dos comedores, uno con las paredes en granito rústico y el otro más actual, con el suelo en parquet y claraboyas en el techo. Cocina sencilla aunque bien elaborada.

El Mosquito, pl. da Pedra 4, ✉ 36202, ☎ 986 22 44 41, *Fax 986 43 35 70* - . AE VISA. AY u
cerrado 8 agosto-5 septiembre y domingo - **Comida** - pescados y mariscos - carta 30 a 50.
◆ Concurrido restaurante de línea clásico-regional, ubicado en pleno casco histórico. Sus fogones elaboran una cocina que rinde homenaje a la cultura gastronómica marinera.

La Espuela, Teófilo Llorente 2, ✉ 36202, ☎ 986 43 73 07 – ▤. AE MC VISA. ✂ AY a
cerrado febrero – **Comida** - pescados y mariscos - carta 24 a 36.
• Establecimiento con un bar a la entrada donde montan varias mesas y dos comedores de sencilla disposición. Carta completa especializada en productos del mar.

Laxeiro, Ecuador 80, ✉ 36204, ☎ 986 42 52 04 – ▤. AE MC VISA. ✂ BZ s
cerrado domingo noche y lunes – **Comida** carta 23 a 30.
• Cuidado y funcional, con instalaciones en distintos niveles. Ofrece una carta ecléctica que incluye diversas tendencias gastronómicas : tradicional, regional e internacional.

Prada a Tope, pl. de Compostela 19, ✉ 36201, ☎ 986 44 72 36, *Fax 986 44 32 29* – ▤. AE DC MC VISA. ✂ BY v
Tapa 3,60 **Ración** - productos de El Bierzo - aprox. 6,60.
• Un apartado para tienda, barra surtida con productos de El Bierzo y una sala con servicio de restaurante a precios razonables. Estilo rústico en un ambiente animado.

Tapas Areal, México 36, ✉ 36204, ☎ 986 41 86 43 – ▤. AE VISA. ✂ BZ b
cerrado 2ª quincena de agosto, domingo y festivos – **Tapa** 5 **Ración** aprox. 10.
• Su decoración neorrústica recrea un entorno agradable, con las paredes en piedra y ladrillo visto. Amplia barra para el tapeo y una salita donde ofrecen una pequeña carta.

en Bembrive *por ② : 6 km :*

Soriano, Chans 23, ✉ 36613 Bembrive, ☎ 986 48 13 73, *asadorsoriano@cadilinea.com, Fax 986 41 00 72,* ← ciudad y alrededores – ▤ P. AE MC VISA. ✂
Comida carta 21 a 30.
• Buen restaurante aunque resulta algo difícil de localizar. Posee tres salas y un privado, todos con decoración neorrústica. Completa carta, excelente bodega y hermosas vistas.

en la playa de La Barca *por av. Beiramar : 7,5 km* AY :

Timón Playa, Canido 8, ✉ 36330 Corujo, ☎ 986 49 08 15, *Fax 986 49 11 26,* ← – P. AE MC VISA. ✂
cerrado Navidades, Semana Santa y domingo – **Comida** - pescados y mariscos - carta 35 a 50.
• Restaurante al borde del mar, con barra de apoyo en la entrada y dos comedores de correcto montaje con vistas a las islas Cíes. Especializado en pescados y mariscos.

Ver también : **Canido** *por av. Beiramar* AY *: 10 km.*

La VILA JOIOSA o VILLAJOYOSA *03570 Alacant* 577 Q 29 123 G 3 – *23 160 h – Playa.*

i *av. País València 10 ☎ 96 685 13 71 touristinfo.vilajoiosa@turisme.m400.gva.es Fax 96 685 29 47.*

Madrid 450 – Alacant/Alicante 32 – Gandía 79.

por la carretera de Alacant *Suroeste : 3 km :*

El Montíboli ⛵, ✉ 03570, ☎ 96 589 02 50, *montiboli@servigroup.es, Fax 96 589 38 57,* ← mar, 🏖, Fa, 🏊, 🏊, 🎾, ✂ – |♦| ▤ TV P – 🧑 25/65. AE DC MC VISA. ✂
Emperador : **Comida** carta 44 a 52 - ***Minarete*** *(sólo almuerzo, cerrado octubre-marzo y lunes)* **Comida** carta 28 a 39 – **48 hab** ☕ 183/225 – 11 suites.
• Sobre un promontorio, en un entorno dominado por el Mediterráneo, se alza este hotel de estilo rústico elegante y con habitaciones ibicencas. Profusión de zonas ajardinadas. El distinguido restaurante Emperador ofrece una deliciosa cocina de autor.

VILA-REAL o VILLARREAL *12540 Castelló* 577 M 29 – *37 660 h alt. 35.*

Madrid 416 – Castelló de la Plana/Castellón de la Plana 8 – València 61.

Vila-Real Palace, Arcadi García Sanz 1 ☎ 964 50 66 00, *vila-realpalace@marinador.com, Fax 964 50 66 01,* Fa, 🏊 – |♦| ▤ TV ♿ 🚗 – 🧑 25/150. AE DC MC VISA. ✂
Comida 14 – ☕ 8,50 – **74 hab** 99/124 – 3 suites.
• Reseñable hotel situado a la entrada de la ciudad. Para su deleite, todas las habitaciones cuentan con bañera de hidromasaje. ¡Disfrute en la magnífica piscina cubierta ! Restaurante de estilo clásico en la 1ª planta.

Azul sin rest y sin ☕, Arcadi García Sanz 2 ☎ 96 450 66 00, *vila-realpalace@marinador.com, Fax 96 450 66 01* – |♦| ▤ TV 🚗. AE DC MC VISA. ✂
34 hab 50/56.
• Establecimiento funcional, con cierta dependencia del hotel Vila-Real Palace. Habitaciones dotadas del confort suficiente, con baños actuales pero de equipamiento básico.

XX **Ihintza,** av. Pius XII-31 ✆ 964 52 75 41, *info@restauranteihintza.com, Fax 964 52 75 41* – ▤. AE MC VISA JCB. ✂
cerrado Semana Santa, del 5 al 30 de agosto, domingo, lunes noche y martes noche – **Comida** - sólo almuerzo en julio salvo fines de semana - carta 30 a 39.
• Vigas de madera con detalles marineros y campesinos, que trasladan en el espacio la imagen del asador vasco. Prepara sus platos con los mejores productos de temporada.

XX **Espliego,** Escultor Fuster ✆ 964 53 03 05, *espliego@iespana.es, Fax 964 52 09 78* – ▤. ⓓ MC VISA. ✂
cerrado Semana Santa, del 1 al 15 de septiembre, domingo y lunes noche en junio-agosto, domingo noche y lunes resto del año – **Comida** carta aprox. 30.
• Restaurante de aire rústico, atendido por un amable personal. La carta ofrece sabrosos platos a precios moderados. Destaca la bodega acristalada, a la vista del cliente.

VILA-SACRA *17485 Girona* 574 F 39 122 I 3 – *412 h alt. 16.*
Madrid 738 – Figueres 5 – Girona/Gerona 42.

XX **La Cúpula,** Doctor Pagès 1 ✆ 972 51 20 99, *restaurantlacupula@hotmail.com, Fax 972 51 20 99* – ▤ P. AE ⓓ MC VISA. ✂
cerrado del 15 al 28 de febrero, miércoles mediodía en julio-agosto y miércoles resto del año – **Comida** carta 38 a 44.
• Acogedor restaurante en una masía del s. XVIII decorada en estilo neorrústico. Está llevado por un joven matrimonio, con el dueño en los fogones y su esposa en la sala.

VILABOA *36141 Pontevedra* 571 E 4 – *5785 h alt. 50.*
Madrid 618 – Pontevedra 9 – Vigo 27.

en San Adrián de Cobres *Suroeste : 7,5 km :*

Rectoral de Cobres sin rest, ✉ 36142 San Adrián de Cobres, ✆ 986 67 38 10, *info@rectoral.com, Fax 986 67 38 03,* ←, ⛱, ⛤ – TV P – 🏠 25/70. MC VISA. ✂
cerrado 15 enero-15 febrero – ☕ 6 – **8 hab** 95/115.
• Instalado en una antigua casa de sacerdotes que data de 1729. Goza de unas cuidadas dependencias en las que se combinan la decoración rústica y los detalles de diseño.

VILADECANS *08840 Barcelona* 574 I 36 122 C 9 – *48092 h alt. 18.*
Madrid 603 – Barcelona 22 – Tarragona 78 – Manresa 63.

XX **Cal Mingo,** carret. C 245 - Noreste : 0,5 km ✆ 93 637 38 47, *restcalmingo@jazzfree.com, Fax 93 637 12 38* – ▤. AE ⓓ MC VISA. ✂
cerrado Semana Santa, agosto, domingo noche, lunes noche y martes – **Comida** - espec. en bacalao - carta 25 a 35.
• Antigua masía restaurada en estilo moderno. Dispone de varias salas de notable amplitud y correcto servicio de mesa, donde sirven una completa carta.

VILADRAU *17406 Girona* 574 G 37 122 E 5 – *883 h alt. 821.*
ℹ *Migdia 1* ✆ *93 884 80 35 ccen.viladrau@ddgi.es Fax 93 884 90 11.*
Madrid 647 – Barcelona 76 – Girona/Gerona 61.

Xalet La Coromina, carret. de Vic ✆ 93 884 92 64, *xaletcoromina@xaletcoromina.com, Fax 93 884 81 60,* ⛤ – TV P. AE ⓓ MC VISA. ✂ rest
Comida *(cerrado 7 enero-28 febrero)* carta 26 a 36 – ☕ 10 – **8 hab** 80/98.
• Hotelito instalado en una casa señorial de principios del s. XX, que pone a su disposición unas confortables habitaciones con mobiliario de buen nivel y baños actuales. Reducido restaurante donde ofrecen una cocina arraigada en el recetario catalán.

De la Gloria , Torreventosa 12 ✆ 93 884 90 34, *informacio@hostaldelagloria.com, Fax 93 884 94 65,* ⛱ – TV 🚗 – 🏠 25/200. AE ⓓ MC VISA. ✂
Comida 19 – **23 hab** ☕ 60/84.
• Céntrico establecimiento de organización familiar, dotado de una zona noble bien acondicionada, y unas espaciosas habitaciones correctamente equipadas en su categoría.

VILAFLOR *Santa Cruz de Tenerife – ver (Canarias) Tenerife.*

VILAFRAMIL *Lugo – ver Ribadeo.*

VILAFRANCA DEL PENEDÈS 08720 Barcelona 574 H 35 – 28 018 h alt. 218.

Ver : *Localidad★ – Museo de Vilafranca★ – Museo del Vino★ – Convento de Sant Francesc★.*

Cort 14 ☎ 93 818 12 54 turisme@ajvilafranca.es Fax 93 892 04 46.

Madrid 572 – Barcelona 54 – Tarragona 54.

Domo, Francesc Macià 4 ☎ 93 817 24 26, *info@domohotel.com*, Fax 93 817 08 53 – 25/200. AE VISA.
Comida *(cerrado agosto y viernes)* 15,89 – 7,50 – **44 hab** 89/119.
◆ En una avenida de entrada a la ciudad. Hotel de línea actual dotado de unas habitaciones confortables y bien equipadas, con baños modernos. Zona social adecuada. Comedor distribuido en dos salas panelables, por lo que pueden unirse según sus necesidades.

Cal Ton, Casal 8 ☎ 93 890 37 41, *restaurant@cal-ton.com* – AE VISA
cerrado Semana Santa, del 2 al 23 de agosto, domingo noche, lunes, martes noche y festivos noche – **Comida** carta 24 a 40.
◆ Céntrico restaurante de atención familiar. Pequeña barra a la entrada, varios comedores de correcto servicio de mesa, y una agradable terraza a modo de jardín de invierno.

Casa Joan, pl. de l'Estació 8 ☎ 93 890 31 71 – AE VISA. – *cerrado Navidades, Semana Santa, del 15 al 31 de agosto y domingo* – **Comida** - sólo almuerzo - carta 30 a 40.
◆ Ubicado junto a la estación de tren. Sencillo aunque de cuidado mantenimiento, su mesa ofrece platos de tendencia catalana. Bar de espera decorado con una cocina antigua.

por la carretera N 340 *Suroeste : 2,5 km :*

Alfa Penedès, ✉ 08720, ☎ 93 817 20 26, *reservas@alfapenedes.com*, Fax 93 817 22 45, – 25/200. AE VISA. rest
Comida - sólo buffet - 10 – 6 – **58 hab** 72 – 1 suite.
◆ Emplazado en un polígono industrial, la fachada sigue la línea de la cadena. Sus modernas habitaciones, insonorizadas y de completo equipamiento, resultan confortables. Luminoso comedor de montaje clásico y un singular salón para banquetes.

VILAGARCÍA DE AROUSA 36600 Pontevedra 571 E 3 – 31 760 h – Playa.

Alred. : *Mirador de Lobeira★ Sur : 4 km.*

Juan Carlos I-37 ☎ 986 51 01 44 Fax 986 51 01 44.

Madrid 632 – Ourense 133 – Pontevedra 25 – Santiago de Compostela 42.

Castelao sin rest con cafetería, Arzobispo Lago 5 ☎ 986 51 24 26, *info@hcastelao.com*, Fax 986 51 27 79 – AE VISA.
5,50 – **35 hab** 56/80 – 21 apartamentos.
◆ Hotel moderno y de cuidado confort, dotado de una correcta zona social, completas habitaciones y apartamentos. Su servicio de cafetería ofrece platos combinados y menús.

O Fogón da Ría, Fontecarmoa - Sur : 1 km ☎ 986 50 79 62, *ofogon@3wdiseno.com*, Fax 986 50 58 50, – AE VISA.
cerrado 2ª quincena de noviembre, lunes noche y martes – **Comida** carta 25 a 38.
◆ Hermoso pazo construido en piedra a las afueras de la ciudad. Dispone de dos comedores con decoración rústica donde ofrecen una carta variada y una nutrida selección de vinos.

VILAGRASSA 25330 Lleida 574 H 33 – 392 h alt. 355.

Madrid 510 – Barcelona 119 – Lleida/Lérida 41 – Tarragona 78.

Del Carme, antigua carret. N II ☎ 973 31 10 00, *info@hostaldelcarme.com*, Fax 973 31 07 77, – rest, – 25/300. VISA. rest
Comida *(cerrado domingo noche)* 21 – 4 – **40 hab** 36/49.
◆ Establecimiento de correcta organización familiar con amplios exteriores, y unas habitaciones de cálida decoración castellana con baños actuales. Parco en zonas comunes. Restaurante clásico, con espaciosos salones para banquetes y algún privado.

VILALBA 27800 Lugo 571 C 6 – 15 643 h alt. 492.

Madrid 540 – A Coruña 87 – Lugo 36.

Parador de Vilalba, Valeriano Valdesuso ☎ 982 51 00 11, *vilalba@parador.es*, Fax 982 51 00 90, – 25/50. AE VISA.
Comida 25 – 11 – **48 hab** 96/120.
◆ El encanto de antaño y las comodidades del presente se funden en este noble hotel, instalado parcialmente en una torre medieval. Habitaciones de cuidada decoración. Entrañable comedor definido por la calidez de sus recios muros.

Villamartín, av. Tierra Llana ☎ 982 51 12 15, *correo@hotelvillamartin.com*, Fax 982 51 11 35, – 25/200. AE VISA.
Comida 11 – 4,50 – **60 hab** 43,85/54,10.
◆ Amplias instalaciones de línea clásica, a pie de carretera. Correcta zona noble, habitaciones espaciosas, salón de banquetes, y servicios complementarios. Comedor con cocina de tendencia cosmopolita.

VILALONGA *36990 Pontevedra* 571 E 3.
Madrid 629 – Pontevedra 23 – Santiago de Compostela 66.

Pazo El Revel sin rest, camino de la Iglesia 15 ☎ 986 74 30 00, *Fax 986 74 33 90*, – P. AE MC VISA.
marzo-octubre – **22 hab** 75,34/100,46.
◆ Elegante pazo del s. XVII que mantiene la tradición arquitectónica regional. Cuenta con unos cuidados exteriores ajardinados y unas cálidas habitaciones.

en la carretera de Sanxenxo *Sureste : 3 km :*

Nuevo Astur, Gondar 38, ✉ 36990, ☎ 986 74 30 06, *Fax 986 74 43 92*, – P. MC VISA.
Comida - sólo clientes - 28,50 – 7,03 – **143 hab** 76,65/91,05.
◆ Establecimiento dotado de unas modernas instalaciones recreativas, con piscina y pista de tenis, además de unas habitaciones de correcto confort, en su mayoría con terraza.

VILAMARTÍN DE VALDEORRAS *32340 Ourense* 571 E 8 – *2 446 h alt. 314.*
Madrid 448 – Lugo 129 – Ourense 104 – Ponferrada 54.

Paladium , Valdegodos - Noreste : 1,5 km ☎ 988 33 68 01, *Fax 988 33 68 88*, ←, – P – 25/1000. MC VISA. rest
Comida *(cerrado 15 días en febrero, 15 días en octubre, domingo noche y lunes)* 10,80 – 4 – **27 hab** 45/60.
◆ Bello hotel con aire de montaña, en un sereno paraje dominando los alrededores. Descubra su encanto, y descanse en unas habitaciones equipadas con todo detalle. Comedor de esmerado montaje y un amplio salón para banquetes en un edificio independiente.

VILANOVA DEL VALLÈS *Barcelona – ver Granollers.*

VILANOVA I LA GELTRÚ *08800 Barcelona* 574 I 35 – *45 883 h – Playa.*
Ver : *Localidad★ - Museo romántico-Casa Papiol★ – Biblioteca-Museo Balaguer★, Museo del Ferrocarril★.*
passeig del Carme (parc de Ribes Roges) ☎ 93 815 45 17 turisme@vng.es Fax 93 815 26 93 y pl. de la Vila 10 ☎ 93 893 55 55 promociociutat@vilanova.org Fax 93 814 12 00.
Madrid 589 – Barcelona 50 – Lleida/Lérida 132 – Tarragona 46.

en la zona de la playa :

César, Isaac Peral 4, ✉ 08800, ☎ 93 815 11 25, *vilanova@hotelcesar.net, Fax 93 815 67 19*, – – 25/80. AE MC VISA
Comida - ver rest. ***La Fitorra*** – 7 – **34 hab** 113/168,78 – 2 suites.
◆ Hotel de larga tradición familiar. Su decoración alegre y cálida recrea un ambiente mediterráneo, con una espaciosa zona noble y unas habitaciones correctamente equipadas.

Ceferino, passeig Ribes Roges 2, ✉ 08800, ☎ 93 815 17 19, *hceferino@telefonica.net, Fax 93 815 89 31*, – – 25/40. AE MC VISA.
Comida *(cerrado 2ª quincena de noviembre y lunes)* 20 – 7 – **30 hab** 60/80.
◆ Dispone de una amplia zona social en la que destaca el piano-bar. Aunque su mobiliario evidencia el paso del tiempo, las habitaciones resultan de confort suficiente. El restaurante se complementa con otra sala para el menú y una moderna vinoteca en el sótano.

Aparthotel Ceferino sin rest y sin , passeig Ribes Roges 9, ✉ 08800, ☎ 93 815 21 59, *sunsito@telefonica.net, Fax 93 815 89 31* – . AE MC VISA.
15 apartamentos 95.
◆ Situado frente a la playa, comparte propiedad con el hotel Ceferino. Pese a una organización algo simple, los apartamentos cuentan con un equipamiento correcto y actual.

Ribes Roges sin rest, Joan d'Àustria 7, ✉ 08800, ☎ 93 815 03 61, *inforr@vilanovahotels.com, Fax 93 815 26 55* – . AE MC VISA JCB
12 hab 67.
◆ Pequeño edificio con una terraza en la parte posterior. Correcta zona social y habitaciones de adecuada amplitud, gozando de un mobiliario práctico y moderno.

La Fitorra - *Hotel César*, Isaac Peral 4, ✉ 08800, ☎ 93 815 11 25, *vilanova@hotelcesar.net, Fax 93 815 67 19*, – . AE MC VISA.
cerrado 1ª quincena enero, 2ª quincena noviembre, lunes y martes mediodía en julio y agosto, domingo noche y lunes resto del año – **Comida** carta 20 a 40.
◆ Acogedor restaurante con distintas salas de reducidas dimensiones, dotadas de un impecable servicio de mesa. Sus fogones elaboran platos de sabor mediterráneo.

Peixerot, passeig Marítim 56, ✉ 08800, ☎ 93 815 06 25, *peixerot_direc@terra.es, Fax 93 815 04 50*, – . AE MC VISA.
cerrado domingo salvo verano – **Comida** - pescados y mariscos - carta 38 a 50.
◆ Casa de reconocido prestigio, con un pequeño vivero a la entrada. Sus instalaciones han sido renovadas, con el comedor principal en la planta baja y dos salas en el 1er piso.

ESPAÑA

en Racó de Santa Llúcia *Oeste : 2 km :*

La Cucanya, ✉ 08800 Vilanova i La Geltrú, ☎ 93 815 19 34, *info@restaurantlacucanya.com, Fax 93 815 43 54,* ←, – ▤ P. AE ⓓ ⓜ VISA.
cerrado del 1 al 15 de noviembre y martes salvo vísperas, festivos y verano – **Comida** carta aprox. 32.
◆ Edificio acristalado rodeado de terrazas con jardín, al borde del mar. Ambiente cálido y acogedor donde disfrutará de una sabia combinación de platos italianos y marineros.

VILAR *Pontevedra – ver Crecente.*

VILASOBROSO *36879 Pontevedra* 571 F 4.
Madrid 560 – Ourense 66 – Pontevedra 40 – Vigo 34.

O'Rianxo, carret. N 120 ☎ 986 65 44 34 – ▤. ⓜ VISA.
cerrado martes noche – **Comida** carta aprox. 28.
◆ Restaurante familiar bien conocido en la zona, instalado en una casa de piedra decorada en estilo clásico-regional. Cocina gallega elaborada con productos de calidad.

VILELA *Lugo – ver Ribadeo.*

VILLA DEL PRADO *28630 Madrid* 576 L 17 575 L 17 121 E 8 – *4106 h alt. 510.*
Madrid 61 – Ávila 80 – Toledo 78.

El Extremeño , av. del Generalísimo 78 ☎ 91 862 24 28, *Fax 91 862 24 04,* –
▤ TV P. ⓜ VISA.
Comida 9 – **16 hab** ☕ 25/40.
◆ Modesto hostal ubicado a la salida de la localidad. Posee un buen salón social y unas habitaciones decorosas en su categoría.

VILLABALTER *24191 León* 575 E 13.
Madrid 348 – León 6 – Ponferrada 109 – Palencia 134 – Oviedo 113.

La Tahona de Ambrosia, carret. C 623 - Noreste : 1,5 km ☎ 987 23 08 18, *latahona@latahonadeambrosia.com,* – P. AE ⓜ VISA.
cerrado lunes noche – **Comida** carta 18 a 24.
◆ Dotado de una acogedora sala rústica, con vigas de madera en el techo y paredes que combinan piedra y ladrillo. Especializado en asados en horno de leña y platos vegetarianos.

VILLABONA *20150 Gipuzkoa* 573 C 23 – *5295 h alt. 61.*
Madrid 451 – Pamplona 71 – Donostia-San Sebastián 20 – Vitoria-Gasteiz 96.

en Amasa *Este : 1 km :*

Arantzabi, ✉ 20150 Villabona, ☎ 943 69 12 55, *Fax 943 69 24 72,* ←, – P. AE ⓓ ⓜ VISA.
cerrado 15 diciembre-15 enero, domingo noche y lunes – **Comida** - sólo almuerzo de octubre a junio salvo viernes y sábado - carta aprox. 27.
◆ Restaurante de carácter familiar al calor de un entrañable caserío. De esmerado montaje y agradable rusticidad, posee dos comedores y un salón de banquetes muy bien cuidados.

VILLACARRIEDO *39640 Cantabria* 572 C 18 – *1750 h alt. 211.*
Madrid 379 – Santander 33 – Bilbao 116 – Burgos 140.

Palacio de Soñanes , barrio Quintanal 1 ☎ 942 59 06 00, *informacion@palaciodevillacarriedo.com, Fax 942 59 06 14,* – ▤ TV ♿ P – 25/300. AE ⓓ ⓜ VISA.
Iniro *(cerrado domingo noche y lunes en invierno)* **Comida** carta 28 a 36 – ☕ 10 – **28 hab** 63/150 – 2 suites.
◆ Impresionante palacio barroco edificado en torno a una torre medieval. Sus confortables habitaciones combinan con sumo gusto el mobiliario antiguo y el moderno. Elegante restaurante de inspiración clásica con techos altos y lámparas de araña.

VILLACARRILLO *23300 Jaén* 578 R 20 – *10925 h alt. 785.*
Madrid 349 – Albacete 172 – Úbeda 32.

Sierra Las Villas, carret. N 322 ☎ 953 44 09 57, *fgano@geocities.com, Fax 953 44 01 25* – ▤ TV P – 25/60. AE ⓜ VISA.
Comida 9 – ☕ 4,50 – **37 hab** 29/45.
◆ Situado a la entrada del parque natural. Dotado de habitaciones bien equipadas y confortables, decoradas con alegres complementos. Resulta un buen recurso de carretera.

VILLACORTA *40512 Segovia 575 I 19 – alt. 1092.*

Madrid 125 – Segovia 87 – Aranda de Duero 78.

Molino de la Ferrería (es necesario reservar), Camino del Molino - Sur : 1 km ✆ 921 12 55 72, *info1@molinodelaferreria.com, Fax 921 12 55 73* – TV P. MC VISA.
Comida - sólo cena salvo fines de semana - carta aprox. 29 – **10 hab** ☐ 84/90.
◆ Antiguo molino ubicado en plena naturaleza y al borde de un río. Su agradable exterior y las cuidadas habitaciones en estilo rústico lo convierten en una opción acertada.

VILLADIEGO *09120 Burgos 575 E 18 – 2125 h alt. 842.*

Madrid 282 – Burgos 39 – Palencia 84 – Santander 150.

El Safari sin rest (es necesario reservar), av. de Burgos 8 ✆ 947 36 00 00, – P.
☐ 4 – **9 hab** 28/48.
◆ Posee un acogedor salón social con chimenea y unas cómodas habitaciones con mobiliario antiguo y plato ducha en los baños. Extenso jardín con piscina y frontón.

VILLAFRANCA DEL BIERZO *24500 León 575 E 9 – 4136 h alt. 511.*

av. Bernardo Díaz Ovelar 10 ✆ 987 54 00 28 turismo@ayto_villafranca.com.
Madrid 403 – León 130 – Lugo 101 – Ponferrada 21.

Parador de Villafranca del Bierzo, av. de Calvo Sotelo 28 ✆ 987 54 01 75, *villafranca@parador.es, Fax 987 54 00 10* – , rest, TV P – 25/40. AE MC VISA JCB.
Comida 25 – ☐ 10 – **39 hab** 80/100.
◆ Edificio de dos cuerpos, con una recia torre que evoca la arquitectura señorial gallega. Dispone de unas confortables habitaciones con suelo en madera y baños actuales. Luminoso restaurante con paneles en ladrillo visto que distribuyen el espacio.

Casa Méndez, pl. de la Concepción ✆ 987 54 24 08, *Fax 987 54 00 55* – rest, TV. MC VISA.
Comida 10 – ☐ 4 – **12 hab** 31/38.
◆ Pequeño hostal familiar de sencillas dependencias, dotado de unas habitaciones que han sido reformadas recientemente mejorando su confort. Espacioso salón-comedor con carta de palabra, menú del día y unos precios moderados.

VILLAGONZALO-PEDERNALES *09195 Burgos 575 F 18 – 456 h alt. 900.*

Madrid 231 – Aranda de Duero 76 – Burgos 8 – Palencia 81.

Rey Arturo, autovía A62 - salida 6 ó 7 ✆ 947 29 42 51, *hotel@hotelreyarturo.com, Fax 947 29 42 54,* – , hab, rest, TV P – 25/50. AE MC VISA. rest
Comida 11 – ☐ 6 – **52 hab** 48/75.
◆ Hotel de carretera dotado de un completo equipamiento. Posee cierto carácter funcional, sin que ello desmerezca el confort actual de sus habitaciones. Comedor a la carta acristalado, apoyado en la cafetería con un self-service.

VILLAJOYOSA *Alacant – ver La Vila Joiosa.*

VILLALBA DE LA SIERRA *16140 Cuenca 576 L 23 – 535 h alt. 950.*

Alred. : *Este : Ventano del Diablo (< garganta del Júcar★).*
Madrid 183 – Cuenca 21.

El Tablazo, camino de la Noria ✆ 969 28 14 88, *eltablazo@hoteltablazo.com, Fax 969 28 14 88,* , Pesca deportiva – TV P. MC VISA.
Comida *(cerrado martes de enero a marzo salvo festivos)* 11,50 – ☐ 4 – **25 hab** 36/53.
◆ Acogedor hotel situado en plena naturaleza junto al río Júcar, que resulta perfecto para los amantes de la pesca, con instalaciones completas y cuidadas. Luminoso restaurante de sencillo montaje.

Mesón Nelia, carret. de Cuenca ✆ 969 28 10 21, *meson@mesonnelia.com, Fax 969 28 10 78,* – P. MC VISA
cerrado del 10 al 30 de enero, última semana de junio y miércoles salvo julio-agosto – **Comida** carta aprox. 30.
◆ Auténtico oasis gastronómico en plena sierra. Buen bar en la entrada y comedor de estilo clásico-regional, donde ofrecen una cuidada carta tradicional innovadora.

VILLALCÁZAR DE SIRGA *34449 Palencia 575 F 16 – 209 h alt. 800.*

Madrid 285 – Burgos 81 – Palencia 46.

Infanta Doña Leonor sin rest, Condes de Toreno 1 ☎ 979 88 80 15, *infantadonaleonor@turwl.com, Fax 979 88 81 64* – P. AE ⓓ MC VISA.
☕ 3,50 – **9 hab** 23/38.
◆ Moderno hostal de propiedad municipal, con pequeña recepción y cafetería. Confortables habitaciones en estilo regional-actual, siendo tres de ellas abuhardilladas.

Mesón de Villasirga, pl. Mayor ☎ 979 88 80 22, *Fax 979 88 00 58* – ▤. MC VISA.
cerrado enero – **Comida** - sólo almuerzo de lunes a jueves salvo verano - carta aprox. 28.
◆ Cálido local con una decoración típica que ensalza los valores de antaño. Es muy conocido por las bondades de su lechazo y de sus famosos tropezones de morcilla casera.

VILLAMARTÍN *11650 Cádiz 578 V 13.*

Madrid 555 – Algeciras 131 – Cádiz 87 – Ronda 61 – Sevilla 84.

La Antigua Estación sin rest (es necesario reservar), Norte : 1,5 km ☎ 617 56 03 51, *thuster@antiguaestacion.com,* ≤ *localidad y alrededores, Aeródromo,* – ▤ TV P. MC VISA
11 hab ☕ 60/80.
◆ Ocupa una antigua estación de ferrocarril que conserva su estructura original. Diáfano salón social con chimenea, habitaciones de línea actual y amplia finca circundante.

por la carretera A 373 *Sureste : 6,5 km y desvío a la derecha 1,3 km :*

Hacienda El Rosalejo, ✉ 11650, ☎ 956 23 10 00, *restauranterosalejo@ono.com, Fax 956 23 10 00,* , Bodega, , , – ▤ P. MC VISA
cerrado 15 enero-15 febrero y lunes – **Comida** carta aprox. 35.
◆ Imponente palacete ducal del s. XVIII rodeado de jardines. Posee un comedor de techos altos y elegante decoración, dos salones para banquetes y una atractiva terraza.

VILLAMAYOR *33583 Asturias 572 B 14.*

Madrid 508 – Avilés 74 – Gijón 70 – Oviedo 52 – Ribadesella 29.

por la carretera de Cereceda *Noreste : 5 km :*

Palacio de Cutre , La Goleta, ✉ 33583, ☎ 98 570 80 72, *hotel@palaciodecutre.com, Fax 98 570 80 19,* ≤ valles y montañas, , – TV P – 30. AE ⓓ MC VISA JCB.
Comida 45 – ☕ 9,50 – **17 hab** 80/130.
◆ Antigua casa señorial en un pintoresco paraje con espléndidas vistas a los valles y montañas. Sus confortables dependencias recrean un marco de entrañable rusticidad. Comedor de correcto montaje.

VILLAMAYOR *Salamanca – ver Salamanca.*

VILLAMAYOR DE MONJARDÍN *31242 Navarra 573 E 23 – 124 h alt. 673.*

Madrid 373 – Pamplona 49 – Logroño 44 – Bilbao 132.

Castillo de Monjardín, ☎ 948 53 75 89, *catala59@terra.es, Fax 948 55 43 29* ≤ valle de San Esteban – ▤ P. MC VISA. – *cerrado miércoles* – **Comida** carta 32 a 40.
◆ Instalado en un anexo a las bodegas que le dan nombre. Pequeño bar de apoyo y dos luminosas salas con los techos en madera y las paredes en piedra. Excelentes vistas al valle.

VILLANÚA *22870 Huesca 574 D 28 – 268 h alt. 953.*

Madrid 496 – Huesca 106 – Jaca 15.

El Reno, carret. de Francia 23 ☎ 974 37 80 66, *hotelreno@teleline.es, Fax 974 37 81 30,* ≤ – TV P. AE ⓓ MC VISA.
cerrado mayo y noviembre – **Comida** *(cerrado domingo noche y lunes)* 18 – **15 hab** ☕ 42/63.
◆ Acceso por un bar público, donde se encuentra la recepción. Las habitaciones resultan bastante discretas, con baños anticuados y un reducido salón social en el 1er piso. Restaurante de aire rústico, con una gran chimenea y el techo en madera sin devastar.

VILLANUBLA *47620 Valladolid 575 G 15 – 1721 h alt. 843.*

✈ *de Valladolid ☎ 983 41 55 00.*

Madrid 201 – León 127 – Palencia 56 – Valladolid 13 – Zamora 104.

Villa Paramesa, Cuatro Calles 2 ☎ 983 56 03 87, *Fax 983 56 10 15,* – ▤. AE ⓓ MC VISA. – *cerrado domingo noche y lunes* – **Comida** carta 24 a 35.
◆ Restaurante rústico-castellano que recrea cierta atmósfera medieval. Posee un patio interior y varias salas, con paredes y arcos en piedra, donde sirven una cocina de autor.

XX **La Fuente de los Ángeles,** carret. de León - Norte : 0,5 km ☎ 983 56 00 01, *Fax 983 56 00 50* – P. VISA.
cerrado del 11 al 28 de enero, del 8 al 17 de agosto, domingo noche y lunes – **Comida** carta aprox. 30.
◆ Situado en un verde paraje, ocupa las dependencias del antiguo convento de los Santos, en el que destaca una bonita capilla. Cuidada decoración rústica e interesante cocina.

VILLANUEVA DE ARGAÑO *09132 Burgos* 575 E 18 – *124 h alt. 838.*

Madrid 264 – Burgos 21 – Palencia 78 – Valladolid 115.

XX **Las Postas de Argaño** con hab, av. Rodríguez de Valcarce ☎ 947 45 01 56, *laspostas1877@telefonica.net, Fax 947 45 01 66,* – rest, P. VISA.
cerrado febrero – **Comida** *(cerrado domingo noche)* carta 15 a 26 – 3,80 – **11 hab** 30/37.
◆ Antigua casa de postas rehabilitada que centra su actividad en dos sencillos comedores castellanos, dotados con un cuidado servicio de mesa. Posee modestas habitaciones.

VILLANUEVA DE GÁLLEGO *50830 Zaragoza* 574 G 27 – *2 460 h alt. 243.*

Madrid 333 – Huesca 57 – Lleida/Lérida 156 – Pamplona 179 – Zaragoza 14.

XXX **Sella-La Val d'Onsella,** Pilar Lorengar 1 ☎ 976 18 03 88, *sella@sellacomplejohostelero.com, Fax 976 18 61 13* – P. VISA.
cerrado Semana Santa, del 8 al 21 de agosto, domingo noche, lunes y martes noche – **Comida** carta 35 a 44.
◆ Complejo hostelero de grandes dimensiones en el que se han empleado materiales de calidad, con modernos comedores y varios privados. Excelentes prestaciones para banquetes.

VILLANUEVA DE LA CAÑADA *28691 Madrid* 576 K 17 575 K 17 121 F 7 – *4 300 h.*

Madrid 37 – Ávila 93 – Toledo 87.

XX **La Partida,** Velázquez 2 ☎ 91 815 68 90, *victor@lapartida.com, Fax 91 815 26 41,* – . AE VISA JCB
cerrado agosto y lunes – **Comida** carta 25 a 39.
◆ Cocina de corte moderno, llevada con paso firme por un joven chef formado en Suiza. Entrada por un patio interior, dando acceso a un confortable comedor de cuidado montaje.

VILLARALBO *49159 Zamora* 575 H 12 – *1 488 h alt. 640.*

Madrid 246 – Benavente 72 – Salamanca 69 – Valladolid 93 – Zamora 8.

Casa Aurelia , carret. del Río ☎ 980 53 96 26, *aurelia@helcom.es, Fax 980 53 96 26,* – P – 25/175. VISA.
Comida 7 – 2,50 – **44 hab** 30/66.
◆ Dispone de una nueva recepción. Sus habitaciones, espaciosas y de buen confort general, poseen suelos en tarima flotante y baños modernos. El restaurante, que dio origen al negocio, goza de gran aceptación en la zona y se apoya con una terraza ajardinada.

VILLARCAYO *09550 Burgos* 575 D 19 – *4 121 h alt. 615.*

Madrid 321 – Bilbao 81 – Burgos 78 – Santander 100.

Plati, Nuño Rasura 20 ☎ 947 13 10 15, *Fax 947 13 02 95,* – , rest, P. VISA
cerrado 21 diciembre-5 febrero – **Comida** *(cerrado miércoles)* carta 22 a 33 – 4 – **20 hab** 30/50.
◆ Rotundo edificio en piedra dotado de una cálida zona noble. Decoración rústica con profusión de madera, y habitaciones algo justas en mobiliario aunque con baños actuales. Cuenta con un elegante comedor neorrústico a la carta y otro para clientes alojados.

La Rubia, av. de Alemania 3 ☎ 947 13 02 60, *Fax 947 13 04 51* – , rest, – 25/300. VISA.
cerrado 24 diciembre-1 enero – **Comida** 11 – **20 hab** 45/65.
◆ Hotel de nueva construcción junto a la Plaza Mayor. Posee habitaciones acogedoras, todas exteriores, con sencillo mobiliario clásico-moderno y baños actuales. Cuidado restaurante a la carta y un diáfano comedor para banquetes con atractivas claraboyas.

Mini-Hostal sin rest y sin , Dr. Albiñana 70 ☎ 947 13 15 40 – P.
17 hab 30/40.
◆ Íntimo establecimiento cuya zona social se limita a un pequeño salón. Posee habitaciones sencillas aunque con todo lo imprescindible, de correcto confort e impecable limpieza.

en Horna *Sur : 1 km :*

Doña Jimena, ✉ 09554 Horna, ☎ 947 13 05 63, *hoteljimena@hotmail.com, Fax 947 13 05 70,* – P. VISA.
Comida - ver rest ***Mesón El Cid*** – **21 hab** 40/65 – 1 suite.
• Recepción frente a un patio interior bajo cúpula acristalada, que funciona como área social. Excelente mantenimiento y unas elegantes habitaciones con mobiliario clásico.

Mesón El Cid - *Hotel Doña Jimena,* ✉ 09554 Horna, ☎ 947 13 11 71, *hoteljimena@wanadoo.es, Fax 947 13 05 70* – P. VISA.
cerrado noviembre y lunes – **Comida** carta 25 a 35.
• Repartido en tres salas, con mobiliario clásico y vigas de madera en el techo. Posee un hall-bar privado y un amplio salón con chimenea, ofreciendo un buen servicio de mesa.

en la carretera de Medina de Pomar *Este : 5 km :*

Granja Ribacardo, ✉ 09513 Villanueva la Lastra, ☎ 947 13 14 06, *cardo@wanadoo.es, Fax 947 13 23 07,* – rest, P. VISA. rest
cerrado 23 diciembre-20 enero y 7 días en junio – **Comida** *(cerrado domingo noche y lunes)* 9,50 – **11 hab** 45/60.
• Recio palacete adosado a una torre del s. XV. Destacan su salón social con chimenea y el buen confort de sus habitaciones, con mobiliario antiguo y aseos actuales. Bello comedor con altos techos en madera, el suelo en pizarra y las paredes en piedra.

VILLARREAL *Castelló – ver Vila-real.*

VILLARROBLEDO *02600 Albacete 576 O 22 – 22 936 h alt. 724.*

pl. de Ramón y Cajal 9 ☎ 967 14 19 80 turismo@villarrobledo.com Fax 967 14 19 80.
Madrid 188 – Toledo 177 – Albacete 85 – Cuenca 126.

Juan Carlos I sin rest con cafetería, pl. Ramón y Cajal 22 ☎ 967 13 71 71, *Fax 967 13 71 73* – 25/30. VISA.
3,90 – **40 hab** 33/51.
• Ubicado en el centro de la localidad, con una agradable terraza a la entrada y otra para sus clientes en el último piso. Habitaciones de estilo clásico bien insonorizadas.

VILLASEVIL *39698 Cantabria 572 C 18.*

Madrid 361 – Santander 33 – Bilbao 118 – Burgos 122.

La Real Labranza Villasevil, Piedrahíta 95 ☎ 942 59 65 10, *msernaf@wanadoo.es, Fax 942 59 65 00,* – P. AE VISA.
cerrado del 10 al 31 de enero – **Comida** 24,60 – **14 hab** 64/105,20.
• Casa de estilo indiano con un hermoso porche, escalera y artesonado rústico tradicional. Tanto la zona noble como las habitaciones sorprenden por su refinada decoración. Comedor neorrústico de excelente montaje, con la original presencia de un piano.

VILLATOBAS *45310 Toledo 576 M 20 121 K 10 – 2 451 h alt. 723.*

Madrid 80 – Albacete 169 – Cuenca 129 – Toledo 71.

Seller con hab, carret. N 301 - Noroeste : 1,7 km ☎ 925 15 20 67, *motelseller@terra.es, Fax 925 15 20 10* – P. AE VISA JCB.
Comida *(cerrado domingo)* carta 16 a 22 – 3,50 – **17 hab** 27/42.
• Un negocio familiar a pie de carretera. Aunque el servicio de restaurante es su actividad principal, las habitaciones, muy confortables, son dignas de reseñar.

VILLAVERDE DE PONTONES *39793 Cantabria 572 B 18.*

Madrid 387 – Bilbao 86 – Burgos 153 – Santander 14.

Posada Villaverde sin rest, La Rañada 2 ☎ 942 50 80 58, *correo@posadavillaverde.com, Fax 942 50 80 58* – P. AE VISA JCB.
cerrado 20 diciembre-18 febrero – **5 hab** 85.
• Villa de principios del s. XX rodeada por una zona ajardinada. Habitaciones de línea moderna-minimalista cuidadas al detalle y baños de diseño con precioso suelo antiguo.

Cenador de Amós, pl. del Sol ☎ 942 50 82 43, *info@cenadordeamos.com, Fax 942 50 82 43* – P. AE VISA.
cerrado 20 diciembre-20 enero, domingo noche, lunes y miércoles noche – **Comida** 58 y carta 32 a 44.
Espec. Marmita de cachón al azafrán. Arroz con hongos, setas y morcilla de ibérico. Torrija especiada con helado de calabaza y sus pipas.
• Antiguo palacio del s. XVIII rehabilitado en estilo neorrústico, con criterio y buen gusto. Posee una espaciosa sala de ambiente cálido y reservados de acogedora intimidad.

VILLAVICIOSA *33300 Asturias* 572 B 13 – *15 093 h alt. 4.*
Alred. : *Iglesia y Monasterio de San Salvador de Valdediós★ Suroeste : 7 km.*
Madrid 493 – Gijón 30 – Oviedo 43.

Carlos I sin rest, pl. Carlos I-4 ☎ 98 589 01 21, *Fax 98 589 00 51* – TV. MC VISA. ✱
cerrado enero-20 marzo – ☕ 4 – **16 hab** 58.
• Casona señorial del s. XVIII cuyo interior mantiene el encanto de antaño. Acogedora zona noble y habitaciones de notable amplitud, en su mayoría con mobiliario de época.

Casa España sin rest, pl. Carlos I-3 ☎ 98 589 20 30, *correo@hcasaespana.com, Fax 98 589 26 82* – TV. AE ⓓ MC VISA. ✱
☕ 4,21 – **12 hab** 48/60.
• Ocupa un atractivo edificio de aire indiano, de principios del s. XX. Decorado con mucho gusto, conserva la escalera de madera original que da acceso a las habitaciones.

Alameda, Ciaño Canto 25 - carret. de Santander ☎ 98 589 10 22, *info@hotel-alameda.net, Fax 98 589 27 68* – |‡|, ▤ rest, TV 🚗 P. AE ⓓ MC VISA. ✱
Semana Santa y julio-septiembre – **Comida** 13 – ☕ 5 – **25 hab** 60/75.
• Establecimiento de línea actual que pone a su disposición una correcta zona noble y unas habitaciones funcionales, en la 2ª planta abuhardilladas.

El Manquín sin rest, pl. Santa Clara 2 ☎ 98 589 00 24, *hotel@hotelmanquin.com, Fax 98 589 05 06* – |‡| TV. MC VISA. ✱
☕ 3 – **24 hab** 42/60,10.
• Hotel de organización familiar, situado en el centro de la localidad. Posee una discreta zona social, y unas espaciosas habitaciones con mobiliario estándar y baños actuales.

Avenida Real sin rest, Carmen 10 ☎ 98 589 20 47, *info@hotelavenidareal.com, Fax 98 589 15 09* – TV 📞 🚗. AE ⓓ MC VISA. ✱
☕ 4,50 – **8 hab** 40/75.
• Pequeño hotel de moderna concepción interior, dotado de unas habitaciones correctamente equipadas, de estimado confort en su categoría. Agradable saloncito en la 1ª planta.

por la carretera de Colunga *Noreste : 9,5 km y desvío a la derecha 0,5 km :*

Castiello de Selorio 🌿 sin rest, Castiello de Selorio, ✉ 33312 Castiello de Selorio, ☎ 98 599 60 40 – TV P. AE ⓓ MC VISA. ✱ – *cerrado enero* – ☕ 10 – **9 hab** 95/120.
• Magnífico emplazamiento en pleno campo. Recio edificio de aire señorial dotado de unas instalaciones acogedoras y elegantes que combinan diseño y rusticidad.

VILLAVIEJA DEL LOZOYA *28739 Madrid* 576 I 18 575 I 18 121 H 3 – *157 h alt. 1066.*
Madrid 86 – Guadalajara 92 – Segovia 85.

Hospedería El Arco con hab, El Arco 6 ☎ 91 868 09 11, *asmodea@wanadoo.es, Fax 91 868 13 20,* ← – ▤ rest, TV. AE MC VISA
15 junio-15 septiembre y fines de semana resto del año salvo Navidades – **Comida** carta 31 a 35 – ☕ 5 – **8 hab** 41/52.
• Casa ubicada en la zona alta de la localidad, con coqueto comedor presidido por un hermoso arco mudéjar. Ofrece un buen servicio de mesa y unas discretas habitaciones.

VILLENA *03400 Alacant* 577 Q 27 128 C 3 – *31 141 h alt. 503.*
Ver : *Museo Arqueológico (tesoro de Villena★★) - Iglesia de Santiago (pilares helicoidales★).*
Madrid 361 – Albacete 110 – Alacant/Alicante 58 – València 122.

Salvadora, av. de la Constitución 102 ☎ 96 580 09 50, *hrsalvadora@arrakis.es, Fax 96 581 34 66* – |‡| ▤ TV. AE ⓓ MC VISA JCB. ✱ rest
Comida carta aprox. 34 – ☕ 5 – **45 hab** 36/61.
• Casi un siglo al servicio del cliente avala la trayectoria de esta antigua posada familiar, regentada hoy por los nietos de sus fundadores. Situada en el centro urbano. Su comedor ofrece especialidades de la nueva cocina alicantina y platos tradicionales.

Wary Nessy, Isabel la Católica 13-A ☎ 96 580 10 47, *restaurante@warynessy.com* – ▤. AE ⓓ MC VISA. ✱
cerrado Semana Santa, 2ª quincena de julio y lunes – **Comida** carta 21 a 28.
• Situado en el centro de la ciudad, este bar-restaurante resulta el lugar ideal para celebrar comidas de negocios. Ambiente confortable y familiar. Buen servicio de mesa.

VINARÒS *12500 Castelló* 577 K 31 – *19 902 h – Playa.*
ℹ *paseo Colón ☎ 964 45 33 34 touristinfo.vinaros@turisme.m400.gva.es Fax 964 45 56 25.*
Madrid 498 – Castelló de la Plana/Castellón de la Plana 76 – Tarragona 109 – Tortosa 48.

Teruel, av. de Madrid 34 ☎ 964 40 04 24, *Fax 964 40 04 24* – ▤ TV P. MC VISA. ✱
cerrado septiembre – **Comida** *(cerrado domingo noche)* 9,50 – ☕ 3 – **20 hab** 36/50.
• Pequeño hotel situado en una zona tranquila. El buen nivel de las habitaciones, espaciosas y con un completo equipamiento, le garantiza la comodidad y el descanso. Comedor con molduras en los techos y arcos carpaneles que distribuyen el espacio armónicamente.

XX **Faro de Vinaròs,** port de Vinaròs ✆ 964 45 63 62, *restaurantefaro@latinmail.com, Fax 964 45 13 86* – ▤. AE MC VISA
cerrado 1ª quincena de noviembre y lunes salvo verano – **Comida** carta 22 a 42.
◆ Ocupa la antigua casa del farero. Las jóvenes pero expertas manos del chef acuden a la alquimia para crear suculentos platos, que hacen las delicias de los comensales.

XX **El Langostino de Oro,** San Francisco 31 ✆ 964 45 12 04, *Fax 964 45 17 93* – ▤. AE ⓓ MC VISA JCB.
cerrado lunes – **Comida** carta 36 a 48.
◆ Trabaja mucho los pescados y mariscos, aunque también destacan, en temporada, las recetas de caza. Los sabrosos langostinos a la piedra hacen honor a su nombre.

X **La Cuina,** paseo Blasco Ibáñez 12 ✆ 964 45 47 36 – AE ⓓ MC VISA.
cerrado domingo noche salvo verano – **Comida** carta 31 a 46.
◆ Pequeño restaurante familiar con un esmerado servicio de mesa. La carta combina los sabores mediterráneos con la cocina francesa. Además le propone variados menús.

X **Voramar,** av. Colón 34 ✆ 964 45 00 37, *Rvoramar@eresmas.com,* – ▤. AE MC VISA.
cerrado noviembre – **Comida** carta 21 a 28.
◆ Posee una sencilla terraza para disfrutar del cálido clima de la zona, mientras saborea cualquiera de sus múltiples platos de tradición marinera o sus postres caseros.

en la carretera N 340 *Sur : 2 km :*

Roca, ✉ 12500, ✆ 964 40 13 12, *info@hotelroca.com, Fax 964 40 08 16,* – ▤ TV P. MC VISA. rest
Comida *(cerrado domingo noche (septiembre-junio))* 10 – ☕ 3,30 – **36 hab** 30/53 – PA 18.
◆ Se encuentra fuera del casco urbano. Rodeado por amplios jardines, dispone de habitaciones completas, todas con terraza. Recomendable para hacer un alto en el camino. Clásico restaurante de carretera, con montaje sencillo y numerosa clientela de paso.

VINUESA *42150 Soria* 575 *G 21 – 1 092 h alt. 1 110.*

Madrid 230 – Burgos 112 – Logroño 81 – Soria 36.

La Pinariega sin rest, Reina Sofía 4 ✆ 975 37 80 16, *Fax 975 37 85 10* – TV.
5 hab ☕ 46.
◆ Casona del s. XIX en piedra cuyas habitaciones, con viguería en el techo y mobiliario escogido, conservan el suelo en madera antigua. Pequeño jardín con gallinero y palomar.

VIÑUELA *29712 Málaga* 578 *V 17* 124 *J 4 – 1 149 h alt. 150.*

Madrid 500 – Almería 188 – Granada 114 – Málaga 48 – Motril 77.

por la carretera A 335 *Noroeste : 1,5 km y desvío a la izquierda 1,5 km :*

La Viñuela , ✉ 29712, ✆ 95 251 91 93, *hotel@hotelvinuela.com, Fax 95 251 92 82,* – ▤ TV P – 25/400. AE ⓓ MC VISA.
Comida carta 24 a 39 – ☕ 8 – **16 hab** 60/87.
◆ Conjunto acogedor junto al embalse de La Viñuela, con la sierra al fondo y un cuidado jardín que invita al relax. Ofrece habitaciones personalizadas de carácter neorrústico. Su comedor posee amplias cristaleras con vistas al pantano.

VITORIA-GASTEIZ *01000* P *Araba* 573 *D 21 – 218 902 h alt. 524.*

Ver : *Ciudad Vieja*★★ - *Visita a las obras de restauración de la Catedral de Santa María*★★ BY - *Museo del Naipe "Fournier"*★ BY **M4** - *Museo de Armería*★ AZ - *Artium*★ BY.

Alred. : *Gaceo (iglesia : frescos góticos*★★*) 21 km por* ②.

✈ *de Vitoria, por* ④ *: 8 km* ✆ *945 16 35 91 – Iberia : av. Gasteiz 84* ✉ *01012* ✆ *902 400 500* AY.

ℹ *pl. General Loma* ✉ *01005* ✆ *945 16 15 98 turismo@vitoria-gasteiz.org Fax 945 16 11 05* – **R.A.C.V.N.** *Micaela Portilla 2 (bajo)* ✉ *01008* ✆ *945 14 65 90 Fax 945 13 47 37.*

Madrid 350 ③ *– Bilbao 64* ④ *– Burgos 111* ③ *– Logroño 93* ③ *– Pamplona 93* ② *– Donostia-San Sebastián 115* ② *– Zaragoza 260* ③

Plano página siguiente

G.H. Lakua, Tarragona 8, ✉ 01010, ✆ 945 18 10 00, *informacion@granhotelakua.com, Fax 945 18 11 00,* – ▤ TV P – 25/600. AE ⓓ MC VISA. por ④ AY
Comida 24 – ☕ 11 – **113 hab** 142/184 – 2 suites, 32 apartamentos.
◆ Hotel dotado de unas habitaciones de línea moderna con excelente equipamiento y destacable insonorización. Amplio hall con ascensor panorámico y zona de piano-bar. Restaurante funcional que basa su oferta en los menús.

VITORIA-GASTEIZ

Angulema . . . . . BZ 2
Becerro de Bengoa . . . . . AZ 5
Cadena y Eleta . . . . . AZ 8
Dato . . . . . BZ
Diputación . . . . . AZ 12
Escuelas . . . . . BY 15
España (Pl. de) . . . . . BZ 18
Gasteiz (Av. de) . . . . . AYZ
Herrería . . . . . AY 24
Independencia . . . . . BZ 27
Machete (Pl. del) . . . . . BZ 30
Madre Vedruna . . . . . AZ 33
Nueva Fuera . . . . . BY 34
Ortiz de Zárate . . . . . BZ 36
Pascual de Andagoya (Pl. de) . . . . . AY 39
Portal del Rey . . . . . BZ 42
Postas . . . . . BZ
Prado . . . . . AZ 45
San Francisco . . . . . BZ 48
Santa María (Cantón de) . . . . . BY 51
Virgen Blanca (Pl. de la) . . . . . BZ 55

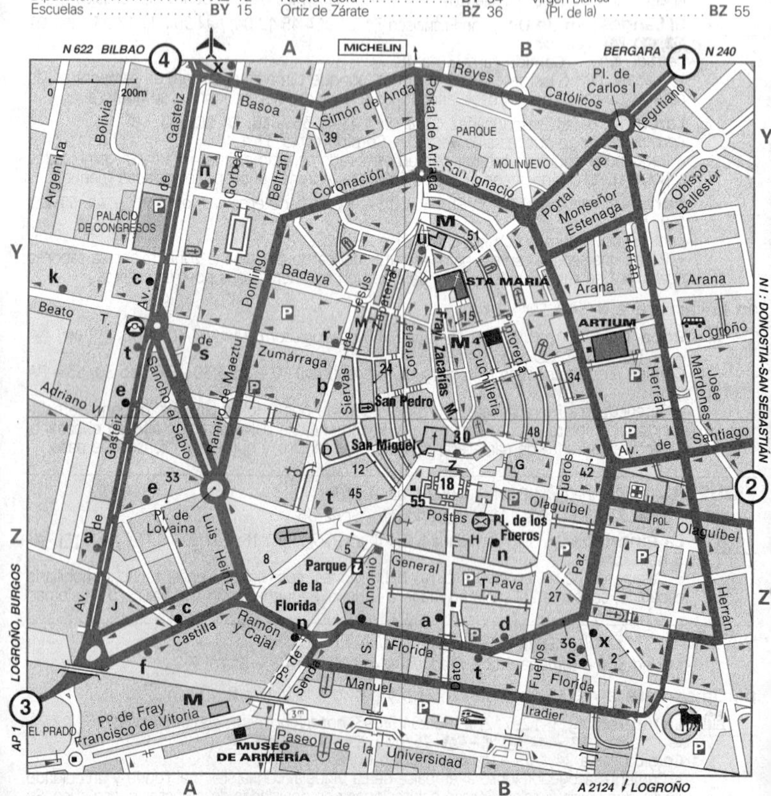

Ciudad de Vitoria, Portal de Castilla 8, ✉ 01008, ☎ 945 14 11 00, *vitoria@hoteles-silken.com, Fax 945 14 36 16,* – 25/400. AZ c
Comida *(cerrado domingo noche)* 18 – 12 – **148 hab** 124/152 – 1 suite.
◆ Hotel de serena fachada, con una vocación orientada a una clientela de negocios. Su marcada funcionalidad y excelente equipamiento dan paso a un confort moderno y actual. Impecable restaurante dotado de un escogido mobiliario de corte clásico.

NH Canciller Ayala, Ramón y Cajal 5, ✉ 01007, ☎ 945 13 00 00, *nhcanciller@nhhotels.com, Fax 945 13 35 05* – – 25/250. AZ n
***Quejana* : Comida** carta 25 a 32 – 11 – **184 hab** 98 – 1 suite.
◆ Con todo el estilo y confort de la cadena NH. Maderas claras, materiales de calidad superior, y una atractiva funcionalidad definen unas instalaciones cuidadas con esmero. Restaurante con entrada independiente.

Barceló H. Gasteiz, av. Gasteiz 45, ✉ 01008, ☎ 945 22 81 00, *gasteiz@bchoteles.com, Fax 945 22 62 58* – – 25/250. AY e
Comida *(cerrado domingo y festivos)* carta 33 a 37 – **146 hab** 75/87 – 4 suites.
◆ Construido en los años 80 con un elevado confort. Posee un amplia zona social, salas panelables de reuniones bien equipadas y unas cálidas habitaciones con baños actuales. Grandes ventanales definen un comedor muy luminoso.

General Álava, av. Gasteiz 79, ✉ 01009, ☎ 945 21 50 00, *Fax 945 24 83 95* – AY c
Comida 13,50 – ☕ 9,50 – **113 hab** 75/115 – 1 suite.
◆ Tras sus recientes reformas ha logrado una imagen más dinámica y actual. Hotel de correcto equipamiento y cuidadas habitaciones, la mayoría de ellas con los suelos en parquet. Cafetería con entrada independiente y el comedor integrado.

Duque de Wellington sin rest, Duque de Wellington 14, ✉ 01010, ☎ 945 17 57 07, *reservas@hotelddw.com, Fax 945 17 64 43* – por ④
☕ 7 – **41 hab** 55/84.
◆ De moderna construcción pero con una muy reducida zona social. Posee confortables habitaciones en las que cobran protagonismo su luminosidad y los materiales de actualidad.

Almoneda sin rest, Florida 7, ✉ 01005, ☎ 945 15 40 84, *informacion@hotelalmoneda.com, Fax 945 15 46 86* – AZ q
25 hab ☕ 63/105.
◆ Casa de cálida organización familiar que ha conservado su preciosa escalera antigua. Pequeño hall-recepción y acogedoras habitaciones con baños al gusto del día.

Páramo sin rest, General Álava 11 (pasaje), ✉ 01005, ☎ 945 14 02 40, *info@hotelparamo.com, Fax 945 14 04 92* – BZ n
cerrado del 23 al 31 de diciembre – **37 hab** ☕ 47/66.
◆ Un recurso válido y adecuado a su categoría. Modesto establecimiento familiar que va renovando sus discretas instalaciones poco a poco.

Dato sin rest y sin ☕, Dato 28, ✉ 01005, ☎ 945 14 72 30, *info@hoteldato.com, Fax 945 23 23 20* – BZ a
14 hab 27/39.
◆ Céntrico hotel de impecable mantenimiento y confort suficiente, con una decoración muy peculiar que en algunos rincones resulta algo recargada.

Achuri sin rest, Rioja 11, ✉ 01005, ☎ 945 25 58 00, *Fax 945 26 40 74* – BZ x
☕ 3,50 – **40 hab** 31,93/49,60.
◆ ¡Benefíciese de su céntrica localización ! Pulcro establecimiento que resulta adecuado en su sencillez, con habitaciones de suficiente confort pero los baños algo anticuados.

Iradier sin rest y sin ☕, Florida 49, ✉ 01005, ☎ 945 27 90 66, *Fax 945 27 97 11* – BZ s
19 hab 29,90/46,70.
◆ De fachada clásica y aspecto funcional, en pleno centro, con habitaciones sencillas que ofrecen un confort suficiente en su categoría y baños actuales.

Ikea, Portal de Castilla 27, ✉ 01007, ☎ 945 14 47 47, *ikea@restauranteikea.com, Fax 945 23 35 07* – AZ f
cerrado 10 agosto-1 septiembre, domingo noche y lunes – **Comida** carta 55 a 70.
◆ Instalado en una antigua villa, su atractivo exterior da paso a un interior de elegante decoración, dotado de varios comedores privados. Dirección familiar.

El Portalón, Correría 151, ✉ 01001, ☎ 945 14 27 55, *jon@restauranteelportalon.com, Fax 945 14 42 01* – BY u
cerrado del 24 al 31 de diciembre, Semana Santa, 10 agosto-5 septiembre y domingo – **Comida** carta 32 a 50.
◆ Entrañable restaurante en una vieja posada del s. XV. Posee diversos comedores de cálida rusticidad, que se ven realzados mediante detalles de épocas ya lejanas.

Zaldiarán, av. Gasteiz 21, ✉ 01008, ☎ 945 13 48 22, *rt.zaldiaran@terra.es, Fax 945 13 45 95* – AZ a
cerrado domingo y martes noche – **Comida** 55 y carta 45 a 60.
Espec. Láminas de trufa negra con yema de huevo a baja temperatura, tocino confitado y espuma de patata (otoño-invierno). Carpaccio de carabineros, marinado de aceites y helado de apio (verano). Cocochas de merluza en salsa emulsionada y guisantes pelados con espuma verde.
◆ De gran profesionalidad y estimado montaje, posee salones panelables para banquetes y un comedor bien dispuesto, decorado en tonos claros, de estilo clásico.

Dos Hermanas, Madre Vedruna 10, ✉ 01008, ☎ 945 13 29 34, *Fax 945 13 44 46* – AZ e
cerrado domingo noche – **Comida** carta 32 a 38.
◆ Ha sabido mantener las tradiciones de una casa arraigada en el tiempo. Su cuidado clasicismo y la antigüedad de sus suelos lo revisten de una halo de dignidad.

Andere, Gorbea 8, ✉ 01008, ☎ 945 21 49 30, *r.andere@euskalnet.net, Fax 945 21 50 43* – AY s
cerrado del 9 al 23 de agosto, domingo noche y lunes – **Comida** carta 35 a 53.
◆ Tras su cuidada fachada se refugia un restaurante con muchos años de vida. Dispone de un amplio hall, un comedor clásico de buen montaje y varios salones para banquetes.

XX **Teide,** av. Gasteiz 61, ✉ 01009, ✆ 945 22 10 23, *Fax 945 01 02 43* – ▤. AE ⓓ ⓜ VISA. ✱ AY t
cerrado Semana Santa, del 6 al 30 de agosto y martes – **Comida** carta 24 a 33.
• Organización familiar, compensada por unas excelentes instalaciones. Cuidado interior con zona de bar, y una sala que ha diversificado su actividad entre la carta y el menú.

XX **Olárizu,** Beato Tomás de Zumárraga 54, ✉ 01009, ✆ 945 21 75 00, *patricia@olarizu.com, Fax 945 24 39 82* – ▤. AE VISA. ✱ AY k
cerrado agosto y domingo noche – **Comida** - sólo almuerzo salvo jueves, viernes y sábado - carta aprox. 31.
• Un comedor orientado al cliente de paso, cuatro excelentes privados, y un salón de banquetes conforman un local de grandes espacios, aunque sus mesas están algo apretadas.

XX **Arkupe,** Mateo Moraza 13, ✉ 01001, ✆ 945 23 00 80, *arkupevit@euskalnet.net, Fax 945 14 54 67* – ▤. AE ⓓ ⓜ VISA. ✱ BZ z
Comida carta 28 a 37.
• Bello edificio de finales del s. XIX al calor de unos muros en piedra. De cálida rusticidad y acogedor ambiente, posee dos salas, la de la planta baja con una serena arcada.

XX **Conde de Álava,** Cruz Blanca 8, ✉ 01012, ✆ 945 22 50 40, *Fax 945 22 71 76* – ▤. AE ⓓ ⓜ VISA. ✱ AY n
cerrado Semana Santa, 9 agosto-2 septiembre, domingo noche y lunes – **Comida** carta 19 a 27.
• Acogedor restaurante con una sala en madera y las demás en ladrillo visto. Su eficiente organización ha sabido combinar el menú con una carta completa y equilibrada.

XX **Izaga,** Beato Tomás de Zumárraga 2, ✉ 01008, ✆ 945 13 82 00 – ▤. AE ⓜ VISA. ✱
cerrado Semana Santa, 10 agosto-5 septiembre, domingo noche y lunes – **Comida** carta 25 a 32. AY r
• Dirigido con profesionalidad por varios hermanos. Negocio de línea moderna con barra de apoyo para el tapeo, seguida de dos pequeñas salas de correcto montaje.

XX **Eli Rekondo,** Prado 28, ✉ 01005, ✆ 945 28 25 84, *elirekondo@jet.es* – ▤. AE ⓜ VISA. ✱ AZ t
cerrado del 15 al 30 de septiembre, domingo y lunes – **Comida** carta 25 a 34.
• Su joven dirección le otorga nuevos bríos. Céntrico establecimiento con bar público a la entrada, seguido de un comedor realzado con detalles marineros.

XX **Gurea,** pl. de la Constitución 10, ✉ 01012, ✆ 945 24 59 33, *Fax 945 24 59 33* – ▤. AE ⓜ VISA. ✱ AY x
cerrado Semana Santa, 20 días en agosto, lunes noche y martes – **Comida** carta 22 a 33.
• Su fachada, con detalles en madera y carta expuesta, da paso a un pequeño hall de entrada, que encuentra su continuidad en un comedor de estilo neorrústico muy cuidado.

X **El Clarete,** Cercas Bajas 18 ✆ 945 26 38 74, *elclarete1@euskalnet.net* – ▤. AE ⓓ ⓜ VISA. ✱ AY b
cerrado Semana Santa, del 15 al 31 de agosto, y domingo – **Comida** carta aprox. 31.
• Negocio de modestas instalaciones, aunque este detalle se ve compensado gracias a la creatividad de su cocina a precios razonables. Comedor neorrústico con detalles clásicos.

X **El Mesón,** Ortiz de Zárate 5, ✉ 01005, ✆ 945 14 27 30, *abbyzu@mixmail.com, Fax 945 14 27 30* – ▤. AE ⓓ ⓜ VISA. ✱ BZ d
cerrado 1ª quincena de febrero, 1ª quincena de septiembre, lunes noche y martes – **Comida** carta 23 a 33.
• Bar público en la entrada con una buena oferta de raciones y pinchos vascos, y en el 1er piso un comedor moderno donde sirven una carta compensada en carnes y pescados.

X **Mesa,** Chile 1, ✉ 01009, ✆ 945 22 84 94, *Fax 945 24 34 05* – ▤. AE ⓜ VISA. ✱ AY c
cerrado 10 agosto-5 septiembre y miércoles – **Comida** carta 19 a 28.
• Casa familiar que ha dado sus frutos logrando una gran aceptación en la localidad. Bar de apoyo a la entrada y un comedor diáfano aunque de aspecto algo anticuado.

‍Y/ **El Rincón de Luis Mari,** Rioja 14, ✉ 01005, ✆ 945 25 01 27 – ▤. AE ⓓ ⓜ VISA. ✱ BZ s
cerrado septiembre y martes – **Tapa** 1,30 **Ración** aprox. 7,50.
• Céntrico establecimiento de carácter familiar e impecable mantenimiento, con una barra bien surtida en pinchos y raciones. Ambiente cómodo y distendido.

Y/ **Dólar,** Florida 26, ✉ 01005, ✆ 945 23 00 71, *Bar.Dolar@terra.es* – ▤. AE ⓓ ⓜ VISA BZ t
cerrado domingo – **Tapa** 1,50 **Ración** aprox. 6.
• De modernas instalaciones y céntrica localización, su barra nos brinda una surtida variedad en pinchos. Discreta organización compensada por un impecable mantenimiento.

en Elorriaga *por ② : 1,5 km :*

Palacio de Elorriaga, Portal de Elorriaga 15, ✉ 01192 Elorriaga, ☎ 945 26 36 16, *prolorest@telefonica.net, Fax 945 26 89 51*, – TV P – 25/160. VISA.
Comida *(cerrado domingo noche)* carta aprox. 31 – **21 hab** 75/85.
◆ Antigua casa solariega cuya acertada rehabilitación ha recuperado viejas tradiciones. La nobleza de sus vigas y el mobiliario antiguo perviven al calor de un confort actual. Entrañable restaurante de estilo rústico.
Ver también : **Argómaniz** *por ② : 15 km.*

Es VIVÉ *Illes Balears – ver Balears (Eivissa).*

VIVEIRO *27850 Lugo 571 B 7 – 14 877 h.*
Benito Galcerán ☎ 982 56 08 79 viveiro@fegamp.es Fax 982 56 11 47.
Madrid 602 – A Coruña 119 – Ferrol 88 – Lugo 98.

Orfeo sin rest con cafetería, J. García Navia Castrillón 2 ☎ 982 56 21 01, *hotelorfeo@jazzfree.com, Fax 982 56 04 53*, ≤ – TV. AE VISA.
5 – **32 hab** 48,75/74,90.
◆ Céntrico hotel dotado de habitaciones funcionales, algunas con terraza y vistas a la bahía. Completa su oferta con una cafetería donde sirven platos combinados.

en Galdo *por la carretera C 640 - Sur : 3,5 km :*

Pazo da Trave, ✉ 27850 Viveiro, ☎ 982 59 81 63, *traveregal@interbook.net, Fax 982 59 80 40*, ≤, – TV P – 25. AE VISA. rest *cerrado 1ª quincena de noviembre* – **Comida** 22 – 8 – **18 hab** 91.
◆ Instalado en un confortable pazo del s. XV rodeado de un extenso jardín. Cálidas habitaciones decoradas con mobiliario antiguo y baños detallistas. Posee una pequeña capilla.

en la playa de Area *por la carretera C 642 - Norte : 4 km :*

Ego, ✉ 27850 Viveiro, ☎ 982 56 09 87, *info@hotelego.com, Fax 982 56 17 62*, ≤ ría y playa – TV P. VISA.
Comida - ver rest. ***Nito*** – 7 – **29 hab** 70/90.
◆ Hotel de línea actual llevado en familia, situado en una ladera frente a la ría. Dotado de suficientes zonas nobles, y de habitaciones funcionales con baños algo reducidos.

Nito - *Hotel Ego*, ✉ 27850 Viveiro, ☎ 982 56 09 87, *Fax 982 56 17 62*, ≤ ría y playa – P. VISA.
Comida carta 44 a 56.
◆ Agradable marco con excelentes vistas sobre la ría y la playa. Bar a la entrada seguido de una sala de correcto montaje, donde ofrecen una carta de múltiples sabores.

VIVER *12460 Castelló 577 M 28 – 1 205 h alt. 70.*
Madrid 412 – Castelló de la Plana/Castellón de la Plana 90 – Teruel 56 – València 85.

Thalassa, Cazadores 3 ☎ 964 14 12 58, *thalassa@infobit.es* – . VISA.
cerrado 15 enero-15 marzo, martes, miércoles salvo verano y lunes – **Comida** carta 22 a 30.
◆ Pequeño y de estilo clásico-moderno. A pesar de no ofrecer mucha variedad de platos, su cocina es buena muestra de un saber hacer que convence, al igual que los precios.

XÀBIA o JÁVEA *03730 Alacant 577 P 30 128 I 2 – 16 603 h – Playa.*
Alred. : Cabo de San Antonio★ (≤★) Norte : 5 km – Cabo de la Nao★ (≤★) Sureste : 10 km.
Jávea, carret. de Benitachel 4,5 km ☎ 96 579 25 84 Fax 96 646 05 54.
en el puerto : pl. Almirante Bastarreche 11 ☎ 96 579 07 36 touristinfo.xabia@turisme.m400.gva.es Fax 96 579 60 57 y por la carret. del Cabo de la Nao : av. del Plà 136 ☎ 96 646 06 05 touristinfo.xabiarenal@turisme.m400.gva.es Fax 96 646 06 05.
Madrid 457 – Alacant/Alicante 87 – València 109.

Villa Mediterránea, León 5 (carret. de Jesús Pobre) ☎ 96 579 52 33, *hotelvillamed@ctv.es, Fax 96 579 45 81*, ≤ Xàbia y mar, – TV P. VISA.
Comida *(cerrado diciembre-7 enero y martes)* carta 26 a 39 – **12 hab** 186/232.
◆ Remanso de paz en una antigua mansión de aire mediterráneo, donde lo rústico y lo moderno se dan cita. Alto confort, elegancia y un bello jardín con terrazas escalonadas. Acogedor restaurante especializado en cocina vasco-francesa con pinceladas mediterráneas.

en el puerto *Este : 1,5 km :*

Miramar sin rest y sin ☕, pl. Almirante Bastarreche 12, ✉ 03730, ☎ 96 579 01 00, *Fax 96 579 01 00* – ▤ TV. AE ⓓ MC VISA. ✂
26 hab 38/75.
◆ Situado a pie de playa. Pequeño hotel de carácter familiar dotado de unas instalaciones funcionales. Habitaciones confortables con mobiliario provenzal y baños actuales.

La Bombonería, av. Lepanto 20, ✉ 03730, ☎ 96 579 16 47, *labomboneria.restaurante@wanadoo.es, Fax 96 579 16 47,* 🌂 – ▤. AE MC VISA. ✂
cerrado domingo – **Comida** carta 26 a 40.
◆ Dirección familiar, correcto servicio de mesa y una carta extensa a precios razonables. Sala acristalada con mobiliario de bambú, que se abre a una zona ajardinada.

al Sureste *por la carretera del Cabo de la Nao :*

Parador de Jávea 🐎, av. Mediterráneo 7 - 4 km, ✉ 03730, ☎ 96 579 02 00, *javea@parador.es, Fax 96 579 03 08,* ≤, 🌂, Ꮀ6, 🏊, 🌳 – |‡| ▤ TV ♿ P – 🎪 25/200. AE ⓓ MC VISA. ✂
Comida 25 – ☕ 11 – **70 hab** 108/135.
◆ Un paradisíaco marco de palmeras frente al mar envuelve a este parador, moderno y actualizado. Amplios espacios y habitaciones con cuidados detalles que denotan su confort. Deguste en su comedor la cocina regional, con la famosa paella marinera o la fideuá.

El Rodat 🐎, 5,5 km, ✉ 03730, ☎ 96 647 07 10, *info@elrodat.com, Fax 96 647 15 50,* Ꮀ6, 🏊, 🏊, 🌳, ✂ – ▤ TV P – 🎪 25/100. AE ⓓ MC VISA. ✂ rest
Comida *(cerrado domingo y lunes)* - sólo cena - 50 – ☕ 6 – **42 hab** 136/170 – 10 apartamentos.
◆ Con las ventajas de un chalet y el servicio de un hotel. En una zona residencial rodeada de pinos. Materiales de calidad, estimado confort y unas habitaciones con salón. Cuidadas instalaciones con la cafetería y el restaurante en un mismo espacio.

El Negresco, Plà 55 - 3 km, ✉ 03730, ☎ 96 646 05 52, *elnegresco@eresmas.com, Fax 96 579 26 65* – ▤. AE ⓓ MC VISA JCB. ✂
cerrado 15 días en marzo, 15 días en noviembre y martes salvo verano – **Comida** - sólo cena salvo sábado y domingo de octubre a mayo - carta 30 a 38.
◆ Restaurante de línea clásica con barra de apoyo en la entrada, y una acogedora sala equipada con mobiliario escogido. Interesante cocina de corte francés.

L'Escut, carret. Portixol 124 - 6,5 km, ✉ 03730, ☎ 96 577 05 07, 🌂 – P. ⓓ MC VISA. ✂
cerrado 9 enero-2 marzo y martes salvo julio-septiembre – **Comida** - sólo cena - carta 23 a 34.
◆ Grata elección en una villa de exteriores muy cuidados. Zonas ajardinadas, terraza para el verano y un comedor interior con buen mobiliario y servicio de mesa.

Gota de Mar, La Murciana 2 - 5,5 km ☎ 96 577 16 48, *Fax 96 577 16 48,* 🌂 – P. AE ⓓ MC VISA. ✂
cerrado 15 noviembre-15 diciembre y lunes – **Comida** - sólo cena salvo domingo en invierno - carta 30 a 43.
◆ Bonita casa de planta baja situada en una zona residencial. Dispone de un agradable comedor clásico donde ofrecen una carta internacional con influencias francesas.

Chez Ángel, av. del Plà 143 - 3 km, ✉ 03730, ☎ 96 579 27 23 – ▤. AE MC VISA. ✂
cerrado 15 enero-15 febrero y martes – **Comida** carta 22 a 35.
◆ Organización sencilla y familiar. Bar a la entrada seguido de un comedor clásico con chimenea y una decoración a base de caucho y espejos. Carta amplia y diversificada.

en el camino Cabanes *Sur : 7 km :*

La Rústica, Partida Adsubia 64, ✉ 03730, ☎ 96 577 08 55, *rustica@wanadoo.es, Fax 96 577 08 55,* 🌂 – P. AE ⓓ MC VISA. ✂
cerrado enero y lunes salvo verano – **Comida** carta aprox. 32.
◆ Un establecimiento a modo de villa rústica con terraza dirigido con acierto y dignidad. Dos pequeños comedores muy acogedores, confortables y bien cuidados.

NA XAMENA (Urbanización) *Illes Balears – ver Balears (Eivissa) : Sant Miquel de Balansat.*

La XARA o La JARA *03709 Alacant 577 P 30 123 I 2.*

La Sella, carret. de La Xara a Jesús Pobre, Sur : 4 km ☎ 96 645 42 52 Fax 96 645 42 01.
Madrid 443 – Alacant/Alicante 88 – València 95.

Venta de Posa, Partida Fredat 12 ☎ 96 578 46 72, *croissanterialaboheme@wanadoo.es, Fax 96 643 11 61* – ▤ P. AE MC VISA. ✂
cerrado noviembre y lunes – **Comida** - arroces y carnes - carta 19 a 26.
◆ Emplazado en una venta antigua de ambiente popular. De su cocina destacan los arroces y las especialidades marineras, todo ello dentro de una carta con múltiples menús.

XARES *32365 Ourense 571 F 9.*
Madrid 455 – Benavente 184 – Ourense 160 – Ponferrada 107 – Verin 91.

El Ciervo, *988 35 02 37, hotelelciervo@ctv.es, Fax 988 35 02 10,* – rest, – 25/250. *cerrado del 8 al 31 de enero* – **Comida** 10,60 – 4 – **20 hab** 60,10.
◆ Establecimiento de línea moderna en plena montaña, frecuentado por cazadores y turistas. Cuidados exteriores, discreta zona noble y unas habitaciones de correcto confort. Su comedor ofrece una cocina basada en productos representativos de la región.

XÀTIVA o JÁTIVA *46800 València 577 P 28 – 24 586 h alt. 110.*
Ver : *Ermita de Sant Feliu (pila de agua bendita★).*.
Alameda Jaume I-50 96 227 33 46 touristinfo.xativa@turisme.m400.gva.es Fax 96 228 22 21.
Madrid 379 – Albacete 132 – Alacant/Alicante 108 – València 59.

Huerto de la Virgen de las Nieves, av. de la Ribera 6 96 228 70 58, *info@huertodelavirgendelasnieves.com, Fax 96 228 21 77,* – .
Comida *(cerrado domingo noche)* 12 – 9 – **6 hab** 115.
◆ Casa del s. XIX decorada con mobiliario de época y rodeada de un bonito jardín con piscina. Salón-bar tipo patio empedrado y habitaciones cuidadas al detalle. Restaurante con dos salas, una presidida por un ciprés centenario y la otra a modo de biblioteca.

Vernisa sin rest, Académico Maravall 1 96 227 10 11, *hvernisa@servidex.com, Fax 96 228 13 65* – .
5 – **39 hab** 65/80.
◆ Sencillo hotel emplazado en plena zona comercial y de negocios. Sus habitaciones son funcionales, muy correctas en equipamiento y baños. Trato amable y cordial.

Hostería de Mont Sant con hab, carret. del Castillo 96 227 50 81, *montsant@terra.es, Fax 96 228 19 05,* – . rest – *cerrado del 7 al 20 de enero* – **Comida** carta 33 a 47 – 9,35 – **14 hab** 130,80/149,50 – 1 suite.
◆ ¡Qué lugar tan hermoso ! Antigua alquería en una zona amurallada y rodeada de árboles frutales. Comedor rústico-moderno, con un excelente montaje y la opción de habitaciones.

Casa La Abuela, Reina 17 96 228 10 85, *casa@labuela.com, Fax 96 228 17 09* – . – *cerrado 23 julio-7 agosto y domingo* – **Comida** carta 25 a 29.
◆ Llevado en familia ofrece una cocina de mercado elaborada a base de productos escogidos. Salas de estilo clásico-regional, con buen mobiliario y correcto servicio de mesa.

XILXES *Castelló – ver Chilches.*

YAIZA *Las Palmas – ver Canarias (Lanzarote).*

YANGUAS DE ERESMA *40493 Segovia 575 I 24 121 E 3 – 191 h alt. 894.*
Madrid 119 – Segovia 21 – Ávila 89 – Valladolid 95.

al Noroeste : *3 km :*

Antigua Posada (es necesario reservar), San Pedro de Caldas 921 56 04 09, *hotelsanpedrodecaldas@futurnet.es, Fax 921 56 04 09,* – – 25.
Comida *(cerrado lunes)* 25 – 7,50 – **10 hab** 61/83.
◆ Acogedora casa de turismo rural, llevada por una joven pareja. Sus dependencias, decoradas en tonos cálidos y con profusión de madera, resultan muy confortables.

YECLA *30510 Murcia 577 Q 26 123 B 3 – 30 872 h alt. 570.*
Madrid 359 – Alacant/Alicante 82 – Albacete 108 – Murcia 101 – València 132.

La Paz, av. de la Paz 180 968 75 13 50, *info@lapaz-hotel.com, Fax 968 75 32 57* – rest
Comida *(cerrado del 8 al 21 de agosto, sábado noche y domingo)* 8,50 – 4 – **28 hab** 46,70/80.
◆ Antiguo hotel de seria organización familiar, que ha renovado recientemente sus instalaciones, dotándolas de un confort actual muy adecuado a su categoría.

YEGEN *18460 Granada 578 V 20 124 P 4 – 419 h alt. 1 030.*
Madrid 522 – Almería 99 – Granada 104 – Jaén 194.

El Rincón de Yegen con hab, Camino de las Eras 958 85 12 70, *elrincondeyegen@telefonica.net, Fax 958 85 12 70,* – .
cerrado del 1 al 15 de febrero – **Comida** *(cerrado martes)* carta 18 a 26 – 4,50 – **4 hab** 25/40 – 3 apartamentos.
◆ Conjunto de casitas típicas a las afueras de la localidad, ofreciendo en ellas el restaurante, habitaciones y apartamentos. Bar y comedor rústico en dos niveles, con chimenea.

YÉQUEDA *22193 Huesca 574 F 28.*
Madrid 398 – Huesca 6 – Sabiñánigo 48.

Fetra, antigua carret. N 330 (vía de servicio) 974 27 11 08, *recepcion@hotelfetra.com, Fax 974 27 12 23,* – rest
Comida *(cerrado lunes)* 13,50 – 6 – **23 hab** 40/60.
◆ Hotel de línea clásica y organización familiar. Posee habitaciones funcionales de suficiente confort y correcto equipamiento en su categoría, con baños completos. Acogedor restaurante con chimenea, especializado en carnes y caracoles.

YESA *31410 Navarra 573 E 26 – 296 h alt. 492.*
Madrid 419 – Jaca 64 – Pamplona 47.

Señorío de Monjardín, carret. de Leyre - Oeste : 1 km 948 88 41 88, *Fax 948 88 42 00,* – 25/30.
Comida *(cerrado 16 diciembre-16 enero y lunes)* 16 – 7 – **32 hab** 75/95 – 8 suites.
◆ Ubicado en un solitario paraje natural a pie de carretera. Correcta zona social y unas habitaciones muy espaciosas, con vestidor, suelo en madera y baños actuales. Restaurante de cuidado montaje en estilo clásico.

YUSO (Monasterio de) *La Rioja – ver San Millán de la Cogolla.*

ZAFRA *06300 Badajoz 576 Q 10 – 14 065 h alt. 509.*
Ver : *Las Plazas★.*
pl. de España 8 b 924 55 10 36 turismo@ayto-zafra.com Fax 924 55 10 36.
Madrid 401 – Badajoz 76 – Mérida 58 – Sevilla 147.

Parador de Zafra, pl. Corazón de María 7 924 55 45 40, *zafra@parador.es, Fax 924 55 10 18,* – – 25/150.
Comida 25 – 11 – **45 hab** 96/120.
◆ Solera y tradición en un castillo del s. XV, que tuvo como huésped de honor a Hernán Cortés. Interiores grandiosos, hermoso patio renacentista y una sobria decoración. Austero restaurante donde se recrean especialidades de la cocina tradicional extremeña.

Huerta Honda, López Asme 32 924 55 41 00, *reservas@hotelhuertahonda.com, Fax 924 55 25 04* – – 25/200.
Comida - ver rest. ***Barbacana*** – 8 – **47 hab** 104/130 – 1 suite.
◆ Un hotel entrañable con numerosos detalles escogidos. Ofrece dos tipos de habitaciones, las superiores de atractivo aire regional y las más nuevas de inspiración minimalista.

Plaza Grande, Pasteleros 2 924 56 31 63, *reservas@hotelplazagrande.com, Fax 924 56 31 63* –
Comida 7,50 – 1,70 – **16 hab** 45/80.
◆ Sus habitaciones gozan de un cálido confort, con solado rústico y el mobiliario en madera o forja. La mitad de ellas están abuhardilladas y todas poseen baños actuales. El comedor a la carta se completa con una cafetería de techo abovedado, donde sirven menús.

Victoria sin rest y sin, pl. de España 8 924 55 43 82 –
19 hab 37/73.
◆ Tras su reciente reforma ha logrando un confort muy correcto en su categoría. Las habitaciones resultan algo reducidas, aunque destacan por la calidad de sus maderas.

Barbacana - *Hotel Huerta Honda,* López Asme 30 924 55 41 00, *reservas@hotelhuertahonda.com, Fax 924 55 25 04* –
cerrado domingo noche – **Comida** carta aprox. 35.
◆ Su elegante estilo rústico le da la bienvenida a un entorno cálido de lo más acogedor. Exquisito servicio de mesa y una cocina regional celosa de sus productos.

La Rebotica, Botica 12 924 55 42 89 –
cerrado del 1 al 15 de agosto, domingo noche y lunes – **Comida** carta 27 a 31.
◆ Restaurante de cuidada decoración, con varias salitas de correcto montaje separadas por arcos. Su carta se basa en elaboraciones atentas al recetario tradicional.

Josefina, López Asme 1 924 55 17 01 –
cerrado domingo noche y lunes salvo festivos – **Comida** carta 26 a 30.
◆ Negocio familiar de organización sencilla pero eficaz. Sala dotada de mobiliario de calidad y un servicio de mesa correcto. Gastronomía internacional a precios moderados.

en la carretera N 432 *Noroeste : 3 km :*

Las Atalayas, 06300 apartado 256, 924 56 32 01, *carmeloatalayas@telefonica.net, Fax 924 56 31 86,* –
Comida 15 – 3 – **17 hab** 72/90 – 16 apartamentos.
◆ En un paraje repleto de olivos, vides y montes. Parece un cortijo, con su propia plaza de tientas, y distribuye las habitaciones entre el edificio principal y unos bungalows. Confortable restaurante panorámico dotado de dos grandes terrazas para banquetes.

ZAGRILLA *Córdoba – ver Priego de Córdoba.*

ZAHARA DE LA SIERRA *11688 Cádiz* 578 V 13 – *1 586 h alt. 511.*
Ver : *Localidad★ – Emplazamiento★★.*
Madrid 548 – Cádiz 116 – Ronda 34.

Arco de la Villa, paseo Nazarí ✆ 956 12 32 30, *Fax 956 12 32 44*, ≤ embalse, montañas y pueblos de alrededores – TV P. VISA.
Comida 15 – 3,70 – **17 hab** 33/55.
◆ Pequeño hotel con vistas al embalse, a las montañas y a los pueblos que lo rodean. Correctamente organizado, sus equipadas habitaciones poseen un confort muy válido. La cafetería da paso a un modesto restaurante.

Marqués de Zahara, San Juan 3 ✆ 956 12 30 61, *hostal@viautil.com, Fax 956 12 32 68* – TV. VISA.
Comida *(cerrado diciembre-febrero y julio)* 12 – 5 – **10 hab** 30/45 – PA 25.
◆ Antigua mansión señorial con atractivo patio interior. Posee unas sencillas instalaciones caracterizadas por su correcto mantenimiento y agradable ambiente. Restaurante de estilo rústico, con los techos abovedados y un mobiliario elemental.

ZAHARA DE LOS ATUNES *11393 Cádiz* 578 X 12 – *1 591 h – Playa.*
Madrid 687 – Algeciras 62 – Cádiz 70 – Sevilla 179.

Porfirio, carret. Atlanterra 33 - Sureste : 0,5 km ✆ 956 44 95 15, *info@hotelporfirio.com, Fax 956 43 90 80*, – TV. AE VISA.
cerrado noviembre y diciembre – **Comida** 18 – **52 hab** 85/115 – PA 35.
◆ Pequeño hotel de organización familiar. La reducida zona noble contrasta con las amplias habitaciones, de línea clásica y completamente equipadas.

en la carretera de Atlanterra :

Meliá Atlanterra, Sureste : 4 km, ✉ 11393, ✆ 956 43 90 00, *melia.atlanterra@solmelia.com, Fax 956 43 90 51*, – TV P – 25/330. AE VISA. rest
abril-octubre – **Comida** carta 27 a 43 - ***Mediterráneo*** *(sólo cena, cerrado lunes salvo verano)* **Comida** carta 27 a 43 – **275 hab** 184/216 – 5 suites.
◆ Complejo a pie de playa, rodeado de una cuidada zona ajardinada. Sus amplias y confortables instalaciones le proponen gran variedad de actividades lúdicas y deportivas. El elegante restaurante Mediterráneo ofrece una interesante carta.

Antonio II, Sureste : 1 km, ✉ 11393, ✆ 956 43 91 41, *info@antoniohoteles.com, Fax 956 43 91 35*, ≤, – TV P. AE VISA JCB.
febrero-octubre – **Comida** 19 – **20 hab** 80,50/141 – 18 suites.
◆ Hotel que destaca por la calidad de los materiales y el gran confort general. Sus bien iluminadas habitaciones poseen un completo equipamiento.

Antonio, Sureste : 1 km, ✉ 11393, ✆ 956 43 91 41, *info@antoniohoteles.com, Fax 956 43 91 35*, ≤, – TV P. AE VISA JCB.
cerrado diciembre y enero – **Comida** 19 – **30 hab** 62/105.
◆ Un clásico en la localidad, ubicado en 1ª línea de playa. Pone a su disposición unas dependencias luminosas y acogedoras en las que el color blanco es el protagonista. Concurrido comedor con profusión de madera y detalles marineros en la decoración.

ZALLA *48860 Bizkaia* 573 C 20 – *7 253 h.*
Madrid 380 – Bilbao 22 – Burgos 132 – Santander 92.

Asador Aritzaenea, Juan F. Estefanía y Prieto 5 ✆ 94 667 06 15, *aritzaenea@telefonica.net, Fax 94 639 16 92* – AE VISA.
cerrado agosto y domingo – **Comida** - sólo almuerzo salvo viernes y sábado - carta 24 a 31.
◆ Simpático negocio llevado en familia. Posee una pequeña barra de apoyo en la entrada seguida por el comedor, de correcto montaje en su categoría.

ZAMORA *49000* P 575 H 12 – *65 633 h alt. 650.*
Ver : *Catedral★ (cimborrio★, sillería★★)* A- *Museo Catedralicio (tapices flamencos★★) – Iglesias románicas★ (La Magdalena, Santa María la Nueva, San Juan, Santa María de la Orta, Santo Tomé, Santiago del Burgo)* AB.
Alred. : *Arcenillas (Iglesia : Tablas de Fernando Gallego★) Sureste : 7 km - Iglesia visigoda de San Pedro de la Nave★ Noroeste : 19 km por ④.*
Santa Clara 20 ✉ 49014 ✆ 980 53 18 45 mercedes.ortiz@za.jcyl.es Fax 980 53 38 13 – **R.A.C.E.** *av. Requejo 34 ✉ 49003 ✆ 980 51 59 72 Fax 980 51 59 72.*
Madrid 246 ③ – Benavente 66 ① – Ourense 266 ① – Salamanca 62 ③ – Tordesillas 67 ②

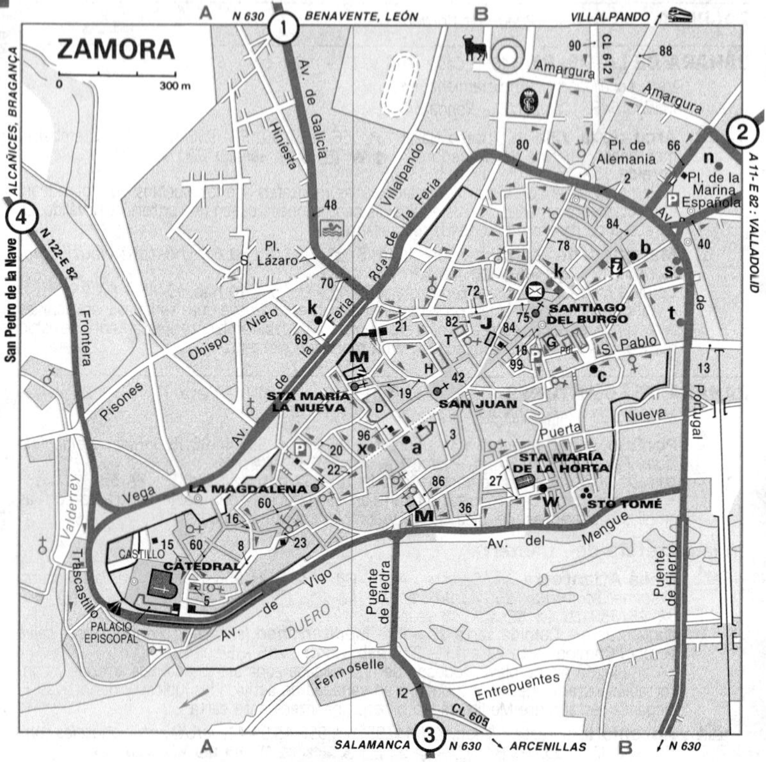

ZAMORA

Alfonso IX . . . . B 2	Francos (Rúa de los) . . . . . . A 22	Sacramento . . . . B 74
Alfonso XII . . . . B 3	Fray Diego de Deza (Pl.) . . . . A 23	San Torcuato . . . . B 78
Antonio del Aguila (Pl.) . . . . A 5	Horta . . . . B 27	San Tortucato (Ronda de) . . . B 80
Arias Gonzalo (Pl. de) . . . . . A 8	Ignacio Gazapo . . . . B 36	San Vicente . . . . B 82
Cabañales . . . . B 12	Leopoldo Alas Clarín . . . . . . B 40	Santa Clara . . . . B 84
Candelaría (Pas.) . . . . B 13	Mayor (Pl.) . . . . B 42	Santa Lucía (Pl.) . . . . B 86
Catedral (Pl. de la) . . . . . . A 15	Morana (Cuesta de la) . . . . . A 48	Santiago . . . . B 75
Ciento (Pl. de los) . . . . . . A 16	Notarios (Rúa de los) . . . . . A 60	Tres Cruces (Av.) . . . . B 88
Constitución (Pl. de) . . . . . B 18	Príncipe de Asturias (Av.) . . . B 66	Víctor Gallego . . . . B 90
Corral Pintado . . . . B 19	Puebla de Sanabria . . . . . . A 70	Viriato (Pl.) . . . . B 96
Damas . . . . A 20	Puentica (Pl. de la) . . . . . . A 69	Zorilla (Pl. de) . . . . B 99
Feria . . . . B 21	Riego . . . . B 72	

Parador de Zamora, pl. de Viriato 5, ✉ 49001, ☎ 980 51 44 97, *zamora@parador.es, Fax 980 53 00 63*, – 25/80. AE VISA JCB. B a
Comida 25 – 11 – **46 hab** 112/140 – 6 suites.
◆ Ubicado en un céntrico palacio del s. XV, con bello patio renacentista y un interior que recrea aromas medievales. Amplia zona noble y habitaciones de gran confort. Elegante comedor castellano donde ofrecen una cocina regional con toques actuales.

NH Palacio del Duero, pl. de la Horta 1, ✉ 49002, ☎ 980 50 82 62, *nhpalaciodelduero@nh-hotels.com, Fax 980 53 37 22* – 25/150. AE VISA. B w
La Vinícola **: Comida** carta 22 a 32 – 11 – **49 hab** 80/160.
◆ Modernidad y diseño se funden en este hotel, cuyas dependencias cuentan con un completo equipamiento y una decoración que mima los detalles. Restaurante de aire minimalista ubicado en la antigua alcoholera.

Meliá Horus Zamora, pl. del Mercado 20, ✉ 49003, ☎ 980 50 82 82, *melia.boutique.horus.zamora@solmelia.com, Fax 980 50 82 83* – 25/60. AE VISA JCB. B c
La Bóveda **: Comida** carta 30 a 42 – 8,50 – **38 hab** 64/77 – 7 suites.
◆ Establecimiento de línea moderna y equipadas instalaciones, en un antiguo edificio del casco histórico, con elegantes zonas nobles y unas habitaciones de esmerado confort. El restaurante cuenta con un techo abovedado y una carta de corte cosmopolita.

AC Zamora, av. Príncipe de Asturias 43, ✉ 49029, ☎ 980 55 79 40, *aczamora@ac-hotels.com, Fax 980 55 79 41* – |♦|, ▤ ▣ ☏ 🚗 🅿 – 🎤 25/45. AE ⓞ ⓜ VISA. ✈
Comida - sólo cena - carta 21 a 30 – ☕ 7 – **75 hab** 62.
• Edificio de línea moderna con las características clásicas de confort en esta cadena. Posee un buen hall-recepción y habitaciones bien equipadas, con baños actuales.
por av. Príncipe de Asturias B

Dos Infantas sin rest, Cortinas de San Miguel 3, ✉ 49015, ☎ 980 50 98 98, *info@hoteldosinfantas.com, Fax 980 53 35 48* – |♦| ▤ ▣ 🚗 – 🎤 25/50. AE ⓞ ⓜ VISA JCB. ✈
☕ 6 – **68 hab** 55/95. B b
• De correcta organización y atractiva fachada tras una reciente reforma. Posee una adecuada zona social y dispone de habitaciones de confort actual, con los baños modernos.

Sayagués, pl. Puentica 2, ✉ 49031, ☎ 980 52 55 11, *h.sayagues@teleline.es, Fax 980 51 34 51* – |♦| ▤ ▣ ♿ 🚗 – 🎤 25/250. AE ⓞ ⓜ VISA. ✈ rest A k
Comida 11,40 – ☕ 3,90 – **52 hab** 42/66 – 4 suites.
• Pequeña recepción, cafetería pública y zona social escasa, ya que sus salones se aprovechan para los numerosos banquetes. Progresiva actualización de las habitaciones. El comedor principal se encuentra en la 1ª planta.

París, av. de Portugal 14, ✉ 49015, ☎ 980 51 43 25, *rpariszamora@inicia.es, Fax 980 53 25 81* – ▤. AE ⓞ ⓜ VISA B s
cerrado domingo noche – **Comida** carta aprox. 34.
• Goza de una larga y reconocida trayectoria. Bar de espera clásico a la entrada seguido del comedor, renovado y actual. Su carta es amplia y de orientación internacional.

La Marina-Sancho 2, parque de la Marina Española, ✉ 49012, ☎ 980 52 60 54, *sancho2@helcom.es, Fax 980 52 54 52* – ▤. AE ⓞ ⓜ VISA. ✈ B n
Comida carta 25 a 33.
• Cafetería acristalada e instalaciones acogedoras, con varios salones y reservados, siendo el comedor principal de estilo actual. Carta internacional con toques actuales.

El Rincón de Antonio, Rúa de los Francos 6, ✉ 49001, ☎ 980 53 53 70, *alfonsodelas@terra.es, Fax 980 51 37 53* – ▤. AE ⓞ ⓜ VISA. ✈ B x
cerrado domingo noche – **Comida** carta 33 a 39.
Espec. Cigalas con espárragos y zanahoria de Segovia a la naranja. Bacalao con pimientos emulsionados y berberechos. Crema de limón con helado de naranja y tocino de cielo.
• Céntrico restaurante con la fachada en piedra y un interior de estética actual. Ofrece un buen bar público, un comedor y una terraza cubierta. Cocina de autor bien elaborada.

La Posada, Benavente 2, ✉ 49014, ☎ 980 51 64 74, *Fax 980 53 43 27* – ▤. AE ⓞ ⓜ VISA. ✈ B k
Comida carta 28 a 35.
• Íntimo establecimiento con una única sala, donde se combinan dos estilos decorativos, uno en ladrillo visto y el otro más actual. Atractiva carta internacional y regional.

Casa Mariano, av. Portugal 28, ✉ 49016, ☎ 980 53 44 87, *sancho2@helcom.es, Fax 980 52 54 52* – ▤. AE ⓞ ⓜ VISA. ✈ B t
cerrado domingo noche y lunes – **Comida** carta aprox. 26.
• Bar público en el acceso y tres salas con distintos estilos. Comedor clásico para uso diario, un buen reservado y un salón para banquetes con motivos marineros.

Grial, av. de Portugal 18, ✉ 49015, ☎ 980 53 53 21, 🏖 – VISA B s
Tapa 0,75 **Ración** aprox. 5,50.
• Atractiva cervecería que refuerza su decoración con mesas en forma de barril. Buen expositor de pinchos y cuidadas tablas que reciben el favor del público joven.

en la carretera N 630 *por ① : 2,5 km :*

Rey Don Sancho, ✉ 49024, ☎ 980 52 34 00, *hrds@mixmail.com, Fax 980 51 97 60* – |♦|, ▤ rest, ▣ 🅿 – 🎤 25/350. AE ⓞ ⓜ VISA. ✈
Comida 10,60 – ☕ 3 – **84 hab** 31,50/52 – 2 suites.
• Muy conocido en la ciudad por la organización de banquetes y eventos. Amplísimo salón social y recepción semiacristalada. La mayoría de habitaciones están bien renovadas. Comedor especializado en la cocina tradicional castellana.
Ver también : **Coreses** *por ② : 15 km.*

ZAMUDIO *48170 Bizkaia* 573 C 21 – *2 898 h.*
Madrid 396 – Bilbao 10 – Donostia-San Sebastián 103.

al Noreste *: 2,5 km :*

Gaminiz, Parque Tecnológico - Ibaizabal 212 ☎ 94 431 70 25, *gaminiz@euskalnet.net, Fax 94 431 70 25* – ▤ 🅿. AE ⓞ ⓜ VISA. ✈
cerrado Semana Santa, agosto, Navidades y domingo – **Comida** - sólo almuerzo salvo viernes y sábado - carta 44 a 52.
• Su moderna estructura imita la forma de un caserío. Cuenta con un bar público y dos comedores de diseño actual-minimalista. Carta creativa con algún plato más clásico.

ZARAGOZA

50000 P 574 H 27 - *610 976 h. alt. 200.*

Madrid 312 ⑤ - *Barcelona 307* ② - *Bilbao 305* ⑥ - *Lleida/Lérida 150* ② - *València 330* ④.

OFICINAS DE TURISMO

Glorieta Pío XII (Torreón de la Zuda), ✉ *50003* ☎ *976 20 12 00, infoturismozuda@ayto-zaragoza.es Fax 976 20 06 35 y pl. de Nuestra Señora del Pilar,* ✉ *50003* ☎ *976 39 35 37, infoturismopilar@ayto-zaragoza.es Fax 976 72 12 81.*

INFORMACIONES PRÁCTICAS

R.A.C.E. *San Juan de la Cruz 2,* ✉ *50006* ☎ *976 35 79 72 Fax 976 35 89 51.*

18 *La Peñaza, por* ⑤ *: 12 km* ☎ *976 34 28 00 Fax 976 54 19 07.*

✈ *de Zaragoza, por* ⑥ *: 9 km* ☎ *976 71 23 00 - Iberia : Bilbao 11,* ✉ *50004* ☎ *902 400 500* Z.

CURIOSIDADES

Ver : *La Seo★★ (retablo del altar mayor★, cúpula★ mudéjar de la parroquieta, Museo capitular★, Museo de tapices★★)* Y - *La Lonja★* Y - *Basílica de Nuestra Señora del Pilar★ (retablo del altar mayor★, Museo pilarista★)* Y - *Aljafería★ : artesonado de la sala del trono★* AU.

ZARAGOZA

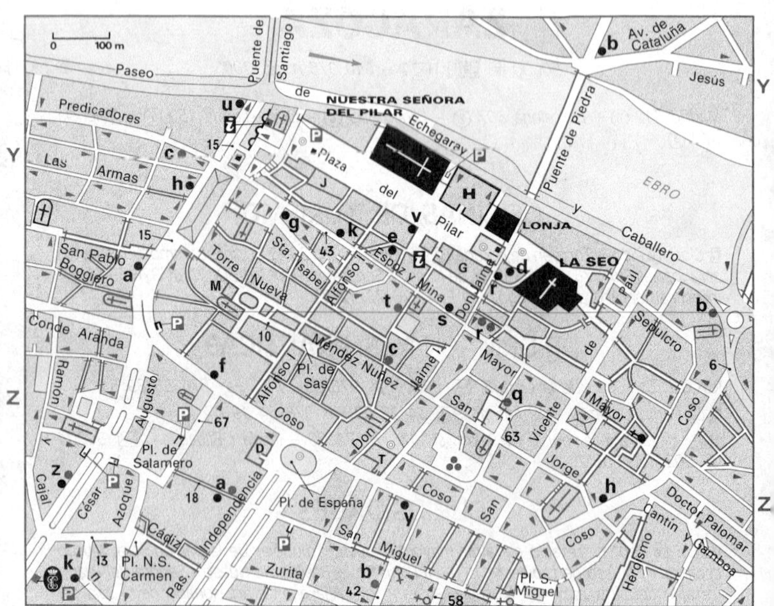

Palafox, Casa Jiménez, ✉ 50004, ✆ 976 23 77 00, *hotelpalafox@palafoxhoteles.com, Fax 976 23 47 05,* – 25/600. Z k

***Aragonia Paradis :* Comida** carta 35 a 47 – 15 – **160 hab** 140/165 – 19 suites.

◆ De excelente organización, y con una recepción que firma el famoso interiorista Pascua Ortega. En sus confortables habitaciones podrá encontrar todo lujo de detalles. Restaurante de cuidado montaje, con una destacable bodega y una genuina cava de puros.

Meliá Zaragoza, av. César Augusto 13, ✉ 50004, ✆ 976 43 01 00, *melia.zaragoza@solmelia.es, Fax 976 44 07 34,* – 25/300. Z z

***El Bearn :* Comida** carta 32 a 38 – 15 – **238 hab** 210/250 – 9 suites.

◆ Ha sido actualizado recientemente. Posee una zona noble adecuada a su categoría, y las habitaciones gozan de un completísimo equipamiento con el suelo en moqueta. Comedor de ambiente agradable.

Boston, av. de Las Torres 28, ✉ 50008, ✆ 976 59 91 92, *comercial@hotelboston.es, Fax 976 59 04 46,* – 25/700. BV e

Comida 29 – 12 – **297 hab** 135/160 – 16 suites.

◆ Destaca su amplio y atractivo hall-recepción, donde se combinan varias actividades. Posee un buen confort general, y sus habitaciones gozan de tecnología avanzada. La celebración de banquetes privados y de empresa tienen aquí su referencia.

NH Gran Hotel, Joaquín Costa 5, ✉ 50001, ✆ 976 22 19 01, *nhgranhotel@nh-hotels.com, Fax 976 23 67 13,* – 25/450. BU d

Comida - ver rest. ***La Ontina*** – 11,80 – **114 hab** 131 – 20 suites.

◆ Edificio de estilo clásico en el que deslumbra su hall, ubicado bajo una gran cúpula y que sirve como área social. En sus estancias se aprecia el gusto por los detalles.

Goya, Cinco de Marzo 5, ✉ 50004, ☎ 976 22 93 31, *hotelgoya@palafoxhoteles.com, Fax 976 23 21 54* – 🛗 ▤ TV 🚗 – 🏛 25/300. AE ⓓ MC VISA. ✗ Z a
Comida 17,80 – ☕ 9,50 – **148 hab** 103/130.
• De seria organización y distribución clásica, con espaciosa área social y elegante cafetería de estilo inglés. Las habitaciones gozan de un buen confort y aseos actuales. Restaurante de carácter funcional, ubicado en el sótano.

Reino de Aragón, Coso 80, ✉ 50001, ☎ 976 46 82 00, *hreinoreserv@hoteles-silken.com, Fax 976 46 82 11,* 🏋 – 🛗 ▤ TV 🚗 – 🏛 25/400. AE ⓓ MC VISA. ✗ Z y
Comida 18,50 – ☕ 10,90 – **111 hab** 134,60/146,65 – 6 suites.
• Moderno hotel de eficiente organización. Posee suficientes zonas comunes, y unas confortables habitaciones en moqueta, con los cabeceros de las camas de diseño minimalista. Comedor resaltado por su iluminación cenital mediante halógenos.

Zaragoza Royal, Arzobispo Doménech 4, ✉ 50006, ☎ 976 21 46 00, *zaragozaroyal@husa.es, Fax 976 22 03 59* – 🛗 ▤ TV 🚗 – 🏛 25/200. AE ⓓ MC VISA BV b
***Ascot :* Comida** carta 24 a 30 – ☕ 7,30 – **92 hab** 83/128.
• Instalaciones de corte clásico-antiguo con materiales de gran calidad. Goza de una amplia recepción, correcta área social, y unas habitaciones personalizadas por plantas. El restaurante goza de varios rincones con intimidad y posee un privado.

NH Ciudad de Zaragoza, av. César Augusto 125, ✉ 50003, ☎ 976 44 21 00, *nhciudaddezaragoza@nh-hotels.com, Fax 976 44 33 61* – 🛗 ▤ TV 🚗 – 🏛 25/200. AE ⓓ MC VISA. ✗ rest Y u
Comida *(cerrado Navidades y domingo)* - sólo cena en agosto - 22 – ☕ 10 – **122 hab** 100/120 – 2 suites.
• Típico hotel de la cadena NH con una organización a su altura. La recepción se une a la cafetería, y las luminosas habitaciones manifiestan un buen gusto por los detalles. El comedor se define por el panelado en madera de sus paredes.

Catalonia Zaragoza Plaza, Manifestación 16, ✉ 50003, ☎ 976 20 58 58, *zaragozaplaza@hoteles-catalonia.es, Fax 976 20 58 59* – 🛗 ▤ TV 📞 ♿ – 🏛 25/35. AE ⓓ MC VISA. ✗ Y g
Comida - sólo cena - carta aprox. 30 – ☕ 10 – **65 hab** 84/99 – 1 suite.
• Edificio de atractiva fachada clásica con balcones de hierro, muy cerca de la plaza del Pilar. Disfruta de suficientes zonas nobles y habitaciones de completo equipamiento.

Oriente, Coso 11-13, ✉ 50003, ☎ 976 20 32 82, *reservas@hotel-oriente.com, Fax 976 39 93 35* – 🛗 ▤ TV ♿. AE ⓓ MC VISA. ✗ Z f
Comida *(cerrado agosto y domingo noche)* 12,50 – ☕ 8 – **70 hab** 120/150.
• Ha sido renovado en su totalidad con un diseño muy actual. Ofrece un buen confort, habitaciones de equipamiento completo y mueble de encimera en los baños. Restaurante ubicado en la 1ª planta y explotado por terceros.

Hesperia Zaragoza, Conde de Aranda 48, ✉ 50003, ☎ 976 28 45 00, *hotel@hesperia-zaragoza.com, Fax 976 28 27 17* – 🛗 ▤ TV 📞 🚗 – 🏛 25/300. AE ⓓ MC VISA. ✗ BU e
Comida 14 - ***Al Punto*** *(cerrado domingo noche)* **Comida** carta 22 a 31 – ☕ 9 – **86 hab** 134/143.
• Hotel de línea moderna definido por su eficiente organización y el esmerado mantenimiento. Las habitaciones gozan de un completo equipamiento, con mobiliario de diseño actual. Restaurante de corte clásico con una buena iluminación natural.

AC Los Enlaces sin rest con cafetería por la noche, Pilar Miró 1, ✉ 50012, ☎ 976 48 92 22, *aclosenlaces@ac-hoteles.com, Fax 976 48 92 23,* 🏋 – 🛗 ▤ TV 🚗 – 🏛 25/60. AE ⓓ MC VISA. ✗ por ⑤ AU
☕ 8 – **76 hab** 102.
• Un buen hotel aunque algo alejado del centro. Destacan sus excelentes habitaciones, con mobiliario actual de calidad, completo equipamiento y baños de diseño en mármol.

Zenit Don Yo, Juan Bruil 4-6, ✉ 50001, ☎ 976 22 67 41, *hoteldonyo@zenithoteles.com, Fax 976 21 99 56* – 🛗 ▤ TV – 🏛 25/100. AE ⓓ MC VISA. ✗ BU n
Centenario *(cerrado domingo)* **Comida** carta 22 a 29 – ☕ 8,50 – **147 hab** 130 – 14 suites.
• En una zona comercial y de negocios. Se puede destacar tanto por sus salones como por las habitaciones, que resultan luminosas, modernas y de completo equipamiento. Restaurante de estilo rústico-regional, con profusión de madera y columnas en piedra.

Tibur, pl. de La Seo 2, ✉ 50001, ☎ 976 20 20 00, *Fax 976 20 20 02* – 🛗 ▤ TV. ⓓ MC VISA. ✗ Y d
***Foro Romano :* Comida** carta 26 a 34 – ☕ 7,50 – **50 hab** 120,20/150,25.
• Excelente emplazamiento en la zona más turística de la ciudad. Sus confortables habitaciones poseen un cálido mobiliario de pino en tonos blancos, y baños completos. Restaurante de correcto montaje con entrada independiente.

ZARAGOZA

Street	Grid	No.
Alcalde Gómez Laguna (Av.)	**AV**	2
Alonso V	**BU**	6
América (Av.)	**BV**	5
Aragón (Pl.)	**BU**	7
Batalla de Lepanto	**BV**	9
Capitán Oroquieta	**BV**	12
Clavé (Av. de)	**AU**	16
Colón (Paseo de)	**BV**	19
Constitución (Pas. de la)	**BU**	22
Damas (Pas. de las)	**BV**	24
Escoriaza y Fabro	**AU**	25
Fernando el Católico (Pas. de)	**AV**	26
Franco y López	**AUV**	28
Gascón y Guimbao	**BV**	29
Jaime Ferrán	**BT**	30
Jorge Coci	**BU**	31
José Galiay	**BV**	32
José García Sánchez	**AUV**	33
Juan Pablo Bonet	**BV**	36
Lapuyade	**BV**	37
Luis Aula	**BV**	39
Mariano Barbasán	**AV**	46
Mina (Pas. de la)	**BU**	50
Paraíso (Pl.)	**BUV**	51
Pintor Marín Bagües	**BV**	52
Privilegio de la Unión	**BV**	53
Rodrigo Rebolledo	**BV**	57
Salvador (Av.)	**BT**	58
San Fernando (Vía de)	**BV**	59
San Francisco (Pl. de)	**AV**	60
San Juan Bosco (Av.)	**AV**	61
San Juan de la Cruz	**AV**	62
Silvestre Pérez	**BU**	64
Los Sitios (Pl. de)	**BU**	65
Sobrarbe	**BT**	66
Tomás Higuera	**BV**	68
Torrecillas (Camino de)	**BT**	69
Vado (Camino del)	**BU**	72
Yolanda de Bar	**BV**	73

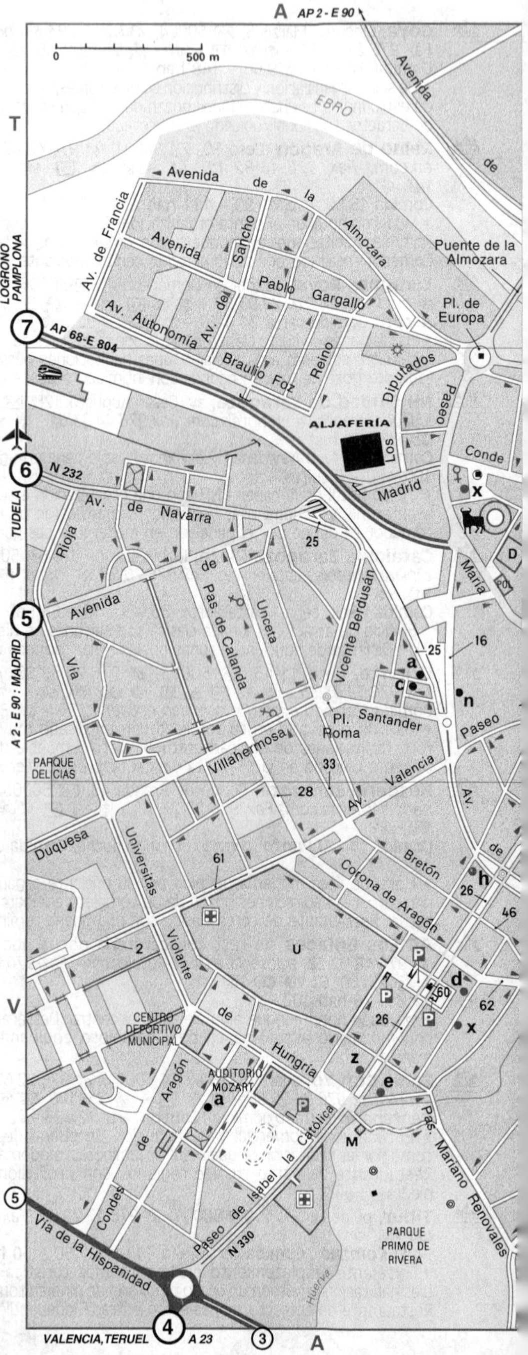

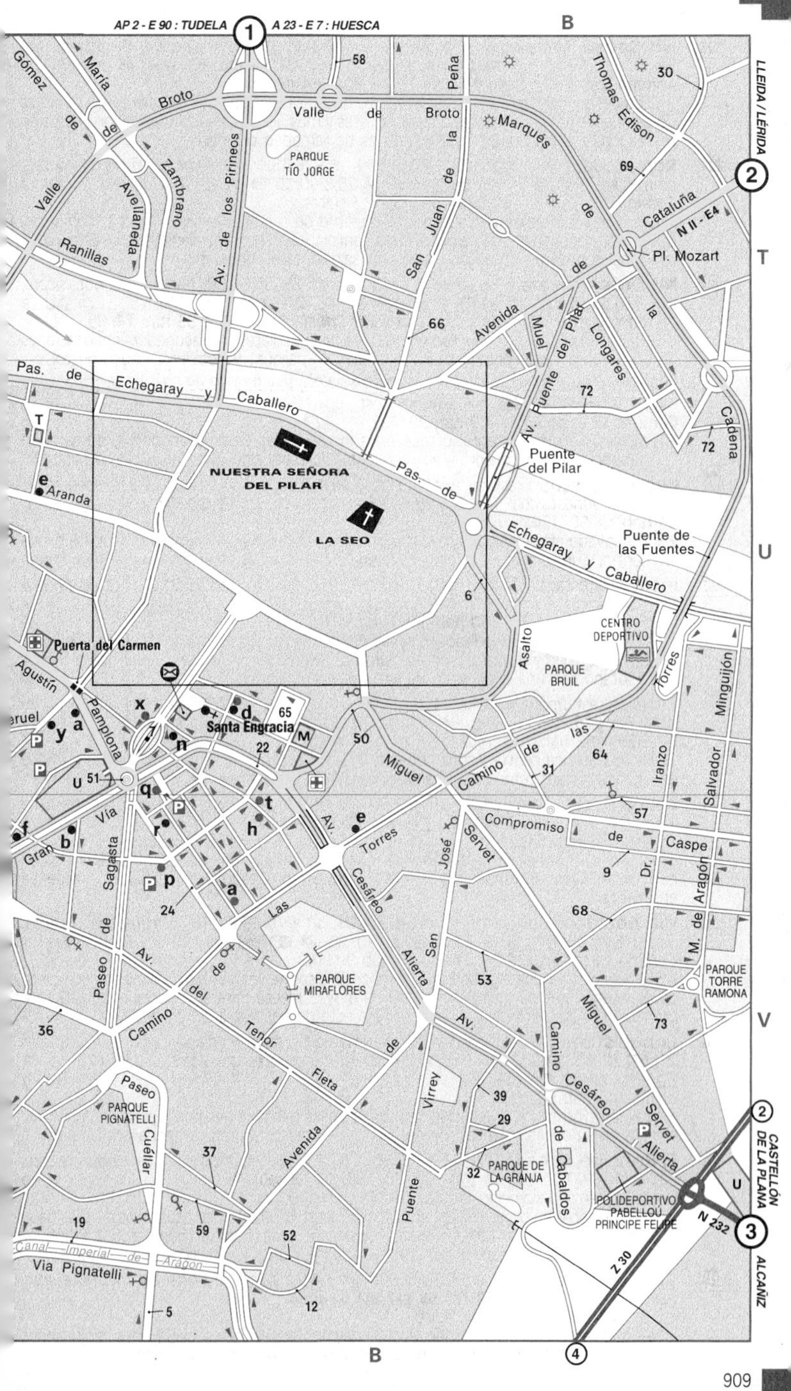
AP 2 - E 90 : TUDELA
A 23 - E 7 : HUESCA
LLEIDA / LÉRIDA
CASTELLÓN DE LA PLANA
ALCAÑIZ
NUESTRA SEÑORA DEL PILAR
LA SEO
Puerta del Carmen
Santa Engracia
PARQUE TÍO JORGE
Pl. Mozart
Puente del Pilar
Puente de las Fuentes
CENTRO DEPORTIVO
PARQUE BRUIL
PARQUE MIRAFLORES
PARQUE TORRE RAMONA
PARQUE PIGNATELLI
PARQUE DE LA GRANJA
POLIDEPORTIVO PABELLÓN PRINCIPE FELIPE
Pas. de Echegaray y Caballero
Av. de los Pirineos
Valle de Broto
Avenida de Cataluña
Av. Puente del Pilar
Camino de las Torres
Miguel Servet
Av. Cesáreo Alierta
Paseo de Sagasta
Av. del Tenor Fleta
Camino de Cabaldos
Compromiso de Caspe
Vía Pignatelli
Canal Imperial de Aragón
N II - E4
N 232
Z 30

NH Sport, Moncayo 5, ✉ 50010, ☎ 976 31 11 14, *nhsport@nh-hotels.com, Fax 976 33 06 89* – ▮ ▤ TV ⇔ – 🔔 25/150. AE ⓓ ⓜⓒ VISA JCB. ✂ AU c
Comida *(cerrado domingo)* 14,50 – ☕ 9,80 – **64 hab** 74/88.
◆ Goza del confort, estilo y mantenimiento que caracterizan a los NH, siempre a la altura de las nuevas técnicas. Habitaciones detallistas y muy acogedoras. Comedor con profusión de madera y bellos cuadros vanguardistas de llamativo colorido.

Romareda, Asín y Palacios 11, ✉ 50009, ☎ 976 35 11 00, *romareda@partner.hotels.com, Fax 976 35 19 50* – ▮ ▤ TV ⇔ – 🔔 25/200. AE ⓓ ⓜⓒ VISA JCB. ✂ rest AV a
Comida 15 – ☕ 9 – **87 hab** 130/156 – 3 suites.
◆ Hotel de línea clásica definido por la amplitud de sus habitaciones, muchas con salón, que se van renovando poco a poco. Buen confort y correcto mantenimiento. Restaurante funcional complementado con espaciosos salones para banquetes.

NH Orús, Escoriaza y Fabro 45, ✉ 50010, ☎ 976 53 66 00, *nhorus@nh-hotels.com, Fax 976 53 61 63* – ▮ ▤ TV ⇔ – 🔔 25/40. AE ⓓ ⓜⓒ VISA JCB. ✂ AU a
cerrado agosto – **Comida** - en el Hotel ***NH Sport*** – ☕ 9,80 – **53 hab** 74/88.
◆ Singular edificio que otrora fue una fábrica de chocolates. Sus acogedoras habitaciones gozan de un equipamiento actual, con suelos en parquet y detalles de buen gusto.

Ramiro I, Coso 123, ✉ 50001, ☎ 976 29 82 00, *Fax 976 39 89 52* – ▮ ▤ TV ♿ ⇔ – 🔔 25/75. AE ⓓ ⓜⓒ VISA JCB. ✂ rest Z h
Comida 13 – ☕ 7,75 – **69 hab** 99/122.
◆ Tras una reforma integral ofrece unas instalaciones de línea moderna, destacando sus habitaciones por confort y equipamiento. Personal algo justo pero bien organizado.

Cesaraugusta sin rest, av. Anselmo Clavé 45, ✉ 50004, ☎ 976 28 27 27, *recepcion@hotelcesaraugusta.com, Fax 976 28 28 28* – ▤ TV ⇔. AE ⓓ ⓜⓒ VISA JCB AU n
43 hab ☕ 90/120.
◆ Ha renovado progresivamente la mayoría de sus espaciosas habitaciones, con los baños en mármol y un correcto confort. Posee una sala-bar para desayunos de atractivo diseño.

Inca, Manifestación 33, ✉ 50003, ☎ 976 39 00 91, *Fax 976 39 01 28* – ▮ ▤ TV. ⓓ ⓜⓒ VISA. ✂ Y k
Comida 25 – ☕ 7,50 – **30 hab** 150.
◆ Hotel de adecuada organización, cuyas dependencias resultan algo reducidas. Definido por la modernidad y el confort, posee hidromasaje en algunos de sus baños. Buen comedor en el sótano con una decoración de aire rústico.

París sin rest, Pedro María Ric 14, ✉ 50008, ☎ 976 23 65 37, *info@hotelparis-zaragoza.com, Fax 976 22 53 97* – ▮, ⅹ hab, ▤ TV 📞 – 🔔 25/150. AE ⓓ ⓜⓒ VISA. ✂ BV r
☕ 8,25 – **62 hab** 106/130.
◆ Ubicado en una céntrica zona comercial. Ha sido convenientemente actualizado tanto en las zonas nobles como en sus habitaciones. Salón para desayunos con servicio de buffet.

Sauce sin rest, Espoz y Mina 33, ✉ 50003, ☎ 976 20 50 50, *hotelsauce@hotelsauce.com, Fax 976 39 85 97* – ▮ ▤ TV ⇔. AE ⓜⓒ VISA. ✂ YZ s
☕ 10 – **43 hab** 64/91.
◆ Posee una zona de desayunos anexa a la recepción. Sorprenden sus cuidadas habitaciones, en tonos alegres y mobiliario personalizado. Salón social con chimenea en el sótano.

Vía Romana, Don Jaime I-54, ✉ 50001, ☎ 976 39 82 15, *viaromana@husa.es, Fax 976 29 05 11* – ▮ ▤ TV – 🔔 25/70. AE ⓓ ⓜⓒ VISA. ✂ Y r
Comida carta aprox. 24 – ☕ 8 – **66 hab** 90/140.
◆ Su recepción resulta algo sobria, sin embargo, dispone de unas habitaciones de completo equipamiento y el confort general resulta muy correcto para su categoría. Restaurante precedido de la cafetería pública, gozando ésta de entrada independiente.

Conquistador sin rest con cafetería por la noche salvo fin de semana, Hernán Cortés 21, ✉ 50005, ☎ 976 21 49 88, *info@conquistadorhotel.com, Fax 976 23 80 21* – ▮ ▤ TV ⇔. AE ⓓ ⓜⓒ VISA JCB. ✂ BU y
☕ 5 – **44 hab** 90/135.
◆ Tras la reforma y actualización realizadas en las habitaciones han logrado una notable mejora en su confort. La sala de desayunos se transforma en cafetería por las noches.

El Príncipe, Santiago 12, ✉ 50003, ☎ 976 29 41 01, *elprincipe@hotel-elprincipe.com, Fax 976 29 90 47* – ▮ ▤ TV – 🔔 25/200. AE ⓓ ⓜⓒ VISA. ✂ Y e
Comida *(cerrado domingo)* 9 – ☕ 6 – **45 hab** 140.
◆ Hotel de correcta organización, en una calle céntrica y poco transitada. Las amplias habitaciones resultan confortables, y está previsto que todas cuenten con parquet. Comedor funcional junto a la cafetería, otro más elegante y un salón clásico para banquetes.

Gran Vía sin rest, Gran Vía 38, ✉ 50005, ☎ 976 22 92 13, *reservas@granviahotel.com, Fax 976 22 07 07* – ▤ TV. AE ⓓ ⓜⓒ VISA JCB. ✂ BV f
☕ 6 – **43 hab** 120/150 – 1 suite.
◆ Negocio de sencilla organización. Posee una confortable área social, y unas habitaciones alegres de discreto mobiliario en pino, que varía los tonos según la planta.

Ibis Zaragoza Centro sin rest con cafetería, Sobrarbe 2, ✉ 50015, ☎ 976 20 53 20, *43317@accor-hotels.com, Fax 976 39 34 04* – |‡|, ⊁ hab, ▤ TV ☏ ♿ 🚗. AE ⓓ ⓜⓒ VISA Y b
☕ 6 – **90 hab** 52.
◆ Lo mejor es su emplazamiento. Conjunto muy funcional, con la cafetería integrada en la zona social y habitaciones sencillas pero de suficiente confort. Baños de plato ducha.

Avenida sin rest, av. César Augusto 55, ✉ 50003, ☎ 976 43 93 00, *info@hotelavenida-zaragoza.com, Fax 976 43 93 64* – |‡| ▤ TV. AE ⓓ ⓜⓒ VISA Y a
☕ 4 – **85 hab** 60/84.
◆ Instalaciones de línea actual, con una moderna recepción seguida de un salón social bien renovado. Sus habitaciones resultan sencillas y sobrias en detalles.

Hispania sin rest, av. César Augusto 103, ✉ 50003, ☎ 976 28 49 28, *hotelhispania@hotelhispania.com, Fax 976 28 39 16* – |‡| ▤ TV 🚗. AE ⓓ ⓜⓒ VISA. ⊁ Y h
☕ 4,50 – **44 hab** 47/70.
◆ Hotel de modesta organización, cuyas habitaciones ocupan una sola planta, con suelos en parquet, mobiliario funcional y baños sencillos, algunos sólo con plato ducha.

Las Torres sin rest, pl. del Pilar 11, ✉ 50003, ☎ 976 39 42 50, *torres@able.es, Fax 976 39 42 54* – |‡| ▤ TV. ⓜⓒ VISA Y v
☕ 6 – **54 hab** 63/93.
◆ Hotel sencillo y funcional que resulta una opción acertada si desea participar del bullicio y el repicar del campanario, desplegados frente a la basílica del Pilar.

Paraíso sin rest y sin ☕, paseo Pamplona 23-3º, ✉ 50004, ☎ 976 21 76 08, *Fax 976 21 76 07* – |‡| ▤ TV. ⓜⓒ VISA. ⊁ BU a
39 hab 44,95/56,10.
◆ Modesto recurso, ubicado en el 3er piso de un bloque de viviendas. Aunque las habitaciones son muy reducidas, resultan funcionales y suficientemente cómodas.

XXX **La Mar,** pl. Aragón 12, ✉ 50004, ☎ 976 21 22 64, *restaurantelamar@restaurantelamar.com, Fax 976 21 22 64* – ▤. AE ⓓ ⓜⓒ VISA BU x
cerrado Semana Santa, agosto y domingo – **Comida** carta aprox. 48.
◆ Casa palaciega con palmeras en la entrada y un interior de estilo clásico elegante, con hermoso artesonado y frescos en el techo. Ofrece un excelente servicio de mesa.

XXX **La Granada,** San Ignacio de Loyola 14, ✉ 50008, ☎ 976 22 39 03, *restcesaraugusta@able.es, Fax 976 22 21 68* – ▤. AE ⓓ ⓜⓒ VISA. ⊁ BUV q
cerrado 28 agosto-11 septiembre y domingo – **Comida** carta 36 a 44.
◆ Céntrico restaurante con un joven chef a los fogones. Su sala combina el clasicismo con detalles de diseño y modernidad, siempre acompañados de un esmerado montaje.

XXX **La Ontina** - *Hotel NH Gran Hotel*, Felipe Sanclemente, ✉ 50001, ☎ 976 21 45 75, *nhgranhotel@nh-hotels.com, Fax 976 23 67 13* – ▤. AE ⓓ ⓜⓒ VISA. ⊁ BU d
cerrado domingo noche – **Comida** carta 32 a 45.
◆ De acceso independiente, aunque comunicado con el hotel. Bar-hall en la planta baja, un comedor clásico en el 1er piso y cuatro privados de esmerado montaje.

XXX **Risko-Mar,** Francisco Vitoria 16, ✉ 50008, ☎ 976 22 50 53, *Fax 976 22 63 49* – ▤. AE ⓓ ⓜⓒ VISA. ⊁ BV h
cerrado agosto y domingo noche – **Comida** carta 30 a 44.
◆ Elegante negocio de elevada profesionalidad. Su mobiliario y servicio de mesa denotan calidad, con bar privado a la entrada, comedor en parquet y un cómodo reservado.

XXX **Goyesco,** Manuel Lasala 44, ✉ 50006, ☎ 976 35 68 71, *Fax 976 35 68 70* – ▤. AE ⓓ ⓜⓒ VISA AV e
cerrado agosto y domingo salvo mayo – **Comida** carta aprox. 31.
◆ Goza de cierta fama en la ciudad, con una inteligente distribución y un montaje de indudable entidad. Elaboraciones tradicionales, destacando su sabroso costillar de cordero.

XX **La Carambola,** Baltasar Gracián 3, ✉ 50005, ☎ 976 55 55 53, *la_carambola@terra.es, Fax 976 56 29 44*, ⛱ – ▤. AE ⓓ ⓜⓒ VISA. ⊁ AV h
cerrado 15 días en agosto y domingo – **Comida** carta aprox. 32.
◆ Casa ubicada en un semisótano, que ostenta en su comedor una decoración de diseño y un esmerado servicio de mesa. Ofrece una cocina atrevida y bien elaborada.

XX **La Bastilla,** Coso 177, ✉ 50001, ☎ 976 29 84 49, *labastilla@labastilla.com, Fax 976 20 30 81* – ▤. AE ⓓ ⓜⓒ VISA. ⊁ YZ b
cerrado Semana Santa, agosto y domingo – **Comida** carta aprox. 36.
◆ Atractivo marco de estilo rústico, con nobles vigas en madera y las paredes en tonalidades ocres. Ofrece platos de tradición regional y otros de corte más creativo.

XX **Las Lanzas,** av. César Augusto 13, ✉ 50004, ☎ 976 28 55 22, *Fax 976 43 20 49* – ▤. AE ⓓ ⓜⓒ VISA. ⊁ Z z
cerrado Semana Santa, del 1 al 15 de agosto y domingo noche – **Comida** carta 28 a 36.
◆ Una fiel clientela avala su elevada profesionalidad. Posee un bar-hall privado a la entrada y el comedor en el sótano, de aire regional. Selecta carta de vinos.

XX **Txalupa,** paseo Fernando el Católico 62, ✉ 50009, ☎ 976 56 61 70, *restaurantetxalupa@telefonica.net* – ▤. AE MC VISA. ✂ AV z
cerrado Semana Santa, una semana en agosto, domingo noche y lunes noche – **Comida** carta 27 a 32.
◆ Totalmente reformado y ampliado, con entrada por un bar privado. Posee dos comedores y un reservado, montados con materiales de gran calidad. Carta tipo menú a precios fijos.

XX **El Asador de Aranda,** Arquitecto Magdalena 6, ✉ 50001, ☎ 976 22 64 17, *Fax 976 22 64 17* – ▤. AE D MC VISA. ✂ Z b
cerrado agosto y domingo noche – **Comida** - asados y carnes - carta aprox. 31.
◆ Espacioso restaurante de estilo castellano, con profusión de madera y dotado de cierto encanto. Dispone de dos salas de cuidada instalación con horno de asar a la vista.

XX **El Chalet,** Santa Teresa 25, ✉ 50006, ☎ 976 56 91 04, *Fax 976 56 91 04*, 🏠 – ▤. AE D MC VISA. ✂ AV x
cerrado 15 días en Semana Santa, del 15 al 21 de agosto, domingo en verano y domingo noche y lunes resto del año – **Comida** carta 29 a 40.
◆ Su ubicación en una villa permite la disposición de varias salas con decoración clásica elegante, distribuidas en dos plantas. Agradable terraza con barbacoa a la vista.

XX **Antonio,** pl. San Pedro Nolasco 5, ✉ 50001, ☎ 976 39 74 74 – ▤. AE D MC VISA JCB. ✂ Z q
cerrado domingo en julio-agosto y domingo noche resto del año – **Comida** carta 26 a 34.
◆ Restaurante íntimo, acogedor y detallista, tanto en el mobiliario como en su servicio de mesa. La sala toma protagonismo por sus formas redondeadas. Clientela habitual.

XX **Churrasco,** Francisco Vitoria 19, ✉ 50008, ☎ 976 22 91 60, *Fax 976 22 63 49* – ▤. AE D MC VISA. ✂ BV t
cerrado domingo en agosto – **Comida** carta 30 a 44.
◆ Bar-mesón muy concurrido que dispone de mesas para el menú diario. La sala a la carta evoca a una bodega, y aunque se antoja algo apretada resulta confortable.

XX **La Matilde,** Predicadores 7, ✉ 50003, ☎ 976 43 34 43, *Fax 976 44 10 08* – ▤. AE D MC VISA. ✂ Y c
cerrado Semana Santa, domingo y festivos – **Comida** carta 30 a 37.
◆ Casa de amable organización familiar, cuyo aspecto general de sabor antiguo no está exento de buen confort y cierto encanto. Amplia carta de vinos y licores.

XX **Aldaba,** Santa Teresa 26, ✉ 50006, ☎ 976 55 72 03, *Fax 976 55 72 03* – ▤. AE D MC VISA JCB. ✂ AV d
cerrado domingo noche – **Comida** carta 26 a 35.
◆ Diáfano comedor de corte clásico y destacado montaje, donde sirven una cocina actual, joven y creativa, con unos sugerentes menús degustación. Detalles de alto nivel.

X **Campo del Toro,** pl. del Portillo 5, ✉ 50004, ☎ 976 43 87 21, *Fax 976 44 37 74*, Rest. típico – ▤. AE D MC VISA. ✂ AU x
cerrado domingo – **Comida** carta 26 a 29.
◆ Llevado con buen criterio, goza de gran tipismo, con profusión de motivos taurinos en su concurrido bar público y en el comedor. Entre sus platos destaca el rabo de toro.

X **Alberto,** Pedro María Ric 35, ✉ 50008, ☎ 976 23 65 03, *Fax 976 58 00 48* – ▤ 🚗. AE D MC VISA. ✂ BV a
Comida carta 20 a 30.
◆ Entrada por un pequeño bar con un interesante surtido en tapas. El comedor ofrece un correcto montaje, y una zona anexa convertible en un privado.

X **Don Pascual,** paseo de Las Damas-Residencial Paraíso (interior), ✉ 50008, ☎ 976 21 87 14 – ▤. AE D MC VISA. ✂ BV p
Comida carta 21 a 28.
◆ Coqueto y acogedor restaurante ubicado en los patios interiores de unos edificios de viviendas. Su distribución resulta algo apretada. Personal cordial y amable.

X **Casa Portolés,** Santa Cruz 21, ✉ 50003, ☎ 976 39 06 65 – ▤. D MC VISA. ✂ YZ t
cerrado del 15 al 30 de agosto, domingo noche y lunes – **Comida** carta 28 a 35.
◆ Su íntimo bar da paso a un coqueto comedor de aire rústico-antiguo, definido por la distribución en rincones de cándida belleza. Escueta carta con sugerencias del día.

🍷 **Los Victorinos,** José de la Hera 6, ✉ 50001, ☎ 976 39 42 13 – ▤. ✂ Z r
cerrado del 15 al 30 de agosto y del 15 al 30 de noviembre – **Tapa** 2,20 **Ración** - sólo noche salvo domingo y festivos - aprox. 9.
◆ Sugerente expositor de pinchos en la barra, que supone la mejor carta de presentación. El calor de la decoración taurina crea una atmósfera cálida y muy acogedora.

🍷 **Los Zarcillos,** José de la Hera 2, ✉ 50001, ☎ 976 39 49 04 – ▤. AE VISA. ✂ Z r
cerrado 15 días en febrero, 15 días en noviembre y lunes salvo festivos – **Tapa** 2,20 **Ración** aprox. 9.
◆ Sencillo local de aspecto cuidado, que ofrece una elaborada variedad de tapas y pinchos, así como cuatro mesas de correcto montaje para saborear sus raciones.

Continental, Cinco de Marzo 2, ✉ 50004, ☎ 976 23 73 31 – ▤. AE ⓓ ⓜⓒ VISA JCB. ✂ Z a
Tapa 2.
◆ Negocio tipo cafetería llevado con acierto y seriedad. En su barra encontrará un excelente surtido de tapas y, como complemento, poseen un servicio de catering.

El Ensanche de Carlos, Santa Cruz 2-4, ✉ 50003, ☎ 976 39 47 03 – ▤. ✂ Z c
cerrado agosto, domingo y festivos – **Tapa** 1,20 **Ración** aprox. 7,50.
◆ Reducido y muy modesto en sus instalaciones, goza sin embargo de inequívoca fama y popularidad. Buen producto aunque sin florituras en las elaboraciones.

junto a la autovía A2 *por ⑤ :*

El Cisne, margen izquierdo autovía - 10,5 km, ✉ 50012, ☎ 976 33 20 00, *info@hotelcisne.com, Fax 976 33 22 05,* – |♦| ▤ TV P – 25/300. AE ⓓ ⓜⓒ VISA. ✂ rest
Aral *(cerrado domingo noche)* **Comida** carta 32 a 42 – ☕ 5 – **70 hab** 79/93,84.
◆ Hotel de carretera bien organizado. Posee una moderna recepción, agradable área social en el 1er piso, y habitaciones clásicas con baños actuales y detalles de buen gusto. Elegante restaurante con decoración de gusto clásico y una iluminación intimista.

Venta de los Caballos, margen derecho autovía - 8 km, ✉ 50012, ☎ 976 33 23 00, *ventadeloscaballos@eresmas.com, Fax 976 34 31 63* – ▤ P. AE ⓓ ⓜⓒ VISA. ✂
cerrado domingo noche y lunes salvo festivos – **Comida** carta 26 a 34.
◆ Una buena opción para hacer un alto en su viaje. Tras su atractiva fachada se esconden un bar-terraza, y una sala de estilo castellano dotada de un correcto servicio de mesa.

en la autovía N 232 *por ⑥ : 4,5 km :*

El Cachirulo, margen izquierdo autovía, ✉ 50011, ☎ 976 46 01 46, *elcachirulos@teleline.es, Fax 976 46 01 52* – ▤ P. AE ⓓ ⓜⓒ VISA. ✂
cerrado del 1 al 15 de agosto, domingo noche y lunes – **Comida** carta 29 a 49.
◆ Negocio volcado en el banquete, aunque intenta cuidar su propuesta a la carta con cocinas independientes. Conjunto típico aragonés con amplios salones y un alegre comedor.

en la carretera del aeropuerto *por ⑥ : 8 km :*

Gayarre, ✉ 50190 Garrapinillos, ☎ 976 34 43 86, *gayarre@restaurantegayarre.com, Fax 976 31 16 86,* – ▤ P. AE ⓓ ⓜⓒ VISA. ✂
cerrado domingo noche y lunes – **Comida** carta aprox. 33.
◆ En un lujoso chalet con agradable zona ajardinada. Realza su escogido montaje combinando elaboraciones creativas y otras de tendencia más tradicional. Buena y fiel clientela.

ZARAUTZ *20800 Gipuzkoa 573 C 23 – 18 154 h – Playa.*

Alred. : *Carretera en cornisa★★ de Zarauz a Guetaria.*

Zarautz, Este : 1 km ☎ 943 83 01 45 Fax 943 13 15 68.

Nafarroa 3 ☎ 943 83 09 90 turismo.zarautz@udal.gipuzkoa.net Fax 943 83 56 28.

Madrid 482 – Bilbao 85 – Pamplona 103 – Donostia-San Sebastián 20.

Zarauz, Nafarroa 26 ☎ 943 83 02 00, *hzarauz@hotelzarauz.com, Fax 943 83 01 93* – |♦|, ▤ rest, TV ☎ P. AE ⓓ ⓜⓒ VISA. ✂ rest
cerrado 23 diciembre-6 enero – **Comida** *(cerrado domingo noche salvo julio-septiembre)* 10 – ☕ 7 – **75 hab** 76/97.
◆ Goza de un correcto equipamiento y confort, con unas habitaciones de línea clásica algo desfasadas que se ven compensadas por una zona social bien dispuesta.

Roca Mollarri sin rest, Zumalakarregi 11 ☎ 943 89 07 67, *info@hotel-rocamollari.com, Fax 943 89 49 10* – TV ♿ P. AE ⓓ ⓜⓒ VISA. ✂
cerrado 18 diciembre-7 enero – **8 hab** ☕ 72/103.
◆ Atractiva casa con una parte destinada a hotel y otra a vivienda particular. De acertada dirección, su salón social armoniza con unas habitaciones cálidas y acogedoras.

Txiki Polit, pl. de la Musika ☎ 943 83 53 57, *info@txikipolit.com, Fax 943 83 37 31* – |♦|, ▤ rest, TV. AE ⓓ ⓜⓒ VISA. ✂ rest
Comida *(cerrado del 2 al 19 de noviembre)* 9 – ☕ 4 – **31 hab** 42/56.
◆ Negocio familiar que con su nombre en vasco quiere decir pequeño y bonito, resumiendo así sus características. Ofrece habitaciones de sencillo confort con baños actuales. Bar público con numerosas tapas y un comedor decorado con barriles, a modo de sidrería.

Karlos Arguiñano con hab, Mendilauta 13 ☎ 943 13 00 00, *kahotel@karlosnet.com, Fax 943 13 34 50,* ≤ mar – ▤ TV. AE ⓓ ⓜⓒ VISA. ✂
cerrado Navidades y enero – **Comida** *(cerrado domingo noche, martes noche en invierno y miércoles)* carta 28 a 55 – ☕ 10 – **12 hab** 145/185.
◆ Antiguo palacete en piedra conocido como Villa Aiala, donde este famoso chef ha recreado un entorno sumamente acogedor, con dos cuidados comedores y unas cálidas habitaciones.

ESPAÑA

XXX **Aiten Etxe,** carret. de Getaria 3 ☎ 943 83 18 25, *Fax 943 13 35 13*, ≤ mar y población – ▤ P. AE ⓓ MC VISA
cerrado 22 diciembre-2 enero y domingo noche – **Comida** carta 46 a 56.
◆ Aunque su actividad principal es el restaurante, también cosecha éxitos en la celebración de banquetes. Comedor abierto al mar, elegante, de notable confort y con bar privado.

XX **Gure Txokoa,** Gipuzkoa 22 ☎ 943 83 59 59, *guretxokoasador@terra.es* – ▤. VISA. ✻
cerrado domingo noche y lunes – **Comida** carta 30 a 45.
◆ Un matrimonio lleva las riendas del negocio. Bar público a la entrada y un comedor de aire neorrústico, donde se ofrece una carta de tintes vascos bien surtida en pescados.

en el alto de Meagas *Oeste : 4 km :*

X **Azkue,** ✉ 20800 Zarautz, ☎ 943 83 05 54, *Fax 943 13 05 00*, ☂ – P. MC VISA
cerrado diciembre y martes salvo julio-agosto – **Comida** carta 17 a 23.
◆ Modesta casa familiar a las afueras de la localidad. Posee una sala cuya cándida decoración se ve realzada por un adecuado servicio de mesa. Precios moderados y cocina casera.

ZARZALEJO *28293 Madrid* 576 K 17 575 K 17 121 E 6 – *864 h alt. 1 104.*
Madrid 58 – Ávila 59 – Segovia 69.

al Este *: 2,7 km :*

X **Duque** con hab, av. de la Estación 65, ✉ 28293, ☎ 91 899 23 60, *informacion@hotelrestauranteduque.com, Fax 91 899 25 06*, ☂ – ▤ TV P. AE MC VISA. ✻
cerrado del 15 al 30 de septiembre – **Comida** *(cerrado miércoles)* carta 20 a 28 – ☕ 3 – **8 hab** 36/50.
◆ Llevado en familia con el matrimonio propietario al frente del negocio. Bar público con mesas a la entrada, y tras él un comedor de correcto montaje. Posee habitaciones.

ZEANURI *48144 Bizkaia* 573 C 21 – *1 156 h alt. 230.*
Madrid 394 – Bilbao 33 – Donostia-San Sebastián 101 – Vitoria-Gasteiz 43.

al Sureste *: 3,5 km :*

Altzuste Landetxea ⛰ sin rest, barrio de Altzuste, ✉ 48144, ☎ 946 73 91 70, *altzuste@euskalnet.net*, ☀ – ✻
☕ 4 – **6 hab** 32/40.
◆ Caserío vasco con un cuidado entorno ajardinado y excelentes vistas a las montañas. Salón con chimenea y unas correctas habitaciones, aunque dos de ellas no tienen baños.

ZIERBENA *48508 Bizkaia* 573 B 20.
Madrid 410 – Bilbao 24 – Santander 80.

X **Lazcano,** Travesía Virgen del Puerto 21 ☎ 94 636 50 32, *Fax 94 636 50 32*, ≤, Vivero propio – P. AE MC VISA. ✻
cerrado Semana Santa, agosto, domingo, lunes noche, martes noche y miércoles noche – **Comida** - pescados y mariscos - carta 30 a 44.
◆ Instalaciones sencillas pero decorosas, con un bar a la entrada y el comedor en el 1er piso. Ofrece una cocina marinera de correcta elaboración y posee su propio vivero.

X **El Puerto,** El Puerto 20 ☎ 94 636 53 48 – MC VISA. ✻
cerrado domingo noche – **Comida** - pescados y mariscos - carta 36 a 50.
◆ El pequeño vivero de su concurrido bar es toda una invitación. Cuenta con una sala de adecuado montaje y dos privados, decorados con motivos marineros.

ZIORDIA *31809 Navarra* 573 D 23 – *378 h alt. 552.*
Madrid 396 – Pamplona 55 – Donostia-San Sebastián 76 – Vitoria-Gasteiz 41.

Iturrimurri, autovía N I - salida 392 ☎ 948 56 30 12, *hiturric@eniac.es, Fax 948 56 25 63*, ≤ – 🛗, ▤ rest, TV P – 🏛 25/60. AE ⓓ MC VISA. ✻
Comida *(cerrado domingo y festivos)* carta 34 a 45 – ☕ 10 – **29 hab** 96,10/109,60.
◆ Establecimiento de correcta organización familiar. Habitaciones renovadas con baños modernos, muy luminosas, alegres y actuales, aunque funcionales. El comedor a la carta se complementa con una cafetería y un privado panelable.

La ZUBIA *18140 Granada* 578 U 19 124 M 3 – *8 741 h alt. 760.*
Madrid 438 – Granada 8 – Málaga 135 – Murcia 294 – Sevilla 269 – València 549.

La Zubia sin rest, Murcia 23 ☎ 958 59 03 54, *info@hotel-lazubia.com, Fax 958 59 03 54*, 🏊, ☀ – 🛗 ▤ TV
12 hab.
◆ Construcción típica dotada de habitaciones funcionales. En su patio morisco, podrá contemplar el bello arte del empedrado y la frescura de la arquitectura andaluza.

al Sureste : *4,5 km* :

Cumbres Verdes sin rest, Cerro del Caballo - parcela 128 (Cumbres Verdes), ✉ 18140, ☎ 958 89 10 58, *info@hotelcumbresverdes.com, Fax 958 59 01 06,* ≤, – TV P. AE ⊙ MC VISA
10 hab 36/50 – 1 apartamento.
• El agradable entorno, protagonizado por el Parque Natural de Sierra Nevada, y su agradable interior descubren un hotel lleno de encanto. Habitaciones de gran confort.

ZUBIRI *31630 Navarra* 573 D 25.
Madrid 414 – Pamplona 20 – Donostia-San Sebastián 97.

Hostería de Zubiri, av. Roncesvalles 6 ☎ 948 30 43 29, *info@hosteriadezubiri.com, Fax 948 30 43 29* – MC VISA.
15 marzo-2 noviembre – **Comida** - sólo cena, sólo clientes - 17 – **10 hab** 53/65.
• Típico hotel de montaña que descubre un cálido interior neorrústico, con habitaciones alegres y baños detallistas. Servicio de restaurante con cena sólo para clientes.

ZUERA *50800 Zaragoza* 574 G 27 – *5 206 h alt. 279.*
Madrid 349 – Huesca 46 – Zaragoza 26.

Las Galias, antigua carret. N 330 - Este : 1 km (salida 527 autovía) ☎ 976 68 02 24, *lasgalias@arrakis.es, Fax 976 68 00 26,* – TV P – 25/60. AE ⊙ MC VISA. rest
Comida 22 – 6 – **25 hab** 52/65.
• Casa de buena organización familiar con un destacable mantenimiento. Las habitaciones resultan confortables, con el suelo en parquet y un cuidado mobiliario castellano. Posee un comedor a la carta de correcto montaje y una sala más sencilla para el menú.

ZUHEROS *14870 Córdoba* 578 T 17 – *942 h alt. 622.*
Ver : *Localidad★ – Emplazamiento★★ – Plaza de la Paz (mirador★★).*
Madrid 389 – Antequera 82 – Córdoba 81 – Granada 103 – Jaén 65.

Zuhayra , Mirador 10 ☎ 957 69 46 93, *hotelzuhayra@zercahoteles.com, Fax 957 69 47 02,* ≤, – TV. AE ⊙ MC VISA.
Comida 13 – **18 hab** 44/56.
• Hotel situado en un típico pueblo de montaña, que dispone de habitaciones sobrias y bien equipadas. Destacado bar-cafetería que cumple la función de salón social. Tranquilo y acogedor comedor de adecuado montaje.

ZUMAIA *20750 Gipuzkoa* 573 C 23 – *8 455 h – Playa.*
Madrid 432 – Donostia-San Sebastián 30 – Bilbao 79 – Pamplona 105.

Zelai , playa de Itzurun ☎ 943 86 51 00, *info@talasozelai.com, Fax 943 86 51 78,* ≤, Servicios de talasoterapia – TV. AE ⊙ MC VISA.
Abegi Leku *(cerrado domingo noche)* **Comida** carta 40 a 50 – 10 – **28 hab** 105.
• Orientado al turismo de salud, ya que sus instalaciones giran en torno a un centro de talasoterapia. Habitaciones funcionales y luminosas, la mitad de ellas con bellas vistas. Coqueto restaurante panorámico de diseño octogonal.

Landarte sin rest, carret. de Artadi - Sureste : 1 km ☎ 943 86 53 58, *reservas@landarte.net,* ≤ – P. MC VISA.
6 hab 55/72.
• Atractivo caserío ubicado en pleno campo, con el mar como telón de fondo. Su interior combina una alegre y colorista decoración vanguardista con detalles rústicos en madera.

ZUMARRAGA *20700 Gipuzkoa* 573 C 23 – *10 899 h alt. 354.*
Madrid 410 – Bilbao 65 – Donostia-San Sebastián 54 – Vitoria-Gasteiz 55.

Etxe-Berri , barrio de Etxe Berri - Norte : 1 km ☎ 943 72 12 11, *Fax 943 72 44 94* – , rest, TV P – 25/100. AE MC VISA JCB
Comida *(cerrado domingo noche)* carta 25 a 40 – 4,50 – **37 hab** 52/63.
• Hotel familiar de larga trayectoria y ambiente acogedor, con una distinguida zona social y habitaciones de dos tipos, destacando las más modernas por su mayor confort. El restaurante fue el origen del negocio, ofreciendo platos tradicionales y selectos vinos.

Kabia, Legazpi 5 ☎ 943 72 62 74 – . ⊙ MC VISA.
cerrado martes – **Comida** - sólo almuerzo salvo viernes y sábado - carta aprox. 32.
• Reminiscencias clásicas y ciertos toques actuales recrean su estética, con un bar público a la entrada y un renovado comedor que ha ganado en intimidad. Buen menú degustación.

ANDORRA (Principat d')★★

Andorra (Principado de)

574 E 34 y 35 343 H 9 – *61 599 h alt. 1029.*

El Principado de Andorra ocupa una superficie de 464 km² y está situado en el corazón de los Pirineos, entre España y Francia. Desde 1993 el Principado es un Estado soberano miembro de la O.N.U.
La lengua oficial es el catalán, pero la mayoría de la población habla también francés y castellano.
La moneda de curso legal es el euro.
Para acceder al país se requiere pasaporte o carnet de identidad vigentes.

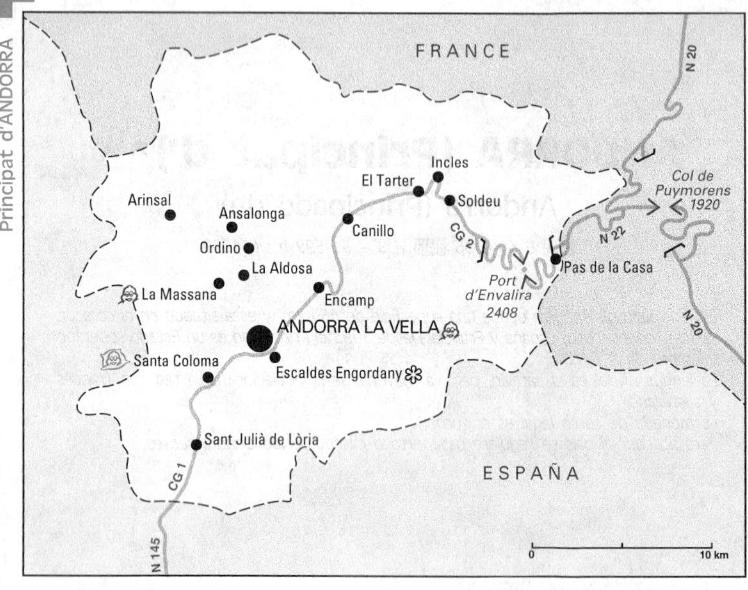

La ALDOSA – *ver La Massana.*

ANDORRA LA VELLA *Capital del Principado – alt. 1 029.*

Dr. Vilanova ✆ 00 376 82 02 14 sindicatdiniciativa@andorra.ad Fax 00 376 82 58 23 y pl. de la Rotonda ✆ 00 376 82 71 17 turisme@comuandorra.ad Fax 00 376 86 98 07 (temp) – **A.C.A.** *Babot Camp 13 ✆ 00 376 80 34 00 Fax 00 376 82 25 60.*

Madrid 625 – Barcelona 220 – Carcassonne 167 – Foix 102 – Girona/Gerona 245 – Lleida/Lérida 155 – Perpignan 170 – Tarragona 208 – Toulouse 185.

Plaza, María Pla 19 ✆ 00 376 87 94 44, *hotelplaza@hotels.andorra.com, Fax 00 376 87 94 45,* – 25/300. AE MC VISA. rest C a
***La Cúpula* : Comida** carta 32 a 45 – 13 – **92 hab** 155,30/194,00 – 8 suites.
◆ Lujoso hotel de seis pisos con dos ascensores panorámicos y patio lleno de plantas. Magníficas habitaciones asomadas a las cumbres andorranas. Cuidado marco contemporáneo y cocina internacional en el comedor La Cúpula.

Carlton Plaza, av. Meritjell 23-25 ✆ 376 87 29 99, *carltonplaza@hotels.andorra.com, Fax 376 87 29 98,* – 25/60. AE MC VISA. B m
Mezza Luna *(cocina italiana)* **Comida** carta 21 a 31 – 13 – **66 suites** 167,75/207,50.
◆ El último miembro del grupo hotelero Plaza ofrece a sus clientes espaciosas suites con salón y amuebladas con un estilo decididamente contemporáneo. En el restaurante Mezza Luna, cocina italiana y agradable decoración moderna. Bar y cafetería.

Andorra Park H. , Les Canals 24 ✆ 00 376 87 77 77, *recepciopark@andornet.ad, Fax 00 376 82 09 83,* – 25/80. AE MC VISA. rest – **Comida** 30 – **38 hab** 100/140 – 2 suites. B d
◆ Típica construcción de montaña decorada con elegancia y rodeada de bonitos jardines. Habitaciones confortables, algunas con terraza. Piscina excavada en la roca. Comedor alargado con ventanales al jardín. Cocina regional.

Mercure, de La Roda ✆ 00 376 87 36 02, *mercureandorra@riberpuig.ad, Fax 00 376 87 36 52,* – hab, – 25/175. AE MC VISA. rest C f
Comida - sólo buffet - 32 – 12 – **164 hab** 138/204 – 9 suites.
◆ Hotel al que acuden muchos esquiadores porque en invierno ofrece forfaits gratuitos de esquí a los clientes con media pensión. Habitaciones remodeladas. Comidas principalmente a base de buffet y servicio correcto.

Cèntric H., av. Meritxell 87-89 ✆ 00 376 87 75 00, *husacentric@andornet.ad, Fax 00 376 87 75 01* – |‡| ▤ TV ♿ 🚗 – 🧑‍🏫 25/200. AE MC VISA. ✻ C h
Comida 19,50 – **74 hab** ☕ 116/172 – 6 suites.
◆ Destaca la imponente fachada moderna de este hotel situado en plena zona comercial. Habitaciones amplias y claras, algunas con terraza. El comedor, muy luminoso y decorado con muebles contemporáneos, ofrece una vista panorámica de la ciudad.

President, av. Santa Coloma 44 ✆ 00 376 82 29 22, *janhotels@andornet.ad, Fax 00 376 86 14 14,* ←, Fō, 🏊 – |‡| TV 🚗 – 🧑‍🏫 25/110. MC VISA A m
Comida 15,93 – **109 hab** ☕ 105/140 – 2 suites.
◆ Gran complejo hotelero que ha sido sometido a un "lifting" total : habitaciones decoradas en tonos actuales, bonita piscina interior y nueva discoteca. El restaurante panorámico, moderno y refinado, ofrece preciosas vistas de las montañas andorranas.

Flora sin rest, antic carrer Major 25 ✆ 00 376 82 15 08, *flora@andornet.ad, Fax 00 376 86 20 85,* 🏊, 🎾 – |‡| TV 🚗. ① MC VISA A p
45 hab ☕ 65/100.
◆ Edificio sin rasgos particulares situado cerca de la Casa de los Valles. Bonito mobiliario castellano en las habitaciones. Desde la piscina, agradable vista de las montañas.

Novotel Andorra, Prat de la Creu ✆ 00 376 87 36 03, *novotelandorra@riberpuig.ad, Fax 00 376 87 36 53,* Fō, 🏊 – |‡|, ⊭ hab, ▤ TV ♿ 🚗 P – 🧑‍🏫 25/40. AE MC VISA. ✻ rest C k
Comida - sólo buffet - 32 – ☕ 12 – **97 hab** 117/172 – 5 suites.
◆ En el centro del pequeño barrio de negocios, establecimiento típico de la cadena francesa Novotel con habitaciones modernas, funcionales y confortables. Restaurante amplio y despejado que ofrece un buffet y carnes a la brasa.

Arthotel, Prat de la Creu 15-25 ✆ 00 376 76 03 03, *arthotel@andorra.ad, Fax 00 376 76 03 04,* 🏞, Fō – |‡| ▤ TV ☎ ♿ 🚗 – 🧑‍🏫 25/265. AE MC VISA. ✻ rest C d
Comida 24,60 – **127 hab** ☕ 177/220,50.
◆ Gran edificio moderno inaugurado en 2002. Habitaciones confortables, amplias y muy bien equipadas ; algunas tienen bañera de hidromasaje. El restaurante se sitúa en la 5ª planta del hotel ; bonita vista panorámica. Comedor más sencillo en la planta baja.

Xalet Sasplugas 🐦, La Creu Grossa 15 ✆ 00 376 82 03 11, *hotelsasplugas@andorra.ad, Fax 00 376 82 86 98,* ←, 🏞 – |‡| TV 🚗. MC VISA. ✻ rest C q
Comida 21 - ***Metropol*** *(cerrado del 1 al 15 de julio y domingo)* **Comida** carta 33 a 40 – **26 hab** ☕ 50/70.
◆ Privilegiado emplazamiento en una zona alta, lejos del bullicio del centro urbano. Habitaciones personalizadas que destacan por su tranquilidad. Decoración contemporánea, mesas muy bien montadas y cocina de los cinco continentes en el restaurante Metropol.

Diplomatic, av. Tarragona ✆ 376 80 27 80, *hoteldiplomatic@andorra.ad, Fax 376 80 27 90,* 🏊 climatizada – |‡| ▤ TV ♿ 🚗 – 🧑‍🏫 25/100. ① MC VISA. ✻ rest C m
Comida 15 – **83 hab** ☕ 87/124 – 2 suites.
◆ Esta construcción cúbica reciente y algo alejada del centro dispone de habitaciones funcionales adecuadas tanto para una clientela de negocios como para turistas. Cocina internacional sin pretensiones servida en un sencillo marco contemporáneo.

Pyrénées, av. Princep Benlloch 20 ✆ 00 376 87 98 79, *info@hotelpyrenees.com, Fax 00 376 82 02 65,* 🏊, 🎾 – |‡|, ▤ rest, TV 🚗. MC VISA. ✻ rest B s
Comida 15 – **74 hab** ☕ 49/80.
◆ Perfecto punto de partida para descubrir a pie el casco antiguo. Las habitaciones son funcionales y algunas dan a un patio. Zona de ocio en un edificio independiente. Amplio restaurante adornado con cuadros que representan las cumbres andorranas.

Cérvol, av. Santa Coloma 46 ✆ 00 376 80 31 11, *hc@hotelcervol.com, Fax 00 376 80 31 22,* Fō – |‡|, ▤ rest, TV ♿ 🚗. ① MC VISA. ✻ rest A u
Comida 16 – **99 hab** ☕ 69/98.
◆ Antiguo establecimiento completamente renovado : alegre vestíbulo, habitaciones dotadas de duchas con hidromasaje y nuevo fitness. Para comer podrá elegir entre el buffet de la primera planta y la cocina pirenaica de la cafetería que da a la calle.

Font del Marge, Baixada del Molí 49 ✆ 00 376 82 34 43, *font-del-marge@andorra.ad, Fax 00 376 82 31 82,* ← – |‡|, ▤ rest, TV ♿ 🚗. MC VISA. ✻ rest A t
Comida 15 – **42 hab** ☕ 65/89.
◆ Hotel de ambiente familiar situado en una tranquila calle en cuesta. Desde la mayoría de las habitaciones se ven las montañas. Si le gusta la carne, no se pierda el grill ; pero si prefiere el marisco, opte por el restaurante instalado en el jardín de invierno.

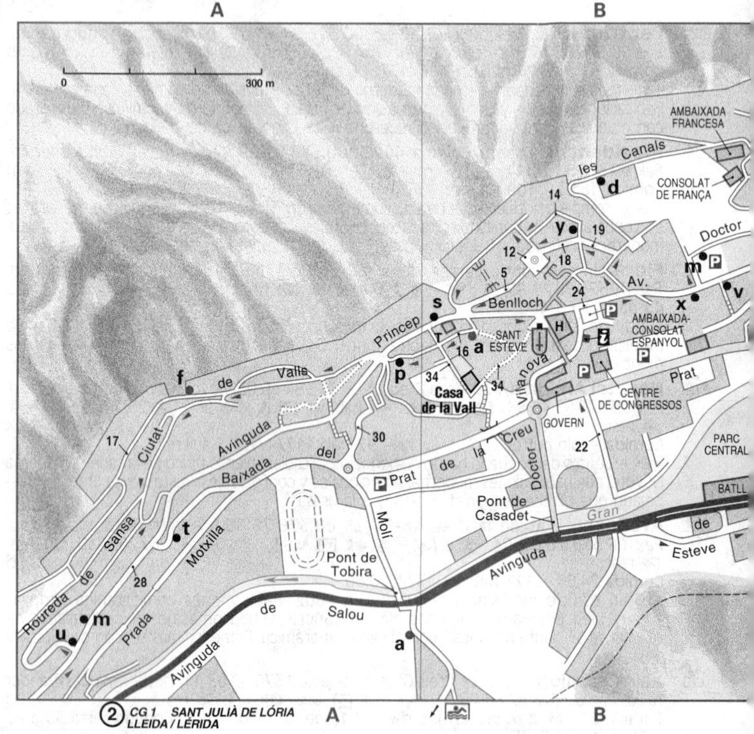

De l'Isard, av. Meritxell 36 ☎ 00 376 87 68 00, *direccioisard@andorra.ad, Fax 00 376 86 66 95* – |‡|, ▤ rest, TV ⇔. MC VISA B v
Comida 14,90 – **61 hab** ☕ 72,20/104,40.
◆ Tras una fachada típica de la zona, el interior está totalmente reformado : decoración de diseño y habitaciones bien equipadas asomadas al valle. El comedor, de ambiente actual y agradable iluminación, está especializado en cocina de mercado y platos catalanes.

Cassany sin rest, av. Meritxell 28 ☎ 00 376 82 06 36, *info@hotelcassany.ad, Fax 00 376 86 36 09* – |‡| TV B x
53 hab.
◆ En plena zona comercial, repleta de tiendas libres de impuestos, hotel con habitaciones de confort moderno ; algunas tienen suelo de parquet.

Florida sin rest, Llacuna 15 ☎ 00 376 82 19 25, *hotelflorida@andorra.ad, Fax 00 376 86 19 25*, Fō – |‡| TV. AE ⓓ MC VISA JCB. ✻ B y
48 hab ☕ 54/77.
◆ Negocio céntrico y correcto en su categoria. Cuenta con una remozada fachada y habitaciones de cuidado confort, todas ellas con los suelos en parquet y completo equipamiento.

Borda Estevet, carret. de La Comella 2 ☎ 00 376 86 40 26, *bordaestevet@andorra.ad, Fax 00 376 86 40 26* – ▤ P. AE MC VISA A a
Comida carta 30 a 44.
◆ Los magníficos muros de piedra de una antigua granja acogen varios comedores de decoración rústica con mobiliario andorrano y chimenea. Cocina montañesa y catalana.

Can Benet, antic carrer Major 9 ☎ 00 376 82 89 22, *mbenet@andorra.ad, Fax 00 376 82 89 22* – ▤. MC VISA. ✻ B a
cerrado 2ª quincena de junio y lunes – **Comida** carta aprox. 32.
◆ En la planta baja, bar de ambiente familiar con algunas mesas. En el piso superior, comedor de decoración típicamente catalana. Cocina internacional.

C

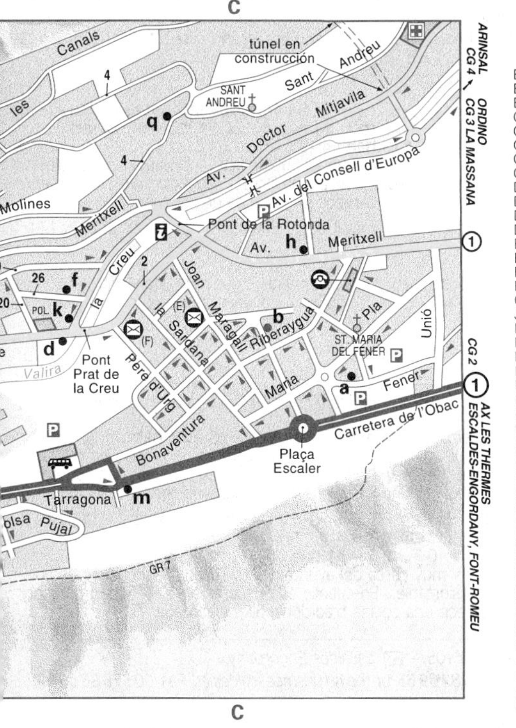

C

ANDORRA LA VELLA

Baixada del Molí . . . . A
Bonaventura Armengol . . . . C 2
Bonaventura Riberaygua C
Canals . . . . BC
Casadet (Pont de) . . . . B
Ciutat de Valls . . . . A
Consell d'Europa (Av. del). C
Creu Grossa . . . . C 4
Doctor Mitjavila (Av.). C
Doctor Molines . . . . BC
Doctor Néqui . . . . B 5
Doctor Vilanova . . . . B
Escaler (Pl.) C
Esteve Dolça Pujal . . . . BC
Fener C
Fiter i Rossell . . . . C 10
Guillemó (Pl.) . . . . B 12
Joan Maragall C
Llacuna . . . . B 14
Major (Antic Carrer) . . . . B 16
Maria Pla C
Meritxell (Av.) C
Mestre Xavier Plana . . . . A 17
Mossèn Cinto Verdaguer . . . . B 18
Mossèn Tremosa . . . . B 19
Obac C
Pere d'Urg C
Pompeu Fabra . . . . C 20
Prada Casadet . . . . B 22
Prada de la Creu . . . . BC
Prada Motxilla . . . . A
Prat de la Creu (Pont) C
Príncep Benlloch (Av. de) . . . . . . AB
Rebés (Pl.) . . . . B 24
Roda . . . . C 26
Rotonda (Pont de la) C
Roureda de Sansa . . . . A
Salou (Av.) . . . . A
Sant Andreu C
Santa Coloma (Av. de) . . . . A 28
Sardana C
Tarragona (Av. de) . . . . BC
Toriba (Pont de) . . . . A
Toriba . . . . A 30
Unió C
Vall . . . . B 34

Taberna Ángel Belmonte, Ciutat de Consuegra 3 ✆ 00 376 82 24 60, *Fax 00 376 82 35 15* – ▤. MC VISA. ✈ C b
Comida carta aprox. 41.
◆ Agradable restaurante con aspecto de taberna. Bonita decoración a base de madera y entorno impecable. Productos locales, pescado y marisco.

Can Manel, Mestre Xavier Plana 6 ✆ 00 376 82 23 97, *can-manel@andorra.ad, Fax 00 376 82 45 91* – ▤ P. AE ◑ MC VISA JCB A f
cerrado del 1 al 15 de julio y miércoles – **Comida** carta 20 a 30.
◆ Establecimiento sencillo y muy agradable con mobiliario típico de la zona. Para disfrutar de su sabrosa cocina local, escoja una mesa con vista de los fogones.

Nuestras guías de hoteles, nuestras guías turísticas y nuestros mapas de carreteras son complementarios. Utilícelos conjuntamente.

ANSALONGA *Andorra – ver Ordino.*

ARINSAL – *alt. 1 145 – ✉ La Massana – Deportes de invierno : 1 550/2 560 m. ⛷26 ⛷2. Andorra la Vella 9.*

Xalet Verdú, ✆ 00 376 73 71 40, *xaletverdu@andornet.ad, Fax 00 376 73 71 41,* climatizada – |⇕| TV ♿ 🚗 P. MC VISA. ✈ rest
cerrado mayo y noviembre – **Comida** - sólo cena - 16 – **52 hab** ☕ 76/96.
◆ Gran edificio de reciente construcción e inspiración local. Frecuentado por esquiadores al estar cerca de la nueva telecabina. Muchas habitaciones con vistas de las cumbres. Cocina internacional y pequeña selección de vinos para reponer fuerzas.

CANILLO – *alt. 1531* – ✉ *Canillo.*

Alred. : *Crucifixión★ en la iglesia de Sant Joan de Caselles, Noreste : 1 km – Santuari de Meritxell (paraje★) Suroeste : 3 km.*

Andorra la Vella 12.

Ski Plaza, carretera General ☎ 00 376 73 94 44, *skiplaza@hotels.andorra.com, Fax 00 376 73 94 45,* – rest, . rest
Comida carta 19 a 28 – 13 – **115 hab** 145,90/182.
◆ Establecimiento muy bien equipado y situado a 1.600 m de altitud. Habitaciones de estilo montañés y dotadas del máximo confort, a veces con jacuzzi ; algunas son exclusivamente infantiles. Restaurante gastronómico y cervecería con zona de Internet.

Roc del Castell sin rest, carretera General ☎ 00 376 85 18 25, *Fax 00 376 85 17 07* – .
6,50 – **44 hab** 59/73.
◆ Al borde de la carretera, bonita fachada de piedra tras la que se ocultan las habitaciones confortables y bien insonorizadas. Salón y sala de desayunos de decoración refinada.

ENCAMP – *alt. 1313* – ✉ *Encamp.*

Andorra la Vella 7.

Coray, Caballers 38 ☎ 00 376 83 15 13, *Fax 00 376 83 18 06,* ←, – , rest, .
cerrado 3 noviembre-3 diciembre – **Comida** - sólo menú - 10 – **85 hab** 46/60.
◆ Hospedería muy bien situada cuyas ventanas dan a los campos de tabaco. Habitaciones amplias con terraza. Salón de juegos y TV. Restaurante de gran tamaño atendido por la familia que lo regenta, desde la cocina hasta el servicio. Menú único.

Univers, René Baulard 13 ☎ 00 376 83 10 05, *hotelunivers@andorra.ad, Fax 00 376 83 19 70* – .
cerrado noviembre – **Comida** 10 – 6 – **31 hab** 37/66.
◆ A orillas del Valira oriental y muy cerca del ayuntamiento futurista, simpático establecimiento de habitaciones confortables. En cuanto a la decoración, el pequeño comedor carece de encanto pero ofrece una cocina tradicional bien elaborada.

ESCALDES ENGORDANY – *alt. 1105* – ✉ *Escaldes Engordany.*

pl. Co-Prínceps ☎ 00 376 82 09 63 uptee@turismeescaldes.ad Fax 00 376 86 66 97.

Andorra la Vella 2.

Roc de Caldes , carret. d'Engolasters ☎ 00 376 86 27 67, *rocdecaldes@andorra.ad, Fax 00 376 86 33 25,* ←, – , rest, – 25/150. rest por ① carretera de l'Obac
Comida 18 – **45 hab** 154/182.
◆ En la ladera de la montaña, lujoso hotel cuya arquitectura contemporánea se integra en la naturaleza. Las habitaciones, decoradas con gusto, brindan preciosas vistas. Restaurante elegante, con un bonito panorama y cocina internacional.

Roc Blanc, pl. dels Co-Prínceps 5 ☎ 00 376 87 14 00, *hotelrocblanc@gruprocblanc.com, Fax 00 376 87 14 44,* – – 25/600. D a
***Brasserie L'Entrecôte* : Comida** carta 23 a 38 - ***El Pí* : Comida** carta 31 a 42 – **180 hab** 196/301.
◆ En el centro de la población, pero aislado del ruido urbano, moderno complejo con numerosas prestaciones. Elegante decoración interior. Espléndido vestíbulo con cascada. Acogedor salón rural en el restaurante El Pí. Cocina internacional en el Entrecôte.

Carlemany, av. Carlemany 4 ☎ 00 376 87 00 50, *carlemany@hotelcarlemany.ad, Fax 00 376 87 00 90,* – – 25/30. E h
cerrado 4 mayo-4 junio – **Comida** carta aprox. 45 – **33 hab** 145/181.
◆ Este hotel está conectado directamente con las termas. Las habitaciones, claras y muy confortables, tienen cuartos de baño dotados de agua termal ; algunas son tipo dúplex. Cocina dietética y de mercado en el restaurante agradablemente decorado.

Delfos, av. del Fener 17 ☎ 00 376 87 70 00, *hotel.delfos@andorra.ad, Fax 00 376 86 16 42* – – 25/250. D b
Comida 26 – **180 hab** 96/136.
◆ En pleno centro comercial, gran construcción de piedra que está siendo reformada poco a poco. Habitaciones muy confortables y bien equipadas. Grandes salones y sala de TV con pantalla gigante. Amplio restaurante de grandes columnas y piano-bar por las noches.

Prisma, av. del Fener 14 ☎ 00 376 86 79 29, *prisma@ahotels.com, Fax 00 376 86 79 30* – , rest, . D e
Comida - sólo almuerzo - 20,50 – **55 hab** 175.
◆ Cerca del centro "termolúdico" de Caldea, edificio de cristal y acero con habitaciones tipo suite dotadas de un equipamiento muy completo. La cocina y la decoración son de inspiración italiana, perfectas para viajar con la imaginación.

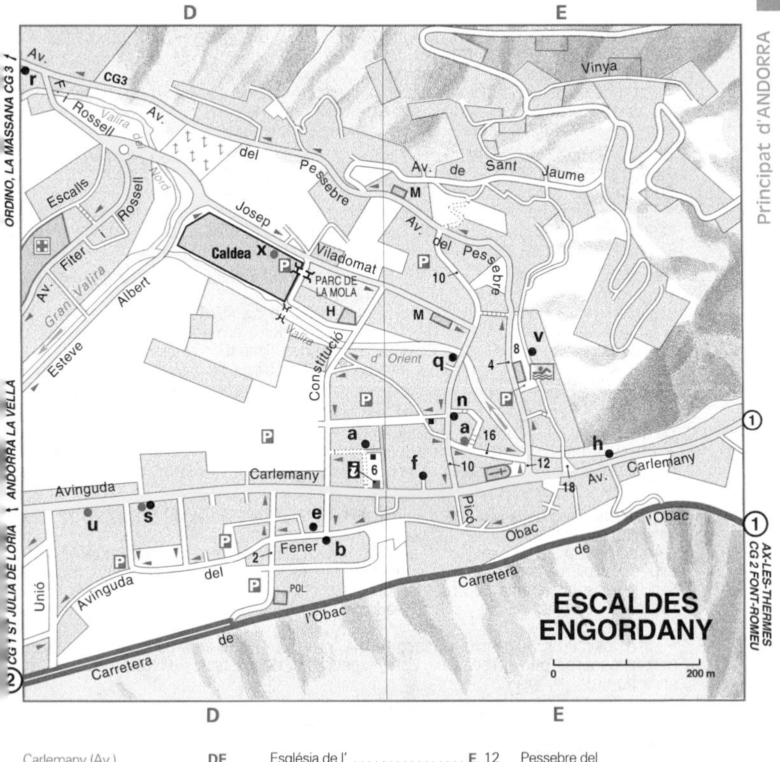

Carlemany (Av.) . . . . **DE**
Ciutat de Sabadell . . . . **D** 2
Constitució . . . . **D**
Copríncep de Gaulle (Av.) . . . . . . **E** 4
Coprínceps (Pl.) . . . . **D** 6
Creu Blanca (Pl.) . . . . **E** 8
Escalls . . . . **D**
Escoles (Av. de les) . . . . **E** 10
Església de l' . . . . **E** 12
Esteve Albert . . . . **D**
Fener del (Av.) . . . . **D**
Fiter i Rossell (Av.) . . . . **D**
Josep Viladomat . . . . **DE**
l'Obac . . . . **E**
Obac (Ctra de l') . . . . **DE**
Pessebre del (Av.) . . . . **DE**
Picó . . . . **E**
Sant Jaume (Av.) . . . . **E**
Santa Anna (Pl.) . . . . **E** 18
Santa Anna . . . . **E** 16
Unió . . . . **D**
Vinya . . . . **E**

Casa Canut, av. Carlemany 107 ✆ 00 376 73 99 00, *hotelcanut@andorra.ad, Fax 00 376 82 19 37* – |\$| ▤ TV ⇔. AE MC VISA JCB. ✗ — D s
Comida - ver rest. ***Casa Canut*** – ☕ 9 – **33 hab** 212/250.
◆ La fachada resulta vulgar, pero en cuanto traspase el umbral el refinamiento de este hotel le seducirá. Habitaciones ultramodernas con distintos niveles de confort.

Eureka, av. Carlemany 36 ✆ 00 376 86 66 00, *hoteleureka@andorra.ad, Fax 00 376 86 68 00* – |\$| ▤ TV. MC VISA. ✗ rest — E f
Comida 13 – **75 hab** ☕ 59,90/96.
◆ De diseño decididamente moderno, este hotel elegante, confortable y cuidado está situado en el centro de la estación termal. Agradable comedor con pinturas sobre cerámica, columnas revestidas de espejos y mobiliario de madera clara. Cocina de mercado.

Metropolis sin rest con cafetería, av. de les Escoles 25 ✆ 00 376 80 83 63, *info@hotel-metropolis.com, Fax 00 376 86 37 10* – |\$| TV ✆ ⇔. D MC VISA. ✗ — E q
68 hab ☕ 118/134 – 1 apartamento.
◆ Establecimiento de decoración sobria y alta categoría muy bien situado entre Caldea y las tiendas libres de impuestos. Las habitaciones son funcionales.

Cosmos, av. de les Escoles 10 ✆ 00 376 87 07 50, *cosmos@hotelcosmos.ad, Fax 00 376 86 30 15* – |\$|, ▤ rest, TV ⇔. MC VISA. ✗ rest — E n
Comida - ver también rest. ***Il Dolce Basilico*** - 13,50 – **75 hab** ☕ 90/110 – 76 apartamentos.
◆ Simpático establecimiento en el que podrá escoger entre una habitación estándar de decoración actual y un apartamento de mayor capacidad (de 2 a 8 personas).

Eurotel, av. Fiter i Rosell 51 ✆ 00 376 86 30 31, *hoteles-silken@eurotel.ad, Fax 00 376 86 30 24* – 🛗 📺 🚗. AE MC VISA. 🚭 D r
Comida - sólo cena - 16 – **70 hab** ☕ 70,50/105.
◆ Hotel de clientela familiar situado en la carretera que conduce a las estaciones de Pal y Ordino-Arcalis. Las habitaciones son ante todo funcionales ; algunas están reformadas. Comedor sin artificios, mesas sencillas y cocina internacional.

Ibis, av. Miguel Mateu 25 - Noreste : 1 km ✆ 00 376 87 23 00, *ibisandorra@riberpuig.com, Fax 00 376 87 23 50,* 🏊 – 🚭 hab, ❄ 📺 🚗 – 🏛 25/80. AE MC VISA. 🚭 rest
Comida - sólo cena, sólo buffet - 28 – ☕ 12 – **166 hab** 100/148. por ①
◆ Esta arquitectura contemporánea encierra habitaciones acordes con las normas de la cadena ; algunas, de mayor tamaño, son ideales para las familias. Piscina panorámica. Gran luminosidad y bonita vista desde el restaurante situado en la 7ª planta.

Espel, pl. Creu Blanca 1 ✆ 00 376 82 08 55, *Fax 00 376 82 80 56* – 🛗 📺 🚗. MC VISA. 🚭 E v
cerrado mayo – **Comida** - sólo menú - 14 – **102 hab** ☕ 45/65.
◆ El agua termal de los lagos subterráneos de Andorra alimenta los cuartos de baño de este hotel que está siendo renovado poco a poco. Simpático ambiente de barrio. Restaurante sencillo para evadirse durante un rato del bullicio de la avenida Carlemany.

San Marco, av. Carlemany 115-5º (C.C. Júlia) ✆ 00 376 86 09 99, *sari@andorra.ad, Fax 00 376 80 41 75,* ← – ❄. AE MC VISA. 🚭 D u
cerrado domingo – **Comida** carta 34 a 40.
◆ En el último piso del centro Julia, restaurante panorámico al que se accede mediante un ascensor-burbuja. Ambiente muy cuidado y bonitas vistas de la ciudad y las montañas.

Aquarius, Parc de la Mola 10 (Caldea) ✆ 00 376 80 09 80, *Fax 00 376 82 92 22* – ❄ 🚗. AE MC VISA. 🚭 D x
cerrado del 2 al 20 de mayo, del 7 al 11 de noviembre y martes – **Comida** carta 43 a 60.
Espec. Raviolis de cacao con hígado de pato y salteado de cigalas con pistachos. Filete de San Pedro sobre crema de brote de ortigas y colmenillas rellenas (mayo-15 julio). Mini tournedó de onglet de buey con salteado de ruibarbo, grosella negra y crujiente de vino quemado (otoño-invierno).
◆ Entre los muros del centro acuático termal, precioso restaurante panorámico de decoración moderna que ofrece una vista excepcional de los baños. Platos dietéticos de encargo.

Casa Canut - *Hotel Casa Canut,* av. Carlemany 107 ✆ 00 376 73 99 00, *hotelcanut@andorra.ad, Fax 00 376 82 19 37* – ❄ 🚗. AE MC VISA JCB. 🚭 D s
Comida carta 42 a 75.
◆ En el centro de la localidad, restaurante de agradable decoración con fogones a la vista del público. Cocina de mercado, pescado y marisco.

Il Dolce Basilico - *Hotel Cosmos,* Santa Anna ✆ 00 376 87 07 55, *fandb@hotelcosmos.ad, Fax 00 376 86 30 15* – ❄ 🚗. AE MC VISA. 🚭 E a
cerrado 15 días en julio, 15 días en noviembre, domingo noche y lunes – **Comida** - cocina italiana - carta 27 a 36.
◆ Madera clara, suelo de mármol, columnas de acero, mesas de cristal e iluminación estudiada en este céntrico restaurante con decoración decididamente moderna. Cocina italiana.

INCLES *Andorra – ver Soldeu.*

La MASSANA – *alt. 1 241 – ✉ La Massana.*

ℹ *av. Sant Antoni ✆ 00 376 83 56 93 Fax 00 376 83 86 93.*
Andorra la Vella 4.

Xalet Ritz 🐦, carret. de Sispony - Sur : 1,8 km ✆ 00 376 83 78 77, *xaletritz@andornet.ad, Fax 00 376 83 77 20,* ←, 🏊 climatizada – 🛗 📺 🚗 P. AE D MC VISA. 🚭 rest
Comida 19 – **47 hab** ☕ 99/138 – PA 37.
◆ Lujosa construcción local magníficamente situada en el corazón del valle de Anyos. Habitaciones y salones muy bien decorados. El restaurante se caracteriza por su elegancia y su confort. Cocina local e internacional.

Rutllan, av. del Ravell ✆ 00 376 83 50 00, *reserves@hotelrutllan.com, Fax 00 376 83 51 80,* ←, 🏊 climatizada, 🌳 – 🛗 📺 ♿ 🚗. AE MC VISA. 🚭 rest
Comida 24 – **96 hab** ☕ 75/105.
◆ Junto a la carretera, gran chalet con fachada de madera. Dos ascensores modernos conducen a las confortables habitaciones, todas con balcón lleno de plantas. Paredes blancas, maderas claras, cobres y jarrones pintados en el restaurante de cocina local.

Abba Suite H., carret. de Sispony - Sur : 1,7 km ☎ 00 376 73 73 00, *suite@abbahoteles.com, Fax 00 376 73 73 01* – VISA.
Comida 21 – **36 suites** 125/160.
◆ En el corazón de esta agradable localidad turística, bonito edificio de montaña en el que todas las habitaciones son suites decoradas con gusto. Ambiente tranquilo e íntimo en el comedor de tonos cálidos e iluminado a través de bonitas ventanas ojivales.

Marco Polo, av. de Sant Antoni 36 ☎ 00 376 83 63 63, *hmp@hotelmarcopolo.com, Fax 00 376 83 65 00* – VISA. rest
Comida - sólo cena en invierno, sólo buffet - 16 – **119 hab** 55/78 – 2 suites.
◆ Cerca de las estaciones de esquí, hotel dotado de un mobiliario muy original, de mimbre en las habitaciones, asiático en las suites y de madera tallada en el salón. Cocina internacional en el buffet de una sala de aspecto sobrio.

El Rusc, carret. de Arinsal 1,5 km ☎ 00 376 83 82 00, *info@elrusc.com, Fax 00 376 83 51 80* – AE VISA.
cerrado domingo noche y lunes – **Comida** carta aprox. 46.
◆ En plena naturaleza, dos acogedoras salas rústicas muy bien decoradas a base de piedra y madera. La carta incluye platos de temporada y especialidades vascas. Amplia bodega.

La Borda de l'Avi, carret. de Arinsal 0,7 km ☎ 00 376 83 51 54, *husaand@myp.ad, Fax 00 376 83 53 90* –
Comida - carnes.
◆ Antigua granja que incluye tres bonitos comedores de estilo local, uno de ellos con una gran chimenea central donde se preparan las carnes ; cocina de montaña.

Borda Raubert, carret. de Arinsal 2 km ☎ 00 376 83 54 20, *calserni@yahoo.es, Fax 00 376 86 61 65* – VISA.
cerrado 15 junio-15 julio, lunes noche y martes – **Comida** - cocina regional - carta aprox. 26.
◆ Esta casa típica de la zona (borda en catalán) es el templo de la cocina andorrana. Interesante decoración rústica de gran autenticidad. Visita obligada.

en La Aldosa *Noreste : 2,7 km :*

Del Bisset, carret. de la Creu Blanca, ✉ La Massana, ☎ 00 376 83 75 55, *hoteldelbisset@andorra.ad, Fax 00 376 83 79 89*, ← – VISA. rest
Comida - sólo menú - 14 – **35 hab** 33/66.
◆ Este gran edificio de piedra ofrece un bonito panorama del valle de La Massana. Habitaciones claras y funcionales, algunas con balcón. Salón con chimenea y billar. El sencillo restaurante, en blanco y rosa, posee amplios ventanales con bonitas vistas.

ORDINO – *alt. 1 304 – ✉ Ordino – Deportes de invierno : 1940/2600 m. 13.*
Andorra la Vella 7.

Coma, ☎ 00 376 73 61 00, *hotelcoma@hotelcoma.com, Fax 00 376 73 61 01* ←, – , rest, VISA.
cerrado noviembre – **Comida** 17 – **48 hab** 94/128 – PA 34.
◆ Desde 1932, la misma familia atiende este hotel muy bien equipado. Mobiliario de diseño y bañera con hidromasaje en las habitaciones, que suelen disponer de terraza. El restaurante, auténtica gloria local, ofrece una sabrosa cocina andorrana.

en Ansalonga :

Sant Miquel, carret. del Serrat - Noroeste : 1,8 km, ✉ Ordino, ☎ 00 376 74 90 00, *hotel@santmiquel.com, Fax 00 376 85 05 71*, ← – VISA. rest
cerrado mayo – **Comida** 9,50 – **20 hab** 50/68.
◆ Pequeño establecimiento de habitaciones actuales amuebladas en pino y dotadas de balcón con vistas del río y de las pintorescas casas del pueblo. Luminoso comedor que destaca por su amable acogida y su sana cocina familiar.

por la carretera de Canillo *Oeste : 2,3 km :*

Babot, ✉ Ordino, ☎ 00 376 83 50 01, *hotelbabot@andorra.ad, Fax 00 376 83 55 48*, ← valle y montañas, – VISA. rest
cerrado 2 noviembre-3 diciembre – **Comida** 12 – **55 hab** 68/100.
◆ Este hotel, construido en la ladera de la montaña y rodeado por un inmenso parque, goza de espléndidas vistas del valle y de las cumbres. Las habitaciones son bonitas y confortables. Las amplias ventanas que rodean el restaurante ofrecen un magnífico panorama.

PAS DE LA CASA – *alt. 2 091 – ✉ Pas de la Casa – Deportes de invierno : 2 050/2 600 m. 26 1.*
Ver : *Emplazamiento*★.
Alred. : *Port d'Envalira*★★.
Andorra la Vella 29.

Reial Pirineus, de la Solana 62 ✆ 00 376 85 58 55, *reialpirineus@ahotels.com, Fax 00 376 85 58 45* – .
Comida - sólo cena, sólo clientes - 15 – **39 hab** 150/190.
◆ Edificio situado en la ladera de la montaña, en la zona alta de Pas de la Casa. Las habitaciones destacan por su decoración zen. El restaurante ofrece varios menús y buffets. Piano-bar por las noches.

por la carretera de Soldeu *Suroeste : 10 km :*

Grau Roig , Grau Roig, ✉ Pas de la Casa, ✆ 00 376 75 55 56, *hotelgrauroig@andorra.ad, Fax 00 376 75 55 57,* <, , – . rest
diciembre-17 abril y 18 junio-12 septiembre – **Comida** 35 – **44 hab** 215/320.
◆ Con el circo de Pessons como telón de fondo, esta típica construcción montañesa reformada resulta idónea para pasar unos días. Habitaciones coquetas y bien equipadas. Agradable restaurante con techo artesonado, "boiseries", piedra y objetos locales antiguos.

SANT JULIÀ DE LÒRIA – *alt. 909 – ✉ Sant Julià de Lòria.*
Andorra la Vella 7.

Imperial sin rest, av. Rocafort 27 ✆ 00 376 84 34 78, *imperial@andornet.ad, Fax 00 376 84 34 79* –
45 hab 69/98.
◆ En la orilla izquierda del Gran Valira, edificio moderno de interior muy cuidado. Habitaciones acogedoras, una de ellas con ducha de hidromasaje. Acogida amable.

Pol sin rest, Verge de Canolich 52 ✆ 00 376 84 11 22, *hotelpolandorra@andorra.ad, Fax 00 376 84 18 52* – .
80 hab 70/74.
◆ En la avenida principal, gran edificio de habitaciones confortables y bien equipadas. El salón invita a sentarse cerca de la chimenea de piedra.

al Sureste : *7 km :*

Coma Bella , bosque de La Rabassa - alt. 1 300, ✉ Sant Julià de Lória, ✆ 00 376 84 12 20, *comabella@myp.ad, Fax 00 376 84 14 60,* <, , climatizada – . rest
cerrado del 10 al 24 de abril y del 3 al 17 de noviembre – **Comida** 12 – **30 hab** 52/85 – PA 21.
◆ Muy bien situado en el bosque de La Rabassa, este hotel que está siendo reformado poco a poco es ideal para descansar. El restaurante ofrece hermosas vistas de las cimas del Principado. Comedor de decoración depurada, ambiente sencillo y cocina familiar.

SANTA COLOMA – *alt. 970 – ✉ Andorra la Vella.*
Andorra la Vella 3.

Cerqueda , Mossèn Lluís Pujol ✆ 00 376 72 22 35, *Fax 00 376 72 29 09,* , – . rest
cerrado 7 enero-7 febrero – **Comida** 15 – 4,10 – **65 hab** 38/59,10.
◆ El entorno natural de este establecimiento tranquilizará a los que huyen del bullicio de las ciudades. Varias habitaciones con vistas del valle. La amable acogida, la tranquilidad y el panorama ayudan a olvidar la modestia del comedor.

Don Pernil, av. d'Enclar 94 ✆ 00 376 72 52 55, *Fax 00 376 72 26 24,* –
cerrado del 10 al 29 de enero, domingo noche y lunes salvo festivos – **Comida** - carnes a la brasa - carta 22 a 26.
◆ Cocina tradicional especializada en carnes a la brasa que, según la temporada, se sirven en dos salas de ambiente rústico o en la terraza.

Parador, av. d'Enclar 100 ✆ 00 376 72 28 04, *restaurantparador@andorra.ad, Fax 00 376 72 28 04* – .
cerrado julio, domingo noche y lunes – **Comida** carta 21 a 31.
◆ Además de carnes a la brasa, este restaurante elabora platos típicamente andorranos al alcance de todos los bolsillos. Excelente acogida.

Las páginas explicativas de la introducción
le ayudarán a sacar el máximo partido a su ***Guía Michelin.***

SOLDEU – *alt. 1826 – ✉ Canillo – Deportes de invierno : 1700/2560 m. 24 2.*
Andorra la Vella 19.

Piolets, carretera General ✆ 00 376 87 17 87, *piolets@ahotels.ad, Fax 00 376 87 17 88,* – – 25/80.
diciembre-abril y julio-septiembre – **Comida** 15 – **118 hab** 127/200.
◆ Los deportistas son clientes habituales de este establecimiento situado al pie de las pistas de esquí. Habitaciones amplias y bien decoradas. A la hora de comer podrá elegir entre la cocina italiana y el buffet para los que tienen prisa.

Xalet Montana, carretera General ✆ 00 376 85 10 18, *hotelnaudi@andornet.ad, Fax 00 376 85 20 22,* – .
diciembre-abril – **Comida** - sólo clientes - 18 – **40 hab** 96/128.
◆ Hotel de decoración cuidada en el que todas las habitaciones dan a las pistas de esquí. Salón de ambiente nórdico y agradable zona de relax.

en Incles *Oeste : 1,8 km :*

Parador Canaro, ✉ Canillo, ✆ 00 376 75 11 50, *hotelparadorcanaro@andorra.ad, Fax 00 376 85 17 20,* – .
cerrado 15 mayo-15 julio – **Comida** 15,50 – **18 hab** 41/74.
◆ Típica casa de montaña entre prados utilizados como camping en verano y como pistas de esquí en invierno. Habitaciones amplias con mobiliario estándar. Acogedor restaurante rústico, con pilares de piedra, vigas y mobiliario de madera, bar y terraza.

en El Tarter *Oeste : 3 km :*

Nordic, ✉ Canillo, ✆ 00 376 73 95 00, *hotelnordic@gruponordic.ad, Fax 00 376 73 95 01,* – , rest, – 25/65. .
Comida - sólo cena, sólo buffet - 18 – **120 hab** 145/193,20.
◆ Este gran hotel dispone de un amplio vestíbulo en el que se expone una colección de motos antiguas. Habitaciones cuidadosamente decoradas ; terrazas privadas. Las comidas, sencillas, se sirven en forma de buffet.

Del Tarter, ✉ Canillo, ✆ 00 376 80 20 80, *heltarter@andornet.ad, Fax 00 376 80 20 81,* – .
cerrado 15 octubre-4 diciembre – **Comida** 16 – **37 hab** 93/124.
◆ Al pie del pueblo, este gran edificio de piedra con balcones floridos invita a descansar en sus remodeladas habitaciones. Bonito interior en el que predomina la madera. Sauna. En el restaurante, amable acogida, madera en las paredes y cocina de sabor francés.

Llop Gris , ✉ Canillo, ✆ 00 376 75 15 15, *info@hotelllopgris.com, Fax 00 376 85 12 29,* – – 30/80.
cerrado mayo y octubre – **Comida** 28 – **68 hab** 120/150.
◆ Establecimiento que ofrece numerosas actividades deportivas y de ocio. Las pistas de esquí están a un paso. Zona social de buen nivel. Comedor cuidado. Solicite una mesa situada cerca de la cocina a la vista del público.

Del Clos, ✉ Canillo, ✆ 00 376 85 15 00, *hoteldelclos@grupnordic.ad, Fax 00 376 85 15 54,* – .
Comida - sólo cena, buffet en invierno - 18 – **54 hab** 100,80/134,40.
◆ Esta bella mansión andorrana que se yergue frente a las cumbres posee un manantial propio. Habitaciones amplias amuebladas en el estilo de la zona ; algunas tienen balcón. El restaurante es de estilo montañés, con piedra vista, vigas claras y madera labrada.

El TARTER – *ver Soldeu.*

Portugal

Estabelecimentos com estrelas
Establecimientos con estrellas
Les établissements à étoiles
Gi esercizi con stelle
Die Stern-Restaurants
Starred establishments

✿✿

Albufeira	*Vila Joya*

✿

Almancil	*Henrique Leis*	Cascais	*Fortaleza do Guincho*
"	*São Gabriel*	"	*Porto de Santa Maria*
Amarante	*Casa da Calçada*	Coimbra	*Quinta das Lágrimas*

"Bib Hotel"

Grato descanso a preço moderado
Grato descanso a precio moderado
Bonnes nuits à petits prix
Un buon riposo a prezzi contenuti
Hier übernachten Sie gut und preiswert
Good accommodation at moderate prices

qto

Arcos de Valdevez	*Costa do Vez*	Curia	*Do Parque*
Arganil	*De Arganil*	Fátima	*Santo António*
Aveiro	*Do Alboi*	Frechas	*Casa dos Araujos*
"	*Hotelaria do Alboi*	Loivos	*Quinta do Real*
"	*João Capela*	Manteigas	*Albergaria Berne*
Batalha	*Casa do Outeiro*	Mirandela	*Jorge V*
Boticas	*Estalagem de Carvalhelhos*	Penafiel	*Pena H.*
Braga	*Albergaria Senhora-a-Branca*	Portalegre	*Mansão Alto Alentejo*
Bragança	*Nordeste Shalom*	Porto	*América*
"	*Santa Apolónia*	"	*Brasília*
Carvalhal	*Montemuro*	Tondela	*S. José*
Chaves	*Brites*	Torres Vedras	*Páteo da Figueira*

"Bib Gourmand"

Refeições cuidadas a preços moderados

Buenas comidas a precios moderados

Repas soignés à prix modérés

Pasti accurati a prezzi contenuti

Sorgfältig zubereitete, preiswerte Mahlzeiten

Good food at moderate prices

 *Refeição*

Águeda	*Adega do Fidalgo*
Alferrarede	*Cascata*
Alpedrinha	*Quinta do Anjo da Guarda*
Alpiarça	*A Casa da Emília*
Altura	*A Chaminé*
Arcos de Valdevez	*Grill Costa do Vez*
Aveiro	*Olaria*
Bucelas	*Barrete Saloio*
Caminha	*O Barão*
"	*Duque de Caminha*
Canas de Senhorim	*Zé Pataco*
Cantanhede	*Marquês de Marialva*
Carvalhos	*Mario Luso*
Castelo Branco	*Praça Velha*
Chaves	*Carvalho*
"	*A Talha*
Entroncamento	*O Barriga's*
Fão	*Camelo Apulia*
Leiria	*O Casarão*
Lisboa	*D'Avis*
Estreito de Câmara de Lobos	*Santo António*
Maia	*Machado*
Melgaço	*Panorama*
Mogadouro	*A Lareira*
Montemor-o-Velho	*Ramalhão*
Nelas	*Os Antónios*
Oeiras	*Patricio*
Oliveira de Azeméis	*Diplomata*
Pedra Furada	*Pedra Furada*
Póvoa de Lanhoso	*El Gaucho*
Queluz	*O Parreirinha*
Rio Maior	*Cantinho da Serra*
Romeu	*Maria Rita*
Santiago do Escoural	*Manuel Azinheirinha*
São Pedro do Sul	*Adega da Ti Fernanda*
Sertã	*Santo Amaro*
Setúbal	*Isidro*
Viana do Castelo	*Camelo*
Vila Nova de Famalicão	*Tanoeiro*
Viseu	*Muralha da Sé*

Hotéis agradáveis
Hoteles agradables
Hôtels agréables
Alberghi ameni
Angenehme Hotels
Particulary pleasant Hotels

Armação de Pêra	*Vila Vita Parc*
"	*Sofitel Vilalara Thalasso*
Beja	*Pousada de São Francisco*
Coimbra	*Quinta das Lágrimas*
Estremoz	*Pousada da Rainha Santa Isabel*
Lisboa	*Lapa Palace*
"	*Pestana Palace*
Funchal (Madeira)	*Choupana Hills*
"	*Quinta das Vistas*
Portimão	*Le Meridien Penina*

Amarante	*Casa da Calçada*
Cascais	*Estalagem Villa Albatroz*
"	*Fortaleza do Guincho*
Évora	*Pousada dos Lóios*
Guimarães	*Pousada de Nossa Senhora da Oliveira*
Funchal (Madeira)	*Estalagem Casa Velha do Palheiro*
Ponta do Sol (Madeira)	*Estalagem da Ponta do Sol*
Redondo	*Convento de São Paulo*
Viana do Castelo	*Estalagem Casa Melo Alvim*
Vila Viçosa	*Pousada de D. João IV*

Lisboa	*Solar do Castelo*
"	*Solar dos Mouros*
"	*York House*
Macedo de Cavaleiros	*Estalagem do Caçador*
Mangualde	*Estalagem Casa d'Azurara*

Alcobaça	*Challet Fonte Nova*
Cascais	*Casa da Pérgola*
Fataunços	*Casa de Fataunços*
Manteigas	*Casa das Obras*
Monção	*Solar de Serrade*
Montemor-o-Novo	*Monte do Chora Cascas*
Pinhão	*Casa do Visconde de Chanceleiros*
Quintela de Azurara	*Casa de Quintela*
Rio Maior	*Quinta da Ferraria*
"	*Quinta da Cortiçada*
Sintra	*Quinta da Capela*
Tavira	*Convento de Santo António*
Valença do Minho	*Casa do Poço*

Restaurantes agradáveis
Restaurantes agradables
Restaurants agréables
Ristoranti ameni
Angenehme Restaurants
Particulary pleasant Restaurants

XXXX

Albufeira *Vila Joya*
Almancil *Casa Velha*

XXX

Almancil *Pequeno Mundo*
Lisboa *Casa da Comida*
" *Tavares*
Estreito de Câmara de Lobos (Madeira) *Bacchus*
Porto *Churrascão do Mar*

XX

Almancil *Henrique Leis*

✿✿ ✿ *As estrelas* — *Las estrellas* — *Les étoiles* — *Le stelle* — *Die Sterne* — *The stars*

"Bib Hotel"

qto 55/65

Grato descanso a preço moderado
Grato descanso a precio moderado
Bonnes nuits à petits prix
Un buon riposo a prezzi contenuti
Hier übernachten Sie gut und preiswert
Good accommodation at moderate prices

"Bib Gourmand"

Refeição 25

Refeições cuidadas a preços moderados
Buenas comidas a precios moderados
Repas soignés à prix modérés
Pasti accurati a prezzi contenuti
Sorgfältig zubereitete, preiswerte Mahlzeiten
Good food at moderate prices

Atractivos e tranquilidade
Atractivo y tranquilidad
L'agrément et tranquillité
Amenità e tranquillità
Annehmlichkeit
Peaceful atmosphere and setting

Cidade com mapa de arredores
Población con mapa de alrededores
Carte de voisinage : voir à la ville choisie
Città con carta dei dintorni
Stadt mit Umgebungskarte
Town with a local map

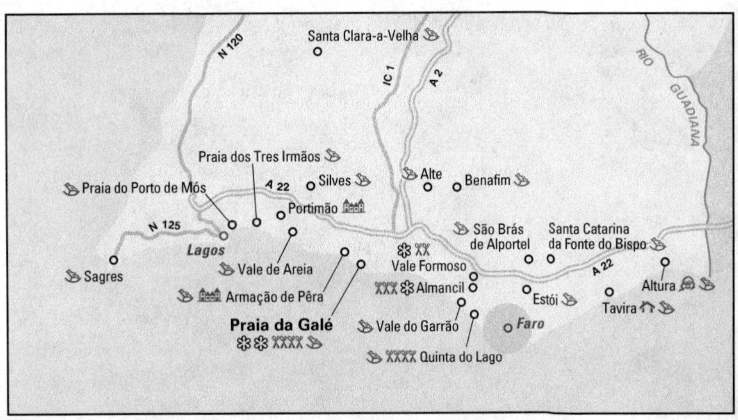

OCEANO
ATLÂNTICO
ESPAÑA
Valença do Minho
Gondarém
Caminha
Sta. Marta de Portuzelo
Santa Luzia
Viana do Castelo
Melgaço
Monção
Arcos de Valdevez
Calheiros
Outeiro
Carvalhelhos
Amares
Ruivães
Braga
Póvoa de Lanhoso
Apúlia
Pedra Furada
Laundos
Vila Nova de Famalicão
Guimarães
Tabuadelo
Mondim de Basto
Nogueira
Amarante
Porto
Penafiel
Carvalhos
Chaves
Vidago
Nantes
Bragança
Matosinhos
Pedra Salgadas
Romeu
Macedo de Cavaleiros
Mirandela
Vila Real
Cumieira
Frechas
Mogadouro
Pinhão
Lamego
Sta Maria da Feira
Oliveira de Azeméis
Carvalhal
Torreira
Santa Cruz da Trapa
São Pedro do Sul
Fataunços
Aveiro
São Miguel do Outeiro
Viseu
Quintela de Azurara
Fermentelos
Sangalhos
Aguada de Cima
Mangualde
Curia
Nelas
Cantanhede
Manteigas
Tondela
Canas de Senhorim
Caceira de Cima
Belmonte
Buçaco
Figueira da Foz
Coimbra
Arganil
Montemor-O-Velho
Alpedrinha
Monfortinho (Termas de)
Pedrógão Pequeno
Leiria
Cernache do Bonjardim
Batalha
Sertã
Castelo Branco
Alcobaça
Fátima
Alto da Serra
Ferreira do Zêzere
Óbidos
Entroncamento
Martinchel
Serra d'El-Rei
Outeiro da Cortiçada
Alferrarede
Póvoa e Meadas
Praia do Porto Novo
Rio Maior
Azóia de Baixo
Alpiarça
Aldeia da Mata
Alvarrões
Gibraltar
Praia Azul
Gradil
Ribeira de São João
Flor da Rosa
Portalegre
Bucelas
Cabeço de Vide
Sintra
Vila Franca de Xira
Figueira e Barros
Tercena
Sousel
Campo Maior
Lisboa
Estremoz
Santo Amaro de Oeiras
Montemor-o-Novo
Cascais
Arraiolos
Vila-Viçosa
Palmela
Setúbal
Aldeia da Serra
Praia do Guincho
Santiago do Escoural
Évora
Alcácer do Sal
Monsaraz
Torrão
Albernoa
Alvito
Beja
Madrid
Lisboa
Casablanca
ILHA DO PORTO SANTO
Vila Baleira
ILHA DA MADEIRA
Ponta Delgada
Eira do Serrado
Monte
Ponta do Sol
Caniço de Baixo
Estreito de Câmara de Lobos
Funchal

Símbolos essenciais

(lista completa p. 21 a 32)

O conforto

Grande luxo e tradição
Grande conforto
Muito confortável
Confortável
Simples, mas confortável
Simples, mas aceitável
Outros tipos de alojamento recomendados (Turismo Rural, Turismo de Habitação, Agroturismo)

sem rest — *O hotel não tem restaurante*

com qto — *O restaurante tem quartos*

As boas mesas

Uma mesa excelente, merece um desvio
Especialidades e vinhos seleccionados : deve estar preparado para uma despesa em concordância.

Uma muito boa mesa na sua categoria

Refeição — *O* **"Bib Gourmand":** *Refeições cuidadas a preços moderados*

Atractivos e tranquilidade

... — *Hotéis agradáveis*
... — *Restaurantes agradáveis*
Hotel muito tranquilo ou isolado e tranquilo
Hotel tranquilo
mar — *Vista excepcional*

As curiosidades

★★★ *De interesse excepcional*
★★ *Muito interessante*
★ *Interessante*

Os vinhos
Los vinos
Les vins
I vini
Weine
Wines

①	*Vinhos Verdes*	⑨ *a* ⑫	*Lagoa, Lagos, Portimão, Tavira*
②, ③	*Porto e Douro, Dão*	⑬ *a* ⑮	*Borba, Redondo, Reguengos*
④	*Bairrada*	⑯	*Madeira*
⑤ *a* ⑧	*Bucelas, Colares, Carcavelos, Setúbal*		

Vinhos e especialidades regionais

Portugal possui uma tradição vitivinícola muito antiga. A diversidade das regiões vinícolas tem determinado a necessidade de regulamentar os seus vinhos com Denominações de Origem, indicadas no mapa correspondente.

Regiões e localização no mapa	Características dos vinhos	Especialidades regionais
Minho, Douro Litoral, Trás-Os-Montes, Alto Douro ① *e* ②	**Tintos** *encorpados, novos, ácidos* **Brancos** *aromáticos, suaves, frutados, delicados, encorpados* **Portos** *(Branco, Tinto, Ruby, Tawny, Vintage) ricos em açúcares*	*Caldo verde, Lampreia, Salmão, Bacalhau, Presunto, Cozido, Feijoada, Tripas*
Beira Alta, Beira Baixa, Beira Litoral ③ *e* ④	**Tintos** *aromáticos, suaves, aveludados, equilibrados, encorpados* **Brancos** *cristalinos, frutados, delicados, aromáticos*	*Queijo da Serra, Papos de Anjo, Mariscos, Caldeiradas, Ensopado de enguias, Leitão assado, Queijo de Tomar, Aguardentes*
Estremadura, Ribatejo ⑤ *a* ⑧	**Tintos** *de cor rubí, persistentes, secos, encorpados* **Brancos** *novos, delicados, aromáticos, frutados, elevada acidez* **Moscatel de Setúbal,** *rico em álcool, de pouca acidez*	*Amêijoas à bulhão pato, Mariscos, Caldeiradas, Queijadas de Sintra, Fatias de Tomar*
Algarve ⑨ *a* ⑫	**Tintos** *aveludados, suaves, frutados* **Brancos** *suaves*	*Peixes e mariscos na cataplana, Figos, Amêndoas*
Alentejo ⑬ *a* ⑮	**Tintos** *robustos e elegantes*	*Migas, Sericaia, Porco à Alentejana, Gaspacho, Açordas, Queijo de Serpa*
Madeira ⑯	*Ricos em álcool, secos, de subtil aroma*	*Espetadas (carne, peixe), Bolo de mel*

Vinos y especialidades regionales

Portugal posee una tradición vinícola muy antigua. La diversidad de las regiones vinícolas ha determinado la necesidad de regular sus vinos con Denominaciones de Origen (Denominações de Origem), indicadas en el mapa correspondiente.

Regiones y localização en el mapa	Características de los vinos	Especialidades regionales
Minho, Douro Litoral, Trás-Os-Montes, Alto Douro ① *y* ②	**Tintos** *con cuerpo, jóvenes, ácidos* **Blancos** *aromáticos, suaves, afrutados, delicados, con cuerpo* **Oportos** *(Blanco, Tinto, Ruby, Tawny, Vintage) ricos en azúcares*	*Caldo verde (Sopa de berza), Lamprea, Salmón, Bacalao, Jamón, Cocido, Feijoada (Fabada), Callos*
Beira Alta, Beira Baixa, Beira Litoral ③ *y* ④	**Tintos** *aromáticos, suaves, aterciopelados, equilibrados, con cuerpo* **Blancos** *cristalinos, afrutados, delicados, aromáticos*	*Queso de Serra, Papos de Anjo (Repostería), Mariscos, Calderetas, Guiso de pan y anguilas, Cochinillo asado, Queso de Tomar, Aguardientes*
Estremadura, Ribatejo ⑤ *al* ⑧	**Tintos** *de color rubí, persistentes, secos, con cuerpo* **Blancos** *jóvenes, delicados, aromáticos, afrutados, elevada acidez* **Moscatel de Setúbal,** *rico en alcohol, bajo en acidez*	*Almejas al ajo, Mariscos, Calderetas, Queijadas (Tarta de queso) de Sintra, Torrijas de Tomar*
Algarve ⑨ *al* ⑫	**Tintos** *aterciopelados, suaves* **Blancos** *suaves*	*Pescados y mariscos « na cataplana », Higos, Almendras*
Alentejo ⑬ *al* ⑮	**Tintos** *robustos y elegantes*	*Migas, Sericaia (Repostería), Cerdo a la Alentejana, Gazpacho (Sopa fría de tomate y cebolla), Açordas (Sopa de pan y ajo), Queso de Serpa*
Madeira ⑯	*Ricos en alcohol, secos, de sutil aroma*	*Brochetas (carne, pescado), Pastel de miel*

Vins et spécialités régionales

La tradition viticole portugaise remonte aux temps les plus anciens. La diversité des régions rendit nécessaire la réglementation de ses vins. Les Appelations d'Origine (Denominações de Origem), sont indiquées sur la carte.

Régions et localisation sur la carte	Caractéristiques des vins	Spécialités régionales
Minho, Douro Litoral, Trás-Os-Montes, Alto Douro ① *et* ②	**Rouges** *corsés, jeunes, acidulés* **Blancs** *aromatiques, doux, fruités, délicats, corsés* **Portos** *(Blanc, Rouge, Ruby, Tawny, Vintage) riches en sucres*	*Caldo verde (Soupe aux choux), Lamproie, Saumon, Morue, Jambon, Pôt-au-feu, Feijoada (Cassoulet au lard), Tripes*
Beira Alta, Beira Baixa, Beira Litoral ③ *et* ④	**Rouges** *aromatiques, doux, veloutés, équilibrés, corsés* **Blancs** *cristalins, fruités, délicats, aromatiques*	*Fromage de Serra, Papos de Anjo (Gâteau), Fruits de mer, Bouillabaisse, Ensopado de enguias (Bouillabaisse d'anguilles), Cochon de lait rôti, Fromage de Tomar, Eaux de vie*
Estremadura, Ribatejo ⑤ *à* ⑧	**Rouges** *couleur rubis, amples, secs, corsés* **Blancs** *jeunes, délicats, aromatiques, fruités, acidulés* **Moscatel de Setúbal,** *riche en alcool, faible acidité*	*Palourdes à l'ail, Fruits de mer, Bouillabaisse, Queijadas de Sintra (Gâteau au fromage), Fatias de Tomar (Pain perdu)*
Algarve ⑨ *à* ⑫	**Rouges** *veloutés, légers, fruités* **Blancs** *doux*	*Poissons et fruits de mer « na cataplana », Figues, Amandes*
Alentejo ⑬ *à* ⑮	**Rouges** *robustes et élégants*	*Migas (Pain et lardons frits), Sericaia (Gâteau), Porc à l'Alentejana, Gaspacho (Soupe froide à la tomate et oignons), Açordas (Soupe au pain et ail), Fromage de Serpa*
Madeira ⑯	*Riches en alcool, secs, arôme délicat*	*Brochettes (viande, poissons), Gâteau au miel*

Vini e specialità regionali

Il Portogallo possiede una tradizione vinicola molto antica. La diversità delle regioni ha reso necessaria la regolamentazione dei vini attraverso Denominazioni d'Origine (Denominações de Origem), indicate sulla carta corrispondente.

Regioni e localizzazione sulla carta	Caratteristiche dei vini	Specialità regionali
Minho, Douro Litoral, Trás-Os-Montes, Alto Douro ① *e* ②	**Rossi** *corposi, giovani, aciduli* **Bianchi** *aromatici, dolci, fruttati, delicati, corposi* **Porto** *(Bianco, Rosso Ruby, Tawny, Vintage) ricchi in zuccheri*	*Caldo verde (Zuppa di cavolo), Lampreda, Salmone, Merluzzo, Prosciutto, Bollito, Feijoada (Stufato di lardo), Trippa*
Beira Alta, Beira Baixa, Beira Litoral ③ *e* ④	**Rossi** *aromatici, dolci, vellutati, equilibrati, corposi* **Bianchi** *cristallini, fruttati, delicati, aromatici*	*Formaggio di Serra, Papos de Anjo (Torta), Frutti di mare, Zuppa di pesce, Ensopado de enguias (Zuppa di anguilla), Maialino da latte arrosto, Formaggio di Tomar, Acquavite*
Estremadura, Ribatejo ⑤ *a* ⑧	**Rossi** *rubino, ampi, secchi, corposi* **Bianchi** *giovani, delicati, aromatici, fruttati, aciduli* **Moscatel de Setúbal,** *ricco in alcool, di bassa acidità*	*Vongole all'aglio, Frutti di mare, Zuppa di pesce, Queijadas de Sintra (Torta al formaggio), Fatias de Tomar (Frittella di pane)*
Algarve ⑨ *a* ⑫	**Rossi** *vellutati, leggeri, fruttati* **Bianchi** *dolci*	*Pesci e frutti di mare « na cataplana », Fichi, Mandorle*
Alentejo ⑬ *a* ⑮	**Rossi** *robusti ed eleganti*	*Migas (Pane e pancetta fritta), Sericaia (Torta), Maiale a l'Alentejana, Gaspacho (Zuppa fredda di pomodoro e cipolle), Açordas (Zuppa di pane ed aglio), Formaggio di Serpa*
Madeira ⑯	*Ricchi in alcool, secchi, aroma delicato*	*Spiedini (carne, pesce), Dolce al miele*

Weine und regionale Spezialitäten

Portugal besitzt eine sehr alte Weinbautradition. Die Vielzahl der Regionen, in denen Wein angebaut wird, macht eine Reglementierung der verschiedenen Weine durch geprüfte und und gesetzlich geschützte Herkunftsbezeichnungen (Denominaçoes de Origem) erforderlich.

Regionen und Lage auf der Karte	Charakteristik der Weine	Regionale Spezialitäten
Minho, Douro Litoral, Trás-Os-Montes, Alto Douro ① *und* ②	*Vollmundige, junge, säuerliche* **Rotweine** *Aromatische, liebliche, fruchtige, delikate, vollmundige* **Weißweine** **Portweine** *(Weiß, Rot, Ruby, Tawny, Vintage), mit hohem Zuckergehalt*	*Caldo verde (Krautsuppe), Neunauge, Lachs, Stockfisch, Schinken, Rindfleischeintopf, Feijoada (Bohneneintopf), Kutteln*
Beira Alta, Beira Baixa, Beira Litoral ③ *und* ④	*Aromatische, liebliche, volle und milde, ausgeglichene, körperreiche* **Rotweine** *Kristallklare, fruchtige, delikate, aromatische* **Weißweine**	*Käse von Serra, Papos de Anjo (Kuchen), Meeresfrüchte, Fischsuppe, Ensopado de enguias (Fischsuppe mit Aal), Gebratenes Spanferkel, Käse von Tomar, Schnaps*
Estremadura, Ribatejo ⑤ *bis* ⑧	**Rotweine** *von rubinroter Farbe, reich, trocken, vollmundig* *Junge, delikate, aromatische, fruchtige, säuerliche* **Weißweine** **Muskatwein von Setúbal,** *mit hohem Alkohol- und geringem Säuregehalt*	*Venusmuscheln mit Knoblauch, Meeresfrüchte, Fischsuppe, Queijadas (Käsekuchen) von Sintra, Fatias (in Eiermilch ausgebackenes Brot) von Tomar*
Algarve ⑨ *bis* ⑫	*Volle und milde, leichte, fruchtige* **Rotweine** *Liebliche* **Weißweine**	*Fische und Meeresfrüchte « na cataplana », Feigen, Mandeln*
Alentejo ⑬ *bis* ⑮	*Kräftige und elegante* **Rotweine**	*Migas (Brot und frischer Speck), Sericaia (Kuchen), Schweinefleisch nach der Art von Alentejo, Gaspacho (Kalte Tomaten und Zwiebelsuppe), Açordas (Knoblauch-Brot-Suppe), Käse von Serpa*
Madeira ⑯	*Weine mit hohem Alkoholgehalt, trocken, mit delikatem Aroma*	*Spieße (Fleisch, Fisch), Honigkuchen*

Wines and regional specialities

Portugal has a very old wine producing tradition. The diversity of the wine growing regions made it necessary to regulate those wines by the Appellation d'Origine (Denominações de Origem) indicated on the corresponding map.

Regions and location on the map	Wine's characteristics	Regional Specialities
Minho, Douro Litoral, Trás-Os-Montes, Alto Douro ① *and* ②	**Reds** *full bodied, young, acidic* **Whites** *aromatic, sweet, fruity, delicate, full bodied* **Port** *(White, Red, Ruby, Tawny, Vintage), highly sugared*	*Caldo verde (Cabbage soup), Lamprey, Salmon, Codfish, Ham, Stew, Feijoada (Pork and bean stew), Tripes*
Beira Alta, Beira Baixa, Beira Litoral ③ *and* ④	**Reds** *aromatic, sweet, velvety, well balanced, full bodied* **Whites** *crystal-clear, fruity, delicate, aromatic*	*Serra Cheese, Papos de Anjo (Cake), Seafood, Fishsoup, Ensopado de enguias (Eel stew), Roast pork, Tomar Cheese, Aguardentes (distilled grape skins and pips)*
Estremadura, Ribatejo ⑤ *to* ⑧	*Ruby coloured* **reds,** *big, dry, full bodied* **Young whites** *delicate, aromatic, fruity, acidic* **Moscatel from Setúbal,** *strong in alcohol, slightly acidic*	*Clams with garlic, Seafood, Fish soup, Queijadas (Cheesecake) from Sintra, Fatias (Sweet bread) from Tomar*
Algarve ⑨ *to* ⑫	*Velvety* **reds,** *light, fruity* *Sweet* **whites**	*Fish and Seafood « na cataplana », Figs, Almonds*
Alentejo ⑬ *to* ⑮	*Robust elegant* **reds**	*Migas (Fried breadcrumbs), Sericaia (Cake), Alentejana pork style, Gaspacho (Cold tomato and onion soup), Açordas (Bread and garlic soup), Serpa Cheese*
Madeira ⑯	*Strong in alcohol, dry with a delicate aroma*	*Kebab (Meat, Fish), Honey cake*

MAPAS E GUIAS MICHELIN

MAPAS Y GUÍAS MICHELIN

CARTES ET GUIDES MICHELIN

CARTE E GUIDE MICHELIN

MICHELIN KARTEN UND REISEFÜHRER

MICHELIN MAPS AND GUIDES

MICHELIN – Edições de Viagem
Av. de los Encuartes, 19
28760 TRES CANTOS (Madrid)
Tél. : 91 410 50 00 – Fax : 91 410 50 10

Cidades

Poblaciones

Villes

Città

Städte

Towns

ABRANTES *Santarém* 733 N 5 – *17 859 h alt. 188.*
Ver : *Sítio★.*
Largo 1º de Maio ✉ 2200-320 ℘ 241 36 25 55 Fax 241 36 67 58.
Lisboa 142 – Santarém 61.

De Turismo, Largo de Santo António, ✉ 2200-349, ℘ 241 36 12 61, *hotelabrantes@iol.pt, Fax 241 36 52 18,* ≤ Abrantes e vale do Tejo, – AE VISA JCB.
Refeição 20 – 6 – **40 qto** 55/65.
• As excelentes vistas sobre o vale do Tejo constituem uma das suas maiores atracções. Dependências clássicas com detalhes de certa antiguidade e quartos renovados. Amplo refeitório panorâmico, bar e esplanada.

AGUADA DE CIMA *Aveiro – ver Águeda.*

ÁGUEDA *Aveiro* 733 K 4 – *11 357 h.*
Largo Dr. João Elísio Sucena ✉ 3750-108 ℘ 234 60 14 12 agueda.rotadaluz@inovanet.pt.
Lisboa 250 – Aveiro 22 – Coimbra 42 – Porto 85.

em Aguada de Cima *Sudeste : 9,5 km :*

Adega do Fidalgo, Almas da Areosa, ✉ 3750-043 Aguada de Cima, ℘ 234 66 62 26, *Fax 234 66 72 26,* – AE VISA.
fechado domingo noite – **Refeição** - grelhados - lista 20 a 27.
• A sua grelha encarrega-se de dar o ponto a produtos de excelente qualidade. Refeitório aconchegante com um entranhável estilo típico, e uma esplanada-jardim durante o verão.

ALANDROAL *Évora* 733 P 7 – *1 422 h.*
Lisboa 192 – Badajoz 53 – Évora 56 – Portalegre 86 – Setúbal 160.

A Maria, Rua João de Deus 12, ✉ 7250-142, ℘ 268 43 11 43, *Fax 268 44 93 37* – AE VISA JCB.
fechado do 16 ao 31 de agosto e 2ª feira – **Refeição** lista 21 a 29.
• Com o atractivo e o encanto das coisas simples. O seu interior recolhe a herança da tradição regional alentejana. Cozinha atenta às receitas do lugar.

ALBERGARIA-A-VELHA *Aveiro* 733 J 4 – *7 421 h.*
Lisboa 261 – Aveiro 20 – Coimbra 62 – Viseu 73 – Porto 62.

em Alquerubim *Sudoeste : 9 km :*

Casa de Fontes , ✉ 3850-365 Alquerubim, ℘ 234 93 87 01, *casadefontes@mail.telepac.pt, Fax 234 93 87 03,* , , , – AE VISA.
Refeição - só clientes a pedido - 25 – **10 qto** 80/90.
• Belo conjunto cuja casa principal data de 1873, reservando esta zona para as salas e espaços sociais. Os quartos resultam clássicos e algo sóbrios no seu mobiliário.

ALBERNOA *Beja* 733 S 6 – *890 h.*
Lisboa 196 – Évora 104 – Faro 125 – Setúbal 165.

ao Noroeste : *7 km :*

Clube de Campo Vila Galé , Herdade da Figueirinha, ✉ 7801-905 Beja apartado 404, ℘ 284 97 01 00, *reserv.clubedecampo@vilagale.pt, Fax 284 97 01 50,* , , , , – – 25/300. AE VISA.
Refeição 20,50 – **30 qto** 156.
• Exploração agrícola junto à barragem do Roxo, com várias edificações horizontais onde se distribuem quartos modernos. Completa oferta lúdica. Refeitório rústico com grandes vigas de madeira e uma lareira que preside a sala.

ALBUFEIRA *Faro* 733 U 5 – *16 237 h – Praia.*
Ver : *Sítio★.*
18 *Vale Parra, Oeste : 8,5 km Salgados Golf Club ℘ 289 58 30 30 Fax 289 59 11 12.*
Rua 5 de Outubro ✉ 8200-109 ℘ 289 58 52 79.
Lisboa 326 – Faro 36 – Lagos 52.

Alísios, Av. Infante Dom Henrique 83, ✉ 8200-916, ℘ 289 58 92 84, *alisios@mail.telepac.pt, Fax 289 58 92 88,* ≤, – AE VISA.
Refeição - só jantar - 25 – **112 qto** 125/145 – 3 suites.
• Hotel funcional cuja localização ao pé da praia evidencia uma orientação ao turismo de férias. Correcta zona social e confortáveis quartos com esplanadas e casas de banho actuais. Aconchegante refeitório instalado na cave.

Vila Galé Cerro Alagoa, Rua do Município, ✉ 8200-916, ☎ 289 58 31 00, *cerroalagoa@vilagale.pt, Fax 289 58 31 99,* Ⓕ, ⛱, ⛱ - |♦| ▤ TV 🚗 P - 🏛 25/140. AE ⓓ ⓜ VISA. ✂
Refeição - só jantar - 28 - **295 qto** ☕ 156/195 - 15 suites.
◆ Está dotado de grande capacidade e múltiplas prestações, situado na entrada da localidade. Amplos espaços, delicada linha clássica e um equipamento completo. Restaurante em dois níveis com uma zona para a ementa e outra para o buffet.

Real Bellavista, Av. do Estádio, ✉ 8200-127, ☎ 289 54 00 60, *info@hotelrealbellavista.com, Fax 289 54 00 61,* Ⓕ, ⛱ aquecida, ⛱ - |♦| ▤ TV 🚗 P - 🏛 25/240. AE ⓓ ⓜ VISA. ✂
Refeição 25 - **190 qto** ☕ 146/171 - 5 suites.
◆ Na zona alta da cidade e dirigido tanto ao cliente em férias como ao de negócios. Salas amplas, quartos funcionais de corte moderno e uma boa oferta de ócio. Refeitório simples com serviço de buffet.

O Cabaz da Praia, Praça Miguel Bombarda 7, ✉ 8200-076, ☎ 289 51 21 37, *Fax 289 51 21 37,* ≤, 🏖 - ▤. ⓓ ⓜ VISA. ✂
fechado janeiro e 5ª feira - **Refeição** lista 25 a 37.
◆ Modesto estabelecimento com uma agradável esplanada ao lado do mar. Refeitório de simples instalações num estilo clássico bem cuidado. Ambiente confortável e relaxado.

em Areias de São João *Este : 2,5 km :*

Ondamar, ✉ 8200-918 apartado 2450 Albufeira, ☎ 289 58 67 74, *info@ondamarhotel.com, Fax 289 58 86 16,* Ⓕ, ⛱, ⛱ - |♦| ▤ TV ♿ P - 🏛 25/50. AE ⓓ ⓜ VISA. ✂
Refeição 15 - **92 apartamentos** ☕ 148/164.
◆ De linha actual, com quartos modernos, funcionais e bem equipados, ao estilo apartamentos T1. Eficiente organização e exteriores atractivos. No restaurante poderá desfrutar dos sabores da cozinha tradicional.

La Belgica, Beco de Santa Eulália, ✉ 8200-037 Albufeira, ☎ 289 54 22 12, *la_belgica_restaurant@hotmail.com, Fax 289 54 23 15* - ▤. ⓜ VISA. ✂
fechado 15 dezembro-15 janeiro e domingo - **Refeição** - só jantar, cozinha francesa - lista 24 a 40.
◆ Dois irmãos belgas dirigem o negócio com dignidade. Possui uma esplanada para o aperitivo e uma zona de bar seguida dum refeitório luminoso com mesas bem espaçadas.

Três Palmeiras, Av. Infante D. Henrique 51, ✉ 8200-261 Albufeira, ☎ 289 51 54 23, *Fax 289 51 54 23* - ▤ P. AE ⓓ ⓜ VISA. ✂
fechado janeiro e domingo - **Refeição** lista 20 a 32.
◆ Restaurante assentado e bem consolidado, que deve a sua fama à qualidade dos seus peixes. Séria organização familiar, esmerada manutenção e um cuidado serviço de mesa.

na praia de Santa Eulália *Este : 4 km :*

Grande Real Santa Eulália, ✉ 8200-916 Albufeira, ☎ 289 59 80 00, *info.gse@granderreal.com, Fax 289 59 80 01,* ≤, 🏖, Ⓕ, ⛱ climatizada, ✂ - |♦| ▤ TV 📞 ♿ 🚗 P - 🏛 25/600. AE ⓓ ⓜ VISA. ✂
Pergula *(só jantar)* **Refeição** lista 51 a 67 - ☕ 19 - **158 qto** 395/464 - 31 suites.
◆ Complexo situado na 1ª linha de praia. Dispõe de uma correcta zona social e completos quartos, a maioria de ar colonial e com varanda. Tratamentos de talassoterapia. O restaurante resulta amplo e luminoso.

em Sesmarias *Oeste : 4 km :*

O Marinheiro, Caminho da Praia da Coelha - Oeste : 4 km, ✉ 8200-385 Albufeira, ☎ 289 59 23 50, *mail@albufeiratopholidays.com, Fax 289 59 11 49,* 🏖 - ▤ P. AE ⓓ ⓜ VISA. ✂
fechado dezembro, janeiro e domingo salvo maio-outubro - **Refeição** - só jantar salvo domingo - lista aprox. 26.
◆ Um jovem casal dirige o negócio com orgulho e dignidade, brindando-nos com um refeitório de grande tamanho e alegre decoração, com uma acertada distribuição das suas mesas.

na Praia da Galé *Oeste : 6,5 km :*

Vila Galé Praia, ✉ 8200-917 apartado 2204 Albufeira, ☎ 289 59 01 80, *galepraia@vilagale.pt, Fax 289 59 01 88,* ⛱, ✂ - |♦| ▤ TV P. AE ⓓ ⓜ VISA JCB. ✂
junho-dezembro - **Refeição** - só jantar - 18 - **40 qto** ☕ 190/209.
◆ Hotelzinho de carácter funcional cujo interior alberga uma pequena zona social e quartos espaçosos equipados com mobiliário escolhido e casas de banho actuais.

PORTUGAL

XXXX ✿✿ **Vila Joya** 🐎 com qto, ✉ 8201-902 Guia ABF, ☎ 289 59 17 95, *info@vilajoya.com, Fax 289 59 12 01*, ≤, 🏖, 🏋, 🏊 climatizada, 🌴, 🎾 – ▤ TV P. AE ⓓ MC VISA JCB. ✂
março-15 novembro – **Refeição** 95 e lista 78 a 92 – **15 qto** ▭ 310/400 – 2 suites.
Espec. Salmonete com tomate e cebola em molho de balsamico e presunto de pata negra. Coelho en crosta de pão com ravioli de chouriço preto e molho de manjericão e cebola. Robalo com fatias de cabeça de vitela e arroz de rucola.
◆ Uma vila ao pé do mar onde impera a elegância. O seu serviço de mesa é esplêndido, com talheres de prata e baixela fina. Complementa-se com belíssimos quartos.

na Praia da Falésia *Este : 10 km :*

Sheraton Algarve 🐎, ✉ 8200-909 apartado 644 Albufeira, ☎ 289 50 01 00, *sheraton.algarve@starwoodhotels.com, Fax 289 50 19 50*, ≤ mar e campo de golfe, 🏖, 🏋, 🏊, 🏊, 🏄, 🌴, 🎾, ⛳ – |‡| ▤ TV ☎ ♿ P – 🎪 25/250. AE ⓓ MC VISA. ✂
Além-Mar *(só jantar)* **Refeição** lista 46 a 73 - ***O Pescador*** *(peixes e mariscos)* **Refeição** lista 62 a 80 - ***Aldar*** *(só jantar, cozinha marroquina, fechado janeiro, fevereiro, 3ª feira e 4ª feira)* **Refeição** lista 45 a 61 – **182 qto** ▭ 450/510 – 33 suites, 75 apartamentos.
◆ Magnífico edifício situado sobre uma falésia, num local de grande beleza. O seu elevado conforto e um alto equipamento conformam um interior luxuoso e cuidado. No restaurante Além-Mar desfrutará dum ambiente elegante e refinado.

ALCABIDECHE *Lisboa* 733 P 1 – *31 801 h.*

Lisboa 29 – Cascais 4 – Sintra 12.

na estrada de Sintra :

Atlantis Sintra-Estoril, junto ao autódromo - Nordeste : 2 km, ✉ 2645-545, ☎ 21 469 07 20, *hse.reservas@graopara.pt, Fax 21 469 07 40*, ≤, Serviços terapêuticos, 🏋, 🏊, 🌴, 🎾 – |‡| ▤ TV ♿ P – 🎪 25/250. AE ⓓ MC VISA JCB. ✂
Refeição 17,50 – **178 qto** ▭ 86/100 – 4 suites.
◆ Aconchegante e com exteriores ajardinados e muito atractivos, colocando à sua disposição quartos espaçosos e confortáveis, além de variados serviços terapêuticos. As grandes janelas do restaurante proporcionam um ambiente luminoso.

X **Mesón Andaluz,** Centro Comercial Cascaishopping-Loja 1089 A-2º - Este : 1 km, ✉ 2645, ☎ 21 460 06 59, *Fax 21 460 28 09* – ▤. AE ⓓ MC VISA JCB. ✂
Refeição - cozinha espanhola - lista 24 a 33.
◆ A esposa do proprietário homenageia sua terra, proporcionando-nos uma cozinha que une a tradição espanhola com a local, num bonito ambiente típico andaluz.

ALCÁCER DO SAL *Setúbal* 733 Q 4 – *6 602 h.*

ℹ Rua da República 66 ✉ 7580-135 ☎ 265 61 00 70 turismo.alcacer@iol.pt Fax 265 61 00 79.
Lisboa 97 – Beja 94 – Évora 75 – Setúbal 55 – Sines 70.

Pousada D. Afonso II 🐎, Castelo de Alcácer, ✉ 7580-123, ☎ 265 61 30 70, *guest@pousadas.pt, Fax 265 61 30 74*, ≤, Museu Arqueológico. Igreja, 🏊 – |‡| ▤ TV ♿ P – 🎪 25/100. AE ⓓ MC VISA. ✂
Refeição 26 – **33 qto** ▭ 193/205 – 2 suites.
◆ O passado e o presente convivem num castelo-convento situado sobre uma colina, com o rio Sado ao fundo. Sabe conjugar a sobriedade decorativa e o desenho funcional. Restaurante que destaca pelas distintas maneiras de preparar o arroz.

ALCANTARILHA *Faro* 733 U 4 – *2 347 h.*

Lisboa 258 – Albufeira 12 – Faro 48 – Lagos 36.

🏠 **Capela das Artes** 🐎, Quinta da Cruz, ✉ 8365-908 apartado 101, ☎ 282 32 02 00, *admin@capeladasartes.com, Fax 282 32 02 09*, 🏖, 🏊 – ▤ TV ♿ P – 🎪 25/150. AE ⓓ MC VISA
fechado janeiro – **Refeição** *(fechado 2ª feira)* - só jantar - 20 – **28 qto** ▭ 120/130.
◆ Tem um encanto especial, já que combina o seu trabalho de hotel com a organização de cursos e exposições. Quartos de ar rústico, amplos embora algo sóbrios. Restaurante de corte regional decorado com obras de arte.

pela estrada N 269 *Nordeste : 6,5 km :*

Casa do Catavento , Escorrega do Malhão, ✉ 8365-024, ☎ 282 44 90 84, *casa.do.catavento@oninet.pt, Fax 282 44 96 38*, , – rest, P. *fevereiro-outubro* – **Refeição** - só clientes a pedido - 20 – **4 qto** 63/75.
◆ Situado em pleno campo, possui um ambiente familiar. Aconchegante zona social com refeitório privado e quartos correctos, todos eles, com a excepção de um, possuem duche.

ALCOBAÇA *Leiria* 733 N 3 – *4 987 h alt. 42.*

Ver : *Mosteiro de Santa Maria*★★ : *Igreja*★★ *(túmulo de D. Inês de Castro*★★, *túmulo de D. Pedro*★★*), edifícios da abadia*★★.

Praça 25 de Abril ✉ *2460-018* ☎ *262 58 23 77 info@rt-leiriafatima.pt.*
Lisboa 110 – Leiria 32 – Santarém 60.

Santa Maria sem rest, Rua Dr. Francisco Zagalo 20, ✉ 2460-041, ☎ 262 59 01 60, *Fax 262 59 01 61* – – 25/400. AE VISA.
76 qto 52,50/75.
◆ A estratégica localização junto ao mosteiro, e as suas instalações totalmente renovadas e ampliadas, proporcionam-lhe uma gratificante estadia. Confortáveis quartos.

D. Inês de Castro sem rest, Rua Costa Veiga 44-48, ✉ 2460-028, ☎ 262 25 83 55, *reservas@hotel-inesdecastro.com, Fax 262 58 12 58* – – 25/120. VISA.
39 qto 60/80.
◆ Funcional e de recente construção, situado nos arredores da cidade. Dispõe de uma correcta cafetaria, uma moderna sala para reuniões e quartos de linha actual.

Challet Fonte Nova sem rest, Rua da Fonte Nova, ✉ 2461-601 apartado 82, ☎ 262 59 83 00, *mail@challetfontenova.pt, Fax 262 59 84 30* – P. AE VISA.
10 qto 85/110.
◆ Envolvida em lendas e história. Adentrar-se nesta elegante casa senhorial é fazer um pacto com o passado. Ao conforto tradicional une-se uma linda decoração.

em Aljubarrota *Nordeste : 6,5 km :*

Casa da Padeira sem rest, Estrada N 8-19, ✉ 2460-711 Aljubarrota (Prazeres), ☎ 262 50 52 40, *casadapadeira@mail.telepac.pt, Fax 262 50 52 41*, ←, – P
8 qto 55/80.
◆ Bonita casa decorada com mobiliário português e numa zona ajardinada. Possui uma acolhedora sala social e correctos quartos, a maioria com casas de banho com duche.

ALCOCHETE *Setúbal* 733 P 3 – *9 094 h.*

Largo da Misericórdia ✉ *2890-025* ☎ *21 234 86 55 posto-turismo@cm-alcochete.pt Fax 21 234 86 95.*
Lisboa 59 – Évora 101 – Santarém 81 – Setúbal 29.

Al Foz, Av. D. Manuel I, ✉ 2890-014, ☎ 21 234 11 79, *comercial@al-foz.pt, Fax 21 234 11 90* – – 25/50. AE VISA.
Refeição - ver rest. ***Al Foz*** – **32 qto** 105/125.
◆ Um lugar criado para desfrutar. Hotel de linha actual dotado de confortáveis quartos e uma boa zona social. Agradável exterior com esplanada e piscina.

Al Foz - *Hotel Al Foz*, Av. D. Manuel I, ✉ 2890-014, ☎ 21 234 19 37, *comercial@al-foz.pt, Fax 21 234 21 32*, ←, – P. AE VISA.
Refeição lista 24 a 29.
◆ Restaurante panorâmico com uma atractiva esplanada e belas vistas ao rio, onde oferecem um adequado serviço de mesa. A distribuição da sala é um pouco apertada.

ALDEIA DA MATA *Portalegre* 733 O 6 – *482 h.*

Lisboa 201 – Portalegre 27 – Santarém 133 – Castelo Branco 77 – Évora 107.

ao Sudoeste : *3 km e desvio a esquerda 3 km :*

Da Lameira , Herdade da Lameira, ✉ 7440-154, ☎ 245 69 74 95, *hrlameira@netc.pt, Fax 245 69 73 30*, ←, , , – P – 25/30. AE VISA JCB. qto
Refeição lista 22 a 34 – **25 qto** 60/100 – 5 suites.
◆ Numa ampla quinta de caça. A sua variada zona social completa-se com uns confortáveis quartos de estilo rústico-actual, alguns tipo duplex e a maioria com varanda. O refeitório resulta sóbrio embora de correcta montagem.

ALDEIA DA SERRA *Évora* – *ver Redondo.*

PORTUGAL

ALDEIA DAS DEZ *Coimbra* 733 L 6 – *627 h alt. 450.*
Lisboa 286 – Coimbra 81 – Guarda 93.

Quinta da Geia, Largo do Terreiro do Fundo do Lugar, ✉ 3400-214, ☎ 238 67 00 10, *quintadageia@mail.telepac.pt, Fax 238 67 00 19,* ≤ vale e Serra da Estrela, ⛱, 🏊 – TV ♿ P – 🏔 25. AE ◑ MC VISA JCB. ✂
Refeição 20 – **15 qto** ☐ 55/85 – 3 apartamentos.
◆ O encanto dos tempos passados e o conforto actual convivem neste atractivo conjunto arquitectónico do séc. XVII, em plena serra. Divirta-se no seu cálido e rústico interior. O seu refeitório simples complementa-se, no verão, com uma agradável esplanada exterior.

ALFERRAREDE *Santarém* 733 N 5 – *3 831 h.*
Lisboa 145 – Abrantes 2 – Santarém 79.

Cascata, Rua Manuel Lopes Valente Junior 19-A-1º, ✉ 2200-260 Abrantes, ☎ 241 36 10 11, *restaurante@cascata.pt, Fax 241 36 63 40* – ▤. ◑ MC VISA. ✂
fechado domingo noite e 2ª feira – **Refeição** lista 16 a 24.
◆ Correcta organização com a direcção dos proprietários. Refeitório clássico onde poderá desfrutar da cozinha do país, elaborada com produtos escolhidos a preços moderados.

ALIJÓ *Vila Real* 733 I 7 – *2 806 h.*
Lisboa 411 – Bragança 115 – Vila Real 44 – Viseu 117.

Pousada do Barão de Forrester, Rua Comendador José Rufino, ✉ 5070-031, ☎ 259 95 92 15, *guest@pousadas.pt, Fax 259 95 93 04,* 🏊, ⛱, 🎾 – |‡| ▤ TV P. AE ◑ MC VISA. ✂
Refeição 26 – **21 qto** ☐ 133/145.
◆ Se uma adequada reforma melhorou o nível de conforto, a sua ampliação incrementou o número de quartos. Cuidados exteriores e uma aconchegante zona social. Elegante restaurante com sossegadas vistas aos jardins.

ALJUBARROTA *Leiria – ver Alcobaça.*

ALMADENA *Faro* 733 U 3 – *536 h.*
Lisboa 284 – Faro 92 – Lagos 9.

O Celeiro, Estrada N 125, ✉ 8600-102 Luz LGS, ☎ 282 69 71 44 – ▤ P. AE ◑ MC VISA. ✂
fechado novembro e 2ª feira – **Refeição** lista aprox. 27.
◆ Um tratamento amável e cálido revela uma direcção simples mas eficiente. Dirigido directamente pelo proprietário, brinda uma decoração singular no estilo loja de antiguidades.

ALMANCIL *Faro* 733 U 5 – *8 799 h.*
Ver : *Igreja de S. Lourenço★ (azulejos★★).*
⛳18 ⛳18 *Vale do Lobo, Sudoeste : 6 km* ☎ *289 35 35 35 Fax 289 35 30 03* – ⛳18 ⛳18 *Quinta do Lago,* ☎ *289 39 07 00 Fax 289 39 40 13.*
Lisboa 306 – Faro 13 – Huelva 115 – Lagos 68.

Pequeno Mundo, Pereiras - Oeste : 1,5 km, ✉ 8135-907, ☎ 289 39 98 66, *Fax 289 39 98 67,* ⛱ – ▤ P. AE MC VISA. ✂
fechado 16 dezembro-janeiro e domingo – **Refeição** - só jantar, cozinha francesa - lista 36 a 54.
◆ Inesquecíveis jantas numa antiga casa de campo decorada com gosto e estilo. Trata-se dum ambiente atractivo e íntimo, onde se oferece uma ementa de tendência francesa.

Aux Bons Enfants, Estrada a Quinta do Lago - Sul : 1,5 km, ✉ 8135-908, ☎ 289 39 68 40, *bonsenfants@hotmail.com, Fax 289 39 68 40,* ⛱, Instalado numa antiga casa – ▤ P. MC VISA. ✂
fechado 15 janeiro-15 fevereiro e domingo – **Refeição** - só jantar, cozinha francesa - lista 29 a 45.
◆ A elegante fachada contrasta com o interior mais simples. Uma atractiva esplanada e um refeitório de estilo neo-rústico conformam as instalações. Organização séria e familiar.

Golfer's Inn, Rua 25 de Abril 35, ✉ 8135-150, ☎ 289 39 57 25, *Fax 289 50 25 83,* ⛱ – ▤. AE ◑ MC VISA. ✂
fechado dezembro, janeiro e domingo – **Refeição** - só jantar - lista 24 a 33.
◆ Negócio que, apesar de ter mudado de propriedade, desfruta duma excelente direcção. Pequenos refeitórios de correcto conforto em um ambiente cálido e aconchegante.

XX **Couleur France,** Vale d'Eguas - Estrada de Portimão - Noroeste : 1,5 km, ✉ 8135-022, ☎ 289 39 95 15, *Fax 289 39 72 11,* 🏠 – P. AE ① MC VISA. ✂
fechado do 4 ao 25 de julho, 28 novembro-27 dezembro e sábado – **Refeição** - só menú ao almoço, cozinha francesa - lista 25 a 39.
◆ Com a sua nova localização, melhorou em espaço e conforto. Oferece uma ementa económica ao meio-dia e uma compensada ementa para as jantas. Boa adega de vinhos franceses.

em Vale Formoso :

XX ✿ **Henrique Leis,** Nordeste : 1,5 km, ✉ 8100-267 Loulé, ☎ 289 39 34 38, *henriqueleis@iol.pt, Fax 289 39 34 38,* 🏠 – ▤ P. AE MC VISA. ✂
fechado 14 novembro-27 dezembro e domingo – **Refeição** - só jantar - 60 e lista 50 a 64.
Espec. Três ravioles "gourmands" com creme suave de aspargos verdes. Canudo de linguado entre a trufa e a raiz de aipo. Stravaganza de chocolates.
◆ Atractiva casa de estilo neo-rústico, cujos muros albergam uma pequena sala decorada com gosto esmerado. O mais destacável são as belas vistas desde a sua esplanada.

ao Sul :

XXX ✿ **São Gabriel,** Estrada de Vale do Lobo a Quinta do Lago - 4 km, ✉ 8135-106, ☎ 289 39 45 21, *info@saogabriel.com, Fax 289 39 64 08,* 🏠 – ▤ P. AE MC VISA. ✂
fechado dezembro-janeiro e 2ª feira – **Refeição** - só jantar - 49 e lista 44 a 59.
Espec. Delícias de fígado de ganso. Filete de peixe espada preto grelhado. Peito de pombo Bresse assado no forno com molho de vinho do Porto.
◆ O seu proprietário soube manter o seu estilo e conforto tradicional. Atractiva esplanada-jardim, bar privado, e dois refeitórios, o principal deles com lareira central.

XX **Chez Angelo,** Corgo da Zorra - Estrada de Vale do Lobo - 4 km, ✉ 8135-107, ☎ 289 39 22 06, *angelo@sdias.pt, Fax 289 39 20 00* – ▤ P. AE MC VISA. ✂
fechado dezembro e domingo salvo julho-setembro – **Refeição** - só jantar, cozinha francesa - lista 34 a 47.
◆ De recente abertura, tem o aval dum profissional com experiência. Um jovem chefel controla os fogões, proporcionando-nos uma reconfortante cozinha de estilo francês.

XX **Mr. Freddie's,** Escanxinas - Estrada de Vale do Lobo - 2 km, ✉ 8135-107, ☎ 289 39 36 51, *Fax 289 39 36 32,* 🏠 – ▤ P. AE ① MC VISA. ✂
fechado 23 dezembro-2 janeiro e domingo – **Refeição** - só jantar - lista 21 a 35.
◆ Situado numa casa ao rés-do-chão, possui uma eficiente direcção. Aconchegante hall na entrada, seguido dum refeitório bem montado, realçado por um mobiliário de qualidade.

XX **Casa dos Pinheiros,** Corgo da Zorra - Estrada de Vale do Lobo - 3 km, ✉ 8135, ☎ 289 39 48 32, *Fax 289 39 32 88* – ▤ P. AE MC VISA. ✂
fechado dezembro e domingo – **Refeição** - só jantar, peixes e mariscos - lista 37 a 58.
◆ Negócio dirigido com orgulho e dignidade que tem dado bons frutos. Luminoso refeitório, onde um expositor de peixes e frutos do mar anuncia as especialidades da casa.

XX **Florian,** Vale Verde - Estrada da Quinta do Lago - 7 km, ✉ 8135 Almancil, ☎ 289 39 66 74, *mirande@oninet.pt* – ▤. ① MC VISA. ✂
fechado 27 novembro-10 janeiro e 5ª feira – **Refeição** - só jantar - lista 38 a 46.
◆ Dispõe de um único refeitório de ar colonial, com quadros antigos, numerosas fotografias e cadeiras em ratan. Talher moderno e ementa internacional de inspiração francesa.

na estrada de Quarteira *Sudoeste : 3,5 km :*

⌂ **Quinta dos Rochas** sem rest, Fonte Coberta, ✉ 8135-019, ☎ 289 39 31 65, *quintadosrochas@mail.telepac.pt, Fax 289 39 91 98,* ⛱ – TV P. ✂
fevereiro-outubro – ☕ 5 – **10 qto** 60/70.
◆ Casa muito familiar de ar mediterrâneo rodeada de árvores. Põe à sua disposição quartos amplos e cómodos, equipados com mobiliário standard.

em Vale do Lobo *Sudoeste : 6 km :*

🏨 Le Méridien Dona Filipa ⛳, ✉ 8135-901 Almancil, ☎ 289 35 72 00, *reservations@lemeridien-algarve.com, Fax 289 35 72 01,* ≤ pinhal, campo de golfe e mar, 🏠, ⛱ climatizada, ⛳, 🏠, 🎾 – |♦|, ✂ qto, ▤ TV P – 🏠 25/120
141 qto – 6 suites.
◆ Rodeado de magníficos campos de golfe, satisfará os amantes deste desporto. Formidável interior, onde o tamanho, a elegância e o conforto são os protagonistas. Boa oferta gastronómica, com vários refeitórios diferenciados para ementa ou buffet.

em Vale do Garrão *Sudoeste : 6 km :*

Ria Park Resort H. ⊠ 8135-951 apartado 3410 Almancil, ✆ 289 35 98 00, *hotel@riaparkhotels.com, Fax 289 35 98 88,* ← - 25/300. AE VISA.
Refeição - só jantar - 30 - **166 qto** 216/270 - 9 suites.
◆ Este grande hotel é uma opção ideal para o descanso devido a sua tranquilidade e múltiplas prestações, com uma excelente área social e amplos quartos. Restaurante espaçoso de estilo clássico que oferece ementa e buffet.

Ria Park Garden ⊠ 8135-901 apartado 3055 Almancil, ✆ 289 35 98 22, *hotel@riaparkhotels.com, Fax 289 35 98 88,* - 25/150. AE VISA.
Refeição 25 - **76 qto** 152/190 - 33 suites.
◆ Desfruta de uns exteriores muito cuidados, com extensas zonas de pinheiros e relvado. Quartos de grande amplitude e excelente mantimento, todos eles com a sua própria varanda. Restaurante simples com serviço de buffet.

Formosa Park , Praia do Ancão, ⊠ 8135-172 Almancil, ✆ 289 35 28 00, *info@formosa.pinheirosaltos.pt, Fax 289 35 28 21,* - 25/60. AE VISA.
fechado do 4 ao 25 de dezembro - **Refeição** lista aprox. 32 - **61 apartamentos** 234/292.
◆ Situação tranquila, vistas a uma zona de pinheiros e próximo à praia. Dispõe de apartamentos bem equipados e amplos, todos com varanda e cozinha. Pequeno restaurante onde se combina o serviço de buffet com uma ementa internacional.

na Quinta do Lago *Sul : 8,5 km :*

Quinta do Lago ⊠ 8135-024 Almancil, ✆ 289 35 03 50, *reservations@quintadolagohotel.com, Fax 289 39 63 93,* ← o Atlântico e ria Formosa, climatizada, - 25/200. AE VISA JCB. rest
fechado do 1 ao 27 de dezembro - ***Ca d'Oro*** *(cozinha italiana, só jantar, fechado do 1 ao 27 de dezembro)* **Refeição** lista 45 a 66 - ***Brisa do Mar*** : **Refeição** lista 45 a 62 - **132 qto** 520/535 - 9 suites.
◆ Situado numa urbanização de luxo, oferece um amplo leque de serviços complementares. Magníficas instalações, distinguida linha actual e um elevado equipamento. O elegante restaurante Ca d'Oro destaca pelas cuidadas elaborações.

Casa Velha, ⊠ 8135-024 Almancil, ✆ 289 39 49 83, *comandim@mail.telepac.pt, Fax 289 59 15 86,* - AE VISA JCB.
fechado 20 novembro-20 dezembro, 15 janeiro-15 fevereiro e domingo - **Refeição** - só jantar - lista aprox. 46.
◆ Esplêndido ambiente realçado por um excelente serviço de mesa, onde um jogo de talheres de prata e uma fina cristalaria satisfarão os mais sibaritas. Agradável pátio.

Casa do Lago, ✆ 289 39 49 11, *qdl.casanova@mail.telepac.pt, Fax 289 39 46 83* ←, - AE VISA.
Refeição - espec. em peixes - lista 30 a 45.
◆ Situado numa bela paisagem em pleno Parque Natural Ria da Formosa. Restaurante de ar rústico com uma montagem acertada, que oferece uma boa variedade de peixes frescos.

ALMEIDA *Guarda 733 J 9 - 1491 h.*

Ver : *Localidade★ - Sistema de fortificações★.*
Lisboa 410 - Ciudad Rodrigo 43 - Guarda 49.

Pousada Senhora das Neves ⊠ 6350-112, ✆ 271 57 42 83, *guest@pousadas.pt, Fax 271 57 43 20,* ← - AE VISA.
Refeição 23 - **21 qto** 112/122.
◆ O seu estilo moderno contrasta com a tradição arquitectónica desta pequena aldeia amuralhada. A amplitude de espaço e uma excelente manutenção definem o seu interior. Refeitório luminoso repartido em duas zonas.

ALMEIRIM *Santarém 733 O 4 - 11607 h.*

Lisboa 88 - Santarém 7 - Setúbal 116.

O Novo Príncipe sem rest, Timor 1, ⊠ 2080-103, ✆ 243 57 06 00, *Fax 243 57 06 09* - 25/100. AE VISA.
40 qto 40/60.
◆ Bem equipado e com aspecto actual. Possui quartos confortáveis mas reduzidos e cómodas zonas comuns. Destaca o salão de jogos com bilhar americano.

ALMOUROL (Castelo de) *Santarém* 733 N 4.

Ver : Castelo★★ (sítio★★, ≤★).
Hotéis e restaurantes ver : **Abrantes** *Este : 18 km.*

ALPALHÃO *Portalegre* 733 N 7 – *1 517 h.*

Lisboa 199 – Portalegre 23 – Cáceres 138.

na estrada de Crato N 245 *Sudoeste : 1,5 km :*

Quinta dos Ribeiros ⑤, ✉ 6050-048, ☎ 245 74 51 00, *info@quintadosribeiros.com, Fax 245 74 51 03*, ≤, ⛱, ✈ – TV P – 🏛 25/30. ✱ rest
Refeição - só clientes a pedido - 15 – **4 qto** ☕ 80/90 – 3 suites.
◆ Quinta agrícola com cálidos quartos repartidos em três edifícios que conservam, apesar da sua sobriedade, um ar rústico-regional. Refeitório privado para os clientes que estiverem alojados.

ALPEDRINHA *Castelo Branco* 733 L 7 – *1 184 h.*

Lisboa 253 – Castelo Branco 33 – Guarda 71 – Coimbra 132 – Viseu 143.

na estrada N 18 *Norte : 1,2 km :*

Quinta do Anjo da Guarda com qto, ✉ 6230-079, ☎ 275 56 71 26, *q.anjo.guarda@mail.pt, Fax 275 56 71 26*, ≤ Castelo Branco, Fundão e Serra de Gata, ⛱, ✱ – TV P. VISA. ✱
fechado 15 janeiro-15 fevereiro – **Refeição** *(fechado 2ª feira)* lista 15 a 21 – **10 apartamentos** ☕ 80.
◆ Tem um elegante mobiliário em ratan e belas vistas através da janela panorâmica. Cozinha tradicional elaborada com produtos da zona e quartos como complemento.

ALPIARÇA *Santarem* 733 O 4 – *8 024 h.*

Lisboa 93 – Fátima 68 – Santarém 11 – Setúbal 107.

A Casa da Emília, Rua Manuel Nunes Ferreira 101, ✉ 2090-115, ☎ 243 55 63 16, ☂ – ▤. ✱
fechado do 3 ao 24 de novembro, 2ª feira e 3ª feira meio-dia – **Refeição** lista 18 a 27.
◆ O refeitório, agradável mas algo pequeno, está compensado por um excelente serviço de mesa e por uma atenção exemplar por parte do proprietário, o qual dirige a sala.

ALQUERUBIM *Aveiro – ver Albergaria-a-Velha.*

ALTE *Faro* 733 U 5 – *2 176 h.*

Lisboa 314 – Albufeira 27 – Faro 41 – Lagos 63.

Alte H. ⑤, Montinho - Nordeste : 1 km, ✉ 8100-012, ☎ 289 47 85 23, *altehotel@mail.telepac.pt, Fax 289 47 86 46*, ≤, ⛱, ✱ – |‡| ▤ TV P – 🏛 25/120. AE ⓓ ⓜⓒ VISA. ✱
Refeição 13 – **28 qto** ☕ 64/84 – 2 suites.
◆ Hotel tranquilo e aconchegante, cuja elevada localização proporciona belas vistas. Apesar de não possuir grandes luxos, oferece um bom conforto. O restaurante panorâmico possui uma sedutora esplanada.

ALTO DA SERRA *Santarém – ver Rio Maior.*

ALTURA *Faro* 733 U 7 – *1 920 h – Praia.*

Lisboa 352 – Ayamonte 7 – Faro 47.

A Chaminé, Sítio da Alagoa - Sul : 1 km, ✉ 8950-411, ☎ 281 95 01 00, *joaquimfeliciano@10L.pt, Fax 281 95 01 02* – ▤. AE ⓓ ⓜⓒ VISA. ✱
fechado do 16 ao 30 de novembro e 3ª feira – **Refeição** lista 17 a 25.
◆ A bondade dos seus produtos converteram-no num clássico do lugar. Uma esplanada envidraçada antecede o agradável refeitório, onde destaca o esmerado serviço de mesa.

Fernando, Sítio da Alagoa - Sul : 1 km, ✉ 8950-411, ☎ 281 95 64 55, *Fax 281 95 64 55*, ☂ – ▤. AE ⓜⓒ VISA. ✱
fechado do 15 ao 30 de janeiro e 2ª feira – **Refeição** lista 20 a 30.
◆ Discreto estabelecimento de carácter familiar, onde se oferecem reconfortantes pratos a preços atractivos. Um expositor de peixes revela uma cozinha de qualidade.

Ti-Zé, Estrada N 125, ✉ 8950-414, ☎ 281 95 61 61, *altura.luis@clix.pt*, – . VISA.
fechado novembro e 3ª feira – **Refeição** lista 12 a 21.
◆ Restaurante situado à margem da estrada, cujas modestas instalações estão compensadas por uma impecável manutenção e uma correcta organização.

pela estrada da Manta Rota *Sudoeste : 3 km :*

Estalagem Oásis , Praia da Lota, ✉ 8901-907 apartado 30 Vila Nova de Cacela, ☎ 281 95 16 60, *estalagem.oasis@mail.telepac.pt, Fax 281 95 16 44*, ←, , – P. AE VISA.
Refeição *(fechado novembro)* - só jantar - 13 – **20 qto** 111,30/131,10 – 2 suites.
◆ Hotel de linhas modernas, cujo interior alberga quartos confortáveis e de grande tamanho. Destaca o pequeno mas cuidado jardim com palmeiras ao redor da piscina.

ALVARRÕES *Portalegre 733 N 7 – 28 h.*

Lisboa 226 – Portalegre 10 – Castelo Branco 79 – Santarém 159 – Évora 112.

pela estrada de Portalegre *Sul : 1 km e desvio a esquerda 3 km :*

Quinta do Barrieiro sem rest, Reveladas, ✉ 7330-336, ☎ 245 96 43 08, *quintadobarrieiro@netc.pt, Fax 245 96 42 62*, Atelier de escultura, – P.
4 qto 65/80 – 1 apartamento.
◆ Casa completamente remodelada num lugar isolado. As suas divisões dispõem de uma agradável decoração rústica e conta com originais detalhes de escultura no exterior.

ALVITO *Beja 733 R 6 – 1 360 h.*

Lisboa 161 – Beja 39 – Grândola 73.

Pousada Castelo de Alvito , Largo do Castelo, ✉ 7920-999 apartado 9, ☎ 284 48 07 00, *guest@pousadas.pt, Fax 284 48 53 83*, , – – 25/40. AE VISA.
Refeição 26 – **20 qto** 188/200.
◆ Antigo castelo convertido em Pousada, com um pátio central e quartos de ar medieval. Amplos espaços, correcto equipamento e um belo jardim com piscina. Cálido restaurante com pratos como a caldeirada de bacalhau com ervas aromáticas.

AMARANTE *Porto 733 I 5 – 10 113 h alt. 100.*

Ver : *Localidade★, Igreja do convento de S. Gonçalo (órgão★) – Igreja de S. Pedro (tecto★).*

Arred. : *Travanca : Igreja (capitéis★) Noroeste : 18 km por N 15, Estrada de Amarante a Vila Real ←★ Picão de Marão★★.*

Alameda Teixeira de Pascoaes ✉ 4600-011 ☎ 255 42 02 46 amarante@cm-amarante.pt Fax 255 42 02 03.

Lisboa 372 – Porto 64 – Vila Real 49.

Casa da Calçada, Largo do Paço 6, ✉ 4600-017, ☎ 255 41 08 30, *reservas@casadacalcada.com, Fax 255 42 66 70*, , – P. AE VISA JCB.
Refeição lista 31 a 40 – **29 qto** 140/153 – 1 suite.
Espec. Papo de anjo quente com maçã ralada, fígado de pato ao Porto. Cabrito de leite estufado com favas e amêndoa torrada. Bolinho de chocolate quente com gelado de frutos silvestres.
◆ Antiga casa senhorial situada junto à zona histórica. A zona social possui vários espaços e os quartos estão decorados com muito bom gosto. Amplo exterior ajardinado. Restaurante de muito bom nível onde oferecem uma cozinha criativa.

Navarras sem rest, Rua António Carneiro, ✉ 4600-049, ☎ 255 43 10 36, *Fax 255 43 29 91* – – 25/150. AE VISA.
58 qto 63/79.
◆ Situado num edifício urbano um pouco anódino. Hotel funcional dotado de quartos bem renovados, com um correcto conforto e casas de banho na mesma linha. Discreta zona nobre.

pela estrada IP 4 *Sudeste : 17 km :*

Pousada de S. Gonçalo , Serra do Marão - alt. 885, ✉ 4604-909 apartado 286, ☎ 255 46 00 30, *guest@pousadas.pt, Fax 255 46 13 53*, ← Serra do Marão – P. AE VISA.
Refeição 26 – **14 qto** 130/140 – 1 suite.
◆ Proporciona o prazer de algumas vistas privilegiadas sobre a serra de Marão. Quartos renovados com detalhes de certo encanto e uma área nobre reduzida mas aconchegante. Refeitório de agradável atmosfera e esplêndida vista panorâmica.

PORTUGAL

AMARES *Braga* 733 H 4 - *2 299 h.*

Lisboa 371 - Braga 15 - Porto 65.

Casa da Tapada, Largo Dom Gualdim Pais, ✉ 4720-013, ☎ 253 99 35 55, *restaurante.tapada@oninet.pt,* - AE MC VISA.

fechado 2ª feira - **Refeição** lista 19 a 26.

◆ Restaurante situado numa casa de estilo rústico. Amplo bar situado ao rés-do-chão, e dois simples refeitórios no 1º andar. Ameniza-se os fins de semana com um pianista.

pela estrada de Póvoa de Lanhoso *Sudeste : 2,5 km, desvio a direita 0,5 km e desvio a esquerda 0,5 km :*

Quinta do Burgo sem rest, Lugar dos Almeidas, ✉ 4720-612 Prozelo AMR, ☎ 253 99 27 49, *susana@quintadoburgo.com, Fax 253 99 27 49,* ≤, , , - P.

6 qto 70 - 4 apartamentos.

◆ Casa rústica rodeada por um campo de vinhedos. Interiores cuidados e com numerosos detalhes, mas com uma linha decorativa simples. Possui espaçosos apartamentos T1 anexos.

ANADIA *Aveiro* 733 K 4 - *3 034 h.*

Lisboa 229 - Coimbra 30 - Porto 92.

Cabecinho sem rest, Av. Cabecinho, ✉ 3780-203, ☎ 231 51 09 40, *hotel.cabecinho@netvisao.pt, Fax 231 51 09 41* - TV P - 25/200. AE MC VISA.

49 qto 45/57,50 - 2 suites.

◆ Moderno hotel que possui uma boa zona social e quartos funcionais, na sua maioria com alcatifa. Sala polivalente no último andar.

APÚLIA *Braga - ver Fão.*

ARCAS *Bragança* 733 H 8 - *389 h.*

Lisboa 312 - Bragança 47 - Vila Real 99.

Solar das Arcas , ✉ 5340-031, ☎ 278 40 00 10, *solardasarcas@mail.telepac.pt, Fax 278 40 12 33,* ≤, , , - TV P.

Refeição - só a pedido - 20 - **4 apartamentos** 75 - 1 qto, 2 suites.

◆ Instalações simples e adequadas ao ambiente rural, formando parte duma quinta do séc. XVII. Destacam quatro espaçosos apartamentos T1 de elegante estilo rústico.

ARCOS DE VALDEVEZ *Viana do Castelo* 733 G 4 - *1 867 h.*

Rua Prof. Dr. Mário Júlio Almeida Costa ✉ 4970-606 ☎ 258 51 02 60 Fax 258 51 02 69.

Lisboa 416 - Braga 36 - Viana do Castelo 45.

Costa do Vez, Estrada de Monção, ✉ 4970-483, ☎ 258 52 12 26, *costa.do.vez@clix.pt, Fax 258 52 11 57* - TV P. AE MC VISA.

Refeição - ver rest. ***Grill Costa do Vez*** - **28** qto 30/47,50 - 1 suite.

◆ De organização simples e esmerada manutenção, apresenta quartos de linha actual com um suficiente conforto e um correcto equipamento. Tratamento amável.

Grill Costa do Vez - *Hotel Costa do Vez,* Estrada de Monção, ✉ 4970-483, ☎ 258 51 61 22, *costadovez@mail.telepac.pt, Fax 258 52 11 57* - P. AE MC VISA.

fechado do 15 ao 31 de outubro e 2ª feira - **Refeição** lista 20 a 25.

◆ O seu estilo cálido e rústico-regional contrasta com a estética moderna do hotel. É aconchegante e oferece uma cozinha na grelha baseada na qualidade dos seus produtos.

AREIAS DE PORCHES *Faro - ver Armação de Pêra.*

AREIAS DE SÃO JOÃO *Faro - ver Albufeira.*

Os preços indicados podem aumentar, em caso de variações significativas do custo de vida. Solicite a confirmação do preço definitivo quando efectue a sua reserva de hotel.

ARGANIL *Coimbra 733 L 5 – 3 981 h alt. 115.*

Av. das Forças Armadas - Casa Municipal da Cultura ✉ 3300-011 ☎ 235 20 48 23 bmacmc@mail.telepac.pt Fax 235 20 48 23.

Lisboa 260 – Coimbra 60 – Viseu 80.

De Arganil sem rest, Av. das Forças Armadas, ✉ 3300-011, ☎ 235 20 59 59, *Fax 235 20 51 23* – 25/150. AE MC VISA.
34 qto 32,50/45.
◆ Hotel de discreta fachada clássica porém com instalações renovadas e actuais. Desfruta de diferentes áreas sociais bem mobiladas e quartos de moderno conforto.

Canário sem rest, Rua Oliveira Matos, ✉ 3300-062, ☎ 235 20 24 57, *Fax 235 20 53 68* – AE VISA.
24 qto 30/45.
◆ Situado numa rua central pedonal. Possui quartos de suficiente conforto, com mobiliário funcional e casas de banho actuais. Zona nobre reduzida.

ARMAÇÃO DE PÊRA *Faro 733 U 4 – 2 894 h – Praia.*

Ver : *passeio de barco★★ : grutas marinhas★★.*

Av. Marginal ✉ 8365-101 ☎ 282 31 21 45.

Lisboa 262 – Faro 51 – Beja 131 – Lagoa 11 – Albufeira 16.

Náutico, Vale do Olival, ✉ 8365-912, ☎ 282 31 00 00, *nautico@vilagale.pt, Fax 282 31 00 60,* – 25/140. AE MC VISA.
Refeição - só jantar buffet - 20 – **189 qto** 155/186 – 22 suites.
◆ Hotel de múltiplas prestações, decorado numa linha moderna e actual. Zona social bem disposta e quartos atractivos realçados com motivos náuticos. Refeitório funcional, alegre e juvenil, baseando a sua oferta num completo buffet.

Pestana Levante H. , Quintas Porches, ✉ 8365-909 apartado 37, ☎ 282 31 09 00, *levante@pestana.com, Fax 282 31 09 99,* ≤, – AE MC VISA.
Refeição - só buffet - 27 – **88 qto** 175/220.
◆ De discreta organização, proporciona uma atractiva localização com vistas para o mar. Uma recente renovação seguindo critérios actuais elevou o seu nível. Exteriores cuidados e alegre restaurante com um completo buffet.

Algar sem rest, Av. Beira Mar, ✉ 8365-101, ☎ 282 31 47 32, *info@hotel-algar.com, Fax 282 31 47 33,* ≤, – AE MC VISA.
6 – **47 apartamentos** 100/125.
◆ Apartamentos T1 em regime hoteleiro. Mobiliário de linha funcional, com cozinha bem equipada e com as casas de banho em mármore. Um bom recurso de praia para as famílias.

Santola, Largo da Fortaleza, ✉ 8365-108, ☎ 282 31 23 32, *Fax 282 31 23 32,* ≤, – AE MC VISA JCB.
Refeição lista 20 a 29.
◆ Privilegiada localização na 1ª linha de praia e atmosfera de agradável rusticidade. Duas salas panorâmicas, com um mobiliário em consonância com o correcto serviço de mesa.

ao Oeste :

Vila Vita Parc , Alporchinhos - 2 km, ✉ 8400-450 Porches, ☎ 282 31 01 00, *reservas@vilavitaparc.com, Fax 282 32 03 33,* ≤, Serviços de terapêutica, climatizada, – 25/500. AE MC VISA.
Ocean *(só jantar)* **Refeição** lista aprox. 88 - ***Aladin Grill*** *(só jantar)* **Refeição** lista 45 a 67 - ***Atlántico*** *(só jantar, 15 março-outubro)* **Refeição** lista 44 a 60 – **87 qto** 386/483 – 83 suites, 12 apartamentos.
◆ Arquitecturas serenas num complexo onde o gosto e a elegância convivem em harmonia com um estilo renovado. Ambiente distinguido, com formosos jardins frente ao mar. Boa oferta gastronómica, destacando o restaurante Ocean pela sua ementa e decoração.

Sofitel Vilalara Thalassa , Praia das Gaivotas - 2,5 km, ✉ 8400-450 Porches, ☎ 282 32 00 00, *h2987@accor-hotels.com, Fax 282 31 49 56,* ≤, Serviços de talassoterapia, climatizada, – qto, AE MC VISA
Refeição lista aprox. 58 – 16,50 – **119 qto** 298/396 – 2 suites, 8 apartamentos.
◆ Excelentes instalações, onde um completo equipamento possibilita um conforto decididamente moderno. Os seus quartos estão rodeados por um magnífico jardim cheio de flores. Amplo refeitório definido pelo seu ambiente elegante.

Albergaria N. Senhora da Rocha sem rest, Praia Nossa Senhora da Rocha - 3 km, ✉ 8400-450 Porches, ✆ 282 31 57 52, *albergaria.rocha@mail.telepac.pt, Fax 282 31 57 54* – AE VISA.
março-outubro – **30 qto** 50/67.
◆ Hotelzinho funcional num edifício de estilo regional. Pequena recepção, bar privado no último andar, e quartos bem cuidados com casas de banho actuais.

Casa Bela Moura sem rest, Estrada de Porches - 2 km, ✉ 8400-450 Porches, ✆ 282 31 34 22, *casabelamoura@sapo.pt, Fax 282 31 30 25*, –
fechado 5 janeiro-4 fevereiro – **14 qto** 85/130.
◆ Correcto recurso rural situado numa casa de nova construção. Se o edifício principal alberga os quartos modernos, o seu edifício contíguo acolhe outros de estilo mais rústico.

em Areias de Porches *Noroeste : 4 km :*

Albergaria D. Manuel, ✉ 8400-452 Lagoa, ✆ 282 31 38 03, *dommanu@clix.pt, Fax 282 31 32 66*, , – AE VISA.
Refeição *(fechado dezembro, janeiro e 3ª feira)* 15 – **43 qto** 63/72 – PA 28.
◆ Com uma atenta organização familiar e com instalações simples mas cuidadas. Zona nobre bem disposta e luminosos quartos com casas de banho correctamente equipadas. Refeitório discreto cuja cândida decoração dota-o de certa graça e encanto.

ARRAIOLOS *Évora* 733 P 6 – *3 549 h.*

Lisboa 125 – Badajoz 102 – Évora 22 – Portalegre 103 – Setúbal 94.

Pousada Nossa Senhora da Assunção , Quinta dos Loios - Norte : 1 km, ✉ 7044-909 apartado 61, ✆ 266 41 93 40, *guest@pousadas.pt, Fax 266 41 92 80*, , – – 25/120. AE VISA.
Refeição 26 – **30 qto** 193/205 – 2 suites.
◆ Antigo convento que foi declarado de interesse público. Combina a sua arquitectura com uma decoração moderna, possui quartos funcionais com as casas de banho em mármore. Confortável refeitório à carta num ambiente amplo e muito luminoso.

AVEIRO P 733 K 4 – *8 652 h.*

Ver : *Bairro dos canais★ (canal Central, canal de São Roque) Y – Antigo Convento de Jesus★★ : Igreja★★ (capela-mor★★, coro baixo★, túmulo da princesa Santa Joana★★), Museu★★ (retrato da princesa Santa Joana★) Z.*

Arred. : *Ria de Aveiro★.*

✆ *234 38 16 32.*

Rua João Mendonça 8 ✉ *3800-200* ✆ *234 42 36 80 aveiro.rotadaluz@inovanet.pt Fax 234 42 83 26* – **A.C.P.** *Av. Dr. Lourenço Peixinho 89 - D* ✉ *3800-165* ✆ *234 42 25 71 Fax 234 42 52 20.*

Lisboa 252 ② – Coimbra 56 ② – Porto 70 ① – Vila Real 170 ① – Viseu 96 ①

Planta página seguinte

Imperial, Rua Dr. Nascimento Leitão, ✉ 3810-108, ✆ 234 38 01 50, *reservas@hotelimperial.pt, Fax 234 38 01 51* – – 25/250. AE VISA JCB. rest Z u
Refeição 18,80 – **98 qto** 55/70 – 9 suites.
◆ O gosto pelos grandes espaços define-o. A zona social foi bem renovada e os seus quartos, com alcatifa, apostam por um estilo mais actual. O refeitório recria um ambiente alegre, diferenciando-se da sobriedade clássica do resto do hotel.

Mercure Aveiro sem rest, Rua Luís Gomes de Carvalho 23, ✉ 3800-211, ✆ 234 40 44 00, *h2934@accor-hotels.com, Fax 234 40 44 01*, – , qto, . AE VISA JCB. X d
7 – **45 qto** 61/68.
◆ Belo edifício dos anos 30 com certo estilo colonial. Uma atractiva fachada de ar senhorial antecede um interior muito actual. Adequado conforto.

Afonso V sem rest, Rua Dr. Manuel das Neves 65, ✉ 3810-101, ✆ 234 42 51 91, *afonsov.reservas@hoteisafonsov.com.pt, Fax 234 38 11 11* – – 25/450. VISA. Z b
76 qto 56/73,50 – 4 suites.
◆ Estabelecimento dotado de quartos de diversa amplitude, que vem-se completados com uma zona nobre elegante e bem disposta. Elevado profissionalismo.

AVEIRO

5 de Outubro (Av.) . . . . Y 44
14 de Julho (Pr.) . . . . Y
Antónia Rodrigues (R.) . . . . . Y 3
Apresentação (Largo da) . . . . Y 4
Belém do Pará . . . . Y 6
Bourges (R. de) . . . . X 7
Capitão Sousa Pizarro (R.) . . . Z 9
Clube dos Galitos (R.) . . . . . . Y 10
Coimbra (R.) . . . . Y 12
Comb. da Grande Guerra (R.) Z 13
Dr Francisco Sá Carneiro (R.) X 14
Dr Lourenço Peixinho (Av.) . . Y
Eça de Queiroz (R.) . . . . Z 15
Eng. Adelino Amaro da Costa (R.) . . . . X 16
Eng. Pereira da Silva (R.) . . . . Y 17
Gustavo F. P.-Basto (R.) . . . . . Z 18
Hintze Ribeiro (R.) . . . . X 19
Humberto Delgado (Pr.) . . . . Y 21
Jorge de Lencastre (R.) . . . . Y 22
José Estevão (R.) . . . . Y 24
José Luciano de Castro (R.) . X 25
José Rabumba (R.) . . . . Y 27
Luis de Magalhães (R. do C.) Y 28
Mário Sacramento (R.) . . . . . X 30
Marquês de Pombal (Pr.) . . . Z 31
República (Pr. da) . . . . Y 34
Sá (R. de) . . . . X 36
Santa Joana (R.) . . . . Z 37
Santo António (Largo de) . . . Z 39
Universidade (Av. da) . . . . . . X 40
Viana do Castelo (R.) . . . . Y 42

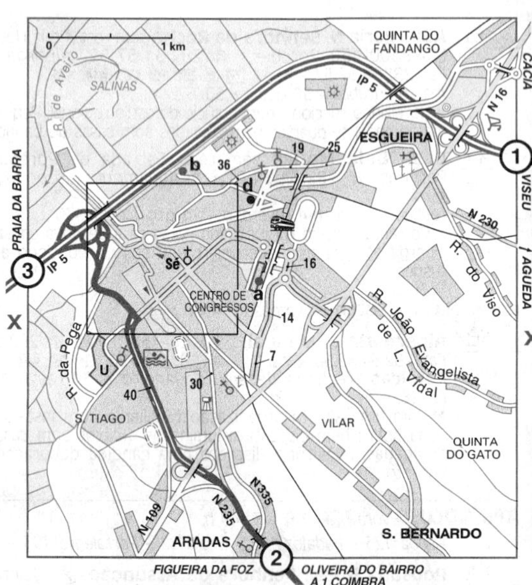

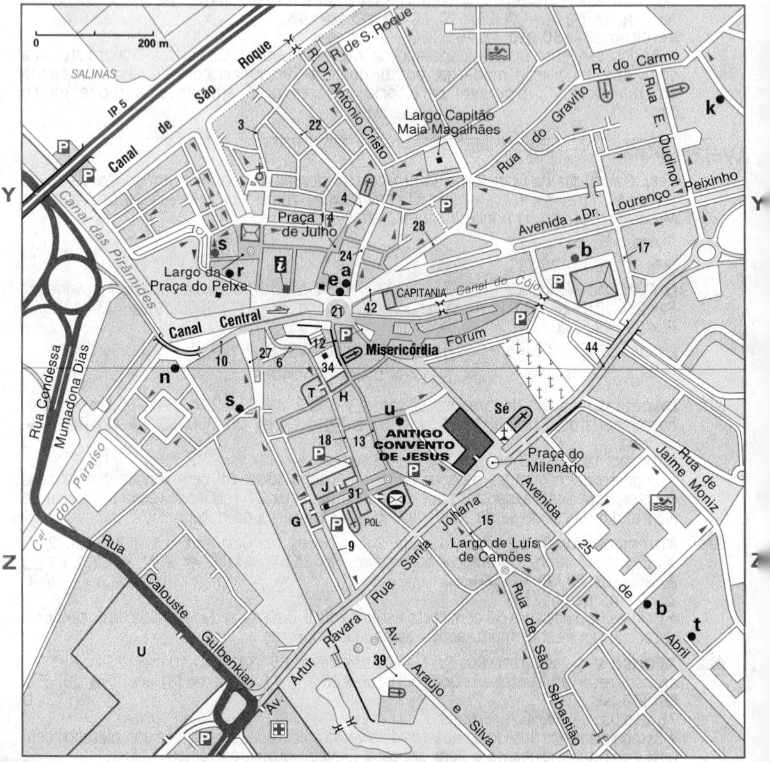

Moliceiro sem rest, Rua Barbosa de Magalhães 15, ✉ 3800-154, ☎ 234 37 74 00, *hotelmoliceiro@hotelmoliceiro.com, Fax 234 37 74 01* – |‡| ▤ TV ♿. AE ⓓ MC VISA JCB. ✂ Y r
20 qto ☕ 97,50/125.
◆ O seu nome alude a um tipo de embarcação de fundo plano, típica do lugar. Hotelzinho correctamente equipado, onde o decoro e o gosto pelo detalhe assumem protagonismo.

As Américas sem rest, Rua Eng. Von Hafe 20, ✉ 3800-176, ☎ 234 38 46 40, *Fax 234 38 42 58* – |‡| ▤ TV ♿ 🚗 – 25/150. AE MC VISA. ✂ Y k
68 qto ☕ 65/80 – 2 suites.
◆ Negócio de recente construção, cuja linha moderna e funcional aposta por materiais de excelente qualidade. Pequenos almoços reconfortantes no edifício duma velha vila.

Jardim Afonso V sem rest, Praceta D. Afonso V, ✉ 3810-094, ☎ 234 42 65 42, *jardim.reservas@hotesafonsov.com.pt, Fax 234 42 41 33* – |‡| ▤ TV 🚗 – 25/70. AE MC VISA Z t
48 qto ☕ 51,60/69.
◆ A localização, num anexo do hotel Afonso V, evidencia uma propriedade compartilhada, bem como uma actividade que complementa o mesmo. Uma esmerada renovação elevou o nível.

Do Albôi sem rest, Rua da Arrochela 6, ✉ 3810-052, ☎ 234 38 03 90, *alboi@residencial-alboi.com, Fax 234 38 03 91* – TV. AE ⓓ MC VISA JCB. ✂ Z s
22 qto ☕ 45/57.
◆ Com excelente manutenção e decoração aconchegante, o seu interior alberga uma zona social de tamanho correcto e confortáveis quartos de estilo clássico-moderno.

José Estevão sem rest, Rua José Estevão 23, ✉ 3800-202, ☎ 234 38 39 64, *Fax 234 38 25 70* – |‡| ▤ TV. AE ⓓ MC VISA. ✂ Y a
12 qto ☕ 50/60.
◆ Central e de modesta organização, oferece um adequado conforto na sua categoria. Espaço comum um pouco reduzido, com uma área de uso polivalente e quartos de estilo actual.

Arcada sem rest, Rua Viana do Castelo 4, ✉ 3800-275, ☎ 234 42 30 01, *hotelarcada@clix.pt, Fax 234 42 18 86* – |‡| ▤ TV. AE ⓓ MC VISA Y e
43 qto ☕ 55,50/67 – 6 suites.
◆ Instalado num emblemático edifício aberto à luz e cor do canal Central. Os seus quartos desfrutam de certo encanto, embora neles aprecia-se o passar do tempo.

Hotelaria do Albôi sem rest, Rua da Liberdade 10, ✉ 3810-126, ☎ 234 40 41 90, *hoteleria@residencial-alboi.com, Fax 234 40 41 91* – TV YZ n
18 qto ☕ 46/61.
◆ Ocupa dois edifícios comunicados por uma passagem envidraçada. Quartos funcionais com casas de banho com duche, dispondo de cozinha em alguns deles.

Olaria, Centro Cultural e de Congressos de Aveiro, ✉ 3810-200, ☎ 234 38 42 21, *olaria@netcabo.pt, Fax 234 38 41 39,* – |‡| ▤. AE ⓓ MC VISA. ✂ X a
fechado domingo – **Refeição** lista aprox. 24.
◆ Restaurante de estilo actual, situado numa antiga fábrica, onde oferecem uma ementa média com preços acessíveis. Uma direcção jovem e dinâmica dota-o de novos ares.

Centenário, Largo do Mercado 9, ✉ 3800-223, ☎ 234 42 27 98, *rest.centenario@mail.telepac.pt, Fax 234 48 14 45,* – ▤. AE ⓓ MC VISA. ✂ Y b
Refeição lista aprox. 23.
◆ Este local, bem situado junto ao mercado, foi remodelado com uma decoração simples mas moderna. Oferece uma cozinha tradicional de alegres apresentações.

Salpoente, Rua Canal São Roque 83, ✉ 3800-256, ☎ 234 38 26 74, *salpoente@netcabo.pt, Fax 234 42 52 10,* Antigo armazém de sal – ▤. AE ⓓ MC VISA. ✂ X b
fechado do 1 ao 8 de setembro e domingo – **Refeição** lista 15 a 27.
◆ Original. Ocupa um velho armazém de sal, reabilitado com acerto e maestria. Mobiliário clássico-actual, com detalhes rústicos e serviço de mesa que cumpre com as expectativas.

O Moliceiro, Largo do Rossio 6, ✉ 3800-246, ☎ 234 42 08 58, *Fax 234 42 08 58* – ▤. ⓓ MC VISA. ✂ Y s
fechado do 15 ao 30 de junho, do 15 ao 30 de outubro e 5ª feira – **Refeição** lista aprox. 24.
◆ Estabelecimento clássico português, modesto mas bem assentado com os seus proprietários na direcção do negócio. Mobiliário simples compensado por uma impecável manutenção.

em Cacia *pela estrada N 16 : 7 km :*

João Padeiro, Rua da República, ✉ 3800-533 Cacia, ☎ 234 91 13 26, *Fax 234 91 27 51* – 🛗 TV P. AE ⊕ MC VISA. ✂ rest
Refeição *(fechado domingo noite)* lista 26 a 35 – **27 qto** ☕ 50/70.
◆ Hotel de conforto adequado e simples organização, decorado num estilo clássico-português que começa a acusar a passagem do tempo. Quartos de grande tamanho.

pela estrada de Cantanhede N 335 *por ② : 8 km :*

João Capela 🔇, Quinta do Picado (saída pela Rua Dr. Mario Sacramento), ✉ 3810-832 Oliveirinha, ☎ *234 94 15 97, rcapela@clix.pt, Fax 234 94 19 70,* – TV P. AE MC VISA. ✂
Refeição *(fechado do 1 ao 15 de janeiro, domingo noite e 2ª feira)* 15 – **30 qto** ☕ 35/50.
◆ Complexo hoteleiro orientado fundamentalmente ao banquete ; por essa razão, os seus quartos e a zona nobre estão localizados num anexo. Cálido e confortável, de estilo montanhês. A grande capacidade do seu restaurante evidencia a principal actividade da casa.

em Gafanha da Nazaré *por ④ : 6,5 km :*

O Porão, Av. da Saudade 19, ✉ 3830-596 Gafanha da Nazaré, ☎ 234 36 39 45, Decoração marinheira – P. MC VISA. ✂
fechado setembro e domingo – **Refeição** lista 29 a 38.
◆ De correcta organização, apresenta uma ampla oferta gastronómica baseada em elaborações de pratos na grelha. Cuidado ambiente de estilo marinheiro.

na Praia da Barra *por ④ : 9 km :*

Farol sem rest, Largo do Farol, ✉ 3830-753 Gafanha da Nazaré, ☎ 234 39 06 00, *Fax 234 39 06 06* – 🛗 TV ♿. AE MC VISA. ✂
12 qto ☕ 90 – 3 suites.
◆ Antigo edifício de ar senhorial dotado de aconchegantes instalações, onde o desenho e o gosto pelo moderno são os protagonistas. Quartos espaçosos e confortáveis.

Boca da Barra, Largo do Farol 14, ✉ 3830-753 Gafanha da Nazaré, ☎ 234 36 95 42, *turivagos@iol.pt, Fax 234 39 41 44,* ←, – ▤. AE ⊕ MC VISA. ✂
Refeição lista aprox. 35.
◆ Situado junto ao farol, na entrada do Porto e sobre uma pequena praia. Possui um café e um refeitório clássico simples onde oferecem uma ementa bem compensada.

em Costa Nova *por ④ : 9,5 km :*

Azevedo sem rest, Rua Arrais Ançã 16, ✉ 3830-455 Gafanha da Encarnação, ☎ 234 39 01 70, *Fax 234 39 01 71* – 🛗 TV ♿. AE ⊕ MC VISA. ✂
16 qto ☕ 60/75.
◆ Singular fachada ao estilo dos típicos palheiros da zona e um moderno interior realçado com detalhes de desenho. Agradável ambiente familiar e bom conforto geral.

AZÓIA DE BAIXO *Santarém* 733 O 3 – *278 h.*
Lisboa 85 – Fátima 54 – Nazaré 91 – Santarém 9.

Rural de Santarém 🔇, Quinta dos Xendros - Norte : 1 km, ✉ 2000-441, ☎ 243 46 70 40, *geral@hotelruralsantarem.com, Fax 243 46 70 49,* ←, , – ▤ TV ♿ P. AE MC VISA. ✂ rest
Refeição *(fechado 15 julho-15 agosto, 2ª feira e 3ª feira)* - só clientes - 19 – **10 qto** ☕ 90/98 – 1 suite.
◆ Situado em pleno campo, levanta-se sobre um antigo lagar de azeite. Dispõe dum cálido salão social com lareira e quartos actuais, na sua maioria com varanda.

AZURARA *Porto – ver Vila do Conde.*

BARCARENA *Lisboa* 733 P 2 – *11 847 h.*
Lisboa 14 – Sintra 19.

na estrada das Fontaínhas *Norte : 1 km :*

Albapólvora, Fábrica da Pólvora de Barcarena - edifício 48, ✉ 2745-615, ☎ *21 438 20 73, albapolvora@clix.pt, Fax 21 438 20 74* – ▤. AE ⊕ MC VISA. ✂
fechado domingo noite e 2ª feira – **Refeição** lista 29 a 34.
◆ Antiga fábrica de pólvora reabilitada. Estabelecimento de atractivos exteriores que destaca pelo conforto, ementa e organização aconchegantes, interiores de tectos elevados.

BARCELOS *Braga* 733 H 4 – *20625 h alt. 39.*

Ver : *Interior★ da Igreja Matriz, Igreja de Nossa Senhora do Terço★, (azulejos★).*

Torre da Porta Nova ✉ 4750-329 ☎ 253 81 18 82 turismo-barcelos@clix.pt Fax 253 82 21 88.

Lisboa 366 – Braga 18 – Porto 48.

Dom Nuno sem rest, Av. D. Nuno Álvares Pereira 76, ✉ 4750-234, ☎ 253 81 28 10, *Fax 253 81 63 36* – TV. AE MC VISA.
26 qto 42,50/60.
◆ Casa com bom aspecto geral, dotada de quartos íntimos. O vigoroso mobiliário de formas torneadas, no mais puro estilo português, personaliza a sua decoração.

Bagoeira, Av. Dr. Sidónio Pais 495, ✉ 4750-333, ☎ 253 81 12 36, *restaurantebagoeira@mail.pt, Fax 253 82 45 88*, Rest. típico – . AE MC VISA.
Refeição lista 25 a 32.
◆ A vetusta fachada revela a longa trajectória deste típico restaurante. Salas simples de ambiente regional onde poderá degustar a cozinha da terra.

Se se atrasa no caminho e não pode chegar antes das 18h, confirme telefonicamente a sua reserva, é mais seguro... e é o costume.

BATALHA *Leiria* 733 N 3 – *7522 h alt. 71.*

Ver : *Mosteiro★★★ : Claustro Real★★★, igreja★★ (vitrais★, capela do Fundador★), Sala do Capítulo★★ (abóbada★★★, vitral★), Capelas imperfeitas★★ (portal★★) – Lavabo dos Monges★, Claustro de D. Afonso V★.*

Praça Mouzinho de Albuquerque ✉ 2440-121 ☎ 244 76 51 80 info@rt-leiriafatima.pt.

Lisboa 120 – Coimbra 82 – Leiria 11.

Pousada do Mestre Afonso Domingues, Largo Mestre Afonso Domingues 6, ✉ 2440-102, ☎ 244 76 52 60, *guest@pousadas.pt, Fax 244 76 52 47* – TV. AE MC VISA.
Refeição 26 – **19 qto** 128/140 – 2 suites.
◆ Desde as suas dependências aprecia-se a notável beleza do mosteiro da Batalha. Bom referente para o descanso, ambiente aconchegante e agradáveis exteriores. Refeitório a a carte modesto mas de montagem correcta.

Batalha sem rest, Largo da Igreja, ✉ 2440-100, ☎ 244 76 75 00, *info@hotel-batalha.com, Fax 244 76 74 67* – TV P. AE VISA.
22 qto 40/50.
◆ O passado histórico da cidade aflora no seu ambiente. Hotel com equipamento completo, dotado de espaçosos quartos decorados com simplicidade e mobiliário clássico-funcional.

Casa do Outeiro sem rest, Largo Carvalho do Outeiro 4, ✉ 2440-128, ☎ 244 76 58 06, *geral@casadoouteiro.com, Fax 244 76 68 92*, – TV P – 25/40. MC VISA.
15 qto 50/60.
◆ Casa familiar em cujas instalações realizaram-se importantes melhorias. Os seus luminosos quartos estão personalizados, com decoração moderna e os chãos em parquet.

na estrada N 1 *Sudoeste : 1,7 km :*

São Jorge, Casal da Amieira, ✉ 2440-011, ☎ 244 76 97 10, *hotel@motelsjorge.com, Fax 244 76 97 11*, – rest, TV P – 25/90. MC VISA. rest
Refeição 15 – **47 qto** 40/50 – 10 apartamentos – PA 30.
◆ Um bom recurso para o cliente de passagem. Oferece correctos quartos e amplos apartamentos com lareira, estes últimos distribuídos a modo de bungalows pelo jardim. Modesto refeitório rústico num edifício anexo.

BEJA P 733 R 6 – *21658 h alt. 277.*

Ver : *Antigo Convento da Conceição★,* BZ- *Castelo (torre de menagem★)* BY.

Rua Capitão João Francisco de Sousa 25 ✉ 7800-451 ☎ 284 31 19 13 Fax 284 31 19 13.

Lisboa 194 ④ – Évora 78 ① – Faro 186 ③ – Huelva 177 ② – Santarém 182 ④ – Setúbal 143 ④ – Sevilla 223 ②

BEJA

Abel Viana (R.) . . . . BY 2
Acoutados (R. dos) . . . . CZ 3
Almeida Garrett (R.) . . . . CZ 5
Antonio Raposo Tavares (R.) . . CY 7
Biscainha (R. da) . . . . CZ 9
Branca (R. da) . . . . CZ 10
Conde da Boavista (R.) . . . . . BCZ 13
Conselheiro Menezes (R.) . . . . BY 15
Dinis (R. de) . . . . BY 17
Dom Manuel (R.) . . . . BY 19
Dr. Antonio J. Almeida (R.). . . . BY 21
Dr. Brito Camacho (R.) . . . . BZ 22
Dr. Manuel Arriaga (R.) . . . . CZ 24
Frei Manuel do Cenaculo (R.) CYZ 28
Infantaria (R. da) . . . . CZ 30
Jacinto Freire de Andrade (R.) . CZ 31
Marquès de Pombal (R.) . . . . . . CZ 34
Portas de Aljustrel (R. das) . . . . . A 39
Portas de Mértola (R. das) . . . . CZ 40
Prof. José Sebastião e Silva (R.) . . . . CZ 42
Santo Amaro (Largo de) . . . . . . BY 46
Vasco da Gama (Av.). . . . . CZ 49

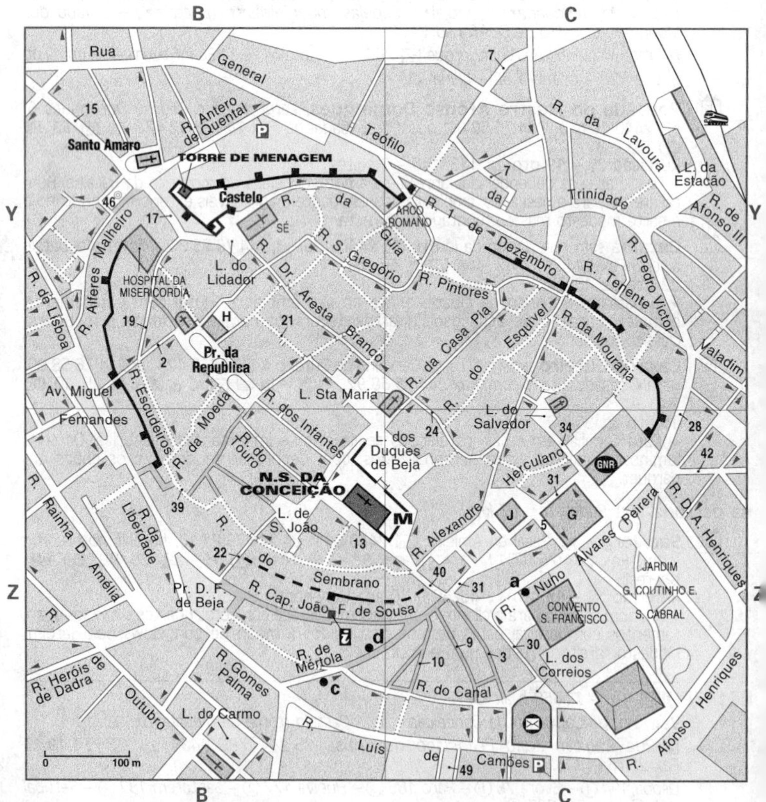

Pousada de São Francisco, Largo D. Nuno Álvares Pereira, ✉ 7801-901 apartado 63, ☎ 284 31 35 80, *guest@pousadas.pt, Fax 284 32 91 43,* – 25/350. AE VISA. CZ a
Refeição 26 – **34 qto** 178/190 – 1 suite.
◆ Instalado num convento do séc. XIII, do qual ainda se conservam o seu primitivo traçado e a capela. Interior onde a elegância antecede um conforto moderno. Restaurante com belas abóbadas de cruzeiros, criando assim um estilo sereno e distinguido.

Francis sem rest, Praça Fernando Lopes Graça-Lote 31, ✉ 7800-430, ☎ 284 31 55 00, *info@hotel-francis.com, Fax 284 31 55 01,* – – 25/150. AE VISA. A c
45 qto 55/65.
◆ Conjunto definido pelos quartos espaçosos e alegres, onde o conforto e o bem-estar estão garantidos. Completo ginásio, sauna, jacuzzi e banho turco na cave.

Melius, Av. Fialho de Almeida, ✉ 7800-395, ☎ 284 32 18 22, *hotel.melius@netvisao.pt, Fax 284 32 18 25* – – 25/200. AE VISA. A b
Refeição - ver rest. ***Melius*** – **54 qto** 53/65 – 6 suites.
◆ Hotel moderno e funcional com uma decoração um pouco impessoal, compensada por um adequado equipamento. Possui suficiente zona nobre e confortáveis quartos.

Cristina sem rest, Rua de Mértola 71, ✉ 7800-475, ☎ 284 32 30 35, *Fax 284 32 04 60* – . AE VISA. BZ c
31 qto 38,50/52.
◆ Estabelecimento em fase de actualização, com solos de soalho flutuante. Os quartos têm uma linha prática bem concebida, manutenção esmerada e casas de banho novas.

Santa Bárbara sem rest, Rua de Mértola 56, ✉ 7800-475, ☎ 284 31 22 80, *pensao.barbara@clix.pt, Fax 284 31 22 89* – . AE VISA. BZ d
26 qto 30/50.
◆ Recomendável recurso familiar, que está a melhorar as suas instalações pouco a pouco. Correcto salão social e quartos com casas de banho renovadas. Adequada direcção.

Melius - *Hotel Melius*, Av. Fialho de Almeida 68, ✉ 7800-395, ☎ 284 32 98 69, *Fax 284 32 18 25* – . AE VISA. A b
fechado do 15 ao 31 de julho, domingo noite e 2ª feira – **Refeição** lista 22 a 26.
◆ Restaurante com entrada independente com respeito ao hotel. Refeitório amplo e luminoso com uma decoração simples, funcional, um tanto impessoal.

na estrada N 121 *por ④ : 8 km :*

Monte da Diabrória , ✉ 7801-905 apartado 401, ☎ 284 99 81 77, *diabroria@mail.pt, Fax 284 99 80 69,* – qto, VISA.
Refeição - só clientes a pedido, só jantar - 25 – **9 qto** 45/60.
◆ Construção típica regional próxima a uma barragem, com quartos espaçosos de esmerado conforto. Dispõe dum amplo salão-refeitório com uma agradável lareira.

BELMONTE *Castelo Branco* 733 K 7 – *3 227 h.*

Ver : *Castelo (※★)- Torre romana de Centum Cellas★ Norte : 4 km.*

Praça de Republica ✉ 6250-034 ☎ 275 91 14 88 Fax 275 91 14 88.

Lisboa 338 – Castelo Branco 82 – Guarda 20.

pela estrada de Caria *Sul : 0,7 km e desvio a direita 1,5 km :*

Pousada Convento de Belmonte , Serra da Esperança, ✉ 6250 apartado 76, ☎ 275 91 03 00, *guest@pousadas.pt, Fax 275 91 03 10,* ≤ Cova da Beira e Serra da Estrela, – – 25/60. AE VISA.
Refeição 26 – **23 qto** 183/195 – 1 suite.
◆ A localização proporciona-nos uma bela visão panorâmica. Se a zona nobre está assentada sobre as ruínas dum antigo convento, os cuidados quartos ocupam uma ala de nova construção. Refeitório moderno, aberto à serena majestade dos seus arredores.

BELVER *Portalegre* 733 N 6 – *900 h.*

Lisboa 175 – Castelo Branco 85 – Portalegre 61 – Santarém 107.

Quinta do Belo-Ver , Rua Capitão João Pires 2, ✉ 6040-024 Belver Gav, ☎ 241 63 90 40, *quintadobelover@clix.pt, Fax 241 63 90 49,* ≤, –
Refeição - só clientes a pedido - 17,50 – **7 qto** 70 – 1 apartamento.
◆ Antiga construção bem reabilitada e com vistas ao Tejo. Interior actualizado, com detalhes decorativos e antigo mobiliário de estilo clássico. Agradável refeitório privado.

BENAFIM *Faro* 733 U 5 - *1141 h.*
Lisboa 260 - Faro 36 - Albufeira 29 - Lagos 66.

na estrada de Sarnadas *Norte : 3,5 km :*

Casa d'Alvada sem rest, Quinta do Freixo, ✉ 8100-352, ☎ 289 47 21 85, *qfreixo@oninet.pt, Fax 289 47 21 48,* ←, - TV P.
fechado janeiro - **10 qto** 45/62.
◆ Dependências agrícolas em pleno campo de sóbria decoração que combina o mobiliário alentejano e o clássico. Bar no velho moinho e salãozinho de pequenos almoços com vistas.

BOLEIROS *Santarém - ver Fátima.*

BOM JESUS DO MONTE *Braga - ver Braga.*

BOMBARRAL *Leiria* 733 O 2 - *5514 h.*
Largo do Município (Palácio Gorjão) ✉ 2540-046 ☎ 262 60 90 53 geral@cm-bombarral.pt Fax 262 60 90 41.
Lisboa 76 - Leira 84 - Óbidos 12 - Santarém 58.

Comendador sem rest, Largo Comendador João Ferreira dos Santos, ✉ 2540-033, ☎ 262 60 16 38, *hotel.comendador@nelvisão.pt, Fax 262 60 16 39* - TV P. - 25/200. AE VISA.
51 qto 55/75.
◆ Hotel de localização central com modernas instalações e quartos funcionais e de linha actual decorados com gosto. Sala de reuniões no último andar, com uma bela visão panorâmica dos arredores.

Dom José, Rua Dr. Alberto Martins dos Santos 4, ✉ 2540-039, ☎ 262 60 43 84 -
Refeição lista aprox. 23.
◆ Situado numa vila na entrada da localidade. Possui dois refeitórios agradáveis, apesar de serem de montagem simples, e esplanada-bar. Dirigido por um cozinheiro profissional.

Se procura um hotel tranquilo,
consulte os mapas da introdução ou procure
no texto os estabelecimentos marcados com o signo

BORBA *Évora* 733 P 7 - *3984 h.*
Lisboa 180 - Évora 57 - Badajoz 50 - Portalegre 69.

Casa de Borba sem rest, Rua da Cruz 5, ✉ 7150-125, ☎ 268 89 45 28, *Fax 268 84 14 48,* - TV P. VISA.
fechado do 20 ao 27 de dezembro - **5 qto** 70/80.
◆ Belo edifício com traçado do séc. XVIII, destacando tanto pela sua magnífica escalinata em mármore como pelo seu mobiliário e pela decoração. Bom conforto e valiosos detalhes.

BOTICAS *Vila Real* 733 G 7 - *1065 h alt. 490 - Termas.*
Lisboa 471 - Vila Real 62.

em Carvalhelhos *Oeste : 8 km :*

Estalagem de Carvalhelhos , ✉ 5460-130 Beça, ☎ 276 41 51 50, *geral@carvalhelhos.pt, Fax 276 41 51 74,* - rest, TV P. AE VISA.
Refeição 13 - **20 qto** 40/50.
◆ Situado ao pé duma estação termal, numa paisagem verde rodeada de árvores. Amplo hall-recepção com um salão social, e espaçosos quartos de linha clássica. Luminoso refeitório de estilo funcional que baseia a sua actividade no menu.

BOURO *Braga* 733 H 5.
Lisboa 370 - Braga 35 - Guimarães 43 - Porto 85.

Pousada de Santa Maria do Bouro , ✉ 4720-688 Bouro (Santa Marta), ☎ 253 37 19 70, *guest@pousadas.pt, Fax 253 37 19 76,* - TV P. - 25/150. AE VISA.
Refeição 26 - **30 qto** 193/205 - 2 suites.
◆ Construída sobre as ruínas dum convento beneditino. A decoração interior quis manter a sobriedade do estilo primitivo, utilizando um mobiliário de vanguarda. Refeitório austero mas confortável, onde se oferece uma ementa tradicional.

BRAGA [P] 733 H 4 – *117 272 h alt. 190.*

Ver : *Sé Catedral★ Z : estátua da Senhora do Leite★, interior★ (abóbada★, altar flamejante★, caixas de órgãos★) – Tesouro★, capela da Glória★ (túmulo★).*

Arred. : *Santuário de Bom Jesus do Monte★★ (perpectiva★) 6 km por ① – Capela de São Fructuoso de Montélios★ 3,5 km ao Norte pela N 101 -Monte Sameiro★ (✲★★) 9 km por ①.*

Excurs. : *Nordeste : Cávado (Alto Vale do rio)★ 171 km por ①.*

Av. Liberdade 1 ✉ 4710-305 ☎ 253 26 25 50 Fax 253 61 33 87 – **A.C.P.** *Av. Conde D. Henrique 72 ✉ 4700-214 ☎ 253 21 70 51 Fax 253 61 67 00.*

Lisboa 368 ③ – Bragança 223 ⑤ – Pontevedra 122 ① – Porto 54 ③ – Vigo 103 ⑤

BRAGA

- Abade Loureira (R.) .... Y 3
- Biscainhos (R. dos) .... Y 4
- Caetano Brandão (R.) .... Z 6
- Capelistas (R. dos) .... Y 7
- Carmo (R. do) .... Y 9
- Central (Av.) .... Y 10
- Chãos (R. dos) .... Y 12
- Conde de Agrolongo (Pr.) .... Y 13
- Dom Afonso Henriques (R.) .... Z 15
- Dom Diogo de Sousa (R.) .... YZ 16
- Dom Gonç. Pereira (R.) .... Z 18
- Dom Paio Mendes (R.) .... Z 19
- Dr Gonçalo Sampaio (R.) .... Z 21
- Franc. Sanches (R.) .... Z 22
- General Norton de Matos (Av.) .... Y 24
- Nespereira (Av.) .... Y 25
- São João do Souto (Pr.) .... Z 27
- São Marcos (R.) .... YZ 28
- São Martinho (R. de) .... Y 30
- São Tiago (Largo de) .... Z 31
- Souto (R. do) .... YZ 33

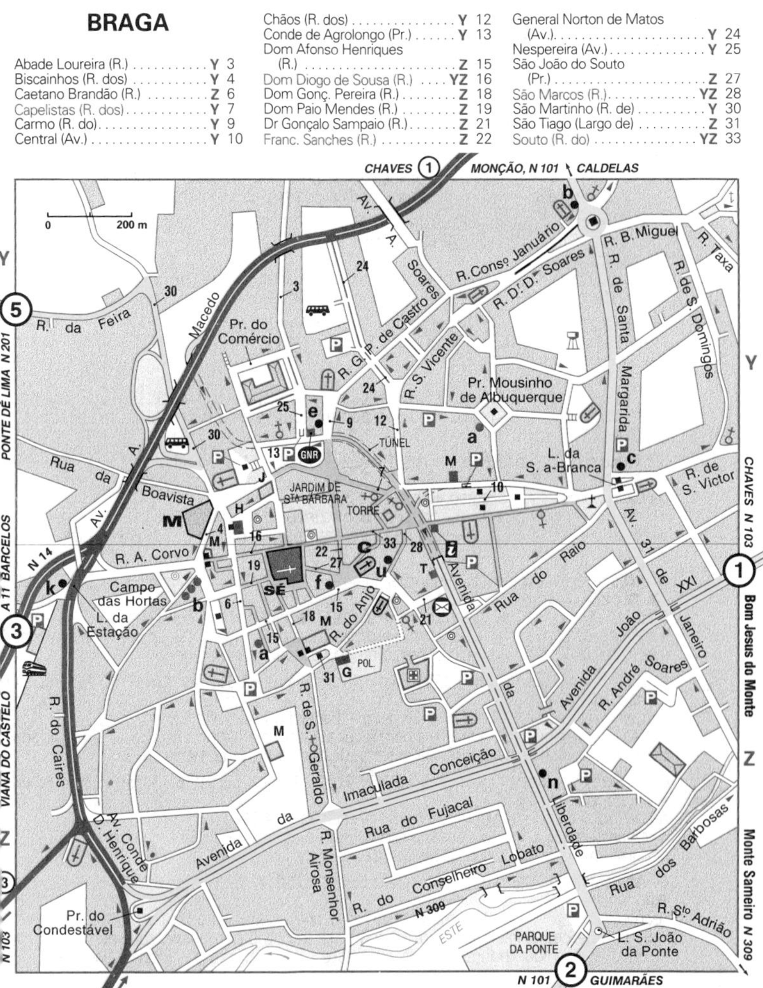

Quinta de Infias sem rest, Largo de Infias, ✉ 4700-357, ☎ 253 20 95 00, *quintainfias@mail.telepac.pt, Fax 253 20 95 09,* – [P] – 25/140. AE VISA
26 qto ☐ 74/94. Y b

◆ Instalado num atractivo palacete de finais do séc. XIX, com oito quartos em estilo antigo e o resto num edifício anexo comunicado, mais actuais e funcionais.

D. Sofia sem rest, Largo S. João do Souto 131, ✉ 4700-326, ☎ 253 26 31 60, *hotel.d.sofia@oninet.pt, Fax 253 61 12 45* – ⇕ ▤ TV – 25/60. AE MC VISA. Z f
34 qto ☕ 60/80.
◆ Situado na zona monumental da cidade. Organização amável, detalhes de muito bom gosto na decoração e no mobiliário, e quartos de completo equipamento.

Albergaria Senhora-a-Branca sem rest, Largo da Senhora-a-Branca 58, ✉ 4710-443, ☎ 253 26 99 38, *albergariasrabranca@oninet.pt, Fax 253 26 99 37* – ⇕ ▤ TV. AE ⓓ MC VISA. Y c
18 qto ☕ 40/55 – 2 suites.
◆ Fachada de estilo clássico, em harmonia com os edifícios adjacentes, em pleno centro urbano. Espaços comuns de bom conforto e quartos bem acondicionados.

Carandá sem rest, Av. da Liberdade 96, ✉ 4715-037, ☎ 253 61 45 00, *hc@hotelcaranda.com, Fax 253 61 45 50* – ⇕ ▤ TV ♿. AE ⓓ MC VISA. Z n
82 qto ☕ 36,50/46.
◆ Hotel com um moderno exterior, situado no coração da cidade. Instalações funcionais com área nobre algo reduzida e quartos de linha actual.

Estação, Largo da Estação 13, ✉ 4700-223, ☎ 253 21 83 81, *hotelestacao@mail.telepac.pt, Fax 253 27 68 10* – ⇕ ▤ TV ♿ Z k
51 qto.
◆ O seu nome dá-nos a pista da sua localização perto da estação de comboios. Hotelzinho central de correcta organização, com amplos quartos de aspecto actual.

São Marcos sem rest, Rua de São Marcos 80, ✉ 4700-328, ☎ 253 27 71 77, *Fax 253 27 71 77* – ⇕ ▤ TV. AE MC VISA. Z u
13 qto ☕ 50/55.
◆ Situado numa rua central e pedonal. Os seus quartos conservam um certo ar familiar dentro da sua sobriedade e ganharam em luminosidade ao pôr o chão de soalho.

Ibis Braga sem rest, Rua do Carmo 38, ✉ 4700-309, ☎ 253 61 08 60, *h1802@accor-hotels.com, Fax 253 61 08 63* – ⇕, qto, ▤ TV ♿ – 25/50. AE ⓓ MC VISA. Y e
☕ 5 – **72 qto** 43.
◆ Central, funcional e dotado de um equipamento básico. Na sua modéstia é um conjunto simpático, com uma reduzida zona comum que é compensada com espaçosos quartos.

De Bouro, Rua Santo António das Travessas 30-32, ✉ 4700-441, ☎ 253 26 16 09 – ▤. AE MC VISA. Z a
fechado domingo – **Refeição** lista aprox. 28.
◆ Situado numa típica ruela do centro histórico. Moderno refeitório onde servem directamente uma pequena variedade de entradas, deixando ao cliente a eleição do 2º prato.

Brito's, Praça Mouzinho de Alburquerque 49-A, ✉ 4710-301, ☎ 253 61 75 76 – ▤. AE ⓓ MC VISA JCB. Y a
fechado do 1 ao 15 de setembro e 4ª feira – **Refeição** lista 17 a 27.
◆ Negócio de carácter familiar, com o proprietário a dirigir os fogões. Discretas instalações que, sem luxos, brindam um conforto muito válido na sua categoria.

Inácio, Campo das Hortas 4, ✉ 4700-210, ☎ 253 61 32 35, *Fax 253 61 32 35* – ▤. AE ⓓ MC VISA. Z b
fechado 15 dias em setembro e 3ª feira – **Refeição** lista 29 a 38.
◆ Restaurante típico. A tradição e o bem fazer avalizam o prestígio desta casa, especializada em pratos regionais de tendência caseira. Destaca a asseada manutenção.

Cruz Sobral, Campo das Hortas 7-8, ✉ 4700-210, ☎ 253 61 66 48, *Fax 253 61 66 48* – ▤. AE MC VISA. Z b
fechado 28 março-10 abril e 2ª feira – **Refeição** lista 22 a 28.
◆ Várias gerações duma mesma família dirigem o negócio. Elabora uma cozinha de sabor popular em fogão de lenha, e à vista da clientela.

O Alexandre, Campo das Hortas 10, ✉ 4700-210, ☎ 253 61 40 03 – ▤. MC VISA. Z b
fechado do 1 ao 15 de setembro e domingo noite – **Refeição** lista 20 a 30.
◆ Sério e de boa organização familiar, num edifício do bairro antigo com certo carisma. Destaca o seu moderno interior em contraste com o tipismo dos locais adjacentes.

pela estrada do Bom Jesus do Monte *por ① : 4 km :*

O Pórtico, Arco-Bom Jesus (junto ao elevador), ✉ 4710-454, ☎ 253 67 66 72, *Fax 253 67 98 18*, – ▤. AE ⓓ MC VISA.
fechado 5ª feira – **Refeição** lista 25 a 36.
◆ Pequeno e modesto na sua montagem, ambientado num estilo rústico-regional que o torna aconchegante. Na sua mesa primam os peixes sobre as carnes. Amável atenção.

no Bom Jesus do Monte *por ①* :

Elevador, 6 km, ✉ 4710-455 Braga, ☎ 253 60 34 00, *hbj@hoteisbomjesus.web.pt, Fax 253 60 34 09*, ≤ vale e Braga – 🅿 – 25/120. AE VISA JCB. rest
Refeição 21 – **22 qto** 78/94.
◆ Deve o seu nome ao pitoresco ascensor do séc. XIX movido à água. Confortável salão-bar, e quartos de linha clássica actualizados com elegância. O restaurante oferece uma das vistas mais belas da cidade.

Parque sem rest, 6,2 km, ✉ 4710-455 Braga, ☎ 253 60 34 70, *hbj@hoteisbomjesus.web.pt, Fax 253 60 34 79* – 🅿. AE VISA JCB.
45 qto 75/90 – 4 suites.
◆ Ocupa um edifício nobre do parque. A atractiva decoração da sua zona comum, realçada com distinguidos detalhes, convida ao repouso. Quartos clássicos de bom conforto.

na antiga estrada de Ponte de Lima *Noroeste : 3,5 km* :

Casa das Artes, Rua Costa Gomes 353 (Real), ✉ 4700-262 Braga, ☎ 253 62 20 23, *Fax 253 62 20 23* – AE VISA. por L. da Estação Z
fechado do 1 ao 15 de janeiro e domingo – **Refeição** lista 26 a 35.
◆ Antiga loja de arte sacra com uma original decoração à base de brinquedos, bonecas e objectos de circo. Conta com duas salas, uma delas a modo de esplanada envidraçada.

BRAGANÇA 🅿 733 G 9 – *20 086 h alt. 660.*

Ver : *Cidadela medieval★ – Museu do Abade de Baçal★.*

Arred. : *Mosteiro de Castro de Avelãs★ 5 km a Oeste.*

Av. Cidade de Zamora ✉ 5300-111 ☎ 273 38 12 73 turismocmb@sapo.pt Fax 273 30 42 99 – **A.C.P.** *Av. Dr. Francisco Sá Carneiro, edifício Montezinho 81, loja A-K ✉ 5300-252 ☎ 273 32 50 70 Fax 273 32 50 71.*

Lisboa 521 – Ciudad Rodrigo 221 – Guarda 206 – Ourense 189 – Vila Real 140 – Zamora 114.

Pousada de São Bartolomeu, Estrada de Turismo - Sudeste : 0,5 km, ✉ 5300-271, ☎ 273 33 14 93, *guest@pousadas.pt, Fax 273 32 34 53*, ≤ cidade, castelo e arredores, – 🅿. AE VISA.
Refeição 26 – **28 qto** 143/155.
◆ Pousada cuja localização oferece serenas vistas sobre os arredores. O gosto pelos grandes espaços e um conforto actual definem o seu interior aconchegante. Restaurante panorâmico num ambiente banhado com abundante luz natural.

Turismo São Lázaro, Av. Cidade de Zamora - Nordeste : 1,8 km, ✉ 5300-111, ☎ 273 30 27 00, *reservas.hsl@hoteis-arco.com, Fax 273 30 27 01* – 🅿 – 25/600. AE VISA.
Refeição 17,50 – **264 qto** 63/78 – 8 suites – PA 30.
◆ De estilo moderno, coloca ao seu dispor os funcionais quartos de bom tamanho e uma correcta zona social na qual destaca o piano-bar panorâmico.

Ibis Bragança sem rest com snack bar ao jantar, Rotunda do Lavrador Transmontano, ✉ 5300-063, ☎ 273 30 25 20, *h3338@accor-hotels.com, Fax 273 30 25 69* – qto, – 25/45. AE VISA JCB
5 – **70 qto** 42.
◆ Com as características de conforto habituais nesta cadeia de hotéis e numa área de importante crescimento. Quartos actuais, com o chão em alcatifa e mobiliário standard.

Classis sem rest, Av. João da Cruz 102, ✉ 5300-178, ☎ 273 33 16 31, *Fax 273 32 34 58* – AE VISA.
20 qto 32,50/47,50.
◆ Beneficie-se da sua localização central ! Hotelzinho com uma pequena recepção e quartos equipados, sendo que a maioria deles têm casas de banho actuais.

Real Feitoria, Quinta da Braguinha-Lote A, ✉ 5300-274, ☎ 273 32 30 50, *realfeitoria@clix.pt, Fax 273 32 30 51* –.
fechado do 1 ao 15 de setembro e domingo – **Refeição** lista 27 a 37.
◆ Dispõe de um corredor-hall com um bom expositor de vinhos e livros de hotelaria, seguido de um luminoso refeitório. Cozinha regional preocupada pelas tradições da zona.

Solar Bragançano, Praça da Sé 34-1º, ✉ 5300-265, ☎ 273 32 38 75, *solar-bragancano@clix.pt, Fax 273 32 38 75*, –. AE VISA JCB.
Refeição lista 20 a 26.
◆ Negócio familiar num edifício do séc. XVIII. Tem importantes melhoras na montagem, especializando-se em pratos de caça e embutidos caseiros. Agradável esplanada.

na estrada de Chaves N 103 *Oeste : 1,7 km :*

Nordeste Shalom sem rest, Av. Abade de Baçal 39, ✉ 5300-068, ☎ 273 33 16 67, *Fax 273 33 16 28* – 25. AE VISA.
30 qto 35/45.
◆ Hotel de organização familiar com suficientes zonas comuns, quartos funcionais de correcto conforto e casas de banho completas. Apreciam-se algumas melhoras gerais.

ao Sudeste : *2 km :*

Santa Apolónia sem rest, Av. Sá Carneiro, ✉ 5300-160, ☎ 273 31 20 73, *santa_apolonia@iol.pt, Fax 273 31 20 73* – AE.
13 qto 25/35.
◆ Situado nos arredores da cidade. Tem quartos simples mas confortáveis, sendo que a maioria deles possui casas de banho actuais.

BUARCOS *Coimbra – ver Figueira da Foz.*

BUÇACO *Aveiro* 733 K 4 – *alt. 545.*
Ver : *Mata** : Palace Hotel**, Cruz Alta **, Via Sacra*, Obelisco *..*
Lisboa 233 – Aveiro 47 – Coimbra 31 – Porto 109.

Palace H. do Bussaco, Floresta do Buçaco - alt. 380, ✉ 3050-261 Luso, ☎ 231 93 79 70, *bussaco@almeidahotels.com, Fax 231 93 05 09*, – rest, – 25/80. AE VISA JCB.
Refeição 40 – **60 qto** 190/220 – 4 suites.
◆ Soberbo pavilhão de caça num estilo que evoca o manuelino. Exuberante interior com uma bela escada, cujos azulejos narram episódios da história portuguesa. Fabuloso restaurante ao estilo claustro, com grande elegância e uma cálida iluminação.

BUCELAS *Lisboa* 733 P 2 – *4810 h alt. 100.*
Lisboa 30 – Santarém 62 – Sintra 40.

Barrete Saloio, Rua Luís de Camões 28, ✉ 2670-662, ☎ 21 969 40 04, *barretesaloio@clix.pt, Fax 21 968 70 45* – . AE VISA.
fechado agosto, 2ª feira noite e 3ª feira – **Refeição** lista 16 a 24.
◆ Casa familiar de íntimo ambiente regional, que experimentou diversos usos ao longo da sua história. Uma sucessão de detalhes rústicos conforma um quadro muito aconchegante.

BUDENS *Faro* 733 U 3 – *1573 h.*
Lisboa 305 – Faro 97 – Lagos 15.

na Praia da Salema *Sul : 4 km :*

Estalagem Infante do Mar, ✉ 8650-193 Budens, ☎ 282 69 01 00, *mail@infantedomar.com, Fax 282 69 01 09*, mar, – . AE VISA.
março-novembro – **Refeição** - só jantar - lista 20 a 30 – **30 qto** 65/85.
◆ A sua situação dominante, no alto da localidade, oferece-lhe serenas vistas ao mar. Modestas instalações compensadas por uma esmerada manutenção e um suficiente conforto. Refeitório panorâmico banhado com toda a luz e a cor do oceano.

Salema sem rest, Rua 28 de Janeiro, ✉ 8650-200 Budens, ☎ 282 69 53 28, *hotel.salema@clix.pt, Fax 282 69 53 29*, – . AE VISA.
abril-outubro – **32 qto** 77/87.
◆ Um recurso simples mas válido. Quartos de tamanho correcto com mobiliário discreto e casas de banho um pouco antiquadas, sendo que a maioria delas só tem duche.

CABANÕES *Viseu – ver Viseu.*

Os preços indicados podem aumentar,
em caso de variações significativas do custo de vida.
Solicite a confirmação do preço definitivo quando efectue
a sua reserva de hotel.

CABEÇO DE VIDE *Portalegre* 733 O 7 – *1 133 h.*

Lisboa 208 – Portalegre 37 – Badajoz 70 – Estremoz 42.

pela estrada de Monforte *Sudeste : 2,5 km e desvío a direita 0,5 km :*

Herdade da Ordem ⑤, Estrada N 369 - km 33, ✉ 7460, ☎ 245 61 21 54, *saccb@vizzavi.pt, Fax 245 61 21 54,* ≤ campo, ⛱ – ▤ P. ✗
Refeição - só clientes a pedido - 15 – **5 qto** ☐ 70.
◆ Casa de campo de aspecto palaciano onde predominam os espaços sóbrios, mas com atractivos detalhes de estilo regional alentejano. Amplo salão social com lareira.

CABEÇUDO *Castelo Branco* 733 M 5 – *999 h.*

Lisboa 177 – Castelo Branco 76 – Coimbra 77 – Leiria 97 – Santarém 111.

Quinta de Santa Teresinha sem rest, Largo de Igreja, ✉ 6100-730, ☎ 918 79 54 06, *pontevelha@s-m.pt, Fax 274 60 01 69,* ⛱, ⛁, ✗ – ▤ TV ♿ P – 🏛 25/200. MC VISA
4 qto ☐ 75 – 2 apartamentos.
◆ Bonita casa senhorial decorada com bom gosto e carinho. Agradável zona social com uma grande mesa para confraternizar nos pequenos almoços e amplos quartos com mobiliário torneado.

CACEIRA DE CIMA *Coimbra – ver Figueira da Foz.*

CACIA *Aveiro – ver Aveiro.*

CALDAS DA FELGUEIRA *Viseu* 733 K 6 – *115 h alt. 200 – Termas.*

Lisboa 284 – Coimbra 82 – Viseu 40.

Grande Hotel ⑤, ✉ 3525-201 Canas de Senhorim, ☎ 232 94 17 40, *Fax 232 94 94 87,* ⛱, ✗ – 🛗, ▤ rest, TV P – 🏛 25/50. AE ⓓ MC VISA. ✗
Refeição 22,50 – **70 qto** ☐ 77,50/130 – 7 apartamentos.
◆ Típico estabelecimento de balneário com uma decoração que começa a acusar a passagem do tempo. Quartos de linha funcional ; a metade deles possuem casas de banho actuais.

CALDAS DA RAINHA *Leiria* 733 N 2 – *24 918 h alt. 50 – Termas.*

Ver : *Parque D. Carlos I★, Igreja de N. S. do Pópulo (tríptico★).*

ℹ *Rua Engenheiro Duarte Pacheco ✉ 2500-110 ☎ 262 83 97 00 geral@cm-caldas-rainha.pt Fax 262 83 97 26.*

Lisboa 92 – Leiria 59 – Nazaré 29.

Cristal Caldas, Rua António Sérgio 31, ✉ 2500-130, ☎ 262 84 02 60, *cristalcaldas@hoteiscristal.pt, Fax 262 84 26 21,* ⛱ – 🛗 ▤ TV 🚗 – 🏛 30/120. AE ⓓ MC VISA JCB. ✗
Refeição 12,50 – **113 qto** ☐ 55/75.
◆ Desenhado para desfrutar duma estadia inesquecível, bem organizado e de grande aceitação. Desfrute dos seus confortáveis quartos de correcto equipamento. Refeitório funcional, com serviço de buffet ao meio-dia e ementa ou prato do dia pelas noites.

Caldas Internacional H., Rua Dr. Figueirôa Rego 45, ✉ 2500-000, ☎ 262 83 05 00, *Fax 262 84 44 82,* Fб, ⛱ – 🛗 ▤ TV ♿ P – 🏛 25/400
80 qto – 3 suites.
◆ As suas equipadas instalações, os confortáveis quartos, ou a diversidade de zonas nobres são só algumas das propostas deste hotel de planta horizontal.

Dona Leonor sem rest, Hemiciclo João Paulo II-9, ✉ 2500-212, ☎ 262 84 21 71, *hoteldonaleonor@mail.telepac.pt, Fax 262 84 21 72* – 🛗 TV – 🏛 25/50. AE ⓓ MC VISA. ✗
30 qto ☐ 42,50/55.
◆ Situado no centro da localidade. Possui quartos com suficiente equipamento, com os chãos e as casas de banho renovadas. Salinha para reuniões no pátio.

São Rafael, Rua Rafael Bordalo Pinheiro 53, ✉ 2500, ☎ 262 83 93 83, *Fax 262 83 93 81* – ▤ P. AE ⓓ MC VISA. ✗
fechado 2ª feira – **Refeição** lista aprox. 19.
◆ A arte cerâmica e a boa mesa encontram-se neste restaurante, instalado num museu. Deguste as suas especialidades enquanto contempla as peças que adornam as suas montras.

PORTUGAL

Sabores d'Itália, Rua Eng. Duarte Pacheco 17, ✉ 2500-198, ☎ 262 84 56 00, *saboresditalia@hotmail.com, Fax 262 84 55 99* – ▤. AE MC VISA. ⋟
fechado 28 março-11 abril, do 5 ao 19 de setembro e 2ª feira – **Refeição** - cozinha italiana - lista 28 a 38.
◆ Refeitório um pouco reduzido mas de esmerada montagem, com um piano decorando um dos seus espaços. A ementa combina a cozinha típica italiana com outros pratos mais elaborados.

Supatra, Rua General Amílcar Mota, ✉ 2500-209, ☎ 262 84 29 20, *Fax 262 84 29 20* – ▤. AE ⓓ MC VISA. ⋟
fechado 24 dezembro-7 janeiro e 2ª feira – **Refeição** - rest. tailandês - lista 20 a 26.
◆ Restaurante tailandês de simples instalação em planta rectangular, dirigido pelos seus proprietários. Cozinha correcta e uma ementa que introduz alguns pratos vegetarianos.

CALDAS DAS TAIPAS *Braga* 733 H 4 – *5 252 h – Termas.*

Lisboa 341 – Porto 56 – Braga 17.

Das Taipas, Av. Trajano Augusto, ✉ 4800-384, ☎ 253 47 99 80, *Fax 253 47 99 86* – |♦| ▤ TV ♿ ⇔ – 25/30. AE ⓓ MC VISA. ⋟
Refeição 16,50 – **33 qto** ☕ 50/65.
◆ Moderno edifício que alberga dependências muito luminosas, numa área aberta frente ao centro termal. Pequena zona social e quartos bem equipados.

CALDAS DE MONCHIQUE *Faro – ver Monchique.*

CALDAS DE VIZELA *Braga* 733 H 5 – *8 133 h alt. 150 – Termas.*

ℹ *Rua Dr. Alfredo Pinto 42* ✉ *4815-427* ☎ *253 48 42 41 turismo@cm-vizela.pt Fax 253 48 12 68.*
Lisboa 358 – Braga 33 – Porto 47.

Sul Americano, Rua Dr. Abílio Torres 855, ✉ 4815-552, ☎ 253 48 03 60, *hotelsulamericano@termasdevizela.com, Fax 253 48 03 61* – |♦| ▤ TV ♿ P – 25/300. AE ⓓ MC VISA. ⋟
Refeição 11 – **61 qto** ☕ 50/67.
◆ Uma importante reforma integral proporcionou o conforto mais actual, conservando o ambiente de épocas passadas no mobiliário e em certos detalhes decorativos. Refeitório de notável tamanho cuja oferta se centra no menu e no buffet.

CALDELAS *Braga* 733 G 4 – *1 013 h alt. 150 – Termas.*

ℹ *Praça do Comercio* ✉ *4720 Amares* ☎ *253 99 16 60.*
Lisboa 385 – Braga 17 – Porto 67.

Grande H. da Bela Vista, ✉ 4720-263, ☎ 253 36 01 00, *geral@hotelbelavista.com, Fax 253 36 11 36,* ≤, Serviços terapêuticos, ⛱, ⛱, 🎾 – |♦| ▤ TV ⇔ P. AE MC VISA. ⋟
Refeição 17 – **70 qto** ☕ 65/100.
◆ Clássico hotel de balneário que conserva o estilo de princípios do séc. XX, com amplos salões e mobiliário de época. Em plena natureza, rodeado de árvores e com vistas. Restaurante de altos tectos, que recria um ambiente de tempos passados.

De Paços, Av. Afonso Manuel, ✉ 4720-259, ☎ 253 36 11 01, *Fax 253 36 85 19* – P. ⋟
maio-outubro – **Refeição** 22 – **47 qto** ☕ 24,44/40.
◆ Estabelecimento de temporada situado no centro da localidade, com um pitoresco acesso entre laranjeiras. Adequada zona nobre e quartos simples.

CALHEIROS *Viana do Castelo* 733 G 4.

Lisboa 391 – Viana do Castelo 29 – Braga 43 – Porto 85 – Vigo 71.

Paço de Calheiros ♨, sem rest, ✉ 4990-575, ☎ 258 94 71 64, *pacodecalheiros@oninet.pt, Fax 258 94 72 94,* ≤ vale do Lima, ⛱, ⛱, 🎾 – P. AE ⓓ MC VISA
9 qto ☕ 86/110 – 6 apartamentos.
◆ Formoso paço senhorial rodeado de esmerados jardins. Possui salas e quartos em estilo antigo, bem como vários apartamentos T1 anexos mais actuais e íntimos, tipo duplex.

CALVOS *Braga – ver Póvoa de Lanhoso.*

CAMINHA *Viana do Castelo* 733 G 3 - *2 315 h.*

Ver : *Igreja Matriz (tecto★).*

Rua Ricardo Joaquim de Sousa ✉ 4910-155 ✆ 258 92 19 52 Fax 258 92 19 32.

Lisboa 411 - Porto 93 - Vigo 60.

Porta do Sol, Av. Marginal, ✉ 4910-104, ✆ 258 71 03 60, *porta_do_sol@mail.nortenet.pt, Fax 258 72 23 47,* ≤ foz do Minho e monte de Santa Tecla, Ⓕ, ⛱, ⛱, 🎾 - |♦| ☰ TV ♿ 🚗 P - 🏛 25/200. AE ⓓ ⓜ VISA. ✂
Refeição 17 - **89 qto** ⊐ 82,50/95 - 4 suites.
• Sem luxos nem floreios, resulta ser muito confortável. A sua funcionalidade e a amplitude de espaço definem um interior no qual destacam os quartos com vistas ao rio Minho. Refeitório panorâmico de correcta montagem e esmerada manutenção.

O Barão, Rua Barão de São Roque 33, ✉ 4910-128, ✆ 258 72 11 30 - ☰. AE ⓓ ⓜ VISA. ✂
fechado 15 janeiro-15 fevereiro, 2ª feira noite e 3ª feira - **Refeição** lista 18 a 25.
• Pequeno restaurante envolvido pelo toque cálido duma iluminação ténue, onde o impecável serviço de mesa e o seu excelente gosto desenham um ambiente íntimo e aconchegante.

Duque de Caminha, Rua Ricardo Joaquim de Sousa 111, ✉ 4910-155, ✆ 258 72 20 46, 🏖 - AE ⓓ ⓜ VISA. ✂
fechado 15 dias em dezembro, domingo noite e 2ª feira - **Refeição** lista 24 a 28.
• Antiga casa de pedra na parte histórica da localidade, cujo interior alberga um agradável refeitório de ar rústico, com mesas um pouco apertadas. Gratificante quotidianidade.

Solar do Pescado, Rua Visconde Sousa Rego 85, ✉ 4910-156, ✆ 258 72 21 46 - ☰. AE ⓜ VISA. ✂
fechado do 15 ao 30 de maio, do 15 ao 30 de novembro, domingo noite e 2ª feira salvo junho-setembro - **Refeição** - peixes e mariscos - lista 32 a 50.
• Negócio familiar especializado em peixe e frutos do mar. Refeitório clássico português com belíssimos azulejos e outra sala interior mais funcional com as paredes em pedra.

em Seixas *Nordeste : 2 km :*

Napoleon, Seara-Coura de Seixas, ✉ 4910-340 Seixas CMN, ✆ 258 72 71 15, *Fax 258 72 76 38* - ☰ P. AE ⓓ ⓜ VISA JCB. ✂
fechado do 15 ao 31 de dezembro, do 15 ao 31 de maio, domingo noite e 2ª feira salvo 15 julho-agosto - **Refeição** lista 24 a 32.
• O profissionalismo da sua brigada e o serviço de mesa evidenciam a sua excelente organização familiar. Estimada linha clássica num ambiente luminoso e bem cuidado.

em Lanhelas *Nordeste : 5 km :*

Casa da Anta 🐦, Lugar da Anta, ✉ 4910-201 Lanhelas, ✆ 258 72 15 95, *geral@casa-da-anta.com, Fax 258 72 12 14,* 🏖 - ☰ qto, TV - 🏛 25/100
15 qto.
• As serenas construções em pedra conformam um atractivo conjunto rústico-regional. Dentre os seus confortáveis quartos destacam os mais antigos pela sua decoração típica.

CAMPO MAIOR *Portalegre* 733 O 8 - *7 439 h.*

Lisboa 244 - Badajoz 16 - Évora 105 - Portalegre 50.

Santa Beatriz sem rest, Av. Combatentes da Grande Guerra, ✉ 7370-075, ✆ 268 68 00 40, *hotel.s.beatriz@mail.telepat.pt, Fax 268 68 81 09,* ⛱ - |♦| ☰ TV P - 🏛 25/30
32 qto - 2 suites.
• Uma renovação recente e exaustiva elevou o seu conforto geral. De linha actual e correcto equipamento, possui quartos funcionais com casas de banho actuais.

Apertazeite, Estrada dos Celeiros, ✉ 7370, ✆ 268 69 90 90, *Fax 268 68 81 09* - ☰ P
• Situado num antigo lagar de azeite, conservando utensílios alusivos na decoração. Amplo hall e atractiva zona de bar onde, noutra época, ofereciam concertos.

pela estrada de Elvas N 373 *Sudoeste : 1,5 km e desvío a direita 0,5 km :*

Quinta dos Avós 🐦, Quinta de São João, ✉ 7370, ✆ 268 68 83 09, *turagri@mail.telepac.pt, Fax 268 68 96 22,* ≤, 🏖, ⛱, 🐎, 🎾 - ☰ TV P. AE ⓜ VISA. ✂
Refeição - só aos fins de semana - lista aprox. 20 - **5 qto** ⊐ 80 - 1 apartamento.
• Quinta senhorial com agradáveis veredas. Os aconchegantes quartos surpreendem pelo seu mobiliário antigo e as casas de banho actuais. Refeitório rústico numa casinha anexa.

PORTUGAL

CANAS DE SENHORIM Viseu 733 K 6 - 3 555 h.

Lisboa 269 - Coimbra 74 - Viseu 25.

Urgeiriça, Estrada N 234 - Nordeste : 1,5 km, ✉ 3525-301, ☎ 232 67 12 67, *info@hotelurgeirica.pt, Fax 232 67 13 28,* - 25/100.
Refeição 14,50 - **83 qto** 70/90 - 2 suites, 4 apartamentos - PA 29.
• Elegante hotel com tradicão, numa paragem tranquila, que possui uma decoração clássica de estilo inglês com excelente gosto. Paixão pelo mobiliário antigo. Refeitório sóbrio, com uma grande lareira que aquece o espaço e um lateral mais íntimo.

Zé Pataco, Rua do Comércio 124, ✉ 3525-052, ☎ 232 67 11 21, *restaurantezepataco@nect.pt, Fax 232 67 33 56* -
fechado do 1 ao 15 de setembro e 3ª feira - **Refeição** lista aprox. 20.
• Casa familiar muito consolidada, cujos muros albergam um refeitório aconchegante de estilo regional com cobertura de madeira, onde servem uma ementa média a preços atractivos.

CANIÇADA Braga - ver Vieira do Minho.

CANIÇO Madeira - ver Madeira (Arquipélago da).

CANIÇO DE BAIXO Madeira - ver Madeira (Arquipélago da) : Caniço.

CANTANHEDE Coimbra 733 K 4 - 7 066 h.

Arred. : *Varziela : retábulo★ Nordeste : 4 km.*

Lisboa 222 - Aveiro 42 - Coimbra 23 - Porto 112.

Marquês de Marialva, Largo do Romal 14, ✉ 3060-129, ☎ 231 42 00 10, *marques.marialva@clix.pt, Fax 231 42 91 83* -
fechado domingo noite - **Refeição** lista aprox. 25.
• Afamado na zona. Possui várias salas de adequada montagem e decoração intimista, uma delas com lareira. Ementa completa e séria organização profissional.

CARAMULO Viseu 733 K 5 - 1 048 h alt. 800.

Ver : *Museu de Caramulo★ (Exposição de automóveis★).*

Arred. : *Caramulinho★★ (miradouro) Sudoeste : 4 km - Pinoucas★ : ※ Noroeste : 3 km.*

Av Geronimo Lacerda ✉ 3475-031 ☎ 232 86 14 37 turismo@rt-dao-lafoes.com Fax 232 92 09 57.

Lisboa 280 - Coimbra 78 - Viseu 38.

Do Caramulo, Av. Dr. Abel Lacerda, ✉ 3475-031, ☎ 232 86 01 00, *infor@hotel-caramulo.com, Fax 232 86 12 00,* ≤ vale e Serra da Estrela, Actividades de lazer, desportivas e terapêuticas, - 25/200.
Refeição 20 - **83 qto** 81/108 - 4 suites.
• Beneficie-se dos ares serranos. Antigo hospital reconvertido num hotel de esmerado estilo clássico e múltiplas prestações. Possui uma eficiente direcção.

CARCAVELOS Lisboa 733 P 1 - 20 037 h - Praia.

Lisboa 20 - Sintra 15.

na praia :

Riviera, Rua Bartolomeu Dias-Junqueiro, ✉ 2775-551, ☎ 21 458 66 00, *reservas@rivierahotel.pt, Fax 21 458 66 19,* - 25/160.
Refeição 19 - **115 qto** 134,75/168,30 - 15 suites.
• Equipamento no mais alto nível em tecnologia e conforto, com adequada zona social e quartos acondicionados com todos os detalhes. Boa oferta para congressos. O esmerado restaurante propõe uma interessante ementa.

Praia-Mar, Rua do Gurué 16, ✉ 2775-581, ☎ 21 458 51 00, *praiamar@almeidahotels.com, Fax 21 457 31 30,* ≤ mar, - 25/140.
Refeição 19 - **148 qto** 85/100 - 6 suites.
• Típico hotel de costa, dum confortável estilo clássico. Espaçosa zona nobre, e quartos que, apesar do escasso tamanho, possuem um equipamento completo. O restaurante, situado no último andar, oferece uma surpreendente visão panorâmica do oceano.

A Pastorinha, Av. Marginal, ✉ 2775-604, ☎ 21 458 04 92, *Fax 21 458 05 32*, ≤, – ▤ P. AE MC VISA.
fechado 3ª feira – **Refeição** - peixes e mariscos - lista 41 a 47.
◆ Negócio de organização profissional, recentemente renovado. O seu correcto refeitório complementa-se com um bar de apoio e uma sugerente esplanada frente ao mar.

CARREGAL DO SAL *Viseu* 733 K 6 – *1 480 h.*

Lisboa 257 – Coimbra 63 – Viseu 29.

Quinta de Cabriz, antiga Estrada N 234 - Sudoeste : 1 km, ✉ 3430-909, ☎ 232 96 12 22, *daosul@daosul.com, Fax 232 96 12 03*, – ▤ P. AE D MC VISA.
Refeição lista aprox. 28.
◆ A experiência e a sabedoria do seu proprietário enólogo remetem-nos a uma adega de esmerada qualidade. Bar-salão na entrada e um confortável refeitório de estilo clássico.

CARTAXO *Santarém* 733 O 3 – *10 115 h.*

Lisboa 65 – Évora 132 – Santarém 14.

Quality Inn Cartaxo, Av. 25 de Abril, ✉ 2070, ☎ 243 70 12 00, *quality.cartaxo@clix.pt, Fax 243 70 12 01*, – ▤ TV P – 25/100. AE D MC VISA.
rest
Refeição 16 – **30 qto** 60/70.
◆ Numa zona em expansão nos arredores da localidade. Os seus quartos são muito amplos, apesar de serem um pouco sóbrios na decoração. Esmerado jardim na parte posterior. Restaurante um pouco apertado na distribuição mas luminoso.

CARVALHAL *Viseu* 733 J 6 – *286 h – Termas.*

Lisboa 331 – Aveiro 114 – Viseu 30 – Vila Real 76.

Montemuro , Termas do Carvalhal, ✉ 3600-398 Mamouros, ☎ 232 38 11 54, *hotelmontemuro@ip.pt, Fax 232 38 11 12*, ≤ – ▤ TV & P – 25/300. AE D MC VISA.
Refeição 8 – **78** qto 35/50 – 3 suites.
◆ Edifício de estilo actual situado numa zona termal, cujo interior alberga uma adequada área nobre e quartos de carácter funcional e correcto equipamento. Refeitório rústico e luminoso, recriando um ambiente aconchegante.

CARVALHELHOS *Vila Real – ver Boticas.*

CARVALHOS *Porto* 733 I 4.

Lisboa 310 – Amarante 72 – Braga 62 – Porto 12.

Mario Luso, Largo França Borges 308, ✉ 4415-240, ☎ 22 784 21 11, *marioluso@netcabo.pt, Fax 22 783 94 87* – ▤. AE D MC VISA JCB.
fechado do 16 ao 31 de agosto, domingo noite e 2ª feira – **Refeição** lista 19 a 25.
◆ Os detalhes rústicos e regionais desenham o seu cálido ambiente, realçado por uma amável atenção. Dificuldade do estacionamento compensada por uma boa e bem elaborada cozinha.

Escreva-nos...
Os seus elogios como tambem as suas criticas
serao examinados com toda a atencao.
Os nossos inspectores voltarao a ver
os hoteis e restaurantes que nos indicar.
Gracas a vossa colaboracao, este guia sera
sempre mais exacto e mais completo.
Anticipadamente gratos !

CASCAIS *Lisboa* **733** P 1 – *33 255 h – Praia.*

Arred. : *Estrada de Cascais a Praia do Guincho★ - Sudoeste : Boca do Inferno★ (precipício★)* AY- *Praia do Guincho★ por ③ : 9 km.*

Quinta da Marinha, Oeste : 3 km ☎ 21 486 01 80 Fax 21 486 90 32.

Rua Visconde da Luz 14 ✉ 2750-326 ☎ 21 486 82 04.

Lisboa 32 ② – Setúbal 72 ② – Sintra 16 ④

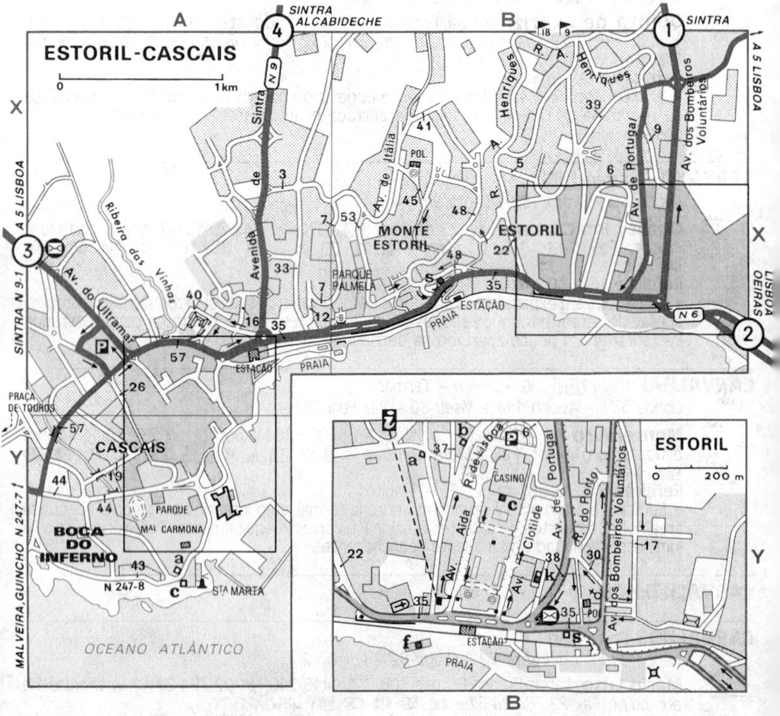

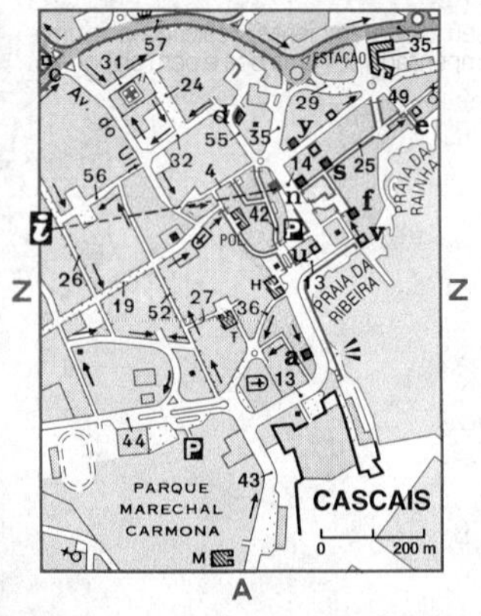

Street	Grid	No.
25 de Abril (Av.)	AY, AZ	57
Alcaide (R. do)	AX	3
Alexandre Herculano (R.)	AZ	4
Algarve (R. do)	BX	5
Almeida Garrett (Pr.)	BX, BY	6
Argentina (Av. de)	ABX	7
Beira Litoral (R. da)	BX	9
Brasil (Av. do)	AX	12
Carlos I (Av. D.)	AZ	13
Combatentes G. Guerra (Alameda)	AZ	14
Costa Pinto (Av.)	AX	16
Dr. António Martins (R.)	BY	17
Emídio Navarro (Av.)	AY, AZ	19
Fausto Figueiredo (Av.)	BY	22
Francisco de Avilez (R.)	AZ	24
Frederico Arouca (R.)	AZ	25
Freitas Reis (R.)	AZ	26
Gomes Freire (R.)	AZ	27
Iracy Doyle (R.)	AY, AZ	29
Joaquim do Nascimento Gourinho (R.)	BY	30
José Maria Loureiro (R.)	AZ	31
Manuel J. Avelar (R.)	AZ	32
Marechal Carmona (Av.)	AX	33
Marginal (Estrada)	BY	35
Marginal (Estrada)	AZ	35
Marquês Leal Pancada (R.)	AZ	36
Melo e Sousa (R.)	BY	37
Nice (Av. de)	BY	38
Nuno Álvares Pereira (Av. D.)	BX	39
Padre Moisés da Silva (R.)	AX	40
Piemonte (Av.)	BX	41
Regimento de Inf. 19 (R.)	AZ	42
Rei Humberto II de Itália (Av.)	AY, AZ	43
República (Av. da)	AY, AZ	44
S. Pedro (Av. de)	BX	45
Sabóia (Av.)	BX	48
Sebastião J. de Carvalho e Melo (R.)	AZ	49
Vasco da Gama (Av.)	AZ	52
Venezuela (Av. da)	BX	53
Visconde da Luz (R.)	AZ	55
Vista Alegre (R. da)	AZ	56

Albatroz, Rua Frederico Arouca 100, ✉ 2750-353, ☎ 21 484 73 80, *albatroz@albatrozhotels.com, Fax 21 484 48 27,* ≤ baía e Cascais, – |₫| ▤ TV ♿ – 25/100. AE ⓓ ⓜⓒ VISA AZ e

Refeição lista 47 a 55 – ☕ 15 – **43 qto** 322/355 – 10 suites.

◆ Complexo com vários palacetes junto ao mar e um anexo de nova construção. Conforto elevado ; a zona antiga merece uma especial menção pela sua gratificante decoração. Elegante restaurante com uma impressionante visão panorâmica sobre a infinidade do oceano.

Vila Galé Village Cascais, Rua Frei Nicolau de Oliveira - Parque da Gandarinha, ✉ 2750-641, ☎ 21 482 60 00, *villagecascais@vilagale.pt, Fax 21 483 73 19,* ≤, – |₫| ▤ TV P – 25/80. AE ⓓ ⓜⓒ VISA. ✻ AY a

Refeição 21 – **163 qto** ☕ 161/202 – 70 suites.

◆ O mar recria o seu belo cenário, numa rua de claro ambiente turístico. Correcta área social, e espaçosos quartos de equipamento e conforto distintos. Agradável refeitório com vistas sobre a piscina e o jardim.

Estalagem Villa Albatroz, Rua Fernandes Tomaz 1, ✉ 2750-342, ☎ 21 486 34 10, *villaalbatroz@albatrozhotels.com, Fax 21 484 46 80,* ≤, – |₫| ▤ TV. AE ⓓ ⓜⓒ VISA. ✻ AZ v

Refeição *(fechado domingo noite e 2ª feira)* lista 31 a 42 – ☕ 12,50 – **10 qto** 319/365 – 1 suite.

◆ Edifício senhorial banhado pelo oceano. As suas paredes albergam um interior requintado e aconchegante, no qual destacam os quartos realçados com mobiliário de qualidade. Restaurante panorâmico em serenos tons esbranquecidos, com um esmerado serviço de mesa.

Pestana Atlantic Gardens, Av. Manuel Julio Carvalho e Costa 115, ✉ 2754-518, ☎ 21 482 59 00, *atlantic.gardens@pestana.com, Fax 21 482 59 77,* ≤, – |₫| ▤ TV ♿ P – 15/300. AE ⓓ ⓜⓒ VISA JCB. ✻

Refeição lista 29 a 39 – ☕ 9 – **142 qto** 140/160 – 7 suites.

perto da Praça de Touros AY

◆ Hotel moderno e funcional com atractivos exteriores ajardinados. Correcta zona social, e quartos muito completos, equipados com cozinha. Ampla oferta desportiva. A actividade do refeitório varia entre a ementa e o buffet, dependendo da ocupação.

Farol Desing H., Av. Rei Humberto II de Itália 7, ✉ 2750-461, ☎ 214 82 34 90, *farol@farol.com.pt, Fax 214 84 14 47,* ≤, – |₫| ▤ TV ♿ P – 25/120. AE ⓓ ⓜⓒ VISA. ✻ AY c

Refeição 21,50 – **34 qto** ☕ 260/280.

◆ Muito bem situado à beira mar, com uma parte antiga e uma ampliação moderna na qual se aposta pelo desenho. Quartos personalizados e decorados por estilistas. Restaurante de ementa discreta, embora com um cuidado serviço de mesa.

Baía, Av. Marginal, ✉ 2754-509, ☎ 21 483 10 33, *Fax 21 483 10 95,* ≤, – |₫| ▤ TV ♿ P – 25/180. AE ⓓ ⓜⓒ VISA. ✻ AZ u

Refeição 18 – **105 qto** ☕ 100/125 – 8 suites.

◆ A sua localização frente à praia é fundamental. Zona nobre antiquada compensada pelos quartos renovados com critérios actuais. São de destacar os quartos orientados para o mar. Restaurante de cozinha tradicional especializado em peixes e frutos do mar.

Cidadela, Av. 25 de Abril, ✉ 2754-517, ☎ 21 482 76 00, *hotelcidadela@hotelcidadela.com, Fax 21 486 72 26,* ≤, – |₫| ▤ TV P – 25/100. AE ⓓ ⓜⓒ VISA JCB. ✻ rest AZ c

Refeição 17,50 – **115 qto** ☕ 77,50/90 – 7 suites, 14 apartamentos.

◆ Afastado do centro turístico. Apesar de que os quartos e as casas de banho acusem a passagem do tempo, a manutenção é esmerada e o seu equipamento correcto. Espaçoso refeitório que centrou a sua actividade numa variado buffet frio e quente.

Albergaria Valbom sem rest, Av. Valbom 14, ✉ 2750-508, ☎ 21 486 58 01, *albergariavalbom@mail.telepac.pt, Fax 21 486 58 05* – |₫| ▤. AE ⓓ ⓜⓒ VISA. ✻ AZ y

40 qto ☕ 53/68.

◆ Um recurso simples mas válido. Pequeno hotel de aspecto discreto, com uma correcta recepção e um bar de estilo inglês. Modestos quartos com mobiliário dos anos 70.

Casa da Pérgola sem rest, Av. Valbom 13, ✉ 2750-508, ☎ 21 484 00 40, *pergolahouse@vizzavi.pt, Fax 21 483 47 91,* – ✻ AZ y

março-novembro – **10 qto** ☕ 95/100.

◆ Uma bela fachada precedida dum atractivo jardim, que recolhe a herança das moradas senhoriais. Sinta o peso da tradição nos quartos amplos e categóricos.

XXX **Baluarte,** Av. D. Carlos I-6, ✉ 2750-310, ☎ 21 486 51 57, *rest.baluarte@mail.telepac.pt, Fax 21 486 51 58,* ←, ⛱ - ▤. AE ⓓ ⓜⓒ VISA JCB. ✂ AZ a
fechado 2ª feira – **Refeição** - peixes e mariscos - lista 24 a 35.
♦ Restaurante de estilo clássico e organização profissional, com um pequeno balcão de apoio e um agradável refeitório no qual destaca a parte envidraçada.

XX **Visconde da Luz,** Jardim Visconde da Luz, ✉ 2750-416, ☎ 21 484 74 10, *geral@viscondedaluz.dcsa.pt, Fax 21 486 85 08,* ⛱ - ▤. AE ⓓ ⓜⓒ VISA JCB. ✂ AZ d
fechado 3ª feira – **Refeição** - peixes e mariscos - lista 32 a 56.
♦ Edificação em madeira tipo chalet alberga instalações muito esmeradas. O seu viveiro e o expositor de produtos revelam uma cozinha de qualidade, que é a chave do negócio.

XX **Reijos,** Rua Frederico Arouca 35, ✉ 2750-355, ☎ 21 483 03 11, *Fax 21 482 19 60,* ⛱ - ▤. AE ⓓ ⓜⓒ VISA JCB. ✂ AZ s
fechado janeiro e domingo – **Refeição** lista aprox. 27.
♦ Balcão de apoio e duas salas de estilo clássico com detalhes rústicos. A especialidade são os peixes e os frutos do mar ; a sua ementa também contempla uma secção para carnes.

XX **Casa Velha,** Av. Valbom 1, ✉ 2750-508, ☎ 21 483 25 86, *Fax 21 486 67 51,* ⛱ - ▤. AE ⓓ ⓜⓒ VISA. ✂ AZ y
fechado 4ª feira – **Refeição** lista aprox. 31.
♦ A experiência e o profissionalismo do proprietário são uma garantia. Bar de espera e um refeitório em dois níveis, num íntimo ambiente rústico com motivos marinheiros.

X **Os Morgados,** Praça de Touros, ✉ 2750-504, ☎ 21 486 87 51, *Fax 21 486 87 51* – ▤. AE ⓓ ⓜⓒ VISA JCB por AY
fechado domingo – **Refeição** lista 24 a 40.
♦ Situado ao rés-do-chão duma praça de touros de moderna construção. Pequeno balcão de espera seguida dum refeitório de ar rústico distribuído em vários ambientes.

X **Beira Mar,** Rua das Flores 6, ✉ 2750-348, ☎ 21 482 73 80, *beira.mar@mail.telepac.pt, Fax 21 482 73 89,* ⛱ - ▤. AE ⓓ ⓜⓒ VISA. ✂ AZ f
fechado 3ª feira – **Refeição** lista 25 a 42.
♦ Negócio familiar bem assentado, dirigido com orgulho e dignidade. Cozinha semi-vista, viveiro próprio, e um refeitório com mesas um pouco apertadas. Localização central.

X **Luzmar,** Alameda dos Combatentes da Grande Guerra 104, ✉ 2750-326, ☎ 21 484 57 04, *geral@luzmar.dcsa.pt, Fax 21 486 85 08* – ▤. AE ⓓ ⓜⓒ VISA JCB. ✂ AZ n
fechado 2ª feira – **Refeição** lista 29 a 41.
♦ Compartilhe a propriedade e o viveiro com o Visconde da Luz, garantindo assim a sua qualidade e funcionamento. Local com duas entradas, refeitório e uma esplanada coberta.

na estrada do Guincho *por Av. 25 de Abril AY :*

Estalagem Sra. da Guia, 3,5 km, ✉ 2750-642, ☎ 21 486 92 39, *senhora.da.guia@mail.telepac.pt, Fax 21 486 92 27,* ←, ⛱, ⛱, 🌳 - ▤ TV P - 🏔 25/80. AE ⓓ ⓜⓒ VISA. ✂
Refeição lista aprox. 35 - **40 qto** ☕ 250 - 3 suites.
♦ Atractivo hotel rodeado de pinheiros e como tela de fundo o oceano. Três edifícios de distintos estilos distribuem os seus serviços. Cálidos quartos de elevado conforto. A decoração clássica e elegante do restaurante recria um ambiente sereno e distinguido.

Quinta da Marinha 🕊, 4 km e desvio a direita 2 km, ✉ 2750-715, ☎ 21 486 01 00, *sales@quintadamarinha.com, Fax 21 486 94 88,* ⛱, Fō, ⛱, ⛱, 🎾, 18 - 🛗 ▤ TV ♿ 🚗 P - 🏔 25/400. AE ⓓ ⓜⓒ VISA JCB. ✂
Refeição - só buffet - 28 - **192 qto** ☕ 195/210 - 8 suites.
♦ Junto a um campo de golfe, resulta ser ideal para os amantes deste desporto. Actual e bem equipado, com quartos confortáveis e muito bem cuidados. Refeitório simples mas com um variado e interessante serviço de buffet.

XX **Furnas do Guincho,** 3,5 km, ✉ 2750-642, ☎ 21 486 92 43, *furnas.guincho@mail.telepac.pt, Fax 21 486 90 70,* ←, ⛱ - ▤ P. AE ⓓ ⓜⓒ VISA JCB. ✂
Refeição lista 34 a 39.
♦ Negócio familiar com duas esplanadas, uma associada ao bar de espera e outra às salas do restaurante. Ementa atenta à tradição, com protagonismo de peixes e frutos do mar.

na Praia do Guincho *por Av. 25 de Abril : 9 km* AY :

Fortaleza do Guincho, ✉ 2750-642 Cascais, ☎ 21 487 04 91, *reservations@guinchotel.pt, Fax 21 487 04 31* – ▤ TV P – 🏛 25/200. AE ⓓ MC VISA JCB. ✂ rest
Refeição 46 e lista 55 a 82 – **27 qto** ☐ 265/275.
Espec. Foie-gras caseiro, geleia de moscatel, chutney de pêra e gengibre. Galinha de pata negra em cocote con batatas, alcachofras, limão confitado e alecrim. Guloseima de chocolate fondant e sorvete de chocolate amargo.
◆ Antiga fortaleza num promontório rochoso sobre o mar. Belo pátio porticado e serenos quartos que apostam pelo conforto e pela decoração. Restaurante panorâmico de estilo clássico-actual e um grande refeitório medieval para banquetes.

Porto de Santa Maria, ✉ 2750-642 Cascais, ☎ 21 487 02 40, *Fax 21 487 94 58,* ← – ▤ P. AE ⓓ MC VISA JCB. ✂
fechado 2ª feira – **Refeição** - peixes e mariscos - 49 e lista 60 a 82.
Espec. Peixe ao sal ou no pão. Misto de mariscos ao natural ou grelhados. Filetes de pescada com arroz de berbigão e arroz de marisco.
◆ A sua localização ao lado do mar e a bondade dos seus produtos, converteram-no num local apreciado pela clientela. Uma eficaz brigada reforça a sua excelente organização.

O Faroleiro, ✉ 2750-642 Cascais, ☎ 21 487 02 25, *Fax 21 485 82 89,* ←, 🏖 – ▤ P. AE ⓓ MC VISA JCB. ✂
Refeição - peixes e mariscos - lista 35 a 42.
◆ Negócio ao pé da estrada com um moderno conforto. Bar de espera seguido dum refeitório muito luminoso com clarabóia. Atractivo expositor ao estilo barco.

Panorama, ✉ 2750-642 Cascais, ☎ 21 487 00 62, *Fax 21 487 94 58,* ←, 🏖 – ▤ P. AE ⓓ MC VISA JCB. ✂
fechado 3ª feira – **Refeição** - peixes e mariscos - lista 35 a 51.
◆ Uma única sala em distintos níveis ; ementa a base de peixes e frutos do mar. Montagem simples mas correcta e uma direcção que cumpre com as expectativas. Viveiro próprio.

Mar do Guincho, ✉ 2750-642 Cascais, ☎ 21 485 82 80, *Fax 21 485 82 89,* ← – ▤ P. AE ⓓ MC VISA JCB. ✂
Refeição lista 33 a 39.
◆ O proprietário de O Faroleiro empreendeu uma nova aventura ao abrir este restaurante com vistas para o mar que, apesar de continuar o estilo da casa matriz, é mais discreto.

Mestre Zé, ✉ 2750-642 Cascais, ☎ 21 487 02 75, *Fax 21 485 16 33,* ←, 🏖 – ▤ P. AE ⓓ MC VISA JCB. ✂
Refeição lista 33 a 39.
◆ Refeitório em dois níveis e agradável esplanada onde é possível desfrutar da brisa marinha. As grandes janelas e alegres cadeiras realçam um ambiente decorado em tons verdes.

CASTELO BRANCO P 733 M 7 – *30 449 h alt. 375.*

Ver : *Jardim do Antigo Paço Episcopal★★.*

Excurs. : *Idanha-a-Velha★ 54 km a Nordeste.*

☎ *272 34 22 83.*

praça do municipio ✉ 6000-458 ☎ 272 33 03 39 turismo.cmcb@mail.telepac.pt Fax 245 33 03 50.

Lisboa 256 ③ – Cáceres 137 ② – Coimbra 155 ① – Portalegre 82 ③ – Santarém 176 ③

Planta página seguinte

Tryp Colina do Castelo, Rua da Piscina, ✉ 6000-453, ☎ 272 34 92 80, *tryp.colina.castelo@solmeliaportugal.com, Fax 272 32 97 59,* ← campo e serra, Ⅰ₆, ☐, ✂ – |‡|, ⇔ qto, ▤ TV ♿ 🚗 P – 🏛 25/400. AE ⓓ MC VISA. ✂ e
Refeição 13,50 – **97 qto** ☐ 74/84 – 6 suites.
◆ Hotel moderno e funcional situado na parte alta da cidade. Idóneo para congressos, possui uma zona nobre diversificada e quartos bem dispostos. No refeitório, combinam-se a ementa e o buffet.

Rainha D. Amélia, Rua de Santiago 15, ✉ 6000-179, ☎ 272 34 88 00, *hrdamelia@mail.telepac.pt, Fax 272 34 88 08* – |‡|, ⇔ qto, ▤ TV ☏ ♿ 🚗 P – 🏛 25/350. AE ⓓ MC VISA. ✂ b
Refeição 12 – **64 qto** ☐ 63,50/77,50.
◆ Central e confortável, com uma vocação dirigida a uma clientela de negócios. Possui salas de reuniões bem equipadas e quartos exteriores com mobiliário clássico-funcional. O seu cuidado restaurante comparte alguma mesa com a zona de pequenos almoços adjacente.

CASTELO BRANCO

1 de Maio (Av.) 46
5 de Outubro (R.) 50
Arco Bispo (R.) 3
Arressário (R. do) 4
Cadetes de Toledo (R.) 8
Camilo Castelo Branco (R. de) ... 9
Carapalha (R. da) 10
Espírito Santo (Largo do) 11
Espírito Santo (R. do) 12
Ferreiros (R. dos) 13
Frei Bartolomeu da Costa (R. de) . 15
João C. Abrunhosa (R.) 16
João de Deus (R.) 17
Liberdade (Alameda da) 18
Luis de Camões (Pr.) 19
Mercado (R. do) 21
Olarias (R. das) 22
Pátria (Campo da) 24
Prazeres (R. dos) 25
Quinta Nova (R. da) 27
Rei D. Dinis (R.) 28
Rei D. José (Pr. do) 29
Relógio (R. do) 30
Saibreiro (Largo do) 31
Saibreiro (R. do) 32
Santá Maria (R.a de) 33
São João (Largo de) 34
São Marcos (Largo de) 36
São Sebastião (R. de) 37
Sé (Largo da) 39
Sé (R. da) 40
Senhora da Piedade (R.) 42
Sidónio Pais (R. P.) 43
Vaz Petro (R. de) 45

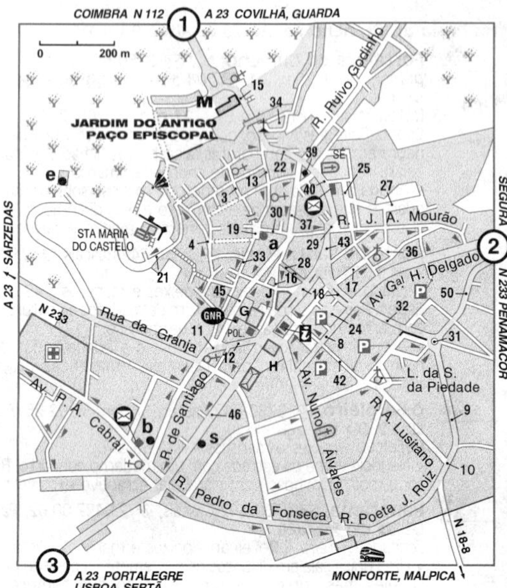

Arraiana sem rest, Av. 1º de Maio 18, ✉ 6000-086, ☎ 272 34 16 34, *Fax 272 33 18 84* – ▤ TV. AE MC VISA. ✗ s
31 qto ☐ 30/52.
◆ Pequeno e com um equipamento que cumpre com as necessidades básicas do conforto. Quartos cuidados, sendo que a metade deles possui casas de banho actuais.

Praça Velha, Largo Luís de Camões 17, ✉ 6000-116, ☎ 272 32 86 40, *Fax 272 32 86 20* – ▤ P. AE ⓓ MC VISA. ✗ a
fechado 2ª feira – **Refeição** lista 19 a 24.
◆ Restaurante central com solos e colunas de pedra vista. Excelente montagem e impecável manutenção, realçado pela cálida decoração rústica. Ambiente aconchegante.

CASTELO DE PAIVA *Aveiro* 733 I 5 – *1735 h.*

Lisboa 321 – Porto 47 – Braga 95 – Vila Real 80.

Casa de S. Pedro ♨, Quinta de S. Pedro, ✉ 4550-271, ☎ 255 68 96 47, *hotel.spedro@oninet.pt, Fax 255 68 95 10*, ≤, ⛱, ✗ – |♦| ▤ TV P. AE MC VISA
Refeição *(fechado 2ª feira)* 12,50 – **12 qto** ☐ 50/60 – PA 25.
◆ Casa de agradável quotidianidade situada na parte alta da localidade. Atractivos exteriores, correcta zona social e confortáveis quartos com casas de banho actuais.

CASTELO DE VIDE *Portalegre* 733 N 7 – *2678 h alt. 575 – Termas.*

Ver : *Castelo* ≤★ – *Judiaria*★.
Arred. : *Capela de Na. Sra. de Penha* ≤★ *Sul : 5 km – Estrada*★ *escarpada de Castelo de Vide a Portalegre por Carreiras, Sul : 17 km.*
ℹ *Praça D. Pedro V* ✉ *7320-117* ☎ *245 90 13 61 cm.castvide@mail.telepac.pt Fax 245 90 18 27.*
Lisboa 213 – Cáceres 126 – Portalegre 22.

Garcia d'Orta, Estrada de São Vicente, ✉ 7320-202, ☎ 245 90 11 00, *hotelgarciadorta@mail.telepac.pt, Fax 245 90 12 00*, ≤, ⛱ – |♦| ▤ TV ♿ P – 🏃 25/80. AE ⓓ MC VISA JCB
Refeição - ver rest. ***A Castanha*** – **52 qto** ☐ 78/89 – 1 suite.
◆ Conjunto de linha clássica, homenageando com o seu nome a um famoso médico português do séc. XVI. Os quartos possuem varanda e pormenores, como as cabeceiras, com azulejos.

Sol e Serra, Estrada de São Vicente, ✉ 7320-202, ☎ 245 90 00 00, *hotelsoleserra@grupofbarata.com, Fax 245 90 00 01,* – ▤ TV ♿ – 25/120. AE VISA.
Refeição 15 - ***A Palmeira*** : **Refeição** lista 18 a 30 – **86 qto** ☕ 62/82.
• Muito vocacionado para os grupos, sobretudo de jogadores de golfe. Em geral dispõe de quartos alegres na sua decoração, combinando o mobiliário alentejano com o ferro forjado. Refeitório clássico, com detalhes cinegéticos na decoração e ementa de corte regiona

Casa do Parque, Av. da Aramenha 37, ✉ 7320-101, ☎ 245 90 12 50, *casadoparque@mail.pt, Fax 245 90 12 28* – ▤ TV. VISA.
Refeição *(fechado 15 dias em dezembro, 15 dias em junho e 3ª feira)* 13 – **26 qto** ☕ 45/55.
• Hotelzinho familiar situado junto a um parque. Reduzida zona social e quartos funcionais com mobiliário de estilo antigo, a maioria deles com duche nas casas de banho.

Isabelinha sem rest, Largo do Paço Novo 1, ✉ 7320-111, ☎ 245 90 18 96, *Fax 245 90 12 28* – ▤ TV.
11 qto ☕ 35/40.
• De agradável quotidianidade e asseada manutenção, com uma colecção de candiais antigos que chama a atenção. Quartos com mobiliário regional, quase todos com casas de banho completas.

Casa Amarela sem rest, Praça D. Pedro V-11, ✉ 7320-113, ☎ 245 90 58 78, *casaamarelath@mail.pt, Fax 245 90 12 28* – ▤ TV.
10 qto ☕ 85/100.
• Casa senhorial central do s. XVIII, cuja bela fachada, decorada com motivos de rocalha, alberga um interior caseiro. Possui quartos sóbrios de estilo antigo e conforto actual.

A Castanha - *Hotel Garcia d'Orta,* Estrada de São Vicente, ✉ 7320-202, ☎ 245 90 11 00, *hotelgarciadorta@mail.telepac.pt, Fax 245 90 12 00,* ←, – ▤ P. AE VISA JCB.
Refeição lista 24 a 32.
• Com entrada independente mas comunicado interiormente com o hotel. Uma salinha de espera antecede um refeitório cálido e aconchegante, aberto à majestosidade das montanhas.

Marino's, Praça D. Pedro V-6, ✉ 7320-113, ☎ 245 90 14 08, *Fax 245 91 92 07,* – ▤. AE VISA JCB.
fechado 15 dezembro-20 janeiro e domingo – **Refeição** - só jantar no inverno salvo sábado - lista 20 a 33.
• Um casal italiano enamorado de Portugal dirige esta casa com orgulho e dignidade, oferecem-nos uma ementa que une sabores tradicionais com pratos doutras latitudes.

CASTELO NOVO *Castelo Branco* 733 L 7 – *439 h.*

Lisboa 261 – Castelo Branco 32 – Coimbra 179 – Guarda 80.

Quinta do Ouriço sem rest, Rua da Bica, ✉ 6230-160, ☎ 275 56 72 36, *josesampaio@pol.pt, Fax 275 56 14 28,* ←, – P
5 qto ☕ 75/90 – 2 suites.
• Casa do séc. XVII que conserva muitos detalhes decorativos da época, na construção e no mobiliário. O conjunto é sóbrio, apesar de que possui um relaxante exterior.

CELORICO DA BEIRA *Guarda* 733 K 7 – *1895 h.*

Excurs. : *Trancoso (fortificações★) 29 km a Nordeste.*

Estrada N 16 ✉ 6360 ☎ 271 74 21 09.

Lisboa 337 – Coimbra 138 – Guarda 27 – Viseu 54.

Mira Serra, Estrada N 17, ✉ 6360-323, ☎ 271 74 26 04, *miraserra@oninet.pt, Fax 271 74 13 82,* ← – ▤ TV P – 25/150. AE VISA. rest
Refeição 14 – **42 qto** ☕ 40/70.
• Hotel situado na entrada da localidade. De adequado equipamento e correcto conforto, possui os quartos exteriores bem cuidados, quase todos com varanda.

Neste guia um mesmo símbolo, impresso a ***preto*** *ou a* ***vermelho****,*
ou a mesma palavra com carácteres
de tamanhos diferentes não têm o mesmo significado.
Leia atentamente as páginas de introdução.

CERNACHE DO BONJARDIM *Castelo Branco* 733 M 5 - *3 284 h.*

Lisboa 187 - Castelo Branco 81 - Santarém 110.

pela estrada N 238 *Sudoeste : 10 km :*

Estalagem Vale da Ursa ⑤, ✉ 6100-302, ☎ 274 80 29 81, *hotelvaledaursa@mail.telepac.pt, Fax 274 80 29 82,* ←, ⛱, ⛱, ✂ - |$| ▤ TV ♿ P - 🏢 25/100. AE MC VISA. ⊘ rest
fechado novembro - **Refeição** 15 - **17 qto** ☐ 75/105.
♦ Hotelzinho intimo de carácter familiar numa beira do rio Zêzere. Quartos um pouco antiquados, mas cuidados. Os seus proprietários apostam pelas inovações ecológicas. Restaurante aberto à imensidão da paisagem circundante.

CHACIM *Bragança* 733 H 9 - *341 h.*

Lisboa 453 - Bragança 52 - Vila Real 98 - Guarda 142 - Macedo de Cavaleiros 13.

Solar de Chacim ⑤, ✉ 5340-092, ☎ 278 46 80 00, *solar.chacim@clix.pt, Fax 278 46 80 01,* ⛱, ⛱, ✂ - P. ⊘ rest
Refeição - só clientes a pedido - 20 - **6 qto** ☐ 45/63.
♦ Antiga casa senhorial dotada de uma bela fachada e cuidados exteriores. Sala social com lareira e confortáveis quartos, com os chãos em madeira e mobiliário de época.

CHAVES *Vila Real* 733 G 7 - *20 188 h alt. 350 - Termas.*

Ver : *Igreja da Misericórdia★.*

Excurs. : *Oeste : Alto Vale do rio Cávado★ : estrada de Chaves a Braga pelas barragens do Alto Rabagão★), da Paradela★ (local★), da Caniçada (←★) - e ←★★ do Vale e Serra do Gerês - Montalegre (local★).*

Vidago, Sudoeste : 20 km ☎ 276 90 96 62 Fax 276 90 73 59.

AV Teniente Valadim 39 ✉ 5400-558 ☎ 276 34 06 61 rturismoatb@mail.telepac.pt Fax 276 32 14 19.

Lisboa 475 - Ourense 99 - Vila Real 66.

Forte de S. Francisco ⑤, Alto da Pedisqueira, ✉ 5400-435, ☎ 276 33 37 00, *webmaster@forte-s-francisco-hoteis.pt, Fax 276 33 37 01,* ⛱, ⛱, ⛱, ✂ - |$| ▤ TV ♿ P - 🏢 25/200. AE ⊕ MC VISA. ⊘
Cozinha do Convento : **Refeição** lista 20 a 33 - **56 qto** ☐ 120/140 - 2 suites.
♦ Fortaleza que tem as suas raízes no séc. XVII. Recinto amuralhado carregado de história, onde se une a tranquilidade dos tempos passados com um excelente e moderno conforto. Refeitório panorâmico montado com detalhe e bom gosto.

Brites sem rest, Av. Duarte Pacheco (Estrada de Espanha), ✉ 5400-223, ☎ 276 33 27 77, *Fax 276 33 22 21* - ▤ TV P. AE ⊕ MC VISA. ⊘
28 qto ☐ 40/50.
♦ Negócio de carácter familiar instalado num edifício de estilo moderno. Quartos de simples estilo clássico, que destacam por um equipamento mais do que correcto.

S. Neutel sem rest, Av. 5 de Outubro 106, ✉ 5400-017, ☎ 276 33 36 32, *Fax 276 33 36 20* - ▤ TV 🚗 P. AE MC VISA. ⊘
45 qto ☐ 25/42,50.
♦ Duas zonas, destacando a mais actual, apesar de que há pouca diferença no conforto. Combina solos alcatifados com os de soalho flutuante, casas de banho um pouco antiquadas.

Carvalho, Alameda do Tabolado, ✉ 5400-523, ☎ 276 32 17 27, *Fax 276 32 17 27* - ▤. AE MC VISA. ⊘
fechado 7 dias en dezembro, 7 dias en julho e 5ª feira - **Refeição** lista 18 a 22.
♦ Casa acreditada que deve o seu êxito à plena dedicação da sua proprietária. Uma decoração clássica-moderna e um esmerado serviço de mesa conformam o seu aconchegante ambiente.

A Talha, Rua Comendador Pereira da Silva 6 - Bairro da Trindade, ✉ 5400-443, ☎ 276 34 21 91, *talha@iol.pt, Fax 276 31 84 75* - ▤. AE ⊕ MC VISA. ⊘
fechado de 15 ao 31 de setembro e sàbado - **Refeição** lista 12 a 18.
♦ Apesar de estar um pouco afastado do centro da localidade, a sua cozinha de estilo tradicional a preços atractivos soube ganhar os favores duma clientela de certo nível.

em Nantes *Sudeste : 5 km :*

Quinta da Mata, Estrada de Valpaços, 5400-581 apartado 194 Chaves, 276 34 00 30, *Fax 276 34 00 38*, - .
Refeição - só clientes a pedido - 15 - **6 qto** 70/75.
◆ Conjunto rústico de cálidas dependências, onde poderá recuperar a tranquilidade própria dum ambiente rural. Ambiente familiar, com profusão de pedra e mobiliário antigo.

na estrada de São Pedro de Agostém *Sul : 5,5 km :*

Casa de Samaiões, 5400-574, 276 34 04 50, *hotel-casadesamaioes@clix.pt, Fax 276 34 04 53*, serra e Chaves, - - 25/300. rest
Refeição *(fechado 3ª feira)* 15 - **18 qto** 82,20/92,47 - 1 suite.
◆ De bom conforto geral. Pelas suas características decorativas e a localização em plena natureza resulta ideal para aqueles que procuram turismo rural com os serviços dum hotel. Amplo restaurante panorâmico de estilo neo-rústico, com as vigas à vista.

em Santo Estêvão *Nordeste : 8 km :*

Quinta de Santa Isabel sem rest, 5400-750 Chaves, 276 35 18 18, *Fax 276 35 18 18* -
5 apartamentos 60.
◆ Várias casas em pedra, tipo apartamento T1, com traçado medieval. Um ambiente agradável e aconchegante ao dispor de lareira e elementos rústicos na decoração.

CINFAES *Viseu 733 I 5 - 3 290 h.*

Lisboa 357 - Braga 93 - Porto 71 - Vila Real 69 - Viseu 67.

em Porto Antigo *Nordeste : 8 km :*

Estalagem Porto Antigo, 4690-423 Oliveira do Douro, 255 56 01 50, *pantigo@esoterica.pt, Fax 255 56 01 69*, - - 25/100.
Refeição 20 - **23 qto** 75/90.
◆ Hotel de moderna construção junto à barragem de Carrapatelo. Com um claro carácter funcional e adequado conforto, possui instalações cuidadas com esmero. Belas vistas. Refeitório de mobiliário alegre e actual.

COIMBRA

P 733 L 4 - 89 639 h. alt. 75.

Lisboa 200 ③ - Cáceres 292 ② - Porto 118 ① - Salamanca 324 ②.

POSTOS DE TURISMO

Largo da Portagem, ✉ 3000-337, ☎ 239 44 81 20, atendimento@turismo-centro.pt Fax 239 44 81 29, Largo D. Dinis, ✉ 3000-143, ☎ 239 83 25 91 e Praça da República, ✉ 3000-343, ☎ 239 83 32 02.

INFORMAÇÕES PRÁTICAS

A.C.P. *Av. Navarro 6 ✉ 3000-150 ☎ 239 85 20 20 Fax 239 83 50 03.*

☎ *239 85 25 98.*

CURIOSIDADES

Ver : *Sítio★ - Cidade Velha e Universidade★ : Sé Velha★★ (retábulo★, Capela do Sacramento★) Z - Museu Nacional Machado de Castro★★ (cavaleiro medieval★) YZ* **M2** *- Velha Universidade★★ (balcão ≤★) : capela★ (caixa de órgão★★), biblioteca★★ Z - Mosteiro de Santa Cruz★: igreja★ (pùlpito★), claustro do Silêncio★, coro (cadeiral★) Y - Convento de Celas (retábulo★) V - Convento de Santa Clara a Nova (túmulo★) X.*

Arred. : *Miradouro do Vale do Inferno★ 4 km por ③ - Ruinas de Conimbriga★ (Casa de Cantaber★, casa dos Repuxos★★ : mosaicos★★) 17 km por ③ - Penela ☼ ★ desde o castelo 29 km por ②.*

COIMBRA

Antero de Quental (R.) . . . . V, Y 3
António Augusto Gonçalves (R.) . . . . X 4
Augusta (R.) . . . . V 5
Augusto Rocha (R.) . . . . V 6
Aveiro (R. de) . . . . V 8
Bernardo de Albuquerque (R.) . . . . V 9
Combatentes da Gde Guerra (R. dos) . . . . X 13
Dom Afonso Henriques (Av.) . . . . . V 17
Dr Júlio Henriques (Alameda) . . . . X 21
Figueira da Foz (R. da) . . . . V 28
Guerra Junqueiro (R.) . . . . V 30
Jardim (Arcos do) . . . . X 33
João das Regras (Av.) . . . . X 34
Lourenço de Almeida Azevedo (Av.) . . . . . V 36
República (Pr. da) . . . . V 46
Santa Teresa (R. de) . . . . X 48

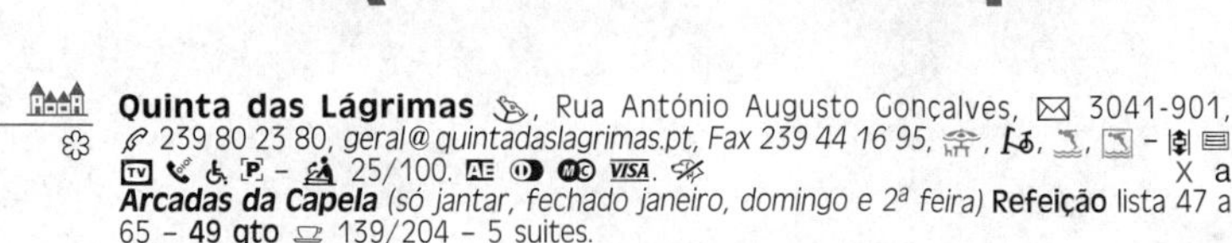

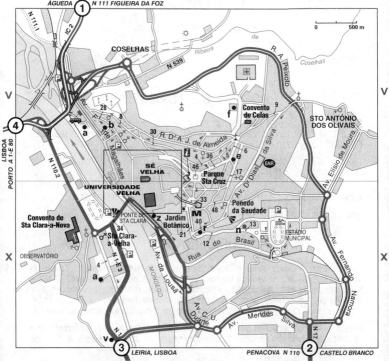

Quinta das Lágrimas, Rua António Augusto Gonçalves, 3041-901, 239 80 23 80, *geral@quintadaslagrimas.pt, Fax 239 44 16 95*, – 25/100. AE VISA. X a

Arcadas da Capela *(só jantar, fechado janeiro, domingo e 2ª feira)* **Refeição** lista 47 a 65 – **49 qto** 139/204 – 5 suites.

Espec. Risotto al pesto, camarão em massa filo e molho de vitela. Sinfonia de peixes com sinfonia de quatro molhos e talharines. Creme queimado com aroma de café e sorvete de cacau.

♦ Oásis de paz num parque florestal. Luxuoso e antigo palácio do séc. XVIII com a sua própria lenda de amores proibidos do príncipe Dom Pedro pela bela Inês de Castro. Restaurante de elegante linha clássica, onde elaboram uma cozinha criativa.

Tivoli Coimbra, Rua João Machado 4, 3000-226, 239 85 83 00, *htcoimbra@mail.telepac.pt, Fax 239 85 83 45*, – , qto, – 25/120. AE VISA. V b

Refeição lista aprox. 31 – **95 qto** 125/150 – 5 suites.

♦ Central, moderno e bem equipado, com reduzidas mas suficientes zonas nobres. São de destacar a boa organização e o esmerado conforto dos seus quartos. Possui um aconchegante refeitório de estilo clássico com mobiliário escolhido.

Dona Inês, Rua Abel Dias Urbano 12, 3000-001, 239 85 58 00, *reservas@hotel-dona-ines.pt, Fax 239 85 58 05*, – – 25/300. AE VISA.

Refeição *(fechado domingo meio-dia e feriados meio-dia)* 18,50 – **72 qto** 70/90 – 12 suites. V a

♦ A sua localização torna-o um recurso ideal para o mundo do negócio. Prático e com quartos actuais, alguns providos de salão independente em estilo suites.

COIMBRA

8 de Maio (Pr.) . . . . Y 56
Ameias (Largo) . . . . Z 2
Antero de Quental (R.). . . . . V, Y 3
Borges Carneiro (R.) . . . . Z 10
Colégio Novo (R. do). . . . . Y 12
Comércio (P. do) . . . . Z
Coutinhos (R.). . . . . Y 15
Dr João Jacinto (R.). . . . . Y 18
Fernandes Tomás (R.). . . . . Z 25
Fernão de Magalhães (Av.). . . . . . . Y
Ferreira Borges (R.) . . . . Z 27
Guilherme Moreira (R.) . . . . Z 31
José Falcão (R.) . . . . Z 35
Manutenção Militar (R.) . . . . Y 37
Portagem (Largo da) . . . . Z 42
Quebra-Costas (Escadas do) . . . . . Z 44
Saragoça (R. de) . . . . Y 50
Sobre Ribas (R. de) . . . . Z 52
Sofia (R. de) . . . . Y
Visconde da Luz (R.) . . . . Y 54

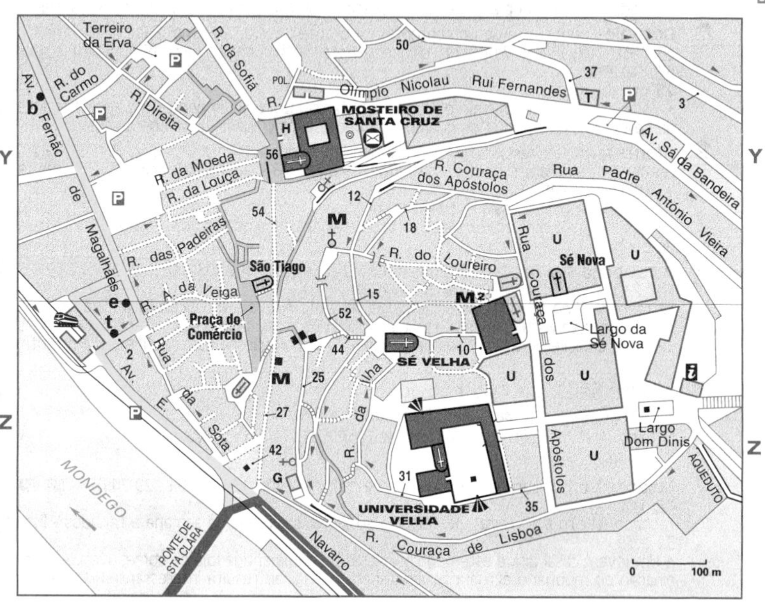

Tryp Coimbra, Av. Armando Gonçalves-Lote 20, ✉ 3000-059, ☎ 239 48 08 00, *hotelmeliacoimb@mail.telepac.pt, Fax 239 48 43 00,* ← – |♦|, ⇔ qto, ▤ TV ☎ ♿ 🚗 – 🏛 25/180. AE ⓓ MC VISA. ✂ V f
Refeição lista aprox. 30 – **140 qto** ☐ 105/115.
• Hotel de linha moderna e funcional. A sua cafetaria integra-se na zona nobre e os quartos têm um completo equipamento, com mobiliário e casas de banho actuais. Restaurante muito luminoso e de correcta montagem.

D. Luís, Santa Clara, ✉ 3040-091, ☎ 239 80 21 20, *hotel.d.luis@mail.telepac.pt, Fax 239 44 51 96,* ← cidade e rio Mondego – |♦|, ⇔ qto, ▤ TV ☎ ♿ P – 🏛 25/200. AE ⓓ MC VISA JCB. ✂ X v
Refeição 18 – **98 qto** ☐ 60/72 – 2 suites.
• Agradável estadia numa zona tranquila, com belas vistas da localidade. Áreas sociais bem mobiladas e quartos espaçosos, todos eles renovados recentemente. Também dispõe dum amplo restaurante panorâmico.

Almedina Coimbra H. sem rest, Av. Fernão de Magalhães 199, ✉ 3000-176, ☎ 239 85 55 00, *geral@residencial-almedina.pt, Fax 239 82 99 06* – |♦| ⇔ ▤ TV ☎ ♿ – 🏛 25/70. AE ⓓ MC VISA. ✂ Y b
75 qto ☐ 55,30/64,15.
• Na Baixa de Coimbra, onde confluem comércio, tradição e cultura. Modernidade, cálidos interiores, boa organização e esmerados quartos, os melhores com salão.

Bragança, Largo das Ameias 10, ✉ 3000-024, ☎ 239 82 21 71, *hbraganza@mail.telepac.pt, Fax 239 83 61 35* – |♦| ▤ TV ☎. AE ⓓ MC VISA JCB. ✂ Z t
Refeição 15 – **83 qto** ☐ 40/75.
• O seu hotel no coração da cidade. Dispõe de suficientes zonas sociais e agradáveis quartos de linha funcional, combinando o mobiliário em ferro forjado e madeira.

Oslo sem rest, Av. Fernão de Magalhães 25, ✉ 3000-175, ☎ 239 82 90 71, *hoteloslo@sapo.pt, Fax 239 82 06 14* – |♦| ▤ TV ☎ 🚗. AE ⓓ MC VISA JCB. ✂ YZ e
36 qto ☐ 50/70.
• Bem-vindo à zona de comércio mais atractiva da cidade. Pequeno hotel de carácter familiar. Destacado equipamento, agradáveis materiais e atento profissionalismo.

PORTUGAL

Ibis Coimbra sem rest com snack bar, Av. Emídio Navarro 70, ✉ 3000-150, ℘ 239 85 21 30, *h1672@accor-hotels.com, Fax 239 85 21 40* – |‡|, ⇔ qto, ▤ TV ♿ 🚗 – 🏃 25/120. AE ⓓ ⓜⓒ VISA X z
☕ 5 – **110 qto** 39/50.
◆ Conjunto central, cómodo e funcional, com reduzidos quartos que encontram na simplicidade o seu melhor exponente do descanso. A cafetaria integra-se na zona social.

Botânico sem rest, Rua Combatentes da Grande Guerra (Ao cimo)-Bairro São José 15, ✉ 3030-207, ℘ 239 71 48 24, *residencial.botanico@oninet.pt, Fax 239 40 51 24* – |‡| ▤ TV. ⓜⓒ VISA. ✗ X r
25 qto ☕ 40/55.
◆ Faça um agradável passeio pelo jardim botânico. Um edifício pequeno e aconchegante de cálido ambiente, onde os quartos bem equipados cuidam do seu bem-estar.

Alentejana sem rest, Rua Dr. António Henriques Seco 1, ✉ 3000-145, ℘ 239 82 59 24, *residencialalentejana@hotmail.com, Fax 239 84 24 78* – ▤ TV. ⓜⓒ VISA. ✗ V e
15 qto ☕ 35/45.
◆ Estabelecimento clássico situado numa casa a modo de vila residencial. Em conjunto resulta modesto mas confortável, embora três dos seus quartos não disponham de casa de banho.

A Taberna, Rua Dos Combatentes da Grande Guerra 86, ✉ 3030-181, ℘ 239 71 62 65, *Fax 239 78 00 34* – ▤. AE ⓓ ⓜⓒ VISA. ✗ X n
cerrado do 7 ao 31 de agosto, domingo noite e 2ª feira – **Refeição** lista 22 a 34.
◆ O seu forno à vista esquenta o ambiente. Produtos regionais e séria direcção. Os móveis de pinho e carvalho, as paredes de granito e o belo fogão de ferro definem o ambiente.

COLARES *Lisboa* 733 P 1 – *7 472 h alt. 50.*
Arred. : *Azenhas do Mar★ (sitio★) Noroeste : 7 km.*
🅱 *Cabo da Roca-Azóia* ✉ *2705-001* ℘ *21 928 00 81 Fax 21 928 08 92.*
Lisboa 35 – Sintra 8.

Colares Velho, Largo Dr. Carlos França 1-4, ✉ 2705-192, ℘ 21 929 24 06 – AE ⓓ ⓜⓒ VISA. ✗
fechado janeiro e 2ª feira – **Refeição** - só jantar salvo fins de semana e feriados - lista 32 a 39.
◆ Um jovem casal dirige este negócio, instalado numa antiga loja de comestíveis. A combinação do mobiliário actual com as dispensas originais resulta interessante.

na Praia Grande *Noroeste : 3,5 km :*

Arribas 🐚, Av. Alfredo Coelho, ✉ 2705-329 Colares, ℘ 21 928 90 50, *hotel.arribas@mail.telepac.pt, Fax 21 929 24 20*, ≤, 🏖, 🏊 – |‡| ▤ TV P – 🏃 25/350. AE ⓓ ⓜⓒ VISA JCB. ✗
Refeição 10 – **58 qto** ☕ 94/115.
◆ A sua localização na 1ª linha de praia define uma orientação para as férias. Quartos de suficiente conforto com casas de banho actuais e amplíssima piscina de água salgada.

CONDEIXA-A-NOVA *Coimbra* 733 L 4 – *3 980 h.*
Lisboa 192 – Coimbra 15 – Figueira da Foz 34 – Leiria 62.

Pousada de Santa Cristina 🐚, Rua Francisco Lemos, ✉ 3150-142, ℘ 239 94 12 86, *guest@pousadas.pt, Fax 239 94 30 97*, ≤, 🏊, 🌳, 🎾 – |‡|, ⇔ qto, ▤ TV P – 🏃 25/50. AE ⓓ ⓜⓒ VISA. ✗
Refeição 26 – **45 qto** ☕ 145/155.
◆ Pousada de impecáveis instalações, rodeadas de relvado e piscina. Destacam as suas espaçosas zonas comuns de asseada manutenção e confortáveis quartos. Luminoso refeitório envidraçado.

COSTA NOVA *Aveiro – ver Aveiro.*

COSTA DA CAPARICA *Setúbal* 733 Q 2 – *11 708 h – Praia.*
🅱 *Av. da República 18* ✉ *2825-399* ℘ *21 290 00 71 Fax 21 290 02 10.*
Lisboa 15 – Setúbal 51.

Costa da Caparica, Av. General Humberto Delgado 47, ✉ 2829-506, ℘ 21 291 89 00, *comercial@hotelcostacaparica.pt, Fax 21 291 06 87*, ≤, 🏊 – |‡| ▤ TV ♿ 🚗 P – 🏃 25/350
340 qto – 13 suites.
◆ Frente ao mar, numa das praias mais apreciadas da costa portuguesa. Desfrute das belas vistas que lhe oferecem os seus quartos, todos exteriores e com varanda. Restaurante de cuidada montagem depois do hall e elegante bar panorâmico no 8º andar.

COVA DA IRIA *Santarém – ver Fátima.*

COVILHÃ *Castelo Branco 733 L 7 – 18 774 h alt. 675 – Desportos de inverno na Serra da Estrela : 3.*

Arred. : *Estrada★ da Covilhã a Seia (≤★), Torre★★ 49 km – Estrada★★ da Covilhã a Gouveia (vale glaciário de Zêzere★★) (≤★), Poço do Inferno★ : cascata★, (≤★) por Manteigas : 65 km – Unhais da Serra (sítio★) Sudoeste : 21 km.*

Av. Frei Heitor Pinto ✉ 6200-113 apartado 438 ✆ 275 31 95 60 turismo.estrela@mail.telepac.pt Fax 275 31 95 69.

Lisboa 301 – Castelo Branco 62 – Guarda 45.

ao Sudeste :

Turismo da Covilhã, acesso à Estrada N 18 - 3,5 km, ✉ 6201-909 apartado 371, ✆ 275 33 04 00, *dircom@imb-hotels.com, Fax 275 33 04 40,* ≤, 🏋, 🏊, 🏊 – 🛗 ▤ TV ♿ 🚗 P – 🏛 25/400. AE MC VISA. ✂
Refeição 15 - ***Piornos*** : Refeição lista 24 a 31 – **94 qto** ☕ 60/85 – 10 suites.
◆ Hotel de linha moderna que destaca pelas suas magníficas instalações, com uma ampla zona nobre, varias salas para convenções e um completo centro de fitness e beleza. Restaurante com ementa e entrada independente.

Meliá Confort D. Maria, acceso à Estrada N 18 - 2,5 km, ✉ 6200-507, ✆ 275 31 00 00, *méliaconfort.dmaria@solmeliaportugal.com, Fax 275 31 00 09,* ≤, 🏋, 🏊 – 🛗 ▤ TV ✆ ♿ 🚗 P – 🏛 25/600. AE ◑ MC VISA JCB. ✂
Refeição 15 – **81 qto** ☕ 70/85 – 6 suites – PA 26.
◆ Situado numa importante via de aceso à cidade. Dispõe de uma agradável zona social e espaçosos quartos, com mobiliário de bom nível e casas de banho actuais.

Santa Eufêmia sem rest, Sítio da Palmatória - 2 km, ✉ 6200-374, ✆ 275 31 02 10, *Fax 275 31 02 19,* ≤ – 🛗 ▤ TV P. AE VISA. ✂
77 qto ☕ 40/55.
◆ Após a sua recente remodelação melhorou notavelmente o seu conforto. Dispõe de divisões actuais, com materiais de qualidade, chãos em alcatifa e espaçosas casas de banho.

na estrada das Penhas da Saúde *Noroeste : 5 km :*

Estalagem Varanda dos Carqueijais 🐦, ✉ 6200-073 apartado 332 Covilhã, ✆ 275 31 91 20, *vc@turistrela.pt, Fax 275 31 91 24,* ≤ montanhas e vale, 🌳, 🏊, 🎾 – ▤ TV ♿ P – 🏛 25/50. AE VISA. ✂
Refeição 15 – **50 qto** ☕ 110.
◆ Se a sua privilegiada localização de interesse paisagístico sublima os sentidos, os seus quartos clássicos e confortáveis garantem um perfeito descanso. Cálida zona social. Refeitório panorâmico com vistas para a imensidão das suas belas paisagens.

CRATO *Portalegre 733 O 7 – 1 620 h.*

Ver : *Mosteiro de Flor da Rosa★ : igreja★ Norte : 2km.*

Lisboa 206 – Badajoz 84 – Estremoz 61 – Portalegre 20.

em Flor da Rosa *Norte : 2 km :*

Pousada Flor da Rosa 🐦, ✉ 7430-999 Flor da Rosa, ✆ 245 99 72 10, *guest@pousadas.pt, Fax 245 99 72 12,* ≤, 🏊, 🌳 – 🛗, ⇔ qto, ▤ TV P. AE ◑ MC VISA. ✂
Refeição 26 – **24 qto** ☕ 193/205.
◆ Antigo mosteiro do séc. XIV que une a sua condição histórica com um interior vanguardista. Quartos distribuídos entre o núcleo primitivo e uma ala de nova construção. Refeitório com as paredes em pedra vista e mobiliário actual.

CUMIEIRA *Vila Real 733 I 6 – 1 278 h.*

Lisboa 369 – Braga 98 – Porto 93 – Vila Real 9 – Viseu 83.

Quinta da Cumieira 🐦 sem rest, ✉ 5030 Santa Marta de Penaguião, ✆ 259 96 95 44, *Fax 259 96 91 14,* 🏊, 🎾 – ▤ P
5 qto.
◆ Quinta rústica rodeada de vinhedos. Os quartos giram ao redor dum atractivo pátio interior, com um correcto conforto, casas de banho com duche e mobiliário de estilo antigo.

Se se atrasa no caminho e não pode chegar antes das 18h, confirme telefonicamente a sua reserva, é mais seguro... e é o costume.

CURIA *Aveiro 733 K 4 - 337 h alt. 40 - Termas.*

Largo ✉ 3780-541 Tamengos ☎ 231 51 22 48 info@turismo-curia.pt Fax 231 51 29 66.
Lisboa 229 - Coimbra 27 - Porto 93.

Das Termas, ✉ 3780-541 Tamengos, ☎ 231 51 21 85, *termasdacuria@termasdacuria.com, Fax 231 51 58 38,* - 25/120. AE VISA. rest
Refeição 17 - ***Dom Carlos*** : **Refeição** lista aprox. 28 - **57 qto** 105/110.
◆ Hotel de ambiente sereno cuja localização, num bonito parque com o som das árvores, proporciona um ar de certo romantismo. Cuidada linha clássica. Luminoso restaurante onde grandes janelas conformam um ambiente bem disposto.

Grande H. da Curia, ✉ 3780-541 Tamengos, ☎ 231 51 57 20, *grhotelcuria@hoteis-belver.pt, Fax 231 51 53 17,* - 25/350. VISA.
Refeição lista 27 a 36 - **81 qto** 87,50/104,50 - 3 suites.
◆ Típico hotel-balneário situado num edifício de finais do séc. XIX, cuja acertada reabilitação soube unir o espírito da época com um conforto actual. Refeitório clássico e elegante, com uma cozinha atenta aos regimes dietéticos.

Do Parque sem rest, ✉ 3780-541 Tamengos, ☎ 231 51 20 31, *geral@hoteldoparquecuria.com, Fax 231 50 38 91* - AE VISA
março-15 novembro - **21 qto** 29/50.
◆ Atractivo edifício de princípios do séc. XX que, sabendo preservar o seu próprio romantismo, foi equipado com um conforto moderno. Agradável quotidianidade.

DARQUE *Viana do Castelo - ver Viana do Castelo.*

EIRA DO SERRADO *Madeira - ver Madeira (Arquipélago da).*

ELVAS *Portalegre 733 P 8 - 15 115 h alt. 300.*

Ver : *Muralhas★★ - Aqueduto da Amoreira★ - Largo de Santa Clara★ (pelourinho★) - Igreja de N. S. da Consolação★ (azulejos★).*

Praça da República ✉ 7350-126 ☎ 268 62 22 36 cmelvas@mail.telepac.pt Fax 268 62 22 36.
Lisboa 222 - Portalegre 55.

Pousada de Santa Luzia, Av. de Badajoz (Estrada N 4), ✉ 7350-097, ☎ 268 63 74 70, *guest@pousadas.pt, Fax 268 62 21 27,* - qto, AE VISA.
Refeição 26 - **25 qto** 142/155.
◆ Pousada de estilo clássico-regional e impecável manutenção, situada nos arredores da localidade. Zona nobre aconchegante e quartos de confortável ar alentejano. O restaurante, que possui vistas à piscina, trabalha bem com o cliente de passagem.

na estrada N 4 :

Varchotel, Varche - Oeste : 5,5 km, ✉ 7350-422, ☎ 268 62 16 21, *varchotel@clix.pt, Fax 268 62 15 96* - VISA.
Refeição *(fechado 2ª feira)* lista aprox. 15 - **35 qto** 38/55 - 2 suites.
◆ A sua atractiva fachada, de muros caiados e vãos debruados, dá-nos a bem-vinda a um interior de correcto equipamento e conforto, com quartos de estilo clássico. Refeitório principal de simples montagem e ampla sala de banquetes.

Dom Quixote, Oeste : 3 km, ✉ 7350-125, ☎ 268 62 20 14, *Fax 268 62 05 98* - AE VISA.
fechado 2ª feira - **Refeição** lista 17 a 29.
◆ Situado nos arredores da localidade, com estacionamento próprio e uma zona de bar muito aconchegante. Amplo refeitório, com certo ar regional e mobiliário standard.

ENTRONCAMENTO *Santarém 733 N 4 - 18 174 h.*

Largo da Estação ✉ 2330 ☎ 249 71 92 29 Fax 249 71 86 15.
Lisboa 127 - Castelo Branco 132 - Leiria 55 - Portalegre 114 - Santarém 45.

O Barriga's, Praça Comunidade Europeia-Casal Saldanha, ✉ 2330-074, ☎ 249 71 76 31, *obarrigas@netcaso.pt, Fax 249 71 95 80* - AE VISA.
fechado do 1 ao 15 de agosto, domingo noite e 2ª feira - **Refeição** lista aprox. 16.
◆ Restaurante típico singular, onde o cliente escolhe o primeiro prato dentre um variado buffet de entrantes, e o segundo a partir de duas ementas de distinto preço.

ERREIRA *Santarém* 733 O 3 – *628 h.*

Lisboa 67 – Évora 133 – Santarém 21.

XX Condestável de Luís Suspiro, Travessa do Olival, ✉ 2070-326 Ereira CTX, ☎ 243 71 97 86, *luis.suspiro@condestavel.net, Fax 243 79 08 63* – ▤
Refeição - aconselha-mos reservar.
• Ampla sala de estilo rústico decorada com certa elegância, onde oferecem um bom serviço de mesa. Original funcionamento com primeiros pratos frios. É conveniente reservar.

ERICEIRA *Lisboa* 733 P 1 – *6 597 h – Praia.*

Ver : *Pitoresco porto piscatório*★.

🅸 *Rua Dr. Eduardo Burnay 46* ✉ *2655-370* ☎ *261 86 31 22 info@ericeira.net Fax 261 86 41 36.*

Lisboa 52 – Sintra 24.

Vila Galé Ericeira, Largo dos Navegantes, ✉ 2655-320, ☎ 261 86 99 00, *galeericeira@vilagale.pt, Fax 261 86 99 50,* ≤, *Fб,* ⛱ – |♦| ▤ TV ☏ ♿ P – 🎤 25/200. AE ⓓ MC VISA JCB. ✗
Refeição 22 – **202 qto** ☕ 134,50/168.
• Complexo totalmente renovado e com certo ar colonial. Possui varias zonas sociais e quartos clássicos de equipamento completo, a metade deles com vistas sobre o mar. Amplo restaurante onde se oferece uma cozinha de tendência cosmopolita.

Vilazul, Calçada da Baleia 10, ✉ 2655-238, ☎ 261 86 00 00, *vilazul@mail.pt, Fax 261 86 29 27* – |♦| ▤ TV. AE ⓓ MC VISA JCB. ✗
O Poço **:** **Refeiçao** lista 24 a 31 – **21 qto** ☕ 80.
• Aconchegante hotelzinho de carácter familiar situado no centro da localidade. Quartos funcionais de suficiente conforto, a metade deles possuem casas de banho completas.

X **O Barco,** Capitão João Lopes, ✉ 2655-295, ☎ 261 86 27 59, *Fax 261 86 69 96,* ≤ – ▤. AE ⓓ MC VISA. ✗
fechado 15 novembro-26 dezembro e 5ª feira – **Refeição** lista 22 a 36.
• Casa familiar dirigida com orgulho e dignidade. Discreto serviço de mesa, mobiliário de qualidade e uma manutenção que cumpre com as expectativas. Serenas vistas ao mar.

ERVEDAL DA BEIRA *Coimbra* 733 K 6 – *1 077 h.*

Lisboa 276 – Coimbra 72 – Guarda 86.

Solar do Ervedal 🐌, Rua Dr. Francisco Brandão 12, ✉ 3405-063 Ervedal OHP, ☎ 238 64 42 83, *solardoervedal@mail.telepac.pt, Fax 238 64 11 33,* ⛱, 🌳 – 🚗 P. ⓓ MC VISA. ✗
fechado novembro – **Refeição** - só clientes a pedido, só jantar - 22,50 – **5 qto** ☕ 80/90 – 1 suite.
• Casa senhorial de conforto actual, com instalações muito bem cuidadas. Os seus espaçosos quartos têm boas casas de banho e mobiliário português antigo.

ESCUSA *Portalegre* 733 N 7 – *100 h.*

Lisboa 223 – Cáceres 119 – Portalegre 21.

Quinta Curral da Nora sem rest, Estrada N 246-1, ✉ 7330-313 São Salvador da Aramenha, ☎ 245 99 35 58, *Fax 245 99 37 65,* ⛱ climatizada, 🌳 – TV P
8 qto ☕ 80/100 – 2 apartamentos.
• Conjunto dotado de agradáveis exteriores, com castanheiras e nogueiras. Correcta zona social, dois estudos e quartos clássicos, a ressaltar os mais modernos pela sua amplitude.

ESPINHO *Aveiro* 733 I 4 – *22 496 h – Praia.*

⛳18 *Oporto,* ☎ *22 734 20 08 Fax 22 734 68 95.*

🅸 *Rua 23* ✉ *4500-271* ☎ *22 733 58 72 turismo@cm-espinho.pt Fax 22 733 58 61.*

Lisboa 308 – Aveiro 54 – Porto 23.

Praiagolfe H., Rua 6, ✉ 4500-357, ☎ 22 733 10 00, *reservas@praiagolfe.com, Fax 22 733 10 01,* ≤, *Fб,* ⛱ – |♦| ▤ TV ♿ 🚗 – 🎤 25/300. AE ⓓ MC VISA. ✗
Refeição 20 – **127 qto** ☕ 130/143 – 6 suites.
• Hotel de longa tradição situado na 1ª linha de praia. De cuidada estética actual, possui uma ampla zona nobre e quartos bem equipados. Alto profissionalismo. Restaurante panorâmico aberto à imensidão do oceano.

Néry sem rest, Avenida 8-826, ✉ 4500-207, ☎ 22 734 73 64, *Fax 22 734 85 96,* ≤ – |♦| ▤ TV 🚗. AE ⓓ MC VISA. ✗
43 qto ☕ 40/50.
• A sua decoração simples e as cuidadas instalações proporcionam um ambiente aconchegante. Discretos quartos de adequado conforto, com um mobiliário de palhunha muito correcto.

ESPOSENDE *Braga* 733 H 3 - *9197 h - Praia.*

Quinta da Barca, em Gemeses Sureste : 4,5 km 253 96 67 23 Fax 253 96 90 68.

Marginal 4740-204 253 96 13 54 Fax 253 96 13 54.

Lisboa 367 - Braga 33 - Porto 49 - Viana do Castelo 21.

Suave Mar, Av. Eng. Eduardo Arantes e Oliveira, 4740-204, 253 96 94 00, *info@suavemar.com, Fax 253 96 94 01,* - 25/200. AE VISA.
***Varanda do Cávado* : Refeição** lista 20 a 29 - **84 qto** 96/100.
◆ Muito cuidado, com instalações decoradas com grande detalhe e uma agradável piscina no pátio interior. Peça os quartos com vistas para o mar e à Foz do Cávado. Aconchegante restaurante com uma magnífica panorâmica.

Acropole sem rest, Praça D. Sebastião, 4740-224, 253 96 19 41, *residencial.acropole@clix.pt, Fax 253 96 42 38* - AE VISA.
30 qto 37,50/47,50.
◆ Pequeno e central estabelecimento concebido sem luxos embora procurando agradar. Quartos simples e uma sala de pequenos almoços no sótão, com uma grande esplanada panorâmica.

ESTEFÂNIA *Lisboa - ver Sintra.*

ESTÓI *Faro - ver Faro.*

ESTORIL *Lisboa* 733 P 1 - *23 769 h - Praia.*

Ver : *Estância balnear★.*

Estoril, 21 468 01 76 Fax 21 464 79 42 BX.

Arcadas do Parque 2769-503 21 466 38 13 estorilcoast@mail.telepac.pt Fax 21 467 22 80.

Lisboa 23 ② - Sintra 13 ①

Ver planta de Cascais

Palácio, Rua do Parque, 2769-504, 21 464 80 00, *palacioestoril@mail.telepac.pt, Fax 21 468 48 67,* - 25/400. AE VISA JCB. BY k
Refeição - ver rest. ***Four Seasons*** - **131 qto** 300/325 - 31 suites.
◆ Líder da hotelaria local. Hotel de grande tradição que soube manter a sua sólida reputação. Moderno equipamento, alto conforto, e múltiplas prestações.

Amazónia Lennox Estoril, Rua Eng. Álvaro Pedro de Sousa 175, 2765-191, 21 468 04 24, *reservas@amazoniahoteis.com, Fax 21 467 08 59,* climatizada - 25/50. AE VISA JCB. BY a
Refeição *(abril-outubro)* - só jantar - lista aprox. 25 - **30 qto** 93/108 - 2 suites, 2 apartamentos.
◆ Complexo hoteleiro rodeado de exuberantes jardins. Instalações distribuídas em dois edifícios, um no estilo antigo e o outro, que é o principal, numa linha actual. O seu refeitório tem vistas sobre a piscina.

Alvorada sem rest, Rua de Lisboa 3, 2765-240, 21 464 98 60, *reservas@hotelalvorada.com, Fax 21 468 72 50* - AE VISA JCB. BY b
51 qto 104/122,50.
◆ Espaçosos quartos com um mobiliário um pouco desfasado, compensado pelas casas de banho de máxima actualidade. Um projecto de ampliação promete importantes melhoras.

S. Mamede sem rest, Av. Marginal 7105, 2765-248, 21 465 91 10, *reservas@hotelsmamede.com, Fax 21 467 14 18* - AE VISA JCB. BY s
43 qto 65/75.
◆ Hotel de discreta organização, com uma reduzida zona social e quartos pequenos mas muito correctos e com uma agradável decoração.

Four Seasons - *Hotel Palácio*, Rua do Parque, 2769-504, 21 464 80 00, *info@hotelestorilpalacio.pt, Fax 21 468 48 67* - AE VISA JCB. BY k
Refeição lista 30 a 44.
◆ Magnífico restaurante com entrada independente. Suprema elegância e óptimo gosto num ambiente aconchegante, onde a madeira mostra força e estilo. Grelha de assar à vista.

Estoril Mandarim, Praça José Teodoro dos Santos (Casino Estoril), 2765-237, 21 466 72 70, *Fax 21 468 96 00* - AE VISA. BY c
fechado 3ª feira - **Refeição** - rest. chinês - lista 40 a 50.
◆ Ao rés-do-chão do Casino. Elegante contexto de ar oriental, onde poderá degustar saborosas especialidades chinesas elaboradas pelo seu chef de Macau.

XX **La Villa,** Praia do Estoril 3, ✉ 2765, ☎ 21 468 00 33, *Fax 21 468 45 04*, ≤, 余 - ▤. AE ⓓ MC VISA. ✂ BY f
fechado 2ª feira – **Refeição** lista 27 a 45.
• Atractiva localização com vistas para o mar. Os jovens proprietários outorgam-lhe novos ares. Linha moderna de acordo com uma ementa que entre outras opções contempla o sushi.

no Monte Estoril :

XXX **Cimas,** Av. Marginal, ✉ 2765 Estoril, ☎ 21 468 04 13, *cimas@clix.pt*, *Fax 21 468 12 54*, ≤ - ▤ P. AE ⓓ MC VISA JCB BX s
fechado 15 dias em agosto e domingo – **Refeição** lista 33 a 56.
• Atractiva casinha de estilo nórdico, cujas paredes albergam dois refeitórios com vistas para o mar, e uma sala de espera na cave. Uma estética inglesa define a sua decoração.

ESTREITO DE CÂMARA DE LOBOS *Madeira – ver Madeira (Arquipélago da).*

ESTREMOZ *Évora* 733 P 7 – *7682 h alt. 425.*

Ver : *A Vila Velha★ - Sala de Audiência de D. Dinis (colunata gótica★).*
Arred. : *Évoramonte : Sítio★, castelo★ (※★) Sudoeste : 18 km.*
🅱 *Largo da República 26* ✉ *7100-505* ☎ *268 33 35 41 c.m.estremoz@mail.telepac.p.t. Fax 268 33 40 10.*
Lisboa 179 – Badajoz 62 – Évora 46.

Pousada da Rainha Santa Isabel 🔇, Largo D. Diniz - Castelo de Estremoz, ✉ 7100-509, ☎ 268 33 20 75, *guest@pousadas.pt*, *Fax 268 33 20 79*, ≤, 余, ⛱ - 🛗 ▤ TV. AE ⓓ MC VISA. ✂
Refeição 26 – **32 qto** ☐ 188/220 – 1 suite.
• Majestosas instalações num castelo medieval. Amplos salões decorados com estilo e quartos senhoriais com casas de banho em mármore. Refeitório onde imperam a distinção e o bom gosto.

Estalagem Páteo dos Solares 🔇, Rua Brito Capelo, ✉ 7100-562, ☎ 268 33 84 00, *pateo.solares@clix.pt*, *Fax 268 33 84 19*, 余, ⛱, 🌳 - 🛗 ▤ TV ☎ ♿ P - 🏛 60. AE ⓓ MC VISA. ✂ rest
Alzulaich : **Refeição** lista 30 a 40 – **40 qto** ☐ 140/150 – 1 suite.
• Amplo hall com um aconchegante salão inglês, sala de conferências aproveitando a antiga muralha da cidade, e quartos com um relaxante classicismo e casas de banho actuais. Luminoso restaurante com bonitos azulejos do Alentejo.

pela estrada de São Bento do Cortiço *Norte : 8 km e desvío a direita 1 km :*

⌂ **Herdade da Barbosa** 🔇 sem rest, ✉ 7100-078, ☎ 268 32 45 10, *Fax 268 33 36 75*, ≤, ⛱ - TV P. ✂
fechado Natal – **3 qto** ☐ 45/65 – 2 apartamentos.
• Situada numa extensa quinta em plena natureza, onde poderá observar trabalhos agrícolas e pecuários. Quartos de estilo regional correctos para a sua categoria.

ÉVORA

P 733 Q 6 - *37 965 h. alt. 301.*

Lisboa 153 ⑤ - *Badajoz 102* ② - *Portalegre 105* ② - *Setúbal 102* ⑤.

POSTOS DE TURISMO

Praça do Giraldo 73, ✉ *7000-508* ☎ *266 73 00 30 Fax 266 73 00 39.*

INFORMAÇÕES PRÁTICAS

A.C.P. *Rua Alcárcova de Baixo 7,* ✉ *7000-841* ☎ *266 70 75 33 Fax 266 70 96 96.*

CURIOSIDADES

Ver : *Sé*★★ BY : *interior*★ *(cúpula*★, *cadeiral*★*), Museu de Arte Sacra*★ *(Virgem do Paraíso*★★*), Claustro*★ – *Museu Regional*★ BY **M 1** *(Baixo-relevo*★, *Anunciação*★*)* – *Templo romano*★ BY – *Convento dos Lóios*★ BY : *Igreja*★, *Edifícios conventuais (portal*★*), Paço dos Duques de Cadaval*★ BY **P** – *Largo da Porta de Moura (fonte*★*)* BCZ – *Igreja de São Francisco (interior*★, *capela dos Ossos*★*)* BZ – *Fortificações*★ – *Antiga Universidade dos Jesuitas (claustro*★*)* CY.

Arred. : *Convento de São Bento de Castris (claustro*★*) 3 km por N 114-4.*

ÉVORA

1_ de Maio (Pr.) . . . . BZ
5 de Outubro (R.) . . . . BYZ 37
Álvaro Velho (Largo) . . . . BZ 3
Aviz (R. de) . . . . BY 4
Bombeiros Voluntários de Évora (Av.) . . . . CZ 6
Caraça (Trav. da) . . . . BZ 7
Cenáculo (R. do) . . . . BY 9
Combatentes da Grande Guerra (Av. dos) . . . . BZ 10
Conde de Vila-Flor (Largo) . . . . . . BY 12
Diogo Cão (R.) . . . . BZ 13
Freiria de Baixo (R. da) . . . . BY 15
Giraldo (Pr. do) . . . . BZ
João de Deus (R.) . . . . AY 16
José Elias Garcia (R.) . . . . AY 18
Lagar dos Dizimos (R. do) . . . . BZ 19
Luís de Camões (Largo) . . . . AY 21
Marquês de Marialva (Largo) . . . . BY 22
Menino Jesus (R. do) . . . . BY 24
Misericórdia (Largo) . . . . BZ 25
Penedos (Largo dos) . . . . AY 28
República (R. da) . . . . BZ
Santa Clara (R. de) . . . . AZ 30
São Manços (R. de) . . . . BZ 31
São Miguel (Largo de) . . . . BY 32
Senhor da Pobreza (Largo) . . . . . . CZ 33
Torta (Trav.) . . . . AZ 34
Vasco da Gama (R.) . . . . BY 36

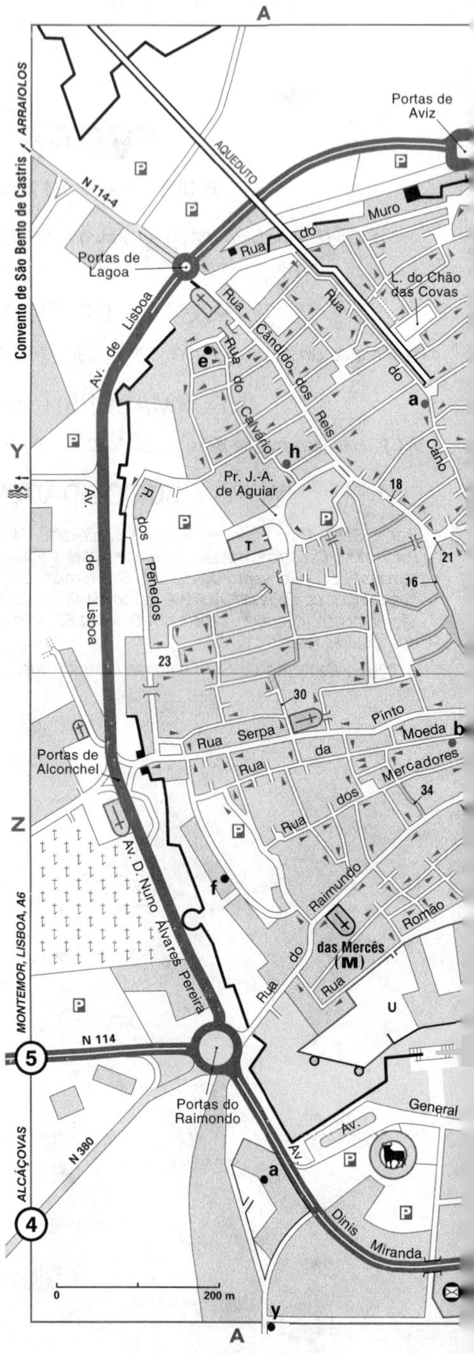

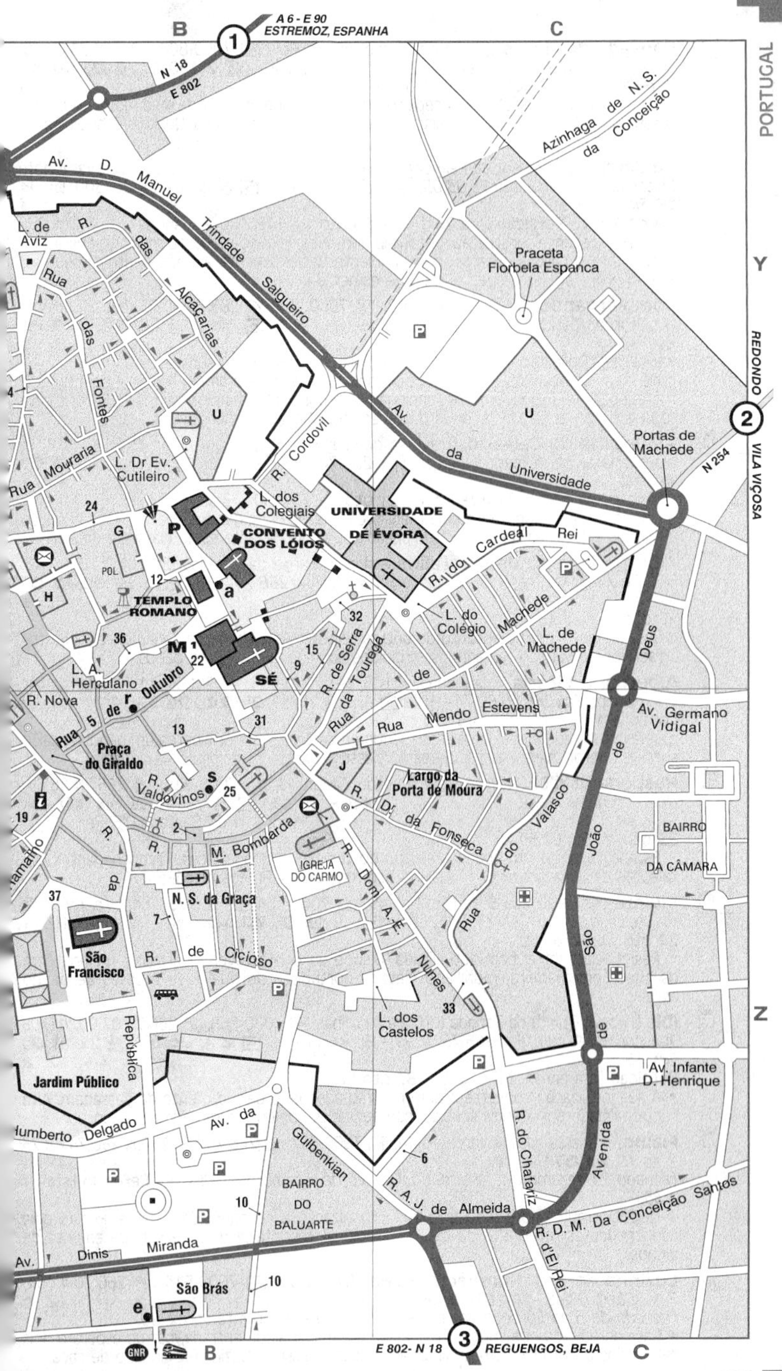

A 6 - E 90
ESTREMOZ, ESPANHA
N 18
E 802
Av. D. Manuel Trindade Salgueiro
Azinhaga de N.S. da Conceição
L. de Aviz
R. das Alcaçarias
Rua das Fontes
Praceta Florbela Espanca
REDONDO
VILA VIÇOSA
N 254
Portas de Machede
Av. da Universidade
R. Cordovil
Rua Mouraria
L. Dr Ev. Cutileiro
L. dos Colegiais
UNIVERSIDADE DE ÉVORA
CONVENTO DOS LÓIOS
TEMPLO ROMANO
POL
R. do Cardeal Rei
L. do Colégio
Machede
L. de Machede
SÉ
L. A. Herculano
R. Nova
Rua 5 de Outubro
R. de Serra
Rua da Tourega
Rua Mendo Estevens
Av. Germano Vidigal
Praça do Giraldo
Largo da Porta de Moura
R. Valdovinos
R. Dr. da Fonseca
Rua do Valasco
Rua de João de Deus
BAIRRO DA CÂMARA
R. M. Bombarda
IGREJA DO CARMO
R. Dom A. E. Nunes
N. S. da Graça
R. de Cicioso
São Francisco
R. da República
L. dos Castelos
Av. Infante D. Henrique
São
Avenida
Jardim Público
Humberto Delgado
Av. da
Gulbenkian
R. A. J. de Almeida
R. do Chafariz
R. D. M. Da Conceição Santos
d'El Rei
BAIRRO DO BALUARTE
Av. Dinis Miranda
São Brás
E 802- N 18
REGUENGOS, BEJA

Pousada dos Lóios, Largo Conde de Vila Flor, ✉ 7000-804, ☎ 266 73 00 70, *guest@pousadas.pt, Fax 266 70 72 48,* - ▤ TV P - 25/50. AE ⓓ ⓜ VISA. ✻
Refeição 26 - **30 qto** ☐ 188/220 - 2 suites. BY a
◆ Num convento do séc. XV, concebido naquela época como lugar de meditação e repouso. O seu confortável interior conserva pinturas e detalhes da época. Quartos sóbrios. Refeitório atractivo no claustro.

Da Cartuxa, Travessa da Palmeira 4, ✉ 7000-546, ☎ 266 73 93 00, *reservas@hoteldacartuxa.com, Fax 266 73 93 05,* - |‡| ▤ TV ♿ - 25/300. AE ⓓ ⓜ VISA. ✻ rest AZ f
Cerca Nova : **Refeição** lista 26 a 31 - **85 qto** ☐ 145/160 - 6 suites.
◆ Hotel de recente construção, decorado num estilo rústico-moderno muito colorista. Boa zona nobre e cálidos quartos, num ambiente decididamente aconchegante. O seu restaurante oferece um aspecto íntimo e esmerado.

Dom Fernando, Av. Dr. Barahona 2, ✉ 7000-756, ☎ 266 73 79 90, *hoteldomfernando@grupofbarata.com, Fax 266 73 79 99,* - |‡| ▤ TV - 25/250. AE ⓓ ⓜ VISA. ✻ BZ e
São Brás : **Refeição** lista 16 a 20 - **101 qto** ☐ 73/95 - 2 suites.
◆ De linha clássica-actual. A vida social concentra-se no seu amplo hall-sala, com um bar e a recepção no fundo. Quartos funcionais ao redor dum pátio com piscina. Refeitório com toques de certa elegância, onde oferecem cozinha tradicional portuguesa.

Albergaria do Calvário, Travessa dos Lagares 3, ✉ 7000-565, ☎ 266 74 59 30, *albergariacalvario@mail.telepac.pt, Fax 266 74 59 39* - |‡| ▤ TV ♿. AE ⓓ ⓜ VISA. ✻ AY e
Refeição - ver rest. ***O Aqueduto*** - **21 qto** ☐ 75/100 - 2 suites.
◆ Antigo armazém de azeite cuja reabilitação soube conjugar o respeito com a tradição e com as exigências do conforto mais actual. Aconchegante estilo clássico-regional.

Albergaria Solar de Monfalim sem rest, Largo da Misericórdia 1, ✉ 7000-646, ☎ 266 75 00 00, *reservas@monfalimtur.pt, Fax 266 74 23 67* - ▤ TV. AE ⓓ ⓜ VISA. ✻ BZ s
26 qto ☐ 75/90.
◆ Casa senhorial com o encanto de outros tempos. Aconchegante zona nobre e quartos atractivos de variado tamanho, distribuídos ao redor de diversos pátios.

Albergaria Vitória, Rua Diana de Lis 5, ✉ 7000-871, ☎ 266 70 71 74, *albergaria.vitoria@ip.pt, Fax 266 70 09 74* - |‡| ▤ TV ♿ - 25/55. AE ⓓ ⓜ VISA JCB. ✻ AZ y
Comida - ver rest. ***Lis*** - - **48 qto** ☐ 59/73.
◆ Bem organizado e com excelente mantimento. O seu interior alberga um pequeno salão social e confortáveis quartos de estilo clássico. Bar panorâmico no 4º andar.

Hospedaria d'El Rei sem rest, Rua de Timor 30, ✉ 7005-211, ☎ 266 74 56 60, *del.rei@netvisao.pt, Fax 266 74 56 69* - |‡| ▤ TV ♿. AE ⓓ ⓜ VISA JCB. ✻ por Rua do Chafariz D'El Rei CZ
33 qto ☐ 52/62,50.
◆ Estabelecimento um pouco afastado do centro da cidade. Possui aconchegantes instalações de linha actual com quartos bem equipados. Preços razoáveis.

Riviera sem rest, Rua 5 de Outubro 49, ✉ 7000-854, ☎ 266 73 72 10, *res.riviera@mail.telepac.pt, Fax 266 73 72 12* - ▤ TV. AE ⓓ ⓜ VISA JCB. ✻ BZ r
21 qto ☐ 60/67,50.
◆ Residência central bem actualizada. Dispõe de confortáveis quartos, a maioria com os chãos em madeira, mobiliário clássico-português de qualidade e casas de banho actuais.

Ibis Évora, Quinta da Tapada (Urb. da Muralha), ✉ 7000-968, ☎ 266 76 07 00, *h1708@accor-hotels.com, Fax 266 76 07 99* - |‡|, ⇔ qto, ▤ TV ♿ P - 25. ⓓ ⓜ VISA. ✻ AZ a
Refeição lista aprox. 21 - ☐ 5 - **87 qto** 56.
◆ A sua localização converte-o num recurso adequado para o cliente de passagem. Alta funcionalidade e materiais simples, compensados por uma esmerada manutenção.

Fialho, Travessa das Mascarenhas 14, ✉ 7000-557, ☎ 266 70 30 79, *Fax 266 74 48 73* - ▤. AE ⓓ ⓜ VISA. ✻ AY h
fechado 24 dezembro-2 janeiro, do 1 ao 23 de setembro e 2ª feira - **Refeição** lista 21 a 33.
◆ Negócio muito apreciado pela sua organização e reconhecida cozinha. Possui dois aconchegantes refeitórios de carácter regional, ressalta pela sua excelente ementa de vinhos.

Cozinha de Sto. Humberto, Rua da Moeda 39, ✉ 7000-513, ☎ 266 70 42 51, *Fax 266 70 08 68* - ▤. AE ⓓ ⓜ VISA. ✻ AZ b
fechado do 5 ao 26 de novembro e 5ª feira - **Refeição** lista aprox. 29.
◆ Casa acreditada que soube atrair a sua clientela. Hall de entrada, bar de espera e dois refeitórios decorados com originalidade e certo tipismo. Cozinha regional e de caça.

Lis - *Hotel Albergaria Vitória*, Rua Diana de Lis 5, ✉ 7000-871, ☎ 266 77 13 23, *rtlis@iol.pt, Fax 266 77 13 23*, – ▤. AE ⊙ MC VISA. ✂ AZ y
fechado Natal, do 1 ao 15 de agosto, domingo e feriados – **Refeição** lista 20 a 30.
◆ Refeitório de linha clássica-regional decorado com centenas de garrafas. Expositor de carnes, esplanada e uma ementa que conjuga a cozinha tradicional portuguesa com a alentejana.

O Antão, Rua João de Deus 5, ✉ 7000-534, ☎ 266 70 64 59, *antao@jassis.pt, Fax 266 70 70 36* – ▤. AE ⊙ MC VISA JCB BY f
Refeição lista 18 a 27.
◆ Local bem dirigido. Possui duas salinhas à entrada e outra num pátio coberto, realçando o conjunto com muitos pormenores decorativos. Ementa variada e com preços acessíveis.

O Aqueduto - *Hotel Albergaria do Calvário*, Rua do Cano 13-A, ✉ 7000-596, ☎ 266 70 63 73, *Fax 266 70 63 73* – ▤. AE ⊙ MC VISA. ✂ AY a
fechado do 3 ao 17 de janeiro, do 1 ao 15 do agosto, domingo noite e 2ª feira – **Refeição** lista 20 a 26.
◆ Negócio familiar muito próximo ao aqueduto. Possui um bar privado que antecede a dois refeitórios, um deles de simples montagem regional e o outro decorado com enormes ânforas.

FAFE *Braga* 733 H 5 – *15 323 h.*

Lisboa 375 – Amarante 37 – Guimarães 14 – Porto 67 – Vila Real 72.

Comfort Inn, Av. do Brasil, ✉ 4820-121, ☎ 253 00 07 00, *comfort.fafe@grupo-continental.com, Fax 253 59 52 29* – ▤ TV ♿ P – 🏛 25/70. AE ⊙ MC VISA. ✂
Refeição 13,50 – **58 qto** ☕ 48/55.
◆ Ao estilo da cadeia, numa zona nova à entrada da localidade. Interior muito funcional e quartos equipados com mobiliário de qualidade standard.

Casa das Paredes 🐌 sem rest, Av. da Liberdade 139 - Norte : 1,5 km, ✉ 4820-118, ☎ 253 50 12 27, *Fax 226 09 89 73*, – P. ✂
fechado Natal – **8 qto** ☕ 75/90 – 2 apartamentos.
◆ Casa solarenga do séc. XVII, com piscina e um cuidado jardim. Dispõe de salões sociais no lagar e no que era a adega, assim como quartos com mobiliário antigo.

FAIA *Braga* 733 H 6.

Lisboa 404 – Braga 63 – Porto 98 – Vila Real 49.

Casa da Tojeira 🐌 sem rest, Estrada N 206, ✉ 4860-212 Faia CBC, ☎ 253 66 31 69, *casadatojeira@mail.telepac.pt, Fax 253 66 31 69*, – P – 🏛 25/200. AE VISA. ✂
7 qto ☕ 86/110 – 5 apartamentos.
◆ Casa senhorial do séc. XVIII rodeada de vinhedos. Possui belos salões que, igual que os quartos, estão decorados com mobiliário antigo. Apartamentos T1 anexos e modernos.

FAIAL *Madeira – ver Madeira (Arquipélago da).*

FÃO *Braga* 733 H 3 – *2 843 h – Praia.*

Lisboa 365 – Braga 35 – Porto 47.

na Praia de Ofir *Noroeste : 1,5 km :*

Ofir 🐌, Av. Raul Sousa Martins, ✉ 4740-405 Fão, ☎ 253 98 98 00, *hotelofir@esoterica.pt, Fax 253 98 18 71*, ≤, – ▤ TV P – 🏛 25/400. AE ⊙ MC VISA JCB. ✂
Refeição 16,50 – **188 qto** ☕ 80/100 – 3 suites.
◆ Imerso numa paisagem de grande beleza, com cuidadas zonas verdes e acesso directo à praia. Dispõe duma ampla área social e de quartos com bom conforto. A soberba visão panorâmica sobre o oceano recria o seu atractivo refeitório.

em Apúlia *pela estrada N 13 - Sul : 6,3 km :*

Apulia Praia sem rest, Av. da Praia 45, ✉ 4740-033 Apulia, ☎ 253 98 92 90, *Fax 253 98 92 99* – AE ⊙ MC VISA. ✂
44 qto ☕ 80/100.
◆ Uma simples opção para alguns dias de descanso nesta localidade costeira, com um conforto muito válido na sua categoria. Os quartos renovados ficam mais alegres.

Camelo Apulia, Rua do Facho, ✉ 4740-055 Apulia, ☎ 253 98 76 00, *restcamelo@iol.pt, Fax 253 98 76 27* – ▤ P. AE MC VISA. ✂
fechado 2ª feira – **Refeição** lista 22 a 25.
◆ Apresenta uma fachada moderna e envidraçada. Distribui-se em vários andares, com viveiro à vista no hall-bar, chãos em parquet, adega e mobiliário de desenho actual.

FARO P 733 U 6 – 36 824 h – Praia.
Ver : *Vila-a-dentro★-Miradouro de Santo António ※★ B.*
Arred. : *Praia de Faro ≤★ 9 km por ① – Olhão (campanário da igreja ※★) 8 km por ③.*
Vila Sol (Vilamoura), 23 km por ① ✆ 289 30 05 05 Fax 289 31 64 99 – Laguna Golf Course (Vilamoura) ✆ (89) 31 01 80 – Pinhal Golf Course (Vilamoura) ✆ 289 31 03 90 – Old Course (Vilamoura) ✆ 289 31 03 41 Fax 289 31 03 21 – Vale do Lobo, 20 km por ① ✆ 289 39 44 44 Fax 289 39 47 13 – Quinta do Lago, 16 km por ① ✆ 289 39 07 00 Fax 289 39 40 13.
de Faro 7 km por ① ✆ 289 80 08 00 – T.A.P., Rua D. Francisco Gomes 8 ✉ 8000-168 ✆ 289 80 02 17 Fax 289 80 02 33.
✆ 289 80 17 26.
Rua da Misericórdia 8 ✉ 8000-269 ✆ 289 80 36 04 – **A.C.P.** *Rua Francisco Barreto 26 A ✉ 8000-344 ✆ 289 89 89 50 Fax 289 80 21 32.*
Lisboa 309 ② – Huelva 105 ③ – Setúbal 258 ②

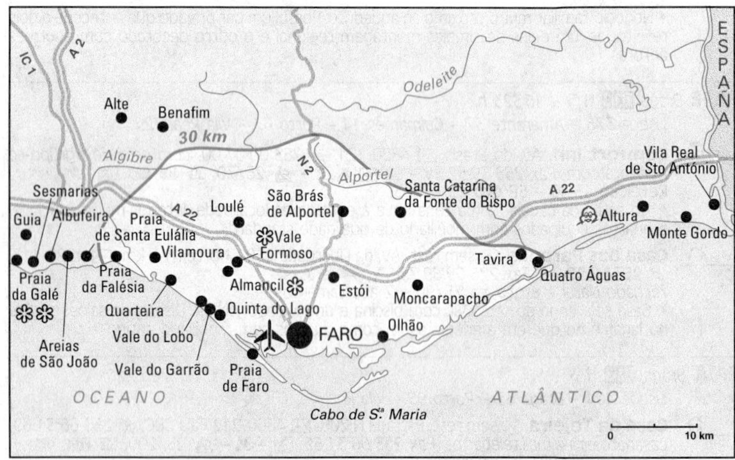

Eva, Av. da República 1, ✉ 8000-078, ✆ 289 00 10 00, *eva@tdhotels.pt, Fax 289 00 10 02*, ≤, – – 25/300. AE VISA. A v
Refeição 19 – **135 qto** ☕ 116/136 – 13 suites.
◆ De linha actual, e idóneo para as suas estadias de trabalho. Salas de reuniões bem dispostas, espaçosa zona social, e uns confortáveis quartos de escassa amplitude.

Faro, Praça D. Francisco Gomes 2, ✉ 8000-168, ✆ 289 83 08 30, *reservas@hotelfaro.pt, Fax 289 83 08 29* – . AE VISA. A t
Refeição 18,50 – **87 qto** ☕ 123/143 – 3 suites.
◆ Situado sobre umas galerias comerciais. Em conjunto fica muito moderno e linear, com uma estética minimalista baseada nas formas puras e deixando as paredes nuas. O restaurante do sótão oferece excelentes vistas.

Dom Bernardo sem rest, Rua General Teófilo da Trindade 20, ✉ 8000-356, ✆ 289 88 98 00, *hdb@net.sapo.pt, Fax 289 88 98 09* – – 25/40. AE VISA. A c
43 qto ☕ 82/104.
◆ De correcto conforto e adequado equipamento, num estilo clássico bem cuidado. Quartos com casas de banho modernas, dotados de um mobiliário em tons claros.

Alnacir sem rest, Estrada Senhora da Saúde 24, ✉ 8000-500, ✆ 289 80 36 78, *hotel.alnacir@clix.pt, Fax 289 80 35 48* – – 25/40. AE VISA. A h
53 qto ☕ 70/77.
◆ Beneficie-se da sua localização central e descanse nos amplos e aconchegantes quartos. Zona social actualizada e uma direcção muito capacitada.

Afonso III sem rest, Rua Miguel Bombarda 64, ✉ 8000-394, ✆ 289 80 35 42, *resid.afonsoiii@mail.telepac.pt, Fax 289 80 51 85* – . AE VISA. A e
40 qto ☕ 65/75.
◆ O seu nome homenageia o rei que reconquistou a cidade aos árabes. Excelente manutenção e uma discreta linha funcional adequada às necessidades básicas do conforto.

FARO

1_ de Maio (R.) . . . . **A** 31
Alex. Herculano (Pr.) . . . . **A** 3
Ataide de Oliveira (R.) . . . . **B** 4
Bocage (R.a do). . . . . **A** 6
Carmo (Largo de) . . . . **A** 7
Conselheiro Bivar (R.) . . . . **A** 9
Cruz das Mestras (R.) . . . . **A** 10
D. F. Gomes (Pr.). . . . . **A** 12
Dr José de Matos (R.). . . . . **B** 13
Dr Teixeira Guedes (R.). . . . . **B** 14
Eça de Queirós (R.) . . . . **B** 15
Ferreira de Almeida (Pr.). . . . . **A** 16
Filipe Alistão (R.) . . . . **A** 18
Francisco Barreto (R.) . . . . **A** 19
Inf. D. Henrique (R.) . . . . **A** 20
Ivens (R.) . . . . **A** 21
Lethes (R.) . . . . **A** 22
Miguel Bombarda (R.) . . . . **A** 23
Mouras Velhas (Largo das). . . . . . . **A** 24
Pé da Cruz (Largo do) . . . . **B** 25
Santo António (R. de) . . . . **A** 27
São Pedro (Largo de) . . . . **A** 26
São Sebastião (Largo de) . . . . **A** 28

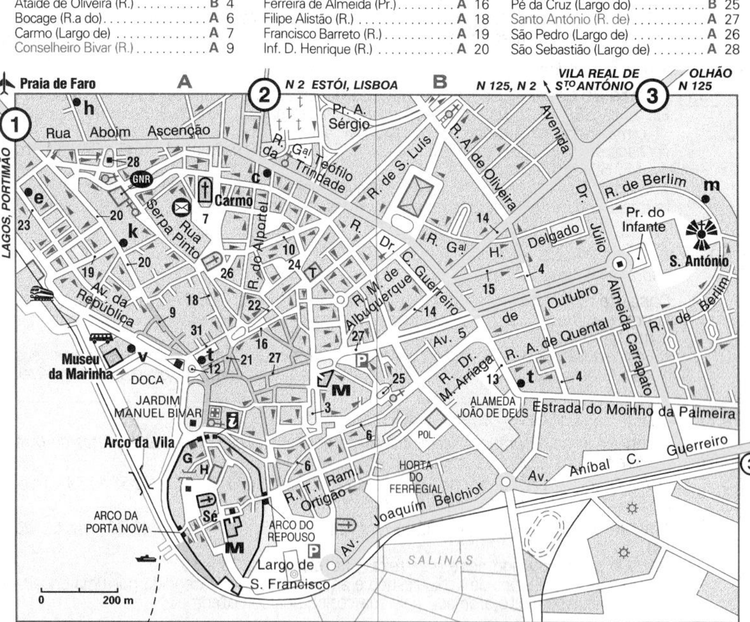

York sem rest, Rua de Berlim 39, ✉ 8000-278, ☎ 289 82 39 73, *Fax 289 80 49 74*, ⩽ – TV — B m
☕ 4 – **21 qto** 60/65.
◆ Hotelzinho asseado de carácter familiar, afastado do barulho da cidade. Apesar de possuir quartos com casas de banho reduzidas, o seu equipamento e conforto são suficientes.

Algarve sem rest, Rua Infante D. Henrique 52, ✉ 8000-363, ☎ 289 89 57 00, *reservas@residencialalgarve.com, Fax 289 89 57 03* – |‡| ▤ TV ♿. AE MC VISA. ✂ — A k
20 qto ☕ 55/75.
◆ Estabelecimento de recente inauguração, com sala para pequeno almoço aberta a um atractivo pátio-esplanada. Quartos de escasso tamanho, a maioria com duche nas casas de banho.

Alameda sem rest e sem ☕, Rua Dr. José de Matos 31, ✉ 8000-503, ☎ 289 80 19 62, *Fax 289 80 42 18* — B t
14 qto 35/40.
◆ A sua cálida quotidianidade une-se à sua localização central. Equipado com o imprescindível, oferece instalações bem cuidadas. Organização simples.

na estrada N 125 *por ① : 2,5 km :*

Ibis Faro, Pontes de Marchil, ✉ 8000-770, ☎ 289 80 67 71, *h1593-gm@accor-hotels.com, Fax 289 80 69 30*, , – |‡|, qto, ▤ TV ♿ P – 25/75. AE ① MC VISA. ✂ rest
Refeição lista aprox. 16 – ☕ 5 – **81 qto** 60.
◆ Situado fora da localidade, possui toda a funcionalidade característica da cadeia. Apesar de estar montado com materiais standard, o conforto fica garantido.

na Praia de Faro *por ① : 9 km :*

Camané, Av. Nascente, ✉ 8000-795 Faro, ☎ 289 81 75 39, *res.camane@clix.pt, Fax 289 81 72 36*, ⩽, – ▤. AE MC VISA. ✂
fechado 15 dias em maio e 2ª feira – **Refeição** - peixes e mariscos, só jantar em agosto - lista 35 a 58.
◆ Negócio familiar que destaca pela sua direcção, ementa e produtos. Oferece-nos, além disso, um interior cálido e aconchegante. Belas vistas à baía e atractiva esplanada.

XX **O Costa,** Av. Nascente 7, ✉ 8005-520 Faro, ☎ 289 81 74 42, *fabienne.correia@clix.pt, Fax 289 81 83 59,* ≤ ria, Faro e arredores, 🏠 - AE ⓓ MC VISA
fechado janeiro e 3ª feira - **Refeição** lista aprox. 45.
◆ Reconfortante cozinha num estilo marinheiro. Duas esplanadas e refeitório envidraçado, onde se pode desfrutar de interessantes vistas da cidade ao fundo e dos seus arredores.

em Estói *por ② : 11 km :*

XX **Monte do Casal** 🐎 com qto, Estrada de Moncarapacho - Sudeste : 3 km, ✉ 8000-661 Faro, ☎ 289 99 15 03, *montedocasal@mail.telepac.pt, Fax 289 99 13 41,* ≤, 🏠, 🏊 climatizada, 🌳 - ▤ qto, P. AE MC VISA. ✂
fechado do 1 ao 15 de dezembro e do 6 ao 20 de janeiro - **Refeição** lista 46 a 57 - **14 qto** ☕ 157,50/210 - 6 suites.
◆ Antiga casa de campo com uma agradável piscina, bar de espera de ar colonial e restaurante a diferentes alturas no que eram as cavalariças. Também oferece quartos.

FATAUNÇOS *Viseu* 733 J 5 - *804 h.*

Lisboa 311 - Aveiro 70 - Viseu 25.

⌂ **Casa de Fataunços** sem rest, ✉ 3670-095, ☎ 232 77 26 97, *casa.fataunços@oni net.pt, Fax 232 77 26 97,* 🏊, 🌳, 🎾 - TV. ✂
8 qto ☕ 55/75.
◆ Bela mansão do séc. XVIII com agradáveis exteriores. O interior define-se pelos seus elegantes detalhes decorativos, com aconchegantes zonas comuns e quartos de bom nível.

FÁTIMA *Santarém* 733 N 4 - *10 302 h alt. 346.*

Arred. : *Parque natural das serras de Aire e de Candeeiros★ : Sudoeste Grutas de Mira de Aire★ o dos Moinhos Velhos.*

ℹ *Av. D. José Alves Correia da Silva (Cova da Iria) ✉ 2495-402 ☎ 249 53 11 39 info@ rt-leiriafatima.pt.* - *Lisboa 135 - Leiria 26 - Santarém 64.*

XX **Tia Alice,** Rua do Adro, ✉ 2495-557, ☎ 249 53 17 37, *Fax 249 53 43 70* - ▤. AE MC VISA. ✂
fechado julho, domingo noite e 2ª feira - **Refeição** lista 25 a 35.
◆ Atractivas instalações de estilo rústico e ambiente familiar. Atendido por uma brigada jovem e amável, muito afamado pela sua cozinha personalizada.

na Cova da Iria *Noroeste : 2 km :*

🏨 **De Fátima,** João Paulo II, ✉ 2496-908 apartado 11 Fátima, ☎ 249 53 33 51, *mail@ hotelfatima.com, Fax 249 53 26 91* - |‡| ▤ TV ♿ 🚗 P - 🎤 25/500. AE ⓓ MC VISA JCB. ✂
Refeição 20,80 - **117 qto** ☕ 110/125 - 9 suites.
◆ Depois de visitar a localidade, descanse neste elegante hotel, próximo ao santuário, que dispõe de quartos confortáveis e com bom equipamento, com casas de banho ainda actuais. No refeitório oferece-se uma variada ementa e uma interessante selecção de vinhos.

🏨 **Estalagem Dom Gonçalo,** Rua Jacinta Marto 100, ✉ 2495-450 Fátima, ☎ 249 53 93 30, *mail@estalagemdomgoncalo.com, Fax 249 53 93 35* - |‡| ▤ TV 🚗 P - 🎤 25/250. AE ⓓ MC VISA. ✂
Refeição - ver rest. ***O Convite*** - **42 qto** ☕ 72/82.
◆ Conjunto dirigido em família, pelo proprietário e o seu filho. Dotado de quartos bem equipados, cuidada zona social e salas de reuniões acondicionadas.

🏨 **Cinquentenário,** Rua Francisco Marto 175, ✉ 2495-448 Fátima, ☎ 249 53 04 00, *hote l.cinquentenario@ip.pt, Fax 249 53 29 92* - |‡| ▤ TV 🚗 - 🎤 25/80. AE ⓓ MC VISA. ✂
Refeição 15 - **187 qto** ☕ 59/79.
◆ Instalações de linha clássico-moderna, e um conforto geral bastante actualizado. Possui quartos de distinto nível e espaços comuns bem diversificados. Amplo refeitório para grupos e outro mais íntimo para a ementa.

🏨 **Alecrim,** Rua Francisco Marto 84, ✉ 2496-908 Fátima, ☎ 249 53 94 50, *Fax 249 53 94 55* - |‡| ▤ TV ♿. AE ⓓ MC VISA. ✂ rest
Refeição lista aprox. 18 - ☕ 5 - **53 qto** 40/90.
◆ Bem situado em pleno centro da localidade. Possui quartos clássicos e renovados na sua totalidade, suficientemente equipados com casas de banho actuais.

🏠 **Casa das Irmãs Dominicanas,** Rua Francisco Marto 50, ✉ 2495-448 Fátima, ☎ 249 53 33 17, *casa-ir-dominicanas@clix.pt, Fax 249 53 26 88* - |‡|, ▤ rest, TV ♿ P - 🎤 25/100. MC VISA. ✂
Refeição 10 - **122 qto** ☕ 31,50/47.
◆ Bem-estar físico e conforto espiritual unem-se neste estabelecimento regido por religiosas, que destaca pelo asseio. Quartos modernos e sóbria área nobre. Refeitório modesto mas simpático, decorado com azulejos típicos, e centrado no menu do dia.

Estrela de Fátima, Rua Dr. Cónego Manuel Formigão, ✉ 2496-908 apartado 260 Fátima, ☎ 249 53 11 50, *info@fatima-hotels.com, Fax 249 53 21 60* – 25/150.
Refeição 9,85 – **57 qto** 55/65.
• Espaçoso conjunto construído em duas fases, dotado de quartos de distinto conforto e zonas comuns um tanto impessoais. Organização à altura.

Santo António, Rua de São José 10, ✉ 2495-434 Fátima, ☎ 249 53 36 37, *hotel.santoantonio@ip.pt, Fax 249 53 36 34* – rest.
Refeição 12,50 – **39** qto 40/50.
• Organizado com seriedade e de bom aspecto geral. Hotelzinho dotado de quartos confortáveis, correctos na sua funcionalidade e discreta zona social. Refeitório modesto mas digno, onde servem uma pequena ementa.

Casa Beato Nuno, Av. Beato Nuno 271, ✉ 2496-908 apartado 4 Fátima, ☎ 249 53 02 30, *c.b.nuno@mail.telepac.pt, Fax 249 53 02 36* – rest. – 25/200.
Refeição 11 – **135 qto** 34/44.
• Bem dirigido pela ordem das carmelitas, destaca pela sua esmerada manutenção. Possui quartos sóbrios e ampla zona nobre. Trabalha basicamente com grupos.

Cruz Alta sem rest, Rua Dr. Cónego Manuel Formigão, ✉ 2496-908 apartado 260 Fátima, ☎ 249 53 14 81, *info@fatima-hotels.com, Fax 249 53 21 60* –
43 qto 55/65.
• Estabelecimento de aspecto aconchegante mas com poucas zonas comuns. Dotado de quartos espaçosos, com pouca iluminação, com casas de banho completas.

O Convite - *Estalagem Dom Gonçalo,* Rua Jacinto Marto 100, ✉ 2495-450 Fátima, ☎ 249 53 93 30, *mail@estalagemdomgoncalo.com, Fax 249 53 93 35* –
Refeição lista 24 a 35.
• Unido à Estalagem Dom Gonçalo, mas com funcionamento semi-independente. Sala ampla de estilo moderno, onde propõem uma ementa baseada nas especialidades locais.

O Recinto, Av. D. José Alves Correia da Silva (Galerias do Parque), ✉ 2495-402 Fátima, ☎ 249 53 30 55, *Fax 249 53 30 28,* –
fechado 15 dezembro-1 janeiro – **Refeição** lista 20 a 26.
• Refeitório bem disposto com mesas amplas e esmerada iluminação. A sua cozinha típica convence por produto, elaborações e, sobretudo, pelos bons preços.

em Boleiros *Sul : 5 km :*

O Truão, Largo da Capela, ✉ 2495-311 Fátima, ☎ 249 52 15 42, *Fax 249 52 11 95,* Rest. típico –
fechado janeiro e 2ª feira – **Refeição** lista 28 a 32.
• Cálido estilo rústico com detalhes regionais. Centra-se nos banquetes, não descuida a clientela de passagem, oferecendo um simpático refeitório e uma variada ementa.

FELGUEIRAS *Porto* 733 H 5 – *15 525 h.*

Lisboa 379 – Braga 38 – Porto 65 – Vila Real 57.

Horus sem rest, Av. Dr. Leonardo Coimbra 57, ✉ 4614-909, ☎ 255 31 24 00, *hotelhorus@mail.com, Fax 255 31 23 22,* – 25/100.
46 qto 45/62 – 12 suites.
• Modernas instalações que ressaltam pelos seus quartos vanguardistas, com mobiliário de bom nível e chãos em madeira. Interessante oferta de serviços complementares.

Albano, Rua Miguel Bombarda 45, ✉ 4610-125, ☎ 255 31 88 40, *pensaoalbano@oninet.pt, Fax 255 31 88 49* –
Refeição *(fechado do 18 ao 30 de agosto)* lista 20 a 28 – **11 qto** 35/60.
• Dirigido pela terceira geração da família que administra o negócio desde 1937. Quartos confortáveis, decorados com mobiliário clássico renovado e casas de banho actuais. Restaurante muito popular e de discreta montagem.

FERMENTELOS *Aveiro* 733 K 4 – *3 148 h.*

Lisboa 244 – Aveiro 20 – Coimbra 42.

na margem do lago *Nordeste : 1 km :*

Estalagem da Pateira, Rua da Pateira 84, ✉ 3750-439, ☎ 234 72 12 05, *Fax 234 72 21 81,* – 25/200.
Refeição 13,75 – **59 qto** 64/85.
• A sua localização junto à lagoa oferece um conjunto de actividades lúdicas. Cálidos quartos onde se pode passar as noites acompanhado pelo coaxar das rãs. Relaxante refeitório panorâmico com esplêndidas vistas dos seus arredores.

FERRAGUDO *Faro* 733 U 4 – *1866 h – Praia.*
Lisboa 288 – Faro 65 – Lagos 21 – Portimão 3.

em Vale de Areia *Sul : 2 km :*

Casabela H. ⑤, Praia Grande, ✉ 8400-275 Ferragudo, ☎ 282 46 15 80, *hotel-casabela@mail.telepac.pt, Fax 282 46 15 81,* ≤ Praia da Rocha e mar, climatizada, , – |‡| ▤ TV P – 25/30. AE ⓓ ⓜⓒ VISA.
fechado dezembro e janeiro – **Refeição** - só jantar - 24 – **63 qto** ☐ 165/180.
◆ Além de proporcionar-nos uma impressionante vista panorâmica, possui acesso directo à praia. O seu relaxado ambiente e as esmeradas instalações são um convite a uma confortável estadia. Restaurante semicircular, banhado com toda a luz e cor do mar.

FERREIRA DO ZÊZERE *Santarém* 733 M 5 – *2156 h.*
Lisboa 166 – Castelo Branco 107 – Coimbra 61 – Leiria 66.

na margem do rio Zêzere *pela estrada N 348 - Sudeste : 8 km :*

Estalagem Lago Azul ⑤, ✉ 2240-332, ☎ 249 36 14 45, *lagoazul@hoteldostemplarios.pt, Fax 249 36 16 64,* ≤, , , – |‡| ▤ TV P – 25/80. AE ⓜⓒ VISA.
Refeição 20 – **18 qto** ☐ 92/108 – 2 suites.
◆ Desfrute da paisagem numa das margens do rio Zêzere. As suas cálidas dependências proporcionam-lhe um grato descanso. Quartos cómodos e aconchegantes zonas comuns. Refeitório clássico atendido por uma amável brigada.

FIGUEIRA DA FOZ *Coimbra* 733 L 3 – *12355 h – Praia.*
Ver : *Localidade*★.
☎ *233 42 83 16.*
ℹ *Av. 25 de Abril* ✉ *3081-501* ☎ *233 40 28 27 geral@figueiraturismo.com Fax 233 40 28 28* – **A.C.P.** *Av. Saraiva de Carvalho 140* ✉ *3080-055* ☎ *233 42 41 08 Fax 233 42 93 18.*
Lisboa 181 ③ – *Coimbra 44* ②

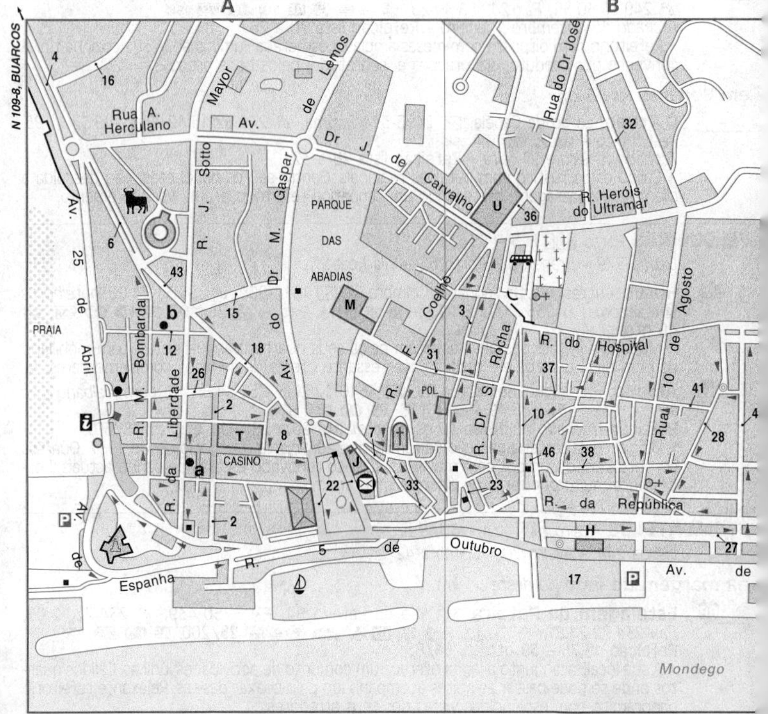

Mercure Figueira da Foz, Av. 25 de Abril 22, ✉ 3080-086, ✆ 233 40 39 00, *h1921@accor-hotels.com, Fax 233 40 39 01,* ≤ – |♦|, ⇋ qto, ≡ TV ✆ ♿ – 🏠 25/120. AE ⓓ ⓜⓒ VISA. ✈ A v
Refeição lista aprox. 28 – ☕ 7,50 – **101 qto** 72/92 – 1 suite.
• Privilegiada localização em pleno passeio marítimo com excelentes vistas ao mar desde a metade dos seus cuidados quartos. Correcta zona social. Restaurante muito luminoso e de adequada montagem.

Ibis sem rest, Rua da Liberdade 20, ✉ 3080-168, ✆ 233 42 20 51, *h2104@accor-hotels.com, Fax 233 42 07 56* – |♦|, ⇋ qto, ≡ TV ✆ ♿ – 🏠 25/40. AE ⓓ ⓜⓒ VISA A a
☕ 5 – **47 qto** 58.
• Possui as características habituais nesta cadeia, com umas instalações funcionais e a amabilidade do pessoal como dado a ressaltar. Cafetaria integrada na zona social.

Aviz sem rest, Rua Dr. Lopes Guimarães 16, ✉ 3080-169, ✆ 233 42 26 35, *Fax 233 42 09 09* – TV. VISA. ✈ A b
18 qto ☕ 45/60.
• Antigo hotel de organização familiar completamente reformado. Os quartos resultam muito adequados na sua categoria, com os chãos em parquet e um correcto mobiliário.

em Buarcos A *Noroeste : 5 km :*

Teimoso com qto, ✉ 3080-229 Figueira da Foz, ✆ 233 40 27 20, *restaurante@teimoso.com, Fax 233 40 27 29,* ≤ – ≡ rest, TV P. AE ⓓ ⓜⓒ VISA. ✈
Refeição lista 16 a 20 – **14 qto** ☕ 37,50/45.
• Apesar de que a sua actividade principal seja o restaurante, oferece também quartos. Refeitórios de simples montagem e uma ementa média, num agradável sítio frente ao mar.

em Caceira de Cima :

Casa da Azenha Velha 🐎, Antiga Estrada de Coimbra - Nordeste : 5,5 km, ✉ 3080 Figueira da Foz, ✆ 233 42 50 41, *Fax 233 42 97 04,* 🏊, 🌳, 🎾 – ≡ TV P
Refeição - ver rest. ***Azenha Velha*** – **6 qto** ☕ 80/90 – 1 apartamento.
• Atractiva casa rural que destaca pela sua ampla oferta lúdica. Belos exteriores em pleno campo e quartos com magníficas casas de banho num gratificante ambiente familiar.

FIGUEIRA DA FOZ

5 de Outubro (R.) . . . . AB
8 de Maio (Pr.) . . . . B 46
Bernardo Lopes (R.) . . . . A 2
Bombeiros Voluntários (R. dos) B 3
Brasil (Av. do) . . . . A 4
Buarcos (R. de) . . . . A 6
Cadeia (R. da) . . . . A 7
Cândido dos Reis (R.) . . . . A 8
Combatentes da Grande Guerra (R. dos) . . . . B 10
Dr António Lopes Guimarães (R.) . . . . A 12
Dr Luis Carriço (R.) . . . . A 15
Dr Simões Barreto (R.) . . . . A 16
Europa (Pr. da) . . . . B 17
Fonte (R. da) . . . . A 18
Infante D. Henrique (P.) . . . . . . A 22
Luís de Camões (Largo) . . . . . . B 23
Maestro David de Sousa (R.) . . A 26
Manuel Fernandes Tomas (R.) . B 27
Mato (R. do) . . . . B 28
Mauricio Pinto (R.) . . . . AB 31
Moçambique (R. de) . . . . B 32
Paço (R. do) . . . . A 33
Pinhal (R. do) . . . . B 36
República (R. da) . . . . B
Restauração (R. a da) . . . . B 37
Rosas (R. das) . . . . B 38
Travessa do Mato . . . . B 41
Vasco da Gama (R.) . . . . B 42
Viso (R. a do) . . . . A 43

PORTUGAL

XX **Azenha Velha** - *Hotel Casa da Azenha Velha*, Antiga Estrada de Coimbra - Nordeste : 6 km, ✉ 3080 Figueira da Foz, ☎ 233 42 61 00, *Fax 233 42 97 04* – ▤ P. AE VISA. ✂
fechado domingo noite e 2ª feira – **Refeição** lista aprox. 30.
◆ Situado numa casa de pedra. Sala moderna com grandes janelas, vigas de madeira e lareira, onde oferecem uma ementa algo reduzida. Expositor de peixe e cozinha semivista.

FIGUEIRA E BARROS *Portalegre* 733 O 6 – *356 h.*
Lisboa 175 – Portalegre 52 – Badajoz 90 – Évora 76.

pela estrada de Alter do Chão *Nordeste : 1,5 km e desvío a esquerda 1,5 km :*

Monte do Padrão ⛰, ✉ 7480-352, ☎ 242 46 51 53, *monte-padrao@ciberguia.pt, Fax 242 46 53 27*, ⛱, ⛲, ✂ – ▤ rest, TV P. ✂
Refeição - só clientes a pedido - 20 – **6 qto** ☐ 60/90 – 1 suite.
◆ Casa de campo com encanto, mobilada em estilo regional-antigo. Cálidos quartos, salões com lareira e amplas casas de banho. Refeitório privado para clientes alojados.

FIGUEIRÓ DOS VINHOS *Leiria* 733 M 5 – *3 835 h alt. 450.*
Arred. : *Percurso★ de Figueiró dos Vinhos a Pontão 16 km.*
ℹ *Terminal Rodoviário ✉ 3260-429 ☎ 236 55 21 78 gadel@cm-figueirodosvinhos.pt Fax 236 55 25 96. – Lisboa 205 – Coimbra 59 – Leiria 74.*

FLOR DA ROSA *Portalegre – ver Crato.*

As páginas explicativas da introdução ajudarão a tirar o máximo partido do seu ***Guia Michelin.***

FOZ DO ARELHO *Leiria* 733 N 2 – *1 223 h.*
Lisboa 101 – Leiria 62 – Nazaré 27.

Penedo Furado sem rest, Rua dos Camarções 3, ✉ 2500-481, ☎ 262 97 96 10, *penedo_furado@clix.pt, Fax 262 97 98 32* – TV P. AE ⓘ ⓜ VISA. ✂
28 qto ☐ 60/70.
◆ Após uma impecável fachada branca surge este hotelzinho de ambiente familiar. Quartos de correcto conforto, com mobiliário clássico em madeiras maciças e casas de banho completas.

FOZ DO DOURO *Porto – ver Porto.*

FRECHAS *Bragança* 733 H 8 – *1 137 h.*
Lisboa 471 – Bragança 73 – Vila Real 72.

Casa dos Araújos ⛰, Rua da Capela, ✉ 5370-135, ☎ 278 26 25 66, *Fax 278 26 50 96*, ←, ⛲, ⛱, ✂ – P. ⓘ ⓜ VISA. ✂
Refeição - só clientes a pedido - 15 – **8 qto** ☐ 60/70 – 1 apartamento.
◆ Possui quatro quartos aconchegantes na casa principal, além de outros mais funcionais, num anexo. Refeitório familiar privado de ar regional, com uma grande mesa comum.

FUNCHAL *Madeira – ver Madeira (Arquipélago da).*

FUNDÃO *Castelo Branco* 733 L 7 – *8 957 h.*
ℹ *Av. da Liberdade ✉ 6230-398 ☎ 275 75 27 70.*
Lisboa 303 – Castelo Branco 44 – Coimbra 151 – Guarda 63.

Samasa, Rua Vasco da Gama, ✉ 6230-375, ☎ 275 75 12 99, *samasahotel@netc.pt, Fax 275 75 18 09* – |‡| ▤ TV. AE ⓘ ⓜ VISA
Refeição - ver rest. ***Hermínia*** – **50 qto** ☐ 49,80/71.
◆ Destaca pelo seu bom mantimento. Possui uma reduzida zona social com mesa de bilhar e aceso gratuito a Internet, assim como correctos quartos com os chãos em alcatifa.

X **Hermínia** - *Hotel Samasa*, Av. da Liberdade 123, ✉ 6230-398, ☎ 275 75 25 37, *Fax 275 75 18 09* – ▤. AE ⓘ ⓜ VISA. ✂
Refeição lista aprox. 19.
◆ Restaurante central instalado em dois níveis. Pelo conforto e instalações pode ser algo justo, embora oferece uma correcta ementa tradicional e resulta válido como recurso.

na estrada N 18 *Norte : 2,5 km :*

O Alambique de Ouro, Sítio da Gramenesa, ✉ 6230-463, ☎ 275 77 41 45, *alambique@hotelalambique.com, Fax 275 77 40 21,* – 25/500. AE MC VISA.
Refeição *(fechado do 5 ao 15 de julho, 24 outubro-3 novembro e 2ª feira)* 15 – **117 qto** 32,50/62,50 – 2 suites.
◆ Ampliou as suas instalações com uma zona de banquetes e uma piscina tipo lago. Os quartos ressaltam pelas cabeceiras das camas, feitas com cerâmica portuguesa. O restaurante, de simples montagem e com grelha à vista, foi a origem do negócio.

GAFANHA DA NAZARÉ *Aveiro – ver Aveiro.*

GERÊS *Braga* 733 G 5 – *337 h alt. 400 – Termas.*

Excurs. : *Parque Nacional da Peneda-Gerês★★ : estrada de subida para Campo de Gerês★★ – Miradouro de Junceda★, represa de Vilarinho das Furnas★, Vestígios da via romana★.*

Av. Manuel Francisco da Costa ✉ 4845-067 ☎ 253 39 11 33 Fax 253 39 12 82.

Lisboa 412 – Braga 44.

Águas do Gerês, Av. Manuel Francisco da Costa, ✉ 4845-067, ☎ 253 39 01 90, *hotel@aguasdogeres.pt, Fax 253 39 01 99* – AE VISA.
Refeição 14 – **53 qto** 65/85 – 2 suites.
◆ Foi bem renovado, com uma atractiva fachada e um interior clássico de termas. Dispõe de zonas sociais espaçosas e de quartos luminosos embora algo funcionais. O atractivo restaurante apresenta o chão em parquet e uma cuidada montagem.

GIBRALTAR *Lisboa – ver Torres Vedras.*

GONDARÉM *Viana do Castelo – ver Vila Nova de Cerveira.*

GONDOMAR *Porto* 733 I 4 – *25 717 h.*

Lisboa 306 – Braga 52 – Porto 7 – Vila Real 86.

na estrada N 108 *Sul : 5 km :*

Estalagem Santiago, Aboínha, ✉ 4420-088, ☎ 22 454 00 34, *geral@estalagemsantiago.com, Fax 22 450 36 75,* – 25/100. VISA. rest
Refeição lista 15 a 28 – 9,50 – **20 qto** 65/72.
◆ Possui uma agradável localização frente ao rio, num ambiente de grande beleza natural. Desfrute da paisagem serena e tenha um bom descanso nos seus simples quartos.

GOUVEIA *Guarda* 733 K 7 – *3 653 h alt. 650.*

Arred. : *Estrada★★ de Gouveia a Covilhã (≤★, Poço do Inferno★ : cascata★, vale glaciário do Zêzere★★, ≤★) por Manteigas : 65 km.*

Av. 25 de Abril ✉ 6290-554 ☎ 238 49 02 43 Fax 238 49 46 86.

Lisboa 310 – Coimbra 111 – Guarda 59.

O Júlio, Travessa do Loureiro 11, ✉ 6290-534, ☎ 238 49 80 16, *julio.lameiras@oninet.pt, Fax 238 49 80 18* – AE VISA.
fechado do 1 ao 15 de setembro e 3ª feira – **Refeição** lista 20 a 26.
◆ Situado em frente ao bar que deu origem ao negócio familiar. Possui um balcão de apoio que cobre a cozinha semi-vista. Refeitório de cuidada montagem, com as paredes em pedra.

GRADIL *Lisboa* 733 P 2 – *901 h.*

Lisboa 39 – Santarém 97 – Sintra 37.

Quinta de Sant'Ana sem rest, ✉ 2665-113, ☎ 261 96 12 24, *james@quintadesantana.com, Fax 261 96 24 86,* – 25/300.
5 qto 75/85 – 4 apartamentos.
◆ Antiga casa de campo decorada com óptimo gosto, onde destaca uma bonita capela barroca. Possui apartamentos T1 e quartos, com mobiliário restaurado e casas de banho modernas.

GRÂNDOLA *Setúbal* 733 R 4 – *10 361 h.*

Lisboa 115 – Beja 68 – Faro 168 – Setúbal 73.

D. Jorge de Lencastre, Praça D. Jorge 14, ✉ 7570-136, ☎ 269 49 88 10, *hotel d.jorge@mail.telepac.pt, Fax 269 49 88 19* – ... AE MC VISA.
fechado domingo e 2ª feira – **Refeição** lista aprox. 27 – **34 qto** ☐ 70/80.
◆ Edifício de fachada senhorial, cujo interior alberga dependências actuais, onde a funcionalidade e os detalhes decorativos harmonizam-se numa proporção adequada.

GRANJA *Porto* 733 I 4 – *417 h – Praia.*

Lisboa 317 – Amarante 79 – Braga 69 – Porto 18.

Solverde, Av. da Liberdade, ✉ 4405-362 São Félix da Marinha, ☎ 22 731 31 62, *hotelsolverde@solverde.pt, Fax 22 731 32 00,* ... – 25/500. AE MC VISA.
Refeição 21 – **169 qto** ☐ 116/128 – 5 suites.
◆ Desfrute das suas modernas instalações, equipadas com materiais de qualidade, que sem ter um excesivo luxo oferecem um conforto de alto nível. Magníficos exteriores. Refeitório panorâmico com formosas vistas sobre o mar.

GUARDA P 733 K 8 – *23 696 h alt. 1 000.*

Ver : *Sé★ (interior★).*

Excurs. : *Castelo Melhor★ (recinto★) 77 km a Nordeste – Sortelha★ (fortaleza★ ※★) 45 km a Sul – Vila Nova de Foz Côa (Igreja Matriz : fachada★) 92 km a Norte – Parque Arqueológico do Vale do Côa★★ 77 km a Norte.*

☎ 271 211 565.

Praça Luís de Camões ✉ 6300-725 ☎ 271 20 55 30 postodeturismo@hotmail.com Fax 271 20 55 33.

Lisboa 361 – Castelo Branco 107 – Ciudad Rodrigo 74 – Coimbra 161 – Viseu 85.

Vanguarda, Av. Monsenhor Mendes do Carmo, ✉ 6300-586, ☎ 271 20 83 90, *hotelvanguarda@mail.telepac.pt, Fax 271 22 75 26,* ... qto, ... – 25/300. MC VISA.
Refeição 10 – **76 qto** ☐ 60/70 – 6 suites.
◆ Situado na parte alta da cidade, num imponente edifício que desfruta de amplas vistas. Possui quartos de linha actual, espaçosos e na sua maior parte com varanda. Também desfruta de um luminoso restaurante panorâmico.

Santos sem rest, Rua Tenente Valadim 14, ✉ 6300-764, ☎ 271 20 54 00, *residencial_santos@sapo.pt, Fax 271 21 29 31* – ... AE MC VISA JCB
27 qto ☐ 25/40.
◆ Estabelecimento que aproveitou parte da antiga muralha na sua construção. Quartos de corte clássico, alguns com banho completo e o resto com duche.

na estrada N 16 *Nordeste : 7 km :*

Pombeira, ✉ 6300-035 Arrifana GRD, ☎ 271 23 96 95, *Fax 271 23 09 91* – ... AE MC VISA
fechado 2ª feira – **Refeição** lista aprox. 21.
◆ Típico restaurante de estrada situado nas imediações duma zona industrial. Administrado directamente pelo proprietário, possui duas cuidadas salas. Clientela habitual.

GUIA *Faro* 733 U 5 – *3 630 h.*

Lisboa 258 – Faro 43 – Beja 130 – Lagos 41.

La Mangerie (reservas aconselháveis), Largo Luís de Camões, ✉ 8200-417 Guia ABF, ☎ 289 56 15 39, ... –
Refeição - só jantar.
◆ Pequeno negócio de organização familiar, situado no centro da localidade. Sala de aconchegante atmosfera, com bom mobiliário e adequado serviço de mesa.

GUIMARÃES *Braga* 733 H 5 – *53 040 h alt. 175.*

Ver : *Castelo★ – Paço dos Duques★ (tectos★, tapeçarias★) – Museu Alberto Sampaio★ (estátua jacente★, ourivesaria★, tríptico★, cruz processional★)* **M 1** *– Praça de São Tiago★ – Igreja de São Francisco (azulejos★, sacristia★).*

Arred. : *Penha (※★) SE : 8 km - Trofa★ (SE : 7,5 km).*

Alameda de S. Dâmaso 83 ✉ 4810 ☎ 253 41 24 50 turismo.cmg@mail.telepac.pt e Praça de Santiago ✉ 4810-300 ☎ 253 51 87 90.

Lisboa 364 – Braga 22 – Porto 52 – Viana do Castelo 70.

GUIMARÃES

Agostinho Barbosa (R.) 3
Alberto Sampaio (Av.) 4
Conde Margaride (Av.)...... 7
Condessa do Juncal ....
(Largo da) 11
Condessa Mumadona......
(Largo da) 8
D. João IV (Av.)............ 12
Dom Alfonso Henriques (Av.) 16
Dona Teresa (R. de)........ 15
Doutor Joaquim de Meira...
(R.) 17
Duques de Bragança (R.a) .. 19
Gen. Humberto Delgado (Av.) 20
João Franco (Largo de) 22
Martins Sarmento (Largo)... 23
Navarros de Andrade (Largo) 25
Nuno Alvares (R.).......... 26
Oliveira (Largo da) 28
Paio Galvão (R.) 29
Rainha (R. da)............. 30
Santo António (R.a de)...... 33
Serpa Pinto (R.) 34
Toural (Largo do) ....
Valentin Moreina de Sá .....
(Largo) 38

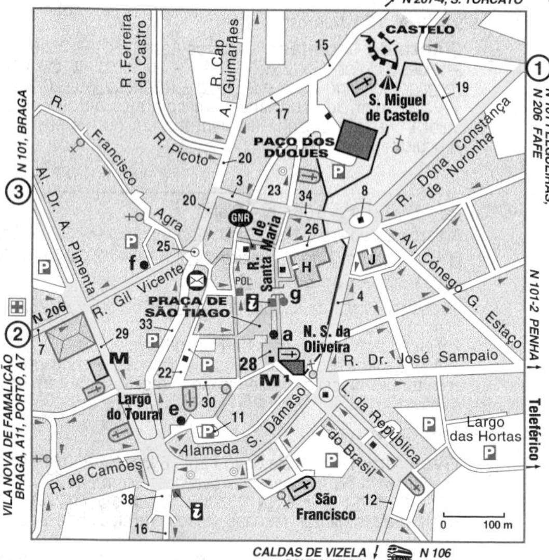

Pousada de Nossa Senhora da Oliveira, Rua de Santa Maria, ✉ 4801-910 apartado 101, ✆ 253 51 41 57, *guest@pousadas.pt, Fax 253 51 42 04,* – AE VISA. a

Refeição 26 – **10 qto** 143/155 – 6 suites.

◆ As reminiscências de um belo passado delimitam a sua localização em plena zona histórica. Desde as janelas, as vistas ao ambiente medieval constituem um grande espectáculo. O bom ofício da cozinha manifesta-se com esmero numa mesa que cuida de cada detalhe.

Toural sem rest, Feira do Pão, ✉ 4800-153, ✆ 253 51 71 84, *ht@hoteltoural.com, Fax 253 51 71 49* – AE VISA JCB. e

25 qto 65/85 – 5 suites.

◆ Moderno hotel situado no centro da cidade, dotado de espaçosos quartos de aspecto funcional mas aconchegantes. Completa-o uma zona comum de bom equipamento.

Albergaria Palmeiras sem rest, Rua Gil Vicente (Centro Comercial das Palmeiras), ✉ 4800-151, ✆ 253 41 03 24, *albergariapalmeiras@oninet.pt, Fax 253 41 72 61* – AE VISA. f

22 qto 45/60.

◆ Ocupa todo um andar dentro de uma galeria comercial. A sua área social resulta algo reduzida, embora possua uns quartos de correcto conforto com casas de banho em mármore.

Ibis Guimarães sem rest, Av. Conde Margaride 12 - Creixomil, ✉ 4810-537, ✆ 253 42 49 00, *h3230@accor-hotels.com, Fax 253 42 49 01* – qto, AE VISA. por Av. Conde Margaride

5 – **67 qto** 45.

◆ Possui as características próprias nesta cadeia de hotéis, com um reduzido espaço social e quartos funcionais mas bem insonorizados, todos eles com cama de casal.

Solar do Arco, Rua de Santa Maria 48, ✉ 4810-248, ✆ 253 51 30 72, *geral@solardoarco.com, Fax 253 41 38 23* – AE VISA. g

fechado domingo noite – **Refeição** lista 19 a 32.

◆ Instalado num edifício antigo da zona histórica, com área de espera e duas salas de correcta montagem. Cozinha variada com predomínio dos pratos tradicionais.

na estrada da Penha *Este : 2,5 km :*

Pousada de Santa Marinha , ✉ 4810-011, ✆ 253 51 12 49, *guest@pousadas.pt, Fax 253 51 44 59,* ≤ Guimarães, – – 25/80. AE VISA.

Refeição 26 – **49 qto** 183/195 – 2 suites.

◆ Situada num convento cuja reabilitação recebeu o prémio Europa Nostra. Na sua arquitectura e decoração há vestígios de distintas épocas. Destacável salão azulejado. Esmerado restaurante onde convivem em harmonia os patrimónios artístico e culinário.

pela estrada N 101 *Noroeste : 4 km :*

XX **Quinta de Castelães,** Lugar de Castelães, ✉ 4810-493, ☎ 253 55 70 02, *quinta.castelaes@clix.pt, Fax 253 55 70 11* – ▤ P. AE ① MC VISA. ✈
fechado domingo noite e 2ª feira – **Refeição** lista 20 a 27.
◆ Vários edifícios formando um conjunto de estilo rústico-regional, numa antiga quinta. Visite a cozinha ambientada em outras épocas e o museu com alfaias de agricultura.

LAGOA *Faro* 733 *U 4 – 6 063 h – Praia.*
Arred. : *Carvoeiro : Algar Seco (sítio marinho★★) Sul : 6 km.*
Largo da Praia do Carvoeiro 2 ✉ 8400-517 Carvoeiro LGA ☎ 282 35 77 28.
Lisboa 300 – Faro 54 – Lagos 26.

XX Chrissy's, Praça da República 16, ✉ 8400-305, ☎ 282 34 10 62, *mop63840@mail.telepat.pt* – ▤
Refeição - só jantar, cozinha franco-belga.
◆ A cozinha une o gosto belga e o francês, e enquanto o seu estilo clássico se anima com toques de certa modernidade, o mobiliário se harmoniza com um excelente serviço de mesa.

na Praia do Carvoeiro :

Tivoli Almansor, Vale Covo - Sul : 6 km, ✉ 8401-911 Carvoeiro LGA apartado 1299, ☎ 282 35 11 00, *htalmansor@tivolihotels.com, Fax 282 35 13 45,* ≤, , Fá, , , , – ▤ TV & P – 25/900. AE ① MC VISA JCB. ✈
A Varanda (só jantar, fechado sábado) **Refeição** lista 24 a 34 – **289 qto** ▭ 197,60/206 – 4 suites.
◆ Possui uma agradável piscina e com espaçosos jardins em degraus. Salões multifuncionais e quartos bem equipados, a maioria dos quais possui belas vistas. Elegante restaurante com esplanada panorâmica.

Cristal, Vale Centianes - Sul : 6,5 km, ✉ 8400-525 Carvoeiro LGA, ☎ 282 35 86 01, *hotelcristal@mail.telepac.pt, Fax 282 35 86 48,* ≤, Fá, , , – ▤ TV P – 25/80. AE ① MC VISA. ✈
Refeição - só jantar - 16 – **104 qto** ▭ 116/165 – 14 suites.
◆ A sua linha funcional aposta por um conforto moderno e actual. Escassa zona social e quartos tipo apartamento T1, equipados com uma cozinha algo elementar. Eficiente direcção.

X **O Castelo,** Rua do Casino 63 - Sul : 5 km, ✉ 8400-515 Carvoeiro LGA, ☎ 282 35 72 18, *restauranteocastelo@clix.pt, Fax 282 35 72 18,* ≤, – AE ① MC VISA JCB. ✈
fechado 10 janeiro-10 fevereiro e 2ª feira – **Refeição** - só jantar - lista aprox. 29.
◆ Bem dirigido ; pequena esplanada com vistas para o mar. Um acesso ao estilo caverna e o mobiliário proporcionam ao interior um certo carácter rústico. Discreto serviço de mesa.

X **O Pátio,** Largo da Praia 6 - Sul : 5 km, ✉ 8400-517 Carvoeiro LGA, ☎ 282 35 73 67, *info@praiacarvoeiro.com, Fax 282 35 05 99,* – ▤. AE ① MC VISA. ✈
Refeição lista 23 a 35.
◆ Situado do lado da ria, oferece uma cozinha que honra as tradições do país. Refeitório em dois níveis impregnado com o calor de velhos ares rústicos.

X **Togi,** Rua das Flores 12 - Algar Sêco - Sul : 5 km, ✉ 8401-908 Carvoeiro LGA apartado 1014, ☎ 282 35 85 17, – ✈
15 março-15 novembro – **Refeição** - só jantar - lista 17 a 24.
◆ A sua cândida simplicidade e o seu estilo regional conformam um quadro simpático e encantador, onde uma baixela portuguesa põe a nota de cor a um correcto serviço de mesa.

Escreva-nos...
Os seus elogios como tambem as suas criticas
serao examinados com toda a atencao.
Os nossos inspectores voltarao a ver
os hoteis e restaurantes que nos indicar.
Gracas a vossa colaboracao, este guia sera
sempre mais exacto e mais completo.
Anticipadamente gratos !

LAGOS *Faro* 733 U 3 – *14 697 h – Praia.*

Ver : *Sítio* ≤★ – *Igreja de Santo António*★ *(decoração barroca*★*)* Z **A**.

Arred. : *Ponta da Piedade*★★ *(sítio*★★, ≤★*), Praia de Dona Ana*★ *Sul : 3 km – Barragem da Bravura*★ *15 km por* ②.

18 *Campo de Palmares Meia Praia, por* ② ☎ *282 79 05 00 Fax 282 79 05 09.*

Rua D. Vasco da Gama (São João) ✉ *8600-722* ☎ *282 76 30 31.*

Lisboa 290 ① – *Beja 167* ① – *Faro 82* ② – *Setúbal 239* ①

Planta página seguinte

Tivoli Lagos, Rua António Crisógono dos Santos, ✉ 8600-678, ☎ 282 79 00 00, *htllagos@tivolihotels.com, Fax 282 79 03 45,* ≤, ⚘, ⚘, ⚘, – |♿| ▤ TV ☎ ⇔ P – 🏛 25/150. AE ⓓ ⓜ VISA. ⚘ rest Y e

Lacóbriga *(só jantar, só buffet)* **Refeição** lista aprox. 22

Cantinho Italiano *(só jantar)* **Refeição** lista 20 a 26

Pateo Velho *(só jantar)* **Refeição** lista 20 a 29 – **313 qto** ☕ 110,31/163,46 – 11 suites.

◆ De múltiplas prestações, possui uma original distribuição imitando uma aldeia. Uma espaçosa zona social contrasta com os quartos de escasso tamanho. Apresenta uma variada oferta gastronómica, apesar de que o restaurante Lacóbriga tem a opção de ementa do dia.

Marina Rio sem rest, Av. dos Descobrimentos, ✉ 8600-645, ☎ 282 76 98 59, *marinario@ip.pt, Fax 282 76 99 60,* ≤, ⚘ – |♿| ▤ TV. AE ⓓ ⓜ VISA. ⚘ Y a

36 qto ☕ 92,50/95.

◆ Estabelecimento de carácter familiar que soube rentabilizar a sua reduzida zona nobre, jogando com os espaços. Quartos funcionais mas equipados, com casas de banho actuais.

Montemar sem rest, Rua da Torraltinha-Lote 33, ✉ 8600-549, ☎ 282 76 20 85, *hotelmontemar@mail.telepac.pt, Fax 282 76 20 88* – |♿| ▤ TV ⇔. AE ⓓ ⓜ VISA. ⚘ Z a

65 qto ☕ 60/78,50.

◆ Os princípios prácticos e modernos inspiram as instalações deste hotel, situado nos arredores da localidade. Quartos cálidos e aconchegantes, com casas de banho em mármore.

Lagosmar sem rest, Rua Dr. Faria e Silva 13, ✉ 8600-734, ☎ 282 76 37 22, *reservas@dfhoteis.com, Fax 282 76 73 24* – |♿| TV. ⓜ VISA. ⚘ Y c

fechado 2 janeiro-2 fevereiro – **45 qto** ☕ 64,50/74,50.

◆ Oferece uma discreta organização e uma reduzida zona social, que são compensadas por um correcto equipamento e uma estética actual.

Marazul sem rest, Rua 25 de Abril 13, ✉ 8600-763, ☎ 282 77 02 30, *pensaomarazul@hotmail.com, Fax 282 77 02 39* – TV. AE ⓜ VISA. ⚘ Y u

18 qto ☕ 51/53.

◆ Pequeno negócio de carácter familiar com quartos que, apesar de serem pequenos, e alguns com casa de banho compartilhável, são alegres, cálidos e aconchegantes.

Dom Sebastião, Rua 25 de Abril 20, ✉ 8600-763, ☎ 282 76 27 95, *d.sebastiao.restaurante@clix.pt, Fax 282 76 99 60,* ⚘ – ▤. AE ⓓ ⓜ VISA JCB. ⚘ Y r

Refeição lista 24 a 30.

◆ Renovado e ampliado, possui agora instalações mais modernas e funcionais, que contrastam com o simpático estilo rústico da zona antiga. Atractivo pátio-esplanada.

No Pátio, Rua Lançarote de Freitas 46, ✉ 8600-605, ☎ 282 76 37 77, *nopatio@mail.telepac.pt,* ⚘ – AE ⓓ ⓜ VISA. ⚘ Z s

março-outubro – **Refeição** *(fechado domingo e 2ª feira)* - só jantar - lista 30 a 42.

◆ Um casal dinamarquês dirige com êxito este digno estabelecimento e oferece uma ementa que, sem grande sofisticação, resulta ser bem sugestiva. Belo pátio interior.

O Galeão, Rua da Laranjeira 1, ✉ 8600-697, ☎ 282 76 39 09 – ▤. AE ⓓ ⓜ VISA. ⚘ Z x

fechado 25 novembro-28 dezembro e domingo – **Refeição** lista 15 a 24.

◆ Restaurante simples situado no centro da localidade, de cuidada manutenção e correcta organização. Esmerado serviço de mesa.

A Lagosteira, Rua 1º de Maio 20, ✉ 8600-757, ☎ 282 76 24 86, *Fax 282 76 04 27* – ▤. AE ⓓ ⓜ VISA. ⚘ Y n

fechado 10 janeiro-10 fevereiro, sábado meio-dia e domingo meio-dia – **Refeição** lista 24 a 32.

◆ Discreto negócio que renova as suas instalações pouco a pouco. Possui um amplo balcão de apoio e um refeitório bem disposto com um adequado mobiliário.

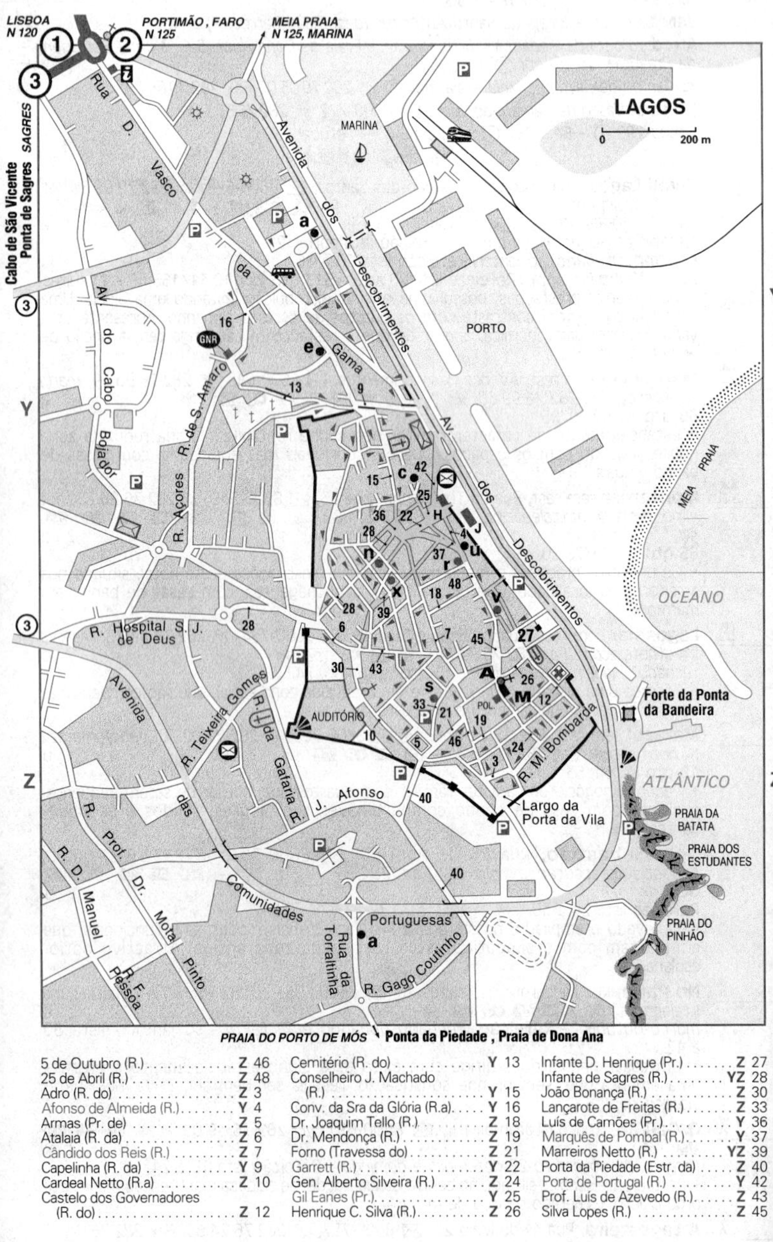

5 de Outubro (R.) . . . . Z 46
25 de Abril (R.) . . . . Z 48
Adro (R. do) . . . . Z 3
Afonso de Almeida (R.) . . . . Y 4
Armas (Pr. de) . . . . Z 5
Atalaia (R. da) . . . . Z 6
Cândido dos Reis (R.) . . . . Z 7
Capelinha (R. da) . . . . Y 9
Cardeal Netto (R.a) . . . . Z 10
Castelo dos Governadores (R. do) . . . . Z 12
Cemitério (R. do) . . . . Y 13
Conselheiro J. Machado (R.) . . . . Y 15
Conv. da Sra da Glória (R.a) . . . . . Y 16
Dr. Joaquim Tello (R.) . . . . Z 18
Dr. Mendonça (R.) . . . . Z 19
Forno (Travessa do) . . . . Z 21
Garrett (R.) . . . . Y 22
Gen. Alberto Silveira (R.) . . . . Z 24
Gil Eanes (Pr.) . . . . Y 25
Henrique C. Silva (R.) . . . . Z 26
Infante D. Henrique (Pr.) . . . . Z 27
Infante de Sagres (R.) . . . . YZ 28
João Bonança (R.) . . . . Z 30
Lançarote de Freitas (R.) . . . . Z 33
Luís de Camões (Pr.) . . . . Y 36
Marquês de Pombal (R.) . . . . Y 37
Marreiros Netto (R.) . . . . YZ 39
Porta da Piedade (Estr. da) . . . . . Z 40
Porta de Portugal (R.) . . . . Y 42
Prof. Luís de Azevedo (R.) . . . . . . Z 43
Silva Lopes (R.) . . . . Z 45

Leia atentamente a introdução: é a chave do guia

Dom Henrique, Rua 25 de Abril 75, ✉ 8600-763, ✆ 282 76 35 63, *Fax 282 76 02 74* – ▤. AE MC VISA JCB. ✂ Z v
Refeição lista 20 a 25.
• Este restaurante renovou a sua decoração dando-lhe um estilo mais actual. Na sua cozinha, que está à vista, elaboram uma ementa internacional e pratos de tradição portuguesa.

na estrada da Meia Praia *por ② :*

Marina São Roque, 1,5 km, ✉ 8600-315, ✆ 282 77 02 20, *marisroque@net.sapo.pt, Fax 282 77 02 29,* ←, – ▤ TV. AE MC VISA. ✂
março-outubro – **Refeição** 17,50 – **33 qto** ☕ 86/91 – 3 suites.
• De linha actual, possui uma zona nobre suficiente e quartos funcionais de correcto conforto e bom equipamento, com casas de banho modernas. Refeitório de adequada montagem com duas entradas independentes.

Atlântico, 3 km, ✉ 8600-315, ✆ 282 79 20 86 – AE MC VISA. ✂
fechado dezembro-2 janeiro e 2ª feira de novembro a março – **Refeição** lista 30 a 41.
• Casa familiar situada nos arredores da localidade, numa zona de praia. Cozinha à vista que encontra a sua réplica numa ementa completa e equilibrada. Agradável esplanada.

na Praia do Porto de Mós Z *Sul : 2,5 km :*

Romantik H. Vivenda Miranda ✉ 8600-282 Lagos, ✆ 282 76 32 22, *reservations@vivendamiranda.pt, Fax 282 76 03 42,* ← mar, , climatizada, – TV P. AE MC VISA. ✂ por Rua da Torraltinha Z
Refeição lista 26 a 37 – **22 qto** ☕ 130/184 – 4 suites.
• Dois edifícios diferenciam a zona antiga da moderna. Exteriores cuidados, salão de leitura e quartos personalizados em distintos estilos com vistas para o mar. Refeitório de ambiente aconchegante dirigido principalmente para os clientes alojados.

Os preços indicados podem aumentar, em caso de variações significativas do custo de vida. Solicite a confirmação do preço definitivo quando efectue a sua reserva de hotel.

Utilize o guia do ano.

LAMEGO *Viseu 733 I 6 – 9 626 h alt. 500.*

Ver : *Museu de Lamego★ (pinturas sobre madeira★) – Capela do Desterro (tecto★).*
Arred. : *Miradouro da Boa Vista★ Norte : 5 km – São João de Tarouca : Igreja S. Pedro★ Sudeste : 15,5 km.*
Av. Visconde Guedes Teixeira ✉ 5100-074 ✆ 254 61 20 05 douro.turismo@mail.telepac.pt Fax 254 61 40 14.
Lisboa 369 – Viseu 70 – Vila Real 40.

Albergaria do Cerrado sem rest, Estrada do Peso da Régua - Lugar do Cerrado, ✉ 5100-147, ✆ 254 61 31 64, *Fax 254 61 54 64,* ← – ▤ TV – 25/40. AE MC VISA. ✂
30 qto ☕ 50/70.
• Pequeno hotel de carácter familiar situado na saída da localidade. O seu clássico interior alberga uma aconchegante zona nobre e cálidos quartos com casas de banho actuais.

São Paulo sem rest, Av. 5 de Outubro, ✉ 5100-065, ✆ 254 61 31 14, *Fax 254 61 23 04* – TV
34 qto ☕ 20/35.
• De agradável quotidianidade e com uma funcionalidade que sabe atender às necessidades básicas do conforto. Quartos parcialmente reformados, casas de banho com duche.

pela estrada de Resende *Nordeste : 2 km :*

Villa Hostilina sem rest, ✉ 5100-192, ✆ 254 61 23 94, *Fax 254 65 51 94,* ← campo e serra, Serviços terapêuticos, , , , – TV P. AE VISA
7 qto ☕ 45/70.
• Antiga casa de campo com cuidados exteriores. Possui dependências definidas pelas paredes empapeladas e o mobiliário português, tudo num estilo de princípios do séc. XX.

pela estrada N 2 :

Lamego, Quinta da Vista Alegre - Nordeste : 2 km, ✉ 5100-183, ☎ 254 65 61 71, *Fax 254 65 61 80*, ≤, ⛳, climatizada, ▢, 🎾 – 🛗 ▤ 📺 ♿ 🚗 🅿 – 🎪 25/400. AE ⓘ MC VISA. ✂
Refeição lista aprox. 22 – **88 qto** ☕ 52/65 – 5 suites.
◆ Oferece uma linha clássica com algumas soluções construtivas mais modernas. Espaçosa zona nobre e quartos funcionais de completo equipamento, com as casas de banho actuais. O refeitório oferece vistas sobre a montanha.

Parque 🌿, Santuário de Na. Sra. dos Remédios - Sul : 1,5 km, ✉ 5100-025, ☎ 254 60 91 40, *Fax 254 61 52 03* – 🛗 📺 🅿 – 🎪 25/130. AE ⓘ MC VISA JCB. ✂ rest
Refeição lista 30 a 36 – **42 qto** ☕ 45/70.
◆ Realizou-se um bom esforço na sua actualização, sem perder o carácter aconchegante duma casa portuguesa, com mobiliário de estilo antigo. Rodeado por um bosque. Refeitório cálido, alegre e colorista.

Quinta da Timpeira 🌿, Penude - Sudoeste : 3,5 km, ✉ 5100-718 Penude, ☎ 254 61 28 11, *quintadatimpeira@portugalmail.pt, Fax 254 61 51 76*, ≤, climatizada, 🌳, 🎾 – ▤ qto, 📺 🅿. AE ⓘ MC VISA JCB. ✂
Refeição - só clientes a pedido - 20 – **7 qto** ☕ 57/70.
◆ Instalações entre cerejeiras e vinhedos, combinando tradição e modernidade. Luminosas zonas sociais e quartos actuais com mobiliário de estilo antigo. Refeitório privado.

LANHELAS *Viana do Castelo – ver Caminha.*

LAUNDOS *Porto* 733 H 3 – *2 131 h.*
Lisboa 343 – Braga 35 – Porto 38 – Viana do Castelo 47.

Estalagem São Félix Parque 🌿, Monte de São Félix - Nordeste : 1,5 km, ✉ 4570-345, ☎ 252 60 71 76, *sfelixparque@iol.pt, Fax 252 60 74 44*, ≤ campo com o mar ao fundo, ⛱ – 🛗 ▤ 📺 🅿 – 🎪 25/200. AE ⓘ MC VISA. ✂
Refeição 17 – **36 qto** ☕ 60/86 – 1 suite.
◆ Muito tranquilo, dominando os arredores desde a parte alta de um monte. As zonas comuns foram renovadas e o conforto dos quartos está a ser actualizado pouco a pouco.

LAVRE *Évora* 733 P 4 – *887 h.*
Lisboa 101 – Évora 52 – Santarém 65 – Setúbal 69 – Portalegre 148.

na estrada N 114 *Sudeste : 2,5 km :*

Courelas da Mata 🌿, ✉ 7050-488, ☎ 265 89 43 04, *Fax 265 89 43 04*, ≤, 🌳, ⛱, 🎾 – ▤ 📺 ♿ 🅿. VISA. ✂
Refeição lista aprox. 29 – **11 qto** ☕ 30/60.
◆ Encontra-se em pleno campo, com umas instalações actuais e um ambiente muito cuidado. Os seus quartos coloristas dispõem de mobiliário funcional e varanda com vistas. Luminoso restaurante de estilo clássico distribuído em duas salas.

LEÇA DA PALMEIRA *Porto* 733 I 3 – *Praia.*
Lisboa 322 – Amarante 76 – Braga 55 – Porto 13.
ver planta do Porto aglomeração

Tryp Porto Expo, Rotunda da Exponor, ✉ 4450-801, ☎ 22 999 00 00, *tryp.porto.expo@solmeliaportugal.com, Fax 22 999 00 99*, ⛱ – 🛗 ▤ 📺 📞 ♿ 🅿 – 🎪 25/170. AE ⓘ MC VISA. ✂ AU p
Refeição 18 – **117 qto** ☕ 95/108 – 3 suites.
◆ Interessante localização junto a um centro de exposições. Dirigido para a clientela de negócios, dispõe de quartos bem equipados e correctas salas de congressos.

O Chanquinhas, Rua de Santana 243, ✉ 4450-781, ☎ 22 995 18 84, *chanquinhas@hotmail.com, Fax 22 996 06 19* – ▤ 🅿. AE ⓘ MC VISA JCB. ✂ AU s
fechado 21 dias em agosto e domingo – **Refeição** lista aprox. 40.
◆ Antiga casa senhorial convertida num elegante restaurante familiar, de reconhecido prestígio na zona. O seu agradável refeitório clássico sugere-lhe uma ementa de bom nível.

O Bem Arranjadinho, Travessa do Matinho 2, ✉ 4450-736, ☎ 22 995 21 06, *bemarranjadinho@netcabo.pt, Fax 22 996 13 89* – ▤ AU b
◆ Casa de séria organização familiar, que tem uma clientela fiel do âmbito empresarial. O hall-bar antecede a um refeitório um pouco sóbrio na decoração. Ementa ampla.

PORTUGAL

LEÇA DO BALIO *Porto* 733 I 4 – *15 673 h.*

Ver : *Igreja do Mosteiro★ : pia baptismal★.*
Lisboa 312 – Amarante 58 – Braga 48 – Porto 7.

LEIRIA P 733 M 3 – *42 061 h alt. 50.*

Ver : *Castelo★ (sítio★)* BY.
Jardim Luís de Camões ✉ 2401-801 ☎ 244 84 87 70 info@rt-leiriafatima.pt Fax 244 84 87 79.
A.C.P. *Rua do Municipio, Lote B 1, Loja C ✉ 2410-137 ☎ 244 86 36 32 Fax 244 81 22 22.*
Lisboa 129 ④ – Coimbra 71 ② – Portalegre 176 ③ – Santarém 83 ③

Plantas páginas seguintes

Eurosol e Eurosol Jardim, Rua D. José Alves Correia da Silva, ✉ 2414-010, ☎ 244 84 98 49, *hoteis@eurosol.pt, Fax 244 84 98 40,* ≤, Fà, – ▤ TV P – 25/400 BZ a
Refeição - só menú – **134 qto** – 1 suite.
◆ As suas instalações distribuem-se em dois edifícios, reservando um deles para os serviços complementares. Quartos correctos na sua categoria, embora algo antiquados. Desfrute duma janta de altura no restaurante panorâmico do 8º andar.

Dom João III, Av. D. João III, ✉ 2400-164, ☎ 244 81 78 88, *djoao@mail.telepac.pt, Fax 244 81 78 80,* ≤ – ▤ TV – 25/350. AE VISA JCB. rest CY b
Refeição 14 – **54 qto** 63/78 – 10 suites.
◆ De linha clássica e situado em plena zona turística. A recepção foi bem renovada com um ar mais moderno, porém, os seus quartos delatam o passar do tempo.

S. Luís sem rest, Rua Henrique Sommer, ✉ 2410-089, ☎ 244 84 83 70, *hotelsluis@mail.telepac.pt, Fax 244 84 83 79* – ▤ TV. AE VISA. CZ d
48 qto 40/50.
◆ Rodeado por um ambiente arquitectónico que respira certa melancolia. O conjunto desfruta de um discreto conforto, oferecendo quartos amplos embora simples na sua decoração.

Ibis sem rest com snak-bar, Quinta da Taborda 56, ✉ 2400, ☎ 244 81 67 00, *43340@accor-hotels.com, Fax 244 81 67 01* – , qto, TV P. AE VISA. por av. N.S. de Fátima CZ
5 – **56 qto** 45.
◆ Edifício de nova construção à saída da cidade. Pequena zona social com café e quartos funcionais dotados de mobiliário simples e casas de banho com duche.

em Marrazes *na estrada N 109 por ① : 1 km :*

XX **Tromba Rija,** Rua Professores Portelas 22, ✉ 2400-406 Leiria, ☎ 244 85 50 72, *elisabete@trombarija.com, Fax 244 85 64 21* – ▤ P. AE VISA
fechado 2ª feira – **Refeição** - só buffet - 27,50.
◆ Numa casa antiga e com forno de pão próprio. Três salas de correcta montagem, a principal decorada com colunas e arcos em pedra. Afamado, típico e com pratos muito fartos.

na estrada N I *por ④ : 4,5 km :*

XX **O Casarão,** Cruzamento de Azóia, ✉ 2400-823, ☎ 244 87 10 80, *info@ocasarao.pt, Fax 244 87 21 55* – ▤ P. AE VISA.
fechado 2ª feira – **Refeição** lista aprox. 25.
◆ Vigas à vista, os azulejos pintados e os adornos de latão convivem com a sua decoração rústica. Desfrute da sua mesa e saboreie uma cozinha de raízes tradicionais.

LINDA-A-VELHA *Lisboa* 733 P 2.

Lisboa 11 – Faro 281 – Beja 184 – Albufeira 260 – Lagoa 262.

Solplay , Rua Manuel da Silva Gaio 2, ✉ 2795-132, ☎ 21 006 60 00, *reservashotel@solplay.pt, Fax 21 006 61 99,* ≤, Fà, , , – ▤ TV P – 25/250. AE VISA.
Refeição 25 – **119 apartamentos** 145/155 – PA 45.
◆ Muito recomendável pelos seus bons níveis de equipamento e conforto, com modernas zonas sociais, várias ofertas de ócio e diferentes tipos de quartos no mesmo complexo. Restaurante de montagem actual no qual se combina a ementa e o buffet.

Dê-nos a sua opinião sobre os restaurantes recomendados, as suas especialidades e os vinhos da região.

LEIRIA

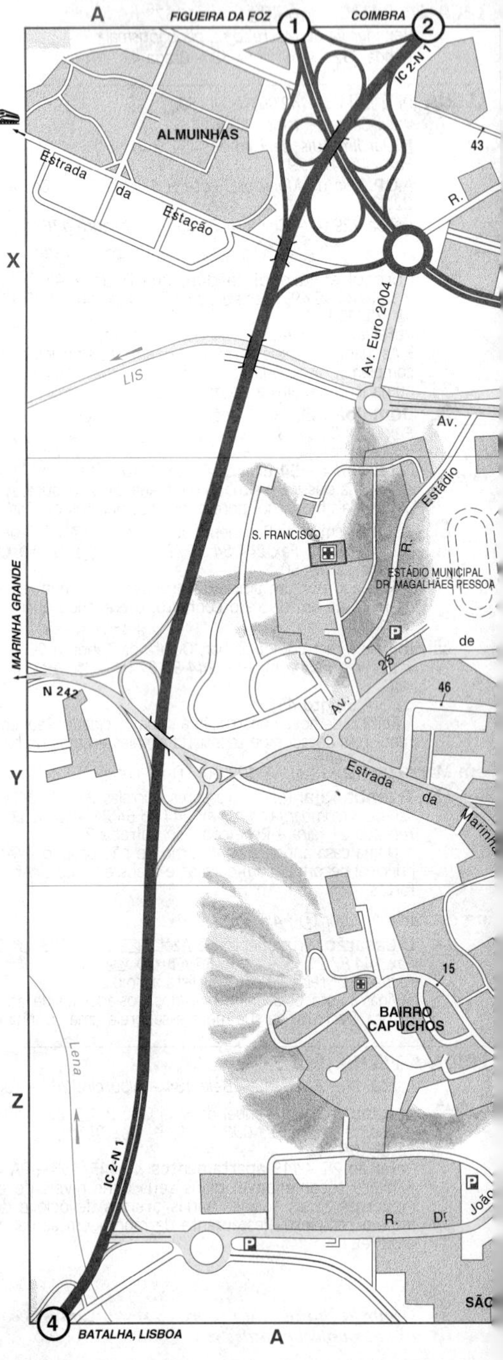

A
FIGUEIRA DA FOZ
1
COIMBRA
2
IC 2-N 1
ALMUINHAS
43
Estrada da Estação
R.
X
Av. Euro 2004
LIS
Av.
Estádio
S. FRANCISCO
R.
ESTÁDIO MUNICIPAL
DR. MAGALHÃES PESSOA
MARINHA GRANDE
de
25
N 242
46
Av.
Y
Estrada da Marinha
15
BAIRRO CAPUCHOS
Lena
Z
IC 2-N 1
R.
João
SÃO
4
BATALHA, LISBOA
A

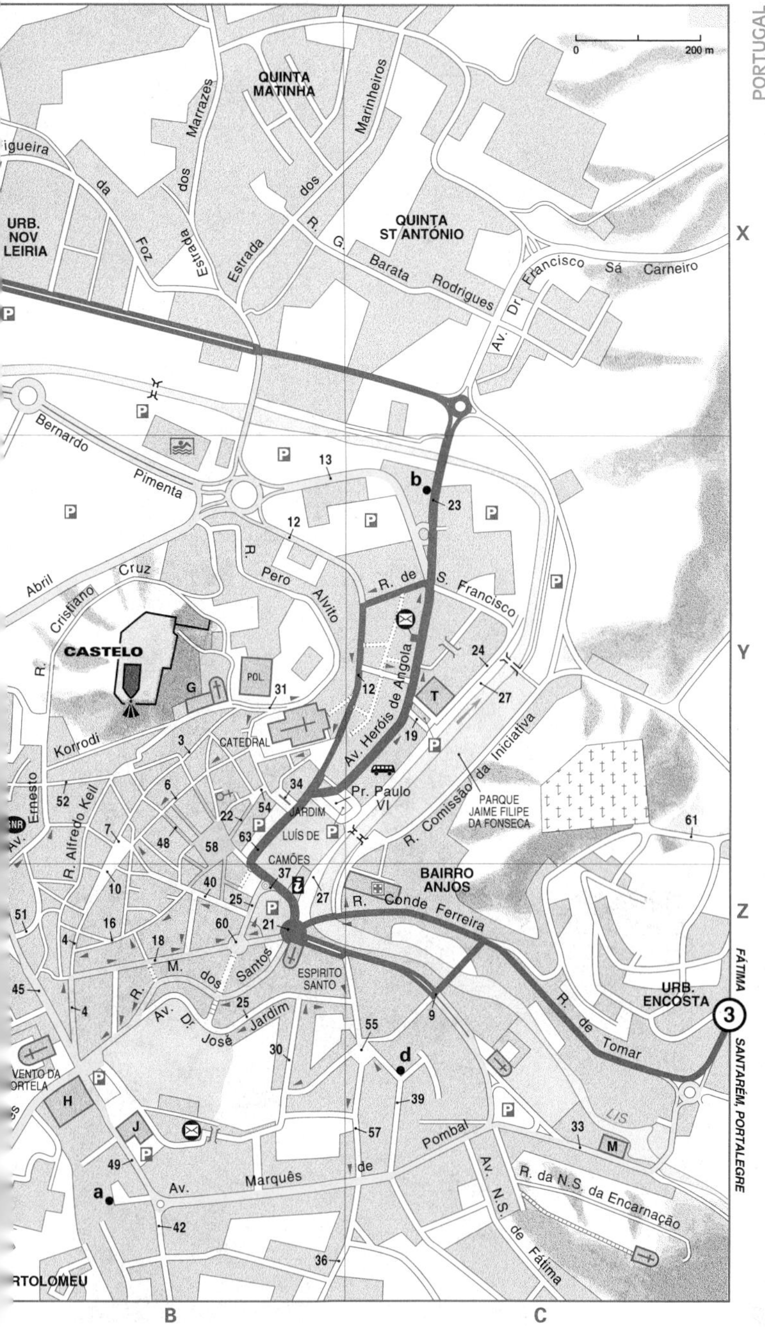
B
C
0
200 m
QUINTA MATINHA
Estrada dos Marrazes
Marinheiros
Figueira da Foz
URB. NOV LEIRIA
Estrada dos
QUINTA ST ANTÓNIO
R. G. Barata Rodrigues
Av. Dr. Francisco Sá Carneiro
X
Bernardo Pimenta
Abril
Cruz
R. Cristiano
CASTELO
R. Pero Alvito
R. de S. Francisco
Y
POL.
CATEDRAL
Av. Heróis de Angola
Korrodi
Ernesto
R. Alfredo Keil
Pr. Paulo VI
JARDIM
LUÍS DE
CAMÕES
R. Comissão da Iniciativa
PARQUE JAIME FILIPE DA FONSECA
BAIRRO ANJOS
R. Conde Ferreira
Z
R. M. dos Santos
ESPIRITO SANTO
Av. Dr. José Jardim
URB. ENCOSTA
R. de Tomar
FÁTIMA
SANTARÉM, PORTALEGRE
VENTO DA ORTELA
Pombal
Av. Marquês de
LIS
R. da N.S. da Encarnação
Av. N.S. de Fátima
RTOLOMEU

LISBOA

P 733 P 2 - *662 782 h. alt. 111.*

Madrid 624 ① - Bilbao 902 ① - Paris 1785 ① - Porto 310 ① - Sevilla 402 ②.

POSTOS DE TURISMO

Palácio Foz, Praça dos Restauradores, ✉ *1250-187,* ✆ *21 346 33 14, Fax 21 346 87 72.*

Estação Santa Apolónia (chegadas internacionais) ✉ *1100-105,* ✆ *21 882 16 04.*

Aeroporto ✉ *1700-111,* ✆ *21 845 06 60, Fax 21 845 06 58.*

INFORMAÇÕES PRÁTICAS

BANCOS E CASAS DE CÂMBIO

Todos os bancos : *Abertos de 2ª a 6ª feira das 8,30 h. às 15 h. Encerram aos sábados, domingos e feriados.*

TRANSPORTES

Taxi : *Dístico com a palavra « Táxi » iluminado sempre que está livre. Companhias de rádio-táxi,* ✆ *21 811 90 00.*

Metro, carro eléctrico e autocarros : *Rede de metro, eléctricos e autocarros que ligam as diferentes zonas de Lisboa.*
Para o aeroporto existe uma linha de autocarros -aerobus- com terminal no Cais do Sodré.

Aeroporto e Companhias Aéreas :
✈ *Aeroporto de Lisboa, N : 8 km,* ✆ *21 841 35 00* CDU.
T.A.P., Pr. Marquês de Pombal 15-1º, ✉ *1979-134,* ✆ *21 317 91 00 e. Portugalia, Rua C-Edifício 70 (aeroporto de Lisboa),* ✉ *1749-078* ✆ *21 842 55 00 e no aeroporto,* ✆ *21 841 50 00.*

ESTAÇÕES DE COMBÓIOS

Santa Apolónia, 🚗 ✆ *21 881 61 21* MX.
Rossio, ✆ *21 343 37 47/8* KX.
Cais do Sodré, ✆ *21 342 47 84 (Lisboa-Cascais)* JZ.

ACP *(Automóvel Club de Portugal)*
Rua Rosa Araújo 24, ✉ 1250-195, ☎ 21 318 02 02, Fax 21 315 91 21.

CAMPOS DE GOLF

⛳18 *Lisbon Sports Club 20 km por ⑤, ☎ 21 431 00 77*
⛳18 *Club de Campo da Aroeira 15 km por ②, ☎ 21 297 91 10 Aroeira, Charneca da Caparica.*

ALUGUER DE VIATURAS

AVIS, ☎ 21 346 26 76 – EUROPCAR, ☎ 21 940 77 90 – HERTZ, ☎ 21 941 10 60 – BUDGET, ☎ 21 994 24 02.

CURIOSIDADES

PANORÂMICAS DE LISBOA

Ponte 25 de Abril★ por ② : ≤ ★★ – Cristo Rei por ② : ※ ★★ – Castelo de São Jorge★★ : ≤ ★★★ LX *– Miradouro de Santa Luzia★ :* ≤ ★★ LY **L¹** *– Elevador de Santa Justa★ :* ≤ ★ KY *– Miradouro de São Pedro de Alcântara★ :* ≤★★ JX **L²** *– Miradouro do Alto de Santa Catarina★* JZ **A¹** *– Miradouro da Senhora do Monte :* ≤★★★ LV *– Largo das Portas do Sol★ :* ≤★★ LY. *Igreja e Convento de Nossa Senhora da Graça (Miradourou★)* LX.

MUSEUS

Museu Nacional de Arte Antiga★★★ (políptico da Adoração de S. Vicente★★★, Tentação de Santo Antão★★★, Biombos japoneses★★, Doze Apóstolos★, Anunciação★, Capela★) EU **M¹⁶** *– Fundação Gulbenkian (Museu Calouste Gulbenkian★★★* FR, *Centro de Arte Moderna★* FR **M²***) – Museu da Marinha★★ (modelos★★★ de embarcações)* AQ **M⁷** *– Museu Nacional do Azulejo (Convento da Madre de Deus)★★ : igreja★★, sala do capítulo★* DP **M¹⁷** *– Museu da Água da EPAL★* HT **M⁵** *– Museu Nacional do Traje★* BN **M²¹** *– Museu Nacional do Teatro★* BN **M¹⁹** *– Museu Militar (tectos★)* MY **M¹⁵** *– Museu de Artes Decorativas★★ (Fundação Ricardo do Espírito Santo Silva)* LY **M¹³** *– Museu Arqueológico – Igreja do Carmo★* KY **M⁴** *– Museu de Arte Sacra de São Roque★ (ornamentos sacerdotais★)* JKX **M¹¹** *– Museu Nacional do Chiado★* KZ **M¹⁸** *– Museu da Música★* BN **M⁹** *– Museu Rafael Bordalo Pinheiro (cerámicas★)* CN **M²³**.

IGREJAS E MOSTEIROS

Sé★★ (túmulos góticos★, grade★, tesouro★) LY *– Mosteiro dos Jerónimos★★★ (Igreja de Santa Maria★★★ : abóbada★★, claustro★★★ ; Museu Nacional de Arqueologia : tesouro★)* AQ *– Igreja de São Roque★ (capela de São João Baptista★★, interior★)* JX *– Igreja de São Vicente de Fora (azulejos★)* MX *– Basílica da Estrela★ (jardim★)* EU **A²** *– Igreja da Conceição Velha (fachada sul★)* LZ **D¹** *– Igreja de Santa Engrácia★* MX.

BAIRROS HISTÓRICOS

Belém★★ (Centro Cultural★) AQ *– A Baixa pombalina★★* JKXYZ *– Alfama★★* LY *– Chiado e Bairro Alto★* JKY.

LUGARES PITORESCOS

Praça do Comércio (ou Terreiro do Paço★★) KZ *– Torre de Belém★★★* AQ *– Palacio dos Marqueses de Fronteira★★ (azulejos★★)* ER *– Rossio★ (estação : fachada★ neo-manuelina)* KX *– Rua do Carmo e Rua Garrett★* KY *– Avenida da Liberdade★* JV *– Parque Eduardo VII★ (≤★, Estufa fria★)* FS *– Jardim Zoológico★★* ER*– Aqueduto das Águas Livres★* ES *– Jardim Botânico★* JV*– Parque Florestal de Monsanto★ (Miradouro : ※★)* APQ *– Campo de Santa Clara★* MX *– Escadinhas de Santo Estêvão★ (≤★)* MY *– Palacio da Ajuda★* AQ *– Fundação Arpad Szenes-Vieira da Silva★* EFS *– Passeio no Tejo★ (≤★★) – Ponte Vasco da Gama★★* DN *– Oceanário de Lisboa★★* DN *– Estação de Oriente★* DN *– Parque das Nações★* DN.

COMPRAS

Bairros comerciais : *Baixa (Rua Augusta), Chiado (Rua Garrett).*

Antiguidades : *Rua D. Pedro V, Rua da Escola Politécnica, Feira da Ladra (3ª feira e sábado).*

Centro comercial : *Torres Amoreiras, Colombo.*

Desenhadores : *Bairro Alto.*

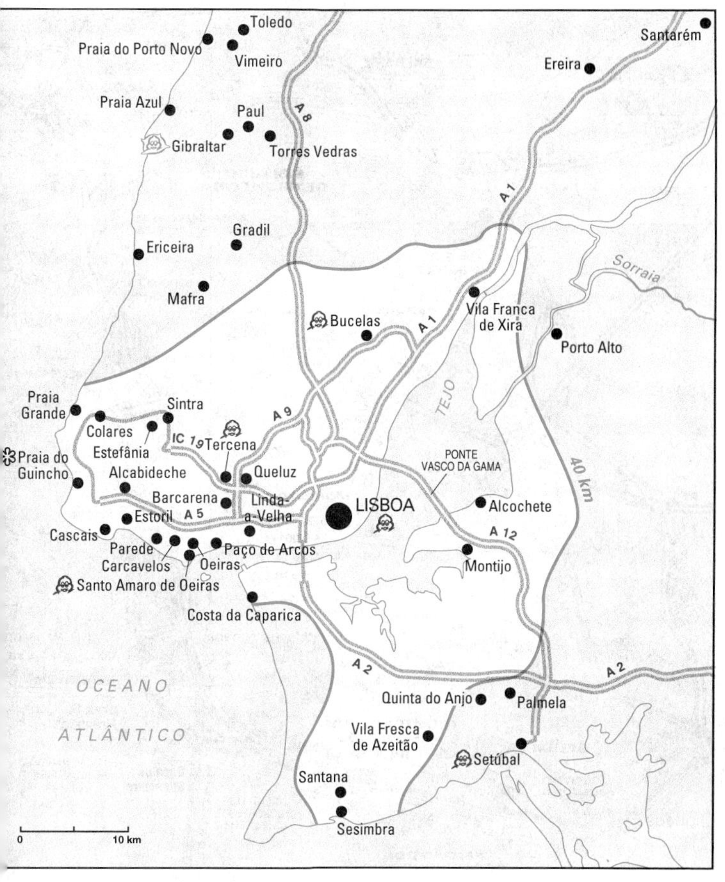

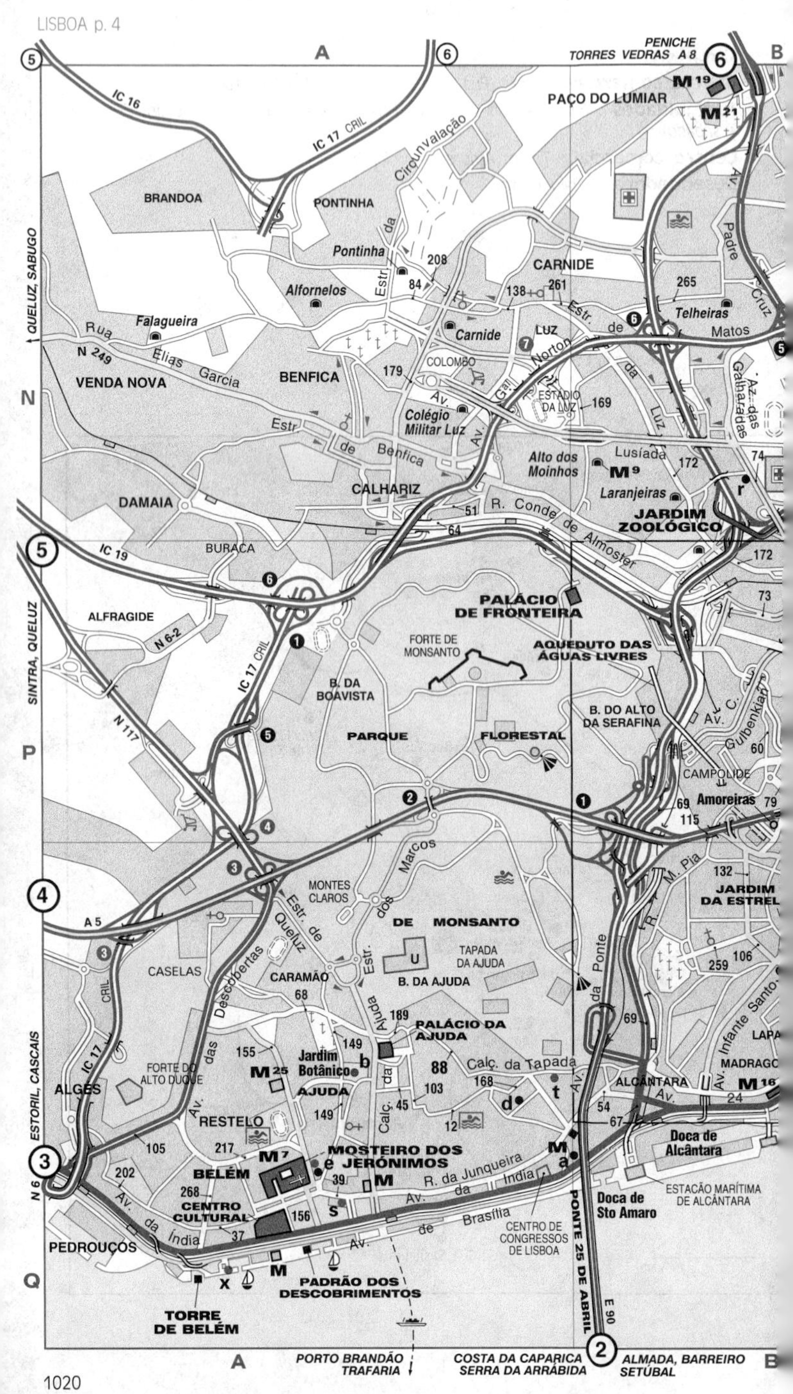
PENICHE
TORRES VEDRAS A 8
PAÇO DO LUMIAR
BRANDOA
PONTINHA
Pontinha
Alfornelos
CARNIDE
Telheiras
Falagueira
Carnide
LUZ
QUELUZ, SABUGO
Rua Elias Garcia
N 249
VENDA NOVA
BENFICA
COLOMBO
ESTADIO DA LUZ
Colégio Militar Luz
Estr. de Benfica
Alto dos Moinhos
Lusíada
Laranjeiras
DAMAIA
CALHARIZ
R. Conde de Almoster
JARDIM ZOOLÓGICO
IC 16
IC 17 CRIL
IC 19
BURACA
PALÁCIO DE FRONTEIRA
ALFRAGIDE
N 6-2
FORTE DE MONSANTO
AQUEDUTO DAS ÁGUAS LIVRES
B. DA BOAVISTA
SINTRA, QUELUZ
N 117
B. DO ALTO DA SERAFINA
PARQUE
FLORESTAL
CAMPOLIDE
Amoreiras
MONTES CLAROS
JARDIM DA ESTREL
DE MONSANTO
A 5
TAPADA DA AJUDA
CASELAS
CARAMÃO
B. DA AJUDA
PALÁCIO DA AJUDA
ESTORIL, CASCAIS
FORTE DO ALTO DUQUE
Jardim Botânico
AJUDA
Calç. da Tapada
ALCÂNTARA
MADRAGO
LAPA
ALGÉS
RESTELO
Doca de Alcântara
MOSTEIRO DOS JERÓNIMOS
BELÉM
R. da Junqueira
ESTAÇÃO MARÍTIMA DE ALCÂNTARA
CENTRO CULTURAL
Doca de Sto Amaro
Av. de Brasília
Av. da Índia
CENTRO DE CONGRESSOS DE LISBOA
PONTE 25 DE ABRIL
PEDROUÇOS
PADRÃO DOS DESCOBRIMENTOS
TORRE DE BELÉM
E 90
PORTO BRANDÃO TRAFARIA
COSTA DA CAPARICA SERRA DA ARRÁBIDA
ALMADA, BARREIRO SETÚBAL

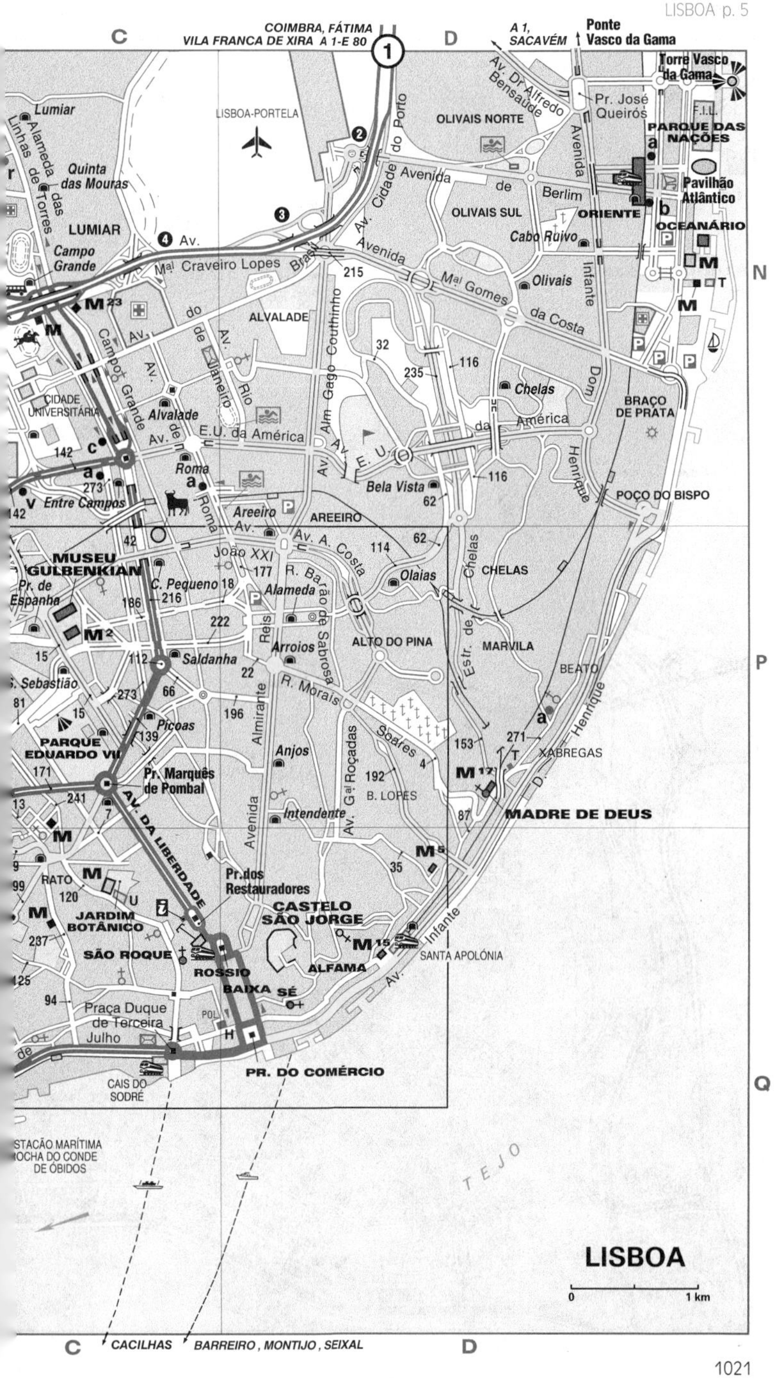

C
COIMBRA, FÁTIMA
VILA FRANCA DE XIRA A 1-E 80
1
D
A 1,
SACAVÉM
Ponte
Vasco da Gama
Torre Vasco
da Gama
Av. Dr Alfredo
Bensaúde
Pr. José
Queirós
F.I.L.
PARQUE DAS
NAÇÕES
Pavilhão
Atlântico
ORIENTE
OCEANÁRIO
LISBOA-PORTELA
OLIVAIS NORTE
OLIVAIS SUL
Lumiar
Alameda
das
Linhas
de
Torres
Quinta
das Mouras
LUMIAR
Campo
Grande
Av. Cidade do Porto
Avenida de Berlim
Cabo Ruivo
Olivais
Avenida Infante Dom Henrique
Av. Mal Craveiro Lopes
Avenida Mal Gomes da Costa
215
ALVALADE
Av. do Campo Grande
Av. de Roma
Av. Rio de Janeiro
Av. Alm Gago Couthinho
32
235
116
Chelas
BRAÇO
DE PRATA
CIDADE
UNIVERSITÁRIA
Alvalade
Av. E.U. da América
Av. E. U. da América
142
c
a
273
V
Entre Campos
Roma
Areeiro
AREEIRO
Bela Vista
62
116
POÇO DO BISPO
42
MUSEU
GULBENKIAN
Pr. de
Espanha
Av. João XXI
177
Av. A. Costa
114
Olaias
CHELAS
C. Pequeno
18
216
186
R. Barão de Sabrosa
Alameda
222
Arroios
ALTO DO PINA
Estr. de Chelas
MARVILA
BEATO
15
112
Saldanha
22
Reis
S. Sebastião
273
66
R. Morais Soares
81
15
196
Almirante
Picoas
139
PARQUE
EDUARDO VII
Anjos
153
271
T
XABREGAS
Pr. Marquês
de Pombal
171
AV. DA LIBERDADE
Avenida
Av. Gal Roçadas
192
B. LOPES
4
13
241
7
Intendente
87
MADRE DE DEUS
M
RATO
120
M
U
Pr.dos
Restauradores
35
JARDIM
BOTÂNICO
CASTELO
SÃO JORGE
Infante
237
SÃO ROQUE
ROSSIO
ALFAMA
SANTA APOLÓNIA
125
BAIXA
SÉ
Av.
94
Praça Duque
de Terceira
POL
Julho
H
PR. DO COMÉRCIO
CAIS DO
SODRÉ
ESTACÃO MARÍTIMA
ROCHA DO CONDE
DE ÓBIDOS
TEJO
N
P
Q

LISBOA

0 1 km

C
CACILHAS
BARREIRO, MONTIJO, SEIXAL
D

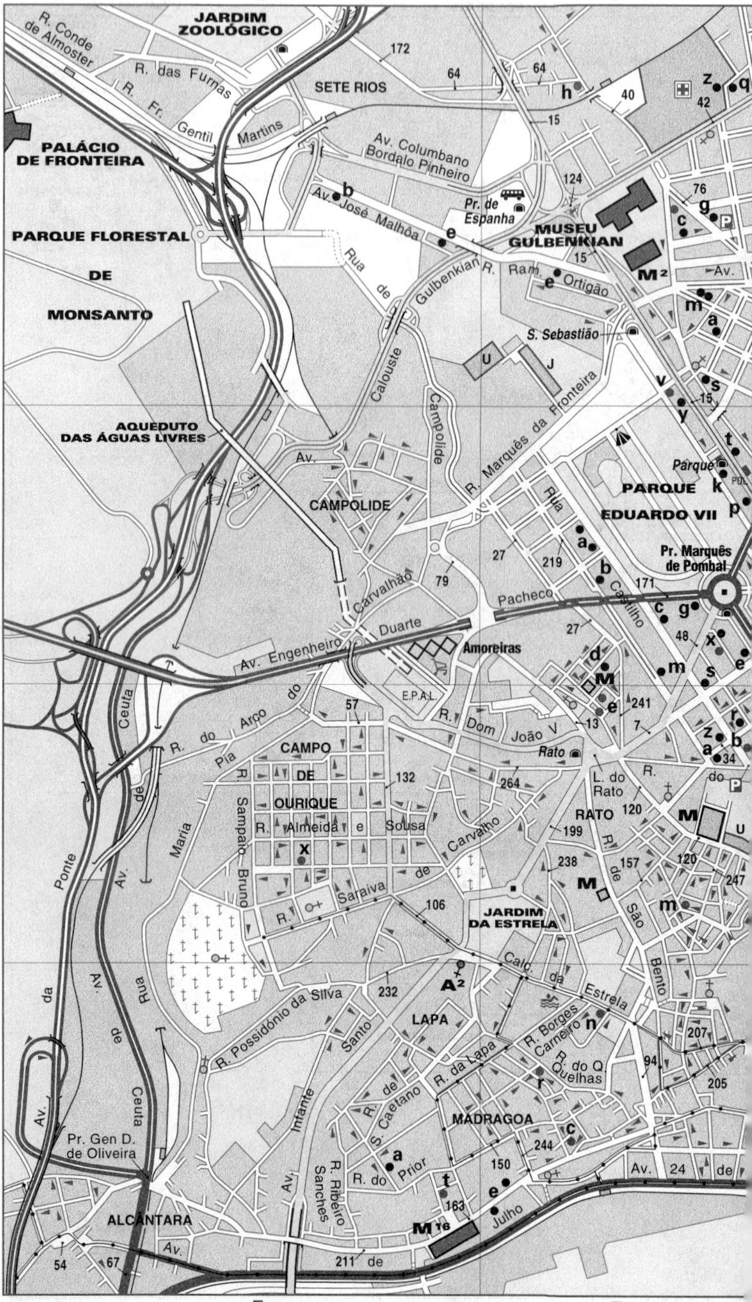
E
F
R
S
T
U
JARDIM ZOOLÓGICO
R. Conde de Almoster
R. das Furnas
R. Fr. Gentil Martins
SETE RIOS
172
64
64
h
40
z
q
42
PALÁCIO DE FRONTEIRA
Av. Columbano Bordalo Pinheiro
15
124
76
g
c
P
Av. José Malhôa
b
e
Pr. de Espanha
MUSEU GULBENKIAN
PARQUE FLORESTAL
DE
MONSANTO
Rua de
Av. Calouste Gulbenkian
R. Ram. Ortigão
e
M²
Av.
m
a
S. Sebastião
U
J
v
s
y
t
AQUEDUTO DAS ÁGUAS LIVRES
Campolide
R. Marquês da Fronteira
Parque
k
p
CAMPOLIDE
Rua
PARQUE EDUARDO VII
27
219
Pr. Marquês de Pombal
79
Carvalhão
Pacheco
Castilho
171
Duarte
Av. Engenheiro
Amoreiras
27
48
x
d
M
s
E.P.A.L.
57
R. Dom João V
241
13
7
r
Ceuta
R. do Arco do Pia
CAMPO DE OURIQUE
132
Rato
34
R. do
264
L. do Rato
120
R. Sampaio Bruno
R. Almeida e Sousa
RATO
199
U
Maria
Carvalho
238
157
120
247
x
Saraiva de
R. de São Bento
Ponte
Av.
106
JARDIM DA ESTRELA
A²
Av.
Calç. da Estrela
Rua
232
R. Possidónio da Silva
Santo
LAPA
n
207
R. Borges Carneiro
R. da Lapa
R. do Q. Quelhas
94
205
r
R. de S. Caetano
MADRAGOA
Av. da Ponte
c
244
Infante
Pr. Gen D. de Oliveira
Ceuta
a
150
Av. 24 de
R. do Prior
t
R. Ribeiro Sanches
e
163
Julho
ALCÂNTARA
M¹⁶
Av.
54
67
211 de

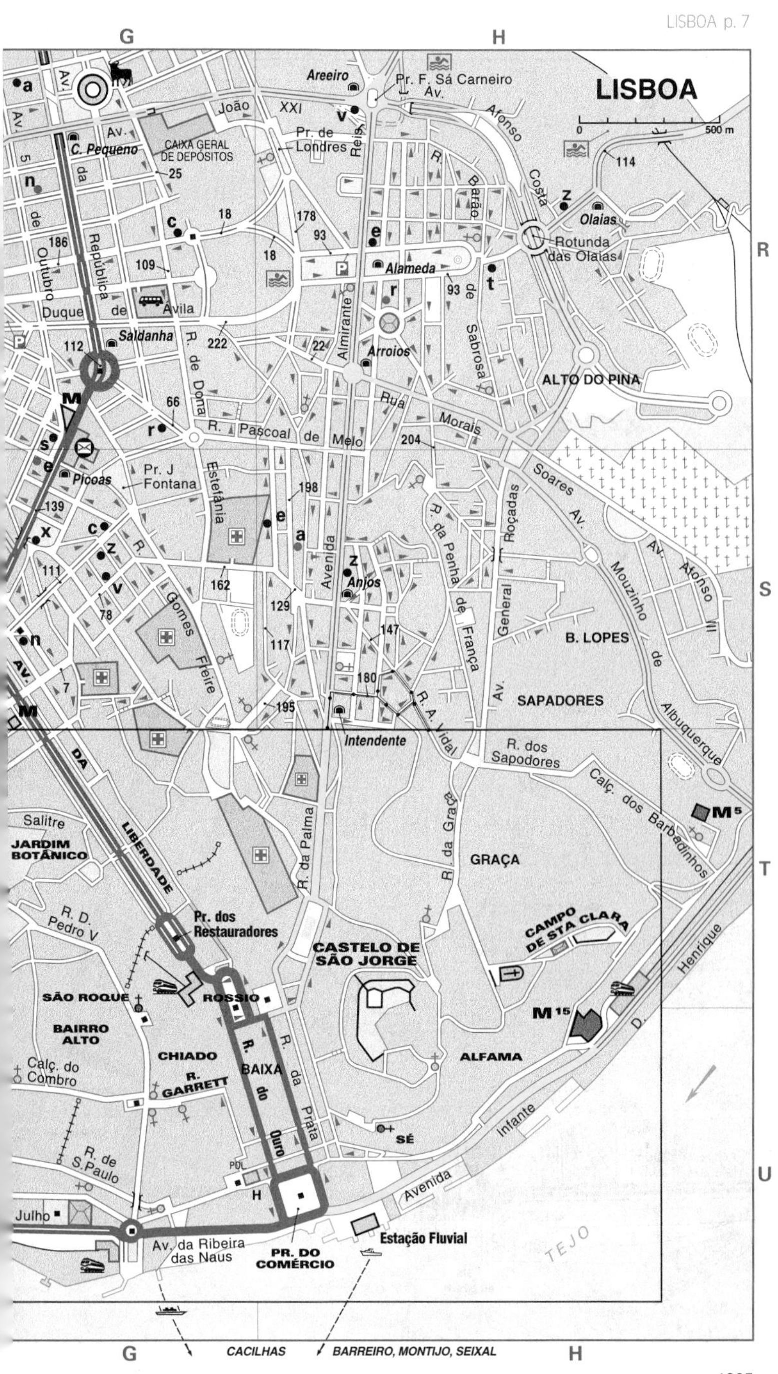
LISBOA
0
500 m
G
H
R
S
T
U
Areeiro
Pr. F. Sá Carneiro
Av. João XXI
Av. Afonso Costa
Pr. de Londres
Reis
CAIXA GERAL DE DEPÓSITOS
C. Pequeno
Av. 5 de Outubro
Av. da República
R. Barão de Sabrosa
Olaias
Rotunda das Olaias
Alameda
Almirante
Duque de Ávila
Saldanha
R. de Dona Estefânia
Arroios
ALTO DO PINA
Rua Morais Soares
R. Pascoal de Melo
Picoas
Pr. J Fontana
Avenida Almirante Reis
Anjos
R. da Penha de França
Av. General Roçadas
Av. Mouzinho de Albuquerque
Av. Afonso
R. Gomes Freire
B. LOPES
SAPADORES
R. A. Vidal
Intendente
R. dos Sapadores
Calç. dos Barbadinhos
AV. DA LIBERDADE
Salitre
JARDIM BOTÂNICO
R. da Palma
R. da Graça
GRAÇA
R. D. Pedro V
Pr. dos Restauradores
CASTELO DE SÃO JORGE
CAMPO DE STA CLARA
SÃO ROQUE
ROSSIO
BAIRRO ALTO
CHIADO
R. GARRETT
R. BAIXA
R. do Ouro
R. da Prata
ALFAMA
Calç. do Combro
SÉ
R. de S.Paulo
Av. Infante D. Henrique
Avenida
Julho
Av. da Ribeira das Naus
PR. DO COMÉRCIO
Estação Fluvial
TEJO
CACILHAS
BARREIRO, MONTIJO, SEIXAL

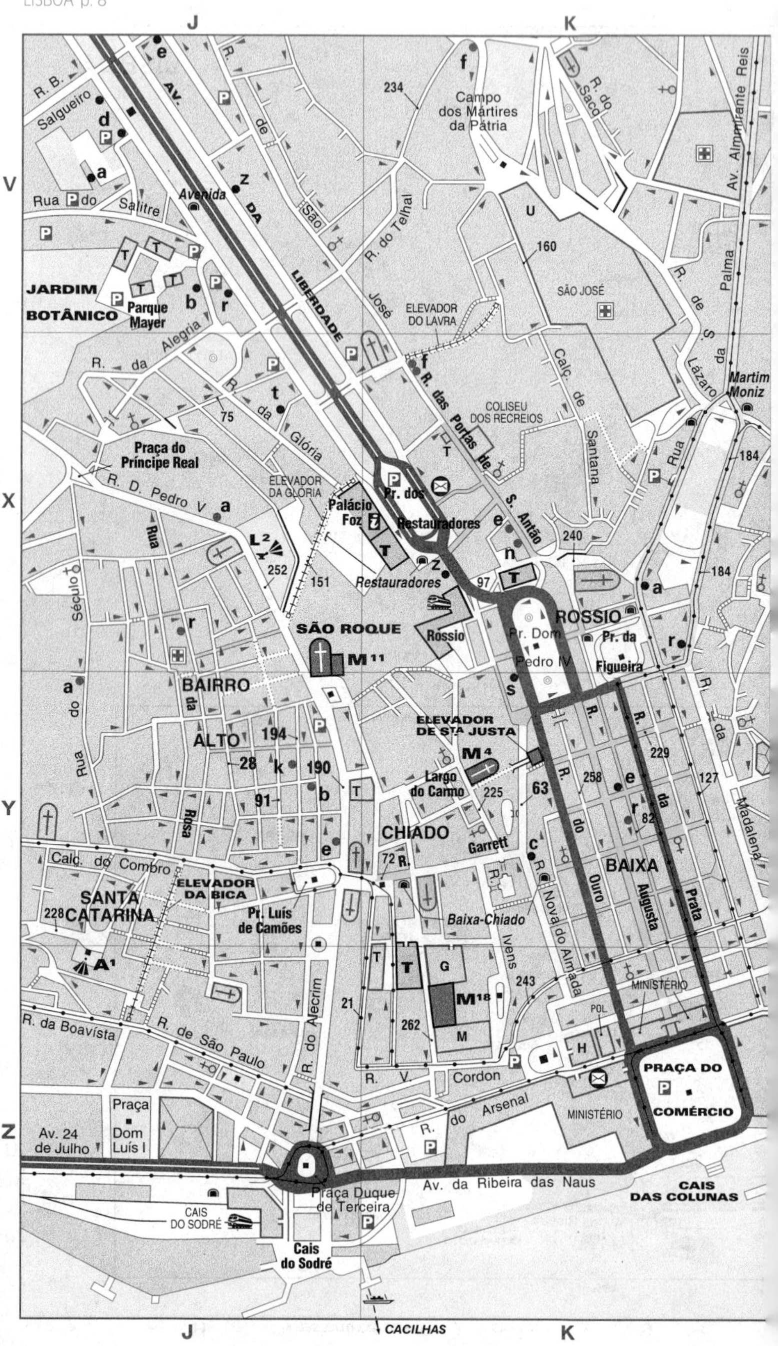
J
K
V
X
Y
Z
Campo dos Mártires da Pátria
Avenida da Liberdade
R. do Salitre
JARDIM BOTÂNICO
Parque Mayer
R. da Alegria
R. da Glória
Praça do Príncipe Real
R. D. Pedro V
ELEVADOR DA GLÓRIA
Palácio Foz
Pr. dos Restauradores
Restauradores
R. das Portas de S. Antão
COLISEU DOS RECREIOS
ELEVADOR DO LAVRA
SÃO JOSÉ
Calç. de Santana
R. de S. Lázaro
Martim Moniz
Av. Almirante Reis
ROSSIO
Pr. Dom Pedro IV
Pr. da Figueira
SÃO ROQUE
BAIRRO ALTO
Rua do Século
Rua da Rosa
ELEVADOR DE STA JUSTA
Largo do Carmo
CHIADO
R. Garrett
BAIXA
R. do Ouro
R. Augusta
R. da Prata
R. da Madalena
Calç. do Combro
ELEVADOR DA BICA
SANTA CATARINA
Pr. Luís de Camões
Baixa-Chiado
R. Nova do Almada
R. Ivens
R. do Alecrim
R. da Boavista
R. de São Paulo
R. V. Cordon
R. do Arsenal
MINISTÉRIO
POL
PRAÇA DO COMÉRCIO
Av. 24 de Julho
Praça Dom Luís I
Praça Duque de Terceira
Av. da Ribeira das Naus
CAIS DAS COLUNAS
CAIS DO SODRÉ
Cais do Sodré
CACILHAS

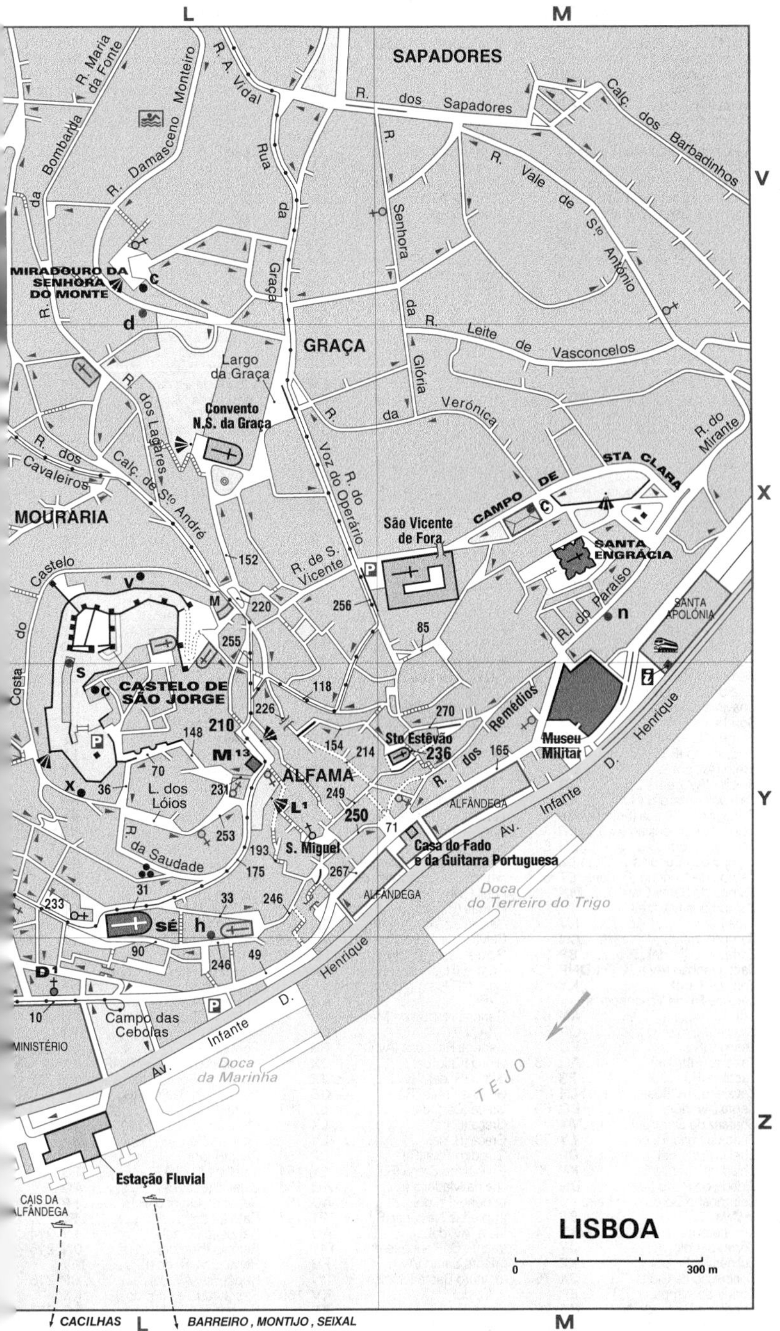

SAPADORES
GRAÇA
MOURARIA
ALFAMA
MIRADOURO DA SENHORA DO MONTE
Convento N.S. da Graça
São Vicente de Fora
SANTA ENGRÁCIA
CAMPO DE STA CLARA
CASTELO DE SÃO JORGE
Sto Estêvão
S. Miguel
SÉ
Museu Militar
Casa do Fado e da Guitarra Portuguesa
SANTA APOLÓNIA
Estação Fluvial
CAIS DA ALFÂNDEGA
Doca do Terreiro do Trigo
Doca da Marinha
TEJO
Campo das Cebolas
MINISTÉRIO
ALFÂNDEGA
Largo da Graça
L. dos Lóios
LISBOA
0
300 m
CACILHAS
BARREIRO, MONTIJO, SEIXAL

ÍNDICE DAS RUAS DE LISBOA

Lista alfabética dos estabelecimentos
Lista alfabética de los establecimientos
Liste alphabétique des établissements
Elenco alfabetico degli esercizi
Alphabetische liste der Häuser
Alphabetical list of establishments

Centro : Av. da Liberdade, Praça dos Restauradores, Praça Dom Pedro IV (Rossio), Praça do Comércio, Rua Dom Pedro V, Rua de Santa Catarina, Campo de Santa Clara, Rua dos Sapadores (planos p. 8 e 9)

Tivoli Lisboa, Av. da Liberdade 185, ✉ 1269-050, ☎ 21 319 89 00, *htlisboa@mail.telepac.pt, Fax 21 319 89 50,* ← cidade desde o terraço, , climatizada – |♦| ▤ TV ♿ – 40/200. AE ⓓ MC VISA. ✂ JV d
Terraço : **Refeição** lista 48 a 54 – **300 qto** ☕ 400/420 – 29 suites.
◆ Elegante, confortável e com agradáveis vistas da cidade desde a sua esplanada no último andar. Quartos aconchegantes e bem equipados de refinada decoração. O restaurante Terraço oferece um ambiente distinguido e de claro classicismo.

Sofitel Lisboa, Av. da Liberdade 127, ✉ 1269-038, ☎ 21 322 83 00, *h1319@accor-hotels.com, Fax 21 322 83 60* – |♦|, ✂ qto, ▤ TV ♿ – 25/300. AE ⓓ MC VISA JV r
Refeição 30 – ☕ 18 – **165 qto** 235/265 – 5 suites.
◆ Gratificante acolhida, conforto e linha clássica actual à sua disposição. Cálidas estadias dentro dum cuidado ambiente.

Lisboa Plaza, Travessa do Salitre 7, ✉ 1269-066, ☎ 21 321 82 18, *plaza.hotels@heritage.pt, Fax 21 347 16 30* – |♦| ▤ TV – 25/140. AE ⓓ MC VISA JCB. ✂ JV b
Refeição 24 – ☕ 14 – **94 qto** 210/230 – 12 suites.
◆ Junto à célebre Avenida da Liberdade. Grande tradição neste emblemático hotel de estimada atmosfera, bom gosto e bela decoração clássica. Confortáveis interiores. O seu refeitório oferece um atractivo e completo buffet.

Mundial, Rua D. Duarte 4, ✉ 1100-198, ☎ 21 884 20 00, *info@hotel-mundial.pt, Fax 21 884 21 10,* ← – |♦| ▤ TV ♿ – 25/120. AE ⓓ MC VISA JCB. ✂ KX a
Varanda de Lisboa : **Refeição** lista 30 a 43 – **373 qto** ☕ 140/150.
◆ Renovado com todo o conforto e técnica actuais. Um gratificante alojamento de quartos esmerados e equipados, em pleno coração da Baixa Pombalina. O restaurante panorâmico do 8º andar, Varanda de Lisboa, tem esplêndidas vistas.

Tivoli Jardim, Rua Julio Cesar Machado 7, ✉ 1250-135, ☎ 21 359 10 00, *htjardim@mail.telepac.pt, Fax 21 359 12 45,* – |♦| ▤ TV ♿ P – 25/40. AE ⓓ MC VISA. ✂ JV a
Refeição 15 – **119 qto** ☕ 310/320.
◆ A modernidade e funcionalidade dos novos tempos ao serviço do cliente de empresa. Amplo hall, salas de conferências e quartos actuais de cálida decoração. O seu luminoso e diáfano refeitório está especializado em pratos de sabor tradicional.

Lisboa Regency Chiado sem rest, Rua Nova do Almada 114, ✉ 1200-290, ☎ 21 325 61 00, *regencychiado@madeiraregency.pt, Fax 21 325 61 61* – |♦| ▤ TV . AE ⓓ MC VISA. ✂ KY c
40 qto ☕ 190/200.
◆ Gratificante localização num antigo edifício da parte velha da cidade. Profissionalismo e ambiente cálido, com amáveis quartos decorados ao estilo oriental.

Lisboa sem rest com snack-bar, Rua Barata Salgueiro 5, ✉ 1166-069, ☎ 21 350 00 00, *reservas-hotlis@netcabo.pt, Fax 21 355 41 39* – |♦| ▤ TV . AE ⓓ MC VISA JCB. ✂ JV e
55 qto ☕ 125/150 – 6 suites.
◆ Ideal para os seus negócios, numa importante zona empresarial. Comodidade, classicismo e funcionalidade, num antigo e central palácio de quartos bem equipados.

Avenida Palace sem rest, Rua 1º de Dezembro 123, ✉ 1200-359, ☎ 21 321 81 00, *reservas@hotel-avenida-palace.pt, Fax 21 342 28 84* – |♦| ▤ TV – 25/100. AE ⓓ MC VISA JCB. ✂ KX z
64 qto ☕ 180/205 – 18 suites.
◆ Confie a sua estadia a esta atractiva casa situada em pleno centro cultural e comercial da cidade. Serviço, amabilidade, ambiente clássico antigo e correcta organização.

NH Liberdade, Av. da Liberdade 180-B, ✉ 1250-146, ☎ 21 351 40 60, *nhliberdade@nh-hotels.es, Fax 21 314 36 74,* – |♦| ▤ TV – 25/35. AE ⓓ MC VISA JCB. ✂ JV z
Refeição 25 – **83 qto** ☕ 280.
◆ Na zona de negócios mais importante da cidade. Dias de trabalho ou prazer num hotel confortável e funcional, com a qualidade e o estilo próprio da cadeia.

Veneza sem rest, Av. da Liberdade 189, ✉ 1250-141, ☎ 21 352 26 18, *comercial@3khoteis.com, Fax 21 352 66 78* – |♦| ▤ TV P. AE ⓓ MC VISA JCB. ✂ JV d
37 qto ☕ 105/135.
◆ Instalado num antigo palácio de fachada senhorial e atractiva. Perfeita harmonia entre o seu nostálgico passado clássico e a modernidade dum presente mais funcional.

Solar do Castelo sem rest, Rua das Cozinhas 2, ✉ 1100-181, ☎ 21 887 09 09, *solar.castelo@heritage.pt, Fax 21 887 09 07* – ▤ TV. AE ⓓ MC VISA JCB. ✡ LY c
☕ 14 – **14 qto** 260/290.
◆ Pequeno palácio do séc. XVIII numa zona repleta de monumentos. Interior aconchegante e completamente actualizado, com quartos modernos onde destacam os detalhes de desenho.

Olissipo sem rest, Rua Costa do Castelo 112, ✉ 1100-179, ☎ 218 82 01 90, *info.oc@olissippohotels.com, Fax 218 82 01 94*, ≤ – |♦|, ⇆ qto, ▤ TV ℡. AE ⓓ MC VISA. ✡ LX v
24 qto ☕ 155/165.
◆ Situado numa zona elevada junto ao castelo de São Jorge, com um dos seus muros colados à muralha. Escassa área social compensada com quartos amplos e confortáveis.

Metropole sem rest, Praça do Rossio 30, ✉ 1100-200, ☎ 21 321 90 30, *metropole@almeidahotels.com, Fax 21 346 91 66* – |♦| ▤ TV. AE ⓓ MC VISA JCB. ✡ KY s
36 qto ☕ 160/170.
◆ Edifício de princípios do séc. XX no coração da velha Lisboa. Oferece quartos clássicos e de alto conforto, destacando os que possuem varanda para a praça do Rossio.

Solar dos Mouros ♨ sem rest, Rua do Milagre de Santo António 6, ✉ 1100-351, ☎ 218 85 49 40, *reservation@solardosmouros.pt, Fax 218 85 49 45*, ≤ – ▤ TV. AE ⓓ MC VISA. ✡ LY x
8 qto ☕ 186/240.
◆ Casa típica actualizada e personalizada na sua decoração, com quadros pintados pelo proprietário. Possui quartos muito coloristas e em alguns casos com excelentes vistas.

Albergaria Senhora do Monte sem rest, Calçada do Monte 39, ✉ 1170-250, ☎ 21 886 60 02, *senhoradomonte@hotmail.com, Fax 21 887 77 83*, ≤ Castelo de São Jorge, cidade e rio Tejo – |♦| ▤ TV. AE ⓓ MC VISA. ✡ LV c
28 qto ☕ 105/129.
◆ Agradável alojamento no bairro residencial da Graça. Hotel pequeno, organizado e atractivo. Aconchegantes quartos de clássica decoração, os melhores com varanda.

Lisboa Tejo sem rest, Rua dos Condes de Monsanto 2, ✉ 1100-159, ☎ 21 886 61 82, *hotellisboatejo.reservas@evidenciagrupo.com, Fax 21 886 51 63* – |♦| ▤ TV. AE ⓓ MC VISA JCB. ✡ KX r
58 qto ☕ 100/135.
◆ Preços razoáveis e agradáveis quartos de esmerado conforto, na Baixa Pombalina. Hotel moderno, central, renovado e de clássico ambiente, com elegante decoração.

Insulana sem rest, Rua da Assunção 52, ✉ 1100-044, ☎ 21 342 76 25, *insulana@netc.pt, Fax 21 342 89 24* – |♦| ▤ TV. AE ⓓ MC VISA. ✡ KY e
32 qto ☕ 50/60.
◆ Em plena Baixa Pombalina, como um recurso a preço módico. Estadia agradável e bem localizada dentro dum correcto conforto de adequadas instalações.

Residência Roma sem rest, Travessa da Glória 22-A, ✉ 1250-118, ☎ 21 346 05 57, *res.roma@mail.telepac.pt, Fax 21 346 05 57* – ▤ TV. AE ⓓ MC VISA. ✡ JX t
24 qto ☕ 60/70.
◆ Localização estratégica e central, próximo ao Rossio. Um hotel funcional e prático de confortáveis instalações. Espaços comuns suficientes.

Clara, Campo dos Mártires da Pátria 49, ✉ 1150-225, ☎ 21 885 30 53, *clararestaurant@mail.telepac.pt, Fax 21 885 20 82*, 🌳 – ▤. AE ⓓ MC VISA JCB. ✡ KV f
fechado do 1 ao 15 de agosto, sábado meio-dia e domingo – **Refeição** lista aprox. 45.
◆ No centro da cidade com uma formosa esplanada-jardim. Elegante estabelecimento perfeitamente equipado, de gratificante decoração e notável conforto, num contexto aconchegante.

Tavares, Rua da Misericórdia 37, ✉ 1200-000, ☎ 213 42 11 12, *reservas@tavaresrico.pt, Fax 213 47 81 25* – ▤. AE ⓓ MC VISA. ✡ JY e
fechado sabado meio-dia e domingo – **Refeição** lista 46 a 65.
◆ Resulta emblemático pela sua aristocrática elegância e pela sua antiguidade, já que se fundou em 1784. Dispõe de uma sumptuosa decoração com dourados, espelhos e lâmpadas de aranha.

Gambrinus, Rua das Portas de Santo Antão 25, ✉ 1150-264, ☎ 21 342 14 66, *Fax 21 346 50 32* – ▤. AE MC VISA. ✡ KX n
Refeição lista 72 a 86.
◆ No centro histórico da cidade, perto do Rossio. Estabelecimento de reconhecida tradição, onde os dons gastronómicos e uma excelente adega confirmam a sua fama.

Consenso, Rua da Académia das Ciências 1-A, ✉ 1200-003, ☎ 21 343 13 13, *reservas@restauranteconsenso.com, Fax 21 343 13 12* – ▤. AE ⓓ MC VISA JCB JY a
fechado domingo – **Refeição** - só jantar - lista 23 a 36.
◆ Boa cozinha actual ao gosto português. Gratificante refeitório de estimada decoração vanguardista, bem cuidada e dentro dum confortável ambiente rústico.

Escorial, Rua das Portas de Santo Antão 47, ✉ 1150-160, ✆ 21 346 44 29, *Fax 21 346 37 58*, – ▤. AE ⓓ MC VISA JCB. ✂ KX e
Refeição lista 25 a 34.
• Junto ao Rossio. Consolidado restaurante de correctas instalações, onde é possível desfrutar dum agradável e atento serviço a a carte, dentro duma apreciada organização.

Casa do Leão, Castelo de São Jorge, ✉ 1100-129, ✆ 21 887 59 62, *guest@pousadas.pt, Fax 21 887 63 29*, ≤, – ▤. AE ⓓ MC VISA. ✂ LXY s
Refeição lista aprox. 40.
• Genuína localização no interior das muralhas do castelo de São Jorge. Elegante local de exclusiva atmosfera e belo estilo clássico português.

Via Graça, Rua Damasceno Monteiro 9-B, ✉ 1170-108, ✆ 21 887 08 30, *restaurantevisgraca@hotmail.com, Fax 21 887 03 05*, ≤ Castelo de São Jorge, cidade e rio Tejo – ▤. AE ⓓ MC VISA JCB. ✂ LV d
fechado sábado meio-dia e domingo – **Refeição** - só jantar do 16 ao 30 de agosto - lista 31 a 41.
• Nos arredores da Alfama, com uma magnífica visão panorâmica. Selecta cozinha num concorrido e amável ambiente de instalações bem cuidadas.

O Faz Figura, Rua do Paraíso 15-B, ✉ 1100-396, ✆ 21 886 89 81, *faz.figura@mail.telepac.pt, Fax 21 882 21 03*, ≤, – ▤. AE ⓓ MC VISA JCB. ✂ MX n
fechado sábado meio-dia e domingo – **Refeição** lista 30 a 38.
• Junto à igreja de Santa Engrácia, nos arredores da Alfama. Um estabelecimento de correcta organização e clássicas dependências, dentro dum elegante ambiente.

Solar dos Presuntos, Rua das Portas de Santo Antão 150, ✉ 1150-269, ✆ 21 342 42 53, *restaurante@solardospresuntos.com, Fax 21 346 84 68* – ▤. AE ⓓ MC VISA. ✂ KX b
fechado agosto, domingo e feriados – **Refeição** lista 34 a 39.
• Dirigido pelos seus proprietários, com boa exposição de produtos e um conforto correcto, oferece uma ampla selecção de pratos tradicionais e algumas especialidades minhotas.

Verdemar, Rua das Portas de Santo Antão 142, ✉ 1150-269, ✆ 21 346 44 01 – ▤. AE ⓓ MC VISA JCB. ✂ KX f
fechado julho e sábado – **Refeição** lista 15 a 26.
• Agradável local de localização central próximo ao Rossio. O seu esmerado serviço de mesa é o complemento idóneo para degustar duma cozinha tradicional com produtos escolhidos.

La Paparrucha, Rua D. Pedro V 18-20, ✉ 1250-094, ✆ 21 342 53 33, *grupo.V@mail.telepac.pt, Fax 21 342 53 33*, ≤, – ▤. AE ⓓ MC VISA JCB. ✂ JX a
Refeição - rest. argentino, carnes - lista 17 a 29.
• Popular restaurante argentino de estilo funcional, que baseia o seu trabalho nas excelências das suas carnes no churrasco. Tem boas vistas e possui uma concorrida esplanada.

O Múni, Rua dos Correeiros 115, ✉ 1100-163, ✆ 21 342 89 82 – ▤. AE MC VISA. ✂
fechado setembro, sábado, domingo e feriados – **Refeição** lista 26 a 33. KY r
• Um pequeno e central estabelecimento de carácter familiar em plena Baixa Pombalina. Um confortável e gratificante ambiente com instalações bem cuidadas.

Mercado de Santa Clara, Campo de Santa Clara (no mercado), ✉ 1170, ✆ 21 887 39 86, *Fax 21 887 39 86* – ▤. AE ⓓ MC VISA. ✂ MX c
fechado domingo noite e 2ª feira – **Refeição** lista 29 a 36.
• Junto ao Campo de Santa Clara. Confortável restaurante de ambiente relaxado, sabor antigo e subtil encanto dentro dum correcto conforto de adequadas instalações.

Este : Praça Marquês de Pombal, Av. da Liberdade, Av. Almirante Reis, Av. João XXI, Av. da República, Av. Estados Unidos de América, Av. de Berlim (planos p. 5 e 7)

Tivoli Tejo, Av. D. João II (Parque das Nações), ✉ 1990-083, ✆ 21 891 51 00, *httejo@tivoli.pt, Fax 21 891 53 45*, ≤, – ▤ – 25/250. AE ⓓ MC VISA JCB. ✂ DN b
A VIII Colina **Refeição** lista 31 a 38 - ***O Ardina*** *(só almoço)* **Refeição** lista 26 a 30 – **262 qto** ☕ 175/190 – 17 suites.
• Atractivo edifício frente ao estuário do Tejo, com quartos actuais e casas de banho reduzidas. As zonas nobres não são muito amplas, apesar de que estão bem acondicionadas. O restaurante A VIII Colina tem uma excelente vista panorâmica.

Altis Park H., Av. Engenheiro Arantes e Oliveira 9, ✉ 1900-221, ✆ 21 843 42 00, *reservations@altisparkhotel.com, Fax 21 846 08 38* – ▤ – 25/600. AE ⓓ MC VISA. ✂ rest HR z
Refeição 17,50 – **285 qto** ☕ 135/150 – 15 suites – PA 45.
• Numa interessante zona de negócios. Grande hotel moderno de perfeito equipamento, onde congressos e conferências encontram o seu lugar dentro dum ambiente esmerado e funcional. O restaurante Navegadores oferece uma cozinha de bom nível gastronómico.

Suites do Marquês, Av. Duque de Loulé 45, ✉ 1050-086, ☎ 21 351 04 80, *lisboa.com@barcelo.com.pt, Fax 21 353 18 65,* – 25/50. AE VISA. GS z
Refeição *(fechado domingo)* lista 22 a 30 – **80 qto** 196/216 – 4 suites.
• Localização central próxima à célebre Praça Marquês de Pombal. Todo o estilo e conforto da cadeia Meliá dentro de amplos e serenos quartos de carácter funcional.

Holiday Inn Lisbon, Av. António José de Almeida 28-A, ✉ 1000-044, ☎ 21 004 40 00, *hil@grupo-continental.com, Fax 21 793 66 72,* – 25/300. AE VISA JCB. GR c
Refeição 24 – **161 qto** 180/220 – 8 suites.
• Situado em pleno centro e bem equipado, é uma boa opção tanto se a sua estadia for por lazer ou por trabalho. Parco em zonas comuns e com quartos confortáveis. Cálido refeitório com mobiliário em vime e serviço de buffet.

AC Palacio Sottomayor, Av. Fontes Pereira de Melo 16, ✉ 1050-121, ☎ 210 05 09 30, *acpsottomayor@ac-hotels.com, Fax 210 05 09 31,* – 25/60. AE VISA. GS x
Refeição lista aprox. 27 – **81 qto** 126,50/137,50 – 2 suites.
• Esta situado na parte posterior do palácio, com uma fachada moderna e o hall habitual nesta cadeia de hotéis. Correcta zona social e quartos actuais de completo equipamento. Refeitório de adequada montagem embora algo sóbrio.

Roma, Av. de Roma 33, ✉ 1749-074, ☎ 21 796 77 61, *info@hotelroma.pt, Fax 21 793 29 81,* – 25/230. AE VISA JCB. CN a
Refeição 15 – **263 qto** 85/95 – PA 30.
• Situado numa importante avenida da cidade. Conjunto actual onde as instalações confortáveis e amplas cuidam do seu sossego. Destacam os seus 60 quartos executivos.

Dom Carlos Park sem rest com snack-bar, Av. Duque de Loulé 121, ✉ 1050-089, ☎ 21 351 25 90, *comercial@domcarloshoteis.com, Fax 21 352 07 28* – 25/40. AE VISA JCB. GS n
76 qto 117/152.
• Clássico e elegante, conjugando a sua privilegiada localização com um ambiente tranquilo. Aconchegantes quartos com casas de banho em mármore e uma escassa zona social.

Madrid sem rest, Rua do Conde de Redondo 24, ✉ 1150-106, ☎ 21 319 17 60, *comercial@3khoteis.com, Fax 21 315 75 75* – 25/100. AE VISA JCB. GS v
86 qto 125/150.
• A sua localização central confere-lhe um maior protagonismo. Interior de estimado conforto, com dependências de aconchegante funcionalidade. Sala para pequeno almoço luminosa.

A.S. Lisboa sem rest, Av. Almirante Reis 188, ✉ 1000-055, ☎ 21 842 93 60, *info@hotel-aslisboa.com, Fax 21 842 93 74* – 25/80. AE VISA JCB.
75 qto 74,07/85,04. HR e
• Numa zona interessante e dinâmica da cidade. Um agradável tratamento e uma confortável estadia, num hotel moderno e funcional, com um atento serviço e um esmerado clima.

Travel Park, Av. Almirante Reis 64, ✉ 1150-020, ☎ 218 10 21 00, *reservas@hoteltravelpark.com, Fax 218 10 21 99* – 25/120. AE VISA.
Refeição 16 – **61 qto** 120/130. HS t
• Edifício de recente construção, dotado de uma correcta zona social e de um pátio exterior com esplanada. Oferece quartos funcionais com o chão em alcatifa. Refeitório interior de estilo clássico.

Meliá Tryp Oriente, Av. D. João II (Parque das Nações), ✉ 1990-083, ☎ 21 893 00 00, *tryp.oriente@solmeliaportugal.com, Fax 21 893 00 99,* – 25/100
115 qto – 1 suite. DN a
• No recinto da Expo, frente ao estuário do Tejo. Todas as atenções da cadeia dentro dum estilo funcional, com quartos bem equipados e decorados em tons suaves. O restaurante oferece um completo buffet.

Ibis Lisboa Saldanha, Av. Casal Ribeiro 23-25, ✉ 1000-090, ☎ 21 319 16 90, *h2117@accor-hotels.com, Fax 21 319 16 99* – qto, – 25/150. AE VISA. GR r
Refeição 11 – 5 – **116 qto** 65.
• Conjunto funcional mas aconchegante. Os seus confortáveis quartos oferecem um mobiliário simples e um modesto equipamento, seguindo a linha da cadeia.

D. Afonso Henriques sem rest, Rua Cristóvão Falcão 8, ✉ 1900-172, ☎ 21 814 65 74, *h.afonsohenriques@mail.telepac.pt, Fax 21 812 33 75* – 25/80. AE VISA HR t
39 qto 62,60/73,90.
• Dentro da sua categoria, trata-se dum hotel confortável, com uma correcta direcção e boa organização. Possui quartos um pouco funcionais mas bem equipados.

Dom João sem rest, Rua José Estêvão 43, ✉ 1150-200, ☎ 21 314 41 71, *Fax 21 352 45 69* – |♦| ▤ TV. AE ① MC VISA. ✂ HS e
18 qto ☕ 50/60.
• Pequeno hotel num esmerado ambiente clássico e de clima familiar, que o converte num lugar cálido. Quartos equipados com duche na maioria das casas de banho.

Alicante sem rest, Av. Duque de Loulé 20, ✉ 1050-090, ☎ 21 353 05 14, *reservas @residenciaalicante.com, Fax 21 352 02 50* – |♦| ▤ TV. AE ① MC VISA. ✂ GS c
49 qto ☕ 60/70.
• Encontra-se a um passo da Praça Marquês de Pombal. Simpático alojamento de carácter familiar e linha funcional, com quartos um pouco antiquados e casas de banho reduzidas.

Lar do Areeiro sem rest, Praça Dr. Francisco Sá Carneiro 4, ✉ 1000-159, ☎ 21 849 31 50, *info@residencialardoareeiro.pt, Fax 21 840 63 21* – |♦| TV. AE ① MC VISA. ✂ HR v
60 qto ☕ 47,50/58,50.
• Um opção económica e agradável na querida Lisboa. Hotelzinho renovado e central de confortável funcionalidade e quartos alegres e actuais, bem equipados.

D'Avis, Rua do Grilo 98, ✉ 1900-707, ☎ 21 868 13 54, *Fax 21 868 13 54* – ▤. AE ① MC VISA. ✂ DP a
fechado domingo – **Refeição** - cozinha alentejana - lista 18 a 23.
• Restaurante típico um pouco pequeno mas bem organizado. Interessante cozinha a preços atractivos, num aconchegante ambiente decorado ao estilo do belo e agradável Alentejo.

Vasku's Grill, Rua Passos Manuel 30, ✉ 1150-260, ☎ 21 352 22 93, *Fax 21 315 54 32* – ▤. AE ① MC VISA JCB. ✂ HS a
fechado agosto e domingo – **Refeição** - grelhados - lista aprox. 35.
• Entre a Alameda e a Baixa. Restaurante de carácter informal e ambiente relaxado. Discreta cozinha e gratificante serviço a a carte, baseada em peixes e carnes no churrasco.

Oeste : Av. da Liberdade, Av. 24 de Julho, Largo de Alcântara, Av. da India, Av. Infante Santo, Praça Marquês de Pombal, Av. António Augusto de Aguiar, Av. de Berna, Praça de Espanha (planos p. 4 e 6)

Four Seasons H.Ritz Lisbon, Rua Rodrigo da Fonseca 88, ✉ 1099-039, ☎ 21 381 14 00, *ritzfourseasons@mail.telepac.pt, Fax 21 383 17 83*, ←, ⛱, Ⅎ6 – |♦| ▤ TV ♿ 🚗 P – 👥 25/500. AE ① MC VISA JCB. ✂ rest FS b
Refeição 50 - ***Varanda*** : **Refeição** lista 49 a 62 – ☕ 24 – **262 qto** 425/450 – 20 suites.
• Luxo e excelência nos quartos, alguns de filme. Magníficas zonas comuns e excelentes materiais farão da sua estadia um prazer. Exclusivo restaurante de estilo clássico onde a sofisticação se plasma em cada prato.

Sheraton Lisboa H. & Towers, Rua Latino Coelho 1, ✉ 1069-025, ☎ 21 312 00 00, *sheraton.lisboa@sheraton.com, Fax 21 354 71 64*, ←, Ⅎ6, 🏊 climatizada – |♦| ▤ TV ♿ 🚗 – 👥 25/550. AE ① MC VISA. ✂ rest GR s
Panorama *(só jantar)* **Refeição** lista 47 a 62 - ***Caravela*** *(só almoço)* **Refeição** lista 32 a 47 – ☕ 17 – **376 qto** 290/305 – 8 suites.
• Render-se às excelências deste hotel é fácil. Para estadias de negócio, solicite os seus fantásticos e completos quartos executivos. Congressos e banquetes. O restaurante Alfama destaca pela sua esmerada montagem e pela fina elaboração dos seus pratos.

Lapa Palace 🐦, Rua do Pau de Bandeira 4, ✉ 1249-021, ☎ 21 394 94 94, *info@lapa-palace.com, Fax 21 395 06 65*, ←, ⛱, Ⅎ6, 🏊, 🏊, 🌳 – |♦| ▤ TV ♿ 🚗 P – 👥 25/250. AE ① MC VISA JCB. ✂ rest EU a
Hotel Cipriani : **Refeição** lista 47 a 58 – **92 qto** ☕ 500 – 9 suites.
• Pomposidade e classicismo sobre uma colina, com o Tejo ao fundo. Palácio do séc. XIX com sítios íntimos e evocadores jardins, com uma cascata entre as árvores. O restaurante oferece uma esmerada cozinha italiana num ambiente refinado.

Pestana Palace 🐦, Rua Jau 54, ✉ 1300-314, ☎ 21 361 56 00, *carlton.palace@pestana.com, Fax 21 361 56 01*, Ⅎ6, 🏊, 🏊, 🌳 – |♦| ▤ TV 📞 ♿ 🚗 – 👥 25/520. AE ① MC VISA JCB. ✂ AQ d
Valle Flor : **Refeição** lista 44 a 69 – **173 qto** ☕ 410/430 – 17 suites.
• Formoso palácio do séc. XIX restaurado e decorado segundo a época, com suntuosos salões e quartos detalhistas. Os cuidados exteriores são um autêntico paraíso botânico. Magnífico restaurante tanto pela sua cozinha quanto pela beleza dos luxuosos refeitórios.

Le Meridien Park Atlantic Lisboa, Rua Castilho 149, ✉ 1099-034, ☎ 21 381 87 00, *reservas.lisboa@lemeridien.pt, Fax 21 389 05 05*, ← – |♦|, 🚭 qto, ▤ TV ♿ 🚗 – 👥 25/550. AE ① MC VISA JCB. ✂ rest FS a
L'Appart : **Refeição** lista 42 a 50 – ☕ 20 – **313 qto** 460 – 17 suites.
• Completas instalações e profissionalismo num esmerado ambiente de modernos quartos e suites. Casas de banho em mármore e mobiliário de qualidade. Restaurante de gratificante decoração em três ambientes, com buffet, ementa ou prato do dia.

Altis, Rua Castilho 11, 1269-072, 21 310 60 00, *reservations@hotel-altis.pt, Fax 21 310 62 62,* - 25/700. FT z

Girassol : **Refeição** lista 38 a 47 - ***Grill Dom Fernando*** *(fechado domingo)* **Refeição** lista 49 a 61 - **290 qto** 250/300 - 13 suites, 40 apartamentos.

• Hotel com tradição de mais de 20 anos, próximo à Praça Marquês de Pombal. Dependências de grande classicismo e cálida modernidade. No restaurante Girassol oferece-se um variado buffet.

Lisbon Marriott H., Av. dos Combatentes 45, 1600-042, 21 723 54 00, *lisbon@marriotthotels.com, Fax 21 726 42 81,* qto, - 25/600 BN r

565 qto - 12 suites.

• Dispõe de um amplo hall com zona de lojas, grande variedade de salas e luminosos quartos dotados de moderno equipamento, com mobiliário clássico de grande qualidade. O restaurante, que tem certo ar oriental, combina a sua ementa com um completo buffet.

Holiday Inn Lisbon Continental, Rua Laura Alves 9, 1069-169, 21 004 60 00, *hic@grupo-continental.com, Fax 21 797 36 69* - 25/180. FR q

Refeição 22,50 - 10,50 - **210 qto** 180/205 - 10 suites.

• Hotel de fachada actual onde se encontram os executivos de empresa. Aconchegantes quartos dotados de numerosos detalhes e correctas zonas sociais. Refeitório de nível algo inferior.

Real Parque, Av. Luís Bívar 67, 1069-146, 21 319 90 00, *info@hoteisreal.com, Fax 21 357 07 50* - 25/100. FR a

Cozinha do Real : **Refeição** lista 28 a 37 - **147 qto** 155/175 - 6 suites.

• Reuniões, negócios e turismo. Refinado mobiliário, qualidade e bom gosto por todos os lados. Interior clássico-actual, moderna fachada e elegante zona nobre. O restaurante é muito aconchegante, com uma montagem de bom nível.

Real Palacio, Rua Tomás Ribeiro, 1050-228, 213 19 95 00, *info@hoteisreal.com, Fax 213 19 95 01,* qto, - 25/230. FR s

Refeição 35,50 - **143 qto** 215/240 - 4 suites.

• Conjunto de estilo clássico-actual em cuja decoração se combinam o mármore e as madeiras nobres. Possui salas de reunião modulares e quartos de equipamento completo. O refeitório complementa a sua ementa com um nutrido buffet.

Villa Rica, Av. 5 de Outubro 295, 1600-035, 21 004 30 00, *Fax 21 004 34 99,* - 25/500. CN a

Ouro Preto **Refeição** lista 45 a 61 - **166 qto** 126/141 - 5 suites.

• Original pela sua concepção arquitectónica e pelas alternativas vanguardistas que oferece em mobiliário e decoração. As zonas nobres destacam pela sua luminosidade. O restaurante Ouro Preto brinda com a sua ementa o detalhe de qualidade na cozinha.

Sana Metropolitan Park H., Rua Soeiro Pereira Gomes-parcela 2, 1600-198, 21 798 25 00, *comer@metropolitan-lisboa-hotel.pt, Fax 21 795 08 64* - 25/250. CN v

Refeição 16 - **315 qto** 165/195.

• Conceitos como a modernidade e funcionalidade a serviço da empresa. Espaçoso hall, equipadas salas de conferências e quartos actuais de cálida decoração.

Fénix, Praça Marquês de Pombal 8, 1269-133, 21 386 21 21, *fenixlisbia@fenixlisboa.com, Fax 21 386 01 31* - 25/100. FS g

Bodegón : **Refeição** lista 20 a 28 - **119 qto** 140/160 - 4 suites.

• Um clássico em plena Praça Marquês de Pombal. As suas cuidadas zonas nobres complementam-se com quartos de completo equipamento e bom conforto geral. Restaurante de elegantes detalhes e tons suaves.

Marquês de Pombal sem rest com snack-bar, Av. da Liberdade 243, 1250-143, 21 319 79 00, *info@hotel-marquesdepombal.pt, Fax 21 319 79 90* - 25/120. FS e

123 qto 166/178.

• De recente construção. Congressos e reuniões num clima moderno e funcional : óptimos materiais, tecnologias actuais e sala de conferências modulável.

Sana Reno H. sem rest, Av. Duque d'Ávila 195-197, 1050-082, 21 313 50 00, *sanareno@sanahotels.com, Fax 21 313 50 01,* - 25/115. FR m

89 qto 120/130 - 3 suites.

• Profissionalismo nos arredores do parque Eduardo VII. Renovado e ampliado no ano de 1998. O seu elegante hall anuncia uma esmerada estadia em quartos cálidos e funcionais.

Diplomático, Rua Castilho 74, ✉ 1250-071, ☎ 21 383 90 20, *reservas@hotel-diplomatico.mailpac.pt, Fax 21 386 21 55* – |♦| ▤ TV P – 25/80 FS c
90 qto.
◆ Conjunto renovado, com cálidas zonas nobres e quartos confortáveis. Sábia escolha no centro de Lisboa, onde se encontram negócios, congressos e turismo. Restaurante muito bem disposto, com detalhes de elegância clássica que o tornam aconchegante.

Barcelona sem rest, Rua Laura Alves 10, ✉ 1050-138, ☎ 21 795 42 73, *reservas@3khoteis.com, Fax 21 795 42 81* – |♦| ▤ TV ♿ 🚗 – 25/230. AE ⓓ ⓜⓒ VISA JCB. ✂ FR z
120 qto ☕ 125/150 – 5 suites.
◆ No centro financeiro da cidade e de acordo com os novos tempos. Aloje-se num ambiente moderno de ecos vanguardistas. Alegre decoração colorista e pleno conforto.

Mercure Lisboa Malhoa, Av. José Malhoa-lote 1684, ✉ 1099-051, ☎ 21 720 80 00, *h3346@accor-hotels.com, Fax 21 720 80 89,* – |♦|, ✕ qto, ▤ TV ♿ 🚗 – 25/200. AE ⓓ ⓜⓒ VISA. ✂ ER b
Refeição 14 – ☕ 7,50 – **103 qto** 92/98 – 1 suite.
◆ O factor mais destacado são os seus quartos, com um desenho de vanguarda que sabe criar um ambiente aconchegante com o conforto óptimo para o descanso. Atractiva piscina panorâmica. Refeitório de estilo informal, combinando a ementa e o buffet.

Quality H., Campo Grande 7, ✉ 1700-087, ☎ 21 791 76 00, *quality.lisboa@netcabo.pt, Fax 21 795 75 00,* – |♦| ▤ TV ♿ 🚗 – 25/70. AE ⓓ ⓜⓒ VISA. ✂ CN c
Refeição 19,20 – **80 qto** ☕ 250/280 – 2 suites.
◆ Hotel de linha funcional com quartos bem equipados. Um ar actual e prático define o seu espírito, com vocação para as grandes reuniões de empresa.

Amazónia Jamor, Av. Tomás Ribeiro 129 Queijas, ✉ 2795-891 Linda-A-Pastora, ☎ 21 417 56 38, *reservas@amazoniahoteis.com, Fax 21 417 56 30,* ←, , , , ✂ – |♦| ▤ TV ☎ ♿ 🚗 P – 25/200. AE ⓓ ⓜⓒ VISA JCB. ✂ por ④ : 10 km
Refeição lista 25 a 33 – **93 qto** ☕ 120/140 – 4 suites.
◆ Quartos espaçosos de estilo moderno, os melhores com jacuzzi. Interessantes ofertas complementares. Congressos, seminários e banquetes.

Flórida sem rest, Rua Duque de Palmela 34, ✉ 1250-098, ☎ 21 357 61 45, *sales@hotel-florida.pt, Fax 21 314 13 47* – |♦| ▤ TV – 25/100. AE ⓓ ⓜⓒ VISA JCB. ✂ FS x
72 qto ☕ 120/135.
◆ Clássico renovado recentemente. O mobiliário dos seus quartos é um pouco antiquado, compensado com casas de banho em mármore. Luminosa sala para pequeno almoço.

Vila Galé Ópera, Travessa do Conde da Ponte, ✉ 1300-141, ☎ 21 360 54 00, *reserv.opera@vilagale.pt, Fax 21 360 54 50,* , – |♦|, ✕ qto, ▤ TV ☎ ♿ 🚗 – 25/230. AE ⓓ ⓜⓒ VISA JCB. ✂ ABQ a
Refeição 25 – **243 qto** ☕ 96/120 – 16 suites.
◆ Encontra-se junto ao centro de congressos, que determina o seu tipo de clientela. Amplo hall, quartos modernos de conforto funcional e uma completa oferta de fitness. Restaurante de montagem actual, decorado com detalhes alusivos ao mundo da música.

Amazónia Lisboa sem rest, Travessa Fábrica dos Pentes 12, ✉ 1250-106, ☎ 21 387 70 06, *reservas@amazoniahoteis.com, Fax 21 387 90 90,* climatizada – |♦| ▤ TV ☎ ♿ 🚗 – 25/200. AE ⓓ ⓜⓒ VISA JCB. ✂ FS d
192 qto ☕ 105/180.
◆ Perto da Praça Marquês de Pombal. Modernas suites e quartos funcionais, destacando os que têm varanda. Organização profissional.

Clarión Suites sem rest com snack-bar, Rua Rodrigo da Fonseca 44, ✉ 1250-193, ☎ 21 004 66 00, *clarion.suites@grupo-continental.com, Fax 21 386 30 00,* – |♦| ▤ TV 🚗. AE ⓓ ⓜⓒ VISA JCB. ✂ FS m
☕ 9 – **57 apartamentos** 88/94.
◆ Oferece apartamentos muito confortáveis dentro da sua funcionalidade. As zonas comuns são algo reduzidas, embora o mobiliário e a decoração foram bem actualizados.

York House, Rua das Janelas Verdes 32, ✉ 1200-691, ☎ 21 396 24 35, *reservations@yorkhouselisboa.com, Fax 21 397 27 93,* – ▤ TV – 25/90. AE ⓓ ⓜⓒ VISA JCB. ✂ FU e
Refeição lista 33 a 40 – ☕ 14 – **32 qto** 160/175.
◆ Num convento do séc. XVI. Os quartos têm um mobiliário de época e uma decoração personalizada de estilo português. Encanto, conforto actual e distinguida elegância. Bonita e agradável esplanada-refeitório de simples montagem, na sombra das árvores.

Novotel Lisboa, Av. José Malhoa 1642, ✉ 1099-051, ☎ 21 724 48 00, *Ho784@accor-hotels.com, Fax 21 724 48 01,* ←, , – |♦|, ✕ qto, ▤ TV ♿ 🚗 – 25/300. AE ⓓ ⓜⓒ VISA JCB ER e
Refeição 17 – ☕ 7 – **246 qto** 78/86.
◆ Funcionalidade na sua decoração e nos materiais empregados. Correctas instalações, moderno serviço e quartos bem equipados. Banquetes e convenções. No seu refeitório, oferece-se um variado buffet.

Sana Classic Executive H. sem rest, Av. Conde Valbom 56, ✉ 1050-069, ℰ 21 795 11 57, *sana-classic.executive@sanahotels.com, Fax 21 795 11 66* – 25/55. AE VISA. FR g
72 qto 67/77.
◆ Boa localização e acertada escolha para o cliente de empresa. Prático e funcional. Hall-recepção moderno, confortáveis quartos bem equipados e casas de banho em mármore.

Miraparque, Av. Sidónio Pais 12, ✉ 1050-214, ℰ 21 352 42 86, *hotel@miraparque.com, Fax 21 357 89 20* – AE VISA. FS k
Refeição 16,50 – **96 qto** 90/100 – PA 30.
◆ Apesar das suas instalações, algo desfasadas, o seu classicismo proporciona um estilo agradável, amável e duradouro. Fachada renovada e correctos quartos.

Eduardo VII, Av. Fontes Pereira de Melo 5, ✉ 1069-114, ℰ 21 356 88 22, *sales@hoteleduardovii.pt, Fax 21 356 88 33,* – 25/100. AE VISA JCB. FS p
***Varanda :* Refeição** lista 22 a 38 – 6 – **137 qto** 74/97 – 1 suite.
◆ Junto ao parque Eduardo VII. Surpreender-lhe-á o seu estilo clássico e bem cuidado. Reduzidos quartos que, entretanto, destacam pelo seu cálido conforto e esmerada decoração. O seu restaurante panorâmico Varanda tem impressionantes vistas sobre a cidade.

Marquês de Sá, Av. Miguel Bombarda 130, ✉ 1050-167, ℰ 21 791 10 14, *reservas.oms@dinippohotels.com, Fax 21 793 69 86* – 25/150. AE VISA JCB. FR c
Refeição 15,50 – **164 qto** 135/165.
◆ Junto à Fundação Gulbenkian. Negócios e prazer encontram um cuidado ambiente de grande qualidade. Organização amável e quartos bem equipados. Possui também um luminoso refeitório em tons azuis e um amplo hall.

As Janelas Verdes sem rest, Rua das Janelas Verdes 47, ✉ 1200-690, ℰ 21 396 81 43, *janelas.verdes@heritage.pt, Fax 21 396 81 44* – AE VISA JCB. FU e
14 – **29 qto** 260/290.
◆ Mansão de finais do séc. XVIII com um belo pátio ajardinado e um elegante salão social. O conjunto é cálido e romântico, com um íntimo classicismo.

Nacional sem rest, Rua Castilho 34, ✉ 1250-070, ℰ 21 355 44 33, *hotelnacional@mail.telepac.pt, Fax 21 356 11 22* – AE VISA. FST s
59 qto 83/96 – 2 suites.
◆ De linha actual, organização profissional e amável serviço. Quartos um pouco pequenos, mas modernos e bem equipados.

Sana Rex H. sem rest, Rua Castilho 169, ✉ 1070-050, ℰ 21 388 21 61, *sanarex@sanahotels.com, Fax 21 388 75 81* – 25/50. AE VISA. FS a
68 qto 120/130.
◆ Renovado no ano de 1996. O luxo de encontrar um clima familiar e moderno ao mesmo tempo em pleno centro da cidade. Cálidas instalações, elegante recepção e cuidados quartos. Refeitório de ar rústico com profusão de madeira onde se combinam a ementa e o buffet.

Da Torre, Rua dos Jerónimos 8, ✉ 1400-211, ℰ 21 361 69 40, *hoteldatorre.belem@mail.telepac.pt, Fax 21 361 69 46* – 25/50. AE VISA JCB. AQ e
Refeição - ver rest. ***São Jerónimo*** – **59 qto** 80/95.
◆ Em Belém, próximo aos Jerónimos. Bom salão social de estilo clássico português e quartos pequenos mas muito dignos. Belos azulejos e madeiras definem a sua decoração.

Berna sem rest, Av. António Serpa 13, ✉ 1069-199, ℰ 21 781 43 00, *hotelberna@viphotels.com, Fax 21 793 62 78* – 25/180. AE VISA JCB. GR a
7,50 – **240 qto** 64,50/70.
◆ Lazer e negócio encontram o seu alojamento no centro moderno da cidade. Quartos reduzidos mas equipados, casas de banho com espaço justo e zonas comuns suficientes.

Jorge V sem rest, Rua Mouzinho da Silveira 3, ✉ 1250-165, ℰ 21 356 25 25, *info@hoteljorgev.com, Fax 21 315 03 19* – AE VISA. FT r
49 qto 85/99,50.
◆ Sinta o prazer de estar em família. Gosto actual e funcional próximo à Avenida da Liberdade. Quartos simples mas correctos com porta dupla. Casas de banho em mármore.

Real Residência, Rua Ramalho Ortigão 41, ✉ 1070-228, ℰ 21 382 29 00, *info@hoteisreal.com, Fax 21 382 29 30* – P – 25/70. AE VISA JCB. FR e
Refeição 27,50 – **24 apartamentos** 155/187,50.
◆ Qualidade, conforto e elegância. Apartamentos T1 amplos e bem equipados : casas de banho em mármore, decoração clássica e bons materiais. O reduzido refeitório é agradável, combinando elementos modernos com atractivos detalhes rústicos.

Comfort H. Príncipe sem rest, Av. Duque d'Ávila 201, ✉ 1050-082, ☎ 21 353 61 51, *comfortprincipe@esoterica.pt, Fax 21 353 43 14* – ▮ ▤ TV P. AE ⓓ ⓜ VISA JCB. ✂
67 qto ☕ 65/80. FR m
◆ De linha prática e actual. Correcto hall-recepção e quartos de escassa decoração, apesar de terem um adequado tamanho.

Ibis Lisboa Liberdade sem rest, Rua Barata Salgueiro 53, ✉ 1250-043, ☎ 21 330 06 30, *h3137@accor-hotels.com, Fax 21 330 06 31* – ▮, ✂ qto, ▤ TV ♿ 🚗. AE ⓓ ⓜ VISA FT a
☕ 5 – **70 qto** 64.
◆ Ao mais puro estilo da cadeia, em pleno coração da cidade. Pequena zona social, refeitório funcional para pequeno almoço e quartos com equipamento básico.

Nazareth sem rest, Av. António Augusto de Aguiar 25-4°, ✉ 1050-012, ☎ 21 354 20 16, *reservas@residencianazareth.com, Fax 21 356 08 36* – ▮ ▤ TV. AE ⓓ ⓜ VISA JCB. ✂ FRS y
☕ 3 – **32 qto** 48/60.
◆ Tem um certo encanto familiar, com os seus quartos aconchegantes e bem equipados, com casas de banho completas. Ambiente agradável no centro de Lisboa.

Horizonte sem rest, Av. António Augusto de Aguiar 42, ✉ 1050-017, ☎ 21 353 95 26, *residehorizonte@netcabo.pt, Fax 21 353 84 74* – ▮ ▤ TV. AE ⓓ ⓜ VISA. ✂ FS t
52 qto ☕ 48/60.
◆ Renovados quartos de linha prática e casas de banho reduzidas mas modernas, dentro duma manutenção correcta e adequada. Frente ao parque Eduardo VII.

XXX **Casa da Comida,** Travessa das Amoreiras 1, ✉ 1250-025, ☎ 21 388 53 76, *reservas@casadacomida.pt, Fax 21 387 51 32* – ▤. AE ⓓ ⓜ VISA JCB. ✂ FT e
fechado sábado meio-dia, domingo e 2ª feira meio-dia – **Refeição** lista 45 a 67.
◆ Não perca uma autêntica jóia ! Cozinha refinada e imaginativa, com alto profissionalismo e um belíssimo pátio repleto de plantas. É elegante e muito aconchegante.

XXX **Pabe,** Rua Duque de Palmela 27-A, ✉ 1250-097, ☎ 21 353 74 84, *Fax 21 353 64 37* – ▤. AE ⓓ ⓜ VISA JCB. ✂ FS x
Refeição lista 44 a 50.
◆ Atractivo pub inglês num cálido estilo rústico. Possui três confortáveis e cuidados ambientes, destacando a sala com balcão à vista. Um clássico de grande sabor !

XXX **Conventual,** Praça das Flores 45, ✉ 1200-192, ☎ 21 390 91 96, *Fax 21 390 91 96* – ▤. AE ⓓ ⓜ VISA FT m
fechado agosto, sábado meio-dia, domingo e 2ª feira meio-dia – **Refeição** lista 30 a 47.
◆ Não saia de Lisboa sem conhecer esta elegante e consolidada casa. Boas instalações, exclusivo ambiente e uma ementa bem compensada.

XXX **São Jerónimo** - *Hotel Da Torre,* Rua dos Jerónimos 12, ✉ 1400-211, ☎ 21 364 87 97, *Fax 21 363 26 92* – ▤. AE ⓓ ⓜ VISA JCB. ✂ AQ e
fechado sábado meio-dia e domingo – **Refeição** lista 24 a 35.
◆ Pertence ao hotel Da Torre. Espaçoso bar com zona de espera e um aconchegante interior definido por uma moderna decoração. Esmerada cozinha e grande profissionalismo.

XX **Quinta dos Frades,** Rua Luís Freitas Branco 5-D, ✉ 1600-488, ☎ 21 759 89 80, *Fax 21 758 67 18* – ▤. AE ⓓ ⓜ VISA. ✂ CN r
fechado agosto, sábado noite, domingo e feriados – **Refeição** lista 19 a 26.
◆ Um animado ambiente, onde poderá degustar uma grande variedade de queijos e produtos de qualidade. Comodidade, atento serviço e profissionalismo em distintos espaços.

XX **XL,** Calçada da Estrela 57, ✉ 1200-661, ☎ 21 395 61 18, *Fax 21 395 85 12* – ▤. AE ⓜ VISA. ✂ FU n
fechado do 1 ao 21 de agosto e domingo – **Refeição** - só jantar, reservas aconselháveis - lista aprox. 32.
◆ Oferece uma grata selecção de vinhos espanhóis e um saboroso cordeiro. O local desfruta de uma labiríntica mas engenhosa distribuição, com certo encanto e ar colonial.

XX Vela Latina, Doca do Bom Sucesso, ✉ 1400-038, ☎ 21 301 71 18, *vela-latina@ip.pt, Fax 21 301 93 11,* ☂ – ▤ AQ x
◆ Termine as suas compras num centro comercial com lojas. Cozinha portuguesa num contexto envidraçado. Esplanada com tecto, funcionalidade e séria organização.

XX **Saraiva's,** Rua Engenheiro Canto Resende 3, ✉ 1050-104, ☎ 21 354 06 09, *Fax 21 353 19 87* – ▤. AE ⓓ ⓜ VISA JCB. ✂ FR v
fechado sábado e feriados – **Refeição** lista 22 a 29.
◆ Possui solos alcatifados e um elegante mobiliário moderno ao estilo dos anos 90. Profissionalismo sério e estimado, clientela de bom nível e um ambiente animado.

XX **Estufa Real,** Jardim Botânico da Ajuda - Calçada do Galvão, ✉ 1400, ☎ 21 361 94 00, *estufa.real@clix.pt, Fax 21 361 90 18* – ▤ P. AE ⓓ ⓜ VISA. ✂ AQ b
fechado sábado meio-dia – **Refeição** - só almoço - lista 22 a 39.
◆ Relaxante localização no Jardim Botânico da Ajuda. O belo ambiente envidraçado, numa espécie de estufa, veste-se com atractivos detalhes de vanguarda.

XX **Adega Tia Matilde,** Rua da Beneficência 77, ✉ 1600-017, ☎ 21 797 21 72, *Fax 21 797 21 72* – ▤ 🚗. AE ⓓ ⓜ VISA. ✂ FR h
fechado sábado noite e domingo – **Refeição** lista 23 a 28.
◆ Concorrida casa, organização familiar e bons talentos profissionais. Especialidades portuguesas. Plantas, azulejos, estilo clássico-moderno e flores frescas nas mesas.

XX **Varanda da União,** Rua Castilho 14 C-7º, ✉ 1250-069, ☎ 21 314 10 45, *Fax 21 314 10 46*, ≤ – |♦| ▤. AE ⓓ ⓜ VISA JCB. ✂ FT b
fechado domingo – **Refeição** lista aprox. 35.
◆ Bela visão panorâmica sobre os telhados lisboetas, no 7º andar dum edifício de habitação. Atendido por uma brigada numerosa, baseia o seu êxito na qualidade do produto.

XX **O Polícia,** Rua Marquês Sá da Bandeira 112, ✉ 1050-150, ☎ 21 796 35 05, *Fax 21 796 97 91* – ▤. AE ⓓ ⓜ VISA. ✂ FR c
fechado sábado noite, domingo e feriados – **Refeição** lista 26 a 35.
◆ Afamados peixes. Expositor de produtos, correcta montagem e duas entradas. Sala em quatro ambientes, organização familiar e concorrido ambiente. É conveniente reservar.

X **Mãe d'Água,** Travessa das Amoreiras 10, ✉ 1250-025, ☎ 21 388 28 20, *Fax 21 387 12 66* – ▤. AE ⓓ ⓜ VISA. ✂ FT e
fechado sábado meio-dia e domingo – **Refeição** lista 26 a 35.
◆ Evocador nome e decoração moderna, simpática e personalizada. Aconchegante e confortável. O reduzido espaço acentua o seu carácter cálido. Experiência profissional ao serviço.

X **Sua Excelência,** Rua do Conde 34, ✉ 1200-367, ☎ 21 390 36 14, *sua xcelencia@mail.telepac.pt, Fax 21 396 75 85*, 🏠 – ▤. AE ⓜ VISA JCB EU t
fechado setembro e 4ª feira – **Refeição** lista 26 a 48.
◆ Gratificante impressão dentro da sua simplicidade. Conjunto bem equipado, agradável e familiar. Surpreenda-se com a sua cozinha de toque personalizado. Pátio com toldo.

X **Solar dos Nunes,** Rua dos Lusíadas 68-72, ✉ 1300-372, ☎ 21 364 73 59, *Fax 21 363 16 31* – ▤. AE ⓓ ⓜ VISA JCB. ✂ AQ t
fechado do 9 ao 23 de agosto e domingo – **Refeição** lista 24 a 35.
◆ Concorrido e aconchegante ambiente em dois espaços de simples mas adequada montagem. Eficaz e profissional organização familiar. Clientela diversificada, empresas e lazer.

X **Coelho da Rocha,** Rua Coelho da Rocha 104-A, ✉ 1350-079, ☎ 21 390 08 31 – ▤. AE ⓜ VISA. ✂ ET x
fechado agosto e domingo – **Refeição** lista 32 a 37.
◆ Muito concorrido, séria organização e atento profissionalismo. Pequeno e familiar. Deguste a sua grata cozinha e saboreie os seus peixes e frutos do mar. Cálida montagem.

X **Caseiro,** Rua de Belém 35, ✉ 1300-354, ☎ 21 363 88 03, *Fax 21 364 23 39* – ▤. AE ⓓ ⓜ VISA. ✂ AQ s
fechado agosto e domingo – **Refeição** lista 24 a 34.
◆ De certo tipismo, oferece produtos de gratificante e simples elaboração, que o converteram num afamado clássico da zona.

X **O Funil,** Av. Elias Garcia 82-A, ✉ 1050-100, ☎ 21 796 60 07, *ofunil@netcabo.pt, Fax 21 793 30 51* – ▤. AE ⓓ ⓜ VISA JCB. ✂ GR n
fechado domingo noite – **Refeição** lista 23 a 34.
◆ A sua cozinha tradicional possui pratos destacados, como o seu bacalhau ao estilo Funil. Simples instalações em dois ambientes de claro carácter funcional.

Restaurantes de Fados

XX **Clube de Fado,** São João da Praça 94, ✉ 1100-521, ☎ 21 885 27 04, *info@clube-de-fado.com, Fax 21 888 26 94* – ▤. AE ⓓ ⓜ VISA JCB. ✂ LYZ h
Refeição - só jantar - lista 32 a 43.
◆ De aspecto geral cuidado e agradável ambiente, com um simpático bar de espera. Os elementos rústicos próprios da antiga construção recriam o seu cálido contexto.

XX **Sr. Vinho,** Rua do Meio-à-Lapa 18, ✉ 1200-723, ☎ 21 397 26 81, *restsrvinho@telepac.pt, Fax 21 395 20 72* – ▤. AE ⓓ ⓜ VISA JCB. ✂ FU r
fechado domingo – **Refeição** - só jantar - lista aprox. 50.
◆ Cozinha clássica da zona ao som da típica canção lisboeta, num ambiente agradável e aconchegante. Sala algo apertada e uma ementa compensada.

XX **A Severa,** Rua das Gáveas 51, ✉ 1200-206, ☎ 21 342 83 14, *Fax 21 346 40 06* – ▤. AE ⓓ ⓜ VISA JCB. ✂ JY b
fechado 5ª feira – **Refeição** lista 35 a 50.
◆ Típico restaurante de fados dirigido por uma numerosa família, que baseia o seu êxito na qualidade dos produtos. Decoração de estilo clássico-português, de apreciado conforto.

Adega Machado, Rua do Norte 91, ✉ 1200-284, ☎ 21 322 46 40, *Fax 21 346 75 07* - ▤. AE ⓓ ⓜⓒ VISA JCB. ✗ JY k
fechado 2ª feira – **Refeição** - só jantar - lista 36 a 44.
◆ Agradável decoração e ambiente de estilo regional, com as mesas pouco espaçosas, onde a canção típica lisboeta assume certo protagonismo sobre a cozinha.

O Forcado, Rua da Rosa 221, ✉ 1200-464, ☎ 21 346 85 79, *Fax 21 347 48 87* – ▤. AE ⓓ ⓜⓒ VISA JCB. ✗ JX r
fechado 4ª feira – **Refeição** - só jantar - lista aprox. 45.
◆ Fados e bailes regionais. Correcta montagem com as mesas um pouco apertadas, onde servem uma ampla selecção gastronómica, acompanhada duma extensa adega.

LOIVOS *Vila Real* 733 H 7 – *629 h.*

Lisboa 453 – Braga 115 – Bragança 106 – Porto 148 – Vila Real 54.

em Matosinhos *Nordeste : 5 km :*

Quinta do Real ⛰, sem rest, ✉ 5400-740 Santa Leocádia CHV, ☎ 276 96 62 53, *Fax 276 96 52 40*, ⛱, ⛲ – 🅿
10 qto.
◆ Antiga casa numa pequena aldeia rural. O ambiente familiar respira-se em todas as suas dependências, no seu mobiliário e decoração, com detalhes próprios dum nobre passado.

Os nossos guias de hotéis, os nossos guias turísticos e os nossos mapas de estradas são complementares. Utilize-os conjuntamente.

LOULÉ *Faro* 733 U 5 – *12 075 h.*

ℹ *Edifício do Castelo* ✉ *8100-564* ☎ *289 46 39 00.*
Lisboa 299 – Faro 16.

Loulé Jardim H. sem rest, Praça Manuel de Arriaga, ✉ 8100-665, ☎ 289 41 30 94, *loulejardim@mail.telepac.pt*, *Fax 289 46 31 77*, ⛱ – 🛗 ▤ 📺 🚗 – 🏛 25/100. AE ⓓ ⓜⓒ VISA JCB
52 qto ☕ 55/71,50.
◆ Moderno e confortável, destaca pela sua aconchegante zona social e por equipados quartos, sendo que alguns deles possuem um pequeno salão privado. Eficiente direcção.

Bica Velha, Rua Martin Moniz 17, ✉ 8100-606, ☎ 289 46 33 76, *jimena.bicavella@clix.pt*, *Fax 289 46 33 76* – AE ⓓ ⓜⓒ VISA JCB. ✗
fechado 15 dias em novembro e sabado noite – **Refeição** - só jantar - lista 20 a 26.
◆ Dirigido pelos seus proprietários, a decoração dá ao ambiente um agradável ar rústico, ao mesmo tempo que os tectos abobadados se erguem com serena dignidade.

LOURINHÃ *Lisboa* 733 O 2 – *8 797 h – Praia.*

Lisboa 74 – Leiria 94 – Santarém 81.

Estalagem Bela Vista ⛰, Rua D. Sancho I - Santo André, ✉ 2530-144, ☎ 261 41 41 61, *Fax 261 41 41 38*, ⛱, ⛱, 🎾 – 📺 🅿. ✗ rest
Refeição 15 – **31 qto** ☕ 55/65.
◆ Pequeno hotel de carácter familiar dirigido com dignidade. Agradáveis exteriores, diversas zonas sociais, e quartos funcionais bem equipados.

Figueiredo ⛰ sem rest, Largo Mestre Anacleto Marcos da Silva, ✉ 2530, ☎ 261 42 25 37, *Fax 261 42 25 37* – 📺
18 qto ☕ 42,50.
◆ Ares quotidianos num hotelzinho modesto, válido como recurso. Apesar de que os seus quartos são um pouco escuros, o conforto fica garantido. Escassa área nobre.

LOUSÃ *Coimbra* 733 L 5 – *6 941 h alt. 200.*

ℹ *Rua João de Cáceres* ✉ *3200-953* ☎ *239 99 03 76 cmlousan@mail.telepac.pt Fax 239 99 03 79.*
Lisboa 212 – Coimbra 36 – Leiria 83.

Martinho sem rest, Rua Movimento das Forças Armadas, ✉ 3200-249, ☎ 239 99 13 97, *Fax 239 99 43 35* – 📺 🅿. ✗
13 qto ☕ 25/35.
◆ As suas modestas instalações vêm-se compensadas pelo agradável ambiente e pelo ar familiar. Quartos com suficiente conforto, na sua maioria com casas de banho com duche.

LOUSADA *Porto* 733 I 5 – *4051 h.*

Lisboa 349 – Porto 44 – Braga 47 – Vila Real 60 – Viana do Castelo 114.

na estrada N 207-2 *Nordeste : 10 km :*

Casa de Juste , ✉ 4620-823, ☎ 919 85 52 00, *casadejuste@hotmail.com, Fax 255 91 19 96,* , – P. VISA.
fechado janeiro e fevereiro – **Refeição** *(fechado domingo)* - só clientes, só menú - 25 – **14 qto** 80/90.
◆ Casona do séc. XVII numa extensa quinta agrícola dedicada à produção de vinho. Quartos e zona social com mobiliário actual. Refeitório reservado para clientes alojados.

LUSO *Aveiro* 733 K 4 – *2750 h alt. 200 – Termas.*

Rua Emídio Navarro 136 ✉ 3050-902 ☎ 231 93 91 33 itlb@oninet.pt Fax 231 93 90 07.
Lisboa 230 – Aveiro 44 – Coimbra 28 – Viseu 69.

Grande H. de Luso , Rua Dr. Cid de Oliveira 86, ✉ 3050-210, ☎ 231 93 79 37, *info@hoteluso.com, Fax 231 93 79 30,* , , , – TV P – 25/380. AE VISA.
Refeição 24 – **141 qto** 87/111 – 2 suites.
◆ Conforto actualizado num edifício dos anos 40, que se comunica directamente com o complexo termal adjacente. Ampla zona nobre e equipadas salas de conferências. Refeitório de estilo clássico-funcional realçado por um grande mural frontal.

Alegre , Rua Emidio Navarro 2, ✉ 3050-224 Luso, ☎ 231 93 02 56, *geral@alegrehotels.com, Fax 231 93 05 56,* – TV P. AE VISA JCB.
Refeição *(fechado sábado)* 15 – **18 qto** 47/50.
◆ Casa senhorial construída em 1859, com um bonito ambiente ajardinado. Em conjunto tem certo encanto, com tectos altos, chãos em madeira e mobiliário clássico de qualidade.

MACEDO DE CAVALEIROS *Bragança* 733 H 9 – *8784 h alt. 580.*

Lisboa 510 – Bragança 42 – Vila Real 101.

Estalagem do Caçador, Largo Manuel Pinto de Azevedo, ✉ 5340-219, ☎ 278 42 63 54, *Fax 278 42 63 81,* – , rest, TV . AE VISA. rest
Refeição lista 24 a 28 – **25 qto** 72/96.
◆ Uma bela decoração veste os cantos desta velha casa, cujas paredes albergam os quartos personalizados em distintos estilos. Paixão pelo mobiliário antigo. Refeitório cheio de encanto, realçado com o calor que outorgam as coisas de sempre.

O Montanhês, Rua Camilo Castelo Branco 19, ✉ 5340-237, ☎ 278 42 24 81, *o_montanhês@io2l.pt, Fax 278 42 24 82* – P. AE VISA.
fechado domingo noite – **Refeição** lista aprox. 27.
◆ Dispõe de dois refeitórios rústicos, o de Inverno com uma grelha à vista e o de verão, num alto, com o tecto em madeira. Cozinha regional especializada em carnes.

na estrada de Mirandela *Noroeste : 1,7 km :*

Costa do Sol com qto, ✉ 5340, ☎ 278 42 63 75, *costa.do.sol@iol.pt, Fax 278 42 63 76,* Rest. típico, , – rest, TV P. AE VISA.
Refeição *(fechado 2ª feira)* lista 18 a 27 – **30 qto** 20/35.
◆ Negócio que baseia a sua actividade no restaurante, de correcta montagem e com uma zona de passagem de agradável tipismo. Complementa-se com quartos um pouco funcionais.

MACHICO *Madeira – ver Madeira (Arquipélago da).*

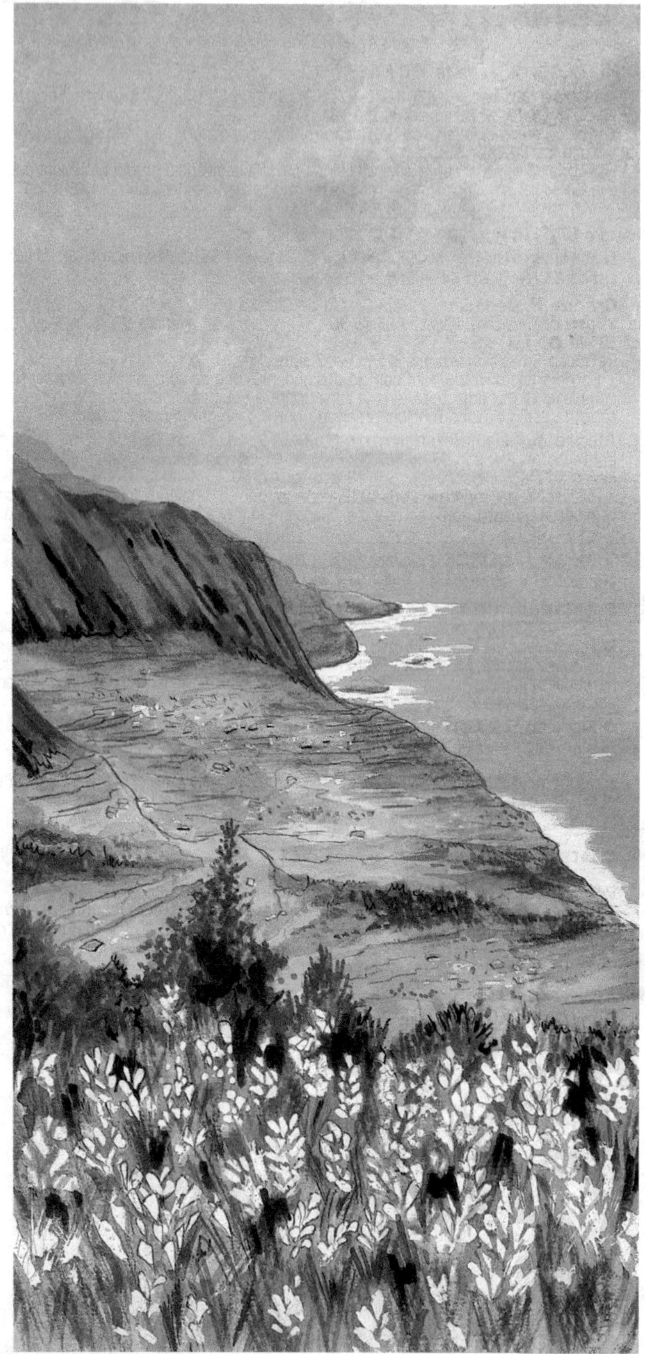

MADEIRA (Arquipélago da)★★★

733 - *255 427 h.*

Arquipélago de origem volcânico, está situado a 800 km da Costa Africana e a mais de 900 km ao sudoeste de Lisboa.

O clima suave todo o ano (entre 16°C e 20°C) e sua vegetação exuberante fazem das ilhas um lugar privilegiado para o descanso e o ócio.

O arquipélago da Madeira, com uma superficie de 782 km² é composto de duas ilhas (Madeira e Porto Santo) e dois grupos de ilhéus inabitados, as ilhas Desertas e as ilhas Selvagens.

***MADEIRA :** A ilha é constituída por uma cadeia de montanhas com uma altitude superior a 1.200 m., onde culminam alguns picos (Pico Ruivo : 1.862 m.). O litoral é muito escarpado. As praias são raras e geralmente pedregosas.*

A capital da ilha é Funchal.

A cultura do vinho da ilha foi introduzida na Madeira a partir do séc. XV. As três principais castas são o Sercial, o Boal e o Malvasía, o mais afamado. Também se produz o Verdelho.

Os bordados (em tela, linho, organdi) são uns dos principais recursos da ilha.

***PORTO SANTO :** A ilha prestasse aos maiores contrastes. É constituída por uma vasta planície onde se erguem alguns picos, sendo o mais elevado o Pico do Facho (517 m.).*

Uma imensa praia de areia dourada com mais de 7 km., situada ao longo da Costa Sul, um clima ameno e mais seco do que na Madeira, atraem os turistas para esta ilha pacata.

Os habitantes de Porto Santo vivem da pesca e de algumas culturas. A vinha produz um excelente vinho branco, muito doce.

MADEIRA (Arquipélago da) ★★★ 733 - 255 427 h.

ver : Funchal e Vila Baleira.

para Madeira ver : Lisboa. Em Madeira ver : Funchal, Vila Baleira.

MADEIRA

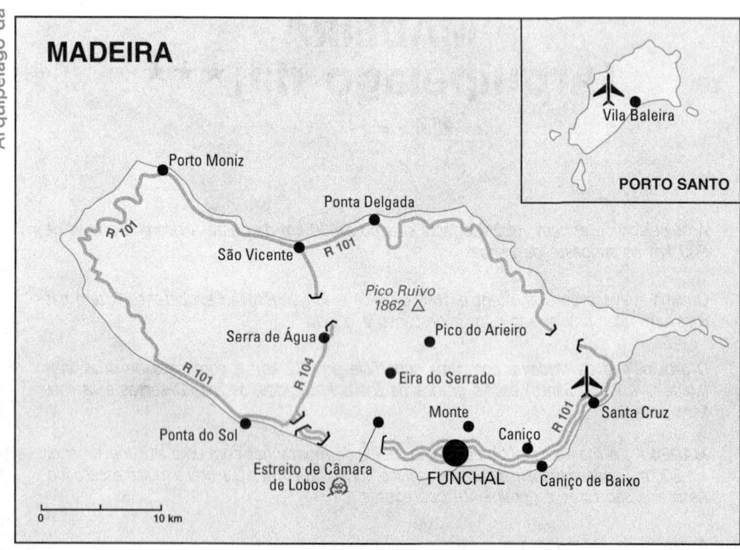

Caniço 733 B Z.

Rua Robert Baden Powell ✉ 9125-036 ☎ 291 93 29 19 turismocanico@madeiratourism.org.

Funchal 8.

Quinta Splendida, Rua da Ponte da Oliveira 11, ✉ 9125-001, ☎ 291 93 04 00, *hotel@quintasplendida.net, Fax 291 93 04 01*, ≤, climatizada – TV P – 25/150
121 apartamentos – 20 qto.
◆ Atractivo complexo formado por vários edifícios, em torno a um agradável espaço ajardinado. Possui quartos e apartamentos de distinto nível, todos bem equipados. Restaurante a la carte, A Perla, decorado num elegante estilo clássico.

em Caniço de Baixo *Sul : 2,5 km :*

Riu Palace Madeira, Praia dos Reis Magos, ✉ 9125-024 Caniço, ☎ 291 93 93 00, *palace.madeira@riu.com, Fax 291 93 93 93*, ≤ mar, climatizada, – TV P – 25/54
Refeição - buffet - – **306 qto** – 21 suites.
◆ De grande capacidade e bem situado, já que todos os seus quartos desfrutam de vistas sobre o oceano. Conjunto de ambiente clássico, com divisões amplas e de completo equipamento. O restaurante centra a sua actividade num nutrido buffet.

Oasis Atlantic, Praia dos Reis Magos, ✉ 9125-024 Caniço, ☎ 291 93 01 00, *oasis.atlantic@netmadeira.com, Fax 291 93 01 09*, ≤, climatizada, – TV P – 25/70. AE VISA JCB.
Refeição 18 - ***Atalaia*** *(só jantar)* **Refeição** lista 34 a 41 – **170 qto** 125/145 – 54 apartamentos.
◆ As suas modernas e equipadas instalações proporcionam-lhe uma gratificante estadia. Quartos confortáveis, amplas zonas nobres e uma grande oferta em serviços complementares. O restaurante Atalaia recria um ambiente cálido e detalhista.

Tropical sem rest, Caminho do Cais de Oliveira, ✉ 9125-028 Caniço, ☎ 291 93 49 91, *hotel.tropical@net.pt, Fax 291 93 49 93*, ≤, – TV. AE VISA.
6,75 – **39 apartamentos** 60/80.
◆ Estabelecimento dotado de espaçosos apartamentos T1 de estilo funcional e aspecto moderno, equipados com um conforto muito correcto. Organização séria e ambiente tranquilo.

Inn & Art, Robert Baden Powell 61-62, ✉ 9125-036 Caniço de Baixo, ☎ 291 93 82 00, *info@innart.com, Fax 291 93 82 19*, – TV. AE MC VISA.
Refeição lista 20 a 32 – **10 qto** 85/100.
• Neste atractivo hotel, pendurado sobre uma falésia, respira-se uma atmosfera que combina o boémio com o artístico, com uns agradáveis quartos de estilo neo-rústico. O seu restaurante conta com um forno à vista do cliente e uma espectacular esplanada.

Eira do Serrado 733 B Y.

Funchal 14.

Estalagem Eira do Serrado, alt. 1 095, ✉ 9000-421 Funchal, ☎ 291 71 00 60, *eiradoserrado@mail.telepac.pt, Fax 291 71 00 61*, ≤ montanhas e Curral das Freiras, – TV P. AE MC VISA.
Refeição lista aprox. 20 – **25 qto** 40/50.
• Cenário natural presidido pelas imponentes montanhas do Curral das Freiras. Desfrute das vistas e das suas confortáveis instalações. Concorrido mas correcto refeitório panorâmico.

Estreito de Câmara de Lobos 733 B Y – *10 236 h.*

Funchal 9.

Quinta do Estreito, Rua José Joaquim da Costa, ✉ 9325-034, ☎ 291 91 05 30, *quintaestreito@charminghotelsmadeira.com, Fax 291 91 05 49*, ≤ vinhas, entorno rural e o mar ao fondo, climatizada, – TV P – 25. AE MC VISA JCB.
Refeição - ver rest. ***Bacchus*** e rest. ***Adega da Quinta*** – **48 qto** 240/270.
• Moderno edifício instalado numa quinta com vinhedos. Relaxe-se nos seus espaçosos quartos, decorados num elegante estilo clássico-moderno.

XXX **Bacchus** - *Hotel Quinta do Estreito*, Rua José Joaquim da Costa, ✉ 9325-034, ☎ 291 91 05 30, *quintaestreito@charminghotelsmadeira.com, Fax 291 91 05 49*, – P. AE MC VISA JCB.
Refeição lista aprox. 43.
• Situado numa antiga casa decorada com todos os detalhes ao lado do hotel. Completam a sua oferta o bar no 1º andar e uma pequena biblioteca na cobertura. Brigada profissional.

XX **Adega da Quinta** - *Hotel Quinta do Estreito*, Rua José Joaquim da Costa, ✉ 9325-034, ☎ 291 91 05 30, *quintaestreito@charminghotelsmadeira.com, Fax 291 91 05 49*, ≤, – P. AE MC VISA JCB.
Refeição - cozinha regional - lista aprox. 35.
• Um agradável refeitório e uma adega típica formam este cálido conjunto rústico, situado num ângulo da mesma quinta onde se situam o hotel e o restaurante Bacchus.

X **Santo António**, João Gonçalves Zarco 656, ✉ 9325-033, ☎ 291 91 03 60, *Fax 291 91 03 69* – P. AE MC VISA.
Refeição - carnes na brasa - lista 20 a 25.
• Afamado na zona pela sua especialidade em carnes na brasa, apresentadas na típica espetada sobre a mesa. Bons produtos e um modesto serviço.

Faial 733 B Y – *1 961 h.*

Arred. : *Santana★ (estrada ≤★) Noroeste : 8 km – Estrada do Porto da Cruz (≤★★) Sudeste : 8 km.*
Funchal 50.

Funchal 733 B Y – *103 932 h.*

Ver : *≤★ de ponta da angra* BZ **V**- *Sé★ (tecto★)* BZ – *Museu de Arte Sacra (colecçaõ de quadros★)* BY **M2**- *Museu Frederico de Freitas★* **BY** – *Quinta das Cruzes★★* AY – *Largo do Corpo Santo★* DZ – *Jardim Botánico★ ≤★* Y.

Arred. : *Miradouro do Pináculo★★ 4 km por ② - Pico dos Barcelos★ (✻★) 3 km por ③ - Monte (localidade★★) 5 km por ① – Quinta do Palheiro Ferreiro★★ 5 km por ② – Câmara de Lobos (localidade★, estrada ≤★) passeio pela levada do Norte★ - Cabo Girão★ 9 km por ③* X – *Eira do Serrado ✻★★★ (estrada ≤★★, ≤★) Noroeste : 13 km pela Rua Dr. Pita – Curral das Freiras (localidade★, ≤★) Noroeste : 17 km pela Rua Dr. Pita.*

18 9 *Santo da Serra, 25 km por ② ☎ 291 55 01 00 Fax 291 55 01 05.*

✈ *do Funchal 16 km por ② - Direcção dos aeroportos da Madeira ☎ 291 52 07 00 Fax 291 52 43 22.*

⛴ *para Porto Santo : Porto Santo Line, Rua da Praia 4 ✉ 9000 ☎ 291 21 03 00 Fax 291 22 64 34 – para Porto Santo : Porto Santo Line ☎ 291 22 65 11.*

ℹ *Av. Arriaga 18 ✉ 9004-519 ☎ 291 21 19 00 info@madeiratourism.org Fax 291 23 21 51* – **A.C.P.** *Rua Dr. Antonio José de Almeida 17-2º ✉ 9000-026 ☎ 291 22 36 59 Fax 291 22 05 52.*

Porto Moniz 98 ① – Santana 55 ①

FUNCHAL

Reid's Palace, Estrada Monumental 139, ✉ 9000-098, ☎ 291 71 71 71, *reservations@reidspalace.com, Fax 291 71 71 77,* ← baía do Funchal, climatizada, – 25/80. AE VISA. rest X z
Refeição - só jantar - 72 - ***Les Faunes*** *(só jantar, fechado junho-setembro e 2ª feira)*
Refeição lista 55 a 70 – **150 qto** ☕ 520/590 – 14 suites.
◆ Um símbolo cuja história remete ao ano de 1891. Elegantes instalações e exteriores de luxo, com um jardim semi-tropical sobre um promontório rochoso. O atractivo restaurante Les Faunes está decorado num estilo de princípios do séc. XX.

Royal Savoy, Rua Carvalho Araújo, ✉ 9000-022, ☎ 291 21 35 00, *savoy.reservation@netmadeira.com, Fax 291 22 31 03,* climatizada, – 25/40. VISA JCB. AZ s
Armada *(só jantar)* **Refeição** lista 36 a 42 - ***The Galley*** **: Refeição** lista 35 a 40 – **101 qto** 675/700 – 61 suites.
◆ Magnífico hotel situado na 1ª linha de mar, com piscinas e esplanadas em terrenos ganhos ao mesmo. Ampla zona social com piano-bar e uns quartos de elevado conforto. O atractivo restaurante Armada esta decorado com modernidade e alguns detalhes orientais.

FUNCHAL

Bela de S. Tiago (R.) . . . . . X 8
Carne Azeda (R. da) . . . . . V 12
Carvalho Araújo (R.) . . . . . X 15
Casa Branca (Caminho da) . . . . X 18
Comboio (R. do) . . . . . V 21
Dr João Abel de Freitas (Estr.) . . . . . V 27
Favila (R.) . . . . . X 31
Gorgulho (R.) . . . . . X 33
Lazarêto (Caminho do) . . . . . X 42
Levada dos Barreiros (R. da) . . . . . X 43
Luís de Camões (Av.) . . . . . X 45
Maravilhas (R. das) . . . . . X 46
Monumental (Estr.) . . . . . X 47
Nova (Estr.) . . . . . V 54
Palheiro (Caminho do) . . . . . X 55
Pedro José Ornelas (R.) . . . . . V 57
Rochinha (R. da) . . . . . V 64
São Roque (Caminho de) . . . . . V 70
V. Cacongo (Estr.) . . . . . V 75
Velho da Ajuda (Caminho) . . . . X 76
Voltas (Caminho das) . . . . . V 79

Quinta das Vistas, Caminho de Santo António 52, 9000-187, 291 75 00 07, *quintavistas@charminghotelsmadeira.com, Fax 291 75 00 17*, Funchal, mar e montanhas, climatizada, – 25/80. AE VISA. X h
Refeição lista 30 a 42 – **64 qto** 225/320 – 7 suites.
• Desfruta de espectaculares vistas graças a sua situação na parte alta da cidade. Excelentes espaços sociais e uns quartos equipados com materiais de grande qualidade. O restaurante conta com uma sala envidraçada e uma agradável esplanada com tecto.

The Cliff Bay, Estrada Monumental 147, 9004-532, 291 70 77 00, *info@cliffbay.com, Fax 291 76 25 24*, Serviços de terapéutica, climatizada, – 25/80. AE VISA. X c
Il Gallo d'Oro *(só jantar)* **Refeição** lista 45 a 54 - ***The Rose Garden*** **Refeição** lista 35 a 44
Blue Lagoon *(só almoço)* **Refeição** lista 30 a 38 – **197 qto** 257/340,50 – 4 suites.
• Deixe-se seduzir pela beleza da ilha e desfrute duma estadia inesquecível neste elegante hotel. Quartos de excelente equipamento e exóticos jardins. Ampla e selecta oferta culinária, desde o buffet e a cozinha italiana no Il Gallo D'Oro.

Estalagem Quinta da Casa Branca, Rua da Casa Branca 7, 9000-088, 291 70 07 70, *estalagem@quintacasabranca.pt, Fax 291 76 50 70*, climatizada, – qto, AE VISA. X t
Casa da Quinta *(só jantar)* **Refeição** lista 30 a 54 – 15 – **41 qto** 240/400 – 2 suites.
• Instalações de serena arquitectura moderna, situada numa formosa quinta rodeada de cuidados jardins. Suficiente zona nobre e quartos de grande conforto. O restaurante Casa da Quinta desfruta de certo prestígio e possui um sossegado ar rústico.

Estalagem Quinta da Bela Vista, Caminho do Avista Navios 4 - 3 km, 9000-129, 291 70 64 00, *info@belavistamadeira.com, Fax 291 70 64 01*, climatizada, – AE VISA JCB. por Rua Doctor Pita X
Refeição lista 36 a 55 – **82 qto** 147/196 – 7 suites.
• Quinta de finais do séc. XIX, situada numa extensa e cuidada quinta ajardinada. Possui quartos decorados com um toque elegante, e zonas comuns detalhistas. O restaurante, situado no antigo edifício nobre da casa, possui uma destacável beleza.

Quinta Bela São Tiago, Rua Bela São Tiago 70, 9060-400, 291 20 45 00, *hotel.qta.bela.s.tiago@mail.telepac.pt, Fax 291 20 45 10*, mar e cidade, , , climatizada, - AE VISA. DZ a
Refeição 33,50 – **46 qto** 216/309 – 6 suites.
• Na zona mais típica da cidade. Instalado numa casa senhorial do séc. XIX, restaurada e ampliada com dois edifícios, resultando um conjunto moderno e confortável. O refeitório destaca pela sua boa montagem e pelo alto nível gastronómico.

Estalagem Quintinha de São João, Rua da Levada de São João 4, 9000-191, 291 74 09 20, *quintinhasj@mail.telepac.pt, Fax 291 74 09 28*, , climatizada, , - AE VISA JCB. AZ d
Refeição - ver rest. ***A Morgadinha*** – **37 qto** 130,75/168 – 6 suites.
• Situada numa das quintas históricas da cidade. Conjuga a arquitectura clássica e uma cálida decoração interior, muito ao estilo das antigas residências madeirenses.

Quinta da Penha de França sem rest com snack-bar, Rua Imperatriz D. Amélia 85, 9000-014, 291 20 46 50, *info@hotelquintapenhafranca.com, Fax 291 22 92 61*, climatizada, - AE VISA. AZ e
76 qto 81/117.
• Belo conjunto de estilo português, cujos quartos estão repartidos entre a antiga casa senhorial e os edifícios mais recentes, rodeados por um frondoso jardim.

Penha França Mar sem rest com snack-bar ao almoço, Rua Carvalho Araújo 1, 9000-022, 291 20 46 50, *info@hotelquintapenhafranca.com, Fax 291 22 92 61*, , - AE VISA. AZ b
33 qto 81/117.
• Funciona como um anexo da Quinta da Penha de França, com a qual se comunica através dum elevador e duma ponte exterior. Quartos amplos e de bom equipamento.

Estalagem Quinta Perestrello, Rua Dr. Pita 3, 9000-089, 291 70 67 00, *quintaperestrelo@charminghotelsmadeira.com, Fax 291 70 67 06*, climatizada, - AE VISA. X d
Refeição - só jantar lista aprox. 25 – **37 qto** 145/205.
• Atractiva casa senhorial do séc. XIX com um cuidado jardim. Alberga uns quartos de corte clássico, com os chãos em madeira, mobiliário português e em muitos casos varanda.

Windsor sem rest com snack-bar, Rua das Hortas 4-C, 9050-024, 291 23 30 81, *hotelwindsor@netmadeira.com, Fax 291 23 30 80*, - . CY r
67 qto 58/66.
• Hotelzinho situado no centro da localidade. Dispõe de quartos alegres e bem cuidados, com casas de banhos standard e reduzidas zonas públicas.

Madeira sem rest com snack bar, Rua Ivens 21, 9001-801, 291 23 00 71, *info@hotelmadeira.com, Fax 291 22 90 71*, - - 25/70. AE VISA. BZ z
47 qto 57/66 – 6 suites.
• Cuidadas instalações de aspecto actual e ar funcional, em plena zona urbana. Possui quartos muito completos e correctas zonas sociais.

Quinta Palmeira com snack-bar, Av. do Infante 17-19, 9000-015, 291 22 18 14, *quintapalmeira@mail-telepac.pt, Fax 291 22 29 13*, , - AE VISA. AZ h
Refeição lista 25 a 40.
• Ocupa a antiga casa do Capitão Câmara, guardião da baía durante o reino de João I. Snack-bar, sala de banquetes, loja de souvenirs e atractiva esplanada com plantas.

Dom Pepe, Edifício Stadium - Rua Levada dos Barreiros 86, 9000-161, 291 76 32 40, *dompepe@netmadeira.com, Fax 291 77 46 83* – AE VISA. X f
fechado domingo – **Refeição** lista 23 a 31.
• Restaurante que recentemente mudou de localização, transferindo-se ao centro da localidade. Possui um viveiro de frutos do mar e uma adega de vinhos próprios.

Casa Velha, Rua Imperatriz D. Amélia 69, 9000-018, 291 20 56 00, *albatroz.cvelha@mail.telepac.pt, Fax 291 22 25 04*, – AE VISA. AZ a
Refeição lista 33 a 37.
• Atractivo estabelecimento de linha clássica distribuído em dois andares. Instalações de correcto conforto e um discreto serviço de mesa.

Dona Amélia, Rua Imperatriz D. Amélia 83, 9000-018, 291 22 57 84, *albatroz.cvelha@mail.telepac.pt, Fax 291 22 25 04* – AE VISA. AZ c
Refeição lista 30 a 36.
• Do mesmo proprietário que o restaurante Casa Velha. Refeitório em dois níveis, de aspecto cuidado, decorado com detalhes que lhe conferem um aconchegante ambiente.

A Morgadinha - *Hotel Estalagem Quintinha de São João*, Rua da Levada de São João 4, ✉ 9000-191, ☎ 291 74 09 20, *quintinhasj@mail.telepac.pt, Fax 291 74 09 28* – AE ⓓ ⓜ VISA JCB. AZ d
Refeição - só jantar - lista 21 a 29.
◆ Outro serviço da Estalagem Quintinha S. João, de funcionamento um pouco mais simples e linha funcional mais alegre. Possui entrada independente e directa à sala.

ao Nordeste da cidade : *5,5 km* :

Choupana Hills, Travessa do Largo da Choupana, ✉ 9060-348 Funchal, ☎ 291 20 60 20, *info@choupanahills.com, Fax 291 20 60 21*, ≤ Funchal e mar, climatizada, – 25/50. AE ⓓ ⓜ VISA.
Refeição lista aprox. 45 – **60 qto** 310/345 – 4 suites. por Caminho do Meio V
◆ O edifício principal é formado por duas grandes cabanas unidas, com um elegante interior de desenho moderno. Os quartos, distribuídos em bungalows, têm o máximo conforto. Amplo restaurante dotado com uma decoração actual e uma atractiva esplanada.

pela estrada de Camacha *por ② : 8 km* :

Estalagem Casa Velha do Palheiro, Palheiro Golf-São Gonçalo, ✉ 9060-415 Funchal, ☎ 291 79 03 50, *info@casa-velha.com, Fax 291 79 49 25*, climatizada, – AE ⓓ ⓜ VISA. rest
Refeição lista 50 a 61 – **35 qto** 171/238 – 2 suites.
◆ Situada numa bela paisagem rodeada de idílicos jardins, próximo a um campo de golfe. Uma antiga casa senhorial e dois edifícios novos anexos albergam as suas elegantes dependências. Refeitório de excelente montagem e brigada profissional.

ao Sudoeste da cidade :

Madeira Regency Palace, Estrada Monumental 275 - 4,8 km, ✉ 9000-250, ☎ 291 70 30 00, *regencypalace@madeiraregency.pt, Fax 291 70 30 07*, ≤, climatizada, – 25/160. AE ⓓ ⓜ VISA.
Refeição - só jantar - 32,45 – **121 apartamentos** 167/177 – 91 qto.
◆ Edifício de ar colonial dotado de quartos e apartamentos T1 de grande conforto. Distinguidas zonas nobres e exteriores de exuberante vegetação tropical. O refeitório combina a ementa com o serviço de buffet.

Madeira Palácio, Estrada Monumental 265 - 4,5 km, ✉ 9000-250 Funchal, ☎ 291 70 27 02, *hmp@hotelmadeirapalacio.com, Fax 291 70 27 03*, ≤, climatizada, – 25/220. AE ⓓ ⓜ VISA.
Vice Rei *(só jantar)* **Refeição** lista 38 a 52 - ***Cristovão Colombo*** *(só jantar)* **Refeição** lista aprox. 32 - ***La Terrasse :*** **Refeição** lista 23 a 35 – **225 qto** 165/210 – 25 suites.
◆ Um luxo em conforto e instalações. Amplo hotel de linha clássica, dotado de aconchegantes quartos e elegantes zonas comuns. Sèriedade e grande profissionalismo. O restaurante Vice-Rei resulta ser um prazer gastronómico, ainda que o hotel ofereça outras opções.

Madeira Regency Cliff, Estrada Monumental 6, ✉ 9000-108 Funchal, ☎ 291 71 07 00, *regencycliff@madeiraregency.pt, Fax 291 71 07 01*, ≤, climatizada, – AE ⓓ ⓜ VISA.
Refeição 28 – **57 qto** 127/137 – 2 suites.
◆ Conjunto algo funcional embora dotado de um bom nível de conforto, com materiais de qualidade e na 1ª linha de praia, pelo que desfruta de boas vistas sobre o mar.

Pestana Bay, Praia Formosa - 5,8 km, ✉ 9000-247, ☎ 291 70 19 00, *bay@pestana.org, Fax 291 76 16 95*, ≤, climatizada, – 25/180. AE ⓓ ⓜ VISA.
Refeição 26 – 12 – **193 qto** 123/148 – 13 suites.
◆ A estratégica localização sobre o mar confere-lhe uma grande atracção. Possui quartos equipados com cozinha e áreas comuns quase sem separação.

Pestana Gardens sem rest com snack-bar, Praia Formosa - 5,8 km, ✉ 9000-247, ☎ 291 70 01 20, *atgreservas@pestana.org, Fax 291 76 67 33*, ≤, climatizada – AE ⓓ ⓜ VISA
9,60 – **55 apartamentos** 160.
◆ Conjunto de linha clássica formado por apartamentos T1 correctamente equipados e zonas nobres algo reduzidas. Bom nível de manutenção e suficiente conforto.

Machico 733 B Y – *11 947 h.*

Arred. : *Miradouro Francisco Álvares da Nóbrega★ Sudoeste : 2 km – Santa Cruz (Igreja de S. Salvador★) Sul : 6 km.*

Forte de Nossa Senhora do Amparo ✉ 9200 ☎ 291 96 22 89.
Funchal 29.

Monte 733 BY.

Ver : *Localidade*★★.
Funchal 4.

Estalagem Quinta do Monte, Caminho do Monte 192, ✉ 9050-288 Funchal, ☎ 291 78 01 00, *quintamonte@charminghotelsmadeira.com, Fax 291 78 01 10,* ≤, Fø, ☐, - |₿| ☰ TV P - 🛋 25/50. AE ⓞ ⓜ VISA JCB. ✂
Refeição 40 – **38 qto** ☐ 124/155 – 4 suites.
◆ A paz do ambiente e a arquitectura típica fundem-se nesta quinta de frondosa vegetação. Antiga casa senhorial, mobilada com óptimo gosto em elegantes dependências. Restaurante algo frio na sua decoração mas com uma selecta cozinha clássica.

Pico do Arieiro 733 B Y.

Ver : *Mirador*★★.
Excurs. : *Pico Ruivo*★★★ *(✳★★) 3 h. a pé.*
Funchal 23.

Ponta Delgada 733 B 2.

Funchal 40.

pela estrada de São Vicente *Sudoeste : 1 km e desvio a direita 1,2 km :*

Monte Mar Palace, Sítio do Montado, ✉ 9240-104 SVC, ☎ 291 86 00 30, *montemar@mail.telepac.pt, Fax 291 86 00 31,* ≤ océano, ☐, ☐ - |₿| ☰ TV 🚗 P - 🛋 25/70. AE ⓞ ⓜ VISA JCB. ✂
Refeição 15 – **106 qto** ☐ 126/140 – 4 suites.
◆ Conjunto actual que desfruta de umas impressionantes vistas desde as suas janelas. Ampla zona social e quartos de completo equipamento, com as casas de banho em mármore. No restaurante oferece-se tanto serviço de ementa como de buffet.

Ponta do Sol 733 A 2 – *4 224 h.*

Funchal 22.

Estalagem da Ponta do Sol, Quinta da Rochinha, ✉ 9360, ☎ 291 97 02 00, *info@pontadosol.com, Fax 291 97 02 09,* ≤ mar, ☐, Fø, ☐, ☐ - |₿| ☰ TV P. AE ⓞ ⓜ VISA. ✂
Refeição 17 – **54 qto** ☐ 75/110.
◆ Surpreende pelo seu desenho arquitectónico, já que é um edifício antigo, com anexos modernos, na parte alta de uma falésia. Decoração minimalista e magníficas vistas. O seu restaurante desfruta de uma montagem actual e uma bela panorâmica sobre o oceano.

Porto Moniz 733 A Y – *1 700 h.*

Ver : *Localidade*★, *escolhos*★.
Arred. : *Estrada de Santa* ≤★ *Sudoeste : 6 km – Seixal (localidade*★*) Sudeste : 10 km – Estrada escarpada*★★ *(≤★) de Porto Moniz a São Vicente, Sudeste : 18 km.*
ℹ ✉ *9270-095* ☎ *291 85 01 80.*
Funchal 106.

Moniz Sol, ✉ 9270-095, ☎ 291 85 01 50, *reservas@hotelmonizsol.com, Fax 291 85 01 55,* ≤, ☐, ☐ - |₿|, ✂ qto, ☰ TV - 🛋 25/50. AE ⓞ ⓜ VISA. ✂
Refeição 12,50 – **46 qto** ☐ 50/65 – 1 suite.
◆ Hotel de recente construção que resulta actual tanto no mobiliário como na decoração, com janelas que inundam de luz todas as suas divisões. Agradável e funcional. O restaurante, de grande capacidade, está muito orientado a grupos.

Salgueiro, ✉ 9270-095, ☎ 291 85 00 80, *hotelsalgueiro@hotmail.com, Fax 291 85 00 89,* ☐ - |₿| TV 🚗. AE ⓞ ⓜ VISA. ✂
Refeição lista aprox. 37 – **19 qto** ☐ 27,50/35 – 1 apartamento.
◆ Situado numa bela paisagem de vinhedos e pescadores, junto a piscinas naturais. Estabelecimento dotado de aconchegantes quartos, bem dirigido pelos seus empregados. O seu popular restaurante, que foi a origem do negócio, foi recentemente actualizado.

Cachalote, ✉ 9270-095, ☎ 291 85 31 80, *Fax 291 85 37 25,* ≤ - AE ⓞ ⓜ VISA
Refeição - só almoço - lista aprox. 34.
◆ Casa de longa trajectória erigida sobre rochas vulcânicas, onde se formaram piscinas naturais. Sala com certo tipismo e outra mais moderna de grande capacidade.

Santa Cruz 733 B 2 – *6 026 h.*

Funchal 14.

na via rápida : *Noreste : 1,3 km :*

Estalagem Albatroz, Quinta Dr. Américo Durão, Sítio da Terga, ✉ 9100-187 Santa Cruz, ☎ 291 52 02 90, *info@albatrozhotel.com, Fax 291 52 44 14,* ≤ oceáno, – qto, TV P – 25/80. AE VISA.
Refeição 25 – **18 qto** 150/180 – 2 suites.
◆ Aprecia-se o interesse por dar um bom serviço ao cliente. Os seus amplos quartos estão decorados num estilo rústico actual, com mobiliário de qualidade e boas vistas. No restaurante, luminoso e de correcta montagem, oferecem uma ementa tradicional.

São Vicente 733 A Y.

Funchal 55.

Estalagem Praia Mar, Sítio do Calhãu, ✉ 9240, ☎ 291 84 23 83, *estalagem.praia.mar@clix.pt, Fax 291 84 27 49,* ≤ – TV. AE VISA.
Refeição 15,50 – **20 qto** 27,50/40.
◆ Hotel de simples organização familiar situado frente ao mar. Os quartos, suficientemente equipados, resultam muito válidos dentro da sua categoria. Espaçoso refeitório de carácter popular, com uma grande lareira e o tecto de madeira.

Serra de Água 733 A Y.

Ver : *Sítio★.*
Funchal 39.

na estrada de São Vicente :

Pousada dos Vinháticos, Norte : 2,2 km, ✉ 9350-306, ☎ 291 95 23 44, *info@dorisol.pt, Fax 291 95 25 40,* ≤ montanhas – TV P. AE VISA.
Refeição 20 – **21 qto** 53/70.
◆ Desfrute duma privilegiada situação no coração verde da ilha, imersa entre uma exuberante vegetação. Uma casa de pedra e outra de madeira albergam os quartos. Refeitório com uma deslumbrante vista sobre o vale.

Encumeada, Norte : 3,8 km, ✉ 9350 Serra de Água, ☎ 291 95 12 82, *recepcao@residencialencumeada.com, Fax 291 95 12 81,* ≤ montanhas – TV P. AE VISA.
Refeição 12,50 – **50 qto** 30/45.
◆ De simples organização familiar e linha clássica, isolado em plena montanha. Possui espaçosos quartos dotados de mobiliário de boa factura. Restaurante modesto mas alegre, centrado na clientela de passagem.

PORTO SANTO

Vila Baleira 733 D X – *567 h – Praia.*

Ver : *Largo do Pelourinho★.*
Arred. : *A Pedreira★ 8 km a Sudoeste – Pico das Flores ≤★ 9 km a Sudoeste.*
do Porto Santo 2 km - Direcção dos aeroportos da Madeira ☎ 291 98 01 20 Fax 291 98 01 21.
para Funchal : Porto Santo Line ☎ 291 21 03 00 Fax 291 22 64 34.
Av. Henrique Vieira e Castro 5 ✉ 9400-179 Porto Santo ☎ 291 98 23 61 (ext. 203) Fax 291 98 35 62.

Torre Praia, Rua Goulart Medeiros, ✉ 9400-164 Porto Santo, ☎ 291 98 04 50, *reservas@torrepraia.pt, Fax 291 98 24 87,* ≤, – TV P. AE VISA.
Refeição 20 – **62 qto** 140,50/156 – 4 suites.
◆ Instalações de vanguarda e uma localização de luxo, uma praia de fina areia amarela. Desfrute dos seus espaçosos quartos dotados de adequados salões. O restaurante surpreende na zona pelo desenho actual e a sua variada ementa internacional.

ao Sudoeste :

Vila Baleira, Cabeço da Ponta - 5,7 km, ✉ 9400-030 apartado 258 Porto Santo, ☎ 291 98 08 00, *vila.baleira@ferpinta.pt, Fax 291 98 08 01,* ≤, Serviços de talassoterapia, – TV P – 25/190. AE VISA.
Refeição - só buffet - 22,50 – **224 qto** 172,50/216 – 32 suites.
◆ Amplitude e conforto são os seus melhores valores. Desfrute duma grata estadia e dos seus completos quartos. Possui um serviço de talassoterapia. Espaçoso refeitório envidraçado onde poderá degustar um saboroso buffet.

Luamar sem rest com snack-bar, Cabeço da Ponta - 5,5 km, ✉ 9400-030 Porto Santo, ☎ 291 98 41 21, *reservas@torrepraia.pt, Fax 291 98 31 00*, ≤, Fö, ⛱ - |‡| TV P. AE ⓓ MC VISA. ✗
63 apartamentos ☕ 114.
◆ Apartamentos T1 em regime hoteleiro dotados de um correcto equipamento. Possuem um bom conforto geral dentro da funcionalidade dos seus materiais.

MAFRA *Lisboa* 733 P 1 – *11 276 h alt. 250.*

Ver : Palácio e Convento de Mafra★★ : basílica★★ (zimbório★), palácio e convento (biblioteca★).

🅸 Terreiro D. João V ✉ 2640-492 ☎ 261 81 71 70 turismo@cm-mafra.pt Fax 261 81 71 77.

Lisboa 47 – Sintra 23.

MAIA *Porto* 733 I 4 – *35 625 h.*

Lisboa 314 – Braga 44 – Porto 11 – Vila Real 98.

Egatur Maia, Rua Simão Bolívar 375, ✉ 4470-214, ☎ 22 943 56 50, *recepc.maia@egatur.com, Fax 22 943 56 59* – |‡| ▤ TV ☏ ♿ 🚗 P – 🪑 25/400. AE ⓓ MC VISA. ✗
Refeição 14,53 – **80 qto** ☕ 80,68/92,21 – 8 suites.
◆ Conjunto moderno, bastante central e de espaçosas instalações, com um bar integrado nas zonas nobres. Os seus acolhedores quartos dispõem de um mobiliário funcional. Restaurante dotado de aceso independente.

Central Parque sem rest, Av. Visconde de Barreiros 83, ✉ 4470-151, ☎ 22 947 55 63, *hcp.maia@mail.telepac.pt, Fax 22 947 55 65* – |‡| ▤ TV ☏ ♿ 🚗 – 🪑 25. AE ⓓ MC VISA. ✗
40 qto ☕ 80/90.
◆ Na avenida principal da localidade. Moderno hotelzinho dotado de aconchegantes zonas comuns, decoradas com detalhes de bom gosto e quartos confortáveis.

em Nogueira *Este : 3,5 km :*

Albergaria Machado ⛰, Rua Dr. António José de Almeida 442, ✉ 4475-456 Nogueira Maia, ☎ 22 961 70 40, *Fax 22 961 70 41* – |‡| ▤ TV P
ver rest. ***Machado*** – **10 qto** ☕ 40/50.
◆ De nova construção e amável organização familiar. A zona social resulta algo reduzida e possui quartos muito cuidados, com os chãos em madeira e casas de banho modernas.

Machado - *Hotel Albergaria Machado*, Rua Dr. António José de Almeida 467, ✉ 4475-456 Nogueira Maia, ☎ 22 941 08 39, *Fax 22 961 70 41* – ▤ P
fechado 2ª e 3ª feira – **Refeição** - só menú, vitela assada - 23.
◆ Quantidade, qualidade e bons preços estão assegurados neste restaurante típico, que oferece como prato estrela a vitela assada ao estilo Lafões. Vinho de colheita própria.

MALHOU *Santarém* 733 N 3.

Lisboa 101 – Santarém 27 – Leiria 53 – Coimbra 112 – Portalegre 128.

O Malho, Rua Padre Reis, ✉ 2380-537, ☎ 249 88 27 81, *Fax 249 88 27 81* – ▤ P. VISA. ✗
fechado agosto, domingo noite e 2ª feira – **Refeição** lista 20 a 25.
◆ Vila de estilo ribatejano com a fachada em cor branca. Possui um bar à entrada e dois refeitórios de esmerada montagem, um deles como esplanada de Inverno para banquetes.

MANGUALDE *Viseu* 733 K 6 – *8 904 h alt. 545.*

🚗 ☎ 232 62 32 22.

Lisboa 317 – Guarda 67 – Viseu 18.

Estalagem Casa d'Azurara, Rua Nova 78, ✉ 3530-215, ☎ 232 61 20 10, *info@azurara.com, Fax 232 62 25 75*, 🏞, 🌳 – |‡|, ▤ rest, TV P. AE ⓓ MC VISA. ✗ rest
Refeição lista 17 a 22 – **15 qto** ☕ 94/107.
◆ Hotelzinho cheio de graça e encanto instalado numa antiga casa senhorial, que dispõe de atractivos quartos decorados com um gosto apurado. Refeitório situado num sítio sereno e aberto a um bonito jardim.

Estalagem Cruz da Mata, Estrada N 16, ✉ 3530-114, ☎ 232 61 95 60, *Fax 232 61 27 22*, – 25/150. AE MC VISA. rest
Refeição 12 – **28 qto** 48/58.
• Pequeno hotel de clara funcionalidade e adequado equipamento, que possui uma zona social suficiente e confortáveis quartos cuidados com esmero. O restaurante resulta algo frio na sua decoração, mas é muito luminoso.

pela estrada N 16 *Este : 2,8 km :*

Senhora do Castelo, Monte da Senhora do Castelo, ✉ 3534-909 apartado 4, ☎ 232 61 99 50, *hotel.sra.castelo@cotel.pt, Fax 232 62 38 77*, ≤ Serras da Estrela e Caramulo, – 25/200. AE MC VISA.
Refeição 15 – **83 qto** 40/50 – 4 suites.
• Desfrute de uma situação dominante com vistas as serras da Estrela e do Caramulo. O seu funcional interior alberga quartos amplos e bem equipados, com casas de banho actuais. Refeitório panorâmico muito correcto mas sem grandes detalhes.

MANTEIGAS *Guarda* 733 K 7 – *3 065 h alt. 775 – Termas – Desportos de Inverno na Serra da Estrela : 3.*
Arred. : *Poço do Inferno★ (cascata★) Sul : 9 km – Sul : Vale glaciário do Zêzere★★, ≤★.*
Rua Dr. Estevez de Carvalho 2 ✉ 6260-144 ☎ 275 98 11 29 Fax 275 98 11 29.
Lisboa 355 – Guarda 49.

Casa das Obras sem rest, Rua Teles de Vasconcelos, ✉ 6260-185, ☎ 275 98 11 55, *turismo@casadasobras.pt, Fax 275 98 11 55*,
6 qto 70/80.
• Casona senhorial que conserva no seu interior a atmosfera do séc. XVIII, com mobiliário de época na zona nobre e cálidos detalhes nos quartos. Casas de banho actuais.

na estrada N 232 *Este : 1.5 km :*

Quinta dos Fragas sem rest, ✉ 6260-162, ☎ 275 98 24 20, *quintadosfragas@clix.pt, Fax 275 98 24 21*, ≤,
10 qto 40/60 – 4 apartamentos.
• Antiga casa de campo restaurada, com certo estilo montanhês na sua fachada. Zona comum com bar de aspecto aconchegante e quartos funcionais dotados de casas de banho standard.

pela estrada das Caldas *Sul : 2 km e desvío a esquerda 1,5 km :*

Albergaria Berne, Quinta de Santo António, ✉ 6260-191, ☎ 275 98 13 51, *albergaria_berne@hotmail.com, Fax 275 98 21 14*, ≤, rest, AE MC VISA.
fechado do 15 ao 30 de setembro – **Refeição** *(fechado domingo noite e 2ª feira)* 14,50
17 qto 40/50.
• Pequeno hotel familiar situado fora da localidade, cujo interior alberga uma zona social íntima e aconchegante, e quartos funcionais com casas de banho actuais. Refeitório panorâmico onde se aprecia a quotidianidade que define o resto da casa.

na estrada de Gouveia *Norte : 13 km :*

Pousada de São Lourenço, ✉ 6260-200, ☎ 275 98 00 50, *guest@pousadas.pt, Fax 275 98 24 53*, ≤ vale e montanha – rest, AE MC VISA.
Refeição 26 – **21 qto** 128/140.
• A sua localização proporciona-nos formosas vistas sobre o vale. Típico hotel de montanha, cujo estilo e decoração recriam um ambiente decididamente entranhável. Adequado conforto. Restaurante de impecável montagem, aberto à serenidade dos seus belos arredores.

MARINHA GRANDE *Leiria* 733 M 3 – *28 372 h alt. 70 – Praia em São Pedro de Moel.*
Rua Bernardino Gomes ✉ 2430 ☎ 244 56 66 44.
Lisboa 143 – Leiria 12 – Porto 199.

Cristal, Estrada de Leiria (Embra), ✉ 2430-091, ☎ 244 57 45 30, *hoteiscristal@hoteiscristal.pt, Fax 244 57 45 33* – – 25/100
70 qto.
• Serviço e qualidade misturam-se neste moderno estabelecimento. Quartos confortáveis e salões de convenções para empresas. Dirigido a uma clientela de negócios. O seu espaçoso refeitório de estilo clássico oferece uma pequena ementa e um completo buffet.

MARRAZES *Leiria* – *ver Leiria.*

MARTINCHEL *Santarém* 733 N 5 – *713 h.*

Lisboa 136 – Castelo Branco 121 – Leiria 74.

ao Nordeste : *2 km* :

Estalagem Vale Manso ⑤, ✉ 2200-648, ☎ 241 84 00 00, *reservas@estalagemvalepemanso.com, Fax 241 84 00 09,* ≤ barragem e montanhas, ⛱, ✗ – |♦| ▤ TV ♿ P – 🏊 25/120. AE ⓓ ⓜⓒ VISA JCB. ✗

Refeição 30 – **22 qto** ☕ 130/150 – 2 suites.

◆ Deixe-se seduzir pelo seu belo ambiente. Elegantes instalações e quartos que destacam pelo seu conforto e equipamento. Recebe os seus clientes com uma cesta de frutas. Restaurante panorâmico de excelente montagem, com formosas vistas sobre a barragem.

MARVÃO *Portalegre* 733 N 7 – *178 h alt. 865.*

Ver : *Sítio★★ – A Vila★ (balaustradas★) – Castelo★ (※★★) : aljibe★.*

18 *Estrada N 246-1, Sudoeste : 8 km ☎ 245 99 37 55 Fax 245 99 38 05.*

Rua Largo de Santa Maria ✉ 7330-101 ☎ 245 99 38 86 museu.marvão@mail.telepac.pt Fax 245 99 35 26.

Lisboa 226 – Cáceres 127 – Portalegre 22.

Pousada de Santa Maria ⑤, Rua 24 de Janeiro 7, ✉ 7330-122, ☎ 245 99 32 01, *recepcao.stamaria@pousadas.pt, Fax 245 99 34 40,* ≤ – |♦|, ⇆ qto, ▤ TV. AE ⓓ ⓜⓒ VISA. ✗

Refeição 26 – **28 qto** ☕ 138/150 – 1 suite.

◆ Pousada central, de ar regional, cujo interior alberga uma cuidada zona social, com confortáveis quartos com mobiliário antigo e casas de banho actuais. Refeitório panorâmico com grandes janelas que se abrem às montanhas.

Albergaria El Rei D. Manuel ⑤, Largo de Olivença, ✉ 7330-104, ☎ 245 90 91 50, *alberg.d.manuel@mail.telepac.pt, Fax 245 90 91 59,* ≤, ⛱ – |♦| ▤ TV ♿. AE ⓜⓒ VISA. ✗

Refeição 11 – **15 qto** ☕ 53/60.

◆ Hotelzinho de nova construção e organização simples, situado no coração desta bonita vila. Confortáveis quartos, destacando nove deles pelas suas excelentes vistas. Refeitório atractivo e de ar regional onde encontrará um ambiente cómodo e agradável.

Casa D. Dinis ⑤ sem rest, Rua Dr. Matos Magalhães 7, ✉ 7330-121, ☎ 245 99 39 57, *casad.dinis@vizzavi.pt, Fax 245 99 39 59* – ▤ TV. AE ⓓ ⓜⓒ VISA. ✗

9 qto ☕ 45/55.

◆ Casa tradicional levada por um amável casal. Dispõe de uma acolhedora sala social com lareira e quartos muito correctos na sua categoria, com as casas de banho renovadas.

MATOSINHOS *Porto – ver Porto.*

MATOSINHOS *Vila Real – ver Loivos.*

MEALHADA *Aveiro* 733 K 4 – *4 043 h alt. 60.*

Lisboa 221 – Aveiro 35 – Coimbra 19.

na estrada N 1 *Norte : 1,5 km* :

Pedro dos Leitões, Rua Àlvaro Pedro 1, ✉ 3050-382, ☎ 231 20 99 50, *Fax 231 20 99 59* – ▤ P. AE ⓜⓒ VISA. ✗

Refeição - leitão assado - lista aprox. 20.

◆ Supõe toda uma experiência acumulada na tradição do leitão, ocupam-se da criação e retalhadura do animal. Renovado classicismo na sua decoração.

Os preços indicados podem aumentar, em caso de variações significativas do custo de vida. Solicite a confirmação do preço definitivo quando efectue a sua reserva de hotel.

Se se atrasa no caminho e não pode chegar antes das 18h, confirme telefonicamente a sua reserva, é mais seguro... e é o costume.

MELGAÇO *Viana do Castelo* 733 F 5 – *761 h – Termas.*

Rua da Loja Nova ✉ 4960-371 ☎ 251 40 24 40 Fax 251 40 24 37.

Lisboa 451 – Braga 110 – Ourense 61 – Viana do Castelo 89 – Vigo 54.

XX **Panorama,** Edifício do Mercado Municipal, ✉ 4960, ☎ 251 41 04 00, *Fax 251 40 42 83,* ← – ▤. AE MC VISA. ⚘
fechado do 15 ao 30 de outubro e 2ª feira – **Refeição** lista aprox. 25.
◆ Boa vista panorâmica sobre o país vizinho, uma montagem muito correcta, e uma decoração com toques personalizados realçada por numerosas garrafas de vinho.

em Peso *Oeste : 3,5 km :*

Quinta do Reguengo ⛰ sem rest, ✉ 4960-267 Melgaço, ☎ 251 41 01 50, *geral @hoteldoreguengo.pt, Fax 251 41 01 59,* – |‡| ▤ TV ♿ P. ⚘
12 qto ☕ 75/82 – 3 suites.
◆ Hotel de amável organização familiar, rodeado por um pequeno vinhedo graças ao qual produzem o seu próprio vinho Albarinho. Quartos de excelente conforto na sua categoria.

Albergaria Boavista, ✉ 4960-235 Melgaço, ☎ 251 41 64 64, *Fax 251 41 63 50,* – |‡| ▤ TV ♿ P. AE MC VISA. ⚘
Refeição lista aprox. 29 – **51 qto** ☕ 50/65.
◆ O edifício principal alberga confortáveis quartos, enquanto que num anexo possuem dependências mais funcionais que somente funcionam no Verão. Refeitório diáfano de montagem clássica na parte antiga do hotel.

X **Adega do Sossego,** ✉ 4960-235 Melgaço, ☎ 251 40 43 08 – ▤. AE MC VISA. ⚘
fechado do 1 ao 15 de maio, 20 setembro-7 outubro e 4ª feira – **Refeição** lista 20 a 31.
◆ Restaurante familiar situado numa pequena ruela. Dispõe de dois andares, com uma cálida decoração rústica que combina as paredes em pedra e os tectos em madeira.

MESÃO FRIO *Vila Real* 733 I 6.

Lisboa 375 – Braga 88 – Porto 77 – Vila Real 36 – Viseu 89.

na estrada N 108 *Este : 2 km :*

Pousada Solar da Rede ⛰, Santa Cristina, ✉ 5040-336, ☎ 254 89 01 30, *solar. da.rede@douroazul.com, Fax 254 89 01 39,* ← vinhedos, vale e rio Douro, – ▤ TV P – 25/400. AE D MC VISA. ⚘
Refeição 26 – **29 qto** ☕ 183/195.
◆ Casa senhorial do séc. XVIII cujo núcleo principal alberga os quartos mais aconchegantes, estando o resto distribuído numa série de edifícios dispersos entre vinhedos. Elegante refeitório onde a sobriedade evidencia um óptimo gosto decorativo.

MIRA *Coimbra* 733 K 3 – *7 782 h – Praia.*

Arred. : *Varziela : Capela (retábulo★) Sudeste : 11 km.*

Lisboa 221 – Coimbra 38 – Leiria 90.

na praia *Noroeste : 7 km :*

Sra. da Conceição sem rest, Av. Cidade de Coimbra 217, ✉ 3070-761, ☎ 231 47 16 45, *mirarsc@portugalmail.pt, Fax 231 47 16 45* – |‡| TV P
23 qto ☕ 60/65.
◆ Pequeno estabelecimento de organização familiar, situado numa formosa zona de praia à entrada da localidade. Reduzida recepção e quartos funcionais.

MIRANDA DO DOURO *Bragança* 733 H 11 – *2 127 h alt. 675.*

Ver : *Sé (retábulos★) – Museu Regional da Terra de Miranda★.*

Arred. : *Barragem de Miranda do Douro★ Este : 3 km – Barragem de Picote★ Sudoeste : 27 km.*

Largo do Menino Jesus da Cartolinha ✉ 5210-191 ☎ 273 43 11 32 mirdouro@mail. telepac.pt Fax 273 43 10 75.

Lisboa 524 – Bragança 85.

Turismo sem rest, Rua 1º de Maio 5, ✉ 5210-191, ☎ 273 43 80 30, *Fax 273 43 13 35* – |‡| ▤ TV ♿. AE D MC VISA JCB
29 qto ☕ 20/40.
◆ Hotel central, cujo interior de linha clássica alberga uma reduzida zona nobre, que é compensada pelos quartos amplos e bem equipados.

MIRANDELA *Bragança* 733 H 8 – *11 186 h.*

Ver : *Museu Municipal Armindo Teixeira Lopes★.*

Rua D. Afonso II (Praça do Mercado) ✉ 5370-287 ☎ 278 20 02 72 info@bib-sarmento-pimentel.rcts.pt Fax 278 26 57 68.

Lisboa 475 – Bragança 67 – Vila Real 71.

D. Maria, Rua Dr. Jorge Pires 3, ✉ 5370-430, ☎ 278 24 84 55, *cep@netc.pt, Fax 278 24 84 08* – ▤. AE MC VISA. ✂
fechado 2ª feira – **Refeição** lista aprox. 27.
◆ Aconchegante restaurante de estilo actual com uma elegante zona de bar na entrada. Uma excelente montagem e uma impecável manutenção definem o seu interior.

O Grês, Av. Nossa Senhora do Amparo, ✉ 5370-210, ☎ 278 24 82 02 – ▤. AE MC VISA. ✂
fechado do 1 ao 15 de julho e domingo noite – **Refeição** lista 30 a 40.
◆ Discreto estabelecimento de carácter funcional, com instalações muito cuidadas que são realçadas com uma decoração actual. Cozinha à vista.

ao Nordeste : *1,5 km :*

Jorge V sem rest, Av. das Comunidades Europeias, ✉ 5370-205, ☎ 278 26 50 24, *Fax 278 26 50 25* – ▤ TV P. AE D MC VISA. ✂
31 qto ☕ 25/40.
◆ Hotel de aspecto actual situado nos arredores da localidade. Tem quartos de linha clássica simples, onde o equipamento e o conforto ficam garantidos.

MOGADOURO *Bragança* 733 H 9 – *3 638 h.*

Lisboa 471 – Bragança 94 – Guarda 145 – Vila Real 153 – Zamora 97.

A Lareira com qto, Av. Nossa Senhora do Caminho 58, ✉ 5200-207, ☎ 279 34 23 63 – ▤ rest, TV. ✂ qto
fechado janeiro – **Refeição** *(fechado 2ª feira)* lista 12 a 18 – **10 qto** ☕ 20/30.
◆ Restaurante e quartos em negócio compartilhado. Modesto refeitório onde servem uma reconfortante cozinha de estilo regional com preços atractivos, destacando as carnes.

MOIMENTA DA BEIRA *Viseu* 733 J 7 – *2 402 h.*

Lisboa 338 – Viseu 51 – Guarda 84 – Vila Real 62 – Porto 131.

pela estrada N 226 *Sudeste : 2,5 km :*

Verdeal sem rest, ✉ 3620, ☎ 254 58 40 61, *hotelverdeal@clix.pt, Fax 254 58 40 63,* – ▤ TV P – 25/200. AE D MC VISA. ✂
10 qto ☕ 35/60.
◆ De moderna construção nos arredores da localidade. Quartos de estilo actual, com mobiliário funcional, chãos em parquet e todos eles dotados de varanda.

MONÇÃO *Viana do Castelo* 733 F 4 – *2 379 h – Termas.*

Ver : *Miradouro★.*

Praça Deu-La-Deu (Casa do Curro) ✉ 4950-452 ☎ 251 65 27 57 Fax 251 65 27 51.

Lisboa 451 – Braga 71 – Viana do Castelo 69 – Vigo 48.

na estrada de Sago *Sudeste : 3 km :*

Solar de Serrade sem rest, Mazedo, ✉ 4950-280 Mazedo, ☎ 251 65 40 08, *quintadeserrade@clix.pt, Fax 251 65 40 41,* Produção de vinho Alvarinho – TV P – 25/400. ✂
10 qto ☕ 65/95 – 4 suites.
◆ Casa armoriada de arquitectura senhorial, numa quinta agrícola dedicada à produção de vinho Alvarinho. Salões de época e elegantes quartos, a maioria com mobiliário antigo.

MONCARAPACHO *Faro* 733 U 6 – *7 591 h.*

Lisboa 286 – Faro 18 – Beja 156 – Olhão 9 – São Brás de Alportel 14.

na estrada N 398 *Norte : 4,5 km :*

Casa da Calma sem rest, Sítio do Pereiro, ✉ 8700-123, ☎ 289 79 10 98, *info@casadacalma.com, Fax 289 79 15 99,* climatizada, – TV P. MC VISA
7 qto ☕ 78/138.
◆ Conjunto de estilo regional situado em pleno campo. Oferece cuidados quartos com mobiliário em pinho, a maioria deles com casas de banho com duche, e uma agradável varanda.

MONCHIQUE *Faro* 733 U 4 – *5 375 h alt. 458 – Termas.*

Arred. : Estrada★ de Monchique à Fóia ≤★, Monte Fóia★ ≤★.

Largo dos Chorões ✉ 8550 ☎ 282 91 11 89.

Lisboa 260 – Faro 86 – Lagos 42.

Albergaria Bica-Boa com qto, Estrada de Lisboa 266, ✉ 8550-427, ☎ 282 91 22 71, *enigma@mail.telepac.pt, Fax 282 91 23 60,* – AE MC VISA. rest
Refeição lista aprox. 31 – **4 qto** 65,50.
◆ O seu reduzido tamanho e uma cálida rusticidade conformam um ambiente íntimo e aconchegante. Agradáveis exteriores com esplanada e árvores complementados com cuidados quartos.

na estrada da Fóia :

Estalagem Abrigo da Montanha, Sudoeste : 2 km, ✉ 8550, ☎ 282 91 21 31, *abrigodamontanha@hotmail.com, Fax 282 91 36 60,* ≤ vale, montanha e mar, , – . AE MC VISA.
Refeição 15 – **11 qto** 71,35/87,85 – 3 suites.
◆ Antiga casa de pedra com esplanadas e uma localização que nos oferece formosas vistas. Apesar da sua linha funcional, a decoração reflecte um gosto excelente e refinado. Agradável e luminoso restaurante aberto à imensidão dos seus arredores.

nas Caldas de Monchique *Sul : 6,5 km :*

Albergaria do Lageado, ✉ 8550-232 Monchique, ☎ 282 91 26 16, *Fax 282 91 13 10,* , – . AE MC VISA JCB.
abril-outubro – **Refeição** 15 – **20 qto** 50/60.
◆ Apesar das suas modestas instalações, é um recurso correcto e atractivo. Esmerada manutenção e uma estética que homenageia as tradições do país. Restaurante decorado com certo tipismo, cujas paredes são realçadas por base de azulejos.

As principais vias comerciais aparecen resenhadas em ***vermelho*** *na lista de ruas que figura junto as plantas das cidades.*

MONDIM DE BASTO *Vila Real* 733 H 6 – *3 473 h.*

Lisboa 404 – Amarante 35 – Braga 66 – Porto 96 – Vila Real 45.

pela estrada de Vila Real *Sul : 2,5 km :*

Quinta do Fundo, Vilar de Viando, ✉ 4880-212, ☎ 255 38 12 91, *Fax 255 38 20 17,* , , – P.
fechado janeiro – **Refeição** - só jantar, só clientes - 30 – **5 qto** 50 – 2 suites.
◆ Cálido ambiente familiar numa quinta agrícola com adegas próprias, onde é produzido e engarrafado o popular vinho verde. Quartos de cândida simplicidade.

MONFORTINHO (Termas de) *Castelo Branco* 733 L 9 – *608 h alt. 473 – Termas.*

Av. Conde da Covilhã - Edifício das Piscinas Municipais ☎ 277 43 42 23 Fax 277 43 42 23.

Lisboa 310 – Castelo Branco 70 – Santarém 229.

Astória, ✉ 6060-072, ☎ 277 43 04 00, *hotelastoria@monfortur.pt, Fax 277 43 04 09,* , , , , , – TV P – 25/150. AE MC VISA.
Refeição 17,50 – **83 qto** 70/110.
◆ Aconchegante hotel de estação termal, cujo excelente equipamento antecede a um conforto moderno e actual. Elegante interior onde impera uma estética de excelente gosto. As grandes janelas e a alegre decoração conformam um refeitório cheio de graça e encanto.

Fonte Santa, ✉ 6060-072, ☎ 277 43 03 00, *hotel.fonte.santa@monfortur.pt, Fax 277 43 03 09,* , – TV P. AE MC VISA.
Refeição 22 – **45 qto** 150.
◆ Estabelecimento de linha funcional e adequado equipamento, situado num belo parque. Confortáveis quartos com casas de banho actuais. Luminoso restaurante de estilo regional, com vigas de madeira no tecto e um bela base azulejada.

Das Termas, Padre Alfredo, ✉ 6060-072, ☎ 277 43 03 10, *Fax 277 43 03 11* – TV P
20 qto.
◆ Hotelzinho de carácter familiar, cujo equipamento cumpre com as necessidades básicas do conforto. Aconchegantes quartos com mobiliário em madeira e casas de banho actuais.

MONSANTO *Castelo Branco 733 L 8 - 1 160 h alt. 758.*

Ver : *Castelo : ✳★★.*

Lisboa 328 - Castelo Branco 73 - Ciudad Rodrigo 132 - Guarda 90.

Pousada de Monsanto ⚘, Rua da Capela 1, ✉ 6060-091 Monsanto IDN, ☏ 277 31 44 71, *guest@pousadas.pt, Fax 277 31 44 81,* ≤ - ▮ ▤ TV. AE ⓓ MC VISA JCB. ✂

Refeição 26 - **10 qto** ☕ 128/140.

◆ Pequena pousada situada numa aldeia pitoresca, com uma parte moderna e outra de estilo antigo. Oferece quartos de ar rústico dotados de um equipamento completo.

MONSARAZ *Évora 733 Q 7 - 977 h alt. 342.*

Ver : *Localidade★★ - Sítio★★ - Rua Direita★.*

Largo D. Nuno Alvares Pereira 5 ✉ 7200-175 ☏ 266 55 71 36.

Lisboa 191 - Badajoz 96 - Évora 59 - Portalegre 144 - Setúbal 159.

Estalagem de Monsaraz ⚘ sem rest, Largo de S. Bartolomeu 5, ✉ 7200-175, ☏ 266 55 71 12, *estalagem.mosaraz@clix.pt, Fax 266 55 71 01,* ≤ planície desde a esplanada, ⛱, 🌳 - ▤ TV ♿. AE ⓓ MC VISA JCB. ✂

19 qto ☕ 67/90.

◆ Conjunto rústico-regional situado ao pé das muralhas, com uma piscina-jardim que desfruta de belas vistas. As suas cálidas instalações têm o aroma do quotidiano.

Casa Parroquial Santo Condestável ⚘ sem rest, Rua Direita 4, ✉ 7200-175, ☏ 266 55 71 81 - TV. ✂

5 qto ☕ 25/30.

◆ Desfrute do descanso numa casa tradicional desta agradável localidade. Adequado conforto e bons níveis de limpeza e manutenção dentro da sua categoria.

ao Sul : *2,5 km :*

Horta da Moura ⚘, ✉ 7200-999 apartado 64 Reguengos de Monsaraz, ☏ 266 55 01 00, *hortadamoura@hortadamoura.pt, Fax 266 55 01 08,* ⛱, ⛱, 🎾 - ▤ TV ♿ P - 🏛 25/180. AE ⓓ MC VISA. ✂ rest

Refeição *(fechado 3ª feira)* 17,50 - **25 qto** ☕ 80/85 - 1 apartamento.

◆ Prédio rústico envolvido no silêncio da planície alentejana. Cálido ambiente de estilo regional onde destacam os quartos de grande tamanho. Atractivo refeitório em dois níveis, colorista e com tectos em madeira.

pela estrada de Telheiro *Norte : 1,5 km e desvio a direita 1,3 km :*

Monte Alerta ⚘ sem rest, ✉ 7200-175 apartado 101, ☏ 266 55 01 50, *geral@montealerta.com, Fax 266 55 73 25,* ≤, 🏋, ⛱, 🌳 - ▤ TV. MC VISA. ✂

8 qto ☕ 60/80.

◆ Casa de campo familiar com magníficas instalações e atractivos exteriores. Dispõe de uma ampla zona social e espaçosos quartos decorados com mobiliário de época.

MONTARGIL *Portalegre 733 O 5 - 2 781 h.*

Lisboa 131 - Portalegre 104 - Santarém 72.

Barragem, Estrada N 2, ✉ 7425-999, ☏ 242 90 41 75, *Fax 242 90 42 55,* ≤, ⛱, ⛱, 🎾 - ▤ TV P - 🏛 25/180. AE ⓓ MC VISA. ✂

***A Panela* : Refeição** lista 20 a 26 - **18 qto** ☕ 70/80 - 3 suites.

◆ A sua localização junto à barragem oferece-nos todo um leque de actividades náuticas. Hotel de estrada com quartos funcionais e bem equipados, todos com varanda. Refeitório principal rodeando um balcão e outra sala de tectos altos para banquetes.

MONTE *Madeira - ver Madeira (Arquipélago da).*

MONTE ESTORIL *Lisboa - ver Estoril.*

MONTE GORDO *Faro - ver Vila Real de Santo António.*

Dê-nos a sua opinião sobre os restaurantes recomendados, as suas especialidades e os vinhos da região.

MONTE REAL *Leiria* 733 M 3 – *2 777 h alt. 50 – Termas.*

Largo Manuel da Silva Pereira (Parque Municipal) ✉ 2425-041 ☎ 244 61 21 67.
Lisboa 147 – Leiria 16 – Santarém 97.

D. Afonso, Rua Dr. Oliveira Salazar, ✉ 2425-044, ☎ 244 61 12 38, *Fax 244 61 13 22*, – rest, – 25/600. AE MC VISA.
abril-dezembro – **Refeição** - só menú - 15 – **74 qto** ☐ 63/68.
• Um hotel de cuidadas instalações, embora na sua decoração e mobiliário começa a apreciar-se o passar do tempo. Quartos bem equipados e boa zona de lazer. Refeitório de grande capacidade e adequada montagem, onde basicamente oferecem um prato do dia.

Santa Rita, Rua de Leiria 35, ✉ 2425-039, ☎ 244 61 21 47, *santarita@mail.telepac.pt, Fax 244 61 21 72*, – P. VISA.
abril-outubro – **Refeição** - só menú - 12 – **42 qto** ☐ 45/60.
• Hotelzinho de séria organização e impecável manutenção. Possui quartos de linha clássica decorados com mobiliário antigo e uma magnífica piscina no exterior.

Colmeia, Estrada da Base Aérea 5, ✉ 2425-022, ☎ 244 61 25 33, *rcolmeia@iol.pt, Fax 244 61 19 30* – rest, P – 25/80.
maio-outubro – **Refeição** - só clientes - 11 – **46 qto** ☐ 40/50.
• Negócio familiar de correcta organização dirigido com dignidade. Quartos funcionais de distinto conforto, com casas de banho completas.

em Ortigosa *na estrada N 109 - Sudeste : 4 km :*

Saloon, ✉ 2425-710 Ortigosa, ☎ 244 61 34 38, *info@quintadopaul.pt, Fax 244 61 37 03*, – P. AE MC VISA.
Refeição lista aprox. 30.
• Instalado numa quinta. Tem um certo carácter típico e possui uma sala principal de estilo rústico, com bom mobiliário e um adequado serviço de mesa.

Escreva-nos...
Os seus elogios como tambem as suas criticas
serao examinados com toda a atencao.
Os nossos inspectores voltarao a ver
os hoteis e restaurantes que nos indicar.
Gracas a vossa colaboracao, este guia sera
sempre mais exacto e mais completo.
Anticipadamente gratos !

MONTEMOR-O-NOVO *Évora* 733 Q 5 – *8 298 h alt. 240.*

Largo Calonste Gulbenkian ✉ 7050-192 ☎ 266 89 81 03 turismo@cm-montemorno vo.pt Fax 266 89 81 90.
Lisboa 112 – Badajoz 129 – Évora 30.

Bar Alentejano, Av. Sacadura Cabral 25, ✉ 7050-304, ☎ 266 89 22 24 – . AE MC VISA
fechado do 15 ao 30 de setembro, domingo noite e 2ª feira – **Refeição** lista 22 a 26.
• Restaurante de ar rústico-regional com um bar privativo à entrada e uma sala, decorada com utensílios de lavoura, que destaca pelo seu tecto em madeira a duas águas. Cozinha alentejana.

pela estrada de Alcácer do Sal *Sudoeste : 3 km e desvio a direita 1 km :*

Monte do Chora Cascas, ✉ 7050-apartado 296, ☎ 266 89 96 90, *info@montechoracascas.com, Fax 266 89 96 99*, – P
só clientes, só jantar, só buffet – **7 qto.**
• Um turismo rural de autentico luxo. Desfruta de magníficos quartos, personalizados e decorados com muito bom gosto, assim como de uma elegante sala social com piano e lareira.

MONTEMOR-O-VELHO *Coimbra* 733 L 3 – *2 853 h.*

Ver : *Castelo★ (※★).*
Lisboa 206 – Aveiro 61 – Coimbra 29 – Figueira da Foz 16 – Leiria 77.

Ramalhão, Rua Tenente Valadim 24, ✉ 3140-255, ☎ 239 68 94 35 – AE MC VISA.
fechado outubro, domingo noite e 2ª feira – **Refeição** lista 19 a 24.
• Numa casa do séc. XVI. Sala de cálido estilo rústico e correcto mobiliário onde poderá degustar uma cozinha típica baseada em antigas receitas. Preços moderados.

MONTIJO *Setúbal* 733 P 3 – *25 561 h.*

Lisboa 40 – Setúbal 24 – Vendas Novas 45.

Tryp Montijo Parque H., Av. João XXIII-193, ✉ 2870-159, ☎ 21 232 66 00, *tryp.montijo.parque@solmeliaportugal.com, Fax 21 231 52 61* – 🛗 ▤ TV ♿ 🚗 – 25/180. AE ⓓ MC VISA JCB. 🐕

Refeição lista aprox. 17 – **84 qto** ☕ 74/89.

◆ Estabelecimento de moderna fachada cujo interior descobre uma zona social relaxada e quartos correctos na sua funcionalidade, com materiais de qualidade standard. Agradável refeitório decorado com detalhes regionais.

Taverna D'el Rei, Rua Gago Coutinho 89, ✉ 2870-330, ☎ 212 31 49 23, *info@tavernadelrei.com, Fax 910 985 7960* – ▤. AE ⓓ MC VISA. 🐕

fechado julho, domingo noite e 2ª feira – **Refeição** lista 20 a 34.

◆ Casa de piso térreo com entrada directa ao refeitório, de estilo rústico e com vigas de madeira. Oferece uma ementa regional com algum prato baseado nas elaborações locais.

MORA *Évora* 733 P 5 – *2 820 h.*

Lisboa 117 – Évora 59 – Santarém 75 – Portalegre 114 – Setúbal 111.

Afonso, Rua de Pavia 1, ✉ 7490-207, ☎ 266 40 31 66, *res.afonso@iol.pt, Fax 266 40 33 66* – ▤. AE ⓓ MC VISA. 🐕

fechado do 1 ao 15 de março, do 15 ao 30 de setembro e 4ª feira – **Refeição** lista 26 a 31.

◆ Negócio familiar central, com um bar e um refeitório neo-rústico, dotado de atraentes arcos e o tecto em lousas de argila. Cozinha alentejana, pratos de caça e uma boa adega.

NANTES *Vila Real – ver Chaves.*

NAZARÉ *Leiria* 733 N 2 – *10 080 h – Praia.*

Ver : *Sítio★★ - O Sítio ≤★ B- Farol : sítio marinho★★ – Igreja da Misericórdia (miradouro★)* B.

ℹ *Av. da República ✉ 2450-101 ☎ 262 56 11 94 camaranazaregap@mail.telpac.pt Fax 262 55 00 19.*

Lisboa 123 ② – Coimbra 103 ① – Leiria 32 ①

Planta página seguinte

Miramar, Rua Abel da Silva 36 - Pederneira, ✉ 2450-060, ☎ 262 55 00 00, *reservations@hotelmiramar.pt, Fax 262 55 00 01,* 🏋, 🏊 – 🛗 ▤ TV ♿ – 25/100. AE MC VISA. 🐕 B t

Refeição lista aprox. 25 – **40 qto** ☕ 95/100 – 7 apartamentos.

◆ Situado num dos miradouros com mais encanto da localidade. Instalações recentemente ampliadas com quartos confortáveis, casas de banho actualizadas e nova piscina. Restaurante distribuído em dois andares, um com profusão de madeira e o outro com vistas sobre o mar.

Maré, Rua Mouzinho de Albuquerque 8, ✉ 2450-901, ☎ 262 56 12 26, *hotel.mare@mail.telepac.pt, Fax 262 56 17 50* – 🛗 ▤ TV. AE ⓓ MC VISA JCB. 🐕 A r

Refeição 25 – **36 qto** ☕ 70,66/93,52.

◆ Ressalta pela sua proximidade à praia. Dispõe de uma ampla recepção, correcta zona social e uns quartos de estilo actual, com chãos em alcatifa e casas de banho completas. Possui um refeitório clássico e uma sala para banquetes nos últimos andares do hotel.

Ribamar, Rua Gomes Freire 9, ✉ 2450-222, ☎ 262 55 11 58, *Fax 262 56 22 24,* ≤ – TV. AE ⓓ MC VISA. 🐕 A b

fechado do 12 ao 27 de dezembro – **Refeição** lista aprox. 17 – **25 qto** ☕ 70/105.

◆ Estabelecimento um pouco antiquado mas bem situado frente à praia. Possui quartos clássicos decorados com ornamentos regionais e casas de banho detalhistas. Restaurante montado com certo atractivo, num ambiente típico e aconchegante.

Mar Bravo com qto, Praça Sousa Oliveira 67-A, ✉ 2450-159, ☎ 262 56 91 60, *mar-bravo@clix.pt, Fax 262 56 91 69,* ≤, 🍽 – 🛗 ▤ TV. AE ⓓ MC VISA JCB A s

Refeição - peixes e mariscos - lista 17 a 39 – **16 qto** ☕ 120.

◆ A actividade principal radica num restaurante envidraçado, de correcta montagem e com vistas para o mar. Possui também equipados quartos com casas de banho actuais.

NAZARÉ

28 de Maio (R.)	B	19
Abel da Silva (R.)	B	3
Açougue (Trav. do)	A	4
Adrião Batalha (R.)	A	6
Azevedo e Sousa (R.)	B	7
Carvalho Laranjo (R.)	A	9
Dom F. Roupinho (R.)	B	10
Dr Rui Rosa (R.)	A	12
Gil Vicente (R.)	A	13
M. de Albuquerque (R.)	A	15
M. de Arriaga (Pr.)	A	16
República (Av. da)	A	
Sousa Oliveira (Pr.)	A	18
Sub-Vila (R.)	A	
Vieira Guimarães (Av.)	A	

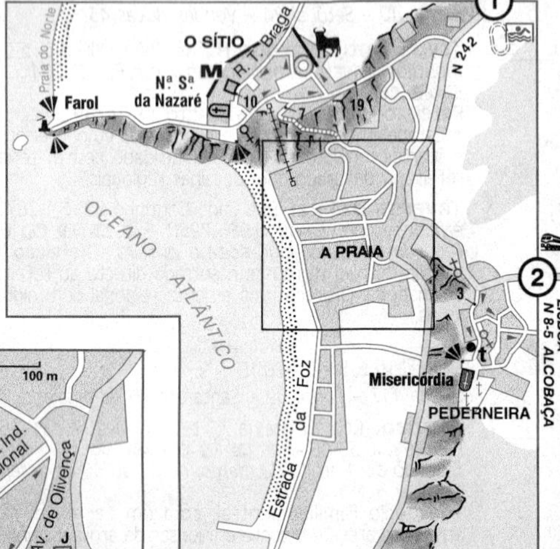

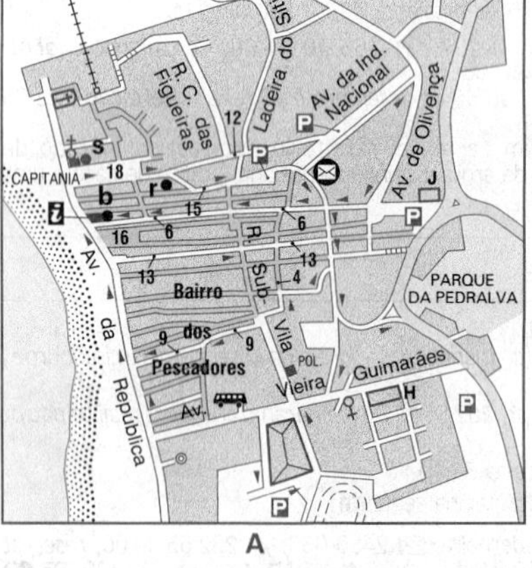

NELAS *Viseu* 733 K 6 – *4 073 h.*

Largo Dr. Veiga Simão ✉ 3520-062 ☎ 232 94 43 48.

Lisboa 277 – Coimbra 81 – Viseu 19.

Nelas Parq, Av. Dr. Fortunato de Almeida, ✉ 3520-056, ☎ 232 94 14 70, *hotelnelasparq@mail.telepac.pt, Fax 232 94 49 14* – 🛗 ▤ TV 📞 ♿ P – 🏛 25/250. AE ⓞ MC VISA. ✂ rest
Refeição 8 – **72 qto** ☕ 60/70 – 4 suites.
◆ Edifício remodelado e acondicionado para o seu uso como hotel. Correcta zona social dotada de sofás muito coloristas e quartos de conforto actual, com mobiliário funcional. Cuidado refeitório e uma destacada zona de banquetes com aceso independente.

Bem Haja, Rua da Restauração 5, ✉ 3520-069, ☎ 232 94 49 03, *bemhaja@netcabo.pt, Fax 232 94 49 03* – ▤. AE ⓞ MC VISA. ✂
Refeição lista 22 a 30.
◆ Acolhedora casa cujas salas possuem certo estilo neo-rústico, combinando as paredes em pedra e com os quadros modernos. Cozinha regional com queijos de elaboração própria.

Os Antónios, Largo Vasco da Gama, ✉ 3520-079, ☎ 232 94 95 15, *Fax 232 94 94 91* – ▤. AE ⓞ MC VISA. ✂
Refeição lista 18 a 27.
◆ Restaurante instalado numa antiga casa, cuja fachada e íntimo interior conservam ainda o calor da tradição. Possui também uma zona de bar e um pavilhão aberto para banquetes.

NOGUEIRA *Porto – ver Maia.*

ÓBIDOS *Leiria* 733 N 2 – *651 h alt. 75.*

Ver : A Cidadela medieval★★ (Rua Direita★, Praça de Santa Maria★, Igreja de Santa Maria : interior★, Túmulo★) - Murallas★★ (⩽★★).

Rua da Farmácia ✉ 2510-076 ✆ 262 95 92 31.

Lisboa 92 – Leiria 66 – Santarém 56.

Pousada do Castelo, Paço Real, ✉ 2510-999 apartado 18, ✆ 262 95 50 80, *guest@pousadas.pt, Fax 262 95 91 48* – AE VISA.
Refeição 26 – **9 qto** 238/250.
◆ Antigo castelo convertido em Pousada, depois de que um terramoto o destruiu parcialmente a meados do séc. XX. Os seus quartos mantêm o sabor dos tempos antigos. Refeitório de impecável montagem num belo contexto.

Real d'Óbidos sem rest, Rua D. João de Ornelas, ✉ 2510-074, ✆ 262 95 50 90, *info@hotelrealdobidos.com, Fax 262 95 50 99,* climatizada – – 25/120. AE VISA JCB.
15 qto 130/140 – 2 suites.
◆ Instalado parcialmente numa antiga casa restaurada fora das muralhas. Atractivo interior decorado com objectos medievais, boa sala social e confortáveis quartos.

Casa das Senhoras Rainhas, Rua Padre Nunes Tavares 6, ✉ 2510-070, ✆ 262 95 53 60, *info@senhorasrainhas.com, Fax 262 95 53 69,* – . AE VISA.
Refeição lista aprox. 34 – **10 qto** 151/165.
◆ Dentro do recinto amuralhado e integrado no baluarte defensivo. Instalações funcionais de conforto actual, com uma correcta sala social e quartos de linha clássica. Atractivo restaurante com um bom serviço de mesa e uma ementa tradicional portuguesa.

Albergaria Josefa d'Óbidos, Rua D. João d'Ornelas, ✉ 2510-130, ✆ 262 95 92 28, *josefadobidos@iol.pt, Fax 262 95 95 33* – – 25/70. AE VISA JCB.
Refeição *(fechado janeiro)* 14 – **34 qto** 58/68.
◆ O seu nome honra uma pintora tenebrista do séc. XVII, cujo corpo jaz numa igreja da localidade. Quartos confortáveis, bem mobilados e casas de banho actuais. Amplo restaurante repartido em dois espaços, com a grelha à vista num deles.

Louro sem rest, Casal da Canastra, ✉ 2510-042, ✆ 262 95 51 00, *hospedarialouro1@sapo.pt, Fax 262 95 51 01,* – . AE VISA.
20 qto 50/60.
◆ Conjunto de linha actual situado fora das muralhas. Possui uma sala social, onde também servem os pequenos almoços, e uns correctos quartos equipados com casas de banho modernas.

Albergaria Rainha Santa Isabel sem rest, Rua Direita, ✉ 2510-060, ✆ 262 95 93 23, *arsio@oninet.pt, Fax 262 95 91 15* – – 25/60. AE VISA JCB.
20 qto 72,50/88,50.
◆ Hotelzinho central com quartos bem mobilados, cuidados e com casas de banho completas, alguns com duche. Pequeno salão com bar para pequeno almoço.

Casa d'Óbidos sem rest, Quinta de S. José - Nordeste : 1,5 km, ✉ 2510-135, ✆ 262 95 09 24, *casadobidos@clix.pt, Fax 262 95 99 70,* – . VISA.
6 qto 69/80 – 3 apartamentos.
◆ Extensa quinta nos arredores da cidade. O edifício principal possui quartos com os chãos em madeira e mobiliário de época, reservando os seus apartamentos para o anexo.

A Ilustre Casa de Ramiro, Rua Porta do Vale, ✉ 2510-084, ✆ 262 95 91 94, *Fax 262 95 91 94* – . AE VISA JCB.
fechado janeiro e 5ª feira – **Refeição** lista 31 a 40.
◆ Estabelecimento situado na zona baixa da localidade, fora das muralhas. Sala rústica decorada com gosto, mediante barris de madeira e o chão empedrado. Ementa equilibrada.

Alcaide, Rua Direita 60, ✉ 2510-001, ✆ 262 95 92 20, *restalcaide@hotmail.com, Fax 262 95 92 20,* ⩽ – AE VISA.
fechado 30 março-15 abril, do 9 ao 24 de novembro e 4ª feira – **Refeição** lista 18 a 25.
◆ Claro expoente do tipismo local dentro da zona amuralhada. Refeitório de estilo clássico no 1º andar, com um simples serviço de mesa. Peça as especialidades da casa.

ao Noroeste : *3 km e desvio particular 0,5 km :*

Casal do Pinhão sem rest, Bairro da Senhora da Luz, ✉ 2510, ✆ 262 95 90 78, *casalpinhao@clix.pt, Fax 262 95 90 78,* – . VISA.
8 qto 75/85 – 2 apartamentos.
◆ Um bom referencial para os amantes do turismo rural em pleno campo. Casa familiar com quartos e apartamentos T1 de ar regional, em duas construções anexas.

OEIRAS *Lisboa* 733 P 2 – *33 939 h – Praia.*

Jardim Municipal de Santo Amaro de Oeiras ✉ 2780-057 ✆ 21 442 39 46 dct@cm-oeiras.pt Fax 21 440 85 11 e Estrada da Fundição de Oeiras ✉ 2780 ✆ 21 440 85 88 dct@cm-oeiras.pt Fax 21 440 85 11.

Lisboa 18 – Cascais 8 – Sintra 16.

em Santo Amaro de Oeiras :

Patrício, Rua Mestre de Avis 4-B, ✉ 2780-230 Oeiras, ✆ 21 443 17 86 – AE VISA JCB.
fechado 20 agosto-20 setembro, 4ª feira noite e 5ª feira – **Refeição** lista aprox. 19.
◆ Casa familiar dirigida com dignidade. Restaurante de discreta fachada cujo interior alberga uma sala de simples montagem, onde servem uma ementa atenta à tradição.

Saisa, Praia, ✉ 2780 Oeiras, ✆ 21 443 06 34, ←, – AE VISA JCB.
fechado 2ª feira – **Refeição** - peixes e mariscos - lista 19 a 26.
◆ Atractiva localização ao pé da praia. Modesto estabelecimento num estilo clássico e cuidado. O seu expositor de produtos anuncia uma cozinha de qualidade. Direcção eficiente.

na autoestrada A 5 *Nordeste : 4 km :*

Ibis Lisboa-Oeiras sem rest, Área de Serviço, ✉ 2780-826, ✆ 21 421 62 15, *h1634@accor-hotels.com, Fax 21 421 70 39* – qto, TV P. AE VISA.
5 – **61 qto** 56.
◆ Recurso de estrada avaliado pelo seu correcto conforto e adequado equipamento. Reduzida zona social e quartos funcionais, com mobiliário actual e casas de banho pequenas.

OLHÃO *Faro* 733 U 6 – *26 022 h – Praia.*

Lisboa 299 – Faro 9 – Beja 142 – Portimão 74.

Boémia sem rest, Rua da Cerca 20, ✉ 8700-387, ✆ 289 71 45 13, *Fax 289 70 33 74* – TV. AE VISA.
7 – **15 qto** 50/60.
◆ Simples estabelecimento de carácter familiar com uma reduzida recepção e quartos que, apesar de serem modestos, sabem atender às necessidades básicas do conforto.

OLIVEIRA DE AZEMÉIS *Aveiro* 733 J 4 – *11 689 h.*

Excurs. : *Arouca (Museu de Arte Sacra : quadros primitivos★) 33 km a Nordeste.*

Praça José da Costa ✉ 3720-217 ✆ 256 67 44 63 oliveiradeazemeis.rotadaluz@inovanet.pt.

Lisboa 275 – Aveiro 38 – Coimbra 76 – Porto 40 – Viseu 98.

Dighton, Rua Dr. Albino dos Reis, ✉ 3720-241, ✆ 256 68 21 91, *dighton@hotel-dighton.com, Fax 256 68 22 48* – TV – 25/200. AE VISA.
D. Gomado : **Refeição** lista aprox. 30 – **92 qto** 68,50/79 – 1 suite.
◆ Hotel central e confortável construído com materiais de excelente qualidade. Quartos um pouco impessoais, compensados por uma zona social ampla e bem disposta. Restaurante de cuidadas instalações cuja especialidade são os assados.

Diplomata, Rua Dr. Simões dos Reis 125, ✉ 3720-245, ✆ 256 68 25 90, *firmino-ribeiro@clix.pt, Fax 256 67 41 38* – AE VISA JCB.
fechado do 15 ao 31 de agosto e domingo noite – **Refeição** lista 24 a 30.
◆ Aconchegante local com um interior dividido em duas salas de linha clássica, onde servem uma cozinha de estilo tradicional a preços atractivos. Eficiente direcção familiar.

OLIVEIRA DO HOSPITAL *Coimbra* 733 K 6 – *4 390 h alt. 500.*

Ver : *Igreja Matriz★ (estátua★, retábulo★).*

Rua do Colégio (Casa da Cultura César de Oliveira) ✉ 3400 ✆ 238 60 92 69 Fax 238 60 92 69.

Lisboa 284 – Coimbra 82 – Guarda 88.

ORTIGOSA *Leiria – ver Monte Real.*

OURÉM *Santarém* 733 N 4 – *5 258 h.*

Lisboa 135 – Castelo Branco 139 – Leiria 23.

Pousada Conde de Ourém, Largo João Manso - zona do castelo, ✉ 2490-481, ☎ 249 54 09 20, *guest@pousadas.pt, Fax 249 54 29 55,* – TV P. AE MC VISA.
Refeição 26 – **30 qto** 138/150.
◆ Próxima ao castelo e com um acesso um pouco complicado. Quartos de esmerado equipamento e uma reduzida zona social, ocupando dois edifícios e um anexo. Restaurante de discreta montagem e ambiente agradável.

OURIQUE *Beja* 733 T 5 – *3 041 h.*

Lisboa 190 – Beja 60 – Faro 105 – Portimão 95 – Setúbal 158.

São Lourenço sem rest e sem, Estrada de Garvão, ✉ 7670-253, ☎ 286 51 27 60, *Fax 286 51 27 67,* – TV P.
16 qto 25/35.
◆ Edifício funcional situado nos arredores da localidade. Possui uma pequena recepção e quartos de simples mobiliário, com os chãos em cortiça e as casas de banho reduzidas.

Neste guia um mesmo símbolo, impresso a ***preto*** *ou a* ***vermelho****,*
ou a mesma palavra com carácteres
de tamanhos diferentes não têm o mesmo significado.
Leia atentamente as páginas de introdução.

OUTEIRO *Vila Real* 733 G 6.

Lisboa 431 – Braga 74 – Ourense 85 – Porto 123 – Vila Real 104.

Estalagem Vista Bela do Gerês, Estrada N 308 - Este : 1 km, ✉ 5470-332 Outeiro MTR, ☎ 276 56 01 20, *estarit@estalagemvistabela.co.pt, Fax 276 56 01 21,* montanhas e barragem de Paradela, – TV P. MC VISA.
Refeição 12 – **14 qto** 45/75.
◆ Oferece uma bela localização de interesse paisagístico. A sua construção em pedra garante uma perfeita integração com as montanhas e a barragem de Paradela. Simples restaurante de linha regional, onde uma lareira esquenta o ambiente.

OUTEIRO DA CORTIÇADA *Santarém – ver Rio Maior.*

OVAR *Aveiro* 733 J 4 – *17 185 h – Praia.*

Rua Elias Garcia ✉ 3880-213 ☎ 256 57 22 15 Fax 256 58 31 92.

Lisboa 294 – Aveiro 36 – Porto 40.

Albergaria São Cristóvão, Rua Aquilino Ribeiro 1, ✉ 3880-151, ☎ 256 57 51 05, *Fax 256 57 51 07* – rest, TV – 25/150. AE MC VISA.
Refeição - só jantar - lista 37 a 45 – **57 qto** 30/40.
◆ O seu correcto conforto e a esmerada manutenção convertem-no num recurso válido e adequado à sua categoria. Modestos quartos, a maioria com casas de banho com duche.

PAÇO DE ARCOS *Lisboa* 733 P 2 – *23 496 h – Praia.*

Lisboa 20.

Solar Palmeiras, Av. Marginal, ✉ 2781-801, ☎ 21 446 83 00, *comercial@ncaxias.pt, Fax 21 446 83 99,* – TV P – 25/35. AE MC VISA
Refeição - ver rest. ***La Cocagne*** – **34 suites** 94/114.
◆ Antigos apartamentos T1 convertidos em hotel, por essa razão todos os seus quartos possuem salão e cozinha, estando esta última sem equipar. Correcta organização.

Real Oeiras, Rua Alvaro Rodrigues de Azevedo 5, ✉ 2770-197, ☎ 21 446 99 00, *realoeiras@hoteisreal.com, Fax 21 446 99 01,* – qto, TV P – 25/400. AE MC VISA JCB.
Do Real : Refeição lista 22 a 28 – **97 qto** 140/150 – 3 suites.
◆ Hotel de linha moderna, actual e funcional, muito focado ao homem de negócios. Os quartos resultam luminosos, com os chãos em alcatifa e umas correctas casas de banho.

XXX **La Cocagne** - *Hotel Solar Palmeiras*, Av. Marginal, ✉ 2781-801, ☎ 21 441 42 31, *comercial@ncaxias.pt, Fax 21 446 83 99*, ←, - ▤ P. AE ⓓ MC VISA. ✻
Refeição lista 34 a 41.
◆ Mansão senhorial cuja origem está no séc. XIX. Cuidado refeitório seguido duma sala exterior, aberta à toda a luz e cor do oceano.

XX **Os Arcos,** Rua Costa Pinto 47, ✉ 2780-582, ☎ 21 443 33 74, *Fax 21 441 08 77* – ▤. AE ⓓ MC VISA JCB. ✻
Refeição - peixes e mariscos - lista 19 a 28.
◆ Negócio familiar com dois refeitórios, um deles com vistas para o mar. Peculiar ambiente onde convivem detalhes rústicos com uma decoração rica em mármore.

PALMELA *Setúbal 733 Q 3 – 16 116 h.*

Ver : *Castelo★ (✻★), Igreja de São Pedro (azulejos★).*
ℹ *Castelo de Palmela ✉ 2950-221 ☎ 21 233 21 22.*
Lisboa 43 – Setúbal 8.

Pousada de Palmela ✻, Castelo de Palmela, ✉ 2950-997, ☎ 21 235 12 26, *guest@pousadas.pt, Fax 21 233 04 40*, ← – |‡| ▤ TV P – 🎪 25/35. AE ⓓ MC VISA JCB. ✻
Refeição 26 – **28 qto** ▭ 178/195.
◆ Situado num convento do séc. XV, numa zona alta. A vigorosa muralha descobre um ambiente de austera elegância, aproveitando os vestígios do antigo castelo. Serviço de buffet e pratos tradicionais no vetusto claustro.

Varanda Azul sem rest., Rua Hermenegildo Capelo 3, ✉ 2950-234, ☎ 21 233 14 51, *residencial.varandazul@netvisao.pt, Fax 21 233 14 54* – |‡| ▤ TV 🚗. AE MC VISA. ✻
17 qto ▭ 45/60.
◆ Funcional mas mobilado com certo gosto. Possui quartos íntimos, equipados com casas de banho em mármore. O hall-salão e a esplanada do 2º andar conformam a zona nobre.

em Quinta do Anjo *Oeste : 3,5 km :*

X **Alcanena** com buffet, Rua Venancio da Costa Lima 99, ✉ 2950-701 Quinta do Anjo, ☎ 21 287 01 50, *alcanena@clix.pt, Fax 21 288 85 23* – ▤. AE ⓓ MC VISA. ✻
fechado 4ª feira – **Refeição** lista aprox. 30.
◆ Deguste um variado buffet na sua sala regional ou, se preferir, escolha os elaborados pratos servidos no refeitório envidraçado. Pratos fartos e boa adega.

PARADELA *Vila Real 733 G 6.*

Ver : *Represa★ : sitio★.*
Lisboa 437 – Braga 70 – Porto 120 – Vila Real 136.

PARCHAL *Faro – ver Portimão.*

PAREDE *Lisboa 733 P 1 – 17 830 h – Praia*

Lisboa 21 – Cascais 7 – Sintra 15.

XX **Dom Pepe,** Rua Sampaio Bruno 4-1º, ✉ 2775-279, ☎ 21 457 06 36, *Fax 21 457 06 36*, ← – ▤. AE ⓓ MC VISA. ✻
fechado 2ª feira – **Refeição** lista 25 a 36.
◆ Restaurante ao pé da estrada dirigido por uma brigada profissional. Esmerado refeitório com belas vistas para o mar, mobiliário de qualidade e cuidadoso serviço de mesa.

XX **Toscano,** Travessa Barbosa de Magalhães 2, ✉ 2775-162, ☎ 21 457 28 94, *Fax 21 457 28 94*, ← – ▤. AE ⓓ MC VISA JCB. ✻
fechado 3ª feira – **Refeição** lista 27 a 35.
◆ Os 15 anos de experiência avaluam uma boa trajectória. Renovado na sua totalidade, tem uma sala de apoio seguida dum refeitório aberto ao majestuoso oceano.

PAUL *Lisboa – ver Torres Vedras.*

Se se atrasa no caminho e não pode chegar antes das 18h, confirme telefonicamente a sua reserva, é mais seguro... e é o costume.

PEDRA FURADA Braga 733 H 4.

Lisboa 344 - Braga 29 - Porto 40 - Viana do Castelo 36.

Pedra Furada, Estrada N 306, ✉ 4755-392, ☎ 252 95 11 44 - AE MC VISA.
fechado do 25 ao 31 de agosto e 2ª feira noite - **Refeição** lista aprox. 23.
• Casa de pasto afamada na zona, onde se elabora uma cozinha de tendência caseira com produtos cultivados por eles mesmos. Tratamento amável num ambiente de ar regional.

PEDRAS SALGADAS Vila Real 733 H 7 - *1 094 h* - *Termas.*

Lisboa 429 - Braga 105 - Bragança 126 - Porto 129 - Vila Real 36.

Avelames, Parque, ✉ 5450-140, ☎ 259 43 71 40, *pedras@unicer.pt, Fax 259 43 71 41*, - 25/450. AE MC VISA.
Comida Refeição 18,50 - **80 qto** 81,50/93 - 5 suites.
• Edifício do princípio do séc. XX, situado num parque. Sofreu uma interessante restauração, destacando a sala de congressos num anexo que foi um antigo casino. Luminoso restaurante onde ainda sobrevive o calor de tempos passados.

PEDREIRAS Leiria 733 N 3 - *2 655 h.*

Lisboa 113 - Leiria 19 - Santarém 78.

na estrada N 109 *Norte : 2,5 km :*

D. Abade, Santeira, ✉ 2480-112, ☎ 244 47 01 47, *dom-abade@dom-abade.com, Fax 244 47 01 81* - AE MC VISA.
fechado do 1 ao 7 de janeiro e 4ª feira - **Refeição** lista 15 a 22.
• Um bom lugar para fazer uma paragem na sua viagem. Conta com várias salas envidraçadas, de boa montagem e estilo moderno, diferenciando entre buffet, ementa, pratos do dia e banquetes.

PEDRÓGÃO GRANDE Leiria 733 M 5 - *2 788 h.*

Lisboa 150 - Castelo Branco 82 - Coimbra 65 - Leiria 90.

ao Este *: 3 km :*

Lago Verde, Vale de Góis, ✉ 3270-159, ☎ 236 48 62 40, *Fax 236 48 62 44*, ← - AE MC VISA.
fechado do 1 ao 7 de julho e 2ª feira - **Refeição** lista aprox. 20.
• Restaurante panorâmico que desfruta de uma privilegiada localização na margem do rio Zêzere, com uma ampla e luminosa sala pendurada a modo de varanda sobre a barragem.

As plantas das cidades estão oriendas com o Norte situado na parte superior.

PEDRÓGÃO PEQUENO Castelo Branco 733 M 4 - *916 h.*

Lisboa 199 - Castelo Branco 79 - Coimbra 69 - Leiria 88 - Santarém 131.

ao Norte *: 2 km :*

Varandas do Zézere, Monte Senhora da Confiança, ✉ 6100-532, ☎ 236 48 02 10, *info@hotel-varandasdozezere.com, Fax 236 48 02 19*, ← serra da Lousã, - 25/350. AE MC VISA.
Refeição lista 22 a 28 - **47 qto** 50/63 - 4 suites.
• Situado na parte alta de uma montanha, pelo que resulta muito tranquilo e desfruta de magníficas vistas. Reduzidas zonas nobres e quartos funcionais de correcto conforto. Restaurante panorâmico de adequada montagem.

PEGO Santarém 733 N 5 - *2 570 h.*

Lisboa 152 - Castelo Branco 102 - Leiria 91.

na estrada N 118 *Este : 2,5 km :*

Abrantur sem rest, ✉ 2206-905 apartado 2, ☎ 241 83 34 64, *Fax 241 83 32 87*, ←, - 25/200. AE MC VISA JCB.
54 qto 40/55.
• Complexo distribuído em dois edifícios, sendo que o hotel ocupa um destes. Ampla zona social e quartos confortáveis com mobiliário moderno-funcional.

PENACOVA *Coimbra* 733 L 5 – *3 584 h.*

Largo Alberto Leitão 5 ✉ 3360-191 ✆ 239 47 03 00 Fax 239 47 80 98.
Lisboa 226 – Coimbra 21 – Porto 129.

Palacete do Mondego ⑤, Av. Dr. Bissaya Barreto 3, ✉ 3360-191, ✆ 239 47 07 00, *palacete.penacova@mail.telepac.pt, Fax 239 47 07 01,* ≤ vale e montanha, , –
TV P. VISA JCB.
Refeição 15 – **36 qto** 69/85 – 2 suites.
• Atractiva localização num lugar elevado, com agradáveis vistas desde a piscina. Confortáveis quartos com casas de banho completas e um aconchegante salão social. Restaurante de correcta montagem, dotado com grandes janelas e chãos em madeira.

PENAFIEL *Porto* 733 I 5 – *7 883 h alt. 323.*

Lisboa 352 – Porto 38 – Vila Real 69.

Pena H. sem rest, Parque do Sameiro, ✉ 4560, ✆ 255 71 14 20, *penahotel@mail.telepac.pt, Fax 255 71 14 25,* , – TV P. – 25/250. AE VISA JCB.
46 qto 37,50/47,50 – 4 suites.
• De linha actual, situado ao lado duma igreja emblemática na zona. Quartos funcionais bem equipados e áreas comuns um pouco sóbrias devido à sua decoração impessoal.

PENEDONO *Viseu* 733 J 7 – *1 085 h.*

Lisboa 369 – Guarda 71 – Vila Real 77 – Viseu 67.

Estalagem de Penedono ⑤, ✉ 3630-246, ✆ 254 50 90 50, *estalagemdepenedono@ioel.pt, Fax 254 50 90 59* – TV P. VISA.
Refeição 18 – **13 qto** 50/70.
• Confortável e situado junto ao castelo. Apesar de que as suas instalações aproveitem parte das dependências duma antiga casa, o seu interior é moderno e muito alegre.

PENHAS DA SAÚDE *Castelo Branco* 733 L 7 – *Desportos de inverno na Serra da Estrela : 3.*

Lisboa 311 – Castelo Branco 72 – Covilhã 10 – Guarda 55.

Serra da Estrela ⑤, alt. 1 550, ✉ 6200-073 apartado 332 Covilhá, ✆ 275 31 03 00, *hse@turistrela.pt, Fax 275 31 03 09,* ≤, – TV P. AE VISA.
Refeição 17 – **37 qto** 90/120.
• Hotel de montanha instalado num edifício horizontal, cujo interior alberga os quartos exteriores, funcionais e bem equipados com casas de banho actuais. Refeitório agradável, muito cuidado e de cálida iluminação.

PENICHE *Leiria* 733 N 1 – *15 595 h – Praia.*

Ver : *O Porto : regresso da pesca★.*

Arred. : *Cabo Carvoeiro★ – Papoa (★) – Remédios (Nossa Senhora dos Remédios : azulejos★) ★.*

Excurs. : *Ilha Berlenga★★ : passeio em barco★★★, passeio a pé★★ (sítio★, ≤★) 1 h. de barco.*

para a Ilha da Berlenga (15 maio-15 setembro) : Viamar, no porto de Peniche, ✆ 262 78 56 46.

Rua Alexandre Herculano ✉ 2520 ✆ 262 78 95 71 turismocmp@iol.pt Fax 262 78 95 71.

Lisboa 92 – Leiria 89 – Santarém 79.

Sol Peniche ⑤, Estrada do Baleal, ✉ 2520, ✆ 262 78 04 00, *sol.peniche@solmeliaportugal.com, Fax 262 78 38 15,* ≤, , , – TV P. – 25/200. AE VISA.
Refeição 14 – **100 qto** 68/80 – 2 suites.
• Atractivo tanto para o cliente de trabalho como para o cliente em férias, já que dispõe de várias salas de reuniões e uma boa oferta lúdica. Todos os seus quartos têm varanda. Restaurante espaçoso e de montagem funcional.

Maciel sem rest, José Estêvão 38, ✉ 2520-466, ✆ 262 78 46 85, *info@residencialmaciel.com, Fax 262 08 47 19* – TV. AE VISA.
11 qto 55/60.
• Pequena pensão de impecável manutenção e simples organização familiar. Uma atractiva escada de madeira antecede os quartos, dotados de um correcto conforto.

PERNES *Santarém 733 N 4 – 1 689 h.*
Lisboa 106 – Abrantes 54 – Caldas da Rainha 72 – Fátima 35.

ao Nordeste *na autoestrada A 1 :*

Do Prado, Área de Serviço de Santarém, ✉ 2035, ✆ 243 44 03 02, *hotel.prado@clix.pt, Fax 243 44 03 40,* – ▤ TV ♿ P – 25/40. AE MC VISA.
Refeição 13 – **30 qto** ☕ 52,50/62,50.
• Situado junto à auto-estrada. Faça uma paragem no caminho e descanse neste hotelzinho com quartos de linha funcional e correcto conforto.

PESO *Viana do Castelo – ver Melgaço.*

PESO DA RÉGUA *Vila Real 733 I 6 – 9 101 h.*
Rua da Ferreirinha ✉ 5050-261 ✆ 254 31 28 46 Fax 254 32 22 71.
Lisboa 379 – Braga 93 – Porto 102 – Vila Real 25 – Viseu 85.

Régua Douro, Largo da Estação da CP, ✉ 5050-237, ✆ 254 32 07 00, *info@hotelreguadouro.com, Fax 254 32 07 09,* ≤, – ▤ TV ♿ P – 25/200. AE MC VISA.
Refeição 18,50 – **67 qto** ☕ 90/110 – 10 suites.
• Clássico hotel de cidade com instalações modernas e confortáveis. Zona social ampla e bem disposta, com equipados quartos de carácter funcional. Restaurante panorâmico com vistas sobre o Douro e sobre os vinhedos da outra beira.

PICO DO ARIEIRO *Madeira – ver Madeira (Arquipélago da).*

Os preços indicados podem aumentar, em caso de variações significativas do custo de vida. Solicite a confirmação do preço definitivo quando efectue a sua reserva de hotel.

PINHÃO *Vila Real 733 I 7 – 875 h alt. 120.*
Arred. : *Norte : Estrada de Sabrosa★★ ≤★.*
Lisboa 399 – Vila Real 30 – Viseu 100.

Vintage House, Lugar da Ponte, ✉ 5085-034, ✆ 254 73 02 30, *vintagehouse@hotelvintagehouse.com, Fax 254 73 02 38,* ≤, – ▤ TV P – 25/60. AE MC VISA.
Rabelo : **Refeição** lista 39 a 46 – **41 qto** ☕ 155/170 – 2 suites.
• Elegante hotel banhado pelas águas do Douro, cujo interior alberga uma cuidada zona social e distinguidos quartos, abertos à luz e à cor da paisagem exterior. Cálido refeitório clássico que evidencia um excelente gosto decorativo.

ao Norte : *5 km :*

Casa de Casal de Loivos , ✉ 5085-010 Casal de Loivos, ✆ 254 73 21 49, *casadecasaldeloivos@ip.pt, Fax 254 73 21 49,* ≤ rio Douro e arredores, –
fechado janeiro – **Refeição** - só clientes, só menú, só jantar - 22,45 – **6 qto** ☕ 70/90.
• Antiga casa de pedra situada na parte alta de uma colina, desfrutando de uma magnífica panorâmica. Sala social com lareira, correctos quartos e um refeitório privado.

Casa do Visconde de Chanceleiros , Chanceleiros, ✉ 5085-201, ✆ 254 73 01 90, *casa-visconde@chanceleiros.com, Fax 254 73 01 99,* ≤, – TV P. AE MC VISA.
Refeição - só clientes a pedido - 30 – **9 qto** ☕ 95/100.
• A sua original decoração combina os estilos clássico e regional com bom gosto. Zonas comuns no edifício principal e quartos nos anexos, com vistas ao rio Douro.

POÇO BARRETO *Faro 733 U 4.*
Lisboa 253 – Faro 52 – Beja 122 – Lagoa 12 – Silves 7.

O Alambique, ✉ 8300-042 Silves, ✆ 282 44 92 83, *info@alambique.de, Fax 282 44 92 83,* – ▤ P. MC VISA.
fechado 15 novembro-15 dezembro e 3ª feira – **Refeição** - só jantar - lista 22 a 30.
• Casa de piso térreo situada junto à estrada, com duas salas de tectos altos e correcta montagem separadas por dois arcos em pedra. Agradável esplanada na parte de trás.

POMBAL *Leiria* 733 M 4 – *16 049 h.*

Viaduto Engenheiro Guilherme Santos ✉ 3100-427 ☎ 236 21 32 30.
Lisboa 153 – Coimbra 43 – Leiria 28.

Do Cardal sem rest, Largo do Cardal, ✉ 3100-440, ☎ 236 21 82 06, *Fax 236 21 81 36* – 25/50. AE VISA
27 qto 35/45.
◆ Hotelzinho central de organização familiar. Possui quartos decorados com mobiliário clássico e casas de banho espaçosas que nalguns casos contam com varanda.

Sra. de Belém sem rest, Av. Heróis do Ultramar 185 (Urb. Sra. de Belém), ✉ 3100-462, ☎ 236 20 08 00, *Fax 236 20 08 01* – P. VISA
27 qto 30/45.
◆ Estabelecimento bem levado em família e dotado de umas cuidadas instalações. Os seus luminosos quartos têm um mobiliário moderno e chãos em madeira sintética.

na estrada N 1 *Noroeste : 2 km :*

O Manjar do Marquês com snack-bar, ✉ 3100-373, ☎ 236 20 09 60, *manjarmarques@mail.telepac.pt, Fax 236 21 88 18* – P. AE VISA JCB.
fechado do 9 ao 25 de julho e domingo noite – **Refeição** lista 19 a 28.
◆ Complexo situado nos arredores da localidade, com snack-bar, refeitório a a carte, sala de banquetes e loja de produtos típicos. Um bom recurso de estrada.

PONTA DELGADA *Madeira – ver Madeira (Arquipélago da).*

PONTA DO SOL *Madeira – ver Madeira (Arquipélago da).*

PONTE DA BARCA *Viana do Castelo* 733 G 4 – *2 308 h.*

Arred. : *Bravães (Igreja de São Salvador★ : portal★) 3,5 km a Sudoeste.*
Excurs. : *Lindoso (espigueiros★) 29 km a Nordeste.*
Largo da Misericórdia 11 ✉ 4980-613 ☎ 258 45 28 99 Fax 258 45 28 99.
Lisboa 412 – Braga 32 – Viana do Castelo 40.

PONTE DE LIMA *Viana do Castelo* 733 G 4 – *2 752 h alt. 22.*

Ver : *Ponte★ - Igreja-Museu dos Terceiros (talhas★).*
Golfe de Ponte de Lima, Sul : 2 km ☎ 258 74 34 15 Fax 258 74 34 24.
Praça da República ✉ 4990-062 ☎ 258 94 23 35 Fax 258 94 23 08.
Lisboa 392 – Braga 33 – Porto 85 – Vigo 70.

ao Sudeste *: 3,5 km :*

Madalena, Monte de Santa Maria Madalena, ✉ 4990-909 apartado 27, ☎ 258 94 12 39, *Fax 258 74 11 55,* ←, – P. AE VISA.
fechado novembro e 4ª feira – **Refeição** - só almoço no inverno salvo 6ª feira e sábado - lista 25 a 38.
◆ Privilegiada localização na parte alta de um monte, com uma bela panorâmica. Os seus muros albergam um bar, um refeitório clássico com vistas e uma agradável esplanada.

PONTIDO *Vila Real – ver Vila Pouca de Aguiar.*

PORTALEGRE P 733 O 7 – *15 274 h alt. 477.*

Arred. : *Pico São Mamede ★ – Estrada★ escarpada de Portalegre a Castelo de Vide por Carreiras, Norte : 17 km.*
Rossio (Palácio Póvoas) ✉ 7300 ☎ 245 33 13 59 Fax 245 33 02 35.
Lisboa 238 – Badajoz 74 – Cáceres 134 – Mérida 138 – Setúbal 199.

Mansão Alto Alentejo sem rest, Rua 19 de Junho 59, ✉ 7300-155, ☎ 245 20 22 90, *mansaoaltoalentejo@netc.pt, Fax 245 30 92 69* – . AE VISA.
12 qto 35/45.
◆ Estabelecimento de recente renovação nos arredores da Catedral. Se a sua atractiva fachada harmoniza com as tradições locais, o seu interior aposta pelo aspecto regional.

Rolo, Av. Pio XII-Lote 7 R/C Dto, ✉ 7300-073, ☎ 245 20 56 46, *Fax 245 20 34 85,* –
◆ Restaurante típico bem dirigido por um simpático casal. Apesar de que a sua disposição é um pouco apertada, uma cândida decoração conforma um ambiente cálido e aconchegante.

PORTEL *Évora* 733 R 6 – *2 825 h.*

Lisboa 176 – Beja 41 – Évora 42 – Faro 181 – Setúbal 144.

Refúgio da Vila, Largo Dr. Miguel Bombarda 8, ✉ 7220-369, ☎ 266 61 90 10, *info@refugiodavila.com, Fax 266 61 90 11,* – 25/120. AE VISA JCB.
Adega do Refúgio : **Refeição** lista 24 a 32 – **30 qto** 96/118.
◆ Casa senhorial do séc. XIX reabilitada com maestria. Quartos de tectos altos, sendo que alguns deles possuem um mobiliário de época e casas de banho actuais. Elegante salão social. O sóbrio restaurante tem uma entrada independente e recria um ambiente confortável.

PORTIMÃO *Faro* 733 U 4 – *36 243 h – Praia.*

Ver : *≤★ da ponte sobre o rio Arade* X.

Arred. : *Praia da Rocha★★ (miradouro★, enseadas★★)* Z **A.**

Penina, por ③ : 5 km ☎ 282 42 02 00 Fax 282 42 03 00.

Av. Zeca Afonso ✉ 8500-512 ☎ 282 47 07 17 turismo@cm-portimao.pt Fax 282 47 07 18 e Av. Tomás Cabreira (Praia da Rocha) ✉ 8500-802 ☎ 282 41 91 32.

Lisboa 290 ③ – Faro 62 ② – Lagos 18 ③

Planta página seguinte

Nelinanda sem rest, Rua Vicente Vaz das Vacas 22, ✉ 8500-746, ☎ 282 41 78 39, *Fax 282 41 78 43* – X d
28 qto.
◆ Hotel central que modernizou as suas instalações após uma acertada reforma baseada em critérios actuais, garantindo assim um correcto conforto e um adequado equipamento.

Arabi sem rest, Praça Manuel Teixeira Gomes 13, ✉ 8500-531, ☎ 282 46 02 50, *arabi@expo-lusa.net, Fax 282 46 02 69* – VISA. X t
fechado dezembro – **17 qto** 30/60.
◆ De simples organização e discreta linha clássica, possui quartos de carácter funcional, a maioria delas com casas de banho completas. Esmerada manutenção.

O Bicho, Largo Gil Eanes 12, ✉ 8500-536, ☎ 282 42 29 77, *mpna@mail.pt, Fax 282 48 45 60* – . X c
fechado dezembro e domingo – **Refeição** - peixes e mariscos - lista 24 a 38.
◆ Amplo restaurante dirigido pelos seus proprietários. Esmerado interior com um modesto serviço de mesa, onde servem saborosas especialidades de peixes e frutos do mar.

em Parchal *por ② : 2 km :*

O Buque, Estrada N 125, ✉ 8400-612 Parchal, ☎ 282 42 46 78 – . AE VISA.
fechado 4ª feira – **Refeição** lista aprox. 33.
◆ A excelente manutenção evidencia uma eficiente direcção de carácter familiar. Cozinha semi-vista e espaçoso refeitório de estilo clássico com um mobiliário de muito bom nível.

A Lanterna, Estrada N 125 - cruzamento de Ferragudo, ✉ 8400-611 Parchal, ☎ 282 41 44 29, *chrisstilwell@hotmailcom, Fax 282 41 42 31* – . VISA.
fechado 20 novembro-20 dezembro e domingo – **Refeição** - só jantar - lista 20 a 25.
◆ Apesar do simples conforto, é um recurso simpático e aconchegante. Sem ementa, possui um quadro onde se anunciam os pratos da casa. Gratificante quotidianidade.

na Praia da Rocha *Sul : 2,3 km :*

Algarve Casino, Av. Tomás Cabreira, ✉ 8500-802 Portimão, ☎ 282 40 20 00, *hotelalgarve@solverde.pt, Fax 282 40 20 99,* ≤ praia, , , – , qto, – 25/200. AE VISA JCB. rest Z y
Amendoeiras *(só jantar)* **Refeição** lista 29 a 47 - ***Aladino*** *(só jantar)* **Refeição** lista 37 a 69 - ***Zodíaco*** *(só almoço)* **Refeição** lista 35 a 67 – **193 qto** 205/264 – 16 suites.
◆ Desfruta de uma zona social renovada e actual, assim como uns correctos quartos clássicos. Atractivos exteriores com vistas à praia. Extensa oferta culinária, destacando o restaurante Das Amendoeiras pela sua montagem e o Aladino por estar no casino.

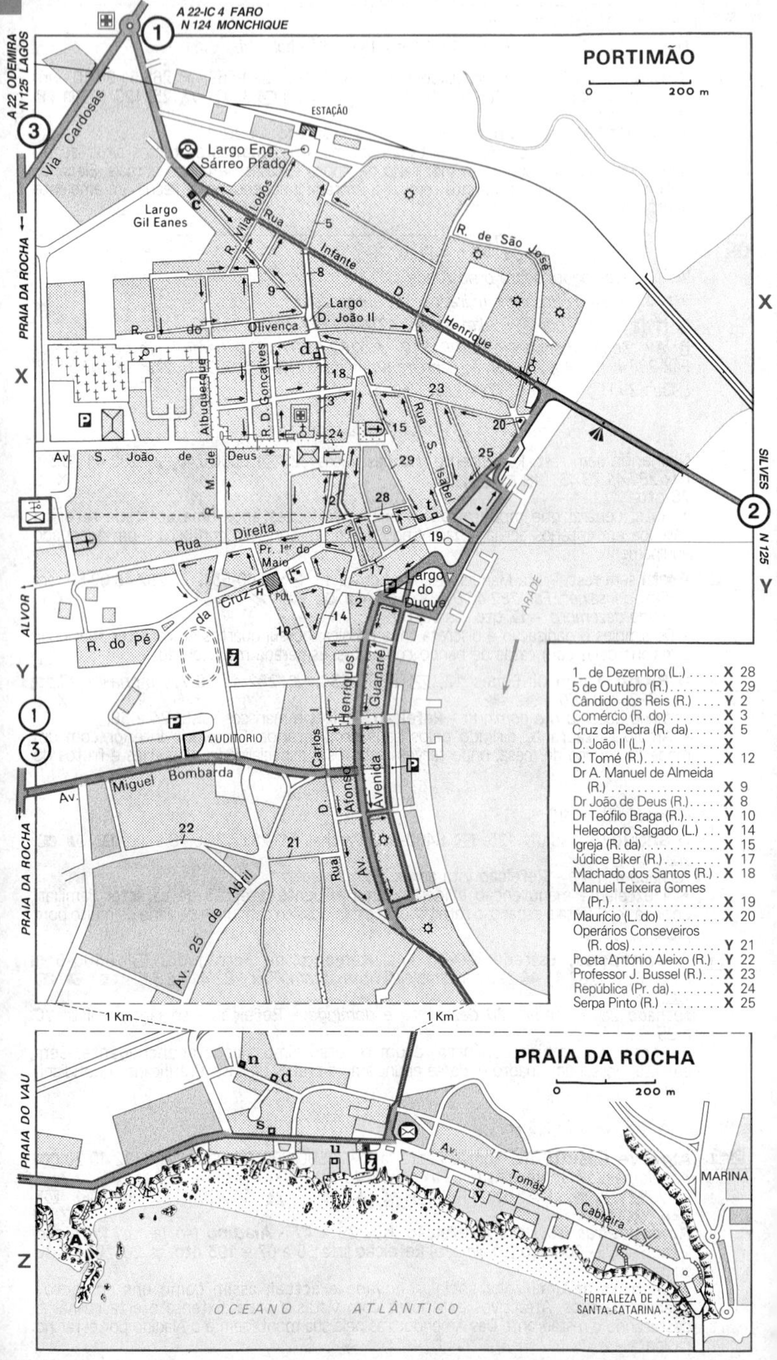
PORTIMÃO
0
200 m
A 22-IC 4 FARO
N 124 MONCHIQUE
A 22 ODEMIRA
N 125 LAGOS
PRAIA DA ROCHA
ALVOR
SILVES
N 125
ESTAÇÃO
Largo Eng. Sárreo Prado
Largo Gil Eanes
Via Cardosas
Rua Infante D. Henrique
R. Vila Lobos
R. de São José
Largo D. João II
R. do Olivença
Albuquerque
R. D. Gonçalves
Av. S. João de Deus
R. M. de
Rua S. Isabel
Rua Direita
Pr. 1er de Maio
Rua da Cruz
POL.
R. do Pé
Largo do Duque
ARADE
Henriques
Guanaré
Carlos
Afonso
Avenida
D.
Rua
Av.
AUDITORIO
Av. Miguel Bombarda
Av. 25 de Abril
1_ de Dezembro (L.) . . . . . X 28
5 de Outubro (R.) . . . . X 29
Cândido dos Reis (R.) . . . . Y 2
Comércio (R. do) . . . . X 3
Cruz da Pedra (R. da) . . . . . X 5
D. João II (L.) X
D. Tomé (R.) . . . . X 12
Dr A. Manuel de Almeida (R.) . . . . X 9
Dr João de Deus (R.) . . . . . X 8
Dr Teófilo Braga (R.) . . . . . . Y 10
Heleodoro Salgado (L.) . . . Y 14
Igreja (R. da) . . . . X 15
Júdice Biker (R.) . . . . Y 17
Machado dos Santos (R.) . . X 18
Manuel Teixeira Gomes (Pr.) . . . . X 19
Maurício (L. do) . . . . X 20
Operários Conseveiros (R. dos) . . . . Y 21
Poeta António Aleixo (R.) . Y 22
Professor J. Bussel (R.) . . . X 23
República (Pr. da) . . . . X 24
Serpa Pinto (R.) . . . . X 25
1 Km
1 Km
PRAIA DA ROCHA
0
200 m
PRAIA DO VAU
Av. Tomás Cabreira
MARINA
FORTALEZA DE SANTA-CATARINA
OCEANO ATLÂNTICO

Bela Vista sem rest, Av. Tomás Cabreira, ✉ 8500-802 Portimão, ☎ 282 45 04 80, *inf .reservas@hotelbelavista.net, Fax 282 41 53 69,* ≤ rochedos e mar – Z u
14 qto 110/115.
◆ Antiga casa senhorial situada ao pé da praia, com um estilo decorativo que aposta pela elegância e sobriedade. Quartos um pouco reduzidos mas com casas de banho actuais.

Avenida Praia sem rest, Av. Tomás Cabreira, ✉ 8500-802 Portimão, ☎ 282 41 77 40, *avenidapraiahotel@mail.telepac.pt, Fax 282 41 77 42,* ≤ – Z s
abril-novembro – **61 qto** 85/95.
◆ Pequeno hotel inspirado em critérios práticos e funcionais, onde uma esmerada manutenção evidencia uma organização que cumpre com as expectativas.

Toca sem rest, Rua Engenheiro Francisco Bívar, ✉ 8500-809 Portimão, ☎ 282 41 89 04, *Fax 282 42 40 35* – Z d
março-outubro – **15 qto** 60/70.
◆ Agradável quotidianidade num hotelzinho simples mas muito limpo que, apesar das suas discretas instalações, segue sendo um recurso válido na sua categoria.

Titanic, Rua Engenheiro Francisco Bívar, ✉ 8500-809 Portimão, ☎ 282 42 23 71, *Fax 282 41 53 23* – Z n
fechado 27 novembro-27 dezembro – **Refeição** - só jantar - lista 19 a 26.
◆ Situado nos arredores da localidade, tem uma excelente manutenção. Amplo bar de espera e um elegante refeitório de estilo clássico, realçado com um estimado mobiliário.

na estrada de Alvor Y *Oeste : 4 km :*

Por-do-Sol, ✉ 8500, ☎ 282 45 95 05,
fechado 24 novembro-27 dezembro – **Refeição** lista aprox. 24.
◆ Afastado do ruidoso centro, as suas instalações albergam uma esplanada, um bar tipo inglês muito bem montado e uma sala com correcto mobiliário. Direcção eficiente.

na Praia do Vau *Sudoeste : 3 km :*

Vau'Hotel, Encosta do Vau, ✉ 8500-820 Portimão, ☎ 282 41 15 92, *vauhotel@mail.telepac.pt, Fax 282 41 15 94,*
Refeição 15 – **74 apartamentos** 150.
◆ Apartamentos T1 em regime de hotel com cozinha americana e casas de banho actuais. Cuidada linha clássica, adequado conforto e uma zona social reduzida, mas aconchegante.

na Praia dos Três Irmãos *Sudoeste : 4,5 km :*

Pestana Alvor Praia, ✉ 8501-904 Portimão, ☎ 282 40 09 00, *alvorpraia@pestana.com, Fax 282 40 09 99,* ≤ praia e baía de Lagos, – 25/400.
O Almofaríz *(só jantar)* **Refeição** lista 25 a 38
Harira *(cozinha marroquina, só jantar, fechado domingo)* **Refeição** lista 36 a 53
Sale e Pepe *(só jantar)* **Refeição** lista 25 a 39 – **181 qto** 286/360 – 14 suites.
◆ Magnífico hotel onde um elevado equipamento antecede a um conforto moderno e actual. Espaçosa zona social e quartos renovados com acerto e maestria. Destaca o restaurante a la carte O Almofaríz, apesar de que existem outras opções distintas.

Pestana Delfim, ✉ 8501-904 Portimão, ☎ 282 40 08 00, *reservas.algarve@pestana.com, Fax 282 40 08 99,* ≤ praia e baía de Lagos,
312 qto – 13 suites.
◆ Situado numa zona tranquila, tem serenas vistas sobre o mar. Estimada linha clássica, suficiente área social e quartos funcionais, amplos e bem equipados. Refeitório de discreta montagem com serviço de ementa e buffet.

O Búzio, Aldeamento da Prainha, ✉ 8500 Portimão, ☎ 282 45 87 72, *gilbertogato@restaurantebuzio.com, Fax 282 45 95 69,* ≤,
fechado dezembro-fevereiro – **Refeição** - só jantar - lista 24 a 32.
◆ Instalado numa casa tipo chalet, segue mantendo a sua característica estética regional, animada com toques de certa modernidade. Serviço de mesa correcto.

na Praia de Alvor *Sudoeste : 5 km :*

Pestana Don João II Village, 8501-904 Alvor, 282 40 07 00, *pestana.hotels@mail.telepac.pt, Fax 282 40 07 99*, praia e baía de Lagos, climatizada, – VISA.
Refeição 27 – **330 qto** 182/235 – 22 suites.
◆ O seu nome alude ao rei que alentou a ciência náutica portuguesa. Recentemente renovado, possui uma adequada zona social e confortáveis quartos com casas de banho actuais. Amplo refeitório num ambiente alegre e colorista, onde se oferece ementa e buffet.

na estrada N 125 *por ③ : 5 km :*

Le Méridien Penina, 8501-952 apartado 146, 282 42 02 00, *s.marketing@lemeridien-algarve.com, Fax 282 42 03 00*, golfe e campo, 18 9 9 – qto, – 25/125. VISA.
Sagres *(só jantar, buffet)* **Refeição** 35
Grill *(só jantar)* **Refeição** lista aprox. 51
L'Arlecchino *(só jantar, fechado setembro-junho, 6ª feira e sábado)* **Refeição** lista aprox. 33 – **179 qto** 325/350 – 17 suites.
◆ Um referencial para os amantes do golfe, onde o equipamento e o conforto alcançam a sua máxima expressão. Excelente direcção, belos exteriores e uma elegante zona nobre. Entre os seus restaurantes destaca o Grill pelo seu belíssimo mobiliário de estilo inglês.

PORTO

P 733 I 3 - *302 472 h. alt. 90.*

Lisboa 310 ⑤*- A Coruña/La Coruña 305* ① *- Madrid 591* ⑤*.*

POSTOS DE TURISMO

Rua do Clube Fenianos 25 ✉ *4000-172,* ☎ *22 339 34 72, Fax 22 332 33 03, Praça D. João I-43,* ✉ *4000-295,* ☎ *22 205 75 14, Fax 22 205 32 12 e Av. D. Afonso Henriques - Parque Basilio,* ✉ *4454-510 Matosinhos,* ☎ *22 938 44 14, Fax 22 937 32 13.*

INFORMAÇÕES PRÁTICAS

A.C.P. *Rua Gonçalo Cristovão 2,* ✉ *4000-263,* ☎ *22 205 67 32, Fax 22 205 66 98.*

9 *Miramar, por* ⑥ *: 9 km* ☎ *22 762 20 67.*

Francisco de Sá Carneiro, 17 km por ①*,* ☎ *22 943 24 00 - T.A.P., Praça Mouzinho de Albuquerque 105* ✉ *4100-359,* ☎ *22 608 02 39, Fax 22 608 02 91, Portugalia, Av. da Boavista 1361-4º,* ✉ *4100-130,* ☎ *22 002 95 21.*

☎ *22 200 72 22.*

CURIOSIDADES

Ver : *Sítio★★ - Vista de Nossa Senhora da Serra do Pilar★* EZ - *As Pontes (ponte Maria Pia★* FZ, *ponte D. Luis I★★* EZ*) - As Caves do vinho do Porto★ (Vila Nova de Gaia)* DEZ *O Velho Porto★★ : Sé (altar★) - Claustro (azulejos★)* EZ*- Casa da Misericórdia (quadro Fons Vitae★)* EZ **P** - *Palácio da Bolsa (Salão árabe★)* EZ - *Igreja de São Francisco★★ (decoração barroca★★, árvore de Jessé★)* EZ - *Cais da Ribeira★* EZ - *Torre dos Clérigos★* ※ ★ EY.

Outras curiosidades : *Fundação Engº António de Almeida (colecção de moedas de ouro★)* BU **M¹** - *Igreja de Santa Clara★ (talhas douradas★)* EZ **R** - *Fundação de Serralves★ (Museu Nacional de Arte Moderna) : Jardim★, grades de ferro forjado★* AU.

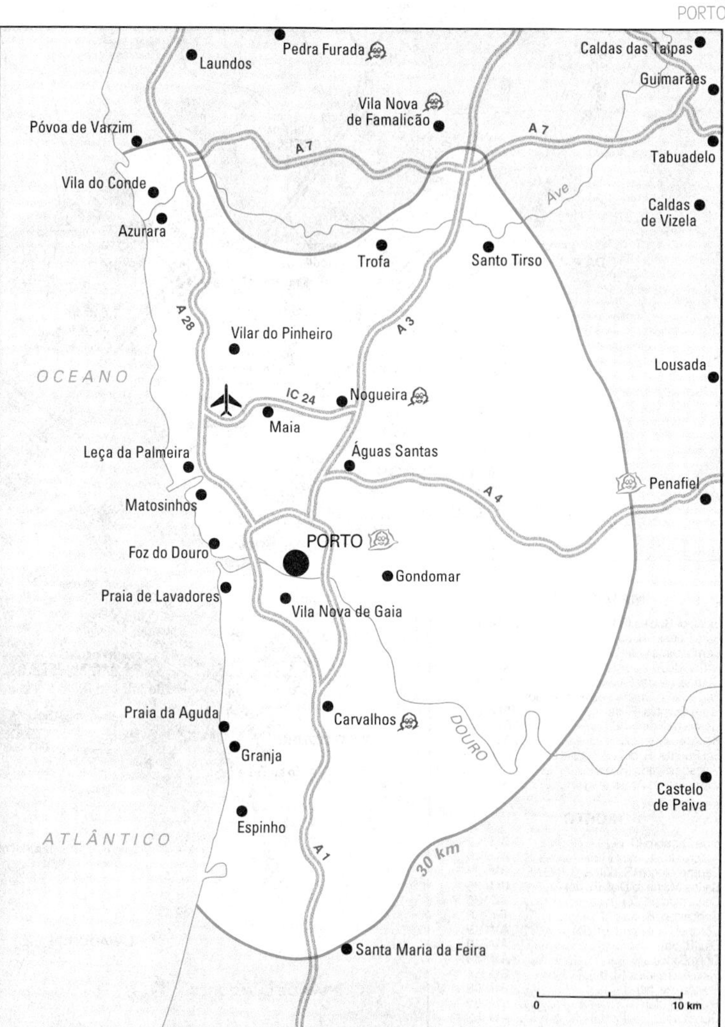

Sheraton Porto, Rua de Tenente Valadim 146, ✉ 4100-476, ☎ 220 40 40 00, *sheraton.porto@sheraton.com, Fax 220 40 41 99,* – |♦|, ⇆ qto, ▤ TV ✆ ♿ ⇔ – 🏃 25/850. AE ⓓ MC VISA JCB. ✗ BU c

Refeição lista 36 a 43 – ☕ 15 – **250 qto** 135/155 – 16 suites.

◆ Um grande hotel em todos os sentidos, com um enorme hall que aglutina as zonas sociais e o piano-bar. Quartos de linha actual que ressaltam pelas suas casas de banho envidraçadas. O seu moderno restaurante complementa-se com uma zona para pequenos almoços.

Porto Palácio, Av. da Boavista 1269, ✉ 4100-130, ☎ 22 608 66 00, *portopalaciohotel@sonae.pt, Fax 22 609 14 67,* ≤, F̶ō, ▭ – |♦| ▤ TV ♿ ⇔ – 🏃 25/300. AE ⓓ MC VISA JCB. ✗ BU e

Refeição 40 – ☕ 11,50 – **234 qto** 170/190 – 16 suites.

◆ Pela sua localização, tecnologia e serviço resulta ideal para o mundo do negócio. Linha actual e confortáveis quartos com as casas de banho em mármore. Amplo fitness.

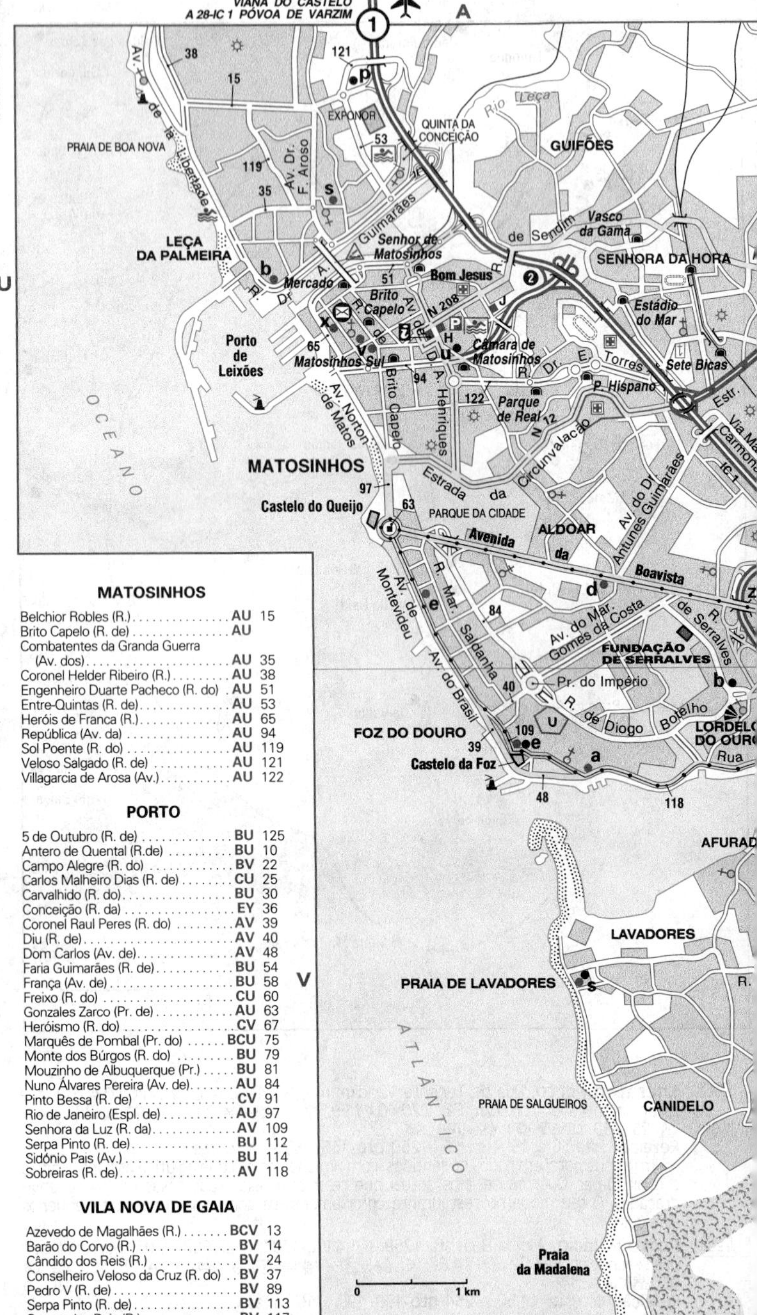

MATOSINHOS

PORTO

VILA NOVA DE GAIA

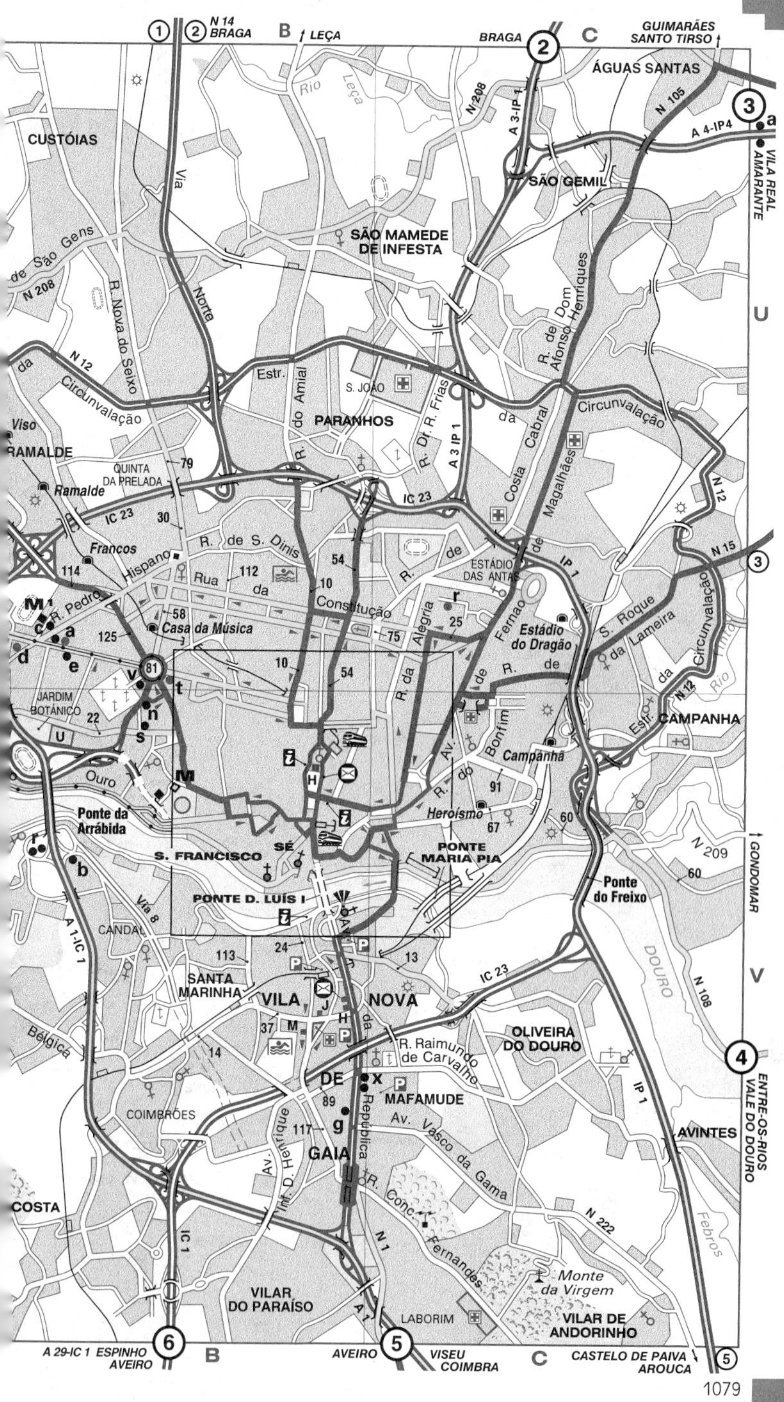

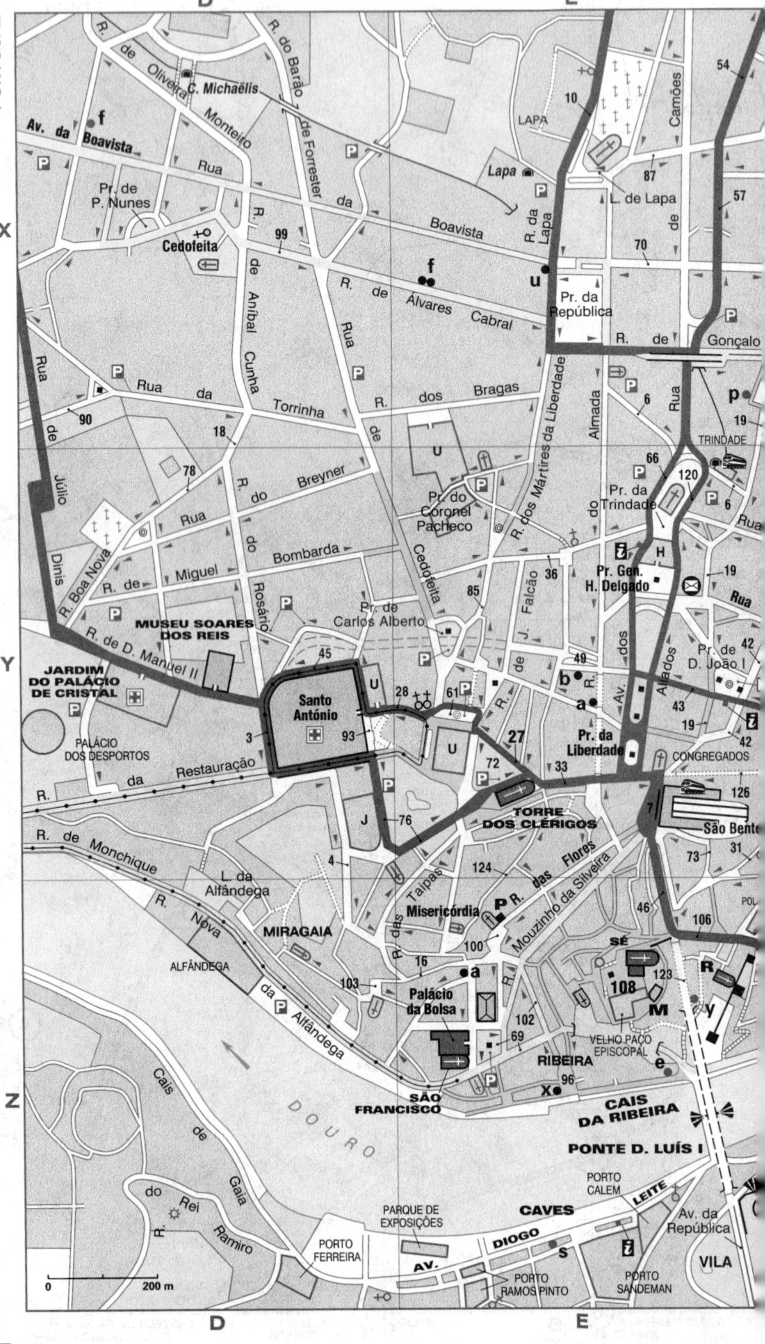
D
E
X
Y
Z
R. de Oliveira Monteiro
C. Michaëlis
R. do Barão de Forrester
Av. da Boavista
Rua da Boavista
Pr. de P. Nunes
Cedofeita
R. de Aníbal Cunha
R. de Álvares Cabral
R. da Lapa
Lapa
LAPA
L. de Lapa
Camões
Pr. da República
R. de Gonçalo
Rua de Júlio Dinis
Rua da Torrinha
R. dos Bragas
Rua de Cedofeita
R. do Breyner
Rua da Bombarda
R. do Rosário
R. de Miguel Bombarda
R. Boa Nova
Pr. do Coronel Pacheco
R. dos Mártires da Liberdade
Almada
Rua do Almada
TRINDADE
Pr. da Trindade
Pr. Gen. H. Delgado
Rua
R. de J. Falcão
Av. dos Aliados
Pr. de D. João I
MUSEU SOARES DOS REIS
R. de D. Manuel II
JARDIM DO PALÁCIO DE CRISTAL
PALÁCIO DOS DESPORTOS
Pr. de Carlos Alberto
Santo António
Pr. da Liberdade
CONGREGADOS
R. da Restauração
TORRE DOS CLÉRIGOS
São Bento
R. de Monchique
L. da Alfândega
R. das Flores
R. das Taipas
Misericórdia
Mouzinho da Silveira
MIRAGAIA
R. Nova da Alfândega
ALFÂNDEGA
Palácio da Bolsa
SÉ
VELHO PAÇO EPISCOPAL
RIBEIRA
SÃO FRANCISCO
CAIS DA RIBEIRA
PONTE D. LUÍS I
DOURO
Cais de Gaia
R. do Rei Ramiro
PORTO CALEM
CAVES
AV. DIOGO LEITE
Av. da República
VILA
PARQUE DE EXPOSIÇÕES
PORTO FERREIRA
PORTO RAMOS PINTO
PORTO SANDEMAN
0
200 m

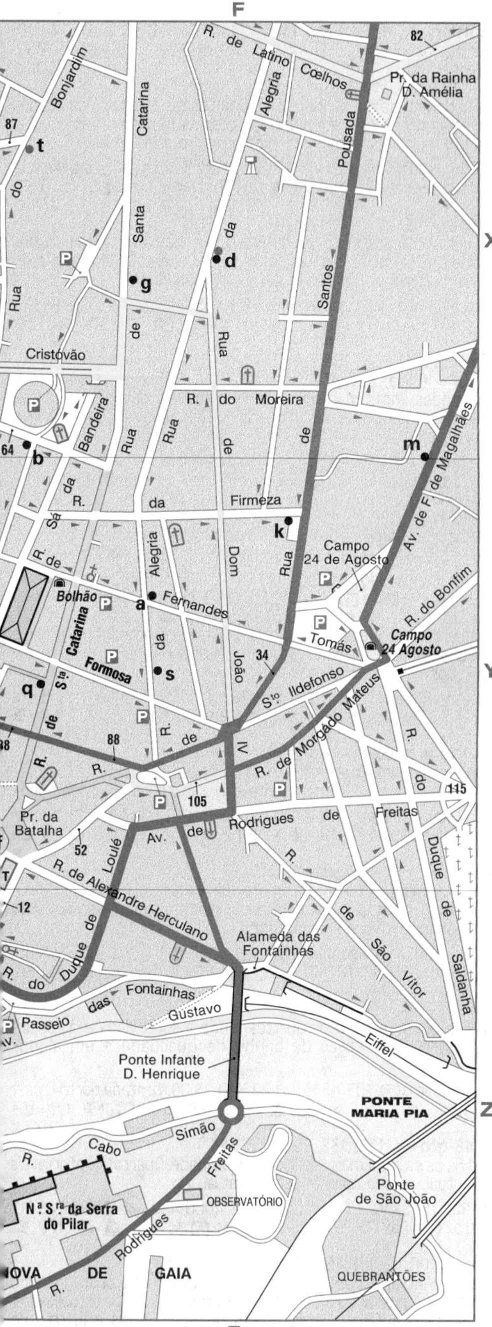

PORTO

31 de Janeiro (R. de) . . . . . EY 126
Alberto Aires Gouveia (R. de) . . . . DY 3
Albuquerque (R. Af. de) . DYZ 4
Alferes Malheiro (R. do) . EXY 6
Almada (R. do) . . . . EXY
Almeida Garrett (Pr. de) . . EY 7
Antero de Quental (R.de) . EX 10
Augusto Rosa (R. de) . . . . FZ 12
Belomonte (R. de) . . . . EZ 16
Boa Hora (R. da) . . . . . . DXY 18
Bonjardim (R. do) . . . . . . EXY 19
Carmelitas (R. das) . . . . . . EY 27
Carmo (R. do) . . . . DEY 28
Cimo da Vila (R. de) . . . . . . EY 31
Clérigos (R. dos) . . . . EY 33
Coelho Neto (R. de) . . . . . FY 34
Dom Afonso Henriques (Av.) . . . . EYZ 46
Dona Filipa de Lencastre (Pr. de) . . . . EY 49
Dr António Emílio de Magalhães (R. do) . . . . EY 42
Dr Magalhães Lemos (R. do) . . . . EY 43
Dr Tiogo de Almeida (R. do) . . . . DY 45
Entreparedes (R. de) . . . . . FY 52
Faria Guimarães (R. de) . . EX 54
Fernandes Tomás (R. de) EFY
Flores (R. das) . . . . EYZ
Fonseca Cardoso (R. de) . EX 57
Formosa (R.) . . . . EFY
Gomes Teixeira (Pr. de) . . . EY 61
Guedes de Azevedo (R. de) . . . . FXY 64
Heróis e Mártires de Angola (R. dos) . . . . EY 66
Infante Dom Henrique (Pr. e R. do) . . . . EZ 69
João das Regras (R. de) . . EX 70
Lisboa (Pr. de) . . . . EY 72
Loureiro (R. do) . . . . EY 73
Mártires da Pátria (Campo dos) . . . . DEY 76
Maternidade (R. da) . . . . . DY 78
Nova de São Crispim (R.) . FX 82
Oliveiras (R. das) . . . . EY 85
Paraíso (R. do) . . . . EFX 87
Passos Manuel (R. de) . . . FY 88
Piedade (R. da) . . . . DX 90
Prov. Vincente José de Carvalho (R. do) . . . . DY 93
Ribeira (Pr. da) . . . . EZ 96
Sá da Bandeira (R. de) . . FXY
Sacadura Cabral (R.) . . . . . DX 99
Santa Catarina (R. de) . . FXY
São Domingos (L. de) . . . . EZ 100
São João (R. de) . . . . EZ 102
São João Novo (Pr. de) . . . DZ 103
São Lázaro (Passeio de) . . FY 105
Saraiva de Carvalho (R. de) EZ 106
Sé (Terreiro da) . . . . EZ 108
Soares dos Reis (L. de) . . . FY 115
Trindade (R. da) . . . . EY 120
Vimara Peres (Av.) . . . . EZ 123
Vitória (R. da) . . . . EYZ 124

Le Meridien Park Atlantic, Av. da Boavista 1466, ✉ 4100-114, ✆ 22 607 25 00, *reservas.porto@lemeridien.pt, Fax 22 600 20 31* – |♦|, ⇹ qto, ▤ TV ♿ – 🔔 25/450. AE ⓓ ⓜⓒ VISA JCB. ✂ rest BU a
Refeição 23 – ☕ 15,50 – **226 qto** 210/220 – 6 suites.
◆ Profissionalismo, luxo e modernidade à sua disposição. Quartos e suites bem equipadas e aconchegantes. Banquetes, conferências e congressos com as melhores atenções. O luminoso refeitório é uma boa opção para degustar uma ementa cosmopolita.

Ipanema Park H., Rua Serralves 124, ✉ 4150-702, ✆ 22 532 21 00, *ipark@ipanemaparkhotel.pt, Fax 22 610 28 09,* ≤, Iá, ☐ – |♦| ▤ TV ♿ 🅿 – 🔔 25/350. AE ⓓ ⓜⓒ VISA JCB. ✂ AV b
Refeição 27,50 – **264 qto** ☕ 138/150 – 17 suites.
◆ Luxuoso edifício na área comercial e de negócios de Boavista. Uma tecnologia funcional e moderna é um factor imperante. Amplas e destacadas zonas nobres. O refeitório é de esmerada montagem, com um atractivo mobiliário de inspiração colonial.

Infante de Sagres, Praça D. Filipa de Lencastre 62, ✉ 4050-259, ✆ 22 339 85 00, *his.sales@mail.telepac.pt, Fax 22 339 85 99,* – |♦| ▤ TV. AE ⓓ ⓜⓒ VISA JCB. ✂ EY b
Refeição lista 41 a 59 – **64 qto** ☕ 150/165 – 9 suites.
◆ Uma verdadeira jóia! Experiência, encanto, categoria e prestígio. Personalidades insignes entre os seus hóspedes. Ricas madeiras, vitrais e móveis de época. Estadia inesquecível. O luxuoso restaurante possui uma nostálgica elegância e uma óptima decoração.

Tivoli Porto sem rest com snack bar, Rua Afonso Lopes Vieira 66, ✉ 4100-020, ✆ 22 607 79 00, *htporto@mail.telepac.pt, Fax 22 607 79 45,* – |♦| ▤ TV – 🔔 25/180. AE ⓓ ⓜⓒ VISA. ✂ AU z
52 qto ☕ 195/215 – 6 suites.
◆ Num tranquilo bairro residencial. Zonas nobres não muito amplas, mas bem dispostas. Quartos com mobiliário de estilo inglês e casas de banho detalhistas em mármore.

Dom Henrique, Rua Guedes de Azevedo 179, ✉ 4049-009, ✆ 22 340 16 16, *d.henrique@webside.pt, Fax 22 340 16 66,* ≤ – |♦| ▤ TV – 🔔 25/80. AE ⓓ ⓜⓒ VISA JCB. ✂ FX b
Além Mar : **Refeição** lista 20 a 24 – **90 qto** ☕ 150/180 – 22 suites.
◆ Adequado ponto de partida para conhecer a cidade. Desfrute da sua decoração actual e das suas equipadas instalações. Quartos de funcionalidade clássica. O restaurante é muito aconchegante e possui um mobiliário de qualidade.

Mercure Batalha, Praça da Batalha 116, ✉ 4049-028, ✆ 22 204 33 00, *h1975@accor-hotels.com, Fax 22 204 34 98,* ≤ – |♦|, ⇹ qto, ▤ TV ♿ – 🔔 25/120. AE ⓓ ⓜⓒ VISA JCB. ✂ FY f
Refeição 16 – ☕ 7,70 – **140 qto** 85/95 – 9 suites.
◆ Fique no centro histórico e comercial. Hotel actualizado que possui quartos de carácter prático, com abundantes detalhes clássicos. Restaurante panorâmico de boa montagem.

Ipanema Porto H., Rua Campo Alegre 156, ✉ 4150-169, ✆ 22 607 50 59, *ipanemaporto@ipanemaporto.com, Fax 22 606 33 39* – |♦| ▤ TV ♿ 🅿 – 🔔 25/350. AE ⓓ ⓜⓒ VISA. ✂ BV s
Refeição 20 – **140 qto** ☕ 100/110 – 10 suites.
◆ Na Boavista, convenções, negócios e turismo. Lembre da sua estadia no Porto, hospedando-se nesta casa de estilo moderno. Amplos e dotados quartos de estilo actual. Cálido refeitório que está em consonância com a sua categoria.

Fenix Porto sem rest, Rua Gonçalo Sampaio 282, ✉ 4150-365, ✆ 22 607 18 00, *sales@fenixporto.com, Fax 22 607 18 10* – |♦| ▤ TV ♿. AE ⓓ ⓜⓒ VISA. ✂ BV n
148 qto ☕ 92/102.
◆ Edifício de linha actual que possui espaçosos quartos, onde a sobriedade e a funcionalidade definem o seu estilo, com casas de banho de qualidade e em alguns casos cozinha.

Pestana Porto, Praça da Ribeira, ✉ 4050-513, ✆ 22 340 23 00, *pestana.porto@pestana.com, Fax 22 340 24 00,* ≤ – |♦| ▤ TV ♿ – 🔔 25/50. AE ⓓ ⓜⓒ VISA JCB. ✂ EZ x
Refeição lista 23 a 42 – **48 qto** ☕ 122/137.
◆ Pitoresco conjunto de edifícios na zona mais turística da localidade. Quartos confortáveis equipados com mobiliário actual, na sua maioria com vistas ao rio.

Grande H. do Porto, Rua de Santa Catarina 197, ✉ 4000-450, ✆ 22 207 66 90, *reservas@grandehotelporto.com, Fax 22 207 66 99* – |♦| ▤ TV ♿ – 🔔 25/100. AE ⓓ ⓜⓒ VISA. ✂ FY q
Refeição 17,25 – **92 qto** ☕ 108,15/118,45 – 7 suites.
◆ Numa rua pedonal muito central e comercial. A zona nobre toma protagonismo numa elegante sala com colunas e possui quartos que foram recentemente actualizados. Possui também um atractivo restaurante clássico, com belas molduras e lustres de cristal.

Douro sem rest, Rua da Meditação 71, ✉ 4150-487, ☎ 22 600 11 22, *hoteldouro@clix.pt, Fax 22 600 10 90* – |♣| ▤ TV ♿ – 🏛 25/30. AE ⓓ MC VISA. ✗ BU v
44 qto ☕ 75/80 – 1 suite.
• Um ambiente moderno e actual define o seu estilo. Hotel central com reduzidas zonas nobres. Quartos cálidos, destacando os que possuem casas de banho completas.

Internacional, Rua do Almada 131, ✉ 4050-037, ☎ 22 200 50 32, *Fax 22 200 90 63* – |♣| ▤ TV – 🏛 25/45. AE ⓓ MC VISA JCB. ✗ EY a
O Almada *(fechado domingo e feriados)* **Refeição** lista 19 a 25 – **35 qto** ☕ 75/85.
• Pequeno, familiar, aconchegante e confortável, com zonas nobres actuais. A sua decoração surpreende com detalhes dignos e originais, em pedra e cerâmica. O elegante restaurante O Almada oferece uma correcta ementa de sabor caseiro.

Albergaria Miradouro, Rua da Alegria 598, ✉ 4000-037, ☎ 22 537 07 17, *alb.miradouro@net.vodafone.pt, Fax 22 537 02 06,* ≤ cidade e arredores – |♣| ▤ TV P. AE ⓓ MC VISA JCB. ✗ FX d
Refeição - ver rest. ***Portucale*** – **30 qto** ☕ 47/70.
• Pequeno hotel de carácter familiar no centro da cidade. Um certo sabor antigo na sua decoração é compensado por bons quartos correctamente equipados.

Menfis sem rest, Rua da Firmeza 19, ✉ 4000-227, ☎ 22 518 00 03, *hmenfis@netcabo.pt, Fax 22 510 18 26* – |♣| ▤ TV ♿ 🚗. AE ⓓ MC VISA JCB FY k
24 qto ☕ 63/73 – 2 suites.
• Hotelzinho central, cuidado e organizado num estilo actual. Suficientes zonas nobres, bar comunicado à zona de pequenos almoços, correctos quartos e casas de banho completas.

São José sem rest, Rua da Alegria 172, ✉ 4000-034, ☎ 22 207 68 60, *hotelsaojose@hotelsjose.pt, Fax 22 332 04 46* – |♣| ▤ TV ☎ ♿ 🚗. AE ⓓ MC VISA. ✗ FY a
43 qto ☕ 60/65.
• Adequadas dependências dentro de boas instalações. Sério profissionalismo e correctos quartos onde destaca um mobiliário de estilo e casas de banho actuais.

Nave, Av. Fernão de Magalhães 247, ✉ 4300-190, ☎ 22 589 90 30, *Fax 22 589 90 39* – |♣| ▤ TV ♿ 🚗 – 🏛 25/70. AE ⓓ MC VISA JCB. ✗ FXY m
Refeição 12,50 – **81 qto** ☕ 50/60.
• Desfruta de uma localização próxima ao centro. Os quartos foram reformados, com solos revestidos de alcatifas e janela dupla. Casas de banho actuais e bom serviço.

Da Bolsa sem rest, Rua Ferreira Borges 101, ✉ 4050-253, ☎ 22 202 67 68, *hoteldabolsa@mail.telepac.pt, Fax 22 205 88 88* – |♣| ▤ TV ♿. AE ⓓ MC VISA. ✗ EZ a
36 qto ☕ 66/80.
• A cálida familiaridade dum pequeno hotel de elegante fachada. Equipamento básico mas cuidado e quartos que, ainda reduzidos, oferecem uma aconchegante decoração.

América sem rest, Rua Santa Catarina 1018, ✉ 4000-447, ☎ 22 339 29 30, *hotelamerica@clix.pt, Fax 22 208 38 62* – |♣| ▤ TV ♿ 🚗. AE ⓓ MC VISA FX g
21 qto ☕ 55/65 – 1 apartamento.
• Pequeno estabelecimento de organização familiar e localização central, com casas de banho actuais e quartos idóneos para o descanso. Zonas comuns suficientes.

Solar São Gabriel sem rest, Rua da Alegria 98, ✉ 4000-033, ☎ 22 332 39 32, *sgabriel@netc.pt, Fax 22 332 39 57* – |♣| ▤ TV 🚗. AE ⓓ MC VISA FY s
28 qto ☕ 36,50/46,50.
• Próximo à Praça da Batalha. Hotel familiar de confortável ambiente e correcto equipamento. Adequada manutenção e discretos quartos de linha clássica.

Rex sem rest, Praça da República 117, ✉ 4050-497, ☎ 22 207 45 90, *r.rex@netcabo.pt, Fax 22 207 45 93* – |♣| ▤ TV ♿ P. AE ⓓ MC VISA JCB EX u
20 qto ☕ 50/60.
• Antiga morada que possui zonas nobres suficientes e quartos funcionais, destacando pela beleza dos seus altos tectos com relevos.

Brasília sem rest, Rua Álvares Cabral 221, ✉ 4050-041, ☎ 22 339 55 20, *reservas@residencialbrasiliaporto.com, Fax 22 200 65 10* – ▤ TV 🚗. MC VISA. ✗ EX f
12 qto ☕ 40/50.
• Descubra o encanto deste hotelzinho de agradável sabor antigo. Aconchegantes quartos de tectos elevados, solos alcatifados e mobiliário de estilo num cálido ambiente.

Mira D'Aire sem rest, Rua Álvares Cabral 197, ✉ 4050-041, ☎ 222 08 31 13, *r.miradaire@netcabo.pt, Fax 222 00 38 12* – ▤ TV. AE MC VISA. ✗ EX f
☕ 3 – **11 qto** 30/35.
• Casa centenária, simples e familiar, com uma bela escada em madeira. Os quartos são reduzidos embora confortáveis, com mobiliário provençal e casas de banho completas.

XXX **Churrascão do Mar,** Rua João Grave 134, ✉ 4150-427, ☎ 22 609 63 82, *churrascaodomar@mail.telepac.pt, Fax 22 600 43 37* – ▤ P. AE ⓓ MC VISA. ✻ BU d
fechado do 15 ao 31 de agosto e domingo – **Refeição** - peixes e mariscos - lista 21 a 31.
◆ Situado numa antiga casa senhorial, onde se oferece bons peixes e frutos do mar ao estilo tradicional. Agradável mobiliário e encantador ambiente inglês, clássico e elegante.

XXX **Portucale** - *Hotel Albergaria Miradouro*, Rua da Alegria 598-13º, ✉ 4000-037, ☎ 22 537 07 17, *rest.portucale@net.vodafone.pt, Fax 22 537 02 06*, ≤ cidade e arredores – |‡| ▤ P. AE ⓓ MC VISA JCB. ✻ FX d
Refeição lista 34 a 48.
◆ No último andar do hotel Albergaria Miradouro, com espectaculares vistas sobre a cidade e os seus arredores. Cuidado classicismo, solos alcatifados e uma boa cozinha.

XX **D. Tonho,** Cais da Ribeira 13-15, ✉ 4050-509, ☎ 22 200 43 07, *porto@dtonho.com, Fax 22 208 57 91* – ▤. AE ⓓ MC VISA JCB. ✻ EZ e
Refeição lista 25 a 40.
◆ Frente ao rio. Os muros de pedra cercam um ambiente clássico-vanguardista, algo ambíguo, de carácter funcional e correcta montagem. Ementa mediana de corte tradicional.

XX **Bull & Bear,** Av. da Boavista 3431, ✉ 4149-017, ☎ 22 610 76 69, *Fax 22 610 95 36* – ▤. AE ⓓ MC VISA. ✻ AU d
fechado 15 dias em agosto – **Refeição** lista 30 a 41.
◆ Situado no edifício da Bolsa. Frequentado por gente de negócios. Ambiente algo impessoal num estilo moderno, com um amplo salão de espera e os chãos em madeira.

XX **Lider,** Alameda Eça de Queiroz 126, ✉ 4200-274, ☎ 22 502 00 89, *Fax 22 502 70 02* – ▤. AE ⓓ MC VISA. ✻ CU r
Refeição lista 33 a 38.
◆ Situado numa zona tranquila e nova da cidade. Magnífica direcção e cuidada manutenção onde a luz natural inunda o seu clássico interior. Ambiente suave e atento serviço.

XX **Churrascão Gaúcho,** Av. da Boavista 313, ✉ 4050-115, ☎ 22 609 17 38, *churrascaodomar@mail.telepac.pt, Fax 22 600 43 37* – ▤. AE ⓓ MC VISA. ✻ BU t
fechado do 1 ao 15 de agosto e domingo – **Refeição** lista 14 a 33.
◆ Um bom espaço rústico elegante, com tectos em madeira e paredes de pedra. Possui dois salas onde oferecem uma ementa de cozinha tradicional e alguns pratos brasileiros.

XX **Chinês,** Av. Vimara Peres 38, ✉ 4000-544, ☎ 22 200 89 15, *Fax 22 200 90 82* – ▤. AE ⓓ MC VISA JCB. ✻ EZ y
Refeição - rest. chinês - lista 11 a 17.
◆ Numa das saídas da cidade. Tradicional decoração chinesa, bom mobiliário e adequado serviço para o seu conforto. Sala espaçosa com abundante luz natural.

XX **King Long,** Largo Dr. Tito Fontes 115, ✉ 4000-538, ☎ 22 205 39 88, *Fax 22 606 64 44* – ▤. AE MC VISA. ✻ EX p
Refeição - rest. chinês - lista 15 a 20.
◆ Selecto restaurante chinês que se converteu num clássico da localidade. Refeitório amplo e diáfano, com uma correcta montagem de decoração oriental.

X Dom Castro, Rua do Bonjardim 1078, ✉ 4000-122, ☎ 22 205 11 19 FX t
◆ Local ao estilo taberna regional, com atractivas vigas e uma decoração que cuida dos detalhes. Possui certo encanto e oferece uma reduzida ementa de sabor caseiro.

X **Toscano,** Rua Dr. Carlos Cal Brandão 22, ✉ 4050-160, ☎ 22 609 24 30, *jr@restauranteto scano.com, Fax 22 600 22 53* – ▤. AE ⓓ MC VISA. ✻ DX f
fechado domingo – **Refeição** - cozinha italiana - lista 19 a 31.
◆ Pequeno e frequentado restaurante ao rés-do-chão dum edifício de localização central. Espaços reduzidos mas bem aproveitados, com decoração actual e detalhes vanguardistas.

X **Mendi,** Av. da Boavista 1430-loja 1, ✉ 4100-114, ☎ 22 609 12 00 – ▤. AE ⓓ MC VISA. ✻ BU a
fechado 3 semanas em agosto e domingo – **Refeição** - cozinha indiana - lista 30 a 36.
◆ Exótico estabelecimento de estilo alegre e juvenil que destaca pela cozinha indiana, elaborada por profissionais autóctones, muito correcta e com uma extensa ementa.

na Foz do Douro :

Boa Vista, Esplanada do Castelo 58, ✉ 4150-196 Porto, ☎ 22 532 00 20, *info@hotelboavista.com, Fax 22 617 38 18,* – ⇅ ▤ TV – 25/55. AE ① MC VISA.
Refeição *(fechado domingo)* 17,50 – **71 qto** ☕ 71,60/79,80. AV e
◆ Onde o rio Douro conflui com o oceano Atlântico. Boa opção para o cliente de empresa. Linha clássica, quartos com mobiliário de pinho e casas de banho em mármore. Restaurante panorâmico com vistas para o mar no último andar.

Don Manoel, Av. Montevideu 384, ✉ 4150-516 Porto, ☎ 22 617 23 04, *Fax 22 610 44 37,* ≤ – ▤ P. AE ① MC VISA JCB. AU e
fechado 15 dias em agosto e domingo – **Refeição** lista 49 a 59.
◆ Situado num palacete com certo ar de seriedade e um alto nível dentro da sua categoria. Cozinha tradicional e internacional dirigida por uma direcção responsável.

Foz Velha, Esplanada do Castelo 141, ✉ 4150-196, ☎ 226 15 41 78, *mail@fozvelha.com, Fax 226 10 17 37* – ▤. AE ① MC VISA. AV e
fechado do 2 ao 16 de janeiro, 3ª feira e 4ª feira meio-dia – **Refeição** lista 30 a 40.
◆ Dois casais levam as rendas deste cuidado restaurante, onde se oferece uma atractiva ementa de autor. As mesas situadas junto às janelas possuem vistas sobre o mar.

Ó Macedo, Rua Passeio Alegre 552, ✉ 4150-573 Porto, ☎ 22 617 01 66, *Fax 22 617 01 66* – ▤. AE ① MC VISA JCB. AV a
fechado do 15 ao 30 de agosto e domingo – **Refeição** - peixes - lista aprox. 30.
◆ O vigamento à vista e as paredes em pedra realçam a sua cálida decoração rústica. Conta com um sugestivo expositor de peixe fresco, sendo esta a especialidade da casa.

em Matosinhos :

Amadeos sem rest, Rua Conde Alto Mearim 1229, ✉ 4450-036 Matosinhos, ☎ 22 939 97 00, *hotelamadeos@mail.telepac.pt, Fax 22 939 97 19* – ⇅ ▤ TV ♿. AE ① MC VISA AU u
50 qto ☕ 60/70.
◆ Boa escolha para o cliente de empresa. Casas de banho modernas e quartos funcionais. Simpático pátio-esplanada, zonas nobres e uma linha actual configuram o seu ambiente.

Os Lusiadas, Rua Tomás Ribeiro 257, ✉ 4450-297 Matosinhos, ☎ 22 937 82 42, *Fax 22 937 56 41* – ▤. AE ① MC VISA. AU v
fechado domingo – **Refeição** - peixes e mariscos - lista 36 a 56.
◆ A sua moderna ambientação inspira-se nos Lusíadas, a obra maestra de Camões. Sala aconchegante com expositor de produtos, que combina com um discreto serviço de mesa.

Esplanada Marisqueira Antiga, Rua Roberto Ivens 628, ✉ 4450-249 Matosinhos, ☎ 22 938 06 60, *Fax 22 937 89 12,* Viveiro próprio – ▤. AE ① MC VISA AU v
fechado 2ª feira – **Refeição** - peixes e mariscos - lista 32 a 46.
◆ Uma cozinha de qualidade em um estabelecimento muito frequentado. Animado ambiente, magnífica oferta e escolhidos produtos. Boa organização e viveiro digno de menção.

Rincão do Mar, Av. Serpa Pinto 204, ✉ 4450-275 Matosinhos, ☎ 22 938 56 39, *churrascaodomar@mail.telepac.pt, Fax 22 938 56 41* – ▤. AE ① MC VISA. AU x
fechado 2ª semana de setembro e 2ª feira – **Refeição** - peixes e mariscos - lista 20 a 27.
◆ Aconchegante negócio instalado numa antiga casa reconstruída. Refeitório de correcta montagem e moderna decoração em dois níveis, onde degustará pratos de sabor marinheiro.

Marujo com snack-bar, Rua Tomaz Ribeiro 284, ✉ 4450-294 Matosinhos, ☎ 22 938 37 32, *Fax 22 937 07 81* – ▤. AE ① MC VISA. AU v
Refeição lista 23 a 33.
◆ Local organizado e clássico. Sala de mobiliário correcto e confortável. Cozinha tradicional onde peixes e frutos do mar são os protagonistas.

PORTO ALTO *Santarém* 733 P 3 – *3 534 h.*

Lisboa 45 – Évora 109 – Santarém 53 – Setúbal 54.

Albergaria S. Lourenço sem rest, Estrada N 10/10-5, ✉ 2135-115 Samora Correia, ☎ 263 65 44 47, *s.lourenco@mail.telepac.pt, Fax 263 65 46 94* – ⇅ ▤ TV ♿ P. AE ① MC VISA
48 qto ☕ 50/60.
◆ Antigo hotel de estrada totalmente renovado. Quartos equipados com mobiliário funcional e casas de banho correctas. Múltipla zona nobre.

PORTO ANTIGO *Viseu - ver Cinfães.*

PORTO MONIZ *Madeira - ver Madeira (Arquipélago da).*

PORTO SANTO *Madeira - ver Madeira (Arquipélago da).*

PÓVOA DE LANHOSO *Braga* 733 H 5 - *4 602 h.*

Lisboa 375 - Braga 19 - Caldelas 24 - Guimarães 21 - Porto 68 - Viana do Castelo 69.

Póvoa de Lanhoso sem rest, Av. da República, ✉ 4830-908 apartado 96, ✆ 253 63 42 43, *hotelpov@hotelpovoalanhoso.com, Fax 253 63 93 36* - 25/80. AE VISA.
38 qto 49,90/59,90 - 1 suite.
• Estabelecimento dirigido à clientela de negócios, com um serviço básico de quarto e pequeno almoço. Divisões com suficiente conforto resultando práticas e actuais.

El Gaucho, Av. 25 de Abril 207-11º, ✉ 4830-512, ✆ 253 63 11 44, AE VISA.
fechado do 15 ao 30 de setembro e 3ª feira - **Refeição** - carnes grelhadas - lista 20 a 25.
• A simpatia do casal proprietário e a cálida decoração rústica, ornamentada com detalhes argentinos, compensam uma entrada algo anódina. Deguste as suas escolhidas carnes.

pela estrada N 205 *Este : 1,5 km e desvío a esquerda 0,5 km :*

Vila Joaquina sem rest, Lugar da Aldeia, ✉ 4830-191, ✆ 253 63 90 90, *vilajoaquina@vilajoaquina.com, Fax 253 63 90 99,* AE VISA.
15 qto 55/70.
• Casa de estilo colonial do princípio do séc. XX, restaurada e ampliada como hotel rural, num relaxante sítio entre campos, com horta própria e piscina.

em Calvos *Nordeste : 3 km :*

Maria da Fonte , ✉ 4830-065 Póvoa de Lanhoso, ✆ 253 63 96 00, *info@mariadafonte.com, Fax 253 63 96 01,* - 25/250. AE VISA JCB.
Refeição 17,50 - **30 qto** 74/95.
• Três edifícios típicos restaurados com muito cuidado formam este moderno conjunto, numa quinta de grande extensão. Desfrute da paz que transmite o seu bucólico ambiente. Luminoso refeitório panorâmico com predomínio dos tons brancos.

Se se atrasa no caminho e não pode chegar antes das 18h, confirme telefonicamente a sua reserva, é mais seguro... e é o costume.

PÓVOA DE VARZIM *Porto* 733 H 3 - *27 810 h - Praia.*

Ver : *O bairro dos pescadores★ AZ.*
Arred. : *Rio Mau : Igreja de S. Cristóvão (capitéis★) por ② : 12 km.*
Praça Marquês de Pombal ✉ 4490-442 ✆ 252 29 81 20 pturismo@cm-pvarzim.pt Fax 252 61 78 72.
Lisboa 348 ② - Braga 40 ① - Porto 31 ②

Planta página seguinte

Novotel Vermar , Rua da Imprensa Regional, ✉ 4490-518, ✆ 252 29 89 00, *h2124@accor-hotels.com, Fax 252 29 89 01,* qto, - 25/700. AE VISA. AY a
Refeição 19 - 7,50 - **196 qto** 99/110 - 12 suites.
• Tranquilo hotel de linha clássica situado junto à praia. Dispõe de espaçosas e confortáveis zonas nobres, assim como de quartos funcionais de adequado conforto. Amplo restaurante com abundante luz natural.

Mercure Póvoa de Varzim, Largo do Passeio Alegre 20, ✉ 4490-428, ✆ 252 29 04 00, *h3016@accor-hotels.com, Fax 252 29 04 01,* qto, - 25/130. AE VISA JCB. AZ a
Refeição 14 - 7,50 - **84 qto** 65/70 - 2 suites.
• Uma localização de luxo e um equipamento de vanguarda ao estilo Mercure. Passe uns dias inesquecíveis a desfrutar do conforto proporcionado pelas suas modernas instalações. Correcto refeitório onde poderá degustar pratos tradicionais ou um variado buffet.

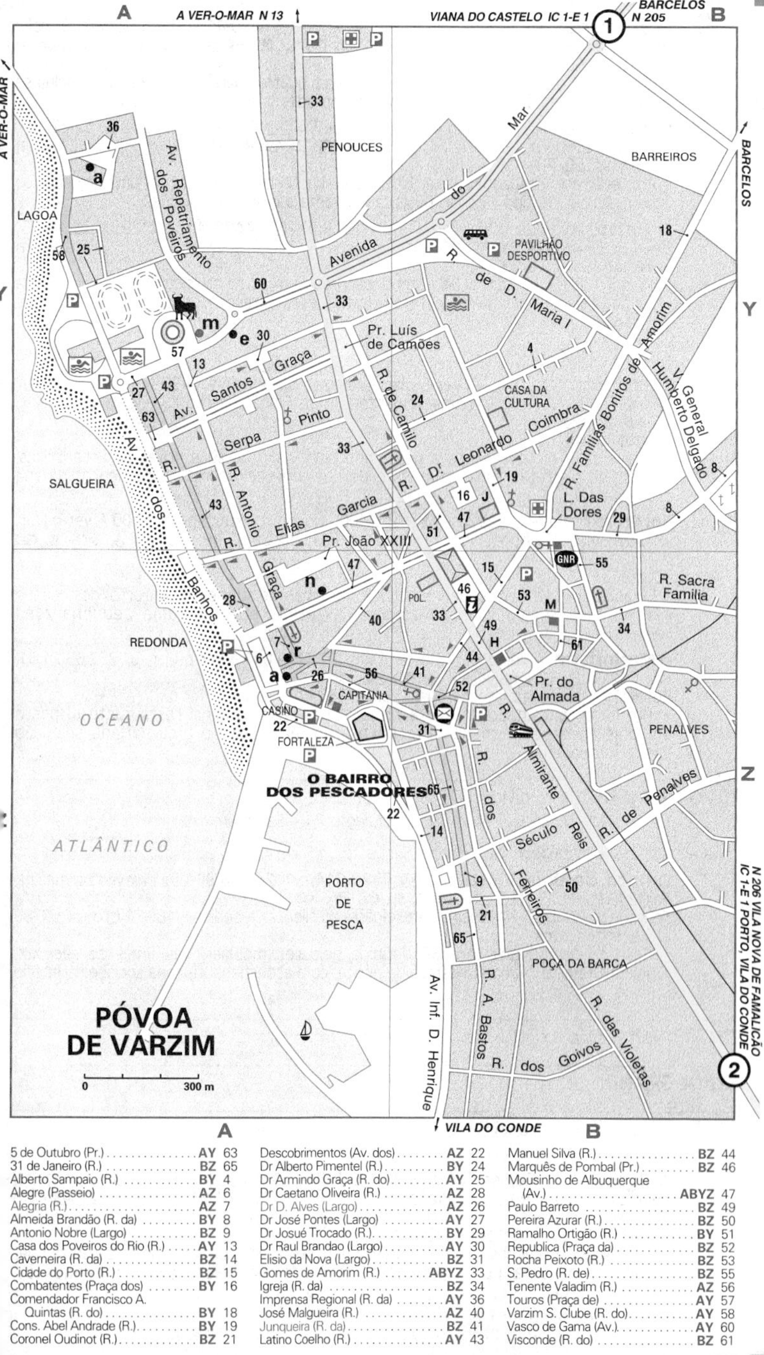

5 de Outubro (Pr.)	AY	63
31 de Janeiro (R.)	BZ	65
Alberto Sampaio (R.)	BY	4
Alegre (Passeio)	AZ	6
Alegria (R.)	AZ	7
Almeida Brandão (R. da)	BY	8
Antonio Nobre (Largo)	BZ	9
Casa dos Poveiros do Rio (R.)	AY	13
Caverneira (R. da)	BZ	14
Cidade do Porto (R.)	BZ	15
Combatentes (Praça dos)	BY	16
Comendador Francisco A. Quintas (R. do)	BY	18
Cons. Abel Andrade (R.)	BY	19
Coronel Oudinot (R.)	BZ	21
Descobrimentos (Av. dos)	AZ	22
Dr Alberto Pimentel (R.)	BY	24
Dr Armindo Graça (R. do)	AY	25
Dr Caetano Oliveira (R.)	AZ	28
Dr D. Alves (Largo)	AZ	26
Dr José Pontes (Largo)	AY	27
Dr Josué Trocado (R.)	BY	29
Dr Raul Brandao (Largo)	AY	30
Elisio da Nova (Largo)	BZ	31
Gomes de Amorim (R.)	ABYZ	33
Igreja (R. da)	BZ	34
Imprensa Regional (R. da)	AY	36
José Malgueira (R.)	AZ	40
Junqueira (R. da)	BZ	41
Latino Coelho (R.)	AY	43
Manuel Silva (R.)	BZ	44
Marquês de Pombal (Pr.)	BZ	46
Mousinho de Albuquerque (Av.)	ABYZ	47
Paulo Barreto	BZ	49
Pereira Azurar (R.)	BZ	50
Ramalho Ortigão (R.)	BY	51
Republica (Praça da)	BZ	52
Rocha Peixoto (R.)	BZ	53
S. Pedro (R. de)	BZ	55
Tenente Valadim (R.)	AZ	56
Touros (Praça de)	AY	57
Varzim S. Clube (R. do)	AY	58
Vasco de Gama (Av.)	AY	60
Visconde (R. do)	BZ	61

Costa Verde sem rest, Av. Vasco da Gama 56, ✉ 4490-410, ✆ 252 29 86 00, *hcvpovoa@mail.telepac.pt, Fax 252 29 86 09* – AE VISA. AY e
57 qto 60/70.
◆ Hotel de linha actual cujo desenho interior, com quatro quartos por andar, assemelha-se a um edifício de habitações. Zonas sociais ampliadas e bom conforto geral.

Gett sem rest, Av. Mouzinho de Albuquerque 54, ✉ 4490-409, ✆ 252 68 32 22, *residencial.gett@clix.pt, Fax 252 61 72 95* – AE VISA. AZ n
22 qto 50/70.
◆ Ambiente aconchegante e detalhista na sua simplicidade, realçado por uma organização séria e amável de tipo familiar. Destaca a limpeza das suas instalações.

O Pátio, Av. Vasco da Gama (Edifício Rio), ✉ 4490-410, ✆ 252 68 43 25, *Fax 252 68 43 25* – AE VISA. AY m
Refeição lista 20 a 29.
◆ Junto à praça de toiros. Sala ampla decorada em estilo clássico, onde servem uma ementa baseada em peixes e pratos portugueses. Direcção eficaz a cargo dos seus empregados.

pela estrada N 13 AY :

Torre Mar sem rest, A Ver-o-Mar - Norte : 2,3 km, ✉ 4490-091 A Ver-o-Mar, ✆ 252 29 86 70, *hotel.torre.mar@mail.telepac.pt, Fax 252 29 86 79* – P. AE VISA.
31 qto 46/63.
◆ A acertada organização e a boa manutenção são as suas notas características. Dotado de discretas zonas comuns e de um conforto muito válido dentro da sua categoria.

Sol Póvoa sem rest, Rua José Morneiro 100 - Norte : 1,8 km, ✉ 4490-100 A Ver-o-Mar, ✆ 252 29 05 10, *hotelsolpovoa@sapo.pt, Fax 252 29 05 19* – P. VISA.
30 qto 45/62.
◆ Estabelecimento dotado de instalações funcionais de suficiente conforto, destacando a sua amável organização. Agradável exterior rodeado duma pequena zona verde.

O Marinheiro, A Ver-o-Mar - Norte : 2 km, ✉ 4490-091 A Ver-o-Mar, ✆ 252 68 21 51, *Fax 252 68 21 52* – P. AE VISA.
Refeição - peixes e mariscos - lista aprox. 33.
◆ Um barco encalhado em terra firme alberga este original restaurante disposto em dois andares. Aconchegante decoração marinheira e uma variada selecção gastronómica.

PÓVOA E MEADAS *Portalegre* 733 N 7 – *696 h.*

Lisboa 210 – Castelo Branco 60 – Portalegre 25 – Santarém 142.

na estrada da Barragem da Póvoa *Sudoeste : 1.5 km :*

Quinta da Bela Vista, ✉ 7320-014, ✆ 245 96 81 25, *belavista@mail.pt, Fax 245 96 81 32*, – P. AE VISA.
fechado do 5 ao 20 de janeiro – **Refeição** - só clientes a pedido - 18 – **4 qto** 69/80 – 3 apartamentos.
◆ Casa de campo dos anos 30 definida pelo seu mobiliário de finais do séc. XIX. Ambiente familiar numa atmosfera de época, com aconchegante zona social e refeitório privado.

PRAIA AZUL *Lisboa – ver Silveira.*

PRAIA GRANDE *Lisboa – ver Colares.*

PRAIA DA AGUDA *Porto* 733 I 4 – *Praia.*

Lisboa 303 – Porto 16.

Dulcemar, Av. Gomes Guerra 960, ✉ 4405-009 Arcozelo VNG, ✆ 22 762 40 77, *restaurante.dulcemar@vodafone.pt, Fax 22 762 78 24* – AE VISA.
fechado 4ª feira – **Refeição** lista 17 a 25.
◆ Um clássico. Compensa a sua decoração algo desfasada com uma organização familiar séria e com uma boa montagem. Centrado na celebração de banquetes.

*As páginas explicativas da introdução ajudarão a tirar o máximo partido do seu **Guia Michelin**.*

PRAIA DA AREIA BRANCA *Lisboa 733 O 1 - 487 h - Praia.*

Praia da Areia Branca ✉ 2530-216 Lourinhã ☎ 261 42 21 67 turismo@cm-laurinha.pt Fax 261 41 01 08.

Lisboa 77 - Leiria 91 - Santarém 78.

Dom Lourenço, ✉ 2530 Lourinhá, ☎ 261 42 28 09, *Fax 261 47 11 82* - rest, TV P. AE MC VISA. rest

fechado do 1 ao 15 de maio e do 1 ao 15 de novembro - **Refeição** *(fechado 2ª feira)* 12,50 - **11 qto** 35/40 - 7 apartamentos.

• Hotelzinho de carácter familiar cuja manutenção e decoro convertem-no num recurso válido e adequado. Modestos quartos de correcto conforto. O refeitório foi ampliado e reformado, mas ainda reflecte certa simplicidade.

PRAIA DA BARRA *Aveiro - ver Aveiro.*

PRAIA DA FALÉSIA *Faro - ver Albufeira.*

PRAIA DA GALÉ *Faro - ver Albufeira.*

PRAIA DA ROCHA *Faro - ver Portimão.*

PRAIA DA SALEMA *Faro - ver Budens.*

PRAIA DA VIEIRA *Leiria 733 M 3 - 800 h - Praia.*

Lisboa 152 - Coimbra 95 - Leiria 24.

Cristal Vieira Praia, Av. Marginal, ✉ 2425-696 Vieira de Leiria, ☎ 244 69 90 60, *cristalvieira@hoteiscristal.pt, Fax 244 69 52 11,* ←, Fō, - TV - 25/500

100 qto.

• A localização na 1ª linha de praia é a sua maior atracção. Quartos amplos correctamente equipados com casas de banho de bom nível e gratificantes vistas ao mar. A excelente visão panorâmica sobre o Atlântico enquadra o seu agradável e luminoso refeitório.

PRAIA DE ALVOR *Faro - ver Portimão.*

PRAIA DE FARO *Faro - ver Faro.*

PRAIA DE LAVADORES *Porto - ver Vila Nova de Gaia.*

PRAIA DE OFIR *Braga - ver Fão.*

PRAIA DE SANTA EULÁLIA *Faro - ver Albufeira.*

PRAIA D'EL-REI *Leiria - ver Serra d'El-Rei.*

PRAIA DO CARVOEIRO *Faro - ver Lagoa.*

PRAIA DO GUINCHO *Lisboa - ver Cascais.*

PRAIA DO PORTO DE MÓS *Faro - ver Lagos.*

PRAIA DO PORTO NOVO *Lisboa - ver Vimeiro (Termas do).*

PRAIA DO VAU *Faro - ver Portimão.*

PRAIA DOS TRES IRMÃOS *Faro - ver Portimão.*

QUARTEIRA *Faro* 733 U 5 – *16 129 h – Praia.*

Vila Sol (Vilamoura), Noroeste : 6 km 289 30 05 01 Fax 289 31 64 99 – Laguna Golf Course (Vilamoura), Noroeste : 6 km 289 31 01 80 Fax 289 31 01 83 – Pinhal Golf Course (Vilamoura), Noroeste : 6 km 289 31 03 90 Fax 289 31 03 93.

Praça do Mar 8125-156 289 38 92 09.

Lisboa 308 – Faro 22.

Claudiana, Rua Torre de Água, 8125-504, 289 30 03 40, *claudiana@oninet.pt, Fax 289 30 03 41,* –
Refeição - só clientes, só jantar – **24 qto.**
• Hotel de simples organização, situado numa zona residencial. Possui quartos funcionais de suficiente conforto, a metade deles com casas de banho completas.

Alphonso's, Rua Abertura Mar, 8125-100, 289 31 46 14, – . AE VISA.
fechado sábado no inverno – **Refeição** lista 18 a 27.
• Casa assentada que deve a sua aceitação a uma direcção muito profissional. Refeitório simples com profusão de madeira onde se oferece uma ementa completa e equilibrada.

em Vilamoura :

Tivoli Marinotel, Oeste : 3,5 km, 8125-901 Quarteira, 289 30 33 03, *marinotel@mail.telepac.pt, Fax 289 30 33 45,* – – 25/1200
372 qto – 21 suites.
• Magnífico hotel de grande capacidade e múltiplas prestações que possui um excelente equipamento e um conforto actual. Dispõe também dum edifício exclusivo para congressos. O restaurante, Grill Sirius, oferece um elegante ambiente e um grande profissionalismo.

Vila Galé Marina, Oeste : 3 km, 8125-401 Quarteira, 289 30 00 00, *marina@vilagale.pt, Fax 289 30 00 50,* – – 25/90. AE VISA.
Refeição - só jantar - 20 – **229 qto** 152/190 – 14 suites.
• A sua reduzida zona social está compensada pelos quartos de notável tamanho, realçados com um mobiliário de ar marinheiro. Grande actividade de grupos. Restaurante informal que combina a ementa e o buffet.

Willie's, Rua do Brasil 2 - Área do Pinhal Golf Course - Noroeste : 6 km, 8125 Quarteira, 289 38 08 49, *Fax 289 38 06 84,* – . AE VISA.
fechado 10 janeiro-10 fevereiro e 4ª feira – **Refeição** - só jantar - lista 41 a 57.
• Situado numa elegante urbanização junto a um campo de golfe. Possui duas esplanadas e um refeitório tipo bistrot, com bar de apoio e belo salão. Esmerado serviço de mesa.

Pier One, Cais da Esperança - Clube Naútico - Oeste : 4 km, 8125 Quarteira, 289 32 27 34, *pier.one@clix.pt, Fax 289 38 00 43,* –
Refeição - só jantar.
• Atractivo edifício de ar colonial dotado dum espaçoso bar com lareira ao rés-do-chão e um cuidado refeitório com esplanada estilo varanda no 1º andar.

QUATRO ÁGUAS *Faro* – *ver Tavira.*

QUELUZ *Lisboa* 733 P 2 – *48 860 h alt. 125.*

Ver : *Palácio Nacional de Queluz★★ (sala do trono★) – Jardins do Palácio (escada dos Leões★)*

Lisboa 15 – Sintra 15.

Pousada de D. Maria I, Largo do Palácio, 2745-191, 21 435 61 58, *guest@pousadas.pt, Fax 21 435 61 89* – – 25/60. AE VISA JCB.
Refeição - ver rest. ***Cozinha Velha*** – **24 qto** 182/195 – 2 suites.
• Magnífico palacete de fachada clássica que forma parte dum interessante conjunto histórico. Interior elegante, cujo estilo e decoração homenageiam à rainha Maria I.

Cozinha Velha - *Hotel Pousada de D. Maria I,* Largo do Palácio, 2745-191, 21 435 61 58, *guest@pousadas.pt, Fax 21 435 61 89,* – . AE VISA JCB.
Refeição lista aprox. 40.
• Instalado nas antigas cozinhas do palácio, ainda conserva o calor de outros tempos. Agradável sítio cuja disposição rectangular respeitou a estrutura original.

em Tercena *Oeste : 4 km :*

O Parreirinha, Av. Santo António 5, ✉ 2745-659 Barcarena, ☎ 21 437 93 11, *Fax 21 439 33 30* – ▤. AE ⓓ ⓜ VISA. ✂
fechado agosto, domingo e feriados – **Refeição** lista aprox. 25.
◆ Casa ao rés-do-chão situada fora da localidade. Negócio familiar dotado de dois simples refeitórios, onde se oferece uma ementa sábia em peixes com preços moderados.

QUINTA DO ANJO *Setúbal – ver Palmela.*

QUINTA DO LAGO *Faro – ver Almancil.*

QUINTELA DE AZURARA *Viseu* 733 K 6 – *580 h.*

Lisboa 299 – Guarda 64 – Viseu 21.

Casa de Quintela ⑤, ✉ 3530-334, ☎ 232 62 29 36, *Fax 232 61 84 56*, ⛱, ⚘, ✂ – P. ✂
Refeição - só clientes a pedido - 20 – **5 qto** ▭ 60/75 – 1 suite.
◆ Conjunto em pedra do séc. XVII dotado dum rico mobiliário. As dependências possuem certo encanto, com tectos em madeira e um cálido conforto. Refeitório familiar de uso privado.

REDONDO *Évora* 733 Q 7 – *6 015 h alt. 306.*

Lisboa 179 – Badajoz 69 – Estremoz 27 – Évora 34.

O Barro, Rua D. Arnilda e Eliezer Kamenezky 44, ✉ 7170-062, ☎ 266 90 98 99 – ▤. AE ⓓ ⓜ VISA. ✂
fechado do 9 ao 25 de agosto, do 9 ao 25 de novembro, domingo noite e 2ª feira – **Refeição** lista 24 a 30.
◆ Atractivo embora de reduzida capacidade. Conta com uma minúscula sala à entrada e outra mais confortável a diferente altura, de estilo rústico-regional e com o tecto em madeira.

em Aldeia da Serra *Norte : 10 km :*

Convento de São Paulo ⑤, Estrada N 381, ✉ 7170-120 Redondo, ☎ 266 98 91 60, *hotelconvspaulo@mail.telepac.pt, Fax 266 98 91 67*, ←, ⛱, ⚘, ✂ – |♦| ▤ TV & P – 🏛 25/110. AE ⓓ ⓜ VISA. ✂
Refeição lista 25 a 33 – **24 qto** ▭ 175/190 – 8 suites.
◆ Compartilha o silêncio próprio dum convento. Linha sóbria, exteriores atractivos e uma zona social de carácter histórico com corredores vestidos por azulejos do s. XVIII. O mobiliário nobre e os azulejos antigos recriam um refeitório de serena austeridade.

REGUENGOS DE MONSARAZ *Évora* 733 Q 7 – *7 070 h.*

Lisboa 169 – Badajoz 94 – Beja 85 – Évora 39 – Portalegre 124.

Província, Estrada de Évora N 256, ✉ 7200-999 apartado 54, ☎ 266 50 80 70, *geral@hotel-provincia.com, Fax 266 50 80 71*, Fō, ⛱, ⚘ – |♦| ▤ TV ☏ & P. AE ⓓ ⓜ VISA JCB. ✂
Refeição - só jantar - 15 – **23 qto** ▭ 105/120.
◆ Magnífico hotel de estilo alentejano dotado com elegantes instalações de ar regional e uns cuidados exteriores. Os seus quartos possuem mobiliário antigo e de forja. Luminoso restaurante presidido por uma lareira e com o tecto abobadado em tijolo.

ao Sudeste : *6 km :*

Herdade do Esporão, ✉ 7200-999 apartado 31, ☎ 266 50 92 80, *enotur@esporao.com, Fax 266 51 97 53*, 🍽 – ▤ P. AE ⓓ ⓜ VISA. ✂
fechado do 1 ao 7 de agosto – **Refeição** - só almoço - lista 25 a 35.
◆ Conjunto regional numa extensa área de vinhedos ; barragem ao fundo. A esplanada e os agradáveis salões constituem um convite ao desfrute de algum vinho da sua afamada adega.

RIBEIRA DE SÃO JOÃO *Santarém – ver Rio Maior.*

Se deseja ampliar a informação relativa aos preços indicados nesta guia, consulte as páginas explicativas.

RIO MAIOR *Santarém* 733 N 3 – *11 532 h.*

Lisboa 77 – Leiria 50 – Santarém 31.

RM sem rest, Rua Dr. Francisco Barbosa, ✉ 2040-247, ✆ 243 99 60 87, *Fax 243 99 60 88* – .
36 qto 35/50.
◆ Apesar do seu aspecto um tanto desfasado, possui um conforto geral muito válido. Hotelzinho central dotado de quartos espaçosos e aconchegantes, mas sóbrios em decoração.

Casa do Foral sem rest, Rua da Boavista 10, ✉ 2040-302, ✆ 243 99 26 10, *moinhoforal@hotmail.com, Fax 243 99 26 11,* – . VISA
8 qto 48/65.
◆ Casa rústica do séc. XIX de localização central. Conserva no seu interior belos azulejos do séc. XVIII. Exteriores de grande atractivo, cuidado salão social e correctos quartos.

no Alto da Serra *Noroeste : 4,5 km :*

Cantinho da Serra, Antiga Estrada N 1, ✉ 2040-200 Rio Maior, ✆ 243 99 13 67, *Fax 243 99 12 69* – . AE VISA.
fechado julho e 2ª feira – **Refeição** lista aprox. 25.
◆ Decoração típica realçada com detalhes regionais. Afamado na zona por sua cozinha baseada em produtos de qualidade. Atendido por uma brigada amável e detalhista.

em Ribeira de São João *Sudeste : 7,5 km :*

Quinta da Ferraria , Estrada N 114, ✉ 2040-511 Ribeira de São João, ✆ 243 94 50 01, *quinta.ferrara@mail.telepac.pt, Fax 243 94 56 96,* , – – 25/200. AE VISA.
Refeição 21,50 – **12 qto** 83/99 – 2 apartamentos.
◆ Cálidas instalações situadas num velho moinho de água. Como complemento oferece uma variada oferta lúdica, com um interessante museu de alfaias agrícolas.

em Outeiro da Cortiçada *Este : 14 km :*

Quinta da Cortiçada , ✉ 2040-174 Outeiro da Cortiçada, ✆ 243 47 00 00, *quinta.corticada@mail.telepac.pt, Fax 243 47 00 09,* , , – – 25/120. AE VISA.
Refeição 21,50 – **9 qto** 100,70/113.
◆ Antiga casa senhorial convertida num encantador hotel de turismo rural. A sua privilegiada localização e as elegantes dependências lhe conferem uma atracção especial.

ROMEU *Bragança* 733 H 8 – *301 h.*

Lisboa 467 – Bragança 59 – Vila Real 85.

Maria Rita, Rua da Capela, ✉ 5370-620, ✆ 278 93 91 34, *Fax 278 93 91 34* – . VISA
fechado 2ª feira e 4ª feira noite – **Refeição** lista 14 a 20.
◆ Uma casa muito cuidada, cálida e aconchegante, situada numa aldeia. Agradável decoração rústica, com muros de pedra e numerosos detalhes regionais. Preços contidos.

RUIVÃES *Braga* 733 G 5.

Lisboa 404 – Braga 49 – Porto 98.

Casa de Dentro (Capitão-Mor) sem rest, ✉ 4850-341 Vieira do Minho, ✆ 253 65 81 17, *casadedentro@clix.pt, Fax 253 65 81 17,* , , – – 25/200.
5 qto 50/62,50.
◆ De organização familiar, numa pequena quinta agrícola com sítios ajardinados e castanheiros. Possui um salão polivalente de estilo actual e quartos de ar rústico.

SABROSA *Vila Real* 733 I 7 – *1 189 h.*

Lisboa 419 – Braga 115 – Bragança 115 – Vila Real 20 – Viseu 114.

Quality Inn Sabrosa, Av. dos Combatentes da Grande Guerra 2, ✉ 5060-301, ✆ 259 93 02 40, *quality.douro@mail.telepac.pt, Fax 259 93 02 60,* – – 25/70. AE VISA.
Refeição 15 – **48 qto** 48/63 – 2 suites.
◆ Formado por um edifício moderno e outro mais antigo em pedra. A sua aconchegante zona social completa-se com quartos que apostam por uma linha actual e funcional. Correcto restaurante com mobiliário clássico.

SAGRES *Faro* 733 U 3 - *1 939 h - Praia.*

Arred. : Ponta de Sagres★★★ Sudoeste : 1,5 km - Cabo de São Vicente★★★ (≤★★).

Rua Comandante Matoso ✉ 8650-413 Vila do Bispo ☎ 282 62 48 73.

Lisboa 286 - Faro 113 - Lagos 33.

Pousada do Infante, ✉ 8650-385, ☎ 282 62 02 40, *guest@pousadas.pt, Fax 282 62 42 25,* ≤ falésias e mar, – TV P – 25/40. AE MC VISA JCB.

Refeição 26 – **51 qto** 178/190.

◆ O seu nome alude ao infante Dom Henrique, fundador da escola de navegação portuguesa. Após a recente reforma, os quartos simples melhoraram o seu conforto.

SANGALHOS *Aveiro* 733 K 4 - *4 350 h.*

Lisboa 234 - Aveiro 25 - Coimbra 32.

Estalagem Sangalhos, ✉ 3780-101, ☎ 234 74 36 48, *estalagemdesangalhos@sapo.pt, Fax 234 74 32 74,* ≤ vale e montanha, – TV P – 25/150. AE MC VISA.

Refeição 12 – **32 qto** 47,50/60.

◆ Situada numa zona de interesse paisagístico imersa no silêncio da natureza. Em resumo, um confortável recurso rural que destaca pela tranquila atmosfera. Espaçoso refeitório panorâmico aberto à toda a luz e cor do seu ambiente.

SANTA CATARINA DA FONTE DO BISPO *Faro* 733 U 6 - *2 085 h.*

Lisboa 273 - Faro 26 - Portimão 75.

na estrada N 270 *Este : 2 km :*

Quinta da Fonte do Bispo, Fonte do Bispo, ✉ 8800-161, ☎ 281 97 14 84, *info@qtfontebispo.com, Fax 281 97 17 14,* – TV P – 25/250.

Refeição - só clientes a pedido - 20 – **6 qto** 90.

◆ Situada em pleno campo, põe à sua disposição cuidadas instalações de estilo rústico num ambiente sossegado. Quartos com mobiliário em forja e duche.

SANTA CLARA-A-VELHA *Beja* 733 T 4 - *780 h.*

Lisboa 219 - Beja 110 - Faro 92 - Portimão 56 - Sines 86.

na barragem de Santa Clara *Este : 5,5 km :*

Pousada de Santa Clara, ✉ 7665-879, ☎ 283 88 22 50, *guest@pousadas.pt, Fax 283 88 24 02,* ≤ barragem e montanhas, – TV P. AE MC VISA JCB.

Refeição 26 – **18 qto** 143/155 – 1 suite.

◆ Pousada encravada numa interessante paisagem natural. Instalações actuais, destacando os quartos pelo seu equipamento, mobiliário e excelentes casas de banho.

SANTA CRUZ *Madeira - ver Madeira (Arquipélago da).*

SANTA CRUZ DA TRAPA *Viseu* 733 J 5 - *1 389 h.*

Lisboa 318 - Aveiro 76 - Viseu 31.

Quinta do Pendão, ✉ 3660-257, ☎ 232 79 95 39, *Fax 232 79 95 40,* – TV P. AE MC VISA.

Refeição - só clientes a pedido, só jantar - 25 – **22 qto** 50/60.

◆ O tipismo e a rusticidade definem estas instalações em pleno campo. Quatro dos seus quartos possuem lareira e todos possuem casas de banho completas. Refeitório privado.

SANTA LUZIA *Viana do Castelo - ver Viana do Castelo.*

Os nossos guias de hotéis, os nossos guias turísticos e os nossos mapas de estradas são complementares. Utilize-os conjuntamente.

O Guia MICHELIN muda, mude de guia todos os anos.

SANTA MARIA DA FEIRA *Aveiro* 733 J 4 – *11 040 h alt. 125.*

Ver : *Castelo*★.

Praça da República, ✉ 4520-909 apartado 135 ✆ 256 37 08 02 gab.turismo@ -feira.pt Fax 256 37 08 03.

Lisboa 291 – Aveiro 47 – Coimbra 91 – Porto 31.

Dos Lóios sem rest, Rua Dr. Antonio C. Ferreira Soares 2, ✉ 4520-214, ✆ 256 37 95 70, *info@residencialdosloios.com, Fax 256 37 95 79* – AE MC VISA.
32 qto 45/55 – 4 suites.
◆ Hotel de organização familiar, cujo interior alberga uma reduzida zona nobre compensada pelos amplos e confortáveis quartos, com casas de banho actuais.

Novacruz sem rest, Rua S. Paulo da Cruz, ✉ 4524-909 apartado 125, ✆ 256 37 14 00, *novacruz@oninet.pt, Fax 256 37 23 16* – P – 25/130. AE MC VISA
60 qto 60/70 – 5 suites.
◆ Situado fora da localidade, com uma linha clássica e funcional, dirigida a uma clientela de negócios. Quartos com mobiliário simples e o chão em alcatifa.

Adega Monhé, Rua Dr. Elísio de Castro 55, ✉ 4520-213, ✆ 256 37 54 12, *adega-mestiça@netvisao.pt, Fax 256 37 88 57* – AE MC VISA.
fechado do 2 ao 18 de janeiro e domingo – **Refeição** lista 22 a 33.
◆ Compensa a sua ambígua fachada com um interior moderno e actual, onde se aprecia a mão de um desenhador. Possui duas salas, a traseira mais luminosa e aberta ao exterior.

pela estrada N 223 *Oeste : 4 km :*

Ibis Porto Sul Europarque, Europarque, ✉ 4520-153, ✆ 256 33 25 07, *h1729@accor-hotels.com, Fax 256 33 25 09,* – qto, P – 25/60. AE MC VISA. rest
Refeição lista 17 a 19 – 5 – **63 qto** 49.
◆ Recurso discreto mas simpático, com o estilo próprio da cadeia. Materiais standard e quartos de escasso tamanho e simples decoração que resultam ser aconchegantes.

na estrada N 1 :

Feira Pedra Bela, Nordeste : 5 km, ✉ 4520-506, ✆ 256 91 03 50, *info@hotelpedrabela.com, Fax 256 91 03 51,* P. AE MC VISA.
Refeição - ver rest. ***Pedra Bela*** – **50 qto** 35/45.
◆ Estabelecimento familiar dirigido com amabilidade e orgulho, cujo interior alberga uma adequada zona nobre, quartos em processo de renovação e uma moderna piscina envidraçada.

Tigre com snack-bar, Lugar de Albarrada - São João de Ver, Nordeste : 5,5 km, ✉ 4520-602 São João de Ver, ✆ 256 31 22 04, *Fax 256 31 28 28* – P
Refeição - mariscos.
◆ Casa dirigida com dignidade ; ampla ementa de frutos do mar, peixes e carnes. Apesar de que a sua decoração acusa a passagem do tempo, a manutenção resulta ser impecável.

Pedra Bela - *Hotel Feira Pedra Bela,* Nordeste : 5 km, ✉ 4520-506, ✆ 256 91 13 38, *restaurante@hotelpedrabela.com, Fax 256 91 03 51* – P. AE MC VISA.
Refeição lista 14 a 25.
◆ Típico restaurante de estrada dirigido ao cliente que está de passagem. A sua acertada direcção, unida a uma brigada numerosa, garantem um serviço rápido e eficaz.

SANTA MARINHA DO ZÊZERE *Porto* 733 I 6 – *166 h.*

Lisboa 385 – Porto 81 – Viseu 94 – Vila Real 45 – Braga 83.

Casarão sem rest, Igreja, ✉ 4640-465, ✆ 254 88 21 77, *Fax 254 88 81 51,* vale do Douro, – P.
5 qto 50/65.
◆ Desfruta de excelentes vistas, dominando todo o Vale do Douro. Sala social com lareira, uma antiga cozinha em pedra e correctos quartos com os chãos em madeira.

SANTA MARTA DE PENAGUIÃO *Vila Real* 733 I 6 – *773 h.*

Lisboa 360 – Braga 99 – Porto 96 – Vila Real 17 – Viseu 74.

na estrada N 2 *Norte : 1 km :*

Casal Agrícola de Cevêr, Quinta do Pinheiro-Sarnadelo, ✉ 5030-569 Cevêr SMP, ✆ 254 81 12 74, *casalagricoladecever@casalagricoladecever.com, Fax 254 81 12 74,* – P – 25/80. AE MC VISA JCB
Refeição - só clientes a pedido - 27 – **5 qto** 67/80.
◆ O prazer do tradicional num ambiente gratificante e familiar, onde a cultura do vinho é o grande protagonista. A zona social possui um refeitório privado e correctos quartos.

SANTA MARTA DE PORTUZELO *Viana do Castelo – ver Viana do Castelo.*

SANTANA *Setúbal – ver Sesimbra.*

SANTARÉM P 733 O 3 – *28 669 h alt. 103.*

Ver : *Miradouro de São Bento★ ★ B – Igreja de São João de Alporão (Museu Arqueológico★) B – Igreja da Graça★ B.*

Arred. : *Alpiarça : Casa dos Pátudos★ (tapeçarias★, faianças e porcelanas★) 10 km por ②.*

Campo Infante da Câmara (Casa do Campino) ✉ 2000-014 ☎ 243 33 03 30 regiao.ribatejo@netc.pt Fax 243 33 03 40 e Rua Capelo Ivens 63 ✉ 2000-039 ☎ 243 30 44 37 turismo@cm-santarem.pt Fax 243 30 44 01.

Lisboa 78 ③ – Évora 115 ② – Faro 330 ② – Portalegre 158 ② – Setúbal 130 ③

SANTARÉM

1_ de Dezembro (R.) . . . . B 24
5 de Outubro (Av.) . . . . B 25
31 de Janeiro (R.) . . . . A 27
Alex Herculano (R.) . . . . A 3
Alf. de Santarém (R.) . . . . B 4
Braamcamp Freire (R.) . . . . B 6
Cândido dos Reis (Largo) . . . . . A 7
Capelo Ivens (R.) . . . . AB 9
G. de Azevedo (R.) . . . . A 10
João Afonso (R.) . . . . A 12
Miguel Bombarda (R.) . . . . B 13
Piedade (Largo da) . . . . A 15
São Martinho (R. de) . . . . B 16
Serpa Pinto (R.) . . . . AB
Teixeira Guedes (R.) . . . . A 18
Tenente Valadim (R.) . . . . B 19
Vasco da Gama (R.) . . . . A 21
Zeferino Brandão (R.) . . . . A 22

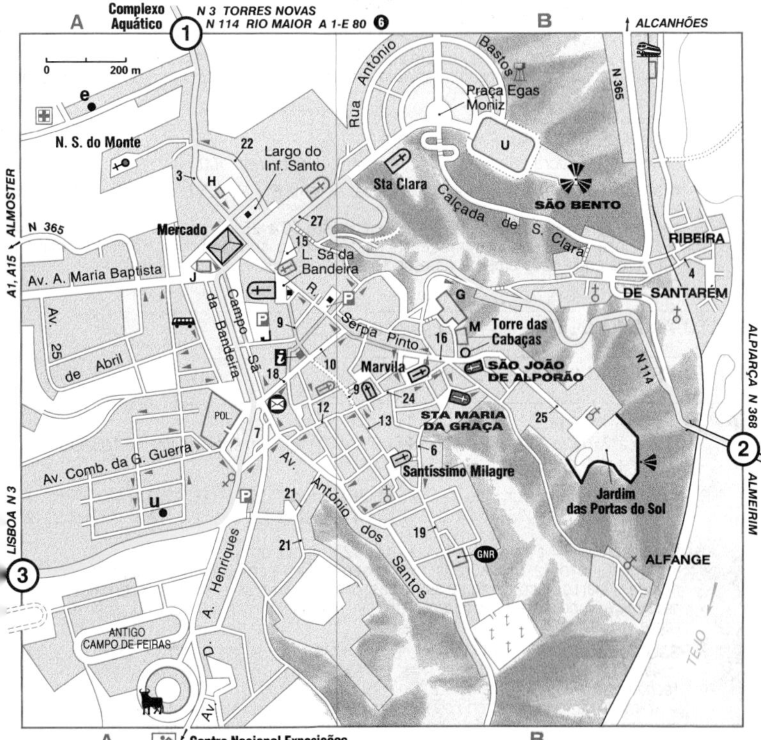

Corinthia Santarém H., Av. Madre Andaluz, ✉ 2000-210, ☎ 243 30 95 00, *marketing.corinthia@mail.telepac.pt, Fax 243 30 95 09,* ≤ vale e rio Tejo, – – 25/90. AE VISA JCB. por Av. D.A. Henriques A
Refeição 12,50 – **102 qto** 160/180 – 4 suites.
◆ Modernas instalações e uma localização excepcional, com o Tejo ao fundo. Quartos de completo equipamento e uma zona nobre decorada com certa austeridade.

Alfageme sem rest, Av. Bernardo Santareno 38, ✉ 2005-177, ☎ 243 37 08 70, *hotelalfageme@hotelalfageme.com, Fax 243 37 08 50* – 25/200. AE MC VISA. A e
67 qto 65/75.
• Hotel moderno e bem equipado, próximo a zona histórica. Hall-recepção de adequada montagem, quartos aconchegantes e um amplo salão para pequeno almoço.

Victoria sem rest, Rua Segundo Visconde de Santarém 21, ✉ 2005-365, ☎ 243 30 91 30, *Fax 243 32 82 02* – TV. A u
23 qto 35/60.
• De discreta mas atenta organização familiar. Possui quartos de distinto conforto que resultam correctos para a sua categoria.

SANTIAGO DO CACÉM *Setúbal 733 R 3 – 7 274 h alt. 225.*

Ver : *Á saida sul da Vila* ≤★.

Largo do Mercado ✉ 7540-135 ☎ 269 82 66 96 cmsc.bib@mail.telepac.pt Fax 269 82 94 98.

Lisboa 146 – Setúbal 98.

Albergaria D. Nuno sem rest, Av. D. Nuno Álvares Pereira 90, ✉ 7450-103, ☎ 269 82 33 25, *alb.d.nuno@mail.telepac.pt, Fax 269 82 33 28,* ≤, – TV P – 25/50. AE MC VISA.
75 qto 54/73.
• Instalações confortáveis com bom equipamento, numa zona residencial à saída da localidade. Quartos melhorados no respeitante à decoração, mas com casas de banho pouco modernas.

SANTIAGO DO ESCOURAL *Évora 733 Q 5.*

Lisboa 117 – Évora 28 – Setúbal 85 – Beja 86 – Santarém 100.

Manuel Azinheirinha, Rua Dr. Magalhães de Lima 81, ✉ 7050-556, ☎ 266 85 75 04 – .
fechado 2ª feira noite e 3ª feira – **Refeição** lista 20 a 25.
• Embora resulte muito modesto destaca pelo seu bom nível gastronómico, com uma equilibrada ementa de especialidades alentejanas e pratos tradicionais portugueses.

SANTO AMARO DE OEIRAS *Lisboa – ver Oeiras.*

SANTO ESTÊVÃO *Vila Real – ver Chaves.*

SANTO TIRSO *Porto 733 H 4 – 13 961 h alt. 75.*

Praça 25 Abril ✉ 4780-373 ☎ 252 83 04 00 gap@cm-stirso.pt Fax 252 85 65 34.

Lisboa 345 – Braga 29 – Porto 28.

Cidnay, Praça do Município, ✉ 4784-909 apartado 232, ☎ 252 85 93 00, *reservas@hotelcidnay.pt, Fax 252 85 93 20,* ≤, – TV – 25/175. AE MC VISA.
Refeição lista 24 a 30 – **66 qto** 101/122 – 2 suites.
• Concebido para oferecer o maior bem-estar, conjugando tradição e modernidade. Quartos aconchegantes, áreas comuns abertas e jardins interiores de ar tropical. A fundadora do convento de Santo Tirso, Dona Unisco, dá nome ao restaurante.

São Rosendo, Praça do Município 6, ✉ 4780-373, ☎ 252 85 30 54, *saorosendo@vizzavi.pt, Fax 252 85 30 54,* – . AE MC VISA.
fechado 2ª feira – **Refeição** lista 15 a 23.
• Afamado na zona. Refeitório clássico um pouco antiquado e de montagem algo reduzida mas confortável. Ementa de sabor tradicional que introduz pratos leves.

Escreva-nos...
Os seus elogios como tambem as suas criticas
serao examinados com toda a atencao.
Os nossos inspectores voltarao a ver
os hoteis e restaurantes que nos indicar.
Gracas a vossa colaboracao, este guia sera
sempre mais exacto e mais completo.
Anticipadamente gratos !

SÃO BRÁS DE ALPORTEL *Faro 733 U 6 – 10 032 h.*

Largo de S. Sebastião 23 ✉ 8150-107 ☎ 289 84 31 65 turismo.saobras@rtalgarve.pt.
Lisboa 293 – Faro 17 – Portimão 63.

na estrada N 2 *Norte : 2 km :*

Pousada de São Brás, Poço dos Ferreiros, ✉ 8150-054, ☎ 289 84 23 05, *guest@pousadas.pt, Fax 289 84 17 26,* ≤ cidade, campo e colinas, – P. AE VISA JCB.
Refeição 26 – **33 qto** 148/160.
◆ Complexo hoteleiro composto por um edifício principal e um anexo. A sua acertada reforma, baseada em critérios actuais, proporcionou uma linha alegre, moderna e confortável. O restaurante oferece uma impressionante vista do ambiente.

SÃO MANÇOS *Évora 733 Q 6 – 1 016 h.*

Lisboa 157 – Badajoz 123 – Beja 61 – Évora 23 – Portalegre 127.

Moagem, Rua Nova do Rossio 14, ✉ 7000-115, ☎ 266 72 22 00, *moagem@monfalimtur.pt, Fax 266 74 23 67* – .
fechado do 15 ao 31 de maio e 3ª feira – **Refeição** lista 14 a 18.
◆ Antigo moinho de farinha que conserva intacta a sua maquinaria. Possui um bar à entrada e duas salas de estilo rústico, com pormenores alentejanos.

SÃO MARTINHO DO PORTO *Leiria 733 N 2 – 2 644 h – Praia.*

Ver : ≤★.

Praça Engenheiro Federico Ulrich ✉ 2460-649 ☎ 262 98 91 10.
Lisboa 108 – Leiria 51 – Santarém 65.

SÃO MIGUEL DO OUTEIRO *Viseu 733 k 5 – 969 h.*

Lisboa 276 – Coimbra 72 – Viseu 15.

Casa do Terreiro de São Miguel sem rest, ✉ 3460-456, ☎ 232 95 11 27, *Fax 232 95 11 27,* – P.
5 qto 60/65.
◆ Conjunto do séc. XVIII com uma bela fachada. Alberga no seu interior modernas instalações, com quartos actualizados e casas de banho actuais.

SÃO PEDRO DE MOEL *Leiria 733 M 2 – 436 h – Praia.*

Lisboa 135 – Coimbra 79 – Leiria 22.

Brisamar, Rua Dr. Nicolau Bettencourt 23, ✉ 2430-496 Marinha Grande, ☎ 244 59 92 50, *brisamar@sapo.pt, Fax 244 59 95 80* – . VISA.
fechado do 5 ao 20 de janeiro e 2ª feira – **Refeição** lista 29 a 33.
◆ Refeitório de estilo actual disposto em duas salas anexas, que destaca pela esmerada limpeza. Pratica uma cozinha muito correcta baseada em especialidades do mar.

SÃO PEDRO DE SINTRA *Lisboa – ver Sintra.*

SÃO PEDRO DO SUL *Viseu 733 J 5 – 4 011 h alt. 169 – Termas.*

Largo dos Correios ✉ 3660-692 Várzea SPS ☎ 232 71 13 20.
Lisboa 321 – Aveiro 76 – Viseu 22.

nas termas *Sudoeste : 3 km :*

Do Parque, ✉ 3660-692 Várzea SPS, ☎ 232 72 34 61, *hotel.parque@clix.pt, Fax 232 72 30 47,* – P – 25/70. AE VISA.
Refeição 12 – **95 qto** 46,40/70 – 2 suites.
◆ Central e bem dirigido, com uma zona social um pouco limitada, apesar de que há previsão de amplá-a. Possui quartos de estilo actual, confortáveis e de completo equipamento. Moderno restaurante envidraçado onde oferecem uma pequena ementa.

Vouga, ✉ 3660-692 Várzea SPS, ☎ 232 72 30 63, *Fax 232 72 35 00,* ≤, – , rest, P.
Refeição 11 – **48 qto** 48/52,50.
◆ De organização familiar e construído em várias fases. Tem uma zona social com um bar actual, salão e recepção, mas o mais destacado é o conforto dos seus quartos. Refeitório muito luminoso graças às grandes janelas panorâmicas.

Aparthotel Vouga sem rest, Rua de Mendes Frazão, ✉ 3660-692 Várzea SPS, ☎ 232 72 85 02, *Fax 232 72 35 00* – |‡| ▤ TV ☏ ♿ 🚗. ✗
18 qto ☐ 58,50/65 – 2 apartamentos.
◆ Modernas instalações, dotadas de correctas zonas nobres e quartos funcionais de bom conforto, todos eles com uma pequena cozinha incorporada e a maioria com varanda.

Albergaria Nossa Senhora da Saúde ⛰, ✉ 3660-692 Várzea SPS, ☎ 232 72 03 80, *Fax 232 72 03 89*, ≤ – |‡| ▤ TV 🚗. AE VISA. ✗
fechado janeiro – **Refeição** 10 – ☐ 3,50 – **21 qto** 45/70.
◆ De atractiva fachada e situado na parte alta da cidade. Os seus espaçosos quartos possuem um mobiliário moderno e funcional, com solo alcatifado e boas casas de banho.

Adega da Ti Fernanda, Av. da Estação, ✉ 3660-692 Várzea SPS, ☎ 232 71 24 68, 🍽 – ▤. VISA. ✗
fechado janeiro e 2ª feira – **Refeição** lista 15 a 18.
◆ O seu tipismo e a cândida rusticidade recriam um ambiente decididamente aconchegante. Agradável refeitório com mesas um pouco apertadas compensado por uma esmerada manutenção.

SÃO ROMÃO *Guarda – ver Seia.*

SÃO VICENTE *Madeira – ver Madeira (Arquipélago da).*

SEIA *Guarda* 733 K 6 – *6 928 h alt. 532.*

Arred. : *Estrada★★ de Seia à Covilhã (≤★★, Torre★★, ≤★) 49 km.*

Rua Pintor Lucas Marrão ✉ 6270-513 ☎ 238 31 77 62 Fax 238 31 77 64.

Lisboa 303 – Guarda 69 – Viseu 45.

Camelo, Av. 1º de Maio 16, ✉ 6270-479, ☎ 238 31 01 00, *hotelcamelo@mail.telepac.pt, Fax 238 31 01 01*, ≤, ⛱ – |‡| ▤ TV P – 🏊 25/50. AE ⓓ ⓜ VISA. ✗
Refeição *(fechado domingo noite e 2ª feira)* 12 – **74 qto** ☐ 49/69 – 5 suites.
◆ Hotel central com instalações desportivas bem acondicionadas, suficiente zona nobre e confortáveis quartos de carácter funcional com casas de banho actuais. Restaurante rústico muito apreciado pelos clientes de passagem.

em São Romão *Sudoeste : 3 km :*

Casa das Tílias sem rest, ✉ 6270-257 São Romão SEI, ☎ 238 39 00 55, *casadastilias@tilias.com, Fax 238 39 01 23*, ⛱, 🌳 – TV P. ✗
fechado 15 setembro-15 outubro – **6 qto** ☐ 60/65.
◆ Casa de princípios do séc. XIX com mobiliário e decoração de época. Correcta zona social e esmerados quartos, a maioria com casas de banho com duche.

SEIXAS *Viana do Castelo – ver Caminha.*

SERRA DA ESTRELA *Castelo Branco* 733 K y L 7 – *Desportos de inverno ⛷3.*

Ver : *★ (Torre★★, ☀★★).*

Hotéis e restaurantes ver : **Covilhã, Penhas da Saúde.**

SERRA DE ÁGUA *Madeira – ver Madeira (Arquipélago da).*

SERRA D'EL-REI *Leiria* 733 N 2 – *1 377 h.*

18 Praia d'El-Rei : Nordeste : 7 km ☎ 262 90 50 05 Fax 262 90 50 09.

Lisboa 95 – Leiria 86 – Santarém 82.

Mar Azul sem rest, Largo da Igreja, ✉ 2525-810, ☎ 262 90 96 40, *marazul@netvisao.pt, Fax 262 83 16 69* – TV. AE ⓜ VISA. ✗
10 qto ☐ 45/65.
◆ Pequeno hotel tipo pensão com quartos simples, dispostas em dois andares. Hall-recepção unido a um refeitório-bar onde servem o pequeno almoço.

Quinta do Juncal ⛰ sem rest, Estrada N 114, ✉ 2525-801, ☎ 262 90 50 30, *quintadojuncal@hotmail.com, Fax 262 90 50 31*, ⛱, 🎾 – P. AE ⓓ ⓜ VISA
8 qto ☐ 54/60 – 3 apartamentos.
◆ Casa a modo de palacete situada numa grande quinta. Possui biblioteca, sala com lareira e quartos simples mas de suficiente conforto, com mobiliário em madeira e forja.

PORTUGAL

na Praia d'El-Rei *Nordeste : 7 km :*

Praia d'El-Rei Marriott ⛰, Av. D. Inês de Castro 1, ✉ 2510-451 Amoreira, ☎ 217 21 06 31, *info.pdr@marriott-pdr.com.pt, Fax 217 21 06 32,* ≤, ⛱, Fō, ⛸, ⛸, 18 – |‡| ≡ TV ☏ ♿ P – 🔔 25/250. AE ◑ MC VISA JCB. ✂

Romy *(só jantar, fechado domingo e 2ª feira)* **Refeição** lista 53 a 75 – **177 qto** ☕ 190/290 – 1 suite.

◆ Situado em frente ao mar, numa área residencial com campo de golfe. Oferece quartos amplos e luminosos, com mobiliário clássico de qualidade e nalgum caso pormenores de luxo.

SERTÃ *Castelo Branco* 733 M 5 – *5 499 h.*

Lisboa 248 – Castelo Branco 72 – Coimbra 86.

Lar Verde sem rest, Recta do Pinhal, ✉ 6100-751, ☎ 274 60 35 84, *lar.verde@clix.pt, Fax 274 60 30 95,* ≤, ⛸ – ≡ TV P. AE ◑ MC VISA. ✂

22 qto ☕ 40/55.

◆ Estabelecimento de agradável quotidianidade e impecável manutenção, cujo interior alberga quartos amplos e bem equipados com casas de banho actuais.

Pontevelha, Alameda da Carvalha, ✉ 6100-730, ☎ 274 60 01 60, *pontevelha@s-m.pt, Fax 274 60 01 69,* ≤ – ≡. AE ◑ MC VISA JCB. ✂

fechado 2ª feira – **Refeição** lista 16 a 18.

◆ Espaçoso refeitório panorâmico com vistas à imensidão do seu ambiente, com uma atractiva grelha à vista e uma grande sala para banquetes. Saborosa cozinha de corte tradicional.

Santo Amaro, Rua Bombeiros Voluntários, ✉ 6100-730, ☎ 274 60 41 15, *santoamaro@s-m.pt, Fax 274 60 01 69* – ≡. AE ◑ MC VISA. ✂

fechado 4ª feira – **Refeição** lista 16 a 18.

◆ Ressalta desde o exterior pela sua ampla janela de desenho moderno, onde se encontra a cafetaria. Refeitório de cuidada montagem e ambiente clássico, com uma atenta brigada.

SESIMBRA *Setúbal* 733 Q 2 – *5 793 h – Praia.*

Ver : *Porto*★.

Arred. : *Castelo* ≤★ *Noroeste : 6 km – Cabo Espichel*★ *(sítio*★*) Oeste : 15 km – Serra da Arrábida*★ *(Portinho de Arrábida*★*, Estrada de Escarpa*★★*) Este : 30 km.*

Largo da Marinha 26-27 ✉ 2970-657 ☎ 21 228 85 40 pturismo@mun-sesimbra.pt Fax 21 228 82 65.

Lisboa 39 – Setúbal 26.

Do Mar ⛰, Rua General Humberto Delgado 10, ✉ 2970-628, ☎ 21 228 83 00, *hoteldomar@hoteldomar.pt, Fax 21 223 38 88,* ≤ mar, ⛸, ⛸, 🌳, 🎾 – |‡| ≡ TV ♿ P – 🔔 25/220. AE ◑ MC VISA. ✂

Refeição 19 – **166 qto** ☕ 126/160 – 2 suites.

◆ Conjunto em escalões, situado numa bela paisagem com árvores e piscina. Desfrute de instalações que, apesar de que não têm grandes luxos, oferecem um bom nível de conforto. Formoso refeitório onde os peixes e os frutos do mar compartilham o protagonismo.

Ribamar, Av. dos Náufragos 29, ✉ 2970-637, ☎ 21 223 48 53, *anthel.lda@clix.pt, Fax 21 223 43 17,* ⛱ – ≡. AE MC VISA. ✂

fechado dezembro – **Refeição** - peixes e mariscos - lista 28 a 34.

◆ Casa acreditada na zona onde oferecem um produto de boa qualidade. Refeitório moderno ambientado com detalhes marinheiros, cozinha à vista e agradável esplanada exterior.

em Santana *Norte : 3,5 km :*

Angelus, Praça Duques de Palmela 11, ✉ 2970-592 Sesimbra, ☎ 21 268 13 40, *restaurante.angelus@clix.pt, Fax 21 223 43 17* – ≡. AE MC VISA. ✂

Refeição lista 26 a 32.

◆ É um clássico na localidade, conservando um estilo neo-rústico que ainda continua vigente. As suas salas desfrutam de uma cuidada montagem, com os chãos em soalho flutuante.

SESMARIAS *Faro* – *ver Albufeira.*

As páginas explicativas da introdução ajudarão a tirar o máximo partido do seu ***Guia Michelin.***

SETÚBAL 🅿 733 Q 3 – 87 521 h.

Ver : *Castelo de São Felipe*★ (✻★) *por Rua São Filipe* AZ – *Igreja de Jesus*★ *(quadros*★*)* AY.

Arred. : *Serra da Arrábida*★ *(Estrada de Escarpa*★★*) por* ② – *Quinta da Bacalhoa*★ : *jardins (azulejos*★*) por* ③ : *12 km.*

para Tróia : Transtroia (Cais de Setúbal) ✆ *265 53 75 80.*

Rua de Santa Maria ✉ *2900-601* ✆ *265 53 42 22 Fax 265 53 44 02 e Travessa Frei Gaspar 10* ✉ *2901-388 apartado 73* ✆ *265 53 91 20 costa.azul@mail.telepac.pt Fax 265 53 91 28* – **A.C.P.** *Av. Bento Gonçalves 18 - A* ✉ *2910-431* ✆ *265 53 22 92 Fax 265 23 92 37.*

Lisboa 45 ① – *Badajoz 196* ① – *Beja 143* ① – *Évora 102* ① – *Santarém 130* ①

SETÚBAL

22 de Dezembro (Av.) .... **BY** 46
Alexandre Herculano (Av. de)............ **BY** 3
Almirante Reis (P. do)..... **AZ** 4
Almocreves (R. dos)...... **BZ** 6
Álvaro Castelões (R.)..... **BZ** 7
António Girão (R.)........ **BZ** 9
Arronches Junqueiro (R.) .. **BZ** 12
Augusto Cardoso (R. de) .. **BZ** 13
Bela Vista (Travessa da) ... **AZ** 15
Bocage (Pr. do).......... **BZ** 16
Bocage (R. do) .... **BZ** 18
Ciprestes (Estrada dos) ... **CY** 19
Clube Naval (R.) .... **AZ** 20
Combatentes da Grande Guerra (Av. dos)............ **AZ** 21
Defensores da República (Largo dos)........... **CZ** 22
Dr António J. Granjo (R.) .. **BZ** 24
Dr Paula Borba (R.) .... **BZ** 25
Exército (Pr. do).......... **BZ** 27
Machado dos Santos (Pr.) . **AZ** 31
Major Afonso Pala (R. do) . **BZ** 33
Mariano de Carvalho (Av.) . **BY** 34
Marquês da Costa (R.) .... **AZ** 36
Marquês de Pombal (Pr.) .. **AZ** 37
Mirante (R. do) .... **CY** 38
Ocidental do Mercado (R.) . **AZ** 39
Paulino de Oliveira (R. de) . **AZ** 40
República de Guiné-Bissau (Av.)................ **BY** 42
Santo António (Largo de) .. **BZ** 43
Tenente Valadim (R.)...... **AZ** 44
Trabalhadores do Mar (R. Dos) .... **AZ** 45

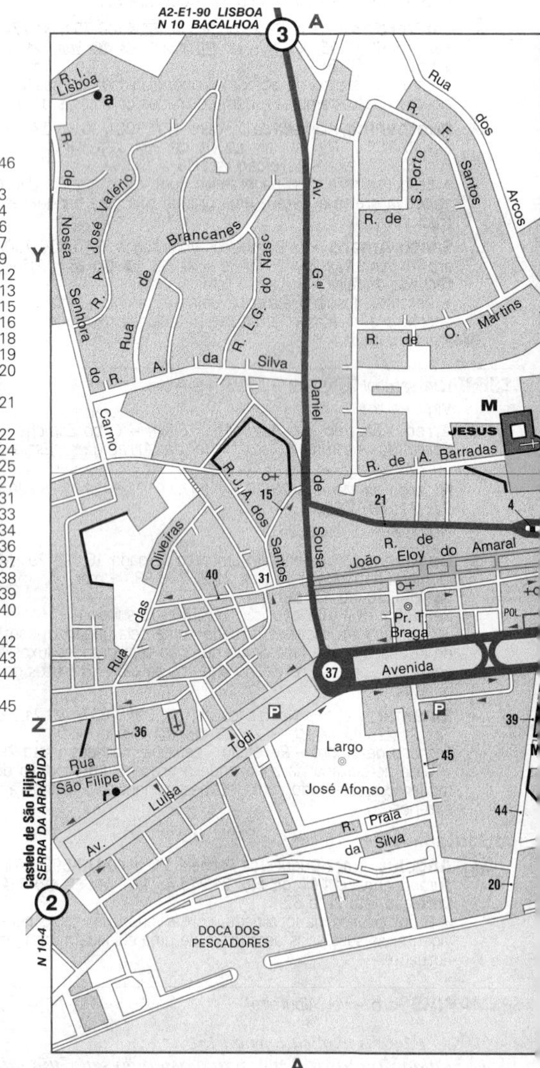

Estalagem do Sado, Irene Lisboa 1-3, ✉ 2900-028, ☎ 265 54 28 00, *estalagemdosado@clix.pt, Fax 265 54 28 28,* ≤ cidade e arredores – 25/300. AE VISA JCB. AY a
Refeição *(fechado domingo)* 25 – **57 qto** 90/110 – 9 suites.
◆ Instalado num antigo palacete que domina a cidade e os arredores. As suas amplas e elegantes dependências têm um equipamento de elevado nível. O restaurante, situado no último andar, oferece magníficas vistas.

Bonfim sem rest, Av. Alexandre Herculano 58, ✉ 2900-206, ☎ 265 55 07 00, *hotel.bonfim@mail.telepac.pt, Fax 265 53 48 58,* ≤ – – 25/130. AE VISA. BY b
100 qto 87/98.
◆ Boas instalações de linha actual junto a um belo parque. Quartos espaçosos de bom conforto e salão panorâmico no último andar.

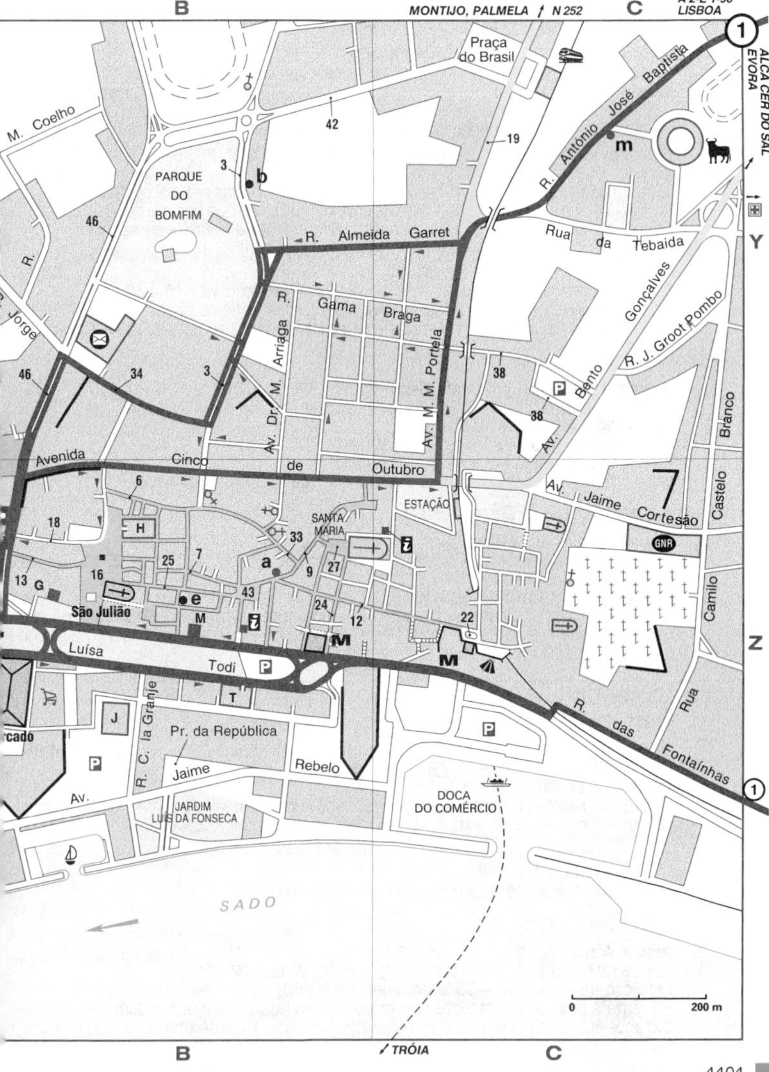

Isidro, Rua Professor Augusto Gomes 3, ✉ 2910-123, ☎ 265 53 50 99, *Fax 265 53 51 18* – |‡| ▤ TV ♿ – 🏛 25/75. AE ⓓ MC VISA por Av. Jaime Cortesão CZ
Refeição - ver rest. ***Isidro*** – **57 qto** ☐ 52/62 – 13 apartamentos.
• Um pouco afastado do centro. Possui quartos mobilados num estilo um pouco impessoal com casas de banho em mármore. O hall-recepção e o bar constituem a sua escassa área nobre.

Mar e Sol sem rest, Av. Luisa Todi 606-612, ✉ 2900-457, ☎ 265 53 46 03, *Fax 265 53 20 36* – |‡| TV – 🏛 25/30. MC VISA. ✗ AZ r
71 qto ☐ 38/50.
• Situado na avenida principal da localidade. Amplo espaço social ao rés-do-chão e quartos de idêntica ambientação e equipamento uniforme.

Bocage sem rest, Rua de São Cristóvão 14, ✉ 2900-611, ☎ 265 54 30 80, *residencial.bocage@iol.pt, Fax 265 54 30 89* – ▤ TV. AE ⓓ MC VISA JCB. ✗ BZ e
38 qto ☐ 35/50.
• Amável e de modesta organização, situado em pleno centro. Instalações bem cuidadas, distribuídas em dois edifícios, destacando os quartos pela sua intimidade.

Isidro - *Hotel Isidro*, Rua Professor Augusto Gomes 3, ✉ 2910-123, ☎ 265 53 50 99, *kyriadisidro@mail.telepac.pt, Fax 265 53 51 18* – ▤. AE MC VISA. ✗
Refeição lista aprox. 24. por Av. Jaime Cortesão CZ
• Situado junto ao hotel do mesmo nome, mas com funcionamento independente. Amplo refeitório de estilo um pouco impessoal onde servem uma ementa média.

El Toro, Rua António José Baptista 111, ✉ 2910-401, ☎ 265 52 49 95 – AE ⓓ MC VISA. ✗ CY m
fechado do 10 ao 25 de setembro e 4ª feira – **Refeição** - cozinha espanhola - lista 19 a 26.
• Junto à praça de toiros. Restaurante de cozinha espanhola que destaca pelos seus pratos típicos, como o polvo à galega ou a paelha. Boa ementa e clientela de negócios.

O Beco, Rua da Misericórdia 24, ✉ 2900-502, ☎ 265 52 46 17, *o_beco@hotmail.com, Fax 265 54 81 18* – ▤. AE ⓓ MC VISA. ✗ BZ a
fechado agosto, domingo noite e 3ª feira noite – **Refeição** lista 18 a 30.
• Casa de pasto de longa trajectória com o seu proprietário na direcção. Salas de estilo clássico-regional, um pouco desfasadas em decoração e uma ementa de sabor tradicional.

na estrada N 10 *por ①* :

Novotel Setúbal 🔇, Monte Belo - 2,5 km, ✉ 2910-509, ☎ 265 73 93 70, *h1557@accor-hotels.com, Fax 265 73 93 93*, 🌳, 🏊, 🎾 – |‡|, ✗ qto, ▤ TV ♿ P – 🏛 25/300. AE ⓓ MC VISA JCB. ✗ rest
Refeição lista aprox. 25 – ☐ 7,25 – **105 qto** 70.
• Ao mais puro estilo Novotel. Amplos quartos, jardim exterior e uma piscina catalogada pelos próprios clientes como uma das melhores da cadeia a nível europeu.

no Castelo de São Filipe *Oeste : 1,5 km* :

Pousada de São Filipe 🔇, ✉ 2900-300, ☎ 265 55 00 70, *guest@pousadas.pt, Fax 265 53 92 40*, ← Setúbal e Foz do Sado, 🌳 – ▤ TV P – 🏛 25/35. AE ⓓ MC VISA JCB. ✗ por Rua São Filipe AZ
Refeição 26 – **16 qto** ☐ 183/195.
• Pousada instalada dentro das muralhas duma antiga fortaleza, dominando o rio que banha a cidade e o istmo de Tróia. Decoração rústica e quartos com vistas. Refeitório panorâmico com uma atractiva esplanada no 1º andar.

SEVER DO VOUGA *Aveiro* 733 J 4 – *2 728 h.*

Lisboa 278 – Aveiro 40 – Coimbra 80 – Porto 67 – Viseu 63.

O Cortiço, sem rest, Rua do Matadouro, ✉ 3740-255, ☎ 234 55 54 80, *Fax 234 55 54 82*, ← – |‡| ▤ TV P. AE ⓓ MC VISA. ✗
21 qto ☐ 27,50/37,50 – 1 suite.
• Hotelzinho central com uma cálida zona social que inclui um salão para pequenos almoços. Confortáveis quartos de linha funcional, destacando os que possuem banho completo.

SILVEIRA *Lisboa* 733 O 1 – *6 496 h.*

Lisboa 64 – Leiria 118 – Santarém 90 – Setúbal 101.

na Praia Azul *Oeste : 3 km* :

Praia Azul 🔇, ✉ 2560-411 Silveira, ☎ 261 93 01 00, *htl.praiaazul@clix.pt, Fax 261 93 01 39*, ←, 🏊 – ▤ rest, TV P. AE MC VISA. ✗
Refeição 16 – ☐ 6,50 – **38 apartamentos** 60/80.
• Frente à praia. A sua recente construção aproveitou as instalações dum antigo hotel dos anos 60. Quartos com cozinha, como apartamentos T1. Restaurante situado num edifício independente.

SILVES *Faro* 733 U 4 – *10 768 h.*

Ver : *Castelo★ - Sé★.*

Lisboa 265 – Faro 62 – Lagos 33.

Colina dos Mouros, Pocinho Santo, ✉ 8300-999, ☎ 282 44 04 20, *Fax 282 44 04 26,* ←, ⛱, 🏊 – 🛗 ▤ 📺 ♿ 🅿 – 🏛 25/100. AE MC VISA. ✂
Refeição 12,50 – **57 qto** ☕ 70,80/80 – PA 20.
◆ Situado ao pé da estrada. Edifício de atractiva fachada e espaçosos quartos, cujas simples instalações são compensadas por um equipamento mais do que correcto.

pela estrada N 124 *Nordeste : 6 km :*

Quinta do Rio-Country Inn 🐦, Sítio de São Estévão, ✉ 8300-999 apartado 217, ☎ 282 44 55 28, *Fax 282 44 55 28* – 🅿. ✂
fechado do 15 ao 31 de dezembro – **Refeição** - só jantar, só clientes a pedido - 18 – **6 qto** ☕ 53.
◆ De agradável quotidianidade, propõe quartos muito discretos com cabeceiras de ferro forjado e casas de banho com duche. Esmerada manutenção.

SINES *Setúbal* 733 S 3 – *12 461 h – Praia.*

Arred. : *Santiago do Cacém ←★.*

Largo do Poeta Bocage (Castelo de Sines) ✉ 7520-152 ☎ 269 63 44 72 Fax 269 63 30 22.

Lisboa 165 – Beja 97 – Setúbal 117.

Albergaria Dom Vasco 🐦 sem rest, Rua do Parque, ✉ 7520-202, ☎ 269 63 09 60, *hotel@domvasco.com, Fax 269 63 09 70* – 🛗 ▤ 📺 ♿. AE ⓓ MC VISA JCB. ✂
27 qto ☕ 100/120.
◆ Descubra os seus exclusivos quartos de estilo personalizado, evocando pontos geográficos e personagens vinculadas à vida do navegante Vasco da Gama. Elegante zona nobre.

Aparthotel Sinerama sem rest, Rua Marquês de Pombal 110, ✉ 7520-227, ☎ 269 00 01 00, *sinerama@tdhotels.pt, Fax 269 00 01 99,* ← – 🛗 ▤ 📺 – 🏛 25/100. AE ⓓ MC VISA. ✂
105 apartamentos ☕ 75/80.
◆ Apartamentos T1 e quartos em estilo funcional com materiais simples mas bem equipados com casas de banho actuais. Uma correcta área social completa as suas instalações.

O Migas, Rua Pero de Alenquer 17, ✉ 7520-157, ☎ 269 63 67 67, *mazetinha@netvisco.pt, Fax 269 63 67 67* – ▤. AE ⓓ MC VISA JCB
fechado do 1 ao 15 de outubro e domingo – **Refeição** lista aprox. 28.
◆ Restaurante central e moderno, montado em dois níveis, oferece uma ementa surpreendente pelas inovadoras elaborações. Atendido pessoalmente pelo proprietário.

Para visitar uma cidade ou uma região :
*utilize os **Guias Verdes da Michelin**.*

SINTRA *Lisboa* 733 P 1 – *2 162 h alt. 200.*

Ver : *Localidade★★★ - Palácio Real★★ (azulejos★★, tecto★★)* Y – *Museu de Arte Moderna★* Y – *Museu do Brinquedo★* Z – *Quinta da Regaleira★ (estrada de Colares N 375)* Z.

Arred. : *Sul : Parque da Pena★★* Z, *Cruz Alta★★* Z, *Castelo dos Mouros★ (←★)* Z, *Palácio Nacional da Pena★★ ←★★* Z – *Parque de Monserrate★ Oeste : 3 km – Peninha ←★★ Sudoeste : 10 km – Azenhas do Mar★ (sítio★) 16 km por ① – Cabo da Roca★ 16 km por ①.*

Praça da República 23 ✉ 2710-616 ☎ 21 923 11 57 dtur@cm-sintra.pt Fax 21 923 87 87 e Estação da C.P. Av. Miguel Bombarda ✉ 2710-590 ☎ 21 924 16 23 Fax 21 924 16 23

Lisboa *28 ③ – Santarém 100 ③ – Setúbal 73 ③*

Planta página seguinte

Tivoli Sintra, Praça da República, ✉ 2710-616, ☎ 21 923 72 00, *htsintra@mail.telepac.pt, Fax 21 923 72 45,* ← – 🛗 ▤ 📺 ♿ 🚗 🅿 – 🏛 25/200. AE ⓓ MC VISA. ✂ Y d
Refeição lista 23 a 27 – **76 qto** ☕ 140/160.
◆ Hotel com suficiente conforto e correcta zona social. Equipados quartos de linha clássica, com um mobiliário que começa a acusar a passagem do tempo. Restaurante panorâmico com um esmerado serviço de mesa.

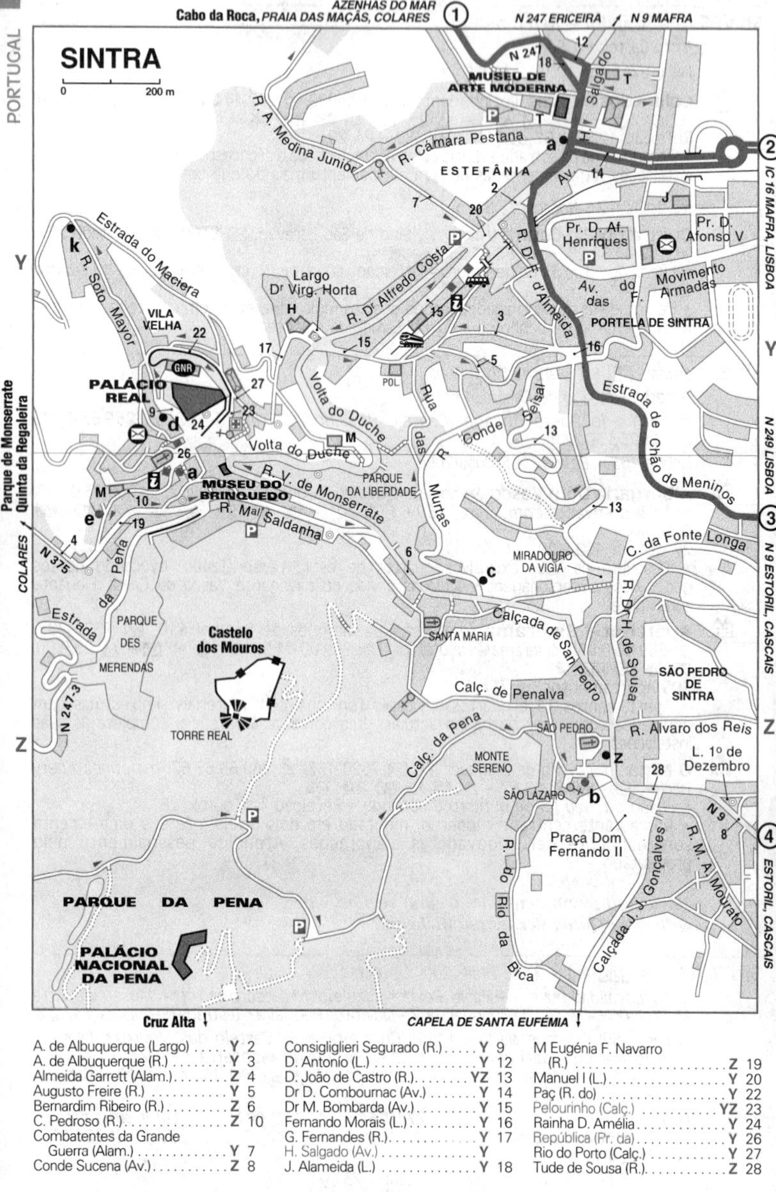

A. de Albuquerque (Largo) . . . . . **Y** 2	Consiglieri Segurado (R.) . . . . . **Y** 9	M Eugénia F. Navarro (R.) . . . . . **Z** 19
A. de Albuquerque (R.) . . . . . **Y** 3	D. António (L.) . . . . . **Y** 12	Manuel I (L.) . . . . . **Y** 20
Almeida Garrett (Alam.) . . . . . **Z** 4	D. João de Castro (R.) . . . . . **YZ** 13	Paç (R. do) . . . . . **Y** 22
Augusto Freire (R.) . . . . . **Y** 5	Dr D. Combournac (Av.) . . . . . **Y** 14	Pelourinho (Calç.) . . . . . **YZ** 23
Bernardim Ribeiro (R.) . . . . . **Z** 6	Dr M. Bombarda (Av.) . . . . . **Y** 15	Rainha D. Amélia . . . . . **Y** 24
C. Pedroso (R.) . . . . . **Z** 10	Fernando Morais (L.) . . . . . **Y** 16	República (Pr. da) . . . . . **Y** 26
Combatentes da Grande Guerra (Alam.) . . . . . **Y** 7	G. Fernandes (R.) . . . . . **Y** 17	Rio do Porto (Calç.) . . . . . **Y** 27
Conde Sucena (Av.) . . . . . **Z** 8	H. Salgado (Av.) . . . . . **Y**	Tude de Sousa (R.) . . . . . **Z** 28
	J. Alameida (L.) . . . . . **Y** 18	

Casa Miradouro sem rest, Rua Sotto Mayor 55, ✉ 2710-801, ☎ 21 910 71 00, *mail@casa-miradouro.com, Fax 21 924 18 36*, ← – AE MC VISA. Y k
fechado 9 janeiro-19 fevereiro – **6 qto** ☐ 112/126.
◆ Casa senhorial cuja reabilitação lhe proporcionou todo o imprescindível para o seu novo uso. Cálida zona social e quartos modestos mas dignos e com casa de banho completa.

Quinta das Murtas, Rua Eduardo Van Zeller 4, 2710-593, 21 924 62 76, *inquires@quinta-das-murtas.com, Fax 21 924 02 46*, biológica, - VISA. Z c
Refeição - só clientes a pedido, só buffet - 12 - **18 qto** 60/75 - 4 apartamentos.
◆ Atractivo edifício que foi casa de hóspedes no passado. Destacam o bonito salão social cuja decoração evoca o séc. XVIII e os agradáveis exteriores, com uma piscina biológica.

Lawrence's com qto, Rua Consiglieri Pedroso 38, 2710-550, 21 910 55 00, *lawrences_hotel@iol.pt, Fax 21 910 55 05*, - AE VISA. rest Z e
Refeição lista 41 a 58 - **16 qto** 225/290.
◆ Com a tradição de ser o mais antigo do lugar. Dirigido actualmente por holandeses, segue oferecendo um clima aconchegante. Os agradáveis quartos completam o negócio.

Tacho Real, Rua da Ferraria 4, 2710-555, 21 923 52 77, *Fax 21 923 09 69*, - AE VISA. Z a
fechado 4ª feira - **Refeição** lista 27 a 33.
◆ Decorado em estilo clássico, dispõe dum hall na entrada, bar de espera e um refeitório com grandes janelas e tecto abobadado em algumas partes.

em São Pedro de Sintra :

Estalagem Solar dos Mouros sem rest, Calçada de São Pedro 64, 2710-508 Sintra, 21 924 32 53, *Fax 21 923 32 16* - AE VISA JCB. Z z
7 qto 75/85 - 1 suite.
◆ O casal proprietário dirige este hotelzinho de atractiva fachada, propondo-nos quartos de escasso tamanho mas correctamente equipados. Esmerada manutenção.

Cantinho de S. Pedro, Praça D. Fernando II-18, 2710-483 Sintra, 21 923 02 67, *Fax 21 923 03 17* - AE VISA. Z b
Refeição lista 26 a 37.
◆ Situado numa animada praça com restaurantes e diversos comércios. Fachada de ar rústico, bar com mesas de estilo antigo e um refeitório de estilo regional em dois níveis.

na Estefânia :

Nova Sintra, Largo Afonso de Albuquerque 25, 2710-519 Sintra, 21 923 02 20, *reservas@novasintra.com, Fax 21 910 70 33*, - AE VISA. Y a
Refeição 14,50 - **9 qto** 50/80.
◆ Um recurso válido e simpático, situado numa antiga casa de ambiente familiar. Modestas instalações totalmente renovadas, destacando a sua agradável esplanada. Restaurante com certo encanto e cálida decoração.

na estrada de Colares Z *pela N 375 :*

Palácio de Seteais, Rua Barbosa du Bocage 8 - Oeste : 1,5 km, 2710-517, 21 923 32 00, *Fax 21 923 42 77*, campos em redor, - AE VISA.
Refeição 46 - **29 qto** 310/320 - 1 suite.
◆ Antigo palácio do séc. XVIII rodeado de jardins. Os seus quartos e os pequenos salões submergem-nos num fantástico ambiente de luxo e conforto. A decoração e o mobiliário do restaurante são testemunhas da elegância da época.

Quinta da Capela sem rest, Oeste : 4,5 km, 2710-502, 21 929 01 70, *quintadacapela@hotmail.com, Fax 21 929 34 25*, - AE VISA
7 qto 130/160 - 2 suites.
◆ Casa senhorial tipo quinta com um belo jardim. Interior com agradáveis quartos, personalizados em distintos estilos, e dois bungalows de similares características.

na estrada da Lagoa Azul-Malveira *por ④ : 7 km :*

Penha Longa H., 2714-511, 21 924 90 11, *resort@penhalonga.com, Fax 21 924 90 07*, campo de golfe e Serra de Sintra, 18 9 - - 25/280. AE VISA JCB.
Jardim Primavera* : Refeição** lista 58 a 69 - ***Midori *(rest. japonés, só jantar)* **Refeição** lista 54 a 67 - **160 qto** 390/410 - 17 suites.
◆ Belo complexo com monumentos históricos do séc. XV, integrado numa reserva natural. Dispõe também dum magnífico palacete com capela. Grande profissionalismo. Correcto refeitório realçado por uma agradável decoração em tons suaves.

SORTELHA *Guarda* 733 K 8 - *579 h.*
Lisboa 313 - Guarda 44 - Covilhã 33.

Casa da Cerca sem rest, Largo de Santo António, ✉ 6320-536, ☎ 271 38 81 13, *casadacerca@clix.pt, Fax 271 38 81 13,* - P.
6 qto 50/70.
• Edifício do séc. XVII em granito. Apesar de ter actualizado o interior, mantém um ar antigo no seu estilo e mobiliário. Quartos com o chão em madeira e casas de banho actuais.

SOUSEL *Portalegre* 733 P 6 - *2 145 h.*
Lisboa 185 - Badajoz 73 - Évora 63 - Portalegre 59.

ao **Sudoeste** : *3,5 km* :

Pousada de São Miguel, Estrada Particular, ✉ 7470-999 apartado 100, ☎ 268 55 00 50, *guest@pousadas.pt, Fax 268 55 11 55,* ← oliveiras, , - qto, P - 25/40. AE VISA JCB.
Refeição 26 - **28 qto** 143/155 - 4 suites.
• Na parte alta de uma colina e com vistas aos olivais da região. Zona social decorada com motivos cinegéticos e quartos de equipamento completo, todos com varanda. Refeitório tranquilo e sossegado, ao calor dum belo mobiliário.

TÁBUA *Coimbra* 733 K 5 - *3 035 h alt. 225.*
Lisboa 254 - Coimbra 52 - Viseu 47.

Turismo de Tábua sem rest, Rua Profesor Dr. Caeiro da Mata, ✉ 3420-335, ☎ 235 41 30 40, *geral@hoteltabua.com, Fax 235 41 31 66,* , - P. AE VISA
74 qto 40/60.
• Hotel de instalações funcionais situado em pleno centro. Quartos simples mas correctos com casas de banho completas e uma cafeteria frequentada por estudantes.

Se deseja ampliar a informação relativa aos preços indicados nesta guia, consulte as páginas explicativas.

TABUADELO *Braga* 733 H 5.
Lisboa 355 - Porto 49 - Braga 29.

Paço de São Cipriano sem rest, ✉ 4835-461, ☎ 253 56 53 37, *info@pacosc ipriano.com, Fax 253 56 58 89,* , - P. AE VISA.
7 qto 86/110.
• Magnífico paço do séc. XV rodeado de belos jardins e um floresta autóctone. O seu interior transporta-nos a outras épocas, destacando a alcova da torre, de autêntico sonho.

TAVIRA *Faro* 733 U 7 - *10 434 h - Praia.*
Ver : *Localidade*★.
Rua da Galeria 9 ✉ 8800-329 ☎ 281 32 25 11.
Lisboa 314 - Faro 30 - Huelva 72 - Lagos 111.

Vila Galé Tavira, Rua 4 de Outubro, ✉ 8800-362, ☎ 281 32 99 00, *tavira@vilagale.pt, Fax 281 32 99 50,* , , , - - 25/500. AE VISA.
Refeição 18 - **262 qto** 136,40/170,50 - 6 suites.
• Estabelecimento de linha moderna ao redor duma piscina central com jardim. Quartos funcionais, com mobiliário bem escolhido e casas de banho em mármore, e espaçosa zona nobre.

Convento de Santo António sem rest, Rua de Santo António 56, ✉ 8800-705, ☎ 281 32 15 73, *Fax 281 32 56 32,* , - AE.
março-novembro - **6 qto** 130/150 - 1 suite.
• Num antigo convento, mantém o encanto dos tempos antigos mas adaptado ao conforto actual. As suas aconchegantes dependências estão decoradas com detalhes de óptimo gosto.

Avenida, Av. Dr. Mateus T. de Azevedo 6, ✉ 8800-379, ☎ 281 32 11 13, - . AE VISA.
fechado maio e 3ª feira - **Refeição** lista 14 a 19.
• Pequeno restaurante de carácter familiar e modestas instalações, cuja eficiente organização e escolhida ementa permitem de novo a sua recomendação.

em Quatro Águas :

Vila Galé Albacora, Sul : 3 km, ✉ 8800, ☎ 281 38 08 00, *albacora@vilagale.pt, Fax 281 38 08 50*, – 120. AE VISA.
Refeição - buffet só jantar - 18 - ***Arraial*** *(só jantar, fechado 2ª feira e 3ª feira)* **Refeição** lista 22 a 32 – **161 qto** 148/186.
◆ Junto à ria, numa antiga aldeia de pescadores. O seu interior alberga uma capela e discretos quartos com casas de banho actuais distribuídas ao redor duma piscina. O seu refeitório oferece um variado buffet.

Portas do Mar, Sul : 2 km, ✉ 8800 Tavira, ☎ 281 32 12 55, – AE VISA.
fechado do 15 ao 30 de outubro e 3ª feira – **Refeição** - peixes e mariscos - lista 22 a 34.
◆ Casa especializada em peixes e frutos do mar que possui uma sala com mesas apertadas, compensada por uma decoração e um serviço de mesa muito cuidadoso. Eficiente direcção.

4 Águas, Sul : 2 km, ✉ 8800-602 Tavira, ☎ 281 32 53 29, *restaurant.quatroaguas@oninet.pt, Fax 281 32 53 96*, – AE VISA.
fechado janeiro e 2ª feira – **Refeição** - peixes e mariscos - lista 22 a 30.
◆ Bem organizado, oferece uma cozinha baseada na bondade dos seus produtos. Pequeno viveiro na entrada e um refeitório de correcta montagem com serviço de mesa em consonância.

TERENA *Évora* 733 Q 7 – *859 h.*

Lisboa 204 – Évora 56 – Badajoz 63 – Portalegre 94 – Setúbal 172.

Casa de Terena sem rest, Rua Direita 45, ✉ 7250-065, ☎ 268 45 91 32, *casadeterena@mail.telepac.pt, Fax 268 45 91 55* – VISA
fechado 15 dezembro-15 juneiro – **6 qto** 65/80.
◆ Casa integrada no centro histórico, a poucos metros do castelo. Tem uma decoração de ar regional e a maioria dos seus quartos possuem casas de banho completas.

TERCENA *Lisboa* – *ver Queluz.*

TERRUGEM *Portalegre* 733 P 7 – *1 231 h.*

Lisboa 193 – Badajoz 37 – Evora 73 – Portalegre 63 – Setubal 162.

A Bolota Castanha, Quinta das Janelas Verdes, ✉ 7350-491 Terrugem ELV, ☎ 268 65 61 18, *bolota.castanha@clix.pt, Fax 268 65 75 04*, campo – AE VISA.
fechado do 1 ao 7 de agosto e 2ª feira salvo feriados – **Refeição** lista 30 a 42.
◆ A experiência da sua proprietária garante o funcionamento desta cálida casa regional, cujas paredes albergam um refeitório aberto à beleza do campo alentejano.

TOLEDO *Lisboa* 733 O 2 – *415 h.*

Lisboa 69 – Peniche 26 – Torres Vedras 14.

O Pão Saloio, Rua Guerra Peninsular 27, ✉ 2530-782 Lourinha, ☎ 261 98 43 55, *Fax 261 98 47 32* –
fechado do 1 ao 15 de maio, do 1 ao 15 de outubro e 2ª feira – **Refeição** - grelhados - lista 18 a 26.
◆ Estabelecimento típico dirigido com dignidade. Cálida quotidianidade, esmerada manutenção e um agradável ambiente num estilo rústico bem cuidado.

TOMAR *Santarém* 733 N 4 – *15 764 h alt. 75.*

Ver : Convento de Cristo★★ : igreja★ (charola dos Templários★★) edifícios conventuais★ (janela★★★) – Igreja de São João Baptista (portal★).

Av. Dr. Cândido Madureira ✉ 2300-531 ☎ 249 32 24 27 turismo@cm-tomar.pt Fax 249 32 24 27.

Lisboa 145 – Leiria 45 – Santarém 65.

Dos Templários, Largo Cândido dos Reis 1, ✉ 2300-909 apartado 91, ☎ 249 31 01 00, *geral@hoteldostemplarios.pt, Fax 249 32 21 91*, – 25/600. AE VISA JCB.
Refeição lista aprox. 43 – **171 qto** 90,50/108,70 – 5 suites.
◆ As espaçosas instalações e um conforto actualizado fundem-se neste hotel, renovado com materiais de qualidade. Descubra o seu alegre interior e passe uma agradável estadia. Desfrute das belas vistas que lhe oferece o seu refeitório panorâmico.

Estalagem de Santa Iria, Parque do Mouchão, ✉ 2300-586, ☎ 249 31 33 26, *Estalagem.Iria@clix.pt, Fax 249 32 12 38* – TV P – 25/70. AE VISA.
Refeição lista 19 a 26 – **13 qto** 65/85 – 1 suite.
◆ Excelente localização num belo parque rodeado por um rio. Agradável conjunto com quartos agradáveis, decorados com mobiliário de qualidade standard.

Sinagoga sem rest, Rua Gil Avó 31, ✉ 2300-580, ☎ 249 32 30 83, *residencial.sinagoga@clix.pt, Fax 249 32 21 96* – TV. AE VISA JCB.
23 qto 33/49.
◆ A tranquilidade e o ambiente familiar são as notas características deste simples hotelzinho. Dispõe de quartos bem equipados e de uma modesta zona social.

Cavaleiros de Cristo sem rest, Rua Alexandre Herculano 7, ✉ 2300-554, ☎ 249 32 12 03, *residencialcavcristo@sapo.pt, Fax 249 32 11 92* – TV. AE VISA.
17 qto 35/49.
◆ Junto ao rio Nabão. Estabelecimento de reduzidas dimensões, que destaca pelo completo equipamento dos seus quartos. Boa manutenção e pessoal amável.

TONDELA *Viseu 733 K 5 – 4 002 h.*

Lisboa 271 – Coimbra 72 – Viseu 24.

S. José sem rest, Av. Francisco Sá Carneiro, ✉ 3460-523, ☎ 232 81 34 51, *Fax 232 81 34 42*, ←, – TV P – 25/200. AE VISA.
40 qto 45/53.
◆ Hotel situado nos arredores da localidade. No seu interior alberga uma agradável zona social e quartos bem cuidados com casas de banho actuais.

TORRÃO *Setúbal 733 R 5 – 2 758 h.*

Excurs. : *Viana do Alentejo (Igreja : portal★) 25 km a Nordeste.*

Lisboa 126 – Beja 51 – Évora 46 – Faro 168 – Setúbal 95.

ao Sudoeste *pela estrada N 5 : 13,6 km :*

Pousada de Vale do Gaio, junto da Barragem Trigo de Morais, ✉ 7595-034, ☎ 265 66 96 10, *guest@pousadas.pt, Fax 265 66 95 45*, ←, – TV P. AE VISA JCB.
Refeição 26 – **14 qto** 143/155.
◆ Um lugar para esquecer-se do mundanal ruído desfrutando do seu idílico ambiente natural. Solicite os quartos do 1º andar, com excelentes vistas sobre a barragem. Coqueto refeitório com uma agradável esplanada exterior.

TORRE DE MONCORVO *Bragança 733 I 8 – 3 033 h alt. 399.*

Ver : ←★ *desde a Estrada N 220.*

Travessa Campos Monteiro 21 (Casa da Roda) ✉ 5160-234 ☎ 279 25 22 89 Fax 279 20 02 40.

Lisboa 403 – Bragança 98 – Vila Real 109.

Brasília sem rest, Estrada N 220, ✉ 5160-220, ☎ 279 25 86 11, *hotelbrasilia@clix.pt, Fax 279 25 86 10*, – TV P. VISA
27 qto 30/50 – 2 suites.
◆ Hotel de simples organização familiar cuja linha, sem ser de actualidade, é ainda suficientemente vigente. Adequada zona social e quartos de correcto conforto.

TORREIRA *Aveiro 733 J 3 – 2 495 h – Praia.*

Av. Hintze Ribeiro 30 ✉ 3870-323 ☎ 234 83 82 50.

Lisboa 290 – Aveiro 42 – Porto 54.

na estrada N 327 *Sul : 5 km :*

Pousada da Ria, Bico do Muranzel, ✉ 3870-301, ☎ 234 86 01 80, *guest@pousadas.pt, Fax 234 83 83 33*, ← ria de Aveiro, – TV P – 25/50. AE VISA.
Refeição 26 – **19 qto** 148/165.
◆ Confortável Pousada que, além de instalações muito aconchegantes, tem uma encantadora esplanada sobre as águas em calma da ria. Quartos aconchegantes. A beleza dos seus arredores encontra eco num refeitório sereno e intimista.

TORRES NOVAS *Santarém* 733 N 4 – *11 815 h.*

Largo dos Combatentes 4-5 ✉ 2350-437 ✆ 249 81 30 19 gab.cmt@cm-torresnovas.pt Fax 249 81 16 96.

Lisboa 118 – Castelo Branco 138 – Leiria 52 – Portalegre 120 – Santarém 38.

Dos Cavaleiros sem rest com snack-bar, Praça 5 de Outubro, ✉ 2350-418, ✆ 249 81 93 70, *hotel-dos-cavaleiros@clix.pt, Fax 249 819 37 91* – VISA
60 qto 39,90/64,84.
◆ Estabelecimento de linha clássica que destaca pela sua atractiva fachada. Possui quartos de correcto conforto, com decoração e mobiliário modernos, e casas de banho standard.

TORRES VEDRAS *Lisboa* 733 O 2 – *15 518 h alt. 30 – Termas.*

Rua 9 de Abril ✉ 2560-301 ✆ 261 31 40 94 cmtv@cm-tvedras.pt Fax 261 33 66 60.

Lisboa 52 – Santarém 74 – Sintra 62.

Império Jardim, Praça 25 de Abril 17, ✉ 2560-285, ✆ 261 31 42 32, *reservas@imperio-online.com, Fax 261 32 19 01* – – 25/180. AE VISA.
Refeição 15 – **47 qto** 45/55.
◆ Confortável hotel situado no centro da localidade. A reduzida zona nobre é compensada pelos quartos amplos e funcionais, a maioria com casas de banho completas.

Dos Arcos sem rest, Bairro Arenes (Estrada do Cadaval), ✉ 2560-648, ✆ 261 31 24 89, *residencialarcos@hotmail.com, Fax 261 32 38 70* – – 25/40. AE VISA
28 qto 30/45.
◆ Pequeno estabelecimento de carácter familiar que tem quartos de suficiente conforto, um pouco sóbrios em decoração. Recurso válido e adequado à sua categoria.

São Pedro sem rest, Rua Mouzinho Albuquerque 2-G, ✉ 2560-354, ✆ 261 33 01 30, *Fax 261 33 01 35* – P. AE VISA.
18 qto 30/40.
◆ Uma gratificante quotidianidade impera em todos os lugares. Sem zonas públicas. Amplos quartos correctamente equipados. São de destacar os que possuem casa de banho completa.

em Paúl *pela estrada N 9 - Oeste : 3,5 km :*

Moínho do Paúl, Av. da Lapa 13, ✉ 2560-232 Torres Vedras, ✆ 261 32 36 96, *Fax 261 31 43 75* – P. AE VISA.
fechado do 15 ao 31 de agosto e 5ª feira – **Refeição** lista 17 a 19.
◆ A experiência da família proprietária acredita o seu bom fazer. Restaurante de simples montagem e impecável manutenção que oferece uma discreta ementa.

em Gibraltar *na estrada N 9 - Oeste : 5,5 km :*

Páteo da Figueira sem rest, ✉ 2560-122 Ponte do Rol, ✆ 261 33 22 64, *pateodafigueira@mail.telepac.pt, Fax 261 33 22 65* – P. AE VISA
20 qto 40/50.
◆ Edifício moderno cuja arquitectura segue os ditados da tradição. Discreta organização e quartos de estilo clássico, cálidos e confortáveis.

TRANCOSO *Guarda* 733 J 7 – *2 209 h.*

Lisboa 351 – Coimbra 145 – Guarda 45 – Viseu 71.

Área Benta, Rua dos Cavaleiros 30-A, ✉ 6420-040, ✆ 271 81 71 80, *areabenta@mail.pt* – VISA.
fechado do 1 ao 7 de setembro e 2ª feira – **Refeição** lista 19 a 23.
◆ Aconchegante casa de pedra com um bar de apoio com exposição de quadros ao rés-do-chão e duas salas de ar neo-rústico no 1º andar.

TROFA *Porto* 733 H 4 – *13 914 h.*

Lisboa 330 – Amarante 73 – Braga 26 – Porto 28.

na estrada N 104 *Este : 3,5 km :*

A Cêpa com qto, Abelheira, ✉ 4785-124, ✆ 252 41 34 77, *restaurante.cepa@clix.pt, Fax 252 41 65 65,* – rest, AE VISA
Refeição *(fechado sábado e domingo)* lista 18 a 25 – 2,50 – **9 qto** 19/24.
◆ O adequado serviço de mesa e o amável atendimento familiar compensam a decoração pouco actual do refeitório. Completa a sua oferta com modestos quartos.

na autoestrada A 3 *Sul : 14 km :*

Ibis Porto Norte sem rest, Área de Serviço Santo Tirso, ✉ 4745-457 S. Mameda do Coronado, ☎ 22 982 50 00, *h1635@accor-hotels.com, Fax 22 982 50 01* – qto, TV P. AE VISA
5 – **61 qto** 50.
• Ideal para uma noite em rota. Clássico hotel de cadeia, com instalações funcionais, que é muito válido devido à boa manutenção e aos preços comedidos.

VAGOS *Aveiro 733 K 3 – 4 010 h.*

Lisboa 233 – Aveiro 12 – Coimbra 43.

Santiago sem rest, Rua Padre Vicente Maria da Rocha 20, ✉ 3840-453, ☎ 234 79 37 86, *hotuvagos@netc.pt, Fax 234 79 81 79* – TV. AE VISA.
21 qto 39/50.
• Estabelecimento de discretas instalações, com o equipamento imprescindível para cumprir com as necessidades básicas do conforto. Esmerada manutenção.

VALADO DOS FRADES *Leiria 733 N 2 – 3 308 h.*

Lisboa 119 – Leiria 39 – Santarém 74.

Quinta do Campo sem rest, Rua Carlos O'Neill 20, ✉ 2450-801 apartado 48, ☎ 262 57 71 35, *quintadocampo@mail.telepac.pt, Fax 262 57 75 55*, – P – 25/700. VISA.
8 qto 90/100 – 7 apartamentos.
• Conjunto senhorial com os edifícios ao redor dum pátio. A casa principal conserva uma antiga biblioteca, salões e quartos, deixando os anexos para os apartamentos T1.

VALE DE AREIA *Faro – ver Ferragudo.*

VALE DO GARRÃO *Faro – ver Almancil*

VALE DO LOBO *Faro – ver Almancil.*

VALE FORMOSO *Faro – ver Almancil*

VALENÇA DO MINHO *Viana do Castelo 733 F 4 – 3 106 h alt. 72.*

Ver : *Vila Fortificada★ (←★).*
Arred. : *Monte do Faro★★ (✻★★) Este : 7 km e 10 mn. a pé.*
Av. de Espanha ✉ 4930-677 ☎ 251 82 33 29 Fax 251 82 33 74.
Lisboa 440 – Braga 88 – Porto 122 – Viana do Castelo 52.

Valença do Minho, Av. Miguel Dantas, ✉ 4930-678, ☎ 251 82 41 44, *Fax 251 82 43 21*, – TV P – 25/90. AE VISA.
Refeição 7 – **33 qto** 35/50 – 3 suites.
• Hotel de carácter funcional situado numa saída da localidade. Zona social bem disposta e quartos grandes, embora estejam a ficar algo antiquados. Simpático restaurante cuja estructura envidraçada recria um interior alegre e luminoso.

Mané, Av. Miguel Dantas 5, ✉ 4930-678, ☎ 251 82 34 02, *manevalenca@clix.pt, Fax 251 82 34 43* – . AE VISA.
fechado janeiro e 2ª feira – **Refeição** lista 20 a 31.
• Negócio familiar com duas salas funcionais de linha clássica e um balcão de apoio. Resultam destacáveis a sua ementa de vinhos e a correcta elaboração de pratos tradicionais.

dentro das muralhas :

Pousada do São Teotónio, Baluarte do Socorro, ✉ 4930-619, ☎ 251 80 02 60, *guest@pousadas.pt, Fax 251 82 43 97*, ← vale do Minho, Tui e montanhas de Espanha – TV. AE VISA JCB.
Refeição 26 – **18 qto** 138/150.
• Situado numa das extremidades da muralha, oferece-nos uma privilegiada vista panorâmica sobre as águas do Minho. Actualizado e bem dirigido, possui um completo equipamento. Luminoso refeitório envidraçado, com o tecto em madeira.

Casa do Poço , Travessa da Gaviarra 4, ✉ 4930-758, ☎ 251 82 52 35, *ECKERLEP hilippe@aol.com, Fax 251 82 54 69* – TV. AE. rest
fechado 5 janeiro-5 fevereiro – **Refeição** - só clientes a pedido, só jantar - 25 – **6 suites** 100/120.
• Casa do séc. XVI magnificamente restaurada, destacando a belíssima fachada e a galeria posterior. O mobiliário bem escolhido e o ambiente elegante impregnam todos os quartos.

Fortaleza, Rua Apolinário da Fonseca 5, ✉ 4930-706, ☎ 251 82 31 46, *Fax 251 82 54 62*, – . AE VISA.
fechado janeiro e 2ª feira – **Refeição** lista 22 a 30.
• Casa assentada na zona e bem dirigida pelo casal proprietário. O seu impecável aspecto e uma decoração simples mas actual conformam um ambiente cálido e aconchegante.

VALPAÇOS *Vila Real* 733 H 8 – *4 421 h.*

Lisboa 471 – Bragança 72 – Porto 167 – Vila Real 72.

Comfort Inn Valpaços sem rest, Rua Heróis do Ultramar, ✉ 5430-476, ☎ 278 71 01 70, *hotelvalpaços@vizzavi.pt, Fax 278 71 35 25* – TV – 25/200. AE VISA. – **40 qto** 40/50.
• Conjunto moderno, alegre e funcional, com zonas comuns um pouco pequenas mas detalhistas. Possui confortáveis quartos de estilo actual, muito correctos na sua categoria.

VIANA DO CASTELO P 733 G 3 – *28 725 h – Praia.*

Ver : *O Bairro Antigo★* B : *Praça da República★* B – *Hospital da Misericórdia★* B- *Museu Municipal★ (azulejos★★, faianças portuguesas★)* A **M.**

Arred. : *Monte de Santa Luzia★★, Basílica de Santa Luzia ★★ Norte : 6 km.*

Rua do Hospital Velho ✉ 4900-540 ☎ 258 82 26 20 Fax 258 82 78 73.

Lisboa 388 ② – Braga 53 ② – Ourense 154 ③ – Porto 74 ② – Vigo 83 ③

VIANA DO CASTELO

Bandeira (R. da) . . . . B
Cândido dos Reis (R.) . . . . B 3
Capitão Gaspar de Castro (R.) . . . . B 4
Carmo (R. do) . . . . B 6
Combatentes da Grande Guerra (Av. dos) . . . . AB 7
Conde da Carreira (Av. da) . . . . A 9
Dom Afonso III (Av.) . . . . B 10
Gago Coutinho (R. de) . . . . B 12
Humberto Delgado (Av.) . . . . . . A 13
João Tomás da Costa (Largo) . . . . B 15
Luís de Camões (Av.) . . . . B 16
República (Pr. da) . . . . B 18
Sacadura Cabral (R.) . . . . B 19
Santa Luzia (Estrada) . . . . A 21
São Pedro (R. de) . . . . B 22

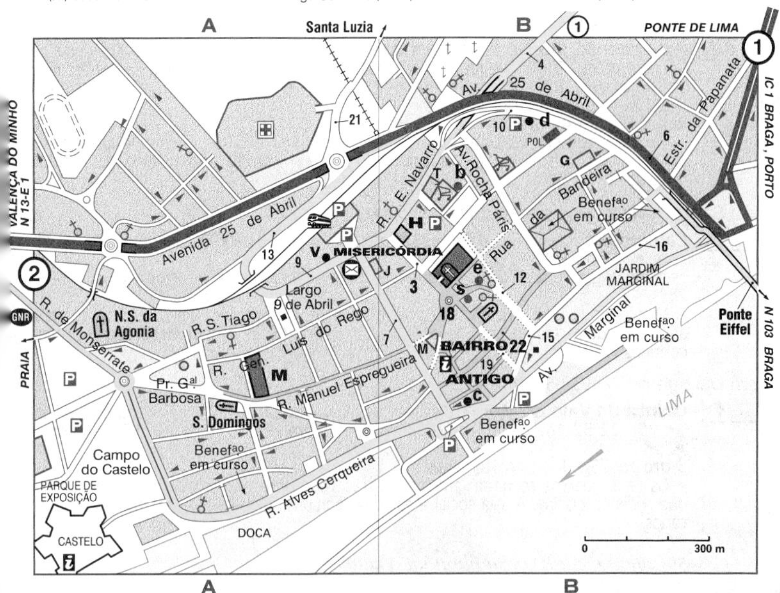

Estalagem Casa Melo Alvim, Av. Conde da Carreira 28, ✉ 4900-343, ☎ 258 80 82 00, *hotel@meloalvimhouse.com, Fax 258 80 82 20* – 25/80. AE VISA JCB. A v
Refeição lista 31 a 38 – **16 qto** 130/190 – 4 suites.
• Antiga casa senhorial na qual se unem diferentes estilos artísticos. A construção foi ampliada com a passagem dos anos e oferece quartos de elevado conforto. Refeitório íntimo decorado com sobriedade.

Rali sem rest, Av. Afonso III-180, ✉ 4900-477, ☎ 258 82 97 70, *hotelrali@sapo.pt, Fax 258 82 00 60,* – 25/50. AE VISA JCB. B d
38 qto 54/70.
• Hotel de quartos um pouco desfasados, que são compensados por uma impecável manutenção e por uma aconchegante área social, realçada com toques de certa modernidade.

Albergaria Margarida da Praça, Largo 5 de Outubro 58, ✉ 4900-515, ☎ 258 80 96 30, *Fax 258 80 96 39* – . AE VISA. B c
Refeição *(fechado fevereiro e 4ª feira)* lista 24 a 37 – **13 qto** 70/85.
• Conjunto actual, bem situado pela sua proximidade ao Porto. Os quartos possuem mobiliário moderno, chão em soalho e casas de banho algo reduzidas mas de desenho. Refeitório em dois níveis, com atraentes arcos em pedra e clara orientação ao cliente de passagem.

Cozinha das Malheiras, Rua Gago Coutinho 19, ✉ 4900-510, ☎ 258 82 36 80 – . AE VISA. B e
fechado do 22 ao 28 de dezembro e 3ª feira – **Refeição** lista 22 a 32.
• A nobreza da sua fachada anuncia um interior onde ainda sobrevive o velho estilo de palácio dos tempos antigos. Os tectos altos e os arcos em pedra definem a íntima atmosfera.

Fragata, Praça 1º de Maio, ✉ 4900-534, ☎ 258 82 99 32, *Fax 258 82 90 27* – . AE VISA. B b
fechado domingo noite e 2ª feira – **Refeição** lista 19 a 25.
• No último andar de um centro comercial, oferecendo vistas sobre a zona velha desde algumas mesas. Cuidado refeitório onde destaca um viveiro central com lavagantes e lagostas.

Os 3 Potes, Beco dos Fornos 7, ✉ 4900-523, ☎ 258 82 99 28, *3potes@sapo.pt, Fax 258 82 52 50* – AE VISA JCB B s
fechado 2ª feira salvo maio-setembro – **Refeição** lista 18 a 25.
• Restaurante situado num atractivo sítio histórico. A sua decoração rústica-regional reveste-o dum tipismo decididamente aconchegante. Tratamento amável.

em Santa Luzia *Norte : 6 km :*

Pousada do Monte de Santa Luzia, ✉ 4901-909 apartado 30 Viana do Castelo, ☎ 258 80 03 70, *guest@pousadas.pt, Fax 258 82 88 92,* ← mar, vale e estuário do Lima, – 25/100. AE VISA JCB.
Refeição 26 – **47 qto** 158/170 – 1 suite.
• Singular edifício de princípios do séc. XX, numa localização privilegiada pelas suas vistas sobre o mar e o estuário do Lima. O interior aposta pela sobriedade decorativa.

em Santa Marta de Portuzelo *por ① : 5,5 km :*

Camelo, Estrada N 202, ✉ 4900-252 Portuzelo, ☎ 258 83 90 90, *Fax 258 83 90 99,* – AE VISA
fechado 2ª quinzena de junho, 1ª quinzena de novembro e 2ª feira – **Refeição** lista aprox. 25.
• Muito popular na zona. Possui um bar de espera à entrada, um refeitório de linha actual e outro rústico com as paredes em pedra. Cozinha bem elaborada a preços contidos.

em Darque *por N 103 : 5,5 km :*

Quinta do Vale do Monte sem rest, Lugar de Limão, ✉ 4900 Viana do Castelo, ☎ 258 32 52 14, *geral@quintavalemonte.com, Fax 258 32 52 16,* –
5 qto 75/80 – 1 apartamento.
• Os seus quartos resultam amplos e estão repartidos em torno ao cuidado jardim que rodeia a piscina. A sala social e as zonas comuns compartilham-se com os proprietários.

VIDAGO *Vila Real* 733 H 7 – *1 186 h alt. 350 – Termas.*

Largo Miguel Carvalho ✉ 5425-322 ☎ 276 90 74 70.

Lisboa 447 – Braga 108 – Bragança 109 – Porto 140 – Vila Real 38.

Vidago Palace, ✉ 5425-307, ☎ 276 99 09 00, *comercial@vidagopalace.com, Fax 276 90 73 59,* – 25/250. VISA.

Refeição lista aprox. 36 – **73 qto** 130,50/147 – 9 suites.

◆ Edifício de impressionante fachada rodeado de árvores. Zona nobre num estilo romântico de princípios do séc. XX, que contrasta com os quartos de estilo moderno. Elegante refeitório de época com grandes janelas e tectos elevados.

VIEIRA DO MINHO *Braga* 733 H 5 – *2 289 h alt. 390.*

Lisboa 402 – Braga 34 – Porto 84.

em Caniçada *Noroeste : 7 km :*

Pousada de São Bento, Estrada N 304, ✉ 4850-047 Caniçada, ☎ 253 64 91 50, *guest@pousadas.pt, Fax 253 64 78 67,* ≤ Serra do Gerês e rio Cávado, – VISA.

Refeição 26 – **29 qto** 128/140.

◆ Isolada numa bela paisagem e com uma relaxante vista panorâmica sobre a região. Interior decorado num estilo de montanha com profusão em madeira. Quartos equipados. Agradável restaurante enquadrado pelas suas formosas vistas.

VILA BALEIRA *Madeira – ver Madeira (Arquipélago da) : Porto Santo.*

VILA DE REI *Castelo Branco* 733 M 5 – *2 504 h.*

Lisboa 169 – Castelo Branco 78 – Coimbra 99 – Fátima 64 – Portalegre 103.

Albergaria D. Dinis O Lavrador, Rua Dr. Eduardo Castro, ✉ 6110-218, ☎ 274 89 01 00, *d.dinis@s-m.pt, Fax 274 89 01 09,* ≤ – VISA. rest

Refeição *(fechado 4ª feira)* lista 18 a 21 – **17 qto** 37,50/50.

◆ Hotel de correcto conforto com uma reduzida zona social. Simplicidade e funcionalidade em instalações de linha actual, decoradas num estilo um pouco sóbrio e impessoal. O restaurante trabalha muito com clientes de passagem.

VILA DO CONDE *Porto* 733 H 3 – *25 731 h – Praia.*

Ver : *Convento de Santa Clara★ (túmulos★).*

Rua 25 de Abril 103 ✉ 4480-722 ☎ 252 24 84 73 turismo@cm-viladoconde.pt Fax 252 24 84 22.

Lisboa 342 – Braga 40 – Porto 28 – Viana do Castelo 42.

Estalagem do Brazão sem rest, Av. Dr. João Canavarro, ✉ 4480-668, ☎ 252 64 20 16, *estalagembrazo@netcabo.pt, Fax 252 64 20 28* – 25/150. VISA.

26 qto 57,70/80,30 – 4 suites.

◆ Construção do séc. XVI com uma decoração de estilo antigo que evoca o seu histórico passado. Destacam o salão social de pedra e os quartos, todos com casas de banho actuais.

Le Villageois, Praça da República 94, ✉ 4480-715, ☎ 252 63 11 19, *garulas@portugalmail.pt, Fax 252 63 11 19,* – VISA JCB.

fechado do 15 ao 30 de setembro e 2ª feira – **Refeição** lista aprox. 24.

◆ Instalado num atractivo edifício frente ao rio. Refeitório rústico-moderno realçado por um colorido serviço de mesa, onde poderá degustar uma cozinha de múltiplos sabores.

em Azurara *pela estrada N 13 - Sudeste : 1 km :*

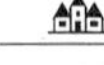

Santana, ✉ 4480-160, ☎ 252 64 04 60, *geral@santanahotel.net, Fax 252 64 26 93,* ≤, – 25/140. VISA JCB.

Santa Clara : **Refeição** lista 25 a 32 – **65 qto** 81/106 – 10 suites.

◆ Situado numa localização privilegiada. O seu interior faz gala duma múltipla zona nobre e recreativa, além de quartos muito bem equipados. Restaurante envidraçado com magníficas vistas sobre o mosteiro de Santa Clara e o rio Ave.

VILA FRANCA DE XIRA *Lisboa* 733 P 3 – *18 442 h.*

Av. Almirante Cândido dos Reis 147 ✉ 2600-123 ☎ 263 27 60 53 cmt@cm-vfxira.pt Fax 263 27 07 88.

Lisboa 32 – Évora 111 – Santarém 49.

Flora, Rua Noel Perdigão 12, ✉ 2600-218, ☎ 263 27 12 72, *residencial.flora@clix.pt, Fax 263 27 65 38* – rest, TV. AE VISA.
***Flora** (fechado 15 agosto-15 setembro e domingo)* **Refeição** lista 25 a 34 – **21 qto** ☐ 48/55.
◆ Hotelzinho familiar caracterizado pelos espaços reduzidos que são aproveitados com engenho e sutileza. Quartos funcionais, a metade deles com casas de banho completas. Restaurante muito aconchegante e agradável que evidencia o gosto pelos pequenos detalhes.

O Redondel, Estrada de Lisboa (Praça de Touros), ✉ 2600-263, ☎ 263 27 29 73 – P. AE VISA.
fechado agosto e 2ª feira – **Refeição** lista 29 a 31.
◆ Estabelecimento de estilo rústico-regional situado ao rés-do-chão da praça de toiros. A sua simples montagem é compensada por uma eficiente direcção e um tratamento amável.

O Forno, Rua Dr. Miguel Bombarda 143, ✉ 2600-195, ☎ 263 28 21 06, *Fax 263 28 21 06* – . AE VISA JCB.
fechado 3ª feira – **Refeição** lista 20 a 25.
◆ Negócio caracterizado pelas instalações bem cuidadas, um esmerado serviço de mesa e uma organização que cumpre com as expectativas. Forno e grelha de assar à vista.

na estrada N 1 *Norte : 2 km :*

Lezíria Parque, ✉ 2600-203, ☎ 263 27 66 70, *reservas@leziriaparquehotel.pt, Fax 263 27 69 90* – TV P – 25/200. AE VISA.
Refeição 18 – **67 qto** ☐ 75/87 – 4 suites.
◆ Hotel de linha actual situado numa saída da localidade. Espaçosa zona nobre, salas de conferências bem dispostas e quartos confortáveis e modernos. No seu restaurante convivem o buffet e a ementa.

pela estrada do Miradouro de Monte Gordo :

Quinta do Alto sem rest, Norte : 3,5 km, ✉ 2600, ☎ 263 27 68 50, *geral@quintadoalto.com, Fax 263 27 60 27,* ←, – TV P – 25/350. VISA
10 qto ☐ 70/82,50.
◆ Atractiva casa de campo senhorial com um ambiente familiar. Adequado equipamento, aconchegante contexto e uma discreta organização. Tem agradáveis exteriores.

VILA FRESCA DE AZEITÃO *Setúbal* 733 Q 2 y 3 – *319 h.*

Lisboa 34 – Sesimbra 14 – Setúbal 12.

Club d'Azeitão sem rest, Estrada N 10, ✉ 2925-483 Azeitão, ☎ 21 219 85 90, *geral@hotelclubazeitao.com, Fax 21 219 16 29,* – TV P – 25/250. AE VISA JCB.
46 qto ☐ 75/80.
◆ Antiga casa senhorial que ampliou o número de quartos com a habilitação do edifício anexo. Mobiliário clássico, boa lençaria e casas de banho completas.

VILA NOVA DE CERVEIRA *Viana do Castelo* 733 G 3 – *1 264 h.*

Praça do Município ✉ 4920-284 ☎ 251 70 80 23 turismo_cerveira@hotmail.com Fax 251 70 80 24.

Lisboa 425 – Viana do Castelo 37 – Vigo 46.

Pousada D. Diniz , Largo do Terreiro, ✉ 4920-296, ☎ 251 70 81 20, *guest@pousadas.pt, Fax 251 70 81 29* – TV – 25/70. AE VISA JCB.
Refeição 26 – **26 qto** ☐ 133/145 – 3 suites.
◆ Interessante pousada assentada dentro dum conjunto amuralhado, onde as ruas antigas transformaram-se em corredores e as casas em quartos. O restaurante oferece excepcionais vistas sobre a localidade.

em Gondarém *pela estrada N 13 - Sudoeste : 4 km :*

Estalagem da Boega , Quinta do Outeiral, ✉ 4920-061 Gondarém, ☎ 251 70 05 00, *Fax 251 70 05 09,* – TV P – 25/30. AE VISA.
Refeição *(fechado domingo noite)* - só buffet - 18,06 – **26 qto** ☐ 110,46/115,65 – 2 suites.
◆ Casa senhorial de gratificantes exteriores cujos quartos são distribuídos em três edifícios, sendo que os mais aconchegantes albergam o núcleo primitivo. Os detalhes antigos evocam o seu passado. Confortável refeitório com um serviço de buffet muito completo.

VILA NOVA DE FAMALICÃO Braga 733 H 4 – 30 184 h alt. 88.

Rua Adriano Pinto Basto 112 ✉ 4760-114 ☎ 252 31 25 64 postodeturismo@cm-vnfamalicao.pt Fax 252 32 37 51.

Lisboa 350 – Braga 18 – Porto 33.

Tanoeiro, Praça Dª Maria II-720, ✉ 4760-111, ☎ 252 32 21 62, *restaurante-tanoeiro@clix t, Fax 252 31 71 01* – AE MC VISA.
fechado domingo noite – **Refeição** lista aprox. 29.
◆ Já ao entrar notará que aqui se come bem. Casa com tradição na zona, com instalações bem cuidadas e uma cozinha de sabor regional que cumpre com as expectativas.

na estrada N 206 *Nordeste : 1,5 km :*

Moutados, Av. do Brasil 1223, ✉ 4764-983, ☎ 252 31 23 77, *hotelmoutados@mail.telepac.pt, Fax 252 31 18 81* – 25/100. AE MC VISA.
Refeição - ver também rest. ***Moutados de Baixo*** - 18,50 – **57 qto** 60/70.
◆ Situado nos arredores da cidade e orientado ao cliente de negócios. Zona comum de adequado conforto e quartos de linha funcional.

Moutados de Baixo - *Hotel Moutados,* Av. do Brasil 1701, ✉ 4764-983, ☎ 252 32 22 76, *hotelmoutados@mail.telepac.pt, Fax 252 31 18 81* – AE MC VISA.
Refeição lista 20 a 28.
◆ Discreta montagem e um conforto muito digno, apoiados pela agradável organização familiar. No exterior há uma original colecção de aves, algumas exóticas.

na autoestrada A 7 *Sudeste : 8,5 km :*

Pransor Ceide sem rest com self-service, Área de serviço de Ceide, direcção Guimarães, ✉ 4760, ☎ 252 32 78 00, *Fax 252 32 78 05* – AE MC VISA.
7 – **20 qto** 44/53.
◆ Na área de serviço de Ceide, junto à auto-estrada. Ideal para o viajante de estrada, destacando as suas confortáveis instalações e a asseada manutenção.

*Neste guia um mesmo símbolo, impresso a **preto** ou a **vermelho**, ou a mesma palavra com carácteres de tamanhos diferentes não têm o mesmo significado. Leia atentamente as páginas de introdução.*

VILA NOVA DE GAIA Porto 733 I 4 – 96 877 h.

Av. Diogo Leite 242 ✉ 4400-111 ☎ 22 370 37 35 turismo.vngaia@mail.cm-gaia.pt Fax 22 375 19 02 e Rua General Torres (ed.Turismo) ✉ 4400-164 ☎ 223 71 03 91.

Lisboa 316 – Porto 3.

ver planta do Porto

Holiday Inn Porto, Av. da República 2038, ✉ 4430-195 apartado 368, ☎ 22 374 26 00, *holiday.inn.prt@mail.telepac.pt, Fax 22 374 26 20,* ≤, – 25/200. AE MC VISA. BV g
Refeição 13,50 – 6 – **90 qto** 110/120 – 2 suites.
◆ Desfrute duma gratificante estadia nas suas equipadas instalações. Quartos dirigidos para o cliente de negócios e zonas nobres um pouco reduzidas mas bem mobiladas. Atractivo restaurante panorâmico situado no 10º andar.

Cervantes sem rest, Av. da República 1559, ✉ 4430-205, ☎ 22 374 59 10, *cervantes1559@iol.pt, Fax 22 374 59 11* – 25/40. AE MC VISA JCB. BCV x
53 qto 59/62.
◆ Hotel central com quartos aconchegantes, mobiliário funcional de desenho moderno e casas de banho pequenas. Tem sala para pequenos almoços e salão-bar.

Davilina sem rest, Av. da República 1571, ✉ 4430-205, ☎ 22 375 75 96, *davilina@netc.pt, Fax 22 375 75 71* – AE MC VISA. BCV x
28 qto 35/40.
◆ Conjunto de suficiente equipamento mas de aspecto de pouca actualidade. Constitui um recurso muito válido pelos seus preços acessíveis.

Tromba Rija, Av. Diogo Leite 102, ✉ 4400-111, ☎ 223 74 37 62, *Fax 223 74 37 63,* – AE MC VISA. EZ s
fechado domingo noite e 2ª feira meio-dia – **Refeição** - só buffet - 27,50.
◆ Possui duas salas, a do andar de baixo é de moderna montagem e com as paredes em pedra, enquanto que a do primeiro andar ressalta pela sua esplanada com vistas sobre o rio. Abundante buffet.

junto a Autoestrada A 1 :

Mercure Porto Gaia, Rua Manuel Moreira de Barros 618 D, ✉ 4400-346, ☎ 223 74 08 00, *h3347@accor-hotels.com, Fax 223 74 08 01,* – |ǂ|, qto, ▤ TV ♿ – 25/130. AE ⓞ ⓜⓒ VISA JCB. BV b

Refeição lista aprox. 28 – 7,50 – **103 qto** 83 – 1 suite.

◆ É de linha actual e encontra-se junto a um grande centro comercial. Conjunto funcional dotado de um amplo hall-recepção e uns quartos de excelente equipamento. Refeitório alegre e luminoso, com o chão em madeira e uma ementa de corte tradicional.

Novotel Porto Gaia, Lugar das Châs-Afurada, ✉ 4400-499, ☎ 22 772 87 00, *h1050@accor-hotels.com, Fax 22 772 87 01,* ←, – |ǂ|, qto, ▤ TV ♿ P – 25/200. AE ⓞ ⓜⓒ VISA BV r

Refeição lista aprox. 23 – 7 – **93 qto** 75.

◆ Clássico Novotel que mantém a linha da cadeia. Quartos funcionais de modesto conforto e exteriores pouco atractivos exceptuando a zona de jardim com piscina.

Ibis Porto Gaia, Rua Mártires de S. Sebastião 247 - Afurada, ✉ 4400-499, ☎ 22 772 07 72, *h1274@accor-hotels.com, Fax 22 772 07 88* – |ǂ|, qto, ▤ TV ♿ P – 25/80. AE ⓞ ⓜⓒ VISA. rest BV r

Refeição lista aprox. 20 – 5 – **108 qto** 54.

◆ Simplicidade e funcionalidade definem a sua estética, ao mais puro estilo da cadeia. Quartos renovados com materiais de suficiente qualidade e casas de banho reduzidas.

na Praia de Lavadores *Oeste : 7 km :*

Casa Branca , Rua da Bélgica 86, ✉ 4400-044 Vila Nova de Gaia, ☎ 22 772 74 00, *reservas@casabranca.com, Fax 22 781 36 91,* ←, , , – |ǂ| ▤ TV P – 25/650. AE ⓞ ⓜⓒ VISA JCB. AV s

Refeição - ver rest. ***Casa Branca*** – **54 qto** 110/120 – 4 suites.

◆ Serena localização numa atractiva paisagem da Costa Verde. Elegantes instalações de estilo clássico, áreas comuns mobiladas com detalhe e um completo fitness.

Casa Branca - *Hotel Casa Branca* Av. Beira Mar 751, ✉ 4400-382 Vila Nova de Gaia, ☎ 22 772 74 00, *restaurante@casabranca.com, Fax 22 781 36 91,* ← – ▤ P. AE ⓞ ⓜⓒ VISA JCB. AV s

fechado 2ª feira – **Refeição** lista 22 a 39.

◆ De ar aconchegante e com detalhes de bom conforto, apesar do aspecto pouco actual. Possui uma colecção de pequenas estátuas de terracota e oferece uma extensa ementa.

VILA NOVA DE MILFONTES *Beja* 733 S 3 – *4 258 h – Praia.*

ℹ *Rua António Mantas* ✉ *7645-221* ☎ *283 99 65 99.*

Lisboa 185 – Beja 109 – Faro 169 – Lagos 93 – Setúbal 109 – Sines 41.

Casa dos Arcos sem rest, Rua do Carris, ✉ 7645-235, ☎ 283 99 62 64, *Fax 283 99 71 56* – ▤ TV ♿.

18 qto 60.

◆ Hotelzinho de carácter familiar e impecável fachada, combinando as cores branco e azul. Oferece umas instalações simples mas cuidadas, com quartos e casas de banho actuais.

Tasca do Celso, Rua dos Aviadores 34-A, ✉ 7645, ☎ 283 99 67 53 – AE.

fechado 2ª feira – **Refeição** lista aprox. 20.

◆ Pequeno restaurante decorado com detalhes típicos e utensílios de lavoura. Oferece uma ementa tradicional que expõem nuns quadros pendurados nas paredes. Produtos frescos.

VILA POUCA DA BEIRA *Coimbra* 733 L 6 – *383 h.*

Lisboa 271 – Coimbra 67 – Castelo Branco 118 – Viseu 55 – Aveiro 102.

Pousada Convento do Desagravo , ✉ 3400-758, ☎ 238 67 00 80, *quest@pousadas.pt, Fax 238 67 00 81,* ←, , – |ǂ| ▤ TV ♿ P – 25/150. AE ⓞ ⓜⓒ VISA JCB.

Refeição 26 – **21 qto** 178/190 – 3 suites.

◆ Situado num antigo convento restaurado, com diferentes zonas nobres, um pátio central com colunas e a sua própria igreja. Os quartos e as suas casa de banho são de linha actual. Restaurante de cuidada montagem onde oferecem uma ementa de tendência tradicional.

VIMEIRO (Termas do) *Lisboa 733 O 2 – 1 443 h alt. 25 – Termas.*

Vimeiro Praia do Porto Novo ✉ 2560-100 Torres Vedras ☎ 261 98 08 00 Fax 261 98 46 21.

Lisboa 71 – Peniche 28 – Torres Vedras 12.

Rainha Santa sem rest, Rua da Quinta 5 - Quinta da Piedade (Estrada de A. dos Cunhados), ✉ 2560-096 Maceira, ☎ 261 98 42 34, *Fax 261 98 42 76* –
fechado do 15 ao 31 de outubro – **19 qto** 30/40.
• Pequeno hotel de carácter familiar com quartos funcionais que, apesar de serem equipados com o imprescindível, sabem atender às necessidades básicas do conforto.

na Praia do Porto Novo *Oeste : 4 km :*

Golf Mar, ✉ 2560-100 Maceira TVD, ☎ 261 98 08 00, *hotelgolfmar@eav.pt, Fax 261 98 46 21,* – 25/400
242 qto – 9 suites.
• Situação privilegiada junto ao mar. Espaçosa zona social e quartos bem equipados, destacando os já renovados que são mais modernos e actuais. Refeitório de grande tamanho situado no 3º andar.

VISEU P 733 K 6 – *20 454 h alt. 483.*

Ver : *Cidade Velha★ : Adro da Sé★ Museu Grão Vasco★★* **M** *(Trono da Graça★, primitivos★★) – Sé★ (liernes★, retábulo★) – Igreja de São Bento (azulejos★).*

Av. Gulbenkian ✉ 3510-055 ☎ 232 42 09 50 turismo@nt-dao-lafoes.com Fax 232 42 09 57

A.C.P. *Rua da Paz 36 ✉ 3500-168 ☎ 232 42 24 70 Fax 232 42 24 37.*

Lisboa 292 ③ – Aveiro 96 ① – Coimbra 92 ③ – Guarda 85 ② – Vila Real 108 ①

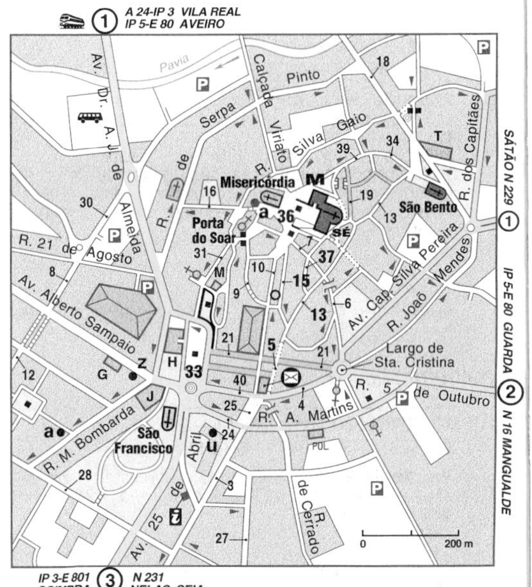

Montebelo, Urb. Quinta do Bosque, ✉ 3510-020, ☎ 232 42 00 00, *hotelmontebelo@grupovisabeira.pt, Fax 232 41 54 00,* – 25/250 por Av. Infante D. Henrique
92 qto – 8 suites.
• De linha moderna e magníficas instalações, o seu interior revela um gosto pelos grandes espaços. Confortáveis quartos com mobiliário de qualidade e casas de banho actuais. Restaurante panorâmico e de cuidada decoração onde oferecem uma cozinha diversificada.

VILA POUCA DE AGUIAR *Vila Real 733 H 7 – 3 456 h.*

Lisboa 430 – Braga 98 – Bragança 122 – Porto 125 – Vila Real 30.

em Pontido *pela estrada N 2 - Sudoeste : 6 km :*

Casa da Nogueirinha sem rest, ✉ 5450-282 Telões VPA, ☎ 259 46 91 21,
8 qto 40.
• Casa senhorial que conserva um belo pátio interior com porche e galeria em pedra. Correcta zona nobre, cozinha à disposição do cliente e quartos rústicos.

VILA PRAIA DE ÂNCORA *Viana do Castelo 733 G 3 – 4 688 h – Termas - Praia.*

Av. Dr. Ramos Pereira ✉ 4910-432 ☎ 258 91 13 84 turismovpancora@portugalmail.pt Fax 258 91 13 38.

Lisboa 403 – Viana do Castelo 15 – Vigo 68.

Meira, Rua 5 de Outubro 56, ✉ 4910-456, ☎ 258 91 11 11, *reservas@hotelmeira.com, Fax 258 91 14 89,* – 25/150.
fechado 21 dezembro-6 janeiro – **Refeição** 15 – **52 qto** 70/90 – 3 suites.
• A sua direcção oferece-nos um agradável tratamento personalizado. Há uma zona social bem disposta e de quartos bem equipados com as casas de banho em mármore. Refeitório um pouco funcional mas aconchegante.

Albergaria Quim Barreiros sem rest, Av. Dr. Ramos Pereira 115, ✉ 4910-432, ☎ 258 95 91 00, *quimbarreiros@hotmail.com, Fax 258 95 91 09,*
abril-23 outubro – **28 qto** 65/75.
• A localização ao pé da praia evidencia que é dirigido para as férias. Pequeno hotel de simples organização, correcto conforto e completamente equipado.

Os preços indicados podem aumentar, em caso de variações significativas do custo de vida. Solicite a confirmação do preço definitivo quando efectue a sua reserva de hotel.

VILA REAL P 733 I 6 – *16 138 h alt. 425.*

Ver : *Igreja de São Pedro (tecto★).*

Arred. : *Solar de Mateus★★ (fachada★★) Este : 3,5 Km Z – Estrada de Vila Real a Amarante ★ – Estrada de Vila Real a Mondim de Basto (descida escarpada★).*

Av. Carvalho Araujo 94 ✉ 5000-657 ☎ 259 32 28 19 turismarao@mail.telepac.pt Fax 259 32 17 12 – **A.C.P.** *Av. 1º de Maio 199 ✉ 5000-651 ☎ 259 37 56 50 Fax 259 37 56 50.*

Lisboa 400 ② – Braga 103 ② – Guarda 156 ② – Ourense 159 ① – Porto 119 ② – Viseu 108 ②

Planta página seguinte

Mira Corgo, Av. 1º de Maio 76, ✉ 5000-651, ☎ 259 32 50 01, *miracorgo@mail.telepac.pt, Fax 259 32 50 06,* – 25/200.
Refeição 15 – **144 qto** 49/71 – 22 suites. Z a
• Estabelecimento de grande capacidade cuja renovação melhorou as suas instalações. Quartos de dois tipos, destacando os de nova construção pelo seu tamanho e conforto. Restaurante envidraçado de elegante linha clássica.

Miraneve (Cabanelas) sem rest, Rua D. Pedro de Castro, ✉ 5000-669, ☎ 259 32 31 53, *hotelmiraneve@clix.pt, Fax 259 32 30 28* – Y b
26 qto 35/70.
• Pequeno e situado no centro da localidade. De eficiente organização e correcto conforto, propõe quartos bem cuidados e equipados com casas de banho actuais.

ao Sudoeste *junto a estrada IP 4 - por ② : 12,5 km :*

Quality Inn Casa da Campeã, Vale de Campeã - saida 22 da estrada IP4, ✉ 5000-072 Campeã, ☎ 259 97 96 40, *quality.vilareal@mail.telepac.pt, Fax 259 97 97 60,* – rest,
Refeição lista aprox. 20 – **34 qto** 48/73 – 2 suites.
• Um hotel em pleno campo, confortável e bem dirigido, cujo interior alberga um pequeno hall-recepção, salão social com lareira e aconchegantes quartos. Refeitório de linha funcional.

VILA REAL

Leia atentamente a introdução: é a chave do guia

VILA REAL DE SANTO ANTÓNIO *Faro* 733 *U 7 – 10 542 h – Praia.*

para Ayamonte (Espanha), Av. da República 115 ☎ 281 54 31 52.
Centro Cultural António Aleixo ✉ 8900 ☎ 281 54 21 00 e Av. Marginal (em Monte Gordo) ✉ 8900 Monte Gordo ☎ 281 54 44 95.
Lisboa 314 – Faro 53 – Huelva 50.

Guadiana sem rest, Av. da República 94, ✉ 8900-294, ☎ 281 51 14 82, *hotelguadiana@sommermar.net4b.pt, Fax 281 51 14 78* – AE VISA.
37 qto 60/75.
• Atractivo hotel de elegante ar clássico, que alberga confortáveis quartos com tectos altos e casas de banho com algum detalhe antigo. Escassa zona social.

Apolo sem rest, Av. dos Bombeiros Portugueses, ✉ 8900-209, ☎ 281 51 24 48, *reservas@apolo-hotel.com, Fax 281 51 24 50,* – AE VISA.
7,50 – **42 qto** 95/105.
• De simples organização, oferece discretas instalações que são compensadas por uma esmerada manutenção. Quartos correctos com casas de banho pouco modernas.

em Monte Gordo *Oeste : 4 km :*

Casablanca, Praçeta Casablanca, ✉ 8900-426 Monte Gordo, ☎ 281 51 14 44, *hotel@casablancainn.pt, Fax 281 51 19 99,* – AE VISA.
Refeição - só jantar - 9 – **42 qto** 90/110.
• Hotel pequeno e muito cuidado, com uma aconchegante zona social e quartos bem equipados, cujo mobiliário e decoração combinam o azulejo com a madeira.

Paiva sem rest, Av. da Catalunha, ✉ 8900-474 Monte Gordo, ☎ 281 51 11 87, *Fax 281 51 16 68* – AE VISA.
fevereiro-outubro – **26 qto** 90/120.
• Estabelecimento de linha clássica situado no centro da localidade. Possui uma reduzida zona nobre e quartos funcionais com as casas de banho recentemente renovadas.

VILA VIÇOSA *Évora* 733 *P 7 – 5 354 h.*

Ver : Localidade★ – Terreiro do Paço★ (Paço Ducal★, Museu dos Coches★ : cavalariças reais★) – Porta dos Nós★.
Lisboa 185 – Badajoz 53 – Évora 56 – Portalegre 76.

Pousada de D. João IV, Terreiro do Paço, ✉ 7160-251, ☎ 268 98 07 42, *guest@pousadas.pt, Fax 268 98 07 47,* – 25/50. AE VISA JCB.
Refeição 26 – **34 qto** 178/190 – 2 suites.
• No antigo convento real das Chagas de Cristo. O seu interior une a herança histórica com um elevado conforto, fazendo girar as zonas públicas ao redor do claustro. Elegante sala para pequenos almoços com o tecto abobadado e um luminoso refeitório.

*As páginas explicativas da introdução ajudarão a tirar o máximo partido do seu **Guia Michelin**.*

VILAMOURA *Faro – ver Quarteira.*

VILAR DO PINHEIRO *Porto* 733 *I 4 – 2 579 h.*

Lisboa 330 – Braga 43 – Porto 17.

Rio de Janeiro, Estrada N 13 - Noroeste : 1 km, ✉ 4485-860, ☎ 22 927 02 04, *churrascaodomar@mail.telepac.pt, Fax 22 600 43 37* – AE VISA.
fechado do 1 ao 15 de junho e 2ª feira – **Refeição** - rest. brasileiro - lista 14 a 21.
• Próximo a uma área de serviço. Restaurante de grande aceitação na zona, que oferece uma ementa baseada em especialidades brasileiras. Discreta organização no seu estilo.

VILAR FORMOSO *Guarda* 733 *K 9 – 2 481 h.*

Lisboa 382 – Ciudad Rodrigo 29 – Guarda 43.

Lusitano sem rest, Av. da Fronteira, ✉ 6355-286, ☎ 271 51 35 03, *lusitanohotel@elix.pt, Fax 271 51 33 38* – 25/100. VISA
30 qto 52/58 – 4 suites.
• Bem dirigido e com uma fachada envidraçada que antecede a um interior de máxima actualidade. Quartos actuais, realçados com alguns toques modernos.

Grão Vasco, Rua Gaspar Barreiros, ✉ 3510-032, ☎ 232 42 35 11, *meliagraovasco@mail.telepac.pt, Fax 232 42 64 44*, – ▯ – 25/180. AE VISA. rest u
Refeição lista 19 a 24 – **106 qto** 78/87 – 3 suites.
◆ O seu nome refere-se a um famoso pintor português do séc. XVI. Um clássico do lugar que elevou o seu conforto após uma acertada renovação. Área social suficiente. Atractivo refeitório de cálida decoração com uma esplanada aberta à piscina.

Moinho de Vento sem rest, Rua Paulo Emílio 13, ✉ 3510-098, ☎ 232 42 41 16, *moinho.vento@netc.pt, Fax 232 42 96 62* – – 25/50. VISA. a
30 qto 39/50.
◆ Compensa as reduzidas dependências com um mobiliário de adequada qualidade e um bom conforto geral. Dispõe de uma luminosa sala para pequenos almoços no último andar.

Avenida sem rest, Av. Alberto Sampaio 1, ✉ 3510-030, ☎ 232 42 34 32, *Fax 232 43 56 43* – . AE VISA z
30 qto 40/60.
◆ Hotelzinho central e discreto, de carácter familiar que conserva detalhes de tempos passados. A esmerada manutenção e o correcto conforto permitem de novo a sua recomendação.

Muralha da Sé, Adro da Sé 24, ✉ 3500-069, ☎ 232 43 77 77, *muralha.se@iol.pt* – . AE VISA. a
fechado do 1 ao 15 de outubro, domingo noite e 2ª feira – **Refeição** lista 19 a 23.
◆ O profissionalismo dos seus proprietários elevou o local até ao mais alto sucesso. Agradável casa onde servem uma interessante cozinha a preços módicos.

em Cabanões *por ③ : 3 km :*

Príncipe Perfeito , Bairro da Misericórdia, ✉ 3500-895 Viseu, ☎ 232 46 92 00, *geral@hotelprincipeperfeito.pt, Fax 232 46 92 10*, ← – – 25/300. AE VISA.
***O Grifo* : Refeição** lista 20 a 28 – **38 qto** 70/80 – 5 suites.
◆ De traçado nobre e tranquila localização, possui uma ampla zona social, atractivos exteriores e quartos confortáveis e bem equipados com casas de banho actuais. Restaurante em tons esbranquecidos, com tectos elevados e abundante luz natural.

Magalhães, Urb. da Misericórdia Lote A-5, ✉ 3500-885 Viseu, ☎ 232 46 91 75, *Fax 232 46 91 75* – . AE VISA JCB.
Refeição lista aprox. 21.
◆ Negócio familiar cujas instalações albergam um refeitório de discreta montagem, compensado por uma impecável manutenção e uma excelente organização.

na estrada N 16 *por ② :*

Onix sem rest, Via Caçador - 4,5 km, ✉ 3500-761, ☎ 232 47 92 43, *hotelonix@hotelonix.pt, Fax 232 47 87 44*, – – 25/300. AE VISA
75 qto 35/49.
◆ Situado nos arredores da localidade, possui salas de reuniões bem dispostas, uma adequada zona social e quartos funcionais de correcto conforto.

Quinta da Magarenha, Via Caçador - 6,5 km - junto a saída 18 da Estrada IP5, ✉ 3500-764, ☎ 232 47 91 06, *auinta@magarenha.com, Fax 232 47 94 22* – . AE VISA.
fechado do 1 ao 15 de julho, domingo noite e 2ª feira – **Refeição** lista 20 a 25.
◆ Negócio de organização profissional com instalações bem cuidadas de linha clássica. Dispõe de quatro refeitórios, dois com serviço a carte e o resto para banquetes.

pela estrada N 2 *por ① : 4 km :*

Ibis Viseu, Vermum-Campo - saída 16 da Estrada IP5, ✉ 3510-469, ☎ 232 45 70 60, *h2166@accor-hotels.com, Fax 232 45 70 70*, – qto, – 25/80. AE VISA. rest
Refeição lista aprox. 17 – 5 – **60 qto** 41.
◆ Estabelecimento situado nos arredores da cidade, cuja zona social integra num mesmo espaço a recepção, o bar e o restaurante. Linha funcional e bem cuidada.

Prefijos telefónicos internacionales

Indicativos telefónicos internacionais

Indicatifs téléphoniques internationaux

desde/da/d'/ dalla/von/from — a/para/en/in nach/to	AND	A	B	CH	CZ	D	DK	E	FIN	F	GB	GR
AND Andorra		0043	0032	0041	00420	0049	0045	0034	00358	0033	0044	0030
A Austria	00376		0032	0041	00420	0049	0045	0034	00358	0033	0044	0030
B Belgium	00376	0043		0041	00420	0049	0045	0034	00358	0033	0044	0030
CH Swizerland	00376	0043	0032		00420	0049	0045	0034	00358	0033	0044	0030
CZ Czech Republic.	00376	0043	0032	0041		0049	0045	0034	00358	0033	0044	0030
D Germany	00376	0043	0032	0041	00420		0045	0034	00358	0033	0044	0030
DK Denmark	00376	0043	0032	0041	00420	0049		0034	00358	0033	0044	0030
E Spain	00376	0043	0032	0041	00420	0049	0045		00358	0033	0044	0030
FIN Finland	00376	0043	0032	0041	00420	0049	0045	0034		0033	0044	0030
F France	00376	0043	0032	0041	00420	0049	0045	0034	00358		0044	0030
GB United Kingdom	00376	0043	0032	0041	00420	0049	0045	0034	00358	0033		0030
GR Greece	00376	0043	0032	0041	00420	0049	0045	0034	00358	0033	0044	
H Hungary	00376	0043	0032	0041	00420	0049	0045	0034	00358	0033	0044	0030
I Italy	00376	0043	0032	0041	00420	0049	0045	0034	00358	0033	0044	0030
IRL Ireland	00376	0043	0032	0041	00420	0049	0045	0034	00358	0033	0044	0030
J Japan	001376	00143	00132	00141	001420	00149	00145	00134	001358	00133	00144	00130
L Luxembourg	00376	0043	0032	0041	00420	0049	0045	0034	00358	0033	0044	0030
N Norway	00376	0043	0032	0041	00420	0049	0045	0034	00358	0033	0044	0030
NL Netherlands	00376	0043	0032	0041	00420	0049	0045	0034	00358	0033	0044	0030
PL Poland	00376	0043	0032	0041	00420	0049	0045	0034	00358	0033	0044	0030
P Portugal	00376	0043	0032	0041	00420	0049	0045	0034	00358	0033	0044	0030
RUS Russia		81043	81032	81041	810420	81049	81045	*	810358	81033	81044	*
S Sweden	009376	00943	00932	00941	009420	00949	00945	00934	009358	00933	00944	00930
USA	011376	01143	01132	01141	011420	01149	01145	01134	01358	01133	01144	01130

* *No es posible la conexión automática*
* *Pas de sélection automatique*
* *Não é possível a ligação automática*

Importante: para las llamadas internacionales, no se debe marcar el cero (0) inicial del prefijo interurbano (excepto para llamar a Italia).

Importante: para as chamadas internacionais, o (0) inicial do indicativo interurbano não se deve marcar (excepto nas ligações para Italia).

Important : pour les communications internationales, le zéro (0) initial de l'indicatif interurbain n'est pas à composer (excepté pour les appels vers l'Italie).

Prefissi telefonici internazionali
Internationale Telefon-Vorwahlnummern
International dialling codes

H	I	IRL	J	L	N	NL	PL	P	RUS	S	USA	
0036	0039	00353	0081	00352	0047	0031	0048	00351	007	0046	001	**Andorra AND**
0036	0039	00353	0081	00352	0047	0031	0048	00351	007	0046	001	**Austria A**
0036	0039	00353	0081	00352	0047	0031	0048	00351	007	0046	001	**Belgium B**
0036	0039	00353	0081	00352	0047	0031	0048	00351	007	0046	001	**Swizerland CH**
0036	0039	00353	0081	00352	0047	0031	0048	00351	007	0046	001	**Czech CZ Republic.**
0036	0039	00353	0081	00352	0047	0031	0048	00351	007	0046	001	**Germany D**
0036	0039	00353	0081	00352	0047	0031	0048	00351	007	0046	001	**Denmark DK**
0036	0039	00353	0081	00352	0047	0031	0048	00351	007	0046	001	**Spain E**
0036	0039	00353	0081	00352	0047	0031	0048	00351	007	0046	001	**Finland FIN**
0036	0039	00353	0081	00352	0047	0031	0048	00351	007	0046	001	**France F**
0036	0039	00353	0081	00352	0047	0031	0048	00351	007	0046	001	**United GB Kingdom**
0036	0039	00353	0081	00352	0047	0031	0048	00351	007	0046	001	**Greece GR**
	0039	00353	0081	00352	0047	0031	0048	00351	007	0046	001	**Hungary H**
0036		00353	0081	00352	0047	0031	0048	00351	*	0046	001	**Italy I**
0036	0039		0081	00352	0047	0031	0048	00351	007	0046	001	**Ireland IRL**
00136	00139	001353		001352	00147	00131	00148	001351	*	00146	0011	**Japan J**
0036	0039	00353	0081		0047	0031	0048	00351	007	0046	001	**Luxembourg L**
0036	0039	00353	0081	00352		0031	0048	00351	007	0046	001	**Norway N**
0036	0039	00353	0081	00352	0047		0048	00351	007	0046	001	**Netherlands NL**
0036	0039	00353	0081	00352	0047	0031		00351	007	0046	001	**Poland PL**
0036	0039	00353	0081	00352	0047	0031	0048		007	0046	001	**Portugal P**
81036	*	*	*	*	*	81031	81048	*		*	*	**Russia RUS**
00936	00939	009353	00981	009352	00947	00931	00948	009351	0097		0091	**Sweden S**
01136	01139	011353	01181	011352	01147	01131	01148	011351	*	01146		**USA**

* *Selezione automatica impossibile*
* *Automatische Vorwahl nicht möglich*
* *Direct dialling not possible*

Importante: per le comunicazioni internazionali, non bisogna comporre lo zero (0) iniziale dell'indicativo interurbano (escluse le chiamate per l'Italia).

Wichtig: bei Auslandsgesprächen darf die Null (0) der Ortsnetzkennzahl nicht gewählt werden (ausser bei Gesprächen nach Italien).

Note: when making an international call, do not dial the first "0" of the city codes (except for calls to Italy).

Distancias **Algunas precisiones**

En el texto de cada localidad encontrará la distancia a las ciudades de los alrededores y a la capital del estado.

Las distancias entre capitales de este cuadro completan las indicadas en el texto de cada localidad.

El kilometraje está calculado a partir del centro de la ciudad por la carretera más cómoda, o sea la que ofrece las mejores condiciones de circulación, pero que no es necesariamente la más corta.

Distâncias **Algumas precisões**

No texto de cada localidade encontrará a distância até às cidades dos arredores e à capital do país.

As distâncias deste quadro completam assim as que são dadas no texto de cada localidade.

A quilometragem é contada a partir do centro da localidade e pela estrada mais prática, ou seja, aquela que oferece as melhores condições de condução, mas que não é necessàriamente a mais curta.

Distances **Quelques précisions**

Au texte de chaque localité vous trouverez la distance des villes environnantes et de sa capitale d'état.

Les distances intervilles de ce tableau complètent ainsi celles données au texte de chaque localité.

Les distances sont comptées à partir du centre-ville et par la route la plus pratique, c'est-à-dire celle qui offre les meilleures conditions de roulage, mais qui n'est pas nécessairement la plus courte.

Distanze **Qualche chiarimento**

Nel testo di ciascuna località troverete la distanza dalle città limitrofe e dalla capitale.

Le distanze fra le città di questa tabella completano quelle indicate nel testo di ciascuna località.

Le distanze sono calcolate a partire dal centro delle città e seguendo la strada più pratica, ossia quella che offre le migliori condizioni di viaggio ma che non é necessariamente la più breve.

Entfernungen **Einige Erklärungen**

In jedem Ortstext finden Sie die Entfernungsangaben nach weiteren Städten in der Umgebung und nach der Landeshauptstadt.

Die Kilometerangaben dieser Tabelle ergänzen somit die Angaben des Ortstextes.

Die Entfernungen gelten ab Stadtmitte unter Berücksichtigung der günstigsten (nicht immer kürzesten) Strecke.

Distances **Commentary**

The text on each town includes its distance from its immediate neighbours and from the capital.

The distances in the table completes that given under individual town headings in calculating total distances.

Distances are calculated from centres and along the best roads from a motoring point of view – not necessarily the shortest.

Distancias entre las ciudades principales
Distancias entre as cidades principais
Distances entre principales villes
Distanze tra le principali città
Entfernungen zwischen den größeren Städten
Distances between major towns

Madrid - Vigo: 590 km

	Alacant/Alican	Albacete	Almería	Andorra la Vella	Badajoz	Barcelona	Bilbao	Burgos	Cáceres	Cádiz	Coimbra	Córdoba	A Coruña	Donostia-San Sebastián	Faro	Granada	León	Lisboa	Lleida/Lérida	Logroño	Madrid	Málaga	Murcia	Oviedo	Pamplona	Porto	Salamanca	Santander	Segovia	Sevilla	Toledo	València	Valladolid	Vigo	Vitoria-Gasteiz
Albacete	169																																		
Almería	286	346																																	
Andorra la Vella	615	604	869																																
Badajoz	697	528	585	1008																															
Barcelona	515	504	768	185	1012																														
Bilbao	804	635	934	547	695	600																													
Burgos	651	482	781	595	540	600	158																												
Cáceres	716	547	633	908	91	912	606	451																											
Cádiz	636	585	451	1226	337	1083	1013	860	389																										
Coimbra	927	759	838	1131	253	1135	692	538	298	591																									
Córdoba	505	352	319	993	266	850	780	627	315	237	519																								
A Coruña	1010	841	1133	1075	686	1079	544	478	664	1025	408	981																							
Donostia-San Sebastián	750	692	990	449	752	558	99	215	662	1070	749	838	637																						
Faro	796	687	610	1328	327	1185	1094	939	415	318	435	339	832	1150																					
Granada	347	352	161	931	462	833	806	654	475	289	715	162	1006	863	449																				
León	754	585	877	770	498	774	330	173	409	793	513	725	311	386	894	750																			
Lisboa	927	755	808	1235	225	1239	860	705	313	522	201	495	598	916	277	647	661																		
Lleida/Lérida	484	474	738	151	859	155	447	447	759	1077	982	846	926	405	1179	799	621	1086																	
Logroño	665	547	870	468	670	472	133	133	581	949	668	718	610	168	1068	743	305	835	319																
Madrid	418	250	546	607	399	611	390	237	300	626	506	394	589	446	727	419	333	627	458	330															
Málaga	469	462	199	1053	421	955	879	726	472	246	674	170	1078	935	407	122	823	605	921	815	492														
Murcia	82	147	215	666	642	569	785	632	697	566	908	436	991	800	725	277	735	923	534	697	399	398													
Oviedo	863	695	987	824	607	877	283	288	518	903	622	835	286	375	1003	859	119	771	724	411	442	932	844												
Pamplona	670	580	923	473	748	477	157	211	659	1008	746	776	688	79	1146	801	383	913	324	93	389	874	719	435											
Porto	986	817	977	1128	392	1132	689	534	437	730	113	662	296	745	536	855	401	303	979	664	565	815	967	510	742										
Salamanca	631	462	754	834	299	838	396	242	210	595	300	464	455	452	623	627	199	467	685	371	210	680	612	308	449	356									
Santander	805	636	935	641	667	694	100	154	578	963	665	783	451	192	1065	807	265	832	541	228	391	880	785	190	252	648	368								
Segovia	512	343	635	698	389	702	352	199	300	715	462	483	526	409	733	508	270	630	549	328	91	581	493	380	406	502	166	353							
Sevilla	595	491	410	1133	215	990	920	767	266	125	468	144	902	976	195	248	672	399	984	856	532	209	525	782	914	607	474	842	578						
Toledo	412	243	504	677	370	681	461	308	271	583	536	352	655	518	685	376	399	598	528	400	72	449	393	508	458	631	240	462	158	490					
València	173	186	426	445	750	347	623	585	650	748	861	516	944	579	850	487	688	977	313	493	353	609	222	798	498	920	565	718	448	654	374				
Valladolid	615	446	738	713	421	717	275	121	332	716	418	586	438	331	818	611	141	586	564	251	194	683	595	256	329	415	122	248	109	594	260	549			
Vigo	1011	843	1135	1111	536	1116	673	518	581	874	257	806	156	729	680	1007	384	448	963	648	590	959	992	390	726	145	415	555	528	752	657	946	440		
Vitoria-Gasteiz	762	593	892	553	653	557	66	116	564	971	651	740	593	100	1051	765	288	818	404	91	348	837	742	343	95	647	354	160	311	878	420	578	233	631	
Zaragoza	493	403	746	304	711	308	299	299	611	929	833	697	776	257	1031	722	471	938	155	171	310	795	542	576	176	829	537	393	402	836	380	321	416	813	256

CARRETERAS PRINCIPALES

N° de carretera .... *N IV.C 535*

Distancia en kilómetros 12

Establecimientos administrados por el Estado :
Parador (España), Pousada (Portugal)

Periodo probable de nieve (ej : Nov. a Abril) 11-4

ESTRADAS PRINCIPAIS

N° da estrada .... *N IV.C 535*

Distancia em quilómetros 12

Estabelecimentos dirigidos pelo Estado :
Parador (Espanha), Pousada (Portugal)

Periodo provável de neve (ex : Nov. a Abril) 11-4

PRINCIPALES ROUTES

N° de route .... *N IV.C 535*

Distance en kilomètres 12

Etablissements gérés par l'État :
Parador (Espagne), Pousada (Portugal)

Période approximative d'enneigement (ex : Nov. à Avril) 11-4

PRINCIPALI STRADE

N° di strada .... N IV.C 535

Distanza chilometrica 12

Esercizi gestiti dallo Stato : Parador (Spagna), Pousada (Portogallo)

Periodo approssimativo d'innevamento-(esempio : Novembre-Aprile) 11-4

HAUPTVERKEHRSSTRASSEN

Straßennummer .... N IV.C 535

Entfernung in Kilometern 12

Staatlich geleitete Hotels : Parador (Spanien), Pousada (Portugal)

Voraussichtliche Wintersperre (z.B. : Nov.-April) 11-4

MAIN ROADS

Road number .... N IV.C 535

Distance in kilometres 12

State operated hotels : Parador (Spain), Pousada (Portugal)

Period when roads are likely to be blocked by snow (11-6 : Nov.-April) 11-4

MAR CANTABRICO

Avilés · Gijon · OVIEDO · Mieres · Pola de Siero · Cangas de Onís · Llanes · Santillana del Mar · SANTANDER · Laredo · Torrelavega · Fuente Dé · Reinosa · Barakaldo · BILBAO · Villarcayo · Cervera de Pisuerga · Villafranca del Bierzo · Ponferrada · Astorga · LEÓN · Miranda de Ebro · Osorno la Mayor · La Bañeza · Puebla de Sanabria · BURGOS · Sto Domingo de la Calzada · Benavente · Palencia · Lerma · Zamora · VALLADOLID · Aranda de Duero · Miranda do Douro · Tordesillas · Cuéllar · Medina del Campo · SALAMANCA · Madrigal de las Altas Torres · Segovia · Sigüenza · Ciudad Rodrigo · Villacastín · Ávila · El Escorial · Guadalajara · Béjar · Gredos · MADRID · Alcalá de Henares · Jarandilla de la Vera · Arganda del Rey · Plasencia · Chinchón

Barcelona	Lisboa	Madrid	Málaga	Donostia-San Sebastián	
1539	2241	1771	2260	1325	**Amsterdam**
1040	2011	1633	1985	1096	**Basel**
1854	2785	2315	2799	1870	**Berlin**
940	2005	1533	1885	1089	**Bern**
1464	2062	1592	2082	1147	**Birmingham**
562	1148	678	1167	232	**Bordeaux**
1830	2988	2422	2775	2073	**Bratislava**
1857	3016	2450	2802	2101	**Brindisi**
1343	2045	1575	2065	1130	**Bruxelles/Brussel**
1204	1798	1328	1818	883	**Cherbourg**
618	1523	1053	1563	608	**Clermont-Ferrand**
1740	2303	1833	2323	1388	**Dublin**
1373	2232	1762	2251	1316	**Düsseldorf**
1314	2305	1835	2259	1390	**Frankfurt am Main**
754	1847	1346	1699	932	**Genève**
1952	2515	2045	2535	1600	**Glasgow**
1766	2636	2166	2655	1720	**Hamburg**
2077	2947	2477	2966	2031	**København**
1254	1956	1486	1976	1041	**Lille**
1427	2129	1659	2148	1213	**London**
1147	2080	1610	2092	1164	**Luxembourg**
634	1693	1227	1579	778	**Lyon**
504	1663	1097	1449	747	**Marseille**
973	2132	1566	1918	1216	**Milano**
1365	2429	1957	2310	1514	**München**
883	1477	1007	1496	561	**Nantes**
1544	2703	2137	2489	1787	**Napoli**
2565	3434	2964	3454	2519	**Oslo**
1544	2703	2137	2489	1788	**Palermo**
1029	1731	1261	1751	816	**Paris**
1694	2758	2288	2640	1843	**Praha**
1326	2485	1919	2271	1570	**Roma**
2741	3611	3141	3631	2696	**Stockholm**
1117	2213	1710	2062	1298	**Strasbourg**
320	1263	711	1195	347	**Toulouse**
2334	3343	2873	3279	2427	**Warszawa**
1786	2945	2379	2731	2029	**Wien**
1587	2745	2179	2532	1830	**Zagreb**

Madrid - Birmingham **1592 km**

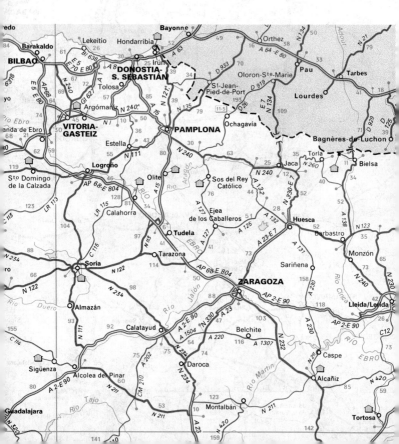

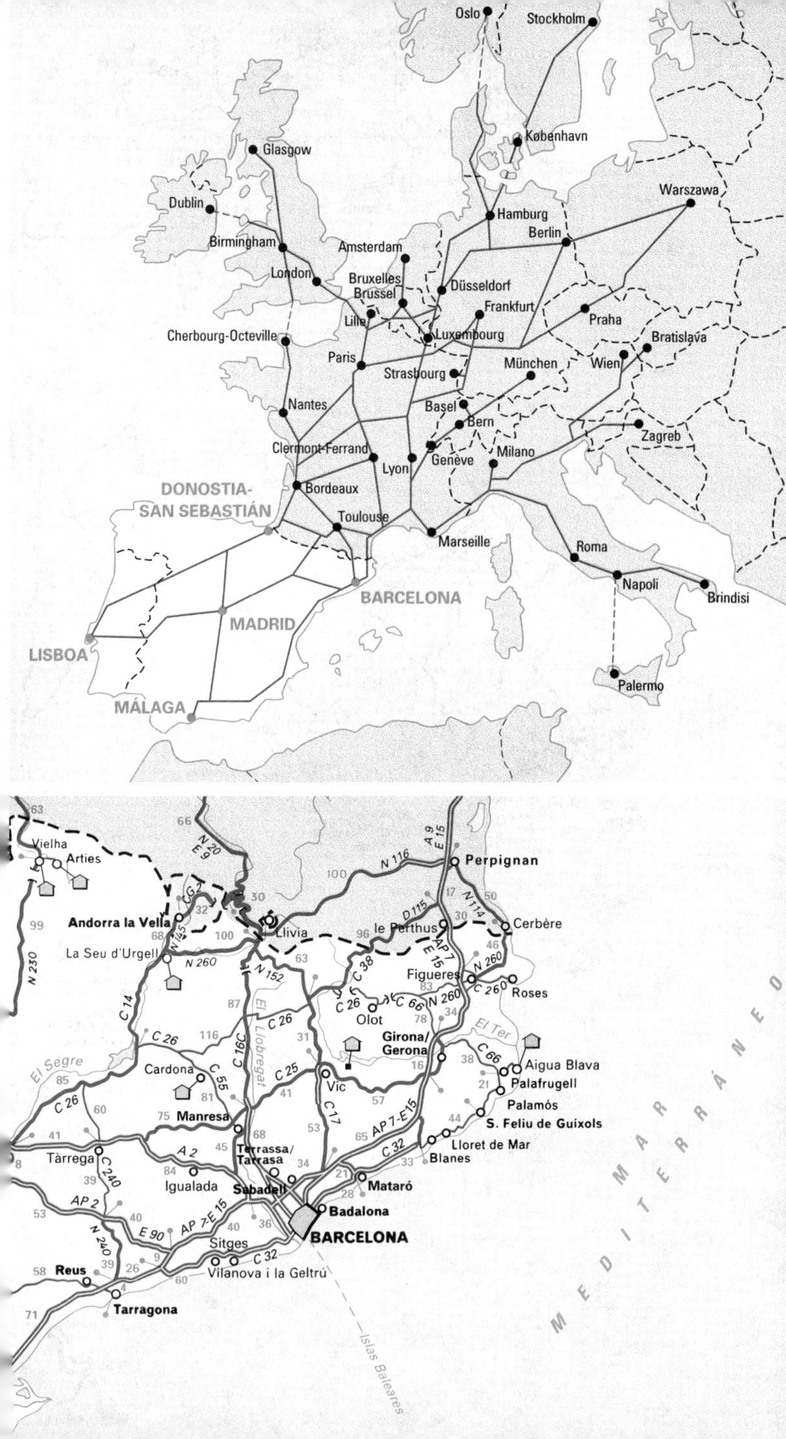

Oslo
Stockholm
København
Glasgow
Dublin
Hamburg
Warszawa
Berlin
Birmingham
Amsterdam
London
Bruxelles
Brussel
Düsseldorf
Frankfurt
Lille
Praha
Cherbourg-Octeville
Luxembourg
Bratislava
Paris
München
Wien
Strasbourg
Nantes
Basel
Bern
Zagreb
Clermont-Ferrand
Genève
Milano
Lyon
Bordeaux
DONOSTIA-
SAN SEBASTIÁN
Toulouse
Marseille
Roma
Napoli
Brindisi
BARCELONA
MADRID
LISBOA
Palermo
MÁLAGA
Vielha
Arties
Perpignan
Andorra la Vella
Llivia
le Perthus
Cerbère
La Seu d'Urgell
Figueres
Roses
Olot
Girona/
Gerona
El Ter
El Segre
El Llobregat
Cardona
Vic
Aigua Blava
Palafrugell
Palamós
Manresa
S. Feliu de Guíxols
Lloret de Mar
Tàrrega
Terrassa/
Tarrasa
Blanes
Igualada
Sabadell
Mataró
Badalona
BARCELONA
Sitges
Vilanova i la Geltrú
Reus
Tarragona
Islas Baleares
MAR MEDITERRÁNEO
N 116
A 9
E 15
N 20
E 9
D 115
N 114
CG 2
N 145
N 260
N 230
AP 7
N 152
C 38
C 26
C 66
C 260
C 14
C 16C
C 55
C 25
C 17
AP 7-E 15
C 32
A 2
C 240
AP 2
N 240
E 90

Condeixa-a-Nova
Monsanto
Leiria
Ourém
Castelo Branco
Nazaré
Batalha
Tomar
Fátima
Alcobaça
Alcántara
Caldas de Rainha
Peniche
Óbidos
Abrantes
Marvão
Santarém
Flor da Rosa
Torres Vedras
Portalegre
Ericeira
PORTUGAL
Queluz
Sousel
Sintra
LISBOA
Estremoz
Elvas
Estoril
Arraiolos
Badajoz
Mérida
Palmela
Vila Viçosa
SETÚBAL
Montemor-o-Novo
Évora
Alcácer do Sal
ESP
Torrão
Alvito
Jerez de los Caballeros
Zafra
Grândola
Santiago do Cacém
Sines
Ferreira do Alentejo
Beja
Serpa
Rib.ª de Ardilla
Aracena
Odemira
Sta Clara-a-Velha
Mértola
Monchique
Ayamonte
S. Brás de Alportel
Sagres
Lagos
Portimão
Huelva
Albufeira
Vila Real de Santo António
Punta Umbría
Faro
Olhão
Mazagón
Rio Tejo
Rio Guadiana
Rio Sado
Rio Mira
Rio Ardila
OCÉANO ATLÁNTICO
Sanlúcar de Barrameda
Jerez de la Fronyera
Rota
El Puerto de Santa Maria
CÁDIZ
San Fernando
Islas Canarias
Larache
Ksar-el-Kebir

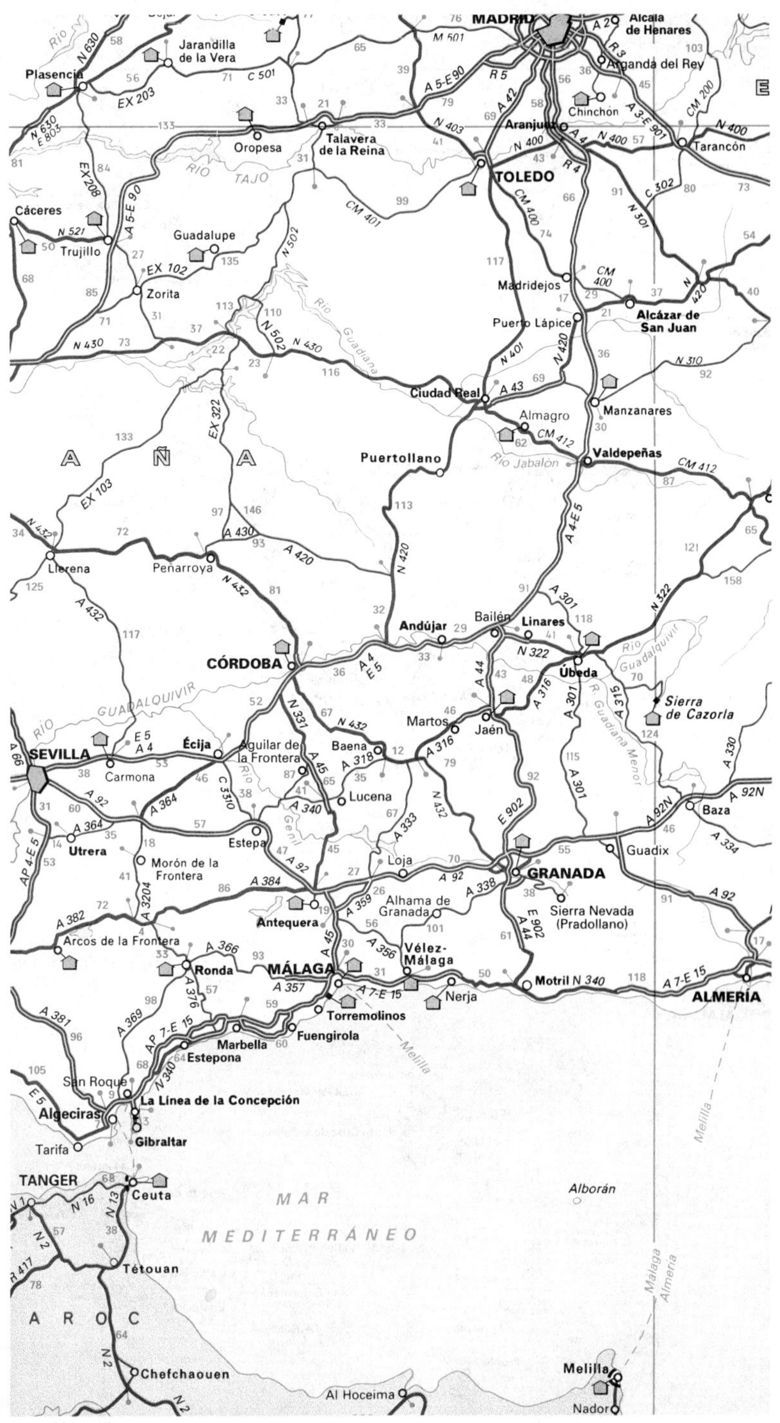

MADRID
Alcalá de Henares
Arganda del Rey
Chinchón
Aranjuez
Tarancón
Plasencia
Jarandilla de la Vera
Oropesa
Talavera de la Reina
Río Tajo
TOLEDO
Cáceres
Trujillo
Guadalupe
Zorita
Madridejos
Puerto Lápice
Alcázar de San Juan
Río Guadiana
Ciudad Real
Almagro
Manzanares
Valdepeñas
Río Jabalón
Puertollano
A Ñ A
Llerena
Peñarroya
Andújar
Bailén
Linares
Úbeda
Río Guadalquivir
Sierra de Cazorla
R. Guadiana Menor
CÓRDOBA
Martos
Jaén
Baena
SEVILLA
Carmona
Écija
Aguilar de la Frontera
Río Genil
Lucena
Baza
Estepa
Utrera
Morón de la Frontera
Loja
GRANADA
Guadix
Antequera
Alhama de Granada
Sierra Nevada (Pradollano)
Arcos de la Frontera
Ronda
MÁLAGA
Vélez-Málaga
Nerja
Motril
ALMERÍA
Torremolinos
Fuengirola
Marbella
Estepona
San Roque
La Línea de la Concepción
Algeciras
Gibraltar
Tarifa
Melilla
TANGER
Ceuta
MAR MEDITERRÁNEO
Alborán
Tétouan
A R O C
Chefchaouen
Al Hoceima
Melilla
Nador
Málaga Almería

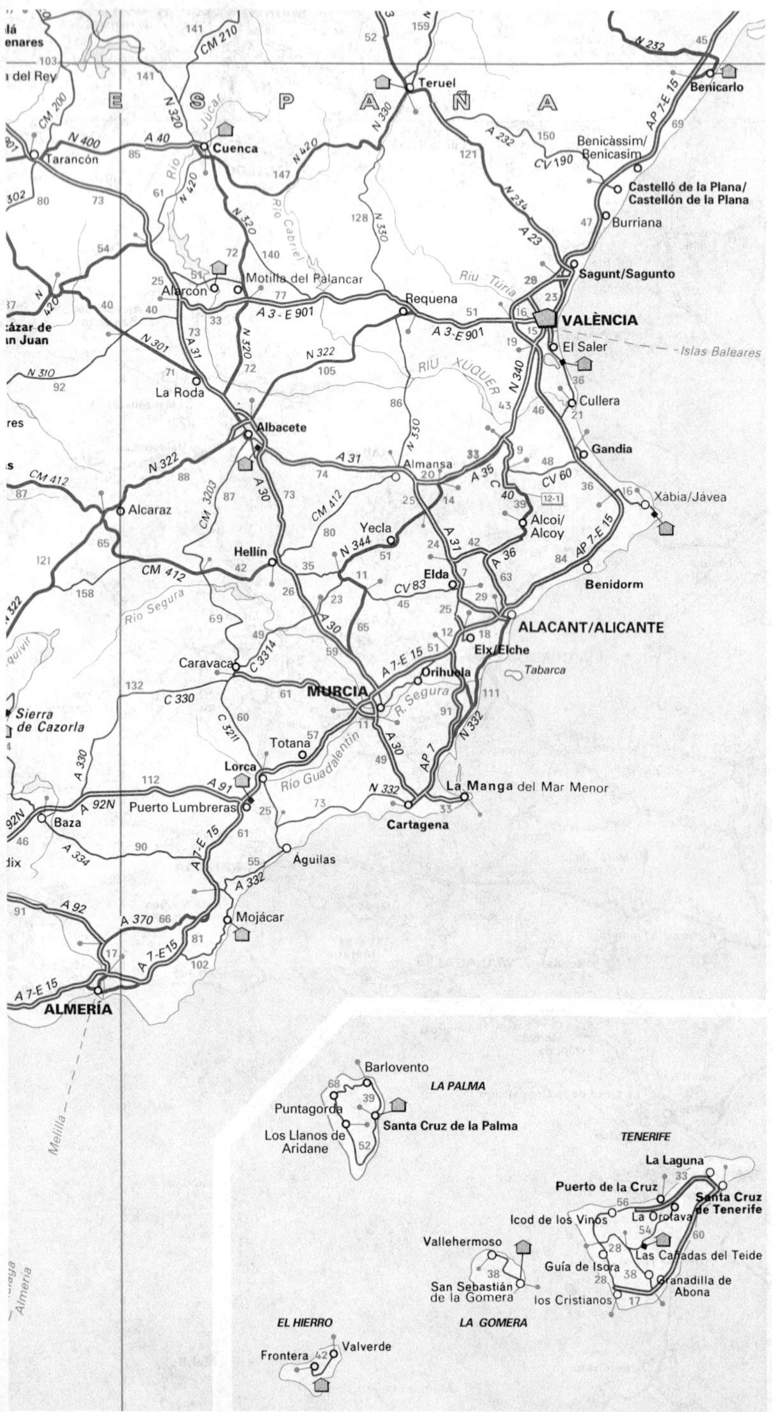

E S P A Ñ A
Teruel
Benicarlo
Cuenca
Tarancón
Benicàssim/
Benicasim
Castelló de la Plana/
Castellón de la Plana
Burriana
Sagunt/Sagunto
Motilla del Palancar
Alarcón
Requena
VALÈNCIA
El Saler
Islas Baleares
La Roda
Cullera
Albacete
Gandia
Almansa
Xàbia/Jávea
Alcaraz
Yecla
Alcoi/
Alcoy
Hellín
Elda
Benidorm
ALACANT/ALICANTE
Elx/Elche
Tabarca
Caravaca
Orihuela
MURCIA
Sierra
de Cazorla
Totana
Lorca
La Manga del Mar Menor
Puerto Lumbreras
Cartagena
Baza
Águilas
Mojácar
ALMERÍA
Melilla
Río Júcar
Río Cabriel
Riu Túria
Riu Xúquer
Río Segura
R. Segura
Río Guadalentín
Barlovento
LA PALMA
Puntagorda
Santa Cruz de la Palma
Los Llanos de
Aridane
TENERIFE
La Laguna
Puerto de la Cruz
Santa Cruz
de Tenerife
Icod de los Vinos
La Orotava
Vallehermoso
Las Cañadas del Teide
Guía de Isora
Granadilla de
Abona
San Sebastián
de la Gomera
los Cristianos
EL HIERRO
LA GOMERA
Valverde
Frontera

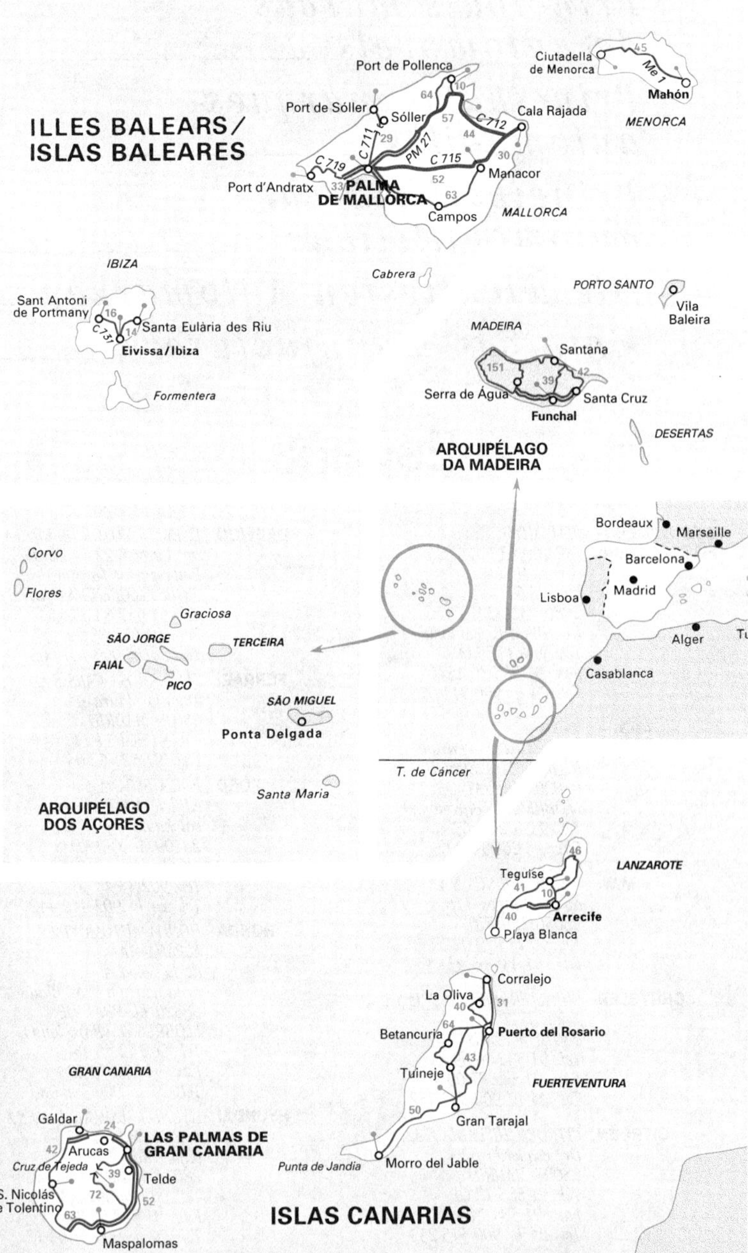

ILLES BALEARS/
ISLAS BALEARES
Port de Pollença
Ciutadella de Menorca
Me 1
Mahón
MENORCA
Port de Sóller
Sóller
Cala Rajada
C 712
C 711
PM 27
C 715
C 719
Port d'Andratx
PALMA DE MALLORCA
Manacor
Campos
MALLORCA
IBIZA
Cabrera
PORTO SANTO
Vila Baleira
Sant Antoni de Portmany
C 731
Santa Eulària des Riu
Eivissa/Ibiza
MADEIRA
Santana
Serra de Água
Santa Cruz
Funchal
Formentera
DESERTAS
ARQUIPÉLAGO
DA MADEIRA
Bordeaux
Marseille
Barcelona
Madrid
Lisboa
Alger
Casablanca
Corvo
Flores
Graciosa
SÃO JORGE
TERCEIRA
FAIAL
PICO
SÃO MIGUEL
Ponta Delgada
T. de Câncer
Santa Maria
ARQUIPÉLAGO
DOS AÇORES
LANZAROTE
Teguise
Arrecife
Playa Blanca
Corralejo
La Oliva
Betancuria
Puerto del Rosario
Tuineje
FUERTEVENTURA
GRAN CANARIA
Gran Tarajal
Gáldar
Arucas
LAS PALMAS DE
GRAN CANARIA
Cruz de Tejeda
Telde
S. Nicolás de Tolentino
Maspalomas
Punta de Jandia
Morro del Jable
ISLAS CANARIAS

Principales marcas de automóviles
Principais marcas de automóveis
Principales marques automobiles
Principali marche automobilistiche
Die wichtigsten Automarken
Main car manufacturers

España

ALFA ROMEO – FIAT – LANCIA *FIAT AUTO ESPAÑA S.A.*
carret. M 300
km. 28,5
28802 ALCALÁ DE HENARES (Madrid)
Tel. 91 885 37 00
Fax. 91 885 39 45
Tel. 24 h. 900 211 018

AUDI – VOLKSWAGEN *VAESA*
La Selva 22 – Parque de Negocios Mas Blau II
08820 EL PRAT DE LLOBREGAT (Barcelona)
Tel. 93 402 89 67
Fax. 93 261 74 00

B.M.W. *B.M.W. IBÉRICA S.A.*
av. de Burgos 118
28050 MADRID
Tel. 90 235 79 02
Fax. 91 335 05 23

CHRYSLER *CHRYSLER – JEEP IBERIA S.A.*
Felipe IV-7
28014 MADRID
Tel. 91 532 06 09
Fax. 91 532 87 09
Tel. 24 h. 902 352 352

CITROËN *CITROËN HISPANIA S.A.*
Dr. Esquerdo 62
28007 MADRID
Tel. 91 585 12 61
Fax. 91 585 14 46
Tel. 24 h. 900 515 253

DAEWOO *DAEWOO MOTOR IBERIA S.A.*
av. Europa 22 – Parque Empresarial La Moraleja
28108 ALCOBENDAS (Madrid)
Tel. 91 657 83 00
Fax. 91 657 83 22
Tel. 24 h. 900 101 006

FERRARI *TESTARROSA CARS S.A.*
Antonio Maura 4
28014 MADRID
Tel. 91 701 11 11
Fax. 91 521 52 05

FORD *FORD ESPAÑA S.A.*
edificio Minipark IV
caléndula 13
28109 ALCOBENDAS (Madrid)
Tel. 902 33 43 36
Tel. 24 h. 902 442 442

HONDA *HONDA AUTOMÓVILES ESPAÑA S.A.*
de la Selva 4 – urbanización Mas Blau
08820 EL PRAT DE LLOBREGAT (Barcelona)
Tel. 902 42 46 46
Fax. 93 370 79 52
Tel. 24 h. 900 308 080

HYUNDAI *HYUNDAI ESPAÑA D.A., S.A.*
Antonio Maura 12 – bajo Izda.
28014 MADRID
Tel. 902 24 69 02
Fax. 91 522 55 84
Tel. 24 h. 900 21 03 13

JAGUAR *JAGUAR HISPANIA S.A.*
paseo de la Castellana 130 8ª
28046 MADRID
Tel. 91 578 62 00
Fax. 91 578 62 90

MAZDA *MAZDA AUTOMÓVILES ESPAÑA S.A.*
Sor Ángela de la Cruz 6-planta 12
28020 MADRID
Tel. 902 345 456
Fax. 91 418 54 79

MERCEDES BENZ *MERCEDES BENZ ESPAÑA*
av. de Bruselas 30 Pol. Ind. Arroyo de la Vega
28108 ALCOBENDAS (Madrid)
Tel. 91 484 60 00
Fax. 91 484 60 01
Tel. 24 h. 900 268 888

MITSUBISHI *MMC AUTOMÓVILES ESPAÑA, S.A.*
Francisco Gervás 4
28108 ALCOBENDAS (Madrid)
Tel. 91 387 74 00
Fax. 91 387 74 58
Tel. 24 h. 902 201 030

NISSAN *NISSAN MOTOR ESPAÑA*
General Almirante 4-10
Torre Nissan
08014 BARCELONA
Tel. 93 290 74 86
Fax. 93 290 74 49
Tel. 24 h. 900 200 094

OPEL – GENERAL MOTORS *OPEL ESPAÑA DE AUTOMÓVILES, S.A.*
paseo de la Castellana 91 – 2ª
28046 MADRID
Tel. 91 456 92 00
Fax. 91 456 93 15
Tel. 24 h. 900 142 142

PEUGEOT *PEUGEOT ESPAÑA*
Eduardo Barreiros 110
28041 MADRID
Tel. 91 347 20 00
Fax. 91 347 22 43
Tel. 24 h. 902 11 10 26

PORSCHE – SAAB *PORSCHE ESPAÑA S.A.*
av. de Burgos 87
28050 MADRID
Tel. 91 203 54 10
Fax. 91 203 54 02
Tel. 24 h. 902 200 880

RENAULT *RENAULT ESPAÑA COMERCIAL S.A.*
av. de Burgos 89
28050 MADRID
Tel. 91 374 22 00
Fax. 91 374 10 32
Tel. 24 h. 900 365 000

ROVER *MG-ROVER ESPAÑA S.A.*
Mar Mediterráneo 2
Polígono Industrial
28830 SAN FERNANDO DE HENARES (Madrid)
Tel. 91 678 90 00
Fax. 91 676 20 36
Tel. 24 h. 900 116 116

SANTANA – SUZUKI *SANTANA MOTOR S.A.*
av. 1º de Mayo s/n
23700 LINARES (Jaén)
Tel. 953 64 92 00
Fax. 953 65 32 01

SEAT *SEAT, S.A.*
Sector A – Calle 2 – 1
Zona Franca
08040 BARCELONA
Tel. 93 402 85 00

SUBARU *SUBARU ESPAÑA S.A.*
Alfonso XII-38, 2ª planta
28014 MADRID
Tel. 91 369 28 90
Fax. 91 369 39 52

TOYOTA *TOYOTA ESPAÑA S.L.*
av. de Bruselas 22
28108 ALCOBENDAS (Madrid)
Tel. 91 151 33 00
Fax. 91 151 33 99

VOLVO *VOLVO ESPAÑA S.A.*
paseo de la Castellana 130
28046 MADRID
Tel. 91 566 61 00
Fax. 91 566 61 05

Principais marcas de automóveis

Principales marcas de automóviles

Principales marques automobiles

Principali marche automobilistiche

Die wichtigsten Automarken

Main car manufacturers

Portugal

ALFA ROMEO *MOCAR GRANDE CENTRO*
Estrada Nacional 117 –
km 2,4 Alfragide
2720-412 AMADORA
Tel. 21 416 63 00
Fax 21 417 02 75

AUDI – VOLKSWAGEN – SKODA *SIVA*
Quinta Mina
Casal S. Pedro Arneiro
2054-909 AZAMBUJA
Tel. 263 40 70 00
Fax 263 40 70 99

B.M.W. *BAVIERA S.A.*
Rua da Guiné
(Edifício Salvador Caetano)
2685-334 PRIOR VELHO
Tel. 21 940 76 50
Fax 21 940 76 65

CITROËN *AUTOMÓVEIS CITROËN S.A.*
Av. Praia da Vitória 9
1000-245 LISBOA
Tel. 21 356 89 00
Fax 21 354 01 67

DAIHATSU *SOCIEDADE ELECTRO-MECÂNICA DE AUTOMÓVEIS, LDA.*
Rua Nova de S. Mamede 7
1269-118 LISBOA
Tel. 21 371 16 00
Fax 21 387 65 15

FERRARI *VIAUTO – AUTOMÓVEIS E ACESSÓRIOS, LDA.*
Rua Borges Carneiro 31 r/c
1200-617 LISBOA
Tel. 21 395 14 10
Fax 21 397 41 75

FIAT – LÂNCIA *FIAT AUTO PORTUGUESA S.A.*
Av. Eng. Duarte Pacheco 15
1070-100 LISBOA
Tel. 21 389 64 00
Fax 21 389 64 79

FORD *FORD LUSITANIA*
Rua Rosa Araújo 2 – 2º
1250-195 LISBOA
Tel. 21 312 23 00
Fax 21 312 24 80

HONDA *HONDA AUTOMÓVEL DE PORTUGAL, S.A.*
Quinta do Lavi – Abrunheira
2714-506 SINTRA
Tel. 21 915 81 20
Fax 21 925 81 29

HYUNDAI-NISSAN-SUBARU *ENTREPOSTO DE LISBOA*
Praça José Queiroz 1
1800-237 LISBOA
Tel. 21 854 81 00
Fax 21 854 80 50

JAGUAR *JAGUAR AUTOMÓVEIS LDA.*
Rua Monte dos Burgos 1062/1070
4250-314 PORTO
Tel. 22 834 77 00
Fax 22 834 77 09

LADA *LADA-COMÉRCIO DE AUTOMÓVEIS, LDA.*
Rua do Progresso 145
4455-533 PERAFITA
Tel. 22 996 12 03
Fax 22 995 99 50

MAZDA *MAZDA MOTOR DE PORTUGAL*
Rua Rosa Araujo 2-1º
1250-195 LISBOA
Tel. 21 351 27 70
Fax 21 351 27 71

MERCEDES-BENZ *MERCEDES BENZ PORTUGAL-COMÉRCIO DE AUTOMÓVEIS, S.A.*
Abrunheira
2726-901 MEM-MARTINS
Tel. 21 925 70 00
Fax 21 925 70 10

MITSUBISHI *MITSUBISHI MOTORS DE PORTUGAL, S.A.*
Rua de José Espírito Santo 38
1900-627 LISBOA
Tel. 21 831 21 00
Fax 21 831 22 32

OPEL *OPEL PORTUGAL-COMÉRCIO E INDÚSTRIAS DE VEÍCULOS, S.A.*
Quinta da Fonte
Edifício Fernão de Magalhães-2º
2780-666 PORTO SALVO
Tel. 21 440 75 00
Fax 21 440 75 62

PEUGEOT *PEUGEOT PORTUGAL AUTOMÓVEIS, S.A.*
Rua Quinta do Paizinho 5
2795-650 CARNAXIDE
Tel. 21 416 66 00
Fax 21 417 62 56

PORSCHE *CENTRO PORSCHE LISBOA*
Rua Francisco Luís Gomes 1
1801-002 LISBOA
Tel. 21 854 86 50
Fax 21 854 86 51

RENAULT *RENAULT PORTUGUESA*
Av. Marechal Gomes da Costa 21-D
1800-255 LISBOA
Tel. 21 836 10 63
Fax 21 836 12 60

ROVER *MG-ROVER PORTUGAL-VEÍCULOS E PEÇAS, LDA.*
Rua Vasco da Gama 11
2685 SACAVÉM
Tel. 21 940 60 00
Fax 21 940 60 93

SAAB-SUZUKI *CIMPOMÓVEL-VEÍCULOS LIGEIROS. S.A.*
Edifício Cimpomóvel
Estrada Nacional 10, km 11
2695-370 SANTA IRIA DA AZÓIA
Tel. 21 956 93 00
Fax 21 959 38 04

SEAT *SOC. HISPÂNICA DE AUTOMÓVEIS, S.A.*
Estrada Nacional 249/4, km 5,9
2776-954 SÃO DOMINGO DE RANA
Tel. 21 448 14 00
Fax 21 448 14 80

TOYOTA *SALVADOR CAETANO I.M.V.T. S.A.*
Edifício Salvador Caetano
Rua Guiné
Prior Velho
2686-963 SACAVÉM
Tel. 21 940 76 00
Fax 21 940 76 20

VOLVO *AUTO-SUECO LDA.*
Rua José Estêvão 74 A
1150-203 LISBOA
Tel. 21 317 02 60
Fax 21 353 77 04